国家出版基金项目
“十三五”国家重点出版物出版规划项目
安徽省文化强省建设专项资金项目

马加尔的梦

Сон Макара

［俄］符·柯罗连科　等◎著
力　冈◎译

安徽师范大学出版社
·芜湖·

图书在版编目(CIP)数据

马加尔的梦 / (俄罗斯)符·柯罗连科等著；力冈译. — 芜湖：安徽师范大学出版社，2018.1

(力冈译文全集；19)

ISBN 978-7-5676-3277-6

Ⅰ. ①马… Ⅱ. ①符… ②力… Ⅲ. ①俄罗斯文学 – 作品综合集 Ⅳ. ①I512.11

中国版本图书馆CIP数据核字(2017)第261917号

马加尔的梦　　[俄]符·柯罗连科 等◎著　力 冈◎译

MAJIAER DE MENG

责任编辑：童 睿　李 玲

装帧设计：刘 畅　桑国磊

出版发行：安徽师范大学出版社

芜湖市九华南路189号安徽师范大学花津校区

网　　址：http://www.ahnupress.com/

发 行 部：0553-3883578　5910327　5910310(传真)

印　　刷：浙江新华数码印务有限公司

版　　次：2018年1月第1版

印　　次：2018年1月第1次印刷

规　　格：880 mm×1230 mm　1/32

印　　张：11.375

字　　数：270千字

书　　号：ISBN 978-7-5676-3277-6

定　　价：70.00元

力冈先生文学翻译的历史意义

——序《力冈译文全集》

刘文飞
中国俄罗斯文学研究会会长

在力冈先生诞辰91周年的今天，在力冈先生去世20年后的当下，在洋洋19卷23册的《力冈译文全集》面世的此刻，我们终于可以试着归纳一下他的文学翻译所具有的历史意义了。

一

力冈先生的文学翻译苦行僧形象是具有典型意义和感召力量的，这是中国老一辈俄苏文学翻译家留下的一个苍凉背影，也是他们为自己建起的一座"非人工的纪念碑"。翻译是一项苦差事，是需要坐冷板凳的，是一项付出和回报往往不成正比的工作，是一种注定要与孤独和寂寞为伴的工作。文学翻译至少需要出色地掌握两种语言，而好的外语或许能让人找到另外一种更为轻松、更有利可图的工作，好的翻译家若用其母语来进行创作，大约自己也能写出像样的文学作品来。可是，文学翻译似乎像电子游戏、像吸食鸦片一样是一种能让人上瘾的事情，一旦上手，一旦品味到其中的甘苦，往往便欲罢不能。始自玄奘的翻译姿态和翻译精神，似乎成了中国一代又一代译者的宿命，即专注和吃苦，苦修和执着。

力冈先生1926年生于山东乡间，自幼失去母亲，生活贫苦，到他上中学时，家乡被日寇占领，他流亡河南、甘肃、陕西等地。1950年，他考入哈尔滨外国语专门学校俄语专业，毕业后志愿来到安徽师范大学任教，不久就开始了文学翻译工作，陆续在报刊上发表一些短篇译作，至1956年，他的单行本译作《里雅希柯小说集》已由上海新文艺出版社推出。然而次年，他便在反右运动中蒙冤，被开除公职，押往新生耐火材料厂劳教。1960年7月，他因“劳动表现突出”被摘掉右派帽子，重返学校，他在教学之余立即重拾译笔，在短短数月间便译出苏联作家艾特马托夫的中篇小说《查密莉雅》，这篇译作在《世界文学》杂志1961年第10期刊出，引起轰动，“力冈”这一译家大名从此进入人们的视野。就在力冈先生准备大展宏图、施展拳脚的时候，“文化大革命”却突如其来，1968年，他再度被逐出校园，下放至宣城地区新田公社劳动改造，直到“文革”结束后的1978年方得以重返讲台，此时他已过天命之年，用他自己的话说就是：“噩梦醒来，已是人生的黄昏。”文学翻译需要天赋，但也是一种力气活，在对于一位翻译家而言的黄金时期，即30—50岁，力冈先生却两度蒙冤，两度再拾译笔，重新开始，这需要何等的勇气和坚韧！他两落三起的翻译经历，几乎就是20世纪五六十年代中国的俄苏文学翻译家们跌宕起伏的人生经历的缩影，就是那一时代中国知识分子命运的象征。令人惊讶的是，重返译坛的力冈先生以超乎常人的工作激情和翻译速度，在1978年后的20年间陆续出版20余部译著，平均每年一部，总字数达700余万。在20世纪80年代，最初几部译著的出版使力冈先生挣到了以当时标准看相当不菲的稿酬，甚至成为所谓"万元户"，但他似乎无暇也无意去享受自己的劳动成果，依然粗茶淡饭，素衣裹身，与此同时却以更大的热情继续译事，终日伏案，不懈地爬格子。1997年2月，力冈先生因肝癌病在芜湖弋矶山医院逝世，据家人说，他在生命的最后时刻仍在念叨着未译完的最后一部译作《罪与罚》。我们或许可以说，他是被文学翻译累死的；我们肯定可以说，文学翻译是他最为看重的毕生事业。

力冈先生少年时四处漂泊，中年时命运多舛，老年时病魔缠身，他的一生似乎都不是给最需要安宁和平静的翻译家所准备的；力冈先生的职业是教师，他偏居小城，又不善交际，这些似乎都不构成他迅速成长为一位全国著名翻译家的前提条件。但是，王如吴笛教授在他纪念力冈先生的文章中所言："他的一生就是用出人意料的成就表现了悲怆的境界。面对种种意想不到的遭遇和不公，他并没有沉沦，也没有片面地记恨，而是在艰难的岁月中怀着对人性的憧憬，将厄运升华为创作的动力，在逆境中不忘呼唤人性和仁爱，将种种遭遇视为生命中的财富，在悲怆的境界中抒写诗意人生，毫不气馁地追求生命的意义，在自己所献身的俄罗斯文学翻译事业中，做出了杰出的贡献。"

普希金说过："译者是文明的驿马。"笔者曾对此说法加以引申："如果说广义的译者是文明的驿马，那么专事文学翻译的人士便是'文学的驿马'了。凑巧的是，在汉语中，译者的'译'和驿马的'驿'不仅同音，而且在词源、词形和词义上也很相近，区别似乎仅在于后者为'马儿'而前者是'文人'（言者）。……用在驿站间往复奔波的马儿来形容译者，每个有过译事经验的人大约都能在这个比喻中品味出某种艰苦和辛酸，甚至是束缚和无奈。……既要有出众的能力还要有忍辱负重的秉性，日复一日的奔波只能换得微薄的粮草，还得时刻提防路途中遍布的坑洼和沼泽，能善此业者非驿马莫属也。”力冈先生就是这样一匹忍辱负重、砥砺前行的“文学的驿马”。力冈先生以他的作为告诉我们，文学翻译是一项可以托付终生的事业，是一种富有意义的存在方式；力冈先生及其文学翻译活动是一种燃烧生命的举动，一个与命运抗争的典范，同时是他的翻译意志奏出的一曲凯歌。

二

力冈先生是在中国改革开放的热潮中展开他最积极的翻译活动的，他的大部分译作出版于20世纪80年代。浏览一下力冈先生的译作书目，可以发现出版于80年代的译著有十余部之多，计有格鲁兹杰夫的《高尔基传》（与济凯合译，江西人民出版社1980年版）、冈察尔的《爱的归宿》（安徽人民出版社1983年版）、巴巴耶夫斯基的《野茫茫》（浙江文艺出版社1983年版）、艾特马托夫的《白轮船》（外国文学出版社1984年版）、阿列克谢耶夫的《儿时伙伴》（山东文艺出版社1984年版）、波利亚科夫的《别林斯基传》（黑龙江人民出版社1985年版）、普希金的《暴风雪》（春风文艺出版社1985年版）、肖洛霍夫的《静静的顿河》（漓江出版社1986年版）、帕斯捷尔纳克的《日瓦戈医生》（与冀刚合译，漓江出版社1986年版）、帕斯捷尔纳克的《含泪的圆舞曲——帕斯

捷尔纳克诗选》(与吴笛合译,浙江文艺出版社1988年版)、卡里姆的《悠悠儿时情》(安徽文艺出版社1989年版)和格罗斯曼的《风雨人生》(漓江出版社1991年版)等。从这个目录还可以看出,力冈这一时期的译作总体上以苏联当代文学作品为主要翻译对象。

20世纪80年代是中国当代史上的一个特殊时期,那是一个文化转型期,甚至可以说是中国现当代的一场文艺复兴,是一个文化觉醒的黄金时期。在那场汹涌壮阔的思想解放运动中,在整个改革开放后中国当代文化的建构过程中,对外国文学和外国文化的翻译和介绍起到了无可替代的重要作用,中国当今的现代化,从某种意义上说就是一种“被翻译过来的现代化”。那是一个文学的时代,也是一个翻译文学的时代;那是一个开放的时代,更是一个对外国优秀文学和文化开放的时代,在精神上饥寒交迫的国人首度面对外国文学的盛宴,饕餮之余,最应该感谢的就是那一时代的翻译家。在中国改革开放后出现的外国文学翻译热潮中,俄苏文学也是重要的译介对象之一,力冈先生的译著也和其他众多翻译作品一样,是对改革事业的添砖加瓦,是为思想解放运动注入的燃料,对当时中国社会的文化重建、国民文化性格的重塑起到了重要作用。

中国的俄国文学翻译始自19世纪末,在五四时期出现第一个高潮,如今人们在探讨五四运动的起因时,常将俄国的文学与德国的马克思主义和法国的启蒙思想并列为三大思想资源,由此不难看出俄国文学在当时中国社会所发挥的强大思想作用。后来,在抗日战争时期,在新中国成立之后的50—60年代,俄苏文

学再度发挥“军火”和“样板”功能，而在改革开放时期，包括俄苏文学在内的外国文学，又一次成为国人解放思想、放眼世界的意识形态工具和思想武器。如果说，鲁迅那一代翻译家是“给起义的奴隶偷运军火”的人，那么，改革开放时期的这一代中国翻译家同样是为国人“盗火”的普罗米修斯，功莫大焉，没有包括力冈先生在内的这一代翻译家的辛勤工作，国人的思想解放就是难以想象的。如果我们把出生在19、20世纪之交的翻译家如鲁迅、瞿秋白、蒋光慈、茅盾、巴金、耿济之等视为中国第一代俄国文学翻译家，那么20世纪第一个十年前后出生的姜椿芳、曹靖华、戈宝权、查良铮、汝龙、满涛、叶水夫等就是第二代，而力冈以及去年去世的草婴和刚刚去世的高莽等人则构成中国的俄国文学翻译家的第三代方阵，这一代翻译家同样以自己的辛勤努力为中国的思想启蒙和文化构建做出了历史性的贡献。

中国第三代俄国文学翻译家的工作也对当代中国文学的发展进程产生了深远影响。在20世纪80年代初起，俄苏文学在中国的译介出现一个“井喷”现象，十余年间，全国近百家出版社先后出版的俄苏文学作品多达近万种，在译作的种类和印数上，可能要高出此前所有同类出版物的总和。在这样一种铺天盖地的外国文学译介热潮中，受益的不仅仅是中国的读者，自然也包括中国的作家。王蒙在他的《青春祭》(作家出版社2006年版)一书中写道:“我们这一代中国作家中的许多人，特别是我自己，从不讳言苏联文学的影响。是爱伦堡的《谈谈作家的工作》在50年代初期诱引我走上写作之途。是安东诺夫的《第一个职务》与纳吉宾的《冬天的橡树》照耀着我的短篇小说创作。是法捷耶夫的《青年近卫军》帮助我去挖掘新生活带来的新的精神世界之美。在张洁、蒋子龙、李国文、从维熙、茹志鹃、张贤亮、杜鹏程、王汶石直到铁凝和张承志的作品中，都不难看到苏联文学的影响。张贤亮的《肖尔布拉克》、张承志的《黑骏马》以及蒋子龙的某些小说都曾被人具体地指认出苏联的某部对应的文学作品；这里，与其说是作者一定受到了某部作品的直接启发，不如说是整个苏联文学的思路与情调、氛围的强大影响力在我们的身上屡屡开花结果。”这里提到的张承志，就对力冈先生的译作赞不绝口，曾感慨：“我恨不得倒背如流！”由此不难窥见力冈先生的译作对改革开放时期中国作家产生的影响。

三

1984年，漓江出版社推出力冈先生重译的《静静的顿河》，这是新时期名著重译的第一部，而自90年代起，力冈先生更将名著重译当成首要任务，相继重译了多部俄国文学经典，如托尔斯泰的《复活》（译林出版社1992年版）和《安娜•卡列尼娜》（浙江文艺出版社1992年版）、屠格涅夫的《猎人笔记》（河北教育出版社1994年版）、莱蒙托夫的《当代英雄》（河北教育出版社1994年版）等，他作为翻译家的最后一项工作，就是重译陀思妥耶夫斯基的《罪与罚》。力冈先生是俄国文学经典著作重译的倡导者和先行者之一，他几乎将他翻译艺术炉火纯青的最后十年都用在了名著重译上。

文学名著重译始终是译界的一个有趣话题。中外文学史上

的名作原著，无论出现在什么时代，一代又一代读者捧读的均为同一个文本，而文学名著的译本，即便是著名的译本，却常常会随着时间的推移而“衰老”，会被所谓“新译”所取代。日本著名斯拉夫学者、契诃夫的日译者沼野充义有一次曾对笔者说，被译成日语的契诃夫作品每20—25年便要新译一次，以适应新一代的读者。他的话让笔者大吃一惊，可转而一想，外国文学作品的汉译其实也有着大致相同的命运，尽管其存活期未必一定就是20—25年。汉语文学中的原创名著，如唐诗宋词元曲，如《三国演义》《水浒》《西游记》《红楼梦》，自然在任何时代都不需要也不允许做任何文字加工，可汉语文学中的翻译名著，即便是近现代翻译大家们的著名译作，如严复译的《天演论》、林纾和魏易译的《黑奴吁天录》、鲁迅译的《死魂灵》等，如今也会让人觉得不无“过时”之感，至少会让当下的读者阅读不畅。也就是说，文学名著是永恒的，不朽的，它们的译作却是相对短命的。笔者曾在一篇文章中对名著重译现象作过一番思考：首先，从读者方面看，读者为什么会在面对原作和译著时持有不同的阅读态度呢？他们对于原作和译作这种不同的阅读取舍究竟源自何种阅读心理呢？这种厚此薄彼的取向究竟是先天的还是后天的，是产生在翻译活动出现之后还是之前，这种倾向与文学名著重译这两者之间究竟存在着什么样的互动关系呢？其次，从译者的角度看，在进行重译和新译时究竟该如何面对已有的译作，尤其是已有的优秀译作，是刻意回避，还是尽量汲取原有译作的经验和精髓呢？如果对原有译作尤其是名译作的经验和精髓有所汲取，又该如何避

免抄袭的嫌疑和版权的纠纷呢？如果对前辈翻译家宝贵的翻译经验视而不见，每位新译者均另起炉灶，真的能做到青出于蓝吗？如果新译在翻译质量上无法与旧译比肩，甚至不如旧译，那么重译的意义和价值又何在呢？最后，从翻译实践活动自身来看，用16、17世纪的汉语去翻译莎士比亚当然是可笑的，但是，用21世纪的汉语网络语言去翻译莎士比亚就一定具有历史的必然性和合理性吗？不断地重译、新译，会在多大程度上减少或抹去原作的时代感和历史感，把每一部新译作都作为当下的作品来读，是不是一种最大程度的误读呢？

力冈先生在进行文学名著的重译时，不知是否也曾遭遇此类问题，但他在晚年义无反顾地执着于重译，一定是一种有意识的抉择。我们猜度，他在他翻译事业的黄金时段做出这一重大转向，可能有如下几种原因：首先，他觉得在他之前的译本还有继续加工的余地，还有再度提升的空间。力冈先生重译的这几部俄国文学名著在他之前早已有过出自名家的名译，它们是不止一代中国读者捧读的对象，但力冈先生却不畏权威，另辟蹊径，公开与多位前辈翻译大家打擂台，这或许是力冈先生个人性格的一种显现，但他敢于“叫板”，无疑因为他自信他可以比之前的译著译得更好，或至少能译出他自己与众不同的特色。其次，在译出十多本书后，作为一名富有经验的翻译家，力冈先生大约也会产生出如何超越自己的问题，重译名著，既可以与前辈译家一较高低，同时也能时刻与俄国文学史上的名著及其作者进行跨越时空的深度交流，这无疑是一种更富有挑战也更富有趣味的工作。最后，

名著之所以成为名著，就因为它们往往具有更为完满的艺术价值和更为恒久的艺术生命，翻译这样的作品，无疑更能呼应社会的阅读需求，赢得更大的社会意义。

力冈先生晚年重译的多部名著如今仍在一次又一次地再版，这说明力冈重译的俄国文学经典具有长久的生命力，也说明他当年重译名著的抉择是正确的。一位翻译家，只要他的译作还能出版，还能被人阅读，这位翻译家就还活着，好的译作就是译者的生命之延续。从更为广泛的意义上说，力冈先生是我国改革开放之后名著重译之风的倡导者之一，而名著重译，对于深化我们对外国文学经典的理解和认识、对于发展我们的翻译实践和理论而言，都是极具历史意义的。

四

力冈先生是一位翻译家，也是一位大学老师，教书育人是他的本业。作为恢复高考后步入安徽师大外语系俄语专业的20名学生之一，笔者有幸受教于王老师（力冈本名王桂荣，我们当时都称他“王老师”）。记得先生1978年从插队的宣城乡村回到安徽师大后，不久就开始给我们授课，他教的是“文学选读课”。先生是一个颇为“另类”的老师：他上课不用现成的教材，没有固定的教案，就以他当时正在进行的翻译工作为授课内容；他在教室里不来回走动，几乎不做板书，仅端坐讲台，摊开那本他正在翻译的原著，一旁摆着一摞他最新出炉的译稿，按部就班、一句一句对照着讲下去。对文学没有兴趣、对文学翻译没有兴趣的学生，听这

样的课或许会感到无味，当时王老师课的课堂气氛也的确有些沉闷单调，但王老师并不在意，只管自顾自地讲下去，他会讲他为什么要这样译，讲到兴奋处，他会突然提高嗓门，用带有山东腔的口音高声朗读他最得意的译文段落，读完后，他会抬起眼睛，久久地盯着天花板，似在掩饰眼里涌出的泪水。记得是在讲解《当代英雄》时，他时时指出其他译者，甚至是非常著名的翻译家的错误，并向我们分析这些错误之所以出现的可能的原因，他也时常让我们在他的译文中“挑错”或为他的译文“润色”，如果我们偶有所得，他往往显得比我们还要高兴。与王老师的文学选读课构成呼应的，是我们在大三时学的翻译课，翻译课教师张本桂先生常常给我们一些原文片段，让我们动手翻译，并在下一次翻译课上让译文出色的同学朗诵其译文，并对他认为好的译文再逐字推敲。正是在力冈先生以及张本桂先生和其他老师的精心培养下，安徽师大俄语专业涌现出一大批俄罗斯语言文学专业的人才，其中多位如今已成为国内知名的翻译家，有译著面世的人更多达十余位，如吴笛、张杰、周启超、吴嘉佑、冯华英、朱少华、陈建硕和刘文飞等。名不见经传的安徽师大俄语专业，在短短二三十年间居然成为中国的俄语文学翻译家的摇篮，王老师在天之灵也会因此而深感欣慰！

我们这个俄国文学译者群体的崛起，在很大程度上要归功于力冈先生及其同事们的言传身教。首先，他在课堂上逐字逐句的中俄文对照讲解，他关于译者甘苦的诉说，对于有志于文学翻译的学生而言弥足珍贵，这其实就是一个文学翻译的工作坊和实验室，让我们当年在初步掌握俄语后不久便接触到了俄语

翻译的真谛，亲眼目睹了一位翻译家的工作过程和工作方式。其次，他既与我们分享他的翻译过程，也与我们分享他的翻译收获，记得我们在校时，他和济凯先生合译的《高尔基传》已经出版（江西人民出版社1980年版），他送给全班同学每人一本译著，并用规整的笔迹在扉页上题字签名，不难想象，我们接到这样的馈赠时会多么激动，同时也会觉得译书和出书不再是一件遥不可及的事情。最后，他以他的翻译行为和翻译意志告诉我们大家，庙小并不妨碍念经，更不妨碍修身。他在翻译课上不畏权威，真诚地点出翻译名家们的长处和短处，让我们较早地感受到某种翻译民主精神，并从而确立自己的翻译人格。在他之前的大翻译家往往都生活和工作在大城市，而他在成名后却安居小城，潜心译事，他的存在方式构成一种垂范和激励，使我们很早就意识到，一位翻译家原本可以在任何环境里成长和工作。力冈先生作为一位翻译家的作为和风骨，为他的学生们树立起一个光辉的榜样。

五

力冈的文学翻译有着其鲜明独特的文字风格。译者作为一部作品中的“被动创作者”，究竟应不应该体现其风格，这也是翻译学中一个争论已久的问题，一个见仁见智的问题，有人认为，译者的责任就在于原封不动地传导原作的风格，而不能擅自发挥，喧宾夺主。但是，译作毕竟是由译者用另一种语言进行的文学再创作，译者个人的修辞习惯和语言风格不可避免地会在其译作中得到体现，也就是说，所谓“译者风格”实际上是难以避免的。在这种情况下，如何让译者的风格与作者的风格相互接近、相互吻合，往往就成了决定译作成败的关键因素之一。译者无法在作品的风格范畴里肆意妄为，但译者毕竟有权利选择与自己相近的原著，或者说，选择自己较容易处理的翻译对象，或者说，在一部作品的翻译过程中更注重在自己的风格较易发挥的地方施展拳脚。原作风格和译者风格的吻合虽是一个可遇不可求的事情，但一旦相遇，便是译者的幸事，也是原作者的幸事，更是读者的幸事。

在力冈先生的译著中，较之于人物对话和心理描写，大段落的抒情和大场面的写景似乎得到了译者更为精心的处置，他往往能借助这些段落营造出一种悲凉壮阔、哀婉抒情的氛围，更确切地说，他往往能细腻精准地传导出原作中的此种氛围。力冈先生钟情于这样的段落，钟情于这种文学氛围的营造和传导，无疑与他饱经沧桑的生活经历相关，也是他既刚正不阿又侠骨柔情的性格使然，更是他的审美趣味和文字风格的要求。他的几部译著在书名翻译上的处理，就在一定程度上体现了他的这一追求。巴巴耶夫斯基的小说原名 *Приволье*，这是一个很“地道”的俄语单词，意为“广阔的地方”“无拘无束”等，力冈成功地将其译成《野茫茫》，这个译名既契合小说描写苏联斯塔夫罗波尔草原地区生活的主题，也暗含着我国著名的北朝民歌《敕勒歌》所具有的苍茫壮阔的抒情力量。卡里姆的小说原题 *Долгое-долгое детство*，力冈先生最初发表在《世界文学》上的译文题为《漫长漫长的童年》，后来出版单行本时，他将书名改为《悠悠儿时情》，

“漫长漫长的”和“悠悠”这两种均使用了叠词的译法都是对原文题目中的修辞手法和诗意情绪的准确再现，但“悠悠”较之“漫长漫长的”似乎更符合中文习惯，再加上之后的“儿时情”，无疑更有抒情味。冈察尔的小说 *Берег любви* 通常被译为《爱的彼岸》或《爱之岸》，力冈先生却译为《爱的归宿》，译者似乎也是在有意地“拓展”作为小说描写对象的爱情的辐射范围。力冈最重要的译作之一《生活与命运》最初的译名是《风雨人生》，力冈是在20世纪80年代末结束此书的翻译的，想必他在译完这部作品时，回顾自己和社会遭遇的种种磨难，不禁百感交集，故将格罗斯曼的原书名 *Жизни и судьба* 译成《风雨人生》。需要说明的是，在广西师范大学出版社不久前再版力冈先生的这部译著时，笔者建议将译著的书名改为《生活与命运》，因为这部小说如今已与托尔斯泰的《战争与和平》并列，而作者格罗斯曼在为这部小说取名时也的确是对托尔斯泰那部史诗的有意模仿，“生活与命运”和“战争与和平”，都是对人类生活最高程度的归纳和概括。

我们或许可以将力冈先生的文学翻译风格概括为“大气的诗意”或“壮阔的悲凉”，即一种融悲剧与抒情于一炉、广阔的画面感与内在的节奏感相互呼应、一气呵成的连贯调性和力透纸背的史诗感相映成趣的译文风格。在他精心翻译的《静静的顿河》和《日瓦戈医生》等巨著中，他的译笔很好地传达出了原著中原本就饱含的由抒情性、悲剧性和史诗性抱合而成的小说整体氛围，而在《生活与命运》的翻译中，他的这一风格又得到了更为充分的彰显。请读一读这部史诗长篇的结尾：“在这种宁静中，会想起去年的树叶，想起过去的一场又一场风雨，筑起又抛弃的窠巢，想起童

年,想起蚂蚁辛辛苦苦的劳动,想起狐狸的狡诈和鹰的强横,想起世间万物的互相残杀,想起产生于同一心中又跟着这颗心死去的善与恶,想起曾经使兔子的心和树干都发抖的暴风雨和雷电。在幽暗的凉荫里,在雪下,沉睡着逝去的生命——因为爱情而聚会时的欢乐,四月里鸟儿的悄声低语,初见觉得奇怪、后来逐渐习惯了的邻居,都已成为过去。强者和弱者、勇敢的和怯弱的、幸福的和不幸的都已沉睡。就好比在一座不再有人住的空了的房子里,在和死去的、永远离开这座房子的人诀别。但是在寒冷的树林中比阳光明丽的平原上春意更浓。在这宁静的树林里的悲伤,也比宁静的秋日里的悲伤更沉重。在这无言的静默中,可以听到哀悼死者的号哭和迎接新生的狂欢……"这一史诗性的小说结尾写得好,译得也好,善于再现悲剧抒情风格的翻译家力冈先生的功力和风格在这里体现得淋漓尽致,炉火纯青!

俄国诗人叶夫图申科在1986年访问中国之后,深为中国俄苏文学翻译家们忍辱负重、坚持不懈的精神所感动,写下一首题为《中国翻译家》的诗作,在由笔者译成中文的这首诗的最后,诗人写道:"知识分子的良心,/就是一家出版社,/它仍能工作,/即便没有印刷机,/无论监狱、痰迹还是侮辱,/它仍能用诗句的春燕/把各个民族连系。/翻译家们在做什么?/他们让各国人民相互走近,/越过国境,/越过谎言的沼泽地。/总有一天,要用他们的姓氏/为巨轮命名,/稻穗和麦穗,/会向他们鞠躬致敬。/伟大的译文,/就像神的预言。/翻译过来的细语,/会成为震耳的呼喊。/但愿能有一座纪念碑,/献给无名的翻译家,/那最为可敬的基座,/就由无数的译著垒成!"我们相信,力冈先生的译著,应该

也被垒入这座纪念碑的基座；力冈先生的名字，应该也被刻上这座纪念碑的碑身！

二〇一七年初秋于京西

目　录

里雅希柯短篇小说集

小　鹰

一

远山在晚霞里变得绯红，四周是苍茫的暮色。一只饥饿的小鹰从巢中注视着远山，焦急地踏着两只脚。妈妈是在左近山峰的后面。他在等待着妈妈的声音，笨拙地拍打着翅膀，把岩石上的尘土扑了起来，而巢外的草儿也弯下腰儿，惶惶不安地沙沙响着。

前面，大海一次一次地向一个山口冲来，又波光闪闪地向后退去……在巢的下面，在半明不暗的山谷中，不知是什么窸窣响了一下，小鹰看到是一只熊。熊正向水边走去，一路上擦动着灌木丛，灌木丛被碰得一弯一弯的，发出窸窸窣窣的声音，已经干枯的叶子都纷纷落到地上。上空传来的一声戛然长鸣，没让小鹰把熊目送到溪边，接着他跳将起来。

妈妈从山后疾飞而来，在小鹰旁边把翅膀扑得直响。妈妈把他推开,不让他去吃带回的食物。他低下头,极力想挨到妈妈颈下,但是她把他向深谷一推,自己也纵身跟下。

他还像平常一样想落到妈妈的背上,但是落了个空,便拼命地扇动起翅膀,并且慌张地叫了起来。妈妈在他上面向上高飞,并且用鸣声招呼他跟去。

他飞近了她,但是她却没有把背给他。他出生以来第一次在她上方划了半个圈子,开始追赶她,嘎嘎地叫了起来,接着气喘吁吁地在巢边落下。

妈妈用喙挨了挨他,当他慢慢安定下来的时候,她也一动不动。他突然像刚清醒过来似的扑向食物,并且那么贪婪而性急地撕裂着食物。吃饱了以后,他把喙擦干净,沿着冰冷的石块走到一块突出的岩石上,把头一仰,寂然不动了。

暮色很快地浓起来了。月亮透过稀薄的行云,从山顶后面探出头来。银色的月光照在光秃的岩石上,随即又倾泻进深谷。

一座像沉睡的野猪似的高山的侧面呈现出来了。一座白秃山顶的圆山变得黑郁郁的。随后又出现了一座倾斜的、好像锯断了的高山。从它后面伸出几条矗指天空的尖峰。在那里,还有一群群被昏沉沉的烟雾笼罩着的高山,它们在捕捉那奔跑不定的月光,又恰似慢慢把月光从身上抖掉,渐渐沉入晦暗的阴影中。

山坡上跑过一只野兽,随即好像在树叶的沙沙声中迷失了方向,但有一块被它碰动了的石头滚下山去……四周的一切都在静听着石头的跳动,捉摸并重复着它的声音……

当到处都完全寂静了时,云彩让月亮露出了整个面庞,她便整夜守护着群山。一切都在她那荡漾不定的银波中沉睡着。只有小鹰不时地抬起头来倾听。第一次飞行的感受使他太难安静了。

二

朝霞将出现的时候，海上泛起一圈圈的晨光。山中的静寂和阴影惊动了。回声和着鸟鸣，叫醒了白云；白云镶上了红边，向着大海飘去。

山谷里，小溪旁，灌木丛又窸窸窣窣响了起来。熊走到水边，把头伸进水里，喝饱后，走上附近的山坡，对着一块圆形的大石头哼了一阵子，然后把石头一推。

这块石头一面跑，一面把灌木打断，带起泥块和小石块，最后尘土滚滚地落入溪中不见了。当石头所掀起的闹声在慢慢消失的时候，群山醒来了。

太阳像独木舟一般在大海的边沿上出现了。老鹰走近了小鹰，不容反抗地把它揽到翅下，带他往外走。

这一次他并没有违拗她。当她把他向深谷一推的当儿，他便展开双翅，顷刻之间飞到高山上空，用戛然长鸣打破了静寂，在妈妈上方盘旋着，越来越大地打着圈子，瞩目远望高山、大海和远方。

在积雪皑皑的山巅后面，他看到了白茫茫的平原、青烟和森林，于是他飞得更高了。他的两翼和前胸带着啸声划破长空。高空的寒气冷彻他的心脏，又变成灰蓝色的寒霜落满了他的羽毛。妈妈已经在巢里，正在注视着他。

小鹰从高处看到一个在山上跳动着的小灰点，便向山巅的青蓝色阴影里急骤地冲过去，又从阴影里冲到阳光里，像箭似的向着山坡落下去，抓住兔背，用喙啄它的脑门，然后带着兔子飞上天空。

鲜血从他的爪下流出，顺着兔子的长毛往下流，滚热的兔血在这清晨的寒光里一滴一滴地滴在高山上。

小鹰落到妈妈身旁，用喙弄死了在发抖的兔子。妈妈纵目向群山、深谷一望，便慢慢地，低声叫着离了鹰巢，向群山后面飞去。

小鹰注视着她，直到她飞得不见了，便吃起来。然后理理羽毛，凝神望望太阳，在阳光里取暖。

三

中午时分，一片白云向大海飘去。小鹰飞近了白云，倒影在水中，像一个黑色斑点，在白云的白色倒影上游动了很久。

石崖旁海鸥的叫声，他觉得好像巢边给他的翅膀扇得摇摇摆摆的小草的沙沙声。他仔细瞧了一下海鸥，便敛起翅膀，直向海鸥冲去。

在大海之上，在波涛有节奏的喘息声中，他看到另外有一只小鹰从水里向他冲来，他很震惊，因为自己的倒影和大海的波涛声使他不知如何是好了。

他眼花缭乱了。

他急忙落到石崖上，倾听了一会儿，然后对着喧闹的海水叫了一声。海水冲到石崖旁便向上冒起来,——波涛的泡沫冲刷石块,浪花溅到小鹰身上,接着波浪落到他面前的石洼里静下来。

小鹰不安地避开浪涛,抖动抖动翅膀。太阳慢慢晒干了他的身子,水面上的金光也越来越浓了。热气从水湿的翅膀上冒出来,在头旁打圈圈。小鹰望望石洼里自己的倒影,用喙动动它,又凝神望望那波光灿烂的、蓝宝石般的大海。

四

黄昏降临的时候,北方吹来了冷风。太阳坠到山后,光线立刻消失了。从群峰后面涌来了一片黑云。远山劈破了黑云,但黑云也截断了远山的顶部,云蓬乱了,淹没了山谷,缠住了小鹰。小鹰动动水湿的翅膀,想拿叫声冲开黑云。黑云把他的叫声摔了开去。小鹰跳上一块突出的岩石,叫得更响了。水湿的小草摇晃了一下,云后现出了环绕着月晕的月亮,月亮凝视着群山。黑云的游动变得清楚可辨了。

沙沙声唤起了回声,回声又和沙沙声融合在一起。高山、深谷和小鹰正在听着黑云把一滴一滴的冷雨往山石上落,忽而注意起来。

后面,大风吹打着高山,又呼啸地翻过山巅,在山谷里旋转。黑云离了高山,洒着冷雨向望不见的大海飘去,月亮也就跳出了月晕。

山坡上,在树叶与草丛中奔跑着的鸟儿叫了起来。山谷里群鸟的鸣声和翅膀的飞动声交织在一起。还有,忽而在高处,忽而在低处响起了吃惊的、慌张的声音,雪花纷纷地从山后飞来,填塞乱石中间的缝隙,打得干枯的树叶哗哗地响。

小鹰不安地望着山谷中。大风一个劲地把密密的雪花往他身上抛,恶狠狠地吹乱腿上的羽毛。雪花一片接一片,盖住了脚爪,又开始接近脚距。小鹰抖掉雪花,烦恼地向上冲去,然而被大风一吹,落到巢里。

他恼怒得浑身紧张起来。他生气地抬起头来向旁边一挺,滑下深谷,并神气十足地招呼妈妈。

风雪呼呼地刮到他身上,吹斜了翅膀,并卷着他走。他反抗着,一只翅膀碰上了石头。痛极了。他愤怒地急飞而上,被大风带着,越过了群山。

雪花靠到水湿的翅下就化掉。熟悉的群山消失在白茫茫的一片中。翅膀的啸声中却不知从哪里闯进了熟悉的叫声。小鹰嘎地叫了一声向叫声冲去,却没有回应。他更响亮地叫着,用两翅划破充满可怕的声音的天空,转身向后飞,飞得低些。

月亮消失在一座尖尖的山峰后面,前面,有一个被雪花弥漫住的难以看清的光点在可怕地闪烁着。下面突然哗啦一声,接着是长长的一阵唰唰声。翅膀碰到了在颤动的树枝。小鹰急忙飞开枝丛,但是大风和因懊丧而烦恼的心却使他去穿越树枝,向地上落。被他碰动的橡树上干枯的叶子,带着清脆的响声离开了枝头。他躲开一条树枝,斜着身子飞向一块空地,落到空地上。

点点的亮光十分近了。风从那儿送过来生疏的气味和吠声。小鹰压压身子底下的雪,静听了很久。因飞行而发热的羽毛,在寒冷中咯咯吱吱地响,并且发硬了。

他展开翅膀，把头伸到翅膀下面，用喙去啄掉冰凌……水汽从口中一滴一滴地滚到胸前，冻结在羽毛里。

大风把他吹得直摇晃，新降的雪层碰到翅膀碎裂开来，埋住了脚爪。他用喙搔搔翅下，然后警惕地抬起头来，因为吠声更近了。

小鹰奔向森林的深处，慢慢陷进雪堆，两个翅膀尖在雪地上划出长长的线条。偶然碰到的一堆伐倒的小橡树后面静悄悄的。小鹰在这里倾听一会儿，便钻到树枝底下的黑暗处。

被大风追逐的雪花，在冻硬的树叶丛中清脆地响着，又飞过树堆，落到小鹰面前。他紧贴住树枝，迷迷糊糊地注视着雪堆不断地长大，把他掩埋起来。

五

黎明时，小鹰惊醒了，他望一望从雪里现出来的蓝点，就用喙去啄它。雪碎裂了，落到他的脚下。一缕明亮的光线，穿过小孔落到他的头上和翅角上。

小鹰看到一棵树，树后便是蔚蓝的天空。正在上升的太阳的光芒，照在盖满冰凌的树干上光怪陆离的。

小鹰用喙把孔弄大，随即却隐藏起来，因为犬吠声打破了静寂。有一个小东西向小孔跑来，它塌碎积雪，在小鹰恍恍惚惚的视线中跳跃着。有一个大的不知是什么东西走近了小的东西，遮住了天空，并弯下身来。一根棍子打碎了小鹰头上的积雪，生痛地打在他的翅膀上。

他用爪子抓紧棍子,高鸣着向外跳出来,看到了跑开去的一只狗和一个人。

严寒顷刻之间便把在雪底下融化了的翅膀的尖端冻住了,并使它变成了银白色,变得硬扎扎的。小鹰用力飞离雪堆,但是沉重与疼痛却把他摔回去,于是他跳跃着冲向树后白茫茫的平原。

狗和人跟在他后面跑着。到了一丛灌木之后,他收起喀喀吱吱响着的翅膀,转过头来。那个人的鼻子里和嘴里冒出一团团的热气,落到黑色的胡须上成了白色的银丝。狗好像在吞着自己的声音,很快地跑近了小鹰,却又几次尖叫着跳了开去。那个人在给狗打气,拔一脚陷一脚地在雪里走着。

树后,小鹰看到了高山。高山很近,就在森林后面,白刷刷的,非常庄严。他向高山奔去,然而由于疼痛他倒在自己影子上。夜间搔伤的翅下滴下一滴一滴的鲜血,滴在爪下咯吱咯吱响着的雪上,接着在雪上渗散开来。这使狗高兴极了,他吠得更响了。小鹰不再看山,转过身来,站了起来,伸直脖子,凶狠地望着那个人的眼睛。

他好像失去了知觉,而当狗跑得更近了时,他鼓了鼓前胸,准备搏斗,他张开爪子,随即十分高兴地仰起了头,因为森林上空传来了妈妈的叫声。她终于来了,她来了!……

急骤地长大着的影子、喙的闪光和翅膀的声音使他的眼睛发亮了。他跳跃起来,高鸣起来。

狗尖叫一声急忙溜走了。那人把两肘举到耳朵上,俯下身去。

老鹰金光闪烁地很快飞过他们头上,高鸣一声,落到小鹰身旁。在他们头顶上,严寒也爆发出火花。老鹰用喙碰了碰小鹰,从他背上望了望草舍烟囱里冒出的炊烟，然后蹲下身来。

小鹰跳到她身上，用爪子抓住她的羽毛，俯下头来。她跳了起来，用翅膀扇起一片五彩缤纷的尘土，盘旋而上，最后，好像融化在太阳的光辉里了。

1914 年

一副脚镣

一

阿列克塞·阿尼堪诺夫戴上了一副旧的、已经在人们脚上磨得发亮的脚镣。原来,这副脚镣是很早很早以前打造的。关于这一点,阿列克塞是在西伯利亚听说的。在一个苦役牢的院子里,一个年老的苦役犯人摸了摸他脚上的脚镣,十分高兴地说:

"啊哈!这副脚镣我戴过的,我戴过!听声音我就知道!我听听有些熟悉。事情发生在库班。那时候这副脚镣还是不光滑的。在我以前,一个格鲁吉亚人戴过它。他跑了,就把它扔下了。当时我正被判了刑,它就归我所有了。等到我被流放到西伯利亚,我在一个地方到澡堂里洗蒸汽浴,把脚镣一脱,差一点弄出血来,然后往木榻底下一扔。不是我一个,当时是三个人一块跑的。哈,痛快极啦!"

回忆使老头沉醉了。他笑起来，轻轻拍了拍阿列克塞的肩膀：

“你年轻啊！你戴的是一副幸福的脚镣！懂吗，幸福的脚镣！”

这个老头差不多过了四十年还能根据声音认出自己的锁链，这个消息立刻传遍了所有的牢房。很多人不相信这一点，但是老头消除了大家的疑问，因为在脚镣的环上还保留着他的记号。

这使老头在全牢里出了名，并使很多人想到脚镣：谁发明的呢？谁打造的呢？

整个苦役牢都咒骂那些在监牢工场里做脚镣、手铐和死人服的囚犯们。另外一些苦役犯人愤恨、悲伤起来。还有另外一些人在残酷的事实面前寒心了：人们在给自己修建牢狱，给自己锻造锁链，把自己锁进锁链，给自己缝制死人服，枪毙、绞死……一切都是自己在做，自己在做，自己在做……

二

阿列克塞写家信是以玩笑开头的，说他戴的是一副幸福的脚镣。写了几行之后，他激动起来，——信结果写得十分热烈、尖锐，因此必须偷偷寄走，不通过监牢管理处。

阿列克塞的沉郁而寡言的爸爸马特维依把信反复读了三四遍，然后，等胸中难挨的疼痛平息了时，自言自语地说：

“是啊，脚镣，总是用铁做的；这铁，也许是我们厂出的。唉，事情真想不到……”

每次给阿列克塞写信都是他的哥哥——有些耳聋的锅炉工人华西里。对于信，平常马特维依是不感兴趣的——总是老一套问候的话——但是这一次他说：

“你在信上留下点地方。你像平常一样都写好，替我特别写一点……”

华西里写了全家都健康，又说了些熟人的情况，然后转过头来问：

“好，替你写些什么？”

马特维依激动地用手撑住桌子，说：

“这样写：就说爸爸要求你不要扔掉这副脚镣……就说，阿辽士卡[1]，他要求你想法子保存它，或者最好是……寄回来给他——就是说，给我——做纪念……”

华西里疲乏的脸紧皱起来。

马特维依的妻子、儿媳、孙女都惊讶地抬起眼睛。

“本来就够痛苦了，你还要添油加醋。”妻子恨恨地说。

“应该以毒攻毒。”马特维依含蓄地回答，并指着信说：“写，有什么好瞧的？……”

于是华西里写上了。

三

阿列克塞·阿尼堪诺夫在法庭上听了判决词之后，便对自己说：“没什么，坚持住，阿辽士卡，别丧气！”——于是，日复一日，

①阿列克塞的爱称。

年复一年,他始终坚信这句话,因为,不管监禁与脚镣是多么难受,他总是记着,他只有二十二岁,日子还长着呢。他也记着人民中另外一句宝贵的、崇高的名言:愁苦与感伤自己的眼泪并不能使生活光明起来,使自己痛苦减轻,使人们幸福;相反地,只能影响别人,损毁、挫伤自己志气。

在苦役牢里——整个五年中——阿列克塞一直那么坚定与充满信心,好像他的生活还未开始,而监禁和脚镣只是生活的准备。另外一些同志猜想到:他的心正像虹一样放着光彩,要拿应有的一切来代替现有的一切,他用理想盖住一切沉痛,正在沿着所选定的道路坚强地走着,好像根本没有牢墙,没有铁栏,脚也没有锁住……

在内心里,阿列克塞始终是自由的,和人民在一起的;他在监督着自己,尽力想弄清楚:是不是会堕落,变坏,是不是会背叛自己所信仰的东西?他时刻在准备着,使自己更坚强,因此他对任何人都是直率倔强的,他不容忍狱官和狱吏的辱骂,常常激怒地起来反对,并且因而戴上手铐,坐禁闭,挨打,但是,相信自己是正义的这种信心减轻了他的疼痛与痛苦。把他流放出去的那一天,他依然是健壮的。

他因为坐牢脸色变得灰暗,太阳穴上青筋凸出,但是蓝色的眼睛仿佛荒原上的花朵散发着光彩,满怀希望地流盼着。

在监牢管理处最后一次审讯中狱官冷笑地问他:

“阿尼堪诺夫,撑住了吗?”

“撑住了。”

“你瞧着吧,下一次会叫你撑不住的。”

“下一次也会撑得住。”

狱官抬起眼睛望了望阿列克塞，用头指指他所买下来的脚镣，嘲笑地问：

“会撑得住吗？下次要戴着自己的脚镣到我这儿来？它也救不了你！”

“我保留这副脚镣是为了做样子。”阿列克塞低沉地回答。“等我自由了，我要从事脚镣生产，因为不久就有许多人需要脚镣……”

狱官愤怒地眯起眼睛，但是沉住了气，拖长声音说：

“这也是正经事，你干去吧，干这活的也不少……”

四

节日前夕，阿尼堪诺夫家里收到了一份邮包通知单。节日这天，华西里便去邮局，取回来一个用麻布缝紧了的箱子。

“阿辽士卡寄来的……”

家里人都奔到桌旁。华西里拆开麻布，用切菜刀掀开箱子盖头，从塞得紧紧的细木头刨花里面掏出一副捆着的脚镣。脚镣在绳捆里动起来，像长蛇一样从绳子里团团滑出，闷声闷气地哗哗响着。从镣里面掉出被铁箍磨得发亮的戴在脚镣底下的皮衬，皮衬卷成一个筒，用小皮带捆着，小皮带是系在腰带上吊挂锁链用的。

“这东西怎样……套在脚上？”

大家畏畏怯怯地动动脚镣，仔细瞧瞧。妈妈抽抽噎噎地哭了，华西里为了赶走突然涌上来的悲伤，咳了一声，说：

“好家伙！需要试试大小，对吗？真的，需要试试……”

他脱下鞋，把铁箍套到脚上，用妻子的发针扣紧。一股铁的凉气从脚踝冲上腿肚，透到胸部，刺着心头。华西里用手抓住连接左右锁链的铁环，笨拙地走了几步。

“阿辽士卡就是这样打扮的。傻小伙子，真要命……”

华西里认为有这样一个弟弟是值得骄傲的，并且自己感觉到，如果给他自己戴上脚镣，他会怕得叫起来。

“你瞧多怕人，可是他在信里总是说没什么，说一切都很好……”

门吱的一声开了。马特维依在门口望了望华西里，十分生气：

“你这是干什么，当玩意儿玩？顶好你自己去弄一套，比玩别人的强……”

华西里丧气地卸下脚镣，放到桌子上，嘟囔着说：

“要是我愿意的话……”

“你不愿意？你就只知道上工、吃饭和睡觉……”

“您希望也把他赶到西伯利亚去吗？”儿媳不高兴了。“一个就够了，他为大家吃尽苦头……”

“我希望什么，你自己知道。”马特维依挥开她，走到桌子跟前。

他慢吞吞地摸摸脚镣，一次次地动动锁链的环节，把铁箍扣紧又拉开。然后摊开皮衬，用手指摸摸铁箍压出的两道沟，随即便一动不动的。华西里的话使他十分生气。华西里身材魁梧，结实强壮，对一切事却都很顺从，总是睡眼惺忪的样子，在马特维依看来他简直是个木头人。他和阿辽士卡哪里是弟兄？阿辽士卡爱学习，什么事自己都能懂……要叫他在这节日里去取个邮包你就别想找到他，——他一清早就出去，深夜才回来。他常常大声读书。唉！……

阿辽士卡的被审讯和被送进苦役牢，使马特维依愁白了头，秃顶扩大了，他内心感到受了侮辱，感到愤怒。他本来万分痛惜儿子，但是愤怒却使他咬紧了牙关，并且好像烧毁了诉怨的话语，——让他们残害去吧！他保存着刊载了他儿子在法庭上的发言的那张报纸，并且等家里没人的时候，便拿来读。

他一面摸摸脚镣，一面想象着脚镣束缚年轻人两脚的情景。在他脑海里的阿辽士卡是极小的孩子，被疼痛折磨得十分憔悴。只是他很要强罢了。很想抱紧他，抱他玩玩，逗他乐乐，让他笑笑，抓抓爸爸的胡子。

马特维依盯着脚镣看了好久，一言不发地紧皱着眉头，到了晚上才对妻子说：

“孩子他妈，瞧，是这么一回事……”

“你怎么啦？”

“没什么，我一直想着阿辽士卡……”

“啊——啊！”妻子应着，又抽抽搭搭地哭了。

“唉，唉，瞧你这个人，真爱哭。”

临睡之前，马特维依把脚镣擦上油，放进箱子，放到阿辽士卡的书架上。

五

在工厂里，大家从华西里口中晓得了脚镣的事。邻近车床上的工人和熟识的工人们都要求马特维依把脚镣带到工场里来。上年纪的人很平静地要求，而像阿辽士卡那样的年轻人可热烈啦。马特维依却不答应：

“这有什么好瞧的？不值一看。”但是，到了夏末时他让步了：“好吧，圣母节我拿来……”

马特维依在装配工场工作。装配工场是装配机车的。这是个三开间的大工场，铺有铁轨，有像飞翔着的鸠鹰一样的电力起重机，是厂里主要的工场。在三排映着太阳像云母般的玻璃屋顶下面，有一列列的车床，一行行的工作台，还有放机车零件的架子和一个用网状栅栏隔起来的工具室。工作的时刻，钳工、旋工、刨工、凿工、画线工像蓝色蚂蚁一样在动着，来来去去地走着。杂工也一群一群地不断走来。

“鸠鹰”带着轧轧与喀喀的声音向前向后移动着，闪耀着蓝色的火花，挥动着带环的钢爪，用发亮的钢钩传送着外轮、钢锭、钢框。巨大的声浪在颤动着，飞向房顶……

车刀底下，黄铜像金色的小虫一样地飞出来。铁在蜿蜒着，闪着银色。生铁像灰色的棉花团似的一团一团往下落。在刨床上，齿轮下呻吟着一排排锻造好的杠杆。凿床的长牙好像被刨屑截断了。自动进刀的掣子像蝉鸣似的唱起来。小锤子铿然地落到錾刀上、铆钉冲上和中心锥上。齿轮的嘈杂声像沉闷的擂鼓声在地面上滚动开来。

在高处，在支架的怀抱中，轮轴在唱着。皮带在唰唰地响着，用附轮的端头敲打着滑轮。从水箱里，肥皂水像珍珠般地一滴一滴落在车上，一股股的热气杂着铁末升向传动装置。在角落里，水湿的磨石正舐着钢铁，砂轮尖叫着迸起一团团的火星。

在装配工场的大门上，朝里悬着一副圣像：蓝色的天空，白色的云彩，云彩上面是披着带花纹的圣裘的圣母。圣母节是厂里最隆重的节日。节日的前夕，马特维依年年都和老头们一起去圣园里割草，去森林里砍树枝，并帮忙洗圣像，擦长明灯，装饰装配工场……

六

圣母节这一天天气晴朗、香气扑鼻。从工厂后面送过来干涩的草香，但是，特别讨人喜欢的是和风与蛛丝。蛛丝很多，在高处忽东忽西地飘荡着，路途不定，好像是风吹离了大船的船索。

装配场被秋色染黄了的树枝点缀得五光十色。一条带有鲜花的用雁来红扎成的彩带，从装配未完的机车伸展到低台的栏杆。在铺着锦缎的一张桌子对面，彩带的两端拢在一起，并围绕住圣像。

两旁间距里擦净的、发着松脂气味的、上过机油的车床看起来只是机座的缝隙和夹盘的孔洞。金属板和靠边的工作台上，放着五颜六色的衬衣、长衣、头巾、帽子。神甫和执事，用单调的颤音，祈求从墙上摘下来的坐在云彩上的圣母用她的圣裘保佑众人不受痛苦与灾难。

做祈祷的时候有很多歌唱鉴赏家，因而，大合唱——其中也有工人——唱得十分起劲。轰鸣的声浪冲击着无言的“鸠鹰”的两翼，冲击着玻璃屋顶，并在人群后面发出隆隆巨响。一列列的车床、四处角落、屋顶椽架都发出回音。

在祈祷人长寿的巨雷般的声浪里，车床好像都踮起了脚，要望望那由于用劲而脸涨得通红的执事和那不惜拼命喊破喉咙的合唱队。洒水刷子上的水花，洒在未装好的机车上，洒在它的制造者身上。

工场主任、工程师、技师们都簇拥在厂长面前。厂长领带上的别针闪着光，浆过的衬衣，分得齐齐整整的头发使他神气活现的；他漫不经心地点着头接受祝贺，笑得把抽烟熏黑了的牙齿都露了出来。助理技师、绘图员、技术员、装配员和工长们一个跟着一个走到他跟前，一次次地打着躬，倾听他的话语，极力不去注意工人们嘲笑的眼光。

人群碰着铁块、生铁和钢梁跌跌撞撞的，走去恭恭敬敬地吻圣经、圣像和十字架。客人们，特别是女人和孩子们，在车间里散了开来，仔细瞧瞧他们的亲人工作的车床。

合唱停了。隆重的仪式结束了。忽而在嗡嗡的人声中响起一阵奇怪的哗啦声。装配场里没有什么东西这样响过。很多人转过头来。在一架刨床旁边，在拿着脚镣的马特维依周围，人群越来越大了。大家都涌向脚镣跟前去，动动它，弄得环节哗啦哗啦地响，估量这副脚镣是用什么打造的，并且都感到很惊异：它在脚上磨得这么光亮。人群沸腾着。后面有人喊：

“喂！拿高些，让大家都看看！”

一个旋工跳上机座，像举香炉一样把脚镣高举起来，说：

“瞧！这是我们车间的旋工阿列克塞·阿尼堪诺夫的脚镣！他为了我们，为了我们的事业在监牢里戴脚镣。现在他在流放中……可能不久就会回来的！懂了吗!?”

旋工又把脚镣向上举了一下，便跳进了人群。如雷的人声越来越响，从人们头上传了开去。警卫长从惊慌的厂长身旁向车床冲去：

“让开！谁在讲话？给大家看的是什么东西？脚镣？什么脚镣？是哪一个阿尼堪诺夫的？”

有人从马特维依手里抢过脚镣，传给旁边的人：

“往下传，给自己人……”

脚镣叮当地钻进了人群，在人群深处藏到一件蓝色衬衣底下，紧贴住火热的年青的身子，不响了。

“谁是阿尼堪诺夫？是你？你刚才拿的是什么？脚镣？是哪一个儿子的？”

“在监狱里的那一个。”

“啊……脚镣在哪里？”

马特维依望了望警卫长，说：

“传得不见了。”

“往哪里去了？”

“往应该去的地方去了。”

“应该去的地方？你瞧，老头儿，是不是往那边去了？”

“我眼花了，没看见。”

“你说这话是什么意思？你敢强辩？记不起了？都走开！”

人群无可奈何地向门口移动。

七

那个举起脚镣让大家看的旋工，被宪兵送进了监牢。阿尼堪诺夫家里一直被搜查到天明。这些刮过脸的、有胡髭的人，什么东西都翻翻，瞧瞧炉子里，也爬上阁楼去搜搜，拿电筒把庭院的地方都照遍了，厨房里的地板也掀起来看看。马特维依不耐烦了，他说：

“脚镣不在家里。”

宪兵停止了搜查，并且高兴地问：

“那么究竟在哪里？在谁那里？”

“不晓得。在工场里不见了。”

“你应当晓得在哪里……”

“不晓得……”

宪兵叽里咕噜地骂他，威胁他，然后空着手走了。厂里的狗腿子开始监视他，早晨工长对他说：

“你瞧，阿尼堪诺夫，我真想不到你会犯这个错误。说实话，没好处的。你不该做这样的事，不该做……”

马特维依以为他在工作上犯了错误，咕嘟着嘴说：

“我怎么？我做活都实实在在的……和图纸上一样。”

“老兄，图纸上并没画脚镣，嘿嘿嘿……昨天你为什么把脚镣带来？哼，好一个聪明人！人们都赶来做祷告，可是你要让他们看脚镣……”

马特维依两眼昏暗，工长成了个大灰点子，工场成了一团红光。

“脚镣并不是我想出来的，也不是我造的，”他控制住自己说。“是另外一些人想出来的……是他们拿来锁人的……既然我带来了，为什么要藏起来？”

“可是为什么终于还是藏起来了？在你家里没找到……”

马特维依警觉地望了望工长：“这么说，他也成了他们一伙，”——于是高声说：

“我要用三十道锁锁起来，挖地洞埋起来。”

“捡到金子啦！”

“比金子还宝贵。要是把您的儿子锁起来，您就知道它是怎么样了……”

“好啦，好啦，够了！”

“这话是您开的头！您也不必分辩得那么清楚：我们是走在一块地上的……”

各个工场里整天都谈着脚镣，谈着昨天他们发生的事，谈着逮捕和搜查。马特维依叙述昨晚的事叙述得厌倦了，便挥开好奇的人们：

“哎呀，怎么样，怎么样！去搜查一下你，自己就晓得了……”

下工之后，一个熟悉的小伙子在小巷子里追上了他，告诉他脚镣在谁那里保存着，并把替阿列克塞募集的钱交给他。这使马特维依感到又惭愧又高兴。他低声说，他并不穷，自己有力量接济儿子，但随即收下了，眼里发出温暖的光彩，临别时对小伙子说：

“好好保存脚镣。别看我老，要是有什么，我能拼上……”

马特维依很久地望着越走越远的小伙子，想道：“大家都记起来了……真是，你这人哪……早就该……这样做了……”

八

脚镣第二次出现在工厂的食堂里的时候，是在年底。乐队正在演奏。在舞兴正酣的时候，突然从走廊里跑进来一对化妆舞伴：一个戴着阿列克塞的脚镣的男犯人和一个穿着麻布衣裙的女犯人。他们彼此手牵着手，敏捷地钻进舞伴当中，脚镣的叮当声使人耳朵里嗡嗡发响。舞伴们散了开来，发着愣。人们都从走廊里和小吃间里跑进了食堂。乐队错乱了，接着便没有声音了。

几百只眼睛贪婪地注视着这一对背上带着黄色犯人印和字迹的舞伴。这对舞伴打了个圈子，便很快地向门口奔去。就在这一刹那，灯光熄了，暗影中不知从哪里来了一阵纸头的沙沙声。不知是什么东西飞起来，落下来，又唰唰地平摊开来。惊恐的叫声打断了纸头的响声，但是灯光忽然亮了，大家看到地上有许多折成三角形的纸片。

“传单！”不知是谁猜着了，于是许多手从四面八方向地板上伸去：

“拿到这里来！慢着！一个人拿一张，让大家都拿到……”

脚步声，叫声，弯腰时衣裳发出的声音杂成一片，然后地板上又重新恢复了灰白色，闪出无数脚印。乐队指挥的叫声一起，乐队又奏起来，一对一对舞伴又转起来。于是很多人好像觉得男犯人，女犯人，突如其来的黑暗，惊恐，传单都不曾有过。这一切是个梦，一个幻影。

在门口，在走廊里，狗腿子们佯装高兴，称赞刚才发生的事，用眼睛探视每一个人，机警地听人家不小心说出来的话语，并记住无意中漏出这些话来的人。

年轻工人们的眼睛滑过那些茫然失措的面孔，毫不怯懦地微笑着在说："这是我们，我们，是的……我们，我们……"

胆怯的人则皱起眉头，嘟囔着说：

"连快活也不让人快活……"

"不让，不让……"

在年轻人的笑声中，在乐队的演奏声中，传来了在脚上拖动着脚镣的令人寒栗的歌声：

"哗啦，哗啦，哗啦……"

九

报告圣母节那天工厂里发生事情的信，使阿列克塞十分激动。他久久地想着爸爸：老人家当初曾经训诫他，骂他，骂他的书，好像是不同意他，现在他却把脚镣拿到工厂里去……

他往家里写信就更详细，更热情了，而当爸爸和华西里把戴着他的脚镣跳舞的事告诉他时，他深感到惭愧：脚镣自由了，脚镣在为不朽的事业歌唱，在斗争，在挣扎，而他，曾经戴过这副脚镣的阿列克塞，却在举目无亲的异地服着流放犯的苦役，计算着不自由的岁月……他哪里有这个权利!?他怎么会这样!?

……春天,当工厂里正在准备五一示威的时候,阿尼堪诺夫家里听说阿列克塞跑出了流放所。家里像面临审讯一样,开始提心吊胆的。大家都变得严肃了,说话也是小声,每天晚上静听很久,屏气息声,紧张地等待着有人来敲窗子。

"可千万不要被人抓住……会给打死的,"这个思想总不让人安静。

马特维依给阿列克塞准备好一个可靠的藏身所,他并且越来越多地走进年轻工人们的车床和夹具:

"怎么,没听到什么吗?"

五月半,有人递给他一张字条,低声说:

"你儿子写的。"

他急忙停住车床传送带,看了看字条,痛苦地跑出了工场。他感到这个字条是从狱里传出来的:"被抓住了,被抓住了,可恨!"他在工厂院子里来回走了很久。疲惫极了,在空地上荒草丛里坐下来,展开字条,笑起来。阿辽士卡已经自由了,在工厂里工作呢。

"好样的,好孩子,继续干吧……"

十

脚镣和一些禁书一起放在顶棚上,但是,人们仍常常记起它:愚昧无知和遭受迫害的人带着恐怖的心情想起它,敌人带着憎恨想起它,朋友则是怀着爱想起它。关于这副脚镣,工厂的警卫室、侦缉队,宪兵队也没有忘记:在哪里?是谁戴着它跳舞的?

在工厂里,听说西伯利亚有些犯人们用自己的脚镣做成一副文具送给了一位作家。这激起了装配场里年轻人的热情,他们于是决定用阿列克塞的脚镣做一件礼物送给一位法国工人领袖。小伙子们已经在推想,他们将怎样引起全世界工人注意这件礼物……但是马特维依识破了他们的心思,非常生气:

“你们问过我吗?还是老头子不算数?那么,你们问过阿辽士卡吗?他可是年轻人,他好像应当是脚镣的主人。唉,你们哪!你们自己去弄一副脚镣,爱想怎么弄就怎么弄;拿别人的东西乱作主张,这不算本领……”

年轻人感到很不好意思,并且承认马特维依说得对:应该学会把自己的脚镣、自己的痛苦当成玩具,当成礼物,而不该拿别人的脚镣、别人的痛苦当成玩具,当成礼物……

脚镣依然放在顶棚上。新爆发的战争和军事动员常常使脚镣不能老是放在一个地方。它从这个房子转到那个房子,从这个角落转到那个角落,直到厂内出现了叛徒。各个工场里越来越多的人被关进监狱,越来越多的人遭到搜查;也有人到马特维依家里去搜查,追问脚镣,威胁着要一定找到它,并且再把儿子锁起来。

“胡说,你们办不到!”马特维依决然不肯,然后自己走进村子里去拿脚镣。他把脚镣放进袋子,小心翼翼地盖住,走到阿辽士卡的教父——油漆匠潘诺夫家里:

“请保存一下教子的礼物,要不,会丢掉的。唉,竟弄到这般地步:自己兄弟都不敢相信了。愿意保存吗?”

潘诺夫没有马上回答，这让马特维依感到很难堪。

“不要怕，”他懊丧地说。“不会来搜查你的。要是来搜查，你就推给我，你说：阿尼堪诺夫交给我保存的，我因为亲戚关系，不好拒绝。我不会不承认的……”

潘诺夫从位子上跳起来，打断马特维依的话：

“好啦，你别说这种话吧！虽说我们是亲戚，可也不必说谎话……我不怕，尽管你以为我怕。我没有说话，这你不应该生气。是的，是的，不应该……你认识我，不是一天了。阿辽士卡对我也不是外人，也是我的孩子……”

马特维依不知怎么才好，他请老朋友潘诺夫原谅。他们坐了很久，谈阿辽士卡谈了很久，最后马特维依轻松地、年轻十倍地走了出来。

脚镣一直在潘诺夫家里保存到革命胜利。

十一

推翻沙皇的消息，使阿列克塞的妈妈流下了眼泪：

“当真我的痛苦过去了吗？我以为等不到儿子回来了，见不到他了……”

马特维依放下工作走进城里。在人群之上，一面新的、鲜艳的大红旗迎风招展。一面旧的、还是阿列克塞在厂内时做的红旗和它排在一起，显得非常小。红旗正展开被不自由压出的折痕，在春风里自由飘扬。

马特维依帮着解除了警察的武装，参加了搜查工作，和刚从监狱里解放出来的人接吻，晚上，带着粗笨的手枪在十字路口站岗。常常会忘记自己已经五十多岁了，他不停地奔忙着，但忽而会一愣，害怕自由重新会被枪杀、扼死，会被皮鞭打死。他忧郁地望着士兵们，紧咬着牙关。只是广场上武装部队的宣誓，才融解了他心中的冰块。

他从潘诺夫家里拿出了脚镣，公开地拿着在街上走，让大家看，拿到家里挂在一个大胡子学者的肖像下面，快活地对家里人说：

“看样子，我们的小牛也会有制服狼的一天……”

从这天起，熟识的和不熟识的人都到阿尼堪诺夫家里来探望。成年人是单独地来，年轻人是一群一群地来。

“可以吗？”

“可以，可以……”

人们沉思地望着脚镣，好像是在咂摸因它而产生的痛苦，并尽力把它记住。

在工作的时间，孩子们跑来了，在门口吵嚷着：

“伯母，让我们瞧瞧……”

孩子们成群结队地涌进门来，用火热的眼睛盯住脚镣，叽叽喳喳地交谈着。大起胆子伸出手来，摸摸铁箍，动动锁链。

妈妈喝住他们：

“嘿！淘气鬼们，你们找到耍子啦！”说着便把门打开。“得啦，走吧……”

邻人们跟她和马特维依开玩笑说：

“你们家这会儿倒像个小礼拜堂了……”

十二

阿列克塞是在节日回来的。好一表人物！比马特维依高出半个头，肩膀宽阔，样子非常机智，两眼蓝澄澄的。马特维依激动得呼吸迫促，而从心中的喜悦里浮起了一丝难过的感觉：这样的小伙子，你再也不能抱在手里了，不能任你怎样怜爱了。当初那个伶俐的少年哪里去了？长成成人了……脚镣也阻挡不住。他自己都可以抱随便什么人，安慰随便什么人。

阿列克塞在喝茶的时候，望见了墙上挂的脚镣，用头点了点它，说：

"还在呀？"

"在，是藏在很多顶棚上躲过来的……"

马特维依和阿列克塞互相望了一眼，笑了好一会儿。马特维依便叙述：谁保存过脚镣，保存了多久，宪兵怎样寻找。他们这次见面到此便结束。苏维埃有同志们来邀阿列克塞，城郊的人都传说起来：晚上他要在大会上讲话。

阿尼堪诺夫全家都去听他讲话。人民宫旁边的空地上挤满了人。阿列克塞在新搭的讲台上一出现，便有一阵叫喊声欢迎他。他的话语不是向下落，而是好像在人群上空飞，在人们头上盘旋——第一，第二，第三——声音在高涨，进入人的心里激起喜悦和沉痛，变成号召。连华西里有时也激动得忘记了一切。马特维依很想向全场大喊：这讲话的是他的儿子，是阿辽士卡，他老头子什么都同意他。

回家的路上，他对妻子、已经安静下来的华西里和儿媳絮絮不休地谈着，说，现在喜悦也来到了他家，说，要是早些来，华西里也不会在锅炉房里变成聋子，他老头子的背脊也不会酸痛，妈妈也不会这样没精神，这样愁苦……

在家里几乎看不到阿列克塞的面：到处都等待着他，大家都需要他，他各处都去，也不感到疲乏，因为应该这样。由于紧张，他的脸变得瘦了，眼睛更明亮了，声音更洪亮了。

三月底，组织上派阿列克塞去首都，火车开行之前，他跑回来看看自己家里人。马特维依和华西里都去给他送行。他好容易挤进了装得满满的车厢，在那里点了个头，就不见了——阿尼堪诺夫一家人再也没有见过他。

在春光明媚的时候，传来了一个消息，似乎是阿列克塞在首都憎恨新政权，并且志愿到前线去了。秋初，却又传来另一个令人寒栗的消息：阿列克塞在战壕里号召士兵带着枪回家去，因此被枪杀了……

马特维依头上最后几块黑点也变白了。痛苦的微绿色的星花进入了他的两眼，并且在眼里凝结下来。他瘦削了，消沉了。甚至当秋天工人和士兵们夺取了政权的时候，他依然对一切无动于衷。由于习惯他间或去参加群众大会，听讲话，向周围望望，好像是寻找谁，然后就走开了。

战争的结局使他感到可怕。在他看来，俄罗斯变得很小了，被宰割光了，而那些从战场上回来的士兵都十分沮丧，受尽屈辱。在他的想象中，战场是一片宽阔的布满沟壕的土地。从沟壕里飞出讥讽、奚落、嘲笑，向沮丧的士兵背上飞。他胸中感到沉闷。

冬初，俱乐部里决定召开纪念阿列克塞的大会。这使马特维依又有了生气。他走进俱乐部，望了望从照片上描下来的儿子的像，听说会上要宣读儿子牺牲前写的一封信，他笑了：

“这很好，很好，我一定来，一定来，当然来……”

但是，当大家请他把阿列克塞的脚镣赠给俱乐部时，他感到不安，心痛，他拒绝了：

“不给。”

“为什么？”

“就是不给！我家里也放得下。”

再也没有从他口里听到第二句话。他打发华西里替他去出席大会。他自己有两次走近了俱乐部，但是不进去。他把放在口袋里的手捏紧了，低声说：

“并不能用话语叫阿辽士卡回来，不能叫他回来，不……”

华西里在大会上坐在第一排，听着，并感到惊讶。原来，弟弟的死，是全体工人的悲痛；原来，他的弟弟并不是华西里所知道的阿辽士卡，而是一个不能缺少的、令人永远不能忘记的人。但是，最使华西里感到吃惊的是关于弟弟的脚镣的那番话。原来，脚镣并不是用铁做的锁链，不是，它包含着最大的虚伪，包含着世界上最阴险毒辣的东西……

十三

房屋、商店、仓库、工厂都归于苏维埃。大小工厂、铁路，都要在监督下让经理管理，而那些不乐意这样做的人都躲藏起来或者跑掉了。现在更自由了，更纯洁了。真理来到了工人身旁，进入了他们的生活。至于郊区，好像还需要再加一些努力和忍耐，不久也就会好的。

但是，木柴、煤、粮食和煤油渐渐不见了。这些东西到城里来得越来越少了。这时在郊区开始发现：商品、食物和财物纷纷埋进坑洞和地窖；发现周围角落里隐藏着被打倒的敌人，他们拿着谣言的沙子来迷人眼睛，在悄悄地说："好吧，……没有我们，你们建设，你们做做看……"敌人在笑："嘿——嘿——嘿——嘿！……"从各处传来流言蜚语：某某扣住或是破坏了最急需、最值钱的东西，某某仗工人威胁农村，又以饥饿和伤寒威胁工人。

工资已经不够工人买面包吃了。车间里产生了惊惶不安，人们心里发生了困惑。人们工作越来越消沉了。春天，正在工作的时候，工厂的汽笛例外地叫了起来——车床停了下来，小锤底下的钢铁沉默下来。工人们跑向演讲者平常讲话的高台，向工厂的领导人和苏维埃的领导人提出要求：

"你们要怎么办？我们工作为了什么！？"

"粮食在哪里！？往后怎么办！？"

"你们所保证的到哪里去了！？"

"你们一切都要干，可是什么也干不成！"

眼睛里冒出气愤和痛苦，闪动着紧握的拳头，恼怒使话语变得十分激烈，使喉咙喊得嘶哑。大家都在互相漫骂，彼此责怪，寻找罪人，找不到罪人，便叫得更响……

马特维依在人群里十分难受，不解地向四面望着：工厂不是工厂了，工厂里人们不和睦了。去年春天，工厂曾经是：几千个心，但是合为一条，几千个意志，但是合为一个——是的，是的，一个，一个强大的意志……

阿辽士卡在哪里，他说的话，他的声音呢？他的话使大家都充满了极高的信心，给大家生长了翅膀……“它们在哪里？没有便会怎样？没有它们，便是死亡，我们便要赤手空拳地被关进铁栏，锁进铁链，就……”

马特维依感到呼吸迫促，好像火焰在燃烧他的全身，他急急向家里跑去。心像鼓一样咚咚地响着。他火急地从墙上摘下脚镣，揣到上衣里，怕耽误了，便跑步回厂。他相信，胸中不是白白地咚咚地跳的，他喊道：

“我说话！让我说两句话！”他钻进了汹涌的人群。

“你有什么话说！？”

“我要说！”

“让阿尼堪诺夫讲话！”

“让他说！去说吧，马特维依！”

“嘶，嘶……”

马特维依什么也听不见了，什么也辨不清了……像做梦一样跑上台阶，他嘘了一声：

“嘘！”一面从衣襟里面掏出脚镣。

锁链的响声盖没了所有的声音。肃静紧罩住整个工厂院子，也使马特维依心里安定下来，他把脚镣一面向脚上套，一面力竭声嘶地打破静寂：

“见过这东西吧！？”

人群哑然无声。刹那之间马特维依觉得他胸中是白白地咚咚地跳了，但是他直起身来，重新问道：

“现在都看得见吧！？”

后面几排有人喊起来：

“看得见……”接着是响应的声音在人群里滚动：“看得见……看得见……”

马特维依向前跨了一步，好像要从台上冲向人们的头上，喊道：

“瞧！你们吵起嘴来了！你们想再戴戴这玩意儿！它会叫你们吵过够！要吵要骂，就会再戴上脚镣！把我们推翻！叫我们一个个戴上脚镣！难道你们忘了吗？要记住我的话！会再戴上脚镣！”

马特维依抖动着脚镣，喊声越来越激昂了：

“再戴上脚镣，再被锁起来……”

他喉咙喊哑了，突然中止了，走下台去。他喊过之后，脚镣的叮当声使人皮肤发冷，好像是在拭去心中的牢骚和混乱。人群里很多人感到身上戴了冰冷的铁箍，哆嗦了一下：

“是呀，我们这是怎么回事，真是……”

这种哆嗦，使一个刚才叫得最厉害的人跑上了台去。他和马特维依一样，用全力打破静寂：

“我承认：阿尼堪诺夫说得对！我们不应当互相见怪，应当干起来，要不，敌人真会把我们锁上脚镣……”

马特维依讲过话了，脚镣响过了，再也不要说什么了。人们散开，向各个车间走去，钢铁又重新在他们手下歌唱起来。

这一天，被给予了一个在厂内、在全城、也许是在全世界都没听到过的名字——脚镣说话日。

十四

一阵阵的炮声从静悄悄的野外滚向城市的街道——白匪军在进攻。工厂的汽笛号在叫着，狂啸着，扰乱了天空，淹没了以奴役威胁着人们的枪炮声。在汽笛高亢的吼声中，工人们来来去去地跑着。武装的去参加战斗了，没有武装的人下了岗哨，布置自己的巡逻队，并开始掩埋尚未制成的炮弹、铜、钢、工具和机器零件。

马特维依在家里被疟疾折磨着。他好像觉得汽笛的叫声是受伤者的呻吟。他几次要奔向汽笛的呼号，但是不能起来，于是催促华西里：

“去，去，华斯[①]，虽说你……别磨蹭，不是去参加婚礼！啊，天哪……不要生气，也许，我们再也见不到了……”

汽笛最后的叫声、一排排的步枪声、爆炸声、人喊声和马蹄声，他都没有听到。当他从昏迷中醒来时，他望见地上有两条日光织成的金黄色草席，他想：“看样子，轻一些了。”便动了动身子。紧盯着窗外的老伴和儿媳，都转过身来。

“白匪占了城市，所有的街道和工厂都封锁了，”儿媳低声说。“正在挨户搜查，按名单逮捕我们的人，带到市场上……布尔什维克看样子要被绞杀，没看见华斯回来……”

①华西里的爱称。

“别说了,不要叫他难受,”婆婆打断了她的话。“顶好我们来把他藏起来。起来吧!”

“把谁藏起来？我?”马特维依很吃惊。

“因为太怕人了,马特维依……你别让我担心吧……”

“你不要怕。何必那么想呢。他们这些罪该万死的狗东西!”

“大家都躲起来了!”

十分惊慌的孙女从穿堂跑进来:

“往这里来了……那个店掌柜指着我们……对他们讲着呢。军官手里拿着一张纸……跟着三个兵……”

老伴坐在马特维依脚跟前,对孙女指着身旁一个座位:

“坐下,别作声……天哪,可不要让他们碰着我们的心肝……别作声……”

“妈,脚镣怎么办？要藏起来,他们会拿去的……”

孙女奔向脚镣,但是,白匪的军官和兵士已经到了门口:

“这是谁的房子？哼！是你戴着脚镣常去开会？你是阿尼堪诺夫吗?”

马特维依动了动干透的嘴里的舌头,声音嘶哑地说:

“是我……”

“哼,好……搜查!”

匪兵把妇女从床上赶下来,开始翻箱倒柜,搜查橱柜。白匪军官看到脚镣在墙上,得意了:

“啊,在这里!”于是把脚镣摘了下来。

链条的响声好像在烧灼着马特维依。

“挂回去!”他喊道。

“什么!?住嘴!不把你自己吊起来就算客气了!”

“吊吧!可别动它!不是给你保存的!”

白匪军官的眼睛望了一下马特维依憔悴的脸,眯成一条缝。他把脚镣向桌上一扔,走到床前:

“老东西,你为什么戴这副脚镣?是为政治问题吗?喂,说……”

马特维依的妻子吓得给匪官跪下了:

“不是他带的,这不是他的,这是小儿子的脚镣……”

“那么你儿子在哪里?”

“死了,在战争中死了……不要听老头子的话……他有病,神志不清……害疟疾已经有三天了……”

“又要和原来一样了,”马特维依脑子里闪过这句话。他困惑地望了望妻子,对她说:

“你去舐这些老爷的脚跟吧,你这个不中用的东西!……”

白匪军官扭动了一下身子,不屑地走向窗前,当匪兵在搜查时,他用手指敲打着枪匣子。

“报告长官,全搜过了。”

“没有什么?”

“什么也没有。”

“开步走!”

白匪军官从桌上拿起脚镣,不顾马特维依的喊声和儿媳对于抢走花布和披巾的咒骂声,走了出去。

马特维依从妻子和儿媳手里向外挣了很久,安静下来以后,他骗过妻子和儿媳,跑向大街,狂奔起来。他跑到司令部去见一个白匪的上校，向所有的人打听：怎样才能找到拿走脚镣的军官，他骂着，喊叫着：

“它是我的！它是我儿子的！……我的儿子不像你们！他……”

晚上，人们发现他失去知觉，躺在地上，从颧骨到耳朵有一条被枪托打了的青紫色的伤痕，便扶起来送他回家。

十五

寒霜初降的时候，巡逻队里的一位红军战士在城郊的草地上走着，他的脚被一件铁东西绊了一下。铁东西在靴子底下发出重浊的哗啦声。红军战士俯下身去，捡起盖满枯草的阿列克塞·阿尼堪诺夫的脚镣。铁锈使它的锁链变成了金黄色，铁箍被泥土染成黑色。红军战士把脚镣抖动了一下，愤怒地说：

“瞧，那些鬼东西，想出这东西来锁我们的脚……”

风夹带着尘土、枯草和脱落的铁锈应和着脚镣的响声，把这声音在田野里传播开来，提醒人们：在走向幸福的道路上，在人们面前，敌人还要不止一次地起来，还要残酷地将手铐脚镣套在人们自由的手上和脚上……

1920年

第一面红旗

一

机械工场正在发工资。太阳从野外照进窗来。滑轮、皮带、机座在阳光里清晰地发出黑色;排成长列慢慢向出纳员移动着工人们的脸,在不断变化着。领到工资的人在金色的阳光里乱纷纷的,绕过铸成品和机器,跨过门槛,便消失在傍晚蓝色的阴影里。

在院子里,生了锈的齿轮上,坐着强健而温和的巴拉蒙。

"怎么,你要把齿轮压平?"

"也许吧,我身子还有点分量。"他沙着嗓子说。"我在收债。"

"噢,成了富翁啦?"

"我？我本来就很富么。"

有些工人把几个铜币放在他那宽大的手掌里,用眼睛对他示意。他也使了个眼色,把钱扔进旁边的口袋,铜币在口袋里碰到钢尺和伸着发亮的脚的皮转尺，发出当啷的响声。他把每一个十戈比银币和收到的钱归到一起，他幻想着：“哎嘿，要是全工场都懂得这意思就好了。”

他是最后一个走到街上。微紫的、湿润的、被踏得平平的春天的道路，在他脚下蜿蜒着。女小贩从工厂里散了出来，小铺里人声嘈杂，啤酒店里手风琴声音很响。在角落里有一个女人正在为了丈夫的工资哭着：

“狠心的，跑了……不会去做好事……一夜就会花光的。”

二

“敬爱的顾客，请吧！百货俱全：要做衬衣就衬衣，要做长衫就长衫！……”

“我要给妹妹做裙子。”

“有的是……刚开市可以便宜，请您瞧……”

“不，我不要这样的：我妹妹爱红的……”

“红的？可以，请瞧……请瞧……”

从架子上飞下一块块的布料：深红的、粉红的、红里带黑点的，红里带条纹的，带花的。

巴拉蒙从小铺里望见小布贩的筐子里火红的一块，便急忙向他奔去：

“大叔，停一停！……你这是什么？”

“头巾。”

按颜色说，头巾是很适合的，可是一打开——上面有绿花。

“唉……”巴拉蒙感到遗憾。“就像这个样子，不带花的没有吗？……”

“不带花的？要是不带花的做头巾，娘儿们怎么会喜欢？你瞧：多么好看……”

“是呀，可是我的老婆很特别：她就爱一抹色的……”

“一抹色的也有……可是白的。”

“白的，白送给我都不要……”

小贩们大笑起来，巴拉蒙也禁不住要笑：这些人真怪。他问了问绸子的价钱，用头指了指一块鲜红色的人造绸：

“剪五尺[①]……”

“五尺？您怎么？要是做两条裙子，需要六尺，做两件衬衫——要八尺，可是您要五尺。您还是让我给您加一尺或是三尺……要不，是什么也做不成的。”

“做得成，我什么都做得成。剪吧！”

三

在女包装工安努什卡家里正有几个女伴，于是巴拉蒙不得不坐下来喝茶。他曾谈起，在某一城市里卷烟女工，因为罢工被发给了黄护照，但是没谈起劲来。

“好，那么，你们唱个歌吧！”

姑娘们哼了一声，便急忙跑了。

“她们一定会认为你在追求我。”安努什卡说，接着便换了口

①指俄尺，1俄尺等于0.72米。

吻正色说:“你们那里情况怎么样?”

“我们那里没什么。你们这里呢?”

“还是那样。我找到一些合适的女朋友,刚才就是准备和这些姑娘谈谈。我想,在夏天以前就进行准备。”

“好,努力吧。我来找你和谢拉菲玛有一件小小的工作。很遗憾,我自己不会。要不,早做好啦!你来看。”

巴拉蒙打开小包,展平红绸,并把一束饰绦放在上面:

“喏,懂吗,要做什么?做旗。请你们做两面:要是哥萨克打坏一面,把另一面拿出去。要动动脑筋,做得漂亮些……把这几个字绣在上面……”

巴拉蒙从帽子里拿出写好的字:

“喏!绣在当中……三面要镶边,每一边镶两条绦子。你要注意:这还是第一次,这里从来没见过旗……要尽心做,让它显眼些……好,藏起来吧……大概,同志们在等我了。”

四

城市的教堂屋顶闪了几下,便隐藏到土堤后面了。树林里草芽已经绿了,脚下发出唰唰沙沙的声音。巴拉蒙跑下一个杂草丛生的深谷,向一片林子走去,在林边看到了自己的同志们,他要吓他们一下:

“我抓住你们了!……哈——哈——哈——哈……”

谷里传来了回声。二十五张嘴都咧开笑了。钢筋工沙尔柯夫举起手来:

“嘘……”

话正谈得起劲。巴拉蒙点了个头，便坐在一堆晒热了的褐色树叶上，凝神望着说话的人……

五

“正等着你呢。我让妈妈到姐姐家去睡了。我马上来收拾好。”

谢拉菲玛打开窗子，抓起一把锁，走了出去。朝街上望了望，把锁扣进门环——叭的一声锁了。又向周围望了望，便从窗子里爬进房来。

“现在谁也不会进来了。”

“我们得悄悄地做了。”安努什卡低声说。

“干什么要悄悄地？管它呢！要是有人来，我们说：睡了，妈妈出去了，把钥匙带走了。我们快来！”

她们遮起窗子，把被子铺在地上，把巴拉蒙买的绸子摊在上面，跪下身来。量过，裁好，又压好了边。

她们低声谈好：要绣上什么，字安在哪里。用白粉都描好。锈针闪闪地动起来，剪刀咔嚓咔嚓地响起来，她俩不知不觉地唱起歌子。

六

吃午饭的时候，巴拉蒙到模型工场里悄悄拿了他定做的旗杆，轻轻走到机械工场旁边，向窗洞里喊了一声。正在等着他的沙尔柯夫把旗杆藏到墙边小轴下面，用碎麻盖好，便向锅炉房后面走去……

在那里，在绿油油的草地上，有的在睡觉，有的下跳棋，有的看书，有的在争论。栅墙旁边，一个工具制造工像路碑似的站在那里。他后面，大约有三十个人头靠头地躺了一圈。在许多头中间，一个彼得格勒的铣工盘腿坐着，大声地读着一本小册子，把手指印留在一页一页的书角上。

栅墙外，从蔚蓝的天空里传来了百灵鸟的鸣声，鸣声飘过栅墙，在人们头上飞扬着。巴拉蒙和沙尔柯夫早就读过这本小册子了，但仍在听着。朗读声和鸟鸣声与温暖的阳光融合在一起。

七

巴拉蒙从木头上挖的一个孔里拿到一个小卷，便沿着阳光灿烂行人稀少的街道向食品工厂走去。急急按了一下门铃，便和安努什卡走了出来。他在路上把林中开会的情形告诉她，并暗示安努什卡不要落后。

“我落后？”她激动地说。“难道你们不让我们插手，也是我的错？你们总说，女人哪里成……胆小……”

“嗯，你别说这话了……也有些人这样想，你不要理会。这没什么。记住，加劲干。”

安努什卡仰头望着巴拉蒙，脸上放出光彩。到了院子里让巴拉蒙坐在凳子上，自己进房去，拿了个小包跑出来。他把小包藏好，把小卷交给她：

“这些传单你拿着，明天在你们那里散完，给那些会叽叽喳喳的女人。你说，虽然你们像喜鹊一样，可是今天是节日……明天也许会发生什么事情，你是个好同志，应当把实话告诉你……来，让我握握你的手吧。”

安努什卡把右手伸给他，把左手伸到他的肩上，但是右手指头被握得咯吱咯吱响起来，她坐了下来：

“哎哟！”

当苍茫的暮色吞没了巴拉蒙的时候，安努什卡感到夜寒袭人。

八

天色微明，巴拉蒙蓝色的工作服便在街上闪动了。他敲敲窗子，对着睡意蒙眬的面孔低声说几句话。要去找的最后一个是沙尔柯夫：

“喂，我们走吧，老兄……要紧的，没忘了吧？就这样……在时间没有来到之前，工厂里什么事不要参与……我要是发生什么情况，你不要坐着发愣。”

“好啦，我知道了。”

两个人讲着话来消除紧张心情。走过栏路杆时，沙尔柯夫说：

“巴拉蒙，知道吧，等我们胜利了，我就让这个姓去他妈的了……”

“姓?”

“是的。我的爷爷是农民,爸爸是钳工,叔叔是铸工,却是姓沙尔柯夫[①]……奴性十足……让它快见鬼去!”

“算了吧,瞎操心。”巴拉蒙不以为然地说,“现在不是想这个的时候。”

他们坐到工厂对面那小铺的踏磴上,凝神望着大路。汽笛响过后,其他工人都渐渐来坐到他们身旁……

“来了。”

“在哪里?”

“瞧,戴小帽的……”

来的便是林中讲话的那个同志。他穿着蓝色工作衣和靴子。大家都站起来,一面走一面把他围起来,经过工厂警卫室,差不多是把他带过去的。

“是,事情完成了! ……”

九

皮带唰唰响了,传动轮转起来,齿轮轧轧响了起来。车刀底下飞溅起铜屑,铣铁像黑色的雪花似地一团一团往下落,钢铁不安定地动着,唰唰地变成刨屑。纵式起重机闪着光,在重浊的声响中移动着。

巴拉蒙在车床上注视着工人们俯首工作。而当工场里人声都安定了时,突然又响起高昂而激烈的呼啸般的声音,接着各处

①其意为皇族。

都喊起来：

“放下来！停下来！”

巴拉蒙从小轴下面抽出旗杆，顺着车床奔跑着。叫着，止住传动装置的小链条，对着面孔喝道：

“停下吧，今天是五一！”

蓝色的工作服在门口闪动着，人群中间响起巨大的呼应：

“放下吧，同志们！”

“到院子里去！”

“到机械工场里去！参加示威游行！”

但是锅炉房里的锅炉，在大棰下不停地吼叫着。锻工间里，大地在锤子下一霎不停地呻吟着。从工场到警卫室，从警卫室往城里，沿着电话线，急急忙忙地传送着报警的声音。工长、卫兵、管工员都奔忙起来。这时才晓得：动起来的只有一个机械工场，看样子就要泄气地回到车床上。人们脸上好像蒙上了一层白灰。

“回工场去！”

大门还未来得及完全吞没脚步声，就听到喊声：

“把所有的门都锁上！谁也不放进来！”

在一座刨床上，一面红旗闪起光芒，射到八百只眼睛里。红旗上安努什卡和谢拉菲玛绣的太阳光彩夺目，太阳上迸射出赞美五一节、赞美革命风暴和未来的话语。十来只手把在林中讲话的那位同志抛向红旗。

他直起身子，摘下小帽，指着红旗：

“第一次在我们头上飘扬起红旗……”

……绣的太阳上迸发出的话语活跃了，推倒了墙，整个劳动世界从平原、高山和大海那边，涌到机械工场的穹顶之下。

十

哥萨克坐车来了，军队进了工厂。在许多军帽中间，闪动着厂长的小礼帽。机械工场的门很轻易地就开了，厂长看到工场一如平常，而且有条不紊：皮带唰唰响着，传导机轮轴在角落里呜呜叫着，铜在车刀下轧轧地响，铁像一团团黑雪似的往下落。只是许多眼睛不时地从眉毛下闪闪斜视着。

厂长和戴彩色军帽的人们互相望了一眼，撇了撇嘴：

“没什么，一场虚惊。”

刺刀是刺不透，子弹和皮鞭是打不破的。红旗在蓝色工装底下。工人们的心正碰动着女工们绣的太阳，碰动着太阳上射出的号召，号召人们战斗和前进。

1923 年

“第十名”之墙

一

大雾好像把工厂移开了工人村，截断烟囱的顶部，然后凝定下来。原野上传来的沙沙声塞满巡逻队的耳朵，太阳白色的光团耀眼欲花，工人村和呆然而立的车间令人愁闷。只有机械厂里迸出工作的声响——那里钳工们正在修理从白匪手里夺过来的武器和替北方制造机器零件。

这批零件的订单早就来了——是代表们从代表大会上带来的——可是钳工们却老是磨蹭，磨蹭。工作的领导者——大眼睛的伊里亚·萨莫埌曾经代表工厂，向工人村苏维埃保证如期完成定货。现在这话他觉得成了丢给大风的一张纸片。唉！你瞧——这哪里像诚实的工人的保证！用脚踩它，用脚抹掉它吧。而最气人的是：全厂保证，却要他伊里亚一个人负责。要是叫他

去,问他:

“喂,萨莫艮,同志,你的保证呢?”

他以后怎么去见人呢?就眨着眼,当然也成,但是这难道与心无愧吗?

“唉,唉,真糟糕!……”

钳工们真把伊里亚气死:给北方做订货都不上紧,可是一运来武器,又都活跃起来了;无论年轻人、中年人,还是老头子都加劲地干,用最蹩脚的工具也能干出奇迹……

伊里亚在嘟囔着,等武器修理好以后,他发作起来:

“见鬼!你们要像昨天和今天这个劲头来制造订货,全部订货早就打包运走了!他们也是同志,都是无产阶级!他们那里,也许没有这些零件不能工作呢,可是你们不痛不痒地慢慢磨……”

钳工们用笑骂来搪塞,然后把古吉莫夫老头子推到伊里亚跟前:

“给他见识见识!”

古吉莫夫茫然失措,但是伊里亚抓住他的手臂,把他拉到自己跟前:

“那么,好吧,你拿什么东西给我见识见识?”

“并不是拿不拿什么东西!”古吉莫夫摔开他的手说。“应当照实地谈谈。我们替莫斯科做这份订货很欠考虑……是这么回事,你听我说,别着急……把订单一拿来,我们就马上准备,旋啦,刨啦。为什么呢?那时候到莫斯科的道路是通的。可是现在道路在哪里?没有了吧!这么结果就会是:等我们做好了,让敌人拿了去。就是这么回事……关于这，我对我的伏洛奇卡讲过，可是有什么用？他也会说他的，他说：我们的谢尔巴克已经带领军队占领了车站，我们要给他们弄机车、车厢，把弟兄们和机枪装上火车，向莫斯科冲。可是这是荒谬的！所以，这才干不起劲来……”

伊里亚听着，吃惊地把两脚换来换去：这么说，不是他一个，而是全厂人的思想都在原野上奔驰着，向着莫斯科，飞过伏尔加河，飞向西伯利亚，大家都在想着，小锤儿敲来敲去是没有用的，当工厂周围遍地都是敌人的兵团，黑帮和匪群的时候，是不能正经干活的。伊里亚过去以为只有他为革命操心。原来……他抓住古吉莫夫的袖子，激动地说：

“对的，我也看到了，既然这样，我们干什么要捉迷藏玩儿？我们到苏维埃，把实际情况谈一下……”

“你怎么啦？”古吉莫夫一摆手说。“那我们会叫工厂丢人，不会放过我们的……”

“可是我们拖着不干，就不丢人？你站到我位子上瞧瞧：你们都好像与己无关，可是我急得睡不着觉。你们把缰绳套在我头上，可是现在你们想不管？……”

古吉莫夫向周围望了望，低声说：

“别急，我们来把做好的零件擦上油，包装好，暂时埋到地下。大家看到我们不会倒霉，就会加劲了。你瞧着，等那里道路一打开，我们就马上把它运走。好吗？只不过要悄悄地……”

这使伊里亚很高兴，的确应该这样。他和古吉莫夫一起开始研究在哪里掘坑，可是谢马来到他跟前，来惊动他：

“爸爸，白匪正规部队已经来到郊外了……”

“别说废话。”伊里亚不高兴地说。“怎么回事？不要妨碍我……啊？”

“别‘啊’了，有千把白军已经从旁边过去了。都穿着外国靴子，哥萨克骑着很神气的马，有大炮、汽车。我们的电线都被割断了。看样子，我们得离开……”

伊里亚向周围望了望，打断谢马的话：

“嘘，别哼声，暂且别惊动人。听见吗？我们得把工作干完。走吧，别哼声……”

二

伊里亚黄昏时候离开工厂，遇到谢马的未婚妻任卡。

“谢马在哪里？”

“我们一块找去，只不过请你行行好，不要叫，要不，我们就糟糕透了：一个去打仗，留在家里的人哭他。”

伊里亚的两个儿子——谢马和小维齐卡——已经吃罢了晚饭。妻子坐在橱影里，透过微弱的灯光望着谢马。伊里亚明白：她已经痛苦极了，于是轻快地问：

“喂，怎么样了？”

“我们所有的部队都准备好了，巡逻队加强了。听说，白匪很疯狂，我们援军就要到了……”

“早就该来了。应当四面八方一齐打，要不，我们会被敌人暗杀掉的……”

谢马望了望任卡，匆匆走了。妻子给伊里亚盛了一碗汤，切了块小米和玉米做的松脆的面包，又哑着喉咙说：

“谢穆[1]，你顶好暂且睡会儿……”

大家望着谢马穿上带袖的棉背心，配上行囊和子弹带。这好像使他行动不自如了，他比平常更急躁地行动起来，从钉子上摘下步枪，跑到门口点了点头：

“我还回来一下的，要是情况紧急，就去集合站了。我们走，任妮[2]！”

妈妈把他们送出门外，回房来躺到床上叹了一口气。伊里亚让维齐卡也躺下，生气地对妻子说：“瞧，甚至不能好好地把儿子打扮打扮，更不用提我了……”可是，一切都很简单：部队一走，工厂停下来，他伊里亚也就无所事事，但妻子能了解这一点吗？

“阿琳卡，你别难过，不必放在心上！”他一面收拾饭桌，一面说着。“这是什么时候，你自己也知道。你带着维齐卡和同你一样的人一块撑住，要是害怕了，你就假想：我和谢马到顿河弄面包去了……”

他从箱子里拿出一套衬衣、毛袜、一件和谢马一样的棉背心。从盐罐里倒出一些食盐，倒在一块布上，包起来，放到杯子里。从袋子里掏出一些面包干，加上几根葱。把这一切在桌子上堆成一堆，打量打量是不是多，然后从镜子后面拿出向逃兵买来的行囊。行囊里有把掘土用的小锹、一件旧雨衣、铁盒，铁盒里有粗线、蜡线和白细布的绷带。

①谢马的昵称。
②任卡的昵称。

妻子明白他准备要走了，于是跳起来说：

“你要趁早偷偷离开我走掉？唉，你还往哪里跑呀？难道说你这一辈子流浪得还不够吗？”

伊里亚晓得，应当轻轻骂几句，直到她哭起来：哭一阵她会轻松些，会平静下来，到分别的时候就会求他不要骂她。她是善良的，很好的，只不过……伊里亚搓了搓小帽，说：

“你四十岁的人了，埋葬过两个孩子，还那么爱抹眼泪。你说，我留在家里，白匪来了（伊里亚知道妻子最怕白匪），要是问：‘谁在机械厂给红军修理过武器？’怎么，依你看，就找不到一个肯说实话的人？会有这种人，说：‘萨莫根·伊里亚’。到那时候，你会落到什么？我会被绞杀，你还不是永远痛苦？可是到部队里，我是和自己人在一起。他们怎么样，我就怎么样。你想一想吧：还是别叫，我并没发疯。你知道，我平常不敢杀一只鸡，可是现在我能放枪，不比谢穆卡[①]差。这为什么？唔，我们还要告别，还是就这么走？别哭啦，我说了很多，我很懂得。你也不难懂，因为你在为我们痛苦。不要出来送我了，你会更难受的……”

伊里亚吻过妻子，推开了门。妻子随后奔出。但是他匆匆穿过街道，转过街角不见了。

苏维埃门前沉沉的暗影里充满了人群，飞舞着火光、谈话声、人喊与马嘶。伊里亚听说有一个队要去车站，其余的去同矿工队伍联合。机械厂的队伍已经集合齐了。领队——大头的基尔加——催促大家：

“战士们！你们要用一百年的时间来告别？还看得不够？”

---

①谢马的爱称。

伊里亚拍了拍他的肩膀：

“阿丰尼[1]，我参加你的队伍，给我支枪……”

基尔加十分高兴地把一只手搭在他的肩上：

“萨莫块，老哥！会打马枪吧？好，把我的拿去，上着子弹的。我自己再想办法，别管我……站到这里来……”

伊里亚站到指定的地方，轻松地舒了口气，但是苏维埃主席列舍道夫从一旁走到他面前：

“萨莫垠，你想出了什么花样？跟队伍走？你是忘了吧？还怪年轻啊？”

伊里亚有点不好意思，也叫起来：

“怎么！？你别叫！都走了，我也……”

“不能都走！你得留下，没什么可说的！基尔加，把他的马枪拿过来。听我说：要是看到他在你的队伍里，你要负责任！还要去告诉别的队伍，都不能要他。我们走吧……”

列舍道夫抓住伊里亚的手臂就走，走到台阶上把他逼到墙跟前，冲着面厉声问道：

“订货呢，给莫斯科做的订货做好了没有？没有？啊哈，要个保姆照顾你？你不害天下之大臊！你别开玩笑吧。年轻人都走，你得和老头子们留在厂里干活。要把活干完，听见吗？苏维埃要求这样，莫斯科要求这样。明天就把人员补充齐，你要督促，督促……”

伊里亚在火炬的亮光里看到了在一旁闪动着的妻子的头巾，赶上她，把行囊交给她：

①基尔加的名字。

“拿着,他们不放我走。你回家吧,我去瞧瞧谢穆卡……”

三

半夜过后,骑兵驰过了小河。步兵跟在后面移动。维齐卡坐在谢马肩上,抓着他的枪口,一遍一遍地重复着:

“谢穆,你别忘了钢盔,给我带回来,听见吗?”

“我怎么会忘呢? 瞧你这个孩子多怪!”

谢马的同志们给维齐卡提出一系列的问题,在队伍里互相传说着他那口齿不清的回答,笑着。谢马把弟弟穿着棉织鞋的一只小脚紧贴在胸前,吞吸着令人振奋的冷气。因为他听着弟弟天真的想法和简单的语调,还因为他可以不与妈妈和任卡讲话,感到又高兴又清爽。

“走啦,走啦,同志们!”前面传来了声音。

谢马听到这几句话,跑出队伍,把维齐卡放到地上,正经地说:

“爸爸,把他们领回去吧,多站一会也没意思! 妈妈,你别哭了,有爸爸和你在一起。好啦……”

他匆匆吻别家人,跑步跟上队伍。伊里亚把维齐卡的两只手放到阿琳娜[①]和任卡手里,推他们转过身子来向着村子:

“你们走吧,我马上就回去……”

妻子走了几步,但是忽然明白过来,推开维齐卡,喊道:

“你自己来领他吧,我很恶心!”

---

①伊里亚妻子的名字。

“她怕我偷着走了。”伊里亚想道，于是，他把手一挥，向着村子走去。他走得很快，而当妻子离远了时，他敏捷地撇开大路，从旁边几乎是跑着回来——他要赶上队伍，告诉谢马：他留在家里是因为别人不让他走……

越来越近的脚步声使他清醒过来。他猛地把手出劲一甩：“唉，我跑什么？我不说，谢穆卡也会全晓得。”——于是脚步慢了下来。队伍里有人高声地笑着。伊里亚辨出儿子开朗的笑声，停下步来：“很好，让他们尽量笑吧。”

大地在队伍的脚下发出的隆隆声低沉下来，变成唰唰的声音，慢慢消失了。伊里亚眼前还站着基尔加和谢马，耳朵里还响着维齐卡要钢盔的话语，记忆中浮起了这一天中发生的详情细节，浮现出列舍道夫生气的面孔……于是，周围一切都变了。伊里亚用手揉揉眼睛，叹了一口气。村子后面，大雾之中出现了清晨的霞光，工厂的烟囱清晰可辨了……

四

大家所害怕的事，突然之间就发生了：匪兵和哥萨克，从渐渐稀薄的雾中冲进村子。机械厂里知道情况时，机枪已经到院子里，四面八方喊着：

“喂，出来！”

车间里人们想跑，但是眼睛一碰到许多步枪，便安静下来。匪兵敲着沉重的靴子，顺着工作台向前移动：

“出来！对你们讲话哪！快！”

匪兵从窗子望见正悄悄地溜向工厂后院的伊里亚和瓦洛奇卡·古吉莫夫，便用枪托砸破玻璃，打起枪来。伊里亚和瓦洛奇卡俯下身子跑起来。只要到达拐角，然后就可以顺着沟里的草丛跑向栅墙，跑到野外去。但是匪兵却从旁边的车间里赶着一些同志拐弯过来。伊里亚和瓦洛奇卡骤然停住，装作是急急向人群靠拢的样子，向前院移动。

“唉，只好装傻了。”瓦洛奇卡叹了一声气。“真是鬼把我拉到工厂里来……”

在大院子里，伊里亚望到在机枪下被赶出来的同志们，领会到老头子们斜射过来的眼光，想道：“唉，这一下子完了。”

匪兵后面走出一个大胡子军官，指着栅门喊道：

“喂，无产阶级先生们，一个一个地走，开会去！走么，走么，别客气！我们有出名的报告员！……”

大门外，被搜查过的工人们又给穿外套的人接住了。他们向每个工人追问武器和苏维埃的领导人，把工人往一片空地上赶，空地两边许多匪兵面对面地站成两行。

“快，快！两个两个地排起来！”

一个白发的、表面看起来十分和善的大尉，沿着匪兵行列来回走着。他的一只手插在袋里，另一只手戴着半褪的手套搭拉着。当工人们被排列好了后，他停下步来，装腔作势地叫道：

“你们听着！是回头的时候了！到处是饥饿，混乱，伤寒！你们快指出来：武器在哪里？谁是大家的头脑？布尔什维克在哪里？我以军官的身份向你们保证：你们没有关系……”

这位大尉停下来，直等到紧张的红潮从脸上消失，他听了听毫无声音，看样子，他感到了自己言语的无力，从袋里掏出扣在链子上的表，一个字一个字地说：

“让你们考虑五分钟！”他重新踱起步子。

雾已经完全消散了。工人们向村子那边望着。女人们越过铁路路基向工厂走来，哥萨克在赶着她们，挥舞着皮鞭，尖叫声在空中震荡着。匪兵们像是一群瞎子、聋子、死人。伊里亚胸中燃起了怒火：“哼，鬼东西，你们的理智到哪里去了？”

大尉抓起在摆动着的表，停下步来：

“嗯！？还要等我来请你们？”

工人们的沉默激怒了他，他尖叫起来：

“啊……你们以为我是来和你们开玩笑的！？把每个第十名拉出来！哼，你们，瞧——吧！”

排尾走出几个戴臂章的匪兵，那些穿外套的家伙们也凑上前去，他们沿工人行列走着：

“一，二，三，四，……九……出来！”

匪兵把许多第十名推到行列后面，由另外的人接着，拉到骑兵跟前：

“站好，别动！”

一个穿外套的人死盯住伊里亚的一对大眼睛，打量他是不是第十名，他请求：

“大尉先生，可以允许多少换一换吗？谢谢您。把这个调到后面！”

匪兵从行列中拉出伊里亚，把他放到前面：

“……八……九……走！”

伊里亚在行列后面快步走向骑兵，挨近歌唱能手瓦萨·克拉马林柯的肩膀。他很清楚为什么他被调换成第十名，也不争辩，但是死亡临近的感觉压在他的肩上，紧压着他的心。马在后面向他背上喷气。伊里亚用眼睛数着，比点数的匪兵快——“五，六，七，八，九”——他好像用眼睛抓住每一个第十名，怕他喊起来，小心地把他拉到自己跟前。每当一个第十名沉默地走过行列与骑兵之间的空间时，他轻松地动动嘴唇：

“对，就这样，对……”

工厂后面突然响起枪声。工人行列里奔腾起喜悦的火花，使他们紧张起来：“难道我们的人回来了？”但是枪声忽然停了，眼前又是一片黑暗。

伊里亚骂自己夜里没有跟了队伍走。他心里很清楚他伊里亚应该怎样做，但是他却依从了列舍道夫，现在就要糊里糊涂赤手空拳地死去。他喘口气，斜过眼去打量每个第十名。

他们有些人的错误是：他们曾经咒骂饥饿和无休无止的斗争，不明白国内发生了什么事。旁边站着的儿女成行的老汉萨莫连柯的错误是：他满足于自己对上帝的无限忠诚，他嘲笑一切新事物，吓唬年轻人说他还要活三十年。为什么他也站在第十名的行列中，并且一言不发呢？他的下面，是赫鲁吉柯夫和库兹柯——他们也在数！——他们的错误是：表面上装作很积极的工人，实际上却偷偷地在工厂里做小锅、铁叉，拿他们去换臭烧酒。赫鲁吉柯夫、库兹柯、萨莫连柯和挨打的、呆头呆脑的赫什尼亚克最使伊里亚害怕，他很感谢那位大尉没有马上说明为什么挑出第十名，他希望大家都能不屈地迎接死亡……

斯坦尼斯拉夫被推出了行列中。伊里亚想起了黎明时和他在桥边见面的情形：斯坦尼斯拉夫举出理由说武装队伍离开村子是无用的。随即又想起了今天早晨斯坦尼斯拉夫和瓦洛奇卡·古吉莫夫从苏维埃到工厂来的情形。伊里亚用眼睛来寻找瓦洛奇卡，在第十名中没有找到他，很自豪地想：“有办法的小伙子，他始终站在岗位上……”

“喂，那里快好了吧！?”大尉叫着，把踢马刺碰得喀喀响，好像要踏破大地。

点数的匪兵推出最后一个第十名：

“好了！”

“我最后一次对你们讲！你们要不说，就不妙了！……”

接着而来的一片沉默看样子惹火了大尉。他很快得像有弹簧一样地转过身子，走近这许多第十名，叫道：

“准备开枪！谁要不愿意死，走出来，给我说！”

他的破裂的叫声好像把伊里亚的衣服脱光了，伊里亚感到冷起来。他觉得：赫鲁吉柯夫和库兹柯就要求饶了，就要招供了。但是，一分钟过去了，又是一分钟过去了。沉默像被咬紧的牙关一样更结实更顽强了。由于同志们的爱怜，伊里亚的喉头哽住了，而在胸中却响起了一支难以表达的喜悦而豪放的歌子。他责备自己不应该把很多第十名想得那么坏……而他们却是这样，他们都是好样的……甚至萨莫连柯，甚至赫鲁吉柯夫、库兹柯、赫什尼亚克都能这样。他从鼻孔里嘘了一口气，他肩膀感觉出萨莫连柯和瓦萨也都嘘了一口气，感觉出他们也和他一样，很激动，很高兴……

大尉抚摸着军大衣的边缘，用眼睛向第十名下着命令，引诱他们，保证他们生命安全，同时用冰冷的坟墓进行威胁。伊里亚觉得：软弱的人已经在这种眼光下发抖，抛开身上阻止自己向前的东西。因为害怕马上就可能发生的事情，因为对大尉、匪兵和哥萨克的无比愤怒，伊里亚感到全身发冷，于是嚷道：

“喂，还拖延什么！？”

“什么？你说什么？”大尉向他走去。

“我说，我们不是小孩子，什么也吓不倒！”伊里亚说得很清楚。他的话起了作用：每个第十名都挺起腰来，有人喊：

“对，伊里亚！”

大尉脸色灰白，飞起一拳打在伊里亚的颚上。他咬得牙咯吱咯吱地响，狂叫道：

“打死他，畜生！”

大尉向他膝下踢了一脚，脸色发紫，叫道：

“行动！快！”

大胡子军官后退几步，喊叫起来。匪兵的行列散开了，骑兵团团包围住这些第十名，把他们往前赶。

“立正，不准东张西望！不准讲话！”

在一块场地中间，骑兵转向一座灰色矮房，匪兵把每个第十名挨着一堵棚屋的长长的水泥墙壁排列起来：

“向后转！”

伊里亚被排在节俭的萨瓦里申和瓦萨之间。从长列的一端传来好像哽咽的声音。瓦萨朝那边瞥了一眼，抓住伊里亚的手。伊里亚懂得他的意思，把萨瓦里申拉近自己，但是萨瓦里申把他推开，奔向匪兵：

“老总，我……我……我……我全说出来，看上帝的面，我不……”

伊里亚举起手：

“伊果尔[1]！我们牺牲，你不要破坏！伊果尔，听见没有？”

“闭嘴！”

“我也，我也……”行列中又有人喊。大家看到是赫什尼亚克：他走出行列，牙齿格格地响，由于无力克制哽塞在喉中的话语，面孔发青。

“呸，狗虱子！”斯坦尼斯拉夫愤怒地啐他一口。

大胡子军官大喝一声，再一次引诱那些想活着的人，把萨瓦里申和赫什尼亚克领到大尉面前。

“你们不想死吧？没必要么！”

“把他们带走吧，带走这两块狗骨头！”第十名队伍里齐声叫着，一面彼此手挽起手。

“不要骂，用不着。”伊里亚说，他再一次喊道。“伊果尔！赫什尼亚克！这不是正大光明的事，是耻辱，咱们都是弟兄们！……”

“瞧他们，算个人，唉！”萨莫连柯厌倦地说。

伊里亚望了望他，好容易忍住涌上来的眼泪，他感觉到斯坦尼斯拉夫不妙。斯坦尼斯拉夫没有准备平静地迎接死亡；他也并没有盲目的恐惧，但是他不能抑制全身的颤抖，全身血管都在跳动着。这使斯坦尼斯拉夫很难堪，他望着地上，好像因为害臊而

①萨瓦里申的名字。

伸直身子。伊里亚把他的手紧贴在自己腰侧,好像在分担他的痛苦,为了掩饰这一点,他把眼睛转向一旁。

路基后面有一个妇女在走着。只看得见她半个身子,有一个小孩子的头,好像是拴在她的手上似的,在她旁边晃动着。伊里亚觉得那就是阿琳娜,又觉得那小孩子是维齐卡,一双蓝眼睛在闪动着。伊里亚垂下眼睛,他听到:

"让我们告一下别吧!"

匪兵突然一惊,举起枪托:

"不准!站住!"

"怎么样?你们怕吗?没有你们,我们也撑得住……"

靠边一个第十名拥抱了身旁的一个人,吻了他,他又拥抱下一个,下一个又拥抱下一个,——一个个地拥抱,一个个地接吻,这使他们用激情与热血加强了自己的队伍。瓦萨抱住伊里亚:

"好,分别了,好老哥。"一连吻别他三下。

眼泪从斯坦尼斯拉夫的眼里滚到伊里亚的颊上。赫鲁吉柯夫忽然哭了起来,抽噎着说:

"完了,弟兄们,况且这是死在谁手里!?一群坏蛋……"

还有人哭了,但究竟是谁,伊里亚分辨不出了。匪兵们向旁边望着,一动也不动。骑兵一个劲地抚摸着马匹。一个短腿的、装束整齐的上等兵,对这些第十名望得最出神。他盯着这些第十名,好像相信一点什么,脖子弯下来,嘴唇扭歪了,嘴上显出很难过的样子,像个孩子……

一种像是痛苦的感情,从匪兵的眉毛下跑上他们风霜吹打的脸。他们斜视着这些第十名,好像听不见他们的话语,由于令人迷惘的难耐而显出焦躁:“快些吧……”

匪兵把被赫什尼亚克和萨瓦里申出卖的人们赶了过来,瓦洛奇卡·古吉莫夫也在其中。大胡子军官一面走着一面喊道:

“干什么把手挽着！手放下！……”

被出卖的人们挽起手,加入第十名的行列——力量更大了,沉郁的谢尔加契打断大胡子军官的话:

“别把喉咙喊破了！吓不住谁!”

“把他们分开!”

枪托打进肩膀中间,要把手臂分开。

“别麻烦!你们枪杀我们,怎么着还不是一样!?”大家喊着。

大胡子怒气填胸,但是大尉的叫声压住了他,他拖长声音喊:

“站队……”

第十名的行列中掠过一阵风:死神到了！瓦萨挺直了腰,向夹在匪兵行列之间的同志们叫喊起来,要他们不要把这些第十名忘掉……伊里亚、斯坦尼斯拉夫和其他的人也都应和着他的叫声。不同的声音在喊着,不同的话语把那些不同的声音打散了,但是所有这些声音都以最后的一线生命和留下的同志们交织在一起,而且当这些声音被“开枪”的口令打断时,依然在排射的枪声里响着……

五

伊里亚的肘部感到剧疼。疼痛像一团火似的从肘上跑到脖子上,又从脖子上跑到耳朵里。本想弄清楚为什么眼里发黑,但被枪声、骂声和呻吟声扰乱了。工厂的屋顶在眼里歪斜了,散裂了,塌落了。伊里亚抬起手,但是斯坦尼斯拉夫和瓦萨倒了下来,把他压在底下,他们一面挣扎着要起来,一面在他身上慢慢挺直了身子,更沉重了。他极力想从他们底下挣脱出来,用尽了最后的力气,便不动了。血一股股地从头上流过脸颊,流到嘴里发出咸味。“从耳朵里,为什么从耳朵里流出来的?”他吃惊地想。“莫不是我的头被打伤了? ……”乏力和迷惘使他的猜测模糊了。

黄昏时他醒来了。瓦隆的头枕在他的肩上,冷风吹散了头上的长发,吹冷了面颊。伊里亚张开凝住的嘴唇,嘴的下角冒起血泡。一只耳朵被冷东西堵住了,底下一只耳朵好像长进了土里。他很想抬起头来了解一下:这只耳朵是不是被削去了,但害怕附近有哨兵,他控制住了。他面前高耸着棚屋的墙壁,上面添了弹坑和子弹擦过的新痕。房顶后面,露出渐渐暗下来的天空。

伊里亚等了一会儿,便动了一动。麻木的腿上好像有蚂蚁一节一节地在奔跑,被打穿的一只手臂忽然变得很长很长的,好像所有的第十名都压在上面,把它压扁了。伊里亚慢慢从瓦隆的头底下抽出那只健全的手臂,用肘支起身子。下面的一只耳朵痒得很,接着听出了大地在人的脚下发出的嘣嘣声。脚步声渐近了,清晰可辨,是军队的步伐。伊里亚立刻想象到:如果是敌人提起步枪,枪托直落在他的头盖骨上,那就完了! 他的心剧烈地跳动,一只腿抽筋起来,不知是谁的说话声传了过来:

“啊嘿,你看到吗? 现在才到……”

“真见鬼! 太客气了,十个挑一个。全部算上,用机枪一扫,再也不会要政权了……”

说话声渐远了，大地在脚下发出的唰唰声越来越低，越来越模糊了。伊里亚转过头来，抬起眼睑。高耸的墙壁已经模糊不清了。“机枪一扫，你们试试看吧，”——伊里亚翕动着嘴唇，把瓦萨的头推开，又被斯坦尼斯拉夫压得翻倒了。他的膝部感到难忍的刺疼，剧疼从受伤的臂上跑到肩上。伊里亚克制住疼痛，吸了一口同志们身上发出的工厂的气味、血的气味，动动自己的头。耳朵里已经凝固的血碰到手指又流动起来，从耳朵里流出，流到脖子上。脑海里突然浮起两句歌词，这是现在已经不动的瓦萨·克拉马连柯平常爱唱的一支歌中的：

当我是自由自在的孩子时，
不知道痛苦与贫困……

伊里亚斜过眼睛望了一下瓦萨，用那只健全的手臂撑起身子。斯坦尼斯拉夫从他背上滑下去，压住膝盖。伊里亚从他身子底下把两腿抽了出来，又侧着身子躺下。

工厂里和工人村里一片漆黑。路基后面，打斜里闪动着微弱的灯光，马匹的喷鼻声传了过来。灯光忽明忽灭，好像许多眼睛在一起：维齐卡，阿琳娜，基尔加，谢马，斯坦尼斯拉夫……

伊里亚痛苦地赶开这些眼睛：“不要这样，干吗呢？还不如当我失去知觉的时候，把我扔进坑里活埋掉。”当眼睛不再出现时，他用颤动的两膝跪着，把斯坦尼斯拉夫的头放正，把瓦萨的头发从眼睛上拂开，然后完全站了起来，肩膀擦着墙壁，跨过许多头、身体、腿和手臂向前走去。

墙壁好像在他的手掌下跳跃，把他推向地上，但是力气在增强着，他嘴上浮起微笑："胡说，要我萨莫垠躺到土里的时候还没有到呢，还没有到！"他已经在想象着：他怎样绕过棚屋，在栅栏上找到一个窟窿，穿过空地爬到小河边，喝一顿水，更要紧的是把头浸到水里，让它放在里面，直到疼痛止住，疼痛会在水里止住的，一定会止住的。然后他涉水到那边，到原野里，那里……

忽然在他准备从那里绕向栅栏的拐角上，有一个灰色的穿大衣的东西在动着。伊里亚弯下膝来，伏在地上，伸长脖子，恐惧地望着灰东西越来越大，向他很快地走来。他已经准备假装死人，接着轻松地吁了一口气：原来不是匪兵，而是几个妇女贴着墙悄悄走来。怕她们害怕而叫起来，伊里亚很着急，于是哑着嗓子说：

"别害怕，是我，萨莫垠，伊里亚，自己人……"

几个妇女都紧贴到墙上，开始向后退，但是其中有一个却奔向伊里亚，放开孩子的手，跪下身来。她的眼睛睁得很大，但她不相信眼睛，开始抚摸伊里亚的肩膀、脸、手臂……

"是你，伊留希[1]？……是你……你？……"

等到相信这是他，是他在向她望着，在说着话，她很有权力似地像扶小孩子那样扶他站起来，让他紧偎住自己身子，领他走：

"靠住我，靠紧，忍住，用最大的劲忍住……嘘……要快点……维捷克[2]，跟着走！嘘……"

①伊里亚的爱称。

②维齐卡的爱称。

六

工厂里早已不再是沉寂无声了。“第十名”烈士的临时纪念牌已变成灰色,有些地方已经裂开了——维齐卡·萨莫埌等待已久的幸福,这时终于来到了。不错,谢马给他带来的不是钢盔,而是有红星的盔形帽,而附带却送给他一个上等的带罂粟籽的圆面包,一些有图画的小书和三枚崭新的苏维埃银币。维齐卡高兴得甚至都没有发觉谢马脸上的雀斑已经没有了。唉,那些雀斑可大着哩!维齐卡把帽子戴上,抓起礼物,奔进穿堂:

“我跑去告诉爸爸!”

他把小书放到穿堂里的架子上,便像一阵风似的窜出大门。他很想叫起来,但是面包呀——哈,多好吃啊!香喷喷的!皮多脆!因为罂粟籽好吃,因为馅太香,因为想到他戴着盔形帽,袋里有银币,架子上有书,书里又有图画,维齐卡乐得有些飘飘然了……瞧,他马上就飞过工厂大门,跑进车间!人们就要来围住他……

他跑上路基,看到了伙伴们,举起手,挥动面包,叫喊着,把面包分开。每人都分到一小块,面包完了。孩子们舐嘴咂舌——唉,太少了!!——然后,都争着看帽子。每个人都认真试了试,有的戴着帽子摆出很神气的样子,像大会上演说的人一样,举起一只手:

“同志们!……”

维齐卡悄悄从袋里摸出银币,合起两个手掌摇得当啷当唧响：

“瞧，还有这个！瞧这个！”

他蹦跳着，把小伙伴逗了一会儿，然后放开手掌：

“瞧，新的……”

“噢？上面没有鹰？”

“瞧么，有镰刀锤子，有‘无产阶级’……”

孩子们用牙齿试一试银币，它的光泽和响声使孩子们陶醉了，后来不知是谁突然叫道：

“维齐[1]，我们来玩！”

维齐卡高兴得好像飞了起来。他忘掉了盔形帽，忘掉了爸爸，挺直身子说：

“来就来！”

大家跑到空场上。维齐卡的朋友加夫里克·列舍道夫用石片在棚屋旁边划了一个方块：

“来吧，谁有钱！放钱！”

一个五戈比的大铜币碰到墙上，然后飞了回来，落到方块外面。

“啊嘿，没打着！”

第二个、第三个孩子都不走运。第四个轮到维齐卡。他激动地在裤子上擦擦大铜币，向它吹口“运气”，把手一抡。大铜币划了一个圆弧，当的一声落到方块里面的铜币上。

“好！”

“走运！”

①维齐卡的昵称。

孩子们热烈地发表着意见，好像彼此帮忙似的，弯下身子。

“我说过，向右边打！”

“你们在这里干什么？”不料他们头上响起了声音。

他们从场上抓起了铜币，怔怔地望着白发苍苍的古吉莫夫。古吉莫夫望了望维齐卡，指一指盔形帽：

“你这个是从哪里来的？啊哈，谢穆卡回来了？所以你高兴得跑到这里来玩钱儿？”

“怎么？”

老头跑上前来，抓住维齐卡的胳臂：

“你说怎么，小东西！我们找谢穆卡去，他会和你算这个账。你爸爸在哪里被打穿了胳臂？他一只耳朵在哪里被打聋的？不是在这里？我们的四十个人死在什么地方？我的瓦洛奇卡在哪里死的？啊？混账，我问的是谁！？走……”

维齐卡想象到：古吉莫夫怎样把他交给谢穆卡，谢穆卡会怎样看着他。他软了下来，祈求说：

“古吉莫夫伯伯，不要去……饶了我吧，不要对谢穆卡讲。你不如打我一顿，可不要告诉谢穆卡……这我已经知道，伯伯……”

古吉莫夫动了动他的盔形帽，挤了挤已经涌上来的眼泪，说：

“下次不要这样了。这里有纪念牌，节日里我们拿着旗到这里来，我们在这里说感激的话，可是你们……还是说，我们的话与你们毫无关系？你们以为我们把所有的事情都做完了？你们已经没事可做了？没有敌人可打了？你们的敌人已经没有了？你们还需要战斗，不消说得……你们从小时候就应当知道为什么战斗……这堵墙壁可了不起，它能够教训我们，它……”

孩子们把眼睛从古吉莫夫满是皱纹的脸上移到他粗大的手指上，从手指上移到墙壁上。墙壁渐渐变得不再是灰色的、普通的墙壁了。在被子弹打击过的水门汀上的伤痕活跃起来了……

维齐卡感到他仍坐在谢穆卡的肩上，手里感到他的步枪的凉意，看到了队伍中在大雾里晃动着的许多人头，看到了那个夜晚里的这些棚屋、这堵墙壁。他背上感到发冷，便匆匆向工厂走去……

1926—1927 年

羱　羊

当我还是很小的时候，我们住在村边里果园深处，我很爱睡在房顶上，因为我觉得在房顶上夜里野兽不会来抓我，在这里什么都可以听见，可以看得很远。

左边一片光秃的沙漠，像尖尖的楔子似的从山石背后伸到我们的土墙跟前，右边和后面是果园，正面是深谷，深谷后面高山层层叠叠伸向天空。在我家旁边，有一条溪水奔入谷底。在我家对面，溪水冲击在一块岩石上，又飞溅着泡沫从两旁跃出去，急急地向沙漠奔去，好像它在山上早就看到沙漠上有什么东西在等待它似的，它高唱着，给自己的急驰增添声色。

我每天在溪水的奔流声里睡去，又在溪水奔流声与晨光中醒来。有一天，当母亲离开我进了村子的时候，流水声在黎明之前就把我叫醒了。

屋子里、院子里和果园里都悄无动静。曙光微微触动了沙漠遥远的边缘，又像流水一样，顺着沙漠，慢慢向我们的土墙漫过来。

高山之上,星星在闪烁着,并且像沙地里的水滴一样,一个一个地沉没在天空里。天色一分钟比一分钟亮。我不晓得是什么东西把我弄醒的。深谷后面,山坡上凸出的地方,忽然一个什么东西闪了一下。我踮起脚,看到一只大豹。

我断定,它是在向我们这个山与邻山之间的峡谷里走去——羊群常常在那里过夜——但是它不走运,于是它匆匆向深谷走去,因为深谷里每天夜尽时经常有羱羊、山羊、羚羊在那里喝水。喝水的地方在房顶上可以望得见。

豹好像在空中飞行,它的斑斓的肋部在灌木丛中闪动着。它间或仰起头来,吸一口气。苦艾和野苹果的气味未必叫它高兴。它一直朝下面溪边走去,突然好像有一只无形的手把它按住了,它伏到地上。

我伸长了脖子,我的心咚咚地跳起来,因为在离豹稍远的地方,一块岩石旁边,站着一只羱羊,它从一些灌木丛上面望着沙漠里的曙光。

豹看样子只望见了羱羊的一双圆的、螺旋形的大角,就不动了。我理解它的意思是:羱羊很有力气,它的腿跑得很快,角比石头还硬——因此需要等一等。羱羊会走到饮水的地方去喝一肚子水,变得笨重起来,那时追赶它、制服它就比较容易。

我恨豹狡猾,而羱羊竟没有看见、也没有听见危险的来临,这使我很惊讶。黎明前的风大约不是从豹的那一面吹来的,所以羱羊离开原来的地方,缓缓地向溪水走去。我甚至觉得,它一面走一面还在欣赏溪水那边行将凋谢的丽春花。豹低下身子,跟在它后面移动着，它的尾巴向长蛇一样弯弯曲曲地把爪印扫掉。

羱羊绕过岩石，一分钟之后，豹出现在它原来的地方，伸了伸脖子，伏到石头上。我看见羱羊在饮水的地方。它没有马上就喝水；它抬起头来，望着溪水，倾听着。它并没有听出敌人的临近，而是嗅到了香气……黎明时候我们溪里的水真是怪迷人的，周围都是溪水的气息。羱羊向溪水俯下身去。这叫我很着急，我于是叫起来：

"别喝了！有豹子！"

但是在溪水奔流声里，我的喊声算得了什么呢？羱羊没有听见。

"你真是聋子，你真是瞎子!"我着急地低声说。

喝饱了水，羱羊直一直身子，看样子它充满了满足与喜悦的感觉，因为，山上流下来的泉水的甜蜜的凉气，正在它火热的身上扩散开来。水是很多的，它在一旁滚滚奔流着。羱羊可以喝了再喝。羱羊是多么幸福，多么富有啊！从它嘴上的细毛中，滴下被它暖热了的水滴；溪水接住水滴，急急向沙漠奔去。

我和豹都在望着羱羊。愤恨和沮丧使我十分激动，我焦急不安。豹拱起背脊，从山石后面望着。曙光已变成朝霞。

啊，我是多么希望羱羊越过溪水，跑进沙漠！那时，它的四只腿就可以救它了。而豹却希望羱羊回头朝山脚走。愚蠢的羱羊正就是照豹所希望的做了：它转过身来，斜过那不幸正在等待着它的地方，向上走去。

豹慢慢移动着，大概风改变了方向，或者是豹的尾巴翘得太高了，把树枝打了一下。羱羊向旁边一窜，变高了，变乖巧了，顷刻之间做出一个在小时候妈妈教给它的动作:它伏在岩石角上,这样,它那淡褐色的背脊、浅色的颈下和黑色的角就和石头混而不分了。

这使我十分高兴,我跳起来,得意地向豹伸伸舌头:"啊哈,叫你捉!"羱羊好像是没有了,但是我和它仍在一起。我慢慢清楚了:豹依然看得见它;于是我用尽力气喊:

"快跑! 有豹子!"

这一次,它们两个都听见了。豹跳跃而上;羱羊跃过岩石用胸部和两角分开灌木,向山上窜去。豹跳到前面,截断它的去路。羱羊一面奔窜着,一面叫,好像求救似的,然后回身向饮水的地方跑去。尘土从它脚下团团飞起。它差不多是跃过了溪水,拼命向沙漠奔去,但是豹也跃过了溪水,向前跑去,慢慢把羱羊逼向饮水的地方旁边的一座山崖。羱羊转了一会儿,便朝着村子,向我跑来。

我很怕我会把它吓住,于是抑制住喉咙里忍不住要喊出来的叫声。我很高兴它这么有劲——它面前的一切都闪开了路。但是豹越赶越近,越赶越近了。我踮起脚,咬紧嘴唇。眼看着好像豹的爪子就要落到羱羊的背上。我闭上眼睛,接着我便轻松高兴了,好像是我自己挣脱了豹的利爪……

羱羊带跑带跳越过我们的土墙,落在院子里。我高喊一声,威胁地把手一扬。豹见了土墙,吓得退了回去,向深谷跑。

我从房顶上下来,叫醒了爸爸:

"一只羱羊跑到我们家里来了! 羱羊是跑来躲豹子的!"我们便跑到院子里。

晨光照着桑树顶上,树叶摇动着,好像给我急促的话语点头作证似的。羱羊躺在桑树旁,一动不动。它的一双前爪往外渗着鲜血,鲜血慢慢成滴,在越来越亮的晨曦里放着光。

我和爸爸走近了羱羊。我屏住呼吸,低声讲完了我在房顶上所看到的一切。爸爸一声不响地从穿堂里舀来一瓢水,浇到羱羊的角上和后脖上。羱羊惊醒了,抬起头来,望望我们。它的眼睛好像被烟雾遮着的两个月亮。它似乎在用眼睛问我们:它是怎么回事。烟雾从眼睛里消失了,它猛然一窜。爸爸把一只手放到它水湿的一只角上,另一只手抚摸着它的前额。

“躺着,躺着,别害怕,我们不是豹子!”

爸爸的声音是友爱而温暖的,但是羱羊不相信他,挣开他的手。

“孩子,拿根绳子来。”爸爸说。“它要乱来会害了自己的。”

爸爸把绳子一头拴在羱羊两只角上,另一头拴到桑树干上。

“就这样好啦,给它喝些水。”

我拿出一个很大的葫芦瓢,从桶里盛满了水。太阳已经越过土墙射进我们的院子,瓢里的水变成了红色。羱羊望着水里,好像从水里认出了自己,也许它觉得面前就是那饮水的地方,而它不能理解:为什么这水没有从它身旁匆匆地流向沙漠。

最后,它的嘴巴触到水上,瓢里的水越来越少了。

“想喝水,就死不了。”爸爸爱抚地说。“再添点水,弄一点吃的东西放到它身旁。它是要走的。”

爸爸用手擦掉它爪上的湿泥,在受伤的地方厚厚地抹上一层油脂。

“好，就会好的，歇会儿吧，我们该到果园里去了。”

我又盛来满满的一瓢水，然后，我们一面频频地回头望着羱羊，带着水桶和锄头到果园里去了。我一面帮着爸爸工作，一面谈着羱羊，我问：

“它会住在我们这里吧？我们不放它吧？”

爸爸好像没有听见，但我一定要他回答，他于是沉思地说：

“不，它不会愿意住在我们这里。它会寂寞的。很小哪，皮很不坏。可惜呀，但得放走。它很勇敢，是跑来逃生的，像这样的，不能不放。”

“它以后会常到我们家来吧？对吗？”

“你要是它，来不来？”爸爸差不多是严厉地问我。

“我来。”我回答。

“不，孩子，不会来的。它爱自由自在。”

爸爸的话我不理解。我相信，天亮的时候，羱羊在小溪里喝饱了水，就会顺便到我们家来。因为我们是朋友么。我在想象着：它怎样走近土墙，用叫声报告它的到来，我又怎样从屋顶上看到它，跑去给它开门。

当太阳升到当头时，我们停止了工作，走下深谷，在小溪中洗掉汗水和果园的尘土，用手捧着喝一阵溪水。

爸爸盛了两桶水，我们便走出深谷。我很想快些看看羱羊是不是好一些了，我要给它盛一满瓢新鲜的溪水。我迫不及待地走进院子，“啊”地叫了一声。

羱羊好像准备跳过土墙——它耸直身子，扯紧绳子，就这样不动了。我在等着它跳。我没有立刻理解到：当我们在园里工作的时候,它在痛苦地用力挣扎,要把绳子挣断,最后在气恼中把自己勒死了。

爸爸拍拍我的肩膀:

“看见没有? 它不相信我们!”

我们慢慢走近羱羊。爸爸用手摸摸它的背,吻了一下它的前额,像对活着的羱羊一样地说:

“你有你的主张:你觉得,死掉比被束缚强!”

我含泪望着为自由挣扎而死去的羱羊。

1945 年

五个画匠(童话)

城里一个富翁病了。家人、亲属、大小大夫、神甫和修道士,都围着他团团乱转。但是疾病一个劲地折磨着他,使他越来越瘦。他怕了,说:坏了,还是自己从被窝里探出身子来祈求上帝吧。

“哎呀,上帝。”他呻吟着。“我明白,用钱买的祈祷很不像话,可是我自己没有力气给你跪下呀!救救我吧,我会感谢你的……”

上帝好像没有听见。

“发发慈悲吧!”富翁哭道。“我愿意每天对全城所有的穷人布施一个月。”

上帝一声不响。

“少吗?好,我布施两个月。”富翁加了一倍。“另外,我出钱在所有的十个教堂做祈祷,在街上给行人和来往旅客准备饭食,就设在我家门前……”

上帝一声不响。

富翁气喘不已。从窗口里看过去，街上养老院破旧的墙壁叫人发愁的样子。富翁于是说：

“瞧，主啊，人们在多么破旧的房里做着你的好事。我来把这座房子粉饰得认不出来，你愿意吗？我的主，好吗？”

不是富翁眼里的光芒暗了下来，便是疾病更无情地刺痛了他的肋骨，不过他朦胧中觉得，似乎上帝高兴了，向他示意呢：好，就这样做吧！

“好，讲妥了。”富翁吁了一口气，满身淌着汗，然后闭上眼，睡去了。

睡了一小时，半天，一夜。大小大夫、修道士和穿长袜的家人，像猫一样地在家里转来转去，仆人把院子和街道都铺上稻草，家里不许有声音：

“嘘，主人在睡觉……”

富翁醒来，要吃要喝，然后又睡了。完全睡醒了，他感到自己好像完整无恙，于是点头赞美上帝：

“主啊，我和你都做了好事：我也没死，你也不吃亏。”

富翁开始起床了，他吩咐：

“叫一个最好的画匠来！”

给他找到了好画匠。这位画匠来了，但不是他一个，同他一起，还有四个弟弟，全都是画匠。

“你们五个人，这很好。”富翁说。“我想，为了我没有死掉，要做一点纪念。你们瞧这个养老院！破败得不像话了。在这样的房子里做上帝的事情，能够设想吗？我想把养老院弄得使路过的人一见就喜欢。你们能办到吗?”

年长的画匠望了望弟弟们,问道:

“怎么样,兄弟们,尽量做吧?”

“尽量做。”弟弟们回答,又争着说。“说不定,我们自己到了老年还要到这座房子里来呢。心思、力气,我们绝不吝惜。我们要做得不仅使人看了喜欢,鸟也会喜欢。不论暴热、不论严寒,不论大雨,都不能影响我们的劳动。只不过材料要尽量好一些的。”

“一切我都供应。”富翁说。“会给你们吃好喝好,至于衣服,我也不在乎。来谈谈价钱吧!”

画匠在价钱上并没有坚持不让。讲妥了,察看了养老院,告诉富翁:需要请木匠和泥瓦匠来修补粉刷。等木匠和泥瓦匠匆匆修补完之后,五个人便将养老院从里到外涂上一层油漆底子,然后,便在墙壁上挥舞起毛刷和大、小画笔。

房顶粉刷好了——房顶好像盖满了嫩草。粉成三种颜色的烟囱在房顶上闪耀着,排水沟好像裹上了一层天蓝色的薄冰;街旁的围栅弄得十分悦目,眼睛望过去好像是透过嫩绿的小林。在那柱子上、门窗与屋檐上,特别是墙壁上,各种色彩随着画匠的大、小画笔飞舞,然后落下来成为青草、鲜花——好像是花圃草地跑上了房屋,让太阳开心,让人们悦目。

当壁画干了时,画匠把房屋基部涂成有条纹的天蓝色大理石。然后,动手用有光泽的洋漆把壁画盖住,好像盖上一层云母。工作完了,拆了脚手架。一片朝露洗过的草地在光彩闪耀,好像在围栅包围那边,在宛如春日天空一般的蓝色基墙上轻轻飘动。

路过的人，不管有什么事情在等着他们，都要停下来看看；本城的人都走来欣赏画匠的妙工。甚至富翁自己都很吃惊，因为他没想到做得这样美，他用手摸了摸，坚信不疑地说：

“只有爱和努力才能完成这种工作！很明显，是上帝亲自给我们这个城市派来这样的能手！”

富翁让画匠大吃大喝一顿，如数付了钱，说：

“做完活，好好睡一觉吧，明天做个结束。”

“什么结束？”画匠们很吃惊。

“怎么什么？应当写上，这是谁做的。后天我要有客人来，我要给他们看一看。”

画匠很难为情。

“需要写吗？”他们问道。“我们是诚心诚意动脑筋，让画笔发挥才能，要是把谁做的，怎样怎样，都写上，好像是吹嘘。”

“这算什么吹嘘？你们怎么啦？”富翁把手一摆。“城里我有四座房子，每座房子我都写了，所以大家都知道，房子不是别人的，是我的。”

“好吧，”画匠们同意了。“就照你说的吧，明天我们用清醒的头脑做。”

画匠们早晨醒来，在养老院门口竖起梯子，在花和枝叶丛中画了一个悦目的框子，然后依次爬上去，用蓝颜色在金黄的底子上写一般的字母，用朱红色写大写字母，他们写：该所房屋于某时从里到外进行了粉饰、描画，粉饰、描画者是亡父——某某画匠所教出来的画匠某某、某某等，而为他们画匠五弟兄供应材料和食物，以及为画笔、工作服和其他等付钱的是幸免于病亡的某某富翁……

富翁走来,一看,十分恼火:

“你们这是做的什么!?”

“我们做应当做的。”画匠回答。

“应当做的?把我放在哪里?在最后?我难道这样无足轻重?这里面谁最重要?”

画匠们很吃惊,但仍然照实地说:

“我们做的,我们就重要。”

“你们重要!?你们是穷光蛋!这一切是谁开始的?”

“就算是你,或者是另外的人,但这是我们做的。没有我们,什么都不会有……”

“没有我就成吗!?”富翁涨红了脸。“是谁的智慧?谁的劳动!?”

“我们的劳动。”画匠们坚持自己的意见。

富翁也坚持自己的意见:

“粉刷一切,是我第一个开始的。应该把我的关怀、我的劳动都写上去!”

“不成。”画匠们说。“麻雀都会笑的。”

富翁急得跺脚,威胁着要打官司。

画匠们互相看了一眼:

“走吧,弟兄们,要不,主人的叫嚣会玷污我们美丽的墙壁。”

画匠们拿起小桶、画笔和其他工具。富翁不放他们,坚持自己的意见,但他不能对这样的人动手脚。画匠们走了。富翁急得乱转:这多么丢人——他在题名的最后!他叫来另外一个画匠,说:这么着,把这抹掉,把这写上……

画匠观赏了一会儿题名,两手一摊。

“怎么能把这抹掉?多好看,再说,一点也不错么!他们弟兄粉饰这墙壁,我自己跑来看过不是一次。”

富翁没有让他说完。

“我雇你来,”富翁叫道。“不是叫你说废话!照我说的做!我给钱!要多少?在这种事情上我什么都不吝惜。”

画匠心动了,要了四五倍的价钱。富翁同意,并催促他:

“做吧!快把耻辱洗掉!”

画匠拿起颜料、画笔,爬上梯子,刚刚准备涂抹五兄弟写好的字迹,画笔突然向上一冒,抹了他的左眼睛。颜料是和漆制的,十分稠,眼皮都黏在一起了。画匠扔掉一切,下来了。

“哎呀,都是因为你这该死的要冒名,我瞎了眼,这一辈子都得要人领着走路。”

画匠按紧糊住的眼睛,另外一只眼睛没有弄瞎,他很高兴,便急忙跑掉了。富翁大叫:

“啊,你玩花枪!这是画匠弟兄们教你故意这样的!可你骗不了我。我还可以另找画匠!”

又来了一个画匠,他听富翁说了一番。他看到富翁十分着急,便故意推说困难。

“这个事,”他说。“很严重,不简单。这种事干起来就叫人害怕。要是么,给我十倍的价钱,并且先付钱,我就干一下。”

“敲诈,好,你就干吧!在我当面干!”富翁喊叫着,不肯走开。

画匠爬到题名处，将笔蘸了蘸颜料，把笔一挥，画笔又是一冒，把他的两只眼睛都粘住了。

“噢呦，你和你的钱都滚吧！”

富翁害怕了，跑去找神甫们想办法，告诉他们如此如此。“说不定是鬼缠住我了吧？”神甫们听了，骂他，说：为什么现在才注意？

“你想做这种事，可不先求神的庇佑，不进行去除就动手！在你那墙上，也许不是颜料，是鬼气。”

“救救我吧，我的神甫们！”

神甫们穿上祭服，招来两个教堂的唱经人，拿起圣旗、圣像、十字架、圣经，便向养老院走来。在门口用锦缎铺了桌子，大碗里盛满了水，焚起香炉。其间富翁又用钱拉来一个画匠，领他直接去见神甫。

“把颜料、刷子、画笔拿来做袪除。”神甫对画匠说。

唱经人一唱，香炉一焚，人们都拥来了，画匠弟兄们也来了。神甫在祈祷着，五弟兄肩靠肩站着，望着自己亲手做的东西，低声说，本来可以弄得更好些：那里似乎不应该放那种颜色，那里的花应该画得更鲜艳些。

神甫做完了祈祷，把圣水倒进了一个小桶，走遍养老院里，又绕着养老院走。一面洒水，唱着，一面望着：墙上画匠弟兄们画的东西是不是暗淡无光了，颜色是不是从墙上往下掉。没有！洒水刷子上飞下水滴，花却更鲜艳了，草更绿了，白桦枝儿好似在风里摆动着，白杨枝上野蜂儿嗡嗡地叫着。

神甫们回到桌旁，给富翁用钱拉来的画匠洒了水，往他的刷子、颜料、画笔上洒了圣水,把走向梯子的路和梯子上都洒了圣水。

"开始吧!"

画匠爬上梯子,把刷子蘸了蘸颜料,举向五画匠写的字迹,但是刷子又是一冒!并且不仅是两只眼睛,连前额和头发都抹了颜料,最后忽然把他一推!画匠把刷子、颜料都掉了下来,他像笨重的草袋一样从梯子上摔到地上。

甚至神甫们也吓得"啊呀"叫起来,富翁抓住放十字架和圣经的桌子,把桌子翻倒在自己脚跟前,大叫一声,便跌倒在地上。

……画匠五弟兄久已不再人世了,而他们所绘画的房子,直到如今还叫做五匠之宫。养老院早就取消了,现在这座房子里,架子上、玻璃橱里、墙上,放着或悬着本城引以为荣的物品和本地美丽的景物。要是墙上哪里有一点裂缝,青草有一点变样,鲜花的色彩有一点模糊,就会有新的画匠到这里来,修整,刷新,盖上洋漆。它今天依然矗立着——这是万能的双手的妙工,光辉的智慧的彩虹,心灵的静静的呼吸,工匠们歌颂人类力量、智慧与欢乐的歌曲……

1945 年

萨哈尔·卡尔美柯夫的请柬

……快别啦，别跟我客气啦——喝不成了，这酒也太糟啦。我要撑不住啦——已经过量了——我来喝点好酒吧，这酒呀，做梦都不容易梦到。在哪里呀？哈哈！你们看到路上有一个鲜花包围的小房子吗？那就是我的营房，酒就在那里。

酒在地里保存了九年了，而我已经给朋友们下了请柬：打败了法西斯匪徒，就来吧。他们就会到这里来的：利亚桑站长尼基达·叶夫杜申柯、契利亚巴地方客车司机尼柯拉·库夫钦、加桑机务段组长尤苏普·穆哈米道夫，调度员沙尔瓦·木格拉杰也会从苏拉木高山跑来的——我就是要和他们喝这些酒！——酒是用果子酿的，用友谊酿的，而友谊已成为庄严的诗歌。让我们为所有牺牲的人们，为光荣地活着的人们，为我们人民委员会，而首先是为斯大林同志干一杯……

我很希望这一切在今年夏天就能实现，因为正是丰收时候，此外，应当让朋友们趁天暖的时候，吞吸一些我们森林之乡的气息，看看我怎样保养线路，我怎样做组长，也看看得过奖的克谢尼亚·鲍达鲍夫娜——我的妻子怎样做组长。

我要让朋友们看到我的一切，把我的心灵最深处都向他们打开，因为我和他们的友谊正是一个界石，从那时候起，我们的生命，正像司机们常说的一样，就开大了油门，沿着通行无阻的"绿街"奔驰起来……

这事发生在九年以前。在一个酷热的、雷电交加、大雨倾盆的日子里。哈，雨就像手指粗的线一样地往下倾注！大地像饿牛似的狂饮，森林和果园好像是快活得发了疯：周围的一切在震荡，呼啸，呻吟。妙极啦！我的亡故的祖父曾经把这样的天气叫作"降喜"，而这样的天气却往往使我心里不安。

暴雨对于我们的事业是最大的灾难。它会给你冲走路基上的石子，摇动枕木，把道钉、螺丝钉、螺丝帽弄松散，雨后让你拧螺丝弄得两手酸痛。

只是旁观者看来，铁路永远是一个样子，都说：什么灾害能碰伤铁轨和枕木呢？无可争辩，铁路并不是田野里的小花；风并不能把铁路吹跑，但是，一切都可以影响它，挫伤它，使它不安：机车、客货车，这一切的碰来碰去，以及雨、风，或是暴雨——这一切首先会晃动它，它于是摇动了。只是不明显罢了，但只要仔细观察，你就会看出来……

你走在铁路上，把所有的道钉都安安稳稳地钉在枕木上，但是，跑过十来辆火车，风一吹，太阳一晒，你再看，有些道钉好像被人拨动过，看来像不用劲就可以拔掉一样。至于螺丝钉和螺丝帽就更奇怪了。你拔拔它，结实得似乎是生了根，可是过一两天，你再看，就很松了。人们脑子里无意中就会出现一个怪诞的假想：这不知是谁每夜拿着钳子沿着线路走，在捣乱。事实上这都是由于震荡、刮风、下雨和气候的冷热所致。你应当知道这一点，用斧头让道钉、螺丝钉保持不松，要记住你所担负的是一种什么样的事业。

那一次暴雨我永远忘不了。那一天不是在七月十九日，便是在七月二十日。幸福已经到了我的袋里——这是一张到索契的休假证。懂吗？我的配手是我的妻子。当孩子们成年到外地去了，是我拉她参加铁路工作的。在我休假的时期中，女儿要从铁路枢纽站前来帮她的忙。可是你看，暴雨之后，线路还是湿的，这多么叫人不放心。真保不住会出什么事故！

我带着妻子花了四天的时间熟悉情况，看看路基有没有歪斜、凸出或冲陷的地方。应当修整的就修整，应当弄直的就弄直，然后再分头去检查。妻子拿了工具，我却用耳朵检查是不是都没毛病。一个不理解的人，他会觉得很可笑，但我经常用耳朵来检查：工作做的是否合格？

我走着，敲打着轨道接头：机车和客货车的每个轮子正是在这里使劲打击着钢轨，一面还喊着："着打，着打，着呀，着呀……"受到这样的照顾，就是钢块也会裂开大嘴的。要知道机车当中就有一些厉害家伙，在它们的轮子下，不仅是枕木，大地也会喊痛的。

我走着，敲打着，听听是不是哪里声音不正常，我身子差不多俯在路基上，我很高兴：没有裂缝。

正常的线路，正像风中之琴，只要好好听，什么都能听出来。

怎样好好听呢？的确马上也说不清楚，但是线路上的一切我都能听出来；也不会把铁路声音和电线声音或其他声音混杂。比方吹一点微风，线路会轻轻地说话；吹起平常的风，线路说话声就高些；森林中吹来大风，线路就呜呜呼啸起来；要是什么地方有汽车横越线路，线路就会呻吟，要是上面有车辆，那它在数公里外就把声音送进我的耳朵：咕、咕、咕、卜、卜、卜。根据它的声音，我可以知道：是机车单独行驶，还是载客；拖空车皮，还是载货……

我走着，很高兴：线路没毛病，就是说，妻子和女儿都不需要操心了。已是日落时候，这时候对于我，不管怎样，都是令人高兴的：右边是松林，左边是松林，而夹在松林中间，钢轨上光芒闪烁，好像是河床里闪闪流动的河水。一片寂静。可以感觉到：从炙热的线路上发出的热气正向森林流注，森林中的凉气向线路上弥漫……

“好，不用操心了。”我心里想。

刚这么一想，声音却从线路上传进了耳朵：的……的……的……。这是怎么回事？我停下步，声音不响了，而我那杜格拉斯——这是我那从莫斯科来的孩子们替狗取得名字——却狂吠起来……

我把一只手搭在眼上，一看：天哪，在我的小房子对面，一辆验道车停在暮色里显得黑沉沉的，上面有人在按喇叭，招呼我快去，而杜格拉斯却恼火得差点要跳上验道车。

我的心懊恼得却要失去知觉了：怎么我没有听到验道车的声音？我向妻子招了招手，就跑去了。跑到跟前，看到枢纽站党的小组长站在验道车上。

“把狗勒住，”他叫道：“快收拾去莫斯科！”

“为什么！?”我很惊异。

“因为，”他喊道。“你保养铁路最出色！别细问了，要不，会误车的。你的女儿我们会亲自把她送到这里来……”

我收拾起工具，洗了洗脸，穿了一身干净衣服，提起皮包，就上了验道车。车子载着我们飞奔着，风在腋下飕飕地叫。我们到了车站，开往莫斯科的火车已经在站上了。我领了车票、文件，而开车的铃声已当、当、当地响起来了！

我走进车厢，我现在的朋友：叶夫杜申柯、库夫钦和尤苏普，那时他们也正在车厢里。于是我们互相认识了。他们也是到莫斯科参加大会的，然后和我一样，再从莫斯科去南方。

他们晓得了我是什么人，为什么得到功勋奖章。我也晓得了他们是什么人。我听了一会，就参加了谈话——我一看，这几个是干什么都成的人，不是空谈家。

“哈，卡尔美柯夫，哈，萨哈尔，”我对自己说。“你这几位同伴真太好了。也许，你还可以和他们一起去索契疗养疗养……”

谈了这个谈那个，我们同去餐车，吃晚餐，喝啤酒——谈话越来越热火了。几乎谈到日出。他们使我那么喜欢，快要到达莫斯科的时候，我鼓起勇气说：

“虽然我不知道你们觉得我这个人怎么样，但是我觉得我们应当在一起，好吗?”

他们笑起来，我也笑了。说实话，好像我们早就感到事情会怎么样了！我们走进莫斯科一家旅馆，要求给我们四个人弄一间房间，只要四个人的，多一个我们也不要。可是结果怎样？房间大大小小都有：一个人的，三个人的，五个人的——但是，就像故意为难，四个人的就是没有。我们叹了两口气，要了个五人房间，还没来得及掏出手巾和肥皂，便走进来一个瘦瘦的、黑黑的、灵活得像灌满水银一样的人。

“你们好，”他说。“我也是铁路工作人员，调度员沙尔瓦·木格拉杰，给你们凑个第五名……”

他占了个铺位，匆匆洗完脸，穿上一条白裤子、新缝的衬衣，然后把一张桌子搬到房子中间。我们望着：“怎么回事？”他开始把一只只有纸包着的桃子摆在桌子上。一个劲地掏，掏出那么多，好像这不是旅行袋，是一辆冷藏车似的。

“好，”他说。“吃吧，告诉我：我们是开什么会。我在村子里休假，接到电报就从那里直接来了……”

吃桃子，当然我们都很开心，但要客气些，可是桃子真该死，到嘴里自己就化了。牙嚼，浆汁四溅，舌头稍微搅动搅动——桃子就没有了。我们谈着，详细询问沙尔瓦关于高加索的情况，我们用眼睛彼此示意：这位不会给我们煞风景的。桃子一挨嘴，话就来了，桃子进了口，话更多了，一看，该去开会了。我们就这样一块去了。开会之前我们在人群中挤着转了一会，紧挨着坐到位子上去，听着，鼓掌，可是为什么鼓掌呢……

晚上一同用晚餐，一同去看地下铁道，大家赞叹不已。我们越处越好，比同窗学友都亲热：互相关怀着，要是有一个烦恼或是对什么事情不明白，我们大家都安慰他、给他解释……

我甚至很吃惊，我想：为什么我这样对人恋恋不舍呢？这不是不好吧？我一向是孤独的人哪。多少年来我坐在森林之旁，听了多少风雪的吼声。不错，生了五个孩子，在他们帮助下我热心学习，入了党，好像什么事情都了解，可是对人没有十分依恋的感情。不错，年轻时候交过朋友，后来也许是没有时间，也许没有人真正使我心爱，我一直就是一个人。有时候我甚至想：友谊只是在人们年轻时才有，友谊却有些像一阵风……

可是，瞧，在四十八岁的年纪上结识了朋友！这又是什么样的朋友啊！我望着他们，就想到我们很快就要离开了，心里就浮起悲伤。可是事情结果完全不是这样。

大会结束，我们被引进克里姆林宫。那里是怎么个样子？就我现在过了九年，也不能详细叙述的。这因为接待我们的大厅，不止一次地仿佛处在云雾里，经常使我感到一会儿冷，一会儿热。我要说一点——就是在那里使我的生命变了样子。

我没想到有这么一天我能听到关于我们工作的真正的评语。问题当然不在于语言，而在于说这话的是最不轻言的人——斯大林同志，他是向来不无谓地说话的……这次正也不是无谓地！他好像也不是在说话，而是抓住我们大家和我们所有的劳动，放到手掌上，举起手掌显示给全体人民与全世界啊，说：就是这些人在铁路线的各个岗位上；在车站上、转辙点旁、水塔上、机务段里和机车上受着千辛万苦，他们担负的是什么样的事业，这就是我们为什么珍视他们……

我们感到又温暖、又高兴、又惊惶，因为这些话的要点感动了我的心。你在某地森林里铁路段上工作，自认为几乎是被遗忘了的人，可是某地我们人民正有着要紧的大事或者灾难：或是大水正在冲毁堤岸，或是大量粮食可能在霉烂，或者是进行战争……

那里正缺少的东西:车辆、机器,或是弹药将用尽了……人们迫切需要援助,而这种援助这时就有赖于你,有赖于养路工,有赖于司机。假使你不这样做,误了,耽搁了火车行驶——援助不能够及时地送给人们,那……这就证明:你不是被遗忘的人,而是伟大的、在国家的伟大事业中人民所迫切需要的人。

不只是我,很多人眼里都涌出眼泪。从克里姆林宫里走出来,我们都好像陶醉了。我们默默地走进旅馆,默默地走到桌旁,望着,而大家的眼睛都是那样的,好像我们现在就应当开始工作,这种工作好像我们过去都还没有做过。

首先清醒过来的是沙尔瓦。他咳嗽一声,好像喉咙里不舒服,然后站了起来。我们看到他的嘴张着,嘴唇颤动着,可是没有说话。他扬一扬手,似乎是催促自己,他说:

"嗯,懂吧,我父亲老是站在我眼前。他在旧社会做铁路工作。稍微有点什么,任何一个官吏都会训斥、责骂他:'像你这种人,铁路养活着你,你应该感激,可是,你这种人,这像什么话……'威胁着要撵走他,一次次减薪。可是我的父亲却对铁路十分关心,在天气不好的时候担心火车、担心旅客,因为我们那里有山,下雨天常常山洪暴发……父亲一霎也不休息,甚至死都要死在铁路上。他从来不懂得他是什么样的人……他一句好话都没有听到过。可是我们听到了……我们听到的不是话,而是歌颂我们、歌颂我们的工作的赞歌……响彻全国的赞歌,我觉得,我们应当响应这个歌颂……"

我们还不懂沙尔瓦指的是什么,但都站了起来,一个又一个地把手搭在他的肩上,好像用手说话:"嗯,嗯,沙尔瓦,你说得清楚些。”可是他的话是含糊的。

“我说的是，”他说。“关于在克里姆林宫的事，报纸上会登载，会议上会谈论……这是当然的。可我们该怎么样？我不愿意我们就这样分开。我们就是这样的人，要是愿意，那我们可以在异地共同唱起这支歌子，好吗？……”

他很兴奋，眼睛燃烧着，可是我们依然不理解他。尤苏普打破难堪局面，把一只手放到沙尔瓦肩上，问道：

“你说些什么？关于休假吗？对的！我已经休息够了！我从来没这样休息过。我们快回去吧！我不愿休息了！……”

“为什么不愿意？”沙尔瓦很吃惊。“尤苏普，这不对。需要休息，要是想更好地工作的话……我说的不是这个，是另外的……让我们每四年或五年轮流做主人互相会一次面，让我们就地瞧瞧我们的工作情况，让我们彼此督促不要停滞不前。我诚心诚意提出这个建议……你们同意吗？”

瞧这个沙尔瓦！他兴奋不已，热情熊熊地在燃烧，可是立刻有些难堪了，但当他晓得我们都同意之后，从袋里掏出小笔记本，从上面撕下五页纸，在其中一页上写道：“第一次聚会在你那里。”

“谁拿到这一张，”他说。“第一次就在他那里聚会。”

我们卷起纸片，放进帽子，每人拿了一个。最幸福的结果是我：第一次聚会应当在我那里！懂吗？我甚至愣住了。我拿了纸片站着，好像蒙眬中看到了自己的小工作房、森林、养蜂场，让朋友们坐在那里，用什么招待他们，他们怎样察看我的线路，我怎样领他们去集体农庄，到森林里采蘑菇——一切都呈现在眼前了。

“看吧，卡尔美柯夫，”我对自己说。“你以为你的劳动没有人重视，没有人对它尊敬，可现在这是什么？萨哈尔？真理已经放出了光芒，是多么灿烂的光芒……”

我在线路上习惯了自己同自己讲话，现在也是这样。我站着，讲着，库夫钦从背后给我把帽子戴上，催促说：

“走，走。遇到这样的事，难道能够坐在房间里……”

我们走上大街，挽起手臂，走着。到过红场，在陵墓旁站了一会，沿着克里姆林宫墙在河岸上散步，从石桥上眺望克里姆林宫，在果戈理纪念碑旁谈天……行人对我们发出不满：整个人行道都堵住了，——可是我们却在起劲地谈着、想着通信和聚会，似乎是最好我们大家坐上一辆火车都到南方去……我永远忘不了这一夜！

在房间里，沙尔瓦开始写一点什么东西，我们也没看到他什么时候睡觉。我们醒来——沙尔瓦不见了，床单下盖的是被子卷成的假样子，帽子靠在床上，帽子里不是他的头，是一个字条：“等着南下信号。”

我们笑了，但是在等着。你以为怎样？他兴高采烈地跑来了，在门口就叫：

“信号升起了！马上走，快收拾！……”

来到罗斯托夫之前，我们在车上仍好像在莫斯科一样。过了罗斯托夫，沙尔瓦发起愁来，过了济哈列兹卡，愁得更厉害了，并且开始暗示：如果我们是真正的同志，那首先该陪他回家，在他家做几天客，然后，各听随便，各自去干自己的事。我们想用玩笑岔开，谈到心脏病，谈到关节炎，他却听都不愿听。

“胡说，乱扯，”他说。“要是愿意，让我替你们治一治，让你们永远不再疼痛发炎。你们怎么啦，是饿死鬼呢，还是累死的马，干什么不愿走路？你们到南方去，但你们不会看到南方，‘南方’并不是躺在疗养院里休养，它是给大家治病的。你们就连茶是怎样生长的都没有看到过啊！茶多么美啊！……我会用所有的河流洗掉你们的疲劳，用所有的鲜花清爽你们的心胸，让你们看一些好东西，使你们梦寐难忘……”

他说着说着，两手在颤动，眼睛在燃烧。我望了望他，听了一会，心动了。“的确是么，”我想。更要紧的是，沙尔瓦太好了，他很想做成这件高兴的事。他指望的是什么呢，到后来我才猜到。

“好吧，同志们，”我说。“我们就尊重他的意见。也许，我们不会跟着他空跑的，剩下时间还多呢……沙尔瓦，多少天可以回来？”

他差点没狂吻我，接着马上算起来。嘿，真是个狡猾的家伙！他皱着眉头，屈着手指，动着嘴唇，说：两天去，两天回，一共要五天……我们同意了。他立即拟了份电报，从车站上预先把它拍回家去。

我们来到索契，他的一个朋友已经给我们准备了汽车。我们喝了些矿泉水，坐汽车走，我们想一定是把我们送到城外某个旅馆，可是一看——面前已是马采斯达，过了马采斯达是哈斯达……

“哎呀，”我想。“好一个沙尔瓦！”夜里到达卡戈尔，宿了一夜。醒了过来——周围一片翠绿，前面是大海，空气无比清爽，叫你永远吸不饱。吃了点心，又往前走。我们奔驰着，大海忽而隐没，忽而跃出，是那样的蔚蓝，简直使我的心都停止了跳动。到古达乌特，到新阿弗涅——到处都停一停，吃烤牛肉，甜葡萄酒当水喝，水果都吃腻了，在布即比河洗澡，还在其他河流和海里洗过澡……

来到了苏胡米，租了一间房间——天哪！——阳台面向着棕榈与含羞树丛，棕榈后面，就是瞩目可见的大海，海风熏面。我们洗掉身上尘土，吃过点心，沙尔瓦领我们去当地的花园和公园。他说用鲜花清爽我们身心，这话不是空的。真是这里的花多美啊！树多好啊，真使你永远不能忘记。

关于棕榈，我现在不谈。这里到处长着桂树，简直就像我们那里的楞树、枫树或白柳。山上一片片含羞树林。瞧那樟脑树、桃金娘树、拳蓼树、软木树！还有胡桃树、无花果、黄杨、梧桐、芭蕉。多么好的竹子！有金黄的、灰色的、黑色的，黑郁郁地好像是从烟雾中刚跃出来……

我们观赏、赞叹，日子过得飞快。第四天傍晚，我们坐上了轮船，坐到上层甲板上。城市渐渐远去，轮船上空的星星渐渐多了，大海也是星光灿烂的，像无数火花与萤火虫似地在变幻着。整夜我们没有进舱。我不止一次对自己说："瞧，卡尔美柯夫，你的祖国多么美啊！用眼睛尽量饱餐吧……"

到了鲍济，我们去里奥河洗澡，但是在这里洗澡，不是一件容易事：里奥河像一只猛虎在河里飞奔、翻腾着，泡沫腾腾飞起。

来到巴杜米，游览了绿岬、茶场、橘园，又由巴杜米来到柯布列济。这里才真是天堂！我们住在海边。周围寂静而清静，果园与鲜花真使人陶醉。

你走上海岸——到处是无比干净的小圆石，你会躺下来——大海在喧闹，你会感觉到：你的酸痛、你的疲乏，都从你身上向温暖的海边扩散了。我们在柯布列济度过了十天天堂般的日子。回到巴杜米会见了当地的铁路工人。向他们报告了克里姆林宫接待我们的情况，以及自己的工作，散了会又来到第比利斯。你以为马上就到了第比利斯？嘿，沙尔瓦可不这么好对付！

在撒木特列极，在库达依西我们都停留过；在沙尔瓦工作的车站上，大吃了一顿；在大会上讲过话；库夫钦表演怎样用机车毫不震动地拖动列车。叶夫杜申柯配合站上人员一同做过巧妙的表演，我也表演了怎样辨别线路上的故障……

另外，我们曾在山中游览，到过集体农庄，在阿拉格瓦河里洗澡，到过高里城，见过斯大林同志住过的房子。

来到第比利斯，我们的假期已所剩无几了：有的只剩下六天，有的七天，而沙尔瓦只剩一昼夜。但我们并不后悔，当然不！沙尔瓦真有办法！他教会了我们：怎样使朋友们喜欢！我现在近六十岁了，但并不示弱。就是说，当年在高加索河流中洗过澡，不是无益的！就现在，当我记起这一切的时候，仍是十分快活的！

好，我们收拾回家了，沙尔瓦帮着我们收拾，和我们一块坐上汽车，但是——这个好人哪！——不把我们送到火车站，却送到格鲁吉亚军事公路的汽车站。我们热烈吻了他，坐上车，关了车门，他交给我一个封得紧紧的箱子。

“呐，你带着。”他说。“至于箱子里是什么，这是秘密。到家里你打开，就晓得了。等我们到你那里去吃喝的时候，其他的人也就会知道的。你们哪，”他请求说。“不要叫我生气，不要在路上开箱子。答应吗？”

“好吧！”我们说着，向北驰去。

呀，我们走了多么美的地方啊！我们是多么怀念沙尔瓦呀！

销假前一昼夜我回到家里。把礼物交给妻子和女儿，详细询问她们的工作情况，而我自己却再也忍不住了。打开箱子，一看，箱子里塞满了胡桃。“嘿，”——我很惊奇，把一只手探到胡桃里面去。我感到手指碰着一点什么东西。“啊哈，”——我想。我把手往深处探，从胡桃里掏出一个焊得严严的小桶。桶上紧系着一张字条，上面指示我：桶里是苏拉木的酒精，浓度九十六，兑水各半，用果子做成果子酒，封入瓶中，深埋地下等待我们聚会。

瞧沙尔瓦多妙！我检查过线路，该修整的都修整了，带了篮子跑进林丛中——秋前这里总是有黑醋栗。拣最大的摘了一篮，放到几只瓶子里，把兑过的酒精倒进去，封好埋到地里。

“埋着吧，”我说。“埋到一九三九年。”

一九三九年，西乌克兰、西部白俄罗斯都同我们合并了，我们的聚会没有成功。一九四〇年夏天，我们的聚会又被叶夫杜申柯的病打断，于是我们把聚会移到一九四一年八月，但是，一九四一年六月，法西斯匪徒向我们进攻了。而现在，法西斯匪徒终于完蛋了，于是我给朋友们下了请柬！

妻子说我太性急了，我却觉得：不，不急。对于敌人，他们的世界已经一去不返了，而我的朋友们已为此做了很多贡献。我们一直在通信，我知道我们每个人做了些什么。报纸上不止一次登载我们五人的事迹，我们的名字不止一次出现在光荣榜上，我们一个也没有离开岗位，一个也没有忘记克里姆林宫的歌声……

1945 年

为了蔚蓝的大海

我准备到我自幼的同年的朋友尼基达·别特洛维奇·维尔鲍伏依工作的工厂去。他和他的妻子阿格拉菲娜·伊万诺夫娜都是那么有趣的人，和他们在一起，我常常忘掉我快到六十岁了：他们好像使我回到了青春时代，好像把我和他们一起走过的道路美化了。我正在预享着这次见面的快活，——不，每次和朋友见面我都是高兴的，——突然给我送来了他的短简：

"唉，老友，残酷的时刻来了，要你来。明天即来我们车站，等着：因为没有人领路你是找不到寒舍的。能抽身一天也好，唉，我求你……"

要是我不认识尼基达·别特洛维奇的笔迹，我真难相信这些字是他这样一个经受过长期地下工作锻炼、有着一颗奇妙的心和令人羡慕的健康的人写的。不是一次，而是千百次残酷的时刻，我和他都度过了，但是并未叫苦，而现在，在沉重的战争的日子里，喊出了痛苦……这说明，老友是无力忍受了……

离开车只剩几分钟了，我穿过池塘向车站跑去。池塘好像推开了城市，而灯火与我所离开的塘岸也渐渐远了。我听到工厂里的声音和某处试验炮弹的爆炸声。随后，迎面开始传来铁路交叉路口雄浑的大合唱：过路车辆的轧轧声越来越响，调动机车吼着，挂钩哗啦直响，小锤当当打在钢轮上，蒸汽喷着，扔向燃料车上的木柴轰隆作声，汽笛鸣起来，挂车员的喊声越来越响——大合唱越来越有劲，它在变幻不定的绿的、红的与黄澄澄的火焰中逼近前来了。

这一大合唱开始于火焰熊熊的高炉与马丁炉旁，开始于回转炉和碾压机旁，开始于铁锤叮当声、铆钉震动声和千万个大小齿轮的嘈杂声中——从那里，不论天晴或天雨，日日夜夜有列车、平板车往这里开，车上载着炸弹、迫击炮弹、炮弹、大炮、钢梁、钢轨、槽铁、钢板、各种金属铸型、一卷卷的铁丝、一捆捆的铁条与钢管……

这一切在这里，要是有必要，可以超载，客车可以变成军车。送货员们一跳上车，那粗壮的、斜烟囱的机车就开动了，它渐渐加足速度，用火花染黄碧空，用长鸣撼动严寒裹住的群山和森林，擦过工厂与城市，穿过隧道、大小村庄，驰过高高的路基和桥梁，向西方奔去。人们好像是用眼睛催促它，推它快跑，而人们自己，正像我一样，或是步行，或是挤在电车上，拥在半敞的载重汽车上、冰冷的近郊列车上，匆匆地赶去工作……

我挤到满是人的门廊里，这时车已经开动了。人们碰击着行囊、提篮，帮着我勉强把门关上，列车载着我们跑起来，——再过四小时左右，我就看到尼基达·别特洛维奇了。

窗子是用胶合板封住的，于是门廊里也是暗沉沉的。我们肩挨肩地站着，从脚下车板上冒起零下四十度严寒的气流。

“这样的车子，最好让我们的敌人乘坐。”一个男低音愤怒地叹了口气。

“我同意，可是你那个提篮却把我挤扁啦。”

“我难道不知道，可这你有什么办法？转身都转不动。”

“别吵啦，别吵啦……是啊，很挤，但这拥挤算得了什么？要是和前线或者炸弹底下的遭遇比起来，这还是福气呢。我有一次和全厂一块乘车，法西斯狗东西一个劲地炸了又炸……”

我们都在听着这些愤怒和痛苦的言语。

“没什么，”有人说。“让敌人尝滋味的时候已经来到了……”

大家都活跃起来了，我感觉到大家心里都开朗了。根据声音判断，门廊里我们是九个人：五个年纪大些的，三个小伙子，一个女人——都是工厂里的。我们之中最年长的要算那个男低音——就是他提起了这场艰难的旅行。看样子他很冷。他顿着脚，说：“在顿巴斯现在太阳已经有暖意了——二月就到了——他在那里还有小房子和园子，上工之前他要浇花，吊起苹果、樱桃和梨树枝子……”

“哈，简直是享福：战前电车直穿过我们工人村。起了身，园子里忙碌一会儿，苹果树或是杏树底下坐一会儿，坐上电车——‘呼，呼’——不一会工矿地便到了，那时你浑身都是劲。唉……”

“想回家呀？”

“回家当然好，可是回家我们得挨次序，要不然，就糟糕透了。只要一让我们回家，就会像水一样涌来，把火车全都塞满……”

“这话对……”

在这些声音里充满了深思与关怀。车辆在颤动，车门微微开了，带着一缕光亮的烟雾，歌唱蔚蓝色大海与黑色波浪的歌声冲进门廊来了。在我的印象中浮起了大海，还是我最后一次看到它的那个样子，但是车门碰上了，大海被抛远了。

歌声带着万里碧海不仅涌到了我的脑际，而我的旅伴们也争先恐后地谈起大海，谈起第聂伯尔、顿涅茨和大原野，好像列车已经是载着他们奔向那里，奔向南方……我倾听着他们的谈话声。

每个人走着的是什么样的道路啊！灾难和愤怒深沉地激动了人们的心。有些人咬响牙齿，沉重地呼吸着，好像他们的手已伸向敌人的咽喉，因为敌人要把他们，把钳工、锅炉工、矿工，把苏维埃委员们、矿山委员会的委员们、工厂委员会的委员们，把果园、村庄、城市的主人们无情地套进枷锁……

车门打了开来，我们的谈话被一个活泼的声音打断了：

“喂，同志们，咱们来公平交易，没有附带条件，换换地方！你们到车厢里来，我们马上要下车了……”

我们碰动着行囊和提篮，挤进唯一的一盏小电灯照亮的车厢，惊异地向四面张望：夹杂在穿便服的人们中间，站着和坐着许多坦克手；皮制的烟袋和白铁烟盒在手里传来传去——正在聊天。车厢正中，电灯底下，在拥挤的人群中站着一个高个子坦克手，拿着记事本，写着……

坦克手们的脸是生气勃勃的，是晒得黝黑的。在这严寒里，他们在哪里晒黑的呢？看来，他们是从斯大林格勒，经过达吉克斯坦、卡查赫斯坦，来到乌拉尔，在路上晒够了太阳……

“现在到哪里去？

坦克手们互相望了望：

“到养马的地方。”一个坦克手转弯抹角回答。

“养铁马。”另一个加以补充。

“哪里是什么铁马？钢马！”第三个嚷着说。

我们猜到了他们说的是什么马，便叫道：

“我们那里有马，哈！”

“再好不过了！”

曾经和我们一块在门廊里冻得发抖的女人，不懂得我们谈的是什么，很惊讶：

“马，什么马？我们那里全都是工厂，我从来没想到那里有什么马……”

我们笑了，但是灯下那个坦克手却一个劲地写了又写。我看到的是他的侧面。他有着端正的鼻子、尖尖的下巴，嘴唇咬得那么紧，好像是在克制疼痛。他间或扬扬铅笔，然后却更急促地写起来。我感到，似乎他的字迹是很大的、直的、不连贯的。

人们拥挤着他，他不断换着脚，于是他的脸我看得更清楚了。转向我的一只眼睛是凝定不动的，这使我相信坦克手不能不写，使我相信谈话声与拥挤都不能妨碍他。

但是他写的是什么呢？给亲人写信在乌拉尔之前他也来得及写的。写回忆？但是在这样的拥挤中，谁还能写回忆呀？日记？不，写日记不这么着急……

我确定一种猜想：坦克手是写给路上认识的朋友的……可能

是给一个姑娘——当然,是给姑娘!我安心不想了,但我马上又慢慢觉得:信——甚至是给姑娘的信——不可能这么长……操心折磨着我……我掏出记事本,在上面大大地写道:“同志,这么拥挤,您写的是什么?可能的话,请回答我,我靠近车门,在你的右边。”

我清清楚楚地写好字条,递给身旁一个人:

“请传给正在写字的那位同志……”

字条一个接一个地传过去,那位坦克手没有看字条,便不耐烦地把它塞进衣袋,又继续写。这终于使我相信他是十分激动的。我因为自己的好奇,感到不好意思。我从坦克手那一边转过身子,倾听几个座椅之间的谈话。

谈话开头的是一个上了年纪的、有着愁苦而有些发炎的眼睛的工人,看样子,是个炼钢工人。他问坦克手们,他们是否在俘虏的德寇中遇到这样的人——他们能够理解到:他们以野兽般的态度对待我们的俘虏和妇孺老幼,这种行为不单对他们当兵的不利,而对所有的德国人都没有好处。……

我怀着好奇心望着炼钢工人。像他这样的人,我已经遇到过的:大地恐怖得在沉吟,但是这种恐怖却撞不进他们那受到震动的心灵——他们总是觉得,干兽行的不是士兵,而是一些青面獠牙的鬼怪……

这个问题,炼钢工人几乎是结结巴巴地说出来的,最初我觉得坦克手们不理解他的意思。但是,后来却使我十分高兴,我感觉到,我们有些旅伴也许是第一次清楚地想象到敌人实际的样子。

坦克手们回答炼钢工人——一个开头，其余的给他补充。

第一个坦克手：

“同志，我这么回答您：明白这一点的德国人，我没有遇到过，但是，如果即使有，他们在战争中也不起作用……”

第二个坦克手：

“希特勒匪帮的兽行——这个么，同志，是对付我们的一种军事手段，不是偶然的……”

第三个坦克手：

“这个么，同志，应当这么说：德国人要是向我们正经地宣战，他们要是硬碰硬，他们什么便宜也得不到……他们早知道这一点，于是就偷偷摸摸地布置好了用兵力、用诡计、用兽行、用纵火、用奴役一齐向我们进攻……他们想用恐怖把我们打昏、吓坏，然后扼住我们的咽喉……”

第四个坦克手：

“希特勒匪帮教给他们士兵的还不就是这个？说，毁掉一切，削平杀光，杀得俄罗斯人越多，就容易向前推进，就是说，可以抢的越多，送回家的东西越多。德国兵疯了，就干出这样的行为，以致现在无路可走：要不就继续干兽行，要不就是死。要知道我们因为他们所干的这一切，不会摸着头安慰他们的，反正他们只有完蛋……这就是法西斯匪徒得到的东西……”

第五个坦克手：

“我来说得简单些。甚至如果法西斯拿出一副好样子，甚至对你很好，也不要信他——骗人，是伪装，他明天就要用你的手去干危害你的人民的勾当，让你变节、卖国。有过这样的事的……”

第五个坦克手开始了的谈话，我不能够听了：我要去的城市就要到了，人们从架子上拿下东西，随后，有人喊我的姓。

“有，”我答应着。

坦克手从电灯底下凝神向我望着，问道：

“好像是您写的？”

“是的，”我回答。

“那么请等一下……”

坦克手从记事本上撕下了几页，这几页纸便手传手地向我跑来：

“看上面是怎么回事……”

火车行速减慢了。

“一路平安，同志们！……”

车站上没有尼基达·别特洛维奇，坦克手的纸片好像在袋里蠕动：他写的是什么呢？我挤进无人的餐室，掏出纸片。纸片很狭小，角上都皱了，卷了，——在晦暗的车厢里往纸片上写字是不容易的。我很高兴，因为我离得很远就猜到了坦克手的笔迹：大而不连贯的字母沿着笔直的格子排列成行。大量的移行符号把字迹弄得很零碎，这些字迹像是一些偶然字迹的堆积，使彼此之间保持联系的仅是常常提到歌唱蓝色大海的歌声……

我记起了撞到门廊来的片断的歌声，我明白了：是它，是歌唱蓝色大海的歌声，激动了坦克手，激励他去做这艰巨的劳动——在拥挤中，在晦暗的灯下写感想。

我想搞清楚所写的内容，但是字与字常常互相重叠，把我弄糊涂了。我掏出铅笔，在餐室柜台上把我觉得多余的字划上括号。很怕会有人来打扰我，我便匆匆读着，手里的铅笔发出沙沙的响声。渐渐地我忘记了冷：我很温暖而且很高兴；坦克手是被歌唱大海的歌声激动了，并且在记事本上对这种歌声写道：

“你，蓝色大海的歌声，怎么飞到了寒冷的乌拉尔？怎么你找到了这辆列车？你需要什么？你为什么在我的头上盘旋？为什么你使我记起蔚蓝大海旁的、被敌人破坏了的果园、被摧折的锦葵、被侮辱的姑娘、被杀害的儿童？”

从笔记中，我才知道坦克手叫做马克西姆·卡拉班，是克尔契的高炉工人，他是来乌拉尔要钢马，就是说，要坦克，他和同志们要牵了这些钢马，骑上钢马，给敌人以致命的打击，夺回果园、锦葵、像大海一样辽阔的自由、像他幸福地住过的海岸那样诱人的喜悦……

“喂，您干什么糟蹋自己眼睛？”——冲破马克西姆·卡拉班字里行间的热情，传来了阿格拉菲娜·伊万诺夫娜的声音。

我的亡故的母亲的声音就是这样的。我已经白发满头了，但是我感到好像是站在慈亲两眼关怀的注视下。我握住她冰凉的瘦削的两手——两只手一齐握住，——藏起坦克手的纸片，我们离开了车站。

在到达电车站之前，阿格拉菲娜·伊万诺夫娜连忙对我讲述：她在旧房子里害过一场肺炎，三个儿子从前方来的信都很好，尼基达·别特洛维奇在运输车间工作，新房子比旧房子干爽而且舒适，长子和次子的妻子已经是旋工了，孙子们常常在乌拉尔山岭上滑雪，看样子，比在顿巴斯滑得快活，至于她阿格拉菲娜·伊万诺夫娜，总是有些疲乏无力，但这是由于体弱，由于寒冷，——等春天一到，她身上一暖和，就会好了……

没有诉苦，没有不安。“就是说，尼基达心头不舒坦，不是在家里，是在工厂里，”——我这么断定。周围一片寂静，积雪在脚下那么平和地咯吱响着，满月那么宁谧地照着，好像令人难以相信这里出产致人死命的钢马，而克尔契的高炉工人马克西姆·卡拉班和他的同志们已经前来领马了。

一幢粗木头做墙、木板做顶的房子，镂花为饰的木制天幕的院子，都在沉睡着。只有一个女人在小巷里唤猫，她生气地叱道：

“喝，我叫你跑到冷地里去，贱货！”——门砰的关了。

电车站上人很多，但半夜最后一趟电车是不是经过了呢，谁也不知道。我怕阿格拉菲娜·伊万诺夫娜冻着脚，我提议步行。有一个行人叫道：

“谢利维尔斯特①，等我一等！”

阿格拉菲娜·伊万诺夫娜活跃起来了，问我是不是还记得做地下工作的那个时候，尼基达·别特洛维奇化名谢利维尔斯特的人。接着她又提起我们两个人怎样在流放所熬鳕鱼汤。往事一齐浮起，我们谈起了差不多已经遗忘的大事，以及死去的朋友和敌人……

房屋和院落静听着我们的谈话，透过静寂，越来越清晰地传来低沉的敲击声。从房顶背后突然有一阵红光射到脚下，打断了我们的回忆。

“这是老工厂出铁的火光。”阿格拉菲娜·伊万诺夫娜像对客

①苏联人的姓。在这里，行人偶然喊一个姓谢利维尔斯特的熟人，引起了阿格拉菲娜·伊万诺夫娜的回忆。

人一样很关心地向我解释。“现在这里可真了不得！白天黑夜人们都不停手。我们住在工厂中间，夜里家里常常是这样：一处红光似乎是熄下去了，另一处又起了，一炉铁出完了，另一炉又开始出了，要不就是两炉一齐出，那里，你瞧，尼基达厂里要出铁了。窗子上火光那么红……”

我很想看看出铁，我们爬上一个高坡。工厂坐落在较低处水池旁。首先跃入眼帘的是一排高炉，——在高坡上，高炉从装炉口到炉脚都能看得见。其中一个出铁口已打开了，熔炼好的铣铁成为火的急流顺着铁槽流进巨大的戽斗。铁流与戽斗之上烟雾缭绕，火星飞舞。在铁水的火光中显得黑郁郁的高炉工人，沿着铁流奔跑着，手里拿着长矛一样的铁梃、铁锹、铁刺……

我们加快往前走，但是铁流已经流尽，满满的戽斗摇晃着离开高炉。工厂昏暗下来了，渐渐变得漆黑，甚至满轮的明月也不能使它变白。我们下了高坡。高炉的轰鸣与嘈杂声越来越模糊，而邻近车间里的声音却越来越强了，这些声音争先恐后地在说明：马克西姆·卡拉班来是对的——这里日日夜夜出产着钢马……

尼基达·别特洛维奇见到我们是在大街上，他是大身材，喘着气，沉雷般的男低音震得我发昏：

“哈，抽身好不容易！太好啦，很高兴，你能来……你，格拉莎[1]，亲爱的，快回家吧，要不，你会冻死在乌拉尔的炉火丛里。喂，走吧，我和他到市委会去一下，嗅一嗅那里党的生活气息。走吧，走吧，快……”

①阿格拉菲娜的爱称。

他催促阿格拉菲娜·伊万诺夫娜,甚至推她,等到剩我们两个人后,他问我:

“她没对你说什么吧?”

“什么?”

“呐,没谈到什么不好的事吧?”

“没有。莫非发生了什么事?”

尼基达·别特洛维奇抓起我的胳臂,把我引进市党委会明亮的外室。

二楼上传来大会的嘈杂声,有一个清脆的声音盖没了嘈杂声,看样子,是轮值书记的声音:

“身上又不舒服?干什么不讲话?你要叫我们好看?谢谢你。会有你的。你有什么不满意的?什么不满意!?”

尼基达·别特洛维奇领我走到底层一个空房间,解开外套,把皮帽、皮手套扔到椅子上,坐了下来。

他依然像个满腮胡子的哥萨克,但是在蓬发的头上,白发增多了,脸上浮现了皱纹,也不知是由于惊异,还是由于懊丧。

“尼基达,发生了什么事?”

他抬起头。他的眼光正像平常一样,是坚毅的、有神的,眼睛更像是两颗五彩的珍贵的玛瑙。我们目不转睛地互相望着——他是悲痛地,我是疑问地。

“你可瞧,”他开口了,但是马上又闭住了嘴,急促地从上衣袋里往外掏党证,从党证里抖出一个对折着的小信封。

“就是这封信,呐,看吧……”

小桌面在他肘下咯吱咯吱响着。我从信封里掏出两张四折的信纸——这是尼基达·别特洛维奇的次子,原来是旋工,现在是坦克手,伊果儿的来信。

“亲爱的爸爸!你看,这封信一开始甚至都和往常不同了:不称你做苍鹰,而叫你亲爱的爸爸,似乎你自己也不晓得:你对我多么可贵。这并不怪我,而……唉,不值得去回忆究竟怪谁了,让他去吧!我向你保证过写信说实话的。我不认为妈妈是软弱的,但是我不能够马上给她写信。如果简短些说,那就是:妈妈在乌拉尔所缝的衬衫,安东不能穿了——他已经不在人世了。他随着纵队冲进大海那方的突破口;就在那里,在那个突破口,发生了这事……你不要不安:他付出生命是有代价的,不是白白枉送了的。你教导我们做你的同志,因此现在我要劝告你:不要把这封信给妈妈看。你对她说,听到有人说似乎安东在战斗中没有跟上自己的队伍,不得已到游击队里去了。妈妈会谅解他为什么没有信息,然后,你可以看到,济莫菲依[①]就要回来的,在他之后我也要回来。好歹妈妈将来还有我们可依靠,这一时的痛苦会过去的。我并不是懦弱胆小,可是我懂得妈妈的心。你信里说:她好不容易才熬过了肺炎的折磨……为什么我们又要在这样的时刻,再使她痛苦呢?要知道我们答应过她,领她去看看大海,我们应当履行诺言。我们一定让她看到大海……”

信中一行行字迹在眼里游动起来:大海又在脑际出现。年轻人保证夺回我们赏心悦目的大海的誓言,也在脑子里浮现了!我勉强抑制住眼泪。尼基达·别特洛维奇和他的儿子们,多少年来准备把阿格拉菲娜·伊万诺夫娜领去看看大海,但是,不是考试,

①尼基达·别特洛维奇参加战斗的另一个儿子。

便是女儿生孩子,媳妇生孩子,孙子们生病等,使他们没有完成这个愿望。在战争开始的那一年,安东看过很多书籍和地图,准备领阿格拉菲娜·伊万诺夫娜去看大海……

“喂,干什么不讲话?!”

我装作正要读完信的样子,说:

“伊果儿是对的。你决定怎样?”

“没办法,问题就在这里……”

他忽地离开椅子,蹬蹬地、快步地在房间里踱来踱去,说:

“实话我不告诉阿格拉菲娜,假话我也不能说。我同意,不到时候我不跟她说,但我只要一望她,就忍不住了。简直于心有愧。伊果儿在信里编谎,好像我不知道她的心……唉,她那颗心哪!简直像风吹雨打过的蛛丝,你一拿出这样的信——就完了。她是那么爱安东,简直就不能告诉她……对于她,所有六个孩子之中数他最好。这一点,她嘴里不说,但怎么能瞒住我?呐,我什么都能感觉出来……”

任何时候尼基达·别特洛维奇都没有对我这样谈过阿格拉菲娜·伊万诺夫娜。我的激动的脸也许在他看来觉得没来由,他在我面前停下步子:

“干什么不讲话?怎么,难道我叫你来,就是为了要你瞪着一双牛眼对着我发愣?你的意见,怎么办?”

“我觉得,应当照伊果儿说的那样说。”

我的话激怒了尼基达·别特洛维奇,他两手抓住我的大衣领:

“伊果儿,伊果儿,……说一千遍还是伊果儿。呵,你这伊果儿算个什么?他是毛孩子——别的啥也不是。他教爸爸在老年去做什么？去说谎？他又是怎样教我的啊？说什么，安东追赶德寇。怎样追？呵，乘坦克？那么，坦克在哪里？他把坦克弄到哪里去了？难道驾着它去找游击队？谁能相信这个？喂，说话呀，别装哑巴……”

“我没有不讲话。不要再摇我，要不，我也来摇你了。你只愿听你自己说话，你就觉得我不讲话。喂，停一停，闭一闭嘴。你安静一下，听我说……你明天就写信给伊果儿，说你同意他……”

“那么，对她，对阿格拉菲娜，说什么？”

“把话听完！你告诉伊果儿说你同意，让他给她写信。写什么？他比我们知道该写什么。你什么都不要对她讲，都让我来对她讲……”

“你讲什么？”

“我把在火车上偶然遇到的一个坦克手的话转告她……”

“是些什么话？什么话？”

“很简单的话，就是说，安东在追赶德寇时没跟上自己队伍，不得已找游击队去了——就是这样。伊果儿的信可以证实这个传闻，为了让死亡通知书不落到他母亲手里，我再想办法……”

尼基达·别特洛维奇拭擦着前额，皱起眉头，问道：

“这么说，你觉得，可以这么做？”

“是的，这样比较好些……”

“呵，我不是问你好些坏些。我问，可以这样做吗？我好像觉得心里有愧，好像是我老来还要欺骗阿格拉菲娜……”

“不，夏季以前，什么都不应当告诉她……这样会使她的心情轻松些……至于……”

尼基达·别特洛维奇痛苦地哼着气，坐到椅子上，忧虑地折叠伊果儿的信。他一定要把信折得和原来折的一个样子。他把信往信封里放，又想尽量放得和原来放的一样。信封却不听他的话，他的额上冒出了小汗珠。他内心的美德使我很感动。我用手抚摸着他的蓬发的头，为了减轻他的痛苦，我用完全平常的，甚至是夸耀的声调说：

"尼基达，我们还没有秃头啊，对吗？"

"瞎说，还没有秃呢。"他克制住自己，嘟囔着说。

"也许啊。"我表示同意，替他把帽子戴上，把手套递给他。

他站起来，向着我顶上望着，慢慢地扣着衣扣。我问他：

"你们车间里情况如何？"

"可以不必问。"他又嘟囔着说。

"这么说，都很好，是吗？"

"你以为呢？呵，希特勒匪帮要我对他们放松，是不可能的，我……"

他谈起自己的工作和工厂。我挽起他的手臂，我们走出市委会。我们的影子显得蓝澄澄的。影子在我们前面，沿着洒满月光的街心移动着，在积雪的咯吱声中，仿佛听到旋刀的哨声与齿轮的窃窃私语声。

我很高兴尼基达·别特洛维奇有兴致讲话了，我详细地问着他，不知不觉地我们到了他家。儿媳和孙子们已经睡了。桌子上电灯底下放着三副食具和一瓶葡萄酒。为了使我高兴，尼基达·别特洛维奇碰碰我的臂肘，低声说：

"呵，瞧，为了你，甚至在半夜里不知从哪里把葡萄酒都弄来了……”

“这倒不是弄来的：从秋天就藏在箱子里准备急用的……”

疾病使阿格拉菲娜·伊万诺夫娜消瘦而且憔悴了，只有笑容润色着她的瘦削的脸。她全身着白色衣服，动作几乎没有声音：洗手盆里倒进温水，在桌旁、炉边忙碌着。她的说话声音更使我想起了亡故母亲的声音。我脑海里浮现了她给安东缝衬衫、熨衬衫领子等一系列的情景……尼基达·别特洛维奇在我看来变得很阴沉了。“是你老了，是你变得敏感了，”——我心中自己责备自己。

“呐，来，为了友谊，为了我们忠诚的人们，为了坦克手们，干一杯。坐，坐……”

我望着葡萄酒接二连三地斟入酒杯，急促地谈着高个子坦克手，谈到他记事本上的几页纸怎样落到我的手里，于是我补充提议：

“也为蔚蓝色的大海干一杯！”

“对，为了蓝色的大海，当然也要干一杯！还要为早日能看到大海干一杯……好，这才好，呐，你念一念上面坦克手写的什么……”

我从袋里把那几页纸掏了出来，一阵红光射到了桌上，使我很吃惊，我转身一看：高炉出铁的火光正透过窗子射进房来……我拿着沙沙响着的纸片，谈着克尔契的高炉工人马克西姆·卡拉班，并且朗读了他对蓝色大海之歌的感想的片断……

1944年

雄鹤与雌鹤

在野战医院里，我不止一次地幻觉到我们的雄鹤在飞翔，并且幻觉着：似乎我自己是一只鸟，似乎我自己半夜里在鹤群中飞翔着。四周眼目所能及的地方，一片蓝澄澄的天，万点星火，领头的鹤引导着我们沿着这些星火——沿着星光灿烂的道路飞行着。雌鹤和我并排飞着。我们已飞近了亲爱的乡土。在我们下方，最后一个广阔无边的大海在前面展开了。应当飞越过去——然后，万点星光中就要出现那熟悉的山巅，山后亲切的大地要炫耀它那宽阔壮美，江河湖泊将会金光闪烁，盼望已久的春天的喧嚣就要把我们包围。将有千万的人唱歌给我们听，欢乐会像霓虹一样在我们面前闪耀。

往常都是这样的，而这一次，在即将望见欢乐的当儿，天空不知从哪里飞来了机群，截断了鹤群飞向大海的道路。飞机非常之多，它们旋风似地在鹤群周围扯起了蓝色的天幕，带着隆隆的巨响，呼啸着，怒号着……

领头的鹤鸣叫着发号施令，时低时高地引导鹤群逃避死亡，向水边冲去。眼看要脱离危险了！但是海岸与海上的船只鸣起了大炮，飞机上炸弹一齐往船上落。大海冲着鹤群溅起水柱，冒起呼啸而轰响的火柱。

充满了恐怖的黑夜，在鹤翅中间呼啸着。爆炸的血红的火光，给领头的鹤模糊了万点星火的道路，风暴卷着它左撞右闯。鹤群急飞着，飞向大地，在陌生的土地上落下来，在地上颤抖着，等到一切都安静了，继续向前疾飞。

大风、星光与黑衣——一切都在帮助鹤群。遥远的天边已经透亮，大海尽头已闪烁着灯火，远处已呈现出熟悉的山麓的脊背。鹤群重新闪耀起喜悦。可是，自由的鸟儿呀，且慢些喜悦吧！你忙着要把幸福带给谁？且慢！

探照灯光从盼望已久的海岸和山麓上像利剑似的向鹤群飞来。紧跟着耀目的光芒，升起了雷鸣般轰隆的巨响，炮弹烟雾弥漫，硝药刺鼻地在左近开着花，一块弹片截断了鹤群的尾部，打死了亲爱的雌鹤。

雄鹤恐怖地向她尖叫，整个鹤群也和它一同叫起来，但是领头的鹤要大家服从命令，领头的鹤严厉召唤大家飞向群山之上的云端，并顺着云彩之间的缝隙急急地飞越山巅。

受了恐怖和潮湿的鹤群，沉重地越过群山。力气消失了，但是领头的鹤的鸣声不断地发出幸福的保证。领头的鹤获得了支持——明朗的远方涌出一片霞光，霞光拨开云雾，把鹤群染成一片朱红与金黄色。

太阳的温暖给翅膀增加了力量，群鹤高兴地叫起来，从高空直冲下原野，一对一对地彼此散开，落到自己熟悉的地方。都是一对一对地，只有我们的雄鹤是独个儿落下。

太阳透过灌木丛抚摸着它的头顶，晒暖了疲乏的翅膀，把水滴化成隐隐可见的热气从羽毛上赶跑。没有雌鹤它是痛苦的，但是它得让太阳晒翅膀：把翅膀在阳光中打开，用喙动着羽毛，抖一抖身子，把晒干的羽毛转向背阴，把还在湿着的羽毛转向阳光。

我不是鸟，但是我相信：雄鹤此刻记起了我们的院子。我们的院子一面朝着集体农庄的田野，另一面傍湖。菜园对面，湖中有一个小岛。岛上生长着杨柳、赤杨、雪球树，四周是芦苇、蒲草和香蒲。年年雄鹤在这里度过夏天。当我祖父还活着的时候，我们已经和它结成了朋友。

祖父结婚之后，就离开村庄，来到这里依傍湖水住下来。他们——祖父、祖母、雄鹤和雌鹤就是在这里第一次见面的。这事发生在春天。

祖父正在新茅舍外种园子，听得召唤：

"伊万……万[①]！"

"噢咦，这是谁叫我？"

祖父直起身子，但以为这是他的错觉，可是又叫了一声：

"伊万……万！"

祖父右边望望，左边望望，他看到：透过篱笆，田野里有一只雄鹤和一只雌鹤。祖父扔下铁锹，向鹤走去。

"噢咦，鹤呀，"祖父说。"你这幸福的春鸟，你怎么知道叫伊万？你自己是叫什么？"

①"伊万"是苏联男人用的名字。鹤的鸣声与人名"伊万"很相近。

“伊万……万！”雄鹤说。

“噢！这么说，我们同名啊？两个伊万？你告诉我，因为你常常到天上去，你能飞越大海，我正在等待着第一个孩子，你说，你觉得我应当给孩子取个什么名字？”

“伊万……万！”雄鹤说。

“这么说，你的意思是我要生一个儿子？”祖父高兴了。“因为你这样的好话，你要不是鸟，我真会不顾一切热烈地拥抱你！可是你又不爱拥抱，到我家做客你也不会来……要是愿意，哪怕到我家草堆上住住也好，我愿意送给你做巢用的一切。我知道你爱用什么做巢，等一等……”

祖父跑进棚子，把一捆干枝扔到篱笆外给雄鹤。

“拿去吧，喜欢哪里，就在哪里做巢，你可不要躲避我……”

雄鹤在岛上筑好了巢，它和雌鹤都长肥了，后来它们开始轮班孵小鹤：它卧下，她就去寻食；她卧下，它就跳出芦苇，涉过湖水来到田里，吃饱了食便走进篱笆，望着祖父的院子：

“伊万……万！”

祖母对它的鸣声很惊讶，而祖父却很高兴，他急忙走到篱笆跟前，去同鹤谈话。当祖母生下第一个孩子——就是我的父亲——祖父高兴得头都发了晕，亲自把新生儿抱出茅舍，给雄鹤看：

“这个小家伙正像你说的那样！瞧，多可爱！这是你从海外给我带来的幸福。你什么时候也不要忘记我，跟着我，不会倒霉的，我保护你，比城墙都牢靠……”

祖父警告所有的猎人和渔人，没有要紧事不要到小岛上去，不要在岛上随便弄出声音，不要打枪，绝对不能……

鹤群在天冷之前，教小鹤在田野上空学飞，然后带领它们加入鹤群，越过大海飞往温暖的地带。祖父整个冬天都在为它的巢担心——没有被弄坏吧？——等积雪一开始融化，每天傍晚祖父都走向湖边，望着天空，终于他等到了：雄鹤和雌鹤飞回来了。

“喂，怎么样，给我把海外的幸福带来了吧？我还要生个什么：儿子还是女儿？”

“伊万……万！”雄鹤叫道。

“又是儿子？谢天谢地！哪怕你给我送来一院子小家伙，我都叫他们伊万。神甫愿意命什么名随他去，但我一定要按照你的命名……”

结果，正像雄鹤说的：祖母又生了个男孩。就这样成了惯例：每过两年生一个儿子，每一个都由雄鹤预先取名伊万。祖父又开心又得意，可是祖母一年一年地渐渐搞不清她的伊万了，有一次她在吃饭时责备祖父：

“你这个老东西，”祖母说。“你和雄鹤想出了好点子叫我受罪：你叫伊万，大儿也叫伊万，二儿又叫伊万，三儿又叫伊万，四儿又叫伊万，你要叫答应一个，把嗓子都会喊破……

这事已经在我的记忆中了。祖父脸色一沉，放下羹匙，望了望祖母，说：

“住嘴，老婆子，要不，你要招来灾难的。是我们自己每年春天去问雄鹤：能生什么？至于叫伊万，我对它许下过诺言，就应该遵守。你既然记性坏了，你叫我们就该有分别地叫我们：叫我老头子也好，叫爷爷也好，大儿就叫伊万，二儿就叫伊万诺克，三儿就叫伊万卡，四儿就叫伊万斯卡……”

祖母听着，数着指头记，我们小孙子也帮她记。只不过这一点都没有用。雄鹤从湖上走进菜园，要大家仍照它的叫法叫：

“伊万……万！”

我的每个叔叔都觉得雄鹤是在唤他，于是他们都和祖父一块走进菜园。雄鹤不怕我们，可是我的祖父严格禁止走近它或是触动它。

“孩子们，它呀，”祖父说。“不是什么平凡的鸟，是一种仙鸟。它在阳光里沐浴自己的翅膀，虽然双手就可毁坏它的翅膀，但是它的翅膀却能跟大风搏斗。它能越过海洋，能看到也许我们都不知道的东西。它能给我们带来幸福。瞧，我们家多少人，我们都很健康，都在一起。等我们家里人都长大了，并且去寻求智慧。哈，我们脚下的土地都会歌唱起来！……”

我们很喜欢祖父讲的话。他最后一次同我们讲话是在推翻沙皇的那个春天。祖父已经白发满头，只有眉毛上尚余三两黑点。秋天，雄鹤刚带了当年的幼鹤飞走，祖父就变得很无精神了，而在我们那里，太阳在那一年差不多直到下雪犹有暖意。祖父常常从清晨就穿了皮袄走出茅舍，坐在铺着稻草的土堆上打瞌睡，就这样，有一天，他没有呻吟也没有呼痛，就完全不省人事了。祖母对他哭了一场。葬礼之后，她显得消沉了，背也弯了下来，约在工人们从克伦斯基手里夺回政权之前的两个星期左右，也跟着祖父走了……

春天，迎接雄鹤的已经不是祖父，而是平辈中最年长的伊万——我的父亲。这个春天中，同雄鹤一起，我的两个叔叔从德国俘虏营里像疲惫的鹤一样地回来了。和祖父的院子并排，添了新的房子，人们把我们那个地方唤做鹤沼，并且我们的声誉远远传播到各个角落。

为这种声誉开端的是从俘虏营回来的我的叔叔们。他们在战壕里以及在俘虏营里懂得了那么多道理，以至于他们又影响了我们全族：甚至不识字的都开始识字，而我们小伙子们和孩子们则像鸟群一样地飞到城里去上学。我们很多人从沼池上飞了起来！现有的事业中，没有我们的人不在运用劳动和智慧的：在工厂里、工地上、矿山里、军队里、海军中、机车上、医学界，甚至在学者中都有我们族的人。我们各个人也间或来到沼地上……

我在这次大战前夕到过那里。苹果已经满浆，李子紫了，樱桃像血一样。全农庄都来到祖父的园里与我相见。大家的嘴上都沾满了樱桃汁。在谈得最热烈的当儿，妹妹扯了扯我的袖子：

“瞧，它猜到你到我们家里来了……”

菜园里，雄鹤正从湖边走来：

“伊万……万！”

从我身上飞掉多少年岁——我像个孩子一样奔向雄鹤：

“鹤呀，认识我吧？”

它点了点头，我们都笑了。父亲谈起当初我们之中很多人还未出世的那个时候，而我第一次想道：“得了，我的祖父在年轻时，就是常常同这一只鹤讲话吗？”父亲回忆起了祖父的话：当我们长大后，我们脚下大地都会歌唱起来……

大地已经在我们脚下歌唱了——唱得又是多么响亮！但是，且慢，好人哪，且慢！我还没来得及在湖上尽兴地钓两次鱼，战争爆发了，一年之后，我第三次负伤，来到战地医院，在医院里接到了当游击队员的我最年轻的一个叔叔的来信。他对沼地写得很少，对雄鹤、对它最后一次北飞写得比较多。

春天，德寇来到了沼地。我们比较健壮的人早就到森林里去了，病弱的和老人们都被法西斯匪徒从房子里赶了出来，他们便簇拥在湖旁地洞里。我最年轻的叔叔的妻子也到过那里。就在这里她得以最后一次看到我们的雄鹤。她看到过它两次，两次它都是独自一个——这就是说，它在最后一次北飞中失掉了雌鹤。

第一次我的婶婶看到雄鹤，是当它走上湖那边岸上的时候。它在那里站了一会儿，伸长脖子，向两旁望望，接着它就不见了。第二次婶婶看到它是在我们菜园对面的小岛旁。同往常一样，它走向自己巢时是悄悄地，从巢旁向沼地这边走得比较大胆。到了水旁藏进芦苇丛里，它看到我们菜园边上有人，便朝他召唤一声：

"伊万……万！"

可惜，显然由于悲恸与痛苦，它的眼睛变坏了：它以为岸上站的是我的父亲或是我家别的人，但那却是吓丧了胆的、耳朵听不懂自由鸣声的德国哨兵。德国兵把孤独的鹤的鸣声当作了游击队员的号角。他举起枪，向雄鹤惊动了的芦苇晃动着的地方开了一枪。

雄鹤用翅膀拨开芦苇，哀痛地长唳一声，向上一飞，接着便落到我们菜园对面的水里去了。

在战地医院里，我很久没能够把报告鹤死的一段信从头到尾读完：信上字迹涨大了，绞到了一起，并且我当时就好像是我自己在从异乡北飞时丢失了良友，但终于到了我所爱的、教导自己孩子们飞行的地方，我望望所爱的一切，正在为所爱的一切而高兴，可是这只野兽从岸上用可恨的自动枪打断了我喜悦的心境……

……战后我回到沼地。当火车驶近沼地时，不能说我的心是愉快的。我克制自己，挥赶悲伤，但是愤怒填满胸膛，我想到惨死的亲人，想到惨死的雄鹤。我觉得我什么时候再也不能听到那亲切的叫声：

“伊万……万！”

我不能设想，等待着我的将是多大的喜悦！沼地重新修整了，沼池在耕耘，在播种，响亮着人的声音，在小岛上做主人的，也许是我们那雄鹤的儿子或者孙子，有年轻的雌鹤陪伴着。和它的祖父或者父亲一样，它常出来到我们集体农庄的田野里寻食。我的父亲使自己的嗓子模仿着鹤的声音，召唤着它，而它那么乖地，差不多用人的声音，应着：

“伊万……万！”

1946—1947 年

凯利克和阿琳卡

我想对您谈一种伟大的爱,并且谈谈这种爱是怎样深深地温暖了我。这事发生在战争的第二个年头。在战争开头的日子里,当法西斯匪徒比饿蝗还凶残地漫向我们的土地的时候,我曾经做了些本来谁也不懂,也不可能懂,没时间学,而且也无处可学的工作。

我们把差不多用了十年进行了扩建的我们的工厂从原地拆掉,迁移到乌拉尔。您可以想象到当时我是什么样的心情!我们多年劳动,就是为了亲手把它毁掉吗?

我的妻子到她的父母处去了,我们那相差仅一岁的儿女——凯利克和阿琳卡——住在被法西斯匪徒占领了的地方,在集体农庄里祖母身旁。

我们顺利地完成了迁厂工作,然后不久我到了军队里,随坦克部队来到自己家乡一带地方打德寇。情况进展顺利,但我却变得越来越忧愁了。向我们村子的那个方向一望,仿佛就听见希特勒匪徒在恐吓妈妈和我的孩子们，他们在呼救，在哭喊。甚至阵阵的炮声都不能抑制我的痛苦。我在战报里看到：我们的村子解放了。我家里是不是还有谁活着呢，我不知道。我很不安。

我把这种心情汇报给我们的指挥员。

“没什么，卡留士内依同志，”他说。“回去一下吧，看看家里人生活得怎样，但不要耽搁。你应当听到的，不只是自己孩子和自己妈妈的哭声。快去吧！”

他吻了我，我便准备前往。同志们为了不让我空着手回家，在我的行囊里塞满了各种各样的礼物。

我的房子尚完好。深夜我穿过菜园向它走去。果园里仅剩下了边上一小片，其余的都被法西斯匪徒们砍光、烧光了。星星好像约好了似的，都升上天空要看我怎样与妈妈和孩子们相会。孩子们已经睡了。妈妈迎接我，好像在少年时那样接我：两手放到我肩上，用手掌与呼吸温暖我的全身，抚摸我有没有受伤。马上让我在星光闪耀的阳台上吃饱了饭，为了不惊醒孩子们，像安置小孩子一样安置我在阳台上睡下。我像在童年一样，望了会儿星星，骤然间我真的像个小孩一样，马上就睡着了。刚刚蒙眬睡去，便觉得清新凉爽的朝霞在抚摸我的额头，拨动我的眼皮，说：你看看哪！我惊醒了。我看到和往常妈妈手底下的阳台一样，阳台十分干净，两旁缠绕着牵牛花藤，所有的藤上都开满了喇叭花，喇叭花在凝望着，很惊讶：“你在这里呀？你来的时候，我们怎么没听见？要知道我们和房子、果园一直在等待你啊！”

朝霞透过树叶与花丛射了进来。这时我看到了凯利克和阿琳卡。他们坐在阳台的最高一级上，头发浅白色，已经梳过了，穿着干净的衬衫。他俩中间放着一个大汤盆,里面高高地堆着熟透了的紫红李子。

孩子们每人手里拿着一块面包,他们一面吃面包又吃李子,津津有味地吮吸着李子核,吸出啧啧的响声,然后把核吐掉,接着又小声争论:谁的核跑得远!霞光透过枝叶倾泻在他们的头发上,把头发描绘成许多花纹,极力想让孩子们变得更美丽更可爱。孩子们低语够了,静默下来,向面前望着。他们那么凝神地望什么呢?为了不使稻草发出响声,我小心翼翼地伸长了脖子,看到了妈妈。

她是那么完美、纯洁,又是多么亲切,我勉强抑制住多少年月以来积累在心中的喜悦的呼声:"啊,妈妈,您真是我的好妈妈!"我充满了自豪,因为我有一个这样好的、刚强的、完美的妈妈,因为她依然那样操劳。

清晨的微风越来越轻快地在菜园里、果园里奔跑。我和风都很着急:我急欲把孩子们和妈妈瞧个够,微风急着要把一切吹苏,让一切快打扮好迎接日出。

妈妈也在忙碌着,她是不会让那母亲的手清闲的。她面对阳台,坐在矮桌旁一张自己心爱的小凳上,灵活而熟练地整补、缝制着剪碎的布片,这是我夜里从行军囊里拿出来给她的。行囊里都是我的同志们的礼物。她缝着,一面不慌不忙地同孩子们谈说着。她好像在歌唱;她的声浪飘荡着,好像一把古老的、质料很好的提琴的弦声。

妈妈对我的孩子们不呼名字,而叫小鸽子,这个词儿以及她的声音,同时进入我的内心,激起我无限幸福的感觉。我望着,极力抑制着呼吸。妈妈说道：

“瞧，我的小鸽子们，我用碎布给你们每个人缝一身新衣裳，这布是爸爸保存在自己的行军囊里把它带来的。我缝好了，给你们穿上，你们就穿着一身新衣裳提上我们最好的篮子到果园里去。”

凯利克骚动起来了。

“呀，奶奶，您怎么啦？到果园里干什么？果园里还有露水呢，我们要弄湿的，我们会受凉的。”

“嗳，凯利克，你还是少先队员哩，真无用啊！难道说一个好小伙子还怕露水吗？露水没有害处，它给人增加力气，太阳会和吸干花上的露水一样，吸干你们身上的露水，你们可以用露水洗一个脸。你们去拾起那些该死的法西斯匪徒没有毁掉的树上被风吹落的果子，再从枝儿上摘一些好的、金黄色的、红透的、好看的苹果。再摘些熟透了的梨。再摇下一些李子，让篮子装满。我在这个时候生着炉子，煎东西、烤东西，做苹果和李子馅饼，做白面包。到那时候让爸爸醒了，我们就坐下吃早饭。然后呢，凯利克，我们做什么？”

“我不知道，奶奶。”

“你猜猜看！”

“您自己知道吗？”

“我当然知道。我就是要你猜嚜。”

“叫我猜什么呢？您自己会说的。”

“我当然会说的，你别替我操心。好吧，我们吃完早饭，爸爸要到果园和菜园里去看看，让我把那块白底小花的大头巾拿来。

这块头巾是集体农庄因我工作得好而奖给我的。”

“噢咦，奶奶！”凯利克提意见了。“我戴头巾不像话呀！”

“你又傻了！谁说我要给你戴头巾？我还没有老糊涂。我们把头巾摊开，铺平，把你们在果园里摘的东西摆在上面：苹果啦，梨啦，旁边放些盐渍黄瓜、煮熟的嫩玉米，这些上面铺上一层李子，为了不让苹果挤坏，上面再放上白面包。我们把面包分成两半，中间浓浓地抹上一层上等蜂蜜，等蜜浸透了，把两半合起来。蜂蜜就会把两半黏在一块，面包好像又变成一个完整的了。苹果和梨中间再放上一小罐蜂蜜……然后结起头巾的角，你们就把它送到远远的地方去。凯利克，你们把它送给谁？”

“不知道。”

“我知道。”阿琳卡讲话了。

“你虽然小，可是比男孩子聪明。你要把礼物送给谁？”

“送给斯大林同志。”

“这才对。他住在哪里？”

“住在莫斯科。他还能住在哪里？”

“对，小鸽子。但是莫斯科很大。你能找到斯大林同志吗？”

“我去送！”凯利克起劲地说。“阿琳卡会迷路的，我晓得怎样到斯大林那里。”

“这么说，你也想去给他送礼物啦？”

“不，我去送！”阿琳卡嚷道。

“为什么你要去呢？”

“我先说的，我爱他，所以我去送。”

“你们怎么啦，怎么啦，小鸽子！”妈妈笑了。“斯大林同志爱所有的人，所有我们的人也都爱他。不能不爱他。别吵了，你们两个一块去送礼物。凯利克，到莫斯科你怎样去找斯大林同志？”

“哈，这还有什么难的！到了莫斯科，下了火车，就直接去找民警叔叔。”

“可是你不会同那里的民警讲话呀。”

“那还有什么会不会？我挽住阿琳卡的胳臂，走过去，说：奶奶派我们给斯大林同志送礼物，可是我们不知道他的房子在哪里，你告诉我们，做做好事吧！”

“好，好，然后怎么样？”

“他就指给我们道路，应当指给我们的。我们走到斯大林同志的房子边，在街上喊一声，敲敲大门。他听到了，就走出来。我们把礼物交给他，代表你向他鞠个躬，告诉他，让他把礼物倒出来，把头巾拿出来还给我们，因为头巾是为了工作好奖给你的，我们不能不戴头巾回来。”

“这样说你不害怕吗？”

“有什么怕的？”

“然后怎么样？”

“然后？斯大林同志领我们到房子里去，把他的礼物放进头巾做回礼，交给我们，到大门外指给我们怎样走，我们就往回走呗。”

“很好。斯大林同志在吃饭的时候要和你们谈些什么？”

“他一定会问集体农庄，问德国人，问你。”

“噢！他问我干什么呀？”

“问你是不是好发脾气，是不是常骂我和阿琳卡。不过，奶奶，你别害怕：关于集体农庄，关于你，关于拖拉机站——该怎么讲我就怎么讲。我一个字也不乱说使你生气，只要阿琳卡不插嘴就成，你告诉她，别人说话的时候，要她不要讲话。”

“我要讲！我要讲！凯利克，如果他要问你需要什么，你对斯大林同志说什么？”

“我说：需要一支好猎枪、一辆脚踏车和一架收音机。”

“要是他问，等长大了，你做什么？”

“我说，做司机。”

“看你又瞎扯了。这些话不免说得太轻巧啦。做什么样的司机？斯大林同志要问这个，你就没话说了。”

“哈，就有话说。”

“好，说什么？”

“咦，瞧你呀！我就照直说：要做机车司机，让机车成为先进机车——一下子拉一百辆车厢。”

“这才对。呐，要是斯大林同志对你说：‘很好，凯利克！我看到你是个好小伙子，你爸爸和奶奶也都是规矩人，勤劳的人，你留下吧，我们教你当司机。’——你怎么办？”

“啊！……还能怎么办？就留下呗！”

妈妈的眼睛燃烧起来，她急忙停住针线，假装生气地把两手在自己膝盖上一拍：

“留下!？哎呀，你这没良心的！我每天给你洗脸、梳头，看，正在给你做衣裳，可你还要离开我，把我忘了!？”

凯利克身子向前一倾，好像要把我妈妈的话从身上挥掉：

“什么忘了!？您晓得我要怎样吗？我学会了当司机，坐上自己的机车，开到我们的车站，带了您、阿琳卡、爸爸到莫斯科去。我的机车让它叫一路——瞧，我就这么带你们走！您还说，我把您忘了！”

“这太好了！哪怕在老年到那里去一下也好，去好好看看常听别人说的那些东西。或许还能遇到斯大林同志本人。”

“那还用说！我领您去见他，一直领进他的房子，对他说：这是我们的奶奶赫利斯济娜·卡留士娜亚，头巾里包的礼物就是她派我们送来的。”

“你会这样说吗？”

“我怕什么？”

“哎呀，我的小鸽子们，你们快飞过来。”

妈妈眼里闪起光彩，张开手臂。孩子们像一对小鹌鹑似的从台阶上飞了起来，从两边扑倒在她那充满温暖与慈爱的、安全的怀里。妈妈把他们抱紧，向雏鸠一样咕噜咕噜地对着他们的头低语着，说着像我在童年时代常听到的那些话。

朝霞好像怕误时似的，它的光芒把她的脸、白发和孩子们的头渲染得十分美妙。我鲜明地想象到凯利克和阿琳卡带着一包礼物去见斯大林同志的情景。

当我重新向阳台望去时，阿琳卡已经穿起一件鲜艳的短衫，妈妈正在拉扯凯利克身上的蓝小褂和短裤，他很像一个正在打扮去上工的小钳工，就像我过去那样。妈妈把孩子们从身前推开，左右地瞧瞧他们。

“瞧，你们就这样去给斯大林同志送礼物，临走我还给你们梳梳头。给阿琳卡扎上根漂亮的彩带，彩带一路上会和鲜花一样，在她头上飘来飘去。大家都要看你们,问你们:‘你们是谁家的孩子? 谁给你们打扮的? 你们到哪里去?’打扮这样漂亮,怎不对你们注意呢? 你们比我们那棵最可爱的锦葵都美丽。好啦,去拿篮子吧,到园子里去,快去吧,太阳马上就出来了。都要好好地挑选! 要说莫斯科远,倒不要怕。难道说,我真的会让你们去走这么远的路? 再说,我怎么能没有你们、一个人留在这里呢? 听我给你们说:昨天人们说,斯大林同志亲自飞到我们这地方指挥军队来了,现在和将军们住在松山后面,就是我们这里常去运胡桃的地方。你们就把礼物送到那里去。这就近了,很可惜,明天不是斯大林同志的命名日,要是命名日,我们的礼物送的就正是时候。好啦,快去吧!”

孩子们带了篮子向园里跑去。当年我在这里也是这样跑的。这时候阳光已洒满了阳台和阳台上所有的花朵。妈妈俯下身来,推一推我的头:

“孩子,太阳出来啦!”

我捉住我额头上的手,吻了它。我们坐到凳子上,坐在一抹艳丽的骄阳里。我对妈妈叙述了我的朋友坦克手们怎样打发我来探望她。她叙述了法西斯匪徒怎样把她从房子里赶了出来,她和孩子们怎样躲在草谷、岩洞里,秋天和冬天她怎样艰难地每夜爬出去找吃的东西,敌人怎样蹂躏、侮辱我们的家乡,有多少人被掳走,法西斯匪徒怎样在苏联军队压力之下逃跑,我们的人怎样活跃起来,重建了农庄。这时妈妈为她能够熬过了一切而感到高兴,她现在已经了解一切,了解为什么而活着,而她的力量和对于幸福的信心是无穷无尽的,只要斯大林同志活着。

谈到所有的人，甚至衰老的老头子和老太婆，都了解与热爱斯大林同志，并且贪婪地捕捉飞到他们耳边的他的每一个字，妈妈用这些话抹掉了她与我之间年龄上的差别，成了我的同志。我领她进房去休息，便急忙去找孩子们。我依次扛起他们，举向结满果实的树枝。他们选摘着大个的苹果、梨。

“这是我送的，瞧！”

“这个算奶奶送的，这个顶好！”

“不，我的好。是吧？”

我把他们紧抱在怀里，和解说：

“大家都好！你们还要对斯大林同志讲讲你们是怎样挑选的，他一定会高兴，还要夸奖你们。”

当篮子装满了后，我们重新捡过苹果和梨，然后走到李子树跟前。我摇了摇树。李子落了下来，孩子们把它们捡进我的钢盔里，再倒进篮子，直到梨和苹果隐没在李子下面。我们在干燥的地方躺下来，谈着，玩着，闹着。妈妈叫我们了：

“小鸽子们！把爸爸领来，该让他好好吃点东西！”

凯利克和阿琳卡抓住我的手，满意地、一本正经地替我领路。我把他们搂到怀抱里，带了他们走。我们那么高兴，我们都那么愉快地笑起来，使得妈妈迎着我们跑了出来，把阿琳卡从我手里拉了过去。

我已经很久没有这样愉快地来迎接一天的生活了。

早饭后，我和妈妈到农庄去了一趟，然后她在邻人的帮助下动手打发孩子们和我上路。傍晚，我到达自己的部队，从身上解下礼物。

“瞧，我们家里人给你们一点小意思！”

同志们忙着接受礼物，我便对他们讲述我在自己家里感受到的心情。同志们像是把我所见到的东西自动地纳入自己的眼睛，然后谈起我的妈妈，像是我去看过他们每个人的妈妈，又从每个人的妈妈那里给他带来了礼物。我的同志们的心神都跟着凯利克和阿琳卡——和我一块——向前走去，好像是他们亲自带了礼物去看斯大林同志，他们用眼睛望着他，用耳朵听着他，用怯生生的声音和他讲话……凯利克和阿琳卡进了我们的战斗生活。在号令中常常提到他们：

“为了我们的孩子们，冲……啊！”

“为了凯利克和阿琳卡，再前进！冲……啊！”

没有一天我们不在猜想：现在凯利克和阿琳卡在哪里？他们是不是顺利地翻过了松山？斯大林同志会不会接见他们？

我们意识到他的工作和关怀是很多的，但是我们相信他会为凯利克和阿琳卡腾出一点时间的，因此我们感到自豪，心花开放，心里想：看哪，在哪里还有像我们这样的大国的领袖，在战争的日子里，一个农妇和她心爱的孙儿，用自己最珍贵的头巾给他送礼物？

我不止一次地遭到自己同志们的责备，责备我没有等到妈妈完全把凯利克和阿琳卡以及礼物收拾好，责备我没有把他们领上大路，没有让他们坐上顺路汽车，没有嘱托司机让他把孩子们送到要去的地方。甚至在战斗与敌人空军轰炸的日子里，当天空好像压到我们头上的时候，甚至在这样的日子里，透过烟雾与火焰，在我们眼睛里隐约显现出凯利克和阿琳卡，他们带了一包礼物，去送给一个伟大的人。他们隐约显现着，眼睛对我们闪耀着，声音在响着。在他们眼睛的光彩里，在他们的声音中，我们大家，以及变年轻了的、成了我的同志的我的妈妈，还有那些和她一起劳动过、正在劳动着、生长着的人们——我们所有的人都融汇在对于事业、对于人民和对于伟大的人物的热爱中，正是他们曾经给予并且正在给予我们一切的力量、一切热烈的感情和光辉的智慧，并引导我们由胜利走向胜利。

1948—1950年

俄罗斯童话

贪财的神甫

佚　名

过去有一个神甫。他进项很大,但仍然十分贪财。不论是谁来做一次忏悔,最少得给他一枚十戈比的银币。如果有人交不起银币,神甫不但不给做忏悔,还要骂人:

"你这个畜生!你一年到头都攒不到一个银币,献给师父做忏悔的谢仪?难道不晓得他是为你们这些有罪的人在祈祷上帝?"

有一次,一个士兵来找神甫做忏悔,掏出钱来往桌子上一放:只有一枚五戈比铜币。神甫简直气疯了,对他说:

"真是混蛋透顶,给师父一个五戈比铜币,岂有此理!你是开玩笑,还是怎的?"

"您老行行好吧,我到哪里弄钱去?我所有的钱,都拿出来了。"

"下酒馆就有钱了,叫你拿钱给师父,比割你的肉还难受!按情理,你就去偷,卖掉赃物,也不能少给师父谢仪。既然你向师父忏悔,包括偷窃在内,他会一起饶恕的。"

于是，神甫没有给这个士兵主持忏悔，将他赶了出去：

“弄不到银币，别来找我！”

士兵走出房门，心想：“怎么办呢？”

他一看，在角门边靠着一根神甫拐杖，拐杖上挂着一顶海狸皮帽。他暗自说：“好吧，我就搞走这顶皮帽。”

他拿了皮帽，悄悄走出教堂，一直来到酒馆，在酒馆里将皮帽卖了二十个卢布，将钱收进口袋，留出一枚十戈比银币给神甫。他回到教堂，又去见神甫。

神甫问：

“怎么样，银币搞到了吗？”

“搞到啦，师父。”

“好孩子，哪里搞到的？”

“师父，我有罪呀。我偷了一顶皮帽，卖得一个银币。”

神甫收起银币，说：

“也罢，上帝会饶恕你的，我也宽恕你，既往不咎。”

士兵走了，神甫又给许多教徒主持了忏悔，再去做晚祷；做过了晚祷，便准备回家。他急忙走到角门边去拿皮帽，皮帽不见了，于是只好光着脑袋回到家里。一到家里，他便派人去将那个士兵找来。

士兵问：

“您老找我有什么事？”

“好孩子，你要照实说，你偷的可是我的皮帽？”

“您老，我不晓得我偷的皮帽是不是您的，反正这种帽子是只有神甫才戴的，别人都不戴这种帽子。”

“你从什么地方拿的?”

“就在您的教堂里,紧靠角门,挂在一根拐杖上的。”

“你这个不成材的东西,怎么敢偷你师父的帽子? 这可是弥天大罪,死后要下地狱的。”

“您老不是亲口说饶恕我,既往不咎吗?”

一只饼子

佚　名

有一对老头儿和老婆子。老头儿说：

“老婆子，烙一个饼子吃吧。”

“没有面粉，拿什么烙？”

“哎，老婆子，篓子里刷一刷，囤里扫一扫，也许够烙个饼子的。”

老婆子拿起毛刷子，篓子里刷，囤里扫，扫出两小把面粉，拿酸奶和成面团，用油一烙，放到窗台上吹一吹风。

饼子躺着躺着，忽然滚了起来，从窗台上滚到长凳上，从长凳上滚到地上，在地上滚呀滚呀，滚到门口，蹦过门坎，滚到穿堂里，出了穿堂到了台阶上，下了台阶滚到院子里，从院子里滚到大门外，又不停地朝前滚去。

饼子正在路上滚着，迎面来了一只野兔。

“饼子，饼子，让我吃掉吧！”

“斜眼睛小兔，你吃不到我，我给你唱支歌儿吧。”——饼子说着，唱了起来：

“我是箩子里刷来，
囤里扫得，
和酸奶结成伙伴，
油锅里受过锻炼，
窗子口冒过风险，
老头儿吃不到我，
老婆子追不上我，
我照样大摇大摆往前去，
你小兔儿还不是干着急？”

饼子洋洋得意地往前滚，小兔儿干瞪眼……

饼子滚呀，滚呀，迎面来了一只大灰狼。

“饼子，饼子，快让我吃掉。”

“大灰狼，你吃不到我，我给你唱支歌儿吧：

我是箩子里刷来，
囤里扫得，
和酸奶结成伙伴，
油锅里受过锻炼，
窗子口冒过风险，
老头儿吃不到我，
老婆子追不上我，
小兔儿想过心思，

我照样大摇大摆往前去，
你大灰狼还不是干着急？”

饼子洋洋得意地往前滚，大灰狼也是干瞪眼……
饼子滚呀，滚呀，迎面来了一只大黑熊。
“饼子，饼子，我要吃掉你。”
“算了吧，你这歪脚的东西，还想吃我哩！

我是篓子里刷来，
囤里扫得，
和酸奶结成伙伴，
油锅里受过锻炼，
窗子口冒过风险，
老头儿吃不到我，
老婆子追不上我，
小兔儿想过心思，
大灰狼打过主意，
我照样大摇大摆向前去，
你这个黑瞎子还不是干着急？”

饼子又滚跑了，大黑熊也是干瞪眼……
饼子滚呀，滚呀，迎面来了一只狐狸。
“饼子，你好，你长得多么漂亮呀！”
饼子唱道：

“我是篓子里刷来，

囤里扫得，
和酸奶结成伙伴，
油锅里受过锻炼，
窗子口冒过风险，
老头儿吃不到我，
老婆子追不上我，
小兔儿想过心思，
大灰狼打过主意，
老黑熊也是干着急，
有本事的都吃不到我，
你这个小狐狸更别提。”

“歌儿真好听啊，”狐狸说，“可是我老啦，耳朵聋啦，饼哥儿，你跳到我头上，唱得响一点儿好不好？”

饼子跳到狐狸头上，又唱了一遍。

“多谢你了，饼哥儿，真好听呀，简直听不够！你能不能跳到我的牙齿上，再唱一遍，我就不再麻烦你了。”狐狸说着，一面龇出牙齿。

饼子不假思索地跳到狐狸牙齿上，狐狸将它一口咬住，吃下肚去。

山羊的葬礼

佚　名

有一个老头儿和老婆子，他们没有儿女，只有一只山羊，而且这只山羊也是他们的全部家产。老头儿不会任何手艺，只会编结树皮鞋，就靠编鞋糊口。

山羊跟老头儿惯了，老头儿不管到哪里去，山羊总是跟在后面。

有一天，老头儿到树林里去剥树皮，山羊也跟去了。来到树林里，老头儿就剥树皮，山羊到处跑来跑去扯草吃。扯呀，扯呀，忽然两只前腿陷到一处松软的土里，两只脚扒来扒去，从土里扒出一个装满黄金的盒子。

老头儿看到山羊在扒土，便走了过来，看到了黄金，那高兴劲儿就没法子讲了，扔掉树皮，捧起黄金，就回家了，将一切都告诉了老婆子。

老婆子说：

“好啦，老头子，这是上帝看着我们老两口辛辛苦苦过了这么多年，给我们这份财宝过晚年的。现在我俩过过舒坦日子吧。”

老头儿对她说：

“老婆子，这话不对。这财宝得来可不是靠我们的福气，这是山羊的功劳。所以我俩今后得心疼山羊、爱护山羊，要胜过自己！”

从此以后，老两口对山羊体贴爱护胜过对待自己，对山羊照料得无微不至。而且他们本身也大不同了，日子过得好起来了。老头儿再也不编结树皮鞋了，真是逍遥自在，快活无比。

过了若干时间，山羊生病死了。老头儿同老婆子商量如何埋葬：

“要是将山羊随随便便往野地里一埋，不管上帝，还是别人，都要说我们没有良心，因为我们享的全是山羊的福。我要去请神甫，请他按照宗教的礼法，像埋葬别的死者那样，给山羊举行葬礼。”

老头儿整了整衣帽，便去找神甫。他向神甫鞠了一躬说：

“您老人家好！”

“你好，好人儿！有什么事？”

“我是来请您老人家做好事的。我们家很大的不幸：山羊去世了。请您去主持葬礼。”

神甫一听这话，着实生气，一把抓住老头儿的胡子，在房子里扯过来又扯过去。

“你这个该死的东西！想的好点子！给一个又腥又臭的山羊举行葬礼！……”

“您老听着，这位山羊可真够虔诚哩，它还遗赠您二百卢布呢。”

“瞧你这个老家伙！”神甫说，“我不是因为你要我去主持葬礼揪你的胡子，我是怪你为什么没有及时将山羊归天的事告诉我。大概它去世已经很久了。”

神甫收起老头儿的二百卢布，说：

“好吧，你快去找执事先生，要他诸事备齐，我们马上就去举行山羊的葬礼。”

老头儿去找到执事恳求说：

“劳您驾，执事先生，请到我家去参加葬礼。”

“你家哪一个去世了？”

“您晓得我有一位山羊，是它去世了！”

执事冲他狠狠抽打，打了左脸，又打了右脸。

“执事先生，不要打我！”老头儿说，“山羊倒是十分虔诚的，它临死说遗赠您一百卢布，作为谢仪。”

“瞧你这个老糊涂虫！”执事说，“它老人家光荣归天，你怎么不早通知我？快去找司钟，让他鸣钟为山羊致哀！”

老头儿跑去找司钟，求他：

“请鸣钟为山羊致哀。”

司钟火了，揪住老头儿的胡子要打。

老头儿喊：

“放手，山羊倒是很虔诚的，它遗赠您五十卢布，作为参加葬礼的谢仪。”

“干什么一直慢腾腾地不肯早讲！为什么不早一点告诉我，早就该鸣钟了！”

司钟立时朝钟楼奔去，把所有的钟都撞得响了起来。

神甫和执事都来到老头儿家中参加山羊的葬礼，将山羊装进棺材，运到墓地，葬入坟墓。

这件事在行人中间传了开去，神甫为一只山羊举行宗教葬礼的事传到主教耳朵里。主教传老头儿同神甫前来接受惩处：

“你们胆敢为一只山羊举行宗教葬礼！真是亵渎宗教的坏蛋！”

老头儿说：

“这位山羊可不比别的山羊，它在临终时嘱托奉献您老人家一千卢布。”

“瞧你这糊涂老头儿！我不是因为你给山羊举行葬礼审问你，我是问你为什么在死前不给它行教礼！……”

主教收起一千卢布，将老头儿和神甫放了回去。

马加尔的梦

马加尔的梦

——圣诞节故事

符•柯罗连科

一

做这个梦的人是贫苦的马加尔，就是将牛群赶到遥远、凄凉的地方去的那个马加尔，也就是倒霉事层出不穷的那个马加尔[1]，他命运不佳是人人都晓得的。

他的家乡——偏僻的查尔干镇——是沉没在雅库梯的茫茫林海中的一个小点。马加尔的祖辈和父辈从大森林怀抱中夺得一小块冻实的土地，而且尽管郁郁苍苍的丛林依然虎视眈眈地四面围住，但他们决不气馁。在开辟出来的土地上，牵起了一排排的栏栅，出现了一个个的麦垛和草堆，小小的炊烟缭绕的帐篷星罗棋布；终于，在村落中间一个小丘上，一座钟楼冲天而起，像是竖起了一面告捷的旗帜。查尔干成了一座大镇。

但是，马加尔的祖辈和父辈在和林薮搏斗，在刀耕火种的同时，他们本身也不知不觉地蛮化了。他们讨雅库梯女人做老婆，

①马加尔是民间传说中的人物。此处是戏笔。意思是说：这里写的是神话，人物、故事都是虚构的。以撇清针对现实之嫌。——译者

学会了雅库梯人的语言和雅库梯人的风习。大俄罗斯民族的民族特色渐渐淡薄,渐渐消失了。

可是不管怎么说,我们的马加尔还是记得十分清楚,他是土生土长的查尔干农民。他在这里生,这里长,而且还得在这里死。他觉得自己的身份颇可夸耀,而且有时候还骂一骂别的“劣等的雅库梯人”,尽管他自己不论生活习惯、生活方式,与雅库梯人实在毫无不同之处。他俄语讲得很少,而且也讲得相当蹩脚,身上穿的是兽皮,脚上穿的是鹿皮靴,平时天天吃烙饼,饮砖茶,逢年过节和其他一些喜庆日子,才能将摆上桌来的自己的一份儿炼油吃个一干二净。他骑牛的本事十分高超,生了病便找巫师,巫师作起法来,张牙舞爪地向他扑去,用这种方法将马加尔身上潜入的病魔吓跑。

他拼命地干活儿,过的日子却很可怜,吃不饱,穿不暖。除了天天操心饼子和砖茶以外,他还有没有别的一些想法呢?

那是有的。

他喝醉了酒,就常常哭。他说:“老天爷呀,我们过的是什么日子啊!”此外,他有时候说要扔掉一切,跑到“山上”去。到山上他用不着耕田、种地,不要砍柴、运柴,甚至也不用手磨磨粉。他只是去避难的。这是什么山,这座山在什么地方,他弄不清楚;他只晓得,第一,这座山是有的,第二,这座山远得很,远得连警察局局长大人都没有办法去……这样一来,他也就不要缴捐税了……

清醒的时候他便打消这些念头,也许是因为他晓得要找到这样一座仙山是不可能的;但是一喝醉了酒,胆量就大起来。他料想,他会找不到要找的那座山,跑到别的山上去。“那就完蛋了。”他这样说,可是他还是试图去找。要是说他的这种意图之所以没有付诸实践,那大概是因为那些外来户鞑靼人卖给他的都是劣等的烧酒,为了增加浓度,又用烟草泡过的,喝了这种酒,登时就变得周身无力,而且还要难过得睡上一两天。

二

这是圣诞节的前夕,也就是马加尔知道明天要过大节了。遇到这种机会他就忍不住要喝酒。可是没有钱买酒:粮食眼看就没有了;马加尔已经向当地店家和鞑靼人赊了不少酒了。然而明天是一个大节日,又不能干活儿,要是不痛饮几杯,他可又干啥呢?他想到这里,觉得实在难过。这日子就太苦了!过这么大的冬节,连一瓶烧酒都喝不上!

他想起一个很妙的主意,便站起身来,将破皮袄往身上一披。他的老婆是一个结实、有劲的女人,强壮得出奇,也丑得出奇,一向摸得透他那并不深奥的心思,这一回也猜到了他打的主意。

“死鬼,到哪里去?又是想一个人去吃酒?”

“别发火!我去打一瓶酒。明天咱们一块儿喝。”他朝她肩头用劲一拍,拍得她身子晃了两下,他又睐了睐眼睛逗她。女人的心是最容易融化的:她明明知道马加尔是哄她的,可是丈夫这么一温存,她就受不住了。

他走出家门,到草地上捉住老秃马,抓住鬃毛牵了回来,套到雪橇上。秃马拉着主人三步两步就出了家门。到了门外，秃马停住，转过头来，望望心事重重的马加尔，请示去向。马加尔便扯了扯左边的缰绳，驱马朝镇边走去。

镇边是一座不大的帐篷。这座帐篷和别的帐篷里一样，火炉冒出一团团的烟气，升向高高的天空，白茫茫、雾腾腾的大片烟气，遮住寒星和明月。炉火欢快地跳跃着，照在乳白色的冰凌上闪出夺目的光芒。大地静悄悄的。

这里住的是远方来的外地人。他们怎样到此地来，是什么风将他们吹到这遥远的老林里，马加尔弄不清，也不关心这些事。但是他喜欢同他们打交道，因为他们不欺负他，价钱上也马马虎虎的。

马加尔走进帐篷，径直走向火炉，将冻僵的两只手伸到火上去烤。

“啊呀呀！”他这样说，表示冷极了。

外来户一家人都在家里。台子上点了蜡烛，虽说一家人什么事也没做。有一个人躺在床上，嘴里吐着烟圈，若有所思地望着烟圈螺旋状地上升，显然是将他那思想的长线系到烟圈上去了。还有一个人坐在火炉对面，也在心思重重地望着烧旺的木柴上奔腾的火苗。

“你们好！”马加尔开口说，为了打破难堪的沉默。

自然，外地人心里有什么样的痛苦，在这样一个黄昏他们脑子里浮想联翩的是一些什么，从炉火跳跃与烟圈升腾的幻影中他们想象到一些什么样的情景，他是不知道的。何况他也有自己的心思。

坐在炉边的年轻人抬起头来，模模糊糊地望了马加尔一眼，好像没有认清他似的。接着摇了摇脑袋，很快地站了起来。

“是你啊，马加尔，你好，你好！好极了！我们来喝杯茶好吗？”

马加尔听了这话很高兴。

“喝茶？”他反问一声，“那好极了！……老弟，喝茶，那太好了……好极了！”

他马上就脱衣服。脱掉皮袄，摘下皮帽，他觉得不那么拘束了，又看到茶炊里炭火已经烧旺了，对年轻人就更热火了：

“我真喜欢你，真的！……太喜欢你了……喜欢得夜里都睡不着觉……”

外地人转过头来，脸上露出了苦笑。

“喜欢吗？”他说，“你有什么事？”

“有一点事儿。”他回答说，“你怎么晓得的？……好吧，等喝过茶我来讲。”

既然喝茶是主人自动邀请的，那么，他觉得就不妨提出进一步的要求。

他说：

“有没有炒肉丝？我太喜欢吃了。”

“没有。”

“噢，那就算啦。”马加尔自己宽解地说，“下一次再吃好啦……对不对？”他再问一声：“下一次再吃好吗？”

“好的。”

这一下马加尔便认定外地人欠他一碟炒肉丝了，而且这一类的欠债他是从来不叫落空的。

个把钟头之后，他又坐到自己的雪橇上了。他以相当便宜的价钱预售了五车木柴，弄到一个卢布。他赌咒发誓今天不把这一个卢布喝掉，然而又多么想一下子将它喝掉。这可怎么办呢？想到喝酒的快活，渐渐将良心的责备丢在了脑后。他如果喝得酩酊大醉，他那实心眼儿的老伴儿一见受了骗，会狠狠地捶他一顿的，但他也顾不得了。

“马加尔，你往哪里去？”外地人笑着朝他喊道，因为看到马加尔的马没有径直往前走，而是向右一拐，朝鞑靼人的帐篷走去。

“哦！……哦！……你看，这马多么该死……方向都弄错了！”马加尔一面声明是马弄错了方向，一面拉紧右边的缰绳，悄悄地驱马朝右边驶去。

懂事的马嗔怪地摇了摇尾巴，一颠一跛地慢慢朝主人示意的方向走去，不一会儿，马加尔雪橇的嚓嚓声就在鞑靼人门前停止了。

三

鞑靼人门前栓了几匹马，马鞍都是高高的、雅库梯式的。

拥挤的屋子里闷得透不过气来。烟草呛人的烟气弄得满屋子烟雾腾腾的，火炉的烟气腾腾而起，将烟草的烟气慢慢挤了出去。骑马前来的几个雅库梯人分坐在几张桌子上，桌子上都摆了酒杯，还有几堆人在赌钱。一个个脸上红扑扑的，汗气直冒。赌钱的人眼睛死死盯住纸牌。钱从这个人口袋里出来，马上又钻进别人的口袋。有一个雅库梯人喝得酩酊大醉，坐在角落里乱草堆上，身子晃来又晃去，没头没尾地胡乱哼着歌子。他喉咙里叽叽哇哇地，不成腔也不成调，翻来覆去地哼着：明日格，就要过节，悔不该今日里把酒醉了。

马加尔掏出钱买了一瓶酒。他将酒瓶揣到怀里，悄没声儿地朝一个昏暗的角落走去。他躲在昏暗处，将酒一杯接一杯地倒出来，又一杯接一杯地灌到肚里去。酒是够辣的，每逢节日掺水四分之三以上。不过泡酒用的烟草显然并没有少用。马加尔每喝一口都辣得透不过气来，眼前金星直冒。

他很快就醉了。他也坐到乱草堆上，两只胳膊抱住膝盖，将昏昏沉沉的脑袋放到膝盖上。喉咙里也不由地叽叽哇哇地唱起了同样不成腔调的歌子。他唱的是，明天就要过节了，悔不该将五车木柴都喝掉。

这时候，屋子里越来越拥挤了。不断进来一些新的顾客——都是一些雅库梯人，出来做祷告，并到鞑靼人这里喝酒的。店家看到座位很快就要不够坐了。他站起来，扫视了一下全场。他的目光停留在昏暗的角落里，看到了角落里的雅库梯人和马加尔。

店家走到雅库梯人跟前，抓住他的衣领，将他拖了出去。随后轮到马加尔。鞑靼人对这位当地人格外垂青：将大门敞开，朝他屁股上狠狠踢了一脚，可怜的马加尔飞出了屋子，鼻子直插进雪堆里。

很难说，类似的招待方式，他是不是感到算是侮辱。他只觉得袖筒里、脸上都是雪。他好不容易爬出了雪堆，踉踉跄跄地朝自己的秃马走去。

月亮已经高高地升到天空。大熊星座的尾巴已经垂了下来。寒气更重了。北方,半圆形的黑云后面,初露面的北极光火红色的光柱不时闪闪地出现。

老秃马显然很懂得主人的处境,小心而懂事地朝家里走去。马加尔坐在雪橇上,身子摇晃着,继续在唱他的歌子。他唱的是,五车木柴喝掉了,老婆子的拳头可不得了。他喉咙里叽叽哇哇、哼哼唧唧,发出来的声音,回荡在夜晚的空气中,显得如此悲怆,如此委曲,这时正有一个外地人爬到帐篷上盖火炉的烟囱,听了马加尔的歌声,更觉心神不定。这时候,老秃马已经将雪橇拉上了一个小丘上,在这里,周围一切尽收眼底。洒满月光的积雪放射出耀眼的光芒。有时候月光好像是溶化了,消失了,积雪变得暗沉沉的,可是转瞬之间,北极光反射的亮光又熠熠地照射在积雪上,这就使人觉得,仿佛积雪的山岗和山岗上的森林忽而就在眼前,忽而离得远远的。马加尔清清楚楚看到,紧靠森林便是雅马拉赫岗上雪覆盖的一块空地,山岗背后森林里,便是他一向设置套夹捕捉各种林中禽兽的地方。

这一下改变了他的思路。他唱道:一只狐狸进了他的夹子,明天将皮子卖掉,老婆子就不捶他了。

马加尔走进屋门的时候,寒冷的夜空中传来了第一遍钟声。他一进门就告诉老婆子说捉到了一只狐狸。他完全忘记了老婆子没有和他一块儿喝酒,因此,当她再不理睬这一喜讯,毫不怠慢地朝他屁股上狠狠踢了一脚时,他着实摸不着头脑。接着,趁他往被窝里钻的时候,她又给他脖子上补了一拳。

这时候,查尔干镇上空响起了隆重的节日的钟声,并且远远地传播开去。

四

他躺在被窝里。脑袋疼痛难忍,里面像火烧似的。酒精和烟草汁浓烈的混合物在血管里发作起来。融化的雪水一道道地从脸上往下淌,雪水也流在背上。

老婆子以为他睡了。可是他没有睡。他脑子里没有忘掉狐狸。他还是完全相信狐狸落进了夹子,他甚至知道落到哪一个夹子里了。他看到了狐狸,看到狐狸被沉重的夹子夹得紧紧的,爪子在雪地里乱刨,拼命地挣扎。月光透过森林,照在金色的皮毛上闪闪发光。狐狸一双眼睛在他面前亮晶晶的。

他再也躺不住了,从被窝里爬起来,朝他那忠心的老秃马走去,他要到森林里去。

怎么回事?难道是老婆子那一双有劲的手扯住了他的皮袄领子,又将他按到被窝里了?

不是的,不是的,他已经来到了镇外。雪橇的滑木均匀地擦着冻实的积雪。查尔干镇已经落到了后面。后面不时传来教堂里庄严的钟声;昏暗的地平线上,明亮的天空映照下,闪过一列列戴着高高的尖顶皮帽的雅库梯骑手黑色的剪影。雅库梯人是驰往教堂去的。

这时候,月亮落下去了,当空出现了一块淡淡的白云,白云放射着闪闪的磷光,一会儿白云好像炸了似的,碎散,迸开,转眼变成一片片五彩缤纷的火光,向四面八方飘去,这时候,北边半圆形的乌云更加昏暗了，变得乌黑乌黑的了，比马加尔面前的森林还黑。

道路弯弯曲曲地穿过矮矮的、密密的幼林。左面和右面都是山岗。越往前走，树木越高大。森林益发稠密了。大森林静谧无声，神秘莫测。落叶松光秃的枝干上挂满了银白色的霜花。北极光柔和的亮光透过树顶，在林中奔驰，时而照到冰雪覆盖的空地，时而照见倾倒在地上的雪拥的大树……转瞬之间，一切又沉没在黑暗中。宁静，神秘。

马加尔停了下来。在这里，全套捕捉设施几乎一直延伸到路边。借着闪光他清清楚楚地看到用枯枝堆成的不太高的栏圈；他甚至看到了最近处的一架套夹——三根又长又重的原木，用一根垂直的木桩靠住，支在用几根横木棍和细麻绳构成的相当灵巧的机关上。

当然，这是别人设的套夹；但是狐狸说不定也会落到别人的夹子里去。马加尔急忙走出雪橇，让懂事的秃马停在路上，自己向林中走去，一面留心地听着动静。

森林中一点儿声息都没有。只有庄严的钟声依然不断地从遥远的、这会儿已经看不见的镇上传来。

可以不必担心。此处设夹的人便是查尔干镇上的阿列什卡，是马加尔的邻居，也是他的死对头，大概这会儿他正在教堂里做祷告哩。刚落过雪的平平的雪地上看不到一个脚印。

他朝森林深处走去，——没事儿，没事儿。雪在脚底下咯吱咯吱地响着。套夹成排地矗立着，真像是一排排张着炮口的大炮，静静地等待着发射。

他走前又走后，结果空跑一阵子。他又朝路边走去。

可是，你听！……好轻的沙沙声……只见暗红色的皮毛闪了一下，这一下是在明亮的地方，好清楚！……马加尔看到狐狸两只尖尖的耳朵；毛茸茸的尾巴摆来摆去，像是在召唤马加尔哩。狐狸在大树空隙里三钻两钻便不见了，朝马加尔设套夹的地方跑去了，不一会儿林中传来低沉然而重重的碰撞声。这声音起初是低沉地、断断续续地扩散开去，后来好像叫森林密密的树顶压住了，便悄悄地消失在远远的山沟里。

马加尔的心跳得好厉害。这是套夹落下来了。

他穿过密林朝前奔去。冰冷的树枝拂打着他的眼睛，弄得他满脸是雪。他跌跌撞撞地往前跑，跑得上气不接下气。

他终于跑上了他过去自己砍出来的通道。霜雪染白的树木分列在两旁，下面便是越来越窄的小路，小路尽头处一架高大的套夹正严阵以待地张着大口……就在眼前了……

谁知道这会儿小路上靠近套夹的地方闪过一个人影，一闪就不见了。马加尔认出是查尔干镇上的阿列什卡：他明明看到了他那矮墩墩的身子朝前躬着，迈着熊一样的步子。马加尔觉得，阿列什卡的一张黑脸更黑了，一嘴大牙齿龇着，比原来显得更大了。

马加尔觉得十分气愤。"这家伙坏透了！……跑到我的地盘上捡便宜来了。"不错，马加尔也是刚刚从阿列什卡的地盘上来的，但这是不同的……不同之处就在于，他自己走到别人地盘上去的时候，生怕被人逮住；别人走到他的地盘上来的时候，他十分气愤，而且真想亲自逮到侵犯他的权利的家伙。

他径直朝落下的套夹奔去。狐狸就在面前了。阿列什卡摇摇摆摆、迈着熊一样的步子朝同一目标走去。一定要超前赶到。

终于来到落下的套夹跟前。夹子底下被夹住的狐狸的毛红闪闪的。狐狸正在用爪子刨雪，就和他前面所看到的一模一样，而且狐狸也正是用那一双尖锐的、火辣辣的眼睛朝他望着。

“别动！……这是我的！”马加尔朝阿列什卡叫道。

“别动！”阿列什卡像回声似的应声说：“是我的！”

两个人同时跑去，同时急急忙忙、争先恐后地去扳原木，去抢压在原木底下的狐狸。原木一扳开，狐狸也站了起来。狐狸蹦了两下，然后停住，拿嘲笑的眼光望了望两位查尔干老乡，然后弯下头舔了舔被原木压疼的地方，便快快活活地向前跑去，一面不住地摇着尾巴表示敬意。

阿列什卡本待去追赶，可是马加尔从后面扯住他的皮袄下摆。

“别动！”他喊道，“这是我的！”他也朝狐狸追去。

“别动！”阿列什卡又像回声似的喊了一声。马加尔觉得，阿列什卡也扯住了他的皮袄，而且转眼工夫又跑到前面去了。

马加尔好不气恼。他忘掉了狐狸，紧紧朝阿列什卡追去。

他们两人越跑越快。一根落叶松的树枝挂掉了阿列什卡头上的皮帽子，他也顾不得去拾；马加尔大喝一声，眼看就要将他抓住。可是阿列什卡比可怜的马加尔点子多。他猛然停住，转过身来，将身子朝前一弯。马加尔的肚子撞在他的头上，他一下子翻到雪地里。趁他跌倒在地，可恶的阿列什卡从马加尔头上抓走了皮帽，跑进密林里。

马加尔慢慢站了起来。他感到自己受了极大的欺负，倒了霉。人心太坏了。一只狐狸已经到手了，可是，唉……他仿佛看到狐狸在黑魆魆的密林里又一次摆摆尾巴表示讥笑，然后消失得无影无踪。

天暗了下来。当空隐约看得见有一片淡淡的白云。白云好像在悄悄地溶化，并且无精打采地、懒洋洋地散发出更加静悄悄的光芒。

马加尔跑得滚热的身上不住地淌着一股股冰冷的雪水。雪钻进他的衣袖、皮袄领，雪水从背上一直流进毛皮靴筒里。千刀万剐的阿列什卡抢走了他的帽子。手套在奔跑时也不晓得在哪里丢掉了。事情不妙。马加尔心里清楚，一个人既不戴帽子，又不戴手套，进了大森林，无情的严寒是不会轻轻放过的。

他已经走了很久很久。照他估计，他早就应该走出雅马拉赫山岗，能望得见钟楼了，可是他不过是在大森林里兜圈子。密密的森林像是一位魔法无边的法术师，不让他跑出自己的怀抱。远处依然不断地传来庄严的钟声。马加尔觉得自己是在朝钟声走去，可是钟声却越来越远；马加尔听到悠扬的钟声越来越微弱，心中越来越感到绝望。

他没精打采，灰心丧气。他的两腿发软，周身疼痛难支，上气不接下气，四肢发僵，光脑袋像是套上了越勒越紧的烧红的铁箍。

“我当真要完蛋了！”——他脑子里一再闪过这个念头。但他还是在走着。

森林沉默不语。森林单单跟定了他，一再故意为难，将通路关得紧紧的，不给他一丝亮光，不给他一线希望。

“我当真要完蛋了！”马加尔一再这么想。

他筋疲力尽了。这会儿小树苗儿毫不客气地、大模大样地打在他的脸上，见他处于逆境，存心作弄他。在一处小小的空地上，跑出一只小白兔，后腿一盘，坐了下来，摆了摆尖上带黑点的两只长耳朵，洗起脸来，一面十分放肆地朝马加尔做鬼脸。它特意要他知道，它认识他马加尔呢，知道他就是在森林中安置诡诈的机关要害死它小兔儿的那个马加尔。可是这会儿它可以嘲弄他了。

马加尔好不难过。这时候，大森林到处都活动起来了，而这一切都不怀好意。这会儿连离得很远的树都伸出长长的树枝拦住他的去路，扯住他的头发，抽打他的眼睛和脸。一群野乌鸡从隐蔽的草丛里跑出来，拿圆圆的眼睛好奇地盯着他，有几只公乌鸡在鸡群里穿来穿去，挓挲着尾巴，气抖抖地鼓起翅膀，高声地向女伴们数落马加尔和他用过的鬼点子。终于远处林丛里出现了千万张狐狸的嘴脸，一个个神气十足，摆动着尖尖的耳朵，正望着马加尔发笑哩。又是许多兔儿，盘腿儿坐着，也在哈哈大笑，猜到马加尔是迷了路，走不出大森林了。

真是欺人太甚了。

“我一定要完蛋了！”——马加尔心里想道，并且决定完蛋完得干脆些。

他躺倒在雪地上。

寒气更重了。北极光的余晖微弱地闪烁着，在天空淡淡地扩散开来，透过大森林的树顶照到马加尔身上。远远的查尔干不时地传来钟声的余波。

亮光闪了一下就熄灭了。钟声停了。

马加尔也死了。

五

他怎样死的，他没有来得及留意。他晓得灵魂是要出窍的，于是等着灵魂出窍，等呀，等呀……可是什么也没有出来。

这时他心里知道自己已经死了，所以安安稳稳地躺着，一动不动地。他躺了很久很久，实在有点儿躺腻了。

天已经很黑了，马加尔觉得有人用脚轻轻踢了他一下。他转过头去，睁开合上了的眼睛。

他头顶上的落叶松如今彬彬有礼，显得非常斯文，先前作弄他，实在觉得对不起。毛蓬蓬的罗汉松伸出它那宽阔的、冰雪覆盖的掌状枝，轻轻地摇曳着。天空同样轻轻地飘落着亮晶晶的雪花。

蓝蓝的天上千万颗慈祥的明星透过密密的枝叶向下窥视，好像在说："你瞧，一个可怜的人死了。"

马加尔身边站的是老神甫伊凡，是他在踢他的。他那长长的法衣上落满了雪；他的皮帽上、肩膀上、长长的胡子上，到处都是雪。马加尔着实惊讶：这不就是四年前死去的那个伊凡神甫吗？

这可是一个善良的神甫。他从来不逼着马加尔要供奉，做圣礼甚至不要钱。做祷告和洗礼马加尔都是自己随便付钱，有时候付得太少，有时连一个钱也不给，现在他想起来都觉得不好意思。伊凡神甫从来不生气，他只要求一点：每次得弄一瓶酒。要是马加尔没有钱，伊凡神甫就自己掏钱打酒，他们一块儿喝。神甫必定要喝到醉得不省人事，既然醉成这个样子，也就很少打架，打一点,也不怎么凶。马加尔每次得把烂醉如泥、狼狈不堪的神甫送回家去,交给神甫娘子去照应。

不错,这是一个善良的神甫,可是他并没有得到好死。有一天,家里人都出去了,烂醉的神甫一个人躺在床上,忽然想起要吸烟。他爬起来,摇摇晃晃地朝烧得正旺的大火炉走去,想借炉火点烟。他实在醉很了,三晃两晃就栽倒在火里。等家里人回来,神甫只剩两条腿了。

大家都对善良的伊凡神甫表示惋惜;可是因为只剩下了两条腿,世上再没有哪个医生能将他救活,便把两条腿埋葬了,委派别人接替了伊凡神甫的位置。

这会儿便是这位伊凡神甫,全身完整如故,站在他身边用脚轻轻踢他。

“起来,马加尔老弟,”他说,“我们走吧。”

“到哪儿去?”马加尔心中不快地问。

他以为,既然他已经“死了”,他的责任就是静静地躺着,再没有必要又起来走路,在森林里乱闯。要不然他死掉干什么?

“我们见天王去。”

“我去见他干什么?”马加尔问。

“他要审问你。”神甫悲伤并且有点儿惋惜地说。

马加尔记起来了,确实人在死后要受审的。这是他过去在教堂里听说的。这么说,神甫的话是要听的。那就只好起来了。

马加尔爬了起来,嘴里一面嘟囔着说,人死了都得不到安宁。

神甫走在头里,马加尔跟在后面。他们径直地走路。落叶松彬彬有礼地闪到两旁,给他们让路。他们朝东走去。

马加尔十分惊讶地发现，伊凡神甫走过后雪地上没有留下脚印。他望望自己脚底下，也没有看到脚印：雪地又干净又平整，平得像桌布一样。

他想道，这会儿他要到别人的套夹上去捡狐狸，那就太方便了，谁也发现不了；可是神甫显然是猜到了他的隐秘的心思，转过头来对他说：

“别想啦！你还不晓得，有这类想法要受重罚的！”

“哟，哟！”马加尔很不满意地回嘴说，“连想都不能想啦！你如今干什么这样顶真起来了？别来这一套吧！……”

神甫摇了摇头，继续朝前走去。

“要走很远吗？”马加尔问。

“很远。”神甫忧愁地回答说。

“那我们吃什么呢？”马加尔还是很不放心地问道。

神甫转过头来，对他说：

“你忘记你已经死了，死了就不吃不喝了。”

这一点马加尔并不十分喜欢。当然，在没有东西吃的时候，那这是不坏的，但那得要像他刚死掉那样躺着才行。这可是走路，而且要走很远的路，不吃一点东西，他觉得这是不能想象的。他嘴里又咕哝起来。

“别嘟囔啦！”神甫说。

“好吧！”马加尔用委屈的声音回答说，但他心里还是在埋怨，埋怨这种不合理的章法：“要逼人走路，又不让吃东西！哪里听说过？”

他跟在神甫后面走着，嘴里一直嘀嘀咕咕的。他们看样子走了很久很久。虽然马加尔没有看到一次天亮,但是根据走过的地方来判断,他觉得他们已经走了有整整一个星期了:他们跨过了那么多的山谷和峰崖、河流与湖泊,穿过了那么多的森林与平原。每次马加尔回头望望,便觉得黑魆魆的大森林在自动朝后头跑,高高的雪山好像在苍茫的夜色中渐渐融化,很快就躲到地平线后面去了。

他们好像越来越升到了高处。星星越来越大,越来越亮了。后来他们登上了一处隆起的高原,看到高原后面露出了早已西坠的月亮的边缘。月亮像是要匆匆忙忙跑掉似的,但是马加尔和神甫将她追上了。月亮只好重新升起在地平线上。如今他们走在平坦的、高高的土地上。

这会儿亮起来了,比夜幕初降时亮多了。这当然是因为他们离星星近多了。星星一个个都像苹果那么大,晶亮晶亮的,月亮像一个大金桶的桶底,像太阳那样地放着光,将大平原照得纤毫毕现。

平原上看得清每一片雪花。平原上有许许多多道路,所有的道路都朝东方一个地方伸去。各条道路上的行人有的骑马,有的步行,穿着各式各样的衣服,模样也各不相同。

忽然马加尔死死地盯住一个骑马的人,撇开原来的道路,朝那人奔去。

"别跑,别跑!"神甫喊道,可是马加尔连听都顾不得听了。他认出了他认识的一个鞑靼人,那人六年前偷走了他的花斑马,五年前死去的。这会儿鞑靼人骑着的正是那匹花斑马。花斑马一股劲儿地在打圈子。马蹄荡起一阵阵浓浓的雪尘,星光照在雪尘上变成五彩缤纷的霞光。马加尔看到这样的狂奔，觉得十分吃惊：他这样一个步行的人居然如此轻易地追上了一个骑马的鞑靼人！这时鞑靼人看到马加尔来到跟前，满面春风地停了下来。马加尔气汹汹地朝他扑过去。

“咱们找村长去！”他喊道，“这是我的马。右耳朵划过一个口子的……瞧，你倒是真有本事！……骑在别人的马上，马主人倒像个叫花子一样在步行赶路。”

“不必，不必！”鞑靼人应声说，“不必找村长。你说马是你的，是不是？……给你，牵去吧！这畜生才可恶哩！我骑着它走了五年，就像是一步也没有挪动……步行的人一个个都赶到我前头去了；我好好的一个鞑靼人，实在觉得害臊！”

他挪动一条腿，准备滚鞍下马，但是这时候神甫气喘吁吁地跑到他们跟前，抓住马加尔一只胳膊。

“呆瓜！”神甫喊道，“你怎么搞的？难道没看到鞑靼人要骗你？”

“他当然是骗我的。”马加尔摇着手臂叫道，“这匹马是一匹好马，干活顶呱呱的，……三岁的时候有人就出过四十卢布……老弟，没这么简单！你要是把我的马糟蹋坏了，我不管什么时候发现了，你也要拿现钱赔偿。你以为你是鞑靼人，就没有王法了？”

马加尔越说越火，有意地高声叫起来，想召更多的人前来，因为他一向害怕鞑靼人。但是神甫要他不要作声：

“别讲了，别讲了，马加尔！你老是忘记你已经死了……你要马干什么？再说，难道你没有看见，你步行比鞑靼人骑马快得多？你是不是想骑在马上过一千年都不得下来？”

马加尔恍然大悟，怪不得鞑靼人那么乐意将马让给他呢。

“这家伙可真刁！”他心里想道，于是对鞑靼人说：

“收起这一套吧！这马你就骑着吧，哼，看我不告你去！”

鞑靼人气呼呼地压了一压皮帽，将马抽了两鞭。马又打起圈子，一团团的雪粉从马蹄下飞起来，但是，直到马加尔和神甫离开，鞑靼人寸步没有移动。

他气恼地唾了一口，对马加尔说：

“听我说，朋友，你能不能给一片烟叶子？真想抽烟，我的烟叶子四年前就抽光了。”

“我可没有你这个朋友，狗才认你做朋友哩！”马加尔气愤地回答说，“真有意思：偷了人家的马，还要烟叶子！你就是倒霉一千次，我才不可怜你呢。”

马加尔说完这几句话，便继续朝前走。

“你真不应该不给他一片烟叶子。”伊凡神甫对他说，“你如果给他一片烟叶子，天王在审问你的时候，最少得赦免你一百条罪过。”

“那你为什么不早点儿告诉我？”马加尔嗔怪地说。

“靠现在教你那就晚啦。这都是阳世里神甫应该教的课程。”

马加尔很气恼。神甫一点好处都没有给他：光要供奉，连什么时候应当送给鞑靼人一片烟叶子，罪过就可以得到宽恕的办法都不教给他。一百条罪过，——这还得了！……不过一片叶子！……能值什么呢？

“等一等！”他说，“我们留一片叶子就够抽的了，其余四片叶子我都给鞑靼人,就能抵四百条罪过了。"

"你且回头看看。"神甫说。

马加尔回头一看,后面是一片白茫茫、空荡荡的大平原。鞑靼人像个远方的小白点儿似的闪了一下。马加尔觉得他看到的似乎是花斑马蹄下飞起的雪尘,但是顷刻之间这个小白点儿也不见了。

"给不成了。"马加尔说,"鞑靼人没有烟抽倒也罢了。瞧见没有:这可恶的家伙把马给糟蹋坏了!"

"不是的。"神甫说,"你的马他并没有糟蹋坏,但马是偷来的。难道你没有听到老一辈的人讲过,骑着偷来的马是跑不远的?"

马加尔确实听老一辈的人讲过这样的话,但是因为他活着的时候常常看到鞑靼人骑着偷来的马到城里去,他也就不相信老一辈人的话了。这会儿他才懂得老一辈人的话有时候是有道理的。

他又赶过了平原上许许多多骑马的人。所有骑马的人跑得都像所遇到的第一个骑马的人那样快。马匹如鸟飞,骑马的人汗流浃背,可是马加尔一个一个地赶到了他们前头,将他们甩在背后。

大部分是鞑靼人,但是也有一些土生土长的查尔干镇上的人;有几个查尔干人骑着偷来的牛,不住地用柳条抽打。

马加尔望着鞑靼人觉得好不可恨,不住地咕哝着说这样太便宜他们了。他如遇到查尔干镇上人,便停下来,宽厚地同他们谈谈,虽然是贼,但总归是乡亲。有时他甚至表示表示自己的同情:在路上捡起一根柳条,热心地从后面将牛和马赶一阵子;但是只要他往前迈上几步,骑牲口的人就落到后面,变成了隐隐约约的小点儿。

大平原辽阔无边。他们不时地赶过一些骑牲口的人和步行的人,然而周围还是显得空荡荡的。行人与行人之间似乎有百里,以至千里之遥。

马加尔在前后两个行人中间看到一个陌生的老头子,他显然生前是查尔干人,这从脸型、衣着、举止上可以看得出来,但是马加尔却记不起过去有没有见过他。老头子穿的是破皮袄,戴的是老大的带护耳的皮帽,也是破破烂烂的,底下是旧皮裤和一双破烂的牛皮靴。但最叫人可怜的是,别看他年纪那么大了,背上还背着一个更加老朽的老婆子,老婆子的两条腿拖在地上。老头子上气不接下气,歪歪倒倒地、吃力地拄着拐杖。马加尔有些可怜他,便停了下来。老头子也停了下来。

“告诉我是怎么回事!”马加尔亲切有礼地说。

“没什么好讲的。”老头子回答说。

“你听到什么?”

“什么也没听到。”

“你看到什么?”

“什么也没看到。”

马加尔暂时不作声,认为这样才能憋得老头子讲出他的姓名和来历。

老头子自报了姓名。很久以前,——他自己也不知道是多少年以前了,——他离开查尔干到“山上”去避难。他在山上吃桑葚和树根,什么事情也不干,不耕田,不种地,也不用手磨磨粉,也不缴税纳粮。等他一死，便到天王那里受审。天王问他姓甚名谁，干过一些什么事情。他说他到“山上”避难去的。天王说：“很好，那你的老伴儿呢？等一等，把你的老伴儿带来瞧瞧。”于是他去找老伴儿。老伴儿生前一直在讨饭。没有人养活她，没有房子住，没有牛，没有粮食吃。她奄奄一息，连腿都拖不动了。所以他这会儿要背着老伴儿去见天王。

老头子哭了起来，老伴儿踢了他两脚，就像踢老牛似的，声音微弱然而气呼呼地说：

“背我快走！”

马加尔越发觉得老头子可怜了，他自己可是打心眼儿里感到高兴：幸亏他还没有躲到“山上”去。他的老伴儿高个儿、大块头，他要是背起她来那可够呛的。要是她再像踢老牛那样踢他两脚，那也许要叫他死第二次。

他出于同情，本想抓住老婆子两条腿，叫老乡亲省一点力气，可是刚刚走了两三步，就不得不将老婆子的腿赶紧放开，免得将两腿扯离了身子。转眼之间老头子和他背着的老伴儿就看不见了。

后来在路上再没有看到值得马加尔特别注意的人物。有一些做贼的人背上驮着自己偷来的财物，像满载的牲畜似的一步一步地慢慢往前挪动；肥胖的雅库梯王公们像塔一样坐在高高的马鞍上，一颠一簸地走着，那高高的皮帽都碰到云彩了。许多可怜的奴仆，矫健、灵活得像兔子一样，在他们前后左右又蹦又跳地跑着。有一个阴森可怖的杀人凶手，满身是血，眼睛里露出张皇失措的神色。他拼命往洁白的雪堆里钻，想把血迹洗掉，但都是徒然，登时像泡沫飞溅似的将周围的雪染成了红色，可是凶手身上的血迹却变得更加明显了，他的眼睛里露出极度的绝望和恐惧。他朝前走着，拼命躲避别人惊恐的眼神。

孩子们小小的灵魂不时地像小鸟一样在空中掠过。他们一来就是一大群，马加尔觉得这不足为奇。极坏的饭食、肮脏、帐篷里的炉火加上刺骨的穿堂风，单从查尔干镇上就夺走了几百条小小的生命。他们一飞近凶手，便吓得惊慌四散，过后很久还听得见他们那小小的翅膀划过天空时轻快而慌乱的声音。

马加尔不会看不到他走得比别人快得多，便忙不迭地将这一切归功于自己高尚的德行。

“你看，神甫，”他说，“你有什么感想？我虽然生前爱喝一点酒，可是为人还是蛮好的。老天爷真没有错看我……”

他试探地朝伊凡神甫望了一眼。他暗下有一个打算：要从老神甫口里打听一点儿内情。可是神甫干巴巴地说：

“别得意啦！快到了。马上自己就晓得了。”

马加尔原来竟没有发现，平原上似乎要天亮了。先是天际升起了几道亮光。亮光划过天空，将灿烂的星光扫灭了。星星不见了，月亮坠下山去。白雪皑皑的大平原昏暗下来。

这时平原上升起了片片的云雾，笼罩在四周，庄严地守护着大平原。

在东方一处地方，云雾变得亮闪闪的，像是身披金甲的卫士。

一会儿云雾轻轻飘动，金甲卫士一齐鞠躬。

太阳穿过云雾升了起来，坐在云雾金色的脊背上，照射着平原。

平原上到处是灿烂夺目的阳光。

云雾跳着巨大的圆舞冉冉上升,圆圈在西边撕了开来,飘飘荡荡,向高空逸去。

马加尔仿佛听到一阵仙乐。这似乎就是他早已熟悉的、大地每天迎接太阳的那一支乐曲。但是马加尔从来没有认真听过,现在才第一次听懂,这是一支多么美妙的乐曲。

他停下来倾听着,不想走了,真想永远站在这里倾听这支乐曲……

* * *

可是伊凡神甫扯了扯他的袖子,说:

“进去吧。我们到了。”

这时马加尔看到他们正站在一座大门前。刚才这座大门被云雾遮住,他没有看见。

他真不想走,但是,有什么办法,只好听神甫的了。

六

他们走进一座高大而华丽的房子。马加尔一走进这座房子,才发觉外面冷极了。房子中间有一座镂花的纯银做成的仙炉,里面燃烧着金柴,散发着均匀的热气,一下子就热透了全身。仙炉里的火不刺眼,不灼人,只是发散热气,于是马加尔又想永远站在这里,永远叫身上暖乎乎的。伊凡神甫也走近了火炉,将冻僵的两只手伸了过去。

房子有四个门，其中只有一个是通向外面的，其余几个门经常有一些穿白长衣的年轻人进进出出。马加尔心想，这必定是此处天王手下的使者。他觉得他好像在哪里看到过他们，但究竟在哪里，他记不起来了。他着实吃惊的是，每个使者都有一双白色的大翅膀在背上忽闪忽闪的，他于是想，天王大概另外还有一些使者，因为这些使者既然长着大翅膀，想必是不能钻到密林里去砍柴的。

有一个使者也走到火炉跟前，背对着他，同伊凡神甫谈了起来：

“讲讲你的见闻吧！”

“没什么好讲的。”神甫回答说。

“你在世上听到什么？”

“什么也没有听到。”

“看到什么？”

“什么也没有看到。”

两个人都沉默了一会儿，神甫开言了：

“我带来一个人。”

“可是查尔干镇上人？”使者问。

“是的，查尔干镇上的。”

“那得要准备大天秤哩。”

他走进一个门里去安排去了。马加尔便问神甫，要天秤干什么，而且还非要大的不可。

“是这样的，”神甫有些歉然地回答说，“要天秤，那是要称一称你生前做的好事和坏事。别的许多人做的好事和坏事放在秤盘上大致是相等的；有些查尔干人做的坏事太多，天王只好吩咐人做了一架专门用的天秤，盛罪过用的盘子特别大。”

马加尔听了这话心里像猫爪子在抓似的。他有点儿怕了。

几个使者抬进一架大天秤，安置妥当。一只盘子是金的，小小的，另一只是木制的，老大老大的。木盘下面忽然出现了一个深深的黑洞。

马加尔走过去仔细瞧瞧天秤，提防有人做假。但是没有看出破绽。两只盘子平平的，一点也不晃动。

况且他也不完全了解天秤的构造，认为办什么事情还是用小秤好，他一辈子用秤的本事算得精到，不管是买，是卖，都能捞得到一点儿便宜。

“天王来啦。”伊凡神甫忽然说道，一面在端整衣帽。

中门大开，年事很高的天王走了进来，银白色的大胡子一直垂到腰以下。他穿着马加尔从未见过的、十分华丽的皮袄和锦绸，脚上蹬的是波里斯绒的暖靴，这种靴子马加尔看到一位老神像画师穿过的。

马加尔一眼便看出这正是他过去看到的教堂里画的那位老头子。只不过现在儿子不在他身边；马加尔想，也许儿子办事情去了。然而一只鸽子飞进房来，在老头儿头上打了几个圈儿，便落在他的膝盖上。年迈的天王坐在特设的宝座上，用手抚摸着鸽子。

天王的面孔是慈祥的，马加尔这时心里正感到十分沉重，一望到这张面孔，便轻松多了。

他心里感到十分沉重，是因为他忽然回想起了一生所做的大大小小的事情，想到他走的每一步路，所砍的每一斧头，砍倒的每一棵树，每一次撒谎，他喝的每一杯酒。

所以他觉得羞愧、害怕。但是他望望老天王的脸色，又打起精神来。

他胆子大起来，心想，也许有些事情还能瞒得过他呢。

老天王望了他一眼，便问他是干什么的，从什么地方来，叫什么名字，活了多少岁。

马加尔一一回答过了，老天王又问他：

“你生前做了一些什么？”

“你是知道的。”马加尔回答说，“你这里一定有记录的。”

马加尔是想试探一下老天王，看他是不是当真全都记了。

“要你自己讲，不能隐瞒！”老天王说。

马加尔又打起精神来。

他便自报他所做的活儿，虽然他记得清他砍的每一斧头，记得清他砍的每一根树棵子和他犁过的每一块地，但是他多报了一万多根树棵子、几百车木柴、几百棵树和几百普特粮食。

等他报完了，老天王转身朝伊凡神甫说：

“把簿子拿来。”

这时马加尔才知道伊凡神甫在天王手下做秘书。他很生气：神甫不念旧交情，不肯将这些情形事先透露给他。

伊凡神甫拿来一个大簿子，翻开来，仔细往下看。

“看一看，”老天帝说，“砍了多少树棵子？”

伊凡神甫看了一下，歉然地说：

“他多报了一万三千根。”

“他胡扯！”马加尔气呼呼地叫道，“他一定是弄错了，因为他是个醉鬼，死都没得到好死的！”

“住嘴！”老天王说，“举行洗礼或者婚礼，他有没有借机勒索？有没有向你多要供奉？”

“问这些事是多余的！”马加尔回答说。

“那还有什么好讲的。”天王说，“他爱喝酒，我自己也知道。”

老天王生气了。他对伊凡神甫说：

“你念念簿子上记的他的罪过，因为他爱扯谎，我才不相信他呢。”

这时使者们将马加尔砍的树棵子、木柴、他耕的地，以及所有的活儿都放到金盘子上。这一切加在一起真是多得不得了，天秤上的金盘子被压得低低的，木盘子升得高高的，用手够都够不到，年轻的天使们便张开翅膀飞上去，拴上绳子，百十个人一齐往下拉。

查尔干人干的活儿真够重的！

伊凡神甫开始念他撒谎的次数，撒谎共计二万一千九百三十三次；神甫又念马加尔喝的酒数，共计四百瓶；神甫又往下念，这时马加尔看到，天秤的木盘低过了金盘，已经渐渐坠入洞里，可是神甫还在念，木盘还在朝下坠。

这时候马加尔心中暗想事情不妙，于是走到天秤跟前，正想暗暗用脚顶住木盘，可是有一个使者发觉了，大家一齐嚷了起来。

“怎么一回事儿？”老天王问道。

“他想用脚顶住木盘哩。”使者回答说。

只见天王愤怒地转过身来，朝马加尔说：

“我看清楚了，你既爱扯谎，又是一个酒鬼和懒汉……你抗缴税款，拖欠神甫供奉金，警察局局长一见面就得将你臭骂一顿，就因为你才犯了过错……”

老天王转过身去向伊凡神甫问道：

“查尔干镇上什么人给马装载装得最多，而且天天赶车到外面拉脚？”

伊凡神甫回答说：

“要数教堂里的斋事僧。他又送邮件，又拉警察局局长。”

于是老天王说：

“将这个懒鬼交给斋事僧去做辕马，让斋事僧驾上他去拉警察局局长，不把他赶得筋疲力尽，决不能叫他歇息……看看他能不能痛改前非。”

老天王这话刚刚讲完，门开了，天王的儿子走进房来，坐在他右手下。

儿子说：

“我听到你讲的话了……我在世上待了很久，知道世上的情形：给警察局局长拉车可是穷人的一项苦差事！但是……那也只好如此！……不过，也许这人还有什么话讲。你讲讲吧，可怜的人儿！”

这时出现了十分奇异的事情。马加尔还是那个马加尔，原来一辈子讲话从来没有一次超过十个词儿，忽然觉得自己有了口才。他一面讲，一面自己觉得十分吃惊，好像一下子成了两个马加尔：一个在讲话，一个在听，并且感到惊奇。他简直不相信自己的耳朵。他讲得流畅、充满激情，一句紧跟着一句，随后就变成又长又严密的段落。他再不胆怯。有时即使口结一下,但立刻就恢复正常,而且声音比原来更大。主要是他觉得他讲的话有理。

老天王起初觉得他十分放肆,很有点儿生气,后来却听得十分出神,似乎已经看出来,马加尔并不是像他原来所想象的那样一个傻瓜。刚一开头伊凡神甫甚至怕他闯祸,还扯了几下马加尔的皮袄,可是马加尔挣脱他的手,照样讲他的。后来神甫看到他这位教民讲的句句是真理,而且讲到老天王的心坎里去了,也就不害怕了,甚至喜笑颜开的。连天王手下当值的穿长衣、长翅膀的年轻使者们也从原来站的地方走到门边,惊异地在听马加尔讲话,不住地用胳膊肘互相捣呀捣的。

他先讲他不愿意去给斋事僧做辕马。不愿意去不是因为怕干重活,而是因为这项判决不公平。就因为这项判决不公平,他就不服从,理都不理,睬都不睬。随你怎么办好啦！就是永远去伺候魔鬼,他也不去给警察局局长拉车,因为这很不公平。不要以为他是怕做辕马太吃苦:斋事僧赶着辕马做事,还喂它一点燕麦呢,人家赶着他做了一辈子的事,从来没有人管他的草料。

"哪一个赶着你做事?"老天王气愤地问。

是的,他被赶着、逼着干活儿干了一辈子！村长、乡长、县官、警察局局长向他要税派捐,逼着他干活儿;神甫要供奉,也是逼着他干活儿;又穷又饿,逼着他干活儿;酷暑、严寒、干旱、水涝,都逼着他干个不停;冻实的土地、凶恶的森林也都在逼他！……牲畜不停地往前走,眼睛只能望着地面,不晓得被赶到哪里去……他也是这个样子……难道他晓得教堂里神甫念的是什么,向神甫交供奉又是为了什么?难道他晓得他的大儿子被弄去当兵是为了什么,弄到哪里去了,死在何处,残骨如今埋在何方?

说他喝了许多酒,是不是?当然,这是事实:他这是借酒消愁……

“你说,喝了多少瓶?”

“四百瓶。”神甫望了一下簿子,回答说。

“好的!可难道这是酒吗?四分之三是水,只有四分之一是真正的酒,还加上烟草汁。应当说,有三百瓶不能算。”

“他讲的这些可都是真的?”老天王问伊凡神甫,看样子,他更加气愤了。

“句句是真的。”神甫连忙回答说。马加尔还在往下讲。

他多报了一万三千根树棵子,是不是?就算多报吧!就算他只砍了一万六千根。这还少吗?再说,有两千根是在他的前妻重病时砍的……他当时心里非常沉重,很想守在老伴儿身边,可是家里穷,只好去钻森林……到了森林里,他不住地流泪,泪水在睫毛上结了冰,他因为心里痛苦,外面的冷气,一直冷到他心里去了……他还是要砍柴!

后来他的老婆死了。要埋葬,他又没有钱。为了给老伴儿买棺材,他又去给人家砍柴……商人看到他急等钱用,一车只给他十个戈比……老伴儿躺在没有炉火的冰冷的屋子里,他又去砍柴,眼泪不住地流。他认为,这些柴应当加五倍计算,甚至不止五倍。

老天王眼睛里出现了泪水,马加尔并且看到,天秤的两个盘子上下摆动起来,木盘升了上去,金盘垂了下来。

马加尔还在讲:不是说,簿子上全部记了吗?……那就找找看：什么时候，有什么人给他过恩爱、尊敬或者欢乐？他的孩子们又在哪里？孩子们生病死去，他感到痛苦、悲伤，有的长大了，却又离开他，只身飘零，为饭碗去挣扎。他只有同老伴儿一块儿苦熬岁月，眼看着自己一天天老迈无力，孤苦伶仃的、可怕的暮年就要来到。他们孤单单地生活在世上，就像是旷野上狂风暴雪任意吹打的两棵孤零零的小松树。

"可是真的？"老天王又问道。

神甫连忙回答：

"句句是真情！"

这时天秤又在上下摆动……老天王却在深深地思索。

"这是怎么回事儿？"他说，"我派到世上不少正人君子……他们的眼睛是明亮的，面孔是放光的，衣服没有补缝……他们的心软得像肥沃的土壤，种进善良的种子，就发出善良的芽，开出芬芳的百合花，那香味我闻着再好不过了。可是你瞧瞧你的样子……"

许多眼睛一齐望着马加尔，望得他怪不好意思。他觉得他的眼睛是暗淡无光的，脸黑乎乎的，头发、胡子乱蓬蓬的，衣服破烂不堪。虽然死前老早就打算买一双靴子，打扮成一个像样的农夫来见天王，可是钱总是喝得光光的，这会儿他这个新来拜见天王的雅库梯人穿的竟是烂得不像样子的反毛靴子……地上如有缝，他真想钻进去。

"你的脸黑乎乎的，"老天王还在说，"眼睛暗淡无光，衣服破破烂烂。你的心长满荒草，又有荆棘，又有苦蒿。所以我就喜欢我那些正人君子，一见到像你这样造孽的人的脸我就讨厌。"

马加尔心里好不难受。他自惭形秽了。看看要低下头去，可是他忽然昂起了头,又讲了起来。

天王讲的是什么样的正人君子?如果讲的是世上那些和马加尔同时代的住在豪华的高楼大厦里的人,那马加尔是晓得他们的……他们的眼睛明亮,因为他们没有像马加尔一样流那么多的眼泪,他们的面孔放光,那是用香脂擦的,体面的衣服是别人给缝的。

马加尔又低下头去,可是重新又昂了起来。

在低头、昂头之间难道他没有看出,他生下来也和别人一样,也有一双明亮的、天真的眼睛,里面照得见天空与大地,也有一颗纯洁的心,期待着迎接世上一切美好的东西?要是说如今他却宁愿将自己忧伤而屈辱的躯体掩埋于地下,那这不能怪他……那又怪谁呢?——他不知道……但是他知道一点:他心中再也无法忍受了。

七

当然,马加尔要是能看到他的话给天王多么大的震动,他要是能看到他讲的每一个愤怒的字儿像铅砝码一样地落到了金盘上,他会叫他的心平静一些。但是这一切他都没有看见,因为他的心里充满了绝望。

如今他回顾了自己痛苦的一生。他怎么能忍辱负重支持到今天呢?他忍辱负重是因为怀着希望,希望像大雾中的星星,总是在前面指引着他。他要活下去,说不定还会遇到好一点儿的命运呢……如今他已经看到了生命的尽头,希望破灭了……

这时他的心中暗沉沉的，满腔的怒火熊熊而起，就像是深夜里空旷的原野上骤然来临的狂风暴雨。他忘记了他如今是在哪里，站在什么人面前；他忘记了一切，只有满腔的愤怒……

* * *

可是老天王对他说：

“听我说，孩子！你现在不是在人世……到了天上你也能享受到一点儿公道了……”

马加尔心中一震。他心中突然感觉到，现在有人怜悯他了，于是心里的气稍稍平了一点儿；可是因为他那可怜的一生，从第一天到最后一天，依然历历在目地呈现在他的眼前，他也就抑制不住地自己可怜起自己。他哭了……

老天王也哭了……伊凡老神甫也哭了，年轻的天使们也哭了，不住地在用宽大的白袖揩眼泪。

天秤在不住地上下晃动，木盘升到高处，越升越高了！……

译者附记

《马加尔的梦》是柯罗连科的成名之作，是俄罗斯文学中的名篇。一八八三年写于流放中，发表于一八八五年。

车尔尼雪夫斯基读过这篇小说后，非常赞赏这篇作品及其作者，认为作品写得真实、技巧高超，“只有对雅库梯人的生活和精神有深刻理解的天才作家才能写得出这样的作品。”

用高度浪漫主义的手法，揭示出现实社会最本质的事物。真实感人，妙趣横生，情景交融，引人入胜。作者以饱满的热情、精湛的技巧刻画出一个令人难忘的人物。一个个的小毛病，小心眼，自私，狭隘，一个农民最典型的缺点、毛病应有尽有，这个人物却是如此令人喜爱。人物一登场，我们便跟着他进帐篷，跑雪地，钻森林，地上，天上，意兴盎然，欲罢不能。到最后，人物哭，天帝哭，读者何尝不哭？掩卷之余，怎能不叹息、思索？——作者是怎样做到这一点的呢？这是值得我们借鉴的。

闯京城的姑娘

闯京城的姑娘

叶·鲍格丹诺夫

一

我翻看我的笔记本，看到一场很奇怪的对话的速记记录。

我看出我记的是：

“莫斯科有两点叫人受不了。第一是气候。第二是粗野。再就是，到处都买不到连袜裤……”

我打开大脑右半球，大脑立即向我汇报。于是我看到我坐在一家三等咖啡馆的塑料餐桌边，听到坐在对面的一个虚胖的金发女子的说话声，那女子的脂粉涂得很重，还戴了一副很神气的茶色眼镜。

“莫斯科有两点叫人受不了，”她对她那位穿铁路工作人员服装的男伴说，“第一是气候，太潮湿啦。第二是这儿的人太粗野。再就是：不论到哪儿，怎么都买不到五十二码的连袜裤。还有那些退休的老家伙,像什么话? 人家坐车去上班,他们还要人家让座儿!”

那个铁路工作人员用深沉的语气接话说:“生活,就是搏斗!”

“欢乐的时候少呀!”那胖女子应声附和说,“但是如果意志薄弱,就不如自尽。”

“不如剖腹自杀!”

这一对男女引起我反感。我掏出笔记本,放在桌上,当面记录他们的谈话。这种方法往往十分有效:就是在临床上遇到语言失禁的病人,那病人也会马上闭口不语。这位铁路工作人员和这个女人却丝毫不在乎。

“………啊?”那女人叽叽喳喳地说。“‘金牛犊’? 跟尤尔斯基? 我背着尤尔斯基呢! 咱们试着冲一冲,好吧?”

“好!”

“你瞧,雪还在下呢!”

“反正咱们还要待一会儿,就让它下吧!”

“等会儿可千万别下!”

他们沉默了一会儿,就朝四下里打量。他们的目光交叉到我的身上。终于,我的笔记本落入了他们目光的交叉点。

“您这是写什么?”那女人问道。

“随便记一点儿东西。”

“能看一看吗?”

“不行。”

“瓦列里,”那女人说,“咱们坐到窗边去,好吗?”

“这儿不是挺好吗?”

“你们看,”我说,“这是实地速写。”

“怎么回事儿?”那女人问。

“我是记一些人的谈话内容等。有时候凭一句话就能判断出一个人的职业、习惯、气质。”

“有意思！不过,您究竟记了我说的一些什么话? 我很想知道!”

“‘莫斯科有两点叫人受不了,’”我念道,“‘第一是气候,太潮湿啦……’”

那位铁路工作人员哈哈大笑,并且补充说:

“‘再就是,到处都买不到连袜裤!’”

“瓦列里,”那女人哆嗦着多重下巴说,“咱们要是不马上起身离开这儿,真不知道我会出什么事情。”

看样子她在三十岁左右,也许岁数还要大些。像她那种颜色的鬈发,往往使我看不出一个女子的年纪。她真的站起身来,但是就在这个时候,一个女服务员手拿打开的点菜本走了过来:

“要什么?”

那位铁路工作人员将菜单推到那女人面前,那女人看着菜单,他却直直地盯着女服务员。

“您是不是奥廖尔来的?”他忽然问道。

那女服务员非常年轻,浓妆艳抹,挑了挑紫罗兰色的睫毛,脸红了。

“不……不是。”她回答得很不干脆,并且很快就问他们要什么饮料。

“我要矿泉水，”那男子说，“我马上要出车。对不起，伙计。”

“我要白兰地和啤酒，”那女人说，“二两白兰地，两瓶奥斯坦基诺啤酒。瓦列里，你没意见吧？”

我的记录到此为止，但是我的大脑已经开动起来，我清清楚楚地记起，我正是在这种场合下和瓦萨相识的。

为我们服务的那个年轻女服务员就叫瓦萨。

一般地说，我并不赏识这些精明、灵活、一出校门便坚定不移地投身服务界的人员。我多少熟悉一些他们的心理。他们很容易适应现实环境，毫不勉强，毫无异议；正如人们在此类场合下常常说的，在现实环境中有时还会遇到的一些丑恶和不平事，一点也不能搅动他们那单纯的心，打不出一点义愤的火花。他们对政治丝毫不感兴趣；他们真心实意地认为，社会的富裕完完全全取决于每个社会成员能否自己富足。如果自己过不好，那就是自己太笨，他们认为这是顺理成章的事。

瓦萨也是同样的幼稚，但是她缺乏抓捕的本能。

不过，咱们还是回头说说那个女人吧。那女人原来是她的同行，是市郊一家饭店的服务员。等到瓦萨拿来账单，她很老练地匆匆看了一遍，并且惊讶地把眼镜摘了下来：左眼下面露出一块青紫斑，显然那是拳头打的。

“你跑昏了头啦？”那女人用肯定的口气问道。

“怎么，有什么不对吗？”瓦萨的声音低沉下来。

“你要是想过得好，就得放灵活一些！要不然你算什么‘混混儿’？像我们这种顾客要的酒菜，价钱就得灵活，比如说，再少也得捞三个卢布！”

“再多呢?”我问道。

那女人戴起眼镜,没有理睬我。

“还有哩!你这个鱼拼盘是怎么放的?鱼子要放得让顾客够不着,他至多去够一两次。剩下的一半就是你的了。再就是怎样上酒。酒要放到不喝酒的顾客面前。不过,在这种情况下,你应当把酒放在我面前,因为我是女的。不能让男子汉斟酒。而女人又不便于别人给自己斟酒,因为是女人。”

瓦萨的脸像红布一样,主要倒不是因为涂了不少胭脂,而是由于这咄咄逼人的教训。看样子,她就要哭起来了。

“任何时候都要尊重顾客的意见!”那位铁路工作人员紧接着说,“伙计,你叫什么名字?”

“瓦萨……”

那女人的鼻子里哼哧了一声,说:

“叫这种老掉牙的名字……”

我又掏出笔记本。

“我告诉您!”那女人暴跳起来,“您不要再嘲弄人!我……我……我去把经理叫来!”

“那好极了!我正要找他采访呢。”

“瓦列里!咱们走还是不走?”

那位铁路工作人员很尴尬地嗯了一声,那女人一把扯下眼镜,临走时狠狠瞪了我一眼,那目光真像火一般,我觉得头发都烧了起来。

“‘混混儿’是什么意思?”等他们走出一截路之后,我问道。

“这是我们的行话,——‘混混儿’就是服务员。”瓦萨解释说。

二

从那时候起，我在下班之后便常常到这家咖啡馆里去。这家咖啡馆就在我回我租的住处的半路上。因为这家咖啡馆是经办筵席的，而且没有乐队，所以每天晚上顾客不多。看样子，它主要是靠经办筵席赚钱。我选中了圆柱后面的一张小桌，不是我第一次来坐的那一张，是另外一张，在大厅最里面，比较僻静一些。瓦萨有时到我这张桌上来坐一会儿，抽一支烟，或者只是歇歇腿儿。有时她从围裙口袋里掏出小镜子，倚在柱子上，重新抹一抹脂粉，理一理头发。

“喂，怎么样？”她一面往她那光溜溜的、孩子般的脸上抹胭脂，一面带着卖俏的神气问，“这样好些吗？”

我便伸一伸大拇指。

“是不是再浓一点儿？”

“浓一点儿好。”我表示欣赏。

她扬了扬那涂了浓浓的眉黛的睫毛：

“您不是开玩笑吧？”

“一点也不是。”我对她说。

“要是在家里，我会被骂的，您却鼓励我。”

“不过我相信，总有一天，你会厌烦的。”

“厌烦什么？”

“涂抹这些乱七八糟的玩意儿。”

“您也和所有的人一样。”她说过这话，便执拗地垂下那像洋娃娃一般的头，走了开去。

这种交往是很奇怪的。瓦萨有时显得很冷淡，很疏远，有时显得惊人地坦率，就连一家人也未必肯这样。她有很多地方使我反感，比如，她那扭扭捏捏的姿态，不知是跟哪一个毫无审美力的人学来的，还有那涂抹得油光光的眼睛、眉毛、嘴唇……但是瓦萨身上也有使人非常非常喜欢的东西。也许是她的纯真、热诚，也许还有别的什么。那些名副其实的“混混儿”可以事事指望她，可以放心地利用她。比如，让她到对过的商店里站队买东西，让她上洗衣店去取衣服，让她代班，瓦萨更觉得这都是看得起她，她还实心实意地感激他们呢。她在一个很不和睦的家庭里长大，家庭一直处于纷乱、紧张状态。她的父母和家里其他人都在工作，但不知为什么一定要做不固定的合同工，因为钱永远不够花，因为都觉得自己可怜，没有本事，所以生活中免不了种种苦恼。据我现在理解，这种情况最明显不过地反映在瓦萨身上。她从小就幻想周围的人都是一些单纯、朴实、善良的人，幻想纯真的天然乐趣。她常常在想象，她的父母根本不是她真正的父母，她真正的父母当年把她丢失了，总有一天要把她找回去的。她幻想和真正的父母团聚，想象得活灵活现，以至于将幻想和现实混淆。有一次我听到她一本正经地对一个女伴说，她的父亲是一位音乐家，母亲是一位歌剧演员，现在他们都在国外演出。

“你这种样子像谁?”那女伴天真地问。

“父母给了我美好的感情，但是没有给我什么才华。”瓦萨带着痛苦的神情说。

我记得当时有人把她叫走了，那女伴在后面朝她点了点头，还伸出一个手指头在鬓角上转了转[1]。

过了一个星期，瓦萨又一本正经地说（这一次是对我说了），她的父亲是一位将军，母亲是全世界闻名的医生。她对我说："您要知道，我小时候在大街上走迷了路，是我现在的父母把我捡来的。我相信我真正的父母一直在寻找我，这我能感觉到，他们和我有心灵感应。"

瓦萨每个月给她"现在的父母"汇寄五十卢布。他们住在奥廖尔。所以那位铁路工作人员问她是不是奥廖尔来的，她是那样害怕。她对我说，当时她吓坏了。"看样子，他是在奥廖尔见过我，看样子，他把我记住了……"

瓦萨做服务员，她的父母不知道，她瞒着他们，她时时提心吊胆，生怕什么时候露了真相。"他们以为我是在做舞蹈演员，经常到各地演出。我确实也参加过舞蹈演员选拔考试，但是没有考取呀。"

咖啡馆这个集体是她的新世界，在这里她摆脱了种种苦恼。她不断地在每个成员身上发现可爱的特点和品质，怪只怪自己没有学会爱这些勤劳而健康的好人，没有学会宽容他们那些极其自然、极其普通、只有天性纯真的人才会有的毛病。服务员萨莎为了解闷儿，教她说下流话。瓦萨在说这事儿的时候，嘻嘻地笑着，但是在上这种课的时候，她的两颊一定是火辣辣地发烧。遗憾的是，我听说这事儿的时候，课程已经上完了，要不然我会好好教训教训她那位老师。

---

①意思说对方精神不大正常。

总而言之，瓦萨有时候又可爱，又天真，又喜欢听笑话。不过，不是任何笑话她都喜欢。有一天我给她讲了一个蛆的故事。小蛆问："妈妈，爸爸上哪儿去啦？"蛆妈妈回答说："孩子，今天是星期天，人家邀你爸爸钓鱼去了。"

瓦萨忽然抽抽搭搭哭了起来。

"哎，你怎么回事儿？"我问道。

"我觉得小蛆太可怜了。"她神情凄然地说。

有一天，我的两位同事偶然来到这家咖啡馆里。他们看见我，就喊我的名字。我叫他们到我的桌上来坐。他们走后，瓦萨很不好意思地说：

"这么说，您没有骗我……"

"你说的是什么？"

"您和我认识的时候，您说的是真名字。"

"不说真名字，又说什么名字？"

"所有的男人，在和我们这些人认识的时候，说的都是另外的名字。"

"这是我的名片。"我说。

"谢谢……"她道过谢，又摩弄了两下光溜溜的名片，"为什么没有电话？"

"要给我装的，"我说，"说是第五季度给我装。眼下这个冬天我连自己的房子都没有，还谈什么电话。"

"真想不到，真是记者哩……'外勤记者'是什么意思？天天在外面跑吗？"

"我自己也说不清楚，瓦萨。"

“我妈妈是世代印刷工匠出身。我没有对您说过吧?”

“哪一个妈妈?是真正的妈妈,还是现在的妈妈?”

“现在的妈妈,”瓦萨说过这话,又把我的名字念了一遍,“可是我每次对顾客说出自己的名字,顾客都以为我是骗他们的,真好笑!”

说实在的,瓦萨的父母在给女儿取这个名字之前,真应该动动脑筋。女孩子们喊她瓦丝卡,男孩子们喊她萨娃。等瓦萨长大了,曾经试着叫瓦西莉萨,但是这名字叫起来也很别扭,所以没有叫开。

“我倒很喜欢你的名字。”我说。

“我也很喜欢您说的您自己的真名字。”

“你叫这名字非常合适!”我又说。

“您是好人!”

“噢哈,咱们谈得多亲热呀。”

瓦萨忽然问道:

“您为什么不要求到我的住处去?”

我愣住了。

“所有的人都要到我的住处去。”

“是所有的人吗?”

“就算不是所有的人,那也是很多很多人。不过,您不要以为我这是抬高自己的身价。”

“好吧,”我说,“什么时候去?”

“啊,您当真吗?我会用甜菜做甜辣色拉。”

我说:“那太好了。”

“明天我休息。”她很干脆地说，又从便条本上扯下一页，“这是地址。离这儿不远。”

没说的，我只有把便条装进口袋。

第二天，我在报社里一直有一种感觉，似乎有一项小小的任务没有完成；我把台历上所记的事情一一办完，到下班时候把所有的事情全部了结，可是没有完成任务的感觉依然没有消除。我已经穿好大衣，点起一支香烟，就要出门了，这时我才想起瓦萨的邀请。她写的地址还在我身上。我不想去找她，但是对她的邀请置之不理，也不妥当。我决定给她寄一张明信片，什么也不表示，开开玩笑了事。便条上除了地址，还有电话号码。我在心里说，好极了，我现在就给你打个电话，也用不着寄明信片了。

我刚拨完号码，电话就通了。

“呀，是您来电话，太好啦！”她高兴地说，“要不然我真不知道是怎么回事儿！您没有工夫吧？”

“是的，”我说，“我要到地震部去。”

“出了什么事吗？”

“没什么了不起的事，不过我一时不得空闲。”

“这么说，您不来了吗？”瓦萨很不开心地问。

“很抱歉……”

“明天您上咖啡馆来吗？”

“现在很难说，瓦萨。”

“您这会儿在干什么？”

“给你打电话呀。”

“我买了一盘很好的磁带。您想听听吗？”

我说："我非常非常想听。"

她把话筒凑到电唱机上，也许是把电唱机凑到话筒上；话筒里响起咔嚓声、嗞嗞声，忽然有两个年轻的嗓门儿嗥嗥叫了起来，又像山羊叫，又像马嘶，这是刚刚流行的一种唱法。

"够味儿，对吗？"她对着话筒叫道。

"真够噱头！"我说。既然学了一些新鲜词儿，为什么不谝一谝？

三

不久，总编辑就对我说，外勤记者之所以叫外勤记者，就是经常要到全国各地去跑，不能老是蹲在京城里。

"上哪儿去呀？"我问。

"上彼尔姆去！"他很带劲儿地说，"上彼尔姆！上彼尔姆！"他的卷舌音还是没有发清楚。

"嗯，上彼尔姆就上彼尔姆。"我说。

"你回答得一点劲儿也没有！"

"是，上彼尔姆去，伊戈尔·康斯坦丁诺维奇！"

"这就对了，"他满意地说，"再就是，你要理解，你的任务是什么，为什么我们偏偏选中彼尔姆。"

我的任务一如往常，就是搜集具体的活材料来写文章，以说明这位领导坐在家里虚构出来的又一个所谓重大主题。为什么选中彼尔姆，而不是别的城市，彼尔姆有什么独特之处，不管我怎么问，都得不到明确的解释。也许，因为这位领导老是发不好卷舌音，就想积极、顽强地克服这点毛病，所以就选带有难发的卷舌音的城市。

我写文章和通讯都得依照他制定的提纲，他的提纲是完全脱离实际的。我老老实实奉行他的指示，每次都走进死胡同。我在绝望中总是责骂自己无才，拼命搜索枯肠，挖掘字眼儿，精心地遣词造句，好让读者以为我写的是活生生的事实。

所以，我感到心里又像往常一样发起愁来，便无可奈何地去办出差手续。

在走廊里，一位朋友把我叫住。他是艾·卡列潘诺夫，是一位科长，是上次在咖啡馆里遇到的两位同事之一。他还要在这篇小说中出现……

"'老头儿！'"他说，"你那位'柯凯西'找你哩！"

"什么'柯凯西'？"

"你怎么……没有去过日本吗？"

"滚你的蛋吧！"

"连这都不懂！'柯凯西'就是打扮得花花绿绿的、好玩儿的木头娃娃。"

"怎么样？"

"我告诉你，你那个小妞儿找你哩！从咖啡馆里来的！"

"她在哪儿？"

"咱们走！"

"她究竟在哪儿？"

"在下面嘛，你这家伙真怪！"

我下了楼，来到前厅里。

瓦萨无精打采地坐在沙发上，胆怯地侧眼望着报社的司机们，司机们为了让脑筋动一动，正在玩多米诺骨牌。

“有什么事儿？”我不太客气地问道。

“您那么久没去啦，”她嘟嘟囔囔地说，“我以为您病了呢，所以来看看您。我来到这儿，他们告诉我，说您好好儿的。我很高兴……”

我连忙说了几句道谢的话。

“我给您带了一些花儿来，”她讨好地说，“挺漂亮的涅戈蚕花！请您收下。这花儿挺新鲜！”

“见鬼，为什么是涅戈蚕花？！”

瓦萨连忙打开报纸卷儿，里面卷着一种白中透紫的花儿。

“恐怕是风信子吧？”

“对，对，一点儿不错！“她皱起眉毛说，“我弄错了。这是风信子，您闻闻，多香呀！涅戈蚕花是什么味道？”

“另外一种味道。”

“什么样子呢？”瓦萨换了社交场合的语调。

“有各种各样的，”我冷冷地回答说，“一般都是黑乎乎的。花冠是金黄色的。”

“我知道啦，”她说着，羞涩地扯了扯我的袖子，“我来，您高兴吗？”

“多么可爱的花儿呀！”从楼梯上传来艾·卡列潘诺夫的声音，“给我的呢？”

“瓦萨，”我说，“你最好回家，对吗？”

“噢，是的，我得快点儿回去！再见吧！”

我给她开了大门。

“姑娘！您上哪儿去？”艾·卡列潘诺夫喊道。他的两条胳膊一挖挲，扑通一声跌倒在潮湿的油地毯上，并且哧溜一下子滑到我们跟前。

瓦萨忍不住扑哧一笑，就跑出去了。

“这不是对同志的态度。”艾·卡列潘诺夫对我说。

“怎么回事儿？”

“当着姑娘的面笑话人……这不是对同志的态度。”

“就是说，我失礼了。”

“我是想顺便让你介绍我们认识认识。”

“这我可不愿意。”我把花交给他，“给你，拿去欣赏吧。”

两个星期以后，我从彼尔姆回来。第一件事便是上咖啡馆去。是什么吸引我去？那儿有什么好吃的？……也许，只不过为了松口气。跑这一趟，实在够累的，回到家里，还有苦事情等着我：要整理在彼尔姆的采访笔记，要写文章。

我在自己的小桌前坐了下来。来的顾客都不是常客，坐的时间都不长，瓦萨不在，今天不是她的班。我感到寂寞了。忽然有一对男女引起我的注意。小伙子面对着我，伸直了两腿坐着，一只脚伸到通道上，脚上穿的是进口皮靴。进口皮靴上面，照例是牛仔裤，再往上是牛仔夹克，在牛仔夹克的硬领之上，是披在两边腮上的红红的头发。应当说，他的相貌十分平常，倒是那靴子更惹人注意：光是靴底的胎面胶就值不少钱。

那姑娘背朝我坐着。她穿着透明的印度式连衣裙，戴着黑色假发。我心想，这个女子才真像“柯凯西”呢。这时候，那女子转过头来，使我大吃一惊：她竟是瓦萨！

那小伙子把身子俯到桌子上，带着询问的神气用头朝我点了点。

瓦萨转过身来，显得很不好意思，向我招了招手。

我走了过去。

她为了掩饰自己的难为情，一连串地问了我许多问题：路上情形怎么样，什么时候回来的，有没有找到适当的材料。那小伙子无缘无故地着起急来。

“我要走啦。”他皱紧眉头说。

“噢，我忘了给你们介绍！这是托利克！”

“下一次……还和往常一样吗？”他连看也不看我，只是向瓦萨问道。一听到瓦萨回答“是的”，起身就走了。

我问：“这位哥儿是谁？”

“混混儿。”她漫不经心地回答说。

“说具体一点儿。”

“他是‘泉水’饭店的。”

“再具体一点儿。”

“我的丈夫。”她犹豫一下子之后，回答说。

“丈夫？！”

“不是真的。是户口簿上的夫妻。要不然我怎么能弄到户口呀？”

“真想不到！”我说，“你给他多少钱？”

“一个月五十卢布。就剩三次啦……三次付款。”

“是分期付款的婚约吗？”

"您可不能对外人说！能做到吗？"

"瓦萨，你是不是最好回奥廖尔去？"

"不！"她毫不犹豫地说，"无论如何也不回去！"

她的眼睛闪起泪光，她做了个吞咽的动作，控制住自己，并且笑了笑，笑得很不自然，而且带有遗憾的意味。

"咱们到我的桌子前去吧？"我说。

"好……好的，"她点点头，"您先过去，我一会儿就来。"

她转身不见了，过了几分钟，她又回来，看样子，她是整理装束去了。至少，她脸上的脂粉又像往常一样浓艳了。

"您不了解我家的情况，"她说，"我要是留在家里，就完了。真的，您不要觉得奇怪！"

我等着她接着说下去，但是她没有接着说下去。

"您要知道，"她很亲热地笑了笑，"我一直到十七岁，连进商店都难为情呢！连买个面包都不会。啊！咱们来快活快活吧！加洛奇卡，"她拉住从旁边走过的一位女服务员的衣襟，"今天咱们有什么好酒？"

加洛奇卡带着大惑不解的神情望了望她：

"你不知道！"

"加洛奇卡……"瓦萨带着央求的神情笑了笑。

"好吧，有阿尔及利亚酒。"

"请你拿一瓶来！"

"你自己去拿吧。"

"加洛奇卡，"我说，"我的字写得可是挺漂亮的，您是不是希望我在意见簿上写一条？"

加洛奇卡翻了翻眼睛,站了下来。

“写一条表示感谢的意见,加洛奇卡,表示感谢。”我补充说。

她带着不信任的神气用鼻子抽了一口气,踌躇了一下,就朝食品间走去。

“我决定学木刻,”瓦萨忽然对我说,“明年我要去上斯特罗加诺夫工艺美术学校。”

“好样儿的!”我说,“你过去用雕刻刀或者什么木刻刀雕刻过吗?”

“没有,我用普通小刀雕刻过。”

如果不是趁着酒兴,我未必有兴趣去看她的木刻。好在这会儿空闲无事,而且路又不远,只有两站路。我们就步行前去。快到她的住处时,我感觉到风把我的酒意完全刮跑了,我对木刻的兴趣也随着酒意消失了。

“咱们走嘛!您怎么啦?”瓦萨拉着我的袖子说,“不会有人怎么样您!女房东今天早晨上喀尔巴阡山里去了。”

瓦萨的女房东原来是一位大学校长的夫人,日子过得逍遥自在,无拘无束。据瓦萨说,她这次上乌日哥罗德去,举行送行宴会,一直闹腾了一夜。

“我没有怎么睡好,房间也没有来得及收拾,”瓦萨笑着解释说,“房里乱糟糟的,请多多原谅了。”

四

房子里确实乱得够呛。又是桌子,又是椅子,窗台上摆满了用过未洗的杯盘碗碟,其中有一些带有磕碰得很厉害的伤印子。地板上十分肮脏,酒瓶在地板上乱滚,好像是自动地滚动,不是房屋在摇晃。我的视线一会儿碰上四脚朝天的凳子,一会儿碰上被扭脱的门把手,一会儿碰上脱落的橱柜门,那样子好像是被爆炸的气浪冲掉的。地毯上撒了大片大片的香槟酒,仿佛地毯的绒毛里还回响着胜利欢呼的余音。墙壁上挂着几个黑黑的人头像,这些非洲的神祇带着各种各样惊骇的表情望着这激战的战场。

不过,战死的人已经被抬出战场。也正像战场上一样,如果留心观察的话,还可以看到活物:匆匆逃跑的蟑螂,花盆里陪伴着枯萎的花儿的青草,在空中晃悠着的蜘蛛。

然而,最使我吃惊的还是瓦萨的举动。面对这种乱七八糟的情形,她丝毫不觉得难为情,丝毫没有什么不自在,就好像根本没发现似的。可想而知,房子里这种乱糟糟的情形,她已经看惯了。她打开另一扇门,我们来到她的房间里,这房间又窄又长,一个窄窄的窗户,只有普通窗户的一半大,一张窄窄的木板床,还有一张活动面的书桌。书桌的面子是掀开的。在掀开的桌面上放着一盘仙人掌和三个高脚玻璃杯,杯底还有残酒。瓦萨把高脚杯收到一个废物筐子里,从搁板上取下四块不大的胶合板,一声不响地递给我。

第一块板上刻的是一个小男孩带一条小狗。这样的木刻画我见过许许多多。瓦萨解释说:

“这不是我的。就是说,这是我刻的,但这是临摹的。我这样学着刻。”

第二块板上刻的是列夫·托尔斯泰的头像。

“您要知道，”她说，“我想把他刻得像一头狮子。他本来不就是狮子吗？”[①]

“是的，本来就是。”我说。确实，虽然还保留着肖像上的某些相似之处，但经她一处理，这位文学巨匠就非常像兽中之王了。

另外两块板上是纯粹的寓意画。其中一块上，有一个老大的黑黑的冰窟窿，远处高高的房子的窗户里露出灯光，前景中有一只手从冰窟窿里伸了出来，哆哆嗦嗦地抓住大冰块的边沿。无名指上隐隐约约有一枚戒指。

“这戒指，看样子，是订婚戒指吧？”

“是的！这是一个女子，就要在家庭生活的漩涡中沉没。”瓦萨说。

“这又是什么？”我拿起第四块胶合板。这是合二为一的一幅景物画：左边是沙漠，天际有一片绿洲。一道道新月形的沙丘，从左到右接连不断，渐渐变为巨大的海浪，海浪之上是一叶孤帆。

“这不过是老一套的寓意画，”瓦萨解释说，“您当然会看得懂，您是文学家嘛！”

她的木刻我很喜欢。技巧当然还不怎样，不过所表现的意思是新鲜活泼、不落俗套的，尽管也有值得商榷之处。我把我的看法对她说了，并且说要拿去给我们报社的艺术家看看。

瓦萨不同意拿给人看。她作为一个要求严格的艺术家，还需要再下些功夫。她还有几种题材，也要借木刻来表现。

“那就随你吧。”我说。

我们山南海北地随便聊了一会儿。

---

①Лев（列夫）的本意是“狮子”。

“你怎么,”我问道,“住在这乱糟糟的房子里,不觉得别扭吗?”

她耸耸肩膀。

“每个月付多少房租?”

“五十卢布……”

我脑子里的微型计算机开动起来:

“给女房东五十卢布,给托利克五十卢布,还要给父母寄五十卢布。你每月工资七十八卢布,这怎么行呀?”

“您以为我克扣顾客吗? 顾客是自动给我钱。大概因为我长得漂亮,人人都想讨我喜欢。”

听她说到这里,我好像“啧啧”了两声。

“是的,是的,一点不假! 加洛奇卡就说,她要是长得这样漂亮,就用不着在咖啡馆里干活儿了!”

“不能老是这样呀,瓦萨。”

“我已经习惯了。”她带着无忧无虑的神气说。

“还有,你那位女房东……”

“您怎么啦,她可真是个好人呀! 她不过是命不好罢了。所以她不希望死气沉沉的,您懂吗? 她周围常常有不少年轻人。有时候快活得很哩!”

“我看到啦。”

“噢,不,我们不是经常这样呀。”

“我懂了,”我说,“只是每个星期天都这样。”

瓦萨笑了起来。

“您想吃甜菜做的甜辣色拉吗? ……”

我们约定，等我写完这次外出采访的文章之后再见面，并且要一块儿谈谈我脑子里出现的一些和她有关的想法。

我绞了两个星期的脑汁儿之后，把一篇有关彼尔姆的通讯送到总编的桌上，趁这个机会谈起瓦萨。我说，有一位很有才华的姑娘，我们的美术组正好缺人，能不能考虑录用，当然啦，如果能考虑，也要先试用一个阶段。

“好吧，”总编很爽快地回答说，“让她随便什么时候来一下吧！”

“本月底吧？”

“干吗要到本月底？”他笑了笑，“明天就来好啦！”他一面听着自己发的卷舌音，一面很得味地说：“明天下午一点钟吧。对，一点到两点！好吗？”

当天我就去咖啡馆找到瓦萨，把这番话对她说了。瓦萨非常胆怯，我给她鼓劲儿，说了一个晚上。和往常一样，顾客不多，几乎没有人打扰我们。瓦萨非常坦率，就是说，比往常更坦率。看样子，她早就想吐一吐胸中的郁积，现在终于找到了机会。我不打断她，只是有时提一两个问题。也许，我这是第一次触及她这个女服务员的生活的里层。

“您干吗要这样寻根问底？”她不安起来，“是不是想写成文章登到报上去？”

“噢，不是，”我说，“不过，这倒是写讽刺文章的好材料。”

“那您就写吧！”她一反刚才的态度，说，“您就照实写！写写受贿，出售食品弄虚作假，写写经理怎样纠缠姑娘们……全都写出来！”

“我怕别人不理解我的用心,或者曲解。”

“会理解的!”瓦萨很有把握地说,“一定能理解!不过,请不要写我的名字。我这个名字很少见,别人一下子就能猜到这是我。”

“好吧,”我缓了一口气,“现在最要紧的是,你要让我们报社的人喜欢。”

“我尽力而为吧。早晨我把头发做一做,至于穿什么衣服,我已经想好了。”

“穿什么衣服?”

“暂时保密!”

我没有再问。后来我一再为此事感到惋惜。

瓦萨把我送到存衣室。临别的时候,她把两条胳膊搭到我的肩膀上,好像还要说点儿什么,看样子,想说点儿那种话儿……

“哎,”我说,“你可别爱上我!”

“我?!”瓦萨哈哈大笑起来,“才不会呢!”她踮起脚尖,吻了吻我。

第二天她到报社来的时候,她把头发烫成狮子狗模样,一个发鬈儿在额头上,两个发鬈儿在两边耳朵之上。棕红色的鹿皮短裙勉勉强强遮住一般的裙子可以遮住的地方。谢天谢地,至少上衣还不是袒胸露背的。

“你和他谈话的时候,可不能弯腰,也不能坐!”我哼哧着说,“他的沙发太矮啦!”

“站着谈话吗?”瓦萨惊讶地说。

“靠墙有一排椅子。你可以坐在椅子上。”

瓦萨明白了,垂下了头。

在开着的一扇门里面,在女校对的对面,有人在念我写的通讯。这给我增强了信心。

总编室里不是总编一个人,他正在和艾·卡列潘诺夫讨论什么事情。

“伊戈尔·康斯坦丁诺维奇找您来啦!”我很带劲儿地报告说,“来谈工作的。”

“噢……噢,是你推荐的那个姑娘吗?好的,请进,请进!”

我推开门,把瓦萨喊进来。

“吧!”艾·卡列潘诺夫惊叫起来,看样子,说的是日本话,“柯凯西·克奥托?阿里高托!”

总编转身对我说:

“你在会客室等一下。”

“他呢?”我有些茫然。

“让他在这儿一块儿谈谈。他是编委嘛。”

我在心里骂了一句,便走进会客室。

五

瓦萨从总编室里轻盈地走了出来,神情迷惘,带着不自然的笑容。

“你到下面大厅里等我,我过一会儿就来!”我说。

总编和艾·卡列潘诺夫见我进去,一齐带着又快活又疑惑的神情叫了起来。

"'老头儿',真有你的。"总编说。

"怎么啦?"我莫名其妙地问道。

"你在彼尔姆不大那个吧? 不是吗?"艾·卡列潘诺夫问道,"头痛不痛? 血压怎么样?"

"你少废话。究竟怎么回事?"我问道。

"是这样,我的好同志,"总编很亲切地苦笑着说,"咱们这是报社,不是带歌舞厅的咖啡馆。这是不同的,你明白吗?"

"我还不明白。"

"那你就太差劲了,"艾·卡列潘诺夫说,"'老头儿',你把眼睛睁大点儿! 她的额头上明明写着字嘛:二流货色!"

"有些人的额头上还写着'五流货色'呢! 不是也在干着吗? 而且还常常出国呢。"

"好啦,好啦!"总编插嘴说,"你最好直截了当说清楚,她是你的姑娘。虽然……"

"她是谁的姑娘,跟这事有什么相干?!"

"好啦,好啦,我考虑考虑,"总编辑用和解的口气说,"让她星期三前后来一趟吧。对了,我还要和你说说……"他看了看台历,"噢,对了! 外勤记者之所以叫外勤记者,就是要经常到各个城市和乡村跑跑。不能老是蹲办公室!"

"这一次上哪儿去?"

"上奥廖尔! 奥廖尔,'老头儿',上奥廖尔去!"

瓦萨已经穿上外衣在等着我,所谓外衣,就是短夹克,刚刚遮住大腿上的鹿皮绷带。

"星期三你再来吧,就在这个时间。"我对她说。

"您呢?"

"我要外出。出差。"

"上哪儿去?"

"奥廖尔。"

"那太好啦!"她高兴地说,"能不能请您给我爸爸妈妈带点儿东西?"

"可以。"

"我买东西去!"她的脸红了一下,"这个月我要寄给他们的钱,全买成东西。"

我想起我原来的妻子要我带给她的父母的几个沉甸甸的大盒子,为难起来。

"您放心!"瓦萨对我说,"没有什么容易放坏的食物!"

"这就好办了。"我说。

我们走上覆盖着黑乎乎的、凹凸不平的冰层的狭窄的人行道,朝市中心走去。正是三月天,北风飕飕,十分寒冷。一只只鸽子在光秃秃的花圃里和草坪上冻得瑟瑟发抖。

"您在想什么?"瓦萨问道。

"我在想,你在这样冷的天气,光着两条腿,是什么滋味。"

"我不冷,一点儿也不冷!我穿着连袜裤嘛。"

"'不论到哪儿,都买不到五十二码的连袜裤。'"

我本来希望瓦萨笑一笑的,可是她已经不记得这句话的来历了,也就没有笑。

"我穿的是四十四码的,"她不解地说,"我妈妈穿五十二码的。啊,她见到您,会多么高兴呀!您才不知道她对文学家怎样呢！”

“究竟怎样？”

“嘿，才尊敬呢！而且还不只是尊敬哩。”

“她如果问，咱们怎样认识的，该怎么回答呢？”

“您编一编好啦！这点儿本事您还没有吗？”

“好，就这么说：咱们是在特列嘉科夫美术馆遇到的。咱们站在一块儿，看希什金的画《松林之晨》。你的带柄眼镜掉在地上。我给你捡起来，并且做了自我介绍。你也只好说了自己的名字。”

“有意思！特别是带柄眼镜，顶有意思。我爸爸妈妈都是老古董，一听到带柄眼镜，肯定非常高兴。不过，我从哪儿来的带柄眼镜呀？”

“那就这样好啦：你的手帕掉在地上，手帕上绣着姓名的缩写字母，我捡起手帕，念了念姓名的缩写字母，就这样，你只好把姓名说了出来。”

“他们根本想不到，我不是舞蹈演员。妈妈如果知道了真相，要难过死了。”

“为什么你偏偏要去学舞蹈？”

“因为我的体型。”

“怎……怎么？”

“要学舞蹈，必须有合适的体型。在两条腿并拢的时候，膝盖上面和下面的空隙必须成为‘8’字形。您瞧！”她站了起来，把两个在尼龙袜里依然显得异常红润的膝盖紧紧并拢。“看见了吗？我的体型条件是最理想的。”

我们一声不响地走了一会儿。

"如果让你进报社工作,你父母会是什么态度呢?"

"噢,那就是另外一回事儿了!我在信里对他们说过,我在学木刻。"瓦萨没有放开我的手,把身子往前凑了凑,看着我的脸色,问:"报社会要我吗?"

"我不知道,瓦萨。"我老老实实地回答说。

"如果能要我,我一定好好干!"

"我相信。"

她深深地叹了一口气:

"要等到星期三,这日子真难熬呀……"

"转眼就到了。"

"您才不知道你们的总编和我说话有多么客气呢!称呼我:瓦萨·瓦莲季诺夫娜!我听着真不习惯,不知为什么,心里真舒服……还从来没有人这样称呼过我呢。"

"假如你的名字不是叫瓦萨,而是瓦尔瓦拉,父称不是瓦莲季诺夫娜,比如说,是普罗霍罗夫娜,他称呼起你的名字就更带劲儿了。"

"为什么?"瓦萨带着好奇的神气笑着问。

"因为他要苦练卷舌音。"

"太妙了!挺有意思,不是吗?"

"简直叫人受不了!"我赞同说。

"万一报社不要我……"她的眼睛亮了起来,闪闪发光,好像想笑而没有笑出来。她每遇到发愁或者难过的事情,都有这种异常的反应。"万一不要我……我的天啊,我又要低声下气地去伺候顾客,伺候经理,伺候同事们……又要去端盘子……又要去看那些吧嗒吧嗒的嘴巴和油光光的嘴唇……有时候我简直觉得,世界上所有的人好像都没有事情干,所以天天吃,吃,吃。真是可怕……”

“别人怎么样呢?”我问这话,既不是责备,也不是教训,而是确实想知道,别的服务人员是怎样忍受这一切的。

“我很羡慕他们,”瓦萨说,“我和他们不一样。我是个怪人。”

“可是他们还羡慕你呢,羡慕你的长相。就比如加洛奇卡。”

瓦萨认为这是应当的。

“大概我的人生使命就是供人观赏。”她沉默了一会,然后这样说。

“你这是什么意思?”我甚至站了下来。

“就是给男人做花瓶。”

萨莫捷卡街上正在建造立交桥。我们站到裸露着的槽子底下,挤到栏杆的一个豁口里。路却断了。只有从一道道小沟上跳过去。我们就像害了神经病一样,一个劲儿地跳了起来,一直来到百花街心公园。

和平电影院在放映两集印度故事片。瓦萨说,非常想去看看。只是到后来我才猜想到,她不过是想多跟我待一会儿,在又暖和又舒服的黑乎乎的电影院里坐坐。那穹顶上的电灯一熄,她就用两手攥住我的一只手,把腮贴到我的手上,一动不动了。过了二十来分钟,我猜到,她睡着了。她那疲惫而安详的脸上有时掠过一丝微笑,那热乎乎的手哆嗦着,把我的手腕子攥得更紧了。

我动也不敢动。好在电影是两集,假如是四集,我会受不住的。

看过电影之后,我们便朝我的住处走去。

我租的房间是在一座老式楼房里,厨房是和房东一家合用,进出的门却是单独的。这对两方面都方便、有利:我自己要怎样就怎样;他们也不受干扰,同时又增加了收入。我这里的一切瓦萨都很喜欢。我的寒碜的一两百册藏书使她惊羡不已。她几乎是踮着脚走到用砖和粗糙的木板搭成的书架跟前,怯生生地抚摩书脊,嘴里嘟囔着:“好多书呀……”然后带着敬慕的神情打量我的可怜的家当。房间里唯一像样的东西就是一张书桌,我无论往哪里搬迁,都要带这张书桌的,但是她对这张书桌毫无兴趣。然而,用筐子改做的一个吊灯架给她的印象却很深。

茶炊烧开了,我们便和着黑面包干喝起茶来。真是舒服极了! 一直喝到全身冒汗。

“假如我有大象那样的耳朵,”瓦萨带着幻想的神气说,“你什么时候觉得热了,我就用耳朵给你扇一扇。”

她不时地看表,并且害怕起来,说:

“哎呀,已经这么晚啦! 我该走啦!”

但是等我准备好送她,把夹克递给她的时候,她却很快转过身来,对着我的耳朵小声说:

“把我留下吧……”

“已经很晚了,”我极力压制着心跳,凭理智判断说,“这会儿还能叫到出租汽车……瓦萨,别走了,好吗?”

……就这样,又过了一天,我便动身前往奥廖尔。

瓦萨在火车就要开动的时候赶了来,谢天谢地,她要我带的东西比我估计的要轻。我把东西扔进车厢里,便跳到站台上,掏出香烟来。

瓦萨没有接烟。

“我戒烟了,”她解释说,“女人抽烟,太不雅观了。不是吗?”

我更细心地看了看她,觉得有点儿不大对头。我终于看出来:她没有擦脂粉。

“你们要接吻就快点儿吧,”女列车员催促我们说,“马上就要开车了!”

我抱住瓦萨,瓦萨的整个身子立即紧紧贴到我的身上。我吻了吻她。

这是最后一次吻。

可是当时我不知道这是最后一次。

六

在奥廖尔,我遇到一家青年报的记者瓦尼亚·捷列霍夫。那时候已经很晚,第二天一早我们又一同上区里去了,所以,瓦萨托我带去的东西在我们的小汽车后备厢里晃荡了好几天。到周末,快到黄昏时候我们才回来。没有费很多事我就找到了瓦萨的父母住的楼房。瓦尼亚让我下了车,就开着汽车走了。可是我在一个个黑乎乎的门洞里又摸索了整整一个钟头,直到把打火机里的油全部耗光,才找到我要找的门儿。

给我开门的是瓦萨的父亲瓦连京·格里戈里耶维奇。瓦萨说过,她的父亲将近五十岁,可是从他的模样看,足足有七十岁了。

他穿着洗得发白的睡衣，戴着游泳小帽，小帽上绣着哥特字体的商标“塔林”。脖子上围着围巾，下巴下面有一个别针把围巾别住。

“请问，您找谁？”他很客气地点了点头，问道。

“我带东西来了。瓦萨托我带来的。”我说过这话，又自报了姓名。

“啊，请进，请进！”

我进了走廊，走廊里堆满了各种各样的破烂东西。我一下子碰到镶木地板上的一个缺口，打了一个趔趄。瓦连京·格里戈里耶维奇搀住我的胳膊。

“小心点儿！有的地方木块脱落了，”他提醒我说，“早就该修修啦，可总是……请脱衣吧。请把外衣脱了。”他忙活起来，弄得我很不好意思。“这边来，请，请！”

房间倒是像个房间，只是家具摆得相当零乱，就好像刚刚搬进来，还没来得及好好摆一摆。房间正当中摆一只高背沙发，紧靠沙发的是一张圆桌，桌上蒙着方格子桌布。沙发后面是几只木箱子。

“瓦连京！”木箱子那边响起一个上了年纪的女人的声音，“是谁来啦？”

“来客人啦，莱萨·米海洛夫娜！”瓦连京·格里戈里耶维奇大声回答说，“我那一半儿，”他放低了声音对我说，“而且是比较大的一半儿呢！”

莱萨·米海洛夫娜不是像我料想的，从箱子里出来，而是从另一个房门上的布幔后面走了出来。她确实是“比较大的一半儿”，如果可以这样说的话。她又高又大，梳得光溜溜的黑头发，在后面挽成一个发髻，连衣裙领口上别着一个老大的琥珀胸针。

“您好！”她用唱歌一样的声音问过好，又伸过手来：不是像平常握手那样，侧棱着手，而是手背朝上，这是让人吻她的手。

我用嘴唇挨了挨她的手，并且感觉到我的头顶被吻了一下。

“我家瓦萨在信中多次说到您，”瓦连京·格里戈里耶维奇看到这种上流社会交际场上的场面，大受感动，动情地说，“您和瓦萨怎样认识的？”

“是偶然相识……我们第一次见面是在普希金美术馆，都在看木刻艺术品。”

“是的，瓦萨在信里提到她在这方面的爱好。”莱萨·米海洛夫娜说。

瓦连京·格里戈里耶维奇给她纠正说：

“这不是爱好，莱萨，我以为，这是天赋！她这是受我的影响：从某一方面说，我也是艺术家呀，我会装饰商店橱窗！我家瓦萨没有对您说过吗？”他用询问的目光瞥了莱萨·米海洛夫娜一眼，好像是请求准许他说下去，“我家瓦萨是天才。她的心非常……”他在寻找字眼儿，“非常玲珑剔透！”

“啊，她真是多才多艺呀！”莱萨·米海洛夫娜插嘴说，“先是舞蹈，现在又是木刻……不用说，您见过她的作品啦？”

“见过一些。”我回答说。

瓦连京·格里戈里耶维奇更起劲地忙活起来：

“咱们干吗这样干坐着？莱萨·米海洛夫娜，快去生火做饭！”

“不用，不用，”我连忙说，“对不起，我坐一会儿就走。”

“不过，是不是来一杯咖啡？”莱萨·米海洛夫娜说。

“好吧。”我点了点头说，为的是不让主人再客气下去。

莱萨·米海洛夫娜很麻利地站了起来，提起我带来的东西，就出去了。看样子，是急着要看看里面究竟是什么。

瓦连京·格里戈里耶维奇瞅准这个机会，蹑手蹑脚地走到食品橱跟前，从里面拿出已经打开过的一瓶葡萄酒和一只玻璃杯。他斟了半杯，带着串通作案的神气把酒递给我：

“喝吧，嗯？”

我摇了摇头。瓦连京·格里戈里耶维奇为了礼节，做了一个请我喝的表情，又客气了几下，然后就把半杯酒倒进那没有牙的嘴里。倒了一口，皱了一下眉头，吧咂了几下嘴，又像刚才那样蹑手蹑脚地把酒瓶和玻璃杯送回原处。

“刚才咱们谈到什么地方来着？”他郑重其事地问，“噢，对了！她确实多才多艺！您这不是看见了，她先是搞舞蹈，现在又搞起木刻艺术来啦！而且……”

“瓦连京！”莱萨·米海洛夫娜在厨房里叫他了，“请你来把咖啡研碎！我的手抽筋啦。”

“我来啦，伙计！”瓦连京·格里戈里耶维奇应声之后，便一再地向我鞠躬道歉，倒退着走了出去。

莱萨·米海洛夫娜回来接替他，马上谈起了文学。她原来是一个书迷。她对我提到她为之倾倒的许许多多作品和作家的名字。天啊，她说的名字当中，我所知道的竟连四分之一都没有。这大部分都是一些著述甚丰，然而名不见经传的小说家。而且莱萨·米海洛夫娜很喜欢对读过的东西进行评论。我觉得,不论在她的思想上,还是在她的议论中,她早已分不清什么是她自己的意见和看法,什么是来自书上的意见和看法了。莱萨·米海洛夫娜的娘家是印刷工匠世家,其祖先差不多是俄国印刷出版业鼻祖费奥多罗夫当年创业的同伴。大概就因为这样,不管什么胡诌八扯的东西,只要是印成文字的,她都十分崇敬,而且盲目相信。

“您可知道,费奥多罗夫的本姓不是‘费奥多罗夫’?”她用考学生的口吻问道,“他的本姓是莫斯克维京。费奥多罗夫是他的父称。就是说,莫斯克维京家费奥多尔的儿子伊万。这一点除了我,竟没有一个人知道,真是怪事!”

我带着恍然大悟的表情点了点头。

莱萨·米海洛夫娜仔细朝我看了看,又说:

“您想喝点儿酒吗?”

我还什么也没来得及回答,刚才我已经见识过的那瓶酒和那只玻璃杯又摆到了我的面前。莱萨·米海洛夫娜也和她丈夫一样斟了半杯,端给我。

我没有喝。

莱萨·米海洛夫娜抿了一口,皱了皱眉头,犹豫了一下,觉得总不能倒掉,便一口气喝光了。她来了精神,就说:

“对瓦连京·格里戈里耶维奇要守口如瓶。他绝对不能喝,因为有高血压。”

她把酒瓶和玻璃杯放到隐秘的地方。

“您别以为她的父母不谦虚,”她用郑重其事的语气说,“瓦萨是我们家唯一有本事外出闯荡的孩子呢。这孩子有才华呀。”

她的眼睛湿润了，“她月月汇钱来，我们都习惯了，不等钱汇来就做好了安排。这一次她就使我们为难了。因为我们指望着这些钱（这可是神圣的钱呀，愿上帝保佑她百事平安），已经计划好拿这些钱买一些东西，可是瓦萨却买成东西带回来啦。又是鱼子酱，又是香肠，又是鳕鱼肝。全是特别讲究的东西，紧缺的东西，不用说，这些东西够贵的……”

“比您想的还要贵呢。”我嘟囔着。

“您说什么？”

“这些东西她都是在咖啡馆里买的，按照咖啡馆里售出的价钱。”

“您可瞧瞧！本来就贵，这又是加价的。这孩子真不应该这样乱花钱，还有更要紧、更不能缺少的东西要买呢。”

“大概，她是希望这样好些吧？”

“请您告诉我家瓦萨，如果她挣到什么外快，是的，能挣钱的机会还少吗？”莱萨·米海洛夫娜把喝咖啡的家什摆到桌上，“比如说，举办计划外的歌舞音乐会，就让她把这些钱汇一些回来，您能转告吗？”

瓦连京·格里戈里耶维奇端着咖啡壶走了进来，给我解了围，要不然我真不知道如何回答。

一闻到咖啡气味，就有一些人跑了来，有女人，也有男人，在这之前这些人不知是在什么地方。一个个都带着馋得冒火的眼神来倒咖啡，争先恐后，你推我挤，小声争吵着。唯有我没有喝到，不过，还算幸运，除了我自己，这一点谁也没有察觉。咖啡不喝就不喝，去它的吧，我巴不得赶快离开这儿。

瓦连京·格里戈里耶维奇看到我焦急不安的样子，误解了我的意思。

“跟我来！”他很快地站起来，说。

我也站起来，他搀住我的手，把我领进卫生间。

“您误会了，”我说，“我是要走了，我在离开之前还有一些事情要办。”

“噢，噢，”他亲热地笑了笑，“这也没什么！”他把门关上，插上插销，并且放低了声音，“您有没有三四个卢布？不过，可不能让我家莱萨知道。”

我给了他三个卢布，再多我也没有了。

外面的食品店这时候还在营业，不过关门的时间也快要到了。在我起身告辞而莱萨·米海洛夫娜一再表示挽留的时候，瓦连京·格里戈里耶维奇很明显地站在我这一方，并且主动地说要送我。

我们来到大街上。他把我领到公共汽车站，匆匆和我握了握手，就快步朝着一块霓虹灯招牌走去。

汽车还没有来，他就回来了。他连蹦带跳，用手按着重得往下坠的外套口袋，冻得蜷缩着身子。

“怎么，您还没有走呀？”他极不自然地说。

“这不是，还在等呢……”

“哎呀，您真不知道我多么心疼我家瓦萨，多么想她呀！……”他一面说，一面擦着眼泪，也许，那是风吹出来的。“她简直太像我啦！而且比我还要好！我就没有胆量从这样的地狱里挣出去，她就有！什么也不怕，什么困难都不在乎……可是我怎么样？整天忙得团团转，什么都搞不好……”

七

车站上比较暖和，但也相当嘈杂，在候车室过夜的旅客们吵吵嚷嚷，一次又一次地把睡意和安静驱散。

开往莫斯科的火车在早晨四点以后才开来，在火车开到之前，我坐在一张木沙发椅上打盹儿。在我的斜对面，蜷缩着两个干瘦的老奶奶，穿的衣服一模一样，手提箱也一模一样，看来，她们是亲姊妹。忽然跑进来一个年轻女子，瘦长脸，浅灰色鬈发从头巾里露了出来。她对我挤了挤眼睛，好像是想取得旁人的同情，便冲着两个老奶奶奔去。据我理解，其中一个想必是她的婆婆。她要她们把手提箱打开。她发现了一把一钱不值的小梳子，便高兴得不得了，认为这就是罪证。那神气好像是说：哼，我就知道你们总要偷点儿东西，还算贵客呢！

那个被搜出倒霉的梳子的老奶奶一再解释：这是小孙子给她的，是小孙子给的嘛！不管怎么说，她就是不相信……

这整个场面伴随着对老奶奶的东西的搜查（一绺用细绦捆着的头发抖落在地上）和儿媳妇神经质的惊叫声。后来她终于走了，临走时还摇晃着食指，做着吓唬人的手势。

这事儿刚刚过去，其中一个老奶奶又发现丢了车票。她们在沙发周围上上下下找了个遍，就是找不到，只好再去买一张。

她们朝售票处走去。等她们走回来，一声不响，神情十分沮丧。我本想站起来，不再置身于我无意中碰到的这个不愉快场面之中,但是两个老奶奶自己走开了。她们是往不同的方向去的,虽然其中的一个离上车至少还有一个钟头,她们却匆匆告别,各自走开了。

我走到外面。寒冷凝结起白天落在沥青上的湿气,为车站广场描绘出千万朵奇形怪状的霜花。我在这儿又看到那两个老奶奶。她们无目的地在车站旁边走着,无意中走到了一起,两个人都感到很不自在,便装作彼此没有看到的样子。我掏出香烟。但是打火机里已经没有油了,我只好等着向什么人借火。

有两个人顺着很陡的台阶往上爬:一个女的,穿着皱皱巴巴的连衣裙和胶皮靴;一个男的,也穿得破破烂烂,颈前系着围巾。马上就有一名民警走来,把他们赶了下去。我问,这是什么人。这时候出现了另一名民警。

原来的民警回答说:

“逃票的……”

另一名民警用老练的目光把我打量了一遍,谨慎地说:

“旅客嘛,谁知道他们是什么人……”

所有这些奥廖尔的见闻,在我心中组成一种困苦与无望的沉重感。不知为什么我想起了不久前同车采访的伙伴瓦尼亚·捷列霍夫,他也是天天为采访所苦,为家庭负担、为等待住房发愁……瓦尼亚劲头儿来了,就兴致勃勃地讲自己的打算,讲自己构思中的一部宏伟的小说,说自己下定决心要一个人躲进寂静的森林守望棚里去。我当时就想,他这些打算未必能实现……

在车站广场的角落里,装在百货店橱窗上的站外信号铃震耳欲聋地响了起来。我朝着民警指了指信号铃。

“大概是线路通了。”一位民警压制着哈欠，回答说。

“不是我们这一段。”另一位民警说。

谢天谢地，我要乘的列车开到，开始剪票上车了。

车厢里很暗，旅客都在睡觉；我也试着睡一睡。奇怪的是，我真的睡着了。我断断续续地做起了离奇怪诞的梦，在这样的梦境里，听到的声音往往化为概念，概念又化为具体事物，还梦见一个小姑娘，可能是瓦萨，但是还很小很小，很柔弱，而且孤孤零零……小姑娘在月光下顺着荒凉的小路顺从地朝前走去，前面有更大的孤独在等待着她。那里有许许多多死去的东西，一切都是死的，就好像进了冥国的边界。小姑娘哭累了，她的眼泪干了，四周的一切使她感到害怕，引起她纯真的好奇心，于是她信赖地用手抚摩这些已死的东西……

我带着沉重的心情回到莫斯科。

只有一个办法可以摆脱心头的沉重感，那就是毫不迟延地马上开始写作。

“能不能快一点儿？”我对出租汽车司机说。

“怎么不能？”司机说，“行！”汽车却开得更慢了。

昨天莫斯科的温度在零上，夜里却骤然冷起来，所以路上结了一层冰壳子。司机们最头疼这种玩意儿……

* * *

总编辑指望我写一篇生动活泼的关于农村新风尚的通讯。

我上路前他嘱咐我：在篝火上跳来跳去，顺着涂了肥皂的柱子爬上去取靴子，这些活动都充满着青春活力，富有生气，甚至可以说充满多神教的色彩！但这些活动的基调与过去完全不同了，明白吗？这一切你可以写得引人入胜！你应当带回一篇光辉灿烂的文章来。他把“光辉灿烂”几个字说得有滋有味的。

但实际的材料怎么也套不进去他设计的框框。由于采取了某种措施，在野外进行的各种狂欢，最后总是以大家喝得酩酊大醉而结束。一位女积极分子的妈妈带着十分担心的神情（看样子不是无缘无故的！）对我说，她的女儿实际上快要成酒鬼了。我在整理材料的时候只好放弃了这次采访的记录。

对于总编的态度，我并不抱什么幻想，因为我十分清楚，他将怎样对待我如实写出的文章，所以我在奥廖尔就开始准备如何同他对话。我把我要说的话在青年报记者瓦尼亚身上试验了一下。受到测试的瓦尼亚一个劲儿眨巴眼睛，而且眨巴了一阵子，然后犹犹豫豫地说：“这怎么能行呀？还没有人这样写过哩！不行啊，别人会说这是丑化现实！虽然，不过……”

我还是第一次这样下劲儿，这样发狠地写东西。可以说，一口气把一篇通讯写好了。

总编见我这样快就把文章交出来，又惊讶，又高兴。他亲自批给我两天假，让我料理一下私人生活。我高兴得都忘了问，瓦萨的事情是怎样决定的。

噢，瓦萨……我回来之后，没有马上去找她，也没有打电话给她。三天中我们的关系不会有什么变化，而我怕的是松了劲儿，失去锐气，写不成文章。见面后，我就这样解释了一下。瓦萨一副心不在焉的样子，一声不响地点了点头，什么也没有问。我不厌其烦地说了说我去探访她的父母的情形，称赞了她母亲的博学多识和她父亲调制咖啡的本事。她听着，微微笑着，露出不大相信的神气。

“你在这儿感到寂寞吗？”我问道。

“有一点儿……夜是那样长。我们这儿很冷，已经不生炉子啦……我一直在等您的电话呢。”

现在我才明白，我使她多么难过，可是当时……

“我就把做头发的吹风机开了，带着吹风机进被窝，让吹风机的呼噜声伴我入睡……”

“你上报社去过吗？”我忽然想起来，便问道。

“去过……”她的眼睛又亮了起来，露出想笑而笑不出来的样子。

“我明白了。”我说。

我们都不作声了。有人唤瓦萨，她过了好一阵子才回来。

“今天怎么样？我去找你吗？”我问。

“今天女房东要回来，我要在家里等她。”

“明天呢？”

瓦萨耸了耸肩膀。

“好吧，”我说，“咱们在电话里再商量好啦。”

我回到住处，看到一封电报，是主任秘书打来的。

“怎么回事儿？斯拉瓦？”到第二天，为了看看究竟，我去了，尽量装出轻松自在的神气，这样问道。

主任秘书阴郁地把我的文章交给我。用回纹针夹着一张纸片，上面是编委们的意见。减号带加号，一个无法辨认的署名。一个减号，没有署名。一个减号带一个惊叹号和问号，署名是艾·

卡列潘诺夫。“我反对”——没有署名。“唉！”又是没有署名。最后一行是总编的意见：“前往纳里扬马尔重新采访！”

“总编的意见是对的，”主任秘书说，“你上纳里扬马尔去吧。写写民族风俗来摆脱困境吧。带上一位摄影记者，搞一些彩色幻灯片。”

“可以让积极分子喝酒吗？”

“这种事儿有些地方可以灵活点儿。”主任秘书用蓝眼睛看了看我。

“总编在吗？”我问。

“大概在……”

“……瞧你搞的，‘老头儿’！”我还没来得及开口，总编就叫了起来，“就这样啦，你去纳里扬马尔，只有去纳里扬马尔，而且要抓紧！”

我要求他说明理由。总编脸色阴沉下来：当然，有的人在某些方面出点问题，有时候他是容许的，但不能一概而言。

于是我一股脑儿说出了我对他的意见，说穿了他有意练卷舌音的事，当天我就被免职了，借口是调我去搞创作。

我提出，我要上诺里尔斯克去待一个月，让社里给我出差费，就算给我的退职金。出这样一次差，花钱不少，但是总编一声不响就批了，因为这城市名字也有他需要练的卷舌音。

“上诺里尔斯克就上诺里尔斯克！”他一面很带劲儿地练着卷舌音，一面把出差介绍信递给我，“一路平安！”

八

今天是瓦萨的休息日，可是她没有来。我一直等她到深夜，到末了和衣睡着了。到第二天，我就去买飞机票，办理去诺里尔斯克的手续，然后又收拾行装，所以这一天也没见到她。第三天是动身的日子，我给她打了个电话，告诉她，我要乘飞机动身了。她问清了动身的时间，并且说马上前来送我。但是我叫的出租汽车都到了，她还是没有来。汽车司机都发急了。

不过，我还是抱着希望。以前，还没有遇到瓦萨的时候，我认为所有的送行，尤其是出差时的送行，都是没有必要的、没有意义的，是莫名其妙地浪费别人的时间。那时候我还不懂，实际生活和理性活动之所以不同，就在于这样一些“没有意义”和“莫名其妙”。

我乘出租汽车来到机场，才知道飞机起飞时间推迟了，我是听到这个消息唯一感到高兴的乘客。可是瓦萨也没有到机场来。不管我怎样扭脖子，用眼睛在大厅里搜索，不管我在检查处怎样磨蹭，拖延时间，还是没有看到瓦萨。

我在诺里尔斯克待了一个多月。时间和种种新的见闻多少冲淡了我的懊恼心情。我曾经想和她通个电话，但是这里和莫斯科之间没有长途电话，我也就没办法了。

我在六月里的一个早晨回到莫斯科。仍然和去时一样，我还穿着皮大衣，戴着皮帽，就径直地从机场直奔瓦萨的住处。我浑身大汗淋漓，一口气登上第七层楼。给我开门的是一位太太，身穿长绒毛的女袍，头上还带着卷发器。看样子，她看到我这身装束，并没有感到别扭。

“请进，请进！”她一连声地说，甚至都没有问，我是什么人，来干什么的。

“我是找瓦萨的。”我对她说。

“瓦萨搬走啦……”她回答说，“这边来吧，咱们来一块儿用早点！”

“她没有留下新的住址吗？”

“我没有问……”她舒舒服服地伸了一个懒腰，“有咖啡，还有炸面包，您喜欢吗？我这就去端来！好同志，您上哪儿去？”

在下楼梯的时候，我带着来迟了的担心心情想，莫不是她把瓦萨卖了，——她那样子并不怎样吸引人，真不知为什么会有那么多活泼愉快的年轻人一到星期天就涌到她家里来。

我回到住处，多少平静了一些，冲了一个淋浴，换了衣服。咖啡馆是十一点开门，我来到咖啡馆已经是十一点半了。

女服务员加洛奇卡愣愣地打量了我一阵子，咕哝着嘴巴，不知想说什么。我至少问了三遍，她才回答说：

“她不在，不干啦。”

“怎么不干啦?!”

“不干就是不干呗！”她用不屑一谈的口气进一步解释说：“本来嘛，已经玩野了，有多次不来上班。不是我，就是津卡给她代班。后来她就和一个人混起来了。有一次她说，我来介绍介绍，这是我的野佬儿！什么样子吗？黑乎乎的，一副怪打扮。她还笑哩，笑得咯咯响！那模样儿实在够瞧的！”

“现在她在哪儿,知道吗?”

“我才不想知道哩!”加洛奇卡又把我打量了一遍,问:“要牛仔裤吗?不贵。一卢布八十戈比。”

我说,不要。我这时已经知道,这些“混混儿”出口要的价钱至少要减去两个零。

在居民住址查询处也查不到瓦萨的地址。原来,托利克收齐了她的钱以后,马上变卦,把她的名字从户口簿上勾掉了。

还有一个途径可以打听她的地址,那就是通过她的父母,但是我还没有下定决心马上给他们写信,生活的列车就开动了,生活载着我飞跑,我简直没有工夫回顾往事。

几年以后的十二月三十一日,到午夜还有三个多钟头,我原来的妻子给我打来电话,说我的儿子很希望跟我一块儿迎接新年。我抱着一线希望跑到街上去,想买一株新年枞树。我不指望在枞树商场买到,商场今天上午就停止出售了,但是往年我常常从沿街叫卖的醉醺醺的小贩手里买到枞树。

商场里,只有值班室的灯还亮着,大门口的灯已经熄了。不管我怎样朝黑暗中窥视,在冷风中怎样蹦跳,既看不到醉醺醺的小贩,也看不到清醒的小贩。我决定搜集枞树碎枝,哪怕有一点枞树气味也好,所以我在枞树枝叶堆中搜索起来。

雪地上出现了人影,我听到一个女子问道:

“请问,今天已经不卖枞树了吗?”

“不卖啦。”我嘟嘟囔囔地说。

“明天呢?”

“明天是一月一日啦。”

“一月一日以后呢?”那女子还不死心。

“一月一日以后一定还要卖,”我说,“不过,要到年底。”

我没有听到回答,却听到我很熟悉的那种带有憾意的笑。

我抬起头来:

“瓦萨? 是你?”

但是,那穿着紧身黑大衣的柔弱的身影已经转过墙角,消失在黑暗中。

译自《莫斯科》1986年第10期

怪姑娘

怪姑娘

——八十年代纪事

符•柯罗连科

一

“车夫,快到站了吗?”

“还得走一阵子呢,暴风雪前怕是赶不到的。瞧,天上雾茫茫的,风头到了。”

是的,很明显,暴风雪之前是赶不到的。傍晚,越发冷了起来。只听得雪橇擦过积雪咯吱咯吱地响着,冬天的风——朔风——在黑黝黝的松林里狂吼;沙松的枝丫直伸到狭窄的林中小路上,在薄暮时候苍茫的夜色中忧郁地摇曳着。

又冷又别扭。雪橇太窄小,挤得动都不能动,尤其讨厌的是两个宪兵的军刀和短枪摆来摆去的。雪橇挂铃奏着一支没完没了的单调的曲子,给刚刚亮开嗓门儿的暴风雪伴奏。

算是幸运——怒吼的松林渐渐稀疏,露出了客店孤零零的灯光。

押送我的两个宪兵一进了暖暖和和的、熏得乌黑的、昏暗的房子里，便拍打身上的雪，弄得军刀和短枪叮叮当当直响。房子里既寒碜又冷清。老板娘正拿一根烟气腾腾的松明子往烛台上插。

“老板娘，有没有什么吃的？”

“什么也没有……”

“鱼也没有吗？你们离河这样近。”

“原来是有鱼的，可是叫水獭给吃光了。”

“土豆总会有吧？……”

“哎呀，别提啦！我们今年土豆全冻死了，一棵没剩下。”

这就毫无办法了。难得的是，总算搞到一只茶炊。茶一喝，身上就暖和了。老板娘又提来一篮子面包和大葱。外面风雪交加，雪粒儿一个劲儿地在敲打窗子，连松明子那点小火头儿都在一阵一阵地抖动，摇摇欲熄。

“你们走不成了，住下吧！”老板娘说。

“住下就住下。我看，先生，您也没什么好着急的。您瞧，这地方就是这么个鬼样子……到了那地方还要更差些。我讲的是实话。”一个宪兵说。

房子里静了下来。连老板娘也收起纺车睡下了，松明子也不再点了。一片黑暗和沉寂，能听到的只有一阵紧似一阵的风声。

我没有入睡。在风雪怒吼声中，数不尽纷乱的思绪浮上脑际，一个接一个地飞掠而过。

“先生，看样子，您是睡不着吧？”说话的还是那个宪兵，他是

“领班的”，这是一个非常讨人喜欢的人，面孔和蔼可亲，像个读书人，他精明灵活，懂得分寸，因此并不刻板，一路上能方便处尽量给方便，决不官腔官调的。

“是的，睡不着。”

在沉默中度过了一些时间，但我听到我的邻床人也还没有入睡。看样子，他也是睡不着，他的脑海也在想一些什么事情。另一个押送兵，年轻的“副手”，已经睡着了。一个身强力壮而又疲劳至极的人，睡起觉来那可是够甜的。有时还呜噜呜噜地在说梦话呢。

“你们这些人真古怪。”又听到那个宪兵平和而深沉的声音，“年纪轻轻的，可以说是身份高贵，学问很深，——可是，太不会给自己打算了……”

“怎么？”

“咳，先生！难道我们就一点不了解？……我们十分了解，过去您过的可不是这种生活，这种日子可不是从小就过惯的……”

“嗯，您讲这话没多大意思……时间长了也就过惯了……”

“您难道觉得快活？”他用怀疑的语调说。

“您可快活？……”

默然。加夫里洛夫（和我谈话者的姓氏）看样子正在想心事。

“不快活，先生，我们才不快活。说实话，有时候简直难过得不想活下去……什么原因，我不清楚。反正说不定什么时候就莫名其妙地难过一阵子。”

“怎么，可是当差太苦？”

“当差没什么了不起的……自然，当差不是好玩儿的事，而且应当说,上级也够严的,但都不是因为这些……”

“那又因为什么呢?”

“谁晓得? ……”

又是一阵沉默。

“当差没什么难的。照章办事就行了。况且我也快退役了。我是征集入伍的,快满期了。可是上级对我说:‘加夫里洛夫,留下吧,你回到乡里有什么好干的? 你这人倒是不错的……’”

“那您留下啦?”

“不留下。虽说回家有回家的难处……农活儿生疏了……吃饭穿衣,不用说,还有待人接物……粗里粗气搞惯了……”

“那您究竟因为什么?”

他沉思片刻,然后说:

“先生,要是您不厌烦,我给您讲一件事情……是我遇到的事情……”

“您讲吧……”

二

“我一八七四年应征入伍,一入伍就直接编入骑兵连。我干得很卖力,可以说是忠心耿耿,军规军务渐渐都熟悉了:参加检阅,到戏院执行弹压……不外乎这些事。我读过几年书,又加上上级教导,自然能过得去。有一位少校是我的同乡,他看到我勤奋,有一次找了我去,对我说:‘加夫里洛夫,我想提拔你做军官……你有没有出过差?’我说,长官,一次也没出过。‘下一次我派你做副手，押解犯人，事情不难，只是要细心。'我说，长官，遵命，我愿意效劳。

“我确实没有出过一次差，就是说，没有押解过犯人。就算不是什么难事情，可总得知道如何照公文行事，而且还需要精明干练。好吧，那就去跑一趟……

“大约过了一个星期，这位长官果然叫值日兵前来传我，并且传召一位军士。我们奉命来到。他对我们说：'要你们去出一趟差。'他对那位军士说：'给你配一名副手。他没有出过差。你们要谨慎从事，不能懈怠，兄弟们，办事就要办漂亮。你们要押解的是一个监狱里的女犯，是一名政治犯，叫莫洛佐娃。这是公文。明天你们领过出差费立即出发！……'

“军士伊凡诺夫做领班，我给他做副手，就像现在我手下这个士兵一样。领班的负责携带公文袋，亲自领钱，领取公文，他负责办手续，经管出差费；士兵只是协助他：跑跑腿，看看东西，做一些诸如此类的事。

“且说，我们一切准备停当。第二天，天麻麻亮，我们出了营房，我一看：我们那位伊凡诺夫不知在哪里已经喝过几杯了。说实在话，这个人很不可靠，——如今也已经降职了——他在上级面前勤勤恳恳，十分卖力，甚至还会告别人的小状，很得赏识。一离开上级，就胡搞一气，第一件事便是喝酒！

“我们来到监狱里，按照手续递上公文，就站在外面等候。我感到十分新奇：不知我们押解的是一个什么样的女犯，而且押解路程这样远。这条路线是经常押解犯人的，但这次不是解往乡下，却是解往县城。于是我第一次感到十分新奇，心想：这名女政治犯是一个什么样的人物呢?

"我们等了一个钟头的样子,她的东西也收拾好了。只有一个小包,里面无非是衣裙之类的东西,还有一些书,此外再没有什么了。我心想,看样子,父母不是有钱的。等到将她带出来,我一看,年轻得很哩,我觉得简直是个孩子。头发淡黄色,梳成一条大辫子,两个腮尖子红红的。过了一会儿我才看清了,她面色苍白,皮肤没有血色。我立刻对她产生了同情心……心想,当然啦……官府是不会冤枉人的……一定是她在政治方面做出了什么事情……可是……总是怪可怜的,叫人心里着实不忍!

"她穿起大棉袄,又穿套鞋……我们检查了她随身携带的物件,就是说,我们这是照章办事。我们又问她:'你带多少钱?'只有一个卢布二十戈比,——领班的将钱拿过来收好,又对她说:'小姐,我得搜搜您的身上。'

"她好不气恼,两眼冒火,红脸蛋儿涨得通红……嘴唇直打哆嗦,气鼓鼓地朝我们望着。说实话,我有点儿怕了,真不敢去碰她。可是领班的仗着酒后胆壮,径直朝她走去,说:'非搜不可,我有公事在身……'

"她登时大叫一声,连伊凡诺夫都退了回来。我朝她一望——她面色灰白,一点血色都没有了,两眼阴沉沉的,满脸怒气……一面跺着脚,嘴里一个劲儿地在讲着。不过,说实话,我也顾不得听她讲的是什么了……监狱看守也害怕了,给她端来一杯水,央求她说:'请您别生气,要爱惜自己的身子!'可是,她并不给看守面子。她说:'你们都是恶棍,狗奴才!'诸如此类不中听的话她骂了不少。不管怎么说,反抗官府那可是不好。我心想,这还了得，太凶啦……真不像是一个有身份的人！

“我们没有动手搜她。看守领她进了另一个房间，不一会儿又同一名女看守一块儿走了出来，说：‘她身上什么东西也没有。’可是她朝他望着，差点儿要笑他多此一举，两只眼睛依然显出恼恨的样子。伊凡诺夫自然摸不着头脑，瞪着眼睛，嘴里一面嘟囔着说：‘这不合手续，我公事在身！……’但是看守没有睬他。不用说，看到了他醉醺醺的，何必理睬一个醉汉呢！

“我们动身上路。轿式马车走在大街上，她一个劲儿地望着车窗外，像是在同城市告别，也许是希望看到一两个熟人。可是伊凡诺夫一下子将两边窗帷拉了下来，将车窗遮上了。她便躲在角落里，蜷着身子，也不拿眼睛望我们。我实在忍不住，抓住一边窗帷的边儿，装作自己要向外望的样子，掀开一道缝儿，好让她能望到外面……可是她再也不望一眼，气呼呼地坐在角落里，将嘴唇咬得紧紧的……我暗自在想：怕是要咬出血来的。

“我们换乘上火车。这一天天气晴朗。秋天的九月，天高气爽，阳光灿烂。清新的秋风吹着。她坐在车厢里，打开窗子，探头于车外，迎接秋风的吹拂，一直保持着这个姿态。依照规章，这是不允许的，就是说，不允许开车窗。可是我们那位伊凡诺夫一进了车厢，便打起鼾来；我又不敢对她讲什么。后来我鼓了鼓勇气，走到她跟前，说：‘小姐，把车窗关上吧。’她一声不哼，好像不是对她讲的。我站在那里等呀，等呀，后来又说：

“‘小姐，要着凉的，——风太冷啦。’

“她转过身来，用两只大眼睛盯着我，好像有点儿惊愕……望了一会儿，说：‘算了吧！’说完又将头探到窗外去。我无可奈何，只好走开。

"她似乎平静一些了,关上车窗,将棉袄一裹,暖和一下身子。如我所说的,凉风吹来,实在够冷的!过一会儿,她又拉开窗子,临风坐着。坐了那么久的监狱,不用说,是多么想看看外面的风光。她甚至高兴起来了,看着看着,露出了笑容。这时候她那样子真好看极了!……确实很动人……"

加夫里洛夫停了叙述,陷入沉思。过了一会儿又继续讲下去,像是有点儿腼腆的样子:

"……当然,这都是因为没有经历过……后来押解过许多次,也就无所谓了。那一次我可是觉得稀奇得很,心想:这么一个女孩子,要我们押解到哪里去呢……还有……说心里话,先生,请您别见笑,我心想,要是上级准许,我真想娶她做老婆……当然,这是十分幼稚的想法……糊涂得很哩……这会儿我就清楚了……那会儿我在做忏悔时对神甫讲了,神甫说:'你这种心思如不消除,是要中邪的。因为她是连神都不信的……'

"到了科斯特罗马,就要换乘马车了,可是我们那位伊凡诺夫一直是醉醺醺的:一喝必醉,酒醒又喝。他走下火车,还是东歪西倒的。我心想,这可不妙,可别把公款搞掉了。他一上了驿车,便躺倒打起鼾来。她坐在旁边,厌恶透了。在她眼里,他简直是一个无赖。她缩拢自己的身子,生怕挨到他一点儿,——并且还在拼命朝角落里挤,我只有坐到赶车人的位子上。等我们上了路,刮起了凛冽的北风,我冷得直打哆嗦。她咳嗽得很厉害,便拿围巾将嘴巴捂住,我一看,围巾上鲜血红殷殷的。我的心像猛然给扎了一针似的。我说:'咦,小姐,这怎么行!您有病,走这么远

的路,又是秋天,天这么凉!……这样下去可不行!'

"她朝我望了一眼,打量打量我,看样子心里又恼火起来,说:

"'您当真糊涂?难道不晓得不是我自己要走路?真有意思,自己押着别人走路,还要假惺惺怜惜别人走路太苦!'

"我说:'您当时对我们上级讲一讲不就行啦。到医院里住些时候,用不着在这样的大冷天赶路。路远得很哩!'

"她问:'到什么地方?'

"您晓得,我们是严禁向犯人透露押解地点的。她看到我显出为难的样子,便转过身去,说:'我不该问您……您别讲吧,您也不要管我的事。'

"我忍不住讲出了押解地点。我说:'瞧,就送您到这样一个鬼地方。不近哩!'她咬咬嘴唇,皱皱眉头,但是一句话也没讲。我摇了摇头……说:'小姐,苦着哩。您还年轻,不晓得是怎么回事。'

"我着实感到不平……十分气愤……可是她望了我一眼,说:'您这样操心是多余的。怎么回事,我完全知道,可是我还是不住医院。多谢了!要是死,死得自由,死在自己人跟前,那要好些。说不定也还能好起来,那就重新生活在自由的天地里,不是你们监狱的医院了。您以为我的病是风吹的,着了凉?那才不是!……'我问她:'怎么,您有亲戚在那里?'因为她说是死是活都希望在自己人跟前,所以我这样问她。

"她说:'没有的,那里既没有亲戚,也没有朋友。那地方我是完全陌生的,可是,肯定有像我这样的流放者,他们是我的同志。'我不禁一惊，心想：她怎么能将陌生人叫作自己人呢？到了那里，难道就有人关心这个素不相识的姑娘，会有人不要钱就管她的吃喝？……这话我没有问出口来，那是因为我看到她竖起双眉，不耐烦我寻根究底。

"我心想，好吧……那就让她去瞧瞧！她还没过过穷日子哩。去吃点儿苦，也许就晓得异地飘零的滋味了……

"傍晚黑云压顶，冷风吹来，下起了秋雨。本来就泥泞不堪的道路，如今简直成了泥浆的海洋。泥浆四处飞溅，我的背上就像糊上了一层泥巴，她也被溅得够呛。一句话，算她倒霉，碰上了顶糟的天气。雨水直往脸上浇，要是有车篷，或者有一块芦席给她遮一遮，倒也罢了，可这都是空想！她浑身湿漉漉的，冷得缩成一团，我一看，她不住地在打哆嗦，眼睛闭着。脸上雨水哗哗地淌，脸煞白煞白的，全身一动也不动，像是失去了知觉。我怕了起来。我看事情不好，这样下去可不妥当……伊凡诺夫醉得糊里糊涂的，只顾打鼾，天掉下来也不知道……这种局面真叫人为难，何况我还是第一次出差。

"来到雅罗斯拉夫尔城时正是黄昏时候。我推醒了伊凡诺夫，进了客店，我唤人烧起茶炊。从这座城市往前去是通轮船的，可是按照规定是严禁用轮船押送犯人的。其实用轮船押送对我们当差的也有好处，既省钱又省许多麻烦，但怕的是出意外。码头上有警察执勤，要不然就有我们的同行——当地的宪兵监视着，他们是喜欢向上级报告的。这时，小姐对我们说：'随你们怎样，我不坐马车了。让我坐轮船吧。'伊凡诺夫气得微微睁了一下醉眼，说：'这事用不着您过问。叫您往那里去，你就得往那里去！'她再不理他，只对我说：

"'您可听到我讲的：我不走了。'

"我于是将伊凡诺夫喊到旁边，对他说：'还是乘轮船吧。乘轮船对您也好些：可以省几个钱用用。'他也很想这样，可是有点儿怕。他说：'这地方有上校驻节，弄不好要受处分的。你前去请示一下，就说我生病了。'上校就在附近。我于是说：'我们一块儿去吧，带小姐一块儿去。'我怕的是，万一伊凡诺夫又是醉醺醺地倒头大睡，难免要出事情。说不定她会跑掉或者自寻短见，那就吃不消了。我们便一块儿去见上校。上校出来见我们。他问：'有什么事？'她于是向他讲了我们的意思，但是她同上校讲话照样用的是很不礼貌的语调。她理应恭恭敬敬地向他请求：如此这般，请您开开恩吧，——可是她照样硬邦邦地问他'有什么权力'这样对待她，诸如此类的话讲了不少，她讲的反正都是你们这些人爱讲的一些很不中听的话。您自然晓得，当官的是不喜欢这样的。当官的喜欢恭维。不过，他听了她的话并没有发火，而是客客气气地回答说：'小姐，不行，我可是无能为力。小姐，这是法律………不允许的！'我一看，小姐又气得满脸通红，两眼怒火逼人。'哼，法律！'——她冷笑一声，气愤而响亮地说。上校对她说：'是的，小姐，法律不允许。'

"说实话，我当时有点儿一时胆大，也插嘴说：'大人，法律是不错的，可是，您得垂察，他们两个都有病啊！'他严厉地望了我一眼，问我：'你叫什么名字？'又对小姐说：'小姐，您既然有病，能否去住监狱医院？'她一句话没讲，掉头就走。我们跟她走了出来。她是不愿住医院的，而且说实在的，既然当初没有住医院，如今在此地既没有钱，又是人地生疏，那才不必呢。

“这就毫无办法了。伊凡诺夫埋怨起我来：‘你看怎么办吧，你出这么个浑蛋的主意，我俩都得倒霉。’他吩咐套车，不想在这里过夜了，打算一入夜就出城。我们走到她跟前，说：‘小姐，车套好了，请上车吧。’她躺在长椅子上，身上才暖和了一点儿。她一跳跳了起来，站在我们面前，腰杆子挺得直直的，对直地逼视着我们，说真的，那样子简直叫人害怕。她说：‘你们可恨透了！’她又慷慨激昂地讲了起来，叫人听也听不懂。讲的像是俄国话，可是简直叫人不懂。但听得出是愤怒的控诉，她说：‘好啦，你们有仗恃了，可以随便怎样折腾我了，有什么鬼点子都拿出来吧。走就走吧。’茶炊还摆在桌子上没有生火，她还没有喝茶呢。我和伊凡诺夫的茶已经烧好，我于是给她倒了一杯。我们也买了白面包，我也给她切了一块。我说：‘吃一点儿吧，吃了才有精神赶路。不要客气，吃点儿身上也暖和些。’她正在穿套鞋，这时放下套鞋，转过身来，朝我望了望，然后耸耸肩膀，说：

“‘这个人真有意思！您大概是疯啦。我会喝你们的茶？’我当时实在觉得尴尬，直到现在我想起来都觉得脸上火辣辣的。就拿您来说，我们好意请您吃点什么，您并不厌恶。我们押解过一个上校的儿子，叫鲁巴诺夫的，也没有厌恶我们。可是她倒厌恶起来了。后来她又叫人特意给她烧起茶炊，放到另外一张桌子上去。不用说，这样一来就得付两份茶钱和糖钱。可是她的钱呢，总共只有一个卢布二十戈比。”

三

加夫里洛夫停了下来。这时房子里一片寂静，只能听得见那位年轻的宪兵均匀的呼吸声和窗外风雪的沙沙声。

“您没有睡吧？”加夫里洛夫问我。

“没有，请您讲下去，我听着哩。”

加夫里洛夫停了一会儿之后，又接着往下讲：

“……因为她，我当时伤透了脑筋。夜间行路，秋雨绵绵，气候太坏了……穿过森林，森林里狂风呼呼叫着。我和她对面不相见，因为黑夜加上阴雨，简直是伸手不见五指。可是说真的，在我眼前她一切都是清清楚楚的：她的眼睛，那气愤的面孔，她那冻得发抖的样子，她总是朝远处望着，那样子脑子里是在反复想着有关自己的一切。离开客店的时候，我给她披上一件皮袄。我说：‘穿上这件皮袄，总要暖和些。’她将皮袄摔了下来，说：‘您的皮袄，留着自己穿吧。’皮袄确实是我的，我听出她不穿的原因，便对她说：‘不是我的皮袄，是公家的，每个被押解的人都有一件。’她才披上了……

“不过皮袄并没有起多大作用：等天亮了，我朝她一望，她一张脸已经冻得变了样子。离开客店的时候，她要伊凡诺夫坐到车夫座位上，他自然不愿意，可是也不好不照办，再说，他的酒意也多少消了一些了。我便和她坐在一块儿。

“我们走了三天三夜，一直没有停下过夜。主要是因为按照公文规定不得停下过夜，如果“疲劳已极，万不得已”，可在有卫成的城市歇夜。您想想看，在这种地方，哪有什么城市？

“我们终于来到了指定地点。一望到城市，我就像肩上卸掉了千斤重担。可以说，我到最后等于是用手捧着她往前走的。我看到她躺在车子上昏迷不醒，每遇到坑洼，车子颠一下，她的头便要撞到车栏杆上。我便用右手将她的头托住，一直保持这个姿势，这样才好了一些。起初她将我推开，说：‘放开！别沾我！’后来就不讲了。也许是因为她昏昏沉沉睡着了……她双眼紧闭，眼圈发黑，脸色倒是好看了一些，不再生气了，甚至在睡梦中笑了起来，眉目舒展开来，觉得我身上暖和，向我靠得紧紧的。看样子，可怜的姑娘梦中遇到开心的事情了。快进城的时候，她忽然醒了，坐了起来……雨过天晴——她快活起来了……

“可是，不让她留在省城里，又从省里给分拨到外地，还是叫我们继续押解，因为当地宪兵都已外出。我们从这里动身的时候，我一看，警察局里来了许多人：年轻的小姐和先生、大学生，看样子都是流放来的……他们都像老朋友一样来和她握手，问好，谈心，送给她一些钱，还有一条很漂亮的花围巾，让她围上抵挡路上的风寒……他们将她送了很远……

“这一路她快活起来，只是咳嗽得更厉害了。她望都不望我们一眼。

“我们来到指定她居住的县城，交接完毕。她马上说出一个人的姓名。她问：‘这里有没有这样一个人？’有人回答说：‘有的。’警察局局长来了，问她：‘你住到哪里？’‘还不晓得。暂时到梁赞诺夫处住一下。’局长摆了摆头，她收拾一下就走了。同我们连招呼都没有打……”

四

加夫里洛夫停了下来，听听我是否睡了。

“后来您再也没有看到她了吧？”

“看到的。要是没看到还好呢……

“……而且不久就又看到她了。我们出这趟差刚回去，就又派我们出差，而且还是同一方向。这次是押送一个大学生，叫萨格梁斯基的。小伙子很活泼，唱歌很好，酒量也不差。他的流放地还要远一些。我们路过她流放的县城的时候，我禁不住要打听一下她的近况。我问：‘我们送来的那位小姐还在这里吧？’有人回答我说，在的，只是古怪得很：一到这里来，就直接到一个流放的男子那里去了，后来再也没有人看到她，她还住在他那里呢。有的人说她在生病，还有人说好像是给他做姘头哩。当然啦，人多嘴杂么……可是我想起了她对我讲的话：‘死也要死在自己人身边’，于是我产生好奇心……干脆说，也不是好奇，而是有一股力量驱使我非去不可。我心想，去看看她吧。我对她没有什么对不起的地方，也没有看出她对我有什么恶感。说去就去……

“我去了。好心的人给我指路，来到她住的城边上。这是一座小小的房子，房门低低的。我走进这座流放者的房子，看到里面干干净净，光线充足，房内一角用帷幔隔开，里面放一张床。有许多书，桌上、书架上到处都是……旁边是一个小小的工作室，这里有一板床，另铺着一床被褥。

“我进门的时候，她盘腿坐在床上，身上裹着一条披肩，正在缝东西。那位流放的男子，姓梁赞诺夫的先生……坐在旁边板床上，拿了一本薄薄的书，正在读给她听。这人戴一副眼镜，一看便知是一个十分严肃的人。她一面缝着，一面在听。我敲了敲门，她一看到我，欠起身子，抓住他的一只手，简直愣住了。两只眼睛睁得大大的，阴沉沉的，叫人看了害怕……一切都恢复了以前的样子，只是脸色更显得苍白了。她将他的手抓得紧紧的，他都有点儿怕了，急忙转过身去问她：‘您怎么啦？快歇会儿！’他没有看到我进来。随后她放开他的手，想从床上站起来，对他说：‘再见吧。看样子他们连死都舍不得让我死安稳些。’这时他转过身来，看到了我，一下子跳了起来。我心想，他要扑过来，也许要同我拼命哩。何况这人个头儿不小，身强力壮的……

“不用说，他们以为我又是来押解她的……可是他又看到我也是默默地站着，而且只有一个人，于是转过身去，握住她的手，说：‘别慌。’又问我：‘老总，您来干什么的？……有何贵干？’

“我讲明我是怎样来的，并说，我什么事也没有，是随便来看看的。我送小姐来的时候，她正生病，现在来瞧瞧怎么样了……这样，他才放了心。可是她还是气嘟嘟的，怒气不息。这又是为什么呢？伊凡诺夫自然算是不近人情。我可是一直维护她的……

“他弄清了原来是怎么回事，面露笑容，对她说：‘您看怎样，我对您讲过的么。’我体会这意思就是说他们原来谈到过我的……她想必谈过路上情形的。

“我说：‘对不起，惊扰你们了……也许我不该来的……我现在就走。再见了，有什么不到之处，请多多包涵吧。’

“他站了起来，望了望我的脸，把手伸了过来，说：

“‘那么，等您回来之后，如有时间，请来坐坐。’可是她望着我们两个，不知为什么冷笑一声，那样子很不高兴。

“她说：‘我真不明白他来干什么。您为什么还要邀他来？’他对她说：‘没什么，没什么，如果他还愿意来，那就让他来……请您来，请您来坐坐，别客气！’

“他们又讲了不少话，可是，说实话，我并不全懂。你们先生们之间谈的话，有时候实在深奥难解……可是我觉得怪有意思的，很想站在那里听听……我觉得不妥，——可别引起他们多心。我于是走了。

“等我们将萨格梁斯基先生送到地点，立刻转来。警察局局长将领班的唤去，说：‘我收到电报指示：要你们留在这里待命。上级会有指示寄来。’我们当然只有留下。

“于是我又到他们那里去了，我心想：去一下吧，找他们的房东去问一下她的近况也好。我去了。房东说：‘她病得很厉害，怕是活不久了。我很怕担过失，因为他们肯定是不会请神甫的。’我们正站在外面谈话，这时候梁赞诺夫走了出来。他看到我，打过招呼，说：‘又来了吗？好的，请进，请进。’我便轻轻走了进去，他跟在后面。她一眼望到，便问：‘又是这个莫名其妙的人来了！……怎么，是您叫他来的？’他说：‘不是的，我没有叫他，是他自己来的。’

“我实在忍不住，对她说：

“‘小姐，是怎么回事儿，您为什么一见我就有气？难道我是您的敌人？’

“‘正是敌人。您难道不晓得？当然是敌人啦！’——她的声音微弱无力，两个腮尖子红红的，面孔十分鲜丽……那样子真是十分动人。我心想，不好，她不久于人世了，我得请求她饶恕，可不能让她对我怀恨而死。我便说：‘我要对您犯下什么过错，请您饶恕我。’谁都知道，这是我们基督教的传统……我一看，她又发作起来了……‘饶恕？哼！我决不饶恕，您永远休想！我很快就要死了……您永远记着吧：我没有饶恕您！’”

加夫里洛夫又停了下来，沉思起来，过了一会儿又继续讲下去，声音低低的，一面在凝神思索：

“……他们又彼此谈了起来。您是有学问的人，想必能懂得他们的话，我把他们讲的话讲给您听听。那些话像印在我脑子里，至今记得清清楚楚，可是我不懂得是什么意思。他说：‘您要知道，现在来看您的不是宪兵……宪兵押解过您，也押解过别人，那是公事在身。这会儿到这里来可是因为公事？请问，老总，我还不晓得，您的大名是……’

“‘斯捷潘。’——我说。

“‘父称呢？’

“‘别特洛维奇。’

“‘好的，斯捷潘·别特洛维奇，您是来干什么的？是出于人情，对吧？’

“‘当然是人情。您讲得一点儿不错。要是照官府规矩，那我就根本不应当私下到这里来。上级要是晓得，那才不会客气。’

“‘您看，可是的！’他对她说，并且握住她的一只手。她将手抽开。她说：‘我一点儿没有看出来。您讲的是没有影子的事。

我们和他之间(就是说和我之间)关系很干脆。敌人就是敌人,没什么好啰嗦的。他们就是要监视我们,我们就是要时时提防他们。您瞧,他站在那里听着哩。可惜听不懂,要不然就要记下来报告去了……'

“他转身朝着我,透过眼镜对直地朝我望着。他的目光锐利,但是十分和善,对我说:‘听见没有？这就叫您有口说不清了!……不过,您也不必解释了。我看,您一定难过得很。'

“当然啦……要是说公事公办,如果见到触犯官府的事,那我按照军人的天职,连自己亲老子也要报告……可是我不是抱这种心思才来的,说真的,我心里非常难过,简直给憋得透不过气来。我转身朝门口走去,可是梁赞诺夫将我拉住了。

“他说:‘别走,斯捷潘·别特洛维奇,再等一下。'又对她说:‘这样不太好……您就不宽恕,不原谅也罢。这也没什么好讲的。就是他自己一旦能完全理解,对自己也会不原谅的……但敌人也往往有通人性的……可是您却不肯承认这一点。您太固执了,就是这么回事!'

“她对他说:‘就算我固执,可是您这人爱憎不明……您只会啃书本……'

“她一说出这话,真也奇怪,他竟至于跳了起来,像是受到了猛然的一击。我看到她甚至给吓了一跳。

“他说:‘我爱憎不明？哼,您自己晓得,您讲的话没有根据。'

“‘也许我讲错了。'她回答说……‘您对我讲的就不错吗？'

“‘我讲的一点儿不错：您是不折不扣的莫洛佐娃夫人[①]……’

“她沉思起来，将手伸给他，他拉住她的手，她对着他的脸望了又望，然后说：‘是的，也许您讲得不错！’我站在旁边，默默地望着，心里觉得说不出是什么滋味，不由得渐渐走上前去。后来她转过身来，朝我望了望，不再发怒了，将手伸了过来。她说：‘您听我说：我们是不共戴天的敌人……可是我愿您长进，我将手伸给您，希望您有朝一日变成人，完全变成人，不是官府里的人……我累极了。’——最后是对他说的。

“我走了出来。梁赞诺夫也跟我走了出来。我们站在院子里，我看到他的眼里似乎有泪花。

“他说：‘再见吧，斯捷潘·别特洛维奇。您还要在这里住很久吗？’

“我说：‘不晓得。也许还要过几天。我们在等指示。’

“他说：‘要是您还想再来，就来吧，不妨事的。就官府里的人而论，您这个人还算过得去的……’

“我说：‘对不起，我已经使她受惊了……’

“他说：‘确实惊了一下，您不如先找房东奶奶打个招呼就好了。’

“我说：‘我想问一个问题：您刚才讲到莫洛佐娃夫人，这么说，她出身是很高贵的了？’

“他说：‘不在于出身高贵不高贵，而是气质如此：要折磨她，

---

① 十七世纪俄国发生过一次宗教分裂运动。莫洛佐娃夫人是分裂派主要活动家。因此在俄罗斯人民心目中，莫洛佐娃夫人便是偏执、顽固之意。恰好莫洛佐娃也是姑娘的姓氏。此处借喻。——译者

将她折磨死，那是办得到的……你们不是已经将她折磨得要死了吗？……可是，要想使她弯腰，那您也许自己看到了：这样的人是宁折不弯的。'

"谈到这里，我们就分了手。"

五

"……没过几天她就死了。是如何埋葬的，我没有看到，——当时警察局局长正派我办事情。只是在第二天我遇到了那位流放的男子，我走到他跟前一看：他的脸色难看得怕人……

"他个儿高高的，样子很严肃，但他以前对我客客气气的，这会儿却完全撕破了脸。先是伸过手来，随后突然将我的手一摔，掉过头去，说：'现在我再也不愿意看见你了。走吧，老兄，行行好，你走吧！……'他垂着头走开了，我可是又悲痛，又觉得有话说不清，难受得我两三天没有吃饭。打从这时候起，我一直觉得闷闷的，总也无法排解，就像中了魔似的。

"第二天，警察局局长将我们找去，说：'你们现在可以回去了：上级指示来是来了，可是人已经死了。'显然，又是要我们押解她的，可是，上帝垂怜，已经将她接走了。

"……这还不是事情的全部结局，后来我又遇到了这样的事……我们返回的路上，来到一家客店……我们走进房间，桌上放着茶炊，摆了几样小菜，有一位老大娘坐在那里，正陪老板娘吃茶呢。老大娘干净利索，个儿不高，神态爽朗，十分健谈。她一个劲儿地给老板娘讲自个儿的事情：'我收拾一下零碎东西，将祖传的房子卖掉，找我女儿去。她准要高兴极啦！也许要埋怨我，发脾气，我晓得，她就是发脾气，可心里总是高兴的。她写信给我，叫我不要去，无论如何不能去。我才不管它呢！’

“这时我觉得仿佛有人在我左肋上捣了一下。我来到厨房里。我问年轻的厨娘：‘这个老大娘是什么人？’厨娘说：‘这就是那一次你们押解的那位小姐的亲妈妈。’我立时觉得天旋地转。厨娘看到我脸色大变，问我：‘老总，你怎么啦？’

“‘我告诉你，可千万别声张……那位小姐已经死了。’

“只见这位年轻的厨娘——别看这是一个不正经的姑娘，爱同过往旅客调情——两手一扬，哇的一声哭了起来，并且跑出了房子。我抓起帽子，自己走了出来，——只听得老大娘还在堂屋里同老板娘聊家常哩。这位老大娘竟使我怕了起来，说不出有多么怕。我举步朝大路径直走去，后来伊凡诺夫乘车赶上了我，我便上了车。”

六

“……这件事我才不能忘记！……后来警察局局长向上级报告了我去看流放者的事，科斯特罗马那位上校也报告了我维护她的情形，我接二连三地受到训斥。上级再也不想提拔我当军官了。他对我说：‘你还想做军官哩，婆婆妈妈的！不关你禁闭就算是客气，糊涂透了！’可是，我简直一点儿也不觉得可惜，这么一来我心里倒是安宁些。

“我一直无法忘记这个满脸怒气的姑娘，就这会儿也是这样：

她还像生前那样站在我的面前。

“这是为什么呢？谁能给我说个清楚？先生，您还没有睡吧？”

我没有睡……沉没在大森林中的这座小屋里一片漆黑，这黑暗沉重地压在我的心头，死去的姑娘那病弱的身影在黑暗中站了起来，为了给她增添声色，暴风雨发出了深沉的怒吼……

译者附记

《怪姑娘》是柯罗连科的早期作品，是俄罗斯文学中的名篇。作者以饱满的热情和成熟的技巧刻画出一位十九世纪俄国的强者——一位“宁折不弯”的女革命家的形象。

一八八零年二月至六月，柯罗连科在赴西伯利亚流放地途中，被关押在维什涅渥洛茨基羁押牢中。就是在这里，作者以血和泪写成了这篇小说。小说手稿传出监牢后，便以手抄本在俄国各地广为流传。几年后，才在国外发表。

大作家乌斯宾斯基读过手稿后大为叹服，称赞这位年轻作者有惊人的艺术才华，一再嘱托友人向年轻作者表示钦佩和鼓励。

附录1

《马加尔的梦》手稿

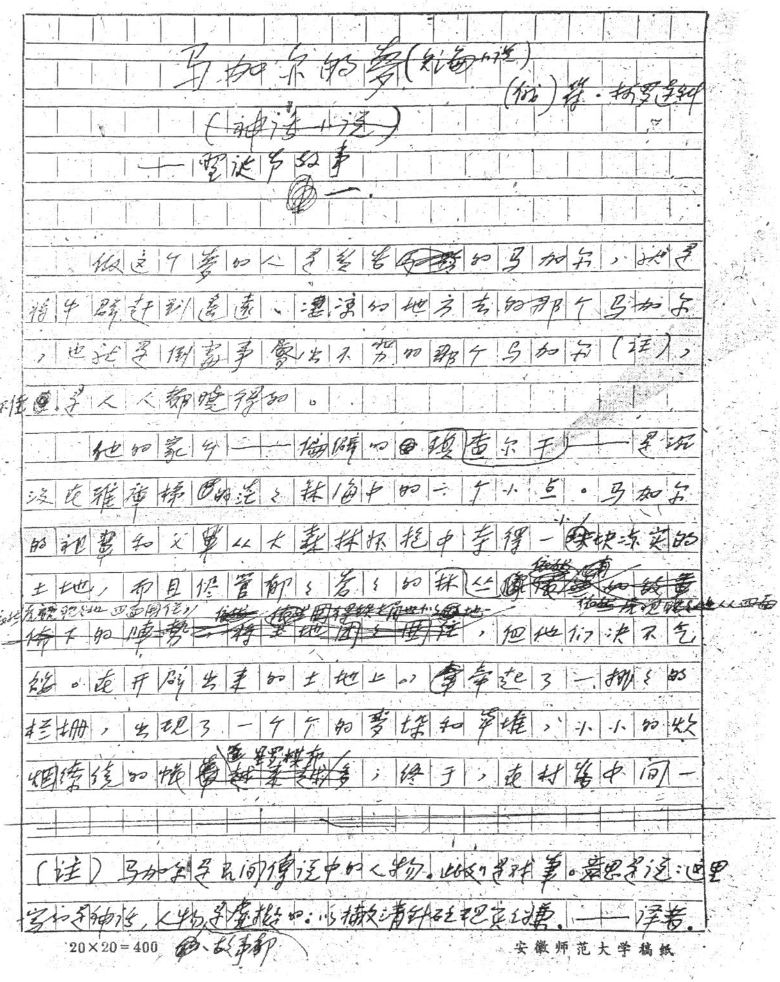
马加尔的梦（短篇小说）
（俄）柯罗连科
（神话小说）
——圣诞节故事
做这个梦的人是乡苦的马加尔，就是被牛群赶到遥远、偏僻的地方去的那个马加尔，也就是倒霉事层出不穷的那个马加尔（注），他命运不佳是人人都晓得的。
他的家乡——偏僻的切尔干——是荒凉的雅库梯泰加森林中的一个小点。马加尔的祖辈和父辈从大森林怀抱中夺得一块冻实的土地，而且尽管郁郁苍苍的林丛……一像一道阴森的墙……，他们决不气馁。在开辟出来的土地上，竖起了一排排的栅栏，出现了一个个的草垛和草堆，小小的炊烟缭绕的帐篷……；终于，在村落中间一
（注）马加尔是民间传说中的人物。……——译者。
20×20=400
安徽师范大学稿纸

个小丘上，一座钟楼冲天而起，像是竖起了一面苍楼的旗帜。查尔干于是有了一座大钟。

但是，马加尔的祖辈和父辈在和林莽搏斗，在刀耕火种的同时，他们本身也不知不觉地变化了。他们从雅库特人那里学会了雅库特人的语言和雅库特人的习惯。大俄罗斯民族的民族特性渐渐淡薄，渐渐消失了。

可是不管怎么说，我们的马加尔还是已经十分清楚，他是土生土长的查尔干农民。他在这里生，这里长，而且还将死在这里。他觉得自己的身份好可夸耀，而且有时候还骂一骂别的“劣等的雅库特人”，尽管他自己不论生活习惯、生活方式，与雅库特人实在完全无不同之处。他俄语讲得很少，而且也讲得支离破碎，穿的是鹿皮，脚上穿的是鹿皮靴，平时天天吃烙饼，饮砖茶，逢年过节和其他一些喜庆日子，才能将桌上摆来的自己的一份炼油吃个一干二净。他骑牛的本事十分高超，生了病便找巫师，巫师发狂似地走来，狠命乎吓地向他扑去，设法将马加尔身上潜入的病魔驱除。

20×20=400　　安徽师范大学稿纸

他拼命地干活儿，过的日子都很艰苦，吃不饱，穿不暖。除了天天操心饼子和烤茶以外，他还有没有别的心事呢？

那是有的。

他喝醉了酒，就常常哭。他说："老天爷呀，我们过的是什么日子呀！"此外，他有时候说要扔掉一切，跑到"山上"去。到山上他用不着耕田、种地，不要砍柴、运柴，甚至也不用手磨磨粉。他只是去游玩的日子。这是什么山，这座山在什么地方，他弄不清楚；他只晓得，第一，这座山是有的，第二，这座山远得很，远得连警察局长大人都没办法去……过一辈子；他也就不要操心了……

清醒的时候他便打消这些念头，也许是因为他晓得找这样一座仙山是不可能的；但是一喝醉了酒，胆量就大起来。他想，要是找不到要找的那座山，跑到别的山上去。"那就完蛋了"，他这样说，可是他还是打算去找；要是说他的这种念头为什么没有付诸实现，那大概是因为那些外来户鞑靼人

20×20＝400　　安徽师范大学稿纸

卖给他的都是劣等的烧酒，为了增加浓度，又用烟草泡过的，喝了这种酒，当时就觉得周身无力，而且要难过得睡上一两天。

二

这是圣诞节的前夕，也就是马加尔知道明天要过大节了。遇到这种机会就禁不住要喝酒。可是没有钱买酒：就会眼看就没有了；马加尔已经向当地店家和犹太人赊了不少酒了。虽然明天是一个大节日，又不能干活，要是不痛饮几杯，他可又干啥呢？他想到这里，觉得实在难过。这日子就太苦了！过这么大的节，连一瓶烧酒都喝不上！

他想起一个很妙的主意。便站起身来，将破皮袄往身上一披。他的老婆是一个结实、有劲的女人，强壮得出奇，也丑得出奇，一向摸得透他那些不深奥的心思，这一回也猜到了他打的主意。

“死鬼，到哪里去？又是想一个人去喝酒？”

“别发火！我去打一瓶酒。明天咱们一堆

20×20=400　　安徽师范大学稿纸

儿喝。"他朝她肩头用劲一拍，拍得她斜了两个踉跄，他又向她眨了眨眼睛。女人的心是最容易软化的：她明明知道马加尔是哄她的，可是丈夫这么一温存，她就受不住了。

他走出家门，到草地上牵住老马，抓住鬃毛骑了上来，坐到雪橇上。老马三步两步地拉着主人出了家门。到了门外，老马停住脚，转过头来，望望心事重重的马加尔，请示去向。马加尔便扯了扯左边的缰绳，老马朝镇边走去。

镇边是一座不大的帐篷。这座帐篷和别的帐篷里一样，火炉里冒出一团团的烟气，升向高高的天空，白茫茫、雾腾腾的大片烟气，遮住繁星和明月。炉火欢快地跳跃，照着白色的冰凌，冰凌上闪出夺目的光芒。大地静悄悄的。

这里住的是远方来的外地人。他们为什么到此地来，是什么风将他们吹到这遥远的森林里，马加尔弄不清，也不关心这些事。但是他喜欢同他们打交道，因为他们不欺负他，价钱上也马马虎虎的。

马加尔走进帐篷，走到火炉旁，将

膛的两只手伸到火上去烤。

"啊呀呀！"他这样说，表示冷极了。

外来户一家人都在家里。台子上点了蜡烛，要说一家人什么事也没做。有一个人躺在床上，嘴里吐着烟圈，若有所思地望着烟圈螺旋状地上升，果然是将他那思想的希望系到烟圈上去了。还有一个人坐在火炉对面，也在心事重重地望着燃旺的木柴上奔腾的火苗。

"你们好！"马加尔开口说，为了打破难堪的沉默。

自然，外地人心里有什么样的痛苦，在这样一个异乡他们脑子里浮想的是一些什么，从炉火跳跃与烟圈升腾的幻影中他们想象到一些什么样的将来，他是不知道的。何况他也有自己的心思。

坐在炉边的年轻人抬起头来，横了一眼地望了马加尔一眼，好像没有认出他似的。他揉了揉眼睛，很快地站了起来。

"是你啊，马加尔，你好，你好！好极了！我们来喝杯茶吧？"

马加尔听了这话很高兴。

"喝茶？"他问了一声。"那好极了！……老哥，喝茶，那太好了……好极了！"

他马上就脱衣服。脱掉皮袄，摘下皮帽，他觉得不那么拘束了，又看到茶炊里炭火已经旺了，便对年轻人就更热火了：

"我真喜欢你，真的！……太喜欢你了……喜欢得夜里都睡不着觉……"

外地人转过头来，脸上露出了苦笑。

"喜欢吗？"他说。"你有什么事？"

"有一点事儿。"他回答说。"你怎么猜得到？……好吧，等喝完茶再来讲。"

既然喝茶是老人自动提出的，那末，他觉得就不妨提出进一步的要求。

他说：

"有没有炖肉锅？我太喜欢吃了。"

"没有。"

"噢，那就算啦。"马加尔自己宽解地说。"下一次再吃也好啦……对不对？"他再问一声："下一次再吃？"

好吗

“好的。”

这一下马加尔便深悉外地人欠他一些烟肉钱了，而且这一类的债他是从来不落空的。

个把钟头之后，他又坐到自己的雪橇上了。他以相当便宜的价钱预售了五车木柴，弄到一个卢布。他暗暗发誓今天不把这一个卢布喝掉，可是他不得不又多么想一下子将它喝掉。……怎么办呢？想到喝酒的快活，渐渐将[illegible]的妻子丢在了脑后。他如喝得酩酊大醉，他那[illegible]的老伴儿见了会狠狠地揍他一顿的，他也就顾不得了。

“马加尔，你往哪里去？”外地人笑着对他喊道，因为看到马加尔的马没有还直往家走，而是向右一拐，往鞑靼人的酒馆走去。

“咻！……咻！……你看，这马多么该死……方向都弄错了！”马加尔一面声明是马弄错了方向，一面拉紧右边的缰绳，暗暗地拍马朝右边驶去。

懂事的老马顺从地摇了摇尾巴，一颠一跛地慢慢朝主人示意的方向走去，不一会儿，马加尔雪橇的挣挣声就在鞑靼人的门前停止了。

20×20＝400　安徽师范大学稿纸

三

饭铺人门前拴了几匹马，马鞍都是白白的、雅库特式的。

屋子里闷得透不过气来。烟草的烟气弄得满屋子烟雾腾腾的，火炉的烟气腾腾而起，将烟草的烟气挤了出去。骑马而来的几个雅库特人分坐在几张桌子上，桌子上都摆了酒杯；还有几堆人在赌钱。一个个脸上红扑扑的，汗气直冒。赌钱的人眼睛死死地盯住纸牌。钱从这个口袋里出来，马上又钻进别人的口袋。有一个雅库特人喝得酩酊大醉，坐在乱草上，嘴里来又来去没头没脑地胡乱哼着歌子。他嘴巴里叽叽喳喳地，不成腔也不成调，反来复去地哼着：明日比昔过好，你不该今日把酒喝醉了。

马加尔掏出钱买了一斤酒。他将酒并揣到怀里，悄没声儿地朝一个昏暗的角落走去。他躲在昏暗处，将酒一杯接一杯地倒出来，又一杯接一杯地灌到肚里去。酒是辛辣的。每逢

20×20＝400　　安徽师范大学稿纸

节日惯比四分之三以上。不过泡酒用的烟草毫没有……次用。马加尔的喝一口都辣得透不过气来，眼就金星直冒。

他很快地醉了。他也倒到炕上，两手只能抱住膝盖，将昏昏沉沉的脑袋放到膝盖上。嗓子眼里也不由地呜呜哇哇地唱起了不对腔调的歌子。他唱道，明天就要过节了，应该将五车木柴都喝掉。

这时候，屋子里越来越拥挤了。不断进来一些新的顾客，——都是一些雅库特人，出来做[illegible]，来到鞑靼人这里喝酒的。店家看到座位很快就要不够了。他站起来，扫视了一下全场。他的目光停留在昏暗的角落里，看到了角落里的雅库特人和马加尔。

店家走到雅库特人跟前，揪住他的衣领，把他推了出去。随后轮到马加尔。鞑靼人对他这位本地人格外尊重：将大门敞开，朝他屁股上狠狠踢了一脚，可怜的马加尔飞出了屋子，鼻子直插进雪堆里。

很难说，类似的招待方式，他是不是感到

20×20=400 安徽师范大学稿纸

草垛似的。他只觉得袖筒里、脸上都是雪。他好不容易爬出了雪堆，踉踉跄跄地朝自己的老马走去。

月亮已经高高地升到天空。大熊星座的尾巴已经垂下了。寒气更重了。北方，半圆形的黑云后面，初露的北极光和火红色的光柱不时闪闪地出现。

老秃马显然很懂得主人的处境，小心而谨慎地缓慢地走着。马加尔坐在雪橇上，身子蜷缩着，继续在唱着他的歌子。他唱的，正是本地唱的了，老婆子的拳头可不得了。他嗓眼里叽叽喳喳，哼哼唧唧，发出来的声音，回荡在夜晚的空气中，显得如此悲怆，如此委曲，这时正有一个本地人爬到暖道上盖火炉的烟囱，听到了马加尔的歌声，心里更觉心神不定。这时候，老秃马已经将雪橇拉到一个小丘上，在这里，周围一切尽收眼底。洒满月光的积雪放射出耀眼的光芒。有时候月光好像是隐没了，消失了，积雪变得暗淡无光，可是转瞬之间北极光反射的光芒又熠熠地照射在积雪上。这就

20×20=400　　安徽师范大学稿纸

使人觉得，积雪的山岗和山岗上的森林仿佛也在跟着他，会不远远地……。马加尔快快走走，走到了森林，这就是那马拉赖岗上高高的一块空地，山岗背后森林里，这是他一向设……捕捉各种林中禽兽的地方。

这一下改变了他的思路。他唱道：“……一只狐狸！明天去看……，老婆子也不骂他了。”

马加尔走进门的时候，寒冷的夜空中传来了第一遍钟声。他一进门就告诉老婆子说捉到了一只狐狸。他全忘记了老婆子没有和他一块儿喝酒，因此，当……不理睬这一喜讯，它不客气地朝他屁股上狠狠踢了一脚时，他着实摸不着头脑。接着，当他往被窝里钻的时候，她又给他脖子上补了一拳。

这时候，查尔干塘上空响起了隆重的节日的钟声，并且远远地传播开去。

（四）

他躺在被窝里。……

20×20＝400　　安徽师范大学稿纸

似地。酒精和烟草汁混到一块儿的混合物在血管里发作起来。溶化的雪水一道道地从脸上往下淌，雪水也流在背上。

老婆子以为他睡了。可是他没有睡。他脑子里没有忘掉狐狸。他完全相信狐狸落到夹子里了；他甚至知道落到哪一个夹子里了。他看到了狐狸，看到狐狸被夹子夹得紧紧地，爪子在雪地里乱刨，拼命挣扎。月光穿过松林，照在金色的皮毛上闪闪有光。狐狸的一双眼睛在向他闪亮的。

他再也躺不住了，从被窝里爬起来，朝他那忠心的老狗走去，他要到松林里去。

怎么回事？难道是老婆子那一双有劲的手抓住了他的皮袄领子，又将他拖到被窝里了？

不是的，不是的，他已经来到了镇外。雪橇的滑木均匀地摩擦着冻实的积雪。查尔干镇已经留到了后面。后面不时传来教堂里庄严的钟声；昏暗的地平线上，明亮的天空里映照着一列列像白色的山似的尖顶皮帐篷的雅库特人的剪影。雅库特人是到教堂去的。

20×20＝400　　安徽师范大学稿纸

这时候，月亮落下去了，天空出现了一块淡淡的白云，白云放射着闪烁的光芒。一会儿白云好像[illegible]似地，[illegible]舒展开，[illegible]一片片五彩缤纷的火光，向四面八方飘去。这时候，一块半圆形[illegible]的乌云更加昏暗了，变得乌黑乌黑的了，[illegible]比马加尔面前的森林还黑。

道路弯弯曲曲地穿过密密的、密密的树林。左面和右面都是山岗。越往前走，树木越高大。森林[illegible]了。大森林静谧无声，神秘和美丽。树叶枯光秃秃的枝干上挂满了银白色的霜花。此后是柔和的月光透过树枝，在林中[illegible]，时而照亮雪白的空地，时而照见倒在地上的雪[illegible]的大树……转瞬之间，一切又沉没在黑暗中。[illegible]宁静、神秘。

马加尔停了下来。在这里，[illegible]几乎一直延伸到路边。借着月光他清清楚楚地看到用枯枝[illegible]的不太高的[illegible]；他甚至看到了[illegible]——三根[illegible]的原木，用一根弯曲的木橛[illegible]住，[illegible]几根横木和细绳索拧成相当灵巧的机关上。

当然，这是别人设的套夹；但是狐狸说不定也会跑到别人的夹子里去。马加尔急忙走出雪橇，让怯事的老马停在路上，他向树林走去，留心地听着动静。

森林中一点声息都没有。只有[illegible]的钟声依然不断地从遥远的、这会儿已经看不见的镇上传来。

可以不必担心。此外设夹的人便是查尔干镇上的阿列什卡，是马加尔的邻居，也是他的死对头，大概这会儿正在教堂里做祷告哩。刚落过雪的平平的雪地上看不到一个脚印。

他朝林深处走去，——没事儿，没事儿。雪在脚下咯吱咯吱地响着。森林一排排矗立着，像是一排排张着炮口的大炮，静静地等待着发射。

他走着又走着，结果白跑一阵子。他又朝路边走去。

可是，你听！……好怪的淙淙声……只见暗红色的皮毛闪了一下，这一下是在刚完

20×20＝400　　安徽师范大学稿纸

的地方，……！……马加尔看到狐狸的两只尖尖的耳朵；毛茸茸的尾巴摇来摇去，好像是在召唤马加尔哩。狐狸在树空隙里跑三转两转就不见了，于是马加尔没命地向前跑去了，不一会儿林中传来一阵低沉而急促的呜呜的碰撞声。这声音起初是断断续续地扩散开去，后来好像把森林密密的树顶压住了，便悄悄地消失在遥远的山谷里。

马加尔的心跳得好厉害。这是奇怪的声音了。

他穿过密林往西奔去。冷冰冰的树枝抽打着他的眼睛，弄得他满脸是血。他跌跌撞撞地往前跑，跑得气喘不接气。

他终于跑上了他过去自己砍出来的山道。雪压着的树木分列在两旁，下面便是越来越宽的小路，小路尽头处是一架高大的……夹正停着……他在眼前了……

谁知这会儿小路上有人走的地方闪过一个人影，一闪就不见了。马加尔还没看清是哪里的什么人：他明明看到了他那矮墩墩的身影，穿着……，还带着……一样的帽子。马加

20×20=400　　安徽师范大学稿纸

尔觉得，阿列什卡的一张黑脸更黑了，一嘴大牙露着，比平时显得更大了。

马加尔觉得十分气愤。"这家伙真坏透了！……他跑到我的地盘上来找便宜来了。"不错，马加尔也是刚刚从阿列什卡的地盘上来的，但这里面不同……不同的就在这儿了，他自己走到别人地盘上去的时候，生怕被人追上；别人走到他的地盘上来的时候，他十分气愤，而且真想追到，把他这个家伙……。

他径直朝倒下的麦束奔去。狐狸就在下面躺着。阿列什卡慌慌张张，也和他一样向着同一目标走去。一定要先赶到。

终于来到倒下的麦束跟前。麦子底下被夹住的狐狸的毛红闪闪的。狐狸在用爪子刨雪，就和他梦里所看到的一模一样，而且狐狸也还用那一双天鹅似的、火辣辣的眼睛斜地望着。

"别动！……这是我的！"马加尔朝阿列什卡叫道。

"别动！"阿列什卡像回声似地应声说：

20×20=400　　安徽师范大学稿纸

"是我的！"

两个人同时跑去，同时急急忙忙、争先恐后地去抬原木，去抢压在原木下的狐狸。原木抬开了，狐狸也站了起来。狐狸蹦了两下，然后停住，拿用那哭似的眼睛望了望两位老乡，然后垂下头舔了舔被原木压疼的地方，便快快地向前跑去，一面不住地摇着尾巴表示敬意。

阿列什卡本待去追赶，可是马加尔从后面抓住他的皮袄下摆。

"别动！"他喊道。"这是我的！"他也朝狐狸追去。

"别动！"阿列什卡又像回声似地喊了一声。马加尔也觉得，阿列什卡也抓住了他的皮袄，而且阿列什卡又跑到前面去了。

马加尔好不气恼。他忘掉了狐狸，紧紧朝阿列什卡追去。

他两人越跑越快。一根落叶松的树枝挂掉了阿列什卡头上的皮帽子，他也顾不得去拾；马加尔大喝一声，眼看就要将他抓住。可是阿

20×20=400　　安徽师范大学稿纸

列什卡比付可怜的马加尔老了多。他探出爪住，
拖过来，将[illegible]。马加尔的肚子撞
在他的头上，把他一下子翻到雪地里。他倒在
雪地，可恶的阿列什卡从马加尔头上抓去了皮
帽，钻进了密林里。
马加尔慢慢地站了起来。他感到自己受了极
大的欺负，倒了霉。人心也太坏了。一只狐
狸已经到手了，可是，唉……他仿佛看到狐狸
在里蹦蹦的[illegible]密林里一溜[illegible]摇着尾巴，然
后消失得无影无踪。
天暗了下来。天空隐约看得见有一些淡淡
的白云。白云好像在悄悄地溶化，无数[illegible]
来地、慢慢地散发出[illegible]的光芒。
马加尔觉得浑身的身上不住地淌着一
股股冰冷的雪水。雪钻进他的衣领、
皮袄，雪水从背上一直流进毛皮靴筒里。可
阿列什卡抢走了他的帽子。手套在摔跤
时也不知在哪里丢掉了。事情不妙。马
加尔心里很清楚，一个人既不戴帽子，又不戴手套，
进了大森林，光溜溜的手掌是不会被冻僵的。

20×20=400　　安徽师范大学稿纸

他走了很久很久。据他估计，他早就应该走出桃马拉森林了，能望得见钟楼了，可是他还在大森林里兜圈子呢。密密的森林像是一位魔法无边的法术师，总是不让他跑出自己的怀抱。远处依然不断地传来沙哑的钟声。马加尔觉得自己是朝钟声走去，可是钟声越来越远；马加尔听到隐隐约约的钟声越来越微弱，马加尔心中越来越感到绝望。

他终于精疲力尽，灰心丧气。他的两腿发软，周身疼痛难忍，上气不接下气，四肢发僵，头脑像被套上了越勒越紧的烧红的铁箍。

“我当真要完蛋了！”——他脑子里一再闪过这个念头。但他还是往前走着。

森林沉默不语。森林重重地围住了他，一再故意刁难，将道路遮得紧紧的，不给他一线光亮，不给他一缕希望。

“我当真要完蛋了！”马加尔一再这么想。

他精疲力尽了。这会儿小树的枝条不会会他地打在他的脸上，是他到了绝境，存心戏弄他。在一块小小的空地上，跑出一只小白兔，后腿一

20×20＝400 安徽师范大学稿纸

蹬，飞了下来，攫了椅背上帘里点的两只花耳朵，泛起喉来，一面十分狠狠的地把马加尔纵起喉。他将去要他知道，他才认识了他马加尔呢，知道他张罗在森林中安置诡诈的机关要害死他小鹿儿的那个马加尔。可是这会儿他可以嘲弄他了。

马加尔好不难过。这时候，大森林到处都活动起来了，而这一切都不怀好意。这会儿连远得很远的树都伸出长长的树枝拦住他的去路，扯住他的头发，抽打他的眼睛和脸。一群野鸟鸡从藤蔽的草丛里跑出来，睁圆眼睛好奇地盯着他，有几只公乌鸡在鸡群里穿来穿去，扎撒着尾巴，气冲冲地竖起翅膀，高声地向女伴们数落马加尔和他用过的坏点子。给了远处林丛里出现了千万只狐狸的咀脸。一个个提神气，摇动着长长的耳朵，嘲讽地正望着马加尔发笑哩。地面上又是许多兔儿，竖起耳朵，也在哈哈大笑，猜到马加尔迷了路，走不出大森林了。

真是欺人太甚了。

20×20＝400　安徽师范大学稿纸

"我一定回了！"——马加尔心里想道，并且决定完全回定得干脆些。

他躺倒在雪地上。

暮气又重了。北极光的余辉微弱地闪烁着，淡淡地在天空打散开来，透过大森林的树枝照到马加尔身上。远远的查尔干不时地传来钟的余波。

突然急速闪了一下，就熄灭了。钟声停了。

马加尔也死了。

五

他怎样死的，他没有来得及留意。他晓得灵魂是要出窍的，于是等着灵魂出窍，等呀，等呀……可是什么也没有出来。

这时他心里知道自己已经死了，所以安安静静地躺着，一动不动地。他躺了很久很久，实在有些躺腻了。

天已经黑了，马加尔觉得有人用脚轻轻踢了他一下。他转过头去，睁开了闭上的眼睛。

他头顶上的桦叶树如今彬彬有礼，显得非常斯文，是在伴着他，实在觉得对不起。毛

20×20=400　　安徽师范大学稿纸

蓬蓬的罗汉松伸出它那宽阔的、冰雪覆盖的掌状枝，轻轻地摇曳着。天空中同样轻轻地飘落着亮晶晶的雪花。

慈祥的明星透过密密的枝叶向下窥视，好像在说：“你瞧，一个可怜的人死了。”

马加尔身边站的是老神甫伊凡，他蹒跚向前。他那长长的法衣上落满了积雪；他的皮帽上、肩膀上、长长的胡子上，到处都是雪。最使马加尔惊讶的是：这不就是四年前死去的那个伊凡神甫吗？

这可是一个善良的神甫。他从来不逼着马加尔供奉，做圣礼甚至不要钱。做祷告和行礼马加尔都是自己随便付钱，有时候付得太少，有时连一个钱也不给，现在想起来都觉得不好意思。伊凡神甫从来不生气；他只要求一点：每次得买一瓶酒。要是马加尔没有钱，伊凡神甫就自己掏钱去打酒，他们一块儿喝。神甫也是喝到醉得不省人事，既然醉成这样，也就跟人打架；打一架，

20×20=400 安徽师范大学稿纸

也不出声的。马加尔自觉得把烂醉如泥、狼狈不堪的神甫送回家去，交给神甫娘子去照顾。

不错，这是一个善良的神甫，不过他竟没有得到好死。有一天，家里人都出去了，烂醉的神甫一个人躺在床上，忽然想起要吸烟。他爬起来，摇摇晃晃地扑到烧得正旺的大火炉前去，想借炉火点烟。他实在醉狠了，一头就栽倒在火里。等家里人回来，神甫就只剩两条腿了。

大家都对善良的神甫伊凡表示惋惜；可是因为只剩下了两条腿，世界上再没有那个医生能将他救活。便把两条腿埋葬了，另派别人接替了伊凡神甫的位置。

这会儿便是这位伊凡神甫，全身完好如故，站在他身边用脚轻轻踢他。

“起来，马加尔老弟，”他说。“我们走吧。”

“到哪儿去？”马加尔心中不快地问。

他以为，既然他已经“死了”，他的责任就是静静地躺着，再没有必要又起来走路，在森林里乱闯。要不然把他葬掉干什么？

20×20＝400　　安徽师范大学稿纸

"我们去见天王去。"

"我去见他干什么？"马加尔问。

"他要审问你。"神甫悲伤并且有点儿慌张地说。

马加尔记起来了，确实人死后要受审的。这是他过去在教堂里听说的。这么说，神甫的话是要听的。那就只好起来了。

马加尔爬了起来，嘴里嘀咕着说，人死了都得不到安宁。

神甫走在头里，马加尔跟在后面。他们径直地走路。落叶松彬彬有礼地闪到两旁，给他们让路。他们朝东走去。

马加尔十分惊讶地发现，伊凡神甫走过后雪地上没有留下脚印。他望望自己脚底下，也没有看到脚印：雪地又干净又平整，平得像桌布一样。

他想道，这会儿他要到别人套夹上去摘狐狸，那就太方便了，谁也发现不了；可是神甫敏锐地猜到了他的隐秘的心思，转过头来对他说：

20×20=400　　安徽师范大学稿纸

"别想啦！你还不晓得，有这种想法会受重罚的。"

"哟，哟！"马加尔很不满意地回嘴说。"这想都不能想啊！你为什么这样[illegible]起来了？别来这一套吧！……"

神甫摇了摇头，继续朝前走去。

"要走很远吗？"马加尔问。

"很远。"神甫[illegible]地回答说。

"那我们吃什么呢？"马加尔还是很不放心地问道。

神甫转过头来，对他说：

"你忘记你已经死了，死了就不吃不喝了。"

这一点马加尔并不十分喜欢。当然，在没有东西吃的时候，那也是不好的，但那得要像他刚死掉那样躺着才行。这可是走路，而且要走很远的路，不吃一点东西，他觉得这是不能想像的。他嘴里又咕哝起来。

"别嘀咕啦！"神甫说。

"好吧！"马加尔[illegible]回答说，但他心里还是在埋怨，埋怨这种

20×20=400　　安徽师范大学稿纸

不合理的章法："逼着人走路，又不让吃东西！哪里有……听说过……？"

他跟在神甫后面走着，嘴里一直嘀嘀咕咕的。他们这样子走了很久很久。虽然马加尔没有看到一次天亮，但是根据走过的地方来判断，他觉得他们已经走了有好几个星期了：他们跨过了那么多的山谷和峭崖、河流与湖泊，穿过了那么多的森林与平原。每次Makap回头望望，便觉得黑魆魆的大森林在自动地朝后头跑，高高的雪山好像在苍茫的夜色中渐渐溶化，很快地朝地平线后面去了。

他们好像是越来越升到了高处。星星越来越大，越来越亮了。后来他们登上了一处隆起的高原，看到高原后面露出了早已西沉的月亮的边缘。月亮像是要匆匆忙忙地逃掉似的，但是Makap和神甫将她追上了。月亮只好重新升起在地平线上。他们走在平坦的、高高的土地上。

这会儿亮起来了，比夜幕初降时亮多了。这是因为他们离星星近多了。星星一个

20×20=400　　安徽师范大学稿纸

个都像苹果那么大，晶亮晶亮的，月亮像一个大金摘的榆钱，像太阳那样地放着光，将大草原照得纤毫毕露。

草原上布满[illegible]一片雪花。草原上有许许多多道路，所有的道路都朝着一个地方伸去。路上有的行人有的骑马，有的步行，[illegible]，横竖也分不清楚。

忽然 Макар 死死地盯住一个骑马的人，撇开原来的道路，朝那人追去。

“别跑，别跑！”他高喊道，可是 Макар 连叫都来不及叫了。他很快地认出了一个短粗人，那人大前年偷走了他的花斑马，三年前死去的。这会儿短粗人骑着的正是那匹花斑马。花斑马一股劲儿地在打圈子。马蹄溅起一阵阵[illegible]的雪[illegible]，[illegible]照在雪堆上[illegible]的[illegible]。马加尔看到这种情景，觉得十分吃惊：他这样一个步行的人[illegible]轻易地追上一个骑马的短粗人呢。这时短粗人看到马加尔来到跟前，就[illegible]地停了下来。Макар 毫不[illegible]地朝他扑过去。

20×20＝400　　安徽师范大学稿纸

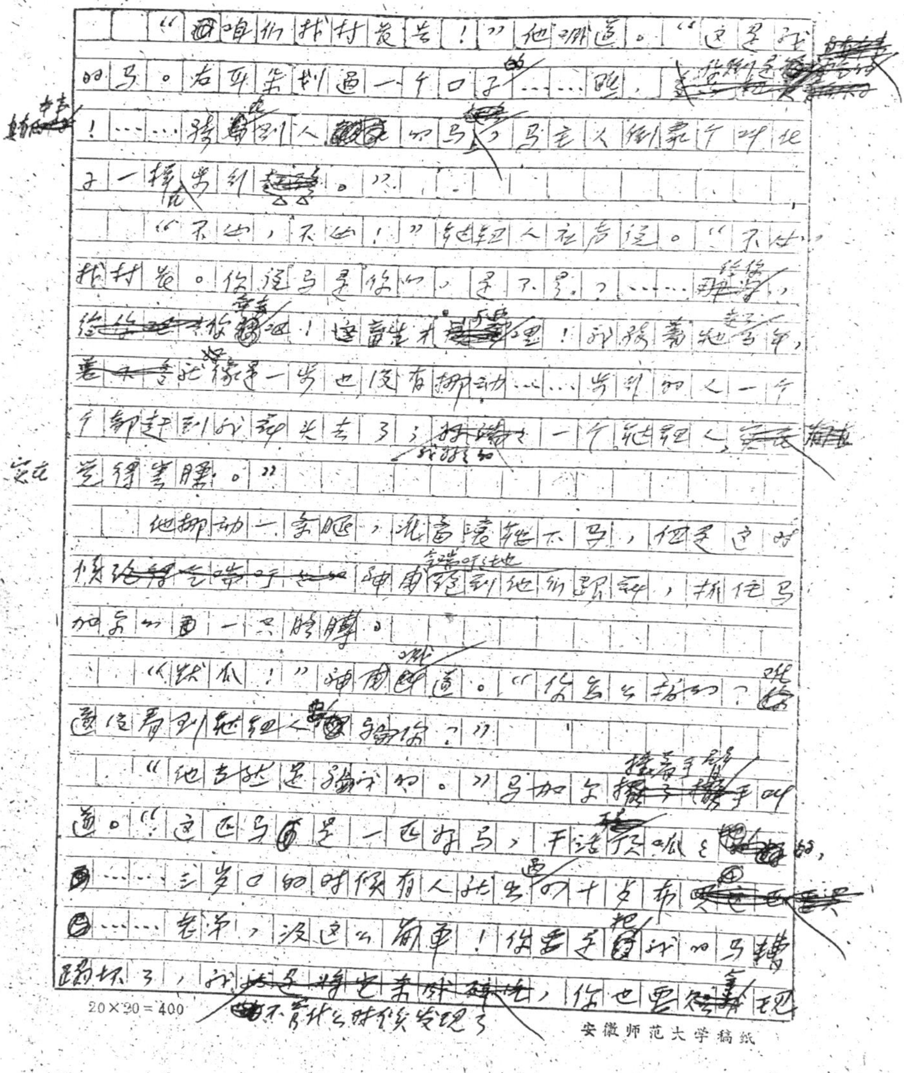
"咱们找村长去！"他嚷道。"这是我的马。右耳朵划过一个口子……跑！……骑到人家的马上，马主人就象个叫化子一样步行……。"

"不去，不去！"绅士人大声说。"不去找村长。你说马是你的，是不是？……那好！给你去……！这真是太不讲理！我骑着这马，连一步也没有挪动……步行的人一个个都赶到我前头去了；……一个绅士人觉得害臊。"

他挪动一条腿，准备跳下马，但这时候……神甫跑到他们跟前，揪住马加尔的一只胳膊。

"傻瓜！"神甫说道。"你怎么搞的？难道没看到绅士人在骗你？"

"他当然是骗我的。"马加尔摆着手叫道。"这匹马是一匹好马，干活顶呱呱……三岁口的时候有人出过四十卢布……老弟，没这么简单！你要是把我的马糟蹋坏了，……不管什么时候发现了，你也要……赔

20×20＝400

安徽师范大学稿纸

……偿，你还以为你是鞑靼人，就没有王法了？"

马加尔越说越火，有点高声叫起来，想召集更多的人前来，围打他一个蛮横的鞑靼人。但是神甫严肃地不要做声：

"别讲了，别讲了，马加尔！你老是忘记你已经死了……你要干什么？廓说，难道你没有看见，你当初比鞑靼人快得多了？你是不是想骑在马上过一个年都不得安生？"

Макар性子太暴，怪不得鞑靼人那么发急将马让给他呢。

"这家伙可真凶！"他心里想道，对鞑靼人说：

"收起这一套吧！这马你就骑着吧，哼，看我不告你去！"

鞑靼人气呼呼地瞪了一眼皮帐，举手抽了两鞭。马儿打起圈子，一团团雪粉从马蹄下飞起来，但是，直到Макар和神甫离开，鞑靼人才坐着没有移动。

他气愤地喘了一口，对Макар说：

"听我说，朋友，你能不能给一些烟叶子？真想

20×20＝400 安徽师范大学稿纸

抽烟，好的烟叶子的多数被抽光了。”

“我可没有你这个朋友，我才得你做朋友哩！”Macap生气地回答说。“真有意思：偷了人家的马，还要烟叶子！你就是倒霉一千次，我才不可怜你。”

Macap说完这几句话，便继续朝前走。

“你真不应该不给他一片烟叶子。”伊凡神甫对他说。“你如给他一片烟叶子，天主在审问你的时候，最少得赦免你一百条罪过。”

“那你为什么不早点儿告诉我？”Macap嗔怪地说。

“嗯，现在教你那就晚啦。这都是旧世界神甫应该教的课程。”

马加尔很懊恼。神甫一点好处都没有给他；光要俸奉，这什么时候应当送给鞑靼人一片烟叶，罪过就可以得到宽恕的好处都不教给他。一百条罪过，……不过一片叶子！……能值什么？

“等一等！”他说。“我留一片叶子就够抽的了，其余的叶子我都给鞑靼人。”

20×20=400　安徽师范大学稿纸

没能抵得过家常用过了。”

“你且回头看看。”神甫说。

Макар回头一看，后面是一片白茫茫、空旷旷的大草原。鞑靼人像个遥远的小白点似的闪了一下。Макар觉得他似乎看到鞑靼人的马扬起的雪尘，但是一眨眼的时间这个小白点儿也不见了。

“给你说了。”Макар说。“鞑靼佬没有烟抽你也能了。瞧见没有：这可恶的家伙把马给糟蹋坏了！”

“不是的。”神甫说。“你的马他没有糟蹋坏，但马是偷来的。难道你没有听到老一辈的人讲过，骑着偷来的马是跑不远的？”

Макар的确听老一辈的人讲过这样的话，但是因为他活着的时候常常看到鞑靼人骑了偷来的马到城里去，他也就不相信老一辈人的话了。这会儿他才懂得老一辈人的话有时候是有道理的。

他又赶过了草原上许许多多骑马的人。所有骑手跑得都像他遇到的第一个骑马的人那样快。马飞如鸟飞，骑马的人汗流浃

20×20=400　　安徽师范大学稿纸

背，可是Макар一个一个地走到了他们前头，将他们撂在背后。

大部分是鞑靼人，但是也有一些土生土长的查尔干镇上的人；有几个查尔干人赶着赶来的牛群，不住地用柳条子抽打。

Макар觉着鞑靼人显得好不可憎，不住地咕哝着说这样太便宜他们了。他如遇到查尔干镇上人，便停下来，客气地同他们谈谈：虽然是贼，但总归是乡亲。有时他甚至表示自己的同情：在路上拾起一根柳条，热心地从后面将牛和马赶一阵子；但是只要他往前迈上几步，这些步行的人就落到后面，变成了隐隐约约的小点儿。

大平原辽阔无边。他们不时地赶过一些骑马的人和步行的人，然而周围还是显得空荡荡的。行人与行人之间似乎有百里，以至千里之遥。

马加尔在两个行人中间看到有一个陌生的老头子；他显然是出身于查尔干人；这从他的脸型、衣着、举止上都可以看得出来，但是Макар却记不起过去有没有见过他。老头子穿的是破皮袄，

20×20＝400

安徽师范大学稿纸

戴的是老大的带着耳朵的皮帽，也是破破烂烂的，脚下是鹿皮裤和一双破烂的牛皮靴。但最叫人吃惊的是，别看他年纪那么大了，背上还背着一个更加衰老的老婆子，老婆子的两条腿拖在地上。老头子上气不接下气，走走停停地，吃力地拉着拐杖。马加尔惊奇地站住，便停了下来。老头子也停了下来。

"老爷爷这是怎么回事！"Макар很纳闷地问道。

"没什么好讲的。"老头子回答道。

"你听到什么了？"

"什么也没听到。"

"你看到什么了？"

"什么也没看到。"

Макар暂时不做声，认为这样才能使得老头子讲出他的姓名和来历。

老头子自报了姓名。很久以前了，——他自己也不知道是多少年以前了，——他离开老家于到"山上"去避难。他在山上吃草莓和树根，什么事情也不干，不耕田，不种地，不用手磨磨粉，也不缴税纳粮。

20×20=400　　安徽师范大学稿纸

等他一死，便到大王那里受审。大王问他姓甚名谁，干过一些什么事情。他说他到"山上"避难去的。大王说："很好，那你的老伴儿呢？等一等，把你的老伴儿叫来瞧瞧。"于是他去找老伴儿。老伴儿无奈一直在讨饭。没有人养活她，没有房子住，没有牛，没有粮食吃。她瘦瘦一身，连腿都抬不动了。所以他这会要背着老伴儿去见大王。

老头子哭了起来，老伴儿踢了他两脚，就像踢老牛似地，声音微弱然而气呼呼地说：

"背我快走！"

Макар觉得老头子可怜了，他自己打心眼儿里就到高兴：幸亏他还没有能到"山上"去。他的老伴儿高个儿，大块头，他要是背起她来那才够呛的。要是她像踢老牛那样踢他两脚，那也许会叫他死第二次。

他出于同情，本想抓住老婆子两条腿，以老头儿就有一点力气，可是刚刚抬了两三步，就不得不将老婆子的腿放开，免得将两条腿拖离了身子。转眼之间老头子背着她的老

20×20＝400　　安徽师范大学稿纸

伴也就看不见了。

当天在路上没有看到值得马加尔特别注意的人物。有一些做买卖的人背着自己的货物，像满载的牲畜似地一步一步地慢慢往前挪动；肥胖的税务官们像塔一样坐在高高的马鞍上，一颠一颠地走着，脸上的皮肤都冻到紫了。许多不幸的奴仆矫健、灵活得像兔子一样，在他们前后左右又蹦又跳地跑着。有一个阴森的杀人凶手，满身是血，眼睛里露出强烈失望的神色。他摔倒在洁白的雪堆里，想把血迹洗掉，但都是徒然。像泡沫飞溅似地将周围的雪染成了红色，可是凶手身上的血迹却变得更加明显，他的眼睛里露出极度的绝望和恐惧。他动荡走着，尽量躲避别人惊恐的眼神。

孩子们小小的灵魂不时地像小鸟一样在空中掠过。他们一来就是一大群，马加尔觉得这不足为奇。粗糙的饭食、阴暗帐篷里的炉火加上刺骨的紫雪寒冷，单从查尔干镇上就夺走了几百条小小的生命。他们一飞近凶手，便惊得四散，过后很久还听得

20×20＝400　　安徽师范大学稿纸

是他们那九头的蹄声划过天空时铃铛欢快而慌乱的声音。

马加尔不会不看到他走得比别人快得多，便忙不迭地将这一切归功于自己高尚的德行。

“神父，你看，”他说。“你……我虽然生前爱喝一点酒，可是为人还算满好的。老天爷真没有看错我……”

他试探地朝伊凡神甫望了一眼。他有一个打算：要从老神甫口里打听一点它的内情。可是神甫干巴巴地说：

“别得意啦！快到了。马上自己就晓得了。”

Макар 甚至没有发现，平原上似乎亮了。光是天际升起了几道亮光。亮光划过天空，将灿烂的星光掃灭了。星星不见了，月亮隐下山去。白雪皑皑的大平原暗下来。

这时平原上升起了片片的云雾，笼罩在四周，紧紧地守卫着大平原。

在东方一处地方，云雾变得亮闪闪的，像是穿披金甲的武士。

一会儿云雾轻轻飘动，金甲上出一片斑驳。

20×20＝400　　安徽师范大学稿纸

太阳穿过云雾升了起来，坐在云雾金色的脊背上，照射着草原。

草原上到处是灿烂的春日的阳光。

云雾跳着巨大的圆舞，冉冉升起，在西边散了开来，一片片飘飘，向高空逝去。

Макар仿佛听到一阵仙乐。这仿佛是地界上大地欢迎太阳的那一支乐曲。但是Макар从来没有认真注意听过，现在才第一次听懂，这是多么美妙的一支乐曲。

他停下来倾听着，不想走了。真想永远待在这里倾听这支乐曲……

× × ×

可是伊凡神甫扯了扯他的袖子，说：

"进去吧。我们到了。"

这时Макар看到他们正站在一座大门前。刚才这座大门被云雾遮住，他没有看见。

他真不想走，但是，有什么办法，只好听神甫的了。

六

他们走进一座高大而华丽的房子。Макар一走进这座房子，才发觉外面真冷极了。房子中间有一座熊熊燃烧的仙炉，里面燃烧着金紫，散发着均匀的热气，一下子就热透了全身。仙炉里的火不刺眼，不灼人，只是散发热气，于是Макар又想永远待在这里，永远觉得身上暖暖和和的。伊凡神甫也走近了火炉，将冻僵的两只手伸了过去。

房子有四扇门，其中只有一个是通向外面的，其余几个门里经常有一些穿白衣服的年轻人进进出出。Макар心想，这想必就是些天王的手下的使者。他觉得他好像在哪里看到过他们，但究竟在哪里，他记不起来了。他看见吃惊的是，每个使者都有一双白色的大翅膀在背上一闪一闪的，他才想，天王原来还有一些使者，因为这些使者既然长着大翅膀，想必是不能钻到密林里去砍柴的。

有一个使者走到火炉跟前，背对着他，同伊凡神甫谈了起来：

“讲讲你的见闻吧！”

“没什么好讲的。”神甫回答说。

“你在世上听到什么？”

“什么也没听到。”

“看到什么？”

“什么也没看到。”

两个人都沉默了一会儿，神甫开言了：

“我带来一个人。”

“可是查尔干镇的人？”使者问。

“是的，查尔干镇上的。”

“那得要准备大天秤哩。”

他走进一个门里去安排去了。Макар问神甫，要天秤干什么，而且还非要大的不可。

“是这样的，”神甫有些断然地回答说。“要天秤，那是要称一称你生前做的好事和坏事。别的许多人做的好事和坏事放在秤盘上大致是相等的；有些查尔干人做的坏事太多，天王只好吩咐人做了一架专门用的天秤，就那用的盘子特别大。

Макар听了这话心里像猫爪子在抓似的。他有点儿怕了。

几个使者抬进一架大天秤，安置妥当。一只盘子是金的，小小的，另一只是木制的，老大老大的。木盘下面忽然出现了一个深深的黑洞。

Макар走过去仔细瞧瞧天秤，提防有人做假。但没看出破绽。两只盘子平平地，一点也不晃动。

况且他也不完全了解天秤的构造，认为做什么事情还是用狡猾好，他一辈子用狡猾的本事算得精到，不管是买，是卖，都能捞得到一点儿便宜。

"天王来啦。"伊凡神甫忽然说道，一面在端正衣帽。

中门大开，年事很高的天王走了进来，银白色的大胡子一直垂到腰以下。他穿着Макар从未见过的、十分华丽的皮袍和锦绸，脚上登的是波斯丝线的软鞋，这种鞋子Макар看到一位老神像画师穿过的。

Макар一眼便看出这正是他曾看到的教堂里画的那位老头子。只不过现在他儿子不在他身边；Макар想，也许儿子办事情去了。忽然一只鸽子飞进门来，在老头儿头上打了几个圈儿，便落在他的膝盖上。年迈的天王坐在特设的宝座上，用手抚摸着鸽子。

天王的面孔是慈祥的，Макар这时心里感到十分沉重，一望到这张面孔，便轻松多了。

他心里感到十分沉重，是因为他忽然回想起了一生所做的大大小小的事情，想到他走的每一步路，每一锄头，砍倒的每一棵树，每一次撒谎，他喝的每一杯酒。

所以他觉得羞愧，害怕。但是他望了老天王的脸色，又打起精神来。

他胆子大起来，心想，也许有些事情还能瞒得过他呢。

老天王望了他一眼，便问他是干什么的，什么地方来，叫什么，活了多大岁。

Макар一一回答过了，老天王又问他：

“你生前做了一些什么？”

“你自己知道的，”Макар回答说。“你这里一定有记载的。”

Макар是想试探一下老天王，看他是不是当真全都记了。

“要你自己讲，不许隐瞒！”老天王说。

Макар又打起精神来。

他便自报他做的坏事，虽然他记得他砍的每一斧头，记得他砍的每一根树桩子和他犁过的每一垅地，但是他多报了几千根树桩子、几百车木柴、几百棵树和几百普特粮食。

等他报完了，老天王转身对伊凡神甫说：

“把簿子拿来。”

这时Макар才知道伊凡神甫是在天王手下做秘书。他很生气：神甫不会当心的，不肯将这些情形事先通知他。

伊凡神甫拿来一个大簿子，翻开来，仔细往下看。

“看一看，”老天王说。“砍了多少树桩子？”

伊凡神甫看了一下，说：

“他多报了一万三千根。”

“他胡扯！”Макар气愤地叫道。“他一定是弄错了，因为他是个醉鬼，死都没得到好死的！”

"住嘴！"老天王说。"常引说礼拜不做礼拜，他有没有敲诈勒索？有没有向你多要供奉？"

"问这些事是多余的！"Макар回答说。

"那还有什么好讲的。"大王说。"他爱喝酒，我自己也知道。"

老天王生气了。他对伊凡神父说：

"你念念簿子上记的他的罪过，因为他爱扯谎，我才不相信他呢。"

这时使者们将Макар欺骗的那些秤子、木桩、他耕的地，以及所有的谎话都放到金盘子上。这一切加在一起真是多得不得了，天秤上的金盘子被压得低低的，木盘子升得高高的，用手够都够不到，天使们便张开翅膀飞上去，拴上绳子，百十个人一齐往下拉。

真是干坏事的人干的坏事是非常重的！

伊凡神甫开始念他撒谎的次数，撒谎共计二万一千九百三十三次；神甫又念Макар喝的酒，共计四百桶；神甫又往下念，这时Макар看到，天秤的木盘低过了金盘，已经渐渐陷入泥洞里，可是神甫还在念，木盘还在往下陷。

这时Макар心中暗想事情不妙，于是走到天秤跟前，正悄悄用脚顶住木盘，可是有一个使者发觉了，大家一齐嚷了起来。

"怎么一回事呢？"老天王问道。

"他想用脚顶住木盘。"使者回答说。

只见天王慢慢地转过身来，朝Макар说：

"我看清楚了，你好爱扯谎，又是一个酒鬼和懒汉……你抗缴税款，拖欠神甫供奉金，警察局长一见面就得将你臭骂一顿，就因为你才犯了过错……"

老天王转过身去，向伊凡神甫问道：

"查尔干镇上什么人给马装载装得最多，而且天天赶车到外面拉脚？"

伊凡神甫回答说：

"教堂里的诵经人执事僧。他又送邮件，又拉警察分局。"

于是老天王说：

"将这个懒鬼交给执事僧去做辕马，让执事僧驾上他去拉警察分局，不把他赶得精疲力尽，决不能叫他歇息……看看他能不能痛改前非。"

老天王这话刚刚讲完，门开了，天王的儿子走进屋来，坐在他右手下。

儿子说：

"我听到你讲的话了……我在世上活了很久，知道世上的情形：给警察分局拉车可是穷人的一项苦差事！但是……那也只好如此！……不过，也许这人还有什么话讲。你就让他讲吧，可怜的人呀！"

这时出现了十分奇异的事情。Макар还是那个Макар，原来一辈子讲话从来没有一次超过十个词儿，忽然觉得自己有了口才。他一面讲，一面自己觉得十分吃惊。好像一下子分成了两个马加尔：一个在讲话，一个在听，并且觉得非常惊奇。他简直不相信自己的耳朵。他讲得流畅、充满激情，一句紧接着一句，随后就更外……又长、又晕去的阶段。他再不胆怯。有时即使口结一下，但立刻就恢复正常，而且声音比原来更大。老王智地觉得他讲的话有理。

老天王起初觉得他十分放肆，很有点儿生气，后来却听得十分出神，似乎已经看出来，Макар并不是像他原来所想像的那样一个傻瓜。伊凡神甫刚一开头甚至将他阻挡，还想扯了几下Макар的衣袂，可是Макар挣脱他的手，差些打诋他的。后来神甫看到他这位教民讲的句句是真理，而且讲到老天王的心坎里去了，也就不害怕了，甚至笑逐颜开。老天王手下当值的掌灯夜、长白翅膀的使者们也从原来站的地方走到门边，竖耳地在听Макар讲话，不住地用胳膊肘互相捣呀捣的。

他先讲他不愿意去给富事僧做牛马。不愿意去不是因为怕干重活，而是因为这些判决不公平。就因为这些判决不公平，他就不服从，理都不理，睬都不睬。随你怎么办好啦！就是，他也不去给警察局赶车，因为这很不公平。不要以为他是怕做牛马太吃苦：富事僧的牛马做事，还得喂它一点燕麦呢，人家赶着他做了一辈子的事，从来没有人管他的草料。

“哪一个赶着你做事？”老天王气冲冲地问。

是的，他被赶着、逼着干活儿干了一辈子！村长、乡长、县官、警察局长向他要税派捐，逼着他干活儿；神甫要供奉，也是逼着他干活儿；又穷又饿，逼着他干活儿；醉鬼、严寒、干旱、水涝，都逼着他干活儿；冻硬的土地、幽暗的森林也都在逼着他干活儿！……牲畜不停地往前走，眼睛只能望着地面，不晓得被赶到哪里去……他也是这个样子……难道他晓得教堂里神甫会讲些什么，神甫传授……又是为了什么？难道他晓得他的大儿子被弄去当兵是为了什么，弄到什么地方去了，死在何处，残骨如今埋在何方？

说他喝了很多酒，是不是？是的，这是事实：他也贪酒渴望……

“你说，喝了多少瓶？”

“四百瓶。”神甫望了一下马加尔，回答说。

好的！可难道这是酒吗？四分之三是水，只有四分之一是真正的酒，还加上烟草汁。应该说，有三百瓶不能算数。

“他讲的这些可都是真的？”老天王问伊凡神甫说，看样子，他更加生气了。

“句句是真的。”神甫连忙回答说，Макар连连往下讲。

他多报了一万三千根松树桩子，是不是？就算他多报吧！就算他只砍了一万六千根。这还少吗？再说，有两千根是在他的前妻生病时砍的……他当时心里非常伤心，总想待在老伴儿身边，可是家里穷，只好去钻森林……到了森林里，他不住地流眼泪，泪水在睫毛上结成了冰，他困苦心里痛苦，刺骨的冷气，一直冷到他心里去了……他还要砍柴！

后来他的老婆死了。要埋葬，他又没有钱。为了给老伴儿买棺材，他又去给人家砍柴……商人看到他急等钱用，只给他十个戈比……老伴儿躺在没有炉火的冰冷的房子里，他又去砍柴，眼泪不住地流。他认为，这些柴应当加上百倍计算，甚至不止百倍。

老天王眼睛里出现了泪水，Makap并且看到，天秤的两个盘子上下摆动起来，木盘升了上去，金盘落了下来。

Makap还在继续讲：不是说，簿子上都记着吗？……那就找找看：什么时候，有人给他恩爱、尊敬或者欢乐？他的孩子们又在哪里？孩子们生病死去，他感到痛苦、悲伤，有的长大了，却离开他，只身孤零零，为着生活去挣扎。他只有同老伴儿一块儿苦熬岁月，眼看着自己一天天老去无力，孤苦伶仃的，可怕的暮年悄悄来到。他们孤单单地生活在世上，就像是荒野上狂风暴雪往往吹打的两棵孤零零的小枞树。

“可是真的？”老天王又问道。

神甫连忙回答：

“句句是真的！”

这时天秤又在上下摆动……老天王却在深深地思索。

“这是怎么回事呢。”他说。“我派到世上有不少正人君子……

他们的眼睛是明亮的，面孔是洁净的，衣服没有补缀……他们的心像肥沃的土壤，种进善良的种子，就发出善良的草，开出芬芳的香花，那香味我闻着再好不过了。可是你瞧瞧你的样子……"

许多只眼睛一齐望着Макар，觉得他很不好意思。他觉得他的眼睛是昏淡无光的，脸黑黑的，头发胡子乱蓬蓬的，衣服破烂不堪。虽然他死前就想买一双靴子，打扮成一个像样的农夫来见天王，可是钱都喝得光光的，这会儿他这个时候来拜见天王的穿的是些烂得不像样子的衣服靴子……地上有缝，他真想钻进去。

"你的脸黑黑的。"老天王还在说。"眼睛昏淡无光，衣服破破烂烂。你的心长满了荒草，荆棘，又有苦蒿。所以我喜欢我那些正人君子，一見到像你这样的罪孽的人的脸就讨厌。"

Макар的心里好不难受。他自惭形秽了。垂着头不作声，可是忽然他昂起了头，又讲了起来。

天王讲的是什么样的正人君子？如果讲的是世上那些和Макар同时代的住在豪华的高楼大厦里的人，那Макар是晓得他们的……他们的眼睛明亮，因为他们没有像Макар一样流那么多的眼泪，他们的面孔洁净，那是用香脂擦的，他们的衣服都是别人给缝的。

Макар又低下头去，可是他又昂了起来。

在纵横交错的额头皱纹之间难道他没有看出，他生下来也和别人一样，有一双明亮的、天真的眼睛，里面照得见天空与大地，也有一颗纯洁的心，期待着迎接世上一切美好的东西？要是说如今他却不得不把自己伤痕累累的躯体掩埋于地下，那这不能怪他……那又怪谁呢？——他不知道……但是他知道一点：他心中再也无法忍受了。

七

当然，Макар要是能看到他的话给天平多么大的震动，要是他能看到他所讲的每一个愤怒的字眼像铅砝码一样地落到了金盘上，他会叫他的心平静一些。但是这一切他都没有看见，因为他的心里充满了绝望。

如今他回顾了自己痛苦的一生。他怎么能忍受至今支持到今天呢？他忍受至今是因为希望像大雾中的星星，总是在前面指引着他。他想着，过不了多久，总会遇到好一点的命运吧……如今他已经看到生命的尽头，希望破灭了……

这时他的心中满腔的怒火燃烧起来，就像是深夜里空旷的原野上狂风暴雨。他忘记了他如今是在哪里，站在什么人的面前；他忘记了一切，只有满腔的愤怒……

× × ×

于是老天王对他说：

"听我说，孩子！你现在不是在人世……到了天上你也能够享受到一点公道了……"

Макар心中一震。他心中突然觉到，现在有人怜悯他了，于是心里的气愤减轻了一点儿；可是因为他那可怜的一生，从第一天到最后一天，历历在目地呈现在他的眼前，他也就抑制不住地自己可怜起自己。他哭了……

老天王也哭了……伊凡尼神甫也哭了，年轻的天使们也哭了，不住地在宽大的白袖揩眼泪。

天秤在不住地上下摆动，木盘升到高处，越升越高了！

……

1883年

（译者附记）《马卡尔的梦》是柯罗连科的代表之作，是俄罗斯文学中的名篇。1883年写于流放中，发表于1885年。

车尔尼雪夫斯基读过这篇小说后，非常赞赏这篇作品及其作者。作者写得真实，技巧高超，"只有对俄罗斯农民的生活和精神有深刻理解的天才作家才能写得出这样的作品。"

用高度浪漫主义的手法，揭示出现实社会最本质的事物。真实感人，妙趣横生，性格鲜明，引人入胜。小毛病，小心眼，自私，贪嘴，农民最典型的缺点、毛病他应有尽有，这个人物却是令人喜爱。人物一生坎坷，我们便跟着他走过雪地、经森林、地上、天上，竟然……到最后，人物哭，天帝笑，读者们看了哭了，掩卷之余，怎能不叹息、思索？——作者是怎样做到这一步的呢？这部作品是值得一读的。

附录2

怀念父亲

王 燕

父亲离开我们已经20年，但我总认为父亲一直都没有离开我们，这不仅仅是因为我时常阅读父亲翻译的所有著作，更是因为父亲的音容笑貌始终在我的脑海中浮现、时常在我的梦中出现。父亲生活中的点点滴滴总是让我想起各种场景，下放农村时在菜地里忙碌的身影、学生到家里时谈这谈那的声音、翻译时专心致志的背影……

一、父亲出身贫寒，特别珍惜家庭幸福

1926年12月21日，父亲出生于山东省广饶县一个贫寒人家。幼年丧母，他和爷爷、姑姑一起生活。小的时候，爷爷为了赚钱养家常年在外打工。所以父亲是由外祖母抚养长大，读书时断时续。因日寇侵华，1943年他和两个年龄相仿的伙伴一起逃离家乡，从此开始了颠沛流离的生活，食不果腹、担惊受怕，尝尽了生活的苦涩与艰辛。

因为父亲小的时候很少体验到一个完整家庭生活的幸福和

快乐，所以，在我出生以后，父亲特别开心。母亲告诉我说，小的时候父亲几乎把全市点心品种买遍。我在外地上大学时，尽管交通很不方便，但父亲几乎每周都要去看我，肩挑背扛，给我带上一大堆吃的、用的。工作以后，每次因事下班回家晚了，父亲肯定会来单位接我。每天吃饭无论我回来多迟，他都一定要等我回来。

我女儿出生以后，父亲开心极了，一年内一字未译，说是要好好休息休息，其实是抽出时间来陪他心爱的外孙女。我女儿还不能够直立抱起的时候，他就用两只手平托着在家里走来走去，或者到外面沐浴阳光。我女儿刚开始会吃东西的时候，父亲每天一早都到菜场去买银鱼回家炖蛋。夏天的时候，父亲要么左右手各托着一个大西瓜，要么一手拉着我女儿，一手托着西瓜。怕我女儿夏天热，父亲到杭州出差时专门买回来一台空调，要知道，在那个年头家里安装空调还是一件很奢侈的事。为了不影响我女儿在国内正常入学，1995年暑假，父亲专程到俄罗斯看望我们一家三口，然后把我女儿带回家上小学。

在我心中，父亲高大如山，宽广如海。我对父亲充满深深的敬意，为此也感到十分自豪。但无论是在农村下放时，还是在上学期间，甚至在我工作以后，都是父亲为我操心、为我考虑，而我却很少为父亲考虑，很少和父亲交流，也很少对父亲嘘寒问暖，作为女儿没有为父亲尽一份应尽的孝心，至今在我的心中依然充满了愧疚。

二、父亲为人真诚，特别注重做人做事

父亲一生坎坷，1957年上半年，他被错划为“右派”，开除公职，送去“劳动教养”。1960年，他被摘掉“右派”帽子，返回学校。十年动乱开始，他又以“老右派”受到批判、打击。1969年携全家下放安徽宣城农村劳动。1978年回安徽师范大学教书。1979年“右派”问题平反。然而，尽管历经磨难，父亲却从未灰心丧气过，始终保持着格外刚强的个性，不怕苦，不怕难。

正如《安娜·卡列尼娜》出版时父亲自题小像里面写的：一生清白，一生不弯腰。“文革”期间，他遭受批斗时，造反派要他跪下，他反而站得更直，即使棍棒打在他的身上，他也决不低头，决不跪下，直到他被打倒在地，被打伤、打晕。他的这一性格也体现在翻译工作当中，在重译《静静的顿河》时，他以常人难有的决心、胆识和毅力，废寝忘食地完成。《静静的顿河》全书140多万字。父亲坚持每天翻译二三千字，前后历时两年半，近千个日日夜夜，其中的辛苦可想而知。

当他被打成“右派”、开除公职、下放山区的时候，他仍没有被打败，反而认真地面对每一项任务，坦然面对艰难的处境。无论面对怎样繁重的体力劳动，他都能够坚持下来，成为一个大伙夸奖的勤奋刚毅的体力劳动者。

我记忆中的父亲特别能干，我甚至觉得他无所不能。记得我们在乡下时，他把生产队划拨给他的那一块菜地利用到了极致，蔬菜一年四季轮换着种，收成都很好。有一年大白菜都收了几千

斤,分给村里人一起享用。当时当地还没有人种过西瓜,山区蜜蜂少,父亲就自己动手给西瓜一朵朵地人工授粉,结果他种出的西瓜又大又甜,同时还练就了一手引以为豪的挑瓜的手艺。记得有一次,在安师大农场的一个朋友因为怕种子失传交给了他十几种种子,让他代为培育,其中包括一些稀有的西红柿品种,他都培育成功了。因为宣城产茶,父亲在那里还练就了品茶本领,无论什么茶,他只要闻一闻、尝一尝,立刻就能知道这茶是明前茶还是明后茶,是火候没有到还是烤过了,里面是不是有老叶子,这也成了他以后的唯一嗜好。

父亲头脑非常清楚,下放在农村时,当地人请他担任村里的会计和保管员,父亲把工分入账做得清清楚楚,连续七八年没有一点儿差错。父亲和我说过他在上学时数学特别好,考试几乎都是满分,老师每次都把他的试卷作为标准答案,甚至有一次他做错了,老师都没有批出来,还是他自己指出来的。之所以他后来学文,是因为在文理分科时,所有人都认为他会选择理科,为了让所有人想不到,更是为了表示他的文科也不差,他选择了文科。他还开玩笑说:“如果我选择理科,肯定是一个数学家。”

在我心中,父亲富有智慧,头脑灵活。在父亲生命最后几年,因为听说动脑筋的人老了容易得老年痴呆,所以他经常去医院做脑部CT,医生告诉他,他的大脑一点儿也没有萎缩,完全和年轻人一样。因而我们忽略了他身体其他部位的检查,这一点始终让我难以释怀,如果父亲每一年都能够做好体检,或许能够多活好多好多年。

三、父亲心地善良，特别乐意帮助别人

初见父亲的人会认为他有些冷峻，表情严肃，不苟言笑，似乎很难接近。但其实，父亲为人心直口快，爱憎分明，疾恶如仇。但凡有看不惯的人和事，必仗义执言，不给对方留任何面子。正如父亲所说："始终记着自己是人，没有忘记应该怎样做人。"他认为你这个人可成为真正的朋友，就会全心全意地对待你、处处为你着想；而对于那些利欲熏心，靠整人向上爬的人，不管他地位多高，他都是不买账的，甚至连见面打招呼都不愿意。他在1957年蒙冤和"文革"中惨遭摧残，除了当时形势的原因外，应该与他的性格也有一定的关系。

不了解他的人，都认为他很怪，以至于我女儿的钢琴老师对父亲说："一开始，我到你们家教课时，有的老师劝我不要来，说你这个人挺怪的，开始我真有点怕，结果一接触才发现你对人特别真诚。"

芜湖电视台马忠先生早就听说了父亲翻译的事情，一直想给父亲拍一个人物专题，只是听人说父亲很怪，不喜欢别人宣传他，一直没有与父亲联系。但最后他鼓足勇气登门采访。一个人物专题片拍完了，他和父亲成了忘年之交。专题片《金色的黄昏》也成为每年春节我们家人必看的节目。

不仅如此，父亲更是一个热心肠的人，心地善良，重义轻利。

对陌生人，他敢于主持正义，乐于助人。他会替人力车夫拉车，替受屈的学子打抱不平。有一次父亲外出散步时看到一辆出

租车开进小区，因车速度太快撞上一辆自行车，司机不依不饶一定要自行车车主赔偿损失，周围围观的人没有一个人说一句公道话，父亲上前指出司机的不对，又打电话请来保卫处人员解决此事，直到事情圆满解决。

对身边人，他更为他人着想，热心助人。六十年代，教师工资低，人均工资只有五六十元，没有奖金，又不能找第二职业。有位老师孩子多而且都在上学，家庭负担重。父亲为了帮助他又不伤他的自尊心，就把年幼的我托管在他家里，下班接回来，每月付十八元，再另付十五元的零食费，帮助老师补贴家用。除了对这位老师，父亲对其他人也一样，如果他知道了谁有困难，但又不好意思开口借，他都会主动借钱给人家，哪怕倾其所有。听我母亲说，她和父亲结婚时，父亲全部积蓄只有八十元。

父亲生性善良，对每个人都抱着一颗宽容、感恩的心。无论谁给了他怎样的帮助，他都会一辈子记在心里。1961年10月父亲翻译的一部中篇译文在《世界文学》发表，为父亲赢得了声誉。后来在一次文学讨论会上父亲遇到了负责该译文的编辑苏杭老师，他说在他接到父亲的译文时，他自己也已经翻译了一半，但是他还是用了父亲的作品。父亲听了十分感动，说“你真的非常了不起”，此后，父亲念念不忘、时常提起。我们在莫斯科期间，父亲听说苏老师也在莫斯科，就专门打电话给我们，让我们登门拜访并尽力给予帮忙、照顾。

父亲第一次化疗后回家休养时，就急切地约记者到家里，说要写篇感谢的文章。尽管当时父亲已经很虚弱了，但是他还是哑着嗓子和记者谈了一个多小时。凡是关心和帮助他的人，都一个不少，甚至是叫不上名字的护士。文章写好后，父亲的病势已重，但他仍坚持审稿，唯恐人名弄错。这就是我的父亲，他帮助别人总觉得没有什么，而别人帮助他哪怕一点点，他都会牢记在心、终身不忘。

四、父亲热爱翻译，特别期望学生成长

父亲一生都致力于文学翻译，1953年，父亲大学毕业后来到了安徽师范大学外语系任教，并开始从事文学翻译工作。1954年开始发表短篇译作。1956年出版第一部译著《里雅柯夫小说集》。1961年10月在《世界文学》发表苏联作家艾特玛托夫著名中篇小说《查密莉雅》。屈指算来，从1980年到1996年他生病为止，父亲先后翻译了《静静的顿河》《安娜·卡列尼娜》《复活》《当代英雄》《上尉的女儿》《日瓦戈医生》等20多部俄罗斯文学名著近700万字，平均每年有40多万字的译著出版。父亲生前正在重译陀思妥耶夫斯基的《罪与罚》，还没有完稿，无情的病魔就夺走了他的生命。

父亲热爱文学翻译，但他从来没有忘记自己教师的身份，也从来没有懈怠自己的责任——教书育人。他认认真真地教好每一节课、每一门课，学生学习、生活有什么困难和要求，他都会给予无私的帮助。到我家里来的最多的就是青年教师和他的学生，父亲和他们谈学习、谈生活、谈工作、谈文学、谈翻译、谈未来，此时也是我父亲最开心、最快乐的时候。

父亲始终认为，作为一位教师，既要教好书，又要教学生怎样

做人。他上课不点名，也允许学生不上他的课，自由交作业。但是由于他上课生动，不拘形式，经常用自己翻译的作品做实例，学生没有一个缺课。父亲关心学生成长，热心推荐优秀学生考研，并积极为学生联系学校和老师。作为教师，父亲传授给学生的不仅仅是知识，还有人品与意志。他不止一次地对学生说："名人并不是高不可攀的，只要奋斗，凡人就会成为名人。"一位学生想挑他作品的错，尽管没挑出，父亲却赞赏他的勇敢精神，对全班学生说："要敢于挑老师的错，年轻人不敢超越前人是没出息的！"后来那位学生考取了北京大学研究生，临走时父亲还送他一套自己翻译的名著，鼓励他继续挑错。

不仅对于学生，对于外人，只要有需求，父亲都乐于帮助。为纪念改革开放30年，芜湖新闻台开辟了一个反映家乡建设、人文精神风貌的系列散文节目——《家住弋江边》，向大家介绍芜湖本土作者和他们所写的反映家乡变化的散文。2008年9月6日就播了一位网名叫"月色朦胧"的人写的配乐散文《心香一瓣忆故人》："力冈老师去世已有11个年头了。我不是他的学生，但得到过他不少的教诲，至今还铭记在心。他去世时，报上没有发讣告，所以我没有去参加追悼会。现在试着用点滴文字记下我们的交往，以安抚自己不安的灵魂。"

关于父亲，其实要说的，想说的，还有太多太多……

父亲的一生可能活得很累、很苦，然而他活得很真、很诚。父亲虽然离开了我们20年，但家人、朋友、学生都没有忘记他，以各种方式寄托着对他的哀思。在父亲去世以后，沈念驹、刘硕良、杨武能、朱宪生、朱良志、吴笛、马忠、何更生、蔡玉辉等老师，或专门撰写纪念文章，或在访谈中专门回忆力冈，我文章的内容有些也取自于他们的文章和访谈，在此，我对各位老师表示我最衷心的感谢！

在刘文飞、吴笛、张杰等老师的帮助下，在安徽师范大学出版社的领导和编辑的努力下，在国家出版基金的资助下，《力冈译文全集》正式出版了。

我想，父亲如果天堂有知，他一定会含笑欣慰的。

敬爱的父亲，您永远是女儿心中的思念！您将永远活在我们心中！

在悲怆的境界中抒写诗意人生

——《力冈译文全集》代后记

吴　笛
浙江大学世界文学与比较文学研究所所长
浙江省比较文学与外国文学学会会长

力冈先生对中国翻译文学的贡献突出体现在俄罗斯小说翻译方面。他译文准确流畅，文思敏捷，被誉为我国顶尖的俄罗斯文学翻译家。他以一颗赤诚之心对待为之奉献毕生精力的文学翻译事业，其小说翻译实践不仅是对我国翻译文学的杰出贡献，同时也是翻译研究的珍贵文本。

一

如同其他文学类型一样，小说翻译既是一门科学，也是一门艺术。作为一门科学，由于各种不同的语言都有其丰富的词汇、严密的语法结构和极强的表现力，都有各自不同的特色和不容违反的艺术规律，而且各个民族都有自己的文化语境，自己的风土人情、思维方式和生存习惯，所以，不同语言之间的翻译是一个非常复杂的过程，文学翻译过程中，既要忠实于原作，不能随意发挥，又要把握作品的神韵，不能拘泥于字面意思。于是，要求译文准确、严谨，合乎规范，译文所传达的信息内容与原文保持高度一致。作为一门艺术，文学翻译是高强度的脑力劳动，不是逐字逐句的机械的语言转换，而是需要译者根据原作的内涵，通过自己的创造性劳动，用另一种语言再现出原作的精神和风采。文学翻译作品，说到底是翻译艺术生成的最终体现，是译者翻译思想、文学修养和审美追求的艺术结晶。

所以，力冈先生的翻译，不仅是他翻译艺术和罕见才华的结晶，更是他传达自身思想情感的一种独特的途径。譬如，力冈先生在特定的历史时代特别主张弘扬人性，因此他在翻译作品的选题方面尤为偏爱他所认为的弘扬人性的作品。因此，在20世纪60年代，以及在“文化大革命”刚刚结束后的80年代，他的译著在破除封建观念、解放思想等方面，起了潜移默化的影响。

力冈先生认为：“人性是人类的最高美德。表现出深厚人性的作品，最能感人，最富有生命力。”力冈在人性一度成为禁区的历史阶段，呼唤人性，力图点燃禁锢在人们心中的人性的火花，尽管为此遭受到了难以承受的磨难。但是，在悲怆境界中，他坚持不懈，用自己的译笔传达一曲曲真挚感人的、充满激情的人性的颂歌。

力冈先生之所以对艾特玛托夫的作品发生浓厚的兴趣，正是由于在精神本质上他们是相通的，艾特玛托夫也正是一位弘扬人性的作家。艾特玛托夫曾说过：“人实质上生下来就是一个潜在的人道主义者，在他还不知道‘人道主义’这个术语时，从小就学仁爱……从爱母亲，爱自己的亲人，爱女人，爱大自然，爱大地开始，最后升华到爱祖国，爱自觉的人道主义，爱人类共有的感情……同情、团结和互助，向人学习善，人的这些品质应当永远富有成果地哺育艺术作品。”正是由于艾特玛托夫的作品中有着伟大的人道主义精神和广博的人类情感，有着特有的真诚、打动人心、感化人的灵魂的道德力量，所以，他的作品受到力冈先生的关注。力冈翻译《查密莉雅》（Джамиля）时，原著作者艾特玛托夫还是一个比力冈年轻两岁的尚不知名的青年作家，力冈以独特的眼光，发现了这部作品的思想意义和艺术价值，译成中文后引起极大的反响。这部作品对于人们的思想解放、道德情操的感化，以及仁爱都有着潜移默化的影响。反过来，艾特玛托夫的处女作《查密莉雅》在中国的翻译和出人意料的影响，扩大了艾特玛托夫在苏联的知名度，奠定了他在本国文坛上的地位。著名作家冯德英先生说得好：“艾特玛托夫的作品是非常好读的。他的每一部作品都像是蜜和酒，甘甜芬芳得让你陶醉其中……在读他的作品时，甚至能闻到成熟庄稼和干草堆的气味。”

力冈先生所选择翻译的帕斯捷尔纳克的长篇小说《日瓦戈医生》，颂扬的也是人性的伟大。小说反映的是在特定的社会政治变革中的知识分子的命运。当我们看到在野狼嚎叫的荒原中，日瓦戈医生在烛光之下抒写诗歌的时候，我们格外感到震撼：知识分子的心胸是多么广博，境界是多么崇高。力冈先生这部在20世纪80年代翻译的作品，同样受到读者的广泛好评和喜爱。记得在力冈先生逝世十周年纪念会上，浙江省作家协会副主席、著名作家、茅盾文学奖得主王旭烽在题为《力冈译〈日瓦戈医生〉与我的创作》的发言中说，虽然她从未见过力冈先生，但通过译作却已与力冈先生神交已久。力冈先生翻译的《日瓦戈医生》，她常备案头，并作为指导其创作的“圣经”，成了她人生最重要的两本书之一。

力冈先生翻译的作家卡里姆的《悠悠儿时情》，也是以充满诗意的抒情的笔触翻译充满诗意的感人的故事，触动着读者的心灵。作家刘白羽读了力冈翻译的《悠悠儿时情》之后，激动地说，读这样的作品简直感觉“受到圣灵的诗的沐浴”。

力冈先生花费数年心血精心翻译的《静静的顿河》，以及作品中所塑造的格里高力的形象，也是融会着力冈自己个性的。这是一个走过曲折历程、有着悲剧命运、但性格刚毅、个性鲜明、有着自己灵魂的形象。他尽管经历了人生道路上的折磨和挫折，但他依然没有失去热爱顿河、热爱生活的良好愿望。他最后带着忏悔、带着悲痛、带着一颗几乎破碎的心，穿过顿河，返回故乡，不管会面临什么样的结局。

力冈先生之所以翻译《复活》，在他看来，作品所表现的也正是人性的复活。在题为《人性的复活》的译本序言里，力冈先生写道：“弘扬人性，何罪之有？！文学以情感人，《复活》正是充满深厚的感人之情——对劳苦大众和弱小者的同情和爱护之心，对统治者的愤恨，对贵族的憎恶，对革命者的敬意，对官办教会的蔑视。这一切都表现得异常分明，异常强烈，异常真挚。这一切都是人性的感情。”

正是人性的力量，当祖国拨乱反正，迎来新时期的良好发展机遇的时候，力冈先生立刻焕发青春。他的刚毅的性格也体现在他的事业中，他以常人难以想象的毅力重新投身于文学翻译事业。他具有高度的责任感，忠于职守，任劳任怨，淡泊名利，甘于寂寞，献身于文学翻译事业和祖国的文化建设。无论什么时候，哪怕是假期，或是大年初一，跨进他的家门的时候，总是发现他在伏案工作。一部部文笔清畅、韵味悠然的译作从他的笔下流出，流到读者的心田。有的读者形容读他的译作，“如饮甘泉”。

二

力冈先生的译著不仅在特定年代解放思想方面发挥了潜移默化的影响，而且也在翻译理论以及翻译艺术方面，为我国译坛提供了珍贵的文本。

力冈先生从事文学翻译事业，从来没有想到要“建构”自己的什么“理论体系”。他力图退隐幕后，让作者与读者直接沟通。从作者的角度来说，他力图忠实地传达作者的思想和作品的内涵。从读者角度来说，他要使得翻译著作既保留原著的韵味，又发挥译入语的优势，使得读者在阅读过程中，充分领略祖国文字的魅力和母语语言文化的美感。所以，对他而言，实施什么翻译主张无关紧要，最紧要的是让不懂俄文的中文读者在阅读译文时能够获得与俄文读者同样的感受，获得同样的信息。所以，在具体实践中，淡化译者的主体性，该归化时就归化，该异化时就异化。他所追求的是“敏锐的美感，细腻的文思”。他的译文文思敏捷，他以一颗赤诚之心对待为之奉献毕生精力的翻译事业。他认为：“要想做一个优秀的文学翻译家，必须具备敏锐的美感和细腻的文思。文学翻译重在传神，因此对原文必须吃透。”在他看来，翻译家好比蜜蜂，只有将采集的花粉完全消化了，才有可能酿出真正的蜜来。力冈的译著，正是消化了源语文本的花粉所酿造出来的译入语文本的“真正的蜜”。

力冈先生的译文神形兼顾，不仅尽力保持原文的风采，而且遵守祖国语言的规范，不仅显得严谨，而且充满活力，充满诗意。

仅以书名为例，他将*Долгое-долгое детство*译成《悠悠儿时情》，将*Берег любви*译成《爱的归宿》，都极为传神。很多读者认为，读他翻译的作品时，文思贯通，感觉不到任何在翻译中丧失的东西，仿佛不是在读译著，而是在读地地道道的民族大师自己的创作。力冈先生翻译的时候总是专心致志，全神贯注，能够做到像演员一样进入角色，把握作品的内涵和人物的性格特征，分担书中人物的喜怒哀乐。

而在具体作品的翻译中，他更是发挥自己的五官的全部功能，感悟每一个“花粉”的意义所在，服务于蜜的酿造。如在《静静的顿河》第一卷的开头一段中，作者让我们第一次领略顿河的风光，原文写道：

> ...перламутровая россыпь ракушек, серая изломистая кайма нацелованной волнами гальки и дальше – перекипающее под ветром вороненой рябью стремя Дона.

对于这一景象，金人译本是传达了原意的。金人译文如下：

> ……一堆一堆的珍珠母一般的贝壳，灰色的、曲折的、被波浪用力拍打着的鹅卵石边缘；再向前去，就是顿河的急流被风吹起蓝色的波纹，慢慢翻滚着。

在该译文中，无论是“перламутровая”（珍珠母般的），“россыпь”（零散的一大堆），“ракушек”（贝壳）等词语的语序，还是对“гальки”（卵石）“кайма”（边沿）的修饰语“серая”（灰色的）和“изломистая”（曲折的），都是准确无误的。其后的“激流”被风而吹之后“慢慢翻滚”的逻辑关系也是说得过去的。总之，译文较好地传达了原文的内容。

然而，与力冈的译文作一对照，我们发现，在文思的敏锐方面，力冈的译文更为贯通，措辞也更为传神。力冈译文如下：

> ……那星星点点的贝壳闪着珍珠般的亮光，水边的石子被河水冲得泛出灰色，就像一条曲曲弯弯的花边儿；再往前，便是奔腾的顿河水，微风吹动，河面上掠过一阵阵碧色的涟漪。

在力冈的译文中，不仅有将“россыпь”译为“星星点点”，将“серая изломистая кайма нацелованной волнами гальки”译为“水边的石子被河水冲得泛出灰色，就像一条曲曲弯弯的花边儿”这样的传神之笔，而且，更为重要的，是文思极为贯通，没有任何阅读和审美障碍。我们在译文中首先感受的是河畔那贝壳所闪烁着的珍珠般光亮，接着是水边的石子如同花边泛着灰色，然后，我们才注意到奔腾的顿河，但是，译文将读者的视线很快从河流引向细部的涟漪，所聚焦的是微风吹动后从河面上掠过的“一阵阵碧色的涟漪”。如此一来，最后所聚焦的“涟漪”比金人译本的“慢慢翻滚”更具内在逻辑性，也更为贴近原文的内涵。

从某种意义上说，力冈的译文具有“异化归化并举”的特性。

我们不妨引用著名作家帕斯捷尔纳克代表作《日瓦戈医生》中的一段文字：

> Какая великолепная хирургия! Взять и разом артистически вырезать старые вонючие язвы! Простой, без обиняков, приговор вековой несправедливости, привыкшей, чтобы ей кланялись, расшаркивались перед ней и приседали.
>
> В том, что это так без страха доведено до конца, есть что-то национально-близкое, издавна знакомое. Что-то от безоговорочной светоносности Пушкина, от невиляющей верности фактам Толстого.

对于这一段文字，我们在此比较一下两位同为俄语界翻译大家的蓝英年等人的译文和力冈译文。力冈译文如下：

> 多么了不起的手术！巧妙的一刀，一下子就把多少年发臭的烂疮切除了！痛痛快快，干脆利索，一下子就把千百年来人们顶礼膜拜、奉若神明的不合理制度判了死刑。这种无所畏惧、讲求彻底的精神，是我们固有的民族精神。这是来自普希金那种毫无杂念的光明磊落和托尔斯泰那种一丝不苟的精神。

蓝英年等人的译文如下：

> 多么高超的外科手术啊！一下子就巧妙地割掉了发

臭多年的溃疡！直截了当地对习惯于让人们顶礼膜拜的几百年来的非正义作了判决。

关键是毫不使人恐惧地把这一切做完，这里边有一种很久以来就熟悉的民族的亲切感，是一种来自普希金的无可挑剔的磊落光辉，来自托尔斯泰的不模棱两可的忠于事实。

两种译文各有千秋，都体现了在文学翻译事业上的一丝不苟的敬业精神。以第二句“Взять и разом артистически вырезать старые вонючие язвы!”为例，蓝译“一下子就巧妙地割掉了发臭多年的溃疡！”更尊崇原文的语序，而力冈译文“巧妙的一刀，一下子就把多少年发臭的烂疮切除了！”则将修饰“вырезать”（切除）的副词“артистически”（巧妙地）提到了句首，这样，既保存了原文中“взять”和“и”两词的语义内涵，同时，也顺应了外科手术的顺序，使得译文更为妥帖。在接下去的译文中，蓝译更符合“异化”特征，而力冈译文则具有“异化归化并举”的特性。譬如，蓝译将“несправедливости”译为“非正义”，力译将此译为“不合理制度”，蓝英年将“невиляющей верности фактам Толстого”译为“来自托尔斯泰的不模棱两可的忠于事实”，力冈则译为“托尔斯泰那种一丝不苟的精神”。可见，蓝英年等人的译文更具异化特质，而力冈译文则在消化源语文本的基础上，充分发挥了译入语语言的优势，从而更符合译入语语言的习惯，也更为流畅，适于阅读和流传。

三

力冈先生的翻译成就得益于他的刻苦努力以及对祖国翻译事业的无限的热忱。他生活简朴，从不追求奢华，却将全部的精力用于自己的艺术追求。

力冈出身于贫苦家庭。由于家乡被日本侵略军占领，他很早就失去了读书的机会。16岁的时候，他和两个年龄相仿的伙伴一起逃离家乡，从此开始了长达6年的颠沛流离的生活。1948年底，他的家乡解放后，22岁的他立即投奔解放区，进入济南华东大学学习。第二年，他被推荐到新华社山东总分社、《大众日报》社从事编辑工作。为了学习先进文化，1950年，他考入哈尔滨外国语专门学校的俄语专业。在三年的求学时间里，他如饥似渴地学习，并以优异的成绩从这所院校毕业。他原可以到一些大城市工作，却选择了长江中下游的一座中等城市——芜湖，来到了安徽师范大学外语系任教，并开始从事文学翻译工作。截至1956年，他发表了20多篇翻译作品，出版了第一部译著《里雅希柯小说集》，其细密的文思、优美的文笔吸引了读者的目光。

正当他的翻译事业蒸蒸日上的时候，一场“厄运”降落到了他的头上。1957年上半年，他被划为“右派”，开除公职，赶出校门，送去“劳动教养”。1960年，他被摘掉“右派”的帽子，返回学校，重新登上讲台，又开始他所热爱的文学翻译事业。不久，他便以一部精美的译作《查密莉雅》享誉译坛，成为读书界的一时佳话。可惜好景不长，在“文化大革命”中，这位翻译“苏修”“毒草”的力冈又遭受了难以想象的迫害。他被迫离开学校,下放到农村接受“改造”。面对种种意想不到的遭遇和不公,他并没有沉沦,也没有片面地记恨,而是在艰难的岁月中怀着对人性的憧憬,将厄运升华为创作的动力,在逆境中不忘呼唤人性和仁爱,将种种遭遇视为生命中的财富,在悲怆的境界中抒写诗意人生,毫不气馁地追求生命的意义。等到“文化大革命”结束后,他于1978年返回讲台的时候,已过“天命之年”了,但他却以常人难以想象的毅力投入到翻译事业中去。从此,直到1997年去世,他以惊人的勤奋赢回他在反右和文革中受迫害而失去的时间,他的译著一部接着一部地面世,在翻译界和读书界产生了强烈反响。他用一流文笔译介了普希金、屠格涅夫、托尔斯泰、肖洛霍夫、帕斯捷尔纳克的名著。他所译的《静静的顿河》《生活与命运》《复活》《日瓦戈医生》,以及《安娜•卡列尼娜》《查密莉雅》和《上尉的女儿》等一系列俄罗斯小说,无疑是值得我们研究的经典译本。著名翻译家杨武能说,力冈“以一系列名著佳译,为自己树立了一座不朽的、高大宏伟的纪念碑”。

力冈先生是为译介俄罗斯文学献出了整个生命的翻译大师。他所译的俄罗斯文学名著,深深地影响了几代中国读者,至今仍在读书界和学界享有盛誉。他的译著,是我国翻译文学的宝贵的精神财富和优秀的文学遗产。《力冈译文全集》获得国家出版基金立项并且由安徽师范大学出版社顺利出版,是值得庆贺的,这是对力冈先生翻译艺术成就的充分肯定,也是对他仙逝20周年的最好的纪念。作为他的学生,我更是感到由衷的高兴和自豪。浸透他多年心血的俄罗斯文学译著必将为优秀文化的传播发挥应有的作用,力冈的名字必将永远镌刻在我国翻译史上。

二〇一七年十月二十八日

国家出版基金项目
“十三五”国家重点出版物出版规划项目
安徽省文化强省建设专项资金项目

安娜·卡列尼娜

下

Анна Каренина

Второй том

［俄］列夫·托尔斯泰◎著
力　冈◎译

安徽师范大学出版社
·芜湖·

第五部

一

谢尔巴茨基公爵夫人本来以为，在大斋之前不可能举行婚礼，因为到大斋期只剩了五个礼拜，这期间连一半嫁妆也来不及备办；但是她不能不同意列文的意见，就是说，到大斋以后那就太迟了，因为公爵的老姑母病重，可能不久于人世，一旦服丧，就一时不能结婚了。因此，公爵夫人同意在大斋之前举行婚礼，把嫁妆分成两部分，一份大的和一份小的。她决定现在就把小的一部分嫁妆备办齐全，大的一份以后再送去，列文却怎么也不肯认真回答，是不是同意这样办，这使她非常生气。她这个想法是挺不错的，尤其因为这对年轻夫妻一结过婚就要到乡下去，在乡下是用不着大的一份嫁妆的。

列文还一直处在神魂颠倒的状态，在这种状态下，他仿佛觉得,他和他的幸福是世间万物的主要和唯一的目的,现在他无须考虑什么,操心什么,一切事情自有别人为他操办,自会办得好好的。他对未来的生活也没有什么计划和打算;他让别人去决定一切,因为他知道一切都会非常圆满的。他该怎么做,有哥哥柯兹尼雪夫、奥布朗斯基和公爵夫人指点他。给他出什么主意,他都完全同意。哥哥为他借了钱,公爵夫人劝他结过婚就离开莫斯科。奥布朗斯基劝他出国。他全都同意。他心想:"你们想怎么办就怎么办好啦,只要你们高兴。我是幸福的,不论你们怎么办,反正我的幸福也不会增加或减少。"等他把奥布朗斯基劝他们出国的主意对吉娣说了,却未料到,她不赞成这个主意,而是对未来生活有自己的一套打算。她知道,列文的事业在乡下,那是他所热爱的。他看出来,她不仅不理解这事业,而且也不想理解。不过这不碍事,她仍然认为这事业是非常重要的。就因为她知道他们的家将安在乡下,所以不愿意到国外去,不能在国外过日子,而是要到他们安家的地方去。这种表示得很明确的心意使列文感到惊讶。但是因为他觉得去哪儿都是一样,于是就立刻请奥布朗斯基到乡下去安排一番,似乎这是他的责任,因为他有丰富的情趣,就让他凭他的情趣把那里的一切安排得好好的。

"不过,你听我说,"奥布朗斯基为新婚夫妇安排好去乡下的一切,从乡下回来之后,有一天对列文说,"你有做过忏悔的证书吗?"

"没有。怎么啦?"

"没有这东西不能举行婚礼呀。"

"哎呀,哎呀,哎呀!"列文叫起来。"我好像有八九年没有斋戒了。我连想都没有想过呢。”

“你真够受!”奥布朗斯基笑着说,“可是你还说我是虚无主义者呢!这是不行的。你必须斋戒。”

“什么时候斋戒?只剩下四天了呀。”

奥布朗斯基也把这事安排了一下。于是列文开始斋戒。像列文这样不信教而又尊重别人的信仰的人,参与任何宗教仪式都是很难受的。现在,在他对一切都很敏感、心情特别温和的时候,像这样不得不装模作样,就不仅是难受,而且他觉得是不堪设想的。现在,在自己最光彩、最舒畅的日子里,他却不得不说谎作假,要么就亵渎神明。他觉得自己既不能作假,也不能亵渎神明。可是他问过奥布朗斯基多少次,能不能不斋戒就领到证书,奥布朗斯基说那不可能。

“就这么两天,这又算得什么呀?而且那司祭是一个极好的聪明老头儿。他会不等你发觉,就把你这颗牙拔掉了。”

列文在站着做第一次日祷的时候,就想唤起他在十六七岁时体验过的那种少年时代的强烈宗教感情。但是他立刻就认定这是完全不可能的。他想把这一切看作毫无意义、无关紧要的风俗,就像拜客访友的风俗;但是他觉得他连这一点也无法做到。列文对待宗教的态度,也像同时代大多数人一样,是摇摆不定的。他既不能相信,同时又不能坚决认定这一切都是毫无道理的。就因为他既不相信自己所做的事是有意义的,也不能把这当作无关紧要的形式而漠然视之,所以在整个斋戒和祈祷期间,他做着他自己不理解的事情,因而也就是他内心里觉得虚假和不好的事情,总觉得很不自在和羞惭。

在做祈祷的时候，他有时听着祷告，想方设法为祷告增添不违反他的观点的意义，有时觉得自己无法理解，觉得应该加以指责，就尽量不听祷告，而是想自己的心思，左顾右盼，回想往事，就在他这样无所事事地站在教堂里的时候，种种往事就特别真切地浮现在他的脑际。

他做过日祷、晚祷和夜祷，到第二天，又很早就起身，连茶也不喝，早晨八点钟就来到教堂做早祷和忏悔。

在教堂里，除了一个求乞的士兵、两个老婆子和几个教堂执事，再没有什么人。

一位年轻的助祭，穿着薄薄的法衣，那长长的脊背的两半清清楚楚地显露出来，他迎住列文，就立刻走到靠墙的小桌旁，念起训条。在他念的时候，尤其是在他一再很快地重复“上帝宽恕吧”的时候，列文觉得他的思想被锁起来，而且贴了封条，现在不能碰、不能动了，要不然就乱成一团了，因此他站在助祭后面，不听也不理会，继续想自己的心思。“她手上的表情真是太丰富了。”他想起昨天他们坐在角落里那张桌子旁的情景，在心里说。当时他们无话可说，在这些日子里差不多总是这样。于是她把一只手放在桌上，不住地张开又合拢，看着手的动作，自己笑了起来。他想起他怎样吻了吻这只手，然后又怎样细细观看那粉红色手掌上纵横交错的纹丝。“还一个劲儿在念哩。”列文画着十字，鞠着躬，望着正在鞠躬的助祭的脊背那柔软的动作，在心里说。“然后她抓住我的手，仔细看了看手上的纹路，就说：你这手真是极好的手。”于是他看了看自己的手，又看了看助祭那短短的手。“哦，现在快完了。”他想道。“不，好像又要从头念起呢。”他听着祷告，又想道。“不，要结束了；瞧，他已经一躬到地了。要结束的时候总是这样的。”

助祭用手在波里斯绒袖口里悄悄接下一张三卢布钞票，说他要记下来的，然后就用新靴子咚咚地踩着空荡荡的教堂的石板，很麻利地走上祭坛。过了一小会儿，他从那里朝外看了看，朝列文招了招手。一直封锁着的思想这时在列文头脑里动了起来，但是他连忙驱散了。“总有完的时候吧，”他在心里说过，就朝读经台走去。他上了台阶，向右一转，就看到了司祭。司祭是个小老头儿，稀稀的下巴胡已经白了一半，一双和善的眼睛无精打采的，他正站在读经台旁翻着圣礼书。他轻轻地向列文点了点头，立刻就用习惯的腔调念起祷词。他念完了，一躬到地，然后朝列文转过脸来。

“无形的基督已经降临，在听取您的忏悔。”他指着十字架上的耶稣说。“您相信圣徒教会的全部教义吗？”司祭眼睛不再看列文的脸，双手在圣带下面合拢起来，继续说道。

“我怀疑过，而且现在还怀疑一切。”列文用自己也不喜欢的腔调说过这话，就不说了。

司祭等了几秒钟，看他是不是还说什么，然后就合上眼睛，用很重的弗拉基米尔地方口音很快地说：

“怀疑是人类天生的弱点，不过我们应当祈求仁慈的上帝巩固我们的信仰。您有什么特别的罪过吗？”他好像是想尽量抓紧时间，不歇气地问道。

“我的主要罪过就是怀疑。我怀疑一切，大部分时间都在怀疑中。”

“怀疑是人类天生的弱点，”司祭又把那句话重复了一遍，“那您主要怀疑的是什么呢？”

“我什么都怀疑。我有时甚至怀疑上帝的存在。”列文不由得说了出来，并且因为自己失言感到惶恐。可是列文的话好像没有给司祭造成什么印象。

“怎么能怀疑上帝的存在呢？”司祭连忙带着微微的笑容说。

列文没有作声。

“您既然看得见万物，怎么能怀疑造物主的存在呢？”司祭用很快的、习惯的腔调继续说。“是谁用日月星辰装饰了天空？是谁把大地打扮得这样美丽？没有造物主怎么行呢？”他带着询问的神气看了看列文，说道。

列文觉得同司祭争论哲学问题是不相宜的，所以只能直接就问题进行回答。

“我不知道。”他说。

“您不知道吗？那您怎么能怀疑上帝创造了万物呢？”司祭带着快活的不解神气说。

“我什么也不明白。”列文红着脸说，并且觉得他的话是很蠢的，在这种场合下他的话不可能是不蠢的。

“您就祷告上帝，恳求上帝吧！就连神父们也有过怀疑，恳求过上帝巩固他们的信仰。魔鬼是有很大力量的，所以我们应该努力制服他。祷告上帝，恳求上帝吧。祷告上帝吧！”他又急忙说了一遍。

司祭沉默了一会儿，好像是在沉思。

“我听说，您准备同本教区教民和忏悔者谢尔巴茨基的女儿结婚，是吗？”他又笑着说，“一个极好的姑娘呀！”

“是的。”列文替司祭红着脸回答说。他心想：“他为什么要在忏悔的时候问这事儿呀？”

于是，司祭就像回答他的念头似的，对他说道：

“您准备结婚，上帝就可能会赐给您子孙后代，不是吗？如果您不能战胜心中魔鬼的诱惑，魔鬼诱使您不信教，那会怎么样，您会给您的子孙什么样的教育呢？”他用很亲切的责备口气说。“如果您爱您的儿女，那么，您作为一个慈父，就不仅希望自己的孩子荣华富贵；您还要希望他们得救，希望真理之光照亮他们的心灵。不是吗？如果天真的孩子们问您：‘爸爸！这大地、水、太阳、鲜花、青草——我所喜欢的这世界上的一切，是谁创造的？’您又怎样回答他们呢？难道您能对他们说‘我不知道’吗？既然上帝大慈大悲，向您展示了这一切，您就不可能不知道。或者您的孩子们问您：‘人死后怎样呀？’如果您什么也不知道，怎样对他们说呢？怎样回答他们呢？就任凭他们受尘世和魔鬼的诱惑吗？那就不好了！”他说到这里，就停下来，歪起头，用和善而亲切的目光看着列文。

列文现在什么也不回答，不是因为他不愿意和司祭争论，而是因为还没有谁问过他这样的问题；等他的孩子们将来问这些问题的时候，还有时间考虑怎样回答。

“您现在到了成家立业的时候，”司祭继续说下去，“这时候就应该选定道路，坚定地走下去。您祷告上帝，求上帝大慈大悲帮助您，怜悯您吧。”司祭结束道。又念起赦罪祷词：“愿我主上帝，耶稣基督，大慈大悲，饶恕这个儿子……”司祭念完了，又为他祝过福，便放他走了。

列文这天回到家里，心里觉得非常高兴，因为这种不舒服的状况结束了，而且是不用他说谎就结束的。除此以外，他心中还留下模糊的记忆，好像那个和蔼可亲的小老头儿说的话完全不像他开头所感觉的那样蠢，好像其中有些道理也是需要弄明白的。

"当然，不是现在，"列文想道，"以后再说吧。"列文现在比以前任何时候都深切地感觉到，在他的心灵中是有不明确和不干净之处，感觉到自己对待宗教的态度也和别人一样，别人的态度他看得很清楚，很不喜欢，而且还因此责备过自己的朋友斯维亚日斯基。

这天晚上，列文和未婚妻一起在陶丽家里，心里特别快活。他在对奥布朗斯基说起他的兴奋心情的时候，说他快活极了，就像一条被训练钻圈儿的狗，终于领会了并且照着要求做了之后，就快活得汪汪直叫，并且摇着尾巴往桌子上和窗台上直蹦直跳。

二

在举行婚礼的那一天，列文遵照风俗（公爵夫人和陶丽坚持要遵守一切风俗）不和未婚妻见面，而是在自己的旅馆里和偶然来到他这儿的三个单身汉一起吃饭。一个是柯兹尼雪夫；一个是卡塔瓦索夫，是他大学里的同学，现在是自然科学教授，是列文在街上碰见他，把他拉到这儿来的；还有一个是契利科夫，是莫斯科的调解法官，列文的傧相，也是他猎熊的伙伴。这顿饭吃得非常快活。柯兹尼雪夫情绪极好，听到卡塔瓦索夫别出心裁的说法非常开心。卡塔瓦索夫感觉到他的说法得到看重和理解,就尽情加以发挥。契利科夫又快活又和善,不论别人谈什么,他都要凑热闹。

“你们可知道,”卡塔瓦索夫依照讲堂上养成的习惯,拉长声音说,“我们这位朋友康斯坦丁·德米特里奇当年是一个多么有才华的年轻人呀。我说的是过去,因为他现在已经完全不是这样了。当初他刚刚离开大学的时候,还是热衷于研究学问的,他的兴趣也是正常人都有的。可是现在呀,他的才华却一半用于欺骗自己,另外一半用来为这种欺骗作辩护。”

“比您更坚决反对结婚的,我可是没有见过。”柯兹尼雪夫说。

“不,我并不反对。我是赞成分工。有些人,什么也不会做的,就应该造造人;另外一些人就应该促进他们的教育和幸福。我就是这样看的。有许多人喜欢把这两种行当混为一谈,我却不是这样。”

“等我听到您恋爱的时候,就不知道有多么开心了!”列文说,“到时候您一定要请我去参加婚礼。”

“我已经恋爱啦。”

“是的,您爱上了墨鱼。你可知道,”列文对哥哥说,“米海尔·谢苗内奇在写一本有关营养的著作呢……”

“哎,别胡扯了!写什么那都无所谓。只不过我确实爱墨鱼。”

“不过墨鱼并不妨碍您爱妻子。”

“墨鱼倒不碍事,可是妻子就碍事了。”

“为什么呀?”

“到时候您就明白了。现在您又喜欢农事,又喜欢打猎,可是到时候您看吧!”

“哦,今天阿尔希普来了,他说普鲁特村有许多驼鹿,还有两头熊呢。”契利科夫说。

“噢,我不去了,你们就去打吧。”

“这就对了,”柯兹尼雪夫说,“今后你就跟猎熊这种事儿无缘了,妻子不会让你去的!”

列文笑了笑。他想象到妻子不让他去的情景,心里美滋滋的,情愿永远放弃猎熊的乐趣。

“不过,您要是不去,就是打到这两头熊,那也是很可惜的。还记得在哈比洛夫那一次吗?那可是太漂亮了。”契利科夫说。

他认为列文不结婚也会有快活事儿,列文不愿意扫他的兴,所以什么也没有说。

“难怪有这种同单身生活告别的风俗,”柯兹尼雪夫说,“不论有多么幸福,失去自由还是可惜的。”

“您可承认,有一种感觉,就像果戈理笔下的新郎[①]那样,想从窗口跳出去吗?”

“肯定有的,不过就是不承认!”卡塔瓦索夫说过,哈哈大笑起来。

“怎么样,窗子开着嘛……咱们这就到特维尔去!那儿有一头母熊,咱们就直捣熊窝。真的,咱们就坐五点钟的火车!这儿

①果戈理的小说《结婚》中的主人公波德科列辛,在即将举行婚礼的时候顾虑重重,惶惶不安,以致跳窗逃走。

的事就随他们怎样好啦。”契利科夫笑着说。

“可是，说真的，”列文笑着说，“我心里却没有这种惋惜失去自由的感觉！”

“您现在神魂颠倒，自然不会有什么感觉啦，”卡塔瓦索夫说，“您等着吧，等到多少清醒一点儿，那就有感觉了！”

“不，如果真是那样，我总会多少感觉出，有了感情（他不愿意当着他的面说是爱情）……和幸福，失去自由毕竟是可惜的……事实恰恰相反，我还为这种失去自由感到高兴呢！”

“真糟！这人真是不可救药！”卡塔瓦索夫说，“来，咱们干一杯，祝他清醒，或者祝他的梦想哪怕有百分之一能够实现。那也就算天下难得有的幸福了！”

一吃过饭客人们就走了，为的是赶紧回去换衣服好参加婚礼。

等到剩了列文一个人，他回想着这些单身汉说的话，又一次问自己：他心里究竟有没有他们说的那种丧失自由的惋惜感？他这样一问，不禁笑了。“自由吗？要自由干什么？幸福就在于爱情，愿她之所愿，想她之所想，也就是一点自由也没有，——这就是幸福！”

“可是我了解她的所想所愿，了解她的心情吗？”忽然有一个声音悄悄对他说。他脸上的笑容消失了，他沉思起来。他心中忽然出现了一种奇怪的心情。他感到害怕和怀疑，怀疑一切。

“万一她不爱我呢？万一她只是为了出嫁才嫁给我呢？万一她自己也不知道她是在做什么呢？”他在心中问道。“她也许会清醒过来的，一结过婚就明白她不爱我，而且不可能爱我了。”于是一些有关她的奇怪的、最坏的想法来到他的心头。他嫉恨起她对伏伦斯基的感情，就像一年前那样，似乎他感到她和伏伦斯基在一起的那天晚上就是昨天。他怀疑她没有把一切都告诉他。

他一下子跳起来。“不行，这样可不行！”他灰心绝望地在心里说。“我要去找她，问问她，最后一次对她说：咱们都是自由的，是不是到此为止更好些呢？不管怎样，总要比一辈子不幸、耻辱和不贞好些！”他怀着绝望的心情和愤恨一切人、愤恨自己和愤恨她的心情走出旅馆，坐上马车就去找她。

他在后屋里找到了她。她坐在大箱子上，和侍女一起在收拾东西，挑拣着搭在椅背上和堆在地板上的五颜六色的衣服。

“哈！”她一看到他，高兴得满脸放光，立刻叫了起来。“你怎么，您怎么（最近几天她对他忽而称“你”，忽而称“您”）来啦？真没想到！我正在挑拣我做姑娘时的衣服呢，看哪一件给什么人合适……”

“啊！这太好了！”他闷闷不乐地看着侍女说。

“杜尼娅，你去吧，有事我再叫你。”吉娣说。“你怎么啦？”等侍女一走出去，她就果断地称呼着“你”，问道。她发现他的脸色很奇怪，一张脸又激动又阴沉，她吓坏了。

“吉娣！我很苦恼。我一个人受不了。”他在她面前站下来，用恳求的目光看着她的眼睛，用灰心绝望的声调说。他已经从她那亲热而真挚的脸色看出来，他要说的是不会有的事，但他还是需要她亲自消除他的疑虑。“我来是要说说，现在还不算晚。这一切还可以停止和改变。”

“什么？我一点也不懂。你怎么啦？”

“我说过一千遍和我不能不考虑的是……我配不上你。你是不可能同意嫁给我的。你想想吧。你错了。你好好想想吧。你是不可能爱我的……如果……最好还是说吧，”他也不看她，说道。“我会很不幸的。让大家想怎么说就怎么说好啦；总比不幸要好些……趁现在还不晚，不论怎样总要好些……”

“我不懂，”她恐惧地回答说，“就是说你想反悔……不办了吗？”

“是的，要是你不爱我的话。”

“你疯了！”她气得红了脸，叫了起来。

但是他的脸色是那样悲凄，她不由得压住怒火，把椅背上的衣服推下去，坐到他身边。

“你是怎么想的呀？全都说说吧。”

“我想，你是不可能爱我的。你凭什么会爱我呀？”

“我的天哪！我怎么办呀？……”她说着，哭了起来。

“啊呀，我这是干的什么事呀？”他叫起来，并且在她面前跪下来，吻起她的手来。

五分钟之后，公爵夫人走进来看到他们的时候，他们已经完全和好了。吉娣不仅使他相信了她爱他，而且为了回答他心中存在的她为什么爱他的问题，向他解释了为什么爱他。她告诉他，她爱他是因为完全了解他，因为她知道他喜欢什么，知道他所喜欢的一切都是很好的。他觉得这就完全明白了。在公爵夫人进来的时候，他们正并肩坐在大箱子上，挑拣着衣服，并且在争论着，因为吉娣想把列文求婚时她穿的那件咖啡色连衫裙给杜尼娅，列文坚决不让她把这件衣服给任何人，可以给杜尼娅一件蓝色的。

“你怎么不懂呀？她是黑头发的，穿蓝的不配称……这一切我都考虑过了。”

公爵夫人听说他是为什么来的，半真半假地生起气来，叫他快回去换衣服，不要妨碍吉娣梳头，因为理发师沙尔里就要来了。

“就这样她这几天什么也不吃，人也瘦了，可是你还要说你那些傻话，让她烦恼，”她对他说。“快走吧，快走吧，好孩子。”

列文又歉疚又羞惭，但却完全放心地回到自己的旅馆。他的哥哥、陶丽和奥布朗斯基全都盛装打扮，已经在等他了，为的是拿圣像为他祝福。不能再耽搁了。陶丽还要回家去一趟，把她那个卷过头发并且抹了油的儿子接来，儿子要捧着圣像伴随新娘。还要派一辆车去接男傧相，派另一辆车把柯兹尼雪夫送走再转回来……总之，事情是相当复杂的，也是很多的。有一点是肯定的，就是不能再磨蹭了，因为已经六点半了。

圣像祝福仪式很不像样子。奥布朗斯基同妻子并排站着，摆出很可笑的庄重姿势，拿起圣像，吩咐列文鞠躬到地，又带着亲热和取笑的神气吻了他三下；陶丽也照着做了之后，就匆匆坐上马车，并且又忙得不可开交地调度起车辆。

“哦，那咱们就这样办吧：你坐咱们的轿车去接他，谢尔盖·伊凡诺维奇如果愿意的话，请他到了之后就把马车打发回来。”

“好的，我照办。”

“我这就去把他接来。东西都送去了吗？”奥布朗斯基说。

“送去了。”列文回答过，就吩咐库兹玛把要换的衣服拿来。

三

一大群人，多数是妇女，围住即将举行婚礼的灯火辉煌的教堂。那些没有挤进里面的人，都拥在窗口，挤来挤去，吵吵嚷嚷，隔着栏杆朝里面张望。

有二十多辆马车已经在宪兵指挥下沿街排列好。一位警官不顾严寒，穿着闪闪发亮的制服站在门口。还有车辆陆续到来，进入教堂的时而是头戴鲜花、手提裙裾的女士，时而是脱着军帽或黑色礼帽的男子。在教堂里面，一对枝形烛架上和所有圣像前的蜡烛已经全部点着了。圣像壁红底上的金色光轮、圣像的金色雕纹、枝形烛架和烛台上的银饰、地上的石板和地毯、唱诗班台上的神幡、读经台的台阶、旧得发了黑的圣经、司祭和助祭的法衣，全都亮闪闪的。在温暖的教堂的右边，在燕尾服和白领带、制服和花缎、天鹅绒、绸缎、头发、鲜花、裸露的肩膀、手臂和长手套的海洋中响着压得低低的热闹的说话声，那声音在高高的圆顶上激荡起奇怪的回音。每一次打开的大门发出咯吱的响声，人群里的说话声都要停下来，大家一齐回过头去，希望看到新郎和新娘进来。可是大门已经开了有十几次，每次进来的不是加入右边来宾圈子的迟到的客人，就是蒙混或者打通了警官加入左边人群的观众。不论亲友还是观众都已经等得发急了。

起初大家以为新郎和新娘马上就要到了，对于他们的迟到没有在意。后来越来越频繁地向门口张望，议论着会不会出什么事儿。再后来这种迟到已经有点不对头了，于是亲戚和客人们都装作没有想到新郎,只管在说自己的话。

大辅祭似乎要让人知道他的时间很宝贵,很焦急地咳嗽着,咳得窗玻璃都颤动了。唱诗台上的歌手们也不耐烦了,一会儿试试嗓门儿,一会儿擤擤鼻涕。司祭一会儿叫执事,一会儿叫助祭去看看新郎来了没有,他自己也穿着紫色法衣,系着绣花腰带,一次又一次走到边门口去等候新郎。终于有一位太太看了看表,说:“这倒是奇怪!”于是所有的来宾都焦急起来,大声说起自己的诧异和不满。一位傧相就坐上车去看看是怎么一回事儿。这时吉娣早已准备停当,穿着雪白的连衫裙,披着长纱,头戴香橙花冠,同女主婚人和姐姐李沃夫夫人一起站在谢尔巴茨基家的客厅里,望着窗外,等待傧相来报告新郎到达教堂的消息,已经白白等了半个多钟头。

这时候列文却穿着长裤,但没有穿背心和燕尾服,在旅馆房间里前前后后地走着,不住地把头探到门外,向走廊里张望。可是在走廊里看不到他正在等的人,于是又灰心丧气地往回走,挥动双手,同悠然自得地抽烟的奥布朗斯基说话。

“有谁会遇到这样糟糕的尴尬局面呀!”他说。

“是的,是很糟,”奥布朗斯基带有安慰意味地笑着,接话说,“不过你放心,这就要送到了。”

“哼,还送到呢!”列文压抑着怒火说。“还有这浑蛋敞胸背心! 不行啊!”他望着皱皱巴巴的衬衫前襟说。“要是行李已经送到火车站,那可怎么办呀!”他灰心丧气地叫道。

“那你就穿我那件。”

“早就该这么办了。”

“惹人笑话可不大好……等一等吧！总会雨过天晴的。”

原来，在列文要换衣服的时候，他的老仆库兹玛把燕尾服、背心和一切需要的东西拿了来。

“衬衫呢？”列文叫了起来。

“衬衫在您身上呀。”库兹玛心平气和地笑着回答说。

库兹玛没有想到要留下一件干净衬衫，一听说要把所有的东西都收拾起来，送到谢尔巴茨基家，因为今天晚上新夫妇就要从那里动身去乡下，他就照办，把东西都收拾起来，只留下一套礼服。一件衬衫是早晨就穿上的，已经打皱了，和时髦的敞胸背心穿在一起，就太不像样子了。要到谢尔巴茨基家去拿，又太远。就叫人去买衬衫。仆人回来说，商店都没有开门，因为是礼拜天。又派人到奥布朗斯基家里去要来一件衬衫；这衬衫却又肥又短，不能穿。最后只好派人到谢尔巴茨基家去拆行李。大家都在教堂里等新郎，新郎却像关在笼子里的野兽，在房间里走来走去，不住地向走廊里张望，而且又惶恐又丧气地回想着他对吉娣说的蠢话，不知道她现在会怎么想。

终于负罪的库兹玛气喘吁吁地拿着衬衫冲进房间里。

“刚刚赶上。已经在往大车上装了。”库兹玛说。

过了三分钟，列文也不看表，为的是不触痛伤痕，就顺着走廊跑去。

“不用这样着急，”奥布朗斯基不慌不忙地跟在他后面，笑嘻嘻地说，“会雨过天晴的，会雨过天晴的……我对你说过嘛。”

四

“来了!”“就是他!”“哪一个呀?”“怎么,是那个年纪轻些的吗?”“那就是她,我的妈呀,她可是急坏了!”当列文在门口迎住新娘,同她一起进入教堂的时候,人群里有一些人议论起来。

奥布朗斯基对妻子说了说迟到的原因,于是来宾们笑嘻嘻地交头接耳低语起来。列文却什么人、什么事也看不见;他目不转睛地看着新娘。

大家都说她这些天来消瘦了不少,戴起花冠远远没有平时好看;但列文却看不出这一点。他看着她那披着白色长纱、戴着白色鲜花的高高的发髻,看着那特意像少女一般遮住长脖子的两侧、只敞着前面的高高的带褶领子,还有那细得惊人的腰身,他就觉得,她比任何时候都美,——并不是这鲜花、这长纱、这从巴黎定做的连衫裙为她的美增添了什么,而是因为,尽管她打扮得如此华丽,她那可爱的脸、那眼睛和嘴唇流露的依然是她那种纯洁真挚的特殊神情。

“我还以为你想逃走呢。”她说过,对他嫣然一笑。

“我出了一点事儿,太荒唐了,简直不好意思说!”他红着脸说过这话,便不得不和走到跟前的柯兹尼雪夫打招呼。

“你的衬衫故事太妙啦!”柯兹尼雪夫摇着头,笑着说。

“是的,是的。”列文回答说,虽然他不明白,别人对他说的是什么。

“哦,康斯坦丁,现在要解决一个重要问题,”奥布朗斯基故作惊惶地说，“正是现在你能充分估量这问题的重要性。他们问我：是点已经点过的蜡烛呢，还是没有点过的蜡烛？相差十个卢布，”他补充说，一面让嘴做好笑的准备，“我已经解决了，就是怕你不同意。”

列文懂得这是开玩笑，但是他不能笑。

“到底怎么办？点没有点过的还是点过的？问题就是这样。”

“对，对！点没有点过的！”

“哦，我很高兴。问题解决了！”奥布朗斯基笑着说。“不过，人处在这种情况下有多么糊涂呀。”等列文六神无主地看了他一眼，走到新娘跟前之后，他对契利科夫说。

“注意，吉娣，你要第一个站到红垫上。”诺德斯顿伯爵夫人走过来说。“您倒是很好！”她对列文说。

“怎么样，不害怕吧？”老姑母玛丽雅·德米特里耶芙娜说。

“你是不是觉得冷呀？你的脸好白呀。等一等，把头低下来！”吉娣的姐姐李沃夫夫人说着，弯起一双丰润的玉臂，给她理了理头上的鲜花。

陶丽走过来，想说点什么，可是说不出来，哭了起来，又很不自然地笑起来。

吉娣也像列文一样，用视而不见的眼睛望着大家。不论别人对她说什么，她只能报以幸福的微笑，这样的微笑现在在她是极其自然的了。

这时候神职人员都穿起法衣。司祭带着助祭朝教堂入口处的读经台走去。司祭转身对列文说了一句话。列文却没有听清司祭说的是什么。

"您挽住新娘的手,领着她走。"傧相对列文说。

列文有好一阵子不明白,他们叫他做什么。有好一阵子他们一再纠正他的动作,并且已经想不再管他了,因为他不是伸错了自己的手,就是挽错了吉娣的手,最后他才明白了,应该是不变换位置,用右手挽她的右手。等到他终于照规矩挽住新娘的手,司祭在他们前面走了几步,在读经台前站了下来。一大群亲友跟在他们后面移动起来,只听到嗡嗡的低语声和衣裙窸窣声。有人弯下腰,拉了拉吉娣的拖地长裙。教堂里顿时鸦雀无声,连蜡烛滴油的声音都能听得见。

司祭小老头儿头戴法冠,那银光闪闪的白色鬈发在耳后分成两股,穿着笨重的银色法衣,背上系着金十字架,他从法衣下伸出小小的老手,在读经台旁翻着什么。

奥布朗斯基小心翼翼地走到他跟前,小声对他说了句什么,朝列文使了个眼色,便又退到后面。

司祭把两支描花的蜡烛点着了,用左手斜拿着,让烛油慢慢往下滴着,便转脸朝着订婚人。司祭就是听列文忏悔的那个小老头儿。他用疲惫而忧郁的目光看了看订婚人,叹了口气,便从法衣里伸出右手,为列文祝福,又照这个样子,但带点儿小心温柔的意味儿,把撮起的手指头放在吉娣垂下的头上。然后他把蜡烛交给他们,拿起小香炉,慢慢从他们身旁走开。

"难道这是真的吗?"列文在心中说,并且转头看了看新娘。他的目光微微向下,就看清了她的侧面,他从她那嘴唇和睫毛的轻微动作上看出来,她感觉出他在看她。她没有转头,但是那带褶的高领子动了起来,不住地朝那粉红色小耳朵耸着。他看出来，她在胸中憋着呼吸，那拿着蜡烛的戴长手套的玉手也抖动起来。

衬衫和迟到引起的手忙脚乱，和亲友们的交谈，他们的抱怨，他的可笑处境——这一切顿时消失了，于是他高兴起来，也害怕起来。

身穿银色法衣、鬈发梳向两边的又英俊又高大的大辅祭很麻利地跨到前面，熟练地用两个手指提起肩衣，站到司祭对面。

“我主……赐……福……吧！”那庄严的声音慢慢地、接连不断响起来，震得空气都颤动起来。

“我主是仁慈的，千秋万代，永远一样。”司祭小老头儿温和地用唱歌般的声音回答说，一面继续在读经台上翻着什么。于是，那看不见的唱诗班的各种各样的嗓门儿齐声唱了起来，那声音又和谐又洪亮，从窗子到圆顶，响彻整个教堂，越来越响，在空中回荡了一会儿，就慢慢消失了。

大家像往常一样，祈求上帝保佑平安，祈求拯救，祈求主教公会，祈求皇上；也为今天订婚的上帝的奴仆列文和吉娣祈祷。

“祈求我主恩赐他们完美的爱和平安，帮助他们吧。”大辅祭的声音在整个教堂里回荡起来。

列文听着他的祈祷，感到惊讶。“他们怎么猜到我需要的是帮助，正是帮助呢！”他想起不久前的恐惧和疑虑，便在心中说。“我懂得什么呢？如果没有帮助，遇到这种可怕的事儿，我怎么办呢？现在我就是需要帮助。”

等助祭念完祈祷词，司祭便手捧《圣经》对新郎新娘念起来：

“永恒的上帝呀，你让分离的两人合为一体吧，”他用亲切的唱歌般的声音念道，“让他们结成爱侣，永不分离；你曾赐福于以撒和利百加，并依照圣约赐福于他们的后代，你就赐福于你的奴仆康斯坦丁和叶卡吉琳娜，让他们从此走上幸福之路吧。仁爱的上帝，大慈大悲，光荣归于圣父、圣子、圣灵，千秋万代，永无穷尽。”“阿门！”那看不见的唱诗班的合唱声又回荡在空中。

“‘让分离的两人合为一体，让他们结成爱侣，永不分离。’这话的意义多么深刻呀，多么符合我此刻的心情呀！”列文想道。“她的心情也和我一样吧？”

于是他转头看了看，就碰上她的视线。

于是他从她的眼神断定，她也有和他一样的体会。然而实际上不是这样；祈祷词她几乎一句也不懂，甚至在举行订婚礼时间里她连听都不听。她无法听，也无法听懂，因为充溢在她心中的一种感觉异常强烈，而且越来越强烈。这种感觉就是高兴，高兴的是，一个半月以来萦绕在她心头的事，六个礼拜时间里使她又高兴又苦恼的事，现在完全实现了。那一天，她在阿尔巴特街自己家的客厅里，穿着自己的咖啡色连衫裙，默默无言地走到他跟前，以身相许之后，在她心里从那一天那一刻起，就和过去的生活告别了，开始了一种全新的、她还完全不清楚的生活，虽然事实上旧的生活并未停止。这六个礼拜是她最幸福也是最苦恼的时期。她的整个生活、所有的心愿和指望都集中在一个她还不理解的男人身上，而使她和他结合的是一种比男人本身更难理解的、时而使人亲近、时而使人疏远的感情，同时她又继续在原来生活环境中生活着。她一面过着原来的生活，一面对自己感到害怕，害怕自己也无法克制的冷漠，因为她对自己过去的一切，对一切事和习惯，对过去和现在爱她的人都冷漠了，对母亲也冷漠了，母亲因此十分伤心，对亲爱的父亲也冷漠了，以前她可是觉得他是天下最可亲可爱的慈父呀。她时而对这种冷漠感到害怕，时而对造成这种冷漠的原因感到高兴。除了和这个人在一起的生活以外，她什么也不能想，什么愿望也没有了。然而这种新的生活还不曾过过，所以她还想象不出是怎样的。对于未知的新生活，只有等待，只有害怕和高兴。现在这种等待，这种不知道，这种告别原来生活的怅惘状态——这一切就要结束，新的一切就要开始。这新的一切，因为不知道是什么样子，不能不是很可怕的；但不管可怕还是不可怕，六个礼拜之前在她心中已经形成了，现在不过是让她心中早已形成的一切神圣化罢了。

司祭又转身朝着读经台，好不容易捏住吉娣的小小的戒指，要列文伸出手来，把戒指套在他的手指的第一个关节上。“上帝的奴仆康斯坦丁与上帝的奴仆叶卡吉琳娜永结同心。”司祭把一个大戒指套在吉娣那细小得可怜的粉红色手指上以后，也说了同样的话。

订婚人想猜到他们该做什么，可是每一次他们都错了，于是司祭就小声叫他们改正。终于，司祭完成了应有的仪式，用他们的戒指画过十字之后，又把大戒指交给列文，把小戒指交给吉娣；他们又迷糊了，在手里把戒指来回倒换了两回，结果还是做得不合乎要求。

陶丽、契利科夫和奥布朗斯基都走上前来纠正他们的动作。教堂里乱腾起来，又是低语，又是微笑，但订婚人脸上那种庄严和感动的表情并未改变，相反，他们的手虽然不知所措，他们的神情却比以前更严肃和庄重，奥布朗斯基本来笑着小声提醒他们各人戴上自己的戒指的，这微笑也就不由得从他嘴唇上消失了。他觉得，任何微笑都会使他们不快的。

“你开天辟地创造了男人和女人，”司祭在交换过戒指之后紧接着念道，“你让他们结为夫妻，让他们生儿育女。主啊，我们的上帝，你把真理和幸福赐予你所选择的奴仆，我们的祖先，世世代代，未曾中断，今天你赐福于你的奴仆康斯坦丁和你的奴仆叶卡吉琳娜吧，让他们在信仰、思想、真理和爱情中永结同心……”

列文越来越觉得，他的一切有关结婚的想法，怎样安排自己生活的梦想，都是孩子气的，他觉得这是一种他至今不理解、现在更加不理解的事儿，虽然他正做着这事儿；他的胸中颤动得越来越厉害，不听话的泪水涌上他的眼睛。

五

所有莫斯科的亲戚和朋友都在教堂里了。在举行订婚仪式的时候，在教堂里的华烛照耀下，在服饰华丽的太太、小姐和系白领带、穿燕尾服或制服、军服的男人群里，一直有些人彬彬有礼地小声说着话儿，不过多半是男子说起头的，因为女士们都聚精会神地观察着各种细节，因为这种宗教仪式总是能深深打动她们的心。

在离吉娣最近的一小堆人当中，有她的两个姐姐：大姐陶丽和刚从国外回来的二姐、娴静美丽的李沃夫夫人。

“玛丽怎么穿着紫得像黑的一样的衣裳来参加婚礼呀？”科尔

松斯基夫人说。

“她那种脸色，只有穿这种颜色才配称……”德鲁别茨基夫人说。“我很奇怪，他们为什么要在晚上举行婚礼。这是商人习气……”

“这样更好些。我也是傍晚结婚的。”科尔松斯基夫人回答说，并且叹了一口气，因为想起那一天她有多么美，丈夫爱她爱得多么痴心，可惜那都是明日黄花了。

“据说，做傧相十次以上，就可以不结婚了；我真想做这第十次，就可以给自己保险了，可是这差事已经有人干了。”西尼亚文伯爵对美貌的查尔斯基公爵小姐说。这位公爵小姐对他是有情意的。

查尔斯基小姐只是以微笑作为回答。她望着吉娣，心里想着，有朝一日她也站在吉娣的位子上，跟西尼亚文伯爵在一起，那时候她要向他提一提他现在说的笑话。

谢尔巴茨基对老女官尼古拉耶娃说，他想把花冠戴到吉娣的假发上，祝她幸福。

“不应该戴假发。”尼古拉耶娃回答说。她早就打定主意，如果她追求的那个老鳏夫和她结婚，婚礼将会是最简单的。“我就不喜欢这种花哨。”

柯兹尼雪夫和达丽雅·德米特里耶芙娜在说话儿，开玩笑说，婚后外出的风俗之所以流行，是因为新婚夫妻总是有点儿怕羞。

“令弟可以感到自豪。她真是可爱极了。我看，您眼热了吧？”

“我眼热的时候已经过去了，达丽雅·德米特里耶芙娜，”他回答说，他的脸上突然出现了惆怅和严肃的神气。

奥布朗斯基正在对他的姨妹说有关离婚的俏皮话。

“要把花冠弄端正些。”她没有听他的话，却说道。

“多么可怜呀，她消瘦多了，”诺德斯顿伯爵夫人对李沃夫夫人说，“不论怎么说，他都抵不上她一个手指头，不是吗？”

“不，我倒很喜欢他。并不是因为他是我未来的妹夫，”李沃夫夫人回答说。“他的举止多么有分寸呀！在这种情况下要想举止得当，不显得可笑，有多么难呀。可是他并不显得可笑，也不紧张，他显然也是很激动的。”

“这事儿您好像是料到的了？”

“差不多。她一直是爱他的。”

“好吧，咱们就看看，他们哪一个先踏上红垫。我对吉娣说过了。”

“反正都一样，”李沃夫夫人说，“我们姊妹都是百依百顺的妻子，这是我们的天性。”

“可是我当时就有意抢在瓦西里前头踏上去。陶丽，您呢？”

陶丽就站在她们旁边，听见她们的话，却没有搭话。她十分动情。她的眼睛里噙着泪水，只要一开口，就会大哭起来。她为吉娣和列文高兴。回想起自己结婚的情景，她望了望满面红光的奥布朗斯基，就忘记了当前的一切，想着的只是自己那纯真的初恋。她回想的不仅是她自己，而是和她亲近和她熟悉的所有女子的往事；她回想着她们在她们一生一次的庄严时刻的情形，那时候她们也像吉娣一样，戴着花冠站着，心里满怀着爱、希望和恐惧告别过去，跨向神秘的未来。在她想到的这些新娘中，也有她不久前听说要离婚的她心爱的安娜。她当年也是这样戴着香橙花冠，披着白纱这样纯真地站着的。现在又怎样呢？

“简直奇怪。”她说出声来。

仔细注视着宗教仪式进程的不仅是两位姐姐、所有的亲戚和朋友，那些看热闹的不相干的女人也都屏着呼吸，激动地注视着，生怕看漏了新郎新娘的任何一个动作和表情，有些无动于衷的男人在说笑话或者不相干的话，她们气得不理不睬，而且常常听不清他们说的是什么。

“怎么她眼泪汪汪的呀？是不是不愿意嫁给他呀？”

“嫁给这样的好小伙子，还有什么不愿意的？是一位公爵吗？”

“那个一身白缎子的是她的姐姐吗？哦，你听，司祭扯着嗓子叫呢：‘要怕丈夫呀。’”

“这是邱多夫教堂唱诗班吗？”

“是西诺达里教堂的。”

“我问过仆人。仆人说他就要带她到自己庄子上去。据说他是个大财主。所以才嫁给他。”

“不，倒是挺好的一对呢。”

“哦，玛丽雅·瓦西里耶芙娜，您还说穿裙子不用裙箍呢。你看那个穿深褐色裙子，鞋后跟老高的，听说是个公使夫人……那裙子飘来荡去的。”

“这新娘子多么可爱呀，就像是一只打扮得漂漂亮亮的羊羔儿！不管怎么说，还是该心痛咱们女人家。”

好不容易挤进教堂看热闹的妇女群里就是这样纷纷议论着。

六

等到订婚仪式一结束，助祭就在教堂中央的读经台前铺了一块粉红色绸子，唱诗班就唱起优雅而艰涩的赞美诗，高音与低音相互应和着。于是司祭转过身来，向新郎新娘指了指这块铺开的红绸。尽管他们都多次听说，谁先踏上红垫，谁就会成为一家之主，可是在他们向前跨这几步的时候，不论列文，还是吉娣，都不可能想起这一点。他们也没有听见那大声的议论和争吵，有些人说，是新郎先踏上去的，另外一些人却说，是两人同时踏上去的。

在照例问过他们是否愿意结婚，是否同别人有过婚约，他们也用自己听着都奇怪的声音回答过之后，新的仪式又开始了。吉娣听着祈祷词，很想听懂是什么意思，可就是听不懂。她的兴奋和欢乐情绪随着婚礼的进行不断高涨，心里热腾腾的，就不可能集中注意力了。

祈祷的是："你赐予他们贞洁与儿女，让他们子孙满堂。"又提到上帝用亚当的肋骨创造了妻子，"于是男子离开父母，依恋妻子，二人合为一体。"又说，"此乃一大神秘。"又祈求上帝赐予他们多子多福，像以撒和利百加、约瑟、摩西和稷普拉一样，让他们看到他们的子子孙孙。"这一切都好极了，"吉娣听着这些话，想道，"这一切都不可能不是这样。"于是她那发亮的脸上露出欢乐的微笑，不由得感染了所有望着她的人。

"戴上去吧！"当司祭给他们戴起花冠，谢尔巴茨基哆嗦着戴着三个纽扣手套的手扶住她头上的花冠时，有人劝告说。

“戴上吧!”她微微笑着小声说。

列文转头看了看她,看到她脸上那种喜悦的光彩十分感动;这种心情也不由得感染了他。他也像她一样,又兴奋又快活起来。

他们听着念《使徒行传》,听着观众很不耐烦听的大辅祭那念最后一节诗的洪亮的声音,觉得很快活。他们喝浅杯子里的温乎乎的掺水葡萄酒,也觉得很快活。当司祭脱掉法衣,拉住他们的手,在男声高唱“光荣归于上帝”声中领着他们绕过读经台的时候,他们更快活了。扶着花冠的谢尔巴茨基和契利科夫不时被新娘的长裙绊住,他们也在笑着,因为什么事儿高兴着,司祭一停步,他们不是落后,就是撞在新郎新娘身上。吉娣心中燃起的欢乐的火花似乎感染了教堂里所有的人。列文觉得,司祭和助祭和他一样,也都想笑呢。

司祭摘下他们头上的花冠,念过最后一篇祈祷词,就向新婚夫妇贺喜。列文看了看吉娣,他还从来没见过她这种样子。她的脸上洋溢着新的幸福光彩,显得更加艳丽动人了。列文想对她说点儿什么,可是他不知道,仪式是不是已经结束。司祭解救了他。司祭用嘴唇和悦地笑了笑,轻轻地说:“吻您的妻子吧,您也吻丈夫吧。”说完,便接过他们手里的蜡烛。

列文小心翼翼地吻了吻她那笑吟吟的红唇,伸出手臂让她挽着,带着一种新奇的亲密感,走出教堂。他不相信、不敢相信这是真的。直到他们那惊异而羞怯的目光相遇时,他才相信这一点,因为他感到他们已经成为一体了。

这天夜里晚饭之后,新夫妇就到乡下去了。

七

伏伦斯基和安娜在欧洲旅行已经有三个月了。他们游览了威尼斯、罗马和那不勒斯，这时刚刚来到意大利的一座小城，打算在这里住些日子。

一个漂亮的茶房头儿，油亮的浓发从颈部分开，穿着燕尾服，胸前露着白麻纱衬衫，滚圆的大肚子上挂着小坠头，双手插在口袋里，大大咧咧地眯缝着眼睛，板着脸在回答一个站在他面前的先生的问话。他一听见大门另一边有人上楼的脚步声，就转过头去，看到那是租用他们头等房间的俄国伯爵，这才恭恭敬敬地从口袋里抽出手来，鞠了一躬说，有一个信差来过，租用宫殿的事也已办妥，经理准备签订合同了。

“啊！我很高兴，”伏伦斯基说，“太太在家吗？”

“太太出去散步过，不过现在已经回来了。”茶房回答说。

伏伦斯基摘下头上柔软的宽边礼帽，用手帕擦了擦汗津津的额头和向后梳、遮住半边耳朵并且遮盖着秃顶的长发。他漫不经心地朝那个还站在那里打量着他的先生看了一眼，就想走开。

“这位俄国先生也问到您呢。”茶房说。

伏伦斯基又恼恨到处都碰到熟人，又希望有什么事儿来调剂一下单调的生活，他就怀着这样一种复杂心情回头看了看那位已经走开又站下来的先生，就在同一时刻两个人的眼睛都亮起来。

“高列尼歇夫！”

“伏伦斯基！”

真的这是高列尼歇夫，是伏伦斯基在贵族子弟军官学校的同学。高列尼歇夫在学校里属于自由派，毕业时得到文官官衔，却没有在任何地方任过职。他们两个在毕业后就各奔东西，后来只见过一次面。

在那次见面中，伏伦斯基了解到高列尼歇夫选择了一种高雅的自由派活动，而且因此就轻视伏伦斯基的职业与身份。所以在那次见面中，他就用他一向很会用的那种冷淡而高傲的态度回敬高列尼歇夫，那意思就是说："您喜欢不喜欢我的生活方式，那我都不在乎，可是您如果想结交我，那就得尊敬我。"而高列尼歇夫还是对伏伦斯基的举止作风抱着瞧不起的冷漠态度。这次见面似乎只能加深他们的隔阂。谁知他们彼此一认出来，就高兴得喜笑颜开，并且叫了起来。伏伦斯基怎么也没想到他见了高列尼歇夫会这样高兴，想必自己也不知道他有多么无聊。他忘记了上次见面的不愉快印象，满面春风地向老同学伸出手去。高列尼歇夫原来脸上的惶惶不安神情立刻消失，出现了同样的高兴神情。

"遇见你我多么高兴呀！"伏伦斯基龇着一嘴结实的白牙亲热地笑着说。

"我听说来了一位伏伦斯基，但不知道是哪一个伏伦斯基。我真高兴，太高兴了！"

"咱们进去吧。哦，你在干什么呀？"

"我在这儿住了一年多了。我在写作。"

"噢！"伏伦斯基很有兴趣地说，"咱们进去吧。"

于是，他依照俄国人的通常习惯，不愿让仆人听懂的话，他不用俄语说，而用法语说起来。

“你认识卡列宁夫人吗？我们在一块儿旅行呢。我这是去看她。”他用法语说，一面留神注视着高列尼歇夫的脸色。

“噢！我还不知道呢(其实他是知道的)。”高列尼歇夫淡淡地说。“你早就来了吗？”他又说。

“我吗？这是第四天了。”伏伦斯基回答说，并且又一次留神打量老同学的脸。

“是的，他是个正派人，看待事情一向是正确的，”伏伦斯基明白了高列尼歇夫脸上表情和改变话题的意义之后，就在心里说，“可以让他和安娜认识，他会正确看待的。”

伏伦斯基在和安娜在国外过的这三个月里，每次他新遇到什么人，总要自己问自己，这人是怎样看待他和安娜的关系的，他发现男人大多数都有正确的理解。可是如果问他，或者问那些“正确”理解这事的人，究竟这理解是怎样的，他和那些人都会不知所答。

实际上，伏伦斯基认为能“正确”理解的那些人并不理解这事儿，而是言语举止像一般有教养的人对待人生各方面一切复杂和无法解释的问题那样，保持礼貌，不暗示，也不提不愉快的问题。他们装作完全理解这种状况的意义和内涵，认可甚至赞赏，但却认为解释这一切是不妥当的和多余的。

伏伦斯基立刻揣摩出，高列尼歇夫就是这样一个人，所以看到他分外高兴。果然，当高列尼歇夫被带到卡列宁夫人面前时，他对她的态度正如他所希望的。他显然毫不勉强就避开了一切可能会引起不快的话题。

他以前不认识安娜，现在被她的美貌，尤其被她那坦然对待自己处境的态度所震动。在伏伦斯基领着高列尼歇夫进来的时候，她的脸红了红，那一张开朗而美丽的脸全都红了，他就特别喜欢这种孩子气的脸红。但尤其使他喜欢的是，她好像怕别人不了解似的，立刻就特意亲热地管伏伦斯基叫阿历克赛，并且说他们就要搬到新租的房子，也就是这里叫作宫殿的那座房子去住。高列尼歇夫很喜欢她对待自己处境的这种直率和坦然的态度。高列尼歇夫认识伏伦斯基也认识卡列宁，现在看着安娜这种亲热、愉快和起劲儿的样子，觉得完全能理解她。他觉得他能理解她怎么也无法理解的事，那就是，她为丈夫造成不幸，抛弃了丈夫和儿子，也坏了自己的名声，为什么还会感到那样带劲儿、那样愉快和幸福。

"那房子在旅行指南里有的，"高列尼歇夫说的是伏伦斯基租的那座宫殿，"那里面有丁托列托[①]杰作。是他的晚期作品。"

"您看怎么样？天气这么好，咱们再到那里去看看吧。"伏伦斯基对安娜说。

"非常高兴，我这就去戴帽子。您说，今天热吗？"她在门口站下来，带着询问的神气对伏伦斯基说。她的一张脸又红了。

伏伦斯基从她的目光看出来，她不知道他想用什么样的态度对待高列尼歇夫，她怕她的言谈举止未必是他所希望的。

他用温柔的目光看了她长长的一眼。

"不，不太热。"他说。

她觉得她全明白了，主要的是，他对她的言谈举止是满意的；

①丁托列托(1518—1594)，文艺复兴后期威尼斯画派代表人物。作品具有强烈的感染力，充满斗争精神；所作壁画富有动势，明暗对比强烈。

于是，她对他笑了笑，就快步走出门去。

两个朋友互相看了一眼，两个人的脸上都出现了局促不安的神气，看样子，高列尼歇夫似乎很欣赏她，想说说对她的看法，可是想不出说什么好，伏伦斯基又希望他说，又怕他说。

“这么说，”伏伦斯基为了找话说，就说起来，“你在这儿住下来啦？你就一直在做这种事吗？”他想起他听说高列尼歇夫在写作，就又说道。

“是的，我在写《两个原理》的第二部。”高列尼歇夫听到他问这事，得意地涨红了脸，说。“说得确切些，我还没有写，而是在做准备，搜集材料。这一部涉及面要广泛得多，几乎触及所有的问题。在我们俄国，都不愿意明白，我们是拜占庭的后代。”他滔滔不绝、慷慨激昂地阐述起来。

高列尼歇夫像说什么名著一样说的《两个原理》，伏伦斯基竟连第一部也不知道，起初觉得很窘。可是后来，等高列尼歇夫说起自己的见解，伏伦斯基也能听懂之后，尽管他还不知道两个原理是怎么一回事儿，他还是听得津津有味，因为高列尼歇夫讲得很生动。不过高列尼歇夫在谈到他所研究的题目时那种气愤的样子，却使伏伦斯基感到奇怪和不快。他越说，眼睛越发亮，越是急不可待地反驳假想的论敌，脸上的神情越是激动和愤慨。伏伦斯基想起高列尼歇夫本是一个瘦小而活泼、又善良又高尚的孩子，在学校里总是名列第一的学生，就怎么也无法理解他现在为什么会这样气愤，而且也不赞成这种气愤。他尤其不喜欢的是，像高列尼歇夫这样有教养的人，竟和那些使他气愤的无聊文人一般见识，生起那些人的气。这值得吗？伏伦斯基不喜欢这一点，但是,尽管这样,他还是觉得高列尼歇夫是不幸的,所以他很可怜他。就在他连安娜进来都没有发觉,还在慷慨激昂地发表他的见解的时候,可以从他那激动的、相当漂亮的脸上看出这种近乎精神病的不幸。

当安娜戴了帽子、披起斗篷走进来,用柔美的玉手敏捷地玩弄着阳伞,在旁边站下来的时候,伏伦斯基才松一口气,摆脱了紧紧盯着他的高列尼歇夫那气愤的眼睛,深情地看了看他那充满生气与欢乐的美貌的情侣。高列尼歇夫好不容易定下神来,开头还是忧郁和闷闷不乐的,然而对什么人都有好感的安娜(她近来就是这样)很亲切、很快活地和他说起话来,很快就使他提起了精神。她试着谈了种种话题之后,便引他谈起绘画,他谈得很精彩,她便用心听着。他们一直走到所租的房子里,细细看了一遍。

"有一点我很高兴。"在他们回来的路上,安娜对高列尼歇夫说。"阿历克赛要有一间极好的画室了。你一定要把那间屋子用起来。"她用俄语对伏伦斯基说,并且称呼他"你",因为她已经明白,高列尼歇夫将成为他们隐居生活中的密友,在他面前无须顾忌。

"你当真会画画吗?"高列尼歇夫急忙转身问伏伦斯基。

"是的,我早先画过,现在又开始画一点儿了。"伏伦斯基红着脸说。

"他很有才气呢,"安娜高兴地笑着说,"自然,我不是行家。不过,很有眼力的行家也都这样说。"

八

安娜在她获得自由和迅速康复的初期，觉得自己幸福得不得了，充满生的欢乐。回想到丈夫的不幸，也不影响她的幸福。一方面，这种回忆太可怕，以至于她不敢去想他。另一方面，正是她的丈夫的不幸造成了她的无比幸福，所以又不能后悔。回想起她病后发生的种种事情：同丈夫和解、决裂、伏伦斯基负伤的事、他的来临、准备离婚、离开丈夫的家、离别儿子——她觉得这一切就像一场噩梦，噩梦醒来，她就单独和伏伦斯基一起在国外了。回想起她给丈夫造成的不幸，心中就产生一种近似厌恶的感觉，就像一个落水的人甩掉了一个死死抓住他的人。那人淹死了。当然，这样做是很不好的，但只有这样才能自救。所以最好还是不要回想那些可怕的详情细节。

在刚刚决裂的时候，她对自己的所作所为有过一种自我安慰的想法；现在，在她回想起种种往事的时候，又想起那一种想法。"我造成这个人的不幸是不得已的，"她想，"我并不想利用这种不幸；我现在也很痛苦，今后还会很痛苦，因为我失去了我最珍爱的东西，——失去了名声和儿子。我做了坏事，所以我不想幸福，不想离婚，我会因为羞耻和离开儿子十分痛苦的。"可是，不论安娜多么心甘情愿忍受痛苦，她却不痛苦，也不觉得有什么羞耻。他们一向很知道分寸，在国外也是尽可能不接触俄国妇女，从来不使自己陷于尴尬的境地，不论在哪里遇到的人，都是装作完全了解他们的关系，甚至比他们自己更了解。离开儿子，儿子虽然是她心爱的，开头她也不觉得痛苦。女儿是他的孩子，格外可爱，而且自从剩了这一个孩子之后，安娜又格外心疼她，因此安娜也就很少想起儿子了。

由于健康恢复，生的欲望更加强烈，生活环境又是如此新鲜，如此舒畅，所以安娜觉得自己幸福得不得了。她越是了解伏伦斯基，越是爱他。她爱他，因为她爱他这个人，还因为他爱她。她一想到他完全是她的，总是喜不自胜。他和她亲近，她总感到愉快。她对他的种种性格特点越来越了解，她觉得那都无比可爱。他穿起便服后又是一番风采，格外使她着迷，就像一个痴心的少女。不论他说的，想的，做的，她觉得那都是特别高尚和了不起的。她对他的倾心常常使她自己感到吃惊：她常常想在他身上找到不好的地方，可是怎么也找不到。她不敢在他面前流露自己的自卑感。她觉得，如果他知道这一点，恐怕就不会再爱她；现在她最害怕失去他的爱情，比什么都害怕，虽然没有任何害怕的理由。可是她不能不感激他对她的情义，不能不表示她是多么珍视这种情义。她认为，他是有相当的从政才能的，在这方面应该是大有作为的，然而他却为她牺牲了功名，而且从不表示任何惋惜。他对她比以前更加敬爱，时时刻刻想着不能让她感到自己处境尴尬。像他这样一个刚强的男子汉，不仅从来不违抗她的心意，而且简直就没有自己的心意，就好像操心的只是如何揣测到她的心意。她不能不珍视这一点，虽然他对她这种无微不至的体贴和关怀本身有时使她觉得受不了。

然而，尽管伏伦斯基盼望已久的事如愿以偿，他却不觉得圆满无缺。他很快就感觉到，这一心愿的实现不过是他所期望的如山的幸福中的一粒砂子。这一愿望的实现使他看清了为什么许多人总是犯那种错误，就是把一种愿望的实现当成幸福。在他同她结合，穿起便服之后，在最初一段时间里，他充分体会到恋爱自由的乐趣以及各方面自由的乐趣，这是他以前不曾尝过的，他感到很满意，可是这没有维持多久。他很快就感觉出来，在他心中出现了愿望不满足感，苦闷感。他不由自主地抓住每一个一闪而过的念头，认为那就是愿望和目标。一天十六个小时都要想办法消磨，因为他们在国外过的是无拘无束的日子，摆脱了在彼得堡那种容易消磨时间的社会生活环境。以前伏伦斯基在国外享受过的那种单身生活乐趣，现在连想也不敢想了，因为有过一次这类的事，和几个朋友晚餐回家迟了，就引起安娜意想不到的忧郁和多心。这里有当地人，有俄国人，因为不了解他们的情况，也就不可能和他们交往。至于游览名胜，且不说他们已经游览遍了，这对他，对一个俄国人和聪明人来说，并不是多么重要，不像英国人那样看待这种事儿。

正如一只饥饿的野兽，见什么抓什么，希望那是食物，伏伦斯基也是这样，完全不由自主地乱抓起来，忽而研究政治，忽而阅读新书，忽而从事绘画。

因为他从小就有绘画才能，也因为他不知道自己的钱该往哪里花，就开始收集版画，后来又着重收集彩色画，自己也画起彩色画，把没有派用场的、要求满足的心思都用在这方面。

他善于鉴赏艺术，善于模仿，能模仿得很准确，模仿出原作风格，而且他也认为他有艺术家的才具，所以，他在考虑选择哪一种绘画，宗教画，历史画，风俗画还是写实画，费过一番踌躇之后，就画了起来。他能鉴赏各类绘画，不论从哪类绘画都能得到灵感；他却想不到，也可以完全不知道有哪些类绘画，灵感也可以直接来自心灵，不管他要画的东西属于哪一类。就因为他不懂得这一点，因为他的灵感不是直接来自生活，而是间接来自已经体现为艺术的生活，所以他的灵感来得又快又容易，他也就能又快又容易地使他所画的东西酷似他所模仿的那一类绘画。

在各种各类绘画中，他最喜欢的是优美感人的法国画，于是他就照这种风格，开始画穿着意大利服装的安娜肖像。他和所有看到这幅肖像的人，都认为画得很成功。

九

这是一座古老的、冷落了的宫殿，高高的饰花天花板，一幅幅壁画，镶木地板，高大的窗户上挂着厚厚的黄色窗幔，托架上和壁炉上摆着一个个花瓶，一道道雕花的门，一座座挂着图画的阴森森的大厅。在他们搬进来以后，单是这宫殿的外表就使伏伦斯基产生一种愉快的错觉，好像他不是一个俄国地主，一个退职的武官，而是一个学识渊博的艺术爱好者和保护者，本身也是一个不求闻达的艺术家，为了心爱的女人，远离尘世，杜绝交往，放弃功名。

伏伦斯基扮演进住宫殿的角色是完全成功的，在通过高列尼歇夫认识了一些有趣的人物之后，最初一段时间他也是安心的。他在一位意大利美术教授指导下练习写生，并且研究中世纪意大利生活。近来伏伦斯基十分醉心中世纪意大利生活，甚至按照中世纪的样子戴帽子，把斗篷搭在肩膀上，这对他是十分配称的。

“咱们住在这儿，什么也不知道。”伏伦斯基有一天对一大早就来看他的高列尼歇夫说。“你见过米哈伊洛夫的画吗？”他说着，把早晨刚刚收到的一张俄国报纸递给他，并且指了指上面一篇文章，文章写到也住在这座小城里的一位俄国画家，刚完成一幅传说已久的画，那画事先已经被人买下了。文章指责政府和研究院对这样一位杰出画家没有任何奖励与支持。

“我见过，”高列尼歇夫回答说，“当然，他不是没有才气的，不过他走的路子不对头。他对待基督和宗教画一直抱的是伊凡诺夫、施特劳斯、勒南[①]那种态度。”

“那幅画画的是什么？”安娜问道。

“画的是基督面对皮拉多[②]。耶稣成了新派现实主义笔下的一个犹太人了。”

一问起画的内容，就使高列尼歇夫转到他所喜欢的话题，于是他滔滔不绝地说下去：

“我真不懂，他们为什么会这样荒唐。在历来艺术大师的作品中，基督的形象已有一定的表现形式。所以，如果他们想画的不是上帝，而是革命家或者圣贤的话，那他们尽可以从历史中选取苏格拉底、富兰克林、夏洛特·科尔德，就不应该选取基督。他们所选的恰恰是不能做艺术题材的人物，再说……”

“怎么，这位米哈伊洛夫真的这样穷苦吗？”伏伦斯基问道，

①伊凡诺夫（1806—1858），俄国画家，在宗教画中表现哲学主题。施特劳斯（1808—1874），德国哲学家，著有《耶稣传》。勒南（1823—1892），法国作家，著有《基督教起源史》。

②皮拉多，古罗马总督，就是他下令把耶稣钉上十字架。

因为他自以为是俄国的米岑纳特[1],应该帮助这位画家,不管他的画是好还是不好。

“不见得。他是一位出色的肖像画家。你们见过他画的瓦西里奇科娃像吗?不过,可能他不想再画肖像了,因此,也许真的有些拮据了。我是说……”

“能不能请他给安娜·阿尔卡迪耶芙娜画一幅肖像呢?”伏伦斯基问道。

“给我画像做什么?”安娜说。“有了你画的那一幅,我什么画像也不要了。还不如给安妮(她这样叫她的女儿)画一幅呢。哦,她来了。”她从窗户里看到那个标致的意大利奶妈抱着孩子走进花园,就又加了一句,并且立刻悄悄地打量了一下伏伦斯基。这个标致的奶妈,伏伦斯基画过她的头像放在自己画里的,成了安娜生活中唯一的心病。伏伦斯基画过她,很欣赏她的美丽和古典式风韵,安娜自己也不敢承认,她很怕嫉妒起这个奶妈,所以她对她和她的小男孩特别亲热和心疼。

伏伦斯基也朝窗外看了看,又看了看安娜的眼睛,马上又转过身来朝着高列尼歇夫,说:

“你认识这个米哈伊洛夫吗?”

“我见过他几次。不过他是一个怪物,没有任何教养。就是说,是一个野蛮无知的新派人物,这种人现在是常常可以见到的;就是说,是无信仰、否定一切和唯物主义观念直接培养出来的一个自由思想家。从前,”高列尼歇夫没有注意或者不愿注意安娜

①米岑纳特,古罗马奥古斯都皇帝的亲信,因大力庇护诗人,成为庇护文艺的同义语。

和伏伦斯基都想说话，继续说下去，“从前，自由思想家是在宗教、法律和道德观念中培养出来的人，经过自身的奋斗和探索而获得自由思想的；现在却出现了新型的天生自由思想家，他们甚至没听说过有什么道德和宗教准则，有什么权威，而是在否定一切的观念中成长的，也就是像野蛮人一样。他就是这样的。他好像是莫斯科宫廷总管的儿子，没有什么学识。等他进了研究院，有了名气，因为他也不蠢，就想增长学识。于是他看起他认为是知识来源的东西，——看起杂志。谁都知道，自古以来，想求知识的人，比如法国人吧，总是阅读经典作品：神学大师、悲剧大师、历史学家、哲学家的著作，就是说，阅读所能见到的一切博大精深的著作。可是现在我们有些人却一头钻进否定主义的书刊里，很快就学到否定主义的全部实质，就算学好了。不仅如此，二十年前还能在这类书刊中发现同权威、同传统观念搏斗的迹象，可以从这种搏斗中了解到，还有别的什么东西；但是现在一头钻进这类书刊里，在这类书刊里，认为不值得同传统观念争论，干脆了当地说：除了进化、自然淘汰、生存竞争，再没有什么了，如此而已。我在自己的文章中……”

“您听我说。”安娜知道伏伦斯基对这位画家的学识问题不感兴趣，只是一心想着要帮助他，请他画肖像，她早就小心翼翼地在和伏伦斯基交换眼色，这时就开口说。“您听我说，”她果断地打断了说得上了劲儿的高列尼歇夫的话，“咱们去看看他吧！”

高列尼歇夫定了定神，欣然同意了。但因为画家住在很远的一条街上，于是他们就决定乘马车去。

一个小时之后，安娜就和并排坐的高列尼歇夫以及坐在前面的伏伦斯基一起，来到很远一条街上的一座漂亮的新房子前面。看门人的妻子迎出门来，说米哈伊洛夫通常都是在画室里见客，不过此刻他在几步外的住处，他们就请她把名片递给他，要求允许看看他的画。

十

画家米哈伊洛夫在接到伏伦斯基伯爵和高列尼歇夫的名片的时候，像往常一样，正在画画。早晨他在画室里画那一幅巨幅油画。回到家里以后，对妻子发了一阵火，怪她没有对付好前来讨账的房东太太。

“我对你说过二十回，叫你不要多解释。你本来就糊涂，你用意大利话解释起来，就糊涂上加糊涂了，”争吵了好一阵子之后，他又对她说：

“那你就别欠账嘛，这又不能怪我。我要是有钱的话……”

“你行行好，让我安静一会儿吧！”米哈伊洛夫带着哭腔叫起来，然后就捂住耳朵，走到隔壁的工作间里，随手把门闩上。“糊涂娘儿们！”他在心里说过这话，便在桌旁坐下来，打开画夹，立刻就特别起劲地画起一幅开了头的素描。

他一向作画，从来没有像在日子难过的时候，尤其是和妻子吵架的时候这样起劲，这样顺手。“唉！真不如躲到什么地方去！”他一面想，一面画着。他在画的是一个勃然大怒的人。这是他以前画的，但是他很不满意。“不行，还是那一张好些……那一张在哪儿呢？”于是他去找妻子，却不看她，只皱着眉头问了问大女儿,他给她们的那张纸在哪儿。那张丢掉的画稿找到了,但是弄脏了,还滴了蜡烛油。他还是拿起画稿,摊在自己桌子上,自己往后退了两步,眯起眼睛,仔细打量起来。他忽然笑了,而且高兴得把两手一挓挲。

“就这样,就这样!”他说着,抓起铅笔,迅速地画起来。一点蜡烛油倒是为画中人增添了新的姿态。

他在描画这新的姿态的时候,忽然想起他去买雪茄的店里的老板那尖下巴和恶狠狠的脸,于是他就把这张脸和这副下巴给人物画上去。他高兴得笑起来。人物突然由死的变成活的,由虚构的变成有一定性格的。这人物活了,特性是清楚而明确的。根据人物需要,这画还可以修改,可以而且应该修改两腿叉开的姿势,左臂的姿势应该完全改变,头发要撩到后面。但是他作这些修改,并不改变人物形象,而只是去掉可能使人物形象不清楚之处。他好像是去掉人物身上的一切遮盖物,不然人物形象就不能充分显露;新画的每一笔只是越来越鲜明地表现出整个人物形象那一股恶狠狠的劲儿,也就是他突然从一滴蜡烛油想象出的那种样子。在给他送来名片的时候,他正在小心翼翼地最后修饰这幅画。

“这就好了,这就好了!”

他来到妻子这边。

“算了,萨沙,别生气了!”他羞涩而亲热地笑着对她说。“你不对,我也不对。我会把一切都料理好的。”他同妻子和解之后,便穿起天鹅绒领子的橄榄色大衣,戴上帽子,朝画室走去。他已经把画得很成功的人物忘记了。这会儿使他高兴和激动的是,这几位俄国贵客乘马车来访他的画室。

他对于现在还在画架上的那幅画，只有一个看法，那就是，像这样的画还从来没有人画过。他并不以为他的画比拉斐尔所有的画都好，但是他知道他想表现而且也表现出来的画意还从来没有人表现过。这一点他是很清楚的，而且一开始画就知道了。但是别人的看法，不论什么样的看法，对他都还是十分重要的，并且都能使他心里十分激动。他听到任何意见，哪怕最微不足道的意见，哪怕评论者所看到的只是他所看到的极小的一部分，他心里都不能不激动。他总是认为评论者比自己更有眼力，总希望评论者能说出他自己没有看出的毛病。他觉得他常常可以从参观者的看法中发现问题。

他快步朝他的画室门口走去，尽管他心情激动，安娜那妩媚的风韵还是使他吃了一惊。安娜站在门口的阴影里，正在听着高列尼歇夫很起劲地在对她说什么事，同时显然很想好好看看走来的画家。他自己也没有发觉，在他向他们走来时，他把这印象一下子抓住，并且收在脑海里，就像他抓住卖雪茄老板的下巴那样，现在把这印象收藏起来，用得着的时候再拿出来。两位新来访者事先听了高列尼歇夫说起这位画家，本来已经有些失望，现在见到他的外貌更加失望了。米哈伊洛夫那敦实的中等个头儿，摇摇晃晃的步子，咖啡色帽子，橄榄色大衣，在早已流行宽大裤子的这时候他穿的那窄小的裤子，尤其是那一张平庸的大脸，那畏畏缩缩而又想保持自己尊严的神气，都给人一种很不愉快的印象。

“请进吧。”他竭力装出若无其事的神气说，接着就走进门廊从口袋里掏出钥匙，把门打开了。

十一

走进画室，画家米哈伊洛夫又把客人们打量了一遍，把伏伦斯基的面部表情，尤其是他的颧骨表情，记在脑海里。尽管他的艺术感没有停止活动，仍然在为他收集素材，尽管因为即将有人评论他的画，他的心情越来越激动，他还是通过一些不易觉察的特征又快又细致地构成了对这三个人的印象。那个男子(高列尼歇夫)是侨居此地的俄国人。米哈伊洛夫不记得他的姓名，也不记得在哪儿见过他，同他谈过什么话。他只记得他的面孔，因为他不论在哪里见过的面孔都是记得的，不过他也记得，这在他的脑海里是摆在装模作样和很少表情的那一大类面孔之中的。那浓密的头发和十分开阔的额头使他的脸色显得很深沉，仅有的一点儿孩子般的不安生神气集中表现在那狭窄的鼻梁上方。伏伦斯基和安娜，在米哈伊洛夫看来，想必都是富有而显贵的俄国人，像一切富有的俄国人一样，对艺术一窍不通，却要装作是艺术爱好者和鉴赏家。米哈伊洛夫心想："他们大概已经看遍了所有的古董，现在想必又要到处参观现代画家、德国江湖骗子和英国拉斐尔前派傻子的画室了，他们到我这儿来无非是为了看个遍罢了。"他很清楚这些一知半解的人的特点(他们越聪明越坏)，知道他们参观当代画家画室只有一个目的，就是为了有资格说艺术已经衰落，看当代作品看得越多，越能看出，古代艺术巨匠还是无与伦比的。他等待的就是这一切，这一切他从他们的脸色看得出来，从他们互相交谈、观看人体模型和胸像、很随便地走来走去、等待着他揭去画上盖布的那种漫不经心的神气也看得出来。可是，尽管如此，在他翻着一幅幅画稿，拉窗帘，揭盖布的时候，他心里还是非常激动，尤其因为，尽管他认为所有富贵的俄国人都是畜生和傻瓜，他还是很喜欢伏伦斯基，特别是安娜。

"请看看这一幅吧。"他敏捷地退到一旁，指着一幅画说。"这是皮拉多的训诫。《马太福音》第二十七章。"他说着，觉得自己的嘴唇都激动得哆嗦起来。他退了几步，站到他们后面。

在来访者一声不响地看画的几秒钟里，米哈伊洛夫也看着画，用冷静的、旁观者的眼光看着。在这几秒钟里，他料定，正是刚才他还十分瞧不起的来访者会对他的画做出最高明、最公正的评价。他忘记了他以前在画这幅画的三年时间里有关这幅画的一切想法；他忘记了他原以为无可置疑的种种优点，——他用他们那冷静、旁观的另外一种眼光看画，也就看不出有什么好的地方了。他看到前景中皮拉多那愤怒的脸和基督的镇静的脸，看到后景中皮拉多的仆从的身影和观看动静的约翰的脸。不论哪一张脸，都是经过多次探索、失误、修改，根据各自特有的性格在他心中形成的，每一张脸，都曾经带给他那么多的苦恼和喜悦，为了照顾全局，所有这些脸的位置不知变动过多少次，在色彩和色调上他又花过多少心血，——所有这一切，现在他用他们的眼光来看，就觉得粗俗不堪，千人一面了。那张成为全画中心的基督的脸，他最珍视、在他发现成为中心时使他感到那样快乐的，现在用他们的眼光来看，他觉得什么意思也没有了。他看出，他所画的无非是提香、拉斐尔、鲁本斯的无数基督像及其皮拉多像和士兵像的很好的摹制品，甚至连好也说不上，因为现在他清清楚楚看出一大堆缺点。这一切都很庸俗、可怜和陈腐，甚至画得也很不好——太花哨，也太松散无力。如果他们当着画家的面说虚伪的恭维话，背后又可怜他又嘲笑他，那也是有道理的。

这种沉默（虽然不到一分钟）使他十分难受。为了打破沉默并且表示他并不激动，他就强作镇定，和高列尼歇夫说起话来。

“我好像有幸见过您。”他一面说，一面惴惴不安地忽而望望安娜，忽而望望伏伦斯基，唯恐看漏他们脸上的任何一点表情。

“当然啦！咱们在露西家见过面，您该记得，那天晚上，有一位意大利小姐——一位新的拉舍尔[①]朗诵。”高列尼歇夫毫不留恋地把目光从画上移开，面对着画家，很随便地说起话来。

然而，他发现米哈伊洛夫正等着他评画，他就说道：

“您的画比我上次看到的大有进步。现在还像上次一样，特别使我佩服的是皮拉多的形象。就应该这样看待这个人物，这是一个善良的好人，但又是一个彻头彻尾的官僚，不知道自己在干什么。不过我觉得……”

米哈伊洛夫那表情多变的一张脸顿时发亮了，眼睛放出光彩。他想说点什么，却激动得说不出话来，于是他假装咳嗽。尽管他并不看重高列尼歇夫的艺术鉴赏力，尽管高列尼歇夫对皮拉多这个官僚面部表情准确性的恰当评语算不了什么，尽管是随意说的这种无足轻重之处，而没有说到最重要之点，本来有可能使他感到不快，米哈伊洛夫听了这评语还是十分高兴。他自己对于皮拉多这个人物的想法，和高列尼歇夫说的完全一样。这种看法只是米哈伊洛夫认为完全正确的无数看法之一，可是他觉得这并

---

①拉舍尔（1821—1858），著名法国女演员。

不说明高列尼歇夫的评语没有什么意义。他因为这个评语喜欢起高列尼歇夫，顿时一扫忧郁的心情，心里喜不自胜。他的整个一幅画顿时在他面前活了，显示出一切有生命的东西的无比丰富多彩的特征。米哈伊洛夫又想说说，他就是这样看待皮拉多的；可是他的嘴唇不由自主地哆嗦着，他说不出话来。伏伦斯基和安娜也小声说了些什么，所以用小声，一方面是怕伤害画家的感情，一方面是怕说出蠢话，因为往往人们在参观绘画谈论艺术的时候是很容易说蠢话的。米哈伊洛夫觉得，他们对这画也有观感。于是他走到他们跟前。

“基督的神情多么美妙呀！”安娜说。在她所看到的一切当中，她最喜欢这种神情，而且她觉得这是画的中心，因此称赞这一点会使画家高兴的。“显然他很怜悯皮拉多呢。”

这也是在他的画中，在基督形象中可以看出的无数想法之一。她说的是基督怜悯皮拉多。在基督的表情中应该有怜悯的神情，因为他有爱的神情、超然物外的神情、从容就义的神情和知道说话已无用的神情。自然，皮拉多要有官僚的神情，基督要有怜悯的神情，因为一个是肉欲生活的化身，一个是精神生活的化身。在米哈伊洛夫头脑里闪过这种种念头和其他许多念头。他的一张脸又高兴得放起光来。

“是啊，这人物是怎么画的呀，空间感多么强呀。简直可以绕着走过去呢。”高列尼歇夫这样评论说，显然是想表示他不赞成人物的内涵和意义。

“是的，了不起的功力！”伏伦斯基说。“这些后景上的人物多么突出呀！这可是真正的技巧。”伏伦斯基对高列尼歇夫说，他这是暗暗接续他们原来的谈话，那时伏伦斯基没想到会有这样的技巧。

“是的，是的，真了不起！”高列尼歇夫和安娜都附和说。尽管米哈伊洛夫心情非常兴奋，但他们说到技巧还是刺痛了他的心，所以他很生气地看了伏伦斯基一眼之后，一下子就皱起眉头。他常常听到“技巧”这个词儿，可是他简直不明白这指的是什么。他知道，这个词儿指的是绘画本领，与内容毫无关系。他常常发现，很多人把技巧和内在的价值对立起来，仿佛依靠技巧可以把不好的内容画好似的，他发现他们现在的称赞也是这样。他知道，必须非常仔细，非常小心，才能去掉表面化之处而不损伤作品本身，才能去掉所有表面化之处；而在这方面是用不着绘画本领，用不着什么技巧的。如果一个小孩子或厨娘想看清楚所看到的东西，他们也会揭去一切外在的东西。一个最有经验、最高明的画家，如果事先不弄清其大致内容的话，光凭技巧是什么都画不出来的。此外，他还看出来，如果谈技巧的话，他是不应该受到称赞的。在他的所有作品里，无论画成的，正在画的，他都看出一些十分触目的缺点，那都是因为自己在去掉表面化之处时不小心造成的，现在要想修补这些缺点而不损伤整个作品已经不可能了。几乎在所有的形体和面孔上他都看出还没有去干净的损害作品的表面化之处。

“有一点可以说说，如果能恕我直言的话……”高列尼歇夫说。

“哎呀，我太高兴了，请您指教。”米哈伊洛夫装出笑容说。

“就是说，您画出来的是人神，而不是神人。不过，我知道，您就是想这样。”

“我画不出在我心中不存在的那个基督。”米哈伊洛夫沉下脸说。

“是的，不过，要是这样，如果恕我直言的话……您的画是极好的，我的评价不能损其丝毫，再说，这也只是我个人的意见。您有您的看法。动机也不相同嘛。不过，就拿伊凡诺夫来说吧。我认为，要是把基督降低到历史人物的地步的话，那么伊凡诺夫就不如选择另外的、没有人画过的新颖历史题材。”

“但是，如果这是艺术面临的最伟大主题呢？”

“如果去找的话，那是可以找到其他题材的。不过，问题就在于，艺术是不容争吵和议论的。不论是信徒还是非信徒，看到伊凡诺夫的画，都会出现疑问：这是神，还是不是神？这就破坏了印象的统一。”

“为什么会这样呢？我觉得，有教养的人是不可能争吵的。”米哈伊洛夫说。

高列尼歇夫不同意这话，坚持自己原来关于艺术印象必须统一的说法，说得米哈伊洛夫哑口无言。

米哈伊洛夫非常激动，却说不出什么理由维护自己的意见。

十二

安娜和伏伦斯基为自己的朋友大发议论感到遗憾，早就在互相使眼色，终于，伏伦斯基不等主人指引，自己转身去看另一幅不大的画。

“哎呀，多美呀，美极了！真了不起！多美呀！”他们异口同声地叫起来。

“是什么使他们这样喜欢呀？”米哈伊洛夫想道。他已经忘记了他三年前作的那幅画。他忘记了那几个月中日日夜夜全神贯注于这幅画时为这幅画经受的痛苦与欢乐，他总是这样，画好了，就忘记了。他甚至连看都不喜欢看，现在摆出来，只是为了等一个英国人来买这幅画。

“那不过是一幅旧的习作。”他说。

“多么美呀！”显然也陶醉于这幅画的魅力的高列尼歇夫说。

两个小男孩在柳荫下钓鱼。大的一个刚刚抛出钓钩，正在小心翼翼地把浮子从树棵子后面往外拖，一脸全神贯注的神气；另一个小些的躺在草地上，双手托着淡黄色乱发的头，一双若有所思的蓝眼睛望着水面。他想的是什么？

对这幅画的赞赏唤醒了米哈伊洛夫原来的兴奋心情，但是他害怕而且也不喜欢这种无谓的恋旧心情，所以，尽管他听了称赞十分高兴，他还是想带着来访者去看第三幅画。

但是伏伦斯基却问这幅画是否出卖。因为客人来访十分兴奋的米哈伊洛夫，这时觉得谈金钱的事是极不愉快的。

“摆出来就是要卖的。”他阴沉地皱着眉头回答说。

等来访者一走，米哈伊洛夫就面对着皮拉多和基督那幅画坐下来，在心里重温几位来访者说过的话，以及虽然没有明说然而却暗示过的话。说也奇怪，当他们在这里，当他用他们的眼光看待问题的时候，他觉得有些意见是很有分量的，现在他觉得顿时失去任何意义。他开始用纯粹艺术家的眼光来看自己的画，这才产生了信心，相信自己的画是完美的，因而是有价值的，他需要有这样的心情，才能不分散注意力，集中精神，只有集中精神，他才能作画。

基督的一只脚在透视上还是不对头的。他拿起调色板，画了起来。他一面修改那只脚，一面一再地注视后景中约翰的形象，那形象是来访者没有注意的，可是他知道那是完美无缺的。他修完了脚，就想再画画这个形象，可是他觉得自己太激动，没办法画。他在冷静的时候，无法作画；在过分感动，把什么都看得一清二楚的时候，同样也无法作画。只有在从冷静到产生灵感这样的过渡时间里才能作画。今天他却是太激动了。他想把画盖起来，可是又停下来，手里拿着盖布，美滋滋地微笑着，对着约翰像看了好一阵子。最后他才依依难舍地用布盖上，带着疲倦然而幸福的心情朝家里走去。

伏伦斯基、安娜和高列尼歇夫在回家的一路上特别起劲儿，特别快活。他们谈着米哈伊洛夫和他的画。在他们的谈话中常常出现天才这个词儿，因为他们需要用这个词儿来说他们一点不懂却又很想说说的东西。他们认为这是与智慧和心灵无关的一种天生的、几乎是生理性的能力，他们就想用这个词儿来说明画家的一切所感所思。他们说，他的天才是不能否认的，但他的天才却因为缺乏教养不能充分发挥，缺乏教养是我们俄国画家共同的不幸。但是那幅两个男孩子的画却深深印在他们的脑海里，他们一再谈到那幅画。

“真是美极了！他画得多么成功，多么自然呀！他自己也不明白，这幅有多么好。是的，不能错过，一定要把这画买下来。”伏伦斯基说。

十三

米哈伊洛夫把他那幅小画卖给了伏伦斯基，并且答应为安娜画像。在约定的一天他来了，就开始画像。

画像画到第五次，震动了所有的人，尤其是伏伦斯基，因为不仅惟妙惟肖，而且画出了特有的美。实在奇怪，米哈伊洛夫怎么会发现她那种特有的美。“必须十分了解她，像我这样爱她，才能发现她这种最可爱的真挚表情。”伏伦斯基想道，虽然他是看了这幅像才看出她这种最可爱的真挚表情的。但是这表情极其真切，以至于他和其他人都觉得早就熟悉了。

“我折腾了那么多时间，什么也没有画成，”伏伦斯基说起他画的那幅肖像，“他却只是看了两眼，就画成了。这就叫技巧。”

“这不用着急。”高列尼歇夫安慰他说。他认为伏伦斯基有天才，更要紧的是，也有教养，有了教养就有高尚的艺术见解。高列尼歇夫相信伏伦斯基有天才，还因为他需要伏伦斯基赞同和推许他的文章和见解，他觉得赞许和支持应该是相互的。

在别人家里，尤其是在伏伦斯基住的宫殿里，米哈伊洛夫和在自己的画室里完全不同。他总是保持着敬而远之的态度，好像很怕和他不尊敬的人接近。他对伏伦斯基称“阁下”，而且，尽管安娜和伏伦斯基一再邀请，他从来不留下来吃饭，除了画像，他也不来。安娜待他比待谁都亲热，很感激他为她画像。伏伦斯基对他格外恭敬，显然很想听听画家对他的画怎样评价。高列尼歇夫则抓紧一切机会向米哈伊洛夫灌输高明的艺术见解。可是米哈伊洛夫依然对所有的人一样冷淡。安娜从他的目光感觉到，他很喜欢看她；但是他却尽量不和她谈话。伏伦斯基谈起他的画，他怎么都不作声；把伏伦斯基的画拿给他看，他也是怎么都不作声，而且，显然他听到高列尼歇夫的话觉得受不了，却也不反驳他。

总之，等他们进一步了解了米哈伊洛夫以后，他那种拘谨和不爽快，似乎是怀有敌意的态度就使他们很不喜欢了。等画像完工，他们手里留下一幅优美的画像，他就不再来的时候，他们都感到非常高兴。

高列尼歇夫首先说出大家都有的想法，也就是说，米哈伊洛夫不过是嫉妒伏伦斯基罢了。

“就算他不嫉妒，因为他有天才；那他也是很不痛快的，因为他看到这样一个接近宫廷的有钱人，还是一位伯爵（他们就痛恨这个），没有花费太大力气就干起同样的事儿，即使不比他这个干了一辈子的人好，那也不相上下。尤其是教养，那是他没有的。”

伏伦斯基说，米哈伊洛夫不是这样，但是他在内心里认定就是这样，因为照他看来，一个下层社会的人必然会嫉妒的。

他和米哈伊洛夫都为安娜画了像，伏伦斯基看到画像应该看出他和米哈伊洛夫的差别，可是他却看不出差别。他只是在米哈伊洛夫画过之后不再画安娜的像了，认为没有必要再画了。他还继续画他那幅表现中世纪生活的画。他本人，以及高列尼歇夫，尤其是安娜，都认为画得很好，因为这比米哈伊洛夫的画更近似名画。

然而，米哈伊洛夫虽然十分热心为安娜画像，等到画像完工，可以不必再听高列尼歇夫那一套关于艺术的议论，可以忘记伏伦斯基的画的时候，他比他们更要高兴。他知道，没办法禁止伏伦斯基画画解闷儿；他知道，他和所有那些一知半解的人都有权利画画，想画什么就画什么；但他是不愉快的。不能禁止一个人做一个很大的蜡人儿，并且吻蜡人儿。可是如果这个人带着蜡人儿走来，坐到一个恋人面前，跟蜡人儿亲热起来，就像这个恋人和他的恋人亲热那样，那这个恋人会感到不愉快的。米哈伊洛夫看到伏伦斯基的画，就是产生了这样的不愉快心情：他觉得又好笑又好气，又可怜又可恨。

伏伦斯基醉心绘画和中世纪生活的时间并不长久。他对绘画的兴致只是一时的，所以他无法把自己的画画完。画画停止了。他模模糊糊感觉到，有些缺点开头时还不明显，如果再画下去，缺点就会令人吃惊了。他也和高列尼歇夫一样了，高列尼歇夫就觉得他没什么好写的，就经常欺骗自己，认为构思没有成熟，还在酝酿构思和收集材料。但是高列尼歇夫常常因为这样又懊恼又痛苦，伏伦斯基却不会欺骗自己，不会让自己痛苦，尤其不会懊恼。他一向性格果断，所以他既不解释，也不说理由，不画了就是不画了。

但是，不画画了，他就觉得他和对他的灰心感到惊讶的安娜生活在这意大利城市里太乏味了，宫殿顿时显得那样破旧和肮脏，窗幔上的污点、地板的裂缝、檐板上剥落的石灰显得那样难看，老是高列尼歇夫、意大利教授和德国旅行家，多么没味道，不能不换换生活了。他们就决定回俄国，到乡下去。先去彼得堡，伏伦斯基想和哥哥分分家产，安娜也想看看儿子。他们打算在伏伦斯基家的大庄园里过夏天。

十四

列文结婚已经有两个多月了。他很幸福，但完全不像他所期望的那样。他处处感到以前的梦想破灭，处处感觉到意想不到的新的魅力。列文很幸福，但是过起家庭生活以后，他处处都看出来，这和他原来想的完全不同。他处处感到，自己的心情，就像一个人欣赏过别人乘小船在湖上平稳而悠然自得地划行而自己又坐上这小船之后的心情。他看出来，光是不摇不晃，平平稳稳地坐着是不行的，还是要动脑筋，片刻不能忘记往哪儿划，不能忘记脚下是水，不能忘记划船，没有划惯，手是要痛的，而且这种事看起来容易，做起来虽然快乐，却是很难的。

过去，在他独身的时候，看着人家的夫妻生活，看到那些琐碎的家务、争吵、嫉妒，他只是在心里轻蔑地笑笑。他认为，在他未来的夫妻生活中不仅不会出现类似的情形，而且就连整个生活方式也必然会完全与众不同。谁知，他和妻子的生活不仅没有自成一格，倒是相反，天天忙不完的也不过是他以前十分瞧不起的琐碎家务，而且，与他的愿望相反，琐碎的家务变得异常重要，不容置疑了。列文还看出来，所有这些家务，处理起来完全不像以前所想的那样容易。尽管列文自以为对家庭生活有最正确的见解，但他也和所有的男子一样，不知不觉把家庭生活想象成只是爱情的享受，什么都不应该妨碍爱情，琐碎的家务不应该干扰爱情。他认为，他应该照常干他的事情，干累了就在爱情的幸福中休息休息。她应该得到爱，也就是了。然而他也像所有的男子一样，忘记了她也要干事情。所以，他感到惊讶，富有诗意的、美貌绝伦的吉娣，怎么会在婚后头几个礼拜，甚至在头几天里，就考虑和操心起桌布、家具、客房褥垫、托盘、厨子、饭菜等事。还在他们订婚以后，她就不肯出国，并且决定到乡下来，好像她知道有些事情要做，而且，除了自己的爱情，她还能考虑别的事，她这种果断就使列文觉得吃惊。这在当时使他感到不快，现在她这样操心琐碎的家务，也有好几次使他感到不快。不过他看出来，她不能不这样。而且他虽然不明白这是为什么，虽然嘲笑这些事情，但他爱她，就不能不欣赏这种种事情。他嘲笑她怎样摆设从莫斯科运来的家具，怎样重新布置她自己的房间和他的房间，怎样挂窗帘，怎样为来客、为陶丽准备房间，怎样给她的新侍女安排房间，怎样吩咐老厨子做饭菜，怎样和阿加菲雅争吵，接管饭食方面的事。他看到，老厨子欣赏她，听着她那些不高明、行不通的吩咐，笑着；他看到，阿加菲雅见这位年轻主妇在食品室里做了新的安排，若有所思地、亲切地摇着头；他看到，在吉娣哭笑不得地走来向他诉苦，说侍女玛莎仍然把她当小姐看待，因此谁也不听她的话的时候，她格外可爱。他觉得这可爱，但也奇怪，所以他想，最好还是不要这样。

他不了解她婚后心情的变化。过去在娘家有时想吃酸白菜或者糖果，可是什么都吃不到；现在她想吃什么可以买什么，可以买成堆的糖果，想怎样花钱就怎样花钱，想吃什么点心就要什么点心。

她现在高高兴兴地盼望着陶丽带孩子们来，尤其是因为她可以叫人给孩子们做各人爱吃的点心了，陶丽也会赞赏她种种新的安排。她自己也不知道因为什么和为了什么,但家务事对她就是有不可抗拒的吸引力。她凭本能感觉到春天来了,知道春天也会有阴雨的日子,就使劲做自己的窝儿,一面加紧做窝儿,一面加紧学习怎样做窝儿。

吉娣一心操持家务,这和列文原先崇高的幸福理想大相径庭,这是他的一点失望;同时这种可爱的操心,他虽然不理解其意义,但也不能不喜欢,因而又成为一种新的魅力。

另一种失望和魅力就是吵嘴。列文从来没有想到,在他和妻子之间,除了温存、尊敬和恩爱,还会有别的什么态度,谁知结婚才几天,他们就吵嘴了,所以她对他说,他并不爱她,只爱他自己,于是她哭了起来,并且挓挲起双手。

他们这第一次吵嘴是由于列文到一个新的庄子上去,回来迟了半个钟头,因为他想抄近路,结果迷了路。他一路上都想着她,想着她的恩爱,想着自己的幸福,离家越近,他对她的恋情越炽烈。他怀着当初到谢尔巴茨基家去求婚时那样炽烈,甚至更要炽烈的恋情冲进房里。谁知他遇到的是一种阴沉的、他在她脸上从来没见过的表情。他想吻她,她却把他推开了。

"你怎么啦?"

"你倒是快活……"她尽量摆出一副镇定而狠毒的神气,开口说。

但是她一开口,许多小心眼儿的责备话,在这半个钟头里她一动不动地坐在窗前痛苦思索的许多话,一下子都冲了出来。这时候他才第一次真正明白了他在婚礼结束后领着她走出教堂时没有明白的事情。他明白了,她不仅是和他亲密,而且他现在简直不知道，她和他的分界线在哪儿了。他这是从他此刻产生的分裂痛苦感明白了的。开头他很生气，但立刻就觉得他不能生她的气，觉得她就是他自己。他开头有一种感觉，就好像一个人背后突然挨了狠狠的一拳，又恼又想报复，就回过头去找打他的人，却发现这是他自己无意中打了自己，不好生谁的气，只能自己忍忍痛和消消痛。

后来他再没有这样强烈地感触到这一点，可是在这第一次，他很久都定不下心来。一种很自然的心情要他为自己辩护，证明她错了；但是证明她错会使她更加恼火，扩大那条原是一切痛苦根源的裂痕。一种很习惯的心情要他卸掉自己的过错，加到她身上；另一种更加强烈的心情却要他快些，尽可能快些，把已经出现的裂痕弥合，不使其扩大。听任她这样毫无道理地责难，是很难受的，但如果说清楚了，让她感到难受，那就更糟。就好像一个人在迷糊状态中感到很痛，就想把身上痛的地方挖出来，扔掉，可是等他清醒过来，就感觉出来，痛的是他的全身。只能想方设法忍住痛，挺过去，于是他就想方设法这样办。

他们和解了。她意识到自己错了，但是没有说出来，只是对他更温柔了，于是他们体验到新的、加倍的爱情的幸福。但这并不妨碍这类口角一再发生，甚至常常发生，往往是由于一些意想不到和微不足道的小事情。这一类口角常常发生，也由于他们还不了解对方看重的是什么，也由于在开头这段时间里他们常常心绪不佳。当一个情绪好，另一个情绪不好的时候，那是不会争吵的；但是碰巧两个人心情都不好的时候，就会因为莫名其妙的小事争吵起来，以至于吵过以后他们怎么也想不起他们争吵的是什么。不错,当他们两个心情都很好的时候,他们过的日子是加倍愉快的。然而结婚初期毕竟是他们不好过的一段日子。

在开头这段日子里,总是感到特别紧张,就好像他们被一条链子捆住,链子两端都拉得紧紧地。总之,他们的蜜月,也就是婚后第一个月,列文照例抱了很大希望的,结果却不但不甜蜜,而且在他们两个人的记忆中成为他们一生最难过、最窝囊的日子。后来他们两个都竭力要把这段不正常日子里的不正常和不光彩状况从记忆中抹去,然而在这段日子里他们却难得有情绪正常、保持本来面目的时候。

直到婚后第三个月,他们去莫斯科住了一个月回来之后,他们的生活才开始平稳了。

十五

他们刚刚从莫斯科回来,很高兴他们又可以清静了。他坐在书房里的写字台前写作。她穿着那件深紫色连衫裙,那是她婚后开头几天穿过的,也是他特别留恋和珍视的,今天她又穿上了。她坐在从列文的祖父那时候就一直摆在书房里的旧式皮沙发上绣英国式平针绣花。他边想边写,因为感觉到有她在身边心里一直美滋滋的。他仍然又经营农业又写书,他要在书中阐述新的农业原理。然而,正如以前他觉得这些事情和想法在整个黑暗的人生中太小、太微不足道,现在他同样觉得这一切在今后光辉灿烂的幸福生活中太小、太无足轻重了。他继续干他的事情,但是现在他觉得,他的注意的重心已经转移了,因此他对事情有了另外的、更明确的看法。以前他认为这些事情是逃避生活的手段。以前他觉得,没有这些事情他的生活太阴暗了。现在他需要做做这些事情,为的是不让生活幸福得过分单调。他重新拿起手稿,把写好的看了一遍之后,就很高兴地发现,这事还是值得他做的。这是一种创新的、有益的事。当他重新回想这事的时候,他觉得以前的想法有许多是多余的和偏激的,但也有许多没有想通的地方现在他觉得很清楚了。现在他在写新的一章,谈的是俄国农业不景气的原因。他要证明,俄国的贫穷不仅因为土地所有权分配不合理和方针上的错误,还由于俄国近来很不恰当地引进外来文明,尤其是交通、铁路,导致城市人口集中,奢华成风。因此,工业、信贷和随之而来的交易所投机事业发展起来,损害了农业,加速了俄国的贫穷。他认为,只有在国家财富正常发展的情况下,只有大量的劳动力已经投在农业上,只有在农业已经进入正常的、至少是稳定的状态,才能容许出现这些现象;他认为,国家财富应当均衡地发展,尤其是不能让其他领域的财富超过农业;他认为,交通应当与农业现状相适应;他认为,在我们使用土地不当的情况下,修筑铁路不是由于经济发展,而是由于政治上的需要,因此为时过早,不仅不能像预期的那样促进农业,倒是因为赶在农业前头并且引起工业和信贷的发展,从而阻碍了农业的发展;他认为,正如动物的某一器官片面的发展和早熟会妨碍动物的全面发育,对于俄国财富的全面发展也是这样,信贷、交通、工厂生产的发展在欧洲无疑是需要的,因为在欧洲时机已经成熟了,而在我国却要挤掉发展农业这个最迫切的问题,因而只能造成危害。

就在他写自己的书的时候,她却在想,在他们离开莫斯科的前夜,察尔斯基公爵少爷不知分寸地向她献殷勤,她的丈夫多么不自在地注意着他。“他嫉妒哩,”她想道,“我的天哪!他多么可爱,多么傻呀。他猜疑起我来了!他怎么不知道,他们那些人在我眼里,就跟厨子彼得一般高低。”她一面想,一面带着一种自己也觉得奇怪的占有心理看着他的后脑勺和红红的脖子。“虽然不忍心打断他写作(不过他不必着急呀!),可是真想看看他的脸;他是不是感觉出我在看他呢?真希望他回过头来呀……真希望呀!”于是她把眼睛睁得老大,希望能看得更清楚些。

“是的,这是敲骨吸髓,制造虚假的繁荣。”他停下笔,嘟哝说,因为感觉到她在看他并且在笑,便回过头来。

“怎么啦?”他笑嘻嘻地站起来,问道。

“他回过头来了。”她想道。

“没什么,我就是希望你回过头来。”她一面说,一面打量他,想看看他是不是因为她打扰他不高兴。

“啊,咱们俩在一块儿多么高兴呀!我是说,我太高兴了。”他脸上洋溢着幸福的微笑,一面朝她身边走,一面说。

“我也非常高兴呀!我哪儿也不去了,尤其是不到莫斯科去了。”

“那你刚才想什么呀?”

“我吗?我在想……不,不,你去写吧,不要分心,”她撇着嘴说,“这不是,我也要挖这些洞眼儿了,看见吗?”

她拿起剪刀,挖起来。

“不,你还是说说,你在想什么?”他说着,挨着她坐下来,看着她用小剪刀挖洞眼儿。

“哦,我在想什么吗? 我在想莫斯科的事,想你的后脑勺。”

“为什么偏偏我会这样幸福? 真奇怪。太幸福了。”他吻着她的手说。

“我觉得正好相反,越幸福,越不奇怪。”

“瞧你这绺头发,”他说着,小心翼翼地把她的头扳过来,“这一绺。瞧,这儿。不,不,我们有事呢。”

不过他们已经无心做事情了,只是等库兹玛走进来报告茶点已经摆好,他们才像做了错事似的慌忙分开了。

“城里有人来吗?”列文问库兹玛。

“刚刚来到,正在拆包呢。”

“你快来呀,”她一面从书房里往外走,一面说,“要不然我不等你来就把信看完了。等会儿咱们来个合奏吧。”

她走过之后,他把稿纸收进她新买的文件夹,就在新洗脸盆里洗起手来,那洗脸盆也随着她的出现增添了新的精美的装饰。列文嘲笑自己的一些想法,想到自己的一些想法就摇头。他有一种近似忏悔的心情。他现在的生活有点儿可耻,懒散,贪图享受。“这样过下去可不好。”他想道。“这不是,快三个月了,我几乎什么事也不做。今天差不多是第一次认真做事情,可是结果怎样呢? 刚一开头,就丢下了。就连一些日常事情,差不多也抛开了。家里和田野里的庄稼事儿我也几乎没有去看过。不是我舍不得离开她,就是怕她一个人寂寞。我原以为,婚前生活随随便便,马马虎虎,没什么意思,婚后才能过像样的生活。可是现在快三个月了,我一直在虚度时光,这是从来不曾有过的。不行,这样可不行，一定要做事情。自然，这不是她的过错。一点也不能怪她。我自己应当刚强些，保持男子汉的独立性。要不然我就会一直这样过下去，也会使她这样……当然，这不能怪她。”他在心里说。

不过，要一个不满意的人不把他不满意的事归咎于别的人，也不归咎于最亲近的人，那是很难的。列文也模模糊糊意识到，虽然不能怪她（她是不可能有什么错的），却要怪她所受的教养，太浅薄、太轻浮的教养。“就比如对待那个浑蛋察尔斯基，我知道，她想制止他，但是没办法制止他，”列文想道。“是的，她除了对家务感兴趣（这种兴趣她是有的），除了打扮和英国式刺绣，她再没有什么真正的兴趣了。对我的事业、对农事、对庄稼人、对她擅长的音乐、对读书都没有什么真正的兴趣。她什么事也不做，倒是心满意足。”列文在心里这样责备她，却不了解，她正准备到时候大干一场，她知道那时候一定要来的，到时候她又给丈夫做妻子，又是一家的主妇，又要带孩子、喂孩子、教育孩子。他没有想到，她早就感觉到这一点，正准备使足劲儿这样大干，现在就快快活活地做着自己未来的窝儿，并不因为暂时无忧无虑和享受爱情幸福感到惭愧。

十六

等列文上了楼，妻子正坐在崭新的银茶炊旁边，面前摆着崭新的茶具。她让老保姆阿加菲雅坐到小桌旁，给她倒了一杯茶之后，就看起陶丽的来信。他们和陶丽经常有书信来往。

“瞧，您太太让我坐在这儿陪她呢。”阿加菲雅笑嘻嘻地、亲热地指着吉娣说。

列文从阿加菲雅这话里听出来，近来她和吉娣之间的戏已经收场了。他看出来，尽管阿加菲雅因为新主妇夺了她的家政大权有些伤心，吉娣还是征服了她，并且赢得了她的欢心。

“这不是，我把你的信看过了，”吉娣说着，把一封文理不通的信交给他，“这大概是你哥哥那个女人写来的……”她说，“我没有看完。这是我家里和陶丽写来的。你瞧瞧吧！陶丽把丹尼娅和格里沙带到萨玛茨基家去参加儿童舞会，丹尼娅还扮演侯爵夫人呢。”

可是列文没有听她的话；他一下子红了脸，接过尼古拉哥哥的情妇玛丽雅·尼古拉耶芙娜的信看了起来。这已经是玛丽雅的第二次来信了。她在第一封信里说，哥哥无缘无故把她赶出来了，还带着感人的真情说，虽然她现在又很穷困了，但是她没有什么要求，没有什么想头，只是一想到尼古拉·德米特里耶维奇身体这样差，没有她照料就完了，心里很难过，所以请他这个弟弟多关心他。现在她写的完全不同了。她说，她找到了尼古拉，又在莫斯科和他同居了，接着又和他一起迁到一个省城，他在那里谋得一个职位。可是他在那里和上司吵了一场，就又回到莫斯科，可是在路上害起病来，病得很厉害，恐怕未必能好起来。“他一直在惦念您，再说，钱也没有了。”

“你看看吧，陶丽提到你呢。”吉娣正要笑吟吟地说下去，可是发现丈夫的脸色变了，就突然住了口。

“你怎么啦？怎么一回事儿？”

“她来信说，尼古拉哥哥要死了。我要去看看。”

吉娣的脸色一下子也变了。丹尼娅扮侯爵夫人的事，陶丽的事，顿时从脑海里消失了。

“你什么时候动身？”她说。

“明天。”

“我和你一起去，行吗？”她说。

“吉娣！哎，你这是怎么啦？”他带着责备的口气说。

“什么怎么啦？”她见他听到她说要同去似乎不情愿和不快，生气了。“我为什么不能去。我又不会碍你的事。我……”

“我去，是因为我哥哥要死了，”列文说，“你为什么……”

“为什么吗？你为什么，我也为什么。”

列文心想：“在我遇到这等要事的时候，她却只是想到一个人在家里会寂寞。”列文见她在这样重要时刻找这种借口，也火了。

“这不行。”他厉声说。

阿加菲雅看到他们就要吵起来，便轻悄悄地放下茶杯，走了出去。吉娣甚至没有注意到她。丈夫说最后一句话的口气刺伤了她，尤其因为他显然不相信她说的话。

“可是我对你说，你要是去，那我也跟你去，一定要去，”她又急又气地说起来，“为什么不行？你为什么说不行？”

“因为天知道这是上什么地方去，走的是什么样的道路，住的是什么样的旅馆。我带着你，会很不方便。”列文竭力镇静地说。

“一点也不会。我什么也不要。你能到哪儿，我也能到哪儿……”

“好啦，不说别的，就说那个女人在那儿，你又不好和她接近。”

“我一点不知道也不想知道,那儿有什么人和什么东西。我只知道,我丈夫的哥哥要死了,丈夫去看他,我也跟丈夫一起去,为的是……”

“吉娣！你别生气。不过你想想吧,事情这样重大,所以我一想到你还任性,不愿意一个人留在家里,就觉得难过。好啦,你要是一个人在家里觉得寂寞,那你就上莫斯科去吧。”

“哼,你老是把一些卑鄙龌龊的想法强加在我身上,”她含着委屈和愤恨的眼泪说。“我什么也不是,不是任性,也不是……我只是觉得,在丈夫有苦难的时候,我应当和丈夫在一起,可是你存心刺我,存心不懂……”

“不,这太可怕了。简直是做奴隶！”列文站起来,再也控制不住怒火,叫了起来。可是就在同一刹那间他感觉到,他是在自己打自己。

“那你何必结婚呢？本来很自由嘛。既然现在后悔,当初何必呢?”她说着,一下子跳起来,往客厅里跑去。

等他追上去,她已经抽抽搭搭哭起来了。

他说起来,想找到一些未必能说服她、但是能安慰她的话说说。但是她不听他的,说什么也不行。他向她俯下身去,抓住她那拼命要挣脱的手。他吻吻她的手,吻吻她的头发,又吻吻她的手,可她就是不作声。但是等他用双手捧住她的脸,叫了一声“吉娣”,她一下子清醒过来,哭了一阵子,就和解了。

他们决定明天两人一起去。列文对妻子说,他相信她希望去只是一片好心,也认为玛丽雅·尼古拉耶芙娜在哥哥身边没有什么不体面的；但是一路上他心里对她和对自己都是很不满意的。他对她不满意，是因为在他需要出门的时候，她却不肯放他（想起来多么奇怪呀，不久前他还不敢相信有福气使她爱他，现在却因为她太爱他感到不幸了！）；不满意自己，是因为自己没有坚持到底。他在心里更不赞成的是，她竟丝毫不在乎哥哥身边那个女人，他很担心地想着可能会发生的种种冲突。只要一想到他的妻子，他的吉娣，将和一个妓女在一个房间里，就厌恶和害怕得直打哆嗦。

十七

尼古拉·列文住的这一家省城旅馆，是按照新的改良式样，刻意讲求清洁、舒适甚至优雅的省城旅馆之一，但是由于过往旅客太多，很快就变成讲求时髦的肮脏酒店，而且就因为这样讲求时髦，比一般老式的、单纯肮脏的旅馆更糟。这家旅馆就是变成了这种样子：那身穿肮脏制服、在门口抽着烟卷、像是看门人的士兵，那锈出窟窿的又阴暗又难看的铁楼梯，那穿着肮脏燕尾服的大大咧咧的茶房，那餐厅和餐桌上那落满灰尘的蜡制假花，那处处肮脏、灰尘和零乱，以及这家旅馆那种伴随着铁路而来的兴旺的紧张状态——这一切都使新婚不久的列文夫妇产生很不痛快的感觉，尤其是这旅馆的虚假华丽景象，和等待着他们的事极不协调。

照常问过他们要什么价钱的房间以后，才弄清楚，好房间一个也没有了。一个上等房间住了一位铁路视察，另一间住了一位莫斯科的律师，还有一间是从乡下来的阿斯塔菲耶娃公爵夫人占了。只剩下一个肮脏的房间，说是隔壁还有一个房间到晚上可以腾出来。列文很生吉娣的气，因为不出所料，他一来到，就在焦急万分地要看看哥哥病情的时候，却不能立刻跑去看哥哥，而不得不操心她的事。他生气是生气，还是领着妻子走进给他们开的房间。

“你去吧，去吧！”她用不好意思的、歉疚的目光看着他说。

他一声不响地从房间里走出来，立刻就碰到玛丽雅·尼古拉耶芙娜。她听说他来了，却不敢进他的房间。她还是他在莫斯科看到的那个模样；还是穿着那件毛料连衫裙，露着双臂和脖子，还有那张和善而呆板、多少有些发胖的麻脸。

“嗯，怎么样？他怎么样？怎么样了？”

“很不好。起不来了。他一直在等您。他……您……和夫人。”

列文开头一小会儿不明白她为什么发窘，可是她立刻让他明白了。

“我就走，我到厨房去一下，”她说，“他会很高兴的。他听见了，他在国外见过她，记得她。”

列文明白她说的是他的妻子，不知道该怎样回答。

“咱们一块儿去吧，一块儿去吧！”他说。

可是他刚一举步，他房间的门就开了，吉娣朝外看了看。列文的脸红了红，因为又羞臊又生气，气的是妻子让他和她自己落到这样尴尬的地步。可是玛丽雅·尼古拉耶芙娜脸红得更厉害。她缩着身子，脸红得要哭出来，两手抓住头巾角儿，用红红的手指头捻弄着,不知道该说什么和怎么办。

最初一刹那,列文在吉娣望着她很不理解的这个可怕女人的目光中,看出有一种急切的好奇神气。但这种神气一会儿就消失了。

“怎么样啊?他怎么样啊?”她先问丈夫,接着又问她。

“总不能在走廊里说话呀!”列文说着,很恼火地回头看了看一位抖动着双腿、似乎因为自己有事这时从走廊里走过的先生。

“那您就进来吧,”吉娣对恢复了常态的玛丽雅·尼古拉耶芙娜说,但是她发现丈夫脸上惊愕的神色,就又说:“你们还是去吧,你们先去,等会儿再叫我。”她说完,就回到房间里。列文就去看哥哥。

他所看到的和感觉到的哥哥的情形,是他怎么也料不到的。他预料他会看到的还是那种自我欺骗状态,他听说肺病病人往往是这样的,去年秋天哥哥去看他时使他感到吃惊的就是这种状态。他预料会看到那接近死亡的身体特征更明显,更虚弱,更消瘦,然而大体上还是那种样子。他预料,他自己因为可能失去亲爱的哥哥感到悲伤,感到死之可怕,还像上次那样,只是在程度上更厉害些罢了。他做好这样的准备,然而他所看到的却完全不是这样。

在一个又小又肮脏的房间里,描花的镶板上到处是唾沫痕迹,薄薄的隔板里面有说话的声音,在充满垃圾恶臭气味的空气中,在离墙放的一张床上,躺着一个盖着被子的人。这人的一条手臂放在被子上面,那一只大得像搂草耙一样的手令人不解地连在细细的、从顶端到中间一样粗细的长胳膊上。头侧歪着放在枕头上。列文看清了那两鬓上汗津津的稀稀的头发和皮包骨头的、仿佛透明的前额。

“这个可怕的人不可能是我的哥哥尼古拉。”列文心想。但是他走近些，看清了那张脸，就没办法再怀疑了。尽管这张脸出现了可怕的变化，列文只要一看到那一双看见他进来有了生气的眼睛，看出那嘴巴在黏糊糊的小胡子底下轻轻蠕动，就认清了可怕的事实：这个死尸般的躯体就是他还活着的哥哥。

一双发亮的眼睛带着严厉和责备的神气看了看进来的弟弟。通过这目光立刻明确了两个真正的人之间的真正关系。列文立刻感觉出他看他的目光中的责备神气，并且立刻为自己的幸福感到有愧。

列文拉住他的手，尼古拉笑了笑。那笑是轻微的，几乎看不出来，而且，尽管在笑，那严厉的眼神并没有改变。

“你没料到我会是这个样子吧?”尼古拉好不容易说出话来。

“是的……噢，不，”列文颠三倒四地说，“你怎么不早一点给我个信儿呢，就是说，在我结婚的时候？我到处打听你呢。”

必须说说话，才能不冷场，可是他不知道说什么好，尤其因为哥哥什么也不回答，只是目不转睛地望着他，显然是想好好领会每句话的意思。列文告诉哥哥，妻子跟他一起来了。尼古拉显得很高兴，但说他怕他这个模样会叫她吓一跳。接着沉默了一阵子。尼古拉忽然动起来，说起话来。列文从他面部表情预料他要说的是特别重大、特别要紧的事，但尼古拉却说起自己的健康状况。他说医生不行，说可惜没有莫斯科的名医，于是列文明白了，他还抱着希望。

等说话一停，列文就站起来，希望摆脱一下难受的感觉，哪怕一小会儿也好，就说他要去把妻子带来。

“哦，好的，我叫人把这儿收拾干净些。我觉得，这儿又脏又臭。玛莎！把这儿收拾一下，”尼古拉很吃力地说，“等收拾好了，你就走开吧。”他补充一句，同时用询问的目光看着弟弟。

列文什么也没有回答。他来到走廊里，就站住了。他本来说要把妻子带来，可是现在，他考虑到自己既然会有这样的感觉，所以决定反过来劝劝妻子，叫她不要去看病人。他心想：“何必让她也像我这样难受呢？”

“哦，怎么啦？怎么样？”吉娣带着惊惶的脸色问道。

“哎呀，这真可怕，太可怕了！你何必来呀？”列文说。

吉娣胆怯而怜惜地看着丈夫，沉默了一小会儿；然后走过来，双手抓住他的胳膊肘。

“柯斯加！带我到他那儿去吧，两个人在一起要好受些。你只要把我带去，把我带去，你就走开吧，”她说，“你要明白，看到你，却没有看到他，我更要难过得多。也许，我在那儿对你、对他都会有好处。请你让我去吧！”她恳求丈夫说，就好像她这一生是不是幸福全看这件事了。

列文只好答应。等他定下心来，也完全忘记了玛丽雅·尼古拉耶芙娜之后，就和吉娣一起又朝哥哥的房间里走去。

吉娣迈着轻盈的步子，不停地望着丈夫，向他表露着勇敢和同情的脸色，走进病人的房间，便不慌不忙地转过身来，轻轻地把门闩上。她轻悄无声地快步走到病人的床前，绕过去，使病人不用转过头来，一下子就用她那柔软的玉手抓住他那干柴般的大手，握了握，就用女人所特有的那种又怜惜又不伤人、又轻柔又带劲儿的语调和他说起话来。

"咱们在索登见过面，不过那时还不认识，"她说，"您没想到，我会做您的弟媳吧？"

"您恐怕认不出我了吧？"他仍然带着迎接她到来时的一脸笑容说。

"不，我认得出来。您能给我们个信儿，这有多好呀。柯斯加没有一天不想起您，不挂念您呢。"

可是病人的劲头儿没有维持多久。

她还没有把话说完，他的脸上就又出现了垂死的人嫉妒活人的那种严厉的责难神气。

"我怕您在这儿不太舒服。"她转过脸，避开他那凝视的目光，打量着整个房间说。"必须向老板另外要一个房间，"她对丈夫说，"还要离咱们近些。"

十八

列文无法平心静气地看哥哥，他在他面前无法装出自然和平心静气的样子。每次他走进病人的房间，他的眼睛不知不觉就模糊了，注意力就乱了，所以他看不见也觉察不到哥哥的详细情形。他闻到可怕的臭味，看到肮脏、零乱和痛苦的状况，听到呻吟，感到无可奈何。却根本没有想到，好好看看病人的详细情形，想想那身体是怎样在被子底下躺着的，那皮包骨的膝盖、大腿和脊背是怎样蜷缩着的，能不能让他的身体各部分摆得好一点儿，即使不能让他舒服些,至少不要太难受。只要他一开始想这种种详细情形,他的背上就一阵一阵地发冷。他十分清楚,既没办法延长哥哥的生命,又没办法减轻他的痛苦。但是病人觉察到他认为完全没有救了,非常生气。因此列文心里更加难受。他觉得待在病人房间里是很痛苦的,不在房间里却更不好受。所以他一再地找借口走出去,却因为无法一个人待着,就又走进来。

然而吉娣所想的、感觉的和做的就完全不是这样。她一看见病人,就怜悯起他来。怜悯在她女性心中唤起的就不是像在她丈夫心中唤起的那种恐惧和厌恶的心情,而是一种要有所行动、要弄清情况和帮助他的强烈愿望。就因为她毫无疑问应该帮助他,她也毫不怀疑能够帮助他,于是就立即动手。有些事情,她丈夫一想到就害怕的,她却立刻就关心起来了。她派人去请医生,到药房里去买药,叫她带来的侍女和玛丽雅·尼古拉耶芙娜一起打扫,擦抹灰尘,洗东西,自己也擦洗了几样东西,还往褥子底下垫了东西。按照她的吩咐,病人房里添了几样东西,又把几样东西从房里搬出去。她好几次回到自己房间里,丝毫不理睬迎面走过的先生们,把被单、枕套、毛巾和衬衣拿了来。

正在大厅里为几位工程师摆饭的茶房,有几次听到她的召唤带着一脸火气跑了来,却也不能不照她的吩咐去办,因为她请人做事的语气是那样和蔼,那样恳切,使人无法不听从。列文不赞成这一切,他不相信这对病人会有什么好处。他最怕惹病人生气。可是,病人虽然似乎没有在意,没有生气,只是有些不好意思,然而总的看来,他好像对她为他做的事很感兴趣。列文被吉娣派去请医生回来,把门一推,看到吉娣正支使人给病人换内衣。那又长又干的白脊梁、又大又尖的肩胛骨、突出的肋骨和椎骨全都露了出来。玛丽雅和茶房没有弄好衬衫袖子,怎么也不能把他那耷拉下来的长胳膊穿进去。吉娣等列文一进来,连忙把门关上,没有朝病人那边望。可是病人呻吟起来,于是她快步朝他走去。

"快点儿呀。"她说。

"您不要来嘛,"病人生气地说,"我自己……"

"您说什么?"玛丽雅·尼古拉耶芙娜问道。

可是吉娣听清楚了,也明白了,他是觉得在她面前赤身露体不好意思和不高兴。

"我不看,不看!"她一面说,一面拉他的胳膊。"玛丽雅·尼古拉耶芙娜,您绕过去,从那边拉一拉。"她又说。

"请你去一下,我的手提包里有一个小瓶子,"她对丈夫说,"就在旁边的小口袋里,请你拿来,等你回来,这儿也就好了。"

列文拿着小瓶子回来,看到病人已经躺得好好的了,他周围的一切全变了样。那难闻的臭气,换成了吉娣咕嘟起嘴、鼓着红红的腮帮子、用小管子喷出的醋和香水的气味。灰尘一点儿没有了,床下铺了地毯。桌上整整齐齐地摆着药瓶和水瓶,还有待换的内衣和吉娣的刺绣活儿。病床旁边的另一张桌上,放着饮料、蜡烛和药粉。病人梳洗得干干净净,穿起干净的衬衫,雪白的领子围住那细得惊人的脖子,躺在干净的床单上,枕着垫得高高的枕头,脸上流露出希望的神气,目不转睛地望着吉娣。

列文在俱乐部里找到并且请了来的医生,不是给尼古拉看过病、尼古拉很不满意的那一个。这位新来的医生掏出听诊器,为病人听了听，摇了摇头，开了药方，特别仔细地说了说怎样服药，然后又说了说怎样进饮食。他提出吃生鸡蛋或者煮得很嫩的鸡蛋，喝矿泉水加温和的鲜牛奶。等医生走了，病人对弟弟说了几句话，但列文只听清楚最后几个字“你的卡佳”[①]。列文倒是从他看吉娣的眼神看出来，他是在夸奖她。他像列文一样叫她卡佳，叫她到跟前去。

“我觉得好多了，”他说，“要是像这样跟你们在一起，我早就好了。这有多舒服呀！”他抓住她的手，拉到自己嘴边，但是好像怕她会不愉快，就改变主意，把她的手放下，只是抚摩了几下。吉娣用双手抓住他这只手，握了握。

“现在帮我往左边翻个身，你们就去睡吧。”他说。

谁也没有听清楚他说的是什么，只有吉娣明白了。她能明白，因为她一心一意注视着他需要什么。

“往那边翻个身，”她对丈夫说，“他一直是朝那边睡的。你帮他翻吧，叫茶房很不痛快。我不行，您行吗？”她问玛丽雅·尼古拉耶芙娜。

“我怕也不行。”玛丽雅·尼古拉耶芙娜回答说。

不论列文觉得双手抱住这可怕的身体，接触被子底下他想都不敢想的地方有多么可怕，但他还是在妻子的影响下，摆出妻子很熟悉的那种果断神色，伸进手去抱起来，可是，尽管他的力气很大，这虚弱已极的躯体却重得出奇，使他吃了一惊。就在他帮他翻身，并且觉得自己的脖子被一条干瘦的长胳膊搂住的时候，吉娣趁机会又轻又快地把枕头翻了翻，打松了，扶正了病人的头，理

①卡佳，吉娣的小名。

了理又粘到鬓角上的稀稀的头发。

病人把弟弟的手握在自己手里。列文觉得,他要拿他的手做点儿什么,在拉他的手。列文一动不动地由他摆弄。果然,他把他的手拉到嘴边,吻了吻。列文哭得打起哆嗦,一句话也说不出来,就从房间里走了出来。

十九

"你将这些事,向聪明通达人,就藏起来,向婴孩,就显出来。"[①]这天晚上列文在和妻子谈话时,他对她就是这样想的。

列文想到福音书里的名言,并非他自以为是聪明通达人。他不以为自己是聪明通达人,但他不会不知道他比妻子和阿加菲雅聪明,也不会不知道,在他考虑死的时候,他是用尽心力考虑的。他也知道,有许多大圣大贤,他是读过他们在这方面的看法的,他们都考虑过死的事,可是他们懂得的,还不及他妻子和阿加菲雅懂得的百分之一。不管阿加菲雅和卡佳,尼古拉叫她卡佳,他现在也特别喜欢叫她卡佳了,这两个女人有多么不同,她们在这方面却是十分相似的。她们都很清楚地知道,什么叫生,什么叫死。而且,虽然她们不能回答,甚至也不能理解列文所思索的那些问题,但是她们却不怀疑这种现象的意义,对这个问题的看法,不仅她们两个人完全一致,而且同千百万人的看法都是一样的。她们一分钟也不迟疑,知道怎样照料将死的人,而不是怕将死的人,这就证明她们清楚地知道死是怎么一回事儿。然而列文和另

①引自《新约全书·马太福音》第十一章第二十五节。

外一些人，虽然能说许多有关死的道理，却显然一无所知，因为他们害怕死，而且根本不知道怎样对待将死的人。假如现在列文单独同尼古拉哥哥在一起，他只会带着恐怖的心情望着他，并且带着更加恐怖的心情等待着，此外再也不知道怎么办了。

不仅如此，他甚至不知道该说什么，不知道眼睛怎样看和怎样走路。他觉得，谈不相干的事会令人不快，那不行；谈死，谈伤心的事，也不行。不说话，也不行。“我要是看着他，恐怕他以为是我在琢磨他；要是不看他，他会以为我想着别的事情。踮着脚走路，他会不高兴；放开脚走路，我觉得也不好。”吉娣却显然没有想到自己，也没有时间想到自己。她想的是他，因为她心中有数，所以一切事都做得顺顺当当的。她说起自己，说起自己的婚礼，又笑，又表示怜惜，又和他亲热，又谈到一些人生病又好起来的事，一切都顺顺当当的；可见，她都是心中有数的。吉娣和阿加菲雅除了对身体上的照料和设法减轻痛苦以外，还为临死的人操心别的事，比身体上的照料更重要的事，和身体状况完全不相干的事，这说明她们的行动不是本能的，不是动物性的，不是没有理性的。阿加菲雅在谈到一个死去的老汉时就说：“很不错，感谢上帝，他受过圣餐，行了涂油礼，人人都能那样死就好了。”吉娣也是这样，除了操心衬衣、褥疮、饮料以外，第一天就说服了病人，要他领受圣餐和行涂油礼。

晚上，列文从病人那里回到自己的两个房间里，垂下头坐着，不知道做什么好。不要说吃晚饭，睡觉，考虑他们下一步做什么，就连和妻子说话都张不开口，因为他感到羞愧。吉娣却恰恰相反，比平时更勤快，甚至比平时更带劲儿。她叫人送晚饭，亲自收拾东西，亲自帮着铺床，也没有忘记往床上撒杀虫药粉。她精神抖擞，思想敏锐，就像一个男子汉面临决战，要在一生中最危险的关键时刻彻底表现大丈夫气概，表明他这一生不是白过，而是一直在准备迎接这场考验。

她做什么事都顺顺当当，还不到十二点，什么东西都收拾得干干净净，整整齐齐，而且显示出一定的特色，就好像这房间成了她的家，她的房间：床铺得好好的，刷子、梳子、镜子都摆了出来，还铺起了桌布。

列文觉得，现在吃饭，睡觉，甚至说话都是不能容许的，觉得自己的一举一动都是不得体的。她却在摆弄刷子，而且这一切都做得十分自然，丝毫没有什么令人不快之处。

不过，他们什么东西也吃不下，而且很久都睡不着，甚至很晚还没有上床。

"我很高兴，我已经说服他明天行涂油礼了，"她穿着小褂面对自己的折镜坐着，一面用一把细梳子梳着那柔软芳香的头发，一面说，"我从来没见过这种事儿，可是我知道妈妈对我说过，有祈求康复的祷告呢。"

"你真的以为他还能好起来吗？"列文一面说，一面看着她用梳子往前梳时总是被遮住的那圆圆的头后边窄窄的一绺头发。

"我问过医生，医生说他活不到三天以上了。可是他们真的能知道吗？我说服了他，我还是很高兴的。"她从头发下面瞅着丈夫说。"什么事儿都很难说呢。"她带着她谈到宗教时脸上总要出现的那种特别的、有点奥妙的神情，又补充一句。

在他们订婚后谈过一次宗教问题，后来不论是他，不论是她，都没有谈起过了，不过她还是照旧上教堂，做祷告，一直心安理得，认为这是应该的。虽然他抱有完全相反的信仰，她却相信他也是和她一样的，甚至比她更好的基督徒，至于他在这方面说的一些话，不过是一种可笑的男人家的怪论，就像他说起英国式平针刺绣时说的，好心肠人都是修补窟窿，她却故意挖窟窿，等等。

“是啊，就说玛丽雅·尼古拉耶芙娜吧，她这个女人也不会料理这些事儿，”列文说，“所以……应该承认，你来了，我非常、非常高兴。你是这样纯洁，简直……”他拉起她的手，却没有吻（他觉得在有人要死的时候吻她的手是不相宜的），只是带着歉疚的神情握了握，一面看着她那发亮的眼睛。

“要是你一个人来，那就非常难受了。”她说着，把两条胳膊抬得高高的，遮住高兴得红了的双颊，把头发挽到脑后，用发针别住。“可不是，”她继续说下去，“她就是不知道……我倒是幸亏在索登学了不少。”

“难道那里也有这样重病的病人吗？”

“还要重些呢。”

“我最难受的是，无法不想到他年轻时的样子……你真不会相信，那时候他是一个多么可爱的小伙子，可是那时候我却不了解他。”

“我相信，非常相信。我是多么深切地感觉到，咱们要是一直跟他亲亲热热的，那有多好呀，”她说完，就因为自己说出这话吓了一跳，回头看了看丈夫，泪水涌上她的眼睛。

“是的，一直这样就好了，”他伤心地说。“他真是那种人，就是人们所说的，不是这个世界的人。”

“不过咱们还得待很多日子呀，该睡了，”吉娣看了看她那小小的表，说。

二十

死

第二天，就给病人授了圣餐，行了涂油礼。在举行仪式的时候，尼古拉很热心地祈祷着。他那双大眼睛紧紧盯着放在铺了花桌布的方桌上的圣像，流露出热烈的祈求和期望神气，列文看着都有些害怕。列文知道，这种热烈的祈求和期望心情，只能使他更难受，舍不得告别他那样热爱的人生。列文了解哥哥，知道他的想法；他知道，哥哥不信教，不是因为不信教过日子轻松些，而是因为，现代科学对世间现象的解释渐渐取代了宗教信仰。所以他知道，哥哥现在恢复信仰不是正常的，不是回心转意，而只是暂时的、有自己的用心的，是忘乎一切地希望好起来。列文也知道，吉娣给他讲了她听到的一些起死回生的故事，增强了他这种希望。这一切列文都知道，所以看着那充满期望神情的祈求目光，看着那干瘦的手吃力地举起来在皮包骨头的额头上画十字，看着那尖尖的肩膀，看着那空空的、已经无法容纳病人所祈求的生命的胸腔呼哧呼哧在喘气，他十分难受，十分痛苦。在举行圣礼的时候，列文也在祈祷，并且做着他这个不信教的人做过千百次的事。他对上帝说：“如果你存在的话，你就让这个人康复吧（这话已经重复过许多遍了嘛），你就救救他，也救救我吧。”

行过涂油礼之后，病人一下子就觉得好多了。在整整一个钟头里他没有咳嗽过一次，微微笑着，吻吉娣的手，噙着泪水向她道谢，说他感觉很好，哪儿也不痛了，并且觉得有了胃口，也有了力气。等到给他送了汤来，他甚至自己坐了起来，还说要吃肉饼。尽管他已经没有救了，尽管一眼就能看得出他是不会好的，列文和吉娣在这一个钟头里也都感到十分激动，又高兴又担心，担心高兴错了。

“好些吗？”“是的，好多了。”“真奇怪。”“一点也不奇怪。”“毕竟好些了。”他们相对笑着，小声说着。

然而好景不长。病人安静地睡去，过了半个钟头，却又咳嗽醒了。于是他周围的人和他自己的一切希望顿时成为泡影。痛苦的现实，无疑粉碎了列文和吉娣以及病人自己原来的一切希望，原来的希望甚至连想也想不起来了。

他提也不提半个钟头之前他还相信的事，似乎想起来都不好意思，却要求把那个蒙着戳了小眼儿的纸的碘酒瓶给他吸一吸。列文就把瓶子递给他，于是他用受圣餐时那种殷切期望的眼神盯住弟弟，似乎要求他肯定医生说的吸碘酒能产生奇效的话。

“怎么，卡佳不在吗？”等列文很不情愿地说过医生的意见有道理之后，他向四周打量了一下，嘶哑地说。“真的，可以这样说……我是为了她才演那一场滑稽戏的。她太可爱了，可是咱们不能欺骗自己。这事儿我倒是相信的。”他说完，就用干瘦的手攥住瓶子，对着瓶子吸了起来。

晚上七点多钟，列文正和妻子在自己的房间里喝茶，玛丽雅·尼古拉耶芙娜气喘吁吁地跑了进来。她脸色煞白，嘴唇直打哆嗦。

“他要死了！”她小声说，“我怕他马上就要死了。”

他们俩朝哥哥房里跑去。他欠起身子，用一只胳膊支撑着，弓着长长的脊背，低垂着头，坐在床上。

“你感觉怎样？”列文沉默了一会儿之后，小声问道。

“我觉得我要去了。”尼古拉很吃力地，但特别清楚地、慢慢地往外挤着话说。他没有抬头，而只是让眼睛往上望，没有看弟弟的脸。“卡佳，你走开！”他又说道。

列文跳起来，用命令的口气小声叫她出去。

“我要去了。”他又说。

“你为什么这样想呀？”列文为了找话说，就说道。

“就因为，我要去了，”就好像他喜欢起这个说法，又重复了一遍，“完了。”

玛丽雅·尼古拉耶芙娜走到他跟前。

“您还是躺下吧，躺着好过些。”她说。

“我很快就要安安静静地躺着了，”他说，“死了，”他用自嘲的、生气的口吻说，“好吧，既然你们要我躺下，那就扶我躺下。”

列文扶着哥哥躺下去，就挨着他坐下来，屏住气息看着他的脸。他奄奄一息地躺着，闭着眼睛，但是额头上的肌肉偶尔还跳动，就好像一个人在深深地、紧张地思索着。列文不由得和他一起思索起他现在是怎么一回事儿，但是，尽管用尽心思去追踪他的思路，然而从他那平静而严肃的脸上的表情和眉头上肌肉的跳动看出来，列文依然觉得模糊一团的事情，奄奄一息的病人觉得越来越清楚了。

“是，是，就这样，”奄奄一息的病人一字一顿地、慢慢地说，

“等一等，”他又沉默了一会儿，“就这样吧！”他突然用安慰的语调拉长声音说，就好像他认为一切都解决了。“啊，主呀！”他说，并且重重地叹了一口气。

玛丽雅·尼古拉耶芙娜摸了摸他的腿。

“快凉了。”她小声说。

病人一动不动地躺了很久，列文觉得，很久很久。但是他还活着，而且偶尔还吁一口气。列文紧张思索已经有些疲倦了。他觉得，尽管他使足劲儿思索，他还是无法理解就这样是什么意思。他觉得，他早就跟不上垂危病人的思路了。他已经无法思索死这个问题了，而是不由得想到他现在该怎么办：给死者合上眼睛，穿衣服，买棺材。说也奇怪，他觉得自己的心完全冷了，既不痛苦，也不悲伤，更不怜悯哥哥。如果说现在他对哥哥有什么感触的话，那倒是羡慕垂危的人现在知道了他无法知道的事情。

他又这样在他身旁坐了很久，等着他咽气。但他没有咽气。门开了，是吉娣来了。列文站起来，想把她拦住。但就在他站起来的时候，他听到垂危的人动了。

“别走。”尼古拉说着，伸出一只手。列文把一只手伸给他，又很生气地向妻子摆了摆另一只手，叫她走开。

他握着垂危的人的手坐了半个钟头，一个钟头，又一个钟头。他现在已经再也不思索死了。他想的是，吉娣在做什么，隔壁房间里住的是什么人，医生住的房子是不是自己的。他想吃东西，也想睡觉了。他小心翼翼地抽出手来，摸了摸病人的腿。腿已经凉了，但病人还在喘气。列文又想踮着脚走出去，但病人又动起来，并且说：

“别走。”

天亮了。病人的状况还是那样。列文轻悄悄地抽出手，也不看垂危的病人，就到自己房间里去睡了。等他醒来，听到的不是他预料中哥哥死亡的消息，而是病人又恢复原来的状态。病人又坐起来，咳嗽，又吃起东西，说起话来，又不再谈死，又表示希望康复，并且变得比以前更暴躁，更阴沉了。不论弟弟，不论吉娣，谁也无法使他平静。他对所有的人都有气，对所有的人都说不愉快的话，因为自己痛苦责怪所有的人，要求给他到莫斯科去请那位名医。问他感觉怎么样，他总是带着凶狠和责怪的神气回答说：

“我痛苦极了，简直受不了！”

病人越来越痛苦了，尤其是因为已经无法治疗的褥疮。他对周围的人也越来越恼火，处处责怪他们，尤其因为没有到莫斯科去给他请医生。吉娣千方百计伺候他，安慰他，但一切都是白费；列文看出来，她自己在体力上和精神上都已经疲惫不堪，只是自己不承认罢了。病人唤弟弟来诀别的那天夜里大家心中产生的那种死的感觉，已经破灭了。大家都知道，他必然会死，很快就会死，而且已经死了一半。大家就希望他尽可能快点儿死，可是大家都掩盖着这种心情，又给他服药，又给他找药找医生，骗他，骗自己，互相欺骗。这一切都是虚伪，是可恶、可恨、可鄙的虚伪。列文出于本性，也因为他比别人更热爱垂危的哥哥，所以特别痛切地感觉到这种虚伪。

列文早就想使两个哥哥和解，哪怕在尼古拉临死时和解也好，所以他给柯兹尼雪夫写了信。一收到他的回信，就把信给病人念了念。柯兹尼雪夫在信里说，他现在不能来，但他用恳切动人的语气请求弟弟原谅。

病人听了什么也没有说。

“我怎样给他回信呢？”列文问道，“我想，你不生他的气了吧？”

“不了，一点也不生气了！”尼古拉听到他还这样问，很恼火地回答说，“你写信给他，叫他给我请个医生来。”

又过了三天很难受的日子；病人的状况依然是那样。现在凡是看到他的人，不论旅馆的茶房、老板、旅客，不论医生、玛丽雅·尼古拉耶芙娜，不论列文、吉娣，都觉得他还是快点儿死好些。只有病人不这样想，相反，他很生气没有给他请医生，还在服药，谈活下去的事。只有在难得有的时刻，当他服了鸦片，暂时忘却无休无止的痛苦时，他在迷糊状态中才有时会说出他心中比任何人都强烈的愿望：“哎呀，但愿快点完结！”或者：“什么时候才完结呀！”

痛苦不断加强，使他越来越难受，使他渐渐有了死的准备。他不论采取什么姿势，都觉得痛楚，没有一分钟他能忘记痛楚，他身上没有一处地方不痛楚和难受。甚至对这个身体的回忆、印象和念头，都会像这身体本身一样，引起他心中的憎恶。看到别人，听到别人说话，自己回想起什么事——他都觉得难受。周围的人都觉察到这一点，所以不由得就不敢在他面前随便活动，随便说话，随便表露自己的心情。他的整个生命汇合为单一的痛苦感和摆脱痛苦的欲望。

他心中显然在发生变化，这变化使他把死看作种种欲望的满足，看作一种幸福。以前因为痛苦或者需要引起的每一种欲望，例如饥饿，疲劳，口渴，都是由身体机能来满足和补偿，从而得到快感；可是现在需要和痛苦却不能得到满足和补偿，而试图满足和补偿却引起新的痛苦。所以所有的欲望就汇合成一种欲望，那就是希望摆脱一切痛苦及其根源，其根源就是肉体。但是他找不到适当的话来表达这种希望摆脱的心情，所以他不说这些，而是照旧要求满足那些已经无法满足的愿望。“把我翻到那一边。”他说。可是，等翻过了，又马上要求让他像原来那样。“给我点肉汤。把汤端走，你们给我讲点什么吧，怎么不说话呀。”可是等别人一开始说话，他就闭上眼睛，露出疲惫、冷漠和厌烦的神气。

在来到城里的第十天，吉娣病了。她头痛，恶心，整个上午都不能起床。

医生说，她的病是疲劳和焦急不安引起的，医生叫她安心静养。

可是，吉娣在午饭后就起了床，并且像往常一样带着针线活儿朝病人房里走去。她一进去，他板着脸朝她看了看，听说她病了，又轻蔑地笑了笑。这一天，他不停地擤鼻涕，难受得直哼哼。

“您感觉怎么样？”她问他。

“更坏了，”他吃力地说，“痛呀！”

“哪儿痛？”

“到处都痛。”

“今天要完了，你们看吧。”玛丽雅·尼古拉耶芙娜虽然是小声说的，但正如列文发现的，病人耳朵还是很灵的，想必听到了。列文对她嘘了一声，又回头看了看病人。尼古拉是听见了，但这话没有对他产生任何影响。他的目光还是带着那样的责备和紧张神气。

“您为什么这样想?”等玛丽雅·尼古拉耶芙娜跟着列文来到走廊里,列文问她。

“他在自己身上乱抓起来了。”她说。

“怎样乱抓?”

“就这样。”她撕扯着自己的毛料连衫裙的皱褶说。确实他也发现,这一整天病人都在自己身上抓来抓去,好像要把什么东西撕扯掉。

玛丽雅·尼古拉耶芙娜的预言没有错。病人到晚上已经没有力气抬动胳膊了,而且眼睛直勾勾,再也不改变那呆滞不动的眼神。甚至在列文或吉娣向他俯下身去,想让他看到的时候,他的眼睛还是那样直勾勾地。吉娣就派人去请神父来给他做临终祷告。

在神父做临终祷告的时候,垂危的病人没有表露任何活的迹象;眼睛是闭着的。列文、吉娣和玛丽雅·尼古拉耶芙娜站在床前。神父还没有做完祷告,垂危病人就挺了挺身子,叹了一口气,睁开眼睛。神父做完祷告,把十字架放到冰凉的额头上,然后就慢慢地把十字架包在圣带里,又默默地站了有两分钟之后,摸了摸那凉了的没有血色的大手。

“完了,”神父说过就想走开;可是死者那粘在一起的小胡子忽然动了动,在一片寂静中大家很清楚听到从他的胸腔里发出的明明白白的尖细声音:

“没有全完……快了。”

过了一分钟，那张脸就舒展开了，小胡子底下露出一丝笑意，于是周围的几个女人就忙活起收殓死人。

那年秋天哥哥去看列文，列文心中产生了死的不可思议感、临近感和无法逃脱感，感到十分害怕，现在看到哥哥的模样和临死的样子，他心中又出现了那种感觉。现在这种感觉比那时更强烈；他觉得他比以前更不能理解死的意义，因而死的不可避免性更使他感到可怕。但是现在，亏得有妻子在身边，这种心情并没有使他陷于绝望：他觉得，虽然都是要死的，但还是要生活，要爱。他觉得，是爱把他从绝望中救出来，这种爱在绝望的威胁下变得越来越强烈，越来越纯洁了。

依然不可思议的死亡之谜他觉得还没有解开，另一个同样不可思议的谜已出现，招引他去爱和生活。

医生再次重申自己对吉娣的诊断。她身体不适是因为怀孕了。

二十一

卡列宁自从和培特西以及奥布朗斯基谈过话，明白了他就是要不去管她，不去打搅她，明白了妻子也希望他这样之后，就感到自己惘然若失，无所适从，自己也不知道他现在想的是什么，任凭那些十分喜欢过问他的事的人左右，对什么都表示同意。直到安娜已经离开他的家，英国女教师叫人来问他，她该和他一起吃饭还是单独吃，他才第一次真正明白自己的处境，害起怕来。

在这种处境中最使他难受的是，他怎么也无法把他过去的时光和现在的状况联系和统一起来。不是他和妻子一起幸福度过的那段时光使他难以平静。从那段时光到知道妻子不贞这痛苦的转折时期,他已经熬过来了;那状况是很痛苦的,但他是可以理解的。如果那时妻子说明自己的不贞之后就离开他,他会伤心,感到不幸,但他不会落到他现在自己也感觉到的这种走投无路、莫名其妙的境地。他现在怎么也不能把他不久前对患病的妻子和别人的孩子的宽恕、怜悯和爱,同现在的状况统一起来,就是说,他现在孤孤单单,受尽侮辱,受尽嘲笑,谁也不要他,人人瞧不起他,他觉得他不应该得到这样的报答。

妻子走后的头两天,卡列宁还像往常一样接待来访者和办公室主任,出席会议,到餐厅去吃饭。在这两天里,他千方百计装出一副镇定甚至无动于衷的样子,虽然他自己也不明白他为什么要这样做。问他怎样处理安娜的东西及房间,他竭力控制自己,装出一副神气,就好像他觉得这事儿不是料不到的,也不是什么稀罕事儿。他达到了自己的目的:谁也看不出他有灰心绝望的样子。但就在安娜走后第二天,柯尔尼交给他一张安娜忘记付款的时装店账单,并且说店员就在这儿等着,卡列宁就吩咐叫店员进来。

“大人,恕我冒昧打搅您。不过,如果您要我直接去找夫人的话,那是否可以请您把她的地址告诉我。”

卡列宁正如店员所感觉的,沉思起来,并且突然一转身,坐到桌子旁边。他用手把头托住,就这个姿势坐了很久,有好几次欲言又止。

柯尔尼明白了主人的心情,就叫店员下次再来。等到剩下卡列宁一个人,他明白他再也不能扮演刚强和镇定的角色了。他吩咐把等着他的马车卸了,关照不接见任何人,也不出去吃饭了。

他觉得,他再也经受不住一齐压下来的蔑视和冷酷,这样的表情他在这个店员的脸上,在柯尔尼的脸上,在这两天里他遇到的一切人的脸上都清清楚楚看到的。他觉得,他无法不让人憎恶他,因为这种憎恶不是因为他很坏(要是那样,他倒是能够尽可能变好些),而是因为他不幸得可耻和可憎。他知道,就因为这样,就因为他痛得揪心裂腑,他们才对他残酷无情。他觉得,很多人都想消灭他,就好像一群狗要咬死一条痛得揪心裂腑、嗷嗷直叫的狗。他知道,挽救自己的唯一办法就是把自己的伤痛掩盖起来,不让人看到,而且两天来他也不知不觉试着这样做了,可是现在他觉得自己已经没有力量把这场寡不敌众的斗争坚持下去了。

他因为意识到无人分担自己的痛苦,就更加绝望了。不仅在彼得堡没有一个可以诉诉心曲的人,没有一个人不把他当做一个大官、一位显要人物,而只把他当作一个很痛苦的人来同情他;而且,不论在哪儿都找不到这样的人。

卡列宁从小就是一个孤儿。他们是兄弟两个。他们都不记得父亲,母亲死时,卡列宁才十岁。财产很少。卡列宁的叔叔是一位大官,当年是先皇的宠臣。是他把他们抚养成人。

卡列宁以优异成绩在中学和大学毕业后,因为有叔叔做靠山,一踏上仕途,就青云直上,从此就醉心于功名。不论在中学里,大学里,还是做官以后,卡列宁和任何人都没有什么深交。哥哥是他最知心的人,但他在外交部任职,经常住在国外,他在卡列宁婚后不久就在国外去世了。

卡列宁做省长的时候,本省的一位有钱的贵妇人,也就是安娜的姑妈,把侄女介绍给这个虽然已经不年轻的人、但又年轻的省长,并且使他处于必须有所抉择的境地,他必须有所表示,要么就是离开这个城市。卡列宁犹豫了很久。有多少赞成的理由,就有多少反对的理由,却没有可靠的理由要他改变他那遇到疑难要慎重对待的原则。可是安娜的姑妈通过一个熟人向他示意,既然已经影响了姑娘的名声,如果他爱惜自己声誉的话,就应该求婚。于是他求了婚,并且把他能够有的感情都给了未婚妻和妻子。

他对安娜的钟情,排除了他心中最后一点跟别人亲密相处的愿望。现在他在所有的熟人中间没有一个知心的朋友。他的交游很广,却都没有什么深交。卡列宁有许多熟人,他可以请来吃饭,请他们参与他所感兴趣的事情,为别人向他们求情,可以和他们坦率地议论别人的事和朝廷的事;但他和这些人的关系只限于习惯和常礼所划定的范围,不能越出这个范围。有一个大学的同学,毕业后和他很亲近,本来是可以谈谈个人痛苦的;可是这个同学还在很远的教育区里当督学。在彼得堡的熟人当中,最接近和最能够谈一谈的是办公室主任和医生。

办公室主任米海尔·瓦西里耶维奇·斯留金是一个老实、聪明、善良和有道德的人,卡列宁觉得他对他是一片好心的;可是五年来他们在官场上的共事,在他们之间形成了一道障碍,他们也无法推心置腹地谈谈。

卡列宁在公文上签过字,沉默了好一阵子,望着斯留金,几次想开口,但还是说不出口。他已经想好一句话:“您听说我的倒霉事儿吗?”但结果还是像往常一样说了一句“那就请您替我这样办吧,”就这样让他走了。

另一个人是医生,一向对待卡列宁也很好;不过在他们之间早就有一种默契,那就是两个人都有忙不完的事情,都没有工夫聊天。

至于他在妇女界的朋友,其中首先是李迪雅伯爵夫人,卡列宁却没有想到。女人就是女人,他觉得女人都是可怕的,令人厌恶的。

二十二

卡列宁忘记了李迪雅伯爵夫人,她却没有忘记他。就在这孤独绝望的难受时刻,她来看他了,而且不等通报就进了他的书房。她看见他的时候,他还是那副两手托着头坐着的姿势。

“我破坏了禁令。”她说着,快步走了进来,因为心情激动和走得很快,呼哧呼哧地喘着。“我什么都听说了!阿历克赛·亚力山大罗维奇呀!我的好朋友!”她用双手紧紧握住他的手,用她那若有所思的美丽眼睛看着他的眼睛,又说道。

卡列宁皱着眉头欠起身来,从她的手里抽出手来,推给她一把椅子。

“夫人,坐一坐吧?我不见客,因为我病了,夫人,”他说着,嘴唇也哆嗦起来。

“我的好朋友呀!”李迪雅夫人目不转睛地看着他,又呼唤了一遍,忽然她的双眉靠里的一边扬起来,在额头上形成一个三角形;她那一张难看的黄脸变得更难看了;但是卡列宁觉得她是在为他难过,而且眼看就要哭了。他深深感动了,于是抓住她那肉嘟嘟的手,吻了起来。

“我的好朋友呀!”她因为激动,用断断续续的声音说,“您不应该一味地悲伤。悲伤是悲伤,但您应该把心放宽些。”

“我完了,彻底完了,我再也不能做人了!”卡列宁放开她的手,但依然望着她那泪水汪汪的眼睛说,“我的状况可怕,就因为不论在哪里,甚至在我自己身上,都找不到支持点。”

“您会找到支持的,您不要在我身上找,虽然我要求您相信我的友情,”她叹着气说,“我们的支持就是爱,就是上帝赐给我们的爱。上帝是想到就做到的,”她带着卡列宁很熟悉的那种充满激情的眼神说。“上帝会支持您,保佑您的。”

尽管她这话里有陶醉于自己的崇高感情的成分,还有卡列宁觉得多余的、近来在彼得堡广泛流行的新的、狂热的神秘主义情绪,卡列宁现在听着这话还是很愉快的。

“我走投无路。我彻底完了。我一点没有料到,现在还是一点也不懂。”

“我的好朋友呀。”李迪雅又呼唤道。

“现在没有了的,不是损失,不是的,”卡列宁继续说下去,“我不惋惜。可是我现在处境如此,见了人我抬不起头来。这很糟,可是我无可奈何,无可奈何呀。”

“我和大家都十分佩服的那种高尚的宽恕行为,那不是您,是您心中的上帝做出的,”李迪雅伯爵夫人十分激动地抬起眼睛说,“所以,您不能因为自己的行为抬不起头来。”

卡列宁皱起眉头，弯起胳膊，咯吧咯吧地扳起手指头。

"什么琐碎事儿都得过问，"他用细细的嗓门儿说，"一个人的精力是有限的，夫人，我觉得自己的精力已经用完了。现在我整天都得操心，操心由于我的新的、孤单的处境而招致的(他加重语气说出"招致的"这个词儿)种种家务。用人呀，家庭教师呀，账目呀……这样小火小燎把我烤干了，我受不了啦。吃饭的时候……我昨天吃到一半差一点走掉。我儿子那样望着我，我真受不了。他没有问我这一切种种是怎么一回事儿，但他很想问，所以他那种眼神我真受不了。他怕看我，而且不仅如此……"

卡列宁想说说给他送来的那张账单，但是他的声音打起哆嗦，他不说了。他一想起那账单，想起那写在蓝纸上的女帽和缎带的欠款，不能不感到自己可怜。

"我明白，我的好朋友，"李迪雅伯爵夫人说，"我全明白。您不是要靠我帮助和安慰，不过我来就是要帮助您的，如果我能帮得上忙的话。但愿我能为您解除这些琐碎无聊的操劳……我明白，这需要女人家来管，女人家来操持。您能交给我吗？"

卡列宁默默地带着感激的神气握了握她的手。

"咱们一起来照料谢辽沙吧。我做事情不怎么行。但我要做做，我来给您做管家。您不要感谢我。我这样做并不是我自己……"

"我不能不感谢您呀。"

"可是，我的好朋友，不能老是怀着您说的那种心情，不能因为有过基督徒的高尚行为老是觉得抬不起头来，因为：'谁谦让，谁是崇高的。'您也不必感谢我。应该感谢上帝，求上帝保佑。我们只有靠上帝，才能得到平安、安慰、拯救和爱。”她说完，抬起眼睛望着上天，卡列宁从她的默默不语中看出来，她开始祷告了。

卡列宁现在听她说话，她说的那些话，他以前即使不觉得讨厌，也觉得是没有意思的，现在却觉得很自然，很使人舒服。卡列宁原来也很不喜欢这种新的狂热精神。他是个信徒，主要是从政治意义上关心宗教，而新的教义是容许对宗教做一些新的解释的，这也就为争论和分析打开了大门，在原则上他对此是很反感的。以前他对这种教义很冷淡，甚至敌视，但和醉心新教义的李迪雅伯爵夫人从来没有争论过，而是沉默不语，尽量躲避她的挑战。现在他是第一次高高兴兴听她说话，也没有在心里反驳她的话。

“我非常非常感谢您，感谢您的行动，感谢您的话。”等她祷告完了，他说道。

李迪雅伯爵夫人又一次握了握好朋友的双手。

“现在我要动手做事情了，”她沉默了一会儿之后，就一面擦着脸上的泪痕，微微笑着说，“我去看看谢辽沙。不是万不得已，我就不来找您了。”她说完，就站起来，走了出去。

李迪雅伯爵夫人朝谢辽沙房里走去，在那里一面往吓慌了的孩子的脸上洒着泪水，一面对他说，他的父亲是神圣的，他的母亲已经死了。

李迪雅伯爵夫人说到做到。她确实承担了卡列宁家一切家务的安排和操持。不过，她说她做事情不怎么行，不是谦虚。她说的做法都必须变更，因为都行不通，所以都要由卡列宁的老仆柯尔尼来变通。柯尔尼现在悄没声地掌管起卡列宁家的全部家务，有什么需要向主人报告的，就在服侍他穿衣服的时候平静地、小心翼翼地报告一下。不过，李迪雅伯爵夫人的帮助还是起了极大作用的：她使卡列宁有了精神上的支柱，因为她使他意识到她对他的爱和尊敬，尤其因为，正如她一想起来就觉得安慰的，她差不多使他真正信起基督教，也就是说，使他这个冷漠的、不起劲儿的信徒变成一个近来在彼得堡广泛流行的基督教新教义的热烈而坚决的拥护者。卡列宁相信新教义是很容易的。卡列宁也像李迪雅以及另外一些抱有同样见解的人一样，完全缺乏深刻的想象力，缺乏那种精神力量，只有靠那种精神力量，想象出的想法才会非常实际，才能与其他一些想法、与现实相符合。比如他认为，死对于不信教的人是存在的，对于他是不存在的，又因为他有虔诚的信仰，他自己又能判断信仰的程度，那他的灵魂中是没有罪恶的，所以他在这人世上已经完全得救，——他就看不出这看法有什么不合情理和荒谬之处。

不错，卡列宁也模模糊糊感觉到他对自己信仰的这种看法是肤浅的和错误的，他也知道，如果他根本没想到他的宽恕是神力的驱使，而纯粹凭感情行事，那他会比时时刻刻想着心中有上帝，就像现在这样，签发公文也是奉行上帝旨意，更要幸福些。但是卡列宁必须这样想，他非常需要在屈辱中有一个崇高的、哪怕是假想的立足点，他这个人人鄙视的人就可以鄙视别人，所以他就抓住自己假想的救星当救星。

二十三

李迪雅伯爵夫人还是一个非常年轻的多情姑娘时，就嫁给了一个有钱有势、非常善良而又非常浪荡的花花公子。婚后第二个月丈夫就把她抛弃了，他对她那些多情的话语，只是报以嘲笑甚至敌视，这在那些知道伯爵的善良心肠而看不到多情的李迪雅有什么缺点的人是无法理解的。从那时起，虽然他们没有离婚，却分居了，而且每当丈夫遇到妻子的时刻，总是用恶狠狠的嘲笑态度对待她，其原因是无法理解的。

李迪雅伯爵夫人早就断了对丈夫的爱，但从那时起谈情说爱却从来没有间断。她有时一下子爱上好几个男人和女人；不论在哪方面特别突出的人，她几乎都爱。她爱过所有和皇家结亲的新的亲王和王妃，爱过一个都主教、一个助理主教和一位神父。爱过一位记者、三个斯拉夫主义者，爱过科米萨洛夫[①]；爱过一位部长、一位医生、一位英国传教士，也爱过卡列宁。这种朝三暮四的爱情并不妨碍她同宫廷和社交界保持最广泛、最复杂的关系。但自从卡列宁遭遇不幸，自从她对他进行特别照顾，关怀他的安康，在他家里操劳以来，她就觉得，所有其他爱情都不是真正的爱情，她现在真正爱上的只有卡列宁一个。她觉得，她现在对他的感情比以前对任何人的感情都强烈。她分析自己的感情，拿现在的感情做比较，就清楚地看出来，她爱上科米萨洛夫，只是因为他救过皇上的命，爱上李斯季奇·库奇茨基，只是因为有斯拉夫问题，她

①科米萨洛夫曾打落刺客手枪，救了沙皇亚力山大二世性命。

爱卡列宁,爱的就是他这个人,爱他那高深莫测的心灵,爱她很喜欢听的那种尖细的、带拖腔的声音,爱他那种懒懒的眼神,爱他的性格,爱他那露着青筋的软和的白手。她不仅很高兴看到他,而且总想在他的脸上看出他对她的反应如何。她希望他不光是喜欢她的话,而且也喜欢她整个的人。她为了他,现在比以前任何时候更注意打扮了。她不由得常常幻想,如果她没有嫁过人,他也没有妻子的话,那会怎么样。他一走进房里来,她就兴奋得满脸通红,他对她说什么愉快的话儿,她就压制不住欢喜的微笑。

李迪雅伯爵夫人已经有好几天心神十分不安。她听说安娜和伏伦斯基在彼得堡。不能让卡列宁和她见面,甚至不能让他知道这个可怕的女人就和他在一个城市里,不能让他知道他随时会碰到她,他知道了会难受的。

李迪雅通过自己的熟人打听这两个可恶的人,她说的是安娜和伏伦斯基,打听他们打算做什么,并且想方设法在这些天里限制卡列宁的行动,免得碰到他们。有一位年轻副官,是伏伦斯基的朋友,她通过他打听消息,他想通过她得到租让合同的,他告诉她说,他们已经办完自己的事情,明天就要走了。李迪雅已经放下心来,可是第二天早晨她就收到一封信,一看到那笔迹就吓了一跳。这是安娜·卡列尼娜的笔迹。信封是用树皮一样的厚纸做成的;在黄黄的长方形信封上有老大的花体字签名,信纸散发着很好闻的香气。

"是谁送来的?"

"旅馆里的听差。"

李迪雅伯爵夫人有好半天都不能坐下来看信。她因为激动,她常常害的气喘病又发作了。等她镇定下来,就把下面这封法文信看了一遍。

> 伯爵夫人,知道您有深厚的基督感情,所以我才敢冒昧给您写信。我离开儿子十分痛苦。我恳求容许我在动身之前见他一面。请您原谅我打搅您。我写信给您,而不是给阿历克赛·亚力山大罗维奇,只是因为不愿使这个宽宏大量的人想到我而难过。知道您对他的友情,您一定会谅解我的。您是否能把谢辽沙送到我这儿来,或者约定个时间让我到家里去,或者您通知我,什么时候、在别的什么地方我可以和他见面?我想我不会遭到拒绝的,因为我知道此事所系的人宽宏大量。您想象不到我是多么渴望见到他,所以也许想象不到我会对您的帮助有多么感激。
>
> 安娜

这封信里的一切,不论内容,不论那“宽宏大量”的含意,尤其是她觉得十分放肆的那种语气,都使她感到恼火。

“告诉他,没有回信。”李迪雅伯爵夫人说过,立刻就打开信笺夹,给卡列宁写了一封信,说她希望一点钟之前在宫廷庆祝会上见到他。

“我要和您谈一件重要而不快的事。到时候咱们再约定在哪儿谈。最好在我家里,我可以叫人准备您喜欢的茶。一定要到。上帝给人苦难,但也会给人力量的。”她又加了一句,好让他多少有所准备。

李迪雅伯爵夫人通常每天都要给卡列宁写两三封信。她很喜欢这种交流方式，因为这样既风雅又神秘，当面交谈就不是这样了。

二十四

庆祝会结束了。出来的人见了面，谈着新闻，谈着新得的奖赏和重要官员的升迁。

“最好把陆军部交给玛丽雅·波里索芙娜伯爵夫人，让瓦斯科芙斯卡娅公爵夫人当参谋长。”一个穿金边制服的白发小老头，对一个高高的漂亮女官说，因为那女官问他对升迁的看法。

“那就让我当副官吧。”那女官笑嘻嘻地回答说。

“您已经有任命了。您掌管教会部。您的副手是卡列宁。”

“您好，公爵！”小老头握着走到跟前的一个人的手，说。

“您说卡列宁怎么啦？”公爵说。

“他和普嘉托夫都获得了聂夫斯基勋章。”

“我还以为他原来就有呢。”

“不。您瞧瞧他吧，”小老头用他的金边帽子指着卡列宁说。卡列宁身穿朝服，佩着通红的新绶带，正和一个很有威望的议员站在大厅门口。“简直得意忘形了。”小老头补充一句，就站下来和一个体格魁伟的漂亮宫廷侍从握手。

“不，他苍老了。”宫廷侍从说。

“他是太辛苦了呀。他现在什么方案都要亲自起草。现在谁要是不把事情一条一条地说清楚，他是不会放过的。”

“他怎么苍老了？他在情场正得意呢。我想，李迪雅伯爵夫人现在要取代他的妻子了。”

“哎,怎么啦！请不要说李迪雅伯爵夫人的坏话。”

“说她爱上卡列宁,这怎么算坏呀?”

“听说卡列宁夫人在这里,是真的吗?”

“是的,就是说,不是在这宫廷里,是在彼得堡。昨天我碰见她和伏伦斯基在滨海大街上手挽着手呢。”

“这种人是没有……”宫廷侍从刚一开口就停住了,他要给一位走过的皇亲大人让路和鞠躬。

大家就这样不停地谈着卡列宁,议论他,嘲笑他,这时候他却拦住那个被他抓住的议员,逐条向他说明自己的财政方案,为了不让他走掉,一刻不停地说着。

几乎就在妻子离家出走的同时,卡列宁遇到了一个官场上人最痛心的事——官运断了。断是断了,大家也都看得很清楚,可是卡列宁自己还没有意识到他的前程已经完了。不知是因为他和斯特列莫夫的冲突,还是因为妻子造成的不幸,或者只不过因为他的官运已经到头,反正今年大家都清清楚楚看出来,他的前程已经完了。他还担任要职,他是许多委员会的委员;但他是一个失势的人,谁也不期望他有什么作为了。不管他说什么,不管他提什么建议,大家都觉得他说来说去还是那老一套,是没有用的。

可是卡列宁却没有发觉这一点,倒是相反,他因为不直接参与政府活动,就比以前更清楚地看出别人所作所为的缺点和错误,并且认为自己有责任提出纠正缺点和错误的办法。妻子离开他不久,他就开始写有关审判的报告,这是他要写的关于政府各部门的、谁也不需要的无数报告的第一份。

卡列宁不仅没发觉他在官场的失势，不仅没有因此感到伤心，而且比以往任何时候更满意自己的活动了。

“没有娶妻的，是为主的事挂虑，想怎样叫主喜悦；娶了妻的，是为世上的事挂虑，想怎样叫妻子喜悦。”[①]这是使徒保罗说的，现在一举一动都遵奉《圣经》教导的卡列宁就常常想起这一段。他觉得，自从他没有了妻子以后，他对这种种方案比以往更热心，也就是更热心侍奉主了。

那位议员想摆脱他，脸上露出很明显的不耐烦神气，他也不觉得难堪；直到那位议员利用皇亲经过的机会溜掉了，他才不说了。

等到剩下卡列宁一个人，他才垂下头，定了定神，然后漫不经心地朝周围看了看，便朝门口走去，他希望在门口遇见李迪雅伯爵夫人。

“他们身体都是多么结实，多么强壮呀。”卡列宁望着那个香喷喷的络腮胡子梳得溜光的强壮的宫廷侍从和那个穿军装的公爵的红脖子，在他要从他们身边走过的时候，这样想道，“世上一切都是邪恶的，这话说得对。”他又瞟了瞟宫廷侍从的腿肚子，想道。

卡列宁不慌不忙地走过去，带着平时那种疲惫而尊严的神气向刚才在议论他的那几位先生鞠了个躬，眼睛望着门口，寻找李迪雅伯爵夫人。

“哎呀！阿历克赛·亚力山大罗维奇！”就在卡列宁走到那个

①引自《新约全书·哥林多前书》第七章第三十二节。

小老头旁边，冷冷地朝他点了个头时，小老头不怀好意地闪动着眼睛说。“我还没有恭喜您呢。”他指着卡列宁的新绶带说。

“谢谢您，”卡列宁回答说。“今天天气真好呀。”他又说，并且照他的习惯特别加重了“真好”这个词儿。

他们嘲笑他，这他是知道的，而且他除了敌意，并不指望他们什么；他对此已经习惯了。

卡列宁一看见李迪雅伯爵夫人走进门来，看见她那胸衣里露出来的黄黄的肩膀和那妖媚的沉思的眼睛，龇出满嘴结实的白牙笑了笑，就走到她跟前。

李迪雅近来着意打扮，她今天的打扮也费了不少心思。现在她打扮的目的和三十年前她追求的目的完全相反。那时候她总想打扮得漂亮些，越漂亮越好。现在恰恰相反，她必须掌握尺度，既要打扮，又不能和年龄、身材太不相称，所以她关心的只是让这种打扮和相貌的反衬不要太强烈。对于卡列宁，她是达到了这个目的，他觉得她是迷人的。对于他来说，她是他在一片敌意和嘲笑的大海中觅得的孤岛，不仅是善意对待他的孤岛，而且是爱的孤岛。

他穿过一道道嘲笑的目光，很自然地被那含情脉脉的目光吸引过去，就像植物追求阳光。

“恭喜您！”她用眼睛瞟着绶带，对他说。

他忍住得意的微笑，闭起眼睛耸了耸肩膀，好像在说，他不觉得这有什么高兴的。李迪雅伯爵夫人很清楚，这是他最大的人生乐事之一，虽然他从来不承认。

“咱们的小天使怎么样？”李迪雅伯爵夫人说。她指的是谢辽沙。

“不能说我对他完全满意，”卡列宁睁开眼睛，扬起眉毛说，“西特尼科夫对他也不满意。(西特尼科夫是家庭教师，负责谢辽沙的世俗教育。)我对您说过的，他对每一个大人和小孩都会动心的那些重大问题有些冷淡，”卡列宁谈起他除公务之外唯一关心的问题——儿子的教育问题。

卡列宁在李迪雅的帮助下恢复了原来的生活和活动以后，就觉得自己必须操心留在他身边的儿子的教育问题了。以前卡列宁从来没研究过教育问题，现在他就花一些时间对这个问题进行理论上的研究。他读了几本人类学、教育学和教学法方面的书，就拟订了一个教育计划，请彼得堡一位最卓越的教师做指导，就着手实施。他一直在关心这件事。

“是啊，不过，那颗心呀！我看出来，他的心和父亲一样，一个有这样心肠的孩子是不会坏的。”李迪雅伯爵夫人十分高兴地说。

“是啊，也许这样……至于我，我只是尽自己的责任。我也只能这样了。”

“您到我家来一趟吧，”李迪雅伯爵夫人沉默了一会儿之后，说，“咱们要谈一件使您不快的事。我本想尽一切可能使您不要想起一些往事，可是别人不这样想。我收到她一封信。她就在彼得堡。”

卡列宁一听到她提起妻子就打起哆嗦，可是他的脸上却立刻出现了木然不动的神气，表示他对这件事无可奈何。

“这事儿我料到了。”他说。

李迪雅伯爵夫人十分欢喜地看了看他，因为他灵魂的伟大感动得涌出了泪水。

二十五

卡列宁走进李迪雅伯爵夫人那摆满古代瓷器、挂满画像的舒适的小书房时，女主人还没有露面。她在换衣服。

圆桌上铺着桌布，上面摆着中国式茶具和一个烧酒精的银茶炊。卡列宁漫不经心地扫视了一下挂在书房里那无数熟悉的画像，就在桌旁坐下来，翻开桌上的《新约》。伯爵夫人绸连衫裙的窸窣声立刻把他的注意力吸引过去。

“好，现在咱们可以安安静静地坐下来，”李迪雅伯爵夫人急忙挤到桌子和沙发中间，带着激动的微笑说，“一面喝茶，一面谈谈了。”

李迪雅伯爵夫人说过几句开场白之后，就红着脸、呼哧呼哧喘着把她收到的那封信交给卡列宁。

他看过信，老半天没有作声。

“我觉得，我没有权利拒绝她。”他抬起眼睛，畏畏缩缩地说。

“我的好朋友呀！您在谁身上都看不到邪恶！”

“恰恰相反，我看到，一切都是邪恶的。可是，这样看是不是对呢？……”

他脸上出现了犹豫不决的神气和希望在他不理解的事情上得到别人的忠告、支持和指点的神气。

“不，”李迪雅伯爵夫人打断他的话说，“凡事都有个限度。

伤风败俗我能理解，”她说的不完全是实在话，因为她从来就不理解，女人为什么会伤风败俗的，“可是我无法理解这种残酷，这又是对谁残酷呀？是对您呀！怎么能留在您所在的城市里呀？唉，真是活到老学到老呀。我现在要学会理解您的崇高和她的卑鄙呢。”

“谁能下得了狠心呢？”卡列宁说。他显然很满意自己扮演的角色。“我什么都宽恕了，所以我也不能剥夺她这种爱的要求，不能剥夺她对儿子的爱……”

“不过，我的好朋友，那是爱吗？那是真心实意的吗？就算您已经宽恕了，现在还要宽恕……可是我们有权利去触动那个小天使的心灵吗？他以为她已经死了。他为她祷告，祈求上帝饶恕她的罪过呢……这样倒是好些。他要是见了她，那又怎么想呢？”

“我没想到这一点。”卡列宁显然同意地说。

李迪雅伯爵夫人双手捂住脸，有一阵子没有说话。她是在祷告。

“您要是问我的主意，”她祷告完了，把手放下，说道，“那我劝您不要这样做。难道我看不出您有多么痛苦，这事怎样触痛您的伤痕吗？哦，就算您像往常那样，能够忘记您自己吧，可是，这样又会造成什么后果呢？不是要给您造成新的痛苦，使孩子心里难受吗？如果她还有一点儿人性的话，那她自己是不应该有这种愿望的。是的，我毫不犹豫，我劝您不要答应，如果您允许的话，我就给她写一封信。”

卡列宁同意了，于是李迪雅伯爵夫人就写了下面一封法文信。

亲爱的夫人：

您的儿子要是想到您，他心中会产生种种问题，要回答这些问题，无法不使孩子心灵中产生责难情绪，责难他原来认为神圣的东西。因此我请求您明白您丈夫的拒绝是出于基督的仁爱精神。我祈求上帝对您仁慈。

李迪雅伯爵夫人

这封信达到了李迪雅伯爵夫人连自己都不肯承认的阴暗目的。它深深刺痛了安娜的心。

从卡列宁这方面来说，他从李迪雅家回来以后，这一整天他都无法专心致志地像平时那样做自己的事情，再也得不到他以前感觉到的那种得救的信徒的内心平静。

想起对他犯了很大罪的妻子，而他又像李迪雅很公正地说的那样，在对待妻子方面又是十分神圣的，本来他不应该感到不安；然而他就是不能平静。他看书看不进去，无法驱除痛苦的回忆，无法不回想自己对她的态度，无法不回想他现在感觉出来的在对待她方面所犯的一些错误。他一想起从赛马场回来的路上，他怎样像听取忏悔一样听她说自己的不贞（尤其是他只要求她保持体面，而没有要求决斗），心里就很难过。他想起他给她写的那封信，也觉得难过；尤其是一想起他那种谁也不需要的宽恕和对别人的孩子的关怀，心里就羞臊和后悔得不得了。

现在，他想起他和她在一起的种种往事，想起他经过长期犹豫向她求婚时说的蠢话，也同样感到羞臊和后悔。

“我究竟错在哪儿呢?”他在心里说。而且这个问题总是在他心中引起另一个问题:如果换了别人,比如伏伦斯基、奥布朗斯基和那个粗腿肚子宫廷侍从之流,会不会有这样的感觉,会不会这样对待爱情和婚姻呢？于是在他的脑海里出现了一系列这样身强力壮、精力旺盛、从不怀疑自己的人,这样的人总是时时处处不知不觉间引起他的注意和好奇。他一再驱赶这些念头,竭力要自己相信,他活着不是为了短暂的此生,而是为了永恒的人生,充满他心中的是和睦与仁爱。但是,在这短暂的、微不足道的一生中他犯了一些他认为微不足道的错误,就使他如此痛苦,就好像他所相信的永远得救也不存在了。不过这种诱惑并没有持续多久,他心中很快就又恢复了平静和崇高境界,就因为有这种心境,他才能忘记他不愿意想起的事情。

二十六

“怎么样,卡比东内奇?”脸色红红的、快快活活的谢辽沙在生日前一天在外面玩回来,一面要把自己的带褶的外套脱给高高的、笑嘻嘻地俯身迎接小主人的老门房,一面说。“怎么样,那个扎绷带的官儿今天来过吗？爸爸见他没有?”

“见他了。办公室主任一走,我就去通报了,”门房快活地映映眼睛,说,“让我来给您脱吧。”

“谢辽沙!”斯拉夫家庭教师站在里屋的门口说,“要自己脱。”

但是,谢辽沙虽然听到了他那有气无力的声音,却没有理睬他。他一只手抓住门房的肩带站着,并且望着他的脸。

“怎么样,他求办的事,爸爸给他办了吗?”

门房点点头,表示已经办了。

那个扎绷带的官儿求卡列宁办事,已经来过七趟了,谢辽沙和门房都很关心。有一次谢辽沙在门厅里遇到他,听见他哀求门房给他通报,说他和他的孩子们快要死了。

后来谢辽沙又在门厅里遇见他一次,从此就关心起他来。

“怎么样,他很高兴吧?”他问道。

“怎么会不高兴呀! 他走的时候差点儿要蹦起来啦。”

“有人送什么东西来吗?”谢辽沙沉默了一会儿之后,问道。

“哦,少爷,”门房摇着头,小声说,“伯爵夫人有东西送来。”

谢辽沙立刻明白了,门房说的是李迪雅伯爵夫人给他送来的生日礼物。

“真的吗? 在哪儿呀?”

“柯尔尼拿到你爸爸房里了。想必是一样很好的东西!”

“有多大? 有这么大吗?”

“多少小一点儿,不过挺好的。”

“是一本书吗?”

“不是,是一样东西。去吧,去吧,瓦西里·鲁基奇在叫你呢,”门房听到教师渐渐走近的脚步声,就小心翼翼地扳开他那只抓住肩带、手套脱了一半的小手,挤了挤眼睛,朝教师那边点了点头,说道。

“瓦西里·鲁基奇,这就来啦!”谢辽沙带着快活而亲切的微笑回答说。这种微笑总是能征服一丝不苟的瓦西里·鲁基奇。

谢辽沙太快活，他觉得一切都太幸福了，他简直没办法不和他这个门房朋友说说家里的另一件喜事，这喜事是他在夏园玩儿时听李迪雅伯爵夫人的侄女说的。他觉得这喜事特别重要，是因为这事儿同那个扎绷带的官儿的喜事和他自己得到玩具的喜事一起来临的。谢辽沙觉得今天是个大喜的日子，人人应该高兴，应该快活。

“你知道吗，爸爸得了聂夫斯基勋章？”

“怎么会不知道！有人已经来道过喜了。”

“怎么样，他高兴吗？”

“得到皇上恩典，怎么能不高兴呀！这说明，他是有功的嘛。”门房一本正经地说。

谢辽沙沉思起来，一面凝视着他仔细研究过的门房的脸，尤其是那夹在灰色络腮胡子中间的下巴，那下巴是谁也看不到的，除了总是从下面朝上看他的谢辽沙。

“喂，你女儿早就回家了吧？”

门房的女儿是一个芭蕾舞演员。

“不是礼拜天怎么能回来呢？她们也要上课呀。您也要上课了，少爷，去吧！”

谢辽沙走进房里，没有坐下来读书，却对老师说了说他猜想送来的礼物一定是一辆火车。“您是怎么想的？”他问道。

可是瓦西里·鲁基奇想的只是怎样教他准备语法课，因为语法教师到两点钟就要来了。

“不，瓦西里·鲁基奇，您还是告诉我，”他已经坐到书桌前，把书拿在手里，却忽然问道，“您知道吗，爸爸得了聂夫斯基勋章？还有什么比聂夫斯基更高的吗？”

瓦西里·鲁基奇回答说，比聂夫斯基勋章更高的是弗拉基米尔勋章。

“再高的呢？”

“最高的是安得列勋章。”

“还有比安得列更高的吗？”

“我就不知道了。”

“怎么，您也不知道吗？”于是谢辽沙用两手托着脑袋，深思起来。

他的想象是层出不穷，多种多样的。他想象他的父亲一下子就得到了弗拉基米尔勋章和安得列勋章，就因为这样今天父亲上课就和善多了。他又想象自己长大了，也会得到所有的勋章，还能得到以后会想出来的比安得列勋章更了不起的。只要能想出来，他就能得到。他们还会想出更了不起的，他也会马上就得到。

时间就在这样胡思乱想中过去，所以，等到教师来了，关于时间、地点和行为方法状语的这一课还没有准备好。教师不但很不满意，而且很伤心。教师这种伤心触动了谢辽沙。他觉得没有学好功课不能怪自己；不论他怎样用功，就是学不好。在教师给他讲解的时候，他是相信的，而且似乎也懂了，可是等到剩了他一个人，他简直就想不起和弄不懂，为什么“忽然”这个简单而明了的词儿是行为方法状语。不过，他觉得自己使教师伤心，心里还是很难过的，所以很想安慰安慰他。

他选定教师默默望着书的时候。

“米海尔·伊凡内奇，您的命名日是哪一天呀？”他忽然问道。

“您最好还是想想自己的功课，在一个懂道理的人来说，命名日是毫无意义的。这样的日子也和其他日子一样，应该用功。”

谢辽沙仔细望了望教师，望了望他那稀稀的下巴胡、那副溜到鼻梁下面的眼镜，就一心一意思索起来，教师给他讲什么，他一点儿也听不进去了。他明白，教师想的也不是他所说的事，这从他说话的语调可以感觉出来。“为什么他们都商量好了用同一种腔调一个劲儿讲这种最乏味、最无用的玩意儿呢？为什么他对我这样冷漠，为什么他不爱我呢？”他很伤心地自己问自己，自己却无法回答。

二十七

教师的语法课之后是父亲的课。趁父亲还没有来，谢辽沙就在桌旁坐下来，玩着小刀，沉思遐想起来。在谢辽沙最喜欢的事情中，有一项就是在玩的时候寻找母亲。他根本就不相信死，尤其不相信母亲会死，尽管李迪雅伯爵夫人对他这样说，父亲也说是这样，所以，就是在他们告诉他母亲已经死了以后，他还是在找她。任何一个丰满、优雅的黑头发女人都是他的母亲。他一看见这样的女人，心中就涌起无限亲切之感，激动得喘不上气来，眼睛里也不由得涌出泪水。他就等着她走到他面前，撩起面纱。她那整个的脸就会露出来，她就会笑，把他搂住，他就会闻到她的气味儿，感触到她的手的亲热，他会很幸福地哭起来，就像那一天晚上他躺在她的腿上，她呵他的痒，他咯咯大笑，并且咬她那戴满戒指的白手那样。后来，他无意中听到奶妈说他母亲没有死，父亲和李迪雅又向他解释说，她对于他来说已经死了，因为她不好（这话他是怎么也不信的，因为她爱他），他却依然那样在找她和等她。今天在夏园里有一位戴着紫色面纱的太太，在她顺着小路朝他们走来的时候，他以为这就是她，他怀着怦怦直跳的心注视着她。那位太太不等走到他们跟前就不见了。今天，谢辽沙觉得热爱母亲之情比任何时候更强烈，而且现在，就在他等父亲的时候，想得出了神，用小刀在桌子边上刻了许多印子，一面用亮晶晶的眼睛望着前方，一面想着母亲。

“爸爸来了！”瓦西里·鲁基奇使他回过神来。

谢辽沙跳起来，走到父亲跟前，吻了吻他的手，仔细看了看他，想看看他得了聂夫斯基勋章的快活样子。

“你玩得快活吗？”卡列宁说着，坐到自己的扶手椅上，把《旧约》往面前拉了拉，翻了开来。尽管卡列宁不止一次对谢辽沙说过，任何一个基督徒都应该熟知圣史，可是他自己在上《圣经》课的时候却常常查书，谢辽沙就注意到这一点。

“是的，爸爸，非常快活，”谢辽沙说着，侧歪着身子坐到椅子上，并且摇晃着椅子，这是不准许的，“我看到娜金卡（娜金卡是李迪雅抚养的一个侄女）了。她告诉我，您得了新勋章。您高兴吗，爸爸？”

“第一，请你别摇晃，”卡列宁说，“第二，可贵的不是奖赏，而是劳动。我希望你能懂得这个道理。比如说，要是你劳动和学习是为了得到奖赏，那你会觉得这是很辛苦的；但是如果你劳动是因为热爱劳动的时候（卡列宁在说这话的时候，想起了今天上午他怎样凭自己的责任感完成了批阅一百一十八份公文的枯燥劳动），那你自己就会在劳动中找到奖赏。”

谢辽沙那闪着亲热和快活神采的眼睛一遇到父亲的目光，就失去光彩，并且垂了下来。父亲和他说话总是用这种腔调，他早就很熟悉了，而且他已经学会了应付这种局面。谢辽沙觉得，父亲和他说话，就像是对他想象中的一个孩子、书里的孩子、完全不像谢辽沙的一个孩子说话。所以谢辽沙和父亲在一起总是尽量装得像那个书里的孩子。

“我想，你明白这个道理吧？”父亲说。

“是的，爸爸。”谢辽沙装得像书里那个孩子一样回答说。

这一堂课是背诵福音书里的几节诗和复习《旧约》的开头部分。福音书里的几节诗谢辽沙本来是记得很牢的，可是这会儿，他在背诵时注视起父亲额头上的骨头，那骨头在鬓边那样突出，他看得出了神，因为有一个词儿相同，他就把一行诗的结尾背成另一行诗的开头。卡列宁觉得他显然不懂所背的内容，感到非常生气。

他皱起眉头，就开始讲解谢辽沙已经听了多次却怎么也记不住的内容，记不住，就因为他太熟悉了，就像“忽然”是行为方法状语一样。谢辽沙用害怕的目光望着父亲，心里只想着一点：父亲会不会像以往有的时候那样，让他重复父亲说过的话。谢辽沙一想到这一点就吓慌了，简直什么也听不进去了。可是父亲没有叫他重复，就换了《旧约》课。谢辽沙对其中的事件能说得清清楚楚，但是要他回答某些事件有什么意义的时候，他却什么也不知道，尽管他过去已经因为这门功课受过处罚。最使他无言可答，不知所措，因而不住地用小刀划桌子、摇晃椅子的，是要他说说太古祖先的时候。除了那个活着升天的以诺，这些祖先他一个也不知道。以前他记得那些名字，可是现在全忘记了，尤其因为，在整个《旧约》中他就喜欢以诺这个人物，一想到以诺活着升天的事，他的头脑里就出现长长的一系列联想，就连现在，在他目不转睛地盯着父亲的表链和解开一半的背心纽扣时，他就一心一意地联想着。

谢辽沙常常听别人说到死，他却一点也不相信。他不相信他所爱的人会死，尤其不相信他自己会死。他觉得这完全是不可能的，是无法理解的。可是他常常听人说，人都是要死的；他甚至问过他很信得过的人，这些人都说是这样的；保姆也这样说，虽然说得很不情愿。但是以诺就没有死，可见不是所有的人都死。"可是为什么不能人人都得到上帝照顾，活着升天呢？"他想道。那些坏人，也就是谢辽沙不喜欢的那些人，是会死的；可是所有的好人，都会像以诺那样。

"那么，有哪些祖先呢？"

"以诺，以诺。"

"这你已经说过了嘛。这样不好，谢辽沙，很不好。要是你不用心记住一个基督徒最应该看重的事，"父亲说着，站起来，"那你还能关心什么呢？我对你不满意，彼得·伊格纳基奇（这是首席教师）对你也不满意……我要处罚你。"

父亲和教师对谢辽沙都不满意，他的确也学得很不好。但不能说他是一个笨孩子。相反，他比教师举出来给他做榜样的孩子要聪明得多。照父亲看来，他是不愿意学他所学的东西。实际上他是学不进去。他学不进去，是因为他心中有他自己的要求，他觉得比父亲和教师所提出的要求更迫切。这两种要求是相互抵触的，于是他就和他的教育者直接抗衡。

他现在九岁，还是一个孩子；但他了解自己的心灵，珍重自己的心灵，爱护自己的心灵，就像眼皮保护眼珠那样，任何人没有爱的钥匙，都无法进入他的心灵。教他的人说他不愿意学习，其实他的心灵里充满了求知的欲望。所以他向卡比东内奇，向保姆，向娜金卡，向瓦西里·鲁基奇学习，而不向教师们学习。父亲和教师原希望这股水推动自己的轮子的，这股水却早就漏出去，到别的地方去干活儿了。

父亲罚谢辽沙，不准他去找李迪雅的侄女娜金卡；但是这处罚倒成了谢辽沙的好事。瓦西里·鲁基奇情绪很好，就教他怎样做风车。整个晚上他都在做风车，想象着怎样做一架老大的风车，他可以在上面转：两手抓住翅膀或者将身子捆在上面就可以转的。整个晚上谢辽沙都没有想母亲，可是上了床，他一下子就想起她来，而且用自己的话祈祷了一阵子，恳求母亲在明天他过生日的时候不再躲起来，要来看他。

“瓦西里·鲁基奇，您知道我另外还祷告的是什么吗？”

“是祈祷学得好些吗？”

“不是。”

“是想要什么玩具吗？”

“不是。您猜不到。是极好的事儿，不过这是秘密！等到实现了，我再告诉您。您猜不着吧？”

“是的，我猜不着。你说说吧。”瓦西里·鲁基奇笑着说，这在他是很难得的。“哦，睡下吧，我要吹蜡烛了。”

"没有蜡烛,我看到的和我祈祷的事就显得更清楚了。哦,我差点儿把秘密说出来了!"谢辽沙快活地笑起来,说道。

等到把蜡烛拿走以后,谢辽沙就听到和感觉到母亲来了。她站在他床头,用慈爱的目光亲亲热热地看着他。可是又出现了风车、小刀,一切都混合到一起,于是他睡着了。

二十八

伏伦斯基和安娜回到彼得堡,住在一家上等旅馆里。伏伦斯基单独住在楼下,安娜带着小女孩、奶妈和侍女住在楼上有四个房间的大套间里。

伏伦斯基在来到的第一天就去看望哥哥。他在那里碰到了因事从莫斯科来的母亲。母亲和嫂子像往常一样迎接他;她们问他在国外旅行的情形,谈了大家都认识的一些熟人,可是只字不提他和安娜的关系。第二天早晨,哥哥就来看望伏伦斯基,向他问起她来。伏伦斯基就直率地告诉他,他把他和安娜的关系看得像结过婚一样;他希望办理离婚,那时他就可以和她结婚,而他一直也就是把她看作自己的妻子的,就和任何人的妻子一样。他要哥哥就这样转告母亲和嫂子。

"社会上赞成不赞成,我都无所谓,"伏伦斯基说,"但家里的人如果想同我保持亲属关系,那也应该同我的妻子保持同样的关系。"

哥哥一向尊重弟弟的见解,但在社会对这个问题还没有做出解答之前,他不知道弟弟做得对还是不对;他自己倒是一点也不反对这种事儿，所以他就和伏伦斯基一起去看安娜。

伏伦斯基当着哥哥的面也像当着众人的面一样，对安娜称“您”，对待她就像对待一个亲密的朋友一样，但在话中示意，哥哥是知道他们的关系的，所以就谈起安娜去伏伦斯基的庄园的事。

伏伦斯基虽然富有社会经验，可是由于他的境况变了，就犯了一个很奇怪的错误。似乎他应该明白，社交界的大门对他和安娜已经关上了；可是现在他头脑里却产生了一些模模糊糊的想法，觉得那只是过去的事了；现在，由于社会飞快地进步（他现在不知不觉拥护起一切进步的事物），社会的看法变了，现在社会是不是容纳他们，那可是说不定。“不用说，”他想道，“宫廷社会是不会容纳她的，但是亲戚朋友们是可以而且应该正确看待这种事儿的。”

一个人可以盘着腿一动不动地坐上几小时，如果他知道没有什么不可以改变姿势的话；可是如果知道自己非这样盘腿坐着不可，那就会浑身痉挛，两腿抽搐，并且老是要朝他希望伸的地方伸。伏伦斯基在对待社交界方面就有这样的感觉。虽然他心里知道社交界的大门对他们是关着的，他还是要试试，现在社交界是不是有所改变，会不会容纳他们。但他很快就发现，虽然社交界大门对他本人已经开了，但对安娜还是关着的。就好像在玩猫捉老鼠的游戏，举起手放他进去，却马上就放下手把安娜拦住。

伏伦斯基最先遇到的彼得堡社交界女士就是他的堂姐培特西。

“久违了！”她高高兴兴地把他迎住，“安娜呢？我多么高兴呀！你们住在哪儿？我能想象，你们在愉快的旅行之后，会觉得我们的彼得堡有多么糟糕。我能想象你们在罗马度过的蜜月。离婚的事怎样了？一切都办妥了吗？”

伏伦斯基发觉，培特西一听说离婚手续还没有办，她的热和劲儿就小下来。

“我知道，人家会说我坏话的，”她说，“不过我还是要去看看安娜；是的，我一定要去。你们在这儿不会久住吧？”

果然，她当天就来看安娜；不过她的语调已经完全不像以前那样了。她显然因为自己大胆觉得很了不起，并且希望安娜珍视她对友谊的忠实。她待了不过十分钟，谈了一些社会新闻，临走的时候说：

“你们还没有告诉我，什么时候办理离婚手续。就算我丝毫也不管这些事，可是只要你们不结婚，那些正人君子还是要冷言冷语的。而且现在这很简单嘛。这很平常嘛。那你们就在礼拜五走吗？很抱歉，咱们不能再见面了。”

伏伦斯基可以从培特西的语气听出来，社交界会怎样对待他们；然而他还是在自己的家庭中又做了一次尝试。他对自己的母亲是不抱什么希望的。他知道，在初次相识时那样喜欢安娜的母亲，现在对她就不会客气了，因为是她断送了儿子的前程。不过他对嫂嫂瓦丽雅抱了很大的希望。他觉得，她是不会冷言冷语的，而且会大大方方，毫不犹豫地来看安娜，并且请她到家里去。

他们来到的第二天，伏伦斯基又去看嫂嫂，正好碰到她一个人在家，他就直率地说出自己的希望。

“你要知道，阿历克赛，”她听完他的话，就说道，“我是多么喜欢你,我又多么愿意为你尽力呀;可是我不能说什么,因为我知道我对你和安娜·阿尔卡迪耶芙娜无能为力,"她特别用劲儿说出"安娜·阿尔卡迪耶芙娜"这个名字。"请不要以为我对她有什么不好的看法。从来没有。也许,我要是她,也会做这种事儿的。我不想,也不能细说,"她胆怯地看着他那阴沉的脸说,"但应该直言不讳。你想要我去看她,请她到家里来,好使她恢复在社会上的名声;可是你要明白,我不能做这种事儿呀。我有两个女儿那么大了,我还要在社交界为丈夫保留个体面呀。好吧,我就去看看安娜·阿尔卡迪耶芙娜;她会谅解我不能请她到家里来,就是请她来,那也要使她避免碰见那些抱有不同看法的人,因为如果碰见了,会使她不痛快的。我不能抬高她……"

"可是我并不认为,她比你们所接待的许许多多女人更堕落!"伏伦斯基更阴沉地打断她的话。他知道嫂子的主意是不会改变的,就再也不说什么,站了起来。

"阿历克赛！不要生我的气。请你谅解,这不能怪我呀。"瓦丽雅带着胆怯的微笑望着他说。

"我不生你的气,"他还是那样阴沉着脸说,"不过我就加倍难过了。我还难过的是,这样咱们的情谊会破裂的。就算不破裂,那也要淡了。你要明白,这在我也是无可奈何的。"

他说过这话,就从她家里走了出来。

伏伦斯基明白了,再作尝试已经没有意思了,他们必须像在陌生城市里一样在彼得堡挨过这几天,避免和原来的熟人进行任何交往,免得招致不快和污辱,那种滋味他是受不了的。在彼得堡最不愉快的状况之一,就是卡列宁和他的名字似乎到处都存在。不论开始谈什么,到头来都不能不转到卡列宁身上去;不论到什么地方去,都会碰见他。至少伏伦斯基觉得是这样,就像一个手指头很痛的人,总觉得处处有什么东西故意碰他这个很痛的手指头。

伏伦斯基看出安娜有一种新的、令人捉摸不透的心情,因而他更觉得待在彼得堡难受了。有时她似乎很爱他,有时变得很冷淡,爱发脾气,心事重重。她为什么事很苦恼,有什么事瞒着他,而且似乎没有看到那些冷落的面孔,他看到一张张冷落的面孔是不好过的,她一向特别敏感,一定更感到难过。

二十九

安娜回俄国的目的之一就是看望儿子。自从她离开意大利的那天起,她就一直心情激荡地想着和儿子见面。她离彼得堡越近,越是真切地想象到这次见面的快乐和意义。她连想也没想怎样才能见到儿子的问题。她觉得,等到她和儿子在一个城市里,看到儿子是很自然、很简单的事。可是她一到彼得堡,一下子就清清楚楚地看出她现在在社会上的地位,于是她明白了,要见到儿子是很难的。

她回到彼得堡已经两天了。她无时无刻不在想着儿子,可是她却没有见到儿子。径直到家里去,在家里会遇到卡列宁,她觉得她没有权利这样做。可能不让她进去,还要侮辱她。写信去和丈夫交涉,连想到这个主意都是痛苦的,因为只有在她不想到丈夫的时候,心里才能宁静。打听一下儿子什么时候出来玩儿,趁他玩儿的时候看看他，她觉得这太不满足，因为她盼望这次见面盼了那么久，她有多少话要对他说说，她多么想搂抱他，吻吻他呀。谢辽沙的老保姆倒是可以帮助她，教她怎么办。可是老保姆已经不在卡列宁家了。就这样，一方面犹豫不决，一方面寻找老保姆，两天的时间就过去了。

安娜打听到卡列宁和李迪雅伯爵夫人的亲密关系，到第三天就拿定主意给她写了一封煞费苦心的信，她在信里有意地说，允许不允许她看望儿子，全凭丈夫的宽宏大量。她知道，如果把这封信给丈夫看了，他依然会摆出他那宽宏大量的气度，不会拒绝她的。

信差给她带回来的是她意想不到的最无情的答复，说是没有回信。等她把信差叫了来，信差详细说了说他怎样等待，后来又怎样告诉他“没有任何回信”，她听了之后，感到从来没受过这样大的侮辱。安娜觉得自己被看低、受侮辱，但她看出来，李迪雅伯爵夫人就她自己来说她做得也是对的。她的痛苦因为只能独自承受，就更加痛苦了。她不能也不愿意让伏伦斯基分担。她知道，在他来说，她看不看儿子是最微不足道的事，虽然她的不幸主要就是他造成的。她知道，他永远也无法理解她的痛苦有多么深；她知道，在提到此事时他那种冷淡的语气，会使她恨他的。她最害怕的就是这一点，所以，凡是涉及儿子的事，她都瞒着他。

她整整一天坐在家里考虑同儿子见面的办法，最后才决定给丈夫写信。她已经在写这封信的时候，有人给她送来李迪雅的信。李迪雅不回信，她觉得倒是情有可原，可是现在这封来信，她在这封信的字里行间所看到的一切，却使她非常恼怒，她觉得这种恶毒的用心同她热爱儿子的正当感情相比，太使人愤恨了，于是她愤恨起别人，不再责怪自己了。

“这虚情假意是一种冷酷，”她在心里说，“他们就是要侮辱我，折腾孩子，我能听从他们的吗？休想！她比我更坏。我至少不说谎。”于是她立刻决定，明天，就在谢辽沙生日这一天，她径直到丈夫家去，买通用人，编一些理由，但无论如何要看到儿子，拆穿他们欺骗不幸的孩子的无耻谎言。

她到玩具店去买了许多玩具，并且想好了行动计划。她要在早晨八点钟去，那时卡列宁一定还没有起身。她手头要带着钱，好给门房和仆人，让他们放她进去，她将不揭面纱，就说是谢辽沙的教父要她来道贺的，并且她要把玩具放到孩子的床头。她只是没有准备好对儿子说些什么话。不管她怎么想，她都想不出该说些什么。

到第二天，早晨八点钟，安娜就下了出租马车，在她原来的家的大门口打了门铃。

“你去看看，是什么事。是一位太太。”还没有穿好衣服、披着大衣、趿着套鞋的卡比东内奇说着，朝窗外看了看，就看到门口站着一位戴面纱的太太。

门房的下手是安娜不认识的一个小伙子，他把门一开，安娜就走了进来，从手筒里拿出一张三卢布钞票，急忙塞到他手里。

“谢辽沙……就是少爷。”她说完，就朝前走去。门房下手看了看钞票，又在另一道玻璃门前把她拦住。

“您找谁呀？”他问道。

她没听见他的话，什么也没有回答。

卡比东内奇发现这位陌生太太神色慌张，就亲自走出来，让她进了门，问她有什么事。

“斯科罗杜莫夫公爵让我来看看少爷。”她说。

“少爷还没有起身呢。”门房仔细打量着她说。

安娜怎么也没有想到，她住过九年的这座房子门厅里依然如故的陈设会使她如此动情。种种往事浮上她的心头，有欢乐的，也有痛苦的，一时间她忘记了她是来做什么的。

“是不是请等一会儿？”卡比东内奇一面帮她脱大衣，一面说。

脱下大衣，卡比东内奇看了看她的脸，认出她来，一声不响地深深向她鞠了个躬。

“请吧，夫人。”他对她说。

她想说点儿什么，但喉咙里发不出任何声音来；她带着有愧的恳求神气看了老门房一眼，就迈着轻盈的步子跨上楼梯。卡比东内奇朝前弓着身子，跟着她往上跑，竭力要跑到她前面，跑得那套鞋在楼梯上磕磕绊绊的。

“教师在那里，也许还没有穿衣服呢。我这就去通报。”

安娜继续在熟悉的楼梯上走着，没有听懂老门房说的是什么。

“往这边，请往左边走。对不起，这儿不干净。少爷现在住在原来的会客室里了，”老门房气喘吁吁地说，“对不起，请等一下，夫人，我去看看。”他说着，就赶到她前面，打开一道很高的门，就走了进去。安娜就站下来等着。“少爷刚醒，”老门房又走出门来说道。

就在门房说这话的时候,安娜听见孩子打呵欠的声音。她凭这呵欠声就听出是儿子,好像看到他就在面前。

“让我进去,让我进去,你走吧!”她说过,就走进这道很高的门。门右边放着一张床,床上坐着一个男孩子,只穿着一件敞开的小褂,弯着小身子在伸懒腰,还在打呵欠。就在他合上嘴唇的时候,嘴边浮起幸福的睡意蒙眬的微笑,他就带着这样的微笑又慢慢地、甜甜地躺了下来。

“谢辽沙!”她轻轻唤了一声,就轻悄悄地朝他跟前走去。

在和儿子分别的时候以及在母爱如潮的最近这段时期中,她总是把他想象成四岁的孩子,他那时的模样是她最喜欢的。现在他甚至和她离开他的时候不一样了;他和四岁的时候更是不一样了,又长高了,瘦了。他这是怎么啦!他的脸有多么瘦,头发有多么短呀!胳膊又多么长呀!自从她离开他以后,他的模样变得多厉害呀!但这就是他,那头的模样,那柔软的小脖子和宽宽的小肩膀,都是他的。

“谢辽沙!”她弯下身,对着孩子耳朵又唤了一声。

他又用胳膊肘支起身来,朝两边转悠了两下一头乱发的头,好像在寻找什么,接着就睁开眼睛。他带着询问的神气静静地对着一动不动站在他面前的母亲看了几秒钟,然后忽然很幸福地笑了笑,就又合上睡眼惺忪的眼睛,倒了下来,但不是往后躺,而是倒在她的怀里。

“谢辽沙!我的好孩子!”她呼哧呼哧地喘着,双臂搂着他那胖乎乎的身体说。

“妈妈!”他一面唤,一面在她怀里扭动着,好让身体的各部分都能让她抱一抱。

他一直闭着眼睛，睡意蒙眬地微笑着，那胖乎乎的小胳膊从床头抬起来搂住她的肩膀，偎依在她身上，向她散发着只有孩子才有的那种好闻的沉睡刚醒的香味和温暖气息，并且用脸蛋儿擦着她的脖子和肩膀。

“我知道嘛，”他睁开眼睛说，“今天是我的生日。我知道你要来的。我这就起来。”

他这样说着，又渐渐睡去。

安娜如饥似渴地细细看着他；她看出来，在她离开的这段时间里，他长高了，模样也变了不少。那从被窝里露出来的光溜溜的、如今已经老长的两腿，那瘦了的脸蛋儿，她以前常常吻的那后脑勺上剪得短短的鬈发，这一切她都认得，又好像不识得。她现在抚摩着这一切，一句话也说不出来；泪水堵住了她的喉咙。

“你哭什么呀，妈妈？”他完全清醒过来之后，说。“妈妈，你哭什么呀？”他带着哭声叫道。

“我吗？我不哭了……我是高兴得哭。我这么久没看到你了呀。我不哭了，不哭了。”她吞着眼泪，背过脸去说。“好啦，现在你该起来了。”她沉默了一会儿，定了定神，又说道，一面还拉着他的手，在床边放着他的衣服的椅子上坐了下来。

“我不在，你是怎么穿衣服的呀？怎么……”她想又随便又快活地说说话儿，可是说不下去，于是又背过脸去。

“我不洗冷水澡了，爸爸不让洗。你没看见瓦西里·鲁基奇吗？他就要来了。你坐在我的衣服上啦！”

于是谢辽沙哈哈大笑起来。她看了看他，也笑了。

“妈妈，好妈妈，我的亲妈妈！”他又扑到她身上，搂着她，叫了起来。似乎他现在看到她笑，才明白是怎么一回事儿。“不要这个。”他说着，摘下她的帽子。她没有了帽子，他好像重新看见她一般，又扑上去吻她。

“那么，你想我是怎么啦？你没想过我死了吧？”

“我从来就不信。”

“你不信吗，好孩子？”

“我就知道，我就知道嘛！”他又把他喜欢的这句话说了一遍就抓住她那只抚摩他的头发的手，把她的手贴到自己嘴上，吻了起来。

三十

瓦西里·鲁基奇开头不知道这位太太是谁，后来从他们说话中听出这就是那个抛弃了丈夫、他不认识的母亲，因为他是在她走后到他们家来的，这时就犹豫不决，不知道是不是该进去，还是去报告卡列宁。最后他考虑到，他的责任就是叫谢辽沙在规定的时间起床，因此他管不着房里坐的是谁，是母亲还是别的什么人，他只管自己的事就是了，于是他穿好衣服，朝门口走去，并且推开了房门。

但是，母子的亲热，他们的声音和他们说的话儿——这一切使他改变了主意。他摇了摇头，叹了口气，又把门掩上。“再等十分钟吧。”他一面清喉咙，一面擦着眼泪自言自语。

这时候家里的仆人们乱腾起来。大家都知道太太来了，是卡比东内奇放她进来的，她现在就在孩子房里，而老爷总要在八点多钟亲自到孩子房里去，大家都明白，夫妻两人是不能见面的，必须设法不让他们见面。老仆柯尔尼到门房去查问是谁放她进来，怎么放她进来的，听说是卡比东内奇放她进来并且领她进房的，就训斥起老头子。老门房就是不作声，可是等柯尔尼说因为这事要把他赶出门时，卡比东内奇一下子跳到他面前，对着他抡起胳膊，高声说：

“是啊，要是你，当然不会让她进来啦！我干了十年，受的恩德我忘不了，那你现在就去说：请你出去吧！你好像很懂礼数呀！就是这样！你最好还是别忘了自己，别忘了你是怎样搜刮老爷，还偷老爷的皮大衣！”

“你算什么呀！”柯尔尼轻蔑地说过，便转身朝着走进来的保姆。“玛丽雅·叶菲莫芙娜，您倒来评一评：他把她放进来，对谁也不说一声。老爷这就要出来，就要上孩子房里了。”

“不得了，不得了！”保姆说，“柯尔尼·瓦西里耶维奇，最好想办法把他，把老爷拦一下，我这就去想办法叫她走。不得了，不得了呀！”

保姆走进孩子房里的时候，谢辽沙正在对母亲说他怎样和娜金卡一起从山上滑雪下来栽倒了，翻了三个跟斗。安娜听着他的声音，看着他的脸和脸上的表情，抚摩着他的手，却没有听明白他说的是什么。这时她所想的和感觉的只有一点，那就是她得走了，得离开他了。她听见来到门口并且咳嗽了几声的瓦西里·鲁基奇的脚步声，也听见渐渐走近的保姆的脚步声；但是她像石头人一样坐着，没有力气开口说话，也没有力气站起来。

“太太，我的好太太呀！”保姆来到安娜跟前，吻着她的手和肩膀说，“这真是上帝赐给咱们的好孩子生日快乐。您的模样儿可是一点儿没变呀。”

“啊，保姆，好嫂子，我不知道您在家里呢。”安娜暂时回过神来，说。

“我不在这里，我住在女儿家，我是来祝贺生日的，安娜·阿尔卡迪耶芙娜，我的好太太！”

保姆突然哭了起来，并且又吻起她的手。

谢辽沙笑吟吟的，眼睛亮闪闪的，一只手拉住母亲，另一只手拉着保姆，一双胖乎乎的光光的小脚在地毯上不停地跺着。亲爱的保姆对妈妈那样亲热，使他高兴极了。

“妈妈！她常来看我，她来的时候……”他正要说下去，却又不说了，因为他发现保姆小声对母亲说了几句话之后，母亲脸上出现了恐惧的表情和类似羞惭的表情，这和母亲太不相称了。

她走到他跟前。

“我的好孩子！”她说。

她无法说“再见”，但她脸上的表情说的就是这个，而且他也懂了。“好孩子，我的好库季克！”她呼唤着她在他很小的时候唤他的名字。“你不会忘记我吧？你……”可是她再也说不下去了。

后来她想起有多少话可以对他说呀！可是此时此刻她什么话也不能说，而且也说不出口。但是谢辽沙明白了她要对他说的一切。他明白，她是不幸的，她是爱他的。他甚至明白了保姆小声对她说的是什么。他听见保姆说：“他总是在八点多钟来，”他明白，这是说的父亲，母亲和父亲是不能见面的。这他是明白的，只是有一点他不明白：为什么她脸上出现了恐惧和羞惭的神气？……她没有什么过错，可是她害怕他，为什么事感到羞惭。他很想问一问，来解除心中的疑窦，可是他不敢问，因为他看出来，她很痛苦，他很为她难过。他一声不响地偎到她身上，小声说：

“还不要走。他不会马上就来。”

母亲推他离开一点儿，想看看他所说的是不是他所想的，于是她从他那惊惶的脸色看出来，他不仅说的是父亲，而且似乎在问她，他该怎样看待父亲。

“谢辽沙，我的好孩子，”她说，“你要爱他，他比我好，比我善良，是我对不起他。等你长大了，你就明白了。”

“没有比你好的了！……”他含着眼泪拼命叫起来，并且搂住她的肩膀，用紧张得打战的两条胳膊使劲把她抱住。

“好孩子，我的小宝贝儿！”安娜呼唤着，并且也像他一样无可奈何地孩子般地哭了起来。

这时候门开了，瓦西里·鲁基奇走了进来。另一个门外响起脚步声，保姆惊慌地小声说：“他来了。”并且把帽子递给安娜。

谢辽沙倒在床上，双手捂住脸哭了起来。安娜拉开他的手，又一次吻了吻他那泪汪汪的脸，就快步朝门外走去。卡列宁迎着她走来。他一看到她，就站了下来，并且垂下了头。

尽管她刚才还说过他比她好，比她善良，可是她朝他周身上下匆匆扫了一眼之后，就感到对他无比憎恶和痛恨，并且因为儿子嫉恨起他来。她急忙放下面纱，加快脚步，几乎是从房里跑了出来。

她昨天带着一腔慈爱和悲伤在小铺里挑选的那些玩具，竟未来得及掏出来，就这样原封不动地带回去了。

三十一

虽然安娜一心要和儿子见面，虽然她早就想着和准备着见面，可是她怎么也没有料到，这次见面使她如此动情。她回到旅馆里自己的冷冷清清的房间里，很久都不明白为什么她在这里。“是的，这一切都完了，我又是孤零零一个人了，”她在心里说，而且也不脱帽子，就在壁炉边一张椅子上坐了下来。眼睛一动不动地盯着摆在两窗之间桌子上的青铜座钟，她沉思起来。

他们从国外带回来的法国侍女走进来请她换衣服。她惊讶地看了看她，说：

“等一会儿。”

仆人要她喝咖啡。

“等一会儿。”她说。

意大利奶妈把小女孩打扮好了，就抱进来交给安娜。喂得饱饱的、胖乎乎的小女孩，像往常一样，一看见母亲，伸出胖得打褶的光溜溜的小手，手心向下，咧开没牙的小嘴笑着，像鱼划动鱼翅一样划动起两只小手，扑打在绣花小裙子那浆硬的皱褶上发出沙沙的响声。不能不对她笑，不能不吻她，不能不伸给她一个手指头，让她抓住，让她欢叫和蹦跳；不能不把嘴唇伸给她，让她像接吻一样吮进小嘴里。这一切安娜都做了，而且把她抱在怀里，让她蹦跳，还吻了吻她那娇嫩的脸蛋儿和光溜溜的小胳膊；但是一看到这女孩儿，她就更清楚了，她对这孩儿的感情和她对谢辽沙的感情相比，简直说不上是爱了。这女孩儿处处可爱，但这一切不知为什么都抓不住她的心。对第一个孩子，虽然是她不爱的人的孩子，她倾注了没有得到乐趣的全部爱的力量；这女孩儿生在最艰苦的境况下，她为她花的心血却还不及为第一个孩子花的心血的百分之一。此外，小女孩儿的一切还难预料，可是谢辽沙差不多已经是一个大人，一个可爱的人了；他已经会思想，懂爱憎；他了解她，爱她，也能衡量她，——她回想起他的一些话和他的眼神，这样想道。可是她不仅在形体上，而且在精神上同他永远分离了，而且这已经是无法挽回的了。

她把小女孩儿交给奶妈，让奶妈出去，她打开圆形颈饰，里面嵌有谢辽沙的相片，那时谢辽沙的年岁和这个小女孩儿差不多。她站起来，并且摘下帽子，拿起小桌上的一本照相簿，里面有儿子在不同年龄里照的一些相片。她想把许多相片对照着看看，就把一张张相片从照相簿里往外抽。她把所有的相片都抽出来。只剩下一张，那是最近的，也是最好的一张。他穿着白衬衫，骑在一把椅子上，眉头皱着，嘴唇笑着。这是他最有特色、最可爱的表情。她用灵巧的纤手，用她那今天哆嗦得特别厉害的又白又细的手指头，几次去捏这张相片的角儿，可是相片老是滑脱，她怎么也抽不出来。桌上没有裁纸刀，于是她抽出旁边一张相片（这是伏伦斯基在罗马照的，头戴圆礼帽，留着长头发），用这张相片把儿子的相片推出来。“哦，是他！”她看了一眼伏伦斯基的相片，说道，于是她想起是谁造成她现在的痛苦的。整个早晨她一次也没有想起他。可是现在，她一看到这副雄赳赳、气宇轩昂、如此熟悉和如此亲切的模样，顿时涌起一股对他的热恋之情。

“可是他在哪儿呀？他怎么能让我在这儿独自惆怅烦恼呢？”她忽然带着责备的心情想道，竟忘记了是她自己不让他知道有关儿子的一切。她派人去请他立即回来；她怀着激动的心情等待着他，一面考虑着说些什么话，好把一切都告诉他，一面想象着他安慰她时的深情的表情。派去的仆人回来说，他现在有客人，不过他一会儿就来，并且叫仆人问她，是否愿意让他带着刚到彼得堡的雅什文公爵一起来。“他不是一个人来，可是他从昨天午饭以后就没有看见过我呀，”她想道，“他不是一个人来，让我可以把一切都对他说说，而是和雅什文一起来。”她心中忽然出现一个奇怪的念头：他要是不爱我了，那怎么办？

她一一回想最近几天的一些事情，就觉得处处能看到迹象，足以证实这可怕的念头：他昨天不在家里吃饭，他坚持在彼得堡分房居住，甚至现在都不一个人到她这儿来，似乎是避免单独和她见面。

“但是这情形他应该对我说说。这情形我必须了解。如果我了解了这情形，那我就知道我该怎么办了，”她在心里说，她实在无法想象，要是真的证实了他已无情，她会落入什么样的境地。她想到，他不再爱她了，就觉得自己近乎绝望，因此感到特别激动。她打铃叫来侍女，便走进盥洗室。她穿衣服的时候，着意打扮，这些天来她还没有这样打扮过，似乎他看到这服装与发式与她如此配称，本来不再爱她了，也会重新爱她的。

她还没有梳妆完毕，就听到了铃声。

当她走进会客室的时候，用眼睛迎接她的不是他，而是雅什文。他是在看她忘在桌上的儿子的相片，而没有急忙抬眼看她。

“咱们认识，”她说着，把她的纤手放进发窘的雅什文的大手里。他这副窘态同他那高大的身躯和粗糙的面孔太不相称了。“咱们去年在赛马的时候就认识了。给我，”她说着，很敏捷地从伏伦斯基手里抢过他正在看的儿子的相片，一面用亮闪闪的眼睛意味深长地瞅着他。“今年赛马好看吗？我没有看到，倒是在意大利的科尔索看过赛马。不过，您是不喜欢国外生活的，”她亲切地笑着说。“我知道您，也知道您的一切爱好，虽然和您见面不多。”

“这使我感到很遗憾，因为我的爱好多半都是很不好的，”雅什文咬着自己左边的小胡子说。

又说了一会儿话之后，雅什文发现伏伦斯基在看表，就问她是不是还要在彼得堡多住些日子，于是挺起他那高大的身躯，拿起帽子。

“恐怕不会很久，”她看了看伏伦斯基，踌躇不决地说。

“那咱们就不能再见面啦？”雅什文站起来，转身对伏伦斯基说。“你在哪儿吃午饭？”

“您就到我这儿吃午饭吧，”安娜仿佛因为自己发窘很生自己的气，就毅然决然地说，但又像往常一样，因为在生人面前暴露了自己的处境，涨红了脸。“这儿的饭食并不好，但至少您可以和他再见见面。在团里的老同事当中，阿历克赛最喜欢您了。”

“非常高兴。”雅什文笑着说，伏伦斯基从他的微笑看出来，他很喜欢安娜。

雅什文鞠了个躬，走了出去，伏伦斯基跟在他后面。

“你也走吗？”她对他说。

“我已经迟了。”他回答说。“你走吧！我这就赶上你。”他对雅什文喊道。

她拉着他的手，目不转睛地看着他，寻思着说些什么，才能把他留住。

“等一等，我有话要说说，”她说着，拉起他那粗短的手，让他的手贴到她的脖子上，“哦，我叫他来吃饭，没关系吧？”

“这太好了，”他带着安静的微笑，龇着满嘴整齐的牙齿，吻着她的手说。

“阿历克赛，你对我没有变心吧？”她用双手紧紧握住他的一只手说。“阿历克赛，我在这里真够受呀。咱们什么时候走哇？”

“快了，快了。你真不会相信，我也感到咱们在这儿过的日子有多么难受。”他说着，抽出自己的手来。

“好，你走吧，走吧！”她很委屈地说过这话，就急忙离开了他。

三十二

伏伦斯基回来的时候，安娜还没有回家。据说，他走后不久，有一位太太来找她，她就和那位太太一起走了。她没有说到什么地方就走了，而且至今没有回来，早晨她还到什么地方去过，对他什么也没有说，——这一切，再加上今天早晨她脸上那种兴奋得出奇的神气，又想起她当着雅什文的面几乎从他手里夺走儿子相片时那种带有敌意的语调，不能不使他沉思起来。他打定主意要和她好好谈谈。于是他在她的会客室里等她。但安娜不是一个人回来，而是带着她的没有出嫁的老姑妈奥布朗斯基公爵小姐一起来的。这就是早晨来找安娜的那位太太，安娜和她一起出去买东西的。安娜好像没有发觉伏伦斯基脸上那种忧虑的疑问神气，快快活活地对他说了说今天早晨她买了一些什么东西。他看出来，她有一些特别之处：当她的目光匆匆扫过他身上的时候，那明亮的眼睛里有一种凝神注视的神气，在她的言谈和动作中有一种神经质的敏捷和妩媚，这在他们接近的初期曾经使他那样着迷，现在却使他感到惶惶不安和害怕。

已经摆好四个人的饭。人已到齐，正要去小餐厅的时候，杜什凯维奇受培特西公爵夫人之托来找安娜。培特西请安娜原谅，说她不能来道别；她身体很不好，但请安娜在六点半到九点之间到她家里去一趟。伏伦斯基听说限定时间，知道这是想方设法不让安娜碰到什么人，就朝安娜看了一眼；可是安娜好像没有发觉这一点。

“很遗憾，我恰恰在六点半到九点之间不能去。”她微微笑着说。

“公爵夫人会感到非常遗憾的。”

“我也感到遗憾呀。”

“您想必是要去听巴蒂的歌剧吧？”杜什凯维奇说。

“巴蒂？您给我出了一个好主意。要是能订到包厢，我一定去。”

“我能订到。”杜什凯维奇自告奋勇。

“那我就非常、非常感谢您了，”安娜说，“那您愿不愿和我们一起吃饭呀？”

伏伦斯基微微耸了耸肩膀。他简直不懂，安娜这是怎么一回事儿。她为什么把这位老公爵小姐带了来，为什么要留杜什凯维奇吃饭，最奇怪的是，为什么要他去订包厢？怎么能设想，她在这种境况下去听巴蒂的歌剧？在那儿会遇到社交界所有的熟人。他很严肃地看了她一眼，但她仍然用那种挑战似的、又像快活、又像绝望，使他无法理解的目光回答他。吃饭的时候，安娜快活得带有进攻意味：她好像又向杜什凯维奇，又向雅什文卖弄风情。吃完饭，大家站起来，杜什凯维奇去订包厢，雅什文出去抽烟，伏伦斯基就和他一起走到自己的房里。坐了一会儿之后，他又跑上楼来。安娜已经穿起她在巴黎定做的袒胸丝绒滚边浅色绸连衫裙，头上扎一条高贵的雪白镂花饰带，雪白的饰带框住她的脸，使她显得分外艳丽动人。

"您真的要去戏院吗？"他竭力不看她，问道。

"您为什么这样大惊小怪呀？"她因为他没有看她，又觉得委屈，就说道。"我为什么不能去呢？"

她似乎不懂他的话的含意。

"当然，没有什么不可以。"他皱起眉头说。

"我也是这么说嘛。"她装作没有听出他的讽刺语气，镇静地卷着她那芳香的长手套说。

"安娜，看在上帝面上！您这是怎么啦？"他提醒她说，就像以前丈夫对她说话那样。

"我不明白您问的是什么。"

"您知道，不能去呀。"

"为什么？我不是一个人去。瓦尔瓦拉公爵小姐换衣服去了,她要和我一起去。”

他带着大惑不解和无可奈何的神气耸了耸肩膀。

“但是难道您不知道……”他正要说下去。

“可我不想知道!”她几乎叫起来,“我不想知道。我对我做过的事后悔吗?不,不,一点也不。如果一切再从头开始,还会是这样。对于我们,对于我,对于您,重要的只有一点:我们是不是相爱。别的无须考虑。为什么我们在这儿要分开住,彼此不见面呢?为什么我不能去呢?我爱你,一切我都不在乎,”她带着一种特殊的、他无法理解的眼神看了他一眼,用俄语说,“如果你没有变心的话。你为什么不看我呀?”

他看了看她。他看出她的容貌的美和服装的美,她的服装总是和她十分配称。但是现在正是她的美和优雅风度使他恼火的。

“您知道,我的心是不会变的,不过我请您,恳求您不要去。”他又带着亲切的恳求语气用法语说,但他的目光中带有冷淡的神情。

她没有听清他的话,但看出他的冷淡的眼神,就很恼火地回答说:

“我请您说明白,我为什么不应该去。”

“因为这会给您招来……”他不往下说了。

“我一点也不懂。雅什文不会败坏我的名声,瓦尔瓦拉公爵小姐一点也不比别人坏。哦,她来了。”

三十三

伏伦斯基因为安娜有意不理会自己的处境，第一次对她感到恼怒，几乎是愤恨。就因为他无法向她说明自己恼怒的原因，这种心情越来越强烈了。他要是能把他所想的直率地对她说说，那他就会说："您这样打扮，同这位人人认识的公爵小姐到戏院去，这意味着不仅承认自己的堕落女人的地位，而且是向社交界挑战，也就是永远和社交界决裂。"

这话他是不能对她说的。"可是她怎么不懂这一点呢？她是怎么一回事儿呢？"他在心里说。他觉得，在对她的尊敬渐渐减弱的同时，越来越意识到她的美了。

他皱着眉头回到自己房间里，挨着雅什文坐下来，雅什文把两条长腿伸在椅子上，正在喝白兰地和矿泉水，伏伦斯基叫仆人也给他送一份来。

"你说到兰科夫斯基的'大力士'。那可是一匹好马，我劝你买下来，"雅什文看了看老同事阴沉的脸，说道，"那马屁股是有些下垂，可是腿和头好得不能再好了。"

"我是想买下来。"伏伦斯基回答说。

一谈起马他来了兴致，可是他一刻也没有忘记安娜，不由得留神听着走廊里的脚步声，看着壁炉上的挂钟。

"安娜·阿尔卡迪耶芙娜吩咐我禀报，她上戏院去了。"

雅什文又把一杯白兰地倒进起泡的矿泉水里，喝干了，便一面扣着纽扣，站了起来。

“怎么样？咱们走吧。”他说，一面在小胡子底下微微笑着，表示他明白伏伦斯基忧愁的原因，但他认为这不算什么。

“我不去。”伏伦斯基阴沉地回答说。

“我可是要去，我答应过了。好，再见吧。要不然你就到池座来，你就坐克拉辛斯基的座位。”雅什文走到门口，又说道。

“不，我有事。”

“有老婆麻烦，有老婆不是自己的，更麻烦。”雅什文一面往外走，一面想道。

伏伦斯基剩下一个人之后，从椅子上站起来，在房间里踱了起来。

“今天演什么呀？第四场了……叶戈尔夫妇在那儿，母亲大概也在。就是说，彼得堡的人都在那儿了。这会儿她进去了，脱下皮大衣，走到灯光下了。杜什凯维奇，雅什文，瓦尔瓦拉公爵小姐……”他想象着。“我这是怎么啦？是我害怕了，还是让杜什凯维奇保护她了？不论怎么看，都很蠢，很蠢……为什么她要让我处于这种境地呢？”他把手一挥，在心里说。

他这一挥手，碰到了放着矿泉水和一瓶白兰地的小桌子，差一点把小桌子碰翻。他想把桌上的东西扶住，却都掉到地上，他气得用脚把桌子一踢，又打了打铃。

“要是你想在我这儿干下去，”他对走进来的侍仆说，“那你就好好干。可不能这样。你给我收拾收拾。”

侍仆觉得自己没有什么过错，本想辩白几句，但他看了主人一眼，从他的脸色看出来，这时只能一声不吭，就连忙弯下身子，跪在地毯上，动手收拾打碎的和没有打碎的杯子和玻璃瓶。

“这不是你的事，去叫茶房来收拾，你把我的燕尾服准备好。”

伏伦斯基八点半走进戏院。戏正演到最精彩之处。管包厢的老头儿帮伏伦斯基脱掉皮大衣，认出是他，叫他“大人”，并且要他不拿号牌，穿衣时喊他菲多尔就行。在明亮的走廊里，除了这管包厢的老头儿和两个手拿大衣在门口听戏的仆人，再没有什么人。从虚掩着的门缝里传出乐队小心翼翼的断音伴奏声和女声，那女声吐词十分清楚。门开了，管包厢老头子一闪身走了进去，一句接近结尾的歌词清楚地传进伏伦斯基的耳朵。但是门立即关上了，伏伦斯基没有听到这句歌词的结尾和乐段的尾声，但是从门里面那雷鸣般的掌声听出来，乐曲已经结束。当他走进被蜡烛和青铜煤气灯照耀得亮堂堂的大厅时，掌声和喝彩声还没有停息。女歌手在舞台上，摆动着亮闪闪的光肩膀和钻石首饰，又鞠躬又微笑，在拉着她的手的一位男高音歌手帮助下，捡起乱纷纷飞越脚灯的一束束鲜花，便朝一位头发抹了油的平分头的先生走去，那位先生伸出长长的手臂越过脚灯递给她一件什么东西，于是，包厢里和池座里的观众一齐闹腾起来，一个个身子往前探，又是喝彩，又是鼓掌。坐在高高的椅子上的乐队长一面帮助传递花束，一面理自己的白领带。伏伦斯基走到池座中央，站了下来，向周围张望。今天他比任何时候更不注意这司空见惯的环境、这舞台、这喧闹声，以及这挤得满满的戏院里的熟悉而乏味的五光十色的观众。

在包厢里，像往常一样，依然是一些太太，身后有军官陪着；

依然是一些五颜六色的女人，什么样的都有，男人有穿军服的，也有穿燕尾服的；高层的楼厅里依然是一些肮脏的观众；在整个观众中，在包厢里和前面几排里，有四十来个像样的男女。伏伦斯基立刻注意到这沙漠中的一个个绿洲，并且立刻同他们打起招呼。

他进来的时候，一幕戏演完了，所以他没有到哥哥的包厢里去，却走到第一排，同谢普霍夫斯科依一起站在脚灯旁边。谢普霍夫斯科依本来弯起一条腿，用靴后跟敲着脚灯，是老远看见他，朝他笑了笑，叫他过去的。

伏伦斯基还没有看见安娜，他有意不朝她那一边望。但是他从许多人目光所向知道她在什么地方。他悄没声地四下里打量着，但不是寻找她；他用眼睛在寻找卡列宁，因为他担心会出现最坏的局面。算他幸运，卡列宁今天没有来看戏。

“你的军人气味怎么剩下的不多啦！”谢普霍夫斯科依对他说，“像一位外交官，一位演员，像这一类的人物。”

“是啊，我一回家，就穿起燕尾服。”伏伦斯基笑着回答说，一面慢慢地掏出望远镜。

“说实在的，在这方面我真羡慕你。我每次从国外回来，一戴起这玩意儿，”他拍了拍自己的肩章，“就惋惜我的自由。”

谢普霍夫斯科依对伏伦斯基的前程早已不抱什么希望，但是依然非常喜欢他，现在见了他还是特别亲热。

“真可惜，你没有赶上第一幕。”

伏伦斯基一面漫不经心地听着，一面把望远镜从楼下厢座转向二楼，打量着一个个包厢。在一位扎着高髻缠发带的太太和一个在转动的望远镜中气嘟嘟地眨巴着眼睛的秃顶小老头旁边，伏伦斯基突然看到安娜那框在饰带里的高傲的、美得惊人的、笑吟吟的脸。她在五号包厢里，离他有二十步远近。她坐在前面，微微转过身，在和雅什文说话。那宽宽的玉肩上的头的姿势，她的眼睛和整个脸上那压抑着的兴奋的光彩，使他想起他当初在莫斯科的舞会上看到她的那副模样。但是现在这种美给他的感觉完全不同了。现在他对她的感情已经没有丝毫神秘成分，所以她的美虽然比以前更使他迷恋，同时也使他感到不舒服。她没有朝他这边看，但伏伦斯基觉得，她已经看到他了。

当伏伦斯基又一次把望远镜转向那边的时候，他看到，瓦尔瓦拉公爵小姐的脸特别红，她很不自然地笑着，而且不住地朝旁边一个包厢里张望着；安娜收拢起扇子，用扇子敲打着红红的丝绒，凝视着什么地方，却没有去看，显然也不愿意去看旁边包厢里的情形。雅什文的脸上出现了他往常输了钱时的那种表情。他皱起眉头，把左边的小胡子拼命往嘴里塞，一面朝旁边的包厢里瞅着。

在左边那个包厢里是卡尔塔索夫夫妇。伏伦斯基认识他们，知道他们也认识安娜。又瘦又小的卡尔塔索夫夫人站在自己的包厢里，背对安娜，正在披丈夫递给她的斗篷。她脸色煞白，一脸的怒气，气嘟嘟地在说话。卡尔塔索夫是一个胖胖的、秃顶的男子，他不住地回头看安娜，一面竭力安慰妻子。等妻子走出去，他逗留了很久，用眼睛寻找安娜的目光，显然是想向她鞠个躬。但安娜显然有意不理睬他，扭过头去，和朝她弯下身子、头发剪得短短的雅什文说话。卡尔塔索夫没有鞠躬就走了出去，他们的包厢就空了。

伏伦斯基不明白在卡尔塔索夫夫妇和安娜之间究竟发生了什么事，但是他明白，对于安娜是侮辱性的事。他从他所看到的情形，尤其从安娜的脸色，明白这一点；他知道，安娜竭尽自己的一切力量，要演好自己扮演的角色。而且这外表镇静的角色她扮演得十分成功。谁要是不认识她，不认识她那个圈子里的人，没有听到妇女们对于她胆敢在大庭广众中抛头露面而且如此明目张胆地扎着镂花饰带炫耀自己的美艳表示遗憾、愤慨和惊讶的话，都会赞赏这个女子的娴静和美貌，决不会想到她此刻的心情就像一个被钉在耻辱柱上示众的人。

伏伦斯基知道出了事，但不知道究竟什么事，心里焦灼不安，很想打听一下，就朝哥哥的包厢走去。他特意走安娜包厢对面的通道，却碰到自己以前的团长，团长正在和两个熟人说话。伏伦斯基听见他们说到卡列宁夫妇的名字，并且发现团长向两个说话的人丢了个眼色，就急忙大声呼唤伏伦斯基：

"哦，伏伦斯基！你什么时候到团里来？我们总不能不请你吃顿饭就放你走哇。你是我们的老搭档呀。"团长说。

"我没有工夫，真抱歉，下一次吧。"伏伦斯基说着，上了楼梯，朝哥哥的包厢跑去。

伏伦斯基的母亲，满头银发的老伯爵夫人，坐在哥哥的包厢里。瓦丽雅和索罗金娜公爵小姐在二楼走廊里碰到他。

瓦丽雅把索罗金娜公爵小姐送到母亲那里之后，伸手给小叔子握了握，立刻就和他谈起他所关心的事。她这样激动，是他过去很少看到的。

“我认为,这很卑鄙,很可恶,卡尔塔索夫夫人完全不应该这样。卡列宁夫人……”她开口说。

“怎么一回事儿呀？我还不知道呢。”

“怎么,你没有听到吗?”

“你要明白,这种事我总是最后一个听到。”

“还有什么人,比这个卡尔塔索夫夫人更恶毒呀?”

“她究竟怎么啦?”

“丈夫对我说了……她侮辱卡列宁夫人呢。她丈夫隔着包厢同卡列宁夫人说话,卡尔塔索夫夫人就和他吵闹。据说,她大声说了一句侮辱人的话,就走了。”

“伯爵,您妈妈叫您呢。”索罗金娜公爵小姐从包厢门口探出头来说。

“我一直在盼着你呢,”母亲带着讥讽的神气笑着对他说,“可就是看不到你呀。”

儿子看出来,她高兴得憋不住笑。

“您好,妈妈。我是来看您的。”他冷冷地说。

“你怎么不去照顾卡列宁夫人呀?”等索罗金娜小姐走开之后她用法语说。“她引起全场轰动呢。因为她,大家把巴蒂都忘了。”

“妈妈,我请求过您,不要对我说这件事儿,”他皱着眉头回答说。

“我说的是大家都在说的事儿。”

伏伦斯基什么也没有回答,只对索罗金娜说了几句话,就走了出来。在门口他碰见哥哥。

“哦，阿历克赛！”哥哥说，“太可恶了！那女人混账，没什么大不了的……我现在就要去看她。咱们一块儿去吧。”

伏伦斯基没有听他的话。他快步朝楼下走去：他觉得他应该做点什么，但不知道究竟该做什么。他恼恨她，因为是她使自己和他处于这样尴尬的境地，同时又怜惜她，因为她很痛苦，所以他心里很乱。他下了楼，就径直朝安娜的包厢走去。斯特列莫夫正站在包厢旁边，和她说话儿：

“再好的男高音歌手没有了。真是绝了。”

伏伦斯基向她鞠了个躬，并且站下来，和斯特列莫夫打招呼。

“您大概来迟了，没有听到最精彩的咏叹调。”安娜看了伏伦斯基一眼说，他觉得那眼神带有嘲笑的意味。

“我听不出好坏。”他板着脸看着她说。

“就像雅什文公爵一样，”她笑着说，“他认为巴蒂的嗓门儿太大了。”

“谢谢您。”她说着，用戴长手套的纤手接过伏伦斯基拾起来的节目单，就在这一刹那里，她那美丽的脸突然颤动起来。她站起来，朝包厢后面走去。

伏伦斯基发现，在下一幕开场后她的包厢空了，他不顾在抒情短曲声中静下来的观众的嘘声，从剧场走出来，坐车回家。

安娜已经在家里了。伏伦斯基走进她的房间的时候，她一个人在房里，仍然穿着在戏院里穿的那套服装。她坐在紧靠墙的一张椅子上，眼睛望着前方。她朝他看了一眼，随即又恢复了原来的姿态。

“安娜。”他说。

"怪你,全怪你!"她站起来,含着绝望和怨恨的泪水叫道。

"我本来就请你、恳求你不要去,我知道你会不愉快的……"

"何止不愉快!"她叫起来,"简直太可怕了!只要我活着,就不会忘记这件事。她说,坐在我旁边也是丢脸的。"

"一个混账女人的话嘛,"他说,"不过,为什么要莽撞,要去惹事呀……"

"我恨死了你这种冷静。你不应该让我落到这种地步。要是你爱我的话……"

"安娜!这和我爱不爱你有什么相干……"

"啊,要是你爱我也像我爱你一样,要是你也像我一样痛苦的话……"她带着恐惧的神气凝视着他说。

他很可怜她,可他还是很懊恼。他一再要她相信他爱她,因为他看出来,现在只有这一点能够安慰她,他也没有用言语责备她,但他在心里责备她。

种种山盟海誓,他觉得非常庸俗,不好意思说出口的,她却都吸收进去,并且渐渐安静下来。到第二天,他们完全和好了,就动身到乡下去了。

第六部

一

陶丽带着孩子们在波克罗夫村妹妹吉娣家消夏。她自己庄园里的房子完全倒塌了。列文夫妇就邀她来他们这里过夏天。奥布朗斯基非常赞成这事儿。他说，可惜公务缠身，不能和家里人一起到乡下过夏天，他认为在乡下过夏天是最大的福气了，所以他虽然留在莫斯科，偶尔也到乡下来住上一两天。除了奥布朗斯基一家和他们的家庭女教师，这一年夏天到列文家来做客的还有老公爵夫人，她认为照料没有经验的怀孕的女儿是她的责任。此外，吉娣在国外结交的好朋友瓦伦加，原来答应吉娣结婚后来看她的，现在履行诺言，也来好朋友家做客了。这都是列文妻子的亲戚和朋友。这些人虽然列文都非常喜欢，但眼见他列文的天地和生活章法被一齐涌来的他所说的“谢尔巴茨基分子”所淹没，不免有点遗憾。今年夏天，他这方面的亲友来他这里做客的只有一个柯兹尼雪夫，但就连柯兹尼雪夫也不是列文家气质的人，而是柯兹尼雪夫家气质的人，这样一来，列文家的气味就完全被消灭了。

列文家空了很久的房子现在住了这么多人，几乎所有的房间都住上了，而且几乎每一次坐下来吃饭，老公爵夫人都要点一点人数，如果是十三个人，就叫一个外孙或外孙女单独到小桌上去吃。对于热心家务的吉娣来说，单是采办母鸡、火鸡、鸭子就够忙活的了，因为到夏天客人和孩子们胃口都很好，吃得很多。

一家人坐在餐桌旁吃饭。陶丽的几个孩子同家庭女教师和瓦伦加在商量到哪儿去采蘑菇。柯兹尼雪夫因为又聪明又博学博得所有客人尊敬，几乎是崇拜的，竟也谈起采蘑菇，使大家都感到惊讶。

“你们也要带我去呀。我很喜欢采蘑菇，”他看着瓦伦加说，“我觉得这是非常有意思的事儿。”

“好哇，那我们太高兴了。”瓦伦加红了红脸，回答说。吉娣意味深长地和陶丽交换了一下眼色。博学多才的柯兹尼雪夫说要和瓦伦加一起去采蘑菇，证实了近来常常出现在吉娣头脑里的一些猜想。她急忙和母亲说起话来，免得别人注意她的目光。饭后，柯兹尼雪夫端着自己的一杯咖啡，坐到客厅的窗边，一面继续和弟弟说话，一面瞟着门口，孩子们要出去采蘑菇是必然要经过门口的。列文就坐在哥哥旁边的窗台上。

吉娣站在丈夫旁边，显然是在等待这没味道的谈话结束，好对他说点儿什么。

"你自从结婚以后,很多地方都变了,变好了,"柯兹尼雪夫对列文说,一面对吉娣笑着,显然也觉得这谈话没有多大味道儿,"不过你好发怪论的脾气还是没有改变。"

"卡佳,你站着可不舒服。"丈夫推给她一把椅子,并且意味深长地看着她说。

"哦,是的,不过,也没时间坐了。"柯兹尼雪夫看到孩子们跑出来,又说道。

穿着长筒袜的丹尼娅侧歪着身子在最前面飞跑着,挥舞着篮子和柯兹尼雪夫的帽子,径直向他跑来。

她大胆地跑到柯兹尼雪夫跟前,忽闪着一双酷似父亲那清秀的眼睛的小眼睛,把帽子递给柯兹尼雪夫,并且摆出想给他戴帽子的姿势,一面羞怯而亲热地笑着,使她的冒失也显得可亲可爱。

"瓦伦加等着呢。"她从柯兹尼雪夫的笑容看出这是可以的,就一面小心翼翼地给他戴帽子,一面说。

瓦伦加站在门口,穿着一件黄色印花布连衫裙,头上扎着雪白的头巾。

"我来啦,来啦,瓦尔瓦拉·安得列耶芙娜。"柯兹尼雪夫说着,喝完咖啡,把手帕和烟盒分别放在两个口袋里。

"我的瓦伦加有多么美呀!呃?"柯兹尼雪夫一站起来,吉娣就对丈夫说。她说得柯兹尼雪夫能够听见,显然她就希望他听见。"而且她多么有风韵,风韵多么高雅呀!瓦伦加!"吉娣叫道,"你们到磨坊边的树林里去吗?我们等会儿就去找你们。"

"你简直忘记你的身子了,吉娣,"老公爵夫人急忙走出来,说道,"你可不能这样喊叫。"

瓦伦加听见吉娣的声音和她母亲的训诫,迈着轻盈的步子很快走到吉娣跟前。她动作的敏捷,她那兴奋的脸上的一脸红晕,都表明她心里想着不寻常的事儿。吉娣知道这不寻常的事儿是什么事儿,就留神注视着她。她现在唤瓦伦加,就是在心里祝愿她定下这件大事,照吉娣的想法,今天午饭后在树林里应该是可以把这事定下来的。

“瓦伦加,今天要是定下一件事儿,那我就太高兴了。”吉娣吻着她,小声说。

“您也跟我们一起去吗?”瓦伦加很难为情,就装作没有听到吉娣的话,问列文说。

“我要去的,不过就到打谷场上,就留在那儿了。”

“那你去干什么呀?”吉娣说。

“要去看看新买的几辆大车,算算账,”列文说,“你要到哪儿去呀?”

“到阳台上去。”

二

所有的女人都在阳台上。饭后她们一般都喜欢在这儿坐坐,不过今天在这儿还有一点儿事情。除了大家都忙着在给小宝宝准备小衣服、小物件儿之外,今天还在这儿用不加水的方法调制果酱,这是阿加菲雅不曾用过的新方法。吉娣几次要引进她在娘家用过的这种新方法。以往是阿加菲雅主管这事儿的,她认为列文家的一切办法都不会错,在煮草莓酱的时候还是加水,并且一再地说，不加水是不行的；她这种做法被发觉了，所以现在就当着大家的面煮果酱，让阿加菲雅口服心服，不加水也能把果酱做得很好。

阿加菲雅一脸又恼火又伤心的神气，披散着头发，袖子挽到胳膊肘，用瘦削的双手不停地转悠着炭炉上的小铜盆，阴沉地望着果酱，一心希望果酱凝结住，做不成。老公爵夫人感觉到阿加菲雅恼火恼的是她这个做果酱的首席顾问，就尽量装作在忙别的事，对果酱不感兴趣，谈着不相干的事，却斜眼瞟着火炉。

“我总是亲自买一些便宜货给侍女做衣料，”老夫人继续把开了头的话说下去……“现在是不是该把浮沫撇掉，好嫂子？”她又对阿加菲雅说。“这事儿完全用不着你亲自动手，而且也太热了。”她又对吉娣说。

“我来吧。”陶丽说着站了起来，用勺子小心翼翼地在起泡的果酱上面撇起来，有时为了把粘在勺子上的东西弄掉，就拿勺子在碟子上磕磕，碟子里已经盛满了闪烁着五光十色的金黄泡沫，底下沉积了一层血红色果酱。“他们舔着这东西喝茶，多么好呀！”她想着自己的孩子们，在心里说，同时想起她小时候，见大人不吃这最好吃的果酱泡沫，感到十分奇怪。

“司基瓦说，给钱要好得多，”同时陶丽还在谈着赏给仆人什么好的这个有趣的话题，“不过……”

“怎么能给钱呀！”老夫人和吉娣异口同声地说。“她们看重这东西嘛。”

“比如说，去年我就给我们的马特廖娜买了一块料子，不是府绸，可是很像府绸。”老夫人说。

“我记得,她在您过生日那天穿过。”

“花色好极了,又大方又雅致。要不是她已经有了,我真想自己做一件呢。有点儿像瓦伦加那一件。又好看又便宜。”

“哦,现在好像煮好了。”陶丽一面让果酱从勺子里往下滴着,一面说。

“等到拉成丝,那就好了。阿加菲雅,再煮一会儿吧。”

“这些苍蝇!”阿加菲雅气嘟嘟地说。“再煮还是一个样。”她又说。

“啊,这鸟儿多可爱,别把它吓飞了!”吉娣看见一只麻雀落在栏杆上,把一根草莓秆儿翻了过来,啄起来,突然说道。

“是的,不过你最好离炭火炉远一点儿。”母亲说。

“就这工夫谈谈瓦伦加的事吧。”吉娣用法语说。她们不愿意让阿加菲雅听懂时,总是说法语。“您可知道,妈妈,我今天不知为什么觉得能定下来呢。您明白是什么事。那有多好呀!”

“她倒是一个了不起的做媒高手呢!”陶丽说,“她给他们撮合有多么细心,又多么巧妙……”

“不,妈妈,告诉我,您是怎么想的?”

“我还能怎么想呢?他(他是指柯兹尼雪夫)随时可以在俄国找到对象,想找什么样的都行。现在他虽然已经不怎么年轻了,可是我知道,有许多姑娘还是很愿意嫁给他……她是一个很好的姑娘,不过他还可以……”

“不,妈妈,您要明白,为什么不论对他和对她来说,再也想不到更好的了。第一,她非常美!”吉娣说着,弯起一个手指头。

“他很喜欢她,这是肯定的。”陶丽附和说。

“再就是，他已经有这样的社会地位，就完全不需要妻子的财产和门第了。他只是需要有一个贤惠、可爱、使人放心的妻子。”

“是的，跟她在一起是可以放心的。”陶丽附和说。

“第三，那就是要她爱他。而她是爱他的……就是说，这就万事俱备了！……我预料，等他们从树林里出来，事情就定下来了。我从他们的眼睛一下子就能看出来。我会多么高兴呀！你以为怎样，陶丽？”

“不过你不要激动。你千万不要激动。”母亲说。

“我没有激动呀，妈妈。我觉得，他今天就会求婚。”

“哎呀，男人怎样求婚，什么时候求婚，这真够奇怪的……好像有一道障碍，一下子就冲破了。”陶丽回忆着她和奥布朗斯基的往事，若有所思地微笑着说。

“妈妈，当年爸爸怎样向您求婚的呀？”吉娣忽然问道。

“没有什么不寻常的，非常简单。”老夫人回答说，可是因为回忆起这件往事，她的一张脸亮了。

“不，究竟怎样呀？在让您说话之前，您总是爱他的吧？”

吉娣感到特别得意的是，现在她和母亲可以像平辈人一样谈谈女人一生中最重要的问题了。

“当然爱啦，他常到乡下我们家里来。”

“可是怎样定下来的呢？嗯，妈妈？”

“你一定以为你们现在发明了什么新玩意儿吧？还不都是那样：是用眼睛，用微笑定下来的……”

“您说得多好呀，妈妈！就是用眼睛和微笑呢。”陶丽附和说。

“可是他说了一些什么话呀？”

“列文对你说了一些什么呢？”

“他是用粉笔写的。这是很奇怪的……我觉得这事儿有多么久了啊！”吉娣说。

于是三个女人都思索起同一件事儿。吉娣首先开口说话。她回想起婚前那个冬天和她对伏伦斯基的迷恋。

“有一点……那就是瓦伦加以前的恋人，”吉娣很自然地联想起这一点，就说道。“我要想办法对谢尔盖·伊凡诺维奇说说，让他心里有数。他们所有的男人，”她补充说，“对于我们过去的事都嫉妒得要命。”

“也不是个个都这样，”陶丽说，“你是就你丈夫来说的。他直到现在一想起伏伦斯基还觉得不痛快。是吗？是这样吧？”

“是的。”吉娣若有所思地用眼睛笑着回答说。

“我真不知道，”老夫人出于母亲对女儿的关怀，插嘴说，“你过去有什么事使他不放心？伏伦斯基追求过你，这有什么呢？这种事哪一个姑娘都有呀。”

“就是啊，不过咱们不谈这个了。”吉娣红了红脸，说。

“不，你让我说说，”母亲说下去，“况且是你自己不让我去和伏伦斯基谈的呀！你记得吗？”

“哎呀，妈妈！”吉娣带着痛苦的神情说。

“现在你们不必拘束了……你对他不会有什么越轨之处了；我真想亲自找他谈一谈。不过，你，我的好孩子，可不能激动。请你记住这一点，要心平气和。”

“我是心平气和呀，妈妈。”

“当时来了个安娜，对于吉娣是多么幸运，”陶丽说，“对于安娜又是多么不幸。真是适得其反，”她又不胜感慨地说。“那时候安娜觉得是非常幸福的，吉娣却自以为十分不幸。结果却适得其反！我常常想到她呢。”

“这种人还值得想着！一个没良心的、可恶的坏女人，”母亲说。吉娣没有嫁给伏伦斯基，却嫁给了列文，她是不能忘记的。

“何必谈这事儿呢？”吉娣懊恼地说，“这事儿我不想，也不愿意想……也不愿意想了，”她倾听着阳台台阶上丈夫那熟悉的脚步声，又重复一遍。

“也不愿意想了——这说的是什么呀？”列文跨上阳台，问道。

可是谁也没有回答他，他也没有再问。

“真抱歉，我搅乱了你们的女儿国，”他很不高兴地扫了大家一眼，明白了她们谈的是不愿当着他的面谈的事，就说道。

一时间他觉得自己的心情和阿加菲雅一样了，不满意煮果酱不加水，也不满意各方面谢尔巴茨基家的影响。不过，他还是笑了笑，走到吉娣跟前。

“嗯，怎么样？”他带着大家现在都是那样看她的那种神情看着她，问道。

“没什么，挺好，”吉娣笑着说，“你的事情怎么样呀？”

“新车装东西比旧车多两倍呢。就用车把孩子们接回来吧？我已经叫人套车了。”

“怎么，你想叫吉娣坐大车吗？”母亲带着责备的口气说。

“是让马慢步走呀，老夫人。”

列文从来不像一般女婿那样叫老夫人“妈妈”，这使老夫人很不愉快。列文尽管很敬爱老公爵夫人，却不肯这样叫她，因为他觉得这样会有损他对自己故世母亲的感情。

“咱们一块儿去吧，妈妈。”吉娣说。

“我可不想看这种轻举妄动。”

“好吧，那我就走着去。我走走倒好些。”吉娣站起来，走到列文跟前，挽住他的胳膊。

“好是好，不过凡事都有个分寸。”老夫人说。

“怎么样，阿加菲雅，果酱好了吗？”列文想叫阿加菲雅快活起来，就笑着对她说，“新方法好吗？”

“大概不错。依我们看，煮过头了。”

“这样更好些，阿加菲雅，不会变酸，要不然现在这儿的冰已经化完了，又没有地方保存。”吉娣一下子就明白了丈夫的用意，就怀着同样的心情对老保姆说。“不过您腌的咸菜好极了，妈妈说她在哪里也没吃到过这样的咸菜呢。”她一面理着头上的头巾，笑着说。

阿加菲雅气嘟嘟地对吉娣望了望。

“您不用安慰我，少奶奶。我这样朝着您和他望一眼，我就快活了。”她说。她这种不讲究礼貌的说法使吉娣非常感动。

“跟我们一道去采蘑菇吧，您可以给我们指指地方。”

阿加菲雅笑了笑，摇了摇头，好像是说：“我真想生您的气，可是没办法生您的气。”

“请您照我说的办吧，”老夫人说，“果酱上面盖一张纸，往纸上洒一些酒，这样就是没有冰也永远不会发霉。”

三

吉娣特别高兴有机会单独和丈夫在一起，因为她发现，在他走上阳台，问她们谈什么，没有人回答他的时候，他那反应灵敏的脸上掠过一丝难过的阴影。

他们步行出了门，走在别人前面，等到看不见房子了，来到撒满黑麦麦穗和麦粒的平坦的沙土大路上，她把他的胳膊挽得更紧些，让他的胳膊贴到她身上。他已经忘记了一时的不愉快感受，现在，在他时刻想着她怀孕的时候，单独和她在一起，就体验到和心爱的女子亲近时的一种新的、强烈的、完全超脱肉感的快感。没有什么要说的，他却很想听听她说话的声音，因为自从她怀孕以来，她的声音也和眼神一样变了。她的声音也像眼神一样，又温柔又严肃，人们专心致力于一种心爱的工作时，就是这样的。

"你不累吧？再靠紧一点儿。"他说。

"不累，我真高兴有机会单独和你在一起，说实在的，我和他们在一起不管有多么愉快，还是留恋咱们单独在一起度过的那些冬日的黄昏。"

"那样很好，这样更好。那样这样都好。"他紧紧挽住她的胳膊，说。

"你可知道，你进来的时候我们在谈什么？"

"是谈果酱吧？"

"是的，也谈过果酱；不过后来就谈起怎样求婚。"

"噢！"列文说，一面听她说的话，尤其听她说话的声音，一面凝神注视着这时已经在树林中的道路，不时地绕过她有可能跌倒的地方。

“还谈到谢尔盖·伊凡诺维奇和瓦伦加。你注意了吗？……我真希望这事儿能成。”吉娣又说。“这事儿你是怎么想的？”她注视着他的脸说。

“我不知道该怎么想，”列文笑着说，“我觉得谢尔盖在这方面很古怪。我对你说过嘛……”

“是的，你说过他爱过一个姑娘，那姑娘死了……”

“那还是我小时候的事；我这是后来听别人说的。我记得他那时候的模样。他那时候非常英俊。可是从那时候，我就注意到他对女人的态度：他彬彬有礼，有些女子他也喜欢，但可以感觉出来，这些女子对他来说只是人，而不是女人。”

“是的，不过现在他对瓦伦加……好像有点儿……”

“也许有点儿……不过，要了解他这个人……他是一个很特别、很奇怪的人。他过的纯粹是精神生活。他是一个格外纯洁的、灵魂高尚的人。”

“怎么？难道这会玷辱他？”

“不是的，不过他过惯了纯粹的精神生活，是无法适应现实生活的，瓦伦加毕竟是现实生活中人呀。”

列文现在已经习惯于大胆说出自己的想法，不花费心思考虑用词是否得当了。他知道，妻子在这种情意绵绵的时刻，只要他稍做暗示，就懂得他要说的话，她果然懂了。

“是的，不过她不像我这样讲求现实；我明白，他是绝不会喜欢我的。她过的完全是精神生活……”

“才不是呢，他非常喜欢你，我家的人喜欢你，我总是非常高兴的……”

“是的，他对我很好，不过……”

“不过不是像去世的尼古拉那样……你们是相互喜欢。”列文把她没有说的说出来。“为什么不说呢？”他又说。“我有时责备自己：到末了会忘记说的是什么。啊，一个多么糟糕又多么可爱的人呀……哦，咱们刚才谈什么来着？”列文停了一会儿，问道。

“你是认为，他不会爱上什么人。”吉娣换成自己的话说。

“不但不会爱上什么人，”列文笑着说，“而且他没有那股必要的迷恋劲头儿……我总是羡慕他，就是现在，在我这样幸福的时候，还是羡慕他。”

“你羡慕他不会爱什么人吗？”

“我羡慕的是，他比我好，”列文笑着说，“他不是为自己活着。他的整个一生都是为了尽义务。所以他能够心安理得，心满意足。”

“那么你呢？”吉娣带着讥讽和深情的微笑说。

吉娣怎么也说不清，是什么样的想法促使她笑的；但最后的结论是，丈夫称赞哥哥，说自己不如哥哥，不是真心的。她知道，他这样是出于对哥哥的爱，是因为自己太幸福感到有愧，尤其因为他有永不满足的上进心，——她就爱他这一点，所以笑了。

“那么你呢？你有什么不满意的呢？”她还是带着那样的微笑问道。

她不相信他对自己不满意，这使他很高兴，于是他不由自主地逗引她说出这种不相信的原因。

“我很幸福，但很不满意自己……”他说。

“你既然很幸福，那你怎么会不满意呢？”

“怎么对你说呢？……我心里再不希望什么，除了希望你不摔跤。哎呀，不能这样跳嘛！”他把话停住，责备起她来，因为她在跨过横在路上的一根树枝时动作太快了。“可是在我衡量自己，拿自己和别人比较，尤其和哥哥比较的时候，就觉得自己太差了。”

“究竟在哪一方面差呀？”吉娣依然带着那样的笑容问道，“你不是也在为别人工作吗？你的田庄，你的庄稼，你写的书，都不算吗？……”

“不，我感觉，尤其是现在感觉到：怪就怪你，”他紧紧挽住她的胳膊说，“有了你，这都不算什么了。我做这些事都马马虎虎，随随便便。要是能像爱你一样爱这一切就好了……可是我近来做这些事就像是应付差事了。”

“那么，你说我爸爸怎么样？”吉娣问道，“他怎么样，什么公益事业也不做，不是也很差吗？”

“他吗？那不是。一个人应该像你父亲那样朴实、爽朗、善良，可是我有这些吗？我不做事，我内疚。这一切都是你造成的。在没有你和没有这个的时候，”他说着，看了看她的肚子，她就明白了，“我把全部精力放在事业上；可是现在不行了，所以我觉得惭愧；我做事就像应付差事，我只是装装样子……”

“那么，你现在愿意和谢尔盖·伊凡诺维奇对换吗？”吉娣说，“你愿意像他那样干干这些公益事业，爱这种差事，就这样心满意足了吗？”

“当然不是。”列文说。“不过我太幸福,简直弄不清是怎么一回事儿了。哦,那你认为他今天会求婚吗?”他沉默了一会儿之后,又说道。

“我认为会的,也许不会。不过我真希望这样呀。噢,你等一等。”她弯下腰,在路边摘下一朵野菊花。“来,数一数,就知道他会不会求婚了。”吉娣说着,把花递给列文。

“求婚,不求婚。”列文一面撕着窄窄的白色花瓣,一面说着。

“不对,不对!”一直激动地注视着他的手指头的吉娣抓住他的手,叫他停住。“你一下子撕了两瓣。”

“哦,不过这瓣小的就不算吧,”列文说着,撕下一片还没有长成的小小花瓣,“瞧,马车追上咱们了。”

“你不累吗,吉娣?”老夫人喊道。

“一点也不累。”

“要不然你就上车吧,马很老实,走得也很稳。”

不过已经用不着坐车了,就要到了。于是大家都步行了。

四

瓦伦加那黑黑的头发扎着雪白的头巾,她在一群孩子的包围中,又亲热又快活地和他们玩着,显然因为有可能和她喜欢的男子相互表白心意感到非常激动,她的模样也非常美丽动人。柯兹尼雪夫和她并肩走着,一直在欣赏她。他望着她,回想着他听她说的句句亲切话语,想着他所了解的她的种种美好品质,越来越意识到,他对她的感情是一种特殊感情,是他很久很久以前,在青年时代只体验过一次的那种感情。同她接近的喜悦感越来越强烈，以至于，当他把采到的一个细杆卷边大桦树蘑菇放进她的篮子时，他看了看她的眼睛，看到她一脸又惊又喜的红晕，他也慌乱了。就默默地对她笑了笑，这一笑说的话太多了。

“既然这样，”他在心里说，“我就应该好好地想想，拿出个主意，可不能像小孩子一样，一时迷恋，就忘乎所以。”

“我要离开大家单独去采蘑菇了，要不然我的成绩就被埋没了，”他说着，就一个人从树林边上朝树林深处走去。刚才他们是在树林边上稀稀拉拉的老桦树中间柔软如丝的小草丛中走着的，在树林深处，一棵棵白色的桦树干中间夹杂着灰色的白杨树干和黑郁郁的榛树丛。他走了有四十来步，走到缀满粉红色花球的卫矛花丛后面，知道别人看不到他了，就站了下来。周围静悄悄的。他站在一棵桦树底下，只有一群苍蝇在桦树梢头不停地嗡嗡叫着，像一群蜜蜂；偶尔还能听到孩子们的叫声。忽然在离林边不远的地方响起瓦伦加呼唤格里沙的声音，柯兹尼雪夫的脸不由得浮起喜悦的微笑。他意识到这微笑，摇了摇头，表示不应该有这种状态，接着就掏出雪茄，点火吸烟。他在桦树干上擦火柴，老半天都擦不着火。白色树皮的柔嫩的膜粘到黄磷上，火很容易熄灭。终于有一支火柴燃着了，香喷喷的雪茄烟气像一块宽宽的、晃晃悠悠的桌布，向前伸展开去，又飘到树丛上方，飘到桦树那低垂的枝叶下面。柯兹尼雪夫注视着这一片烟气，缓步朝前走去，一面思索着自己的状况。

“为什么不行呢？”他想道。“万一这是一时冲动或者情欲，万一我体验到的这只是一种迷恋，一种相互的迷恋（我敢说这是相互的),万一我会觉得这和我的整个生活格调相悖,万一我会觉得我这样一味地迷恋,会背离我的志向和天职呢……不过,不是这样。我能说得出的反对理由只有一条,那就是,在我失去玛丽的时候,我曾经发誓,对她永不变心。我能说得出的反对我的感情的理由只有这一条……这一条很重要,"柯兹尼雪夫在心里说,同时又觉得,这种顾虑在他来说是毫无必要的,至多在别人看来这有损他的诗人形象,"可是,除此以外,不论我怎样寻找,再也找不出可以反对我的感情的理由。如果单凭理智来选择的话,我再也不可能找到更好的了。"

不论他多少次回想他所认识的妇女和姑娘,也想不起还有哪个姑娘具备他冷静思考时希望在自己的妻子身上看到的全部美德。她具有少女的美丽和娇艳,但又不是孩子,而且如果她爱他的话,那是自觉的爱,是一个女子应当有的爱——这是一。再就是,她不仅完全没有上流社会的习气,而且显然厌恶上流社会,同时又熟悉上流社会,具有上流社会女子的举止风度,柯兹尼雪夫认为,没有这样的举止风度做他的终身伴侣是无法设想的。第三,她是信教的,但不是像小孩子那样糊里糊涂地信教和行善,比如说,吉娣就是那样;她的生活是建立在宗教信仰的基础上的。甚至在细微的地方,柯兹尼雪夫认为她也具备了他希望他的妻子具备的条件:她很穷,没有亲人,这样她就不会把一大堆亲戚和他们的影响带到丈夫家里来,就像他看到的吉娣这样,而是处处依靠丈夫,这也是他一向对未来的家庭生活所希望的。这个姑娘集中了所有这些美德,而且她也爱他。他是很持重的,但不会看不出这一点。而且他也爱她。唯一的顾虑,就是他的年龄。但他的家族都是长寿的，他没有一根白发，谁也看不出他有四十岁，他还记得瓦伦加说过，只有在俄国，五十岁的人认为自己是老头子，在法国，五十岁的人认为自己正当年，四十岁的人还认为自己是年轻人呢。而且，既然他觉得自己的心还像二十年前那样年轻，年龄又算得了什么？当他从另一边又来到树林边上，在灿烂的夕阳斜照中看到瓦伦加那穿着鹅黄色连衫裙、挎着篮子、轻盈地从一棵老桦树旁边走过的优美身姿，当他看到瓦伦加时的感觉，同美得使他吃惊的洒满夕阳的黄澄澄的麦田景色和田野那边点缀着一簇簇黄叶、渐渐隐入蓝色天际的远方老树林景色融成一片时，涌上他心头的不正是青春感情吗？他的心快乐得紧张跳动起来。他深深动了情。他觉得，他已经拿定主意。刚刚蹲下去采蘑菇的瓦伦加轻盈地站了起来，回头看了看。柯兹尼雪夫扔掉雪茄，大踏步朝她走去。

五

"瓦尔瓦拉·安得列耶芙娜，在我还非常年轻的时候，就想象有一个理想的女子，我会爱上她，我会幸福地称她为我的妻子。我经历了漫长的岁月，如今第一次发现您就是我寻找的女子。我爱您，现在就向您求婚。"

柯兹尼雪夫在离瓦伦加有十步远近的时候，在心里这样念叨着。瓦伦加跪在地上，用手护着蘑菇，不让格里沙抢去，一面呼唤小玛莎。

"到这儿来，到这儿来！孩子们！多得很哩！"她用好听的胸音叫道。

她看见柯兹尼雪夫走过来,没有站起来,也没有改变姿势;但种种迹象告诉他,她感觉到他走近了,并且很高兴他来。

“怎么样,您找到一些吗?”她把白头巾底下那笑盈盈的俊俏的脸朝他扭过来,问道。

“一个也没找到,”柯兹尼雪夫说,“您呢?”

孩子们把她围住,她忙着照应孩子们,没有回答他。

“还有一个,在树枝旁边。”她对小玛莎说着,指了指一个小小的红蘑菇,这小蘑菇那富有弹性的粉红色小帽儿被一根干草横穿而过,小蘑菇就是从干草底下长出来的。等小玛莎把小蘑菇掰成白白的两半,捡了起来,瓦伦加才站了起来。“这使我想起童年时代。”她说完,就离开孩子们,和柯兹尼雪夫并肩走去。

他们默默地走了几步。瓦伦加看出他想说话;她猜想他说什么,又欢喜又害怕,激动得心都要跳出来。他们离开大家远了,谁也不会听见他们说话了,可是他还没有开口。瓦伦加觉得还是沉默更好。在沉默一阵子之后,比谈过采蘑菇之后更容易说出他们想说的话。可是瓦伦加竟违反自己的心意,似乎无意地说:

“您真的什么也没有找到吗?不过,在树林里面总要少些。”

柯兹尼雪夫叹了一口气,什么也没有回答。他听她说起蘑菇,感到很懊恼。他想引她回到她刚才说的有关自己童年的话题;可是,他好像也违反自己的心意,沉默了一阵子之后,只是就她最后的一句话说了说自己的想法。

“我只是听说,白蘑菇多半都在树林边上,虽然我不会认白蘑菇。”

又过了几分钟,他们离孩子们更远,只有他们两个人了。瓦伦加的心跳得连自己都能听见,感觉到自己的脸红一阵白一阵的。

瓦伦加在施塔尔夫人家过了那么多年寄人篱下的生活之后,觉得给柯兹尼雪夫这样的人做妻子真是莫大的幸福。再说,她差不多认定自己已经爱上他了。而且这事现在就应该定下来。她感到害怕。她害怕他说,又害怕他不说。

现在就应该表白心意,不然就永远不会表白了;这一点柯兹尼雪夫也感觉到了。在瓦伦加的眼神里,在她那红红的脸上,在她那垂得低低的眼睛里,都流露着痛苦的期待神情。柯兹尼雪夫看出这一点,很为她难过。他甚至感觉到,现在什么也不说就是侮辱她。他在心里很快地重复着支持自己的决定的一切理由。他也在心里重复着他想求婚的话;可是他没有把这些话说出来,而是随着一时兴之所至,突然问道:

"白蘑菇和桦树蘑菇究竟有什么不同呀?"

瓦伦加回答的时候,激动得嘴唇都打哆嗦了:

"蘑菇帽儿几乎没有差别,差别就在根儿。"

这几句话一说,他和她都明白,事情完了,应该说的话不会再说了,在这之前他们那已经达到顶点的热和劲儿也渐渐冷下来。

"桦树蘑菇的根儿很像两天没有刮脸的男子的黑胡子。"柯兹尼雪夫已经是心平气和地说话了。

"是的,就是这样。"瓦伦加笑着回答说。他们散步的方向不知不觉地改变了。他们朝孩子们跟前走去。瓦伦加觉得又痛苦又羞惭,但同时又有一种轻松感。

柯兹尼雪夫回到家里以后，一一回想各种理由，认为他原来的判断是不对的。他是无法忘记玛丽的。

"慢点儿，孩子们，慢点儿！"在孩子们欢叫着飞奔过来的时候，列文站到妻子前面保护她，很生气地朝孩子们叫起来。

柯兹尼雪夫和瓦伦加也跟着孩子们从树林里走了出来。吉娣用不着问瓦伦加，她从他们两个人脸上那平静而有点儿羞惭的神色明白了，她的设想没有实现。

"喂，怎么样？"在他们回家的路上，列文问吉娣。

"不张嘴。"吉娣笑着说，那笑容和说话的神气很像父亲，列文常常很高兴地发现她这一点。

"怎么不张嘴？"

"就这样，"她说着，抓住丈夫的手，拉到嘴边，碰了碰，嘴唇却抿得紧紧的，"就像吻大主教的手。"

"究竟是谁不张嘴呀？"他笑着问。

"两个人都不张嘴。喏，就应该这样……"

"有人来了……"

"没关系，他们看不见。"

六

在孩子们去喝茶的时候，大人都坐在阳台上说着话儿，好像什么事儿也不曾有过，虽然大家，尤其是柯兹尼雪夫和瓦伦加，心里都十分清楚，出过一件很不愉快然而很重要的事儿。他们两个人的心情都是一样的，就像一个考试不及格而留级或者被开除的学生。在场的人因为也都感觉到出了什么事儿，就很起劲儿地谈着别的事儿。列文和吉娣这天晚上觉得特别幸福和恩爱。他们的幸福恩爱，对于想幸福而得不到幸福的人来说，就带有一种不愉快的暗示意味儿，所以他们觉得很不好意思。

“我敢说：亚力山大不会来的。”老夫人说。

今天晚上，大家在等奥布朗斯基乘火车来，而且老公爵也来过信，说他可能也来。

“而且我知道为什么，”老夫人又说，“他说，应该让新婚夫妻单独过过开头一段日子。”

“爸爸真的就这样不管我们了。我们很久没看到他了，”吉娣说，“我们算什么新婚夫妻呀？我们已经是老夫老妻了。”

“不过，他要是不来的话，我也要和你们告别了，孩子们。”老夫人伤心地叹了一口气，说。

“啊，您怎么啦，妈妈！”两个女儿一齐追问她。

“你想吧，他是什么滋味呀？现在呀……”

完全出人意料，老夫人的声音忽然哆嗦起来。两个女儿都不作声了，而且互相交换了一下眼色。“妈妈总是自寻烦恼。”她们的目光这样说。她们不知道，不论老夫人在女儿家多么愉快，不论她觉得自己在这里多么有用，自从心爱的小女儿出嫁，家里冷清了以后，她就常常为自己和为丈夫伤心了。

“您有什么事，阿加菲雅？”吉娣忽然问阿加菲雅，因为这时阿加菲雅带着神秘的样子和郑重其事的脸色在一旁站住。

“问晚饭的事。”

“就这样好啦，”陶丽说，“你去安排吧，我去跟格里沙温习一下他的功课。他今天什么也没有做呢。”

“这也是给我上课！陶丽，不用你，让我去。”列文腾地站起来说。

格里沙已经进了中学，夏天应该温习功课。陶丽在莫斯科的时候就陪着儿子学拉丁文，来到列文家里以后，自己规定每天至少一次陪他复习算术和拉丁文课中最难的部分。列文自告奋勇为她代劳；但是陶丽有一次听到列文上课，发现他不是像莫斯科的老师那样辅导，她又为难又尽量不使列文感到不快，但很坚决地对他说，应该像老师那样照课本复习，并说最好还是让她自己来辅导。列文又怪奥布朗斯基，因为他漠不关心，不管儿子的教育，却让丝毫不懂教育的母亲来管，又怪教师，因为他们教孩子教得那样糟；但他还是向陶丽保证照她说的去教。于是他后来帮格里沙复习就不按自己的方法，而是照着课本了，可是因为这样也就没有劲头儿了，并且常常忘记上课的时间。今天就是这样。

“不，我去，陶丽，你坐着吧，”他说，“我们会按规矩办，照课本复习的。只不过等司基瓦来了，我们要去打野物，那就要缺课了。”

于是列文就去找格里沙。

瓦伦加也对吉娣说了类似的话。瓦伦加就是在列文的幸福美满和安排得很好的家庭里，也能尽一份力。

“我去安排晚饭，您坐着吧。”她说着，就站起来，朝阿加菲雅走去。

“好吧，好吧，大概没有买到小鸡。那就把家里的杀了吧……”

吉娣说。

“我和阿加菲雅商量着办吧。”于是瓦伦加跟着阿加菲雅一起走了。

“多么可爱的姑娘呀！”老夫人说。

“不是可爱，妈妈，是一个使人着迷的姑娘，这样的姑娘天下难找。”

“这么说，你们今天是在等司捷潘·阿尔卡迪奇吗？”柯兹尼雪夫说，显然他是不愿意再谈瓦伦加的事。“很难找到更不相像的两位连襟了，”他带着俏皮的微笑说，“一个活泼好动，在交际场上如鱼得水；另一个，就是我们的柯斯加，活泼，麻利，反应灵敏，可是一到交际场上，要么就呆若木鸡，要么就急得团团乱转，像鱼到了干地上。”

“是啊，他真是太马虎了，”公爵夫人对柯兹尼雪夫说，“我正想请您对他说说，她（她指的是吉娣）不能留在这里，一定要到莫斯科去。他说要请医生……”

“妈妈，他什么都会办得好好的，什么都会答应的。”吉娣带着不高兴的口气说，她不高兴的是，妈妈竟要柯兹尼雪夫过问这种事儿。

她们的话说到一半，林荫道上响起马打响鼻的声音和车轮在石子路上的轧轧声。

陶丽还没有来得及站起来去迎接丈夫，在楼下的列文就从格里沙温习功课的房间的窗户跳出去，并且把格里沙也抱了下去。

“司基瓦来了！”列文在阳台下面叫道。“我们复习完了，陶丽，放心吧！”他又补充两句，就像小孩子一样跑去迎接马车。

“他，她，它，他的，她的，它的，”格里沙一面大声念着拉丁文，一面在林荫道上蹦跳着。

“还有一个人哩。一定是爸爸！”列文在林荫道口站下来，叫道，“吉娣，你不要走那么陡的台阶，绕过来吧。”

列文以为车上坐的那个人是老公爵，却猜错了。等他来到马车跟前，才看清坐在奥布朗斯基旁边的不是老公爵，而是一个胖胖的、漂亮的年轻人，戴着苏格兰小帽，后面有长长的飘带。这是瓦辛加·维斯洛夫斯基，谢尔巴茨基家的表亲，是在彼得堡和莫斯科很出风头的年轻人，如奥布朗斯基介绍的，“是一个了不起的青年人和打猎的好手”。

维斯洛夫斯基丝毫不在乎别人因为错把他当成公爵而产生的失望，快快活活地和列文握手问好，说他们以前见过面，并且抱起格里沙，越过奥布朗斯基带来的猎狗，把他抱到车上。

列文没有上车，就跟在后面走。他心里有些不痛快，因为他越来越喜欢的老公爵没有来，却来了这个完全不相干的、多余的人——瓦辛加·维斯洛夫斯基。列文来到台阶前，台阶边聚集了一大堆大人和孩子，当他看到维斯洛夫斯基带着特别亲热和殷勤的神气吻吉娣的手的时候，更觉得这人是不相干的和多余的了。

“我和您的夫人是表兄妹，也是老朋友。”维斯洛夫斯基又一次紧紧握着列文的手，说。

“怎么样，有野物吗？”奥布朗斯基刚刚和每个人打过招呼，就问列文。“我们想大干一场呢。哦，妈妈，他们从那时候以后怎么没到过莫斯科呀。噢，丹尼娅，这是给你的！对不起，你到马车后面去拿吧，”他面面俱到地招呼着。“你脸色多么好看呀，陶丽。”他又一次吻着妻子的手说，一面用手拉住她的手，用另一只手抚摩着。

刚才还兴高采烈的列文，这时阴沉地望着大家，他看着一切都不顺眼。

“他这嘴唇昨天吻的是谁呀？”他看着奥布朗斯基对妻子那股亲热劲儿，心中想道。他望望陶丽，他也不喜欢她了。

“她不相信他会真心爱她嘛。那她干吗这样高兴呢？真叫人恶心！”列文想道。

他望望老夫人，刚才他还觉得她可亲可爱的，现在他也不喜欢她像在家里似的迎接这个戴飘带的维斯洛夫斯基的那股味道儿。

柯兹尼雪夫也走到台阶上，很亲热地迎接奥布朗斯基，列文也很不喜欢哥哥这种虚伪的亲热劲儿，因为列文知道他不喜欢也不尊敬奥布朗斯基。

就连瓦伦加也使他反感了，因为她在和这个城里人见面的时候摆出一副圣洁的神气，其实她一心想着怎样嫁人。

最使人反感的是吉娣，因为她和这个自以为到乡下来对自己和大家都是过节的先生又说又笑，喜气洋洋，尤其使人反感的是她回报他的微笑时那种很特别的微笑。

大家闹哄哄地说着话儿，朝房里走去；等大家一坐下来，列文就转身走了出去。

吉娣看出丈夫有点儿不对头。她想找机会和他单独谈谈，可是他说有事要到账房去，就匆匆离开了她。他已经很久不像今天这样觉得庄稼事儿重要了。“他们老是在那儿过节，”他想道，“可是干活儿不是过节，活儿不能没有人干，不干活儿就不能生活。”

七

列文直到有人来请他吃晚饭，他才回家。吉娣和列文站在楼梯上，商量晚饭喝什么酒。

“你们干吗要这样忙活呀？平时喝什么，就上什么。”

“不，司基瓦不能喝……柯斯加，等一下，你怎么啦？”吉娣急忙跟在他后面说，可是他没有等她，头也不回地大步走进餐厅，立刻就和大家一起很热闹地谈了起来，在这场谈话中，维斯洛夫斯基和奥布朗斯基是主力。

“喂，明天咱们就去打猎，怎么样？”奥布朗斯基说。

“好吧，咱们去。”维斯洛夫斯基说着，侧身坐到另一把椅子上，并且盘起一条肉嘟嘟的腿。

“我很高兴，咱们就去吧。您今年打过野物吗？”他一面对维斯洛夫斯基说话，一面仔细打量他的腿，但装出很愉快的样子。

吉娣很清楚他这是假装的，这和他的为人太不相称了。“不知道能不能找到松鸡，不过田鹬是很多的。就是要早些动身。您不累吗？你也不累吗，司基瓦？”

“我累？我还从来没有累过呢。就来个通宵不睡好啦！咱们就去玩玩吧。”

“真的，就来个一夜不睡！太有意思了！”维斯洛夫斯基附和说。

“噢，这我们倒是相信，你能一夜不睡，也不让别人睡，”陶丽带着几分讥讽口吻对丈夫说，现在她对丈夫说话几乎都是用这种口吻。"可是依我看，现在就该睡了……我要去睡，我不吃晚饭了。"

"不要走，你坐一会儿，好陶丽，"奥布朗斯基说着，绕过他们吃饭的大桌子走到陶丽那一边，"我还有多少话要对你说呀！"

"恐怕，没什么好说的。"

"你可知道，维斯洛夫斯基到安娜那里去过。他还要到她那里去呢。他们离你们这里总共才七十俄里嘛。我一定也要去。维斯洛夫斯基，你到这边来！"

维斯洛夫斯基移到妇女们那边，挨着吉娣坐下。

"啊，请您说说，您到她那里去过吗？她怎么样？"陶丽问他。

列文还在桌子那一边，虽然一直在同老夫人和瓦伦加说着话儿，却看得出，奥布朗斯基、陶丽、吉娣和维斯洛夫斯基谈得又起劲又神秘。不仅他们谈得很神秘，而且他还看到，妻子在目不转睛地望着说得很起劲的维斯洛夫斯基那张漂亮的脸的时候，一脸专注的神气。

"他们在那儿挺好，"维斯洛夫斯基说的是伏伦斯基和安娜，"我当然不好下什么断语，不过在他们家里就觉得像在自己家里一样。"

"他们有什么打算呢？"

"好像他们要到莫斯科去过冬。"

"咱们要是能一起到他们那里去有多好呀！你什么时候去？"奥布朗斯基问维斯洛夫斯基。

"我要到他们那里过七月。"

“你去吗?”奥布朗斯基问妻子。

“我早就想去,一定要去,”陶丽说,“我可怜她,我了解她。她是一个极好的女人。等你走了,我一个人去,这样就不会给人家添麻烦。没有你更要好些。”

“那好极了,”奥布朗斯基说,“那么你呢,吉娣?”

“我? 我去干什么?”吉娣满脸通红地说,并且回头看了看丈夫。

“您也认识安娜·阿尔卡迪耶芙娜吗?”维斯洛夫斯基问她,“她是一个非常招人喜欢的女人呢。”

“是的。”吉娣的脸更红了,她回答过维斯洛夫斯基,就站起来,走到丈夫跟前。

“那你明天就去打猎吗?”她说。

在这几分钟里,尤其因为他看到吉娣和维斯洛夫斯基说话时那一脸的红晕,他的妒火烧起来了。现在他听着她的话,就做另外一番理解了。不论这事后来想起来有多么荒唐,可是现在他却觉得很清楚,她问他去不去打猎,只是因为想知道他能不能让维斯洛夫斯基开开心,照他看来,她已经爱上他了。

“是的,我去。”列文用很不自然的、连自己都觉得反感的语调回答她。

“不,最好你们明天在家里待一天,要不然陶丽就没机会见到丈夫了,你们后天去吧。”吉娣说。

吉娣的话经过列文的理解,意思变成了这样:“不要把我和他拆散了。你去不去对我无所谓,可是你让我享受享受和这个漂亮年轻人接近的快乐吧。”

“噢,要是你希望这样,那我们明天就待在家里。”列文带着分外愉快的神气回答说。

维斯洛夫斯基却怎么也没有想到他的到来会给人家带来这么大的痛苦,他跟着她站起来,一面用笑吟吟的亲切目光注视着她,跟着她走过来。

列文看到了他的目光。他一下子脸色煞白,有一阵子连气都喘不过来。“他怎么敢这样盯着我的妻子!”他很恼火地在心里说。

“还是明天吧? 咱们一起去。”维斯洛夫斯基说着,坐到椅子上,并且又习惯地盘起一条腿。

列文的妒火烧得更旺了。他已经把自己看成受骗的丈夫,妻子和情夫只是利用他为他们提供生活舒适和享乐的条件……可是,尽管这样,他还是亲切有礼地向维斯洛夫斯基问着他打猎、他的猎枪、皮靴等等的事,并且同意明天就去。

幸亏老夫人站起来,劝吉娣去睡觉,才使他不再受苦受难了。不过列文还是免不了又有新的苦难。维斯洛夫斯基在和吉娣互道晚安的时候,又想吻吻她的手,可是吉娣脸红了红,抽回手去,用事后受到母亲责备的直率的不客气口气说:

“我们这里不兴这个。”

在列文看来,她的错误是她的纵容招来这样的态度,更错误的是,她竟这样笨拙地表示她不喜欢这样的态度。

“何必忙着去睡觉呀!”奥布朗斯基说。他晚饭时喝了几杯葡萄酒之后,情绪特别好,心中充满诗意。“你瞧,吉娣,”他指着椴树后面刚刚升起的明月,说,“多美呀! 维斯洛夫斯基,这正是唱小夜曲的时候。你可知道，他有一副好嗓子，我们一路上都在唱。他带来两支很美的抒情歌谱，都是新出的。最好和瓦伦加一起唱。”

等大家都走散了，奥布朗斯基和维斯洛夫斯基又在林荫道上溜达了很久。可以听到他们合唱一支新的情歌的声音。

列文听着他们的歌声，皱着眉头坐在妻子卧室里的安乐椅上，吉娣问他怎么啦，他就是不作声；直到最后，她主动畏畏缩缩地笑着问他：“是不是维斯洛夫斯基有什么地方使你不痛快？”他才憋不住了，把什么都说了出来。他说出的话使他感到受了侮辱，因此他更加恼火了。

他站在她面前，那皱得紧紧的眉头底下的眼睛闪耀着可怕的光芒，两条强有力的胳膊紧紧抱住胸膛，好像是使足全身力气在控制自己。如果不是他的脸上同时也流露出痛苦的神情打动了她的话，他脸上的表情是很严厉的，甚至冷酷的。他的下颚颤动着，声音也打着哆嗦。

“你要明白，我不是嫉妒，‘嫉妒’是一个卑劣的字眼儿。我不会嫉妒，也不会相信……我说不出我所感觉的，不过这是可怕的……我不嫉妒，但我感到受了污辱，受了欺侮，因为有人胆敢妄想，胆敢用这样的目光看你……”

“究竟什么样的目光呀？”吉娣说，一面尽可能详细地回想着今天晚上的一切言语和举动以及这些言语举动的意味儿。

她在内心深处感觉到，当他跟着她转移到大桌子的另一边时，是有一点儿什么的，不过她连对自己也不敢承认这一点，更不敢告诉他，增加他的痛苦。

“我这个模样，还有什么吸引人的地方呀？……”

“哎呀！”他抓住头发，叫了起来，“你还是不说的好！……就是说，要是你还能吸引人的话，那就……”

“不是呀，柯斯加，你别急，听我说嘛！”她带着痛苦的怜惜神情望着他说，“唉，你怎么能这样想呀？对于我来说，再没有什么人，没有了，没有了！……哦，你是不是想要我不见任何人呀？”

开头一会儿他的嫉妒使她感到委屈；她懊恼的是，一点小小的乐趣，而且是最纯正的乐趣，都不准她享受；可是这会儿她情愿牺牲，为了让他放心，为了使他不再感到痛苦，不仅牺牲这种小小的乐趣，而且情愿牺牲一切。

“你要理解我的处境的可怕和可笑，”他用无可奈何的口气小声说，“你要知道，他是在我家里，实际上也没有做出什么不成体统的事，除了这种放肆和盘腿。他认为这是最好的举止，所以我也只好对他客客气气。”

“不过，柯斯加，你太过分了。”吉娣说，她在内心深处却是高兴的，因为在他的嫉妒中反映出他对她的强烈的爱。

“最可怕的是，你一向是多么纯洁，现在我还是觉得你是多么纯洁，我们是这样幸福，非同一般的幸福，可是忽然来了这样一个坏蛋……不是坏蛋，我何必骂他呀？他和我不相干。可是为什么要干扰我的幸福、你的幸福呀？……”

“你听我说，我明白这事儿的起因是什么。”吉娣开口说。

“起因是什么？是什么？”

“我看到，晚饭时我们说话的时候，你是怎样望着的。”

“就是嘛,就是嘛!”列文恐怖地说。

她对他说了说他们谈的是什么。她在说这事的时候,激动得气都喘不上来。列文沉默了一会儿,后来仔细看了看她那煞白的、恐怖的脸,突然抓住自己的头发。

“卡佳,我冤枉你了!亲爱的,原谅我吧!这真是发了疯!卡佳,这事全怪我。怎么能这样蠢,这样自寻烦恼呢?”

“不,我很替你难过。”

“替我难过?替我难过?我算什么?我是个疯子!……可是为什么要让你痛苦呀?随便一个什么外人都会扰乱我们的幸福,这事想起来都可怕。”

“当然,这是有些令人不快……”

“好吧,那我倒是要特意留他在我们家过夏天,我要亲亲热热对待他,”列文吻着她的手说,“你就看着吧。明天……是的,明天我就和他一起去。”

八

第二天,出猎的马车,一辆四轮的,一辆二轮的,就在大门口等着了。猎狗拉斯卡一早就知道要去打野物,尽情地欢叫和蹦跳了好一阵子之后,就挨着车夫在马车上坐下来,带着焦急和不赞成拖拉作风的神气望着大门口,猎人们还没有从里面出来。第一个出来的是维斯洛夫斯基,脚蹬崭新的大皮靴,靴筒抵到那老粗的腿肚子,身穿绿色上衣,腰束崭新的、散发着皮革气味的子弹带,头上戴着那顶有飘带的苏格兰帽,手里拿着一支没有背带的英国新猎枪。拉斯卡跑到他跟前，蹦蹦跳跳地欢迎他，又用自己的语言问他，那几个人是不是很快就出来，却没有得到回答，就又回到原来的位子上等候，歪着头，竖起一只耳朵，又不作声了。终于大门轰隆隆地开了，奥布朗斯基的黄斑猎狗克拉克转着圈儿、翻着跟斗飞了出来，接着奥布朗斯基也手握猎枪，叼着雪茄走了出来。“别动，别动，克拉克！”他亲热地对猎狗喝道，因为那狗把爪子伸到他的肚子上和胸膛上，乱抓他的猎袋。奥布朗斯基裹着包脚布，穿着凉鞋，身上穿的是破旧的马裤和短大衣。头上戴的是破烂不堪的一顶礼帽，但那支新式猎枪却十分精致，猎袋和子弹袋虽然已经用旧了，但质地却是极好的。

穿着破旧而猎具的质地是最好的，这才是真正的猎人派头，然而维斯洛夫斯基以前是不懂得的。现在他看到奥布朗斯基穿着破烂倒是显示出他的风雅、富态和愉快的绅士风度，他才懂得了这一点，就打定主意下次出猎也这样打扮。

“喂，咱们的东道主怎么啦？”他问道。

“有年轻妻子嘛。”奥布朗斯基笑着说。

“是的，而且又是那样美丽的妻子。”

“他已经穿戴好了。恐怕又跑到她那儿去了。”

奥布朗斯基猜对了。列文又跑到妻子那儿再一次问她是不是原谅了他昨天的愚蠢，并且请求她看在基督面上，多加保重。最要紧的是，要离孩子们远一点儿，因为他们随时都会撞她。再就是他还要再一次听她保证，他出去两天，她不会生他的气，还请她明天早晨一定要派人给他送一个字条去，哪怕只写两个字，好让他知道她平安无事。

吉娣像往常一样,同丈夫分别两天是很痛苦的,但是她一看到他穿起猎靴和白色上装后那显得格外魁伟的生气勃勃的身姿,看到她所不理解的那股容光焕发的打猎劲头儿,就因为他的高兴忘记了自己的伤心,便快快活活地同他告了别。

“对不起两位了!”他跑到台阶上,说道。“早饭带上了吗?为什么把枣红马套在右边?好吧,反正一样。拉斯卡,老实点儿,别乱动!”

“放到骟了的牲口群里去吧,”他对站在门口问他把去势绵羊放到哪儿去的养牲口人说,“对不起,又有一个捣蛋的来了。”

列文已经坐上车,这时从车上跳下来,朝手拿量尺朝大门口走来的一个木匠走去。

“昨天你不到账房里来,现在你们都来和我捣蛋了。喂,你有什么事?”

“让我再做一个拐角吧,总共再加三级就行了。我们一定会做得很合适。肯定会稳当得多。”

“你早听我的就好了,”列文恼火地说,“我说过,装好侧板,然后再安楼梯。现在没法改正了。你就照我说的办:做一副新的。”

事情是这样的:木匠为新盖的厢房做楼梯,因为没有算准高度,一级一级做好,装上去之后,踏级却是倾斜的,把楼梯做坏了。现在木匠想保留原楼梯,再添上三级。

“那样就好多了。”

“再添三级,楼梯通到哪里去?”

“您听我说嘛,”木匠不以为然地笑着说,“会一直通到沙发床上去。就是说，从下面装起，”他做着很有把握的手势说，“一级一级往上装，就行了。”

“要知道，加三级就会增加长度呀……楼梯究竟要通到哪里去呢？”

“就是说，只要从下面装起，那就行了。”木匠很固执、很有把握地说。

“那就要抵到天花板，穿过墙壁了。”

“您听我说呀。从下面装起嘛。一级一级往上装，就行了。”

列文抽出猎枪通条，在地上给他画起楼梯。

“喂，你看到吗？”

“就照您的意思办吧，”木匠说，他的眼睛突然亮了，显然他终于明白了他的意思，“这么看，是要重做了。”

“好啦，那你就这样办吧！”列文一面上马车，一面高声说，“走吧！菲利普，把狗牵住！”

列文现在把家事和农事全抛开，深深感受到生活和希望的快乐，连话都不想说了。此外，他还感受到每个猎人在接近打猎地点时都会有的那种聚精会神的紧张心情。如果说他还有什么操心事的话，那他操心的就是能不能在柯尔滨沼地找到什么野物，拉斯卡和克拉克相比究竟怎样，以及他自己今天的打猎成绩怎样。在这个新伙伴面前他怎样才能不丢脸？怎样才能使奥布朗斯基不超过他？——他脑子里想到的不过也就是这些。

奥布朗斯基的心情也和他差不多，也不怎么说话。只有维斯洛夫斯基一个劲儿快快活活地说着话儿。列文现在听他说着话儿，想起昨天对他的错误看法，就觉得不好意思。维斯洛夫斯基确实是个很好的小伙子，单纯，心地善良，整天乐呵呵的。列文如果在没有结婚的时候遇到他，会和他成为好朋友的。列文本来不喜欢的是他那种游戏人生的态度和放荡不羁的作风。他似乎还因为留着长指甲，戴着苏格兰小帽，打扮不伦不类，自以为倜傥不群呢；不过这都可以原谅，因为他毕竟心地善良，出身高贵。列文喜欢他，就因为他有很好的教养，说得一口漂亮的法语和英语，还因为他也是他这个阶层的人。

维斯洛夫斯基特别喜欢左边拉套的那匹顿河草原马。他对那匹马赞不绝口。

“骑着草原马在草原上跑，有多美呀！嗯？不是吗？”他说。

他竟把骑草原马看成是一种毫无用场的诗意的浪漫事儿；不过他那天真的神气，再加上那漂亮的相貌，那亲切的微笑和潇洒的举止，确实很招人喜欢。不知是他的天性博得了列文的好感，还是列文为了补偿昨天的过错而拼命在他身上寻找优点，反正列文和他在一起是很愉快的。

他们走出有三俄里，维斯洛夫斯基忽然发现雪茄烟和皮夹子没有了，不知道是丢了，还是忘在桌子上了。皮夹子里还有三百七十卢布，所以不能就这样算了。

“喂，列文，我骑着这匹顿河马回家跑一趟。那就太好了。行吗？”他说着，已经准备上马了。

“不，何必呢？”列文估计维斯洛夫斯基的体重不下一百公斤，就回答说，“我派车夫去。”

车夫骑着那匹拉套的马跑了，列文就亲自驾驭剩下的两匹马。

九

“喂，咱们到底走什么样的路线？你好好给我们说说。”奥布朗斯基说。

“计划是这样的：咱们现在先到格沃兹杰夫这一边。格沃兹杰夫这一边是山鹬栖息的沼地，过了格沃兹杰夫就是松鸡聚居的沼地，那儿也有一些山鹬。现在天太热，我们傍晚可以到达（有二十俄里），晚上就在那里打猎；住一夜，明天再去大沼地。”

“这一路上难道什么也没有吗？”

“有的，不过要耽误时间，天又这么热。有两块小地方很好，不过现在也未必有什么野物。”

列文自己也想到那两块地方去一下，可是那两块地方离家近，他随时可以去，再说地方又小，三个人施展不开。所以他就违心地说未必有什么野物。他们来到一块小沼地旁边，列文就想赶着车子过去，可是奥布朗斯基那经验丰富的猎人的眼睛立刻就看出路旁的沼地是块好地方。

“咱们是不是去一下？”他指着小沼地说。

“列文，咱们去吧！好极啦！”维斯洛夫斯基也要求说。列文不能不同意了。

不等他们把车停下，两条猎狗就争先恐后地朝沼泽地飞奔过去。

“克拉克！拉斯卡！……”

两条猎狗又跑了回来。

“三个人施展不开。我留在这儿吧,”列文说。他指望他们什么也找不到,除了那些被猎狗惊起、在沼地上空盘旋哀鸣的麦鸡。

“不行！去吧,列文,咱们一块儿去!”维斯洛夫斯基叫道。

“真的,施展不开。拉斯卡,回来！拉斯卡！你们有一条狗够了吧?”

列文留在马车旁边,怀着嫉妒的心情望着两个打猎的人。他们走遍了整个沼地。除了野鸡和麦鸡,沼地上什么也没有。维斯洛夫斯基只打到一只麦鸡。

“你们这一下可以看出来,我为什么舍得放弃这块沼地,”列文说,“白浪费时间嘛。”

“不,还是挺有意思的。您看到吗?”维斯洛夫斯基手拿猎枪和麦鸡,一面很不灵便地往车上爬,一面说,“这麦鸡我打得多漂亮呀！不是吗？喂,咱们是不是快要到真正的好地方了?”

忽然马朝前一冲,列文的脑袋不知被谁的枪筒撞了一下,发出一声枪响。其实枪响在前,不过列文觉得是这样。原来,维斯洛夫斯基在放下扳机的时候,按下一个机头,却扣动了另一个扳机。子弹打进地里,没有伤到什么人。奥布朗斯基摇了摇头,不以为然地对维斯洛夫斯基笑了笑。列文却不好责备他。第一,不论怎样责备,都会让人觉得是因为刚才的一场虚惊和列文额头上肿起的疙瘩;第二,维斯洛夫斯基开头是那样真挚地痛心,后来看到他们一片惊慌,笑得那样和善,那样动人,列文不由得也笑了。

等他们来到第二块沼地,地方相当大,需要花费很多时间,列文劝他们不要下车。可是维斯洛夫斯基又要求他停车。列文又说,三个人施展不开,他作为主人应该谦让,便留在马车旁。

克拉克一来到就对直地朝一处处草丛冲去。维斯洛夫斯基第一个跟着狗跑去。不等奥布朗斯基走过去,就飞出一只山鹬。维斯洛夫斯基没有打中,那山鹬就飞进没有割过的草地里。那山鹬命定是维斯洛夫斯基的猎物。克拉克又把它找到,站下来,维斯洛夫斯基把它打死,就又回到马车跟前。

“现在您去吧,我来照管马。”他说。

猎人的嫉妒心在列文身上开始发作了。他把缰绳交给维斯洛夫斯基,就朝沼地走去。

拉斯卡早就愤愤不平地叫着,抱怨不公平,这时就抢在前头对直地朝克拉克没有到过、列文却很熟悉的大有希望的一处处草丛冲去。

“你怎么不把它勒住呀?”奥布朗斯基叫道。

“不会把野物吓跑的。”列文很赞赏他的猎狗,一面跟着猎狗跑,一面回答说。

拉斯卡在搜索中越接近熟悉的草丛,越认真严肃。沼地上飞起一只小鸟儿,它只是看了一眼。它在草丛前兜了一个圈儿,正要兜第二圈儿,忽然打了个哆嗦,不动了。

“快来,快来,司基瓦!”列文叫道,同时觉得他的心越来越激烈地跳动起来,而且在他的紧张的听觉中仿佛有一道闸板突然被卸掉,各种声音不分距离远近,一齐乱糟糟地、但又清清楚楚地灌进他的耳朵。他听到奥布朗斯基的脚步声,却当成远处的马蹄声;听到他脚下小草丛的一角连草根裂开的清脆响声,当成山鹬飞翔的声音。还听见背后不远处有拍打水的声音,他不知道是怎么一回事儿。

他一面选择落脚的地方，一面朝狗那边移动。

“快点儿！”

在猎狗面前飞起来的不是松鸡，而是一只山鹬。列文举起猎枪，但就在他瞄准的时候，那拍打水的声音更响了，更近了，而且还夹杂着维斯洛夫斯基大声怪叫的声音。列文看出来，他瞄到了山鹬后面，但还是开了枪。

列文看清楚自己没有打中之后，回头看了看，就看到自己的车马已经不在大路上，而陷在沼地里了。

原来，维斯洛夫斯基想看看打猎，赶着车进入沼地，两匹马都陷到泥沼里了。

“见他的鬼！”列文一面在心里骂着，一面朝陷住的马车走去。“您为什么把车赶到这儿来呀？”列文冷冷地对他说，就把车夫叫过来，想方设法让马从泥沼里抽出腿来。

列文懊恼的是，又影响了他开枪，又陷住了他的马，尤其是，为了让马从泥沼里拔出腿来，要把马套卸下来，不论奥布朗斯基，还是维斯洛夫斯基，都帮不了他和车夫的忙，因为他们一点也不懂马是怎样套上的。维斯洛夫斯基一再说这地方是很干的，列文一句也不搭理他，一声不响地和车夫一起忙活着，好让马拔出腿来。可是后来，等他忙活得来了劲儿，又看到维斯洛夫斯基扳着挡泥板把马车往外拖，那么热心，那么卖劲儿，甚至于把挡泥板都扳断了，列文就责备起自己，觉得自己受到昨天心情的影响，对他冷淡过分了，于是就尽可能表示特别亲热以弥补自己的冷淡。等马车又上了大路，一切都收拾停当，列文就吩咐开饭。

“胃口好，那就是良心好！这只小鸡拼命在往我肚子里钻呢。”又快活起来的维斯洛夫斯基在快要吃完第二只小鸡的时候，说起法国的俏皮话。“好啦，咱们的灾难到头了；现在就该万事大吉了。不过我得将功折罪，来赶赶车。不是吗？呃？不，不，我是真正的赶车好手。你们瞧瞧我怎样给你们赶车吧！”列文请他把缰绳交给车夫，他抓住缰绳不放，一面回答说，“不行，我应当将功折罪，而且我坐在驭座上挺好。”于是他赶起车来。

列文有些担心，怕他把马折腾坏，尤其是他不会驾驭的左边那匹枣红马。可是列文不知不觉就受到他的愉快情绪的感染，一路上听着他坐在驭座上唱情歌，或者看他边说边表演英国人怎样驾驭驷马车[1]。所以饭后大家都兴高采烈地前往格沃兹杰夫沼地了。

十

维斯洛夫斯基赶车赶得太快，所以他们很早就来到格沃兹杰夫沼地，这时天还很热呢。

来到大沼地，这是出猎的主要目的地，列文不由得想着如何甩开维斯洛夫斯基，行动不受干扰。奥布朗斯基显然也希望这样，所以列文在他的脸上看到真正的猎人在开始打猎之前常有的那种有所担心的神气和他特有的那种善意的调皮神气。

“咱们怎么走法？这沼地好极了，我看到，还有老鹰呢，”奥布朗斯基指着盘旋在一大片苔草上空的两只大鸟说，“有老鹰的地方，一定有野物。”

①原文为英语。

“你们听我说，两位。”列文一面带着几分忧郁的神气提着靴子，检查着猎枪上的引火帽，一面说。“你们看到那片苔草吗？”他指了指河右岸一大片割了一半的湿漉漉的草地中间那墨绿色的一片，“沼地就从那儿开始，就在我们正前方，看到吗，那深绿色的。沼地就从那儿往右，有马群的地方；那儿有草丛，常常有山鹬；在那片苔草周围，直到那片赤杨树丛，直到磨坊，都是沼地。哦，那边，看见吗，有一个河湾。那是最好的地方。有一次我在那儿打到十七只松鸡。咱们分开走，各带一条狗，各走一边，到磨坊那儿会合。”

“好吧，那谁往右边，谁往左边呢？”奥布朗斯基问道，“右边宽敞些，你们俩就走右边吧，我一个人走左边，”他似乎漫不经心地说。

“好极了！咱们打的一定会比他多。好的，咱们走吧，走吧！”维斯洛夫斯基立即表示同意说。

列文也不能不同意了，于是他们就分开走了。

他们一进入沼地，两条狗就一起搜索起来，朝一片铁锈色的沼地冲去。列文知道拉斯卡这种搜索是小心翼翼的和不明情况的；他也知道那地方，期望有一群山鹬飞出来。

“维斯洛夫斯基，并排走，并排走！”他压低声音对在他后面扑唧扑唧地蹚着泥水的伙伴说。在柯尔滨沼地上走火以后，列文就注意起这个伙伴的枪口方向。

“不，我不会妨碍您的，您不必为我操心。”

可是列文不由得想起吉娣送他走时说的话：“你们都要当心，不要打到人身上。”两条狗离目标越来越近，忽前忽后，各自走自己的路线。列文盼望山鹬的心情是那样急切，以至于把自己的靴子从泥水里拔出来的咕叽声当成山鹬的叫声，而且他抓住枪托子，抓得紧紧的。

“砰！砰！”在他耳边响起枪声。这是维斯洛夫斯基朝一群野鸭开了枪。那群野鸭原是在沼地上空盘旋着的，这时却不知轻重地远远冲着猎人飞过来。列文还没来得及回头看，就有一只山鹬扑啦一声飞起来，然后第二只，第三只，又有八九只接着飞起来。

就在一只山鹬开始曲线飞翔的时候，奥布朗斯基一枪打中，那山鹬像块石头似的落到泥淖里。奥布朗斯基又不慌不忙瞄准另一只飞得更低的、飞向苔草丛的山鹬，枪声一响，这一只也应声落下；可以看到，这只山鹬从割过的苔草里跳出来，用一只没有受伤的、下面白色的翅膀拼命挣扎着。

列文没有这样的运气；他打第一只山鹬时离得太近，没有打中；等山鹬已经开始往高处飞，这时候脚底下飞起另一只，分散了他的注意力，他又没有打中。

就在他们装枪的时候，又有一只山鹬飞起来，已经装好枪的维斯洛夫斯基朝水面上开了两枪。奥布朗斯基捡起他那两只山鹬，用亮闪闪的眼睛朝列文看了看。

“好吧，现在咱们分开走。”奥布朗斯基说。他瘸着左腿，握紧猎枪，对狗吹着口哨，朝一边走去。列文和维斯洛夫斯基朝另一边走去。

列文往往是这样，头几枪打不中，他就着急，懊恼，一整天都打不好。今天也是这样。山鹬是很多的。不断地从猎狗旁边和猎人脚下飞起山鹬，列文本来是可以捞回来的；可是他开的枪越多,在维斯洛夫斯基面前出的丑越多。维斯洛夫斯基却不管是不是时候,常常兴致勃勃地乱打一气,什么也打不到,倒是不觉得难为情。列文着了慌,再也沉不住气,越来越着急,以至于只顾开枪,几乎不指望打到什么。好像拉斯卡也明白这一点。它搜寻起来也没有劲头儿了,就像是带着大惑不解和责难的神气打量两个猎人。枪声一阵又一阵。两个猎人周围硝烟弥漫,可是老大的猎袋里只有轻飘飘的三只小山鹬。而且其中有一只是维斯洛夫斯基打中的,还有一只是两个人一起打的。而从沼地那一边传来的奥布朗斯基的枪声并不密集,然而列文却觉得很有分量,而且几乎每一次枪响之后都能听到喊声:"克拉克,克拉克,快叼来!"

这就使列文更加焦急了。一只只山鹬不停地在苔草上空盘旋着。地上的扑啦声和空中的嘎嘎声不断地从四面八方传来;先前飞起来的山鹬在空中盘旋了一阵之后,在猎人面前落下来。在沼地上空盘旋长鸣的老鹰已经不是两只,而是几十只了。

列文和维斯洛夫斯基走过一大半沼地之后,来到庄稼人的草场上。一条条分界线,有的是踩出的长条,有的是割过的行路,一直抵到那一大片苔草地。这些草场有一半已经割过了。

虽然在未割过的草地上,也像割过的草地上一样,不大可能找到什么野物,可是列文答应过和奥布朗斯基会合,列文就和自己的伙伴,踏着割过和没有割过的草地继续朝前走去。

"喂,打猎的!"有一个坐在卸了的大车旁边的庄稼人喊道,"来和我们一起吃点儿!喝点儿酒!"

列文回头看了看。

"来吧,没关系!"一个快快活活的红脸膛大胡子庄稼人,龇着一嘴白牙，举着一个浅绿色的、在阳光下闪闪发亮的酒瓶，喊道。

“他们说的是什么？”维斯洛夫斯基问道。

“叫咱们去喝酒哩。他们准是把草地分好了。我倒是想喝一杯，”列文不免心生一计，希望维斯洛夫斯基的酒瘾上来，到庄稼人那儿去。

“他们为什么请喝酒呀？”

“没什么，大家快活快活嘛。真的，您就去吧。您会感兴趣的。”

“咱们去吧，这挺有意思。”

“您去吧，去吧，您会找到去磨坊的路的！”列文大声说。他回头一看，就高兴地看到维斯洛夫斯基弯下腰，伸出一只手举着猎枪，拖着两条疲惫的腿磕磕绊绊地从沼地里往外走，朝庄稼人走去。

“你也来吧！”一个庄稼人朝列文喊道，“怕啥呀！吃点儿馅饼吧！”

列文很想喝点儿酒，吃一块面包。他已经没有劲儿了，觉得两条踉踉跄跄的腿从烂泥里拔出来非常吃力，所以他也犹豫了一会儿。可是这时猎狗站住了。他全身的疲劳顿时消失，于是他轻快地踩着烂泥朝狗走去。他脚下飞起一只山鹬，他开枪把它打死，可是狗还站着不动。“快叼来！”猎狗旁边又飞起一只山鹬。列文开了枪。可是今天就是不走运；他没有打中，而且，当他去找打死的那一只的时候，也没有找到。他找遍了整个苔草地，而且拉斯卡不相信他打中了，他叫狗去寻找，那狗装出寻找的样子，其实并没有寻找。

列文打猎不顺手，本来都怪维斯洛夫斯基的，现在没有维斯洛夫斯基了，他还是打不到。这儿山鹬也很多，可是列文一枪又一枪，都打不中。

夕阳的斜晖还是很热的；汗水湿透的衣服紧紧粘在身上；左腿的靴子里灌满了水，沉甸甸的，咕叽咕叽响着；沾满火药的脸上滚动着一颗一颗的汗珠；嘴里发苦，鼻子里全是火药和铁锈气味，耳朵里不停地响着山鹬的叫声；枪筒热得烫手，碰也不能碰；心跳得又快又急促；双手紧张得直打哆嗦，疲惫无力的两腿在草丛里和烂泥里磕磕绊绊，踉踉跄跄；但他还是走着，开着枪。最后，他又一次打了很糟糕的空枪之后，就把猎枪和帽子一齐摔到地上。

“不行，一定要定下心来！”他对自己说。他捡起猎枪和帽子，叫拉斯卡跟住他，走出沼地。他来到干地方，在一个土墩上坐下来，脱下靴子，把靴子里的水倒掉，然后又走到沼地边上，喝了一点儿带铁锈味的水，把发烫的枪筒在水里浸了浸，洗了洗脸和手。他恢复了精神之后，又朝有山鹬落下的地方走去，下定决心不再急躁了。

他很想沉住气，但仍然还是那样。不等他瞄准鸟儿，手指就扳动机枪。简直越来越糟了。

当他走出沼地，朝他约定和奥布朗斯基会合的赤杨树丛走去的时候，他的猎袋里总共只有五只鸟儿。

他还没有看到奥布朗斯基，就看到他的猎狗。克拉克从赤杨树那露出来的树根下窜出来，浑身上下黑乎乎的，一身都是臭烘烘的泥浆，却带着一副胜利者的神气，和拉斯卡互相闻了闻。在克拉克出来之后，奥布朗斯基那挺拔的身躯也出现在赤杨树荫下。他红光满面，浑身汗水淋淋，敞着衣领，依然那样瘸着一条腿，迎着列文走来。

“喂，怎么样？你们打了好多呀！”他快活地笑着说。

“你呢？”列文问道。不过那是不需要问的，因为他已经看到那装得满满的猎袋。

“还好。”

他打了十四只。

“这沼地太好了！想必是维斯洛夫斯基碍你的手脚。两个人用一条狗是很不方便。”奥布朗斯基说这话，为的是冲淡他的得意神气。

十一

当列文和奥布朗斯基来到列文经常落脚的一户农家时，维斯洛夫斯基已经在这里了。他坐在屋子中央，双手抓住长凳，让女主人的兄弟，一个当兵的，给他脱沾满泥浆的靴子，他依然像他往常那样乐呵呵地笑着。

“我刚刚来到。他们真有意思。真想不到，他们又请我吃，又请我喝。这面包呀，好得出奇！美极了！还有这酒，我还从来没喝过比这更好的呢！而且怎么也不肯收钱。还一个劲儿说：‘怠慢，怠慢。’”

“怎么能收钱呢？他们难得请到您呀。他们又不是卖酒的。”当兵的终于把湿淋淋的靴子连同发了黑的袜子脱下来之后，说道。

小屋里堆了几个猎人的沾满泥浆的靴子，再加上两条浑身泥污、不住地在身上舔着的猎狗，就显得很肮脏了。尽管这样，尽管小屋里充满了烂泥味和火药味，而且也没有刀叉，三位猎人却喝足了茶，吃饱了晚饭，吃得很香，这种滋味只有在打猎的时候才会尝到。他们梳洗好了，就来到打扫得干干净净的干草棚里，车夫已经在这里给老爷们铺好床铺。

虽然天已经黑下来，可是猎人们谁也不想睡觉。

大家漫无边际地谈了一阵枪法、猎狗和以前打猎的事以后，就转到大家都感兴趣的话题上。因为维斯洛夫斯基已经有好几次称赞这别有风味的过夜方式和干草的香味儿，称赞这辆坏马车（因为卸去了前轮，他认为这辆车是坏了的）有多么舒服，称赞请他喝酒的庄稼人的好心肠，称赞各自躺在主人脚下的猎狗，奥布朗斯基就说了说他去年夏天在马尔杜斯家打猎的趣事。马尔杜斯是有名的铁路大王。奥布朗斯基说到这个马尔杜斯在特维尔省租了什么样的沼地，保护得有多么好，打猎用的马车和狗车有多么讲究，搭在沼地边吃饭用的帐篷多么舒适。

“我真不理解你，”列文说着，在自己的干草铺上抬起身来，“你怎么不讨厌这些人呀。我明白，吃早饭喝点法国红葡萄酒是很惬意的，可是这样的排场你不觉得厌恶吗？所有这些人，就像以前咱们的烟酒专卖商，他们赚钱的手段是人人瞧不起的，他们并不在乎别人瞧不起，却要用赚来的臭钱抬高自己的身价。”

“一点儿也不错！”维斯洛夫斯基附和说，“一点儿也不错！当然，奥布朗斯基这一切出于无心，可是别人会说：奥布朗斯基常去呢……”

“根本不是这样，”列文听出来，这话奥布朗斯基是笑着说的，“我一点也不认为他比任何富商和贵族更可耻。他和他们一样，都是靠劳动和智慧发家致富的。”

“是的，不过那是什么劳动呀？难道投机倒把也算劳动吗？”

“当然是劳动。如果没有他或者像他这样的人，就不会有铁路，那就是说，这是劳动。”

“不过这劳动不是庄稼人或学者那种劳动。”

“就算这样吧，但这劳动是有意义的，那就是，他的活动创造了成果——铁路。不过，你认为铁路是无益的呀。”

“不，这是另外一个问题；我可以承认铁路是有益的。不过，得到的钱财，凡是不符合所付出的劳动的，都是不正当的。”

“那么，由谁来判断符合不符合呢？”

“凡是靠不正当的手段，巧取豪夺，得来的钱财，都是不正当的，”列文觉得他无法划清正当与不正当的界线，就这样说道，“比如银行得来的钱，”他继续说，“大量钱财不劳而获，这是罪恶，就像烟酒专卖一样，只是改变了一下方式。国王驾崩，国王继位。刚刚废除了烟酒专卖，就出现了铁路、银行，都是不劳而获嘛。”

“是的，你这些话也许是对的，是很精辟的……躺下，克拉克！”奥布朗斯基对在干草上翻来翻去搔痒的猎狗喝道。显然他深信自己的立论是有道理的，因此非常镇定，非常从容。“可是你并没有划清正当劳动与不正当劳动之间的界线。我拿的薪金就比我的科长多，虽然他比我更熟悉业务，——这是不是不正当的呢?”

“我不知道。”

“好吧,那我就来告诉你:你从事农业劳动,比如说,能得到五千多卢布,可是招待咱们的这个庄稼人,不论他怎样拼命干活儿,收入绝不会超过五十卢布,那这也是不正当的了,就和我的收入超过科长,马尔杜斯的收入超过铁路工人一样嘛。正相反,我倒是看出社会上对这些人有一种毫无道理的敌视态度,我觉得,这是眼红……”

“不,这话不对,”维斯洛夫斯基说,“不会是眼红,而是这种事有一些不干净之处。”

“不,你听我说,”列文继续说,“你说,我得到五千,庄稼人得到五十,很不合理——这话很对。这种不合理我也感觉到了,不过……”

“就是这话嘛。为什么我们吃吃喝喝,打打野物,什么事也不干,庄稼人却天天都要干活儿呢?”维斯洛夫斯基显然平生第一次真正想到这个问题,因此十分诚恳地说。

“是啊,你感觉到了,可是你却不肯把自己的产业让给他。”奥布朗斯基仿佛有意刺激列文说。

近来在两位连襟之间似乎产生了暗暗敌对的情绪;似乎自从他们娶了两姐妹之后,他们之间就展开竞争,看谁把自己的生活安排得更好,现在这种敌对情绪就在开始带有个人意气的谈话中流露出来。

“我没有让,因为没有任何人要求我让。就是我想让,也不能让,”列文回答说,“而且也无人可让。”

“你就让给这个庄稼人吧,他不会不要。”

“好的,不过我怎样让给他呢? 我和他去办买契吗?”

“我不知道,但是如果你认为你没有权利……”

“我根本不认为这样。恰恰相反,我倒是觉得我没有权利让出去,我对土地对家庭都负有责任。”

“不,对不起,如果你认为这种不平等是不应该的,那你究竟为什么不采取这样的行动……”

“我是在采取行动,不过是消极的行动,就是说,我不再努力扩大我和他们之间的差别。”

“不,对不起,这真是奇谈怪论。”

“是的,这解释是有一些诡辩的味道,”维斯洛夫斯基附和说,“哦! 房东,”他对推开门走进棚子里来的庄稼人说。“怎么,你还没睡吗?”

“没睡,哪里睡得着呀! 我以为老爷们睡了呢,可是一听,在说话哩。我来拿一把镰刀。这狗不咬人吧?”他又问了一句,就光着脚小心翼翼走进来。

“那你睡在哪儿呀?”

“我们夜里要去放牲口。”

“啊,夜晚多美呀!”维斯洛夫斯基从打开的棚门里望着朦胧的晚霞余晖中隐约可辨的农舍的一角和卸了马的马车,说,“你们听,这是女人唱歌的声音,说真的,唱得不坏。这是谁在唱歌呀,房东?”

“这是丫头们在唱,就在这附近。”

“咱们就去玩玩儿吧! 反正也睡不着。奥布朗斯基,走吧!”

“最好是又躺着又能出去玩儿,”奥布朗斯基伸着懒腰回答说,“躺着真美呀。”

“好吧,我就一个人去,”维斯洛夫斯基一骨碌爬起来,一面穿靴子,一面说,“再见,两位。如果有意思,我再来叫你们。你们请我打野味,我也不会忘记你们。”

“小伙子挺好,不是吗?”等维斯洛夫斯基走了,房东随后把门插上,奥布朗斯基说。

“是的,挺好。”列文一面回答,一面继续思索着刚才谈的问题。他觉得他已经尽他的可能把自己的想法和心情清清楚楚地说出来,可是他们两个,这两个并不愚蠢而且也很诚恳的人,却异口同声地说他诡辩。这使他心里不安。

“就是这么一回事儿,我的朋友。二者必居其一:要么承认现有的社会制度是合理的,那就可以保留自己的权利;要么承认你是在享受不合理的特权,就像我这样,并且要快快活活地享受。”

“不,如果这是不合理的,那就不能快快活活地享受这些福利,至少我不能。在我来说,最要紧的是,要问心无愧。”

“怎么,真的是不是出去走走?”奥布朗斯基显然厌倦了动脑筋,就说道,“反正睡不着嘛。真的,咱们去吧!”

列文没有回答。他们在谈话中说他的行动只是在消极意义上是合理的,他一直在想着这话。“难道只有消极才能做到合理吗?”他在心中问道。

“可是这新鲜干草有多香呀?”奥布朗斯基说着,慢慢爬起来,“怎么也睡不着。维斯洛夫斯基在那里不知搞什么玩意儿。听见他的笑声和说话声吗?咱们是不是也去?去吧!”

“不,我不去。”列文回答说。

“难道这也是按准则办事吗?”奥布朗斯基笑着说,一面在黑暗中摸索自己的帽子。

“不是什么准则不准则,可是我去干什么呀?”

“你要知道,你是自讨苦吃。”奥布朗斯基找到帽子,站起来说。

“为什么?”

“你和你妻子怎样相处,我还看不出来吗?我听见你们像商讨头等大事一样,商量你是不是去打两天猎。这作为家庭趣事,当然不坏,不过一辈子这样可不行。男子汉应当独立不羁,男子汉有男子汉的兴趣。男子汉应当有男子汉气味儿,”奥布朗斯基说着,开了棚子门。

“这是什么意思?去和丫头们调情吗?”列文问道。

“要是开心的话,为什么不去呢?这没有什么大不了的。这对我的妻子丝毫无损,而我可以开开心。主要的是,在家里要维持神圣的体面。在家里不能有这一类事儿。这不是要你捆住自己的手脚。”

“也许是吧,”列文冷冷地说,并且朝旁边翻了个身,“明天一早就得走了,我谁也不惊动,天一放亮就走。”

“两位,快来呀!”这是维斯洛夫斯基的声音,他转回来了。“真迷人呀!这是我的大发现。真迷人,是个十足的甘泪卿[1]式的女子,我和她已经有了交情。真的,美得不得了!”他是用洋洋得意的称赞口气说的,就好像她是为他生就的这样美,他也很满意

①甘泪卿,德国作家歌德名著《浮士德》中的女主人公。

为他造就了这样的美人的造物主。

列文装作睡着了，奥布朗斯基就穿上鞋子，点起一支雪茄，走出棚子，一会儿就听不见他们的声音了。

列文很久没有睡着。他听见他的马在嚼干草，后来又听见房东和大儿子要去放牲口，准备了一阵子之后，就走了；后来又听到那当兵的和他的外甥——房东小儿子在棚子另一头铺床睡觉；又听见那孩子用尖细的嗓门儿对舅舅说他对两条猎狗的观感，他觉得那狗又大又凶；后来那孩子又问起猎狗要去捕捉什么，那当兵的用沙哑的、带睡意的声音告诉他，明天猎人们要到沼地里去，用猎枪打野物，后来为了不让孩子老是缠着问这问那，就说："睡吧，瓦西卡，睡吧，不睡我捶你。"他说着，一会儿就打起呼噜，一切都安静下来；只听见马嘶声和山鹬鸣声。"难道只能是消极的吗？"他又在心里问道，"那又怎样呢？这不是我的过错。"于是他考虑起明天的事。

"明天我一早就出去，一定不能急躁。山鹬多得很，也有松鸡。等我回来，就能看到吉娣的信了。是的，也许司基瓦说得对：我在她面前缺乏男子汉气概，是有点儿婆婆妈妈的……可是有什么办法呢！又是消极的！"

他在睡意蒙眬中听见奥布朗斯基和维斯洛夫斯基的笑声和快快活活的说话声。他睁了一下眼睛：月亮已经升起来，他们正站在洒满皎洁月光的棚子门口说话。奥布朗斯基说的是那姑娘的娇艳鲜嫩，把她比作刚剥出来的花生米，维斯洛夫斯基像往常一样乐呵呵地笑着，重复着大概是一个庄稼人对他说的话："你还是尽快给自己讨个老婆吧！"列文睡意蒙眬地说："两位，明天不等天亮就出发！"他说过，就睡着了。

十二

天麻麻亮，列文就醒来，试着唤了唤两个同伴。维斯洛夫斯基趴着睡，伸出一只穿袜子的脚，睡得沉沉的，连哼也不哼一声。奥布朗斯基迷迷糊糊地说，太早了。就连身子盘成一个圈儿睡在干草边儿上的拉斯卡，也很不情愿爬起来，懒洋洋地交替伸展着两条后腿。列文穿好靴子，拿起猎枪，小心翼翼地开了吱嘎直响的栅子门，来到街上。车夫们睡在马车旁边，几匹马还在打瞌睡。只有一匹马懒洋洋地吃着燕麦，用鼻子在槽里到处拱着。天色还灰蒙蒙的。

“你怎么起得这样早呀，年轻人？”房东老大娘从屋里出来，像对待很要好的老朋友一样很亲热地问他。

“要去打野物呀，大娘。打这儿能到沼地上去吗？”

“从房后一直走，经过我们家打谷场，再穿过大麻地；那儿有一条小路。”

老大娘用她那晒得黑黑的光脚板小心翼翼地走着，领着他走了一截路，给他开了打谷场的栅栏门。

“就这样一直走，就走到沼地了。我家的人晚上都到那儿放牲口去了。”

拉斯卡快快活活地在小路上跑着，在前面带路；列文迈着轻快的步子跟在狗后面，一面不住地观察着天色。他希望在太阳升起之前到达沼地。可是太阳却不怠慢。月亮在他出门的时候还很明亮，这时只是白白的，像一洼水银了；启明星原来明亮耀眼的，这时已经隐隐约约的了；原来在远处田野上一些模模糊糊的黑点，这时已经看得清清楚楚的了。那是一垛垛黑麦。已经剔除了雄株的大麻地里的还没有见到阳光的露珠儿沾得列文的两腿和衣服湿漉漉的，一直湿到腰部以上。在静悄悄的清晨，连最细微的声音都能听得见。一只小蜜蜂带着子弹般的啸声从列文耳边飞过去。他凝神看了看，又看见第二只，第三只。所有的蜜蜂都是从养蜂场的篱笆里面飞出来的，朝沼地方向飞去，飞到大麻地上空就不见了。小路直通沼地。沼地可以从沼地上弥漫着的那有浓有淡的雾气分辨出来，那一片片的苔草和柳丛就像一个个小岛，在雾海中摇摇晃晃。夜里放牲口的庄稼人和孩子们躺在沼地边和路边，在天亮之前都盖着褂子睡着了。在离他们不远的地方，有三匹绊住腿的马在来来回回走着。其中有一匹还带了叮当直响的铁链。拉斯卡走在主人旁边，东张西望，老是想往前面跑。列文从睡着的庄稼人身边走过去之后，一来到沼地上，就检查了一下引火帽，把狗放开了。一匹很肥壮的三岁口的栗色马，一看见猎狗，吓得往旁边一跳，扬起尾巴，打了两声响鼻。其余的马也吓了一跳，用绊住的马腿啪嗒啪嗒地踩着泥水从沼地里往外跳，那马蹄从黏糊糊的烂泥里往外拔发出噗唧噗唧的响声。拉斯卡站下来，带着嘲笑的神气望了望几匹马，又带着询问的神气望了望列文。列文抚摩了几下拉斯卡，吹了声口哨，表示可以开始了。

拉斯卡带着又快活又操心的神气在颤颤晃晃的泥沼地上跑起来。

拉斯卡一跑进沼地，立刻就在它熟悉的树根、水草、铁锈气味和不熟悉的马粪气味中闻出弥漫在这一带的鸟腥气，这是它最喜欢闻的气味儿。在一片苔草和酸模草中间，这种气味十分强烈，但无法判断，哪一边浓些，哪一边淡些。要确定方向，必须顺着风再走远些。拉斯卡四腿不着地地飞跑着，然而又聚精会神，如有必要，随时能停下来。它向右一转，撇开从东方吹来的黎明前的微风，迎着风跑去。它张大鼻孔吸了一口气，立刻就闻出来，这不光是气味儿，而是鸟儿本身就在这儿，就在它面前，而且不是一只，有好多只。拉斯卡放慢了步子。鸟儿就在这地方，但究竟在哪儿，它还不能断定，为了找准地方，拉斯卡开始兜圈子，这时主人的声音吸引了它的注意力。“拉斯卡！这儿！”列文给它指着另一个方向说。它站下来，仿佛在问，是不是还要按它原来的打算行事。可是主人又用很生气的声音重复了一遍他的命令，并且指了指一片淹在水里的、什么也不会有的草丛。拉斯卡只好听他的，为了讨他喜欢，装出寻找的样子，在草丛里转悠了一圈，又回到原来的地方，立刻又闻出有鸟儿在这里。现在，主人不再管它，它知道该怎么办了，它也不看自己的脚下，虽然在高高的草丛里磕磕绊绊，不时掉进水里，有些懊恼，但它倒动着灵活而矫健的四腿兜起圈子，一兜圈子，什么都会弄清楚的。它感到鸟腥气越来越浓烈，越来越明显了，忽然它完全明白了，其中有一只就在这草丛后面，离它只有五步远近，于是它站下来，整个身子动也不动了。它的腿很短，前面什么也看不见，但是凭气味能闻出来，那鸟儿就在不出五步远处。它站着，越来越明显地感觉到那鸟儿就在面前，喜滋滋地等待着。那绷得紧紧的尾巴直挺挺的，只有尾巴尖儿微微颤动着。嘴微微张着，两只耳朵竖得高高的。它还在奔跑的时候，一只耳朵就向后转了转，它沉重而小心谨慎地喘着气，而且更小心地回头看了看主人，与其说回头，不如说是回眼睛。主人带着它看惯了的脸色和它总是感到可怕的眼神，在草丛中磕磕绊绊地走着，它觉得慢得异乎寻常。它觉得他走得很慢，可是他是在跑呢。

列文发现拉斯卡将整个身子贴在地上，像划水似的倒换着后腿大步前进，并且微微张着嘴，就明白这是特殊的搜捕姿势，说明它接近了山鹬。列文一心希望得手，尤其寄希望于第一只鸟，就在心里祷告了一下，接着就朝拉斯卡跑去。他径直来到猎狗跟前，就凭自己的高度观察起来，于是他的眼睛看到了狗鼻子闻到的东西。在两片草丛之间的空隙里有一只山鹬。那鸟儿侧歪着头，倾听着。然后，微微张了一下翅膀，又收拢起来，很不灵活地摆动了一下尾巴，就躲到草丛那一边去。

“快，快。”列文捅了捅拉斯卡的屁股，叫道。

“可是我不能去呀，”拉斯卡想道，“我怎么能去呢？我在这儿能闻得到，可是再往前去，我就一点不知道它们在哪儿，不知道它们是些什么东西了。”可是主人又用膝盖捅了捅它，用着急的声音小声说：“快，拉斯卡，快！”

“好吧，既然他叫我去，那我就去吧，但成不成可不能怪我。”拉斯卡在心里说过这话，就使足劲儿朝草丛里冲去。现在它什么也闻不到了，只是看着和听着，却什么也不明白。

在离原来的地方十步远处，有一只山鹬带着山鹬那种特有的清脆的鼓翼声和粗壮的鸣叫声飞了起来。枪声一响，那雪白的胸脯就吧嗒一声落进湿漉漉的烂泥里。另外一只不等猎狗惊动，就在列文身后飞起来。

等列文转过身来，这只山鹬已经飞远了。但是一枪也打中了。这第二只山鹬飞出二十步之后，猛地朝上一冲，就像一个抛出的皮球一样，翻滚着往下落，沉甸甸地落在一块干地方。

“这才有意思！”列文一面把热乎乎、肥嘟嘟的山鹬往猎袋里装，一面在心里说。“怎么样，我的好拉斯卡，有意思吗？”

等列文装好弹药，又往前走的时候，太阳虽然被云彩遮住，但已经升上来了。月亮已经失去光辉，在天空泛着白色，宛若小小的一朵白云；连一颗星星也看不见了。原来到处闪烁着银色露珠儿的沼泽地，这时已经一片金黄色了。铁锈色的水面泛出一片琥珀色。青翠的野草变成黄绿色。还带着露珠儿的小河边的树丛，投下长长的阴影，沼地的小鸟儿已经在树丛里闹腾起来。一只老鹰醒来，落到草垛上，把头扭来扭去，很不满意地打量着沼地。一群寒鸦朝田野里飞去，一个光脚板的男孩子赶着几匹马朝一个老头儿走去，那老头儿已经揭去盖的衣服坐起来，正在搔痒。猎枪放出的硝烟在碧绿的草丛上飘飘荡荡，像白色的牛奶。

有一个孩子朝列文跑来。

“昨天这儿还有野鸭子呢！”那孩子朝他叫道。然后就远远地跟着他往前走。

列文又当着这孩子的面接连打下三只山鹬，这孩子连声称赞，列文倍加地高兴。

十三

猎人有一种说法:如果第一只飞禽或者走兽能打中,那这一天都是走运的。这话果然不错。

列文走了三十俄里之后,就背着十九只血淋淋的野物,腰里还挂着一只野鸭,因为猎袋里塞不下了,于早晨九点钟又疲倦,又饥饿,又快乐地回到住处。两个伙伴早已醒来,而且也饿了,吃过早饭了。

"别急,别急,我记得是十九只。"列文说着,又数了一遍已经没有飞翔时那股神气,蜷缩了,瘪了,带着一片片干血,脑袋歪到一边的山鹬和松鸡。

数目没有错。列文看到奥布朗斯基那股眼红的神气,心里十分高兴。还有一件高兴的事就是,他一回到住处,就看见吉娣派的送信人已经来到。

> 我十分健康,十分愉快。如果你为我担心的话,现在你可以比以前更放心了。我有了新的护身,就是玛丽雅·符拉西耶芙娜(这是一个接生婆,是列文的家庭生活中一个新的重要人物)。她来看望我。她认为我十分健康。我们就把她留下了,一直等你回来再走。大家都很愉快,很健康,就请你不要着急吧,而且,如果打猎顺手的话,还可以再待一天。

这两件喜事，打猎得手和妻子来信，使列文太高兴了，所以后来发生两件小小不愉快的事，他就觉得不算什么了。一件是，那匹拉套的枣红马昨天显然累坏了，不吃草料，无精打采。车夫说，这马是劳累过度了。

"昨天把马赶累了，康斯坦丁·德米特里奇，"车夫说，"可不是，一口气赶了十几俄里！"

另一件不愉快的事，起初使他懊丧，随后觉得非常好笑的，就是，吉娣给他们准备的那么多食物，原以为一个星期吃不完的，却吃得一点也不剩了。列文打猎回来，又累又饿，满以为一回来就能吃到馅饼，还没有到门口，就似乎闻到馅饼气味，并且觉得嘴里也有了馅饼滋味儿，就像拉斯卡闻到了野物气味，所以一进门就吩咐菲利浦给他拿馅饼来。结果，不仅馅饼没有了，连小鸡也吃光了。

"真是好胃口！"奥布朗斯基指着维斯洛夫斯基，乐呵呵地说，"我的胃口一向不坏，可是他的胃口才真正了不起……"

"唉，有什么办法呢！"列文阴沉地看着维斯洛夫斯基说，"菲利浦，那就弄点儿牛肉来吃吧。"

"牛肉吃完了，骨头我也喂狗了。"菲利浦回答说。

列文十分不快，很懊恼地说：

"哪怕多少给我留一点儿也好呀！"他差一点儿要哭出来。

"那你给我弄点儿野味，加点儿荨麻，"列文竭力不看维斯洛夫斯基，用打哆嗦的声音对菲利浦说，"再去给我要点儿牛奶。"

过了一阵子，等他喝饱了牛奶，就因为自己对外人流露出懊恼心情，感到不好意思起来，就嘲笑起自己一副恶狠狠的饿相。

傍晚，他们又出去打了一次猎，维斯洛夫斯基也打到几只野物。到夜里他们就回家了。

归途中他们也像来时那样快活。维斯洛夫斯基一会儿唱歌；一会儿回味他在庄稼人家里的奇遇，庄稼人又请他喝酒，又对他说“怠慢，怠慢”；一会儿回味他和嫩花生般的使女的艳遇。还有那个庄稼人问他有没有娶亲，听说他还没有娶亲，就对他说：“不要眼馋别人的老婆，拼死拼活也要为自己讨一个。”维斯洛夫斯基觉得这话特别好笑。

“总的来说，我对这次出游太满意了。您呢，列文？”

“我很满意。”列文真心实意地说。他特别感到高兴的是，他不仅不像在家里那样对维斯洛夫斯基怀有反感，而且觉得他亲切可爱了。

十四

第二天上午十点钟，列文在庄子上巡视过一遍之后，就去敲维斯洛夫斯基住宿的房间的门。

“请进，”维斯洛夫斯基对他叫道。“对不起，我刚刚淋过浴，”他只穿着内衣站在他面前，笑嘻嘻地说。

“不用客气。”列文在窗前坐下来，“您睡得好吗？”

“睡得才香呢。今天这天气打猎多么好呀。”

“您喝什么，茶还是咖啡？”

“什么都不喝。我要吃早饭。我实在不好意思。我想，太太们已经起身了吧？现在出去走走也好。您让我看看您的马吧。”

列文带着客人在花园里走了走，又到马棚里去看了看，甚至还一起练了练双杠，然后才回家，一起走进客厅。

“打猎打得真漂亮，有趣的事儿有多少呀！”维斯洛夫斯基说着，朝正在烧茶炊的吉娣走去，“女士们就享受不到这种乐趣，多么可惜呀！”

“哼，真没办法，他又找由头和女主人搭话了。”列文在心里说。他又觉得这位客人在和吉娣说话时那种微笑，那种得意扬扬的神气，有点儿不对头……

老夫人同玛丽雅·符拉西耶芙娜和奥布朗斯基坐在桌子的另一边。她把列文叫过去，和他谈起吉娣去莫斯科生产和准备住房的事。正如在结婚时那样，列文觉得任何备办婚礼的事都是不愉快的，因为那都太庸俗低下，有损婚礼的庄严伟大，现在他也觉得，为即将来临的分娩做的种种准备都是有损其意义的。他总是尽量不去听她们商量怎样给未来的小孩做襁褓，尽量不去看陶丽特别看重的那些神秘的、编织起来没完没了的绦带和一些三角形麻布，以及诸如此类的玩意儿。对于生儿子这件事（他认定是儿子），大家一再对他说起，但他还是不敢相信能生出来，因为这事太不寻常了，所以，一方面他觉得这是莫大的幸福，因而也是难以得到的幸福，另一方面他觉得这是极其神秘的事，认为像她们这样自以为知道未来，因而像对待一件平常的、人为的事一样做起准备，这是使人气愤的，是侮辱性的。

老夫人却不理解他的心情，认为他对这事不闻不问是轻率和不关心，所以她不能由他这样。她派定奥布朗斯基去看住房，现在又把列文叫到跟前。

“我什么也不知道，老夫人。您想怎么办就怎么办好啦。”他说。

“你们什么时候去莫斯科，应该定下来。”

“我实在不知道。我只知道，成千上万的孩子不是在莫斯科，也不是靠医生生的……那又何必……”

“那万一有什么……”

“哦，不，那就看吉娣怎么想吧。”

“这事不能和吉娣谈呀！你想怎样，要我把她吓死吗？比如，今年春天，娜塔丽·戈里岑娜就死在一个很坏的接生婆手里。”

“您怎么说，我就怎么办。”他阴沉地说。

于是老夫人对他说起来，可是他没有听她的。虽然老夫人对他说的话使他感到不快，他脸色阴沉却不是由于这番话，而是因为他看到茶炊旁的情景。

“不行，这不能容忍。”他偶尔看看弯身对着吉娣、笑容可掬地对她说话的维斯洛夫斯基，看看满脸绯红、情绪激动的吉娣，在心里说。

维斯洛夫斯基的姿态、他的眼神、他的微笑都有一种不对头的意味。列文甚至看出吉娣的姿态和眼神也有点不对头。他眼里的光芒顿时又熄灭了。他又像昨天那样，觉得自己一下子从幸福、平安和尊严的顶峰掉进绝望、懊丧和屈辱的深渊。他又觉得一切人和一切事情都是可厌的了。

“老夫人，您想怎样，就怎样办吧。”他说过，又回头看了看。

“王冠是沉重的！”[1]奥布朗斯基和他开玩笑说，显然不仅影射

①引自普希金的歌剧《鲍利斯·戈东诺夫》。

他和老夫人的谈话，而且也影射他已经发现的列文激动的原因，“你今天怎么这样晚呀，陶丽！”

大家都站起来迎接陶丽。维斯洛夫斯基只是站起来一下，并且像现代青年对待妇女不拘礼貌那样，微微弯了弯腰，便又说下去，因为什么事笑起来。

“玛莎把我折腾得够受。她没有睡好，今天脾气特别坏。”陶丽说。

维斯洛夫斯基和吉娣又谈起昨天的话题，谈起安娜，谈起爱情能不能超脱社会环境。吉娣不高兴谈这些事，因为谈这些事以及他所用的语调都使她不安，尤其因为她已经知道这会使丈夫有什么样的感觉。但是她太单纯、太天真了，没办法制止这样的谈话，甚至也无法掩饰这个青年人明显的献媚使她流露出来的喜悦神气。她想制止这场谈话，但她不知道该怎么办。不论她怎样，她知道丈夫都会察觉，都会往坏处想。果然，当吉娣问陶丽玛莎怎么啦，维斯洛夫斯基急切地等着她们这种乏味的谈话快点结束，冷冷地望着陶丽的时候，列文就认为她问这话是不自然的、令人作呕的花招了。

“今天咱们去采蘑菇，怎么样？”陶丽说。

“去吧，我也去。”吉娣说，并且脸红了红。她出于礼貌想问问维斯洛夫斯基去不去，可是没有问。“你到哪儿去，柯斯加？”就在列文迈着坚定的步子从她身边走过时，她带着负疚的神气问他。她这种负疚的神气证明他的种种猜疑是有道理的。

“我不在家的时候来了一个机器匠，我还没有见到他呢。”他也不看她，说道。

他下了楼,但还没有走出书房,就听见急急忙忙向他走来的妻子的熟悉的脚步声。

“你有什么事?”他冷冷地对她说,“我们有事呢。”

“对不起,”她对德国机器匠说,“我要和丈夫说几句话。”

德国人想走开,可是列文对他说:

“请坐着吧。”

“是三点钟的火车吗?”德国人问道,“可别误了车。”

列文没有回答他,就和妻子走了出来。

“嗯,您有什么话要和我说?”他用法语说。

他没有看她的脸,也不愿看到她那怀着孕,整个脸抽搐着,窘得不知所措的可怜模样。

“我……我想说,这样没法活,这简直是受罪……”她说。

“饭厅里有人,”列文气嘟嘟地说,“不要叫别人看笑话。”

“好吧,咱们上这儿来!”

他们站在过道里。吉娣想到旁边一个房间里去。可是英国女教师在里面给丹尼娅上课。

“好吧,咱们上花园里去!”

在花园里他们碰到一个打扫小路的汉子。他们再也不管那汉子会看到她那泪汪汪的脸和他那激动的样子,也不管他们那神气活像两个逃难的人,只管快步往前走,觉得需要说说心里话,说服对方,让对方不要再这样,并且需要两个人单独待一会儿,也好摆脱一下两个人都感受到的痛苦。

“这样没法活!这是受罪!我痛苦,你也痛苦。为什么呀?”等他们终于来到椴树林荫道僻静角落里一条长凳边,吉娣说道。

“不过有一点你要对我说说：他的举动是不是有点儿不对头，不像话，下流得不得了？”列文像那天夜里那样，两个拳头按着胸口站在她面前，说道。

“是的。”她用打哆嗦的声音说。“不过，柯斯加，难道你没有看出来，这不怪我吗？我从早晨起就想制止这种举动，可是这些人呀……他为什么要来呀？我们本来多么幸福呀！”她哭得整个发胖的身子直打哆嗦，哭得上气不接下气地说。

扫园子的汉子惊讶地看到，虽然没有什么追赶他们，也不是逃避什么，他们在长凳上也不会得到什么了不起的乐趣，但是当他们经过他身边回家去的时候，脸色是安详的，喜洋洋的。

十五

列文把妻子送上楼以后，就朝陶丽房里走去。陶丽这一天也非常苦恼。她在房里来来回回走着，气嘟嘟地对站在角落里大哭的小女孩说：

“你要站一天墙角，让你一个人吃饭，不给你玩洋娃娃，不给你做新衣服，”陶丽简直不知道怎样处罚她好了。

“唉，这丫头坏透了！”她对列文说，“她这些坏毛病是从哪儿来的呀？”

“她究竟做了什么事呀？”列文相当冷淡地说。他本来是想和她商量商量自己的事的，所以，看到来得不是时候，心中有些不快。

“她和格里沙到草莓地里去，在那儿……她做的事我都说不出口。艾里奥小姐一千个不应该。她什么也不管,像一架机器……您想想吧,这是个女孩子呀……”

于是陶丽说了说玛莎的罪状。

“这算不了什么,这不是什么坏毛病,这不过是淘气。”列文安慰她说。

“那你有什么不顺心的事吗?你来做什么呀?”陶丽问道,“那边有什么事呀?”

列文从她问话的语气听出来,他不难把他想说的话说出来了。

“我刚才不在那边,我和吉娣到花园里去了。自从……司基瓦来了以后,我们这是第二次吵嘴了。”

陶丽用一双会意的聪明的眼睛望着他。

“那你凭良心说说,不是吉娣,而是那位先生的举动中,有没有使做丈夫的不愉快,不是不愉快,而是感到可怕和受侮辱之处?”

“这事怎么说好呢……站好,站在角落里!”这时玛莎看到母亲脸上有一丝笑意,正要转过身来,陶丽就对她喝道。“在交际界来说,他的举动像所有的年轻人一样。他向年轻美貌的女子献殷勤,一个经常出入交际界的丈夫只会引以为荣。”

“是的,是的,”列文阴沉地说,“可是,你发觉了吗?”

“不光是我,连司基瓦也发觉了。喝过茶以后,他就直截了当地对我说:我看,维斯洛夫斯基有点儿缠上吉娣呢。”

“那好极了,现在我心安理得了。我可以撵他走了。”列文说。

“你怎么，疯了吗？”陶丽害怕得叫起来，“你怎么啦，柯斯加，冷静点儿吧！”她笑着说。“好啦，现在你可以到芳尼那儿去了，”她对玛莎说，“不行，如果你要这样的话，那我就对司基瓦说说。他可以把他带走。可以对他说，你还有一些客人要来。总之，他在我们这儿很不方便。”

“不，不，我自己去。”

“那你不是要吵架吗？”

“绝对不会。我会是很快活的，”列文确实喜笑颜开地说，“好啦，陶丽，饶了她吧！她下次不会了。”他说的是那个小罪犯玛莎，她没有到芳尼那里去，而是犹豫不决地站在母亲面前，愁眉苦脸地等待着，在看母亲的眼色。

母亲看了她一眼。小女孩哇地一声大哭起来，把脸埋在母亲的两膝中间，陶丽把她那温柔的纤手放在她的头上。

“他和我们有什么共同之处呢？”列文想道。于是他就去找维斯洛夫斯基。

他在穿过前厅的时候，就吩咐套轿车，要上火车站。

“昨天轿车上的弹簧断了。”仆人回答说。

“那就套轻便马车吧，不过要快点儿。客人在哪儿？”

“他到自己房里去了。”

列文找到维斯洛夫斯基的时候，维斯洛夫斯基刚收拾好自己皮箱里的东西，放好新情歌的歌谱，这时正在打绑腿，准备去骑马。

不知是列文的脸色有点儿异样，还是维斯洛夫斯基自己已经感觉出他干的这种小小的风情事儿在这个家庭里是不相宜的，反正他一见列文进来，就有点儿（一个交际场上的人只能这样了）不好意思了。

“您打绑腿去骑马吗？”

“是的，这样要干净多了。”维斯洛夫斯基说着，把一条肉嘟嘟的腿放在椅子上，扣着最下面的扣子，快活而和善地笑着。

他无疑是一个善良的小伙子，列文一发现他的目光中有羞怯的神色，就怜惜起他来，并且因为自己是主人，感到不好意思起来。

桌上放着半截手杖，那是今天早晨他们一起做体操时，试图抬高倾斜的双杠而折断的。列文拿起这半截手杖，把断头上劈裂的碎片一片一片地往下扯，不知道怎样开口。

“我想……”他说不下去了，可是他顿时想起吉娣以及种种情景，于是就毅然决然地看着维斯洛夫斯基的眼睛，说：“我已经叫人给您套车了。”

“这是什么意思？”维斯洛夫斯基惊讶地说，“上哪儿去呀？”

“送您上火车站去。”列文一面扯着劈裂的碎片，一面阴沉地说。

“您要出门，还是出了什么事？”

“是我还有一些客人要来，”列文一面说，一面用有力的手指头越来越快地扯着手杖上劈裂的碎片，“也不是有客人，也没有出什么事儿，不过我请您走吧。我这样不客气，您想怎样解释就怎样解释吧。”

维斯洛夫斯基挺直身子。

“我请**您**给我解释解释……”他终于明白了，就郑重地说。

“我不能给您解释，”列文尽量掩饰下巴的颤动，又轻又慢地说，“您最好也别问。”

因为断头上的碎片已经被扯光了，列文就抓住老粗的两头，把半截手杖折断，并且使劲握住断下的一头。

也许是这两手用劲的样子，今天早晨做体操时维斯洛夫斯基摸过的列文这一身肌肉，这炯炯有神的一双眼睛，轻轻的声音和颤动的下巴，胜过千言万语，使他服了。他耸了耸肩膀，轻蔑地笑了笑，鞠了个躬。

“我能不能见见奥布朗斯基？”

列文看到他耸肩和冷笑，也没有生气。他心想：“他还要干什么呢？”

“我这就去叫他到您这儿来。”

“这简直是胡闹！”奥布朗斯基听朋友说他被撵走，就到花园里找到正在散步等待客人离开的列文，这样对他说，“这真可笑！你这是叫什么苍蝇叮了？这真是可笑到极点！你为什么要大惊小怪呀，一个青年人嘛……”

但是列文被苍蝇叮的地方显然还很疼，因为，在奥布朗斯基想说说道理的时候，他的脸色又白了，而且急忙打断奥布朗斯基的话，说：

“请你不要讲什么道理吧！我不能不这样！我对你和对他都感到很不好意思。不过我想，他离开这里不会有多么难过，可是有他在这里，我和我妻子都很不愉快。”

“可是这对他是污辱呀！再说，这也太可笑了。”

“然而这对我又是污辱，又是痛苦呀！而且我没有任何过错，我没有必要忍受痛苦呀!”

“唉,我真没想到你会这样!嫉妒是可以的,但嫉妒到这种程度,那就可笑极了!”

列文迅速地转过身去,离开他朝林荫道深处走去,又在那里前前后后踱了起来。不多一会儿,他就听见马车的辘辘声,透过树丛看到维斯洛夫斯基戴着他那顶苏格兰帽坐在干草上(糟糕的是,马车上没有坐垫),顺着林荫道一颠一簸地过去了。

有一名仆人从家里跑出来,把马车喊住。列文心想:“这又是怎么一回事儿?”原来是那个德国机器匠,列文已经完全把他忘了。那个德国人一面鞠躬,一面对维斯洛夫斯基说着什么话;然后他上了马车,他们就一起走了。

奥布朗斯基和老夫人对列文的做法都感到气愤。列文也觉得自己不仅可笑到极点,而且完全错了,无颜见人;但是,他想起他和妻子当时痛苦的情形,就问自己,下次遇到这样的事他该怎么办,自己却回答说,还是要这样。

尽管这样,到了这天晚上,除了老夫人不能饶恕列文的做法以外,大家都像平常一样快快活活,热热闹闹了,就像孩子们受过了处分,大人结束了令人难受的官场应酬一样,所以到了晚上,老夫人一走,谈起撵走维斯洛夫斯基的事,就像谈陈年往事一样了。继承了父亲说笑话才能的陶丽,说她刚刚扎上新的蝴蝶结去看客人,已经走进客厅里,却听到马车的辘辘声。马车上是什么人啊?原来是维斯洛夫斯基,头戴苏格兰帽,手拿情歌歌谱,腿上打着绑腿,坐在干草上呢。她说了一遍又一遍,每一遍都加点儿新的笑料,使瓦伦加笑得肚子都疼了。

“你至少也应该叫人套一辆轿车呀！不是轿车，过了一会儿，我听见：‘站住！’，哦，我心想，这是发善心了。我一看，是让那个胖德国佬也坐上他的车，让他们一起走……我扎蝴蝶结就白扎了！……”

十六

陶丽实现了自己的心愿，动身去看望安娜。她感到遗憾的是，这使妹妹伤心，也使妹夫不快。她明白，列文夫妇不愿意和伏伦斯基有任何交往是有道理的；但是她认为自己必须去看看安娜，以表示尽管她的境况变了，她对她的感情依然如故。

陶丽这次外出不想麻烦列文夫妇，她就派人到乡下去租马。但列文一知道此事，就来责备她。

“为什么你就认定你去我会不高兴呢？如果这事使我不高兴的话，那你不用我的马，我就更不高兴了，”他说，“你从来没有对我说过你一定要去。到乡下去租马，首先使我不高兴，而主要的是，他们会租给你，但不会把你送到地方。我有的是马。你如果不想让我心里难受的话，那你就用我的马。”

陶丽只好同意。到了选定的日子，列文为陶丽准备好四匹马，还有替换的马，是从耕马和骑的马中挑选出来的，外表不太好看，但能够一天就把陶丽送到。现在，要送老夫人走，还要接送接生婆，都需要马匹，这在列文是有难处的，但作为一个殷勤待客的主人，他不能让陶丽从他家里到外面租马，此外，他也知道，租马外出一趟要二十卢布，这在陶丽也是一大笔开支；陶丽手头很拮据，列文夫妇也是感同身受的。

陶丽听从列文的主意，天没亮就动身了。道路平坦，马车很安稳，马也跑得很轻快，驭座上除了车夫，还坐着账房，是列文派他代替仆人来护送的。陶丽打起盹儿，直到来到客店要换马时才醒。

陶丽在列文那次去斯维亚日斯基家时歇脚的那户富裕农家喝足了茶，又和娘儿们谈了谈孩子，和老汉谈了谈他一再称赞的伏伦斯基伯爵，到十点钟又继续赶路。在家里，她一心忙着照料孩子们，从来没有时间思索。可是现在，在这四个小时的旅途中，从前压制住的种种想法一下子都涌上她的心头，于是她从各方面回顾了她的一生，这是以前从来不曾有过的。她自己都觉得她的想法很奇怪。开头她想的是孩子们，虽然老夫人，尤其是吉娣（她更信得过吉娣）答应照料孩子们，她还是不放心。“玛莎可不能再淘气，格里沙可别叫马踢着，莉莉可别闹肚子。”可是后来她不再想当前的问题，而是想起近期内即将面临的问题。她开始考虑，今年冬天怎样在莫斯科租一套新的住房，怎样换客厅里的家具，怎样给大女儿做一件小皮袄。后来又思索起更远的未来的问题：怎样把孩子们抚养成人。“女孩子们倒是好办，”她想。“可是男孩子们呢？”

“好在我现在自己可以照料格里沙，但这只是因为我现在没有怀孕，没有累赘。不用说，靠司基瓦是根本不行的。我也可以依靠好心人的帮助，把他们抚养成人；可是如果再怀孕的话……”于是她想起一种说法，说是对女人的惩罚就是让她尝受生孩子的痛苦，她认为这种说法是不对的。她心想：“生孩子倒没有什么，怀孩子才真痛苦哩。”于是她想起怀最后一个孩子和这最后一个孩子死的情形。她又想起在歇脚的地方和那个年轻媳妇的谈话。她问那个漂亮的年轻媳妇有没有孩子，那媳妇快活地回答说：

“有过一个女孩儿，可是上帝又接走了，四旬斋时候就埋掉了。”

“怎么样，你很难过吧？”陶丽问道。

“有什么难过的？老头子的孙子孙女已经够多的了。不过是麻烦事儿。叫人什么事也不能干。只是累赘。”

尽管这媳妇亲切可爱，陶丽还是对她这话十分反感；可是现在她不由得想起这话。在这不近人情的话里也有一点儿道理。

“而且总的来说，”陶丽回顾了她婚后这十五年来的生活之后，想道，“就是怀孕，恶心，头脑迟钝，对一切都冷漠，尤其是变丑。像吉娣，年轻美丽的吉娣，也变得这样难看了。我知道，我一怀孕是很丑的。分娩，痛苦，说不出的痛苦，这最后关头……然后是喂奶，夜夜不能睡觉，还有那可怕的疼痛……”

陶丽一想起害奶疮的疼痛，就浑身打哆嗦。她几乎给每个孩子喂奶都生奶疮。“再就是孩子生病，时时刻刻担心害怕；再就是教育，种种坏毛病（她想起小玛莎在草莓地里的罪行），功课，拉丁文——这一切都很麻烦，难办。而最可怕的是孩子的夭折。”于是她的脑海里又出现了永远撕扯着母亲的心的最后一个吃奶的孩子死于喉炎的悲惨情形，埋葬的情形，大家对那口小小的粉红色棺材的淡漠情形，以及在往棺材上盖那带金边十字架的粉红色小棺盖的时候，她看着棺材里那苍白的小额头和鬈曲的鬓发，看着那微微张开的好看的小嘴，她感到揪心裂腑、无人可诉说的悲痛情形。

“这一切又是为了什么？这一切会落得什么？那就是，我得不到片刻安宁，不是怀孕，就是喂奶，老是爱生气，爱唠叨，自己痛苦，也叫别人痛苦，叫丈夫讨厌，就这样过一辈子，抚养出几个不幸的、缺乏教养的可怜孩子。就是现在，如果不是在列文家过夏天，我真不知道我们怎么过呢。当然啦，柯斯加和吉娣都很体贴人，使我们不觉得是作客；但是不能长此下去呀。等他们有了孩子，就不能再帮助我们了；他们现在也不是多么富裕。爸爸几乎什么财产也没有了，又怎么能帮助我们呢？所以，我自己连孩子都养活不了，除非低三下四地去求别人接济。就算是最幸运吧：孩子们不再有死的，我也能勉强把他们抚养成人。他们至多也不过不成为坏蛋。我能够希望的也不过这一点。可就是为了这一点，要吃多少苦，花费多少心血呀……这一生就完了！”她又想起那个年轻媳妇说的话，一想起那番话又感到厌恶；可是她不能不承认这话里有几分不容反驳的真理。

“怎么样，米哈伊拉，还很远吗？”陶丽为了驱散种种使她害怕的想法，就问账房道。

“听说，离那个村子还有七俄里。”

马车经过一个村子里的街道上了一座小桥。一群快活的娘儿们背着盘成捆的草绳在桥上走着，快快活活地大声说着话儿。她们在桥上站住，好奇地打量着这辆马车。陶丽觉得，那一张张朝着她的脸都是健康的，快活的，洋溢着使她艳羡的生的欢乐。“她们都活得很好，都能享受到人生的乐趣。”陶丽等马车从娘儿们身边过去，上了坡，老式马车又飞跑起来，她在柔软的弹簧坐垫上快活地摇晃着，继续想道，“可是我，就像是从监狱里，从日夜操心、忙得团团转的天地里放出来的，只是这时候才能清醒一会儿。不论这些娘儿们，不论妹妹娜塔丽雅，瓦伦加，还是我现在去看的安娜，人人都活得像个样子，就是我不行。”

“可是他们还说安娜的坏话呢。为什么呀？怎么，难道我就好些？我至少有一个心爱的丈夫。说不上称心如意，但我是爱他的，可是安娜不爱她的丈夫。她有什么过错呀？她要生活呀。上帝赋予我们生的欲望嘛。我要是她，也很可能会这样。在那可怕的日子里，她到莫斯科来看我，我听从了她的话，至今我也不知道我做得对不对。我当时应该抛弃丈夫，重新开始生活。我可能真正爱上什么人，有人会真正爱我。现在难道好些吗？我不尊敬他。我需要他，我就容忍了他。”她想的是丈夫。“难道这就好些吗？那时候可能还会有人喜欢我，我还有我的动人之处呢。”陶丽继续想着，并且很想照照镜子。她的手提包里有一面随身带的小镜子，她很想掏出来；但她看了看车夫和颠颠晃晃的账房的脊背，就觉得，万一他们回过头来，那会很难为情的，于是就没有去掏镜子。

但是，虽然没有照镜子，她还是在想，就是现在也不晚，于是她想起丈夫的朋友、对她特别亲热的杜罗夫津。他在孩子们害猩红热的时候同她一起照料孩子们，而且爱上了她。还有一个年纪很轻的人认为她是三姊妹当中最美的，这是丈夫开玩笑对她说的。于是陶丽想象出一桩桩最热烈、最浪漫的风流事儿。“安娜的做法好极了，我说什么也不能责备她。她自己幸福，也使另外一个人幸福，而不是像我这样受尽摧残，想必她还是像以往那样娇艳、聪明和爽朗，”陶丽想着，嘴角浮起诡秘的微笑，尤其因为想到安娜的风流事儿的同时，想象着她和她想象中爱上她的理想男子所干的几乎同样的风流事儿。她也像安娜那样，把一切都对丈夫招认了。奥布朗斯基听到这事儿流露出来的惊讶和张皇失措的神气，使她忍不住笑了。

就在她这样想入非非的时候，马车拐了个弯，离开大路，朝沃兹德维任村奔去。

十七

车夫勒住四匹马，朝右边黑麦地里望了望，看到那里有一辆大车旁边坐着几个庄稼人。账房本想跳下车去，可是后来改变了主意，用命令的口气朝一个庄稼人喊了一声，招手叫他过来。马车奔驰时有点儿小风，车一停就没有了；汗淋淋的马身上落满了马蝇，马气冲冲地驱赶着。大车旁敲打镰刀的当当声停止了。一个庄稼人站起来，朝马车走来。

“瞧你那无精打采的样儿！”账房气嘟嘟地朝那个光着脚在疙疙瘩瘩的干路上慢慢走着的庄稼人喝道，“快点儿！”

这个头上扎着树皮绳，佝偻的脊背汗湿得发了黑的鬈发老汉，加快脚步，来到马车跟前，用晒得黑油油的手抓住马车挡泥板。

“到沃兹德维任村，到老爷的庄子上去吗？到伯爵家去吗？”他反复问道，“就走这条坡道。再往左拐。顺着大道往前走，就到了。你们找谁呀？就找伯爵吗？”

“怎么，老大爷，他们在家吗？”陶丽含含糊糊地说，因为她就是对庄稼人也不知道该怎样打听安娜的情况。

“想必在家，”老汉一面说，一面用光脚走着，身后留下一个个带五趾的清清楚楚的脚印，“想必在家，”他又说了一遍，因为他显然很想说说话儿，“昨天还有客人来呢。客人真是多极了……你什么事呀？”大车旁有一个小伙子在喊他，他转过身去说，“对了！刚才他们还骑马打这儿过去，去看收割庄稼来。这会儿想必在家里。你们是谁家的呀？……”

“我们是远道来的，”车夫说着，爬上驭座，“这么说，不远了吧？”

“我说，就要到了嘛。一走完这坡道就到了……”老汉用手抚摩着马车挡泥板说。

一个矮壮的年轻小伙子也走了过来。

“怎么，收割方面没什么活儿要干吧？”他问道。

“我不知道，孩子。”

“就是说，再往左一拐，就到了。”老汉说。他显然不愿放他们走，还想聊聊。

车夫把车赶动了，但是刚刚拐过去，那老汉就叫起来：

“站住！喂，伙计！站住！”两个声音在叫。

车夫把车停住。

“他们来了！那就是他们！”老汉叫道，“瞧，有很多人哩！”他指着大路上四个骑马和两个坐在敞篷马车上的人说。

那骑马的是伏伦斯基、赛马骑师、维斯洛夫斯基和安娜，坐在敞篷马车上的是瓦尔瓦拉公爵小姐和斯维亚日斯基。他们是出来兜风,并且看看新运来的收割机怎样收割。

等马车停下来,骑马的人也让马缓步走起来。安娜和维斯洛夫斯基并肩走在前头。安娜骑的短鬃毛、短尾巴、矮墩墩的英国马慢慢走着。陶丽看到她那秀美的头,那高高的女帽里露出来的黑发,那穿着黑色骑装的苗条身段,那安详优美的骑马姿势,感到不胜惊讶。

开头有一会儿,她觉得安娜骑马有点儿不成体统。在陶丽的心目中,女人骑马总是和幼稚轻佻、卖弄风情的概念联系着的,所以她认为,就安娜的境况,骑马是很不相宜的;但是当她在近处仔细看了看,立刻就觉得她骑马也挺好。尽管她的风度是极其优雅的,然而她的姿态、服饰和举止都是那样随便、文静和大方,显得再自然不过了。

和安娜并排的维斯洛夫斯基骑着一匹灰色烈性军马,头戴有飘带的苏格兰帽,两条粗腿往前伸着,显然很欣赏自己,陶丽一认出是他,忍不住快活地笑了。在他们后面是伏伦斯基。他骑的是一匹深色枣红马,显然那马跑得上了劲儿。他紧紧拉住缰绳,勒着马。

他后面是一个穿骑装的小个子。斯维亚日斯基和公爵小姐乘着崭新的敞篷马车,马车由一匹肥壮的大青马驾着,跟在骑马人的后面。

安娜一认出靠在老式马车角落里的瘦小的人就是陶丽,顿时笑逐颜开。她高叫一声,身子在马鞍上抖动了一下,就纵马跑起来。一跑到马车跟前,不等人搀扶就跳下马来,提着骑装,迎着陶丽跑来。

“我一直在想呢，可是又不敢想。哎呀，太高兴了！你真想象不出我有多么高兴！”安娜说着，一会儿把脸贴到陶丽脸上，吻她，一会儿离开一点儿，笑吟吟地打量她。

“真是太高兴了，阿历克赛！”安娜回头看了看已经下了马、朝她们走来的伏伦斯基，说。

伏伦斯基脱下高高的灰色礼帽，走到陶丽跟前。

“您恐怕不相信，我们多么欢迎您来。”他特别加重语气，并且露出满嘴结实的白牙笑着说。

维斯洛夫斯基没有下马，只是摘下帽子，在头顶上挥动起飘带，向客人致意。

“这是瓦尔瓦拉公爵小姐。”等敞篷马车来到跟前，安娜看到陶丽的询问目光，就回答说。

“噢！”陶丽说着，脸上不由得露出不满的神色。

瓦尔瓦拉公爵小姐是她丈夫的姑妈，陶丽早就认识她，并且不尊敬她。她知道，瓦尔瓦拉公爵小姐这一辈子都是在有钱的亲戚家当食客；可是现在，她竟住在和她不相干的伏伦斯基家里，陶丽为丈夫这位姑妈感到耻辱。安娜发觉陶丽脸上的表情，有些慌乱，脸红了红，提在手里的骑装滑脱了，把她绊了一跤。

陶丽走到停下的敞篷马车跟前，冷冷地和瓦尔瓦拉公爵小姐打了个招呼。斯维亚日斯基也是她认识的。他问过他的古怪的朋友和年轻妻子的情况以后，匆匆扫了一眼几匹很不配套的马和破烂的挡泥板，就请太太们坐敞篷马车。

“我来坐这辆老爷车吧，”他说，“这马很老实，公爵小姐也很会赶车。”

“不，您原来坐什么还坐什么吧，”安娜走过来说，“咱们就坐轿车，”她说着，挽住陶丽的胳膊，把她拉走。

陶丽看到她从没见过的这辆豪华马车，看到这肥壮的骏马和她周围这一张张彬彬有礼、容光焕发的脸，真是目不暇接。但最使她惊讶的，是她熟悉和喜欢的安娜身上发生的变化。换了别的女人，如果不细心观察，如果以前不认识安娜，尤其如果没有想过陶丽一路上想的那些心思的话，是不会发现安娜有什么特别之处的。但是现在陶丽为那种难得一见的瞬间美所惊倒，这种美只有女人在热恋时刻才会出现，现在她就在安娜脸上看到了。她脸上的一切：腮上和下巴上那清楚的酒窝，嘴上那清晰的皱褶，荡漾在整个脸上的微笑，眼睛里的光彩，动作的优美和敏捷，声音的圆润，甚至在维斯洛夫斯基要她让他骑她的马，教马学会右腿起步，她回答他时那娇嗔的样子，——这一切都格外有魅力；而且，好像她自己也知道这一点，并且感到十分高兴。

等两位太太上了轿车，顿时都感到不自在起来。安娜不自在，是因为陶丽用那样专注和询问的目光打量着她；陶丽不自在，是因为斯维亚日斯基说到这辆老爷车之后，安娜又和她坐上这辆又脏又破的轿车，她不由得不好意思起来。车夫菲利浦和账房也有同样的心情。账房为了掩饰自己的窘态，忙不迭地扶太太们上车；可是车夫菲利浦却阴沉下脸来，事先就准备好对这种外表好看不服输。他朝大青马看了一眼，就断定这大青马只能拉着敞篷车兜兜风，决不能在大热天一口气跑四十俄里，于是他冷笑了一下。

大车旁的庄稼人全都站了起来，好奇地、快快活活地观看迎接客人的场面，纷纷议论起来。

“都很高兴呢，很久没见面了呀。”那个扎着树皮绳的鬈发老汉说。

“我说，盖拉西姆大叔，要是让那匹大青马来拉麦子，才快哩！”

“你看呀。那个穿马裤的是女人吧？”一个庄稼人指着跨上女鞍的维斯洛夫斯基说。

“不，是个男子汉。瞧，他上马多利索！”

“怎么样，伙计们，看来，咱们不睡了吧？”

“现在还睡什么？”老汉斜眼看了看太阳说，“瞧，过了晌午了！拿起镰刀，来吧！”

十八

安娜望着陶丽那消瘦、憔悴、皱纹里落满尘土的脸，本想说自己的感想，就是说，陶丽瘦了；可是一想到自己过好了，而且陶丽的眼神也对她说了这一点，于是她叹一口气，就说起自己的情况。

“你望着我，一定在想，”安娜说，“我在这样的处境下，能不能幸福呢？嗯，好吧！说出来是有点儿不好意思；可是我……我实在幸福得不得了。我遇到了神奇事儿，就好像做梦，在梦里觉得可怕，吓得心惊胆战，可是一梦醒来，就觉得什么可怕的事儿也没有了。我就是梦醒了。我的痛苦和恐惧已经过去，现在，尤其是我们来到这里以后，实在太幸福了！……”她带着羞涩的、探询的微笑看着陶丽说。

"我多高兴呀!"陶丽笑着说,语气却不由得比她所希望的冷淡些了,"我很为你高兴。你为什么不给我写信呀?"

"为什么吗?……因为我不敢呀……你忘记我的处境了……"

"给我?你不敢?你真不知道,我多么……我认为……"

陶丽很想说说今天早晨她的一些想法,但不知为什么她觉得现在很不相宜。

"不过,这话以后再说吧。这都是一些什么房屋?"她想改变话题,就指着刺槐和丁香构成的天然绿篱里面的红绿房顶问道。"真像是一座小城。"

可是安娜没有回答她的问话。

"不,不!你对我的处境有什么看法,你是怎么想的?"安娜问道。

"我认为……"陶丽正要说下去,可是这时维斯洛夫斯基在教会马右腿起步之后,纵马从她们身边驰过,他那穿短上衣的胖大身子压得女鞍噼啪直响。

"行了,安娜·阿尔卡迪耶芙娜!"他叫道。

安娜连看也没有看他;可是陶丽又觉得,在马车里不便长谈,所以只简短地说了说自己的想法。

"我没有什么看法,"她说,"我一向喜欢你,要是喜欢的话,那就喜欢整个的人,是怎样就怎样,而不是要这个人像我希望的那样。"

安娜不再看朋友的脸,并且眯起眼睛(这是她的新习惯,陶丽以前没有看到她这样过),沉思起来,想完全领会这话的意思。她显然像她希望的那样真正领会了这话的意思以后,朝陶丽看了一眼。

“就算你有什么过错的话,”安娜说,“你这一来,又说了这一番话,就什么都可以原谅了。”

陶丽看到,她的眼睛里涌出泪水。她一声不响地握了握安娜的手。

“那么,这是一些什么房屋呀?怎么这样多呀!”在沉默了一会儿之后,陶丽又问道。

“这是用人的下房,养马场,马厩,”安娜回答说。“从这里起,是花园。本来全荒废了,可是阿历克赛又恢复起来。他很喜欢这庄园,而且我怎么也没有想到,他对庄稼事儿热心得要命。不过,这是因为他有很高的天分!不论做什么,都能做得很出色。他不但不觉得乏味,而且很带劲儿。他,正如我知道的,成了一个精明能干的好当家人,在庄稼事儿上很会精打细算。不过也只是在庄稼事儿上。在进出几万卢布的事儿上,他就不会算账了。”她带着高兴而诡秘的微笑说。女人在谈到心爱的人的不为人知、只有她才知道的特点时,往往带着这样的微笑。“你看见这座大楼吧?这是一座新医院。我看,这要花十万以上呢。这是他现在爱谈的话题。你可知道,这是怎么来的?好像是庄稼人要他让让草地的价钱,他却不肯,我也责备他太小气。当然,不光是因为这事儿,而是种种原因在一起,——于是他就造起这座医院,要证明他并不小气。可以说,这是小事一桩;可是我因此更爱他了。哦,你马上就可以看到住房了。那还是祖父传下来的房子,外表还一点也没有变。”

“多漂亮呀!”陶丽情不自禁地带着惊讶的神气望着花园里的老树那深深浅浅的绿色枝丛中露出来的带圆柱的漂亮楼房,说:

“很漂亮,不是吗? 在房子里,从楼上往外看,景色也美极了。”

她们的马车进了院子,院子里铺了石子,还有一个花坛,有两个人正在翻松的花床周围砌石头,砌的是各种形状的多孔石,她们的马车就停在盖了顶的大门口。

“哦,他们已经到了!”安娜望着几匹刚刚要从台阶旁牵走的坐骑,说。“这匹马挺好,不是吗? 这是一匹矮腿马。我很喜欢。牵到这儿来,再拿些糖来。伯爵在哪儿?”她问两个刚刚跑出来的很体面的仆人。“哦,他来了!”她看到出来迎接她的伏伦斯基和维斯洛夫斯基,就说道。

“您把公爵夫人安顿在哪儿呀?”伏伦斯基用法语问安娜,不等她回答,就又一次和陶丽打招呼,还吻了吻她的手。“我看,就住有阳台的大房间吧?”

“噢,不,那太远了! 最好是拐角那一间,我们可以多见见面。好啦,咱们走吧,”安娜把仆人拿来的糖喂过她的爱马之后,说道。

“您忘记您的责任了。”她对也来到台阶上的维斯洛夫斯基说。

“对不起,我的责任有满满几口袋呢。”维斯洛夫斯基把手指插进背心口袋里,笑嘻嘻地回答说。

“可是您来得太迟了。”安娜一面用手绢擦着喂糖时被马舔湿的手,一面说。她又转身问陶丽:“你能多住些日子吗？只住一天？那不行!”

“我说定了的,还有孩子们……”陶丽说。她觉得有些难为情,因为她得从马车上取出手提包,还因为她知道自己脸上一定是落满了灰尘。

“不行,陶丽,好嫂子……那就再说吧。咱们走吧,走吧!”于是安娜把她领进她的房间。

这不是伏伦斯基要她住的那个讲究的大房间,而是安娜让她将就着住的房间。就连这个将就着住的房间也十分豪华,陶丽从来没住过这样的房间,她觉得很像国外的上等旅馆。

“哎呀,好嫂子,我多么幸福呀!”安娜穿着骑装挨着陶丽坐了一会儿之后,说。“你给我说说你的一家吧。司基瓦我匆匆见过一面。但他是不会说孩子们的事的。我那可爱的丹尼娅怎么样啦？我想,长成一个大孩子了吧？”

“是的,很大了。”陶丽简单地回答说。问起孩子们的情况,她竟回答得这样冷淡,自己也感到惊讶。“我们在列文家里过得挺好。”她又补充一句。

“我要是早知道,你并没有瞧不起我……”安娜说。“那我就请你们一家到我们这儿来了。要知道司基瓦是阿历克赛很要好的老朋友呀。”她补充一句,顿时脸红了。

“是的,不过我们这样也很好……”陶丽很不好意思地回答说。

“不过,这是我高兴了,胡乱说说。好嫂子呀,反正我是太高兴了!”安娜又吻着她说,“你还没有告诉我,你对我是怎么看的,怎么想的,我可是什么都想知道呀。不过我很高兴,因为你会看到我是什么样子。最要紧的是,我不希望别人以为我想证明什么。我什么也不想证明,我只是想活;除了自己,不会伤害任何人。我有权利这样,不是吗? 不过,这事说起来话就长了,咱们还有机会好好谈谈的。现在我要去换衣服了,还要给你派一个侍女来。”

十九

剩下陶丽一个人以后,她就以主人的眼光把这个房间打量了一遍。她乘车来到这座房子跟前时所看到的,走进这座房子看到的,以及在这个房间里看到的,都使她产生富裕和阔气的印象以及现代欧洲豪华生活的印象。这种气派她只是在英国小说里读到过,在俄国乡下还从来没有见过。从新式的法国糊墙纸到铺满整个房间的地毯,一切都是崭新的。弹簧床上铺着褥垫,很别致的床头,小小的枕头套着绸缎枕套。大理石的洗脸盆,梳妆台,长沙发,桌子,壁炉上的铜钟,窗帘和门帘——一切都是贵重的,崭新的。

前来伺候的漂亮侍女,发式和服装比陶丽还要讲究,她也和这整个房间一样,周身上下都是崭新的和贵重的。陶丽见她彬彬有礼,又干净又殷勤,觉得很愉快,可是和她在一起又觉得尴尬;她在她面前穿着打过补丁的女褂,觉得很不好意思,那是别人给她错放进提包里的,算她倒霉。她在家里本来以打补丁和织补窟窿感到自豪的,现在却感到害臊了。在家里她很清楚,做六件小褂需要二十四尺棉布，每尺六十五戈比，总共要花十五卢布以上，还不算人工和纽扣等。缝缝补补就可以把这十五卢布省出来。但是她面对侍女，就不仅觉得害臊，而且觉得尴尬了。

等到陶丽早就认识的安奴什卡走进房里来，她就觉得非常轻松了。安娜叫那个漂亮侍女去有事，安奴什卡就留下来伺候陶丽。

安奴什卡见这位太太来了，显然非常高兴，不住嘴地在说话。陶丽觉察到，她很想对太太的处境以及伯爵对安娜·阿尔卡迪耶芙娜的爱和忠诚说说自己的看法，可是她只要一说起这事，陶丽就想方设法制止她。

“我和安娜·阿尔卡迪耶芙娜一起长大，对于我来说，她比什么都珍贵。自然，不用咱们来判断。而且，看来，已经爱得那么……”

“哦，如果方便的话，请你把这拿去洗一洗吧。”陶丽打断她的话。

“遵命。我们这儿有两个女人是专门洗东西的，不过衬衣是用机器洗。伯爵什么事都亲自过问。多么好的一个丈夫呀……”

安娜走进来，她这一来也就打断安奴什卡的唠叨，陶丽觉得非常高兴。

安娜换了一件非常朴素的麻纱连衫裙。陶丽仔细看了看这件朴素的连衫裙。她知道，这种朴素意味着什么，花多大的代价。

“这是我的老朋友。”安娜指着安奴什卡说。

安娜已经不再局促不安了。她显得非常随便，非常平静。陶丽看出来，她已经驱除由于她的到来而产生的感想，恢复常态，并且用起了平心静气的应酬语调，一用起这种语调，就好像关上了隐藏着感情和内心思想的密室的铁门。

“哦，安娜，你的女儿怎么样？”陶丽问道。

“安妮（她这样称呼她的女儿安娜）吗？她很好。病完全好了。你想看看她吗？走，我带你去看看。最麻烦的是保姆的事，”她说起来，“我们有一个意大利奶妈。人是很好的，可是蠢得要命！我们想把她辞掉，可是小孩子跟她过惯了，所以还一直用着。”

“可是你们究竟怎么解决的呀……”陶丽本来要问这孩子姓谁的姓的问题，可是发现安娜的眉头皱起来，就改换了问题的内容，“你们究竟怎么解决的？已经给她断奶了吗？”

可是安娜明白了。

“你要问的不是这个吧？你想问她姓什么吧？是吗？这事使阿历克赛很伤脑筋。她没有姓，也就是她还姓卡列宁。”安娜眯起眼睛说，眯得只看见合在一起的睫毛。“不过，”她的脸色突然放起光来，“这事咱们以后反正还可以谈谈。走吧，我带你去看看她。她非常可爱。已经会爬了。”

整座房子里的豪华气派已经使陶丽够吃惊的了，孩子房间里的豪华更使她惊讶不已。这儿有从英国订购来的童车，有学步车，有专门为孩子爬行用的像弹子台那样的长沙发，有摇篮，有专门做的新澡盆。这一切都是英国货，又结实又讲究，看样子都很贵。房间高大宽敞，非常明亮。

她们进来的时候，孩子穿一件小褂坐在小桌旁的小扶手椅上，正在喝肉汤，胸前洒满了肉汤。一个专门照料孩子的俄国侍女在喂她，可以看得出，侍女也在和她一起喝。奶妈和保姆都不在；她们在隔壁房里，从那里传来她们用怪腔怪调的法语说话的声音，因为她们只能用蹩脚的法语交谈。

一个衣着讲究的高高的英国女人，一听见安娜的声音，带着不愉快的脸色和不诚实的神情，急急忙忙地晃动着淡黄色鬈发走进门来，并且立刻为自己辩解起来，虽然安娜一点也没有责备她。安娜每说一句话，那英国女人都要忙不迭地连声说："是，夫人。"[①]

黑眉毛、黑头发的小女孩，小脸红红的，小身子也红红的，结结实实的，皮肤紧绷绷的，虽然她看到生面孔露出冷峻的表情，陶丽还是很喜欢她。她甚至羡慕起这孩子的健康模样儿。她也很喜欢她那爬的样子。她的孩子没有一个是这样爬的。在把这孩子放到地毯上，从后面把她的小衣服掖起来的时候，她显得格外可爱。她像个小动物一样，用乌黑发亮的眼睛打量着大人，显然因为有人欣赏她感到很高兴，笑眯眯的，歪歪斜斜地倒换着两条腿，使劲儿用两手撑着身子，屁股一蜷一蜷地迅速活动着，又用两只小手倒换着往前爬。

但是陶丽却很不喜欢这里的整个气氛，尤其不喜欢那个英国女人。安娜这样精明，为什么找这样一个不讨人喜欢、不可靠的英国女人来照料自己的孩子，陶丽觉得只能有一种解释，那就是，一个好女人是不会到像安娜家这种不规矩的家庭里来的。此外，陶丽立刻从几句话就听出来，安娜和奶妈、保姆以及孩子很少在一块儿，做母亲的难得到这儿来。安娜想给孩子拿一件玩具玩

①原文为英语。

儿，却找不到。

最使人惊讶的是，问起孩子有几颗牙齿，安娜竟回答错了，她根本不知道最近又长出两颗牙齿。

“我有时觉得很难过，我在这里像一个多余的人，”安娜说着，就从孩子的房间往外走，一面提着裙子下摆，免得绊到门口的玩具，“生第一个孩子可不是这样。”

“我想，恰恰相反。”陶丽怯生生地说。

“才不是呢！你要知道，我看过他，看过谢辽沙。”安娜眯起眼睛，好像凝视着远方什么东西说。“不过，这话咱们以后再谈吧。你也许不相信，我就像一个饿坏了的人，忽然面前摆出一桌丰盛的饭菜，就不知道先吃什么好了。这丰盛的饭菜就是你，就是能够和你好好谈一谈，那是和任何人都无法这样谈的；所以我不知道从什么谈起。可是我决不会轻易放过你的。我什么都要说一说。对了，我应该把你会在我们这儿遇到的一些人作一点儿介绍，”她说下去，“先说说女的。瓦尔瓦拉公爵小姐，你是知道她的，我也知道你和司基瓦对她的看法。司基瓦说，她的人生目的就是要证明她比卡吉琳娜·巴芙洛芙娜姑妈高明。这话不错。但她是善良的，我也非常感激她。在彼得堡，我有一度很需要有一个陪伴。她就是在那时候来的。但说实在的，她心肠很好。有了她，我好过多了。我看，你真不了解我那时……那时在彼得堡的处境有多么痛苦，”她又说，“在这儿我就十分安宁，十分幸福了。不过，这事儿以后再说吧。还得再说说另外几个人。再就是斯维亚日斯基，是首席贵族，也是一个很正派的人，但是他有些地方还很需要阿历克赛。你要明白，阿历克赛有这样的家产，现在我们搬到乡下来住，是会有很大影响的。再就是杜什凯维奇，你也见过他，他以前是属于培特西的。现在他被抛弃了，就到我们家来了。他这人正如阿历克赛说的，如果他想装成什么人，你就把他当成什么人，那么在这种情况下他是很讨人喜欢的，而且，正如瓦尔瓦拉公爵小姐说的，他也是很正派的。再就是维斯洛夫斯基……这人你是认识的。一个挺可爱的小伙子嘛。"她说着，嘴边浮起调皮的微笑。"列文闹的是什么鬼名堂呀？维斯洛夫斯基对阿历克赛说了说，我们都不相信。他可是非常可爱，非常单纯呀，"她又带着那样的微笑说，"男人都需要消遣，阿历克赛也需要交游，所以我也很看重这一伙人。要让我们这儿热热闹闹，快快活活，要让阿历克赛不再有什么另外的心思。你还会看到我们的管家。是一个德国人，人很好，也很能干。阿历克赛很器重他。再就是医生，是一个年轻人，他倒不完全是一个虚无主义者，吃饭却用刀子……但他是个很好的医生。再就是建筑师……简直是一个小小的宫廷！"

二十

"这不是，陶丽来看您来啦，公爵小姐，您不是很想见到她吗？"安娜带着陶丽来到石砌的大阳台上，对坐在凉荫里为伏伦斯基伯爵绣沙发套的瓦尔瓦拉公爵小姐说，"她说在午饭之前什么也不想吃，不过您还是叫人送些点心来，我去找阿历克赛，叫他们都到这儿来。"

瓦尔瓦拉公爵小姐对待陶丽又亲热，又带点儿长者的意味儿，并且立刻就向她解释起来，说她住在安娜这里，是因为她一向就比抚养安娜长大成人的那个姐姐卡吉琳娜更爱安娜，而且现在，在大家都不理睬安娜的时候，她认为自己有责任帮助她度过这段最难挨的日子。

“等她丈夫让她离了婚，到那时候我就再回去过我的冷清日子，可是现在我还有用，不论这有多难，我要尽我的责任，我不能像别人那样。你多么可爱呀，你来得多么好呀！他们过得就像最恩爱的夫妻一样；说他们好坏的应该是上帝，而不是我们。难道比留佐夫斯基和阿文尼耶娃……还有尼堪德罗夫，还有瓦西里耶夫和玛蒙诺娃，还有丽莎·涅普东诺娃……难道没有人说他们的坏话吗？到末了大家都还是好好对待他们。再说，这是很可爱的上等人家。完全是英国人气派。早晨到一起吃早饭，然后就各自分开。各人做各人想做的事情，一直到吃午饭。午饭在七点钟。司基瓦让你来，真是太好了。他应该支持他们。你要知道，伏伦斯基通过母亲和哥哥，什么都会办到的。再说，他们在做很多好事。他没有对你说起他那座医院吗？那真是了不起，什么都是巴黎来的。”

等安娜在弹子房里找到那一伙男的，并且带着他们一起回到阳台上，她们的话才中断了。到吃午饭还有很多时间，天气又很好，因此大家提出好几种办法来消磨这剩下的两个小时。在沃兹德维任村消磨时间的办法很多，而且所有的办法都和波克罗夫村的办法不同。

“打网球吧，”维斯洛夫斯基笑容可掬地说，“我还是和您搭档，安娜·阿尔卡迪耶芙娜。”

“不，天太热了。不如到花园里去走走，划划船，让陶丽看看两岸风光。”伏伦斯基说。

“我随便怎样都行。”斯维亚日斯基说。

“我想，陶丽最喜欢出去走走，不是吗？然后就去划船。”安娜说。

于是就这样定了。维斯洛夫斯基和杜什凯维奇就朝游泳场走去，说定在那里准备好船只等着。

安娜和斯维亚日斯基，陶丽和伏伦斯基，分成两对顺着小道朝前走去。陶丽来到这个全新的环境里，有点儿惴惴不安和忧虑。在抽象的道理上，她不仅认为安娜的所作所为是对的，而且她非常赞成。就像那些在道德上往往无可指责而又厌倦了单调的正经生活的女子，她不仅暗暗为不正当的爱情辩解，甚至还羡慕不止。此外，她又是一心爱安娜的。但是在现实中，她看到安娜处在她觉得格格不入的这些人中间，看到她没有见过的他们那种上等人派头，就觉得很不自在。尤其不愉快的，是她看到瓦尔瓦拉公爵小姐因为在这里过着舒适生活，就原谅了他们的一切。

总之，她在道理上是赞成安娜所作所为的，但是看到这个人，想到她是为这个人这样做的，就觉得不愉快。再说，她一向就不喜欢伏伦斯基。她认为伏伦斯基骄傲自大，而且她看不出他有什么可以骄傲之处，除了有钱。但是他在这里，在自己家里，不由显得比以前更了不起了，所以她和他在一起很不自在。她和他在一起时的心情，就像她在侍女面前因为破旧小褂而出现的心情。她在侍女面前，因为补丁不仅感到羞臊，而且感到尴尬，现在和他在一起，总觉得自惭形秽，不仅感到羞臊，而且也感到尴尬。

陶丽感到很不自在，所以就想方设法找话来说。虽然她认为，他这样高傲，未必喜欢听别人赞美他的房子和花园，但她找不到别的话题，还是对他说了说她很喜欢他的房子。

“是的，这房子很漂亮，格式也很典雅。”他说。

“我很喜欢大门前那个院子。原来就是这样吗？”

“原来才不是呢！”他说着，脸上得意地放起光来，“要是您今年春天看到这院子就好了！”于是他向她夸耀起房子和花园的种种装饰，开头很有节制，后来就越来越忘乎所以了。可以看得出来，伏伦斯基在装饰和美化自己的宅园方面花了不少心血，所以觉得必须在新来的客人面前炫耀一番，而且他听了陶丽的称赞心里也着实高兴。

“要是您想看看医院，而且也不觉得累的话，那也离这儿不远。咱们去吧。”他看了看她的脸，断定她是否真的有兴趣之后，就说道。

“你去吗，安娜？”他问她说。

“咱们一起去。好不好？”安娜对斯维亚日斯基说。“但不能让可怜的维斯洛夫斯基和杜什凯维奇在船上等得不耐烦呀。要派人去对他们说一声。是的，那是他在这儿留下的纪念碑。”安娜又带着先前说到医院时那种诡秘和知情的微笑，对陶丽说。

“噢，真是了不起的事！”斯维亚日斯基说。但为了不显得他奉承伏伦斯基的，立刻又补充一句有点儿指责意味的话。“不过，伯爵，我很奇怪，”他说，“您在卫生方面为老百姓做了这么多好事，怎么对学校这样漠不关心。”

“学校成为太平常的事儿了。”伏伦斯基说。“您要明白，也不是因为这样,而是因为我对办医院太感兴趣了。上医院要往这儿走。”他指着林荫道上分出去的一条小路,对陶丽说。

两位太太撑开阳伞,走上小路。拐了几个弯,走出栅栏门之后,陶丽就看见前面高地上有一座即将竣工的式样别致的红色大楼。还没有上漆的铁皮房顶在明亮的阳光下放射着耀眼的光芒。在即将完工的大楼旁,还在建造另一座楼,搭着高高的脚手架,系着围裙的砖瓦工们在脚手架上砌砖的砌砖,灌浆的灌浆,抹灰的抹灰。

“你们的工程进行得多么快呀!”斯维亚日斯基说,“我上次来的时候,这楼还没有上顶呢。”

“到秋天就全部完工了。里面差不多都装修好了。”安娜说。

“这座新楼是做什么用的?”

“这是医生的诊疗室和药房。”伏伦斯基说过,就看到穿短外套的建筑师朝他走来,向两位太太说了声“失陪”,就迎着他走去。

伏伦斯基绕过搅拌石灰的大坑,就和建筑师一起站下来,很热烈地谈起什么事儿。

“山墙还是低了。”安娜问他怎么一回事儿,他回答说。

“我说过嘛,地基应该垫高些。”安娜说。

“是呀,能高些当然更好,安娜·阿尔卡迪耶芙娜,”建筑师说,“可是已经来不及了呀。”

“是的,我对这事很感兴趣,”斯维亚日斯基对安娜在建筑方面的知识表示惊讶,安娜就这样说,“要让新楼符合医院的要求。然而这是后来才想出来的,开头是没有计划的。”

伏伦斯基和建筑师谈完之后，就回到两位太太这边，把她们领进医院里面。

尽管外面还在做飞檐，底层还在上油漆，楼上已经差不多完工了。他们踏着宽阔的铁楼梯走上去，走进第一个大房间。墙壁用灰泥做成大理石模样，高大的玻璃窗已经装好，只有镶木地板还没有完工，几个正在刨方块木板的木匠放下活儿，解下扎头发的带子，和老爷、太太们打招呼。

"这是候诊室，"伏伦斯基说，"这儿要放一张写字台、一张桌子、一架橱子，再不放什么了。"

"往这儿来，咱们打这儿走过去。不要靠近窗子。"安娜一面说，一面试试油漆是不是干了。"阿历克赛，油漆已经干了。"她又说。

他们从候诊室来到走廊里。伏伦斯基在这里让他们看了看已经安装好的新式通风设备。然后他让他们看了看大理石浴室和特制的弹簧床。然后又一个接一个地参观了病房、储藏室、洗衣室，又看了看新式锅炉，又看了手推车，在走廊里传送必需物品，不会发出响声的，还看了很多别的东西。斯维亚日斯基见什么称赞什么，就像一个熟悉种种新式改良设备的人。陶丽见到从未见过的东西只是感到惊奇，什么都想知道，所以什么都要仔细问一问，这显然使伏伦斯基非常得意。

"是啊，我看，这在俄国将是唯一的设备完善的医院。"斯维亚日斯基说。

"你们这儿不设产科吗？"陶丽问道，"这在乡下是非常需要的。我常常……"

虽然伏伦斯基是很讲礼貌的，他还是打断了她的话。

“这不是产院，是医院，治疗各种各样的疾病，只是除了传染病。”他说。“你们就瞧瞧这个……”于是他把刚买到的一辆轮椅推到陶丽面前。“您看看吧。”他坐到轮椅上，开动起来。“病人身体虚弱或者腿有毛病，不能走路，可是需要换换空气，就可以坐轮椅出去遛遛……”

陶丽对什么都感兴趣，什么她都喜欢，但她最喜欢的却是具有这种天真、自然兴致的伏伦斯基本人。“是的，这是一个非常可爱、非常好的人。”她有时不听他的话，而是打量着他，注视着他的表情，设想自己处在安娜的位子上，就这样想道。她非常喜欢他这种生气勃勃的样子，因此她也就明白了，安娜为什么会爱上他。

二十一

“不，我想，公爵夫人累了，她对马也不会有什么兴趣，”斯维亚日斯基想到养马场去看看新来的种马，安娜也说要到养马场去走走，伏伦斯基就对安娜说，“你们去吧，我送公爵夫人回家，我们还要谈谈，”他说，“如果您高兴的话，”他对陶丽说。

“我对马一点也不懂，而且我也很高兴和您谈谈。”有点儿感到惊讶的陶丽说。

她从伏伦斯基的脸上看出来，他有事要求她。她没有猜错。他们一进栅栏门，又来到花园里，他就朝安娜去的方向望了望，断定她既听不见他们的话，也看不见他们了，就开口说：

“您猜到我想和您谈什么吗?”他用笑嘻嘻的眼睛望着她说,“我不会看错,您是安娜的好朋友。”他摘下帽子,掏出手帕,擦了擦开始谢顶的脑袋。

陶丽什么也没有回答,只是忐忑不安地看了看他。当她单独和他在一起的时候,她突然感到害怕起来:她怕他那双笑嘻嘻的眼睛和脸上的严峻表情。

她猜想他要和她谈什么,各种各样的揣测在她头脑里闪过:“他要请我带孩子们到他家来住一阵子,那我只能谢绝;也许是要我在莫斯科为安娜开辟一个活动圈子……会不会是有关维斯洛夫斯基的事,或者他对待安娜的态度问题?也许是有关吉娣的事儿,也许他觉得自己对不起吉娣?”她猜想的都是不愉快的事儿,可就是没猜到他想和她谈的是什么。

“安娜非常信得过您,她非常喜欢您,”他说,“您就帮帮我的忙吧。”

陶丽带着询问和胆怯的神气望着他那张生气勃勃的脸,那脸忽而全部在椴树荫里透进来的阳光中,忽而闪烁着斑斑点点的阳光,忽而完全被树荫遮住。她等着他的下文;可是他用手杖划着地上的石子,一声不响地在她身旁走着。

“您既然来看我们,在安娜以前的朋友中只有您这个女的了,——我不把瓦尔瓦拉公爵小姐算在内,——那我认为,您这样做,并不是因为您认为我们的状况是正常的,而是因为,您虽然完全懂得这种状况之难堪,您仍然非常爱她,非常想帮助她。我想您是这样,对吗?”他回头看了看她,问道。

“就是呀,”陶丽一面收拢阳伞,一面回答说,“不过……”

“不，”他打断她的话，没有想到这会使对方处于尴尬的境地，他不自觉地站下来，因此她也只好站下来，“安娜处境之难，谁也没有我体会得深切。如果您能把我看作是一个有良心的人，那这是可以理解的。是我造成这种处境的，所以我能体会。”

“我明白，”陶丽说，不由得赞赏起他来，因为他说这话说得这样真诚，这样恳切。“但正因为您觉得这是您造成的，我怕您说得过分了，”她说，“她在社交界的处境很难，我明白。”

“在社交界就像进了地狱！”他阴沉地皱起眉头，很快地说。“她在彼得堡两个礼拜，精神上受的折磨是令人难以设想的……所以我请您相信这一点。”

“是的，不过在这儿，在安娜……和您都还不觉得需要什么社交界的时候……”

“哼，社交界！”他带着轻蔑的口气说。“我要社交界做什么？”

“目前——也许这是永远的——你们很幸福，很安宁呀。我从安娜身上看出来，她是幸福的，十分幸福，她已经对我说过了。”陶丽笑着说。可是，就在说这话的时候，她现在不由得怀疑起安娜是不是真的幸福。

但伏伦斯基好像并不怀疑这一点。

“是的，是的，”他说，“我知道，她在经历了种种痛苦之后又浑身是劲儿了。她是幸福的。她真正幸福。可是我呢？……我担心的是我们的将来……对不起，您想走走吗？”

“不，怎样都行。”

“哦，那咱们就在这儿坐一会儿吧。”

陶丽在林荫道转角处的一条花园长凳上坐下来。他站在她面前。

“我看出来,她是幸福的。”他又说了一遍,可是陶丽却更怀疑她是不是幸福了。“可是这种状况能长此下去吗?我们做得对不对,那是另一个问题;反正事已至此,不能回头了,”他改用法语说,“我们这一辈子就捆在一起了。我们是用我们认为最神圣的爱情绳索捆在一起的。我们已经有一个孩子,今后还可能再有孩子。但是法律和我们的处境就好比成千上万丛荆棘,现在,在她经历了种种痛苦和磨难,心境已经得到平静的时候,是不会看到,也不愿看到这种种情况的。这也是可以理解的。但是我不能不看到,我的女儿,在法律上不是我的女儿,而是卡列宁的女儿。我不要这种虚假!”他说着,使劲做了一个决绝的手势,并且用阴沉和询问的目光望了望陶丽。

陶丽什么也没有回答,只是望着他。他又说下去。

“就是明天再生一个儿子,我的儿子,可是按照法律,也是卡列宁的,既不能用我的姓,也不能继承我的财产,不论我们的家庭有多么幸福,不论我们有多少孩子,我和他们都没有关系。他们都是卡列宁的孩子。您想想这种状况有多么难堪,多么可怕呀!这话我试着对安娜说过。她听到这话就生气。她不理解,我也无法把什么都对她说清楚。再从另一方面来看看。我有了她的爱情,很幸福,但我还要有自己的事业。我找到了这事业,并且因为这事业感到自豪,认为这比我在宫廷里和军队里的同事们干的事情更高尚。毫无疑问,我再也不会丢下这事业去干他们的事业。我就地安顿下来,在这里做事情,我感到幸福,满意,而且我们再也不需要什么,就够幸福了。我很喜欢干这些事情。也不是因为没有更好的事情可做,相反……"

陶丽注意到,他一说到这地方就有点儿颠三倒四,她还不完全理解他这种插叙,但可以感觉出来,他既然说起不能对安娜说的心事,那他现在就把什么都说出来,他在乡下的活动问题,也像他和安娜的关系问题一样,都是他的心事。

"哦,我再说下去,"他定了定神,说,"最要紧的是,在做事情的时候,必须有一种信念,就是相信我的事业不会随着我死去,我要有继承人,——可我是没有的。您想想吧,一个人事先就知道他和心爱的女人生的孩子不属于他,而属于别人,属于一个痛恨他们、憎恶他们的人,这又是什么滋味呀。这真是太可怕了!"

他停下来,显然是太激动了。

"是呀,这情形我自然是理解的。可是安娜又能够怎样呢?"陶丽问道。

"对了,这就是我要说的了。"他竭力克制着自己,说。"安娜能够,这事儿全在她……就是请求皇上恩准立嗣,也必须离婚。这就全在安娜了。她的丈夫本来也同意离婚,您的丈夫当时也为这事做好了安排。就是现在,我看他也不会不肯。只要给他写封信就行了。那时候他就直截了当地回答说,如果她表示这样的愿望,他不会拒绝的。当然,"他阴沉地说,"这是伪君子的残酷手法之一种,只有这种没有心肠的人才做得出来。他知道,她一想到他会有多么痛苦,就因为了解她,才要她写这样的信。我明白,她是会很痛苦的。但缘由是如此重要,所以必须克服这种种细微的感情,事情关系到安娜和孩子们的幸福和命运呀。我就不说我自己了,虽然我也很痛苦,非常痛苦,"他说,那神情似乎因为他很痛苦在警告什么人，"所以，公爵夫人，我就不怕难为情，把您抓住了，就像抓住救生圈一样。您就帮助我劝劝她，叫她写封信给他要求离婚吧！"

"好，当然可以，"陶丽真切地回想起她最后一次见到卡列宁的情形，就沉思着回答说，"好，当然可以，"她想起安娜，又很干脆地说了一遍。

"她对您是信得过的，您就让她写封信吧。我不想，而且也几乎无法同她谈这件事儿。"

"好吧，我去说说。可是她自己怎么会不考虑呀？"陶丽说着，不知为什么这时忽然想起安娜那喜欢眯眼睛的奇怪的新习惯。而且她想起来，安娜眯眼睛，正是在涉及内心生活方面的时候。"好像她是眯起眼睛看自己的生活，不希望什么都看到。"陶丽想道。"我为了自己，也为了她，一定和她谈谈。"她这是回答他那一副感激的表情的。

他们站起来，朝房子里走去。

二十二

安娜见陶丽已经回来，仔细望了望她的眼睛，仿佛在问她和伏伦斯基谈了些什么，却没有开口问。

"似乎该吃午饭了，"她说，"咱们还没有好好谈谈呢。我就指望晚上。现在该去换衣服了。我看，你也要换换。咱们在工地上都把衣服弄脏了。"

陶丽也朝自己房里走去，她却觉得好笑。她没有什么衣服好换，因为她已经把最好的衣服穿在身上了；但为了表示她是准备要吃午饭的，她叫侍女给她刷了刷衣服，换了一副套袖和蝴蝶结，头上系了花边绦带。

“瞧，我只能这样了。”她看到安娜穿起第三套又是格外素雅的服装朝她走来，就笑嘻嘻地对安娜说。

“是啊，我们这里太讲究礼节了。”安娜好像为自己高雅的服饰表示歉意说。“阿历克赛见你来了非常高兴，他难得这样高兴。他实在喜欢你呀，”她又说。“你不累吧？”

午饭以前没有时间谈什么了。她们走进客厅，看见瓦尔瓦拉公爵小姐和穿起黑色常礼服的男子们已经在这里了。建筑师穿着常礼服。伏伦斯基把医生和管家介绍给陶丽。建筑师在医院里已经介绍过了。

胖胖的侍仆头儿，滚圆的脸刮得亮光光的，浆得笔挺的白领带也亮闪闪的，进来报告午餐已摆好，于是女士们站了起来。伏伦斯基请斯维亚日斯基挽住安娜的手，自己却走到陶丽跟前。维斯洛夫斯基也抢到杜什凯维奇前头，挽住瓦尔瓦拉公爵小姐的胳膊，所以杜什凯维奇、管家和医生只有单独走了。

这午餐、餐厅、餐具、侍仆、酒和饭菜不仅和这房子的整个新式豪华气派相称，而且似乎更豪华、更时髦。陶丽观察着她从未见过的这种豪华气派，虽然她并不希望把她所见到的应用到自己家里，因为这一切在排场方面远远超过她家的生活水平，但她作为一个治家的主妇，不由得仔细琢磨着种种细节，并且猜度这一切是谁安排的，怎样安排的。维斯洛夫斯基、她的丈夫，就连斯维亚日斯基和她认识的很多人，都从来不考虑这些事，而且相信人们说的，任何体面的主人都希望让自己的客人有一种感觉，那就是，他家里的一切安排得如此完美，他这个当主人的并没有花费什么力气，而是自然而然形成的。陶丽却很清楚，就连孩子们早餐喝的粥也不是自然而然来的，所以她知道，一定是有人煞费苦心才做出这样复杂、这样气派的安排。从伏伦斯基打量餐桌的目光，从他对侍仆点头示意和他问陶丽吃冷汤还是热汤的神态，陶丽看出来，一切都是这位男主人安排和操持的。安娜在这方面花的心思，显然不会比维斯洛夫斯基多些。她和斯维亚日斯基、公爵小姐、维斯洛夫斯基都同样是客人，快快活活地享受着为他们准备好的一切。

安娜只是一个主持聊天的女主人。一个女主人在这种不大的宴席上主持聊天也是很不容易的，特别因为有管家和建筑师这样身份不同的人在场，他们既要尽量在很不习惯的豪华场面下不胆怯，又不好和大家一起多谈，然而安娜主持这样的聊天却像往常一样灵活自如，甚至如陶丽看出的，胜任愉快。

谈起杜什凯维奇和维斯洛夫斯基两个人划船的事，于是杜什凯维奇说起彼得堡游艇俱乐部最近举行的游艇比赛。但是安娜一等到间歇时间，立刻就和建筑师说起话来，好让他也说说话儿。

“尼古拉·伊凡诺维奇感到吃惊，”她说的是斯维亚日斯基，“从他上次来的那时候到现在，一座新楼盖成了；可我是每天都看到，每天都感到惊讶，怎么盖得那样快。”

“同伯爵在一起做事情很顺手，”建筑师笑着说（他是一个很有自尊心、很懂礼貌、很镇静的人），“不像同地方政府打交道，那要写成堆的公文；我向伯爵请示，三言两语就商量好了。”

“这是美国人的作风。”斯维亚日斯基笑着说。

“是的，美国盖房子都是很合理的……”

于是谈起在美国滥用权力的事，可是安娜立刻把话引到别的题目上，好让管家也有话可说。

“你什么时候见过收割机吗？”她问陶丽，“我们遇到你的时候，刚去看过收割机。我也是第一次见到呢。”

“那机器怎样收割呀？”陶丽问。

“简直就像剪刀一样。一块板，带很多小剪刀。就这样。”

安娜用她那戴满戒指的玉手拿起刀子和叉子，比画起来。她显然看出，她的讲解使人无法明白；但她知道她说得很动听，她的手也很好看，所以还继续讲解。

“还不如说像铅笔刀呢。”维斯洛夫斯基目不转睛地盯着她，凑趣说。

安娜微微一笑，却没有回答他。

“是不是像剪刀呀，卡尔·菲多雷奇？”她问管家。

“是的，”德国管家用德语说，“这玩意儿很简单。”于是他开始讲解机器的构造。

“可惜不能打捆。我在维也纳展览会上见过能用铁丝打捆的，”斯维亚日斯基说，“那就更方便了。”

“问题在于……要算算铁丝的价钱。”被逗得开了口的德国人对伏伦斯基说，“这是算得出来的，伯爵。”德国人已经伸手到口袋里去掏铅笔和小笔记本，他是什么都要用笔记本算一算的，可是一想到他是在餐桌上，又看到伏伦斯基那冷冷的目光，就没有掏出来。“太复杂了，会有很多麻烦事儿。”他下结论说。

“谁想赚钱，就不能怕麻烦，”维斯洛夫斯基用德语和德国人开玩笑说，“我真喜欢德国话。”他又那样笑着用英语对安娜说。

“算了吧。”她用法语半真半假地对他说。

“我们还以为在田野上会遇到您呢，瓦西里·谢苗内奇，”她对一脸病容的医生说，“您到那里去过吗？”

“我去是去过，但一下子就溜走了呀。”医生用开玩笑的口吻阴沉地说。

“这么说，您做了一次很好的户外运动。”

“一次很漂亮的户外运动哩！”

“哦，那个老太婆病情怎么样？不会是伤寒吧？”

“伤寒倒不是伤寒，可是病情不怎么好。”

“多么可怜呀！”安娜说。她就这样和门客们应酬了一番之后，又转身和亲友们说话。

“安娜·阿尔卡迪耶芙娜，反正照您说的那样来造机器，可就太难了。”斯维亚日斯基开玩笑说。

“不，有什么难的？”安娜笑着说，那笑就表示，她知道，在她讲解机器构造时有些可爱之处也被斯维亚日斯基发现了。陶丽看到她这种少女般娇声娇气的新特点，心里很不舒服。

“不过，安娜·阿尔卡迪耶芙娜在建筑方面的知识还是很了不起的。”杜什凯维奇说。

“可不是，我听到，安娜·阿尔卡迪耶芙娜昨天还谈到防湿层和护墙板呢，”维斯洛夫斯基说，“我说得对吗？”

“一点也没有什么了不起的，见得多了，听得多了，就知道了，”安娜说，“您恐怕连房子是用什么造的都不知道吧？”

陶丽看出来，安娜并不满意她和维斯洛夫斯基之间用的调笑语调，但她不由得用起这种语调。

伏伦斯基在这种情况下完全不像列文那样。他对维斯洛夫斯基的胡扯显然毫不介意，相反，他还鼓励开这种玩笑。

"那您就说说，维斯洛夫斯基，石头是用什么砌合的？"

"还用说，用水泥嘛。"

"不错！那么，水泥又是什么？"

"哦，很像稀泥……不，像灰泥。"维斯洛夫斯基一说，引起哄堂大笑。

饭桌上的人，除了郁郁寡言的医生、建筑师和管家以外，都不停地说着话儿，有时漫无边际，有时专门说什么人，说到什么人的痛处。有一次说到陶丽的痛处，她十分恼火，脸都红了，后来她想起来，仿佛她还说了不恰当、不愉快的话。斯维亚日斯基说起列文，就说了说他认为机器只会对俄国农业有害的怪论。

"我无缘认识这位列文先生，"伏伦斯基笑着说，"不过，恐怕他从来没见过他所说的那些机器。如果他见过也用过的话，那也是蹩脚货，不是进口的，而是俄国土造的。那还有什么可说的呢？"

"总而言之，这是土耳其人的论调。"维斯洛夫斯基笑嘻嘻地对安娜说。

"他的看法对不对，我说不上来，"陶丽一下子红了脸，说，"但我可以说，他是一个很有学识的人。要是他在这儿，他会知道怎样回答你们的，可是我不能。"

"我很喜欢他，我和他是老朋友了，"斯维亚日斯基和蔼可亲地微笑着说，“不过，恕我直言，他有些怪癖；比如，他硬是说，地方自治会和调解法官毫无用处，他根本不想参与其事。”

“这是我们俄国人的麻木，”伏伦斯基一面把玻璃瓶里的冰水往一个精致的高脚杯里倒，一面说，“感觉不出我们的权利加在我们身上的义务，所以不承认这些义务。”

“我不知道有谁在履行义务方面比他更认真的了。”陶丽听到伏伦斯基这种自以为了不起的语调，非常生气地说。

“我倒是相反，”不知为什么这话显然刺到了伏伦斯基的痛处，他于是又说下去，“我倒是相反，正如您看到的这样，多亏尼古拉·伊凡内奇（他指指斯维亚日斯基）的大力支持，当选为名誉调解法官，我非常感谢大家给我这样的荣誉。我认为，在我来说，尽义务去参加会议，尽义务审议庄稼人的有关马的事，和我能够做的其他许多事同样重要。如果把我选进地方自治会，我会认为是一种光荣。我也只有这样，才能补偿我这个地主享受的利益。不幸的是，很多人不理解大地主对国家应起的作用。”

陶丽听着他在自家的餐桌上这样自以为是、旁若无人的议论，觉得很奇怪。她想起来，抱有相反见解的列文在自家的餐桌上议论起什么也是振振有词的。但是她喜欢列文，所以她维护他。

“这么说，伯爵，下次开会您能光临吗？”斯维亚日斯基说，“不过要早点儿动身，好在八点以前就到那里。您能否赏光到我家去？”

“我倒是有点儿赞成你妹夫的见解，”安娜说，“不过不像他那样绝对。”她又笑着补充一句。“我怕我们现在的社会公职太多了。就像以前官员太多,什么事都要有当官的到场,现在就是这样,什么事都要有社会活动家参加。阿历克赛来到这里才六个月,已经是五个或六个不同的社会团体的委员了:慈善救济会委员呀,调解法官呀,地方自治会议员呀,陪审员呀,还有管马的什么呀。日子照这样过下去,所有的时间都要花在这上面了。我担心,这类事情这样多,难免流于形式。尼古拉·伊凡内奇,您担任多少机构的委员呀?"她问斯维亚日斯基。"好像有二十多个吧?"

安娜是用玩笑的口吻说的,但是却可以在她的语调中听出恼火的意味。细心在观察安娜和伏伦斯基的陶丽立刻就觉察到这一点。她还发现,在谈这些事的时候,伏伦斯基的脸上立刻出现了严肃和固执的神气。陶丽注意到这一点,也注意到瓦尔瓦拉公爵小姐为了改变话题,急忙谈起彼得堡的一些熟人,又想起伏伦斯基在花园里驴唇不对马嘴地谈起他的社会活动的情形,她明白了,在社会活动这个问题上,安娜和伏伦斯基暗地里有争吵。

饭菜,酒,餐具,一切都是极好的,但这一切就像陶丽在她已经很久没有参加的那种宴会和舞会上看到的那样,带有不能随便和紧张的意味;所以现在在平常的日子里,在小小的圈子里,这一切就给她造成很不愉快的印象。

饭后大家在阳台上坐了一会儿。然后就开始打网球。打球的人分成两组,来到碾得很平整的槌球场上,分别站到挂在金色柱子上的球网两边。陶丽试着打了一阵子,但很久不懂得怎样打法,等她懂了,已经没有力气了,就和瓦尔瓦拉公爵小姐坐到一起,光是看别人打了。她的搭档杜什凯维奇也不行了,可是其他几个人又打了很久。斯维亚日斯基和伏伦斯基都打得很好,很认真。他们机警地注视着打过来的球,既不慌忙,也不怠慢,很麻利地跑过去,等球一跳起来,就用球拍又准又稳地把球打过网去。维斯洛夫斯基打得最差。他过于急躁,可是他那股快活劲儿却使大家玩得更起劲儿。他的笑声和叫声没有停过。他也像其他几个男子一样,征得女士们的许可,脱去了上装,他那穿着白衬衫的胖大而健美的身姿、汗水淋淋的红红的脸和急促的动作就给人很深的印象。

这天晚上陶丽上床睡觉的时候,一闭上眼睛,就看见维斯洛夫斯基在球场上来回奔跑的情景。

在打球的时候,陶丽有些不高兴。她不喜欢维斯洛夫斯基和安娜在玩球时那种一个劲儿嬉笑的态度,也不喜欢没有孩子、光是大人玩孩子游戏时大人那种矫揉造作的样子。但是为了不扫别人的兴,也为了消磨时间,她休息了一会儿之后,又打起球来,并且装作十分快活。整个这一天她都觉得,好像她是在和一些比她高明的演员同台演戏,由于她的拙劣演技,坏了一台好戏。

她来时有个打算,如果住得惯的话,就住上两天。但是在傍晚打球的时候她拿定主意明天就走。对于做母亲的那种牵肠挂肚的心情,她一路上还非常痛恨的,现在在离开孩子们一天之后,她的看法完全不同了,就因为牵肠挂肚,她要回家。

等到用过晚茶,划船夜游之后,陶丽一个人回到自己房里,脱了衣服,坐下来理了理稀稀的头发准备睡觉,就觉得轻松多了。

她想到安娜就要来看她,甚至都感到不愉快了。她很想独自一人想想心事。

二十三

安娜穿着睡衣走进来的时候，陶丽已经想睡了。

在这一天里，安娜有几次说起自己的心事，可是每一次都是说了几句就不说了。她都是说："以后再谈吧，等咱们两个在一起好好谈谈。我有很多话要对你说呢。"

现在只有她们两个在一起了，安娜却不知道说什么才好。她坐在窗前，望着陶丽，在脑子里反复搜索着本来以为永远说不完的知心话儿，却什么也想不起来。这会儿她觉得好像什么都说过了。

"哦，吉娣怎么样？"她重重地叹了一口气，带着负疚的神气望着陶丽说，"陶丽，你对我说实话，她不生我的气吗？"

"生气？不。"陶丽笑着说。

"可是她恨我，瞧不起我吧？"

"才不呢！不过你要知道，这事儿往往是不会原谅的。"

"是的，是的，"安娜转过脸去，望着打开的窗户外面说，"不过这不怪我。那又怪谁呢？有什么好怪的呢？难道会不是这样吗？哦，你又怎么想呢？让你不做司基瓦的妻子，行吗？"

"说实话，我不知道。不过，你有什么话就对我说说吧……"

"是的，是的，不过吉娣的事咱们还没有谈完呀。她幸福吗？据说，他是一个挺好的人。"

"说他挺好，那是不够的。我没有见过比他更好的人了。"

"啊，我多么高兴呀！我太高兴了！说他是挺好的人，还不够呢。”她重复一遍。

陶丽笑了笑。

“不过你还是给我说说自己的事吧。我要和你好好谈一谈。我已经和……”陶丽不知道该怎样称呼伏伦斯基。她觉得既不好称他伯爵，也不好称他阿历克赛·基里雷奇。

“和阿历克赛，”安娜说，“我知道，你们谈过了。不过我想当面问问你，你对我，对我过的日子是怎么看的？”

“这一下子怎么说得清呢？我实在说不上来。”

“不，你还是对我说说吧……我过的日子你也看到了。不过你不要忘记，你是在夏天你来的时候看到我们的，而且不光是我们两个人……可我们是早春时候来的，一直是只有我们两个，今后也只有我们两个，而且我再也没有什么奢望了。可是你想想吧，他不在的时候，我一个人过，孤孤零零，这种情形会有的……我从各方面看出来，这种情形常常会有，他会有一半时间不在家，”她说着，站起来，坐得离陶丽更近些。

“当然，”她拦住想反驳的陶丽的话，说道，“当然，我不是硬把他拖住。我也不会去拖他。什么时候赛马，他想去赛马，就去。我很高兴。可是你替我想想，想想我的处境吧……唉，这有什么好说的呀！”她笑了笑。“那他和你究竟说了些什么呀？”

“他说的正是我自己想说的，所以我很容易当他的辩护人：他说的是，能不能……是不是可以……”陶丽口讷起来，“是不是可以改变，改善一下你的处境……你知道，我是怎么看的……不过，如果可能的话，还是应该结婚……”

“就是说，要离婚吗？”安娜说。“你可知道，在彼得堡唯一来看我的女人是培特西？你认识她吧？实际上，她是一个最放荡的女人。她和杜什凯维奇勾勾搭搭，欺骗丈夫的手法是极卑劣的。连她也对我说，如果我的状况还是不正常，她就不会理我。你不要以为我是在拿她和你比……我是了解你的，我的好嫂子。可是我不由得想起来……哦，他究竟对你说了些什么呀？"她又问一遍。

"他说，他为你也为自己感到十分痛苦。也许你会说，这是自私，但这样的自私是合理合法的，是高尚的！首先他是想使他的女儿合法化，想成为你的丈夫，有权利爱你。"

"什么样的妻子，什么样的奴隶，会像我，像我在这种状况下这样，成为十足的奴隶呢？"她阴沉地打断陶丽的话说。

"主要的是，他希望……希望你不再痛苦。"

"这不行！还有呢？"

"还有，也就是最合情合理的，那就是，他希望你们的孩子有个姓。"

"什么孩子呀？"安娜不看陶丽，眯着眼睛说。

"安妮和以后的孩子……"

"这一点他可以放心，我再也不会有孩子了。"

"你怎么能说再也不会有呢？……"

"再也不会有了，因为我不想要了。"

安娜尽管十分激动，但看到陶丽脸上那种天真的好奇、惊讶和恐惧神气，不由得笑了。

"那一次我病后医生对我说的……"

…………

“不可能!”陶丽睁大了眼睛说。在她来说,这是一个新的发现,其后果和推论将是极其重大,以至于在开头一会儿觉得简直无法设想,但又觉得这事儿需要多多地想想。

这一发现一下子使她理解了以前她不理解的那些只有一两个孩子的家庭,这就在她心中激起许许多多想法、感触和矛盾心情,以至于她不知从何说起,只是睁大了眼睛惊讶地望着安娜。这正是她今天一路上梦想过的事,现在她知道这是可能的了,却又害怕起来。她觉得,问题太复杂,这样解决就太简单了。

“难道这不是不道德吗?”她沉默了一阵子之后,只是这样说。

“怎么不道德? 你想想吧,我只能在二者中选择其一:要么做孕妇,也就是病人;要么做丈夫的朋友和伴侣,他就等于丈夫了。”安娜故意用浅薄和轻浮的语调说。

“就是了,就是了,”陶丽说,听着她曾经引用过的这些理由,并不认为这些理由比以前更有说服力。

“在你,在别人。”安娜仿佛猜度着她的心思说,“也许还可以犹豫,可是在我……你要明白,我不是他的妻子;他高兴爱我多久,就爱我多久。怎么办,我靠什么来维系他的爱情呢? 就靠这个吗?”

她把一双玉手伸到肚子前面。

就像往常激动时那样,种种想法和往事一下子涌上陶丽的心头。她心想:“我吸引不住司基瓦;他抛开我去找别的女人;他抛开我去找的第一个女人,又漂亮又风流,可是也没有把他拴住。他抛开她,又勾搭上另一个。难道安娜这样就能把伏伦斯基伯爵迷住，把他拴住吗？如果他追求的就是这个，那他总会找到打扮和风度更迷人、更风流的。不论她这光溜溜的手臂多么白、多么好看，这丰满的身段多么美，这乌黑的头发衬托下的红红的脸蛋儿多么俏丽，他还是能找到更好的，就像我那可恶、可怜又可爱的丈夫一样，找总是能找到的。”

陶丽什么也没有回答，只是叹了一口气。安娜觉察到这一声叹息是表示不赞成，就又说下去。她还准备了一些理由，那都是很有力的，叫人无法反驳的。

“你说，这样不好吗？可是应当好好考虑呀，”她继续说，“你忘记了我的处境。我怎么能希望再有孩子呢？我不是说痛苦受罪，痛苦受罪我不怕。你想想吧，我的孩子是什么人呢？将成为姓别人的姓的不幸孩子。他们一生下来就不能不为母亲、父亲和自己的身份感到比人低下。”

“就因为这样也必须离婚呀。”

但是安娜没有听她的。她很想把她多少次用来说服自己的那些理由全说出来。

“如果我糊里糊涂只顾生不幸的孩子，那还要头脑干什么？”

她对陶丽望了望，但不等回答又说下去：

“那样我就会时时刻刻觉得对不起这些不幸的孩子，”她说，“如果他们不生下来，至少他们不会不幸；如果他们不幸的话，那就只能怪我了。”

这也正是陶丽自己引用过的那些理由；可是现在她听着，却不懂了。她心想：“怎么会对不起不存在的东西呢？”于是她心里忽然出现一个想法：如果她的宝贝儿格里沙根本不存在的话，不论在什么情况下是不是会对他好一些呢？她觉得这太荒唐，太奇怪了，所以她直摇头，想驱散这些盘旋萦绕在脑际的乱糟糟的念头。

“不，我说不来，不过这样不好。”她只是在脸上带着厌恶的神气说。

“是啊，不过你别忘了你怎么样，我又怎么样……此外，”安娜尽管认为自己的理由充足，陶丽的理由很不充足，她似乎还是意识到这样不太好，就又补充说，“你别忘了最主要的一点，就是我的处境和你不同。在你来说，问题是：你是不是希望不再有孩子；在我来说，那却是：我是不是希望有孩子。这是很大的差别。你要明白，我在我的处境下，不能有这种希望。”

陶丽没有反驳。她忽然觉得，她和安娜之间的距离已经非常远了，她们之间有一些问题，她们在这些问题上是永远谈不拢的，还是不谈为好。

二十四

“所以，如果可能的话，你就更需要改善你的处境了。”陶丽说。

“是的，如果可能的话。”安娜突然用一种完全不同的、又轻柔又伤心的语调说。

“难道就不能离婚吗？我听说，你丈夫是同意的。”

“陶丽！我不想谈这事儿。”

“好吧，咱们就不谈，”陶丽注意到安娜脸上的痛苦神色，就连忙说,“不过我看出来,你看事情太悲观了。”

“我吗？一点儿也不。我很快活,也很得意。你也看到,我还有人垂青呢。维斯洛夫斯基……”

“是的,说实在的,我真不喜欢维斯洛夫斯基的德行。”陶丽想改变话题,就说道。

“啊呀,一点事儿也没有！这只能使阿历克赛感到舒服罢了;他不过是个孩子,全在我的掌心里;你要明白,我想要他怎样就怎样。他就等于你的格里沙……陶丽!”她忽然换了话题,“你说我看事情太悲观。你是无法理解。这太可怕了。我是尽可能完全不看。”

“可是我觉得,应该看呀。能做到的,应该做到。”

“可是究竟能做到什么呢？什么也做不到。你说我应该和阿历克赛结婚,说我不考虑这事儿。我不考虑这事儿哩!”她重复了一遍,一张脸顿时红了。她站起来,挺起胸脯,重重地叹了一口气,就迈着轻盈的步子在房里前前后后踱了起来,只是偶尔停一停。“我不考虑？没有哪一天、哪一个钟头我不考虑,没有哪一天、哪一个钟头我不因为自己考虑责骂自己……因为想这事儿会发疯的。会发疯的,”她又说了一遍。“我每考虑起这事儿,不服吗啡就不能睡觉。那好吧,咱们就平心静气地谈一谈。都对我说:离婚。第一,他不会答应我的。他现在听李迪雅伯爵夫人的了。”

陶丽在椅子上挺起身子,转动着头,带着很难受的怜悯神情注视着来回踱步的安娜。

“应该试一试呀。”她轻轻地说。

“比如说，就试一试。那又有什么意思呢？”她说的显然是她已经反复考虑过一千次、已经背得很熟的想法。“那就是说，我虽然恨他，却还是要承认自己对不起他，——并且认为他是宽宏大量的，——还是要低三下四写信给他……好，比如说，我尽力而为，这样做了。也许我会得到侮辱性的答复，也许会取得同意。就算我取得了同意……”安娜这时已走到房间的那一头，站下来，摆弄着窗帘，“我就算能取得同意，可是儿……儿子呢？他们是不会把儿子给我的呀。他就会在瞧不起我的心境下，在被我抛弃的父亲身边长大。你要明白，我爱他们两个，谢辽沙和阿历克赛，可以说是同等的，但都超过爱我自己呀。”

她来到房间中央，在陶丽面前站下来，两手紧紧贴在胸前。她那穿着雪白睡衣的身躯显得特别高大、魁伟。她低下头，皱着眉头，用泪汪汪、光闪闪的眼睛望着又瘦又小、穿着打补丁上衣、戴着睡帽、激动得浑身打哆嗦的可怜的陶丽。

“我爱的就是这两个人，可是有了这个，就不能有那个。我无法把他们联结在一起，可是我要的就是这样。要是这一点办不到的话，一切都无所谓了。一切、一切都无所谓了。而且不管怎样都要完的，就因为这样我不能也不喜欢谈这事儿。你就不要责备我，不要说我什么不对了。你太单纯了，无法理解我遭受的全部痛苦。”

她走过去，挨着陶丽坐下来，带着歉疚的神气凝视着她的脸，拉住她的手。

“你是怎么看的？你对我是怎么看的？你不要看不起我。我不应该被人看不起。我真是不幸呀。如果有谁不幸的话，那就是我了。”她说过这话，扭过头去，哭了起来。

等到剩了陶丽一个人，她做过祷告，就上了床。在她和安娜说话的时候，她一心一意地怜惜安娜；可是现在她再也无法想安娜的事了。关于家庭和孩子们的种种回想，带着对她不曾有过的特殊魅力和一种新的光彩纷纷出现在她的脑际。现在她觉得她这个天地极其可贵，极其可爱，以至于觉得在这个天地之外多待一天也待不下去，所以她拿定主意明天就走。

这时候，安娜回到自己房里，拿起酒杯，倒了几滴药水，其中主要是吗啡，喝下去之后，又一动不动地坐了一阵子，这才带着宁静和愉快的心情朝卧室走去。

她走进卧室的时候，伏伦斯基仔细打量了她一眼。他知道，她在陶丽房里待了这么久，她们一定谈过了，所以他在她脸上寻找谈话的痕迹。但他从她那压制着激动、有所掩饰的脸色上什么也没有找到，只看到他虽然已经看惯但依然使他销魂的美，看出她意识到自己的美并且希望她的美打动他的心。他不愿意问她，她们谈了些什么，但希望她自己说点儿什么。可是她只是说：

“你喜欢陶丽，我很高兴。你喜欢她，不是吗？”

“我早就认识她了嘛。她非常善良，不过，好像很俗气。反正我是很欢迎她来的。”

他抓住安娜的手，用询问的目光望了望她的眼睛。

安娜把他的眼色理解成别的意思，对他嫣然一笑。

第二天早晨，尽管男女主人再三挽留，陶丽还是要走。穿着旧外套、戴着仿驿车夫帽的列文的车夫，带着一脸闷闷不乐和决绝的神气，赶着几匹毛色各不相同的马，驾着挡泥板打了补丁的轿车来到铺满沙砾的有顶的大门口。

陶丽与瓦尔瓦拉公爵小姐和几个男人道别,心里觉得很不痛快。待了一天之后,她和男女主人都明显地感觉出他们彼此合不来,他们还不如不见面。只有安娜觉得伤心。她知道,现在陶丽一走,就再也不会有谁触动这次见面在她心中一度翻腾起来的那种感情了。触动这种感情是很痛苦的,可是她知道,这是她心灵的最美好部分,她也知道,这最美好的一部分心灵很快就会在她过的生活中淹没。

陶丽乘马车来到田野上,顿时感到轻松愉快,她正想问问下人,他们喜欢不喜欢伏伦斯基家,不料车夫菲利浦自己就说起来:

"财主倒是财主,可是燕麦总共才给了三斗。天没亮就吃得光光的。三斗燕麦管什么用呀?只能当点心。现在燕麦也不过四十五戈比一斗。谁要是到我们家里去,马想吃多少,就给多少。"

"这家老爷太小气。"账房也附和说。

"哦,那你喜欢他们家的马吗?"陶丽问。

"马倒是没说的。饭食也很好。可是我就感觉有点儿乏味,达丽雅·亚力山大罗芙娜,不知道您觉得怎样。"账房转过漂亮而和善的脸,对陶丽说。

"我也有这样的感觉。怎么样,傍晚咱们能到家吗?"

"准能到家。"

陶丽回到家里,看到大家都平平安安,特别可亲可爱,就兴致勃勃地说起她这次探访,说她受到多么好的接待,说了伏伦斯基家生活的豪华和高雅气派,又说他们家的娱乐活动,不让任何人说他们一句坏话。

“应该多多了解安娜和伏伦斯基，才能知道他们有多么可爱，多么感人，我现在就更了解他们了。”她现在完全忘记了她在那里体验过的那种模模糊糊的不满和不自在心情，诚心诚意地说。

二十五

伏伦斯基和安娜的情形依然如故，依然没有任何离婚的举动，就这样在乡下过了一个夏天和一部分秋天。他们打定主意哪儿也不去；但是他们两个人都觉得，再这样冷冷清清过下去，尤其是到秋天没有客人来的时候，这日子他们会受不了，非改变不可。

他们的生活似乎好得不能再好了：有的是钱，身体都很好，有孩子，各人都有事情做。没有客人来，安娜也照样修饰打扮，阅读很多书籍，有小说，也有正经的书，都是当今最风行的。凡是在她收到的外国报刊上推荐过的书，她都买了来，而且读得十分仔细，这种仔细劲儿也只有在冷清时才会有的。此外，她还通过书籍和专业刊物来研究伏伦斯基所干的种种事情，所以伏伦斯基在农业、建筑方面，有时甚至在养马和体育方面遇到问题，常常直接向她请教。他对她的知识和记忆力感到惊讶，开头也很怀疑，就要她拿出证据；于是她就在书中找出他所问的东西，指给他看。

她也很关心医院的建设。她不但帮忙，而且有很多地方都是她亲自安排和想点子。但她最关心的还是她自己——她在伏伦斯基心目中有多大分量，她能够在多大程度上代替他所抛弃的一切。她不仅要使他喜欢，而且要好好服侍他，这已成为她唯一的人生目的。伏伦斯基很珍视这一点，可是同时，他在她一心一意要用来把他缚住的情网中也感到难受。时间过去越多，他越是常常看出自己已被情网所缚，他就越是想挣扎，倒不是想挣脱，而是想试试这网是不是妨碍他的自由。要不是这种越来越强的要自由的愿望，要不是每次到城里开会或赛马都要发生一场争吵，伏伦斯基过的日子那是称心如意的。他所选定的角色，大地主的角色，俄国贵族核心人物的角色，不仅完全合乎他的口味，而且现在这样过了半年之后，给他带来越来越大的乐趣。他越来越关心、越来越迷恋的事业也进行得十分顺利。尽管医院、机器、从瑞士买来的奶牛和其他许多东西使他花了很多钱，可是他相信这不是浪费，而是增加了自己的财富。在进项方面，如出卖木材、粮食、羊毛，出租土地，他也很会讲价钱，决不吃亏。在这个庄子和其他一些庄子的大的经营项目上，他总是采取最稳当、最可靠的办法，就是在很小的经营项目上，他也很会精打细算。尽管德国管家又滑头，点子又多，常常引诱他买进什么，在提出预算时总是故弄玄虚，开头总是把数字说得很大，但是经过一番计算之后，就说少花一些钱也能办到，而且很快就会有利可图，伏伦斯基却从来不上他的当。只有当购置的东西是最新式的，在俄国还未见过，可以引起轰动的，他才会听管家说说，和他商量商量，同意他的意见。此外，只有在手头的钱绰绰有余的时候，他才肯花大宗的钱，而且还是要精打细算，花钱一定要花在节骨眼儿上。所以，从他经管的事情可以清楚地看出来，他没有浪费，倒是增加了自己的财产。

十月里，卡申省举行贵族大选。伏伦斯基、斯维亚日斯基、柯兹尼雪夫、奥布朗斯基的田产和列文的田产的一小部分就在这个省里。

这次选举由于种种情况和参加选举的人物,引起社会的关注。很多人纷纷议论着,准备着参加。莫斯科、彼得堡的人,还有一些国外的人,以前从来没有参加过选举的,也都来参加这次选举了。

伏伦斯基早就答应过斯维亚日斯基要参加选举。

大选之前,常来沃兹德维任村的斯维亚日斯基顺路来邀伏伦斯基。

前一天,为了这次外出,伏伦斯基和安娜几乎吵起来。现在是秋天,在乡下正是最寂寞、最难挨的时候,所以伏伦斯基做好吵嘴的准备,摆出他和安娜说话从来不曾有过的郑重和冷峻脸色,对她说他要出门。可是,使他惊讶的是,安娜听到这话十分平静,只是问他什么时候回来。他仔细看了看她,不明白她为什么这样平静。她看到他看她,笑了笑。他知道她这种隐瞒心思的本领,也知道,只有在她暗暗打定什么主意,不想把自己的打算告诉他时才会这样。他怕的就是这个;可是他很想避免争吵,所以他就装作相信,也有点真的相信他很希望相信的事,那就是,相信她是通情达理的。

“我想你不会感到寂寞吧?”

“我想不会的,”安娜说,“我昨天收到戈蒂耶书店寄来的一箱子书。我不会寂寞的。”

“她想采取这种态度哩,这样也好,”伏伦斯基心想,“要不然吵起来就没有完了。”

就这样,他没有和她推心置腹地交谈,就去参加选举了。话没有说明白他就和她分手，这从他们有关系以来还是第一次。一方面，这使他很不放心，另一方面，他认为这样好些。他心想："开头，像现在这样，是会有一些模模糊糊、难以出口的想法的，不过以后她就习惯了。不管怎么说，我什么都可以为她牺牲，就是不能牺牲我这个男子汉的独立性。"

二十六

九月里，为了吉娣生产，列文也搬到莫斯科去住。柯兹尼雪夫在卡申省有田产，很关心选举问题，在他准备去参加选举的时候，列文在莫斯科闲居已经有整整一个月了。柯兹尼雪夫邀弟弟一起去，因为列文有资格做谢列兹聂夫县的代表。此外，列文还要去卡申省为侨居国外的姐姐办理一件有关托管和收取土地押金的要事。

列文还是犹豫不决，可是吉娣看到他在莫斯科很无聊，就劝他去，而且不和他商量就给他定做了一套价值八十卢布的贵族礼服。这花在礼服上的八十卢布，是促使列文去的主要原因。他就动身往卡申省去了。

列文到卡申已经六天了，天天参加会议，同时为姐姐的事奔走，事情办得很不顺手。贵族头面人物都一心忙于选举，就连一件最简单的与托管有关的事也办不成。另一件事，收取土地押金，同样也遇到麻烦。为解除封禁斡旋了很久之后，准备付钱了；可是那个热心的公证人却不能签发支票，因为需要主管人签名，而主管人忙着开会，又没有交人代办。这样奔走斡旋，同许多完全理解申请人的苦衷而又爱莫能助的好心人谈话，像这样一次次使尽劲儿毫无结果，就使列文产生了一种很难受的心情，就像在梦中想使劲儿却使不出时那种无可奈何的懊恼心情。他在和他聘请的那位心地善良的律师谈话时，就常常有这种感觉。这位律师似乎竭尽一切力量，使出浑身解数，要为列文排忧解难。“您就这样试试看，”他不止一次这样说，“您到哪儿哪儿去一下吧，”于是律师说起怎样解决阻碍一切的关键性问题的全盘计划。可是他马上又补充说：“还会有人作难的，不过您去试试吧。”于是列文就去试，东奔西走。所有的人都很和蔼，很客气，可是结果呢，解决了的问题到末了又冒出来，又拦住去路。特别使人恼火的是，列文怎么也不明白是谁在和他作对，他的事情总是办不成，究竟对谁有好处。恐怕谁也不知道这一点，就连律师也不知道。列文明白，在火车站买票为什么非排队不可，如果他也能像那样明白这种事儿，他就不会觉得委屈和懊恼了。可是，他在办事方面遇到种种阻碍，谁也无法给他解释这些阻碍为什么会存在。

但是列文自从结婚以后有很大变化；他现在很有耐性，如果他不明白这一切为什么会这样的话，那他就对自己说，不了解全部情形，不能下判断，大概就应该这样，所以他尽量不生气。

现在，他出席会议，参加选举，也是尽量不指责，不争论，而是尽可能去理解他所敬重的这些正直而善良的人这样郑重、这样起劲地干的事情。自从他结婚以来，他发现，以前因为他轻率对待认为微不足道的事情，都有许多很新鲜、很重要之处，所以他认为选举的事可能是有重大意义的，并且在探索其重大意义。

柯兹尼雪夫向他解释了通过选举将会出现的变革的意义和

重要性。省首席贵族依照法律规定掌管许多很重要的社会公共事业，如托管监护（现在列文就是因为这事儿大伤脑筋的），贵族大量基金的动用，男女中学和军事学校，新式的国民教育，最后还有地方自治会。目前的省首席贵族斯涅特科夫是一个荡尽巨大家产的老派贵族，心地善良，为人也很正直，但是完全不理解新时代的需要。他处处站在贵族方面，公然反对普及国民教育，并且使应该具有广泛代表性的地方自治会带有阶级性质。现在就是要选一个有朝气、有现代思想、精明能干的完全新式的人物来代替他，以便凭借赋予贵族，也不是赋予贵族，而是赋予地方自治会的一员的种种权力，充分发挥地方自治能够发挥的作用。在富饶的卡申省，一向在各方面都是走在其他省前面的，如今集中了这样一大批优秀人物，这里的事情如果能办得好，就会成为各省和全俄国的典范。所以这次选举具有重大的意义。预料可能会提出来接替斯涅特科夫当首席贵族的，也许是斯维亚日斯基，也许是聂维多夫斯基，那更要好些。聂维多夫斯基是一位退休教授，是聪明绝顶的人，又是柯兹尼雪夫的好朋友。

省长宣布开会，他向贵族们发表讲话，希望他们选举公务人员不讲情面，而是凭功绩和以造福祖国为出发点。他希望，卡申省尊敬的贵族还像历届选举一样，忠实地履行自己的义务，不负皇上的厚望。

省长讲完话，就从会场往外走。贵族们就闹哄哄地、很带劲儿地，有些人还洋洋得意地跟着他往外走，而且就在他穿大衣，和首席贵族亲切交谈的时候，把他团团围住。列文因为想知道究竟，什么也不肯放过，所以也站在人群里，听见省长说：“请转告玛丽雅·伊凡诺芙娜，就说我妻子很抱歉，她要上孤儿院去。”然后贵族们就快快活活地穿起自己的大衣，大家都上了车前往大教堂。

在大教堂里，列文和大家一样举着手，跟着大司祭念祷词，用最严厉的誓词发誓，一定要照省长所期望的去做。宗教仪式对列文总是会有影响的，就在他说“我吻十字架”这句话，用眼睛扫了扫这一群也在说这句话的老老少少的时候，他觉得自己深深感动了。

第二天和第三天讨论贵族基金和女子中学的事，如柯兹尼雪夫说的，这些事是无关紧要的，所以，忙着为自己的事奔走的列文就没有关心这些事。到第四天，在主席台上审查起本省的基金。于是新旧两派第一次发生冲突。负责审查账目的委员会向大会报告说，账目分毫不差。首席贵族站起来，表示感谢贵族们的信任，并且感动得流下眼泪。贵族们高声向他欢呼，并且纷纷和他握手。可是就在这时候，柯兹尼雪夫一派里有一个贵族说，他听说委员会并没有查过账，因为他们认为查账是对首席贵族的侮辱。委员会中有一个委员不小心证实了这一点。这时有一位个头儿矮小、看样子很年轻、然而说话非常尖刻的先生说起来，说首席贵族想必是很高兴查清账目的，可是由于委员会过分客气，他无法得到这种精神上的快慰。于是委员会收回了自己的报告。柯兹尼雪夫就有条有理地说起该不该承认查过账或者没有查过账的道理，并且把这种二者必择其一的道理发挥了一通。反对派中有一个能说会道的人反驳了柯兹尼雪夫。然后斯维亚日斯基发言，那位说话尖刻的先生又发言。争论了很久，没有任何结果。列文非常惊讶,他们竟为这事儿辩论了那么久,尤其是在他问柯兹尼雪夫,他是不是认为基金被侵吞了的时候,柯兹尼雪夫竟回答说:

“才不会呢!他是一个正直的人。不过这种掌管贵族事务的旧式家长作风必须碰一碰。”

第五天选举各县的首席贵族。这一天在有些县里吵闹得相当激烈。在谢列兹聂夫县,斯维亚日斯基经大家一致同意当选为首席贵族。当天晚上他就设宴庆贺。

二十七

第六天是选举省首席贵族。大厅和小厅里挤满了身穿各种各样礼服的贵族。有很多人是专门为这一天赶来的。多年未见的熟人,有的来自克里米亚,有的来自彼得堡,有的来自国外,都聚集一堂了。在省首席贵族的桌旁,沙皇肖像下面,进行着热烈的争论。

贵族们在大厅和小厅里都分成一群一群的,从他们那带敌意和不信任的目光,从外人走近时立刻闭口不谈的那种神气,有些人甚至跑到远处走廊里去交头接耳地说话,从这一切可以看出来,每一方都有不可告人的秘密。贵族们在外表上很明显地分成两派:老派和新派。大部分老派不是穿着老式的紧身贵族礼服,挂着佩剑,戴着礼帽,就是各人穿着自己有资格穿的海军、骑兵、步兵制服。老派贵族的制服都是按老式样做的,都带肩章;制服显得很小,腰身又短又窄,仿佛穿衣服的人长高了。少壮派穿着敞胸的贵族礼服，低腰身，肩部宽宽的，衬着雪白的背心，或者穿着黑领制服，绣有司法部的标志桂树叶。人群中还点缀着几个穿宫廷制服的，也是少壮派的。

不过，派别的划分与年龄老少的划分并不一致。据列文观察，有些年轻人是属于老派的，相反，有些年纪很老的贵族在和斯维亚日斯基交头接耳地说话，显然是新派的中坚分子。

大家在小厅里抽烟，吃点心。列文站在自己一伙人旁边，留心听他们说话，尽管他全神贯注，还是不明白他们说的是什么。柯兹尼雪夫是中心，其他人都聚集在他周围。这时他在听斯维亚日斯基和赫留斯托夫说话。赫留斯托夫是另一个县的首席贵族，也是他们这一派的。他不肯和他们县的人一起去要求斯涅特科夫当候选人，斯维亚日斯基却劝他这样做，柯兹尼雪夫也赞成这种做法。列文不明白，为什么敌对的一派要请他们希望落选的首席贵族当候选人。

刚刚吃过点心、喝过酒的奥布朗斯基，一面用洒过香水的镶边麻纱手帕擦着嘴，穿着他那套宫廷侍从制服朝他们走来。

"咱们占领阵地了，"他捋着络腮胡子说，"谢尔盖·伊凡诺维奇！"

他听他们谈了一会儿之后，就表示支持斯维亚日斯基的意见。

"一个县就够了，斯维亚日斯基已经很明显，是反对派了。"他说的是除了列文大家都很明白的话。

"怎么样，柯斯加，你好像也懂得其中奥妙吧？"他又对列文说，并且挽住他的胳膊。列文确实很希望了解其中奥妙，可是他不懂究竟是怎么一回事儿，于是他跨了几步，走到一边去，对奥布朗斯基说他一点不懂，为什么要请省首席贵族当候选人。

“哎呀，太天真了！”[1]奥布朗斯基说过，就简单明了地对列文说了说是怎么一回事儿。

如果像历届选举那样，所有的县都提出省首席贵族当候选人，那他不用大家投票就可以当选。这样是不行的。现在已有八个县同意提名；如果有两个县不肯提名的话，斯涅特科夫就可能不肯当候选人。那样的话，老派就会从他们的人中另推一位候选人，新派的整个打算就会落空。但如果只有斯维亚日斯基的一个县不肯提名，斯涅特科夫还会当候选人。甚至还会选他，做出样子要投他的票，这样反对派就会做出错误估计，等到提出我们的人当候选人，他们就会投他的票。

列文懂了，但还没有完全懂，正想再提几个问题，这时忽然大家都说起话来，闹哄起来，朝大厅里走去。

“怎么回事儿呀？什么事呀？是谁呀？”“委托书吗？给谁的呀？怎么啦？”“否定了吗？”“不是委托书。”“不让弗列罗夫进来呢。”“有案在身，又怎么样？”“像这样谁也不能进来了。这太卑鄙。”“依法办事嘛！”列文听到四面八方都在嚷着，所有的人都急急忙忙地朝什么地方去，唯恐错过了什么，列文就和大家一起朝大厅里走去，被一群贵族拥挤着来到省首席贵族的桌子跟前，省首席贵族、斯维亚日斯基和另外几个头面人物正在这儿很激烈地争论着。

---

①原文为拉丁语。

二十八

列文站得相当远。他旁边有一个贵族呼哧呼哧喘着粗气,还有一个贵族的厚底靴吱嘎吱嘎响着,所以有很多话他听不清楚。他只能老远地听到首席贵族那柔和的声音,然后是那个说话尖刻的贵族的尖尖的声音,然后是斯维亚日斯基的声音。他能听得出的是,他们争论的是一段法律条文的意义和“在侦查中”这话的意义。

人群两边分开,给柯兹尼雪夫让路,让他走到主席台前。柯兹尼雪夫等那个说话尖刻的先生一说完,就说他认为最好是查一查有关的法律条文,于是就请秘书把那段条文找出来。在那段条文中说,如有意见分歧,必须投票表决。

柯兹尼雪夫把有关条文念了一遍,就开始解释其含义,但立刻就有一个又高又粗、身穿领子撑着后颈的紧身礼服、佝偻着背、染过小胡子的地主打断他的话。他走到主席台上,用手上的戒指敲了敲桌子,大声叫道:

“投票!投票表决!没有什么好说的!投票表决!”

这时一下子就有好几个声音说起话来。戴戒指的高大贵族的火气越来越大,叫得越来越响。可是听不清他说的是什么。

他说的正是柯兹尼雪夫所建议的;可是他显然很痛恨柯兹尼雪夫和柯兹尼雪夫这一派,而且他这种痛恨情绪也传染了他那一派,这样也就引起对方愤怒的反击,虽然对方的反击比较有礼貌些。大家都叫嚷起来,一时间乱成一团,省首席贵族不得不请求大家遵守秩序。

“投票表决，投票表决！谁是贵族，谁会明白的。我们决不答应……皇上的信任嘛……不能查首席贵族的账，他又不是账房……问题不在这里嘛……对不起，投票表决！太卑鄙了！……”四面八方都响起又愤怒又激动的叫嚷声。一个个的眼神和脸色就更愤怒、更激动了。他们都表现出不共戴天的仇恨。列文一点也不明白这是怎么一回事儿，不明白为什么在讨论是否表决有关弗列罗夫的问题时气氛这样激烈。他忘记了后来柯兹尼雪夫才对他说明白的那一套推理方法，那就是：为了公共福利，必须撤换省首席贵族；为了撤换省首席贵族，必须获得多数票；为了获得多数票，必须使弗列罗夫有选举权；为了使弗列罗夫有选举权，必须弄清法律条文的含义。

“一票就可以决定全局，所以如果愿意为社会事业着想，就必须郑重其事，坚持到底。”柯兹尼雪夫下结论说。

但是列文却忘记了这一点。他看到他一向尊敬的这些好人激动起来这样不愉快，这样凶恶，心里很难受。为了摆脱这种难受的感觉，他不等争论出结果，就走到旁边的厅里，这里什么人也没有，只是在餐柜旁有几名侍役。他看到侍役们忙活着擦餐具，摆杯盘，看到他们那心平气和、生气勃勃的脸色，顿时感到无比轻松，就好像从一间臭烘烘的屋子里跑到新鲜空气里。他高高兴兴地望着侍役，前前后后地踱了起来。他特别喜欢的是，有一个白络腮胡子的侍役，带着一脸瞧不起那些取笑他的年轻侍役的神气，教他们怎样叠餐巾。列文正要和这个老侍役聊聊，贵族托管委员会的秘书，一个有本领记得全省贵族的名和父称的小老头儿，跑来叫他了。

“有请了，康斯坦丁·德米特里奇，”小老头说，“令兄在找您呢。要投票了。”

列文走进大厅，接过一个小小的白球，就跟着哥哥柯兹尼雪夫走到主席台前，斯维亚日斯基带着一脸郑重其事和讥讽的神气站在那里，把大胡子握在手里，闻着。柯兹尼雪夫把一只手伸进票箱，把自己的小球放进去，给列文让出地方之后，就站了下来。列文走过去，可是完全忘记了是怎么回事儿，心里慌了，就问柯兹尼雪夫：“往哪儿投？”他是小声问的，这时旁边有人在说话，所以他指望没有人听到他的问话。可是说话的人不说话了，他这句很不像话的问话被人听到了。柯兹尼雪夫皱起眉头。

“这要看各人的主张了。”他板着脸说。

有几个人笑了笑。列文红了红脸，连忙把手伸到票箱罩布下面，把球投到右面，因为球在右手里。投好之后，他才想起来，应该把左手也伸进去，就又把左手伸进去，但已经晚了，这样就更觉得窘了，于是急急忙忙往后面几排去了。

“赞成票一百二十六！反对票九十八！”发不好卷舌音的秘书喊道。然后是一阵笑声，因为在票箱里发现了一个纽扣和两个核桃。弗列罗夫获得选举权，新派胜利了。

但老派并不认为他们已经输了。列文听到有些人在要求斯涅特科夫当候选人，看到一群贵族围住正在说什么的省首席贵族。列文就走了过去。斯涅特科夫在回答贵族们的话时，说到贵族们对他的信任，对他的爱戴，他是不配的，因为他无非是尽心尽意为贵族们服务了十二年。他有好几次重复说：“我鞠躬尽瘁，忠心耿耿，现在我也非常珍视和感激大家的盛情。”他忽然被眼泪哽住，说不下去了，就从大厅里走了出去。不知他的眼泪是怎么来的，是由于感觉到对待他不公平，由于对贵族的热爱，还是因为感觉到已被敌人包围，自知处境不妙，反正他的激动是很感人的，大多数贵族都受到感动，列文也觉得很心疼斯涅特科夫。

在门口省首席贵族和列文撞了个满怀。

“对不起，请原谅。”他像对陌生人一样说；可是他一认出是列文，却胆怯地笑了笑。列文觉得他想说点儿什么，可是激动得说不出来。当他匆匆走过时，列文看到他脸上的表情，看到他那穿着制服和镶金绦白裤、挂着十字章的整个身体的姿态，就觉得他很像一只被追捕的野兽，感到无路可逃了。他脸上这种神气使列文特别伤感，因为昨天刚刚为托管的事到他家里去过，见过他这个善良和有家室的人的威严气派。一座大房子，摆设的家具古色古香；几名老仆人，衣着不讲究，有点儿肮脏，但是毕恭毕敬，显然这还是以前的农奴，不愿背弃主人，留下来的；他那头戴花边睡帽、身披土耳其披肩的和蔼可亲的胖太太在和一个很好看的小外孙女亲热；上中学六年级的小儿子放学回来，一面向父亲问好，一面吻他的大手；还有主人那威严而亲切的言语和手势——这一切昨天都使列文不由得产生敬意和好感。现在这个老头子却使列文觉得伤感和可怜，列文就很想对他说几句安慰话儿。

“想必您还会当我们的首席。”他说。

“未必，”首席贵族张皇地环顾了一下，说，“我没有精力了，老了。有比我能干，比我年轻的，让他们干吧。”

首席贵族说过，就从边门走了。

最庄严的时刻到了。正式选举就要开始了。这一派和那一派的头头们都在掐指头估算白球和黑球的数目。

争论弗列罗夫的问题，不仅使新派获得弗列罗夫的一票，而且赢得了时间，所以，有三个贵族中了老派的诡计不能来参加选举的，也有可能来投票了。有两个贵族是嗜酒成癖，被斯涅特科夫的党羽灌醉了；还有一个贵族的礼服被人拿走了。

新派知道这事儿以后，趁着争论弗列罗夫的事儿的工夫，派人乘马车给那个贵族送去一套礼服，又把两个被灌醉的人中的一个接来开会。

"我把一个接来了，给他浇了些冷水，"那个乘车去接人的地主走到斯维亚日斯基跟前说，"没问题，能行。"

"醉得不厉害吧，不会栽倒吧？"斯维亚日斯基摇着头说。

"没事儿，呱呱叫！就是不能让他再喝了……我已经对侍役关照过，说什么也不能给他。"

二十九

小厅里挤满了贵族，有的在吸烟，有的在吃点心。大家的心情越来越激动，所有的脸上都流露着明显的焦急神情。特别激动的是两派的头头儿，他们了解全部底细，能估计票数。这是面临一场战斗的指挥官。其余的人就像临战的普通士兵，虽然做好战斗准备，但眼下还在寻欢作乐。有些人站着或坐在桌旁吃点心；有些人抽着烟，在长长的小厅里前前后后地走着，和很久不见的朋友说着话儿。

列文不想吃点心，也没有抽烟；也不愿和自己的一伙人，也就是不愿和柯兹尼雪夫、奥布朗斯基、斯维亚日斯基等人在一起，因为身穿宫廷武官制服的伏伦斯基正和他们站在一起很起劲儿地谈着。列文昨天在选举大会上看到他，就尽量躲着他，不愿意和他会面。列文走到窗前，坐下来，打量着一群一群的人，倾听着周围的人说话。他感到怅然，尤其因为他看到大家都浑身是劲儿，奔走忙碌，只有他和坐在他旁边的一个身穿海军制服、没有牙齿、说话含糊不清的老得不能再老的小老头儿，没有兴趣，无事可做。

“这是个大骗子手！我对他说过，这样不行。可不是！他收了三年都收不上来。”一个地主使劲儿跺着显然为了参加选举才穿上的新靴子的后跟，很带劲儿地说。这个地主个头儿不高，腰佝偻着，搽过油的头发披在制服的绣花领子上。他很不满地扫了列文一眼，陡地转过身去。

“是啊，很不干净的事儿，没什么说的。”有一个小个头儿的地主用尖细的声音说。

一大群地主簇拥着一位胖胖的将军，紧跟着这两个人，急急忙忙来到列文跟前。地主们显然是找地方说话，好让别人听不到。

“他怎么敢说我叫人偷他的裤子呢！我看，他是把裤子换酒喝了。我才瞧不起他这个公爵呢。他不该说这话，这是猪说的话。”

“您听我说嘛！他们有条文作根据呀，”另外一伙人当中有人说，“妻子应该成为贵夫人。”

“我才不管他妈的条文不条文。我是凭良心说话。高尚的贵族就应该这样。要使人信得过。”

“阁下，咱们走，去喝一杯好香槟。”

另外有一群人跟随着一个大声嚷着什么的贵族走来：这就是三个被灌醉的贵族中的一个。

“我总是劝玛丽雅·谢苗诺芙娜把地租出去，因为她不会精打细算。”一个身穿旧参谋部上校军服的白胡子地主用悦耳的声音说。这就是列文在斯维亚日斯基家遇见的那个地主。列文立刻认出他来。这个地主也仔细看了看列文，于是他们相互问好。

“幸会幸会！当然啦！我记得很清楚。那是去年在首席贵族尼古拉·伊凡诺维奇家。”

“哦，您的庄子上的事儿怎么样？”列文问道。

“还是老样子，不行，”那个地主在旁边站下来，带着无可奈何的微笑和心安理得、听天由命的表情回答说，“您怎么也到我们省里来了？”他问道，“是来参加我们的政变吗？”他用法语加重说，但法语发音不准。“全俄国的人都来了：有宫廷侍从，有的差点儿就是大臣。”他指了指身穿宫廷侍从制服和白裤、同一位将军走在一起的仪表堂堂的奥布朗斯基。

“我应该对您说实话，我很不了解贵族选举的意义。”列文说。

那个地主对他望了望。

“这有什么好了解的？什么意义也没有。是一种没落的制度，只是靠惯性继续其活动。您看看吧，看到这些制服就明白了：这是调解法官、常任委员等等一类人的大会，而不是贵族大会。”

“那您为什么要来呀？”列文问道。

“由于习惯，这是一。再就是，要维持关系。也要尽一点儿道义上的责任。还有，说实话，也为了个人利益。女婿想竞选常任委员；他们没有多大家产，很需要提挈他。可是这些先生们来干什么呀？”他指着那个在主席台上发过言的说话尖刻的先生说。

“这是新一代贵族。”

“新倒是新，但不是贵族。这是一些土地占有者，我们才是地主。他们作为贵族是在自取灭亡。”

“可是您说，这是一种过时的制度呀。”

“过时是过时，但对待他们应该有些礼貌呀。就拿斯涅特科夫来说吧……好也罢，歹也罢，我们生存了有一千年了。您要知道，如果您要在房前造一个小花园，要清理场地，可是这地方长着一棵百年老树……尽管这棵树又苍老又到处是节疤，总不能为了造花坛砍掉老树，要重新设计花坛，很好地利用这棵古树。树是一年长不起来的，”他小心翼翼地说过这番话，立刻就换了话题。“哦，您庄子上的事怎么样？”

“不好呀。只有百分之五的收益。”

“是呀，而且您没有把自己算上去。您不是也算一点儿代价吗？我就说说我自己吧。我在没有经营农业以前，每年有三千卢布官俸。现在我比当差出的力气还大，可是也和您一样，只有百分之五的收益，就连这样还算幸运的。我自己花的力气就白花了。”

“如果老是亏本的话，您何必干这种事儿呢？”

“可是有什么办法呢！您说有什么办法呀？习惯嘛，也就只好这样了。还可以对您说说，”他把胳膊支在窗子上，因为说得来了劲儿，又继续说下去，“我儿子对庄稼事儿丝毫没有兴趣。看样子，他要成为一个学者。这样一来，就没有人继承了。可还是要干呀。今年我又开了一个果园。”

“是啊，是啊，”列文说，“这话很对。我总觉得我经营庄稼事儿没有实惠，可还是要干……总觉得对土地负有一种责任。”

“我来给您讲一件事吧，”那个地主继续说。“附近有一个商人到我家来。我们在庄稼地里和果园里走了走。他说：‘斯捷潘·瓦西雷奇，您这儿什么都有条有理，就是果园荒废了。’其实我的果园也侍弄得很好。他接着说：‘依着我，我早把这椴树砍了。不过要在生长最旺盛的时候砍。这儿有上千棵椴树呢，每一棵可以编两个很好的篮子。现在树皮篮子很值钱，再说还可以砍到很多椴树料。’”

“他就可以用这些钱去买牲口或者低价买进土地，再把土地分租给庄稼人，”列文笑着补充说，他显然已经不止一次遇到打这种算盘的人，“那他就会发大财。可是您我呢，只要能保住自己的产业，能给孩子们留下来，就谢天谢地了。”

“我听说，您成家了吧？”那个地主说。

“是的，”列文得意扬扬地回答说，“是的，这有点儿奇怪，”他又说。“我们就这样不打算盘过日子，我们就好像被安在这儿，像古时候的灶王奶奶一样，守着这一堆火的。”

那个地主暗暗苦笑了一下。

“我们中间也有一些人，比如我们的朋友尼古拉·伊凡内奇，或者现在定居下来的伏伦斯基伯爵，这些人都想经营工业化农业呢；可是这到目前为止，除了亏损，毫无结果。”

“可是我们为什么不像商人那样办呢？为什么不砍了树编篮子呢?”列文又回过头来谈起那个使他惊讶的说法。

“就像您说的,要守着这一堆火呀。要不然,那就不是贵族的事了。我们贵族的事不是在这选举大会上干的,而是在各自的地盘上。什么该做,什么不该做,也都是凭自己的阶级本性。有时我看看庄稼人,看到他们也是这样:一个好样的庄稼人,总是拼命租土地,能租多少就租多少。不管土地有多么坏,还是要耕种。也是不打算盘。总是亏本。”

“我们也正是这样呀,”列文说,“见到您真是太高兴,太高兴了。”他看到斯维亚日斯基向他走来,又说道。

“上次在您家见过面以后,我们这还是第一次见面呢,”那个地主说,“而且一下子就谈得上了劲儿。”

“怎么,你们是在骂新制度吧?”斯维亚日斯基笑着说。

“免不了要骂骂。”

“谈得痛快。”

三十

斯维亚日斯基挽住列文的胳膊,和他一起朝自己一伙人走去。

现在要躲避伏伦斯基已经不可能了。伏伦斯基同柯兹尼雪夫和奥布朗斯基站在一起,对直地望着渐渐来到跟前的列文。

“幸会幸会。好像我有缘在……在谢尔巴茨基公爵夫人家见过您。”他说着,把手伸给列文。

“是的，我还清楚地记得咱们那次见面。”列文说过，立刻满脸通红，就急忙转过脸去和哥哥说起话来。

伏伦斯基微微一笑，继续和斯维亚日斯基说话，显然一点也不想和列文交谈；列文一面和哥哥说话，一面却不住地回头看伏伦斯基，寻思着和他说点儿什么，以弥补自己的唐突。

“现在究竟还要看什么呢？”列文一面问，一面打量着斯维亚日斯基和伏伦斯基。

“要看斯涅特科夫。要他放弃或者同意。”斯维亚日斯基说。

“他究竟怎么样，同意还是不同意？”

“问题就在这里了，他既不放弃，又不同意。”伏伦斯基说。

“如果他放弃了，谁来当候选人呢？”列文看着伏伦斯基问道。

“谁愿意都行。”斯维亚日斯基说。

“您当吗？”列文问道。

“只有我在外。”斯维亚日斯基发起窘来，慌乱地朝站在柯兹尼雪夫旁边的那个说话尖刻的先生看了一眼，说道。

“那究竟谁当呢？聂维多夫斯基吗？”列文觉得自己糊涂了，就问道。

可是这一问就更糟了。聂维多夫斯基和斯维亚日斯基都是候选人。

“我呀，怎么也不会。”那个说话尖刻的先生回答说。

原来这就是聂维多夫斯基。斯维亚日斯基就把他介绍给列文。

“怎么样，你也心痒了吧？”奥布朗斯基对伏伦斯基挤了挤眼睛说,“这好比赛马。可以赌输赢。”

“是的,这确实叫人心痒,”伏伦斯基说,“而且,既然上了手,就想干到底。战斗嘛!”他皱起眉头,绷紧结实的颧骨说。

“斯维亚日斯基多么精明能干呀!他办什么事都干净利索。”

“哦,是的。”伏伦斯基心不在焉地说。

有一会儿不说话了。这时候,伏伦斯基因为总要看着什么,就看了看列文,看了看他的脚,他的礼服,后来又看了看他的脸,看到他那望着自己的忧郁的眼睛之后,为了说点儿什么,就说道:

“您这是怎么啦,一直住在乡下,却不是调解法官呀?您没有穿调解法官制服嘛。”

“因为我认为,调解法庭是一种混账机构。”一直在等机会和伏伦斯基说话以弥补刚见面时的唐突的列文,阴沉地回答说。

“我不认为这样,倒是相反。”伏伦斯基用心平气和的惊讶语气说。

“那是作弄人,”列文打断他的话说,“我们用不着调解法官。八年来我没遇到什么事儿。有了什么事儿,那也要判得颠倒过来。调解法官离开我有四十俄里。为了两个卢布的事,我得花十五卢布去请律师。”

于是他说了说,有一个庄稼人偷了磨坊主的面粉,磨坊主对他说了说这事儿,那庄稼人就控告他诽谤。这话说得又蠢又不是地方,列文就在说这话的时候自己也感觉到了。

“嗬,他这人真古怪!”奥布朗斯基带着他那杏仁油般的微笑说,“不过咱们走吧,大概要投票了……”

于是他们走开了。

“我真不懂，”柯兹尼雪夫发现弟弟言语笨拙，就说道，“我真不懂，怎么会这样缺乏政治手腕。我们俄国人就是缺乏这个。省首席贵族是我们的对头，你和他亲亲热热，还要请他当候选人。可是伏伦斯基伯爵……我并不想和他交朋友；他请我吃饭，我也不会去；但他是我们的人，怎么能把他当作敌人呢？还有，你问聂维多夫斯基是不是候选人。这不该问。”

“哎呀，我简直一点也不明白！而且这一切也都算不了什么。”列文忧郁地回答说。

“你说这一切都算不了什么，可是你一沾手，什么都乱了套。”

列文不作声了，于是他们一起走进大厅。

省首席贵族虽然感觉到气氛不对，有人捣他的鬼，虽然也不是所有的人都请他当候选人，他还是决定参加竞选。大厅里静了下来，秘书大声宣布，近卫军大卫米海尔·斯捷潘诺维奇·斯涅特科夫被推为省首席贵族候选人。

各县的首席贵族带着盛有选举球的小盘子离开自己的席位朝主席台走去，选举就开始了。

“投在右边。”当列文和哥哥一起跟着本县首席贵族走到主席台跟前时，奥布朗斯基小声对列文说。可是列文这时忘记了别人对他说过的计策，他怕奥布朗斯基说“投在右边”是说错了。斯涅特科夫是他们的对头嘛，他在走近票箱的时候，把球拿在右手里，可是他想到这样错了，一到票箱跟前就把球换到左手里，很明显，这样就把球投在左边。站在票箱旁的一个内行人，单凭手臂的动作就知道谁往哪边投的，这时很不高兴地皱了皱眉头。他没有机会试验他的好眼力了。

大厅里鸦雀无声,只能听到数球的声音。然后有一个声音宣布赞成和反对的票数。

省首席贵族得到大多数选票。大家又嚷嚷起来,急急忙忙朝门口冲去。斯涅特科夫走进来,贵族们把他团团围住,向他祝贺。

"怎么,现在完了吧?"列文问柯兹尼雪夫。

"才开始呢,"斯维亚日斯基笑着替柯兹尼雪夫回答说,"另外一个候选人可能会得到更多的选票。"

列文又把这一点完全忘了。他现在只记得这里面有一点奥妙,但是他没有兴趣去回想奥妙何在。他不由得灰心丧气,很想快点儿离开这一群人。

因为谁也不注意他,而且好像谁也不需要他,他就悄没声地朝吃茶点的小厅里走去,等他又看到那些侍役,顿时感到浑身轻松。那个侍役老头儿要他吃点儿东西,他同意了。列文吃过一客芸豆肉饼之后,又和老头儿聊了聊他以前的几个东家。他不愿意回到大厅里去,因为他在大厅里觉得很不痛快,就到敞廊里去随便走走。

敞廊里挤满衣着华丽的女士们,一个个伏在栏杆上,尽可能一句不漏地听着下面的人说话。女士们旁边坐着或站着一些举止文雅的律师、戴眼镜的中学教师和军官。到处都在说选举的事,说首席贵族多么不痛快,争论多么精彩;列文在一堆人里听到有人称赞他的哥哥。有一位女士对一位律师说:

"我听到柯兹尼雪夫的演说,多么高兴呀!就是饿肚子也值得一听。妙极了!什么都说得清清楚楚,明明白白!在你们的法院里谁也没有这样会说话。只有一个梅杰尔，就连他也远远没有这样的口才。”

列文在栏杆边找到一个空位子，就俯在栏杆上观看和倾听起来。

所有的贵族都坐在本县的栏格子里面。大厅中央站着一个穿制服的人，用尖细而响亮的声音宣布说：

“现在表决骑兵上尉叶甫盖尼·伊凡诺维奇·阿普赫津当首席贵族候选人的问题！”

鸦雀无声，没有人发言，只听到一个软弱无力的老头子的声音。

“放弃！”

“现在表决七等文官彼特尔·彼特罗维奇·波尔当首席贵族候选人的问题！”那个尖细而响亮的声音又宣布说。

“放弃！”一个年轻人的尖嗓门儿叫道。

于是又重新宣布，又是“放弃”。就这样过了一个小时左右。列文伏在栏杆上看着，听着。起初他觉得奇怪，就想弄明白这是怎么一回事儿；后来断定这是他无法理解的，他就感到怅然了。后来他想起他在一张张脸上看到的那种激动和凶狠的神气，又感到戚然。于是他决定离开这地方，就朝楼下走去。他在经过敞廊过道的时候，碰到一个垂头丧气、两眼红肿、踱来踱去的中学生。在楼梯上又遇到一对儿：一位穿高跟鞋往上跑的太太和一位步履轻快的副检察官。

“我对您说过，不会迟到嘛。”那位副检察官就在列文闪身给太太让路的时候说。

列文已经走到出口的楼梯上,已经伸手到背心口袋里去掏大衣的号牌了,就在这时候秘书把他抓住了。“请进去吧,康斯坦丁·德米特里奇,投票了。”

正在投票表决的就是那位坚决不肯当候选人的聂维多夫斯基当候选人的问题。

列文走到大厅门口,门已经锁上了。秘书敲了敲门,门开了,两个满脸通红的地主从列文身边溜了出来。

“我受不了啦。”一个满脸通红的地主说。

紧跟着这个地主露出省首席贵族的脸。这张脸由于疲惫和慌乱显得非常可怕。

“我对你说过不要放人出去嘛!”他对看门人嚷道。

“我是让人进来,大人!”

“老天爷呀!”省首席贵族重重地叹了一口气,垂下头,无精打采地拖着他那穿白裤子的腿,顺着大厅中央的通道朝主席台走去。

果然不出所料,聂维多夫斯基得票最多,于是他当选为省首席贵族。许多人很快活,许多人很满意,很痛快,许多人欢天喜地,但也有许多人很不满意,很不痛快。原来的省首席贵族灰心丧气,想掩饰也掩饰不住。当聂维多夫斯基从大厅里往外走的时候,人群把他团团围住,欢天喜地地簇拥着他,就像第一天簇拥主持过开会的省长,也像簇拥当选时的斯涅特科夫。

三十一

这一天,新当选的省首席贵族和获得胜利的新派中的许多人都来到伏伦斯基的住处参加宴会。

伏伦斯基来参加选举,是因为他在乡下觉得无聊,并且要向安娜表示他有权利自由活动,也为了支持斯维亚日斯基竞选,报答他在地方自治会选举上为伏伦斯基进行的一番斡旋,然而主要的还是为了认真履行他所选定的贵族和地主这种身份的全部义务。可是他怎么也没有料到,选举这种事儿会这样使他感兴趣,这样使他心痒,他干这种事儿会干得这样得心应手。他在贵族的圈子里完全是一个新人,但显然已经有些声望;他认为他在贵族当中已经有一些影响,那也是不错的。为他造成这种影响的是:他的财产和爵位;他在城里的豪华住宅,那是从事金融事业、在卡申开办了一家很兴旺的银行的老朋友瑟尔科夫让给他的;伏伦斯基从乡下带来的一名出色的厨师;他和省长的交情,因为省长是他的同学,而且还是他卵翼下的一个同学;而更重要的是,他那平易近人的态度,很快就使大多数贵族改变成见,不再认为他高傲了。他自己觉得,除了那个娶了吉娣的乖戾的先生,无缘无故怀着疯狂的仇恨对他胡言乱语一通之外,他所认识的每一个贵族都是拥护他的。他清楚地看出来,他对聂维多夫斯基的成功帮助很大,别人也承认这一点。所以现在他坐在自己设的宴席上,庆贺聂维多夫斯基当选,为自己选出来的人感到莫大的愉快。选举这种事也使他着了迷,所以他考虑,如果三年后的选举之前他正式结了婚的话，自己要参加竞选，就好像通过骑手赢了一笔赌注以后，他想亲自参加赛马了。

现在是庆祝骑手的胜利。伏伦斯基坐在主位上，他的右首坐着年轻的省长，侍从将军。在大家来说，这是一省之主，隆重地宣布过大会开幕，致了开幕词，如伏伦斯基看到的，使很多人对他肃然起敬，百般逢迎；但在伏伦斯基眼里，他还是小卡加·马斯洛夫，——这是他在贵族子弟军官学校里的诨名，——见了伏伦斯基总是忸怩不安，伏伦斯基却总是千方百计给他打气。左首坐的是年轻气盛、带着一脸凌厉逼人神气的聂维多夫斯基。伏伦斯基对待他又随便又尊敬。

斯维亚日斯基快快活活地接受了他的失败。这在他来说，正如他举杯向聂维多夫斯基祝贺时说的，甚至不是失败，因为再也找不到能够奉行贵族应该遵循的方针的更好代表了。所以，正如他说的，一切正直的人都拥护今天的胜利，庆祝今天的胜利。

奥布朗斯基也很高兴，因为日子过得很快活，大家都很开心。在丰盛的宴席上，大家一再说起选举中的种种插曲。斯维亚日斯基很滑稽地模仿了原省首席贵族眼泪汪汪的讲话，并且对聂维多夫斯基说，他这位大人应该采取另外一种比眼泪复杂的审核基金的办法。另外一个爱说笑话的贵族说，本来为了给前任省首席贵族举办舞会，招了一批穿长袜的仆人，现在，如果新任省首席贵族不举办有穿长袜仆人伺候的舞会的话，那就要打发他们回家了。

在宴会上，大家不住口地称呼聂维多夫斯基"我们的省首席"和"大人"。

这种称呼使人高兴，就好像对新娘称“夫人”和称呼其夫姓一样。聂维多夫斯基装作很淡漠，甚至瞧不起这种称呼，但显然他觉得非常得意，并且在竭力克制自己，免得流露出狂喜心情，这在他所属的自由主义新派当中是不应有的。

在宴会的时候就发了几封电报给关心选举进程的人。奥布朗斯基因为心里高兴，也给陶丽发了一封电报，内容是：“聂维多夫斯基以十二票优势当选。现报喜。请转报。”他在口述电文之前，说：“要让他们都高兴高兴。”可是陶丽收到电报后，只是惋惜打电报花的一个卢布，并且明白这是宴会结束了。她知道，司基瓦有一个毛病，就是在宴会结束时“乱发电报”。

宴席上的一切，包括上等的菜肴和不是从俄国酒商手里买来，而是直接从国外进口的原装美酒，都是非常名贵、纯正和可口的。这一伙儿二十来个人，都是斯维亚日斯基从志同道合而又精明、正派的自由主义新派人物中挑选出来的。举杯祝贺也都是半开玩笑式的，为新任省首席贵族，为省长，为银行行长，也为“我们殷勤的东道主”的健康干杯。

伏伦斯基非常满意。他怎么也没有想到在外地会有这样有意思的事儿。

到宴会结束时，气氛更欢畅了。省长请伏伦斯基光临义演音乐会，那是省长夫人举办的，她很想结识伏伦斯基。

“那里还要开舞会，你会在那里看到我们的美人儿。当真那是很妙的。”

“这非我所长。”[①]很喜欢说这句话的伏伦斯基回答说，但是他

①原文为英语。

笑了笑，答应去。

大家已经点起香烟，就要离开餐桌了，这时伏伦斯基的侍仆用盘子托着一封信走到他跟前。

“是专差从沃兹德维任村送来的。”他带着郑重其事的表情说。

“真奇怪，他多么像副检察官斯文吉茨基呀。”就在伏伦斯基皱着眉头看信的时候，有一位客人用法语品评他的侍仆说。

信是安娜写来的。他还没有看信，就知道信的内容了。他原以为选举在五天以内可以结束，所以说定在星期五回去。今天是星期六了，所以他知道信的内容一定是责备他没有准时回去。昨天晚上他发出的信大概还没有送到。

内容正如他所预料的，但形式不是他所预料的，是使他特别不愉快的。“安妮病得很厉害，医生说，可能是肺炎。我一个人没办法。瓦尔瓦拉公爵小姐不能帮忙，倒是会碍事。我前天、昨天都在等你，现在派人去打听：你在哪儿，你怎么啦？我本想亲自去，但知道这会使你不愉快，就改变了主意。不管怎样你要给我回信，好让我知道该怎么办。”

孩子病了，她却想亲自跑来。女儿生病，再加上这种敌对的口气。

选举带来的这种纯粹的快乐，和使他忧愁、使他难受、使他不得不回去的爱情，形成鲜明的对照，使伏伦斯基感到惊讶，但是他必须回去，于是他搭头一班火车连夜回家了。

三十二

在伏伦斯基动身去参加选举之前,安娜考虑到他每次出门时他们都要发生的争吵只能使他心冷,而不能拴住他的心,所以就下决心千方百计地克制自己,平心静气地对待这次离别。但是,当他来说他要出门时,他看她的那种冷峻而严肃的目光却使她感到受了侮辱,所以他还没有动身,她的心就不平静了。

后来剩了她一个人,她反复琢磨他那种表示有权自由行动的目光,就像往常那样归结为一点,那就是意识到自己的低下。“他有权利想什么时候走就什么时候走,想到哪儿去就到哪儿去。不但可以走,而且可以把我丢下。他什么权利都有,我什么权利也没有。可是,他知道这一点,就不应该这样做呀。不过,他究竟干了什么事啦?……他带着冷峻和严肃的神气看了看我。当然,这不能表示什么,算不了什么,不过这是以前不曾有的呀,所以这目光是大有含义的,”她想道,“这目光就表示,开始冷了。”

尽管她认定开始冷了,她还是无可奈何,不论在哪一方面都无法改变自己对他的态度。她还是像以前一样,只能用爱情和美貌把他拖住。还是像以前一样,只有白天做事情,晚上服吗啡,才能摆脱可怕的想法,不再去想,如果他不爱她了,她会怎么样。是的,还有一个办法:不是拖住他,——她所以拖住他,只是因为她要他的爱情,别的什么也不要,——而是和他更紧密,造成一种状况,让他无法抛弃她。这办法就是离婚和结婚。所以她现在愿意这样了,并且拿定主意,只要他或者司基瓦一说起这事儿,她立刻就表示同意。

她就抱着这样的想法在没有他陪伴的情况下过了五天，这是他应该不在家的五天。

她散步，同瓦尔瓦拉公爵小姐聊天，有时到医院里去看看，主要的是看书，看了一本又一本，这样来打发时间。可是到了第六天，当车夫赶着空车回来时，她再也无法不思念他，无法不思念他在外面做什么了。就在这时候她的女儿病了。安娜就亲自照料起女儿，但就是这样她也无法忘却，何况女儿的病又没有什么危险。不论她怎样努力，她也不爱这个女孩儿，她也不会装作爱她。这天傍晚，剩下她一个人的时候，她觉得非常为他害怕，就打定主意到城里去找他，可是好好想了想以后，就写了伏伦斯基收到的那封前后矛盾的信，也没有重看一遍，就派专人送走了。第二天早晨她接到他的信，就后悔自己不该写那封信。她战战兢兢地等待着他再一次投来他临走时向她投来的那种冷峻的目光，特别是在他了解到女儿病情并不严重的时候。不过她给他写了信，她还是很高兴。现在安娜已经在心里承认，他已经觉得她是累赘了，他为了回家而抛弃自己的自由是会感到惋惜的，尽管这样，她想到他就要回来了，还是非常高兴。就让他觉得是累赘吧，可是他就要跟她在一起，她可以看到他，知道他的一举一动了。

她在客厅里，坐在灯下，拿着泰纳[①]的一本新书，读着，听着外面的风声，时时刻刻等待着马车来到。有好几次她觉得听到了车轮声，然而都是她听错了；终于她不仅听到了车轮声，而且听到了

①泰纳（1828—1893），法国文学家、哲学家，文化史学派的创始人。著有《历史与批评文集》和《艺术哲学》等。

车夫的吆喝声和有顶的大门口轰隆的声音。就连一个人在用纸牌算卦的瓦尔瓦拉公爵小姐也说听到了，所以安娜一下子就红了脸，站起来，但是她没有像前两次那样走下楼去，而是站住没有动。她忽然因为自己欺骗了他而觉得羞惭起来，但最担心的还是不知他会如何对待她。受侮辱的感觉已经消失，她害怕的就是他的不满意表情。她想起女儿的病昨天就完全好了。恰恰就在她把信送出去的时候，女儿的病就好了，她甚至因此生起女儿的气。然后她想起他来，想起他已经来了，想起他整个的人，他的手，他的眼睛。她听到了他的声音。于是她忘记了一切，欢欢喜喜跑去迎接他。

"啊，安妮怎么样？"他望着向他跑来的安娜，在楼下很担心地问。

他坐在椅子上，仆人正在给他脱暖靴。

"没什么，她好些了。"

"你呢？"他一面拍打身上的灰尘，一面说。

她用双手抓住他一只手，拉到自己腰身边，一面用眼睛盯着他。

"嗯，我很高兴。"他说，一面冷冷地打量着她，打量着她的头发，她的连衫裙，他知道她是为他穿起这身服装的。

这一切都使他喜欢，但已经使他喜欢过多少次了呀！于是她非常害怕的那种石头般的冷峻表情又出现在他的脸上。

"嗯，我很高兴。那你身体怎么样？"他用手帕擦了擦潮湿的胡子，吻着她的手说。

"没什么，"她心想，"只要他在这儿就行，他在这儿，就不会不爱我,不敢不爱我。"

他们由瓦尔瓦拉公爵小姐陪着又幸福又愉快地度过了一个黄昏。瓦尔瓦拉公爵小姐对他抱怨说,他不在家,安娜又服吗啡了。

"有什么办法呢?我睡不着呀……一想起来,就睡不着。有他在家,我从来不服。几乎从来不服。"

他说了说选举的情形,安娜也很会提问题,引他谈最使他开心的事情,也就是谈他的成功。她也对他说了说家里最使他感兴趣的事情。她说的事情都是最令人高兴的。

到了夜里,等到只剩了他们两个人,安娜看出她又完全把他迷住,就想消除那封信引起的目光中的不愉快印象。她说:

"你老实说说,你收到信很恼火吧,你不相信我吧?"

她一说过这话,就明白了,不论他现在对她怎样恩恩爱爱,他并没有原谅她这一点。

"是的,"他说,"那封信太奇怪了。一会儿说安妮病了,一会儿又说你要亲自去。"

"那都是实话。"

"我并没有怀疑呀。"

"不,你怀疑了,我看出来,你很不满意。"

"一点儿也没有怀疑。我只是不满意,这是真的,不满意的是,你好像不肯承认,我还有一些义务……"

"参加音乐会的义务……"

"不过,咱们不谈了。"他说。

"为什么不谈呢?"她说。

“我只是想说，会有一些事是非办不可的。就比如现在，我必须到莫斯科去，为房产的事……唉，安娜，你为什么这样爱生气呀？难道你不知道，我没有你就没法活吗？”

“要是这样，”安娜忽然换了一种口气说，“那你觉得这种生活是累赘了……是啊，你回来住一天，就要走了，就像那些……”

“安娜，这太过分了。我整个生命都愿意献出来……”

但是她不听他的。

“你要是去莫斯科，那我也去。我不能一个人待在这儿。要么咱们分手，要么就在一块儿过。”

“你要知道，我也就希望这样呀。可是，要想这样……”

“就要离婚，是吗？我就给他写信。我看出来，我不能再这样过下去……不过我要和你一起上莫斯科去。”

“你这等于是威胁我。我也是再不希望什么，只希望和你永不分离呀。”伏伦斯基笑着说。

不过，在他说这种温柔话儿的时候，他的眼睛里闪着的不光是被逼得走投无路、发起狠来的人那种冷冷的、凶狠的目光。

她看到了这目光，并且猜到了这目光的含义。

“要是这样，那就倒霉了！”他的目光说。这是瞬间的印象，可是她再也忘不掉了。

安娜给丈夫写了一封信，要求离婚。十一月底，送走了要去彼得堡的瓦尔瓦拉公爵小姐以后，安娜就和伏伦斯基一起上莫斯科了。他们现在像正式夫妻一样住了下来，每天都在等待卡列宁的回信，好接着办离婚手续。

第七部

一

列文夫妇在莫斯科已经住了两个多月了。依照有经验的人的精确推算，吉娣应当分娩的日子早已过了；可是她还没有生，而且不论在哪方面都看不出，现在比两个月前更接近产期。医生，产婆，陶丽，母亲，尤其是一想到分娩临近就战战兢兢的列文，开始感到焦急不安了；只有吉娣觉得自己是完全平安和幸福的。

她现在清楚地意识到自己心中产生了一种新的感情，爱未来的、在她来说多少已是现实的孩子的感情，并且常常乐滋滋地玩味这种感情。这孩子已经不完全是她身体的一部分，有时已经过起自己的独立生活，不依赖她了。她常常因此感到痛苦，可是同时又因为这种奇怪的新的欢乐，老是想笑。

她所爱的人都在她身边，人人都对她这样好，这样无微不至地照料她，让她觉得处处都非常愉快，如果她不知道也不觉得这种状况应该很快结束的话，她不会再希望有更好、更愉快的生活了。只有一点使她感到美中不足，那就是丈夫不像她所爱的那样，不像他在乡下那样了。

她爱他在乡下那种从容、亲切和殷勤好客的风度。在城里，他总是显得惶惶不安，提心吊胆，仿佛怕人家欺负他，尤其是怕人家欺负她。在乡下，他处处心里有数，从来不着急，什么时候都有事情干。现在在城里，他总是慌慌忙忙，唯恐错过什么事，其实他无事可干。于是她可怜起他来。她知道，他在别人眼里不是一个可怜的人；恰恰相反，当吉娣在交际场上望着他，就像有些女子有时会把心爱的人当作陌生人来观察，以便断定他会给别人什么印象的时候，她看出来，他不仅不可怜，而且由于他那高雅的举止，在和妇女相处时有些拘谨、腼腆而彬彬有礼的态度，那健壮的体格，还有她觉得特别富有表情的脸，他是非常有魅力的，她看着甚至嫉妒得害怕起来。但她不是看他的外表，而是看他的内心；她看出来，他在这里不是真正的他；有时她无法判断他的状况；有时她在心里责备他不会在城里生活；有时她也承认，他在这里确实很难安排得像过去那样，有了她就心满意足。

真的，他有什么事可做呢？他不喜欢打牌，也不去俱乐部。同奥布朗斯基那样一些男人鬼混，她现在已经知道那是怎么一回事儿了……那就是拼命喝酒，喝过酒就到不三不四的地方去。一想到男人们在这种情形下会到什么地方去，她就不寒而栗。叫他到交际场所去吗？可是她知道，去交际场所就是要寻找同年轻女子接近的乐趣，她是不可能希望这样的。叫他跟她、跟母亲和姐妹们一起待在家里吗？可是，她们姐妹之间说来说去的那些话儿，如老公爵说的，那些“东家长西家短”的话，不论她觉得多么有滋有味，她知道，他是会感到索然无味的。他还有什么事可做呢？叫他继续写他的书吗？他也这样试过，开头还常去图书馆查资料，做笔记；可是，正如他对她说的，他越不做事情，越没有时间。此外，他还向她诉苦说，他在这里谈他的书谈得太多了，所以有关书的种种想法在他头脑里全乱了，失去了意义。

这种城里生活的唯一好处是，他们在城里从来没有吵过嘴。不知是由于城里生活环境不同，还是由于他们俩在这方面更谨慎更通情达理了，反正他们在莫斯科没有因为猜疑争吵过，他们到城里来的时候，是很担心在这方面争吵的。

在这方面还发生过一件对两个人来说都非常重大的事，那就是吉娣和伏伦斯基的见面。

玛丽雅·波里索芙娜老公爵夫人，是吉娣的教母，一向很喜欢她，现在一定要见见她。吉娣本来因为怀孕哪儿都不去的，也只好跟着父亲去见这位可敬的老夫人，就在那里遇到了伏伦斯基。

吉娣在这次见面中唯一可以自责的是，当她认出她过去十分熟悉的这穿便服的身姿时，她顿时连气都喘不上来，血往心里直涌，自己感觉到一张脸涨得通红。但这种情形只是持续了几秒钟。父亲有意地大声和伏伦斯基说起话来。吉娣不等父亲把话说完，她就完全做好准备，可以望着他，如有必要，可以和他说说话儿，就像她和老公爵夫人说话一样，而最重要的是，要使自己的一言一笑都能得到丈夫的赞同，她仿佛觉得丈夫那看不见的身影此刻就在她旁边。

她和伏伦斯基说了几句话，听到他戏称选举大会为“我们的国会”，她还平静地笑了笑。（应该笑一笑，表示她懂得这是开玩笑。）但是她立刻就转过身去对着老公爵夫人，再也没有看他一眼，直到他起身告辞；这时她才看了看他，但显然也只是因为，他向她鞠躬告辞，她对人家连看也不看是失礼的。

她很感激父亲，因为他在她面前只字不提这次和伏伦斯基见面；但是她感觉父亲在这次出访之后在平时散步的时候对待她特别亲切，可见他对她是满意的。她对自己也很满意。她怎么也没有想到，她居然有力量把对伏伦斯基的旧情完全封锁在心底，不仅在表面上，而且真的对他十分淡漠，无动于衷。

当她告诉列文，在玛丽雅·波里索芙娜公爵夫人家遇到伏伦斯基的时候，他的脸红得比她还厉害。她对他说这事很难出口，可是继续说这次见面的详细情形那就更难，因为他没有问她，只是皱起眉头看着她。

“真可惜，你当时不在，”她说，“不是说你不在房间里……假如有你在场，我就不会那样自然了……我的脸现在比那时红得多，红得很多，很多，”她说这话时，脸红得不得了，“我是说，可惜你没有从门缝里看看。”

那一双真挚的眼睛告诉列文，她对自己是满意的。他虽然看到她脸红，可是立刻就放下心来，就问起详细情形，她就是希望他问的。等他了解了一切，甚至也知道了她在开头一小会儿不能不红脸，后来就像对待任何别的人一样随便和自如，他就快活起来，并且说，这样他很高兴，今后再不能像在选举大会上那样鲁莽了，下次再遇到伏伦斯基，一定要尽可能地和他亲近。

“想到有一个人几乎是敌人,那是很难受的,很怕和他见面,”列文说,“现在我高兴了,非常高兴。”

二

“那你就到保尔家去一下吧,”列文在十一点钟出门前来看吉娣,吉娣对他说,“我知道,你要在俱乐部吃午饭,爸爸已经给你订好了。那你上午做什么?”

“我就去看看卡塔瓦索夫。”列文回答说。

“怎么这样早?”

“他说过要给我介绍梅特罗夫。我想和他谈谈我的著作。他是彼得堡的有名学者,”列文说。

“哦,你一再称赞的就是他的文章吧? 那么,然后呢?”吉娣说。

“也许还要去法院,为姐姐的事。”

“去听音乐会吗?”她问。

“我一个人去,有什么意思呀!”

“不,你去吧;那儿要演奏一些新曲子哩……那都是你很喜欢的嘛。要是我,一定去。”

“好吧,反正吃饭以前我要回家一趟。”他看着表说。

“你就穿上礼服吧,那就可以直接到保尔伯爵夫人家去了。”

“难道非去不可吗?”

“哎呀,一定要去。他来过咱们家嘛。这有什么难为你的?顺路去一下,坐一会儿,谈上五分钟天气什么的,就起身告辞。”

“唉,说实在的,我很不习惯这一套,真觉得不好意思。这算什么呀?一个陌生人跑了去,坐下来,无缘无故坐一会儿,打扰人家一下,自己也别扭一阵子,然后就走。”

吉娣笑起来。

“你单身的时候不是也去拜访过人家吗?”她说。

“拜访过,不过也总是不好意思,现在就很不习惯了,说真的,我宁可两天不吃饭,也不去拜访人家。真不好意思呀!我总觉得人家会恼火的,会说:你没事儿跑来干什么呀?”

“不会,人家不会恼火的。这事儿我可以给你担保,”吉娣笑吟吟地看着他的脸说,她握住他的手。“好啦,再见……你去吧。”

他吻了吻她的手,已经要走了,她又把他叫住。

“柯斯加,你知道,我只剩下五十卢布了。”

“那好吧,我就到银行去取。要多少?”列文带着她熟悉的那种不快神情说。

“不,你等一下,”她拉住他的手,“咱们谈一谈,这事儿使我发愁。我好像一点儿也没有乱花,可是钱就像流水一样。咱们有些地方总是不对头。”

“一点也不是。”他一面咳嗽着,皱着眉头看着她说。

她熟悉这种咳嗽。这表示他很不满意,不是不满意她,是不满意自己。他确实很不满意,不过不是不满意花钱太多,而是使他想起一件明知有些不对头、所以很希望忘记的事。

“我已经叫索科洛夫把小麦卖掉,再把磨坊的租金提前收一收。不管怎样,钱会有的。”

“不,不过我是怕花得太多了……”

“一点也不多,一点也不多,”他一再地说,“好啦,再见吧,亲爱的。”

“不,说真的,我有时后悔听了妈妈的话。要是在乡下有多好呀! 这一下我把你们都折腾坏了,而且咱们花很多钱……”

“一点也不多,一点也不多。自从结婚以来,我从未说过,会有什么情形比实有的更好……”

“当真?”她看着他的眼睛说。

他说这话时并未考虑,只是为了安慰她的。但是,当他抬眼看了看她,看到她那一双真挚的眼睛带着询问的神气盯着他时,他又真心实意地重说一遍。“我简直把她忘记了。”他想道。于是他想起他们很快就要面临的事。

“怎么样,快了吧? 你感觉怎样?”他握住她的双手,小声问道。

“我以前想得太多,所以现在什么也不想,什么也不知道了。”

“也不害怕吗?”

吉娣轻蔑地笑了笑。

“一点儿也不怕。”她说。

“如果有什么,叫人到卡塔瓦索夫家里找我。”

“不,什么事也不会有,你别操心。我这就去和爸爸到林荫道上去散步。我们还要到陶丽家去一下。等你来吃饭。哎呀,对了! 你可知道,陶丽的情形简直糟透了。她背了一身债,一个钱也没有。我昨天同妈妈和阿尔谢尼(这是她的二姐夫李沃夫)谈过了,决定让你同他去教训教训司基瓦。简直不像话。这事儿可不能对爸爸说……可是如果你和他……”

“不过，我们又能怎样呢？”列文说。

“反正你去找找阿尔谢尼，同他谈谈，他会告诉你，我们是怎么商量的。”

“好吧，反正我都听阿尔谢尼的。那我就去找他。恰好，如果去音乐会的话，那我就和娜塔丽雅一起去。好，再见吧。”

在台阶上，列文结婚前就伺候他、现在经管他城里的家业的老仆人库兹玛把他拦住。

“漂亮哥儿（这是从乡下带来的那匹左辕马）换了马掌，可还是一跛一跛的，”他说。“您看怎么办？”

刚来到莫斯科的时候，列文很关心从乡下带来的几匹马。他很想把这方面的事安排得好些，花钱少些；可是结果，自己的马比租来的马花费还大，而且还是要雇马车。

“派人去请一位兽医来，也许是挫伤。”

“好的，不过，夫人用车怎么办？”库兹玛问道。

列文现在听说从沃兹维任街到西夫采夫·符拉什街要雇两匹壮马，拉着大马车在雪泥里走四分之一俄里，到那里再停四个小时，得花四个卢布，已经不像初来莫斯科时那样吃惊了。现在他觉得这是很自然的了。

“叫车夫租两匹马，套咱们自己的车。”列文说。

“遵命。”

就这样依靠城市条件又简单又容易地解决了在乡下要亲自花费很多心血和力气的难题之后，列文走出门来，叫了一辆马车，坐上车前往尼基塔大街。一路上他已经不想钱的问题，而是思索着怎样和那位研究社会学的彼得堡学者结识，和他谈谈自己的著作。

只是在刚到莫斯科的时候，乡下人觉得很奇怪的毫无收益而又不可避免的种种开支才使列文感到惊讶。可是现在他对这一切已经习惯了。他在这方面的情形就像俗话说的喝酒的人一样，第一次喝酒如鲠进喉，第二次喝酒像老鹰下落，第三次喝酒就像小鸟儿回窝儿。列文在第一次兑换一百卢布的钞票为仆人和门房买制服时，他不由得盘算了一下，这些毫不实用，然而因为暗示了一下这种制服不要也行，老夫人和吉娣就表示惊讶，看来是必不可少的制服，花费的钱抵得上两个人干一个夏天，也就是从复活节到四旬斋大约三百个劳动日，而且是天天都起早摸黑干重活儿，所以他在花这一百卢布的时候是很难受的。但是在兑换第二张一百卢布钞票，为亲友们办宴席买酒菜花去二十八卢布的时候，列文虽然也想到，这二十八卢布是九俄石燕麦的代价，燕麦是要收割，打捆，脱粒，簸扬，装口袋，是要流汗花力气的，可是第二张一百卢布钞票就花得比较干脆利落了。现在花钱兑换钞票早已不再盘算，花得像小鸟回窝儿一样轻松了。花钱买来的乐趣是不是抵得上挣钱付出的劳动，他早已不再盘算了。一种粮食一种价钱，低了是不能卖的，现在他也不打这种算盘了。黑麦的价钱他长期以来都是不肯让的，现在卖出去，每石比一个月前便宜五十戈比。他算了算，像这样开销下去，过不了一年就非负债不可，——就连这种盘算也不起作用了。只要银行里有存款，不必问钱是从哪里来的，知道明天有钱买牛肉就行。他至今保持着这样一种观念：他在银行里总是有钱存着。可是现在银行里的钱用完了，他还不知道到哪里去弄钱。所以，在吉娣提到钱的时候，他一时间心烦意乱；可是他没工夫考虑这种事儿。他一路上想的是卡塔瓦索夫和即将同梅特罗夫见面的事。

三

列文这次来莫斯科，又和大学里的同学、自从他结婚以后还未见过面的卡塔瓦索夫教授亲近起来。他喜欢卡塔瓦索夫世界观的开朗与单纯。列文认为，卡塔瓦索夫世界观的开朗是由于他缺乏性格；卡塔瓦索夫则认为，列文思想混乱是由于思维缺乏条理性。但是列文喜欢卡塔瓦索夫的开朗，卡塔瓦索夫也喜欢列文的很多没有条理化的想法，所以他们很喜欢见见面，争论一番。

列文把自己著作中的一些段落念给卡塔瓦索夫听，他很喜欢。昨天卡塔瓦索夫在演讲会上遇见列文，对他说，大名鼎鼎的梅特罗夫，列文很喜欢他的文章的，就在莫斯科，而且卡塔瓦索夫对他说起列文的著作，他很感兴趣，他明天十一点钟要到卡塔瓦索夫家里来，很希望和列文结识。

"您简直大变了，老兄，我真高兴，"卡塔瓦索夫在小客厅里迎住列文说，"我听到门铃声，心想：不会的，他不会准时到……哦，黑山人怎么样？天生好斗嘛。"

"怎么一回事儿？"列文问。

卡塔瓦索夫简要地对他讲了讲这条最新消息，便进了书房，把列文介绍给一个外表很招人喜欢的矮墩墩的人。这就是梅特罗夫。谈了一会儿政治，谈了彼得堡上层人士对近来一些大事的看法。梅特罗夫说了说他所听到一些有可靠来源的话，据说那是皇上和一位大臣就此类情形说的。卡塔瓦索夫却也听到可靠的说法，说皇上说了完全不同的话。列文就竭力想象一种情况，在此种情况下这样那样的话都可能说。这个题目谈到这里就不谈了。

“他的书差不多已经写好了，谈的是劳动者和土地的关系中的自然条件，”卡塔瓦索夫说，“我在这方面是外行，但我作为一个自然科学家，高兴的是，他没有把人类看作超脱动物学规律的东西，相反，他看出人类对环境的依赖关系，并且从这种依赖关系中探索发展的规律。”

“这很有意思。”梅特罗夫说。

“我本来开始写的是一本农业书，但是研究了农业的主要因素劳动者之后，”列文红着脸说，“不由得得出完全意想不到的结果。”

于是列文像摸索着走路一样小心翼翼地阐述起自己的见解。他知道，梅特罗夫写过一篇反对流行的政治经济学的文章，但是他不知道，也无法从这位学者那聪明而沉着的脸看出来，自己的新见解能够在多大程度上得到他的赞同。

“不过您从哪些方面看出俄国劳动者的特点呢？”梅特罗夫说，“是从劳动者所谓的动物特性，还是从所处的环境？”

列文看出来，他这样问，就表示已经有论点是他不赞同的；但列文还是继续阐述自己的一个论点，那就是，俄国劳动者对土地的看法与其他民族迥然不同。为了证明这一论点，他连忙补充说，依他看来，俄国老百姓所以有这种看法，是因为他们认识到自己有使命迁居广漠无垠、荒无人烟的东方。

“对老百姓的总的使命下什么结论，是很容易出差错的，”梅特罗夫打断列文的话说，“劳动者的状况总是取决于劳动者同土地和资本的关系。”

于是梅特罗夫不让列文把自己的想法说完，就开始向他阐述自己学说的特点。

他的学说的特点是什么，列文没有理解，因为他没有多花心思去理解。他看出来，梅特罗夫也像其他学者一样，虽然在文章中驳斥许多经济学家的理论，但还是从资本、工资和地租着眼来看待俄国劳动者的状况。虽然他不得不承认，在俄国最大的东部地区还根本没有实行地租制，对于八千万俄国人口的十分之九来说，劳动所得仅仅能养活自己，除了最原始的工具，资本还不存在，然而他却只是从这种观点来看待一切劳动者，尽管在很多地方他也不赞成经济学家们的见解，并且在工资方面有自己的一套新理论，也就是他向列文阐述的一套理论。

列文勉强听着，开头还反驳了几句。他很想打断梅特罗夫的话，说说自己的想法。他认为，自己的想法足以证明梅特罗夫的进一步阐述是多余的了。可是后来他看出他们看问题的角度相差太大，不可能相互理解，就不再反驳了，只是听着。尽管这时他对梅特罗夫说的话已经毫无兴趣，然而他听他说话，还是觉得有些得意。他得意的是，这样一个有学问的人，这样乐意，这样用心地向他陈述自己的看法，而且这样相信列文在这方面的知识，有时在说明事情的整个一方面时只是暗示一下。列文认为这是看得起他，却不知梅特罗夫在和自己的知己朋友们谈过许多次之后，特别乐意和每一个陌生人谈谈这个题目，而且总的来说，他也很乐意和别人谈谈他很关心、但还没有弄清楚的这个问题。

“恐怕咱们要迟到了。”卡塔瓦索夫等到梅特罗夫的话一说完，就看了看表说。

“是的，今天业余爱好者协会举行大会纪念斯文基奇逝世五十周年，”卡塔瓦索夫回答列文的问话说，“我和彼得·伊凡内奇准备去参加。我答应宣读一篇论文，介绍他在动物学方面的著作。您和我们一起去吧，很有意思。”

“是的，是该走了，”梅特罗夫说，“咱们一起去吧，如果方便的话，开完会就到我那里去坐坐。我很想听您谈谈您的大作。”

“不，不行。那还没有写好呢。不过我很高兴参加纪念会。”

“怎么样，老兄，听说了吗？我们单独提出一份意见。”正在另一个房间里穿礼服的卡塔瓦索夫说。

于是谈起大学的问题。

有关大学问题的争论，是今冬莫斯科的一件大事。委员会里的三位老教授不接受青年教授的意见；青年教授就单独提出一份意见。有些人认为这意见很糟，有些人认为非常切实可行，于是教授们分成了两派。

卡塔瓦索夫所属的一派认为对方在进行卑鄙的告密和欺骗；另一派则认为对方幼稚和不尊重权威。列文虽然不在大学里，但他在莫斯科期间有几次听到并且说起这件事，他对这个问题也有自己的见解；他们到了大街上还在谈这个问题，列文也参加了谈话，直到三个人来到古老大学的大楼前才不谈了。

纪念会已经开始。卡塔瓦索夫和梅特罗夫在铺了桌布的主席台上坐下来。主席台上坐了六个人，其中一人俯身对着稿纸，在念着什么。列文在主席台旁边一张空椅子上坐下来，小声问坐在旁边的一个大学生，念的是什么。那个大学生很不高兴地打量了一下列文，说：

“生平。”

虽然列文对这位科学家的生平不感兴趣，但他不由得听起来，听到了这位著名科学家生平的一些趣事逸闻。

等那人念完了，主席向他表示感谢，并朗诵了诗人孟特寄来的纪念诗，又说了几句话向诗人表示感谢。然后卡塔瓦索夫用他那又响亮又尖锐的嗓门儿宣读了评介这位科学家著作的文章。

等卡塔瓦索夫宣读完毕，列文看了看表，看到已经一点多了，就想到，在赴音乐会之前已经来不及对梅特罗夫详谈自己的著作了，而且现在他也不想谈了。他在听别人宣读论文的时候，也在思索刚才的谈话。他现在明白了，梅特罗夫的想法也许是有道理的，可是他的想法也有道理呀；只有各人按照各自的途径对这两种想法分别进行探讨，才能判断正确或错误，得出结论；如果把两种想法混合在一起，那就不会有什么结果。列文决定谢绝梅特罗夫的邀请，所以，大会一结束，就走到他跟前。梅特罗夫就把列文介绍给正在和他谈政治新闻的主席。在介绍的时候梅特罗夫又对主席说了说他对列文说过的那些话，列文也说了说今天上午说过的那一番见解，但为了换换花样，又说了说他刚才想到的新见解。然后又谈起大学的问题。因为这一切列文已经听过了，他就急忙对梅特罗夫说，很抱歉，无缘接受他的邀请了，就鞠躬告辞，坐上车到李沃夫家去。

四

李沃夫是吉娣的姐姐娜塔丽雅的丈夫，一生都是在外国的首都度过的，在国外受教育，做外交官。

去年他辞去外交官职务，不是由于不愉快的事（他不论和谁都不曾有过不愉快的事），而是调到莫斯科御前侍从厅任职，为的是让两个儿子受到最好的教育。

尽管他们的习惯和见解截然不同，而且李沃夫也比列文年长，他们在这个冬天却亲近起来，彼此非常要好。

李沃夫在家里，列文不经通报就走了进来。

李沃夫身穿一件束腰的便服，脚蹬麂皮靴，戴着蓝玻璃夹鼻眼镜，坐在安乐椅上，在看摆在斜面读书台上的一本书，那好看的手小心翼翼地夹着吸了一半的雪茄，离身子远远的。

他一看见列文，他那一张英俊、清秀，也还年轻、在银光闪闪的鬈发衬托下更显出高贵气派的脸顿时喜笑颜开。

“太好了！我正想打发人去请您呢。哦，吉娣怎么样？到这儿坐，这儿舒服些……”他站起来，推过一张摇椅。“看过最近一期《圣彼得堡新闻》吗？我觉得很有意思。”他带着一点法国口音说。

列文说了说他在卡塔瓦索夫那里听到的彼得堡的一些传闻，谈了谈时事，说了说自己同梅特罗夫结识和参加纪念会的情形。这使李沃夫很感兴趣。

“我真羡慕您，您有机会进入这有趣的学术界。”他说。像往常一样，他一说得来了劲儿，就换成他说起来更方便的法语，“真的我也没有工夫。我又是公务又要教育孩子们，也就没有时间了；况且，说出来我也不怕难为情，我的学识太浅薄了。”

“我可是不这样看，”列文笑着说。他像往常一样，见李沃夫这样虚心，绝不是故作谦虚，甚至也不是为了谦虚而贬低自己，而是真诚地虚心，很受感动。

“哎呀，真的呀！我现在感觉，我的学识太差了。为了教育孩子，有许多功课我都要重新温习，而且简直是从头学起。因为不仅需要当教师，还需要当督学，就像您的庄稼事儿，需要有干活儿的，还需要监工。这不是，我正在学呢，”他指了指摆在读书台上的布斯拉耶夫语法读本，“这是米沙必须学的，可是非常难……您来给我解释解释吧。这儿说的是……”

列文对他说，这玩意儿想理解是不可能的，而是要记住；可是李沃夫不同意他的说法。

“哦，您是在笑话这玩意儿呀！”

“正好相反，不瞒您说，我看着您，就是学习将来要干的事儿，也就是教育孩子。”

“算了吧，这没有什么好学的。”李沃夫说。

“我只是知道，”列文说，“我没见过比您的孩子更有教养的孩子，也不可能希望有更好的孩子了。”

李沃夫显然很想克制自己，免得流露出自己的高兴心情，但他还是眉开眼笑。

“只要他们比我好些，就行了。我所希望的不过如此。您真知道，”他说，“像我这两个孩子，在国外过那种日子放纵惯了，管教起来有多么费力。”

“这都可以补救。他们都是很有天分的孩子。主要的是品德教育。这就是我看到您的孩子学到的。”

“您说得好,正是品德教育。真不能想象,这有多么难!刚刚管了这一方面,那一方面又出毛病,又要花大力气去管教。如果不依靠宗教,——您记得,咱们以前谈过,——任何一个做父亲的单靠自己的力量都无法教育孩子。”

打扮停当、准备出门的光艳照人的娜塔丽雅走了进来,打断了列文一向很感兴趣的这种谈话。

“我还不知道您在这儿呢,”娜塔丽雅说。她显然不仅不因为打断她早就熟悉而且听厌了的这种谈话感到遗憾,而且非常高兴。“哦,吉娣怎么样?我今天要到你们家去吃饭。对了,阿尔谢尼,”她对丈夫说,“你就坐轿车吧……”

于是夫妻两人商量起他们这一天的活动。丈夫因公要去会见什么人,妻子要赴音乐会,还要参加东南委员会的大会,所以有许多事要解决和考虑。列文是自己人,也参与了筹划。最后商定,列文同娜塔丽雅一起乘车赴音乐会和参加大会,再让马车从那里到办公处去接李沃夫,再由他乘车去接妻子,并且把她送到吉娣家去;如果他的公事还没有办完,就把马车打发回来,由列文陪她去。

“瞧,他在挖苦我呢,”李沃夫对妻子说,“我知道咱们的孩子有很多坏毛病,他非要说他们好得不得了。”

“阿尔谢尼太过分了,我一向这样说,”妻子说。“如果要求十全十美,那你永远不会满意。爸爸说得对,他们在管教我们的时候，有的方面就过分了，把我们关在阁楼里，他们住好房间；现在恰恰相反，父母住贮藏室，孩子们住好房间。做父母的如今不必活了，什么都是为了孩子们。”

“如果喜欢这样，那有什么呢？”李沃夫带着他那亲切动人的微笑，碰了碰她的手，说，“谁要是不了解你，还以为你不是亲妈，是后娘呢。”

“不，不论在哪一方面，太过分都不好。”娜塔丽雅一面平心静气地说，一面把他的裁纸刀放到桌上原来的地方。

“哦，到这儿来，十全十美的孩子们。”李沃夫对走进来的两个漂亮男孩子说。两个孩子向列文行过礼之后，走到父亲面前，显然有什么话想问他。

列文很想同他们说说话儿，听听他们对父亲说些什么，可是娜塔丽雅和他说起话来，而且这时候李沃夫的同事马霍丁穿着一身御前侍从官服走了进来，要和他一起去见什么人，于是就没完没了地谈起赫尔采戈文、柯尔靖斯基公爵夫人、议会和阿普拉克辛娜的暴卒。

列文把吉娣交给他的任务都忘了。已经走到前厅里，他才想起来。

“哎呀，吉娣叫我和您谈谈奥布朗斯基的事儿。”就在李沃夫送妻子和他出门，在楼梯上站下来的时候，他说道。

“是的，是的，妈妈希望咱们这两个连襟教训教训他呢，”他红着脸笑嘻嘻地说，“不过，为什么要我去呀？”

“那我就去教训教训他吧，”已经披起雪白的斗篷在等待谈话结束的娜塔丽雅笑嘻嘻地说，“喂，咱们走吧。”

五

在上午的音乐会上，演出了两支很精彩的乐曲。

一支是《荒野里的李尔王》幻想曲，另一支是纪念巴赫的四重奏。两支乐曲都是新风格的新作品，所以列文很想对新乐曲形成自己的看法。他把娜塔丽雅送到座位上之后，就站在一根圆柱旁，下定决心要聚精会神地好好听一听。他望着系白领带的乐队指挥的手总是很讨厌地扰乱着对音乐的注意力的那种挥舞摆动，望着那些为了赴音乐会戴起女帽、用帽带严严实实把自己耳朵扎住的太太们，望着这一张张毫无兴致或者对什么都感兴趣、唯独对音乐不感兴趣的脸，竭力不分散注意力，不破坏自己的印象。他竭力避开音乐行家和健谈的人，站在那里，朝下面望着，听着。

对于李尔王幻想曲，他越往下听，越觉得自己无法形成什么明确的看法。不断地重复开头部分，好像在准备表现感情的音乐用语，可是立刻就分散成许多新开头的乐句的片段，有时变成除了作曲者的随意遐想，毫无联系，而又特别复杂的声音。而且就是这些乐句片段本身，有时虽然是很美的，使人听起来也很不愉快，因为完全是突如其来，使人毫无准备的。欢乐、悲伤、失望、柔情、得意都是无缘无故出现的，就像疯子的感情。而且也像疯子那样，这些感情的消失也都是突然的。

在听音乐的整个时间里，列文觉得自己就像是一个聋人在看跳舞。等演奏结束，他感到困惑莫解，而且因为集中注意力而又毫无所获，格外疲乏。四面八方响起雷鸣般的掌声。大家都站起来，走动起来，说起话来。列文想听听别人的看法，好解开自己的困惑，就去找行家。他看到一位有名的行家正在和他熟识的彼斯卓夫说话，觉得非常高兴。

“太妙了！”彼斯卓夫用浑厚的粗嗓门儿说，“您好，康斯坦丁·德米特里奇。特别生动、特别鲜明，也可以说，特别富有色彩的地方，您可以感觉到科苔莉雅来临的，就是这女人，这永恒的女性，[1]同命运进行搏斗的地方。不是吗？”

“这里面怎么会有科苔莉雅呢？”列文完全忘记了幻想曲表现的是荒野里的李尔王，就怯生生地问道。

“有科苔莉雅……你看吧！”彼斯卓夫说着，用手指弹了弹他手里的光滑的节目单，把节目单递给列文。

列文这才想起幻想曲的标题，连忙看了看节目单背面已经译成俄语的莎士比亚诗句。

“不看这个是没法听懂的。”彼斯卓夫转过身来对列文说，因为同他说话的人已走开，再没有谁可以和他谈谈了。

在幕间休息的时候，列文同彼斯卓夫争论起瓦格纳[2]乐派的长处和不足之处。列文说，瓦格纳及其追随者的错误，就在于企图让音乐跨入其他艺术领域，就像让诗歌去描写应该用绘画来表现的相貌一样错误，而且，他举出一位雕塑家，作为这类错误的例证。这位雕塑家异想天开，用大理石雕出诗的形象的幻影，矗立在诗人雕像周围的底座上。列文说：“这位雕塑家雕出的幻影简直不像幻影，甚至都要用梯子支撑着。”他很欣赏这句话，但他不

---

①原文为德语。

②瓦格纳（1813—1883），德国著名的作曲家、歌剧革新家。

记得这句话他以前是不是说过，是不是就是对彼斯卓夫说过，所以他一说出来，就觉得不好意思了。

彼斯卓夫却说，艺术乃浑然一体，只有把各种艺术融合在一起，才能得到最完美的体现。

音乐会的第二个节目列文就无法听下去了。站在他旁边的彼斯卓夫几乎一直在和他说话，指责这支乐曲那过分的、矫揉造作的朴素形式，把这种朴素比作绘画中拉斐尔前派的朴素。列文在往外走的时候又遇到很多熟人，和他们谈时事，谈音乐，谈共同的熟人；也遇到他已经忘记了要去拜访的保尔伯爵。

“哦，那您现在就去吧，”他对娜塔丽雅说了说这事之后，娜塔丽雅就对他说，“也许他们不接见您，那您就到会场上去找我。您会找到我的。”

六

“也许，今天不见客吧？”列文走进保尔伯爵家大门，问道。

“见客，请吧。”门房一面说，一面毫不迟疑地帮他脱大衣。

“真晦气，”列文一面叹着气脱手套，抻礼帽，一面在心里说，“唉，我来干什么呀？唉，我和他们有什么好谈的？”

列文在穿过前客厅的时候，在门口遇到心事重重、正板着脸对女仆下命令的保尔伯爵夫人。她看到列文，笑了笑，就请他到隔壁小客厅里去，那里有说话的声音。在小客厅里，坐在椅子上的是伯爵夫人的两个女儿和列文认识的一位莫斯科的上校。列文走过去，同他们打过招呼，就在长沙发旁边坐下来，把礼帽放在膝盖上。

“夫人身体怎么样？您去音乐会了吧？我们没有去。妈妈得参加祭祷。”

“是的，我听说了……死得多么突然呀。”列文说。

伯爵夫人走进来，在长沙发上坐下来，也问了问他妻子的身体和音乐会的情形。

列文回答过之后，又问了一遍有关阿普拉克辛娜暴死的事。

“不过，她的体质一向很差。”

“您昨天去听歌剧了吗？”

“是的，去了。”

“露卡唱得太好了。”

“是的，太好了。”列文说，并且开始重复他听别人说了一百次的有关这位女歌星天才特点的话，因为反正他不管别人对他怎样想了。保尔伯爵夫人装作在听。后来，等他说够了，不再说了，一直没有说话的上校就说了起来。上校也说起歌剧和剧场灯光的事。最后，上校说过要在玖林家举行狂欢节舞会，就笑起来，嚷嚷起来，站起来就走了。列文也站了起来，但他从伯爵夫人的脸色看出来，还不到走的时候，还得再待两分钟。他又坐下了。

但是因为他总在想着，这有多么无聊，而且也找不出话题，就不说话了。

“您不去参加大会吗？据说，很有意思呢。”伯爵夫人开口说。

“不，我说定要去接我的姨姐。”列文说。

接着出现了冷场。母女俩又交换了一下眼色。

"嗯,看来现在可以走了。"列文想了想,就站了起来。母女们和他握了握手,并且请他代她们向夫人致意。

门房一面帮他穿大衣,一面问他:

"阁下在哪里下榻?"接着就把他的住址登记到一个装帧精美的大簿子里。

"当然,我是无所谓,不过总是很尴尬,而且也太无聊了。"列文一面在心里这样说,一面聊以自慰地想,大家都是这样嘛。于是他上了车径奔大会会场,他要到那里找到娜塔丽雅,带她一起回家去。

参加委员会大会的人很多,上流社会的人差不多都来了。列文还赶上了听时事简报,如大家说的,时事简报是很有意思的。等到简报念完了,大家都聚集在一起。列文也遇到斯维亚日斯基,他请列文今天晚上一定要到农业协会去,那里有一场很精彩的报告。他还遇到刚刚从跑马场赶来的奥布朗斯基和其他许多熟人。列文也说了说和听了听对于大会、新的乐曲和公审的种种意见。但是,大概由于他开始感到精神疲劳,在谈到公审时说错了话,后来有好几次他想起来就觉得懊恼。在谈到即将处罚一个在俄国犯罪的外国人,谈到把外国人驱逐出境的处罚办法有多么不妥当时,列文还把昨天听一个朋友说的话重复了一遍。

"我认为,把他驱逐出境,就好比处罚梭鱼,把梭鱼放进水里。"列文说。后来他才想起来,他从朋友嘴里听来的、又当作自己的话说出来的这种说法,来自克雷洛夫的寓言,那个朋友又是重复报纸上一篇小品文中的这种说话。

他陪娜塔莉雅回到家里,看到吉娣快快活活,平安无事,就又上了车去俱乐部。

七

列文到俱乐部，来得正是时候。和他同时来到的有贵宾，也有会员。当年他刚刚离开大学，住在莫斯科，常常进出社交界，从那以后，他已经很久没到俱乐部来过了。他还记得俱乐部，记得俱乐部的种种装饰，但已经完全忘记了以前他在俱乐部里的种种感受。可是马车一进入那宽敞的半圆形院子，他下了马车，走上台阶，佩肩带的门房悄没声地开了大门，向他鞠躬的时候，他在门厅里看到会员们的大衣和为了省事就在楼下脱下来的一双双套靴，听到通报他到来的神秘铃声的时候，他踏着铺地毯的缓斜楼梯往上走，一看到楼梯口的雕像，又在上面门口看到穿着俱乐部制服的第三个熟识的老态龙钟的门房不慌不忙地开了门，打量着他这位来客的时候，列文心中又出现了往日俱乐部给他的感受，心中充满宁静、舒适和体面感。

“请把帽子给我，”门房对列文说，因为列文忘记了俱乐部的规矩，没有把帽子脱在门厅里，“您很久没来了。老公爵昨天就给您定下了。奥布朗斯基公爵还没有到。”

老门房不仅认识列文，而且认识他的所有亲友，所以一见面就说起他的近亲。

列文穿过第一个有屏风的过厅，又向右走进一个隔开的房间，这里坐着一个卖水果的，穿过这个房间，赶过一个慢腾腾走着的老头儿，进入挤满了人的闹哄哄的餐厅。

他一面打量着来宾们，从几乎已经坐满人的一张张桌子旁边走过。这里，那里，到处都碰到各种各样的人，有年老的，有年轻的，有面熟的，有很亲近的。没有一张脸是烦恼的和忧虑的。好像大家都把忧愁和操心事同帽子一起丢在门厅里，准备从容不迫地享受一番人世的快乐。斯维亚日斯基、谢尔巴茨基少爷、聂维多夫斯基、老公爵、伏伦斯基和柯兹尼雪夫都已经到了。

“啊！你怎么迟到啦？”老公爵从肩膀上面把手伸给他，笑呵呵地说。“吉娣怎么样？”他一面抻着塞在背心纽扣里的餐巾，又问一句。

“她没什么，身体很好；她们三个在家里吃饭呢。”

“哈，又是东家长西家短了。哦，我们这儿没有位子了。你到那张桌上去，赶快占个座位。”老公爵说过，转过身去，小心翼翼地接过一盘鳕鱼汤。

“列文，到这儿来！”较远处有个亲切的声音叫道。这是杜罗夫津。他和一个年轻军人坐在一起，他们旁边还有两张倒翻过来的空椅子。列文高高兴兴地走到他们跟前。他一向就喜欢这个好心肠的酒鬼杜罗夫津，——看到他就会想起向吉娣求婚的事，——尤其是今天，在花费心思说了许多话之后，杜罗夫津那和善的样子使他感到特别愉快。

“这两个位子是留给您和奥布朗斯基的。他马上就来。”

这位腰杆挺得笔直、一双快活的眼睛总是在笑的军人是彼得堡人加金。杜罗夫津给他们做了介绍。

“奥布朗斯基总是爱迟到。”

“哦，他来了。”

“您刚刚到吗？”奥布朗斯基说着，快步朝他们走来。“好极了。你喝酒了吗？好，来吧。”

列文站起来，跟着他朝摆满了酒和各种各样下酒菜的大桌子走去。在二十来种下酒菜中似乎总可以挑到合乎口味的，可是奥布朗斯基却另外点了一种，站在旁边的一名穿制服的侍役立刻把他点的菜端了来。他们各喝了一杯酒，就又回到桌子上。

他们还在喝汤的时候，加金就要来一瓶香槟酒，他吩咐斟到四个玻璃杯里。列文没有拒绝敬他的酒，自己又要了一瓶。他饿了，很带劲儿地吃着，喝着，更带劲儿地和大家又快活又随便地聊着。加金压低声音，讲了彼得堡最近的一个笑话。这个笑话虽然又不雅又荒唐，但是非常可笑，所以列文笑得非常响亮，惹得附近的人都转过头来看他。

“这有点儿像‘我真受不了啦！’那事儿。你知道吧？”奥布朗斯基问。“哎呀，真是太妙了！再来一瓶！”他对侍役说。于是讲起那事儿。

“彼得·伊里奇·维诺夫斯基敬你们两位的，”一名老侍者端着两高脚杯泡沫直翻的香槟酒，打断奥布朗斯基的话，对他和列文说。奥布朗斯基接过酒杯，同桌子另一头一个秃顶红胡子的男子交换了一下眼色，笑嘻嘻地向他点了点头。

“这是谁呀？”列文问。

“你在我那儿见过他一次，记得吗？是一个老好人。”

列文也照奥布朗斯基那样，接过酒杯。

奥布朗斯基讲的笑话也非常可笑。列文也讲了一个笑话，大家听了也很开心。然后谈起马，谈起今天的赛马，谈起伏伦斯基那匹“缎子”怎样勇猛地夺得头奖。列文都没有注意，这顿饭是怎么过去的。

“哈，他们来了！”在已经吃完饭的时候，奥布朗斯基说道，一面从椅背上探过身去，朝伏伦斯基伸出手去，伏伦斯基同一个高个子近卫军上校一起向他走来。伏伦斯基的脸上也闪耀着俱乐部里人人都有的和悦光彩。他快快活活地把胳膊肘搁在奥布朗斯基的肩膀上，对着他的耳朵小声说话，并且也带着那样快活的微笑把手伸给列文。

“见到您非常高兴，”他说，“那时候我还在选举大会上到处找您呢，可是有人告诉我，您已经走了。”

“是的，我当天就走了。我们刚才还谈到您的马呢，恭喜您了，”列文说。“这马跑得好快呀。”

“您不是也有一些快马吗？”

“没有，当年家父养过一些；不过我还记得，也懂得。”

“你在哪儿吃饭的？”奥布朗斯基问道。

“我们在二号桌，在圆柱那边。”

“大家为他贺喜呢，”高个子上校说，“这是第二次获得皇上的奖；要是我打牌能像他赛马这样走运就好了。”

“唉，何必浪费宝贵的时间。我要到‘地狱’里去了。”上校说完，就走了。

“这是雅什文。”伏伦斯基回答过杜罗夫津的问话，就在他们旁边的空位子上坐了下来。他喝干敬他的一杯酒，又要了一瓶。不知是受了俱乐部气氛的影响，还是因为喝了酒，列文很带劲儿地和伏伦斯基谈起了良种牲口，而且觉得对此人没有什么敌意了，感到非常高兴。他甚至还顺便告诉他，听妻子说过，她在玛丽雅·波里索芙娜公爵夫人家里遇见过他。

“哦，玛丽雅·波里索芙娜公爵夫人吗，真是太妙了！”奥布朗斯基说，并且讲了她的一个笑话，逗得大家笑了好一阵子。尤其是伏伦斯基笑得非常开心，所以列文觉得他和他的疙瘩已经完全解开了。

“怎么样，完了吧？”奥布朗斯基站起身来，笑着说，“咱们走吧！”

八

列文离开餐桌，觉得走起路来两臂摆动得特别合拍，特别轻松，就和加金一起穿过一个个高大的房间朝弹子房走去。在经过大厅的时候，他碰到了岳父。

“哦，怎么样？你喜欢我们这座逍遥宫吗？”老公爵挽住他的胳膊说，“来，咱们一块儿走走。”

“我就是想走走，到处看看呢。这儿挺有趣。”

“是的，你觉得有趣。可是我的兴趣就和你不一样了。你就看看这些老头儿，”他指着弯腰弓背、嘴唇耷拉下来、吃力地拖着软靴迎着他们走来的老头子说，“你以为，他们生下来就是这样的老浑蛋吗？”

“怎么是老浑蛋？”

“你就不知道这种称呼。这是我们俱乐部里的专用名词。你要知道，这好比滚鸡蛋，滚来滚去滚多了，就变成浑蛋了。我们这些人也是这样：天天来俱乐部，来多了，就变成老浑蛋了。瞧，你笑了,可是我们这些人已经在瞧着自己什么时候成为老浑蛋了。你认识契岑斯基公爵吗?”老公爵问道。列文从他的脸色看出来,他想讲什么可笑的事儿了。

“不,不认识。”

“哟,真是的!嗯,契岑斯基公爵可是赫赫有名的。嗯,反正一样。他这人一向喜欢打弹子。三年以前他还不是老浑蛋,挺神气。他常常管别人叫老浑蛋。只是有一次他到这儿来,我们的门房……你认识吧,叫瓦西里的?就是那个胖胖的。他是个俏皮话大王。契岑斯基公爵就问他:‘你说说,瓦西里,有些什么人来了?有老浑蛋吗?’他却对他说:‘您是第三个了。’是啊,就是这样呀!”

列文和老公爵一面说着话儿,不断地和遇到的熟人打着招呼,在各个房间里走了一遍:走进大房间,里面有几张桌子,老牌迷们正在打小牌;走进休息室,里面有人在下棋,柯兹尼雪夫坐在那里和一个人说话;走进弹子房,在房间转角处有一伙人在大沙发旁快快活活地喝着香槟,加金也在其中;他们也到“地狱”里看了看,里面有很多赌徒聚集在一张桌子周围,雅什文已经在那里坐下了。他们也蹑手蹑脚地走进幽暗的阅览室,里面有一个满脸怒气的年轻人坐在罩子灯下,翻阅着一本又一本杂志,还有一个秃顶的将军埋头在看书。他们还走进一个房间,老公爵称之为高士室。在这个房间里有三位先生很起劲儿谈着时事新闻。

“公爵,请吧,都准备好了。”老公爵的一个牌友在这儿找到他,说道。于是公爵就走了。列文坐下来听了一会儿;可是一想起今天上午的所有谈话,顿时觉得厌烦得不得了。他急忙站起来去找奥布朗斯基和杜罗夫津，跟他们在一起才快活。

杜罗夫津端着一大杯酒，坐在弹子房里高高的沙发上，奥布朗斯基和伏伦斯基在房间远处角落里的门边说着话儿。

“她倒不是苦闷，不过这种不明不白的状况……”列文一听见这话，就想赶快走开，可是奥布朗斯基把他叫住了。

“列文！”奥布朗斯基叫道。列文发现，他的眼睛里虽没有泪水，却已经潮湿了，以往他喝了酒，或者动了感情，总是这样的。现在他是又喝了酒，又动了感情。“列文，别走。”他说着，紧紧抓住他的胳膊肘，显然是无论如何不肯放他了。

“这是我的知心朋友，可以说是最好的朋友，”他对伏伦斯基说，“在我来说，你也是非常亲近，非常可贵的。我希望，我也知道，你们一定也是非常友好，非常亲近的，因为你们俩都是很好的人。”

“好吧，咱们非亲嘴不可了。”伏伦斯基一面亲切地开玩笑说，一面伸出手来。

他连忙攥住伸过来的手，紧紧握了握。

“我太高兴了，太高兴了。”列文握着他的手说。

“茶房，来一瓶香槟。”奥布朗斯基说。

“我也非常高兴。”伏伦斯基说。

不过，尽管奥布朗斯基如此希望，他们彼此也有这样的愿望，他们却没有什么可谈的，这一点他们也都感觉到了。

“你可知道，他不认识安娜？”奥布朗斯基对伏伦斯基说，“我一定要带他去见见她。咱们去吧，列文！”

“真的吗？”伏伦斯基说，“她一定会非常高兴。我真想这就回家去，”他补充说，“可是我真不放心雅什文，所以我想在这儿待一会儿，等他赌完。”

“怎么，很糟吗？”

“他老是输，只有我才管得住他。”

“那咱们来打台球，怎么样？列文，你打不打？噢，那好极了，”奥布朗斯基说，“把台球摆好，”他对记分员说。

“早就摆好了。”已经把弹子摆成三角形并且在滚着红弹子玩儿的记分员回答说。

“好，来吧。”

打完一局之后，伏伦斯基和列文就坐到加金的桌子跟前去。奥布朗斯基要列文打纸牌，他就打了起来。伏伦斯基有时坐在桌旁，不断地有些熟人走来把他围住，有时他到“地狱”里去看看雅什文。列文感到轻松愉快，已经完全消除了上午精神上的疲劳。他感到高兴的是，结束了同伏伦斯基的敌对关系。他一直有一种安静、体面和快乐的感受。

打完牌，奥布朗斯基就挽住列文的胳膊。

“好，那咱们就到安娜那儿去。这就去，怎么样？她在家里。我早就对她说过要带你去了。你今天晚上本来打算到哪儿去？”

“也没有什么地方非去不可。我答应过斯维亚日斯基去农业协会。那好，咱们去吧。”列文说。

“好极了，咱们去吧！你去看看，我的马车来了没有。”奥布朗斯基对仆人说。

列文走到牌桌前，付清了他输的四十卢布，又付清了那个站在门口的老侍役不知用什么神秘办法知道的他在俱乐部里的全部花销，就大模大样地摆动着两臂，穿过几个大厅，朝出口走去。

九

“奥布朗斯基的马车!”门房气呼呼地用粗嗓门儿喊道。马车来到跟前,两个人上了车。在马车还没有出大门的最初一会儿,列文还感受到俱乐部里那种宁静、快乐和周围的一切都非常体面的气氛;可是马车一上了大街,他一感觉到马车在不平坦的路上颠簸,听到迎面来的马车的车夫的怒喝声,看到朦胧灯光下的酒馆和小铺的红色招牌,他的这种感受就消失了,于是他开始考虑自己的所作所为,并且自己问自己,他去看安娜是否妥当。吉娣会怎么说?可是奥布朗斯基不让他考虑,似乎猜到了他的疑虑,打消了他的疑虑。

“你能认识她,我多么高兴呀,”他说,“你要知道,陶丽早就希望这样了。李沃夫也去过她那儿,而且常常去。她虽然是我的妹妹,”奥布朗斯基继续说,“可是我敢说,这是一个好得不得了的女人。你就会看到的。她的处境很难受,尤其是现在。”

“为什么尤其是现在?”

“我们正在同她丈夫交涉离婚的事。他也同意了;但就是有关儿子的事儿有些困难,所以,这事本来应该早就可以解决的,却拖了有三个月了。只要一离婚,她就可以和伏伦斯基结婚了。这种陈旧的结婚仪式,明明谁也不相信,却妨碍人的幸福,这有多么荒唐呀!”奥布朗斯基插了一句。“嗯,那样他们的状况就明朗了,就和我、和你一样了。”

“究竟有什么为难呢?”列文问道。

“唉，这事儿说来话长，也非常无聊！在我们这儿这种事都是不明不白嘛。不过问题是，她等待离婚，在这儿，在莫斯科已经住了三个月了，在这儿人人都认识他和她；她哪儿也不去，除了陶丽，也不见任何一个女客，因为她不希望人家出于怜悯来看她；就连那个混账女人瓦尔瓦拉公爵小姐也走了，认为待在她家里不体面。所以，要是换了别的女人，在这种状况下就没法活了。可是她呀，你就会看到，她多么会安排自己的生活，多么镇定，多么值得敬重。往左拐，进小巷，就在教堂对过！”奥布朗斯基从车窗里探出头去，对车夫喊道。“哎呀，好热！”他说着，不顾零下十二度的气温，把已经敞开的皮大衣敞得更大些。

“她有一个女儿嘛；想必她天天忙着照料女儿吧？”列文说。

“你好像把所有的女人都看成母鸡，看成抱窝的母鸡了，”奥布朗斯基说，“女人忙，就一定是忙孩子。不，她对女儿好像抚养得也很好，不过没有听她说起过。她忙，首先是忙着写东西。我已经看出来，你在讥笑了，不过你不要笑。她写的是一本儿童的书，这事她对谁也没有说过，但她念给我听过，我已经把手稿交给沃尔库耶夫……你也知道，他是一个出版商……好像他自己也是一位作家。她是行家，他也说这是一部极好的作品。不过，你以为她是一位女作家吧？根本不是。她首先是一个好心肠的女人，你就会看到的。她现在有一个英国女孩儿和整整一家子，她忙的就是这一家子。”

“怎么，是慈善事业吧？”

“瞧你一下子就想往坏处看了。不是慈善事业，是出于一片好心。他们，就是说伏伦斯基，有一个英国驯马师，很有本事，可是个酒鬼。他喝酒不要命，是个酒狂[1]，连家小也不管了。她看到他们，就帮助他们，关心他们，现在这一家人都依靠着她。而且她不是随随便便，高高在上，给几个钱，而是亲自教几个男孩子学俄语，好让他们进中学，又把一个女孩子接到家里来。等会儿你会看到这孩子的。”

马车进了院子，门口停着一辆雪橇。奥布朗斯基使劲打了打铃。

奥布朗斯基也没问开门的人是否有人在家，就走进前厅。列文跟着他走，可是越来越怀疑他这样做是好还是不好。

列文照了照镜子，发现自己的脸红了；但他自信没有喝醉，就跟着奥布朗斯基踏着铺地毯的楼梯往上走。到了楼上，有一名仆人像对老熟人一样对奥布朗斯基鞠了个躬，奥布朗斯基就问他，安娜那里是不是有什么人，仆人回答说，沃尔库耶夫先生来了。

“他们在哪儿？”

“在书房里。”

奥布朗斯基和列文穿过镶着深色护墙板的小餐厅，踏着柔软的地毯，走进幽暗的书房，书房里只点着一盏带暗色大灯罩的灯，墙壁上还有一盏反光灯。照耀着一幅很大的女人全身像，不由得引起列文的注意。这是安娜的画像，就是米哈伊洛夫在意大利画的那一幅。就在奥布朗斯基往屏风后面走，那个在说话的男子住了口的时候，列文望着这幅在灯光照耀下好像要从画框里走出来的画像，舍不得离开了。他甚至忘记了自己在什么地方，也不去听别人在说什么，只是目不转睛地盯着这幅美妙的画像。这不是

①原文为拉丁语。

画，是一个活生生的迷人的女人，一头乌黑的鬈发，露着肩膀和两臂，那长满柔软毫毛的嘴唇带着若有所思的似有似无的微笑，那一双使他心神荡漾的眼睛得意洋洋而又脉脉含情地望着他。她不是活的，只是因为活着的女人不可能有她这样美。

“我太高兴了。”他突然听到身旁有说话的声音，显然是对他说的，这就是他所赞赏的画里的女人本人的声音。安娜从屏风后面走出来迎接他，于是列文在书房的幽暗光线下看到了画里的女人本身，穿一件深蓝底色的花连衫裙，姿势不同，表情也不同，但也像画家所表现在画里的那样，处在美的顶峰。她实际上没有那样艳丽，但是在她这个活人身上却另有一种迷人之处，那是画上所没有的。

十

她站起来迎接他，并不掩饰见到他的喜悦。她把她那充满活力的玉手伸给他，给他介绍沃尔库耶夫，又指了指那个坐着做针线活儿的漂亮小姑娘，说是她的养女，在她这些从容自若的举止中，显示出列文非常熟悉和喜欢的上流社会女子处处雍容大方的风度。

“真高兴，真高兴，”她又说，这句很普通的话从她嘴里说出来，列文觉得不知为什么就有特别的意义，“我早就知道您并且喜欢您了，因为您和司基瓦很要好，还因为您的夫人……我认识她的时间很短，可是她留给我的印象是一朵美丽的花儿，就是一朵花儿。她也很快就要做母亲了！”

她说得很随便，很从容，偶尔把目光从列文身上移到哥哥身上，列文也觉得他给她的印象也是很好的，于是他一下子就觉得同她在一起是轻松、随便和愉快的了，好像他从小就认识她似的。

“我和伊凡·彼得罗维奇到阿历克赛的书房里来，就是为了吸烟。”奥布朗斯基问她是不是可以吸烟，她这样回答说。她抬眼看了看列文，用眼睛问他：是不是抽烟？就把一个玳瑁烟盒移到跟前，抽出一支烟来。

“你今天身体怎么样？”哥哥问她。

“还好。精神像往常一样。”

“画得好极了，不是吗？”奥布朗斯基发现列文在看画像，就说道。

“我没见过更好的画像了。”

“而且像极了，不是吗？”沃尔库耶夫说。

列文看看画像，再看看本人。就在她觉得他看她的时候，她的脸上闪出特别的神采。列文的脸红了，为了掩饰自己的窘态，就想问她是不是很久没见过陶丽了；可是这时候安娜说起话来：

“我和伊凡·彼得罗维奇刚才在谈瓦欣科夫最近的一些画。您见过吗？”

“是的，我见过。”列文回答说。

“不过对不起，我打断了您的话，您是想说……”

列文就问她，是不是很久没见到陶丽了。

“昨天她到我这儿来过，她为了格里沙很生学校的气。拉丁文教师对待他似乎很不对头。”

“是的，我见过那些画。我不怎么喜欢。”列文又回头去谈她说起的话题。

列文现在说话已经不是用他上午说话用的那种敷衍态度了。同她说话一字一句都有特殊意义。同她说话是愉快的,听她说话就更愉快了。

安娜说话不仅毫不做作,有条有理,而且又有条理又随便,不认为自己的见解有什么了不起,而是非常看重对方的见解。

谈起新的艺术流派,谈起一位法国画家为《圣经》作的新插图。沃尔库耶夫指责那位画家把现实主义糟蹋到无法容忍的地步。列文说,谁也没有像法国人那样把程式化引进艺术,所以他们认为回到现实主义就是了不起的贡献。他们认为不撒谎就是诗。

列文说过的俏皮话,还从来没有像这一句这样使他得意的。安娜一下子就理解到这种说法的妙处,她的脸顿时放起光来。她笑起来。

"我笑,"她说,"就好比看到画得极像的肖像,那是要笑的。您说的话恰如其分地评价了当今法国的艺术,包括绘画,以及文学:如左拉,都德。不过,也许往往是这样的,那就是根据虚构的、程式化的人物来构思,等到布局完成了,就觉得虚构的人物可厌了,于是就开始构思更自然、更真实的人物。"

"这话真是一点不错!"沃尔库耶夫说。

"那么,你们去俱乐部啦?"她问哥哥。

"哎呀,竟有这样的女子!"列文在心中说,一面出神地、目不转睛地盯着她那美丽、灵敏,这时突然完全变了的脸。列文没有听见她俯下身对哥哥说的是什么,但是她的表情变化却使他吃惊。她的脸原来是那样文静安详的，忽然流露出令人不解的急于想知道、愤怒和骄矜的神情。但这情形只是持续了一小会儿。她眯起眼睛，好像在回想什么事。

“哦，是的，不过这种事儿没人感兴趣，”她说过这话，就对那个英国小姑娘说：

“请你去一下，叫人在客厅里摆茶。”[1]

小姑娘站起来，走了出去。

“怎么样，她考及格了吧？”奥布朗斯基问道。

“好极了。小姑娘很有天分，性情也很可爱。”

“到末了，你爱她会胜过爱自己的孩子。”

“这是男人才说的话。爱是没有厚薄之分的。我爱自己女儿是一种爱，爱她是另一种爱。”

“我正要对安娜·阿尔卡迪耶芙娜说呢，”沃尔库耶夫说，“她要是把花在这个英国小姑娘身上的劲头儿的百分之一用到教育俄国儿童的共同事业上，那她会做出伟大而有益的事业。”

“您有这个愿望，我却做不到。伏伦斯基伯爵一再鼓励我（她说伏伦斯基伯爵几个字时，带着恳求和羞怯的神气看了看列文，列文也不由得用敬重和认可的目光回答她），一再鼓励我在乡下办学校。我到学校去过几次。孩子们都很可爱，可是我不能把自己拴在这上面。您说到劲头儿。劲头儿是由爱产生的。爱是无法强求，是不能靠命令的。比如，我爱这个小姑娘，自己也不知道有什么来由。”

她又看了看列文。她的微笑和目光都告诉他，她这些话只是

①原文为英语。

说给他听的，她非常看重他的意见，并且事先就知道他们是能相互理解的。

“这一点我完全能理解，”列文回答说，“不可能把心血都用到学校和这一类的机构上，所以我想，就因为这样这些慈善机构总是很少有成效。”

她沉默了一会儿，后来笑了笑。

“是的，是的，”她附和说，“我什么时候也做不到。我没有那样广阔的胸怀，没法爱整个孤儿院里那些龌龊的小姑娘。这是我永远做不到的。有多少妇女靠这个博得社会地位。如今尤其是这样，”她带着伤感和信任的神情说，表面上是对哥哥说话，但显然只是说给列文听的。“而且就是现在，在我非常需要做点儿什么事情的时候，我也做不到。”她忽然皱起眉头（列文明白，她皱眉头是因为谈起自己的事），就换了话题。“我知道人家对您的看法，”她对列文说，“认为您是一个不好的公民，我总是竭力为您辩护。”

“您怎样为我辩护呢？”

“那要看怎样攻击您了。哦，是不是来点儿茶？”她站起来，拿起一个皮面精装的本子。

“交给我吧，安娜·阿尔卡迪耶芙娜，”沃尔库耶夫指着本子说，“这很有价值。”

“哦，不，这还非常粗糙。”

“我告诉过他了，”奥布朗斯基指着列文对妹妹说。

“你不该说。我写的东西，有点儿像丽莎·梅尔察洛娃有时从监狱里拿出来卖给我的那些雕刻的小篮子。她在慈善会是主管监狱的，”她对列文说，“那些不幸的人创造了耐心的奇迹。”

于是列文又在他异常喜欢的这个女子身上看出另外一个特点。除了聪明、文雅、美丽以外，她还非常诚实。她不想对他隐瞒自己处境的艰难。她说过这话，叹了一口气，她的脸突然表现出严峻的神情，好像变成了石头似的。她因为脸上出现了这种神情，显得比原来更美了；但这是另外一种表情，是画家在画上表现的那种闪烁着幸福光彩、洋溢着幸福气氛的表情范围以外的。列文又看了看画像和她本人，等她挽起哥哥的手，同哥哥一起走进高大的门里，他觉得自己对她产生了爱恋和怜惜之情，这是他自己也感到惊讶的。

她请列文和沃尔库耶夫到客厅里去，自己要和哥哥说说话儿。“他们是谈离婚，谈伏伦斯基，谈他在俱乐部里干什么，还是谈我？”列文猜想道。他非常激动地猜想着她和奥布朗斯基谈什么，所以沃尔库耶夫对他说安娜写的这部儿童小说的价值，他几乎没有听。

喝茶的时候，依然继续着这种愉快的、内容丰富的谈话。不仅没有一分钟需要寻找话题，相反，倒是都觉得来不及把想说的话说完，而且情愿自己煞住不说，也要听别人说说。不论他们说的是什么，不仅是她自己说的，就连奥布朗斯基和沃尔库耶夫说的，由于她的注意和评论，列文都觉得具有特别的意义。

列文在倾听有趣的谈话的同时，一直在欣赏她，欣赏她的美，她的聪明、学识，同时也欣赏她的单纯和真挚。他又听又说，而且也一直在想着她，想着她的内心活动，竭力猜测她的感情。以前他对她是那样非难的，现在却依照一种奇怪的推理方法为她辩护起来，同时又惋惜又担心伏伦斯基不能完全理解她。到十点多钟，奥布朗斯基站起来要走的时候（沃尔库耶夫早就走了），列文觉得他才刚刚来到呢。但也只好恋恋不舍地站起来。

“再见吧，”她握住他的手，用使人销魂的目光盯着他的眼睛说，“我真高兴，冰融雪消了。”

她放开他的手，眯缝起眼睛。

“请转告您的夫人，我还像原来一样喜欢她，要是她不能谅解我的处境，那我希望她永远不要原谅我。要原谅，就必须设身处地地想想我的处境，但愿她不要像我这样。”

“是的，当然，我一定转告……”列文红着脸说。

十一

“一个多么出色、多么可爱而又可怜的女人呀。”列文一面跟着奥布朗斯基朝寒冷的户外走，一面想着。

“喂，怎么样？我对你说过嘛。”奥布朗斯基看出列文已经完全被征服了，就说道。

“是啊，”列文若有所思地回答说，“真是一个不寻常的女子！不光是聪明，而且真挚得不得了。真为她难过！”

“现在，上帝保佑，不用多久，一切都要解决了。就是说，凡事不能过早地下断语，”奥布朗斯基一面说，一面开了车门，“再见吧，咱们要分路了。”

列文一直想着安娜，想着她和他说的许多极其坦率的话，在思索这些话的时候回想着她脸上的种种表情，越来越同情她的处境,越来越为她难过,就在这样的心境下回到家里。

回到家里,库兹玛告诉他,吉娣平安无事,她的两位姐姐刚走不久;又交给他两封信。列文为了以后不再分神,就在前厅里把两封信看完了。一封信是账房索科洛夫写来的。索科洛夫在信里说,小麦卖不出去,因为人家只给五个半卢布一石,可是又没有办法另外筹措到钱。另一封信是姐姐来的。她责怪他至今还没有把她的事情办好。

"好吧,既然不肯多出钱,那就五个半卢布卖掉吧。"列文立刻当机立断地解决了第一个问题,这在以前他觉得是非常为难的。"真奇怪,在这儿怎么一直这样忙呢,"他思索起第二封信的事。他觉得对不起姐姐,因为她托他办的事至今没有办好,"今天我又没有去法院,不过今天实在没有工夫。"他下定决心明天一定去办,这才往妻子房里走去。他一面往她房里走,一面很快地回顾了这一天的活动。这一天的所有大事就是谈话:他听别人谈,自己也参加谈。所谈的种种事情,要是他一个人在乡下,是从来不会谈到的,可是在这里这类话题却成了很有趣的。所有的谈话都是很好的;只有两点不太好。一点是他谈到梭鱼,另一点是他对安娜产生了爱怜之情,有点儿不对头。

列文见到妻子的时候,妻子正感到惆怅和烦闷。三姐妹一起吃饭本来很快活,可是后来左等右等不见他回来,大家就觉得没有味道了,两个姐姐各自走了,就剩下她一个人了。

"噢,那你做什么来?"她盯着他那亮得特别可疑的眼睛问道。但是为了不影响他说出全部真相,她掩盖住自己的关注神情,带着赞赏的微笑听他说这天晚上他是怎样过的。

"噢,我非常高兴,遇到了伏伦斯基。我和他在一起感到很轻松,很随便。你要知道,现在我就尽量不再和他见面了,不过以前那种尴尬关系必须消除,"他说完这话,想到自己说"尽量不再和他见面",却又立刻去看安娜,不由得脸红了,"你瞧,我们还说老百姓爱喝酒呢;我真不知道谁喝得更多,是老百姓还是我们这一般人。老百姓只有过节才喝,是……"

可是吉娣没有兴趣听他议论老百姓喝酒的事。她看到他脸红了,就很想知道究竟。

"哦,后来你又上哪儿去啦?"

"司基瓦拼死拼活要我去看看安娜·阿尔卡迪耶芙娜。"

列文一说出这话,脸红得更厉害了,原来他怀疑去看安娜是不是好,现在这个问题完全明确了。现在他知道了,他是不应该去的。

吉娣一听到安娜的名字,眼睛睁得特别大,也特别亮,但是她使劲压制自己,掩盖起自己的恼怒,没有让他发觉。

"噢!"她只叫了一声。

"我去,你想必不会生气的。司基瓦要我去,陶丽也希望我去。"列文继续说。

"不生气。"她说,但是他从她的眼睛里看出她在压制自己,这使他感到不是什么好事。

"她是一个非常可爱又非常、非常可怜的好女人。"他说,并且说了说安娜的情形、她做的事情以及她要他转告的话。

"是啊,当然,她是很可怜的,"等他说完了,吉娣说,"你接到谁的信了?"

他对她说了说，并且相信了她那平心静气的语调，就去脱衣服。

他回来时，看到吉娣还坐在那张椅子上。等他走到她跟前，她看了他一眼，就哇地一声哭了起来。

“怎么回事儿？怎么回事儿？”他问道，其实不用问他就知道是怎么回事儿了。

“你爱上那个坏女人了，她把你迷住了。我从你的眼睛看得出来。好哇，好哇！这会有什么下场呢？你在俱乐部里喝了又喝，还赌钱，然后就去……去找的是什么人呀？不行，咱们走吧……我明天就走。”

列文老半天都没有把妻子劝好。最后他承认，因为怜悯，又加上喝了酒，所以有失清醒，受到安娜狡猾的迷惑，这样才使妻子平静下来。他最真心诚意地承认的一点是，在莫斯科住了这么久，只是聊聊天，吃吃喝喝，他忘乎所以了。他们一直谈到深夜三点钟。直到三点钟，他们才言归于好，可以安心睡觉了。

十二

安娜送走客人之后，没有坐下，却在房里前前后后踱了起来。尽管一个晚上她都在无意识地（最近一个时期她对待年轻男子都是这样）施展浑身魅力挑动列文对她迷恋，尽管她也知道，她已经使一个正派的已婚男子迷恋到一个晚上能够迷恋的最高程度，尽管她也非常喜欢他（尽管以男人的眼光来看，伏伦斯基和列文截然不同，她是一个女人，却看出他们有共同之处，吉娣也正是因为这样又爱伏伦斯基又爱列文的)，可是等他一出门，她就不再想他了。

只有一种心思以各种形式翻来覆去纠缠着她。“既然我对别人，对这个有妻子、情有所钟的人，都这样有魅力的话，那他为什么对我这样冷呢！……倒也不是冷，他是爱我的，这我知道。而是现在有一种新的什么原因使我们有了隔阂。为什么一个晚上都不见他的影子呢？他叫司基瓦带口信，说他不能丢下雅什文，要看住他赌钱。雅什文怎么成了小孩子啦？就算这是实话吧。他是从来不说谎的。那这实话中也有另一番用意。他是趁机会向我表示，他还有别的事情要做。这我知道，我也不反对。可是这又何必向我表示呢？他是想向我证明，他对我的爱情不应妨碍他的自由。可是我不需要证明，我需要爱情。他应该理解我在莫斯科过这种日子有多么痛苦。难道我这是生活吗？我不是生活，而是等待结局，结局却一拖再拖。又是不见回信！司基瓦说他不能去找阿历克赛·亚力山大罗维奇。我又不能再写信。我毫无办法，无从下手，无法改变，我只能忍耐，等待，自己想办法消遣，管管英国人的一家，写写东西，看看书，但这一切只不过是自欺欺人，同服吗啡一样。他应该可怜可怜我呀，”她心里想着，觉得眼睛里涌出自怜自惜的泪水。

她听到伏伦斯基急促的打铃声，急忙擦干眼泪，不光是擦干眼泪，而且坐到灯下，翻开一本书，装出若无其事的样子。应该向他表示，他没有按说定的时间回来，她很不满意，但只是不满意，决不能让他看出她很伤心，更不能让他看出她怜悯自己。她可以自怜自惜，但不能让他怜悯她。她不愿吵嘴，还曾责备他想吵嘴，但是她不由得摆出吵嘴的架势。

“哦，你没有感到寂寞吧？”他说着，又快活又带劲儿地朝她走来，“赌博真是一种可怕的坏毛病！”

“没有，我不寂寞，我早就学会不寂寞了。司基瓦来过，列文也来过。”

“是的，他们要来看看你。哦，你喜欢列文吗？”他说着，挨着她坐下来。

“很喜欢。他们刚走不久。雅什文怎么样啦？”

“他也赢过，赢了一万七千。我叫他走。他已经走了出来。可是他又回去，又输光了。”

“那你又何必留下呢？”她突然抬起眼睛看了看他，问道。她脸上的表情是冷淡和不怀好意的，“你对司基瓦说，你留下来是要把雅什文带走。可是你还是让他留下来了嘛。”

他的脸上也出现了冷冷的要吵嘴的表情。

“第一，我没有请他给你带什么口信；第二，我从来不喜欢撒谎。主要的是，我想留下就留下了。”他皱着眉头说。“安娜，何必这样，何必这样呀？”他停了一小会儿之后，向她俯过身去说，并且张开手，希望她把手放到他手里。

她很高兴这种要求温存的表示。但是一种很奇怪的愤恨劲儿不让她服从自己的感情，好像争吵的规则不允许她屈服。

“当然，你想留下就留下好啦。你想干什么 就干什么。可是你为什么要对我说这话呢？为什么呢？”她越说越上火，“难道有谁剥夺你的权利吗？不过你想认为自己有理，你就有理吧。”

他的手攥了起来，他偏过身去，脸上也出现了比原来更加强硬的神气。

“这在你是强硬,”她仔细看了看他,一下子想出他脸上这种使她恼火的表情应该叫什么,就说道,“就是强硬。在你来说,是能不能使我驯服的问题,可是在我来说……”她又怜悯起自己,差点儿哭起来,“你真不知道这在我是什么滋味儿!就像现在这样,在我觉得你用敌对态度,就是用敌对态度对待我的时候,你真不知道这在我意味着什么!你真不知道此时此刻我多么灰心绝望,多么担心,担心我自己!”她转过脸去,掩面哭泣。

“咱们这是怎么啦?”他看到她那绝望的神情大吃一惊,又俯下身去对着她,拉住她的手,吻着她的手说,“这为什么呀?难道我在外面寻欢作乐吗?我不是避免和女人交往吗?”

“可不是!”她说。

“那你说说,我该怎样,才能使你放心呢?我什么都可以做到,只要你能幸福就行,”他被她的绝望打动了,就说道,“我什么都能做到,只要你不像现在这样伤心就好,安娜!”

“没什么,没什么!”她说,“我自己也不知道,这是由于孤寂的生活,还是神经……好啦,咱们不说了。赛马怎么样?你还没有对我说说呢。”她竭力掩饰着得意之色说。她得意的是,她毕竟胜利了。

他要来晚饭,就详细地对她说起赛马的情形。但她从他的语调,从他那越来越冷的目光看出来,他没有原谅她的胜利,她反抗过的那种强硬劲儿又在他的身上出现了。他对她比先前更冷了,似乎后悔向她屈服。她想起使她取得胜利的那句话,也就是“我多么灰心绝望,担心我自己”,就明白了,这武器是危险的,下次不能再用了。她感觉到，除了使他们结合的爱情，在他们之间还出现了使他们作对的恶魔，她无法驱除他心中的恶魔，更无法驱除自己心中的恶魔。

十三

没有什么环境是人不能适应的，尤其是如果这个人看到他周围的人都是这样生活的话。要是在三个月以前，列文决不相信他会在他今天所处的环境下安然入睡；不会相信，过着这种毫无目的、毫无意义而且入不敷出的生活，又是在酗酒（他对俱乐部里的事想不出别的说法）之后，在很不妥当地和妻子当初爱过的那个人建立友好关系之后，在更不妥当地去拜访过那个不能叫别的、只能叫淫妇的女人，在受到这个女人迷惑，惹得妻子伤心之后，在这种种情况下他还能安然入睡。而且因为疲劳，大半夜未睡，又加上喝了酒，他睡得很沉，很安稳。

早晨五点钟，开门声把他惊醒了。他跳起来，朝四下里看了看。吉娣已经不在床上。但屏风那边有摇曳的灯光，他听见她的脚步声。

“怎么？……怎么啦？”他睡眼惺忪地问，“吉娣！怎么啦？”

“没什么，”她说，一面端着蜡烛从屏风那边走过来，“我有点不舒服。”她说着，露出一种特别可爱的、意味深长的微笑。

“怎么？动啦，动了吗？”他惊慌地说，“要去找人，”他急忙穿衣服。

“不，不，”她笑着用手拦住他说，“大概没什么。我只是多少有点儿不舒服。现在没事儿了。”

于是她又来到床前，把蜡烛熄了，躺下来，安静了。虽然他也怀疑她那种似乎屏着气的安静，更怀疑她从屏风那边走过来说“没什么”时那种特别温柔和兴奋的神气，但是他很想睡觉，所以立刻又睡着了。到后来他想起她那种屏气息声，才明白了，在她一动不动地躺在他身边等待着女人一生最大事件时，她那高贵可爱的心灵经历着什么样的变化。七点钟，她用手轻轻捅了捅他的肩膀，小声唤了唤他，把他叫醒了。她好像很矛盾，又不忍把他唤醒，又想和他说话。

“柯斯加，别害怕。没什么。不过看样子……要派人去请丽莎维塔·彼得罗芙娜了。”

蜡烛又点着了。她坐在床上，手里拿着毛线活儿，这是最近几天她一直在编织的。

“请你不要害怕，没什么。我一点儿也不怕。”吉娣看到他那惊慌的脸，就说道，并且把他的手按到自己的胸口上，又按到自己的嘴唇上。

列文连忙爬起来，六神无主，呆呆地望着她，穿起晨衣，又站了下来，一直望着她。应该走了，可是舍不得离开她的目光。他难道没有好好看过她的脸，难道不熟悉她的表情和目光，但是他从来没见过她这种模样。想起她昨天晚上的伤心，现在面对她，面对她这个模样，他觉得自己多么卑劣，多么糟糕呀！她那在睡帽里露出来的柔发衬托下的红红的脸，焕发着喜悦和坚强的光彩。

尽管在吉娣的性格中一般很少有矫揉造作和虚情假意的成

分，但是在一下子揭去所有的掩饰，她的眼睛里流露出心灵最底层光芒的时候，列文还是因为袒露在他面前的神情而感到惊异。他在这种单纯和袒露中更看清了她正是他所爱的女子。她笑吟吟地望着他；可是忽然她的眉毛抖动了一下，她抬起头来，快步走到他跟前，抓住他的手，整个身子贴到他身上，把他包围在火热的气息中。她很痛苦，而且好像在向他诉说自己的痛苦。开头一会儿，他照例觉得这都怪他。但是她的目光中充满了柔情，那柔情好像在说，她不但不怪他，还因为受这种痛苦更爱她。“如果不怪我，那这又怪谁呢？”他不由得想道，于是他寻思可以责怪的造成这种痛苦的人；却无人可责怪。她又痛苦，诉说痛苦，又因为这种痛苦得意，高兴这种痛苦，喜欢这种痛苦。他看出来，她的心灵中进行着一种美好的变化，但究竟是什么呢？他不理解。这是他没办法理解的。

“我派人接妈妈去了。你快点儿去请丽莎维塔·彼得罗芙娜……柯斯加！……不要紧，没事儿。”

她离开他，走过去打了打铃。

“好啦，你去吧，巴莎来了。我没事儿。”

列文惊讶地看到，她又拿起夜里拿过来的毛线活儿，编织起来。

就在列文从一个门里走出去的时候，他听见侍女从另一个门走了进来。他在门口站下来，就听见吉娣详详细细地指示侍女做事情，并且亲自和她一起移动床铺。

他穿好衣服，因为这时还没有出租雪橇，就趁仆人套雪橇的时候，他又跑回卧室，不是踮着脚，而是，如他自己感觉的，展开翅膀飞的。两名侍女正在卧室里挪动什么东西。吉娣走来走去，一面敏捷地编织着，一面指挥侍女做事。

“我这就去请医生。已经派人去请丽莎维塔·彼得罗芙娜了，不过我还要去一下。还需要什么吗？对了，要去叫陶丽吗？”

她望了望他，显然并没有听他说的是什么。

“是的，是的。你去，你去。”她皱着眉头，朝他摆摆手，急急地说。

他已经走进客厅里，忽然听见卧室里传出一声凄切的呻吟，接着就没有声音了。他站下来，很久都不明白这是怎么一回事儿。

“是的，这是她。”他在心里说，便抱住头，朝楼下跑去。

“上帝呀，开开恩吧！饶恕我们，救救我们吧！”他反复说着这些突然涌到他嘴边的话。而且，他这个不信教的人，还不光是嘴里反复念叨着这些话。此时此刻，他知道，尽管不仅他有种种怀疑，而且他自知凭理智是不可能相信的，可是这一点也不影响他向上帝求救。此刻一切怀疑和理性都像灰烬一样从他的心里飞走了。此时此刻他觉得他自己、他的灵魂和他的爱情都在上帝手里，不向上帝求救，又向谁求救呢？

雪橇还没有套好，但他觉得自己为应付面临的事已准备好特别足的体力和精力，为了不耽误时间，他不等套好雪橇，就步行出了门，并吩咐库兹玛随后跟上来。

在拐角处，他遇到一辆飞驰而来的夜间雪橇。这辆小雪橇上坐的正是身穿丝绒外套、扎着头巾的丽莎维塔·彼得罗芙娜。“谢天谢地，谢天谢地！”列文一认出她那衬着淡黄头发、此刻显得特别严肃庄重的小脸，就欣喜若狂地说。他也没有叫雪橇停下来，就和雪橇并排往回跑。

“有两个钟头了吗？不会再多吧？”丽莎维塔·彼得罗芙娜问道，“您去接彼得·德米特里奇，不过不用催他。您再到药房去买点儿鸦片来。”

“这么说，您认为会非常顺利吗？上帝呀，开开恩，帮助我们吧！”列文看到自家的马跑出门来，就说道。他跳上雪橇，坐到库兹玛旁边，就吩咐到医生家去。

十四

医生还没有起身，仆人说，他“睡得很晚，吩咐不要叫他，他很快就会起身的”。仆人在擦灯罩，似乎一心忙着这事儿。列文见仆人擦灯罩这样认真，对他的事却漠不关心，起初感到很惊讶，可是仔细一想，他就明白了，谁也不知道也没有必要知道他的心情，因此他更应该镇定、慎重而坚决地采取行动，好打破这种冷漠的局面，达到自己的目的。“不能着急，也一点不能放松。”列文在心里说，同时觉得为应付当前的事情集中的精力和体力越来越足了。

列文一听说医生没有起身，就从他所想的各种办法中选定了一条：叫库兹玛带着字条去请另一位医生，自己到药房去买鸦片，等他回来，如果医生还没有起床，就买通仆人，或者，如果仆人不答应，就来硬的，无论如何要把医生叫醒。

到了药房里，一个瘦瘦的药剂师和那个擦灯罩的仆人一样，带着一副冷漠的神气给等在一旁的一个马车夫贴药瓶上的标签，不肯卖给列文鸦片。列文尽量不着急，不发火，说了说医生和接生婆的名字，说明为什么买鸦片，就请他卖给他。药剂师用德语问了问是不是卖，听到屏风里面有人表示同意，就拿出瓶子和漏斗，慢腾腾地从大瓶里往小瓶里倒了一点儿，贴上标签，封上瓶口，尽管列文请他不必这样做；而且他还要包扎起来。这一下子列文再也忍不住了，他一把从他手里夺过玻璃瓶，就从老大的玻璃门里跑了出来。医生还没有起身，仆人正忙着铺地毯，不肯去叫醒他。列文不慌不忙地掏出一张十卢布钞票，慢慢地说着话儿，但又抓紧机会，把钞票塞给他，并解释说，彼得·德米特里奇（以前列文认为微不足道的彼得·德米特里奇，现在他觉得多么伟大，多么重要呀！）答应过随时请随时到的，想必他不会生气的，所以要他现在就把他唤醒。

仆人答应了，就朝楼上走去，并且请列文到候诊室等候。

列文听到医生在门里面咳嗽，走动，漱洗，说话。过了有三四分钟，列文却觉得过了有一个多小时。他再也不能等了。

“彼得·德米特里奇，彼得·德米特里奇！”他用哀求的声音对敞开的门里面说，“看在上帝分上，请原谅我。就劳驾接见我吧。已经有两个多钟头了。”

“这就来，就来！”有一个声音回答说。列文惊讶地听到，医生说这话时还在笑呢。

“出来一下子吧……”

“这就来。”

医生穿靴子，过去两分钟；医生穿衣服，梳头，又过了两分钟。

“彼得·德米特里奇！”列文又用可怜巴巴的声音说起来，可是就在这时已经穿好衣服、梳好头发的医生走了出来。“这种人真没有心肝，”列文在心里说，“人家快没命了，他还梳头呢！”

“早上好！”医生一面和他握手，一面好像有意逗他似的，从容不迫地说，“不必着急。请问，怎么样啦？”

列文尽可能详尽地说起不必要说的妻子的详细情形，并且一再地把话停住，恳求医生立刻就跟他走。

“您不要着急嘛。这事儿您不懂。恐怕用不着我去，不过我既然答应了，那好吧，我就去一趟。可是不用着急。您请坐吧，要不要喝杯咖啡？”

列文望了望他，看看他是不是拿他开玩笑。可是医生无意开玩笑。

“我知道，我知道，”医生笑着说，“我也是成了家的人嘛；不过我们做丈夫的，在这种时刻总是最可怜的人。我有一个女患者，她的丈夫在这种时刻总是往马棚里跑。”

“那么，彼得·德米特里奇，您认为怎么样？您认为会顺利吗？”

“各种情形都表明是顺产。”

“那您这就去吧。”列文愤恨地望着端咖啡进来的仆人说。

“再等个把钟头。”

“不，行行好吧！”

“那好，您让我把咖啡喝了。”

医生端起咖啡。两个人都不说话了。

“这一下把土耳其人打得惨了。您看到昨天的电讯了吧?”医生一面说,一面嚼着面包。

“不行,我不能等了!”列文霍地站起来说,“那您过一刻钟就来,好吗?”

“过半个钟头。”

“真话吗?”

等列文回到家,他和老公爵夫人同时下了雪橇,他们一起走到卧室门口。老夫人眼里汪着泪水,两手也打着哆嗦。她一看见列文,就抱住他哭了起来。

“怎么样啦,亲爱的丽莎维塔·彼得罗芙娜?”她抓住带着一脸喜气和操心神气走出来迎他们的接生婆的手,问道。

“情况很好,”她说,“您劝她躺下来吧。躺下来舒服些。”

列文自从醒来并且明白了是怎么一回事儿之后,就做好准备,不胡思乱想,不胡乱猜测,坚决控制一切思想和感情,不扰乱妻子的心,相反还要安慰她,鼓励她,这样来对待他面临的事。他甚至不允许自己考虑即将发生的事,不考虑这事会有什么结局,只是凭着他打听过这种事通常需要多长时间,他在心中准备好忍耐和控制自己的情绪五个小时,而且他觉得这是可以做得到的。可是,等他从医生那里回来,又看到她那痛苦的样子,他就越来越频繁地叨念起来:“上帝呀,饶恕我们,救救我们吧!”而且不住地叹气,仰头望苍天;他觉得害怕,怕忍受不住,大哭起来或者跑掉。他是那样难受。可是才过了一个钟头。

可是过了这一个钟头,又过了一个钟头,两个钟头,三个钟头,他自己预定最长的忍耐时间五个钟头全都过去,情形依然如故;他还在忍耐着,因为除了忍耐别无办法,同时每分钟都觉得,他就要忍受不住了,他的心就要痛苦得碎裂了。

可是一分钟又一分钟,一个钟头又一个钟头过去,他的痛苦和恐慌还在增长,越来越厉害。

生活常规,本来是须臾离不开的,对列文再也不存在了。他失去了时间意识。有时,当吉娣把他叫过去,他握住她那忽而攥得紧紧的,忽而推他走的汗津津的玉手时,他觉得这几分钟就像几个钟头,有时却觉得几个钟头像几分钟。丽莎维塔·彼得罗芙娜请他到屏风后面去点蜡烛,他感到奇怪,才知道已经是傍晚五点钟了。假如有人对他说,现在才上午十点钟,他倒是不会感到那么奇怪。他这时在什么地方,他也不怎么知道,就像他不知道现在是怎么一回事儿一样。他看到的是她那热得红红的,时而不知所措、痛苦万状,时而笑吟吟的,使他感到快慰的脸。他也看到老夫人,脸红红的,神情紧张,披散着一缕缕白发,咬紧牙关,强忍着眼泪;也看到陶丽,也看到医生吸着老粗的烟卷,看到丽莎维塔·彼得罗芙娜那坚强、果断和使人放心的脸,看到老公爵皱着眉头在大厅里踱来踱去。可是他们怎么进来,怎么出去,他们在什么地方,他却不知道。老夫人一会儿和医生在卧室里,一会儿在书房里,书房里摆起了饭桌;一会儿又不是她,而是陶丽。后来列文想起来,有人叫他做什么事的。有一次是叫他搬桌子和沙发。他做这事很带劲儿,以为是为她做的,后来才知道这是为他自己准备睡觉的地方。后来又叫他到书房里去向医生问一点什么事情。医生回答过之后,就谈起议会里的风波。后来又叫他到老夫人的卧室里去取一座镀金的银圣像,他和老夫人的老侍女爬到柜子上去拿圣像,却把神灯打碎了,老侍女安慰他,不要为妻子担心,不要把神灯的事放在心上。他把圣像捧来,放在妻子的床头,尽可能塞到枕头后面。但这是在什么地方,什么时候,这都是为了什么,他却不知道。他也不明白,为什么公爵夫人拉住他的手,怜悯地望着他,请他放心,为什么陶丽也劝他吃东西,并且把他从房里拉出去,甚至医生也带着严肃和同情的神气望着他,要他服药水。

他只是知道和感觉到,现在的情形有点儿类似一年前在省城旅馆里尼古拉哥哥临死的情形。不过那是悲痛事,这是喜事。但是那桩悲痛事和这桩喜事同样都越出生活的常规,似乎在这种常规生活中有窟窿,透过窟窿可以看到崇高的境界。正在发生的事同样使人痛苦难受,在观察这种崇高境界的时候,灵魂同样上升到不可思议的高度,那是他以前从来不理解,是理性无法达到的。

"上帝呀,饶恕我们,救救我们吧!"他虽然长期甚至似乎完全不信宗教,觉得向上帝祷告是没有头脑和幼稚,就像儿时和少年时代那样,但他还是不断地在心里念叨着。

在这段时间里,他有两种截然不同的心情。他不在她身边的时候,是一种心情:这时他同医生在一起,看着医生一支接一支吸着老粗的烟卷,在塞得满满的烟灰缸边上捻着烟蒂,同陶丽和老公爵在一起,谈午餐,谈政治,谈玛丽雅·彼得罗芙娜的病,列文一时间就会忘记当前的事儿,觉得自己就像是大梦初醒。当他在她的身边,在她的床头,一颗心痛苦得要碎而未碎,他不住地向上帝祷告的时候,那是另一种心情。每一次,从卧室里传来叫声,使他从忘却状态中清醒过来时,他就又进入他起初感受到的那种奇怪的迷惘状态；每一次他听到叫声，就跳起来，跑去补偿自己的罪过，在路上想起自己没有过错，就想保护她，帮助她。可是一看到她，就看出来，这是爱莫能助的，就害怕起来，祷告起来："上帝呀，饶恕我们，帮助我们吧！"时间越长，这两种心情越分明：他不在她身边，完全忘记她的时候，他的心情越来越平静了；他想到她的痛苦，想到面对她的痛苦无可奈何的时候，他也越来越难受了。他一次又一次跳起来想跑掉，可是又跑到她身边。

有时，在她一遍又一遍唤他去的时候，他责怪她。可是一看到她那温柔的、笑吟吟的脸，听到她说"我把你折腾苦了"，他就责怪上帝，可是一想到上帝，他立刻又祈求饶恕和开恩。

十五

列文不知道时间是早是晚。蜡烛已经点完了。陶丽刚才到书房里来，请医生躺一会儿。列文坐着，听医生在讲一个冒牌催眠术师的故事，望着他的烟卷上的烟灰。这是休息时间，他也迷迷糊糊的了。他完全忘记了当前的事。他听着医生讲故事，也能听明白。突然响起一声非同寻常的尖叫。这叫声太可怕了，以至于列文都没有跳起来，而是屏住呼吸，带着恐惧和询问的神气朝医生望了望。医生侧过头，留神倾听着，赞许地笑了笑。这一切太不寻常，列文反而一点也不惊讶了。"想必就应该这样，"他想道，所以仍然坐着，"可是，这是谁在叫呢？"他霍地跳起来，踮着脚跑进卧室，绕过丽莎维塔·彼得罗芙娜和老夫人，站到床头边他的老位子上。现在不叫了，但是有了一点儿变化。究竟是什么变化，他没有看出来，不明白，他也不想去看，不想明白。但是这一点他却从丽莎维塔·彼得罗芙娜的脸上看出来：她的脸严肃而苍白，依然是那样坚毅，尽管她的下巴多少有点儿哆嗦，眼睛眨也不眨地紧紧盯着吉娣。吉娣那汗漉漉的脸上粘着一绺头发，她把热得红红的、痛楚的脸转过来朝着他，寻找他的目光。那伸出来的一双手要抓他的手。等她用汗漉漉的双手抓住他那冰凉的手，就把他的手按到自己的脸上。

“不要走，不要走！我不怕，我不怕！”她急促地说，“妈妈，把耳环摘下来。戴着碍事。你不怕吧？快了，快了，丽莎维塔·彼得罗芙娜……”

她说得很快，很快，并且想笑笑。可是她的脸突然变了模样，她把他推开。

“哎呀，这真够受呀！我要死了，我要死了！”她叫起来，于是他又听到非同寻常的尖叫声。

列文抱住头，从卧室里跑了出去。

“没事儿，没事儿，一切都很好！”陶丽在后面对他说。

可是，不管别人怎么说，他认为现在什么都完了。他站在旁边一个房间里，头靠在门框上，听着他从未听到过的尖叫和哀号声，他知道这叫的原来就是吉娣。他早就不希望要什么孩子了。他现在恨这个孩子。他现在甚至不希望她活了，只希望消除这种可怕的痛苦。

“医生！这是怎么啦？这是怎么啦？我的上帝呀！”他抓住走进来的医生的手，说。

“快完了。”医生说。而且，医生说这话时，脸绷得紧紧的，所以列文以为“快完了”就是说她快死了。

他像发了疯似的跑进卧室。他首先看到的是丽莎维塔·彼得罗芙娜的脸。她的眉头皱得更厉害,脸绷得更紧。吉娣的脸不见了。在她的脸原来所在的地方,有一样东西,那紧张的样子和发出来的声音都十分可怕。他把头靠在床栏杆上,觉得心就要碎了。那可怕的叫声一直不停,越来越可怕,似乎到达了可怕的极限以后,突然停了下来。列文不相信自己的耳朵,但又无法怀疑:叫声停止了,只听到轻轻的动作声、沙沙声和急促的喘息声,听到她用断断续续、有了生气的温柔而幸福的声音轻轻地说:“完了。”

他抬起头来。分外好看、分外安详的吉娣软弱无力地把双臂放在被子上,一声不响地望着他,想笑却没有力气笑。

列文顿时觉得自己从他在其中度过了二十二个钟头的那个神秘、可怕和怪诞的世界一下子回到了原来的平常,然而如今闪耀着新的幸福光辉、幸福得使他受不了的世界。绷得紧紧的弦一下子断了。他怎么也没想到他会哭,会流眼泪,这时竟欢喜得大哭起来,眼泪哗哗直流,哭得浑身直打哆嗦,老半天说不出话来。

他在床前跪下来,把妻子的手放在嘴唇上吻着,她这只手也微微动着手指头,回答他的吻。这时在床脚头,在丽莎维塔·彼得罗芙娜那灵活的手上,有一个人类生命像灯火一样晃动着,那是以前从来没有的,今后同样有权利、同样有自身价值活下去,并且繁衍后代。

“活的!活的!还是个男孩哩!大家都放心吧!”列文听到丽莎维塔·彼得罗芙娜用打战的手拍着婴儿的背说。

“妈妈，是真的吗？”吉娣问道。

老夫人只是用啜泣声回答她。

在一片寂静中，响起一个和屋里所有低低的说话声完全不同的声音，这是对做母亲的问话最明确的回答。这是一个不知从哪里来的新人大胆、莽撞、毫无顾虑的啼声。

以前，要是有谁对列文说，吉娣死了，他也和她一起死了，他们的孩子们个个都很可爱，而且有上帝保佑他们，他是不会感到丝毫惊讶的。可是现在，在他回到现实世界以后，他在心里费了很大的劲儿才明白她平安无事，而那个哇哇直叫的小东西就是他的儿子。吉娣活着，痛苦已经过去。他感到说不出的幸福。这一点他是明白的，因此他感到非常幸福。可是孩子呢？他是从哪儿来，为什么来的？他又是谁呀？……他怎么也无法理解，怎么也不习惯这个念头。他觉得这似乎是多余的、不必要的东西，他对这东西很久都不习惯。

十六

上午九点多钟，老公爵、柯兹尼雪夫和奥布朗斯基坐在列文家里，谈了谈产妇的事以后，就聊起别的事。列文听他们聊，听着听着，不由得想起往事，想起这天上午以前的事，想起自己昨天在这之前的情形。从那时到现在好像过了一百年。他觉得自己在高不可攀的天上，他尽量地往下落，免得使一起聊天的人感到不快。他一面说话，一面不住地想着妻子，想着她现在的种种情形，想着儿子，竭力使自己养成有个儿子的观念。整个女性世界，在他婚后增添了意想不到的新意义，如今在他心目中达到了他无法想象的高度。他听着他们谈昨天在俱乐部里的宴会，心里却在想着："这会儿她怎样了？睡着了吗？她身体怎样？她在想什么？儿子德米特里在哭吗？"正在说话的时候，话说到一半，他霍地站起来，就朝外面走。

"你叫人告诉我，能不能去看她。"老公爵说。

"好的，就叫人来。"列文回答说，也没有站下来，就朝她房里走去。

她没有睡，正小声和母亲说着话儿，商量以后施洗的事。

她已经梳洗得好好的，戴着很漂亮的蓝花睡帽，仰面躺着，把两臂搁在被子上。她用眼睛迎接他，那目光是叫他过去。她的目光本来就很明亮的，他越走近，就越发明亮。她脸上起了从人间到天堂的变化，就像死人脸上那样；不过那是诀别，这是相会。他心里又是一阵激动，就像他在婴儿降生时那样。她拉住他的手，问他是不是睡过觉。他回答不上来，自知感情脆弱，就转过脸去。

"我都打过盹儿了，柯斯加！"她对他说，"这会儿我觉得精神好极了。"

她望着他，可是她的表情忽然变了。

"把他抱给我，"她听见婴儿啼叫声，说道，"给我，丽莎维塔·彼得罗芙娜，他也要看看。"

"好的，让爸爸看看吧，"丽莎维塔·彼得罗芙娜说着，抱起一个红红的、奇怪地蠕动着的东西，走了过来，"请等一下，让我们先打扮打扮。"于是丽莎维塔·彼得罗芙娜把这个红红的蠕动着的东西放到床上，解开包布，用一个手指头托着，翻转着，扑了些粉，又重新包起来。

列文望着这个可怜的小东西，竭力要在自己心中找到一点儿父爱的痕迹，却怎么也找不到。他只感到对他厌恶。但是，在解开包布，露出那红红的、细细的胳膊和腿，那上面也有手指和脚趾，而且大的和其他的显然不同，在他看到丽莎维塔·彼得罗芙娜把像柔软的弹簧似的挓挲开的两条小胳膊收拢起来，往小被子里包的时候，他突然怜悯起这个小东西，担心起来，担心她把他弄伤了，所以他拉住她的手。

丽莎维塔·彼得罗芙娜笑了起来。

“您别怕，别怕！”

等到婴儿打扮好了，变成一个结实的布娃娃，丽莎维塔·彼罗芙娜把他晃悠了一下，好像在夸耀自己的本事，然后就闪到一旁，让列文好好看看儿子的全部英姿。

吉娣也目不转睛地斜眼朝那边望着。

“给我，给我！”她说着，甚至要爬起来。

“您怎么啦，卡捷林娜·亚力山大罗芙娜，可不能这样乱动！别急，我抱给您。我们先让爸爸看看，我们长得有多帅！”

于是丽莎维塔·彼得罗芙娜一只手托着这个奇怪的、晃来晃去、老是把头往小被窝里缩的红红的东西，另一只手只用两个手指头扶住直摇晃的小脑袋，把他送到列文面前。但是这小东西也有鼻子，还斜着眼睛看人，吧咂着嘴唇。

“多么漂亮的孩子呀！”丽莎维塔·彼得罗芙娜说。

列文伤心地叹了一口气。这个漂亮孩子在他心中唤起的只是厌恶感和怜悯感。这完全不是他所预期的感情。

当丽莎维塔·彼得罗芙娜把婴儿放到没有喂过奶的胸前时，列文转过脸去。

他突然听到一阵笑声，不由得抬起头来。这是吉娣笑了。婴儿吃起奶来了。

“噢，够了，够了！”丽莎维塔·彼得罗芙娜说，但是吉娣不肯放开他。他就在她怀里睡着了。

“现在你看看吧。”吉娣说着，把婴儿转过来，好让他看清楚。那张皱皱巴巴的小脸忽然皱得更厉害了，婴儿打了个喷嚏。

列文微微笑着，好不容易忍住感动的泪水，吻了吻妻子，便从幽暗的卧室里走了出来。

他对待这个小东西的心情，完全不是他所预期的。这种心情丝毫不是愉快和欢乐；相反，这是一种新的很厉害的担心害怕心情。这是感觉到他在又一方面软弱无能。他这种感觉开头十分强烈，担心这个可怜的小东西将来受苦担心得厉害，因此，在婴儿打喷嚏时他产生的那种莫名其妙的高兴以至自豪心情，都没有引起他注意。

十七

奥布朗斯基的境况很糟。

卖掉三分之二的树林的钱已经花光了，他以九折预支出卖其余三分之一树林的钱，几乎也预支完了。那商人不肯再给他钱，尤其是因为陶丽在这年冬天第一次公开声明她拥有产权，不肯在出卖最后三分之一树林的收款契约上签字。他的全部薪水已经用于家庭日常开支和偿还无法拖欠的零星债务。现在一点钱也没有了。

这是很不愉快，很尴尬的，奥布朗斯基认为，再不能这样下去了。他认为，所以这样，是因为他拿的薪水太少了。他所任的职位，在五年之前显然是很好的，现在就不算什么了。彼得罗夫是银行行长，年俸一万二；斯文济茨基是公司董事，年俸一万七；米丁创办了一家银行，一年收入五万。“显然是我睡着了，人家也把我忘了，”奥布朗斯基自怨自艾地想。于是他就留神打听，仔细观察，到冬末看准了一个肥缺，就发动攻势，先从莫斯科，通过亲戚朋友，后来，到春天，等时机成熟了，他亲自奔赴彼得堡。这一类差事，报酬多少不等，年俸从一万到五万，又舒服又有油水的，比以前多起来了。这就是“南方铁路银行信贷联合公司”理事会理事的职位。这种职务，也像所有此类职务一样，需要有渊博的知识和很强的活动能力，这是一个人很难兼备的。因为找不到二者兼备的人，那就让一个正直的人来担任这一职务，总比不正直的人来担任好些。而奥布朗斯基不仅是一般的正直人，而且是特别正直的人，具有特别意义的正直人，也就是在莫斯科说到“正直的活动家、正直的作家、正直的杂志、正直的机关、正直的派别”时，“正直”这个词儿的含义，也就是说，一个人或者机构不仅不是不正直的，而且在必要的时候还会挖苦政府。奥布朗斯基在莫斯科经常出入于使用这个词儿的圈子，圈子里的人都认为他是一个特别正直的人，所以他比其他人更有资格担任这一职务。

这个职务每年可以提供七千到一万卢布的收入，而且奥布朗斯基不辞去原来的官职，可以兼任这一职务。这事取决于两位部长、一位贵妇人和两个犹太人；这些人虽然都已经疏通好了，但奥布朗斯基还是要到彼得堡去亲自拜访一下。此外，奥布朗斯基还答应为安娜去找卡列宁，要他对离婚的事给予明确答复。于是他向陶丽要了五十卢布，就去彼得堡了。

这时奥布朗斯基坐在卡列宁的书房里，听他念有关俄国财政状况不景气原因的报告草稿，只等他念完，就同他谈谈自己的事和安娜的事。

“是的，这意见很对，”等卡列宁摘下他现在看书非戴不可的夹鼻眼镜，带着征求意见的神气看了看原来的内兄，奥布朗斯基就说道，“这在细节上是很正确的，不过我们这时代的准则还是自由。”

“是的，不过我提出的另一个准则，也包括自由的准则在内。”卡列宁说，并且把“包括”这个词儿说得很重，又戴起夹鼻眼镜，好把有关的段落再念一遍。

卡列宁翻了翻字迹清秀、两边空白很宽的草稿，把很有说服力的一段又念了一遍。

“我不赞成保护关税政策，不是为了某些人的好处，而是为了公共利益——对下层阶级和上层阶级都是一样的，”他从夹鼻眼镜上面看着奥布朗斯基说。“可是他们不明白这一层，他们只关心个人利益，只会说漂亮话。”

奥布朗斯基知道，卡列宁一谈到他们，也就是那些不愿意接受他的方案的那些俄国的罪魁祸首，怎么想和怎么做，他的话就快结束了。因此奥布朗斯基现在情愿放弃自由的准则，完全赞同他的意见。卡列宁若有所思地翻着自己的手稿，不再说话了。

“哦,凑巧,”奥布朗斯基说,“等你见到波莫尔斯基,我请你就便对他说几句好话,就说我很想得到南方铁路银行联合信贷公司理事会理事的空缺。”

奥布朗斯基对他垂涎已久的这个职位名称已经说习惯了,所以一字不差很快就说出来了。

卡列宁仔细问了问这个理事会是干什么的,就沉思起来。他在考虑,这个理事会的活动同他的方案是否有什么抵触之处。但是,因为这种新机构的活动十分繁杂,他的方案涉及面又广,他无法一下子就做出判断,于是,他一面摘夹鼻眼镜,一面说:

“没问题,我可以对他说说;不过,你为什么就想得到这个职位呀?”

“薪水是高的,差不多有九千卢布呢,而我的收入……”

“九千卢布。”卡列宁重复了一句,就皱起眉头。这样高的薪水使他想起来,奥布朗斯基谋求的职位,在这方面就违反他的提倡精简节约的方案的宗旨。

“我认为,而且也写过这方面的文章,在我们这时代,这类高薪是我们政府错误经济政策的表现。”

“那你说怎么办呢?”奥布朗斯基说,“比如说,一个银行行长年薪就有一万卢布,这是他值得嘛。一个工程师年薪有两万卢布。随你怎样,这是有现实意义的事业嘛!”

“我认为,薪水是一种商品的代价,应该受供求法则的支配。如果规定薪水时背离这个法则,就比如,当我看到有两个工程师毕业于同一学院,学识和能力也都相同,一个年薪四万,另一个满足于两千,或者看到高薪聘任毫无专长的律师或骠骑兵去当银行行长，那我就可以断定，规定薪水不是依照供求法则，而是完全凭私人情面。这就是严重的徇私舞弊，对政府工作影响极坏。我认为……”

奥布朗斯基连忙打断妹夫的话。

“是的，不过你要承认，现在创办的是一种肯定有益的新机构。不论怎么说，这是有现实意义的事业呀！尤其重要的是办事正直。”奥布朗斯基在说“正直”时加重了语气。

可是卡列宁并不了解“正直”在莫斯科的含义。

“正直不过是一种消极的特性。”他说。

“不过，你还是在波莫尔斯基面前说说好话，那就是帮我大忙了，”奥布朗斯基说。“就在谈话中间，找机会说说……”

“可是这事恐怕主要取决于波尔加林诺夫呀。”卡列宁说。

“波尔加林诺夫那方面已经完全同意了。”奥布朗斯基红着脸说。

一提到波尔加林诺夫，奥布朗斯基就红了脸，因为这天上午他就去拜访过犹太人波尔加林诺夫，这次拜访在他心里留下很不愉快的印象。奥布朗斯基深信他希望从事的事业是一项很有现实意义的正直的新事业；但今天上午，波尔加林诺夫显然有意地让他和其他来访者在接待室里坐等了两个小时，他一下子就觉得难为情了。

不知他为什么难为情，是因为他这个留里克王朝的后裔，奥布朗斯基公爵，竟在一个犹太佬的接待室里苦等了两个小时，还是因为他生平第一次不遵照祖宗遗训为政府效忠，而另谋出路，反正他觉得非常难为情。在波尔加林诺夫家等待的两小时里，奥布朗斯基来来回回地在接待室里踱着，捋着络腮胡子，同其他来访者聊着，还想出一句双关的俏皮话，说他在犹太佬家里等得好苦，想方设法来掩饰他的懊恼心情，不让别人，甚至也不让自己察觉。

可是他一直觉得很难为情，很懊恼，他自己也不知道是因为什么：是因为那句双关俏皮话“找犹太佬求差事，真是苦差事”丝毫不起作用呢，还是因为别的什么。等到波尔加林诺夫终于特别客气地接见了他，显然因为怠慢了他而洋洋得意，并且几乎拒绝了他的要求时，奥布朗斯基就巴不得尽快把这事忘掉。所以，现在一想起来，他就脸红了。

十八

“我现在还有一件事，你也是知道的，就是安娜的事。”奥布朗斯基沉默了一会儿，驱除了不愉快的印象之后，就说道。

奥布朗斯基一说出安娜的名字，卡列宁的脸色完全变了：原来那种带劲儿的样子不见了，露出疲惫和僵死的神气。

“您究竟要我怎样呢？”他在安乐椅上转过身来，吧嗒一声合起夹鼻眼镜，说道。

“拿出个主意，不管是什么样的主意，阿历克赛·亚力山大罗维奇。我现在和你说话，不是把你当作（他本来想说“一个受辱的丈夫”，怕这样会坏事，就改了口）一位政府大员（这话也不妥当），只是当作一个人，一个好心人，一个基督徒。你应该可怜可怜她。”他说。

“究竟怎么样呀?”卡列宁小声说。

“是的,要可怜可怜她。你要是能像我一样看到她,——我和她一起过了整整一个冬天呀,——你就会怜悯她了。她的状况真够受,实在够受呀。”

“依我看,”卡列宁用尖细的、几乎是刺耳的声音回答说,“安娜·阿尔卡迪耶芙娜已经是万事如意了。”

“哎呀,阿历克赛·亚力山大罗维奇,看在上帝分上,咱们不要算老账吧!过去的事已经过去了,你也知道,她所希望和等待的就是离婚。”

“但是我认为,如果我要求一定要把儿子留给我的话,她在这种情况下是不会同意离婚的。我一直就是这样答复的,并且认为这事已经了结了。我认为这事没有什么可谈的了。”卡列宁用尖声叫道。

“不过,看在上帝分上,你别激动,”奥布朗斯基拍着妹夫的膝盖说,“事情并没有了结。如果你允许我简单地说一说的话,那事情是这样的:在你们当初分开的时候,你是很了不起的,真是再宽宏大量也没有了;你什么都答应了她——让她自由,甚至答应离婚。这是她十分感激的。是的,是真的。她确实感激,以至于在开头那些日子里,她觉得非常对不起你,所以什么也没有好好考虑,也无法好好考虑。她什么也没有办。可是事实和时间表明,她的状况是难受的,是无法过下去的。”

“我对安娜·阿尔卡迪耶芙娜的生活状况毫无兴趣。”卡列宁扬起眉毛,打断他的话说。

“对不起,我不大相信,”奥布朗斯基用温和的语气反驳说,

“她的状况在她是很难受的,对别的什么人也没有任何好处。你会说,她这是自作自受。这一点她知道,所以她不要求你什么;她坦率地说,她不敢要求你什么。可是我,我们一家人,所有爱她的人,都要求你,恳求你。她为什么要受这种折磨呀?这对谁有好处呀?”

“对不起,您好像把我放到被告地位了。”卡列宁说。

“不是呀,不是呀,一点也不是,你要明白我的意思,”奥布朗斯基又拍着他的手说,他似乎认为,这样拍妹夫的手会使他心软下来,“我只是说:她的状况很痛苦,只有你能减轻她的痛苦,而且这在你也毫无损失。一切都由我替你办得好好的,不用你烦神。你也答应过嘛。”

“以前是答应过。我认为,儿子的问题是事情的关键。此外,我希望安娜·阿尔卡迪耶芙娜有足够的胸怀……”卡列宁脸色煞白,嘴唇哆嗦着,好不容易才说出来。

“她也是一切指望你的宽宏大量呀。她只请求你,恳求你一点:让她摆脱她所处的难堪境地。她已经不要求要儿子了。阿历克赛·亚力山大罗维奇,你是一个好心肠的人。你就多少设身处地替她想一想吧。离婚的问题,在她来说,在她这种境况下,是生与死的问题。要是你以前没有答应过的话,她也许就安于现状,在乡下住下去了。可是你答应过,她也给你写过信,也就到莫斯科来了。现在在莫斯科,不论遇见什么人,就像刀子往心里戳。她住了六个月,天天都在等待你的决定。这就好比一个判了死刑的人,绞索套在脖子上有几个月了,随时可能处死,也可能遇赦。你就怜悯怜悯她吧,再说,我会把一切都办得好好的……你真是太多虑了……”

“我不是说的这个，不是这个……”卡列宁非常厌恶地打断他的话说。“可是，也许，我答应的是我不应该答应的事。”

“这么说，你对你答应过的事翻悔啦？”

“凡是能做到的事，我从不翻悔，不过我希望有时间考虑考虑，答应过的事能做到什么程度。”

“不，阿历克赛·亚力山大罗维奇！”奥布朗斯基跳起来说，“这话我不愿相信。一个女人能有多么不幸，她就有多么不幸，你不能翻悔……”

“要看答应过的事能做到什么程度。你是出了名的有自由思想的人。但我作为一个基督徒，在这样重大的事情上，所作所为不能违反基督教义。”

“不过就我所知，在基督教会里和在我们这里，是准许离婚的，”奥布朗斯基说，“我们的教会也准许离婚。我们也看到……”

“准许是准许，但不是在这种意义上。”

“阿历克赛·亚力山大罗维奇，我真想不到你竟会这样，”奥布朗斯基沉默了一会儿之后，说道，“你不是什么都宽恕了，并且正是受到基督精神的感召，愿意牺牲一切吗？我们不是都十分钦佩这种精神吗？你自己说过：有人要拿外衣，连里衣也由他拿去。可是现在……”

“我请您，”脸色煞白、哆嗦着下巴的卡列宁突然站起来，用非常尖细的嗓门儿说，“请您别说，别说……这些话了。”

“哦，不！那就请你原谅，如果我伤了你的心，就请你原谅我，”奥布朗斯基很不好意思地笑着说，一面伸出手来，“我不过是受托，只是传传话罢了。”

卡列宁也伸出手来，沉思了一下，说：

“我得好好考虑考虑，找人请教请教。后天我给您最后答复。”

十九

奥布朗斯基已经要走了，柯尔尼进来通报说：

“谢尔盖·阿历克赛伊奇来了！”

“谢尔盖·阿历克赛伊奇是什么人？”奥布朗斯基正要开口问，可是立刻明白了。

“噢，谢辽沙呀！”他说。“谢尔盖·阿历克赛伊奇——我还以为是一位部长呢。”于是他想起来：“安娜还要我看看他呢。”

他还想起安娜送他出门时带着一副羞怯和可怜巴巴的神情说：“你无论如何要看看他。你仔细了解一下，他在哪里，是谁在照料他。还有，司基瓦……要是能办到多好哇！不是能办到吗？”奥布朗斯基明白，这句“要是能办到多好哇”意思就是，要是办理离婚能把儿子归她的话，那有多好哇……现在奥布朗斯基看出来，这事连想也休想了，不过他还是很高兴能看到外甥。

卡列宁向内兄提醒说，他们从不在儿子面前说起他母亲，所以也请他只字不要提到她。

“上次他和母亲见面，那是我们事先没有安排的，后来他就大病了一场，”卡列宁说，“我们甚至担心他会送命。幸亏高明的医术和一个夏天的海水浴使他恢复了健康。现在我遵照医生的意见，把他送进了学校。果然，同学们的影响对他起了很好的作用，他现在身体很健康，学得也很好。"

"嘿，多么神气的小伙子呀！已经不是什么谢辽沙，而是真正的谢尔盖·阿历克赛伊奇了！"奥布朗斯基望着身穿蓝上装和长裤、又活泼又大方地走进来的宽肩膀漂亮男孩，笑嘻嘻地说。这孩子一副健康和快乐模样。他像对生人一样对舅舅鞠了个躬，但一认出是舅舅，脸就红了，急忙转过身去，仿佛受了委屈，生气了。他走到父亲面前，把学校里的成绩单交给他。

"噢，很不错，"父亲说。"你可以走啦！"

"这孩子瘦了些，长高了，不再是娃娃，是大孩子了；我真喜欢，"奥布朗斯基说。"你还记得我吧？"

孩子很快地打量了一下父亲。

"记得，舅舅。"他抬眼看了看舅舅，回答说，然后又垂下眼睛。

舅舅把他叫过去，拉住他的手。

"嗯，怎么样，还好吗？"他想和他说说话儿，可是不知道说什么好。

孩子红着脸不作声，小心地从舅舅手里往外抽自己的手。奥布朗斯基一放开他的手，他像获释的小鸟一样，带着询问的神气看了父亲一眼之后，就快步从房里走了出去。

自从谢辽沙上次见到母亲之后，已经过去一年了。从那以后，他再也没有听到过她的消息。就在这一年他进了学校，认识了并且爱上了小伙伴们。他对母亲的种种向往和想念，在上次和她见面后曾经使他病了一场的，现在已经渐渐淡了。有时他思念起来，就想方设法驱散自己的思念，认为这是丑事，认为女孩子才思念母亲，男孩子和男同学是不该这样的。他知道父母因为争吵而分居，知道他命定要同父亲在一起，于是就想方设法习惯于这种想法。

他一看见很像母亲的舅舅，觉得很不愉快，因为这引起了他认为是丑事的那种思念。这使他不愉快，更因为从他站在书房门外听到的几句话，尤其从父亲和舅舅的脸色，他猜到他们谈的是母亲。为了不责怪和他在一起、他所依靠的父亲，更为了不动他认为很丑的那种感情，他尽量不看这个跑来破坏了他的平静的舅舅，尽量不去想他使他想起的事。

不过，当奥布朗斯基跟着他走了出来，看见他在楼梯上，把他叫过去，问他在学校里课余时间怎样玩时，谢辽沙见父亲不在，就很带劲儿地和他说起话儿来。

“现在我们那儿常常开火车，”他回答舅舅说，“您听我说，是这样的：两个人坐在长板凳上，这是乘客。另外一个人站在板凳上。大家一齐来拉车。可以用手拉，也可以用皮带拉，拉着在一个个房间里跑。所有的门事先就打开了。嗬，当列车员可难啦！”

“就是站着的那个人吗？”奥布朗斯基笑着问。

“是的，干这种事儿又要大胆，又要麻利，尤其在急刹车或者有人跌倒的时候。”

“是的，这真不简单。”奥布朗斯基伤感地看着这一双灵活、很像母亲、但已经没有孩子气、不完全天真的眼睛说。虽然他答应过卡列宁不提安娜，他还是忍不住了。

“你还记得妈妈吗？”他突然问道。

"不，不记得。"谢辽沙急忙说，而且脸涨得通红，垂下眼睛。舅舅再也无法从他嘴里问到什么了。

半个小时以后，斯拉夫家庭教师发现自己的学生在楼梯上，他老半天都弄不明白，他的学生是在赌气，还是在哭。

"怎么啦，想必是跌倒的时候，跌伤了吧？"家庭教师说，"我说过嘛，这种游戏很危险。要去对校长说说。"

"真要是跌伤了，那还没有谁会发现呢。这是肯定的。"

"那到底是怎么回事儿呢？"

"您别管我！我记得不记得……这干他什么事？我为什么要记得？你们都别管我！"他已经不是在对家庭教师，而是在对整个人世说话了。

二十

奥布朗斯基像往常一样，在彼得堡也没有闲着。在彼得堡，除了办正事，也就是妹妹离婚和自己谋职的事，他像往常一样，还需要换换新鲜口味，因为，如他说的，在莫斯科过腻味了。

莫斯科虽然也有音乐，杂耍，咖啡馆和公共马车，但毕竟是死水一潭。这是奥布朗斯基经常感觉到的。他在莫斯科住一阵子，尤其是和家小在一起，就觉得提不起精神，没有劲儿。在莫斯科久住下去，他就会因为妻子的恶劣情绪和埋怨、孩子们的健康和教育以及公务上的琐事感到心烦；甚至会因为他有债务感到不安。但只要一到彼得堡，在他经常出入的圈子里，在那些真正生活，而不是像在莫斯科那样熬日子的去处生活几天，他的一切烦恼都会消散和熔化，就像蜡烛见了火一样。

妻子吗？……今天他刚刚和契岑斯基公爵聊过。契岑斯基公爵有妻子和孩子，孩子已经长大成人，做了少年侍从，但他还有一个非法的家庭，也生了孩子。虽然第一个家庭也很好，契岑斯基公爵却觉得自己在第二个家庭里更幸福些。他还常常带着大儿子到第二个家庭去，并且对奥布朗斯基说，他认为这对儿子有好处，可以使儿子增长见识。这要是在莫斯科，人家会怎么说呢？

孩子吗？在彼得堡孩子们并不妨碍父亲的生活。孩子们都在学校里上学，而且也没有在莫斯科流行的——例如，李沃夫家，——那种荒唐的观念，认为孩子们应该过穷奢极侈的生活，做父母的只应该辛苦和操心。这里人人都懂得，一个人活着应该为自己，有教养的人都应该如此。

公务吗？在这里干公务也不像在莫斯科那样只是一味地、毫无指望地苦干，在这里干公务很有意思。拜见拜见，献献殷勤，说说中听的话儿，会对不同的人运用不同的手腕——一个人转眼之间就会飞黄腾达，就像昨天奥布朗斯基遇到的布良采夫，现在已经是头号红人了。这样干公务是很有意思的。

尤其是彼得堡人对金钱问题的看法对奥布朗斯基起了宽慰的作用。巴尔特尼扬斯基，就其生活的阔绰来说，每年至少要花掉五万卢布的，昨天曾就这个问题对他发了一番妙论。

在午饭之前，谈得上了劲儿，奥布朗斯基就对巴尔特尼扬斯基说：

“你好像和莫尔德文斯基很熟；你想必能帮我个忙，替我向他说句话。有一个位子，我想弄到手。就是南方铁路银行……”

“唉，我反正记不住的……不过你何苦为这种铁路上的差事去和犹太佬打交道呢？……不管怎么说，总是肮脏事儿！”

奥布朗斯基没有对他说，这是很有现实意义的事儿；这一点巴尔特尼扬斯基是不会理解的。

“需要钱呀，没有钱无法活呀。”

“你不是活着吗？”

“活是活着，可是负债呀。”

“你怎么？负债很多吗？”巴尔特尼扬斯基很同情地问。

“很多，大约有两万呢。”

巴尔特尼扬斯基快活地哈哈大笑起来。

“哎呀，你真是个幸运儿呀！”他说，“我欠了一百五十万，现在一无所有，可是你看，不是还活着嘛！”

奥布朗斯基不但听到这样说，而且亲眼看出这是实情。日瓦霍夫欠债三十万，现在一文不名，他照样活着，而且过得多么阔气呀！大家早就认为克利夫卓夫伯爵已经山穷水尽，可是他还养着两个情妇。彼得罗夫斯基荡尽五百万家产，依然过着豪华的生活，甚至还主持财政，有两万卢布的年俸。而且，除此以外，彼得堡还使奥布朗斯基在身体上感到愉快。彼得堡使他年轻了。在莫斯科，他有时要看看自己的白发，饭后要睡睡觉，伸伸懒腰，上楼梯慢慢走，还要喘粗气，和年轻女子在一起觉得没有劲儿，舞会上也不跳舞。在彼得堡他却觉得年轻了十岁。

他在彼得堡的感受，正如刚从国外归来的六十岁的彼得·奥布朗斯基对他说的那样。

“我们在这里不会生活，”彼得·奥布朗斯基说。“你要知道，我在巴登过了一个夏天;说实话,我觉得自己完全是一个年轻人呢。我一见到年轻女子,就心猿意马……一吃饭,两杯酒一喝下去,就来了劲儿,精神抖擞。我一回到俄国,要陪妻子,还要到乡下去,唉,你真不会相信,过上两个礼拜就穿起睡衣,连吃饭也不换衣服了。还有什么劲头儿想年轻女人呀!变成十足的老头子了。想的只是拯救灵魂什么的。一去巴黎,就又来劲儿了。"

奥布朗斯基也体会到彼得·奥布朗斯基所体会的那种差别。在莫斯科他萎靡不振,要是在那里长久过下去,真的说不定他会落到只考虑灵魂得救的地步;可是在彼得堡,他觉得自己又是一个像样的人了。

在培特西公爵夫人和奥布朗斯基之间有一种由来已久的、相当奇怪的关系。奥布朗斯基总是嬉皮笑脸地向她献殷勤,也是嬉皮笑脸地对她说一些最不成体统的话,因为他知道这是她最喜欢的。在他和卡列宁谈话后的第二天,他到了她家以后,觉得自己是那样年轻,以至于这种开玩笑的调情和胡说八道发展到不可收拾的地步,他简直不知道怎样才能抽身后退了,因为不幸的是,他不仅不喜欢她,而且非常讨厌她。这种调调儿已经定了,因为她非常喜欢他。所以,等米雅赫基公爵夫人一到,打破了他们两个人单独在一起的局面,他就感到非常高兴了。

"哦,您在这儿呀,"米雅赫基公爵夫人一看到他,就说道,"喂,您那位可怜的妹妹怎么样啦?您不要这样看着我,"她又说,"自从所有的人,所有比她坏千百倍的人,纷纷攻击她的时候起,我就认为她做得好极了。我不能原谅伏伦斯基,因为她上次来彼得堡,他竟不告诉我一声。要不然我一定去看她,并且陪她到处走走。请您代我向她问候。那就请您对我说说她的情形吧。”

“是啊，她的日子很不好过，她……”奥布朗斯基头脑简单，把米雅赫基公爵夫人说的“请您说说她的情形”当成真的，就说了起来。米雅赫基公爵夫人却照她的习惯，立刻把他的话打断，自己说了起来。

“她做的事，是所有的人，除我以外，都在做的，只是别人都瞒着盖着罢了；可是她不想骗人，所以做得好极了。还有她做得更好的，就是抛弃了您那位昏头昏脑的妹夫。请您不要见怪。人人都说他聪明，聪明，只有我说他愚蠢。现在，等他同李迪雅和兰道打得火热了，大家都说他昏头昏脑了，我真不高兴同意大家的说法，可是这一次不能不同意。”

“那就请您给我解释解释，这是怎么一回事儿，”奥布朗斯基说，“昨天我为妹妹的事去找他，要他给一个明确的答复。他没有给我答复，说是要想一想。今天早晨我没有得到答复，却收到请柬，请我今天晚上到李迪雅伯爵夫人家去。”

“就是嘛，就是嘛！”米雅赫基公爵夫人很高兴地说起来，“他们要向兰道请教，看他怎么说。”

“怎么向兰道请教？为什么？兰道是什么人？”

“怎么，您不知道尤里·兰道，不知道那个大名鼎鼎、未卜先知的尤里·兰道？他也是昏头昏脑的，可是您妹妹的命运就全看他的了。您什么也不知道，这就是住在外地的结果。您听我说，兰道原是巴黎一家店铺的伙计，有一次去看病，在候诊室里睡着了，在梦里给所有的病人治起病来，而且治得好极了。后来，尤利·密列丁斯基——您可知道,他在生病?——他的夫人听说这个兰道的事,就找他去给丈夫治病。他就给她丈夫治病。依我看,丝毫没有治出什么效果,因为他还是那样衰弱,可是他们相信他,把他随身带着,又把他带到俄国来。在这儿大家都一齐去找他,他也就给大家治起病来。他治好了别祖波夫伯爵夫人的病,伯爵夫人喜欢他喜欢得不得了,就收他做干儿子。"

"怎么收他做干儿子?"

"就是收他做干儿子。他现在不再是兰道了,成了别祖波夫伯爵。但问题不在这里,而是李迪雅——她这人我很喜欢,不过她的头脑有毛病,——不用说,迷上了他那一套,现在不论是她,还是卡列宁,离了他就没有了主意,所以,您妹妹的命运现在就在这个兰道,如今的别祖波夫伯爵手里了。"

二十一

奥布朗斯基在巴尔特尼扬斯基家美美地吃了一餐并且喝了不少酒之后,便来到李迪雅伯爵夫人家,只是比约定时间多少晚了一点儿。

"伯爵夫人这儿还有什么人?那个法国人在吗?"奥布朗斯基一面打量着很熟悉的卡列宁的大衣和一件带扣子的古怪而朴素的大衣,一面问门房。

"阿历克赛·亚力山大罗维奇·卡列宁和别祖波夫伯爵,"门房板着脸回答说。

"米雅赫基公爵夫人猜对了,"奥布朗斯基一面上楼,一面想道,“真奇怪！不过和她接近接近倒是不错。她很有些势力呢。要是她能对波莫尔斯基说几句话,那就行了。”

天色还很明亮,可是李迪雅伯爵夫人的小客厅里已经放下窗帘,灯火通明。

伯爵夫人和卡列宁坐在一盏吊灯下的圆桌旁,小声说着话儿。有一个瘦小的男子,臀部像女人,罗圈腿,眼睛又清秀又明亮,一张脸非常苍白也非常漂亮,长长的头发披在礼服领子上,站在另一头,在看墙上的画像。奥布朗斯基同女主人和卡列宁打过招呼以后,不由得又看了看这个陌生人。

“兰道先生!”伯爵夫人带着温柔和小心得使奥布朗斯基吃惊的神气对他说。于是她给他们做了介绍。

兰道连忙回头看了看,走了过来,笑了笑,把一只很不灵活的汗漉漉的手放到奥布朗斯基伸出的手里,随即就又走了开去,又看起画像。伯爵夫人和卡列宁意味深长地交换了一下眼色。

“我见到您很高兴,尤其是今天,”李迪雅伯爵夫人说着,指了指卡列宁旁边的座位请奥布朗斯基坐。

“我给您介绍他,称呼他兰道,”她看看法国人,随即又看看卡列宁,小声说,“实际上他是别祖波夫伯爵,您想必也知道了。只是他不喜欢这个封号。”

“是的,我听说了,”奥布朗斯基回答说,“据说,他把别祖波夫伯爵夫人的病完全治好了。”

“她今天到我家来过,她太伤心了!”伯爵夫人对卡列宁说。“对她来说,这次分别太可怕了。这对她的打击太大了!”

“他一定要走吗?”卡列宁问。

“是的，他要回巴黎。他昨天听见一个声音。”李迪雅伯爵夫人望着奥布朗斯基说。

“啊，一个声音！”奥布朗斯基重复了一下，觉得在这伙儿人中间必须尽可能小心些，在这伙儿人中间正在发生或者就要发生什么特别的事儿，他还摸不着头脑。

沉默了一小会儿以后，李迪雅伯爵夫人就像要谈正题似的，带着微妙的笑容对奥布朗斯基说：

“我早就认识您，并且很高兴进一步结识您。朋友的朋友，也是朋友。但是，要想做一个朋友，必须理解朋友的心情，我怕您对阿历克赛·亚力山大罗维奇的心情未必能理解。您想必明白我说的是什么。”她说着，抬起她那若有所思的美丽的眼睛。

“明白一点儿，夫人，我明白，阿历克赛·亚力山大罗维奇的状况……”奥布朗斯基说，因为他并不怎么明白究竟指的是什么，所以只是笼统地说说。

“变化的不是外在的状况，”李迪雅伯爵夫人板着脸说，同时用含情脉脉的目光注视着站起来走到兰道跟前的卡列宁，“是他的心变了，他获得了一颗新的心，所以我怕您不完全理解他这种变化。”

“也可以说，我在大体上是能理解这种变化的。我们一向很要好，就是现在……”奥布朗斯基一面用温柔的目光回答伯爵夫人的目光，一面说，同时寻思着她和两位部长中哪一位更接近，也好请她去向哪一位求情。

“他内心的变化不会削弱他对别人的爱；相反，他的变化只会加强他的爱。不过我怕您不明白我的意思。您不喝茶吗？”她说着，用眼睛指了指端着茶走进来的仆人。

“不大明白，夫人。当然，他的不幸……”

“是的，不幸，在他的心起了变化，他完成了变化的时候，就成了无上的幸福。”她用含情的目光望着奥布朗斯基说。

“我看，可以请她对两位部长都去说说了。”奥布朗斯基心里想道。

“哦，当然啦，夫人，”他说，“不过我想，这种变化是极其隐秘的，因此任何人，即使对最亲密的人，都不愿说。”

“恰恰相反！我们应该说，还应该互相帮助。”

“是的，当然啦，不过信仰是各不相同的，况且……”奥布朗斯基温柔地笑着说。

“在信仰神圣的真理方面是不会有什么不同的。”

“哦，是的，当然啦，不过……”奥布朗斯基发起窘来，就不说了。他明白，谈的是宗教。

“我看，他这就要睡着了。”卡列宁走到李迪雅跟前，意味深长地小声说。

奥布朗斯基回头看了看。兰道坐在窗口，双臂搁在安乐椅扶手和椅背上，垂着头。他发现大家都在看他，就抬起头来，像孩子一般天真地笑了笑。

“你们不要注意他，”李迪雅说着，轻轻地推了一把椅子给卡列宁，“我发现……”她正要说下去，就有一名仆人拿着一封信走了进来。李迪雅匆匆看完信，道了一声歉，就飞快地写了一封回信交给仆人，然后又回到桌边。“我发现，”她继续把话说下去，“莫斯科人，尤其是男人，最不关心宗教了。”

“才不是呢，夫人，我觉得，莫斯科人最虔诚是出了名的。”奥布朗斯基回答说。

“是真的，就我所知，很遗憾，您也是很不关心的一个。”卡列宁带着疲惫的笑容对他说。

“怎么能不关心呀！”李迪雅说。

“我在这方面不是不关心，而是在等待，”奥布朗斯基带着他那最感化人的微笑说，“我认为，我考虑这些问题的时候还没有到。”

卡列宁和李迪雅交换了一下眼色。

“我们永远无法知道我们的时候是不是到了，”卡列宁板着脸说，“我们不应该考虑我们是否有所准备，因为上帝的恩惠不受人的思想支配；有时恩惠不是降临到苦苦追求的人身上，而是降临到毫无准备的人身上，就像降临到扫罗身上那样。”

“噢，似乎他还不该睡。”一直注视着法国人一举一动的李迪雅说。

兰道站起来，来到他们跟前。

“我可以听听吗？”他问道。

“当然可以，我是不愿意打扰您呀。”李迪雅温柔地看着他说，“和我们一起坐坐吧。”

“不过不能闭上眼睛躲避光明呀，”卡列宁继续说。

“哎呀，您要是能体会到我们体验到的幸福，能感到无处不在的上帝在自己心中就好了！”李迪雅伯爵夫人怡然自得地笑着说。

“可是一个人有时会觉得自己达不到这样崇高的境界呀。”奥布朗斯基说，虽然觉得他这是违心地承认宗教的崇高，但他又不敢在这个女人面前表露自己的自由思想,因为这个女人在波莫尔斯基面前说一句话就能使他得到垂涎已久的职位。

“您是想说,一个人有了罪就不能吗?”李迪雅说,“但这种说法是没有道理的。信徒是没有罪的,罪已经赎过了。对不起。”她看到仆人又拿了一封信走进来,就说道。她看完了信,口头回答说:“就回话说,明天在大公夫人家。”她又说下去:“信徒是没有罪的。”

“是的,不过有信仰而无行动是没有用的。”奥布朗斯基想起教义问答上这句话,就说道,一面只能笑着表示坚持自己的看法。

“哦,这是《雅各书》里的话,”卡列宁带着一点儿不以为然的神气对李迪雅说,显然这事儿他们已经谈过不止一次了,“曲解这句话真是为害不浅呀!再没有什么比这种曲解更背离教义的了。‘我没有行动,我就不能信教,’不论在哪里都不是这样说的。说的正好相反。”

“为上帝辛劳,靠辛劳、斋戒拯救灵魂。”李迪雅伯爵夫人用厌恶和鄙夷的语调说。“这是我们的修士们荒谬的见解……其实哪里也没有这样的说法。这是简单得多也容易得多的。”她又说,眼睛看着奥布朗斯基,带着那种鼓励人的笑容,她就是用这种笑容在宫中鼓励那些在新环境下张皇失措的年轻女官的。

“我们得救,靠的是为我们受苦受难的基督。我们靠信仰得救。”卡列宁流露着赞赏她的话的目光,附和说。

“您懂英文吗?”李迪雅问道,在得到肯定的答复以后,就站起来,到书架上去找书。

"我想念念《平安与幸福》[1]或者《庇护》[2],好吗?"她带着询问的神气看了看卡列宁,说。她找到书,坐到原来的地方,把书翻了开来。"这很短。这儿写的是获得信仰的途径,以及获得信仰后充满心灵的超脱尘世的幸福。一个信徒是不会不幸的,因为他不是孤独的。你们就看吧。"她已经要念了,仆人又走了进来。"波罗兹金娜吗?就回话说,两点钟……是的,"她把一个指头夹在书里要念的地方,叹着气用若有所思的美丽眼睛望了望前方,说。"这就是真正的信仰产生的效果。您知道玛丽娅·萨宁娜吗?您知道她的不幸吗?她失去了独生子。她灰心绝望。可是,结果又怎样呢?她找到了这位朋友,现在她因为孩子的死感谢上帝了。这就是信仰带来的幸福!"

"哦,是的,这太……"奥布朗斯基说。他高兴的是,要念圣书了,他就可以多少定定神了,"不行,看来今天最好什么也不要求,"他心想,"只要不坏事,能从这儿脱身就不错了。"

"您会觉得乏味的,"李迪雅对兰道说,"您不懂英语,但这很短。"

"噢,我懂。"兰道带着同样的微笑说,并且闭上眼睛。

卡列宁和李迪雅会意地相互看了一眼,她就念了起来。

---

①原文为英语。

②原文为英语。

二十二

奥布朗斯基听了这番闻所未闻的奇谈怪论,感到困惑莫解。五光十色的彼得堡生活,总的来说是能使他振奋,使他忘却莫斯科的一潭死水的;不过他喜欢和能领略的是在他的亲友和熟人圈子里那种五光十色的生活;在这个陌生环境里,他就目瞪口呆,茫然若失,摸不着头脑了。他听着李迪雅在念,感觉到兰道那双不知是天真还是狡猾的漂亮眼睛在看他,他开始感到头脑格外沉重。

各种各样的思想在头脑里搅作一团。“玛丽娅·萨宁娜死了孩子倒是高兴……这会儿最好抽一支烟……要得救,只有信教,而且修士们都不知道该怎样信教,可是李迪雅伯爵夫人知道……我的头脑怎么这样沉呀?是白兰地喝多了,还是因为这一切太奇怪了?我反正到现在为止,好像还没做过不成体统的事。可是请她帮忙反正已经不行了。据说,他们常常强迫人家做祷告。他们可别来强迫我。那就太无聊了。她念的是什么鬼玩意儿呀,不过她的声音倒是很好听的。兰道就是别祖波夫。为什么他叫别祖波夫呢?”奥布朗斯基忽然觉得,他的下巴忍不住打起呵欠。他为了掩饰打呵欠,捋了捋络腮胡子,振作了一下。可是接着就觉得自己睡着了,并且要打鼾了。就在李迪雅伯爵夫人的声音说“他睡着了”的时候,他猛醒过来。

奥布朗斯基惶恐地醒来,觉得自己做了错事,被人发现了。不过他立刻就看出,“他睡着了”这话不是说的他,而是说的兰道，他就放下心来。那个法国人像奥布朗斯基一样睡着了。不过，如奥布朗斯基想的，他睡觉会使他们不高兴（其实他连这也没有想，因为他觉得一切都太奇怪了），而兰道睡觉却使他们，尤其是使李迪雅伯爵夫人，分外高兴。

“我的朋友，”李迪雅为了不弄出响声，小心翼翼地提着绸连衫裙的皱褶说，并且兴奋得不再对卡列宁称呼阿历克赛·亚力山大罗维奇，而是称我的朋友，“把手给他。您看见吗？……嘘！”她对又走进来的仆人发出嘘声，“现在不见客。”

法国人的头靠在椅背上，一只放在膝盖上的汗津津的手轻轻动着，好像是在抓什么东西，真不知他是睡着了，还是装作睡着了。卡列宁站起来，想小心翼翼，但还是在桌子上撞了一下之后，才走过去，把自己的手放到法国人的手里。奥布朗斯基也站起来，把眼睛睁得大大的，万一自己是在梦中的话，就希望这样使自己醒来，一会儿望望这个，一会儿望望那个。这一切明明都是现实。奥布朗斯基觉得自己头脑里越来越乱了。

“叫最后来的那个人，那个来问事的人，叫他出去。叫他出去！”法国人闭着眼睛说。

“对不起，不过您也看到……您到十点钟，最好是明天，再来吧。”

“叫他出去！”法国人很不耐烦地又说了一遍。

“这是不是指我呀？”

奥布朗斯基得到肯定的答复以后，忘记了他想求李迪雅的事，也忘记了妹妹的事，一心想尽快离开这里，就踮着脚走出去，像离开传染病房那样一口气跑到街上，并且同马车夫说笑了老半天，希望尽快恢复自己的正常心情。

他来到法国剧院，还赶上最后一场戏，然后到鞑靼人的酒馆喝了些香槟，在这种熟悉的气氛中他才多少松了一口气。不过这天晚上他还是一直觉得很不自在。

他回到他在彼得堡落脚的彼得·奥布朗斯基家里，看到培特西来的一封短信。她在信里说，她很希望把开了头的话谈完，所以请他明天去一趟。他刚刚看完这封信并且皱起眉头想这事儿，就听见楼下响起沉甸甸的脚步声，像是有几个人抬着很重的东西。

奥布朗斯基走出去看看。这是变年轻了的彼得·奥布朗斯基。他醉得厉害，连楼梯也不能上，但他一看见奥布朗斯基，就吩咐仆人把他扶着站起来，一把抓住奥布朗斯基，同他一起朝他的房里走去，在房里对他说起他这天晚上是怎样过的，说着说着就睡着了。

奥布朗斯基垂头丧气，这在他是很少有的，而且很久不能入睡。他不论想起什么，都觉得窝囊，但最窝囊的，简直可以说是很丑的，是他想起在李迪雅伯爵夫人家度过的这天晚上。

第二天，他收到卡列宁断然拒绝安娜离婚要求的信。他明白，这个决定就是根据昨天晚上那个法国人在梦中或者假装做梦时说的话做出来的。

二十三

在家庭生活中要想有什么行动，必须是，要么夫妻感情完全破裂，要么美满和谐。如果夫妻关系含含糊糊，不好也不坏，那就什么事也办不成。

许多家庭多年维持着夫妻双方都感到厌倦的老样子，就因为感情既没有完全破裂，又不是美满和谐。

当阳光不再带有和煦的春意，而变成夏日如火的骄阳，林荫道上的树木早已绿叶成荫，树叶上已经落满灰尘的时候，伏伦斯基和安娜就觉得在炎热和灰尘飞扬的莫斯科过日子受不了了；不过他们也没有像原先决定的那样回沃兹德维任村去，依然住在他们都已经感到厌恶的莫斯科，因为近来他们已经不和睦了。

他们相互的怨气没有任何外部原因，一切想消除隔阂的尝试不仅没有消除，反而增加了怨气。这是一种内在的怨气，在她来说，其来由是他的爱情淡薄，在他来说，是他后悔自己为了她而陷入难堪的境地，她不想方设法改善处境，反而使他的处境越来越难。他们都不说出自己怨恨的原因，但他们都认为错在对方，并且一有借口就想方设法证明对方错了。

她认为，他整个的人，包括他所有的习惯、心思、愿望，以及他所有的气质和身体特征，可以归结为一点，就是爱女人，而这种爱，依她的心情，本应完全集中在她一个人身上的，现在却淡薄了；因此，依她的判断，他必然是把一部分爱情转移到另外一些女人或者另外一个女人身上，所以她嫉恨。她不是因为他爱别的女人而嫉恨,而是因为他的爱情淡薄了。她还没有嫉恨的对象,就寻找嫉恨的对象。她常常凭一点点儿形迹,嫉恨了这个女人,又嫉恨那个女人。有时她嫉恨那些下流女人,因为他在过独身生活时和她们有过旧情,现在很容易再勾搭上;有时她嫉恨那些上流社会的女人,因为他也可能遇到她们;有时她嫉恨她凭空想象出来的一位姑娘,认为他想抛掉她去和那姑娘结婚。这最后一种嫉恨最使她痛苦,尤其因为他在有一次谈心时无意中对她说,他的母亲真不了解他,竟然劝他和索罗金娜公爵小姐结婚。

安娜因为猜疑他,就恨他,寻找种种理由发泄怨恨。她的处境的种种痛苦,她都归罪于他。她在莫斯科痛苦等待,上不着天,下不着地,卡列宁迟迟不给答复,她孤独寂寞——她把这一切都算到他的账上。如果他爱她,他会完全理解她处境的种种痛苦,会帮她摆脱痛苦的。就连她住在莫斯科,而不住在乡下,这也怪他。是他不能像她希望的那样埋头在乡下生活。是他要交游,所以他才让她落到这种可怕的地步,他却不愿意明白这种处境有多么难受。而且她和儿子永远分离,也都是怪他。

就连他们之间难得有的片刻温存,也不能使她得到安慰,因为现在她看出他的温存中有一种心安理得的意味,这是以前没有的,是使她很恼火的。

天已经黑下来,他去参加男人们的宴会去了,安娜正冷冷清清地等待他归来,在他的书房里(在这里不怎么听得到街上的闹声)来来回回地踱着,仔细回想着昨天吵嘴的一些话。先想起那些令人难忘的很难听的话,又倒回去想吵嘴的原因,终于想起话是怎样开头的。她很久都不能相信,这场争吵是这样几句毫无恶意、不伤害任何人的心的话引起的。可是事实就是这样。起因就是他嘲笑女子中学,认为没有必要办女子中学,而她却为女子中学辩护。他在总的方面就不看重女子教育,而且还说,像安娜抚养的英国女孩甘娜就不需要懂物理学。

这使安娜很恼火。她把这看作蔑视她的所作所为的暗示。于是她想出一句针锋相对的话来回敬他。

“我不希望您能够像多情的人那样,把我和我的感情放在心上,我只希望您客气点儿。”她说。

果然,他气得红了脸,并且说了两句不中听的话。她不记得她怎样回答他,只记得他也是显然有意刺痛她,没头没脑地说:

“您对那个女孩子偏爱,我确实不感兴趣,因为我看出来,这不正常。”

他这样残酷,想摧毁她为了消磨难挨的日子千辛万苦为自己开创的小天地,他这样蛮不讲理,竟然说她矫揉造作和不正常,使她恼火极了。

“我觉得很遗憾,只有粗俗的和实用的东西您才能理解,才认为是正常的。”她说过,便从房里走了出去。

昨天晚上他到她房里来,他们都没有提争吵的事,但是他们都觉得,吵是没有再吵,可是疙瘩并没有消除。

今天他一整天都不在家,她感到异常冷清,想到跟他争吵心里非常难受,就很想忘记一切,原谅他,同他和好,情愿责怪自己,承认他没有过错。

“怪我自己不好。我脾气太坏,嫉妒得毫无道理。我一定要同他和好,我们一定要到乡下去,到乡下我就放心了。”她在心里说。

“不正常。”她忽然想起这话。最使她不快的还不是这话，而是他有意刺伤她的用心。

“我知道他想说什么；他是想说：不爱自己的女儿，却爱别人家的孩子，这不正常。他哪儿懂得爱孩子，哪儿懂得我是多么爱我为他牺牲了的谢辽沙？可是他还要刺伤我的心！肯定，他爱上了别的女人，不可能不是这样。”

她看到，她为了安慰自己，又兜了一回不知兜过多少回的圈子，又回到她原来最恼火的地方，不禁对自己感到害怕起来。“难道就不行吗？难道我就不能控制自己吗？”她在心里说，于是她又从头开始，“他诚实，真挚，他爱我，我爱他，过几天就能离婚了。还要怎样呢？要的就是安宁、信任，我就要做到。是的，等他一回来，我就说，都是我错了，虽然我没有什么错，然后我们就走。”

为了不再想下去，不再恼火，她打了打铃，吩咐把箱子搬进来，好收拾下乡的行李。

晚上十点钟，伏伦斯基回来了。

二十四

“怎么样，快活吗？”安娜脸上带着歉疚和亲热的表情出来把他迎住，问道。

“像往常一样。”伏伦斯基一眼就看出她的心情很好，便回答说。他已经习惯了这种情绪变化，今天他特别高兴这种变化，因为他自己的心情也极好。

“我看见了！这太好了！”他指着前厅里的箱子说。

“是的，该走了。我坐车去兜了兜风，太快活了，所以就很想回乡下去。你没有什么事需要耽搁吧？”

“我就盼着呢。我去换换衣服，马上就来，咱们谈谈。你叫人摆茶。”

于是他到他的房里去了。

他说“这太好了”的口气也有些令人不快的味道儿，就像是在小孩子不再淘气时对小孩子说的；更使人不快的是，她的歉疚的口气与他那种自以为是的口气形成鲜明的对照。她一时间觉得自己的火气又冒起来，可是她使劲儿压了压，把火气压下去，又像刚才一样快快活活地迎接伏伦斯基了。

伏伦斯基一进来，她就对他说了说她今天是怎样过的，以及她要走的打算，其中一部分是重复早就准备好的话。

“你要知道，我这差不多是灵感来了，想通了，”她说，“何苦在这里等离婚呢？在乡下不也是一样吗？我再也不能等了。我再也不想指望，不想听什么离婚的话了。我打定主意，再也不让这事影响我的生活。你也同意吧？”

“哦，是的！”他惴惴不安地看了看她那激动的脸，说道。

“你们在那里干了些什么呀？有些什么人呀？”她沉默了一会儿之后，问道。

伏伦斯基说了说客人的名字。

“酒席是好极了，还有划船比赛，这一切都挺有意思，不过在莫斯科就免不了有可笑的事。来了一位女士，是瑞典皇后的游泳教师，表演了一番游泳技术。”

“怎么？她游泳啦？”安娜皱着眉头问。

“穿一件红色游泳衣，又老又丑。那咱们什么时候走呀？”

“多么无聊的玩意儿！怎么，她游泳有什么特别吗？”安娜没有回答，却问道。

“根本没什么特别的。我也说嘛，无聊透了。那你究竟想什么时候走呀？”

安娜摇摇头，仿佛想抖搂掉不愉快的念头。

“什么时候走吗？越早越好。明天来不及了。后天吧。”

“好的……不，等一等。后天是礼拜天，我要到妈妈那里去一下。”伏伦斯基说着，发起窘来，因为他一提到母亲，就觉得安娜用怀疑的目光盯着他。他发窘证实了她的猜疑。她的脸一下子红了，她躲开他。现在浮现在安娜眼前的已经不是瑞典皇后的教师，而是那个同伏伦斯基母亲一起住在莫斯科近郊的索罗金娜公爵小姐了。

“明天你可以去一趟吗？”她说。

“不行呀！我来办的那件事所需要的委托书和钱，明天还收不到。”他回答说。

“既然这样，那咱们索性不走了。”

“那又为什么呀？”

“再晚我就不走了。要么就是礼拜一，要么就不走了！”

“究竟为什么呀？”伏伦斯基似乎非常吃惊地说，“这没有意思嘛！”

“你觉得这没有意思，因为你从来不管我的事。你不想了解我的生活。我在这里真正做的只有一件事，就是照料甘娜。你却说这是装假。你昨天就说,我不爱女儿,却装作爱这个英国女孩,这是不正常的;我倒很想知道,我在这里怎样生活才算正常!”

有一小会儿她猛醒过来,很害怕自己违反了自己的本意。可是虽然她知道这是在害自己,可是她控制不住自己,不能不向他指出,他是多么错误,她不能向他屈服。

“我从来没说过这话;我说的是,我不赞成这种无缘无故的爱。”

“你既然自夸直爽,为什么不说实话呢?”

“我从来不自夸,也从来不说假话,”他压制着心中往上直冒的火气,小声说,“很遗憾,如果你不尊敬……”

“尊敬是人空想出来的,为的是掩盖没有爱情的空虚。你要是不再爱我了,那就不如老老实实说出来。”

“哎呀,这就够受了!”伏伦斯基站起来,叫道。他站到她面前,慢慢地说:“你为什么要试试我的耐性呢?”他说这话时带着一种强忍住的神气,好像有许多话要说。“忍耐是有限度的。”

“您这话是什么意思?”她叫起来,一面惊慌地注视着他整个的脸上、尤其是一双冷酷可怕的眼睛里那十分明显的憎恨神情。

“我的意思是……”他刚开口,又停住了,“我倒要问问,您想要我怎样。”

“我能要您怎样呢?我只能希望您不要抛弃我,像您想的那样,”她完全明白了他没有说出口的话之后,就说道,“不过我要的不是这个,这是次要的。我要的是爱情,可是爱情没有了。因此,什么都完了!”

她朝门外走去。

“等一等！等……一等！”伏伦斯基没有舒展皱得紧紧的眉头，可是拉住她的手把她拦住，“怎么回事儿呀？我说我们要推迟三天再走，你说我这是撒谎，说我这人不老实。”

“是的，我还要再说一遍：一个人责怪我，说他为我牺牲了一切，”她想起更上一次吵嘴时的话，就说道，“那这个人比不老实的人更坏，这种人没有心肝。”

“哼，忍耐是有限度的！”他叫起来，并且立刻把她的手放开。

“他恨我，这很明显。”她在心里说，于是她一声不响，头也不回，踉踉跄跄地从房里走了出去。

“他爱上别的女人了，这就更明显了，”她一面想着，一面走进自己房里，“我要的是爱情，可是爱情没有了。因此，什么都完了，”她在心里重复着她说过的话。“也应该了结了。”

“可是怎样了结呢？”她自己问自己，并且在镜子前面的安乐椅上坐下来。

许许多多想法涌上心头。想她现在上哪里去，是到抚养她长大的姑妈家去，到陶丽家去，还是干脆一个人出国去；又想现在他一个人在书房里干什么，这是最后决裂的争吵，还是有可能再一次和好；又想，她在彼得堡所有的熟人现在又会怎样议论她的事，卡列宁对这事又会怎么看；还有很多其他想法，都是猜想她和伏伦斯基决裂之后会出现什么情形的，一齐涌来，但她不是一心一意地想着这些念头。她心中还有一个模模糊糊的念头，那是她真正感兴趣的，但是她弄不清那是什么。她又一次想起卡列宁，也就是想起她产后的那场病和她害病时的心情。她想起她那时说的话“我怎么没有死呀？”和那时的心情。于是她一下子明白了她心里萦绕着的是什么。是的，这是了结一切的唯一办法。“是的，就是死！……”

“卡列宁的羞耻和丢脸，谢辽沙的羞耻和丢脸，我的可怕的羞耻，——只要我一死，就一了百了了。等我死了，他也会后悔，也会可怜我，爱我，为我痛苦的。”她一直带着自怜自惜的微笑坐在安乐椅上，把左手上的戒指捋下又戴上，从各方面真切地想象着他在她死后的心情。

越来越近的脚步声，他的脚步声，打乱了她的思绪。她装作收拾戒指，对他连看也没看。

他走到她面前，拉住她的手，小声说：

“安娜，要是你想走的话，咱们后天就走吧。我什么都同意。”

她没有作声。

“怎么啦？”他问。

“你自己知道。”她说，这时候，她再也忍不住了，就放声痛哭起来。

“别管我，别管我吧！”她边哭边诉说，“我明天就走……我还不光是走呢。我是什么人？一个堕落的女人。是你的累赘。我不想折腾你了。不想了！我要让你自由。你不爱我，你爱上别的女人了！”

伏伦斯基请求她放心，并且一再地说，她的猜疑毫无根据，他绝不是也绝不会不爱她，他倒是比以前更爱她了。

“安娜，你为什么这样折腾自己也折腾我呢？”他吻着她的手说。这时他的脸上流露出温柔的表情，她也觉得听到他的声音中有哭音,并且觉得自己的手上有泪水。于是安娜那无比强烈的嫉妒顿时化作无比强烈的热恋;她搂住他,在他的头上、脖子上和手上拼命吻起来。

二十五

安娜觉得他们已经完全言归于好,第二天一早她就很起劲地动手收拾行装。虽然因为昨天他们两个互相让步,还没有定下他们是礼拜一还是礼拜二走,虽然安娜觉得早一天走还是晚一天走现在无所谓了,她还是认真地准备着动身的事。当他穿戴好了,比平日早些来到她房里时,她正站在一个打开的箱子前面,挑选着衣物。

"我现在就到妈妈那里去,她可以通过叶戈罗夫把钱送给我。明天我就可以走了。"他说。

尽管她的情绪很好,可是一提到上他母亲的别墅去,她就不痛快了。

"不,我自己也来不及呀,"她嘴上这样说,心里却立刻想道,"这么看,可以按我所想的来办了。"接着又说,"不,你怎么想就怎么办吧。你到餐厅去吧,我这就来,只是要把这些用不着的东西挑出来。"她说着,一面把旧衣服一件一件地往安奴什卡手上放,安奴什卡手上已经有一大堆了。

她走进餐厅的时候,伏伦斯基正在吃牛排。

"你也许不相信,我对这些房间有多么厌恶,"她说着,就挨着他坐下来喝咖啡,"没有什么比这些有摆设的房间更可怕的了。既没有表情,又没有灵魂。这挂钟,窗帘,尤其糊墙纸——都是令人憎恶的玩意儿。我想念沃兹德维任村,就像是想念人间天堂。你还没有把马打发走吧?"

"没有,等咱们走了再走。你要上哪儿去吗?"

"我要到威尔逊那里去一趟。我要给她送些衣服去。那就肯定明天走喽?"她用快快活活的语调说,可是忽然她的脸色变了。

伏伦斯基的仆人进来要彼得堡来电的收据。伏伦斯基收到一份电报,本没有什么稀奇的,但他好像有什么事想瞒过她似的,说收据在书房里,并且急忙对她说:

"明天我一定把什么事都办好。"

"谁来的电报?"她不听他的,却问道。

"司基瓦来的。"他很不情愿地回答说。

"那你怎么不给我看看呀?司基瓦还能有什么事瞒着我吗?"

伏伦斯基把仆人叫回来,叫他把电报拿来。

"我不想给你看,是因为司基瓦有喜欢打电报的毛病;事情还没有眉目,何必打电报?"

"是离婚的事吗?"

"是的,但他说:还没有什么结果。答应一两天内给明确答复。你就看看吧。"

安娜用打哆嗦的双手接过电报,看到电报内容和伏伦斯基所说的一样。末尾又加了一句:希望甚微,但我当尽力而为。

"我昨天就说过,什么时候离婚,甚至能不能离婚,在我都无所谓了,"她红了脸说。"完全没有必要瞒着我。"她心想,"这样看来,他和别的女人有书信往来,也可以瞒着我,就是瞒着我呢。"

“哦，雅什文和沃伊托夫今天上午要来呢，”伏伦斯基说，“好像雅什文把彼斯卓夫赢光了，甚至彼斯卓夫都无力偿付了，大概有六万卢布呢。”

“不，”她说，她恼火的是，他这样明显地用改变话题的方式让她知道她发火了。“你为什么就认为我对这事非常关心，非瞒着我不可呢？我已经说过，这事我连想都不愿想了，希望你也和我一样，对这事别那么关心。”

“我关心，是因为我喜欢明明白白。”他说。

“明明白白不在于形式，而在于爱情，”她越说越恼火，恼火的倒不是他的话，而是他说话的冷静语调，“你要明明白白为的是什么？”

“我的天，又谈爱情了。”他皱着眉头想。

“你知道是为什么嘛：为了你，也为了将来的孩子们。”他说。

“不会再有孩子了。”

“那就太遗憾了。”他说。

“你要这样是为了孩子，可是你怎么就不为我想想呢？”她完全忘记了，也许是没听见他说“为了你，也为了孩子们”，就这样说。

能不能再有孩子，早就成为他们争执和使她恼火的问题。她认为，他希望再生孩子，就是不珍惜她的美貌。

“哎呀，我是说：为了你呀。主要就是为了你嘛，”他好像疼痛得皱着眉头，又说了一遍，“因为我认为，你心情烦躁主要就是由于不明不白的状况。”

“是的，他现在不再装假了，他对我的冷冷的仇恨全露出来了。”她没有听他的话，却战战兢兢地注视着他眼里射出来的像冷酷的法官似的挑战目光，心中想道。

“原因不是这个，”她说，“我甚至不明白，现在我完全在你手里，这怎么会成为你所说的我心情烦躁的原因。这状况还有什么不明不白的呢？恰好相反。”

“你不想明白，我觉得很遗憾，”他一心想说出自己的想法，就打断她的话说，“不明不白就在于，你认为我是自由的。”

“这一点你可以完全放心。”她说过，就转过身去，喝起咖啡。

她翘起小指，端起咖啡，送到嘴边。她呷了几口之后，抬眼看了看他，她从他脸上的表情清楚地看出来，他讨厌她的手、她的姿势和她的嘴巴发出的声音。

“你母亲怎么想，她要你和谁结婚，丝毫不干我的事。”她说着，用打哆嗦的手把杯子放下。

“不过我们谈的不是这个。”

“不，谈的就是这个。老实对你说，一个没有心肝的女人，不管她老还是不老，不管她是你母亲还是别的什么女人，我都不感兴趣，我睬也不想睬她。”

“安娜，我请你不要说不尊敬我母亲的话。”

“一个女人丝毫没想到儿子的幸福和名誉是什么，那就是没有心肝。”

“我再一次请你不要说不尊敬我母亲的话，我是很尊敬我母亲的。”他提高嗓门儿，严厉地望着她说。

她没有回答。她凝视着他，凝视着他的脸和手，想起昨天他们和好时的种种情景和他那烈火般的热和劲儿。于是她想：“他对别的女人也这样热和过，今后还会、还想这样热和的！”

“你并不爱你母亲。这都是空话，空话，空话！”她恨恨地望着他说。

“既然如此，那就应该……”

“就应该有个决定，所以我已经决定了。”她说过，就想走了，可是这时候雅什文走了进来，安娜和他打过招呼，就站了下来。

为什么当她心里起了风暴，当她觉得已经站在生死关头，有可能得到可怕结局的时候，她要在一个早晚会知道一切的外人面前装假，她自己也不知道；但是她立刻把内心的风暴压下去，坐下来，和客人说起话儿。

“哦，您近来怎么样？赢的钱拿到手了吗？”她问雅什文。

“还好；恐怕我不会全拿到手的，礼拜三我就得走了。你们什么时候走？”雅什文眯缝着眼睛看着伏伦斯基说，显然猜到他们吵过嘴了。

“大概是后天。”伏伦斯基说。

“不过，你们早就想走了呀。”

“但现在算是已经定下来了。”安娜一面说，一面对直地看着伏伦斯基的眼睛，她的眼睛告诉他，休想再和好了。

“难道您不可怜那个不幸的彼夫卓夫吗？”她继续和雅什文聊着。

“安娜·阿尔卡迪耶芙娜，我从来没考虑过可怜不可怜。您瞧，我的全部家当都在这里了，”他拍了拍旁边的口袋，“现在我是一个大财主；可是今天我要到俱乐部去，也许，出来的时候就是叫花子了。要知道，谁和我一起坐到牌桌上，都是想叫我输个精光，我对他也是一样。好吧，咱们就来赌一场，乐趣也就在这里面。”

“哦，要是您结了婚，”安娜说，“您夫人又会怎样呢？”

雅什文笑起来。

“很明显，就因为这样我没有结婚，而且从来没有这样的打算。”

“那么，赫尔辛基的事呢？”伏伦斯基插嘴说，并且看了看笑嘻嘻的安娜。

安娜一看到他看她，脸上立刻露出冷峻的神情，仿佛对他说：“什么都没有忘。还是那样。”

“您也恋爱过吗？”她问雅什文。

“我的天哪！恋爱过多少次了！不过您要知道，有的人可以坐下来打牌，但要等幽会时间一到，站起来就走。我也可以谈恋爱，但到晚上不能误了打牌。我就是这样安排的。”

“不，我问的不是这个，我问的是真事。”她本想说赫尔辛基的事，可是她不愿意说伏伦斯基说过的话。

那个买了伏伦斯基的马的沃伊托夫来了；安娜就站起来，走了出去。

伏伦斯基在要出门的时候，来到她房里。她想装作在桌子上找什么东西，但觉得装假是可耻的，就用冷冷的目光对直地看了看他的脸。

“您要什么？”她用法语问他。

“要甘比塔的证书，我把这匹马卖了，”他说话的腔调比语言更清楚地表示，“我没有工夫交谈，交谈也毫无用处。”

“我没有什么地方对不起她，”他心想，“她要是自寻烦恼，那她就更糟了。”不过，在他要走的时候，觉得她似乎说了一句什么话，他的心因为怜悯她颤动了一下。

“怎么啦，安娜？”他问道。

“没什么。”她还是那样冷冷地、镇静地回答说。

“没什么，那就更糟了。”他在心里说，于是心又冷下来，转身就走。他在往外走的时候，在镜子里看到她的脸煞白煞白的，嘴唇哆嗦着。他就想站下来，说几句话儿安慰安慰她，可是他还没有想好说什么，两只脚已跨出房门。这一天他整天都不在家，等他很晚才回来，侍女告诉他，安娜·阿尔卡迪耶芙娜头疼，并且说她请他不要到她房里去。

二十六

他们闹别扭还从来不曾闹一整天。今天这是第一次。而且这已经不是闹别扭。这是明显地表示已经完全冷了。当他来房里拿证书的时候，怎么能用那样的目光看她呢？他看了看她，看到她灰心绝望得心都要碎了，怎么能一声不响，带着一脸泰然自若的神气走掉呢？他不仅对她冷了，而且还恨她，因为他爱上了别的女人，——这是显而易见的了。

安娜回想着他说的许多无情的话，还想象着他想说而没有说出口的许多话，越来越感到恼火。

他可能要说：“我不留您。您想去哪儿，就去哪儿好啦。您不想同丈夫离婚，大概是为了好回去。您回去好啦。如果您需要钱，我可以给您。您要多少卢布？”

在她的想象中，凡是粗汉能说的最无情的话，他都对她说了，她不能原谅他，就好像他真的说了这些话。

“他是个说真话的诚实人，昨天他不是还发誓说爱我吗？以前我不是多少次灰心绝望，结果都是多虑吗？”随后她又想道。

安娜这一整天，除了去看威尔逊花了两小时，都是在犹疑彷徨中度过：是一切都完了，还是有希望言归于好；是应该立刻就走，还是再见他一面。她等了他一整天，到了晚上，她在回自己房间的时候，吩咐过侍女对他说她头疼之后，她就在心里琢磨起来：“如果他不管侍女的话仍然到我这儿来，那就是他还爱我。如果他不来，那就是什么都完了，那我就得决定我该怎么办！……”

晚上，她听见他的马车停下的声音、他打铃的声音、他的脚步声以及他和侍女说话的声音：他听信了侍女的话，不想再问什么，就朝自己房里走去。可见，什么都完了。

于是她清楚而真切地想到死。死是重新唤起他对她的爱情、惩罚他和使她心中的恶魔在同他搏斗中取得胜利的唯一手段。

现在去不去乡下，丈夫是不是同意离婚，都无所谓了，无关紧要了。要紧的就是一点，那就是惩罚他。

当她倒出正常剂量的鸦片，并且想到把一整瓶喝下去就可以死时，她觉得这太容易、太简单了，以至于她有滋有味地想象起他将多么痛苦、多么后悔、多么思念她的爱情，然而后悔已迟的情景。她睁着眼睛躺在床上，在一支残烛的微光中望着天花板的雕花檐板和屏风投上去的一片阴影，真切地想象着，等她已经不在人间，等她给他空留回忆的时候，他会有什么样的感触。他会说：

“我怎么能对她说那些无情的话呢？……我怎么能什么也不说，就离开她的房间呢？可是如今她已经不在了。她永远离开了我们。她不在人间了……”突然屏风的阴影晃动起来，把所有的檐板、把整个天花板全遮住，另外有一些阴影从另一边朝她涌来；有一刹那所有的阴影都散了开去，可是后来又飞快地涌了上来，晃晃悠悠，融成一片，于是一片黑暗。“死！”她想道。她害怕得不得了，老半天都不明白她是在什么地方；原来那支蜡烛点完了，灭了，她想再点一支，可是两只手哆哆嗦嗦，老半天都摸不到火柴。“不，怎么都行，只要活着！我爱他嘛。他也爱我嘛！这是过去的事，什么都会过去的，”她心里想着，觉得庆幸复活的欢喜的泪水顺着两腮哗哗往下流。而且，为了摆脱恐怖，她急忙朝他的书房里走去。

他在书房里睡得很熟。她走到他跟前，举起蜡烛照着他的脸，对着他望了很久。现在，在他睡着的时候，她爱他爱得不得了，一看到他就忍不住流下深情的热泪；但是她知道，他一醒来，就会用冷冷的、自以为是的目光望着她，而她要向他倾诉爱情，就必须先向他证明是他对不起她。她没有唤醒他，就回到自己房里，又服了一次鸦片，到天快亮时才睡着，睡得又难受又不安稳，一直没有睡熟。

早晨，她又做起她和伏伦斯基结合前做过好几次的那种噩梦，并且被吓醒了。一个胡子乱蓬蓬的小老头儿，弯腰摆弄着一样铁器，嘴里说着莫名其妙的法国话，不知在干什么。她在这次梦中也像往常一样（这也正是其可怕之处），觉得这个小老头儿并没有注意她，但他用铁器干的什么可怕事儿就是对着她的。于是她吓出一身冷汗,惊醒过来。

在她起床的时候,想起昨天的事,就像在雾中一样。

“吵过一场。这样的事已经有过好几次了。我说我头疼,他就没有进来。明天我们就走,我得去看看他,准备动身的事,”她在心中说。听说他在书房里,她就去找他。她在穿过客厅的时候,听见门口有马车停下来,于是她朝窗外看了看,看到一辆轿车,有一个戴紫帽的年轻姑娘探出头来对打门铃的仆人吩咐着什么。有一个人在前厅里说了几句话之后,就往楼上走,接着就听到客厅旁边响起伏伦斯基的脚步声。他快步下了楼。安娜又走到窗前,就看到他没有戴帽子走到台阶上,又走到马车跟前。戴紫帽的年轻姑娘交给他一个纸包。伏伦斯基笑嘻嘻地对她说了一句什么话。马车走了,他又快步跑上楼来。

她心里的迷雾一下子就消散了。昨天的心情又恢复,一颗伤痛的心痛上加痛。现在她真无法理解,她怎么能含辱忍痛同他一起在他的房子里再待上一整天。她走进他的书房,向他表明自己的决心。

“这是索罗金娜母女打这儿路过,妈妈托她们带来了钱和证件。我昨天没有拿到。你的头怎么样,好些吗?”他平静地说,不愿去看也不愿去研究她脸上那阴沉的、气昂昂的神情。

她站在书房中央,一声不响地凝神望着他。他看了她一眼,皱了一下眉头,就又继续看信。她转过身,慢慢地从房里往外走。他还是可以把她唤回来的,但她快走到门口了,他还没有作声,只能听到他翻信纸的沙沙声。

“哦,对了,”她已经走到门口了,他才说,“明天咱们一定走吗？不是吗？”

“您走，我不走。”她转身对他说。

“安娜，这样没法过……”

“您走，我不走。”她又重复一遍。

“这真叫人受不了！”

“您……您会后悔的。”她说过，就走了出去。

他看到她说这话时那种绝望的神气，吓慌了，连忙跳起来，想去追她，可是想了想，又坐下来，咬紧牙关，皱起眉头。他认为这是一种很不像话的威胁，心里十分恼火。“我什么办法都试过了，”他心想，“只剩下一个办法了，那就是置之不理。”于是他就准备进城，再到母亲那里去，让她在委托书上签字。

她听到他在书房里和餐厅里的脚步声。他在客厅里站下来，但他没有拐到她房里来，只是关照说，他不在家可以让沃伊托夫把马带走。随后她听到马车过来了，门开了，他又走了出去。可是他又回到门厅里，有人跑上楼来。这是仆人跑来替他拿忘记的手套。她走到窗口，看到他看也不看就接过手套，用手捅了捅车夫的背，对他说了句什么话。然后，对窗口连看也不看，就上了马车，一条腿架到另一条腿上，摆出像以往一样的姿势，戴起手套，马车一拐弯就不见了。

二十七

“他走了！完了！”安娜站在窗前想道。作为对这个问题的回答，蜡烛熄灭时的黑暗和可怕的噩梦的印象又涌上心头，使她不寒而栗。

“不,这不行!”她叫起来,于是她从房间里穿过去,使劲打了打铃。现在她非常害怕一个人待着,所以不等仆人来到,就走出去迎他。

“去问问,伯爵上哪儿去了。”她说。

仆人回答说,伯爵到马厩去了。

“伯爵让我转告您,要是您想出门,马车这就转回来。”

“好吧。等一下。我这就写一张条子。叫米海尔把条子送到马厩去。要快一点儿。”

她坐下来写道:

我错了。回家吧,要好好谈谈。看在上帝分上,回来吧,我害怕呀。

她把信封好,就交给仆人。

现在她很怕一个人待着,等仆人一走,她也走出来,朝孩子的房间走去。

“怎么回事儿,这不对头,这不是他!他那双蓝眼睛,那可爱的、羞怯的笑容哪儿去了呀?”她神志错乱,原以为在孩子的房间里会看到谢辽沙的,却看到一头乌黑鬈发的、胖乎乎的、脸蛋儿红红的小女孩儿之后,这是她的第一个念头。女孩儿坐在桌旁,拿一个瓶塞子一个劲儿地在桌子上乱敲,用一双醋栗子般的黑眼睛愣愣地望着母亲。安娜回答过英国保姆,说她身体很好,明天就要到乡下去之后,就挨着小女孩儿坐下来,转悠起瓶塞子逗她玩儿。但是孩子那银铃般的笑声和那眉毛的动作使她十分真切地想起伏伦斯基，她好不容易憋住哭，急忙站起来，走了出去。“真的一切都完了吗？不，这不可能，”她想道，“他会回来的。可是他怎样解释他和她说过话之后那笑容和兴奋劲儿呢？不过他就是不解释，我也相信他。我要是不相信他，那就只剩下一条路了，——我可是不愿意呀。”

她看了看表，过了十二分钟了。“这会儿他已经接到条子，并且往回走了。不要多久，再过十分钟就到了……可是，万一他不回来，怎么办呢？不，这不可能。可不能让他看到我这眼泪汪汪的模样。我去洗洗脸。哦，哦，我的头发梳过了，还是没有梳过？”她问自己。她不记得了。她用手摸了摸头。“是的，梳过了，可是什么时候梳的，简直不记得了。”她甚至不相信自己的手，于是走到大镜子前面，看看是不是真的梳过了。她的头发是梳过了，却想不起这是什么时候梳的。“这是谁呀？”她望着镜子里那张通红的脸和惊恐地望着她的那一双亮得奇怪的眼睛，心里想道。“这就是我嘛。”她忽然明白了。她上上下下打量着自己，忽然觉得他好像在吻她，浑身打了个哆嗦，耸了耸肩膀。随后她把手举到嘴边吻了吻。

“这是怎么啦，我要疯了。”她在心里说过这话，就朝卧室走去，安奴什卡正在里面收拾着。

“安奴什卡。”她唤了一声，就在侍女面前站下来，望着她，不知道对她说什么才好。

“您是想到达丽雅·亚力山大罗芙娜家去的。”侍女好像懂得她的心思似的说。

“到陶丽家去吗？是的，我就去。”

“去要十五分钟，回来也十五分钟。他已经往回走，这就要到了。”她掏出表，看了看，想道，“可是在这种情形下他怎么能把我扔下，一个人走掉呢？他不同我和好怎么能过呢？”她走到窗口，朝大街上张望起来。算时间他应该回来了。但也许算得不准确。于是她重新回想他是什么时候走的，重新计算起时间。

她正要走到挂钟前面去对自己的表，就听见有马车来了。她朝窗外一望，看到是他的马车。但没有人上楼来，只听到楼下有说话的声音。这是派去的人坐马车回来了。她就下楼去看看。

“没有见到伯爵。伯爵到下城火车站去了。”

“你怎么啦？什么？……”当脸色红红的、快快活活的米海尔把她的字条交给她的时候，她问道。

“哦，他没有接到字条。”她才想起来。

“你还是把这个条子送到乡下伏伦斯基老伯爵夫人那儿去，知道吗？立刻把回信带来。”她对送信的人说。

“那么我，我干什么呢？”她想道，“对了，我就到陶丽家去，这很对，要不然我会发疯的。对了，我还可以打个电报。”于是她拟好电文：

我有话要谈，望即来。

她叫人送出电报，就去换衣服。她已经穿好衣服，戴起帽子之后，又看了看安详的、有些发胖的安奴什卡的眼睛。她那双和善的、小小的灰眼睛里流露着很明显的同情神气。

“安奴什卡，好妹妹，我该怎么办呀?”安娜哭着说，颓丧无力地倒在安乐椅上。

“安娜·阿尔卡迪耶芙娜，用不着这样难过。这种事儿常有嘛。您出去走走，散散心吧。”侍女说。

“是的，我这就出去，”安娜定下神来，站起来说，“要是我不在家有电报来，就送到达丽雅·亚力山大罗芙娜家去……不，还是我自己回来吧。”

“是的，不应该胡思乱想，要干点儿什么事，出去走走，最要紧的是离开这房子。”她一面惶恐地听着自己心脏的怦怦跳动，一面想道。于是她急忙走出门去，上了马车。

“夫人，上哪儿去?”彼得一面问，一面跳上驭座。

“兹纳敏卡街，奥布朗斯基家。”

二十八

天气是晴朗的。下了一上午蒙蒙细雨，现在才放晴了。铁皮屋顶、人行道石板、马路上的石子、马车的车轮、白铁、皮件和铜件，一切都在五月的阳光下闪闪发亮。正是下午三点钟，街上最热闹的时候。

安娜坐在舒适的马车的角落里，两匹灰马拉着马车快步跑着，柔软的弹簧轻轻颤动着，她听着车辆不停的轧轧声，望着窗外不断变换的景物，重新回顾这几天的事情，就看出自己的处境与自己在家里所感觉的完全不同。现在死的念头不再使她觉得那么可怕，那么明显了，而且死也不再是不可避免的了。现在她责备自己不该落到那种低三下四的地步。“我竟恳求他原谅我。我竟向他低头，承认自己错了。何必呢？难道没有他我就不能活吗？”她也没有回答她没有他怎样活的问题，就看起商店的招牌。“公司和仓库。牙科诊所。是的，我要把什么都对陶丽说说。她不喜欢伏伦斯基。我会很不好意思，很痛苦，但我要把什么都对她说说。她喜欢我，我应该听她的劝告。我不能向他低头；我不能让他教训我。菲里波夫面包铺。据说，他们还把面团运到彼得堡去呢。莫斯科的水真好呀。还有梅济欣的泉水和薄饼。”于是她想起来，很久很久以前，在她十七岁那年，她和姑妈去过三圣修道院。“那还是骑马去的呢。难道那个两手红红的姑娘就是我吗？那时有多少东西，在我看来是那样美好和难以得到的，如今变得一钱不值了，而那时我有过的，如今却永远得不到了。那时我能相信自己有一天会落到如此低下的地步吗？等他收到我的字条，会多么骄傲，多么得意呀！但我会给他一点颜色看看的……这油漆气味好难闻呀。他们怎么一个劲儿地漆呀，盖房子呀？时装与女帽店，”她念道，有个男子向她鞠了个躬，这是安奴什卡的丈夫，“我们的食客，”她想起伏伦斯基是这样说的，“我们的？为什么是我们的？可怕的是，不能把过去的事连根拔掉。不能拔掉，但可以把有关他的记忆掩盖起来。那我就掩盖起来。”于是她想起她和卡列宁过去的事，想起她是怎样把他从记忆中抹掉的，“陶丽会以为我是要抛弃第二个丈夫，因此肯定是我不对。当真我是想表明自己是对的呀！可是做不到呀！”她想着想着，简直要哭了。可是她立刻又在想，那两个姑娘因为什么事那样笑呀，“大概是想到爱情了吧？她们不知道这事儿有多么不开心，多么没意思……林荫道和孩子们。三个男孩儿在跑，在玩赛马游戏哩。谢辽沙！我什么都失去了，也不能要他回来了。是的，他要是不能回来，我什么都失去了。也许他没有赶上火车，这会儿已经回家了。你又要低三下四了！"她在心里责骂自己说，"不，我要到陶丽家去，坦率地对她说：我很不幸，我自作自受，怪我自己，但我总是很不幸呀，帮助帮助我吧。这马，这马车，都是他的，我坐在这车里多么厌恶呀；不过我再也看不到这车和马了。"

安娜一面思索着她要对陶丽倾诉衷肠的话，并且有意地刺激着自己的心，走上楼去。

"有什么客人吗？"她在前厅里问道。

"卡捷林娜·亚力山大罗芙娜·列文来了。"仆人回答说。

"是吉娣！就是伏伦斯基爱过的那个吉娣，"安娜想道，"就是他念念不忘的那一个。他后悔他没有娶她呢。可他对我总是怀恨在心，后悔同我结合。"

就在安娜到来的时候，姐妹俩正在商量喂养婴儿的事。陶丽一个人出来迎接这位不速之客。

"哦，你还没有走吗？我正要去看你呢，"陶丽说，"我今天收到司基瓦的信。"

"我们也收到他的电报了。"安娜一面回答，一面张望，想看到吉娣。

"他来信说，他不明白卡列宁究竟想怎样，但他不得到答复是不会走的。"

"我想，你有什么客人呢。可以让我看看信吧？"

“是的，是吉娣，”陶丽为难地说，“她在孩子们的房里呢。她生了一场大病。”

“我听说了。可以看看信吗？”

“我这就去拿来。不过他没有说不答应；司基瓦倒是觉得很有希望呢。”陶丽在门口站下来说。

“我不抱希望，而且我也不想。”安娜说。

“这是怎么回事儿，是不是吉娣认为和我见面有辱身份？”安娜剩了一个人时，心里寻思起来。“也许她是对的。但不应该是她，这个也爱过伏伦斯基的女人，不该是她向我表示这一点，虽然这是事实。我知道，没有一个正派女人愿意接待我这样一个女人。我知道，自从我为他牺牲了一切那最初一刻起，就是这样了！这就是报应！我真恨死他了！我来这儿干什么呀？只有更痛苦，更难受。”她听见姐妹俩在隔壁商量的声音。“我现在对陶丽说什么呢？让吉娣知道我的不幸，求她庇护，让她开心吗？不，就连陶丽也不会理解的。我对她也没有什么好说的。只要看到吉娣，让她看看我是怎样把一切人和一切事都不放在眼里，什么都不在乎，那就行了。”

陶丽拿着信走进来。安娜看完了，一声不响就交给她。

“这些我全知道了，”她说，“我对这事儿一点也不感兴趣。”

“那为什么呀？我倒是抱着希望呢。”陶丽带着不解的神情望着安娜说。她从来没见过安娜这种奇怪的烦躁样子。“你什么时候走？”她问道。

安娜眯缝起眼睛朝前面望着，没有回答。

“吉娣怎么躲着我呀？”安娜望着门口并且红着脸说。

“哎呀，你瞎说什么！她在喂奶，她老是喂不好，我在教她……她听说你来了才高兴呢。她这就来，”陶丽因为不会说谎，说得很不流畅，“这不是，她来了。”

吉娣听说安娜来了，本不想出来；可是陶丽说服了她。吉娣鼓了鼓勇气走出来，红着脸走到安娜面前，伸出手来。

“我很高兴见到您，”她用打哆嗦的声音说。

吉娣对这个坏女人怀有敌意，又想对她宽容，心中七上八下，不知如何是好；可是一看见安娜那美丽的、招人喜欢的脸，所有的敌意顿时烟消云散。

“您如果不愿意和我见面，我也不会觉得奇怪的。什么事我都见惯了。您害过病吗？是的，您的模样变了，”安娜说。

吉娣觉得安娜用带有敌意的目光望着她。她认为这是因为以前处处胜过她的安娜现在落到这般地步，因而感到难堪。于是吉娣为她难过起来。

她们谈生病，谈孩子，谈司基瓦，但安娜显然对什么都不感兴趣。

“我是来向你辞行的。”安娜说着，站了起来。

“你们什么时候走呀？”

可是安娜又没有回答，却转身和吉娣说话。

“是啊，我看到您非常高兴，”安娜笑着说，“我从很多方面听说您的情形，甚至也听您丈夫说过。他到我那儿去过，我很喜欢他呢，”她说这话显然不怀好意，“他在哪儿呀？”

“他到乡下去了。”吉娣红着脸说。

“请代我向他问候，一定要代我问候。”

“一定！”吉娣满怀同情地看着她的眼睛，很天真地答应了一声。

“那就再见吧，陶丽！”安娜说过，吻了吻陶丽，握了握吉娣的手就匆匆走了出去。

“还是那个样子，还是那样迷人。真是太美了！”等到只剩下姐妹俩，吉娣说，“不过她有一种可怜的神气！可怜得不得了！”

“不，今天她是有一种很特别的神气，”陶丽说，“我送她到前厅里的时候，觉得她好像要哭呢。”

二十九

安娜上了马车，心情比出门的时候更坏。除了原来的痛苦心情，现在又增加了被侮辱和被唾弃的心情，这是她见到吉娣时明显感觉到的。

“往哪儿去，夫人？回家吗？”彼得问。

“是的，回家。”她说，现在她想也没想她要到哪儿去。

“他们怎么像看什么稀奇古怪的、可怕的东西一样看我呀。他这么起劲儿对另一个人说的是什么呀？”她望着两个行路人，心里想道。“难道一个人能把自己感觉的说给别人听吗？我本想对陶丽说说的，幸亏没有说。可不能让她幸灾乐祸！她会掩饰她的心情的；但她主要的心情就是高兴，高兴的是，我因为当初她羡慕过的我那种欢乐受到了报应。吉娣更要高兴。我可是把她看透了！她知道，她丈夫觉得我异乎寻常地可爱。所以她嫉妒我，恨我。还瞧不起我。在她的眼里，我是一个道德败坏的女人。如果我真是一个道德败坏的女人的话，如果我有心的话，我会让她丈夫迷上我的……是的，我也有过这样的心思……瞧这个人多么得意，”安娜看到迎面来的车上有一位胖胖的、脸色红红的先生，想道。那位先生把她当成熟人，掀了掀亮光光的礼帽，露出亮光光的秃头，后来才发现认错了人。“他以为他认识我呢。可是他不认识我，天下没有谁认识我。我自己也不认识自己。正像法国人说的，我只知道自己的胃口。瞧，他们就想吃那种肮脏的冰激凌。这他们肯定是知道的。”她看着两个男孩子，想道。那两个男孩子拦住卖冰激凌的小贩，小贩放下木桶，用毛巾的角儿擦着汗淋淋的脸。“我们都喜欢吃甜的、香的。没有糖果，就吃肮脏的冰激凌。吉娣也是这样：得不到伏伦斯基，就要列文。所以她嫉妒我。恨我。我们也互相仇恨。我恨吉娣，吉娣恨我。就是这样。……*邱济金，理发师，我总是在他那儿理发的*……等他来了，我把这话告诉他。”她想道，并且笑了笑。但就在这时候她想起来，现在她没有谁可以说说好笑的事儿了。“而且也没有什么好笑的，没有什么快活的事儿。都是可恶的。晚祷钟声响了，那个买卖人画十字多么认真呀！就好像有什么东西生怕掉下来。这些教堂，这钟声和这种装模作样，有什么意思呀？只是为了掩饰我们相互仇恨，就像这些破口对骂的车夫一样。雅什文说：他想要我输个精光，我对他也是一样。就是这样呀！”

她这样胡思乱想，想得出了神，以至不再去想自己的处境，不知不觉来到自己的家门口。一看到走出来迎接她的门房，她才想起她发过一封信和电报。

“有回信吗？”她问。

“我这就看看。”门房回答过，朝桌子上看了看，拿过一封薄薄的方形电报交给她。她看了看电文：“十时以前我不能来。伏伦斯基。”

“送信的人没有回来吗？”

“还没有。”门房回答说。

“哼，要是这样的话，那我知道该怎么办。”她在心里说，就觉得有一股无名怒火和复仇的欲望在心中涌上来，于是她跑上楼去。“我亲自去找他。我要在离开人世以前，把话对他说清楚。我从来没有像恨他这样恨过什么人！”她在心里说。一看到挂在帽架上的他的帽子，她厌恶得打哆嗦。她没想到这封电报是回答她的电报的，他还没有收到她的信。她想象着他现在正心安理得地同母亲和索罗金娜小姐说着话儿，正因为她的痛苦感到高兴呢。“是的，必须快点儿走。”她在心里说，虽然还不知道该到哪里去。她就想摆脱她在这座可怕的房子里产生的心情。仆人、墙壁和这房子里的一件件东西，都勾起她心中的厌恶和愤恨，好像一座大山压在她身上。

“对了，应该到火车站去，如果他不在车站，就乘车到那里去，去揭穿他的把戏。”安娜看了看报上的火车时刻表。晚上八点零二分有一班火车开出。“是的，我赶得上。”她吩咐换上两匹马，自己就动手把几天里必须用的东西往手提包里装。她知道，她再也不会回到这里来了。在她想到的种种打算中，她模模糊糊地选定了一种，就是在火车站或伯爵夫人庄园里闹过一场之后，她就登上下城铁路的火车，火车一停在哪里，她就在哪里下车。

午饭已经摆好了。她走过去，闻了闻面包和奶酪，就认定所有吃的东西的气味都是令人恶心的，于是吩咐把车赶过来，她便走出门来。房子的阴影已经跨过街道，傍晚是晴朗的，在阳光下还暖洋洋的。不论提着行李送她的安奴什卡，不论往车上装行李的彼得，还是显然很不高兴的车夫，她觉得都很讨厌，他们的言语和举动都使她很恼火。

“我用不着你了，彼得。”

“那么车票怎么办？”

“好啦，随你怎样吧，我反正都一样。”她不耐烦地说。

彼得跳到驭座上，双手叉腰，吩咐车夫上火车站。

三十

“哦，又是她！我又全明白了。”马车一走动，摇摇晃晃地在石子马路上发出辘辘的声音，一个接一个的感触就涌上心头，她在心里说。

“哦，我刚才那样顶真地想着的是什么呀？”她竭力回想着。“是理发师邱济金吧？不，不是。对了，想的是雅什文说的话：人与人之间的唯一关系，是生存竞争和仇恨。哼，你们跑出去没什么意思，”她在心里对一伙坐马车到城外游玩的人说，“你们带着狗出去，也没有用。你们摆脱不了烦恼。”她随着彼得转身的方向望去，就看到一个喝得半死不活的工人，摇晃着脑袋，正被一个警察带着往什么地方去。“这人倒是不错，”她想道，“我和伏伦斯基伯爵就都没有找到这种乐趣，虽然很希望有这种事儿。”于是安娜第一次用她那明察一切的明亮眼光去观察她和他的关系，这在以前她是不肯去想的。“他在我身上追求的是什么呢？与其说是爱情，不如说是虚荣心的满足。”她想起他们结合的初期他说的那些话和他那种像驯顺的猎狗似的表情。现在一切都证实了她的看法。“是的，他是因为虚荣心得到满足感到得意。当然，也有爱情，但多半是胜利的自豪感。他因为我感到很荣耀。现在这都过去了。没有什么荣耀的了。不是荣耀，倒是耻辱了。他能从我身上得到的，都得到了，现在他用不着我了。他把我当累赘，却又尽量装作不是忘恩负义的。昨天他说走了嘴，说是为了不走回头路，就要离婚和结婚。他爱我，可是怎么爱法呢？味道儿没有了[1]……这人想出风头哩，多么神气呀，”她望着一个脸色红红的、骑着一匹好马的店员，想道，“是的，他觉得我已经没有那种味道了。如果我离开他走掉，他会打心眼儿里高兴的。”

这不是猜测，这是她那明澈的眼光看透人生意义和人与人关系之后，清清楚楚看到的。

“我的爱情越来越热，越来越希望爱情专有，他却越来越冷，所以我们相离越来越远，”她继续想道，“而且这是没办法的事。我把一切都寄托在他身上，也越来越要求他把全部心思放在我身上。他却越来越想离开我。我们在结合之前正是往一块儿走的，后来就一个劲儿地各自朝不同的方向走了。而且这是无法改变的。他说我无缘无故嫉妒，我也说我无缘无故嫉妒，但这不是事实。我不是嫉妒，是我不满足。不过……”她脑子里突然出现了一个想法，使她激动得张大了嘴，并且在马车里挪动了一下位子。“假如我做别的什么，而不是死心眼儿做他一个人的情妇，那

①原文为英语。

就好了;可是我不能也不愿意做别的什么呀。我就因为有这种愿望引起他的反感,他也因此引起我的愤恨,而且这不能不是这样。难道我不知道他不会欺骗我,他对索罗金娜小姐无意,他不爱吉娣,不会对我变心吗?这一切我全知道,但我并不因为这样就轻松些。如果他不爱我,而是出于责任感对我好,对我温存,却没有我所渴望的爱情,那这比仇恨还要坏一千倍!这是地狱!然而就是这么回事儿。他早就不爱我了。爱情一结束,仇恨就开始了……这些街道我完全不认识了。一座座山,全是房子,房子……房子里全是人,人……有多少人呀,简直没有数,都是互相仇恨的。哦,让我想想,为了能幸福,我希望什么来着?就是我能离婚,卡列宁把谢辽沙让给我,我和伏伦斯基结婚。"她一想起有关卡列宁的事,立刻分外真切地想象出他这个人,就好像真的人出现在面前,那温顺、无生气、无神的眼睛,那白手上的青筋,那说话的腔调和扳指头的声音,又想起他们之间那种也称为爱情的感情,不禁厌恶得打了一个寒战。"就算我能离婚,成为伏伦斯基的妻子吧。那又怎么样,吉娣就不再像今天这样看我吗?不会的。谢辽沙就不再问我或者想到我嫁过两个丈夫吗?在我和伏伦斯基之间又会有什么样的新的感情呢?不要说什么幸福,就是免于痛苦,有可能吗?不可能,不可能!"她现在毫不犹豫地自己回答了。"不可能!我们是在生活中越走相离越远的,我使他不幸,他也使我不幸,他无法改变,我也无法改变。什么办法都试过了,螺丝坏了,拧不紧了……哦,一个带着孩子要饭的女人。她以为别人会可怜她呢。难道我们被抛到世上来,不就是为了相互仇恨,所以才折腾自己和折腾别人吗?那是几个中学生来了,在笑呢？那么谢辽沙呢？”她想起来。“我也是以为我爱他，并且还常常因为自己的母爱深深感动呢。可是我没有他还不是照样过日子，我拿他去换取另一种爱，而且在满足于另一种爱的时候，并没有后悔这种交换。”于是她带着厌恶的心情想起那另一种所谓的爱。她现在看清楚了自己的生活和一切人的生活，感到非常高兴。“我是这样，彼得、车夫菲道尔、那个买卖人也是这样，住在伏尔加河上，就是这些广告请人去的地方，那里所有的人也是这样，到处都是这样，什么时候都是这样。”她想着想着，她的马车来到下城车站矮矮的站房前，有几个搬运夫迎着她跑来。

“夫人，买奥比拉洛夫卡的票吗？”彼得问。

她完全忘记了她要上哪里去和为什么要去，费了很大的劲儿才明白他问的是什么。

“是的。”她说着，把钱包交给他，拿起一个红色小提包，就下了马车。

在她穿过人群往头等候车室走的时候，渐渐想起自己的种种状况和她还在犹豫彷徨、没有完全定下来的打算。她又是时而感到有希望，时而感到绝望，使一颗受尽摧残、恐惧地怦怦跳动着的心痛上加痛。她坐在星形沙发上等待火车，带着厌恶的心情望着进进出出的人们（她觉得他们都很讨厌），一会儿想着她怎样到达那个车站，怎样给他写封信和在信里写什么，一会儿想着他现在怎样对母亲诉说自己的苦恼（因为他不知道她有多么痛苦），想着她怎样走进去，对他说些什么。一会儿她想到，生活还是能够幸福的，她是多么爱他，又多么恨他，她的心又跳得多么厉害呀。

三十一

铃声响了，有几个又丑又放肆、急急忙忙同时又摆着派头的年轻男子走过去；穿着制服和半筒皮靴的彼得也带着一脸呆呆的蠢相来到候车室里，走到她跟前，送她上车。在她从站台上走过的时候，旁边那一伙闹哄哄的男子不作声了，有一个男子对另一个男子小声说了两句什么，说的是她，显然是下流话儿。她登上火车高高的踏级，一个人坐到车厢里套了肮脏的白布套的软座上。手提包在弹簧座上颤动了几下，就不动了。彼得带着一脸傻笑在窗外掀了掀镶金绦的制帽向她告别，一个粗鲁的列车员砰的一声关上车门，上了闩。一个带腰垫的很丑的太太(安娜想到这个女人不穿裙子的丑陋模样，吓了一跳)和一个小女孩都很不自然地笑着，跑下车去。

“在卡捷林娜·安得列耶芙娜那儿，全在她那儿，姨妈。”那个小女孩叫道。

“就连这样的女孩子也怪模怪样，装腔作势了。”安娜想道。她为了不看到什么人，急忙站起来，坐到这个空空的车厢里对面的窗口。一个又脏又丑的汉子，戴着平顶制帽，帽子底下露着乱蓬蓬的头发，从窗外走过去，弯着身子检查火车轮子。“这个丑汉子有点儿面熟呀。”安娜想道，于是她想起她做的噩梦，吓得浑身发抖，连忙躲到对面的门口。列车员推开门，让一对夫妇进来。

“您要出去吗，夫人？”

安娜没有回答。列车员和进来的人都没有发觉她的面纱下惶恐的脸色。她回到她原来的角落里，坐下来。那对夫妇坐到对面，很仔细地，但是偷偷地打量着她的衣着。安娜对这一对夫妇很反感。那个男的问她，是不是可以吸烟，显然不是为了吸烟，而是要同她攀谈。他得到她的同意之后，就和妻子说起法语，说的是比吸烟更没有必要的话。他们装腔作势地胡乱说着，只是为了让她听到。安娜清楚地看出来，他们彼此有多么讨厌，彼此又有多么仇恨。而且像这样可怜的丑八怪不能不令人痛恨。

第二遍铃响了。紧接着是行李搬动声、喧闹声、叫声和笑声。安娜十分清楚，谁也没有什么可高兴的事，所以这笑声使她恼火得不得了。她真想捂住耳朵，免得听到这笑声。终于，第三遍铃响了，接着是汽笛声，机车叫声，列车动了，那个做丈夫的画了一个十字。“真想问问他这是什么意思。”安娜恶狠狠地看了他一眼，在心里说。她从那个太太旁边望着窗外，看到站在站台上送行的人仿佛在往后滑。安娜坐的这节车厢很有节奏地在铁轨接合处震动着，擦过站台、石墙、信号塔，擦过另外一些车厢；车轮在铁轨上发出的声音越来越平稳和流畅，只有轻微的叮当声了，车窗上映照着灿烂的夕阳，微风吹拂着窗帘。安娜忘记了同车厢的旅伴，在列车轻轻颤动声中吸着新鲜空气，又想起心事。

“哦，我刚才想到哪儿了？我想的是，我想象不出有什么状况，在那种状况下生活是不痛苦的，我们生来都是为了要受苦受难，我们都知道这一层，都在想方设法欺骗自己。可是，一旦看清真相，又该怎么办呢？”

“人所以有理智，就是为了摆脱苦恼。”那个太太用法语说。她显然很满意自己这句话，有意卖弄舌头。

这话仿佛回答了安娜的思绪。

"摆脱苦恼。"安娜在心里重复了一句。她看了看那个面孔红红的丈夫和瘦瘦的妻子，就明白了，这个病恹恹的妻子认为自己是一个无人理解的女人，丈夫欺骗了她，使她产生了这种想法。安娜把目光转移到他们身上，似乎看清了他们的来历和他们心灵的拐拐角角。但是这一点意思也没有，于是她又继续想自己的心事。

"是的，我很苦恼，人所以有理智，就是为了摆脱苦恼；可见，就应该摆脱苦恼。既然再没有什么可看的，既然看着这一切都感到厌恶，为什么不把蜡烛熄灭呀？可是怎样熄灭呢？为什么那个列车员从小杆上跑过去，为什么那个车厢里的年轻人在嚷嚷？他们为什么说话，为什么笑呀？一切都是假的，一切都是谎话，一切都是欺骗，一切都是罪恶！……"

等火车进了站，安娜夹在一群旅客中间下了车，就像躲避麻风病人一样，躲开他们，在站台上站下来，竭力回想她为什么来到这里，她是打算干什么的。以前她觉得什么都是可以做到的，现在觉得是很难设想的了。尤其是在这一群闹哄哄的、时刻也不让她安静的乱糟糟的人中间。一会儿搬运夫跑过来要给她拿东西；一会儿是几个年轻人在站台木板上咯噔咯噔走着，大声说笑着，转头打量她；一会儿迎面来的人闪来闪去撞到她身上。她想起来，要是没有回信的话，她本来打算再乘车往前走的，就叫住一个搬运夫，向他打听，这里有没有一个给伏伦斯基伯爵送信的车夫。

"伏伦斯基伯爵吗？刚才有人从他那里来。是来接索罗金娜公爵夫人和小姐的。那个车夫是什么模样？"

就在她和搬运夫说话的时候，身穿漂亮的蓝外套、挂着表链的车夫米海尔来到她面前，交给她一封信。米海尔脸红红的，喜洋洋的，显然因为交给他的事办得很好，非常得意。她把信拆开，还没有看，一颗心就揪紧了。

“很遗憾，信我没有及时收到。我十点钟回去。”伏伦斯基潦草地写道。

“就是了！我料定就是这一套！”她带着冷笑在心里说。

“好，你就回家吧。”她小声对米海尔说。她说话声音很小，因为她的心跳得很快，连气都喘不上来。“哼，我不能让你再折磨我了。”她在心里说。她这不是带着威吓的意味对他说的，也不是对自己说的，而是对着那使她痛苦的人说的。于是她顺着站台往前走，过了站房。

有两个侍女在站台上走着，扭过头来打量她，议论她的服饰：“真是上等货。”她们说的是她身上的花边。那些年轻人不让她安静。他们又盯住她的脸，怪声怪气地笑着，叫着，从旁边走过去。站长从旁边走过，问她是不是乘车。一个卖汽水的男孩子目不转睛地望着她。“天啊，我到哪儿去呀？”她一面想着，在站台上越走越远。她在站台尽头处站下来。有几个女人和孩子来接一个戴眼镜的先生的，本来大声说笑着，等她来到他们跟前，他们都不说笑了，一齐打量起她来。她加快脚步，离开他们，走到站台尽边上。有一辆货车开过来。站台震动起来，她觉得好像又在车上了。

她忽然想起她和伏伦斯基相逢的那一天被火车轧死的那个人，于是她明白了她应该怎么办。她又轻又快地顺着水塔通向铁轨的台阶走下去，在擦身而过的火车旁站下来。她望着车厢的底部，望着螺旋推进器和链条，望着慢慢开过来的第一节车厢的高大铁轮，集中精神用目力测定前后轮之间的中心点和这个中心点来到她面前的时间。

“就往那儿！”她看着车厢的阴影，看着撒在枕木上的沙土和煤灰，自己对自己说，“就往那儿，往正中间一倒，我就能惩罚他，就能摆脱一切人，也摆脱我自己。”

她想倒在已经开到她面前的第一节车厢下面的正中间。可是等她从胳膊上取下红色手提包，耽搁了一下，就已经晚了：车厢正中间过去了。那就等下一节车厢。这时她整个的心情，好像游泳时准备下水的心情，于是她画了一个十字。这种画十字的习惯动作，立刻使她回忆起一系列少女时代和童年时代的往事，笼罩住一切的黑暗顿时烟消云散，在一刹那间，人生带着她过去的全部幸福与欢乐出现在她的眼前。但是她的眼睛没有离开快要来到跟前的第二节车厢的车轮。不早不晚，就在前后车轮正中间来到她面前的一刹那，她扔掉红色手提包，头往肩膀里一缩，两手着地扑到车厢下面，微微动了动，好像准备马上站起来似的，就扑通一下跪了下去。就在同一刹那间，她对她的做法害怕了。“我这是在哪儿？我这是做什么呀？何必呢？”她就想站起来，躲开；可是一个无情的庞然大物撞到她头上，挂住了她的脊背。“上帝呀，饶恕我的一切吧！”她觉得无法挣扎了，就说道。那个矮小的汉子嘴里还嘟哝着什么，摆弄着铁器。那支蜡烛，她曾经借着烛光阅读充满忧虑、欺诈、悲伤和罪恶的人生之书的，闪了一下比任何时候都明亮的光芒，为她照亮了原来在黑暗中的一切，就哔剥一声，昏暗下去，永远熄灭了。

第八部

一

过了两个来月。已经是盛夏时候，柯兹尼雪夫才准备离开莫斯科。

在这期间，柯兹尼雪夫的生活中发生了一些大事。他花了六年心血写的那部标题为《试论欧洲与俄国国家体制的原理与形式》的著作，大约在一年以前已经完稿了。这部书的一些章节和序言已经在刊物上发表过，另外一些章节柯兹尼雪夫也念给同行朋友们听过，所以这部书的内容对于公众已不是什么新鲜事儿；但柯兹尼雪夫还是期望这部书的出版能够在社会上造成重大的影响，即使不是学术上的一场革命，至少也要在学术界引起很大的轰动。

这部书经过仔细润色之后，已经在去年正式出版并向书商发行。

柯兹尼雪夫虽然不向任何人打听这部书的情况，朋友们问起他这部书的发行情况，他都回答得很勉强，装作很淡漠，甚至也不向书商打听这部书的销售情况，但是他却时时刻刻、全神贯注地注视着这部书在社会上和学术界产生的最初印象。

但是过了一星期，两星期，三星期，看不到社会上有任何反应。他的朋友们，那些专家和学者们，有时说起这部书，显然也是出于礼貌。还有一些朋友对学术著作不感兴趣，从来不和他谈这部书。在社会上，尤其是现在正关注别的事情的时候，完全是冷淡的。整整过了一个月，刊物上没有片语只字提到这部书。

柯兹尼雪夫仔细估计过写书评需要的时间，可是一个月又一个月过去，依然毫无反响。

只有在《北方甲虫》的一篇讽刺倒嗓歌手德拉班吉的幽默小品文里，顺便插了几句轻蔑的话，说柯兹尼雪夫的书早已受到大家的指责和普遍的嘲笑。

到了第三个月，终于在一本严肃的杂志上出现了一篇批评文章。柯兹尼雪夫也认识这篇文章的作者。有一次他在高鲁布卓夫家见过此人。

作者是一个年轻多病的小品文作家，文思敏捷，但教养极差，不善交游。

柯兹尼雪夫虽然很瞧不起这位作者，他还是怀着敬重的心情开始阅读这篇文章的。这篇文章是很厉害的。

显然，文章作者对全书的主旨再清楚不过了。然而他却巧妙地摘引一些句子，使没有看过这部书的人（显然，几乎没有人看过这部作品)可以清楚地看到,这部书只是华丽辞藻的堆砌,而且用词并不恰当(已用问号标出),这部书的作者是一个不学无术的人。其手法十分巧妙,连柯兹尼雪夫也不能不承认其巧妙。而这也就是其厉害之处。

柯兹尼雪夫虽然十分认真地分析评论者的意见是否有道理,他却丝毫也不考虑文章所嘲笑的缺点与错误,因为极其明显,这一切都是故意挑剔,但他立刻不由得回想起他同文章作者见面和交谈的情形。

“是不是我有什么地方得罪他了?”柯兹尼雪夫在心中问道。

他一想起那次见面时他曾经纠正这个年轻人说出的无知的话,认为这就是写这篇文章的动机。

在这篇文章之后,不论在刊物上、口头上,对他的著作再没有什么反应了。于是柯兹尼雪夫看出来,他六年的心血付之流水了。

柯兹尼雪夫的状况特别难受,是因为写完这部书以后,以前占据他大部分时间的案头工作,他不再做了。

柯兹尼雪夫聪明,博学多才,身体健康,精力充沛,不知道该把全部精力用到哪里去。在客厅里交谈,在大会小会上发言,在能说话的地方说话,这样占去他一部分时间。但他是一个长期在城里的人,不能像没有经验的弟弟来到莫斯科那样,把全部精力用在谈话上;他还剩下很多空闲时间和脑力。

幸运的是,就在他的著作失败的最难受的时候,原来在社会上只有一点点声息的斯拉夫问题,取代了异教徒、美国朋友、萨马拉大饥荒、展览会和招魂术等问题,开始热闹起来,柯兹尼雪夫原来也是这个问题的倡始人之一，现在他就全力以赴了。

在柯兹尼雪夫所属的圈子里的人，不论说话，写文章，谈的都是斯拉夫人问题和塞尔维亚战争，别的什么也不谈。无所事事的人为消磨时间所做的一切事情，都是为了斯拉夫人。舞会，音乐会，宴会，演讲，妇女服装，啤酒，饭馆——一切都用来证明是同情斯拉夫人的。

有许多这方面的言论和文章，柯兹尼雪夫在细节上是不同意的。他看出来，斯拉夫人的问题已成为最时髦的消遣品，成为花样不断翻新的社会话题之一；他也看出来，有许多人参与其事，是带有自私心和虚荣心的。他承认，报纸上刊载的许多无用的和夸大其词的言论，只是为了哗众取宠和压倒别人。他看出来，在这股社会大浪潮中，冲在最前面和叫得最响的都是一些失意的和受冷落的人：没有军队的司令，没有部的部长，没有刊物的记者，没有党羽的党魁。他看出来，其中有很多轻率和可笑之处；但他也看出和承认，这种不容置疑的日益高涨的热情已经把社会各阶层联合为一体，那是不能不支持的。屠杀同教教友和斯拉夫兄弟的事件，激起大家对受难者的同情和对压迫者的愤恨。塞尔维亚人和黑山人为正义事业所进行的英勇斗争，在全体人民中激发了不是在口头上而是在行动上支援兄弟民族的愿望。

而且还有一种使柯兹尼雪夫高兴的现象，那就是舆论的表现。全社会明明白白表示出自己的愿望。正如柯兹尼雪夫说的，民族精神得到了表现。他越是深入研究这个问题，越是明显地感觉到，这将是一个声势浩大的划时代事件。

他全心全意地投身于这一伟大运动，也就忘记了自己的著作。

现在他忙得不可开交,连答复所有的来信和向他提出的要求都来不及了。

他忙了一个春天和一部分夏天,到七月里他才准备下乡到弟弟那里去。

他要去休息两个星期,到最神圣的老百姓当中,到偏僻的乡村里,充分领略一下民族精神高涨的情景,他和京城里以及所有城市的人都深信是这样的。卡塔瓦索夫早就想实践去列文家小住的诺言,就和他一起去了。

二

柯兹尼雪夫和卡塔瓦索夫刚刚来到今天特别热闹的库尔斯克车站,下了马车,回头看了看押着行李跟在后面的仆人,就有许多志愿兵乘着驷马车来到面前。许多妇女手拿鲜花欢迎他们,并且在涌上来的一大群人簇拥下进入车站。

有一个来欢送志愿兵的太太,从候车室里走出来,和柯兹尼雪夫打招呼。

“您也来送行吗?”她用法语问。

“不,公爵夫人,我自己要走。到我弟弟家去休息休息。您常常来送行吗?”柯兹尼雪夫微微笑着说。

“不能不送呀!”公爵夫人回答说,“我们已经送走八百人,不是吗? 马尔文斯基还不相信我的话呢。”

“八百多了。如果算上那些不是直接从莫斯科出发的,已经超过一千了。”柯兹尼雪夫说。

“可不是，我说嘛！”夫人高兴地接话说，“据说已经募捐将近一百万了，是吗？”

“一百多万了，夫人。”

“今天的消息多么好呀？又把土耳其人打了个落花流水。”

“是的，我看到了。”柯兹尼雪夫回答说。于是他们谈起最新消息，最新消息说的是，连续三天以来，各个据点里的土耳其人都被打得落花流水，纷纷溃逃，明天将有一场决战。

“哦，对了，您听我说，有一个很好的年轻人要求参军。不知道为什么有人刁难。我想请您写个条子。我认识他，是李迪雅伯爵夫人介绍来的。”

柯兹尼雪夫详细询问了公爵夫人所知道的那个要求参军青年的情况，就走进头等车候车室，给有关的人写了一个条子，交给公爵夫人。

“您可知道，伏伦斯基伯爵，鼎鼎大名的……也坐这趟车呢。”当他又找到公爵夫人，把条子交给她时，她带着洋洋得意和意味深长的笑容说。

“我听说他要走，但不知什么时候。他就坐这一趟车吗？”

“我看见他了。他在这儿，只有母亲来送他。这倒是他能做到的最好的办法。”

“哦，可不是。”

就在他们说话的时候，一大群人从他们身边朝餐室拥去。他们也走过去，就看到一位先生手举酒杯，用洪亮的声音在对志愿兵讲话。“为信仰，为人类，为我们的兄弟效力。”这位先生用越来越大的声音说。“莫斯科的父老兄弟姐妹祝福你们取得伟大胜利！万岁！”他声泪俱下地喊道。

所有的人都喊起万岁！又有一群人拥进来，险些把公爵夫人挤倒。

“哎呀！公爵夫人，怎么样！”突然出现在人群中的奥布朗斯基喜气洋洋地笑着说。“说得好极了，热情极了，不是吗？真漂亮！还有谢尔盖·伊凡诺维奇哩！您最好也说说，说几句，鼓励鼓励。您本来就很会说话嘛。”他轻轻推着柯兹尼雪夫的胳膊，带着亲热、尊敬和小心翼翼的微笑说。

“不，我这就要走了。”

“上哪儿去？”

“到乡下我弟弟家去。”柯兹尼雪夫回答说。

“那您会见到我妻子的。我给她写了信，但不等信到您就见到她了。请您对她说，您见到我了，说我一切都好[1]。她会明白的。还有，请您劳驾告诉她，我已经当上理事了，就是南方铁路……哦，反正她会明白的。您知道，这是人生的小小烦恼，”他像是道歉似的对公爵夫人说，“米雅赫基夫人，不是丽莎，是比比施，竟然送去一千支枪和十二名护士呢。我跟您说过吗？”

“是的，我听说了。”柯兹尼雪夫很勉强地回答说。

“真可惜，您要走了。”奥布朗斯基说，“明天我们设宴欢送两个参战的人：就是彼得堡的季米尔·巴尔特尼扬斯基和我们的维斯洛夫斯基，也就是格里沙。两个人都要出发了。维斯洛夫斯基结婚才不久。真是好样的！不是吗，夫人？”他对公爵夫人说。

①原文为英语。

公爵夫人没有回答,却望了望柯兹尼雪夫。柯兹尼雪夫和公爵夫人似乎想摆脱奥布朗斯基,但他并不感到难为情。他笑嘻嘻的,一会儿望望公爵夫人帽子上的羽毛,一会儿左顾右盼,仿佛在回想什么事。他看到一位太太捧着募捐箱走过,就把她叫过来,塞进一张五卢布钞票。

"只要我有钱,看到这募捐箱就不能无动于衷,"他说,"今天有什么消息?黑山人可真是好样儿的!"

"真的吗?"当公爵夫人告诉他,伏伦斯基也搭这班火车的时候,他叫起来。奥布朗斯基的脸刹那间露出悲伤的神情,但过了一小会儿,当他捋着络腮胡子一摇一晃地走进伏伦斯基所在的那个房间时,他已经完全忘记了当时伏在妹妹尸体上失声痛哭的事,只是把伏伦斯基看作英雄和老友了。

"尽管他有种种缺点,但不能不为他说句公道话。"等奥布朗斯基一走开,公爵夫人就对柯兹尼雪夫说。"这才是真正的俄罗斯气质,斯拉夫气质!不过我怕伏伦斯基看到他会难过的。不管怎么说,这个人的遭遇太使我感动了。您在路上和他谈谈吧。"公爵夫人说。

"好的,如果有机会,会谈谈的。"

"我一向都不喜欢他。但这事为他挽回了不少。他不光是自己去,还自己出钱带一连骑兵去呢。"

"是的,我听说了。"

铃响了。大家向门口拥去。

"他出来了!"公爵夫人指着身穿长大衣、头戴阔边黑呢帽、挽着母亲胳膊走来的伏伦斯基说。奥布朗斯基走在他旁边,很起劲地说着话儿。

伏伦斯基皱着眉头朝前面望着，似乎没听见奥布朗斯基说的是什么。

大概是由于奥布朗斯基的指点，他朝公爵夫人和柯兹尼雪夫所在的地方望了望，一声不响地掀了掀帽子。他那苍老了的流露着痛苦神情的脸好像变成了石头似的。

上了站台，伏伦斯基就一声不响地让母亲走在前面，先后进了车厢的单间。

站台上奏起《上帝呀，保佑沙皇》，然后是欢呼声：乌拉！万岁！有一个高个子、凹胸脯的年轻志愿兵，在头顶上挥舞着毡帽和鲜花，特别显眼地鞠着躬。接着有两个军官和一个留大胡子、头戴油乎乎的军帽的上了年纪的人也探出身来行礼。

三

柯兹尼雪夫同公爵夫人道别以后，就和卡塔瓦索夫一起走进挤得水泄不通的车厢。火车开动了。

在察里津车站，列车受到整齐地唱着《祖国颂》的青年人的欢迎。志愿兵又纷纷探出身去行礼，但柯兹尼雪夫没有去注意他们；他和他们打过那么多交道，已经熟悉他们的大致模样，没有兴趣再去看了。卡塔瓦索夫却一向忙着做学问，没有机会观察志愿兵，所以对他们很感兴趣，不停地向柯兹尼雪夫询问他们的情形。

柯兹尼雪夫劝他到二等车厢里去亲自和他们谈谈。到了下一站，卡塔瓦索夫就照他说的去做了。

车一停，他就走进二等车厢，同志愿兵们见了面。志愿兵们坐在车厢角落里，大声说着话儿，显然知道乘客们和进来的卡塔瓦索夫都在注意他们。说话声音最响的是那个凹胸脯的高个子青年。他显然是喝醉了，正在讲着他们学校里出过的一件事。在他对面坐的是一个不怎么年轻的身穿奥地利近卫军军服的军官。他笑嘻嘻地听着他讲，又一再地不叫他讲。还有一个穿炮兵制服的，坐在他们旁边的手提箱上。另外还有一个睡着了。

卡塔瓦索夫同那个高个子青年谈起来，才知道他家是莫斯科的富商，他不到二十二岁就把偌大的家产挥霍光了。卡塔瓦索夫不喜欢他，因为他娇生惯养，体质也很差，可是现在，尤其在喝了酒之后，显然以英雄自居，肆无忌惮地自吹自擂。

那个不怎么年轻的是退伍军官，也给卡塔瓦索夫留下不愉快的印象。看样子，这是一个什么事都经历过的人。他在铁路上工作过，当过经理，办过工厂，空话连篇，乱用术语。

那个炮兵倒是使卡塔瓦索夫非常喜欢。这是一个谦逊而文静的人，显然很崇拜退伍军官的知识和青年商人英勇的自我牺牲精神，一点也不谈他自己。卡塔瓦索夫问他，是什么激发他到塞尔维亚去，他很谦逊地回答说：

“没什么，大家都去嘛。也应该支援支援塞尔维亚人嘛。真可怜呀。”

“是的，那里特别需要你们这些炮兵，”卡塔瓦索夫说。

“我在炮兵部队干了没有多久呀，也许会把我编到步兵或者骑兵部队里。”

“现在最需要的是炮兵，怎么会让您到步兵部队里呢？”卡塔瓦索夫从这个炮兵的年龄推测,认为他想必有相当高的军衔了。

“我在炮兵部队干的时间不长,我是一个退伍的士官生。”他说过这话,就开始解释,为什么军官考试他没有及格。

这一切合在一起,给卡塔瓦索夫的印象是很不愉快的。等到志愿兵下车去喝酒时,卡塔瓦索夫就想和什么人谈谈,检验一下自己的不良印象是否对头。车上有一个穿军大衣的老头儿,一直在倾听卡塔瓦索夫和志愿兵谈话。等到剩了他们两个人,卡塔瓦索夫就和他谈起来。

“所有这些往那里去的人,情形是各种各样的呀。”卡塔瓦索夫想说出自己的看法,引老头儿说出他的看法,就含糊其词地说。

那老头儿是经历过两次战争的军人。他知道军人是怎样的。他从这些人的外表和谈吐,从他们一路上抱住酒瓶不放的那股劲儿,认定他们都是军人的败类。此外,他是一个县城里的人,就想说说他们县城里出了一个兵痞,因为又是酒鬼又是小偷,没有人雇他干活儿。不过,他凭经验知道,在当前这种社会气氛下,发表与众不同的意见是危险的,尤其不能说志愿兵有什么不好,所以他也在观察卡塔瓦索夫。

“是啊,那边很需要人呀。”他用眼睛笑着说。于是他们谈起最新的战争消息,而又相互掩盖着自己的困惑不解,因为根据最新消息,既然各个据点的土耳其人都被击溃,不知道明天将同什么人决战。就这样,两个人都没有说出自己的看法,就各自走开了。

卡塔瓦索夫回到自己的车厢里,不由得违心地对柯兹尼雪夫说了说他对志愿兵的印象,说他们都是好样儿的小伙子。

在一个城市的大站上，又是一片歌声和欢呼声欢迎志愿兵，又是捧着募捐箱的男男女女，本城的妇女又向志愿兵献花、簇拥着他们进入餐厅；但这一切就没有莫斯科那样起劲，那样热闹了。

四

列车停在省城车站的时候，柯兹尼雪夫没有去餐厅，而是在站台上前前后后踱起来。

他在第一次经过伏伦斯基的单间的时候，发现车窗是有窗帘遮着的。但第二次经过时，他就在窗口看到了老公爵夫人。她把柯兹尼雪夫叫过去。

"我这是送他，送到库尔斯克。"她说。

"是的，我听说了。"柯兹尼雪夫说着，在窗口站下来，朝里面看了看。"他这种举动太了不起了！"他发现伏伦斯基不在里面，就又说道。

"在出了那件不幸的事以后，他还能做什么呢？"

"那事真是太可怕了！"柯兹尼雪夫说。

"唉，我是多么难受呀！您进来嘛……唉，我是多么难受呀！"等柯兹尼雪夫走进去，挨着她在软座上坐下来，她又说了一遍。"那情形真是难以想象呀！他有六个星期，跟谁也不说一句话，要不是我求他，什么东西也不吃。而且时时刻刻都要守着他。我们把他可以用来自杀的东西全拿走了；我们都住在楼下，但还是不能担保不出什么事儿。您也知道，他因为她已经开枪自杀过一次了，"她说，而且一想起这事她那皱巴巴的眉头皱得更厉害了，

“是啊,她的下场,正是这种女人应有的下场。连她挑选的死法都是卑鄙下贱的。”

“不应该由我们来审判呀,公爵夫人,”柯兹尼雪夫叹着气说,“不过我懂得这在您有多么难受。”

“唉,别提了!当时我住在自家庄园里,他也在我那里。有人送来一封信。他写了回信,把人打发走了。我们一点也不知道她当时就在车站上。晚上我回到自己房里,我的梅丽就告诉我,说有一位太太卧轨自杀了。我就像当头挨了一棒!我明白这就是她。我第一句话就说:不能告诉他。可是他们已经告诉他了。他的车夫当时在场,什么都看见了。等我跑到他房里,他已经变了模样,叫人看着都害怕。他什么话也没说,骑上马就往那里跑。我不知道在那里是怎样的,反正把他送回来时已经像死人一样了。我简直认不出他来了。医生说是完全虚脱。后来就差不多像疯了一样。”

“唉,有什么说的呀!”伯爵夫人摇摇手说,“那些日子里真够受呀!哼,不管怎么说,她也是一个坏女人。她那股不要命的劲儿算什么呀!无非证明有点儿与人不同。她的确与人不同。毁了自己,也毁了两个很好的人:她的丈夫和我这个倒霉的儿子。”

“她丈夫怎么样呀?”柯兹尼雪夫问道。

“他带走了她的女儿。阿历克赛当时什么都同意了。可是现在他痛悔把自己的女儿给了别人。但是话已出口,又不能收回。卡列宁来参加了葬礼。可是我们想方设法不让他和阿历克赛见面。这样对他,对做丈夫的,都要好些。她让他解脱了。可是我这个可怜的儿子就落到她手里了。他抛弃了一切:抛弃了前途,抛弃了我，可是她还不可怜他，而是存心把他的一切都葬送了。哼，不管怎么说，她的死本身——就是不信教的坏女人的死。上帝饶恕我吧，我看着儿子给毁了，一想起她，没办法不恨她。”

“现在他怎么样啦？”

“这场塞尔维亚战争——这是上帝帮助我们。我老了，这种事儿一点也不懂，但对他来说，这是天赐良机。当然，我这个做母亲的也很担心害怕；而且，据说，彼得堡对此事也有不赞成的看法。可是有什么办法呀！只有这事能使他振作起来。他的好朋友雅什文把什么都输光了，就想到塞尔维亚去。雅什文来找他，就劝他也去。现在他一心一意想的是这事儿了。请您去和他聊聊吧，我很希望能使他心里松快松快。他太伤心了。而且倒霉的是，他的牙又疼起来了。可是他看到您会非常高兴的。请您去和他聊聊吧，他就在那边散步呢。”

柯兹尼雪夫说很高兴和他聊聊，就朝列车另外一边走去。

五

在站台上堆积的货物投下的夕阳斜影里，伏伦斯基穿着他那长大衣，帽子压得低低的，两手插在口袋里，像笼中野兽似的走来走去，每走二十步就很快地转过身来。柯兹尼雪夫走过去时，觉得伏伦斯基看见他了，却装作没有看见。柯兹尼雪夫毫不在意。他再不计较同伏伦斯基的个人恩怨了。

此时此刻，伏伦斯基在柯兹尼雪夫眼里是一个从事伟大事业的重要人物，所以柯兹尼雪夫认为有责任支持他，鼓励他。他走到他面前。

伏伦斯基站下来，定神一看，认出他来，就迎着柯兹尼雪夫走了几步，紧紧握住他的手。

“也许，您不愿意和我见面，”柯兹尼雪夫说，“不过，我能不能为您效劳呢？”

“在我来说，同任何人见面，都不像见到您这样，很少不愉快了，”伏伦斯基说，“请不要见怪。我今生今世，没有什么愉快的事了。”

“这我明白，我很想为您做点什么事，”柯兹尼雪夫凝视着伏伦斯基那显然很痛苦的脸说，“要不要为您给李斯基奇和米兰[1]写封信？”

“噢，不必了！”伏伦斯基似乎好不容易才听明白，就说道。“如果您没事的话，那咱们就一起走走。车厢里太气闷了。写信吗？不必吧，谢谢了；死是用不着推荐的。除非是写信给土耳其人……”他只是嘴唇笑了笑，说。他的眼睛依然带着愤恨和痛苦的神情。

“是的，不过，这样您也许更容易和有关的人建立联系，建立联系还是必要的。不过，随您怎样吧。我听说您的决心，非常高兴。对志愿兵的攻击实在太多了，所以，有您这样的人参加，舆论会有所改变。”

“我这个人，”伏伦斯基说，“好就好在我把生命看得一钱不值。至于我有足够的力气冲锋陷阵，打击敌人或者自己战死，这

①李斯基奇，当时是塞尔维亚外交部长。米兰，当时是塞尔维亚亲王，后来是塞尔维亚王。

我也是知道的。我高兴的是有机会献出我的生命，这生命我不仅不需要，而且厌恶了。这样也许对别的什么人有些用处。”他因为牙疼得厉害，下颚做了一个难以忍受的动作，他说话时也就不能带有他想带有的表情了。

“我可以预断，您会重新振作起来的，”柯兹尼雪夫深受感动地说，“帮助自己的兄弟反抗压迫，出生入死也是值得的。但愿上帝赐给您胜利，让人世和内心都得到安宁。”他说过这话，伸出手来。

伏伦斯基紧紧握了握柯兹尼雪夫伸出来的手。

“是的，作为一件工具，我也许有些用处。但作为一个人，我已经完了。”他一字一顿地说。

他那结实的牙齿的剧痛使他嘴里充满口水，无法再说话。他不作声了，望着那在铁轨上缓慢而平稳地滚动着的煤水车的车轮。

突然有一种完全不同的感觉，不是疼痛，而是身体内部有一种很难受的不自在感觉，使他一时间忘记了牙疼。一看到煤水车和铁轨，又加上和这位朋友一席话，这位朋友是他遭遇不幸之后未见过面的，所以他顿时想起了她，想起那时他像疯子一样冲进站房看到的她还留下的模样：不久前还充满生命力的她那血淋淋的身体在一群陌生人的包围下不顾羞耻地摊开手脚躺在车站的一张大桌子上；还完整的头向后仰着，头上戴着沉甸甸的发辫，鬓边带着一圈圈鬈发；在那半张着红唇的美丽的脸上有一种停住不动的、在嘴上是悲戚的、在动也不动的半闭的眼睛里是可怕的奇怪表情，好像是正在说那句可怕的话——说他会后悔的，——那是在吵嘴时她对他说的。

于是他竭力回忆第一次，也是在车站上，相遇时她那种神秘、妩媚、含情脉脉、寻找幸福也使人幸福的模样，而不是最后分手时她留在他脑海中的那种恶狠狠的复仇模样。他竭力回忆他和她在一起的美好时刻，但是那些美好时刻已经永远被毒化了。他只记得她胜利了，实现了使他抱恨终生的威胁。他不再觉得牙疼，就想痛哭一场，一张脸都变了模样。

一声不响地在货物堆旁走了两个来回，他镇定下来之后，平静地对柯兹尼雪夫说：

"您没看到今天的消息吗？是啊，他们已经第三次被打败，但明天会有一场决战。"

他们又谈了谈米兰国王的宣言以及宣言可能发生的巨大影响，第二遍铃响过以后，他们才各自回车厢去。

六

柯兹尼雪夫因为不知道什么时候才能离开莫斯科，所以没有打电报叫弟弟接他。当柯兹尼雪夫和卡塔瓦索夫坐着在车站上雇的四轮马车，像黑人一样满面风尘地于中午十二点来到波克罗夫庄园的大门前时，列文不在家里。吉娣正和父亲、姐姐坐在阳台上，一认出大伯，就跑下去迎接他。

"您怎么竟不通知一下呀。"她说着，伸出手给柯兹尼雪夫，并且把额头凑过去让他吻。

"我们顺利到达，就没有惊动你们，"柯兹尼雪夫回答说，"我一身灰土，真不敢碰你。我一直很忙，不知道什么时候才能脱身。你们倒还是老样子，”他笑嘻嘻地说，“依然避开潮流，在幽静的港湾里享清福。你看，我们的朋友菲多尔·瓦西雷奇到底也来了。”

“我并不是黑人，等我洗干净了，还是会像一个人的。”卡塔瓦索夫用他惯用的戏谑口吻说着，龇着一嘴因为脸黑显得特别洁白光亮的牙齿笑着，伸出手来。

“柯斯加一定会非常高兴。他到村子里去了。也该回来了。”

“还在忙农事呢。真是在幽静的港湾里呀，”卡塔瓦索夫说，“可我们在城市里，除了塞尔维亚战争，什么也看不到。哦，我这位朋友是怎样看的呢？一定有些与众不同吧？”

“他吗，也没什么，和大家一样，”吉娣有些发窘地看着柯兹尼雪夫，回答说，“我这就叫人去找他。爸爸现在住在我们这儿。他刚从国外回来。”

吉娣派过人去找列文，又叫仆人带两位满面风尘的客人去梳洗，把一位带到书房里，一位带到陶丽的大房间里，又吩咐过为客人备饭，就充分利用她在怀孕期间一度被剥夺了的动作迅速的权利，跑到阳台上。

“谢尔盖·伊凡诺维奇和卡塔瓦索夫教授来了。”她说。

“哎呀，大热天里，真难为了！”老公爵说。

“不，爸爸，他这人挺好，柯斯加也很喜欢他呢。”吉娣发现父亲脸上有嘲笑的神气，就微微笑着，似乎带点儿恳求意味说。

“我没什么呀。”

“你去照应照应他们吧，好姐姐，”吉娣对陶丽说，“他们在车站见到司基瓦了，他身体很好。我要去看看米佳。真糟糕，吃过茶点以后还没有喂过他呢。他现在醒了，一定在哭呢。”她觉得乳房发胀，就快步朝孩子房里走去。

确实，她不是猜到（她和婴儿在生理上的联系还没有断），而是凭自己的乳房发胀确切地知道他饿了。

她知道，她还没有去孩子的房间之前，他就哭了。果然他在哭。她一听到他的声音，就加快了脚步。可是她走得越快，他哭得越响。他的声音是好听的，正常的，但那是饥饿的、焦急的声音。

“哭了很久了吗？保姆，很久了吗？”吉娣急急忙忙地说着，坐到椅子上准备喂奶，“快把他抱给我。唉，保姆，你磨蹭什么呀，帽子等会儿再系好啦！”

孩子因为饿哭得上气不接下气的了。

“可是不行呀，少夫人。”差不多一直在孩子房间里的阿加菲雅说。“总要把他收拾得好好的呀。噢哈，噢哈！”她哄着孩子，不理睬做母亲的。

保姆把孩子抱给母亲。阿加菲雅带着一张慈祥的笑脸跟着走过来。

“他认得人，认得人呢。一点不假，卡捷林娜·亚力山大罗芙娜，他认得我哩！”阿加菲雅的声音比孩子的声音还大。

可是吉娣没有听她的。吉娣也和孩子一样，越来越焦急了。

因为焦急，老半天没有喂上奶。孩子含不着奶头，生气了。

在一阵拼命哭叫和抽搭之后，终于含到了奶头，母亲和孩子同时安定下来，不作声了。

“哎呀，可怜的宝宝浑身汗淋淋的了。”吉娣抚摩着孩子，小声说。“您怎么知道他会认人呢？”她问道，一面瞅着孩子那一双她觉得从小帽子底下调皮地望着她的小眼睛，瞅着那一鼓一鼓的腮帮子和那在空中画着圆圈的粉红色小手。

“不可能！要是能认得人的话，那他会认得我的。”因为阿加菲雅说确实认得，吉娣就又这样说，可是她也笑了。

她笑，是因为，虽然她说他不可能认识人，但是她心里知道，他不仅认得阿加菲雅，而且什么都认得，什么都懂得，而且还知道和懂得许许多多别人都不知道的事，就连她这个做母亲的，也是亏了他才知道和懂得许多事情的。在阿加菲雅和保姆眼里，在外公，甚至在父亲眼里，米佳只是一个需要在物质方面进行照顾的活物；但在母亲眼里，他早就是一个有精神生活的人，她和他精神上的交流由来已久了。

“等他醒来，说不定您会亲自看到的。我这么一来，他就高兴得一个劲儿笑呢，真是好宝宝。一个劲儿地笑，就像晴天的太阳。”阿加菲雅说。

“噢，好的，好的，那咱们等会儿看看吧，”吉娣小声说，“现在您去吧。他睡着了。”

七

阿加菲雅踮着脚走了出去；保姆放下窗帘，把小床纱帐里的苍蝇赶出来，又赶走在窗玻璃上乱撞的一只大黄蜂，便坐下来，拿一根干桦树枝儿在母子头上挥动着。

“真热，好热呀！老天爷就是下点儿小雨也好呀！”她说。

“是啊，是啊，嘘……”吉娣只是这样回答，一面轻轻摇晃着身子，亲热地握着那手腕上仿佛勒着一根线的胖乎乎的小手。米佳的小眼睛忽而睁开，忽而闭上，小手一直轻轻摆动着。这只小手惹得吉娣心神不宁：她很想吻吻这只小手，可是又怕吻了小手把孩子惊醒。小手终于不动了，眼睛也闭上了。孩子只是偶尔吸一下奶，扬一下那弯弯的长睫毛，用他那水灵灵的、在幽暗中显得乌黑的小眼睛看一看母亲。保姆也不再挥动桦树枝儿，打起瞌睡。可以听见楼上老公爵洪亮的说话声和卡塔瓦索夫的哈哈大笑声。

“我不在，他们一定是谈得来了劲儿了。”吉娣想道。“柯斯加不在，总是很扫兴的。他一定是又到养蜂场去了。他常常到那儿去，虽然我也冷清，但我还是高兴的。这样他可以散散心。现在他比春天快活多了，精神也好多了。要不然他老是那样闷闷不乐，心里烦恼，我都为他害怕了。他有多么可笑呀！”她笑吟吟地小声说。

她知道丈夫为什么烦恼。就因为他不信教。如果有人问她，是不是认为，他既然不信教，来世就会遭殃，她一定也承认他会遭殃，尽管这样，他不信教并没有使她觉得不幸。她虽然承认不信教的人灵魂不能得救，而且天下她最爱的就是丈夫的灵魂，然而她想到他不信教总是笑嘻嘻的，并且暗自说他是一个可笑的人。

“他为什么一年到头老是读一些哲学书呀？”她想道。“如果这一切都写在书里的话，那他会懂得的。如果书上都是胡言乱语，那他为什么要读呀？他自己也说希望能信教嘛。那他为什么不信呢？也许是因为他想得太多了吧？想得太多是因为孤独。

他老是一个人，一个人。总是和我们无话可谈。我想，来了这两位客人，尤其是卡塔瓦索夫，他会高兴的。他喜欢和他争论。”她想道。于是她立刻考虑起让卡塔瓦索夫睡在哪儿好，是让他单独住一间，还是让他和柯兹尼雪夫住在一起。于是她忽然想起一件事，不由得着急得打了一下哆嗦，把米佳都惊醒了，米佳因此很不高兴地看了她一眼。“洗衣女人好像还没有把洗好的东西送来，客人用的干净床单一条也没有了。要是不去说一声，阿加菲雅会拿用过的床单给柯兹尼雪夫铺床的。”吉娣一想到这事，急得血往脸上直涌。

“是的，我要去安排一下。”她拿定主意，就又回到原来的思路，想起有一件很重要的、心灵方面的事还没有想出结果，于是就开始回想那是什么。“对了，是柯斯加不信教。”她想起来，又笑了。

“是的，他不信教！就让他永远这样还好些呢，不像施塔尔夫人，也不像那时我在国外希望做的那种人。是的，他再也不会装模作样。”

不久以前那件说明他心肠好的事又真切地出现在她眼前。两个星期以前，陶丽接到司基瓦一封悔罪的信。他恳求她挽救他的名誉，卖掉她的地产为他还债。陶丽灰心绝望，对丈夫恨透了，又瞧不起他，又可怜他，又打算和他离婚，打算拒绝他的要求，可是末了还是答应卖掉自己的一部分产业。于是吉娣不由得带着感动的微笑回想起丈夫那种为难的神情，想起他关心此事一再地想办法，一个不妥又想一个，终于想出一个唯一可以帮助陶丽而不伤害自尊心的办法，就是让吉娣把自己的一部分地产送给她，这是吉娣原来怎么也没有想到的。

“他怎么是不信教的人呢？心肠那么好，唯恐伤害什么人，连对小孩子也是这样！总是为别人着想，就是不为自己想。谢尔盖·伊凡诺维奇一直就认为柯斯加天生就是他的管家。姐姐也是这样。现在陶丽和孩子们就依靠他了。那些庄稼人天天来找他，好像他就应该为他们效劳。”

“是啊，但愿你能像父亲，能像父亲就好了。”吉娣一面在心里说，一面把米佳交给保姆，轻轻吻着他的小脸蛋儿。

八

列文当初一见到亲爱的哥哥病危，第一次用新的见解看待生与死的问题，他所谓的新见解，是在二十岁到三十四岁之间形成的，不知不觉取代了他童年和少年时代的信仰。就自从他用新见解看待生死问题以来，他害怕的主要不是死，而是浑浑噩噩地活，不知道生命是怎么来的，目的是什么，来由是什么，究竟是怎么一回事儿。有机体，有机体的破坏，物质不灭，能量守恒定律，进化——这些术语代替了原来的信仰。这些术语及其有关的概念对于求知识是很有用的，但却丝毫也不能解释人生。于是列文觉得自己好像一下子脱掉皮袄，换上薄纱衣服，第一次来到冰天雪地里，不是凭判断，而是凭切身体验，毫无疑问地认定自己就等于是一个赤身露体的人，不可避免会痛苦地死去。

列文从那时候起，虽然没有多加思索，而且还是像原来一样生活着，他却一直为自己的浑浑噩噩感到害怕。

此外,他还模模糊糊感觉到,他的所谓见解,不仅是无知,而且是一些胡思乱想,胡思乱想不可能弄清他想弄清楚的事。

在婚后最初一段时间里,他享受着新婚的快乐,也尽丈夫的责任,他完全不想这种事了;但是后来,妻子生产以后,他在莫斯科无所事事,就越来越多、越来越迫切地思索起他要解决的问题。

他要解决的问题是:“如果我不承认基督教对我的生命问题的解答,那我承认什么样的解答呢?”他在他所有的见解中不仅找不到任何解答,连解答的影子也找不到。

他的情形就像是一个人在玩具店和军械店里寻找食品。

如今他常常不自觉地、下意识地在每一本书、每一次谈话中、每一个人身上寻找对待这些问题的态度和答案。

最使他感到惊异和迷惘的是,他这个圈子里大多数同辈人像他一样摒弃了原来的信仰,接受新的见解以后,看不出这还有什么不好,而是感到满意,心安理得。所以,除了这个主要问题之外,列文又苦苦思索起另外一些问题:这些人是不是老实?他们是不是装假?还是他们对于科学为他所关心的问题作出的解答另有理解,或者比他理解得更透彻?于是他就竭力研究这些人的看法和解答这类问题的书。

自从他开始探讨这些问题以来,他所发现的一点是,他根据自己少年时代和大学同学中的种种往事就认为宗教已经过时,认为宗教已经不存在,是错误的。凡是同他亲近的、安分守己的人都信教。老公爵信教,他很喜欢的李沃夫信教,柯兹尼雪夫信教,妇女个个信教,他的妻子信教就像他童年时代那样顶真,而且百分之九十九的俄国老百姓,所有那些得到他最大尊敬的普通人,都信教。

另一点就是，他在读了很多书以后，就认定那些和他持有相同观点的人的见解并没有什么新颖之处，他们什么也没有阐明，只是抛开他觉得不解决就活不下去的那些问题，却拼命去解决他根本不感兴趣的一些其他问题，例如有机体的进化、用机械论阐释灵魂等等问题。

此外，在妻子分娩的时候，曾经有过在他来说很不寻常的事。他这个不信教的人祈祷起来，并且在祈祷的时刻信起教来。但那种时刻一过，他就再也没有那时的心情了。

他不能承认，那时是认识了真理，现在他是错误的；因为他只要平心静气地想起这事儿，就觉得那都是胡思乱想；他也不能承认他当时是错误的，因为他珍惜当时的心情，如果承认他迁就习俗的话，那就会亵渎那样的时刻。他处在很痛苦的自相矛盾状态，竭尽心力要摆脱这种状态。

九

这些想法纠缠着他，折磨着他，有时轻微，有时强烈，但从来不离开他。他读书、思索，而他读书越多，思索越多，觉得自己离追求的目的越远。

最近一个时期，他在莫斯科和在乡下，认定在唯物主义的著作中找不到解答之后，就重新阅读或新阅读了柏拉图、斯宾诺莎、康德、谢林、黑格尔和叔本华的著作。这些哲学家都不是用唯物主义观点解释人生的。

当他阅读或者自己想批驳其他人的学说，尤其是唯物主义学说的时候，他觉得他们的说法是有道理的；但当他一读到或者自己思索问题的答案时，总是兜来兜去不得要领。当他遵循一些含糊不清的名词，如灵魂、意志、自由、本质，所含的定义去思索，有意落入哲学家或者自己设下的文字罗网时，他似乎开始有所领悟。但只要一忘记那种人为的思路，从实际出发，回到他循着已有思路思索时有所领悟之处，所有这种人为的楼阁顿时就像玩具屋一样土崩瓦解，可以清楚地看出来，这种楼阁仍然是由一些颠来倒去的辞藻构成的，丝毫未涉及人生中比理智更重要的东西。

有一度他在阅读叔本华的著作的时候，把叔本华说的意志看作爱，在他没有抛弃这种新的哲学以前，这种哲学曾经使他得到一两天快慰；但当他从实际出发，对其进行观察时，这种哲学同样也土崩瓦解，也成了无法御寒的薄纱衣服。

柯兹尼雪夫劝他读读霍米亚科夫的神学著作。列文读了霍米亚科夫文集第二卷，虽然开头对他那种论战式的、辞藻华丽的俏皮笔调很反感，却很佩服其中有关教会的学说。起初使他佩服的说法是，上帝的真理不是一个人能够理解的，只有由爱结合起来的人的团体，也就是教会，才能理解。使他感到高兴的说法是，相信已有的、实际存在的、代表人们一切信仰的、以上帝为首因而神圣不可侵犯的教会，由教会去信仰上帝、创世、堕落、赎罪，要比直接信仰上帝，信仰遥远而神秘的上帝、创世等等容易得多。但是后来阅读了天主教作家写的教会史和东正教作家写的教会史，发现这两个本质上都完全正确的教会互相排斥之后，他就对霍米亚科夫的教会学说失望了。于是这种楼阁也像其他一些哲学楼阁一样，土崩瓦解了。

整个春天他都惘然若失，有时感到非常可怕。

“不知道我是怎么一回事儿，不知道我为什么活着，是无法活下去的。可是我就是无法知道，所以也就无法活下去。”列文在心里说。

“在无限的时间、无限的空间、无限的物质中冒出一个有机的小水泡，这小水泡晃悠了一下，就破灭了，这小水泡就是我。”

这是一种很大的谬误，但这是人类若干世纪以来在这方面苦苦探索的唯一的和最新的成果。

这是一种最新的信仰，人类几乎在所有领域的思想探索都建立在这种信仰之上。这是一种占主导地位的见解，列文不知怎的，也不知什么时候，不由自主地接受了这种见解，认为这总是比较明白的。

但这不仅是一种谬误，这是一种邪恶力量的残酷嘲弄，这种力量是邪恶的，敌对的，是不能向其屈服的。

必须摆脱这种邪恶力量。摆脱的办法就在每个人手里。必须断绝对邪恶力量的依附。而唯一的办法就是死。

所以，列文这个家庭生活幸福美满、身强力壮的人竟然有好几次要自杀，他只好把绳子藏起来，免得上吊，不敢带枪，免得自己对自己开枪。

不过，列文没有对自己开枪，也没有上吊，还是活下去。

十

当列文思索他是怎么一回事儿和他为什么活着的时候，他找不到答案，就灰心丧气；但是当他不再向自己提这种问题时，他好像也知道他是怎么回事儿，也知道为什么活着了，因为他坚强地、理直气壮地活着，做着事情；甚至他近来活得比以前坚强和理直气壮多了。

他在六月初回到乡下以后，又做起他往常的事情。他一天到晚忙农活儿，和庄稼人与乡亲们打交道，忙家务事，代管姐姐和哥哥的地产，管管妻子和亲戚的事，照料婴儿，而且从今年春天起他又迷上了养蜂。

他做这些事，不是因为他像过去那样，根据什么公众的看法认为这都是他分内的事；相反，现在他一方面因为做公众福利事业失败感到灰心丧气，另一方面因为心事太多和从四面八方压到他身上的事情太多，他已经完全不考虑什么公众福利了；他做这些事，只是因为他觉得他必须做他所做的事，觉得他不能不做。

以前（差不多从童年开始，一直到他完全长大成人），当他尽心竭力要为大家、为人类、为俄国、为全村做些有益的事时，他发现，这种想法是令人愉快的，但所做的事情本身往往是不尽如人意的，对于事情是否有必要，也缺乏充分的信心，而且开头显得那样重大的事情，越来越变得无足轻重，到最后不了了之；现在，他在结婚之后越来越满足于为自己生活了，虽然在想到自己做的事情时没有什么高兴的，但完全相信他做的事是必要的，也看到他的家业比以前兴旺了，规模也越来越大了。

现在他好像身不由己，像一张犁往土里越扎越深，不犁出一条犁沟是拔不出来的。

像祖祖辈辈一样过家庭生活，也就是说，像他们那样教育孩子，让孩子们具有他们那样的文化教养，无疑是必要的。这就好像饿了必须吃饭一样；而要吃饭，就必须做饭，也就是必须把波克罗夫村的农业经营得有足够的收入。就像有债必须偿还一样，必须把祖传的地产经营好，让儿子将来继承遗产时会感激父亲，就像列文感激祖父为他创立了家业那样。因此就不能出租土地，必须亲自经营，必须饲养家畜，往地里施肥，培育树林。

哥哥和姐姐的事不能不办，一向习惯于向他求助的庄稼人的事，也不能不管，就好比抱在手里的孩子，不能扔掉。不能不操心，让请来做客的姨姐和孩子们，也让妻子和婴儿生活得好些，也不能不花点时间陪陪他们。

这一切再加上打野物和养蜂的新爱好，就使列文的生活十分充实了，不再像过去冥思苦想时那样觉得生活没有什么意思了。

但是，列文除了清楚地知道他应该做什么以外，他同样也知道这一切应该怎样做，知道怎样分清轻重缓急。

他知道，雇人干活儿应当尽可能便宜些；但是用预先付钱，付钱低于应得工钱的办法使干活人听从摆布，那是不应该的，虽然这是很占便宜的。可以在没有草料的时候向庄稼人出售干草，虽然也可怜他们；客店和酒店应当取缔，虽然很赚钱。砍伐树木应该从严处罚，但庄稼人把牲口放到庄稼地里不应该罚款，也不应该扣留放到庄稼地里的牲口，虽然这会使看守人懊恼，使庄稼人无所顾忌。

彼得每月要付给高利贷者百分之十的利息，就应该借钱给他，让他还掉高利债。但不能让拖欠地租的庄稼人赖账或者拖欠。草地不割，把草糟蹋了，不能原谅管家；但种上树苗的八十亩地不能割草。长工在农忙时节回家去料理父亲的丧事，不管怎样可怜他，却不能原谅他，应该扣除他在正忙时候旷工的工钱。但对于什么事也不能做的老仆人，不能不按月发给生活费。

列文还知道，一回到家里必须首先去看看身体不舒服的妻子；而有的庄稼人已经等了他三个钟头，可以让他们再等一会儿。他也知道，虽然侍弄蜜蜂是一大乐事，但他有时应该放弃这种乐趣，让老头儿一个人侍弄蜜蜂，他要去和那些到养蜂场来找他的庄稼人商量事情。

他的所作所为好不好，他不知道，而且他现在不仅不想去弄个明白，而且避免去谈和去想这些事儿。

翻来覆去想多了，反而使他困惑了，使他看不清什么该做，什么不该做了。当他不再多想，而只是活着的时候，他总觉得自己心里有一位公正的法官，能够在两种做法都有可能的时候判断出哪一种好，哪一种坏；他的做法一有什么不对头，他立刻就能感觉出来。

他就这样活着，不知道也无法知道他是怎么一回事儿和他为什么活在世上，而且因为这种浑浑噩噩痛苦得不得了，以至于害怕会自杀，然而同时他坚定不移地走着他的独特的、明确的人生道路。

十一

柯兹尼雪夫来到波克罗夫村的那一天，是列文最苦恼的日子之一。

这是农活儿最忙的时候，这时候所有的老百姓在劳动中表现出非凡的忘我精神，这在任何其他生活领域是没有的，如果表现这种精神的人自己看得了不起，如果不是年年如此，如果这种努力的成果不是如此简单的话，那这种精神会得到极高评价的。

收割黑麦和燕麦，装运，割草，翻耕休闲地，脱粒，播种冬小麦——这一切似乎又简单又平常；可是，要想及时把这一切做好，所有乡下人，从老到小，就得不停地干上三四个星期，天天比平时多干几倍的活儿，只是喝点儿克瓦斯，吃点儿大葱和黑面包，夜夜打场和装运，每夜睡觉不超过两三小时。全俄国年年都是如此。

列文因为一生大部分时间在乡下度过，同老百姓关系又极其密切，所以在农忙时间里总觉得老百姓这种普遍的昂扬情绪感染着他。

一大早他就骑马去看先播种的黑麦，又去看正在装运堆垛的燕麦，在妻子和姨姐起身前赶回家之后，和她们一起喝过咖啡，就又步行到村子里去，那里新安装的打谷机准备打谷留种了。

这天一整天，列文在和管家、和庄稼人说话的时候，在家里和妻子、和陶丽、和她的孩子们以及和岳父说话的时候，心里老是想着近来除了农事之外他最关心的问题，而且在各方面为自己的问题寻找答案："我究竟是怎么一回事儿？我这是在哪儿？我为什么在这儿?”

新搭的谷棚是用剥了皮的新鲜白杨做梁,榛树钉在上面做桁条,榛树还带着芳香的树叶,用麦秸盖顶。列文站在新谷棚的凉荫里,时而透过敞开的大门里旋转飞舞着的又干又苦的糠屑望着骄阳照耀下的打谷场上的青草和刚从棚子里抱出去的新鲜麦秸,时而望着啁啾叫着飞到檐下,又扑打着翅膀在门洞里停下来的花斑头、白胸脯的燕子,时而望着在灰尘飞扬的幽暗谷棚里忙活着的人们,头脑里出现了种种奇怪的念头。

“这都是为什么呀?”他想道,“为什么我站在这儿,让他们干活儿?他们为什么都这样忙活,拼命在我面前表示自己很卖力呢?我熟识的玛特廖娜老婆子为什么这样起劲呀?(那一次失火,一根大梁落到她身上,我给她治过伤的。)”他望着那个瘦瘦的老婆子在高低不平的干硬的打谷场上紧张地倒动着晒得黑黑的光腿,耙着麦子,想道,“当时她的伤是好了;但不是今天就是明天,或者再过十年,她就会入土了,她什么都完了;就连那个穿红裙子、那样干净利索地簸麦子的漂亮姑娘也会完的。也会把她埋葬的。就连那匹花斑骟马也很快就要完了,”他望着那马肚子一起一伏、张大鼻孔急促地喘着气、踩着在蹄下不停转动的倾斜的轮子,想道,“也会把它埋葬的。还有那个打谷机上的菲多尔,鬈曲的大胡子上落满糠灰,衬衫破得露出白肩膀的,也会被埋葬的。可是他还在解麦捆,指手画脚,吆喝娘儿们,动作麻利地调理飞轮上的皮带。尤其是,不光是他们,我也会被埋葬,什么也不会剩下的。这都是为什么呀?”

他这样想着,同时也看着表,好算出一个钟头能打多少麦子。这一点他要知道,也好定出一天的工作定额。

“已经快一个钟头了,才开始打第三堆呢。”列文想道。于是他走到送料的菲多尔跟前,用压倒机器轰隆声的大嗓门儿告诉他,要他每次往里面少放一点儿。

“你放得太多了,菲多尔!瞧,都堵住了,所以打得不快。要放均匀!”

菲多尔那汗津津的脸上沾了一层灰,一张脸黑乎乎的。他大声答应了一句,但做起来还是不像列文所希望的那样。

列文走到鼓轮前,把菲多尔推开,亲自动手把麦束往里送。

他差不多一直干到庄稼人吃午饭的时候,才和菲多尔一起走出谷棚,走到打谷场上堆得整整齐齐的一垛留种的黑麦跟前站下来,很起劲地聊起来。

菲多尔是很远的一个村子里的,列文以前就是把那个村子的土地租给庄稼人合伙耕种的。现在他把那里的土地租给一个管院子的了。

列文和菲多尔谈起那片地,并且问他,同村的那个富裕而善良的普拉东明年会不会租种那片地。

“地租太贵,普拉东付不起,康斯坦丁·德米特里奇。”菲多尔一面从汗淋淋的怀里往外掏麦穗,一面回答说。

“那么基里洛夫怎么付得起呢?”

“康斯坦丁·德米特里奇,米久哈那家伙(菲多尔这样鄙称管院子的基里洛夫)怎么会付不起呢!那家伙就会压榨别人,自己捞便宜。他对庄稼人是不会怜悯的。普拉东大叔会剥人的皮吗?谁要拖欠,就让谁拖欠。他从来不催讨。人和人不同呀。”

“那他为什么让拖欠呢?”

“就是说嘛,人和人不一样呀。有的人只是为自己活着,比如米久哈那家伙,只是为了填满他的大肚子,普拉东大叔却是一个忠厚的老头子。他是为灵魂活着。时刻记着上帝。”

“怎样记着上帝?怎样为灵魂活着呢?”列文几乎叫起来。

“大家都知道怎样嘛,就是堂堂正正地做人,照上帝说的做人。人有各种各样的嘛。就拿您来说吧,您也不会欺负人的……”

“是啊,是啊,再见吧!”列文激动得喘着粗气说。于是他转过身去,拿起手杖,很快地朝家里走去。他一听到菲多尔说普拉东为灵魂活着,堂堂正正地做人,照上帝说的做人,许多模糊不清但十分重要的念头就好像冲破闸门,一齐涌了出来,涌向一个目标,在他头脑里盘旋起来,并且放射出耀眼的光芒。

十二

列文大踏步在大路上走着,他所注意的与其说是他的思想(他还理不出头绪),不如说是他从来不曾有过的心情。

菲多尔说的话,使他心中好像电花一闪,使一直萦绕在他心中的一些散乱无力的念头一下子汇合为一体。这些念头是在他谈到出租土地时不知不觉出现在他心中的。

他觉得自己心中出现了一种新的东西,他很高兴地探索着这种新东西,虽然还不知道这是怎么一回事儿。

“不为自己的欲望活着,要为上帝活着。为什么样的上帝?

还有什么比他说的话更没有意思的？他说，不应该为自己的欲望活着，也就是不应该为我们所理解、所迷恋、所追求的东西活着，而应该为无法理解的东西，为谁也不了解、谁也无法肯定的上帝活着。这算什么呀？是我不理解菲多尔这种没意思的话吗？还是理解了，却怀疑其正确性，认为是荒谬的，含混不清的，不准确的？”

“不，我是理解的，就像他自己一样完全理解，比我这一生理解任何事情都透彻，我一生从未怀疑过，现在也不能怀疑这一点。而且不是我一个人，而是所有的人，是全世界都完全理解这一点，只有对这一点都不怀疑，都会赞同。”

“菲多尔说，管院子的基里洛夫活着是为了填满肚子。这是可以理解的，也是合情合理的。我们都是有理性的生物，要活着就不能不填饱肚子。可是菲多尔却说，为填肚子活着是不好的，应该活得堂堂正正，活得像上帝说的那样，他这一提示，我就明白了！我和千百万古人和现在活着的人，思想贫乏的庄稼人和思考与论述过此事、也都含含糊糊说过这种话的哲人贤士，——我们对于这一点，对于应该为什么活着和什么是好，看法都是一致的。我和所有的人只有一点坚定不移、不容置疑和清清楚楚的认识，这种认识是无法用理智来解释的——这是超乎理智，没有任何原因，也不会有任何结果的。”

“如果善有原因，那就不是善；如果善有结果——奖赏，那也不是善。所以，善是没有什么因果关系的。”

“这我知道，所有的人都知道。”

“可是我一直在寻找奇迹，因为看不到使我信服的奇迹感到遗憾。奇迹就在这里，这就是唯一可能的、永远存在的、周围到处都有的奇迹，可是我过去就没有发现！”

“还能有什么比这更大的奇迹呢？”

“难道我找到了整个的答案，难道我的苦恼到此结束了？”列文一面想，一面在灰尘飞扬的大路上走着，既不感到炎热，又不感到疲劳，而是有一种解除了长期苦恼的轻松感。这种感觉太愉快了，使他觉得简直难以置信。他兴奋得喘不上气来，再也走不动了，就离开大路走到树林里，坐在白杨树荫里没有割过的草地上。他从汗淋淋的头上摘下帽子，用胳膊支着上身，躺在林中肥茁茁的青草地上。

“是的，应该定下神来，好好想一想，”他一面想，一面凝视着面前没有被践踏过的青草，注视着一只绿色甲虫顺着一根冰草秆子往上爬，但被一片茅草叶子挡住了，“一切要从头开始，”他自言自语，一面把茅草叶子拨开，让甲虫爬过去，又弯过另一根青草，让甲虫爬到这根草上去，“我怎么这样高兴呀？我发现什么了？”

“以前我说过，在我的身上、这青草和这甲虫身上（瞧，这甲虫不愿意往这根草上爬，展开翅膀飞走了）都在按照物理、化学和生物规律进行新陈代谢。我们所有的人，还有这白杨、云彩和一团团的雾气都在发展中。由什么发展而来？发展成什么？是无止境的发展和竞争吗？……仿佛就因为无止境才会有方向和竞争呢！我感到奇怪的是，尽管我在这方面费了很大劲儿去思索，我还是没有弄清人生的意义、我的动机和向往的意义。不过我的动机是很清楚的，我就一直受其支配，所以当菲多尔对我说出‘要为上帝、为灵魂活着'的时候,我感到又惊又喜。"

"我什么也没有发现。我只是认识了我所知道的事。我懂得了是什么力量使我过去活着,而且现在还使我活着。我摆脱了迷惑,我认识了主宰者。"

于是他简短地回顾了最近这两年自己冥思苦想的全过程,这种很明显的关于死的思索是从他看到哥哥病危开始的。

那时他第一次清楚地懂得了,摆在他和一切人面前的,除了痛苦、死亡和永远被忘却,再不会有什么。于是他打定主意,不能这样活下去,要么把自己的一生解释得清清楚楚,不至于受到魔鬼恶毒的嘲笑,要么开枪自杀。

但是他既没有解释清楚,又没有自杀,而是继续活着,思索着,体验着,而且就在这期间他结了婚,尝到很大的欢乐,在他不考虑人生意义的时候,他是非常幸福的。

这说明什么?这说明他生活得很好,可是他想得不对头。

他生活凭的就是同母奶一起吸进去的堂堂正正的精神(他虽然没有意识到这一点),可是他就因为不仅没有认识到,而且避开了这种精神,所以才苦思冥想。

现在他明白了,他所以能活下来,只是多亏了他所养成的宗教精神。

"假如我没有这种宗教精神,假如我不知道应该为上帝而不是为自己的欲望活着,那我会是什么样的人,这一生会怎样过呢?那我就会抢劫,撒谎,杀人。成为我一生主要欢乐的东西再也不会存在了。"他使出最大的想象力,却还是想象不出,假如他不知道为什么活着,他会成为一个什么样的兽性的动物。

“我一直在为我的问题寻找答案。我的思想不对路，所以无法为我的问题想出答案。答案是生活本身给我做出的，是由于我知道什么是好，什么是坏。我这种知识，不是怎样学来的，是我和所有的人生来就有的，说‘生来就有’，因为这是我从哪儿也学不到的。”

“我这是从哪儿学到的呢？凭理智，我能做到爱他人而不害他人吗？小时候别人对我这样说，我就高高兴兴地相信了，因为别人对我说的，是我心灵中本来就有的。这是谁发现的呢？不是理智。理智发现了生存竞争，发现了要消灭一切妨碍我满足欲望的人的法则。这是理智做出的结论。理智无法发现爱他人的法则，因为这不是理性的。”

“是的，骄傲，”他想着，翻过身趴在地上，用草秆子打起结子，尽量不把草弄断。

“而且不光是思想骄傲，还是思想糊涂。主要的是不老实，就是思想不老实，就是思想作鬼。”他在心里重复一句。

十三

于是列文想起陶丽和孩子们的一件事。孩子们在没人照管的时候在蜡烛上煮草莓，像喷泉似的往嘴里倒牛奶。陶丽看到他们淘气，就当着列文的面训斥他们说，大人花了多少力气弄到的东西，叫他们糟蹋了，说这些力气都是为他们花的，如果他们把碗打碎了，他们就没有东西喝茶，如果把牛奶泼洒了，他们就没有东西吃，他们就会饿死。

孩子们听母亲这话时那种平静的、沮丧的不相信神气使列文十分吃惊。他们伤心的,只是他们有趣的游戏被打断了,母亲说的话他们一句也不信。他们无法相信她的话,因为他们无法理解他们所玩的东西的来龙去脉,因而也无法理解他们所糟蹋的就是他们赖以活命的东西。

"这都是自然而然的,"他们想,"这一点也没有什么意思,没有什么了不起的,因为一向就是这样,以后还是这样。永远都是这么一回事儿。这都用不着我们去想,这都是现成的;我们是要想出一些新鲜别致的花样儿。所以我们就想出把草莓放在碗里,放在蜡烛上煮,互相把牛奶哗哗地直接往嘴里倒。这又新鲜又好玩,一点也不比用碗喝差。"

"难道我们,难道我过去,凭理性寻找自然力的意义和人生的意义,不也正是这样吗?"他继续想道。

"一切哲学理论,通过人所不习惯的奇怪思路,引导人去认识他早已知道而且确实知道不这样就无法生活的事,不也正是这样吗?从每一个哲学家的理论发挥中不是可以清楚地看出来,他事先就像菲多尔一样确切地知道人生的主要意义,而且一点也不比他更清楚,却只是想凭靠不住的推理方法去解释尽人皆知的事吗?"

"就试试看,不要管孩子们,让他们自己去做茶杯饭碗,自己去挤牛奶和做其他种种事情。他们还会淘气吗?他们会饿死的。就试试看,让我们抛弃共同的上帝和造物主的概念,要怎样就怎样,想怎样就怎样!或者不理解什么是善,不懂得什么是道德上的恶。"

“好吧，要是不懂得这些，你们去建设点什么，试试看！”

“我们只会破坏，因为我们在精神上太满足了。简直就像孩子！”

“我和非多尔共有的这种可喜的认识，只是因为有了这种认识我的内心才得到安宁的，这种认识是从哪儿来的呢？这是我从哪儿得到的呢？”

“我从小养成了上帝的观念，教徒的精神，使自己的一生充满基督教给予我的精神的幸福；我充分享受着这种幸福并且赖以活着，却像小孩子一样，不理解这种幸福，在糟蹋这种幸福，也就是想把我赖以生存的东西糟蹋掉。一到人生的重大时刻，就像孩子们到了饥寒的时候一样，我才去寻找那种东西，而且我还不如那些因为淘气受到母亲责骂的孩子们，更不觉得我这种幼稚的胡闹对我有什么不好。”

“是的，我所懂得的东西，我不是凭理智懂得的，而是天赋予我，启示给我，我凭心灵，凭我对教会所宣扬的主要精神的信仰而懂得的。”

“教会吗？就是教会！”列文想到这里，翻转过身去，用另一条胳膊支着身子，朝远处，朝对岸一群向河边走来的牲口望去。

“可是我能不能相信教会所宣扬的一切呢？”他想考验考验自己，就回想起能够破坏他现在的平静心境的一切。他特意回想起那些最使他感到奇怪和诱惑过他的教义。“创世纪吗？我怎样解释生存？生存就是生存吗？没法解释吗？……魔鬼和罪孽呢？……我怎样解释罪恶呢？……救世主呢？……”

“可是我什么也不知道，也不可能知道，只能知道尽人皆知的事情。”

现在他觉得，没有一条教义违反宗教的主要精神——作为人类唯一天职的对上帝和善的信仰。

每一条教义都可以说不是为了个人欲望，而是为了宣扬真理。每一条教义不仅不违反这种精神，而且就因为有这样的教义，才会有那种伟大的、经常出现的奇迹。这奇迹就是，每个人能够同千百万形形色色的人一样，同圣贤和白痴、孩子和老人，同菲多尔、李沃夫、吉娣，同乞丐和国王一样，毫不含糊地懂得同一个道理，过着这样一种精神生活，只有这种生活是有价值的，只有这种生活是我们看重的。

这时他仰面躺着，望着万里无云的高高的天空。“难道我不知道这是无限的空间而不是一个圆形拱顶吗？但是不论我怎样眯缝眼睛使劲观看，也看不出这不是圆的和不是有限的，而且，尽管我知道这是无限的空间，但当我看出这是一个结实的蓝色拱顶时，我也是对的，这比我使劲往更远处看的更对。”

列文不再想了，只是仿佛在倾听两个快乐而专心地交谈着什么的声音。

“难道这就是信仰吗？”他因为不敢相信自己的幸福，就想道。“我的上帝呀，真感谢你！”他压住痛哭，用双手擦着两眼的热泪，嘟哝说。

十四

列文望着前方，看到一群牲口，随后又看到他那辆套着乌骓马的马车，看到车夫，看到车夫赶着车到那群牲口跟前同放牲口的人说了几句话。后来他听到已经在近处的车轮声和肥壮的马打响鼻的声音。但是他一心一意地想着心思，竟没有想车夫赶着车到这儿来干什么。

直到车夫赶着车来到他面前，喊了他一声，他才猛醒过来。

“夫人要我来接您。令兄和另外一位先生来了。”

列文坐上马车，接过缰绳。

列文好像梦中醒来，好一阵子没有定下神来。他打量着肥壮的马，打量着那汗淋淋的胯裆和勒着缰绳的脖子，打量着坐在他旁边的车夫伊凡，就想起他一直在等待哥哥，妻子大概因为他老半天没有回家不放心了，并且竭力猜想同哥哥一起来的客人是谁。他的哥哥、妻子和还不知道的那位客人，现在在他的心目中都和以前不同了。他觉得现在他和一切人的关系都不一样了。

“现在我和哥哥不再像过去那样，老是那样疏远了，不会再争论了；我和吉娣再也不会吵嘴了；和那位客人，不管他是谁，也会亲亲热热的了；对仆人，对伊凡，都会不一样了。”

尽管又肥又壮的马焦急得直打响鼻，老想快跑，列文却把马勒得紧紧的，一面打量着坐在旁边的伊凡。伊凡不知道该用自己空着的两手做什么，就一直按着自己的衬衫。列文就想找由头和他说说话儿。他想说，伊凡不该把搭腰拴得太高，可是这好像是责备,而他是希望说说亲热话儿的。然而他想不出别的话来。

“请您往右边赶,要不然撞到树桩上了。”车夫说着,扯了扯列文的缰绳。

“请你别管我,也别教训我!”列文因为车夫干涉他,很恼火地说。他像往常一样,别人一干涉他的事,他就火了;他也立刻很伤心地感觉到,他的推想错了,他在接触实际的时候,他的心情还不能立刻改变他的态度。

在离家四分之一俄里的地方,列文看见跑来迎接他的格里沙和丹尼娅。

“柯斯加姨父!妈妈来了,爷爷、谢尔盖伯伯、还有一个人也来了。”他们说着,就往车上爬。

“到底是谁呀?”

“样子才怕人呢!两条胳膊老是这样。”丹尼娅说着,在马车里站起来,学卡塔瓦索夫的样子。

“是年老的还是年轻的呀?”列文笑着问。丹尼娅模仿的样子,使他想起一个人。

“哎呀,可不要是那个叫人讨厌的人!”列文想道。

马车在大路上一拐转,就看到前来迎接的人,列文认出头戴草帽,正像丹尼娅学的那样摆动着两条胳膊走来的卡塔瓦索夫。

卡塔瓦索夫非常喜欢谈哲学,他的哲学概念来自从来不研究哲学的自然科学家。最近列文在莫斯科同他争论过好多次。

列文一认出卡塔瓦索夫,首先想起的是卡塔瓦索夫显然认为他赢了的那次争论。

列文心想:“不,我再也不争论,再也不轻易发表意见了。”

他下了马车，同哥哥和卡塔瓦索夫打过招呼以后，就问起妻子的情况。

“她抱着米佳到小树林(这是家门口的一片树林)里去了。她想把他放在那儿，要不然家里太热了。”陶丽说。

列文一向不要妻子把孩子抱到树林里去，认为这很危险，所以他听到这话有些不快。

“她抱着他从这儿跑到那儿，”老公爵笑着说，“我还劝她把孩子抱到冰窖里试试呢。”

“她想上养蜂场去。她以为你在那儿。我们这就是往那儿去。”陶丽说。

“哦，你在忙什么呀？”柯兹尼雪夫落到别人后面，和弟弟并肩走着说。

“没什么特别事儿。像往常一样，忙忙庄稼事儿，”列文回答说，“你怎么样，可以多住些日子吗？我们早就盼着你了。”

“大概能住两个礼拜吧。在莫斯科还有很多事情呢。”

弟兄俩在说这话的时候，目光相遇了。列文虽然一向希望，现在更是殷切地希望和哥哥相处要亲亲热热的，尤其要随随便便的，但他觉得他望着哥哥有些不好意思，便垂下眼睛，不知道说什么才好。

列文竭力寻找能够使柯兹尼雪夫感到愉快的话题，免得他谈塞尔维亚战争和斯拉夫问题，因为他说到在莫斯科有很多事，就表示他要谈这方面的事了，所以列文就谈起柯兹尼雪夫的著作。

“哦，你那本书有什么反应吗？”列文问道。

柯兹尼雪夫知道他提这个问题的用意，就笑了笑。

“没有谁关心这事儿，我尤其不关心。”他说。“您瞧，达丽雅·亚力山大罗芙娜，要下雨了。”他用伞指着白杨树顶上一团团的灰云，对陶丽说。

这几句话也就够了，列文一心想避免的那种即使不算互相作对，那也是很冷淡的态度又出现了。

列文走到卡塔瓦索夫跟前。

“您能抽时间前来，真是太好了。”他对他说。

“我早就想来了。现在咱们可以好好谈谈，较量较量了。您读过斯宾塞的作品吗？”

“没有，没有读完，”列文说，“再说，我现在用不着读他的作品。”

“怎么回事儿？太有意思了。为什么用不着呀？”

“就因为我看清楚了，我所关心的问题在他和他那一类人的著作里是找不到答案的。现在……”

但是卡塔瓦索夫那安详而愉快的脸色突然使他心里一怔，于是他因为谈这些事破坏了自己的情绪，感到惋惜起来，他一想起自己下的决心，就不谈了。

“不过，以后再谈吧。”列文说。“如果到养蜂场去，那就往这边走，走这条小道。”他对大家说。

他们顺着小道来到一片没有割过的林中草地上。草地的一边是连成一片的鲜艳的紫罗兰，夹杂着一丛丛高高的深绿色藜芦。列文领着大家来到小白杨树浓密的凉荫里，请大家坐到特意为参观养蜂场而又害怕蜂群的客人准备的长凳和木头上，自己就到养蜂房里去拿面包、黄瓜和新鲜蜂蜜，招待大人和孩子们。

他尽可能轻手轻脚地快步走着,倾听着越来越频繁地从身边飞过的蜜蜂的嗡嗡声,顺着小路来到养蜂房。在门口有一只蜜蜂钻进他的大胡子里嗡嗡叫起来,他小心翼翼地把蜜蜂放出来。他走进阴凉的门廊,从墙上摘下挂在橛子上的面罩,戴好了,两手插进口袋里,就朝围了篱笆的养蜂场走去。在割净了草的养蜂场中央,整整齐齐地放着一排排老蜂房,都用树皮缚在桩子上,那是他十分熟悉的,他知道每一个蜂房的来历。在篱笆边上排列着新蜂房,那是今年才入箱的新蜂群。在一个个蜂房出口处,一群群工蜂和雄蜂一个劲儿飞舞盘旋,嬉戏,使人眼花缭乱;其中的工蜂总是朝一个方向飞,飞进树林里,飞到正开花的椴树上,然后就飞回蜂房,不停地往返采蜜。

耳朵里不停地响着各种各样的嗡嗡声,忽而一只忙忙碌碌的工蜂匆匆飞过,忽而是嗡嗡叫着的闲游的雄蜂,忽而是保护家业、随时准备螫来犯之敌的担任守卫的蜜蜂。在篱笆那边,有一个老头子在做桶箍,没有看见列文。列文站在养蜂场中央,也没有招呼他。

他很高兴有机会独个儿待一会儿,也好摆脱现实生活,定一定神,因为他一到现实中,情绪已经低落了。

他想起来,他已经对伊凡发了脾气,对哥哥表现出冷淡的态度,和卡塔瓦索夫说话也很轻慢。

“难道这只是一时的心情,这种心情一下子就会消失得无影无踪吗?”他想道。

但就在恢复了这种心情的一小会儿里,他高兴地感觉到,他心中发生了一种很重要的新变化。现实只是一时间扰乱了他已经得到的心灵上的安宁；但他的心灵安宁并没有破坏。

正如此刻这些在周围飞舞盘旋的蜜蜂，威胁着他，吸引着他，使他生理上不得安宁，使他畏畏缩缩，躲着它们，自从他上了马车，也是这样，种种操心事一齐涌上来，使他失去心灵的洒脱；但这种情形只是在他操心的时候才有的。尽管有蜜蜂，他的体力毫无损伤，同样，他新觉醒的精神力量也毫无损伤。

十五

“柯斯加，你可知道，谢尔盖·伊凡诺维奇跟谁同车的？”陶丽给孩子们分好黄瓜和蜂蜜之后，说道，“跟伏伦斯基哩！他是上塞尔维亚去。”

“而且不光是他一个人去，还自己出钱带上一个骑兵连哩！”卡塔瓦索夫说。

“这是他做得出来的。”列文说。“难道还有志愿兵陆续开去吗？”他看了一眼柯兹尼雪夫，问道。

柯兹尼雪夫没有回答，因为碗里有一片白白的三角形蜂窝淌着蜜，一只活蜜蜂粘在上面，他正在用小刀背小心翼翼把活蜜蜂往外挑。

“当然还有啦！您要是能看到昨天车站上的场面就好啦！”卡塔瓦索夫一面咯吱咯吱地嚼着黄瓜，一面说。

“哦，这到底是怎么回事儿呀？看在上帝面上，谢尔盖·伊凡诺维奇，您给我讲讲，这些志愿兵开往哪儿去？他们和谁打仗呀？”老公爵问道。显然他是接续列文不在时就开了头的谈话。

“和土耳其人嘛。”柯兹尼雪夫把那只无力地挣扎着的被蜂蜜糊得发了黑的蜜蜂挑出来，从小刀上移到一片结实的白杨树叶上之后，这才放心地笑着回答说。

“那么，究竟是谁向土耳其人宣战的？是伊凡·伊凡内奇·拉果佐夫和李迪雅伯爵夫人以及施塔尔夫人吗？”

“谁也没有宣过战，而是大家都同情他人的苦难，愿意支援他们。”柯兹尼雪夫说。

“但公爵说的不是支援，”列文帮岳父说道，“他说的是打仗。公爵是说，个人不得到政府许可是不能参战的。”

“柯斯加，当心点儿，这儿有一只蜜蜂！真的要蜇人哩！”陶丽一面说，一面在驱赶一只黄蜂。

“这不是蜜蜂嘛，这是黄蜂。”列文说。

“哦，哦，您有何高见？”卡塔瓦索夫显然想挑列文争论，笑着对他说，“为什么个人就没有权利呢？”

“我的见解是：一方面，战争是一种不人道的、残酷的和可怕的事，任何一个人，更不用说一个基督徒，都无法自己承担发动战争的责任，只有负有这种使命、不可避免会卷入战争的政府才能承担。另一方面，从科学和常理来说，在国家大事上，尤其是在战争这种事上，公民不应依照个人心意行事。”

柯兹尼雪夫和卡塔瓦索夫都准备好了反驳的话，一齐说起来。

“老兄，问题就在于，有时政府不能按公民的心意去做呀，这时社会就要表示自己的心意。”卡塔瓦索夫说。

但是柯兹尼雪夫显然不赞成这样反驳。他听了卡塔瓦索夫

的话,皱起眉头,从另一方面反驳说:

“不应该这样看待问题。这谈不上什么宣战不宣战,只不过是人道的、基督徒感情的表现。骨肉弟兄和同教弟兄在遭受屠杀嘛。就算不是骨肉弟兄和同教弟兄,而是一般的妇女、儿童和老人,也不能无动于衷;一旦动了义愤,俄罗斯人就会奔去支援,制止暴行。你想想看,如果你走在大街上,看到醉汉在殴打妇女或者小孩子,你会怎样呢?我想,你一定不管是不是向这人宣过战,而是向他冲过去,保护受欺负的。”

“不过,我不会把他打死的,”列文说。

“不,你会把他打死的,”

“我说不上来。如果我看到这种事儿,我也许会感情用事;但事先我不能这样说。对待斯拉夫人受压迫问题,可不能这样感情用事。”

“也许你能忍耐。别人可是不能忍耐,”柯兹尼雪夫不满意地皱着眉头说,“民间还流传着‘渎神的伊斯兰教徒’欺压正教徒的传说。人民听说自己的兄弟受欺压,就说话了。”

“也许,”列文含含糊糊地说,“可是我没有看到;我也是人民,我就没有感觉到这一点。”

“我也没有,”老公爵说,“我过去在国外,看到报纸,老实说,还在保加利亚惨案以前我就怎么也不懂,为什么所有的俄国人一下子都热爱起斯拉夫弟兄,为什么我对他们毫无感情?我非常伤心,以为我太怪僻,要么就是喝外国泉水喝多了。但等我回到这儿,我就放心了:我看到,只关心俄罗斯,不关心斯拉夫弟兄的,不只我一个。柯斯加就是这样。”

“在这种事情上，个人的意见算不了什么，”柯兹尼雪夫说，“当整个俄罗斯，当人民表示出其意志的时候，个人的意见是无足轻重的。”

“对不起。我看不出这一点。人民连知道都不知道呢。”老公爵说。

“不，爸爸……怎么不知道呀？礼拜天在教堂里不是讲过吗？”陶丽听着他们说话，插嘴说。“请给我拿块毛巾来，”她对笑嘻嘻地望着孩子们的养蜂老头儿说，“不可能所有的人都……”

“礼拜天在教堂里那算什么呀？叫牧师宣读，他就宣读了。他们什么也不明白，只是叹气，就像平常讲道时一样，”老公爵继续说，“后来又对他们说，为了拯救灵魂的事要捐钱给教堂，他们就每人掏出一个戈比交上去。至于做什么用，他们就不知道了。”

“人民不会不知道；人民总是能认识自己的命运的，在现在这种时刻，这种认识就显示出来了。”柯兹尼雪夫打量着养蜂老头儿，肯定地说。

这个清秀的高个子老头儿，留着花白的大胡子和浓密的银发，端着一碗蜂蜜，一动不动地站着，亲切而安详地俯视着老爷们，显然什么也不明白，也不想明白。

“这话一点不错。”他听了柯兹尼雪夫的话，似有所悟地晃着脑袋说。

“可是，你们问问他好啦。他什么也不知道，什么也不想。”列文说。“米海雷奇，你听说打仗的事了吗？”列文问他，“在教堂里念的是什么？你是怎么想的？我们应该为基督徒打仗吗？”

“我们有什么可想的？皇上亚历山大·尼古拉耶维奇替我们

想好了，什么事都替我们想得好好儿的了。他看得最清楚了。是不是再拿点儿面包来？再给这小厮一点儿吧？"他指着吃面包皮的格里沙，对陶丽说。

"我用不着问，"柯兹尼雪夫说，"我们看到过，现在也看到，千百万人为了支援正义事业抛弃一切，从俄国的四面八方拥来，毫不含糊地、明确地表示自己的心意和目的。他们拿出钱来，或者亲自来，直截了当地表示他们是为什么。这说明什么呢？"

"依我看，"开始上火的列文说，"这说明，在八千万人中总有一些人，也许不只像现在这样几百个，而是几万个失去社会地位的亡命之徒，这种人什么事都可以干——投奔普加乔夫入伙，去希瓦，去塞尔维亚……"

"我对你说，不是几百个，也不是亡命之徒，而是民族的最优秀代表！"柯兹尼雪夫就像是在保护最后的家产，也带着火气说，"还有捐款呢？这可是人民毫不含糊地表示自己的心意呀。"

"'人民'，这个词儿含义太不明确，"列文说，"乡文书，教员，千分之一的庄稼人，也许知道是怎么一回事儿。至于其余的八千万人，就像米海雷奇一样，不仅没有表示自己的心意，而且根本不了解，他们应该对什么事情表示自己的心意。我们有什么权利说这是人民的心意呢？"

十六

能言善辩的柯兹尼雪夫没有反驳，却立刻把话题一转，说："是的，如果你想用算术来了解人民的精神，那当然这是很难的。

我们又没有投过票，而且也不能采取这种办法，因为这并不能反映民意；不过别的办法还是有的。那就是从气氛可以感觉到，可以凭自己的心感觉到。且不说在平静的人民海洋中流动着、任何不抱成见的人都能看得到的潜流；你就看看上流社会吧。知识界各种各样的派别以前势不两立的，现在都团结起来了。一切分歧都消除了，所有社会团体的言论都是一致的，都感觉到有一股自发的力量推动着他们朝同一个方向走。”

“是的，所有的报纸言论都是一致的，”老公爵说，“这是事实。全是一个调调，简直像大雷雨前的蛤蟆叫。聒噪得令人什么也听不见。”

“是不是蛤蟆叫，我不办报，无法为报纸辩护；不过我说的是知识界思想一致了。”柯兹尼雪夫对弟弟说。

列文正想回答，可是老公爵抢在他前头。

“对了，关于这种思想一致，还有话可以说说，”老公爵说，“我有一个女婿，司捷潘·阿尔卡迪奇，你们都认识他的。他现在弄到一个什么理事会理事的差事，我记不清是什么理事会了。不过在那儿无事可做……这有什么，陶丽，这又不是秘密！……年薪却有八千卢布。你们试试看，问问他，他干这差事是不是有益处，他会告诉你们，这差事顶重要了。他也是一个诚实人，不过不能不相信这八千卢布的作用。”

“对了，他要我转告达丽雅·亚力山大罗芙娜，他谋得这个差事了。”柯兹尼雪夫认为公爵的话文不对题，很不满意地说。

“报纸的思想一致也就是这么一回事儿。有人对我说明白了：一打起仗来，他们就会有加倍的收入。他们怎么能不算算，人民和斯拉夫人的命运……和别的一些什么对他们有多大好处呢?”

“有许多报纸我很不喜欢,不过这话不够公允。”柯兹尼雪夫说。

“我只要提出一个条件就行了,”老公爵又说下去,“阿尔方斯·卡尔在和普鲁士打仗之前说的话好极了。‘你们认为必须打仗吗?那很好。谁鼓吹战争,谁就去参加特种先锋队,带头去冲锋陷阵!’”

“这样一来,那些编辑先生就好看了,”卡塔瓦索夫想象着他熟识的那些编辑参加先锋队的情景,哈哈大笑起来。

“不用说,他们准会临阵脱逃,”陶丽说,“只能坏事。”

“他们要是脱逃,那可以用霰弹或者派哥萨克拿着鞭子在后面押阵。”老公爵说。

“哦,这是一个笑话,恕我直言,公爵,这是一个很不得体的笑话。”柯兹尼雪夫说。

“我不认为这是笑话,这是……”列文正要说下去,却被柯兹尼雪夫打断了。

“每一个社会成员都负有自己应尽的责任,”柯兹尼雪夫说。“脑力劳动者反映舆论,就是尽自己的责任。思想一致和舆论的充分反映,是报刊的功绩,同时也是一种可喜的现象。要是在二十年前,我们会保持沉默的;可是现在,俄国人民就发出呼声,准备像一个人一样站起来,准备为被压迫的兄弟牺牲。这是一种壮举,是强大的象征。”

“不过这不光是牺牲,还要去杀土耳其人呀,”列文胆怯地说，“人民牺牲或者准备牺牲，是为了自己的灵魂，而不是为了去杀人。”他不由得把这场谈话同他一直想着的一些念头联系起来，就说道。

“怎么为了灵魂？您要知道，这在一个自然科学家是一种无法理解的说法。灵魂究竟是怎么一回事儿呀？”卡塔瓦索夫笑着说。

“哎呀，您知道嘛！”

“哦，真的，我一点也不知道呀！”卡塔瓦索夫响亮地笑着说。

“‘我来，并不是叫地上太平，乃是叫地上动刀兵，’这是基督说的嘛。”柯兹尼雪夫也很随便地，就像谈尽人皆知的事儿似的，从《福音书》中引用了那句最使列文想不通的话来反驳他。

“这话一点不错。”站在他们旁边的老头儿为了回答偶然向他投来的目光，又这样说。

“哈哈，老兄，您输了，输了，彻底输了！”卡塔瓦索夫快活地叫道。

列文气得脸都红了，倒不是因为他输了，他气的是他控制不住自己，又争论起来。

“不行，我没法和他们争论，”他想道，“他们穿着刀枪不入的盔甲，我却光着身子。”

他看出来，他不可能说服哥哥和卡塔瓦索夫，更不可能赞同他们的主张。他们所宣扬的正是那种狂放的思想，就是那种思想几乎把他毁了的。他不能同意，那么几十个人，也包括他哥哥在内，根据几百个来到京城的唱高调的志愿兵对他们说的话，就有权说他们和报纸表达了人民的心意和想法，也表达了人民要报仇和杀人的想法。他不能同意这一点，还因为他就生活在人民之中，却看不到人民有这类思想的表现，在自己心中也找不到这样的思想（而他又无法不把自己看成俄国人民的一分子），尤其因为，他和人民都不知道，也无法知道，什么是公众福利，却清楚地知道，只有严格遵守人人都明白的善的原则，才能获得公众福利，所以，不论为了什么目的，都不能希望有战争和鼓吹战争。他和米海雷奇和在传说中表示要请瓦兰人来统治的人民都说的是："你们来为王，来统治我们吧。我们甘愿唯命是从。一切劳役，一切屈辱，一切牺牲，都由我们承担。我们不做判断，也不做主。"可是现在，照柯兹尼雪夫的说法，人民已经放弃了用如此昂贵的代价换得的权利。

他还想说，既然舆论是公正无私的法官，为什么革命、公社就不像支援斯拉夫人运动那样合法？但这只是一些想法，是不能解决什么问题的。只有一点可以清楚地看出来，那就是，这时柯兹尼雪夫已经争论得上了火，所以争论是很不好的；列文于是不再说了，并且提醒大家，乌云涌上来了，最好回家去，不要淋到雨。

十七

老公爵和柯兹尼雪夫坐上马车走了；其余的一伙人都加快脚步，朝家里走去。

可是那阴云，忽而白茫茫一片，忽而黑压压一团，飞快地涌了上来，必须再加快脚步，才能赶在下雨之前回到家里。前面那低低的、黑得像煤烟似的阴云飞快地在天上奔驰着。离家还有二百步光景,可是已经起风了,大雨随时都会泼下来。

孩子们又害怕又高兴地尖叫着跑在前头。陶丽眼睛盯着孩子们,吃力地同裹住两腿的裙子搏斗着,已经不是在走,而是在跑了。男人们都用手按住帽子,大踏步走着。等他们来到大门口台阶前,大颗的雨点已经敲打起铁皮水槽的边儿了。孩子们和跟在他们后面的大人都快快活活地说笑着跑到屋檐下。

“卡捷林娜·亚力山大罗芙娜呢?”列文问拿着头巾和披肩在前厅里迎住他们的阿加菲雅。

“我们还以为她和你们在一起呢。”她说。

“那么米佳呢?”

“大概在小树林里,保姆也和他们在一起。”

列文抓起披肩,就朝小树林里跑去。

在这短短的一会儿,黑压压的阴云已经布满天空,把太阳遮得严严实实,天黑得像日食一样了。狂风一个劲儿猛吹,好像非要把列文拦住不可,吹得椴树的叶子和花儿纷纷下落,吹得白桦树露出光秃秃的、奇形怪状的白树枝,吹得洋槐、花枝、牛蒡、野草和树梢都向一边倒。在园子里干活的姑娘们尖声叫着朝下房里跑去。白茫茫的雨帘已经吞没了远处的树林和附近的田野的一半,正迅速地向小树林推进。在空气中可以闻到雨点碎裂散发出来的潮气。

列文朝前弯着头,顶着那一直要把他手里的头巾刮跑的狂风,朝前跑着,已经跑到小树林跟前,已经看到一棵橡树后面有一个白白的东西了,突然,天空闪亮了一下,整个大地发出火光,头顶上的天幕仿佛炸裂了。列文睁开发花的眼睛,透过这时已经来到他和小树林之间的密密的雨帘，首先恐怖地看到，树林中央那棵熟悉的橡树的绿色树头已经奇怪地变了姿态。“难道叫雷劈了吗？”列文刚刚这样一想，那橡树头就越来越快地向下倒去，隐没在其他树木中，接着他就听到一棵大树倒在其他树木上的咔嚓声。

闪电、雷鸣和浑身上下的一阵寒意汇合在一起，使列文产生一种恐怖感。

“我的上帝呀！我的上帝呀，可不要砸着他们！”他嘟哝说。

虽然他立刻想到，那棵橡树现在已经倒下去，祈求橡树不要砸着他们已经毫无意义了，他还是又重复了一遍，因为他知道，除了这种毫无意义的祈祷，再没有别的办法了。

他跑到他们平时常来的地方，却没有找到。

他们在树林那一头，在一棵老椴树底下，正在呼喊他。两个人穿着深色衣服（她们原来穿的是浅色衣服）站在那里，弯下身子对着一样什么东西。那就是吉娣和保姆。雨已经渐渐停了，等列文跑到她们身边，天色也渐渐亮了。保姆下半身衣服是干的，吉娣的衣服却湿透了，完全贴在她身上。虽然雨已经完全停了，她们却还保持着她们在雷雨交加时的那种姿势。她们两个都站着，俯身对着一辆遮着绿伞的童车。

“都好吗？没事吗？谢天谢地！”他一面说，一面拖着灌满了水、老往下掉的靴子，蹚着雨水啪哒啪哒地朝她们跑去。

吉娣那一张红红的、湿淋淋的脸朝他转过来，在淋得变了形的帽子底下很胆怯地笑着。

“哼，你怎么好意思呀！我不明白，怎么能这样大意呀！”他气呼呼地责备起妻子。

“实在不能怪我。我们刚要走，他就哭起来。要给他换尿布了。我们刚要……”吉娣为自己辩解起来。

米佳平安无事，身上一点没湿，而且一直在睡着。

“真谢天谢地！我不知道我这是说的什么！”

把湿尿布收拾好了，保姆抱起孩子，抱着他走。列文走在妻子旁边，因为自己发火感到歉疚，为了表示歉意，背着保姆悄悄握住吉娣的手。

十八

在整个这一天里，列文在他似乎只是凭思想表层参与各种各样谈话的时候，尽管因为自己应该有变化而未变化感到失望，然而还是一直觉得自己的内心是充实的。

雨后地面太潮湿，不能出去散步；而且阴云并没有完全消失，而是在天边游荡着，忽而这儿，忽而那儿，涌起黑压压的一片，响起隆隆的雷声。大家就在家里消磨这一天剩下的时间。

再没有发生什么争论，相反，大家吃过饭之后，心情都非常愉快。

卡塔瓦索夫开头说了几个别出心裁的笑话，使太太们笑得前仰后合，初见面的人总是非常喜欢听他这种笑话的；后来他受柯兹尼雪夫的怂恿，又说了说他对雌雄家苍蝇性格、外貌差异及其生活习性的有趣观察。柯兹尼雪夫也很有兴致，在喝茶的时候也应弟弟的要求说了说他对东方问题前途的看法，说得又通俗又生动，使大家都听得入了神。

只有吉娣一个人没有听完他的话，因为有人叫她去给米佳洗澡了。

吉娣走了几分钟之后，又有人来叫列文了，说是她要他到孩子房里去。

列文很惋惜不能听完这番有趣的话，又担心叫他去是有什么事儿。因为没有要紧事儿是不会叫他的，于是就放下自己的茶，朝孩子的房里走去。

虽然他对他没有听完的哥哥的设想非常感兴趣，因为哥哥谈的是获得解放的四千万斯拉夫人如何同俄罗斯一起开创历史新纪元的问题，他觉得这完全是新鲜事儿，虽然他又担心又很想知道为什么事叫他去，心里惴惴不安，但是他一出了客厅，只有他一个人了，就立刻想起早晨自己的一些想法。他觉得，有关斯拉夫人在世界历史上的作用问题的种种设想，同他心里所想的问题相比，太微不足道了，所以他一下子就把这一切忘得干干净净，又恢复了今天早晨那种心情。

他没有像以前那样回顾思想的全过程（他不需要这样）。他立刻恢复了支配着他、和这些思想密不可分的那种心情，并且觉得自己这种心情比以前更强烈、更明确了。现在他无须像过去寻找安慰时那样，为了获得这种心情，必须回顾思想的全过程了。现在倒是相反，快慰的心情比以前来得快了，思想却跟不上他的心情。

他从露台上走过，望着已经黑下来的天空出现的两颗星星，忽然想起来："是的，过去我望着天空，曾经以为我所看到的圆顶不是幻象，这样我有些事就没有想透彻，有些事我就没有正视，”他想道，“但不管那是什么，那是不能反对的。只要想一想，就什么都清楚了！”

他已经要进孩子房间的门了，才想起他没有正视的是什么事儿。那就是，如果上帝存在的主要证据是他启示了什么是善，那么，为什么这种启示只限于基督教一个教的范围呢？也劝人为善的佛教和伊斯兰教同这种启示有什么关系呢？

他觉得他已经找到了这个问题的答案；但他还没有来得及把答案理出头绪，就进了孩子的房间。

吉娣挽起袖子，站在澡盆旁边，看着孩子在水里打扑腾，一听见丈夫的脚步声，转过脸来，笑嘻嘻地叫他过去。她一只手托着仰面浮在水上、两条小腿乱蹬的胖乎乎的孩子的头，另一只手用海绵在孩子身上擦着，胳膊上的肌肉有节奏地活动着。

“快来呀，你瞧瞧，你瞧瞧！”等丈夫走到跟前，她说道，“阿加菲雅说得不错，他认人了。”

原来，米佳从这一天起，已经明显地、毫无疑问地认识所有的亲人了。

列文一走到澡盆跟前，立刻就试给他看，果然一点不假。特意把厨娘叫了来试验。厨娘弯下身看着孩子，孩子竟皱起眉头，不高兴地晃了晃小脑袋。吉娣弯下身去看他，他喜洋洋地笑起来，小手抓住海绵，咂吧起嘴唇，发出非常高兴、非常奇怪的声音，不但吉娣和保姆，列文见了也开心得不得了。

保姆一只手把孩子从澡盆里托起来，用水冲了冲，用大毛巾裹起来，擦干了，在孩子尖声哭过一会儿之后，便交给了母亲。

“哈，我真高兴，你开始喜欢他了，”吉娣抱着吃奶的孩子安静地坐到她坐惯的位子上之后，对丈夫说，“我太高兴了。要不然我都有点儿伤心了。你说过嘛，你对他没有一点儿感情。”

“不，难道我说过没有什么感情吗？我只是说我有些失望。”

“怎么，你对他失望吗？”

“不是说对他失望，而是对自己的感情失望；我抱的希望还要大些。我本来希望，我会喜出望外，心花怒放的。谁知不是这样，而是厌恶，怜悯……”

她一面抱着孩子聚精会神地听他说话，一面把她在给米佳洗澡时摘下来的戒指往细细的手指上戴。

“主要的是，担心和怜悯太多了，超过了高兴的心情。今天，在大雷雨时那样担心过一阵之后，我明白我是多么爱他了。”

吉娣笑得一张脸都亮了。

“你当时很害怕吗？”她说，“我当时也很害怕，可是等事情过去了，我现在想起来就更怕了。我一定还要去看看那棵橡树。卡塔瓦索夫这人多好呀！总的说，这一天都非常愉快。在你高兴的时候，你和哥哥在一起也很好……你去吧，到他们那儿去吧。这儿刚洗过澡，又热，潮气又大……”

十九

列文走出孩子的房间，剩了自己一个人，立刻又想起还没有完全弄清的那个想法。

他没有去人声笑语不断的客厅，却在露台上站下来，倚着栏杆，眺望起天空。

天已经完全黑下来，在他眺望的南方已经没有云了。乌云停留在相反的一方。那边电光闪闪，还有很远的雷声。列文倾听着花园里椴树上均匀的滴水声，仰望着他熟悉的三角形星群和从其中心穿过的银河及其支流。电光一闪，不仅银河，而且所有灿烂的星星都消失了，但只要闪电一熄灭，所有的星星就好像被一只万无一失的手抛出来，立刻又出现在原处。

“哦，为什么我老是心神不定呀？”列文暗自说，其实他已经预先感觉出来，他的种种疑问已经在心里解决了，虽然他还不知道是怎样解决的。

“是的，上帝的唯一明显无疑的显现，就是通过启示向世人颁布了善的律条，而我感觉这就在我心中，并且由于我也承认善的律条，我就和其他人联合起来，不光是联合，而是自觉不自觉地结合成一个信仰者的团体，这个团体就叫教会。哦，那些犹太人，伊斯兰教徒，儒教徒，佛教徒，他们又是怎么一回事儿呢？”他向自己提出这个他觉得很危险的问题。“难道那几亿人就没有这种美好的境界吗？没有这种美好的境界，人生就没有意义了。”他沉思起来，但立刻纠正了自己。“可是我要弄清楚的究竟是什么呀？”他在心里说，“我要弄清楚的是人类各种各样的信仰和上帝的关系。我要弄清的是上帝对整个苍茫人世的普遍显示。我究竟要怎样呢？对于我，对于我的心，已经明确无疑地显示了凭理智无法理解的认识，然而我却固执地要用理智和语言来表达这种认识。”

“难道我不知道星星不走动吗？”他望着一颗已经移动到高高

的白桦树梢上的明亮的行星，在心里说，“可是我看着星星在移动，就无法想象地球在旋转，所以，我说星星在走动，也是对的。”

“如果天文学家把地球的各种各样复杂的运动计算在内，他们还能理解和计算什么吗？他们那些有关天体的距离、重量、运动和摄动的伟大结论，都是根据天体围绕不动的地球的可以看得出的运动做出来的，也就是我现在看到的这种运动，千百万人都看到的这种运动，这种运动千秋万代都是这样，过去这样，今后还是这样，永远是可信的。天文学家不根据可见的天体同一条子午线和一条地平线的关系进行观察，所得出的结论是毫无意义的和不可靠的，同样，如果不能理解善，不能理解过去和将来对所有的人都是一样、基督教向我显示的、永远可以在我心中找到的善，如果不以这种理解为基础，所得出的结论也是毫无意义的和不可靠的。至于其他宗教信仰以及其他宗教与上帝的关系问题，那是我没有权利也不可能解答的。”

“咦，你还没有去吗？”突然吉娣的声音说。她也走这儿上客厅去。“怎么啦，你没有什么不痛快吧？”她借着星光仔细打量着他的脸说。

但是，如果不是又一道闪电淹没了星星，照亮了他的脸的话，她还是看不清他的脸的。她借着电光看清了他整个的脸，看出是平静的和高兴的，就对他嫣然一笑。

“她是理解的，”他心想，“她知道我在想什么。是不是对她说说？对，我就对她说说吧。”可是就在他要开口说的时候，她也说话了。

“听我说，柯斯加！劳你驾，”她说，“你到拐角那个房间里去一下,看看给哥哥安排得怎样了。我不方便。看看新洗脸池是不是安好了?"

"好的,我这就去。"列文站起来,吻着她说。

"不,不必说,"等她走到他前面去,他想道,"这是秘密,只是对我一个人有用的、重要的和不能用言语表达的秘密。"

"这种新的感情并没有像我幻想的那样,而是像我对儿子的感情那样,没有使我改变,没有使我感到幸福,没有使我觉得豁然开朗,也没有什么意想不到之处。是信仰,不是信仰——我不知道这是怎么一回事儿;可是这种感情经历种种痛苦之后进入我心中,并且牢牢地扎根在我心中了。"

"我依然会对车夫伊凡发脾气,依然会争论,会发表不恰当的意见,依然会对别人,甚至对我的妻子保留我心灵的最神圣的秘密,依然会因为自己做错的事迁怒于她,并且因此还会后悔,依然会凭理智不理解我为什么要祈祷,却还要祈祷;但是,现在我的生活,我今后的一生,不管我会遇到什么样的事,今后一生的每一分钟不仅不会像过去那样毫无意义,而且会具有明确的善的含义,这是我能够做到的!"

国家出版基金项目
“十三五”国家重点出版物出版规划项目
安徽省文化强省建设专项资金项目

静静的顿河

上

Тихий Дон

Первый том

[苏联] 米哈依尔·肖洛霍夫◎著
力　冈◎译

安徽师范大学出版社
·芜湖·

图书在版编目(CIP)数据

静静的顿河:全三册 / (苏)米哈依尔·肖洛霍夫著; 力冈译. — 芜湖: 安徽师范大学出版社, 2018.1

(力冈译文全集;8)

ISBN 978-7-5676-3268-4

Ⅰ. ①静… Ⅱ. ①米… ②力… Ⅲ. ①长篇小说 – 苏联 Ⅳ. ①I512.45

中国版本图书馆CIP数据核字(2017)第258865号

静静的顿河(全三册) [苏联]米哈依尔·肖洛霍夫◎著　力 冈◎译

JINGJING DE DUNHE

责任编辑:刘　佳　王　贤　吴　琼　谢晓博

装帧设计:刘　畅　桑国磊

出版发行:安徽师范大学出版社

芜湖市九华南路189号安徽师范大学花津校区

网　　址:http://www.ahnupress.com/

发 行 部:0553-3883578　5910327　5910310(传真)

印　　刷:浙江新华数码印务有限公司

版　　次:2018年1月第1版

印　　次:2018年1月第1次印刷

规　　格:880 mm×1230 mm　1/32

印　　张:68.25

字　　数:1 595千字

书　　号:ISBN 978-7-5676-3268-4

定　　价:456.00元

力冈先生文学翻译的历史意义

——序《力冈译文全集》

刘文飞
中国俄罗斯文学研究会会长

在力冈先生诞辰91周年的今天，在力冈先生去世20年后的当下，在洋洋19卷23册的《力冈译文全集》面世的此刻，我们终于可以试着归纳一下他的文学翻译所具有的历史意义了。

一

力冈先生的文学翻译苦行僧形象是具有典型意义和感召力量的，这是中国老一辈俄苏文学翻译家留下的一个苍凉背影，也是他们为自己建起的一座“非人工的纪念碑”。翻译是一项苦差事，是需要坐冷板凳的，是一项付出和回报往往不成正比的工作，是一种注定要与孤独和寂寞为伴的工作。文学翻译至少需要出色地掌握两种语言，而好的外语或许能让人找到另外一种更为轻松、更有利可图的工作，好的翻译家若用其母语来进行创作，大约自己也能写出像样的文学作品来。可是，文学翻译似乎像电子游戏、像吸食鸦片一样是一种能让人上瘾的事情，一旦上手，一旦品味到其中的甘苦，往往便欲罢不能。始自玄奘的翻译姿态和翻译精神，似乎成了中国一代又一代译者的宿命，即专注和吃苦，苦修和执着。

力冈先生1926年生于山东乡间，自幼失去母亲，生活贫苦，到他上中学时，家乡被日寇占领，他流亡河南、甘肃、陕西等地。1950年，他考入哈尔滨外国语专门学校俄语专业，毕业后志愿来到安徽师范大学任教，不久就开始了文学翻译工作，陆续在报刊上发表一些短篇译作，至1956年，他的单行本译作《里雅希柯小说集》已由上海新文艺出版社推出。然而次年，他便在反右运动中蒙冤，被开除公职，押往新生耐火材料厂劳教。1960年7月，他因"劳动表现突出"被摘掉右派帽子，重返学校，他在教学之余立即重拾译笔，在短短数月间便译出苏联作家艾特马托夫的中篇小说《查密莉雅》，这篇译作在《世界文学》杂志1961年第10期刊出，引起轰动，"力冈"这一译家大名从此进入人们的视野。就在力冈先生准备大展宏图、施展拳脚的时候，"文化大革命"却突如其来，1968年，他再度被逐出校园，下放至宣城地区新田公社劳动改造，直到"文革"结束后的1978年方得以重返讲台，此时他已过天命之年，用他自己的话说就是："噩梦醒来，已是人生的黄昏。"文学翻译需要天赋，但也是一种力气活，在对于一位翻译家而言的黄金时期，即30—50岁，力冈先生却两度蒙冤，两度再拾译笔，重新开始，这需要何等的勇气和坚韧！他两落三起的翻译经历，几乎就是20世纪五六十年代中国的俄苏文学翻译家们跌宕起伏的人生经历的缩影，就是那一时代中国知识分子命运的象征。令人惊讶的是，重返译坛的力冈先生以超乎常人的工作激情和翻译速度，在1978年后的20年间陆续出版20余部译著，平均每年一部，总字数达700余万。在20世纪80年代，最初几部译著的出版使力冈先生挣到了以当时标准看相当不菲的稿酬，甚至成为所谓“万元户”，但他似乎无暇也无意去享受自己的劳动成果，依然粗茶淡饭，素衣裹身，与此同时却以更大的热情继续译事，终日伏案，不懈地爬格子。1997年2月，力冈先生因肝癌病在芜湖弋矶山医院逝世，据家人说，他在生命的最后时刻仍在念叨着未译完的最后一部译作《罪与罚》。我们或许可以说，他是被文学翻译累死的；我们肯定可以说，文学翻译是他最为看重的毕生事业。

力冈先生少年时四处漂泊，中年时命运多舛，老年时病魔缠身，他的一生似乎都不是给最需要安宁和平静的翻译家所准备的；力冈先生的职业是教师，他偏居小城，又不善交际，这些似乎都不构成他迅速成长为一位全国著名翻译家的前提条件。但是，正如吴笛教授在他纪念力冈先生的文章中所言：“他的一生就是用出人意料的成就表现了悲怆的境界。面对种种意想不到的遭遇和不公，他并没有沉沦，也没有片面地记恨，而是在艰难的岁月中怀着对人性的憧憬，将厄运升华为创作的动力，在逆境中不忘呼唤人性和仁爱，将种种遭遇视为生命中的财富，在悲怆的境界中抒写诗意人生，毫不气馁地追求生命的意义，在自己所献身的俄罗斯文学翻译事业中，做出了杰出的贡献。”

普希金说过：“译者是文明的驿马。”笔者曾对此说法加以引申：“如果说广义的译者是文明的驿马，那么专事文学翻译的人士便是‘文学的驿马’了。凑巧的是，在汉语中，译者的‘译’和驿马的‘驿’不仅同音，而且在词源、词形和词义上也很相近，区别似乎仅在于后者为‘马儿’而前者是‘文人’（言者）。……用在驿站间往复奔波的马儿来形容译者，每个有过译事经验的人大约都能在这个比喻中品味出某种艰苦和辛酸，甚至是束缚和无奈。……既要有出众的能力还要有忍辱负重的秉性，日复一日的奔波只能换得微薄的粮草，还得时刻提防路途中遍布的坑洼和沼泽，能善此业者非驿马莫属也。”力冈先生就是这样一匹忍辱负重、砥砺前行的“文学的驿马”。力冈先生以他的作为告诉我们，文学翻译是一项可以托付终生的事业，是一种富有意义的存在方式；力冈先生及其文学翻译活动是一种燃烧生命的举动，一个与命运抗争的典范，同时是他的翻译意志奏出的一曲凯歌。

二

力冈先生是在中国改革开放的热潮中展开他最积极的翻译活动的，他的大部分译作出版于20世纪80年代。浏览一下力冈先生的译作书目，可以发现出版于80年代的译著有十余部之多，计有格鲁兹杰夫的《高尔基传》（与济凯合译，江西人民出版社1980年版）、冈察尔的《爱的归宿》（安徽人民出版社1983年版）、巴巴耶夫斯基的《野茫茫》（浙江文艺出版社1983年版）、艾特马托夫的《白轮船》（外国文学出版社1984年版）、阿列克谢耶夫的《儿时伙伴》（山东文艺出版社1984年版）、波利亚科夫的《别林斯基传》（黑龙江人民出版社1985年版）、普希金的《暴风雪》（春风文艺出版社1985年版）、肖洛霍夫的《静静的顿河》（漓江出版社1986年版）、帕斯捷尔纳克的《日瓦戈医生》（与冀刚合译，漓江出版社1986年版）、帕斯捷尔纳克的《含泪的圆舞曲——帕斯

捷尔纳克诗选》(与吴笛合译,浙江文艺出版社1988年版)、卡里姆的《悠悠儿时情》(安徽文艺出版社1989年版)和格罗斯曼的《风雨人生》(漓江出版社1991年版)等。从这个目录还可以看出,力冈这一时期的译作总体上以苏联当代文学作品为主要翻译对象。

20世纪80年代是中国当代史上的一个特殊时期,那是一个文化转型期,甚至可以说是中国现当代的一场文艺复兴,是一个文化觉醒的黄金时期。在那场汹涌壮阔的思想解放运动中,在整个改革开放后中国当代文化的建构过程中,对外国文学和外国文化的翻译和介绍起到了无可替代的重要作用,中国当今的现代化,从某种意义上说就是一种"被翻译过来的现代化"。那是一个文学的时代,也是一个翻译文学的时代;那是一个开放的时代,更是一个对外国优秀文学和文化开放的时代,在精神上饥寒交迫的国人首度面对外国文学的盛宴,饕餮之余,最应该感谢的就是那一时代的翻译家。在中国改革开放后出现的外国文学翻译热潮中,俄苏文学也是重要的译介对象之一,力冈先生的译著也和其他众多翻译作品一样,是对改革事业的添砖加瓦,是为思想解放运动注入的燃料,对当时中国社会的文化重建、国民文化性格的重塑起到了重要作用。

中国的俄国文学翻译始自19世纪末,在五四时期出现第一个高潮,如今人们在探讨五四运动的起因时,常将俄国的文学与德国的马克思主义和法国的启蒙思想并列为三大思想资源,由此不难看出俄国文学在当时中国社会所发挥的强大思想作用。后来,在抗日战争时期,在新中国成立之后的50—60年代,俄苏文

学再度发挥“军火”和“样板”功能，而在改革开放时期，包括俄苏文学在内的外国文学，又一次成为国人解放思想、放眼世界的意识形态工具和思想武器。如果说，鲁迅那一代翻译家是“给起义的奴隶偷运军火”的人，那么，改革开放时期的这一代中国翻译家同样是为国人“盗火”的普罗米修斯，功莫大焉，没有包括力冈先生在内的这一代翻译家的辛勤工作，国人的思想解放就是难以想象的。如果我们把出生在19、20世纪之交的翻译家如鲁迅、瞿秋白、蒋光慈、茅盾、巴金、耿济之等视为中国第一代俄国文学翻译家，那么20世纪第一个十年前后出生的姜椿芳、曹靖华、戈宝权、查良铮、汝龙、满涛、叶水夫等就是第二代，而力冈以及去年去世的草婴和刚刚去世的高莽等人则构成中国的俄国文学翻译家的第三代方阵，这一代翻译家同样以自己的辛勤努力为中国的思想启蒙和文化构建做出了历史性的贡献。

中国第三代俄国文学翻译家的工作也对当代中国文学的发展进程产生了深远影响。在20世纪80年代初起，俄苏文学在中国的译介出现一个“井喷”现象，十余年间，全国近百家出版社先后出版的俄苏文学作品多达近万种，在译作的种类和印数上，可能要高出此前所有同类出版物的总和。在这样一种铺天盖地的外国文学译介热潮中，受益的不仅仅是中国的读者，自然也包括中国的作家。王蒙在他的《青春祭》（作家出版社2006年版）一书中写道：“我们这一代中国作家中的许多人，特别是我自己，从不讳言苏联文学的影响。是爱伦堡的《谈谈作家的工作》在50年代初期诱引我走上写作之途。是安东诺夫的《第一个职务》与纳吉宾的《冬天的橡树》照耀着我的短篇小说创作。是法捷耶夫的《青年近卫军》帮助我去挖掘新生活带来的新的精神世界之美。在张洁、蒋子龙、李国文、从维熙、茹志鹃、张贤亮、杜鹏程、王汶石直到铁凝和张承志的作品中，都不难看到苏联文学的影响。张贤亮的《肖尔布拉克》、张承志的《黑骏马》以及蒋子龙的某些小说都曾被人具体地指认出苏联的某部对应的文学作品；这里，与其说是作者一定受到了某部作品的直接启发，不如说是整个苏联文学的思路与情调、氛围的强大影响力在我们的身上屡屡开花结果。”这里提到的张承志，就对力冈先生的译作赞不绝口，曾感慨：“我恨不得倒背如流！”由此不难窥见力冈先生的译作对改革开放时期中国作家产生的影响。

三

1984年，漓江出版社推出力冈先生重译的《静静的顿河》，这是新时期名著重译的第一部，而自90年代起，力冈先生更将名著重译当成首要任务，相继重译了多部俄国文学经典，如托尔斯泰的《复活》（译林出版社1992年版）和《安娜·卡列尼娜》（浙江文艺出版社1992年版）、屠格涅夫的《猎人笔记》（河北教育出版社1994年版）、莱蒙托夫的《当代英雄》（河北教育出版社1994年版）等，他作为翻译家的最后一项工作，就是重译陀思妥耶夫斯基的《罪与罚》。力冈先生是俄国文学经典著作重译的倡导者和先行者之一，他几乎将他翻译艺术炉火纯青的最后十年都用在了名著重译上。

文学名著重译始终是译界的一个有趣话题。中外文学史上

的名作原著，无论出现在什么时代，一代又一代读者捧读的均为同一个文本，而文学名著的译本，即便是著名的译本，却常常会随着时间的推移而“衰老”，会被所谓“新译”所取代。日本著名斯拉夫学者、契诃夫的日译者沼野充义有一次曾对笔者说，被译成日语的契诃夫作品每20—25年便要新译一次，以适应新一代的读者。他的话让笔者大吃一惊，可转而一想，外国文学作品的汉译其实也有着大致相同的命运，尽管其存活期未必一定就是20—25年。汉语文学中的原创名著，如唐诗宋词元曲，如《三国演义》《水浒》《西游记》《红楼梦》，自然在任何时代都不需要也不允许做任何文字加工，可汉语文学中的翻译名著，即便是近现代翻译大家们的著名译作，如严复译的《天演论》、林纾和魏易译的《黑奴吁天录》、鲁迅译的《死魂灵》等，如今也会让人觉得不无“过时”之感，至少会让当下的读者阅读不畅。也就是说，文学名著是永恒的，不朽的，它们的译作却是相对短命的。笔者曾在一篇文章中对名著重译现象作过一番思考：首先，从读者方面看，读者为什么会在面对原作和译著时持有不同的阅读态度呢？他们对于原作和译作这种不同的阅读取舍究竟源自何种阅读心理呢？这种厚此薄彼的取向究竟是先天的还是后天的，是产生在翻译活动出现之后还是之前，这种倾向与文学名著重译这两者之间究竟存在着什么样的互动关系呢？其次，从译者的角度看，在进行重译和新译时究竟该如何面对已有的译作，尤其是已有的优秀译作，是刻意回避，还是尽量汲取原有译作的经验和精髓呢？如果对原有译作尤其是名译作的经验和精髓有所汲取，又该如何避

免抄袭的嫌疑和版权的纠纷呢？如果对前辈翻译家宝贵的翻译经验视而不见，每位新译者均另起炉灶，真的能做到青出于蓝吗？如果新译在翻译质量上无法与旧译比肩，甚至不如旧译，那么重译的意义和价值又何在呢？最后，从翻译实践活动自身来看，用16、17世纪的汉语去翻译莎士比亚当然是可笑的，但是，用21世纪的汉语网络语言去翻译莎士比亚就一定具有历史的必然性和合理性吗？不断地重译、新译，会在多大程度上减少或抹去原作的时代感和历史感，把每一部新译作都作为当下的作品来读，是不是一种最大程度的误读呢？

力冈先生在进行文学名著的重译时，不知是否也曾遭遇此类问题，但他在晚年义无反顾地执着于重译，一定是一种有意识的抉择。我们猜度，他在他翻译事业的黄金时段做出这一重大转向，可能有如下几种原因：首先，他觉得在他之前的译本还有继续加工的余地，还有再度提升的空间。力冈先生重译的这几部俄国文学名著在他之前早已有过出自名家的名译，它们是不止一代中国读者捧读的对象，但力冈先生却不畏权威，另辟蹊径，公开与多位前辈翻译大家打擂台，这或许是力冈先生个人性格的一种显现，但他敢于“叫板”，无疑因为他自信他可以比之前的译著译得更好，或至少能译出他自己与众不同的特色。其次，在译出十多本书后，作为一名富有经验的翻译家，力冈先生大约也会产生出如何超越自己的问题，重译名著，既可以与前辈译家一较高低，同时也能时刻与俄国文学史上的名著及其作者进行跨越时空的深度交流，这无疑是一种更富有挑战也更富有趣味的工作。最后，

名著之所以成为名著，就因为它们往往具有更为完满的艺术价值和更为恒久的艺术生命，翻译这样的作品，无疑更能呼应社会的阅读需求，赢得更大的社会意义。

力冈先生晚年重译的多部名著如今仍在一次又一次地再版，这说明力冈重译的俄国文学经典具有长久的生命力，也说明他当年重译名著的抉择是正确的。一位翻译家，只要他的译作还能出版，还能被人阅读，这位翻译家就还活着，好的译作就是译者的生命之延续。从更为广泛的意义上说，力冈先生是我国改革开放之后名著重译之风的倡导者之一，而名著重译，对于深化我们对外国文学经典的理解和认识、对于发展我们的翻译实践和理论而言，都是极具历史意义的。

四

力冈先生是一位翻译家，也是一位大学老师，教书育人是他的本业。作为恢复高考后步入安徽师大外语系俄语专业的20名学生之一，笔者有幸受教于王老师(力冈本名王桂荣，我们当时都称他“王老师”)。记得先生1978年从插队的宣城乡村回到安徽师大后，不久就开始给我们授课，他教的是“文学选读课”。先生是一个颇为“另类”的老师：他上课不用现成的教材，没有固定的教案，就以他当时正在进行的翻译工作为授课内容；他在教室里不来回走动，几乎不做板书，仅端坐讲台，摊开那本他正在翻译的原著，一旁摆着一摞他最新出炉的译稿，按部就班、一句一句对照着讲下去。对文学没有兴趣、对文学翻译没有兴趣的学生，听这

样的课或许会感到无味，当时王老师课的课堂气氛也的确有些沉闷单调，但王老师并不在意，只管自顾自地讲下去，他会讲他为什么要这样译，讲到兴奋处，他会突然提高嗓门，用带有山东腔的口音高声朗读他最得意的译文段落，读完后，他会抬起眼睛，久久地盯着天花板，似在掩饰眼里涌出的泪水。记得是在讲解《当代英雄》时，他时时指出其他译者，甚至是非常著名的翻译家的错误，并向我们分析这些错误之所以出现的可能的原因，他也时常让我们在他的译文中“挑错”或为他的译文“润色”，如果我们偶有所得，他往往显得比我们还要高兴。与王老师的文学选读课构成呼应的，是我们在大三时学的翻译课，翻译课教师张本桂先生常常给我们一些原文片段，让我们动手翻译，并在下一次翻译课上让译文出色的同学朗诵其译文，并对他认为好的译文再逐字推敲。正是在力冈先生以及张本桂先生和其他老师的精心培养下，安徽师大俄语专业涌现出一大批俄罗斯语言文学专业的人才，其中多位如今已成为国内知名的翻译家，有译著面世的人更多达十余位，如吴笛、张杰、周启超、吴嘉佑、冯华英、朱少华、陈建硕和刘文飞等。名不见经传的安徽师大俄语专业，在短短二三十年间居然成为中国的俄语文学翻译家的摇篮，王老师在天之灵也会因此而深感欣慰！

我们这个俄国文学译者群体的崛起，在很大程度上要归功于力冈先生及其同事们的言传身教。首先，他在课堂上逐字逐句的中俄文对照讲解，他关于译者甘苦的诉说，对于有志于文学翻译的学生而言弥足珍贵，这其实就是一个文学翻译的工作坊和实验室，让我们当年在初步掌握俄语后不久便接触到了俄语

翻译的真谛，亲眼目睹了一位翻译家的工作过程和工作方式。其次，他既与我们分享他的翻译过程，也与我们分享他的翻译收获，记得我们在校时，他和济凯先生合译的《高尔基传》已经出版（江西人民出版社1980年版），他送给全班同学每人一本译著，并用规整的笔迹在扉页上题字签名，不难想象，我们接到这样的馈赠时会多么激动，同时也会觉得译书和出书不再是一件遥不可及的事情。最后，他以他的翻译行为和翻译意志告诉我们大家，庙小并不妨碍念经，更不妨碍修身。他在翻译课上不畏权威，真诚地点出翻译名家们的长处和短处，让我们较早地感受到某种翻译民主精神，并从而确立自己的翻译人格。在他之前的大翻译家往往都生活和工作在大城市，而他在成名后却安居小城，潜心译事，他的存在方式构成一种垂范和激励，使我们很早就意识到，一位翻译家原本可以在任何环境里成长和工作。力冈先生作为一位翻译家的作为和风骨，为他的学生们树立起一个光辉的榜样。

五

力冈的文学翻译有着其鲜明独特的文字风格。译者作为一部作品中的“被动创作者”，究竟应不应该体现其风格，这也是翻译学中一个争论已久的问题，一个见仁见智的问题，有人认为，译者的责任就在于原封不动地传导原作的风格，而不能擅自发挥，喧宾夺主。但是，译作毕竟是由译者用另一种语言进行的文学再创作，译者个人的修辞习惯和语言风格不可避免地会在其译作中得到体现，也就是说，所谓“译者风格”实际上是难以避免的。在这种情况下，如何让译者的风格与作者的风格相互接近、相互吻合，往往就成了决定译作成败的关键因素之一。译者无法在作品的风格范畴里肆意妄为，但译者毕竟有权利选择与自己相近的原著，或者说，选择自己较容易处理的翻译对象，或者说，在一部作品的翻译过程中更注重在自己的风格较易发挥的地方施展拳脚。原作风格和译者风格的吻合虽是一个可遇不可求的事情，但一旦相遇，便是译者的幸事，也是原作者的幸事，更是读者的幸事。

在力冈先生的译著中，较之于人物对话和心理描写，大段落的抒情和大场面的写景似乎得到了译者更为精心的处置，他往往能借助这些段落营造出一种悲凉壮阔、哀婉抒情的氛围，更确切地说，他往往能细腻精准地传导出原作中的此种氛围。力冈先生钟情于这样的段落，钟情于这种文学氛围的营造和传导，无疑与他饱经沧桑的生活经历相关，也是他既刚正不阿又侠骨柔情的性格使然，更是他的审美趣味和文字风格的要求。他的几部译著在书名翻译上的处理，就在一定程度上体现了他的这一追求。巴巴耶夫斯基的小说原名*Приволье*，这是一个很“地道”的俄语单词，意为“广阔的地方”“无拘无束”等，力冈成功地将其译成《野茫茫》，这个译名既契合小说描写苏联斯塔夫罗波尔草原地区生活的主题，也暗含着我国著名的北朝民歌《敕勒歌》所具有的苍茫壮阔的抒情力量。卡里姆的小说原题*Долгое-долгое детство*，力冈先生最初发表在《世界文学》上的译文题为《漫长漫长的童年》，后来出版单行本时，他将书名改为《悠悠儿时情》，

“漫长漫长的”和“悠悠”这两种均使用了叠词的译法都是对原文题目中的修辞手法和诗意情绪的准确再现，但“悠悠”较之“漫长漫长的”似乎更符合中文习惯，再加上之后的“儿时情”，无疑更有抒情味。冈察尔的小说 *Берег любви* 通常被译为《爱的彼岸》或《爱之岸》，力冈先生却译为《爱的归宿》，译者似乎也是在有意地“拓展”作为小说描写对象的爱情的辐射范围。力冈最重要的译作之一《生活与命运》最初的译名是《风雨人生》，力冈是在20世纪80年代末结束此书的翻译的，想必他在译完这部作品时，回顾自己和社会遭遇的种种磨难，不禁百感交集，故将格罗斯曼的原书名 *Жизни и судьба* 译成《风雨人生》。需要说明的是，在广西师范大学出版社不久前再版力冈先生的这部译著时，笔者建议将译著的书名改为《生活与命运》，因为这部小说如今已与托尔斯泰的《战争与和平》并列，而作者格罗斯曼在为这部小说取名时也的确是对托尔斯泰那部史诗的有意模仿，“生活与命运”和“战争与和平”，都是对人类生活最高程度的归纳和概括。

我们或许可以将力冈先生的文学翻译风格概括为“大气的诗意”或“壮阔的悲凉”，即一种融悲剧与抒情于一炉、广阔的画面感与内在的节奏感相互呼应、一气呵成的连贯调性和力透纸背的史诗感相映成趣的译文风格。在他精心翻译的《静静的顿河》和《日瓦戈医生》等巨著中，他的译笔很好地传达出了原著中原本就饱含的由抒情性、悲剧性和史诗性抱合而成的小说整体氛围，而在《生活与命运》的翻译中，他的这一风格又得到了更为充分的彰显。请读一读这部史诗长篇的结尾：“在这种宁静中，会想起去年的树叶，想起过去的一场又一场风雨，筑起又抛弃的窠巢，想起童

年，想起蚂蚁辛辛苦苦的劳动，想起狐狸的狡诈和鹰的强横，想起世间万物的互相残杀，想起产生于同一心中又跟着这颗心死去的善与恶，想起曾经使兔子的心和树干都发抖的暴风雨和雷电。在幽暗的凉荫里，在雪下，沉睡着逝去的生命——因为爱情而聚会时的欢乐，四月里鸟儿的悄声低语，初见觉得奇怪、后来逐渐习惯了的邻居，都已成为过去。强者和弱者、勇敢的和怯弱的、幸福的和不幸的都已沉睡。就好比在一座不再有人住的空了的房子里，在和死去的、永远离开这座房子的人诀别。但是在寒冷的树林中比阳光明丽的平原上春意更浓。在这宁静的树林里的悲伤，也比宁静的秋日里的悲伤更沉重。在这无言的静默中，可以听到哀悼死者的号哭和迎接新生的狂欢……”这一史诗性的小说结尾写得好，译得也好，善于再现悲剧抒情风格的翻译家力冈先生的功力和风格在这里体现得淋漓尽致，炉火纯青！

俄国诗人叶夫图申科在1986年访问中国之后，深为中国俄苏文学翻译家们忍辱负重、坚持不懈的精神所感动，写下一首题为《中国翻译家》的诗作，在由笔者译成中文的这首诗的最后，诗人写道："知识分子的良心，/就是一家出版社，/它仍能工作，/即便没有印刷机，/无论监狱、疾迹还是侮辱，/它仍能用诗句的春燕/把各个民族连系。/翻译家们在做什么？/他们让各国人民相互走近，/越过国境，/越过谎言的沼泽地。/总有一天，要用他们的姓氏/为巨轮命名，/稻穗和麦穗，/会向他们鞠躬致敬。/伟大的译文，/就像神的预言。/翻译过来的细语，/会成为震耳的呼喊。/但愿能有一座纪念碑，/献给无名的翻译家，/那最为可敬的基座，/就由无数的译著垒成！”我们相信，力冈先生的译著，应该

也被垒入这座纪念碑的基座；力冈先生的名字，应该也被刻上这座纪念碑的碑身！

二〇一七年初秋于京西

美好的悲剧形象

——论“顿河”主人公格里高力

肖洛霍夫的长篇巨著《静静的顿河》问世后约半个世纪以来，对这部作品的争论从未停止过。先是争论作家和作品的属性：肖洛霍夫是哪个阶级的作家，《静静的顿河》是什么性质的作品？等到作家和作品被肯定了，又争论起小说中心人物格里高力的典型性。等到这一中心人物的典型性被认定以后，又争论起这一人物的悲剧实质。而所有争论的悲剧实质，实际上是悲剧成因。

可以看出，中心议题的改变，是《静静的顿河》被认识和承认的过程。正确的意见一步步取得胜利。然而，直到今天，仍将着眼点放在悲剧本身及其成因方面，而没有看到作者通过悲剧手段塑造美好形象的主旨，仍说明某些评论者没有足够的胆识接触这部作品的实质。

这部作品的实质，这部作品的核心是什么呢？作者肖洛霍夫说得很清楚，就是要表现人的魅力。人的魅力就是人性美和性格美，特别是中心人物格里高力的人性美和性格美。作家说到做到，他在作品中确实非常成功、非常有力地表现了中心人物的人性美和性格美。

为什么一些评论者偏偏不看重这一点，为什么不从这一点着眼去分析《静静的顿河》的思想和艺术呢？

理论界和政界一样，长时期有“左”倾思想的影响。因为格里高力有过历史污点，小说中的红军和红色政权容不得他，现实中的一些理论家们也容不得他。不能理解，一个“反动军官”会有什么“魅力”；不能理解，这样一个悲剧人物会是一个美好形象。

我国作家邓九刚写了一篇小说，就叫《人的魅力》。在小说中借用高尔基夫人的口说：“如果我是阿克西妮亚，我也会爱上格里高力。”邓九刚不是一位理论家，但他以作家的敏感和胆识深深感受到格里高力的人性美和性格美，触及这部作品的精髓。

作为《静静的顿河》新译本的译者，我在翻译过程中也深深爱上了格里高力这个人物。

怎么能不喜爱这样的人物呢？格里高力具有强烈、深厚的人性和美好的男子汉性格，而且这一切表现在他身上是那样鲜明，那样自然，那样生动。

作者首先揭示格里高力的人性美，写他在爱情上的热烈、执着和勇于追求的精神。受到压抑后，他携情人离家出走，表现了他的反抗精神和勇于追求自由的精神。爱情是人性的重要一面。格里高力和阿克西妮亚的真挚爱情，作为书中贯彻始终的故事线索，成为表现他的人性美的重要一环。

揭示格里高力的性格的另一条主线，是他在战争中，在社会、政治生活中的表现。

格里高力和很多哥萨克小伙子一样，应征参加了俄德战争。

他在战场上第一次杀人，心情异常沉重。因为“秃子”屠杀俘虏，他要和“秃子”拼命。俄军士兵轮奸波兰使女，他冲上前去解救，结果被捆起来，扔在马槽里。军官要凌辱他，他毫不胆怯地反抗。他厌恶战争，渐渐对战争有了认识，皇亲大人向他授勋，他用很不礼貌的方式加以拒绝。通过格里高力在俄德战争中的所作所为，作者为我们描绘出一个善良、正直、有血性、勇于追求真理的小伙子形象。

肖洛霍夫是现实主义艺术家，也写了格里高力性格的另一面，写了他身上的“哥萨克历史积淀”。他受伤后回了一趟家乡，家乡人对他这样一个军官表示了很大的尊敬，激发了他的哥萨克精神。因此他“作为一个好样的哥萨克又上了前方；一面咒骂战争的荒谬，一面忠实地保持着哥萨克的声名”。在书中借用格里高力的回忆，写了他那种勇猛剽悍的哥萨克气质。然而这些情节只是虚写，三言两语交代过去。同样是回忆，一回忆到战场上救护对头冤家司捷潘的事，作者竟放开笔实写起来，而且用了鲜明的对比手法，着意渲染，写得十分动人。因为这个情节和另外几个情节不同，不是表现他的勇猛剽悍，而是表现他的善良和光明磊落的胸怀。一写到他的优秀品质，作者就情不自禁，控制不住自己的笔。前面三个情节只占了不到一页的篇幅，这一个情节却占去两页多，反映了作者的用心和偏爱。

格里高力从战场上回来，第一个参加了红军。然而他又看到红军领导人滥杀俘虏，他要和红军领导人拼命，并愤而离开红军，回到家乡。这仍然是由于他那善良、正直的本性，然而也反映出他认识上的局限，见树不见林，对红军的本质没有认识。

在这里，我们看到的是一个善良、正直、纯朴、有血性的小伙子，带着一颗迷惘的心又回到了家乡。

格里高力参加顿河暴动，是多种因素造成的，有主观因素，也有客观因素。主观因素是他对红军与白军的本质区别没有认识，公然表示既不满白军，也不满红军，发了一些牢骚，以致地方红色政权把他当成敌人。这是他认识上的错误。另外，与他的中农阶级本质也有关系。他过着自给自足的日子，不是缺吃少穿，不要求改变现状、反对动乱，只求安宁。他没有投身革命的强烈要求。与贫农相对而言，这是他作为中农的弱点。客观因素是乱捕滥杀的左倾路线没有争取他，而是把他当作敌人，步步紧逼，要抓他，要杀他。所以，暴动开始，他参加暴动，进行反抗。这是官逼民反。乱捕滥杀逼出来的暴动，不是暴动者的错误。君令臣死，臣不能不死；父叫子亡，子不得不亡，是封建奴化思想。不应该提倡这种思想。所以，格里高力参加暴动，除个别的客观、主观因素外，带有求生、自卫的因素，反抗的因素。就性格而言，这也有好的成分。

格里高力参加暴动以后，依然完整地保持着他的优秀品格。他依然是善良的：红军杀了他的哥哥，他曾发誓为哥哥报仇，捉住红军一个不留，然而他终不忍心。他在战斗中杀了几名水兵，内疚、痛苦得发了疯。他听说关押了红军家属，立即只身冲入监牢去解救。他依然是清白的：在抢劫成风并受到鼓励的暴动中，他自己不抢劫，也不准手下士兵抢劫，因此被撤了职。他依然是个胸怀坦荡、讲义气的男子汉：米沙是他自幼的好友。虽然米沙杀了他的哥哥，但他一听说米沙被暴动军俘虏，便连夜赶来解救，一路上拼命赶马，把马都赶死了。他依然是个有血性的汉子：在白军将军和洋人面前，处处显露出一副铮铮铁骨。他虽然当了暴动军师长，依然保持着朴素的劳动者本色，丝毫没有做官向上爬的心思。有一次，暴动军司令库金诺夫要他去执行一项任务，给他戴高帽子，他欣然受命；等库金诺夫说出完成这项任务后，将为他请功，给他升官，他却恼了，怎么都不干了。有一段描写尤其生动感人：参谋长考佩洛夫说他是“一个极其偶然闯入军官界的军官”，“没有文明人必须具备的那些特点”，并举了许多事例。他以为格里高力这位师长听了这些话会发怒的，就朝格里高力瞥了一眼，却看到格里高力不出声地大笑着呢。格里高力笑完了以后，说：“我才不想学你们那些待人接物的态度和礼节。这些玩意儿我跟老牛打交道一点儿也用不着。如果上帝保佑，我能活下去的话，我就要天天跟老牛在一块儿，我用不着奉承老牛，用不着说：‘劳驾，白头顶，请您拉犁吧！对不起，花皮！请允许我给您整一整皮绳，好吗？牛大人，牛先生，我诚惶诚恐地请您顺着犁沟走！’对待老牛就要干脆利落：唷！哦！……”

格里高力参加暴动以后，他的思想发展也是向上的。因为他参加暴动不是投机取巧、见风使舵，也不是怀着阶级仇恨，只因为他有着刚强、正直、善良、求实的品格，他的思想认识逐渐端正，逐渐深化，对白军、红军的本质渐渐有了认识。有一次他和参谋长考佩洛夫争论。他说，英国人帮助白军和中国人帮助红军不相同。考佩洛夫问他，二者有什么不同。他说不上来，但他觉得就是不同。这说明他不是从形式上看问题，而是从本质看问题了。说明他的思想发生了根本的变化。他渐渐认识到自己错了，也认识到,不靠拢任何一方,是不可能的。事实上暴动军已经渐渐投入白军的怀抱。他想洗手不干,投靠红军,只怕得不到红军的饶恕。家庭悲剧一次又一次发生,个人在悲剧道路上越陷越深,然而,他一旦有了清楚的认识,思想再没有走下坡路,而是从此一直向上。悲剧越发展,他的思想越明确,越深刻,越坚定。等到白军跨海外逃,他也有可能外逃的时候,他作了坚定的抉择:留下来投奔红军。这是他思想的胜利,是刚强的抉择。参加红军后,他决心将功赎罪,英勇作战,得到布琼尼的表彰。然而极左路线容不得他这个有过历史污点的人,将他清洗回家,他也不怨尤,一心回家做一个和平居民。地方红色政权却又不容他,他逃出去躲避,落入匪帮,而不甘心做土匪,脱离匪帮,携阿克西妮亚外逃。阿克西妮亚被打死。当初哥哥被杀,他发誓要报仇。如今他视同生命的情人被打死,他却只是悲痛,只觉得天空和太阳都成了黑的,再没有萌发疯狂的报复心。他毅然回归故里,将所剩枪支弹药扔入顿河,朝自己的家门口走去。这时候依然有危险,然而他不再逃避,而是迎着危险走去。这表明他思想的坚定、性格的刚强。

有些评论家认为格里高力"忽而站在这一边,忽而站在那一边","反反复复,摇摆不定"。其实,他的思想发展的低谷只是在他离开波得捷尔柯夫的红军部队到参加暴动这一阶段。这是一个哥萨克中农在复杂的政治环境中可能有的思想动荡。而参加暴动之后,思想就渐渐向上发展,再没有下落,再没有反复,一旦有了真正的觉悟,千难万险,"虽九死而不悔"。

处污泥而不染,益见其高洁、纯真。历经磨难、曲折而不摧,益见其刚强、坚毅。格里高力长期在暴动军中,而且当了师长,有可能成为死心塌地的白党分子，有可能混入上层。然而正因为他具有刚强、正直、善良、纯朴的性格，他和白党格格不入。他丝毫不想向上爬，不巴结上级，不买上司的账，不依靠洋人，既不想当官，又不想发财。一次次悲剧性遭遇，一次次打击，格里高力依然是格里高力，他的精神既未崩溃，又未堕落，一直保持着纯朴、善良、真诚、勇于追求真理的本色。他的思想没有走下坡路，而是向上、向前发展。悲剧越来越悲，他可走的道路越来越狭窄，然而他的思想越来越端正，越来越深刻，他的性格越来越强化，越来越鲜明。他的思想、性格都在顽强地成长，健康地成长。

掩卷之后，浮现在眼前的是一个多么刚强，多么坚毅，多么善良、纯朴，多么正直的男子汉呀！

小说本是故事。故事本是为了开心解闷的。后来渐渐赋予故事以教育意义，有了主旨，也就是有了主题思想。在一个时期内，人们习惯了着重表现主题思想的作品。而实际上，有些作品，特别是一些不朽的名著，不是着重表现主题思想，而是通过人物在故事中的行动和态度，刻画人物性格，塑造人物形象的；不是通过主题思想来教育人，而是通过人物形象来感染人。主题思想是理性的，未必都能起久远的作用；人物形象具有长久的生命力，长久的审美价值。名著之所以不朽，首先不在于主题思想，而在于所创造的具有永恒审美价值的人物形象。

就以我国的古典小说《三国演义》来说，感人的是那一个个扣人心弦的故事和一个个栩栩如生的人物形象。不论哪个时代的读者，都会从中获得美的享受，受到感染和熏陶。正因为这些故事和人物具有永恒的审美价值，这部书成为不朽的名著。聪明睿智的诸葛亮、大义凛然的关云长、英勇绝伦的赵子龙等许多人物，永远是读者喜爱的形象。一代代读者受到这些人物的感染和熏陶。很难一一细说《三国演义》的明确的主题思想。作为历史小说，其思想倾向尊刘反曹，也是不符合民族统一的历史潮流的。作者选取的立场和角度尽管不符合历史潮流，却有利于表现人物性格。刘备一伙人不占天时，不得地利，正是在这种环境下，更显出人和之可贵。只有在困境中，才更能表现人物之智慧、刚强、仁义和勇敢。给读者以审美享受和感动读者的，正是这样一些人物的性格和形象，而不是孤立存在的人物行为的社会效果。从封建传统来看，诸葛亮、关云长等人维护刘汉王朝的行为是正确的，而从今天的角度看历史，他们的行为就不见得正确了。然而他们的形象依然能给今天的读者以美的感受，依然能感动今天的读者。

文学名著是不朽的，感人的艺术形象是永远感人的，其审美价值是永恒的，不论历史潮流如何，不论社会制度如何变化。

所以，只是紧跟潮流而人物形象苍白的概念化作品，往往如昙花一现；而创造出真实感人形象的作品，却有持久的生命力。

另外，作家选取题材表现人物性格，所选取的题材是有利于表现性格的，不一定是处处符合社会政治、法律、道德准则的。如苏联当代著名作家艾特玛托夫的中篇小说《查密莉雅》在世界文坛上获得极高的声誉。在我国，1961 年译成中文在《世界文学》上发表后，前后十次收入各种文集和丛刊，受到我国读者和文学界的热烈赞誉。这部作品说的是一个什么故事呢？说的是少妇查密莉雅背弃在前方的丈夫，跟情人私奔。一个有夫之妇背弃自己的军人丈夫，是不符合道德、法律准则的。然而故事叙述人、查密莉雅的小叔子谢依特看到嫂子与情人的真挚爱情,希望他们幸福,因而忍受了失去好嫂子的损失和痛苦,同情他们私奔,从而表现了深厚感人的人性。这样的作品不是好的政治、法律教科书,却是表现人性的好作品。读者接受人物形象的感染,而不是重复人物的行为。电影《城南旧事》表现一个小孩子深切同情小偷。同情的对象是理应受到谴责的,然而错误的同情益发显示出同情心之纯真与深厚,因而益发感人。这是有胆识的作家可贵的艺术经验。

正因为《静静的顿河》不是按照政治教科书模式写出的作品,不是着意表现主题思想,而是着意表现人物性格,塑造人物形象,所选的题材是有利于表现人物性格的,而不是按照政治教科书的要求去取材,在教条主义统治的历史时期,必然引起无尽无休的争论。然而也正因为是这样写出的一部作品,越来越显示出其强大的生命力。

许多伟大作家按照人物性格的发展规律来写人物在所经历事件中的所作所为,而不是按照事先想好的故事结局或主题思想来设计人物的行动。普希金在谈到《叶甫盖尼•奥涅金》的创作时说:“我没有想到塔吉雅娜会嫁人。”托尔斯泰谈到《安娜•卡列尼娜》的创作时说:“我没有想到安娜会自杀。”鲁迅也说过:“我没想到阿Q那么快就被枪毙。”这些文学大师说的都是自己严格遵循人物性格发展规律进行创作的情形。肖洛霍夫说得更妙:“格里高力返回故土……这是我的一大发现!”就是说,这不是事先想好的小说结局,也不是偶然想得的神来之笔,而是格里高力性格发展的必然,作者只是发现这一点罢了。

如果探讨《静静的顿河》的艺术经验的话,最可贵的艺术经验就是:作家运用严格的现实主义手法,而不是运用现实主义加浪漫主义的手法;严格按照性格发展的规律,而不是按照什么主题思想,去写性格的发展。这是传统的艺术手法,也是许多伟大作家运用得十分成功的、有力的艺术手法。然而,在奉行社会主义现实主义艺术方法的历史时期,就成了一只"白乌鸦"。许多人不习惯,不理解,致使《静静的顿河》长期遭受各种各样的误解。

肖洛霍夫写格里高力,正是按照他的性格发展的逻辑,写他在种种经历中的所作所为。遇到暴动,具有这种性格、这种认识的格里高力在这种环境下就参加暴动,而参加暴动后格里高力仍按自己性格发展的逻辑行事,没有沉沦,没有同流合污,精神没有崩溃,在白军军官中成为一只格格不入的"白乌鸦"。软弱的人在逆境中有可能改变或失去好的性格特征;刚强的格里高力却在逆境中完整地保持其性格特征,而且按自己的轨道不断向前发展,思想、性格都在积极和健康地成长。如果说他没有跨海外逃而投红军是他思想上的飞跃,那么,他在大赦之前返回故土便是他思想发展的高峰,性格的成熟了。正如作者肖洛霍夫说的:"格里高力返回故土,他仍然有着一颗活生生的心灵。这表现了他的刚强!"这不是故事发展的高潮,却是思想性格发展的高潮;不是故事的圆满结局,却是思想、性格发展的圆满结局。作者就选在这里结束全书。

悲剧被称为"艺术皇冠"。悲剧最能激发人的感情,引人深思。此外,悲剧还最能显示人的性格。肖洛霍夫用严肃的现实主义态度,写格里高力这样一个好男子在社会主义革命中走了悲剧性道路，使人惋惜，使人深思；写他在悲剧性的逆境中保持着自己的良心和良知，在逆境中将他的美好品质鲜明有力地显示出来，格外感人，使人感到格外壮美。

肖洛霍夫有意着重描写格里高力在悲剧性逆境中的表现，而对他在顺境中的表现，反而不实写。如格里高力没有跨海外逃而毅然参加布琼尼的骑兵部队后，精神焕发，英勇作战，一心要“把过去的罪过赎回来”。他的传令兵普罗霍尔说：“他的样子大变了，自从参加了红军，他就快活起来，把一张脸都吃圆了。”又说他作战十分英勇，“打过仗以后，布琼尼在队伍前面亲自和他握手，并且向连队、向他表示感谢”。他参加红军之后的表现，本来可以用浓墨重彩描写一番，然而作者却只是借普罗霍尔之口，几笔交代过去。只是虚写，没有实写。这不是出自偶然。作者有自己的考虑。也许，如果实写格里高力参加红军后意气风发、英勇作战的情景，会冲淡悲剧气氛。作者不愿将悲剧写成人物转变的正剧，而是有意让人物品格在一幕幕悲剧中经受严峻的考验，在悲剧中揭示人物性格深层的美。也只有始终保持悲剧气氛，才能激发人的感情和心灵，才能发人深思。从这一点也可以明显看出作者用悲剧手段塑造美好形象的意图。

长期以来，人们对于文艺为革命服务理解得极其狭隘，认为文艺作品应当是用文艺形式表现的政治教科书。正面人物只能走革命的道路，做革命的事情。只有革命者才是正面人物，美好形象。所以，出现了《静静的顿河》这样的作品，人们就不能理解了。

有些研究者不看重作者本人的表白，不研究格里高力的性格美，却着重研究格里高力的悲剧及其成因，不把格里高力的悲剧性经历看作表现他的性格的手段，而是一味地从他的悲剧中寻找他的性格缺陷。这是颠倒本末。

事实是，肖洛霍夫用悲剧手段塑造了一个美好的男子汉形象。这是一个有血有肉的、具有长久审美价值的不朽的形象。高尔基说，肖洛霍夫“在小说中往往不能将自己的立场同主人公格里高力的立场区分开来”。是的，格里高力性格中有作者自己的性格，也有作者的理想。正因为作者和格里高力一样，也有刚强、正直、勇敢、善良和求实的性格，才敢于在极左路线统治时期言人之不敢言，写人之不敢写。也正因为这样，这部作品经住了时间的考验，成为不朽的名著。

今天，思想界出现了空前活跃的局面。应该用新的眼光，拨开庸俗社会学的迷雾，去深入认识这部作品的实质了。我不是理论家，只是一名译者，在翻译本书过程中深有所感。愿将自己的感想和看法说出来，作为引玉之砖。

力　冈

一九八八年三月于安徽师大

目　录

附录

主要人物表

格里高力·潘捷莱耶维奇·麦列霍夫（爱称：格里沙、格里什卡）

潘捷莱·普罗柯菲耶维奇·麦列霍夫

——格里高力的父亲

娃西丽萨·伊莉尼奇娜（简称：伊莉尼奇娜）

——格里高力的母亲

彼特罗·潘捷莱耶维奇·麦列霍夫（爱称：彼佳）

——格里高力的哥哥

妲丽亚

——彼特罗的妻子

杜尼娅

——格里高力的妹妹

司捷潘·阿司塔霍夫

——麦列霍夫家的邻居

阿克西妮亚（爱称：阿克秀莎）

——司捷潘的妻子，格里高力的情人

娜塔莉亚（爱称：娜塔什卡）

——格里高力的妻子

米伦·格里高力耶维奇·柯尔叔诺夫

——娜塔莉亚的父亲,富农

卢吉尼奇娜

——娜塔莉亚的母亲

米佳

——娜塔莉亚的哥哥

格里沙加爷爷

——娜塔莉亚的爷爷

谢尔盖·普拉托诺维奇·莫霍夫

——商人

伊丽莎白·谢尔盖耶芙娜(爱称:丽莎)

——莫霍夫的女儿

叶甫盖尼·尼古拉耶维奇·李斯特尼次基

——沙皇时代的军官

尼古拉·阿列克塞耶维奇·李斯特尼次基

——叶甫盖尼的父亲,退休将军,大地主

萨什卡老爹

——李斯特尼次基家的老马夫

奥西普(约瑟夫)·达维陀维奇·施托克曼

——共产党员

“杰克”

——莫霍夫家的磨坊工人

伊万·阿列克塞耶维奇·科特里亚洛夫

——磨坊里的机器匠

米沙·柯晒沃依

——哥萨克贫农

普罗霍尔·泽柯夫

——哥萨克农民

安尼凯

——哥萨克农民

贺里散福

——哥萨克农民

伊里亚·彭楚克

——共产党员

安娜·波古德柯

——女共产党员，彭楚克的爱人

贾兰沙

——具有进步思想的乌克兰人

波得捷尔柯夫

——党外布尔什维克，顿河苏维埃主席

科尔尼洛夫

——反革命白军头目

佛明

——哥萨克，曾参加红军，后叛变，成为土匪头子

库金诺夫

——哥萨克暴动军司令

不是犁头开垦出这沃野千里……
开出千里沃野的是战马铁蹄，
千里沃野种的是哥萨克头颅，
装扮静静顿河的是年轻寡妇，
静静的顿河靠千万孤儿点缀，
顿河的波浪本是滴滴父母泪。

啊，静静的顿河呀，我们的父亲！
顿河呀，你的水为什么这样浑？
唉，我静静的顿河水怎能不浑？
冰冷的水流在我顿河底翻腾，
白色的鱼儿在水中搅动不停。

——哥萨克古歌

静静的顿河,养育我们的父亲河呀,
亲爱的河,俄罗斯百姓的河呀,
有多少话儿把你赞颂,
把你赞颂,为你唱歌,
以前呀,你流得那样欢畅,
那样欢畅,又那样清亮,
可是如今呀,你泥沙滚滚,
从上到下都是这样浑。
亲爱的静静的顿河开言说:
“我的水怎么能不浑,
我放走了我的好男儿,
我放走了顿河哥萨克。
没有他们,陡峭堤岸就被冲垮,
没有他们,滩上就翻滚起黄沙。”

——哥萨克古歌

卷　一

一

麦列霍夫家的院子，就在村子的尽头。牲口院子的小门朝北，正对着顿河。从绿苔斑斑的石灰岩石头丛中往下坡走八俄丈，便是河沿：那星星点点的贝壳闪着珍珠般的亮光，水边的石子被河水冲得泛出灰色，就像一条曲曲弯弯的花边儿；再往前，便是奔腾的顿河水，微风吹动，河面上掠过一阵阵碧色的涟漪。往东，为打谷场作篱的一排红柳外面，是一条"将军大道"，大道中间是白色野蒿，还有受尽马蹄践踏，依然十分旺盛的褐色车前草。十字路口是一座小教堂，教堂背后便是笼罩着腾腾气流的原野。向南望去，是一道石灰岩的山梁。西面，是一条街道，这条街穿过一个广场，直通河边滩地。

上次俄土战争期间，哥萨克麦列霍夫·普罗柯菲回到村里。他从土耳其带回一个老婆——一个裹着披巾的瘦小女人。她总是把脸遮得严严的，难得露一露她那忧愁的、带点儿蛮气的眼睛。丝披巾流露着不可接近的神秘意味，那鲜艳夺目的绣花叫妇女们十分眼馋。这个被掳来的土耳其女人跟普罗柯菲家里的人都合不来，所以不久麦列霍夫老头子就把儿子分了出去。老头子一直耿耿于怀，至死都没有跨过儿子的家门。

普罗柯菲很快就安好了新家：请木匠搭了一座木房，又自己动手围了一个牲口院子，快到秋天的时候，便带着他的驼背的外国老婆搬往新居。他和她跟在装着家产的大车后面，在村子里走着，全村大人小孩都跑了出来。男子汉们不出声地窃笑，妇女们大声地喊叫，一群肮脏的孩子跟在普罗柯菲后面起哄，但是他敞着小褂，就像犁地时那样慢慢走着，黑黑的大巴掌握住老婆那柔嫩的小手，毫不在乎地昂着他那淡白色乱发的头，只有两边腮上鼓起和蠕动着两个大包，以及一直不动声色因而显得像石头一样的两道眉毛中间渗出了汗珠儿。

从那时候起，村子里就难得看到他了，就连集日里他也不肯出来。他住在紧靠顿河边自己的小房子里，过着与人不相往来的日子。村子里议论起他的古怪。放牛的孩子们说，他们好像看到，每天傍晚，太阳快落山的时候，普罗柯菲就抱起老婆，一直抱到鞑靼冈上去，把她放到土冈顶上，跟她一起背靠着一块被千年风雨侵蚀得千疮百孔的石头坐下来，一股劲儿地望着草原；一直要望到晚霞完全消失，普罗柯菲才把老婆用大衣包起，抱回家去。村里人纷纷猜测，为这种古怪行动寻找解释，妇女们连说闲话的时间都没有了。关于普罗柯菲的老婆也有各式各样的说法：有的说她漂亮得要命，有的说她丑得出奇。直到最勇敢、最爱刨根问底的娘儿们玛芙拉装作讨新鲜酵母到普罗柯菲家里去过一趟之后，才真相大白。普罗柯菲到地窖里去取酵母，玛芙拉趁这个机会看了个一清二楚：原来普罗柯菲弄到的土耳其老婆是一个顶不起眼的女人……

过了一会儿，红着脸、歪披着头巾的玛芙拉就站在胡同口对着一群妇女咋呼起来：

“谁知道他看上她哪一点！平平常常，女人罢咧……屁股不像屁股，肚子不像肚子，简直像一根棍儿。不如咱们的姑娘饱满。身子细得像马蜂，一折就断；两只眼睛又黑又大，我的天啊，两眼一瞪，就像个魔鬼。大概快要生孩子啦，真的！”

“要生孩子啦？”妇女们吃惊地说。

“看样子，早就不是姑娘，养过几个孩子啦。”

“脸蛋儿怎样？”

“脸蛋吗？黄黄的。眼睛蔫不拉唧的，看起来，在外乡外土日子过得不怎么甜。你们猜，她穿着什么……穿着普罗柯菲的裤子哩。”

“当真？……”妇女们一齐惊愕得失声叫道。

“我亲眼看到的，她穿的是男人裤子，只是没有镶绦，一定是他的便裤。她上身是一件老长的布衫，布衫下面便是男人裤子，裤腿掖在袜筒里。一看到她那种样子，我吓呆了……”

村子里悄悄流传着一种说法，说普罗柯菲的老婆会兴妖作怪。阿司塔霍夫家的儿媳妇（阿司塔霍夫家也住在村头，紧靠着麦列霍夫家）起着誓说，好像是在三一节的第二天，她在天亮之前亲眼看到普罗柯菲的老婆披散着头发，光着脚，到他们家牛棚里挤过牛奶。从那时起，牛的乳房就干瘪得像小孩子拳头那样大，不再出奶，不久牛就死掉了。

那一年，发生了前所未见的牛瘟，顿河边圈牛的沙滩上，每天都要出现一些大牛和小牛的尸体。牛瘟传到了马群中。村镇牧场上牧放的马群越来越稀疏。于是大街小巷流传起可怕的谣言……

哥萨克们举行过村民大会之后，直奔普罗柯菲家。

主人走到台阶上来迎接。

“诸位老人家，因何事光临舍下？”

人群朝台阶移动着，没有一个人讲话。

终于，一个略带酒意的老头子领先喊道：

“把你的妖精给我们拖出来！我们要审问她！……”

普罗柯菲连忙朝房里奔去，但是到过道里就被追上了。有一个诨号叫“车杠”的大个子炮兵抓住普罗柯菲的脑袋，一面朝墙上撞，一面说：

“放老实点，反抗是没有用的！……不干你的事，我们是要干掉你老婆。一定得把她除掉，不除掉她，全村的牲口都得死光。你要放老实些，要不然我把你脑袋撞碎！”

“把母狗拖出来！……”人们在台阶边吆喝着。

一个和普罗柯菲同团当过兵的哥萨克，将土耳其女人的头发缠在一只手上，另一只手捂住她那张开喊叫的嘴，飞速地将她从过道里拖了出去，摔到人们的脚下。一声尖利的叫喊穿透了吼叫的人声。

普罗柯菲冲破六个哥萨克的包围，奔进正房，从墙上扯下一把马刀。哥萨克们你拥我挤地从过道里退了出来。普罗柯菲在头顶上挥舞着寒光闪闪、响声嗖嗖的马刀，飞身跳下台阶。哥萨克们立刻阵脚大乱，四散奔逃。

普罗柯菲在仓房旁边追上了那个跑得很慢的、诨号“车杠”的炮兵，从背后斜劈下去，从左肩一直劈到腰部。哥萨克们撞倒篱笆桩，穿过打谷场，朝田野奔去。

半个小时之后，重新鼓起勇气的人们才悄悄走进院子。两个前哨战战兢兢地走进了过道。普罗柯菲的老婆躺在厨房门槛上，浑身是血，头很别扭地向后仰着，牙齿疼得朝外龇着，咬得出血的舌头在上下牙之间翻动着。普罗柯菲的头不住地晃动，眼睛直愣愣的，正用羊皮袄包裹一块哇哇直叫的肉团子——早产的婴儿。

＊＊＊

普罗柯菲的老婆当天傍晚就死了。孩子的祖母，普罗柯菲的母亲，很可怜这个不足月的孩子，就把他抱回家去。

家里人把婴儿放到烘热的锯末里，用马奶喂他，过了一个月，认为这个黑黑的、带土耳其血统的孩子能够活下去了，便抱到教堂行了洗礼，给他取了个同祖父一样的名字——潘捷莱。十二年后，普罗柯菲刑满归来。一部修剪得整整齐齐、间有若干白毛的红胡子和一身普通的俄罗斯服装，使他变成了陌生人，不像一个哥萨克了。他把儿子领回去，又把家业恢复起来。

潘捷莱长成一个黑黑的、天不怕地不怕的小伙子。他的脸和他那匀称的身材都很像母亲。

普罗柯菲给他娶了一个街坊的女儿——一个哥萨克姑娘。

从那时候起，土耳其人的血就和哥萨克的血交流起来了。从此村子里出现了高鼻子的、分外俊美的哥萨克麦列霍夫家族，诨称土耳其佬。

潘捷莱埋葬了父亲，便一心一意振兴家业：翻修了房屋，将半亩左右的闲地圈进了宅园，盖了几座铁皮顶的棚屋和仓房。铁瓦匠遵照主人的吩咐，用剩余的铁皮剪成一对铁公鸡，装在仓房顶上。铁公鸡那逍遥自在的神态，使麦列霍夫家的院子里平添了无限喜气，呈现出一派自给自足和富裕康乐的景象。

到了垂暮之年，潘捷莱·普罗柯菲耶维奇胖了起来，身子粗了，背有点儿驼了，不过，看起来还是一个蛮结实的老头子。骨头干硬了，走起路来一瘸一拐的(年轻时参加沙皇阅兵典礼，骑马摔断了左腿)，左耳朵上戴着一只半月形的银耳环，胡须和头发直到老年还是黑的，发起火来连命都不要。显然，这种情况使他的妻子过早地出现了老态——他的妻子当年是很漂亮的，如今已经臃肿不堪，满脸都是蛛网般的皱纹了。

已经娶了亲的彼特罗很像母亲：个头儿不高，蒜头鼻子，乱蓬蓬的小麦色头发，褐色的眼睛；但是小儿子格里高力却很像父亲：虽然比哥哥小六岁，却比哥哥高半个头，生着同父亲一样的鹰钩鼻子，在微微上挑的眼眶里，嵌着一对热情的扁桃形蓝眼睛，高高的颧骨上紧紧绷着一层棕红色皮肤。格里高力也和父亲一样有点儿驼背，甚至笑起来也和父亲一样粗犷。

父亲的爱女杜尼娅是一个长胳膊、大眼睛的未成年姑娘，再加上彼特罗的妻子妲丽亚和一个小孩子——麦列霍夫家一家人就齐了。

二

黎明时淡灰色的天空闪烁着寥落的晨星。风从黑云里钻了出来。顿河上的晨雾像一根烟柱似的移动着,碰到石灰岩的山冈,便顺着山坡铺展开去,又像一条灰色的无头蛇似的钻进了峡谷。左岸的河岔、沙滩、山沟、苇塘和露珠晶莹的树林都沐浴在通红通红的寒冷的朝霞里。太阳还在地平线下面懒洋洋的不肯升上来。

麦列霍夫家里,潘捷莱·普罗柯菲耶维奇第一个醒来。他一面走,一面扣着绣有许多小十字的衬衫领子,来到台阶上。满院子的青草都蒙上了银色的朝露。他把牲口放到小胡同里去。妲丽亚穿了衬裙跑去挤牛奶。露水溅在她那白嫩的光腿肚上,很像新鲜的奶汁。院子里草地上留下一行烟黄色的脚印。

潘捷莱·普罗柯菲耶维奇看着被妲丽亚踩倒的青草慢慢挺立起来,便走进正房。

庭园里的樱桃花凋谢了,萎蔫的粉红色花瓣落在开着窗户的窗台上。格里高力正趴着睡觉,一只手伸到床外。

"格里什卡,钓鱼去不去?"

"你说什么?"格里高力小声问,两条腿已经从床上搭拉下来。

"走,钓鱼要趁早。"

格里高力一面哼哧着,从衣架上扯下一条便裤穿上,将裤脚掖到白毛袜筒里,半天才穿好皮靴,因为好几次都把靴后跟穿歪。

“鱼食儿妈妈煮了没有?”他哑着嗓子问,一面跟着父亲朝过道里走去。

“煮好啦。你去解船,我一会儿就来。”

老头子把冒着热气的香喷喷的麦粒儿装好揣到小褂里,把落在地上的麦粒儿仔细地扫到手掌上,然后跛着左腿,一瘸一拐地向坡下走去。格里高力还迷里迷糊地坐在船上。

“往哪儿去?”

“往黑土崖。到咱们前天去过的那棵倒在水里的树旁边试试看。”

船尾在岸边泥土上划了一下,小船就落到水里,离了河岸。激流把小船冲得摇摇晃晃,看架势就要把小船掀翻了。格里高力并不划动双桨,只用一支桨掌握航向。

“你划呀。”

“等漂到河当中再划。”

小船穿过激流,向左岸驶去。村子里传来公鸡的叫声,鸡声通过水的折射,显得十分悠远。小船擦着壁立在水边的黑色石砾质土崖,来到一处河湾里停住。离岸五俄丈的地方,便是倒在水里的榆树露出水面的蓬乱的树枝。回旋的水流在榆树周围旋起一圈圈褐色的泡沫。

“解开钓丝,我来撒食儿。”父亲小声对格里高力说,一面将手伸进冒热气的罐子口。

麦粒儿撒到水里,发出清脆的溅水声,就像有人轻轻发出了“呲”的声音。格里高力将几颗煮涨的麦粒儿穿到钩子上,咧嘴笑了。

“大鱼儿，小鱼儿，都来吃食儿！”

钓丝一圈一圈地落到水面上，又像弦一样向水里伸去，钓钩刚一接触到河底，钓丝又松弛下来。格里高力用脚踩住钓竿的一头，竭力不叫身子摇动，伸手去摸烟荷包。

“爹，恐怕钓不到……月亮还没圆呢。”

“带着火柴吗？”

“带着。”

“给我点个火儿。”

老头子抽着烟，望了望沉树后面冉冉上升的太阳。

“鲤鱼可不管这一套。有时候月亮不圆也会出来。”

“倒霉，光是一些小鱼儿吃食。”格里高力叹了一口气。

小船旁边的水啪地向上一冒，随即又落了下去，一条两俄尺长、好像红铜铸成的鲤鱼，用弯弯的大尾巴划开水面，扑腾朝上一跳，水珠儿溅了一船。

“有门儿！”潘捷莱·普罗柯菲耶维奇用袖子擦了擦胡子上的水珠儿。

在沉入水中的榆树旁边，胳膊一般粗的树枝中间，同时跳出两条鲤鱼；还有一条，多少小一点儿，在空中打着旋儿，一下又一下、顽强地撞击着土崖。

* * *

格里高力焦急地嚼着已经湿透的烟卷头儿。还不耀眼的太阳已经升到半棵橡树高了。潘捷莱·普罗柯菲耶维奇撒完了所有的麦粒儿，很不开心地咬紧嘴唇，呆呆地望着一动不动的钓竿尖儿。

格里高力吐掉烟卷头儿，恨恨地望着烟卷头儿迅速地飞出去。他心里在骂父亲，因为父亲一大早就把他叫醒，不叫他睡够。因为空着肚子抽烟，嘴里发出一股烧猪鬃那样的臭味。他弯下腰，正要用手去捧水——这时候，离水面半俄尺的钓竿梢儿微微晃了晃，慢慢向下弯去。

"上钩啦！"老头子出了一口气。

格里高力精神一振，提了提钓竿，但是竿梢儿迅速地钻进水里，钓竿在手里弯成一个圈儿。有一股很大的力量，像一架绞车，将绷得紧紧的红柳条钓竿朝下拖。

"抓紧！"老头子哼哼着，把船从岸边摇开。

格里高力拼命提钓竿，但是提不起来。叭的一声，老粗的钓丝断了。格里高力因为失去平衡，晃了几下。

"像一头公牛！"潘捷莱·普罗柯菲耶维奇小声嘟哝说，一面往鱼钩尖儿上穿鱼食儿，老是穿不上。

格里高力激动地笑着，拴好新钓丝，又抛了出去。

鱼钩刚刚到达河底，竿梢儿就弯了。

"是它，鬼东西！……"格里高力惊叫起来，一面吃力地将冲向激流的大鱼从河底朝上拉。

钓丝琤琤响着划开水面，钓丝起处，水跟着上来，很像一块斜斜的淡绿色的布。潘捷莱·普罗柯菲耶维奇用短粗的手指掴动着捞网的木把儿。

"把它拉到水面上！抓紧，要不然会挣脱的！"

"没事儿！"

一条金红色的大鲤鱼来到水面上，搅起一阵泡沫，将圆圆的大脑袋一扎，又沉入水底。

“好大的劲儿，手都叫它扯麻了……哼，等着瞧吧！”

“格里什卡，抓紧！”

“抓紧啦——啦！”

“小心点儿，别让它钻到船底下！……小心点儿！”

格里高力喘着粗气，把平躺着的鲤鱼拉到了船边。老头子刚要探身用捞网去捞，但是鲤鱼又使出最大的力气，扎进了水底。

“把它的头提起来！让它喝点风，它就老实啦。”

格里高力提起鱼头，又把折腾得没有了力气的鲤鱼拉到小船边。那鲤鱼一面大张着嘴喘气，一面拿头朝起毛的船舷上一撞，就不动了，只有那忽闪忽闪的鱼翅闪着橙黄色的金光。

“缴枪啦！”潘捷莱·普罗柯菲耶维奇得意地说，一面拿捞网去捞。

又坐了半个钟头左右。捕捉鲤鱼的战场上没有动静。

“把钓竿收起来吧，格里沙。大概咱们只能钓到这一条啦，不会再来啦。”

收拾完毕。格里高力划动了小船。船行了一半路程，格里高力从父亲脸上的表情看出，父亲要对他说点什么，但是老头子却一声不响地望着散布在山脚下的本村一户一户的人家。

“你，格里高力，我有两句话……”他一面摸索着放在脚底下的麻袋上的绳结，一面犹豫不决地开口说，“我看出来，你好像跟阿司塔霍夫家的阿克西妮亚……”

格里高力脸涨得通红，扭过头去。衬衫领子勒进肉绷绷的、被太阳晒黑了的脖子，勒出一道白印儿。

“你小心点儿，小伙子，”老头子已经是很严厉和气冲冲地往下说了，“我不是随便跟你说着玩儿的。司捷潘是咱们的邻居，我不准你跟他老婆胡搞。这种事会惹祸的。我事先提醒你：我要是看到了，就把你打死！”

潘捷莱·普罗柯菲耶维奇把手攥成疙疙瘩瘩的拳头，眯缝着凸出的眼睛，直看着儿子脸上的血色慢慢退了下去。

“都是胡扯！”格里高力嘟哝说，声音十分低沉，好像是从水底发出来的，并且对直地看了看父亲发青的鼻梁。

“你给我住嘴！”

“别人还会说什么好话……”

“住嘴，狗崽子！”

格里高力埋头划船。小船飞跑起来。船尾后面哗哗直响的水打起了漩涡。

路上两个人再没有说话。船快要靠岸的时候，父亲又提醒说：

“小心点儿，别忘了，要不然，从今天起就不准出去玩。不准离开家门一步。就这样！”

格里高力没有说话。在系船的时候，他问道：

“这鱼交给家里人吗？”

“拿去卖给买卖人吧，”老头子语调缓和了，“你换烟抽吧。”

格里高力咬紧嘴唇，跟在父亲后面走着。“爹，随你怎样发狠，你就是把我的腿拴起来，我今天也要出去玩。”他一面拿眼睛恶狠狠地盯住父亲那扁平的后脑勺，一面想。

格里高力在家里仔细地把沾在鱼鳞上的沙子洗掉，拿一根小柳条穿进鱼鳃。

他在大门口碰上了柯尔叔诺夫家的米佳。米佳跟他同岁，是他的老朋友。米佳一面走，一面玩着带饰物的皮带头，两只圆圆的、带点儿蛮横神情的眼睛，在狭窄的眼缝里闪着黄澄澄的油光，两个瞳仁像猫眼似的向上竖着，因此米佳的目光显得又灵活又不可捉摸。

"你带着鱼往哪儿去？"

"这是今天钓的。去卖给买卖人家。"

"给莫霍夫家，是吗？"

"是的。"

米佳拿眼睛估量了一下鲤鱼的分量。

"有十五磅吧？"

"十五磅半。我称过啦。"

"带我一块儿去，我帮你卖。"

"走吧。"

"请客不？"

"小意思，有什么好说的。"

人们做完祷告，纷纷来到街上。

诨号"沙米尔"[①]的三弟兄并排在路上走着。

一只胳膊的老大阿列克塞走在中间。勒得很紧的制服领子使他那肉绷绷的脖子挺得笔直，像弯弯的小楔子似的稀稀拉拉的小胡子神气活现地朝两边翘着，左眼睛不住地眨巴着。很久以

①沙米尔：十九世纪高加索山民宗教民族主义战争的首领。

前，阿列克塞打靶时步枪在手里炸了，枪栓的小铁块打坏了他的左腮。从那时起，一只眼睛就无缘无故眨个不停；一道青色的伤痕穿过左腮，一直通到鬓角。右臂一直断到肘部。但是阿列克塞用一只手也能巧妙地卷烟卷儿，而且卷得丝毫不差：他把烟荷包夹在凸出的胸膛上，用牙撕下要用的纸片，把纸片卷成漏斗形，把烟丝扒进去，然后神不知鬼不觉地用手指卷起来。别人还没有来得及回头看一下，阿列克塞已经眨巴着眼睛叼起卷好的烟卷，向人借火了。

虽然只有一只胳膊，他却是本村第一个拳斗家。他的拳头也并不怎么特别，平平常常，只有药葫芦那样大。可是，有一次在耕地的时候，他对公牛生起气来，鞭子又找不到，就用拳头捶了一下，公牛就倒在犁沟里，耳朵出血，半天才爬了起来。两个弟弟，一个叫马尔丁，一个叫普罗霍尔，连极小的地方都很像阿列克塞。都是矮个儿，都跟橡树一样粗，只不过他们的胳膊都是成双的。

格里高力跟沙米尔家三弟兄打了招呼，米佳却把脑袋扭得咯吧响，走了过去。有一次谢肉节时举行拳斗，阿列克塞·沙米尔毫不怜惜米佳的嫩牙齿，挥拳一击，米佳就把两个槽牙吐在被铁鞋掌划得凹凸不平的灰白色冰面上了。

阿列克塞走到他们跟前，眼睛一连眨巴了五六下。

“把这玩意儿卖了吧！”

“卖给你。”

“什么价钱？”

“一对公牛，外加一个老婆。”

阿列克塞眯缝着眼睛，甩起半截胳膊：

“有意思，嘿，有意思！……哈哈哈，还要老婆哩……有一头小母猪，你要不要？”

“你自个儿留着配对儿吧，不然的话沙米尔家就要绝种啦。”格里高力回敬道。

教堂旁边的广场上有许多人。一位教会长老正在人群里把一只鹅举在头顶上，吆喝着：“半卢布！有人出过价钱啦。谁还肯多出？”

鹅扭动着长脖子，鄙夷地眯缝着珍珠般的眼睛。

旁边的一堆人当中，有一位胸前挂满十字章和奖章的白发老头儿正在手舞足蹈地讲话。

“我家的格里沙加爷爷在讲土耳其战争呢，”米佳朝那边瞟了一眼，“咱们去听听好吗？”

“等咱们听完了，鲤鱼就臭了，会胀得老大。”

“胀大了，分量会加重，对咱们有利。”

广场上有一座消防棚，棚里晾着一些断了提手的救火水桶。消防棚过去，便是莫霍夫家绿色的房顶了。格里高力从消防棚旁边经过时，吐了一口唾沫，捂起鼻子。有一个老头子，一面扣着裤子上的纽扣，用牙咬着腰带，从一个救火水桶后面走了出来。

“憋得冒泡儿啦？”米佳挖苦说。

老头子扣好最后一个纽扣，拿下嘴里的腰带。

“干你什么事？”

“该给你抹一鼻子，再加一胡子！叫你那老婆子一个礼拜都洗不清。”

“我来给你抹，下流货！”老头子生气了。

米佳站了下来，眯起一双猫眼睛，好像被阳光照的。

“哼，你算上流的啦。滚吧，老狗！你倒是没个完啦。你不滚，我用皮带抽你！”

格里高力一面笑着，来到莫霍夫家的台阶前。密密匝匝的野葡萄的阴影清清楚楚地投在栏杆上。台阶上是一片带光斑的轻轻摆动的凉荫。

“喂，米佳，看人家过的日子……”

“门把手都是镀了金的。”米佳推开阳台的门，扑哧笑道，“那位老人家要是跑到这儿来，就热闹啦……”

“谁呀？”阳台上有人朝他们问道。

格里高力怯生生地打头朝前走。鲤鱼尾巴扫着油漆地板。

“你们找谁？”

藤摇椅上坐着一位姑娘。她手里端着一碟子草莓。格里高力望着嚼过草莓的、饱满的、粉红色的心形嘴唇，一声不响。姑娘低下头，打量着两位来人。

米佳帮格里高力说话了。他先咳嗽了一声。

“你们家买鱼吗？”

“鱼吗？我这就去说一声。”

藤椅摇了两下，她站起身来，两只光脚穿着绣花拖鞋啪嗒啪嗒地朝前走去。太阳射透了白色的连衫裙，于是米佳看见了圆滚滚的腿那模糊的轮廓和衬裙上宽宽的波浪形花边。他惊讶地看到，一双光腿肚子是那样白，那样滑腻，只有两个圆圆的脚后跟上的皮肤是乳黄色的。

米佳推了推格里高力。

“咦呀，格里什卡，瞧那裙子……像玻璃一样，什么都看得清清楚楚。”

姑娘从过道的门里走出来，轻盈地坐到藤椅上。

“你们到厨房里去吧。”

格里高力踮着脚尖朝房里走去。米佳却站着不动，眯起眼睛，望着姑娘头上将头发分成两个金色半圆形的那道白印儿。姑娘用调皮而不安的眼睛打量了他一下。

“您是本村人吗？”

“是本村的。”

“是谁家的？”

“柯尔叔诺夫家的。”

“您的名字叫什么？”

“米佳。”

她仔细看了看自己的粉红色脚指甲，迅速地把两条腿蜷了回去。

“你们两个是谁逮的鱼？”

“是格里高力，我的好朋友。”

“您也常常逮鱼吗？”

“只要高兴，我也去逮。”

“用钓竿逮吗？”

“也用钓竿逮，照我们的说法，叫作钓鱼。”

“我也很想去逮鱼。”她沉默了一会儿，说道。

“那好说，要是您高兴，咱们就去。”

“怎么去法呢？去就去吧，一言为定啦？”

“钓鱼可要起早啊。”

“我起得来，不过得有人把我叫醒。”

“叫醒是可以的……可是，你父亲呢？”

“父亲怎样？”

米佳笑了。

“他会把我当贼……还要放狗咬我。”

“没有事！我一个人睡在拐角的屋子里。就是这个窗户。”她用手指了指，“你要是来叫我，敲敲我的窗户，我就起来了。”

厨房里传出说话的声音：那怯生生的，是格里高力的声音；那紧锣密鼓的，是女厨子的声音。

米佳玩弄着哥萨克皮带上发了乌的银片，一声不响。

“您娶亲了吗？”姑娘带着隐隐的笑容，问道。

“怎么？”

“没什么，随便问问。”

“没有，还是光棍儿。”

米佳的脸一下子红了，可是她却笑吟吟的，玩弄着落在地板上的一颗温室里生长的草莓，问道：“怎么回事儿，米佳，姑娘们喜欢您吗？”

“有的喜欢，有的不喜欢。”

“您说说……为什么您的眼睛很像猫眼睛？”

“像……猫眼睛？”米佳终于窘住了。

“就是的，像猫眼睛。”

“这恐怕是从娘胎里带来的……我是没有办法的。”

“究竟为什么不给您娶亲呢?”

米佳窘了一会儿,接着便恢复了常态,他觉得她的话里隐隐有一种讥笑意味,就闪了闪发黄的眼睛,说:

“我的媳妇还没有长大呢。”

她惊讶得将眉毛向上一挑,脸都红了,并且站了起来。

一阵脚步声从街上来到台阶上。

她那亲热的、带有开玩笑意味的笑,使米佳像碰到荨麻一样,浑身痒酥酥的。这时候,主人谢尔盖·普拉托诺维奇·莫霍夫从容不迫地踏着唰唰直响的肥大的软羊皮靴,气派十足地挺着肥胖的身躯,从退到一旁的米佳面前走了过去。

“找我的吗?”他连头都没有扭,一面走,一面问道。

“爸爸,是送鱼来的。”

格里高力空着手走了出来。

三

鸡叫头遍以后,格里高力才玩够了回到家来。一进过道,酸酸的啤酒花味和辛辣的薄荷香气就扑进鼻子。

他踮着脚走进正房,脱了衣服,把带镶绦的礼服裤子很仔细地挂好,画过十字,躺了下来。地上是一片金色的朦胧月光,窗棂在上面画了个十字。角落里,用绣花手巾罩着的镀银的圣像闪着黯淡的光。床头衣架上,一群被惊动的苍蝇一个劲儿地嗡嗡叫着。

他正要蒙眬入睡,可是哥哥的小孩子在厨房里哭了起来。

摇篮像没有上油的大车一样咯吱咯吱响了起来。妲丽亚用睡意蒙眬的声音嘟哝着：

“别哭，你这个坏孩子！又不睡，又不安全。”她小声唱了起来：

小傻瓜，吹喇叭，
你上哪儿去啦？
我去看大马。
看的什么马？
那马金鞍金镫，
还挂一串金铃……

格里高力在有节奏的催人入睡的咯吱声中正要睡去时，想了起来：“彼特罗明天就要入营去啦。剩下妲丽亚和孩子……我们收割庄稼的时候，大概他不会回来的。”

他把脑袋埋进热烘烘的枕头里，歌声一个劲儿地往耳朵里钻：

你的马在哪儿啊？
站在大门外头哪。
大门在哪儿啊？
叫大水冲跑啦。

一声嘹亮的马嘶把格里高力震醒。他听声音就知道这是彼特罗的战马。

因为睡意未退，手指没有劲儿，半天才扣好纽扣，又差点儿在涓涓流水般的歌声中睡去：

鹅在哪儿啊？
钻到芦苇里啦。
芦苇在哪儿啊？
姑娘们砍掉啦。
姑娘们在哪儿啊？
姑娘都出嫁啦。
哥萨克在哪儿啊？
都上战场去啦……

困得浑身无力的格里高力好不容易摸进了马棚，把马牵到了小胡同里。碰到蜘蛛网上，弄得脸上痒酥酥的，睡意一下子跑掉了。

一条波光粼粼、谁也不能走的月光路斜斜地穿过顿河。顿河上雾气腾腾，天空繁星点点。马在后面小心谨慎地挪动着四条腿。河边的斜坡很不好走。从对岸传来鸭子的嘎嘎叫声，岸边泥水里有一条鲶鱼在捕捉小鱼小虾，旋来旋去，打得水噼啪直响。

格里高力在水边站了很久。河边有一种潮乎乎的、并不难闻的霉烂气味。马嘴上滴下一粒粒小小的水珠儿。格里高力心里甜滋滋的，无牵无挂、快快活活、无忧无虑。他一面往回走着，望了望日出的地方，那晦暗的瓦青色已经消散了。

他在马棚旁边碰到了母亲。

“是你吗，格里什卡？”

“还能是谁？”

“马饮过了吗？”

“饮过啦。”格里高力懒洋洋地回答说。

母亲用围裙兜着生炉子用的干牛粪块，向后挺着身子，拖着两条老迈无力的光腿，嚓嚓地走着。

“你最好去把阿司塔霍夫家两口子叫醒。司捷潘要跟咱们家彼特罗一块走呢。”

格里高力精神一振，身上好像装上了强劲的、跳动不停的弹簧。浑身痒酥酥的，好像有许许多多小虫儿在爬。他跑过三道门槛，就咚咚地跑上阿司塔霍夫家的台阶。门没有上闩。司捷潘睡在厨房里铺开的一张车毯上，他的腋下是老婆的脑袋。

在渐浓的晨曦中，格里高力看到阿克西妮亚那撩到膝盖以上的内衣，看到了像桦树皮一样白嫩的、毫不羞耻地叉开的两条腿。他看了一下子，就觉得口里发干，心咕咚咕咚要跳出来。

他像小偷一样用眼睛扫了扫，用一种极不自然的声音沙哑地喊道：

“喂，谁在这儿？起来吧！”

阿克西妮亚哼哼哧哧地醒了过来。

“哎哟，是谁呀？哪一个呀？”她急急忙忙摸索起来，一只光胳膊夹在两腿中间，将内衣朝下拉。枕头上留下一滴睡梦中流出的口水；女人黎明时候是睡得最香的。

“是我。我妈要我来叫醒你们……”

“我们一下子就起来……我们这屋子里没办法下脚……因为有蛇蚤，我们睡在地上呢。司捷潘，起来吧，你听见吗？”

格里高力从声音听出来，她很不好意思，便赶紧走了出来。

* * *

村子里应征春季入营的有三十名哥萨克。集合地点是大操场。快到七点钟时，就有几辆带帆布篷的大车朝大操场赶来，哥萨克步兵和骑兵都穿着帆布春装，全副武装。

彼特罗在台阶上匆匆忙忙地缝着裂开的马缰绳。潘捷莱·普罗柯菲耶维奇在彼特罗的马跟前转悠着，时不时地往马槽里撒两把燕麦，喊一声：

“杜尼娅，干粮袋缝上了吗？猪肉放过盐了吗？”

满面红光的杜尼娅像小燕子一样穿过院子，从厨房朝屋子里走去，一面笑着，一面摆手回答父亲的喊叫：

“爹，你管你的事吧，我会给哥哥装得好好的，管保到天边也撒不掉。”

“马不吃吗？”彼特罗一面往麻线上涂唾沫，一面朝马点了点头，问道。

“吃着哩。”父亲郑重其事地回答说，一面用粗糙的手掌检查着马鞍毡垫。一块小木片或者一根草棍儿粘在毡垫上，虽说是件小事情，可是跑一阵子，就会使马背磨出血来。

“枣红马吃饱啦，爹，牵去饮饮吧。”

“叫格里什卡牵到河里去饮。喂，格里什卡，把马牵去！”

一匹高大、健壮、额上带白星的顿河马活泼愉快地朝前走去。格里高力把马牵到板门外，用左手轻轻摸了摸马背，骑了上去，马就快步跑了起来。在下坡处他想把马拢住，可是马已经跑溜了腿，越跑越快，跨着大步朝坡下跑去。格里高力向后仰着，几乎是躺在马背上，这时他看到一个女人挑着水桶正在下坡。他把马朝旁边一勒，拖着漫天的灰尘，直冲到水边。

阿克西妮亚一摇一晃地朝坡下走来，老远就大声嚷道：

“疯鬼！差一点儿叫马踩着我！你等着瞧吧，我去告诉你爹，就说你骑起马像疯子一样。”

“算了吧，好嫂子，别骂啦。你把男人送去入营以后，也许你家里的事还用得着我呢。”

“我才用不着你哩！”

“等割起庄稼来，你还要来求我呢。”格里高力哈哈笑着说。

阿克西妮亚站在跳板上，灵活地将扁担一摆，汲了一桶水，把被风吹得鼓起来的裙子夹在两膝中间，看了格里高力一眼。

“怎么样，你的司捷潘要走了吧？”格里高力问道。

“干你什么事？”

“瞧你……怎么，问问也不行吗？”

“要走啦。怎么样？”

“那么，你要守活寡啦？”

“守就守呗。”

马已经将嘴提起，咻咻地吸着直向下淌的水，一面朝顿河对岸望着，一面用前蹄踢打河水。阿克西妮亚将另一只水桶汲满，她将扁担在肩上顺了顺，就轻轻摇晃着朝坡上走去。格里高力牵起马跟了上去。风吹得阿克西妮亚的裙子扑扑直抖，一个个毛茸茸的小发卷儿被吹得不停地在黑乎乎的脖子上晃动着。沉甸甸的发髻上那花缎子绣花缠头巾通红通红的，掖到裙子里的粉红色女褂一点褶儿都没有，紧绷绷地裹住那笔挺的脊背和丰满的双肩。阿克西妮亚朝坡上走，身子向前弯着，小褂背后一道长长的脊梁沟清清楚楚地显露出来。格里高力看到女褂上因为胳肢窝里出汗褪色而出现的两个褐色圆圈儿。他注视着她的每一个动作，又想跟她说话了。

“大概，你会想你男人的吧？嗯？”

阿克西妮亚一面走着，一面扭过头来，笑了笑。

“怎么会不想呢？你快点娶媳妇吧，”她一面喘气，一面断断续续地说，“娶媳妇吧，娶了媳妇，就知道想不想了。”

格里高力赶了赶马，来到她跟前，看了看她的眼睛。

“可是有些娘儿们，送走自己的男人还高兴呢。我们家的妲丽亚，彼特罗不在家，会胖起来的。”

阿克西妮亚的鼻孔一张一合地喘着粗气，一面撩着头发，说：

“那就男人不是男人，成了吸血虫啦。真的，快给你娶媳妇了吧？”

“我不知道我爹的意思，恐怕要等到服过役以后吧。”

“你还小呢，别娶媳妇。”

“为什么？”

“麻烦透啦。”她蹙着眉头看了看，不张嘴地微微笑了笑。这时格里高力第一次发现，她的嘴唇是那样妖媚，那样丰润。

他一面梳理着马鬃，一面说道：

“娶亲我一点不想。就这样才会有人爱我呢。”

“是不是有苗头啦？”

“我有什么苗头……等你送走了司捷潘……”

“你别跟我胡缠！”

"你要打人吗?"

"我要告诉司捷潘……"

"我不在乎你的司捷潘……"

"等着瞧吧,好汉子,我叫你吃吃苦头!"

"别吓唬人吧,阿克西妮亚!"

"我不是吓唬人。你该去找姑娘们。让她们给你绣手绢儿,不要老是看着我。"

"我就是要看。"

"那你就看吧。"

阿克西妮亚妥协地笑了笑,朝路边跨了两步,想从马旁边绕过去。格里高力把马一横,拦住去路。

"放我走,格里什卡!"

"我不放。"

"别胡闹,我还得去给当家的收拾收拾呢。"

格里高力笑嘻嘻地逗弄着马,那马捯动着四条腿,把阿克西妮亚挤到了陡崖跟前。

"放我走,鬼东西,有人来啦!别人看见了,会怎么想?"

她用惊骇的目光朝两边瞧了瞧,皱着眉头、头也不回地走了过去。

彼特罗正在台阶上跟家里人作别。格里高力上好了马鞍。彼特罗手扶马刀,匆匆跑出门来,从格里高力手里接过马缰。

马觉察出要上路了,惶惶不安地捯动着四条腿,在嘴里来来回回地嚼着马嚼子,嚼得直冒泡沫。彼特罗一只脚伸进马镫,两手扳住鞍轿,对父亲说:

“爹,掉毛的马可别使坏了。到秋天,可以卖掉。该给格里高力弄一匹马啦。大草原上的青草,记住,不要卖掉:看现在的牧场,你自己也知道,将来能收割到怎样的干草。”

“好吧,上帝多多保佑,一路平安!”老头子画着十字说。

彼特罗熟练地一跨,他那敦实的身躯就上了战马。用手抻了抻上衣后面被腰带勒出的褶子,马就朝大门口走去。马刀把儿随着马的脚步上下跳动着,经阳光一照,熠熠闪光。

妲丽亚抱着孩子跟着走了出来。母亲站在院心里,用袖子擦着眼睛,又用围裙的边儿擦了擦哭红了的鼻子。

“哥哥,饼子,把饼子忘啦! ……土豆馅饼! ……”

杜尼娅像山羊一样蹦到了大门口。

“傻东西,你嚷什么?”格里高力十分心烦地对她吆喝道。

“饼子没有带!”杜尼娅靠在门上哼哼起来,眼泪滚到油乎乎、火辣辣的腮上,又从腮上滴到家常穿的小褂上。

妲丽亚用手掌遮着眼睛,注视着被灰尘罩住的丈夫的白色上衣。潘捷莱·普罗柯菲耶维奇摇晃着大门上一根腐烂的柱子,朝格里高力看了看。

“大门你要修一修啦,还要在角上栽一根柱子。”他想了想,又像报告一件新闻似的说,“彼特罗走啦。”

格里高力隔着篱笆看到,司捷潘也要走了。穿起绿色毛布裙子的阿克西妮亚给他牵过马来。司捷潘微微笑着,对她说了句什么。他不慌不忙、拿出当家人的姿态吻了吻妻子,一条胳膊好久都没有从她肩上放下来。因为干活儿和太阳晒黑了的胳膊,搭在阿克西妮亚的白褂子上,显得像煤炭一样黑。司捷潘脊背朝格里高力站着；隔着篱笆可以看见他那紧绷绷的、刮得很漂亮的脖子，可以看见他那宽宽的、多少有点下垂的两肩；当他的头朝妻子俯下去的时候，还可以看见他那上翘的亚麻色胡子尖儿。

阿克西妮亚不知为什么笑着，并且不以为然地摇了摇头。司捷潘一踏上马镫，高大的乌骓马就晃动起来。乌骓马迈着急促的步子出了大门，司捷潘坐在鞍上，好像栽在上面似的，阿克西妮亚抓住马镫，跟他一起走着，并且朝上仰着头，恋恋不舍、难分难解，像小狗对主人那样望着他的眼睛。

他们就这样从邻居的房子前面走了过去，一拐弯，就不见了。

格里高力用眨也不眨的眼睛目送了他们很久。

四

傍晚，大雷雨要来了。村子的上空笼罩着褐色的浓云。被风吹皱了的顿河，把密密层层的一道道波浪朝岸边推来。村外树林后面，一道旱闪划破天空，稀疏的雷声震撼着大地。一只老鹰展开翅膀，在浓云下面盘旋着，一群乌鸦哇哇叫着追逐它。西方一片浓云，夹带着寒气，顺着顿河飘过来。河边滩地后面的天空黑沉沉的，十分可怕；草原沉默不语，好像在等待什么。村子里到处是关护窗的乒乓响声；老奶奶们做过晚祷出来，一面画着十字，一面急匆匆地往家走；大操场上空有一根灰色的尘土柱徐徐晃动着，被春天的干热烤焦的大地上已经落下第一阵雨点。

杜尼娅晃悠着两条小辫儿在院子里跑了一阵子，关上鸡窝的小门儿，就忽闪着鼻翼，在院心里站了下来，就像一匹马遇到了障碍似的。孩子们在街上玩得正欢。邻居家八岁的米什卡一只腿蹲在地上,打着旋儿。他父亲那顶大得不得了的制帽在他头上旋转着,遮住了他的眼睛。他尖声喊叫着:

> 快下雨,快下雨!
> 我们跑到树丛里,
> 拜耶稣,
> 求上帝。

杜尼娅十分羡慕地望着米什卡那一双裂了许多口子的光脚丫儿尽情地踩着泥巴玩儿。她也很想到雨地里去蹦蹦跳跳,去把头淋湿,好叫头发长得密密的、弯弯的;也像米什卡的伙伴那样,到路边土堆里去脚朝天倒竖起来,又勇敢地倒在蔷薇丛里。但是母亲正在窗户里望着,而且还气嘟嘟地吧嗒着嘴呢。杜尼娅叹了一口气,跑进屋里。雨下得又猛又密。一个焦雷就在房顶上炸了开来,炸出的碎片又朝顿河对岸滚去。

父亲和浑身是汗的格里高力正在过道里,从耳房里拖出一张缠着的大渔网。

"要粗线和钩针,麻利点儿!"格里高力朝杜尼娅喊道。

厨房里点起了灯。妲丽亚坐下来补渔网。老奶奶一面摇着孩子,一面嘟哝说:

"老东西,你总是喜欢想怪花样。躺下睡觉好啦,煤油一天比一天贵,你还要点。这会儿还打什么鱼?你们发什么疯?说不定还会叫大水冲走呢,瞧,院子里的水已经不得了啦。哎哟,哎哟,又是雷又是闪!我主耶稣,圣母娘娘保佑……"

一道耀眼的蓝光射了进来,厨房里静了片刻,可以听见雨点打在护窗上的沙沙响声,紧跟着就是咔嚓一个焦雷。杜尼娅哇呀叫了一声,将头埋到渔网里。妲丽亚对着门和窗画了几个小小的十字。

老奶奶用恐怖的眼睛望着正在脚下跟她亲热的小猫。

“杜尼娅!把它撵出去,该死的……圣母娘娘,饶恕我这个有罪的人吧。杜尼娅,把猫轰到院子里。去,你这妖精!滚吧……”

格里高力把网上的一根短棍儿掉在地上,不出声地笑得浑身直打哆嗦。

“喂,你们咋呼什么?住嘴!”潘捷莱·普罗柯菲耶维奇喊道,“娘儿们,快点补吧!前几天我还说过,叫你们看看渔网。”

“这会儿有什么鱼。”老奶奶正想说说呢。

“你不懂,就住嘴!这会儿正好在沙滩上逮鲟鱼。鱼害怕风浪,这会儿都朝岸边跑。浑水大概已经下来啦。喂,杜尼娅,跑出去听听:土沟里流水了吗?”

杜尼娅很不乐意地侧着身子朝门口走去。

“都是谁去啊?妲丽亚不能去,奶会受凉的。”老奶奶还是不肯罢休。

“我和格里什卡,另一张网——把阿克西妮亚叫上,另外再叫上一个娘儿们。”

杜尼娅气喘吁吁地跑了进来。雨点儿还挂在睫毛上,不住地哆嗦着。她身上发出一股湿漉漉的泥土气息。

“土沟里有水啦,水流得轰轰响哩!”

“你跟我们去吗?”

“还有谁去?”

“还要叫上两个娘儿们。”

“我去!”

“好,你披上斗篷,快去叫阿克西妮亚。她要是去,让她再叫上玛拉什卡·福罗洛娃!”

“那娘儿们不怕冻,”格里高力笑着说,“她身上的油,就像肥猪身上那样厚。”

“你最好带上点干草,格里什卡,”母亲劝他说,“放在心口下面,不然肚子会受凉。”

“格里什卡,弄点干草吧,你妈说的是实话。”

杜尼娅很快就领着两个女的来了。阿克西妮亚穿一件破褂子,腰里扎一根绳子,下面是一条蓝色衬裙,她个头儿显得矮了,也细了。她一面跟妲丽亚说笑,一面从头上解下头巾,把头发紧紧地挽成一个鬏儿,又仰起头,裹好头巾,然后冷淡地扫了格里高力一眼。肥胖的玛拉什卡在门口扎着袜子,用伤风的喉咙沙哑地说:

“口袋带上了吗?我的天,咱们今天要变鱼了。”

大家来到院子里。雨点密密麻麻地朝泡软的土地上倾注着,打得一个个水洼里纷纷冒泡儿,又汇成一股一股的流水朝顿河流去。

格里高力走在最前面。有一种不明原因的愉快心情催促他往前走。

“小心,爹,这儿有一道沟。”

“好黑啊!”

“走稳，阿克秀莎，靠着我，下黑牢咱们一块儿。”玛拉什卡哑着喉咙哈哈笑道。

“你瞧瞧，格里高力，好像是到麦丹尼柯夫码头了吧？”

“就是的。”

“就在这儿……下网……”潘捷莱·普罗柯菲耶维奇顶着呼呼叫的风，大声喊道。

“听不见，大叔！”玛拉什卡哑着喉咙喊。

“撒网，准能行……我打深处下网。我说，我打深处……玛拉什卡，聋鬼，你朝哪儿拉呀？我去深处下！……格里高力，格里什卡！就让阿克西妮亚打岸上下吧！”

顿河上一片咆哮声、怒吼声。风把斜斜的雨帘撕成碎片。

格里高力一面用脚试探着河底，半截身子下到水里。一股挡也挡不住的冷气一直爬到胸部，像一道铁箍似的箍得心脏紧紧的，波浪像鞭子一样，不住地抽打着脸，抽打着紧紧眯起的眼睛。渔网像球一样鼓胀着向深处沉去。格里高力穿着毛袜的两只脚在河底沙里直打滑。网绳老是要从手里挣脱……越走越深，越走越深。一道坎子。两脚站都站不住。水流一阵一阵地把人往河中心冲，把人直往里面吸。格里高力使劲用右手划着朝着边上走去。黑咕隆咚的、轻轻晃动的深水，使他从来没有这样害怕。一只脚高兴地踩到了松软的河底。有一条鱼撞到膝盖上。

“打深地方绕过去！”从一片黑乎乎的地方传来父亲的声音。

渔网一歪，又要往深处沉，水流又在冲着脚下的泥土，于是格里高力仰着头在水里游了起来，不住地朝外吐水。

“阿克西妮亚，还活着吗？”

“眼下还活着。”

“雨小啦,好像要停了吧?”

“小雨要停,可是大雨马上就要来啦。”

“你小声点儿,我爹听见,会骂的。”

“你怕你爹啊,也算是……”

沉默了一会儿。水像黏黏的面团,人在里面动一动都很困难。

“格里高力,河边好像有一棵沉树。要绕过去。”

一个巨大的浪头,把格里高力冲了很远。河水轰隆轰隆地拍溅着,好像是一块巨石从悬崖上落到了水里。

“啊……啊……”阿克西妮亚不知在岸上什么地方尖声喊叫着。

格里高力吓坏了,从水里钻出来,朝叫声游去。

“阿克西妮亚!”

只有风声和河水轰隆轰隆的流动声。

“阿克西妮亚!”格里高力吓得浑身发冷,叫喊道。

“哎——嗨!! ……格——里——高——力!”远处隐隐传来父亲的声音。

格里高力拼命朝前划着。有什么东西直缠腿,用手一抓,原来是渔网。

“格里高力,你在哪儿呀? ……”阿克西妮亚带着哭腔喊道。

“刚才你怎么不答应? ……”格里高力生气地喊叫着,一面连手带脚往岸上爬。

他们两个蹲下来,浑身打着哆嗦,动手去解乱成一团的渔网。破裂的云块缝隙里钻出了月亮。河边滩地那边，雷声沉闷地响着。大地还没有吸尽的雨水在闪闪发光。大雨洗过的天空又明净又清澈。

格里高力一面解渔网，一面注视着阿克西妮亚。她脸色煞白，但是微微向外翻的两片红嘴唇已经在笑了。

“一个浪头把我朝岸上打来，”她喘着气说道，“我的魂都吓掉了。吓死我啦！我以为你淹死了呢。”

他们的手碰在了一起。阿克西妮亚试探着把自己的一只手伸进他的上衣袖子。

“你的袖子里好暖和，”她诉苦似的说，“我可是冻坏了。浑身都疼。”

“这是该死的鲶鱼撞的窟窿！”

格里高力把渔网中间的窟窿撑开，窟窿直径有一俄尺半。

有一个人从沙滩上跑来。格里高力猜出那是杜尼娅。还离很远就朝她喊道：

“你有线吗？”

“有。”

杜尼娅气喘吁吁地跑到跟前。

“你们干吗在这儿坐着？爹要我来叫你们赶快到沙滩上去。我们在那儿逮到满满一口袋鲟鱼啦！”杜尼娅的声音中有一种毫不掩饰的得意味道。

阿克西妮亚磕打着牙齿，补好网上的窟窿。为了让身子暖和暖和，他们大步朝沙滩上跑去。

潘捷莱·普罗柯菲耶维奇用泡得起皱并且像淹死的人那样涨

得老粗的手指在卷烟卷;他一面蹦跳,一面夸耀说:

"一网就逮了八条,又一网……"他停了停,抽起烟来,不说话,拿脚踢了踢口袋,叫人自己去看。

阿克西妮亚好奇地看了看。口袋里有扑棱扑棱的声音,那是活鲟鱼在蹦。

"你们怎么没逮到?"

"鲶鱼把网撞破啦。"

"补好了吗?"

"马马虎虎,把网眼儿连了连……"

"好吧,咱们拖到拐弯处就回家。拖着走,格里什卡,你在想什么心思?"

格里高力迈动两条麻木的腿。阿克西妮亚浑身哆嗦得厉害,格里高力通过渔网就觉察出她在打哆嗦。

"别哆嗦啦!"

"能不哆嗦倒是好,可是我连气都喘不上来啦。"

"这一下子来啦……给我上来吧,该死的鱼!"

一条大鲤鱼在网里蹦跳着。格里高力加快脚步,拉紧网绳,收着渔网;阿克西妮亚弯起腰朝岸上跑。向后退去的水在沙滩上哗哗响着,鱼在扑棱扑棱地跳动。

"咱们走滩地回家吗?"

"走树林子近一些。喂,你们那里怎么样,快收拾好了吗?"

"你们走吧,我们赶得上。我们还得把网涮一涮。"

阿克西妮亚皱着眉头,拧了拧裙子上的水,把装了鱼的口袋搭到肩上,几乎在沙滩上跑了起来。格里高力背着渔网。走了百十步，阿克西妮亚哎呀一声，说：

“我没劲儿啦！两条腿都冻木啦。”

“这儿有一堆去年的干草，是不是可以钻进去暖和暖和？”

“去就去。要不然不等到家就冻死啦。”

格里高力把草堆上盖的东西掀到一边，掏了一个洞。压实的干草发出一种热烘烘的霉烂气息。

“钻到里面去吧，就像热炕头一样。”

阿克西妮亚扔下口袋，钻进去，直到干草抵着脖子。

“这可真是天堂！”

格里高力冻得打着哆嗦，挨着躺下来。阿克西妮亚那湿漉漉的头发散发出一股温柔醉人的气息。她把头一仰，躺了下去，用半张开的嘴唇均匀地呼吸着。

“你的头发气味真像醉花儿。知道吧，就是一种小小的白花儿……”格里高力弯下身子，小声说。

她没有说话。她望着弯弯的残月，目光显得迷茫而又深沉。

格里高力从口袋里抽出手来，突然搂住她的头。她猛烈地挣扎着，欠起身来。

“放开我！”

“别作声。”

“放开，不然我可要嚷啦！”

“阿克西妮亚，你敢嚷……”

“潘捷莱大叔！……”

“是迷路了吗？”潘捷莱·普罗柯菲耶维奇在山楂树丛里回答，离得非常近。

格里高力咬紧嘴唇，从草堆上跳下来。

“你喊什么？是迷路了吧？”老头子一面朝跟前走，一面又问道。

阿克西妮亚站在草堆跟前，整理起歪到了后脑勺上的头巾，头上在冒着热气。

“迷路倒是没有，可是真把我冻死啦。”

“嘿，真是妇道人家，瞧，这儿有草堆。暖和暖和吧。”

阿克西妮亚笑了笑，弯下身去拿口袋。

五

入营的集合地点是谢特拉柯夫村。从本村到那里有六十俄里。彼特罗·麦列霍夫和司捷潘·阿司塔霍夫坐在一辆大车上。跟他们一起的还有同村的三个哥萨克；一个是菲多特·包多甫斯柯夫——是一个年轻的、有点儿像加尔梅克人的麻脸哥萨克；一个是贺里散福·托金——是御林军阿塔曼团的第二期兵，外号叫“基督儿子”；还有一个是炮兵伊万·托米林，他是往彼尔西阿诺夫镇去的。喂过一次料之后，就把贺里散福的两寸马[①]和司捷潘的大青马套到车上。其余三匹马都没有卸鞍，跟在车后面走。赶车的是贺里散福，他跟大多数阿塔曼团的士兵一样，身强力壮，又有点儿傻里傻气。他把脊背弯得像车轮子一样，坐在前面，挡住射进车篷的光线，用粗喉咙大嗓门儿吆喝着马。彼特罗·麦列霍

①两寸马即高两俄尺零两俄寸的马。哥萨克参加沙皇军队，必须自带马匹，马的高度不得低于两俄尺零半俄寸。——作者注

夫、司捷潘和炮兵托米林抽着烟，躺在罩着一块新帆布的大车里。菲多特·包多甫斯柯夫在后面步行；可以看出，他那两条加尔梅克式的罗圈腿走在灰尘飞扬的大路上，并不觉得劳累。

贺里散福的车子走在最前头。后面还跟着七八辆大车，车后都拴着卸了鞍的和没有卸鞍的马。

大路上一片哄笑声、叫喊声、悠扬的歌声、赶马声以及空马镫的撞击声。

彼特罗的头枕在干粮袋上。他躺着，捻着黄黄的长胡子。

“司捷潘！”

“干吗？”

“……咱们来唱支军歌，好不好？”

“太热啦。喉咙干得冒烟。”

“附近村子里可没有酒店，别瞎想啦！”

“好吧，你开头。算啦，你不行。嘿，你们家的格里什卡才真是个高音歌手呢！拉起长声来，哪里像唱歌，简直是一条银线。我跟他常在游戏场上一起唱。”

司捷潘把头仰起，清了清嗓子，用低沉而洪亮的声音唱了起来：

啊，朝霞呀，红通通，
你很早就升上天空……

托米林学女人的样子，拿一只手托住腮，用细声细气、如怨如诉的嗓门儿跟着唱了起来。彼特罗微微笑着，把一撮小胡子放到嘴里，看着这个胸粗气壮的炮兵憋得鬓角上的青筋凸了出来。

年轻的姑娘，她呀，
很晚才出门，挑着水桶……

司捷潘跟贺里散福头靠头躺着，他用一只手托着头，转来转去；那紧绷绷的漂亮的脖子通红通红的。

“贺里散福，帮帮腔！”

小伙子呀，不怠慢，
拉出马呀，加上鞍……

司捷潘那凸出的大眼睛里射出的含笑的目光又转向彼特罗，于是彼特罗吐出嘴里的小胡子，也跟着唱了起来。

贺里散福张开他那胡子拉碴的大嘴，拼命吼叫着，震得车篷的帆布顶直哆嗦：

骑上枣红马呀，
就把那姑娘赶……

贺里散福把一只老长的光脚板横放着，等着司捷潘再往下唱。司捷潘闭起眼睛——那出汗的脸躲在阴影里——亲亲热热地领着大家唱，声音有时低得像耳语，有时高得像钢铁声：

姑娘呀姑娘，请你让让吧，
让我在河里饮饮马……

贺里散福又用洪钟般的声音把许多人的声音压下去。后面几辆车上有许多声音加入合唱，车轮磨得车轴吱扭吱扭响着，马匹被灰尘呛得不住地打着喷嚏，悠扬、嘹亮的歌声像春水一样在大路上空流动着。有一只白翅膀的凤头麦鸡，从快要枯竭的草原水泊中晒成棕色的湖苇丛里飞了出来。那麦鸡一面叫着，一面向一处洼地飞去，还不住地扭头，用碧玉般的小眼睛望望撑着白篷的大车行列，望望荡起一路灰尘的马匹，望望穿着落满灰尘的白上衣在路边走的人们。麦鸡朝洼地落去，黑黑的胸脯冲到萎蔫的、被野物踩乱的草上，再也看不到大路上的情景了。可是车辆仍旧在大路上轰隆轰隆前进着，鞍下已经汗水淋漓的马匹依旧很不情愿地迈动着四条腿；只是那些穿灰上衣的哥萨克很快就离开自己的车子，跑到最前头一辆车子跟前，围成一堆，笑得直捧肚子。

司捷潘挺起身子站在车上，一只手扶住帆布篷顶，另一只手轻轻挥动着，用短促、轻快、绕口令式的调子唱了起来：

别在我身边坐，
别在我身边坐，
别人会说你爱我，
说你爱我，
说你找我，
说你爱我，
说你找我，
可我不是寻常人家姑娘……

几十个粗大的声音半路上接了上去，闹哄哄地唱了起来，歌声随着大路上的尘土飞扬开去：

可我不是寻常人家姑娘，
不是寻常人家姑娘——
我是贼家姑娘，
我是贼家姑娘——
贼家姑娘不寻常，
我爱的是公爵家儿郎……

菲多特·包多甫斯柯夫吹起口哨；马匹弯着四条腿，把套绳拉得笔直；彼特罗从车篷里朝外探着身子，又笑，又挥舞军帽；司捷潘笑嘻嘻的，顽皮地摇晃着肩膀；尘土像一道土冈似的在大路上移动着；贺里散福解开老长的上衣上的腰带，头发乱蓬蓬的，浑身大汗淋漓，蹲下身子跳着朝前走，两条腿像飞轮一样旋转着；他皱着眉头，哼哼着，学着小孩子的样子；灰绸子一般的土路面上，留下他的一双光脚踩出的许多奇形怪状的大脚印。

六

一行人在一座上部很宽、顶上是一层黄沙的土冈旁边停下来过夜。

黑云从西方涌来。黑色的云片上洒下雨点。大家把马牵到水塘里去饮水。塘边的柳树被风吹得垂头丧气地弯下了腰。水面上是停滞不动的绿萍和粼粼的细波，水里映照着纵横飞驰的闪电。风吝啬地洒着雨点，好像是往大地的一只脏手里撒施舍的金钱。

大家把马腿绊了起来，让马自己吃草，派三个人担任守卫。其余的人生起火来，把锅吊在车辕杆上。

贺里散福在煮饭。他一面用勺子在锅里搅着，一面对坐在周围的哥萨克们讲往事：

"……一座土冈，很高，大概就跟这座差不多。我对我去世的爹说：'咱们不经任何许可，就挖这座土冈，阿塔曼[①]会不会不叫咱们挖呢？'"

"他在这儿瞎扯什么？"从马匹那里回来的司捷潘问道。

"我在讲我跟我去世的爹寻找金银财宝的事呢。"

"你们在哪儿找过金银财宝？"

"这个吗，老兄，就在菲琪索夫山谷后面。你是知道的，那儿有一座梅尔库洛夫冈……"

"不错，有的……"司捷潘蹲下来，将一块小木炭放在手掌上。将烟卷凑在木炭上，吧嗒着嘴吸了半天，将木炭在手上翻转了好几次。

"好，听我说。于是我爹说：'走，孩子，咱们就去挖挖梅尔库洛夫冈。'他听爷爷说过，这个土冈埋藏着金银财宝。可是金银财

①阿塔曼：帝俄时代，哥萨克中所选出的各级长官都这样称呼。顿河军区的长官就叫军区阿塔曼，各镇的长官就叫镇阿塔曼，哥萨克军队出征时要选举特别的阿塔曼，叫出征阿塔曼。从广义上来说，这个词的意思就是首领。随着顿河哥萨克的独立性完全丧失，所有哥萨克军队的阿塔曼这一称号已经归皇位继承人所有了；实际上哥萨克军队都是由派任的阿塔曼在领导了。——作者注

译者按：后文中"阿塔曼"这个词将根据具体情况译为"村长""乡长""将军"等。

宝并不是每个人都能弄到手的。我爹就对上帝许愿，说：你要是把金银财宝赏给我，我要盖一座很漂亮的教堂。这一下子我们就拿定了主意，出了门，朝土冈奔去。那是镇上的公地，除了阿塔曼，别人都不会起疑。我们到了那里，天还没有黑。我们一直等到天慢慢黑下来，才把马绊住，我们就带着铁锹爬到冈顶上。就从冈顶正当中挖起。挖了一个四五尺深的坑，土地因为年深月久已经板结，简直跟石头一样。我浑身已经湿透。我爹一直在小声祷告着。可是，伙计们，信不信，我肚子里却咕噜咕噜直响……夏天嘛，不用说，吃的就是那么一些玩意儿；除了酸牛奶就是克瓦斯……肚子里难受得要死，憋都憋不住，直放屁！我去世的爹说：'呸，你这坏小子！我在祷告，你却连屁都憋不住，叫人连气都没法子喘。滚，滚到冈下去吧，要不然我用锹把你的头砍下来。就因为你这个坏小子，金银财宝会钻进地里去。'我到冈子脚下躺了下来，肚子疼得厉害，像针扎一样，可是我那去世的爹是个身强力壮的汉子，他还在一个人挖呢。他挖到了一块石板，就把我喊了去。我于是用铁棍撬了撬，把石板掀起……伙计们，信不信，那天夜里有月亮，可是石板下面还是亮闪闪的……"

"哼，贺里散福，你瞎扯！"彼特罗忍不住说道，一面笑着，一面揪着胡子。

"怎么'瞎扯'？滚你娘的！"贺里散福提了提肥大的裤子，对听众扫了一眼，"不是的，不是瞎扯！是真事，千真万确！"

"快往下说吧！"

"是这样，伙计们，亮闪闪的。我一看，原来是烧剩的煤炭。大概有四担。我爹说：'下去，孩子，把炭掏出来。'我爬了下去。

掏呀，掏呀，掏这种该死的玩意儿，一直弄到天亮。天亮了，于是我一看，是他，他来了。”

“谁？”躺在马衣上的托米林问道。

“阿塔曼嘛，还能是谁。他坐轻马车来了。他说：‘不像话，谁叫你们干的？’我们一声不吭。他于是把我们抓起来，送到镇上。前年还传我们去过堂，可是我爹有先见之明，及早死掉了。只好书面上报，说此人已不在人世。”

贺里散福把一锅热气腾腾的稀饭拿下来，到大车上去拿勺子。

“你爹怎么回事儿？许过愿盖教堂，为什么后来没有盖？”司捷潘等他拿勺子回来，问道。

“你好糊涂，司捷潘，挖到的是煤炭，他会去盖教堂吗？”

“既然许了愿，就应当盖。”

“关于煤炭，没有许什么愿，至于金银财宝嘛……”

火焰被笑声震得抖了起来。贺里散福从锅上抬起他那傻里傻气的脑袋，还没有弄清是怎么回事儿，他那浑厚的哈哈大笑声就压倒了别人的笑声。

七

阿克西妮亚十七岁嫁给了司捷潘。她是从沙土地带，从顿河那边的杜布洛夫村嫁过来的。

在出嫁前一年的秋天，她在草原上离村八俄里的地方耕地。有天夜里，她的父亲——一个五十岁的老头子——把她的手捆起来，强奸了她。

“你要是露出一句，我就宰了你；你要是不说出去，我给你买一件长毛绒褂子和一双长筒套靴。你给我记住：一有什么苗头，我就宰了你……”他对她连哄带吓唬。

当天夜里，阿克西妮亚只穿一条撕破的衬裤，跑回村里。她倒在母亲的脚下，呜呜地哭着把事情讲了……母亲和哥哥——哥哥是阿塔曼团的士兵，刚刚退伍回来——套起车，把阿克西妮亚带上，就朝父亲奔来。为八俄里的路程，哥哥几乎把马赶死。他们在停车的地方找到了父亲。他醉醺醺的，睡在一件铺开的褂子上，旁边有一个空酒瓶。阿克西妮亚眼看着哥哥从车上抽下一根车杠，用脚把睡着的父亲踢醒，简单地问了几句，就用包了铁皮的车杠朝老头子的鼻梁打去。他和母亲两人把老头子打了有一个半钟头。一向温顺而且上了年纪的母亲发狂地狠揪已经失去知觉的丈夫的头发，哥哥拼命用脚踢。阿克西妮亚躺在大车底下，把头蒙起来，一声不响地哆嗦着……天亮前，把老头子拉回家。他怨声怨气地哞哞哼叫着，拿眼睛在房里到处扫，寻找躲藏起来的阿克西妮亚。血从扯掉了耳翅的耳朵里直往枕头上涌。傍晚他就死了。家里人对外人说，他是喝醉了酒从车上滚下来跌死的。

可是过了一年，媒人就坐着漂亮的四轮马车来向阿克西妮亚求亲了。司捷潘个头儿高高的，脖子挺挺的，身材十分匀称，姑娘一下子就看中了，双方就定好在秋天开斋时节举行婚礼。秋末的一天，已经开始冷了，到处能听到愉快的冰响声，这一对年轻人举行了婚礼；从此阿克西妮亚就成了阿司塔霍夫家的少当家的。婆婆是一个身材高大的老人家，害过一种很厉害的妇女病，害得身子佝偻起来，吃过喜酒以后的第二天，她一大早就把阿克西妮亚叫醒，把她带到厨房里，胡乱拨动着火叉，说：

“听我说，我的好儿媳妇，我们娶你来，不是叫你享清福和睡大觉的。你先去挤牛奶，然后到灶上来做饭。我老了，没有力气操持了，你就把家管起来吧，家里事情都是你的了。”

也就在这一天，司捷潘在仓房里有计划地把年轻的妻子狠狠打了一顿。朝肚子上打，朝胸膛、朝脊背上打；打得叫人看不出来。从这时起，他就经常到外面去喝酒，跟守活寡的风流娘儿们鬼混，几乎每夜都出去，每次出去，都把阿克西妮亚锁到仓房里或者小屋子里。

在生孩子以前的一年半时间里，他一直是对她又打又骂。生孩子以后，他安生一些了，但还是不怎么心疼她，依然很少在家里过夜。

家务繁重，养的牲口又多，阿克西妮亚十分劳累。司捷潘懒得干，他总是把头一梳，就出去找伙伴们抽烟、打牌，扯扯东家长西家短。照料牲口是阿克西妮亚，屋里屋外也都是她。婆婆帮不了什么忙。忙活一下子，就要躺到床上，把焦黄的嘴唇抿成一条缝，用疼得直打翻的眼睛望着顶棚，哼哼着，缩成一团。在这种时候，她那到处是难看的大黑痣的脸上就会冒出无数的汗珠儿，眼睛里汪着泪水，而且泪珠儿会一颗又一颗、连续不断地流下来。阿克西妮亚就放下手里的活儿，躲到角落里，又害怕又怜悯地望着婆婆的脸。

一年半以后，婆婆死了。那一天早晨，阿克西妮亚的产前阵痛开始了。但是快到中午的时候，孩子出生前一小时，婆婆走着走着，死在旧马棚的门口。接生婆为了让醉醺醺的司捷潘不要到产妇跟前来，从房里跑了出去，这才发现阿克西妮亚的婆婆已经蜷着腿躺在地上了。

生过小孩以后，阿克西妮亚跟丈夫亲近了，但她对他并没有感情，纯粹是一种女人的怜悯心，再就是一种习惯。孩子不到一周岁就死了。生活又恢复原来的样子。当麦列霍夫家的格里什卡拦路调戏她的时候，她心慌地感觉到，这个黑黑的、和蔼可亲的小伙子有一股吸引力吸引着她。他顽强地、带着牛那样的倔劲儿拼命地追求她。这种顽强劲儿搅得阿克西妮亚心慌意乱。她看出，他不怕司捷潘；她内心感觉到，他是不会善罢甘休的；她理智上不希望这样，拼命抵抗，可是她自己发觉，不论是过年过节，还是在平时，她都更仔细地打扮自己，尽管自己不承认，实际上却总想经常让他看到。每当格里什卡的两只黑眼睛直勾勾、火辣辣地盯着她的时候，她心里又温暖又愉快。每天清早起来去挤牛奶，她都要笑，而且，还不明白是为什么，心里就念叨起来："今天有高兴的事。什么事？格里高力……格里什卡……"这种占据了她的心的新感情使她很害怕，心里觉得好像是踏着三月里千疮百孔的冰面穿过顿河，战战兢兢，提心吊胆。

送司捷潘入营以后，她决心尽量跟格里高力少见面。那次拉网捕鱼以后，她又把这一决心加固了一番。

八

在三一节的前两天，村里人在分草地。潘捷莱·普罗柯菲耶维奇参与了分草地的事。他回来吃午饭，哼哧哼哧地脱掉靴子，一面舒舒服服地搔着走胀了的腿，一面说：

“分给咱们的一块靠近红土崖。草不怎么太好。上面一头一直抵到树林子，有些地方光光的，一根草都没有。冰草这儿一片，那儿一片。”

“什么时候割？”格里高力问道。

“三一节就开镰。”

“你们带妲丽亚去吗？”老奶奶皱着眉头问道。

潘捷莱·普罗柯菲耶维奇将手一甩，那意思是说：你少啰唆！

“用得着，就带。快去弄饭吃吧，站着干什么，瞎操心！”

老奶奶砰的一声揭开锅盖，从锅里盛出烧好的菜汤。吃饭时，潘捷莱·普罗柯菲耶维奇把分地的事讲了很久，说村长老奸巨猾，差点儿把参加村会的人都蒙混过去。

“那一年他也使过坏点子，”妲丽亚插嘴说，“大家都在量地分地，可是他一个劲儿地调唆玛拉什卡·福罗洛娃抓阄。”

“老畜生。”潘捷莱·普罗柯菲耶维奇一面嚼着，一面骂道。

“爹，谁去搂草和堆草呢？”杜尼娅畏畏缩缩地问。

“你不能去吗？”

“爹，我一个人弄不过来。”

“就叫阿司塔霍夫家的阿克西妮亚跟咱们一块去干吧。前些天司捷潘求咱们替他割一割。应该帮帮忙。”

第二天早晨,米佳·柯尔叔诺夫骑着一匹上了鞍的白腿儿马来到麦列霍夫家门前。雨点滴滴答答地落着。村子上空黑云密布,米佳在马上弯下身子,开了板门,走进院子。老奶奶在台阶上冲他嚷了起来。

“你这坏小子,跑来干什么?”她很不客气地问道。她不喜欢这个爱打架、愣头愣脑的米佳。

“伊莉尼奇娜大婶,你怎么啦?”米佳一面往栏杆上拴马,一面惊异地问道,“我是来找格里什卡的。他在哪儿?”

“在棚子里睡觉呢!你怎么,腿瘫了吗?不能走着来吗?”

“大婶,你管得真宽!”米佳不高兴地说。他甩着他那挺漂亮的鞭子,抽打着亮闪闪的皮靴筒子,摇摇晃晃地朝棚子里走去。

格里高力睡在一辆卸去前辕的大车上。米佳像瞄准时那样眯起左眼,用鞭子抽了格里高力一下。

“起来,庄稼佬!”

“庄稼佬”是米佳最厉害的一种骂人话。格里高力像弹簧一样蹦了起来。

“你干什么?”

“不早啦!”

“别闹,米佳,再闹我要生气啦……”

“起来,有事。”

“什么事?”

米佳蹲在车杠上,用鞭子敲打着靴子上的干泥巴,说:

“格里什卡,我真咽不下这口气……”

“怎么回事儿?”

“他娘的,”米佳狠狠骂了一句,“他神气得真不像话,一个骑兵中尉,就不得了啦!”

他气得直咬牙,急急匆匆地说着,两条腿打着哆嗦。格里高力站了起来。

“哪一个骑兵中尉?”

米佳抓住他的上衣袖子,换了小声说:

“赶快备上马,咱们到河边滩地上去。我要给他一点颜色看看! 我就是这样对他说的:‘来吧,先生,咱们来试试看!’他说:‘把你所有的好朋友都叫来吧,我叫你们都输给我,因为我这匹马的妈妈是在彼得堡军官赛马会上得过奖的。’可是,叫我看,他的马连同马的妈妈,都算个屁! 我就骑儿马,也叫他赶不上!”

格里高力匆匆穿好衣服。米佳跟着他前前后后转悠着,气得结结巴巴地讲着:

“这个骑兵中尉是到买卖人莫霍夫家来做客的。等等,他姓什么来着? 好像是姓李斯特尼次基。这个人块头很大,挺有气派。戴着眼镜。哼,去他娘的! 戴眼镜也没有用,儿马我都叫他赶不上!”

格里高力笑着备上一匹留着配种的老马,为了不让父亲看到,走场院的大门出来,来到野外。两人骑马朝山脚下的河边滩地奔去。马蹄嗒嗒响着,踩得烂泥四处飞溅。滩地上,一棵干枯的杨树旁边,有一些骑马的人在等着他们。李斯特尼次基中尉骑的是一匹漂亮、劲壮的骒马;还有七八个本村的小伙子,也都骑在马上。

“从哪儿起跑?”中尉扶了扶夹鼻眼镜,一面打量着米佳的儿马那筋肉强壮的胸部,一面向米佳问道。

“从白杨树跑到皇家塘。”

“皇家塘在哪儿?”中尉的近视眼眯缝起来。

“那就是,先生,就在树林子跟前。”

十来匹马排成一排。中尉把鞭子举到头顶上。他一边肩膀上的肩章像小山包一样耸了起来。

“等我喊到‘三’——就放马!好不好?一、二……三!”

中尉俯在鞍韂上,一只手按着制帽,一马当先冲了出去。他有一小会儿跑在其余的人前面。米佳带着一张慌得发白的脸在马镫上站了起来,格里高力觉得过了好长好长时间,米佳那举在头上的鞭子才落到儿马的屁股上。

从白杨树到皇家塘有三俄里。在半路上,米佳的儿马身子挺得像箭一样直,追上了中尉的骒马。格里高力的马很不带劲儿地跑着。他一开始就落在后面,于是就让马迈着兔子那样的小步跑着,他兴致勃勃地注视着越跑越远、像松散了的链子一样拉开了距离的骑手们。

皇家塘旁边,有一道春水冲积成的长长的沙丘。那黄黄的、像驼峰一样的沙丘顶上,长着许多萎蔫的尖叶子蛇葱。格里高力看着中尉和米佳一下子跨上沙丘,并且翻了过去,其余的骑手也都跟着他们一个一个地飞了过去。等他的马来到水塘跟前,十来匹大汗淋漓的马已经站成一堆,下了马的小伙子们围住了中尉。米佳那股高兴劲儿压也压抑不住。他的每一个动作都流露出洋洋得意的神情。使格里高力感到意外的是,中尉好像一点也不觉

得难为情:他靠在一棵树上,抽着纸烟,用小指头指着自己那匹汗流如洗的骒马,说:

“我骑着它已经跑了一百五十俄里啦。昨天才从车站回来。如果这马歇过劲儿来,柯尔叔诺夫,你决不会赶得上我。”

“很可能是这样。”米佳宽宏大度地说。

“咱们这一带没有比他的儿马更快的啦。”最后跑到的一个满脸雀斑的小伙子羡慕地说。

“马是匹好马。”米佳用一只激动得发抖的手拍了拍马脖子,傻笑着,看了看格里高力。

他们两个离开其余的人,从山脚下走,不走大街。中尉冷冷地跟他们道了别,将两个手指头朝帽檐一伸,就转身走了。

已经来到胡同里,快要走到自家的院子跟前了,格里高力看到,阿克西妮亚迎着他们走了过来。她一面走,一面撕一根树条子上的叶子;一看见格里高力,就把头垂了下去。

“有什么怕丑的,难道我们光着屁股?”米佳喊叫道,又挤了挤眼睛,“我的绣球花儿,哟,好甜呀!”

格里高力朝前面望着,差不多要从她身边走过的时候,突然用鞭子朝慢步走着的马身上抽了一下。那马蜷起后腿,朝上一踢,溅了阿克西妮亚一身泥浆。

“咦……坏透了!”

格里高力让发了急的马猛一转身,冲着阿克西妮亚走来,他问道:

“为什么不问好?”

“你不配!”

“就因为这,才给你溅点儿泥,叫你别神气!”

“让开!”阿克西妮亚在马脸前面挥动着两手,喊叫道,“你为什么拿马撞我?”

“不是撞你,是拦你。”

“反正一样,你让开!”

“你为什么生气,阿克秀莎? 当真为前些天在滩地上的事情生气啦! ……”

格里高力对着她的眼睛看了看。阿克西妮亚想说点什么,但是她那黑眼睛角上忽然挂起了泪珠儿;嘴唇凄楚地哆嗦了几下。她慌忙吞下眼泪,小声说:

“别缠我啦,格里高力……我没有生气……我……”她走了。

惊愕的格里高力在大门口赶上了米佳。

“今天你出来玩吗?”米佳问道。

“不去。”

“怎么回事儿? 是不是她叫你去睡觉?”

格里高力用手掌揉了揉脑门儿,没有回答。

九

三一节过后,村里各家院子里只剩了撒在地上的香薄荷、踩成了碎末子的干树叶,还有插在大门口和台阶旁、已经起了皱和失去翠绿色彩的橡树和水柳树枝儿。

割草是从三一节开始的。从清早起,草场上就到处闪耀着女人们过节穿的裙子、艳丽的绣花围裙、五颜六色的花头巾。全村的人一齐出来割草。割草的男人和搂草的女人都穿得像过年一样。自古以来都是这样。从顿河岸到很远的赤杨林边，正被洗劫的草场在镰刀下颤动和叹息着。

麦列霍夫家的人出来晚了。他们出来割草的时候，差不多有半个村子的人已经在草场上了。

“早觉睡得太久啦，潘捷莱·普罗柯菲耶维奇！”已经汗流浃背的几个割草人嚷嚷说。

“不能怪我，全怪娘儿们！”老头子无可奈何地笑了笑，挥动生皮编成的皮鞭赶着牛。

“你好，老哥！晚到啦，伙计，晚啦……”一个戴草帽的高个子哥萨克摇晃着脑袋，在路边砸镰刀刃。

“草会干掉吗？”

“跑快些，还来得及；跑慢了，草就干掉啦。你的一片在什么地方？”

“在红土崖下面。”

“好啦，把老牛赶快些，要不然今天到不了啦。”

阿克西妮亚坐在大车后面，用头巾将整个的脸裹起，挡住太阳。她给眼睛留了一条小缝儿，就从这条缝儿里看着坐在对面的格里高力，她的神情很冷淡、很严肃。妲丽亚也裹着头巾，穿着新衣服，将两条腿搭拉在车沿上，用她那长长的、露出很多青筋的乳房喂着快要在手上睡去的小孩子。杜尼娅颠颠晃晃地坐在车沿木杆上，用无忧无虑的眼睛打量着草场和路上遇到的人。她那张高高兴兴、晒得又黑又亮、鼻子两边有少数雀斑的脸好像在说：“我高兴和愉快，是因为今天的天蓝湛湛的，万里无云，这个日子就很高兴、很愉快；因为心里也是这样蓝湛湛的，又宁静，又没有杂念。我很高兴，别的我什么都不想。”潘捷莱·普罗柯菲耶维奇用手扯着厚棉布褂的袖子，擦了擦帽檐下流出的汗。棉布褂紧紧绷在他那弯着的背上，有些地方已经被汗水湿透了。太阳透过灰羊羔皮一般的云片，把扇形的、曚昽的折光投射在原野、草场、村庄和顿河两岸远方的银色山峰上。

这时已经渐渐热起来。被风撕碎的云片很不带劲地爬着，连在大路上拉车的潘捷莱·普罗柯菲耶维奇的牛都超不过。潘捷莱·普罗柯菲耶维奇很为难地举着鞭子，摇晃着，好像是下不了决心：朝瘦削的牛屁股上打下去呢，还是不打？那牛看样子很清楚这一点，也就不肯跨大步子，还是慢慢腾腾、试探似的迈动着弯弯的腿，不住地甩打着尾巴。闪着橙色光泽的土黄色牛虻在牛身上打着圈圈儿。

已经割掉了草的、靠近村边场院的草地上，出现了许多淡绿色的点子；还没有割的地方，微风吹在绿得透着墨光的缎子般的草地上，发出轻轻的沙沙声。

“这就是咱们分到的一片。”潘捷莱·普罗柯菲耶维奇用鞭子指了指。

“咱们从树林子那边割起吗？”格里高力问。

“也可以从这一头割起。我已经用锹在这一头铲了个记号。”

格里高力卸下累得够呛的牛。老头子晃动着耳环，前去寻找记号，就是他在地边铲的那个三角记号。

“把镰刀拿来吧！”他一会儿就挥着手喊叫道。

格里高力蹚着青草走了过去。一道轻轻晃动的痕迹，从大车跟前跟着他向草地伸去。潘捷莱·普罗柯菲耶维奇对着远处一座钟楼的白色尖顶画了个十字，就拿起了镰刀。他的鹰钩鼻子闪着亮光，好像是刚刚油漆过的；那瘪下去的黑黑的腮帮子上汪着汗水。他微微一笑，黑黑的大胡子里一下子就露出无数密密的白牙齿，他将皱皱巴巴的脖子朝右扭了扭，就挥动了镰刀。砍下的草成一个很大的半圆形倒在他的脚下。

格里高力跟在他后面，半闭着眼睛，用镰刀将草砍倒在地上。在他眼前，女人们的裙子像七彩缤纷的虹霓，但他的眼睛寻找的只是一条，一条绣花边的白裙；他朝阿克西妮亚望了望，又挥动镰刀，跟上父亲。

阿克西妮亚在他的脑海里不肯退去；他半闭起眼睛，心里在吻她，对她说一些不知从哪里来的温柔甜蜜的话，然后抛开这些念头，数着“一、二、三”往前走；脑海里又浮现出往事的片段：他们俩坐在潮湿的草堆脚下……小鹧鸪在沟里啾啾地叫……滩地上空一轮明月……稀疏的水滴从树棵子上往小水洼里落，就像现在这样：一二、三……真好，嘿，真好啊！……

停放车辆的地方响起了笑声。格里高力回头看了看：阿克西妮亚正弯下身子，对躺在大车底下的妲丽亚不知说了点什么，妲丽亚将两手一挥，两个又一齐笑了起来。杜尼娅坐在辕杆上，用尖细的嗓门儿唱着歌。

“割到那丛树棵子跟前，我把镰刀砸一砸。”格里高力心里想道，接着就感觉到镰刀砍着了一个软乎乎的东西。弯下腰一看：脚底下有一只小野鸭正吱吱叫着一瘸一拐地朝草丛里钻去。在做窝的小坑旁边还有一只小野鸭，已经被镰刀砍成了两半；其余的小鸭都啾啾叫着，四面散开，钻进了草丛。格里高力把砍成两半的小鸭放在手掌上。脱壳才几天的棕黄色小鸭的绒毛里还冒着热气。那张着的扁扁的小嘴上还带着粉红色的血泡，小小的眼睛顽皮地眯缝着，还很热和的小爪子轻轻哆嗦着。

格里高力看着手掌上小小的死肉团子，突然产生了一种强烈的怜悯心情。

“格里什卡，你捡到什么啦？……”

杜尼娅踩着一排排割倒了的草，蹦蹦跳跳地跑来。两条小辫子在她胸前晃来晃去。格里高力皱着眉，扔下小鸭，懊恼地挥起镰刀。

匆匆吃过午饭。猪肉加哥萨克的命根子——用口袋从家里装来的酸牛奶渣——就是全部午饭了。

“不用回家啦，”潘捷莱·普罗柯菲耶维奇在吃饭的时候说，“把牛放到树林里去吃草，明天，不等太阳把露水晒干，咱们就割完啦。”

吃过午饭，妇女们就开始搂草。割倒的草已经蔫了，干了，散发出一种细细的、醉人的香气。

天黑了，割草停下来。阿克西妮亚搂起最后剩下的几摊草，就到停车的地方去做饭。她整天都在拼命嘲笑他，拿仇恨的眼睛望着他，好像是因为受了莫大的、难以忘怀的凌辱在对他进行报复。格里高力愁眉苦脸并且有点儿萎靡不振地把牛赶到河边去喝水。父亲一直注视着他，也注视着阿克西妮亚。他恨恨地望着格里高力，说：

“你吃过晚饭，就看牛去。要看好，别叫牛跑到草场上来。把我的粗呢褂带上。”

妲丽亚把孩子放到大车底下，跟杜尼娅一起到树林里去捡干树枝。

一弯新月升起后，在草场上空，在高高的、黑洞洞的天上移动着。飞蛾像雪花一样在火堆上面纷纷飞舞。在火堆旁铺开一块粗麻布，大家就坐下来吃晚饭。稀饭在一只熏黑的军用锅里翻滚着。妲丽亚用衬裙的下摆擦了擦勺子，对格里高力喊道：

“来吃饭吧！”

格里高力披着粗呢褂从黑暗处钻出来，来到火堆跟前。

“你为什么这样阴沉？”妲丽亚笑着问。

“看样子是要下雨啦，腰疼呢。”格里高力想开开玩笑，把话岔开。

“他不愿意看牛，真的。”杜尼娅笑着说。她往哥哥跟前凑了凑，跟他说起话来，但不知怎的，话却谈不下去。

潘捷莱·普罗柯菲耶维奇很带劲儿地喝着稀饭，牙齿咬得没有煮烂的米粒儿咯吧咯吧响。阿克西妮亚吃着，连眼睛也不抬，听了妲丽亚的玩笑话，只勉强笑了笑。因为心里不平静，脸上起了红晕，两颊火辣辣的。

格里高力第一个站起来，朝着牛走去。

“当心点儿，别叫牛糟蹋别人家的草！”父亲在背后对他喊道。老头子呛了一下，喀喀地咳嗽了半天。

杜尼娅憋住笑，憋得腮帮子鼓鼓的。火堆快要灭了。阴燃的树枝向坐着的几个人周围散发着烧焦的枝叶那种蜜一般的气息。

* * *

半夜里，格里高力偷偷地走近了停车的地方，离着有十来步站了下来。潘捷莱·普罗柯菲耶维奇在大车上有起有落地打着呼噜。黄昏时没有浇灭的余火，在灰烬中一闪一闪的，就像孔雀那金色的眼睛。

一个裹得紧紧的灰色的人影离开大车，踌躇不决地慢慢朝格里高力移动。走了两三步，就站住了。是阿克西妮亚。是她。格里高力的心怦怦地、紧张地跳将起来；他蹲下身子，走了过去，敞开衣襟，把柔顺的、热乎乎的阿克西妮亚搂到怀里。她两腿发软，浑身打着哆嗦，牙齿抖得咯咯响。他猛地一下把她抱起——就像饿狼扑食儿那样——一面在敞开的怀里尽情地亲热着，一面气喘吁吁地抱着往前走。

“噢咦，格里沙……格里什卡！……你爹……”

“别作声！……”

阿克西妮亚一面向下挣，一面在粗呢褂里呼吸着羊毛的腥气，跟后悔做着痛苦的搏斗，差不多是用低低的呻吟声叫道：

“放下我，现在还有什么……我自己走！……”

十

女人晚熟的爱情不像鲜红的郁金香，而是像如火如荼的盘根草。

自从割草以后，阿克西妮亚完全变了样子。好像有人在她脸上做了一个记号，烫了一个烙印。婆娘们一遇到她就阴阳怪气地龇龇牙，在背后对着她直摇头，姑娘们都嫉妒她，可是她却骄傲地和高高地昂着她那幸福然而承受着羞辱的头。

不久，大家就都知道格里高力的风流韵事了。起初大家悄悄地谈论这件事，都还是将信将疑，但是有一天黎明时候，村子里牧人"翘鼻子"库齐卡看见他们俩在西沉的月亮朦胧的光照下躺在风车旁不高的黑麦丛里，打这以后，闲话就像汹涌浑浊的波浪一样翻腾开了。

闲话也到了潘捷莱·普罗柯菲耶维奇的耳朵里。在一个星期天，他上莫霍夫的铺子里去。人多得挤都挤不进去。他一走进去，好像都在给他让路，大家都在笑。他挤到柜台跟前，那儿正在卖布。东家莫霍夫亲自动手给他拿货物。

"普罗柯菲耶维奇，怎么好久没见啦？"

"总是忙啊。家里事情做不过来。"

"哪儿会呢？有那样的好儿子，还做不过来？"

"儿子算什么：彼特罗已经入营了，只有我跟格里什卡在家里忙活啦。"

莫霍夫把棕红色的大胡子朝两边捋了捋，意味深长地朝挤成一堆的哥萨克们斜看了一眼。

"可不是嘛，老哥，这事你为什么一直不肯讲呢？"

"什么事呀？"

"怎么什么事？要给儿子娶亲了，可是你都不吱一声。"

"给哪个儿子娶亲？"

"你那格里高力没娶过亲啊。"

“眼下还不打算给他娶亲。”

“可是我听说，你要娶个儿媳妇，要娶……司捷潘·阿司塔霍夫家的阿克西妮亚。”

“我？娶活人妻……你这是说的什么话，老掌柜，是说笑话吧？是吗？”

“哪儿是笑话！我是听别人说的。”

潘捷莱·普罗柯菲耶维奇摩平了柜台上摊开的一块布料，就猛地转过身，一瘸一拐地朝门口走去。他径直朝家里奔去。他一面走着，像牛那样歪着脑袋，把露出一条条青筋的手攥成拳头；瘸腿也瘸得更厉害了。他经过阿司塔霍夫家门前时，隔着篱笆朝里边望了望：打扮得漂漂亮亮、显得更加年轻的阿克西妮亚正提着一只空水桶、屁股一扭一扭地朝房里走去。

“喂，等一等！……”

潘捷莱·普罗柯菲耶维奇像发了疯似的闯进门去。阿克西妮亚站下来，等着他。他们一同走进房里。打扫得干干净净的地面上铺了一层红红的沙土，堂前大板凳上放着刚出炉的烤饼。正房里发出一股旧衣服的气味，不知为什么还有茴香苹果的气味。

一只大头大脑的花猫走到潘捷莱·普罗柯菲耶维奇脚底下，想跟他亲热亲热。猫拱起背，十分亲热地在他的靴子上蹭了蹭。潘捷莱·普罗柯菲耶维奇一脚把猫踢到大板凳腿上，一面看着阿克西妮亚的眉毛，喊叫道：

“你是怎么搞的？……嗯？你男人的脚印还热乎着，你的尾巴就歪了！你们干出这种事，我要把格里什卡活活打死，还要写信给你那司捷潘！……让他知道知道！……哼，你这个骚货，把你打得太少啦！……从今天起，不许你踏进我家院子跟小伙子勾搭。司捷潘是要回来的，我也不答应……”

阿克西妮亚眯缝起眼睛听着。忽然毫不害臊地撩了一下裙子的下摆，一股妇人裙子底下的气味扑进潘捷莱·普罗柯菲耶维奇的鼻子。她撇着嘴，龇着牙，挺着胸脯冲他走来。

“你是我的公公吗？嗯？是公公吗？……你凭什么来教训我？去教训教训自家的大屁股娘儿们吧！到自己家里发威风去！……你这个瘸鬼，我还没瞧上眼呢！……滚出去，别在这儿吓唬人！”

“等着瞧吧，混蛋娘儿们！”

“没有什么好等的，我不会给你生孩子的！……你怎么来的，还怎么给我出去！至于你那格里什卡，只要我愿意，我连骨头都把他吞下去，也用不着对你说一声！……来吧！你咬不掉我的什么！是的，我爱格里什卡。怎么样？你要打人，是不是？……给我男人写信？……你就是给官家派的阿塔曼写信，格里什卡也是我的！是我的人！我的人！现在我抓在手里，以后还要抓在手里！……”

阿克西妮亚挺起胸脯（胸脯在紧紧的女褂下面扑扑地跳着，就像小鸟落进套索时那样）向已经气馁的潘捷莱·普罗柯菲耶维奇逼过来，一双黑眼睛火辣辣地盯着他，说出来的话一句比一句厉害，一句比一句泼辣。潘捷莱·普罗柯菲耶维奇哆嗦着眉毛，向门口退去，摸到放在角落里的拐杖，一面摇着手，用屁股把门顶开。阿克西妮亚一面把他从过道里往外赶，一面像发了疯一样气急败坏地大声喊叫着：

“那种苦日子我过够了！……你们杀了我也不怕！格里什卡是我的！是我的！”

潘捷莱·普罗柯菲耶维奇的嘴巴在大胡子里面咕哝着，一瘸一拐地朝家里走去。

他在正房里找到了格里什卡。一句话没说，举起拐杖朝他的脊梁打去。格里高力将身子向下一弯，架住了父亲的胳膊。

“爹，为什么事？”

“有事！狗——崽——子！……”

“什么事？”

“别糟害邻居！别叫你老子丢人！狗东西，别跟娘儿们勾勾搭搭！”潘捷莱·普罗柯菲耶维奇沙哑地说，一面拖着格里高力在正房里转，用劲夺着拐杖。

“不许你打人！”格里高力低沉地哼哧一声，咬紧牙，把拐杖夺了过去，放在膝盖上用劲一折，那拐杖咔嚓一声成了两截……

潘捷莱·普罗柯菲耶维奇紧握拳头，朝儿子脖子上打去。

“我把你送到村会上打死！……哼，你这个狗杂种，该死的东西！”他两脚乱蹬乱踹，想用脚踢，“我把傻丫头玛尔芙什卡娶给你！……我这就去办！……你等着瞧吧！……”

母亲听到吵闹声跑了出来。

“孩子他爹，孩子他爹！……消消气吧！……有话慢慢说！……”

但是老头子闹上了劲儿，对老奶奶也照顾一下子，掀翻了放着缝纫机的小桌，大吵大闹了一顿，才跑到院子里去。格里高力还没来得及把打架时扯破了袖子的褂子脱下来，房门砰的一声开了，潘捷莱·普罗柯菲耶维奇又满脸怒气地出现在门口。

“给狗崽子娶亲！……”他像马那样跺着脚，眼睛盯着格里高力那肉嘟嘟的脊背，“给你娶亲！……明天就找媒人去说！我到了这种地步：因为儿子，人家当面笑话我！”

“先叫我有件褂子穿，然后再娶亲吧。”

“我要给你娶！……给你娶个傻丫头！……”他砰地将门一带，那噔噔的脚步声顺着台阶下去，声音就消失了。

十一

谢特拉柯夫村外的原野上，排列着一排排带帆布篷的大车。一片白房顶的整齐的小市镇不知不觉地迅速发展起来，已经有几条笔直的小街，市镇中心有一片小广场，还有岗哨在广场上巡逻。

军营里过起了每到五月都要过的、年年一样的生活。每天早晨，看马的哥萨克小队把马匹赶到营地上。开始刷马、备马、点名、排队。统辖各营的是一位校官——喜欢大喊大叫的波波夫中校，他喊叫得十分响亮，那些训练年轻哥萨克的军士们在操练时也都扯着嗓子喊叫。在山冈后面进行钳击，巧妙地迂回包抄“敌军”。用火铳打靶。年轻一些的哥萨克在兴致勃勃地比赛劈刺，年长一些的则想方设法逃避训练。

很多人因为炎热和喝酒喉咙都哑了，但是在长长的一排排带篷的大车上方回荡着芳香醉人的风，金花鼠在远处吱吱叫着，草原伸展得离人住的地方和白色房顶上的缕缕炊烟更远了。

在出营前一星期，炮兵伊万·托米林的亲兄弟安得列的老婆来了。她带来了很多家里做的奶油小面包、各种各样吃的，还带来了一大堆村子里的新闻。

第二天清早她就走了，带走了哥萨克们对家里人的问候和嘱咐。只有司捷潘·阿司塔霍夫什么话都没有托她带。前一天他病了，用酒在治疗呢，所以不仅没有看到安得列的老婆，连天日都没有见到，也没有去参加训练。这会儿军医根据他的要求，给他放血，往胸膛上放了十来条蚂蟥。司捷潘只穿一件衬衣，靠着自己的大车轮子坐着——带白罩的制帽擦着了车轮上的油泥，弄脏了——噘着嘴，看着蚂蟥把嘴插进他胸前凸成了半圆形的肌肉里，吸黑血吸得胀了起来。

团军医站在一旁，吸着烟，从稀稀拉拉的牙齿缝里朝外喷着烟气。

"轻快一些吗？"

"胸膛不那么闷了。心里好像舒服一些……"

"用蚂蟥——是最有效的疗法！"

安得列·托米林走到他跟前，挤了挤眼睛。

"司捷潘，我有句话想跟你说。"

"说吧。"

"咱们到别处去一下子。"

司捷潘哼哼着站了起来，跟安得列走到一旁。

"好，有话说吧。"

"我老婆来啦……今天走的。"

"噢……"

"村子里都在讲你老婆……"

"说些什么？"

“说得很难听。”

“怎么回事儿?”

“说她跟麦列霍夫家的格里什卡勾搭上啦……敞开地搞。”

司捷潘脸色煞白,把蚂蟥从胸膛上扯下来,用脚踩死。他踩死最后一条蚂蟥,扣上衬衣领子,又好像害怕什么似的,重新把领子解开……煞白煞白的嘴唇再也不能安静:哆哆嗦嗦,咧一咧,咧出一个怪样子的笑容,噘一噘,噘成一个发青的圆疙瘩……安得列觉得,司捷潘好像是在嚼一种很硬的、咬也咬不动的东西。司捷潘脸上渐渐有了血色,用牙齿从里面咬住的嘴唇呆然不动了。他摘下制帽,用袖子擦了擦白帽罩上沾的车轮油泥,声音老大地说:

“你肯告诉我,多谢。”

“我是想提醒你一下……请你别见怪……据说,家里的事情就是这样的……”

安得列带着遗憾的心情拍了拍裤腿,就朝没有卸鞍的马走去。营里人声响成一片。比赛劈刺的哥萨克们回来了。司捷潘阴森地、聚精会神地打量着帽子上黑色的油迹,站了一会儿。一条没有踩死、还剩下一口气的蚂蟥爬到了他的长筒靴上。

十二

再有十来天,哥萨克们就要从营里回来了。

阿克西妮亚沉醉在她那晚熟的、痛苦的爱情中,如癫似狂。格里高力不顾父亲的威吓,一到夜里就悄悄地到她那里去,天亮前回家。

两个星期的工夫，他弄得疲惫不堪，就好像一匹马跑了一次力不胜任的长途。

因为一夜一夜地不睡觉，他那颧骨高高的脸上的皮肤发了青，一双干涩的黑眼睛从凹进去的眼眶里无精打采地向外望着。

阿克西妮亚走路的时候，不用头巾裹着脸，眼睛下面两个深坑阴沉沉地发着乌色；她那微微有点儿肿、有点儿向外翻的、妖媚的嘴唇不安地和不示弱地笑着。

他们的如胶似漆的关系是那样不同一般，那样明目张胆。他们被情欲的火焰疯狂地燃烧着，既不避人，也不怕难为情，街坊们眼看着他们的脸一天一天地消瘦，而且发出乌色，现在人们每遇到他们，不知为什么都不好意思看他们了。

格里高力的伙伴们，原来因为他跟阿克西妮亚的关系常常拿他开玩笑，现在都一声不响了，每次碰到面，都觉得跟格里高力在一起很别扭，很拘束。妇女们心里嫉妒阿克西妮亚，嘴里责骂阿克西妮亚，怀着幸灾乐祸的心情等待司捷潘回来，等着看热闹，等得都不耐烦了。她们在纷纷猜测这事的结局。

假如格里高力去找守活寡的阿克西妮亚，能够做出瞒着人的样子，假如守活寡的阿克西妮亚跟格里高力同宿，适当地保守着秘密，同时又不拒绝别的男人，那样的话，这种事也就没有什么了不起的、刺眼的地方了。村子里谈上一阵子也就算了。但是他们却几乎毫不避人地过了起来，他们的关系非同小可，不像一种临时关系了，因此村里人都认定这是犯罪的，是不道德的，并且全村都有点儿不怀好意地等待着：司捷潘一回来，就有戏看了。

在正房里床的上方扯着一根细绳。绳上穿着一些白色和黑色的空线轴。挂这些线轴是做装饰的。苍蝇就在线轴上过夜，蜘蛛也从线轴上往天花板上拉网。格里高力躺在阿克西妮亚凉丝丝的光胳膊上，朝上望着那一串线轴。阿克西妮亚用另一只手，用她那干活儿弄得很粗糙的手指头，抚弄着格里高力仰着的头上那硬得像马鬃一样的鬈发。阿克西妮亚的手指发出一股新鲜牛奶的香味；每当格里高力转过头，将鼻子扎到阿克西妮亚的腋下，就有一股像未发过酵的啤酒花气味的、浓烈的、甜甜的女人汗味儿朝鼻孔里直扑。

正房里，除了一张四角都有旋成的小圆球的、油漆过的木床以外，靠近门口还放着一只老大的铁皮箱子，里面装的是阿克西妮亚的嫁妆和日常穿的衣服。堂前放着一张桌子，墙上挂着司柯别列夫将军的油画像，这位将军正跃马前进，一面面毛了边的军旗在他面前倒下；还有两把椅子，椅子上方是圣像，圣像上搭着一些花花绿绿的、寒碜的彩纸条。旁边的墙上，挂着落满苍蝇屎的照片。照片上是一群哥萨克：那乱蓬蓬的头发，那露着表链子的挺起的胸膛，那出鞘的马刀——那是司捷潘和过去跟他一起服现役的一些伙伴。衣架上挂着没有收起的司捷潘的一件军服。月光从窗隙里钻进来，晃晃悠悠地照射着军服肩章上那两道下士军阶的白色银条。

阿克西妮亚叹着气，在格里高力鼻梁上方的两眉中间吻着。

“格里沙，我的心肝啊……”

“你怎么啦？”

“就剩下九天啦……”

“九天还能过一阵子呢。”

“到时候，格里沙，我可怎么办啊？”

“我怎么知道。”

阿克西妮亚尽量控制着叹息，又抚摩和拨弄起格里高力那乱蓬蓬的头发。

“司捷潘会打死我……”不知她是在发问，还是在肯定地说。

格里高力没有说话。他很想睡觉。他用劲睁开老往一块儿粘的眼皮，看到阿克西妮亚那闪着蓝光的眼珠正盯着他。

“我男人一回来，大概你就要扔掉我吧？你怕他吗？”

“我为什么怕他，你是他老婆，你才怕他哩。”

“现在跟你在一块儿，我不害怕，可是到白天我仔细一想，心里就慌了……”

格里高力打着哈欠，把头来回滚着，说：

“司捷潘一回来，可不是闹着玩的。哦，我爹打算给我娶亲啦。”

格里高力微微笑着，还想说点什么，但是他感觉到：搂着他的头的阿克西妮亚的那只胳膊不知为什么忽然松松地软了下去，落进枕头里，可是过了一会儿，哆嗦了几下以后，又硬了起来，恢复了原来的样子。

“说的是谁家的姑娘？”阿克西妮亚低声问道。

“刚刚准备去说。我妈好像是说去柯尔叔诺夫家，说他们家的娜塔莉亚。”

“娜塔莉亚呀……娜塔莉亚这姑娘很漂亮……漂亮得很。好啦，你娶她吧。昨天我还在教堂里看到她……她打扮得很漂亮……”

阿克西妮亚说得很快，但是声音含混，她那些没有气力、没有抑扬顿挫的话叫人听不清楚。

“我要她的漂亮当屁用。我要是能娶你就好啦。”

阿克西妮亚猛然把胳膊从格里高力的头底下抽了出来，用干涩的眼睛望着窗户。窗外月色昏黄，板棚投下一片浓浓的阴影，蟋蟀起劲地叫着，顿河边有水牛在哞哞地叫，那抑郁、低沉的声音通过独扇的小窗户传进房来。

“格里沙！”

“你又想什么啦？”

阿克西妮亚抓住格里高力那两只很硬、很不听摆弄的胳膊，将他的胳膊紧紧按在自己胸前，按在冻木了的冰冷的腮上，用呻吟的声调喊叫道：

“你这活冤家，为什么要缠上我？我可怎么办啊！……格里什卡！……你把我的心都揉碎啦！……我完啦……司捷潘回来，我拿什么话来说呢？……谁又肯替我出头？……”

格里高力没有作声。阿克西妮亚伤心地望着他那漂亮的、长长的鼻子，望着那被阴影遮着的眼睛、没有说话的嘴唇……感情的洪流一下子冲垮控制感情的堤坝：阿克西妮亚疯狂地吻他的脸、脖子、胳膊和胸膛上那一撮硬扎扎的拳曲的黑毛。她在热吻的间隙中气喘吁吁地小声嘟哝着，格里高力也感觉出她是打着哆嗦在说话：

“格里沙，我的心肝……宝贝儿……咱们跑掉吧。我的好人儿！咱们什么都扔掉，说走就走。男人我扔掉，什么都扔掉，只要有你就行……咱们到矿上去，跑得远远的。我会照应你，心疼你……我有一位亲叔叔在巴拉莫诺夫矿上当矿警，他会帮咱们一把的……格里沙！只要你说句话就行。”

格里高力把左边眉毛皱成三角形，想了想，突然睁开两只火热的、非俄罗斯型的眼睛。眼睛在笑，是讥笑。

“你真糊涂，阿克西妮亚，真糊涂！你说了半天，全是傻话。你想，我能离开家到哪儿去？再说，我今年就要入伍啦。不行啊……除了本乡本土，我哪儿也不去。这儿是大草原，喘口气也舒服，到外面又怎样呢？去年冬天我跟我爹到车站去过一趟，那儿真够人受的。火车头呜呜直叫，烧煤炭那种气味非常难闻。人家在那儿怎么过——我不知道，也许人家对这种煤烟气味已经闻惯啦……”格里高力吐了一口唾沫，又说了一句，“除了村子，我哪儿也不去。”

窗外昏暗下来，是一片云彩遮住了月亮。满院子昏黄的月色渐渐淡了，平铺在地上的阴影渐渐消失，已经分不清篱笆外面那黑乎乎的东西是什么：是去年砍下来的干树枝，还是紧靠着篱笆的老蓬蒿。

房里也越来越昏暗，挂在窗边的司捷潘的哥萨克军服上那下士军阶的银条也不发亮了，格里高力在灰沉沉的阴影中也没有看到，阿克西妮亚的肩膀在轻轻哆嗦着，用两手紧紧抱住的头一声不响地在枕头上跳动着。

十三

从安得列的老婆走的那一天起，司捷潘脸上的气色就变得十分难看了。两道眉毛耷拉到眼睛上，一道又深又清楚的皱纹斜斜地穿过额头。他很少跟伙伴们讲话，常常为一点小事儿发火、吵嘴。无缘无故地跟司务长普列沙科夫吵了好几次，对彼特罗·麦列霍夫几乎瞧都不瞧。以前联系着他们的友谊纽带断了。司捷潘怀着沉重的积怨，就像马驮着骑手走下坡路一样，越来越收不住腿。到回家的时候，他们已成了仇人。

只要有什么事稍一触发，他们之间在最近一个时期出现的一种模模糊糊的敌对关系就会发生爆炸。他们从营里回家，还是五个人一块儿走。车上套的是彼特罗和司捷潘的马，贺里散福骑着自己的马。安得列·托米林正在打摆子，他盖着军大衣躺在车篷里。菲多特·包多甫斯柯夫懒得赶车，所以彼特罗就赶车。司捷潘在大车旁边走，用鞭子抽打着路边大蓟那红红的花儿。下起雨来。很稠的黑泥像树胶一样在车轮上打着转转儿。浓云罩住的天空像秋日天空那样，变成了灰色。夜幕降临了。不论怎样仔细看，都看不到村落的灯火。彼特罗毫不心疼地用鞭子抽打着马匹。这时司捷潘就在黑暗中叫了起来：

“你是怎么回事儿……自己的马你舍不得打，我的马你却一个劲儿地在抽？”

“你看仔细点儿。谁的马不用劲，我就赶谁的马。”

“最好我来把你套上，土耳其佬是很会拉车的……”

彼特罗扔开缰绳。

“你想干什么？”

“你坐着吧，别动。”

“那你就给我住嘴。”

“你干吗找他发起火来？”贺里散福骑着马朝司捷潘走来，瓮声瓮气地说。

司捷潘不说话了。黑暗中也看不清他的脸。大家都一声不响地走了有半个钟头。烂泥被车轮轧得噗唧噗唧响着。好像从筛子里漏下来的雨点懒懒地敲打着帆布篷顶。彼特罗撩开缰绳，抽起烟来。他在脑子里挑选最难听的话，准备再吵起来时对司捷潘说出来。恼得他直发狠，真想把司捷潘这个坏小子痛骂一顿，狠狠地刺他几句。

“闪开一点儿，让我到车篷里去。”司捷潘轻轻推了推彼特罗，跳上车踏板。

就在这时，车子突然歪了一下，不走了。两匹马咚咚地直蹬直踹，在烂泥里直打滑，马掌下迸出火星。车辕横木被拉得轰隆轰隆直响。

“嘚儿儿儿儿！……”彼特罗一面从车上往下跳，一面吆喝。

“怎么一回事儿？”司捷潘惊慌起来。

贺里散福骑马来到跟前。

“鬼东西，受伤了吗？”

“点个火。”

“谁有火柴？”

“司捷潘，把火柴拿来！”

一匹马在前面呜噜呜噜地直挣扎。有人划着了火柴。一个橙黄色的小光圈闪了一下，马上又黑了下来。彼特罗用哆嗦着的双手摸到了倒下去的马的脊背。扯了扯缰绳。

“喔！……”

那马出了一口气，向旁边倒去。车辕哐啷响了一声。司捷潘跑过来，将几根火柴捏在一起，划着了。是他的马仰面朝天躺着呢。一条前腿插在一个土拨鼠旧洞里，一直插到膝盖。

贺里散福手忙脚乱地卸下马套。

“把腿给它拔出来！”

“把彼特罗的马卸下来，喂，快点儿！”

“站好，该死的！嘚儿儿儿儿！……”

“鬼东西，还尥蹶子哩！到一边去！”

好不容易使司捷潘的马站了起来。浑身是泥的彼特罗拉着马嚼子，贺里散福跪着在烂泥地上爬，摸索着那条站了起来的、很不灵活的马腿。

“八成是断啦……”他瓮声瓮气地说。

菲多特·包多甫斯柯夫用手拍了拍直哆嗦的马背。

“喂，牵着走几步瞧瞧。是不是还能走？”

彼特罗扯住缰绳朝自己身边拉了拉。那马蹦了一下，右前腿不敢着地，并且叫了起来。安得列一面将胳膊伸进大衣袖子，一面在旁边难受地跺着脚。

“倒霉！……一匹马完啦，唉！……”

一直没有作声的司捷潘好像就等着这话呢。他把贺里散福往旁边一推，就朝彼特罗扑去。他本来是照着头上打的，但是打偏了，打在肩膀上。两个人互相抓住，一起跌倒在烂泥里。不知是谁的上衣哧地响了一声。司捷潘把彼特罗按在地上，用膝盖抵住他的头，抡起拳头就打。贺里散福嘴里骂着娘，将他们拉开。

“为什么打人？……”彼特罗一面朝外咳着血，喊叫着。

“赶啊，狼心狗肺的家伙！专门拣好地方走吧！”

彼特罗从贺里散福手里挣了出来。

“不许动！给我老实点儿！”贺里散福用一只手将他按在车上，吼叫道。

套上了菲多特·包多甫斯柯夫那匹个头儿矮小、但是十分有劲的马，跟彼特罗的马一起拉。

“你骑我的马走！”贺里散福像下命令似的对司捷潘说。

他自己爬进车篷，跟彼特罗坐在一起。

他们来到格尼洛夫村时，已经是半夜了。他们在村边一户人家门前停下来。贺里散福前去借宿。他毫不理会咬住他的大衣下摆的大黄狗，咚咚地走到窗前，打开护窗板，用手指弹了弹玻璃。

“老乡！”

沙沙的雨声和汪汪的狗叫声。

“老乡！喂，行善的人啊！行行好，让我们住一宿吧。行吗？我们是当兵的，从营里回来的。几个人吗？我们一起五个人。啊，好，多谢了。进来吧！”他转过身朝大门口喊道。

菲多特把几匹马牵进院子。他碰在院心里放着的一个猪食槽上，绊了一跤，骂了一声。把马拴到棚子底下。安得列磕打着牙齿走进屋子里。彼特罗和贺里散福就在车篷里过夜。

天一亮他们准备动身。司捷潘从屋子里走出来，一个老态龙钟的驼背老婆子在他后面一小步一小步地挪动着。正在套车的贺里散福可怜起她来：

“哎哟，老大娘，你怎么驼成这个样子啦！大概在教堂里磕头挺方便，再稍微一弯腰，就够到地面了。”

“老总，我的好伙计，我磕头很方便，你身上挂两条狗很方便……各人有各人的方便。”老奶奶冷冷地笑了笑，露出一排密密的、一个也没有虫蛀的细牙，贺里散福看了十分吃惊。

“真有你的，这样一嘴好牙，简直像梭鱼牙齿。要是能可怜可怜我，送给我十来颗就好啦。我还年轻轻的，就没法子嚼东西啦。”

“我的好人，牙齿给了你，那我还剩什么呢？”

“大娘，给你安几颗马牙就行啦。你反正快死啦，阴曹里是不看牙口的：小鬼不是茨冈人出身。”

“胡扯够啦。”安得列笑着爬进车篷里。

老奶奶跟司捷潘来到棚子底下。

“哪一匹？”

“这匹大青马。”司捷潘叹着气说。

老奶奶把拐杖放在地上，用男子汉一样的、果敢有力的动作扳起受伤的马腿，用细细的、伸不直的手指头在马的膝盖上摸索了半天。马疼得抿着耳朵，龇着褐色的牙根，后腿蹲了下去。

“没有断，老总，没断。留在我这里，我能治。”

“能治好吗，老大娘？”

“治好吗，那谁能知道，我的好人……大概能治好吧。”

司捷潘把手一摆，就朝大车走去。

“你留下不留下呢？”老奶奶眯缝着眼朝他问道。

“留下就留下吧。”

“她能治。你留下的马是三条腿，她能给你治得一条腿都不剩。真找到个驼子兽医。”贺里散福哈哈大笑。

十四

“……我想他啊，好大娘。我眼看着一天一天地瘦啦。都来不及把裙子往瘦里缝，还没过一天，裙子又肥啦……他从我家门前一过，我的心就扑腾成一片……真想趴在地上，亲亲他的脚印……是不是他用妖法迷住我啦？……好大娘，救救我吧！都要给他娶亲啦……救救我吧，好大娘！你要什么，我都给你。把我最后一件小褂剥掉都行，只求你救救我！”

德萝兹季哈老奶奶用发亮的、被皱纹圈住的眼睛望着阿克西妮亚，听着她讲的这些痛苦话，不住地摇脑袋。

“是谁家的小伙子呀？”

“潘捷莱·麦列霍夫家的。”

“是土耳其佬吗？”

“是他家儿子。”

老奶奶嚅动着瘪嘴唇，过了一阵子才回答说：

“小嫂子，明天早点儿来。天一亮你就来。咱们到顿河水边去。把相思病冲掉。从家里带一把盐来……就这样。”

阿克西妮亚用一条黄色的小头巾裹住脸，弯下腰走出门去。

她那黑乎乎的身影在夜幕下渐渐消失。靴底单调地嗒吧嗒吧响着。脚步声也渐渐听不见了。村边有几个人在扯着嗓子你争我抢地唱歌。

阿克西妮亚一夜都没有睡，天蒙蒙亮就来到德萝兹季哈家窗前。

“大娘！”

“谁呀？”

“是我，大娘。起来吧。”

“一下子就好。”

她们顺着小胡同来到顿河边。在汲水的地方，跳板旁边，一辆被扔掉的大车的前半截泡在水里。水边的沙子凉得扎人。湿漉漉的冷雾正从顿河水面上腾腾升起。

德萝兹季哈用干瘦如柴的手抓住阿克西妮亚的手，将她拉到水边。

“盐带来了吗？拿来。你对着太阳出来的地方画十字。”

阿克西妮亚画着十字，懊恼地望着东方那幸福的玫瑰色。

“用手捧水喝，多喝点儿。”德萝兹季哈指挥说。

阿克西妮亚喝了一通水，把上衣袖子都弄湿了。老奶奶像一只黑蜘蛛似的，面对缓缓涌来的波浪撇开两腿，蹲了下去，小声念叨起来：

“从河底冒出来的冰冷的水啊……情欲像火一样……到了心里就成了野兽……相思病就是妖魔……至圣至贤的圣母呀……用圣十字架……把上帝的奴仆格里高力……”声音断断续续传到阿克西妮亚耳朵里。

德萝兹季哈将盐撒在脚下一小片一小片潮湿的沙上，又往水里撒了一点，剩下的全撒到阿克西妮亚怀里。

“往身后泼水。快点儿！”

阿克西妮亚照着做了。她带着郁闷和懊恼的神情打量了一下德萝兹季哈那褐色的腮帮子。

“怎么,完了吗?”

“好,去睡一会儿早觉吧。完啦。”

阿克西妮亚气喘吁吁地跑回家里。几头牛在院子里哞哞叫着。麦列霍夫家的妲丽亚睡足了觉,脸上红扑扑的,两道眉毛弯成很好看的弧形。她正在把自家的牛往牛群里赶。她微笑着,打量了一下从旁边跑过的阿克西妮亚。

“睡得好啊,嫂子!”

“托福托福。”

“这么早到哪儿去啦?”

“到一个地方去,有点儿事。”

晨祷的钟声响了。清脆、悠扬的铜钟声阵阵传来。牧童在胡同里将鞭子甩得噼啪直响。

阿克西妮亚连忙将牛赶了出去,又把牛奶弄到过道里去过滤。用围裙擦了擦露出半截的两条胳膊;她一面想着心事,一面往直冒泡沫的过滤桶里倒牛奶。

街上响起刺耳的车轮吱嘎声。一阵马嘶声。阿克西妮亚放下奶桶,朝窗外望去。

司捷潘手扶马刀,正朝大门口走来。还有一些哥萨克骑着马正你追我赶地向广场奔去。阿克西妮亚将围裙在手里揉成一团,坐到板凳上。脚步声上了台阶……进了过道……到了门口……

司捷潘在门口站下来,那样子显得瘦了,陌生了。

“哼……”

阿克西妮亚摇晃着她那高大、丰满的身躯,迎上前去。

“你打吧!”她拉长声音说,并且侧着身子站了下来。

“哼，阿克西妮亚……”

“我不瞒着，我有罪过。司捷潘，你打吧！”

她把脑袋缩到肩膀里，身子缩成一团，只用两手护住肚子，面对他站着。在她那呆呆的、吓得变了样子的脸上，一双陷在黑圈里的眼睛直瞪着，眨都不眨。司捷潘摇晃了一下，从旁边走了过去。肮脏的上衣散发出一阵男人的汗味和路边野蒿的苦味。他没有脱帽，就躺到了床上。躺了一会儿，才动了动肩膀，褪下武装带。那一向很神气地向上翘着的淡褐色胡子这会儿无精打采地向下耷拉着。阿克西妮亚没有转头，侧眼望着他。她有时哆嗦一下。司捷潘把两脚架在床靠背上，靴子上黏糊糊的稀泥巴很不情愿地向下滴着。他望着顶棚，用手指头揪弄着毛毛的皮穗头。

“早饭还没有做吧？”

“没有……”

“弄点什么东西来吃吧。”

他喝着碗里的牛奶，不住地嘲着胡子。他吃一口面包嚼上半天，腮帮子上两个绷着肉红色皮肤的大包不停地蠕动着。阿克西妮亚在炉边站着。她带着惶恐的神情望着丈夫那两只露着脆骨的小耳朵，那两只耳朵在咀嚼时一上一下地动个不停。

司捷潘离开饭桌，朝前走了两步，画了个十字。

“把事情讲讲吧，家里的。”他很干脆地提出了要求。

阿克西妮亚低着头收拾饭桌，没有作声。

“你讲讲，丈夫不在家，你是怎样守着的，你守住贞节了吗？嗯？”

狠狠的一拳打在她头上，阿克西妮亚站不住脚，栽倒在门槛上。她的背撞在门框上，她低低地哎呀了一声。

司捷潘迅猛地照头上一击，不仅能把一个柔弱的女子打倒在地，就连威武、健壮的武士也能打倒。不知是因为恐怖提起了精神，还是女人的韧性使她忍住了疼，反正她躺了一会儿，喘了几口气，就四肢撑着地站了起来。

阿克西妮亚撑着地站起来的时候，司捷潘在屋子当中抽着烟，打着哈欠。等他把烟荷包扔到桌子上，她已经砰的一声把门带上跑了。他追了出去。

阿克西妮亚浑身是血，一阵风似的朝隔开他们家和麦列霍夫家院子的篱笆跟前跑去。司捷潘在篱笆跟前追上了她。他的一只黑黑的大手像鹞鹰一样落到她的头上。他用手指紧紧抓住她的头发，用劲一扯，将她扯倒在地上，她倒在灰堆——那是阿克西妮亚天天烧过锅以后掏出来倒在篱笆边的灰。

这是怎么回事，为什么丈夫倒背着手，用皮靴拼命踢自己的老婆呢？……一只胳膊的阿列克塞·沙米尔从这里路过，看了看，眨了眨眼睛，笑得咧开了乱蓬蓬的小胡子：一眼就看出，司捷潘为什么事惩治自己的结发妻子。

阿列克塞本想站下来看看（谁碰到这种事都想看，因为总是热闹事嘛），看看会不会打死她，但是不好意思看。不管怎样，他总不是娘儿们呀。

从远处看司捷潘，很像是一个人在跳哥萨克舞。格里高力从正房窗孔里乍一看到司捷潘在蹦跳，也是这样想的。可是等他仔细一看，就从房里奔了出来。他将攥得麻木了的拳头紧紧贴在胸前，踮起脚尖朝篱笆跑去；跟在他后面的是彼特罗的吧嗒吧嗒的皮靴声。

高高的篱笆格里高力像鸟一样一飞而过。他跑着从背后朝正在踢人的司捷潘打去。司捷潘摇晃了一下,转过身子,像只狗熊似的朝格里高力冲来。

麦列霍夫家弟兄两个一齐上前拼打起来。他们像鹰啄死野物一样凶猛地朝司捷潘直扑。格里高力有几次被司捷潘那沉甸甸的拳头打得滚在地上。对付已经完全成年的司捷潘,他气力还不够。但是矮矮的彼特罗却十分灵活,像风中芦苇一样,见拳头打来,就把身子一弯,脚底下还是站得稳稳的。

司捷潘闪动着一只眼(另一只眼已经肿得像没有熟透的李子一样了),朝台阶退去。

贺里散福来向彼特罗借马笼头,才把他们拉开。

"站开!"他摇晃着铁钳一样的大手,"站开,要不然咱们去见村长!"

彼特罗小心地把血和半颗牙齿吐在手掌上,嘶哑地说:

"咱们走,格里什卡。咱们跟他总有碰到一起的时候……"

"你可不要落到我手里!"到处是瘀青的司捷潘在台阶上发狠说。

"好啊,好啊!"

"用不着什么好不好,我要把你的五脏揍出来!"

"你是当真,还是说着玩儿?"

司捷潘飞快地下了台阶。格里高力冲上前去迎他,但是贺里散福一面把他朝门外推着,一面说:

"谁要是再打,我就像对付小鸡一样,把脖子给扭断!"

从这一天起，麦列霍夫兄弟和司捷潘·阿司塔霍夫之间的仇怨就变成了一个难分难解的结子。

要到两年以后，由格里高力·麦列霍夫在东普鲁士的司托雷平城下来解这个结子。

十五

“告诉彼特罗，让他套上骒马和他那匹儿马。”

格里高力走到院子里。彼特罗正在把大车从棚子底下朝外拉。

“爹叫你套上骒马和你那匹马。”

“不用他说，咱们也知道。叫他少啰唆！”彼特罗一面拉着车辕杆，一面回答说。

潘捷莱·普罗柯菲耶维奇神态庄严，就像做弥撒时的教会长老，他正在喝菜汤，浑身冒着热汗。

杜尼娅机灵地打量了格里高力一眼，在她那弯弯的睫毛的淡淡阴影里隐藏着少女调皮的微笑。伊莉尼奇娜又利落又庄重，披着过年过节才拿出来的淡黄色披肩，嘴角上隐隐露出当妈妈的担心神情，她朝格里高力看了一眼，又转过身对老头子说：

“算了吧，孩子爹，别拼命灌啦。你简直像个饿死鬼！”

“连汤都不叫喝啦。真是催命鬼！”

彼特罗那麦黄色的长胡子往门里伸了伸。

“请吧，轿车套好啦。”

杜尼娅扑哧一笑，用袖子捂住脸。

妲丽亚从厨房里走过，打量着要去求婚的格里高力，动了动弯弯的柳叶眉。媒人是守寡的娃西丽萨姨妈，她是伊莉尼奇娜的堂姐，是一个很圆滑的娘儿们。她第一个坐到车上，转悠着圆得像河边鹅卵石一样的脑袋，笑着，嘴边上露出歪歪斜斜的黑牙齿。

“娃西丽萨，你到了那儿可别龇牙，”潘捷莱·普罗柯菲耶维奇提醒她说，“你这口牙说不定会把事情弄糟……往你嘴里安的牙齿全是喝醉了酒的：一颗往这边歪，另一颗偏偏又歪到那边……”

“嗨，大妹夫，又不是给我说亲。人家又不会相我。”

“话是这么说，不过还是不笑为好。你那牙齿太不像样子……真不体面，看着简直叫人难受。”

娃西丽萨生气了，但这时彼特罗开了大门。格里高力理好生皮气味很浓的皮缰绳，跳上赶车的座位。潘捷莱·普罗柯菲耶维奇和伊莉尼奇娜并排坐在车后面，活像一对新夫妻。

“抽它们几鞭子！”彼特罗放开手里的马嚼子，叫道。

“我叫你撒欢儿，妈的！”格里高力咬住嘴唇，用鞭子抽了直摆耳朵的儿马一下。

两匹马拉直套绳，轻快地拉动了车子。

“当心！可别恋住了回不来啦！”妲丽亚尖声叫道，但是车子猛地一摇晃，在高低不平的土路上颠簸着，顺着大街轰隆轰隆地跑了起来。

格里高力斜探着身子，使劲用鞭子抽彼特罗那匹上了套直撒欢的战马。潘捷莱·普罗柯菲耶维奇用手抓住长胡子，好像是害怕被风扯掉、吹走似的。

“骒马抽几鞭子！”他拿眼睛两边望着，朝格里高力的脊背探了探身子，哑着嗓子说。

伊莉尼奇娜用带花边的女褂袖子擦着被风吹出的眼泪，眼睛一眨一眨地看着格里高力背后那被风吹得鼓了起来的绵绸蓝褂子在轻轻地抖动。迎面来的哥萨克都闪到一旁，从后面对他们望上半天。很多狗从家里跑了出来，跟着马前前后后地打圈子。狗叫声在新换了轴瓦的车轮的吱嘎声中是听不到的。

格里高力既不心疼鞭子，也不心疼马匹，十分钟之后，村子落在后面，村边几户人家的果园就绿油油地出现在周围。柯尔叔诺夫家宽敞的房子。木板围墙。格里高力勒了勒缰绳，车子就像说话说了半句突然不说了一样，一下子停住吱嘎，在一座油漆光亮、雕着细花的大门前停了下来。

格里高力留在马跟前，潘捷莱·普罗柯菲耶维奇一瘸一拐地朝台阶走去。像红色罂粟花似的伊莉尼奇娜和紧紧闭起了嘴唇的娃西丽萨在衣裙窸窣声中跟在他后面稳步向前走去。老头子走得很急，害怕失去一路上鼓起来的勇气。他在高高的门槛上绊了一下，碰疼了瘸腿，疼得皱着眉头，咚咚地走上了干干净净的踏板。

他差不多是跟伊莉尼奇娜一起走进房里的。他跟老伴站在一块儿很吃亏，她比他足足高出两俄寸半，所以他从门口朝前跨了一步，像公鸡那样蜷起一条腿，摘下帽子，对着笔迹模糊的黑色圣像画了个十字。

“您好啊！”

“托福托福。”主人从板凳上欠起身来答礼。他是一个身材不高、老态龙钟、脸上有很多麻子的哥萨克。

“米伦·格里高力耶维奇，我们前来府上拜访啦！”

“欢迎欢迎！玛丽亚，给客人搬座儿。”

上了年纪的、胸部平平的女主人为了礼貌，把凳子掸了掸，推到客人跟前。潘捷莱·普罗柯菲耶维奇坐到凳子边上，用手绢擦着黑黑的、汗湿的额头。

“我们来府上是有事的。”他单刀直入地开口说。

话说到这里，伊莉尼奇娜和娃西丽萨也撩了撩裙子，坐了下去。

“请说吧，有什么事情？”主人笑着问。

格里高力走了进来。四面看了看。

“早安。”

“托福托福。”女主人曼声回答道。

“托福托福。”男主人也回答道。他那麻脸透出了棕红的颜色：这时候他才猜出客人的来意。“你去吩咐一下，把客人的马牵到院子里。给马弄些草料。”他朝老伴说。

女主人走了出去。

“我们找您有件小事……”潘捷莱·普罗柯菲耶维奇接着说下去。他摩弄着乱蓬蓬的松脂色大胡子，激动得耳环直晃。“府上有位姑娘，还未出嫁；我们家有个小厮，还未说亲……咱们有没有缘分结合呢？很想知道，你们家现在要不要把她嫁出去呢？要是还没有定亲的话，咱们能不能结个亲呢？”

“这事儿还难说……”主人搔了搔谢了顶的脑袋，“说老实话，我们还不想在今年开斋期间把她嫁出去。目前事情忙不过来，再说她岁数还不算大。才满十八岁。是这样吧，玛丽亚？”

“是啊。”

“现在正是鲜花一朵，还要拖到什么时候，老姑娘蹲在家里的还少吗？”娃西丽萨开言了。她在凳子上直咕哝（从过道里偷来揣到怀里的笤帚扎得她很难受。据说，媒人在姑娘家能偷到笤帚，是不会说不成的）。

“一开春就有媒人到我家来求亲啦。我家姑娘是蹲不下去的。这姑娘没说的，样样拿得起来：不论是地里活儿，还是家里活儿……”

“要是遇到好样的人，也可以嫁出去啦。”潘捷莱·普罗柯菲耶维奇在娘儿们叽叽喳喳的谈话中间插进去说。

“嫁出去不是难事，”男主人搔了一下脑袋，“随时都可以嫁出去。”

潘捷莱·普罗柯菲耶维奇以为是回绝了，便发起急来。

“当然，这是自家的事情……找女婿就像请神甫，到哪儿去找都容易。可是，比如说，您也许要找买卖人家或者别的什么人，那就完全不同了，原谅我直说。”

事情眼看着要吹了：潘捷莱·普罗柯菲耶维奇扑哧扑哧地喘着粗气，脸涨得像紫萝卜，姑娘的母亲咕嗒咕嗒地直叫起来，就像带小鸡的母鸡见了老鹰一样，但是在这紧要时刻娃西丽萨出来解围了。她用又短又快、和气得不得了的语调一句接一句地说了起来，就像拿盐往烧坏的地方撒，果然将伤口糊住了。

“都是自己人，事情好说！事情是件大事，要好好地来办，为了孩子们好……就拿娜塔莉亚来说吧，这样的姑娘大白天打着灯笼也找不到呀！针线活儿，灶上活儿，样样拿手！要说相貌嘛，好人啊，你们自己瞧瞧嘛。”她对着潘捷莱·普罗柯菲耶维奇和气嘟嘟的伊莉尼奇娜将两手一摊，画了个好看的圆圈。“他做个女婿也没有说的。我一看到他，心里就扑腾扑腾很难受，因为他太像我那死去的多纽沙了……再说，他们家也是勤俭人家。普罗柯菲耶维奇——你在周围十里八里打听打听——可是个远近有名的善人……说实在话，咱们还能跟自家孩子作对，能处心害他们吗？”

媒人那甜言蜜语传进潘捷莱·普罗柯菲耶维奇的耳里，他觉得甜极了。他一面听着，一面钦佩地想：“嘿，这个妖精！真会花言巧语！说起话来就像织袜子。不管线怎样打圈圈，她都能马上分得清，理得好。换一个娘儿们，会说些不三不四的话把人气坏的……真是的，我佩服佩服！”他欣赏着媒婆，媒婆正一个劲儿地夸奖姑娘和姑娘的一家，一直夸奖到五服以外的亲族。

“有什么好说的呢，咱们都是希望自己的孩子好啊。”

“问题是，现在嫁出去好像早点儿啊。”主人脸上露出了笑容，口气和缓了。

“不早啦！实在话，不早啦！”潘捷莱·普罗柯菲耶维奇劝他说。

“早也好，晚也好，总是要分手的呀……”女主人抽搭了几声，一半是做样子，一半出自真情。

“把姑娘叫来，米伦·格里高力耶维奇，让我们看看哪。”

“娜塔莉亚！”

姑娘在门口胆怯地站住了，用黑乎乎的手指头慌乱地揪弄着围裙的角。

“过来吧，过来吧！还不好意思呢。”母亲鼓励说，并且她那模糊的泪眼露出了笑意。

格里高力坐在一只沉重的、上面有很多褪了色的蓝花的箱子旁边,抬眼朝她看了看。

在黑色积尘一般的针织头巾下面,是一双大胆的灰眼睛。在丰润的腮上有两个浅浅的粉红色酒窝,那酒窝因为发窘和忍着笑不住地颤动着。格里高力把目光移到她的手上:那是干活儿磨粗糙了的两只大手。紧紧裹住丰满、柔美身躯的绿色小褂里面,两个不大的、结实实的处女乳房天真地和令人爱怜地向上、向两边凸着,两个小小的奶头像纽扣一样向上支着。

格里高力的眼睛从她的头看到那两条好看的长腿,一下子就把她看了个遍。他像牲口贩子买马时相马那样,仔细看了一遍,心里想:“很漂亮。”接着他的目光就跟她向他投来的目光碰到了一起。她那单纯、真诚、多少有点不好意思的目光好像在说:“看吧,我就是这个样子。你觉得我怎样,就算怎样。”——“是个漂亮姑娘。”格里高力用眼睛和微笑回答说。

“好啦,去吧。”主人摆了摆手。

娜塔莉亚在掩身后的门的时候,朝格里高力看了一眼,露出微笑和好奇的神情。

“这样吧,潘捷莱·普罗柯菲耶维奇,”主人和老伴交换了下眼色以后,开口说,“你们回去商量商量,我们自己家里也一起商量商量。然后咱们再定夺:是不是咱们可以结成亲家。”

下台阶的时候,潘捷莱·普罗柯菲耶维奇约定说:

“下一个星期天我们来吧。”

把他们一直送到大门口的主人故意没有说话,就像什么也没有听到似的。

十六

司捷潘在从安得列嘴里听到阿克西妮亚的情形以后，在心里孕育着烦恼和仇恨的同时，明白了，尽管他跟她过的日子很不好，尽管难忘这种奇耻大辱，但他还是怀着爱中有痛苦、爱中有恨的心情爱着她的。

每到夜里，他盖着军大衣躺在大车上，把两条胳膊交叉放在脑袋上，想着怎样回到家里，怎样跟妻子相会，就觉得好像有一只毒蜘蛛在心里乱爬乱抓……他躺着，脑子里想着上千种惩罚办法，恨得直咬牙。他跟彼特罗打了一场，发泄了不少恼恨。回到家已经是无精打采，因此阿克西妮亚很轻易地过了关。

从那一天起，阿司塔霍夫家里就好像住下了一个看不见的死人。阿克西妮亚走路踮着脚尖，说话声音低低的，但是在她的眼睛里，被恐怖的灰烬遮盖住的火星还隐隐燃烧着，那是格里什卡烧起的熊熊大火留下的火星。

司捷潘每次仔细观察她，就与其说是看出，不如说是感觉出这一点。他很痛苦。一到夜里，当蝇群在壁炉上面沉沉入睡，阿克西妮亚哆嗦着嘴唇铺床的时候，他就用黑乎乎、毛烘烘的手捂起她的嘴，打她一顿，不顾羞耻地追问她和格里高力发生关系的详情细节。阿克西妮亚在羊皮气味很浓的硬板床上滚来滚去，吃力地喘着粗气。司捷潘把她那柔软得像揉熟的面团似的身子折腾够了以后，又用手到她的脸上去摸眼泪。但是阿克西妮亚的脸干得像用火烤过似的，司捷潘只摸到她的上下颌一张一合地嚅动着。

“你说不说？”

“不说！”

“打死你！”

“打死我好啦！行行好，打死我吧……我省得受罪啦……不是人过的日子……”

司捷潘咬紧牙，用劲拧妻子胸膛上因为出汗变得凉丝丝的细皮肉。

阿克西妮亚哆嗦着，哼哼着。

“怎么，疼吗？”司捷潘高兴了。

“疼。”

“我呢，你以为我不疼吗？”

他很晚才睡。睡梦中还攥紧那疙疙瘩瘩的黑手指头，摇晃着。阿克西妮亚用胳膊肘支住身子，对着丈夫那漂亮的、睡着了变了样子的脸看上半天。她把头伏在枕头上，小声嘟哝起来。

她几乎看不到格里什卡了。有一次在顿河边碰到了他。格里高力赶着牛饮过了水回家，正在上坡，摇晃着一根红红的树条子，眼睛望着脚底下。阿克西妮亚迎面朝他走去。她一看到他，就觉得手里的扁担变得冰凉了，一阵热血涌上了两个鬓角。

后来她每想起这次会面，都很难相信这不是做梦。她差不多走到格里高力身边的时候，他才看见她。听到她故意弄响的水桶声，他抬起头来，哆嗦了两下眉毛，傻笑了一下。阿克西妮亚一面走，一面从他的头顶上望着碧色的、波浪滚滚的顿河，望着更远处那高低不平的沙滩。

她的脸红了一下，接着眼里就涌出了泪水。

“阿克秀莎！”

阿克西妮亚走过去几步，又好像受到当头一击，低下头站住了。格里高力用树条子狠狠抽了两下落在后头的褐色公牛，连头都没有转，问道：

“司捷潘什么时候出去割黑麦？”

“就要去……正在套车呢。”

“等他走了，你到河边我们家的葵花地里来，我也去。”

阿克西妮亚晃荡着水桶朝顿河走去。河边的泡沫曲曲弯弯地向前伸去，好像在碧波的边上镶了一道美丽的黄色花边。正在逮鱼的一群白鸥喳喳叫着，在顿河上飞来飞去。

一条小鱼在水面上溅起银色的雨点。河对岸，一片白色的沙滩后面，一株株老柳树那在风中泛着灰白色的树顶神态庄严地巍然高耸着。阿克西妮亚放下水桶去打水。她左手撩着裙子，下到没膝深的水里。河水刺得被袜带勒得起皱的地方痒酥酥的，于是阿克西妮亚笑了，这是司捷潘回来以后她第一次笑，笑得很轻，不很舒畅。

回头看了看格里什卡：他还是摇着树条子，好像是在赶牛虻，慢慢地朝坡上爬去。

阿克西妮亚的眼里涌出了泪水，她用模糊的泪眼亲切地看着他那强壮的、走起来矫健有力的双腿。格里高力那肥大的裤脚掖在白色毛袜里，裤绦显得非常红。在他背后靠近肩胛骨的地方，肮脏的小褂上新撕破的一块小小的布片忽闪忽闪地飘动着，露出一块三角形的黄褐色皮肉。阿克西妮亚用眼睛亲着曾经属于她的可爱的身体的这一小块;眼泪落到微笑着的煞白的嘴唇上。

她把水桶提到沙滩上,正要用扁担钩子去钩桶梁,这时她看见了格里什卡那尖头靴子留在沙滩上的脚印。她偷偷地向四面望了望——一个人也没有,只有远处码头边有几个小孩子在洗澡。她蹲下去,用手抹掉脚印,然后把扁担挑在肩上,一面笑着自己,急急忙忙朝家里走去。

被轻纱一般的薄云遮住的太阳在村子上空移动着。有些地方,在乱蓬蓬的、马群一般的白云缝隙里,露出清爽的、牧场一般的蓝湛湛的天;可是整个村子,那晒热的铁皮房顶,那尘土飞扬、行人稀少的街道,那长满被干旱烤黄了的杂草的一座座院落,都笼罩在死沉沉的暑气中。

阿克西妮亚一路上朝干裂的地面泼洒着桶里的水,摇摇晃晃地来到台阶跟前。戴了宽边草帽的司捷潘已经把马套到割麦机上。他一面调整上了套还在打盹的骒马的肚带,朝阿克西妮亚看了一眼。

"往水盆里倒点水。"

阿克西妮亚往水盆里倒了一桶水,手碰在铁箍上,觉得很烫。

"要放点冰在里面。水要发烫的。"她望着丈夫汗湿的脊背说。

"到麦列霍夫家去弄点吧……别去啦! ……"司捷潘想了起来,接着喊道。

阿克西妮亚走去关那开着的小门。司捷潘垂下眼睛,抓起鞭子。

“哪儿去？……”

“去关小门。”

“回来，下流货……我说过：别去啦！”

她急急忙忙走到台阶跟前，想把扁担挂起来，但是手直打哆嗦，不听使唤，扁担滚到了门槛上。

司捷潘把帆布斗篷扔到前面座位上；他一面朝座位上走，一面抖开缰绳。

“把大门开了。”

阿克西妮亚打开大门以后，大着胆子问道：

“你什么时候回来？”

“要到傍晚。跟安尼库什卡搭伙一起割。你给他也带点饭。他从铁匠店回来，就到地里去。”

割麦机的小轮子吱嘎吱嘎地叫着，在松软的土地上滚着，出了大门。阿克西妮亚走进屋里，将手按在心口上站了一会儿，便披上头巾，朝顿河边跑去。

“哦，万一他回来呢？那可怎么办？”她想到这里，非常害怕。她站了下来，好像看到脚底下就是深渊，回头看了看，又几乎像飞一样朝顿河边的滩地跑去。

一家家篱笆。一片片菜园。一大片黄黄的朝着太阳的葵花。正在开白花的绿油油的土豆。那是沙米尔家的娘儿们，因为耽误了，现在还在锄土豆地里的草呢；那弯弯的、穿着粉红女褂的脊背；锄头轻轻扬起，马上又落到灰色的垄沟里。阿克西妮亚一口气跑到麦列霍夫家菜园。她四面看了看，拨开顶门的树枝，推开园门。她顺着一条踏出的小路走进葵花茎叶织成的青纱帐里。弯下身,钻到最稠密的地方,沾了一脸金色的花粉;撩起裙子,坐到爬满野牵牛花的地上。

仔细听了听:静得能听到耳朵里的响声。上面有一只野蜂在寂寞地嗡嗡叫着。空心的、长满硬毛的葵花秆儿一声不响地吮吸着大地的乳汁。

坐了有半个钟头,她以为他不会来了,心里觉得很难受,便一面理着头巾下面的头发,站了起来,已经想要走了——这时候园门长长地吱嘎了一声。接着是脚步声。

“阿克秀莎!”

“这儿来……”

“啊哈,你来啦。”

格里高力擦得叶子沙沙响,走了过来,挨着坐下。两个人沉默了一会儿。

“你脸上弄的是什么?”

阿克西妮亚用袖子擦了擦香喷喷的黄色花粉。

“大概是葵花上的。”

“还有呢,这儿,眼角上。”

她擦好了。两人的眼光碰到了一起。接着她哭了起来,算是回答格里高力没有说出口的问话。

“不得了啦……我完啦,格里什卡。”

“他究竟怎么啦?”

阿克西妮亚恼恨地撕开女褂领子。像处女那样结实的两个粉红色乳房突露了出来,上面是一块挨一块的青紫伤。

“你不知道他怎么样吗? ……他天天都打我! ……吸我的

血！……你也很好……像牙狗一样，折腾够了，就不管事了……你们都是一路货……”她用哆嗦的手指头按着按扣，惊慌地——他是不是生气了？——朝扭过头去的格里高力看了一眼。

“你想怪谁呢？”他咬着一根草，慢吞吞地问。

他的无动于衷的声调使阿克西妮亚非常生气。

“难道不怪你吗？”她激动地叫道。

“母狗要是不愿意，牙狗是不会跳上去的。”

阿克西妮亚两手捂住脸。经这又狠又准的一击，她的怨恨劲儿下去了。

格里高力皱着眉头，斜着眼朝她看了看。她那食指与中指之间的缝隙里渗出了泪水。

葵花丛中有一道斜斜的、夹带着细尘的阳光，照在晶莹的泪珠上，晒干泪珠在皮肤上留下的湿道道儿。

格里高力没有经受住眼泪。他坐在地上十分不安地转动起来，把裤子上一只黄蚂蚁狠狠地往下一打，又匆匆朝阿克西妮亚看了一眼。她坐在那里，动也没动，只是手背上不再是一颗泪珠，已经是三颗泪珠一颗接一颗地滚动着了。

“哭什么？生气了吗？阿克秀莎！好啦，别急……别哭啦，我想跟你说句话。”

阿克西妮亚把手从泪湿的脸上放了下来。

“我是来找你商量的……你为什么这样？……我已经够受啦……可是你……”

格里高力脸红了，心想：我真是落井投石……

“阿克秀莎……我是说着玩儿的，好啦，别生气……”

“我不是来扯住你的……你别怕！”

这会儿她自己也相信，她到这里来，不是要扯住格里高力不放；但是，当她顺着顿河朝滩地上跑来的时候，连自己也莫名其妙地想：“我要劝劝他！不叫他娶亲。我以后又靠谁啊？！”想到这里，她想起了司捷潘，便很刚强地摇了摇头，驱逐这种来得很不妥当的念头。

“这么说，咱们的事完啦？”格里高力问道。他用胳膊肘支着上身，趴到地上，一面朝外吐着谈话时嚼烂的粉红色的牵牛花。

“怎么完啦？”阿克西妮亚吓了一跳。“这是怎么回事儿？”她凝神看着他的眼睛，又问了一句。

格里高力翻着蓝蓝的、凸出的眼白，把眼睛转向一旁。

干燥、缺水的土地散发着尘土和太阳的气息。风沙沙响着，吹得葵花的绿叶上下翻动。有一小会儿，太阳被毛烘烘的云彩边儿遮住，昏暗下来，于是像烟一样的阴影投在原野上、村子上、阿克西妮亚低下的头上、喇叭形的粉红色牵牛花上，接着又晃晃悠悠地飘走了。

格里高力叹了一口气——这口气带有长长的嘶声——并且仰面躺了下来，两边肩胛骨贴在烫人的地面上。

“这样吧，阿克西妮亚，”他慢慢地、一个字一个字地说道，“心里真乱，就好像有什么东西在里面乱咬。我的主意是……”

一阵吱吱嘎嘎的大车声传到了菜园里。

“拐过去，秃头顶！拐弯！拐弯……”

吆喝声很响，阿克西妮亚听了连忙趴到地上。格里高力抬了抬头，小声说：

“把头巾扯下来。太显眼了。可别叫人看见。”

阿克西妮亚扯下头巾。葵花丛中缓缓流动的热风吹得她脖子上那柔软的金色鬈发不住地抖动。渐渐走远的大车的吱嘎声越来越小了。

“我的主意是这样,”格里高力提了提精神,开口说,“过去的事已经过去了,有什么好责怪的呢?要想想以后怎么样……”

阿克西妮亚竖起耳朵听着,等着他往下讲,把从蚂蚁嘴里抢出来的小草扯成了好几截。

她朝格里高力的脸上看了看,看到他的眼睛里露出冷漠、慌乱的神情。

“……我的主意是,咱们结果掉……”

阿克西妮亚摇晃了一下,用哆嗦的手指抓住结实的牵牛花蔓。她张大了鼻孔,等着他把话说完。恐怖和焦急的火焰热辣辣地烧着她的脸,烤干了她嘴里的唾沫。她以为格里高力要说“……结果掉司捷潘”,但是他很不耐烦地舔了舔干燥的嘴唇(干嘴唇说话很不灵便),说:

“……咱们结果掉这种关系吧。嗯?”

阿克西妮亚站了起来,朝园门口走去,胸膛碰得黄色的葵花盘直摇晃。

“阿克西妮亚!”格里高力压低声音喊道。

他听到的是园门长长地吱嘎了一声。

十七

割完黑麦，还没来得及运到场院上，又到了割小麦的时候，黏土地上、坡地上，一片金黄，麦叶子被晒得卷成小喇叭，衰老的麦秆渐渐干枯。

人们都在夸好年景。麦穗沉甸甸的，麦粒儿又大又饱满。

潘捷莱·普罗柯菲耶维奇跟老伴商量了一下便决定：要是向柯尔叔诺夫家求亲的事能成的话，就把婚事排到救主节最后一天。

还没有去讨回话，因为收割庄稼的日子到了，这时候大家都像盼着过节一样。

星期五出发去割小麦。割麦机上套了三匹马。潘捷莱·普罗柯菲耶维奇在刨大车杠，修理车辆，准备拉庄稼。彼特罗和格里高力前去割麦。

格里高力扶着哥哥坐在前座走着，皱着眉头。腮上鼓起两个小包，从下颌斜着朝两边颧骨哆哆嗦嗦地蠕动着。彼特罗知道：这种样子表明格里高力正在冒火，这时候他什么样发疯的事都能干出来；但是彼特罗仍然偷偷笑着。继续逗弄弟弟。

“真的，她对我说啦！”

“哼，说就说好啦。”格里高力咬着胡子，呜噜呜噜地说。

“她说：我从菜园里回来，听到麦列霍夫家菜园里好像有人说话呢。”

“彼特罗，住嘴！”

“她说……是啊，是有人说话。我就隔着篱笆朝里面一望……”

格里高力不住地眨巴眼睛。

“你住嘴不住？嗯？”

“这就怪了，让我讲完嘛！”

“小心点儿，彼特罗，咱们会干起来的。”格里高力站下来，警告说。

彼特罗动了动眉毛，转过身背朝马坐着，脸对着在后面走的格里高力。

“她说，隔着篱笆往里面一望，他们一对儿正抱在一起躺在那里呢。我问：谁呀？她说：就是阿司塔霍夫家的阿克西妮亚和你弟弟嘛。我说……”

格里高力抓起割麦机后面放的一把短叉子，就向彼特罗扑去。彼特罗丢开缰绳，从座位上跳起来，踉踉跄跄地朝马前头跑去。

“嘀，该死的！……你疯啦！嘀！嘀！瞧那模样……”

格里高力像狼一样把牙一龇，把叉子扔了过去。彼特罗向地上一趴，叉子从他头顶上飞过去，扎进带石子的干硬的土地里足有一俄寸深，还当当地摇晃了几下。

彼特罗的脸发了青，拉着被叫声吓惊了的马的笼头，骂道：

“混账，会叉死人的！”

“叉死你才好呢！”

“你这混蛋！疯子！你的性子跟爹一模一样，地地道道的蛮子。”

格里高力把叉子拔起来，又跟着动了起来的割麦机往前走。

彼特罗朝他招了招手。

“过来。把叉子给我。”

彼特罗把缰绳换到左手里,用右手抓住雪亮的叉齿。

他用叉柄照着毫无提防的格里高力的背上敲了一下。

“要是有皮带,抽你一顿就好啦!”他望着跳到一边去的格里高力,遗憾地说。

过了一会儿,他们抽起烟,互相看了看,哈哈大笑起来。

贺里散福的老婆正赶着车在另一条道上走,她看到了格里高力用叉子叉哥哥。她在车上欠起身来,可是看不清他们弟兄两个究竟是怎么一回事,因为割麦机和马遮住了。她还没进胡同,就朝一个娘儿们吆喝道:

“克里莫芙娜!快去告诉土耳其佬潘捷莱,就说他们家两个儿子在鞑靼冈前用叉子打架呢。打起来啦,格里什卡呀,他可是个不要命的家伙!拿起叉子就朝彼特罗腰上戳,彼特罗也马上还他一下子……当场流了好多血,吓死人啦!”

彼特罗这时扯着嗓门在吆喝用劲拉车的马,打着响亮的口哨。格里高力把一只落满了灰土的黑乎乎的脚踩在割麦机横梁上,把叶片甩出的一道道干泥条子往下剥。三匹马被马蝇咬得到处是血,不住地甩尾巴,很不合套地拉着车往前走。

原野上,一直到淡蓝色的天边,到处都有人在活动。割麦机的刀片吱咯吱咯响着,原野上到处是一堆堆割倒的庄稼。土拨鼠模仿秧鸡,在坟头上叽叽喳喳叫着。

“再割两趟,咱们抽支烟!”彼特罗扭过头,在叶片的吱咯声和挡板的嗒嗒声中叫喊道。

格里高力只是点了点头。嘴唇叫风吹得有些干裂，张起来很困难。为了容易挑起沉甸甸的麦把子，他把叉子攥短些；呼哧呼哧地喘着粗气。汗湿的胸膛发起痒来。帽子底下流出咸渍渍的汗水；汗水流进眼睛，像肥皂水一样杀得眼睛很难受。兄弟俩勒住马，喝了一通水，抽起烟来。

"有一个人骑着马顺大路跑来啦。"彼特罗手搭凉棚，朝前望着说。

格里高力定神一看，吃惊地挑起了眉毛。

"是爹，没有错。"

"你糊涂啦！他骑什么？马全套在割麦机上啦。"

"就是他。"

"你看迷糊啦，格里什卡！"

"真的，是他！"

过了一会儿，甩平了前后腿飞跑着的马和马上的人都看得清清楚楚的了。

"是爹……"彼特罗又惊惶又大惑不解地在原地捯动起两只脚。

"恐怕是家里出事啦……"格里高力说出了两个人共同的想法。

潘捷莱·普罗柯菲耶维奇在相距百十步的地方勒了勒马，马换成小跑。

"我——揍——死——你——们……两个狗崽子！……"他还离得很远，就吆喝起来，在头顶上挥舞着皮鞭。

"他是怎么回事儿？"彼特罗惊呆了，把自己的麦黄色胡子的一半都塞到嘴里。

“躲到割麦机后头！天啊，他要用鞭子抽咱们呢。等咱们分辨清楚，他都打过了……”格里高力笑着说，为了防备万一，也跑到了割麦机后面。

汗流如洗的马顺着割掉了小麦的地段一颠一颠地小跑着。潘捷莱·普罗柯菲耶维奇耷拉着两条腿（他骑的是无鞍马），摇晃着鞭子。

“杂种，你们在这儿干什么？！”

“割麦呀……”彼特罗两手一摊，担心地朝鞭子瞅了一眼。

“谁用叉子叉谁的？为什么打架？”

格里高力转身背朝着父亲，小声数着被风吹散的云片。

“你怎么啦？用什么叉子？谁打架啦？……”彼特罗眨巴着眼睛，捯动着两只脚，从上到下地看着父亲。

“这是怎么搞的，他妈的，她像只母鸡一样跑来叫唤说：‘你家孩子用叉子打架呢！’嗯？这是怎么回事儿？……”潘捷莱·普罗柯菲耶维奇气呼呼地摇晃着脑袋，扔掉缰绳，从直喘粗气的马的背上跳了下来，“我抓过谢米什金家一匹马，就跑来啦。是怎么一回事儿？……”

“这是谁说的？”

“一个娘儿们……”

“爹，她是胡扯！这该死的娘儿们准是在车上睡觉，大概她是做梦看到的。”

“瞧这娘儿们！”潘捷莱·普罗柯菲耶维奇尖声叫了起来，吹着自己的大胡子，“克里莫芙娜这只母鸡！你呀，瞧——着吧！……哼！我揍死这母狗！……”他跺起脚，那条瘸的左腿一拐一拐的。

格里高力憋住笑，憋得直打哆嗦，眼睛望着脚底下。彼特罗摸着出汗的头，眼睛还一直盯着父亲。

潘捷莱·普罗柯菲耶维奇暴跳了一阵，安静下来。他坐到割麦机上，把麦子往下拨，跑了两趟，便一面骂着娘骑上马去。上了大路，赶过两辆拉麦子的大车，就一阵风似的进了村子。田垄上留下了他忘记带走的那根编得很细、花纹很漂亮的鞭子。彼特罗拿在手里转悠着，摇了摇脑袋，对格里高力说：

“好家伙，要是真的打到咱们身上，可够受的。瞧，这家伙真不是玩儿的！伙计，一鞭子下去就能打残废，脑袋都能打下来！”

十八

柯尔叔诺夫家是鞑靼村的头等富户。有十四对公牛、一群马，有普罗瓦里养马场的良种母马、十五头母牛，闲散牲口不计其数，羊群里有几百只羊。而且外表也很可观：房子不比莫霍夫家的差，有六间屋，房顶盖铁皮，墙壁装护板。杂用房舍都盖的是漂亮的新瓦；花园有一俄亩半，还带着一片树林。人还要什么呢？

所以，潘捷莱·普罗柯菲耶维奇第一次去求亲，是很胆怯的，心里是不愿意去的。柯尔叔诺夫是不会给自己的女儿找格里高力这样的女婿的。潘捷莱·普罗柯菲耶维奇明白这一点，怕碰钉子，不愿意向脾气古怪的柯尔叔诺夫老汉弯腰；但是伊莉尼奇娜天天磨他，就像铁锈蚀铁一样，到末了，老头子的倔劲儿给磨掉了。潘捷莱·普罗柯菲耶维奇答应了，而且去了，可是心里一直在骂格里什卡，在骂伊莉尼奇娜，在骂世上的一切。

应该去第二趟，去讨回话了：正在等着星期天，就在这时候，在油漆成铜绿色的柯尔叔诺夫家的房顶下面，悄悄地发生了内讧。媒人走后，姑娘听了妈妈的问话，回答说：

"我喜欢格里什卡，别人我谁也不嫁！"

"傻丫头，偏找这样的女婿，"父亲开导她说，"他的好处只有一点，就是黑得像个茨冈人。乖孩子，我怎么能给你找这样一个女婿呀？"

"爹，我不要别的人……"娜塔莉亚红着脸，流下泪来，"别人我不嫁，别人都不要来说。要不然的话，就把我送进大熊河河口修道院去好啦……"

"他是个浪荡鬼，色迷，专门找不三不四的娘儿们，"父亲拿出了王牌，"他的坏名声全村都知道。"

"那不算什么！"

"你觉得不算什么，在我就更不算什么了！这样的事，在我不过像是丢掉一袋面粉。"

娜塔莉亚是他的大女儿，他对她十分钟爱，所以在选女婿方面不强迫她。去年开斋期间，就从很远的楚茨康河畔来过好几起求亲的，都是一些信旧教的哥萨克大户人家；从霍派尔河畔和旗尔河[1]畔也来过求亲的，但是娜塔莉亚没有看中那些求婚的小伙子，所以媒人的一番心血都落空了。

柯尔叔诺夫老头子心里很喜欢格里高力那种哥萨克式的勇

①霍派尔河是顿河左边的支流，旗尔河是顿河右边的支流。——原注

猛，喜欢他那种肯操持家务和爱干活儿的劲头。老头子在格里高力赛马夺得头奖的时候，就认定他是全乡最出色的小伙子；但是把姑娘嫁给一个家境不富裕而且名声很坏的人，是一件很不痛快的事。

“是个很能干的小伙子，模样儿也挺不错嘛……”夜里老伴儿小声对他说，一面抚摩着他那到处是黑斑和红红的硬毛的手，“孩子的爹，娜塔莉亚为了他，全身都瘦干啦……他很称她的心。”

老头子翻过身，背对着老伴那干瘦、冰凉的胸膛，气嘟嘟地说：

“啰唆起来没有完，住嘴吧！你就是把她嫁给傻子巴沙，干我屁事？心眼儿少一些就是了！‘模样儿挺不错嘛’……”他呜噜呜噜地说，“怎么样，能靠他的模样儿收到粮食？……”

“怎么能说收粮食……”

“当然啦，他的人品跟你有什么相干？只要模样儿像个人就行。可是我呢，说实在话，把女儿嫁给土耳其佬，面子上实在不好看。要是人家像个人家，不好了……”柯尔叔诺夫老汉自得起来，在床上蹦了蹦。

“人家是勤俭人家，日子也还过得宽裕嘛……”老伴小声说，一面紧紧贴到丈夫那结实的脊背上，抚摩着他的手，安慰他。

“喂，妈的，离远点儿！你就没有别的地方啦？我又不是怀犊的母牛，干吗老是摩弄我？娜塔莉亚的事随你怎样好啦。你就是把她嫁给一个光头尼姑也行！……”

“自己的孩子应当心疼嘛。孩子会享福，也会发财的……”老伴对着他那长满了毛的耳朵沙哑地说。

老头子两腿蹬了几下，抵到墙上，并且呼噜呼噜的，就像睡着了一样。

求亲的来得使他们感到措手不及。刚做过弥撒，求亲的就坐着马车来到大门口。伊莉尼奇娜踩着踏板，差一点把马车弄翻过来，可是潘捷莱·普罗柯菲耶维奇却像只小公鸡似的从车上跳下来；虽然坐麻了两腿，但不使人看出来，精神抖擞地咔嗒咔嗒朝房门口走去。

“是他们！他娘的，又来啦！”柯尔叔诺夫老汉朝窗外望着，叹着气说。

“我的好人啊，我刚才做好饭，围裙还没有解呢！”女主人吱吱哇哇地叫了起来。

“这样才美呢！人家大概不是来说你的，癞皮马，没人要！……”

“生来就不正经，到老就更疯啦。”

“好啦好啦，快给我住嘴吧！”

“你也该换件干净褂子，脊梁上的肉都露出来啦，不怕丑吗？瞧你这脏鬼！”老伴趁求亲的在院子里走的时候，上下打量着柯尔叔诺夫老汉，一面骂着。

“瞧着吧，就穿这件小褂人家也认得我。我就是披块破席片，人家还是要跟咱们结亲。”

“近来好啊！”潘捷莱·普罗柯菲耶维奇在门口打着趔趄，哇哇地叫道，叫过后又觉得声音太响，有些不好意思，又一次对着圣像画了个十字。

“您好。”主人招呼说，一面气嘟嘟地打量着前来求亲的客人。

“今天天气很好啊。”

“谢天谢地，不算坏。”

“天气好，日子就好过些啦。”

“是这样的。”

“是这样……”

“嗯……”

“这不是，我们又来啦，就是说，米伦·格里高力耶维奇，是来听一听，府上是怎么定的，咱们能结亲呢，还是不能……”

“请进，请进。请坐，请坐。”女主人鞠着躬很客气地说，她那带褶儿的长裙子边儿在砖地上扫着。

“请不要多礼。”

伊莉尼奇娜撩了撩窸窣响着的罗缎女袍，坐了下来。柯尔叔诺夫老汉将胳膊肘撑在铺了新胶布的桌子上，一声不响。胶布发出一股难闻的潮湿的橡皮气味，还有一股不知是什么气味；胶布那带花饰的四个角上画着已经去世的几位沙皇和皇后，那神态都十分庄严；中间是几位戴白帽的公主，还有落满苍蝇屎的沙皇尼古拉二世。

柯尔叔诺夫老汉打破沉默：

“好吧……我们决定把姑娘嫁出去。要是咱们有缘的话，就结亲吧……”

话说到这里，伊莉尼奇娜从她那袖子上带褶的毛料女褂那深不可测的底下，像变戏法似的掏出一个高高的白面包，放到桌上。

潘捷莱·普罗柯菲耶维奇不知为什么想画个十字，但是他那粗硬的、像钳子一样的手指刚做出要画十字的样子，举到一半，就改变了样子：黑黑的大拇指不顾主人的本意，不知不觉地伸到中指和食指中间，变出了羞人姿势的这几个手指偷偷地溜到鼓绷绷的蓝褂子大襟里面，抓住带红塞子的酒瓶的瓶口，从里面掏了出来。

“来，这会儿可以叫亲家了，好亲家，咱们来祷告上帝，来喝一杯，再来谈谈咱们的孩子和条件……”

潘捷莱·普罗柯菲耶维奇十分感动地眨巴着眼睛，看着亲家公那一张麻脸，用马蹄一样的大巴掌照着瓶底亲热地拍了两下。

一个钟头之后，两位亲家公已经坐得非常近乎了，以至于麦列霍夫老汉那松脂色的拳曲胡子常常碰着柯尔叔诺夫老汉那红红的直胡子。潘捷莱·普罗柯菲耶维奇美滋滋地喷着酸黄瓜的气味，谈起条件来了。

“我的好亲家，”开头他低低地、瓮声瓮气地说，“我的好亲家啊！”马上就把声音提高到喊叫的程度，“亲家啊！”他露出又黑又钝的牙齿，吼起来了。“你们要的定礼叫我真受不了啊！你想想看，好亲家，你想想看，你叫我多么为难啊：一双带套鞋的长靴子，这是一；一件顿河式皮袄，这是二；两件毛料长袍，这是三；一条绸子头巾，这是四。这一下子就叫我破——产——啦！……”

潘捷莱·普罗柯菲耶维奇把两手宽宽地朝外一摊，他那御林军哥萨克制服肩上的缝裂了开来，一缕灰尘冒了出来。柯尔叔诺夫老汉低着头，望着洒满了酒和酸黄瓜汁的胶布。他看了看上方用别出心裁的花纹凑成的文字：“全俄的君主”。又看下面：“尼古拉皇帝圣颜……”再往下，粘着一块土豆皮。他仔细看了看画：

看不到皇帝的脸，因为上面放着空酒瓶。柯尔叔诺夫老汉虔敬地眨巴着眼睛，想好好看看那腰系玉带的华贵的皇服，但是皇服上密密麻麻地粘了许多滑腻的黄瓜子。在一群色调完全一样的女儿簇拥下，戴宽边女帽的皇后露出骄矜的神情。柯尔叔诺夫懊恼得要流泪了。心想："现在你真够神气的，就像出了笼子的母鹅，可是总有一天你也要嫁女儿的，到那时候我来瞧瞧……到那时候大概你要气得跳起来啦！"

潘捷莱·普罗柯菲耶维奇像只大黑蜂一样在他耳边嗡嗡叫着。

他抬起被眼屎糊住的眼睛，望着潘捷莱·普罗柯菲耶维奇，仔细听着。

"就为了给你的女儿，现在也可以说是为我的女儿啦……为了给你我的女儿操办这份聘礼……又是带套鞋的靴子，又是顿河式皮袄……我家就得把牲口赶出去卖掉啊。"

"心疼吗？"柯尔叔诺夫老汉用拳头敲了敲桌子。

"现在说不上心疼不心疼啦……"

"心疼吗？"

"别急嘛，亲家……"

"要是心疼，那就算啦！……"

柯尔叔诺夫老汉挓挲着汗津津的手在桌上一扫，把酒杯子扫到地上。

"你的女儿以后还要过日子，而且还要创家立业呀！"

"听便吧！聘礼非要不可，不然的话，咱们就不是亲家！……"

“牲口要卖掉啊……”潘捷莱·普罗柯菲耶维奇直摇头。耳朵上的小环哆嗦着,微微地闪着光。

“聘礼非要不可！……她也有几箱子嫁妆嘛,如果她合了你们的心意,就请你尊重我的意思！……这是咱们哥萨克的风俗。自古就是这样,咱们要遵守古礼……”

“我尊重你的意思！……”

“你要尊重。”

“我尊重！……”

“说到创家立业,让他们年轻人去创吧。我们创立了家业,所以过得不比别人差,你管他们个屁,让他们也自己去创吧！……”

两位亲家公的胡子交织成杂色的篱笆。潘捷莱·普罗柯菲耶维奇为了解一解接吻的气味,吃了一条干瘪的酸黄瓜,因为高兴,也因为心疼,他哭了起来。

两位亲家母互相拥抱着坐在大箱子上,叽叽喳喳地说着话,声音一个比一个高。伊莉尼奇娜脸红得像樱桃,亲家母喝得脸发了青,好像霜打过的一只冻梨。

“……这样的孩子天底下难找！她对你会又听话又孝顺,这丫头是一点非分的事也不会做的。一句话,我的好亲家母呀,顶顶撞撞的话她是不敢说的。”

“咦呀……我的好亲家母,”伊莉尼奇娜用左手托着腮,右手托着左胳膊肘,打断亲家母的话,“我家那小狗崽子,我对他说过多少次啦！上个星期天晚上,他又要去,趁他往荷包里装烟,我对他说:不听话的畜生,你什么时候才能丢开她啊？我这么大年纪啦,你往我脸上抹黑要抹到哪一天啊？司捷潘一下子会把你的脖子拧断的！……”

米佳在厨房里正从上面的门缝里朝正房里张望，娜塔莉亚的两个小妹妹在下面唧唧咕咕地说话。

娜塔莉亚坐在远处厢房里一条宽板凳上，用窄窄的衣袖在擦眼泪。已经来到门口的新生活使她感到害怕，又神秘得使她着急。

正房里第三瓶酒快要喝完了，给新夫妇完婚已经定在救主节第一天。

十九

柯尔叔诺夫家里正忙着筹办婚事。给新娘子赶做各种衣物。娜塔莉亚天天熬夜，给新郎编织传统的细羊毛烟色围巾和绒手套。

她的妈妈一天到晚趴在缝纫机上，帮着从镇上请来的女裁缝做活儿。

米佳跟父亲和几个雇工一起从地里回来，脸也没洗，也没有把干活儿穿的笨重的靴子从长满茧子的脚上脱下来，就走到正房里娜塔莉亚的跟前，靠着她坐下来。戏弄妹妹是他最开心的事。

“你打东西啦？”他直截了当地问，对着织围巾的毛茸茸的绒线挤了挤眼睛。

“我打东西，跟你有什么相干？”

“打吧，打吧，傻丫头，他才不会感谢你呢，只会给你一顿耳刮子。”

“为什么?”

“为了叫你好受。我可是了解格里什卡,我跟他是好朋友。他是一条很凶的狗,咬了人,还不说为什么。”

“别胡扯啦！别以为我不了解他。”

“可是我了解得更透。我们一块儿上过学的。”

米佳一面看着自己那被叉子刮出一道道血印的手,重重地、故作伤心地叹了口气,把高高的脊背弯得低低的。

“你嫁了他,可就完啦,娜塔什卡！最好还是蹲在家里做姑娘。你看上他哪一点?嗯?他很可怕,你骑不了这匹劣马,他还有点儿蠢……你再仔细瞧瞧:他可是个很——坏——的小子！……”

娜塔莉亚生气了,吞着眼泪,把可怜巴巴的脸伏到围巾上。

“顶要命的是他不会心疼人……”米佳毫不心软地刺激她说。“你哭什么呀?娜塔什卡,你真糊涂。把亲事退掉吧！我这就去备马,去对他们说:今后别来啦……”

格里沙加爷爷解救了娜塔莉亚:他一面用疙疙瘩瘩的拐杖试探着地面的牢固,一面摩挲着像乱麻一样的黄胡子,走了进来;他用拐杖捅了米佳一下,问道:

“坏小子,你跑到这儿干什么?”

“我来看看她,爷爷。”米佳辩白说。

“什么?来看看?坏小子,给我从这儿滚出去。开步走!”

爷爷摇摇晃晃地迈着两条干瘦的腿,举着拐杖,朝米佳逼去。

格里沙加爷爷在世上已经生活了六十九年。他参加过一八七七年的俄土战争,在古尔柯将军麾下当过传令兵。后来因为失宠，被调到团里。因为在普列弗纳和罗士契战役中的战功，他得过两枚乔治十字章和一枚乔治奖章。他老来头脑还十分清楚，并且诚实不苟，热情好客，所以在村里受到大家的尊敬。他现在在儿子家里安度晚年，把有限的余年消磨在回忆里。

夏天，他从太阳出山到落山，都坐在墙根下的土台上，用拐杖画着地面，低着头，想着许多模糊的形象、片段的念头，透过遗忘的迷雾闪现出来的往事的微弱反光……

那褪了色的哥萨克制帽断裂的帽檐的黑色阴影，投在紧闭着的双眼的黑色眼皮上；被阴影一遮，脸上的皱纹显得更深了，白胡子变成了灰胡子。那纵横交叉地握着手杖的手指上、手腕上、凸出的青筋里，流动着流得很慢的、像凹地里的黑土一样的黑血。

血一年一年地凉了。格里沙加爷爷对心爱的孙女娜塔莉亚诉苦说：

“有毛袜子，可是脚还是不暖和。孙女，你再给我打一双厚点儿的吧。”

“爷爷，你怎么啦，现在是夏天啊！”娜塔莉亚笑着，坐到墙根下的土台上，看着爷爷那黄黄的、皱皱巴巴的大耳朵。

“这有什么法子，好孩子，虽然现在是夏天，可是我的血就像地底下的土，冰凉冰凉的。”

娜塔莉亚望着爷爷手上那像网络一般的青筋，想了起来：她还是小姑娘的时候，大人在院子里挖井，她从吊桶里弄了一些潮湿的泥土，做了一些沉甸甸的泥娃娃和长角的牛。她十分真切地想起当时她的手碰到五俄尺深处挖出的冷冰冰的死泥时的感觉，于是她望着爷爷那到处是棕红的黏土色老斑的手，心里怕了起来。

她觉得，爷爷手上流着的不是红色的鲜血，而是深紫色的泥浆。

“你怕死吗，爷爷？”她问道。

格里沙加爷爷扭了扭皱皱巴巴、露着干筋的细脖子，好像是从破制服硬领里挺出来似的；发了绿的白胡子尖动了动。

“我盼望死呢，就像盼着好朋友来一样。该当死啦……活也活了很多年，也报效过皇上，这一辈子酒也喝了不少啦。”他那龇着白牙的嘴微笑着，眼角上的皱纹哆嗦着，他又补充了后面几句。

娜塔莉亚抚摩了几下爷爷的手，走开了；他依然弯着腰，用磨光了把手的拐杖画着地面，穿着打了很多补丁的灰制服坐在墙根下的土台上，那喜气盈盈的红色领章，在紧紧的硬领上开心地、调皮地笑着。

他听到给娜塔莉亚说婆家的消息，表面上很镇定，但是心里又难受又懊恼：娜塔莉亚吃饭时总是把最好的一块肉挑给他，娜塔莉亚给他洗衣服，织补衣服，打袜子，补裤子和褂子——因此，爷爷听到这个消息以后，两天来总是板着脸阴沉地看着她。

“麦列霍夫家是有名的哥萨克。去世的普罗柯菲就是一条好汉。可是他的两个孙子又怎样呢？嗯？”

“两个孙子也还好吧。”娜塔莉亚的父亲支支吾吾地回答说。

“格里什卡可是个不懂礼貌的坏小子。前两天我从教堂里出来，他碰到我连招呼都不打。如今对老年人太不敬重啦……”

“他是个挺和善的小伙子呀。”娜塔莉亚的母亲也出来维护未来的女婿了。

“是吗？你说他是个和善的小伙子？那倒也罢了，能这样就好。只要娜塔莉亚称心就行……”

格里沙加爷爷几乎全没有参与定亲的事，他偶尔从内室里走出来，在桌旁坐一坐，很费劲儿地往变细了的嗓子眼儿里灌进一杯酒，身子有点暖和了，觉得有点酒意了，就走出去。

两天来他一声不响地望着又幸福又惶惶不安的娜塔莉亚，嘟哝着嘴，抖动着一绺绺白中带绿的大胡子；两天后，他的态度显然软化了。

“娜塔什卡！”他喊道。

娜塔莉亚走了过来。

“你怎么，好孩子，大概很高兴吧？是吗？”

“爷爷，我自己也不知道。”娜塔莉亚坦白地说。

“嗯，嗯……嗯，嗯……你呀……好吧，耶稣保佑你，上帝保佑你。”他又懊恼和难过地责备她说，“你太没有耐性啦，坏东西，等我死了，你再出嫁也不晚……你走了，我的日子真不好过啊。”

在厨房里偷听他们说话的米佳说道：

“爷爷，你也许能活一百岁呢，她能等到那时候吗？你可真会骗人上当！”

格里沙加爷爷脸红得发了青，气得呼哧呼哧地直喘，用拐杖和脚在地上跺着：

“闭嘴，坏东西，狗崽子！滚！……滚！……哼，你这个不要脸的！……偷听起来啦，该死，该死！……”

米佳笑嘻嘻地跑掉了，可是格里沙加爷爷又气了半天，骂了米佳半天，他那穿了短毛袜的两条腿的膝盖直打哆嗦。

娜塔莉亚的两个小妹妹——十二岁的小姑娘玛丽什卡和八岁的捣蛋鬼、小淘气格莉普卡——焦急地盼望着结婚的日子。

柯尔叔诺夫家的两个长工也按捺不住心中的高兴。他们盼望东家让他们吃一顿丰盛的喜酒，还希望在喜庆日子里歇两天工。其中的一个，高得像井上的提水吊杆，是一个包古查尔的乌克兰人，他的姓十分古怪，姓盖奇—巴巴。他每半年大喝一顿，一喝就把自己的全部家当和工钱喝光。他那种很厉害的酒瘾早就上来了，但是他忍着，把开怀畅饮安排到婚期。

另外一个是个大骨骼、黑脸膛的哥萨克，是米古林镇上的人，名叫米海伊，到柯尔叔诺夫家还不久；他的家被一场大火烧得精光，他就来这儿当了长工，跟盖奇柯（盖奇-巴巴简称盖奇柯）结交之后，有时也喝起酒来。他非常喜欢摆弄马；他一喝了酒就哭，抹得那尖尖的、没有眉毛的脸上到处都是眼泪，缠着东家说：

“东家！我的好东家！等你嫁姑娘，叫我米海伊赶车好啦。我赶车才漂亮呢！我赶着车从火上过去，连一根马鬃都烧不掉。我也有过几匹马来……唉！……”

一向阴沉着脸、不肯搭理人的盖奇柯，不知为什么却跟米海伊要好起来，并且老是这样跟他开玩笑：

“米海伊，听见吗？你是哪个镇上的？”他搓着长得可以及膝的两手一面问，一面又变换着腔调回答：“‘我是米古林镇的呀。’——‘你为什么这样浑？’——‘我们那儿都是这种料嘛。’”

他总要为他说了无数遍的笑话声嘶力竭地大笑一通，用手拍着自己的干得咚咚响的长腿肚子，米海伊就恨恨地望望盖奇柯那刮得光光的脸和喉咙上直抖动的喉结，骂他两声“害人虫”和“霉气鬼”。

婚礼定在开斋期第一天。只剩下三个星期了。圣母升天节那天，格里高力来看望未婚妻。他在小屋里圆桌旁坐了一会儿，跟姑娘们——未婚妻的几个女伴——嗑了一会儿葵花子和榛子，就起身回家。娜塔莉亚送他出来。到了棚子底下，格里高力那上了漂亮的新马鞍的马正在槽边吃草，她把手伸进怀里，然后红着脸，用脉脉含情的眼睛望着格里高力，将一个软软和和、带着她那姑娘胸膛的热气的布团儿塞到他手里。格里高力接过赠物，朝她龇了龇尖尖的白牙，问道：

“这是什么？”

“等会儿看吧……我给你绣了个荷包。”

格里高力犹豫不决地把她拉过去，想吻她，但是她用两手使劲撑住他的胸膛，身子柔软地仰到后面，并且很害怕地朝窗户看了看。

“她们会看到的！”

“看到就看到好啦！”

“不好意思……”

“这是头一回。”格里高力解释说。

她拉住缰绳，格里高力皱着眉头，一只脚踩住锯齿形的马镫。他在马鞍上坐稳，就朝外走。娜塔莉亚打开大门，用手搭个凉棚，望着他的背影：格里高力十分英俊地骑在马上，微微向左歪着身子，威风凛凛地挥舞着马鞭。

“只有十一天啦。”娜塔莉亚在心里算了算，舒了口气，笑了。

二十

小麦冒出嫩绿的尖芽儿，渐渐长大；过了一个半月，白嘴鸦连头藏进去，叫人看不见了；小麦吸收着土地的奶水，吐出了穗儿；然后开了花，麦穗上裹了一层金色的花粉；麦粒儿吮吸着又香又甜的乳汁，鼓胀起来。主人来到原野上一看，高兴得不得了。忽然不知从哪里来了一群牲口，牲口跑进麦地里，到处乱踩，把沉甸甸的麦穗踩到地上。牲口所到之处，小麦被踩得乱糟糟的……看着又刺眼，又伤心。

阿克西妮亚的心情就是这样的：格里什卡的沉重的生牛皮靴子踩在她那怒放着金花的感情上。一切都化成灰烬，一切都糟蹋得不成样子，完了。

阿克西妮亚从麦列霍夫家的葵花园子里出来，她的心就像一座废弃了的、长满滨藜和野蒿的场院，又空虚，又凄凉。

她走着，咬住头巾的角儿，喉咙里憋得难受，直想叫出来。她走进过道，倒在地上，泪如泉涌，十分难受，脑子里顿时黑洞洞的一片空虚，连气都喘不上来……后来这些过去，心底上还是有一样尖尖的东西隐隐地在扎、在搅。

被牲口踩倒的庄稼会站起来的。露水滋润，太阳照晒，踩倒在地上的庄稼秆儿慢慢起来了；先是像一个被重载压伤的人那样弯着身子，后来就挺起身子，抬起头来，太阳又像原来那样照晒着它，风又像原来那样吹得它摇摇摆摆……

每天夜里，阿克西妮亚一面拼命跟丈夫亲热，一面想着另外一个人，恨和强大的爱在心里纠结在一起。她的妒火烧起来，她就在心里迎着新的侮辱和原有的羞耻往前冲：决意把格里什卡从幸福的、既没有尝过痛苦又没有尝过爱情欢乐的娜塔莉亚手里夺回来。每天夜里她反复想着一堆一堆的主意，在黑暗中眨巴着干涩的眼睛。右胳膊上枕着睡着了的司捷潘的好看的头，他那长长的鬈发偏到了一边。他半张着嘴在喘气，一只黑乎乎的手放在妻子的胸膛上，因为干活儿裂了许多小口子的铁硬的手指头不停地动着。阿克西妮亚在想，在琢磨，反复地思索。只有一个主意是拿定了：把格里什卡从所有的人手里夺回来，像从前那样，用爱情把他包起来，占有他。

而在心底上，有一样尖尖的东西，就像留在心上的一根蜂刺，不停地在戳那流着脓水的疼处。

这是在夜里。一到白天，阿克西妮亚就把心思放到操持家务上了。有时在什么地方碰上格里什卡，她总是脸色煞白，移动着为他消瘦了的柔美身躯从旁边走过，直勾勾地望着他的眼睛那黑黑的深处。

格里什卡跟她会面之后，就感到揪心的烦恼。他常常无缘无故地冒火，朝杜尼娅、朝母亲发脾气，常常拿起马刀，跑到后院里，砍篱笆桩子，砍得浑身大汗，腮上鼓起的两个大包不停地动着。一个星期就砍了一大堆。潘捷莱·普罗柯菲耶维奇闪动着耳环和黄黄的眼白，骂起来：

“混账东西，砍那么多，足够两道篱笆用的啦！哼，真能干，你是他妈的乱折腾！你去比赛砍木桩好啦……别急，伙计，等你去当兵，会叫你砍个够的！……到了那儿，像你这样的家伙，很快就会给制得服服帖帖的……”

二十一

为了迎娶新娘子，套起了四辆双套马车。像过节一样穿了新衣的人们，簇拥在麦列霍夫家院子里的马车周围。

男傧相彼特罗穿了黑色的翻领上衣和带绦的蓝裤，左袖子上缠着两条白手帕，小麦色的胡子底下一直带着明朗的笑容。他紧靠新郎坐着。

“格里什卡，别怕丑！把头像公鸡一样抬起来，干吗无精打采的？”

马车周围乱糟糟的，一片喧闹声。

“伴郎哪儿去啦？该出去啦。”

“大哥！”

“嗯？”

“大哥，你坐第二辆车吧。你听见吗？大哥？”

“车上装弹簧了吗？”

“不装弹簧大概也不会把你颠碎。软和着呢！”

妲丽亚穿一条深红色的毛布裙子，身子又柔软又苗条，就像一根红柳树条儿，她扬了扬两条画得弯弯的眉毛，推了推彼特罗。

“告诉爹，该走啦。人家那边正等着呢。”

潘捷莱·普罗柯菲耶维奇不知从哪里一瘸一拐地走了过来，彼特罗跟他小声说了几句话以后，就指挥起来：

“都上车吧！我这辆车带新郎坐五个人。安尼凯，你赶车。”

大家都上了车。满面红光、喜气洋洋的伊莉尼奇娜开了大门。四辆马车争先恐后地上了大街。

彼特罗跟格里高力并排坐着。妲丽亚在他们对面挥舞着一条带花边的手绢。每遇到坑洼或者土墩,悠扬的歌声就要断一下子。哥萨克制帽上的帽箍红红的,制服和翻领上衣有蓝色的,有青色的,袖子上都缠了白手绢,女人的绣花头巾像散落的彩虹,花裙子五彩缤纷。每辆车后面拖着像轻纱拖裙一样的灰尘。迎亲的人马在前进。

赶车的安尼凯是麦列霍夫家的街坊,是格里高力的远房兄弟。他把身子弯得低低的,差不多就要从位子上摔下去,噼噼啪啪地挥着鞭子,尖声吆喝着,浑身冒汗的马拉紧套绳,拉得像弦一样直。

"狠抽!再抽!……"彼特罗吆喝着。

安尼凯没有胡子,有点像阉人。他不住地朝格里高力挤眼睛,皱着光光的、像女人一样的脸,做出微笑的样子,尖声吆喝着,用鞭子照马身上直抽。

"闪——开!……"新郎的舅舅伊里亚·奥若金大声叫着,他要超车。在他背后,格里高力看到杜尼娅那笑盈盈的脸,看到那黑黑的腮蛋子上下颠动着。

"不行,别急!……"安尼凯站起来喊叫,并且尖尖地打了一声呼哨。

马疯狂地大跑起来。

"你要——要摔——摔下去啦!……"妲丽亚一面在车上颠着,一面尖声叫喊,用两只手抱住安尼凯的漆皮靴子。

“给我到后边去！……”伊里亚舅舅在一旁吼道。他的声音淹没在一阵轰隆轰隆的车轮声中。

另外两辆大车，也满载着花花绿绿、叽叽哇哇直叫的人堆并排在路上飞跑起来。马匹披着大红的、天蓝的、粉红色的马衣，马头和马脖子上戴着纸花和绸结，系着铃铛，在坑坑洼洼的大路上飞跑着，汗沫一团一团地往下掉，被风吹鼓起来的马衣在湿淋淋的马背上啪嗒啪嗒地响着，已经湿得斑斑点点的了。

一大群孩子在柯尔叔诺夫家门口守候着迎亲的人马。一看到大路上的灰尘，就拥进了院子。

“来啦！”

“车子来啦！”

“已经看——到——啦！”

孩子们一齐围住迎面来的盖奇柯。

“你们挤啥？滚，讨嫌的小麻雀！叽叽喳喳，耳朵都吵聋啦！”

“南蛮子，焦油桶，我们就来惹惹你！南蛮子！……南蛮子！……焦油贩子！……”孩子们叽叽喳喳乱叫，围住盖奇柯那像麻袋一样肥的裤子直跳。

盖奇柯低下头，像望井底似的望着又叫又跳的孩子们，挠了挠长长的、紧绷绷的肚子，大大咧咧地笑了。

四辆大车轰隆轰隆地进了院子。彼特罗领着格里高力上了台阶，前来迎亲的人们一齐跟在后面。

过道里的厨房门关着。彼特罗上前敲了敲。

“我主耶稣，宽恕我们吧。”

“阿门。”门里面答应了一声。

彼特罗又敲门，把话说了三遍，里面也低声答应了三遍。

“能进去吗？”

“欢迎欢迎。”

门开了，女方媒人是娜塔莉亚的干娘，是一个很漂亮的寡妇。她一面鞠躬，一面用甜甜的微笑迎接彼特罗。

“请喝一杯，伴郎，别见外。”

她递过一杯还没有变醇的浑浑的克瓦斯。彼特罗撩开胡子，喝了下去，在一片轻轻的笑声中嘎嘎叫了两声。

“哼，媒婆儿，请我喝这玩意儿！……等着瞧吧，我的小乖乖，我请你尝点儿别的东西，叫你哭个够！……”

“请别见怪。”媒婆鞠了一躬，送给他一个调皮而撩人的微笑。

在傧相和媒婆斗嘴的时候，按照规矩，向新郎家里的人各敬了三杯酒。

娜塔莉亚已经穿好结婚礼服，戴起了面纱，坐在桌子后面，被保护起来。玛丽什卡手里举着擀面杖，格莉普卡神气活现地摇晃着筛子。

已经出了汗并且有了酒意的彼特罗恭恭敬敬地用酒杯端给她们每人一个半卢布银币。媒婆朝玛丽什卡挤了挤眼睛，玛丽什卡用擀面杖在桌上一敲：

“太少啦！新郎我们不卖！……”

彼特罗又用酒杯端上一些叮当响的小银角子。

“不卖！”两个小妹妹用胳膊肘捅着低下了头的娜塔莉亚，发狠说。

“这还有什么说的！出的价钱已经够高啦。”

“卖了吧，丫头们。”柯尔叔诺夫老头子下命令说。他微笑着挤到桌子跟前。他那用热牛油梳平了的红头发还散发着汗臭气和牲口粪的气味。

围坐在桌边的新娘的亲戚和家里人都站起来让座儿。

彼特罗把手绢的一头塞到格里高力手里，跳到板凳上，绕着桌子把他牵到坐在圣像下面的新娘跟前。娜塔莉亚用羞得出了汗的手捏住手绢的另一头。

大家都坐到桌旁吃了起来，用手撕着炖鸡肉，在头发上揩着油腻的手。安尼凯啃着鸡屁股，黄油顺着光光的下巴直往领子里流。

格里高力带着十分遗憾的心情望着拴在手绢上的他的和娜塔莉亚的汤匙，望着花瓷碗里正在冒热气的面条。他很想吃，肚子里很不高兴地、小声地咕噜咕噜响着。

妲丽亚跟伊里亚舅舅坐在一起，大嚼着。伊里亚舅舅用结实的牙齿在啃羊肋骨。大概他悄悄地对妲丽亚说了下流话，因为妲丽亚眯起了眼睛，哆嗦着眉毛，红着脸，偷偷笑着。

大家都放开量吃，吃了很久。像松脂气味的男人热汗气味跟扑鼻的女人香汗气味混到了一起。在箱子里放了很久的裙子、披肩和男子上装还散发着樟脑气味，还有一种很难闻的甜味——老奶奶穿破了的套袜就是这种气味。

格里高力斜眼望了望娜塔莉亚。这时他才第一次发现，她的上嘴唇有点肿，像帽檐一样遮着下嘴唇。他还发现，在她右腮的颧骨底下，长着一颗深棕色的痣，痣上还有两根金色的细毛；他看了不知为什么觉得很不舒服。他想起了阿克西妮亚那披着柔软鬈发的滑润的脖子，就觉得这会儿好像有人把扎人的干草屑撒进他的小褂领子，撒到了汗津津的背上。他打了个寒噤，暗暗怀着苦闷的心情望着吧嗒吧嗒、呼哧呼哧地大吃大喝的人们。

等大家离开饭桌的时候，有一个人呵着肉汤气味和小麦面包发酵的酸气，在他跟前俯下身去，往他靴筒里撒了一把小米：这是为新郎祛除灾祸。回家的时候，一路上小米直硌脚，紧绷绷的上衣领子勒得喉咙十分难受，被结婚仪式折腾得够呛的格里高力怀着冷冷的、无限懊恼的心情，自言自语地低声咒骂着。

二十二

在柯尔叔诺夫家歇过气来的马匹，使出最大的力气，朝麦列霍夫家跑来。一团一团的汗沫从皮套上往下直掉。

赶车的都已经喝得醉醺醺的，都毫不心疼地鞭打着马匹。

老人们出来迎接娶亲的人马。潘捷莱·普罗柯菲耶维奇手捧圣像，油亮的长胡子泛着黑黑的银光。伊莉尼奇娜站在旁边，她那薄薄的嘴唇像石头一样，动也不动。

格里高力和娜塔莉亚浑身被撒满了啤酒花和麦粒儿，两人走过来接受祝福。潘捷莱·普罗柯菲耶维奇在给他们祝福的时候，流下了眼泪，他觉得不该让人看到他这种弱点，因此有些慌乱，而且皱了皱眉头。

新夫妇进了房。因为喝酒、坐车和太阳晒而满脸通红的妲丽亚跑到台阶上，冲着从厨房里跑出来的杜尼娅嚷道：

“彼特罗在哪儿？……”

“没看到。”

“该上教堂啦，他这个该死的，不知跑到哪儿去啦。”

喝过了头的彼特罗正躺在卸去了车辕的大车上哼哼着。妲丽亚像只鹰一样上前抓住他。

“胀死你啦，糊涂蛋！该上教堂啦！……快起来！”

“你滚吧！我用不着听你的！你算什么官儿？”他理直气壮地说，一面用两手在地上乱摸，把鸡屎和碎草搂成一堆。

妲丽亚一面哭着，将两个手指头伸进他嘴里，压住他那说胡话的舌头，让他轻快些。她又冷不防往呆呆的彼特罗头上浇了一瓢井水，顺手撩起马衣给他擦干，便带着他上教堂。

一个钟头之后，格里高力就和烛光下显得分外美丽的娜塔莉亚并排站在教堂里了。他手里捏着蜡烛杆儿，心不在焉地用眼睛扫了一下喊喊喳喳的、厚厚的人墙，脑子里回响着撵也撵不走的一句话：“不能随便逛荡啦……不能随便逛荡啦。”脸上虚肿的彼特罗在后面咳嗽着，杜尼娅的眼睛在人群里闪动着，闪过一张张似熟悉而又不熟悉的面孔；各种声音高低不一的合唱和助祭那又慢又长的呼喊声传进耳朵。格里高力木木的。他绕着经台走，几次踩到鼻音很重的维萨里昂神甫那穿歪了的靴后跟，等到彼特罗悄悄拉了拉他的衣襟，他才停下来；他望着摇摇晃晃的蜡烛火苗，克制着已经使他昏昏沉沉的睡意。

“交换戒指。”维萨里昂神甫温和地看了看格里高力的眼睛，说道。

交换了戒指。“快完了吧?”格里高力碰到彼特罗从旁边投来的目光,便用眼睛问。彼特罗收住笑,嘴角动了动:“快啦。”然后格里高力对着妻子那湿润的、没有滋味的嘴唇吻了三下,教堂里就冒起熄灭了的蜡烛的难闻的烟气,人们就挤进门廊,脚步杂沓地朝大门口走去。

格里高力握着娜塔莉亚那粗糙的大手,来到教堂门前的台阶上。不知道是谁把制帽给他扣到头上。南面吹来夹着野蒿气味的暖洋洋的微风。原野上送来阵阵清爽气息。顿河那边,忽远忽近地飞驰着蓝蓝的闪电,要下雨了。教堂的白色围墙外面,不住地捯换着蹄子的马匹的挂铃好像在唤人似的亲切地响着,跟闹哄哄的人声混到了一起。

二十三

送新郎、新娘上教堂的车子走过以后,娘家的人才来到。在娘家的人未到之前,潘捷莱·普罗柯菲耶维奇走到大门外,一再地朝大街上张望,但是这儿一丛、那儿一丛长着扎人的杂草的灰色大路空荡荡的,一个人也没有。他再望望顿河那边,那边的树林一片黄色;对岸水荡里,已经成熟的乱蓬蓬的芦苇疲倦地弯下了腰,芦苇下面是一片片的水薹。

初秋时那种忧郁的、蓝蓝的色调和暮色融合在一起,笼罩住村庄、顿河、一道道石灰岩山梁、顿河左岸那隐藏在紫色烟雾中的树林、原野。大道拐弯的路口边,隐隐露出小教堂的尖顶。

隐隐约约的车轮轧轧声和狗叫声传进了潘捷莱·普罗柯菲耶

维奇的耳朵。两辆大车从广场上来到大街上。前面一辆车子里，米伦·格里高力耶维奇跟妻子卢吉尼奇娜摇摇晃晃地并排坐在软垫上，他们对面坐的是穿了新制服、挂了乔治勋章和十字章的格里沙加爷爷。赶车的米佳很随便地坐在赶车座位上，没有拿出掖在座位底下的鞭子抽打已经在拼命跑着的、吃得饱饱的大青马。米海伊在第二辆车上，身子向后仰着，拼命地勒缰绳，要使飞跑着的马换成小跑。他那没眉毛的、尖尖的脸变成了紫红色，断成了两半的帽檐底下流出一道道的汗水。

潘捷莱·普罗柯菲耶维奇开了大门，两辆大车一前一后地进了院子。

伊莉尼奇娜像只母鹅一样从台阶上跑了下去，裙子边儿把门口积的粪土都扫了起来。

“欢迎欢迎，我们的好亲家！欢迎你们光临，寒舍增光！”她那高大的身子弯了下去。

潘捷莱·普罗柯菲耶维奇歪着头，宽宽地张开两只胳膊，说：

“热诚欢迎你们，好亲家！请进请进！”他喊了一声，叫人把马卸掉，随即朝亲家公走去。

米伦·格里高力耶维奇用手掸了掸裤子上的尘土。他们互相寒暄了一番，便朝台阶走去。格里沙加爷爷因为车子走得太快，颠得够呛，所以落在了后面。

“请进吧，亲家，请进！”伊莉尼奇娜让着。

“别费神，谢谢……我们自己走好啦。”

“请进吧，盼你们很久啦。快拿把笤帚来，给太亲翁扫扫衣裳。这一阵子到处是灰土，简直叫人气都不能喘。”

“一点儿不错，天气太干燥啦……所以灰土太多……不用烦神，亲家母，我一会儿就来……”格里沙加爷爷朝脑筋迟钝的亲家母鞠着躬，倒退着朝棚子走去，躲到了油漆得锃亮的风车后面。

“你缠着老人家干什么，糊涂娘儿们！”潘捷莱·普罗柯菲耶维奇在台阶边拦住伊莉尼奇娜，对她喝道，“他要撒尿，老年人尿多，可是你……哼，妈的，真糊涂！……”

“我怎么会知道呢？”伊莉尼奇娜不好意思地说。

“应该动动脑筋嘛。好啦，老人家不用你管啦。去吧，你陪亲家母去。”

酒席上，已有醉意的客人们闹哄哄地说着醉话。把娘家人让到正房里的席上。不久，新夫妇从教堂里回来了。潘捷莱·普罗柯菲耶维奇斟着酒，眼睛里涌出了泪水。

“来吧，亲家，为咱们的孩子们干一杯。愿他们诸事如意，像咱们老一辈一样，情投意合……愿他们终生幸福、健康……”

给格里沙加爷爷斟的一大杯酒，有一半倒进了他那乱蓬蓬的、泛绿的大胡子护着的嘴里，另一半倒进了制服的硬领子里面。有时大家碰杯对饮，有时自斟自饮。闹闹哄哄，像赶集一样。坐在桌子尽头上的尼基弗尔·柯洛维金是柯尔叔诺夫家的远亲，是阿塔曼团的老兵，他举起一条胳膊，吼叫道：

“苦啊！[①]”

“苦——啊！……”酒席上的人都跟着喊。

“哎呀，苦啊！……”挤得水泄不通的厨房里也响应了。

格里高力皱着眉头亲了亲妻子那淡而无味的嘴唇，用带恨意

①俄罗斯风俗：结婚时喊“苦”，就是要求新郎新娘接吻。

的目光朝四下里望着。

一张张通红的脸。醉得迷迷糊糊的、十分放肆的目光和笑容。一张张嘴津津有味地咀嚼着，醉唾沫从嘴里直往绣花桌布上流。用一句话来说：喝上劲儿了。

尼基弗尔·柯洛维金龇着他那残缺不全的牙齿，举起胳膊。

“苦啊！……”

他那阿塔曼团蓝制服袖子上的三道弯弯的金杠儿——超期服役的袖章——皱了起来。

“苦——苦——啊！”

格里高力恨恨地望着柯洛维金那豁牙的大嘴。柯洛维金在喊“苦啊”的时候，还从牙齿之间的大豁子里伸出带唾液的紫红色舌头，伸得像小喇叭。

“亲嘴吧，人家喊呢……”彼特罗小声催促说，动了动在酒里泡成了一绺一绺的小胡子。

满脸通红、已经有醉意的妲丽亚在厨房里唱起歌儿来。别人也跟着她唱。歌声传进正房里。

小小河上有座桥，
过河不用把船摇……

歌声响成了一片，贺里散福的声音像打雷一样，压倒别人的声音，震得窗玻璃直哆嗦：

谁要给咱们端来好酒，
咱们要喝得一滴不留。

厨房里是一片尖细的女声：

唱哑啦，唱哑啦，
我的嗓门儿倒啦。

有一个苍老的男声在为她们助威，那声音紧绷绷的，就像桶箍一样：

唱哑啦，嗨，唱哑啦，
我的嗓门儿倒啦。
唉，再不能去人家花园里唱歌。
再也尝不到绣球花的甜果。

“伙计们，放开量喝吧！……”

“来尝尝羊肉。”

“别乱伸爪子嘛……瞧，你男人拿眼睛看着你呢。”

“苦——苦——啊！”

“伴郎真放肆，瞧他跟媒婆那股热乎劲儿。”

“哼，算了吧，你不要拼命叫我们吃羊肉……也许我要吃鲟鱼呢……我就吃，这鱼真肥。”

“普罗什卡老哥，咱们用大杯干一杯！”

“胸膛里已经冒火啦……”

“谢苗·高尔杰耶维奇！”

“什么事？”

“谢苗·高尔杰耶维奇！”

“滚你的蛋吧！”

厨房里的地板一拱一拱地摇晃起来，鞋后跟嗒嗒地响了起来，一只玻璃杯掉到了地上；杯子的响声淹没在一片咚咚声中。格里高力从席上客人的头顶上朝厨房里一望，只见妇女们在一片鼓噪和尖叫声中转着圈儿跳起舞来。她们扭着肥大的屁股（没有一个瘦小的，每个娘儿们都穿了五至七条裙子），摇晃着绣花手绢，弯着胳膊肘在跳舞。

手风琴声撩人地敲打着人的耳鼓。手风琴奏着一支婉转动听的、低音的哥萨克舞曲。

“来一支圆舞曲！圆舞！”

“让开一点儿，诸位女宾！”彼特罗一面推着跳舞跳松了的娘儿们的肚子，央求说。

格里高力精神一振，对娜塔莉亚挤了挤眼睛。

“你看，彼特罗要跳哥萨克舞啦。”

“他跟谁跳？”

“没看见吗？要跟你妈妈跳。”

卢吉尼奇娜两手叉腰，左手还捏着一条小手绢。

“去嘛，快，不然我就去啦！……”

彼特罗迈着碎步走到她面前，行了一个十分漂亮的屈膝礼，又回到原处。卢吉尼奇娜提起裙子下摆，好像要跨过水洼似的，用鞋尖嚓嚓地往前走了几步，就在一片喝彩声中像男子一样甩开两腿跳了起来。

手风琴奏起了低调的快拍子，彼特罗一听到这种拍子，立刻动了起来：他哎嗨一声，蹲下身子，两手拍打着靴筒，嘴角咬住胡子尖，盘腿跳了起来。他的两腿哆嗦着，弄得两个膝盖十分滑稽地频频抖动着；在额头上，汗湿的头发跟随着脚步来回摆动着。

拥挤在门口的许多人的脊背遮得格里高力看不到彼特罗。他只听到钉了铁掌的靴后跟连成片的噼啪声，就像是在燃烧松木板，还有醉醺醺的客人们助兴的叫喊声。

终于，米伦·格里高力耶维奇和伊莉尼奇娜跳了起来，他跳得又在行又认真，就跟他做一切别的事情一样。

潘捷莱·普罗柯菲耶维奇站在一张凳子上，摇晃着瘸腿，咂着舌头。他的腿没有去跳舞，可是他那不肯安静的嘴唇却在跳，那耳环也在跳。

喜欢跳哥萨克舞的都跳了，连那些弯腿弯得很不地道的也跳了。

一片叫嚷声：

“别在旁边捣蛋！”

“步子跨小点儿！嘿，你呀！……”

“两条腿挺灵活，就是屁股不听使唤。”

“快点，快点！”

“咱们这地方数他跳得好。”

“给我果子汤，不然我……”

“得气肿病啦，畜生。跳舞去，不然我用瓶子敲你！”

有些醉意的格里沙加爷爷搂着邻座客人的宽阔的脊背，像蚊子一样对着他的耳朵嗡嗡地说着话儿：

“您是哪一年入伍的？”

他的邻座是一位像老过了头的橡树一样的、说话有点不清楚的老人家。老人家摆了摆手，瓮声瓮气地说：

“是一八三九年，孩子。”

“什么？哪一年？”格里沙加爷爷竖起了皱皱巴巴的耳朵。

“一八三九年，我对你说过啦。”

“您贵姓？什么地方人？”

“马克西姆·包加推廖夫，巴克兰诺夫团的司务长。我是……是红土崖村人。”

“是麦列霍夫家的亲戚吗？”

“怎么？”

“我是问，是亲戚吗？”

“啊哈，我是新郎的外公。”

“是巴克兰诺夫团的吗？”

老人家用没有神的眼睛看了看格里加沙爷爷，在光光的牙床上滚着一块没有嚼烂的肉，点了点头。

“这么说，您参加过高加索战争啦？”

“我在去世的巴克兰诺夫——愿他在天堂安息——在他手下当过兵，出征过高加索……我们团里都是百里挑一的哥萨克……都是大个头儿，不过腰都是弯着的……胳膊都是老长的，肩膀也宽得很，如今的哥萨克横着身子才有那样宽……真的，孩子，那时候的人个个了不起……有一次在切连吉村，去世的将军大人赏了我一顿鞭子……”

“我参加过土耳其战争呢……听见吗？真的，我参加过。”格里沙加爷爷挺了挺干瘪的胸膛，亮了亮乔治勋章。

“天刚亮的时候，我们占领了那个村子，可是到中午，号兵吹起了警号……”

“轮到我们报效沙皇啦。罗士契城下那一仗，我们这一团，也就是顿河哥萨克第十二团，遇上了他们的精兵……”

“号兵吹警号啦……”巴克兰诺夫团的老兵不听格里沙加爷爷的，只顾接着往下说。

“他们的精兵就跟咱们的阿塔曼团的兵一样。真的。”格里沙加爷爷慷慨激昂，气呼呼地直挥手，“他们也在报效他们的皇上，他们的头上都戴着白口袋。听见吗？头上都戴着白口袋呢。”

“我就对一位同事说：季摩沙，这是咱们要撤退啦，把墙上的毡揭下来，咱们把这毡捆到鞍后面皮带上……”

“我得到两枚乔治勋章！因为我有战功！……我活捉过一个土耳其少校……”

格里沙加爷爷流着眼泪，用干巴巴的拳头朝巴克兰诺夫团的老爷爷那干得咚咚响的熊腰上敲了敲；但是巴克兰诺夫团的老爷爷正叉着一块鸡肉往樱桃酱里蘸，把樱桃酱当成了姜汁，眼睛无神地看着撒了许多面条的桌布，吧嗒着瘪嘴：

“你看，孩子，鬼叫我干出这样的坏事……”老爷爷的眼睛直愣愣地看着桌布上的白皱褶，好像他看的不是撒得到处是酒和面条的桌布，而是白雪皑皑的高加索山峦。“以前我可是从来没拿过人家的东西……以前我们占领过吉尔吉斯人的村子，房子里的东西有的是，可是我并不眼红……人家的东西就是鬼给的东西……可是你瞧，这一回……看到一条毡……还是毛了边儿的……我就想，拿来做马衣吧……”

“各种各样的玩意儿我们也都见过。我们也到过海外不少地方。”格里沙加爷爷打算看看老爷爷的眼睛，但是那深深的眼眶长满了一绺绺白色的眉毛和睫毛,就像小山沟里长满了野草一样;格里沙加爷爷看不到他的眼睛,因为完全被硬扎扎的白毛遮住了。

格里沙加爷爷巧施妙计;他想用故事中最紧张动人之处吸引对方的注意力,所以不用铺陈,干脆就从中间讲起:

"捷尔辛采夫大尉命令:各排列成纵队放马前进,冲啊!"

巴克兰诺夫团的老爷爷就像战马听到军号声一样,抬起了头;他用疙疙瘩瘩的拳头朝桌上一擂,小声喊道:

"巴克兰诺夫团的弟兄们,长枪在前,大刀跟上!……"喊到这里,他的嗓门儿突然高了起来,昏暗的瞳仁闪起亮光,重燃起当年燃烧过、老来已经熄灭的火焰。"巴克兰诺夫团的好汉们!……"他大张开嘴,露出黄黄的光牙床,吼叫道,"前进……冲啊!冲啊!……"

他又精神又带劲儿地望着格里沙加爷爷,也不用肮脏的衣袖去擦那杀得下巴痒酥酥的泪水。

格里沙加爷爷的劲头儿也上来了。

"大尉对我们发出这样的命令,并且挥舞起指挥刀。我们就飞马朝前冲去,他们当时排成这样的阵势,"他用指头在桌布上画了一个不等边四边形,"朝我们发射。我们朝他们攻了两次,他们一直在抵抗。突然从侧翼,从小树林里出现了他们的马队。我们的连长下了命令。我们掉转右翼,排好阵势,向他们冲去。两军相交,混战起来。什么样的马队能抵得住哥萨克?他们果然抵挡不住,就朝树林里窜去,一面惨叫着……我看到,有一位敌军的军官骑着栗色马正在我前头飞跑。那是一位很威武的军官,黑胡子朝下垂着，一个劲儿地回头看我，并且正在从枪套里往外掏手枪。枪套是拴在马鞍上的……他打了一枪，没有打中。于是我把马一夹，追了上去。起初我想砍死他，可是后来改变了主意。一条性命啊……我用右胳膊拦腰把他抱住，他就这样，请看，他就这样从马鞍上飞了下来。他咬我的手，可是我还是把他擒住了……”

格里沙加爷爷得意扬扬地看了看邻座：邻座已经把只剩了骨头的大头垂到胸前，在一片喧闹声中睡着了，而且舒舒服服地打起了呼噜。

卷　二

一

谢尔盖·普拉托诺维奇·莫霍夫的家世，是有悠久历史的。

彼得大帝在位时期，有一次，一艘官船满载着干粮和火药，沿着顿河向亚速海开去。在顿河上游，离霍派尔河口不远的地方，有一个叫齐高那克的“贼”镇，镇里的哥萨克夜间袭击了官船，把睡梦中的押运兵全都杀死，把干粮和火药抢劫一空，又把船弄沉。

一支军队奉圣旨从沃罗涅日开来，把那个叫齐高那克的“贼”镇烧光，对参加过抢劫官船的哥萨克格杀不赦，把抓住的雅基尔卡大尉和另外四十名哥萨克吊到水上绞刑架上绞死，并且为了震慑下游经常骚动的许多村镇，还让这些吊着死人的绞架顺流朝顿河下游漂去。

十余年后，齐高那克镇那一座座房舍当年冒过炊烟的地方，又住上了外来的和一些劫后余生的哥萨克。市镇又兴旺起来，并且修起了一道防护围子。从那时候起，便有沃罗涅日派的一名皇监和皇探来到这里——那是一个叫莫霍夫·尼基什卡的汉子。他沿街叫卖哥萨克日常生活中各种各样的必需品，如刀柄啦、烟草啦、打火石啦；他收买和出售赃物；每年到沃罗涅日去两次，表面上是去办货，实际上是去报告，说一说，镇上目前还算太平，哥萨克们没有筹划新的骚乱。

就从这个莫霍夫·尼基什卡起，姓莫霍夫的商人世家就一代代传了下来。他们在哥萨克的土地上牢牢地扎下了根。就像野草一样，在镇上结籽，将根扎得深深的，叫你拔都拔不掉；他们虔敬地保存着已经相当破烂的、当年沃罗涅日督军派遣他们的祖先到经常骚乱的镇上来时授予的委任状。如果不是谢尔盖·普拉托诺维奇的祖父在世的时候，一场大火把这张委任状连同藏在神龛里的木匣子一起烧掉了的话，这张委任状也许会保存到今天的。祖父因为赌博，弄得倾家荡产；后来家产刚刚有起色，却又被一场大火烧光，所以谢尔盖·普拉托诺维奇不得不从头干起。他埋葬了瘫痪的父亲以后，就做起小本生意。起初是走村串户，收购猪鬃和鹅毛。有五六年的时间，他过着十分穷苦的日子，一文钱一文钱地对邻里乡亲们进行蒙骗和榨取，可是后来却不知怎的一下子由鹅毛小贩谢廖什卡变成了谢尔盖·普拉托诺维奇[①]，在镇上开了一个小杂货铺，娶了一位疯疯傻傻的神甫的女儿，得到相当丰厚的陪嫁，又开了一家布店。谢尔盖·普拉托诺维奇经营布匹生意正好赶上好时候。因为顿河左岸的砂石土地又硬又贫瘠，左岸的哥萨克已经在遵照军区政府的命令，整村整村地向右岸迁移

①谢廖什卡是谢尔盖的卑称，谢尔盖·普拉托诺维奇是尊称。

了。一个新的克拉司诺库次克镇出现了，并且兴旺起来；在以前地主土地的边界上，在旗尔河、黑河、弗罗洛福克河的两岸，在草原洼地上，直到跟乌克兰村镇为邻的地方，都出现了新的村庄。人们以前为了买东西，要跑到五十俄里以外，有的还要跑远些，可是现在，你瞧，有了布店，那新的松木货架上摆满了崭新的布匹绸缎。就像拉一架三组的手风琴那样，谢尔盖·普拉托诺维奇把他的生意场面拉得大大的，除了布匹绸缎以外，凡是农村简朴的生活中需要的东西，如皮革品、盐、煤油、针线纽扣之类，全都出卖。近来还卖起了农业机械。阿克塞工厂里出产的割麦机、播种机、犁、风车、选种机，整整齐齐地排列在绿色门面的、夏季里依然很凉爽的店铺旁边。捞别人口袋里的钱是不容易的，可是精明的谢尔盖·普拉托诺维奇靠做生意显然捞了不少钱。三年以后，他开了一座粮栈，又过了一年，原配妻子去世后，又修起了一座机器磨坊。

他把鞑靼村和附近一些村庄紧紧握到他那长着稀疏的漆黑放光的硬毛的黑乎乎的手掌里。没有一家不欠谢尔盖·普拉托诺维奇的债。那绿底黄边的欠据，有买打麦机欠的，有为女儿办嫁妆欠的。（姑娘出嫁的时候到了，可是巴拉蒙诺夫粮栈里把收购小麦的价钱压得很低，所以就到这里来央告："普拉托诺维奇，赊点给我吧！"）有各种各样原因欠的……磨坊里九个工人，铺子里七个伙计，家里四个用人——这二十张嘴都是靠买卖上的收入吃饭的。原配妻子给他留下两个孩子：一个是女儿丽莎，还有一个是男孩子，比女儿小两岁，瘦弱多病，萎靡不振，名字叫符拉季米尔。继室安娜·伊万诺芙娜是个骨瘦如柴、窄鼻子的女人，没有生过孩子。她那过了时的没有发泄过的母爱和积累的怨恨(她在快满三十四岁的时候才嫁给谢尔盖·普拉托诺维奇)一概发泄到前妻留下的两个孩子身上。后母的神经质性格,对孩子们的教养没有带来好影响,而父亲对他们的关心,并不比对马夫尼基塔或女厨子的关心多一点儿。不是做生意就是外出,所以他一点空闲时间都没有。不是去莫斯科,就是去尼日尼,去乌留平斯克,或者到各镇集市上去。两个孩子在没有人照料的情况下一天一天地长大。感觉迟钝的安娜·伊万诺芙娜从来不想窥视孩子们心灵的深处,她的家务繁重,顾不到这些。因此姐弟二人长大后彼此很不亲近,性格也各不一样,不像是一母所生。符拉季米尔长成一个性格孤僻、萎靡不振的小伙子,总是愁眉苦脸,一副老气横秋的样子。丽莎经常跟使女和厨娘厮混,那厨娘是个老于世故的浪荡娘儿们,丽莎过早地看到了生活中背阴的一面。成年女人唤醒了她的病态的好奇心,所以当她还是一个执拗而腼腆的少女的时候,就为所欲为,渐渐长大了,更像森林中无人管束的一丛野蛇莓。

岁月不慌不忙地过去。

老的照例一年一年地衰老;年轻的像幼苗一样一年一年地长大。

有一次喝晚茶的时候,谢尔盖·普拉托诺维奇向女儿看了一眼(丽莎这时已经中学毕业,已经出落成一个很有风韵的漂亮姑娘),觉得说不出的惊奇;看着看着,那茶碟和琥珀色的香茶就在手里抖动起来:真像死去的母亲呀。天啊,像极啦!“丽莎,来,把脸转过来!”他过去竟没有看到,女儿从小就出奇地像母亲。

……符拉季米尔·莫霍夫是中学五年级的学生,是一个瘦瘦的、脸色焦黄的小伙子。他在磨坊的院子里转悠着。他和姐姐不久前一起回来度暑假。他像往常一样，一回来就到磨坊里看看，到满身面粉的人群中挤一挤，听听碾盘和齿轮有节奏的轧轧声、皮带转动的沙沙声。他听着搬运粮食的哥萨克们恭恭敬敬地小声唤他"少东家"，心里美滋滋的。

符拉季米尔小心地绕过院子里一堆一堆的牛粪和一辆一辆的大车，走到大门口，他又想起，还没有到机器房去呢，于是又走了回来。

碾工季莫菲、绰号"杰克"[①]的过磅工和给碾工做徒弟的一口白牙的年轻小伙子达维德卡，都把裤腿卷到膝盖以上，正在机器房门口红色油罐旁边拌和一大堆泥。

"啊——啊，东家！……""杰克"带着嘲弄的口吻同他打招呼。

"你们好。"

"你好，符拉季米尔·谢尔盖耶维奇！"

"你们这是干什么！……"

"我们在和泥。"达维德卡吃力地在散发着牛粪气味的黏泥里捯动着两脚，恼恨地冷笑说，"你爹舍不得花钱去找老娘儿们，就拿我们寻开心。你爹真是个守财奴！"他又补充说，一面噗唧噗唧地捯动着两只脚。

符拉季米尔脸红了。他对这个永远带笑的达维德卡，对他这种轻蔑的腔调，甚至对他的一口白牙，都感到无比恼恨。

"怎么是守财奴？"

---

①扑克牌里的"J"。这是形容此人的身形的。

“就是守财奴。他太吝啬啦。自己拉的屎都要吃回去。”达维德卡很不客气地说，并且笑了笑。

“杰克”和季莫菲赞赏地笑着。符拉季米尔感到恼得如针扎。他冷冷地打量了一下达维德卡。

“你，怎么……就是说，不乐意干啦？”

“你来试试，来和和泥，就知道是什么滋味啦。哪一个傻瓜乐意干这种活儿？顶好是把你爹弄到这儿来，让他饱饱地吃上一肚子！”

达维德卡摇摇晃晃，十分吃力地转圈儿走着，把脚提得高高的，这会儿已经是毫无恼意地、开心地笑了。符拉季米尔在想点子，想着制服人的愉快。对付的办法有了。

“好吧，”他一个字一个字地说，“我去告诉我爹，就说你不乐意干啦。”

他斜着眼睛朝达维德卡的脸上看了一眼，他的话产生的效果使他吃了一惊：达维德卡的嘴唇可怜巴巴地、很不自然地笑着，另外两个人的脸也阴沉下来。有一小会儿，三个人都一声不响地拌和着淌来淌去的黄泥。末了，达维德卡把眼睛从一双脏脚上移开，带着讨好意味地、发急地说：

“我是闹着玩儿的呀，沃洛佳[1]……真的，是说着玩儿的……”

“我要把你说的话告诉我爹。”

符拉季米尔为自己、为父亲、为达维德卡那可怜巴巴的笑感到难受，眼里含着泪水，从油罐旁边走了过去。

“沃洛佳！……符拉季米尔·谢尔盖耶维奇！……”达维德卡

---

①沃洛佳是符拉季米尔的爱称。

十分害怕地喊着，从泥里跳了出来，裤腿一下子落到了直到膝盖都是泥浆的两条腿上。

符拉季米尔站了下来。达维德卡气喘吁吁地跑到他跟前。

“不要告诉你爹。是说着玩儿的……原谅我这个糊涂蛋……真的，我有口无心！……说着玩儿的……”

“好吧，我不说！……”符拉季米尔皱着眉头说了一声，就朝大门口走去。

怜悯达维德卡的心情占了上风。他怀着轻松的感觉，贴着白色的栅栏朝前走去。从磨坊院子角上的铁匠房里传来玩耍似的铁锤声：那一下是打在铁上的——又低沉又柔和，那两下——打一下又蹦一下——是打在当当响的铁砧上的。

“你干吗要碰他？”“杰克”的压得低低的声音传进了越走越远的符拉季米尔的耳朵，“不碰他，就不会冒臭气。”

“瞧吧，这家伙多坏，”符拉季米尔恼了，心里想道，“骂起人来啦……对我爹说呢，还是不说？”

他回头一看，看到达维德卡依然龇着满口白牙在笑，于是下定了决心：“我去说！”

广场上，店铺旁边，停着一辆大车，还套在车上的马拴在木桩上。孩子们在轰消防棚顶上那一群叽叽喳喳的灰麻雀。从阳台上传来大学生包亚雷什金的洪亮的男中音，还有一个人的声音，那声音带颤音，还有点沙哑。

符拉季米尔走上台阶，野葡萄的叶子在他头上轻轻晃动着。野葡萄将台阶和阳台密密地遮住，从曲曲弯弯的瓦蓝色飞檐上耷拉下来，很像一顶顶绿色的镶边帽子。

包亚雷什金摇晃着剃得光光的、泛着紫色的脑袋，正在跟坐在他旁边的年轻然而留着大胡子的教师巴兰达说话：

“虽然我是一个哥萨克农民的儿子，并且对一切特权阶级怀着天生的憎恨，可是我读了这本书，就对这个没落的阶级同情得不得了。我自己差点儿要成为贵族和地主啦，我十分高兴地注视着他们的妇女中的典范人物，时时关心她们的利益——一句话，真他妈的出奇！老兄，这就是天才作品的伟大力量！连你的信仰都能改变。”

巴兰达揉搓着丝带的穗头，讪笑着，仔细看着自己的衬衫前襟上绒线绣的红色花边儿。丽莎懒洋洋地躺在安乐椅上。看样子，她对谈话一点也不感兴趣。她用一如往常的、若有所失而又若有所寻的眼睛百无聊赖地望着包亚雷什金那有着一道道剃刀痕的淡紫色脑袋。

符拉季米尔行了个礼，走了过去，敲了敲父亲的房间。谢尔盖·普拉托诺维奇坐在皮凉椅上，正在翻阅六月号的《俄罗斯富源》。地板上放着一把发了黄的骨制裁纸刀。

“你有什么事？”

符拉季米尔缩了缩脑袋，慌忙理了理身上的衬衣。

“我到磨坊里去过……”开头他还犹豫不决，但是他想起达维德卡那龇着白牙的笑，便一面望着父亲那紧紧绷着茧绸背心的圆肚子，决绝地说下去，“……我听到达维德卡说……”

谢尔盖·普拉托诺维奇仔细听完他的话，说：

“把他辞掉。你去吧。”说完，便哼哧哼哧地弯下腰去拿裁纸刀。

每天晚上，村里的知识分子都在谢尔盖·普拉托诺维奇家里聚会，有包亚雷什金——莫斯科工业学校的学生；有自尊心很强、肺病也很严重的瘦弱的教师巴兰达；有他的姘头、女教师玛尔法·盖拉西莫芙娜——一个不见老的、圆滚滚的姑娘，总穿着一条看来有失观瞻的衬裙；还有邮政所长——一个古怪、迂腐的单身汉，浑身都是火漆味和廉价香水气味。有时候，在又是地主又是贵族的父亲的庄园里小住的青年骑兵中尉叶甫盖尼·李斯特尼次基也来聚会。他们每天晚上坐在阳台上喝茶，东扯西拉地闲聊，等到实在没什么可聊的时候，不一定哪一位客人就把主人家那镶了宝石的贵重的留声机开起来。

有时在重大的节日里，谢尔盖·普拉托诺维奇要装装门面：邀请一些客人，拿出名贵的酒，端上特地从巴泰斯克弄来的新鲜鲟鱼子和上等的菜肴。其余的时候他过得很刻苦。只有在一样事情上他不吝啬，那就是买书。谢尔盖·普拉托诺维奇喜欢读书，喜欢用他那像牵牛花一样抓住不放的劲头儿去钻研一切。

他的合伙股东叶梅里扬·康斯坦丁诺维奇·阿杰平是个淡黄头发、尖下巴胡、眼缝朝里凹的人，他很少上这儿来。他娶的是一个还了俗的大熊河河口修道院里的修女，跟她过了十来年夫妻生活，生了八个孩子，他大半时间是在家里度过的。叶梅里扬·康斯坦丁诺维奇本是团队书记出身，他把军队里那种阿谀奉承的腐败习气带到了家庭里。孩子们在他面前都踮着脚走路，小声说话。每天早晨，孩子们洗过脸，都到饭厅里，在一座像黑棺材一样的大挂钟底下站成一排，母亲站在后面，一听到卧房里传出父亲的干咳声，就用高低不一、装腔作势的声调喊道：“主啊，拯救你的人们吧。”然后喊：“我们的父亲啊。”

等祈祷完毕，叶梅里扬·康斯坦丁诺维奇这才穿好衣服，走了出来，眯缝着多层眼皮的眼睛，像大主教一样伸出一只肉嘟嘟的光手。孩子们依次走过去吻手。叶梅里扬·康斯坦丁诺维奇吻过妻子的脸，然后开口说话，“ч”音他总是发不清楚的：

“波莉次(奇)卡，擦(茶)沏了吗？”

“沏上啦，叶梅里扬·康斯坦丁诺维奇。”

“斟一杯酽一点儿的。”

他主办店里的会计事务。他在一页页的账簿上，在用粗体字写的抬头“借方”和“贷方”下面，都密密麻麻地写满了熟练的草体字。他常常装模作样地将金丝夹鼻眼镜架在疙疙瘩瘩的鼻子上，阅读《市场新闻》。他对待店员十分客气。

“伊万·彼特罗维次(奇)，请你给这位捷(扯)块塔甫里亚印花布。”

妻子叫他叶梅里扬·康斯坦丁诺维奇，孩子们叫他爸爸次(奇)卡，店伙们就叫他“擦擦”①。

两位教士——维萨里昂神甫和潘克拉季教长——都跟谢尔盖·普拉托诺维奇没有来往，因为他们有宿怨。而且两位教士彼此也很不和睦。潘克拉季教长又喜欢一意孤行，又喜欢搬弄是非，坑害别人也很有本事；维萨里昂神甫是跟一个乌克兰女管家同居的单身汉，因为生过梅毒，鼻子瓮声瓮气的，他生性和蔼，不喜欢教长那种狂妄自大和唯恐天下不乱的性格，跟他很疏远。

---

①“爸爸奇卡”是“爸爸”的亲昵叫法。孩子们受他的影响，“ч”音也发不准，所以叫成了“爸爸次卡”。店伙们叫他“擦擦”，也是讥笑他发音不准。

除了教师巴兰达,其余的人在村子里都有自己的宅院。莫霍夫家那包了红色木板、房顶漆成蓝色的大房子就在广场上,他家对面,进出广场的要道口上,便是门面很大的商店,商店有可以穿堂而过的大门,还有一块褪了色的招牌,招牌上写的字是:

“莫霍夫·谢·普与阿杰平·叶·康合股商号。”

跟商店接连着的,是一座又矮又长、带有地窖的棚子,再过去二十几俄丈远,便是教堂的圆形砖围墙和带圆顶的教堂,那圆顶很像一个熟透了的绿洋葱头。在教堂那边,是巍然耸立的学校的白墙和两座很漂亮的房子:其中一座是天蓝色的,围着同样颜色的栅栏,那是潘克拉季教长的;另一座是深棕色的(为了表示彼此不同),有雕花的板墙,有宽大的阳台,那是维萨里昂神甫的。从一条街的拐角到另一条街的拐角,有一座二层楼房,那是阿杰平家的分外精致的房子;再过去便是邮政所了,然后便是一座座哥萨克的草房子和铁顶房屋,还有坡度很小、房脊上站着生锈的铁公鸡的磨坊房顶。

人们爱关起里里外外的护窗过日子,与外面的世界隔离开来。一到晚上,如果不出门访亲问友的话,就闩起门窗,放开铁链子锁着的狗,寂静无声的村子里就只有更夫打梆子的嗒嗒声了。

二

八月底,米佳·柯尔叔诺夫在顿河边无意中遇见了谢尔盖·普拉托诺维奇的女儿丽莎。他刚从顿河对岸回来,正要把船往树桩上拴的时候,看到一只油漆过的小船轻飘飘地在水上滑行着。小船顺流而下，向码头驶来，划船的是包亚雷什金。他的光脑袋上的汗亮闪闪的，额头和两边鬓角上的筋都鼓了起来。

米佳一下子没有认出丽莎。草帽的灰色阴影遮住了她的眼睛。她用晒得黑黑的双手将一束黄色的睡莲紧紧抱在胸前。

“柯尔叔诺夫！”她看到米佳，摇了摇头，“为什么你说话不算话？”

“怎么不算话？”

“记不记得，你答应跟我一块儿去逮鱼？”

包亚雷什金把桨放下，把腰挺了挺。小船的船头凭着惯性的力量爬到岸上，压得岸边的砂石咯吱咯吱直响。

“记得吗？”丽莎笑着，从船上跳下来。

“没工夫呀，太忙啦。”米佳解释说，一面屏住气注视着朝他走来的姑娘。

“不行啦！没劲儿啦！……伊丽莎白·谢尔盖耶芙娜[①]，我划不动啦！您另请高手吧，我不能给您效劳啦！真不得了，咱们在这该死的水上划了多久啦。手上都磨出血泡啦。真不是玩的。”

包亚雷什金那老长的光脚板重重地踏在有尖有棱的碎石子上，用皱巴巴的学生帽帽顶擦了擦额头上的汗。丽莎没有回答他，只管走到米佳跟前。米佳笨拙地握了握她伸给他的手。

“咱们什么时候去逮鱼？”她仰着头，眯缝着眼睛问道。

“要是去的话，明天也行。已经打完了场，这会儿有工夫啦。”

“又是骗我吧？”

①伊丽莎白·谢尔盖耶芙娜是丽莎的尊称。

“哪儿话，不骗你！”

“你一早就来吧？”

“天不亮就去。”

“我等着你。”

“我去，真的，一定去！”

“没有忘记敲哪一扇窗户吧？”

“找得到的。”米佳笑着说。

“我恐怕不久就要走了，很想逮一回鱼。”

米佳一声不响地在手里摆弄着生了锈的船锁的钥匙，看着她的嘴唇。

“话说完了吗？”包亚雷什金望着手上一个带花纹的贝壳，问道。

“马上就来。”

她沉默了一会儿，然后，不知为什么笑了笑，问道：

“你家办过喜事，不是吗？”

“是我妹妹出嫁。”

“嫁给谁啊？”她没等回答，就诡秘而亲热地笑了笑，“你来吧！”又像第一次在莫霍夫家的阳台上那样，她的笑使米佳像碰着了荨麻似的，浑身痒酥酥的。

他用眼睛一直把姑娘送到小船边。包亚雷什金叉开两腿，把小船推下水去；丽莎含着笑，从他的头顶上望着玩弄着钥匙的米佳，朝米佳点了点头。

小船划出五六俄丈远以后，包亚雷什金小声问道：

“这小子是谁？”

“熟人。”

“心上人吗？”

听到他们谈话的米佳却因为桨架的吱嘎声没有听清后面的回答。他看到包亚雷什金把身子向桨上一压，又向后一仰，笑了起来，但是看不到丽莎的脸，因为她是背朝他坐着的。帽子上一条紫色的缎带滑到她那斜斜的光肩膀上，被微风吹得轻轻抖动着，越来越模糊，吸引着他的迷离的视线。

很少去钓鱼的米佳，从来没有像这天晚上这样热心地准备过。他劈了些干柴，在菜园里煮起小米饭，很快就重新拴好滑脱的钓绳。

米海伊看着他在准备，向他要求说：

“带我去吧，德米特里[①]，你一个人很不方便。”

“我一个人能行。”

米海伊叹了口气。

“咱们很久没有一块儿去钓鱼啦。这会儿准能钓到十几斤重的大鲤鱼。”

米佳被饭锅里冲出来的像热气柱一样的蒸汽熏得皱起眉头，没有答话。他准备停当，便朝正房走去。

格里沙加爷爷坐在窗前，将一副铜边的圆眼镜架在鼻子上，正在读福音书。

“爷爷！”米佳肩膀靠在门框上，唤了一声。

格里沙加爷爷从眼镜上面朝他瞪了瞪眼睛。

“什么事？”

①德米特里是米佳的尊称。

“头遍鸡叫以后,你把我叫醒。”

“这么早你上哪儿去?”

“去钓鱼。”

很喜欢吃鱼的爷爷,装作不赞成的样子:

“你爹说,明天要打大麻子。你倒想自在。哼,还钓鱼呢!”

米佳离开门框,使了个点子:

“我反正没什么。本来想钓条鱼给爷爷吃,既然要打大麻子,那我就不去啦。”

“等一等,你要上哪儿去?”格里沙加爷爷吓了一跳,摘下眼镜,“我跟你爹说一声,没事儿,你去好啦。钓些鱼腌腌吃倒是不坏,明天恰好是星期三。我叫醒你,去吧,去吧,混账小子!你龇什么牙?”

半夜里,格里沙加爷爷一只手提着粗麻布裤子,另一只手握着拐杖探索着道路,走出门来。他像一个摇摇晃晃的白影子一样穿过院子,来到仓房里,直到拐杖头碰到在车毯上打呼噜的米佳。仓房里充满了刚打出的粮食气味、老鼠屎气味和无人住的地方那种又酸又陈腐的蜘蛛气味。

米佳睡在粮囤边一张车毯上。他没有一下子醒过来。格里沙加爷爷先是用拐杖轻轻地捅了捅他,小声喊道:

“米佳!米琪卡!……喂,坏小子,米琪卡!”

米佳重重地打了几声呼噜,把腿蜷了蜷。老人家狠了狠心,把拐杖的粗头儿抵到米佳的肚子上,像钻子一样钻了起来。米佳哎呀一声,抓住拐杖,醒了过来。

“睡成糊涂虫啦!像你这样睡法,真不像话!”爷爷骂道。

“别作声，别作声，轻点儿。”米佳一面在地上摸索着靴子，带着睡意小声说。

他来到广场上。村子里的鸡已经在叫二遍了。他在街上走着，经过维萨里昂神甫家门前时，听到鸡窝里有一只公鸡拍打了几下翅膀，用主祭神甫那样的粗喉咙叫了几声，几只母鸡也惊惶地小声咕嗒咕嗒叫了起来。

更夫正在商店门前台阶的最下一级上打盹，鼻子埋在暖暖和和的羊皮袄领子里。米佳走到莫霍夫家的栅栏跟前，把钓竿和装鱼食儿的小袋子放下，为了不叫狗听见，轻轻地踮着脚上了台阶。他拉了拉门把手——门是闩着的。他爬过栏杆，走到窗户跟前。窗子半开着。从黑洞洞的屋子里传出睡得暖烘烘的姑娘身体的香甜气息和又神秘又香甜的香水气味。

“伊丽莎白·谢尔盖耶芙娜！”

米佳觉得自己喊得很响。他等了等，没有声音。“要是敲错了窗户，那可怎么办？万一老头子睡在这儿呢？那我就倒霉啦！……他会开枪的。”米佳心里想着，用手紧紧抓住窗上的把手。

“伊丽莎白·谢尔盖耶芙娜，起来钓鱼去。”

“要是敲错了窗户，那我就上钩啦！……”他又想道。

“起来，还不快起来！”他发急地说，并且把头探进屋子。

“啊？谁呀？”黑暗中有人惊恐地小声答话了。

“去不去钓鱼啦？是我，柯尔叔诺夫。”

“啊——啊，我马上就起来。”

屋子里窸窣响了起来。她的犹带睡意的、温柔的声音好像散发着薄荷香味。米佳看到一个窸窣响着的白影子在房里活动着。

“唉,要是跟她睡一觉才美呢……却要去钓鱼……坐在那里,还要冻僵呢……”他闻着卧房里的气味,迷迷糊糊地想。

窗口出现了裹着白色头巾的、笑盈盈的脸。

“我从窗户里爬出去。把手给我。”

“爬过来吧。”米佳用手搀着她。

她挽住他的手,面对面地看着他。

“我动作快吧?”

“不慢。咱们准有希望。”

他们朝顿河走去。她用粉红色的手掌揉了揉微微有些肿胀的眼睛,说道:

“我睡得正香呢。应当再睡一会儿。咱们去得太早啦。”

“正是时候。”

他们顺着紧靠广场的一条小胡同来到顿河边。夜里不知从哪里来了大水,拴在昨天还歪倒在陆地上的树桩上的小船,正在摇晃着,周围都是水了。

“要脱鞋啦。”丽莎用眼睛测量着到小船的距离,叹了一口气。

“我来把你抱过去好吗?”米佳提议说。

“不合适吧……我还是脱鞋吧。”

“合适,要舒服些。”

“不要。”她不好意思地推却说。

米佳用左胳膊搂住她的大腿,轻轻抱了起来,哗啦哗啦地蹚着水朝小船走去。她不由自主地搂住他那黑黑的、硬邦邦的脖子，轻轻地、格格地笑了起来。

米佳在村子里妇女们捶衣裳的一块石头上绊了一下，得到一个意想不到的短吻。她哎呀一声，把嘴紧紧贴到米佳那干裂的嘴唇上，米佳在离灰色的船帮两步远的地方站住了。水灌进了靴筒，冰得两脚够呛。

他解开小船，用劲将小船推离了树桩，顺势跳上船来。他站着划，每一下都划得很短。河水在船尾咕咕响着，像哭一样。小船翘着船头，从容地划破急流，向对岸驶去。钓竿乒乒乓乓跳动着。

“你往哪儿划呀？”她回头望了望，问道。

“上对岸去。”

小船在砂石陡岸边停了下来。米佳连问都不问，就用手将她抱起，抱进了岸边的山楂丛里。她咬他的脸，乱抓了一阵，闷声闷气地叫了两声，觉得浑身渐渐没有力气，就恼恨地哭了起来，不过没有眼泪……

九点钟左右他们才返回。橙色的雾气笼罩住天空。风在顿河上漫舞，吹起层层波浪。小船跳荡着，爬过一道道波浪，从水深处翻上来的带泡沫的冷水珠儿溅在丽莎那煞白的脸上，有些往下流，有些就挂在睫毛上和露在头巾外面的一绺绺头发上。

她疲倦地眯着失神的眼睛，用手指掰着带到船上来的花枝儿。米佳划着船，没有看她，他的脚下有不大的一条鲤鱼和一条鳊鱼，鱼嘴还保持着临死时抽搐的样子，带黄圈的眼睛瞪得大大的。米佳的脸上露着负疚的表情，还有满足中夹杂着惶恐的表情……

“我把你送到谢苗诺夫码头。你从那儿回家要近些。”他一面说，一面顺水掉转船头。

“好。”她小声答应说。

岸上一个人没有。落满灰尘的菜园篱笆闷闷地立在顿河岸上，热风一吹，空气中到处是晒热的篱笆枝条气味。被麻雀啄得不成样子的沉甸甸的葵花头儿熟透了，垂得低低的，毛茸茸的葵花籽不住地往下掉。滩地上重新长出的嫩草绿油油的。远处有几匹马在撒欢儿，马脖子上的铃铛悠扬、愉快地响着，热烘烘的南风一阵阵向顿河吹来。

米佳拎起鱼，递给正要下船的丽莎。

“你把这鱼带回去吧。拿着！”

她惶恐地扬了扬睫毛，把鱼接过去。

“好，我走啦。”

“好吧……”

她抬着手，拎着用柳条穿着的鱼，朝前走去。她露出可怜巴巴的样子，不久前的骄矜和快乐都丢失在山楂丛里了。

“伊丽莎白！”

她回过头来，那眉毛弯曲处隐隐露出气恼和疑惑的神情。

“回来一下子。”

等她走到跟前，他歉疚地说：

“刚才咱们没看到……哎，裙子后面……有一小片……红红的……”

她的脸唰地一下红了，一直红到肩膀。

米佳沉默了一会儿，出主意说：

“你从后院走。”

“不管怎么样,反正都要经过广场。都怪你,叫我穿这脏裙子。”她带着懊恼和忽然涌来的痛恨心情望着米佳的脸,小声说。

“是不是让我来用树叶染成绿的?”米佳提出了简单易行的办法,他看到她眼里涌出的泪水,感到惊讶……

……一阵新闻像风吹树叶一样,簌簌地在村里传了开来:“柯尔叔诺夫家的米佳把莫霍夫老头子的女儿搞上啦!”妇女们在晨牧时间往外赶牛的时候,站在狭窄的、在灰色尘雾中慢慢移动的提水吊杆的阴影下,从桶里往外倒水的时候,在顿河边石板上捶衣裳的时候,都在议论这件事。

“这都是因为没有亲娘啊。”

“老子只顾忙自己的事,后娘是睁一只眼,闭一只眼……”

“前天,打更的‘断指头’达维德卡说:‘半夜里,我看见有一个人往边上那个窗户里爬。我心想,哎呀,莫霍夫家来贼啦。所以,我就跑过去,正要喊:什么人? 警察,快来! 可是,我一看,却是他,米佳。’”

“如今的姑娘们,一搂她们的脖子,就会跟着走……”

“米佳对我家的米基什卡夸口说:‘我要去求亲啦。’”

“让他先把鼻涕揩揩干净吧!”

“听说,起初她还不愿意呢,是他硬干的……”

“算了吧,大嫂! ……”

流言蜚语在大街小巷传播着,首先玷污了姑娘的清名,就像一扇新门被涂上了浓浓的焦油。

流言落到了谢尔盖·普拉托诺维奇那谢了顶的头上,打得他抬不起头来。一连两天他没有去商店,也没有去磨坊。住在下层的女仆，只有在开饭的时候才请他出来吃饭。

第三天，谢尔盖·普拉托诺维奇吩咐将带花斑的灰马套到跑车上，他坐上车，对见到的人矜持而威严地点点头，跑车就朝镇上驶去。一辆漆得锃亮的维也纳式轿车紧跟着刷刷地驶出院子。赶车的叶麦里扬唾沫直冒地抽着粘在花白胡子上的弯烟斗，理好蓝色的丝缰，一对大青马就撒着欢，嘚嘚地拉着车子在大街上跑了起来。在像一堵墙一样的叶麦里扬的脊背后面，便是脸色苍白的丽莎。她将一只小小的提箱抱在怀里，很不开心地笑着；她向站在大门口的符拉季米尔和继母挥了挥手套。从店里一瘸一拐走出来的潘捷莱·普罗柯菲耶维奇向莫霍夫家的男仆尼基塔问道：

“小姐上哪儿去？”

尼基塔因为对十分平常的人类弱点抱着宽容的态度，就回答说：

“上莫斯科念书去，要上大学啦。”

第二天，发生了一件事，这件事人们在顿河边，在提水吊杆的阴影下，在往外赶牛的时候，翻来覆去议论了很久……这天天黑以前（放牧的牲口群已经回来了），米佳来到谢尔盖·普拉托诺维奇家里（他是有意去晚一点，为的是不叫别人看到）。他不是随便来走走，是来向谢尔盖·普拉托诺维奇的女儿伊丽莎白求亲的。

在这以前，他跟她一共相会过四次。在最后一次相会的时候，他们之间有过这样一番谈话：

“嫁给我吧，丽莎，好吗？”

“胡扯！”

“我会心疼你、怜惜你的……我们家里有人干活儿，你可以坐在窗前看书。”

“你好糊涂。”

米佳很生气，没有再说话。这天夜里他回家很早。第二天早晨，他就对万分惊愕的米伦·格里高力耶维奇说：

“爹，给我娶亲吧。”

“等等吧。”

“真的，我不是说着玩儿的。”

“着急啦？”

“就算这样吧……”

“你迷上哪一家的姑娘啦？是傻丫头玛尔芙什卡吧？”

“你请媒人到谢尔盖·普拉托诺维奇家去。”

米伦·格里高力耶维奇把皮匠用的家伙仔细地放到板凳上（他正在修理皮套），哈哈大笑起来。

“孩子，我看，你今天太高兴啦。”

米佳硬是坚持自己的意思，就像公牛抵墙那样，于是父亲大发雷霆。

“混账！谢尔盖·普拉托诺维奇有十几万家产；他是大老板，你呢？……你给我滚，不要发昏，要不然我用皮套先把你这个新郎官抽一顿！”

“咱们家有十四对牛，有这样一大片家产，再说，他是个庄稼佬，咱们可是哥萨克。”

“滚吧！”不喜欢多说话的米伦·格里高力耶维奇十分干脆地下命令说。

米佳只得到了格里沙加爷爷的同情。格里沙加爷爷用拐杖嗒嗒地捣着地面，颤颤巍巍地走到儿子面前。

“米伦！”

“啥事？”

“你为什么拆台？……既然姑娘跟小伙子般配……”

“爹，说实话，您简直是个孩子！米佳已经够糊涂啦，您更是少有……”

“住嘴！”格里沙加爷爷用拐杖在地上捣了捣，“难道咱们配不上他们？能有一位哥萨克的儿子向他的女儿求亲，他该认为是荣耀的事。把女儿嫁给咱们，他还巴不得呢。咱们在全州是出名的人家。不是穷光蛋，是有家业的！……这可不含糊！……去吧，米佳，没什么好说的！叫他拿磨坊做陪嫁。去求亲吧！”

米伦·格里高力耶维奇呼哧呼哧地喘着粗气，到院子里去了。米佳决定等到傍晚，亲自前去。因为他知道，父亲的犟劲儿就像长在地上的榆树：你折一下，它就弯一下；你要折断——休想。

他吹着口哨走到莫霍夫家大门口，可是到了大门口就胆怯了。他踌躇了一会儿，就进了院子。他在台阶上向穿着沙沙响的新浆过的围裙的女仆问道：

“东家在家吗？”

“在喝茶呢。等一等吧。”

他坐下，等着，抽完一支烟卷儿，用指头蘸了点唾沫，把烟卷儿熄灭，把烟头儿在地板上捻碎。谢尔盖·普拉托诺维奇一面掸着背心上的面包屑，走了出来；一看到米佳，就皱起了眉头。

“请进吧。”

米佳迈步走进充满烟草和书卷气味的书房，觉得在家里积攒的勇气，只够走到书房门口用的。

谢尔盖·普拉托诺维奇走到桌子跟前，皮靴后跟咯吱一响，他转过身来。

“有什么事？”他的手指头在背后不住地划着写字台的台板。

“我是来问问……”米佳遇到他那逼视的眼睛的冷光，打了个寒噤，“您能不能把伊丽莎白嫁给我？”

米佳又失望，又恼恨，又胆怯，脸上不禁冒出了汗珠儿，汗珠儿不多，就像干旱时候的露水。

谢尔盖·普拉托诺维奇的左眉毛打着哆嗦，上嘴唇往上直翻，露出白牙和红红的上腭。他伸着脖子，身子向前探着。

“什么？……什——么？……坏蛋！……滚出去！……我把你送到村长那里去！哼，你这个狗崽子！下——流——货！……”

米佳听到这气急败坏的喊叫，反而有了胆量，他对直地看着红中透青的血涌上谢尔盖·普拉托诺维奇的脸。

“请不要见怪……我是想补救我的过失。”

谢尔盖·普拉托诺维奇翻滚着因为充血和含泪肿胀起来的眼睛，抓起十分沉重的铁烟灰缸，摔到米佳的脚底下。烟灰缸一蹦，打在米佳左腿的膝盖骨上，但是他顽强地忍住疼，猛地将门拉开，因为又恼又疼，所以发着狠，龇着牙，大声叫道：

“随您的便吧，谢尔盖·普拉托诺维奇，您要怎样就怎样好啦，我可是实心实意……她这样的姑娘谁还会要呢？所以我想保全她的名声……要不然,嚼烂了的东西谁还吃呢? 连狗都不理。"

谢尔盖·普拉托诺维奇用一块皱巴巴的手帕捂着嘴,追了出来。他拦住通往大门口的道路,于是米佳就在院子里跑了起来。谢尔盖·普拉托诺维奇便朝站在院子里的车夫叶麦里扬挤了挤眼睛。米佳正在抽便门上闩得很紧的门闩,放出来的四条恶狗就从棚子角落里冲了出来,一看到生人,就在打扫得干干净净的院子里摆开了阵势。

谢尔盖·普拉托诺维奇一九一〇年从尼日尼的市场上带回了一对小狗:一公一母。这两条狗都是黑颜色,卷毛,大嘴巴。一年以后,都长得跟一岁的牛犊一样高,起初撕扯路过莫霍夫家门口的娘儿们的裙子,后来学会把娘儿们扑倒在地,咬她们的大腿,直到咬死潘克拉季教长的一头牛犊和阿杰平的两只阉猪,谢尔盖·普拉托诺维奇才下令将狗锁了起来。每到夜里把狗放开,另外,每年春天还有一次放开狗,让狗进行交配。

米佳还没有来得及转过脸来,最前面的一条名叫巴洋的狗就把前爪搭到他的肩上,用牙紧紧咬住他的棉袄,嘴巴闭得死死的。几条狗又撕又扯,像黑球一样团团乱转。米佳用两手拼命抵挡,竭力撑持着,免得跌倒在地上。他无意中看到叶麦里扬叼着直冒火星的烟斗溜进厨房,砰的一声关上新油漆的厨房门。

谢尔盖·普拉托诺维奇站在台阶的角上,背靠着下水管,紧紧攥着长满油亮的硬毛的白白的拳头。米佳摇摇晃晃地抽开门闩,可是他那血乎乎的两腿后面,还紧紧跟着汪汪直叫、发出热烘烘的狗臭味的狗群。他掐住巴洋的喉咙,掐死了;另外三条狗是几个过路的哥萨克好不容易帮他打退的。

三

娜塔莉亚嫁到麦列霍夫家是挺合适的。米伦·格里高力耶维奇对孩子们教导有方；虽说家境富裕，虽说有雇工干活儿，他还是要他们做事情，养成干活儿的习惯。吃苦耐劳的娜塔莉亚很合公婆的心意。伊莉尼奇娜内心里不大喜欢爱打扮的大媳妇妲丽亚，而娜塔莉亚一进门就得到婆婆的疼爱。

“睡会儿吧，睡会儿吧，我的乖孩子！你起来干啥？”婆婆在厨房里不停地迈动着两条肥腿，亲热地说，“去吧，去睡会儿早觉，我一个人能行。”

一早就起来、想帮助婆婆做饭的娜塔莉亚就又回到房里睡了。

连治家很严的潘捷莱·普罗柯菲耶维奇有时也对妻子说：

“听着，老婆子，别叫醒娜塔莉亚。光是白天的活儿就够她受的啦。她还要跟格里什卡一块儿去耕地呢。妲丽亚要抽一顿，狠狠地抽。她是个懒娘儿们，坏娘儿们……只会搽胭脂，描眉毛，他娘的。”

“头一年就让小两口好好地亲热亲热吧。”伊莉尼奇娜想起自己在劳累中度过的一生，叹着气说。

格里高力对新婚生活渐渐有些习惯了，腻了，过了三四个星期，他又害怕又恼恨地意识到，他跟阿克西妮亚的旧情还没有断绝，还留着一点东西，就像心上留着一根刺。这种痛苦他一下子还摆脱不掉。他在新婚欢乐中曾经轻松地摆摆手，表示不理不睬，认为可以断绝、可以忘却的东西，却是牢牢地生了根……旧情他并没有忘掉，而且一想起来就扎心的疼。还在结婚以前，有一次在场院上打麦子的时候，彼特罗问他：

“格里什卡，你跟阿克西妮亚怎么办？”

“你说什么？”

“恐怕你舍不得丢掉她吧？”

“我一丢掉，就会有人捡起来的。”格里高力当时笑着说。

“哼，你要小心点儿，”彼特罗咬着嚼湿了的胡子说，“不然的话，你娶亲娶得可不是时候……”

“心宽体胖，百事能忘。”格里高力开着玩笑回答说。

可是后来的情形并不是这样，每天夜里，当格里高力履行职责去跟妻子亲热，用炽烈的青春火焰温存她的时候，她表示的却是冰冷和羞答答的顺从。娜塔莉亚对床第生活抱应付态度，她从娘胎里带来的就不是热情奔放的血液，所以格里高力一想起在爱情中如癫似狂的阿克西妮亚，就叹着气说：

“娜塔莉亚，你老子恐怕是从冰窟窿里把你捞上来的……你太冷啦。”

阿克西妮亚每次遇见他，都要慌乱地笑笑，用眼睛失神地望着，说几句酸溜溜的话：

“你好啊，格里什卡！跟新媳妇过得热和吧？”

“过得马马虎虎……”格里高力总是用含含糊糊的话支应过去，并且总想赶快躲开阿克西妮亚那脉脉含情的眼睛。

看样子，司捷潘已经跟妻子和好了。他上酒馆去得少了，有一天傍晚在场上扬小麦的时候，他自从闹纠纷以来第一次提议说：

“阿克秀莎，咱们来唱支歌好不好？”

他们背靠着一堆刚刚打出、还夹杂着灰土的小麦坐了下来。司捷潘唱起军歌。阿克西妮亚也用圆润的、带胸音的高声唱了起来。他们唱得十分和谐，就像婚后头两年一样。头两年，有时小两口披着红色的晚霞从田野上回来，司捷潘在车上摇晃着，唱着古老的民歌，歌声悠扬而凄怆，就像那荒无人烟、野草萋萋的草原大道。阿克西妮亚把头靠在丈夫那圆鼓鼓的胸膛上，跟着他唱。马拉着大车吱嘎吱嘎地前进，辕杆轻轻摇晃着。村子里的老人们老远就侧耳倾听着歌声。

“司捷潘娶了个金嗓子老婆。”

“嘿，瞧小两口唱的……真和谐！”

“司捷潘也是一副好嗓门儿，就跟铜钟一样。”

老爷爷们坐在墙根下，目送着烟雾朦胧的血红的落日，隔着街交谈着：

“唱的是下游的歌。”

“这支歌呀，老哥，是格鲁吉亚人编的。”

“去世的基留什卡就喜欢这支歌。”

格里高力每天傍晚都听到阿司塔霍夫夫妻在唱歌。在打麦子的时候（他们家的场院跟司捷潘的场院紧挨着），他看到阿克西妮亚依然像从前那样有精神，好像很幸福的样子。至少他觉得是这样。

司捷潘跟麦列霍夫家的人不打招呼。他用叉子在场上来来回回地翻着，翻一下就摆动一下宽宽的、向下耷拉的肩膀，偶尔跟妻子说几句玩笑话，阿克西妮亚也笑着，忽闪着头巾下露出来的黑眼睛。格里高力闭上眼睛，她那绿裙子还是在眼前不住地晃动。一股神秘的力量在扭他的脖子，要他的头转向司捷潘家的场院那一边。他没有发觉，娜塔莉亚一面帮着公公摊麦捆，一面用苦恼和嫉妒的眼睛捕捉丈夫每一道忘情的目光；他没有看见，正赶着马转圈儿的彼特罗在盯着他，鼻孔一翻一翻的，脸上带着隐隐的、不出声的笑。

土地被石磙子压得发出轰隆轰隆的吼声。在沉闷的轰隆声伴奏下，格里高力想着一些模糊的念头；许多恍恍惚惚、零零碎碎的想法，一个个从脑子里溜走，他想留都留不住。

打场的声音，赶牲口的吆喝声，鞭子的尖啸声，风车的嗒嗒声，从远远近近的场院上传到河边滩地上，才渐渐消失。因为庄稼上场好像肥胖起来的村子，在顿河边伸展开来，好像一条赤链蛇躺在路边，经九月的凉爽的干风一吹，呆住不动了。在每一家篱笆围着的院子里，在每一座房子的房顶下面，生活都不停息地进行着，各有各的生活，色彩缤纷，有苦的，也有甜的，格里沙加爷爷着了凉，正在闹牙疼；谢尔盖·普拉托诺维奇羞愤交加，手里不住地揉搓着分成两半的大胡子，独自一个人哭着，牙齿咬得咯咯响；司捷潘对格里高力怀恨在心，每天夜里睡梦中都要用铁硬的手指在破被上乱抓；娜塔莉亚常常跑到棚子里，倒在牛粪堆上，身子哆嗦成一团，为自己的幸福受侵犯痛哭一场；贺里散福在集市上喝掉一条小牛，事后心里感到有愧；格里高力预感到欲望难以满足，痛苦又重新回来，心里十分烦闷，不住地唉声叹气；阿克西妮亚一面跟丈夫亲热，一面用眼泪浇着那不肯熄灭的对丈夫的仇恨。

被解雇的碾粉工人达维德卡整夜整夜地坐在“杰克”的土坯房里，“杰克”忽闪着愤恨的眼睛，对他说：

“哼，没什么了不起的！很快就会宰掉他们！革他们的命，还算便宜的。要叫他们尝尝一九〇五年的滋味，那时候咱们再算账！咱们的账一定要算……”他恶狠狠地用伤痕斑斑的手指头比画着，不住地动肩膀，不让披在肩上的上衣掉下来。

日和夜交替着在村上飞过，时光一个星期一个星期地流过，一个月一个月地逝去。风在吹，天要变的时候山在吼叫，透出秋日碧色的清澈的顿河水心平气和地朝大海流去。

十月底的一个星期天，菲多特·包多甫斯柯夫赶着车往镇上去了。

四

他用口袋带去四对喂肥的鸭子，在集市上卖掉；在布店里给老婆买了一段花格子布，已经准备往家走了（一只脚已经踩在轮子上，拉住了马辔头），这时候，有一个不是本镇的陌生人来到他跟前。

“您好啊！”那人用黑乎乎的手指碰了碰黑色的帽檐，跟菲多特打招呼。

“你好！”菲多特眯起加尔梅克型的眼睛，慢吞吞地说，一面等待着那人的下文。

“您是哪里人？”

“是村子里的,不是这镇上的。”

“是哪一个村子的?”

“是鞑靼村的。”

陌生人从旁边的口袋里掏出一只银质的、盖上镌刻着小船的烟盒;一面请菲多特抽香烟,一面继续问下去:

“你们的村子很大吗?”

“谢谢,我刚刚抽过。我们的村子吗?是一个很大的村子。大概有三百来户人家。”

“有教堂吗?”

“当然有啦。”

“有铁匠吗?”

“你是问打铁的?也有打铁的。”

“磨坊里有铁匠炉吗?”

菲多特勒了勒急着要走的马,很不高兴地打量了一下那顶黑呢帽和那张白白的大脸上一条条直伸进短短的黑胡子里的皱纹。

“您要干什么?”

“我要搬到你们村里去住。我刚到乡长那里去过。您是空车回去吗?”

“是空车。”

“能捎个脚儿吗?不过我不是一个人,还有老婆和两只大箱子,两只箱子有八普特重。”

“行。”

讲好了两个卢布的车钱,菲多特就把车赶到雇车人暂住的卖面包的娘儿们芙洛丝卡家,他让那个瘦弱的、淡黄头发的女人坐到车上，把两只铁皮大箱子放在车后。

他们出了镇。菲多特不住地咂着嘴，用鬃缰轻轻抽打着劲壮的小马，不时地扭一扭他那方方的、后脑勺扁平的脑袋：他抑制不住自己的好奇心。两位乘客挺文雅地坐在后面，都没有说话。菲多特先要了一支香烟抽起来，然后开口问道：

"你们是从哪儿来的？"

"从罗斯托夫。"

"是在那里生的吗？"

"您问的是什么？"

"我问：你们是什么地方人？"

"噢——噢，是的，是的，是那里人，是罗斯托夫人。"

菲多特将古铜色的颧骨抬得高高的，凝神望了望远处的荒草丛：宽阔的草原大道向长长的山坡伸去，菲多特那锐利而老练的加尔梅克型眼睛看到，在离大道半俄里远处，褐色的干枯草丛里，有几只野雁的头隐隐地在晃动。

"没带枪，不然的话，咱们可以去打打野雁啦。瞧，在那儿晃悠呢……"他用手指了指，叹着气说。

"我看不见。"男乘客眨巴着视力很弱的眼睛，坦率地说。

菲多特目送着野雁跑进山沟里，又转过脸朝着两位乘客。男乘客中等身材，瘦瘦的，紧靠着肥大的鼻梁的两只眼睛里透露出机智的神采。他说话时常常带笑。他的妻子裹着一条毛线头巾，正在打盹。菲多特看不清她的脸。

"你们为什么要搬到我们村里来？"

"我是一个铁匠，想开一个铁匠铺。我也能做木匠活儿。"

菲多特带着不相信的神气打量了一下他那一双大手，那人觉察到这一目光，又补充说：

“并且我还是‘津格尔’公司推销缝纫机的代理人呢。”

“请问，您贵姓？”菲多特问道。

“我姓施托克曼。”

“大概不是俄国人吧？”

“不，是俄国人。我的祖父是拉脱维亚人。”

一会儿工夫，菲多特就弄清楚了，这位铁匠约瑟夫·达维陀维奇·施托克曼以前在“阿克塞”工厂做过工，后来在库班待过，再后来又在东南铁路修理厂做过工。除了这些以外，喜欢打听的菲多特还打听出人家的一大堆生活琐事。

一直来到官家森林，才没有什么问的了。菲多特在路边泉水坑里饮过了浑身大汗的马，就在车上打起盹来，因为赶了半天车，车子又颠，他困倦了。离村子只有五六俄里了。

菲多特将缰绳缠在手上，耷拉着腿，舒舒服服地靠在车上。

他想打瞌睡却没有打成。

“你们的日子过得怎样？”施托克曼一面在车上颠簸和摇晃着，一面问道，“凑合着过，马马虎虎。”

“怎么，哥萨克们对于生活一般还满意吗？”

“有些人满意，有些人不满意。不可能所有的人都满意。”

“是的，是的……”铁匠表示赞同这种说法。沉默了一会儿，他又拐弯抹角地提出一些别有含义的问题：

“你是说，大家都丰衣足食啦？”

“够吃够用。”

“恐怕还要服兵役吧？是吗？”

“当兵吗？……我们习惯啦，只要活着，就要当兵。”

“糟糕的是，一切东西都要哥萨克自己筹办。”

“可不是吗，这一点真他妈的要命！”菲多特提起了精神，担心地朝那个把头扭向一边的女乘客看了一眼，“这样的官府实在够人受的……我服兵役的时候，卖掉几头牛，才买了一匹马，可是牵去一看，说是不合格。”

“不合格？”铁匠装出吃惊的样子。

“是这样的，这话一点不假。他们说，马腿坏啦。我说：‘请你们仔细看看，这匹马的腿跟那些得过奖的马的腿是一样的，只不过跑起来像公鸡……这叫作公鸡步。’我好说歹说，全不行，他们不肯通过。这一下子我就倾——家——荡——产——啦！……”

谈得上了劲儿。菲多特兴奋地从车上跳了下来，兴致勃勃地讲起村里的事情，骂村长分配草地不公正，称赞波兰的一些做法，在他服兵役的时候，他们的团就在那里驻扎过。铁匠将眼睛眯成一道缝儿，用锐利的目光上上下下打量着在大车旁边走的菲多特，用带铜箍的骨烟嘴抽着清淡的烟丝，不时地笑笑；但是那道斜着横穿过白白的、饱满的额头的皱纹在缓慢而吃力地活动着，好像是内心的思想活动在里面推动。

他们来到村里，已是傍晚时候。

施托克曼听从菲多特的主意，来到寡妇卢凯什卡·波波娃家里，租了她的两间屋子住下来。

“你从镇上拉回来的是什么人呀？”一群娘儿们向菲多特问

道,她们已经在门口等了一阵子了。

“一个代理人!”

“什么袋里袋外的?”

“傻娘儿们,嘿,好傻! 我是说,是代理人,是卖机器的。长得俊俏的,他可以奉送,至于呆头呆脑的,就像你玛丽亚大婶这样的,就得拿钱去买了。”

“你这个蟹爪子鬼倒是长得好看。瞧你那张加尔梅克鬼脸! ……马都不敢到你跟前:见了你就怕。”

“加尔梅克人和鞑靼人是草原上最漂亮的人,大婶儿,你可没法比! ……”菲多特且战且退。

铁匠施托克曼就在斜眼睛的长舌妇卢凯什卡家里住了下来。他还没来得及过夜,全村的娘儿们已经沸沸扬扬地议论开了。

“听到了吗,大嫂?”

“什么事呀?”

“加尔梅克佬菲多特拉来一个德国人。”

“真的? ……”

“我敢当着圣母娘娘起誓,是真的! 还戴着呢帽,姓施托波尔,也许是施托卡尔……”

“恐怕是警察局来的吧?”

“是税务局的,好嫂子。”

“咦——咦,嫂子们,大家都是瞎扯。听说,他是个会计,跟潘克拉季教长的儿子一样。”

“巴什卡,乖孩子,你到卢凯什卡家里跑一趟,偷偷地问问她，就说：‘婶子，你家来的是什么人呀？’”

“快去，好孩子！”

第二天，来人去见村长。

已经做了两年多村长的菲道尔·马内次柯夫将黑漆布封面的身份证在手里翻了半天，然后文书叶高尔·莎尔柯夫又翻了翻，看了看。他们交换了一下眼色，村长就按照当年做司务长时的老习惯，很威风地将手一摆：

“住下吧。”

来人行了个礼，就走了。有一个星期他没有露面，就像田鼠钻进洞里一样。他用斧头砍呀，砍呀，在夏天的厨房里修起一座铁匠炉。娘儿们关心他的那股热和劲儿已经冷了下来，只有孩子们一天到晚死乞白赖地趴在篱笆上，带着毫不掩饰的好奇心观察着这个陌生人。

五

在圣母节的前三天，格里高力跟妻子一起出去耕地。潘捷莱·普罗柯菲耶维奇这几天有病；他拄着拐杖，腰疼得哼哼着，走出来送他们去耕地。

“格里什卡，你就把牧场那边紧靠着红凹地的那两块地耕一耕好啦。”

“好吧。可是柳树崖下面还有一块地，那块地怎么办？”格里高力小声说。他因为钓鱼哑了嗓子，用一块手巾裹住喉咙。

“圣母节以后再说吧。这两块够耕的啦。红凹地跟前那两块地足有一圈[1]半，不要贪多。”

“彼特罗不来跟我们一块耕地吗？”

“他跟妲丽亚要去磨坊。要趁早去，要不然磨面的就多起来啦。”

伊莉尼奇娜往娜塔莉亚怀里塞了几个软软和和的面包，小声说：

“是不是把杜尼娅带去帮着赶牛？”

“两个人行啦。”

“好吧，乖孩子，当心点儿。基督保佑。”

杜尼娅弯着细细的腰，端着沉甸甸的一盆湿衣服走出院子，到顿河边去刷洗。

“娜塔莎，好嫂子，红凹地那儿雀酸梅才多呢，掐点儿回来！”

“我掐，我掐。”

“住嘴，淘气鬼！”潘捷莱·普罗柯菲耶维奇扬了扬拐杖。

三对公牛拉着仰放着的犁，顺着大道，划着因为秋旱缺雨变得硬邦邦的地面前进。格里高力不时地紧一紧扎在脖子上的手巾，在路边走着，咳嗽着。娜塔莉亚跟他并排走着，背上的干粮袋不住地磕打着她的背脊。

村外田野上清爽爽的，十分宁静。牧场那边，一道弯弯的丘冈后面，许多人在犁地，鞭声响成一片；可是在这里，在这大道上，却是一片片青青的、矮矮的野蒿，被羊咬得乱糟糟的野木樨，弯成了祷告姿势的苦菜，往上便是明朗、清澈、凉爽的天空，天空还飘着一道道银光闪闪的蛛丝。

①一圈等于四公顷。——作者注

送走耕地的人以后，彼特罗和妲丽亚便准备去磨坊。彼特罗在仓房里吊起一只大筛子，筛起了麦子。妲丽亚就装口袋，往车上搬。

潘捷莱·普罗柯菲耶维奇将马套到车上，细心地理好套绳。

“快好了吗？”

“马上就好。”彼特罗在仓房里答应道。

* * *

磨坊里已经很拥挤了。院子里到处都是大车。磅秤周围挤得水泄不通。彼特罗将缰绳扔给妲丽亚，从车上跳了下来。

“快轮到我的号头了吗？”他问站在磅秤旁边的“杰克”。

“还要等一阵子呢。”

“现在是几号在磨？”

“三十八号。”

彼特罗走出去搬口袋。这时候磅秤房间里吵了起来。有一个沙哑、凶狠的声音在吼叫：

“你睡过了号，现在你想往前插？滚开，南蛮子，要不然我揍你！”

彼特罗从嗓音上听出这是“马掌”亚可夫。他仔细听了听。磅秤房里叫喊声越来越大，好像就要把房子胀破。

咚地响了一声，一个不很年轻的长胡子的塔甫里亚人[1]从门里跌了出来，黑色的便帽歪到了后脑勺上。

①塔甫里亚人是指那些遵照叶卡捷琳娜二世命令，从克里米亚（即塔甫里亚）附近的南部地区迁移到顿河流域的乌克兰人的后代。——作者注

“凭啥打人?”他捂着腮帮子,叫道。

“我拔掉你的牙! ……”

“哼,等着瞧吧!”

“你要是有种,来吧! ……”

“马掌”亚可夫(他在当兵的时候,有一次给马钉掌,马撒起欢来,一蹄子踢到他的脸上,踢断了鼻梁,踢裂了嘴唇,脸上留下马掌印子;长好的伤疤呈椭圆形,发青,还有一些黑色的小点子,那是马掌上铁刺的痕迹,他的绰号“马掌”就是由此而来)这个身强力壮的剽悍的炮兵,一面挽着袖子,从里面跑了出来。一个身穿粉红色褂子的高大的塔甫里亚人从背后狠狠地捅了他一拳。“马掌”晃了两下,但脚跟还是稳住了。

“老乡们,人家打哥萨克啦! ……”

一批一批前来磨粉的哥萨克和塔甫里亚人,就像从袖筒里抖搂出来似的,争先恐后地从磨坊跑到塞满车辆的院子里。

一场群架在大门口打了起来。大门被潮水般的人体挤压得咯吱咯吱直响。彼特罗扔下口袋,啊呀叫了一声,就小步朝磨坊跑去。妲丽亚在车上欠起身来,看到彼特罗所向披靡,一直冲进 垓心;等彼特罗被打到墙根下,被打倒在地,并且被人用脚乱踩的时候,她才哎哟叫了起来。米佳·柯尔叔诺夫挥舞着一根铁门闩,连蹦带跳地从机器房的角落里跑了出来。

那个从背后捅了“马掌”一拳的塔甫里亚人冲出重围,一只撕烂的粉红色袖子像打断的鸟翅膀一样在他背后晃悠着。这个塔甫里亚人将身子弯得低低的,两手划着地面,跑到旁边一辆大车跟前,顺手抽出一根车杠。磨坊院子里声嘶力竭、带拖腔的叫喊声响成一片：

“啊——啊——啊——啊……”

“呜——呜——呜——呜……”

“啊——呀——呀——啊——啊！……”

咔嚓声。咚咚声。哎哟声。嗡嗡声……

沙米尔家三兄弟从家里跑来了。一只胳膊的阿列克塞的脚绊在有人扔下的缰绳上，在门口跌了一跤；他跳起来，把左边的空袖筒紧紧按在肚子上，跨过密集的大车辕杆。他的弟弟马尔丁那掖在白袜筒里的裤腿挣了出来；他弯下腰，想把裤腿塞进去，但是磨坊跟前发出了一声呼号。有一个人的叫声就像狂风卷起的蛛丝，高高地飞到了磨坊那坡度不大的房顶上。马尔丁便直起身子，跟着阿列克塞向前冲去。

妲丽亚在车上看着，急得扳着手指头，呼哧呼哧地喘着粗气；周围妇女们在尖叫，在哭喊，马匹惊骇得贴起耳朵，牛哞哞直叫，拼命往大车上靠……脸色苍白的谢尔盖·普拉托诺维奇嘟哝着嘴唇，踉踉跄跄地从旁边走过去，他的肚子像圆鸡蛋一样在背心里面来回乱滚。妲丽亚看到，那个穿着撕烂的粉红色褂子的塔甫里亚人用车杠把米佳·柯尔叔诺夫打倒在地，接着自己也仰面倒下，劈裂的车杠从手里飞了出去，对准他的后脑勺狠狠打了一拳的一只胳膊的阿列克塞又一脚把他踩住。一个一个的酣斗场面，像花花绿绿的碎布片一样在妲丽亚眼前闪过。她看到米佳·柯尔叔诺夫跪在地上，用铁门闩朝着一旁跑过的谢尔盖·普拉托诺维奇狠狠捅了一下，她一点也没有感到奇怪；谢尔盖·普拉托诺维奇扬了一下直摇晃的双手，就像虾子一样朝磅秤房爬去；很多人用脚踹他，把他踹了个仰面朝天……妲丽亚哈哈狂笑起来，她那两道描得黑黑的弯眉毛笑得更弯了。她一眼看到彼特罗，这才收住狂笑：彼特罗摇摇晃晃地从乱纷纷、闹哄哄的重围里冲了出来，倒在一辆大车底下，嘴里直吐血。妲丽亚喊叫着朝他奔去。这时很多哥萨克手执木棒从村里跑来，有一个人还挥舞着铁棍。

这场群架渐渐发展到骇人听闻的规模。不像在酒馆里发酒疯，也不像在开斋节那样排成排斗殴了。一个被打破了头的年轻的塔甫里亚人躺倒在磅秤房的门口；他的两腿大劈着，满头都是黑黑的血块，一绺绺血染的头发耷拉到脸上；看样子，他已经踏上清净乐土了……

塔甫里亚人被逼到了土坯房里，像羊群一样，挤成了一堆。如果不是一位年长的塔甫里亚人心生一计，结局会很惨的。他跑进土坯房里，从炉子里抽出一根直冒火花的劈柴，跑出门来，朝着存有一千多普特磨好的面粉的棚子跑去。灰烟像轻纱一样在他肩膀头上缭绕着，大白天显得不很亮的火星四处乱飞。

“我要放——火——啦！”他狂吼一声，就举着噼啪直响的劈柴往芦苇棚顶跟前凑。

哥萨克们都哆嗦了一下，站住了。一阵阵的干旱风从东方吹来，一直把土坯房顶上的灰烟吹到挤成一堆的塔甫里亚人身上。

只要有一颗大点儿的火星落到棚顶那干燥、厚实的芦苇上，全村就会笼罩在烟海里……

哥萨克人群里响起一阵低沉而短促的轰轰声。有人已经倒着向磨坊退了，可是那个塔甫里亚人还在摇晃着劈柴，摇得火滴从灰白色的烟团里直往下掉，一面嚷着：

“我要放火啦！……放——火——啦！都给我从院子里出去！……”

本来够丑的脸上又添了多处青紫伤的肇事者“马掌”亚可夫，头一个离开磨坊院子。哥萨克们跟着他急急忙忙朝村外拥。

塔甫里亚人都扔下口袋，把马套到车上，人站在车上，一面抖着皮缰绳的乱结，一面打着马冲出院子，轰隆轰隆地朝村外跑去。

一只胳膊的阿列克塞还站在院心里；那只扎着袖口的空袖子在细长的肚子上直晃荡，一只眼睛眨巴着，一边腮抽搐着，像没完没了地抽筋似的。

“哥萨克们，上马！……”

“追呀！……”

“他们跑不过那道冈子！……”

米佳·柯尔叔诺夫歪着身子，正要冲出院子。聚集在磨坊外面的哥萨克们又像一阵波浪一样，闹哄哄地骚动起来。但就在这时候，一个以前谁也不曾发现的头戴黑呢帽的陌生人，从机器房里快步来到跟前；他用眯得细细的、像刀锋一样锐利的眼睛扫视着人群，扬起一只手来。

“请等一等！”

“你是什么人？”“马掌”的眉毛像跳舞似的动了几下。

“他是从哪儿钻出来的？”

“把他捆起来！”

“哼！”

“呸——呸！……”

“等一等，乡亲们！……”

“秃尾巴狗才是你的乡亲哩!”

“这个庄稼佬!”

“屎壳郎挡道!”

“亚可夫,揍他!”

“把他的眼珠子给揍出来!……照眼珠子打!……”

那人腼腆地、但是毫无惧色地笑了笑,摘下帽子,用一种非常随便的姿势擦了擦额头,用笑彻底解除了人们的武装。

“怎么一回事儿呀?”他挥了挥折叠起来的呢帽,指着磅秤室门口已经浸进土里的黑血问道。

“打南蛮子呢。”一只胳膊的阿列克塞很和气地回答说,眼睛眨巴了几下,腮帮子也动了动。

“为什么打呀?”

“为了排队的事。不该往前插。”“马掌”一面往前跨,并且用力一抹,抹去鼻子下面的血块子,一面解释说。

“给他们一点颜色看看!”

“喂,追上去才是……到了草原上,没法子放火啦。”

“咱们的胆子太小啦,也许他不敢呢?”

“一个人在走投无路的时候,放把火是件很平常的事。”

“南蛮子一个个可都是气性很大呀。”阿丰卡·奥捷洛夫笑了笑说。

那人用帽子朝他点了点。

“你是什么人?”

阿丰卡从打出了豁子的嘴缝里轻蔑地啐了一口唾沫,他注视着飞出的唾沫落地之后,一只脚向前跨了跨。

“我吗,我是哥萨克;你呢,是不是茨冈人?”

“不是的。咱们都是俄罗斯人。”

“胡说!”阿丰卡强硬地说。

“哥萨克本来都是俄罗斯族。这一点你知道不知道?”

“可是我要对你说:哥萨克的祖先就是哥萨克。”

“古时候,许多农奴从地主家逃出来,迁移到顿河上落了户,后来就把他们叫作哥萨克。”

“你走吧,好心人,别管这里的事!”一只胳膊的阿列克塞把肿起来的手指攥成拳头,用克制着的凶狠腔调劝他说,那一只眼睛也更紧密地眨巴了几下。

“咱们成了外来的下等人啦!……哼,瞧吧,这小子想叫咱们变成庄稼佬呢!”

“这是什么人? 阿丰卡,嗯?”

“是新搬来的一个人,住在斜眼卢凯什卡家里的。”

追赶的机会错了过去。哥萨克们乱哄哄地议论着刚才的一场群架,各自散去。

* * *

夜里,在离村八俄里的田野上,格里高力裹着厚实的粗布褂,很苦闷地对娜塔莉亚说:

“你真像个陌生人……你就像这月亮一样,既不冷,又不热。我不爱你,娜塔什卡,你不要生气。我本来不愿意说这些,可是不成,很明白,这样是过不下去的……我很可怜你,这些天咱们好像也亲近了一些,可是心里什么也没有……空空的。就像现在的田野一样……”

娜塔莉亚仰望着高不可攀的星空，望着在他们头上飘过的像透明的华盖一样的云片，没有作声。从那黑沉沉、蓝魆魆的高空里，传来迟归的飞鹤那银铃般的叫唤声。

蓑草散发着愁惨惨、死沉沉的气息。在一处高地上，耕地人生起的火堆闪耀着通红的火光……

天亮前，格里高力醒来。粗布褂上落了有两俄寸的雪。一层银光闪闪、白得透青的新雪覆盖了原野，他们附近有许多清晰的爪印，那是新雪后摸不清道路的兔子留下来的。

六

很久以来就是这样：如果一个哥萨克没有同伴，独自驾车在去米列洛沃镇的路上走，只要遇到乌克兰人（从下亚布洛夫村到米列洛沃镇这七十五俄里之内，全是乌克兰人的村庄）而不让路的话，就要被乌克兰人痛打一顿。因此，去车站都是好几辆大车结队同行，这样，如果在草原上遇到乌克兰人，打起架来就不怕了。

“喂，南蛮子！让路！下等货，住在哥萨克的土地上，还不想让路吗？”

这对于乌克兰人也不是件快活事，因为他们常常往顿河边的巴拉蒙诺夫粮栈运小麦。在路上会无缘无故地打起来，只不过因为是“南蛮子”，既然是“南蛮子”，那就该打。

几百年前，有人精心地在哥萨克土地上播种了等级差别的种子，并且加以培育、照料，于是这种种子发出了茁壮的幼芽：这片土地在斗殴中流下了不少哥萨克和外来户——俄罗斯人和乌克兰人的血。

磨坊里打过群架以后，又过了两个星期，乡警察局长和一位侦察官来到村里。

首先传讯的是施托克曼。侦察官是一位哥萨克贵族出身的青年文官。他一面在公事包里翻着，一面问道：

"您搬来此地以前，住在什么地方？"

"住在罗斯托夫。"

"在一九〇七年，您为什么事坐牢的？"

施托克曼用眼睛扫了扫公事包和侦察官低垂的头上那偏分的、满头碎屑的头发。

"因为妨碍秩序。"

"嗯……那时您在哪里做事？"

"在铁路修理厂。"

"职业？"

"铁匠。"

"您是不是犹太人？是不是改信耶稣教的？"

"不是的。我想……"

"我不想知道您在想什么。您流放过吗？"

"是的，流放过。"

侦察官把头从公事包上抬了起来，咕哝了几下刮得光光的、生了不少粉刺的嘴唇。

"我劝您离开这里……"又自言自语地说，"而且，这件事我也要尽力而为。”

“为什么,侦察官先生?”

他以问题回答问题:

“在磨坊里打架那一天,您对本地的哥萨克说了些什么话?”

“说的是实在话……”

“好吧,您可以走啦。”

施托克曼走到莫霍夫家(来往官员总是住在谢尔盖·普拉托诺维奇家,不住客店)的阳台上,耸耸肩膀,回头看了看那两扇油漆的大门。

七

冬天没有一下子就站稳阵地。圣母节以后,落下的雪融化了,牲口又被赶出去牧放。刮了一个星期的南风,又暖和了,大地恢复了原来的模样,一种迟开的毛茸茸的小花儿在原野上开放起来,鲜亮鲜亮的。

回暖的天气一直持续到米海洛夫节,后来严寒袭来,下了一场大雪;一天比一天冷,又下了两俄寸半的雪,在空旷的菜园地上,篱笆被埋到了顶,那一行行圆圆的兔子爪印儿从篱笆上穿过,就像姑娘的绣花针脚。街道上一个人也看不到。

烧牛粪块的白烟在村子上空连成一片,路边的灰堆上,来来回回奔跑着飞到人们住处来的白嘴鸦。爬犁开辟出来的冬季道路,弯弯曲曲地穿过村子,像一条褪了色的灰带子。

有一天,在广场上开起了村民大会:分配和砍伐烧柴的时候到了。在村公所的台阶旁，穿着大大小小皮袄的人拥拥挤挤，毡靴声咯吱咯吱地响个不停。因为天冷，人们拥到了村公所里面。那些银髯飘拂的可敬的长者，分坐在村长和文书的两边，年轻些的哥萨克们，各色胡子的和没有胡子的，都挤成一堆，从暖暖和和的羊皮领子里发出嗡嗡的议论声。文书在纸上写满密密麻麻的字，村长隔着肩膀看着他，低低的嗡嗡声在村公所的冷屋子里响成一片：

“如今的草啊……”

“哦，哦……草甸子上的草倒还可以喂牲口，田野上的就太不成样子啦。”

“以前，古时候，放牲口可以放到圣诞节。”

“这对加尔梅克人可真好！”

“可不是……”

“村长戴着狼脖圈呢，你瞧，他的头都扭不动啦。”

“他妈的吃得太肥啦，简直像头骟猪！”

“老哥，你要把冬天吓跑吗？瞧，你的大皮袄多么厚……”

“人家茨冈人这会儿都把皮袄卖掉啦。”

“在圣诞节期间，茨冈人睡在草原上，什么都不盖，只披着渔网，连小肠头都露在外面；一个茨冈人醒来，指头一伸，从网眼里露了出来，就骂起娘来：‘哎哟，他娘的，天好冷啊！’……”

“天啊，道路都要滑起来啦。”

“连公牛都非钉铁掌不可。”

“前几天我在鬼沟砍过白柳，还算好。”

“查哈尔，你把裤裆扣好……冻掉了那玩意儿，老婆就不要你啦。”

“喂，阿甫杰伊奇，你充当公牛了吧？”

“我没干。巴兰卡·姆雷欣娜要干。她说，我是个寡妇，什么都可以干。我说，忍着点儿吧，实在忍不住就找头小牛……”

“哈——哈——哈——哈！”

“咯——咯——咯——咯！……”

“诸位老人家！柴火的事怎么办啊？……安静点儿！”

“我是说，实在忍不住就找条小牛当……干亲家……”

“安静点儿！请大家安静点儿！”

大会开始了。村长一面摩平汗湿的分配名单，一面高声念着分柴火人的姓名，不住地呵着热气，用小指头弹着胡子上的冰凌。后面，在乒乓直响的门口，是呵出的热气、拥挤的人群和擤鼻子的抽搭声。

“不能定在星期四砍！”伊凡·托米林拼命要压倒村长的嗓门儿，一面歪着戴炮兵蓝制帽的脑袋，揉着通红的耳朵。

“怎么一回事儿？”

“耳朵要揪下来啦，炮手！”

“咱们可以给他缝上一对牛耳朵。”

“星期四全村有一半人要去拉干草。瞧你们定的！……”

“你可以在星期天去嘛。”

“诸位老人家！……”

“没啥好说的！”

“就这样好啦！”

“咕——咕——咕——咕！……”

“哈——哈——哈——哈！……”

“嘎——嘎——嘎——嘎！……”

马特维·卡叔林老头子从摇摇晃晃的桌子上探过身子，用光溜溜的杨木拐杖朝托米林这边直捣，气呼呼地大叫起来：

“你运什么草……哪儿的话！……全是骗人……你一向就爱捣蛋。小老弟，你想捣蛋还不够格呢！……哼！……你呀！……哼……”

“你不要倚老卖老……”一只胳膊的阿列克塞在后排伸了伸头，插嘴说，眼睛眨巴了几下，丑腮也哆嗦了一阵。

六年来，为了多耕一小块地，他一直在跟卡叔林老头子作对。每年春天他都要打老头子一顿。其实卡叔林老头子多占他的土地只有麻雀爪子那样大——皱紧眉头吐一口唾沫，唾沫就能从这边飞到那边。

“住嘴，丑鬼！”

“可惜离得太远，我在这儿够不到你，不然的话我抽你一顿，准能叫你淌红鼻涕！”

“瞧你吧，缺胳膊、眨眼睛的丑鬼！……”

“你们又吵起来啦，住嘴吧！……”

“你们到外面去，到外面干去。真话。”

“算啦，阿列克塞，瞧，老头子打哆嗦啦，连头上的帽子都抖起来啦。”

“谁要是吵闹，送去关起来！……”

村长用拳头在吱吱嘎嘎直响的桌子上擂了一下。

“我马上把看守叫来！别吵啦！……”

闹声渐渐小下来，滚到后排，消失了。

“星期四天一亮就去砍柴。”

“诸位老人家，怎么样？”

“就这样好啦！”

“上帝保佑！”

“如今的人不爱听老年人的话啦……”

“不怕他们不听。有法子收拾他们。我家的阿列克萨什卡，在分家的时候，冲上来想打架，抓住了我的衣裳。我马上抽了他一顿，说：‘我马上去报告村长和长辈，狠狠揍你一顿……’他老实了，软了下来，就像春水冲倒的小草。”

“还有，诸位老人家，收到乡长一道命令，”村长换了腔调，并且扭了扭头，因为制服硬领卡着下巴，勒得脖子很难受，“本星期六，青年都要到镇上去宣誓。傍晚要在乡公所门前集合。”

潘捷莱·普罗柯菲耶维奇在紧靠门口的一扇窗户跟前，像仙鹤一样蜷着那条瘸腿，站在亲家公身边。米伦·格里高力耶维奇身穿皮袄，敞着怀，坐在窗台上，在枣红色的胡子里面暗暗笑着。短短的灰白色睫毛上挂着一层毛茸茸的霜，褐色的大麻子冻得充上了血，变成了灰色。年轻一些的哥萨克在周围拥拥挤挤，笑着，挤着眼睛；那在人群中间踮着脚尖晃来晃去的，是扁平而光秃的后脑勺上歪戴着阿塔曼团银十字蓝顶皮帽的阿甫杰伊奇——他和潘捷莱·普罗柯菲耶维奇是同年，但总不见老，脸上总是红扑扑的，就像晚熟的苹果，他的绰号叫“牛皮大王”。

阿甫杰伊奇过去在御林军阿塔曼团当过兵。他去当兵的时候是阿甫杰伊奇·西尼林，回来就变成“牛皮大王”阿甫杰伊奇了。

他是本村头一个进阿塔曼团的人，因而新奇感害了他：他本来是个跟大家一样的小伙子，只是从小有一点喜欢信口开河的毛病，可是当兵回来以后，就云天雾地地瞎吹起来。他从回来的第一天起，就讲起他在皇宫里当差时的许多奇闻和他在彼得堡所干的许多惊天动地的事迹。听得发呆的听众起初都相信他，一齐张大了嘴，听得十分认真，可是后来就清楚了，原来阿甫杰伊奇是瞎吹，本村有史以来还没见过这样瞎吹的；大家当面笑他，揭穿他编造的那些奇闻怪事，但是他的脸红都不红(也许红过的，只是因为脸上总是红红的，所以看不出来)，还是继续瞎吹。老来吹得更厉害了。别人要是挑三拣四地问他，他就生气，跟人打架，如果别人不作声，只是笑他，他就拼命地瞎吹，别人笑不笑，他根本不在乎。

在经营家务方面，他是一个能干而勤劳的哥萨克，样样事情都做得有条有理，而且在某些地方很有心计，可是一谈起他在阿塔曼团当兵的事……任何人都要把两手一摊，笑得蹲到地上，把肚子都笑破。

阿甫杰伊奇这时站在当中，一摇一晃地踏动着两只穿成了圆筒的毡靴；他望着拥拥挤挤的哥萨克，用沉重有力的声调瓮声瓮气地说：

“如今的哥萨克全是废料。个头儿又小，又没有本事。随便哪一个你都能用鼻涕把他打成两截。一句话，就是不像样。”他轻蔑地笑着，用毡靴将吐出的唾沫碾了碾，“我在维奥申镇上看到过一副死人骨头，那才像个哥萨克的样子——真了不起！……”

“阿甫杰伊奇，你在哪儿掘到死人骨头的？”光嘴巴的安尼凯一面用胳膊肘捅捅旁边的人，一面问道。

“老同事，看在快要过节的分上，别瞎吹了吧。”潘捷莱·普罗柯菲耶维奇皱了皱鹰钩鼻子，抖了抖耳环。他不喜欢胡吹。

“老弟，我从来不吹牛。”阿甫杰伊奇用真诚感人的声调说，并且回头看了看笑得像打摆子一样直打哆嗦的安尼凯，觉得很奇怪。“我看到死人骨头，是在帮我小舅子盖房子的时候。一开始挖地基，就挖到一个坟。大概，那地方靠近顿河，又在教堂旁边，古时候曾经是坟地。”

“死人骨头又有啥好说的呢？”潘捷莱·普罗柯菲耶维奇一面准备往外走，一面不满意地问道。

“一条胳膊——有这么长……”阿甫杰伊奇把两条长胳膊一伸，“那头呀——真的，我不瞎吹——跟军用锅一样大。”

“阿甫杰伊奇，顶好还是给青年人讲讲你在圣彼得堡捉强盗的事吧。”米伦·格里高力耶维奇提议说，一面掩着皮袄大襟，从窗台上溜下来。

“那没有什么好讲的。”阿甫杰伊奇谦虚起来。

“讲讲吧！”

“请你讲讲！”

“赏个脸吧，阿甫杰伊奇！”

“事情嘛，嗯，是这样的。”阿甫杰伊奇咳嗽了两声，从裤袋里掏出了烟荷包。他朝弯起来的手掌里倒了一撮烟丝，把两个从烟荷包里掉出来的铜币又放进去，志得意满地扫了听众一眼。“监牢里跑出了一个在押的江洋大盗。这儿搜，那儿搜——没有。官府里上上下下闹了个人仰马翻。这一下跑掉啦，完啦！夜里，值班的武官来传我，我去了……什么事呢……他说：‘你到皇上寝宫里去……皇上亲自召见你。’我，不用说，有点儿怕；走进宫去，行了一个礼，这位仁德的君主用手拍了拍我的肩膀，说：‘伊万·阿甫杰伊奇，孤家治下的头号大盗逃走啦。你上天入地，都要给我找到，不然就不要来见我！’我说：‘遵旨，吾皇万岁，万万岁！’嗯……伙计们，这可是个难题啊……我从御马监里挑选了三匹千里马，就出发了。”阿甫杰伊奇抽起烟，扫视了一下听众垂下去的脑袋，透过遮住了他的脸的浮云一般的烟雾，兴致勃勃地高声讲了起来：“我快马加鞭，白天追，黑夜追。到了第三天，才在莫斯科郊外追到。我把他捆得结结实实，装上马车，就顺原路而回。回到宫里已经是半夜，我带着满身的泥水，直接去见皇上。这一下文武百官、王公大臣们都不放我进去，可是我进去了。嗯……我敲了敲宫门。‘我皇陛下，小臣要见驾。’里面有人问：‘是哪一个呀？’我说：‘是我——伊万·阿甫杰伊奇·西尼林。’里面忙乱起来，我听到皇上亲自叫喊：‘玛莱亚·菲多罗芙娜！玛莱亚·菲多罗芙娜快起来，生上茶炊，伊万·阿甫杰伊奇来啦！’”

后排爆发出雷鸣般的笑声。正在念寻找失踪和离群牲口启事的文书，念到“左腿踝子骨以下包着袜子”，就念不下去了。村长像鹅一样伸长脖子，看着笑得直摇晃的人群。

阿甫杰伊奇扯下帽子，皱着眉头，莫名其妙地望望这个，又望望那个。

“笑死人啦！”

“哈——哈——哈——哈！……”

“哎哟，肚皮破——破啦！……”

“咯咯咯咯……”

“阿甫杰伊奇，秃毛狗，哈哈哈！……”

“‘生上茶炊，阿甫杰伊奇来啦！’嘿，好家伙！”

村会开始散了。上了冻的木板台阶声音长长地、连续不断地吱嘎吱嘎响着。在村公所门口踩实了的雪地上，司捷潘·阿司塔霍夫正跟荷兰式风磨的主人——一个高个子、长腿的哥萨克——转来转去地在摔跤暖和身子。

“从掌柜的头上跨过去！”围观的哥萨克们出主意说，“司捷潘，把他吃下的麸子全给抖搂出来！”

“你凭力气干不过他！咦，真不机灵！”卡叔林老汉着急地喊着，像麻雀一样忽左忽右地蹦着，因为看得出神，一点没有理会挺不好意思地挂在他那红中透青的鼻子尖上的又大又亮的一滴鼻涕。

八

潘捷莱·普罗柯菲耶维奇开会回来，一直走进他跟老伴住的那间耳房。这几天伊莉尼奇娜身子不舒服。她那水肿的脸上露出疲惫和疼痛的神情。她躺在鼓膨膨的鸭绒褥子上，背靠着竖起来的枕头。她听到熟悉的脚步声，便扭过头来，脸上带着多年来养成的严肃表情，看了丈夫一眼，将目光停在呼气呼潮了的、一直抵到丈夫的嘴的拳曲的下巴胡上，停在跟下巴胡连成一片，潮湿得粘到一起的上嘴胡上，她用鼻孔闻了闻，但闻到的是老头子身上的寒气和羊皮的酸味。"今天他没有喝酒，"她满意地想道，于是把没有打好后跟的袜子连同钩针往自己圆滚滚的肚子上一放，问：

"砍柴的事怎么样？"

"定在星期四。"潘捷莱·普罗柯菲耶维奇捋了捋胡子，"星期四一早就动手，"他又说了一遍，一面坐到靠床的柜子上，"嗯，怎么样？身上是不是轻快一点儿了？"

伊莉尼奇娜的脸色阴沉下来。

"还是那样……骨节里像针扎一样，疼得很。"

"早就对你这个混蛋娘儿们说过，叫你秋天不要下水。既然知道自己有毛病，就别去胡折腾！"潘捷莱·普罗柯菲耶维奇用拐杖在地上画着大圆圈，发起火来，"家里娘儿们还少吗？还有你那该死的麻，偏要去泡麻，这会儿好啦……哎哟——哟，你就受着吧……哼！"

"麻也不能糟蹋掉啊。媳妇们都不在家；格里什卡带媳妇去耕地，彼特罗也带妲丽亚出去啦。"

老头子对着抄起的手掌哈着气，将身子俯到床上。

"娜塔什卡怎么样？"

伊莉尼奇娜提起精神，带着十分担心的神情说了起来：

"怎么一回事——我不知道。前两天又哭啦。我走到院子里，一看——仓房的门有人开啦。我心想，我去把门关上。就走进去，她正站在粮囤跟前呢。我问她：'你怎么啦，好孩子，怎么啦？'她说：'妈妈，头有点疼。'真话是问不出来的。"

“也许是病了吧？”

“不是的，我仔细问过啦……恐怕不是有人说坏话，就是跟格里什卡闹别扭……”

“他是不是……又在往她那儿跑呢？”

“你怎么啦，老糊涂啦！瞧你说的！”伊莉尼奇娜惶恐地拍了一下手，“还有司捷潘呢，他是呆子吗？我没有看见，没有。”

老头子坐了一阵子，就出去了。

格里高力正在自己房里甩锉刀锉带螺纹的钓钩上的弯钩。娜塔莉亚给钓钩涂上熬过的猪油，又仔细地用破布将钓钩一个一个地包起来。潘捷莱·普罗柯菲耶维奇一瘸一拐地从旁边走过，留神看了看娜塔莉亚。在她那黄得像秋天的树叶一样的脸上，只有淡淡的一层红晕，显得非常憔悴。这一个月来，她瘦了许多，眼睛里出现了一种异样的、令人怜悯的神情。老头子在门口站了下来。“唉，他对不起媳妇啊！”他又朝俯在板凳上的娜塔莉亚那梳得光光的头看了看，心里想道。

格里高力坐在窗前，用锉刀一下一下地锉着，他的头发在额头上一下一下地跳，就像乱蓬蓬的黑马鬃。

“你他妈的给我放下！……”老头子一阵怒火涌来，涨红了脸，大喝一声，又夹了夹拐杖，撑住胳膊。

格里高力吓了一跳，大惑不解地抬起眼睛看了看父亲。

“爹，我想把两个头儿锉尖些。”

“算了吧，听见没有？收拾一下砍柴的家伙吧！”

“马上就好。”

“爬犁上的板条子一根都没有钉上，他倒锉起鱼钩来啦。”老头子的语气已经平和些了。他说过这话，又在门口挪动着脚站了一会儿（看样子，他还想说点什么），就走了出去。剩下的火气找彼特罗发去了。

格里高力正要穿上皮袄，就听到父亲在院子里嚷起来：

“牲口到现在还没有饮，不成材的东西，你干什么的？……篱笆跟前这一垛草，是谁抽开的？叫你不要动尽边上这一垛，我对你说过没有？……该死的东西，你们把顶好的草都早早地糟蹋掉，到春天耕地的时候，叫牛吃什么？……”

星期四，离天亮还有两个钟头，伊莉尼奇娜就叫醒了妲丽亚。

“起来吧，该生火啦。”

妲丽亚穿着一件小褂跑到灶前。她在小洞里摸到火柴，生起火来。

“你快点做饭。”头发散乱的彼特罗抽着烟，不住地咳嗽着，催促妻子说。

“舍不得叫醒娜塔什卡，不知道她要睡到什么时候呢，没良心的。怎么，我就该撕成两半啦？”睡眼惺忪、一肚子怨气的妲丽亚带着睡意嘟哝说。

“你去叫叫她。”彼特罗说。

娜塔莉亚自己起来了。她穿上小褂，就到棚子里去弄干牛粪块。

“带点儿引火柴来！”大嫂下命令说。

“叫杜尼娅挑水去，听见吗，妲丽亚？”伊莉尼奇娜很吃力地在厨房里移动着脚步，哑着嗓子说。

厨房里又是新鲜啤酒花气味，又是皮马套气味，还有人身上的暖烘烘的气味。妲丽亚来来回回地跑着，跑得毡靴嚓嚓直响，弄得铁锅叮叮当当；她将袖子挽到胳膊肘以上，两个小奶头在粉红色的小褂底下扑扑直跳。婚后生活没有使她憔悴，没有使她消瘦：她高高的、细细的，腰软得像柳树条儿，很像一个未过门的姑娘。走起路来袅袅婷婷，肩膀摇来摆去。遇到丈夫喝叫，她总是微微地笑笑；在两片薄薄的、娇嗔的嘴唇底下，总是露着密密实实的细牙。

"晚上就该把牛粪块放进去。在锅膛里一夜就能烘干。"伊莉尼奇娜不满意地嘟哝说。

"忘啦，妈妈。该我们受罪。"妲丽亚代表大家回答说。

饭做好了，天也亮了。潘捷莱·普罗柯菲耶维奇不顾稀饭烫嘴，匆匆忙忙地吃过早饭。愁眉苦脸的格里高力慢慢地嚼，腮上凸起的两个大包不住地动着。彼特罗却开起玩笑，背着父亲学妹妹吃饭的样子，杜尼娅因为牙疼把脸蛋子捂着呢。

村子里响起爬犁的嚓嚓声。在灰蒙蒙的晨曦中，有几辆牛车朝顿河边走着。格里高力和彼特罗走出来套爬犁。格里高力一面走一面围软软和和的围巾——这是新娘送给新郎的礼物——吞吸着寒冷而干爽的空气。头顶上响起一阵深沉而洪亮的叫声，一只乌鸦从院子上空飞过，翅膀慢慢扇动的沙沙声在冷清清的寒空里显得非常清晰。彼特罗看着乌鸦飞过去，说：

"到南方，找暖和地方去啦。"

在绯红、愉快、像姑娘笑脸一般的云彩后面，一弯细细的月牙挂在天空。烟囱里冒出的炊烟笔直地向上冲去，像个一只胳膊的人伸出胳膊，去够那高不可攀的、金色的、尖尖的月牙儿。

麦列霍夫家对面的顿河还没有封住。贴边的地方已经冻实了，在一片一片的积雪中间，冰面显得绿莹莹的，没有被急流带走的河水在冰底下嬉戏，冒着白泡，河中心再过去一些，靠近左岸，从黑土崖下朝外冒水的地方，有一片又可怕又诱人的深水，在周围一片冰雪当中，显得黑黢黢的；留下来过冬的野鸭，像一颗颗黑黑的麻子一样，在这片水面上钻上钻下的。

过了广场，便是渡口。

潘捷莱·普罗柯菲耶维奇没有等两个儿子，驾着老牛拉的爬犁头里走了。彼特罗和格里高力停了一会儿，也跟着出发了。他们在下坡的地方赶上了安尼凯。安尼凯腰里系着宽宽的绿色腰带，将装了新把子的斧头插在爬犁上，自己跟牛并排走着。他的老婆，一个瘦小多病的女人，赶着爬犁。彼特罗离得老远就喊道：

"伙计，看样子，你带着老婆去啦？"

爱说爱笑的安尼凯跨着舞步走到爬犁跟前。

"带着，带着。带着暖暖脚儿。"

"她身上热气可不多，太瘦啦。"

"我好草好料地喂她，可是她就是不长膘。"

"咱们分的柴是在一段地上吗？"格里高力也从爬犁上跳下来，问道。

"你要是给我点儿烟抽，就算在一段地上。"

"你呀，安尼凯，生来就是吃别人的东西长大的。"

"偷来和要来的东西，比什么都甜。"安尼凯打着哈哈，笑得他那女人一般的光脸起了皱纹。

他们一起走着。在挂满花边似的霜雪的树林子里，一片白茫茫。安尼凯赶着爬犁在前面走,不住地用鞭子抽打垂在路上的树枝儿。银针似的、松软的雪一团一团地往下掉,落得紧紧裹着身子的安尼凯老婆的身上到处都是。

“别胡闹啦,鬼东西!”她一面抖身上的雪,一面嚷道。

“你叫她鼻子扎到雪堆里去!”彼特罗叫着,为了让牛加快步子,晃了晃鞭子,想朝牛肚子底下打。

在往娘儿沟拐弯的地方,碰上了司捷潘·阿司塔霍夫。他赶着两头卸了套的公牛朝村子里走,跨着大步,走得那钉了掌的毡靴吧嗒吧嗒直响。他那罩了一层霜的拳曲的头发,从歪戴着的皮帽子里耷拉下来,就像一嘟噜白葡萄。

“喂,司捷潘,迷路了吗?”等他来到跟前,安尼凯喊道。

“迷路啦,真他妈的倒霉!……爬犁朝下一滑,撞在树根上,滑木断成了两截。非回去不可。”司捷潘又骂了几句粗话,便在长长的睫毛底下气汹汹地眯缝起明亮而强横的眼睛,从彼特罗身旁走过。

“爬犁扔下啦?”安尼凯回过头来喊道。

司捷潘把手一摆,甩了一鞭,把朝荒地里走的牛赶过来,又朝跟在爬犁后面的格里高力狠狠地看了一眼。快到前面一条沟边的时候,格里高力看到扔在路上的爬犁,爬犁旁边还站着阿克西妮亚。她用左手掩着顿河式皮袄的大襟,望着大路,望着迎面而来的爬犁。

“让开,要不然我就撞上去啦!咳,你呀,可惜不是我的老婆!”安尼凯放声大笑起来。

阿克西妮亚笑着闪到一旁,坐到歪倒在地上、缺一根滑木的爬犁上。

“你老婆跟你坐在一块呢。”

“她硬粘住我，就好比苍耳子粘在猪尾巴上，不然的话我就可以把你带上啦。”

“谢谢吧。”

彼特罗来到她跟前的时候，回头瞥了格里高力一眼。格里高力一面走，一面很不平静地笑着；他的每一个动作中都流露着慌乱和期待的神情。

“你好呀，大嫂。”彼特罗用手套挨了挨帽子，打招呼说。

“托福托福。”

“爬犁坏了，是吗？”

“坏啦。”阿克西妮亚曼声回答，不看彼特罗，却站起来，转身对着快走到跟前的格里高力，“格里高力·潘捷莱耶维奇，有两句话要对您说……”

格里高力转身朝着她，对已经走过去的彼特罗说了一声：

“替我照应一下牛。”

“嗯，好的。”彼特罗歪嘴笑了笑，咂了咂被烟熏得很苦的小胡子。

他们面对面一声不响地站了一会儿。阿克西妮亚担心地四下里望了望，就把潮湿的黑眼睛移到格里高力身上。她又害羞又高兴，脸上火辣辣的，嘴唇都烧干了。她的呼吸又快又短促。

安尼凯和彼特罗的爬犁已经隐没到棕色的小橡树林子后面。格里高力对直地看了看阿克西妮亚的眼睛，看到她的眼睛里燃烧着娇嗔和失望的火焰。

“唉,格里沙,不管你怎么样,反正我没有你就没法活。”她果断地说,说完就紧紧闭起嘴唇,等着他回答。

格里高力没有作声。寂静像铁箍一样箍住了树林。静得一点声息都没有,连耳鸣声都能听得见。大路上爬犁滑出的平平的印子,天空一片片灰色的云块,树林无声无息,睡得死沉沉的……突然一声又响又近的乌鸦叫,好像把格里高力从短暂的沉睡中叫醒过来。他抬起头来,看到一只黑黑的、羽毛黑中带蓝的乌鸦蜷着腿,不出声地飞着,像告别似的扇动着两只翅膀。格里高力连自己也意想不到地说:

“会暖和的。往暖和地方飞呢……”他身子猛地一动,哑着嗓子笑起来。“好啦……”他用沉醉的眼睛里垂得低低的瞳仁偷偷地四下扫了扫,一把将阿克西妮亚拉到怀里。

九

一到晚上,斜眼卢凯什卡家施托克曼住的那间屋子里就坐满了各种各样的人:常来的有贺里散福,有披着油污的上装从磨坊里来的“杰克”,有已经闲了三个月的尖舌头达维德卡,有机器师伊万·阿列克塞耶维奇·科特里亚洛夫,皮匠菲里卡有时候也来,而每天必到的常客则是米沙·柯晒沃依,这是一个还没有服过现役的年轻哥萨克。

起初是打扑克牌,后来有一次施托克曼神不知鬼不觉地拿出一本涅克拉索夫的小书。大家念了念,都觉得很有意思。后来又念尼基丁的书,到圣诞节的时候,施托克曼又让大家念一本没有封面的破旧小册子。负责念书的教会小学毕业生柯晒沃依轻蔑地打量了一下这本油污的小册子，说：

“拿来切面条倒是不错。油太厚啦。”

贺里散福嘎嘎地大笑，达维德卡笑得满脸开花，但是施托克曼等大家笑过，说道：

“念念吧，米沙。这本书是讲哥萨克的。很有意思。”

柯晒沃依把金黄色的头发朝桌前一耷拉，一个字一个字地念道：

“《顿河哥萨克简史》。”他扫了大家一眼，皱起眉头，等候大家的反应。

“念呀。”伊万·阿列克塞耶维奇说。

念了三个晚上。念到普加乔夫的事，念到自由自在的生活情形，念到司捷潘·拉辛和康德拉季·布拉文的事。

后来念到近代的事情。不知名的作者用辛辣而通俗易懂的文笔嘲笑哥萨克的贫困生活，讽刺各种制度和统治方法，讽刺沙皇政府和哥萨克，说哥萨克本身已经成为专制君主雇佣的鹰犬。于是大家都激动起来，一齐争论起来。贺里散福头顶着天花板的斜柱，大声叫了起来。施托克曼坐在门口，叼着带铜箍的烟嘴在抽烟，只用眼睛笑着。

“说得很对！很公道！”贺里散福吼道。

“把哥萨克弄到这种可耻的地步，可不是哥萨克本身的过错。”柯晒沃依困惑不解地把两手一摊，那长着黑眼睛的漂亮的脸也皱了起来。

柯晒沃依矮墩墩的，肩膀和屁股一样宽，因此成了一个长方形；生铁一般牢固的脖根上长着结实的、砖红色的脖子，奇怪的是，这根脖子上长着一颗不太大的、轮廓十分好看的头，那没有光泽的脸很有点女人的样子，那小小的嘴巴露出倔强的神气，浓浓的金黄色鬈发底下是一双黑黑的眼睛。机器师伊万·阿列克塞耶维奇是一个又高又粗的哥萨克，他争论得很凶。他那粗大身躯的每一个细胞都浸透和灌满了哥萨克传统的血液。他忽闪着凸出的圆眼睛，向贺里散福猛烈攻击，维护哥萨克的尊严。

“你简直成了庄稼佬啦，贺里散福，别强辩啦，毫无道理嘛……你身上的哥萨克血，一桶里面只有一滴。你是你妈跟沃罗涅日的鸡蛋贩子生的。”

“你混蛋！……哼，伙计，你太糊涂啦，”贺里散福瓮声瓮气地说，“我说的是实在话。”

“我没有在阿塔曼团当过兵，”伊万·阿列克塞耶维奇挖苦说，“在阿塔曼团当过兵的人，才不是大傻瓜，就是混蛋……”

“别的军队里也有混蛋，浑得还厉害些呢。”

“住嘴，庄稼佬！”

“庄稼佬不也是人吗？”

“他们是用树条子扎的，用树皮蒙的，所以才叫庄稼佬。”

“老兄，我以前在彼得堡当差的时候，各种各样的人都见过。就有过这样一回事儿。”贺里散福说，并且把“事儿”说得特别重。“我们当时担任皇宫的守卫，在宫里站过岗，又到宫外巡逻。骑着马在宫墙上巡逻；两个往那边，两个往这边。碰到一起，就问一声：‘平安无事吗？没有什么骚乱吗？’‘没有事。’说完就又分头巡逻，想站下来说说话都不行。就连人的模样儿都要挑选挑选：叫两个人站在门口，比一比身量，必须一般高才行。黑头发的跟黑头发的配对儿，白的就配白的。不光是头发，脸的模样儿也要相像。就因为这种不讲理的规矩，有一次理发匠把我的胡子都染了。那一次轮到我跟尼基佛尔·梅希里亚柯夫一起站岗，他是我们连里一个捷皮金镇的哥萨克，是个红胡子鬼，谁知道他那胡子是怎么搞的，一直到鬓角，都像着了火一样。找来找去，几个连里都找不到长这种胡子的；于是连长巴尔金就对我说：'你到理发室去，马上把你的胡子上上下下都染一染。'我去了，好啦，给我染了……等我对着镜子一照，自己都吓呆啦：像着了火一样！简直就像着了火！我把胡子往手心里一抓，好像手指头都烫得疼。噢呀！……"

"喂，你信口开河，离题太远啦！你开头说什么来着？"伊万·阿列克塞耶维奇打断他的话。

"说的是各种各样的人，没有离题。"

"那你就说下去好啦。不然光讲自己的胡子，我们听个屁。"

"我说的是：有一次轮到我骑着马巡逻，我跟一个同伴一起走着，拐角处忽然跑出很多大学生。黑压压的一大片。他们一看到我们，就喊了起来：'嘎——啊——啊！'接着又喊了一次：'嘎——啊——啊！……'我们还没有回过神来，就把我们包围住了。一个学生问：'哥萨克，你们骑马到处转，干什么？'我就说：'我们是巡逻，你放开缰绳，别抓着！'我于是抓住马刀。这个学生说：'老乡，你别多心，我是卡敏镇人，是在这儿上大学的……'还说了一些别的话。于是我们又往前走，这时一个大鼻子学生从钱包里抽出一张十卢布钞票，说：'两位哥萨克，请你们喝几杯，共同纪念先父吧。'他把十卢布钞票递给我们,又从皮包里抽出一张相片,说:'这就是先父,拿去做个纪念吧。'好吧,我们就接了过来,不接是不好意思的。大学生们都走了开去,并且又喊起来:'嘎——啊——啊!'就这样喊着朝涅瓦大街去了。连长带着一排人出了皇宫后门,朝我们奔来。他来到我们跟前,问:'怎么回事儿?'我就说:'一群大学生围住了我们,说起话来,我们本想遵照军事条令举刀砍他们,可是后来他们让开了,我们也就走了。'等到换了班,我们便对司务长说:'卢基奇,这是我们收到的十个卢布,我们要拿来买酒喝,敬祝这位老人家灵魂安息。'并且把相片给他看了看。司务长到晚上弄来不少酒,我们痛痛快快地喝了两天两夜,到后来才知道是上了圈套:那个大学生骗了我们,给我们的相片不是他爸爸的,而是一个领头造反的德国人的。我可是诚心诚意地接下这张相片,还挂到床头上做纪念,我看到,相片上是一个白胡子老头儿,人挺和善,像个买卖人,可是连长仔细一看,却问道:'这张相片你从哪儿弄来的,蠢东西?''是这么回事儿……'我于是说了一遍。他大骂我一通,又打我耳刮子,打了一下,又是一下……并且吼了起来:'知道吗,这是他们的头领卡尔……'他的姓我不记得啦……咳,姓什么来着,我的记性真差……"

"是卡尔·马克思吗?"施托克曼脸上露着笑,提醒他说。

"哦,哦!……就是他,就是卡尔·马克思……"贺里散福高兴起来,"就是他让我们差点儿遭殃……有时候阿列克塞太子跟少傅们也到我们警卫室里来。他们也可能看到。他们万一看到了,那可怎么办?"

"你总是说庄稼佬好。瞧,他们把你骗得好苦。"伊万·阿列克塞耶维奇嘲笑说。

“可总是喝了十个卢布的酒啊。虽然是为那个大胡子卡尔喝的，可是酒总是喝啦。”

“为他喝酒很值得。”施托克曼微笑着，摩弄着熏黄了的骨头烟嘴上的铜箍。

“他做过什么好事吗？”柯晒沃依问道。

“下一次我来说说，今天太晚啦。”施托克曼用手掌拍了拍烟嘴，把已经熄灭的烟丝磕出来。

在斜眼卢凯什卡家的小屋子里，经过长期的筛选和挑拣，形成了一个由十个哥萨克组成的核心团体。施托克曼是这个团体的灵魂，他顽强地朝着只有他清楚的目标前进。他像小虫儿钻大树一样，一点一点地给他们灌输一些简单易懂的概念和观点，使他们对现有的制度产生憎恶和仇恨。起初他也遇到不信任，就像碰上了冷冰冰的钢铁，但是他不退缩，而是一点一点地钻透了……

十

维奥申镇坐落在左岸带慢坡的沙土地上，紧靠着顿河。这是顿河上游最古老的一个市镇，是彼得大帝时代焚毁的齐高那克镇上的一些居民迁移到这里来，改名为维奥申镇的。这个镇从前曾经是沃罗涅日和亚速海之间水上要道的路标。

顿河在维奥申镇对面就像鞑靼人的弓似的弯了起来，好像要向右拐弯，可是到了巴兹基村跟前又威风凛凛地伸直了身子，带着绿中透蓝的流水，擦过右岸石灰岩的山崖和接连不断的村庄，擦过左岸稀稀拉拉的市镇，向蓝蓝的亚速海奔去。

顿河在霍派尔河河口镇对面跟霍派尔河汇合，在大熊河河口镇对面跟大熊河汇合，以下水势就大了，两岸人烟稠密的村镇也多起来，进入繁荣地区了。

维奥申镇里里外外都是淤积的黄沙土地，是一个没有生气、没有果园的光秃秃的市镇。广场上有一座古老的大教堂，因为年代久远变成了灰色，六条街道顺着顿河排了开来。在顿河从镇边向巴兹基村拐弯的地方，有一道水泊，就像一只袖子伸向白杨树丛里，水泊有顿河水浅时那样宽。水泊的尽头也就是镇的尽头。在金色刺草丛生的小广场上，还有一座教堂，绿色的圆顶，绿色的屋顶，跟水泊对岸丛生的绿杨相映成趣。

维奥申镇以北，是一片淤积的黄中带红的沙土地，有一些长得很不旺盛的小松树，水沟里的水是淡红色的，因为土壤是红色的。在春水冲积的沙土地上，在远处零零落落的沙砾滩上，是稀稀拉拉的村庄、园地、红红的柳丛。

十二月里的一个星期天，从本乡各村来的五百名青年哥萨克黑压压地集合在老教堂对面的广场上。教堂里的弥撒快做完了，已经敲起了唱赞美诗的钟。一位上士——一个威武而年迈的哥萨克，戴着超期服役的袖章——下令“站队”。闹哄哄的人群扩展开来，排成了长长的、很不整齐的两行。几个中士顺着行列跑来跑去，把弯曲得像波浪一样的队伍排排整齐。

“各队注意——意！”一个中士拉着长声喊道，接着用手做了一个不很明确的姿势，又喊道：“每队成两路！……”

乡长服装整齐，穿着崭新的军官大衣，在踢马刺的叮当响声中走进了教堂大门，紧跟在他后面的是军事监督。

格里高力·麦列霍夫跟米佳·柯尔叔诺夫站在一起，小声说着话。

“一只靴子夹脚，简直受不住。”米佳说。

“忍着点儿，就能升大官。”

“马上就要把咱们带进去啦。”

好像是要证实这话似的，上士一面向后退着，用靴后跟转了一下。

“向右——转！”

刷——刷，五百双穿皮靴的脚发出了整齐的响声。

“右转弯，开步——走！”

队伍开进敞开着的教堂大门，从头上摘下来的皮帽子一齐闪动着，脚步声一直响到教堂的圆顶。

格里高力站着，没有去听神甫念的誓词。他看着米佳的脸；米佳疼得皱着眉头，被靴子夹得很疼的那只脚不住地动着。格里高力那举着的一只手都麻了，脑子里各种念头乱七八糟地翻腾着。他走到十字架跟前，一面吻着被很多嘴上的唾沫弄湿了的银片，一面想着阿克西妮亚，想着妻子。一段短短的往事像曲折一现的闪电一样闯入了脑际：树林，褐色的树干披着华丽的白衣，好像套上了豪华的银马套；阿克西妮亚那黑黑的眼睛在毛茸茸的头巾下面闪着湿润而多情的亮光……

又回到广场上。重新排好队伍。一位中士擤了擤鼻涕，悄悄地在制服里子上揩了揩手指头，便开始讲话：

“现在你们已经不是小孩子啦，已经是哥萨克啦。你们已经宣过誓，应当知道自爱自重。现在你们已经长大成人，应当珍惜自己的荣誉，听从父母的教训等等。你们以前是小孩子，打过架，恐怕还在大街上揪过头发，可是从今以后，就要想想将来报效国家的事啦。再过一年，你们就要去服现役啦，”说到这里，中士又擤了擤鼻涕，把手上的鼻涕甩了甩，一面往手上戴漂亮的兔毛手套，一面结束了讲话，“你们的父母该给你们料理料理啦。要准备一匹战马，别的一切也都要准备……现在就这样吧，弟兄们，回家去吧！”

格里高力和米佳在桥头上等到同村的小伙子们来齐，就一同上路了。他们顺着河岸走。巴兹基村上空炊烟缭绕，钟声悠扬。米佳拄着半截疙疙瘩瘩的木棍，一瘸一拐地走在大家的后面。

“把靴子脱掉吧。”一个小伙子劝他。

“脚会冻坏的。”米佳站了下来，犹豫地说。

“穿着袜子走嘛。”

米佳坐到雪地上，费了很大的劲才把一只靴子从脚上脱了下来。他瘸着那只脱掉了靴子的脚向前走去。松软的雪覆盖的大路上，出现了清清楚楚的针织厚毛袜印子。

“咱们走哪一条路？”个子矮矮的、呆头呆脑的阿列克塞·别士尼亚克问。

“顺着河边走。”格里高力代表大家回答。

他们走着，一面说着话，一面互相往路旁推着玩儿。

大家讲好条件，把每个人都推倒在雪堆上一次，并且大家都压在上面，堆成一堆儿。来到巴兹基村和格罗木柯夫村之间，米佳第一个看到一只正在过河的狼。

“伙计们，狼，瞧！……嘘！……”

“啊——呦——呦——呦——呦！……”

“呜嘿！……”

那狼摇摇晃晃地跨着懒洋洋的步子，跑了几俄丈，便在离对岸不远的地方斜着身子站住了。

“套住它！……”

“哈！……”

“嘘，该死的！……”

“米佳，它这是看着你穿着袜子走路，觉得稀奇呢。”

“瞧，斜着身子站着，怕套呢。”

“脖子都不敢扭啦。”

“看啊，看啊，它走啦！……”

好像用天然石雕成的大灰狼，把尾巴伸得像棍子一样，在那里站了一会儿。后来急急忙忙地向旁边一跳，朝岸边柳树林子里跑去。

他们回到村里，天已经黑下来。格里高力踏着冰来到自家的胡同口，走到牲口院子门口。院子里停着卸掉了牲口的爬犁；一群麻雀在篱笆跟前的柴火堆里叽叽喳喳叫着。闻到了家常生活气味、焦煳气味和牲口院子里的水蒸气气味。

格里高力一面上台阶，一面朝窗户里望了望。一盏挂灯把厨房里照得一片昏黄，彼特罗站在灯光下，背对着窗户。格里高力用笤帚扫了扫靴子，在一片热气笼罩下走进了厨房。

“我回来啦。嗯，你们都好吧？”

“你好快啊。大概冻坏了吧？”彼特罗又慌忙又着急地招呼说。

潘捷莱·普罗柯菲耶维奇将胳膊肘支在膝盖上，低着头坐着。妲丽亚用脚踩着嗡嗡响的纺车在纺线。娜塔莉亚站在桌子旁边，背对着格里高力，连头都没有扭。格里高力迅速地在厨房里扫了一眼，将目光停留在彼特罗身上。从他那焦虑不安的脸上可以看出来：家里出事了。

"宣过誓啦？"

"宣过啦！"

格里高力慢慢地脱衣服，以争取时间，脑子里飞快地搜索着可能造成这种清静和冷脸相迎场面的各种意外事。

伊莉尼奇娜从正房里出来，脸上也带着慌乱不安的神情。

"是娜塔莉亚的事。"格里高力想道，一面挨着父亲在板凳上坐了下来。

"把饭给他端来。"伊莉尼奇娜用眼睛看着格里高力，对妲丽亚说。

妲丽亚停住嗡嗡叫的纺车，轻轻摇摆着肩膀，扭动着苗条的身腰，朝灶前走去。厨房里静极了。一只刚下过羔的母羊正带着小羊羔在地炉跟前呼噜呼噜地取暖。

格里高力喝着菜汤，偶尔拿眼睛看看娜塔莉亚，但是看不到她的脸，因为她侧面朝着他，而且她在打毛线，头垂得很低。潘捷莱·普罗柯菲耶维奇头一个忍受不了这种全家沉默的局面；他喀喀地、很不自然地咳嗽了几声，开言说：

"娜塔莉亚要走啦。"

格里高力把面包屑往一块儿扫着，没有作声。

“这是因为什么？”父亲问道，一面拼命哆嗦着下嘴唇（这是马上要大发雷霆的先兆）。

“我不知道因为什么。”格里高力眯缝起眼睛，把碗推开，画着十字，站了起来。

“可是我知道！……”父亲提高了嗓门儿。

“别吵嘛，别吵。”母亲插嘴说。

“我可是知道因为什么！……”

“我看，这没有什么好吵的。”彼特罗从窗前走到屋子中间，“这是缘分事儿：愿意呢，就一块儿过下去；要是不愿意，就各走各的路。”

“我不怪她。虽说这是败坏门风、伤天害理的事，可是我不怪她：她没有过错，过错全在这个狗崽子身上！……”潘捷莱·普罗柯菲耶维奇指着靠在灶上的格里高力说。

“我对不起谁呢？”

“你心里没有数吗？……你不知道吗，狗崽子？……”

“我不知道。”

潘捷莱·普罗柯菲耶维奇跳起来，把板凳踢翻，直冲到格里高力跟前。娜塔莉亚织的袜子掉在地上，钩针叮当向上一跳；灶旁的小猫听到响声跳了起来，歪着脑袋，弯起爪子推毛线团，一直把毛线团滚到大柜子跟前。

“我现在告诉你，”老头子沉着地、一个字一个字地说，“你要是不跟娜塔莉亚在一块儿过，就给我滚出去，想到哪儿就到哪儿！我的话算数！你滚吧，想到哪儿就到哪儿！”他又用平静的语调说了一遍，便走开去，把板凳扶起。

杜尼娅坐在床上，瞪着滚圆的、惶恐的眼睛。

“爹，我有两句话要说，不是为了气您，”格里高力的声音颤颤的，十分低沉，“不是我要娶亲，是您给我娶的亲。我不喜欢娜塔莉亚。她要是想走，就让她回娘家好啦。”

“你也给我走！”

“我也走！”

“滚你妈的蛋！……”

“我走，我走，不用着急！”格里高力伸手去拉扔在床上的小皮袄袖子，跟父亲一样地冒起火来，气得鼓起鼻孔，浑身哆嗦着。

在他们身上流着同样的、掺杂着土耳其成分的血，所以在这种时候，他们出奇地相像。

“你上哪——哪儿去啊？”伊莉尼奇娜难受得叫起来，抓住格里高力的胳膊，但是他使劲把母亲推开，飞快地抓起从床上掉下来的皮帽子。

“叫他滚，狗东西！叫他滚，该死的！滚，滚，滚！……”老头子吼叫着，把门敞开。

格里高力跑到过道里，他最后听到的是娜塔莉亚的号啕大哭声。

夜晚村子里十分寒冷。黑漆漆的天上落下一片片针状的雪花，顿河上的冰像放大炮一样轰隆轰隆地破裂着。格里高力喘着粗气跑到大门外。在村子的另一头，有许多狗用各种各样的腔调吠叫着；一道道黄黄的灯光射入黑暗中，显得雾蒙蒙的。

格里高力漫无目的地在街上走着。司捷潘家的窗户黑得像漆一样。

“格里沙！”娜塔莉亚那伤心的叫唤声从大门口传来。

“滚你的吧，讨人嫌的东西！”格里高力咬牙切齿地在心里说，一面加快了脚步。

“格里沙，回来吧！”

格里高力一见到胡同口就踉踉跄跄地走了进去，最后一次听到因为离远了显得很低沉的痛苦呼唤声：

“格里什卡，我的亲人啊！……”

他很快穿过了广场，在岔路口停下来，脑子里想着熟识的伙伴们的名字，盘算着在谁家可以借宿。

格里高力选中了米沙·柯晒沃依家。他家住在村外山脚下；母亲、米沙本人和一个小妹妹、两个小弟弟——全家就是这样几个人。他走进院子，敲了敲土坯房的小窗子。

“谁呀？”

“米沙在家吗？”

“在家。你是谁？”

“是我，格里高力·麦列霍夫。”

一会儿，从第一个甜梦中醒来的米沙开了房门。

“是你吗，格里沙？”

“是我。”

“你半夜跑来干什么？”

“让我进去，到屋里再细谈。”

格里高力在过道里抓住米沙的胳膊肘；他恨自己一时找不到适当的话来解释，只小声说道：

“我在你家里睡一宿……我跟家里人吵架啦……你家里怎么

样，睡得下吗？……我好说，随便什么地方都行。”

“地方是有的，进来吧。为什么吵架呀？”

“唉，兄弟……以后再说吧……你们的门在哪儿？我看不见。”

给格里高力在大板凳上搭了一个铺。他躺了下来，用皮袄蒙起头，为的是不去听米沙母亲的嘁喳声，她是跟女儿睡在一张床上的。

“家里这会儿怎样呢？娜塔莉亚会不会走呢？好啦，生活要换个样子啦。往哪儿去呢？”他很快地想到一个念头，“明天叫上阿克西妮亚，一块儿上库班去，离开这儿远远的……远远的，远远的……”

在格里高力闭着的眼睛前面，闪过一座座以前从未见过的、带有异乡情调的草原丘冈、村庄、市镇。一座座丘冈、灰茫茫的道路闪过，便是神话般蔚蓝、亲切的地方，还有阿克西妮亚那后来怒放的爱情花朵。

他想着一些即将到来的不可知的事情，心神不宁地睡去。在入睡以前，他拼命地搜索一种在脑子里蠢蠢欲动、晃动不定的东西，却怎么都想不起来。一些念头在蒙眬的状态中又平稳又顺利地前进着，就像一只小船顺流而下，可是忽然撞在什么东西上，好像是搁浅了；觉得很闷，很不自在；他翻来覆去，反复地猜想：“怎么回事儿呢？是什么东西挡道呢？”

早晨他醒来，才想了起来：“要入伍啦！我跟阿克西妮亚能跑到哪里去呢？春天就要入营受训，秋天就要入伍了……就是这事挡道。”

吃过早饭,他把米沙叫到过道里。

“米沙,你到阿司塔霍夫家去一趟。告诉阿克西妮亚,叫她天一黑就到风磨那里去。”

“司捷潘要是在家呢?”米沙为难地说。

“你想想点子,装作有事。”

“我去一趟。”

“去吧。就说我说的,叫她一定来。”

“好吧。”

黄昏时候,格里高力坐在风磨底下,对着袖筒抽着烟。风磨后面,风在干枯的玉米茎叶中间噼噼啪啪、呲呲啦啦地吹着。一块撕破的布片在停着的风磨叶片上扑嗒扑嗒响着。格里高力觉得,好像有一只大鸟扑打着翅膀在头顶上盘旋,飞又飞不掉。阿克西妮亚没有来。西方日落后的天空呈现着淡紫色和暗黄色,东方来的风越来越急,越来越大,黑暗追逐着躲在柳树丛中的月亮,涌了上来。风磨顶上红黄色中夹杂着片片蓝色的天空死沉沉的;村子上空回荡着忙碌的白天的嘈杂声音的余波。

格里高力一连抽了三根烟卷,他把最后一个烟头插到踩实了的雪里,怀着又生气又烦恼的心情四下里望了望。已经隐没的从风磨到村子里去的小路显得像焦油一样黑。看不到一个从村子里出来的人。格里高力站了起来;他伸了伸腰,伸得肩膀咯吧响了两下,便朝挤眉弄眼地在召唤他的米沙家窗户里的灯光走去。他在牙齿缝里吹着口哨,快要走到米沙家院子跟前时,几乎跟阿克西妮亚撞了个满怀。看样子,她是跑来的,或者是走得太急促,所以喘着粗气,她那鲜嫩而冰冷的嘴里喷出来的不知是风的气息，还是远处细微而清新的干野草气息。

“等了你老半天，以为你不来了呢。”

“好不容易才把司捷潘打发出去……”

“你叫我冻死啦，该死的娘儿们！”

“我身上很热乎，我给你焐一焐。”她敞开顿河式皮袄毛茸茸的大襟，将格里高力包起来，就像蛇麻草缠住了橡树。“喊我来干什么？”

“等一等，给我焐焐手……有人走路。”

“你好像跟家里人吵架了吧？”

“我跑出来啦。已经在米沙家里待了一天一夜……现在像条丧家狗一样了。”

“你现在打算怎么办？”阿克西妮亚把搂着格里高力的两条胳膊松开，冷得哆嗦着裹了裹皮袄大襟。“格里沙，咱们到篱笆跟前去。干什么要站在路当中？”

他们走到边上。格里高力把一堆积雪拨开，背靠在冻得咯吱咯吱响的篱笆上。

“娜塔莉亚回娘家去啦，你不知道吧？”

“我不知道……她应当走。要不然在这里住着有什么意思？”

格里高力把阿克西妮亚冻得冰凉的一只手塞进自己的袖子；他用手握住她的窄窄的手掌，问道：

“咱们怎么办呢？”

“亲爱的，我不知道。你要我怎么办，我就怎么办。”

“能扔下司捷潘吗？”

“毫不含糊。马上走都行。”

“咱们俩不管到哪儿找点事做，都能过下去。”

“格里沙，跟你一块儿去做牛做马都行……只要跟你在一块儿。”

两个人一起暖和着又站了一会儿。格里高力不愿意走，转过头，迎风站着，哆嗦着鼻孔，合上眼皮，没有抬眼睛。阿克西妮亚将脸埋在他的腋下，吮吸着他腋下那种亲切、醉人的汗味，在她那妖媚的嘴唇上荡漾着高兴的、如愿以偿的笑，这笑没有让格里高力看到。

“明天我到莫霍夫家去，也许可以在他那里找点事情做。”格里高力说着，握住了阿克西妮亚那指缝里出汗的手上面的腕子。

阿克西妮亚没有作声。她没有抬头。刚才嘴上的微笑就像被风刮走了似的，像一只被追得走投无路的小野物一样，两只瞪大的眼睛里充满了忧虑和恐怖。“说出来呢，还是不说？”她想起自己已经怀孕，心里想道。“应该说出来。”她刚刚下了决心，可是马上就害怕得哆嗦了一下，又把这可怕的念头赶跑了。她凭女性的本能感觉出，现在还不是说这话的时候，她懂得，这样会永远失去格里高力的，而且她也拿不准，在肚子里蠕动的孩子究竟是他们两个中哪一个的，所以多了一个心眼儿：她没有说。

“你哆嗦什么？冷吗？”格里高力问道，一面用皮袄大襟把她裹了裹。

“有点儿冷……格里沙，该回去啦。司捷潘要是回来，一看到我不在家，会起疑心的。”

“他上哪儿去啦？”

“我好不容易把他打发到安尼凯家里打牌去啦。”

他们分手了。格里高力的嘴唇上还留着她的嘴唇的醉人气息，那不知是冬天的风的气息，还是春雨浇过的野草那种遥远而神秘的气息。

阿克西妮亚拐进了小胡同；她弯着腰，几乎跑了起来。在不知谁家的一口井的对面，牲口把秋天的泥巴地踩得稀烂的地方，她一只脚在冻实的土疙瘩上滑了一下，扑通一声摔倒了，只觉肚子钻心一样地疼，便紧紧抓住了篱笆桩子。疼痛过去，可是腰侧却有一样活东西转来转去，又凶猛又强烈地跳动起来，一连跳动了好几下。

十一

第二天早晨，格里高力来到莫霍夫家里。谢尔盖·普拉托诺维奇刚从店里回来喝茶。他和阿杰平一起坐在裱糊着橡树花纹的贵重花纸的饭厅里，慢慢地喝着深红色的酽茶。格里高力把帽子放在堂前，走进饭厅里。

“我来找您的，谢尔盖·普拉托诺维奇。”

“噢，你好像是潘捷莱·麦列霍夫的儿子呀。”

“是的。”

“你有什么事？”

“我想求求您，能不能让我做个长工？”

格里高力听到吱呀一声门响，转过头去。一位身穿绿色制服、戴着中尉肩章的青年军官，手里拿着一张折成四折的报纸，从大厅里走了出来。格里高力认出他就是去年赛马时输给米佳·柯尔叔诺夫的那个军官。

谢尔盖·普拉托诺维奇一面给军官推过一把椅子，一面说：

“怎么，你父亲穷啦，要儿子出来做雇工？”

“我不跟他一块儿过啦。”

“你分出来啦？”

“是的。”

“我倒是高兴收留你，我知道你们一家都是吃苦耐劳的人，可惜我这里没地方好安插。”

“怎么一回事儿？”中尉朝桌子跟前坐了坐，望着格里高力，问道。

“这个小伙子想找事情做。”

“会照应马吗？赶单辕车行不行？”中尉用茶匙在杯子里搅着，问道。

“行，我家就用过六匹马拉的单辕车。”

“我需要一个车夫。你的条件呢？”

“我要的工钱不高……”

“要是这样的话，明天你就到我父亲的庄子上来吧。知道李斯特尼次基·尼古拉·阿列克塞耶维奇的庄子在哪儿吗？”

“我知道，就这样吧。”

“离这儿十二俄里。你明天一早去，到那儿再谈吧。”

格里高力踌躇了一下子，已经抓住了门把手，又说道：

“劳驾，请您出来一下，我还有话要跟您说……”

中尉跟着格里高力来到幽暗的过道里。透过毛玻璃从阳台上射进来的微弱光线，变成了粉红色。

“怎么回事儿?”

“我不是一个人……”格里高力的脸涨得通红,“我还带一个娘儿们。是不是也给她找点什么事干?”

“老婆吗?”中尉扬了扬被亮光照成了粉红色的眉毛,笑着问道。

“别人的老婆……”

“哦,是这么回事儿呀。那好吧,让她在厨房里打杂吧。可是,她的男人在哪儿呢?”

“就在这里,是本村的。”

“怎么,你把有夫之妇拐出来啦?”

“是她自己跑出来的。”

“倒是一桩风流韵事。好吧,明天你来。现在请便吧,老弟。”

早晨八点钟左右,格里高力来到李斯特尼次基家的庄园亚戈德庄。一座很大的庄院,四周围着泥灰剥落的砖墙,院子里纵横交错地散布着许多房屋棚舍:一座瓦顶的厢房,厢房正中有砖砌的字样“一九一〇年”,有下房、浴室、马棚、鸡窝、牛棚、长长的仓房、车棚。主房又大又古老,坐落在丛丛花木中间,靠院子的一面是花坛。房子后面,已经落光了叶子的一大片白杨和柳树,像一道灰墙似的矗立着,树顶上有不少白嘴鸦的老巢,好像一顶顶棕色的皮帽。

在门外迎接格里高力的是一群黑色的克里米亚种猎狗。一条瘸腿的老母狗,眼睛里像老奶奶一样流着泪水,第一个走过来把格里高力上上下下闻了一遍,然后垂下干瘦的头,跟在他后面。女厨子正在下房里跟一个满脸雀斑的年轻丫头吵嘴。一个厚嘴唇、高身量的老头子坐在门口抽烟，喷出来的烟气像罩子一样，把他罩在里面。丫头把格里高力带进房里。堂前有一股狗臭味和没有干透的兽皮气味。桌子上放着双筒猎枪的枪套和一个猎袋，猎袋上的绿丝穗头已经残缺不全了。

“少爷叫你上他房里去。”丫头从旁边的门里探出头来说。

格里高力担心地看了看自己的脏靴子，便朝门口走去。

中尉躺在靠窗放着的一张床上；被子上放着一个装着卷烟纸筒和烟丝的盒子。中尉卷好一根卷烟，扣起白衬衣领子，这才说：

“你真早啊。等一等吧，我父亲一会儿就来。”

格里高力在门口站了下来。过了一会儿，堂前咯吱咯吱响的地板上，响起嚓嚓的脚步声。一个浑厚而低沉的声音对着门缝问道：

“还在睡吗，叶甫盖尼？”

“您请进吧。”

走进来的是一个穿着黑色的高加索毡靴的老头子。格里高力从侧面看了看他，首先进入眼帘的是一条歪歪扭扭的细鼻子和鼻子下面那抽烟熏黄了的宽宽的半圆形白胡子。老头子个头儿很高，瘦瘦的，肩膀宽宽的。那长长的骆驼绒上衣穿在身上显得松松的，领子像绳套一样紧紧勒着他那皱皱巴巴的棕色脖子。两只失去神采的眼睛离鼻梁很近。

“爸爸，这就是我给您找的车夫。是一个好人家的小伙子。”

“谁家的？”老头子用沉雷一般的声音嗡嗡地问道。

“麦列霍夫家的。”

“哪一个麦列霍夫家？”

“是潘捷莱·麦列霍夫的儿子。”

“我认识普罗柯菲，潘捷莱我也认识。瘸得很厉害，不是吗？”

“一点不错，是瘸子。”格里高力站得笔直。

他想起了父亲讲过的俄土战争的英雄——退休的李斯特尼次基将军的一些事。

“为什么要出来帮工？”上面又响起轰隆声。

“我不跟父亲在一块儿过啦，大人。”

“如果你靠伺候人混日子，算得上一个什么样的哥萨克呢？父亲把你分出来，难道什么都没有给吗？”

“是的，大人，没有给。”

“那就是另外一回事儿了。你跟妻子一块儿出来帮工吗？”

中尉猛然咯吱咯吱地晃了两下床。格里高力瞥了一眼，看到中尉在挤眼睛，直点头。

“是的，大人。”

“不要什么大人不大人的。我不喜欢！工钱——一个月八卢布。这是给两个人的。你妻子就给家里干活的和短工们做饭。同意吗？”

“好吧。”

“明天就到庄上来吧。就住在以前车夫住的那间下房里好啦。”

“您昨天打围怎么样？”儿子问老头子，同时两只窄窄的、毛茸茸的脚也踩到地毯上。

“从响谷里撵出一只狐狸，一直追到树林子里。老东西不见了，猎狗扑了个空。”

“卡兹别克还瘸吗？”

“它原来是骨头脱了节。你快起来吧，叶甫盖尼，饭要凉啦。”

老头子转身朝着格里高力，弹了一下干得皮包骨头的手指。

“开步——走！明天八点钟以前到这儿来。”

格里高力走出大门。那群猎狗正躺在仓房后面一块没有雪的地方晒太阳。那条眼睛像老奶奶一样的老母狗小步跑到格里高力跟前，在他背后闻了一通，便无精打采地垂下头，一步一步地跟着他走，一直把他送到第一个山谷口，然后才回去。

十二

阿克西妮亚老早就把饭做好，把灶里的炭火扒了扒，把烟囱堵上，等到把碗碟洗好，就透过小窗户朝院子里望了望。司捷潘正站在靠着麦列霍夫家的篱笆脚下的一堆檩条跟前。他那硬邦邦的嘴唇角上叼着已经熄灭了的烟卷，他正在檩条中间挑选合适的柱子。板棚的左角塌下来了，必须栽上两根结实的柱子，再把原来的芦草盖上。

早晨一起来，阿克西妮亚的两个腮蛋子就红扑扑的，眼睛放射着青春的光彩。这种变化没有躲过司捷潘的眼睛；在吃早饭的时候，他问道：

“你怎么啦？”

“我怎么?”阿克西妮亚的脸一下子全红了。

“你的脸光闪闪的,好像擦了一层素油。”

“锅膛里的火烤的……头都烤昏啦。”她转过脸去,眼睛偷偷地朝窗外扫了扫:米沙·柯晒沃依的妹妹来了没有?

米沙的妹妹天快黑的时候才来。等得疲惫不堪的阿克西妮亚一下子振作起精神。

“你找我吗,玛沙?”

“你出来一下。”

司捷潘正对着砌在白炉壁上的破镜子梳头,又用牛角小梳子梳理栗色小胡子。

阿克西妮亚担心地朝丈夫看了一眼。

“你好像要上哪儿去吧?”

司捷潘没有马上回答,他把小梳子放进裤子口袋,从炉龛里拿出一副纸牌和烟荷包,这才说:

“到安尼凯家里去坐一会儿。”

“你什么时候才能赌够呢?打起牌来,命都不要,没有哪一夜不赌。天天都要赌到鸡叫。”

“好啦,够了,别啰唆啦。”

“又是去打二十一点吗?”

“别啰唆起来没有完啦,阿克秀莎。瞧,人家等着你呢,去吧。”

阿克西妮亚侧身来到过道里。红扑扑的脸上到处是雀斑的玛莎笑嘻嘻地在门口迎住她。

“格里高力回来啦。”

“怎么样?”

“他叫你天一黑就上我们家去。”

阿克西妮亚抓着玛莎的手,把她朝门口推了推。

“小声,小声点,好妹妹。他怎么样,玛莎? 是不是他还有别的话?”

“他说,叫你把要带走的东西都带上。”

阿克西妮亚浑身又像火烧,又打哆嗦,望着门口,捯换着两只脚,头来回转悠着。

“天啊,我怎么搞呀? ……嗯? 太仓促啦……唉,我怎么办? 等等,你告诉他,说我就来……噢,他在哪儿等我呀?”

“在我们家里。”

“哎呀,不行! ……”

“好吧,不要紧,我告诉他,叫他出来好啦。”

司捷潘穿好上衣,凑到挂灯上吸烟。

“她来干什么?”他一口烟抽过,问道。

“谁呀?”

“柯晒沃依家的玛莎呀。”

“噢,她找我有事……要我给她裁一条裙子。”

司捷潘一面吹着烟卷上的黑灰,朝门口走去……

“你先睡吧,别等我啦!”

“那好吧。”

阿克西妮亚趴在结满冰花的窗子上,在大板凳跟前跪了下来。正往外走的司捷潘的脚步声在通往篱笆门的小路上咯吱咯吱地响了起来。风卷起烟卷上的火星并且吹到了窗户上。阿克西妮亚透过玻璃上圆圆的一片没有冰花的地方，借着烟卷的闪光，有一小会儿看到了紧压着硬邦邦的耳朵的皮帽边儿和黑乎乎的腮。

她匆匆忙忙地把自己当年的嫁妆：裙子啦，褂子、头巾啦，从箱子里翻了出来，放进一条大披巾里，又喘着粗气，瞪着慌乱的眼睛，到厨房里最后看了一遍，把灯熄掉，便跑到台阶上。麦列霍夫家有人出来看牲口。阿克西妮亚等到脚步声没有了，才把门钩儿挂到门鼻儿上，夹紧包袱，朝顿河边跑去。一绺一绺的头发从绒毛头巾底下耷拉下来，擦得两腮痒酥酥的。她来到柯晒沃依家后门口，已经没有力气了，她十分吃力地挪动着两条灌了铅一般的腿。格里高力正在门口等她。他接过包袱，一声不响地带着她朝草原上走去。

穿过了场院，阿克西妮亚放慢脚步，拉了拉格里高力的袖子。

“等一下子。”

“有什么好等的？月亮一下子还出不来，应当赶快走。”

“等等吧，格里沙。”阿克西妮亚弯下腰站住了。

“你怎么啦？”格里高力俯下身子看着她。

“没什么……肚子有点疼。刚才拿东西弄的。”阿克西妮亚舔着火烧火燎的嘴唇，眯着疼得直冒火星的眼睛，紧紧按住肚子。她弯着腰可怜巴巴地站了一会儿，然后一面把耷拉下来的头发往头巾里面塞着，一面又往前走。

“好，没事啦，走吧！”

“你也不问问我把你带到哪儿去。万一到前面崖头上，我把你推下去呢？”格里高力在黑暗里笑着说。

“我反正都一样。已经闹成这样子啦。”阿克西妮亚的话音中带着很不愉快的笑……

这天夜里，司捷潘跟往日一样，半夜里才回家来。他走进马棚，把被马扒成一堆的干草扔进槽里，摘下马笼头，就走上台阶。“她恐怕是串门子去啦。”他一面摘门钩，一面想道。他走进厨房，把门掩好，擦着一根火柴。他今天是赢家（赌的是火柴），所以心平气和，就想睡觉。他点上灯，看了看厨房里丢得乱七八糟的东西，没有想到是怎么回事。等他来到正房里，才有点吃惊起来。箱子大开着，像黑洞洞的大嘴一样，地上扔着在慌乱中忘记带走的老婆的一件旧女褂。司捷潘急忙脱下皮袄，跑到厨房里把灯端来，在正房里看了一遍，全明白了。他把灯一摔，不自觉地从墙上扯下马刀，紧紧握住刀柄，握得手指甲都发了青——用刀尖挑起阿克西妮亚忘记带的那件淡青底色、淡黄色印花的女褂，向上一甩，将刀嗖地一挥。在空中将女褂斩成两半。

他脸色煞白，像疯了似的，就像狼有气不能发泄一样，把斩碎的淡青色布片朝天花板上乱扔；舞着那嗖嗖直响的飞快的钢刀，在空中将布片斩得粉碎。

然后，他扯断刀穗，把刀扔到屋角里，走到厨房里，坐到桌子跟前。他歪着头，用哆哆嗦嗦的铁硬的手指在没有擦净的桌面上抚摩了半天。

十三

从来就是祸不单行。这天早晨，因为盖奇柯一时疏忽，米伦·

格里高力耶维奇的一头良种公牛竟抵伤了一匹上等骒马的脖子。盖奇柯脸色煞白，惊慌失措地跑进房来，浑身哆嗦得像打摆子一样。

“糟了，老掌柜！公牛，该死的公牛，真该杀……”

“公牛怎么啦？啊？”米伦·格里高力耶维奇吓了一跳。

“把骒马脖子弄坏啦……用角抵的……我看……”

米伦·格里高力耶维奇连衣服都没有穿，就跑到院子里。米佳正在井旁边用棍子狠狠地打那头五岁口的红毛公牛。那公牛将脖子下面耷拉着的皱皱巴巴的皮肉贴在地上，拖着在雪地上转，来来回回扭动着垂得很低的头，用腿将雪往后蹬得远远的，像螺丝一样拧着的尾巴周围飞舞着银色的雪粉。它挨了打并不逃跑，只是低沉地哞哞叫着，直蹬后腿，好像要跳起来似的。

它的声音越来越大，变成了呜呜的怒吼。米佳打它的头，打它的腰，声嘶力竭地骂着粗话，丝毫不理睬在后面拉住他的腰带的米海伊。

“算了吧，少东家！……看在救主耶稣面上！……它会抵你的！……老东家，你怎么不管呀？……”

米伦·格里高力耶维奇朝井边跑去。骒马无精打采地耷拉着脑袋，站在篱笆跟前。胯骨旁那又黑又深的凹沟已经汗湿透了，随着呼吸来来回回地动着，鲜血从脖子上往雪地上，往胸前圆滚滚的肉疙瘩上直流。背上和两侧那浅棕色的皮毛像起伏的波浪一样轻轻颤动着，胯沟不住地哆嗦着。

米伦·格里高力耶维奇跑到马前头去看。在分成了两截的脖子上，伤口正冒着粉红色的热气。伤口又长又深，手掌都可以放进去；呼吸的时候一抽搐，那节节疤疤的喉咙管都露了出来。米伦·格里高力耶维奇用手抓住马头上的鬃毛，把垂得低低的马头提了起来。它那闪闪发光的紫色瞳仁直盯着主人的眼睛，好像是在问："这一下该怎么办呢？"米伦·格里高力耶维奇明白这个没有说出声的问题，就叫喊道：

"米佳！叫人煮橡树皮。喂，麻利点儿！"

盖奇柯跑去剥橡树皮，跑得那脏脖子上的三角形喉结直哆嗦。米佳回头看着在院子里打转转的公牛，走到父亲跟前。那红红的公牛在白茫茫的雪粉伴随下，在院子里打着圈圈儿，气势汹汹地、不住声地吼叫着。

"抓住马鬃！"父亲命令米佳，"米海伊，快去拿根小绳子来！快，该打的东西！……"

把骒马那柔滑的、长着稀稀拉拉长毛的上嘴唇缠了起来，为的是叫马不感到疼痛。格里沙加爷爷来到跟前。这时端来一花碗用橡树皮熬的汤。

"凉一凉，太烫啦。听见没有，米伦？"

"爹，您行行好，到屋里去吧！在这儿您会着凉的！"

"我叫你凉一凉再给它喝嘛。你想把马烫死吗？"

把伤口洗干净了。米伦·格里高力耶维奇用冻僵的手指头把一根粗线穿到大针上，亲自缝起来。伤口变成了一行很漂亮的针脚。米伦·格里高力耶维奇还没有离开井台，卢吉尼奇娜就从屋里跑来了。她那苍白、干瘪的两腮皱了起来，露出惶恐的神情。她把丈夫叫到一旁。

"娜塔莉亚回来啦，孩子的爹！……哎呀，我的天啊！"

“回来又怎样？……”米伦·格里高力耶维奇发急地说，他那白脸上的麻子变成了灰白色。

“因为格里高力……女婿从家里跑掉啦！”卢吉尼奇娜大张开两条胳膊，就像白嘴鸦要起飞时那样；两手在大襟上一拍，就尖声叫了起来，“要叫村里人笑话死啦！……当家的呀，天啊，多么倒霉啊！……哎呀，噢呀！”

娜塔莉亚裹着头巾，穿着小棉袄，站在厨房当中。两颗泪珠儿汪在鼻梁旁边，还没有掉下来。她的脸蛋子像炉壁一样红。

“你干什么来啦？”父亲一面往厨房里走，一面责问，“男人打你了吗？闹别扭啦？……”

“他跑掉啦，”娜塔莉亚打了一下哽，把冲到喉咙口的哭声咽下去，轻轻晃了两下，跪到父亲的面前。“我的爹呀，我这一辈子完啦！……叫我回来吧！格里什卡跟他的相好的跑掉啦！……剩下我一个人啦！我的爹呀，我叫人家欺负够啦！……”娜塔莉亚一连声地数落起来，一说起来就没完没了，并且用祈求的目光朝上望着父亲那一团红胡子。

“有这等事，哼，等着瞧吧！……”

“在那儿过不下去啦！把我接回来吧！……”

娜塔莉亚很快地爬到大箱子跟前，把哭得直打哆嗦的头一下子用手抱了起来。她的头巾溜到了背上，梳得光光的修直的黑发披散到苍白的耳朵上。沉痛的时候要哭，就像春旱时需要雨一样；母亲把娜塔莉亚的头放到自己干瘪的肚子上，边哭边数落，东一句西一句，唠唠叨叨，七扯八拉；米伦·格里高力耶维奇却耐不住了——一下子冲到台阶上。

“牵两匹马把爬犁套上！……套上辕马！……”

一只公鸡正在台阶旁边郑重其事地跟母鸡交配，听到高声喝叫吓了一跳，从母鸡身上跳下来，摇摇晃晃、一瘸一拐地从台阶跟前朝仓房走去，一路上咕嗒咕嗒叫着，表示很不高兴。

“快套上！……”米伦·格里高力耶维奇用靴子狠踢台阶上的雕花栏杆，直到盖奇柯慌慌张张地从马棚里牵出两匹铁青马，一面走着一面把马套上，他才离开那踢得不像样子的栏杆，走进屋里。

米佳和盖奇柯一起去取娜塔莉亚的东西。盖奇柯一不留神，爬犁撞倒了一头没有来得及从路上躲开的小猪，因为他在想着自己的心事：“也许，因为出了这件事，东家会忘记骡马的事吧？”他高兴起来，松了松缰绳。

“这黑心肠的家伙，他才不会忘呢！……”又出现了一个念头，于是盖奇柯脸色阴沉下来，撇了撇嘴。

“跑快点，鬼东西！……我揍死你！”他集中精神甩手一鞭，特意朝马的要害处打去。

十四

叶甫盖尼·李斯特尼次基中尉在御林军阿塔曼团当差。他在军官赛马时落马，跌断了左前臂。出了军医院后，请了一个半月的假，就到父亲的亚戈德庄上来了。

多年丧偶的老将军独身一个住在亚戈德庄上。在上一世纪[①]

①这里是指十九世纪。

的八十年代，他的夫人死在华沙郊外。有人朝这位哥萨克将军开枪，打中了将军夫人和车夫，轿车上打了许多窟窿，将军却安然无恙。夫人留下了当时只有两岁的儿子叶甫盖尼。这事发生以后不久，他就呈请辞职，搬到亚戈德庄上来住(他的四千俄亩土地，还是他的曾祖父因为参加一八一二年的卫国战争得到的封地，都在萨拉托夫省)，过起了清心寡欲的日子。

儿子一长大，他就把儿子送进中等武备学校，自己一心经营家业：繁殖起良种牲畜，他从皇家养马场买来千里马做种马，让这些马跟英国的和顿河普洛瓦里养马场的良种母马交配，就得到特别的马种。他在自己的哥萨克份地和买来的土地上养牲口，用别人的手种庄稼，冬天和秋天带上猎狗去打猎，有时也一个人关在洁净的客厅里，一连喝上几个星期。使他伤脑筋的是，他的胃病非常厉害，遵照医生的严格限制，他不能把嚼过的食物咽下去；嚼一阵，把汁水嚼出来，然后把嚼烂的东西吐到一个银盘子上，这盘子一直由庄稼汉出身的年轻仆人维尼阿民伸着手在旁边托着。

维尼阿民傻头傻脑，黑乎乎的，圆圆的脑袋上长的好像不是头发，而是一片黑黑的天鹅绒。他在李斯特尼次基老爷跟前已经干了六年。起初叫他端着银盘子站在将军跟前，他看到老头子把嚼得湿漉漉、灰乎乎的东西吐了出来，不能不感到恶心，到后来也就习惯了。

庄子里的用人，除了维尼阿民以外，还有厨娘鲁凯莉亚、苍老的马夫萨什卡、专管牧放牲口的季杭、刚来上工的车夫格里高力和阿克西妮亚。虚胖、麻脸、大屁股、很像一块没有发起的黄面团一样的鲁凯莉亚，一开头就不叫阿克西妮亚干灶上的活儿。

“到夏天老爷雇短工的时候，你再来做饭吧，眼下我自己忙得过来。”

阿克西妮亚的职掌是每星期把各个屋子里的地板擦三次，喂养几群家禽，打扫家禽棚舍。她干活儿十分热心，尽量使大家都满意，连鲁凯莉亚也不例外。格里高力大部分时间是在宽敞的木头马棚里跟马夫萨什卡一同度过。老头子已经活到须发全白了，但还是叫萨什卡。从来没有人尊称过他的父名，至于他的姓，恐怕连他服侍了二十多年的李斯特尼次基老爷都不知道。他年轻时候是当车夫的，可是到了晚年，力气和眼力都不行了，就改做马夫。他身材短小，满身都是白中泛绿的长毛（连手上也长着白毛），鼻子在小时候就被木槌打扁了，他总是到处眨巴着天真无邪、眼圈红红的眼睛，带着孩子般纯真的笑。毁坏了他那端正的面孔的，不光是一道上翻的扁鼻子，还有被直通下面的一道伤疤弄得不像样子的下嘴唇。在他当兵的时候（萨什卡是包古查尔出生的俄罗斯人），有一回喝醉了，他抓起一瓶王水，当成了普通的烧酒，那火一样的药水穿透下嘴唇，一直向下巴流去。药水流过的地方，留下了一道斜斜的、不再长毛的、可笑的粉红色伤疤，好像是一只看不见的小野兽舔了舔萨什卡的大胡子，留下了那细细的锯齿形舌头的印子。萨什卡常常喝酒解闷儿，酒一下肚，他就要在庄园的院子里走来走去，想到哪儿就到哪儿，有时在老爷卧室的窗户下面站站，在自己那可笑的鼻子前面滑稽地转悠着手指头。

“尼古拉·阿列克塞耶维奇！尼古拉·阿列克塞耶维奇，听见吗？”他厉声唤道。

老爷这时候如果在卧室里，就会走到窗前来。

“你吃饱啦，不值一钱的东西？”老爷对着窗口大声喝道。

萨什卡提着直往下掉的裤子，不住地挤眼睛，诡秘地笑着。笑容斜斜地穿过他整个的脸：从眯起的左眼直到右嘴角以下的粉红色的伤疤。这笑容是横着的，但也是愉快的。

“尼古拉·阿列克塞耶维奇，老爷，我可是了解你啊！……”萨什卡一面蹦跳着，竖起又细又脏的手指头比画着。

“快去睡会儿吧，”老爷用熏黄的手指捻着耷拉下来的胡子，无可奈何地笑着说。

“什么都瞒不了我萨什卡！”萨什卡大笑着，朝花坛走去，“尼古拉·阿列克塞耶维奇，你呀……跟我一样。我和你，就像鱼和水一样。鱼喜欢钻水底，咱们喜欢上……场院。咱们都是财主，嘿！……”萨什卡叉着两条腿，张开两只手拍了拍。“大家都知道咱们，全顿河省都知道。咱们……”萨什卡的声音中露出伤感和拉近乎的意味。“咱们呀，老爷，什么都好，就是咱们的鼻子是臭的！”

“为什么？”老爷稀奇地问道，脸笑得变成了瓦灰色，上下胡子都抖动着。

“因为喝酒啊！”萨什卡清清楚楚地说，一面不住地眨巴眼睛，用舌头舔着顺着粉红色伤疤的沟往下流的唾沫，“你呀，尼古拉·阿列克塞耶维奇，别喝酒啦。要不然咱们就完蛋啦！咱们会把家产喝光的！……”

“去吧。给你，拿去醒醒酒吧。”

老爷从窗户里扔出一个二十戈比的硬币。萨什卡在半空中接住,藏到帽子底下。

“好啦,再见吧,将军。”他叹了一口气,转身就走。

“马你饮了吗?”老爷老早就堆起笑,问道。

“啰唆鬼！狗崽子！”萨什卡红着脸,声嘶力竭地大叫起来。他气得像打摆子一样直哆嗦,“萨什卡会忘记饮马吗？嗯？我就是要死,也要爬着去弄桶水来饮饮,可是他,哼,真想得出！……真也是！……”

萨什卡觉得受了不应有的委屈,气嘟嘟的,骂着娘,挥舞着拳头,做出要打人的样子,走了开去。他发酒疯,跟老爷称兄道弟,都没有事;所以没有事,是因为萨什卡是一个难得的好马夫。冬天和夏天他都睡在马棚里,睡在空栏格子里;谁也没有他会服侍马,他又是马夫,又是马医;每年春天,百花盛开的时候,他就去采集各种药草,在草原上、在干涸的山谷里和潮湿的山沟里挖掘药用草根。马棚里的墙上,高高地挂着一捆捆各种各样叶子的干药草:早春草——是治气肿的,蛇眼草——是治毒蛇咬伤的,阔叶草——是治坏腿病的,生长在树林里柳树根旁边的一种白色小草——是治劳伤的,还有许多不知名字的别的一些药草,那都是可以给马医治各种各样疾病的。

在马棚里萨什卡睡的栏格子里,冬天和夏天都有一股清香扑鼻的气味像蛛网悬在那里一样。木板床上铺着压得像石头一样的干草,干草上蒙的是马衣,床上还放着萨什卡的棉袄,那棉袄里里外外都是马汗味。除了棉袄和一件熟皮小皮袄以外,萨什卡再没有别的家私了。

季杭是一个厚嘴唇、大个头儿、傻里傻气的哥萨克,跟鲁凯莉亚一块儿过，时常无缘无故地暗中怀疑她和萨什卡有关系。每月总有一回，他抓住萨什卡油污的小褂扣子，把他拉到后院里。

“老人家，你别盯着我那个娘儿们啦！”

“这可难说……”萨什卡意味深长地挤挤眼睛。

“你别跟她来往啦，老人家！”季杭恳求说。

“我呀，老弟，就喜欢麻子呢。酒可以不喝，麻子娘儿们可不能不要。麻子越多，越喜欢咱们哥们儿。”

“老人家，你这么大岁数，该害臊才是，可是你不害臊……你呀，哼，还是大夫，还给马治病，还是个懂道理的人呢……”

“我这个大夫可是什么事都干。”萨什卡还是不肯让步。

“别跟她来往吧，老人家！不能这样啊。”

“我呀，老弟，一定要把这个鲁凯莉亚弄到手。你跟这个妖精分手吧，我迟早要夺过来！她是一块葡萄干馅饼。只不过葡萄干抠出来啦，所以才有点儿麻子。我就喜欢这样的！”

“那你就瞧着吧……你可别叫我碰上，我碰上了就把你宰掉。”季杭一面说，一面叹着气从烟荷包里掏出几个铜币。

每个月都是这样。

亚戈德庄上的生活就像吃了昏睡药一样安宁。庄园坐落在一座干涸的山谷里，离大道很远，十分僻静，一到秋天就跟车站和村庄断绝来往。冬天的夜里，躲在黑松林里过冬的狼就出来打食儿，跑到像凸出的沙嘴一样伸进树林里的土冈上，嗥嗥地直叫，吓得马心惊肉跳。季杭常常跑到树林里，用老爷的双筒猎枪打狼，这时鲁凯莉亚就用粗布衣服裹住那厚得像炉壁一样的脊背，瞪着那被肉嘟嘟的麻腮挤成了一条缝的小眼睛，朝黑暗里望着，一动不动地等候着枪响。这时候傻里傻气、秃头秃脑的季杭在她心目中就成了英雄和勇猛无敌的好汉，等到下房的门一响，季杭随着一团热气闯了进来，她才往床里面靠一靠，嘴里不住地说着甜蜜的话，亲亲热热地把冻坏了的心上人搂到怀里。

夏天，在亚戈德庄上一直到很晚还能听得见干活的人的喧闹声。老爷种着四五十俄亩各种各样的庄稼，每年要雇短工来收割。叶甫盖尼夏天有时候到庄上来，在花园里和树林里走走，散散心。早晨就手持钓竿，坐在池塘边钓鱼。他个头儿不高，胸部十分饱满。他留着哥萨克式头发，向右边梳着。军官服一穿，显得非常精神。

格里高力刚带着阿克西妮亚来到庄上的头些日子里，常常到少东家房里去。维尼阿民常到下房里来唤他；他低着毛茸茸的脑袋，笑着说：

“走吧，格里高力，到少爷房里去，他叫我唤你呢。”

格里高力走进去，在门口站了下来。少爷露一露稀稀的大牙齿，用手指指椅子。

“坐吧。”

格里高力坐到椅子边上。

“我们家的马你喜欢吗？”

“都是好马。那匹灰马特别好。”

“你要常常骑骑这匹马。小心点儿，不要大跑。”

“萨什卡老爹对我说过啦。”

“那匹‘大力士’怎么样？”

“是那匹枣红马吗？这匹马我说不准。有一只蹄子裂开啦，该换换掌啦。”

少爷眯缝着锐利的灰眼睛，问道：

“春天你要入营了吧？”

“是的。”

“我去跟村长说说，你就可以不去啦。”

“那我太感激啦。”

两个人都沉默了一会儿。中尉解开制服领子，搔了搔白得像女人一样的胸脯。

“怎么，你不怕阿克西妮亚的丈夫把她夺回去吗？”

“他不要她啦，不会来夺。”

“谁告诉你的？”

“我到镇上去买马掌钉子，看到一个同村的人。他说，司捷潘到处瞎嚷嚷，说‘阿克西妮亚我才一点不稀罕呢。让她走好啦，我再找一个好点儿的’。”

“阿克西妮亚是个漂亮娘儿们。”中尉若有所思地朝格里高力的眼睛上面望着，嘻嘻地笑着说。

“这娘儿们是不错。”格里高力附和说，并且皱了皱眉头。

叶甫盖尼的假期快满了。胳膊已经不用绑扎，可以随便活动和举起，只是胳膊肘还不能打弯儿。

假期的最后几天，他常常到格里高力住的下房里来坐坐。阿克西妮亚已经把脏得长了青苔的小屋子粉刷得干干净净，把窗户也擦洗了，地面也用碎砖铺了。在这间缺少摆设、喜气盈盈的小屋子里，洋溢着有了女人的舒适气氛。地炉里也冒起腾腾的热气。中尉披起罗曼诺夫式蓝呢子皮袄，就朝下房里走来。他专门挑在格里高力忙着侍弄马的时候来。先到厨房里，跟鲁凯莉亚开开玩笑，然后转身就到另一间屋子来了。他坐在地炉旁边的凳子上，弓起脊背，嬉皮笑脸地看着阿克西妮亚。他一来，阿克西妮亚就不知如何是好，打袜子的针在手里不住地哆嗦。

“过得好吗，阿克秀莎？”中尉一面问，一面抽纸烟，喷得满屋子都是青烟。

“谢谢啦。”

阿克西妮亚抬了抬眼睛，碰到中尉那不用言语在诉说心意的、毫不掩饰的目光，脸唰地一下红了。她看到叶甫盖尼·尼古拉耶维奇那火辣辣、亮闪闪的眼睛，觉得又懊恼又不痛快。她驴唇不对马嘴地回答着各种无聊的问题。一心想快点儿走开。

“我走啦，要给鸭子撒点儿食啦。”

“坐一会儿吧，早着呢。”中尉笑着说，并且抖动起紧紧裹在马裤里的两条腿。

他问阿克西妮亚过去的事问了老半天，用他父亲那样的声音低声细气地说一些双关的话，用清亮得像泉水一样的眼睛传送情意。

格里高力做完了事情，回到下房里。中尉这才熄掉刚才眼睛里燃烧着的欲火，请他抽支烟，起身走出去。

“他坐在这儿干吗？”格里高力不看阿克西妮亚，低声问道。

“我怎么知道呢？”阿克西妮亚想起中尉的目光，很不自然地笑了笑，“他进来，就往这儿一坐，你瞧，格里什卡，就这个样子，”她模仿中尉坐的姿势，学着弓了弓腰，“他坐啊，坐啊，坐得真烦人，膝盖还来回不住地摇晃呢。”

“怎么,是你招他来的?”格里高力凶狠地眯着眼睛说。

“我才不稀罕他呢!”

“哼,叫他小心点儿,要不然我一脚把他踢到台阶下面去。”

阿克西妮亚笑着看了看格里高力,不知他当真说的,还是说着玩儿。

十五

在大斋的第四个星期,冬寒的势头过去。在顿河上,岸边的冰出现了毛边儿,面上已经开始融化的河水出现了一个一个的小孔,膨胀起来,变成了灰白色。一到晚上,山就发出低沉的嗡嗡声,根据老年人的说法,这是严寒的兆头,可实际上解冻的天气一天天来到了。每天清晨,地面有一层薄薄的霜冻,快到中午就融化了,到处散发着早春的气息,还有冻樱桃树皮和霉湿的干草气味。

米伦·格里高力耶维奇着手准备春耕,一天到晚在棚子底下忙活着,安装耙齿,跟盖奇柯一起做了两顶新车篷。格里沙加爷爷在大斋的第四个星期开始做斋戒祈祷。他从教堂回来,脸都冻青了,向儿媳妇诉苦说:

“神甫把我折腾死啦,真是个饭桶,念起经来就像鸡蛋贩子赶车那样,慢吞吞的。真倒霉!”

“爹,您到复活节前一星期再去做祷告好啦,到那时候天气就暖和啦。”

“你给我把娜塔什卡叫来。叫她给我打一双厚点儿的袜子,穿这种露后跟的袜子，就连大灰狼也要冻僵的。”

娜塔莉亚住在娘家，像个临时居住的过客；她总觉得，格里高力会回到她身边的，她一心一意地等着他，不相信理智明明白白告诉过她的事；每天夜里，她忧愁难支，因为受到意想不到的、不应有的欺凌，觉得无限委屈，十分伤心。除此之外，又添了一件事，娜塔莉亚怀着非常恐惧的心情盼着这件事快点过去，每天夜里她急得在自己的闺房里走来走去，就像一只被打伤的麦鸡在山沟里草丛中乱窜。她一回来，米佳就用异样的目光看她，有一天，他在过道里把娜塔莉亚拉住，直截了当地问：

“你想格里高力吧？”

“干你什么事？”

“我想帮你治治相思病……”

娜塔莉亚看了看他的眼睛，猜出他的心思，心里十分害怕。米佳忽闪着绿色的猫眼睛，像切口似的两个瞳仁在过道的黑暗中亮晶晶的。娜塔莉亚把门一拉，跑到格里沙加爷爷住的厢房里，站了老半天，听着自己的心惶惶不安地跳动着。第二天，米佳又到院子里去缠她。他往牲口槽里扔草，弄得他那直直的头发上，那西班牙羊皮帽上，到处都是绿色的草叶。娜塔莉亚在猪食盆边驱赶抢吃猪食的狗。

“娜塔什卡，你不要自己找罪受……”

“我喊爹啦！”娜塔莉亚用手抵挡着，大声说。

“你呀，真傻！”

“走开，该死的！……”

“好啦，嚷嚷什么？”

“走开，米佳！我马上去告诉爹！……你拿我当成什么？咦——咦，真不要脸！……地上有缝，你还不钻进去！”

“地上好好的，没有缝儿嘛。”米佳为了说明地上好好的，用脚跺了跺，并且叉起腰。

“米佳，你别碰我！”

“这会儿我不碰你，到夜里我来。真的，夜里我一定来。”

娜塔莉亚战战兢兢地回到房里。晚上她在大柜子上搭了个铺，让小妹妹陪着自己睡。整夜里她翻来覆去，用惊恐的眼睛朝黑暗处盯着。她准备一听到什么动静，就放声大喊起来，但是打破沉寂的只有睡在隔壁的格里沙加爷爷的呼哧声和睡在旁边的小妹妹偶尔的鼾声。

日子像抖开的线团一样，一天天过下去，她的痛苦无尽无休。

米佳还没有忘掉很久以前求婚时所受到的侮辱，总是愁眉苦脸，一肚子怨气。天一黑就出去玩，很少有早回家的时候，往往是天亮时候才回家。他常跟不三不四的娘儿们鬼混，常去司捷潘家打二十一点。米伦·格里高力耶维奇暂时没有作声，注视着他。

复活节前有一天，娜塔莉亚在莫霍夫的商店旁边碰上了潘捷莱·普罗柯菲耶维奇。他先把她叫住：

“等一下子。”

娜塔莉亚站了下来。她一看到公公那长着鹰钩鼻子的、大致轮廓很像格里高力的脸，就难受起来。

“为什么你不来看看我们这两个老的？”老头子很不好意思地望着她说，好像自己很对不起娜塔莉亚似的，“老婆子很挂念你：不知道你在那儿怎么样……嗯，近来你怎样？”

娜塔莉亚驱除了不必要的窘急心情，恢复了常态。

“谢谢……”她哽了一下（想叫爹），脸一红，叫道，“潘捷莱·普罗柯菲耶维奇。”

“你为什么不来看看我们呀？”

“家里有事……很忙。”

“我们那格里什卡呀，唉！……”老头子难受地摇了摇头。“他把我们害苦了，小畜生……本来你们过得多好啊……”

“没什么好说的，爹……”娜塔莉亚用高亢而冲动的声音尖声说，“看起来，没有这份命啊。”

潘捷莱·普罗柯菲耶维奇看了看娜塔莉亚那泪汪汪的眼睛，急得不知如何是好。她的嘴唇哆嗦着，极力忍着，不叫眼泪掉下来。

“再见吧，好孩子！……你不要为了他难过，不要为了这个狗崽子难过，他连你的一个手指甲都不值。也许，他会回来的。只要我看到他，到那时候我来收拾他！”

娜塔莉亚把头缩进肩膀，走了开去，好像挨了打似的。潘捷莱·普罗柯菲耶维奇在原地踏着步子待了半天，好像马上要大跑起来似的。娜塔莉亚在街口转弯的时候，回头看了看：公公正吃力地拄着拐杖，在广场上一瘸一拐地走着。

十六

在施托克曼处聚会的次数少些了。春天要到了。村里的人都在为春天的农活儿做准备；常来的只有磨坊里的“杰克”、达维德卡和机器师傅伊万·阿列克塞耶维奇。复活节前的那个星期四,向晚时候,他们集合在铁匠作坊里。施托克曼坐在铁匠案子上,用小锉子在锉一枚用半卢布银币做成的戒指。一缕夕阳射进窗来。地上印下一个朦朦胧胧、红中带黄的方块。伊万·阿列克塞耶维奇手里玩弄着一把老虎钳子。

“前两天我去找过东家,跟他谈了谈活塞的事。要送到米列洛沃去,到那里可以弄好,我们能有什么办法?裂缝已经有这样宽啦。”伊万·阿列克塞耶维奇用小指头不知是对谁比画着裂缝的宽度。

“那儿好像有个工厂吧?”施托克曼一面问,一面锉着,手指头上落满细细的银粉。

“有个钢厂。去年我曾经去过。”

“工人很多吗?”

“多得不得了。四五百人。”

“嗯,他们怎么样?”施托克曼在锉着,脑袋一颠一晃的,因此说出来的话就成了一个字一个字的,就像结巴说的话一样。

“他们倒是过得很舒服。这可不是无产阶级啦,简直是……废料。”

“这是为什么呢?”“杰克”问道。他跟施托克曼坐在一起,将短短的手指头交叉着放在膝盖下面。

磨粉工人达维德卡的头发里落满了面粉,变成了满头白发,他在作坊里来回走着,皮靴踩得沙沙响的刨屑像泡沫一样四处飞溅,他面带笑容,倾听着那清脆的、带有香味的沙沙声。他觉得好像是在红叶遍地的山沟里走,树叶软软和和的,树叶下面那潮湿的山沟土地还带着青春的弹性。

“这是因为，他们都很富裕。每个人都有自己的房子、老婆，应有尽有。并且他们有一半是洗礼派教徒。厂主本人就是他们的传教士，所以他们彼此彼此，扯都扯不清。”

“伊万·阿列克塞耶维奇，什么叫洗礼派教徒？”达维德卡听到这个生疏的字眼儿，便问道。

“洗礼派教徒吗？他们信奉上帝有自己的一套规矩。就像旧教徒那样。”

“各种傻瓜发疯的方式各不相同。”“杰克”加了一句。

“噢，刚才我说，我去找谢尔盖·普拉托诺维奇，”伊万·阿列克塞耶维奇把刚才说开了头的事说下去，“‘擦擦’阿杰平在他那儿坐着呢。他说：‘你在过道里等一等。’我就坐下来，等着。我隔着门听见了他们说的话。东家对阿杰平说，很快就要跟德国人打仗啦，还念了一本小册子上的一段话，可是，你知道吗，‘擦擦’怎样说？他说：‘你说要打藏（仗），我可不赞层（成）你的说法。’”伊万·阿列克塞耶维奇学阿杰平学得很像，逗得达维德卡张开大嘴，发出嘎嘎的笑声，但是，一看到“杰克”那厌恶的脸色，就不笑了。

“他说：‘德国人不会跟俄国打（仗）的，因为他们次（吃）的粮食靠我们供应。’”伊万·阿列克塞耶维奇继续转述他听来的谈话。“这时候又有一个人插嘴说话，从声音上我没有听出是谁，后来才知道那是李斯特尼次基老爷的儿子，是一个军官。他说：‘德国和法国为争葡萄地会打仗的，我们打仗毫无来由。’”

“奥西普·达维陀维奇，你以为怎样？”伊万·阿列克塞耶维奇向施托克曼问道。

“我可不会预言。”施托克曼模棱两可地回答说，一面聚精会神地望着伸出的手上的已经做好的戒指。

“他们要是打起仗来，咱们都要上战场。不管你愿意不愿意，都要去，强迫你去。”“杰克”发表议论说。

“是这样，伙计们，就是这么回事儿……”施托克曼说着，轻轻地从伊万·阿列克塞耶维奇手中抽出老虎钳。

他说得很严肃，显然是要把事情透彻地说一说。“杰克”把从案子上溜下来的两腿蜷舒服些，达维德卡的嘴巴张圆了，露出了沾满唾沫的密密的牙齿，施托克曼用他素有的洪亮声音、明确的语句简单扼要地讲了讲资本主义国家争夺市场和殖民地的斗争。快要讲完的时候，伊万·阿列克塞耶维奇激动地打断了他的话：

“等一等，这跟咱们有什么相干？”

“他们一打起来，倒霉的就是你和你这样的弟兄们啦。”施托克曼笑着说。

“你真是个小孩子，”“杰克”挖苦说，“有句老话：‘主子打架，奴仆保不住头发。’”

“哦——噢。”伊万·阿列克塞耶维奇皱起眉头，思索起他实在想不通的一大难题。

“这个李斯特尼次基为什么要跑到莫霍夫家里去？是不是想搞搞他的女儿呀？”达维德卡问道。

“已经叫柯尔叔诺夫家的小子搞烂啦。”“杰克”说得非常难听。

“听见吗，伊万·阿列克塞耶维奇？那个军官在那儿转悠什么？”

伊万·阿列克塞耶维奇猛地一抖，好像有人用鞭子朝他膝盖下面抽了一下。

“啊？你说什么？”

“你睡着啦，大叔！……在讲李斯特尼次基呢。”

“他是上车站去。对啦，还有一件新闻哩：我从里面出来，看到台阶上有一个人，你们猜是谁？是格里高力·麦列霍夫。他手里拿着鞭子站在那里。我问：‘你在这儿干什么，格里高力？’‘我送李斯特尼次基少爷上米列洛沃车站去。’”

“他在他们家赶车呢。”达维德卡插嘴说。

“吃起老爷的残羹剩饭来啦。”

“‘杰克’，你就像条锁在链子上的狗，见人就咬。”

大家沉默了一会儿。伊万·阿列克塞耶维奇站起来要走。

“你不是忙着去做祷告吧？”“杰克”最后一次挖苦说。

“我每天都祷告。”

施托克曼送走了这些常客，锁上作坊的门，朝房里走去。

复活节前夜，黑压压的浓云涌上天空，淅淅沥沥地下起雨来。村子上的天空阴沉欲坠。还在黄昏时候，顿河上的冰发出长长的轰隆声，开始碎裂了，有一块浮冰被大量的碎冰一挤，刷的一声抢先从水里跳了出来。一下子就有四俄里的河面开了冻，一直到村子往下第一个拐弯的地方。流冰开始了。在有节奏的教堂钟声伴奏之下，顿河上大量的浮冰互相冲撞着，震撼着两岸，以铺天盖地之势向下流去。在顿河向右拐弯的河曲里发生了流冰壅塞。流冰往上涌的轰隆声和咔嚓声一直传到村子里。在到处是融雪水洼的教堂院子里,聚集了不少年轻小伙子。教堂里嗡嗡的祈祷声慢悠悠地穿过敞开的大门,来到台阶上,又从台阶上来到院子里;在带格子的窗户里,闪耀着欢乐的节日的灯光;在院子里,小伙子们摩挲着轻声尖叫的姑娘,接吻,悄悄地在讲风流事儿。

教堂更房里住下了不少哥萨克,都是来参加复活节祈祷的,有从附近的村子里来的,也有从远处村子里来的。又累,更房里又闷,很多人都弄得疲惫不堪,有的睡在大板凳上,有的就睡在窗台下面的地上。

有人坐在断门槛上抽烟,谈论天气和冬麦地。

“你们村上什么时候下地干活儿?”

“大概要在佛明节下地。”

“行,你们那儿是沙土地嘛。”

“是沙土,凹地这一头是碱土。”

“这会儿地都泡松啦。”

“去年我们耕地,地就像脆骨一样,松脆得不得了。”

“杜恩珈,你在哪儿呀?”更房台阶下面有一个尖嗓子叫道。

教堂的便门跟前有一个沙哑的粗嗓门儿嘟哝说:

“偏偏跑到这儿来亲嘴,你们真是……给我滚开,下贱东西!你们憋不住啦?”

“你配不到对儿吧?去亲亲我们家的母狗好啦。”黑暗处有一个年轻人的脆嗓子回敬道。

“母——狗?我叫你试试……”

急急的逃跑的脚步声、哎哟声和姑娘裙子的窸窣声。

清脆的屋檐滴水声；那个慢吞吞、像黑胶泥一样黏黏糊糊的声音又说话了：

“前天到普罗霍尔那儿去买犁，给他十二卢布，他不干。这家伙就是不肯让点价钱……”

顿河上一片节奏均匀的窸窣声、沙沙声和哗啦声。好像村外有一个健壮有力、像杨树那样高大的盛装妇人拖着她那无比肥大的衣裾在下面走。

半夜里，外面漆黑一团的时候，米佳·柯尔叔诺夫骑着无鞍马来到教堂门口。他下了马，把缰绳缠到马鬃上，用手拍了拍跑上了劲的马。他听着马蹄的吧嗒声，站了一会儿，便一面勒着腰带，朝教堂里走去。他在台阶上摘下帽子，俯下他那剃成不整齐的圆圈式的头，拨开妇女，朝祭坛挤去。左边黑压压的一群是男子，右边那五颜六色的是盛装的妇女。米佳用眼睛找到了站在第一排的父亲，便走了过去。他抓住父亲正举着画十字的胳膊，对着他那长满了毛的耳朵小声说：

“爹，出去一下。”

米佳哆嗦着鼻孔，穿过各种各样气味织成的密密实实的帷幕。这里有呛人的蜡烛烟气，有出汗出得娇柔无力的女人身上的气味，有存放太久的衣服（有些衣服只是在圣诞节和复活节才从箱子底下拿出来穿一下）发出的那股像墓穴里的气味，有潮湿的靴子皮气味、樟脑气味，还有斋戒时期饿得肚子里冒酸水的气味。

来到台阶上，米佳把胸膛贴到父亲的肩膀上，说：

“娜塔莉亚要死啦！”

十七

格里高力把叶甫盖尼送到米列洛沃车站，在柳树节[①]那天才回来。开冻的天气一下子把积雪都化光了；两天的工夫，路上就到处是烂泥了。

离开车站二十五俄里，在一个叫赤杨疙瘩的乌克兰人住的小镇上过小河的时候，差点儿把马淹死。他是在傍晚时候来到镇上的。昨夜一夜之间小河就开冻了，浮冰也已流尽，灌进了一股股褐色融雪水的小河涨了起来，河水翻着泡沫，涌向街头。

有一座小店，原是去车站的路上可以歇马的，却在河对岸。夜里河水可能还要上涨，于是格里高力决定过河。

他来到前一天从冰上过河的地方，只见河水漫过了两岸，变宽了的河道里奔腾着肮脏的流水，有一段断篱笆和半边车轮子在河中心轻飘飘地旋转着。在积雪已经化尽的沙地上，露出爬犁拖出的新鲜印子。格里高力勒住满身大汗，汗沫顺着腿裆往下滚的马，从爬犁上跳下来，察看爬犁印子。滑木划出的印子像两条细细的带子。快到水边，印子微微向左一弯，就伸进了水里。格里高力用眼睛量了量到对岸的距离：至多二十俄丈。他走到马跟前检查马套。这时候，有一个上了年纪的、头戴狐皮帽的乌克兰人从尽边的院子里出来，朝格里高力走来。

“这儿能过吗？”格里高力用缰绳朝翻腾的褐色流水指了指，问道。

---

①柳树节是复活节前的一个星期日。

"能过。今天早晨还有人过呢。"

"深吗?"

"不深。也许能淹到爬犁吧。"

格里高力提起缰绳,举起鞭子,对着马简短地吆喝一声:"喔!"……两匹马打着响鼻,闻着流水,很不情愿地走动了。

"喔!"格里高力在座位上欠起身来,抽了一鞭。

套在左边的一匹宽屁股的枣红马晃了晃脑袋——反正这条命豁出去啦!——一下子拉直了套绳。格里高力侧眼朝脚下看了看:水已经淹到爬犁旁边的木杆。起初只是淹到马的膝盖,后来一下子就淹到胸膛。格里高力想转回去,但是两匹马朝下一落,打了一声响鼻,就漂浮起来。水流冲动了爬犁的后部,拖着马掉转了方向,头朝着急流。河水从马背上滚过,冲得爬犁轻轻摇晃着迅速地向后倒退。

"哎呀呀!……哎呀呀,把马拉住!……"那个乌克兰人一面在岸上跑着,大声叫了起来,并且不知为什么还摇晃着从头上摘下来的那顶狐皮帽。

格里高力声嘶力竭地吆喝着,不住地抽打马匹。河水在渐渐下沉的爬犁后面旋出许多小小的漩涡。爬犁猛地撞在一根伸出水面的木桩(冲毁的小桥桥桩)上,滴溜溜地翻了过来。格里高力哎呀一声,连头栽进水里,但是他没有松开缰绳,河水猛烈地冲着他的皮袄大襟,冲着他的两腿,死死地拖着他,在轻轻晃动的爬犁周围转来转去。他用左手抓住滑木,松开缰绳,喘着粗气,两手捯换着,朝前面的横梁凑过去。他已经用手指头抓住横梁的铁皮包头了,可是就在这时候,那匹逆流洑着水的枣红马使劲用后腿蹬了一下他的膝盖。格里高力吐着水，两手乱抓了一阵，抓住了套绳。水冲得他难以接近马匹，抓住套绳都十分吃力。他浑身冻得像千万根针在扎一样，好不容易挣扎到枣红马的头跟前，枣红马那两只血红的眼睛放射出来的疯狂、怕死的目光，一下子就钻进格里高力那长长的瞳孔。

滑腻的皮缰绳几次从格里高力手里滑脱；他几次涨着水过去，抓住缰绳，但缰绳还老是从手里往外滑；有一次去抓缰绳的时候，脚忽然挨到了地面。

“喔——喔！！！”他伸直了身子，向前冲去，一下子撞到马胸膛上，栽倒在冒着泡沫的浅水里。

两匹马把他撞倒以后，像一阵旋风似的把爬犁从水里拉了出来；马已经没有了力气，湿漉漉的脊背上冒着热气，不住地哆嗦着，走了几步就站住了。

格里高力没有觉得疼，一下子跳了起来；冷气像发烫的面团似的糊在他身上。格里高力哆嗦得比马还厉害，他觉得这会儿两条腿软软的，就像吃奶孩子的腿。他一下子猛醒过来，把爬犁翻转过来之后，就赶着马大跑起来，让马暖和暖和。他像冲锋一样冲进街里，一见到敞开的大门，就赶着马冲了进去，也没有放慢速度。

这一家的主人是个热心人。他叫儿子去照应马，自己帮着格里高力脱下衣服，并且用丝毫不许违抗的口气命令妻子：

“生起火炕！”

格里高力躺在炕头上，在自己的衣服烤干以前，一直穿着主人的裤子；晚上喝过素菜汤，就躺下睡了。

天不亮他就上了路。还要走一百三十五俄里的路，所以必须抓紧时间。春天的草原道路是危险的：每一条沟、每一道山谷里都是哗哗奔流的化雪水。

马走了很长的一段黑黑的、光秃秃的道路。他趁着早晨寒冷，把爬犁一直赶到离大道四俄里的一处塔甫里亚人居住的地方，在岔路口停了下来。满身大汗的马身上冒着腾腾的热气，后面的土地上是锃亮的爬犁印子。格里高力将爬犁扔下，把两匹马的尾巴结在一起，骑上一匹马，带着另一匹马往前走。在柳树节那天早上回到亚戈德庄上。

老爷听他仔细讲过路上的情形，便出来看马。萨什卡正牵着马在院子里溜，气嘟嘟地看着凹下去的马肋。

“马怎么样？”老爷一面往跟前走，一面问道。

“这还用问吗？”萨什卡没有停下来，哆嗦着白中带绿的大胡子，嘟哝说。

“没有使坏吧？”

“没有。枣红马脖子底下叫颈圈磨破了一块，不要紧。”

“你去歇歇吧。”老爷朝着在旁边听候吩咐的格里高力摆了摆手。

格里高力朝下房里走去，但是到夜里才得到休息。第二天一早，身穿天蓝色缎纹布新褂子、脸上总是带着笑容的维尼阿民来了。

“格里高力，老爷喊你。马上去！”

将军正穿着毡便鞋在大厅里来回走着。格里高力咳嗽一声，在大厅门口捯换着两只脚站了一会儿，咳嗽第二声——老爷抬起头来。

“你有什么事?”

“维尼阿民喊我来的。”

“哦,是的。去把那匹儿马和‘大力士’备好。告诉鲁凯莉亚,不要喂狗。打围去!”

格里高力转身走了几步,老爷又把他叫回去,说:

“听见吗?你跟我一块儿去。”

阿克西妮亚把一个没有盐的圆面包塞进格里高力的皮袄口袋,小声埋怨说:

“饭都不叫人吃,黑心肠!……不得好死。格里沙,你顶好把围巾围上。”

格里高力把备好的马牵到花坛跟前,打了两声口哨,把狗唤来。老爷穿着一件蓝呢子夹克,腰上系着一条镂孔皮带,走了出来。肩上挂着一只带软木塞的轻铁军用水壶;他手上提着猎人用的短柄长鞭,那螺旋形的鞭梢像长蛇一样拖在身后。

格里高力拉住马缰,看着老头子轻轻一跃,那瘦骨嶙峋的老躯就骑到了马上,是那样灵活,格里高力感到十分吃惊。

“跟在我后面。”将军用戴着手套的手亲热地理着马缰,简短地吩咐说。

格里高力骑上一匹四岁口的儿马,那儿马像公鸡一样昂着头,撒着欢,在一旁跟着向前走去。儿马的后蹄还没有钉掌,所以,一走到薄冰上就打滑,就蹲下身了,四蹄一齐用劲。老爷在“大力士”宽宽的脊背上轻轻摇晃着,身子微微向前弯,但是骑得十分牢靠。

“咱们上哪儿？”格里高力来到跟前，问道。

“上赤杨沟。”老爷用浑厚的嗓门儿回答说。

两匹马好好地走了一阵子。儿马不老实起来，像天鹅那样扭着短短的脖子，用凸出的眼睛斜瞅着骑在身上的人，老是想咬人的膝盖。等他们上了山坡，老爷放“大力士”大跑起来。几条狗跟在格里高力后面跑着，散成一条短短的散兵线。那条黑色的老母狗向前跑着，它那鹰钩鼻子都碰到了儿马的尾巴尖子。儿马气呼呼地蹲了蹲身子，想踢一下这讨厌的老狗，但是老狗停了下来，用伤心的老奶奶眼睛盯着回过头来的格里高力的眼睛。

半个钟头的工夫，跑到了赤杨沟。老爷顺着沟沿跑去，沟沿上到处是乱蓬蓬的枯草。格里高力朝下面跑去，一面十分小心地注视着冲得到处是深坑的沟底。他偶尔朝老爷看看。透过铁灰色的光秃而稀疏的赤杨树丛，可以看到老头子那清楚得像图画一样的身影。他伏在鞍头上，两腿站在马镫上，用哥萨克皮带勒着的呢夹克在他背上鼓了起来。几条狗结成一群，在高低不平的沟坡上走着。格里高力在马上探了探身子，跨过化雪水冲出的一道深沟。

“抽口烟吧。我这就松开缰绳，好掏烟荷包。”他想道，一面扯下手套，伸手到口袋里去摸卷烟纸。

“放狗追啊！……”呼叫声在山沟外面响了起来，那声音就像是一声枪响。

格里高力猛地抬起头来，只见老爷跳上一道很陡的山冈，高高地扬起鞭子，放马大跑起来。

“放狗追啊！”

一只灰褐色的、腿窝里的毛还没有换掉的狼，在芦苇丛生、一片泥泞的沟底飞快地跑着，那狼滑滑跌跌，身子贴着地面。跳过一条小沟，狼停了下来，猛一转身，看到了猎狗。几条狗排好阵势，成马掌形包围过来，切断了逃往沟口树林子里的去路。

那狼像弹簧一样摇晃了几下，腾身一跳，跳上一个土包——一个多年的田鼠窝——飞快地朝树林子跑去。老母狗使出有限的力气，几乎是迎面朝狼扑过去，一条十分高大、名叫“鹞子”的白色公狗——是一条最好、最厉害的猎狗——也从后面追了上去。

狼愣了一会儿，好像拿不定主意似的。格里高力拼命抖着马缰，从沟底往上走，有一会儿工夫没有看到狼，等他跑上一个小丘，狼已经在远处晃动着了；几条黑狗在一片黑土田野上的草丛里跑着，那颜色跟土地的颜色混到了一起；稍远处，老爷正用鞭把儿抽打着“大力士”，绕过一处陡崖，斜刺里跑了出来。狼夺路朝旁边一条山沟逃去，狗紧追不放，包围上去；格里高力在远处看起来，那条叫“鹞子”的白狗好像一块白布片，几乎挂到了狼腿窝里的毛团上。

“放——狗——追——呀！……”格里高力又听到了喊叫声。

他放儿马飞跑起来，很想看清前面的情形，却看不清楚：眼睛被泪水糊住，耳朵里灌满了跑出的风的尖叫声。格里高力追狼追得上了劲儿。他伏在马脖子上，像旋风一样狂跑着。等他跑到山沟跟前，狼不见了，狗也不见了。过了一会儿，老爷追上了他，老爷猛地把“大力士”一勒，叫道：

“跑到哪儿去啦？”

“一定是进山沟啦。”

“你从左边绕过去！……追！……”

老爷用鞋后跟朝竖着身子直蹦的马的肋下一磕，马就向右边跑去。格里高力拉紧了缰绳，朝洼地里冲去；他大喝一声，就飞到了洼地对面。他又用鞭子抽，又吆喝，赶着浑身大汗的儿马跑了一俄里半。又黏又湿的泥巴粘到了马蹄上，烂泥巴溅了一脸。一条顺着山势蜿蜒伸展开去的长山沟向右一拐，分成了三条岔沟。格里高力跨过一条横沟，看到几条狗像黑色的链子一样在原野上追狼，就顺着平缓的山坡朝前跑去。看样子，狼本来想朝山沟中心跑，因为山沟中心的橡树和赤杨特别稠密，狗不让狼往里面跑。在山沟中心分成三个岔，也就是山沟缓缓向下分成三条黑灰色岔沟的地方，狼一下子跑到了平地上，拉开百十丈的距离以后，就赶紧跑下一条干涧，那里面到处是乱蓬蓬的多年的荒草和干枯的大蓟。

格里高力站在马镫上注视着狼，不住地用袖子擦着被风吹得很难受的眼睛里流出的泪水。他仓促中向左边看了一眼，一下子认出了自己家的田地。这是一块斜方形的肥地，秋天他跟娜塔莉亚一块儿耕过的。格里高力特意驱马经过这块耕地，就在儿马磕磕绊绊、摇摇晃晃穿过这块耕地的不大一会儿工夫，格里高力心中那打猎的热乎劲儿渐渐凉了下来。他催赶气喘吁吁的儿马已经不那么带劲儿了，他朝老爷瞅了瞅——看他是不是回头看——就让马换成了碎步。

在远处，红凹地旁边，有一座空着的耕地人的帐篷。旁边，丝绒一般光闪闪的新耕地上，有三对公牛拉着犁慢慢走着。

“是我们村里的人。这是谁家的地呢？……好像是安尼凯家的。”格里高力心里想着，眯缝起眼睛打量着，想认一认那几条牛和掌犁的人。

“抓——住！……”

格里高力看到，有两个哥萨克扔下犁，跑过来拦截想朝洼地里跑的狼。有一个哥萨克——高个子，头戴红边的哥萨克帽，帽带扣在下巴底下——挥舞着从牛套上抽出来的一根铁条。就在这时候，狼把屁股往很深的垄沟里一插，突然坐了下来。白牙狗“鹞子”因为跑得太猛，收不住腿，从狼身上飞了过去，前腿一弯，跌倒了；老母狗想要停下来，屁股擦了一下凸起的田垄，没有停住，一下子撞到狼身上。狼用劲晃了晃脑袋，老母狗就扑通一声摔到了一边。几条狗结成黑黑的一大团，扑在狼身上，晃来晃去地在耕地上拖了几丈远，并且像皮球一样滚动起来。格里高力比老爷早跑到半分钟，他跳下马鞍，把攥着猎刀的手向背后一闪，扑通跪到地上。

“瞧这家伙！……在底下！……往喉咙上戳！……”拿着铁条跑过来的哥萨克用熟悉的声音气喘吁吁地喊道。他呼哧呼哧地喘着粗气，趴到格里高力旁边，揪住咬住狼肚子的牙狗脖子上的毛将狗拉开，用手紧紧攥住狼腿。格里高力拨开一丛丛竖起来的、在手底下动来动去的硬毛，摸到了喉咙管，干脆利落地戳了一刀。

“狗！……狗！……把狗赶开！……”脸色发青的老爷一面从马鞍上往软软和和的耕地上跳，一面上气不接下气地哑着嗓子吆喝道。

格里高力好不容易把狗赶开，回头看了看老爷。

旁边不远处站着司捷潘·阿司塔霍夫。他戴着哥萨克帽，漆皮帽带扣在下巴底下；手里转悠着铁条，变成了灰白色的下巴颏和眉毛都在哆嗦着。

“好小子，你是哪儿来的？”老爷朝他问道，“是哪个村上的？”

“鞑靼村的，”司捷潘等了一会儿才回答说，并且朝格里高力跨了一步。

“姓什么？”

“阿司塔霍夫。”

“那好啊，伙计，你什么时候回家去？”

“今天夜里。”

“你把这条死狼给我们拉回去。”老爷用脚踢了踢狼，那狼还在作垂死的挣扎，不时地咬咬牙齿，一条挺直了的后腿向上伸着，踝骨上有一团褐色的乱毛。“要多少钱，我给你。”老爷许过条件，便一面用围巾擦着通红的脸上的汗珠，走到一旁去，歪了歪身子，把系着军用水壶的窄窄的皮带从肩上摘下来。

格里高力走到儿马跟前。他一只脚踏上马镫的时候，回头看了看。司捷潘浑身不住地哆嗦着朝他走来，脖子一鼓一鼓的，两只沉甸甸的大手紧紧按在胸前。

十八

在四旬斋第五周的星期五夜里，妇女们在柯尔叔诺夫家的邻居皮拉盖雅家里坐着玩儿。皮拉盖雅的丈夫加甫里拉·麦丹尼柯夫从罗兹[1]写信回来，说要请假回来过复活节。皮拉盖雅把墙都粉刷了，在星期一就把屋子里收拾得整整齐齐，从星期四就开始盼着，常常跑到门外张望，瘦瘦的皮拉盖雅不戴头巾，带着一脸惶惶不安的神情，每次要在篱笆旁边站上半天；她把手遮在眼睛上，张望着——他回来没有呢，是不是出事啦？她快要生孩子了，这孩子是合法的：去年夏天加甫里拉从团里回来，给老婆带回一块波兰花布，在家里住了几天，就是说：跟老婆睡了四夜，到第五天就大喝了一通，用波兰话和德国话骂人，并且一面哭着，一面唱起一支哥萨克古歌，那歌子唱的是波兰，还是在一八三一年编的。朋友们和兄弟们都来给他送行，和他一块儿围坐在桌上，饭前一同喝酒，跟着他唱歌：

都说波兰是个好地方，
我们看到的是一片荒凉。
波兰是一个小小的酒店，
酒店的老板就是国王。
三个小伙子在酒店里把酒喝，
一个是普鲁士人，一个是波兰佬，
还有一个是顿河的哥萨克。
普鲁士人喝酒给的是银元，
波兰人喝酒给的是金币，
哥萨克喝酒不给钱；
他在酒店里摇摇晃晃，

①罗兹是波兰的一个重要城市。

把刺马针弄得叮当直响，
刺马针叮当响，还要勾引老板娘：
“老板娘，小心肝，跟我回家乡，
回到静静的顿河上。
我们过日子不像你们这样：
不用种，不用收，不用织，不用纺，
不用织，不用纺，天天游玩闲逛。”

吃过饭，加甫里拉就告别了家里人，走了。从那天起，皮拉盖雅就时常朝自己的小褂底摆看看。

她对柯尔叔诺夫家的娜塔莉亚讲到自己怀孕的原因，是这样说的：

“在加甫里拉快回来的时候，大妹子，我做了一个梦。好像我在河边滩地上走，前面是这家的老牛，就是去年夏天救主节丢掉的那一头；那牛在前面走着，奶水从奶头上直往路上滴……我心想：‘哎呀，我怎么没挤干净呢？’我醒来后，德萝兹季哈奶奶来讨啤酒花，我把梦里的事对她说了，她就说：‘你弄一块蜡，放到牛栏里去，就从蜡烛上掰一块下来，团成团儿，埋到新鲜牛粪里，要不然，你准倒霉。’我赶快去弄，可是没有蜡烛，本来有一支蜡烛，孩子们弄去了，大概是引洞里的毒蜘蛛去了。这么一来，加甫里拉就回来了，这就倒霉了。在他回来以前，这三年我舒舒服服的，可是这会儿你瞧……”皮拉盖雅用指头戳着自己凸起来的肚子，伤心地说。

皮拉盖雅等丈夫等得很烦恼，一个人也觉得寂寞，所以在星期五就邀了街坊上几个妇女来消磨时间。娜塔莉亚也带着没有打好的袜子(春天到了,格里沙加爷爷觉得更冷了)来了,她嘻嘻哈哈,十分热闹,听着别人说笑话,用不着笑也笑,她只是不想叫人看出,她想丈夫想得很苦恼。皮拉盖雅把露着青筋的光脚丫儿从炕上耷拉下来,跟泼辣的年轻媳妇福萝霞逗着玩儿。

"福萝霞,你怎么打你男人的?"

"你不知道怎么打吗? 照背上打,照头上打,打到哪儿算哪儿。"

"我不是问这个,我是问:你们怎么打起来的?"

"就这么打起来的。"福萝霞很不开心地回答说。

"你抓住你男人跟别的娘儿们睡觉,你没有作声吗?"马特维·卡叔林的儿媳妇——一个瘦长的娘儿们慢慢腾腾的拉长声音问道。

"说说吧,福萝霞。"

"没有什么好说的! ……偏要说这种事……"

"别磨不开,这儿都是自己人。"

福萝霞把葵花籽壳吐在手里,笑了笑,说:

"我早就对他留心了,那一天有人告诉我说:你男人正在磨坊里跟顿河对岸的一个娘儿们磨面呢……我跑去一看,他们正在碾子旁边呢。"

"怎么,娜塔莉亚,你男人的事没听说过吗?"卡叔林的儿媳妇打断了话头,向娜塔莉亚问道。

"他在亚戈德庄上呢……"娜塔莉亚小声回答。

"你还想不想跟他在一块儿过?"

"她也许还想,就是他不懂她的心意。"女主人插嘴说。

娜塔莉亚觉得一阵热血涌到脸上，就要流出泪来。她把头垂到袜子上，皱着眉头看了大家一眼，看到大家一齐望着她，她知道自己羞红了的脸色瞒不过她们，便故意让毛线团从膝盖上掉到地上，她弯下身去，用手在冰冷的地面上摸索起来，但是她做得很不自然，所以大家都看出来了。

“别把他放在心上，好妹子，只要是个女人，不愁找不到主儿。”一个娘儿们带着明显的怜悯神情劝道。

娜塔莉亚装出的快活劲儿，像风吹火星一样不见了。妇女们谈起近几天的一些传闻和闲话。娜塔莉亚打着袜子，一声不响。她好不容易坐到散场时候，心里想着还没有拿定的主意走了出来。她因为自己这种不明不白的处境（她还不相信格里高力会永远不回来，所以原谅他，等待着他）感到羞耻，羞耻心推动着她下决心——决心瞒着家里人往亚戈德庄寄一封信给格里高力，探一探他是永远不回来了呢，还是回心转意了。她从皮拉盖雅家里回来已经很晚了。格里沙加爷爷坐在小屋里，正在看一本滴满蜡烛油的、皮封面的破旧《圣经》。父亲正在厨房里拾掇渔网，听米海伊讲很久以前的一宗人命案子。娜塔莉亚的母亲安顿好孩子们以后，自己也在炕上睡了，一双黑脚板抵到了门上。娜塔莉亚脱掉衣服，随便在几个房间里走了一阵子，在大厅里，木板隔成的角落里，有一堆留作种子的大麻籽，还有老鼠的吱吱叫声。

她在爷爷的屋子里待了一小会儿。在供桌旁边站了站，呆呆地望着圣像下面放的一摞福音书。

“爷爷，你有纸吗？”

“什么样的纸？”爷爷眼镜上面的皱纹挤成了密密麻麻的

一绺。

“能写字的。”

格里沙加爷爷在圣诗集里面翻了翻，抽出一张皱皱巴巴的纸，上面还带着发霉的圣诞蜜糕气味和神香气味。

“有铅笔吗？”

“找你爹要去。去吧，好孩子，别搅我。”

娜塔莉亚向父亲要了一段铅笔头。她坐在桌子跟前，十分难受地反复想着早已想好，搅得心里隐隐作痛的一些话。

第二天早晨，她应许给盖奇柯一瓶酒，要他把信送到亚戈德庄上。信是这样写的：

格里高力·潘捷莱耶维奇！

请你写封信，告诉我，我怎么过下去呢，我这一辈子全完了呢，还是没有？你从家里走掉，连一句话都没有对我说。我没有做过对不起你的事，我一直以为你会叫我离开，告诉我，你永远不回来了，可是你离开村子什么也不说。

我想，你是一时气愤走掉的，所以盼望你能回来，但是我并不想拆散你们。让我一个人给踩到泥里，总比两个人受苦好些。你最后可怜可怜我，给我写封信吧。等我知道了你的意思，我也好想个主意，要不然我成了拦路石了。

格里沙，看在基督面上，不要生我的气吧。

娜塔莉亚

愁眉苦脸的盖奇柯觉得很快就要有酒喝了，就把马牵到场院上，避着米伦·格里高力耶维奇，给马上了鞍，骑上马摇摇晃晃地跑了出来。他骑马的姿势一向很笨拙，跟哥萨克很不一样，两只破袖子里面的胳膊肘在马奔跑时朝下耷拉着，他放马大跑起来，正在胡同口玩耍的一群孩子跟在后面拼命喊叫起来：

“南蛮子！……南蛮子！”

“南蛮子，油篓子！”

“摔下来啦！”

“狗骑篱笆啦！……”孩子们在后面叫着。

快到黄昏时候他才带着回信回来。他带回的是一小片蓝色的包糖纸；他从怀里把纸片掏出来，对娜塔莉亚挤了挤眼睛。

“我的好姑娘呀，路真难走啊！颠死人啦，把我盖奇柯的五脏都颠出来啦！”

娜塔莉亚看过信，脸变得煞白煞白的。每读一个字，就像有一样尖东西朝心上狠戳一下……

纸片上是几个洇开的字：“你一个人过吧。麦列霍夫·格里高力。”

她好像再也信不过自己的力气，急急忙忙回到房里，躺到床上。卢吉尼奇娜为了早一点做早饭，为了准时把复活节吃的奶渣糕烤出来，正在生火准备过夜。

“娜塔什卡，来，帮我忙一忙！”她唤女儿。

“妈妈，我头疼。想躺一会儿。”

卢吉尼奇娜把头探进门来，说：

“你顶好喝点盐水，好吗？喝了马上就会轻快些。”

娜塔莉亚用干干的舌头舔了舔冰凉的嘴唇，没有作声。

她连头带脸埋进一条厚羊毛头巾里，一直躺到晚上。她那蜷缩成一团的身子轻轻哆嗦着。等她起身来到厨房里的时候，父亲和爷爷已经准备上教堂了。她的鬓角上，梳得平平正正的黑头发旁边，冒着光闪闪的汗珠儿，眼睛里闪着一种病态的油光。

米伦·格里高力耶维奇一面扣他那肥大的裤子前裆里长长的一排纽扣，一面侧眼看着女儿。

“孩子，你好像要生病啊。跟我们一块儿去做复活节早祷吧。”

“你们先走吧，我随后就来。”

“快散场的时候去吗？”

“不，我这就穿衣裳……我得穿衣裳，穿好衣裳就去。”

男子们都走了。家里只剩下卢吉尼奇娜和娜塔莉亚。娜塔莉亚无精打采地从大箱子跟前走到床前，用失神的眼睛回头望着箱子里翻乱了的一堆衣服，十分痛苦地想着心思，嘴里嘟哝着。卢吉尼奇娜以为娜塔莉亚是拿不定主意穿什么衣裳，就用一个当妈妈的大方态度出主意说：

“孩子，就穿我那条蓝裙子吧。现在你穿正合身。”

娜塔莉亚在复活节前没有做新衣裳，所以卢吉尼奇娜想起女儿在做姑娘的时候，喜欢在过节时候穿她那条窄下摆的蓝裙子，她以为女儿是在为挑选衣服伤脑筋，所以硬是要女儿穿她的裙子。

“穿吗？怎么啦，我给你拿来。”

“不用。我就穿这一条。”娜塔莉亚细心地抽出自己的一条绿裙子，这时她忽然想了起来，那一次格里高力以未婚夫身份来看她，在凉棚底下头一次飞吻了她一下，使她非常害羞，那时候她穿的就是这条裙子，她觉得就要大哭起来，憋得浑身直哆嗦，把胸膛压到掀开的箱子盖上。

“娜塔莉亚！你怎么啦？……”母亲把两手一扬又一拍。

娜塔莉亚强压住就要迸发出来的哭叫声；她克制住自己，发出了没有表情的咯呀咯呀的笑声。

“今天我这是怎么啦……”

“哎哟，娜塔什卡，我看出来……”

“你看出什么来啦，妈妈？”娜塔莉亚在手里揉着绿裙子，忽然气呼呼地说。

“你看，你这样下去可不好……应当改嫁。”

“算了吧！……嫁一回够啦！……”

娜塔莉亚走到自己的房里去换衣裳，很快又回到厨房里，她已经穿戴好，身子依然像做姑娘时那样细细的，脸色青白，不愉快的红晕中透出青色。

“你一个人去吧，我还没收拾好呢。”母亲说。

娜塔莉亚往翻袖口里塞了一块手绢，就走了出来。风从顿河上吹来流冰的沙沙声和淡淡的、令人神清气爽的春水潮湿气息。她用左手提着裙子下摆，绕过街上一个个闪着珍珠般亮光的小水洼，来到教堂里。她一路上想方设法恢复自己以前那样的平静心情。想想过节的事。断断续续、模模糊糊地想着各种各样的事情，然而她的心硬是要转回去想那一小片揣在怀里的蓝色包糖纸，去想格里高力和那个幸福的女人，那个女人这会儿正在傲慢地嘲笑她，也许还要可怜她呢……

她走进教堂的院子。小伙子们拦住了她。娜塔莉亚绕了过去，听到他们说：

“她是谁家的？你猜到了吗？”

“这是柯尔叔诺夫家的娜塔什卡嘛。”

“听说，她是个石女。所以她男人不要她啦。”

“瞎说，她跟她公公，跟瘸子潘捷莱搞上啦。”

“原来是这么回事儿啊！这么说，格里什卡是因为这事儿从家里跑出去的啦？”

“不然又为什么呢？她这就……”

娜塔莉亚在很不平整的石板地上打着趔趄，走到台阶跟前。许多难听的脏话像石头一样叽叽咕咕地从背后向她飞过来。娜塔莉亚在台阶上一群姑娘的吃吃笑声中从另一个小门里走了出来，像醉汉一样摇摇晃晃地朝家里跑去。她在自己家的大门口喘了口气，就咬紧已经咬得出血的、肿起来的嘴唇，两脚在裙子底摆里面磕磕绊绊地走进门去。在满院子紫丁香般的茫茫夜色中，敞着的棚子门显得黑洞洞的。娜塔莉亚发了发狠，鼓起仅剩的一点力气，跑到棚子门口，急急忙忙跨进门去。棚子里十分干爽，可以闻到皮缰绳的气味和陈干草气味，娜塔莉亚既没有思想，也没有知觉，只是苦恼得不得了，苦恼就像利爪在挠她那受尽羞辱的、绝望的心，她摸索着走到角落里。她握住镰刀把，按下刀头（她动作十分沉着、十分准确），把头向后一仰，拿出使她十分高兴的决心，用刀刃使劲在喉咙管上一划。她感到一阵火烧火燎的疼痛，就像挨了一棒似的，跌倒在地上，她觉得，也可以说是模模糊糊地意识到，她开了头的事还没有做完，于是用手和脚撑起身子，然后跪下来；她心慌意乱（流到胸膛上的血使她很害怕），不知为什么用哆嗦的手指头把纽扣一扯，把小褂敞了开来。她用一只手拨开紧绷绷、硬邦邦的乳房，用另一只手握住镰刀，让刀尖抵在胸膛上。她爬到墙根前，把镰刀安把子的钝头抵在墙上，然后把两手放到头上，头向后一仰，胸膛使劲往前顶，顶……她清清楚楚地听到和感觉到身子被戳通时那种难听的、像切白菜一样的声音；剧烈的疼痛一阵猛似一阵地像火一样从胸膛烧到喉咙口，像叮当直响的针一样扎进耳朵……

正房的门吱嘎响了一声。卢吉尼奇娜用脚探着门槛走出门来，走下台阶。钟楼上传出有节奏的钟声。顿河上有许多巨大的冰块竖立起来漂流着，发出无休无歇的咔嚓声。高高兴兴的、满槽的、解放了的顿河水，把自己身上的冰枷锁往亚速海送去。

十九

司捷潘走到格里高力跟前，抓住马镫，紧紧靠在汗水淋淋的马肋上。

“哼，格里高力，你好啊！”

“托福托福。”

“你想怎么样？嗯？”

“什么我想怎么样？”

“你拐走别人的老婆，就……自个儿享用起来啦？”

“放开马镫。”

“你别害怕……我不揍你。”

“我不怕，你别来这一套！”格里高力涨红了两颊，提高嗓门儿说。

“现在我不跟你打架,我不愿打架……不过,格里什卡,你记住我的话:我早晚要宰掉你。”

“吓不倒人!”

“你好好记住我的话。你太欺负人啦!……你叫我没法过下去……你看,”司捷潘往上伸了伸两只黑黑的手,说,“我在耕地,可是自己也不知道耕地有什么意思。我一个人要这么多地干什么?我随便怎样都可以把冬天凑合过去。我就是寂寞得要死……格里高力,你太欺负人啦!……”

“你别对我诉苦,我不懂。饱汉不知饿汉饥嘛。”

“这话倒是不错。”司捷潘赞同这话,一面朝上看着格里高力的脸,忽然像孩子一样天真地笑了起来,笑得眼角裂成了许多细细的皱纹。“伙计,我有一件事很后悔……后悔极啦……你还记得前年谢肉节咱们打群架的事吗?”

“那是什么时候?”

“不是打死弹毛匠那一回,许多光棍汉跟有老婆的人打架,还记得吗?你记得我怎样追你吗?那时候你还很嫩,你在我面前就像一棵青芦苇。我那时候可怜你,要是跑上去给你一下子,就会把你揍成两截!你跑得很快,身子像弹簧一样,只要抡起皮带照你腰上抽一下,你的小命早完啦!”

“别着急,咱们还会有碰在一起的时候。”

司捷潘用手擦了擦额头,在想着什么事。

老爷拉着“大力士”的缰绳,朝格里高力喊道:

“走吧!”

司捷潘依然用手抓住马镫,跟儿马并排走了起来。格里高力留心他的每一个动作。他在马上看到司捷潘那耷拉着的亚麻色上嘴胡和很久没有刮过的、像毛刷子一样浓密的下巴胡。下巴上系着的漆皮帽带有许多地方开裂了。他的脸因为沾满了灰土，变成了灰色，还有一道道斜斜的印子，那是汗水流过的痕迹，因而这张脸有些模糊不清，显得很陌生。格里高力望着他，就像站在山上眺望遥远的、笼罩在茫茫雨幕中的原野。司捷潘的脸色十分难看，露出消沉、疲惫和苦闷的神情。他没有告别，就站住不走了。儿马慢步朝前走着。

“等一等。怎么样……阿克秀莎怎样？”

格里高力一面用鞭子敲打着粘在靴底上的泥巴，一面回答说：

“很好。”

他勒住儿马，回过头去看了看。司捷潘把两腿叉得宽宽的，站在那里，露着牙齿，在嚼一棵野草。格里高力不由得怜悯起他来，但是嫉妒心又挤走了怜悯心；他在吱咯吱咯直响的鞍垫上转过身子，叫道：

“她不会想你想瘦的，你放心好啦！”

“真的？”

格里高力照着儿马两耳中间抽了一鞭子，就跑了起来，没有回答他。

二十

怀孕第六个月，这事再也瞒不住的时候，阿克西妮亚就对格里高力说了。她一直瞒着,是因为害怕格里高力不相信她肚子里的孩子是他的;由于时间越来越迫近,她感到忧虑和害怕,她的脸黄黄的,她在等待着什么。

头几个月她一吃肉食就要呕吐,但是格里高力往往觉察不到,即使有时觉察到了,也猜不到是什么原因,所以没有特别留意。

是在傍晚时候谈的。阿克西妮亚十分激动地说出来以后,就拼命在格里高力脸上寻找变化,但是格里高力把脸掉过去朝着窗户,心烦地咳嗽着。

“你以前怎么不说呢?”

“我怕,格里沙……怕你丢掉我……”

格里高力用手指头在床背上敲着,问:

“快生了吗?”

“大概在救主节……”

“是司捷潘的吧?”

“是你的。”

“不见得吧?”

“你自己算算嘛……这是从砍柴那时候……”

“你不要说谎,阿克秀莎!就算是司捷潘的,这会儿你又能到哪儿去呢?我是老老实实地问问。”

阿克西妮亚流着恼恨的眼泪,坐在板凳上,抽抽搭搭地用发急的声音小声说:

“我和他过了这么多年,什么都没有!……你自己想想吧!……我又不是有病的女人……可见,这孩子是你的,可是你……”

这件事格里高力再没有谈起过。在他对待阿克西妮亚的态度中，掺进了新的一股戒备、疏远和轻微的嘲讽、怜悯心情。阿克西妮亚寡言少语，无心求欢。一个夏天的工夫，她的脸色变得没有过去那样好看了，但是怀孕几乎一点没有损坏她那好看的身段：她整个身体十分丰满，所以凸起来的肚子不很显眼；变得温柔美丽的双眼使瘦削的脸别添了一种风韵。给雇工做饭的活儿她做起来很轻松。这一年雇工少一些，做饭的活儿也就轻一些。

萨什卡老爹带着老年人那种顽皮的缠劲儿天天跟在阿克西妮亚左右。也许是因为，她像个女儿一样时时关心他：给他洗衣服，补衣服，吃饭时给他拣软的、好吃的，所以萨什卡老爹在服侍好马以后，就给厨房里挑水，揉烂煮好喂猪的土豆，干了这一样，又干那一样，并且蹦来蹦去，常常把两手一摊，露出光光的牙花子，说：

“你心疼我，我也不欠人家的情！阿克秀什卡，我把心掏给你都行。我没有女人的照应就完啦！虱子早把我吃掉啦！你要什么，只管说好啦。”

因为叶甫盖尼·尼古拉耶维奇的说情，格里高力没有入营受训，他割草，有时给老爷赶车到镇上去一趟，其余的时间就是跟他去打野鸭子，或者骑马去赶野雁。轻松、饱暖的生活毁了他。他懒了，胖了起来，显得比实有的年龄老了一些。只有一件事使他放心不下，那就是不久就要入伍了。既没有马，又没有装备，靠父亲又不大靠得住。格里高力把自己的和阿克西妮亚的工钱领到手就积攒起来，连烟也戒了，指望用自己攒的钱来买一匹马，不去求父亲了。老爷也答应帮他一些。格里高力预料父亲什么都不会给他,这件事不久就证实了。六月底,彼特罗·麦列霍夫来看弟弟,在谈话中提到,父亲仍然十分生他的气,有一天还说过,决不给他预备战马,说:让他去参加地方部队好啦。

“哼,这事儿让他不要闲操心吧。我可以骑自己的马去入伍。”格里高力把“自己的”说得特别重。

“你打哪儿弄到马呢? 变得出来吗?”彼特罗咬着胡子,笑着问。

“不用变,我能讨得到,要不然偷也能偷到。”

“好样的!”

“我可以用工钱去买嘛。”格里高力正色解释说。

彼特罗坐到台阶上,详细地询问了干的活儿、饮食和工钱;对一切都点头称是,一直在咬着嚼湿的胡子,问完了,临别时对格里高力说:

“你顶好还是回家去过,伺候别人犯不着。你以为能发大财吗?”

“我不想发大财。”

“你想跟自己的女人过下去吗?”彼特罗改变了话题。

“跟哪一个自己的?”

“跟这里的。”

“眼下是这样想,怎么啦?”

“没什么,我不过问问罢了。”

格里高力出来送他。末了,他问道:

“家里怎么样?”

彼特罗一面解着拴在台阶栏杆上的马,一面笑着说:

“这会儿你的家不是一个了,就像兔子,有好几个窝儿。我们过得马马虎虎,不坏。妈妈可是很想你。牲口草现在已经弄到家啦,堆了三大垛。”

格里高力心情激动地打量着彼特罗骑来的短耳朵老骒马。

“这马没有下驹吗?”

“没有,兄弟,原来是匹不产驹的骒马。跟贺里散福换来的那匹红骒马倒是下驹了。”

“下了一匹什么?”

“一匹小公马。这匹小公马真是无价之宝! 腿长长的,拐子骨很端正,胸膛也很漂亮。长大了一定是一匹良马。”

格里高力叹了一口气。

“彼特罗,我很想念咱们的村子。我很想念顿河,这儿连流水都看不到。真是个讨厌的地方!”

“常回去看看吧。”彼特罗哼哼了两声,把肚子压到尖尖的马背上,撩起了右腿。

“一定回去。”

“好啦,再见吧!”

“一路平安!”

彼特罗已经出了院子;他忽然想了起来,朝着站在台阶上的格里高力大声说:

“娜塔莉亚她……我忘啦……出事啦……”

像鹰一样在院子上空打转转的风,没有把这句话的后面一部分送进格里高力的耳朵;彼特罗连人带马被浓浓的灰尘罩住,格里高力没有听清他的话,就摆了摆手,朝马棚走去。

这一年的夏天很早。雨水少,庄稼熟得早。刚刚割完黑麦,大麦就熟了,一片金黄色,麦穗像刘海一样耷拉下来。四个外地来的短工和格里高力一同去割麦。

阿克西妮亚早早地做好厨房里的活儿,要求格里高力带她一块儿去。

“还是在家里待着吧,为什么偏要去呢?”格里高力劝她说,但是阿克西妮亚硬是要去,匆匆披上头巾,跑出大门,就去追赶短工坐的大车。

阿克西妮亚怀着忧虑和高兴得着急的心情在等待着的事情,格里高力模模糊糊觉得有点害怕的事情,就在割麦的时候发生了。阿克西妮亚在耙麦子,感觉到一点苗头,就扔下耙子,躺到一堆麦子旁边。过了一下子,肚子就疼起来了。阿克西妮亚咬住发青的舌头,平平地躺下来。短工们在割麦机上吆喝着马,从她身边绕过去。一个年轻短工,脸黄黄的,像是用木头刨成的,满脸皱纹,一只烂鼻子,他走过的时候,朝阿克西妮亚喊道:

“喂,你怎么啦,偏找这么块好地方晒太阳?快起来,不然要晒化啦!”

格里高力从割麦机上换了下来,走到她跟前,问:

“你怎么啦?……”

阿克西妮亚歪了歪不听使唤的嘴唇,沙哑地说:

“肚子一阵一阵地疼。”

“我叫你不要来,你偏他妈的来!好啦,现在怎么搞呢?”

“格里沙,别——别骂啦……哎哟!……哎哟!……格里沙,套车呀!快回家吧……我怎么能在这儿呢?这儿都是男子汉……”阿克西妮亚疼得像被铁箍紧紧勒着似的，呻吟起来。

格里高力跑去牵那匹在洼地里吃草的马。格里高力还没有套好车，把车赶过来，阿克西妮亚就爬到了一边，用四肢撑着身子，把头插进灰扑扑的大麦堆里，疼得直嚼带芒的麦穗，嚼过了又往外吐。她用肿胀的、陌生的眼睛莫名其妙地望着跑过来的格里高力，哎哟了几声，又用牙齿死死地咬住揉成一团的围裙，免得叫短工们听见她那像牲口一样的、难听的叫喊声。

格里高力把她抱到车上，赶着车就朝庄上走。

“哎哟，别走啦！……哎哟，要死啦！……颠——颠死啦！……”阿克西妮亚粗声粗气地喊叫着，披头散发的脑袋在车板上来回滚动着。

格里高力一声不响地用鞭子抽打着马，抖得缰绳在头顶上打着圈圈儿，也不回头朝后面看，声嘶力竭的呼叫声像一阵阵巨浪似的从后面扑来。

阿克西妮亚用两手紧紧按住两腮，狂乱地转动着睁得大大的、疯子一般的眼睛，身子在大车上不住地颠动着，大车在坑坑洼洼、没有轧平的道路上左右摇晃着。马在飞跑；马轭在格里高力眼前平稳地跳动着，马扼的拱背跳得遮住了高挂在天空、像水晶一样明亮得耀眼的白云。阿克西妮亚有一会儿工夫停止了一声接一声的、尖厉的呼叫。车轮轧轧响着，阿克西妮亚那不听摆布的头碰得车后面的厢板咚咚直响。格里高力一下子没有理会到她忽然不叫是怎么一回事儿，等他回过神来，回头看了看，只见阿克西妮亚的脸歪歪扭扭，十分难看，一边腮紧紧贴在车厢板上，正在张着嘴呼哧呼哧地喘气，就像一条鱼被扔到了岸上。额头上的汗像小河一样，直往凹下去的眼窝里流。格里高力把她的头扳起来，把自己的皱皱巴巴的帽子垫到她的头底下。阿克西妮亚斜着眼睛看了看，咬着牙说：

“格里沙，我要死啦。唉……不行啦！”

格里高力哆嗦了一下。一阵凉气一直传到他那汗湿的脚指头。他吓慌了，想说几句鼓励和亲热的话，却不知说什么好；嘴唇硬僵僵地哆嗦着，歪到了一边，从嘴里冲出这样一句话：

“瞎说，傻东西！……”他摇了摇头，弯下腰，几乎把身子对折起来，攥住阿克西妮亚一条蜷得很别扭的腿。“阿克秀莎，我的心肝宝贝儿！……”

阿克西妮亚松快了一小会儿以后，等到再疼起来，更比以前疼上十倍。阿克西妮亚觉得下坠的肚子里有个东西在往外挣，就把身子弯成弧形，格里高力听着她那十分可怕的、越来越高的叫声，觉得直扎耳朵。他像发了疯似的催赶着马。

在车轮轰隆声中，他隐隐听到一声长长的，细细的呼喊：

“格——里——沙！”

他勒了勒马，回过头来，只见阿克西妮亚摊开两条胳膊，躺在血泊里，裙子底下有一个哇哇叫的活物在蠕动……发愣的格里高力从车上跳下来，两腿像被拴住了一样，磕磕绊绊地向大车后头走去。他望着阿克西妮亚那直冒热气的嘴，不等听清她的话，就猜到了她的意思：

“把脐带咬——咬断……从小褂上抽——抽根线……扎——扎起来……”

格里高力用哆哆嗦嗦的手指头从自己的粗布小褂上抽出几

根线，紧紧地眯缝起眼睛，一下子把脐带咬断，用线把流血不止的脐带头儿结结实实地扎住。

二十一

李斯特尼次基老爷的庄园亚戈德庄，就像长在一条开阔的干谷边上的肉瘤。风从两面来，有时从南面，有时从北面；太阳在淡蓝加乳白色的天空飘过；夏天刚刚过去，秋天的落叶就沙沙响起来，冬天也带着严寒和风雪跟了上来，可是亚戈德庄上永远过着单调无聊的日子；在这里过的与世隔绝的日子，天天一个样，就像一个个的孪生兄弟。

一群红眼圈的黑鸭子一年到头一拐一拐地在院子里转悠，不住地嘎嘎叫；一群珠鸡一年到头在院子里乱跑，就像一个个的玻璃球；美丽的孔雀一年到头在马棚顶上用小猫一样的嗓门儿喵喵尖叫着。老将军喜欢各种各样的禽鸟，就连一只打伤的仙鹤，他也养了起来，到十一月里，那鹤听到在天空自由飞翔的伙伴们隐约的呼唤，就发出嘹亮、凄厉、扣人心弦的呼叫声。但是鹤飞不起来了，被打断的翅膀僵直地耷拉着。可是老将军在窗前望见仙鹤弯下头，又蹦又跳，想从地上飞起来的时候，他就张开白胡子遮着的大嘴笑了，洪亮的笑声在空荡荡的、洁净的大厅里到处回荡着。

维尼阿民总是高高地昂着毛茸茸的头，抖着大腿，一天到晚坐在堂屋里的柜子上，一个人玩纸牌，玩得入迷。季杭也总是因为他的麻子情人而嫉妒萨什卡，嫉妒长工们、格里高力，嫉妒老爷，甚至嫉妒起仙鹤，因为仙鹤也受到这位温柔的寡妇的悉心照应。萨什卡老爹还是常常喝得晕乎乎的,到老爷窗前去讨两个银角子。

在这许多日子里,只有两件事惊动了沉闷得发霉的空气,一件是阿克西妮亚生了孩子,还有一件是丢了一只大公鹅。对于阿克西妮亚生的女孩子,大家说过一阵,很快就不说了;至于鹅,在庄外沟里发现了鹅毛(很明显,是叫狐狸拖去了)以后,也就不说了。

老爷每天早晨醒来,总要把维尼阿民唤来。

“你做梦了吗?”

“当然做啦,做了一个好奇怪的梦。”

“讲讲吧。”老爷手里卷着烟卷,简短地吩咐说。

于是维尼阿民就讲起来。如果讲的梦没有趣味或者十分可怕,老爷就要生气:

“唉,混账,畜生!糊涂蛋做梦也是糊里糊涂的。”

维尼阿民学起乖来,编造起开心和有趣的梦。他简直感到成了很大的负担:每天要发明新梦,早几天就要坐在柜子上,一面啪啪地往小毯子上摔着跟他的脸一样滑润和油腻的纸牌,一面编造叫人开心的梦。他的眼睛呆呆地盯着一个点,脑子里在编造新梦,一直弄到连一个真正的梦都不做了。他每次醒来,都要使劲回想回想,但是想来想去,脑子里漆黑一团,又黑又光,光得像刨过的一样,别说是梦,连一张人脸都没有梦见。

维尼阿民那有限的才思常有枯竭的时候,可是老爷一听出他重复已经说过的梦,就要生气。

“你这坏小子,梦见马的事,星期四已经讲过啦。你他娘的是怎么回事？……”

“尼古拉·阿列克塞耶维奇，我又梦见啦。说实在的，我又梦见了一回。”维尼阿民毫不心慌地撒谎说。

十二月里，格里高力和一个看门的伙计一同被叫到维奥申乡乡公所。他领了一百卢布的买马钱，还拿到一张要他在圣诞节第二天到曼柯沃镇征兵站去报到的通知单。

格里高力从乡公所回来，心里十分慌乱：圣诞节快到了，他还什么都没有准备呢。用官家发的钱和自己攒的钱，在奥布雷夫村花一百四十卢布买了一匹马。他是跟萨什卡老爹一块儿去买的，买到的是一匹挺合适的马：六岁口，浑身枣红色，屁股向下溜；只有一样不明显的毛病。萨什卡老爹捋着胡子说：

“买不到更便宜的啦，长官是看不出毛病来的。他们没有那么大的本事。”

格里高力骑着买来的马从那里回来，试了试小跑和大跑的脚步。在圣诞节前一星期，潘捷莱·普罗柯菲耶维奇亲自到亚戈德庄上来了。他没有把套在爬犁上的骒马赶进院子，而是拴在篱笆上，便一瘸一拐地朝下房里走来，一面捋着胡子上的冰凌，那大胡子贴在皮袄领子上，很像一块黑黑的磨刀石。格里高力从窗户里看到父亲，心里十分慌张。

“怎么回事儿?！……我爹来啦！……”

阿克西妮亚也不知为什么把小孩子裹了裹，朝摇篮跑去。

潘捷莱·普罗柯菲耶维奇带着一股冷气进了屋子；他摘下皮帽，对着圣像画了个十字，一面用眼睛慢慢地四下打量着。

“你们日子过得好啊！”

“爹，你好。”格里高力一面从板凳上站起，一面回答问候，然后向前跨了两步，在屋子当中站住。

潘捷莱·普罗柯菲耶维奇伸出一只冰凉的手让格里高力握了握，就坐到板凳头上，一面裹着皮袄大襟，一面用眼睛打量着站在摇篮旁边发呆的阿克西妮亚。

“你准备入伍吗？”

“不去怎么行？”

潘捷莱·普罗柯菲耶维奇没有说话，用探询的目光打量了格里高力半天。

“把衣裳脱脱吧，爹，恐怕冻坏了吧？”

“还好。不要紧。”

“我来把茶炊端上来。”

“谢谢。”老头子用手指甲刮着皮袄上老早溅上的一点泥巴，说：“我给你送东西来啦：两件军大衣，一副马鞍，一条裤子。你去拿进来……都在那儿。”

格里高力光着头走出门去，从爬犁上搬进来两只大麻袋。

“什么时候出发？”潘捷莱·普罗柯菲耶维奇一面问，一面站起身来。

“圣诞节第二天，怎么，爹，你就走吗？”

“我想早点赶回去。”

他同格里高力告过别，仍然用眼睛打量着阿克西妮亚，向门口走去。他已经抓住门把手了，又向摇篮扫了一眼，说：

“妈妈叫我向你问好，她的腿生毛病啦。”他沉默了一会儿，然后鼓了鼓劲儿，好像在举一样重东西似的，说：“我也要去，把你送到曼柯沃镇上。你收拾收拾吧。”

他一面把厚厚的手套往手上戴，一面走了出去。阿克西妮亚因为受了白眼，脸色灰白，一声不响。格里高力在屋里走来走去，斜眼望着她，特意来来回回地踩着一块咯吱咯吱直响的地板。

圣诞节第一天，格里高力赶着车送老爷到维奥申镇上去。

老爷做过祈祷，在他的一个堂妹——一个女地主家里吃过早饭，就吩咐套车。

格里高力还没有把一大碗油乎乎的猪肉汤喝完，就站起来，朝马棚里走去。

轻便的城市型爬犁上套的是一匹灰毛色、黑斑、名叫“快腿”的奥勒尔大走马。格里高力扯紧缰绳，把马牵了出来，匆匆忙忙地将马套上爬犁。

风卷起松松的、凉得扎人的积雪，银色的雪粉嗞嗞地满院子飞舞。花坛外面的树上挂着轻柔的、像流苏一样的白霜。风把霜吹离枝头，霜向下落，松散开来，经阳光一照，放射出虹霓般的、像童话里那种光怪陆离的色彩。屋顶上，黑乎乎的烟囱里冒出的烟被风吹得歪歪倒倒的，有几只冻得瑟瑟发抖的寒鸦在烟囱旁边哇哇叫着。寒鸦听到脚步声，惊得飞了起来，像几个灰蓝色的棉花球似的在屋子上空盘旋了一阵子，就朝西边的教堂飞去，一只只瓦蓝色的寒鸦，在清晨淡紫色的天空里显得非常清楚。

“去说一声，套好啦！”格里高力朝着跑出来的一个使女喊道。

老爷一面把胡子往貉绒皮袄领子里埋着，走了出来。格里高力给他把腿盖好，把丝绒缘边的狼皮车毯扣起来。

“狠狠地抽!”老爷用眼睛点了点大走马。

格里高力坐在赶车座位上,身子向后仰着,伸直的两手拉得缰绳紧绷绷的,他斜着眼睛担心地望着每一道滑溜的斜坡,他还记得有一次在下过头场雪的路上走,因为爬犁猛颠了一下,老爷就照着他的后脑勺打了结结实实的一拳,那一拳真不像一个老头子打的。直到来到桥边,顺着顿河往前走,格里高力这才放松缰绳,用手套揉了揉被风吹得发麻的两腮。

下午两点钟才赶回亚戈德庄。老爷一路上没有说话,只是偶尔弯起手指头敲敲格里高力的脊背,说:“停一下!”就转过身去,背着风卷起烟卷来。

已经在下坡往庄里走的时候,老爷问道:

“明天一早就走吗?”

格里高力侧过身子,好不容易张了张冻僵的嘴唇。

“一搅走。”他把“早”说成了“搅”。他那冻得发僵的舌头好像肿了起来,紧紧贴在牙花子上,说话都不清楚了。

“钱都领到了吗?”

“都领到啦。”

“不要挂念老婆,她的事你放心好啦。你到军队里要好好地干。你爷爷当年是个很像样的哥萨克。希望你……”老爷的声音低了下去(他为了避风,把脸藏进了皮袄领子),“希望你也能像你爷爷和你父亲那样。你父亲是在沙皇阅兵时得过赛马头奖吧?”

“是的,父亲得过。”

“噢,就要这样嘛。”老爷好像是在警告他,用严厉的口气结束了谈话，把整个的脸都藏进皮袄里。

格里高力把马交给萨什卡老爹，就朝下房走去。

“你父亲来啦！”萨什卡老爹一面给马披马衣，一面在背后对格里高力喊道。

潘捷莱·普罗柯菲耶维奇正坐在桌旁吃肉冻。“快醉啦。”格里高力用眼睛打量着父亲变得和颜悦色的脸，心里判断说。

“回来啦，老总？”

“冻死啦，”格里高力拍打着两手回答说，又朝阿克西妮亚说：“给我解开帽带，手不听使唤啦。”

“算你倒霉，风故意找你麻烦。”父亲嚼得耳朵和胡子直摆动，一面唠叨说。

这一次他和气多了。他毫不见外地、痛痛快快地吩咐阿克西妮亚说：

“再切一些面包来，别舍不得。”

他离开桌子，在去门口抽烟的时候，好像无意中把摇篮摇了两下；他把大胡子伸进小帐子里，问道：

“是男孩子吗？”

“是个丫头，”阿克西妮亚替格里高力回答说，接着，她看到一缕不满意的神色从老头子脸上飘过，一直隐没到大胡子里，便赶紧补充说：“长得挺好看，完全像格里高力。”

潘捷莱·普罗柯菲耶维奇十分认真地打量了一番露在一团破布外面的黑黑的小脑袋，不无自豪地认可说：

“是我们家的骨血……哈……真不简单！……”

“爹，你怎么来的？”格里高力问。

“坐爬犁来的，套的是小骒马和彼特罗的马。”

“你套一匹马来好啦，咱们再把我那匹马套上。”

“不用，让你的马空身走吧。马倒是一匹挺不错的马。”

“你看过啦？”

“稍微看了看。”

他们因为彼此都想着同样的事情，心情十分激动。谈论的却是各种各样不值得谈的事情。阿克西妮亚没有插嘴，愁眉苦脸地坐在床上。两个鼓膨膨的乳房把小褂的领口都撑开了。生过孩子以后，她胖了不少，显示出一种幸福和充满信心的新姿态。

他们很晚才睡下。阿克西妮亚紧紧贴在格里高力身上，泪水和没有吸干的奶头流出的奶水把他的小褂湿了一大片。

“我想你会想死的……我一个人怎么过啊？”

“别怕。”格里高力同样用小声回答说。

“夜又长……孩子又不睡……我又想你想得要命……还得了吗，格里沙，一去就是四年！”

“听说，古时候当兵要当二十五年呢。”

“我管它古时候干啥……”

“好啦，别说啦！”

“当兵拆散人家好日子，真该死！”

“等有了假期，我会回来的。”

“等有了假期，”阿克西妮亚一面抽抽搭搭地哭，一面往小褂上擤鼻涕，一面像回声一样哼哼着接话说，“等你回来，顿河的水恐怕都要流干啦……”

“别哭啦……好比秋天下雨，算不了什么，你也会是这样。”

“把你换成我试试看。”

格里高力在天快亮的时候才睡着了。阿克西妮亚喂过孩子，用胳膊肘支起身子，眼睛眨也不眨地看着格里高力脸上发黑的线条，默默地和他告别。她想起了她在自己房里劝他上库班去的那一夜，那一夜也是只有一轮明月和被月光照得雪亮的院子。

明月依旧，可是格里高力现在又是那样又不是那样了。他身后已经有一段很长的、一天天踏出来的小路……

格里高力翻了一下身，含含糊糊地说：

“在赤杨村……”又不作声了。

阿克西妮亚想睡一下，但是思潮就像风吹干草堆一样，把睡意吹散了。一直到天亮她都在想着格里高力梦中说的这句没头没尾的话，寻找着各种各样的答案……结满冰花的窗户上刚刚出现麻麻的亮点儿，潘捷莱·普罗柯菲耶维奇就醒来了。

“格里高力，起来，天亮啦！”

阿克西妮亚跪起来，穿上裙子；她叹着气，摸索火柴摸索了半天。

等到吃完早饭，收拾停当，天也大亮了。晨光闪闪烁烁，有如蓝色的水波。好像插进雪里的篱笆，显得清楚齐整，就像一排牙齿；马棚顶黑乎乎的，遮住紫丁香般柔和的、雾蒙蒙的天空。

潘捷莱·普罗柯菲耶维奇出去套爬犁。格里高力挣脱疯狂地吻他的阿克西妮亚，去跟萨什卡老爹和其余的一些人告别。

阿克西妮亚把小孩子裹了裹，就出来送他。　　。

格里高力亲了亲女儿湿乎乎的额头，就朝自己的马走去。

“坐爬犁吧！”父亲勒着马，喊叫道。

“不,我骑马吧。”

格里高力故意不慌不忙地勒了勒马肚带,骑上马去,理着缰绳。阿克西妮亚用手指头捅了捅他的腿,一连声地反复说:

“格里沙,等一等……我有话要跟你说……”她心慌意乱,浑身打着哆嗦,皱着眉头在想什么话。

“好啦,再见吧!把孩子照应好……我走啦,你看,爹已经走很远啦……”

“等一等,我的亲人!……”阿克西妮亚用左手抓住冰凉的马镫,右手紧紧按住裹在衣襟里的孩子,眼巴巴地看着他,那睁得大大的、一眨不眨的眼睛里流出来的眼泪,就腾不出手去擦了。

维尼阿民从屋里走了出来。

“格里高力,老爷叫你。”

格里高力骂了一声,扬了一下鞭子,就出了院子。阿克西妮亚跟在他后面跑着,那穿着毡靴的双脚一下又一下地插进院子里一处一处的雪堆里,又十分吃力地拔出来。

格里高力在山头上追上了父亲。他镇定了一下,回头看了看。阿克西妮亚在大门口,把裹在衣襟里的小孩子紧紧抱在胸前,风吹得她那红绸头巾扑扑抖动,头巾的角儿在肩头打着圈圈儿。

格里高力来到爬犁跟前,一起缓缓地往前走。潘捷莱·普罗柯菲耶维奇转身背对着马,问道:

“这么说,你不想跟你老婆过啦?”

“老话……早说过啦……”

“就是说,你不想啦?”

“可以说，是这样。”

“你没听说，她寻过短见吗？”

“听说过。”

“听谁说的？”

“我送老爷到镇上去，见到过咱们村里的人。”

“你不怕上帝怪罪吗？”

“说实在的，爹，有什么办法呢……大车上掉下去的东西，掉了就掉啦。”

“你别跟我讲他妈的鬼话！我是好心好意和你说的。”潘捷莱·普罗柯菲耶维奇气冲冲地一口气说了出来。

“我已经有了孩子，还有什么可说的呢？这会儿破镜已经不能重圆啦。”

“你小心……养的会不会是人家的孩子呢？”

格里高力的脸唰地一下白了：父亲触动了他那没有愈合的创伤。自从孩子生下来以后，格里高力一直疑心重重，心里十分痛苦，虽然他不叫阿克西妮亚看出来，也欺骗着自己。到了夜里，等阿克西妮亚睡了，他常常走到摇篮跟前，仔细端详，在孩子那黑乎乎、红扑扑的脸蛋上寻找跟自己相像的地方，但是每次看过了，还是像原来那样没有把握。司捷潘的皮肤也是深褐色，几乎是黑色的——怎么能知道，从孩子的心脏里流出来，奔流在皮肤下一道道发青的血管里的血，究竟是谁的呢？有时候他觉得女孩子很像他，有时候觉得她像司捷潘像得不得了。他对她一点感情也没有，要说有感情的话，只有一种厌恶的感情，因为他把临产时浑身抽搐的阿克西妮亚从田野上拉回来的时候，曾经感到十分伤脑筋。有一次(当时阿克西妮亚正在厨房里做饭),他把孩子从摇篮里抱出来,给她换尿布,换着换着,觉得一阵刺心的难受。他偷偷地弯下身子,用牙咬了咬孩子那红红的、撅着的脚指头。

父亲毫不顾惜地戳了他的痛处,格里高力把手掌放到鞍头上,低声回答说:

“不管是谁的,我总不能扔掉。”

潘捷莱·普罗柯菲耶维奇没有转身,朝马身上抽了一鞭子。

“娜塔莉亚那一下子毁啦……头歪啦,好像是得了偏头风。一条很要紧的筋割断啦,所以脖子歪到了一边。”

他没有再说下去。爬犁划开积雪,沙沙地前进着;格里高力的马紧紧跟在后面,马蹄嗒嗒响着。

“她究竟是怎么回事儿,这会儿怎么样啦?”格里高力问道,一面十分细心地从马鬃里往外抠一颗被汗渍透的苍耳子。

“总算是活过来啦。躺了七个月。三一节的时候眼看着就要死啦。潘克拉季教长都给她举行过涂油仪式了……可是后来又苏醒过来。从那时候起就一天天好转,后来就起床了。她拿镰刀往心窝里戳,可是手一哆嗦,戳歪了,要不然就完啦……”

“往下坡走。”格里高力扬了扬鞭子,在马镫上站了起来,放马朝爬犁前面跑去,马蹄翻起的积雪,一块一块地飞到爬犁上。

“咱们要把娜塔莉亚接回来!”潘捷莱·普罗柯菲耶维奇一面赶车,一面高声说。“一个娘儿们是不愿住娘家的。前几天我看到过她,我叫她到咱们家来。”

格里高力没有答话。直到进前面的村子,他们都没有说话,而且潘捷莱·普罗柯菲耶维奇再也没有提这件事。

这一天他们走了七十多俄里。第二天(很多人家已经上灯了),他们来到曼柯沃镇。

“维奥申乡来的人在哪儿?”潘捷莱·普罗柯菲耶维奇见到人就问道。

“顺大街往前走。”

他们住宿的宅子里,已经住下五个新兵和送他们入伍的父亲。

“你们是哪几个村子上的?”潘捷莱·普罗柯菲耶维奇一面问着,把马朝棚子底下牵去。

“旗尔河边的。”黑暗处有个粗喉咙回答说。

“哪一个村上的呢?”

“有卡耳根村的,有纳波洛夫村的,有李霍维多夫村的,你们是哪个村上的?”

“我们是‘咕咕村’[①]上的。”格里高力笑着回答说,一面卸着马鞍,摸了摸鞍底下出了汗的马背。

第二天早晨,维奥申乡的乡长杜达列夫把维奥申乡的新兵带到体格检查处。格里高力看到了自己村子里跟他同年的伙伴们;米佳·柯尔叔诺夫骑着一匹浅棕色的高头大马,一副崭新、漂亮的马鞍,一条华丽的马肚带,马笼头还戴着银饰,还在清早他骑马到井边去的时候,看到格里高力站在住所的大门口,他就用左手按着歪戴着的帽子,不打招呼就跑了过去。

新兵在乡公所的冷屋子里按着次序脱掉衣服。好几个军队里的文书和一个军监助理跑来跑去,穿着漆皮短靴的军区司令的

①“咕咕村”是鞑靼村的别名。“咕咕”是布谷鸟的叫声。

副官在旁边来来回回地走着；他那嵌着黑宝石的戒指和漂亮的黑眼睛里那通红、凸起的眼白，使他的皮肤和肩章的穗带显得分外白。屋子里传出医生的说话声和零星插话。

“六十九。”

“巴维尔·伊万诺维奇，给我一支化学铅笔。”门口有一个带醉意的声音沙哑地说。

“胸围……”

“嗯，嗯，很明显这是遗传。”

“梅毒，记下来。”

“干什么要用手捂着？又不是大姑娘。”

“体格有点……”

“……村里这种病多得很。必须另外对待。我已经报告过上级啦。”

“巴维尔·伊万诺维奇，请您看看这一个。体格怎样？”

“嗯——我来看……”

格里高力跟楚加林村一个红头发、高个头儿小伙子一块儿脱衣服。门里走出一个文书，他背后的制服皱着，声音清脆地说：

“潘菲洛夫·谢瓦斯季扬、格里高力·麦列霍夫。”

“快点！”红头发小伙子吓得小声对格里高力说，一面红着脸脱袜子。

格里高力带着满脊背的鸡皮疙瘩走了进去。他那黑黑的身子闪着老橡树一般的光泽。他望着自己两条腿上那密密麻麻的黑毛，觉得很不好意思。角落里的磅秤上站着一个脱得精光、颧骨很高的小伙子。有一个人，看样子像个医士，拨了拨砝码，喊道：

“四普特零十封特。下来。”

这种有伤大雅的体格检查使格里高力觉得很不耐烦。一个穿白衣的白发医生用听诊器在他身上听了一遍；另一个年轻点的医生翻了翻他的眼皮，又看了看舌头；第三个戴着玳瑁眼镜的医生，把袖子卷到胳膊肘以上，搓着手，在格里高力身后转悠了一会儿。

“到磅秤上去。”

格里高力跨到带凸纹的、冰冷的磅秤上。

“五普特零六封特半。”过磅医士叮叮当当地拨了几下砝码，报出了数字。

“见鬼啦，不是特别高大嘛……”白头发医生鼻子哼哼着说，一面抓住格里高力的手，拉着他转了两个圈子。

“出——奇——啦！”另外那个年轻些的医生结结巴巴地打着嗝说。

“多重？”坐在桌旁的一个人惊愕地问。

“五普特零六封特半。”白头发医生回答说，他还没有把扬起的眉毛放下来。

“送到御林军去行吗？”军区军事监督把梳得光溜溜的黑脑袋凑到旁边一个人的耳朵上，问道。

“一副强盗相……太野啦。”

“喂，转过身去！你这背上是什么？”一个戴上校肩章的军官不耐烦地用指头敲着桌子，叫喊道。

白头发医生含含糊糊地嘟哝了两句，格里高力转过身，背朝着桌子，好不容易抑制着浑身的哆嗦，回答说：

“是今年春上冻的。是些小疖子。”

检查完毕，几个军官坐在桌旁商量了一下，就决定了：

“到战斗部队去。”

“麦列霍夫，你到十二团去。听见吗？”

把格里高力放了出来。他朝门口走的时候，听到一阵不满意的喊喳声。

“不——行——啊。您想想，皇上要是看到这副相貌，那会怎么样？单是他的眼睛……”

“是个杂种！大概是东方种。”

“再说，身体也不干净，有疖子……”

在门外等候体检的同村的小伙子们一齐围住格里高力。

“喂，格里什卡，怎么样？”

“分配到哪儿啦？”

“大概是到阿塔曼团吧？”

“你有多重？”

格里高力一条腿站着，另一条腿伸进裤腿，不耐烦地回答说：

“去吧，还问个屁！分配到哪儿吗？到十二团。”

“柯尔叔诺夫·德米特里、卡耳根·伊万。”一个文书探出头来喊道。

格里高力一面扣着小皮袄上的扣子，从台阶上跑了下来。

春风送暖，正是融雪天气，大路上有些化尽了雪的地方在冒着热气。母鸡咯咯叫着在大街上穿来穿去。鹅在水洼里嬉戏，水面上泛起一阵阵斜斜的涟漪。橙红色的鹅掌在水里闪着红光，好像严霜打过的秋天的树叶。

过了一天，开始检查马匹。不少军官在广场上走来走去；一名兽医和一名手执量马尺的医士，忽闪着军大衣的大襟走了过来。各种毛色的战马在教堂的墙外排成长长的行列。维奥申乡乡长杜达列夫从磅秤那里滑滑跌跌地跑到广场中间放的一张小桌子跟前，一个文书在小桌上记录着检查和过磅的结果，军事监督也走了过来，一面向一名年轻中尉解释着什么，生气地跺着脚。

格里高力的号码是一百零八号，他把马牵到磅秤跟前。量过了马身上所有的部分，过了磅，马还没有来得及走下秤台，兽医又带着素有的那种权威神气，扳起马的上嘴唇，看了看马嘴；他又用劲按着，摸了摸马胸部的筋肉，又像蜘蛛爬一样，十分用劲地捯换着手指头，一直朝腿部摸下去。

他按了按膝关节，敲了敲筋头上的韧带，捏了捏距毛上的骨头……

他对提心吊胆的马听了半天，摸了半天，就忽闪着白大褂子走开了，周围留下苯酚那种酸涩气味。

格里高力的马没有选上。萨什卡老爹的指望落空了，精明的医生就有那么大的“本事”，发现了萨什卡老爹说过的那一点不易看出的毛病。

焦急的格里高力跟父亲商量了一下，过了半个钟头，瞅了个空子，把彼特罗的战马牵到磅秤上。医生几乎没有检查，就通过了。

格里高力就在不远处找到一块干些的地方，把马衣铺在地上，把自己所有的东西都放在上面；潘捷莱·普罗柯菲耶维奇在后面牵着马，跟另外一个老头子说着话，那个老头子也是送儿子入伍的。

一位白发将军从他们旁边走过。将军高高的身材，身穿浅灰色军大衣，头戴银白色羊羔皮帽。他的左侧朝前偏着，摇晃着一只戴白手套的手。

“这就是军区司令。”潘捷莱·普罗柯菲耶维奇在后面捅了捅格里高力，小声说。

“看样子，是位将军吧？”

“玛凯耶夫少将。是个很厉害的家伙！”

司令后面跟着各团和各连来的一群军官。一位肩膀和臀部都很宽阔、穿着炮兵制服的上尉，对身边一位御林军阿塔曼团的高个子漂亮军官大声说：

“……真他妈的怪事！一个爱沙尼亚小村子，村上的人大部分都是白皮肤的，这个姑娘却截然相反，而且还不止她一个呢！我们做过各种各样的推测，后来才知道，在二十年以前……”军官们走了过去，离格里高力铺开马衣放东西的地方越来越远，格里高力背着风，好不容易听到了淹没在军官们的笑声中的、炮兵上尉的最后一句话“……原来是你们阿塔曼团的一个连在这个村子里驻扎过。”

一个文书用哆哆嗦嗦、沾满了化学墨水的手指头扣着上衣的纽扣，跑了过去，军监助理在后面朝着他气势汹汹地叫着：

“要三份，快给我办！我把你关起来！”

格里高力好奇地打量着文武官员们一张张陌生的脸。一名副官从旁边走过，用烦闷、湿润的眼睛朝他看了一下，一遇到他凝视的目光，就转过脸去；一名老中尉不知为什么十分激动，用黄黄的牙齿咬住上嘴唇，几乎是跑着来追副官。格里高力看到，中尉那红眉毛上头的青筋在突突地跳动，扯得眼皮一抖一抖的。

格里高力脚下铺的是一张没有披过的马衣，上面井井有条地放着他的东西：一副马鞍，包着铁皮的鞍架漆成了绿色，上面缝有前袋和后袋，两件军大衣，两条裤子，一件制服，两双靴子，内衣，一封特零五十四佐洛特尼克干粮，一筒罐头，一袋炒米，还有一个骑手所需要的一定数量的其他食品。

在开着口的后袋里可以看到一套——四只蹄子用的——马掌、裹在油布里的马掌钉、装着两根针和一团线的针线袋、手巾。

格里高力最后一次看了看自己的装备，蹲下来，用袖子擦了擦马鞍扣带油污的边儿。主持检查的人员，从广场的一头，顺着哥萨克们挨着马衣排成的行列慢慢走来。司令和军官们仔细检查哥萨克们的装备，不时地撩起浅灰色军大衣的下摆，蹲下去，翻翻袋子，看看针线包，掂掂干粮袋的分量。

“伙计们，瞧那个高个子家伙，”站在格里高力旁边的一个小伙子用手指着那个军区军事监督说，“他翻得多带劲儿，就像一条狗在刨黄鼬洞。”

“咦，咦，不得了！……把口袋都翻过来啦！”

“一定是不合规格，要不然他也不会找麻烦。”

“他是怎么回事儿，好像是在数马掌钉子吧？……”

“简直像条狗！”

说话声渐渐停了，检查的人渐渐来到跟前，再过来几个人就轮到格里高力了。军区司令左手拿着手套，右手摇晃着，胳膊肘弯都不弯。格里高力打了个立正,父亲在后面咳嗽了几声。风把马尿和融雪气味吹得广场上到处都是。好像醉得很不痛快的太阳当头照着。

一群军官在格里高力旁边那个哥萨克跟前检查着,并且一个一个地向他走来。

“姓什么,叫什么?”

“格里高力·麦列霍夫。”

军事监督抓住扣带把他的军大衣提起来,闻了闻大衣里子,匆匆数了数纽扣;另外一个戴少尉肩章的军官,用指头捏了捏上等呢子做的裤子;还有一个军官把腰弯得叫风把大衣下摆吹到了背上,他在袋子里摸了摸。军事监督用小指和大拇指小心翼翼,好像是挨到烫手的东西似的,拨着油布上的马掌钉,吧嗒着嘴数了数。

“为什么只有二十三颗钉子? 这是怎么回事儿?”他气呼呼地扯了扯油布的角儿。

“不会少的,大人,是二十四颗。”

“怎么,我是瞎子吗?”

格里高力慌忙抻开折着的油布角儿,是这个角儿盖住了第二十四颗钉子。他那又黑又粗糙的手指头轻轻地碰了军事监督那又白又嫩的手指头一下。监督把手一缩,好像被扎了一下似的,并且在灰大衣腰上擦了擦;厌恶地皱起眉头,戴上手套。

格里高力注意到这一点;他直起身子,冷笑了一下。他们的目光碰到了一起,军事监督的腮尖子红了红,高声喝道:

“你看什么? 哥萨克,你看什么? ……”他的两腮、颧骨上还有一道刮脸划出的血印子，从上到下都红了。“扣带为什么不像样子？这又是怎么回事儿？你是哥萨克还是庄稼佬？……你父亲在哪儿？”

潘捷莱·普罗柯菲耶维奇拉了拉马缰，向前跨了一步，用瘸腿叭地一碰，打了个立正。

“你没有当过兵吗？……”监督因为打牌输了钱，早晨一起来就一肚子的火，这会儿就向他发作起来。

军区司令走了过来，监督才不叫了。司令用靴尖踢了踢鞍垫，嗯了一声，就朝下一个走去。格里高力分到的那个团的一位迎接新兵的军官，很有礼貌地把东西翻了翻，包括针线袋在内，全翻过了，才最后一个倒退着离开，因为他在背着风点烟。

过了一天，从柴尔特柯沃车站开出的一辆火车，拖着一列装满哥萨克、马匹和粮秣的红色车厢，向里斯基—沃罗涅日方向开去。

在其中一节车厢里，格里高力靠着木槽站着。车厢的门敞开，陌生的平坦的原野从车厢门外滑过，灰蒙蒙的、色调柔和的丛林在远处旋转着。

马匹咯吱咯吱地嚼着干草，觉得脚底下摇晃不定，不住地捯动着四蹄。

车厢里到处是野蒿气味、马汗气味和春天融雪的气味，在遥远的天际出现了一片丛林，灰蒙蒙，雾绰绰，远不可及，有如黄昏时不很亮的星星。

卷　三

一

一九一四年三月，一个阳光和煦的化雪日子，娜塔莉亚回到了婆家。潘捷莱·普罗柯菲耶维奇正用毛茸茸的灰白色树条子修补公牛碰坏的篱笆。屋檐上滴着水，一条条冰锥闪着银光，墙头上一道道旧的流水印子像焦油一样黑。

黄黄的、和煦的阳光，像一头温和可爱的牛犊，安安生生地躺在解了冻的山冈上，土地渐渐松软了，顿河边一座山冈伸出的几道山嘴上，已经长出翡翠般碧绿的嫩草。

又瘦又变了样子的娜塔莉亚走到公公背后，弯下她那难看的歪脖子。

“爹，您好。”

“娜塔什卡吗？你好，好孩子，你好！”潘捷莱·普罗柯菲耶维奇忙乱起来。一根树条子从手里掉了下来，弯了弯，就伸直了。

“你怎么不来呀？好，进屋去吧，你瞧瞧，你妈看到你有多高兴啊。”

“爹，我回来啦……”娜塔莉亚含含糊糊地摆了一下手，转过脸去。“您要是不撵我的话，我就住下不走啦……”

“你这是什么话，这是什么话，好孩子！我们能把你当成外人吗？格里高力来信还问到你……孩子，他要我们打听你的情形呢。”

两个人朝屋里走去。潘捷莱·普罗柯菲耶维奇又慌忙又高兴地一瘸一拐地走着。

伊莉尼奇娜搂住娜塔莉亚，泪珠子一串一串地往下落，她一面擤着鼻涕，一面说：

“你有个孩子就好啦……有了孩子，他就恋家啦。好啦，坐下吧。我这就去拿饼来给你吃，好吧？”

“不用，妈。我现在……回来啦……”

杜尼娅满面红光，从院子里跑进了厨房，一下子就搂住了娜塔莉亚的两膝。

“没良心的！你把我们都忘啦！……”

“傻丫头，你疯啦！”父亲故作严厉地喝道。

“你长得这么大啦……”娜塔莉亚说着，拉开杜尼娅的两条胳膊，一面朝她的脸上望着。

大家都一起说起话来，一会儿互相抢着说，一会儿都沉默不语。伊莉尼奇娜用手托着腮，痛苦地打量着变了样子的娜塔莉亚，心里十分难受。

“住下来不走了吧？”杜尼娅扯着娜塔莉亚的手，问道。

“谁知道他怎么样……”

“那有什么好说的，结发妻子能到哪儿去住？别走啦！”

伊莉尼奇娜毫不含糊地说，她把桌上满满一瓷盘子甜饼推了推，叫儿媳妇吃。

娜塔莉亚是犹豫了很久，才回到婆家来的。父亲劝她，数落她，骂她，不叫她来，可是她在身体复原之后，一看到自己家里人就很不自在，觉得自己在娘家差不多成了外人。寻短见的事使她跟家里人疏远了。潘捷莱·普罗柯菲耶维奇在送格里高力入伍以后，一直在想方设法要她回来。他打定了主意要把她接回家来，让她跟格里高力和好。

就从那一天起，娜塔莉亚在婆家住了下来。妲丽亚表面上没有表示出什么不满；彼特罗的态度又和蔼又亲热；娜塔莉亚虽然有时会遇到妲丽亚的白眼，但她有了公婆的疼爱和杜尼娅那种火热的情谊，心里也就满足了。

娜塔莉亚回到婆家的第二天，潘捷莱·普罗柯菲耶维奇就让杜尼娅按照他的意思给格里高力写了一封信。

爱子格里高力·潘捷莱耶维奇：

你好！

你的父亲和母亲娃西莉萨·伊莉尼奇娜诚心诚意地向你问候，并祝你幸福。你的哥哥彼特罗和嫂子妲丽亚·玛特维耶芙娜也向你问候，祝你健康、平安；还有你妹妹杜尼娅等家里人都向你问好。你在二月五日发的信，已经收到了，我们收到信都很高兴。

如果像你信中写的，马蹄常常碰伤的话，你就抹点猪下水熬的油，你该知道，如果不打滑，或者，比如说，路上没有冰的话，后蹄就不要钉掌。你的妻子娜塔莉亚·米伦诺芙娜现在住在咱们家，她很健康、平安。

母亲给你寄了一些樱桃干和一双毛袜子，还有猪油和一些吃的东西。我们都很好，都很健康，可是妲丽亚的小孩子死了，这是要告诉你的。前几天我和彼特罗换了棚子上的草，他嘱咐你把马看好，要好好地爱护。母牛都下了犊，老骒马已经发奶啦，看样子，肚子里已经有驹啦。是跟镇上的养马场里那匹叫作“顿河佬”的公马交配出来的，在大斋的第五个星期可望生驹。知道你干得很好，上级经常夸奖你，我们都很高兴。你好好干吧。你为皇上好好干，皇上是不会亏负你的。不过娜塔莉亚现在要在咱们家住下去了，这一点你要好好地想想。还有一样倒霉的事：谢肉节时候，野兽咬死了三只羊。好啦，祝你健康，一切顺利。不要忘了你的妻子，这是我为父的命令。她是个和善的女子，而且是你的结发妻。你不要败坏门风，要听父亲的话。

你的父亲

潘捷莱·麦列霍夫上士

格里高力的那个团驻扎在离俄奥边境线四俄里的拉齐维洛沃庄上。格里高力很少给家里人写信。接到报告娜塔莉亚回到婆家的来信，他回信很谨慎，只说向她问好；信的内容支支吾吾、含含糊糊。潘捷莱·普罗柯菲耶维奇叫杜尼娅和彼特罗把信念了好几遍，猜度着字里行间格里高力没有说出的意思。复活节前，他在一封信中直截了当地提出了一个问题，他问格里高力，退伍回来以后，是跟妻子一块儿过呢，还是仍旧跟阿克西妮亚过。

格里高力很久没有回信。三一节以后，家里才收到他一封短信。杜尼娅念得很快，字尾念得含糊不清，潘捷莱·普罗柯菲耶维奇不去管那许许多多问好和询问的话，费力地琢磨着信里的意思。格里高力的信尾才提到娜塔莉亚的事：

> ……您要我说说，今后我是不是还跟娜塔莉亚过，可是，爹，我只能告诉您，切开的面包是合不起来的。您知道，我已经有了孩子，这会儿我对娜塔莉亚还有什么好说的呢？将来的事，我什么都不能说，而且我也无心谈这件事。前几天在边境上捉住一个贩私货的人，我们也都见过这个人，他说，很快就要跟奥地利人打仗啦，他们的皇上好像亲自到边境上来过，察看过，从哪里发动进攻，占领哪些地方。一旦打起仗来，也许我就活不成啦，所以将来什么事都很难说。

* * *

娜塔莉亚在公婆家里干着活儿，一天天地过下去，心里不由自主地增长着希望，希望丈夫回来，她那颓丧的精神就靠这种希望支撑着。她没有给格里高力写过一封信，但是家里人谁也没有她盼他的信盼得那样焦急和痛苦了。

村子里的人们还像往常一样，按照牢不可破的一套规矩过着日子：服过兵役的哥萨克们回到了家里，在平常的日子，做做家常的活儿，不知不觉也就把时间消磨过去，每到星期天，一清早就一家家成群结队拥到教堂里去；哥萨克们穿起制服和过节穿的裤子；妇女们穿起紧身花褂，带皱纹的袖子上还打着褶子，那花花绿绿的长裙子底摆沙沙地扫着尘土。

方方的广场上，竖立着一根一根的车辕杆，马在嘶叫，各种各样的人来来往往；一些种园子的保加利亚人在消防棚旁边卖蔬菜，菜摊子摆得长长的；菜摊子后面是一群一群的孩子，孩子们瞪大眼睛望着戴红边制帽和花花绿绿的女人头巾的人群，望着傲慢地扫视着市场的那些卸了驮的骆驼；骆驼嚼着胃里倒出来的草料，嚼得唾沫往外直冒，天天拉水车实在够呛，这会儿正好歇一歇，那一双双眼睛呆呆地望着，就像一对对绿莹莹、死沉沉的铅球儿。

每天黄昏时候，街道上脚步杂沓，娱乐场上歌声嘹亮，人们在手风琴伴奏下蹁跹起舞，直到深夜，村边上最后的歌声才在暖洋洋的旱风中渐渐消散。

娜塔莉亚不到娱乐场上去，她很喜欢听杜尼娅天真无邪地讲一些事情。杜尼娅不知不觉已经长成一个亭亭玉立的美丽姑娘。她像早熟的苹果，成熟得很早。这一年，她脱离了逝去的童年。年长的女伴们接收她参加了姑娘们的圈子。杜尼娅长得很像父亲：身材短短的，皮肤黑黑的。

她已经过了十五个春天，那细细的、不够丰满的身材还没有完全发育起来。在她身上又可笑又天真地掺和着儿童和正在发育的少女的东西：两个像拳头一般大的、小小的乳房在小褂底下鼓膨膨的，明显地胀大起来，肩膀也渐渐丰满起来；可是在那长长的、微微上挑的眼眶里，蓝蓝的眼白包着的一对黑眼珠儿依然闪着羞涩而顽皮的光彩。她从娱乐场回来，就要单独找娜塔莉亚讲讲她那些并不奥秘的秘密。

“娜塔莎，好嫂子，我想给你讲点事儿……”

“好啊，你说说吧。”

“米沙·柯晒沃依昨天跟我在粮仓旁边的橡树下坐了整整一晚上。”

“你怎么脸红啦？”

“没有的事！”

“你去照照镜子看——就像火烧的一样。”

“哼，不说啦！你笑话我……”

“说吧，说吧，我不啦。”

杜尼娅用黑黑的手掌搓了搓发烧的腮蛋子，用手指头按着鬓角，无缘无故地发出了清脆的笑声。

“他说：‘你呀，真像一朵天蓝色的小花儿！……’”

“是吗？！”娜塔莉亚为别人的欢乐而欢乐，忘记了自己的欢乐已经破灭、已经成为过去，她用鼓励的语调说。

“我对他说：‘别瞎说，米沙！’他就发起誓来啦。”杜尼娅的笑声像银铃一样响遍了整个屋子，头不住地摇晃着，两条编得紧紧的黑辫子像两条蝎虎一样，在她的背上和肩上跳来跳去。

“他还说了些什么？”

“他说：送块手绢给我做纪念吧。”

“你给他啦？”

“我说：不行，不给你。你找你那美人儿要去吧。他跟叶罗菲耶夫家儿媳妇要好呢……她是个不三不四的女人，很不正经。”

“你离他远点儿。”

“我已经够远啦，”杜尼娅抑制着就要迸发出来的笑声，又说：“我们散场回家，三个姑娘在一块儿，醉醺醺的米海伊老爹从后面撵了上来。他嚷嚷说：‘亲亲我吧，我的好姑娘，我给每个人两个铜板。’他正要朝我们扑过来，纽尔卡拿树条子朝他额头上一抽，我们撒腿就跑！”

这一年的夏天干得像火烤一样。村边的顿河水越来越浅，以前急流滚滚的地方，如今成了浅滩，牛可以走过河去，连脊背都湿不了。一到夜里，浓烈、闷热的暑气就从山头上涌进村里，风把晒焦的野草那种刺鼻的气味吹得空气中到处都是。河汊里的野草枯死了，腾腾的热气像看不见的帐幕一样，笼罩住顿河两岸。每天夜里，顿河对岸浓云密布，雷声又大又清脆，可是雨就是不往热烘烘的大地上落，闪电空闪着，只是把天空划成许多尖角形的蓝块块儿。

一到夜里，夜猫子就要飞到钟楼上号叫。村子上空到处回落着可怕、颤抖的叫声，夜猫子还常常从钟楼上飞到被牛犊踩得乱七八糟的坟地上，在长满荒草的褐色的坟头上哀号。

“要遭殃啦。”老年人听到夜猫子在坟头上哀叫，就预言说。

“要打仗啦。”

“那一次跟土耳其人打仗以前，就这样叫过。”

“也许，又要闹霍乱呢？”

“夜猫子从教堂飞到死人头上，反正没有好事情。”

“哎哟，我主耶稣呀，慈悲慈悲吧……”

一条胳膊的阿列克塞的弟弟马尔丁·沙米尔，在坟地围墙脚下守候这可恶的夜猫子，守候了两夜，可是人眼看不见的神秘的夜猫子毫无声息地从他头上飞了过去，落到坟地另一头的十字架上，撕心裂肺的叫声又飞到了沉睡的村子上空。马尔丁骂了几句粗话，朝着天空低垂的黑云放了一枪，就离开了。他就住在附近。他老婆是一个胆小、多病、像母兔一样多产的女人，每年都要生孩子，丈夫一进门，她就骂起来：

“混蛋，你真混蛋！夜猫子碍你什么事？上帝要是怪罪又怎么办？我现在怀着孩子，要是因为你这鬼东西我生不出来，那可怎么办？”

“哼，你住嘴吧！不要怕，会生出来的！你已经生滑溜啦。这该死的玩意儿叫得人心里不是滋味儿，要它在这儿干啥？这魔鬼一叫，祸事就到。一打起仗来，就要抓我去当兵，可是你生了这么一大堆。”马尔丁朝角落里指了指，角落里铺着一张车毯，那儿又有老鼠的叫声，又有并排睡着的几个孩子的鼾声。

潘捷莱·普罗柯菲耶维奇在集市上跟老人们聊天的时候，郑重地说：

“我家格里高力来信说，奥国的皇上到边境上来过啦，并且下了命令，要把所有的军队集结到一处，准备进攻莫斯科和彼得堡。”

老人们回想起以往的几次战争，纷纷推测起来：

“从年景上来看，不会有仗打。”

“这跟年景没什么关系。”

“恐怕是学生要闹风潮啦。”

“这种事咱们事先都想不到。”

“就跟日俄战争那时候一样。”

“你给儿子买马了吗?”

“有什么好着急的……”

“瞎说!”

“要跟谁打仗?”

“跟土耳其人,争夺海面。海无论如何是划不开的。”

“那有什么难的?把海划成一块一块的,就像咱们划草地一样,分吧!”

谈着谈着,开起玩笑来,老头子们这才散了。

草地上的草急等着人们去割,顿河对岸各种各样的草眼看就要老了,那都是一些纤弱、没有后劲儿的草,不像草原上的。同是土地,可是草丛中吸取到的养分不大一样;山冈那边的草原上,全是硬邦邦的黑土地,跟石头一样,马群在上面跑过,连一个马蹄印儿都看不到;土地坚硬,上面长的草也强壮而有生命力,长得能抵到马肚子;在顿河边和顿河对岸潮湿而松软的土地上,长出的草就很不旺盛、很不像样子,有时牲口都懒得吃。

全村子里都在砸镰刀,刨搂草耙子,妇女们忙着做克瓦斯,准备慰劳割草的人,就在这时候,发生了一件惊动全村的事:乡警察局长带着一个侦察员和一个军官来了,那个军官身穿制服,满嘴黑牙,大块头,从来还没有露过面。他们找到了村长,邀集了几个作证人,就直奔斜眼卢凯什卡家。

侦察员将带帽徽的帆布制帽拿在手里。一行人顺着街道左边的篱笆走着,路上铺着斑斑点点的阳光,侦察员用落满灰尘的皮鞋踩着斑斑点点的阳光，询问着像公鸡一样往前直跑的村长：“外来户施托克曼在家吗？”

“在家，大人。”

“他在干什么事情？”

“谁都知道，他是个铁匠……木匠活儿也能做。”

“没发现他有什么不轨的事吗？”

“一点也没有。”

警察局长一面走，一面用手指头挤眉心里的粉刺，他气喘吁吁，呢子制服里面冒着热气，满嘴黑牙的军官用麦秆剔着牙齿，眼角上因为红肿变柔和了的皱纹皱了起来。

“哪些人常上他那里去？”侦察员用手拉了拉直往前跑的村长，问道。

“是的，常有人去。有时候去打牌。”

“都是些什么人？”

“多数是磨坊里的，是一些干活儿的。”

“究竟是些什么人？”

“机器匠，过磅的，磨粉的达维德卡，咱们哥萨克也有几个人常去。”

侦察员站了下来，等着落在后面的军官，用帽子擦了擦鼻子上的汗。他用手指头转悠着制服上的扣子，对军官说了几句话，就用一个指头向村长招了招。村长屏住气，踮着脚跑了过来。他的脖子上那纵横交错的青筋鼓了起来，不住地哆嗦着。

“带两个村丁，去把他们抓起来。带到村公所去，我们随后就到。明白了吗？”

村长站直了身子，上身软了下来，一条最粗的筋像根青带子一样落到制服硬领上，他嗯了一声，转身走了。

施托克曼穿着一件衬衣，敞着领口，背朝门坐着，正用手锯在一块胶合板上锯一道弯弯的条纹。

“请站起来。您被捕啦。”

“怎么回事儿？”

“您住两间屋子吗？”

“是的。”

“我们要在您这儿搜查一下。”军官的刺马针在门口的小地毯上挂了一下，然后他走到小桌跟前，眯缝着眼，拿起首先看到的一本书。

“请把这个柜子的钥匙拿出来。”

“侦察员先生，我犯了什么罪？……”

“等会儿还有时间跟你谈。作证的，来吧！”

施托克曼的妻子从另一间屋子里朝外探了探头，没有把门带上。侦察员和书记走了进去。

“这是什么？”军官伸出手举着一本黄封面的书，小声问。

“书呀。”施托克曼耸了耸肩膀。

“俏皮话你留着，等遇到更合适的场合再说吧。现在我请你用另外的方式回答问题。”

施托克曼抑制着冷笑，靠在炉子上。警察局长扭过头看了看军官，又把目光转到施托克曼身上。

“您研究这个吗？”

“有点兴趣。”施托克曼用小梳子把黑胡子分成很均匀的两半，然后生硬地回答说。

“是——这——样。”

军官翻了一会儿，把书扔到桌上；又匆匆翻看了第二本，把第二本书放到一边；又念了念第三本书封面的字，然后转过脸朝着施托克曼。

“你在什么地方还藏着这一类的书？”

施托克曼好像瞄准一样，眯起左眼。

“所有的书都在这儿啦。”

“胡说！”军官摇晃着一本书，凶狠地喝道。

“我要求……”

“搜！”

警察局长一只手按着马刀，走到大柜子跟前，一个麻脸的哥萨克村丁正在翻柜子里的衬衣和外衣，看样子，他见到这种场面吓慌了。

“我要求您客气一点。”施托克曼用眯缝着的眼睛盯着军官的鼻梁，把刚才被打断的话说完。

“住嘴吧，先生。”

在施托克曼跟妻子住的屋子里，凡是能搜的地方，全搜了。作坊里也搜过了。细心的警察局长还弯起指头在墙壁上敲了敲。

押着施托克曼朝村公所走去。施托克曼一只手放在他那旧上衣襟上，另一只手不住地甩着，好像是要甩掉沾在手上的泥巴。他在街中心走着，后面跟着一个村丁；其余的人都贴着篱笆在阳光斑斑点点的小路上走着。侦察员还是用他那滨藜染绿了的皮鞋踩着斑斑点点的阳光，只不过帽子不是拿在手里，而是稳稳地扣在苍白的耳朵上了。

施托克曼是最后一个被审问的。已经审问过的人集合在堂屋里，由村丁看管着。他们是：还没有来得及洗去手上油污的伊万·阿列克塞耶维奇、很不自然地笑着的达维德卡、披着上衣的“杰克”和米沙·柯晒沃依。

侦察员一面在粉红色的公文包里翻着，一面向站在桌子对面的施托克曼问道：

“因为磨坊里的凶杀案，我审问过您，那时候您为什么不招认您是社会民主工党党员？”

施托克曼一声不响地望着侦察员的脑袋上方。

“这一点已经查清楚啦。您要为自己做的事负应有的责任。”侦察员因为他不开口，火了起来，大声喝道。

“请您开审吧。”施托克曼不耐烦地说，一面瞅着一张空凳子，要求允许他坐下。

侦察员没有说什么，他沙沙地翻着文件，皱着眉头看着施托克曼泰然自若地坐了下来。

“您是什么时候到这里来的？”

“去年。”

“是组织派您来执行任务的吗？”

“没有什么任务。”

“您从什么时候成为你们党的党员的？”

“您问的是什么？”

“我是问，”侦察员把“我”字说得特别重，“您从什么时候成为俄国社会民主工党党员的？”

"我想……"

"对于您想什么,我一点没有兴趣。您还是回答我的问题吧。拒不招供是没有好处的,甚至是有害处的。"侦察员抽出一份公文,用食指将公文按在桌子上。"这是罗斯托夫来的证明,证明您是该党的党员。"

施托克曼用眯得细细的眼睛向白白的纸片上扫了一眼,目光在上面停了一会儿,于是,一面用两手摩挲着膝盖,刚强地回答说:

"一九〇七年入党。"

"好的。您不承认,是你们的党把您派到这里来的吗?"

"不是派来的。"

"不是派来的,您又是为什么到这里来的呢?"

"这里很需要有人做铁匠活儿。"

"为什么您偏偏选中了这个地区呢?"

"也就是因为上面说的原因。"

"您现在跟你们的组织有联系吗?或者说,在这段时间里有过联系吗?"

"没有。"

"他们知道您到这里来了吗?"

"想必知道。"

侦察员噘着嘴,用贝壳做的铅笔刀在削铅笔;他没有看施托克曼。

"您跟你们党里的什么人通过信吗?"

"没有。"

“搜查时发现的那封信,是怎么回事?”

“那是一个朋友的信,他恐怕跟任何革命组织都没有关系。”

“您得到过罗斯托夫方面的什么指示吗?”

“没有。”

“磨坊里的工人在您家里聚会,有什么目的?”

施托克曼耸了耸肩膀,好像是对问题的荒谬表示惊奇。

“只不过因为冬夜太长,在一块儿坐坐……只不过消磨消磨时间。打打牌……”

“念过禁书嘛。”侦察员提示道。

“没有。他们都是一些不大识字的人。”

“可是磨坊里的机器匠和所有其他的人都不否认这个事实。”

“这不是实情。”

“我觉得,您连一点起码的道理都不懂……”施托克曼听到这个地方,笑了,侦察员放低说话的调门儿,压住火气把话说下去:“您的头脑简直不正常!您矢口否认,对自己没有好处。很明显,是你们的党把您派到这里来的,要您在哥萨克中间进行分化工作,以便把他们从政府手里争取过去。您暗地里玩的什么牌,难道我不知道?反正这不能减轻您的罪……”

“这是您的猜想。允许抽烟吗?谢谢您。这是猜想,而且是毫无根据的猜想。”

“请问,这本小书您给到您家里来的工人读过吗?”侦察员把手掌放到一本小书上,遮住书名。上端露出白纸黑字的作者姓氏:普列汉诺夫。

“我们读过一些诗。”施托克曼舒了一口气,把夹在指头中间的带箍的骨头烟嘴捏紧，抽了一口烟……

第二天早晨，晦暗而阴沉，一辆双套邮车向村外驶去。施托克曼坐在车子后面，把长胡子埋在矮矮的、油乎乎的大衣领子里，打着盹儿。两边挤着几个带马刀的村丁。其中一个麻脸、鬈发的，用疙里疙瘩的脏手抓住施托克曼的胳膊肘，用恐惧的白眼睛斜看着他，左手按着油漆剥落的马刀鞘。

邮车拖着滚滚的灰尘在大街上奔驰着。一个裹着头巾的瘦小妇人，靠在麦列霍夫家院子外面的场院篱笆上，等候着他们。

邮车从旁边飞驰过去，妇人把双手抱在胸前，跟着车子跑去。

“奥西普！……奥西普·达维陀维奇！哎呀，怎么办啊?！……”

施托克曼想朝她招招手，可是麻子村丁在车上颠了一下之后，用肮脏的手指头按住他的胳膊，凶狠地、声嘶力竭地喝道：

“坐好！动一动，我把你砍了！……”

他在他这平平常常的一生中，头一次看到一个反抗皇上的人。

二

从曼柯沃-卡里特文镇到拉齐维洛沃庄的一段很长的路，已经落到了后面，消逝在灰蒙蒙的雾气中。格里高力打算回想一下已经走过的路，但是什么都无法去想；一座座红色的车站建筑物从眼前闪过，车轮子在摇摇晃晃的车厢下面嗒嗒响着，马粪气味，干草气味，看不到头的铁轨从火车头下面向前伸去，青烟有时朝车门里探一探头，站台上出现大胡子宪兵的脸，忽而在沃罗日，忽而在基辅……

在他们下车的小站上，有很多军官，还有一些身穿灰色长袍、脸刮得很光的人，他们讲着叫人听不懂的外国话。费了老半天时间，才顺着跳板把马匹从车厢里牵出来，军用车的副官命令给马上了鞍，他便带了三百多名哥萨克到兽医站去。马匹经过了仔细的检查，然后就是编连队了。一些司务长和军士来来回回地跑着。浅棕色的马编为第一连；灰马和浅黄色马编为第二连；深棕色的马编为第三连；格里高力编在第四连里，这个连里的马是金黄色和枣红色的；第五连的马都是浅红色；第六连的马都是铁青色。各连司务长又把哥萨克们分成排，然后才领着他们朝分散在各个村庄和镇市的连队驻地走去。

眼睛突出、威风凛凛的司务长柯尔根，佩戴着超期服役的袖章，骑着马从格里高力身边走过，问道：

"你是哪个乡的？"

"维奥申乡的。"

"秃尾巴[①]吗？"

格里高力在别的乡哥萨克们的一片低低的笑声中，一声不响地忍受了这一侮辱。

从大道上了公路。头一次见到公路的顿河马，一踏上公路，又甩耳朵，又打响鼻，就好比走在冰封的小河上似的，后来习惯了，才叮叮当当地踏着还没有磨平的新马掌，放开步子走了起来。在异国波兰的土地上，是横七竖八的一条条很不旺盛的林

①每个乡镇都有自己的诨名：维奥申乡的诨名就叫"公狗"。——作者注

带。这一天又暖和，又晦暗，雾气腾腾，太阳也好像跟顿河的太阳不一样，这儿的太阳躲在云雾织成的纱幕后面。

拉齐维洛沃庄坐落在离小站四俄里的地方。纵马飞奔的兵车司令和一个传令兵在半路上超过了哥萨克们。半个钟头就到了庄上。

“这是什么村子？”米佳金乡的一个矮小的哥萨克指着花园里一丛光秃的树木，向司务长问道。

“村子？米佳金乡的乡下佬，以后别说村子啦！这不是你那顿河军州啦。”

“这又是什么呢，大叔？”

“我算你的什么大叔？哟，好一个侄子！这个吗，我的老弟呀，是乌卢索娃公爵夫人的庄园。咱们第四连就驻扎在这儿。”

格里高力闷闷不乐地抚摩着马脖子，用脚紧紧地踩住马镫，看了看那讲究的二层楼房，看了看那木栅栏和一些奇形怪状的房舍。他们从花园旁边走过，光秃的树木用同样的语言在跟风悄悄说着话儿，这和已经离远了的顿河土地上的情景是一样的。

昏昏沉沉、烦闷无聊的生活一天天过下去。年轻的哥萨克们因为没有活儿可干，起初觉得十分苦闷，只有在空闲的时候说说话儿，排遣排遣心头的烦恼。连队住在几座大瓦房里；哥萨克们都睡在靠窗搭起的铺上。每天夜里，从窗框上脱落下来的糊缝纸嘘嘘叫着，就像远方的牧笛。格里高力在多种腔调的鼾声中，倾听着窗纸的嘘嘘声，觉得又苦恼又心烦，就像石头压在心上。这种细细的嘘嘘声就像针一样扎在心上；此时此刻，格里高力恨不得马上爬起来，跑到马棚里，骑上枣红马，直赶得马嘴里的唾沫一团一团地往无声的大地上掉，一直跑回家去。

早晨五点钟，起床去喂马和刷马。在拴马桩前给马喂燕麦的这短短的半个钟头里，哥萨克们三言两语地交谈着。

“伙计们啊，这儿真可恶！”

“真叫人受不了！”

“司务长这狗东西！逼着人洗马蹄子。”

“这会儿家里正在吃油饼，过谢肉节呢……”

“这会儿摸摸姑娘才好呢，唉！”

“弟兄们，我今天做了一个梦，好像我跟我爹在草甸子上割草，周围密密麻麻的都是人，就像场院外面的野菊一样，”十分和善的普罗霍尔·泽柯夫忽闪着亲切的、像小牛那样的眼睛，说道，“我们一割，草就一个劲儿地往下倒……我的心都欢蹦起来啦！……”

“我老婆这会儿一定会说：‘我那尼古拉在干什么啦？’”

“哈——哈——哈！老弟，她也许正在跟公公玩‘人摞人’游戏呢。”

“滚，你这家伙……”

“男人不在家，又没有野食儿吃，哪一个女人都忍受不住。”

“有什么好伤心的？好比牛奶罐子，等咱们退伍回去，咱们又可以用了。”

叶高尔·莎尔柯夫是全连有名的爱说爱笑、爱说下流话的人，脸皮又厚，说话又粗野，他挤了挤眼睛，嬉皮笑脸地讲开了：

“这事儿很明显，你爹是不会放过儿媳妇的。他像一条很壮的牙狗。有这么一回事儿……”他用眼睛扫视了一下听众。“有一个老家伙爬灰爬惯啦，总想找儿媳妇，可是儿子又碍事。你们猜，他想了个什么点子？夜里他走出去，故意把大门开了，牲口全跑了出去。他就对儿子说：‘你这不成材的东西，怎么把大门开啦？瞧，牲口全跑出去啦，快给我撵去！’他心想，等儿子一出去，他就趁机会找儿媳妇干去，可是儿子发起懒来，小声对老婆说：‘你去撵吧。’媳妇就去了。儿子就躺着，听着；老头子从炕上爬起来，跪着朝床爬去。儿子也不是呆子，从板凳上拿起一根擀面杖，等候着。老头子爬到了床边，刚刚用手一摸，儿子就举起擀面杖照他的秃脑袋打去。并且还吆喝着：‘该死的东西！滚开！又来嚼衣服啦！……’本来他们家的牛犊是睡在屋子里的，而且的确也常常到床边去嚼衣服。儿子就装作打牛犊，把老子打了一顿，又躺下去，一声不响了……老头子又爬到炕上躺下来，揉起头上的疙瘩，疙瘩已经有鹅蛋那样大了。躺了一会儿，才问道：‘伊万，伊万呢？’‘爹，你有什么事？’‘你刚才打谁啦？’儿子说：‘打牛犊啦。’老头子眼泪汪汪地对他说：‘你打起牲口，手这样狠，以后你他妈的怎么能当家？’”

“你真会瞎编。”

“该把你这个麻子的嘴锁起来。”

“你们在这儿嚷嚷什么？走开！”司务长走来喝道；于是哥萨克们一面笑着，开着玩笑，各人走到各人的马跟前。吃过茶点以后，就去下操。军士们要改掉他们的家常动作。

“肚子缩回去，喂，你呀，猪肚子！”

“向右看齐，开步——走……”

“全排，立正！”

“开步走!”

“喂,左翼排头,你妈的,怎么站的? ……”

军官老爷们都站在旁边,抽着烟,看着军士们在大操场上把哥萨克们赶过来又赶过去,有时候对军士们的做法过问一下。

军官们都打扮得十分漂亮,服装笔挺,穿着漂亮的灰大衣和十分合身的制服,格里高力看着他们,就觉得在他和他们之间有一道不可逾越的、无形的高墙;墙那边是另外一种安闲自在、不同于一般人的讲究生活,既不肮脏,又没有虱子,也不怕司务长打嘴巴子。

来到庄园第三天发生的一件事,不仅给格里高力,而且给所有的年轻哥萨克留下了很不愉快的印象。大家在练习编队;那个长着一双亲切的牛眼睛、时常梦见他十分留恋的遥远的故乡的小伙子普罗霍尔·泽柯夫的马,是一匹脾气很坏、很难驾驭的马,在训练时踢了司务长的马一下子。踢得不重,司务长的马的左腿上只是破了一点皮。司务长就驱马朝他冲去,扬起鞭子,狠抽他的脸,一面吆喝着:

“你的眼睛哪儿去啦? ……眼睛哪儿去啦? 我揍你这个狗崽子! 罚你给我值三天班……”

正在对排长们下命令的连长看到这个场面,转过头去,摩弄着刀穗子,百无聊赖地打了一个长长的哈欠。普罗霍尔用大衣袖子擦了擦肿起的脸上的一道血印,嘴唇不住地哆嗦着。

格里高力一面让马跟上队伍,一面望着军官们,可是军官们谈笑风生,好像什么事也没有。又过了几天,格里高力在饮马时把水桶掉进了井里,司务长像老鹰一样朝他扑了过来,举起了手。

“别动！……”格里高力望着井里泛着层层波纹的水，低声说。

“什么？坏蛋，爬下去，给我捞上来！我要狠狠打你的嘴巴！……”

“我可以捞上来，可是你别动一动！”格里高力没有抬头，慢腾腾地说。

如果在井边还有别的哥萨克的话，就会有另一种结局：司务长毫无疑问会狠狠地打格里高力一顿，可是这时候哥萨克们都在围墙跟前喂马，听不见他们的话。司务长一面朝格里高力逼过去，一面回头望着哥萨克们，不住地翻着凶狠的、气疯了的眼睛，声嘶力竭地吼道：

“你把我怎么样？你怎么跟长官说话？”

“谢苗·叶果罗夫，你别太过分了！”

“你吓唬起人来啦？……我来叫你哭个痛快！……”

“就是这话，”格里高力的头离开井栏，“如果你敢打我的话，我非把你打死不可！明白吗？”

司务长惊愕地张着鲤鱼一样的方方的大嘴，不知道怎样回答。打人的时机放了过去。格里高力那白得像石灰一样的脸色，说明他不是好惹的，所以司务长给弄得张皇失措。他踩着马槽引水沟边的泥巴，滑滑跌跌地离开了井边，已经走出一段路了，又转过身来，摇晃着小榔头一样的拳头，说：

“我去报告连长！这就去报告！”

但是不知为什么他一直没有对连长说，可是有两三个星期的工夫，他专门跟格里高力过不去，遇到一点小事都要找找碴儿，没有轮到格里高力站岗也要派他去站岗，也不拿眼睛看他。

沉闷、单调的生活日程消磨着人的生气。一天到晚，只要没吹熄灯号，都要练习步兵操、骑兵编队，整理装备，刷马和在拴马桩前喂马，背诵杂七杂八的“军事条令”，一直到十点钟，点过名，派过岗哨以后，才站队做祷告。司务长用铅球一样的眼睛打量着长长的队列，用生来就沙哑的声音喊了起来：“我们的父。”

到早晨，老一套又开始了；一天天日子不同，然而又十分相像，就跟孪生兄弟一样。

在整个庄园里，除了总管的老妻以外，只有一个女的，那就是总管家里的年轻貌美的使女——一个叫福兰妮亚的波兰姑娘。全连的人都盯着她，军官们也不例外她经常从屋子里往厨房跑，掌厨的是一个没有眉毛的老厨子。

分成几个排在操练的整个连队，都艳羡地和挤眉弄眼地注视着福兰妮亚那窸窣响的灰裙子。福兰妮亚觉察到哥萨克们和军官们都直勾勾地看着她，就好像在三百只眼睛送出的秋波中上足了油似的，勾魂摄魄地抖动着大腿，一会儿从屋子里往厨房里跑，一会儿又从厨房里往屋子里跑，逐次地对每个排、逐个儿地对每个军官先生微笑。大家都得到她的青睐，但是，据说只有一个满头浓浓的鬈发的中尉获得了令人羡慕的成绩。

快到春天的时候，发生了一桩事。这一天格里高力在马棚里值班。他不时地走到马棚的一头去看看，有几匹军官的马在那儿很不老实，因为跟一匹骒马拴在一块儿了。正是午休时候。格里高力刚刚用鞭子把大尉的白腿马赶开，就到栏格里来看自己的枣红马。枣红马正咯吱咯吱地嚼着草料，蜷着一条训练中碰伤的后腿,用红红的眼睛斜看着主人。格里高力正在给马调理马笼头,就听见马棚黑暗的角落里有脚步声和闷声闷气的喊叫声。听到这种不平常的叫闹声,他感到有些惊异,就擦着一个个的栏格往前走去。突然进入黑乎乎的过道,眼睛什么都看不清楚。这时马棚的门砰的一声关上了,不知是谁压低了声音小声喊:

“快点儿,伙计们!”

格里高力加快了脚步。

“什么人?”

正摸索着向门口走去的中士波波夫跟他撞了个满怀。

“是你吗,格里高力?”他抓住格里高力的肩膀,小声说。

“等一等。这是怎么一回事儿?……”

中士抱歉地格格一笑,抓住格里高力的袖子。

“这儿……站住吧,你上哪儿去?”

格里高力挣出手来,把门开了。一只剪过尾巴的花母鸡正在空旷无人的院子里走来走去,还不知道厨子明天就要拿它给总管老爷烧汤,一边走一边刨着粪堆,若有所思地咯咯叫着,好像是在考虑把蛋生在什么地方。

阳光射进格里高力的眼睛,他的眼睛花了一会儿。听到马棚黑暗的角落里的闹声大了起来,他用手遮住眼睛,转过身来,用手摸索着墙壁,朝那里走去。马棚门口迎面的墙上和马槽里晃动着反射的光斑。格里高力被刺眼的亮光照得眯缝着眼睛,往前走着。他迎面撞上了废话大王莎尔柯夫。莎尔柯夫一面走,一面扣着直往下掉的裤子上的纽扣,摇晃着脑袋。

“你怎么啦?……你们在那儿干什么?……”

“你快去吧！”莎尔柯夫从他那脏嘴里朝格里高力的脸上喷着一股很难闻的气味，小声说，“那儿吗……那儿妙极啦！……弟兄们把福兰妮亚拉到那儿去啦……好开心……”莎尔柯夫笑了一声，就被格里高力一推，脊背咚的一声撞在马棚的木头墙上，不笑了。格里高力朝响声跑去，在他那睁得大大的、习惯了黑暗的眼睛里露出恐怖的神情。在堆放马衣的那个角落里，密密麻麻地拥挤着许多哥萨克，都是第一排的。格里高力一声不响地推开许多哥萨克，挤到了前面。福兰妮亚一动不动地躺在地上，两条在黑暗中发白的腿毫无遮盖地、宽宽地叉着，脑袋用马衣包着，撕破的裙子撩到了两个乳房以上。一个哥萨克歪嘴笑着，也不看同伴们，退到墙边去，让位给下一个。格里高力向后一冲，朝门口跑去。

“司——务——长！……”

一些人在门口撵上了他，从背后扳着他，用手捂住他的嘴。格里高力把一个人的制服从领口一直撕到底边，还朝另外一个人的肚子上踢了一脚，但是大家还是把他按倒了，并且像对付福兰妮亚那样，用马衣将他的头包住，捆住他的两手，为了不叫他听出声音，都一声不响地把他抬过去，扔到空马槽里。格里高力被马衣上臭烘烘的毛的气味呛得十分难受，试着叫了几下，用脚蹬了几下槽帮。他听到角落里的低语声、哥萨克们进进出出的开门和关门声。过了二十来分钟，才给他松了绑。门口站着司务长和别的两个哥萨克。

“你把嘴闭紧！”司务长一个劲儿挤着眼睛，朝一旁望着，说道。

“不准乱说，要不然……把你的耳朵割下来！”另外一个排的绰号“木头疙瘩”的哥萨克笑着说。

格里高力看到，两个人抬起一个灰团子——福兰妮亚（她的两腿弯成尖角形，一动不动地在裙子下面搭拉着），爬到马槽上，那里有一块木板没钉牢，掉了下来，墙上出现了一个大豁口，就把她从豁口里扔了出去。墙外就是花园。每一个栏格上面，都有一个小小的、上部熏黑了的肮脏的窗口。哥萨克们乱哄哄地爬到槽帮上，想看看落在墙外的福兰妮亚怎么样；还有几个人急急忙忙朝马棚外面走。与生俱来的好奇心也打动了格里高力。他抓住一根横梁，两手一用劲，靠近了窗口，两脚找到可站的地方后，便朝下面望去。几十只眼睛从一个个黑乎乎的小窗户里一齐朝躺在墙脚下的姑娘望着。她仰面躺着，两条腿像剪刀一样时而叉开，时而并到一起，手指头在墙脚下正在融化的积雪里乱抓。格里高力看不见她的脸，但是听得见站在窗口的哥萨克们的屏气声和干草的清脆而柔和的咯吱声。

她躺了老半天，后来才用手和脚一齐撑着站了起来。两条胳膊软绵绵的，不住地打哆嗦。格里高力清清楚楚地看到了这种情形。她摇摇晃晃地站了起来，披头散发，变了模样，完全成了另外一个人，用眼睛朝着一个个的窗口望了老半天。

她用一只手抓住一丛丛的忍冬，另一只手扶着墙、撑着墙，朝前走去……

格里高力从上面跳下来，用手不住地搓着喉咙；他憋得透不过气来。

在门口，有一个人——他都不记得是谁了——郑重其事、明明白白地对他说：

“你要是对谁吱一声，说真的，我们就宰了你！明白吗？”

下操的时候，排长看到格里高力的大衣纽扣被扯掉了，就问：

“谁揪你了？这还成什么样子？”

格里高力看了看扯掉的纽扣在呢子上压出的小圆圈儿；他想起那件事，心里像针扎一样，差点儿哭了出来，很长时间以来，这还是第一次。

三

原野上笼罩着黄黄的、灼人的阳光。已经成熟、但还没有收割、像波浪一样的小麦，冒着腾腾的热气，像黄尘一样。割麦机上上下下都热得烫手。人热得头都不敢抬。蓝中带黄的天空像一个热得发烫的大罩子。麦田边上，到处是红中透黄的草木樨花儿。

全村的人都来到田野上。正在割黑麦。人们十分吃力地赶着割麦机上的马，又闷又热，尘土又呛人，哼哧哼哧，简直喘不上气来……顿河上偶尔吹来的阵风卷起一股股灰尘，腾腾的热气像披纱一样罩住刺目的太阳。

彼特罗不时地从割麦机上下来，从早晨起，他已经把一只老大的桶里的水喝了一半。喝一阵热烘烘、令人作呕的水，过一会儿嘴里就又发起干来，汗衫和衬裤全都湿透，脸上的汗不住地往下淌，耳朵里响着不绝如缕的颤音，说的话就像苍耳子一样，卡在喉咙里吐不出来。妲丽亚用头巾包住脸，敞着小褂，在堆燕麦。

两个变成褐色的乳房中间的胸沟里,汪着一颗一颗的汗珠儿。娜塔莉亚赶着拉割麦机的马。她的两腮晒得红红的,像红皮萝卜一样,眼里含着泪水。潘捷莱·普罗柯菲耶维奇顺着垅沟走着,浑身像洗了澡一样。永远不肯干的湿衣服粘在身上十分难受。好像从他脸上垂到胸前的不是大胡子,而是融化的黑黑的车轮油。

“你洗澡啦,普罗柯菲耶维奇?”贺里散福赶着车从这儿路过,在车上叫道。

“湿透啦!”潘捷莱·普罗柯菲耶维奇挥了挥手,用小褂前襟擦着肚子上汪着的汗水,一瘸一拐地朝前走去。

“彼特罗,”妲丽亚喊道,“哎呀,别割啦!”

“等一等,把这一趟割到头。”

“等这股热劲儿过去再割吧。我不干啦!”

娜塔莉亚把马勒住,呼哧呼哧地喘着粗气,好像一直是她在拉割麦机,不是马在拉。妲丽亚朝他们这边走来,被靴子磨破的两只黑乎乎的脚在麦茬子当中慢慢挪动着。

“彼特罗,水塘离这儿不远啦。”

“哼,还不远呢,有三俄里!”

“顶好去洗洗澡。”

“不等走到那儿,就……”娜塔莉亚叹了一口气。

“为什么偏偏要走着去呢?咱们把马卸下来,骑马去!”

彼特罗担心地看了看正在堆燕麦的父亲,摆了摆手,说:

“卸下来吧,娘儿们!”

妲丽亚把马卸下,十分轻巧地跳上了马背。娜塔莉亚笑着噘起两片干裂的嘴唇,把马牵扯到割麦机跟前,踩着割麦机的座位往马上爬。

“腿跨过来。”彼特罗扶着她骑了上去。

三个人都上了马。妲丽亚露着两个膝盖，头巾歪披到后脑勺上，一马当先地朝前跑去。她骑在马上像个男子汉一样，彼特罗忍不住在背后对她吆喝道：

“喂，小心，不要磨破裤裆！”

“没事儿！”妲丽亚摆了摆手。

在跨过大道的时候，彼特罗朝左边看了看。远处有一团时时变换形状的灰尘，从村子那边顺着灰扑扑的大道迅速地滚过来。

“有人骑马跑来啦。”彼特罗眯起眼睛说。

“跑得好快！你看，扬起的灰好大呀！”娜塔莉亚稀奇起来。

“怎么一回事儿？妲什卡？”彼特罗朝着跑在前面的妻子喊道。“等一等，咱们来看看那个骑马的。”

那一团灰尘掉进洼地里，等到从洼地里出来，就变成了一个有蚂蚁那样大的清楚的点子。

骑马人的身影从灰尘中渐渐露了出来。过了五六分钟，显得更清楚了。彼特罗将一只肮脏的手放在干活戴的草帽帽檐上，凝神望着。

“这样疯跑，一下子就能把马跑坏。”

他皱起眉头，把手从帽檐上放了下来，一丝慌乱的神情从脸上飘过，停在耸起的两条眉毛中间。

这会儿已经可以清清楚楚地看到骑在马上的人了。那人骑着马一冲一冲地大跑着，左手扶着制帽，右手摇摇晃晃地举着落满灰尘的小红旗。

彼特罗让开路，那人从他身边飞驰过去，那马擦身而过时，可以听见它向肺里吸热空气时响亮的呼哧声。那人大张开灰石头一样的四方大嘴，喊道：

“紧急动员！”

一团黄黄的汗沫，落到他的马的马掌在灰土里留下的印子上。彼特罗目送着那个骑马的人。他的脑子里只留下这样的印象：筋疲力尽的马喘气十分吃力，还有，从后面朝马望去，湿漉漉的马屁股泛着钢铁一样的光泽。

彼特罗还没有彻底领悟到，一场劫难已经来到眼前，只是呆呆地望着在灰土里颤动着的马汗泡沫，望着像起伏的波浪似的一直伸到村边的原野。四面八方的哥萨克们都骑上马从黄黄的麦茬地里朝着村子奔去。原野上，直到那座黄黄的、雾蒙蒙的山冈，到处都是骑马人荡起的灰尘。许多骑马人上了大道以后，就成群结队地往前跑，像一条灰白色的土尾巴似的向村子里伸去。凡是应该入伍的哥萨克，都丢下活儿，卸下割麦机上的马，骑上马朝村子里奔去。彼特罗看到，贺里散福从大车上卸下他那匹御林军军马，就叉开两条长腿，回头望着彼特罗，飞跑起来。

“这是怎么回事儿？”娜塔莉亚惊叫着，恐怖地看着彼特罗，正是她的目光——就像枪口下的兔子的目光——使彼特罗惊醒过来。

他跑回停车的地方；不等马停住就跳下马来，把干活儿时脱下来的长裤子穿上，朝父亲挥了挥手，跟许多人一样，消失在一片灰尘之中。在热气腾腾的原野上，游动着许许多多这样的灰点儿。

四

广场上，灰扑扑的人流越来越密集。那一排一排的，是马匹、哥萨克的装备、有各种号码的肩章的制服。戴蓝制帽的阿塔曼团的哥萨克，都比普通部队的哥萨克高出一个头，他们来来回回地走着，就像荷兰鹅夹在一群矮小的家禽当中。

酒馆关了门。军事监督脸色阴沉，忧心忡忡。各条街道的篱笆跟前都站着许多盛装的妇女。形形色色的人群中到处传着一个词儿——“动员”。一张张醉醺醺、火辣辣的脸。惊慌的情绪也传给了马，马在尖叫，在打架，在愤怒地长嘶。广场上空灰尘弥漫，广场上到处是空酒瓶和廉价糖果的包糖纸。

彼特罗牵着上了鞍的马。教堂的围墙边，有一个阿塔曼团的黑脸大汉，一面在扣肥大的蓝裤子上的纽扣，一面咧着大嘴、龇着白牙在笑，他旁边有一个矮小的女人——不知道是他的老婆，还是相好的——像只灰鹌鹑一样唧唧咕咕地在说话。

“你跟那个婊子鬼混，我他妈的要好好收拾你！”那女人发话说。

她醉醺醺的，乱蓬蓬的头发上沾着许多葵花籽壳，花头巾的角儿已经松了开来。黑脸大汉一面勒腰带，一面蹲下身来对着她笑；他那皱巴巴的裤裆下面，可以走过一头一岁的小牛，不会碰到裤裆。

“别再说啦，玛什卡。”

“你这该死的牙狗！色鬼！”

“有什么办法呢?”

“你这不要脸的东西!”

旁边有一个红胡子司务长在跟一个炮兵争论:

“没什么大不了的事! 咱们待几天,就各自回家啦。”

“万一真是打仗呢?”

“哼,你也不用脑袋瓜想想! 哪一个国家敢跟咱们打仗?”

旁边还有人东扯西拉、漫无边际地在说话;一个不算年轻的漂亮汉子发急说:

“咱们不管他们的事。让他们打去,咱们的庄稼还没有收完呢!”

“真倒——霉! 瞧,把人都弄到这儿来,这会儿可是要紧时候,一天都耽误不起。”

“割倒的庄稼都要叫牲口糟蹋掉了。”

“我们已经开始割大麦啦。”

“奥国的皇上好像叫人刺死啦?”

“刺死的是皇太子。”

“老乡,你是哪一团的?”

“喂,老同事,你他妈的发财啦!”

“哈,司捷什卡,你从哪儿来?”

“村长说,把大家集合起来,是防备万一。”

“好啦,哥们儿,这一下子就够受啦!”

“他们要是能再等一年,我就超过第三批入伍年龄啦。”

“你呢,老人家,为什么来啦? 你也没有超过入伍年龄吗?”

“他们杀起人来,连老头子也饶不过。”

“酒店也关门啦！”

“嘿，你这个笨蛋！玛尔福特卡那儿有的是酒！”

检查的人开始检查了。三个哥萨克把一个浑身是血的醉醺醺的哥萨克送往村公所。他向后挣着，撕着自己的小褂，瞪着圆滚滚的大眼睛，声嘶力竭地叫着：

“我要把他们这些庄稼佬揍死！顿河哥萨克不是好惹的！”

周围的人一面朝旁边躲，一面赞许地笑着，表示同情。

“揍他们！”

“为什么把他抓起来？”

“他打伤了一个庄稼佬。”

“庄稼佬该打！”

“我们还要揍他们呢。”

“伙计，一九〇五年，我去镇压过他们。才热闹哩！”

“一打起仗来，又要叫咱们去镇压他们啦。”

“够啦！叫他们去招募志愿兵吧。叫警察去吧，咱们实在心里不忍。”

在莫霍夫商号的柜台前面，拥拥挤挤，你推我搡。醉醺醺的托米林·伊凡缠住了两位老板。谢尔盖·普拉托诺维奇摊着两手，亲自在劝导他；他的合股人叶梅里扬·康斯坦丁诺维奇，也就是“擦擦”，一面向门口倒退，一面说：

“嗯，怎么搞的……说亲(真)的，简齐(直)不层(成)体统！小伙计，快去报告村长！”

托米林在裤子上摩擦着汗湿的手掌，将胸膛对着愁眉苦脸的谢尔盖·普拉托诺维奇。

“你放债盘剥大家，坏东西，现在你怕啦？活该！我要揍你嘴巴子，你告我去吧！你强占了我们哥萨克的地盘。哼，你这个狗杂种！坏蛋！”

村长一个劲儿地对围在周围的人说宽心话：

“打仗？不会的，不会打仗。军事监督老爷说，这是为了做做样子。你们可以放心。”

“好极啦！我回家就上地里去。”

“活儿全停下来啦！”

“请问，官长们是怎么想的？我还有一百多亩庄稼没收割呢。”

“季莫什卡，你告诉我家里人，就说明天我们就回去啦。”

“那边是不是在看戏报？咱们也去看看。”

广场上沸沸扬扬，一直闹到很晚的时候。

* * *

过了四天，一列列红色的军车满载着一团一团的哥萨克和一连一连的炮兵朝俄奥边境开去。

仗打起来了……

在马槽旁的栏格子里，是马的呼噜声和新鲜马粪气味。车厢里，依然是谈话声、歌声，唱得最多的歌曲是：

正教徒的静静的顿河
涌起波涛，奔腾咆哮。
静静的顿河闻风而动

起来响应君王的号召。

在一座座车站上，闪过一道道注视着哥萨克裤绦的好奇而敬佩的目光，闪过一张张没有洗去干活儿时沾上的厚厚的污垢的脸。

打仗了！……

一张张报纸在声嘶力竭地呼号……

在一座座车站上，妇女们朝着哥萨克们乘坐的列车挥手绢，微笑，扔纸烟和糖果。只是快到沃罗涅日的时候，才有一个醉醺醺的老铁路工人，探头朝彼特罗·麦列霍夫和另外三十多个哥萨克坐的车厢里望了望，歪了歪细长的鼻子，问道：

"你们去啦？"

"老大爷，跟我们一块儿去吧。"一个人代表大家回答说。

"你去做……炮灰吧！"并且带着不以为然的神情摇了老半天头。

五

六月下旬，格里高力所在的团出去演习。依照师部的命令，这个团以行军的速度开到了罗夫诺城。在这个城市周围驻下了两个步兵师和一部分骑兵。第四连驻扎在符拉基斯拉夫村。

两个星期以后，这时候连队经过长期演习，疲劳不堪，已经在扎包伦镇上驻下来休息，连长波尔柯夫尼柯夫上尉骑着马从团部跑了回来，格里高力和本排的哥萨克们正躺在帐篷里休息。他看到，连长骑在汗淋淋的马上，顺着狭窄的街道跑了过去。

院子里的哥萨克们都动了起来。

“是不是又要出发啦？”普罗霍尔·泽柯夫说出了自己的推测，并且带着等待的心情留心听着。

排里的一个中士把针（他正在缝撕破的裤子）别到帽里子上。

“一定是要出发。”

“歇都不叫人歇，妈的！”

“司务长说，旅长要来。”

“嗒——嗒——嗒！ 的——的——嗒——的——嗒！ ……”号兵吹起了警号。

哥萨克们都跳了起来。

“烟荷包哪儿去啦？”普罗霍尔到处找了起来。

“备——马！”

“烟荷包去它的吧！”格里高力一面跑，一面喊道。

司务长跑进了院子。他一只手扶住马刀，朝拴马桩跑去。大家都在条令规定的时间里备好了马。格里高力拔起帐篷的桩子；中士小声对他说：

“交火啦，小伙子！”

“你瞎说吧？”

“说的是真话，是司务长说的！”

帐篷拔掉了。连队在街上排好了队。

连长骑着上了劲儿的马，在队伍前面转来转去。

“排成纵队！ ……”他那洪亮的声音在队伍上空回荡着。

马蹄嗒嗒响了起来。连队飞跑着从镇上开出来，上了大道。

第一连和第五连也变换着步伐从库斯钦村向小站开去。

过了一天，这一团人在离边境三十五俄里的维尔巴车站下了车。车站上的白桦树后面朝露似火。将是一个晴朗的早晨。火车头在铁轨上轰隆轰隆地响着。露水未干的铁轨在闪闪发光。战马打着响鼻，顺着跳板从车厢里走下来。水塔后面，一片呼唤声和粗嗓门儿的口令声。

第四连的哥萨克们牵着马在过交道口。紫丁香般的朦胧的晨曦中回荡着嘈杂的人声。一张张脸发着乌青色，马的轮廓若隐若现。

“这是哪一连？”

“你是谁家的牲口，怎么走错了群啦？”

“混蛋，我揍死你！你怎样跟长——官说话？”

“对不起，大人！……我看错人啦。”

“过去，过去！”

“发什么呆？火车头过来啦，快走。”

“司务长，你那第三排在哪儿？”

“弟——兄——们，打起精神来！”

可是队伍里在轻轻地小声说着话：

“还打起精神呢，奶奶的，都两夜没睡啦。”

“谢姆卡，给我抽一口，从昨天晚上就没抽烟啦。”

“你抽马鸡巴去……”

“缰绳都咬断啦，下流东西！”

“我的马前掌掉啦。”

另外一个连向一旁拐弯，拦住第四连的去路。

骑兵的侧影，像用黑墨画的一样，在蓝灰色的天空衬托下，显得十分清楚。队伍四个人一排前进着。一支支长矛晃动着，好像去了头、落了叶的葵花秆子。偶尔能听到马镫的叮当声和马鞍的咯吱声。

“喂，老乡们，你们这是上哪儿去呀？”

“去给干亲家庆寿。”

“哈——哈——哈——哈！”

“住口！说什么话！”

普罗霍尔·泽柯夫用手扶住铁皮包的鞍头，看着格里高力的脸，小声说：

“麦列霍夫，你不害怕吗？”

“有什么可怕的？”

“怎么不可怕，说不定今天咱们就是去打仗。”

“打仗就打呗。”

“我可是有点怕。”普罗霍尔坦率地说，并且十分慌乱地用手调整着露水打湿了的缰绳。“我在火车上一夜都没有睡。怎么都睡不着。”

连队的半截轻轻晃荡起来，走慢了，第三排也走慢了，马匹小步走起来，贴在腿上的长矛也晃晃悠悠，晃动得不那样厉害了。

格里高力松开缰绳，打起盹来。他觉得：好像不是马矫健地迈动着前腿，摇摇晃晃地驮着他走，而是他自己在一条暖洋洋的黑道上走，走起来格外轻松、格外快活。

普罗霍尔在他耳边说了一句什么话，说话声跟马鞍的咯吱声和嘚嘚的马蹄声混到了一起，没有搅动他这种蒙蒙眬眬、无忧无虑的瞌睡。

正走在一条小路上，静得能听到耳朵里的响声，令人昏昏欲睡，道路两旁已经成熟的燕麦，因为落满了露水，显得灰蒙蒙的。马匹把头直朝低矮的燕麦上伸，不住地挣着，想把缰绳从哥萨克手里挣出来。一道柔和的阳光钻到了格里高力那因为失眠而肿起的眼皮底下。格里高力抬了抬头，又听见普罗霍尔那依然单调得像车轮吱嘎声一样的说话声。

远处的燕麦地后边突然传来一声轰隆的巨响，格里高力惊醒了。

“放炮啦！”普罗霍尔几乎叫了起来。

他的一双牛眼睛一下子吓黑了。格里高力抬起头来，只见本排中士的灰大衣随着马背的颠动一上一下地颠动着，两旁一块块没有收割的燕麦地好像呆了似的，百灵鸟在电线上蹦跳着。连队骚动起来，密集的炮声就像一股电流通到了每个人身上。波尔柯夫尼柯夫上尉听到炮声，打起精神，带领连队飞跑起来。过了一家空酒馆旁边的交叉路口，开始遇上难民的车辆。一个服装讲究的龙骑兵连，从第四连旁边飞驰而过。一个留着浅褐色连鬓胡、骑着枣红马的骑兵大尉带着嘲笑的神情打量了哥萨克们一眼，用刺马针踢了马一下。一个榴弹炮连陷在一片又是水又是泥的洼地里。赶炮车的人拼命在抽打马匹，炮手们在一旁急得直转圈儿。一个高大的麻脸炮兵从酒馆里抱来一抱木板，看样子是从板墙上拆下来的。

第四连赶过了一个步兵团。步兵们背着卷起的军大衣，快步走着，阳光照在他们那锃亮的钢盔上，闪闪放光，照得他们的刺刀刃雪亮雪亮的。最后的一个连里，有一个矮小而胆大的上等兵，朝格里高力扔来一团泥巴。

“招打！对奥地利人就要这样！”

“别胡闹，鬼东西！”格里高力用鞭子将扔来的泥巴劈碎。

“哥萨克们，替我们向奥地利人问候！”

“你们也会跟他们见面的！”

先头部队里在唱一支黄色歌曲；一个像女人一样大屁股的步兵，用手拍着短靴筒子，在队伍旁边倒着走。军官们在笑着。浓烈的、已经来到眼前的危险气氛，使他们和士兵们亲近了，他们变得平易近人了。

步兵队伍、辎重队、炮队、救护队像一条条毛虫似的从空酒馆向郭洛维希克村爬去。已经感觉到战斗来临时死亡迫近的气氛。

团长卡列金上校在别列斯切契克村附近赶上了第四连。还有一位中校跟他在一起。格里高力一直拿眼睛看着上校那挺拔的身材，听到中校十分激动地对他说：

“华西里·马克西莫维奇，军用地图上没有标出这个村子。我们会陷入不利的局面。”

格里高力没有听到上校的答复。一位副官骑马跑到他们跟前，又跑了过去。他的马的右后腿有点瘸。格里高力不由自主地判断着副官那匹马的品种。

远处，一溜慢坡的田野下边，出现了一个小村子。团队忽快忽慢地前进着，马匹全都大汗淋漓。格里高力用手摸了摸枣红马汗淋淋的脖子，向两边张望着。村子后面露出树林的顶端，像许多绿色的尖刀，直插蓝色的天空。树林后面响着隆隆的炮声；这时候炮声震动了骑兵们的神经，使战马竖起了耳朵；在炮声间歇时便是密集的枪声。树林后面远处的榴霰弹硝烟在慢慢消散，一阵一阵的枪声渐渐转移到树林右方，枪声忽而低沉，忽而猛烈。

格里高力紧张地听着枪炮声，他的神经越来越紧张起来。普罗霍尔·泽柯夫在马鞍上坐也坐不安，不住地唠叨着。

"格里高力，放枪啦，简直像孩子们用小棍儿敲打栅栏，对吗？"

"你住嘴吧，唠叨鬼！"

连队进了村子。各家院子里都有一些士兵来来回回地走着，屋子里乱糟糟的：家家都在准备逃难。所到之处，人们的脸上都露出惊慌不安和张皇失措的神色。格里高力经过一家院子的时候，看到几个士兵在棚子底下生起一堆火。可是这一家的主人——一个高高的、满头白发的白俄罗斯人——正愁眉苦脸地想着飞来的横祸，他从旁边走过，丝毫没有理会。格里高力看到，他家里的人把套着红枕套的枕头和各种各样的破烂东西一齐往大车上扔，老头子却小心翼翼地搬来一个毫无用处的破车轮子，那玩意儿大概在地窖里放了有十来年了。

格里高力看到，有些妇女把花盆和圣像装到车上，而把有用的和值钱的东西丢在屋子里，看到她们这样颠三倒四，他觉得十分奇怪，有人把鸭绒褥子里的鸭绒抖搂出来，鸭绒像雪片一样沿街飘散开去。烧火烧出来的焦煳气味和地窖里的霉味叫人十分难闻。在村口他看到一个犹太人迎面跑来。那人的嘴咧成一条细细的长缝，好像马刀砍出来的，哆哆嗦嗦地喊着：

"哥萨克先生！哥萨克先生！哎呀，我的老天爷啊！"

一个圆脑袋、小个头儿的哥萨克摇着鞭子骑着马飞跑过去，丝毫没有理会犹太人的叫喊。

“站住！”第二连连长对那个哥萨克吆喝道。

那个哥萨克伏在鞍头上，钻进了小胡同。

“站住，混账东西！哪一团的？”

那个哥萨克的圆脑袋紧紧贴到马脖子上。他像赛马一样，催马狂跑起来，跑到一道很高的栅栏跟前，让马直立起来，十分敏捷地跃了过去。

“大人，这儿驻的是第九团。不用问，一定是他们团里的。”司务长向上尉报告说。

“去他妈的。”连长皱了皱眉头，转过脸去对那个抓住马镫的犹太人说：“他拿你什么东西啦？”

“军官先生……我的表，军官先生！……”犹太人转过红红的脸，对着来到跟前的好几位军官，一个劲儿地眨巴着眼睛说。

第二连连长用脚将马镫一踹，朝前走去。

“德国人要来啦，反正他们也要抢去的。”他暗暗笑着，一面朝前走，一面说。

犹太人无可奈何地站在街心里。他的脸不住地抽搐着。

“把路让开，犹太佬！”连长厉声喝道，并且扬起了鞭子。

在一片马蹄嘚嘚声和马鞍咯吱声中，第四连从他身边走了过去。哥萨克们都带着嘲笑的神情斜眼看着无可奈何的犹太人，议论起来。

“要是不拿东西，咱们哥们儿就没有法子活啦。”

“哥萨克啥东西都要。”

“见了就拿。”

“这家伙真灵活……”

“嘿，那么高的栅栏，一下子就蹦过去啦，真像一条猎狗！”

司务长柯尔根走在连队后面，他在哥萨克们的一片笑声中，将长矛一挺，喝道：

“滚开，要不然我戳死你！……”

犹太人惊恐地张了一下嘴，就跑开了。司务长追过去，从背后抽了他一鞭子。格里高力看到，犹太人打了一个趔趄，用手捂着脸，转过身对着司务长。鲜血从他那细细的手指头缝里哗哗地流了出来。

“为什么打人？……”犹太人带着哭腔叫喊道。

司务长瞪着两个笑得发光、圆得像制服扣子一样的鹰眼睛，一面往前走，一面回答说：

“因为你没长眼睛，混蛋！”

村后是一片狭长的沼地，沼地里到处是黄黄的睡莲和香蒲，工兵正在这里架一座宽的桥。不远处停着一辆小汽车，马达轰隆轰隆响着，车身颤动着。司机在车子旁边忙活着。一位肥胖的白发将军，身子向后仰着，半躺在座位上。将军留着三角形的下巴胡，腮上的肉都耷拉了下来。一旁站着第十二团团长卡列金上校和工兵营的营长，他们的右手都举在帽檐上。将军一只手捏着军用包的皮带，对着工兵营营长怒气冲冲地大声吼叫：

“命令你们昨天就要完工。住嘴！运送架桥材料的事，你们应当早有打算。住嘴！”将军呵斥道，尽管工兵营营长的嘴闭得紧紧的，只不过嘴唇有些哆嗦罢了。“现在我的车子怎么过去啊？……我问您，大尉，我怎——么——过去？”

坐在他左边的一位黑胡子年轻将军，擦着火柴，微微笑着抽起雪茄烟来。工兵大尉弯着身子，指着桥边不知什么东西。第四连从旁边走了过去，到了桥边，就下到沼地里。马腿陷进黑褐色的泥里，一直陷到膝盖以上，雪白的松木片从桥上往哥萨克的身上乱飞。

中午时候穿过了边界，马匹从倒在地上的彩条界标上跳了过去。右边传来隆隆的炮声。远处出现了一座庄园的红色瓦屋顶。太阳用直射的光线燎烤着大地。又咸又苦的尘土像云一样飞腾起来，又慢慢落下。团长下令派出前哨。第四连的第三排，在排长谢苗诺夫中尉率领下出发了。分成许多连队的全团人马依然留在灰蒙蒙的尘土中。一支由二十多名哥萨克组成的小分队，撇开村庄，顺着布满了干硬的车辙的大道奔驰起来。

中尉带领小分队走了三俄里，就停下来，查看地图。哥萨克们都凑在一块儿抽烟。格里高力下了马，正要给马松肚带，可是司务长朝他瞪了一眼：

“妈的，我抽你一顿！……上马！”

中尉抽起烟来，把望远镜从套子里掏出来，擦了半天。他们面前是正午的阳光烤热了的平原。右边是参差不齐的树林的边缘，一条道路直插进树林。离他们一俄里半远处，有一个小村子，村边有一条小河，有陡立的河堤和镜子一般的水面。中尉用望远镜看了半天，用眼睛探索着死静、无人的街道，然而街道上无声无息，就像坟地上一样。只有一道令人神往的蓝湛湛的流水。

“大概那就是科罗列甫卡村吧？”中尉眼睛看着那个小村子，

问道。

司务长走到他跟前，没有说话。他的脸上的表情却在不出声地说："您料事如神。我们都微不足道。"

"咱们到那里去吧。"中尉收起望远镜，好像牙疼似的皱着眉头，犹豫不决地说。

"不会遇上他们吧，大人？"

"咱们小心点儿。喂，出发。"

普罗霍尔·泽柯夫往格里高力跟前靠了靠。他们的马并排走着。他们提心吊胆地进了空旷无人的街道。每一个窗口好像都会射出枪弹，每一个大开着的棚子门望上去都使人产生孤立感，使人脊梁上生鸡皮疙瘩。眼睛像磁石一样盯着一道道的篱笆和水沟。他们像贼一样进了村子——就像狼在寂静的冬夜里进入人家的院子——但是街道上一个人影子也没有。静得使人发呆。一座房子的开着的窗户里传出挂钟天真无邪的鸣声，钟声当啷一响，就像枪声，格里高力看到，走在前面的中尉哆嗦了一下，慌忙抓住手枪套。

村子里一个人也没有。小分队蹚着水过河，河水抵到马肚子，马匹虽然戴着嚼子，挨着骑马人的鞭子，还是高高兴兴地在水里走着，一面走一面喝水。格里高力十分眼馋地看着搅浑了的河水，这可望而不可即的河水实在吸引人。如果可能的话，他最好从马上跳下来，不脱衣服就躺下来，听着像梦话一般的流水声，让河水冰一冰脊背和汗湿的胸膛。

站在村外一座土冈上，可以看到一座城市：一条条整整齐齐的街道，一座座砖瓦房，一处处花园，还有教堂的尖顶。

中尉走到冈顶上凹下去的地方，把望远镜举到眼睛上。

“是他们！”他叫了一声，左手指头不住地抖动着。

先是司务长，接着是哥萨克们，一个一个地走上太阳晒得蒸人的冈顶，眺望了一阵子。街道上人来人往，从这里望去，人显得很小；车辆在小巷子里拥拥挤挤，骑马人闪来闪去。格里高力眯起眼睛，用手遮住阳光，向前看去；他连敌军的灰制服都看清了。城边是一条条新挖的战壕，战壕上面有许多人。

“他们的人好多啊……”普罗霍尔惊愕地、慢腾腾地说。

其余的人都没有说话，把同样的感觉压在心里。格里高力倾听着心脏越来越快的跳动声（好像有一个十分沉重的小人儿在胸膛的左边原地跑步），才意识到，他看到这些敌人时的感觉，跟他在演习中看到“敌人”时的感觉完全不同。

中尉用铅笔在战地手册上做了一些记录。司务长把哥萨克们都赶下冈去，叫他们下了马，他又回到中尉跟前。中尉用手指头向格里高力招了招。

“麦列霍夫。”

“有。”

格里高力揉着骑马骑麻了的两条腿，走上土冈。中尉递给他一张折成四折的纸。

“你的马比别人的好。你赶快到团长那里去一趟。”

格里高力把纸放进胸前的口袋，一面往下巴上扣着帽带，走下土冈，来到马跟前。

中尉看着他的背影，一直等到格里高力骑上马去，才转过眼睛去看手表。

格里高力把报告送到的时候，他们的团正朝科罗列甫卡村开来。

卡列金上校对副官下了命令，副官就朝第一连跑去。

第四连穿过了科罗列甫卡村，一到村外，就像参加演习那样，迅速摆好了阵势。谢苗诺夫中尉也带着第三排的哥萨克从土冈那边跑了过来。

连队摆成马掌形的阵势。因为马蝇在咬，马头直摇晃，马嚼子叮当直响。在这寂静的晌午时分，第一连的马蹄声闷声闷气地咚咚响着，他们也已经来到村边几户人家的门前。

波尔柯夫尼柯夫上尉骑着直蹦直跳、体态匀称的战马，跑到队伍前面；他勒紧缰绳，将手插进腰刀系带里。格里高力屏住呼吸，等待命令。第一连也在左翼轻微地轰隆轰隆响着，他们在摆阵势，准备作战。

上尉从刀鞘里抽出马刀，马刀闪着青色的寒光。

"全——连——准——备！"上尉的马刀向右一摆，向左一摆，又向前一落，在耸起的马耳朵的上空停住。格里高力在心里把这个无声的口令翻译出来：向左散开，前进……"长矛准备，马刀准备，冲啊！"上尉发出简短的口令，并且放开了战马。

大地在众多的马蹄践踏下，发出喑哑的呻吟声。格里高力刚刚端平长矛（他在最前面的一排），他的马就被洪水般的大队人马裹住，也驮着他拼命飞跑起来。前面是波尔柯夫尼柯夫上尉的身影在田野的灰色背景下一起一伏地晃动着。皮楔形的黑黑的新耕土地，以不可阻挡之势迎面飞来。第一连发出震天动地的呐喊声，第四连也跟着呐喊起来。马匹把四条腿蜷成一团，然后又伸展开来，一跳就是几丈远。格里高力透过满耳朵的尖叫声，听见了还离得很远的噼噼啪啪的枪声。第一颗子弹嗖的一声从高空飞过，那长长的啸声划破玻璃一般的晴空。格里高力腋下紧紧夹着发烫的长矛杆，手掌都出汗了，好像涂了一层黏液似的。听到纷纷飞来的子弹的啸声，他把头伏到湿漉漉的马脖子上，难闻的马汗气味直往他的鼻子里钻。他好像透过蒙着一层汗气的望远镜镜片，看到了褐色的战壕，看到许多人朝城里跑去。机关枪不停地吐着子弹，子弹的呼啸声像扇子一样在哥萨克头顶上铺了开来；哥萨克们在前面飞跑，马蹄下面飞起浓浓的灰尘，像一团一团的棉絮。

在格里高力的胸腔里，冲锋之前跳得十分急促的东西，现在好像麻木了，除了满耳朵的啸声和左脚趾的疼痛以外，他什么感觉都没有了。

吓得失去常态的思想在脑子里乱成沉重、呆滞的一团。

第一个落马的是梁霍甫斯基少尉。普罗霍尔的马撞到了他的身上。

格里高力回头看了看，脑子里永远留下了他看到的场面；普罗霍尔的马从伸开胳膊腿躺在地上的少尉身上跳过去以后，龇了龇牙，脖子一扭，也摔倒了。普罗霍尔也被摔出了马鞍，从马身上飞了下来。普罗霍尔那匹马的红红的牙根和龇着的两排牙齿，以及普罗霍尔栽倒在地、被后面来的马践踏的情形，就像用金刚刀划玻璃一样，清清楚楚地印到格里高力的脑子里，很久都抹不掉。格里高力没有听到普罗霍尔喊叫，但是看到他的脸紧紧贴在地上，嘴歪着，一双牛眼睛凸了出来，就知道他曾经拼命喊叫过。

又有人倒下。几个哥萨克连人带马一齐倒下。格里高力透过被风吹出来的模糊的眼泪,望着面前灰灰的一大群从战壕里跑出来的奥地利人。

排成马掌形阵势从村边冲过来的第四连,现在都一截一截、一簇一簇地散了开来。前面的人,包括格里高力在内,一齐朝战壕冲去,其余的人也跟着往前冲。

一个奥地利人,高个子,白眉毛,军便帽压在眼睛上,跪下一条腿,皱起眉头,几乎是用枪口抵着格里高力放了一枪。子弹的热力把脸蛋子都烫疼了。格里高力用劲勒了勒马缰,挺起长矛刺去。他刺得太猛,矛头穿通那个跳起来的奥地利人以后,矛杆又穿进去一半。格里高力刺过之后,还没有来得及把矛拔出来,就觉得长矛在抖动,在哆嗦,又看到那个奥地利人身子向后一仰(只看见那没有刮过的尖下巴),用抽搐的手指头乱抓、乱挠矛柄,而且那渐渐倒下的身子死死地把长矛拖住,格里高力只好把长矛放开。他松开手指,用麻木的手抓住了马刀的把儿。

奥地利人一齐朝城郊的街道上跑去。哥萨克的马腾空跳起,朝身穿灰制服的密密麻麻的敌军扑去。

格里高力在丢开长矛以后,起初有一会儿工夫,自己也不知为什么拨转了马头。这时他看到龇牙咧嘴的司务长从他身边飞跑过去。格里高力用马刀平着打了马一下,马就将脖子一扭,驮着他在大街上飞跑起来。

一个奥地利人,连步枪都丢了,军便帽攥在手里,正昏昏沉沉、摇摇晃晃地贴着花园的铁栏杆跑着。格里高力看见了奥地利人那平平的后脑勺,看见了他脖子上那汗湿的领子边儿。格里高力追了上去。他被周围一片疯狂的喊杀声激励着，举起了马刀。那个奥地利人正贴着栏杆跑，格里高力用刀砍很不顺手，就探了探身子，斜过马刀，朝奥地利人的太阳穴刺去。那人叫都没有叫，就用手捂住伤口，脊背一下子靠到栏杆上。格里高力收不住马，一下子跑了过去；他又拨转马头，跑了回来。奥地利人那吓得拉长了的方脸变成了铁青色。他的两手垂了下来，灰土色的嘴唇不住地哆嗦着。马刀从他的太阳穴上往外拔时，划开一片皮肉；皮肉耷拉在腮帮子上，像一块红布。鲜血哗哗地往制服上淌，像一道弯弯曲曲的小河。

格里高力的目光遇上了奥地利人的目光。两只充满死亡恐怖的眼睛呆呆地望着他。奥地利人的膝部慢慢弯了下去，喉咙里咕噜咕噜响着。格里高力皱紧眉头，举起了马刀。他把刀抡圆了，一下子就把脑壳劈成两半。奥地利人把手一扬，就摔倒在地上，好像滑倒了似的；分成两半的脑壳，扑哧一声砸在马路的石头上。马吓了一跳，打了一声响鼻，就驮着格里高力跳到街心里。

街上的枪声渐渐稀疏。一匹满身大汗的马拖着一个死哥萨克从格里高力身边跑过。死哥萨克的一只脚挂在马镫里，所以马就拖着这个血乎乎、赤条条的死尸在石头上滚来滚去。

格里高力看到的只是一条红色的裤绦和拖得稀烂的草绿色军便服，军便服已经成为乱糟糟的一团，拖在脑袋后面。

脑袋昏昏沉沉，像灌了铅一样。格里高力下了马，摇晃起脑袋，刚刚赶到第三连的哥萨克们从他身旁飞跑过去。有人用军大衣抬着伤号走过，有人赶着一群奥地利俘虏匆匆跑过。俘虏们拥拥挤挤地跑着，像一群灰色的牲口，他们那钉着铁掌的皮鞋嗒嗒响着，又不和谐，又扎耳朵。他们的脸在格里高力眼里汇合成一个土黄色的凝冻的点子。格里高力扔下马缰，自己也莫名其妙地走到被他砍死的那个奥地利士兵跟前。那个士兵就躺在挺讲究的铁栅栏下，伸着一只褐色的脏手，好像是在讨东西。格里高力看了看他的脸。他觉得这张脸很嫩，差不多是一张小孩子的脸，虽然留着小胡子，虽然他的嘴撇着，冷冷的，显得很痛苦（不知是因为疼痛，还是因为以前的日子过得不愉快）。

“喂，走！”一位不熟识的哥萨克军官骑马从街心里走过，喊了一声。

格里高力看了看他那蒙上一层灰土的白帽徽，就踉踉跄跄地朝马跟前走去。他的步子又乱又重，好像肩上扛着他扛不动的东西；他又厌恶，又困惑，心里十分烦闷。他用手抓住马镫，老半天没有抬起变得十分沉重的腿。

六

鞑靼村和附近一些村第二批入伍的哥萨克们，出发后的第二天，在叶亚村过夜。鞑靼村下头来的哥萨克和上头来的是分开来住的。所以，彼特罗·麦列霍夫、安尼凯、贺里散福、司捷潘·阿司塔霍夫、伊凡·托米林和另外几个人就住在一座房子里了。房东是一位年老体弱的高个子老大爷，曾经参加过俄土战争。这位老大爷跟他们聊了起来。哥萨克们已经在厨房里和正房里打好地铺，躺了下去，抽起了睡前的最后一次烟。

“看样子，你们是去打仗吧，老总们？”

“是去打仗,老大爷。”

“恐怕这一次战争不像土耳其战争了吧? 现在好厉害的家伙都用上啦。”

“一个样。一样的混蛋! 以前怎样把老百姓送去打土耳其战争,现在还是那样把老百姓送去打这次战争。”托米林恨的不知是哪一个,嘟哝着说。

“老弟,你这可是瞎说。这一次战争可不一样。”

“那当然。”贺里散福一面用指甲掐灭烟卷儿,一面打着哈欠,懒洋洋地说。

“咱们准能打赢。”彼特罗·麦列霍夫打了一个哈欠,在胸上画了一个十字,就把军大衣盖到身上。

“孩子们,现在我奉劝你们几句话。我真心诚意奉劝你们,你们要记住我的话。”老大爷说。

彼特罗撩开军大衣,留神听着。

“你们要记住一点:要是想活着,要是想从你死我活的战争中生还,就不能忘记天理良心。”

“天理良心是怎么回事儿?”躺在边上的司捷潘·阿司塔霍夫问道。他笑了笑,表示不信这一套。自从听到打仗那时候起,他就眉开眼笑了。他喜欢打仗,大家都惶惶不安,别人也痛苦起来,他的痛苦就轻些了。

“是这样的:打仗的时候不要拿人家的东西——这是一。千万不要动妇女,还有,应当记住这样一些符咒。”

哥萨克们都转过身来,一齐说了起来:

“这会儿自家的东西不丢掉就算不错啦,别说拿人家的东西。”

“为什么不能动妇女？不管愿意不愿意，就蛮干，那是不行的，这我明白，可如果是两相情愿呢？”

“能忍得住吗？”

“就是这话！”

“符咒，又是什么样的符咒？”

老大爷严肃地扫了大家一眼，给大家做了总的回答：

“妇女无论如何不能动。决不能动！如果动了妇女，就要掉头，或者挂花，等你明白过来，那就晚啦。符咒我可以告诉你们。土耳其战争从头到尾我都参加了，死神就在我背后，就像天天背着个褡裢一样，可是我活了下来，就是因为有这种符咒。”

他走到堂前，在神龛里翻了翻，拿出一张旧得发脆、发黄的纸来。

“这就是。都起来，抄一抄。恐怕明天不等鸡叫你们就要出发吧？”

老大爷用手把沙沙响的旧纸摊在桌子上，就走到一边。安尼凯第一个爬起来。风从窗缝里吹进来，吹得灯火直摇晃，摇晃不定的灯影子在他那女人一样的光脸上闪来闪去。除了司捷潘以外，大家都坐着抄符咒。安尼凯最先抄完，他把这张从练习簿上扯下来的纸揉成一团，捆在十字架上面的线带上。司捷潘摇晃着腿，取笑他说：

“你给虱子修了一座养老院。虱子没有本事在线带上做窝，多亏你给它们修了一座纸房子。真不赖！”

“你是英雄好汉，你不信，就别多嘴！”老大爷声色俱厉地打断他的话头，“你不要碍人家的事，人家相信，你不要笑话。没有什么好笑的事，倒笑话起来！”

司捷潘笑了笑，没有作声；安尼凯为了打破僵局，就问老大爷：

“符咒有的地方提到大矛，还提到箭，这是怎么一回事儿？”

“这进军符——不是咱们这时候的人编的。这是我的先祖父从他的祖父手上得到的。说不定这道符在那以前早就有了。古时候人打仗都要用大矛和弓箭。”

他们自己挑选，看中哪一道，就抄那一道。

避枪符

我主保佑。山上有块白石头像马。水进不了石头，箭和枪子也进不了我身，进不了我的伙伴的身和我的马身。锤子碰到砧子就跳开，枪子碰到我的身子也跳开；箭就像磨盘一样，光打转转，到不了我的身上。太阳和月亮光照千秋，我也靠太阳和月亮永远健壮。好比山后的城堡，城门上了锁，我把钥匙扔到海里，扔到白色热石头阿勒陀尔底下，那石头谁都看不见，不论男巫，还是女巫；不论修士，还是修女。水不会从海洋跑出去，黄沙没法子数清，什么都没法子伤害我这个上帝的奴仆。为了父，为了子，为了圣灵。阿门。

避战争符

有一个海洋，海洋上有一块叫阿勒陀尔的白石头，白石头阿勒陀尔上有一个万代长存的石头人。我这个上帝的奴仆和我的伙伴都穿了石头衣服，从东遮到西，从地下遮到天上；刀和剑砍不进，剑尖和矛尖刺不进，钢梭镖、铁梭镖、刀、斧和大炮，全都无用；铅弹和各种百发百中的武器都打不到；什么样的箭都射不进，不论是装老鹰毛的、天鹅毛的、鹅毛的、鹤毛的、秧鸡毛的、乌鸦毛的；在战争中安然无恙，不论是土耳其战争、克里米亚战争和奥地利战争；安全逃脱敌人的追赶，追赶的不论是鞑靼人、立陶宛人、德国人、锡兰人、加尔梅克人。圣父和天神们，保佑我这个上帝的奴仆吧。阿门。

进军符

至圣至尊的圣母娘娘和我们的主耶稣基督。主啊，保佑我们吧，我这个上帝的奴仆和跟我在一起的同伴们现在去冲锋陷阵，请用云彩遮盖我们，用你那天上的石头仙城保护我们吧。圣德米特里·索隆斯基，你要把我这个上帝的奴仆和我的同伴们护得严严实实：恶人不能用枪打，不能用矛刺，不能用钺劈和刺，斧背不能砸，斧刃不能砍，马刀不能劈和刺，尖刀不能刺和削，不论老的、少的，不论皮肤黄的、黑的，不论异教徒，不论术士、妖道，都无可奈何。我这个孤苦伶仃、有罪的上帝的奴仆，现在面临了劫难。大海里布洋岛上有一根铁柱子。铁柱子上有一个拄着铁杖的铁人，他会摄走铁器、钢刀、发青的锡弹和铅弹以及各种各样的火器："铁器，去吧，你从地里出来的，还回到地里去，别碰上帝的奴仆和我的同伴，别碰我的马。箭杆回到树林里去，羽毛从鸟身上来，还回到鸟身上去，鱼鳔回到鱼身上去。"用金盾牌保护我这个上帝的奴仆吧，叫刀斧劈不到我，枪子、炮弹打不到我，长矛刺不到，大刀砍不到。我的身体比铠甲还坚固。阿门。

哥萨克们把抄好的符咒揣到贴身的衬衣里带走了。他们把符咒拴在十字架的线带上，拴在母亲用来表示祝福的物件上，拴在包着一撮家乡泥土的小包上，但是带符咒的人并没有躲开死神。

在加利西亚和东普鲁士的田野上，在喀尔巴阡山和罗马尼亚，凡是燃烧过战火、哥萨克的战马的铁蹄到过的地方，到处都留下腐烂的尸体。

七

顿河州上游各乡——叶兰乡、米古林乡、维奥申乡、嘉桑乡——的哥萨克，历来都是编入野战军第十一、十二团和御林军阿塔曼团的。

但是在一九一四年，维奥申乡一部分征集入伍的哥萨克，不知为什么编进了以叶尔玛克·季摩菲耶维奇命名的顿河哥萨克第三团，这一团原来里面是清一色的大熊河河口州的哥萨克。米佳·柯尔叔诺夫也和另外一些人一起进了第三团。

这个团跟骑兵第三师的一部分人马一起驻扎在维尔诺。六月里，许多连队出城放马。

这一天阴沉沉的。游云像马群一样涌上天空，遮住了太阳。第三团排成行军的队形前进着。乐队奏着军乐。军官老爷们头戴草绿色制帽，身穿单薄的制服，成群结队地骑马走着。他们的头顶上飘荡着纸烟冒出的青烟。

道路两旁，许多男子汉和打扮得漂漂亮亮的妇女们在割草，他们手搭凉棚在看哥萨克的队伍。

马都出了很多汗。腿裆里汪着黄黄的汗沫，从东南方吹来的微风没有把马汗吹干，倒是又送来几分闷热。

半路上，在离一个小村子不远的地方，有一匹周岁的小儿马跑进了第五连队伍里。小儿马从村子里跑出来，看见密密层层的马群，就长嘶一声，朝队伍跑来。它那还没有脱掉嫩毛的尾巴被风吹得歪到了一边，尘土像灰色的泡泡儿一样从它那又圆又光的蹄子下面直往上冒，又像揉蘑菇一样落了下去。它跑进打头的一个排，傻里傻气地把头拱进司务长的马的腿裆里。司务长的马撅了撅屁股，但是没有踢，看样子是心疼小儿马。

“滚远点儿，混账！”司务长扬了扬鞭子。

哥萨克们看到小儿马那种亲热、可爱的样子，都乐得笑了起来。却没有想到，小儿马在这一排的队伍里横冲直撞起来，整个排都被冲乱了，再也保持不住原来那种整齐、密集的队形。哥萨克们抽打马匹，可是马匹都犹豫不决地乱踏着步子。小儿马被这些马一挤，就横着走起来，而且老是咬靠近它的马。

连长飞跑过来。

“这是怎么一回事儿？”

不懂规矩的小儿马所到之处，一匹匹的战马歪歪斜斜，不住地打着响鼻，哥萨克们都笑着用鞭子抽小儿马，整个排被搅得乱糟糟的，后面的队伍渐渐拥了上来，怒气冲冲的排长离开连队的队尾，从路旁跑了过来。

“怎么一回事儿？”连长拨马来到人群密集的地方，大声喝道。

“有一匹小儿马……”

“钻到我们队伍里来啦……”

“这鬼东西赶都赶不走！……”

“用鞭子抽嘛！有什么好心疼的?”

哥萨克们都很不好意思地笑着，紧紧地勒着马缰，控制着搅得很不安生的马。

“司务长！中尉先生，这他妈的是怎么搞的？把你这一排整顿整顿，真够瞧的！……”

连长退到一旁，他的马后腿踩空了，掉进了路旁小沟里。他用刺马针踢了马一下子，马就跳到了小沟对面，跳上到处是滨藜和金黄色野菊的土埂。远处有一伙军官停了下来。一位中校仰起头，喝军用水壶里的水，他的一只手安详而亲热地放在很漂亮的铁皮鞍头上。

司务长叫队伍让开，他一面骂着粗话，一面把小儿马赶下大路。这个排又合拢起来。一百五十双眼睛都在望着：司务长站在马镫上，跟在小儿马后面飞跑着，可是小儿马忽而停下来，把半边粘着干粪的肮脏身子靠在司务长那匹高高的马身上，忽而又扬起尾巴跑了开去，司务长的鞭子怎么也打不到它的脊背，老是打到尾巴尖上。那尾巴一挨到鞭子就耷拉下去，可是过一小会儿，又神气活现地迎风摆动起来。

全连都笑了起来。军官们都在笑。就连大尉那阴沉的脸上也出现了似笑非笑的神情。

打头的一排的第三列，是米佳·柯尔叔诺夫、维奥申乡卡耳根村的哥萨克伊万柯夫·米海依尔和霍派尔河河口乡的考积玛·克留奇柯夫。肥头大耳、肩宽腰圆的伊万柯夫沉默不语；克留奇柯夫的绰号叫“骆驼”，是个驼背的、脸上有些碎麻子的哥萨克，他老想找米佳的茬儿。克留奇柯夫是个“老”哥萨克，也就是服现役已经到了最后一年的哥萨克，根据团内的不成文法，他和一切“老”哥萨克一样，有权支使和管教年轻的哥萨克，可以因为任何一件小事用皮带抽打年轻的哥萨克。有这样的规定：一九一三年入伍的哥萨克有了过失，打十三皮带；一九一四年入伍的有了过失，就打十四皮带。司务长和军官们都很赞赏这样的规矩，认为这样可以使哥萨克们养成尊敬长者的观念，不仅要尊敬官长，而且要尊敬年长的。

不久以前才领到上等兵肩章的克留奇柯夫骑在马上，驼着背，像鸟一样拱着肩膀。他眯起眼睛，望着一大片灰色的云彩，模仿着有点咬舌头的连长波波夫大尉的口音，向米佳问道：

“喂……告树（诉）我，凯（柯）尔叔诺夫，咱们连讲（长）叫希（什）么？”

米佳因为倔强和不服帖的脾气，挨过不止一次皮带，这会儿脸上勉强装出恭敬的表情。

“老哥萨克先生，连长叫波波夫大尉。”

“叫希么？”

“叫波波夫大尉，老哥萨克先生！”

“我问的不是杰（这）个，你告树我，咱们克（哥）萨克都叫他希么？”

伊万柯夫担心地朝米佳挤了挤眼睛，笑得翻开了带豁子的嘴唇。米佳回头一看，看到波波夫大尉从后面走了过来。

“喂，快告树我！”

“就叫波波夫大尉嘛，老哥萨克先生。”

“我揍你十市（四）皮带。快说，坟（混）蛋！”

“我不知道，老哥萨克先生！”

“等咱们到了放马的地方，”克留奇柯夫用自己本来的口音说，“我要揍你一顿，问你，你就得说！”

“我不知道嘛。”

“混蛋，怎么，你不知道大家给他起的外号？”

米佳听到大尉的马轻轻悄悄地在后面走着，就没有作声。

“说不说？”克留奇柯夫气势汹汹地眯缝起眼睛。

后面几列的人都小声笑了起来。克留奇柯夫不明白笑的是什么，只知道是在笑自己，就火了起来：

“柯尔叔诺夫，你小心点儿！……等咱们到了放马的地方，我揍你五十皮带！”

米佳耸了耸肩膀，拿定了主意。

“黑尾巴老鸹！”

“好，这就对了。”

“克留——奇——柯——夫！”大尉在后面喝道。

老哥萨克先生在马上哆嗦了一下，上身挺得笔直。

“坟蛋，你杰（这）是胡究（诌）希（什）么？”波波夫大尉一面赶着马往克留奇柯夫跟前走，一面说。“你杰是拿希么来教年轻哥萨克，嗯？”

克留奇柯夫眨巴了几下眯缝着的眼睛。他的脸一下子变得像红布一样。后面的人都哈哈大笑起来。

“我去连(年)教训过哪一个？我杰(这)个小儿(指)甲碰过哪一个脸皮？……”大尉把又长又尖的小手指甲伸到克留奇柯夫的鼻子前头，小胡子也哆嗦起来。“以后别叫我听见杰(这)种伐(话)！等(懂)吗，我的老季(弟)？”

“是，大人，我懂！”

大尉让马放慢脚步，跨到一旁，勒住马，让连队到前面去。第四连和第五连都大跑起来。

“全连，放马前近(进)！……”

克留奇柯夫一面调理武装带，一面回头看了看已经落在后头的大尉，把长矛拿拿好，丧气地摇了摇脑袋。

“哼，瞧这个黑尾巴老鸹！他从哪儿钻出来的？”

笑出了一身汗的伊万柯夫说：

“他早就跟在咱们后面啦。他全都听见啦。好像他闻出味道，知道要说他的。”

“你怎么不给我使个眼色，混蛋？”

“我才不管呢。”

“你不管？好，脱光屁股打你十四皮带！”

各个连队都分散到附近的地主庄园里去驻扎。白天就给地主们割三叶草和草场上的草，夜里把马腿绊起来分片牧放，大家都在烟气腾腾的火堆旁打牌，讲故事，打打闹闹。

第六连在给一个波兰大地主史耐杰尔干活儿。军官们都住在厢房里，天天打牌，酗酒，成群成群地追逐总管的女儿。哥萨克们在离庄园三俄里的地方扎了野营。每天早晨总管老爷都要坐跑车到他们这里来。这个肥胖而体面的小贵族揉着他那坐麻了的肥腿，在车上站起来，而且总要挥着那漆皮帽檐的白帽，跟“哥萨克”们打招呼。

“来和我们一块儿割草吧，老爷！”

“来干干活儿，把肥油抖搂掉一些吧！”

“来拿拿镰刀吧，要不然就要瘫啦！……”穿白衬衣的哥萨克行列中有人喊道。

总管老爷用花边手绢擦着红红的秃头顶，从容自若地笑着，跟司务长一块儿去分配下一片要割的草地。

中午，饭送来了。哥萨克们洗洗脸，就去吃饭。

吃饭的时候都不说话，可是在饭后半个小时的休息时间里大家都拼命说话。

“这儿的草太赖啦。简直没办法跟咱们草原上的草比。”

“冰草几乎一点没有。”

“这会儿咱们顿河上的草已经割完啦。”

“咱们很快也要割完。昨天月亮带圈圈儿呢，要下大雨啦。”

“这波兰佬真是小气鬼。咱们给他干活儿，该赏瓶酒给咱们喝喝。”

“哎哟哟！要他的酒，就跟要他的命一样……”

“哦，弟兄们，越有钱，越小气，谁知道是怎么一回事儿？”

“你问皇上去。”

“谁看到总管老爷的女儿啦？”

“怎么样？”

“是个肉嘟嘟的妞儿！”

“是一块肥羊肉啦？”

“就是,就是……”

“能尝尝鲜就好啦……”

“听说有皇族来求过亲,是不是真的?”

“普通老百姓能吃到这样一块肥肉吗?”

“伙计们,前几天听到谣传,好像咱们要举行总检阅啦。”

“猫没有事儿干,就要拿老鼠消遣……”

“喂,你算了吧,塔拉斯!”

“给我抽一口,行吧?”

“见鬼,真不长眼睛,找叫花子讨起饭来啦!”

“瞧,老总们,菲道特加的嘴吧嗒得多好看,可就是抽不出火来。”

“就剩下烟灰啦。”

“嘿,老弟,你睁眼看看,那火劲儿才大呢,完全比得上娘儿们那股火劲儿!”

他们趴在地上抽烟。光光的脊背晒成了红的。旁边有五个老哥萨克盯着一个年轻哥萨克在问:

“你是哪个乡的?”

“叶兰乡。”

“这么说,是山羊群①里的啦?”

“是的。”

“你们那儿用什么驮盐?”

克留奇柯夫躺在不远处的马衣上,闷闷地把细细的小胡子往指头上缠着。

①叶兰乡别名“山羊乡”。

“用马驮。”

“还用什么驮？”

“用牛。”

“比如说，从克里米亚驮石斑鱼，用什么？有一种牛，背上长着老大的包，你可知道那叫什么？”

“骆驼。”

“啊哈——哈——哈——哈！……”

克留奇柯夫懒洋洋地站起来，像骆驼一样弓着背，伸着大喉结的、紫红色的脖子，朝那个说走了嘴的年轻哥萨克走去，一面走一面解皮带。

“趴下来！”

每天傍晚，在乳白色的夏季暮霭中，田野上火堆边歌声不断：

哥萨克骑上铁青的骏马
朝遥远的异国进发，
远离了自己的故乡……

清脆的男高音唱到这里，许多宽广的男低音用柔和而浓重的悲伤调子接唱下去：

再也不能回老家。

高音又一步一步地升高，声声扣人心弦：

他那年轻的妻房
从早到晚望着北方。
她早也盼，晚也盼，

盼着心上人从远方飞降。

很多声音都加入合唱，因此歌声又浑厚又醉人，就像波列西耶地方的啤酒一样。

山那边大雪飞舞，
冬季里寒风凛冽，
松树、枞树瑟瑟发抖，
雪底下是哥萨克的尸骨。

大家唱的是哥萨克生活中平淡无奇的事情。

唱衬腔的男高音发着颤声，就像四月里融雪时候天上飞的百灵鸟：

哥萨克临死时又央告又请求，
请求给他堆一座大坟头。

许多忧伤的低音一起唱下去：

让坟头上也像故乡一样，
长出鲜艳夺目的红绣球。

在另一堆火旁边，人要少一些，唱的是另外一支歌：

哎哟，从白浪滔天的亚速海
朝顿河开来一艘艘大船。
那是年轻的阿塔曼
率领大军回家转。

再过去一些，还有一堆火，全连有名的好口才正在那里编离奇古怪的故事，被烟呛得直咳嗽。大家都全神贯注地听着，只有在故事中的主人公特别巧妙地逃脱了恶人和妖魔设下的圈套的时候，才会有人在火光中把手一晃，朝靴筒上一拍，用呛得直咳嗽的声音欢叫道：

"嘿，真有两下子，妙极啦！"

讲故事的人又滔滔不绝地说下去……

……团队来到草甸子上一个星期之后，波波夫大尉把连里的铁匠和司务长唤去。

"马匹紧(怎)么样？"他问司务长。

"不坏，大人，简直好极了。脊梁上的沟都平啦。都吃肥啦。"

大尉把黑胡子捻成箭头形(绰号"黑尾巴老鸹"就是由此而来)，说：

"坛(团)长命令，要把马茎(镫)和马嚼子都镀上锡。最高统帅要来坛(团)里进行剪(检)阅啦。不论马鞍，不论一切别的登(东)西，都要放刚(光)。哥萨克的样子要叫人看着很舒服，很高性(兴)。老弟，希(什)么时候能搞好？"

司务长看了看铁匠，铁匠看了看司务长，两个人又一齐看了看大尉。

司务长说：

"星期日以前搞好，行吗，大人？"他毕恭毕敬地用手指头摸了摸抽烟抽得起了绿霉的胡子。

"你要给我扫(小)心！"大尉严厉地警告说。

司务长和铁匠领命走了。

从这天起，就开始准备大检阅。伊万柯夫·米海依尔是卡耳根村一个铁匠的儿子，他本人也是一个很能干的铁匠，就帮着连里铁匠往马镫和马嚼子上镀锡，其余的人也都加劲地刷马，刷马笼头，用碎砖打磨马笼头上的小链子和马具上的各种金属物件。

一个星期以后，全团到处都亮得像崭新的小银币一样。从马蹄到哥萨克们的脸，全都光闪闪的。星期六，团长格列科夫上校在团里视察了一遍，对于各位军官和哥萨克们的热心准备和整齐美观的军容说了一些感谢的话。

七月天像抖搂的棉纱团一样，一天一天地过去。哥萨克的马匹因为吃足了青草，一天比一天肥壮起来；只是哥萨克们天天心神不定，惴惴不安地在纷纷猜测；关于大检阅的事，一点消息都听不到……在闲话、放马和训练中又度过了一个星期。像当头一棒似的来了一道命令：向维尔诺开拔。

傍晚到达维尔诺。各连又接到第二道命令：把装着哥萨克衣物的箱子送进军需仓库，准备随时出发。

“大人，这是怎么回事儿？”哥萨克们心里很纳闷，想从排长们嘴里打听到实情。

军官们也都耸耸肩膀。他们自己还想花点本钱打听打听呢。

“不知道。”

“是皇上要来看咱们演习吗？”

“眼下还不清楚。”

军官们的这样一些回答都没有使哥萨克们安下心来。七月十九日将近黄昏时候，团长的传令兵对他的朋友——正在马棚里值班的六连的哥萨克穆雷恒小声说：

“打仗啦，大叔！”

“你可是瞎说？”

“真的。你可不能说呀！”

第二天一早，全团人马排成了营纵队。兵营里一扇扇窗子的玻璃上都蒙着一层灰尘，显得昏暗无光。全团人都骑在马上，等候着团长。

波波夫大尉骑在腰部细细的战马上，站在第六连的前面。他用戴白手套的左手勒着缰绳。马勾着弯弯的脖子，歪着头，用嘴巴在胸部筋肉上挠痒。

上校从营房的房角后面骑马走了出来，让马侧着身子停在队伍前面。副官优雅地挓挲着白嫩的手指头，掏出了手绢，但是擤鼻涕却没有来得及。上校的声音打破了紧张而肃静的空气。

“哥萨克们！……”他威风凛凛地一下子把大家的注意力全吸引到自己身上。

“这一下子来啦。”每个人都这样想。焦急而激动的心都紧张地跳了起来。米佳·柯尔叔诺夫懊丧地用靴后跟踢了一下直捯动四蹄的马。伊万柯夫在他旁边，呆呆地骑在马上，像打哈欠似的张着带豁子的嘴，龇着参差不齐的牙齿，在听着。克留奇柯夫在他后面，佝偻着脊背，眯缝着眼睛；再过去是像马那样挓挲着两只耳朵的拉平；拉平后面可以看到谢高里柯夫那刮得凸凸棱棱的喉结。

“……德国向我们宣战啦。”

整整齐齐的队伍里响过一阵簌簌声，就像一阵风轻轻地吹过熟透了的大麦田。忽然传来一阵刺耳的马嘶声。许多睁圆了的眼睛和张得方方的、黑洞洞的大嘴一齐转向第一连那边:左翼第一连里有一匹马在嘶叫。

上校又说了一些话。他字斟句酌,试图唤醒大家的民族自豪感,但是在一千多名哥萨克的眼睛里,不是敌人的绸旗子刷刷地倒在脚下,而是自己家常的、血肉相连的一切在旋转,在叫喊,在哭诉——是老婆、孩子、情人、没有收割的庄稼、荒凉的乡村……

“两个小时以后上兵车。”这是钻进每个人脑子里的唯一的一句话。

聚集在不远处的一些军官的妻子,都用手绢捂着脸在哭,哥萨克们解散后,一群一群地向营房里跑去。霍浦洛夫中尉用两手几乎把他那金发的、怀孕的波兰妻子抱了起来。

一团人唱着歌向车站开去。歌声压倒了军乐声,军乐声半路上羞答答地停了下来。军官的妻子们坐在马车上,人行道上晃动着五颜六色的人群,马蹄蹚起团团的灰尘,一个领唱的歌手,把自己的和别人的痛苦置之不顾,拼命抖着左肩,直抖得蓝色肩章像打摆子一样直哆嗦,唱起一支酸溜溜的哥萨克民歌:

美丽的姑娘呀,我捉了一条梭鱼……

全连哥萨克都有意排遣郁积,就在新换过掌的马蹄声伴奏下,唱着心爱的歌儿向车站,向红色的列车走去:

梭鱼呀,梭鱼,我捉了一条梭鱼。
美丽的姑娘呀,我烧好了鱼汤。

鱼汤呀，鱼汤，我烧好了鱼汤。

团副官因为笑和心情激动，满脸通红，从连队后面朝歌手们跑来。领唱的歌手向上扬了扬缰绳，嬉皮笑脸地朝着人行道上给哥萨克送行的密密麻麻的一群一群的妇女挤了挤眼睛，有两滴咸咸的东西顺着他那红铜色的脸膛朝黑黑的小胡子流去，那并不是汗。

美丽的姑娘呀，
媒人喝过了我的鱼汤……
我请了媒人，请了媒人，
媒人喝过了我的鱼汤……

火车头在轨道上喘着气，一声声叫着，表示要动身了。

兵车……兵车……兵车……兵车数也数不清！

沸腾起来的俄罗斯，把穿着灰大衣的自己的血液，顺着国家的动脉，顺着铁路，输向西部边境。

八

在陀尔绍克镇上，这一团人马按连队分了开来。根据师部命令，第六连分配到步兵第三军团去听调度，该连以行军的队形开到皮里加里耶镇以后，就派出了岗哨。

边境线还由我们的边防军守卫着。许多步兵和炮兵正朝边境线上开来。七月二十四日向晚时候，第一〇八戈列博甫团的一个营和另外一个炮兵连开到了镇上。在附近的亚历山大罗夫庄园里，有九名哥萨克由排里一位军士率领着在放哨。

二十六日夜里，波波夫大尉把司务长和一个姓阿司塔霍夫的哥萨克叫了去。

阿司塔霍夫回到排里已是深夜时候。米佳·柯尔叔诺夫刚刚饮过马回来。

“是你吗，阿司塔霍夫？”他唤了一声。

“是我。克留奇柯夫和弟兄们在哪儿？”

“在那边屋子里。”

阿司塔霍夫是一个黑头发、大块头、相当粗壮的哥萨克，他迷迷糊糊地走进了屋子。谢高里柯夫正坐在桌边煤油灯下，用麻线缭磨烂了的缰绳。克留奇柯夫倒背着手站在炉边，指着躺在床上害水肿病的房东波兰佬，对伊万柯夫直挤眼睛。他们刚刚笑过，伊万柯夫那笑红了的脸蛋子还哆嗦着。

“弟兄们，明天天一亮就要去放哨。”

“往哪儿去？”谢高里柯夫问道。他出神地望了望，还没有搓成麻线的麻掉到了地上。

“上留波夫镇。”

“都是谁去？”米佳·柯尔叔诺夫走进来，把水桶放在门口，问道。

“我去，另外，谢高里柯夫、克留奇柯夫、瓦尔契夫、波波夫，还有你，伊万柯夫，都跟我去。”

“那么，我呢，巴甫雷奇？”

“米佳，你留下来。”

“好，滚你们的蛋吧！”

克留奇柯夫离开炉边。他伸着懒腰，浑身骨关节咯吧咯吧响着，向房东问道：

“打这儿去留波夫镇有多远？”

“四公里。”

“这很近，”阿司塔霍夫说着，坐到板凳上，脱下靴子。“这儿可有什么地方烤烤包脚布？”

天麻麻亮，就出发了。一个光脚丫儿的姑娘正在镇口井边用水桶打水。克留奇柯夫勒住马。

“给点儿水喝，好姑娘！”

姑娘一只手撩着麻布裙子，两只粉红色的脚丫儿在水洼里吧嗒吧嗒地走着；浓浓的睫毛底下的眼睛在笑着，递过一桶水来。克留奇柯夫喝起水来，他那托着沉重的水桶的手，紧张得哆嗦着；水珠儿不住地往下掉，吧嗒吧嗒地落在红色的裤缘上。

“多谢多谢，灰眼睛的姑娘！”

“不用客气。”

她接过水桶，就一面回头看着，微笑着，一面走了开去。

“你笑什么，跟我一块儿走吧！”克留奇柯夫在马鞍上闪了闪身子，好像是在让地方。

“走吧！”阿司塔霍夫一面朝前走，一面喊道。

瓦尔契夫带着取笑的神气看了克留奇柯夫一眼，说：

“你看上她啦？”

“她的腿是红的，跟鸽子腿一样。”克留奇柯夫笑着说，于是大家像听到口令一样，一齐回头看了看。

姑娘撇开红扑扑、圆滚滚的腿，撅起那绷得紧紧的、分成两半的屁股，朝井口弯下身去。

“能娶她才好呢……”波波夫叹了口气。

“给你一鞭子，叫你过过瘾吧。”阿司塔霍夫说。

“鞭子可不行……”

“你想找母马啦？”

“一定得把他骗了！”

“咱们来给他扎起来，就像对付公牛那样。”

哥萨克们笑哈哈地放马跑了起来。来到附近一座小山冈上，就看到了坐落在洼地和山坡上的留波夫镇。在他们背后，太阳从山冈后面升了起来。路旁电线杆的磁瓶上落着一只百灵鸟。

阿司塔霍夫因为刚刚在教导队受过训练，就担任了哨长。他选定了靠国境一边村头上一户人家作为驻地。房东是一个头戴白毡帽、脸刮得光光的、罗圈腿的波兰佬，他把哥萨克们领到棚子里，指给他们拴马的地方。棚子后头，稀稀拉拉的篱笆外面，是一片绿油油的三叶草。一片隆起的高地，一直伸展到附近一座树林子脚下，树林子过去是灰茫茫的庄稼地，有一条道路穿过庄稼地，那边也有绿油油的一大片三叶草。轮到谁放哨，谁就在棚子后面小沟边用望远镜瞭望。其余的人都躺在阴凉的棚子里。棚子里到处是陈粮食气味、糠灰气味、老鼠屎气味和土锈那种甜甜的霉味儿。

伊万柯夫钻到黑暗的角落里，靠在犁上，一直睡到傍晚时候。把他叫醒的时候，太阳已经快下山了。克留奇柯夫捏住他脖子上的一块肉揪着，说：

“公家的伙食你吃得太饱啦，瞧，这膘太厚啦！起来，懒家伙，望望德国佬去！”

“别胡闹，考积玛！”

“起来！”

“快放开！别胡闹……我马上起来。”

他爬了起来，眼睛红红的，眼皮还肿着。他扭了扭扎扎实实地长在短脖子、宽肩膀上的大头，抽着鼻子（在潮地上睡觉，受凉了），绑好子弹带，拖着步枪朝门口走去。他把谢高里柯夫换下来，对好望远镜的焦距，对着西北的树林那边望了半天。

在那边，灰茫茫的庄稼在风中一起一伏地波动着。一抹红红的夕阳射在赤杨林伸出的一个翠绿的角儿上。镇外小河（小河像一条美丽的浅蓝色弧线）里，洗澡的孩子们在叽叽哇哇地乱叫。有一个女人在低声呼唤：“司塔秀，司——塔——秀！到我这儿来！”谢高里柯夫卷好烟卷儿，一面走一面说：

“晚霞这样红。要起风啦。”

“是要起风。”伊万柯夫应声说。

到夜里，马都下了鞍。镇上灯火熄灭，鸦雀无声。第二天早晨，克留奇柯夫把伊万柯夫从棚子里叫了出来。

“咱们到镇土去。”

“干什么？”

“弄点东西吃，喝两杯。”

“恐怕弄不到。”伊万柯夫表示怀疑。

“我说能弄到。我问过房东啦。就在那个屋子里……看见吗……那座小瓦房？”克留奇柯夫用黑黑的手指头指了指。“那儿有人卖啤酒，去吗？”

他们朝那儿走去。阿司塔霍夫从棚子门里探出头来，朝他们喊道：

“你们上哪儿去？”

克留奇柯夫仗恃自己的军衔比阿司塔霍夫高，不理他那一套。

“一下子就回来。”

“回来吧，弟兄们！”

“别乱叫！”

一个留着长长的鬓发、翻眼皮的犹太老头子躬身迎接两位哥萨克。

“有啤酒吗？”

“已经没有啦，哥萨克先生。”

“我们给钱。”

“圣母玛丽亚，我可从来不说谎话……哎哟，哥萨克先生，请相信我这个诚实的犹太人吧，啤酒没有啦！”

“你这个犹太佬，胡说！”

“真的，哥萨克老爷！我已经说过啦。”

“你要的是这个……”克留奇柯夫不耐烦地打断他的话，伸手到裤袋里掏出一个破钱包。“你给我们拿酒来，要不然我就不客气啦！”

犹太人用小指头把银币压在掌心里，垂下翻成喇叭形的眼皮，走进了过道。

过了一会儿，他拿来一瓶伏特加，瓶子潮乎乎的，上面还带着大麦壳。

“你说没有嘛。哎呀,你这个老人家!”

“我是说——啤酒没有啦。”

“弄一点小菜来。”

克留奇柯夫用手朝瓶底一拍,冲开瓶塞,满满地倒了一杯,酒一直漫到杯子边上的豁口。

他们喝得半醉,才走了出来。克留奇柯夫手舞足蹈,并且朝一个个的窗户晃着拳头,窗户都大开着,像黑黑的眼窝。

阿司塔霍夫正在棚子里打哈欠。马匹在墙外咯吱咯吱地啃着青草。

黄昏时候,波波夫去送报告。这一天平安无事地过去。

黄昏。夜晚。黄黄的月亮升到了镇的上空。

屋后的果园里,偶尔会有熟透的苹果从树上掉下来。能听到那柔和的扑通声。将近半夜的时候,伊万柯夫听到街上有马蹄声。他从沟里爬出来,定神望了望,但是一片云彩把月亮遮了起来;四周一片灰乎乎的,什么都看不见。

他推醒了睡在棚子门口的克留奇柯夫。

“考积玛,有马队来啦! 快起来!”

“从哪儿来的?”

“来到镇上啦。”

他们走了出来。从大街上,五十俄丈以外,传来清脆的马蹄声。

“咱们到园子里去。在园子里可以听得更清楚。”

他们从屋边跑进果园,卧倒在篱笆脚下。低低的说话声。马镫叮当声。马鞍咯吱声。越来越近。看到了骑马人模糊的轮廓。

每四匹马一排。

“什么人？”

“你想要什么人？”前排有人高声答话。

“什么人？我开枪啦！”克留奇柯夫咔嚓一声，拉了拉枪栓。

“吁，吁……”一个人勒了勒马，走到篱笆跟前。“我们是边防部队。你们是不是放哨的？”

“是放哨的。”

“哪一团的？”

“哥萨克三团。”

“你在那儿跟谁说话，特里申？”黑暗中有人问。

走到篱笆跟前的那人回答说：

“大人，这是哥萨克在放哨。”

又有一个人来到篱笆跟前。

“哥萨克，你们好！”

“您好。”伊万柯夫顿了顿，回答说。

“你们来这儿很久了吗？”

“昨天才到。”

第二个来到跟前的人划着了火柴，抽起烟来，于是克留奇柯夫看清了他是穿着边防军制服的一位军官。

“我们这个边防团从边境上撤下来啦。”军官一面吸着纸烟，一面说。“你们要注意，现在你们是最前方的部队啦。敌人也许明天就要推进到这里。”

“大人，你们这是往哪儿去？”克留奇柯夫问道，手指头还没有离开扳机。

“我们要到离这儿两俄里的一块地方，去跟我们的骑兵连会合。喂，弟兄们，走吧！两位哥萨克，再见！”

“一路平安！”

风把遮在月亮上的云彩吹开，于是黄黄的、静静的月光洒到镇上，洒到果园里的树上、凹凸不平的棚子顶上，洒到已经走上高地的队伍身上。

早晨，瓦尔契夫到连里去送报告。阿司塔霍夫跟房东交涉好，出不大的代价，给马割些三叶草。从昨天夜里马就没有卸鞍。哥萨克们知道这会儿已经是跟敌人面对面了，觉得很害怕。以前，他们知道前面有边防军守护着，还没有这种孤立和无依无靠的感觉；等到知道国境线上已经没有人了，这种感觉就异常强烈地表现了出来。

房东家的草地离棚子不远。阿司塔霍夫派伊万柯夫和谢高里柯夫去割草。房东戴起白毡帽，把他们领到自家的草地上。谢高里柯夫就割，伊万柯夫把湿漉漉、沉甸甸的青草搂到一堆里，再用草绳捆起来。这时候，正用望远镜望着通往国境的大路的阿司塔霍夫，看见一个小孩子从西南方田野上跑来。那孩子就像一只褐色的、没有脱过毛的小兔子一样，从一个小土丘上滚下来，老远就挥舞着小褂的长袖子，喊叫起来。他渐渐来到跟前，一面喘着粗气，把两只眼睛睁得圆圆的，一面喊叫着：

“哥萨克，哥萨克，德国人来啦！德国人从那边来啦！”

他用长袖筒指了指，于是手持望远镜的阿司塔霍夫在镜头里看到远处有一股密集的骑兵。他眼睛没有离开望远镜，就大声喊道:“克留奇柯夫!”

克留奇柯夫从歪歪斜斜的棚子门里跑了出来,一面回头望着。

“快去,把弟兄们都叫来!德国人来啦!德国人的侦察队!”

他听到克留奇柯夫的跑步声,这会儿在望远镜里已经清清楚楚地看到在一片红红的草地那边移动着的那股骑兵了。

他连他们的马的枣红色和制服的藏青色都看清楚了。他们有二十几个人,挤成一团。不成队形地走着;他们从西南方向来,而不是从瞭望哨瞭望的西北方向来。他们横穿过大路,顺着盆地边上的一条岭子斜着走过来,留波夫镇就坐落在这个盆地里。

伊万柯夫噘着嘴巴,把咬疼的舌头伸了出来,哼哧哼哧地用着劲,用草绳在捆青草。瘸腿的房东波兰佬站在他旁边,抽着烟斗。波兰佬将双手插进腰带里,眼睛躲在帽檐底下,皱着眉头在看谢高里柯夫割草。

“这算什么镰刀?”谢高里柯夫一面骂,一面气嘟嘟地挥舞着像玩具一样的小镰刀。“你就是用这镰刀割草吗?”

“我就是用这镰刀。”波兰佬用舌头舔着咬得到处是牙印子的烟嘴,回答说,并且从腰带里抽出一个手指头。

“拿你这镰刀去割老娘儿们的阴毛,倒是不错!”

“哦,是不错。”波兰佬应声说。

伊万柯夫扑哧一笑。他还想说点什么,可是,他一回头,看到克留奇柯夫朝草地上跑来。克留奇柯夫一只手扶着马刀,摇摇摆摆地在高低不平的耕地上跑着。

“别割啦!”

“又要干什么?”谢高里柯夫把镰刀往地里一插,问道。

“德国人来啦!”

伊万柯夫手里的草绳掉到了地上。房东弯下身子,两手几乎抓到了地面,好像有子弹在他头上喊叫似的,朝家里跑去。

他们刚刚跑回棚子,气喘吁吁地跳上马去,就看见有一连俄国步兵从皮里加里耶方面朝镇上开来。哥萨克们跑去迎他们。阿司塔霍夫向连长报告说,有一支德国人的侦察队顺着一道岭子从镇外开过。大尉严峻地朝落了一层灰尘的自己的靴子尖扫了一眼,问道:

“他们有多少人?”

“二十来个。”

“你们去截住他们,我们就从这里对他们射击。”他转身对着连队,下令摆阵势,并且领着队伍跑步散了开来。

等到哥萨克们跑到岭子上,德国人已经赶到了他们前头,正放马飞奔,切断了去皮里加里耶的道路。跑在前面的是一位军官,他骑的是一匹浅红色的短尾巴马。

“追! 不要叫他们过下一道岗哨!”阿司塔霍夫发出命令。

在镇上加入了他们的队伍的一名边防军骑兵,落到了后面。

“你怎么搞的? 跑不动啦,老弟?”阿司塔霍夫转过身,吆喝道。

那名边防军骑兵摆了摆手,扭过头慢步朝镇上走去。哥萨克们放马飞跑起来。这会儿不用望远镜,都能清清楚楚地看到德国龙骑兵的藏青色制服了。德国人放马小跑着,朝第二道岗哨奔去,第二道岗哨就在离镇三四俄里的一座庄园里;他们还时不时地回头望望哥萨克们。他们和哥萨克们之间的距离眼看着一点一点地在缩短。

“开枪！”阿司塔霍夫一面从马上往下跳，一面声嘶力竭地喊道。

他们把缰绳缠在手上，站着打了一排枪。伊万柯夫的马用后腿站了起来，把主人碰倒了。伊万柯夫跌倒的时候，看到有一个德国人落马了：先是懒洋洋地朝旁边一歪，然后两条胳膊一挓挲，一下子就跌了下来。其余的德国人也没有勒马，没有从枪套里抽出马枪，而放马大跑起来。他们散了开来。风吹得他们的长矛上的小布旗儿不住地忽闪着。阿司塔霍夫头一个跳上马。一齐放马朝前赶去。德国侦察队一个急转弯，向左拐去，哥萨克们紧紧追着，从落马的德国兵身边跑过，跑了有四五十丈远。再往前便是一片丘陵地，中间是一条条浅浅的小谷、一道道锯齿状的土崖。德国人从一条小谷里出来，刚刚爬上对面的土坡，哥萨克们就下了马，从背后朝着他们打了一梭子，在快到第二道岗哨时，又打倒了一个。

“倒啦！”克留奇柯夫喊着，将脚插进马镫。

“咱们的人就要从庄子上出来啦！……这儿是第二道岗哨……”阿司塔霍夫嘟哝着，又用熏黄的手指头往枪膛里压了一梭子子弹。

德国人换成平稳的步子奔跑着。他们经过庄园的时候，朝里面望了望。但是里面空空荡荡的，一座座瓦屋顶上洒满了阳光。阿司塔霍夫在马上打了一枪。略微有些落后了的一个德国人摇了摇脑袋，用刺马针踢了马一下。

事后才知道：第二道岗哨的哥萨克们，因为发现离庄园半俄里处电线被割断，昨天夜里就撤走了。

“不能叫他们过下一道岗哨！”阿司塔霍夫转身朝着其余的人喊道。

这时候伊万柯夫才发现，阿司塔霍夫的鼻子脱了一层皮，一小片薄薄的皮耷拉在鼻孔上。

“他们怎么不还手呢？”伊万柯夫扶了扶背上的步枪，纳闷地问道。

“不用着急……”谢高里柯夫像打呼噜的马一样喘着粗气，说道。

德国人跑下前面的一处洼地，连头也没有回。小谷那一边是黑黑的一片耕地，这一边是乱蓬蓬的荒草和稀稀拉拉的树棵子。阿司塔霍夫勒住马，把帽子向后推了推，用手背擦了擦一粒一粒的汗珠子。他回头看了看其余的人，吐了一口唾沫，说：

“伊万柯夫，你到洼地边上去，看看他们在哪儿。”

伊万柯夫的脸已经像红砖一样，脊背上汗淋淋的，他下劲地舔了舔干硬的嘴唇，就朝前走去。

“能抽口烟就好啦。”克留奇柯夫用鞭子轰着马蝇，小声说道。

伊万柯夫在马镫上欠着身子，朝洼地里张望着，让马小步往前走。起初他看到的是晃动的长矛尖子，后来忽然出现了掉转马头、从洼地斜坡下面冲上来的德国人。一名军官神气活现地举着大刀，跑在最前面。伊万柯夫拨转马头的刹那间，脑子里印下了军官那张没有胡子的阴沉的脸和他那挺拔的骑马姿势。德国人的马蹄声像冰雹一样打在他的心上。伊万柯夫觉得背上掠过一股阴森彻骨的冷气。他拨过马头,一声没响就往回跑。

阿司塔霍夫没有来得及叠好烟荷包,就一塞,塞到了口袋外面。

克留奇柯夫一看到伊万柯夫背后的德国人,就头一个跑起来。右翼的几个德国人上前拦截伊万柯夫,用惊人的速度朝他追上来。他一股劲地用鞭子抽马,不住地回头看。他那灰土色的脸歪歪扭扭地抽搐着,眼睛从眼眶里凸了出来。阿司塔霍夫伏在鞍头上,在前面跑着。克留奇柯夫和谢高里柯夫的马后面扬起一团团褐色的尘土。

“完啦! 完啦! 要追上啦!”伊万柯夫的头脑吓蒙了,没有想到还手;他那肥大的身子缩成一团,脑袋伏到马鬃上。

一个高身量、红头发的德国人追上了他。挺起长矛朝他背上刺来。矛尖穿透皮带,斜着刺进他身体有半俄寸深。

“弟兄们,回来呀! ……”伊万柯夫狂喊了一声,从鞘里抽出了马刀。他架开朝他肋部刺来的第二矛,欠起身来。照着从左边跑过来的德国人的背上砍了一刀。他被包围了起来。一匹高大的德国马的胸膛一下子撞到他的马的肋上,几乎把他的马撞倒,伊万柯夫十分真切地面对面看到了敌人的凶相。

阿司塔霍夫第一个来到。敌人把他挤到了一边。他龇着牙,脸色变得像死人一样,抡着马刀,十分灵活地在马背上来来回回地转悠着。伊万柯夫的脖子被刀尖划了一下。一个高大的龙骑兵从左面朝他逼上来,寒光闪闪的大刀抡得使人眼花。伊万柯夫用马刀架住;钢刀跟钢刀相碰,发出刺耳的叮叮声。后面有人用长矛挂住了他的武装带，拼命地扯，想把武装带从他肩上扯下来。在高高扬起的马头后面，是一张汗淋淋、火辣辣、不算年轻的德国人的雀斑脸。这个德国人抖动着长长的下巴，胡乱抡着大刀，想劈伊万柯夫的胸膛。大刀够不到，德国人于是扔掉大刀，伸手去抽挂在马鞍上的黄色枪套里的马枪，两只惊慌失神、不住地眨巴着的棕眼睛直盯着伊万柯夫。他还没有抽出马枪，克留奇柯夫的长矛就隔着一匹马刺到了他身上，于是这个德国人一面撕扯胸前的藏青色制服，一面向后仰，惊恐地叫了一声：

“玛因高特！[①]”

旁边有七八个龙骑兵围住了克留奇柯夫。他们想活捉他，但是他让马直立起来，左冲右突，用马刀拼命抵挡，一直到马刀被打落。他又从身边一个德国人手里夺过一支长矛，就像演习时那样，施展起长矛。

德国人急忙向后退了退，用大刀抵挡着长矛。就在一块不大的楔形亚黏土瘠薄耕地上，许多人麇集在一起，沸沸扬扬、晃来晃去地混战，就好像被风吹的。哥萨克和德国人都吓得发了狂，乱砍乱刺：背上，胳膊上，马身上，兵器上，碰到什么算什么。吓得昏了头的马匹一股劲儿猛冲乱撞。伊万柯夫定了定神，对准朝他冲来的一个长脸、灰发的龙骑兵的脑袋上砍了几下，但是马刀砍在钢盔的斜面上，滑了开去。

阿司塔霍夫冲开包围圈，带着一身鲜血跑了出去。德国军官追了过来。阿司塔霍夫从肩上扯下步枪，枪口几乎抵到他身上，一枪把他打死。这一枪成了一场混战的转折点。德国人在混战

①德语：我的天啊。

中已经被打得浑身是伤，如今失去了长官，立刻土崩瓦解，向后退却。哥萨克们没有去追他们，也没有在后面朝他们开枪。哥萨克们一直朝皮里加里耶镇上的连部奔去；德国人抬起一个落马的伤号，朝边境方向退去。

走了有半俄里，伊万柯夫摇晃起来。

“我简直……要摔下去啦！”他勒住马，但是阿司塔霍夫却扯了扯缰绳：

“走快点！”

克留奇柯夫把脸上的血抹了抹，摸了摸胸膛。制服上透出一片片殷红的鲜血。

来到第二道岗哨驻扎过的庄园跟前，他们分成了两路。

“往右边走。”阿司塔霍夫指着庄外赤杨丛中碧绿的泥沼地，说道。

“不，往左边！”克留奇柯夫犟了起来。

于是分道而行。阿司塔霍夫和伊万柯夫到镇上比较晚。同连的哥萨克们都在镇外等着他们。

伊万柯夫扔掉缰绳，跳下马来，摇晃了两下，跌倒在地上。好不容易把马刀从他那僵了的手里抽了出来。

一个小时以后，几乎全连的人都来到打死德国军官的地方。哥萨克们脱下他的靴子、衣服，解下武器，拥拥挤挤，看着死者已经变黄了的那张年轻而阴沉的脸。霍派尔河河口乡的塔拉索夫赶紧从死者身上解下带银链子的怀表，当场就卖给了排里的一名军士。从皮夹子里找到不多的钱，还有一封信，信封里有一绺淡黄色的头发和一个姑娘的相片，那姑娘嘴角上带着骄矜的微笑。

九

这件事后来成了了不起的军功。克留奇柯夫是连长喜欢的人,根据连长的报告,他得到一枚乔治勋章。他的同伴们全被埋没了。这位英雄被送到师部里。因为彼得格勒和莫斯科有许多贵妇人和军官老爷前来瞻仰他的英姿,又把其余的三枚勋章也给了他,以后他就留在师部里,一直逍遥到战争结束。贵妇人齐声赞叹,拿出贵重的香烟和糖果慰劳这位顿河哥萨克。起初他只是对她们空唱唱高调,可是后来,在师部里一些戴军官肩章的吹拍大王的有效影响下,就把这种事当成了捞油水的职业:大讲他的"功勋",拼命地添油加醋,吹起牛来一点都不觉得害臊,贵妇人们也都兴高采烈,怀着钦慕的心情看着这位哥萨克英雄的强盗相的麻脸。皆大满意,皆大欢喜。

皇上来到大本营,也把克留奇柯夫传去觐见。头发黄中带红、睡眼惺忪的皇上,就像相看一匹马一样,把克留奇柯夫打量了一遍;皇上眨巴了几下嘟噜着的无神的眼皮,拍了拍他的肩膀。

"好样的哥萨克!"然后就转身吩咐侍从:"把矿泉水拿给我喝。"

克留奇柯夫那一头乱发的头经常在报纸和杂志上出现。还出了印着克留奇柯夫头像的纸烟。下戈罗得的商界人士还送给他一支金枪。

阿司塔霍夫打死的那个德军军官的制服被剥了下来,钉在一块宽大的胶合板上,封·连卡姆普夫将军叫伊万柯夫和擎着这块胶合板的一名副官也坐上汽车，让汽车从奔赴前线的队伍前面开过，将军还发表了慷慨激昂的演说。

然而，实际的情形却是这样：许多还不能完全无动于衷地消灭同类的人在生死场上相遇，怀着恐怖欲狂的心情互相拼杀，肉搏，乱砍乱刺，直弄得自己和马匹血肉模糊，听到杀人的枪声，惊恐万状，四散奔逃，等到散开的时候，精神上都带了重伤。

这就是所谓的功勋。

十

前线还没有形成那种许多里长的、难攻难破的长蛇阵。国境线上时常发生骑兵冲突和战斗。宣战以后的头些天，德国司令部伸出许多触角——派出许多强悍的骑兵侦察队，这些侦察队从岗哨旁边溜进来，刺探部队的部署和人数，弄得我们的军队惶惶不安。布鲁西洛夫的第八军的阵地前面，是卡列金将军率领的第十二骑兵师在活动。右翼，第十一骑兵师越过奥地利边境以后，又向前推进。该师部分人马在攻占列士纽甫和勃罗迪以后，就停了下来，因为奥地利人又来了援军，新来的匈牙利骑兵不断地向我们的骑兵猛冲，使我们的骑兵惶惶不安，于是缩进了勃罗迪城。

格里高力·麦列霍夫自从列士纽甫城下那次战役以后，觉得又厌恶，又痛心，心情十分沉重。他明显地消瘦下去，体重减轻了。在行军的时候，在休息的时候，不管是睡熟还是打盹的时候，他常常模模糊糊地看见他在铁栏杆旁边砍死的那个奥地利人。他经常梦见第一次拼杀的情景，甚至在梦中都不寒而栗，觉得曾经握过矛杆的右手在打哆嗦；等到清醒过来，就赶快驱赶梦境，用手捂住眯得紧紧的眼睛。

战马践踏着成熟的庄稼，田野上到处是带尖刺的铁蹄印子，整个加里西亚地区就好像下过一场大冰雹。步兵那沉甸甸的靴子踩得土路结结实实，踩得公路坑坑洼洼，踩得秋天的烂泥到处飞溅。

凡是进行过战斗的地方，大地那愁苦的脸被炮弹打得像麻子一样。那些钢铁碎片因为想念人血的美味，想得在地里生了锈。每天夜里，地平线后面，大片大片的红光伸向天空，村庄，城镇，到处火光闪闪，就像远方的闪电。八月里，正是果子成熟、庄稼登场的时候，天空却阴沉沉的，十分昏暗，在难得的晴朗日子里，却又闷又热，令人疲惫不堪。

八月眼看就要过去。果园里的树叶黄油油的，还在从叶柄上吸取黄得发红的汁水，好在临死前红一阵子，远远看去，就好像树上到处是伤口，到处流着红黄色的血浆。

格里高力很有兴趣地注视着同连伙伴们发生的变化。普罗霍尔·泽柯夫刚从后方医院回来，腮上留下了一个疤疤瘌瘌的马蹄印子，嘴角上还隐隐流露着痛苦和困惑的神情，那一双和善的牛眼睛眨巴得更厉害了；叶高尔·莎尔柯夫不管在什么场合都要咒骂，骂的话十分难听，十分下流，比以前更加粗野，而且不管是什么他都骂；格里高力的同村人叶麦里扬·格洛舍夫，是一个严肃认真的人，不知为什么脸色变得像炭一样黑，有时候傻笑几声，那笑不是发自内心的，是忧伤的。每个人的脸上都发生了变化，各人用各人的方式在心中孕育和培养着战争撒下的种子。

他们这个团从火线上撤下来，休整三天，由从顿河区开来的增援部队进行补充。他们这个连正要到地主的池塘里去洗个澡，这时候从离庄园三俄里的车站上开出老大的一支骑兵。

等到第四连的哥萨克们来到塘边，从车站开出来的那支人马已经来到山坡的脚下，这会儿可以很清楚地看出这支骑兵是哥萨克了。普罗霍尔·泽柯夫正在塘边弯着身子脱衣服；他伸了伸头，仔细看了看。

“咱们的人，顿河上来的。”

格里高力眯着眼睛，望着朝庄园里开去的马队。

“后备队来啦。”

“看样子是来补充咱们的。”

“一定是把第二批入伍的征集来啦。”

“看见吗，伙计们？那不是司捷潘·阿司塔霍夫吗？看，就在第三排里！”格洛舍夫叫了起来，并且爽朗地、嘎嘎地笑了一阵。

“他哥哥也来啦。”。

“瞧，那是安尼凯！”

“格里什卡！麦列霍夫！是你哥哥，就是他。看出来了吗？”

“看出来啦。”

“你得请我客，鬼东西，是我头一个看出来的。”

格里高力把颧骨上的皱纹皱得紧紧的，凝神望去，仔细认了认彼特罗骑的马。“买了一匹新的。”他想着，把视线移到哥哥的脸上。他很久没有见到哥哥了，哥哥的脸大大变了样子，晒黑了，麦黄色的胡子剪得短短的，眉毛被阳光晒成了银色。格里高力就像在演习时那样，摘下帽子，摇晃着手，迎着哥哥走去。衣服脱掉一半的哥萨克们，也都跟着他离开塘边，蹚着一丛丛脆弱的空秆白芷和结实的牛蒡草向前拥去。

这个后备连正绕着果园，开往他们这个团驻扎的庄园。领队的是一名大尉，已经上了年纪，身子很结实，头发刚刚理过，嘴上刮得光光的，显得很威风，嘴角像木头一样硬邦邦的。

“这家伙一定很厉害，很凶。”格里高力心里想着，朝哥哥笑着，匆匆地打量了一眼稳稳骑在马上的大尉和他骑的马，那马的鼻子高高的，显然是加尔梅克种。

“全连注意！”大尉用清亮的、洪钟一般的声音喊道。“成排纵队，右转弯走！”

“你好，大哥！”格里高力朝彼特罗笑着，兴高采烈地喊道。

“托福托福。这一下子到你们这里来啦。喂，怎么样？”

“挺好。”

“还活着哩？”

“眼下还活着。”

“家里人都问候你。”

“家里他们都怎样？”

“都很好。”

彼特罗一手撑在强壮的浅红色战马的屁股上，整个身子转向后面，用含笑的眼睛望着格里高力，越走越远，直到许多落满尘土的脊背——有熟人的脊背，也有陌生人的脊背——渐渐把他遮住。

“你好，麦列霍夫！村里人都问候你。”

“你也到我们这儿来啦？”格里高力看到那一头浓浓的金发，

认出是米沙·柯晒沃依,就龇着牙笑了。

“也来啦。咱们就像一群鸡,拥到一块儿啄米粒儿来了。”

“你会啄够的！还不如说啄你的肉呢。”

“啄就啄吧!”

叶高尔·莎尔柯夫只穿着一件小褂,用一条腿从塘边蹦了过来。他侧歪着身子,叉着腿,撑着裤子,一条腿想往晃晃荡荡的裤腿里伸。

“老乡们,你们好!”

“哟,哟,哟,这不是叶高尔·莎尔柯夫吗?!”

“哎呀,你这匹儿马,腿给绊起来啦?”

“我妈在家里怎么样?”

“你妈好好的。”

“她问候你。她要给你带东西,我没有带,太累赘啦。”

叶高尔脸上带着异常严肃的表情听过了回答,就光着屁股坐到草地上,遮着伤感的脸,打哆嗦的腿怎么都穿不进裤腿。

衣服脱掉一半的哥萨克们,都站在漆成天蓝色的栅栏外面;栅栏那边,顿河上来的后备连顺着栗子树下的小路开进院子。

“老乡,你好!”

“哦,你好像是亚历山大老哥吧?”

“就是的。”

“安得列扬！安得列扬！你这个笨蛋,不认识我啦?”

“喂,老总,你老婆问你好!”

“托福托福。”

“勃里司·别罗夫在哪儿?”

“是哪一连的?”

“好像是第四连。”

“他是什么地方的?”

“是维奥申乡河湾村的。”

“你找他干什么?”另外一个插进这短促的谈话。

“有事。我给他捎来一封信。”

“他呀,老哥,前几天在拉伊布罗得城下阵亡啦。”

“这话是真的? ……”

“是真的! 我亲眼看见的。子弹打进了他胸膛的左边。”

“你们这儿有黑河上来的人吗?”

“没有,进去吧。”

后备连全部进了院子,排着队在院心里站了下来。哥萨克们又一齐回到塘边去洗澡。

过了不大一会儿,刚刚开到的后备连的哥萨克们也来到塘边。格里高力跟哥哥挨着坐下来。塘边的黏土地湿漉漉的,气味十分难闻。靠近塘边的水很浑,到处是碧绿的水草。格里高力一面挤衬衣缝儿里和皱褶儿里的虱子,一面说起话来:

“彼特罗,我心里难受得要命。我这会儿就像一个半死不活的人……好像在磨盘底下碾过一阵,磨盘把我碾够了,又吐了出来。”他的声音带着怨气,打着哆嗦,一道深深的皱纹(彼特罗刚刚发现,心里吓了一跳)斜穿过额头,这条陌生的皱纹令人十分惊愕,觉得他变了,跟以前不一样了。

“怎么一回事儿?”彼特罗一面问,一面脱小褂,他那白白的身子和脖子上晒的一道整整齐齐的黑印子全露了出来。

“你看是怎么回事儿，”格里高力发起急来，因为愤恨，声音也高了起来，“叫人互相残杀，太残酷啦！人变得比狼还坏。穷凶极恶。我这会儿觉得，如果我咬了一个人，他也会变成疯子。”

“你已经……杀过人了吗？”

“杀过啦！……”格里高力几乎叫了起来，他把小褂揉成一团，摔到脚底下。随后用手指头在喉咙上揉搓了半天，好像是要把卡在喉咙里的话捋出来，一面朝旁边看着。

“你说说吧。”彼特罗吩咐说，一面转过脸，躲开他的眼睛。

“我的良心实在受不了。我在列士纽甫城外用长矛刺死了一个。那是火劲儿上来啦……不那样不行……可是，我砍死另一个，又是为什么呢？”

“怎么回事儿？”

“就是说，我无缘无故砍死了一个人，所以我一想到他，心里就十分难受。每天夜里都梦见他，甩都甩不脱。可是，这能怪我吗？”

“干这种事你还不习惯。不用急，以后会成为家常便饭的。”

“你们这个连是补充连吗？”格里高力问道。

“为什么是补充连？不是补充连，我们是二十七团的。”

“我还以为是来增援我们的呢。”

“我们这个连编进了一个步兵师，我们现在就是去赶那个师，不过后备队也跟我们一块儿来啦，这些年轻的是补充你们的。”

“是这样啊。好，咱们来洗洗澡吧。”

格里高力匆匆脱掉裤子，走到塘边埂上。他的皮肤呈现出深棕色，挺拔的身子微微有些佝偻，在彼特罗看来，分别以后他老了。他挓挲开两条胳膊，头朝下扎进水里：迟钝的绿色水波在他上面合拢起来，又扩散开去。他用两手轻轻地划着水，懒洋洋地摆动着肩膀，朝着塘中心一群哈哈大笑的哥萨克游去。

彼特罗老半天才摘下贴身的十字架和缝在母亲赠物上的符咒。他把十字架上的线带塞到小褂里面，带着担心和厌恶的神情朝水里走去，水淹到胸膛，淹到肩膀，他才哎呀一声，扎到水里，游着水去追格里高力；他们一前一后，一同朝对面长满树棵子的沙土塘沿游去。

动作渐渐慢下来，渐渐轻了，格里高力一面划着水，一面心平气和地说起话来，没有刚才那股火气了：

"虱子把我咬死啦。很想家。我这会儿能回家看看才好呢。要是有翅膀，我马上就飞回去。哪怕能看一眼也好。喂，家里怎么样？"

"娜塔莉亚在咱们家呢！"

"怎么样？"

"她还好。"

"爹和妈怎么样？"

"很好。可是，娜塔莉亚一直在盼着你呢。她总以为，你会回到她身边。"

格里高力的鼻子哼哧哼哧响着，嘴里往外吐着水，没有说话。彼特罗扭过头，想看看他的眼神。

"你在信里哪怕问候问候她也好啊。这娘儿们可是一心想着你。"

"她怎么……还想破镜重圆吗？"

“这怎么说才好呢……人是靠希望活着的嘛。她可是个好娘儿们呀。规规矩矩、守身如玉。要说乱搞或者别的什么，她可没有这种事。”

“她顶好改嫁。”

“你这话可真怪！”

“一点不怪。就应该这样。”

“这是你们的事。这事儿我管不了。”

“杜尼娅怎么样？”

“嘿，出挑成大姑娘啦！这一年工夫她长得叫你认不出啦。”

“当真？”格里高力高兴起来，惊异地问道。

“一点不假。能嫁人啦，可是到时候咱们连胡子尖都沾不到一滴酒啦。也许咱们还会死呢！”

“这事儿可难说！”

他们爬到沙土地上，挨着躺了下来，用胳膊肘撑着身子，在热烘烘的太阳底下晒着。米沙·柯晒沃依从水里探出半截身子，从一旁游过。

“格里什卡，到水里来！”

“等一下子，我躺一会儿。”

格里高力一面把一只小甲虫往沙里埋，一面问道：

“你可听说阿克西妮亚怎么样？”

“宣战以前，我在村子里见过她。”

“她回村里干什么？”

“到她男人那儿取东西来。”

格里高力咳嗽了一声，用手掌的边儿搂了一堆沙，把甲虫埋了起来。

“没有跟她说话吗?”

“光是打了打招呼。她胖乎乎的,挺高兴。看样子,吃东家的饭过得挺自在。”

“司捷潘怎么样?”

“把她的东西都给她啦。对她挺不错。不过你可要提防他,小心点儿。有几个人告诉我,说司捷潘有一回喝醉了,发话说:一到战场上,就给你一枪。”

“噢。”

“他不会放过你的。”

“我知道。”

“我新买了一匹马。”彼特罗改变了话头。

“把牛卖掉啦?”

“把掉毛的两头卖啦。卖了一百八十卢布。买马用了一百五十卢布。马好极啦,是在楚茨坎买的。”

“庄稼怎么样?”

“挺好。这不是,还没有来得及收割,就把我们弄来啦。”

话题转到家务方面,情绪不那么紧张了。格里高力如饥似渴地吞食着家里来的消息。这会儿他一心想着家里的事,又像当年那个任性而单纯的小伙子了。

“好啦,咱们再凉快凉快,就穿衣裳吧。”彼特罗说着,把潮湿的肚子上的沙往下拂,身子哆嗦着。他的背上和胳膊上的皮肤都起了不少水疱。

哥萨克们成群结队地离开池塘。走到面向果园的庄院栅栏跟前，司捷潘、阿司塔霍夫追上了他们。司捷潘一面走，一面用骨头小梳子梳着耷拉下来的头发，把头发往帽子底下塞；他跟格里高力走齐了。

“伙计，你好啊！”

“你好。”格里高力站了一下，用多少有点发窘的、带有歉疚神情的目光望着他。

“没有忘记我吧？”

“差不多忘啦。”

“我可是记着你。”司捷潘冷笑着说。他没有停，走了过去，抱住了在前面走的一个戴中士肩章的哥萨克的肩膀。

天一黑下来，师部就来了电话，命令开上阵地。全团在一刻钟之内收拾停当；刚刚补充齐的一团人马唱着军歌出发，去堵匈牙利骑兵冲开的一个缺口。

在分手的时候，彼特罗把一张折成四折的纸塞到弟弟的手里。

“这是什么？”格里高力问道。

“给你抄了一张符。你带着……”

“管用吗？”

“你别笑话，格里高力！”

“我不是笑话。”

“好啦，兄弟，再见吧。祝你平安。你不要冲到别人前头，不然的话，死神可是专门找急性子人！以后多多保重吧！”彼特罗喊道。

“不是有护身符吗？”

彼特罗摆了摆手。

一直走到十一点钟，一点都没有注意警戒。后来司务长们才向各连传下命令：脚步要尽可能轻些，不准抽烟。

远方树林上空升起一颗颗信号弹，带着淡紫色的烟团。

十一

一本不大的日记本，封面是精制的山羊皮，颜色很像橡树皮。日记本的角已经磨损，折起，看样子，已经在主人的口袋里待了很久。每一页都写满了疙疙瘩瘩的斜体字……

……这一段时间，我很想动笔写一写。想写一点类似大学生"日记"的东西。首先要写写她：二月里，不记得是哪一天了，她的同乡大学生包亚雷什金介绍我跟她认识了。我是在电影院门口碰到他们的。包亚雷什金在介绍的时候说："这是我的同乡，维奥申乡的。季莫菲，你要喜欢她，赏识她。丽莎是一个不同寻常的姑娘。"我记得，我当时含含糊糊地说了句什么，就握住了她那柔软的、汗津津的手。我跟伊丽莎白·莫霍娃就这样认识了。我一眼就看出，她是一个堕落的姑娘：这样的女子的眼睛最能说明问题。说实在的，她给我的印象不怎么好，首先是她那热乎乎、汗津津的手，使我很不愉快。我从来还没有见到有谁的手这样出汗；再就是眼睛，实际上那倒是一双很美的眼睛，具有柔和的胡桃颜色，但同时又是一双使人很不舒服的眼睛。

瓦霞，我的好友，我特意把字写得整整齐齐，甚至写得活灵活现，为的是将来有一天，等这本“日记”到了谢米巴拉丁斯克，到了你的手里（有这样一种想法：等到我和伊丽莎白·莫霍娃之间的这段私情一结束，我就把“日记”寄给你。你读到这份记录，也许会十分开心），你对这件事会有一个确切的印象。我要按事情的先后顺序来记。就这样，我跟她认识了，我们三个人一同去看一部哀怨绝伦的片子。包亚雷什金没有说话（他说，他的一个“臼齿”坏啦），我也没有多少话好说。我们原来是同乡，也就是说，我们的乡跟他们的乡是紧挨着的，我们一起回忆了美丽的草原风光以及其他等等，说完这些话，就沉默下来。如果可以这样说的话，我沉默是很自然的，她对于我们翻来覆去地讲空话，丝毫没有感到不舒服。我听她说，她是医学院二年级的学生，出身于商人家庭，很喜欢酽茶和阿司莫罗夫烟厂出的烟草。你看，关于结识这位胡桃色眼睛女郎的资料真是太贫乏了。在分手的时候（我们把她送到电车站），她请我到她那里去玩。我记下她的地址。想在四月二十八日去看她。

四月二十九日

今天我去看她，她端出茶和酥糖招待我。真是一个好奇的姑娘。说话很俏皮，也相当聪明，只是她身上有一股阿尔齐巴舍夫[①]味道，老远就可以叫人闻出来。我从她那里回来已经很晚了。我填着烟丝，想着一些与她根本不相干的东西，特别是想到钱。我的西服已经破旧得不成样子，可是又没有“资本”。总而言之，很伤脑筋。

---

①阿尔齐巴舍夫（一八七八——一九二七），俄国“颓废派”作家。

五月一日

今天发生的事是特别值得记一记的。我们正无忧无虑地游玩散心的时候，在索柯里尼克区碰到了一件事：一些警察和哥萨克，有二十来个人，正在驱赶五一节工人示威游行的队伍。一个喝醉了的工人用棍子打了哥萨克的马一下子，那个哥萨克就用皮鞭抽起他来。(不知为什么大家都把皮鞭叫作“那盖鞭”，其实，本来的名字已经够好的啦，何必呢？……)我走过去，去打抱不平。说实在的，我当时真是义愤填膺。我不仅打抱不平，而且说那个哥萨克不过是一只蠢鸟，还说了别的一些不客气的话。那个哥萨克举起鞭子，就要朝我打来，但是我十分强硬地说，我就是卡敏乡的哥萨克，我也可以打得他头破血流。幸亏那个哥萨克也是个好心肠的人，还很年轻；看样子，当兵还没有变坏。他说，他是霍派尔河河口乡人，而且会拳术。我们和和气气地走开了。如果他要对我施展起他的身手，那就会大打一场，这对于我的身份，尤其是不体面的。我上前打抱不平，是因为伊丽莎白跟我在一块儿，有她在场，我就产生了一种十分孩子气的“立功”的愿望。只觉得自己变成了一只好斗的公鸡，并且觉得帽子底下竖起了红红的鸡冠……你看，多么荒唐！

五月三日

心里乱糟糟的。一句话归总：没有钱。裤子分叉的地方，也就是后裆下面，破得很厉害，裂了一条大缝，就像顿河岸边熟过了头的西瓜。缝了缝，希望能缝住，结果还是不行。像这样缝，连西瓜都能缝得住的。瓦洛季卡·斯特列日涅夫来过。明天我去上课。

五月七日

收到父亲寄来的钱。他在信里骂了我几句,可是我一点也不觉得羞愧。我爹还不知道,儿子的道德支柱已经腐烂了……我买了一套西服。连马车夫都注意起我的领带。在特维尔大街一家理发店里理了理发。从理发店出来,我就像一个容光焕发的服饰用品商店的伙计了。在胜利花园街拐角上,有一个警士朝我笑了笑。这家伙笑什么?我这样子跟他有点差不多嘛!可是三个月以前呢?不过,往事不值得重提……偶然在电车窗户里看见了伊丽莎白。她摇了摇手套,笑了笑。我的样子怎样?

五月八日

“老老少少都谈情说爱。”[1]我马上想起达吉雅娜[2]的丈夫那张得像炮口一样的嘴。我恨不得从楼座上朝他嘴里吐一口唾沫。可是我脑子里又响起这句话,特别是这句话的后面一部分:“都——谈——情——说——爱……”我的下巴也哆哆嗦嗦地动起来,也要打哈欠,大概这是条件反射。

不过,我是在年轻时候谈恋爱。写到这里,我的头发都竖了起来……我到伊丽莎白那里去过。我文绉绉地、转弯抹角地讲了起来。她装出不懂的样子,想把话引到别的方面。

①普希金的诗体小说《叶甫盖尼·奥涅金》中的一句。

②达吉雅娜是《叶甫盖尼·奥涅金》中的女主人公。她的丈夫是一位老将军。

是太早了吧？唉，妈的，都是这套西服坏事！……我对着镜子照了照——挺英俊嘛：我心想，好吧，说出来吧。我的正常推理的习惯，不知为什么往往胜过其他一切。如果现在不求爱，再过两个月就晚啦；裤子一穿旧，在要紧的地方起了毛，不管怎样花言巧语都没有用了。我写着写着，不由得高兴起来：在我身上何等鲜明地融合了当代优秀人物的一切美好感情呀。又有温柔、炽热的恋情，又有“清醒的理性的声音”。除了别的许多好处之外，还能将各种美德融为一体。

我仍然停留在事前的准备阶段。是受到了房东太太的干扰。房东太太把她叫到走廊上，我听到房东太太向她借钱。她没有借，其实她是有钱的。这一点我确实知道，我也想象出她用真诚的声调回绝时的脸，想象出她那显得十分诚挚的胡桃色眼睛。于是我那谈情说爱的热乎劲儿消散了。

五月十三日

我已经完全坠入情网。这是丝毫不容怀疑的。各种条件都已具备。明天我就要去求爱。不过目前我还是没有把握。

五月十四日

不料事情急转直下，没有按照预想的方式进行。天下着雨，是一个和暖、宜人的日子。我们在莫霍夫街上走着，斜风吹在人行道的石板上，发出尖尖的哨音。我说着话儿，可是她一声不响地走着，低着头，好像在想心事。一道一道的雨水从帽子上流到她的腮上，她的样子很美。我现在来记一记我们的谈话：

“伊丽莎白·谢尔盖耶芙娜，我已经把我的心情说给您听啦。该您说话啦。”

“您的感情是不是真实的，我有些怀疑。”

我愣愣地耸了耸肩膀，而且说起了傻话，说要起誓，或者用别的什么方式来表明心迹。

她说：“听我说嘛，您说起话来，用的全是屠格涅夫小说中人物用的字眼儿。您顶好说干脆一点儿。”

“再干脆没有啦。我爱您。”

“还有呢？”

“该您说话了。”

“您是想要我答应吗？”

“希望您回答。”

“您要明白，季莫菲·伊万诺维奇……我能对您说什么呢？我有点儿喜欢您……不过，您的个头儿……”

“我还可以长嘛。”我保证说。

“可是咱们太不熟识啦，是不是合得来呢……”

“咱们在一块儿吃上几十斤盐，彼此就了解啦。”

她用粉红色的手掌擦了擦腮上的雨水，说道：

“好吧，咱们就一块儿过过吧。咱们过一阵子，试试看，不过您要给我一点时间，我好把过去的情人打发掉。”

“这人是谁？”我问道。

“您不认识他。是一个医生，专治花柳病的。”

“您什么时候能脱身？”

“我看，到星期五就行。”

“咱们住在一块儿吗？就是说，住在一个屋子里吗？”

“是的，这样要方便些。您搬到我这里来吧。”

“为什么？”

“我这屋子住起来很舒服，又干净，房东太太又是个讨人喜欢的人。”

我没有反对。我们在特维尔大街街口分手。我们接起吻来，叫一位太太大大地吃了一惊。

下面的一天，又为我准备着什么呢？

五月二十二日

我过着蜜一般的日子。“蜜一般的”心情今天暗淡下来，因为丽莎对我说，我该换件衬衣啦。的确，我的衬衣已经穿得很不像样子了。可是钱呀，钱呀……我们花的是我的钱，我的钱本来就不多。非得找点工作不可了。

五月二十四日

今天拿定主意给自己买一件衬衣，可是丽莎叫我花了一笔意外的钱。她非要去一家上等饭馆里吃一顿，还要买一双丝袜。饭也吃了，袜子也买了，可是我完了：我的衬衣吹了！

五月二十七日

她使我耗尽了精力。我身子空了，就像一根光光的葵花秆子。这简直不是一个女人，是一团烟雾腾腾的火。

六月二日

今天我们九点钟醒来。喜欢乱动脚趾的坏习惯，闹出了下述的结果：她揭开被子，对着我的脚看了半天。她简单明了地总结了自己观察的结果：

“你这不是脚，是马蹄子。比马蹄子还不如！脚指头上还有这么多毛，呸！”她像打摆子一样厌恶地耸了耸肩膀，盖起被子，转过身去朝着墙。

我非常窘。我蜷起腿，扳了扳她的肩膀。

“丽莎！”

“别碰我！”

“丽莎，这可是太不像话了。我又不能改变我的脚的样子，脚又不是定做的。至于毛吗，毛又不听人的话，到处都生长。你是个学医的，应当懂得大自然发展的规律。”

她转过脸来朝着我。胡桃色的眼睛射出凶光，变成了巧克力颜色。

“请您今天就去买点去汗粉：您的脚有一股死尸气味！”

我跟她讲理说，她的手也是经常出汗的嘛。她一句话也没有说，可是在我的心上，用高雅的文体来说，落上了一片阴影……这问题不在于脚，也不在于脚上长毛……

六月四日

今天我们在莫斯科河上划船。谈起顿河风光。伊丽莎白今天很不像话：她总是拿恶言恶语对待我，有时十分粗暴。我要是用同样的态度对待她，那就是准备决裂，我还不希望这样。不管怎样，我对她越来越迷恋了。她实在是一个娇生惯养的女子。要从根本上改变她的性格，我怕我的影响很不够。她是个可爱、任性的姑娘。同时又是个见过很多世面的姑娘，那样的世面我只是听说过罢了。在回家的路上，她把我拉进一家药房，她笑着买了些滑石粉，还买了一点不知什么鬼玩意儿。

“这可以给你去去汗气。”

我格外殷勤地鞠了一躬，向她道谢。

很可笑，但这也算不了什么。

六月七日

她的才智真是贫乏得可怜。在其他方面她倒是可以教教任何人。

每天临睡时我都要用热水洗脚，要洒花露水，还要撒一种不知是什么的鬼玩意儿。

六月十六日

她越来越使人不能忍受。昨天她发了一次神经病。跟这样的女人很难共同生活下去。

六月十八日

毫无共同之处！我们各想各的。连接我们的唯一的东西是床。这种日子不是人过的日子。

今天早晨，她从我口袋里掏钱去买点心，摸到了这本小日记本。她抽了出来。

“你这是什么？”

我一阵燥热。她要是翻上一两页，那可怎么办？我回答了她，并且自己都没有想到，回答的声调那样自然。

“数学笔记本。”

她毫不在意地把日记本又塞进我的口袋，就走了。要小心点儿。咱们私下里说的一些俏皮话，可不能让旁人看见。

只有我的好朋友瓦霞看到，这才是开心的事。

六月二十一日

伊丽莎白使我感到吃惊。她才二十一岁，怎么就会堕落到如此地步？她的家庭是什么样子，她受的是什么样的教养，是谁给她的影响？这些问题都是我非常感兴趣的。她漂亮得不得了。她为自己的身材和相貌的完美感到非常自豪。除了自我欣赏，别的什么也没有了。有几次我试着跟她严肃地谈了谈……叫她改变思想，比叫一个旧教徒相信上帝不存在还难。

一块儿过下去越来越不可能，越来越没有意思。不过我还不慌着决裂。说实在的，不管怎样，我还是喜欢她的。她已经在我心上生了根。

六月二十四日

原来问题极简单。我们今天说了说心里话，她说，我不能满足她性的要求。还没有正式决裂，大概还要过几天。

六月二十六日

真该到养马场里给她找一匹公马。

只有公马能满足她！

六月二十八日

想到就要跟她分离，我心里很难受。她就像一团水藻，牢牢把我缠住。今天我们坐车到麻雀山去。她靠车窗坐着，阳光透过窗檐的镂花倾泻到她的鬈发上。头发呈现出赤金色。这诗情画意，眼看着全完了！

七月四日

我扔掉了工作。伊丽莎白扔掉了我。今天我跟司特列日涅夫一块儿喝啤酒。昨天我们喝过伏特加。我和伊丽莎白，跟一切文明人一样，很有礼貌地分开了。既没有打架，又没有吵嘴。今天我在德米特洛夫街看到她跟一个穿马靴的年轻人在一起。她十分冷静地向我还礼。这日记该到此结束了——可记的东西已经没有了。

七月三十日

简直是意想不到地又拿起笔来。打仗了。狂热一下子迸发出来。每一颗脑袋都发出爱国主义的气味，就像生了蛆的狗发出臭味那样，一里路以外都能闻得到。同学们都无比愤慨，可是我却高兴起来。想念……“失去的天堂”想得我实在难受。昨夜我在梦中还与伊丽莎白亲亲热热。她留下了使人伤感的痕迹。能散散郁积最好。

八月一日

叫嚣使人腻了。又是老样子，苦闷。就像婴儿噙着奶头一样，我把苦闷噙在嘴里，尝着苦闷的滋味。

八月三日

有办法了！我去打仗。愚蠢吗？很愚蠢。可耻吗？

算了吧，因为我无路可走了啊。我苦闷极啦。两年以前我就没有这种厌世的心情。难道我老了吗？

八月七日

我现在是在车厢里记日记。这会儿才离开沃罗涅日。明天要在卡敏车站下车。我下定决心：为“信仰、沙皇和祖国”而战。

八月十二日

为我举行了盛大的欢送会。村长喝得醉醺醺的，发表了慷慨激昂的演说。他演说完了，我小声对他说：“安得列•卡尔波维奇，您是个糊涂虫！”他十分惊愕，气得脸都发了青。他恶狠狠地哑着嗓子低声说：“您还受过教育呢。您莫不是我们在一九〇五年用鞭子抽过的那种人？”我回答说，我感到很遗憾，“还不是那种人”。我父亲哭着，过来吻我，还流着鼻涕。可怜的好父亲啊！我是无可奈何呀。我跟他开玩笑，要他跟我一块儿上前线，他怕得叫了起来：“你怎么啦，家里事怎么办？”明天我就要上车站了。

八月十三日

有些地方庄稼还没有收割。小土包上的土拨鼠吃得肥嘟嘟的。极像廉价画片上考积玛•克留奇柯夫的长矛上挑着的德国佬。我活到这么大，学过数学和其他一些精密科学，从未想到，我会成为这样一个“沙文主义者”。我到了团里，要跟哥萨克们聊聊。

八月二十二日

在一个车站上，我头一次看到一批俘虏。有一名身材挺拔、姿势像运动员一样的奥地利军官，被押送到车站上。有两个在月台上散步的小姐朝他笑了笑。他一边走，一边十分得体地向她们行礼，并且向她们抛了一个飞吻。

虽然被俘虏了，他的脸还是刮得光光的，十分风流，黄色的皮绑腿光闪闪的。我目送着他：真是一个又漂亮又年轻的小伙子，一张脸又可爱又可亲。遇到这样的人，手连马刀都举不起来。

八月二十四日

难民，难民，难民……各条线路上都挤满了装载难民和士兵的列车。

第一列救护车开了过去。停车的时候，车厢里跑出一个年轻的步兵。他脸上扎着绷带。我们谈了一阵子。他是被霰弹打伤的。他打坏了一只眼睛，大概可以不当兵了，他高兴得不得了。他在笑。

八月二十七日

我来到自己的团里。团长是一个很好的老头儿，是顿河下游的一个哥萨克。这儿已经闻到血腥气味。听说后天就要上战场了。我们这第三连第三排——都是康斯坦丁诺夫乡的哥萨克，都是一些呆头呆脑的小伙子。只有一个小伙子又爱说笑话，又喜欢唱歌。

八月二十八日

我们出发了。今天前方炮声响得特别厉害。使人感觉，好像大雷雨就要来了，远处是滚滚的雷声。我甚至都闻了闻：是不是有雨的气息？但是天空像缎子一样，一片云彩也没有。

我的马昨天在厨车的轮子上碰伤了一条腿，瘸了。一切都很新鲜，很不平常，我不知道该干什么，该写什么才好。

八月三十日

昨天没有工夫记。今天我在马上写。摇摇晃晃，铅笔底下爬出来的字都歪歪扭扭，奇形怪状。我们三个人一块儿带了草绳去割草。

这会儿两位弟兄在捆草，我趴在地上补记昨天的事情。昨天司务长派我们六个人去侦察（他用轻蔑的口吻称呼我“大学生”：“喂，大学生，你的马有一个掌要掉啦，你没有看见吗？”）。我们穿过一个烧掉了一半的小镇。天气酷热。人和马都汗漉漉的。糟糕的是，哥萨克夏天都要穿呢裤子。在镇外沟里我看到一个被打死的人。是一个德国兵。身子仰面躺着，两条小腿都在沟里。一只手压在脊梁下面，另一只手攥着一梭子步枪子弹。旁边并没有步枪。那情景可怕极了。这会儿我回想起我看到的情景，就觉得有一股凉气顺着肩膀爬……他的姿势是这样的：好像耷拉着腿在沟沿上坐了一阵子，后来就躺下休息了。灰制服，钢盔。看得见呈花瓣状的钢盔皮里子，好像是纸烟里加了一层衬纸，不叫烟丝撒出来。我第一次看到这样的情形，吓呆了，所以我都没有看清他的脸。只看到许多黄黄的大蚂蚁在他那发黄的额头上和呆滞的、眯缝着的眼睛上爬。哥萨克们从旁边走过时都画十字。我看了看制服右边的一小片血。子弹是从右肋穿进去的。我走过时,又看到子弹从左边穿出的地方——血迹更大,地上流的血更多,制服也裂成了好几片。

我浑身打着哆嗦,从旁边走了过去。情形竟是这样……

绰号"笑话大王"的一名上士,看到我们情绪消沉,想给我们提一提神,讲了一桩风流趣事,可是他自己的嘴唇都在打哆嗦……

离小镇半俄里的地方,是一座烧毁的工厂的墙,砖墙都被烟熏成了黑色。我们害怕顺着大路一直走,因为大路就从烧毁的工厂旁边经过,我们决定绕着走。我们朝一旁走去,就在这时候,墙里面朝我们开起枪来。说来惭愧,我听到第一声枪响,几乎跌下马来。我紧紧抓住鞍头,不由得弯下身子,扯了扯马缰。我们擦着打死的德国兵躺的那条沟边朝镇上奔去,一直跑过了镇,才回过神来。后来又拨转马头走了回来。下了马。留下两个人看守马匹,我们四个人朝镇边那条沟走去。我们弯下身子,顺着沟往前走。我老远就看见打死的德国兵的两条腿,脚上穿着短筒黄靴子,膝部弯成了直角。我屏住气从他旁边走过,就像是从一个睡着的人身旁走过,怕把他弄醒似的。他身子底下的青草被压得潮乎乎、绿油油的……

我们在沟里卧倒,过了几分钟,从烧毁的工厂的墙后面一个跟一个地走出九个德国枪骑兵……我是从他们的服装上认出来的。一个军官朝旁边闪了闪，用尖利的喉音喊了两声，他们这一小队人马就朝着我们冲来……弟兄们在喊我呢，叫我去帮他们捆草。我去了。

八月三十日

我想说完，我是怎样第一次朝着人开枪的。那是在德国枪骑兵向我们冲来的时候（这会儿我眼前仿佛又出现了他们那灰绿色的制服，那又像蝎虎又像毒蛇一样的颜色，那闪闪发光的漏斗形圆筒军帽，那晃来晃去、带小旗的长矛）。

枪骑兵骑的都是深褐色的马。不知为什么我把视线转移到沟边土埂上，看到一只不大的翠绿色甲虫。我眼看着甲虫变大了，大到惊人的程度。我的胳膊肘撑在土埂的干土粒儿上，那甲虫摇晃着青草，朝我的胳膊肘爬来，爬上我的绿色军便服的袖子，很快地爬到步枪上，又从步枪上爬到皮带上。我观察过甲虫的旅行，这才听到绰号“笑话大王”的上士的猛喝声：“开枪！您怎么啦？”

我把胳膊肘放稳，眯起左眼，我觉得我的心就要膨胀起来，也要变得像那只翠绿色甲虫那样大。瞄准器切口里的准星在灰绿色制服的背景上不停地抖动着。“笑话大王”就在我旁边放了一枪。我扣了一下扳机，就听见我的枪弹啸叫着飞了出去。看来是我瞄低了，子弹在小土墩上蹦了一下，打起一股灰尘。这是第一次朝着人开枪。我不再瞄准，不看前面的任何东西，打了一梭子。我最后一次扳动枪栓，只听到咔嚓一声，我忘记已经没有子弹了，这时候我才看了看德国人。他们还是那样整齐地朝后跑去。军官殿后。他们还是九个人。我看着军官那深褐色马的屁股和枪骑兵圆筒形军帽顶上的金属片儿。

九月二日

在托尔斯泰的《战争与和平》里，有一处谈到，两个敌对军队之间的界线——好像也就是划分生者与死者的不可知的界线。尼古拉·罗斯托夫所在的骑兵连一开始冲锋，罗斯托夫心里就在推断这条界线在哪里。今天我特别清楚地想起了小说中的这一段，因为今天黎明时我们向德国骠骑兵发起了冲锋……从早晨起，他们的部队就在占优势的炮火支援下，向我们的步兵步步进逼。我看到，我们的步兵——大概是二四一和二七三步兵团——仓皇逃窜。这两个团没有炮火掩护就发起进攻，因而被敌人的火力打退，几乎有三分之一被消灭，进攻一失利，士气全完了。德国骠骑兵紧紧跟在我们的步兵后面追赶。我们的团本来是停在林中小道上作后备的，这一下子也只好出动了。这事儿我记得很清楚。夜里两点多钟我们从梯士维契村出发。黎明前的黑暗越来越浓。可以闻到浓烈的松针气味和燕麦气味。全团分成一个一个的连队前进着。从小道上向左一转，走进了庄稼地。马匹一面走一面打响鼻，马蹄踩得燕麦上圆滚滚的露珠儿直往下掉。

穿着军大衣还觉得有点凉。我们的团在庄稼地里走了很久，过了一个钟头，才从团部里跑来一个军官，向团长传达了一道命令。我们的老团长用很不满意的声调转发了命令，于是我们的团就来了一个直角形的转弯，开进了树林子。我们变成排纵队，一齐拥挤在狭窄的林中小道上。我们的左方正进行着战斗。德国的炮队正在打炮，从声音上判断，他们的大炮很多。炮声震天动地；好像芳香的松针都在我们头顶上燃烧起来了。在太阳出来之前我们只是听着。后来是一阵一阵的“乌拉”声，那喊声有气无力，很不带劲儿，很不响亮，接着是一阵寂静，只能听见机枪清脆的响声。这时候各种想法乱糟糟的；这时候我能想象得特别清楚、特别真切的，就是排成散兵线向前进攻的我们的步兵的各种各样的脸。

我看到，头戴保护色平顶军帽、脚穿粗笨的深筒步兵靴的一个个布袋般的灰色人影，在秋日的田野上移动着，又听到那一心要把这些浑身出汗的活人变成死尸的德国机枪发出的清晰而有点嘶哑的咯咯笑声。两个步兵团被击溃了，扔掉武器就跑。一个德国骠骑兵团紧追不放。我们就在他们的侧翼，相距三百俄丈或者还不到三百俄丈。一声令下，我们立刻摆好阵势。我只听到像勒马时那样沉着、镇定的喊声：“前——进！——”我们就飞跑起来。我的马耳朵贴得紧紧的，恐怕用手掰都掰不开。我回头看了看——团长和两名军官就在我后面。这一下来到生死线上了。大疯狂的时刻到了！

德国骠骑兵践踏着自己的溃乱的队伍，向后退去。我眼看着柴尔涅曹夫中尉砍死一个德国骠骑兵。又看到，六连的一个哥萨克追赶一个德国人，追得发了疯，砍起了德国人的马屁股。一片一片的皮肉从飞舞的马刀上往下掉……啊，这真是难以想象！这不知该叫什么！等我们打完仗回来，我看到柴尔涅曹夫的脸色又镇静，又愉快，聚精会神——他坐在那里打纸牌呢，不是坐在马上了，这是在杀了人以后。柴尔涅曹夫中尉肯定前程远大。真有本事！

九月四日

我们在休息。第二军第四师正向前线开拔。我们驻扎在柯北林诺镇上。今天早上，骑兵十一师的队伍和乌拉尔的哥萨克用强行军的速度从镇上通过。西方在进行战斗。炮声不绝。午饭后我到军医院去了一趟。我看到运伤兵的车辆来了。几个看护兵一面扶着伤兵下车，一面笑着。我走过去。一个麻脸的高个子士兵一面叫疼，一面笑着，在看护兵的搀扶下从车上爬了下来。他对我说："瞧吧，哥萨克弟兄，他们往我屁股上撒起豆粒儿来啦。我中了四颗霰弹子儿。"一个看护兵问道："榴霰弹是在后面爆炸的吗？""怎么会在后面，我是拿屁股进攻的。"从房里出来一个护士小姐。我朝她望了望，不由得打了一个寒噤，连忙趴在大车上。她太像伊丽莎白了。也是那样的眼睛、面孔、鼻子、头发，连声音也像。这是不是我的错觉呢？这会儿也许我觉得任何一个女子都跟她相像。

九月五日

拴着马喂了一昼夜，现在又要往那里去了。我身上一点劲儿都没有了。号兵在吹备马号。这会儿我要是朝他开上一枪才开心呢！……

连长派格里高力·麦列霍夫去跟团部联络。格里高力经过不久前发生过战斗的地方时，看见公路边上有一个阵亡的哥萨克。那哥萨克躺在那里，淡黄头发的头紧紧贴在马蹄踏碎的石子路面上。格里高力下了马，捂住鼻子（死人身上发出臭烘烘的死尸气味），搜了搜他的身上。在裤子口袋里搜出了这本小笔记本、一截化学铅笔和一个钱包。他摘下子弹带，朝那张灰白、潮湿、已经开始腐烂的脸匆匆打量了一眼。鬓角和鼻梁都湿漉漉、黑乎乎的，额头上有一道斜斜的皱纹，好像在呆呆地、聚精会神地沉思，皱纹里的尘土也发黑了。

格里高力从死者口袋里掏出一条麻纱手绢，用手绢盖住死者的脸，就朝团部走去，偶尔回头望一望。到了团部，他把日记本交给了几个书记，几个书记就一块儿看起这本日记，一块儿嘲笑别人命短，嘲笑一个人生前的种种俗念。

十二

骑兵第十一师在占领了列士纽甫以后，又攻克了司坦尼斯拉夫契克、拉得基微罗甫、勃罗迪，八月十五日，在卡敏克-司特鲁米罗窝城下摆开了阵势。后面在调动着部队，步兵队伍集结到各个重要的战略地区，各级指挥部和辎重队集中到中心地点。战线像一条催命的绳索，从波罗的海边拉了过来。指挥部里在制订大规模进攻的计划，将军们埋头在研究地图，传令兵们跑来跑去传送作战命令，千千万万的士兵前去拼命……

侦察兵报告，敌人的大股骑兵朝城边开来。在大道旁边的一些小树林里发生过几次冲突，哥萨克的侦察队常常跟敌人的侦察队发生接触。

格里高力·麦列霍夫自从跟哥哥分别以后，在所有行军的日子里，一直想找到精神上的支柱，好恢复原来的平静心情，免得整天十分痛心地苦苦思索，然而他找不到这种精神支柱。从最近开来的后备连里调了一些第三批征集的哥萨克到团里来。其中有一个嘉桑乡的哥萨克阿列克塞·乌留宾编进了格里高力这个排里。乌留宾高个子，背有点驼，下颏伸了出来，胡子像加尔梅克人的头发，他那快活而无所畏惧的眼睛总是在笑；虽然年纪不大，头顶已经光秃秃的，只有那凸凸棱棱的光脑壳的两边还长着几撮稀稀拉拉的红毛儿。他来的第一天，哥萨克们就送给他一个绰号——“秃子”。

在勃罗迪城下进行过一次战役之后，这个团休息了一昼夜。格里高力和“秃子”住在一间房子里。他们聊了起来。

“麦列霍夫，你是个掉了魂的家伙。”

“怎么是掉了魂的？”格里高力皱着眉头问道。

“一点没有精神，像个病人一样。”“秃子”解释说。

他们给马拌好草料，靠在长了青苔的旧栅栏上抽烟。骠骑兵排成四路纵队从街上走过，很多人家的栅栏脚下都躺着没有掩埋的尸体（进攻奥地利军队的时候，在城郊发生了巷战），烧毁的犹太教堂的瓦砾堆里还冒着浓烟。在这充满绚丽色彩的近黄昏时候，城市呈现出残破和一片空虚的景象。

“我好好的。”格里高力对“秃子”望都没望，吐了一口唾沫，说。

“你瞎说！我看出来啦。”

“你看出什么来啦?”

“你没见过世面,怕啦,是不是? 是怕死吗?”

“你是个糊涂虫。”格里高力轻蔑地说过这话,皱着眉头仔细看了看手指甲。

“告诉我:你杀过人了吗?”“秃子”仔细注视着格里高力的脸色,一个字一个字地问道。

“杀过啦。怎么样?”

“心里难受吗?”

“难——受?”格里高力冷笑了一下。

“秃子”从鞘里抽出马刀。

“要不要我把你的脑袋砍下来?”

“砍下来又怎样?”

“我杀死你,连气都不叹一声——我可没有什么软心肠!”“秃子”的眼睛笑着,但是格里高力听他的声音,又看到他的鼻孔一个劲儿地抖动,就知道他说的是真话。

“你真野,真怪。”格里高力仔细打量着“秃子”的脸,说道。

“你的心太软啦。巴克兰诺夫刀法,你会吗? 你瞧着!”

“秃子”选定了长在花圃里的一棵老桦树,佝偻着腰,用眼睛瞄着,对直地朝桦树走去。他那两条青筋嶙嶙、手腕特别粗壮的长胳膊一动不动地耷拉着。

“瞧着!”

他慢慢举起马刀,蹲下身去,猛然使出神力,斜斜地砍了一刀。桦树在离根两尺的地方被砍断,树枝在没有玻璃的窗框上刮了两下,在屋墙上划了许多道印子,一棵树就倒在了地上。

“看见了吗？你好好学一学。以前有一个巴克兰诺夫将军，听说过吗？他有一把马刀，里面灌了水银，抡起来很重，可是一刀劈下去，能把一匹马劈成两截。好厉害！”

格里高力老半天都没有学会这种复杂的刀法。

“你的力气不小，可是使起刀来很笨。应当这样用刀。”“秃子”教起来，他那斜着劈下的马刀碰到什么，什么就变成两截。

“劈起人来就要胆大。人软和得就像面团一样。”“秃子”眉飞色舞地教导他说。“你不要去管怎么回事儿和为什么。你是哥萨克，你只管劈下去，什么都不要问。在打仗的时候杀敌人——这是天经地义的事。每杀一个人，上帝就赦免你一桩罪过，就像杀死一条毒蛇一样。牲口，牛啦，还有别的什么啦，没有必要是不能杀的；可是人，你只管杀好啦。人是坏东西……是妖孽，生在世界上是祸害，就像毒蘑菇一样。”

听了格里高力的反驳，他皱了皱眉头，倔强地闭起了嘴。

格里高力十分吃惊地看出来，所有的马都无缘无故地怕“秃子”。他一朝拴马桩跟前走，许多马都竖起耳朵，挤成一堆，好像走来的不是一个人，而是一只野兽朝着马群走来。那一次在司坦尼斯拉夫契克城下作战，连队来到一处又是树棵子又是泥沼的地方，只好下了马。派几个人把马牵到低洼的地方，掩蔽起来。派“秃子”去看马，但是他斩钉截铁地拒绝了。

“乌留宾，你这狗杂种，你拿什么架子？为什么不去看马？”排里的上士朝他发起火来。

“马都怕我。这是实在话！”“秃子”眼里隐隐露出常有的那种笑意，解释说。

他从来没有干过看守马匹的事。他对自己的马是很心疼的，照料得很周到，但是格里高力常常看到：只要他一朝马跟前走，虽然他的两手习惯地紧紧贴在大腿上，动都不动，但是马背就哆嗦起来，像一阵波浪掠过：马害怕呢。

“你说，老哥，为什么马都怕你？”有一回格里高力向他问道。

“谁知道这些马是怎么回事儿，”“秃子”耸了耸肩膀，“我是很心疼马的。”

“马闻到气味能认出醉汉，马怕醉汉，可是你又不喝酒。”

“我的心是硬的，马能感觉出来。”

“你的心是狼心，也许什么心都没有，是把一块石头当成心放进去了。”

“也许是这样。”“秃子”欣然表示赞同。

在卡敏克-司特鲁米罗窝城下，有一天第三排的哥萨克都跟着排长出去侦察：头一天有一个捷克士兵跑了过来，向司令部报告了奥地利军队的部署情况，并且说出了他的估计，他估计要在哥罗莎—司塔文茨基这段战线上进行反攻；因此需要日夜注视敌军向前推进时可能要走的大路；排长派了四个哥萨克，由排里的上士率领，留在树林边上监视大路，自己就带着其余的人朝士兵那边已经露出瓦屋顶的一个小村走去。

格里高力·麦列霍夫、上士和三名新来的哥萨克——西兰琪叶夫、“秃子”和米沙·柯晒沃依——留在树林边上，旁边就是一座古老的尖顶小教堂，耶稣受难的十字架已经生了锈。

“弟兄们，下马。”上士下令说。“柯晒沃依，你把几匹马牵到那几棵松树后头——嗯，是的，就是那几棵，那几棵密实些。”

哥萨克们躺在一棵干枯的断松树下抽起烟来，上士手持望远镜注视着。离他们十来步，就是像波浪一样一起一伏的没有收割的黑麦，黑麦的粒儿已经掉光了。掉光了粒儿的麦穗一齐弯下头去，凄凉地沙沙响着。哥萨克们懒洋洋地说着话儿，躺了有半个钟头。从城的右方不断传来隆隆的炮声。格里高力爬到黑麦地里，选了几个还有粒儿的麦穗，搓了搓，嚼起了干硬的熟透了的麦粒儿。

“好像奥地利人来啦！”上士小声喊道。

“在哪儿？”西兰琪叶夫身子抖了一下。

“瞧，从树林子里出来啦。向右边看！”

一伙儿骑马的人从远处一片小树林子里走了出来。他们停下来，站在伸得远远的树林的一角上，对着田野观察了一阵子，然后朝着哥萨克这方向走来。

“麦列霍夫！”上士喊道。

格里高力爬到松树跟前。

“让他们走近点儿，咱们一齐开枪。弟兄们，把枪准备好！”上士十分紧张地小声说。

骑马人向右转弯，小步走了过来。格里高力他们四个人一声不响地躺在松树下，屏住呼吸。

“……哎呀，班长！”一阵风吹来，送来一个年轻人的响亮的声音。

格里高力抬头一看：六个匈牙利骠骑兵，都穿着绣了彩绦的漂亮上衣，挤成一堆走了过来。最前面一个，骑着大青马，手里握着马枪，粗声粗气、声音不太高地笑着。

“开枪！”上士小声喊。

咕——咕——咔！……几条枪一齐响了。

咯——咯——咯！……后面发出了回声。

“你们干什么？”柯晒沃依在松树后面惊骇地叫了起来，又吆喝起马来：“吁！该死的东西！你疯啦？哼，妈的！”他的声音特别扎耳朵。

匈牙利骠骑兵散成一条线，在庄稼地里飞跑起来。那个骑着肥壮的铁青马走在最前面的，朝上打了一枪。落在最后面的一个，趴在马脖子上，左手拿着军帽，回头望着。

“秃子”头一个跳起来，端着步枪，两条腿在黑麦地里磕磕绊绊地朝前跑去。在百十丈远的地方，一匹摔倒的马正在尥蹶子，四条腿乱蹬乱踹，马跟前站着一个没戴帽子的匈牙利骠骑兵，正在揉搓摔疼的膝盖。还离得很远他就喊了几声，并且把两手举了起来，一面不住地回头朝远处跑着的同伴看。

这一切来得非常迅速，直到“秃子”把俘虏带到松树底下，格里高力才回过神来。

“解下来，饭桶！”“秃子”很粗暴地把俘虏的大军刀朝怀里一扯，喊叫道。

俘虏慌乱地笑了笑，忙乱起来。他连忙解皮带，但是两只手哆嗦得厉害，怎么都解不开皮带扣。格里高力细心地帮他解了开来，骠骑兵笑着朝他点了点头，表示感谢。这是一个高个子的年轻小伙子，两腮圆圆的，留着短短的小胡子，好像是贴在刮得光光的上嘴唇角上似的。他好像很庆幸他没有死在刀枪之下，一面打量着哥萨克们，一面在口袋里摸了摸，掏出一个皮烟荷包，说了几句叫人听不懂的话，做手势请大家抽烟。

“他请客呢。”上士笑了笑，手已经伸进口袋去摸卷烟纸了。

“抽点外国烟吧。”西兰琪叶夫哈哈笑着说。

哥萨克们卷好烟卷，抽了起来。黑黑的、装烟斗用的烟丝非常厉害，直冲人的脑袋。

“他的枪在哪儿？”上士很带劲儿地抽着烟，问道。

“在这儿。”“秃子”把绗得密密的黄皮带从背后拉过来给大家看了看。

“要把他送到连部去。司令部想必很需要一个‘舌头’。弟兄们，谁送他去？”上士一面打着呛，用呛得流泪的眼睛扫视着大家，问道。

“我送去。”“秃子”应声说。

“好吧，就你去送。”

看样子，俘虏也懂了，他极不自然地笑了笑，是一种可怜的笑；他克制着自己，忙活起来，翻了翻口袋，塞给哥萨克们一把揉得不成样子的、黏糊糊的巧克力糖。

“我是罗西人[①]……罗西人……不是奥地利人！”他说着很不地道的罗西话，打着可笑的手势，一股劲儿地往哥萨克手里塞香喷喷、揉得不成样子的巧克力糖。

“还有什么家伙没有？”上士问道。“你就别唠叨啦，反正我们都听不懂。手枪有没有？叭！叭！——有吗？”上士做了个扣枪机的手势。

俘虏拼命摇晃起脑袋。

①罗西人就是加里西亚的乌克兰人，现在通称西乌克兰人。

“没有！没有！”

他心甘情愿地让人搜了搜身上，他那圆滚滚的腮蛋子不住地哆嗦着。

跌破了膝盖的马裤里不住地往外流血，那粉红色的皮肉上有一处跌伤。他用手绢扎住伤口，皱着眉头，吧嗒着嘴，不住气地说着话……他的帽子还在死去的马旁边，他要求准许他去拿毯子、帽子和一本日记本，因为日记本里还夹着他全家的照片。上士听了半天都没有听懂他的意思，便无可奈何地摆了摆手，说：

“带走吧。”

“秃子”到柯晒沃依那里牵来自己的马，骑上去，理了理步枪的皮带，用手指了指，说：

“走吧，老总，还算当兵的呢，脓包！”

俘虏看见他笑，也笑了笑，跟马并排走着，甚至带着拉近乎的意味用手拍了拍“秃子”那干瘦的小腿。“秃子”不客气地推开他的手，勒了勒缰绳，叫他在前面走。

“走，妈的！你还嬉皮笑脸的？”

俘虏连忙表示认错儿，这才一本正经地朝前走去，一面频频地回头看留在后面的哥萨克。他那淡白色的头发雄赳赳地竖立在头顶上。他留在格里高力脑子里的就是这种样子：斜披着绣着彩绦的骠骑兵上衣，淡白色的头发直撅撅地竖立着，步伐坚定而矫健。

“麦列霍夫，你去把他的马鞍解下来。”上士吩咐过，很惋惜地朝烟头吐了一口唾沫，烟头已经烧到手指头了。

格里高力解下死马身上的鞍子，不知为什么又捡起放在不远处的军帽。他闻了闻帽里子,闻到一股冲鼻子的廉价肥皂和汗臭气味。他扛着马鞍,左手里细心地拿着骠骑兵帽,走了回来。哥萨克们蹲在松树下面,翻了翻鞍袋,仔细看了看这种没有见过的马鞍。

“他的烟丝真不坏,应当再向他要一点卷根烟抽。”西兰琪叶夫惋惜地说。

“是的,这话不假,烟丝真不坏。”

“好香啊,就像香油顺着喉咙眼儿往下流……”上士回味起来,叹了一口气,又咽了一口唾沫。

过了几分钟,从松树后面露出一个马头。“秃子”回来了。

“怎么回事儿? ……”上士吓得跳了起来。“你放掉啦?”

“秃子”摇晃着鞭子,骑着马来到跟前,下了马,挺直身子,活动着肩膀。

“你把奥地利人弄到哪儿去啦?”上士一面往他跟前走,一面追问道。

“干吗要盯着问?”“秃子”顶撞说。“他逃跑……想逃跑……”

“你把他放啦?”

“我们走到小路上,他就想跑……我把他劈啦。”

“你胡扯!”格里高力喝道。“你是平白无故把他杀死的!”

“你嚷什么? 干你屁事?”“秃子”用咄咄逼人的目光望着格里高力。

“你要——怎——样?”格里高力慢慢欠起身来,用哆哆嗦嗦的两手在周围摸索着。

“用不着你管的事,你少管! 懂吗,嗯? 少管闲事!”“秃子”

又厉声厉色地说了一遍。

格里高力一把抓住步枪皮带，一下子把枪端上了肩。

他的手指头直哆嗦，怎么都伸不进枪机，脸都歪成了怪样子，变成了褐色。

“给我住——手！”上士严厉地大喝了一声，朝格里高力跑来。

上士赶在枪响以前，将枪口向上一推，子弹带着长长的啸声飞了出去，打落了不少松针。

“怎么回事儿？”柯晒沃依惊叫了一声。

西兰琪叶夫张大了嘴坐在那里，吓呆了。

上士当胸推了格里高力一把，夺过他的步枪，只有“秃子”没有改变姿势：他还是那样站着，一条腿向前伸着，左手插在腰带上。

“你再来一枪。”

“我宰了你！……”格里高力朝他冲过去。

“你们这是怎么一回事儿？……这是怎么啦？你们想受审，想挨枪子吗？把枪放下！……”上士吼叫着，把格里高力推开，自己站到他们两个中间，大张开两条胳膊，就像钉在十字架上的耶稣。

“你吹牛，你不敢杀我！”“秃子”十分镇静地笑着，一面抖动着伸到前面的那条腿。

回去的路上，已是黄昏时候，格里高力头一个看见被杀死在小路上的奥地利人的尸体。他跨到别人前头，跑过去，勒住直打响鼻的马，仔细看了看：死者平平地趴在毛茸茸的青苔上，脸扎进青苔里，一条砍掉了的胳膊摔得远远的。那只手在草丛里发着暗黄色，就像一片秋天的树叶。这一刀很厉害，看样子是从后面砍的，从肩膀斜着劈到腰部，一刀就把俘虏劈成了两半。

“他把他断送啦……”上士从旁边走过，惶恐地斜眼看着死者歪着的脑袋上那乱翘着的淡白色头发，声音低沉地说。

哥萨克们一声不响地朝连队驻地走去。暮色越来越浓。微风从西方吹来一片黑黑的卷层云。不知从何处沼地里吹来淡淡的烂泥、淤水和腐烂气味，鹭鸶咕咕叫着。静得令人昏昏欲睡，只能听到叮当的马具声、马刀偶然碰在马镫上的声音、松针在马蹄下发出的沙沙声。小路上，松树丛中，暗红色的落日余晖渐渐淡了。“秃子”不住地抽烟。那微弱的火光一下一下地照着他那粗粗的手指头，手指头紧紧夹着烟卷儿，黑黑的手指甲鼓凸凸的。

黑云飘到树林上空，投射在大地上的暗沉沉、无限凄凉的暮色越来越黑，越来越浓了。

十三

清早就开始攻城。两翼都有骑兵作后备的步兵队伍，本应该在黎明时从树林里发起进攻。因为在一个地方发生了自相混战，两个团的步兵没有及时开到；步兵二一一团是奉命调来左翼的；就在另一个团进行迂回运动的时候，自己的炮兵连却向二一一团开起炮来；造成十分荒唐的局面，毁灭性的自相混战严重影响了计划，眼看着这次进攻的结局即使不是进攻者全军覆没，也是无论如何非失败不可。步兵还没有调动好，炮兵还没有把夜间不知遵照谁的命令开进了泥沼地的大车和大炮拖出来，第十一师就发起了进攻。在树林和沼泽地区向敌人进攻，拉不开阵势，在有些地段我们的骑兵连只好分成排往前冲。第十二团的第四、第五两个连担任了后备，其余各连都已经卷入了进攻的浪潮，一刻钟之后，轰隆声和震天动地的呐喊声就传进了留下来的人的耳朵。

“乌拉——乌——拉——拉！……”

“咱们的部队进攻啦！”

“开始啦！”

“机关枪好密啊。”

“大概是扫咱们的人呢……”

“没有声音啦，怎么回事儿？”

“就是说，攻到跟前啦。”

“咱们马上也要出动啦。”哥萨克们你一句我一句地说着话。

两个连待在林中一片空地上。一棵棵高大的松树遮住了视线。一个步兵连几乎是跑着从旁边开过。一个精神抖擞的司务长放慢脚步，让后面几列往前走，他声嘶力竭地喊道：

“跟上队伍！”

这个连脚步杂沓地走着，军用水壶叮当响着，开了过去，消失在一片赤杨树棵子后面。

从很远处，从一片树木的斜坡那边，又传来微弱的阵阵呐喊声：“乌拉——拉！……乌拉——拉！……拉——啊！……”那声音越来越远，忽然像被切断了一样，一下子就不响了。一片寂静。

“现在才到跟前啦！”

“面对面干啦……拼起来啦！”

大家都在紧张地倾听着，但是那边静得一点声息都没有。在右翼，奥地利炮兵正在猛轰进攻的部队，机关枪密密地响着，像缝纫机在细针密缝。

麦列霍夫·格里高力打量着自己这排人。哥萨克们精神都很紧张，马也焦躁不安，就好像有马蝇在咬。“秃子”把军帽挂在鞍头上，在擦红中透青的光头顶上的汗；米沙·柯晒沃依站在格里高力旁边，一个劲儿地在抽黄烟。周围的一切人和物都显得十分清楚，而且格外真切——如果一个人一夜没有睡，往往会有这样的感觉。

担任后备的两个连已经站了有三个钟头。枪炮声渐渐稀疏，又重新猛烈地响起来。不知是哪一方的一架飞机在他们头上轧轧地飞过，又打了几个圈子。飞机在打不到的高空盘旋了一阵子，就向东方飞去，越飞越高；飞机下面的蓝空里迸开一个个榴霰弹爆炸的乳白色烟团：高射炮开炮了。

快到中午的时候，后备队才奉命投入战斗。所带的黄烟已经全部抽光，大家已经等得很难受了，传送命令的骠骑兵才飞跑而来。四连连长马上带领全连走上小路，朝旁边不知什么地方开去（格里高力觉得好像是往回走）。在密林里走了二十来分钟，队伍都走零乱了。交战的各种声音离他们越来越近；在不远的地方，有一个炮兵连正用迅猛的火力从后面进行射击；炮弹带着啸声和呜呜声，穿破厚厚的气层，从他们头顶上飞过。在树林里走得七零八落的连队，零零落落地来到开阔地上。在离他们半俄里的树林边上，匈牙利骠骑兵正在砍杀俄国炮队的炮手。

“弟兄们，排好队伍！”

还没有来得及拉开阵势,就听见:

“弟兄们,马刀准备,冲啊!”

刀光闪闪,好似蓝色的闪电。全连人马越跑越快,变成了飞跑。

五六个匈牙利骠骑兵正在尽边上一门炮的炮车周围乱腾腾地忙活着。其中的一个拉住两匹发脾气的马的嚼子;另一个用刀背在打马,其余几个下了马的骠骑兵扳着车轮的辐条在推炮车,想把大炮拉走。旁边有一名军官,骑着咖啡色的短尾巴骒马,来来回回地跑着。他在发号施令。匈牙利骠骑兵看见哥萨克,就撇下大炮,骑上马就跑。

“到啦,到啦,到啦!”格里高力在心里数着马跑的步数。他的一只脚有一会儿工夫离开了马镫,他觉出自己骑得不稳,就心慌意乱地去找马镫;他弯下身,抓住马镫,把脚尖插进去,等他抬起眼睛,就看见一辆六匹马拉的炮车,驭手两条胳膊抱着马脖子,被砍死在车前,穿的军便服上溅满了鲜血和脑浆。马蹄踩在一个炮手的尸体上,发出咯吱声。在翻倒的炮弹箱子旁边还躺着两具尸体,另外还有一具尸体仰面朝天躺在炮架子上。西兰琪叶夫跑着跑着,冲到了格里高力前面。那个骑短尾巴骒马的匈牙利军官几乎是抵着他放了一枪。西兰琪叶夫在马鞍上晃了一下,就跌下马来,张开了两条胳膊,好像是要拥抱蓝色的天空……格里高力扯了扯缰绳,想从顺手的一边绕过去,为的是砍起来方便;那军官发觉他想绕过去,就顺手放了一枪。他朝着格里高力打完一梭子子弹,又抽出大刀。看样子,他刀法娴熟,格里高力劈下的三刀相当厉害,他都毫不费力地架开了。格里高力撇了撇嘴,又向他劈了第四刀。格里高力在马镫上站了起来(他们的马几乎是并排跑着,所以格里高力看见了匈牙利军官那刮得光光的、紧绷绷的、死灰色的脸,还看见了他那制服领子上的番号领章),虚晃一刀,引开了那军官的注意力,然后掉转方向一刀戳去,刀尖戳到了他的身上,又一刀劈在后面脖根上。匈牙利军官将拿刀的手垂了下去,松掉缰绳,挺了挺身子,将胸部一拱,好像被咬了一口似的,就趴在鞍头上了。格里高力感到异常痛快,又照他的头劈了一刀。他看到,这一刀砍进耳朵上面的骨头里,只有刀背露在外面。

格里高力脑后挨了重重的一下,他顿时失去了知觉。他觉得嘴里有一股热辣辣的血的咸味,也明白自己就要倒下去了——到处是麦茬的大地在身旁旋转着,飞速地朝他涌来。

摔倒时猛烈地一撞,撞得他清醒了一小会儿。他睁开眼睛;血流满了眼睛,冲洗着眼睛。耳边有马蹄声和马吃力的喘气声:“呼哧,呼哧,呼哧!”格里高力最后一次睁了睁眼睛,看到的是鼓得大大的、红红的马鼻孔,还有踩在马镫上的不知是谁的一只靴子。“完啦。”一种如释重负的想法像一条小蛇一样滑了过去。轰的一声,接着是漆黑一片。

十四

八月初,叶甫盖尼·李斯特尼次基中尉决意要从御林军阿塔曼团调到普通哥萨克军队中任何一个团去。他打了一份报告,过了三个星期,就接到了去现役军中一个团的委派令。他办好了调遣手续,在离开彼得格勒以前写了一封短信,把自己下的决心告

诉父亲：

爸爸：

我要求从阿塔曼团调到战斗部队里去。今天我接到了委派令，就要去第二军军长麾下听令。您看到我下这样的决心，恐怕会感到惊异，不过这决心我可以说明如下：我所处的环境使我受不了。检阅呀，迎送呀，守卫呀，所有这一切宫廷勤务使我烦腻透啦。所有这一切都使我腻得发呕，我很想干点实在事情……也可以说，想立些功劳。大概我身上沸腾起李斯特尼次基家族的热血，李斯特尼次基家族从卫国战争那时候起，就为俄国军队的光荣史册增添过不少篇章。我要上前方去了。请您为我祝福吧。上个星期，皇上去大本营之前，我见过圣颜。我对当今圣上十分爱戴。当时我担任宫内守卫。圣上和罗坚柯一起从我面前走过，他笑了笑，用眼睛看着我，用英语说："看，我的御林军是很像样的，到时候我可以调御林军打破威廉的如意算盘。"我就像个女学生一样爱慕圣上。我对您说出这一点，并不觉得害羞，尽管我已经过了二十八岁。宫里有一些流言蜚语，像蛛网一样缠绕着圣上的清名，我听了觉得异常气愤。我不相信，也不可能相信这些流言蜚语。前几天，我几乎把格罗莫夫大尉打死，因为他居然当着我的面，说起对当今皇后大不恭敬的话。真是太可恶啦，所以我对他说，只有天生下贱的人，才会卑鄙到编造肮脏的流言。这件事发生的时候还有几个军官在场。我气得发狂，掏出手枪，想对这个下流货开上一抢，但是大家夺下了我的枪。我待在这种污浊的环境里，越来越觉得受不了。在御林军中,尤其是在军官中间,没有那种真正的爱国热忱,说起来都可怕,甚至不爱戴朝廷。他们不是贵族,是一群败类。这实在就是我离开阿塔曼团的原因。我无法跟我不尊敬的人相处。好啦,大概就这些啦。写得有些零乱,请多多原谅,因为是匆忙中写的,要捆箱子,还要去见见司令。祝您健康,爸爸。我到了部队里再给您写封详细的信。

您的叶甫盖尼

开往华沙的火车是晚上八点钟开出的。李斯特尼次基坐马车来到火车站。彼得格勒那一片蓝灰色的灯火落在了后面。车站上拥拥挤挤,吵吵嚷嚷。大多数是军人。搬运夫把李斯特尼次基的箱子放好,收了钱,就祝他一路平安。李斯特尼次基解下武装带,脱掉军大衣,解开皮带,将一条高加索式花绸被铺在铺位上。下面靠窗的地方,有一个瘦瘦的神甫,脸上带着一副超世厌俗的神情,将一些家常食品摆在小桌上,在吃着。他一面抖搂乱蓬蓬的胡子上的面包渣儿,一面请坐在对面的一个穿学生装的又黑又瘦的姑娘吃东西。

"吃点儿吧。嗯?"

"谢谢您。"

"用不着客气,像您这样的体质,应该多吃点东西。"

"多谢。"

"来吧,就尝尝奶渣饼子好啦。您这位军官先生,是不是也来尝尝?"

李斯特尼次基探下头来。

“您是跟我说话吗?”

“是的,是的。”神甫用忧郁的眼睛盯着他,只有那又短、又细、稀稀拉拉的胡子底下的两片薄薄的嘴唇微微笑着。

“谢谢。我不想吃。”

“应当吃一点。吃一点,没有坏处。您是不是上作战部队去?”

“是的。”

“上帝保佑您。”

李斯特尼次基睡意蒙眬中,模模糊糊地听到神甫那沉厚的声音仿佛从远处来到耳畔,并且他已经觉得,这不是神甫用不满的腔调在说话,而是格罗莫夫大尉在说话了。

“……要知道,我家境贫寒。所以现在去做随军神甫。俄国人不能没有信仰。要知道,信仰一年比一年牢固。当然,也有一些人越来越不信,但这是一部分知识分子,庄稼人信仰上帝倒是很牢靠的。是啊……是这样啊……”那个声音叹了一声气,又滔滔不绝地说了起来,不过李斯特尼次基已经听不清楚了。

李斯特尼次基渐渐入睡。最后清清楚楚地进入他的感官的,是板条子钉成的车棚顶上的新鲜油漆气味和窗外的喊声:

“行李房收下啦,我没事儿啦!”

“行李房收下什么啦?”脑子里这样动了一下,不知不觉就断了线,已经两夜没睡了,一场酣睡终于来到。李斯特尼次基醒来时,火车已经离开彼得格勒有四十俄里远了。车轮有板有眼地轧轧响着,车厢被火车头拖得一颠一颠的,不住地摇晃着,旁边的一个单间里有人在小声唱歌,路灯投下斜斜的、紫丁香般的阴影。

李斯特尼次基要调去的那个团，在最近几次作战中损失巨大，已经从作战地区撤出来，抓紧调养马匹，补充人力。

团部驻扎在一个叫别列兹尼亚格的大商业村里。李斯特尼次基在一个无名的小站上下了火车。一支医疗队也在这里下了车。李斯特尼次基向一个医生打听了一下医疗队的去向，才知道这医疗队是从西南战线上调到这一地段，现在就要顺着别列兹尼亚格村——伊万诺顿夫镇——克雷绍文村这条路线移动。大块头、紫脸膛的医生很不客气地批评起自己的顶头上司，骂起师部里的参谋人员，他哆嗦着乱蓬蓬的大胡子，在金边夹鼻眼镜底下忽闪着两只气汹汹的眼睛，对着这个萍水相逢的交谈者发了不少牢骚。

“您能不能把我带到别列兹尼亚格？”李斯特尼次基半路上打断了他的话。

“中尉，请上车。一块儿走吧，”医生答应过，又亲热地摩弄着中尉的军大衣的扣子，在拉近乎，一面用沉着的粗嗓门儿大声说：“中尉，您倒想想看：在装牲口的车厢里颠簸了几百里路，来到这里却无事可干，可是在我们医疗队调离的那一地段，已经血战了两天，留下大批的伤号，需要我们去急救。”医生又用恼怒而动情的声调重复了一下：“血战啊！”重音放在“血”字上。

“为什么要这样颠倒？”中尉出于礼貌，问了一问。

“为什么？”医生带着讥讽的神情将眉毛挑到了夹鼻眼镜上面，吼叫起来：“颠三倒四，乱七八糟，上级人员稀里糊涂，这就是原因！这些坏家伙坐在那里，把什么都搞得乱糟糟的。毫无办事的才干，简直没有健全的头脑。您记得魏列萨耶夫的《医生日记》[①]吧？就是那样的！我们有过之而无不及！”

李斯特尼次基行了一个军礼，便朝马车走去，怒气冲冲的医生还在他后面说着丧气话：

“中尉，咱们一定要打败仗！咱们叫日本人打败过，可是还是没有学得聪明些。咱们可以投帽御敌[②]嘛，所以什么都用不着啦……”他跨过一个个泛着霓虹般油光的小水洼，伤心地摇晃着脑袋，顺着铁路走去。

黄昏时候，医疗队才来到别列兹尼亚格村边。风轻轻拨动着黄黄的、像毛刷子一样的麦茬。西方堆起一层一层的云彩。最上面是紫黑色；稍微往下，渐渐失去那怪兽般的颜色，渐渐改变着色调，给天空这块灰暗的画布洒上一片紫丁香般柔和、曚昽的折光；在中间，那形状不定的巨大的云堆，就像流冰壅塞时堆起的冰山，不停地变幻着，一抹橙黄色的夕阳毫不怠慢地从一道云隙里钻了出来。这道阳光像打开的扇子一样扩散开来，迸射着折光，夹带着灰尘，径直射向地面；那道云隙往下，各种各样的色彩交织成绚丽无比的画面。

路旁的沟边，躺着一匹被打死的枣红马。一条后腿直挺挺地向上翘着，上面的马掌已经磨掉了一半。李斯特尼次基一颠一簸地坐在两轮大车上，打量着死马。和他一同坐在车上的一个看护兵朝鼓起的马肚子啐了一口，说：

“吃撑死啦……”他看了中尉一眼，改换了一下口气，“吃得太

①魏列萨耶夫（一八六七——一九四五）：俄国现实主义作家。《医生日记》是他的代表作，里面描写了官场的腐败情形。

②“投帽御敌”是一句成语。表示人多势大，可以压倒敌人。有一点像中文成语“投鞭断流”。

多啦。”他还想再啐一口，但是出于礼貌，把唾沫咽了回去，用上衣袖子擦了擦嘴。“马死啦，埋都用不着埋……德国人可不像咱们这样。”

“你怎么知道？”李斯特尼次基无缘无故恼怒地问道，同时他也无缘无故强烈地憎恨起看护兵那张冷漠的、带有优越和蔑视神气的脸。这是一张灰灰的、毫无生气的脸，就像只剩了庄稼茬子的九月的田野；他从彼得格勒来前方这一路上，迎面碰上和从背后追上成千上万庄稼汉出身的士兵，这张脸跟那些脸毫无不同之处。所有这些脸好像都失去了光泽，不论是灰眼睛、蓝眼睛、淡绿眼睛和其他颜色的眼睛，全都呆呆的，很像老早就铸出来、已经流通了很久的一枚枚铜板。

“战前我在德国待过三年。”看护兵不慌不忙地回答他。他的声调也带有中尉在他的目光中所看到的那种优越感和蔑视意味。“我在克尼斯堡一家烟厂做过工，”看护兵用皮缰绳结赶着劲壮的小马，带着怀念的意味说。

“住嘴吧！”李斯特尼次基板着脸说了一声，又扭过头去，打量起死马的头，只见马头上的鬃毛耷拉到眼睛上，露在外面的上牙床已经在太阳底下被风吹干了。

那条翘着的马腿，膝部弯着，蹄子被马掌钉钉裂了一点儿，但是蹄壳光溜溜的，闪着瓦灰色的亮光，中尉看到这马腿，看到又细又圆的蹄腕骨，就断定这马还很嫩，而且是良种。

两轮大车在坑坑洼洼的小路上颠簸着往前走去。西方天边的霞光渐渐淡下去，风驱赶着云彩。死马的腿黑黑的，从后面看，像一座无顶的小教堂。李斯特尼次基一直在望着这条马腿，忽然有一缕像圆柱一样的光线投射到马身上，只见那条裹着密密实实的红毛的马腿焕发出绚丽的色彩，就像仙境中一根没有叶子的橙红色树枝。

已经来到别列兹尼亚格村口了，医疗队碰上了运伤兵的车辆。

第一辆大车的车主是一个上了年纪的、脸刮得光光的白俄罗斯人，他把缰绳缠在手上，靠着马走着。一个没戴帽子的哥萨克，头上缠着绷带，用胳膊肘支着身子，躺在车上。他无精打采地闭着眼睛，嚼着面包，又把嚼得稀烂的黑乎乎的面团子不住地往外吐。他的身边有一名步兵脸朝下趴着。步兵屁股上那破得不成样子的裤子高高地鼓着，因为上面的血已经凝结了，裤子皱皱巴巴的。他连头也不抬，狂乱地咒骂着。李斯特尼次基仔细听着他的声调，吓了一跳：虔诚的教徒们祈祷起来就是这样发自肺腑的。第二辆大车上并排躺着六个步兵。其中有一个兴高采烈，眯缝着发烧、发炎的眼睛，在说话：

“……好像他们的皇上派使臣来啦，提出要讲和。主要的——他是一个诚实的人；我希望，他不至于骗人。”

“恐怕不见得。”另外一个人摇了摇害过瘰疬疮的圆脑袋，用怀疑的口气说。

“等等看嘛。菲里普，也许真的来了呢。”还有一个背过身坐着的人，用柔和的伏尔加口音说。

第五辆车上露出几个哥萨克制帽的红帽圈。三个哥萨克舒舒服服地躺在宽宽的大车上，一声不响地看着李斯特尼次基，在他们那罩了一层灰尘的、板着的脸上，一点也没有在部队里常见到的那种尊敬上级的表情。

“老乡，你们好！”中尉向他们问候道。

“祝您健康。”靠近车把式的一个银胡子、浓眉毛的漂亮哥萨克很不带劲儿地回答说。

“你们是哪一团的？”李斯特尼次基一面问，一面想看清楚哥萨克那蓝肩章上的番号。

“十二团。”

“你们团现在在哪儿？”

“这可不知道。”

“那你们在哪儿挂的花？”

“就在这村子附近……不远。”

三个哥萨克小声嘀咕了几句，其中的一个就用好胳膊托着那只用粗麻布裹着的受伤的胳膊，跳下车来。

“大人，稍等一下。”他十分小心地托着那条打伤的、已经开始发炎的胳膊，对李斯特尼次基微笑着，摇摇晃晃地迈动着两只光脚，走了过来。

“您是不是维奥申乡的？是不是姓李斯特尼次基？”

“是的，是的。”

“我们真猜对啦。大人，能不能给点烟抽？给我们一点吧，行行好，我们没有烟抽，快要瘾死啦。”

他扶着上了油漆的大车沿，在一旁走着。李斯特尼次基掏出烟盒。

“您最好给我们十来根。我们是三个人呀。”哥萨克笑着恳求说。

李斯特尼次基把所有的纸烟一起倒在他那深棕色的大手上，问道：

“团里伤号很多吗？”

“有二十来个。”

“损失很大吗？”

“打死了很多。大人，跟您借个火。多谢啦。”哥萨克抽着烟，站了下来，在后面喊道：“离您的庄子不远的鞑靼村的哥萨克，今天死了三个。哥萨克打败啦。”

他挥了挥手，就去追赶自己的大车。风吹得他身上那没有系腰带的草绿色军便服扑扑地抖动。

李斯特尼次基中尉奉命调入的这个团的团长，住在别列兹尼亚格村上一个神甫的房子里。中尉在广场上跟热心让他搭乘医疗队大车的那位医生道过别，便朝前走去，边走边掸衣服上的尘土，遇到人就打听团部的驻地。一个火红色大胡子的司务长带着一名士兵去站岗，迎面走来，他对中尉行了一个礼，没有放慢脚步，回答了问题，并且指了指团部驻的那座房子。团部里很安静，远离前方的任何一个指挥部都是这样的。几个书记趴在一张大桌子上，一位苍老的大尉手握军用电话的话筒，正在跟看不见的对话人一起笑着。苍蝇在宽敞的房子的几扇窗户上嗡嗡乱飞，远处的电话铃声像蚊子叫。一名勤务兵把中尉领进了团长的屋子。团长高高的个子，下巴上有一块三角形伤疤，不知为什么心情不佳，他在堂前接待了李斯特尼次基，显得很不热情。

“我就是团长。”他回答过问询，听中尉说过有幸来他麾下当差，就一声不响，打了个手势，请中尉进屋里去。他已经在关身后的门了，这才用疲惫不堪的姿势撩了撩头发，用温和而单调的声音说：

"昨天旅部已经把这事通知我啦。请坐吧。"

他问到李斯特尼次基以前当差的情形，问到京城的新闻和路上的情形；在他们简短交谈的整个过程中，他没有向交谈者抬过一次眼睛，那眼睛显得疲惫无神，想必是劳累过度。

"大概他是在前方劳累的。看他的样子，真是累得够呛。"中尉打量着上校那高高的、显得智慧过人的额头，十分关切地想道。但是上校好像特意要叫他改变想法，用马刀柄在鼻梁上搔了搔痒，说：

"中尉，您去和各位军官见见面吧，您要知道，我已经三夜没睡啦。在这样的穷乡僻壤，除了喝酒打牌，咱们就无事可干。"

李斯特尼次基行了个礼，把十分瞧不起对方的神情隐藏到微微一笑里。他走了出来，很不愉快地回想着这次见面，一想起上校那疲惫的神态和宽下巴上的伤疤居然不由得引起了自己的敬意，就觉得十分好笑。

十五

这个师奉命强渡司颓尔河，并且要在罗维什契附近挺进敌人后方。

李斯特尼次基几天的工夫就跟团里的军官们混熟了；战斗环境很快将他卷了进去，长期待在他心中的安逸与和平美梦渐渐被驱散。

强行渡河的战斗，这个师进行得很漂亮。该师对准敌人一个强大兵团的左翼狠狠地一击，就挺进到了敌后。在罗维什契附近，奥地利军队在匈牙利骑兵配合下，试图进行反攻，但是哥萨克的炮兵连用榴霰弹消灭了他们，已经拉开阵势的匈牙利骑兵连也在两翼机关枪火力的夹击下，在哥萨克的追击下，仓皇溃退。

李斯特尼次基跟着自己的团参加了反击战，他们的一个营向退却的敌人猛扑过去。李斯特尼次基率领的第三排有一个哥萨克阵亡，四个哥萨克挂了花。中尉装作十分镇静地从罗肖诺夫身旁走了过去，竭力不去听他那沙哑的、低沉的呼救声。罗肖诺夫是克拉司诺库次克乡的一个年轻的、鹰钩鼻子的哥萨克。他躺在那里，一匹死马压在他身上。他的小胳膊受了伤，一动不动地躺着，咧着嘴向经过他身边的哥萨克们求救：

“弟兄们呀，别把我扔掉啊！救救我吧，好弟兄们……”

低沉、痛苦的呼救声显得非常凄惨，但是经过他身旁的哥萨克们的慌乱的心中却没有产生怜悯，即使出现过的话，理智也要毫不放松地把这种怜悯心按住，压制下去，不允许流露出来。全排小步走了有五分钟，好让跑得气喘吁吁的马喘一口气。离他们半俄里远处是仓皇溃逃的匈牙利骑兵。在骑兵那镶着毛边的漂亮制服中间闪动着步兵的蓝灰色制服。奥军的辎重车队在一道山冈上慢慢爬着。一股股榴霰弹的白烟冒了起来，好像在跟辎重队挥手道别。炮队正用迅猛的火力从左方对辎重队进行轰击。隆隆的炮声在田野上扩散开来，附近树林里发出声势浩大的回声。

率领这个营的萨福罗诺夫中校下令“快跑”，于是三连人马散了开来，拉开阵势，小步跑了起来。马匹在身子底下颠动着，汗沫像红黄色的花朵一样一团一团地往下掉。

这一夜，是在一个小村子里宿营的。

团里的十二名军官挤在一座小茅屋里。大家又累又饿，全都躺下去睡了。半夜里，随军灶车来了。丘鲍夫少尉弄来一锅菜汤，军官们一闻到菜汤的油香味，全都醒了过来，一刻钟以后，睡肿了眼皮的军官们就狼吞虎咽地吃了起来，连话都不说，好好补偿一下这两天战斗中所受的损失。吃过这一顿过时的午饭，睡意也消失了。吃得发胀的军官们都裹着斗篷躺在干草上，抽起烟来。

加尔梅柯夫上尉是一个小个子、圆脸的军官，不仅是他的姓氏，就是他的脸也具有蒙古人的某些特征，他猛烈地打着手势，说：

“这种仗不是我打的。我晚生了四百年。你知道吧，皮特尔，”他对杰尔辛采夫中尉说，因为他把“漂特尔”的“漂”字说得很重，说成了“皮”字，“我活不到这场战争结束的时候啦。”

“不要瞎猜想。”杰尔辛采夫在斗篷底下瓮声瓮气地说。

“一点也不是瞎猜想。这是注定的结局。我喜欢老祖宗那一套，我在这里，真的，一点劲儿都使不上。今天咱们冒着炮火进攻的时候，我气得直打哆嗦。连敌人都看不到，我实在受不了。这种可恶的心情跟害怕是一样的。人家在几俄里以外对你开炮，可是你骑在马上，就像一只野雁在猎人枪口底下晃悠。”

“我在库巴尔卡见过奥地利人的榴弹炮。诸位，你们有谁看见过？”阿塔曼秋柯夫大尉一面舔他那英国式红胡子上的罐头肉末子，一面问道。

“妙极啦！瞄准器和所有的机关都完美无缺。”刚刚把第二锅菜汤喝光的丘鲍夫少尉兴奋地说。

“我看见过，不过我的看法就不多说了。我对大炮一窍不通。照我看嘛，大炮还是大炮，不过嘴大点儿罢咧。”

“我真羡慕当年用土办法打仗的那些人，”加尔梅柯夫又说下去，这会儿已经是对李斯特尼次基说了，“打起仗来规规矩矩，冲到敌人跟前，一刀把敌人劈成两半——这一套我懂，可是现在这他妈的算什么玩意儿！”

“在将来的战争里，骑兵的作用就要等于零啦。”

“不如说，到那时候骑兵本身都不会存在啦。”

“噢，这可不一定！”

“毫无疑问。”

“听我说，杰尔辛采夫，任何机械都代替不了人。这是绝对的。”

“我说的不是人，说的是马。摩托车或者小汽车能够代替马。”

“我看，就要有小汽车连啦。”

“胡扯！”加尔梅柯夫发起火来。“军队还是用得着马。全是荒唐的空想！到两百年、三百年以后怎么样，咱们不知道，可是现在，不管怎么样，骑兵……”

“你这个德米特里·顿斯柯依[①]等到阵地上到处筑起战壕，那时候你怎么办？嗯？喂，回答呀！”

①德米特里·顿斯柯依，十四世纪战功赫赫的莫斯科大公。因为加尔梅柯夫向往古代战争，所以这样戏称他

“突破,袭击,深入敌后——这都是骑兵的事。”

“胡说。”

“好吧,诸位,咱们等着瞧吧。”

“请睡觉吧。”

“听我说,你们别再争啦,已经不早啦,别人还想睡觉呢。”

激烈的争论停止了。有人在斗篷底下发出呼噜声、哨声。一直没有开口的李斯特尼次基仰面躺着,闻着铺在地上的黑麦秸的刺鼻气味,加尔梅柯夫画着十字,在他身旁躺了下来。

“中尉,您跟志愿兵彭楚克谈谈吧,他就在您那一排里,这个小伙子挺有意思!”

“怎么个有意思法?”李斯特尼次基一面问,一面翻过身去,背对着加尔梅柯夫。

“他是一个俄罗斯化了的哥萨克。在莫斯科住过。是一个普通工人,但是各种各样的问题他都懂得。是一个胆大包天的人,也是一个极好的机枪射手。”

“咱们睡觉吧。”李斯特尼次基说。

“睡就睡吧。”加尔梅柯夫一面想着心思,一面答应说;他动了动脚趾,抱歉地皱了皱眉头。“中尉,请您多多担待,我的脚上有那么一股气味……您要知道,已经有两个多星期没有脱鞋袜啦,袜子已经叫汗泡烂啦……您看,这玩意儿真讨厌。应该找弟兄们要一副包脚布来。”

“您去要吧。”李斯特尼次基一面蒙眬睡去,一面迷迷糊糊地说。

李斯特尼次基已经忘记了加尔梅柯夫说的话,但是第二天他却无意中遇上了志愿兵彭楚克。天麻麻亮，连长就派他出去侦察，如果可能的话，还要跟左翼仍然在进攻的一个步兵团联络联络。李斯特尼次基在曚昽的晨曦中，在睡满哥萨克的院子里来来回回地走着，寻找本排的上士。

“派五名弟兄跟我去侦察。叫人给我备马。快点。”

过了五分钟，一名个头儿不高的哥萨克来到屋门口。

“大人，”他对正往烟盒里装纸烟的中尉说，“上士不派我去侦察，因为轮不到我。您能让我去吗？”

“你想升官吗？犯过什么错误吗？”中尉一面问，一面在灰蒙蒙的晨曦中仔细辨认着哥萨克的脸。

“什么错误都没有犯过。”

“好吧，你就去一趟……”李斯特尼次基答应过，站起身来。

“喂，你来！”他朝着已经走开的哥萨克的背后喊道。“回来一下！”

那个哥萨克又走了过来。

“去告诉上士……”

“我姓彭楚克。”哥萨克插话说。

“是志愿当兵的吗？”

“是的。”

“请您告诉上士，”李斯特尼次基窘了一小会儿，然后控制着自己，改口说，“叫他……噢，算啦，您去吧，我自己告诉他。”

天渐渐亮了。侦察队来到村外，撇开岗哨和警戒部队，朝着地图上标明的一个村子走去。

走了半俄里左右，中尉让马换成了小步。

“志愿兵彭楚克!”

“有。”

“请过来一下。”

彭楚克让自己那匹平平常常的马跟中尉那匹纯种顿河马走齐了。

“您是哪一个乡的?”李斯特尼次基打量着志愿兵的侧影，问道。

“是诺沃契尔卡斯克的。”

“能不能问问,您为什么要当志愿兵?”

“不用客气。”彭楚克拉长声音而且多少带点嘲笑的意味回答说,又用很不柔和的绿眼睛看了看中尉。那眨都不眨的眼睛里的眼神显得很刚强、很坚定。“我对兵法很感兴趣。很想学到手。”

“学兵法,有军事学校嘛。”

“是有军事学校。”

“那又是怎么一回事儿?”

“我想先在实际战争中取得经验。理论问题到时候就能解决。”

“战争以前您是干什么的?”

“当工人。”

“在哪里做工?”

“在彼得堡,在顿河罗斯托夫,在土拉的兵工厂……我想请求把我调到机枪队去。”

“您对机枪很内行吗?”

“绍士、别尔蒂、马得生、马克辛、高契吉司、白尔曼、维凯尔司、路易斯、施瓦尔次洛兹——这些型号的我都懂。”

“好家伙！我跟团长说说看。”

“请您说说吧。”

中尉又把个头儿不高、然而很结实的彭楚克打量了一番。彭楚克就像顿河岸边的一棵榆树：一点也没有什么特别显眼的地方，一切都很平常，只有那方方的下巴和凌厉逼人的目光使他显得与众不同。

他很少笑，笑起来也只是嘴角动一动，眼睛并不因为笑就变柔和些，依然保持着他那种隐隐约约的光彩，令人觉得很难接近。他外表平淡，冷静沉着——是一棵榆树，是在顿河沿岸很不肥沃的灰色沙地上生长起来的一棵像铁一样硬的巍然耸立的树。

他们一言不发地走了一阵子。彭楚克那两只大手放在掉了油漆的绿鞍头上。李斯特尼次基掏出一根纸烟，就着彭楚克手上的火抽烟，闻到他手上有一股像松香一样的、甜甜的马汗气味。手背上生着一层密密的深棕色汗毛，就跟马鬃一样。李斯特尼次基情不自禁地想去摸一摸。他吞咽着辛辣的烟气，随口说道：

“到了前面的树林子，您和另一个弟兄顺着那条小路往左边走。看见吗？”

“是。”

“如果在半俄里以内看不见咱们的步兵，你们就回来。”

“遵命。”

一齐放马跑去。树林边上是单纯的一小片密密丛丛的小白桦树。小白桦树过去，便是很不悦目的一片又矮、又黄、毫无生气的松树，再就是稀稀拉拉、乱蓬蓬的小树林，还有被奥地利辎重车压得乱七八糟的一丛丛的小树棵子。从右边很远的地方传来震天动地的隆隆炮声,但是这小白桦丛中却是说不出的安静。大地尽情地吸收着露水,各种花草都红红的,全都鲜艳夺目,全都染上了浓浓的秋色,呈现出回光返照的颜色。李斯特尼次基在小白桦树边停下来,用望远镜望着树林后面的高地。一只蜜蜂张着翅膀,落在他的马刀的铜头上。

"好糊涂。"彭楚克惋惜地小声说。他批评蜜蜂落错了地方。

"什么?"李斯特尼次基拿开了望远镜。

彭楚克眼睛动了动,叫他看蜜蜂,李斯特尼次基笑了。

"这蜜蜂酿出来的蜜准是苦的,您以为怎样?"

回答他的不是彭楚克。在远处一丛松树后面,机枪像喳喳叫的喜鹊一样高声叫了起来,一下子把宁静搅乱了,一排嗖嗖响的子弹钻进了小白桦树丛。一根被子弹打断的树枝,转转悠悠,摇摇晃晃,倒在中尉的马脖子上。

他们又吆喝又用鞭子抽,赶着马朝村子里跑去。奥地利人的机枪对着他们的后背把一带子弹一口气全部打光。

后来,李斯特尼次基经常见到志愿兵彭楚克,彭楚克那锐利的眼睛里流露出来的意志力,总使他感到吃惊,他还感到奇怪的是,在这个表面看来很简单的人的脸上,总是像悬着的云彩影子一样,挂着一种令人琢磨不透的深沉表情,真猜不透这后面又隐藏着什么。彭楚克说起话来不知为什么也总是欲言又止,只是在刚强的嘴角上露一点笑意,就好像有意避开只有自己清楚的真相,走弯弯曲曲的小路绕过去。不久把他调进了机枪队。又过了十来天,这一天全团大休息,李斯特尼次基在去找连长的路上赶上了彭楚克。彭楚克正从一座烧毁的棚子跟前路过，晃悠着左手玩儿。

“喂，喂，志愿兵！”

彭楚克转过头来，一面行礼，一面让路。

“您上哪儿去？”李斯特尼次基问。

“上队长那儿去？”

“咱们大概是同路吧？”

“大概是的。”

他们在战火毁坏了的村庄的街道上走着，有一阵子没有说话。在一些院子里，在少数幸存的棚子旁边，有许多人忙活着，不时有骑马的人走过，随军灶车冒着腾腾的热气停在街心里，排队等候领饭的哥萨克们就像一条长尾巴；潮漉漉的水汽从上面直往下扑。

“怎么样，您在研究战争吗？”李斯特尼次基斜眼看了看稍微落在后面的彭楚克，问道。

“是的……也可以说是研究。”

“打完仗以后，您想干什么？”李斯特尼次基看着他那毛茸茸的双手，不知为什么这样问道。

“有人要收获自己种的东西，我嘛……到时候看吧。”彭楚克眯起眼睛。

“怎样来理解您的意思呢？”

“中尉（彭楚克的眼睛眯得更细了），有一句俗话：‘种风的人，收的是风暴’，您知道吗？就是这么回事儿。”

“您顶好别打比喻，把话说清楚一点。”

“这就够清楚啦。再见吧,中尉,我要往左边去啦。”

彭楚克把毛茸茸的手指头往哥萨克帽檐上一放,就转身朝左边走去。

中尉耸了耸肩膀,目送了他老半天。

“他是怎么回事,是故弄玄虚呢,还是这人就是有点古怪?”李斯特尼次基气愤地想着,朝连长那整洁的小屋走去。

十六

第三批入伍的也跟第二批入伍的一起开走了。顿河两岸的村镇上行人稀少,好像整个顿河流域的人都去割草和忙着播种去了。

这一年,国境线上也在忙着播种痛苦:死神忙着抓捕男子汉,到处都有披头散发的妇女在哭灵,在呼天抢地地号叫:“哎呀,我的亲人啊!……你把我撇下,叫我依靠谁呀?……”

亲人将头颅抛向四面八方,亲人在洒鲜血,亲人眼睛紧紧闭上,长眠不醒,在炮火哀鸣声中,腐烂在奥地利、波兰、普鲁士……大概东风也不能把爱妻和慈母的哭声送进他们的耳朵了。

哥萨克的花朵抛弃了家园,毁灭在死神怀抱,毁灭在虱子群和恐怖之中。

一个天朗气清的九月天,鞑靼村上空飘着乳白色、又泛着彩虹颜色的蛛丝,细细的,轻柔得像棉纱一样。已经失去威风的太阳扮出一副寡妇般的笑脸,天空湛蓝湛蓝的,又洁净,又高傲,露出一种令人难以接近的意味。顿河对岸开始发黄的树林显出伤心的样子，白杨树失去往日的光泽，橡树不断地掉着稀稀拉拉、带花纹的叶子，只有赤杨一片翠绿，只有赤杨这一片生机吸引着喜鹊的眼睛。

这一天，潘捷莱·普罗柯菲耶维奇·麦列霍夫收到一封来自战斗部队的信。信是杜尼娅从邮政所取回来的。邮政所长在交信的时候，鞠着躬，晃着秃脑袋，卑躬屈膝地摊了摊双手，说道：

“请您千万莫见怪，信我拆啦。请告诉你爹，就说菲尔斯·谢苗诺维奇，如此这般，把信拆开啦。就说他很想知道打仗的事，想知道前方情形怎样……请多多包涵，请您就这样告诉你爹潘捷莱·普罗柯菲耶维奇好啦。”

他一反常态，显出慌乱的样子，并且走出来送杜尼娅，也不管他的鼻子上还沾着墨水。

“您回到家里，对这事要多多担待，千万千万……我是因为咱们都是熟人啊……”他在杜尼娅后面啰里啰唆地嘟哝着，鞠着躬，她感到这里面有一种警告意味，好像把她猛推了一下。

她回到家时，心情十分慌乱，掏了老半天，都没有把信从怀里掏出来。

“快点，瞧你！……”潘捷莱·普罗柯菲耶维奇摸着哆哆嗦嗦的大胡子，喝叫道。

杜尼娅一面掏信，一面急促地说：

“邮政所长说，他因为想知道前方的事，看过信啦，他说，请爹不要见怪。”

“看过就看过吧！是格里什卡写来的吗？”老头子呼噜呼噜地对着杜尼娅的脸喘着粗气，紧张地问道。“好像是格里高力来的吧？怎么，是彼特罗来的？”

“爹，不是……信上的字是别人写的。”

“你念念吧，别叫人心急啦！”伊莉尼奇娜吆喝着，十分费劲地朝大板凳滚去（她的两条腿肿了，走起路来难得抬一下脚，就好像踩着小轮子在滚）。

娜塔莉亚气喘吁吁地从院子里跑了进来，在炉子跟前站住，两手紧紧按在胸前，歪着因刀伤变得很难看的脖子。一丝笑意像太阳的光点一样在她的嘴唇上一闪一闪地跳动着，她等待着格里什卡对她的问候，即使随便是一下，即使一笔带过，那也可以算是对她的一片深情，对她的忠贞的一点报酬。

“妲丽亚在哪儿？”老奶奶小声问。

“别作声！”潘捷莱·普罗柯菲耶维奇大喝一声（他的样子很凶，眼睛都瞪圆了），又对杜尼娅说：“快念！”

“兹通知阁下……”杜尼娅刚一开口，就哆哆嗦嗦地从大板凳上往下溜，放声叫了起来：“爹！我的爹呀！……哎呀，妈妈呀！咱们的格里沙呀！……哎呀！哎呀！把格里沙……打死啦！”

一只彩条野蜂钻进了萎蔫的天竺葵丛中，朝窗户上乱撞，嗡嗡直叫。一只母鸡心平气和地在院子里咯嗒咯嗒叫着，远处孩子们那银铃一般的笑声从敞着的门里传了进来。

娜塔莉亚的脸已经抽搐起来，但是刚才那一闪一闪的笑意还没有来得及从嘴角上消失。

潘捷莱·普罗柯菲耶维奇一面站起，一面木木地晃着脑袋，带着大惑不解的神情望着趴在地上打哆嗦的杜尼娅。

兹通知阁下：

您的儿子，第十二哥萨克团的哥萨克，格里高力·潘捷莱耶维奇·麦列霍夫，已经在今年九月十五日夜间，在卡敏克–司特鲁米罗窝城下作战时阵亡。您的儿子是英勇牺牲的，这可以算是在不可补偿的损失中对您的一点安慰。遗物将交给他的亲哥哥彼特罗·麦列霍夫。马匹仍留在团里。

第四连连长波尔柯夫尼柯夫上尉·野战军

一九一四年九月十八日

潘捷莱·普罗柯菲耶维奇收到格里高力阵亡的通知以后，一下子就垮了下来。家里人眼看着他一天一天地老下去。他越来越不行了；记忆力衰退了，头脑也糊涂了。他驼着背，脸色像生铁一样黑，在屋子里走来走去；眼睛里有一种像发热病时那样的油光，表现出他精神上的混乱。

他亲自把连长的来信放在神龛下面，一天有好几次跑到门口，招手把杜尼娅叫来。

“你来一下。”

杜尼娅走来。

“把写着格里高力的事的那封信拿来。念一念！”他吩咐说，一面担心地看着正房的门，伊莉尼奇娜就在那扇门里日日夜夜地思念，悲痛万分。“你小声念，就像自己念给自己听那样，”他浑身抽搐着，拿眼睛看着门，挤了挤眼睛示意，“念轻一点，要不然妈妈听到……就糟啦……”

杜尼娅咽着泪水，念完第一句，通常都是蹲在地上的潘捷莱·

普罗柯菲耶维奇就竖起一只宽得像马蹄一样的黑手掌。

“别念啦！底下我都知道啦……拿走，放到神龛下头……你轻点儿，要不然你妈妈……”他又极不自然地挤了挤眼睛，一张脸变得歪歪扭扭的，就像火烤过的树皮。

他的头发一片一片地白了，头上很快就出现了许多片耀眼的白发，大胡子里也增添了不少银丝。他不要命地吃东西，吃得很多，而且很讲究。

在举办追荐仪式以后的第九天，把维萨里昂神甫和亲友们都请来参加悼念阵亡的格里高力的追思宴。

潘捷莱·普罗柯菲耶维奇吃得很快，而且狼吞虎咽，一根一根的面条粘在大胡子上。伊莉尼奇娜最近这几天一直带着担心害怕的心情注视着他，这会儿哭了起来：

“老头子，你这是怎么啦？……”

“什么怎么啦？”老头子慌忙问，一面从彩釉碗上抬起他那模糊的眼睛。伊莉尼奇娜把手一摔，就转过脸去，用绣花手绢擦起了眼泪。

“爹，您吃起来，就像三天没吃饭啦！”妲丽亚生气地说，并且忽闪了几下眼睛。

“是说我吃东西吗？哦，是的……是的……是的……我不吃啦……”潘捷莱·普罗柯菲耶维奇发起窘来。他张皇失措地打量了一下坐在桌上的人，咬住嘴唇不作声了。别人问他话，他也不回答，将眉头皱得紧紧的。

“普罗柯菲耶维奇，拿出点丈夫气来。为什么要灰心到这种样子？”追思宴以后，维萨里昂神甫鼓励他说。“他的死是神圣的，老头子，你不要违拗天意。你儿子是为皇上和祖国殉节的，可是你呀……罪过呀，潘捷莱·普罗柯菲耶维奇，你有罪呀……上天是不会饶恕的！”

“我已经，神甫呀……我已经够丈夫气的啦。‘他是英勇牺牲的’嘛，这是连长说的。”

老头子亲了亲神甫的手，就靠在门框上，浑身猛烈地哆嗦着，哭了起来，这是收到儿子阵亡的消息以来第一次哭。

从这一天起，他克制住自己，精神恢复了正常。

每个人都有自己医治创伤的方式。

娜塔莉亚从杜尼娅嘴里听到格里高力的死讯以后，跑到院子里。“上吊！这一下子我什么都完啦！快一点！”这个念头在她心里翻腾着，像有一团火在烧她。娜塔莉亚在妲丽亚的两条胳膊里挣了一阵子，便带着一种轻松愉快的心情渐渐昏迷过去，但愿不再清醒过来，不再清清楚楚地想起发生的事。她昏昏沉沉地过了一个星期，等她完全清醒过来，就变成不言不语、衰弱不堪的另外一个人了……麦列霍夫家里又添了一个形存实亡的死人，活人天天闻着她那种像矢车菊一样的死尸气味。

十七

麦列霍夫家在收到格里高力的死讯以后的第十二天，一下子就收到彼特罗两封信。杜尼娅在邮政所就把两封信都看过了，于是她忽而像旋风吹着的一根小草一样往家里飞跑，忽而摇摇晃晃地在篱笆上靠一靠。她在村里造成不小的惊慌，把无法形容的兴奋带进家里。

“格里沙活着哩！……咱们家的格里沙活着哩！……”还离得很远她就用哭号的声调大叫道。“彼特罗写信来啦！……格里沙挂了花，可是没有死！……活着哩，活着哩！……”

彼特罗在标明九月二十日的一封信中写道：

敬爱的父亲母亲，你们好！我告诉你们，咱们的格里什卡差点儿把命送掉，不过，托天之福，现在他还活着，而且很健壮，我们也希望我主上帝保佑你们这样，愿你们健康和平安。他们那个团曾经在卡敏克一司特鲁米罗窝城下作战，在冲锋的时候，他那一排的哥萨克都看见一个匈牙利骠骑兵砍了他一刀，格里高力落马了，后来的情形我们就一点也不知道了，不管我怎样向他们打听，他们什么都说不上来。后来米沙·柯晒沃依到我团来联络，我才听米沙说，格里高力一直躺到天黑，夜里他苏醒过来，就爬起来。他借星星判断着方向往前爬，碰到了我方一位受伤的军官。这位受伤的军官是龙骑兵团的一名中校，炮弹炸伤了他的肚子和两腿。格里高力背起他，驮着他爬了六俄里。他因此得到了奖赏——乔治十字章，并且升为下士。多有意思！格里什卡的伤不算什么，敌人的刀在他的头上刮了一下，削掉了一块皮；可是他从马上跌下来，跌昏了，米沙说，格里什卡马上就要归队了。请你们原谅，我写得这样潦草。我是在马上写的，摇晃得厉害。

在第二封信里，彼特罗要家里给他寄一点“顿河家乡果园”里的樱桃干去，并要求不要忘记经常写信；他在信上还把格里高力骂了一顿，因为他听别人说，格里高力把马照应得很不好，所以他彼特罗很生气，因为那匹枣红马是他彼特罗的，是他自己的，是他的命根子；他要父亲写信说说格里高力。

“我已经叫别人带话给他，如果他不像照应自己的马一样好好照应那匹马，等我们见了面，我会把他的嘴巴打出血来，别看他现在已经是个挂十字勋章的人了。”彼特罗这样写道，然后是无数的问好，并且透过这封皱皱巴巴、被雨淋湿过的信的字里行间，可以明显地感觉出他的苦闷心情。显然，彼特罗当差也很不称心。

潘捷莱·普罗柯菲耶维奇那种高兴得发了昏的样子，叫人看着觉得实在可怜。他抓过两封信，拿着信在村子里到处跑，见了识字的人就拉住，要他们念——不是念给自己听，老头子是想把迟到的喜讯向全村夸耀一番。

“啊哈！瞧见吗，我的格里什卡怎么样？嗯？”当念信人结结巴巴、一个音节一个音节地念到彼特罗写到格里高力立功的地方，也就是把受伤的中校背了六俄里的地方，老头子就直竖起一只马蹄般的手，这样说。

“这是咱们全村第一颗十字章。”老头子神气地说，然后心疼地把信收回，藏到皱皱巴巴的帽里子里，又朝前走，去找另一个识字的人。

谢尔盖·普拉托诺维奇从商店的小窗户里看见了他，亲自走了出来，还一面脱着帽子。

“请进来吧，普罗柯菲耶维奇。”

他用他那肉嘟嘟的白手握住老头子的手，说：

“好啦，恭喜，恭喜……不简单……有这样的儿子够荣耀的，可是你们还给他举办丧事呢。我在报上看到他立功的消息啦。”

“报上都登出来啦?”潘捷莱·普罗柯菲耶维奇一阵直哆嗦,连气都透不过来了。

“上报啦,我看到啦,看到啦。”

谢尔盖·普拉托诺维奇亲自从货架上拿过三包上等土耳其烟丝,又装了一袋贵重的糖果,称都没称;他把这些东西递给潘捷莱·普罗柯菲耶维奇,说:

“你给格里高力·潘捷莱耶维奇寄东西的时候,请代我问候,这些东西也给他带去。”

“我的天——呀!格里什卡真争气!……全村都在夸他……我可活到了这一天……”老头子从莫霍夫商店的台阶上往下走着,小声嘟哝说。他擤了擤鼻涕,用小褂袖子擦了擦痒酥酥地在脸上流着的泪水,心里想道:“看起来,我老啦。爱流眼泪啦……唉,潘捷莱呀,潘捷莱,这一辈子怎么轻易就过去啦?以前有多么结实,可以扛八普特重的口袋下船,可是现在呢?格里什卡折腾得我够呛……”

他把一袋糖果紧紧抱在胸前,在街上一瘸一拐地走着,他的思想就像麦鸡在沼地上空打圈儿那样,又绕着格里高力打起转转儿,不时地想起彼特罗信上的一些话。这时亲家公柯尔叔诺夫迎面走了过来,他首先喊住潘捷莱·普罗柯菲耶维奇。

“喂,亲家,等一等!”

自从宣战那天起,他们就没有见过面。自从格里高力离家出走那时候起,他们之间的关系即使不是仇敌关系,那也是十分冷淡、十分尴尬的。米伦·格里高力耶维奇很生娜塔莉亚的气,因为她对格里高力低三下四,盼着他开恩。这也使他米伦·格里高力耶维奇感到好像有点低三下四了。

“不要脸的东西,”他当着家里人骂娜塔莉亚说,“住在娘家好啦,偏要到婆家去住,婆家粮食她觉得好吃些。因为她这个糊涂闺女,当老子的都丑死啦,在人面前都觉得抬不起头来。”

米伦·格里高力耶维奇径直走到亲家公面前,伸过一只长满老斑、弯得像小船一样的手。

“你好啊,亲家!”

“托福托福,亲家。”

“你好像是买东西去的吧?”

潘捷莱·普罗柯菲耶维奇举了举那只空着的右手,摇了摇头,表示不是去买东西的。

“这个吗,亲家,是送给咱们的英雄的礼物。大善人谢尔盖·普拉托诺维奇在报上看到了他的英雄事迹,所以送给他一些糖果和上等烟丝。他说:‘请代我问候咱们的英雄,把这些礼物寄给他,让他今后永远这样了不起。’他连眼泪都流下来啦,懂吗,亲家?”潘捷莱·普罗柯菲耶维奇不着边际地吹嘘起来,并且凝神注视着亲家公的脸,想看看他对此事的反应。

在亲家公那灰白色的眼皮底下出现了亮闪闪的影子,那影子使他那朝下望的眼神变成了冷笑。

“是这——样——啊。”柯尔叔诺夫说了一声,就朝街对过篱笆边走去。

潘捷莱·普罗柯菲耶维奇急忙跟在他后面,一面用拼命打哆嗦的手指头打开糖果袋。

“吃块糖吧，这糖很甜！……”他带着挖苦意味对亲家公说。“请吃点儿吧，这是女婿的糖……你的日子过得不甜，这你也许清楚，儿子吗，也许能挣得这份荣耀，也许不能……”

“我的日子怎样，不用你管。自己的日子自己清楚。”

“尝尝吧，赏个脸吧！”潘捷莱·普罗柯菲耶维奇表现出过分殷勤的样子，跑到亲家公面前去鞠了一躬。他那弯弯曲曲的手指剥开一块薄薄的、银白色的包糖纸，一块糖露了出来。

“我们吃不惯甜东西。”米伦·格里高力耶维奇推开亲家公的手。“我们吃不惯，吃了别人的东西，我们的牙会硌碎。亲家，你不该凭着儿子到处去讨施舍。要是有难处，就来找我好啦。女婿嘛，我应该给……娜塔什卡还在吃你们家的饭嘛。我可以救救你的急。”

“我们家还没有谁去讨过施舍，亲家，你别胡说，别乱嚼舌头！你的牛皮吹得真大，亲家！……太大啦！……也许就因为这样，你才发了财，你女儿才到我们家来的吧？”

“等等！”米伦·格里高力耶维奇正色说。“咱们犯不着吵。我不是来跟你吵嘴的，你火气小一点，亲家。咱们去谈谈，有点事。”

“咱们没什么可谈的。”

“当然有可谈的。走吧。”

米伦·格里高力耶维奇扯住亲家公的小褂袖子，拐进一条小胡同。他们走过许多人家，来到田野上。

“谈什么呢？”潘捷莱·普罗柯菲耶维奇火气下去，已经清醒过来，问了一声。

他斜眼看了看柯尔叔诺夫那张白白的麻脸。柯尔叔诺夫老汉撩了撩常礼服那长长的衣襟，坐在沟边土埂上，掏出一个带穗子的旧式烟荷包。

“你看，普罗柯菲耶维奇，也不知道为什么你像只打架的公鸡一样冲着我来了，这可有点儿不大好。好像不大好吧，嗯？我是想问一问，”他改用另一种强硬、粗鲁的声调说起来，“你儿子拿娜塔莉亚不当人看待，是不是要一直这样下去呢？你告诉我！”

“这事儿你问他去。”

“我用不着去问他，你是一家之主嘛，我要和你说话。”

潘捷莱·普罗柯菲耶维奇手里紧紧攥着剥掉了糖纸的糖，黏糊糊的巧克力糖汁从他的指头缝里流了出来。他在土埂边一块黄土坷垃上擦了擦手，一声不响地卷起烟来。他把一片纸卷成喇叭形，从烟包里倒了一撮土耳其烟丝，又把烟包递给亲家公。米伦·格里高力耶维奇毫不犹豫地接过烟包，也用莫霍夫慷慨赠送的礼物卷了一根烟卷儿。他们抽了起来。他们头顶上高悬着一片像白色泡沫、又像软鼓鼓的酥胸似的云彩，一根柔软无比、被风吹得摇摇摆摆的蛛丝，从地上迅速地朝那片云彩、朝不可思议的高处飞去。

已到向晚时候。初秋时候的寂静有如沉沉入睡的婴儿，又安宁，又甜得没法子形容。天空已经失去夏日那鲜明的色泽，发出的蓝色显得十分暗淡。不知从哪里吹来许多苹果树叶子，小沟上面呈现出一片鲜艳的血红色。蜿蜒起伏的山岭后面有一条四通八达的大道，那大道空自招引人们去走，招引人们到一片翠绿的、朦胧得像梦一样的地平线那边去，到未曾到过的广阔天地里去，可是人们却捆在生活上,捆在家常琐事上,辛辛苦苦地干活儿,拼足力气打场。于是大道,不如说,一道阒无人迹、闷闷不乐的印子,就自个儿向前伸去,穿过地平线,钻进看不见的地方。风在大道上漫游,扬起一股股灰尘。

“这烟没有劲,跟草一样。”米伦·格里高力耶维奇一面喷吐烟团,一面说。

“是没有劲,可是……味道挺好。”潘捷莱·普罗柯菲耶维奇应声说。

“你回答我的话,亲家。”米伦·格里高力耶维奇把烟卷熄了,用和缓的语气请求说。

“这事儿格里高力提都没有提。他现在挂花啦。”

“我听说啦……”

“将来怎么样——我不知道。也说不定他真的会阵亡。那又怎么说呢?”

“怎么能这样说话呢,亲家? ……”米伦·格里高力耶维奇慌乱而难受地眨巴起眼睛。“她现在姑娘不像姑娘,媳妇不像媳妇,也算不上一个清白的寡妇,这局面太不光彩啦。要是早知道会出这种事,像你们这种亲家,我连门槛都不许踩一踩,不然怎么会弄成这样呢? 唉,亲家呀,亲家……每个人都心疼自己的孩子……骨肉嘛,不能不管……”

“我能有什么办法呢? ……”潘捷莱·普罗柯菲耶维奇使出有控制的火力开始反攻。“你来给我说说道理。儿子从家里跑掉,难道我会高兴吗? 我会得到什么好处吗? 这可真是天大的怪事!”

“你给他写封信,”米伦·格里高力耶维奇闷声闷气地要求说，他手底下的黄土，就像黄黄的涓涓细流一样，随着他的说话声沙沙地往沟里流，“叫他给一个痛快答复。”

“他跟那个娘儿们已经有了孩子啦……”

“这个娘儿们也能生孩子！”米伦·格里高力耶维奇红着脸，叫道。“难道能这样糟蹋活人吗？嗯？……她已经寻过一回短见，现在已经是个残废啦……非要把她踩到坟墓里不可吗？嗯？……心呀，心呀……”米伦·格里高力耶维奇一只手直抓自己的胸膛，另一只手扯着亲家公的衣襟，换了暗哑的小声说：“难道他的心是狼心吗？”

潘捷莱·普罗柯菲耶维奇哼哧了两声，脸扭向一边。

“……她想他想得都瘦干啦，除了他，她再没有什么想头。她在你家过的是奴婢一样的日子啊！……”

“我们待她比亲闺女还好！你住嘴吧！”潘捷莱·普罗柯菲耶维奇高声说完，站起身来。

他们也没有道别，各自走开了。

十八

生活冲出正常的轨道，往往就要变成无数的支流。很难预料，生活将顺着哪一条支流继续自己那不肯循规蹈矩的、顽皮的行程。生活有时会像小河过滩，会浅下去，今天浅得能看见河底乱糟糟的沉积物，可是明天又是满槽汹涌的河水在奔流了……

不知为什么娜塔莉亚忽然打定主意要到亚戈德庄去找阿克西妮亚，央告和恳求阿克西妮亚把格里高力还给她。她不知为什么觉得一切都取决于阿克西妮亚,只要她去恳求她,格里高力和当初的幸福就会重新回来。她丝毫没有考虑,这种事能不能实现,阿克西妮亚会怎样对待她这种奇怪的要求。不能自制的感情推动着她,她恨不得让自己突然打定的主意早日付诸实现。月底,麦列霍夫家收到格里高力一封来信。在向父母请安问好以后,他也问候了娜塔莉亚·米伦诺芙娜,并向她表示深深的敬意。不管是什么样微妙的原因使得格里高力这样做,但这对娜塔莉亚是一种推动,一到星期天,她就收拾好,要去亚戈德庄。

"你上哪儿去,娜塔莎?"杜尼娅看到娜塔莉亚对着破镜子仔细而又认真地端详自己的脸,就问道。

"回娘家去看看。"娜塔莉亚说了个谎,并且脸红了,因为这时她才第一次明白了,她这是去接受很大的侮辱,去接受重大的精神折磨。

"娜塔莉亚,你呀,这一辈子哪怕能陪我出去玩一回呢,"妲丽亚一面打扮,一面央求说,"怎么样,晚上去,好吗?"

"我不知道,恐怕不一定能去。"

"唉,你呀,真是个小尼姑!男人不在家,就那么死心眼儿!"妲丽亚挤眉弄眼地说着,她那柔软的身子弯成两折,对着镜子端详起淡蓝色新裙子的绣花底边。

自从彼特罗走后,妲丽亚大大地变了样子:丈夫不在家,在她身上产生了明显的后果。在她的眼睛里,在她的一举一动上,都流露出一种烦恼的神情。每个星期天,她总是打扮得格外漂亮,到游戏场玩到很晚才回家,回到家就恨恨地翻着黑眼珠子对娜塔莉亚诉苦:

"好晦气，真够受！……管用的男子汉都弄走啦，村里剩下的全是小孩子和老头子啦。"

"这跟你有什么关系？"

"怎么没有关系？"妲丽亚诧异地问。"到外面都找不到一个人可以玩玩儿。哪怕能让我一个人上磨坊里去走走也好，要不然就只有天天守着公公啦……"

她曾经厚着脸皮开门见山地问娜塔莉亚：

"小乖乖，没有男人，你怎么能忍这样久啊？"

"够啦，不要脸的！"娜塔莉亚一张脸变得通红。

"你就不想吗？"

"看样子，你想啦？"

"想死啦，小奶奶！"妲丽亚哈哈大笑，脸上泛出桃花色，弯弯的眉毛哆嗦着。"老实对你说吧……这会儿我要是能找到个老头子解解馋也行，真的！你想想吧，彼特罗走了已经有两个月啦。"

"你呀，妲丽亚，要倒霉的……"

"算了吧，你这个正人君子！这种不言不语的人，我可清楚透了。大概你是不会承认的。"

"我没有什么好承认的。"

妲丽亚嬉皮笑脸地斜着眼睛看了看娜塔莉亚，用大尖的细牙咬了咬嘴唇，讲了起来：

"前两天在游戏场上，村长的儿子季莫什卡·马内次柯夫凑到我跟前。他坐在那里，一脸都是汗。我看出，他怕开头呢……后来他把一只手悄悄地伸到我的胳肢窝底下，可是他的手不住地打哆嗦。我耐着性子，没有作声，可是我心里好不懊恼，这要是个小伙子有多好，可这是个……不管用的伢子！他不过才十六岁呀，瞧，就剩下这号儿的了……我坐着，不作声，他摸呀，摸呀，后来小声说：‘咱们上我家场院去！……’哎呀，真叫我笑死啦！……”

妲丽亚十分开心地大笑起来，两道眉毛在脸上跳动着，眯起来的眼睛迸射着笑的火花。

“我把他一顿好骂！我跳起来就骂：‘嘿，你这个没出息的！黄口小牙狗！你有本钱对我胡说这种话吗？你才有几天不尿床？’我好好把他教训了一顿！”

她跟娜塔莉亚的关系是亲密无间的。妲丽亚起先对弟媳妇的那种敌意已经没有了，她们两个虽然性格不同，虽然各方面都不一样，但她们很处得来，彼此很和睦。

娜塔莉亚穿好衣裳，走出正房。

妲丽亚在过道里撵上了她。

“今天你不能给我开门吗？”

“我恐怕今天要在娘家过夜。”

妲丽亚想了想，用小梳子在鼻梁上搔了搔痒，摇了摇头。

“好，你去吧。这事儿我本来不愿意去求杜尼娅，现在看来，非求她不可了。”

娜塔莉亚对伊莉尼奇娜说过要回娘家去，就来到街上。集已经散了，一辆辆大车离开广场，人们从教堂里往外走。娜塔莉亚走过两个胡同口，就拐弯向右走。她慌慌忙忙朝山坡上爬去。来到山口上，她回头看了看：山脚下的村庄洒满了阳光，一座座石灰粉过的房子雪白雪白的，阳光照在磨坊那坡度平缓的屋顶上，又反射起来，金星点点，白铁皮光闪闪的，好像熔化的钢铁。

十九

亚戈德庄上也有不少人打仗去了。维尼阿民和季杭都走了，他们一走，更显得冷清、安静和枯寂了。阿克西妮亚接替维尼阿民服侍老将军，永远不见瘦的大屁股鲁凯莉亚担起了厨子和饲养家禽的活儿。萨什卡老爹又当马夫，又兼管园子，只有车夫是新来的——是一个名叫尼基吉奇的老成持重的老哥萨克。

这一年，老爷缩减了种植面积，拿出近二十匹马去补充军马；只留下一些大走马，再就是家务上离不开的三匹顿河马。老爷常常借打猎来消磨时间，带尼基吉奇去打打野雁，有时也带着猎狗去打猎，在周围闹哄哄地跑上一通。

阿克西妮亚断断续续地收到格里高力的几封短信，信上说他还活着，而且身体很好，当差的事很忙。他是根本不在乎呢，还是不愿意在信上流露出他的脆弱，反正一回也没有说他受不了，没有说苦闷。几封信都显得冷冰冰的，好像是不得已才写的，只有在最后一封信里才露了几句："……天天在行军打仗，老是打仗，老是把死神背在褡裢里，好像都有些厌了。"在每一封信里他都问到女儿，要求把女儿的情形对他说说："……来信告诉我，我那丹妮亚长得多高啦，长得好看吗？不久前我梦见她长得很大了，还穿着红连衣裙。"

阿克西妮亚表面上十分坚强地忍受着别离的痛苦。她把对格里高力的一片深情，全部放到了女儿身上，特别是当她相信这孩子确实是格里高力跟她生的以后。小生命本身在提供着无可辩驳的证据：孩子那深褐色的头发渐渐不见了，长起了新的、黑黑的鬈发；眼睛也渐渐变了颜色，越来越黑，眼缝越来越长。孩子跟父亲越来越像得厉害，就连笑也是麦列霍夫家的，像格里高力那样，有点粗犷。这会儿阿克西妮亚可以毫无疑问地从孩子身上看出孩子的父亲是谁，因此把炽热的感情倾注在孩子身上，再也不像以前那样，每当她走到摇篮跟前，在孩子那睡着的小脸上一发现跟司捷潘那可憎的模样儿有某种似是而非的相似之处或者相似的影子，就摇摇晃晃地退了回去。

日子慢悠悠地过去，每过一天，阿克西妮亚心上就增加一层愁苦。为心上人的生命提心吊胆，就像钢钻在钻她的心，白天想，夜里也想，而且一到夜里，那种郁积在心中、一直拼命压制着的东西就冲破堤防：夜里，她整夜翻来翻去地折腾，不出声地叫喊，流泪，咬手，为的是不吵醒孩子，为了不叫出声来，也为了用肉体的痛楚压制精神上的痛楚。她把太多的眼泪哭到孩子的包布上，一面像小孩子一样天真地想着："这是格里什卡的孩子，他的心一定会感觉到我在想他。"

她这样折腾一夜之后，早晨起来，就像挨了一顿好打似的：全身酸疼，两边鬓角上就像有很多小银锤儿一个劲儿不停地敲打，在当初像少女那样丰润、如今已经耷拉下来的嘴角上流露着痛苦焦灼的神情。许多痛苦的夜晚使阿克西妮亚老了……

有一个星期天，她给老爷送过早点，走了出来，来到台阶上，看见有一个女人来到大门口。她觉得白头巾下面闪着的那两只眼睛熟悉得不得了……那女人摘下门鼻，走进了院子。阿克西妮亚一认出是娜塔莉亚，脸一下子白了，慢慢迎了上去。她们在院心里相遇了。娜塔莉亚的靴子上落了一层厚厚的路上的尘土。她无神地耷拉着两只干活儿的大手，呼哧呼哧地喘着粗气，站了下来，伸了伸伤残的脖子，却没有伸直；因此她好像是望着旁边什么地方。

“我来找你的，阿克西妮亚……”她用干干的舌头舔着被风吹裂的嘴唇，说道。

阿克西妮亚匆匆地朝几个窗户扫了一眼，就一声不响地朝下房，朝自己住的屋走去。娜塔莉亚在后面跟着。阿克西妮亚那连衣裙的沙沙声刺得她的耳朵非常难过。

“大概太热啦，所以耳朵里疼。”从乱纷纷的许多想法中钻出这样一个想法。

阿克西妮亚把娜塔莉亚让进屋子，就关上了门。她把门一关，就站在屋子当中，把两只手插进白围裙里。她主持起这场比赛。

“你干什么来啦？”她用笼络的语气，几乎像耳语一样地问道。

“我要喝点水……”娜塔莉亚说着，用痛苦的、直直的目光在屋子里扫了一遍。

阿克西妮亚等候着。娜塔莉亚吃力地提了提声音，说起话来：

“你抢走了我的男人……把格里高力还我吧！……你……把我这一辈子毁啦……你看，我成什么样子啦……”

“把男人还你？”阿克西妮亚咬紧了牙，她说的话就像雨点滴在石头上，当当地响。“把男人还你？你这是向谁要男人？你来干什么？……你想要男人已经晚啦！……晚啦！……”

阿克西妮亚身子摇晃着，对直地走了过去，讪讽地笑了起来。

她盯着对手的脸，眼睛里露出嘲笑的神情。现在这个被遗弃的结发妻子终于低声下气、痛苦不堪地站在她的面前了；就是这个女人，曾经使她阿克西妮亚跟格里高力分开过，使她流尽了眼泪，尝到过揪心的痛苦，而且就在她阿克西妮亚朝思暮想、痛苦万分的时候，正是这个女人在恋着格里高力，而且大概还笑话过她这个失败的、被抛弃的情人呢。

“你是来要我把他扔掉吗？”阿克西妮亚憋得都透不过气来了。“哼，你呀，心好毒！……是你先从我手里把格里什卡抢走的！是你抢我的，不是我抢你的……你早就知道他在跟我过，为什么还要嫁给他？我是收回自己原有的，他本来就是我的。我有我跟他生的孩子，可是你……”

她带着强烈的仇恨望着娜塔莉亚的眼睛，双手乱舞，说出来的一句一句的话，就像熔透的铁渣。

“格里什卡是我的，我谁也不给！……是我的！是我的！……你听见吗？是我的！滚出去，不要脸的母狗，给他做老婆，你还不配！你想把孩子的父亲夺去吗？呸！为什么你早不来呢？嗯，为什么早不来？”

娜塔莉亚侧着身子走到板凳跟前，头朝胳膊上一弯，用手捂住脸，坐了下去。

“你把自己的男人扔了……别这样大呼小叫吧……”

“除了格里什卡，我再没有什么男人，世上再没有谁啦……”

阿克西妮亚觉得心中翻腾着一股说不出的恼恨，看了看从娜塔莉亚头巾里夺拉到手上的一绺直直的黑发。

“他能要你吗？瞧吧，你的脖子都歪啦！你以为他能看得上你吗？你还好好儿的时候，他都不要你啦，你残废了，他倒是能看上吗？你想不到格里什卡啦！这是我说的！滚吧！”

阿克西妮亚为了保卫自己的窝儿，像发了疯一样；过去所受的闷气，现在一股脑儿发泄出来。她看到，娜塔莉亚脖子虽然多少有点歪，但还是像过去那样漂亮——腮蛋子和嘴唇还是丰润的，时光并没有给她添上皱纹——可是她阿克西妮亚，难道不是因为这个娜塔莉亚的缘故，眼睛下面过早地出现了蛛网一般的皱纹吗？

“你以为我指望把他要回去吗？”娜塔莉亚抬起难受得像喝醉了一样的眼睛。

“那么你是为什么来的？”阿克西妮亚呼哧呼哧地喘着气问道。

“我想他，就来了。”

阿克西妮亚的孩子被说话声惊醒了，在床上哭起来，身子直动，要起来。妈妈把孩子抱起，转身对着窗户坐下。娜塔莉亚浑身打着哆嗦，朝孩子望了望。一阵寒战卡住她的喉咙。格里高力的两只眼睛在孩子的脸上带着很懂事的好奇神情望着她。

她大声哭着，摇摇晃晃地走了出去。阿克西妮亚没有出去送她。

过了一会儿，萨什卡爷爷走了进来。

“这娘儿们是什么人？”他问道。看样子，他觉得很纳闷。

“哦，是我们村上一个娘儿们。”

娜塔莉亚离开亚戈德庄有三俄里,在一丛野李子跟前躺了下来。她躺着,什么都不想,心里有说不出的苦闷……孩子脸上那两只闷闷不乐的、格里高力的黑眼睛在她眼前忽闪着,怎么都不肯隐去。

二十

那一夜,格里高力记得非常清楚,清楚得如在眼前。他在天亮前苏醒过来,用手摸了摸,摸到的是扎手的庄稼茬子,觉得头上到处痒酥酥地疼,他哼叫起来。他使劲抬起一只手,伸到额头上,摸了摸硬扎扎、乱蓬蓬、一片血乎乎的头发。他用手指头挨了挨伤口,就好像把一块火炭往上面放了一下。他用劲咬了咬牙,仰面躺下来。在他的头顶上,早霜打过的树叶清脆而凄凉地沙沙响着。树枝的黑黑的轮廓印在深蓝色的天空画布上,显得非常清楚,星星在树枝中间闪烁着。格里高力睁大了眼睛望着,眼睛眨都不眨;他觉得那不是星星,是一些肥大的蓝黄色仙果挂在枝头。

他明白了自己这是怎么一回事,感到一阵恐怖猛烈地涌了上来,就咬紧牙关,四肢着地地爬了起来。有时候疼得非常厉害,有几次他疼得仰面躺下……他觉得自己已经爬了很久很久;强忍着疼,回头看了看——在五十步以外有一棵黑黑的树,他就是在那棵树下失去知觉的。有一次他用两肘撑在一具死尸那凹下去的硬肚皮上,从死尸身上爬了过去。他因为失血过多,恶心得直想呕吐,像个小孩子一样哭起来,为了不再昏过去,嚼起落满露水的、淡而无味的青草。他在一个翻倒的空子弹箱旁边站了起来,摇摇晃晃地站了半天,然后向前走去。他的劲头来了,走起路来稳当些了,已经能认清是在往东走了:北斗星指示着方向。

在树林边上,一个低沉的警告声将他喝住:

“不要往前走,我开枪啦!”

手枪转轮响了一下。格里高力朝发出响声的地方看去:有一个人半躺在一棵松树旁边。

“你是什么人?”格里高力问了一声,听着自己的声音,觉得好像是别人的声音。

“是俄国人吗? 我的天! ……过来吧!”松树旁边的那人趴到了地上。

格里高力走了过去。

“你弯下身来。”

“不成。”

“为什么?”

“我要是一倒下去,就站不起来啦,我的头上挨了一刀……”

“你是哪一部分的?”

“顿河第十二团的。”

“救救我吧,哥萨克……”

“我会摔倒的,大人。”格里高力看清了那人军大衣上的军官肩章。

“你用手扶扶我也好。”

格里高力扶着军官站了起来。他们一起往前走。但是越往前走,受伤的军官压在格里高力胳膊上的分量越重。他们从一处洼地往上走的时候,军官紧紧抓住格里高力的军便服袖子,断断续续地磕打着牙齿说：

“把我扔下吧，哥萨克……因为我受的是……穿透伤……在肚子上。”

军官的眼睛在夹鼻眼镜底下忽闪着，越来越没有精神，大张着的嘴巴哼哼哧哧地在吸气。他一下子昏了过去。格里高力背起他往前走，跌倒了又爬起来，爬起来又跌倒。两次把他扔下，又两次走回去，把他背起来，迷迷糊糊地往前走。

上午十一点，一支联络队发现了他们，把他们送到了救护站。

过了一天，格里高力偷偷地离开了救护站。他在路上扯下头上的绷带，轻快地摇晃着浸透片片鲜血的绷带，朝前走去。

“你从哪儿来的?”连长说不出的惊讶。

“我归队啦，大人。”

格里高力从中尉那里走出来，看到了本排的上士。

“我的马……我的枣红马在哪儿?”

“马吗，老弟，好好的呢。我们当时就在打跑奥地利人的地方把马抓住啦。你究竟是怎么一回事儿? 我们都给你开过吊，祝你在天堂安息啦。”

“你们太性急啦。”格里高力苦笑了一下。

命令摘抄

> 顿河第十二哥萨克团哥萨克格里高力•麦列霍夫，因救护龙骑兵第九团团长古司塔夫•葛罗兹别尔格中校有功，特提升为下士，并授予四级乔治十字勋章。

他们连已经在卡敏克-司特鲁米罗窝城里驻扎了两天，夜里就准备出发了。格里高力找到了同排哥萨克们的驻地，就去看自己的马。

鞍袋里有两件衬衣和一条毛巾不见了。

“格里高力，有人当面偷东西。”米沙·柯晒沃依抱歉地说。因为马是由他照应的。“这个院子里来过很多步兵，是他们偷去啦。”

“去他们的吧，叫他们用去吧。顶好把头给我缠一缠，绷带都湿透啦。”

“用我的毛巾吧。”

他们正在棚子里说话的时候，“秃子”走了进来。他朝格里高力伸过手来，好像他们之间什么事都不曾有过。

“啊，麦列霍夫！好小子，你还活着吗？”

“马马虎虎还活着。”

“额头上全是血，擦擦吧。”

“我会擦的，来得及。”

“叫我看看，你伤得怎么样。”

“秃子”使劲把格里高力的头往下一扳，鼻子哼了一声。

“干什么要把头发剪掉？嘿，把你弄成这种怪样子！……医生怎么他妈的给你治的，还是让我来给你治治吧。”

他也不问格里高力是不是同意，便从子弹袋里掏出一粒子弹，拧出弹头，把火药倒在黑黑的手掌上。

“米沙，去弄点蜘蛛网来。”

米沙·柯晒沃依用马刀尖从屋梁上绞下来一团蜘蛛网，递过来。“秃子”就用这马刀尖挖了一把土，把土、火药和蜘蛛网掺和到一起，放在嘴里嚼了半天。他用嚼出来的糊把格里高力头上流血的伤口严严实实地糊住，笑着说：

“三天以后就能长好，管保药到病除。你看，我把你照应得多好，可是你……还要开枪打死我呢。”

“多谢你的照应，不过还是打死你好——好使我心上减少一桩罪过。”

“小伙子，瞧你多么天真。”

“是怎么样，就怎么样。我头上的伤怎么样？”

“砍了有两三分深。这是给你留做纪念的。”

“我不会忘记。”

“你想忘都忘不掉。奥地利人不喜欢磨刀，是用钝刀砍你的，这一下子一条凸凸的伤疤就要在你头上待一辈子啦。”

“算你走运，格里高力，刀滑了过去，不然的话，你就葬身在外国了。”柯晒沃依笑道。

“这军帽我往哪儿放呢？”

格里高力在手里转悠着帽顶已被砍破、染满了血的军帽，不知如何是好。

“扔掉算啦，让狗舔舔去。”

“伙计们，饭来啦，冲啊！”屋子里有人喊起来。

哥萨克都从棚子里走了出来。枣红马翻起眼睛斜看着，跟在格里高力后面叫了起来。

“这马才想你呢，格里高力！”柯晒沃依指了指马。“我起初挺奇怪：连草料都不吃，就这样轻轻地叫。”

“我从那里一路往前爬，就一路呼唤它，”格里高力背过身去，低沉地说，“我心想，它是不会离开我的，别人要逮它也很不容易，这马不服生人管。”

“这话不假，我们费了很大的劲才逮住。是用套马索逮的。”

“这是一匹好马，是我哥哥彼特罗的马。”格里高力又背过身去，藏起动情的眼睛。

他们走进屋子。在堂前的地板上，叶高尔·莎尔柯夫正躺在从床上拖下来的弹簧褥子上打呼噜。难以形容的混乱，无声地在说明：主人是仓促离开家的。破碎的瓷器片、扯碎的纸和书籍、一段段沾了蜂蜜的呢料、儿童玩具、旧皮鞋、撒掉的面粉——这一切都乱糟糟地堆在地板上，呈现出溃灭的气氛。

叶麦里扬·格洛舍夫和普罗霍尔·泽柯夫打扫出一块地方，也在这里吃饭。泽柯夫一看见格里高力，两只和善的牛眼睛瞪得老大。

“格里——什卡！你从哪儿来的？”

“从阴曹里来。”

“你快去给他弄点菜汤来吧。干什么要把眼睛瞪到头顶上？”“秃子”叫道。

“马上就去。灶车就在跟前，在小胡同里。”

普罗霍尔一面嚼着面包，一面朝外跑去。

格里高力就在他坐的地方疲惫无力地坐下来。

“我已经不记得什么时候吃过饭啦。”他抱歉地笑着说。

第三军的队伍正从城里开过。狭窄的街道塞满了步兵，无数的车辆和马队在街上拥拥挤挤，十字路口更是挤得水泄不通，部队开动的轰隆声传进关闭着的屋门。普罗霍尔很快就带着一锅菜汤和一饭袋荞麦粥回来了。

“这粥往哪儿倒呢?”

“这儿有一个带把儿的锅。”格洛舍夫从窗户脚下拉过一个尿罐,不知道这是什么玩意儿。

“你这锅好臊气啊。”普罗霍尔皱了皱眉头说。

“没关系,马虎点吧,这会儿咱们不能太讲究。”

普罗霍尔打开饭袋就倒,稠稠的、香喷喷的荞麦粥冒出腾腾的热气,边上还浮起一层琥珀色的油。大家一面说话,一面吃起来。普罗霍尔吃得油点子往自己那褪了色的裤缘上直滴,一面在讲着:

“就在咱们这院子旁边,驻扎着山民骑兵营的一个炮兵连,他们在歇马。他们一个中士看到报上说,协约国真的把德国人彻底粉碎啦。”

“麦列霍夫,你没有赶上,今天早上来慰问我们啦。”“秃子”咕哝着塞满了饭菜的嘴,唠叨说。

“谁来慰问啦?”

“师长封·狄威德中将检阅了我们,并且慰问了我们,感谢我们杀退了匈牙利骠骑兵,救出了自己的炮队。因为他们差一点把大炮拖走。师长说:‘哥萨克都是好样儿的,皇上和国家决不会忘掉你们。’”

“真不简单!”

大街上清脆地响了一枪,又是一枪,密集的机枪声嗒嗒地响了起来。

“出——来!”大门口有人吆喝起来。

哥萨克们都扔下汤匙，跑到院子里。一架飞机在他们头顶上低低地、平平稳稳地盘旋着。飞机强大的轧轧声惊心动魄。

“在篱笆脚下卧倒！马上要扔炸弹啦，因为隔壁就是炮兵连！”“秃子”喊道。

“把叶高尔叫醒！要不然他就死在弹簧褥子上啦！”

“拿步枪来！”

“秃子”仔细瞄了瞄，就在台阶上开起枪来。

步兵在大街上跑着，不知为什么都弯着腰。旁边的院子里传来马的尖叫声和急促的口令声。格里高力打完一梭子子弹，隔着栅栏看了看，看见许多炮兵正忙着把大炮往棚子底下推。因为天空蓝得刺眼，格里高力眯起眼睛，望着轧轧响着向下飞来的铁鸟；就在这时候，有一个东西飞速地从铁鸟上落了下来，在一片阳光中闪着刺目的亮光。一声震天动地的轰隆声，震得房子和卧倒在台阶上的哥萨克们直抖；旁边的院子里，一匹马发出临死前的惨叫声。一股冲鼻子的焦煳的硫黄气味从栅栏那边飘了过来。

“躲起来！”“秃子”一面从台阶上往下跑，一面吆喝。

格里高力也跟着他跑下来，趴到栅栏脚下。铝制的飞机翅膀亮闪闪的；飞机从容地翘着尾巴，转着弯儿。街上一阵一阵的枪声，有猛烈的齐射，也有杂乱而密集的枪声。格里高力刚刚压上一梭子子弹，一声更加猛烈的爆炸把他抛出有一丈远。一大片土落在他的头上，迷住了他的眼睛，沉甸甸地把他压住……

“秃子”把他扶起来。格里高力觉得左眼睛疼得厉害，睁都睁不开；好不容易睁开右眼，他才看见：半边房子被炸毁了，红红的砖乱七八糟地堆着，上面还冒着粉红色的尘烟。叶高尔·莎尔柯夫从炸得不像样子的台阶上爬下来。他那一张脸就等于一片叫声，带血的眼泪从他那凹进去的眼睛里流出来，顺着腮帮子往下淌。他缩着头爬着，喊叫着，那像死人一样发了黑的嘴唇好像张都张不开了：

“哎——哟——哟！哎——哟——哟！哎——哟——哟！……”

在他身后一块薄布片上挂着些皮肉，烧坏的一条裤腿上横拖着一条从大腿根上炸下来的腿，另一条腿不见了。他慢慢捯换着手爬着，嘴里发出的尖细的叫声几乎像小孩子在叫。他忽然停止了哭叫，侧着身子躺了下去，把脸紧紧贴到湿漉漉、到处是马粪和瓦砾、并不可亲的土地上。谁也没有到他跟前去。

“快把他抬走！”格里高力还用手捂着左眼，吆喝了一声。

一群步兵跑进院子，电话兵的一辆大车停在大门口。

“快走，干什么要停下？”一个军官骑马走过，朝电话兵喝道。“畜生，混账！……”

不知从哪里跑来一个穿着长长的黑色常礼服的老汉和两个女人。一大群人围住了莎尔柯夫。格里高力挤到跟前，看见莎尔柯夫还在猛烈地哆嗦着、扑哧扑哧地喘气。他那像死人一样蜡黄的额头上冒出老大的汗珠子。

“把他抬走！你们是怎么回事儿……你们是人还是鬼？”

“你叫什么？”一个高个子步兵顶撞说。“抬走，抬走，抬到哪儿去？你看，都快断气啦。”

“两条腿都炸掉啦。”

“血淌得太多啦！……”

“救护兵在哪儿？”

“救护兵也没有法子想……”

“可是他还清醒呢。”

“秃子”从后面捅了捅格里高力的肩膀;格里高力回头看了看。

“别动他啦,”“秃子”小声说,“你到这边来看看。”

他紧紧抓住格里高力的军便服袖子,走到另一边去,把跟前的人推开。格里高力看了一眼,就佝偻起身子朝门口走去。莎尔柯夫的肚子下面,流出来的肠子正冒着热气,有粉红色的,也有淡青色的。这嘟嘟噜噜的肠子的一头就落在沙和粪土里,晃来晃去,堆头越来越大。即将死去的莎尔柯夫的一只胳膊斜放着,好像是在划船……

“把他的脸盖起来。”有人说。

莎尔柯夫忽然用手将上身撑起,把头使劲朝后一仰,后脑勺在两个凸起的肩胛骨中间碰了一下,用一种嘶哑的、变了腔的声音喊叫道:

“弟兄们,快叫我死掉吧!弟兄们!……弟兄们!……你们看什——么——呀?……啊哈——哈——哈!……弟兄们……快叫我死掉吧!……”

二十一

车厢轻轻摇晃着,车轮的轧轧声使人昏昏欲睡,车灯亮着,长凳有一半被黄黄的、花花的灯光照着。全身伸得直直的,脱掉靴子,叫两个星期以来一直在靴子里冒汗的脚舒服舒服,再不觉得有什么负担,知道自己的生命没有危险,死神已经离得很远很远——这太惬意啦！听着车轮一下一下的轧轧声,特别快活:因为车轮每转一圈,火车头每拖一步,就会离前方更远一点。格里高力也在躺着,听着,活动着光脚丫的指头,因为今天才换上新衬衣,全身都觉得非常舒服。他觉得好像从身上剥去了一层脏壳子,跨进了一尘不染的另一个天地。

左眼钻心的疼痛有时会破坏宁静、安定的愉快心境。疼痛有时候轻一些,过一阵子忽然又变得厉害,眼睛像火烧一样,眼泪不由得从绷带底下滚出来。在卡敏克-司特鲁米罗窝的随军医院里,一个年纪轻轻的犹太医生检查了格里高力的眼睛,在一小片纸上记了记。

"要把您送到后方去,眼睛伤得很厉害。"

"眼睛会瞎吗?"

"哪里话,不会的,"医生从问话中听出他显然怕了,就亲切地笑着说,"需要治一治,也许还要动手术。我们把您送到后方去,比如说,送到彼得格勒,或者莫斯科。"

"多谢啦。"

"您别害怕,眼睛会好的。"医生拍了拍他的肩膀,把纸片塞到他手里,轻轻地把格里高力推到走廊里。他挽了挽袖子,准备去做手术。

格里高力经过了很多周折,才坐上了救护列车。他躺了几个昼夜,品尝着安宁的滋味。又小又陈旧的火车头使出最大的力气,拖着长长的列车往前走。离莫斯科不远了。

夜间到达莫斯科。重伤号用担架抬着下车;那些不用别人搀

扶就能自己走的,登过记以后,就走到站台上。随车医生按照名册把格里高力叫过来,指着他对一个女护士说:

“送到司涅基列夫的眼科医院去！帽子胡同。”

“您的行李都随身带着吗?”护士问道。

“哥萨克有什么行李？一个军用包外加一件军大衣。”

“咱们走吧。”

她一面理着头巾下面的头发,衣裙窸窣响着,朝前走去。格里高力怯生生地迈着步子,跟在她后面。他们上了一辆马车。即将入睡的大城市的喧闹声,电车的铃声,电灯那闪来闪去的蓝光,都使格里高力觉得很不舒服。他坐在车上,仰靠着车背,贪婪地望着夜间依然行人很多的街道,并且感到身边女人身上有一股撩人的热气,觉得非常奇怪。莫斯科已有秋意:街心花园的树上,树叶在灯光下泛着暗黄色,夜里凉气袭人,人行道上的石板潮漉漉、亮闪闪的,在晴朗的天空里,星星又明亮,又带着秋天的寒意。马车从市中心来到一条僻静的胡同里。马蹄在石头路面上嘚嘚响着,车夫在高高的座位上摇晃着;车夫穿着一件蓝呢上衣,那上衣很像神甫的衣服;他用缰绳头抽打着耷拉着耳朵的瘦马。火车头在郊外呜呜叫着。“也许马上有车往顿河上开吧?”格里高力心里想着,只觉思乡的愁绪一阵阵涌了上来,不觉低下了头。

“您不是打盹吧?”女护士问道。

“不是。”

“快到啦。”

“您说什么?”车夫转过身来问道。

“赶你的车吧!”

池塘里的水在铁栅栏里泛着亮光，闪过几座小桥，桥上有栏杆，旁边还停着小船。微风吹来，潮乎乎的。

“连水都给关到铁栏杆里啦，可是顿河……”格里高力迷迷糊糊地想着。树叶在马车的胶皮轮子底下沙沙响了起来。

马车在一座三层楼房跟前停了下来。格里高力一面整理着军大衣，跳下车来。

“扶我一下！”女护士弯下身子。

格里高力握住她那柔软的小手，扶着她下了车。

“您身上有一股当兵的汗臭气，太冲人啦。”打扮得很讲究的女护士轻轻地笑了笑，便走到门口，揿了揿门铃。

“护士小姐，您要是到那儿去一趟，也许您身上的气味更要难闻些。”格里高力用轻微的恼怒语气说。

看门人开了门。他们顺着装了镀金栏杆的豪华楼梯上了二层楼；女护士又揿了揿门铃。一个穿白罩衣的女人把他们让了进去。格里高力在一张小圆桌旁坐了下来，女护士对那个穿白罩衣的女人小声说了几句话，那个女人记了下来。

一条不很宽敞的长走廊，两边是病房，戴着各色眼镜的一些脑袋从病房的门里探出来向外看了看。

“请脱掉军大衣。”穿白罩衣的女人说。

一个工友，也穿着白罩衣，从格里高力手里接过军大衣，领着他进了浴室。

“把衣服全脱掉。”

“干什么？”

“要洗一下澡。”

格里高力还在脱衣服，还在吃惊地打量这间屋子和窗户上的毛玻璃的时候，工友放满了一浴缸水，试了试水温，请他坐进去。

“这盆子跟我真不般配……”格里高力很不好意思地说着，一条黑乎乎、毛茸茸的腿跨了进去。

工友帮着他仔细地洗过了澡，递给他一条被单、一件衬衣、一双拖鞋和一件有带子的灰色睡衣。

“我的衣服呢？”格里高力惊异地问。

“您就穿这衣服啦。您的衣服，等出院的时候再还给您。”

来到穿堂里，从一面挂着的大镜子前面走过的时候，格里高力竟认不出自己了：高个子，黑脸膛，颧骨尖尖的，两个腮尖子通红通红的，穿的是睡衣，绷带像帽子一样缠在黑黑的头发上，跟以前那个格里高力相像的地方实在很少了。上嘴唇已经长出老长的胡子，下巴上也长出弯弯的细毛儿。

“这段时间我不年轻啦。”格里高力苦笑着心里说。

“第六号病房，右边第三个门。”工友指了指。

格里高力一走进雪白的大病房，一位穿睡衣、戴蓝眼镜的神甫欠起身来。

“新邻居吗？非常欢迎，我再也不会这样寂寞啦。我是扎莱斯克来的。”他很殷勤地招呼着，给格里高力推过一把椅子。

过了几分钟，一个肥胖的、生着一张难看的大脸的女医士走了进来。

“麦列霍夫，请您来一下，去看看您的眼睛。”她用低低的胸音说，说完向旁边一闪，让格里高力来到走廊上。

二十二

在西南战线上的舍维利地区，军团司令部决定组织骑兵发动一次大规模的进攻，冲破敌人的防线，并将大批骑兵部队投入敌人后方，让这批部队沿着战线挺进，沿途破坏交通线，发动突然袭击以瓦解敌军部队。对于有效地实现这一计划，指挥部抱着很大的希望；无数的马队集中到指定的地区；李斯特尼次基中尉所属的哥萨克团，也跟其他许多骑兵团一起调到了这个地区。本来应当在八月二十八日发起攻势，但是因为下雨，推迟到二十九日。

从清早起，这个师的人马就在广大的进攻基地上摆好阵势，准备进攻。

在右翼八俄里的地方，步兵正在进行佯攻，吸引着敌人的火力；有一个骑兵师的队伍也佯装向另外的方向移动。

前面，一眼能看见的地方，根本没有敌人。李斯特尼次基看到，离自己的连队一俄里远处是黑乎乎的、被遗弃的战壕，战壕过去是波浪起伏的黑麦和微风吹拂着的灰白色晨雾。

原来情况有变化。不知是敌军司令部探听出了这次进攻计划，还是预测到了这一计划，反正在二十八日夜间，敌军抛弃了战壕，后退了六俄里，只埋伏下许多机枪，就是这些机枪曾经弄得整个地区与他们对峙的我方步兵心惊胆战。

高处，一簇簇白云后面，冉冉上升的太阳放射着明亮的光辉，可是整个川地上还弥漫着乳黄色的雾气。进攻的命令下来了，各团出动了。千千万万的马蹄发出一片低沉的、好像来自地下的轰隆声。李斯特尼次基紧勒着自己的良种马，不叫马大跑，跑了有一俄里半。排得整整齐齐的进攻队伍来到一片庄稼地跟前。没腰深的高高的黑麦，到处都缠绕着牵牛花和杂草，马在里面跑起来异常吃力。前面依然是一片波浪翻流的浅褐色黑麦，后面的黑麦已经被马蹄踩踏在地上。跑了三俄里多路，马匹开始打趔趄，浑身冒汗，却还是看不见一个敌人。李斯特尼次基回头看了看连长：大尉的脸上隐隐露出失望的表情……

极其困难地跑了六俄里，马一点力气都没有了，有些马就带着人一起倒了下去，那些最有后劲的也都摇摇晃晃，使出最后的力气往前挣。就在这时候，奥地利人的机枪开火了，一阵一阵的齐射交替着响了起来……迅猛的火力打倒了冲在前面的人马。枪骑兵首先支持不住，转过头就朝后跑，一个哥萨克团溃败了；雨点般的机枪子弹，就像从喷雾器里喷出来的，还有大炮射出的炮弹，一齐向仓皇溃逃的哥萨克撒来。一场规模空前的进攻，由于最高指挥部不可饶恕的疏忽，全盘失败了。有些团损失了一半人马；李斯特尼次基所在的团里死伤了近四百名士兵和十六名军官。

李斯特尼次基的马被打死了，他本人受了两处伤；头上一处，腿上一处。司务长柴博塔列夫跳下马，抱起李斯特尼次基放到鞍上，逃离了阵地。

师参谋长、总参谋部的参谋郭罗瓦乔夫上校拍了几张进攻时的快照，后来拿给军官们看。受伤的契尔维亚柯夫中尉首先照他的脸打了一拳，放声大哭起来。几个哥萨克跑过来，把郭罗瓦乔夫撕成了碎片，对着尸首骂了半天，又把他扔到路边沟里的烂泥里。这场丢尽了脸的进攻就这样结束了。

李斯特尼次基从华沙的随军医院里给父亲写了一封信，说他要借养伤的机会，回到亚戈德庄上父亲身边度假。老人家收到信以后，就一个人关在书房里，直到第二天，才愁容满面地从里面走出来。他吩咐尼基吉奇将大走马套到车上，吃过早饭，就到维奥申镇上。他给儿子电汇了四百卢布，还寄了一封短信。

> 我的好孩子，你受了炮火的洗礼，我自是十分高兴。你的高贵的天职应该是在战场上，不是在宫廷里。你如果心安理得地侍奉朝廷，本来够荣耀的，而且你也有本事邀宠。不过我们家还没有谁有这种秉性。你的祖父就因此失宠，一直住在亚戈德庄上，从不希冀、从不盼望皇上的恩遇。祝你健康，好孩子，希望你早日恢复健康。你记着，你是我在世上唯一的亲人。姑母问候你，她很健康；关于我自己，没有什么好写的；我怎样生活，你是知道的。前方是怎么回事儿呢？难道就没有一个有头脑的人吗？我不相信报上的消息，那都是彻头彻尾的谎言，我根据以往的例子断定是这样。叶甫盖尼，是不是真的咱们打败了呢？
>
> 我急切盼望你回家！

关于李斯特尼次基老爷的生活，的确没有什么可写的，他的生活照旧很单调，没有变化，只是人手短缺了，酒也少了起来。老爷喝酒比以前勤了，脾气比以前大了，更喜欢找碴儿了。有一次，他在规定以外的时间把阿克西妮亚叫了来，说道：

“你做事太不用心啦。为什么昨天送来的早饭是凉的？为什么咖啡杯子没有洗干净？如果再有这样的事，我就把你——你听见吗？——我就把你辞掉。我看不惯邋遢人！”老爷使劲甩了甩手。“你听见吗？我看不惯！”

阿克西妮亚紧紧闭着嘴，忽然哭了起来。

“尼古拉·阿列克塞耶维奇！我的孩子病啦。您放我几天假吧……她不能离开人。”

“孩子怎么啦？”

“喉咙憋得喘不上气来……”

“是猩红热吧？糊涂娘儿们，为什么不早说？哎呀，还不着急呢，真该死！快去告诉尼基吉奇，叫他套上车，到镇上去找大夫。快点！”

阿克西妮亚飞跑出去，老头子还在她后面用洪亮、浑厚的声音像打雷一样地喊叫着：

“糊涂娘儿们！糊涂娘儿们！真糊涂！”

第二天早晨，尼基吉奇把大夫请来了。大夫仔细看了看已经昏迷、浑身滚烫的孩子，也不回答阿克西妮亚的问话，就朝老爷房里走去。老爷站在堂前迎住他，没有伸手给他。

“小孩子怎么样？”老爷只马马虎虎地点了点头回答大夫的问候，便问道。

“是猩红热，老大人。”

“能好吗？有希望吗？”

“恐怕不行啦。孩子要死啦……这么小的年龄嘛。”

“混蛋！”老爷的脸红了。“你学的本事呢？给我治去！”

砰的一声，他把吓慌了的大夫关到门外，自己就在大厅里踱了起来。

阿克西妮亚敲了敲门，走了进来。

“大夫要马送他回镇上去。”

老头子猛地用鞋后跟一转，转过身来。

“告诉他，就说他是饭桶！告诉他，他不把小孩子给我治好，别想离开这里！在厢房里给他弄一间屋子，送饭给他吃！”老头子摇晃着瘦骨嶙峋的拳头，叫了起来。“给他喝，给他吃，好好招待他，可是他要走——走……休想！”他猛然顿住，走到窗户跟前，用指头敲了敲窗户，又走到一张放大了的、儿子由奶妈抱着照的相片面前，倒退了两步，眯着眼睛看了半天，好像不认得似的。

孩子病倒的第一天，阿克西妮亚就想起娜塔莉亚的一句很悲痛的话：“你欺负我，早晚会有报应……”她断定这就是上帝在惩罚她，就因为她那时候侮辱了娜塔莉亚。

她为孩子的命担惊害怕，失去了理性，昏昏沉沉地到处跑来跑去，什么事都无心做了。

“上帝真的要把孩子夺走吗？”这个狂乱的念头一直在脑子里跳动，赶都赶不走，可是阿克西妮亚不相信，硬是不相信，她拼命地祈祷，哀求上帝大发慈悲——保全孩子的命。

“主啊，开恩吧！……留下一条命吧！开恩吧，主啊，慈悲慈悲吧！”

小小生命经不住疾病的折腾。孩子直挺挺地躺着，红肿的喉咙眼儿里吃力地、断断续续地发出细微的咝咝声。镇上的大夫就住在厢房里，一天来看孩子三四次，每天晚上他都在下房的台阶上站很久，抽着烟，望着一簇簇秋夜的寒星。

阿克西妮亚通夜跪在床边。听着孩子吃力的咝咝声，她心里如同刀绞。

“妈——妈……”两片烧破的小嘴唇轻轻翻动着。

“乖孩子，我的宝贝儿！”做妈妈的压低声音唤道。“我的心肝儿，别离开我呀，我的好孩子呀！我的乖宝宝，你睁睁眼睛，看看我。醒醒吧！我的黑眼睛宝宝呀……主啊，这是为什么啊？……”

孩子有时睁一睁火烫的眼皮，充满了坏血的小眼睛里射出摇晃不定、几乎觉察不出的目光。妈妈如饥似渴地捕捉这一目光，这目光忧伤、平静，好像一点点退缩回去。

她死在妈妈的怀里。她抽搭着，最后一次张了张发青的小嘴，就哆哆嗦嗦地挺直了小身子；出了冷汗的小脑袋朝后一仰，就从阿克西妮亚手上滚了下去；有点忧郁的麦列霍夫家的小眼睛眯缝起来，露着已死的小眼珠儿，流露出惊讶的神情。

萨什卡老爹在池塘边一棵枝叶繁茂的老杨树底下掘了一个小小的坟坑，用胳膊把小棺材夹到那里，用一种从来不曾有过的快速度把小棺材埋好，又耐心地等了很久，等着阿克西妮亚从小小的土坟堆上站起来。他没有等到，就叭的一声擤了一下鼻子，朝马棚里走去……他从干草棚里拿来一小瓶花露水和半瓶变了性的酒精，倒在一个大瓶子里掺和起来，他一面摇晃着，欣赏着变出来的颜色，一面说：

“咱们来用酒祭奠祭奠。愿孩子早升天堂。小天使的灵魂早早回宫。”

他喝了一口，呆呆地摇晃着脑袋，吃着压坏的西红柿，动情地看着瓶子说：

“你别忘掉我呀，好孩子，我是不会忘掉你的！”说过就哭了起来。

过了三个星期，叶甫盖尼·李斯特尼次基打来一个电报，说他已经被准了假，并且已经动身回家了。老爷派了一辆三套马车到车站上去接他，仆人们全都忙活起来：杀鸡，宰鹅，萨什卡老爹还剥了一只羊，好像是筹办宾客云集的大宴会似的。

少东家到达的前一天，又派了三匹换班的马到卡敏车站去。少东家是夜里到家的。正下着蒙蒙细雨，车灯把一道道昏暗的光线投射在一个个小水洼上。马铃铛叮当响着，马车在台阶前停了下来。心情激动、面带笑容的叶甫盖尼从轿车上走了下来。他把热乎乎的雨衣扔到萨什卡老爹手里，便十分明显地拐着腿，走上台阶。老爷急急忙忙从客厅里走了出来，椅子都碰倒了好几把。

阿克西妮亚把晚饭摆到饭厅里，就去请老、少东家吃饭。她从钥匙孔里望了望，看到老头子趴在儿子身上，亲儿子的肩膀；他那老得打了松松的皱褶的脖子轻轻哆嗦着。等了几分钟，阿克西妮亚又朝里面望了望，看到少东家穿着草绿色的制服，敞着怀，跪在一张铺在地上的大地图跟前。

老爷从烟斗里向外喷着乱蓬蓬的烟团，用骨瘦如柴的手指头敲着沙发的扶手，十分愤懑地说：

“是阿列克谢耶夫吗？不可能！我不信。”

叶甫盖尼小声说了半天，说明他说的是真话，并且用手指头在地图上比画着，老头子听了他的话，用镇定的语气低声说：

“这样看来，是最高指挥部不对。眼光太狭窄！哦，你等等，叶甫盖尼，我来给你说一个日俄战争中类似的战例。你听着！……听着，听着！”

阿克西妮亚敲了敲门。

“怎么，饭摆好啦？就来。”

老头子走出来，又带劲儿，又愉快，眼睛里焕发着青春的光彩。他们父子两人喝光了一瓶葡萄酒。葡萄酒是昨天刚从地里挖出来的，长了绿毛的封签上还保留着褪了色的文字——一八七九年。

阿克西妮亚服侍他们吃饭，看着他们那高高兴兴的脸，越发觉得自己孤单。心里的苦闷哭不出来，憋在心里特别难受。女儿死后头几天，她很想哭，但是哭不出来。喉咙里的叫声很大，但是没有眼泪，因此痛苦就像石头一样，加倍地沉重。她睡的时间很多（想在昏睡中忘却痛苦），但即使在梦中她仍然能听到孩子那若即若离的呼唤声。她忽而觉得女儿就睡在她身旁，她就向旁边闪一闪，用手在床上摸索一阵；忽而好像听到模模糊糊的低声呼唤：“妈妈，喝水。”

“我的心肝肉儿呀……”阿克西妮亚用冰冷的嘴唇小声呼唤着。

甚至在难挨的清醒时候，她有时都觉得好像小孩子就靠在她的膝边，而且觉得自己正伸着手在抚摩那鬈发的小脑袋。

叶甫盖尼回家后的第三天，在萨什卡老爹的马棚里坐到很晚，听他朴实无华地讲述过去在顿河上自由自在生活的情形和古时候的事情。八点多钟他从马棚里出来。外面刮着风，烂泥巴在脚底下吧唧吧唧响着。云彩缝儿里挂着一弯黄黄的新月。叶甫盖尼借着月光看了看表，便朝下房走去。他在台阶前点着烟，站了一会儿,想了想,后来耸了耸肩,就毅然决然地踏上台阶。他轻轻摘下门鼻,门吱嘎一声就开了。他走进阿克西妮亚的屋子,划着了火柴。

“谁呀?”阿克西妮亚裹紧自己的被子,问道。

“是我。”

“我马上穿衣裳。”

“不要紧。我坐一会儿。”

叶甫盖尼脱掉大衣,坐到床沿上。

“你女儿死啦……”

“死啦。”阿克西妮亚像回声一样应声说。

“你瘦了好多。丢一个孩子,当然不是滋味,这我明白。不过我觉得,你不该白白糟蹋自己身子,哭又哭不活孩子,你还相当年轻,还可以生孩子嘛。真不该这样！不要难受啦,随它去吧……孩子死了,到底孩子只是孩子,你呀,还早着哩,好日子全在后面呢!”

叶甫盖尼攥住阿克西妮亚的一只手,用亲热得不容推托的态度抚摩着她,低声细气地说起话来。他换成了耳语,等他听到阿克西妮亚抽抽搭搭地哭得直打哆嗦,抽搭又变成痛哭的时候,他就吻她那哭湿了的两颊,吻她的眼睛……

女人的心最容易为爱怜和甜言蜜语所融化。痛苦绝望的阿克西妮亚失去了理性,如癫似狂,燃起了早已熄去的欲火,把自己的肉体交给了他。可是等到那股空前凶猛、空前强烈的纵情欢乐的浪潮退下去,她清醒过来,尖声叫了起来,就好像疯了一样,只穿着一件小褂,光着下身跑到台阶上。叶甫盖尼急急忙忙,连门都顾不上关，跟着她走了出来。他一面走，一面穿好大衣，慌慌忙忙地走了一会儿，等他气喘吁吁地走上正房的阳台，他就高兴而满意地笑了。他兴致勃勃，非常快活。他已经躺到床上，摩挲着凸凸的、软软和和的胸腔，想道："在一个正经人看来，这是可耻的，不道德的。格里高力……我偷了他的情人，可是我在前方差点儿把命送掉啊。子弹向右偏一点，把我的脑袋穿个洞，不也是可能的吗？如果那样，这会儿我已经腐烂啦，我浑身都生满了蛆……每一分钟都应当好好地过。我什么事都可以干！"他有一会儿觉得自己的想法非常可怕，但是他又想起进攻时那十分可怕的场面，想起他从死马身上爬起来又中了子弹倒下去的那一刹那。他已经沉沉欲睡了，这才自我安慰地在心里决定说："这事明天再说，现在睡吧，睡吧……"

第二天早晨，等饭厅里只剩下他和阿克西妮亚，他抱歉地笑着，走到她跟前，但是她靠在墙上，伸着手，狠狠地用小声责骂他：

"别靠近我，该死的东西！……"

生活总是用自己的不成文的规则支配着人。过了三天，叶甫盖尼夜里又到阿克西妮亚的屋里来了，阿克西妮亚也没有推却。

二十三

司涅基列夫大夫的眼科医院旁边有一个小小的花园。

在莫斯科郊区的一条条小胡同里，这种狭小的、修剪得整整齐齐的小花园有很多，来到这种小花园里，眼睛并不能摆脱城市里那种像石头一样重的沉闷，看着这种小花园，就会想起那辽阔无边的野生森林，这里的一切就更加刺眼，更叫人看着难受。医院的小花园里已经是一片秋色：小径上落满红铜色的树叶，晨霜打蔫了一朵朵的花儿，剪得整整齐齐的草地罩上一层水蒙蒙的青色。晴朗的日子，病人们在小径上散步，听着虔诚的莫斯科的悠扬的教堂钟声。天阴下雨的时候(那一年阴雨天特别多)，病人们自言自语厌了，互相说话也厌了，就一声不响地躺在床上，或者在各个病房里串来串去。

医院里大多数是普通的病人，有一个病房住的是伤兵；他们一共是五个人：扬·瓦莱伊基司，是一个拉脱维亚人，高个子，红头发，两只浅蓝色的眼睛，络腮胡子剪得短短的；伊万·乌鲁布列福斯基，是一个二十八岁的漂亮龙骑兵，是弗拉基米尔省人；另外就是西伯利亚的神枪手柯塞赫、好动的黄头发步兵布尔金和麦列霍夫·格里高力。九月底，又送来一个伤兵。那天正在喝晚茶的时候，门铃连续不停地响了一阵。格里高力朝走廊里望了望。三个人进了穿堂：一个女护士和一个身穿束腰无领长衣的人，他们搀着另外一个人。想必那个人是刚从车站来的：他那肮脏的、胸前到处是褐色血斑的军便服可以证明这一点。黄昏时就给他做了手术。经过短时间的准备(病房里听见了响声——在煮家什呢)以后，把新来的人送进了手术室。过了几分钟，手术室里传出低低的歌声。医生给伤兵摘除被炮弹片打坏的眼睛的时候，上过麻药的伤兵一直在唱歌和嘟嘟哝哝地咒骂。做过手术以后，把他送进了伤兵住的病房。过了一天一夜，麻药的那股厉害劲儿从脑子里完全消失，他就谈起他自己，说他是在德军前线上的维尔别尔格附近受伤的，他姓贾兰沙，是一个机枪手，是契尔尼戈夫省人。几天的工夫，他就跟格里高力格外要好起来；他们的床是紧挨着的，晚上医生查过病房以后，他们每天都要小声谈上很久。

“喂，哥萨克，你的眼睛咋样？”

“很糟。”

“咋治的？”

“天天去打针。”

“扎过多少次啦？”

“十八次啦。”

“疼不疼？”

“不疼，很舒服。”

“我可以要求要求，把这只眼挖掉算啦。”

“我不愿做独眼龙。”

“是这样啊。”

格里高力这个邻床是个肝火很旺、口齿十分尖刻的人，他对什么都不满意：咒骂政府，咒骂战争，咒骂自己的命运，咒骂医院的伙食、厨子、医生——碰到什么，就骂什么。

“老弟，咱们为啥去打仗？”

“大家为什么，咱们就为什么。”

“你给我说明白些，把话说明白。”

“算了吧！”

“哈！你是个糊涂虫。凡事都得弄个明白。咱们是为资产阶级打仗，明白吗？资产阶级是啥玩意儿？就好比大麻地里的鸟儿。”

他给格里高力解释起一些难懂的字眼儿，他的话里夹杂着许多骂人的、难听的话。

“别唠叨啦！你的南蛮子话我听不懂。”格里高力打断他的话。

“你咋不懂？难道你是莫斯科人，咋能不懂？”

“你说慢一点。”

“小老弟，我说得并不快呀。你也许要说，为沙皇打仗，可沙皇是啥玩意儿？沙皇是个酒鬼，皇后是个骚货，老爷们越打仗越赚钱，可是咱们得到的是……脖子上的套索，明白吗？你瞧吧！工厂老板们喝白干儿，当兵的喂虱子，两方面都很来劲儿……老板赚大钱，工人光屁股，差别就是这么大……你干吧，哥萨克，你干吧！再干下去，还能挣得一副十字架，挺漂亮的硬木十字架……”他说的是乌克兰话，但是有时他激动起来，就说起俄罗斯话，包括许多骂人话在内，说得很地道。

他天天往格里高力脑子里灌输闻所未闻的道理，指明发生战争的真正原因，无情地嘲骂专制制度。格里高力曾经想反驳，但是贾兰沙提了几个简单得要命的问题，就弄得他张口结舌，于是格里高力只好赞成他的说法。

在这方面，最可怕的是，他从心里觉得贾兰沙是正确的，他无法提出反驳，没有理由、也找不到理由来反驳。格里高力惶恐地意识到，这个又聪明又厉害的乌克兰人在一点一点、毫不放松地破坏着他以前关于沙皇、祖国和哥萨克军人天职的一些看法。

贾兰沙来医院后一个月的工夫，格里高力的思想意识所依存的根基都化成了飞灰。这根基原已腐朽，战争的极端荒谬性又像铁锈一样把这种根基侵蚀烂了，只要推一下，就会土崩瓦解。这一下推过了，思想醒来了，醒来的思想搅得格里高力那单纯而朴实的头脑疲惫不堪，搅得他受不了。他想来想去，寻找出路，寻找他无法理解的这种问题的答案，终于在贾兰沙的回答中找到满意的答案。

有一天深夜里，格里高力从床上爬起来，叫醒了贾兰沙。他坐到贾兰沙的床上。九月的月亮的淡绿色光华，透过放下的窗帘，射进窗来。刚刚醒来的贾兰沙的两腮像两个沙坑一样黑黑的，两个黑眼窝潮乎乎的。他打着哈欠，觉得脚冷，又把脚伸进被窝。

“你为啥不睡？”

“睡不着。我一点都不想睡。你还是给我讲讲，为什么战争能使一部分人得到好处，使另一部分人家破人亡……”

“不是这样吗？啊哈——哈……”贾兰沙打了个哈欠。

“等一等！”格里高力气得红着脸，小声说，“你说，是为了财主们的需要，把咱们赶去送死，那么，全国老百姓又怎样呢？老百姓都不懂吗？就没有人能够给大家讲讲吗？就该有人站出来，说一说：‘弟兄们，你们是在为这个这个流血拼命。’”

“咋能站出来呢？你怎么，说着玩儿吧？好吧，我倒要看看，你怎么站出来。咱们在这儿悄悄说话，就像鹅躲在芦苇丛里，只要声音叫大些，一颗子弹就飞过来。老百姓聋得什么都听不见。只有战争能惊醒老百姓。打过焦雷，黑云里才能落下雨来……”

“那又怎么办呢？你说说吧，坏小子！你把我的心都搅乱啦。”

“你心里觉得又该咋办呢？”

“我不清楚。”格里高力坦率地说。

“谁把我往山崖下推,我就推谁。要毫不犹豫地掉转枪口。谁把人往火坑里送,就对准谁开枪。你要知道,”贾兰沙抬起身来,咬了咬牙,两手向前一伸,“大风浪一起来,啥东西都能一扫而光!”

“照你的意思,怎么……一切都得弄个天翻地覆吗?”

“对!要像扔掉烂包脚布一样,把政府推翻。要把老爷们身上的羊皮剥掉,要打烂他们的嘴巴,因为他们打老百姓的嘴巴打够啦。”

“新政府成立后,对战争怎么办?还是照样要打仗,咱们不打,咱们的孩子们也要打。你有什么法子少打仗呢?既然自古以来就有战争,战争怎么能消灭得掉呢?”

“对啦,自古以来就有战争,只要世界上还有混蛋政府,战争就不会消灭。就是这么回事儿!只有等到每一个国家的政府都在工人手里了,那时候就不会打仗了。这是需要斗一斗的。要把他们这些狗娘养的统统送进棺材!……一定会这样的!不管是德国人的政府,不管是法国人的政府——所有国家的政府都要变成工人和农民的政府。到那时候,咱们为啥还要打仗呢?边界没有啦!深仇大恨没有啦!全世界过的是一样美满的日子。嗨!”贾兰沙叹了一口气,咬着胡子尖,忽闪着那只独眼,带着幻想的神情笑了。“格里什卡呀,为了换得这样的日子,我愿意流尽我的血……我的心里就好像有一团火……”

他们一直谈到黎明时候。在灰蒙蒙的晨曦中,格里高力迷迷糊糊地睡去。

早晨，说话声和哭声把他吵醒了。伊万·乌鲁布列福斯基脸朝下趴在床上，抽抽搭搭地哭，不住地擤鼻涕；一位女医生、扬·瓦莱伊基司和柯塞赫都站在他跟前。

“他哭什么？”布尔金从被窝里探出头来，哑着嗓子问道。

“把眼睛打碎啦。他从杯子里往外拿，掉在地上打碎啦。”柯塞赫与其说是带着同情心，不如说是带着幸灾乐祸的心情回答说。

有一个入了俄国籍的德国人，是一个卖人造眼睛的商人，他激于爱国热忱，向士兵们免费赠送人造眼睛。前一天刚给乌鲁布列福斯基挑了一只玻璃眼睛，给他装上去，那是一只做工很细的眼睛，蓝蓝的，十分好看，简直和真的一样。那眼睛做得精巧极了，即使细心观察，也分不出真假。乌鲁布列福斯基十分高兴，跟小孩子一样笑起来。

“等我回到家里，”他用弗拉基米尔省口音说，“随便骗上一个姑娘。等结了婚，我再告诉她，眼睛是假的。”

“他要骗人呢，该打！”布尔金哈哈大笑。他经常哼哼着唱：杜尼娅怎样怎样，蟑螂咬坏了杜尼娅的衣裳。

这真是意想不到的不幸——一个漂亮小伙子，等回到家乡，就成了一个独眼的丑八怪。

“别哭啦，还会再给一只新的。”格里高力安慰他说。

乌鲁布列福斯基抬起他那哭肿了的、带着一只红红的、水汪汪的空眼窝的脸。

“不会给的。一只眼睛要值三百卢布呀。不会再给啦。”

“眼睛实在是一只呱呱叫的眼睛！上面每一根筋都清清楚

楚。"柯塞赫赞叹说。

吃过早点，乌鲁布列福斯基跟着女医生到德国人的商店里去了，德国人又给他挑了一只眼睛。

"德国人真比俄国人好！"乌鲁布列福斯基简直高兴疯了。"要是找俄国商人，鸡巴毛都别想要到；可是人家连二话都不说一句。"

九月过去了。时光非常吝啬地打发着日子。呆板、沉闷、无限冗长的日子过得非常慢。每天早上九点钟喝茶。用小碟子给每个病人端来两片薄得透亮的、软不拉唧的法国面包和一块小指头大的奶油。午饭后，病人还是饿着肚子各自散去。晚上也喝茶，为了变变花样儿，要掺着冷水喝。病员时常在变化。"军人病房"（病人都这样称呼伤兵住的这间病房）里首先出院的是西伯利亚人柯塞赫，紧跟着他出院的是拉脱维亚人瓦莱伊基司。十月末，格里高力也出了院。

留着短短的下巴胡、一表人才的院长司涅基列夫大夫测试的结果，认为格里高力的视力是令人满意的。在一间黑屋子里，让格里高力站在一定距离之外，试看了灯光照亮的一些老大的字母和数字。让他出了眼科医院，又把他送到特维尔大街上的后方医院，因为脑袋上已经愈合的伤口又裂开了，而且多少有点化脓了。格里高力在和贾兰沙道别的时候，问道：

"咱们还能见面吗？"

"山跟山是无法相会的，人跟人总有见面的时候……"

"好啦，南蛮子，谢谢你，你使我睁开了眼。现在我的眼睛亮啦，而且……也恨起来啦！"

“等你回到团里，把这方面的道理也给哥萨克们说一说。”

“好的。”

“你要是有机会到契尔尼戈夫省高罗霍夫镇上去的话，就打听铁匠安得利·贾兰沙好啦，我一定欢迎你。再见吧，老弟！”

他们拥抱过，就分别了。在格里高力的脑子里，很久都保留着这个剩了一只严峻的独眼、灰土色的脸上长着一张线条柔和的嘴的乌克兰人的形象。

格里高力在后方医院里住了十来天。他在心里孕育着一些还没有成熟的主张，贾兰沙传给他的愤懑在他身上腾腾欲发。他跟同病房的人很少说话，他的一行一动都带着一种焦躁不安的意味。医院院长在接收格里高力入院的时候，匆匆打量了一下他那张非俄罗斯型的脸，就下了断语：“是个不安分的家伙。”

进来头几天，格里高力发着烧，躺在病床上，听着耳朵里不住地嗡嗡直叫。

这时候，发生了一场风波。

有一位皇亲大人，从沃罗涅日回京路过这里，要光临医院来视察。从早晨起，医院里得到这一消息的全体医务人员，就像着了火的粮仓里的耗子一样，一齐忙活起来。给伤员们换上新睡衣；又把伤员们弄起来，提前换了床单和枕套，一个年轻医生还教伤员怎样回答皇亲大人的问话，跟皇亲说话时应当保持什么样的姿态。这种惶惶不安的情绪也传给了伤员们：有些伤员老早就小声谈了起来。中午时候，小汽车喇叭在门口叫了两声，皇亲大人在众多的侍从陪同下，走进大开了的医院大门。（有一个爱说爱笑的伤兵事后对同伴们说，高贵的客人们来到时，虽然这一天十分晴朗，而且没有风，可是医院的红十字旗突然呼啦啦飘动起来，对面理发店招牌上那个潇洒的鬈发男子也好像在磕头行礼，又好像是屈膝请安。）开始视察病房。皇亲大人提出不少跟他的身份和地位十分相称的荒谬问题；伤员们都按照那位年轻医生的叮嘱，把眼睛瞪得大大的，比在军营里教过的那样子还要大，回答“是这样的，殿下”，或者“的确不是这样”，再加上同样的称号。回答过了，院长再加以解释，并且他的身子不停地扭来摆去，就像一条被叉子叉住的蛇，老远朝他看去，都觉得十分可怜。皇亲大人一张床一张床地走过去，分发着小圣像。身着华贵服装的人群和一股浓烈的高级香水气味朝格里高力涌了过来。他站在自己床边，瘦瘦的，脸都没有刮，眼睛还发着炎；尖尖的深棕色颧骨轻轻抖动着，说明他十分激动。

“就是他们，就为了他们过得快活，才把我们从家里赶出来，叫我们去送死。哼，全是毒辣的东西！该死的东西！混蛋东西！就是他们，一个个都是虱子，拼命地在我们的脊梁上咬！……不就是为了这个家伙……我们的马才踩坏别人的庄稼，我们才去杀不相干的人吗？我才在庄稼茬子上爬，才哭叫吗？才担惊受怕吗？才离开家，到兵营里受折腾吗？……”这些念头在他脑子里沸腾着，打着转转儿。他恨得嘴唇直打哆嗦。“他们都吃得肥肥的，都要冒油啦。顶好把你们这些该死的东西也送到前方去！叫你们骑骑马，扛扛枪，喂喂虱子，吃吃臭面包和生蛆的肉！……”

格里高力用眼睛扫了扫那些油头粉面的侍从军官，把阴沉的目光停在皇亲大人那肉嘟嘟的脸上。

“他是顿河哥萨克，得过十字勋章。”院长把腰弯了好几下，指着格里高力说，听他那说话的腔调，觉得好像是他本人得到了勋章似的。

“哪个乡的？”皇亲手拿圣像准备着，问道。

“维奥申乡的，殿下。”

“你因为什么得到十字章？”

皇亲的两只空虚无聊的浅色眼睛里隐隐露出烦闷和厌倦的神情。红红的左眼眉机械地向上抬了抬——这就更明显地显示出皇亲脸上的表情。格里高力顿时觉得胸中闪过一阵冷气和一阵刺疼；这种感觉往往出现在冲锋开始的时候。他的嘴唇忍不住撇了撇，抖动起来。

“我要……我要解手……要解手，殿下……要撒尿……”格里高力摇晃起来，好像打伤了腿一样，做了一个大手势，朝床底下指了指。

皇亲的左眉毛竖了起来，拿着圣像的手半路上停了下来。皇亲大惑不解地耷拉下肥厚的嘴唇，转身朝着一位陪伴他的白发将军，说了一句英语。侍从们多少有些慌乱：一个高个子副官，用戴着雪白手套的手擦了擦眼睛；另一个低下了头，第三个带着询问的神情看了看第四个的脸……白发将军恭恭敬敬地笑着，用英语回答了皇亲大人的问话，于是皇亲大人赐恩，把圣像塞到格里高力手里，甚至给予最高的恩典：用手挨了挨他的肩膀。

贵客们一走，格里高力就一下子趴在床上。把头埋到枕头里，肩膀不住地哆嗦着，躺了几分钟；弄不清他是在哭，还是在笑，反正他爬起来时，眼睛干干的，而且亮了起来。医院院长立即把他叫到了办公室。

“你这个流氓！……”他用手揉搓着颜色像掉了毛的兔子皮一样的下巴胡，开口说。

“我不叫你流氓，叫你畜生！”格里高力一面哆嗦着耷拉着的下巴，朝院长走去，一面说。“你们没上过前方！”然后，他压了压火气，换了镇定的语气说：“送我回家去吧！”

院长向后倒退着，走到写字台后面，语气稍微缓和些说：

“送你走。滚你的吧！”

格里高力走出来，笑得直哆嗦，眼睛里燃烧着怒火。

因为他在皇亲大人面前行为乖张，不可饶恕，医院当局三天不给他饭吃。同病房的伙伴和一个心肠好、害小肠气的厨子都弄饭给他吃。

二十四

十一月三日夜里，格里高力·麦列霍夫来到下亚布洛诺夫村，这是离开车站以后，进入维奥申乡的第一个哥萨克村庄。离亚戈德庄还有几十俄里。格里高力从稀稀拉拉的人家门前走过，一路上惹得狗汪汪直叫；在河边柳树丛后面，有几个清脆的童声在唱歌：

刀枪闪闪出了树林，
哥萨克连队向前挺进。
年轻的军官一马当先，
率领哥萨克冲锋陷阵。

有一洪亮、有力的男高音在领唱：

不要怕，弟兄们，跟我冲！

整齐、和谐的童声十分带劲地接唱下去：

快朝敌人的鹿砦上冲。
谁头一个冲到鹿砦上，
谁不得勋章，立头功？！

格里高力唱过多少遍的哥萨克古歌那熟悉的歌词儿，一阵一阵地传进格里高力的耳朵，他感到说不出的亲切和温暖。一股凉气袭来，眼睛觉得疼，胸膛感到闷。格里高力贪婪地闻着一家家烟囱里冒出来的烧牛粪的苦烟，穿过了村庄——歌声跟着他飞了过来：

我们一齐来到鹿砦上。
子弹纷纷如飞蝗。
顿河哥萨克从不胆怯——
举起大刀长矛往前闯。

"我老早就唱过这支歌，那时候我是一个自由自在的小伙子，可是现在我的嗓子干啦，生活折腾得我唱不出来啦。这会儿我是到别人的老婆那里去度假，没有家，没有业，就像一只野狼……"格里高力想着，从容不迫，疲惫无力地走着，想到自己变化莫测的生活，不禁发出苦笑。出了村庄，他走上一处斜斜的高地，回头看了看：尽头一户人家的窗户里透出黄黄的挂灯灯光，窗边一架纺车跟前，坐着一个上了年纪的哥萨克妇人。

格里高力离了大路，走上落了轻霜、发出轻轻吱咯声的草地。他决定在旗尔河边遇到村庄就停下来过夜，好在第二天天黑以前赶到亚戈德庄。半夜过后他才来到格拉乔夫村，就在村边一户人家过了夜，等淡紫色的晨曦刚刚透进窗来，他就上路了。

夜里他才来到亚戈德庄上。他轻轻地跳过栅栏，从马棚旁边走过，听到萨什卡老爹老大的咳嗽声。格里高力站下来，喊了一声：

"萨什卡老爹，你没有睡吗？"

"等等，这是谁呀？声音很熟……这又是谁呢？"

萨什卡老爹披上褂子，走了出来。

"老天爷呀，是格里什卡！你这鬼东西是从哪儿钻出来的？真是稀客！"

他们拥抱起来。萨什卡从下面看着格里高力的眼睛，说：

"进来，咱们抽袋烟。"

"不啦，明天再聊吧。我走啦。"

"进来一下，有话对你说。"

格里高力很不情愿地跟着走了进去，坐到板床上，萨什卡老爹在咳嗽，他等了一会儿。

"怎么样，老爹，你还好吧？身子还结实吧？"

"还能活一阵子呢。我就像火石枪。老是不见坏。"

"阿克西妮亚怎么样？"

"阿克西妮亚有什么……阿克西妮亚身子好好的。"

老爹很不自然地咳嗽起来。格里高力听出他的咳嗽是装的，是有话不好意思说出口。

“孩子埋在哪儿啦?”

“埋在花园里,白杨树底下。”

“噢,说下去吧。”

“格里沙,咳嗽真把我折腾死啦……”

“噢!”

“大家都过得好好的。就是老爷喝酒上瘾啦……老是喝,这人好糊涂,一点节制都没有。”

“阿克西妮亚怎么样啊?”

“阿克西妮亚吗? 她如今在上房里当差呢。”

“我知道。”

“你还想卷根烟抽吧? 嗯? 卷根烟吧,我有上等烟丝。”

“我不想抽。你还是快说吧,要不然我就走啦,我觉得,”格里高力沉重地转过身去,板床在他身子底下咯吱响了两声,“我觉得,你有话要说,就好像怀里揣着一块石头,还是扔出来吧。”

“我要扔!”

“扔吧。”

“我来扔。我不能不说,格里沙,不说出来我心里难受。”

“说出来吧。”格里高力带着像石头一样的沉重心情亲热地把一只手放到老爹的肩上,要求说。他弯下腰,等着。

“你养了一条蛇!”萨什卡老爹很别扭地挓挲着两条胳膊,突然用尖尖的假嗓子叫道。“你养的是一条毒蛇! 她跟叶甫盖尼搞上啦! 这算什么呀?”

“你说的可是真的?”

“我亲眼看见的。他每天夜里都去找她。你去吧,大概这会儿他还在她那儿呢。”

“那好啊……”格里高力攥得指头骨咯吧咯吧直响，弯着腰，抚摩着腮上抽搐得歪歪扭扭的肌肉，坐了半天。耳朵里叮咚响着，就像有很多清脆的小铃铛。

“老娘儿们就是猫：谁要是摩弄摩弄她，她就跟谁亲热。你可别相信，不可信赖呀！”萨什卡老爹说。

他给格里高力卷了一根烟卷儿，点着了，塞到他手里。

“抽一口吧。”

格里高力抽了两口，就用手指头把烟卷儿掐灭，一声不响地走了出来。他在下房的窗户跟前站了下来，深深地和急促地喘着气，几次抬起手要敲窗户，但是手耷拉了下来，就像打断了似的。他很镇定地敲了一下，是弯着一个指头敲的，后来，就忍不住了，身子靠在墙上，用拳头朝窗框上疯狂地擂了半天。窗子上的玻璃叮叮当当乱响，窗框直摇晃，青色的夜光在窗户上闪来闪去。

阿克西妮亚那吓得老长的脸闪了一下。她开了房门，一下子叫了起来。格里高力就在门洞里把她抱住，看着她的眼睛。

“你敲得好带劲儿，可是我睡着啦……真没有想到……我的亲人！”

“我冻坏啦。”

阿克西妮亚觉得，格里高力整个魁伟的身躯抖得非常厉害，两只手像火一样热。她表现出过分的忙乱，点着灯，在屋子里跑来跑去，把一条绒毛围巾披到保养得很好的、丰满的肩上，就去生炉子。

“真没想到……你好久没写信啦……我以为你不回来呢……

你收到我最近一封信吗？本来想给你寄点东西去，可是后来我想，等等吧，也许会接到你的信呢……”

她偶尔朝格里高力看看。她那红红的嘴唇上一直带着没有笑意的笑容。

格里高力坐在板凳上，也没有脱军大衣。他那胡子拉碴的脸像火烧一样，长耳风帽投下的浓浓的阴影落在低垂的眼睛上。他正要动手解风帽，可是忽然又匆匆忙忙掏出烟荷包，又到口袋里去摸卷烟纸。他带着无比懊恼的心情匆匆打量了一下阿克西妮亚的脸。

在他离开的这段时间里，她倒出奇地漂亮起来了。

在她那好看的头的姿态中，出现了一种新的魅力，只有那毛茸茸的、大大的发卷儿和一双眼睛还和从前一样……她那种勾魂摄魄、使人心醉的美貌不是属于他的了。当然不是，因为她是少爷的情人啦。

“你……不像一个用人，倒像一个女管家啦。”

她用惊骇的眼光瞥了他一下，很不自然地笑了笑。

格里高力带着军用包，朝门口走去。

“你上哪儿去？”

“我出去抽口烟。”

“等会儿抽吧，鸡蛋已经煎好啦。”

“我一下子就回来。”

格里高力来到台阶上，从军用挂包最底下掏出一条用熨过的干净衬衣仔细包着的绣花头巾。这条头巾他是在日托米尔花两个卢布从一个犹太商人手里买来的，一直当宝贝保存着，行军的时候常常掏出来，欣赏欣赏那绚丽夺目的绣花，品味品味他回家以后，将绣花头巾在阿克西妮亚面前展开，她高兴得发狂的那种情景。可怜的礼物呀！讲起礼物，格里高力能跟顿河上游最豪富的地主家的少爷相比吗？格里高力压制住无泪的痛哭，把头巾撕成碎片，塞到台阶的洞眼儿里。把挂包扔到大板凳上，又回到屋里。

“坐下，格里沙，我给你脱掉靴子。”

阿克西妮亚用两只白嫩的、很久没有干活儿的手把沉甸甸的士兵靴从格里高力脚上拉下来，趴到他的膝盖上，不出声地哭了半天。格里高力等她哭过了，问道：

“你哭什么？我回来你不高兴吗？”

他很快就睡着了。

阿克西妮亚不穿外衣，跑到台阶上，在彻骨的寒风里，在北风凄厉的叫声中，抱住湿漉漉的柱子，在台阶上一直站到天亮，连姿势也没有改变。

第二天早晨，格里高力穿上军大衣，朝上房里走去。老爷正站在台阶前，穿着小皮袄，戴着黄黄的羊羔皮帽子。

“嘿，得勋章的英雄来啦！真有你的，老弟，抖起来——啦！”

他对格里高力行了一个军礼，又把手伸过来。

“你要多住些日子吗？”

“住两个星期，老爷。”

“你的女儿丢掉啦。可惜呀，真可惜……”

格里高力没有作声。叶甫盖尼一面戴手套，一面走到台阶上。

“是格里高力呀？你打哪儿来？”

格里高力眼里一阵黑，但是他在笑着。

“打莫斯科来，请假回来看看……”

“原来是这样。你的眼睛受伤了吗？”

“是的。”

“我听说啦。他成了多么了不起的一条好汉子呀，是吗，爸爸？”中尉朝格里高力点了点头，就转过脸去朝着马棚：“尼基吉奇，套车！”

老成持重的尼基吉奇套好了车，不很友好地斜眼瞅着格里高力，拉着灰色的老走马来到台阶跟前。蒙上一层薄冰的地面，在轻便马车的轮子下面沙啦沙啦响着。

“少东家，我是您的老赶车的，能让我再给您赶一趟吗？”格里高力带着讨好的神气笑着，对叶甫盖尼说。

“还一点不知道呢，倒霉蛋。”叶甫盖尼十分得意地笑着想，眼睛还在夹鼻眼镜底下忽闪了两下。

“好吧，那就劳驾啦，咱们走吧。”

“你这是怎么啦，刚刚到家，就把年纪轻轻的老婆扔下？难道你不想她吗？”老爷慈祥地笑着说。

格里高力笑了起来。

“老婆又不是狗熊，不会逃到树林子里去。”

他坐到车夫位子上，把鞭子插到座位下面，理了理缰绳。

“嘿，叶甫盖尼·尼古拉耶维奇，我给您赶起来才快活呢！”

“有本事使出来吧，我给你赏钱。”

“我非常感谢您。光是您养活……我的阿克西妮亚……给她……

一碗饭吃……已经够我感激的啦。”

格里高力的声音一下子断了,一种不好的预感在中尉心里动了一下。“难道他知道啦？喂,别瞎想！怎么会知道呢？不可能嘛。”他靠到车座背上,抽起烟来。

“快点儿回来呀!”老爷在他们背后喊。

车轮底下飞起扎脸的冰屑。

格里高力用缰绳扯了扯老走马的嘴,赶着马用最快的速度跑了起来。一刻钟的工夫,他们就翻过了山冈。一到了洼地里,格里高力就从座位上跳下来,并且从座位底下抽出了鞭子。

“你要干什么？……”中尉皱起眉头。

“就干……这个!”

格里高力干脆利落地扬起鞭子,使出猛劲儿朝中尉脸上狠狠地抽了一鞭。他又把鞭子倒过来拿,用鞭把子朝中尉脸上、胳膊上猛打,不叫他回过神来。打碎的眼镜片扎进了他眉毛上头的肉里。血一股一股地往眼睛里流。中尉起初用手遮住脸,但是鞭子像雨点一般落了下来。他怒气冲冲、满脸血糊糊地跳了起来,想要还手,但是格里高力一面向后退着,朝他的手腕子狠狠打了一下,把他的右手打麻了。

“这一下子是为了阿克西妮亚！这一下子是为了我！为了阿克西妮亚！为了阿克西妮亚再给你一下子！为了我再给你一下子!”

鞭子嗖嗖的,打在身上发出噗噗的声音。后来又用拳头把他打倒在硬邦邦的疙疙瘩瘩的土路上,打得他在地上直滚,还用钉着铁后跟的士兵靴子拼命地踢。直到打得没了劲儿,这才坐上马车，大喝一声，赶着马不要命地朝庄上奔去。他把马车扔在大门口，就攥着鞭子，磕磕绊绊地踩着军大衣的大襟，朝下房跑去。

阿克西妮亚听到打雷般的开门声，回头看了看。

“臭娘儿们！……母狗！……”

鞭子嗖的一声，结结实实地打在她的脸上。

格里高力呼哧呼哧地跑了出去；他也不回答萨什卡老爹的问话，就离开了庄园。走了有一俄里半路，阿克西妮亚撵上了他。

她呼哧呼哧地喘着粗气，一声不响地在他旁边走着，手偶尔地碰到格里高力。

来到岔路口上，在一座褐色的野外小教堂旁边，她用疏远、生分的腔调说：

“格里沙，原谅我吧！”

格里高力龇了龇牙，弓着背，把军大衣的领子往上提了提。

阿克西妮亚留在了小教堂后面。格里高力一次也没有回头看，没有看到阿克西妮亚向他伸出的双手。

他在下山坡朝鞑靼村里走的时候，才大惑不解地发现了自己手里的鞭子，把它扔掉，跨着大步走进了小胡同。许多张脸贴到窗户上，对他的来临表示惊讶；迎面走来、认出了他的娘儿们都恭恭敬敬地向他行礼。

来到自己家的大门前，一个瘦瘦的、黑眼睛的漂亮姑娘跑着、叫着扑到他的脖子上，一头扎进他的怀里。格里高力用手捧着她的两腮，扳起她的头来，认出是杜尼娅。

潘捷莱·普罗柯菲耶维奇一瘸一拐地下了台阶，母亲在房里大声哭了起来。格里高力用左手抱住父亲，右手还被杜尼娅拉着在亲呢。

一阵熟悉得不得了的踏板咯吱响过——格里高力上了台阶。老了很多的母亲,像小姑娘一样轻快地跑了过来,用眼泪把军大衣的扣眼儿泡得透透的,她紧紧抱住儿子,不住地嘟囔着,东一句,西一句,表达着言语表达不出来的心情;脸色煞白的娜塔莉亚却难受地笑着,站在门洞里,为了不跌倒,用手扶住门,格里高力那心慌意乱的目光匆匆向她一扫,她跌倒了……

夜里,潘捷莱·普罗柯菲耶维奇捅了捅伊莉尼奇娜的腰,小声说:

"你悄没声儿地去看看,他们是不是睡在一块儿?"

"我给他们铺的床嘛。"

"你去看看嘛,去吧!"

伊莉尼奇娜从门缝儿里朝正房里看了看,就走了回来。

"在一块儿呢。"

"好啊,谢天谢地!谢天谢地!"老头子画了一个十字,用胳膊肘支着身子,抽搭起来。

卷　四

一

一九一六年，十月。夜。又是雨又是风。林木丛生的低洼地带。到处是赤杨树的一片泥沼地。泥沼地边上就是战壕。前面是铁丝网。战壕里面是冰冷的稀泥。监视哨那潮湿的防护板微微闪着光。稀稀拉拉的地下室里的灯火。一位矮墩墩的军官，在一个军官地下室的门口站了一会儿；他用潮漉漉的手指头摸着纽扣，匆匆地解开军大衣，抖了抖领子上的雨水，又在踩得全是烂泥的一捆麦秸上草草地擦了擦靴子，这才推开门，弯下身子走进地下室。

小煤油灯发出的一片黄黄的灯光，一闪一闪地照到来人的脸上。一位敞着制服上衣的军官，在床上支起身子，用手撩了撩乱蓬蓬的斑白头发，打了个哈欠。

“下雨啦？”

“下着呢。”来人一面回答，一面脱下大衣，把大衣和淋得皱巴巴的制服挂在门边一根钉子上。“你们这儿挺暖和。人多热气大呀。”

“我们不久才生起火。糟糕的是，地下水直往外冒。这雨他妈的要是再下，地下室咱们就住不成啦……不是吗？您以为怎样，彭楚克？”

彭楚克搓着手，弯下腰，蹲到小炉子跟前。

“你们铺上地板嘛。我们的地下室里才漂亮呢：可以光着脚在里面走。哦，李斯特尼次基在哪儿？”

“睡觉呢。”

“睡很久了吗？”

“巡逻一回来就睡啦。”

“该把他叫醒了吧？”

“叫醒他吧。咱们一块儿来下棋。”

彭楚克用食指抹了抹又宽又浓的眉毛上的雨点，没有抬头，轻轻地叫道：

“叶甫盖尼·尼古拉耶维奇！”

“睡得好熟啊。”斑白头发的军官叹了一口气，说。

“叶甫盖尼·尼古拉耶维奇！”

“什么事？”李斯特尼次基用胳膊肘支起身子。

“咱们来下盘棋，好不好？”

李斯特尼次基把两条腿耷拉下来，用红红的、软软和和的手掌在鼓鼓的胸脯上搓了半天。

第一盘棋快要下完的时候，第五连的两位军官来了，一位是加尔梅柯夫大尉，一位是丘鲍夫中尉。

“报告一件新闻！”加尔梅柯夫还在门口就喊道。“咱们团大概要撤防啦。”

“这话是从哪儿来的？”斑白头发的上尉梅尔库洛夫不相信地笑了笑。

“你不信吗，彼佳大叔？”

“说实话，我不信。”

“炮兵连连长在电话里说的。他又是从哪里知道的呢？他昨天才从师部回来嘛，自然会知道。”

“能到澡堂里去泡一泡，倒是不坏。”

丘鲍夫装出十分舒服的样子笑着，装着用洗澡刷子在擦屁股。梅尔库洛夫笑了。

“我们的地下室里只要安上一口锅烧烧就行啦，水足够用的。”

“老兄，太潮啦，太潮啦。”加尔梅柯夫打量着木头排成的墙和咕叽咕叽响的地面，抱怨说。

“旁边就是泥沼地嘛。”

“感谢至高无上的上帝吧，待在泥沼地上，就像是藏在基督的怀里啦，”彭楚克插嘴说，“驻在干净地方的，天天要冲锋陷阵，可是咱们在这儿一个星期只能打一梭子。”

“宁愿冲锋陷阵，不愿在这儿活活地烂掉。”

“彼佳大叔，养活哥萨克，可不是为了叫哥萨克打仗牺牲掉。你别装糊涂。”

“照你看，是为了什么呢？”

“照以往的做法来看，政府在必要的时候还想依靠一下哥萨克呢。”

“你是在说鬼话。”加尔梅柯夫把手一摆，说。

“这怎么是鬼话？”

“就是鬼话。”

“算了吧，加尔梅柯夫！真理是驳不倒的。”

“这算什么真理……”

“这是大家都清楚的嘛。你为什么要装糊涂呢？”

“诸位军官，注意！”丘鲍夫叫道，又像演戏一样向四方鞠着躬，指着彭楚克说：“彭楚克少尉现在按照社会民主党圆梦的书给大家说说。”

“您是在演小丑吗？”彭楚克用眼睛逼住丘鲍夫的目光，冷笑了一声。“不过，您演下去好啦，各有所长嘛。我要说的是，从去年年中起，咱们就没有打过仗。从阵地战一开始那时候起，许多哥萨克团队就分散到隐蔽的地方，储存起来，暂时不用。”

“那么，以后呢？”李斯特尼次基一面收拾棋子，一面问道。

“以后，等前方骚乱起来——这是不可避免的：士兵们已经开始厌恶战争了，开小差的人越来越多，可以证明这一点——到那时就要派哥萨克去镇压、去平息叛乱。政府养活哥萨克军队，就像在棍子上绑一块石头。政府打算在必要的时候，用这块石头打碎革命的脑壳。”

“老兄，你着魔啦！你的推断太靠不住啦。首先，局势的发展，事先无法判断。至于以后要发生骚乱或者别的什么，你又是从哪儿知道的呢？假如事情是这样：协约国打垮了德国人，战争以光辉的结局而结束——到那时候，又叫哥萨克干什么呢？”李斯特尼次基反驳说。

彭楚克微微一笑。

“好像不会有什么结局，尤其不会有什么光辉的结局。”

“已经打了这么久啦……”

“还要打更久呢。”彭楚克断言说。

“你什么时候销的假？”加尔梅柯夫问道。

“前天。”

彭楚克把嘴嘬圆了，用舌头顶出一个小小的烟圈儿，把烟头扔掉。

“你上哪儿去啦？”

“上彼得格勒去啦。”

“哦，那儿怎么样？京城里热闹吗？唉，他妈的，要是能让我在那儿住上一个星期，叫我干什么都行。”

“开心的事也不多，”彭楚克字斟句酌地说，“缺粮。在工人区见到的是饥饿、不满和暗暗的反抗。”

“咱们是不能平安无事地从这次战争中爬出去啦。诸位，你们以为怎样？”梅尔库洛夫用询问的目光朝大家扫了一下。

“日俄战争引起了一九〇五年的革命，这次战争也要导致一场新的革命。而且不仅是革命，还要导致国内战争。”

李斯特尼次基听着彭楚克在说话，做了一个含含糊糊的姿势，好像是要半路上拦住彭楚克的话，后来站了起来，皱着眉头，在地下室里走来走去。他按捺着怒火，说：

“使我感到奇怪的事情是，在我们军官当中，会有这样的人。”他朝弓着背的彭楚克指了指。“我所以感到奇怪,因为我至今还弄不清他对祖国、对战争的态度……有一次他在说话时含含糊糊地露了一点,但完全可以清清楚楚地看出,他是希望咱们在这场战争中失败的。我这样理解你的立场,彭楚克,对吗?”

“我是希望失败。”

“那又是为什么呢?照我看,不管你的政治见解如何,反正希望自己的祖国失败,这就是……叛国。任何一个正直的人都认为这是可耻的!”

“你们可记得,布尔什维克党在议会中的代表曾经宣传反对政府,那不就是要促成失败吗?”梅尔库洛夫插嘴说。

“彭楚克,你赞成他们的观点吗?”李斯特尼次基提了一个问题。

“如果我一再表示希望失败的话,那么,可想而知,我是赞成他们的观点的;而且像我这样一个社会民主工党党员,一个布尔什维克,竟会不赞成自己的党代表的观点,那才是笑话呢。叶甫盖尼·尼古拉耶维奇,我倒是更觉得奇怪:你是个有知识的人,政治上却是一窍不通……”

“我首先是一个忠于朝廷的士兵。单是一副‘社会党同志’的样子,就够使我恶心的。”

“你首先是个蠢驴,再就是一个不知天高地厚的大兵。”彭楚克这样想着,敛去了笑容。

“不知天外有天,神外有神……”

“军队里的情况特殊,”梅尔库洛夫好像在表示歉意,插嘴说,“咱们都跟政治无关,咱们是局外人。”

加尔梅柯夫大尉坐着，捋着耷拉下来的胡子，两只火辣辣的蒙古人的眼睛闪着锐利的光芒。丘鲍夫躺在床上，一面听别人说话，一面仔细看着梅尔库洛夫那张贴在墙上的、被烟熏黄了的画：一个半裸女人，一张轻佻的脸，慵懒而狎昵地笑着，看着自己那光光的胸膛。她左手两个指头揪住棕色的奶头，小指头小心地翘着，低垂的眼皮下面有阴影，瞳仁发出亲切的亮光。她的一个肩膀微微耸起，拦住朝下溜的内衣，两个肩窝里的光线稀薄而柔和。那女人的姿态是那样从容、优美，那样逼真，那种朦胧的色调是那样动人，所以丘鲍夫不由地微笑着，欣赏起这幅绝妙的画，说话声虽然进了耳朵，但已经进不了他的脑子了。

“真是太——好啦！”他的眼睛离开画，赞叹了一声，但是太不凑巧了，因为彭楚克刚刚说过一句话：

“……你们瞧着好啦，沙皇专制一定要完蛋！”

李斯特尼次基转悠着纸烟，冷冷地笑着，一会儿看看彭楚克，一会儿看看丘鲍夫。

“彭楚克！”加尔梅柯夫唤道。“您等一等，李斯特尼次基！……彭楚克，您听我说说！……比如说，好，就算这场战争会变成国内战争……以后又怎样呢？又比如说，你们能推翻朝廷……照你们的意见，又该成立什么样的衙门？建立什么样的政权呢？”

“无产阶级的政权。”

“怎么，是国会执政吗？”

“那太微不足道啦！”彭楚克笑着说。

“那么又是什么呢？”

“应该是工人阶级专政。”

“是这——样啊！……那么，知识分子和农民算什么角色呢？”

“农民会跟着我们走，有一部分思想进步的知识分子也会跟着走，至于其余的……我们对其余的就这样干……”彭楚克动作麻利地把原来就在他手里的一张纸拧成紧紧地鞭形捻子，挥了几下，透过牙缝说：“就这样干！”

“你们飞得太高啦……”李斯特尼次基冷笑说。

“飞得高高的，再落下来。”彭楚克接话说。

“应当先铺下些干草……”

“您是他妈的为什么志愿上前方来的，而且还升成了军官？这跟你们的见解怎么能相符呢？真出——奇——呀！一个反对战争……嘿嘿……反对毁灭自己那些……阶级弟兄的人——居然升成……少尉啦！”

加尔梅柯夫两手拍了拍靴筒，开心地哈哈大笑起来。

“您率领自己的机枪队，消灭了多少德国的工人呀？”李斯特尼次基问道。

彭楚克从军大衣旁边的口袋里掏出一大卷纸，背对李斯特尼次基站着，在纸卷里翻了半天，然后走到桌子跟前，用鼓着青筋的大手摊开一张旧得发了黄的报纸。

“我打死了多少德国的工人，这……是一个问题。至于我志愿到前方来，因为反正是要抓我来的。我是想，今天在战壕里得到的知识，将来是有用处的……将来用得上。这儿就是这样说的……”于是他念起列宁的文章：

就拿现代的军队来说吧。军队是组织的一个好范例。这种组织所以好，就因为它**灵活**，同时又能使千百万人服从**统一的意志**。今天，这千百万人还坐在自己家里，分散在全国各地；明天动员令一下，他们就会在指定地点集合。今天他们还蹲在战壕里，有时得蹲几个月，明天他们就会以别的队形去冲锋陷阵。今天他们避开枪林弹雨创造出奇迹，明天他们又在短兵相接中创造奇迹。今天他们的先头部队在地下埋上地雷，明天他们会按照空中飞行员的指示向前推进几十俄里。受同一意志所感召的千百万人，为了同一目标而改变他们的交往方式和行动方式，改变他们的活动地点和活动方法，改变工具和武器，以适应改变着的形势和斗争的要求——这才是真正的组织。

工人阶级反对资产阶级的斗争也是这样。如果今天还不具备革命形势……

"'形势'是什么玩意儿？"丘鲍夫忽然问道。

彭楚克动了一下，好像刚刚从睡梦中惊醒过来，用大拇指的骨节擦了擦那疙里疙瘩的脑门儿，好像没有听清所提的问题。

"我是问，'形势'这个词儿是什么意思？"

"我懂倒是懂得，可是要解释清楚——我却不能……"彭楚克的脸上露出爽朗、单纯、孩子气的笑容；在他那阴沉的大脸上看到这样的笑容，实在令人觉得稀奇，就好像凄风苦雨的秋天原野上忽然活蹦乱跳地跑过一只活泼泼的小兔儿。"形势——就是情况、局面，反正是这一类的意思。我说得对吗？"

李斯特尼次基含含糊糊地摇了摇头。

“念下去吧。”

> 如果今天还不具备革命形势,还没有激发群众和提高他们积极性的条件,今天交给你选票,你就拿过来,好好地加以组织,用它来打击自己的敌人,而不是为了把那些怕坐监牢而死抓住安乐椅的人送到议会中去享受肥缺。如果明天剥夺了你的选票而交给你枪支和最新式的速射炮,那你就把这些屠杀和破坏的武器接过来,不要去听信那些害怕战争的多愁善感的颓丧者的话;为了工人阶级的解放,世界上**得**用炮火和刀枪来消灭的东西多着哩;如果群众的仇恨和绝望日益增长,如果有了革命形势,那就着手建立新的组织,**使用**这些十分有利的屠杀和破坏的武器来**反对本国**政府和**本国**资产阶级……①

彭楚克还没有念完,第五连的司务长敲了敲门,走进了地下室。

“大人,”他朝加尔梅柯夫说,“团部来了个传令兵。”

加尔梅柯夫和丘鲍夫穿起大衣,走了出去。梅尔库洛夫吹着口哨,坐下来画画。李斯特尼次基还是那样在地下室里走来走去,捻着小胡子,想着心思。不久,彭楚克也打了一声招呼,走了出来。他用左手按住领口,右手撩着大衣下摆,穿过一片烂泥的交通壕。凛冽的风在狭窄的壕沟里一阵一阵地吹着;吹到凸起的

①以上两段译文摘自人民出版社一九七二年版《列宁选集》第二卷,六五九—六六〇页。

地方，就发出啸声，打起圈圈儿。彭楚克在黑暗中走着，不知为什么隐隐约约地笑着。他回到自己的地下室，浑身又被雨打湿了，浑身都是湿漉漉的赤杨树叶子气味。机枪队长已经睡了。他那黑乎乎、留着黑胡子的脸上有两片青青的印子，那是缺少睡眠的标志（他一连打了三夜牌）。彭楚克在自己以前留下来的士兵挂包里掏了掏，在门口烧毁了一堆文件，往裤子口袋里塞了两筒罐头和好几把手枪子弹，就走了出来。在开门的当儿，风冲进了地下室，吹散了在门口烧毁的文件的纸灰，吹灭了烟气腾腾的小油灯。

彭楚克走后，李斯特尼次基又一声不响地来回走了有五分钟，然后走到桌子跟前。梅尔库洛夫正歪着头在画画。削得尖尖的铅笔正画着一道道朦胧的阴影。方方的白纸上已经出现了彭楚克的脸，脸上还带着他平时那种没有多少笑意的、好像是不得不笑的笑容。

“一副好厉害的嘴脸。”梅尔库洛夫用手举着画说，并且抬眼看了看李斯特尼次基。

“哦，怎么样？”李斯特尼次基问道。

“谁知道他妈的是怎么回事儿！”梅尔库洛夫猜度着问题的实质，回答说。“他是一个奇怪的家伙，现在他表明了身份，很多问题也就清楚了，可是以前我真不知道他是怎么一回事儿。你要知道，他在哥萨克中间，特别是在机枪手中间，很有威望呢。这一点你没有看出来吗？”

“是的。”李斯特尼次基含含糊糊地回答说。

“机枪手——个个都是布尔什维克。他已经把他们鼓动起来啦。我吃惊的是，他今天居然自己摊了牌。为什么呢？他是有意说的，肯定是这样！他知道，在我们当中没有谁会赞同这些见解，因此他就干脆自己说出来。要知道，他并不是一个急性子人。他是一个危险的家伙。”

梅尔库洛夫在评论彭楚克的奇怪举动的时候，放下了那幅画，并且脱起衣裳。他把潮漉漉的袜子搭在小炉子上，上了上表，又抽了一支烟，就躺下了，很快就睡着了。李斯特尼次基坐到梅尔库洛夫一刻钟以前坐的那张凳子上，就在图画的背面挥笔写了起来，削得尖尖的铅笔头写断了好几次。

大人：

以前我向您报告过的那些推测，今天完全证实了。彭楚克少尉今天在和我团军官（在场的人，除我以外，还有第五连的加尔梅柯夫大尉、丘鲍夫中尉，第三连的梅尔库洛夫上尉）谈话时，清清楚楚地说明，他为了自己的政治信仰在执行一些任务，而且看样子，他是受党的派遣来执行任务的；至于他说这番话的用心，说实话，我还不太清楚。他还带着一卷违禁的文件。例如，他就朗读过在日内瓦出版的他们党的机关报《共产主义者》中的两段。毫无疑问，彭楚克少尉是在我们团里进行秘密活动（据推测，他就是为此才志愿到团里来的），机枪手们就是他争取的直接对象。机枪队已经被分化瓦解了。他的恶劣影响也表现在团里的士气上——拒绝执行战斗命令的事屡有发生，这种情形我已及时报告师部特务处等有关部门。

彭楚克少尉最近度假回来(他到过彼得格勒),带回一大批破坏性的书籍;现在他正加紧活动。

综观上述情况,可以得出结论:(一)彭楚克少尉的罪行已经可以确定(和他谈话时在场的几位军官可以宣誓证明我所报告的事项);(二)为了制止他的革命活动,必须立即把他逮捕,并解送军法处审讯;(三)必须立即清理机枪队,清除特别危险的分子,其余的或者遣送后方,或者分散到各团里去。

请不要忽视我报效祖国和朝廷的耿耿忠心。本信副本并呈斯•特•柯尔普。

大尉叶甫盖尼•李斯特尼次基

一九一六年十月二十日

第七地段

第二天早晨,李斯特尼次基就派一名通信兵把报告送到了师部;吃过早饭以后,他走出地下室。溜滑的战壕胸墙外面的泥沼地上,飘荡着雾气,雾气一片一片地悬挂着,就好像挂在铁丝网的刺上似的。壕底有半俄寸深的稀泥。一股股棕色的水从战壕的枪眼里往下直流。哥萨克们穿着潮湿、肮脏的军大衣蹲着,把步枪靠在墙上,抽着烟,在护板上支着小锅子在烧开水。

“说过多少次啦,不能在护板上烧火嘛!怎么,你们这些混账家伙,不明白吗?”李斯特尼次基恶狠狠地叫着,朝最近的一堆围坐在烟气腾腾的火边的哥萨克走去。

有两个哥萨克很不情愿地站了起来,其余的人依然掖着大衣下摆,蹲在那里,抽着烟。有一个哥萨克,黑脸膛,大胡子,皱巴巴的耳垂上还晃荡着一只银耳环，他一面拿着一把碎柴往锅底下塞，一面回答说：

“我们也情愿不用护板，可是，大人，火怎么能生着呢？瞧，这儿的水有多深！差不多三俄寸啦。”

“马上把护板抽出来！”

“就是说，叫我们在这儿饿肚子吗？！是这——样——啊……”一个宽脸膛的麻子哥萨克皱着眉头，朝一边看着说道。

“我告诉你……把护板抽出来！”李斯特尼次基用靴尖把锅子底下燃烧着的柴火踢了出去。

戴耳环、留大胡子的哥萨克带着窘急和愤恨的神情笑着，把锅子里的热水泼了出去，小声说：

“弟兄们，茶喝过啦……”

哥萨克们一声不响地目送着大尉在战壕里越走越远。大胡子哥萨克那潮润的眼睛里闪动着火花。

“狗东西，欺人太甚！”

“唉——唉！……”有一个哥萨克往肩上套着步枪的皮带，长长地叹了一口气。

梅尔库洛夫在第四排的防地上追上了李斯特尼次基。他那崭新的皮上衣吱咯吱咯响着，他气喘吁吁地走到跟前，浑身都是冲鼻子的黄烟气味。他把李斯特尼次基叫到一旁，急匆匆地说：

“听到新闻了吗？彭楚克今天夜里开小差啦。”

“彭楚克？什——么？”

“开小差啦……听明白了吗？机枪队长伊格拿吉奇是和彭楚克住在一个地下室里的，他说，彭楚克离开我们这儿就没有回去。就是说,从我们这儿一出去就溜啦……就是这么一回事。"

李斯特尼次基皱起眉头,把夹鼻眼镜擦了半天。

"你好像心里很慌乱啊?"梅尔库洛夫用疑问的目光望了望他。

"我?你怎么,疯啦?我有啥好慌乱的?只不过这事太突然,叫我惊呆了。"

二

第二天早上,神色慌张的司务长走进了李斯特尼次基的地下室;他踌躇了一会儿,这才报告说:

"大人,今天早晨哥萨克们在战壕里捡到这些碎纸片儿。有点儿不大对头……所以我来报告您。不然的话,恐怕会出什么事儿……"

"什么样的纸片儿?"李斯特尼次基在行军床上欠起身来,问道。

司务长把手里几张揉得皱皱巴巴的纸递过去。四开的廉价纸上清清楚楚地印着一行行打字机打出的字。李斯特尼次基一口气读下去:

全世界无产者联合起来!

士兵同志们!

可恶的战争已经拖了两年了。两年来你们为了维护与你们毫不相干的利益,在战壕里历尽了艰难困苦。两年来各国的工人和农民流了不少鲜血。千百万人战死或者残废，千百万人成了孤儿、寡妇——这就是这场大屠杀的结果。你们为什么打仗？你们维护的是谁的利益？沙皇政府将几百万士兵赶到炮口下，就是为了夺取新的土地和奴役这些土地上的人民，就像奴役被征服的波兰和其他一些民族那样。世界上的工厂主无法瓜分市场，以倾销他们的工厂产品；无法瓜分利润了，所以才用武力来实行分配；于是你们就糊里糊涂去为他们的利益打仗，去送死，去杀戮那些和你们一样的劳动者。

兄弟相残的血已经流得够多啦！醒醒吧，劳动的人们！你们的敌人不是奥地利和德意志的士兵，他们和你们一样，也是受欺骗的；你们的敌人是本国的沙皇、本国的工厂主和地主。掉转你们的枪口对准他们吧。跟德意志和奥地利的士兵联合起来。穿过把你们当野兽一样隔开的铁丝网，互相伸出手来。你们都是劳动的弟兄，你们手上干活儿磨出的血泡印子都还没有脱掉，你们没有什么好争的。打倒专制！打倒帝国主义战争！全世界劳动者牢不可破的团结万岁！

李斯特尼次基气喘吁吁地把最后一行念完。“就是这么回事儿。来啦！”他想着，心里充满了仇恨，一阵阵预感涌上来，他觉得十分沉重。李斯特尼次基打电话给团长，报告了发生的事情。

“大人，您看怎么办？”最后他问道。

将军的声音像铁块一样，透过蚊子般的哼哼声和远处的电话铃声，从话筒里传了出来：

“立即带着司务长和各排排长进行搜查。挨个儿搜，军官也不能例外。今天我就问问师部，他们想什么时候让本团换防，我催催他们。如果在搜查的时候发现什么的话——火速报告。”

“我认为，这是机枪手们干的事。”

“是吗？我马上下命令叫伊格拿吉奇搜查他手下的哥萨克。就这样吧。”

李斯特尼次基把各排排长召集到自己的地下室里，向他们传达了团长的命令。

“岂有此理！”李斯特尼次基气愤地说。“怎么，要咱们互相搜查吗？”

“李斯特尼次基，头一个先搜查您！”没留胡子的年轻中尉拉兹陀尔采夫叫道。

“咱们来拈阄好啦。”

“还是按姓氏字母顺序吧。”

“诸位，把玩笑放到一边去吧，”李斯特尼次基正色说，“当然，咱们的老头子是太过分啦：咱们团里的军官都和恺撒的妻子[①]一样。只有一个是例外，那就是彭楚克少尉，可是他已经开小差啦，不过哥萨克还是要搜查搜查的。把司务长叫来。”

司务长来了。这是一个已经不很年轻、得过三级乔治勋章的哥萨克。他咳嗽着，打量了一下军官们。

“你说说，连里有谁有嫌疑？你以为，谁会散发这些传单？”

---

①有人对尤利·恺撒（公元前二世纪罗马的独裁者）的妻子的品行表示怀疑，恺撒回答说：“恺撒的妻子——是不容怀疑的。”这话后来成为谚语。李斯特尼次基引用这话来做比喻。——作者注

李斯特尼次基问他。

“大人,没有这样的人。”司务长很有把握地回答说。

“不过传单是在咱们连的防地上发现的呀。有外人到战壕里来过吗?”

“没有外人来过。别的连的人也没有来过。”

“咱们挨个儿搜去吧。”梅尔库洛夫把手一摆,朝门口走去。

搜查开始了。哥萨克们的脸上露出各种各样的表情:有的大惑不解地皱着眉头,有的惶恐地望着军官们在哥萨克的寒碜的家当中乱翻,有的微微笑着。有一个胆大的中士侦察员问道:

“你们告诉我,找什么? 如果是偷东西的事,说不定有人看见过呢。”

搜查没有得到任何结果。只是在第一排一个哥萨克的大衣口袋里搜出一张揉得皱皱巴巴的传单。

“你看过吗?”梅尔库洛夫问着,故作恐怖地把掏出来的传单扔掉。

“我是捡来卷烟抽的。”那个哥萨克抬都没抬低垂的眼睛,笑着说。

“你笑什么?”李斯特尼次基红着脸朝哥萨克走去,怒冲冲地叫道;他那短短的金黄色睫毛在夹鼻眼镜底下一个劲儿地忽闪着。

哥萨克的脸马上严肃起来,笑容仿佛被风刮跑了似的。

“大人,请饶恕我吧! 我识不了几个大字呀! 根本看不懂。我捡起来,是因为卷烟纸没有啦,烟还有,纸却用完啦,所以我捡来啦。”

哥萨克说得又委屈又响亮，那腔调中还带着气愤的情绪。

李斯特尼次基啐了一口，就走开了。军官们也都跟着他走了。

过了一天，这个团就从前方撤下来，调到十几俄里以外的后方。从机枪队里逮捕了两个人，送到了军法处，其余的人——一部分编进几个后备团里，一部分编进第二哥萨克师的各个团里。本团休整了几天，整顿得像个样子了。哥萨克们都洗了澡，换了衣服，仔细地刮了刮脸——不像在战壕里那样，常常用简单的办法来清除脸上的硬毛了，那办法简单倒是简单，就是有点疼：用火柴把胡子烧掉，火柴在烧胡子的时候只要一烧到皮肤，就用事先泡湿的毛巾在脸上一抹。这方法叫“剥猪法”。

“是不是用剥猪法给你刮？”不管哪一个排的理发员都会向主顾这样问。

这个团休息了几天，哥萨克们外表漂亮了，也快活起来了，但是李斯特尼次基以及所有的军官们都知道，这种快活心情就像十一月里的晴天：今天晴，明天就阴了。只要提一提出发上前方，他们的脸色马上就变了，低垂的眼皮下面马上就流露出不满和阴沉不快的神色，马上就显得疲惫不堪，浑身无力，而这种疲惫往往导致精神上的动摇。李斯特尼次基十分清楚，一个人在这种状态下要是有什么居心的话，往往是十分可怕的。

一九一五年，他亲眼看到，一连步兵五次冲锋，损失惨重，可是一次又一次接到命令：“发起进攻。”该连残部竟自动从防地上撤下来，朝后方奔去。李斯特尼次基奉命率领本连哥萨克去拦阻他们，等他把本连哥萨克排成一条线，打算拦住去路的时候，步兵就朝他们开起火来。一连步兵只剩了不到六十人,但是他看到,这些人像发了疯一样,勇猛顽强地与哥萨克奋战,在马刀下倒了下去,气息奄奄,可是还不顾一切地往前爬,上前拼命,迎着死亡往前闯,因为他们铁了心,反正死在哪里都是一样。

这件事常常浮上他的脑际,就像是一种可怕的预兆,于是李斯特尼次基惶惶不安地重新打量起哥萨克们的脸,心想:“难道这些人到时候同样也会转身冲过来,而且除了死亡以外,再没有什么能拦住他们吗?”他一看到他们那疲惫、愤恨的目光,就老老实实地得出结论:“他们会冲过来的!”

跟往年相比,哥萨克们完全变了。就连唱的歌子也都换成了新的,都是在战争中编出来的,全带着阴郁凄凉的情调。每天傍晚,李斯特尼次基从本连驻扎的宽敞的厂棚旁边走过,常常听到一支歌子,那支歌缠绵悱恻,说不出的忧伤。往往是三四个人合唱这支歌。在几个浑厚的男低音之中,总有一个唱衬腔的男高音格外清脆,格外嘹亮,那声音高入云天,发着颤音:

啊,我的亲爱的故乡呀,
我再也见不到你啦。
在朝霞中我看不到夜莺,
听不到花园里夜莺的歌声。
你呀,我亲爱的妈妈,
不要为我过分悲伤。
好妈妈,不是所有的人
都死在战场上。

李斯特尼次基常常停下来，听上一阵，并且觉得歌中那发自内心的伤感情调也深深打动了他。跳得越来越快的心上好像有一根弦绷得紧紧的，衬腔的低调在拉着这根弦，拉得这根弦痛苦地打着战。李斯特尼次基站在离厂棚不远的地方，望着秋天的暮霭，觉得自己的眼睛也湿了，眼泪泡着眼皮，又疼又痛快。

> 我驰骋在平坦的原野上，
> 心里有说不尽的感想，
> 啊，我的心感觉到，预测到：
> 小伙子再也不能回家乡。

几个男低音的余音未落，衬腔的高音已经凌空飞起，那声音就像飞翔中的白胸脯野雁的翅膀，不住地抖动着，急急忙忙，呼唤着，说着话儿：

> 子弹在空中嗖嗖响，
> 子弹穿透了我的胸膛。
> 我倒在自己的马脖子上，
> 鲜血流到黑黑的马鬃上……

在休整的日子里，李斯特尼次基只有一次听到哥萨克古歌那令人鼓舞和振奋的歌词。这一天傍晚他照例出来散步，从厂棚旁边走过。他听到了带有酒意的说话声和笑声。李斯特尼次基猜得出来，这是军需员到涅兹维斯镇上去领物品，从镇上带回来私酿酒，在请哥萨克们喝呢。喝黑麦酒喝得已有醉意的哥萨克们，正在争论一件什么事，在笑着。李斯特尼次基散步回来的时候，老远就听到一阵阵雄壮有力的歌声和尖利、嘹亮、但是十分和谐的伴唱的哨声：

谁没有到战场上见过刀兵，
谁就不知道胆寒心惊。
白天汗淋淋，夜里战兢兢，
整夜整夜地不能入梦。

“啡呦呦呦——呦呦呦！啡呦呦呦——呦呦呦！啡呦呦呦！”哨声像连续不断的颤动的气流，盘旋着向上升去，接着，至少有三十个人的声音，盖过哨声，齐声高唱起来：

每日每时，在平坦的田野上
生长着恐怖，收获着悲伤。

有一个调皮鬼，显然是个年轻小伙子，一面嘹亮而清脆地吹着口哨，一面在地板上跳起盘腿舞来。靴后跟十分清脆地嗒嗒响着，歌声又把嗒嗒声压了下去：

黑海上波涛翻腾，
战船上灯火通明。
我们要叫灯灭船沉，
我们要消灭土耳其人，
顿河哥萨克要千秋留名！

李斯特尼次基走着，不由得笑起来，特意踏着歌子的拍子往前走。“这种想回家的心情，在步兵中也许没有这样强烈吧，”他想道，但是理智无情地表示反对："步兵难道不同样也是人吗？毫无疑问，哥萨克长期蹲在战壕里，是格外受不了的，因为由于兵种关系，他们已经习惯于经常调动。可是两年以来，由于多次进攻毫无结果，只好蹲在这里，不能前进。部队从来没有这样衰弱过。现在要是有坚强的领导，大力整顿一番，推动推动，是能振奋起士气的。虽说历史上有过无数先例：每当战争长期拖延下去的时候，最坚定的训练有素的军队的士气都会动摇。连苏沃洛夫都亲身体验过这种滋味……不过哥萨克是能撑得住的。如果跑散的话，那也是最后才跑。这毕竟是一个特殊的小民族，传统上是好战的，并不是工厂或农村里那些乌合之众。"

好像是特意要叫他泄气似的，厂棚里有一个清脆、打战的声音唱起了《绣球花儿》。很多声音跟着唱了起来，于是李斯特尼次基在离开棚子越来越远的时候，又听到了充溢在歌子中的那种伤感情调：

年轻的军官在祷告上帝。
年轻的哥萨克要求回家去：
啊，年轻的长官呀，
放我回家去吧，
放我回家去吧，
去看看爸爸，
去看看爸爸，看看亲娘。
去看看爸爸，看看亲娘，
还要看看年轻的妻房。

彭楚克从前方跑下来以后，过了三天，在黄昏时候来到前线附近地区的一个商业大镇上。一户一户的人家已经掌上了灯。一阵一阵的寒气，水洼里已经结起薄薄的冰壳子，稀疏的行人脚步声老远就能听得见。彭楚克边走边留神听着，不走明亮的大街，专走僻静的小胡同。他在进镇的时候几乎碰上巡逻队，所以他现在贴着栅栏急急忙忙地走着，右手一直放在军大衣口袋里，那军大衣脏得要命，因为他躲在仓房的糠堆里躺了一天。

军团的供给站就在这个镇上，这儿驻扎着一部分队伍，随时可能碰上巡逻队，因此彭楚克那毛茸茸的手指头一直不离开大衣口袋里的手枪，把鼓鼓愣愣的枪把子都攥热了。

彭楚克顺着一条僻静无人的小胡同，朝着镇的另一头走了半天，他张望着一扇一扇的大门，端详着每一座陋舍的式样。过了二十来分钟，他来到拐角上一座很不像样的小房子跟前，朝护窗缝里张望了一下，便笑了笑，毅然决然地走进了篱笆门。他敲了敲房门，给他开门的是一个上了年纪的戴头巾的妇人。

“鲍里斯·伊万诺维奇住在您家吗？”彭楚克问道。

“是的。请进来吧。”

彭楚克侧着身子从她身旁挤了进去。听到门鼻在后面当地响了一声。低矮的小屋里，点着一盏小油灯，桌旁坐着一个不很年轻的穿军服的人。他眯缝着眼睛仔细看了看，便站了起来，压制着心中的高兴把双手伸给彭楚克。

“从哪儿来？”

“从前方来。”

“噢？”

“瞧这个……”彭楚克笑了笑，用指头尖捅了捅穿军服的人的武装带，含含糊糊地说：“还有屋子吗？”

“有，有。到这边来吧。”

他把彭楚克领进一间更小的屋子；也没有点灯，让彭楚克坐在一把椅子上，关上通旁边小屋的门，放下窗帘，这才说：

“你不再回前方了吧？”

“不回去啦。”

“那儿情况怎么样？”

“万事俱备。”

“弟兄们都可靠吗？”

“当然可靠。”

“我看，你现在把衣服脱脱，咱们等一下子再谈。把你的大衣给我。我马上端洗脸水来。”

彭楚克弯着身子在一个发绿的铜脸盆里洗脸的时候，穿军服的人抚摩着剪成了平头的头发，带着困倦的神情小声说：

“目前他们比咱们强大得多。咱们要做的——就是培植和扩大咱们的影响，毫不松劲地说明战争的真正原因。咱们一定会强大起来——这一点你可以相信。有的东西，他们会渐渐失去，我们会渐渐得到。成年人和小孩子相比，毫无问题要强大得多，但是等到这成年人渐渐衰老，渐渐变成一把干骨头的时候，这个后生就能收拾他了。而且在这种情形下，我们所看到的不仅是衰老和干枯，并且还应该看到整个机体的麻痹状态越来越严重。”

彭楚克洗好了脸，用一条硬邦邦的麻布手巾擦着脸，说道：

“我在离开以前，对军官们说出了我的观点……你要知道，这样就要热闹起来啦……我走了,他们肯定不会放过机枪手们,也许有的兄弟要去受审,但是证据又找不到,又有什么好说的呢?我希望能把他们分散到各个部队里去,这样对咱们有好处:让他们到处去播种……嘿,那儿的弟兄们个个是好样的!全是铁打的!"

"我收到司捷潘一封信。他要求派一个懂军事的小伙子去。你到他那儿去吧。不过证件怎么办?能弄到吗?"

"到他那儿干什么?"彭楚克一面问,一面踮起脚尖,往钉子上挂手巾。

"去训练弟兄们。你怎么老是长不高呢?"主人笑着说。

"没有必要,"彭楚克摇摇手说,"特别是处在我现在的情况下。我最好长得跟豌豆荚儿一样长,那样可以不惹人注意。"

他们一直谈到天麻麻亮。又过了一天,彭楚克换了服装,化装到认不出的程度,带着写明第四一一奥尔山团士兵尼古拉·乌赫瓦托夫因胸部受伤退伍的证件,出了市镇,朝火车站走去。

三

在弗拉基米尔沃伦斯基和科维尔方面,在特别军(原来这个军的番号是第十三军,但是因为"十三"是个不吉利的数字,而大将军们也受了迷信的影响,就把这个军改名为"特别军")的作战区内,九月下旬开始了进攻前的准备。军司令部在离司维纽哈村不远处选定了便于展开攻势的屯兵场,炮兵准备也开始了。

无数的炮队集中到指定的地点。成千上万发各种口径的炮弹，九天以来一直扫荡着两道德军战壕所占据的广阔地带。头一天，刚刚开始猛烈的轰击，德国人就放弃了第一道战壕，只留下了一些监视哨。过了几天，他们又放弃了第二道战壕，转移到第三道战壕。

到第十天，土耳其斯坦军团的步兵部队发起进攻。进攻采用的是法国人的波浪式战术。十六道波浪涌出俄军的战壕。一道道灰色的人浪向前拥去，摇摇晃晃，越来越稀，在乱成一团一团的铁丝网跟前闹腾成一片。从德国人那边，从灰灰的赤杨树林那烧焦的一个个树墩后面，从一座座隆起的沙土坡后面，飞来连续不断的密集的隆隆炮声和嚓嚓的炮火，震天动地，烈焰腾空，荡人魂魄。

呜呜呜呜呜……呜呜呜呜呜……咕！咔！轰隆隆隆——隆！

偶尔传来个别炮兵连的齐射声，那声音又渐渐散开，渐渐逼近，周围很多俄里都响着回声：

呜呜呜呜呜……呜呜呜呜呜……呜呜呜呜呜……

哒哒哒……哒哒哒！——德国人的机枪疯狂地扫射着。

在直径有一俄里、被打得坑坑洼洼的广阔的沙土地上，炮弹爆炸的一根根黑色烟柱像旋风一样腾空而起，进攻的人浪不停地撞击着，翻滚着，像浪花一样从一个个弹坑边散了开来，一个劲儿地爬呀，爬呀……

大地上炮弹爆炸的黑色烈焰越来越密集，带着刺耳的啸声斜刺里飞来的榴霰弹越来越猛烈地朝进攻的人身上泼来，紧贴着地面的机枪火力越来越凶猛。他们集中火力，拦截扑向铁丝网的部队。果然拦截住了。十六道波浪当中只有最后三道滚到了跟前，这三道波浪一碰到乱七八糟、一根根烧焦的桩子飞到了一团团铁蒺藜之中的铁丝网上，就好像碰碎了似的，变成一股股流水、一滴滴水珠儿倒流回来……

第一天，有九千多条生命死在离司维纽哈村不远的阴惨惨的沙土地上。

过了两个钟头，又发起进攻。这次出动的是土耳其斯坦步兵军团第二师和第三师的部队。第五十三步兵师和西伯利亚第三〇七步兵旅，从左面的缝隙中向第一道战壕推进，土耳其斯坦人右翼是第三精锐师的几个营。

特别军团第三十军军长加甫里洛夫中将接到军团司令部的命令，要他调两个师到司维纽哈方面去。夜里把第八十师的第三二〇谦巴团、第三一九布古里敏团、第三一八柴尔诺亚尔团从阵地上撤下来。替换他们的是拉脱维亚的步兵和刚刚开到的民团。几个团都是夜里撤下来的，尽管这样，其中一个团还是从傍晚起就佯装向相反的方向移动，只是在沿着战线移动了十二俄里之后，才得到命令转过头来朝另一方向开拔。许多团都朝同一方向移动，但走的是不同的路线。在第八十师行军路线左方移动的是第七十一师的第二八三巴甫洛格拉得团和第二八四文格洛夫团。紧跟在他们后面的是乌拉尔哥萨克的一个团和第四十四侦察团。

第三一八柴尔诺亚尔团在换防之前，驻扎在司托霍得河畔的索卡里镇地区，离鲁得卡-麦林庄园不远。这个团在开拔了一段路程之后，第二天早晨，就分散到树林中废弃的地下室里，练习法国式进攻战术练习了四天；不是一个营一个营地，而是半个连半个连地列成阵势进攻；掷弹兵学习了快速剪断铁丝网的办法，重新练习了投掷手榴弹。后来这个团又向前开拔。有三天的工夫，都是在树林里、林中空地上、被炮车轮子轧得乱糟糟的荒野小路上走。像棉絮似的稀薄的雾气，被风吹得飘飘荡荡，掠过一棵棵松树的头，在林中空地上飘过，在水汽腾腾的灰绿色沼地上空、在赤杨树中间打圈圈儿，就好像老鹰看见了地上的死鸟兽。天上飘洒着蒙蒙细雨。行军的人们浑身透湿，心里又恼又烦。三天之后，在距离激战地区不远的大波列克村和小波列克村停了下来。休息一昼夜，为走向死亡做些准备。

这时候，一个哥萨克特别连跟着第八十师师部一起开到了即将开始战斗的地方。鞑靼村第三批入伍的哥萨克都编进了这个连。第二排里是清一色的鞑靼村人，有一条胳膊的阿列克塞·沙米尔的两个弟弟马尔丁和普罗霍尔、莫霍夫机器磨坊里原来的机器师伊万·阿列克塞耶维奇、麻子阿丰卡·奥捷洛夫、原村长马内次柯夫、沙米尔家的留着长头发的跛子邻居叶甫兰琪·加里宁、高得出格的彪形大汉鲍尔晓夫、短脖子熊背的查哈尔·柯洛列夫、全连的活宝贝加甫里拉·李霍维多夫——这人相貌异常凶恶，却经常毫无怨言地挨他那七十岁老妈妈和老婆的打，他老婆相貌平常，却十分风流放荡；还有很多别的人也编进了第二排和本连其他各排。有一部分哥萨克原来在师部担任传令兵，但是十月二日由枪骑兵把他们换了下来，这个连便奉师长基特琴柯将军的命令开赴阵地。

十月三日清晨，连队开进了小波列克村。这时候，第三一八柴尔诺亚尔团第一营正要从这个村出发。步兵们从一座座废弃的残破农舍里往外跑，就在街上站队。一个年纪很轻的黑黑的准尉在最前面一排的旁边踱着步子。他不时地从袋里掏出一块巧克力糖，剥着（他那湿润、鲜红的嘴唇四边已经糊满了巧克力），在队伍前面走来走去，他那长长的、大襟上沾满了干泥巴的军大衣在两腿中间荡来荡去，就像一条绵羊尾巴。哥萨克们走的是街左边。机器师伊万·阿列克塞耶维奇在第二排右面尽边上一行里。他仔细看着脚底下，尽可能把一个个的水洼跨过去。步兵那边有人唤了他一声，他于是扭过头，用眼睛在一列一列的步兵中寻找起来。

“伊万·阿列克塞耶维奇！好伙计！……”

一个矮小的步兵离开队伍，像鸭子一样摇摇晃晃地朝他跑来。他一面跑，一面把步枪背到背后，但是皮带老是往下滑，枪托子碰得水壶发出闷声闷气的响声。

“认不出啦？忘啦？”

跑过来的那个小兵的脸上，直到颧骨都长满了像刺猬一样的烟灰色硬毛，伊万·阿列克塞耶维奇好不容易认出他就是“杰克”。

“你打哪儿来，‘酒瓶’？”

“这不是……我当兵啦。”

“你在哪一团？”

“我在第三一八柴尔诺亚尔团。真没想到……真没想到会遇到自己人。”

伊万·阿列克塞耶维奇用硬邦邦的手掌紧紧握住“杰克”那小小的脏手，又高兴又兴奋地笑着。“杰克”跨着大步跟着他，有时变成小跑，他从下面朝上望着伊万·阿列克塞耶维奇的眼睛，他那离得很近、显得很凶的两只小眼睛里的目光异常柔和，并且是湿润的。

“你看……我们这就去打仗……”

“我们也要去。”

“伊万·阿列克塞耶维奇，怎么样，还好吗？”

“唉，还有什么可说的呢！”

“我也是这样。从一九一四年我就没有爬出过战壕。不要家，不要窝儿，不知是替谁拼命……骡马去干事情，儿马糊里糊涂地跟着。”

“还记得施托克曼吗？我们这个奥西普·达维陀维奇真是宝贝！他要是在这儿，会把什么都给我们说个明明白白。这个人真不简单……不是吗？真了不起……不是吗？”

“他一定能说清楚！”“杰克”摇晃着小小的拳头，笑得皱起了刺猬一样的小脸，高兴得叫了起来。“我当然记得他！我对他，比对我爹还了解。我爹实在算不了什么……你没听到他的消息吗？没有听说吗？”

“他在西伯利亚呢，”伊万·阿列克塞耶维奇叹了一口气，“在蹲监狱。”

“怎么？”“杰克”像只小山雀一样蹦蹦跳跳地跟着高大的伙伴，把尖尖的耳朵凑过去，又问了一遍。

“他在蹲监狱呢。说不定现在已经死啦。”

“杰克”一声不响地走了一阵子，忽而向后朝连队排队的地方看看，忽而看看伊万·阿列克塞耶维奇那凸出的下巴，看看下嘴唇下面正当中那个又深又圆的小坑。

“再见啦！”他一面说，一面把手从伊万·阿列克塞耶维奇那冰凉的大手里往外抽。“恐怕咱们以后见不到啦。”

伊万·阿列克塞耶维奇用右手摘下军帽，弯下身子，抱住“杰克”那干瘦的肩膀。他们就像真的要永别那样，使劲地互相吻了一阵子，“杰克”这才留在了后面。他忽然慌慌忙忙把头缩进两个肩膀，因此军大衣的灰领子上面就只剩了两只黑乎乎、红彤彤的尖耳朵，他佝偻起身子，朝后走去，在平地上不住地打着趔趄。

伊万·阿列克塞耶维奇从队伍里走出来，用打战的声音呼唤道：

“喂，老弟，好兄弟！你本来是个厉害角色嘛……还记得吗？本来是条硬汉子呀……不是吗？”

“杰克”转过泪水纵横因而显得十分苍老的脸，用拳头捶着敞开的军大衣和破烂的衬衫领子里露出来的黑乎乎、瘦骨嶙峋的胸膛，高声叫喊道：

“本来是的！本来是硬汉子，可是现在不行啦！……叫人家折腾坏啦！……”

他还喊了一些别的话，但是连队已经来到另一条街上，伊万·阿列克塞耶维奇就看不见他了。

“这不是‘杰克’吗？”走在伊万·阿列克塞耶维奇后面的普罗霍尔·沙米尔问道。

“是他。”伊万·阿列克塞耶维奇抚摩着肩上相依为命的步枪，嘴唇哆嗦着，低声回答说。

来到村口，就开始遇到伤兵，起初是一个一个的，后来就三个一伙、五个一伙，再往后就是一大群一大群的了。有几辆大车满满地装载着重伤号，走得非常慢。拉车的老马瘦得简直可怕。那尖尖的脊背，因为不断地挨鞭子抽，全都脱了皮，露出了血红斑斑的粉红色骨头，有些地方还粘着一撮撮的毛。马拉着大车，呼哧呼哧地喘着，非常吃力，直流白沫的嘴差点儿就要挨到地面。有时候，一匹马站下来，低下因为瘦显得很大的头，有气无力地鼓几下瘪下去的露出肋骨的两侧。可是一顿鞭子打来，不得不离开原地方，先是朝这边一晃，然后朝那边一晃，又朝前走了起来。许多伤号从四面抓住大车沿，跟着大车走。

“你们是哪一部分的？”连长看准一个面貌和善的，问道。

“土耳其斯坦军团第三师的。”

“你是今天挂花的吗？”

那个兵扭过头去，没有回答。连队离开大道，朝半俄里远处的一片树林开去。后面传来一片沉甸甸的脚步声，第三一八柴尔诺亚尔团的几个连也从村子里开了出来。远处，秋雨冲淡了的阴沉的天空，悬挂着德国人的一个系在地面上的气球，很像一个一动不动的灰黄色点子。

“乡亲们，你们瞧：挂着一个多么奇怪的玩意儿！”

“是一个大气球。”

“可恶的东西，在观察军队调动呢。”

“你以为，吊得那么高，是为了好玩吗？”

“嘿，离这儿好远啊！”

“你以为很近吗？用炮恐怕都打不到哩。”

哥萨克们来到树林里，柴尔诺亚尔团第一连就追了上来。一直到黄昏以前，哥萨克们都蜷缩在水漉漉的松树底下，雨水往领子里直流，脊背直打哆嗦。又不准烤火，而且在雨里生火也很困难。天快黑下来的时候，才进入战壕。战壕不深，只比人的身子稍微高一点，壕底是几寸深的水。到处是烂泥气味，霉烂的树叶子气味，淡淡的、像天鹅绒那样柔和的秋雨气息。哥萨克们都撩起军大衣的下摆，蹲着抽烟，天南海北地闲扯。第二排的哥萨克们在分完出发前发给的烟丝以后，便挤在拐角上，围住排里的上士。上士坐在有人扔掉的一个缠铁丝的轴上，在讲上个星期一阵亡的柯佩洛甫斯基将军的事迹，他在和平时期就在将军那个旅团里当过差。他还没有讲完，就听到排长喊了一声："持枪！"于是哥萨克们一齐跳了起来，拼命想把手上的烟卷吸完，连手指头都烧疼了。全连又从战壕里爬出来，进了渐渐黑下来的松树林。一面走，一面说着笑话互相打气。还有人吹起了口哨。

在一片不大的林中空地上，遇到了长长的一排死尸。这些死尸一个挨一个地躺着，肩靠着肩，各种各样的姿势都有，那样子大都十分难看，十分可怕。有一个扛着步枪、腰旁挂着防毒面具的步兵在这里来来回回地走着。死尸附近潮湿的土地全都踩成了一片烂泥，看得出很多人的脚印，草地上还留着车轮子压出的一道道很深的车辙。连队在离死尸几步远的地方走着。死尸身上已经发出十分难闻的尸臭味。连长叫哥萨克们停住，自己和几位排长走到那个步兵跟前。他们不知在谈什么。这时候，哥萨克们散了开来，走到死尸跟前，脱下帽子，观看死者，都暗暗怀着战战兢兢的恐怖心情，怀着任何一个活人都想了解死者秘密的那种天生的好奇心。死者全是军官。哥萨克们数了数，死者一共是四十七人，大多数都非常年轻，看样子都在二十岁到二十五岁之间，只有最右边一个戴上尉肩章的是个上了年纪的人。他的嘴张得大大的，好像还发着最后一声喊叫的无声的余音，嘴上那浓浓的黑胡子无精打采地耷拉着，煞白煞白的脸上那宽宽的眉毛皱得完全走了样子。有几个死者穿着粘满泥浆的皮面短上衣，其余的都穿着军大衣。有两三个死者没有戴制帽。哥萨克们对着一个死后样子依然显得很漂亮的中尉看的时间特别长。他仰面躺着，左手紧紧按在胸前，右手伸到一边，死死地攥着手枪把子。看样子，有人想把手枪抽出来，他那黄黄的大手上划了好几道白印子，但是，手枪就好像焊到了手上，抽都抽不掉。淡黄色头发的头上歪戴着军帽，一边脸贴在地上，好像是在跟大地亲热，黄中透青的嘴唇朝一边歪着，流露出悲哀和大惑不解的神情。他的右边，有一个死者脸朝下趴着，军大衣像驼峰一样在背上鼓着，大衣上的扣带已经扯断了，露出了两条强壮的、肌肉紧绷绷的腿，腿上穿着草绿色裤子，脚上穿的是细皮短筒靴，靴后跟歪到了一边。他头上没有了制帽，天灵盖也不见了，完全被炮弹片掀掉了；空空的脑壳四周，是一绺绺湿漉漉的头发；空空的脑壳里，汪着粉红色的水，那是灌进去的雨水。在他后面，是一个矮墩墩的军官，穿着敞开的皮面短上衣和破烂的军衬衣，脸没有了；下巴斜斜地落在裸露的胸膛上，头发底下还剩了窄窄的一条额角，上面还耷拉着烧煳了的、卷成了喇叭形的皮肤，在下巴和额角中间便是碎骨头片和黑红色的血糊。再过去，是杂乱地堆成一堆的残肢碎块、军大衣碎片、放在长头的地方的软绵绵的腿；再往前，那简直是一个小孩子，两片鼓鼓的嘴唇，一张孩子气的椭圆形的脸；一梭子机枪子弹从他的胸膛上横扫过去，军大衣打了四个窟窿，烧煳的棉花从窟窿眼儿里钻了出来。

“这个……这个小伙子在死的时候唤谁的？唤妈妈吗？”伊万·阿列克塞耶维奇磕打着牙齿，结结巴巴地问道，然后猛地转过身，像个瞎子一样走开了。

哥萨克们画着十字，急急忙忙走了开去，连头都没有回。而且后来在穿过一片片狭窄的林中空地的时候，很久都没有说话，想赶快摆脱刚才看到的场面。连队在密密的一排废弃的地下室前面停了下来。军官们和柴尔诺亚尔团团部来的一名传令兵一同走进一个地下室；这时候，麻子阿丰卡·奥捷洛夫才抓住伊万·阿列克塞耶维奇一只手，小声说：

“那个小伙子……最后面那一个……恐怕这一辈子还没有跟女人亲过嘴呢……就把他打死了，这算怎么回事儿啊？”

“他们这是在哪儿死的呀？”查哈尔·柯洛列夫插嘴说。

“他们去进攻的。这是那个看守死尸的兵说的。”鲍尔晓夫沉默了一阵子之后，回答说。

哥萨克们都“稍息”站着。夜幕渐渐把树林罩住。秋风催赶着乌云，渐渐把乌云驱散，让远方的星星射出淡紫色的光芒。

这时候，在全连军官们汇集的那个地下室里，连长把传令兵打发走之后，便打开公文，就着蜡烛头的光先看了看内容，然后念道：

十月三日拂晓，德国人用毒瓦斯毒死了第二五六团三个营的官兵，并且占领了我方第一道防线。兹命令你们进入第二道防线，在同第三一八柴尔诺亚尔团第一营取得联系之后，即行驻守第二道防线的某一地段，以便于今夜即将敌人赶出第一道防线。你们的右翼是第二营的两个连和第三精锐师法拿果里团的一个营。

军官们讨论了一下情况，抽完了一根纸烟，就走了出来。连队又开动了。

哥萨克们在地下室跟前休息的时候，柴尔诺亚尔团第一营赶到了他们前面，并且来到了司托霍得河桥头。一个精锐团的机枪加强哨在守卫着这座桥。司务长向营长报告了情况。于是第一营过了桥就分开了：两个连向右开去，一个连向左开去，还有一个连跟营长在一起，留做后备。几个连都列成散兵线前进。稀疏的树林里已经被打得到处是坑。步兵们小心翼翼地用脚试探着地面向前走，有时候有人跌倒了，就轻轻地小声骂几声娘。“杰克”是右翼靠右边一连里的倒数第六个。他听到“预备”的口令以后，就拉开枪栓，端着步枪前进，刺刀尖不时地划着树棵子或者松树干。两个军官顺着散兵线走着，从他身边走过；他们压低了声音在说话。连长用他那甜润而浑厚的声音诉苦说：

“我的旧伤迸开啦。都怪他妈的树墩子！明白吗，伊万·阿列克塞耶维奇，天这么黑，我一下子撞在树墩子上，把脚碰了一下子。结果旧伤裂开啦，我不能走啦，非得回去不可。”连长的声音停了一小会儿，后来一面往前走，一面又说下去，声音更低了：“你来指挥半个连，包格丹诺夫指挥另外那半个连，我……说实话，实在不行啦。非得回去不可啦。”

别里柯夫准尉那尖尖的嗓门儿像狗叫一样嘶哑地回答说：

“真奇怪！只要一打仗，您的旧伤就要开裂。”

“准尉先生，我请您住嘴！”连长提高了嗓门儿。

“算啦，请吧！您就回去吧！”

“杰克”倾听着自己和别人的脚步声，当听到后面一阵匆匆的咯吱咯吱的声响，他明白：连长向后转了。过了一会儿，别里柯夫一面和司务长朝本连的左翼走，一面嘟哝说：

“……有些坏家伙真够机灵！只要情况一严重起来，他们不是生病，就是旧伤复发。你这个初生的牛犊，就得指挥半个连……都是一些不要脸的家伙！这种人去他妈的……还算当兵的呢……”

说话声忽然一齐停了，“杰克”只能听到自己的靴子在潮湿土地上的噗唧声和耳朵里嗡嗡的颤声。

“喂，老乡！”左面有人用沙哑的嗓子小声说。

“怎么？”

“走得动吗？”

“走……走得动。”“杰克”说着，跌了一跤，一屁股坐在灌满了雨水的弹坑里。

“太黑了嘛……”左边那个人说。

又走了一会儿，谁也看不见谁，那个沙哑的声音忽然在“杰克”耳边说起话来：

“咱们一块儿走！一块儿走不害怕……”

又没有人说话了，只听到鼓膨膨的靴子踩在潮湿土地上的声音。一弯光闪闪的新月，忽然从一片黑云里蹦了出来，又闪着黄黄的粼光，像鲫鱼一样在波浪似的流云里游了几秒钟，然后钻出来，来到明净的天空里，将朦胧的月光倾泻到大地上；潮湿的松针闪着点点磷光；经月光一照，松针发出的气味好像更浓烈了，潮湿的土地散发出的冷气好像更刺骨了。“杰克”看了看旁边那个人。那人突然站了下来，好像挨了一棒似的，晃了晃脑袋，张大了嘴。

“你瞧！”他嘘了一口气。

有一个人大劈开腿站在离他们三步远的一棵松树旁边。

“是……一个……人。”“杰克”说，或者仅仅是想说。

“什么人？”跟“杰克”一块儿走的那个士兵一下子端起枪来，吆喝道。“是什么人？我开枪啦！……”

站在松树底下的那个人一声也不响。他的头就像葵花的头那样，朝一旁耷拉着。

“他睡着啦！”“杰克”哈哈大笑，他浑身打着哆嗦，用不自然的笑声给自己壮着胆子，朝前走去。

他们走到站着的那个人跟前。“杰克”伸出脖子看了看。他的同伴用枪托子捅了捅那个一动不动的灰糊糊的人。

“喂，你这个瞌睡虫——虫呀！你睡着啦？老乡！……”他用讥笑的口吻说。“活宝贝，你这是怎么啦？……”他忽然顿住了。“是个死人呀！”他叫着，向后退去。

“杰克”磕打着牙齿，跳了开去，站在松树底下的那个人就像一棵被锯断的树一样，一下子倒在刚才他站的地方。他们把死人的身子扳过来，让他脸朝上，这才看出，这人是中了毒气，想逃避死亡，可是肺部已经窒息，所以跑到松树底下就死去了。他是第二五六步兵团三个营中某一个营的士兵。是个高个子、宽肩膀的小伙子。他躺在地上,头很随便地向后仰着,一张脸在倒下去的时候沾满了泥浆,眼睛因为受到毒气侵蚀,黏糊糊的;肿胀的、肉嘟嘟的舌头从咬得紧紧地牙缝里伸了出来,好像一块光溜溜的黑石头。

"咱们走吧。天啊,咱们走吧!让他自个儿躺在这儿吧。"同伴扯着"杰克"的手,小声说。

他们朝前走去,刚走几步,又遇到一具死尸。越往前走,遇到的死人越多。有些地方被毒死的人一堆一堆地躺着,有些人蹲着就僵死了,有几个人四肢着地趴着,好像羊在吃草,通向第二道防线的交通壕进口处有一具死尸,身子缩成了一团,把难受得咬烂了的手塞进了嘴里。

"杰克"和跟他一起的士兵跑步撵上已经走到前面去的队伍;撵上之后,便并排往前走。他们一同跳进弯弯曲曲伸向黑暗中的黑洞洞的战壕,就散了开来。

"应该先到地下室里搜一搜。说不定还有吃的东西呢。"那位同伴迟迟疑疑地对"杰克"说。

"咱们去。"

"你往右,我往左。趁咱们的人还没有过来,咱们先搜一遍。"

"杰克"划着一根火柴,朝前面一个地下室敞着的门里走去,可是马上就从里面飞了出来,就像被弹簧弹出来似的:原来这个地下室里十字交叉地躺着两具尸体。他一连搜了三个地下室,都毫无所获,他用脚踢开第四个地下室的门,就听到一个人用外国话尖利地叫了一声,他吓得差一点儿跌倒。

“是谁？”

“杰克”就像遇到一团火一样，一声不响地往后一跳。

“是你吗，奥托？你怎么到现在才来？”[①]一个德国兵用肩膀懒洋洋地理着披在身上的军大衣，从地下室里走出来，问道。

“举起手来！把手举起来！投降！”“杰克”放开嗓门儿喝道，并且像听到“射击”口令那样，蹲了下去。

惊骇得说不出话来的德国兵慢慢举起手，侧过身子，用迷惘的眼睛看着对准了他的寒光闪闪的刺刀尖。军大衣从他的肩膀上溜了下去，单排扣的灰绿色制服的腋下皱得像一道一道的波纹，举起来的一双干活儿的大手不住地哆嗦着，手指头直跳动，好像是在弹无形的琴键。“杰克”站在那里，没有改变姿势，打量着这个德国人那高大、健壮的身躯，打量着制服上的铜扣子、两边有缝的短靴子和歪戴着的无檐帽。后来他忽然一下子改变了姿势，晃了两下，好像是要抖搂抖搂穿得不舒服的军大衣；他发出一种奇怪的喉音——不知是咳嗽，还是在抽搭；他走到德国人跟前。

“你跑吧！”他用非常干脆的语气说。“你跑吧，德国人！我对你没有恶意。我不开枪。”

他把步枪靠在战壕的壁上，站直了身子，踮起脚，拉住德国人的右手。他这些表示信任的动作使俘虏放下心来；德国人把两手放了下来，细心地倾听着异国人说话的奇怪语调。

“杰克”毫不犹豫地把自己的硬邦邦、干了二十年活儿弄得伤痕累累的手伸了过去，握了握他那冰凉的、很不自在的手指头，然后把手抬了起来；紫丁香般的新月的亮光照在他的手上，那手又

①原文是德文。以后凡遇到德文，直接译成中文，不再加注。

小又黄，到处是疙疙瘩瘩的褐色老茧。

“我是工人，”“杰克”一面说，一面打着哆嗦，就好像是冻的。“我为什么要杀死你？你跑吧！”他用右手轻轻推了推德国人的肩膀，朝黑魆魆的树林里指了指。“跑吧，别发呆了，要不然我们的人就要……”

德国人一直在看着“杰克”伸着的手，精神十分紧张地看着，身子微微向前倾，猜测着他听不懂的那些话的含意。就这样过了一两秒钟；他的目光碰上了“杰克”的目光，德国人的目光一下子就迸发出喜气洋洋的笑意。德国人向后退了一步，大张开两臂朝前扑来，紧紧握住“杰克”的手摇晃起来，一面十分激动地笑着，弯下身子，望着“杰克”的眼睛。

“你是要放掉我吗？……噢，现在我明白啦！你是俄国的工人吗？你也和我一样，是社会民主党党员吗？是吗？噢！噢！这真好像是在做梦……好弟兄，我怎么能忘了呢？……我不知怎样来感谢你……你真是一个了不起的、勇敢的小伙子……我……”

他十分激动地说了这许多德国话，可是“杰克”只听懂了一个熟悉的疑问句：“是社会民主党党员吗？”

“嗯，是的，我是社会民主党党员。你快跑吧……再见啦，好弟兄。来，握握手！”

一个高大，健壮的拜恩人，一个矮小的俄国士兵，凭着感觉互相了解了，互相对望着。拜恩人小声说：

“在将来的阶级战斗中，咱们将是一条战壕里的战友。不是这样吗，同志？”说完，他就像一只灰色大野兽一样跳到战壕沿上。

渐渐来到跟前的散兵线的脚步声在树林里刷刷地响了起来。走在前面的，是一个军官率领着的一小队捷克侦察兵。他们看到这个寻找食物的士兵从地下室里钻出来，差点儿就要开枪。

“自己人！你没看清楚……别胡乱来！”这个士兵一看到黑黑的枪口对准了自己，就吓得叫了起来。

“都是自己人嘛！”他又说了一遍。他像抱小孩子一样，把一大块黑黑的面包紧紧抱在胸前。

一位军士认出了“杰克”，便跳过战壕，用枪托子朝“杰克”的脊背狠狠捅了一下子。

“我揍死你！要狠狠揍你一顿！你上哪儿去啦？”

“杰克”有气无力、软搭搭地走着，捅一枪托子，他也不在乎。使军士吃惊的是，他身子晃了晃之后，竟一反常态，用十分和善的语气回答说：

“我走到前头来啦，你别打人嘛。”

“你不要吊儿郎当！一会儿你掉到后头，一会儿又跑到前头。不懂得军规吗？你是头一年当兵，还是怎的？”他停了一会儿，又问道：“有烟丝吗？”

“就一些碎末子啦。”

“给我点儿吧。”

军士抽着烟，走到排尾去了。

拂晓时候，捷克侦察兵撞上了德国的监视哨。德国人一排齐射，打破了寂静。后来在间隔相同的时间里，又打了两排齐射。一颗红色信号弹在战壕上空升起来，人声喧腾起来，信号弹的红色火花还没有在空中熄灭，德国人那边就开了炮。

轰！轰！……紧跟着头一阵轰隆声，又是两下：轰！轰！

嗖——嗖！……炮弹呼啸着，声音越来越大，像钢钻一样穿透大气，嘎嘎地从前面半个连士兵的头上飞过；一刹那的沉寂之后，在远处，就在司托霍得河渡口边，响起了生气似的爆炸声：砰！……砰！……

第一排齐射以后，在捷克侦察兵后面四十俄丈远近前进的散兵线卧倒了。信号弹射来一片红光；"杰克"借着红光，看到士兵们像蚂蚁一样在树木之间爬着，已经不再嫌烂泥地脏，而是紧紧贴在地上，寻求庇护。大家一遇到沟坎就往里爬，一遇到小土包就趴下来，一遇到小土坑就把头伸进去。但是当机枪子弹像五月的暴雨一样向树林里泼来，打得到处噼啪直响的时候，终于还是支持不住了：大家都向后爬起来，把脑袋拼命往肩膀里缩，像毛虫一样贴着地面爬，手脚都不拱起来，像蛇那样在地上拖，拖得烂泥地上留下一道道印子……有的人跳起来，飞跑起来。一颗颗爆破性的子弹在树林里呼啸着，打得松针乱飞，打得树皮到处飞溅，子弹像蛇叫一样嗞嗞地往泥地里乱钻，在地上乱蹦，到处叭叭地乱炸。

回到第二道战壕，前面那半个连检查人数：损失了十七个人。不远处，特别连的哥萨克们正在调整队伍。他们本来是在前面那半个连的右方前进的。他们事先消灭了德国人的哨兵后，就小心翼翼地前进，本来可以把德国人打一个措手不及的，但是德国兵对捷克侦察兵打了一排齐射之后，整个地段的德国兵一齐惊动起来。一阵乱枪打来，打死两名哥萨克，打伤了一名。哥萨克们把受伤的和打死的都抬了回来，一面整顿队伍，一面七嘴八舌地说话：

“应当把自己弟兄埋好。”

“不用咱们管，自会有人来埋的。”

“多替活人想想吧，死了的用不着多操心啦。”

过了半个钟头，团部的命令来了：“兹命令：在炮轰之后，你营会同哥萨克特别连向敌人发起猛攻，将敌人逐出第一道战壕。”

时紧时松的炮轰一直持续到中午十二点。哥萨克和步兵们除了岗哨以外，都在地下室里休息。正午时候发起猛攻。右方，主要地段上，炮声隆隆——那边也重新发动进攻了。

右翼尽边上是后贝加尔的哥萨克，左面一点是柴尔诺亚尔团和哥萨克特别连，再过来一点是法拿果里精锐团，再过来就是谦巴团、布吉里敏团、第二〇八步兵团、第二一一步兵团、巴甫洛格拉得团、文格洛夫团；第五十三师的各团居中；整个右翼都是第二土耳其斯坦步兵师。整个地段上枪炮声轰轰隆隆，俄军到处在发动进攻。

特别连排成稀疏的散兵线前进着。这个连的左翼紧接着柴尔诺亚尔团的右翼。刚刚能看见战壕胸墙的墙头，德国人就十分凶猛地开起火来。连队朝前奔跑，不喊也不叫；一会儿卧倒了下来，打一阵枪，又重新朝前跑。在距离第一道战壕五十步的地方卧倒了下来，不能前进了。只能打枪，连头也不能抬。德国人沿着战壕栽满了鹿砦和铁丝网。阿丰卡·奥捷洛夫扔出去的两颗手榴弹，从铁丝网上蹦了回来，爆炸了。他微微抬起身子，想扔第三颗，但是一颗子弹从他的左肩下面穿进去，从脊梁骨上穿出来。躺在不远处的伊万·阿列克塞耶维奇看到，阿丰卡微微蜷了蜷腿，就一动不动了。一条胳膊的阿列克塞·沙米尔的弟弟普罗霍尔也中弹死了;第三个倒下去的是原村长马内次柯夫,紧接着一颗子弹又打中了沙米尔家的邻居——头发蓬乱的跛子叶甫兰琪·加里宁。

半个钟头的工夫,第二排就牺牲了八个人。大尉连长也牺牲了,又牺牲了两位排长,连队失去了指挥,于是向后退去。退到火力圈以外,哥萨克们汇集到一起,点了点人数:损失了一半人。柴尔诺亚尔团也退了下来。第一营的损失更为惨重,但团部不顾这一切,又下了命令:“立即重新发起进攻,务必将敌人从第一道战壕逐出。全线战斗的最后胜利,取决于能否恢复原有阵地。”

连队排成稀疏的散兵线,又往前冲。碰到德国人凶猛的火力,便在距离战壕一百步的地方卧倒了。队伍又越来越稀,失魂丧魄的人们紧紧贴在地上,躺着,头也不抬,一动也不动,只怕死神降临。

将近黄昏时候,柴尔诺亚尔团的后面那半个连支持不住了,跑了起来。“退呀!”的叫喊声传进哥萨克们的耳朵。哥萨克们爬起来,跌跌撞撞,连滚带爬地向后退去,一路上撞断不少树棵子,丢掉不少枪支。跑到安全地带,伊万·阿列克塞耶维奇倒在一棵被炮弹炸断的松树下,缓了几口气,便看到加甫里拉·李霍维多夫朝他走来。李霍维多夫像醉汉一样甩着两只脚,垂着眼睛,一只手在空中乱抓,另一只手好像在拂拭脸上无形的蛛丝。他的步枪不见了,大刀也不见了,汗湿而笔直的深黄色头发低低地垂到眼睛上。他在一片空地上绕了个圈儿,来到伊万·阿列克塞耶维奇跟前,站了下来,用歪歪斜斜、飘忽不定的目光盯着地面。他的膝部轻轻打着哆嗦，两腿弯曲，伊万·阿列克塞耶维奇觉得，李霍维多夫要蹲下去，好像要起飞似的。

“哦……你这是……”伊万·阿列克塞耶维奇刚刚开口，想说点什么，但是李霍维多夫脸上的筋肉一齐抽搐起来。

“住嘴！”李霍维多夫叫了起来，并且蹲了下去，一面挖挲着手指头，惊骇地四面张望着。“你听着！我来唱支歌儿。有一只神鸟飞来找夜猫子，说起话儿来：

我的夜猫子小姐呀，你说说，
你说说，库普列扬诺芙娜，
你说说，有谁比你大，
有谁比你身份高？
看，老鹰是皇上，
鹞子是少校，
老雕是大尉，
林鸽是乌拉尔哥萨克，
家鸽是近卫军，
斑鸠是向导兵，
椋鸟是加尔梅克佬，
寒鸦是茨冈娘儿们，
喜鹊是阔太太，
灰鸭是步兵，
海雁是摩尔达维亚女人……”

“等一等！”伊万·阿列克塞耶维奇的脸都白了。“李霍维多夫,你这是怎么回事？……你病啦？嗯？"

"你别捣蛋!"李霍维多夫的脸涨得通红,他又努了努嘴,扮出一副呆呆的笑容,仍用那种可怕的朗诵腔调叫喊道:

海雁是摩尔达维亚女人呀,
野鸭是糊涂蛋,
野鹅是莽撞汉,
白嘴鸦是炮队呀,
黑老鸹是巫婆,
鱼鹰是琴师……

伊万·阿列克塞耶维奇跳起来,说道:

"咱们快走,找咱们的人去,不然的话,德国人会把咱们捉去的！听见没有?"

李霍维多夫拼命挣着,慌慌张张,嘴上流着热乎乎的口水,继续叫喊着:

小夜莺是歌手呀,
小燕子是巨人,
仙鹤是光肚子汉,
山雀是税差呀,
麻雀是甲长……

他的声音突然中断了一下之后,又拉长了声音声嘶力竭地唱了起来。他那龇着牙的嘴里发出来的已经不是歌声,而是越来越粗壮的狼嗥了。在他那尖尖的长牙上,唾沫星子闪闪发光,像珍珠一样。伊万·阿列克塞耶维奇看着这个朝夕相处的伙伴的眼睛极不正常地向外歪斜，看着他的头，看着那一绺绺的头发紧紧贴在头上，那两个耳朵像蜡塑的一般，觉得十分害怕。李霍维多夫已经是气势汹汹地在吼叫了：

我们在多瑙河对岸
打败了土耳其苏丹，
解放了基督教徒。
威名远扬，传遍四方。
我们飞呀，飞呀，
就像扑食儿的饿蝗。
顿河哥萨克
一齐把枪放。
把你们的小火鸡、老母鸡
宰个精光。
把你们的老婆、孩子
都掳回家乡。

“马尔丁！马尔丁，你快来！”伊万·阿列克塞耶维奇看见马尔丁在空地上一瘸一拐地走着，就喊着。

马尔丁拄着步枪来到跟前。

“你帮我把他带走。看见吗？”伊万·阿列克塞耶维奇用眼睛瞟了瞟疯了的伙伴。“他吓坏啦。血一齐冲到脑袋里啦。”

马尔丁·沙米尔从内衣上扯下一只袖子，将受伤的腿包扎好；对李霍维多夫看都没有看，就架住他的一条胳膊，伊万·阿列克塞耶维奇架住另一条胳膊，朝前走去。

我们飞呀，飞呀，
就像扑食的饿蝗……

李霍维多夫喊叫的声音已经低些了。马尔丁难过地皱着眉头，央求他说：

“你别嚷嚷啦！行行好，别嚷啦！你现在已经飞够啦，别飞啦！”

把你们的小火鸡、老母鸡
宰个精光……

疯子拼命从两个伙伴的手里往外挣，不住气地唱着，只是偶尔用两手按按两边鬓角，牙齿咬得咯吱咯吱直响，耷拉着的下巴不住地哆嗦着，歪着头，头上冒着狂得发了热的热气。

四

司托霍得河下游约四十俄里长的战线上进行着战斗。隆隆的炮声接连不停地响了两个星期。每天夜里，远方紫色的天空被探照灯的灯光划成许许多多的碎块。那探照灯光有如变幻多姿而又不太明亮的闪电，闪来闪去，眨着眼睛，使站在此处观看战争烽烟与火光的人感到无限惊慌。

第十二哥萨克团驻守在一片泥沼的荒凉地段。白天偶尔朝那些在不深的战壕里跑来跑去的奥地利人打几枪，到夜里，靠着泥沼地掩护，就睡大觉或者打牌；只有一些哨兵注视着激战地区那惊心动魄的橙黄色火光。

一个严寒的夜里，远方的火光照耀得天空特别明亮的时候，格里高力·麦列霍夫走出地下室，顺着交通壕爬到战壕后面一座树林子里，那树林子在一座不高的土冈顶上，很像是长在黑头顶上的一撮白毛。他在开阔而芳香的土地上躺了下来。地下室里烟雾腾腾，一片恶臭气，下等烟草的褐色烟雾就像带穗子的桌布，笼罩在一张小桌的上空，桌边围坐着八个哥萨克，正在打牌；可是树林子里，在这小土冈顶上，微风轻轻吹着，轻得就像有一只看不见的鸟儿飞过时翅膀扇出来的；寒霜打过的野草散发着无限忧郁的气息。炮弹打得乱七八糟的树林子上空黑沉沉的，天上一簇一簇的星星闪闪烁烁，有如篝火熄灭后的余火，北斗星躺在天河的旁边，很像是一辆翻倒在地上、斜翘着辕杆的大板车，只有北面的北极星闪着均匀而耀眼的亮光。

格里高力眯起眼睛望着北极星，这不算明亮、但非常刺眼的星星的冷光一接触到眼睛，睫毛底下就涌出了同样冰冷的泪水。

他躺在这土冈上，不知为什么想起了他从下亚布洛诺夫村回亚戈德庄找阿克西妮亚那一夜；也怀着刀搅一样的痛苦心情想起了她。脑海里出现了那张脸的模模糊糊、经过时间磨蚀的无比亲切而又十分陌生的线条。他怀着突然怦怦跳动起来的一颗心，想重新看看他最后一次看到的、疼得歪歪扭扭、腮上还带着红红的鞭痕的那张脸；但是记忆却硬要把另一种样子的脸送上来，那张脸微微偏着，得意扬扬，笑盈盈地。你看，她慢慢转过头来，用火辣辣的黑眼睛又顽皮又多情地从下面盯着你，两片娇艳而妖媚的红嘴唇悄悄地说着无比亲切和热情的话儿，然后又慢慢将目光移开，转过脸去，那黑黑的脖子上晃悠着两个老大的毛茸茸的发卷儿……他以前就喜欢吻这发卷儿……

格里高力哆嗦着。他觉得，有一会儿他闻到了阿克西妮亚的头发那幽雅醉人的香气；他弯起身子，张大鼻孔闻了闻，哦……不是的！这是陈腐的落叶发出的一股冲鼻子的气息。阿克西妮亚那鸭蛋形的脸渐渐暗淡，渐渐隐没。格里高力合上眼睛，把两个手掌放在疙里疙瘩的地面上，眼睛一眨不眨地对着天边的北极星看了半天，那北极星躲在一棵断松树后面，像一只美丽的蓝蝴蝶抖动着翅膀，在原地飞着。

许多零零碎碎的回忆片段渐渐遮住阿克西妮亚的形象。他想起了他和阿克西妮亚决裂以后，在鞑靼村的家里度过的那几个星期；每天夜里，娜塔莉亚都要如饥似渴、毫无保留地跟他亲热，好像是竭力要补偿以前那种处女般的冷淡；白天，家里人无微不至、几乎像讨好一样地关怀他，村里人见到他这第一个获得乔治勋章的人都十分尊敬。格里高力不论到哪里，也包括在家里，到处都遇到旁边射来的尊敬而惊讶的目光，大家都惊异地望着他，好像不相信他就是那个格里高力，就是当年那个吊儿郎当的小伙子。老年人在集市上跟他说话，就像跟平辈人说话一样，见面时都要脱帽向他还礼；姑娘和媳妇们都带着掩饰不住的钦佩神情打量他那雄赳赳、微微有点弯曲的身姿，打量军大衣上那系在绦带上的十字勋章。他看出来，父亲有时同他上教堂或者到操场上去，跟他走在一起，显然觉得脸上十分光彩。所有这些讨好、尊敬、钦佩构成的又复杂又精致的毒素，把贾兰沙在他心里种下的真理的种子渐渐毒死，渐渐从他思想上消除。格里高力从前方回来时是一个人，走的时候又变成了另外一个人了。他从吃娘奶的时候就养成、又培育了二十几年的哥萨克气质，战胜了伟大的人类真理。

“格里什卡，我知道嘛，”潘捷莱·普罗柯菲耶维奇在格里高力要走的时候，喝过几杯酒，摩弄着那一头间有黑斑的银发，激动地说：“我早就知道，你会出息成一个好样的哥萨克。在你满一周岁的时候，我就按照哥萨克的老风俗，把你抱院子里——你还记得不，老婆子？——让你骑到马上。你这个鬼东西用小手一把就抓住了马鬃！……那时候我就猜到，你一定会大有出息。果然出息成人啦。”

格里高力作为一个好样的哥萨克又上了前方；他一面在心里咒骂战争的荒谬，一面忠实地保持着哥萨克的声名。

一九一五年。五月。在奥里霍甫琪克村附近碧绿的草地上，德军第十三钢铁团徒步向俄军攻来。机枪嗒嗒响着。架在小河边的俄军的一挺重机枪沉重有力地扫射着，第十二哥萨克团投入了战斗。格里高力跟同连的哥萨克们一起排成散兵线前进着，有时回头看看，看到一轮火热的太阳高挂在中午的天空里，又看到另外一个同样的太阳在河湾里，那河湾边上长满一丛丛的藤蔓，好像一张黄黄的羊羔皮。河那边白杨树丛中隐藏着看守马匹的士兵；往前看，便是德国人的散兵线和钢盔上的铜鹰射出的黄黄的亮光。微风吹动着带有野蒿气味的灰白色硝烟。

格里高力不慌不忙地射击着，瞄准瞄得很细心，在射击的间隙里，一面听着排长高喊瞄准的口令，一面从容不迫地把爬到他的军便服袖子上的一只花大姐拂下去。后来就是冲锋……格里高力用包铁皮的枪托子打倒了一个高个子的德国中尉，缴了三个德国兵的枪，并且朝他们的头顶上打了几枪，吓得他们像兔子一样朝河边跑去。

一九一五年七月，他随着一个哥萨克排在拉瓦鲁斯卡雅附近截回了被奥地利人掳去的一个哥萨克炮兵连。就在那一次战斗的时候，他绕到敌人后方，用手提机枪打得进攻的奥地利人四散逃窜。

过了巴扬涅茨以后，他在一次遭遇战中俘虏了一名肥胖的奥地利军官。他把军官像只绵羊一样横放在马上，就朝前跑，一路上闻着军官裤裆里拉的屎散发出的臭烘烘的气味，并且感觉到那吓得浑身是汗的肥胖身体一直在打哆嗦。

格里高力这会儿躺在黑黑的土冈顶上，特别鲜明地想起那一回他跟他的死对头司捷潘·阿司塔霍夫在战场上相遇的情形。那是在第十二团从前线撤下来，调到东普鲁士以后。哥萨克的战马践踏着德国人精耕细作的土地，哥萨克焚烧着德国人的房屋。他们所到之处，火焰红成一片，熏黑的断垣残壁冒着青烟，瓦屋顶噼啪作响。来到司托雷平城下，他们这个团和第二十七顿河哥萨克团一起发动进攻。格里高力仓促中看见瘦了的哥哥、脸刮得很光的司捷潘和其他一些同村的哥萨克。两个哥萨克团打败了。德国人把他们包围起来，十二个连队便一个紧跟着一个勇猛地发起冲锋，想冲破敌人的包围圈，就在这时候，格里高力看见司捷潘从被打死的大青马身上跳下来，像陀螺一样打起转转儿。格里高力被突然来临的可喜的决心激励着，使劲勒住了马，这时候最后一支连队跑了过来，几乎把司捷潘撞倒，等到这一支连队跑过去，格里高力驱马跑到他跟前，喊道：

“抓住马镫！”

司捷潘紧紧抓住马镫的皮带，跟格里高力的马并排跑了有半俄里。

“别跑得太快！行行好，别这样跑！”他气喘吁吁地恳求道。

他们平平安安地冲出了缺口。离冲出重围的连队下马休息的树林子不过一百丈远了，但就在这时候，一颗子弹打在司捷潘的腿上，他把马镫一松，仰面倒在地上。一阵风吹掉了格里高力的制帽，一绺头发耷拉到眼睛上。格里高力撩开头发，回头看了看。司捷潘正一瘸一拐地朝乱树棵子里跑去，把哥萨克制帽扔进树棵子里，又坐下来，急急忙忙地往下脱那带红绦的军裤。德国人的散兵线正一组一组地从高地下面往上跑，格里高力明白：司捷潘是想活，所以才脱掉哥萨克军裤，这样就可以冒充步兵：因为那时候德国人见到哥萨克就打死，绝不生俘……格里高力受良心驱使，掉转马头，朝树棵子跑去，一面跑一面跳下马来。

“骑上去！……”

司捷潘的眼睛匆匆地扬了一下，那是格里高力永远忘不了的。他扶着司捷潘上了马，自己抓住马镫，跟着满身大汗的马跑起来。

啁啁啁……子弹带着火辣辣的啸声飞来，飞过时又发出啸声：嗖嗖！

在格里高力的头顶上，在司捷潘那煞白的脸的上方，在他们的两旁——都是这种钻和刺的声音：啁啁——嗖嗖，啁啁——嗖

嗖;后面是枪声,就像熟透了的槐树荚在爆炸:

砰啪!砰啪!哒哒哒哒!

跑到树林子里,司捷潘下了马,疼得歪着嘴;他扔掉马缰,一瘸一拐地走到一旁。左边的靴筒里往外流着血,每走一步,受伤的腿一用劲,脱落的靴底缝儿里就涌出细细的一股樱桃色的血。司捷潘靠在一棵枝叶繁茂的橡树树干上,朝格里高力招了招手。格里高力走了过去。

“靴子里血都流满啦。”司捷潘说。

格里高力没有作声,朝一旁看着。

“格里什卡……咱们今天往前进攻的时候……听见吗,格里高力?”司捷潘说着,用瘪进去的眼睛寻找格里高力的眼睛。“咱们进攻的时候,我从后面打了你三枪……老天爷没有叫打中。”

他们的眼睛碰到了一起。司捷潘那瘪进去的眼窝儿里气汹汹地射出利钻一样的光芒。他几乎没有张开咬紧了的牙齿,说:

“你救了我的命……谢谢……可是阿克西妮亚的事,我不能饶恕你。心里咽不下这口气……你别强求我,格里高力……”

“我不想强求。”格里高力这才回答说。

他们分手了,依然没有和解……

还有……五月里,他们这个团和布鲁西洛夫军团其余各部一起,在卢次克附近冲破敌军防线,到敌后作战,打击敌人,自己也挨了不少打。在里沃夫附近,格里高力擅自率领一个连去进攻,截获了奥地利人的榴弹炮及其炮手。又过了一个月,有一天夜里,他蹚过布戈河去捉“舌头”。他把一个站岗的哨兵打倒在地,那个矮墩墩的、强壮的德国人把光着半截身子、压在他身上的格里高力转悠了半天，拼命地喊叫，怎么都不肯束手就缚。

格里高力微笑着想起了这件事。

在不久以前和很久以前战斗过的战场上，这样的日子过得还少吗？格里高力牢牢地保持着哥萨克的声名，寻找机会表现舍己忘我的勇敢精神，出生入死，奋勇拼搏，乔装以深入奥地利人后方，偷袭敌人岗哨，多次大显身手，他觉得战争初期压在他心中的那种痛惜人的心情已经一去不复返了。他的心变硬了，变得无情了，心就像干旱时候的盐土，水侵不进盐土，怜悯也进不了格里高力的心。他拿别人的生命和自己的生命当儿戏，丝毫也不在乎；因此他成了出名的勇士，得到了四颗乔治十字勋章和四颗奖章。在难得的几次阅兵典礼中，他都站在被多次战争的硝烟熏过的团旗下面；但是他知道，他再也不能像以前那样地笑了；他知道，他的眼睛已经陷下去，两边腭骨已经尖尖地凸了出来；他知道，他很难一面吻着孩子，一面坦然地看着孩子那清亮的眼睛了；格里高力知道，为一大串十字章和几次提升，他付出了什么样的代价。

他趴在土冈上，把大衣的大襟垫在腰底下，用左胳膊肘支住上身。回忆殷勤地捧献出一样一样的往事，那遥远的童年的往事，就像一根细细的蓝纱，总是跟没有多少滋味的片段战争回忆交织在一起。格里高力带着恋恋不舍和感伤的心情凝神想了一会儿童年的事情，随后又想起不久前的事情。在匈牙利人的战壕里有人熟练地弹着曼陀铃。那细细的、被风吹得悠悠荡荡的声音迅速地飞了过来，飞过司托霍得河，轻轻地飘荡在多次洒过人血的土地上。高空的星星更亮些了，夜色更浓了，沼地上已经升起深夜的雾气。格里高力一连抽完两支烟卷，十分亲昵地抚摩了几下步枪皮带，就用左手的手指头撑着，从殷勤好客的土地上站起来，慢慢朝战壕走去。

地下室里还在打牌。格里高力倒在铺上，还想在回忆中沿着熟悉的、铺满往事的小路漫游一番，但是睡劲儿已经上来；他就着躺倒时很不舒服的姿势睡着了，他梦见无边无际、干旱风吹焦了的原野，梦见一丛丛紫红色的蜡菊，梦见没有钉掌的马蹄在毛蓬蓬的紫薄荷丛里踩出的一个个马蹄印子……原野上空空荡荡，静得不得了。格里高力在硬邦邦的沙土地上走着，但是听不到自己的脚步声，因此他害怕起来……格里高力醒了过来，抬了抬头，因为睡得不舒服，腮上印了好几道斜斜的印子，他吧嗒了半天嘴，就好像一匹马刚刚闻到一种特别好闻的草香，忽然这香味又没有了。后来他睡熟了，再没有做梦。

第二天，格里高力起得身来，心里说不出的苦闷。

“你今天怎么愁眉不展的？梦见家乡了？”“秃子”问道。

“你猜对啦。梦见草原啦。所以心里闷得慌……能回家去看看才好哩。给皇上当兵真当够啦。”

“秃子”大大咧咧地笑了笑。他一直跟格里高力住在一个地下室里，他对格里高力十分尊敬，就像一只猛兽尊敬跟它一样凶猛有力的野兽那样；自从一九一四年那一次争吵以后，他们之间再没有发生过冲突，而且，“秃子”的影响已经在格里高力的性格和心理上很明显地表现了出来。战争大大地改变了“秃子”的世界观。他慢慢地、但是坚定不移地转到反对战争的立场上，他经常议论卖国的将军们和潜伏在皇宫里的德国人。有一回他无意中说出这样的话：“既然皇后本人就是日耳曼血统，就别想有什么好结果。一旦时机来到，有人出一个铜板，她就能把咱们卖掉……”

有一回格里高力对他说了贾兰沙的主要论点，“秃子”却很不赞成。

“歌儿倒是挺美，就是嗓门儿哑啦。”他嘲讽地笑着，拍着他那灰白色的秃顶说。“米沙·柯晒沃依也像一只站在篱笆上的公鸡，天天在唱这种调调儿。这种革命毫无意思，全是胡闹。你要明白，咱们哥萨克需要的是自己的政府，而不是别人的政府。咱们需要像尼古拉·尼古拉耶维奇[①]那样刚强的皇帝，咱们跟庄稼佬不能走一条路，猪鹅不能同群嘛。庄稼佬一心想抢夺土地，工人是想给自己增加工资，有什么好处给咱们呢？土地咱们有的是！此外还要什么呢？没有什么好要的，皇上是个昏君，这没有什么好瞒的。他的老子比他强些，他可是胡搞，要搞出像一九〇五年那样的革命，那时候就要把一切弄个天翻地覆。这对咱们没有什么好处。如果他们把皇上赶走了，下一步就轮到咱们了。他们要报旧仇，还要把咱们的土地分给庄稼佬。要当心……”

“你老是往偏处想。”格里高力皱着眉头说。

“你净说没意思的话。你还年轻，没有磨炼出来。你等着瞧吧，等到你吃了大亏，那时候你就知道谁对谁不对啦。”

谈到这里，谈话一般都要结束了。格里高力一声不响，“秃子”找点别的话来说。

①尼古拉·尼古拉耶维奇(一八五六——一九二九)：大公，第一次世界大战开始，就担任俄军最高司令官。国内战争时期逃亡国外。他在国外受到弗兰格尔和大部分保皇党的支持，成为觊觎俄国皇位的“复辟者”之一。——作者注。

那一天，格里高力卷入了一桩很不愉快的事件。那一天中午，跟往常一样，从土冈那边过来的随军灶车停了下来。哥萨克们你追我赶地顺着交通壕朝灶车跑去。米沙·柯晒沃依打的是第三排的饭。他用一根长棍子挑着许多热气腾腾的锅子，一跨进地下室的门，就叫喊起来：

"弟兄们，这样可不行！怎么，难道咱们是狗吗？"

"你说什么？""秃子"问道。

"拿臭东西给咱们吃！"柯晒沃依气愤地叫道。

他使劲一甩头发，把他那像一把乱草似的金发甩到后面，把锅子放到铺上，拿眼睛斜看着"秃子"说：

"你闻闻，这汤什么味道？"

"秃子"趴到自己的锅子上，翻着鼻孔，撇着嘴，柯晒沃依不由地学起他的样子，翕动着鼻孔，脸呆呆地皱了起来。

"臭肉。""秃子"断定说。

他厌恶地把锅子推开，看了看格里高力。

格里高力一下子从铺上站起来，朝菜汤伸了伸本来已经耷拉得够长的鼻子，身子向后仰了仰，懒洋洋地踢了一脚，把前面的一个锅子踢到了地上。

"这是干什么？""秃子"迟疑地说。

"干什么——你没看见吗？你就瞧瞧吧。你不是瞎子吧？这是什么玩意儿？"格里高力指了指在脚底下流了开来的黏糊糊的东西。

"啊啊啊啊！……蛆！蛆！……我的妈呀……我还没看见呢！……这伙食真不赖。这不是菜汤，是面条……拿蛆当起牛杂碎来啦。”

在地上，在像脓血一样红红的肉块旁边，有不少雪白的蛆，直挺挺地躺在许多油点子中间，蛆已经煮死了，一个个鼓膨膨、圆滚滚的。

“一条、两条、三条、四条……”柯晒沃依不知为什么小声数了起来。

有一小会儿大家都没有作声。格里高力从牙缝儿里啐了一口。柯晒沃依把刀拔了出来，说：

“咱们带上这菜汤，找连长去。”

“好！说得对！”“秃子”表示赞成。

他忙活起来，一面往下拧刺刀，一面说：

“咱们来押送菜汤，格里高力，你跟在后面。你报告连长。”

“秃子”和米沙·柯晒沃依用刺刀抬着满满一锅菜汤，把大刀也拔出了鞘。格里高力在后面护送，哥萨克们从地下室里跑了出来，跟在格里高力后面，像一道连绵不断的灰绿色波浪，顺着弯弯曲曲的战壕移动着。

“怎么回事儿？”

“有情况吗？”

“是不是有讲和的消息啦？”

“哪儿有这样的好事……你想讲和，不想吃干面包啦？”

“我们押送的是带蛆的菜汤！”

来到军官住的地下室门口，“秃子”和柯晒沃依站了下来，格里高力弯了弯腰，用左手拿着制帽，走进“狐狸洞”。

“别挤！”“秃子”回头看着一个在挤他的哥萨克，凶狠地龇了龇牙。

连长走了出来，一面扣着军大衣，一面大惑不解并且有点儿慌乱地回头看着从地下室里跟了出来的格里高力。

“弟兄们，怎么回事儿？”连长用眼睛朝哥萨克们的头顶上扫了扫。

格里高力跨到他前面，在一片寂静中回答说：

“我们押送犯人来啦。”

“什么犯人？”

“就是这个……”格里高力指了指放在“秃子”脚下的一锅菜汤。“这就是犯人……你闻闻吧，人家给您的弟兄们吃的是什么！”

他的眉毛皱成了不等边三角形，微微颤动了两下之后，就舒展开了。连长用询问的目光注视着格里高力脸上的表情；又阴沉着脸，把目光移到锅子上。

“叫我们吃起臭肉来啦！”米沙·柯晒沃依愤怒地叫道。

“把军需撤掉！”

“毒蛇！……”

“坏蛋，自己吃肥啦！”

“牛腰子汤他自己喝足啦……”

“给别人喝带蛆的！”旁边几个人附和说。

连长等到闹哄哄的声音静了下来，这才厉声说：

“安静点儿！现在别说啦！都清楚啦。今天就把军需撤下来。我派一个小组调查他的情况。如果他拿变质的肉……”

“把他送军法处！”后面嗡嗡叫了起来。

又是一阵闹哄哄的叫喊声把连长的声音吞没了。

撤换军需是在行军的路上。骚动起来的哥萨克们押解着莱汤去见连长之后，过了几个钟头，十二团团部就接到命令撤离阵地，并且按照命令中所附的路线，以行军的队形向罗马尼亚移动。夜里，西伯利亚的步兵就来接替了哥萨克的防务。团队在伦维契镇检查了一下马匹，第二天早晨就用强行军的速度向罗马尼亚进发。

为了支援节节失利的罗马尼亚人，调动了大批的部队。这在行军的第一天，从一件事情上就看出来了。黄昏前派出去到行军路程表上拟定的宿营村庄打前站的人，空着手回来了：那个村子里已经住满了步兵和炮兵，也都是朝罗马尼亚边境开拔的。十二团为了找地方宿营，只好多走了八俄里。

走了十七天。马匹吃不到草料，都饿瘦了。靠近前线的地区，遭到战争破坏，是找不到饲料的；居民不是跑到俄罗斯内地，便是躲进了大森林，敞着门的一座座阴郁的茅屋里，只剩下黑黑的、光秃秃的四壁，街道上空空荡荡，哥萨克们难得遇上个愁眉苦脸、恐慌万状的居民，即使遇上了，对方一看到是带枪的，就赶快躲起来。哥萨克们因为连续行军，都弄得疲惫不堪，又因为冻得难受，因为自己受罪，马匹受罪，因为种种不顺心的遭遇，憋着一肚子的怨恨，所以掀掉了许多茅屋的屋顶；遇到劫后幸存的村庄，他们就不客气地抢夺那十分可怜的粮食，不管军官们怎样恐吓，都制止不住他们的抢劫和胡作非为。

已经离罗马尼亚边境不远了，在一个富裕的小村子里，“秃子”从一家仓房里偷了一升大麦。主人当场把他抓住，但是“秃子”把那个挺和善的比萨拉比亚老汉狠狠打了一顿，大麦还是送到了马跟前。排长在拴马桩跟前看到了他。“秃子”把饲料袋挂到马嘴前面，自己在旁边转悠着，用哆哆嗦嗦的手抚摩着露出骨头的马肋，看着马的眼睛，就像对着一个人似的。

“乌留宾！狗杂种，把大麦送回去！你这个浑蛋，干这种事儿要枪毙！……”

“秃子”模糊的眼睛斜着看了看排长，把制帽啪地朝脚下一摔，进团里以来第一次声嘶力竭地大叫起来：

“惩治我吧！枪毙我吧！你就是马上把我打死，大麦也不送还！……怎么，我的马就该饿死吗？嗯？大麦我就是不还！一颗也不还！”

他忽而抓抓自己的脑袋，忽而抓抓大吃大嚼的马的鬃毛，忽而抓抓马刀……

排长一声不响地站了一会儿，看了看瘦得可怕的马后腿，点了点头，说：

“你怎么给跑得发热的马吃起东西来啦？”

他的声音中明显地流露出激动的心情。

“不要紧，马身上已经凉透啦。”“秃子”几乎用说悄悄话儿的声音回答说，一面把饲料袋里掉下来的麦粒儿扫到手掌上，重新放进去。

十一月初，十二团进入了阵地，特兰斯瓦尼亚山上寒风呼啸，山谷里飘荡着冷雾，霜打过的松林发出浓烈的气息，在山里洁白的初雪地上，常常看到野兽的足迹：狼、麋鹿、野山羊，受到战争的惊吓，纷纷离开荒野的山林，向内地逃去。

十一月七日，十二团向三二〇高地发动了进攻。前一天还是奥地利人守在战壕里，可是就在发动进攻的这一天早晨，刚从德法前线上调来的德国人接替了他们。哥萨克们徒步向山坡上爬去，山坡上到处是石头，蒙着一层薄薄的雪。带冰凌的小石头在脚下乱蹦，一股股的雪粉乱飞。格里高力跟“秃子”并排走着，惭愧地、很不好意思地笑着，对他说：

“我今天有点儿怕……好像是头一次打仗。”

“是吗？……”“秃子”觉得很稀奇。

他攥着步枪皮带，提着磨得光溜溜的步枪，咂着胡子上的冰凌。

哥萨克们排成不整齐的散兵线向山上移动着，还没有开枪。敌人战壕的胸墙阴森可怖地沉默着。在山头后面，德国人这边，有一个萨克森[1]中尉，脸被风吹得红红的，鼻子也脱了皮，整个身子向后仰着，微微笑着，神气活现地对士兵们喊道：

“伙计们！咱们打蓝衣鬼[2]不是头一回啦！咱们来给他们一点颜色瞧瞧，叫他们知道咱们的厉害。沉住气，暂且不要开枪！”

一支一支的哥萨克连队向前冲去。小石子在脚下哗啦哗啦地乱飞。格里高力一面掖风帽的角儿，一面神经质地笑着。他那瘪下去的两腮和鹰钩鼻子泛着青黄色，满腮的胡子就像黑黑的庄稼茬子，挂着白霜的眉毛底下，两只眼睛一动不动，就像两块黑炭。他已经失去素有的镇定心情。他克制着突然涌来的可恶的害怕心情，眯着晃动不定的眼睛，凝神望着白白的、雪光闪闪的战壕胸墙，对“秃子”说：

①萨克森人，俄国人对德国东部一些州的居民的称呼。

②德国人这样称呼哥萨克。

“他们一点动静都没有，是让我们走近些。我害怕，而且也不觉得惭愧……说不定会突然转过身，朝后跑。”

“你今天怎么胡说起来啦？”“秃子”气呼呼地说。“老弟，干这种玩意儿就好比打牌：自己信不过自己，就会叫人吃掉。格里什卡，你的脸都黄啦……你也许是病啦，也许……今天你要遭殃。小心点儿！知道吗？”

有一个穿短大衣、戴尖顶钢盔的德国人挺直身子在战壕里站了一下子，又重新趴了下去。

格里高力左边，是叶兰乡的一个淡黄色头发的漂亮哥萨克，他一面走，一面把右手的手套忽而拉下来，忽而又戴上去。他不停地重复着这种动作，匆匆忙忙地走着，两腿很吃力地打着弯儿，故意大声地咳嗽着。“就像是一个人深夜里走路……故意咳嗽，给自己壮胆。”格里高力听着他咳嗽，心里这样想着。这个哥萨克那边，是马克萨耶夫中士的雀斑脸，再过去，是叶麦里扬·格洛舍夫，他紧紧端着步枪，枪上的刺刀尖歪到了一边。格里高力想起来，几天以前，在行军的路上，叶麦里扬就是用这把刺刀撬开仓房的锁，偷了罗马尼亚人一口袋玉米，差不多紧挨着马克萨耶夫的是米沙·柯晒沃依。他一个劲儿地抽烟，不住地擤鼻涕，擤过了，手指头就在军大衣左襟的外面一擦。

“我想喝水。”马克萨耶夫说。

“叶麦里扬，我的靴子夹脚。走起路来真受罪。”米沙·柯晒沃依抱怨说。

格洛舍夫恶狠狠打断他的话头：

“这会儿别谈靴子啦！忍着点吧，德国人的机枪就要扫过来啦。”

一阵枪声响过，格里高力就中了子弹，哎呀一声，倒在地上。他想要绑扎一下受伤的胳膊，就探手到军用袋里去摸绷带，只觉得袖子里有一股热辣辣的血从肘部汩汩地直往外冒，身子就软了下来。他趴在地上，把沉甸甸的脑袋藏到一块石头后面，用干燥的舌头舔了一下毛茸茸的雪团。他用哆哆嗦嗦的嘴唇拼命啜吸松散的雪粉，倾听着尖利刺耳的子弹啸声和一片轰隆轰隆的枪声，感到非常恐怖，全身哆嗦得非常厉害。他抬起头来，就看见同连的哥萨克们在往山下跑，滑滑跌跌，踉踉跄跄，胡乱地朝后或朝上放着枪。一种无法说明、也无法解释的恐怖，使格里高力站起身来，又使他朝下面参差不齐的松林边缘跑去，他们的团就是从那儿发起进攻的。格里高力跑到了搀扶着受伤的排长的叶麦里扬·格洛舍夫前头。叶麦里扬搀着排长在很陡的山坡上跑着，排长的两条腿摇来晃去，像醉汉一样，有时还趴在叶麦里扬的肩膀上，吐几口黑黑的血块子。一支一支的连队像雪崩一样朝松树林滚去。灰灰的山坡上留下一堆堆灰灰的尸体；没来得及带走的伤号就自己往下爬。机枪在后面对着他们扫射。

呜呜呜咔咔咔咔！……密集的枪声一阵猛似一阵。

格里高力由米沙·柯晒沃依搀扶着，走进了松树林。林边一片平缓的斜坡上，子弹乱飞乱蹦。德军左翼有一挺机枪不住气地扫射着。就好像一只有力的手扔出去的石头在刚冻起来的薄冰上跳动着，发出清脆的声音。

呜呜呜呜咔咔咔咔咔！……

“拼命朝咱们打哩！”“秃子”好像很欢迎似的，叫喊道。

他靠在一棵红红的松树干上，懒洋洋地对着在战壕沿上跑来跑去的德国人打起枪来。

“要教训教训那些糊涂蛋！要教训教训！”柯晒沃依一面从格里高力胳膊底下抽自己的胳膊，一面气呼呼地叫道。“狗东西！比狗还坏！等到他们自己流够了血，就明白为什么挨打了。”

“你这是说的什么？”“秃子”眯起眼睛问道。

“聪明人自己能明白，糊涂蛋吗……拿糊涂蛋有什么办法？你拿钉子都揳不进去。”

“你还记得誓词吗？你宣过誓没有？”“秃子”盯着问。

柯晒沃依没有回答，跪了下去，用两只哆哆嗦嗦的手从地上捧起一大捧雪，狼吞虎咽地吃起雪来，身子轻轻抖着，咳嗽着。

五

鞑靼村上空，秋天的太阳在缕缕白云的天上徘徊着。在高空里，微风只是轻轻地吹动着白云，把白云送向西方；可是风在村子里，在暗绿色的顿河河面上，在光秃秃的树林里，却形成强大的气流，吹得柳树和白杨树头歪歪倒倒，吹得顿河波浪滚滚，吹得红叶满街飞舞。贺里散福家的场院上，封顶没有封好的麦秸垛像一头乱发，一阵风恶狠狠地掀掉了垛顶，吹掉了细细的木杆，忽然又卷起一大抱金黄的麦秸，就像用草叉举着一样，吹到了院子上空，又吹到大街上，在空中滴溜溜乱转，很大方地往空荡荡的大路上撒了不少之后，又把乱蓬蓬的一小抱抛到司捷潘·阿司塔霍夫家的屋顶上。贺里散福的老婆光着脑袋跑到院子里，用膝盖夹着裙子，朝狂风呼啸的场院上看了看，又进屋去了。

战争进行到第三年，村子里明显地露出败落景象。在那些没有了男子汉的人家，没有门的棚子、倒了篱笆的院子就好像咧着大嘴，一天一天的败落显示出很难看的痕迹。贺里散福的老婆带着九岁的儿子干活儿；安尼凯的老婆根本不干活儿，因为守活寡就拼命地打歪主意：整天涂脂抹粉，打扮得漂漂亮亮，找不到成年男子，就找十四五岁的男孩子。两扇板门明明白白地证明了这件事，板门上当时抹了不少的松焦油，至今还保留着那揭露丑事的褐色痕迹。司捷潘·阿司塔霍夫家的房子空了，主人在离家以前，用木板把窗户钉了起来，房顶有好几处已经塌了，顶上长满了牛蒡草，门上的锁已经锈了，院子里长满了密密丛丛的荒草和滨藜，闲荡的牲口可以在任何时候走进敞着的大门，找块地方避避炎热或者风雨。伊凡·托米林家的房子有一面墙已经向外倾斜，靠一根埋在地里的带杈的木桩支撑着——看来，命运是对这个挺厉害的炮手进行报复，因为他在当瞄准手的时候，用大炮轰毁了不少德国人和俄国人的房子。

村子里所有的大街上和小巷里全都是这种样子。只有下头尽边上麦列霍夫家的院子真正像个院子：一切都整整齐齐，井井有条。不过并不是处处都这样。仓房顶上的铁公鸡已经锈断了，仓房也倾斜了，有经验的眼睛可以看出，有不少地方缺少人手。老头子一双手照顾不到所有的地方，庄稼种得少了，别的方面更不用说了；只有麦列霍夫家的人数没有减少：彼特罗和格里高力上了前方，可是娜塔莉亚去年秋初一胎生了两个孩子，一下子就把缺额补齐了。她挺会博取公婆的欢心，生了一个男孩，再加一个女孩。娜塔莉亚怀孕期间吃了不少苦，有时两条腿疼得厉害，整天整天地不能走路，她就皱紧眉头，拖着两条腿往前挪，但是她强忍着疼痛，那又黑、又瘦，然而十分幸福的脸上，从来没有流露过疼痛的表情。有时候两条腿抽筋抽得特别厉害，鬓角上渗出一粒一粒的汗珠子；伊莉尼奇娜这时候才能看出来，她摇着头，骂道：

“你躺下去吧，该死的东——西！你想把自己折腾死吗？”

一个晴朗的九月天，娜塔莉亚感觉出快要生了，就朝外面走去。

“你上哪儿去？”婆婆问。

“到河滩上，去看看牛。”

娜塔莉亚匆匆忙忙地来到村外，一面回头望着，哼哼着，用两手抱住肚子，钻进密密的乌荆子丛里，躺了下来。天黑下来的时候，她才走后院回到家里。她用麻布围裙带回一对双生的孩子。

“我的好孩子呀！真该死！你这是怎么回事儿？……你上哪儿去啦？”伊莉尼奇娜大声叫道。

“我怕丑，出去啦……不敢惊动爹……我身子干净啦，妈，孩子我也洗过啦……您抱去吧……”娜塔莉亚脸色苍白地解释说。

杜尼娅跑去找接生婆。妲丽亚忙活起来，赶快铺簸箩，可是伊莉尼奇娜又笑又哭地喊叫起来：

“妲丽亚呀！你别铺簸箩啦！他们又不是小猫儿，簸箩能睡得下吗？……天啊，他们是两个呀！哎呀，天啊，有一个是小厮哩！……娜塔莉亚真好啊！……快给她铺床呀！……”

潘捷莱·普罗柯菲耶维奇在院子里听见儿媳妇一胎生了两个

孩子,先是把两手一摊,随后就捋了捋胡子,高兴得哭了起来,而且无缘无故地对着急急赶来的接生婆大叫起来:

"不信就瞧瞧吧,老伙计!"他对着老婆子的鼻子摇晃着指甲老长的手指头。"不信就瞧瞧!麦列霍夫家一下子还不会绝后呢!儿媳妇添了一个哥萨克和一个姑娘。儿媳妇可真是个好媳妇!天啊,我的天呀!这样的情义,这样的好媳妇,我拿什么来报答呀?"

这一年是个丰收年:母牛一胎生了两头小牛,快到米海洛夫节的时候,每只母绵羊都生了两只小羊,母山羊也快要生了……潘捷莱·普罗柯菲耶维奇对这种情况感到很稀奇,自言自语地说:

"今年真是吉利年,鸿运高照!全是双生。现在我们家真是人畜兴旺……不得了!"

娜塔莉亚给孩子喂奶喂到一周岁。九月里给孩子断奶,但是直到深秋时候她的身体还没有复原:在她那瘦下来的脸上,牙齿显得特别亮,因为脸瘦而显得格外大的一双眼睛闪着温暖、亲切的光芒。她把全部精力都放到孩子身上,对自己的一切都马虎了,做家务事以外的全部时间,都用到两个孩子身上:洗澡,洗尿布,打毛衣,缝缝补补,常常是斜靠在床上,耷拉着一条腿,从摇篮里把两个孩子抱起来,摆几下肩膀,把两只胀得鼓鼓的、像两个黄白色大香瓜似的乳房从肥大的内衣里抖搂出来,同时喂起两个孩子。

"他们把你的身子吸干啦,喂得太勤啦!"伊莉尼奇娜拍着孙子孙女那胖得出了褶子的小腿说。

"喂吧!别舍不得奶!你又不能拿人奶做奶油。"潘捷莱·普罗柯菲耶维奇用心疼孙子孙女、不许别人过问的粗暴口气插嘴说。

这几年生活一直在下落,就像顿河里的春水。苦闷难熬的日子一天天不知不觉地过去,总是辛辛苦苦,忙忙碌碌,愁吃愁穿,难得有小欢小乐的时候,时时刻刻为前方的人提心吊胆。很少收到彼特罗和格里高力从作战部队寄来的信。每一封来信的信封都弄得很脏,上面打满了邮戳。格里高力的最后一封信不知被什么人打开过:这封信有一半用紫墨水仔仔细细地描过,灰色信纸的边上还有用墨水做的一个莫名其妙的记号。彼特罗来信比格里高力勤些,并且在给妲丽亚的信里警告她,叫她不要胡搞,看样子,老婆放荡的事已经传到了他的耳朵里。格里高力还随信往家里汇了几次钱,是他的薪金和"十字章奖金",还说要请假回家看看,但是不知为什么没有回来。兄弟俩走着各自不同的道路:战争使格里高力感到无限痛苦,战争吸尽了他脸上的红晕,给涂了一层焦黄颜色,他一心盼着战争结束;但是彼特罗却迅速而顺利地上升,一九一六年快到秋天的时候,他升为司务长,因为巴结连长有方,得到两枚十字勋章,并且已经在信里一再提到,他正在争取进军官学校去学习。夏天安尼凯请假回家,他托安尼凯带回来一顶德国人的钢盔、一件军大衣和自己的一张照片。他那见老的脸在灰色的硬纸板上显出志得意满的样子,弯弯的两撇灰白胡子向上撅着,翘鼻子下面那闭得紧紧的嘴唇露出熟悉的笑容。彼得罗一帆风顺,他喜欢战争,因为战争为他展开的前景是不平常的:像他这样一个从小就围着牛尾巴转悠的普通哥萨克,怎么能设想当军官和过另一种快活生活呢?可是现在战争来了,在战争的火光中清清楚楚地显露出未来的自在生活……彼特罗的生活只有一面露出一个很不体面的大缺口：老婆在村子里的名声很坏。司捷潘·阿司塔霍夫这一年秋天曾经请假回过一次家，回到团里以后，他在全连到处谝，说他跟彼特罗的老婆睡觉，美极了。彼特罗听到别人告诉他，不肯相信；他只是把脸一沉，笑笑说：

“司捷潘是胡说！他这是因为格里什卡跟他老婆的事，故意刺激我。”

但是有一天，不知是有意的，还是事出偶然，司捷潘从战壕的地下室里走出来，把一条绣花手绢掉到了地上；彼特罗正在他后面走，拾起这条绣得很精致的花手绢，认出手绢是老婆绣的。彼特罗和司捷潘之间的仇恨又结了一个死结。彼特罗瞅着机会，死神瞅着司捷潘。他很可能在头盖骨上带着彼特罗的枪弹长眠在西得维纳河畔。但是不久就发生了一件事：司捷潘自告奋勇前去消灭德国人的岗哨，一去就没有回来。跟他一块儿去的哥萨克们回来说，好像德国哨兵听见他们剪铁丝网的声音，扔了一个手榴弹；哥萨克们不等手榴弹爆炸，快步冲到哨兵跟前，司捷潘一拳把一个德国哨兵打倒在地，可是旁边的副哨开了枪，司捷潘倒了下去。哥萨克们刺死了副哨，把那个被司捷潘的铁拳打昏了的哨兵拖了回来，本来已经把司捷潘扶了起来，想把他带回来的，但是他身子太重，只好把他扔下了。受伤的司捷潘央求说：“弟兄们！别叫我死在这儿呀！弟兄们！你们怎么能扔下我呀？……”但是这时候机枪已经朝着铁丝网扫射过来，哥萨克们撒腿就跑。“弟兄们啊！乡亲们啊！”司捷潘在后面拼命地喊叫，但这时候各人自己逃命要紧，就顾不上他了。彼特罗听到司捷潘的情形以后，心里才轻松了一些，就好像伤口上抹了土拨鼠油，不过他还是打定了主意："请假回去，收拾一下妲丽亚！我不是司捷潘，我不容许这样……"他本来想杀死她，但是马上打消了这个念头："要是把这条毒蛇杀死了，为了她，我一辈子也要葬送掉。要去蹲监牢，一切辛辛苦苦都是白费，什么都完啦……"他仅仅决定狠狠打她一顿，但是要打得这个婆娘一辈子再也不敢摇尾巴："我要把这条毒蛇的眼珠子打出来，那时候鬼才看得上她呢。"彼特罗蹲在离西得维纳河的黄土堤岸不远的战壕里，想了一个这样的主意。

树木和野草都染上了秋色，都被晨霜打枯了，大地渐渐凉了下来，秋夜越来越长，越来越黑了。哥萨克们天天在战壕里值勤，射击敌人，为了棉衣和司务长们争吵，吃饭只能吃个半饱，但是谁的脑子里都没有忘记离陌生的波兰土地很远的顿河土地。

妲丽亚在这个秋天，拼命为自己因没有丈夫受的罪捞本儿。圣母节的第一天，潘捷莱·普罗柯菲耶维奇和平常一样，比所有的人起得都早；他走到院子里，不禁抓住自己的脑袋：不知是谁捣蛋，把大门摘下来，搬到街心里，横放在大路上。这是一种羞辱。老头子马上把大门安回原处，早饭以后，他把妲丽亚叫到夏天的厨房里。他和妲丽亚谈了些什么，谁也不知道，但是杜尼娅看到，过了一会儿，妲丽亚从里面跑出来，披散着头发，头巾落到了肩上，眼里还含着泪水。她从杜尼娅旁边走过时，两个肩膀不住地抽搐，两道倒竖着的弯弯的黑眉毛在她那一片泪痕的、气嘟嘟的脸上直哆嗦。

"等着瞧吧，老东西！……我饶不了你！"她咬着红肿的嘴唇说。

她的上衣背上撕破了一大片，白嫩的皮肉上有一道新鲜的青紫色血痕。妲丽亚摆了摆衣襟，就跑上台阶，进了过道，潘捷莱·普罗柯菲耶维奇一瘸一拐地从厨房里走了出来，一脸的怒气。他一面走，一面折着一根崭新的皮缰绳。

杜尼娅听见父亲用沙哑的喉咙说：

“……你这条母狗，以后还要打狠些！浪娘儿们！……”

家里果然安生了。有几天妲丽亚比谁都老实、比谁都听话，每天晚上比谁睡得都早，遇到娜塔莉亚的同情的目光，她冷冷地笑笑，耸耸肩膀和眉毛，那神气好像是说：“没什么，走着瞧吧。”到第四天就发生了只有妲丽亚和潘捷莱·普罗柯菲耶维奇知道的一件事。事后妲丽亚常常得意地笑，可是老头子有一个星期惶惶不安，失魂落魄，就像一只闯了大祸的小猫；这件事他没有告诉老太婆，甚至在维萨里昂神甫面前忏悔的时候，这件事和事后自己的一些罪恶念头他也都没有说。

事情是这样的。圣母节过后不久，潘捷莱·普罗柯菲耶维奇相信妲丽亚已经彻底悔改，对伊莉尼奇娜说：

“你别心疼妲丽亚！要叫她多干点活儿！有活儿干，就没工夫去闲荡啦，要不然她这匹骒马可不安生……她脑子里就知道上游戏场和上大街。”

就为了这个目的，他叫妲丽亚打扫场院，收拾后院里的旧柴火堆，他又和她一起打扫堆糠的棚子。已经快到黄昏时候了，他打算把风车从板棚里搬进堆糠的棚子，就唤儿媳妇：

“妲丽亚！”

“爹，什么事？”妲丽亚在糠棚子里答应道。

“来,咱们把风车搬进去。”

妲丽亚一面整理着头巾,抖搂着落进上衣领子里的糠末子,走出糠棚,穿过场院的小门,朝板棚走来。潘捷莱·普罗柯菲耶维奇穿着一件家常的小棉袄和一条破裤子,一瘸一拐地在她前面走着。院子里没有别的人。杜尼娅和妈妈在纺秋天梳下来的羊毛,娜塔莉亚在发面。村后红红的晚霞渐渐暗淡下去,晚祷的钟声已经响了。在透明的天空正当中,有一片一动不动的紫红色云彩,顿河对岸光秃秃的白杨树枝上,落了许多白嘴鸦,好像挂了许多烧焦的黑棉花球儿。在寂无声息、静得使人着急的黄昏时候,每一样声音都显得非常清楚,很容易判断。从牲口院子里传来热烘烘的牲口粪气味和干草气味。潘捷莱·普罗柯菲耶维奇一面哼哧着,和妲丽亚一起把掉了油漆的红红的风车抬进糠棚,放到角落里,用耙子把糠堆上摊下来的糠往堆上耙了耙,便准备往外走。

“爹!”妲丽亚用低低的、像耳语一样的声音唤了他一声。

他走到风车后面,一点也没有疑心,问道:

“这儿怎么啦?”

妲丽亚敞着怀,脸朝他站着;她把两只手举到脑后,理着头发。一缕血红的夕照从糠棚子的墙缝里射到她的身上。

“就这儿,爹,有样东西……你过来,瞧瞧嘛,”她身子朝一旁弯着,像个贼一样隔着公公的肩膀望着敞着的棚子门,说道。

老头子走到她跟前。妲丽亚忽然张开两臂,搂住公公的脖子,把手指头交叉得紧紧地,拖着公公向后退去,一面小声说:

“就这儿,爹……这儿……很软和……”

“你干什么?”潘捷莱·普罗柯菲耶维奇惊骇地问道。

他把头扭来扭去，想让脖子从妲丽亚手里挣脱出来，但是她把他的头拼命朝自己的脸跟前拉，越拉越紧，对着他的大胡子直哈嘴里的热气，嘻嘻笑着，说着悄悄话儿。

“松开手，畜生！”老头子猛地一挣，只觉得碰到了儿媳妇紧绷绷的肚子。

她紧紧搂住他，仰面躺下来，让他压到自己身上。

“妈的！你发昏啦！……松开！”

“不愿意吗？”妲丽亚喘着粗气问道，然后松开手，当胸朝公公推了一把。“不愿意吗？……也许是不行了吧？……那你就别管我！……就这样！”

她跳起来，匆匆理了理裙子，打了打脊背上的麦糠，对直地冲着正在发呆的潘捷莱·普罗柯菲耶维奇喊叫道：

“前几天你为什么打我？怎么，我是老奶奶吗？你年轻时候不也是这样吗？男人已经有一年不见面啦！……怎么，非要叫我去找牙狗不成？瘸鬼，呸！给你这个，咬吧！”

妲丽亚做了一个很下流的动作，就挤眉弄眼地朝门口走去。到了门口她又仔细地把自己身上打量了一遍，掸了掸上衣和头巾上的灰土，眼睛也不看公公，说：

“我没有这个可不成……我就要男子汉，你不愿意，我能找得到，可是你别多嘴！”

她摇摇摆摆，快步向前走去，走到场院门口，就不见了，也没有回头看，可是潘捷莱·普罗柯菲耶维奇还站在红色的风车旁边，咬着大胡子，带着困惑和歉然地心情打量着糠棚子和带补丁的毡靴的尖儿。“莫非她是对的？也许，我真该跟她干那种事儿？”刚才的事情弄得他迷迷糊糊的，在这一刹那间他惘然若失地想道。

六

十一月里，严寒袭来。下了一场早雪。鞑靼村上头对面顿河拐弯的地方已经结了冰。稀少的行人可以踏着灰白色的薄冰过河，但是村子下头只有河边上蒙着一层带白泡的薄冰，河中心急流滚滚，绿色的波浪翻滚出一个个白色的漩涡。在黑土崖对面水深处，鲶鱼早已在十一丈深的烂泥里蛰伏起来，鲶鱼头顶上是浑身黏液的鲤鱼，只有白鱼在顿河里游来游去，还有鲈鱼在水草里乱钻，追逐小鱼小虾。鲟鱼都卧在沙砾上。捕鱼的人希望冷得狠些，厉害些，那时候不论到哪里的冰上用小锄头一砸，就能逮到红红的鱼。

十一月里，麦列霍夫家收到格里高力一封信。信是从罗马尼亚的库文斯克写来的。格里高力在信上说他一打仗就受了伤，子弹打碎了他左胳膊上的骨头，因此把他送到本州的卡敏镇来养伤。紧跟着这封信，另一桩倒霉的事又来到麦列霍夫家。一年半以前，潘捷莱·普罗柯菲耶维奇因为手头困难，以买卖契约的方式，向谢尔盖·普拉托诺维奇·莫霍夫借了一百银卢布。今年夏天，把老头子叫到铺子里，“擦擦”阿杰平把夹鼻眼镜架在鼻子上，从玻璃镜片上面望着麦列霍夫老头子的大胡子，开口说：

“你怎么办，潘捷莱·普罗柯菲耶维奇，是付钱呢，还是怎么样？”

潘捷莱·普罗柯菲耶维奇打量了一下货物不多的货架和旧得

发亮的柜台，迟疑了一阵子，才说：

“等等吧，叶梅里扬·康斯坦丁诺维奇，我来想想办法，就还钱。”

话就到这里结束了。老头子却没法子可想。年景很不好，也没有闲着的牲口可卖。于是，民事执行官就好像从天而降，一下子就来了。他把欠款人传去，勒令他：

“立即偿付一百银卢布。”

在客店里，民事执行官住的房间里，桌子上放着一张很长的纸，上面清清楚楚地写着：

执行书

顿河州第七区调解法官遵照一九一六年十月二十七日上谕，审理了商民谢尔盖·莫霍夫状诉下士潘捷莱蒙[①]·麦列霍夫以买卖契约形式借款一百卢布之民事案，根据民事诉讼法第八十一、第一百、第一百二十九、第一百二十三、第一百四十五等条

缺席裁定如下：

根据一九一五年六月二十一日的买卖契约，裁定原告人商民谢尔盖·普拉托诺维奇·莫霍夫胜诉，应向被告人下士潘捷莱·普罗柯菲耶维奇·麦列霍夫追索一百卢布，另加诉讼费三卢布。本件不是最终裁定；系缺席裁定。

本裁定具有法律效力，根据民事诉讼法第一百五十六条第三款规定，应即付诸执行。顿河州第七区调解法官，根据

①潘捷莱蒙是潘捷莱的全称。

皇帝的上谕，兹命令：

凡与本案有关的各地方、各界人士，必须正确执行本裁定；各地方机关、警察机关以及军事机关，对执行本裁定的执行官应依法给予协助，不得借故推诿。

潘捷莱·普罗柯菲耶维奇听完执行官的话，请求准许回家，保证今天就交款。他出了客店，就直接朝亲家柯尔叔诺夫家走去。在广场上他碰到一条胳膊的阿列克塞·沙米尔。

“普罗柯菲耶维奇，你一瘸一拐地上哪儿去？”阿列克塞打招呼说。

“有点儿小事。”

“出远门吗？”

“到亲家公家里去。有点儿小事。”

“噢！他们家正开心呢。没听说吗？米伦·格里高力耶维奇的儿子从前方回来啦。都说他们家的米佳回来啦。”

“真的吗？”

“我听到这样传说。”阿列克塞一面说，一面眨巴着一只眼睛，抽动着一边腮帮子，掏着烟荷包，朝潘捷莱·普罗柯菲耶维奇跟前走去。“大叔，咱们来抽根烟！我出纸，你出烟丝。”

潘捷莱·普罗柯菲耶维奇一面抽烟，一面踌躇起来：去呢，还是不去？最后还是决定去，跟阿列克塞作别以后，继续一瘸一拐地朝前走去。

“米佳也戴上十字勋章啦！要赶上你家儿子啦。这会儿咱们村上戴勋章的人就像树枝上的麻雀一样多啦！”阿列克塞在后面大声说。

潘捷莱·普罗柯菲耶维奇不慌不忙地来到村头上；他一面望着柯尔叔诺夫家的窗户，来到门口。亲家公亲自出来迎接他。柯尔叔诺夫老汉的麻脸好像被高兴洗过一遍，显得干净了，不是那样麻了。

“我们家的喜事你听说啦？”米伦·格里高力耶维奇一面跟亲家公握手，一面问道。

“我在路上听阿列克塞·沙米尔说的。我来找你，亲家，是有别的事……”

“别急，别的事先不谈！咱们进屋里去，见见当差的。不瞒你，我们喝了点儿喜酒……我家老婆子特意藏了一瓶御酒呢。”

“不用你说啦，”潘捷莱·普罗柯菲耶维奇抽了抽鹰钩鼻子的鼻孔，笑着说，“我老远就闻到啦！”

米伦·格里高力耶维奇大敞开门，让亲家公走在前面。潘捷莱·普罗柯菲耶维奇一跨进门槛，眼睛就盯住了坐在上席的米佳。

“瞧吧，这就是我们的老总！”格里沙加爷爷一面哭着，一面喊叫着，伏在站了起来的米佳肩上。

“欢迎你回来，好汉子！”

潘捷莱·普罗柯菲耶维奇握住米佳的老长的手，向后退了一步，惊异地打量着他。

“你看什么呀，亲家翁？”米佳微微笑着，用沙哑的粗喉咙说。

“我看着，觉得挺奇怪：送你和格里什卡入伍的时候，你们还是孩子呢，可是现在你瞧……简直像个阿塔曼团的哥萨克啦！”

卢吉尼奇娜一面用水汪汪的眼睛望着米佳，一面往杯子里斟酒,因为没看,斟得酒漫了出来。

“你这浑蛋娘儿们,这样贵重的东西你都斟到外头啦!”米伦·格里高力耶维奇朝她喝道。

“祝你们全家愉快,米特里·米伦内奇,祝你荣归!”

潘捷莱·普罗柯菲耶维奇把发蓝的眼白朝两边转悠了两下,颤动着眉毛,一口气把一只大肚子酒杯里的酒喝下。他用手掌慢慢地擦着嘴唇和胡子,拿眼睛瞟了瞟杯底,把头朝后一仰,把最后一滴酒也倒进张大了的、露出黑牙齿的嘴里,这才缓了一口气,嚼着黄瓜,美滋滋地眯了老半天眼睛。亲家母又给他斟上第二杯,不知怎的老头子一下子就醉得十分好笑。米佳笑嘻嘻地注视着他。米佳的两只猫眼睛忽而眯成像茅草划出的两条绿缝儿,忽而张大,黑暗下去。几年的工夫他变得叫人简直认不出了。三年以前送去入伍的时候,米佳身子细细的,十分匀称,如今成了一个粗壮的黑胡子大汉,原来的样子几乎一点都没有了。他长高了不少,肩膀也宽了,脊背微微有些驼,也胖了,体重恐怕至少有五普特,脸粗糙些了,声音也粗了,相貌显得比实际年龄要老些。只有眼睛还是原来那种样子——闪来闪去,很不安生。这会儿他看着母亲,母亲又笑又哭,不时拿皱皱巴巴、干瘪的手摸摸儿子那直撅撅的、剪得很短的头发和他那白白的狭窄的额头。

“你戴着勋章回来啦?”潘捷莱·普罗柯菲耶维奇醉醺醺地笑着问道。

“哥萨克现在还有不戴勋章的吗?”米佳皱了皱眉头。“克留奇柯夫在司令部里闲荡,还挂了三颗十字勋章呢。”

“我家这小子可是个很傲的家伙,亲家,”格里沙加爷爷急忙说，“他这个坏东西就像我，就像爷爷。他从来不肯弯腰。”

“挂不挂十字勋章，好像不是因为这个。”潘捷莱·普罗柯菲耶维奇皱起眉头，本来想这样说的，但是米伦·格里高力耶维奇把他拉进了内室里，请他坐到柜子上，问道：

“娜塔莉亚和小孩子们怎样？身子结实吗？好，托上帝的福，亲家，你好像说是有事来的吧？你有什么事？说说吧，要不然咱们再喝下去，你就要醉啦。”

“借点儿钱给我。行行好吧！帮帮我吧，要不然，没有钱我就……就倒霉啦。”

潘捷莱·普罗柯菲耶维奇带着醉汉那种表现过度的低声下气的神情恳求着。亲家公截住他的话，问：

“要多少？”

“一百张票子。”

“什么样的票子？票子有各种各样的嘛。”

“一百卢布。”

“这好说。”

米伦·格里高力耶维奇在柜子里翻了翻，掏出一个油污的手帕包，解了开来，哗啦哗啦地数了数，数出十张十卢布钞票。

“多谢，亲家……你解救了我！”

“咦，别见外。自己人嘛，有什么好说的！”

米佳在家里待了五天，夜里就跟安尼凯的老婆睡，满足了一个女人痛苦难熬的需要，也满足了这个来者不拒的单纯的女人的心。白天他就走亲戚，串门子。又高又大的米佳，只穿一件薄薄的绿上衣，歪戴着制帽，在大街上晃来晃去，夸耀自己不怕冻的劲头儿。有一天快到黄昏时候,他也到麦列霍夫家去过一次。他把寒气和令人难忘的那股士兵身上的酸气带进暖烘烘的厨房里。他坐了一阵子,谈了谈战争,谈了谈村子里的新闻,眯缝着轻佻的绿眼睛对妲丽亚瞟了一会儿,就准备走。当米佳朝外走去,砰的一声把门带上的时候,一直盯着他的妲丽亚就像蜡烛的火苗一样,摇晃了一下,她紧紧抿着嘴唇,正要披上头巾,但是伊莉尼奇娜问道:

“你上哪儿去,妲丽亚?”

“到外面……上茅房。”

“咱们一块儿去。”

潘捷莱·普罗柯菲耶维奇坐着,低着的脑袋抬都没抬,好像没听见她们说话似的。妲丽亚从他面前朝门口走去,低垂的眼皮底下隐隐露出狡黠的亮光;婆婆哼哧哼哧地拖着两条腿跟在她后面。米佳在便门边咳嗽着,踩得靴子咯吱咯吱直响,用手捂着烟在抽。他听到门环响,正要朝台阶这边来。

“米佳,是你吗?莫不是来到生地方迷路啦?”伊莉尼奇娜挖苦他说。“你出去别忘了把门闩插上,要不然,到夜里风把门刮开……你瞧,风多大……”

“没啥,我没有迷路……我插上……”米佳顿了一下后,懊丧地说。他咳嗽了两声,就穿过街道,径直朝安尼凯家走去。

米佳像鸟儿一样,无忧无虑地过着日子:现在还活着——那很好,至于明天怎样——到时候再说。他当兵很不带劲儿,尽管无所畏惧的心激励着他的热血,可是他并不怎么想争取立功受赏,因此他的履历表上就常常出现不顺心的记录:他有两次受到军法制裁——一次是因为强奸一个俄国籍的波兰妇女，一次是因为抢劫；在当兵的三年里，他受过无数次制裁和处分，有一次军法处几乎把他判处枪毙，但是不知怎的米佳巧妙地摆脱了灾难。虽然他在团里的表现是最坏的，但是哥萨克们都喜欢他，喜欢他那种热热闹闹、爱说爱笑的性格，喜欢他唱的那些淫荡歌曲（米佳在这方面可不是低能儿），喜欢他的随和、单纯，军官们则喜欢他的勇猛剽悍。米佳总是笑哈哈地用轻快的狼腿踩得地面咚咚响，而且他有很多地方像狼：走起路来一晃一晃的，一跨就是一大步；那瞳仁老大的绿眼睛好像时时刻刻窥伺着人；甚至转动脑袋的样子也很像狼——米佳从来没有扭过他那受过伤的脖子，如果需要回头看的时候，就把整个身子转过去。一块块结实的肌肉紧紧绷在一副宽大的骨头架子上，构成了他的身体，他动作又轻快又利落，浑身散发着一种酸涩的健壮气息——洼地里刚犁起来的黑土发出的就是这种气息。他的生活道路很简单，很直，就像一条垄沟，他大模大样地顺着垄沟往前走就行了。他的思想也极其简单，极其纯朴：饿了的时候，可以去偷，而且应该去偷，哪怕是偷同伴的东西也行，而且在饥饿的时候他就偷过；靴子穿破了，干脆就从德国俘虏的脚上往下剥；犯了错误，应当赎罪，于是米佳就去赎罪：多次出去侦察，多次带回他捉来的半死不活的德国哨兵，多次自告奋勇去干冒险的事情。一九一五年他被敌人捉住，而且被剑砍伤了，可是到了夜里，他把棚子顶弄得稀巴烂，掏了个大洞，逃了出来，还带回了一套挽具作为纪念。所以，米佳有许多关都闯过去了。

到第六天，米伦·格里高力耶维奇把儿子送到米列洛沃，送上了火车。老头子听着绿色的列车轧轧响着,越走越远,听了一阵子,又用鞭把子在站台边的煤渣堆上刨了半天,那垂得低低的、失神的眼睛抬都没有抬。卢吉尼奇娜想儿子想得哭,格里沙加爷爷直哼哼,在上房里直擤鼻涕,擤在手掌上,又在油乎乎的小褂襟上擦手。安尼凯的老婆也哭,因为她想念他那高大的、火辣辣的肉体,也因为老总把淋病传染给了她,觉得很痛苦。

时间一天一天地过去,就像风拨动着一根根的马鬃。快到圣诞节的时候,忽然暖和起来;下了两天雨,顿河旁边山上的水顺着一条条土沟奔流下来;在化尽了雪的山嘴上,去年的小草和一块块石板上的青苔又泛出绿色。顿河边上冒着泡沫,顿河上的冰像死尸一样泛出青色,鼓胀起来。化尽了雪的黑土地发出一种说不出的甜味儿。流水在将军大道上,在旧车辙里冒着泡儿。村外一些黄土岸有不少地方倒塌了。南风从旗尔河畔送来十分难闻的烂草气味,中午时候天边已经像春天那样,晃动着十分柔和的淡蓝色影子。村子里,堆在篱笆脚下的一个个炉灰堆旁边,一个个小水洼闪着粼粼的波光。各家场院上干草垛旁边的土地也融化了,开始腐烂的干草散发出的那种甜得腻人的气息刺得行人的鼻孔痒痒的。白天,结满冰锥的草屋檐上流着松香色的水,喜鹊在篱笆上叽叽喳喳乱叫,在米伦·格里高力耶维奇的院子里过冬的一头公用公牛,因为春情提前萌动,难受得哞哞直叫。它又是用角顶篱笆,又是在虫蛀的橡木柱子上蹭身子,弄得胸前光滑滑的垂肉直晃荡,踩得院子里松松的、水泡泡的雪烂糟糟的。

圣诞节的第二天,顿河开了冻。冰排带着剧烈的咯吱声和嘎啦声在河中心流动着。冰块像一条条昏了头的怪鱼,争着朝岸上爬。顿河对岸，白杨树受到南来暖风的催促，也连忙行动起来，摇来晃去地在原地跑步。

呜呜呜呜呜呜……沙哑低沉的风声从对岸传了过来。

但是，快到半夜的时候，山吼叫起来，乌鸦在广场上呱呱乱叫，贺里散福家的猪衔着一缕干草，从麦列霍夫家门前跑过去，于是潘捷莱·普罗柯菲耶维奇断定："春天缩回去了，明天严寒就要回来。"夜里就转了东风，轻寒又给几天的暖和天气融化了的水洼蒙上一层薄冰。天快亮的时候，就吹起了来自莫斯科方向的风，严寒气势汹汹地扑了过来。又是一片冬天的景象。只有顿河河心里还流动着许多冰块，就像一片片老大的白树叶子，叫人想着刚刚来过的温暖天气，再就是山包上那融尽了雪的土地冒着寒冷的水汽。

圣诞节过后不久，在乡民大会上，乡公所的书记告诉潘捷莱·普罗柯菲耶维奇说，他在卡敏镇看见了格里高力，格里高力托他转告家里人，说自己快要回家了。

七

谢尔盖·普拉托诺维奇·莫霍夫用两只又小又黑、长满稀稀拉拉的油亮的毛的手从各个方面摸索着生活。生活有时候也和他开开玩笑，有时候成为他的负担，就像淹死鬼脖子上的石头。谢尔盖·普拉托诺维奇这一生见过很多世面，遇到过各种各样伤脑筋的事。很久以前，他做粮食生意的时候，曾经用十分便宜的价钱收购过哥萨克们的粮食，可是后来又不得不把四千普特霉烂的小麦拉到村外，倒到了愚人崖的下面。他也记得一九〇五年：有一个秋天的夜里，村里有人用鸟枪打过他。莫霍夫发过财，也用掉不少，最后积攒了六万卢布，把这笔钱存进了伏尔加-卡马银行，但是他凭着敏锐的嗅觉感觉到，大动乱的时代就要到了。谢尔盖·普拉托诺维奇等待着大难的日子，果然不出所料：一九一七年一月，害结核病快要死的教员巴兰达对他说：

"革命来到眼前啦，可是我害这种浑蛋的病、伤心的病，就要死啦。遗憾啊，谢尔盖·普拉托诺维奇！……真遗憾，不能看到分您的资财，也不能看到把您从温暖的窝儿里轰出去啦。"

"这有什么遗憾的？"

"怎么不遗憾呢？您要知道，能看到一切都化为灰烬，总是挺开心的。"

"那可办不到啦，好伙计，你今天死，到明天才轮到我呢！"谢尔盖·普拉托诺维奇暗暗怀着愤恨说。

一月里，各个乡镇和村庄里还流传着京城里关于拉斯普京和皇族的一些议论，可是到三月初，推翻帝制的消息就像当头一棒似的，一下子打到谢尔盖·普拉托诺维奇的头上。哥萨克们对大变动的消息抱着观望和暗暗担心的态度。这一天，在关了门的莫霍夫商店旁边，一直到黄昏时候都聚集着不少老头子和多少年轻些的哥萨克。村长吉留什卡·索尔达托夫（他接替了阵亡的马内次柯夫）是个大个子、红胡子、两眼有点儿向外斜的哥萨克，他垂头丧气，商店旁边热热闹闹的谈话他几乎没有参加，他用斜眼睛在哥萨克们的脸上扫着，偶尔插进几声惊慌失措的慨叹：

"全搞乱啦！……真不得了！……这可怎么办啊？！……"

谢尔盖·普拉托诺维奇从窗户里看到商店旁边的人群，便决意跟老头子们谈谈。他披上貉绒皮袄，拄着嵌有简单的银质缩写字母的棕色手杖，走到正门的台阶上来。商店旁边传来一阵嘈杂的人声。

“喂，普拉托诺维奇，你是一个识字的人，你给我们这些糊涂人讲讲，现在是怎么回事儿，以后又会怎样？”马特维·卡叔林把许多斜斜的皱纹一齐集中到怕冷的鼻子跟前，战战兢兢地笑着问道。

老头子们都恭恭敬敬地摘下帽子，向谢尔盖·普拉托诺维奇答礼，向两边挤了挤，在圈子里让出一块地方。

“以后咱们没有皇上啦……”谢尔盖·普拉托诺维奇犹豫了一下，说道。

老头子们一齐嚷了起来：

“怎么能没有皇上呢？”

“咱们祖祖辈辈在皇上治下过日子，现在就不要皇上了吗？”

“不要头可不行，没有头，脚恐怕也活不下去。”

“要换什么样的政府呢？”

“普拉托诺维奇，你别瞎猜啦！你和我们说说实在话吧……你担心的是什么？”

“他呀，也许自己还不知道呢。”“牛皮大王”阿甫杰伊奇笑着说，因为笑，红红的腮帮子上的两个酒窝变得更深了。

谢尔盖·普拉托诺维奇呆呆地打量了一下自己的旧胶皮套鞋，难受地咬着牙说：

“由国家议会来掌管。今后咱们国家是共和国啦。”

“真是他妈的胡闹！”

“我们当年在先皇亚历山大二世驾前当差的时候……”阿甫杰伊奇正要说下去，但是阴沉的包加推廖夫老汉毫不客气地打断了他的话：

“早听过啦！现在不是说这种话的时候。”

“这么说，哥萨克要遭殃啦？”

“如果咱们这边一罢工，德国马上就能打到圣彼得堡。”

“既然讲平等，那就是说，要把咱们和庄稼佬平等看待啦……”

“说不定他们要抢夺土地了吧？……”

谢尔盖·普拉托诺维奇强笑着，打量了一下老头子们那一张张惶恐的脸，心里感到泄气和窝囊。他用习惯的动作把红红的大胡子朝两边捋了捋，也不知道是对谁发着狠说：

“诸位老人家，他们把俄国弄成什么样子啦。要叫你们跟庄稼佬平等，要取消你们的特权，还要报旧怨。艰难的时候来到啦……政权落到什么人手里，就得听什么人的，不然的话，就叫你彻底完蛋。”

“咱们要是不死，那咱们以后就看看吧！”包加推廖夫摇了摇头，并且很不信任地从拧成一绺的眉毛底下看了看谢尔盖·普拉托诺维奇。“普拉托诺维奇，你是照自己的情形说的，我们不一样，也许这么一来，我们反倒好过些呢……”

“你们会有什么好过的呢？”谢尔盖·普拉托诺维奇刻薄地问道。

“也许，新政府能把战争停了……这种事是可能的吧？不是吗?”

谢尔盖·普拉托诺维奇把手一摆,就迈着老态龙钟的步子一跛一跛地朝自己家的浅蓝色漂亮台阶走去。他一面走,一面乱糟糟地想着钱,想着磨坊和越来越不景气的生意,又想到丽莎现在还在莫斯科,想到符拉季米尔不久就要从诺沃契尔斯克回来了。为孩子们操心,没有改变心头的烦乱。他就这样走到台阶跟前,觉得这一天的工夫,生活一下子就暗淡下来,而且就连他本人,也因为心里苦恼,好像老了许多。嘴里好像有一种铁锈的酸味,勾出不少唾沫。谢尔盖·普拉托诺维奇回头看了看商店旁边的老头子们,把唾沫吐到台阶的镂花栏杆外面,就走上阳台,朝屋里走去。安娜·伊万诺芙娜在饭厅里遇上丈夫,用失去神采的眼睛那惯有的平静目光向他的脸上扫了一下,问道:

“喝茶以前,先吃些点心吗?”

“算了吧! 还吃什么点心?!”谢尔盖·普拉托诺维奇厌烦地把手一摆。

他脱衣服的时候,还是觉得嘴里有一股铁锈味,觉得脑子里乱糟糟的一团。

“丽莎有信来啦。”

安娜·伊万诺芙娜用小跑的步子(她从出嫁后担负起繁重家务的第一天起,就是这种走法)走进卧房,拿出一封已经拆开的信。

“这丫头没有头脑,看样子,没有多大出息。”谢尔盖·普拉托诺维奇第一次这样想到女儿,厚实的信封上的香水气味熏得他皱着鼻子。老头子漫不经心地看着信,不知为什么看到“情绪”这个词儿时停了下来,想了半天,寻思这个难懂的词儿的含义。丽莎在信尾要求汇钱去。谢尔盖·普拉托诺维奇脑子里一直带着乱糟糟一团的感觉,看完了最后几行。他忽然想暗暗地哭上一场。天翻地覆的生活让他在这一刹那间看清了赤裸裸的生活真相。

“她不是我女儿,”他想到女儿,这样想道,“我也不是她的父亲。她还拿我当父亲,是因为她需要钱……是一个肮脏姑娘,有好几个相好的……她小时候可是一个挺可爱的金发小姑娘呀……我的天!一切都变化得这么厉害!……我到老来成了个可怜虫,曾经指望将来有好日子过,实际上孤孤单单,无人过问……我发财发得不干净,可是,要干净就发不了财呀!我用尽心计,勒紧肚子攒钱,可是现在你瞧,革命来了,明天我的奴仆就可能把我从家里撵出去……一切都要他妈的完蛋!……孩子吗?符拉季米尔是个糊涂蛋……有什么用处呢?反正一样,随便吧……”

不知为什么他毫无联系地想起了很久以前磨坊里发生的一件事:一个前来磨粉的哥萨克因为磨粉的蚀耗太大吵了起来,并且拒绝付磨钱;谢尔盖·普拉托诺维奇这时候正在机器间里,听见吵闹声走了出来,问清原委以后,就吩咐磅秤工和磨粉工把磨好的面粉扣下来。那个又矮又小、其貌不扬的哥萨克扯着口袋往自己方面拉,身强力壮、膀宽腰圆的磨粉工查瓦尔就往这一边拉。拉着拉着,那个矮小的哥萨克推了查瓦尔一把,查瓦尔一转身,斜握着老大的拳头朝他的额角打去。那个哥萨克倒了下去,后来摇摇晃晃地站了起来;他的左额角上破了一块皮,血往外渗着。他忽然走到谢尔盖·普拉托诺维奇面前,小声呻吟着,上气不接下气地说:

“面粉你拿去吧！撑死你吧！”他哆嗦着肩膀走了出去。

谢尔盖·普拉托诺维奇不知为什么想起了这件事及其后果：那个哥萨克的老婆又来要求把面粉还给她；她拼命往外挤眼泪，希望得到别的磨粉人的同情，又哭又叫地说：

“这算怎么回事儿呀，善人们？这是什么规矩啊？把面粉还给我们吧！”

“走吧，大嫂，趁早走吧，不然我可要揪你的头发啦！”查瓦尔嘲弄她说。

也和那个哥萨克一样瘦弱和矮小的磅秤工“杰克”，看着这件事很不平，很气愤，就冲上去和查瓦尔打了起来，结果被查瓦尔狠狠打了一顿，后来就来要求算账，说是不干了。谢尔盖·普拉托诺维奇折叠着已经看完的信，用视而不见的眼睛朝面前望着，这时候，上述的一切飞快地在脑子里闪过。

这一天在刺痒和隐隐作痛的痛苦中度过。谢尔盖·普拉托诺维奇夜里睡得很不好，在床上翻来翻去，想着一些乱七八糟的念头和一些没有成熟的希望；到下半夜才睡着，早晨，听说叶甫盖尼·李斯特尼次基从前方回到亚戈德庄上来看父亲，就决定去亚戈德庄，去聊聊，了解一下真实情况，以便消除担心的预感在心里投下的痛苦的沉渣。叶麦里扬一面抽烟，一面把劲壮的小马套到城市型的爬犁上，就拉着东家朝亚戈德庄上驰去。

村子上空的太阳像个熟透的橙黄色大杏子，太阳的上方和下方，一片片云彩雾蒙蒙的，泛着淡黄色的亮光。刺骨的寒冷空气里充满浓郁的水果气味。大路上的冰凌在马蹄下清脆地响着，马鼻子里喷出来的热气被风吹得直往后跑，落到马鬃上便成了白霜。因为爬犁跑得很快,因为天很冷,谢尔盖·普拉托诺维奇没有心思去想了,就打起盹来,身子摇摇晃晃,脊梁在爬犁后座的毡上蹭来蹭去。可是这时候在村子里的广场上,穿大皮袄的哥萨克黑压压地站了一大片,妇女们也都紧紧掩着褐色水獭皮镶边的顿河式皮袄,像羊群一样,挤成一堆一堆的。

站在人群当中的是教员巴兰达。他那发青的嘴上捂着一条手帕,小皮袄的扣眼上挂着一条红带,眼睛里放射着火热的光芒,开口说:

"……你们瞧,可恶的君主专制完蛋啦！现在再也不会派你们的儿子用皮鞭去镇压工人啦,你们再也不必为吸血鬼沙皇充当可耻的打手啦。立宪会议将要成为自由的新俄罗斯的主人。立宪会议一定会创建另外一种生活,就是说,一种光明的生活!"

他的姘头在后面扯着他的小皮袄皱褶,小声央求说:

"米佳,算了吧！你要知道,这样对你身体有害处,不能这样！又要吐血啦……米佳!"

哥萨克们听着巴兰达讲话,不好意思地垂下了眼睛,不住地哼哧着,暗暗笑着。没有让他把话说完,前排里有一个同情的声音瓮声瓮气地喊道:

"看样子,生活是要光明起来的,可是,老弟你过不到啦,你顶好还是回家吧,要不然外面太冷啦……"

巴兰达把没有说完的一句话咽了回去,就无精打采地从人群里走了出来。

谢尔盖·普拉托诺维奇来到亚戈德庄园已经是晌午时候。叶麦里扬拉着马笼头把马牵到马棚旁边的喂马簸箩跟前,等东家从爬犁上爬下来，撩起皮袄大襟，把手绢掏出来，他也卸下了马，披好了马衣。谢尔盖·普拉托诺维奇走到台阶边，碰上一条又高又大、带有枣红色斑点的白毛猎狗。那狗用四条劲壮的长腿撑着身子，打着哈欠，迎着生人站了起来；其余的四条像黑链子一样躺在台阶边的猎狗，也都跟着那条狗懒洋洋地站了起来。

“妈的，猎狗这么多！……”谢尔盖·普拉托诺维奇担心地望着，倒退着上了台阶。

在干爽、明亮的堂前有一股难闻的狗臭味和醋味。大柜子旁边有一个鹿角衣架，挓挲着的鹿角上挂着一顶卷毛的羊羔皮军官帽、一顶带银饰的长耳风帽和一件斗篷。谢尔盖·普拉托诺维奇朝那边看了看；有一刹那间他觉得好像有一个黑乎乎、毛茸茸的人站在大柜子上，还大惑不解地耸着肩膀呢。从旁边一个屋子里走出来一个胖胖的黑眼睛女人。她仔细打量了一下正在脱皮袄的谢尔盖·普拉托诺维奇，并没有变换她那黑黑的、漂亮的脸上的严肃表情，问道：

“您是找尼古拉·阿列克塞耶维奇吧？我这就去禀报。”

她没有敲门就走进客厅，随后把门掩上。谢尔盖·普拉托诺维奇好不容易认出这个胖乎乎的黑眼睛漂亮女人就是阿司塔霍夫家的阿克西妮亚。她立刻认出了他，就紧紧抿住樱桃色的嘴唇，很不自然地挺直身子，微微摇晃着两个露在外面的像毛玻璃一样的胳膊肘走了。过了一会儿，老李斯特尼次基跟着她走了出来。他亲切适度地笑着，谦恭地说：

“啊呀！是老掌柜！哪一阵风把您吹来啦？请进……”他向旁边闪了闪，用手势请客人进客厅去。

谢尔盖·普拉托诺维奇用他老早就学会的对大人物的恭敬态度行过礼，便走进客厅。叶甫盖尼·李斯特尼次基眯着夹鼻眼镜底下的眼睛，迎着他走来。

“这好极啦，谢尔盖·普拉托诺维奇，欢迎欢迎！您好啊。您好像老起来啦，这是怎么回事儿？嗯？”

“噢，得啦，叶甫盖尼·尼古拉耶维奇！我还想熬过您呢。您怎么样？安然无恙吗？”

叶甫盖尼微微笑着，露着金牙齿，把客人搀到安乐椅前。他们靠着一张小桌子坐下来，说了几句客套话，互相在脸上寻找别后的变化。老爷吩咐过进茶，也走了进来。他嘴上衔着的一只弯弯的大烟斗冒着烟。他在谢尔盖·普拉托诺维奇的椅子旁边站住，把一只老得露出骨头的大手按到小桌上，问道：

“贵村情形怎样？听到……什么好消息吗？”

谢尔盖·普拉托诺维奇在下面朝上看了看老将军的下巴和脖子上那刮得光光的耷拉下来的皱褶，叹了一口气。

“哪儿有什么好消息?！……”

“这是劫数……”老将军哆嗦了一下喉头，吞下一口烟去。“这一点我在战争一开始就预见到啦。没办法……皇朝是必然要灭亡的啦。我现在想起了梅列日柯夫斯基[①]……记得吗，叶甫盖尼？想起了他那本《彼得和阿列克塞》。在那本书里，阿列克塞在受过刑讯以后对父亲说，‘我的血是要跟你的后代的血流到一起

①梅列日柯夫斯基(一八六五——一九四一)，俄国白银时代作家，十月革命后流亡国外。

的'[①]……"

"我们那儿一点可靠的消息都没有，"谢尔盖·普拉托诺维奇心情激动地说起来；他在安乐椅上转悠了几下，把烟点着，又继续说："已经有一个星期没收到报纸啦。净是一些顶不可靠的谣言，人心惶惶。乱糟糟的一团！我听说叶甫盖尼·李斯特尼次基请假回来了，就决意到你们这儿来，打听打听那边情形怎样，今后局面又会怎样。"

叶甫盖尼那刮得很干净的白脸上已经没有了笑容，他说道：

"情况十分严重……步兵真的全垮啦，他们不愿意打仗，厌倦啦。说实在的，到今天，名副其实的步兵已经不存在啦。步兵都已经变成明火执仗的强盗，肆无忌惮，为所欲为。就拿我爸爸来说……他是想象不出这种情形的。他想象不到咱们的军队会腐败到这种地步……他们随意离开阵地，抢劫和屠杀老百姓，枪杀军官，在战地上行抢……至于不执行作战命令，现在已经成了家常便饭啦。"

"鱼是从头上腐烂起的。"老李斯特尼次基随着一口烟吐出了这句话。

"我可是不这样说。"叶甫盖尼皱了皱眉头，他那露着青筋的眼皮神经质地抽动了一下。"我不这样说……军队是从下面烂起的，是受了布尔什维克的煽动。就连一些哥萨克部队，尤其是那些常跟步兵接近的，军心也很不稳定啦。都十分厌倦，十分想念家乡……再说，还有布尔什维克的影响……"

"他们究竟想怎样？"谢尔盖·普拉托诺维奇忍不住问道。

---

②意思是说：彼此休戚相关。

“噢呀！……”叶甫盖尼冷冷一笑。“他们想嘛……这比霍乱菌还坏！坏就坏在更容易附到人的身上，更容易钻进广大士兵的心里，我说的是思想，无论用什么办法隔离都没有用。在布尔什维克当中，无疑有一些很有才华的人，我就碰到过一些，有一些简直是狂热的信徒，但是绝大多数都是无法无天、品行不端的分子。这些人关心的不是布尔什维克学说的要义，而是怎样能抢到手，怎样能从前线上跑掉。他们想的是首先把政权抓到手里，无条件结束他们所谓的‘帝国主义战争’，哪怕单独和谈也行，然后把土地分给农民，把工厂交给工人。当然，这既是空想，又非常愚蠢，但是瓦解步兵的就是这种天真的主张。”

叶甫盖尼按捺着心中的愤恨在说着。象牙烟嘴在他的两个指头中间不住地转悠着。谢尔盖·普拉托诺维奇在听着，身子向前倾着，就好像要跳起来似的。老李斯特尼次基在客厅里来回踱着，咬着白中带绿的胡子，毛茸茸的黑毡靴呱唧呱唧直响。

叶甫盖尼说，他怕哥萨克们找他报怨仇，还在政变以前，就从团里逃出来了；彼得格勒发生的事情，他都亲眼看到了。

谈话停了一下。老李斯特尼次基看着谢尔盖·普拉托诺维奇的鼻梁，问道：

“怎么样，你还买秋天看过的那匹灰马吗？就是‘贵妇人’[1]下的那匹驹儿。”

“尼古拉·阿列克塞耶维奇，这会儿能顾上这个吗？”谢尔盖·普拉托诺维奇可怜巴巴地皱了皱眉头，灰心丧气地摆了摆手。

这时候叶麦里扬在下房里已经暖和过来，正在喝茶，用红红

①“贵妇人”是马的名字。

的手帕擦着褐色腮帮子上冒出的汗珠儿，在讲村子里的新闻。阿克西妮亚裹着一条毛织头巾，站在床边，胸膛靠在镂花床背上。

“大概我家的房子已经倒了吧？”她问道。

“没有，哪儿会倒，还好好的呢！一时还没事儿。”叶麦里扬把声音拉得长长的，回答说。

“我们的邻居麦列霍夫家过得怎样啊？”

“过得还好。”

“彼特罗没有请假回来看看吗？”

“好像没有。”

“格里高力呢？……他们家的格里什卡呢？”

“格里什卡圣诞节以后回来啦。他的老婆今年生了一对双胞胎……格里高力……不用说，是挂了花回来的。”

“他挂花啦？”

“不然怎么能回来呢？胳膊打伤啦。身上到处是伤疤，就像爱打架的牙狗：在他身上不知是十字章多，还是伤疤多。”

“格里什卡他是什么样子啊？”阿克西妮亚打着干颤问道，又咳嗽了两声，润一润发干的喉咙。

“还是那个样子……钩鼻子，黑头发，土耳其佬还是土耳其佬，不会改变样子的。”

“我不是问这个……他老了些吗？”

“谁他妈的知道：也许，老了一点点儿。老婆生了双胞胎，可见，他还是不怎么老。”

“这里好冷啊……”阿克西妮亚的肩膀哆嗦了两下，说过这话，就走了出去。

叶麦里扬一面倒着第八杯茶，一面目送阿克西妮亚走了出去，就像瞎子移动脚步一样，慢慢地、一个字一个字地说道：

“坏娘儿们，臭娘儿们，简直坏透啦。不久以前还穿着破鞋子在村子里到处跑呢，可是现在不说‘这儿’，说起‘这里’来啦……我才不要这样的娘儿们呢。这样的坏娘儿们去他妈的……活妖精！……‘这里好冷啊’……学洋腔洋调呢……臭美！呸！”

他气得连第八杯茶都没有喝完，就站了起来，画了一个十字，朝外走去，一面随意朝四面看着，故意把靴子上的泥巴抹到擦得干干净净的地板上。

回来的一路上，他也和东家一样，一直是闷闷不乐。他把被阿克西妮亚惹出来的火气一齐发泄到马身上，拿鞭梢朝马蛋上直抽，骂马是“吃闲饭的”和“懒虫”。叶麦里扬这一天一反常态，直到进村子都没有和东家说一句话。谢尔盖·普拉托诺维奇也心惊肉跳地保持着沉默。

八

在西南战线上担任后备的某步兵师的第一旅，以及由该旅节制的第二十七顿河哥萨克团，在二月革命以前奉命从前方撤下来，为的是开往京城附近去镇压已经开始的骚乱。该旅开到后方，领了崭新的冬季军装，好酒好肉地吃了一天，第二天就上了火车，朝明斯克方向开去，但是时局跑到了这几个团的前头：在出发的那一天就到处沸沸扬扬地传说着，沙皇已经在最高统帅的大本营里签署了退位的文告。

这个旅在半路上奉命往回开。第二十七哥萨克团在拉兹冈车站接到下车的命令。线路上挤满了列车。许多步兵在站台上走来走去，他们的军大衣上都缠着红袖章，扛着十分精致的俄国式样、然而是英国制造的新步枪。步兵中有不少人情绪异常紧张，很担心地打量着排成一个个连队的哥萨克们。

阴沉的一天已是向晚时候。车站的屋檐上滴答滴答地滴着水，铁路线上到处是水洼，水面上泛着油光，水里倒映着灰灰的、像柔软的熟羊皮似的天空。火车头呜呜地吼叫着，来来回回地调动。全团的人都骑马列队在货物仓库外面迎接旅长。湿漉漉的马腿冒着热气。许多乌鸦毫不胆怯地落在队伍的后面，拨弄着一个个橙黄色的马粪蛋儿大嚼起来。

旅长骑着一匹铁青色的高头大马，由团长陪着，来到哥萨克们面前。他勒住马缰，用眼睛朝各连扫了扫。他开口说话了，好像是用一只光光的手把那些没有把握的、低沉的字句一个一个地扯了开来：

“乡亲们！顺从民意，当今的皇帝尼古拉二世……暖暖暖……退位啦。现在执掌政权的是国家议会临时委员会。军队，包括你们在内，应当镇定地对待这个……暖暖暖……消息。哥萨克的职责就是保卫祖国，抵御外侮……暖暖暖……就是说，抵御外来的敌人。咱们对刚刚开始的动乱采取旁观态度，让全国国民去选择组织新政府的方式吧。咱们应该旁观！对于军队来说，战争和政治是不能并立的……在所有的……暖暖暖……所有的根基都这样动荡的时候，咱们都应当刚强，不像……”旅长是一位老迈无能的行伍出身的老将，不善于讲话，一时找不到比喻，顿住了；两道眉毛在他那油光光的脸上焦急而无声地颤动着;一个个的连队都耐心地等候着。"暖暖暖……就像钢铁一样。哥萨克军人的天职就是服从长官的命令。咱们还要和以前一样,英勇地跟敌人作战,至于那里的事……"他歪着身子摆了摆,做了个朝后指的姿势。"让国家议会去决定国家的命运吧。等咱们打完仗,咱们再去参与国内的事情,可是目前咱们……暖暖暖……还不行。咱们不能交出军队……军队里面不能要什么政治!"

过了几天,仍然是在这里的车站上,他们就宣誓拥护临时政府,同乡的人结成一大群一大群地去参加群众大会,跟塞满车站的步兵们不相往来。每次开过大会,大家都要对大会上的讲话议论很久;一面回想,一面顾虑重重地揣摩每一个可疑的字眼儿。不知为什么大家心里都形成了一个信念:如果要自由的话,就必须结束战争。而且那些宣扬俄国一定要把战争进行到底的军官们,想驱除这种牢牢扎下根的信念已经很难了。

军队的上层在革命以后出现的慌乱状态,也反映到了下层:一个旅在半路上搁了浅,师部好像忘记了这个旅的存在。这一旅人下了火车以后,吃完了所带的八天的口粮,步兵们就成群结队地到附近的村庄里去,在集市上可以买到不知从哪里弄来的酒精,在那些日子里,到处可以看见一些下级官兵喝得醉醺醺的。

因为调动摆脱了日常勤务的哥萨克们,住在生火的货车厢里十分苦闷,都在盼着往顿河开拔(听说要把第二批入伍的哥萨克放回家去,这种说法一直在流传着),照料马匹都马虎起来,一天到晚在市场上闲逛,出卖从前线带回来的一些畅销商品,如德国鸭绒被、匕首、小锯、军大衣、皮背囊、烟草之类。

重返前线的命令引起公开的不满。第二连拒绝上车，哥萨克们不准火车头往列车上挂，但是团长威吓说要解除他们的武装，于是骚动才渐渐平息，安定下来。兵车又朝前开去。

“弟兄们，这算怎么一回事儿？天天喊自由，自由，可是又要打仗，这不是又要去流血吗？”

“老一套的压迫又开始啦！”

“推翻沙皇管什么用！”

“咱们在沙皇治下没过好日子，现在还是一个样……”

“裤子还是那条裤子，不过裤裆朝后啦。”

“对，对！”

“究竟要打到什么时候啊？”

“第三年内，你别想放下步枪！”车厢里纷纷议论着。

来到一个枢纽站上，哥萨克们就像事先商量好了一样，纷纷从车上跑了下来，也不听团长的劝告和吓唬，开起了群众大会。军运指挥官和年迈的站长在哥萨克军大衣的灰色海洋里钻来钻去，央求哥萨克们各自回到车厢里，把线路让出来，全是白费口舌。哥萨克们都聚精会神地在听第三连一个中士讲话。他讲过以后，又是一个身材矮小然而体格匀称的哥萨克曼茹洛夫讲话。一句句愤恨的话从他那恨得歪着的灰白色的嘴里很费劲地冲了出来：

“乡亲们！这样不行！又来折腾咱们啦，又要骗人啦！既然发生了革命，既然全体人民都得到了自由，那就应该结束战争，因为人民和我们都不想打仗！我说得在理吗？说得对吗？”

“对！”

“这仗打得毫无意思!”

“大家都讨厌啦!”

“自己都顾不上来啦……打什么仗?!”

“我们不——愿——打——啦! ……”

“我们要回家!”

“把火车头摘下来! 菲多特,来呀!”

“乡亲们! 等一等! 乡亲们! 弟兄们! 妈的,别乱嚷嚷嘛,安静点儿! ……弟兄们!”曼茹洛夫声嘶力竭地叫喊着,想把上千人的声音压下去。“等一等! 你们别去管火车头! 这不干火车头的事,这不过是一场骗局……要叫团长大人把公文给咱们念念:是真的要咱们上前方呢,还是他们在搞阴谋诡计……”

直到紧张得失去自制力的团长哆嗦着嘴唇,高声念完他所收到的师部调这个团上前线的电报,一团人才上了火车。

在一节车厢里坐着六个鞑靼村的人,都是第二十七团的,这六个人是:彼得罗·麦列霍夫,米沙·柯晒沃依的亲叔叔尼古拉·柯晒沃依,安尼凯,菲多特·包多甫斯柯夫,卷毛胡子黑黑的、浅棕色眼睛扫来扫去、很有点像茨冈人的梅尔库洛夫,还有柯尔叔诺夫家的邻居马克西姆·戈里亚兹诺夫——是一个不务正业、风流放荡的哥萨克,战前是名闻全乡的天不怕地不怕的偷马贼。哥萨克们常常取笑戈里亚兹诺夫:“要说梅尔库洛夫喜欢偷马,那还差不多,他太像茨冈人啦……可是他并不偷马。可是你,马克西姆,一看见马尾巴,浑身就发痒啦!”马克西姆就红着脸,眯缝着蓝得像亚麻花一样的眼睛,开开下流的玩笑作为回答:“茨冈佬跟梅尔库洛夫他妈睡过觉,我妈大概也眼馋过,要不然我呀……绝对不会！……”

车厢里吹着穿堂风；马匹都站在马衣临时搭成的马棚里；在车厢当中一堆冻土上，烧着潮湿的木柴，呛人的烟气从门缝里往外钻。哥萨克们都围着火坐在马鞍子上，烘烤臭烘烘、汗渍渍的包脚布。菲多特·包多甫斯柯夫在火边烤两只弓着的光脚丫子。他那高颧骨的、加尔梅克型的脸上浮现出舒服的笑容。戈里亚兹诺夫用麻线马马虎虎地缝着开了绽的鞋底，用抽烟抽哑了的嗓子说着话儿，也不知道是对谁说的：

“……我小时候，冬天，有一回，我爬到炕头上，我奶奶（那时候她已经一百多岁啦）一面在我的头上逮虱子，一面说：‘乖孩子，我的小马克西姆！古时候老百姓过日子可不是这样，那时候十分太平，安安稳稳，老百姓什么灾难都没有。可是你，乖孩子呀，你以后过的年月就更不太平啦，你会看到地上到处都是铁丝网，铁鼻子鸟在蓝天上到处飞，还要啄人，就像老鸹啄西瓜一样……人要闹瘟疫，闹饥荒，兄弟互相残杀，儿子要杀老子……到头来剩不下几个人，就像一场大火后剩下的几根草。’瞧吧，”戈里亚兹诺夫顿了一下子，继续说道：“现在果真是这样啦，现在到处是电话线，你看这不就是铁丝网！铁鸟——那就是飞机。咱们弟兄们叫铁鸟啄死的还少吗？饥荒也要来的。我家的地这几年只能种一半，而且家家都是这样。乡村里只剩下老的和小的，一遇到歉年，就一定要闹饥荒。”

“不过兄弟互相残杀——似乎是瞎说吧？”彼特罗·麦列霍夫一面拨火，一面问道。

“等着瞧吧，大家有一天会这样的。”

“政权建立不起来，就要鬼打架。”菲多特·包多甫斯柯夫插嘴说。

“那咱们还要镇鬼呢。”

“你还是先把德国佬打完再说吧。”柯晒沃依笑道。

“没什么，仗还是能打完的……”

安尼凯故作惊骇地皱起像女人一样的光光的脸，惊叫道：

“我的圣母娘娘呀，究竟到什么时候才能‘打完’呢？”

“要打到你的老公嘴上长出毛来的时候。”柯晒沃依嘲弄他说。

坐在火边的人一齐笑了起来。彼特罗叫烟呛了一下，一面咳嗽，拿呛得流泪的眼睛朝安尼凯望着，一面拿指头朝他点着。

“毛发这玩意儿是糊涂蛋……”安尼凯满脸羞臊地嘟哝说。“不该长毛的地方倒长了起来……柯晒沃依，你别卖乖……”

“好啦，够啦！吃饱了撑的！”戈里亚兹诺夫忽然发起火来。“咱们在这儿受罪，喂虱子，咱们家里人在家里挨冻受饿，怎么，忘啦？……割一刀，都流不出血来啦。”

“你为什么气得噘起来啦？”彼特罗咬着小麦色的胡子，用讥笑的语气问道。

“都知道是为什么……”梅尔库洛夫替戈里亚兹诺夫回答说，一面把笑收敛到拳曲的、加尔梅克式的胡子里。“谁都知道，哥萨克都厌啦……想家啦……有时候牛倌把牛群赶出去吃草：太阳还没有把露水晒干的时候，牛挺不错，吃得挺带劲儿，可是等太阳升到橡树那样高，牛虻嗡嗡地飞过来，在牛身上咬起来，这时候……”梅尔库洛夫朝大家挤了挤眼睛，又转过脸对着彼特罗，继续说：“这时候，司务长先生，牛就要发脾气啦。噢，这你是知道的嘛！你好像也不是官宦人家出身嘛！你自己就围着牛尾巴转悠过嘛……通常是有一头小牛把尾巴朝背上一翘，哞哞一叫，撒开腿就跑！于是整个牛群就跟着跑起来。牛倌又跑又吆喝：'啊呀呀！……啊呀呀！……'那怎么行呢？！牛群成散兵线朝前猛冲，不次于我们在聂兹维斯克附近向德国人猛扑的那股劲头儿。有什么办法能拦得住呢？"

"你这是往哪儿绕弯子呀？"

梅尔库洛夫没有马上回答。他把一绺油亮的长胡子绕到手指头上，用劲揪了两下，然后完全敛住笑容，正色说：

"咱们已经打了两年多仗啦……不是吗？把咱们弄进战壕里已经两年多啦。为什么？干什么？谁也不明白……我说的就是，不久就会有那么一个戈里亚兹诺夫或者麦列霍夫从前线上往下跑，然后是整团、整军的人往下跑……行啦！"

"你也跑吧……"

"是要跑！我不是瞎子，我看出来：现在一切就好像吊在一根头发上。这会儿只要有人喊一声：'散伙！'——就会一下子溜掉，就像旧棉袄从肩膀上溜下来那样。打到第三年，对咱们来说，可算是太阳已经升到橡树那么高啦。"

"你少说点儿吧！"包多甫斯柯夫劝他说。"不然的话，彼特罗就……他可是个司务长啊……"

"我可是从来没碰过同伴们呀。"彼特罗气嘟嘟地说。

"别生气！我是说着玩儿的。"包多甫斯柯夫很不好意思，扭了两下光脚丫上那疙里疙瘩的脚指头，就站起身来，呱唧呱唧地朝马槽走去。

别的村子的哥萨克们，都在角落里靠着装干草的篓子坐着，说着话儿。其中只有两个是卡耳根村的，一个姓法杰耶夫，一个姓卡耳根，其余的八个都是来自不同的村庄和乡镇的。

过了不大一会儿，他们唱了起来。领唱的是旗尔村的哥萨克阿里莫夫。他本来唱起一支跳舞的歌曲，但是有人朝他背上拍了一下，用伤风的喉咙叫道：

“算了吧！……”

“喂，你们这些没人管的孩子，来烤烤火吧！”柯晒沃依朝他们喊道。大家又往火里添了些木片——这是在一个小车站上拆的板墙的碎片。大家烤着火，唱得就更带劲儿了：

鞍辔齐全的战马在长嘶，
在教堂门口等候出征的儿郎。
奶奶跟孙子在教堂里抱头痛哭，
年轻的妻子两眼泪汪汪。
哥萨克全副武装，
走出神圣的教堂。
妻子给他牵过战马，
侄儿递过明晃晃的长枪……

旁边车厢里有一架两组的手风琴，鼓得风箱呼哧呼哧地响着，奏起《哥萨克之妻》。军靴的后跟在车厢底板上吧嗒吧嗒直响，有人用破嗓子大声唱了起来：

又苦又累，苛捐杂税，

沙皇的枷锁有千斤重！
紧紧夹着哥萨克的脖子，
气也不能喘，动也不能动。
普加乔夫在顿河上呼唤，
在贫困的下游号召：
“哥萨克们，好汉们！……”

又一个声音压过前一个声音，用又快又急、十分尖细的怪腔调唱道：

我们忠心耿耿给沙皇当差，
我们想念守活寡的妻房。
能找到娘儿们，就不会再想，
就会为沙皇……争光。
啊，冲呀！啊，杀呀！……
呜呜嘿！呜嘿！呜嘿！哈！
哈哈嘿——嗬——呼——哈哈！

这边的哥萨克们早已不唱了，倾听着旁边车厢里越来越大、毫无顾忌地喧闹声，会心地笑着，互相挤着眼睛。彼特罗·麦列霍夫也忍不住哈哈大笑起来，说：

“他们他妈的真开心！”

梅尔库洛夫那棕色的、迸射着黄色亮光的眼睛里，两个瞳仁快活地忽闪着；他一下子站起来，合着拍子，用靴尖踏着细碎的步子跳了一会儿，忽然把脚跺了一下，就像弹簧一样轻快地转着圈儿跳起盘腿舞来。大家轮流跳了一会儿,借活动来暖和暖和身子。旁边的车厢里手风琴声早已停了,那边已经粗声粗气地大吵起来。可是这边还在一个劲儿地跳,闹得马都不安生起来,直到跳上了劲儿的安尼凯在跳一个别出心裁的花样儿的时候,一屁股坐到火上,跳舞才算结束。大家哈哈笑着把安尼凯搀了起来,借着蜡烛头的火光仔细看了看,只见一条崭新的裤子的屁股上烧了一个大洞,棉袄的边儿也烧坏了。

“把裤子脱下来吧!”梅尔库洛夫用惋惜的口气劝他说。

“茨冈佬,你发昏啦? 脱下来我穿什么?”

梅尔库洛夫在背包里翻了翻,掏出来一条女人的粗布衬裙。他们重新把火吹旺。梅尔库洛夫提着衬裙那窄窄的绊带,身子向后仰着,笑得哎哟哎哟的,说:

“瞧! ……哎哟! 哎哟! 我在车站上从栅栏上偷来的……打算做包脚布……哎哟! 我就不……不撕啦……你拿去吧!”

大家硬给乱叫乱骂的安尼凯往身上穿,都非常开心地轰隆轰隆大声笑着,引得旁边车厢里的人十分好奇地探过头来,用羡慕的语气在黑暗处喊叫着:

“你们在那儿干什么?”

“闹哄哄的,就像一群儿马!”

“干吗这样高兴?”

“捡到宝贝啦,傻哥儿们?”

来到下一个车站上,把前面一节车厢里的手风琴手拉了过来,别的一些车厢里的哥萨克也都蜂拥而来,把马槽都挤坏了,大家拥来挤去,把马都挤到了边上。安尼凯在一个很小的圈子里跳着。那白衬裙显然是一个高大女人的，他穿着很长，跳起来很不利索，但是有叫声和笑声给他打气，他跳得格外带劲儿。

浸在血海里的白俄罗斯的上空，星星闪着凄凉的目光。漆黑的夜空像个老大的陷坑，黑洞洞、雾蒙蒙的。冷风在大地上游荡，大地上到处散发着落叶的苦涩气息、湿漉漉的土腥气和三月的残雪气息……

九

过了一昼夜，这个团已经离前线不远了。兵车在一个枢纽站上停下来。各连司务长传达了下车的命令。哥萨克们都匆匆忙忙地顺着跳板把马往下牵，加鞍，到车厢里去拿仓促中忘掉的东西，把乱糟糟的干草篓子往路边潮湿的沙堆上直扔，到处乱腾腾的。

团长的传令兵来叫彼特罗·麦列霍夫。

“到车站上去，团长叫你。”

彼特罗理了理军大衣上的皮带，不慌不忙地朝站台走去。

“安尼凯，你把我的马照应一下。”他央求在马旁边忙活着的安尼凯说。

安尼凯一声不响地对着他的背影看了看，在安尼凯那平淡的、阴郁的脸上，除了一般的愁闷神情之外，又增添了担心神情。彼特罗一面走，一面看着自己的溅满了黄泥巴的靴子，心里琢磨着：“团长叫我去干什么呢？”站台边上一个开水桶旁聚集了一小群人，引起他的注意。他走过去，还离得很远就注意听他们说话。有二十来个步兵围着一个红头发的大个子哥萨克。那个哥萨克背朝水桶站着,样子很不自在,好像是被捕了。彼特罗伸了伸脖子,看了看红头发的阿塔曼团哥萨克那似曾相识的胡子拉碴的脸,看了看蓝色的中士肩章上的番号"五十二",就断定,自己曾经在什么地方见过这个人。

"您是想什么点子逃出来的?还戴肩章呢……"一个长着一张聪明的雀斑脸的志愿兵,幸灾乐祸地质问红头发的哥萨克。

"怎么一回事儿?"彼特罗捅了捅背朝他站着的一个民团兵的肩膀,好奇地问道。

那个民团兵转过头来,不高兴地回答说:

"抓住一个逃兵……是你们的哥萨克。"

彼特罗拼命回想,希望想起自己是在什么地方见过阿塔曼团哥萨克这张红胡子和红眉毛的大脸的。阿塔曼团的哥萨克且不回答志愿兵那些令人不快的问题,只是一口一口地慢慢喝着用炮弹壳做的铜茶缸里的开水,嚼着在水里泡软的黑面包干。他那两只离得很远的鼓鼓的眼睛眯缝着;他边嚼边喝水,眉毛不住地动着,眼睛不住地朝下和朝两边看。他的旁边站着一个押送他的步兵,这人矮墩墩的,已经上了年纪,手扶着步枪上的刺刀。阿塔曼团的逃兵喝完了茶缸里的水,用疲惫的眼睛朝很不礼貌地盯着他的步兵们的脸上扫了扫,他那像孩子那样天真的浅蓝色眼睛里突然冒出凶光。他匆匆地把嘴里的东西咽下去,舔了舔嘴唇,用很不客气的粗嗓门儿瓮声瓮气地叫道:

"你们觉得稀罕吗?连东西都不叫人吃,讨厌!怎么,你们没看见过人,还是怎的?"

步兵们都哈哈笑了,可是彼特罗一听到逃兵的声音,就像常有的情形一样,一下子就清清楚楚记起来,这个阿塔曼团的哥萨克是叶兰乡鲁别仁村上的,姓佛明,在战前彼特罗和父亲在叶兰乡的年集上从他手上买过一头三岁口的公牛。

"佛明！亚可夫!"他喊着,朝阿塔曼团的哥萨克挤过去。

阿塔曼团的哥萨克很别扭、很慌乱地把茶缸伸到桶里去舀开水;他一面嚼着,一面用很不好意思地笑眼看着彼特罗,说:

"我认不出来啦,大哥……"

"你是鲁别仁村的吗?"

"是的,你也是叶兰乡的吗?"

"我是维奥申乡的,我还记得你。五年以前我和我爹在你手上买过一头牛。"

佛明还是那样慌乱而孩子气地笑着,看样子是在极力回想。

"真的,我眼拙……记不得你啦。"他带着很明显的抱歉神情说。

"你在五十二团吗?"

"是五十二团。"

"这么说,你是开小差啦？你这是怎么搞的,老兄?"

这时候佛明摘下大皮帽,从里面拿出一个破烟荷包。他弯着腰,慢慢地把皮帽夹到腋下,从一片纸上撕下一个斜斜的角儿,这才用严肃的、闪着泪光的眼睛盯住彼特罗。

"受不了啊,大哥……"他含糊地说。

他的目光像针一样扎了彼特罗一下。彼特罗哼哼了两声,把黄黄的胡子塞进嘴里。

“喂，老乡，不要再说啦，要不然我因为你们会倒霉的。”矮墩墩的押送兵叹了一口气，把步枪扛到肩上。“走吧，我的天啊！”

佛明急忙把茶缸塞进军用袋，眼睛朝一边望着，跟彼特罗道过别，就一颠一晃地跨着狗熊似的步子朝卫戍司令部走去。

在车站上，在原来头等候车室的餐室里，团长和两位连长正俯身坐在小桌子旁边。

“麦列霍夫，你叫我们等你老半天了。”团长疲惫无神地眨巴了几下他那气汹汹的眼睛，说道。

彼特罗接到了一个通知：他的连队今后归师部直接指挥，对哥萨克们必须加强监管，发现他们情绪上有任何变化，都必须报告连长。他眼睛眨都不眨，看着团长的眼睛，仔细听着，但是佛明那闪着泪光的眼睛和小声说出的“受不了啊，大哥”却在脑子里不肯退去，就像牢牢粘住了似的。

他从暖烘烘的站房里出来，朝自己的连队走去。本团的二类辎重车队就停在这个车站上。彼特罗快要走到自己的车厢跟前的时候，看见了辎重队的哥萨克和连里的铁匠。彼特罗一看见铁匠，佛明以及跟佛明的谈话就从脑子里消失了，他加快了脚步，想过去和铁匠谈谈换马掌的事（这会儿彼特罗又一心一意想着日常事务和操心事了），但是从红红的车厢的一角后面走出一个娘儿们，披着一条十分漂亮的白色毛围巾，身上穿的也跟这一带地方的人不一样。彼特罗觉得那娘儿们的身姿出奇地熟悉，就仔细注视起来。她忽然朝他转过脸来，快步朝他走来，轻轻摆着肩膀，扭着姑娘般的细腰。彼特罗还没有看清面貌，从这种袅袅娜娜的轻俏步伐上已经猜出是自己的妻子了。一股尖尖的愉快的气流直钻进他的心里。喜事越是出乎意料，越是喜上加喜。彼特罗为了不让注视着他的辎重兵们说他高兴得过了头，故意放慢脚步，迎上前去。他不失仪态地抱住妻子，吻了三下，很想问几句话，但是深藏在内心的一股激动情绪冲了出来，嘴唇轻轻哆嗦起来，舌头好像麻木了。

“真没想到……”他终于结结巴巴地开口说。

“我的亲人啊！你简直变了样子啦！……”妲丽亚把两手一扬一拍。“你好像是个生人啦……瞧，我来看你啦……家里人不叫我来，说：‘你上哪儿去呀？’我心想，不行，我一定要去，去看看亲人……”她贴在他的身上，用湿润的眼睛看着他的眼睛，哇啦哇啦地说了起来。

车厢边挤了不少哥萨克，一齐望着他们，嘎嘎地叫着，挤着眼睛，打趣他们。

“彼特罗这一下子快活啦……”

“我那狠心的母狼也不来，跟我分窝儿啦。”

“她那儿不算涅司切尔，还有十个呢！”

“麦列霍夫顶好能把老婆捐给咱们排里睡一晚上……可怜可怜我们……嘿嘿！”

“咱们走吧，伙计们！看着她跟他那股热乎劲儿，都要眼馋死啦！”

这会儿，彼特罗已经不记得他准备把妻子死打一顿的事了，他当着大家的面跟她亲热起来，用抽烟熏黄的粗大手指头抚摩着她那描成弧形的眉毛，觉得非常高兴。妲丽亚也忘了，两夜以前她还跟一个龙骑兵的兽医睡在火车里。她和那个兽医是同路从哈尔科夫到团里来的。那个兽医还有一部特别柔软、特别黑的胡子呢，不过这一切都是两夜以前的事了，现在她可是含着真正高兴的眼泪拥抱着丈夫，用真挚、清澈的眼睛看着他。

十

叶甫盖尼·李斯特尼次基大尉休假回来以后，就调到了顿河哥萨克第十四团里。他没有回他原来的那个团，他就是在二月革命前很不体面地离开那个团的。他径自到师部去报到。师参谋长是顿河哥萨克有名的贵族世家出身的一位年轻将军，他毫不费事就给李斯特尼次基调动了工作。

“我知道，大尉，”他等到自己房间里只剩了他们两个人，就对李斯特尼次基说，“您在原来的环境里很难干下去，因为哥萨克们都反对您，他们听到您的名字就很反感，所以，如果您能到十四团里去，那当然是比较合适的。这个团里的军官都是配备得特别好的，而且团里的哥萨克也比较坚定，比较纯正，大部分都是大熊河河口州南部各乡的。您到那里会好一些。您好像是尼古拉·阿列克塞耶维奇·李斯特尼次基的公子吧？”将军顿了一下，这样问道，得到肯定的答复后，他又继续说下去：“就我来说，我可以保证，我们是很器重像您这样的军官的。在目前这种时候，就连军官当中也大多数是怀有二心的人。没有比改变信仰更容易的事啦，要不然就是同时侍奉两个上帝……”参谋长心情沉重地结束了谈话。

李斯特尼次基欣然从命。当天他就奔赴第十四团驻地德文斯克，过了一昼夜，他就见到了团长贝加陀洛夫上校，而且十分满意地意识到师参谋长的话是正确的：军官们大多数都是保皇派；哥萨克当中掺进了三分之一的霍派尔河河口乡、库梅尔仁乡、戈拉祖诺夫乡和另外几个乡的旧教徒，他们毫无革命倾向，对临时政府宣誓效忠也不是情愿的，他们对周围沸沸扬扬的大事毫无理解，而且也不想去理解；选进团和连委员会的都是一些会拍马屁和驯顺听话的人……李斯特尼次基来到新环境里高兴地舒了一口气。

他在军官当中遇到两个阿塔曼团的老同事，他们跟他不来往；其余的军官都出奇地团结一致，都公开地谈论恢复帝制的事。

这个团在德文斯克驻扎了近两个月，休息好了，整顿过了，变成了一支团结一致的劲旅。在这以前，各个连都归各个步兵师节制，经常在从里加到德文斯克这条战线上跑来跑去，但是在四月里，有一只关心的手把这些连队收拢到一起——这个团就成立了。哥萨克们在军官们的严格监督之下天天出操，喂马，过着有规律的蜗牛式生活，没有受到外界任何影响。

关于这个团的真正使命，哥萨克们都在乱纷纷地猜测，但是军官们却毫不隐讳地说，这个团在不久的将来就要在某人的直接掌握之下重新扭转历史的车轮。

附近的前线上一片混乱。军队像害着致命的寒热病，粮食和弹药都不足；军队好像有许多只手伸向“和平”这个梦幻中的字眼儿；军队对于克伦斯基的共和国临时政府抱着各种各样的态度；在他的歇斯底里叫喊鼓动之下的军队，在六月攻势中一再受挫；已经酝酿成熟的怒潮在军队里翻滚着，沸腾着，就好像是受到地下水冲击的泉水……

可是在德文斯克，哥萨克们却非常安全，非常平静：马肚子里装满了燕麦和豆饼，哥萨克们已经渐渐忘记在前方所受的艰难困苦；军官们按时参加军官会议，有酒又有肉，高谈阔论国家大事……

一直到七月初，都是这样。七月三日来了一道命令："火速出发。"兵车载着这个团向彼得格勒驶去。七月七日，哥萨克的马蹄已经在木块铺成的鱼鳞状的首都街道上嗒嗒响了。

团队驻扎在涅瓦大街上。划给李斯特尼次基这个连的是一座空闲的商号用房。首都各政府机关焦急地和高高兴兴地盼望着哥萨克们到来——为哥萨克们安排好的房舍事先已经整修一新，这种精心照料可以雄辩地说明这一点。一面面石灰墙重新粉刷得雪白雪白的，地板都擦洗得明光锃亮，松木新铺板散发着浓郁的松香气息；明亮而整洁的半地下室里也还舒服。李斯特尼次基皱着夹鼻眼镜底下的眉头，在一面面白得耀眼的墙下走了一会儿，仔细视察了住房，断定这地方已经够舒服的，不能指望有更好的了。他视察满意之后，便在市政府派来专门欢迎哥萨克的一个衣冠楚楚、身材矮小的代表陪同下，朝门外走去，但就在这时候发生了一件很不愉快的意外事：他已经抓住门把手，却看见墙上有一幅用尖东西画出来的很刺眼的画——一个龇牙咧嘴的狗头和一把扫帚。看样子，整修房屋的工人中有人知道这房屋是准备给什么人住的。

"这是怎么回事儿？"李斯特尼次基哆嗦了几下眉毛，向陪着他的那位代表问道。

代表用滴溜溜地鼠眼朝画扫了一下，十分惶恐地哼哧起来。他的脸通红通红的，好像把衬衫硬领都映红了……

“请原谅，长官先生……这是有人存心捣蛋……”

“我想，这伊凡雷帝皇卫军的标志该不是在您的授意下画的吧？”

“哪儿话？！哪儿话？！决不是……这是布尔什维克玩的花招……是坏人捣乱！……我马上叫人重新把墙刷一下。鬼知道是怎么一回事儿！……请您原谅……这事真荒唐……请您相信，别人干这种坏事，我都感到羞愧……”

李斯特尼次基着实可怜起这个满面羞臊、窘得无地自容的人来。他把硬邦邦、冷冰冰的语调换成温和的语调，镇定地说：

“作画的人有一点小小的疏忽：忘记了哥萨克们不知道俄国的历史。不过这不能说，这类的情形我们可以原谅……”

代表用他那修剪得很讲究的硬指甲刮起石灰墙上的画，他踮着脚在墙跟前站得笔直，白石灰末子往他那贵重的英国大衣上直落，李斯特尼次基一面擦夹鼻眼镜，一面笑着，但是他心里这一阵子又苦又恼，很不是滋味。

“竟是这样来迎接我们，在好看的外表里边却隐藏着这个！……不过，未必全俄罗斯都把我们看作皇卫军吧？”他一面在心里想着，一面穿过院子朝马棚走去，跟在他后面的代表还在说话，他没有用心去听。

太阳光直射到又深又宽阔的天井里。住户们从高楼的一面面窗户里探出身子，望着满院子的哥萨克。连队的哥萨克正在往马棚里安顿马匹。安顿好马匹的哥萨克一堆一堆地站着，或者蹲在墙根下阴凉处。

“弟兄们，为什么不进屋子里去？”李斯特尼次基问道。

“不着急，大尉老爷。”

“屋子里够呛。”

“等我们把马安顿好，就进去。”

李斯特尼次基看过临时作马棚的仓库，重新挑起原来对陪他的代表的不快情绪，严厉地说：

“您去跟什么人商量商量，还需要你们做一件事情：要给我们再打一个门洞。因为我们有一百二十四马，不能只有三个门！这样如果有什么情况的话，我们得用半个钟头才能把马牵出去……真出奇！这种情况难道当时就没有考虑到吗？我非得把这事报告团长不可。”

代表毫不怠慢地保证，今天就打门洞，而且不是打一个，要打两个；于是李斯特尼次基就同代表道别，冷冷地谢过代表的关照，吩咐过派出值班人员，然后就朝二楼，朝拨给本连军官的临时住房走去。他边走边解制服上衣，擦着帽檐底下的汗珠子，上了黑色的楼梯，便来到自己住的屋里，觉得屋子里凉丝丝的，十分高兴。屋里除了阿塔尔希柯夫上尉以外，什么人也没有。

“别的人都上哪儿去啦？”李斯特尼次基一面问，一面倒在帆布床上，并且费劲地把穿着脏靴子的两只脚往外伸了伸。

“上街去啦。他们想看看彼得格勒。”

“你怎么不去？”

“噢，你要知道，这没有意思。刚刚进城，就要上街。这不，我在看报，想看看前些天发生的事。没有工夫！”

李斯特尼次基一声不响地躺着,觉得汗湿的衬衫在背上凉凉的,非常舒服,他真懒得起来去洗脸——一路上积累的疲劳现在渐渐表现出来了。他鼓了鼓劲,站了起来,把勤务兵叫了来。换过衬衣,洗脸洗了老半天,一面舒舒服服地喷着鼻子,用毛巾擦着饱满的、落了一层灰土的脖子。

"洗洗脸吧,伊万,"他劝阿塔尔希柯夫说,"洗一洗,就像是从肩膀上卸掉一座山……喂,报上怎么说?"

"也许,真该洗洗脸。你是说,洗洗很舒服吗?……报上怎么说吗?登的是布尔什维克的演讲,政府的措施……你看看吧!"

李斯特尼次基洗过脸以后,高兴起来,拿起报纸正想看,但是团长派人来叫他了。他挺不乐意地爬了起来,穿上一件在路上压得皱皱巴巴、散发着肥皂气味的新制服上衣,挂上马刀,来到大街上。他穿过马路,来到街对面,回过头来,打量了一下连队驻扎的房子。从外表、从造型上来看,这座房子和其他一些房子没有什么不同:一座五层楼房,墙上镶砌着烟色虎皮石,跟同样一些楼房排列得整整齐齐的。李斯特尼次基抽着烟,慢慢地在人行道上走着。密集的人群里,男人的草帽、小礼帽、便帽,讲究的普通女帽和华贵的女帽,像泡沫一样翻滚着。在帽子的海洋里,偶尔出现一顶像个独来独往的绿点儿似的军人制帽,随即又消逝在各种色彩的波浪中。

清新凉爽的微风,一阵阵从海滨吹来,但是一吹到陡立的巨大建筑物上,就变成不均匀的微弱气流。在灰中带紫、不很明亮的天上,云彩向南飘动着。云彩那乳白色的边儿像牙齿一样,尖尖的、凸凸的。整个城市里又闷又热,看样子是要下雨了。到处可以闻到晒热的沥青气味、汽油气味、不远处的海水气味和那种隐隐约约、令人心醉的女人香水气味，还有任何一个人烟稠密的大城市都有的那种难以分清的混合气味。

李斯特尼次基抽着烟，顺着人行道右边慢慢走着，间或地看到迎面走来的人从一旁向他投来敬重的目光。起初他因为自己的军服皱了和帽子旧了，觉得有点不好意思，但是后来他想，上过前方的人用不着为自己的外表感到不好意思，何况他还是今天才下火车呢。

人行道上，轻轻晃动着黄绿色的斑斑点点的阴影，那是商店和咖啡馆门口的帆布篷投下来的。风把晒得发烫的帆布篷吹得摇摇摆摆，不住地抖动，人行道上的阴影也就不停地晃动，老是想从行人沙沙响的脚下躲开。尽管这是午饭后的时候，大街上依然是人山人海。在战争的几年中一直远离城市的李斯特尼次基，怀着高高兴兴的满意心情，倾听着由笑声、汽车喇叭声、报童叫卖声组成的乱糟糟的喧闹声，觉得自己在这一群华衣美食的人中间是自己人、亲人，心里一直在想着：

"你们现在都这样得意，这样高兴，这样幸福——不论是商人、交易所经纪人，不论是各级官吏、地方、贵族华胄，都是这样！可是三四天以前你们又是怎样呢？在那些贱民和大兵像潮水一样拥向街头，塞满大街小巷的时候，你们的样子又是如何呢？凭良心说，我也喜欢你们，也不喜欢。你们平安无事，我不知道是应该高兴，还是不应该……"

他试图分析一下自己的感情，找了找这种感情的根源，毫不费事就得出了结论：他所以这样想和这样感觉，是因为战争和他在战争中经受的一切，使他跟这一伙酒足饭饱、志得意满的人疏远了。

"就拿这个年纪轻轻的胖家伙来说吧，"他的眼睛碰上一个满面红光，没有胡子的胖男子，就想道，"他为什么没有上前方呢？大概是个工厂老板或者商界大亨的儿子，坏家伙，逃避兵役，根本不管国家的兴亡，花天酒地，玩女人，也算是'为了国防'……"

"但是，究竟我跟谁走一条路呢？"他自己给自己提出这个问题，然后在心里笑着答复说："哦，当然啦，是跟这些人！他们身上有我的一分子，我是他们这一伙中的一分子……他们身上的好的和坏的东西，在我身上都或多或少地存在着。也许，我身上的膘比这头肥猪薄一点儿，也许因为这样，我对一切才关心些，大概也因为这样，我才忠心耿耿地去打仗，而不是像他那样'为了国防'，也正是因为这样，冬天我在莫吉廖夫，看见皇上退位后坐着汽车离开大本营，看见他那悲伤的嘴唇，看见他那软弱无力地放在膝盖上的双手的可怜、可叹的样子，我就倒在雪地上，像小孩子一样痛哭起来……所以我实实在在地不能接受革命，无法接受！从心里，从理智上，都不赞成……我要为旧制度拼死作战，把命豁出去，不动摇，不作态，像个真正的军人。可是，是不是会有很多人这样干呢？"

他脸色煞白，历历在目地想起了二月里一个很不平常的傍晚：莫吉廖夫的省长公署，蒙了一层寒霜的铁栅栏，栅栏那边的雪地，低低的、蒙上一层轻烟似的寒雾的太阳将红红的光斑投射在雪地上。缓斜的第聂伯河岸那边，天空呈现着浅蓝色、朱红色、锈黄色，地平线上每一道线条都显得缥缈虚幻，看上去非常晃眼睛。大门口有一小堆大本营的官员,有武官,也有文官……一辆小轿车开了出来。轿车里坐的好像是福列杰里克斯[1]和靠在车座背上的沙皇。沙皇那憔悴的脸泛着一层紫色。那苍白的额头上有一道斜斜的、黑黑的半圆形皮帽印子,他穿的是哥萨克御林军制服。

李斯特尼次基几乎是跑着从惊愕地望着他的行人身旁往前走。沙皇那还过礼的手从黑色的帽檐上落下去的情景好像还在他眼前,耳朵里好像还响着那开走的汽车的沙沙声和默默为末代皇帝送行的人群那无声的哀叹……

李斯特尼次基顺着团部驻扎的房子的楼梯慢慢往上走。他的两腮还哆嗦着,哭肿了的眼睛红红的,还流着眼泪。他在二楼的楼梯平台上一连抽了两根纸烟,擦了擦眼镜,这才一步两级地跑上三楼。

团长在彼得格勒的地图上画了画,标出李斯特尼次基的连队负责保护的地区,列举了应当保护的机关,详尽地指示了什么机关要在什么时候派岗和换岗,最后他说:

"要派人到冬宫里去给克伦斯基站岗……"

"给克伦斯基站岗——别谈! ……"李斯特尼次基顿时脸色煞白,高声说。

"叶甫盖尼·尼古拉耶维奇,要沉着……"

"上校,我请您考虑!"

"不过,老弟……"

"请您考虑!"

---

①福列杰里克斯伯爵是沙皇的宫内大臣。——作者注

“您的神经……”

“请问，是不是马上向普梯洛夫工厂派出巡逻队？”李斯特尼次基吃力地喘着气问道。

团长咬着胡子，微微笑着，耸了耸肩膀，回答说：

“马上就去！并且一定要由一名排长带领。”

李斯特尼次基从团部里走出来，因为刚才想起往事，又跟团长谈了这样一番话，精神上沉甸甸的，一点劲儿都没有，差不多就在这座楼房旁边，他看见驻扎在彼得格勒的顿河第四团的哥萨克巡逻队。一名军官骑的浅红色马的笼头上，倒挂着一束开始枯萎的鲜花。军官那生着白胡子的脸上露着笑容。

“祖国的救星万岁！……”一个狂热的老绅士走下人行道，摇晃着帽子喊道。

军官很客气地行了一个军礼。巡逻队便放马朝前跑去。李斯特尼次基看了看那个向哥萨克致敬的绅士的激动的脸和冒唾沫的嘴唇，看了看他那结得十分整齐的花领带，便皱着眉头，弯下腰，快步走进本连驻扎的房子的大门。

十一

科尔尼洛夫将军被任命为西南战线的总司令，第十四团的军官们都表示热烈的支持。大家谈起他来，都很尊敬，都很爱戴，认为他是一个具有钢铁性格的人，认为他毫无疑问能够把国家从绝路上拉回来，因为临时政府已经把国家引上了绝路。

特别热烈欢迎这一任命的是李斯特尼次基。他还通过连里的下级军官和跟他接近的弟兄了解了一下哥萨克们对此事的态度，可是得到的反映并不使他高兴。哥萨克们沉默不语，或者冷漠地应付两句：

“对我们反正都是一样……”

“谁知道他怎么样……”

“要是他能早日促成和平，那当然……”

“他当司令，我们反正还是不能升官！”

过了几天，在一些和广大军民接触较多的军官中间就盛传着，好像科尔尼洛夫正在对临时政府施加压力，要求在前方恢复死刑和推行许多关系着军队命运和战争胜败的果断措施。都说，克伦斯基很怕科尔尼洛夫，好像他正在想方设法找一位比较听话的将军来代替科尔尼洛夫的前线总司令职务。大家还纷纷传说着在军界很有名望的几位将军的名字。

七月十九日政府任命科尔尼洛夫为最高统帅的通告，使大家大吃一惊。不久，在军官联合总会里有很多熟人的阿塔尔希柯夫上尉就根据十分可靠的消息说，科尔尼洛夫在准备向临时政府所做的报告的提要中，强调必须实行下列重要措施：在全国范围内对后方的军队和居民实行战地法庭审判法，包括死刑法；恢复军事首长的惩戒权；把各部队里的军人委员会的活动限制在极小的范围内，等等。

就在这一天晚上，李斯特尼次基在和本连以及别的连一些军官谈话的时候，直截了当地、尖锐地提出了一个问题：他们跟着谁走？

“诸位军官！”他压抑着激动的心情说。“咱们在一起生活，就跟一个和睦的家庭一样。咱们都知道,咱们每个人都是什么样的人,但是咱们之间有许多迫切的问题至今没有得到解决。就拿现在来说吧,当咱们的上级和政府的分裂势头已经明明白白地表现出来的时候,咱们必须直截了当地把问题摆出来:咱们跟谁走,拥护什么人呢?咱们来推心置腹地谈谈吧,不要说违心的话。”

阿塔尔希柯夫上尉首先回答:

“我愿意为科尔尼洛夫将军流自己的血,并且率领别人流血!这是一个忠心耿耿的人,只有他能振兴俄罗斯。你们瞧,他在军队里干得多好!多亏了他,军官们才多少放开了一点儿手脚,在这以前军人委员会可是为所欲为,士兵们随意开小差,跟敌军称兄道弟。这还有什么好说的?任何一个体面人都会拥护科尔尼洛夫!”

细腿、宽肩、胸部特别凸出的阿塔尔希柯夫说得慷慨激昂。看样子,所提的问题触动了他的感情。他说完以后,打量了一下桌子周围的军官们,带着等待的神情用烟嘴敲着烟盒。他的右眼的下眼皮上有一颗鼓出的深棕色瘊子,像一粒豌豆。这颗瘊子有点碍事,上眼皮老是合不拢,所以,乍看到阿塔尔希柯夫,会有一种印象,好像他的眼睛总是带着一种谦逊和等待的笑意。

“要是在布尔什维克、克伦斯基和科尔尼洛夫当中挑选的话,那我们当然要挑科尔尼洛夫啦。”

“咱们也很难断定科尔尼洛夫想干什么:是仅仅想恢复俄罗斯的制度呢,还是另外要恢复别的什么……”

“你这是答非所问,不算回答!”

“就是回答!”

“如果算是回答的话,那无论如何这也是很不高明的回答。”

“可是您害怕什么呢,中尉? 害怕恢复帝制吗?”

“这我不害怕,相反,我倒是希望这样。”

“那究竟是怎么回事儿呢?”

“诸位!”不久前因为战功从司务长升任少尉的多尔戈夫用坚定的、伤风的嗓门说。“你们吵什么? 你们老老实实地说吧,就说咱们哥萨克跟着科尔尼洛夫将军走定啦,就像孩子拉着妈妈的大襟那样。用不着绕什么弯子,干干脆脆地说好啦! 咱们一离了他,就要完蛋! 俄罗斯就要把咱们像大粪一样扔掉。这事很清楚嘛:他往哪儿去,咱们就往哪儿去。”

“这就对啦!”

阿塔尔希柯夫非常高兴地拍了拍多尔戈夫的肩膀,又拿笑眯眯的眼睛盯住李斯特尼次基。李斯特尼次基微微笑着,激动地抚摩着膝盖上的裤子皱褶儿。

“这样如何,诸位军官先生?”阿塔尔希柯夫提高嗓门儿喊叫道。“咱们就拥护科尔尼洛夫啦? ……”

“那当然啦!”

“多尔戈夫的话真是快刀斩乱麻。”

“所有的军官都拥护他!”

“咱们也不想成为例外。”

“敬爱的哥萨克英雄拉甫尔·盖奥尔吉耶维奇万岁!”

军官们都哈哈笑着,碰着杯喝起茶来。谈话不像刚才那样紧张了,大家围绕着最近几天的大事谈了起来。

“咱们倒是一心拥护最高统帅的,不过哥萨克们靠不住……”

多尔戈夫迟迟疑疑地说。

“这‘靠不住’是什么意思？”李斯特尼次基问道。

“这没什么好解释的。靠不住，就是靠不住……他们这些狗东西想回家抱老婆去……没有温暖的日子他们过够啦……”

“咱们的职责——就是带领哥萨克！”柴尔诺库陀夫中尉用拳头在桌子上一擂。“要带领他们走！就是因为要带兵，咱们才戴军官肩章的！”

“要耐心地给哥萨克们说说，该跟着谁走。”

李斯特尼次基用茶匙敲了敲玻璃杯，把军官们的注意力吸引过来以后，一板一眼地说：

“诸位，请记住，咱们现在要做的，正如阿塔尔希柯夫所说的，就是要对哥萨克们说明事情的真相。要使哥萨克脱离军人委员会的影响。现在就需要下狠心改变脾气，如果没有更大的狠心的话，那恐怕也要跟二月事变后咱们当中大多数改变的那样。在以前，比如说，在一九一六年，我可以狠狠抽打一个哥萨克，他顶多不过在打仗的时候对着我的后脑勺放上一枪，可是二月以后就不能那么干啦，因为，如果我打了一个浑蛋，他就会在战壕里当场把我打死，用不着等待适当的机会了。现在情形完全不同啦。咱们应该……”李斯特尼次基把“应该”这个词儿说得很重，“跟哥萨克们搞好关系！这是一切事情的关键。你们知道现在第一团和第四团的情形吗？”

“糟透啦！”

“就是这话——糟透啦！”李斯特尼次基继续说下去。“军官们仍旧像往日那样跟哥萨克们互不接近，结果哥萨克们个个都受到布尔什维克的影响，有百分之九十都成了布尔什维克。很清楚，咱们是免不了要遇到严重事态的……七月三日和五日的事情[1]，只不过是对一切麻木的人发出的一次严重警告……要么咱们拥护科尔尼洛夫，跟革命民主势力进行搏斗，要么就是布尔什维克积蓄好力量并且扩大了自己的影响以后，再来一次革命。他们现在是在休整，在积蓄力量，可是咱们却松松垮垮，一片混乱……能够这样下去吗？！……在今后的大动乱中，很需要可靠的哥萨克……”

“咱们没有哥萨克，就成了光杆子啦。”多尔戈夫叹了一口气，说。

“说得对，李斯特尼次基！”

“对极啦！”

“俄罗斯的一只脚已经进坟墓啦……”

“你以为我们连这个都不懂吗？我们懂，不过有时候无能为力罢了。‘第一号命令’[2]和《战地真理报》[3]正在撒播自己的种子呢。”

“这些种子在出芽，咱们不是把这些幼芽踩烂、烧光，却是在欣赏！”阿塔尔希柯夫喊道。

“不是的，不是在欣赏，我们是无能为力！”

---

①一九一七年旧历七月三日和五日，工人和士兵曾经在彼得格勒举行反临时政府的示威运动。

②一九一七年三月一日，彼得格勒苏维埃执行委员会在革命群众的推动下发布了“第一号命令”。命令宣布:在军队中通过选举成立各级组织，并由这些组织对旧沙俄军官实行监督。——作者注

③《战地真理报》是布尔什维克的战地报纸。——作者注

“少尉，你胡说！咱们只是疏忽大意！”

“不对！”

“你们去试试看！”

“诸位，安静点！”

“捣毁《真理报》……克伦斯基事后懊悔了……”

“干什么要这样……乱嚷嚷？不能这样！”

乱糟糟地哄叫声渐渐静了下来。有一位连长，刚才听李斯特尼次基的话听得特别带劲儿，他请求大家注意：

“我建议让李斯特尼次基大尉把话说完。”

“请说吧！”

李斯特尼次基用拳头擦着尖尖的膝盖，继续说下去：

“我是说，到那时候，也就是在今后的战斗中，在国内战争中——我现在才明白，国内战争是不可避免的了——很需要忠实可靠的哥萨克。应当想方设法，把他们从倾向布尔什维克的军人委员会手里争取过来。这是当务之急！要知道，今后一有风吹草动，第一团和第四团的哥萨克就要杀尽自己的军官……”

“这是明摆着的！”

“他们决不会客气！”

“……他们的教训，可以说，很痛苦的教训，我们应当记取。第一团和第四团的哥萨克——实在说，他们现在还算什么哥萨克？——将来都得统统绞死，要不然就全部枪毙……是莠草就得拔掉！所以，咱们就要防止咱们的哥萨克犯错误，免得他们以后为这些错误付出代价。”

李斯特尼次基说完以后，听他说话听得特别带劲儿的那位连长接着说了起来。这是一个行伍出身的老军官,在团里已经干了九年,在战争中受过四次伤。他说,从前当差是很不容易的。哥萨克军官都得不到重用,很受歧视,难得升级,对于大多数行伍出身的军官来说,能得到中校头衔,就算是到顶了;他认为,在推翻皇朝的时候,哥萨克的上层分子没有积极起来维护朝廷,原因就在这里。但是他说,尽管如此,还是应该千方百计地支持科尔尼洛夫,要通过哥萨克军人联合会和军官联合总会,跟他取得更密切的联系。

“就让科尔尼洛夫来统治吧,他是哥萨克的救星。咱们在他的统治下,也许比在沙皇的统治下还要好些呢。”

时间早已过了半夜。城市上空是一丝丝乱蓬蓬的云彩,夜色苍茫,一如平常。从窗户里可以看见海军部大厦塔楼那黑黑的尖顶和映照成一片的黄黄的灯火。

军官们一直谈到将近黎明时候。他们决定每星期为哥萨克们举行三次政治问题座谈会,责成各排排长每天带领自己的排进行操练和背诵誓词,以便把空闲时间填满,免得哥萨克的脑筋受到有毒的政治气氛的影响。

在散去以前,大家唱了“正教徒的静静的顿河涌起波涛,奔腾咆哮……”叮叮当当地拿茶杯当酒杯碰着,喝完了第十火壶的茶。最后,阿塔尔希柯夫跟多尔戈夫咬了咬耳朵,就喊道:

“现在我们请诸位听一支哥萨克古歌,就算是一道点心吧。喂,安静点儿!顶好把窗户打开,要不然屋子里烟气太大啦。”

两个声音——多尔戈夫那伤风的、沙哑的低音和阿塔尔希柯夫那柔和的、分外悦耳的中音——起初有快有慢,错错落落,各按各的节拍唱，可是后来两个声音紧密地交织到一起，非常优美动听。

……我们的父亲——静静的顿河
一向有志气，从不向异教徒俯首帖耳；
自己怎样生活，也不用去问莫斯科。
见了土耳其人，嘿，就用快刀
照后脑勺一挥，算是见面礼……
我们的母亲——顿河草原
年年叫我们去跟敌人作战，
保卫至高无上的圣母娘娘，
保卫我们的东正教，
保卫波涛滚滚的自由的顿河……

阿塔尔希柯夫把手指头在膝盖上交叉起来，唱起了高音，虽然他唱着花腔，远远压倒了多尔戈夫那浑厚的低音，但是一直唱得很协调；从外表看，他十分严肃，只是快唱完的时候，李斯特尼次基才发现，有一粒闪着冷光的泪珠儿从他眼睛上那颗棕色瘊子上溜了下来。

别的连队的军官们都走了，本连其余的军官也睡下去以后，阿塔尔希柯夫坐到李斯特尼次基的床上，揪弄着鼓鼓的胸膛上的褪了色的浅蓝色背带，小声说道：

“你要明白，叶甫盖尼……我喜欢顿河，喜欢世世代代相传的古朴的哥萨克生活方式，喜欢得要命。我喜欢咱们的哥萨克，喜欢哥萨克女人，什么我都喜欢！我一闻到草原上的野蒿气味就想哭……还有,向日葵开花的时候,顿河岸上到处是雨打过的葡萄气味的时候,我更是喜欢得要命……这你应该明白……可是这会儿我在想:咱们是不是在愚弄咱们的哥萨克呢?咱们是不是想把他们往这条小路上引呢?……”

“你说的是什么?”李斯特尼次基警觉地问道。

阿塔尔希柯夫那黑黑的脖子在白白的衬衣领子里愣愣地、憨态可掬地挺着,青色的眼皮吃力地吊在棕色的瘊子上,从侧面可以看见一只半闭的眼睛里闪着泪光。

“我在想:哥萨克们是不是应该这样?”

“在这样的情况下,他们又应该怎样呢?”

“我不知道……可是他们为什么一齐离开咱们呢?革命好像把咱们和他们分成了绵羊和山羊,咱们和他们的利益好像分开啦。”

“你要知道,”李斯特尼次基很谨慎地开口说,“这是因为对于许多大事的看法不同。咱们有比较高的文化,咱们可以批判地估计这种或那种事实,他们就比较粗浅,比较简单。布尔什维克就能把思想灌进他们的脑子,叫他们相信:必须结束战争,说正确一点,就是把战争变成国内战争。布尔什维克能够唆使他们反对我们,就因为他们疲倦啦,他们身上较多的是生物本能,没有我们那种对祖国负有使命和责任的坚强的道德感,所以,不难理解,这就找到了适宜的土壤。对于哥萨克来说,祖国是什么呀?不管怎么说,祖国的概念在他们是很抽象的:‘顿河军区离前线远着呢,德国人又到不了那里。’他们就是这样说的。糟就糟在这里。必须对他们说清楚,把这次战争变成国内战争,将会有什么样的后果。”

李斯特尼次基一面说，一面下意识地感觉到，他的话并没有达到目的，并且感觉到阿塔尔希柯夫马上就要对他关起心灵的大门。

果然这样：阿塔尔希柯夫含含糊糊地嗯了两声，一声不响地坐了老半天，李斯特尼次基尽管也尝试了几次，想弄清不再说话的同事这会儿心里想的是什么，可是办不到了。

“应该让他把话说完就好了……”他很惋惜地想道。

阿塔尔希柯夫道过晚安，就走了，再没有多说一个字。一时间他很想推心置腹地谈谈，把每个人都用来遮盖着自己的那道神秘的黑幕撩开一点边儿，但却打消了这个念头。

李斯特尼次基因为猜不出别人内心的隐秘，感到非常懊恼。他聚精会神地望着灰色棉絮一般的夜空，抽着烟，躺了一会儿，忽然想起了阿克西妮亚，想起了假期里完全消磨在她身上的那些日子。他想着心事，断断续续地想着过去跟他有缘相遇的一些女人，心平气和地睡着了。

十二

李斯特尼次基的连里有一个布堪诺夫乡的哥萨克，名叫伊万·拉古京。在第一次选举的时候，他当选为团革命军事委员会委员，在本团调来彼得格勒以前，他没有表现出任何特别的地方，但是在七月下旬，排长就报告李斯特尼次基说，拉古京常常到彼得格勒工人与士兵代表苏维埃的军事小组去，大概跟苏维埃有了关系，因为发现他经常跟排里的哥萨克进行谈话，对他们施加有害的影响。排里发生过两次拒绝担任守卫和巡逻的事。排长把这些事都记在拉古京的账上，认为这是哥萨克受了他的影响。

李斯特尼次基认为，他无论如何都要进一步了解一下拉古京，摸一摸他的底。公开把一个哥萨克找来问话，是很笨的办法，也是很不谨慎的，因此李斯特尼次基决定等候机会。机会很快就有了。七月末，轮到第三排担任普梯洛夫工厂附近几条街的夜间巡逻任务。

“我跟弟兄们一块儿去，”李斯特尼次基事先就向排长打招呼说，“请您告诉他们，给我备上那匹大青马。”

李斯特尼次基有两匹马，如他自己说的，“以备万一”。勤务兵服侍他把衣服穿好，他便下了楼，来到院子里。一排人上马出发。在烟雾弥漫、交织着一道道灯光的黑暗中走过了几条街道。李斯特尼次基故意留在后面，从后面叫了拉古京一声。拉古京拉了拉自己那很不起眼的马，走了过来，带着等待的神情从旁边看了看大尉。

“你们委员会里有什么新闻吗？”李斯特尼次基问道。

“什么新闻也没有。”

“你是哪一个乡的，拉古京？”

“是布堪诺夫乡的。”

“哪一个村子呢？”

“米佳金村。”

现在他们的马已经是并排走着了。李斯特尼次基借着路灯的光线斜眼看着这个哥萨克那胡子拉碴的脸。拉古京的制帽下面露出直直的鬓发，鼓鼓的两腮上生着短短的、很不整齐的络腮胡子，两只聪明中透露着狡诈的眼睛，深深地嵌在鼓鼓的眉弓里。

“外表很平常，很不精神，可是他心里究竟怎样呢？大概，他非常恨我，恨一切跟旧制度、跟强权有联系的东西……”李斯特尼次基心里这样想道，并且不知为什么他又很想了解一下拉古京的过去。

“有老婆吗?”

“是的。有老婆，还有两个孩子。”

“家业怎么样?”

“我们还有什么家业?”拉古京带着遗憾的语气冷笑说。“日子过得平平常常。一头牛加一个哥萨克，或者是一个哥萨克加一头牛，我们就这样过一辈子……”他想了想，又板着脸补充了一句:“我们的地都是沙土地。”

李斯特尼次基以前上谢列布里亚柯沃车站去，曾经从布堪诺夫乡路过。他清清楚楚地想起了那个远离要道的偏僻的乡。南面是一片平平的、一望无际的草地，旁边环绕着曲曲弯弯的霍派尔河。那时候他在十二俄里以外，在叶兰乡边界的山头上，就看见低洼处那一片绿茵茵的果园，看见一座高大的白色钟楼。

“我们那儿都是一些沙土地。”拉古京叹着气又说了一遍。

“大概很想回家，是吗?”

“当然啦，大尉先生！当然想早点儿回去。打仗受的苦实在不少啦。”

“伙计，恐怕未必很快就能回去……”

“很快就能回去。”

“仗还没有打完啊？”

“快打完啦。回家也快啦。”拉古京硬是坚持自己的看法。

“还要跟自己人打仗呢。你以为怎样？”

拉古京一直望着鞍头，没有抬眼睛，沉默了一会儿之后，问道：

“跟谁打仗呢？”

“要打的人多着呢……至少要跟布尔什维克打。”

拉古京又沉默了老半天，好像是在清脆、轻快的马蹄声中睡着了。他们一声不响地走了有三分钟。拉古京慢慢地、字斟句酌地说：

“咱们跟他们没什么好争的。”

“要是争土地呢？”

“土地够大家种的。”

“你可知道，布尔什维克想干什么吗？”

“听说过一点点儿……”

“要是布尔什维克来打咱们，想夺取咱们的土地，奴役咱们哥萨克，依你看，那又该怎么办呢？你跟德国人打过仗，保卫过俄国呀，不是吗？”

“德国人——那是另外一回事儿。”

“那么布尔什维克呢？”

“大尉先生，布尔什维克又怎样？”拉古京显然已经拿定了主意，就开口说起来，一面抬起眼睛，对直地寻找着李斯特尼次基的目光。“布尔什维克不会把我仅有的一小块土地夺走的。我的土地恰好是一个人的份儿，他们不要我的土地……可是，比如说

——您可不要生气！——您爹有一万俄亩土地呢……”

“不是一万，是四千。”

“那反正是一样，就算是四千亩吧，难道还少吗？这难道能说是好章程吗？您再往全国看看，像你爹这样的，还多得很。您就想想看，大尉先生，每一张嘴都要吃。您要吃，别的任何一个人都要吃。没有一个茨冈人训练马不吃草，说，忍一忍，不吃草也行。于是听话的马就忍，忍呀，忍呀，忍到第十天就死去啦……沙皇时代的章程是很不公正的，对于穷苦老百姓太苛刻啦……割给你爹那么一大块好蛋糕，四千亩，可是他也不是用两个嗓子眼儿吃东西，他也跟我们普通人一样，用一个嗓子眼儿吃东西，当然应该替老百姓抱不平啦！……布尔什维克他们看得很准，可是您还说要跟他们打仗呢……”

李斯特尼次基听着他的话，心里很不平静。到最后他已经明白，他无法提出什么有力的反驳了，他觉得，这个哥萨克已经拿普普通通、简单得不得了的道理把他挤到了墙拐儿上，因此，深深隐藏起来的那种意识到自己不对的感觉又翻腾起来，李斯特尼次基有些慌乱，便发起狠来：

“你怎么，是布尔什维克吗？”

“有没有这样的称号，不算什么……”拉古京冷冷笑着拉长声音回答说。“问题不在于称号，而在于正义。人民需要正义，但是大家都在葬送正义，掩埋正义，说正义早就死啦。”

“你这一套是工农兵苏维埃里的哥萨克教给你的……这么看来，难怪你跟他们结成一伙儿。”

“哎呀，大尉先生，生活本身教给我们这些有耐性的人的东西已经够多啦，布尔什维克不过是点了点灯芯罢咧……”

“用不着开场白！这又不是说书唱戏！”李斯特尼次基已经是怒冲冲地在说话了。“你还是回答我：你说到我父亲的土地，总而言之你说的是地主的土地，然而你要知道，这土地是私人财产。如果你有两件衬衣，我一件也没有，依你看，该怎么办，我就该抢你一件吗？”

李斯特尼次基没有看见，但是从拉古京说话的声音上听出来，他是在笑着。

“我会自动交出多余的那一件。而且在前线我就交出过衬衣，而且还不是多余的，是唯一的一件，我就空心穿军大衣，至于我那一点点土地，好像谁都不想来抢夺……”

“你怎么啦，想要土地吗？你的土地不够种吗？”李斯特尼次基提高声音说。

拉古京脸都白了，激动得呼哧呼哧地喘着粗气，几乎是喊叫着回答道：

“你以为我是为自己操心吗？我们到过波兰，那儿的人过的是什么日子呀？你看见没有？我们周围的庄稼汉过的又是什么日子？……我可是看见啦！叫人实在痛心呀！……怎么，你以为，我能不可怜他们吗？也许，就因为这个，就因为波兰人，我才心里不是滋味，使我发愁的是他们那点可怜的土地。”

李斯特尼次基本想说几句尖刻的话，可是从灰灰的庞然大物普梯洛夫工厂那边传来尖锐的叫喊声：“抓住！”一阵轰隆轰隆的马蹄声。一声扎耳朵的枪响。李斯特尼次基扬了扬鞭子，放马朝前奔去。

他和拉古京同时跑到聚集在十字路口的本排哥萨克们跟前。一些哥萨克纷纷跳下马来，弄得马刀叮当乱响，一个被他们抓住的人正在当中挣扎着。

“怎么啦？怎么回事儿？”李斯特尼次基喊了两声，一面放马朝人群里冲去。

“这个坏家伙骂我们呢……”

“骂了就跑。”

“揍他，阿尔扎诺夫！”

“哼，你这坏小子！你想找死吗？”

排里的中士阿尔扎诺夫从马上探下身子，抓住那个身材不高、穿着没扎进裤腰的黑衬衣的人的领子。三个下了马的哥萨克把他的手倒剪到背后去。

“你是干什么的？”李斯特尼次基气势汹汹地问道。

被抓住的人抬起头来，在他那灰白色的脸上，两片不说话的嘴唇一撇一撇的，紧紧地闭着。

“你是什么人？”李斯特尼次基又问一遍。“你骂我们吗，坏蛋？嗯？不说话吗？阿尔扎诺夫……”

阿尔扎诺夫从马上跳下来，松开被抓住的人的领子，扬手打了他一个耳光。

“揍他！”李斯特尼次基猛地拨转马头，下命令说。

三四个下了马的哥萨克一面把被捆起来的人往地上按，一面抡起了鞭子。拉古京连忙从马鞍上跳下来，走到李斯特尼次基跟前。

“大尉先生！……您这是怎么啦？大尉先生！”他用打哆嗦的

手指头死死地抓住大尉的膝盖，高声叫道："不能这样！……这是个人啊，您这是干什么呀？"

李斯特尼次基扯了扯马缰，没有说话。拉古京跑到哥萨克们跟前，拦腰抱住阿尔扎诺夫，趺趺撞撞，两腿在马刀上绊来绊去，想把他拉开。阿尔扎诺夫不住地挣着，嘟哝着：

"你别这样好心肠！别这样！他拿石头砸咱们，能饶了他？……放开我！……放开，对你说的是规矩话！……"

一个哥萨克弯下身去，扯下身上的步枪，用枪托子照着倒在地上的那人身上打去，打得叭叭直响。过了一会儿，马路上就响起低低的、像牲口那样粗野的喊叫声。

后来是几秒钟的沉默，然后，依然是那人的声音，但已经有气无力、疼得直抽搭了，那声音在挨打后发出的呼哧声的间隙里，断断续续地喊起来：

"土匪！……反革命分子！……你们打吧！哎哟……啊啊啊啊！……"

叭！叭！叭！……又是一阵毒打。

拉古京跑到李斯特尼次基跟前，紧紧靠在他的膝盖上，用手指甲挠着马鞍的边儿，喘着粗气说：

"做做好事吧！"

"走开！"

"大尉！……李斯特尼次基！……听见没有？你要负责任的！"

"我想啐你一口！"李斯特尼次基声嘶力竭地喊了一声，就打着马朝拉古京身上撞。

“弟兄们！”拉古京跑到站在一旁的哥萨克们的面前，高声叫道。“我是团革命军事委员会的委员……我命令你们：把人放了，不许打死人！……你们要……要负责任的！……这不是旧时代啦！……”

李斯特尼次基涌起一股强烈的仇恨，顿时失去了理智，什么都不顾了。他照着马的两耳当中抽了一鞭，就朝拉古京冲去。他用乌黑的、散发着枪油气味的手枪抵着拉古京的脸，尖声大叫道：

“住嘴，奸贼！布尔什维克！我毙——了你！”

他极力克制了一下自己，才把手指头从枪机上挪开，把马勒得直立起来，转过马头，跑了开去。

过了几分钟，三个哥萨克也朝他的方向走去。在阿尔扎诺夫和拉宾的两匹马中间，拖着那个穿着紧贴在身上的潮湿衬衣、连脚步也不能迈的人。他的两条胳膊由两个哥萨克架着，身子轻轻摇晃着，两脚划着马路上的石子。被打得血肉模糊的头向后仰着，在高耸着的尖尖的两肩中间摇来摆去，白白的下巴朝上撅着。第三个哥萨克多少走在前面一点。他看见胡同口路灯下面有一辆马车，便在马镫上站起身子，跑了过去，他简短地说了两句什么，又用鞭子拍拍靴筒吓唬了一下，马车夫就连忙乖乖地把马车赶到停在街心里的阿尔扎诺夫和拉宾跟前。

第二天，李斯特尼次基醒来，意识到他犯了一个无法挽回的大错误。他咬着嘴唇，想起了殴打那个责骂哥萨克的人的场面，也想起了后来他和拉古京之间发生的事。他皱起眉头，心事重重地咳嗽起来。他一面穿衣服，一面想着主意：目前不应该去动拉古京，以免跟团革命军事委员会的关系恶化，最好是等一段时间，等到昨天在场的哥萨克渐渐忘记他跟拉古京的冲突，再悄悄地把拉古京清除掉。

“这就是所说的，跟哥萨克搞好关系……”李斯特尼次基在心里痛苦地嘲笑自己说。并且后来有很多天，他一直很不愉快地想着这件事。

已经是八月初，一个天朗气清、阳光明丽的日子，李斯特尼次基和阿塔尔希柯夫上街闲逛。自从军官们那一天在一起谈过那一次话以后，他们之间出现的隔膜始终没有消除。阿塔尔希柯夫守口如瓶，把没有说出来的那些想法装在心里，李斯特尼次基几次三番想引他推心置腹地谈谈，他都掩着那层厚厚的帷幕，这层帷幕是多数人都很习惯地挂着，用来遮盖自己的真实面貌，不叫别人看出来的。李斯特尼次基常常觉得，有的人在跟别人交往的时候，在外表的里面，往往还隐藏着一个叫人一直摸不透的面貌。他坚决相信，剥去任何一个人的表皮，都会露出真诚的、赤裸裸的、没有任何伪装的心灵。因此他总是非常想了解，在各种各样的人那粗鲁的、严肃的、天不怕地不怕的、蛮横的、心平气和的、愉快的外表里面，究竟隐藏着什么。这一回，他想着阿塔尔希柯夫，只猜测着一点：这个人是在现有的矛盾中苦苦地寻找出路，要在哥萨克和布尔什维克之间求调和。他有了这种推测，就不再设法跟阿塔尔希柯夫接近，倒是跟他疏远起来。

他们在涅瓦大街上走着，偶尔地说几句无关紧要的闲话。

“咱们去吃点东西好吗？”李斯特尼次基用眼睛瞟着饭店的大门，说道。

“好吧。”阿塔尔希柯夫表示同意。

他们走进饭店，四下一望，就无可奈何地站住了：所有的桌子都坐满了。阿塔尔希柯夫已经转过身要走了，但是窗户跟前的小桌上有一位衣冠楚楚、由两位妇人陪伴着的胖绅士，仔细看了看他们，便站了起来，恭恭敬敬地举着帽子，走了过来。

"请赏光！二位是不是可以到我们的桌子上来坐？我们要走啦。"他笑容可掬，露着稀稀拉拉的熏黄的牙齿，用手势请他们过去。"我很高兴为二位军官先生效劳。你们是我们的光荣。"

坐在桌旁的两个妇人都站了起来。一个高高的、黑头发的撩了撩头发，另一个年轻些的玩弄着小伞，等候着。

两位军官对殷勤让座的绅士道过谢，便走到窗户跟前。一丝丝阳光像黄色的针一样透过放下来的窗帘投射在桌布上。酒菜气味压倒了摆在各个饭桌上的鲜花那幽雅醉人的香味。

李斯特尼次基要的是冰鱼羹，在等待的时候，他若有所思地撕扯着从花瓶里抽出来的一枝橙黄色旱金莲。阿塔尔希柯夫用手帕擦着额头上的汗，他那两只疲惫地低垂着的眼睛不住地眨巴着，注视着邻座桌子腿上晃来晃去的太阳光斑。

他们还没有吃完，就有两个军官高声谈着话走进了饭店。

前面的一个在用眼睛找寻空位子的时候，把他那张晒成了均匀的栗色的脸朝李斯特尼次基转了过来。他的两只斜斜的黑眼睛里露出喜色。

"李斯特尼次基！是你呀！……"那个军官一面朝他走来，一面毫不见外、深信不疑地喊叫着。

他的黑胡子下面露出亮闪闪的白牙。李斯特尼次基认出他是加尔梅柯夫大尉，跟着他走过来的是丘鲍夫。他们紧紧地握了握手。李斯特尼次基把两个旧同事给阿塔尔希柯夫介绍过以后，问道：

“哪一阵风把你们吹到这儿来啦？”

加尔梅柯夫捻着胡子，把头向后一仰，斜着眼睛朝两边看了看，说：

“我们是出差来的，详细情形等一会儿我再告诉你。你先说说你自己的事吧，十四团里的情形怎么样？”

……他们一同走出饭馆。加尔梅柯夫和李斯特尼次基走在后头，一到胡同口，就拐了进去，半个小时之后，就离开闹市区，一面走，一面小心地四面张望着，小声说着话儿。

“我们的第三军现在在罗马尼亚前线担任后备，”加尔梅柯夫兴奋地说，“一个半星期以前，我接到团长的手令，叫我把连队交出去，跟丘鲍夫中尉一同到师部听候调遣，有意思，我就交出连队。我们一同来到师部。作战处的M.上校，你是认识他的，他很机密地通知我。要我立即去见克雷莫夫将军。我和丘鲍夫一同来到军部。克雷莫夫接见了我，因为他已经知道给他派来的军官是什么人，就直截了当地说出下面的话：‘政府里都是一些有意把国家引向死路的人——必须撤换政府的上层分子，可能要用军事专制来代替临时政府。’他还说，接任的人可能是科尔尼洛夫。然后就叫我到彼得格勒来，听候军官联合总会调遣。现在这里已经调集了好几百名可靠的军官啦。你明白，咱们的任务是什么吗？军官联合总会正跟咱们的哥萨克军人联合会密切配合，在一些枢纽站上和一些师里组织突击营。都是在不久的将来要使用的……”

“结果究竟会怎样呢？你是怎么看的？”

“这就怪啦！您住在这里，难道没有弄清局势吗？毫无疑问，政府要来一个大变动，科尔尼洛夫要执政。军队都是拥护他的嘛。我们那儿都这样想：只有两种不同的势力——那就是科尔尼洛夫和布尔什维克。克伦斯基不过是夹在两个磨盘中间，不是这种势力，便是那种势力，会把他碾得粉碎。让他在阿丽萨[①]的床上暂且睡几天吧。他是一个短命皇帝。”加尔梅柯夫停了一下子，然后，一面若有所思地揪弄着马刀的穗子，说：“我们实际上都是棋盘上的小卒，小卒是不知道下棋人的手把它们往哪儿放的……比如说，我就不完全清楚大本营里目前的情形。我知道，在将军们之间，如科尔尼洛夫、鲁科姆斯基、罗曼诺夫斯基、克雷莫夫、邓尼金、卡列金、爱耳迭里和其他许多将军，在他们之间是有一种秘密的联系和协议的……”

“可是，军队……是不是所有的军队都拥护科尔尼洛夫呢？”李斯特尼次基一面问，一面在加快脚步。

“步兵当然不会。我们可以带动他们嘛。”

“克伦斯基在左派的压力之下，打算撤换最高统帅，你知道吗？”

“他不敢！马上就能叫他乖乖的。军官联合会总会已经相当坚决地把总会对此事的态度告诉了他。”

“昨天哥萨克军人联合会派了几个代表去见他，”李斯特尼次基笑着说，“声明说，哥萨克连撤换科尔尼洛夫的念头都不许有。

---

①阿丽萨就是亚历山德拉·菲多罗芙娜皇后，尼古拉二世的妻子。入宫前是阿丽萨·盖辛斯卡娅郡主。——作者注

你可知道，他怎么说：‘这是诽谤。这类的事情，临时政府连想都没想。’他这一面安慰大家，那一面却在向工农兵苏维埃执委会送秋波，就像个窑姐儿一样。”

加尔梅柯夫一面走着，一面掏出一个军官用的战地笔记本，念道：

“‘社会活动家会议特向您——俄罗斯军队的最高领袖致敬。会议声明，一切企图破坏您的军队和俄罗斯的威信的行为都是犯罪的，我们的呼声也就是广大军官、乔治十字章获得者和哥萨克们的呼声。在这千钧一发的危难时刻，俄罗斯一切有头脑的人都怀着期望和信任注视着您。在您重建强大的军队以拯救俄罗斯的伟大壮举中，愿上天多多相助！罗坚柯。’大概，你明白了吧？撤换科尔尼洛夫是根本不可能的……哦，我问你，你看见他昨天进京的场面没有？”

“昨天夜里我才从皇村回来。”

加尔梅柯夫一笑，那整整齐齐的白牙齿和结结实实的红牙花子全露了出来。他那窄窄的眼睛眯了起来，眼角上皱起无数蛛网般的细纹。

“真气派！卫队是一个帖金人的骑兵连。一辆辆汽车上都架着机枪。这都是往冬宫去的。毫无疑问这是一种警告……嘿嘿嘿。你要是能看见那场面就好啦。嘿，真值得一看！给人的印象真是与众不同。”

他们两人在莫斯科–纳列夫区兜了一个圈子，就分手了。

“叶甫盖尼，咱们应该经常联系。”加尔梅柯夫在分手的时候说。“荒乱年代来到啦。要站稳脚跟，要不然会跌跤的！”

李斯特尼次基已经渐渐走远了，他扭过身子，在背后喊道：

“忘记告诉你啦，你还记得咱们的梅尔库洛夫吗？就是咱们那位画家。”

“他怎么样？”

“五月里他死啦。”

“不可能！”

“他死得实在意外。这种死法顶没意思啦。一个侦察兵的手榴弹在手里爆炸了，把自己的胳膊齐胳膊肘炸掉，可是把梅尔库洛夫炸飞啦，我们只找到他的一部分内脏和一副炸碎的蔡司望远镜。死神只宽限了三年……”

加尔梅柯夫还喊了几句，可是一阵风吹过，卷起一股老大的灰土，送过来的只是模糊不清的尾音。李斯特尼次基挥了挥手，就朝前走去，偶尔地回头望望。

十三

八月六日，最高统帅部的参谋长鲁科姆斯基将军，从大本营的第一后勤司令罗曼诺夫斯基将军那里，接到了把骑兵第三军和屠捷姆师集中到涅维尔—诺沃索科耳尼基—魏里基卢基地区的命令。

“为什么要集中到这个地区？这些部队不是担任罗马尼亚前线的后备吗？”鲁科姆斯基大惑不解地问道。

“亚历山大·谢尔盖耶维奇，这我不知道。我是把最高统帅的命令如实地传达给您。”

“这命令您是什么时候收到的？”

“昨天。夜里十一点钟，最高统帅把我叫了去，命令我今天早上把这事传达给您。”

罗曼诺夫斯基踮着脚，在窗户跟前走了一会儿，后来在一幅占据了鲁科姆斯基办公室的半边墙的中欧战略地图前面停下来，背对着鲁科姆斯基，十分用心地观看着地图，说道：

“您去问问情况好啦……他这会儿正在办公室里呢。”

鲁科姆斯基从桌上拿起命令，推开安乐椅，用所有发福的老年军人特意显示刚健的那种步伐朝外走去。他在门口，一面让罗曼诺夫斯基先出去，一面显然是顺着自己的思路说：

“对，是的。”

有一位鲁科姆斯基不认识的长腿、高个子上校刚刚从科尔尼洛夫的办公室里走出来。他恭恭敬敬地让开路，便顺着走廊走去。两条腿瘸得厉害，受过伤的肩膀又可笑又可怕地抽搐着。

科尔尼洛夫将身子微微向前探着，用两个斜放着的手掌撑在桌子上，正在对站在他面前的一个上了年纪的军官说话：

“……应当等时机成熟。您明白我的意思吗？请您一到普斯科夫就立即通知我。您可以走啦。”

科尔尼洛夫等那位军官走出门去，才轻捷而矫健地坐到安乐椅上，一面把另一张安乐椅推给鲁科姆斯基，一面问道：

“我调动第三军的命令，罗曼诺夫斯基交给您了吗？”

“是的。我就是来谈谈这件事的。为什么您选定该地区做第三军的集中地点？”

鲁科姆斯基仔细看着科尔尼洛夫那张黑黑的脸。这张脸是叫人看不透的、表情恬淡的；两边腮上，从鼻子到下垂的硬邦邦的稀胡子遮着的嘴唇上，还是那些早已熟悉的斜斜的皱纹。只有那不知为什么像小孩子一样耷拉在额头上的一绺头发，破坏了他脸上那强硬、严厉的表情。

科尔尼洛夫用一只小小的、干瘦的手支着下巴，眯缝起炯炯有神的蒙古型的眼睛，用一只手抚摩着鲁科姆斯基的膝盖，回答说：

“我想把骑兵集中起来，并不单单为了北方战线，集中在这个地区，一旦需要，就很容易从这里调往北方战线或者西方战线。我以为，选定的地区最符合这种要求。您的想法不同吗？怎么样？”

鲁科姆斯基不明不白地耸了耸肩膀。

“西方战线没有担心的必要。最好是把骑兵集中到普斯科夫地区。”

“普斯科夫？”科尔尼洛夫把整个身子向前探着，反问了一句，并且皱起眉头。微微张了张没有血色的薄嘴唇，不以为然地摇了摇头。“不行！普斯科夫地区不合适。”

鲁科姆斯基慢腾腾地将两只手放在安乐椅的扶手上，字斟句酌地说：

“拉甫尔·盖奥尔吉耶维奇，我马上就发出调兵的命令，不过我有一种感觉，好像您有话没有说出来……如果一旦有事，需要调骑兵去彼得格勒或者去莫斯科的话，您所选定的地区是很合适的，但对于北方战线来说，这样配置骑兵是很不利的，单就调动困难这一点来看，就十分清楚。如果我没有说错，而且您确实有话没有说出来的话，那么我请求：或者您让我到前线上去，或者把您的预计完全告诉我。参谋长只有在得到首长充分信任的情况下，才能留在自己的位置上。”

科尔尼洛夫低下头，聚精会神地听着，可是他那尖锐的眼睛还是注意到，鲁科姆斯基那看似冷漠的脸上因为激动隐隐出现了一片片淡淡的红晕。他沉思了几秒钟以后，回答说：

“您说得很对。我有一些想法，还没有跟您谈过……请您发布调动骑兵的命令，并且火速把第三军军长克雷莫夫将军请到这里来，等我从彼得格勒回来以后，咱们再来详细地谈谈。亚历山大·谢尔盖耶维奇，请您相信，我什么也不想瞒着您。”科尔尼洛夫把最后一句话说得特别重，并且应着敲门声迅速地转过脸去。“请进。”

进来的是大本营的副政治委员封·维津和一位身材矮小、头发斑白的将军，鲁科姆斯基站了起来；他往外走的时候，听见科尔尼洛夫很生硬地回答封·维津的问题说：

“现在我没有时间审查米列尔将军的案件。怎么？……是的，我要走啦。”

鲁科姆斯基见过科尔尼洛夫回来以后，靠着窗户站了老半天，他捋着白胡子尖儿，若有所思地望着花园里的风梳理着栗树那像头发一样密密的枝条，吹得在阳光下闪闪发光的草一弯一弯的，像波浪一样。

一个小时以后，骑兵第三军军部就收到最高统帅部参谋长发来的准备调防的命令。这一天还收到一封密码电报，曾经按照科尔尼洛夫的意图拒绝调任步兵第十一军军长的骑兵第三军军长克雷莫夫将军，便十万火急地赶到大本营里。

八月九日，科尔尼洛夫便在一个帖金人的骑兵连保卫下，乘专列前往彼得格勒。

第二天，大本营里就传说着撤换最高统帅的消息，甚至说他已经被捕，可是十一日早晨，科尔尼洛夫回到了莫吉廖夫。

他一回来，就立即把鲁科姆斯基请到自己的办公室里。他看完一些电报和情报，细心地理了理跟橄榄色的细手腕形成鲜明对照的雪白的袖口，摸了摸衣领。从这些匆忙而急促的动作上，可以看出他不同于往常的激动心情。

"现在咱们可以把那一天没有说完的话说完啦。"他声音不高地说。"我想回过头说一说促使我把第三军调往彼得格勒方向的一些想法，这些想法是我还没有跟您谈过的。您知道吗，八月三日我在彼得格勒参加政府会议的时候，克伦斯基和萨文柯夫就提醒我，叫我不要涉及重大的防务问题，因为他们认为，阁员中有些人很不可靠。我是最高统帅，我要向政府做报告，可是不能谈作战计划问题，因为不能保证，我说的话过几天不会传到德军司令部里！这能算是政府吗？我能相信这样的政府会拯救国家吗？"科尔尼洛夫迈着坚定的快步走到门口，把门锁上，又走了回来，十分激动地在桌子跟前来回踱着，说："这样一些不争气的人统治着国家，又可悲，又可恨。懦弱无能，优柔寡断，而且往往纯粹是卑鄙无耻——这就是这个所谓'政府'的所作所为。在切尔诺夫和其他一些先生的纵容姑息之下，布尔什维克一定会把克伦斯基除掉的……亚历山大·谢尔盖耶维奇，俄罗斯现在的境况就是这样。这是遵奉您知道的一些原则的，我想保卫国家，避免新的动乱。我调动骑兵第三军，主要是为了在八月底把这个军调往彼得格勒，如果布尔什维克蠢动的话，就狠狠地镇压一下这些卖国奸贼。我把行动的直接指挥权交给克雷莫夫将军。我相信，他在必要的时候会毫不犹豫地把工农兵代表苏维埃的人全部绞死的。临时政府嘛……噢，咱们还要看一看再说……我自己毫无所求。只想拯救俄罗斯……不惜任何代价，无论如何都要拯救俄罗斯！……”

科尔尼洛夫停住脚步，站到鲁科姆斯基面前，生硬地问道：

“您赞同我的主张，只有采取这样的措施才能保全国家和军队的命运吗？您能跟我一起干到底吗？”

鲁科姆斯基动情地紧紧握住科尔尼洛夫一只干瘪的、滚热的手，欠起身来。

“完全赞同您的主张！我一定干到底。应当仔细考虑考虑，斟酌斟酌，然后就动手。拉甫尔·盖奥尔吉耶维奇，把事情交给我吧。”

“我已经做了一个计划。具体细节正由列别杰夫上校和罗仁柯大尉在安排。因为您，亚历山大·谢尔盖耶维奇，事情太多啦。请相信我，咱们还会有时间把一切都讨论讨论，如果有必要的话，还可以作相应的修改。”

这些天大本营里过得像发狂热病一样。每天都有许多身穿落满灰尘的绿军装、满面风霜的军官从前方各个部队来到莫吉廖夫的省长公馆里，请求效命，军官联合会和哥萨克军人联合会的衣冠楚楚的代表来了，第一个从哥萨克中派任的顿河军区司令官卡列金的急使也从顿河上来了。还来了不少穿便装的人。许多人到这里来，是一心一意想协助科尔尼洛夫恢复在二月里覆灭的旧俄国，但是也有一些兀鹫，老远就闻出了大流血的气味，预测到有一只狠毒的手将要割开国家的大血管，也都飞到莫吉廖夫来，希望能抢到一些好吃的。在大本营里经常提到多布伦斯基、查沃伊克和阿拉金的名字，因为他们跟最高统帅有很密切的关系。在大本营里和在顿河军战地司令部里，悄悄传说着，科尔尼洛夫过于轻信，因此陷入了冒险的境地。但是在广大的军官当中，多数人都认定，科尔尼洛夫是复兴俄罗斯的一面旗帆。怀有复辟狂热的人于是从四面八方纷纷拥到了这面旗帜底下。

八月十三日，科尔尼洛夫赴莫斯科参加国务会议。

这是一个暖和、少云的日子。天空好像是用淡蓝色的铝铸造成的。当头有一片明亮的、镶着淡紫色边儿的云彩，从云彩上飘下斜斜的、在阳光中闪闪发亮的好雨，洒在田野上，洒在隆隆奔驰的火车上，洒在染了童话般秋色的树林上，洒在远处那模糊一片的白桦林上，洒在变成了灰暗颜色的整个的初秋大地上。

火车不停地把大地向后甩去。火车后面的烟像一条橙黄色的拖裙。开着的车窗边坐着一位身材矮小、身穿草绿色军装、挂满十字章的将军。他眯缝起斜斜的、像炭一样黑的眼睛，把头探到窗外，清新的雨滴便很慷慨地洒在他那久经风霜的脸上和下垂的黑胡子上；风摆动和向后梳理着孩子一样耷拉在额头上的那一绺长发。

十四

在科尔尼洛夫到达莫斯科的前一天,李斯特尼次基大尉就受哥萨克军人联合会的重大委托来到莫斯科。他向驻扎在莫斯科的一个哥萨克团团部递交过公文以后,就听说科尔尼洛夫明天可以到达。

李斯特尼次基中午时候来到亚历山大洛夫车站。在头二等车候车室和餐室里,拥挤得水泄不通;大多数是军人。站台上整整齐齐地排列着亚历山大洛夫军事学校组成的仪仗队,栈桥旁边排列着莫斯科女子敢死队。将近下午三点钟,火车开到了。说话声一下子就停了。响起高亢、嘹亮的军乐声和许多人的刷刷的脚步声。挤成一团的人群把李斯特尼次基挤离了地面,挟着他走,把他带到了站台上。他从一堆人里挣出来,就看见最高统帅的车厢边排着两列帖金人。油漆的车厢锃亮锃亮的,清清楚楚地反照出他们那鲜红色的长外衣。科尔尼洛夫由几位军官陪伴着走下车来,开始检阅仪仗队。检阅十字章获得者联合会、陆军和海军军官联合会和哥萨克军人联合会的代表团。

李斯特尼次基在前来欢迎最高统帅的大人物中间认出了顿河军区司令官卡列金和查伊昂契科夫斯基将军,在他周围的几个军官一一叫出了其余一些人物的名字:

“那位是交通部次长基斯里亚柯夫。”

“那位是市长鲁德聂夫。”

“那位是大本营的外交处处长特鲁次柯依公爵。”

“那位是国务会议委员穆欣·普希金。”

“那位是法国大使馆武官凯奥上校。”

“那位是戈里增公爵。”

“那位是曼塞列夫公爵……”几个恭敬而艳羡的声音争先恐后地说。

李斯特尼次基看到，密密层层地站在站台边上的一群衣着华丽的贵妇人，把一束一束的鲜花朝着向他走来的科尔尼洛夫身上掷去。有一枝玫瑰花挂在科尔尼洛夫的肩章上，在肩上耷拉着。科尔尼洛夫有点不好意思地、犹犹疑疑地把玫瑰花拂了下去。一个大胡子的乌拉尔老头子，代表十二个哥萨克军区宣读起欢迎词。李斯特尼次基没有能听完，他被挤到了墙边，挂马刀的皮带也几乎被扯断。在全国议会的议员罗吉切夫致辞以后，科尔尼洛夫又在密密层层的人群簇拥下向前走动。许多军官手拉着手，结成一个保护圈，但是他们也被挤散了。几十只手向科尔尼洛夫伸着。有一个头发散乱的肥胖妇人，在他身旁用碎步走着，拼命拿嘴唇去吻他那浅绿色军装的袖子。到了车站出口处，在一片震耳欲聋的欢呼声中，许多人把科尔尼洛夫抬了起来，抬着向前走。李斯特尼次基使劲用肩膀抗了抗，把一位相貌堂堂的绅士挤到一边去，这才抓住了在他眼前闪闪放光的科尔尼洛夫的一只漆皮靴子。他把这只脚抓稳以后，放到了肩上，这一点点重量他觉都不觉得，但是他激动得呼哧呼哧地喘着，只能尽量保持平衡和步调一致，在人群缓缓推动下向前走着，耳朵里填满了轰轰的叫声和响亮的军乐声。他在出口处匆匆地理了理被挤得从腰带里挣了出来的衬衣上的皱褶。下了台阶，便来到广场上。前面又是人群，是一列列草绿色的军队，还有一支排列整齐的哥萨克骑兵连。李斯特尼次基把一只手举到帽檐上，眨巴着湿了的眼睛，极力压制嘴唇的颤动，却怎么也压制不住。他只模模糊糊地记得，照相机咔嚓咔嚓直响，人群如癫似狂，士官生成分列式前进着，体态端庄、精神抖擞、身材矮小、生着一张蒙古型的脸的将军站在那里，看着他们从面前走过。

* * *

过了一天，李斯特尼次基便乘车回彼得格勒。他的位子在上铺；铺好了军大衣，便一面抽烟，一面想着科尔尼洛夫：

“他被俘后冒着生命危险逃出来，好像就知道以后国家如此需要他。他是一张什么样的脸呀！就像是用天然石雕成的，真是完美无缺，气度非凡……性格也是如此。大概他对一切都清清楚楚，有成谋在胸。一旦时机来到，就来领导我们。说来奇怪，我竟不知道他是一个什么样的人，是保皇党吗？恐怕是君主立宪派……如果每一个人都像他这样有自信心就好啦。”

大约也就是在这个时候，在莫斯科，在莫斯科国务会议会间休息的时候，在大剧院的走廊里，有两位将军单独在一块儿。一位身材瘦小，生着一张蒙古型的脸；另一位身体强壮，结结实实地长着一颗剃成平顶的四四方方的头，梳得平平的斑白的鬓角上已经出现秃斑，两只耳朵贴得紧紧的。他们在短木块砌成的地板上来回走着，低声说着话儿。

“宣言的这一项是规定要取消军队里的各种委员会吗？”

“是的。”

“统一战线、团结一致是绝对必要的。如果不实行我所指出的一些措施，那是没有希望的。军队实质上已经不能打仗啦。这样的军队不仅不能取得胜利，而且连稍微大点的打击都经受不住。很大的一部分已经被布尔什维克的宣传瓦解啦。在这里，在后方又怎么样呢？您瞧，工人们对于企图制约他们的一些措施采取什么对策呢？——罢工和示威。国务会议的议员们只得步行……可耻啊！在后方实行军事化、采取严厉的制裁措施、无情地全部消灭布尔什维克这些败类——这就是我们目前最迫切的任务。阿列克塞·马克西莫维奇，今后我依然能得到您的大力支持吗？”

“我是无条件支持您的。”

“我深信这一点。感谢不尽。您瞧吧，现在是需要毅然决然采取行动的时候，政府却只是采取一些敷衍办法和唱唱高调，说什么‘要用铁和血来镇压那些企图像七月里那样觊觎人民政权的人’。不行，咱们向来是先做，然后再说的。他们却颠倒过来。瞧着吧……时候一到，他们的敷衍政策会尝到苦果的。我可是不愿意参加这种不光彩的游戏！我过去主张公开镇压，今后还是这样，我是不喜欢说漂亮话的。”

身材矮小的将军在交谈者面前站了下来，捻着深绿色翻领制服上的铜扣子，激动得有些结结巴巴地说：

“他们摘掉了笼头，这会儿却又害怕起革命民主，要求把可靠的部队从前线调到首都来，可同时又要向民主力量讨好，不敢采取什么实际行动。进一步，又退一步……只有把咱们的力量充分聚集起来，咱们才能用强大的精神压力迫使政府让步，如果不让步,那就试试看!我会毫不犹豫地把前线放弃,让德国人教训教训他们!"

"我跟杜托夫谈过啦。拉甫尔·盖奥尔吉耶维奇,哥萨克军队都是全力支持您的。咱们只要商量商量今后共同行动的问题就行啦。"

"开过会以后,我在住处等着您和其余几位。你们顿河那边的人心怎么样?"

身强体壮的将军把刮得光光的四方形下巴贴到胸膛上,用忧郁的、闷闷不乐的目光看着自己的前面。嘴角在宽宽的上嘴胡下面不住地哆嗦着,他回答说:

"对于哥萨克我已经不像过去那样看得透啦……总而言之现在人心很难揣测。必须让步:哥萨克必须有所忍让,才能够使外来户跟着自己走。在这方面我们正准备采取一些措施,但是否会有效果,却不敢担保。我怕的是,哥萨克和外来户会因为利益冲突发生破裂……土地嘛……现在不管是哥萨克的心思,还是外来户的心思,都在围着这个轴心转。"

"您手底下要掌握一些可靠的哥萨克部队,以便防范内部可能发生的一切意外事件。我回到大本营以后,就和鲁科姆斯基谈谈,大概我们可以从前方调几个团到顿河上去。"

"那我太感激您啦。"

"就这样吧,今天咱们就商量商量今后共同行动的问题。我深信我们的设想会顺利地实现,但是,将军,天有不测风云啊……如果命运捉弄人,背我而行——那时候我可以指望在你们顿河上找到一席避难之地吗?"

"不仅可以避难,而且可以得到保护。哥萨克自古以来就是以好客出名的呀。"谈话谈到现在,卡列金第一次笑了,他那闷闷不乐的目光中的忧郁疲惫神情也消失了不少。

一个小时之后,顿河军区司令卡列金就对着鸦雀无声的全场听众宣读了"十二个哥萨克军区联合宣言"。

从这一天起,大阴谋的黑线,就像黑色的蜘蛛网一样,在顿河上,在库班,在捷列克河畔、乌苏里江边,在乌拉尔,在所有的哥萨克土地上,在一个一个的哥萨克乡镇里,撒了开来。

十五

距离六月战役的炮火扫平的一座小镇的废墟一俄里远处,在一片树林旁边,弯弯的战壕像蛇一样伸展开去。尽头上的一段由哥萨克特别连防守着。

战壕后面,是一片密密丛丛的赤杨树和小白桦树,再往后,是一片铁锈色的泥炭沼地,在战前曾经采掘过;野蔷薇花开得正欢,像一颗颗红红的果子。右面,凸出的树林一角的外面,是炮弹炸坏了的公路,很像是一条尚无人走的荒野大道。树林边上是被子弹打得乱糟糟的萎蔫的荒草,一个个烧焦的树墩,黄土堆成的胸墙,弯弯的战壕在光秃秃的田野上远远地朝两头伸去。后面,就连被挖得坑坑洼洼的沼地,就连被炸坏的公路,都还保留着生活的痕迹,保留着人类劳动的痕迹,可是在树林边上,大地呈现在人们眼前的是一幅凄凉和悲惨的画面。

这一天,原来莫霍夫磨坊里的机器师伊万·阿列克塞耶维奇到存放一类辎重的附近一个镇上去，快到黄昏时候才回来。他朝自己的地下室走，迎面碰上查哈尔·柯洛列夫。查哈尔几乎是在跑，两只手胡乱甩着，马刀不时地挂在装满了土的麻袋角上。伊万·阿列克塞耶维奇往边上一闪，让开路，但是查哈尔抓住他的军便服扣子，转悠着病态的黄眼珠子，小声说：

“你听说了吗？右面的步兵要走啦！是不是要放弃阵地啦？”

查哈尔那乱糟糟的大胡子就像流着的水一下子冻住了，一动不动的，像用黑铁铸成的，两只眼睛流露着饥饿、贪吃的神气。

“为什么放弃阵地？”

“他们反正是要走，至于为什么，我不知道。”

“也许是换防吧？咱们去找排长，打听打听。”

查哈尔转过身，朝排长住的地下室走去，两只脚在又滑又湿的地上直打滑。

一个小时以后，这个连便由步兵换了下来，向小镇上开去。第二天早晨，大家从看守马匹的弟兄手里牵过马来，就用强行军的速度向后方开去。

下起蒙蒙的小雨。一棵棵小白桦树垂下头又弯起腰。一条路直插进树林子，马匹一闻到潮湿气味和去年的落叶的枯萎、沉闷、刺鼻的气味，就打起响鼻，走得更欢了。毒莓像粉红色的串球一样挂在一丛一丛的树棵子上，雨水洗过的荷兰翘摇那水泡状的花冠闪着耀眼的白光。风把一颗颗沉甸甸的大雨点从树上抖落到骑马人的身上。军大衣和军帽上出现了一个个的黑点儿，就像是被枪沙子打的。行军队伍的头顶上飘着一股股慢慢消散的黄烟的烟气。

“说走就走，也不知道他妈的上哪儿去。”

“你在战壕里还没有呆够吗？”

“说真的，这是把咱们弄到哪儿去？”

“恐怕是要改编。”

“不大像。”

“喂，老乡们，抽口烟，什么苦恼都能忘掉！”

“我的苦恼装在背包里呢……”

“大尉先生，准许唱支歌吗？”

“怎么，准许啦？……柯尔赫普，你起个头！”

前排有一个人咳嗽了两声，唱了起来：

> 哥萨克退伍回家乡，
>
> 肩上戴肩章，胸前挂勋章。

几个伤风受寒的嗓子唱了两句，就停住了。跟伊万·阿列克塞耶维奇并排走的查哈尔·柯洛列夫在马镫上站起身来，大声挖苦他们说：

“哎哟，你们这些讨饭的瞎子！这哪儿像个唱歌的样子？你们顶好捧着钵子，到教堂门口唱《讨饭歌》去。瞧你们唱的……”

“那你就来领唱吧！”

“他的脖子太短，没地方安嗓子。”

“吹下大牛，现在又要夹尾巴啦？”

柯洛列夫把黑乎乎、乱糟糟、生了虱子的大胡子攥在手里，闭了一会儿眼睛，接着就使劲抖了抖马缰，领头唱了起来：

喂，勇敢的顿河哥萨克，打起精神来……

一连人好像都被他那高亢、嘹亮的歌声震醒了，一齐放声唱了起来：

要为国争光，奋不顾身！——

歌声飘荡在潮漉漉的树林中，飘荡在林中小路上：

要做个样儿给所有朋友们看一看，
我们怎样拿枪射击敌人！
奋勇杀敌，不能乱阵。
服从指挥，照命令前进。
敬爱的首长往哪里指，
我们就往哪里冲，跟敌人拼！

行军的一路上大家都唱着歌儿，都很高兴逃出了虎口狼窝。傍晚时候上了火车，兵车向普斯科夫开去。火车开了三站路之后，大家才知道这个连是跟骑兵第三军的其他部分一起朝彼得格勒开去，是去镇压刚刚开始的骚乱的。一听到这个消息，谈笑声一下子就没有了。红红的车厢里，老半天没有人说话，就好像大家都睡着了一样。

“才出火坑，又进地狱！”又高又瘦的鲍尔晓夫说出了大多数人心里的话。

伊万·阿列克塞耶维奇从二月到现在一直担任本连的委员会主席，在下一站停车的时候便去找连长。

“大尉先生，弟兄们很有意见。”

大尉对着伊万·阿列克塞耶维奇下巴上一个很深的小坑看了半天，笑着说：

“我的好人啊，我也很有意见呢。”

“把我们调到哪儿去？”

“去彼得格勒。”

“是去镇压？”

“你以为是去帮助骚乱吗？”

“我们不想去帮助，也不愿意去镇压。”

“可是从来就不好好地征求咱们的意见呀。”

“弟兄们……”

“‘弟兄们’又怎么样？”连长已经是很生气地打断了他的话。“我自己知道弟兄们想的是什么。这种差事我就乐意干吗？把这拿去，在连里念一念。到下一站我跟弟兄们谈谈。”

连长递过一封卷起来的电报，便皱着眉头，带着十分厌恶的神情，嚼起带着一层油点子的罐头肉。

伊万·阿列克塞耶维奇回到自己的车厢里。他手里拿着电报，就好像攥着一块燃烧的木炭头子。

“把别的车厢里的弟兄们也叫来。”

火车已经开动了，可是还有一些弟兄在往这一节车厢里跳，集合了三十来个人。

“连长收到一封电报。刚才我看过啦。”

“喂，电报上说的是什么？念念吧！”

“念吧，别磨蹭啦！”

“要讲和吗?”

“别嚷嚷啦!”

伊万·阿列克塞耶维奇在一片寂静中念完了最高统帅科尔尼洛夫的号召书。然后,这封带有几个译错的字的电报就在一只只汗污的手里传了开去。

最高统帅科尔尼洛夫兹向全国人民声明:基于一个军人的天职、一个自由的俄罗斯公民的自我牺牲精神和对祖国的一片忠诚,在这国家危难时刻,我不能再听从临时政府的调遣,并将继续担任陆海军最高统帅的职务。各前线总司令皆支持我这一决定,我向全俄罗斯人民声明:宁死也不允许撤去我最高统帅的职务。俄罗斯人民的忠实儿子向来就是牺牲在自己的岗位上,向来就是把自己最重要的东西——生命捐献给祖国。

在这国家存亡的千钧一发时刻,当气焰万丈的敌人步步进逼,两京的大门几乎对敌人敞开着的时候,临时政府竟忘记了国家独立生存的重大问题,把人民置于子虚乌有的①反革命恐怖之中,这种状态正是临时政府指挥无能、管束不力、行动迟缓招致的。

我是人民的嫡亲儿子,众所周知,我为了忠心耿耿地献身人民,付出了毕生的精力,决不能不保卫我国人民伟大未来的伟大自由②。但是如今,人民的未来正掌握在软弱无力、优柔寡断的人手中。不可一世的敌人正在利用收买和出卖,

①“子虚乌有的”这个词儿可能是错译的。

②此处可能有错。

在我们国家为所欲为，不仅要毁灭自由，而且要毁灭俄罗斯民族。醒来吧，俄罗斯人，睁开眼睛看看面前吧，我们的国家正在向一个无底深渊走去！

为了避免一切动乱，为了防止自己人流血和内讧，为了消除一切仇恨和误会，我公开向临时政府提出：请到我的大本营里来，我发誓保证你们的自由和安全，请来同我一起讨论和制定一个民族保卫的总体规划，以保障民族自由，引导俄罗斯人民走向一个强大的自由民族应走的光辉前程。

科尔尼洛夫将军

兵车在下一站耽搁了很久。哥萨克们在等候开车的时候，都聚集在车厢旁边，纷纷议论着科尔尼洛夫的电报和刚才连长念过的克伦斯基宣布科尔尼洛夫为叛徒和反革命分子的电报。哥萨克们都心慌意乱地交谈着。连长和排长们也都不知如何是好。

"把我脑袋里搞乱了套啦。"马尔丁·沙米尔说。"他们谁对谁不对，鬼才弄得清！"

"他们互相作践，还要作践军队。"

"大头头儿们吃肥了就要作怪！"

"都想当顶天的头儿。"

"老爷打架，奴仆保不住头发。"

"把什么都搅得一塌糊涂……真糟糕！"

一群哥萨克走到伊万·阿列克塞耶维奇面前，要求说：

"你去找连长，问问该怎么办。"

大家一齐去找连长。军官们聚集在自己的车厢里正商量着什么事情。伊万·阿列克塞耶维奇走了进去。

“连长，弟兄们想问问，现在该怎么办。”

“我马上就出去。”

全连的人都集合在最后一节车厢旁边等候着。连长来到哥萨克群里，走到人群当中，扬起一只手来。

“咱们不听克伦斯基的，咱们服从最高统帅，服从咱们的顶头上司。对吗？因此咱们应该无条件执行上级的命令，向彼得格勒方向开。顶多到德诺车站，咱们就可以找顿河第一师师长问问情况，那就什么都清楚啦。我请弟兄们沉住气。咱们现在碰上的就是这种时候嘛。”

连长又把军人天职、祖国、革命之类的话说了半天，安慰大家，不正面回答问题。他达到了自己的目的；就在这时候，火车头挂到了列车上（哥萨克们并不知道，这是他们连的两个军官用手枪逼着站长赶快发车的），于是大家各自回到车厢里。

兵车开了一昼夜，渐渐开近了德诺车站。到夜里为了给乌苏里人和达格斯坦团的兵车让道，又停了下来，哥萨克的兵车调到侧线上。达格斯坦的兵车在茫茫的夜幕中闪烁着灯光从一旁飞驰过去。听得见渐渐远去的重喉音的说话声、悠扬的唢呐声、情调陌生的歌声。

发车的时候已经是半夜。很没有劲儿的火车头在水塔边停了老半天，闪闪发光的火星从锅炉里直往地上落。司机抽着烟卷儿，朝小窗户外面望着，好像是在等候什么。紧靠火车头的车厢里有一个哥萨克，从车门口探出头来，吆喝道：

“喂，加甫里拉，快开车，要不然我们枪毙你！”

司机吐掉烟卷儿，沉默了一会儿，显然是在注视着烟卷儿飞出去时的弧形线；他一面咳嗽着，说：

“你们不能把所有的人都枪毙光。”他说过，离开了小窗户。

几分钟后，火车头就拉动了车厢，缓冲器叮当乱响，马匹因为火车震动，失去平衡，乱踏着蹄子。列车擦过水塔，擦过稀稀拉拉的灯光明亮的方格窗户和路基外面一丛丛黑魆魆的桦树。哥萨克们给马上过料以后，都睡了，也有个别人不睡，靠在半开着的车门口抽烟，望着苍茫的天空，想着心事。

伊万·阿列克塞耶维奇躺在柯洛列夫的旁边，透过门缝，望着闪烁变幻的星群。他经过一天来的周密思考，下定决心，无论如何要阻止连队继续向彼得格勒前进；他躺着，在考虑，怎样才能使大家拥护自己的主张，怎样才能使大家行动起来。

早在见到科尔尼洛夫的电报之前，他就清清楚楚地认识到，哥萨克不能跟科尔尼洛夫走一条路，并且感觉到，克伦斯基也不值得保护；他经过反复思考，决定：不能让连队开到彼得格勒，而且如果要打的话，那也是跟科尔尼洛夫打，但也不是为了克伦斯基，不是拥护他的政府，而是拥护在他之后出现的政府。至于克伦斯基之后会出现一个他所盼望的、真正是自己的政府，这一点他是完全相信的。还在夏天，他去过一次彼得格勒，到过执委会的军事部，那是因为和连长发生了冲突，连里派他去请示的；他看到了执委会干的事情，又跟几位布尔什维克同志谈了谈，就在心里说：“他们是骨头，我们工人是肉，骨头连着肉，这才是好政府！伊万呀，你就是死，也要拥护这样的政府，要像小孩子抓住妈妈奶头那样，紧紧地跟着！”

这一夜，他躺在马衣上，比往常更多地怀着深厚的、前所未有的热爱心情想着那引导他在残酷的生活道路上摸索前进的人。他想着明天要对哥萨克们说的一些话，也想起了施托克曼关于哥萨克的一些话，他经常念叨这些话，就好像要把这些话揳进脑子："哥萨克实质上都是很守旧的。你要想说服一个哥萨克，使他相信布尔什维克的主张是正确的，就不能忘记这种情况，做起来要小心谨慎、深思熟虑，要善于适应环境。一开头对你还会有成见，就像你和米沙·柯晒沃依开头对待我那样，但是你不要因此就发急。耐心地钻，到最后咱们总是能钻透的。"

伊万·阿列克塞耶维奇估计，他在说服哥萨克们不跟着科尔尼洛夫走的时候，会遇到各方面的一些反对，但是第二天早晨，他在自己的车厢里小心翼翼地说起，应该要求重返前方，不能上彼得格勒去打自己人的时候，哥萨克们都高高兴兴地表示赞成，并且下了最大的决心准备拒绝继续往彼得格勒开。查哈尔·柯洛列夫和车尔尼雪夫乡的一个哥萨克屠里林成了伊万·阿列克塞耶维奇最得力的帮手。他们一整天从这节车厢跑到那节车厢，跟哥萨克们谈话；傍晚时候来到一个小站，火车刚刚放慢速度，第三排的中士普舍尼奇尼柯夫就跑进伊万·阿列克塞耶维奇他们这一节车厢里。

"一到站连队就下车吧！"他十分激动地对伊万·阿列克塞耶维奇高声说。"你要是不知道弟兄们的心情，你算什么样的委员会主席？我们当傻瓜当够啦！我们不往前走啦！……军官们把我们往套索上送，可是你不说长，也不说短。我们就为这个选你的吗？哼，你笑什么呀？"

“早就该这样啦。”伊万·阿列克塞耶维奇笑着说。

车停下来以后，他第一个从车上跳下来，在屠里林陪同下去找站长。

“我们的火车不再往前开啦。我们就在这儿下车。”

“这是怎么回事？”站长茫然失措地问道。“我这里有命令啊……有发车指示……”

“住嘴！”屠里林很不客气地打断他的话。

他们又找到车站委员会。主席是一个强壮有力、头发红红的电报员，他们向他说明了事情的原委，几分钟之后，司机就高高兴兴地把火车开到死岔道上。

哥萨克们连忙搭起跳板，开始把马匹从车厢里往外牵。伊万·阿列克塞耶维奇叉开两条长腿，站在火车头旁边，擦着笑嘻嘻的黑脸上的汗。脸色煞白的连长跑到他跟前，叫道：

“你这是干什么？……你可知道……”

“我知道！”伊万·阿列克塞耶维奇打断他的话。“大尉先生，你别叫啦。”他也脸色煞白，翕动着鼻孔，一个字一个字地说：“你叫够啦，伙计！现在我们不听你这一套啦，就是这么一回事儿！”

“最高统帅科尔尼洛夫……”大尉涨红了脸，正要结结巴巴地说下去，但是伊万·阿列克塞耶维奇望着自己那深深陷进松松的沙堆里的肥大的靴子，轻松地摆了摆手，说：

“你把他挂到脖子上当十字架吧，我们可是不稀罕他啦。”

大尉脚后跟一转，转过身朝自己的车厢跑去。

一个小时以后，这支没有一个军官、但是装备齐全的连队便开出车站，朝西南方向开去。在前头的一个排里，跟机枪手们并排走着的是担任了连队指挥的伊万·阿列克塞耶维奇和他那矮小的副手屠里林。

他们很吃力地查看着从原来的连长手里夺来的地图,带着一连人来到郭列洛叶村,就在这里宿营。大家一起开了个会,决定回前线去,如果遇到阻拦,就开火。

哥萨克们把马腿绊起来,并且派好岗哨以后,就躺下去睡了,也没有生火堆。可以看出来,大多数人的心情是很沉重的,睡前没有像往常那样说说话儿,开开玩笑,而是互相隐瞒着自己的心思。

“他们要是后悔起来,跑回去自首,那可怎么办呢?”伊万·阿列克塞耶维奇一面往身上盖军大衣,一面想着。

屠里林就好像听见了他心里的话,走了过来。

“伊万,睡了吗?”

“还没有。”

屠里林在他的脚边坐下来,抽着烟卷,悄悄地说:

“弟兄们心里很乱腾……头脑热了一下子,这会儿有点怕啦,咱们搞得……有点冒失啦,你以为怎样?”

“到时候就会清楚啦。”伊万·阿列克塞耶维奇镇定地回答说。“你是不是也怕啦?”

屠里林搔着军帽底下的后脑勺,似笑非笑地说:

“说实在的,是有点怕……咱们干起来的时候,我不怕,可是这会心里七上八下的。”

“你真经不住摔打。”

“伊万,还是人家势力大呀。”

他们老半天没有说话。村子里的灯火都已经熄灭。从到处是柳棵子的坑坑洼洼的草甸子上那没有塘埂的水塘里传来鸭子的叫声。

“母鸭子叫呢。”屠里林若有所思地说，说过又不作声了。

草甸子上的夜晚一片寂静，又柔和，又亲切。露水压得青草弯下了腰。阵阵微风，把小水洼、腐烂的芦苇、洼地里的泥土、露水打湿的青草的混合气味送到哥萨克的野营地上。偶尔能听到绊马索的哗啦声、卧倒的马匹打响鼻的声音和沉重的喘气声、哼哼声。然后又是一阵寂静，很远很远隐隐传来一两声野雁沙哑的呼唤，鸭子在稍近些的地方嘎嘎叫上两声，算是回答。不知是什么鸟儿沙沙地拍打着翅膀在黑暗中迅速地飞过。夜沉沉。寂无人声。草甸子上雾蒙蒙、潮漉漉的。西方天边上，一大片深紫色的云彩渐渐升上来。当头，古老的普斯科夫土地的上空，永远启示着人们的银河像一条宽宽的、闪闪发光的大道横穿而过。

连队在黎明时出发。从村子里经过的时候，正把牛往外赶的妇女和孩子们对着他们的背影望了半天。他们走上一座砖红色的、洒满朝霞的土冈。屠里林回头看了看，用脚踢了踢伊万·阿列克塞耶维奇的马镫。

“你回头看看，有几个骑马的人从后面跑来啦……”

三个骑马的人，拖着轻纱似的粉红色灰尘，绕过村子，飞驰而来。

“弟兄们，站住！”伊万·阿列克塞耶维奇下了命令。

哥萨克们以惯有的快速度排成灰色的方队。三个骑马的人离这里还有半俄里左右，让马换成了小跑。其中的一位哥萨克军官，掏出一块手帕，举在头顶上摇晃着。哥萨克们一齐拿眼睛盯着三个骑马人。身穿绿制服的军官走在前面，另外两人穿着山民上衣，走在后面。

“你们干什么？”伊万·阿列克塞耶维奇迎上前去，问道。

“来谈判。”军官行了个军礼，回答说。“你们是谁指挥连队？”

“我。”

“我是顿河哥萨克第一师的全权代表，这两位是屠捷姆师的代表。”那个军官拿眼睛瞟了瞟两个山民军官，紧紧勒着缰绳，用手摩弄了两下汗流如洗的马那湿漉漉、光闪闪的脖子。“如果您愿意谈判的话，请命令连队下马。我要传达师长格列科夫少将的口头命令。”

哥萨克们都下了马。前来谈判的三位代表也下了马。他们钻到哥萨克的队伍里，在正当中站了下来。大家向后退了退，让出一个不大的圈圈儿。

哥萨克军官头一个说话：

“乡亲们！我们到这里来，是劝你们好好考虑考虑，免得你们的行动造成严重后果。昨天师部听说你们受了别人恶意的鼓动，擅自离开火车，所以今天派我们来向你们传达立即返回德诺车站的命令。屠捷姆师和其他一些骑兵部队昨天已经占领了彼得格勒，今天已经收到电报啦。我们的先头部队进了京城，占据了所有的政府机关、银行、电报局、电话局和一切重要据点。临时政府已经跑掉，可以说是已经被推翻啦。乡亲们，好好考虑考虑吧！你们是在往死路上走啊！如果你们不服从师长命令的话，就要派武装力量来对付你们，认为你们的行为是叛变，是拒绝执行战斗任务。你们只有绝对服从命令,才能避免自相残杀。”

当三名代表骑马跑来的时候,伊万·阿列克塞耶维奇考虑到哥萨克们的情绪,就知道避开谈判是不可能的,因为如果拒绝谈判,难免要引起相反的结果。他想了想以后,就命令全连下马,他暗暗地向屠里林递了一个眼色,自己就挤到了代表跟前。在军官讲话的时候,他看见哥萨克们都低下头去,愁眉苦脸地在听,有些人在咬着耳朵说话。查哈尔·柯洛列夫似笑非笑,他那黑黑的大胡子在小褂上擦来擦去,像一块凝结住的生铁;鲍尔晓夫摆弄着鞭子,斜眼朝旁边看着;普舍尼奇柯夫把嘴张圆了,直愣愣地望着讲话的军官;马尔丁·沙米尔用一只脏手在腮上搔着,不住地眨巴眼睛;再过去是巴戈洛夫那发呆的黄脸;机枪手柯拉斯尼科夫带着观望的神情眯缝着眼睛;屠里林呼噜呼噜地喘着气;满脸雀斑的奥布尼佐夫把制帽推到后脑勺上,不住地转悠着满头乱发的头,好像是脖子上戴了牛轭的一头牛;第二排的哥萨克全都低下头站着,好像是在祷告;站成一片的哥萨克们都不作声,都在紧张、沉重地喘着气,一张张脸上闪现着惊慌失措的表情……

伊万·阿列克塞耶维奇明白,哥萨克情绪上转变的因素已经成熟了:再有几分钟,能说会道的军官就会把连队抓到自己的手里。无论如何要消除军官的话所造成的影响,它会动摇哥萨克们还没有说出来、但是已经在心里形成的决心。他举起一只手来,拿睁得大大的、白得出奇的眼睛向全连扫了一遍。

“弟兄们,等一等!”他又转身问那个军官:“您的电报呢?”

“什么电报?”军官惊愕地问。

“占领彼得格勒的电报呀。”

“电报吗？……没有。要电报干什么？”

“噢嗬！没有呀！……”全连的人一齐轻松地出了一口气。

于是很多人抬起了头，一齐用信赖的目光望着伊万·阿列克塞耶维奇。伊万·阿列克塞耶维奇提了提沙哑的嗓门儿，带着嘲笑的语气和充分的信心，声色俱厉地喊了起来，把大家的注意力一齐吸引过来。

“你是说，没有电报吗？我们能相信你吗？你想愚弄人吗？”

“骗——子！”全连轰隆轰隆地出了一口气。

“电报不是打给我的呀！乡亲们！”那军官把两手紧紧贴在胸前，做了一个表示诚恳的姿势。

但是大家已经不听他的话了。伊万·阿列克塞耶维奇感觉到大家的心和信任又转到了自己这方面，就像用金刚石划玻璃一样硬铮铮地说：

“就算你们占领了吧，我们也不能跟你们走一条路！我们不愿意和自己人打仗，我们不去反对人民！你们想挑唆我们吗？办不到！傻瓜都死绝啦！我们不想去扶持将军的政权。就是这样！”

哥萨克们一齐轰隆轰隆嚷了起来，人群里闹闹哄哄，你一声我一句地叫着：

“这就对啦！”

“该给他一点颜色瞧瞧！”

“对——呀！……”

“掐住脖子把这几位先生赶走！”

“想来做媒婆哩，也真是的……”

“在彼得格勒也有三团哥萨克,他们也不一定愿意去打老百姓。”

“喂,伊万！拿棍子揍他们一顿！叫他们滚蛋!”

伊万·阿列克塞耶维奇看了看那三个代表;那个哥萨克军官撇着嘴,耐心地等待着;两个山民军官在他后面肩挨肩地站着:一个身材挺拔的尹古什青年军官,双手十字交叉地放在很漂亮的上衣上,两只眼睛像斜斜的扁桃一样,在黑黑的平顶羊皮帽下面闪闪发光;另一个军官是上了年纪的红头发的奥塞梯人,他很随便地稍息站着,把手放在弯弯的马刀把子上,用讥笑和探询的目光打量着哥萨克们。伊万·阿列克塞耶维奇正想结束谈判,但是哥萨克军官抢先了一步;他和尹古什军官咬了一会儿耳朵,就声音响亮地喊着:

“顿河哥萨克们！能不能允许山民师的代表说几句?”

没有等到同意,尹古什军官就轻轻踏着没有后跟的靴子,走到圈子当中,下意识地理了理带银饰的窄窄的皮带,说起话来:

“哥萨克弟兄们！干什么要这样大叫大嚷呀？应当不发狠地谈谈嘛。你们不愿意跟科尔尼洛夫将军吗？你们愿意打仗吗？那就打吧！咱们就来打一仗。我们不怕！一点也不怕！今天我们就能把你们打垮。两个山民团就跟在你们后面,哼！还有什么好嚷的,嚷什么呀?”开头他说得心平气和,可是快到末了,他就带着老大的火气说起了厉害话,在他那喉音很重、似通不通的话中掺进了不少土话:“你们上这个人当啦,他是布(尔)里希(什)维克,可是你们听他的！哼！齐(岂)有此理！把他抓齐(起)来！枪(毙)了他!”

他毫不客气地拿手指着伊万·阿列克塞耶维奇，并且在狭小的圈子里来来回回地跑着，脸色煞白，拼命地打着手势，煞白的脸一阵一阵地涨成酱紫色。他的同伴，那个上了年纪的红头发奥塞梯军官，保持着冷静沉着的态度；那个哥萨克军官揪弄着残缺不全的马刀穗头。哥萨克们又不作声了，队伍里又惶惶不安，气氛紧张起来。伊万·阿列克塞耶维奇盯着尹古什军官，看着他那一口白牙像野兽一样龇着，看着他左边鬓角上那一道斜斜的灰色印子，心里十分懊恼地想，本来一句话就可以结束谈判，把哥萨克们带走的，却白白地放过了机会。屠里林解了围。他跳到圈子当中，不要命地挥舞着两条胳膊，撕扯着小褂领子上的纽扣，嘴唇哆嗦着，嘴里冒着一团一团的唾沫，声嘶力竭地叫起来：

"毒蛇！……魔鬼！……坏蛋……这三个家伙在诓我们……你们还竖着耳朵听呢！……三个军官老爷想叫你们上圈套呀！……你们在干什么——么呀?！应当把他们砍了，可是你们听他们讲起来啦！……该把他们的脑袋砍下来，给他们放血。他们在这儿发呆的时候，他们就把咱们包围啦！……拿机枪把咱们一扫……在机枪底下就开不成大会啦！……他们是有意蒙哄人，好等他们的军队开到……啊啊啊啊，哎嘿，你们呀，还算哥萨克呢！你们都是软耳朵！"

"上马！……"伊万·阿列克塞耶维奇用沉雷般的声音喊道。

他的喊声就好像在人群上空爆炸了一颗榴霰弹。哥萨克们一齐向马奔去。一会儿工夫，散乱的连队就列成了排纵队。

"乡亲们！你们听着！"哥萨克军官跑过来喊道。

伊万·阿列克塞耶维奇从肩上扯下步枪，果断地把关节粗大的手指头按到枪机上，紧紧勒着撒起欢来的马的笼头，喊道：

“谈判结束啦！如果现在还需要跟您谈的话，那就是用这个来谈啦。”他特意摇了摇步枪。

一个排跟着一个排上了大路。哥萨克们回头看了看，看见三个代表都上了马，正在商量着什么。那个尹古什人眯缝着眼睛，急躁地发表着意见，频频举起一只手来；他那上衣的袖口卷了起来，露出雪白的绸里子。

伊万·阿列克塞耶维奇最后看了一眼，看见了这白得耀眼的绸里子，不知为什么他眼前出现了被旱风吹皱了的顿河水面、层层的碧波和海鸥那斜斜地耷拉下来、用尖儿划着浪尖的白色翅膀。

十六

从八月二十九日收到的克雷莫夫打来的几封电报来看，科尔尼洛夫已经明白，武装政变的事已经吹了。

下午两点钟，克雷莫夫派来的一名传令官来到大本营里，科尔尼洛夫跟他谈了很久，后来又把罗曼诺夫斯基叫了来；他下意识地揉着一张纸，说：

“全完啦！咱们的牌眼看要输啦……克雷莫夫不能准时把第三军调到彼得格勒，时机就要错过。看起来很容易实现的事，却遇上了千万种障碍……结局注定要失败啦……这不是……请您看看吧，军队调动得多慢呀！”他递给罗曼诺夫斯基一张地图，上面注明了第三军和屠捷姆师的兵车刚刚开到地点；一阵痉挛曲曲折折地从他那刚毅的、因失眠显得疲惫不堪的脸上穿过。“铁路上这些坏家伙都在跟我们捣蛋。他们就没有想到，我一旦成功，就会下令把他们绞死，一个不留。请看看克雷莫夫的报告吧。”

趁罗曼诺夫斯基在看报告，科尔尼洛夫用一只大手抚摩着自己的浮肿的、油光光的脸，匆匆草拟了一道电文：

诺沃契尔卡斯克军区司令官阿列克塞•马克西莫维奇•卡列金：

您给临时政府的电报内容我已获悉。光荣的哥萨克集团已经没有耐心再和叛徒、卖国贼进行毫无结果的斗争，眼见祖国难免灭亡，必将拿起武器保卫国家的生存与自由，因为国家正是靠他们的劳动与鲜血成长和壮大起来的。我们的局面在一定时期内仍不易打开。希望您能同我密切配合——有爱国的热忱和哥萨克的荣誉，您必然会这样的。

658.1917.8.29.

科尔尼洛夫将军

“马上把这个电报发出去。”他签好字，交给罗曼诺夫斯基。

“您是否再发一通电报给巴戈拉季昂公爵，催他继续进军？”

“对，对。”

罗曼诺夫斯基沉默了一会儿，沉吟着说：

“拉甫尔·盖奥尔吉耶维奇，我以为，目前我们还没有悲观失望的理由。您总是先想到事情不利的一面……”

科尔尼洛夫急忙扬起手，想逮住在他头顶上飞舞的一只小小的蓝蝴蝶。他用手抓了几下，脸上出现了微微有些紧张和等待的表情。那蝴蝶被气流冲得摇摇晃晃，借翅膀向下滑着，朝开着的窗口飞去。科尔尼洛夫终于还是逮住了蝴蝶，于是他轻松地喘了两口气，靠到安乐椅背上。

罗曼诺夫斯基等着听他对自己的意见的反映，但是科尔尼洛夫却若有所思、愁眉苦脸地笑了笑，说起梦来：

“今天我做了一个梦。好像我是一个步兵师里的一位旅长，领着队伍在喀尔巴阡山里打仗。我带着旅部来到一个畜牧场里。迎接我们的是一个上了年纪的、穿得很讲究的乌克兰人。他给我端来牛奶，一面脱他那白毡帽，一面用地道的德国话说：‘将军，请喝吧！这牛奶特别有补养功能。’我好像就喝了，而且那乌克兰人很亲热地在拍我的肩膀，我也不觉得奇怪。后来我们在山里行军，好像已经不是在喀尔巴阡山里啦，而是在阿富汗的什么地方，走在一条羊肠小道上……是的，就是一条羊肠小道：脚下都是石头和棕色的碎石子，下面有一条峡谷，峡谷过去，便是洒满白色阳光的绚丽多彩的南方景色……”

穿堂的微风吹动着桌子上的纸，从大开着的窗户里穿出去。科尔尼洛夫那迷离的、远眺的目光飞到了第聂伯河对岸，在坑坑洼洼的谷地上、在一片片间有若干黄斑的青铜色草地上游动着。

罗曼诺夫斯基注视了一会儿他的目光，自己也轻轻地吸了一口气，把目光转向泛着云母的光泽的镜子般的第聂伯河面，转向染了淡淡的秋色的雾蒙蒙的田野。

十七

调往彼得格勒的骑兵第三军和屠捷姆师的部队，在八条铁路线上拉开很大的距离：列维尔、维津别尔格、纳尔瓦、亚木堡、加特奇纳、索木里诺、魏里察、丘多沃、戈多夫、诺甫戈洛得、德诺、普斯科夫、卢卡以及其余一切大大小小的中间车站，都挤满了缓缓向前移动，运转失灵的兵车。各个团队都完全脱离了上级指挥人员的约束，分散得七零八落的连队彼此都失去了联系。第三军和受第三军节制的屠捷姆师在行军的路上又扩编为一个军团，这就更加重了混乱，要进行相当大的调动，要把分散的部队集合起来，要重新安排兵车。所有这一切常常造成混乱、指挥不协调甚至互相抵触，加剧了本来已经使神经够紧张的气氛。科尔尼洛夫的军队的许多兵车，在前进的路上不断地遇到工人和铁路工作人员的阻挠。兵车一面克服着障碍，一面向彼得格勒缓缓前进，在枢纽站上拥挤一些时候，又一辆一辆地开出去。

在一节节红色的车厢里，在卸了鞍的半饥饿的马匹旁边，是一堆一堆的半饥饿的人，有顿河的、乌苏里江畔的、阿穆尔河畔的、奥伦堡省的、尼布楚省的哥萨克，有尹古什人、吉尔吉斯人、卡巴尔达人、奥塞梯人、达格斯坦人。兵车等待发车，往往要在站上停几个钟头，车上的人一群一群地跑下车来，像蝗虫一样把车站塞得满满的，线路上也到处都是，把前面过去兵车吃剩的东西吃个精光，偷老百姓的东西，抢粮食仓库。

哥萨克的黄色的和红色的裤绦，龙骑兵的华丽上衣，山兵的服装……在色彩单调的北方大自然里，从来不曾有过这样丰富多彩的色调。

八月二十九日，在巴甫洛夫斯克附近，屠捷姆师的第三旅在加加林公爵指挥下，已经和敌人发生了接触。担任本师先头部队的尹古什团和吉尔吉斯团，发现线路被拆毁，就下了车，轻装向皇村方面进发。尹古什团的侦察队进入了索木里诺车站。两个团慢慢地展开攻势，把御林军打败，等候着本师其余的部队开到。可是其余的部队还在德诺车站等候发车。有些部队连这个站还没有到呢。

屠捷姆师师长巴戈拉季昂公爵驻扎在离车站不远的一座庄园里，等待其余的部队集合，不敢冒险轻装向魏里察进发。

二十八日他曾收到北方前线司令部发来的下述一封电报的抄本：

> 谨将最高统帅的命令转发给第三军军长和顿河第一师、乌苏里师和高加索屠捷姆师诸师长：如果由于某些未能预见的情况，兵车在铁路上行进发生困难的话，最高统帅命令各师以行军方式继续前进。
>
> 一九一七年八月二十七日　代号六四一一　罗曼诺夫斯基

上午九时左右，巴戈拉季昂电告科尔尼洛夫，说早晨六点四十分，收到彼得格勒军区参谋长巴哥拉土尼上校转来的克伦斯基的命令，命令所有的兵车都退回去，并且报告说，本师的兵车已经在加奇克小站至奥列杰什车站的一段线路上受阻，因为铁路上遵照临时政府的命令不肯发车。但是，尽管情况是这样，他还是收到科尔尼洛夫如下的一道指示：

巴戈拉季昂公爵：继续乘车前进。如果乘车前进不可能，则以行军方式前往卢卡，抵卢卡后一切悉听克雷莫夫将军指挥——

可是，巴戈拉季昂还是不肯以行军方式前进，而且把军部发出的上车的命令发了下去。

叶甫盖尼·李斯特尼次基以前所在的那个团，正跟编进顿河哥萨克第一师的其他几个团一起，沿着列维尔—维津别尔格—纳尔瓦一线向彼得格勒开拔。二十八日下午五点钟，一列兵车载着该团的两个连到达纳尔瓦车站。兵车司令已经知道，夜里不能往前开了，因为纳尔瓦和亚木布尔格之间有一段线路被破坏了，修路队已经派一部分人去抢修。即使能及时修复的话，也要到第二天早晨才能发车。不管愿意不愿意，兵车司令只好同意这样的安排。他一路上骂着娘，走进自己的车厢里，跟军官们说了这件事，就坐下来喝茶。

黑沉沉的夜幕降了下来，河湾里吹来潮漉漉的冷风。在线路上，各节车厢里，哥萨克们低声说着话儿，再就是被火车汽笛搅得惶惶不安的马匹乱踏着车厢底板。车尾有一个年轻的哥萨克唱了起来，在黑沉沉的夜里不知是对谁倾诉自己的苦衷：

别了，我的故乡，
别了，亲爱的村庄！
别了，浅蓝色的花儿，

啊，别了，年轻的姑娘！
从前呀，我一天到晚
躺在姑娘的手臂上，
如今呀，一天到晚站岗，
手里呀，唉，抱的是步枪……

从灰灰的高大的仓库后面走出一个人来。他仔细倾听着歌声，站了一会儿，朝着昏黄的路灯照耀下的线路打量了一眼，便毅然决然地朝兵车走去。他的脚步声在枕木上轻轻地响着，一走到夯实的黄土地上，就不响了。他经过最后一节车厢时，一个站在车门口的哥萨克停止唱歌，朝他喊了一声：

“哪一个？”

“你要哪一个？”那人不高兴地答应着，继续向前走去。

“半夜三更里你瞎跑什么？真该收拾收拾你们这些小贼！你是想看看什么东西好偷吧？”

那人没有回答，走到列车中部，把头探进一节车厢的门缝里，问道：

“这儿是哪一连？”

“囚犯连。”黑暗中有人哈哈笑着回答。

“我是规规矩矩问的——是哪一连？”

“第二连。”

“第四排在哪儿？”

“从前头数，第六节车厢。”

在第六节车厢旁边有三个哥萨克在抽烟。一个蹲着，两个站在他的旁边。他们都一声不响地望着朝他们走来的那个人。

“你们好呀，乡亲们！”

“托福托福。”其中的一人仔细看着来到跟前的那个人的脸，回答说。

“尼基塔·杜根还活着吗？他在这儿吗？”

“我就是。”那个蹲着的人用唱歌一样的声音回答着，一面站了起来，用靴后跟踩灭了烟卷儿。“我眼拙。你是谁呀？从哪儿来？”他伸过胡子拉碴的脸，仔细打量那个穿着军大衣、戴着皱巴巴的步兵帽的陌生人，忽然惊叫起来：“伊里亚！彭楚克呀？好伙计，是什么风把你刮来啦？”

他用粗糙的手握住彭楚克那毛茸茸的手，把身子探过去，低声说：

“这都是自己弟兄，不必怕他们。你这是打哪儿来？快说说吧！”

彭楚克和另外两个哥萨克握过手，用低沉的声音回答说：

“我从彼得格勒来，找到你们真不容易。找你们有事，要好好地谈一谈。伙计，我看到你还活着，而且很健壮，真是高兴。”

他笑着，在他那张灰灰的、方方的、额头高高的大脸上，露出一嘴白牙，眼睛里闪着亲热、镇定、快活的亮光。

“要谈谈吗？”那个胡子拉碴的哥萨克又用唱歌一样的声音说。“这么说，你虽然当了军官，倒不嫌弃我们哥儿们呀？那好啊，谢谢啦，伊里亚，天啊，要不然我们连句热和话儿都听不到啦……”他的声音中带着亲切的、毫无恶意的嘲笑腔调。

彭楚克也很亲热地开玩笑说：

“算了吧，别扯淡啦！你总是嘻嘻哈哈的！光知道笑话人，没看到自己的胡子都长到肚脐眼儿底下啦。”

“胡子随时都可以刮掉，不过你还是说说，彼得格勒现在情形怎么样？暴动开始了吗？”

“咱们到车厢里去吧。”彭楚克用应允的口气说。

他们走进车厢。杜根用脚把一个人踢了踢，小声说：

“起来吧，伙计们！咱们想找的人找咱们来啦。喂，快起来，老总们，麻利点儿！”

哥萨克们哼哼着爬了起来。有一个人伸出散发着烟草气味和马汗气味的大手，轻轻地放到坐在马鞍上的彭楚克的脸上，摸索着，用瓮声瓮气的粗喉咙问道：

“是彭楚克吗？”

“是我。你是齐卡马索夫吗？”

“是我，是我，你好啊，老朋友！”

“你好。”

“我马上就去把第三排的弟兄们叫来。”

“好呀，好呀！……你就跑一趟吧。”

第三排的人差不多全都来了，只留下两个人看守马匹。哥萨克们走到彭楚克眼前，伸出硬邦邦的大手，弯下腰，借着灯光打量他那张略带愁容的大脸，有的叫他彭楚克，有的叫他伊里亚·米特里奇，有的叫他伊留沙，但是在所有的声音中都流露着亲热的、同志的敬意。

车厢里气闷起来。斑斑点点的灯光在车厢壁上跳动着，乱糟糟的人影子晃来晃去，变得非常大，吊灯灯光朦朦胧胧，就像是一盏神灯。

大家都十分关切地请彭楚克坐到明亮的地方。前面的人都蹲下去，其余的人都站着，围成一个圆圈儿，声音像唱歌一样的杜根咳嗽了两声，说：

“伊里亚·米特里奇，你的信我们前几天收到啦，不过我们还是想听听你的主意：我们下一步怎么办？硬把我们往彼得格勒送，有什么办法呢？”

“瞧，是这么回事儿，米特里奇，”开口说话的是站在门口、皱巴巴的耳垂上戴着耳环的一个哥萨克，他就是因为在护板上烧开水被李斯特尼次基熊了一顿地那个哥萨克，“这会儿各种各样的宣传员都跑到我们这儿来，劝说我们，说，你们别上彼得格勒去；说，咱们都是自己人，没什么好打的，这一类的话说了不少。我们听是听啦，可是不怎么相信他们，都是一些生人嘛。也许他们是想叫我们上圈套呢，谁又说得清？如果不肯走，科尔尼洛夫就要派吉尔吉斯人来打我们，那还是要流血。你就不同啦，你是咱们自己人，是哥萨克，我们都特别相信你，而且很感激你，因为你从彼得格勒又给我们来信，又送报纸给我们……说实在的，这会儿正缺纸呢，你的报纸就来了……”

“你胡说什么，瞎扯什么，糊涂虫？”一个人很气愤地打断他的话。“你不识字，就以为大家跟你一样，都是睁眼瞎吗？好像我们专门是拿报纸卷烟的哩！伊里亚·米特里奇，我们可都是先把报纸从头到尾好好地看了一遍。”

“胡说八道，烂舌头！”

“‘拿报纸卷烟’——亏你说得出口！”

“真是木头脑瓜！”

“弟兄们！我说的不是这个意思，”戴耳环的哥萨克分辩说，“当然，我们都是首先把报纸看过了……”

“你自己看过吗？”

“我没有文化，看不懂……我是说，反正是先看过，然后才拿来卷烟……”

彭楚克微微笑着，坐在马鞍上，看了看哥萨克们；他坐着说话很不得劲儿，便站了起来，背对着车灯，慢慢地、很不自然地说起来：

“你们上彼得格勒毫无必要，那儿根本没有什么暴动。你们知道把你们调去干什么吗？是叫你们去推翻临时政府……就是这么一回事儿！谁领导你们呢？沙皇的将军科尔尼洛夫。他为什么要推翻克伦斯基？因为他自己要坐这个宝座。你们瞧着吧，乡亲们！他们想把你们身上的木枷卸下来，可是如果再给你们戴上的话，那就是钢枷了！遇到两样倒霉事儿，就应当挑选比较轻一点儿的。不是应该这样吗？你们自己想想看：沙皇时代他们打你们的嘴巴，用你们的手去捞油水。克伦斯基掌权了，他们还是用你们的手捞油水，只是不打嘴巴罢了。可是等到克伦斯基下台，将来政权转到布尔什维克手里的时候，情形就完全不同了。布尔什维克不希望打仗。政权一到他们手里，马上就可以不打仗。我不拥护克伦斯基，滚他妈的吧，他们都是一路货！”彭楚克笑了笑，用袖子擦着额头上的汗，继续说：“但是我劝你们不要去叫工人流血。如果科尔尼洛夫掌了权，那时候俄罗斯工人的血就要流成河，政权落到他手里，要想夺过来，交给劳动人民，就更加困难啦。”

“伊里亚·米特里奇，等一等，”一个身材不高、也像彭楚克那样敦实的哥萨克，一面从后排往前走，一面说；他咳嗽了两声，搓了搓两只长长的、很像露在地面上的老橡树根似的手，用两只带笑的、像嫩树叶那样黏黏的浅绿色眼睛看着彭楚克，问道：“你刚才说到套上枷……那么，等布尔什维克掌了权，给我们套上什么样的枷呢？”

“你怎么啦，自己想给自己套上枷吗？”

“怎么是自己？”

“就是自己。因为，等到布尔什维克胜利了，由谁掌权呢？由你，或者杜根，或者这位大叔，选到谁是谁，政府是选出来的，叫苏维埃，懂吗？”

“那么，上头又是谁呢？”

“也是选到谁是谁。选到你，你就在上头。”

“当真吗？米特里奇，你不是瞎扯吧？”

哥萨克们都笑了，大家一齐说起话来，连站在门口的岗哨也走过来，插嘴说了一会儿。

“他们拿土地怎么办？”

“不会夺走咱们的土地吧？”

“能把战争结束掉吗？也许，现在只是嘴上讲讲漂亮话，为的是叫大家举手拥护他们。”

“你还是跟我们说说真心话吧！”

“我们这会儿是在黑地里瞎闯。”

“相信外人的话是危险的。谣言太多啦……”

“昨天还有一个水兵为克伦斯基抱屈呢，我们揪住头发把他从车厢里轰出去啦。”

“他嚷嚷说：‘你们是兀鹰！……’真是个怪家伙！”

“我们不明白这话，不明白这话指的是什么。”

彭楚克把身子朝四面转动着，拿眼睛仔细打量着哥萨克们，耐心地听着大家说话。起初认为自己担当的任务未必能完成的那种想法现在消失了，他看出了哥萨克们的情绪以后，已经非常明白，无论如何是可以把兵车拦在纳尔瓦了。前天，当他参加彼得格勒区党委会，自告奋勇担任宣传员，要来开向彼得格勒的顿河第一师中开展工作的时候，自信是能成功的，但是到了纳尔瓦，他的信心动摇了。他知道，现在必须要用另外一些字眼跟哥萨克们说话，他担心，也许找不到共同语言了，因为在九个月以前他回到工人当中以后，又重新跟工人们结合到一起，讲话已经习惯了，不等他说完，大家就感觉到了，明白了，可是在这里跟同乡人讲话，就需要说另外一种、差不多已经忘记了的土话，还要善于随机应变，要有说服人的好本领，不仅要激起他们的义愤，还要鼓动他们消除千百年来养成的唯命是从和因循守旧的心理，要使他们感觉到自己理直气壮，要叫他们跟着自己走。

开头，他刚刚开口说话的时候，自己听出自己的声音中隐隐露出缺乏信心和做作的意味，好像是在旁边听着自己的毫不精彩的讲话，他很怕自己讲的道理没有说服力，便苦苦地思索，寻找有力、有分量的话，以便把道理说清楚、说透彻……然而他带着说不出的难受心情感觉到，他说出来的话一点分量都没有，就像肥皂泡沫一样，脑子里乱糟糟的，许多念头滑来滑去，没有了头绪。他站在那里，急得满头大汗，很吃力地喘着气。他说着，有一种想法就像钻子在心里直钻："把这样重要的事交给我，我却亲手把事情弄糟……连话都说不连贯……我这是怎么啦？要是别人来，一定比我会说，说得比我好一千倍……唉，他妈的，我怎么这样笨啊！"

那个生着一双黏脂一样绿眼睛的哥萨克一问到枷锁的事，他倒是从呆呆的迷惘状态中清醒过来；接着便开始了对话，这一下子彭楚克提起了精神，恢复了常态，后来自己都觉得很奇怪，觉得一股特别的劲头一下子就涌了上来，许许多多鲜明有力、精辟、锋利的话一齐冒了出来。他振作起来，表面上依然很镇定，掩盖着心里涌上来的火气，猛烈有力地回击那些十分尖刻的问题，很有信心地引导着大家交谈，就像一个骑手制服了一匹很不驯顺的、跑得浑身大汗的劣马。

"那么，你就说说看：立宪会议有什么不好？"

"你们的列宁是德国人派来的……不是吗？要不然他究竟是从哪儿来的……是柳树上长出来的吗？"

"米特里奇，你是自己要来的呢，还是派你来的？"

"军用土地都要交给谁呢？"

"咱们在沙皇治下，究竟有什么不好？"

"孟什维克不也是为人民吗？"

"咱们有军人的团体、政府又是人民的，还要苏维埃干什么？"哥萨克们纷纷地问。

大家谈到下半夜才散去。决定第二天早上两个连一起开群众大会。彭楚克就留在车上过夜，齐卡马索夫叫彭楚克和他一块儿睡。他一面画十字祈求安眠，打开铺盖，一面提醒说：

"伊里亚·米特里奇,你恐怕一点没提防就睡下了,你可是要多多担待……伙计,我们这儿虱子多极啦。要是爬到你身上去,请不要见怪。我们为了解闷儿,养了一些肥头大肚的虱子,简直可怕极啦!一个个就像肥壮的母牛那么大。"他停了一会儿,悄悄地问道:"伊里亚·米特里奇,列宁究竟是哪一族的人?就是说,他是在哪儿出生,在哪儿长大的?"

"列宁吗?他是俄罗斯人。"

"噢?!"

"真的,是俄罗斯人。"

"伙计,不对!看样子,他的情形你还摸不清,"齐卡马索夫带着一种自以为优越的语气低声说,"你可知道,他是什么族的?是咱们一族的。他是顿河的哥萨克,出生在萨尔斯克州大公乡,你明白了吗?听说他当过炮兵。他的样子也很像,很像顿河下游的哥萨克:颧骨很高,眼睛也很像。"

"你是在哪儿听说的?"

"有些哥萨克在这样说,我听到的。"

"齐卡马索夫,不对!他是俄罗斯人,是辛比尔斯克省的。"

"不对,我不信。我才不信呢!普加乔夫是哥萨克吧?司捷潘·拉辛是不是?叶尔玛克·季莫菲耶维奇是不是?就是这么一回事儿!所有带领穷人反沙皇的人,全都是哥萨克。可是你说,他是辛比尔斯克省的。米特里奇,这种话叫人听着都生气……"

彭楚克笑着问:

"大家都说他是哥萨克吗?"

"他就是哥萨克,只是这会儿不肯亮相罢咧。我要是看到他,一眼就能认出来。”齐卡马索夫抽着烟，朝彭楚克的脸上喷着浓浓的烟气，若有所思地咳嗽了一声。“我就觉得很稀奇，我们在这儿争得差点儿要打起来：如果符拉季米尔·伊里奇他是咱们的哥萨克，是炮兵的话，从哪儿来的这么大的学问呢？听说，好像战争一开始，他就叫德国人俘虏了去，自己就在那里学，学到了各种各样的学问，就开始鼓动他们的工人起来造反，给他们那些有学问的人出难题，他们都怕得要死。就说：‘大脑门儿，你快回家去吧，走你的吧，要不然你把我们搅得不得安宁，连日子都过不成啦！’于是就把他送回俄国，怕的是他把工人鼓动起来。噢嗬！他呀，伙计，真是个厉害家伙！”这最后一句话齐卡马索夫是用夸奖的口气说的，并且在黑暗中高兴地笑了起来。“米特里奇，你没有见过他吗？没有吧？真可惜。听说，他的脑袋瓜儿才大呢。”他咳嗽了两声，从鼻孔里喷了一缕红红的烟气，又抽了两口烟，继续说道：“这样的人咱们的老娘儿们多养一些才好呢。是个厉害家伙，了不起！他还不单单是要推倒沙皇呢……”他叹了一口气。“米特里奇，你用不着跟我争：伊里奇呀，他就是哥萨克……这没有什么好瞒的！辛比尔斯克省根本就生不出这样的人物。”

彭楚克没有作声，微微笑着，睁着眼睛躺了老半天。

他没有很快睡着，果然有许多虱子成群结队地爬到他身上，在衬衣里面到处爬了起来，浑身火辣辣、痒酥酥的；齐卡马索夫在旁边一面叹气，一面搔痒，不知是谁的马老是打响鼻，一会儿也不安生，搅得他睡不着。等他刚刚睡着，两匹很不老实的马又打起架来，又是乱踢乱蹦，又是拼命地尖叫。

“真捣蛋，妈的！……吁！吁！该死的东西！……”杜根爬起来，用睡得迷迷糊糊的声音吆喝着，不知用什么东西狠狠打了旁边的马一下子。

彭楚克被虱子咬得受不了，老是睡不着，翻了个身，就懊丧地感觉到，睡意已经完全跑掉，于是干脆考虑起明天开会的事来。他猜想着，军官们不知要用什么方式来反对，不由地冷笑着在心里说："如果哥萨克们一致反对他们的话，大概他们会跑掉的，不过谁知道他们会出什么鬼门道儿！为了防备万一，我得去跟本地驻军委员会联系联系。"不知怎么他不由地想起战争中的往事，想起一九一五年十月里一次冲锋的场面，随后，记忆好像很高兴把他送上了熟悉的、走惯了的小路，便很顽强地、幸灾乐祸地把往事的片段一一推了上来：死去的俄国和德国士兵的一张张的脸和各种各样难看的姿势，各种口音的说话声，过去看到的、现在已经被时间冲淡的模模糊糊的景物，不知为什么一直保存在心里、没有说出来的一些念头，隐隐在心里响着的炮声，熟悉的机枪嗒嗒声和子弹带的沙沙声，雄壮的旋律，过去他爱过的一个女子那娇媚动人、又有些苍白的嘴唇；然后又是零零星星的战争场面：一个个的死人，一座座塌陷下去的合葬的坟……

彭楚克发起急来；他撑着身子，坐了起来，不知是说出了声音，还是仅仅在想："这些事我到死也忘不了，而且不仅是我，凡是活下来的人都忘不了。你们把一切弄得乱糟糟的，叫人过不成日子！……该死的东西！该死的东西！……你们简直死有余辜！……"

他又想起了一个叫卢莎的十二岁的姑娘，她的父亲是彼得格勒的钢铁工人，在战争中牺牲了，生前是他的好朋友，过去一起在图拉做过工。有一天黄昏时候，他在林荫路上走着。这个瘦弱的、颧骨高高的小姑娘正坐在尽边上一张长椅子上，流里流气地叉着两条细细的腿，在抽纸烟。在她那憔悴的脸上，是一双疲惫无神的眼睛，在她那涂了胭脂、因为早熟显得有些大的嘴唇角上，流露着痛苦的表情。“您不认识我啦，叔叔？”她带着一种受过职业训练的笑容问道，接着便站了起来，完全像个孩子一样伤心地、可怜巴巴地哭了起来，弯起身子，把头紧紧贴到彭楚克的胳膊肘上。

一股仇恨像憋人的毒瓦斯一样涌了上来，他几乎连气都喘不上来；他脸色煞白，咯吱咯吱地咬着牙，哼哼起来。后来他的嘴唇哆嗦着，用手在毛茸茸的胸膛上搓了老半天；他觉得，仇恨在胸膛里凝结了起来，就像一团火红的铁渣，隐隐燃烧着，堵得他喘不上气来，烧得左边心里阵阵作痛。

直到天亮他也没有睡着。天刚刚亮，他就带着一张黄黄的、比往常更加阴郁的脸来到铁路职工委员会，跟他们讲妥，不让哥萨克的兵车开出纳尔瓦，过了一个钟头，他又走出来，去找驻军委员会的委员们。

他往回走的时候已经七点多了。他走着，浑身都感觉出早晨的和煦和清爽，想到此行可能很有结果，看到太阳慢慢从生了锈的仓库房顶后面爬上来，听到不知从哪里传过来的像琴声又像歌声的一个女子的声音，心里隐隐地感到高兴。黎明前下过一阵来势很猛的、短时间的倾盆大雨。铁路边的沙土地被冲洗得干干净净，到处是雨水流过的痕迹，散发着雨水的清淡气息；在沙土的表面，被雨点打过的地方，还保留着密密麻麻、微微有点干的小坑，就好像生过一场天花,留下许许多多的麻子。

一个身穿军大衣、脚登沾满泥浆的高筒皮靴的军官,绕过列车,迎着彭楚克走来。彭楚克认出是加尔梅柯夫大尉,便放慢了脚步,等他走过来。他们走碰了头。加尔梅柯夫站了下来,冷冷地闪动着两只黑黑的斜眼睛。

“是彭楚克少尉吗?你自由啦?对不起,我不能把手伸给你……”

他紧紧闭起嘴,把双手插进军大衣的口袋里。

“我也不打算把手伸给你……你太心急啦。”彭楚克用嘲笑的口吻回敬道。

“你怎么,到这里来逃命吗?还是……从彼得格勒来的?不是克伦斯基派你来的吧?”

“这是干什么,审问吗?”

“这是对于当初开小差的同事的遭际理所当然的探问。”

彭楚克隐藏起冷笑,耸了耸肩膀。

“可以叫你放心:我不是克伦斯基派来的。”

“不过,现在眼看大祸临头了,你们会很好地联合起来的。这么说,你到底算是什么人呢?不戴肩章,又穿的是步兵的军大衣……”加尔梅柯夫忽闪着鼻翼,带着轻蔑而怜悯的神情打量了一下彭楚克那微微有些佝偻的身形。“是政治推销员吗?我猜对了吧?”他不等回答,就转过身去,迈着大步走了。

杜根在自己的车厢旁边迎住彭楚克。

“你怎么才回来?大会已经开始啦。”

“怎么都开始啦?”

“是开始啦。我们的连长加尔梅柯夫大尉本来不在连里，可是今天他坐火车头从彼得格勒回来，就召集哥萨克们开大会。他现在就是去动员他们。”

彭楚克站下来，问了问加尔梅柯夫是什么时候出差上彼得格勒的。听了杜根的回答，他才知道，加尔梅柯夫出差差不多有一个月了。

“这是科尔尼洛夫借口学习投弹技术派到彼得格勒去的反革命刽子手中的一个。就是说，是一个死心塌地的科尔尼洛夫分子。哼，好吧！”他一面和杜根一起往开大会的地方走，一面断断续续地想着。

在仓库的后面，军便服和军大衣连成灰绿色的一大片。加尔梅柯夫由几个军官包围着，站在人群中间一个底朝天放着的木桶上，尖着嗓门儿一个字一个字地叫喊道：

“……一定要取得最后胜利！既然信任咱们，咱们就不能辜负这种信任！现在我就来念念科尔尼洛夫将军给哥萨克们的电报。”

他带着过度急切的神情从制服上衣旁边的口袋里掏出一张皱皱巴巴的纸，和兵车司令咬了咬耳朵。

彭楚克和杜根走过来，跟哥萨克们站到一起。

加尔梅柯夫带着表情，慷慨激昂地念道：

哥萨克们，亲爱的乡亲们！俄罗斯国家的疆土不是在你们祖先的骸骨上扩展和开拓出来的吗？伟大的俄罗斯不是由于你们的刚强无畏，由于你们的伟大功绩、你们的牺牲和英勇奋战而强盛起来的吗？静静的顿河的自由、豪放的儿女们，库班和汹涌奔腾的捷列克河上的豪杰们，乌拉尔、奥伦堡、阿斯特拉罕、谢米列钦和西伯利亚草原与山地、辽远的后贝加尔、阿穆尔和乌苏里等地的勇猛矫健的雄鹰们，你们永远保持着你们的旗帜的光荣和辉煌，俄罗斯大地上到处流传着你们祖祖辈辈的英雄事迹。现在又到了你们为祖国效力的时候。我谴责临时政府优柔寡断，不善于、也没有能力管理国家，纵容德国人在我国肆意横行。嘉桑的爆炸事件可以证明这个问题，这次爆炸毁掉了将近一百万发炮弹和一万两千挺机枪。事情不仅如此。我还要谴责某些政府委员的直接卖国行为，对此我可以提出证据：八月三日我在冬宫参加临时政府的会议时，阁员克伦斯基和萨文柯夫曾经指示我，不要把所有的话都说出来，因为阁员中有些人很不可靠。显然，这样的政府只能把国家引向绝路，因为阁员中有些人很不可靠。显然，这样的政府只能把国家引向绝路，对这样的政府无法信任，靠这样的政府无法拯救苦难深重的俄罗斯……因此，昨天临时政府为了迎合敌人，要求我辞去最高统帅职务的时候，我作为一个哥萨克，基于良心和人格，只能拒绝接受这一要求，宁可死在战场上，不愿受辱和叛卖祖国。哥萨克们，俄罗斯的义士们！你们都已经保证过，一旦我认为有必要，你们就挺身起来跟我一起拯救祖国。时候到了，祖国已经到了生死存亡的关头！我不再服从临时政府的命令，并且为了拯救自由的俄罗斯，我要反对这个政府，反对这个政府里那些毫无责任心的、出卖祖国的官员。哥萨克们，你们要保持英勇无比的哥萨克军人的光荣和名声，这样就可以拯救祖国，拯救被革命夺走的自由。你们听从我的命令，执行我的命令吧！跟着我前进吧！

一九一七年八月二十八日

最高统帅科尔尼洛夫将军

加尔梅柯夫沉默了一会儿之后，一面折叠着电报，一面高声叫道：

“布尔什维克和克伦斯基的奸细在阻挠我们的部队搭乘火车前进。已经接到最高统帅的命令：如果乘车调动已经不可能的话，那就以行军方式向彼得格勒进发。今天咱们就要出发。大家准备下车吧！”

彭楚克不顾一切地用胳膊肘分开人群，钻到人群中心里；他还没有走到军官们站的圈子里，就用洪亮的声音、像做报告似的叫了起来：

“哥萨克同志！我是彼得格勒的工人和士兵派到你们这儿来的。现在是调你们去自相残杀，去镇压革命。如果你们愿意去反对人民，如果你们愿意恢复帝制，你们就去吧！……但是彼得格勒的工人和士兵希望你们不要当杀害自己兄弟的凶手。他们向你们致以热烈的、兄弟般的敬礼，不愿意跟你们为敌，愿意和你们交朋友……”

没有让他把话说完。人群里闹哄哄地叫了起来，暴风雨般的叫声好像把加尔梅柯夫从桶上冲了下来。他向前探着身子，快步朝彭楚克走来；还差几步没有走到，他一扭靴后跟，转了一个身。

“哥萨克们！彭楚克少尉是去年在前线上开小差的，这你们是知道的。怎么，我们能听这个胆小鬼和叛徒的话吗？”

第六连连长苏肯中校用沉雷一样的粗嗓门儿盖过了加尔梅柯夫的声音：

“逮捕他这个坏蛋！我们在前方流血，他却躲到后方去逃命！……把他抓起来！”

“我们不慌着抓！”

“让他说下去。”

“不能堵别人的嘴，让他把自己的意思说清楚。”

“把他抓起来！”

“我们不要开小差的！”

“说下去，彭楚克！”

“米特里奇！说吧，揭揭他们的老底！”

“滚——开！……”

“住嘴吧，狗东西！”

“揭揭他们！揭揭他们，彭楚克！你别理他们那一套！只管讲吧！”

一个身材高大、没戴军帽、露着剃得光光的脑袋的哥萨克，团革命军事委员会的委员，跳到了木桶上。他热烈地呼吁哥萨克们不要听从反革命刽子手科尔尼洛夫的，说了说和人民打内战可能招致的悲惨后果，最后他对着彭楚克说：

“同志，您不要以为，我们会像军官老爷们那样看不起您。我们欢迎和尊重您这个人民的代表，我们尊重您，还因为您以前当军官的时候，没有欺压过哥萨克，待我们像亲兄弟一样。我们没有听见您说过粗暴的话，您可不要以为我们这些大老粗不懂得好歹，亲热的话连畜生都懂得，别说是人啦。我们向您起誓，并且请您转告彼得格勒的工人和士兵们，我们决不打他们！”

就好像敲了一声定音鼓：一片称赞的叫声轰隆轰隆地响到了最高度，又慢慢低下去，最后安静下来。

加尔梅柯夫那挺拔的身子又出现在大木桶上，来来回回地扭动着。他说到古老的顿河的光荣传统和声誉，说到哥萨克军人的历史使命，说到军官们和哥萨克们一起流过血，说得气喘吁吁，脸色像死人一样白。

加尔梅柯夫说过以后，又上去一个身强力壮、淡黄色头发的哥萨克。他那气势汹汹、矛头对准彭楚克的讲话，半路上被打断了，这位演讲人也被拉了下来。齐卡马索夫跳到了桶上。他像劈木柴一样，抡着两条胳膊，大声嚷道：

“我们不去！我们不下火车！电报上说，好像我们答应过支持科尔尼洛夫啦——谁问过我们？我们从来没有答应过他！那是哥萨克军人联合会的军官们答应的！格列科夫将军摇过尾巴，就让他去支持吧！……”

发言的人越来越踊跃。彭楚克低垂着大脑门儿的头站着，脸涨成土红色，脖子上和鬓角上鼓起的筋突突地跳动着。场上的气氛越来越紧张，使人觉得，再有一会，一有什么冒失的行动，紧张气氛就会酿成流血事件。

本地驻军的士兵成群结队地从车站上拥了过来，军官们都离开了会场。

过了半个钟头，杜根气喘吁吁地跑到彭楚克跟前。

“米特里奇，怎么办呀？……加尔梅柯夫在生花样呢。正在把机枪从车上往下卸，还派了一个骑兵联络员不知往什么地方去啦。”

“咱们去看看。去叫二三十个人来！麻利点儿！”

就在兵车司令的那节车厢旁边，加尔梅柯夫和三个军官正把机枪往马上装。彭楚克第一个走过去，回头看了看哥萨克们，把手伸进军大衣口袋里，掏出一支崭新的、擦得锃亮的军官手枪。

“加尔梅柯夫，你被捕啦！把手举起来！……”

加尔梅柯夫从马跟前往旁边一跳，一只手叉着腰，另一只手抓住手枪皮套，但是没来得及把手枪掏出来，一颗子弹就从他头上嗖的一声飞了过去；紧跟着枪声，彭楚克又用凶狠的声音低沉地喊道：

“手举起来！……”

他的手枪机头扳到了一半，连撞针的尖儿都露了出来。加尔梅柯夫眯缝起眼睛注视着他，很费劲儿地举起了手，弹了弹手指头。

几个军官都很不情愿地交出了武器。

“马刀也要摘下来吗？”一个年轻的少尉机枪手恭恭敬敬地问道。

“是的。”

哥萨克们把机枪从马身上卸下来，搬进车厢里。

“派人把他们这几个看起来。”彭楚克对杜根说。“齐卡马索夫去逮捕其余的一些，把他们也带到这儿来。听见吗，齐卡马索夫？咱们两个把加尔梅柯夫送到驻军的革命军事委员会去。加尔梅柯夫大尉，请您在前面走吧。”

“真麻利呀！真麻利！”一个军官一面往车厢里跳，一面目送着渐渐走远的彭楚克、杜根和加尔梅柯夫，赞叹说。

“先生们！可耻呀，先生们！咱们简直跟小孩子一样！咱们谁也没有想到先下手把这个坏蛋干掉！当他把手枪对着加尔梅柯夫的时候，给他一家伙，他就完蛋啦！”苏肯中校气愤地朝军官们打量了一眼，用哆哆嗦嗦的手指头老半天才从烟盒里抽出一支烟来。

“他们足足有一个排呀……会乱开枪的。”少尉机枪手抱愧地说。

军官们都一声不响地抽着烟，偶尔地互相看两眼。事情发展之快，使他们全惊呆了。

加尔梅柯夫咬着黑胡子尖儿，一声不响地走了一阵子。颧骨高高的左腮上有一片红晕，好像是挨过一记耳光。一路上遇到的老百姓都很惊讶地望着，站下来，小声议论着。向晚时候纳尔瓦的阴沉的天空十分晦暗。铁路线上落满了白桦树叶，一片片树叶就像红桃形的金锭——那是八月离开时失落下来的。一只只寒鸦从教堂的绿色圆顶上飞过。车站外面，暮霭沉沉的田野那边，黑夜已经携带着寒气降临大地，然而在没有道路的天上，涂了白铅粉似的暮色中的片片白云，径直地从纳尔瓦向普斯科夫，向卢加方面飘去；黑夜渐渐跨过一道看不见的界线，把黄昏挤走了。

在车站旁边，加尔梅柯夫猛然转过身来，对着彭楚克的脸啐了一口。

“坏——蛋！……”

彭楚克躲开啐过来的唾沫，眉毛向上一挑，用左手紧紧攥住直想往口袋里伸的右手腕子，攥了老半天。

“走！……”他好不容易才说出话来。

加尔梅柯夫不住声地骂着，朝前走去，骂的都是一些非常难听的话。

“你这个奸贼！叛徒！你早晚要受到报应！”他拼命嚷着，还时常站下来，对着彭楚克的脸骂。

“走吧！请你走吧……”彭楚克每一次都是劝他。

于是加尔梅柯夫攥紧拳头，又往前走，他走起来一颠一冲的，就像一匹害了气肿病的马。他们走到水塔跟前。加尔梅柯夫把牙咬得咯吱咯吱响，叫喊道：

“你们不是政党，是一群肮脏的社会渣滓！谁领导你们？——德国的总司令部！布尔什维克呢……哈哈哈！一群狗杂种！你们的党，你们这伙败类，全是人家收买的……下流货！下流货！……你们出卖了祖国！……我要把你们一起绞死……哈哈哈！会有这一天的！……你们的列宁不就是三十个德国马克把俄罗斯卖掉的?！捞上个百十万，就跑掉啦……好一个亡命徒！……”

“给我站到墙跟前！”彭楚克拉长声音、结结巴巴地喊道。

杜根惊骇得发起愣来。

“伊里亚·米特里奇，别急！你干什么？等一等！……”

彭楚克的脸气得变了形，发了青，一下子跳到加尔梅柯夫跟前，照着加尔梅柯夫的额角狠狠打了一巴掌，他踩着加尔梅柯夫头上掉下来的军帽，把他拉到水塔的黑乎乎的砖墙跟前。

“给我站——住！”

“你干什么?! 你……你敢?! ……你敢打人?! ……”加尔梅柯夫挣扎着,吼叫着。

他的脊背咚的一声撞到水塔的墙上,他直起身子,明白了:

“你想打死我呀?”

彭楚克弯下腰,忙乱了一下子,才把手枪抽出来,因为机头挂在口袋里子上了。

加尔梅柯夫向前跨了一步,迅速地把军大衣上的扣子全部解了开来。

“开枪吧,狗崽子! 开枪吧! 你就看看,俄罗斯的军官死得多么有种……我就是眼看着要死……”

一颗子弹打进他的嘴里。沙哑的回声在水塔后面缭绕着,渐渐向高处飞去。加尔梅柯夫朝前跨了两步,身子就一歪,用左手抱住脑袋,倒了下去……他弯成一个很弯的弧形,把几颗血糊糊的牙齿吐到胸膛上,有滋有味地咂了咂舌头。他的脊背挺了挺,刚刚挨到潮漉漉的石子,彭楚克就又补了一枪。加尔梅柯夫抽搐了几下,把身子侧歪过去,就像一只要睡的鸟儿把头藏到了翅膀底下,又断断续续地抽搭了几声。

到了前面的十字路口,杜根撵上了彭楚克。

“米特里奇……你这是干什么,米特里奇? ……你为什么要打死他?”

彭楚克按住杜根的肩膀,用坚定、刚强的目光看着他的眼睛,声音异常镇定、异常平静地说:

“不是他们杀死咱们,就是咱们杀死他们! ……没有中间道路可走。血债就要用血来还。问题就在于谁打死谁……明白了吗？像加尔梅柯夫这样的人，就得打死、消灭，像对待毒蛇一样。对那些同情他们的人也要开枪……明白吗？为什么要同情？你要咬住牙！心肠要硬！加尔梅柯夫一旦掌了权，立刻就会把我们打死的，连纸烟也用不着从嘴里拿下来，可是你……唉，真像个小娃子！”

杜根的头抖动了老半天，牙齿不住地磕打着，穿着红红的靴子的两只大脚走起路来也歪歪倒倒的了。

两个人一声不响地在空旷无人的小街上走着。彭楚克偶尔地回头朝后面看看。在他们的头顶上，低低的黑云在天空里翻滚着，向东方涌去。在黑云缝隙里，在小小的一块八月的天上，露出了被昨天的雨水冲洗得干干净净的一弯残月，就像一只斜斜的绿眼睛。不远处的十字路口上，一名士兵和一个披着白披肩的女子紧紧偎依着站在那里。士兵要拥抱那个女子，把她往怀里拉，悄悄说着话儿，那女子用双手推着他的胸膛，把头向后仰着，娇喘吁吁地嘟哝说：“我不信！我不信。”并且低低地哧哧笑着。

十八

八月三十一日，被克伦斯基召了去的克雷莫夫将军在彼得格勒用手枪自杀了。

克雷莫夫部队的代表团和军官们纷纷跑到冬宫里去请罪。不久前还要跟临时政府打仗的人们，现在都十分殷勤地向克伦斯基献媚，让他相信自己的一片忠诚。

士气已经完全垮掉的克雷莫夫的军队还在做最后挣扎：一部

分人马还照常缓缓地朝彼得格勒开去，但是这种行动已经失去任何意义，因为科尔尼洛夫的叛乱已经接近了尾声，像烟火一样冒起来的反动火焰已经熄灭，而且共和国的临时执政者——不错，这些天来他那肥嘟嘟的腮上确实掉了不少肉——已经像拿破仑那样抖着裹在皮绑腿里的小腿肚子，在政府的例会上说起“政局完全稳定”之类的话来了。

克雷莫夫自杀的前一天，阿列克塞耶夫将军接到任命他为最高统帅的委任状。为人精细、谨小慎微的阿列克塞耶夫明白自己处于很不光彩的两面人地位，起初坚决拒绝担任这一职务，但是后来接受了这项任命，其目的仅仅是希望能减轻科尔尼洛夫和在不同程度上参与组织反政府叛乱的一些人的厄运。

他在路上就用直通电话跟大本营联系了一下，想弄清科尔尼洛夫对于他接受任命和前来赴任抱什么态度。冗长的对话断断续续地一直进行到深夜。

也就在这一天，科尔尼洛夫召集了一次参谋人员和亲信们的会议。他提出继续同临时政府斗争是否适宜的问题，大多数与会者都主张继续进行斗争。

“亚历山大·谢尔盖耶维奇，请您谈一谈吧。”科尔尼洛夫对一直没有发言的鲁科姆斯基说。

鲁科姆斯基的话说得很审慎，然而十分果断，他表示反对打内战。

“投降吗？”科尔尼洛夫不客气地截住他的话，问道。

鲁科姆斯基耸了耸肩膀。

“事情是明摆着的。”

又谈了有半个钟头。科尔尼洛夫没有再说话，他用极大的毅力克制着自己。不久他就宣布散会，可是一个钟头之后，又把鲁科姆斯基叫到自己的办公室里。

“您的意见很对，亚历山大·谢尔盖耶维奇！”他咯吧咯吧地掰着手指头，用失神的、好像蒙了一层烟灰的灰白色眼睛朝一边看着，无精打采地说：“再反抗下去，是很愚蠢的，也是极不应当的。”

他有老半天用手指头敲着桌子，仔细听着，也许他听的是自己的乱腾腾的思绪；沉默了一阵子之后，问道：

“米哈伊尔·瓦西里耶维奇什么时候到？”

“明天。”

九月一日，阿列克塞耶夫到了。就在当天晚上，他遵照临时政府的命令，逮捕了科尔尼洛夫、鲁科姆斯基和罗曼诺夫斯基。在把他们送往羁押这些被捕者的“首都大饭店”以前，阿列克塞耶夫和科尔尼洛夫面谈了二十分钟；科尔尼洛夫从他的房间里走出来，心情十分激动，几乎不能控制自己。罗曼诺夫斯基本来想去看看科尔尼洛夫，但是被科尔尼洛夫的夫人挡驾了。

“对不起！拉甫尔·盖奥尔吉耶维奇不愿意会客。”

罗曼诺夫斯基匆匆看了看她那阴郁的脸，自己的两个腮蛋子顿时发了乌，便激动地眨巴着眼睛，走了开去。

就在第二天，西南战线总司令邓尼金将军、参谋长马尔科夫将军、万诺福斯基将军和特别军团的司令官爱耳迭里将军也都在别尔基柴夫被逮捕了。

逆时而动的科尔尼洛夫反革命阴谋活动，在贝霍夫的一所女子中学里可耻地结束了。这一次是结束了,可是又产生了新的阴谋:未来的国内战争和向革命展开全线进攻的计划的轮廓,不就是在这里产生的吗?

十九

十月末的一个清晨,李斯特尼次基大尉接到团长的一项命令——率领连队徒步到皇宫广场上去。

李斯特尼次基将命令交给司务长以后,自己就匆匆忙忙地穿起了军装。

几个军官也都开始穿衣服,一面打着哈欠,一面互相骂着玩儿。

“怎么回事儿?”

“你问布尔什维克去!”

“诸位,谁把我的子弹拿走啦?”

“往哪儿去?”

“你们听,是在放枪吗?”

“放他妈的鬼的枪! 你们都是驴耳朵!”

军官们都来到院子里。全连已经排成纵队站好了。李斯特尼次基率领哥萨克迅速地出了院子。涅瓦大街还空空荡荡的。不知是什么地方确实响着零零落落的枪声。一辆装甲车在皇宫广场上来来回回地开着,一些士官生在巡逻。大街上依然空旷无人,一片寂静。哥萨克们来到冬宫门口,一队士官生和第四连的几名哥萨克军官迎了上来。其中的一位连长,把李斯特尼次基叫到一边去，说：

“您把全连都带来啦？”

“是的。怎么啦？”

“二连、五连和六连都不肯去，拒不执行命令，不过机枪队是跟着我们的。哥萨克们怎么样？”

李斯特尼次基甩了一下手。

“很糟。第一团和第四团怎么样？”

“别提他们啦。他们都不听调。您可知道，今天布尔什维克是不是要动手啦？鬼知道会发生什么事情！”他很烦恼地叹了一口气。“真想一下子回到顿河上，不管这些麻烦事……”

李斯特尼次基领着一连人进了宫院。哥萨克们把步枪架起来以后，就在宽敞得像大操场一样的宫院里溜达起来。军官们都走进远处的厢房里。抽烟。说话儿。

过了一个钟头，又开来一团士官生和一支女子敢死队。士官生就布置在皇宫的走廊里，把机枪也拖到那里去。女子敢死队就聚集在宫院里。闲溜达的哥萨克们不时地走到她们跟前，开一些不三不四的玩笑。中士阿尔扎诺夫拍了拍一个穿着短大衣的矮小妇人的脊背，说：

“大婶子，你顶好还是去养养孩子，怎么干起老爷们的事情来啦？”

“你去养吧！”粗声粗气、很不温柔的“大婶子”顶撞说。

“我的宝贝儿！你们来跟我们一块儿养，好吗？”旧教徒兼色鬼裘柯甫诺夫厚着脸皮对女队员们说。

“揍他们，流氓！”

“劈大腿的英雄们!”

“回家待着去吧! 到外面派不上用场!”

“土造的双筒猎枪,只能在家里凑合着用用!”

“打前头看,像个兵;可是打后头一看,不知道像个神甫,还是像他妈的什么东西……简直叫人恶心!”

“喂,你这个女队员! 把屁股收一收,要不然我给你一枪托子!”

哥萨克们望着妇女们,哈哈笑着,十分开心。但是将近晌午时候,快活劲儿不见了。女敢死队队员们分成一排一排的,从广场上抬来一根根老粗的松木,把皇宫的大门垒了起来。指挥她们的是一名又高又大、颇有男子气概的娘儿们,她那挺合身的军大衣上还挂着一枚乔治勋章。那辆装甲车在广场上来回跑得更勤了,士官生们不知从哪里弄来许多装满子弹和机枪弹带的手提箱。

“喂,乡亲们,准备干吧!”

“这么说,咱们要打仗啦?”

“你以为怎样? 把你弄到这儿来,你以为是叫你跟女队员吊膀子的?”

拉古京周围聚集了一些同乡,有布堪诺夫村的,也有司拉晓夫村的。他们在商量事情,不停地挪动着位置。军官们都不知跑到什么地方去了。宫院里除了哥萨克和女敢死队员以外,再没有别的人了。有几挺被机枪手扔下的机枪差不多就在皇宫大门口,机枪的护板湿漉漉、黑乎乎的。

傍晚,飘起毛毛细雨。哥萨克们都焦躁不安起来。

“这算什么规矩：把我们领了来，撂在院子里，连饭都不给吃?!”

“应该找李斯特尼次基去。”

“找个屁！他在皇宫里呢，士官生又不放咱们哥儿们进去。”

“应该派人去叫灶车，叫他们送饭来。”

于是派了两个哥萨克去叫灶车。

“你们不要带枪去，如果带了枪，也会叫他们给下掉。”拉古京劝他们说。

等灶车等了两个多钟头。别说灶车，连派出去的人也没有回来。原来是谢苗诺夫团的步兵把已经出了门的灶车拦回去了。天快黑的时候，聚集在宫门旁边的女敢死队员们散成密集的散兵线；她们卧倒在松木下面，开始朝广场对面打枪。哥萨克都没有开枪，在抽烟，觉得挺无聊。拉古京把全连弟兄召集到宫墙跟前，担心地望着宫里一面面的窗户，说道：

“乡亲们，这算什么呀?！咱们在这儿没事可干。应该撤出去，要不然咱们要平白无故地遭殃。要是来进攻皇宫，咱们在这儿怎么办？军官们连影子都不见啦……难道咱们就该死，就该死在这儿吗？咱们干脆回去，这儿没什么好呆的！临时政府嘛……咱们要它有屁用！怎么样，乡亲们?”

“要是往外开，赤卫队会拿机枪扫咱们的。”

“会把咱们脑袋都砍掉!”

“不会吧……”

“那可是很难说清。”

“不行，咱们就待在这儿听天由命吧。”

“咱们就像小牛犊一样，吃过了就在棚子里待着吧。”

“谁愿意怎样就怎样，我们排可是要退出去啦！”

“我们也走！”

“派几个人上布尔什维克他们那儿去，叫他们别打咱们，咱们也不打他们。”

第一连和第四连的哥萨克们也都走了过来。大家商量了不大的一会儿。每连推选一个人，三名哥萨克出了宫门，过了一个钟头，领着三个水兵回来了。三个水兵跨过堆在宫门口的松木，装作十分随便的样子，往宫院里走来；走到哥萨克们面前，同大家握手问好。其中有一个，是个黑胡子的漂亮小伙子，敞着蓝呢子水兵制服，帽子戴在后脑勺上，他挤进了哥萨克们的人群当中。

“哥萨克同志们！我们是革命的波罗的海舰队的代表。我们上这儿来，是想建议你们离开冬宫。你们没有必要来保卫与你们不相干的资产阶级政府。让资产阶级的子孙——士官生去保卫他们的政府吧。没有一个步兵战士肯保卫临时政府，而且你们的弟兄——第一团和第四团的哥萨克们——也跟我们联合起来啦。谁愿意跟我们一道走，请站到左边去！”

“等一等，伙计！”第一连的一个十分威武的中士跨到前面。“跟你们一道走，我们很愿意……可是万一赤卫队朝我们开枪呢？”

“同志们！我们代表彼得格勒革命军事委员会，保证你们绝对安全。谁也不会侵犯你们。”

黑胡子水兵旁边还有一个矮墩墩的麻脸水兵。他转悠着粗粗的牛脖子，朝哥萨克们扫了一眼，拍了拍他那紧紧绷在大翻领制服里的鼓鼓的胸脯说：

“我们来护送你们！弟兄们，一点用不着担心，我们不是你们的敌人，彼得格勒的无产者也不是你们的敌人，敌人是那些人……”他用翘着的大拇指朝皇宫方向指了指，并且龇着密密实实的大牙齿笑了笑。

哥萨克们在迟疑不决地踌躇着，有些女敢死队员也走过来，听了听，看了看哥萨克们，又回到宫门旁边。

“喂，大嫂子们！你们也跟我们一块儿走，好不好？”一个满脸胡子的大个子哥萨克喊叫道。

没有得到回答。

“各人拿起枪——准备出发！”拉古京果断地说。

哥萨克们一齐抓起枪来，站好了队。

“把机枪带走，怎么样？”一个哥萨克机枪手向黑胡子水兵问道。

“带走！不能把机枪留给士官生们。”

哥萨克们正要开走，各连的军官一齐出来了。他们挤成一堆站着，眼睛盯着水兵。三个连排好队伍以后，就出发了。机枪队在前面拉着机枪，小轮子轻轻地吱嘎吱嘎响着，在湿漉漉的石子路面上轧轧地滚着。穿蓝呢子制服的水兵和第一连打头的一个排并肩走着。菲多谢耶夫乡的一个头发淡黄、身材高大的哥萨克拉住他的袖子，抱愧和感动地说：

“好兄弟，难道我们愿意反对人民吗？我们是糊里糊涂到这儿来的，如果知道的话，我们会来吗？”并且难受地摇了摇一头乱发的脑袋。“你相信我的话：我们决不来！真的！”

第四连走在最后面。他们在密密麻麻挤满了女敢死队员的皇宫大门口耽搁了一会儿。一个十分魁梧的哥萨克跳到木头上，用告诫的神气意味深长地摇晃着一个黑黑的、指甲老长的手指头，说：

“你们这些女兵们，听我说！现在我们撤走啦，你们凭你们老娘儿们的糊涂劲儿，留下就留下吧。那咱们就这样吧，谁也不碰谁！如果你们敢在背后朝我们开枪，那我们就转回来，把你们都剁成肉酱。我说得明白吗？好啦，就这样。再见吧。”

他从木头上跳下来，大步流星地去追赶自己的人，不时地回头望望。

哥萨克们眼看就要走到广场中央了。一个哥萨克回头看了看，十分激动地说：

“弟兄们，瞧！一个军官追咱们来啦！”

很多人一面走着，一面扭回头去看。一个高个子军官按着马刀，朝广场上跑来。

他在招手。

“这是阿塔尔希柯夫，第三连的。”

“他怎么样？”

“大个头儿，眼睛上还有一颗小瘊子。”

“他想跟咱们走呢。”

“他是一个好小伙子。”

阿塔尔希柯夫大步流星地追赶着连队，老远就可以看到，他一脸都是笑容。哥萨克们纷纷向他招手，哈哈笑着。

“加油，中尉先生！”

“快点儿!”

宫门那边传来一声炸耳朵的枪响。阿塔尔希柯夫两手一挓挲,身子向后仰了仰,仰面倒了下去,两条腿乱蹬乱踹,蹬着地面,想站起来。三个连队就像听到一声口令,一齐面对着皇宫拉开了阵势。机枪掉转了枪口,机枪手们跪下身来。机枪弹带哗哗地响了起来。但是宫门口垒起的松木后面,已经一个人也没有了。一分钟之前还聚集在那里的女敢死队员和军官们,好像都被那一声枪响轰跑了。三个连队又急急忙忙排好队伍,加快了步伐往前走。殿后的一个排里的两名哥萨克也从阿塔尔希柯夫倒下去的地方回到队伍里。其中的一个,为了让全连的人都能听见,大声说:

“子弹打进他的左肩胛骨下面。完啦!”

脚步声越来越响,也整齐了。穿蓝呢子制服的水兵发出口令:

“右转弯……走! ……”

三个连队弯弯曲曲地转着弯。寂无声息的皇宫默默地送着他们。

二十

秋意渐渐浓了。时常落雨。贝霍夫的天空难得出现苍白无力的太阳。十月里,鸟儿开始南飞。就连夜里,秋高气爽、黑漆漆的天空里都回荡着凄切动人的鹤唳声。一群群的候鸟急急忙忙地飞过,躲避即将到来的寒冷,躲避高空中刺骨的北风。

因为科尔尼洛夫案件被捕、羁押在贝霍夫的人，等候审判已有一个半月之久了。在这段时间里，他们的狱中生活大致稳定下来，虽说不能完全和平常的生活相比，却也平平安安，别有乐趣。每天早晨，吃过早饭以后，将军们就出去散步；散步回来，就看信看报，接见来访的亲戚和朋友，吃午饭，午睡，午睡以后各人在自己的屋子里做自己的事情，到晚上，通常都是在科尔尼洛夫的屋子里聚会，交谈，商量事情，待上很久。

他们在这座改做监狱的女子中学里，过得倒也自在。

在外面看守的是盖奥尔吉耶夫营的士兵，在里面看守的是帖金士兵。这种看守虽说在一定程度上限制了在押者的自由，但是同时也提供了很大的方便：安排得非常巧妙，如果在押者愿意逃出去的话，随时都很容易平安无事地逃出去。他们在贝霍夫监狱期间，一直毫无阻拦地跟外界保持着联系，对资产阶级舆论施加压力，要求尽快结案，消灭叛乱的罪证，探索军官们的意向，而且准备在不得已时逃跑。

科尔尼洛夫为了笼络忠于他的帖金人的心，便和卡列金联系了一下，卡列金就遵照他的指示，急忙将几火车粮食运往土耳其斯坦，赈济挨饿的帖金人的家属。为了救助参与科尔尼洛夫叛乱的那些军官的家属，科尔尼洛夫给彼得格勒和莫斯科的大银行家写了一封内容十分尖刻的信；银行家们只怕有些事情如果被揭露出来，将对自己不利，就毫不怠慢地汇来几万卢布。在十一月以前，科尔尼洛夫和卡列金之间一直没有中断书信往来。他在十月中旬写给卡列金的一封长信里，问到顿河方面的情形，问到哥萨克们对于他去顿河抱什么态度。卡列金给了他满意的答复。

十月革命撼动了贝霍夫的在押者的立脚点。第二天，各种各样的急使就驰向四面八方，过了一个星期，卡列金便写信给自封为最高统帅的杜霍宁将军，坚决要求把科尔尼洛夫和其他被捕的人取保释放，这说明有些人已经在为被捕的人担心了。哥萨克军人联合会和陆海军军官联合总会也都向大本营提出同样的请求。杜霍宁迟迟不肯行动。

十一月一日，科尔尼洛夫给杜霍宁写过一封信。杜霍宁在信边上做的一些批语，清清楚楚反映出大本营已经软弱无力，这时候实际上已经失去对军队的任何指挥权，已经走上了穷途末路。

尼古拉•尼古拉耶维奇阁下！

主要由于高级指挥人员的优柔寡断和纵容姑息，国家已走上灭亡的方向。命运把您推上了举足轻重的地位，改变历史进程的重担落在您的肩上。您已经面临了这样的时刻，或者敢作敢为，或者退职。否则，亡国的责任和军队彻底瓦解的耻辱就要落到您的身上了。

根据我所得到的片段不全的情报来看，局面是严重的，但还不是没有出路的。但是，如果您纵容布尔什维克掌握了大本营，或者您甘愿服从他们的统治，那就真的没有出路了。

您只掌握一个已经有半数受过宣传煽动的盖奥尔吉耶夫营和一个软弱无力的帖金团，这是远远不够的。

考虑到大局的下一步发展，我认为，您必须立即采取一些切实加强大本营的措施，造成有利环境，以便进一步克服越来越混乱的状态。

我认为必须采取以下措施：

一、立即把一个捷克团和一个波兰的枪骑兵团调往莫吉廖夫。

[杜霍宁批：大本营不认为他们完全可靠。这些部队是第一批同布尔什维克休战的。]

二、抽调前线上的哥萨克炮兵连，加强波兰军各师的炮兵火力，用波兰军占领奥尔沙、斯摩棱斯克、日洛滨和戈麦尔。

[杜霍宁批：为了占领奥尔沙和斯摩棱斯克，已经集中了库班第二师和阿斯特拉罕哥萨克的一个旅。为了被捕人的安全，不能把波兰第一师的一个团从贝霍夫调出来。第一师的部队干部是很弱的，因此不能算是切实可靠的力量。波兰军一定要保持不干涉俄罗斯内部事件的状态。]

三、借口调往彼得格勒和莫斯科，把捷克斯洛伐克军的各部、科尔尼洛夫团和一两个特别坚强的哥萨克师集中到奥尔沙—莫吉廖夫—日洛滨一线上。

[杜霍宁批：哥萨克们的立场很坚定——不和布尔什维克打仗。]

四、把所有英国的和比利时的装甲车都集中到该地区，全部由军官担任炮手。

五、把储备的步枪、子弹、机枪、自动步枪和手榴弹集中到莫吉廖夫及其附近的一个点。加以妥善的看守，以便发给必将在指定地区集中的军官和志愿军人。

[杜霍宁批：这样会招致破坏。]

六、同顿河军、捷列克军和库班军的司令官以及波兰军和捷克斯洛伐克军的委员会建立紧密的联系和切实的合作关系。哥萨克们已经明确地表示拥护复辟,对于波兰人和捷克人来说,俄罗斯能否复辟的问题也就是他们本身的存亡问题。

* * *

传来的消息一天比一天可怕。贝霍夫一些人越来越恐慌。关怀科尔尼洛夫、要求杜霍宁释放被捕者的一些人的小汽车在莫吉廖夫和贝霍夫之间跑来跑去。哥萨克军人联合会甚至还采取了带有威胁意味的手段。

杜霍宁在动荡的局势之下,时常动摇不定。十一月八日,他下令将在押者送往顿河,但马上又撤回了这道命令。

第二天早晨,一辆溅满泥浆的小汽车开到了改做监狱的女子中学大门口。司机带着奴颜婢膝的殷勤神情打开车门,一个体格匀称、不算年轻的军官从汽车里走了出来。他向守卫的军官出示了写明上校参谋库松斯基的证件。

“我是从大本营来的。我要面见在押的科尔尼洛夫将军。警卫队长在哪里?”

警卫队长是帖金团的艾尔加耳德中校,他毫不怠慢地领着来人去见科尔尼洛夫。库松斯基自我介绍过以后,微微带一点装腔作势的意味加重口气说道:

“四个小时以后,大本营就要把莫吉廖夫和平地交出去。杜霍宁将军吩咐我转告您,全部在押人员必须立即离开贝霍夫。”

科尔尼洛夫向库松斯基详细地问过莫吉廖夫的情形以后,便把艾尔加耳德中校请了来。他用左手的指头重重地按着桌子边儿，说道：

“立刻释放各位将军。帖金军准备在夜间十二点以前出发。我同帖金团一起走。”

整个这一天，随军作坊里的风箱呼啦呼啦地响着，熊熊燃烧的煤炭发着红光，铁锤叮当直响，战马在拴马桩边一股劲儿地长嘶。帖金人都在钉马掌，修马具，擦步枪，准备开拔。

白天，将军们一个一个地离开羁押处所。到了万籁无声的半夜里，当偏僻的小城熄灭了灯火，沉沉入睡的时候，帖金团的人马就排成三路纵队，出了贝霍夫女子中学的校园。他们的黑色身影，就像塑成的一般，在钢铁色的天空背景上不住地晃动着。马上的人就像一只只挓挲着羽毛的黑鸟，把高高的皮帽子拉得低低的，瑟瑟缩缩地佝偻着身子，把黑油油的脸藏在皮帽耳朵里。在团纵队的中间，和团长并辔前进的是科尔尼洛夫。他骑的是一匹健壮的高头大马，佝偻着的身子微微摇晃着。回荡在贝霍夫街道上的冷风，吹得他皱起眉头，他把眼睛眯成窄窄的缝儿，望着满天星斗的寒空。

新换过掌的马蹄的嘚嘚声在大街上响了一阵子，就消失在城郊外。

二十一

柯晒沃依他们这个团已经撤退了两天两夜。慢慢后撤，且战且退。在高出地面的土路上，俄军和罗马尼亚军队的辎重车一辆接着一辆。德奥联军正在用深入的侧翼迂回战术包抄后退的军队,打算使包围圈合拢。

向晚时候才发觉,第十二团和附近的一个罗马尼亚旅有被包围的危险。敌人在太阳落山的时候把罗马尼亚人赶出了霍维涅斯基村,并且已经推进到和戈尔什山口接界的"四八〇"高地。

夜里,用山民骑兵营的炮兵连加强了的第十二团,奉命在戈尔什谷地下部一带布成阵势。该团派出警戒哨以后,就准备迎战。

这天夜里,米沙·柯晒沃依和呆头呆脑的同村人阿列克塞·别士尼亚克担任暗哨。他们隐藏在一口荒废崩塌的土井旁边的小沟里,呼吸着寒冷刺骨的空气。缕缕白云的毛茸茸的天上,偶尔飞过迟去的雁群,那警觉的鸣声标明了飞翔的方向。柯晒沃依想起不能抽烟,十分懊恼,低声说:

"阿列克塞,世界上的事情真奇怪呀!……人都像瞎子一样,摸索着走路,有时候走到一块儿,有时候又分开;有时候你踩着我,我踩着你……现在就天天待在鬼门关跟前,想起来都觉得奇怪,天天这样折腾来折腾去,究竟为了什么呢?依我看,世界上再没有什么比人心更可怕的啦,不管用什么法子都看不透人的心……比如说,这会儿我跟你躺在这儿,可是我不知道你在想什么,而且根本就不会知道,就连你过去的生活怎样,我也不知道;你也不知道我的心思……也许,我这会儿想杀你呢,可是你还给我干粮吃,一点也没有起疑……人往往不怎么了解人。今年夏天我住过后方医院。在我旁边躺的是一个步兵,是莫斯科人。他对哥萨克的生活感到非常稀奇,问了这样,又问那样。他们以为,哥萨克不过就是打人的鞭子,以为哥萨克是野人,以为哥萨克没有心灵,装心的地方装的是玻璃瓶,可是,要知道我们也都是同样的人呀:我们见了娘儿们也动心,见了大姑娘也着迷,有了伤心的事儿就哭,遇到喜事儿就笑……阿列克塞,你怎么样?我呀,伙计,我可是成了一个非常贪生的人啦。我想世界上有那么多漂亮娘儿们,馋得我心里都痒痒!一想到我不能把她们全都爱上一遍,就难受得要哭!我简直成了女人迷啦,恨不得把个个娘儿们都痛痛快快地爱上一爱……顶好能搞短期的,经常轮换轮换,专挑漂亮的……要不然就太不合理啦:就配给你这一个,一直到死,你就守着这一个吧……不会腻烦吗?……偏偏要打仗……"

"你那背上挨抽挨得太少啦,蠢牛!"别士尼亚克毫无恶意地骂道。

柯晒沃依身子向后一仰,没有作声,对着高高的夜空望了很久,浮想联翩地微笑着,激动而亲热地用手抚摩着冰凉的、毫无反应的大地。

在换班以前一个钟头,德国人发现了他们。别士尼亚克放了一枪,就咯吱地咬着牙蹲了下去,蜷缩起来,渐渐死去,因为德国人的刺刀刺进了他的肚子,划破了他的膀胱,而且刺进脊梁骨后,还吃力地转悠了两下。德国人用枪托子把柯晒沃依打倒在地。一个强壮的德国义勇兵背着他走了有半俄里。柯晒沃依苏醒过来,觉得血呛得难受,喘了口气,便鼓了鼓劲儿,没有费多大的事就从德国人的背上挣了下来。德国人朝着他打了一梭子,但是天又黑,又有乱树棵子,所以他跑掉了。

在停止退却、俄军和罗马尼亚军队出了包围圈以后,第十二团就从阵地上撤下来，调到自己防区左面几俄里的后方。向全团宣布了一道命令：负责拦阻逃兵，沿路设置巡逻队，严防逃兵逃往后方，不惜使用武器进行拦阻，捉住逃兵，押送师部。

米沙·柯晒沃依是第一批被派出去执行这种任务的。他和另外三个哥萨克出了村子，根据司务长的吩咐，他们布置在玉米地地头上，离大路不远。一条大路，绕过一座小树林，渐渐消失在起伏不平、阡陌纵横的原野上。他们几个轮流监视。晌午过后，发现一伙步兵，有十来个人，正朝他们走来。他们这样走，显然是想绕过山坡下面的小村子。走到树林子跟前，他们站了下来，抽起烟来，显然是在商量，后来就一个大转弯，向左拐了一个直角，又往前走。

“吆喝他们吗？”柯晒沃依从玉米秸子丛里站起身来，向其余几个人问道。

“朝天上放一枪。”

“喂，你们！站住！”

那一伙步兵离哥萨克们只有几十丈远，听到吆喝声，站了一下子，接着又好像挺不高兴似的朝前走去。

“站——住！”一个哥萨克吆喝着，接连不断地朝天上放了几枪。

哥萨克们端着步枪追上了慢慢走着的步兵们。

“你们他妈的为什么不站住？哪一部分的？往哪儿去？拿证件给我们看看！”哨长柯雷乔夫中士跑过去喊道。

步兵们站了下来。有三个人不慌不忙地摘下了步枪。

顶后面的一个弯下身去，用一截电话线捆了捆开了绽的靴子。他们身上的衣服都异常褴褛,异常肮脏。军大衣的襟上都沾满了鬼针草的棕色种子壳儿,看样子,他们是在树林子里的草丛里过夜的。有两个人戴的是夏天的军帽,其余的人戴的都是肮脏得成了灰色的、结成了球儿的羊羔皮帽子,帽耳朵忽闪着,帽带荡悠着。顶后面的一个看样子是他们的头儿,是一个又高又大、像个老头子一样驼背的步兵,他哆嗦着两边松松的腮帮子,用鼻音恶狠狠地喊道:

"你们要干什么?我们惹你们了吗?你们少管闲事!"

"把证件拿出来!"中士声色俱厉地截住他的话。

一个蓝眼睛、头发像新出窑的砖那样红的步兵,从腰后抽出一个瓶子形的手榴弹,拿手榴弹在中士鼻子前面摇晃着,一面看着同伴们,一面用雅洛斯拉夫口音又快又利落地说:

"老弟,这就是证件!这就是!这执照可是全年的!当心你的小命,要不然我一扔,你的五脏都得分家。明白了吗?明白不明白?明白了吗?……"

"你别胡闹,"中士推着他的胸膛,皱着眉头说,"别胡闹,也别吓唬我们,我们已经吓得够呛啦。不过你们既然是开小差,就请到师部去一趟。到那里自有人收拾你们这样的料。"

步兵们交换了一下眼色,一齐把枪摘了下来。其中有一个,黑黑的胡子,干瘦的脸,样子很像矿工,他用毫不畏惧的眼睛看了柯晒沃依,又看别的几个哥萨克,低声说:

"看我们拿刺刀捅你们!……哼,给我滚!走开!真的,我这就给你们一枪!……"

蓝眼睛的步兵拿手榴弹在头顶上转悠着;这会儿在顶前面的

那个又高又大、驼背的步兵用生了锈的刺刀尖抵着中士的呢子军大衣；样子很像矿工的步兵骂着娘，拿枪托对着柯晒沃依乱舞，柯晒沃依的手指头在枪机上哆嗦着；用胳膊肘夹在肋部的枪托也跳动着；一个哥萨克抓住一个小个子步兵的大衣领子，伸着手拖他，并且担心地望着其余的步兵，害怕他们从后面打过来。

干枯的叶子在玉米秸子上沙沙响着。起伏不平的原野那边，是蓝幽幽的山峦。一群黄牛在村边草地上走来走去。风在树林子外面卷起一股股冰凉的灰尘。晦暗的十月天显得安详而又宁静；洒了淡淡阳光的自然景物使人产生一种和平与安静感。可是在离大路不远的地方，一些人却不要命地、气势汹汹地闹腾着，要用自己的血污染吸足了雨水而且已经播种下冬小麦的肥沃土地。

激动的情绪多少有点缓和，步兵们和哥萨克们吵嚷了一阵以后，说话语气平和些了。

“我们从阵地上撤下来才两天多！我们可不是往后方跑！可是你们就要跑啦，真不害臊！你们把自己弟兄都扔掉啦！谁来守阵地？你们这些人啊，哼！……我有一个伙伴，肚子都叫德国人戳通啦，是我跟他一起放暗哨的，可是你们还说，我们连火药味儿都没有闻到。你闻到的，我们也全闻到啦！”柯晒沃依气愤地说。

“没什么好说的！”一个哥萨克截住他的话。“咱们上师部去，用不着啰唆！”

“哥萨克们，把路让开，要不然，真的，我们开枪啦！”矿工模样的步兵又说了一遍。

中士无可奈何地把两手一摊，说：

“老弟，我们不能这么办啊！你们就是把我们打死了，反正你们也跑不掉：你瞧，我们连就驻在村子里……”

那个高个子、驼背的步兵一会儿吓唬，一会儿劝告，一会儿低声下气地央求。最后他急急忙忙从肮脏的军用包里掏出用草辫子缠着的一瓶酒，带着讨好的神气对柯晒沃依挤着眼睛，小声说：

“哥萨克弟兄们，我们给你们一些钱，还有这……一瓶德国酒……还可以再凑上一点什么……行行方便，放我们走吧……家里有一大堆孩子呢，这你们都明白……折腾够啦，想家想死啦……要折腾到什么时候啊？……天啊！……真的不肯放我们走吗？”他又匆匆忙忙从靴筒里掏出一个小荷包，从里面抽出两张皱皱巴巴的克伦卡[①]，硬往柯晒沃依的手里塞。“收下，收下吧！嗨，自己人嘛！……你不要多心嘛……我们能凑合过去！……钱吗，这不算什么……没有钱我们能行……拿着吧！还可以再凑一点儿……”

柯晒沃依羞得满脸通红，把手藏到背后，摇着头，躲了开去。一股血猛然涌上他的脸，使他的眼睛里流出了泪水，不由得想道：“我因为别士尼亚克，朝他们出起气来啦……我这是怎么啦……自己反对打仗，可是非要让人家留下来打仗，怎么能这样呢？……我的妈呀，我怎么这样糟呢？这不就成了狗腿子啦？”

他走到中士跟前，把他拉到一边，也不看他的眼睛，说道：

“把他们放了吧？柯雷乔夫，你看怎样？真的，放了吧！……”

中士的眼睛也躲闪着，好像这会儿在做一件丑事，他说：

“让他们走好啦……拿他们他妈的有什么办法？咱们不久恐

①“克伦卡”，克伦斯基临时政府发行的纸币，有二十卢布的和四十卢布的。

怕也要走这步路啦……没有什么好瞒的!"

于是他转身对着步兵们,气愤地喝道:

"你们这些不成材的! 我们拿你们当规矩人,客客气气,你们倒跟我们讲起钱来啦? 怎么,我们少钱用吗?"他红了红脸,说:"把钱收起来吧,要不然就把你们送到师部去……"

哥萨克们都闪到一旁。柯晒沃依远望着村子里空旷的街道,对着渐走渐远的步兵们喊道:

"喂,蠢东西! 到处没遮没拦的,你们能跑到哪儿去? 那边有一片树林子,白天就在里面躲一躲,到夜里再走吧! 要不然遇上别的岗哨,会把你们抓起来!"

步兵们四面望了望,踌躇了一会儿,就像一群狼似的,拉成一条肮脏得成了灰色的链子,一个跟一个地走进了到处是乱蓬蓬的白杨树的一片洼地。

* * *

旧历十一月初,哥萨克们就陆续听到关于彼得格勒闹革命的各种各样的传闻。一向消息灵通的团部传令兵们都肯定地说,临时政府已经逃亡到美国,水兵们捉住了克伦斯基,给他剃光了头,涂了满头满脸的松焦油,把他弄得像个干了丑事的姑娘,拉着他在彼得格勒游了两天街。

后来,等到推翻临时政府和政权转移到工人、农民手里的正式公报一下来,哥萨克们都互相提防起来,不说话了。很多人非常高兴,盼着战争结束,但是暗暗传着的一些消息却使人十分担心,都说骑兵第三军正跟着克伦斯拉斯诺夫将军向彼得格勒进发，卡列金事先已经把一些哥萨克团调集到顿河上，现在也从南面攻了过来。

前线崩溃了。如果说在十月里，步兵们还只是零散地、没有组织的一小伙一小伙地开小差的话，那么到十一月底，就已经是整连、整营、整团地从阵地上撤退了；有些队伍是轻装撤退的，但是大多数都带走团里的物资，打开仓库，打死军官，并且沿路抢劫，就像冲破堤防的汹涌翻滚的洪流，纷纷朝家乡奔去。

情况既然已经成了这样，再让十二团拦阻逃兵，就毫无意义了，于是又重新把这个团调上了前线，想让他们堵住步兵抛弃阵地而造成的缝隙和缺口，然而却是枉费心机，到十二月里，这个团又从阵地上撤下来，开到附近的一个车站，把团里的全部物资、机枪、弹药和马匹装上火车，就向烽烟弥漫的俄罗斯内地开去……

第十二团的兵车经过乌克兰，向顿河开去。在离兹那明卡不远的地方，赤卫队想解除这个团的武装。谈判了半个钟头。柯晒沃依和另外五个哥萨克，都是各连革命军事委员会的代表，要求让他们带着武器过去。

“你们要武器干什么？”车站上的苏维埃代表们追问道。

“去打我们的资产阶级和将军！把卡列金的尾巴斩掉！”柯晒沃依代表大家回答说。

“武器是我们的，是我们部队的，我们不交！”哥萨克们激动起来。

把兵车放了过去。到了克里敏楚克，又要解除他们的武装。直到哥萨克机枪手们把机枪架到敞开的车厢门口，对准了车站，而且有一连散了开来，卧倒在路基后面以后，才同意放他们过去。但是到了叶卡捷琳诺斯拉夫，就是跟赤卫队交了火，也无济于事了——这个团还是被解除了一部分武装：缴掉了机枪、一百多箱子弹、一些军用电话机和几捆电线。要求逮捕军官，哥萨克们没有同意。一路上只干掉了一名军官，那就是团里的副官齐尔科甫斯基，是哥萨克们自己判他死刑，由“秃子”和一名赤卫队水兵执行枪决的。

十二月十七日向晚时候，在西涅耳尼科沃车站上，哥萨克们把副官从车厢里拖了出来。

“就是这家伙出卖了哥萨克吗？”一个带盒子枪和日本式步枪的麻脸黑海水兵开心地问道。

“你以为，我们会认错人吗？不会的，我们不会弄错，把他拉出去！”“秃子”气呼呼地说。

副官是个年轻的上尉，他战战兢兢地四面张望着，用汗津津的手抚摩着头发，不论是寒风扑面，还是枪托子乱打，既不感到冷，也不觉得疼了。“秃子”和水兵把他拉到离车厢不远的地方。

“因为这些混账家伙，大家就得暴动；因为这些家伙，就得闹革命……喂，喂，喂，先生，别抖啦，再抖就抖散啦。”“秃子”低声说着，摘下军帽，画了个十字。“别做孬种，上尉先生！”

“好了吗？”水兵玩弄着手枪，龇着白牙顽皮地笑着，向“秃子”问道。

“好——啦！”

“秃子”又画了一个十字，侧眼看着，只见水兵叉开腿，举起盒子枪，聚精会神地眯缝起眼睛，并且冷笑着，打了一枪。

在查蒲林附近，这个团十分偶然地卷入了无政府主义者和乌克兰人之间所发生的一场战斗，损失了三个弟兄，花了很大力气把一个步兵师的兵车占据着的线路清除出来以后，才好不容易冲出了重围。

过了三昼夜，十二团打头的一辆兵车上的人马就在米列洛沃下了车。

其余的人都是在卢干斯克下车的。

这个团有一半人（其余的就在车站分手了）来到卡耳根村。第二天，就拍卖战利品——从前方带回的从奥地利人手里夺来的马匹，分团里的公款和服装。

柯晒沃依和鞑靼村另外几个哥萨克在黄昏时候动身回家。他们登上一座山冈。下面，旗尔河结了冰的灰白色河湾里，便是顿河上游风光最美的卡耳根村。机器磨坊的烟囱里向外冒着腾腾的青烟，就像一个个松散的球儿；广场上是黑压压的人群；晚祷的钟声响着。卡耳根冈的后面，隐隐约约可以看见克里莫夫村的柳树头儿，再过去，在积雪覆盖的蒿灰色地平线后面，便是烟雾朦胧的落日，落日金星点点，红光闪闪，映红了半边天。

十八匹马跑过了一个长着三棵挂满霜雪的野苹果树的小土丘，便换成快跑，鞍头咯吱咯吱响着，朝东北方向跑去。寒冷的夜晚悄悄降临。哥萨克们系紧风帽的耳朵，不时地放开马像冲锋一样飞奔。马蹄咚咚，响声动地。一条大道在马蹄下飞快地向后驰去。两旁的雪地上是不久前的暖和日子里结成的冰壳子，上面冻结着一根一根的枯草，冰壳子经月光一照，像白色的萤火虫一样闪闪发光。

大家一声不响地催赶着马匹。大道向后飞驰着。东面橡树谷里的树林子在转动着。许许多多网眼绣花状的兔子脚印儿从马蹄旁闪过。草原的上空，银河像一条镂花的哥萨克皮带，横束住天空，显得分外好看。

国家出版基金项目
“十三五”国家重点出版物出版规划项目
安徽省文化强省建设专项资金项目

安娜·卡列尼娜

上

Анна Каренина

Первый том

［俄］列夫·托尔斯泰◎著
力　冈◎译

安徽师范大学出版社
·芜湖·

图书在版编目(CIP)数据

安娜·卡列尼娜 :全二册/(俄罗斯)列夫·托尔斯泰著;力冈译. — 芜湖:安徽师范大学出版社, 2018.1

(力冈译文全集;13)

ISBN 978-7-5676-3263-9

Ⅰ.①安… Ⅱ.①列… ②力… Ⅲ.①长篇小说-俄罗斯-近代 Ⅳ.①I512.44

中国版本图书馆CIP数据核字(2017)第259635号

安娜·卡列尼娜(全二册) [俄]列夫·托尔斯泰◎著 力 冈◎译

ANNA KALIENINA

责任编辑:舒贵波 李克非

装帧设计:刘 畅 桑国磊

出版发行:安徽师范大学出版社

芜湖市九华南路189号安徽师范大学花津校区

网 址:http://www.ahnupress.com/

发 行 部:0553-3883578 5910327 5910310(传真)

印 刷:浙江新华数码印务有限公司

版 次:2018年1月第1版

印 次:2018年1月第1次印刷

规 格:880 mm×1230 mm 1/32

印 张:35

字 数:819千字

书 号:ISBN 978-7-5676-3263-9

定 价:230.00元

力冈先生文学翻译的历史意义

——序《力冈译文全集》

刘文飞
中国俄罗斯文学研究会会长

在力冈先生诞辰91周年的今天，在力冈先生去世20年后的当下，在洋洋19卷23册的《力冈译文全集》面世的此刻，我们终于可以试着归纳一下他的文学翻译所具有的历史意义了。

一

力冈先生的文学翻译苦行僧形象是具有典型意义和感召力量的，这是中国老一辈俄苏文学翻译家留下的一个苍凉背影，也是他们为自己建起的一座“非人工的纪念碑”。翻译是一项苦差事，是需要坐冷板凳的，是一项付出和回报往往不成正比的工作，是一种注定要与孤独和寂寞为伴的工作。文学翻译至少需要出色地掌握两种语言，而好的外语或许能让人找到另外一种更为轻松、更有利可图的工作，好的翻译家若用其母语来进行创作，大约自己也能写出像样的文学作品来。可是，文学翻译似乎像电子游戏、像吸食鸦片一样是一种能让人上瘾的事情，一旦上手，一旦品味到其中的甘苦，往往便欲罢不能。始自玄奘的翻译姿态和翻译精神，似乎成了中国一代又一代译者的宿命，即专注和吃苦，苦修和执着。

力冈先生1926年生于山东乡间，自幼失去母亲，生活贫苦，到他上中学时，家乡被日寇占领，他流亡河南、甘肃、陕西等地。1950年，他考入哈尔滨外国语专门学校俄语专业，毕业后志愿来到安徽师范大学任教，不久就开始了文学翻译工作，陆续在报刊上发表一些短篇译作，至1956年，他的单行本译作《里雅希柯小说集》已由上海新文艺出版社推出。然而次年，他便在反右运动中蒙冤，被开除公职，押往新生耐火材料厂劳教。1960年7月，他因"劳动表现突出"被摘掉右派帽子，重返学校，他在教学之余立即重拾译笔，在短短数月间便译出苏联作家艾特马托夫的中篇小说《查密莉雅》，这篇译作在《世界文学》杂志1961年第10期刊出，引起轰动，"力冈"这一译家大名从此进入人们的视野。就在力冈先生准备大展宏图、施展拳脚的时候，"文化大革命"却突如其来，1968年，他再度被逐出校园，下放至宣城地区新田公社劳动改造，直到"文革"结束后的1978年方得以重返讲台，此时他已过天命之年，用他自己的话说就是："噩梦醒来，已是人生的黄昏。"文学翻译需要天赋，但也是一种力气活，在对于一位翻译家而言的黄金时期，即30—50岁，力冈先生却两度蒙冤，两度再拾译笔，重新开始，这需要何等的勇气和坚韧！他两落三起的翻译经历，几乎就是20世纪五六十年代中国的俄苏文学翻译家们跌宕起伏的人生经历的缩影，就是那一时代中国知识分子命运的象征。令人惊讶的是，重返译坛的力冈先生以超乎常人的工作激情和翻译速度，在1978年后的20年间陆续出版20余部译著，平均每年一部，总字数达700余万。在20世纪80年代，最初几部译著的出版使力冈先生挣到了以当时标准看相当不菲的稿酬，甚至成为所谓“万元户”，但他似乎无暇也无意去享受自己的劳动成果，依然粗茶淡饭，素衣裹身，与此同时却以更大的热情继续译事，终日伏案，不懈地爬格子。1997年2月，力冈先生因肝癌病在芜湖弋矶山医院逝世，据家人说，他在生命的最后时刻仍在念叨着未译完的最后一部译作《罪与罚》。我们或许可以说，他是被文学翻译累死的；我们肯定可以说，文学翻译是他最为看重的毕生事业。

力冈先生少年时四处漂泊，中年时命运多舛，老年时病魔缠身，他的一生似乎都不是给最需要安宁和平静的翻译家所准备的；力冈先生的职业是教师，他偏居小城，又不善交际，这些似乎都不构成他迅速成长为一位全国著名翻译家的前提条件。但是，正如吴笛教授在他纪念力冈先生的文章中所言：“他的一生就是用出人意料的成就表现了悲怆的境界。面对种种意想不到的遭遇和不公，他并没有沉沦，也没有片面地记恨，而是在艰难的岁月中怀着对人性的憧憬，将厄运升华为创作的动力，在逆境中不忘呼唤人性和仁爱，将种种遭遇视为生命中的财富，在悲怆的境界中抒写诗意人生，毫不气馁地追求生命的意义，在自己所献身的俄罗斯文学翻译事业中，做出了杰出的贡献。”

普希金说过：“译者是文明的驿马。”笔者曾对此说法加以引申：“如果说广义的译者是文明的驿马，那么专事文学翻译的人士便是‘文学的驿马’了。凑巧的是，在汉语中，译者的‘译’和驿马的‘驿’不仅同音，而且在词源、词形和词义上也很相近，区别似乎仅在于后者为‘马儿’而前者是‘文人’（言者）。……用在驿站间往复奔波的马儿来形容译者，每个有过译事经验的人大约都能在这个比喻中品味出某种艰苦和辛酸，甚至是束缚和无奈。……既要有出众的能力还要有忍辱负重的秉性，日复一日的奔波只能换得微薄的粮草，还得时刻提防路途中遍布的坑洼和沼泽，能善此业者非驿马莫属也。”力冈先生就是这样一匹忍辱负重、砥砺前行的“文学的驿马”。力冈先生以他的作为告诉我们，文学翻译是一项可以托付终生的事业，是一种富有意义的存在方式；力冈先生及其文学翻译活动是一种燃烧生命的举动，一个与命运抗争的典范，同时是他的翻译意志奏出的一曲凯歌。

二

力冈先生是在中国改革开放的热潮中展开他最积极的翻译活动的，他的大部分译作出版于20世纪80年代。浏览一下力冈先生的译作书目，可以发现出版于80年代的译著有十余部之多，计有格鲁兹杰夫的《高尔基传》（与济凯合译，江西人民出版社1980年版）、冈察尔的《爱的归宿》（安徽人民出版社1983年版）、巴巴耶夫斯基的《野茫茫》（浙江文艺出版社1983年版）、艾特马托夫的《白轮船》（外国文学出版社1984年版）、阿列克谢耶夫的《儿时伙伴》（山东文艺出版社1984年版）、波利亚科夫的《别林斯基传》（黑龙江人民出版社1985年版）、普希金的《暴风雪》（春风文艺出版社1985年版）、肖洛霍夫的《静静的顿河》（漓江出版社1986年版）、帕斯捷尔纳克的《日瓦戈医生》（与冀刚合译，漓江出版社1986年版）、帕斯捷尔纳克的《含泪的圆舞曲——帕斯

捷尔纳克诗选》(与吴笛合译,浙江文艺出版社1988年版)、卡里姆的《悠悠儿时情》(安徽文艺出版社1989年版)和格罗斯曼的《风雨人生》(漓江出版社1991年版)等。从这个目录还可以看出,力冈这一时期的译作总体上以苏联当代文学作品为主要翻译对象。

20世纪80年代是中国当代史上的一个特殊时期,那是一个文化转型期,甚至可以说是中国现当代的一场文艺复兴,是一个文化觉醒的黄金时期。在那场汹涌壮阔的思想解放运动中,在整个改革开放后中国当代文化的建构过程中,对外国文学和外国文化的翻译和介绍起到了无可替代的重要作用,中国当今的现代化,从某种意义上说就是一种"被翻译过来的现代化"。那是一个文学的时代,也是一个翻译文学的时代;那是一个开放的时代,更是一个对外国优秀文学和文化开放的时代,在精神上饥寒交迫的国人首度面对外国文学的盛宴,饕餮之余,最应该感谢的就是那一时代的翻译家。在中国改革开放后出现的外国文学翻译热潮中,俄苏文学也是重要的译介对象之一,力冈先生的译著也和其他众多翻译作品一样,是对改革事业的添砖加瓦,是为思想解放运动注入的燃料,对当时中国社会的文化重建、国民文化性格的重塑起到了重要作用。

中国的俄国文学翻译始自19世纪末,在五四时期出现第一个高潮,如今人们在探讨五四运动的起因时,常将俄国的文学与德国的马克思主义和法国的启蒙思想并列为三大思想资源,由此不难看出俄国文学在当时中国社会所发挥的强大思想作用。后来,在抗日战争时期,在新中国成立之后的50—60年代,俄苏文

学再度发挥“军火”和“样板”功能，而在改革开放时期，包括俄苏文学在内的外国文学，又一次成为国人解放思想、放眼世界的意识形态工具和思想武器。如果说，鲁迅那一代翻译家是“给起义的奴隶偷运军火”的人，那么，改革开放时期的这一代中国翻译家同样是为国人“盗火”的普罗米修斯，功莫大焉，没有包括力冈先生在内的这一代翻译家的辛勤工作，国人的思想解放就是难以想象的。如果我们把出生在19、20世纪之交的翻译家如鲁迅、瞿秋白、蒋光慈、茅盾、巴金、耿济之等视为中国第一代俄国文学翻译家，那么20世纪第一个十年前后出生的姜椿芳、曹靖华、戈宝权、查良铮、汝龙、满涛、叶水夫等就是第二代，而力冈以及去年去世的草婴和刚刚去世的高莽等人则构成中国的俄国文学翻译家的第三代方阵，这一代翻译家同样以自己的辛勤努力为中国的思想启蒙和文化构建做出了历史性的贡献。

中国第三代俄国文学翻译家的工作也对当代中国文学的发展进程产生了深远影响。在20世纪80年代初起，俄苏文学在中国的译介出现一个“井喷”现象，十余年间，全国近百家出版社先后出版的俄苏文学作品多达近万种，在译作的种类和印数上，可能要高出此前所有同类出版物的总和。在这样一种铺天盖地的外国文学译介热潮中，受益的不仅仅是中国的读者，自然也包括中国的作家。王蒙在他的《青春祭》（作家出版社2006年版）一书中写道：“我们这一代中国作家中的许多人，特别是我自己，从不讳言苏联文学的影响。是爱伦堡的《谈谈作家的工作》在50年代初期诱引我走上写作之途。是安东诺夫的《第一个职务》与纳吉宾的《冬天的橡树》照耀着我的短篇小说创作。是法捷耶夫的《青年近卫军》帮助我去挖掘新生活带来的新的精神世界之美。在张洁、蒋子龙、李国文、从维熙、茹志鹃、张贤亮、杜鹏程、王汶石直到铁凝和张承志的作品中，都不难看到苏联文学的影响。张贤亮的《肖尔布拉克》、张承志的《黑骏马》以及蒋子龙的某些小说都曾被人具体地指认出苏联的某部对应的文学作品；这里，与其说是作者一定受到了某部作品的直接启发，不如说是整个苏联文学的思路与情调、氛围的强大影响力在我们的身上屡屡开花结果。”这里提到的张承志，就对力冈先生的译作赞不绝口，曾感慨：“我恨不得倒背如流！”由此不难窥见力冈先生的译作对改革开放时期中国作家产生的影响。

三

1984年，漓江出版社推出力冈先生重译的《静静的顿河》，这是新时期名著重译的第一部，而自90年代起，力冈先生更将名著重译当成首要任务，相继重译了多部俄国文学经典，如托尔斯泰的《复活》（译林出版社1992年版）和《安娜·卡列尼娜》（浙江文艺出版社1992年版）、屠格涅夫的《猎人笔记》（河北教育出版社1994年版）、莱蒙托夫的《当代英雄》（河北教育出版社1994年版）等，他作为翻译家的最后一项工作，就是重译陀思妥耶夫斯基的《罪与罚》。力冈先生是俄国文学经典著作重译的倡导者和先行者之一，他几乎将他翻译艺术炉火纯青的最后十年都用在了名著重译上。

文学名著重译始终是译界的一个有趣话题。中外文学史上

的名作原著，无论出现在什么时代，一代又一代读者捧读的均为同一个文本，而文学名著的译本，即便是著名的译本，却常常会随着时间的推移而“衰老”，会被所谓“新译”所取代。日本著名斯拉夫学者、契诃夫的日译者沼野充义有一次曾对笔者说，被译成日语的契诃夫作品每20—25年便要新译一次，以适应新一代的读者。他的话让笔者大吃一惊，可转而一想，外国文学作品的汉译其实也有着大致相同的命运，尽管其存活期未必一定就是20—25年。汉语文学中的原创名著，如唐诗宋词元曲，如《三国演义》《水浒》《西游记》《红楼梦》，自然在任何时代都不需要也不允许做任何文字加工，可汉语文学中的翻译名著，即便是近现代翻译大家们的著名译作，如严复译的《天演论》、林纾和魏易译的《黑奴吁天录》、鲁迅译的《死魂灵》等，如今也会让人觉得不无“过时”之感，至少会让当下的读者阅读不畅。也就是说，文学名著是永恒的，不朽的，它们的译作却是相对短命的。笔者曾在一篇文章中对名著重译现象作过一番思考：首先，从读者方面看，读者为什么会在面对原作和译著时持有不同的阅读态度呢？他们对于原作和译作这种不同的阅读取舍究竟源自何种阅读心理呢？这种厚此薄彼的取向究竟是先天的还是后天的，是产生在翻译活动出现之后还是之前，这种倾向与文学名著重译这两者之间究竟存在着什么样的互动关系呢？其次，从译者的角度看，在进行重译和新译时究竟该如何面对已有的译作，尤其是已有的优秀译作，是刻意回避，还是尽量汲取原有译作的经验和精髓呢？如果对原有译作尤其是名译作的经验和精髓有所汲取，又该如何避

免抄袭的嫌疑和版权的纠纷呢？如果对前辈翻译家宝贵的翻译经验视而不见，每位新译者均另起炉灶，真的能做到青出于蓝吗？如果新译在翻译质量上无法与旧译比肩，甚至不如旧译，那么重译的意义和价值又何在呢？最后，从翻译实践活动自身来看，用16、17世纪的汉语去翻译莎士比亚当然是可笑的，但是，用21世纪的汉语网络语言去翻译莎士比亚就一定具有历史的必然性和合理性吗？不断地重译、新译，会在多大程度上减少或抹去原作的时代感和历史感，把每一部新译作都作为当下的作品来读，是不是一种最大程度的误读呢？

力冈先生在进行文学名著的重译时，不知是否也曾遭遇此类问题，但他在晚年义无反顾地执着于重译，一定是一种有意识的抉择。我们猜度，他在他翻译事业的黄金时段做出这一重大转向，可能有如下几种原因：首先，他觉得在他之前的译本还有继续加工的余地，还有再度提升的空间。力冈先生重译的这几部俄国文学名著在他之前早已有过出自名家的名译，它们是不止一代中国读者捧读的对象，但力冈先生却不畏权威，另辟蹊径，公开与多位前辈翻译大家打擂台，这或许是力冈先生个人性格的一种显现，但他敢于“叫板”，无疑因为他自信他可以比之前的译著译得更好，或至少能译出他自己与众不同的特色。其次，在译出十多本书后，作为一名富有经验的翻译家，力冈先生大约也会产生出如何超越自己的问题，重译名著，既可以与前辈译家一较高低，同时也能时刻与俄国文学史上的名著及其作者进行跨越时空的深度交流，这无疑是一种更富有挑战也更富有趣味的工作。最后，

名著之所以成为名著，就因为它们往往具有更为完满的艺术价值和更为恒久的艺术生命，翻译这样的作品，无疑更能呼应社会的阅读需求，赢得更大的社会意义。

力冈先生晚年重译的多部名著如今仍在一次又一次地再版，这说明力冈重译的俄国文学经典具有长久的生命力，也说明他当年重译名著的抉择是正确的。一位翻译家，只要他的译作还能出版，还能被人阅读，这位翻译家就还活着，好的译作就是译者的生命之延续。从更为广泛的意义上说，力冈先生是我国改革开放之后名著重译之风的倡导者之一，而名著重译，对于深化我们对外国文学经典的理解和认识、对于发展我们的翻译实践和理论而言，都是极具历史意义的。

四

力冈先生是一位翻译家，也是一位大学老师，教书育人是他的本业。作为恢复高考后步入安徽师大外语系俄语专业的20名学生之一，笔者有幸受教于王老师（力冈本名王桂荣，我们当时都称他“王老师”）。记得先生1978年从插队的宣城乡村回到安徽师大后，不久就开始给我们授课，他教的是“文学选读课”。先生是一个颇为“另类”的老师：他上课不用现成的教材，没有固定的教案，就以他当时正在进行的翻译工作为授课内容；他在教室里不来回走动，几乎不做板书，仅端坐讲台，摊开那本他正在翻译的原著，一旁摆着一摞他最新出炉的译稿，按部就班、一句一句对照着讲下去。对文学没有兴趣、对文学翻译没有兴趣的学生，听这

样的课或许会感到无味，当时王老师课的课堂气氛也的确有些沉闷单调，但王老师并不在意，只管自顾自地讲下去，他会讲他为什么要这样译，讲到兴奋处，他会突然提高嗓门，用带有山东腔的口音高声朗读他最得意的译文段落，读完后，他会抬起眼睛，久久地盯着天花板，似在掩饰眼里涌出的泪水。记得是在讲解《当代英雄》时，他时时指出其他译者，甚至是非常著名的翻译家的错误，并向我们分析这些错误之所以出现的可能的原因，他也时常让我们在他的译文中“挑错”或为他的译文“润色”，如果我们偶有所得，他往往显得比我们还要高兴。与王老师的文学选读课构成呼应的，是我们在大三时学的翻译课，翻译课教师张本桂先生常常给我们一些原文片段，让我们动手翻译，并在下一次翻译课上让译文出色的同学朗诵其译文，并对他认为好的译文再逐字推敲。正是在力冈先生以及张本桂先生和其他老师的精心培养下，安徽师大俄语专业涌现出一大批俄罗斯语言文学专业的人才，其中多位如今已成为国内知名的翻译家，有译著面世的人更多达十余位，如吴笛、张杰、周启超、吴嘉佑、冯华英、朱少华、陈建硕和刘文飞等。名不见经传的安徽师大俄语专业，在短短二三十年间居然成为中国的俄语文学翻译家的摇篮，王老师在天之灵也会因此而深感欣慰！

我们这个俄国文学译者群体的崛起，在很大程度上要归功于力冈先生及其同事们的言传身教。首先，他在课堂上逐字逐句的中俄文对照讲解，他关于译者甘苦的诉说，对于有志于文学翻译的学生而言弥足珍贵，这其实就是一个文学翻译的工作坊和实验室，让我们当年在初步掌握俄语后不久便接触到了俄语

翻译的真谛,亲眼目睹了一位翻译家的工作过程和工作方式。其次,他既与我们分享他的翻译过程,也与我们分享他的翻译收获,记得我们在校时,他和济凯先生合译的《高尔基传》已经出版(江西人民出版社1980年版),他送给全班同学每人一本译著,并用规整的笔迹在扉页上题字签名,不难想象,我们接到这样的馈赠时会多么激动,同时也会觉得译书和出书不再是一件遥不可及的事情。最后,他以他的翻译行为和翻译意志告诉我们大家,庙小并不妨碍念经,更不妨碍修身。他在翻译课上不畏权威,真诚地点出翻译名家们的长处和短处,让我们较早地感受到某种翻译民主精神,并从而确立自己的翻译人格。在他之前的大翻译家往往都生活和工作在大城市,而他在成名后却安居小城,潜心译事,他的存在方式构成一种垂范和激励,使我们很早就意识到,一位翻译家原本可以在任何环境里成长和工作。力冈先生作为一位翻译家的作为和风骨,为他的学生们树立起一个光辉的榜样。

五

力冈的文学翻译有着其鲜明独特的文字风格。译者作为一部作品中的“被动创作者”,究竟应不应该体现其风格,这也是翻译学中一个争论已久的问题,一个见仁见智的问题,有人认为,译者的责任就在于原封不动地传导原作的风格,而不能擅自发挥,喧宾夺主。但是,译作毕竟是由译者用另一种语言进行的文学再创作,译者个人的修辞习惯和语言风格不可避免地会在其译作中得到体现，也就是说，所谓“译者风格”实际上是难以避免的。在这种情况下，如何让译者的风格与作者的风格相互接近、相互吻合，往往就成了决定译作成败的关键因素之一。译者无法在作品的风格范畴里肆意妄为，但译者毕竟有权利选择与自己相近的原著，或者说，选择自己较容易处理的翻译对象，或者说，在一部作品的翻译过程中更注重在自己的风格较易发挥的地方施展拳脚。原作风格和译者风格的吻合虽是一个可遇不可求的事情，但一旦相遇，便是译者的幸事，也是原作者的幸事，更是读者的幸事。

在力冈先生的译著中，较之于人物对话和心理描写，大段落的抒情和大场面的写景似乎得到了译者更为精心的处置，他往往能借助这些段落营造出一种悲凉壮阔、哀婉抒情的氛围，更确切地说，他往往能细腻精准地传导出原作中的此种氛围。力冈先生钟情于这样的段落，钟情于这种文学氛围的营造和传导，无疑与他饱经沧桑的生活经历相关，也是他既刚正不阿又侠骨柔情的性格使然，更是他的审美趣味和文字风格的要求。他的几部译著在书名翻译上的处理，就在一定程度上体现了他的这一追求。巴巴耶夫斯基的小说原名*Приволье*，这是一个很“地道”的俄语单词，意为“广阔的地方”“无拘无束”等，力冈成功地将其译成《野茫茫》，这个译名既契合小说描写苏联斯塔夫罗波尔草原地区生活的主题，也暗含着我国著名的北朝民歌《敕勒歌》所具有的苍茫壮阔的抒情力量。卡里姆的小说原题*Долгое-долгое детство*，力冈先生最初发表在《世界文学》上的译文题为《漫长漫长的童年》，后来出版单行本时，他将书名改为《悠悠儿时情》，

“漫长漫长的”和“悠悠”这两种均使用了叠词的译法都是对原文题目中的修辞手法和诗意情绪的准确再现，但“悠悠”较之“漫长漫长的”似乎更符合中文习惯，再加上之后的“儿时情”，无疑更有抒情味。冈察尔的小说 *Берег любви* 通常被译为《爱的彼岸》或《爱之岸》，力冈先生却译为《爱的归宿》，译者似乎也是在有意地“拓展”作为小说描写对象的爱情的辐射范围。力冈最重要的译作之一《生活与命运》最初的译名是《风雨人生》，力冈是在20世纪80年代末结束此书的翻译的，想必他在译完这部作品时，回顾自己和社会遭遇的种种磨难，不禁百感交集，故将格罗斯曼的原书名 *Жизни и судьба* 译成《风雨人生》。需要说明的是，在广西师范大学出版社不久前再版力冈先生的这部译著时，笔者建议将译著的书名改为《生活与命运》，因为这部小说如今已与托尔斯泰的《战争与和平》并列，而作者格罗斯曼在为这部小说取名时也的确是对托尔斯泰那部史诗的有意模仿，“生活与命运”和“战争与和平”，都是对人类生活最高程度的归纳和概括。

我们或许可以将力冈先生的文学翻译风格概括为“大气的诗意”或“壮阔的悲凉”，即一种融悲剧与抒情于一炉、广阔的画面感与内在的节奏感相互呼应、一气呵成的连贯调性和力透纸背的史诗感相映成趣的译文风格。在他精心翻译的《静静的顿河》和《日瓦戈医生》等巨著中，他的译笔很好地传达出了原著中原本就饱含的由抒情性、悲剧性和史诗性抱合而成的小说整体氛围，而在《生活与命运》的翻译中，他的这一风格又得到了更为充分的彰显。请读一读这部史诗长篇的结尾：“在这种宁静中，会想起去年的树叶，想起过去的一场又一场风雨，筑起又抛弃的窠巢，想起童

年，想起蚂蚁辛辛苦苦的劳动，想起狐狸的狡诈和鹰的强横，想起世间万物的互相残杀，想起产生于同一心中又跟着这颗心死去的善与恶，想起曾经使兔子的心和树干都发抖的暴风雨和雷电。在幽暗的凉荫里，在雪下，沉睡着逝去的生命——因为爱情而聚会时的欢乐，四月里鸟儿的悄声低语，初见觉得奇怪、后来逐渐习惯了的邻居，都已成为过去。强者和弱者、勇敢的和怯弱的、幸福的和不幸的都已沉睡。就好比在一座不再有人住的空了的房子里，在和死去的、永远离开这座房子的人诀别。但是在寒冷的树林中比阳光明丽的平原上春意更浓。在这宁静的树林里的悲伤，也比宁静的秋日里的悲伤更沉重。在这无言的静默中，可以听到哀悼死者的号哭和迎接新生的狂欢……"这一史诗性的小说结尾写得好，译得也好，善于再现悲剧抒情风格的翻译家力冈先生的功力和风格在这里体现得淋漓尽致，炉火纯青！

俄国诗人叶夫图申科在1986年访问中国之后，深为中国俄苏文学翻译家们忍辱负重、坚持不懈的精神所感动，写下一首题为《中国翻译家》的诗作，在由笔者译成中文的这首诗的最后，诗人写道："知识分子的良心，/就是一家出版社，/它仍能工作，/即便没有印刷机，/无论监狱、瘊迹还是侮辱，/它仍能用诗句的春燕/把各个民族连系。/翻译家们在做什么？/他们让各国人民相互走近，/越过国境，/越过谎言的沼泽地。/总有一天，要用他们的姓氏/为巨轮命名，/稻穗和麦穗，/会向他们鞠躬致敬。/伟大的译文，/就像神的预言。/翻译过来的细语，/会成为震耳的呼喊。/但愿能有一座纪念碑，/献给无名的翻译家，/那最为可敬的基座，/就由无数的译著垒成！"我们相信，力冈先生的译著，应该

也被垒入这座纪念碑的基座；力冈先生的名字，应该也被刻上这座纪念碑的碑身！

二〇一七年初秋于京西

目　录

主要人物表

安娜·卡列尼娜

——留里克王室的后裔，卡列宁的妻子，伏伦斯基的情人。美丽、聪慧，渴望个性解放和婚姻自由。

列文

——大学毕业生，贵族地主，吉娣的丈夫。志在探索解决地主与农民关系的问题，结果理论探索和实际行动均告失败，最终皈依宗教获得解脱。

卡列宁

——彼得堡官僚，省长，后升任沙皇政府部长。安娜的丈夫。典型的“官僚机器”，自私、虚伪、刻板、冷酷，一心追逐名利，丝毫不懂风情。

伏伦斯基

——年轻军官，彼得堡贵族。安娜的情夫。英俊、大方、有地位、有财产、有前程。典型的花花公子，曾真心爱过安娜，最终还是冷落抛弃了她，直接导致了她的卧轨自杀。

吉娣

——贵族小姐，列文妻子，陶丽的妹妹。温柔美丽，天真善良，虽稍显平庸和浅薄，但讨人喜欢。贤妻良母型女性，作家心目中完美“家庭女性”的代表。对丈夫的探索表示理解和支持，最终又因为丈夫而选择了不予过问。

奥布朗斯基

——没落贵族。安娜的哥哥，陶丽的丈夫。生活奢侈荒唐，为谋一个多薪职位，不惜向犹太新贵资本家摇尾乞怜。

陶丽

——奥布朗斯基的妻子，安娜的嫂子，吉娣的姐姐。又一个标准的“贤妻良母”。但是只会做妻子和母亲，活得狭隘而可怜。虽羡慕安娜所获得的爱情却又不敢自己努力去争取。

柯兹尼雪夫

——列文的同母异父哥哥，知识分子，资产阶级自由主义者。

申冤在我，我必报应[1]。

①引自《新约·罗马书》第十二章第十九节。全句为："亲爱的弟兄，不要自己申冤，宁可让步，听凭主怒，因为经上记着：'主说，申冤在我，我必报应。'"

第一部

一

幸福的家庭每每相似，不幸的家庭各有各的苦情。

奥布朗斯基家里一切都乱了套。妻子发现丈夫和以前的法籍女家庭教师有私情，就向丈夫声明，不能再跟他一起过下去了。这种状况已经持续了三天。在这样的状况下，不仅夫妻两人，而且一家大小，上上下下，都感到非常难受。他们都觉得生活在一起没有意思，觉得他们这奥布朗斯基一家大小、上上下下的关系还不如随便哪一家客店里萍水相逢的旅人。妻子在房里不出来，丈夫已有两天多不在家。孩子们在家里到处乱跑，就像丢失的孩子。英籍女家庭教师跟女管家吵了架，写了信请朋友给她另找位置；厨师昨天午餐时候就走掉了；做下手的厨娘和车夫也都提出辞工。

在口角之后第三天，司捷潘·阿尔卡迪奇·奥布朗斯基公爵(社交界都叫他小名司基瓦)在惯常的时间，也就是早晨八点钟醒来，不是在妻子的卧室里，而是在自己的书房里，在上等山羊皮沙发上。他把保养得很好的肥胖身子在弹簧沙发上翻转了一下,紧紧抱住枕头的另一头,将脸贴在枕头上,似乎还想再睡上很久;可是他忽然一骨碌爬起来,坐在沙发上,睁开眼睛。

"哦,哦,是怎么来着?"他回想着梦境,在心里说。"哦,是怎么来着?对了!是阿拉宾在达姆施塔特举行宴会;不,不是在达姆施塔特,而是在美国的什么地方。对了,不过达姆施塔特[①]就在美国。对了,阿拉宾在玻璃桌子上设宴,连桌子也唱起《我的宝贝》[②],不是《我的宝贝》,而是更好听的什么歌儿,还有一些小小的长颈玻璃瓶,玻璃瓶原来都是女人。"他回想道。

奥布朗斯基的眼睛放射出快活的光彩。他微微笑着沉思默想起来。"是啊,真有意思,太有意思了。梦里还有很多妙事儿,不过用言语是说不出来的,而且一醒来连想也想不清楚了。"他看到一幅呢绒窗帘边上透进来的一缕阳光,便快活地把两条腿从沙发上耷拉下来,用脚去找妻子绣了花的那双金色鞣皮拖鞋(那是去年给他的生日礼物),而且依照他九年来的老习惯,不等起床,就朝他在卧室里挂晨衣的地方伸过手去。这时他才猛然想起来,他不是睡在妻子的卧室里,而是睡在书房里,想起自己为什么不睡在卧室里,而睡在书房里;脸上的笑容消失了,他皱起眉头。

"唉,唉,唉!唉!……"他回想起一切种种,叹起气来。于是他的脑海里又出现了他和妻子口角的详情细节、他的尴尬情形和他自己铸成的最使人伤心的过错。

"是啊!她不肯原谅,也不可能原谅。而且最糟糕的是,一切

①达姆施塔特,德国西部的一个城市。

②原文为意大利语。

都是我的过错——是我的过错,却也不能怪我。可悲之处就在这里。”他想道。“唉,唉,唉!”他回想起这次口角中最使他难堪的场面,灰心绝望地叹起气来。

最不愉快的是开头那一会儿,那时他从剧院回来,欢欢喜喜,高高兴兴,手里拿着给妻子的一个老大的梨子,在客厅里没有找到妻子,奇怪的是,在书房里也没有找到她,最后却看到她在卧室里,手里拿着那封倒霉的、露了底儿的信。

她,这个一向心事重重、忙忙碌碌,而且他认为头脑非常简单的陶丽,一动不动地坐着,手里拿着信,带着恐怖、绝望和愤怒的神情看着他。

“这是什么?这?”她指着信,问道。

在回想这事的时候,像常有的情形一样,使他懊恼的主要倒不是事情本身,而是他怎样应付妻子这话。

他这时的情形,正是人干了非常可耻的事突然被揭穿时的情形。他不善于装扮一副脸相,以应付他的过错暴露后面对妻子时的局面。他没有表示委屈,没有否认,没有申辩,没有请求原谅,甚至也不是满不在乎——不管怎样,都要比他的做法好呀!——他的脸上竟完全不由自主地(奥布朗斯基一向喜欢生理学,他认为这是“大脑反射”),完全不由自主地浮现出那种习惯的、和善的,因而是一种很傻的笑。

他怎么也不能原谅自己这种傻笑。陶丽一看到这种笑,就像被戳了一刀似的,浑身打起哆嗦,发作起来,暴跳一阵,说了一大串难听的话,就从房间里跑了出去。从此就不愿意看到丈夫了。

“怪就怪这种傻笑。”奥布朗斯基想道。

“可是有什么办法呢？有什么办法呀？”他灰心丧气地自己对自己说，自己也无法回答。

二

奥布朗斯基是一个以诚对己的人。他不能欺骗自己，不能让自己相信他已经悔恨自己的行为。他这个三十四岁的风流美男子，不再爱一个只比他小一岁，已经是五个活着、两个死去的孩子的母亲的妻子，这一点他也不后悔。他后悔的只是，他没有想更好的办法把妻子瞒住。不过他还是深深感觉到自己处境的困难，而且也心疼妻子，心疼孩子，心疼自己。他要是早知道这事儿会使妻子如此伤心，也许他会想出更好的办法把自己的罪过遮盖住，瞒过妻子。他从来没有认真考虑过这个问题，但他模模糊糊感觉妻子早就猜想到他对她不忠实，只是睁一只眼，闭一只眼罢了。他甚至以为，她这个年老色衰，已经毫无风姿、毫无魅力，只是一窝孩子好母亲的普通女人，应该通情达理，不计较什么。谁知完全不是这样。

“唉，糟透了！唉，唉，唉！糟透了！”奥布朗斯基一再地唉声叹气，再也想不出什么法子。“这事儿没闹出来之前，这一切有多么好，我们过得多么好呀！她有了几个孩子，心满意足，欢欢喜喜，我什么也不干涉她，随她怎样照管孩子，料理家务。是的，她是我们家的家庭教师，这不大好。真不好！勾搭自己家里的家庭教师，是有点儿不像话，有点儿下流。可她是一个什么样的家庭教师呀!(他十分真切地想起罗兰小姐[1]那滴溜溜的黑眼睛和她的笑容。)不过她在我们家里的时候,我一点也没有放肆呀。最糟糕的是,她已经……简直就像是存心叫我过不去!嗨,嗨,嗨!可是有什么办法,有什么办法呀?”

什么办法也想不出来,只除了生活常常为一切最复杂、最难解决的问题提供的通用办法。这办法就是:应该糊里糊涂过下去,也就是应该忘却烦恼。在梦中忘却烦恼已经不可能,至少不到夜里不可能,已经不能再回到玻璃瓶女人唱歌的音乐境界中去;看来,只有在生活的梦中忘却烦恼了。

“以后自有办法的。”奥布朗斯基自己对自己说过这话,站起身来,穿上蓝绸里子的灰色晨衣,把带子系好,往宽阔的胸膛里深深吸了一口气,习惯地迈开矫健的步子,一双八字脚便十分轻盈地支撑着他那肥胖的身躯来到窗前。他拉开窗帘,使劲按了按铃。贴身老仆马特维听到铃声,立即走了进来,手里拿着长衣、靴子和一封电报。理发师也手持理发家什跟着马特维走了进来。

“有没有衙门里来的公事?”奥布朗斯基接过电报,在镜子前面坐下来之后,问道。

“在桌上呢,”马特维回答过,带着关心和询问的神气看了看东家,等了一会儿,又带着调皮的笑容补充说,“马车行老板派人来过了。”

奥布朗斯基什么也没有回答,只是在镜子里看了马特维一眼。从镜子里相遇的目光中可以看出来,他们彼此是默契的。奥布朗斯基的眼神好像是在问:“这话你何必说呢?难道你不知道

①原文是法语。以后凡法语一律排楷体,不再作注。

吗？”

马特维把两手插到自己的上衣口袋里，把一只脚向前伸了伸，微微笑着，默默地、亲切地看了看东家。

“我叫他下个礼拜天再来，在这之前别来打扰您，也免得他白跑。”他说出了显然是事先准备好的话。

奥布朗斯基明白，马特维是想说说笑话，让人注意他。奥布朗斯基拆开电报，一面猜测着电报里常有的译错的字，把电报看了一遍，他的脸顿时放起光来。

“马特维，我妹妹安娜·阿尔卡迪耶芙娜明天要到了。”这时理发师正在刮他的长长的鬈曲络腮胡子中间那条红红的纹路，他让理发师那光溜溜的胖手停了一下子，说道。

“谢天谢地。”马特维说这话，表示他和东家一样理解这次来访的意义，就是说，奥布朗斯基的好妹妹安娜·阿尔卡迪耶芙娜这一来，会促使夫妻和好起来。

“是她一个人，还是跟姑爷一起来？”马特维问道。

奥布朗斯基不好说话，因为理发师正在刮他的上嘴唇，他就竖起一个手指头。马特维对着镜子点了点头。

“是一个人。给她收拾楼上的房间吗？”

“你去禀报达丽雅·亚力山大罗芙娜，她会吩咐的。”

“禀报达丽雅·亚力山大罗芙娜吗？”马特维似乎带着怀疑的神气重复了一遍。

“是的，你去禀报。哦，你把电报带上，回头告诉我，她是怎么说。”

“您是想试探试探呀。”马特维心里明白了，不过他嘴里只是说。

“是，老爷。”

当马特维手拿电报，穿着咯吱咯吱响的皮靴回到房里来的时候，奥布朗斯基已经梳洗完毕，准备穿衣服。理发师已经走了。

“达丽雅·亚力山大罗芙娜吩咐我传话，说她要走了。让他，就是说让您，想怎么办就怎么办好啦。”马特维只是用眼睛笑着说，然后把手插到口袋里，歪着头盯住东家。

奥布朗斯基没有作声。过了一会儿，他那漂亮的脸上出现了和善而有点儿可怜的笑。

“啊？马特维？”他摇着头说。

“没事儿，老爷，会雨过天晴的。”马特维说。

“会雨过天晴吗？”

“是的，老爷。”

“你这样想吗？是谁来了？”奥布朗斯基听到门外有女人衣裙的窸窣声，就问道。

“是我，老爷。”一个又利落又好听的女人声音说。接着在门口出现了保姆玛特廖娜那方方正正的麻脸。

“哦，玛特廖娜，有什么事？”奥布朗斯基迎着她走到门口，问道。

尽管他和妻子的事全是他的错，他自己也感觉到这一点，可是家里几乎所有的人，就连这个老保姆，妻子的心腹，也都站在他这一边。

“有什么事？”他灰心丧气地说。

“您去一下，老爷，再去认个错儿吧。也许上帝会见怜的。她太伤心了,叫人看着都难受,再说家里也闹翻了个儿。老爷,也该心疼心疼孩子们呀。去认个错儿吧,老爷。有什么办法呢！谁系的疙瘩,还得谁自己解呀……”

“可是她不会听我的呀……”

“您该做的要做到。上帝是仁慈的,您要祷告上帝,老爷,要祷告上帝。”

“嗯,好的,您去吧,”奥布朗斯基忽然涨红了脸,说。“好吧,给我穿衣服。”他对马特维说着,很果断地脱下晨衣。

马特维已经举着准备好的衬衫,一面吹着衬衫上看不清楚的一点什么东西,带着显然很高兴的心情像上马套一样把衬衫套到东家那保养得很好的身体上。

三

奥布朗斯基穿好衣服,往身上洒了香水,抻了抻衬衫袖子,习惯地把香烟、皮夹子、火柴、系着双股链子和坠头的怀表分别放进几个口袋,抖了抖手帕,觉得尽管家庭遭遇不幸,自己浑身上下还是洁净、芳香、健康、舒适的,带着这样的感觉轻轻抖动着双腿走了出去,来到餐厅里,餐厅里已经摆好咖啡等着他了,咖啡旁边还有信件和衙门里来的公文。

他看了信件。有一封信令人很不愉快,是一个商人写来的,那商人要买他妻子庄园里的树林。那树林是要出卖的;不过现在还没有同妻子和好,这事儿根本谈不上。最不愉快的是,这样一来,摆在面前的他与妻子和好的事就要掺杂上金钱利害关系。一想到他可能受到金钱关系的支配，一想到他会为了出卖树林而想方设法同妻子和好，就觉得是受了侮辱。

奥布朗斯基看完信，就把衙门里来的公文拉过来，迅速地翻阅了两件公文，用粗大的铅笔做了几个记号，便把公文推开，喝起咖啡；一面喝咖啡，一面翻开油墨未干的晨报，看了起来。

奥布朗斯基订阅的是一份自由主义的报纸，不是极端自由主义的，而是代表大多数人主张的报纸。尽管他对科学、艺术、政治本身一概不感兴趣，他还是坚持大多数人及其报纸在这些领域的观点，只有大多数人改变了观点，他才改变观点，或者不如说，不是他改变观点，而是观点本身在他脑子里悄悄地变化。

奥布朗斯基从不选择什么派别和观点，而是这些派别和观点自动来找他，就像他从不选择帽子和衣服的式样，只是穿戴大家都穿戴的。由于进出上流社会，也由于通常在成年期渐渐发达的思维需要有一定的活动，他必须有观点，就像必须有帽子一样。至于他选择自由派，而没有选择他的圈子里也有许多人选择的保守派，那也不是因为他认为自由派主张更合情合理，而是因为自由派主张更适合他的生活方式。自由派说，俄国一切都很糟，确实如此，奥布朗斯基就负债累累，钱简直不够用。自由派说，婚姻是过时的制度，必须进行改革，确实如此，家庭生活很少给奥布朗斯基带来乐趣，而且还要迫使他撒谎，作假，这是违反他的天性的。自由派说，或者应该说是暗示，宗教不过是钳制那一部分野蛮人的，确实如此，奥布朗斯基即使做一次短短的礼拜，也觉得两腿酸痛，而且他简直不懂，今生今世多快活点儿就不错了，何必用那么一些可怕的、文绉绉的字眼儿谈论来世。此外，爱开玩笑的奥布朗斯基有时喜欢捉弄老实人，说，既然夸耀祖先，就不应该追溯到留里克[①]为止，而忘记自己的祖先——猴子。就这样，自由主义倾向成了奥布朗斯基的癖好，他爱自己的报纸，就像饭后的雪茄一样，因为报纸可以在他的头脑里布起一层淡淡的雾。他看了社论，社论中说，在我们这时代，叫嚷什么激进主义有吞没一切保守分子的危险，叫嚷什么政府必须采取措施消除革命的祸害，是毫无必要的，相反，"我们认为，危险不在于臆想的革命祸害，而在于阻碍进步的传统势力之顽固"，等等。他又读了论述财政问题的一篇文章，文章中提到边沁和穆勒[②]，并且不指名地讽刺了政府某部。他凭着机灵的头脑，能够揣摩到任何讽刺的内涵：出自何人之手，针对何人，因何事而发。这往往可以使他得到一定的乐趣。可是今天他一想到玛特廖娜的劝告和家里如此不顺遂，这种乐趣就烟消云散。他还看到贝斯特伯爵已赴维斯巴登的传闻，还看到根治白发、出售轻便马车、某青年征婚的广告；不过这些事没有像往常那样使他暗暗觉得好笑和开心。

他看完报纸，喝过第二杯咖啡，吃过黄油面包，就站起身来，拂了拂背心上的面包屑，挺起宽宽的胸膛，很高兴地笑了笑，这不是因为心里有什么特别快活的事儿，——这高兴的笑是良好的胃口引起的。

不过这高兴的笑顿时使他想起了一切，于是他沉思起来。

门外响起两个孩子的声音（奥布朗斯基听出那是小儿子格里

①留里克，俄国的开国者。

②边沁（1748—1832），英国哲学家、社会学家、法学家，功利主义哲学创始人。穆勒（1806—1873），英国哲学家、经济学家、历史学家。

沙和大女儿丹尼娅的声音)。他们在拖拉什么东西,把东西翻倒了。

“我说嘛,不能叫乘客坐在车顶上,”女儿用英语叫道,“快扶起来!”

“全乱了套,”奥布朗斯基想道,“孩子们没有人管了。”他走到门口,唤了唤孩子,两个孩子丢下当火车玩儿的匣子,朝父亲跑来。

女孩儿是父亲的宝贝,大胆地跑了进来,搂住父亲,笑哈哈地吊在他的脖子上,像往常一样,高高兴兴地闻着他的络腮胡子散发的香水气味儿。最后,女孩儿吻了吻他那因为弯腰憋得通红的、闪着慈爱光辉的脸,松开胳膊,就想往回跑,可是父亲把她拉住了。

“妈妈怎么样?”他用手抚摩着女儿那光滑、娇嫩的脖子,问道。“你好!”他又微微笑着回答男孩儿的问候说。

他意识到自己不怎么喜欢男孩儿,于是他总是竭力表示一视同仁;可是男孩儿感觉出这一点,所以看到父亲冷淡的微笑,没有报以微笑。

“妈妈吗?她起来啦。”女孩儿回答说。

奥布朗斯基叹了一口气。“这么看,她又是一夜没睡。”他想道。

“怎么样,她快活吗?”

女孩儿知道父亲和母亲吵过嘴,知道母亲不会快活,父亲应该知道这一点,知道他这样若无其事地问这话是装模作样。她为父亲红了脸。他也立刻明白了这一点,脸也红了。

“我不知道，”女孩儿说。“她没叫我们上课，叫我们跟古丽小姐上奶奶家去玩儿。”

“好，去吧，我的好丹尼娅。哦，等一下。”他还是把她拉住，抚摩着她的娇嫩的小手说。

他从壁炉上取下昨天他放在那里的一盒糖果，挑了她喜欢的两块给她，一块巧克力，一块软糖。

“给格里沙吗？”女孩儿指着巧克力问。

“对，对。”他又抚摩了几下她的肩膀，吻了吻她的头发根和脖子，这才把她放开。

“马车套好啦，”马特维说。“不过有一个女人找您有事，”他补充说。

“来了很久了吗？”奥布朗斯基问道。

“有半个钟头了。”

“我对你说过多少次，有人来要立即通报！”

“至少也得让您把咖啡喝完呀！”马特维是用十分关切的粗大嗓门儿说的，叫人没办法生气。

“好啦，快请她进来。”奥布朗斯基烦恼得皱着眉头说。

来人是卡里宁上尉的妻子，求办的是一件无法办到的、没有道理的事；但是奥布朗斯基还是照常请她坐下，用心听她说完，不打断她的话，听完后又耐心地给她出了一个主意，告诉她去找谁，怎样去找，而且又快又一丝不苟地用他那粗大、潇洒、漂亮而清楚的笔迹给她写了一封信，写给一个可能有助于她的人。奥布朗斯基送走了上尉的妻子，拿起帽子，站下来，想想自己是不是忘了什么。看来，他什么也没有忘，除了他希望忘记的妻子。

“唉，唉！”他垂下头，漂亮的脸上出现了苦恼的表情。“去还是不去？”他自己对自己说。于是心里有一个声音对他说，不必去，除了虚伪作假之外，再也不会有什么，修补和改善他们的关系是不可能的，因为不可能再使她变成美貌迷人的女子，他也不可能变成心如死灰的老头子。除了作假和说谎，现在不可能有别的结果；而作假和说谎是违反他的本性的。

“不过早晚还是得做的，总不能这样下去呀。”他竭力给自己鼓气说。他挺起胸膛，掏出一支烟，点着了，吸了两口，就丢进贝壳烟灰缸里，快步穿过幽暗的客厅，推开另一道门，走进妻子的卧室。

四

陶丽穿着小褂，当年那一头浓密的秀发如今已经稀疏，扎成辫子盘在脑后，一张脸瘦得瘪了下去，一双惶惶不安的眼睛由于脸瘦显得格外大，格外突出。她站在打开的小衣柜前面找东西，乱七八糟的东西满屋子都是。她听到丈夫的脚步声，停了下来，望着门口，竭力要在脸上装出一副严厉和轻蔑的表情，却怎么也装不出来。她觉得，她怕他，也害怕此刻和他见面。她刚刚试着做过这三天来试了上十次的事：把自己的和孩子们的东西挑出来，带到娘家去，可她就是下不了这个狠心；然而就是现在，也像上几次一样，她仍然自己对自己说，不能就这样算了，她要想法子治治他，羞羞他，报复报复他，哪怕把他给她造成的痛苦，还一小部分给他尝尝。她还一直在说要离开他，可是她又觉得这是不可能的；所谓不可能，是因为她无法不再把他当作自己的丈夫，无法不再爱他。此外，她还觉得，既然在家里她都照管不好她的五个孩子，那么，到了她和孩子们要去的地方，孩子们的情形必定会更糟。就是在这三天里，最小的一个孩子因为喝了不干净的肉汤病了，另外几个孩子昨天几乎没有吃什么。她觉得，走掉是不可能的；不过，她为了欺骗自己，还是在收拾东西，做着要走的样子。

她一看到丈夫，就把手伸到衣柜抽屉里，像是在找什么东西，等丈夫走到她跟前，她才回头看了他一眼。可是，她原想在脸上摆出一副冷峻和决绝神气的，结果却露出灰心和痛苦的神情。

"陶丽！"他用低低的、羞怯的声音说。他缩着头，很想装出一副听凭发落的可怜相，可他还是显露出精力充沛、身强力壮的样子。

她迅速地用眼睛扫了扫，把他那精力充沛的、健壮的身姿从头到脚打量了一遍。"是啊，他真是够快活，够得意的！"她想道。"可是我呢？……连他这副和善的模样儿也是令人讨厌的，大家还因为他和善喜欢他，称赞他呢；我恨死了他这副和善模样儿。"她想道。她的嘴闭得紧紧的，在她那苍白的、神经质的脸的右边，腮上的肌肉抽搐起来。

"您有什么事？"她用急促的、不自然的胸音说。

"陶丽！"他用打哆嗦的声音又唤了一声，"安娜今天要来了。"

"干我什么事？我不能接待她！"她叫了起来。

"不过，这是应该的呀，陶丽……"

"走开，走开，走开！"她看也不看他，高声叫道，这叫声很像是肉体疼痛引起的。

当奥布朗斯基想到妻子的时候，他的心情还能平静，还指望会像马特维说的那样雨过天晴，还能心平气和地看报和喝咖啡；可是等他看到她这张痛苦不堪的、憔悴的脸，听到这种听天由命的、灰心绝望的声音，他连气都喘不上来，喉咙里有什么东西堵住，眼睛里闪出泪光。

“天啊，我做的是什么呀！陶丽！看在上帝面上吧！……要知道……”他说不下去了，泪水涌到喉咙里。

她把衣柜关上，看了他一眼。

“陶丽，我能说什么呢？……只能说：请你原谅，原谅我……你想想，难道九年的共同生活不能补偿一时，一时……”

她垂下眼睛，听着，等着听他说什么，似乎是在恳求他说点什么，好让她不相信那事儿是真的。

“一时的冲动呀……”他说出这话，还想说下去，可是她一听到这话，好像被戳了一刀，嘴又紧紧闭上，右腮的肌肉又跳动起来。

“走开，给我走开！”她用更尖厉的声音叫起来，“您别给我讲您的冲动，别讲您干的下流事吧！”

她想走出去，可是身子摇晃了两下，她连忙抓住椅背，免得倒下去。他的脸憋得老大，嘴咕嘟起来，眼睛里充满泪水。

“陶丽！”他已经是抽搭着说话了。“看在上帝面上，想想孩子们吧，孩子们是无罪的。我有罪，你就惩罚我，让我赎自己的罪吧。凡是能做到的，我都愿意做！我有罪，我的罪大得没法说！可是，陶丽，你要原谅我呀！”

她坐下来。他听见她沉重的、很响的呼吸声，心里说不出有多么可怜她。她几次想开口说话，可是说不成话。他等待着。

“你想到孩子们，就想跟他们玩儿，可是我想到孩子们，就知道他们这一下子完了。”她说的显然是这三天来自己对自己说过多次的话里的一句。

她对他称“你”，他带着感激的心情看了她一眼，就挨近些，想去拉她的手，可是她带着厌恶的神情躲开他。

“我想着孩子们，所以，为了挽救孩子们，人世间什么事我都可以干；可是我自己也不知道怎样才能挽救孩子们：我是带他们离开父亲呢，还是把他们丢给色鬼父亲……是的，就是色鬼父亲……哼，您说说看，您干出那种……那种事儿以后，我们还能在一起过下去吗？这可能吗？您说说看，这可能吗？”她提高嗓门儿，又说了两遍。“在我的丈夫，我的孩子的父亲跟自己孩子的教师私通之后呀……”

“可是有什么办法呢？有什么办法呀？”他用可怜巴巴的声音说。他自己也不知道自己说的是什么，而且把头垂得越来越低了。

“我讨厌您，见了您就恶心！”她叫起来，越来越恼火了。“您的眼泪不值一文钱！您从来就没有爱过我；您既没有良心，又没有德行！我厌恶您，恨您，您和我不是一家人，对，完全不是一家人！”她带着痛苦和愤恨的心情说出连她自己都觉得可怕的“不是一家人”。

他看了看她，看到她一脸愤恨的神气，感到又害怕又惊愕。他不明白，正是他的怜悯激怒了她。她看出他对她是怜悯，而不是爱。“是的，她恨我。她不会原谅我的。”他想道。

“这真可怕！太可怕了！”他说出口来。

这时另外一间屋里有一个孩子好像是跌倒了，哭了起来；陶丽仔细听了听，脸色顿时变得温和了。

她显然是定了定神，好像不知道自己在什么地方，不知道该怎么办，然后霍地站起来，朝门外走去。

“可见她还是爱我的孩子的，”他注意到孩子哭时她脸上的变化，心里想道。“爱我的孩子，她又怎么能恨我呢？”

“陶丽，再听我说一句。”他跟在她后面说。

“您要是跟住我，我就唤仆人，唤孩子们来！让大家都知道您是个下流东西！我今天就走，您就跟您的姘头住在这儿好啦！”

她把门砰地带上，就出去了。

奥布朗斯基叹了一口气，擦了擦脸，就慢步朝外面走。“马特维说，会雨过天晴；可是，怎样才能雨过天晴呢？我看简直不可能。唉，唉，多么糟呀！而且她嚷得有多难听呀！”他想起她的叫嚷声和“下流东西”“姘头”这样的字眼儿，自己对自己说。“也许，丫头们都听见了！太难听，太难听了！”奥布朗斯基站了一小会儿，擦了擦眼睛，叹了一口气，便挺起胸脯，走出卧室。

这天是礼拜五，德国钟表匠正在餐厅里给挂钟上发条。奥布朗斯基想起自己和这个一丝不苟的秃头钟表匠开的玩笑，说这个德国佬“为了给钟表上发条，自己上的发条足够走一辈子”。他想起这句笑话，笑了。奥布朗斯基很喜欢妙语。“也许，会雨过天晴的！雨过天晴——这话就很妙，”他想道。“应该这样说。”

“马特维！”他叫道，“那你就和玛丽娅把休息室收拾一下，让安娜·阿尔卡迪耶芙娜住吧。”他对应声前来的马特维说。

“是，老爷。”

奥布朗斯基穿上皮大衣，来到台阶上。

“您不回来用饭了吧？”马特维送到门口，问道。

“到时候再看。你拿去做开销，”他从皮夹子里抽出一张十卢布钞票，说道。“够了吧？”

“够也好，不够也好，总要设法对付过去。”马特维说过，关上车门，退到台阶上。

这时陶丽已经哄得小孩子不哭了。她听到马车的声音，知道他走了，便又回到卧室里。这是她躲避麻烦的家务事的唯一避难所。她一走出去，家务事就把她缠住。就连现在，在她走进育儿室的短短时间里，英籍家庭女教师和玛特廖娜就趁机向她提了几个刻不容缓、只有她能够回答的问题：孩子们出去玩儿穿什么衣服？要不要让他们喝牛奶？是不是叫人去另找一名厨师？

“唉，让我清静一会儿，让我清静一会儿吧！”她说完，便回到卧室里，又坐到刚才她和丈夫谈话时坐的地方，紧紧攥着瘦得连戒指都戴不住的双手，细细回想刚才谈的一番话。“他走了！可是他跟她是怎样了结的呢？”她想道。“莫非他现在还跟她幽会？我怎么不问问他呢？不行，不行，不能一块儿过下去。就算是我们还住在一座房子里，我们也不是一家人。永远不是一家人！”她带着特别的意味又把她感到十分可怕的这句话重复了一遍。“天啊，我以前多么爱他，多么爱他呀！……以前我多么爱他呀！就是现在，难道我不爱他吗？不是比以前更爱他吗？更可怕的是……”她想了个头儿，却没有想出个结果，因为玛特廖娜从门口探进头来。

“您就吩咐一声，把我兄弟叫来吧，”她说，“他总可以把饭做好；要不然又要像昨天一样，孩子们到六点钟还吃不上饭。”

“哦，好吧，我这就出去安排一下。您叫人去取新鲜牛奶了吧？”

于是陶丽又忙起家务，把自己的痛苦暂时淹没在繁忙的家务中。

五

奥布朗斯基凭着聪明的头脑，在学校里学习得很好，可是他又懒又顽皮，所以毕业时成绩是很差的一个；然而，尽管他生活放荡，官衔不高，年纪较轻，却在莫斯科一个机关里担任着体面而薪俸优厚的主官职位。这个职位他是通过妹妹安娜的丈夫阿历克赛·亚力山大罗维奇·卡列宁的关系谋得的。卡列宁在一个部里担任要职，莫斯科这个机关就隶属于他那个部。不过，即使卡列宁不给他的内兄谋得这个职位，奥布朗斯基也可以通过许许多多其他人士，通过兄弟、姊妹、亲族、表亲、叔叔舅舅、姑妈姨妈，谋得这个职位或者其他类似的职位，可以得到六千卢布的年俸，这笔进项他是非常需要的，因为尽管他的妻子有大宗财产，他的家业却已经败落了。

半个莫斯科和半个彼得堡都是奥布朗斯基的亲戚和朋友。他生来就在新旧显要人物的圈子里。官场上三分之一的人，也就是那些老一辈的，是他父亲的朋友，从小就认识他；另外三分之一是他的密友；还有三分之一是他的老相识。因此，地位、租金、租赁权等等人世间福利的分配者都是他的朋友，他们是不会忘记自己人的。奥布朗斯基要弄到一个肥缺，也就不需要费多大力气了。需要的只是不亢，不嫉，不争，不怨，而他生性随和，一向就是这样的。假如有人对他说，他不能得到职位和他所需要的薪俸，他会觉得非常可笑，何况他的要求并不过分；他只是想得到他的同龄人已经得到的，而且他担任这一类职务也不会比任何别的人差。

凡是认识奥布朗斯基的人都喜欢他，不仅因为他性情和善、开朗，诚实可靠，而且在他身上，那漂亮而体面的外表、晶亮的眼睛、乌黑的眉毛和头发、白里透红的脸，蕴涵着一股力量，对于跟他相遇的人能产生生理作用，使人感到亲切和愉快。“哦！司基瓦！奥布朗斯基！幸会，幸会！”几乎所有的人遇到他都要这样高高兴兴地笑着说。即使有时和他交谈之后并无特别高兴之处，再过一天、两天，见到他还是同样高兴。

奥布朗斯基担任莫斯科这个机关主官职务已是第三年，不仅得到同僚、下属、上司和一切跟他打过交道的人喜欢，而且也得到他们的尊敬。奥布朗斯基在公务中赢得尊敬的主要原因是：第一，因为知道自己也有种种缺陷，所以对待别人格外宽容；第二，是彻底的自由主义态度，这种自由主义不是从报纸上学来的，而是生来就有的，就因为这样，他对待一切人，不论其身份和职位高低，一律平等对待，一视同仁；第三，也是最重要的一点，他对待所担任的公务非常淡漠，因此他从来没有热心过，也从来没有犯过错误。

这天奥布朗斯基来到自己的官府里，由恭恭敬敬的门房陪着，挟着公文包走进他的小办公室，穿上制服，这才来到办公厅里。文书和职员们一齐起立，又快活又恭敬地鞠着躬。奥布朗斯基像往常一样匆匆走向自己的位子，跟同事们握过手，便坐了下来。他说了几句笑话，说得恰到好处，便收住话头，开始办公。应当保持几分自由、随便，几分官场气氛，才能使大家愉快地办理公务，奥布朗斯基比谁都知道分寸。秘书也像奥布朗斯基办公厅里所有的人一样，又愉快又恭敬地捧着一叠公文走过来，用奥布朗斯基所提倡的亲切、随便语气说道：

“我们好不容易接到了奔萨省政府的报告。这不是，是否可以……”

“终于接到了吗？”奥布朗斯基用一个手指头按住公文，说。“请吧，诸位……”于是就开始办公。

“他们还不知道，”他带着郑重其事的神气低下头听着报告，心里想道，“他们的主官在半个钟头之前多么像一个闯了祸的孩子呀！”在念报告的时候，他的眼睛在笑着。办公要一直持续到下午两点钟，到两点钟才休息和进餐。

还不到两点钟，办公厅的大玻璃门忽然开了，有一个人走了进来。坐在沙皇像和守法镜下面的所有人员，很高兴有机会解解闷儿，都转头朝门口望去；可是站在门口的卫士把进来的人挡了回去，随即把玻璃门闩上。

等念完公文，奥布朗斯基站起来，伸了个懒腰，仿效时髦的自由主义作风，就在办公厅里掏出烟来，朝他的小办公室走去。他的两个同僚，官场老手尼基丁和侍从官格里涅维奇，跟他一起走了出来。

“吃过饭咱们还来得及办完。”奥布朗斯基说。

“当然来得及!”尼基丁说。

“这个福明想必是个大滑头。”格里涅维奇说的是他们正在办的公事涉及的一个人。

奥布朗斯基听了格里涅维奇的话,皱了皱眉头,这是让他明白过早地下断语是不适宜的,并且一句话也没有说。

“刚才进来的是谁?”他问卫士。

“大人,有个人趁我一转身,问也不问就钻进来了。他要见您。我说:等官员们出来,再说吧……”

“他在哪儿?”

“大概是到过厅里去了,刚才还在这儿走来走去呢。哦,就是他。”卫士指着一个体格强壮、肩膀宽阔、留着鬈曲下巴胡的人说。那人也不脱下羊皮帽,就踏着磨掉了棱角的一级级石头台阶又轻又快地往上跑。有一个挟着公文包往下走的瘦小官员站了下来,不以为然地看了看往上跑的人的两只脚,然后用询问的目光看了看奥布朗斯基。

奥布朗斯基站在台阶顶上。他一认出往上跑的人,他那从制服绣花领子里露出来的焕发着和悦光彩的脸,更加容光焕发了。

“原来是你呀! 列文,难得难得!”他打量着渐渐来到跟前的列文,带着亲热和嘲弄的笑容说。“你怎么不嫌脏,到这种鬼窝儿里来找我啦?”奥布朗斯基说过,握了握手,觉得不够,又吻了吻自己的朋友。“来了很久了吗?”

“我刚到,就想来看看你。”列文一面回答,一面腼腆而又生气和不安地朝周围打量着。

“好啦，上我的办公室去吧。”奥布朗斯基知道这位朋友的腼腆是自尊心和恼火引起的，就说道。他挽住列文的胳膊，拉着就走，好像是带着他脱离危险。

奥布朗斯基跟所有相识的人，不论是跟六十岁的老头子，二十岁的小伙子，不论是跟戏子，跟大臣，跟商人，跟侍从武官，几乎都是你我相称，因此他有许多亲密的朋友在社会阶梯的两个极端，这些人如果知道他们通过奥布朗斯基的中介有了某种共同之处，会感到非常惊奇的。凡是跟他喝过香槟酒的人，他都称“你”，而他是不论跟什么人都喝香槟酒的，因此，如果有下属在场，他遇到不体面的“你”（他就是这样戏称他的许多朋友的），他可以凭他天生的机灵，冲淡给予下属的不愉快印象。列文并不是一个不体面的“你”，但是奥布朗斯基凭他的机灵感觉到，列文以为他可能不愿意在下属面前表露他和他的亲密关系，所以连忙把他领进自己的办公室。

列文和奥布朗斯基几乎同庚，他们相互称“你”也不单是因为喝过香槟酒。列文是他少年时代的伙伴和好友。尽管他们性格不同，志趣迥异，他们的友情却是深厚的，少年时代结交的朋友都是这样。不过，尽管如此，他们也像那些选择了不同行当的人那样，每个人在谈论对方的行当时，都会说是正当和有益的，在心里却是鄙薄的。各人都以为自己过的生活是唯一的正当生活，朋友过的生活不过是镜花水月。奥布朗斯基一见到列文，就忍不住流露出几分嘲笑的神情。他看到列文从乡下来莫斯科，不知有多少次了。列文在乡下忙着什么事，但究竟是什么事，奥布朗斯基从来不了解，而且也不感兴趣。列文每次来莫斯科，总是情绪激动，匆匆忙忙，有点儿局促不安，而且因为局促不安容易恼火，多半对事物抱有全新的、出人意料的观点。奥布朗斯基觉得这很可笑，却也喜欢这一点。同样，列文在心里也瞧不起这位朋友的城市生活方式和他的官务，认为不值一谈，并且常常加以嘲笑。所不同的是，奥布朗斯基因为干的是大家都在干的事，笑得理直气壮，和颜悦色，列文笑得却不是理直气壮，有时还带着火气。

"我们早就盼你来了，"奥布朗斯基走进办公室，放开列文的胳膊，这似乎是表示，这儿没有危险了，然后说道。"看见你真是高兴，太高兴了，"他又说。"嗯，你怎么样？好吗？什么时候到的？"

列文没有作声，打量着奥布朗斯基两位同事那陌生的脸，尤其是温文尔雅的格里涅维奇的手，那手指头那样长、那样白，那尖端打弯的指甲那样长、那样黄，那袖口的纽扣那样大、那样亮，似乎那双手把他的注意力全部吸引去了，使他无法再想什么了。奥布朗斯基立刻发觉这一点，微微笑了笑。

"哦，对了，让我给你们介绍一下，"他说。"这是我的两位同事：菲里浦·伊凡内奇·尼基丁，米哈伊尔·斯坦尼斯拉维奇·格里涅维奇，"然后转身对着列文："这位是康斯坦丁·德米特里奇·列文，地方自治会议员，自治会的新派人物，一只手能举五普特重的运动家，畜牧学家，猎手，我的好朋友，谢尔盖·伊凡诺维奇·柯兹尼雪夫的弟弟。"

"幸会幸会。"小老头儿说。

"我有幸认识令兄谢尔盖·伊凡诺维奇，"格里涅维奇说着，伸过他那指甲老长的瘦长的手。

列文皱起眉头,冷冷地握了握手,立刻转过身和奥布朗斯基说话。虽然他非常尊敬已成为全俄闻名作家的异父同母哥哥,可是,当别人不是把他当作康斯坦丁·列文,而是当作有名的柯兹尼雪夫的弟弟的时候,他还是无法忍受。

“不,我已经不是自治会议员了。我跟所有的人都吵过,再也不参加会议了。”他对奥布朗斯基说。

“太快啦!”奥布朗斯基微微笑着说。“是怎么一回事儿? 因为什么?”

“说来话长。以后再说吧,”列文说,可是他接着就说了起来。“哦,简单地说,我认定地方自治会什么事也干不成,也不可能干成什么事,”他说了起来,就好像刚才有什么人把他惹火了,“一方面,成了玩具,玩的是议会那一套,要我玩玩意儿,我既不够年轻,又不够年老;另一方面(他顿了一下),这是县里一伙儿人赚钱的工具。以前是监护机构、法院,现在是地方自治会,只不过不是受贿,而是拿干薪罢了。”他说得慷慨激昂,好像有在场的人跟他争论,反对他的意见。

“嘿! 我看,你又变了,变成保守派了,”奥布朗斯基说。“不过,这事儿以后再谈吧。”

“是的,以后再谈吧。不过我现在找你有事。”列文一面说,一面带着憎恨的神气盯着格里涅维奇的手。

奥布朗斯基微微笑了笑。

“你不是说过,再也不穿西服了吗?”他打量着列文那崭新的、显然是法国裁缝做的服装,说。“对了! 我看,这也是新变化。”

列文的脸一下子红了，但不像一般成年人那样脸红，——微微有点儿红，自己不觉得，而是像小孩子那样脸红，——感觉到自己腼腆得可笑，因而更羞得厉害，脸红得厉害，几乎要流出泪来。看着这张聪明、刚毅的脸呈现出这样一种孩子般的状态，实在令人奇怪，所以奥布朗斯基就不再看他了。

“咱们在什么地方再见见面呢？因为我非常非常需要和你谈谈呀。”列文说。

奥布朗斯基似乎沉思了一下，说：

“这样吧：咱们上古林家里去吃饭，就在那儿谈谈吧。三点钟以前我没有事。”

“不，”列文想了想，回答说，“我还要到别的地方去一下。”

“哦，好吧，咱们就一起吃晚饭。”

“吃晚饭？其实我也没有什么特别的事，不过有两句话要说说，问问，以后再细谈。”

“那你现在就说说这两句话，到吃饭的时候再细谈。”

“就是这么两句话，”列文说，“其实，没有什么特别的。”

他竭力克制自己的腼腆，因而脸上突然出现了发狠的神气。

“谢尔巴茨基一家人怎么样？一切还都是老样子吗？”他说。

奥布朗斯基早就知道列文爱上了他的姨妹吉娣，听了这话微微笑了笑，眼睛里放射出快活的光彩。

“你说两句话，可是我用两句话却回答不了，因为……对不起，你等一下……”

秘书走了进来，带着亲切的恭敬神气和一切秘书都有的那种自以为办事比上司高明而又表示谦虚的神气，拿着公文走到奥布朗斯基面前，说是请示，实际上是说明事情有些难办。奥布朗斯基没有听完，就亲切地用手按了按秘书的衣袖。

“不，您就照我说的去办吧，”他一面说，一面笑着，以缓和口气，并且简要地说了说他对这件事的看法，就把公文推了推，说：“您就这样办吧，劳驾，就这样吧，查哈尔·尼基奇。”

一脸窘态的秘书退了出去。列文趁奥布朗斯基和秘书商议事情的时候，完全脱离了难为情状态。他站着，两条胳膊撑在椅背上，脸上出现了带有嘲笑意味的专注神气。

“我不懂，真不懂。”他说。

“什么事你不懂？”奥布朗斯基依然快活地笑着，一面掏香烟，一面说。他等着听列文发表奇谈怪论。

“我不懂你们在做些什么，”列文耸着肩膀说。“办这种事你怎么能这样认真？”

“为什么不能？”

“因为没有意思嘛。”

“你是这样想，可是我们的事情忙不完呢。”

“都是一些纸上空谈的事。不过，干这类事情你是很有才干的。”列文补了一句。

“这么说，你认为我有什么欠缺的地方吧？”

“也许是的，”列文说。“但我还是很欣赏你的气派，并且因为有你这样一个大人物做朋友，感到十分荣幸。不过你没有回答我的问题呀。”他鼓足勇气对直地看着奥布朗斯基的眼睛，补充说。

“嗯，好，好。你等着吧，你也会走到这一步的。你现在在卡拉金县有三千俄亩土地，还有这样一身肌肉，脸色像十二岁小姑娘一样红润，当然很好啦，可是到时候你也会到我们这儿来的。哦，你所问的情形吗，是这样：没有什么变化，不过可惜你这么久没有来。”

“怎么啦?”列文惊愕地问。

“没什么，”奥布朗斯基回答说。“咱们以后再谈吧。不过你这次来，究竟为什么事?”

“噢，这个咱们也以后再谈吧。”列文说这话时，一张脸又红到了耳朵根。

“嗯，好的。明白了，”奥布朗斯基说。“你要知道，我本来要请你上我家去的，可是内人身体不大好。这样吧：你要是想见到他们，今天四点到五点，他们肯定在动物园。吉娣在那儿溜冰。你就上那儿去吧，我回头去找你，咱们一块儿到什么地方去吃晚饭。”

“好极了，那就再见吧。”

“当心别误了！你这个人呀，我可是知道，要么会忘了，要么一转身又跑回乡下去!”奥布朗斯基哈哈笑着大声说。

“肯定不会的。”

列文已经走到门口，才想起没有和奥布朗斯基的两位同事打招呼；就这样走出办公室。

“看起来，这是一位很有朝气的先生。”等列文走出去，格里涅维奇说。

“是的，哥儿们，”奥布朗斯基摇着头说，“真是一个幸运儿！在卡拉金县有三千俄亩土地，前途无量，又是那样嫩气！可不像咱们这些人。”

“您还有什么可抱怨的，司捷潘·阿尔卡迪奇？”

“唉，不好呀，糟透了。”奥布朗斯基重重地叹了口气，说。

六

当奥布朗斯基问列文究竟为何事而来的时候，列文红了脸，并且为了脸红生自己的气，因为他不能回答他说：“我是来向你姨妹求婚的。”虽然他就是为这事来的。

列文家和谢尔巴茨基家都是莫斯科的贵族世家，一向关系密切，交谊深厚。在列文上大学期间，这种关系更加密切了。列文同谢尔巴茨基少爷，陶丽和吉娣的哥哥，一起准备应考，一起进入大学。在这段时间里，列文经常出入谢尔巴茨基家，并且爱上了他们这一家。这事儿看来不论多么奇怪，但列文确实爱上了这个家，爱上了这一家人，尤其是这一家的姑娘。列文已经不记得自己的母亲了，唯一的一个姐姐又比他大很多岁，因此正是在谢尔巴茨基家里，他第一次感受到有教养的名门望族的家庭生活气氛，他由于父母去世，还没有过过这样的生活。在他的心目中，这一家人，尤其是姑娘们，仿佛个个都罩着一道神秘的、诗意的帷幕，他不仅看不到他们的任何缺陷，而且认为罩在这道诗意的帷幕之下的，是最高尚的感情和完美无瑕的品性。为什么这三位小姐今天说法语，明天说英语；为什么她们在一定的时间轮流弹钢琴，一到时间琴声就飞进这两个大学生做功课的楼上哥哥的房间；为什么那些教法国文学、音乐、绘画、舞蹈的教师天天来；为什么三位小姐在一定的时间要和林侬小姐一起乘马车到特维尔林荫道上去兜风，还要穿上自己的缎子皮袄——陶丽穿长的，娜塔丽雅穿半长的，吉娣穿短的，而因此她那紧紧裹在红色长袜里的好看的腿儿就完全露了出来；为什么她们在特维尔林荫道上散步，要跟随着戴金帽徽的仆人，——这一切以及他们的神秘世界的其他种种事情，他都无法理解，不过他知道，那儿的一切种种都是美好的，他爱的正是这种种事情的神秘。

在大学时代，他差点儿爱上大小姐陶丽，只是陶丽很快就嫁给了奥布朗斯基。后来他爱起二小姐。似乎他觉得一定要爱三姐妹中的一个，只是拿不准究竟该爱哪一个。可是就连娜塔丽雅，刚刚在社交界露面，就嫁给了外交官李沃夫。列文大学毕业的时候，吉娣还是个孩子。谢尔巴茨基少爷进了海军，在波罗的海淹死了。尽管列文和奥布朗斯基交情深厚，然而他和谢尔巴茨基一家的来往就很少了。不过列文在乡下住了一年之后，今年冬初来到莫斯科，又见到谢尔巴茨基一家人的时候，他明白了，三姊妹中他真正应该爱的是哪一个。

他这个出身望族、称得上富有的三十二岁男子，向谢尔巴茨基家小姐求婚，似乎是再简单不过的事了。他完全可能立刻被当作理想的佳婿。可是列文已经堕入情网，因此他觉得吉娣在各方面都极其完美，是超凡脱俗的天仙，而他自己是卑微低下的庸夫，别人和她自己会认为他配得上她，那是无法想象的事。

列文为了要见到吉娣，开始出入交际场所，几乎每天在交际场上和她见面，就这样在销魂状态中在莫斯科过了两个月之后，忽然断定这是不可能的事，便到乡下去了。

列文所以断定这是不可能的，是因为他觉得自己在她家的人眼里是一个没有出息的、跟美貌迷人的吉娣不般配的女婿，吉娣也不会爱他的。在她家的人眼里，他已经三十二岁，却还没有固定的地位和应有的作为，而他的同辈有的现在已经当了上校和侍从武官，有的当了教授，有的当了银行行长和铁路局长，有的像奥布朗斯基那样当了机关的主官；可是他（他很清楚他在别人眼里是一个什么样的人）不过是一个地主，只会养养牛，打打野鸭，修修房屋，也就是一个毫无出息的呆小子，所干的事情，在上流社会看来，都是没有本事的人干的事。

神秘的、美貌绝伦的吉娣也不会爱这样一个不英俊的人，他自认为是不英俊的；尤其不会爱这样一个毫无出色之处的平庸的人。此外，由于他和她哥哥是朋友关系，他过去对待她的态度是大人对待小孩子的态度，他觉得这也是爱情上的一个障碍。他自以为是一个不英俊的善良人，他认为，这样的人做朋友是可以的，而要得到像他爱吉娣那样的爱，就必须是一个美男子，尤其必须是一个出类拔萃的人。

他听说，女人往往会爱丑陋而平庸的人，但他不相信这种事儿，因为就他自己来说，他就只能爱美貌、神秘和出类拔萃的女子。

但是，一个人在乡下待了两个月之后，他认识到，这恋情已经不是少年时代经历过的那种恋情，这恋情使他片刻不得安宁；他认识到，她会不会做他的妻子这个问题不解决，他就活不下去；他认识到，他的灰心绝望只是出于他的臆测，没有任何根据表明他会遭到拒绝。于是他现在抱着坚定的决心来求婚，如果答应的话，就结婚。要不然……他还无法想象，如果遭到拒绝，他会怎么样。

七

列文乘早班车来到莫斯科，住到异父同母哥哥柯兹尼雪夫家里。他换过衣服，就走进哥哥的书房，本想立刻就对他说说这次是为什么来的，并且征求一下他的意见；可是书房里不是哥哥一个人。他这里还坐着一位有名的哲学教授，是特地从哈尔科夫来的，为的是解释他们之间因为一个重要的哲学问题产生的误会。教授在和唯物论者进行激烈的论战，柯兹尼雪夫很有兴致地注视着这场论战，他读了教授最近的一篇文章后，写信给他，表示了自己的不同意见；他责备教授对唯物论者过分让步。于是教授立即赶来，要和他谈谈。正在谈的是一个很时髦的问题：在人类活动中，心理现象和生理现象之间有没有界线？如果有，这界线又在哪里？

柯兹尼雪夫微微笑着迎接弟弟，那是一种亲切的淡淡的笑，对一切人都是通用的，他把弟弟和教授介绍过之后，又继续谈下去。

这位矮小的教授戴着眼镜，前额狭窄，脸色焦黄。他停了一下子，跟列文打了个招呼，就又说起来，不再理会列文了。列文坐下来，想等教授走，但很快就对讨论的问题发生了兴趣。

列文在刊物上见到过他们谈到的一些文章，而且也读过，很感兴趣，认为这是自然科学原理的发展。他在大学里学的是自然科学，对于自然科学的原理是很熟悉的。但是，他从来没有把这些科学论断，如关于人这种动物的起源、关于反射作用、关于生物学和社会学的论断，和近来在他头脑里越来越频繁地出现的生与死的意义问题联系起来。

他听着哥哥同教授谈话，发现他们常常把科学问题和精神问题联系起来，有几次几乎转入精神问题，可是每次他们一接触到这个他认为最重要的问题，总是急忙避开，又回到细致的分类、修正意见、论证、暗示和引用权威意见等方面，他就很难听懂他们说的是什么了。

“我无法设想，”柯兹尼雪夫用他惯用的清楚而明确的表达方式和优美的语调说，“我无论如何不能赞同凯斯说的，有关外部世界的一切概念都是来自印象。我所得到的存在这个最根本的观念，就不是通过感觉，因为没有传送这一概念的专门器官。”

“是的，不过他们，伍斯特也好，克瑙斯特也好，普利巴索夫也好，都会回答您说，存在这一意识来自所有感觉的汇合，存在这一意识是感觉之结果。伍斯特甚至干脆说，如果没有感觉，就没有存在的概念。”

“我要说，正相反。”柯兹尼雪夫开口说……

可是这时列文又觉得他们刚刚要转向最主要之点，就又要避开了，于是他决定向教授提一个问题。

“照这样说，如果我的感觉消失了，如果我的肉体死亡了，就不可能有任何东西存在了？”他问道。

教授似乎因为被打断精神上很痛楚，带着恼火的神气看了看这个不像哲学家、倒像纤夫的奇怪的提问者，然后转过眼睛去看柯兹尼雪夫，好像是问他：怎样说好呢？可是柯兹尼雪夫说话远不像教授那样激烈，那样偏颇，在他头脑里留有广阔的天地，既回答了教授，又能理解提问者朴素而自然的出发点。他笑了笑，说道：

“这个问题我们还没有资格解决……”

“我们没有资格……”教授附和说。接着又继续阐述他的论点。“不对，”他说，“我要指出的是，如果像普利巴索夫说的那样干脆，感觉是以印象为基础的，那我们就应该把这两个概念严格区别开来。”

列文不再听了，只等教授告辞。

八

等教授走了以后，柯兹尼雪夫对弟弟说：

“很高兴你来。要住些日子吧？庄子上情形怎样？”

列文知道哥哥对庄子上的事不太感兴趣，他这样问只是出于客套，所以列文就只是说了说卖小麦和金钱方面的一些事。

列文本想对哥哥说说自己打算结婚，并征求一下他的意见，他甚至为此下了极大的决心；可是他一见到哥哥，听了他和教授的谈话，随后又听到哥哥问起庄子上的事（他们母亲的田产还没有分，所以列文掌管着两房田产）时那种居高临下的口气，就感到，不知为什么他不能跟哥哥谈自己的结婚打算了。他觉得，哥哥看待这件事，不会像他希望的那样。

“哦，你们那儿的地方自治会的情形呢，怎么样？”柯兹尼雪夫问。他对地方自治会很感兴趣,认为地方自治会有很大作用。

“我实在不知道……”

“怎么?你不是地方自治会议员吗?”

“不,已经不是议员了;我退出了,”列文说,“我再也不出席会议了。”

“真可惜!”柯兹尼雪夫皱起眉头低声说。

列文为了表白,讲起地方自治会会议上的情形。

“事情往往就是这样呀!”柯兹尼雪夫打断他的话说。“我们俄国人总是这样的。能看到自己的缺陷,这也许是我们好的特点;可是我们往往言过其实,我们把讽刺挖苦当作开心的事,讽刺挖苦的话天天挂在舌头上。我只对你说一点,如果让其他欧洲国家的人,比如德国人、英国人,实行像我们的地方自治这样的制度,他们准会利用这种制度培育出自由的风气,可是我们却只是嘲笑嘲笑罢了。”

“不过,有什么办法呢?”列文负疚地说。“这是我最后一次尝试。我也诚心诚意地试过了。我无能为力。力不从心。”

“不是力不从心,”柯兹尼雪夫说,“你对事情的看法不对。”

“也许是这样。”列文沮丧地回答说。

“你知道吗,尼古拉弟弟又到这儿来了。”

尼古拉是列文的亲哥哥,是柯兹尼雪夫的异父同母弟弟,是一个完全堕落了的人,把自己的大部分产业都挥霍掉了,经常跟一些不三不四的人鬼混,和兄弟们都闹翻了。

“你说什么?”列文恐惧地叫起来。“你怎么知道的?”

“普罗科菲在街上见过他。”

“就在这儿,在莫斯科吗？他在哪儿？你知道吗?”列文霍地站起来,就好像马上要去找他。

“我悔不该把这事告诉你,”柯兹尼雪夫看到小弟激动的样子,摇摇头说。“我叫人打听到他住的地方,替他还清了欠特鲁宾的债,把借据给他送去。瞧,这就是他给我的回答。”

柯兹尼雪夫从吸墨纸底下抽出一张纸条,递给弟弟。

列文看了看这张用古怪而熟悉的笔迹写成的字条:“我恳求你们不要打扰我吧。这是我对我亲爱的兄弟们的唯一要求。尼古拉·列文。”

列文看完字条,没有抬头,手里拿着字条站在柯兹尼雪夫面前。

他想从此忘记这个不幸的哥哥,又意识到这样是很卑劣的,这两种想法在心中搏斗着。

“他显然是想侮辱我,”柯兹尼雪夫继续说,“可是他侮辱不了我,我是一心想帮助他,可是我知道,这是无能为力的。”

“是的,是的,”列文连声说。“我理解和珍视你对他的态度,不过我还是去看看他。”

“你要是想去,就去吧,不过我劝你不要去,”柯兹尼雪夫说。“就是说,在我这方面,我没有什么怕的,他无法挑唆你来跟我闹;但是对于你来说,我劝你最好不去。没法子帮助他。不过,你想怎样就怎样吧。”

“也许,没办法帮助他,但我觉得,尤其在这种时候……哦,这不相干……我觉得,于心不安。”

“哦,这我不懂,”柯兹尼雪夫说。“我只懂得了一点,”他补充说，“那就是忍让的教训。自从尼古拉弟弟变成这个样子以后，我对待所谓卑劣行为的态度就不同了，就姑息起来……你知道，他干了些什么呀……”

“啊，这真可怕，太可怕了！”列文连声说。

列文向柯兹尼雪夫的仆人问清了尼古拉的地址以后，就准备马上去找他，但又仔细想了想，决定还是改到下午再去。首先必须办过这次来莫斯科要办的事情，才能有平静的心境。他离开哥哥家，就来到奥布朗斯基的官府，打听了一下谢尔巴茨基家的情形，前往他听说可以找到吉娣的地方。

九

下午四点钟，列文揣着一颗怦怦跳动的心在动物园门口下了车，顺着小径向山上溜冰场走去，他料定可以在那里找到她，因为在门口看到了谢尔巴茨基家的轿式马车。

这是一个晴朗而寒冷的日子。门口停着一排排轿式马车、雪橇、出租马车，还有不少宪兵。在大门口，在干干净净的小径上，在雕花梁木的俄式小屋之间，到处都是衣着整洁、帽子在阳光下闪闪发亮的人群。一株株老桦树那茂密的枝条都被雪压得弯了下来，好像是穿起了节日的袈裟。

他顺着小径往溜冰场走，一路上自言自语：“不要翻腾，要镇定。你翻腾什么？你怎么啦？安静点儿，傻东西！”他对自己的心说。他越是拼命要自己镇定，越是紧张得气都喘不上来。有一个熟人见到他，唤他的名字，列文却连他是谁都没有认出来。他来到山脚下，山坡上往上和往下的滑雪板的铁链子发出一片叮当声，还有下滑的滑雪板的唰唰声和欢乐的人声。他又走了几步，面前就出现了溜冰场，他立刻就在溜冰的人群中找到了她。

他是凭着他满心的欢喜和害怕，知道她就在这儿的。她站在溜冰场那一头，正在和一位太太说话儿。她的服装和姿势似乎都没有什么特别之处，但是列文在人群中找她，就像在荨麻丛中找玫瑰花一样容易。一切都因她而大放异彩。她是使周围一切绽开笑靥的微笑。他心想："难道我能到冰上去，到她跟前去吗？"他觉得，她所在的地方似乎是不能去的圣地，有一会儿，他几乎要走了，因为他是那样害怕。他必须控制自己，还必须考虑到，在她周围就有各种各样的人来来去去，而他自己也是可以到那儿去溜冰的。他走下去，像对太阳一样对她不敢多看，但也像对太阳一样，即使不去看，还是看得见她。

每星期的这一天，这一天的这个时候，同一个圈子的、彼此都相识的人都要来冰上聚会。这儿有炫耀绝技的高手，也有扶着椅背胆怯而笨拙地学步的初学者，有孩子，也有为延年益寿而溜冰的老人。列文觉得他们都是与众不同的幸运儿，因为他们能在这儿，就在她身旁。所有溜冰的人似乎都心安理得地在追赶她，赶过她，甚至跟她说话儿，一个个尽情享用良好的冰面和晴朗的天气，快快活活，似乎也完全不是因为有她在场。

吉娣的堂弟尼古拉·谢尔巴茨基穿着短短的上衣和紧身裤，脚蹬溜冰鞋，坐在长凳上，一看见列文，就冲他叫了起来：

"嘿，全俄第一名溜冰高手！来了很久了吗？冰面好极啦，快穿上冰鞋！"

“我没有冰鞋呀!”列文一面回答,一面因为在她面前这样大胆和放肆心中暗暗吃惊,同时片刻不离地注视着她,虽然眼睛没有看她。他觉得,太阳渐渐在向他靠近。她在拐弯的地方很不灵便地摆动了一下她那裹在长靴里的秀足,显然很胆怯地朝他溜过来。一个身穿俄式长衣的男孩子使劲挥动了几下双臂,把身子弯向地面,很快就赶过了她。她溜得不怎么平稳;她把双手从吊在带子上的暖手筒里抽出来,挓挲着,以防摔倒,眼睛看着她已经认出来的列文,朝他笑着,同时也笑自己的胆怯。她打了个弯,用她那矫健的秀足一蹬,便溜到堂弟跟前,抓住他的胳膊,微微笑着朝列文点了点头。她比他想象的更要娇艳。

他每想到她,都能十分真切地想象出她的整个身姿,尤其是那不大的、披着淡黄头发的头,带着孩子般的开朗、和善神气,那样自然地摆放在端正丰满的少女肩上,显得那样美丽动人。她脸上那股孩子般神气,配上她的身段那种苗条的美,使她具有一种特别的魅力,他是深深领略到的。但是,往往意想不到地使人倾倒的是她那温柔、安详而真挚的眼神,尤其是她的微笑,常常将列文带进一种神奇境界,在这一境界中他感到心旷神怡,他记得自己在童年时难得的一些日子里就是这样的。

“您来这儿很久了吗?”她说着,向他伸过一只手来。“谢谢您!”列文捡起从她的暖手筒里掉出来的手帕,她又说。

“我吗? 没多久,我昨天……我是说今天……才到的,”列文因为激动,一下子没有听明白她问的话,就回答说。“我想来看看您,”他说过这话,立刻想起他是为什么来找她的,发起窘来,脸红了。“我还不知道您会溜冰,而且溜得这样好。”

她仔细看了他一眼，似乎是想弄明白他发窘的原因。

“您的称赞是很难得的。这里一直有人在说，您是了不起的溜冰高手呢。”她一面说，一面用戴黑手套的纤手掸去落在暖手筒上的霜花。

“是的，我一度对溜冰很热心，很想达到完美的地步。”

“您好像干什么事都很热心，”她笑着说。“我真想看看您溜冰。您就穿上冰鞋，咱们一块儿来溜吧。”

“一块儿溜哩！真会有这样的事吗？”列文看着她，心中想道。

“我这就去穿。”他说。

于是他就去穿冰鞋。

“先生，您很久没到我们这儿来啦，”溜冰场的侍者一面说，一面扶住他的脚，把后跟扭紧。“您不来，这儿简直没有一个真正的高手了。这样行吗？”他一面紧皮带，一面说。

“行，行，请快一点儿，”列文好不容易憋住情不自禁地流露在脸上的幸福微笑，回答说。他心想：“是的，这就是生活，这就是幸福！一块儿，咱们一块儿来溜吧。她说的呢。我现在就对她说说吗？可是我很怕开口，就因为我现在很幸福，至少是有幸福的希望……那怎么办呢？……不过应该说呀！应该说，就是应该说！决不能优柔寡断！”

列文站起来，脱下大衣，在小屋旁那高低不平的冰面上轻轻跑了几步，就跑到平滑的冰面上，毫不费劲地溜起来，不论快跑，慢跑，不论向前、向后，左转、右转，似乎都是单凭自己的心意。他胆怯地来到她跟前，但是她的微笑又使他镇定下来。

她把一只手伸给他，他们就肩并肩地溜起来，渐渐加快速度，溜得越快，她把他的手握得越紧。

“要是跟您在一起，我早就学会了。不知为什么我就是相信您。”她对他说。

“在您依靠着我的时候，我也就相信自己了。”他说。可是他立刻就因为说出这话觉得害怕，脸也红了。果然，他一说出这话，她脸上的亲切表情顿时消失，好像太阳躲进乌云里。列文看出他所熟悉的她这种表示深思的脸部变化，她那光溜溜的额头上出现了皱纹。

“您没有什么不愉快的事吧？不过，我没有权利这样问。”他连忙说。

“为什么呀？……没有，我什么不愉快的事也没有，”她冷冷地回答，并且立刻又补充说：“您没有看见林侬小姐吗？”

“还没有。”

“您去看看她吧，她多么喜欢您呀。”

“这是怎么一回事儿？我惹她不快了。上帝呀，帮助我吧！”列文想了想，就朝坐在长凳上那个一头灰白鬈发的法国老小姐跑去。她笑嘻嘻地龇着一口假牙，像迎接老朋友一样迎接他。

“啊呀，瞧，我们都长了岁数，”她用眼睛瞟着吉娣，对他说，“也都见老了。小熊[①]已经变成大熊啦！”法国老小姐又笑着说，并且提起他以前和三位小姐开玩笑，把她们比做英国童话里的三只熊。“还记得吗，您以前这样说过？”

这事他简直不记得了，可是她已经为这句笑话笑了十来年，

①原文为英语。

并且很喜欢这句笑话。

“哦,您去吧,你们去溜吧。我们的吉娣溜得挺好了,不是吗?”

等列文又跑回吉娣身边,她已经不再绷着脸了,眼睛里又流露出真挚和亲切的神气,可是列文觉得她的亲切中有一种特别的、故作平静的意味。于是他惆怅起来。她谈了谈这位上了年纪的家庭女教师,谈了谈她的怪癖,然后就问起他的生活情形。

“冬天您在乡下难道不觉得寂寞吗?”她问道。

“不,不寂寞,我事情多得很。”他说,同时觉得她是要他依照她这种平静的语调说话,他也无力脱离这种语调,就像初冬那次一样。

“您这次来,要住很久吗?”吉娣问他。

“我不知道。”他回答说,却连想也不想,自己说的是什么。他一想到,如果他受这种平静的朋友语调限制,他又会空手而回,一无所获,于是他决定打破这种局面。

“怎么会不知道?”

“我不知道。这取决于您呀!”他说,但说过这话立刻就觉得害怕了。

不知是她没听见这话,还是她不愿意听,反正她好像打了一个趔趄,脚磕碰了两下,就匆匆地从他身边溜走了。她溜到林侬小姐跟前,对她说了几句什么话,就朝妇女换鞋的小屋溜去。

“我的上帝,我做了什么呀!我的上帝呀!帮助我,教导我吧。”列文祷告说,同时觉得很需要剧烈地运动一下,就奔跑起来,左旋右转,在冰上兜起圈子。

这时候，一个年轻人，很出色的溜冰新手，嘴里叼着香烟，穿着冰鞋，从咖啡室里走了出来，跑了两步，就又蹦又跳、咔嚓咔嚓地顺着台阶往下溜。他溜到下面，两臂那很随便的姿势都没有改变，就在冰场上溜了起来。

“嘿，这倒是新花样儿！”列文说过，立刻就跑上去，想玩玩这种新花样儿。

“别摔坏了，没练过可不行！”尼古拉·谢尔巴茨基对他叫道。

列文上了台阶，尽量在上面跑了几步，便溜了下来，一面用手臂在这种不熟练的动作中保持着平衡。在最后一级台阶上他绊了一下，但是一只手刚刚触及冰面，就猛一使劲，恢复了平衡，便笑着溜了开去。

“他这人真好，真可爱，”这时候吉娣和林侬小姐从小屋里出来，带着亲切而无声的微笑，像看着好哥哥一样看着他，心里想道。“难道我有什么错儿吗？难道我做了什么坏事吗？人家说我卖弄风情。我知道我爱的不是他；但我跟他在一起总觉得很快活，而且他又是这么好的一个人。不过，他为什么说这种话呀？……”她想道。

列文跑得满脸通红，他看到吉娣要走，又看到来接她的母亲站在台阶上，就停下来，沉思了一会儿。他脱下冰鞋，在动物园门口追上了她们母女。

“很高兴看到您，”公爵夫人说。“我们还像往常一样，星期四接待客人。”

“这么说，就是今天啦？”

“我们很高兴接待您。”公爵夫人淡淡地说。

这种冷淡的态度使吉娣觉得难受，于是她忍不住要弥补一下母亲的冷淡。她转过头来，笑吟吟地说：

“再见！”

这时奥布朗斯基歪戴着帽子，一张脸和眼睛都放着光，像个得胜的英雄似的高高兴兴朝动物园里走来。可是他一走到岳母面前，岳母问起陶丽的健康状况，他回答时就流露出一脸忧愁和负疚的神气。他闷闷不乐地小声和岳母说了一会儿话，这才挺起胸膛，挽住列文的胳膊。

“怎么样，咱们走吧？”他问道。“我一直在想着你，你来了，我真高兴。”他带着意味深长的神气看着他的眼睛说。

“走吧，走吧。”列文怀着幸福的心情回答说，因为他耳朵里还回响着那“再见”的声音，眼前还闪现着说这话时的笑靥。

“上英国饭店还是爱弥塔日饭店？”

“随便。”

“好吧，就去英国饭店。”奥布朗斯基说。他选择英国饭店，是因为他在英国饭店欠的账比在爱弥塔日欠的账多。所以他认为不去英国饭店不好。“你有马车吗？那太好啦，因为我已经把我的那辆打发走了。”

两个朋友一路上都没有说话。列文在寻思吉娣脸上的表情变化意味着什么。他一会儿认为是大有希望的，一会儿又悲观失望，看清楚他的希望是没有根据的，可是同时又觉得自己完全变成了另一个人，不像他看到她的微笑和听到她说“再见”之前那样子了。

奥布朗斯基一路上想的是晚餐的菜单。

“你喜欢比目鱼吧?”快到饭店门口的时候,他问列文。

“什么?”列文反问道。“比目鱼吗? 是的,我太喜欢比目鱼了。”

十

列文跟着奥布朗斯基一起走进饭店的时候,他不由得发现奥布朗斯基脸上和整个身上有一股特别的神气,似乎是一股压抑着的喜洋洋的神气。奥布朗斯基脱下大衣,歪戴着帽子,往餐厅里走去,一面对那些围上来的身穿燕尾服、手拿餐巾的鞑靼侍者吩咐着。他不住地向左向右点头,向遇见的熟人致意,在这里也像在任何其他地方一样,认识的人见到他都很高兴。他走到酒台跟前,就着干鱼喝了几口酒,对柜台里面那个浓妆艳抹,一身都是缎带、花边和一头鬈发的法国女人说了两句酸溜溜的话,逗得这个法国女人捧腹大笑。这个法国女人好像全部是由假发、花粉和香料油做成的,列文就因为感到恶心,一口酒也没有喝。他好像来到很肮脏的地方,急忙走开了。他的心中还萦回着吉娣的音容笑貌,他的眼睛在笑着,闪耀着得意和幸福的光彩。

“请到这边来,大人,这儿清静些,大人,”一个特别殷勤的头发花白的鞑靼老头说。这老头屁股很大,燕尾服的后襟叉了开来。“请吧,大人。”他对列文说。为了表示对奥布朗斯基敬重,他也殷勤招呼他的客人。

一眨眼工夫他就在青铜吊灯下面一张已铺了桌布的圆桌上又铺了一块干净桌布,把丝绒椅子推了推,就拿着餐巾和菜单站在奥布朗斯基面前，听候吩咐。

“大人，您要是肯赏光，有一个单间就要空出来了：戈里曾公爵和一位太太这就要走。新鲜牡蛎也到啦。”

“啊，牡蛎！”

奥布朗斯基沉思起来。

“是不是改变一下计划，列文？”他指着菜单说。他的脸上露出非常迟疑的神情。“牡蛎好不好？你要注意！”

“是弗伦斯堡货，大人，我们没有奥斯坦德[①]货。”

“弗伦斯堡货是弗伦斯堡货，可是，新鲜不新鲜呢？”

“昨天刚到，大人。”

“那好吧，是不是就先来牡蛎，然后把整个计划也变动一下，怎么样？”

“随便怎样都行。我最喜欢的是菜汤和麦粥，不过这儿自然没有这种东西。”

“尊意指的是不是俄国麦粥？”鞑靼老侍者朝列文弯下腰来问道，就像保姆对小孩子一样。

“不必了，说实在话，你点的菜，都不错。我刚刚溜过冰，肚子也饿了。”他发现奥布朗斯基脸上有不高兴的神气，又补充说：“你别以为我不欣赏你点的菜，我吃起来一定很喜欢。”

“当然啦！不管怎么说，吃是人生一大乐事，”奥布朗斯基说。“那么，伙计，就给我们来二十个，不，二十个太少，来三十个牡蛎，一个蔬菜汤……”

“普伦丹叶尔汤。”鞑靼老侍者应声说。但是奥布朗斯基显然

①费伦斯堡，德国城市。奥斯坦德，比利时城市。

不愿意为他提供用法语报菜名的机会。

“蔬菜汤，明白吗？再来个浓汁比目鱼，再来个……煎牛排。注意，要好的。哦，再来只阉鸡，怎么样，还有水果罐头。”

鞑靼老侍者想起奥布朗斯基一向不喜欢照法文菜单点菜，就没有跟着他重复菜名，不过自己还是抓住机会把所点的菜用法语全部重复了一遍：“普伦丹叶尔汤、秋尔保·索斯·鲍马尔舍、普拉尔·阿·列斯特拉冈、色拉·杰·弗流伊……”接着像装了弹簧似的，很麻利地把菜单放下，拿起酒单，递给奥布朗斯基。

“咱们喝什么酒？”

“随便，不过要少一点儿，就香槟吧。”列文说。

“怎么？开头就喝香槟？不过，好吧，就这样。你喜欢白封的吗？”

“卡舍·布兰。”老侍者用法语应声说。

“好吧，那就先上牡蛎和这种牌子的酒，以后上什么再说。”

“遵命。葡萄酒要什么样的？”

“来纽意的吧。不，还是老牌沙勃利吧。”

“遵命。要不要您的干酪？”

“好吧，就来帕尔玛干酪。你是不是喜欢别的什么？”

“不，我随便。”列文忍不住微笑，说。

于是老侍者转身跑去，跑得燕尾服后襟不住地摆动。过了五分钟，他端着一盘带珠母色贝壳的打开来的牡蛎，用手指头夹着一瓶酒，像飞一样走了进来。

奥布朗斯基揉搓了一下浆硬的餐巾，塞到背心领口里，舒舒服服地摆开两臂，吃起牡蛎。

“挺不错。”他一面用银匙把牡蛎吧唧吧唧地从珠母色贝壳里往外挑，一个接一个地吃着，一面说。“挺不错。”他又说一遍，一面抬起湿润而发亮的眼睛，忽而望望列文，忽而望望鞑靼老侍者。

列文也在吃牡蛎，虽然他觉得面包夹干酪更有味道。不过他很欣赏奥布朗斯基那种狼吞虎咽的神气。就连鞑靼老侍者，一面打开瓶塞，把泡沫乱飞的葡萄酒往精致的高脚玻璃杯里倒，一面也带着很明显的得意笑容理着自己的白领带，看着奥布朗斯基。

“你不怎么喜欢牡蛎吧？”奥布朗斯基一面说，一面把自己杯子里的酒喝干，“还是你有什么心事？嗯？”

他想让列文快活快活。可是列文不仅不快活，而且感到局促不安。他有他的心思，因此来到这饭店里，看着一些人带着太太在一个个单间里吃喝，看着侍者跑来跑去，忙忙碌碌，觉得可怕，觉得不舒服。这儿是铜器、镜子、煤气灯、侍者的天地，他觉得这一切都带有污辱性。他很怕玷污了他心中的感情。

“我吗？是的，我心里有事；不过，除此以外，这一切都使我很不舒服，”他说。“你想象不出，这一切对于我这个乡下人来说，有多么别扭，就像我在你那儿看到的那位先生的指甲一样……”

“是的，我看到你对格里涅维奇的指甲很感兴趣。”奥布朗斯基笑着说。

“我看不惯，”列文回答说。“你设身处地，体会体会我的心情，用一个乡下人的眼光来看看。我们在乡下总是尽可能使自己的手利落些，便于干活儿。因此我们经常剪指甲，有时还卷袖子。可是这儿的人故意留指甲，能留多长就留多长，而且袖口缀的纽扣像小碟子一样大，这么一来，两只手就什么事也不能干了。”

奥布朗斯基快活地笑起来。

“是的,这就表示,他不必干粗活儿了。他是用脑力的……”

“也许是的。不过我还是觉得别扭,正如这会儿我觉得这事儿也很别扭:我们乡下总是尽可能快点儿把饭吃完,吃完了好干活儿,可是咱们现在却是尽可能把吃饭时间拉得长一点儿,因此,咱们才吃牡蛎……”

“哦,那当然,”奥布朗斯基应声说。“不过这正是文明的目的:一切为了享受。”

“哦,如果这是文明的目的的话,那我宁可做野蛮人。”

“你本来就很野蛮。你们列文家的人都很野蛮。”

列文叹了一口气。他想起了哥哥尼古拉,感到羞愧和难受,皱起了眉头;可是奥布朗斯基谈起另一个话题,立刻吸引了他的注意力。

“怎么样,今天晚上你到我们那儿,就是说,到谢尔巴茨基家去吗?”他推开骨骨棱棱的空牡蛎壳,把干酪挪到面前,意味深长地闪动着眼睛说。

“是的,我一定去,”列文回答说。“尽管我觉得公爵夫人的邀请并不热情。”

“瞧你!瞎说什么呀?这是她的气派……喂,伙计,来汤!……这是她的气派,贵夫人气派嘛,”奥布朗斯基说。“我也要去,不过我要先去参加一下巴宁娜伯爵夫人的音乐会。哦,你怎么不野蛮呢?你一下子就从莫斯科消失了,这事该怎样解释呢?谢尔巴茨基一家人时常向我问起你,好像我必定知道似的。可是我只知道一点：你常常做谁也不会做的事。”

“是的，”列文缓慢而激动地说。“我野蛮，你说得对。不过，我野蛮，不在于我走了，而是在于，现在我来了。现在我来……”

“啊，你多么幸福呀！”奥布朗斯基看着列文的眼睛，插嘴说。

“你怎么看出来？”

“我凭烙印识骏马，凭眼睛识恋中人，”奥布朗斯基念了两句诗。“你的一切都在前面呀。”

“难道你的一切都过去了吗？”

“不，虽然不是一切都过去了，但你是有希望的，我却只有现有的，就这现有的也是乱糟糟的。”

“怎么回事儿？”

“不妙呀。不过我不想谈我的事，而且说也说不清楚，”奥布朗斯基说。“哦，你究竟为什么事到莫斯科来的？……喂，收掉！”他大声吩咐鞑靼老侍者。

“你能猜到吗？”列文一面回答，一面用他那在深处闪着亮光的眼睛盯着奥布朗斯基。

“我能猜到，不过这事儿我不能先开口。从这一点你就可以看出来，我猜得对不对。”奥布朗斯基带着微妙的笑容看着列文说。

“那么，你究竟要对我说点儿什么呢？”列文用哆嗦的声音说，并且觉得脸上所有的肌肉都在哆嗦。“你对这事儿怎么看呢？”

奥布朗斯基一直用眼睛盯着列文，慢慢把自己杯子里的葡萄酒喝干。

“我吗？”奥布朗斯基说，“我就盼望这事儿呢，再没有什么事儿像这样盼望了。这是再好不过的事儿。”

“不过你是不是弄错了？你知道咱们说的是什么事儿吗？”列文用眼睛紧紧盯着对方说。“你以为这事儿可能吗？”

“我以为可能。为什么不可能？”

“不，你真的以为这事儿可能吗？不，你还是把你所想的全说出来！哦，如果，如果我遭到拒绝呢？……我甚至认定会……”

“你究竟为什么这样想呢？”奥布朗斯基看着他激动的样子，笑着说。

“有时候我觉得会这样。因为这事儿不论对我，不论对她，都太可怕了。”

“呃，不管怎样，这对于一个姑娘来说，决没有什么可怕的。任何姑娘遇到求婚，都认为是光彩的事。”

“是的，任何姑娘都是这样，不过她不是这样。”

奥布朗斯基笑了。他非常了解列文这种感情，非常了解，在他的心目中天下的姑娘分为两类：一类是除她之外的天下所有姑娘，这些姑娘具有人类的一切缺陷，都是非常平凡的姑娘；另一类就是她一个人，没有任何缺陷，天下所有的人都望尘莫及。

“等一下，加点儿酱油。”他说着，按住列文那只要把酱油瓶推开的手。

列文照他说的给自己加了酱油，但他不让奥布朗斯基再吃。

“别吃，等一等，等一等，”他说。“你要明白，这对于我是一个生死攸关的问题。我从来没有跟任何人谈过这事儿。这事儿也只有跟你谈，跟任何人都不能这样谈。因为，尽管你我在各方面都不一样：趣味不一样，观点不一样，处处都不一样；可是我知道，你是喜欢我，了解我的，所以我也非常喜欢你。可是，看在上帝面上，你把话全说出来吧。"

"我对你说的，就是我心里想的，"奥布朗斯基笑着说。"不过我还要对你说说：我妻子是一个非常了不起的女人……"奥布朗斯基想起自己和妻子的事，叹了一口气，沉默了一会儿之后，又说下去："她有先见之明。她看人看得很透；不但如此，她还知道今后会怎样，尤其是在婚姻方面。比如说，她曾预言，沙霍芙斯卡娅小姐会嫁给勃伦登。当时谁也不相信这话，可结果就是这样。她也是站在你这方面的。"

"你这是什么意思？"

"是这样，她不仅很喜欢你，她还说，吉娣一定会做你的妻子。"

列文一听到这话，顿时笑逐颜开，这笑是一种感动得要流泪的笑。

"她这样说哩！"列文叫起来。"我一向都在说，她，你的妻子，简直太好了。这就够了，这事儿谈够了。"他说着，站了起来。

"好吧，不过你坐下呀。"

可是列文坐不住了。他迈着矫健的步子在小小的房间里来来回回走了两趟，又挤了挤眼睛，让眼泪看不出了，这才又在桌边坐下来。

"你要明白，"他说，"这不是恋爱。我恋爱过的，但这跟那不是一回事儿。这不是我的感情，而是一种外在的力量支配着我。要知道，我上次走掉，是因为我断定这事儿是不可能的，你要明白，这种幸福是人世间难得有的。不过我自己有过一番搏斗，我看出来，没有这我就活不下去。所以要解决……”

“那你究竟为什么多次走掉呀？”

“哎，别着急！啊，要说的话、要问的事多着呢！你且听我说！你想象不到，你说的话对我起了什么样的作用。我太幸福了，幸福得简直令人生厌；我把什么都忘了。我今天听说，尼古拉哥哥……知道吗，他在这儿……我连他也忘了。我觉得，连他也是幸福的。这有点儿像发了疯。不过有一点很糟……你是结过婚的，你理解这种心情……糟的是，我们都是有些年纪的，都有过一些事儿……不是恋爱，而是造孽……却忽然要接近一个纯洁无瑕的姑娘；这太恶劣了，所以不能不觉得自己配不上。”

“唉，你的罪孽不多嘛。”

“唉，还是有的，”列文说，“反正是有的，‘我怀着厌恶的心情回忆我这一生，我颤抖，我诅咒，我痛心疾首……’就是这样。”

“有什么办法，世上的事就是这样呀。”奥布朗斯基说。

“唯一的安慰就在于我一向喜欢的那句祷告词中：饶恕我吧，不是凭我的好处，而是凭你的仁慈。也只有这样，她才能饶恕我。”

十一

列文喝完自己的一杯酒，他们就沉默了一会儿。

“还有一点我应该对你说说。你认识伏伦斯基吗？”奥布朗斯基问列文。

“不，我不认识。你问这干什么？”

“再去拿一瓶酒来。”奥布朗斯基对那个斟酒的老侍者说。老侍者偏偏在不需要在场的时候，围着他们转来转去。

“我为什么要认识伏伦斯基？”

“你要认识认识伏伦斯基，因为他是你的情敌之一。”

“伏伦斯基是什么人？”列文说着，脸色变了，奥布朗斯基刚才还在欣赏的那种孩子般的得意神气不见了，出现了懊恼和不快活的神气。

“伏伦斯基是基里尔·伊凡诺维奇·伏伦斯基伯爵的一个儿子，是彼得堡花花公子的一个活标本。我在特维尔服役的时候就认识他了，那时他常去招募新兵。他非常有钱，长相又漂亮，交游很广，是一个侍从武官，同时又是一个非常招人喜欢的、和善的小伙子。而且还不光是一个和善的小伙子。我到这儿以后还了解到，他很有教养，又很聪明；这是一个很有前程的人。”

列文皱起眉头，没有作声。

“哦，你走后不久他就来到这儿，据我看来，他爱吉娣爱得神魂颠倒，而且，你也明白，她母亲……”

“可是，对不起，我一点也不明白。”列文阴沉地皱着眉头说。而且他立刻想起哥哥尼古拉，想起自己竟然把他忘记，实在卑鄙。

“你别急，别急嘛，”奥布朗斯基笑着，拍了拍他的胳膊说。“我把我所知道的都对你说了。并且再说一遍，在这一微妙的爱情事件中，从各方面来揣测，我以为希望在你这一边。”

列文身子靠到椅背上，一张脸都白了。

“不过我还是劝你尽快把事情解决了。”奥布朗斯基一面给他斟酒，一面又说道。

“不用啦，谢谢，我不能再喝了，”列文说着，把自己的酒杯推开。“我要醉了……哦，你近来怎么样？”他又这样说，显然是想换一换话题。

“再说一句：不管怎样，我劝你尽快把问题解决，今天不必谈，”奥布朗斯基说。“明天早晨你就去正正经经地求婚，上帝会保佑你的……”

“你不是一直想到我那儿去打猎吗？到春天就来吧。”列文说。

现在他心里十分后悔，觉得真不该和奥布朗斯基谈这件事。有关彼得堡的一名什么军官跟他竞争的话以及奥布朗斯基的推测和劝告，玷污了他的一腔特殊的感情。

奥布朗斯基微微笑了笑。他理解列文此刻的心情。

“我有时间一定去，”他说。“是啊，老弟，女人好比螺旋桨，把什么都弄得团团乱转。我的情况就很糟，糟得很。都是因为女人。你坦率地对我说说，”他掏出一支雪茄，一只手按住酒杯，又说道，“你给我出出主意。”

“究竟是怎么一回事儿？”

“是这么一回事儿。比如说吧，你结了婚，你很爱你的妻子，可是另外有一个女子把你迷住……”

“对不起，这种事儿我可是一点也不理解，就好像……就像我无法理解，我怎么会在吃饱之后，从面包店门口经过，又溜进去偷面包。”

奥布朗斯基的眼睛比平时更亮了。

“怎么不会？面包有时候实在太香，叫人不能不吃。

我若是战胜情欲，
称得上伟大圣贤；
但若是一败涂地，
倒也算艳福不浅！”①

奥布朗斯基一面念，一面意味深长地笑着。列文也忍不住笑了笑。

“是啊，不过，还是说正经的吧，”奥布朗斯基继续说。“你要知道，那女子是一个温柔、可爱、多情的人儿，独身一人，非常可怜，把什么都牺牲了。现在，既然事情已经做出来，你想想看，难道能把她抛开吗？就算为了不破坏家庭生活，应该跟她分手吧，可是难道就不能可怜可怜她，让她称称心，让她别那样痛苦吗？”

“噢，这我就不懂了。你要知道，在我看来，天下的女人分为两种……也就是……更确切地说：有的是女人，有的嘛……我还没有看见过美貌而堕落的女子，而且也不可能见到。像那个坐在柜台后面的涂脂抹粉、满头鬈发的法国女人之类的女人，我觉得那是妖魔，所有堕落的女人都是这样的。”

“福音书里那个女人②呢？”

---

①系奥地利音乐家施特劳斯的著名歌剧《蝙蝠》中的唱词。原文为德语。

②指福音书中所说的改邪归正的妓女，抹大拉的马利亚。

“呃，可别说这话！基督要是知道到处乱用他的话，就决不会说这话了。福音书里的话很多很多，可是大家只记得这么几句。不过，我说的不是我所想的，而是我感觉的。我对于堕落的女人有一种厌恶感。你害怕蜘蛛，我就害怕这些妖魔。你大概也没有研究过蜘蛛，不知道蜘蛛的特性；我也是这样。”

“你这样说说倒容易；就好比狄更斯小说里的那位先生，遇到难题就用左手往右肩后面扔。可是不承认事实是不解决问题的。你还是说说，究竟我该怎么办，怎么办？妻子老得很快，可是你还正当年。转眼工夫就觉得对妻子没有爱情了，不管你怎样尊敬她。这时候忽然遇到称心如意的人儿，你就完了，全完了！”奥布朗斯基用无可奈何的口气说。

列文淡淡地一笑。

“是的，完了，”奥布朗斯基继续说。“可是究竟该怎么办呢？”

“可别去偷面包。”

奥布朗斯基哈哈大笑起来。

“好一个道德君子！可是你要明白，现在有两个女人：一个是坚持她的权利，这权利就是你的爱情，而你是无法给她爱情的；另一个女人为你牺牲了一切，而且什么也不要求。你该怎么办呢？有什么法子呢？最可悲之处就在这儿。”

“如果你想知道我对这事的看法，那我可以告诉你，我不相信这有什么可悲之处。为什么这样说？因为，据我看，爱情……有两种爱情，你该记得，就是柏拉图在他的《酒宴》中所说的两种，两种爱情是人的试金石。有些人只懂得这一种爱情，有些人只懂得另一种爱情。那些只懂得非柏拉图式爱情的人没有必要谈什么可悲之处。这种爱情没有什么可悲不可悲的。‘多谢您满足了我的欲望，再见吧。’可悲不可悲尽在这儿了。至于柏拉图式的爱情，不会有什么可悲的，因为这样的爱情是纯洁无瑕的，因为……”

这时候列文想起自己的罪过和他经历过的内心斗争。所以他出人意外地补充说：

“不过，也许你说得对。很可能……只是我不知道，实在不知道。”

“你要知道，”奥布朗斯基说，“你是一个非常单纯的人。这是你的美德，也是你的缺点。你自己天性单纯，就要求人生一切事都是单纯的，其实往往不是这样。比如，你瞧不起社会公务活动，因为你要求一切事情都符合其目的，然而往往不是这样。你还要求一个人的一举一动都有其目的，要求爱情和家庭生活永远是一回事儿，然而往往不是这样。五光十色的人生，一切魅力，一切美，都是由光明和黑暗组成的。”

列文叹了一口气，什么也没有回答。他在想自己的事，没有听奥布朗斯基的话。

忽然，他们两个人都感觉出来，虽然他们是朋友，虽然他们在一起吃饭，喝酒，酒本来应该使他们更加亲近，可是他们都感觉各人在想各人的事，彼此互不关心。奥布朗斯基已经不止一次体验过这种饭后不是更亲近而是格外疏远的感觉，知道在这种情况下应该怎么办。

“算账！”他喊了一声，便来到旁边大厅里，立刻就遇到他熟识的一位副官，跟他谈起一个女演员和供养她的人。奥布朗斯基和列文谈过话之后,和副官一谈起来,就感到轻松愉快,因为他和列文谈话总感到思想和精神格外紧张。

鞑靼老侍者送来账单,总共二十六卢布零几个戈比,外加小费,列文应摊十四卢布,要是在别的时候,他这个乡下人肯定会吓一跳,可是现在他毫不在意,付了账,便回家去换衣服,要去谢尔巴茨基家,他的命运就要在那里决定。

十二

谢尔巴茨基公爵家的吉娣小姐芳龄十八岁。她是这一年冬天才在交际界抛头露面。她在交际界博得的赞赏超过她的两个姐姐,也超过公爵夫人的预料。不仅出入莫斯科舞场的年轻人几乎个个迷上了吉娣,而且在第一个冬天就出现了两个郑重其事的求婚者:列文以及他走后立即出现的伏伦斯基伯爵。

列文在冬初的出现,他的频繁来访和他对吉娣很明显的爱慕,使吉娣父母第一次郑重其事地谈她的婚事,并且发生了争吵。公爵看中了列文,说列文配吉娣再好不过了。公爵夫人却使用起女人家惯用的绕开问题的办法,说吉娣还太年轻,说列文还没有什么真心实意的表示,说吉娣对他没有什么情意,还说了别的一些理由;可是她没有说出主要的理由,那就是她盼望女儿有个更好的夫婿,她不喜欢列文,她不了解他。等到列文突然走掉,公爵夫人十分高兴,非常得意地对丈夫说:“你瞧,我说的不错吧!”等到伏伦斯基上场,她就更高兴了,认为自己完全说对了,认为吉娣一定会找到一个不单是好的、而且是荣耀的夫婿。

在吉娣母亲眼里，列文跟伏伦斯基无法相比。母亲不喜欢列文那些古怪而偏激的议论，不喜欢他在交际界的不灵活，她认为这种不灵活来自他的傲慢自大，不喜欢他的生活，她认为那种天天跟牲口和庄稼汉打交道的生活是粗野的；她还很不喜欢的是，他既然爱上她的女儿，出入他们家已有一个半月，却似乎还在等待，观望，似乎害怕一旦开口求婚会有失面子，却不懂得，经常出入有待嫁姑娘的人家，是应该表明来意的。而且忽然间，不等表白，一下子就走掉了。“幸亏他很不招人喜欢，吉娣没有爱上他。”母亲想道。

伏伦斯基处处符合吉娣母亲的心意。他非常富有，非常聪明，门第高贵，既然是侍从武官，自会有锦绣前程，又是一个俊美的男子。再也不能希望有更好的了。

伏伦斯基在舞会上明明白白地向吉娣献殷勤，跟她跳舞，经常来他们家，可见他的真心实意是无可怀疑的。可是，尽管如此，母亲在整整一个冬天里一直是忐忑不安，忧心忡忡。

公爵夫人自己在三十年前出嫁，那是姑妈做的媒。男方的一切情形事先已经知道了。后来未婚夫来相看姑娘，女方也相看了他；做媒的姑妈问明了彼此的印象，并且转告了。印象是很好的。然后在约定的日子向父母求婚，这期待中的求婚也就被答应了。一切都顺顺当当，十分简单。至少公爵夫人感觉是这样。但是轮到她为女儿择婿，却觉得这种似乎很平常的嫁女儿的事是那样不容易，不简单。在两个大女儿陶丽和娜塔丽雅出嫁的事上，她担了多少心，烦了多少神，花了多少钱，跟丈夫吵了多少回呀！如今，为了小女儿出嫁的事，她还是那样担心，那样烦神，而且跟丈夫争吵得比两个大女儿出嫁时更厉害。老公爵也像一切做父亲的一样,特别注重女儿的贞洁和名声;他对几个女儿,尤其是他最心爱的女儿吉娣,管束得很不恰当,而且动不动就要和夫人吵,说她把女儿带坏了。公爵夫人自从和两个大女儿在一起那时候起,就习惯了这一套,不过现在她觉得公爵的严格管束更有道理了。她看到,近年来社会风气大变,做母亲更难了。她看到,像吉娣这样年纪轻轻的姑娘都在组织什么团体,参加什么讲习班,跟男子自由交往,单独坐车上街,很多姑娘不行屈膝礼,尤其是,都认定选择丈夫是她们自己的事,不是父母的事。"现在嫁姑娘跟以前不一样了。"所有那些年轻姑娘,以至于那些年纪大的人,都在这样想和这样说。可是现在究竟怎样嫁姑娘,公爵夫人却没有听到任何人说起过。法国那种父母为儿女做主的风俗现在不时兴了,大家都不赞成了。英国那种完全由姑娘自己做主的风俗也不行,在俄国社会做不到。俄国这种由媒人撮合的风俗,大家都认为有点儿胡闹,包括公爵夫人自己在内,都在嘲笑这种做法。可是究竟怎样出嫁,怎样嫁姑娘,谁也不知道。凡是和公爵夫人谈起这种事的人,对她说的话都一样:"算了吧,那种老规矩如今该丢掉啦。要知道,是年轻人结婚,不是父母结婚;所以,让年轻人想怎么办就怎么办吧。"那些没有女儿的人说说这种话倒是很容易;公爵夫人却明白,女儿一旦跟男人接近,就可能爱上男人,可能爱上不想结婚的人,或者爱上不配做丈夫的人。不管别人怎样劝她,如今年轻人的事应当由年轻人自己做主,她都不肯相信这一点,就像她不能相信有朝一日实弹手枪将成为五岁孩子的最好玩具。因此,公爵夫人为吉娣操的心,比起为两个大女儿操的心更要多些。

她现在怕的是，伏伦斯基对她的女儿不过只是献献殷勤罢了。她看出来，女儿已经爱上了他，不过她感到安慰的是，他是一个正派人，不会干出那种事儿。可是同时她又知道，在如今社交自由的风气下，很容易使女孩子热昏了头脑，而男人一般都把那种罪过看得不算什么事儿。上个星期，吉娣把她和伏伦斯基跳玛祖卡舞时谈的话对母亲说了。她听了这话，有些放心了，但还不是完全放心。伏伦斯基对吉娣说，他们弟兄俩一向在各方面都很听母亲的话，凡是重大的事，不跟她商量，从来不做决定。他说："现在我就盼望着我妈从彼得堡来，盼望着一种非同一般的幸福。"

吉娣在说这话的时候，不认为这话有什么意义。可是母亲的理解就不同了。她知道伏伦斯基天天盼望老夫人来，知道老夫人会高兴儿子的选择的，她也感到奇怪，他居然因为怕得罪母亲而不求婚；不过她十分希望婚事成功，尤其是希望使自己的一颗七上八下的心得到宽慰，所以就相信这话。公爵夫人看到大女儿陶丽遭到不幸，以致准备离开丈夫，心里不管有多么难受，但她真正操心和忧虑的还是小女儿的终身大事。今天，列文的出现使她增添了新的忧虑。她觉得小女儿曾经一度钟情于列文，怕的是，小女儿会顾及多余的旧情，拒绝伏伦斯基的求婚。总之，怕的是列文这一来，会把这件眼看就要定下来的婚事搅乱，破坏了。

"怎么，他来了很久了吗？"等她们回到家里，公爵夫人就问到列文。

"今天刚来，妈妈。"

“我有一件事要说说……”公爵夫人开口说。吉娣从她那板得紧紧的脸上，猜出她要谈的是什么事。

“妈妈，”她涨红了脸，急忙转过头对着妈妈，“请求您，请求您，这事不要说了。我知道，我全知道。”

母亲所希望的，正是她希望的，可是母亲希望的动机却使她感到是一种侮辱。

“我只是想说说，既然让一个人抱了希望……”

“妈妈，好妈妈，看在上帝面上，不要说吧。这事儿说起来太可怕了。”

“不说了，不说了，”母亲看到女儿眼里的泪水，就说，“不过，好孩子，有一点：你答应过我，你什么事都不瞒着我。没有什么事瞒着我吧？”

“从来没有，妈妈，什么事也没有隐瞒，”吉娣红了脸，抬起眼睛对直地看着母亲的脸，回答说。“不过我现在没有什么要说的。我……我……就是想说，我也不知道该说什么，该怎样说……我不知道……”

“是的，看她这眼睛，就知道她不会说谎。”母亲看着她那种着急和幸福的神气，笑着想道。公爵夫人笑的是，现在她心中想的事，在这个可怜的孩子眼里，是多么大，多么重要呀。

十三

在吃过晚饭到晚会开始之前的这段时间里，吉娣的心情就像一个小伙子面临大决战时的心情。她的心怦怦直跳，脑子里不住地翻腾。

她觉得，他们两个第一次见面的这个晚上，应该是决定她的命运的一个晚上。所以她不停地想象着他们，有时一个一个地想，有时同时想着他们两个。每当她想到过去的情形，她总是怀着愉快和亲切的心情恋恋不舍地回想她和列文的关系。童年的回忆，有关去世的哥哥和列文的友情的回忆，为她和列文的关系增添了一层特别的诗意的魅力。她相信列文爱她，能得到列文的爱，她感到荣幸，感到高兴。她想起列文就觉得轻松愉快。一想起伏伦斯基，就觉得有点儿不自在，尽管他是一个温文尔雅、彬彬有礼的人；似乎有点儿作假，不是他作假，他是非常随便、非常可亲可爱的，而是她自己作假；然而她和列文在一起的时候，就觉得自己非常随便和坦然。可是她一想到将来会和伏伦斯基在一起，眼前就出现光辉幸福的前景；一想到将来会和列文在一起，就觉得前景是一片迷雾。

她上楼去穿夜礼服，朝镜子里看了看，就高兴地发现，她是在自己最好的一个日子里，她浑身的力量能运用自如，这对于应付面前的事是十分需要的；她觉得自己外表是文静的，动作是优美从容的。

七点半钟，她刚刚走进客厅，仆人就通报说："康斯坦丁·德米特里奇·列文到。"公爵夫人还在自己的房间里，公爵也还没有出来。"真的来了！"吉娣想道，全身的血液都朝心里涌来。她朝镜子里看了看，看到自己的脸都发了白，吓了一跳。

现在她十分清楚，他所以来得特别早，是为了单独和她见面，向她求婚。这时候她才第一次看到事情的另一面，完全不同的一面。这时她才明白,问题不仅关系到她一个人,不仅是她跟谁在一起才会幸福的问题,她爱谁的问题,而是马上就会伤害她所爱的一个人。而且是残酷地伤害……为什么?就因为他,这个可爱的人,爱她,恋上了她。可是,没有办法,就需要这样,就应该这样呀。

“天啊,难道要我亲口对他说这话吗?”她想道。“我对他说什么呢?难道我就对他说我不爱他吗?那不是真心话。究竟我该对他说什么呢?就说,我爱上了别人?不,这不行。我要躲开,要躲开。”

她听到他的脚步声时,她已经快到门口。“不行!这样不好。我怕什么呢?我又没做什么坏事。该怎样就怎样好啦!我要说真话。况且,跟他在一起不会不自在的。瞧,他来了。”她看到他那强壮而畏畏缩缩的身姿和那双紧紧盯着她的明亮的眼睛,自己在心中说。她对直地看着他的脸,仿佛恳求他怜悯,并且伸出手来。

“我来得不准时,似乎太早了。”他扫视了一下空荡荡的客厅,说。等他看到期望的情形已经出现,没有人妨碍他表白爱情了,他的脸沉了下来。

“噢,不。”吉娣说过,便在桌旁坐下来。

“不过,我就是希望单独跟您见面。”他开口说。他没有坐下,也不看她,为的是不致丧失勇气。

“妈妈这就出来。她昨天太累了。昨天……”

她这样说,自己却不知道嘴里说的是什么,而且一直用恳求和亲热的目光看着他。

他抬眼看了看她，她脸红了，不说了。

“我对您说过，我不知道是不是要住很久……说这取决于您了……”

她把头垂得越来越低，自己也不知道怎样对待眼前的事。

“说过这取决于您了，”他重复说。“我是想说……我是想说……我就是为这事儿来的……希望……做我的妻子！”他说出口来，虽然自己也不知道是怎么说的；不过他感觉到，最可怕的话已经说出来了，就停下来，朝她看了看。

她艰难地喘着气，没有看他。她心花怒放，觉得幸福极了。她怎么也没有想到，他的爱情表白竟会对她产生这样强烈的作用。不过这种状态只是持续了一小会儿。她想起了伏伦斯基。她抬起她那双诚挚明亮的眼睛看了看列文，看到他那一张失望的脸，就急忙回答说：

“这不可能……请原谅我……”

一分钟之前，他觉得她是多么可亲，她是怎样维系着他的生命呀！可是此刻她变得跟他多么隔膜，多么疏远呀！

“这不可能不是这样。”他说，眼睛也没有看她。

他鞠了一个躬，就想走。

十四

可是这时候公爵夫人走了进来。她看见只有他们两个在这里，并且看见他们那副尴尬的模样，顿时脸上露出惊愕的神气。列文向她鞠了个躬，什么也没有说。吉娣没有作声，连眼睛也没有抬。“感谢上帝,她回绝了。”她心里想道,于是她又满面春风,露出每星期四迎接客人的那种常有的笑。她坐下来,问起列文在乡下的生活。列文又坐下来,等待客人到来,好悄悄地走掉。

过了五分钟,吉娣的女友,去年冬天出嫁的诺德斯顿伯爵夫人来了。

这是一个病态的神经质女子,又瘦,又黄,一双眼睛乌黑发亮。她爱吉娣,也像一般已婚女子爱姑娘一样,她对吉娣的爱总是表现在一个愿望中,就是希望按照自己的幸福理想让吉娣嫁人,所以她希望吉娣嫁给伏伦斯基。初冬时候她在吉娣家常常遇到列文,她一直不喜欢他。她见到他,总是喜欢拿他开玩笑。

“我就喜欢他那种傲气十足地看待我的神气:要么认为我愚蠢,不愿意跟我谈他那些高深的话,要么用居高临下的态度对待我。我真喜欢他那种居高临下!我就高兴他看不惯我。”她说的就是列文。

她说得很对,列文确实看不惯她,而且瞧不起她,瞧不起的正是她引以为荣、自以为优越之处,那就是她的神经质,她对于一切粗俗的、日常生活中的东西那种蔑视和冷漠的高贵态度。

在诺德斯顿伯爵夫人和列文之间形成了在社交界常见的一种关系,那就是表面上还是友好的,实际上彼此非常瞧不起,以至于彼此都不会认真对待,以至于彼此都不会生气。

诺德斯顿伯爵夫人立即向列文发起攻击。

“噢,康斯坦丁·德米特里奇!您又光临我们这堕落的巴比伦[1]啦,”她想起冬初时候列文曾经把莫斯科说成是巴比伦,就一

[1]巴比伦,是古代繁华的城市,常常借指花天酒地的都市。

面把黄黄的纤手伸给他，一面说。“怎么，是巴比伦变好了，还是您变坏了?”她带着嘲笑的神气回头看着吉娣，又补充一句。

“夫人，我的话您记得这样清楚，我感到不胜荣幸，”列文已经恢复了常态，立即很习惯地对诺德斯顿伯爵夫人采取了反唇相讥的态度，就回答说。“想必我的话给您的印象太深了。”

“啊，当然啦！我还一字不漏地记下来呢。喂，怎么样，吉娣，你又溜过冰啦？……”

于是她和吉娣聊起来。列文觉得，现在走掉不论有多么尴尬，可是做这种尴尬事，比起整个晚上待在这里，看着偶尔瞅他一眼又急忙躲开他的目光的吉娣，总要轻松些。他就要起身，可是公爵夫人发现他默默无语，就转过来和他说话。

“您来莫斯科，要住一阵子吧？您好像忙着地方自治会的事儿，怕也不能住很久吧?”

“不，夫人，自治会的事儿我已经不管了，”他说。“我这次来，要住几天。”

“他是有什么特别的事儿，”诺德斯顿伯爵夫人打量着他的绷得紧紧的脸，心里想道，“不知为什么他没兴致高谈阔论了。不过我来逗逗他。我顶喜欢让他在吉娣面前出洋相，现在就让他出出洋相。”

“康斯坦丁·德米特里奇，”她对他说，“请您给我讲讲，这是怎么一回事儿，——这种事儿您是无所不知的嘛，——在我家卡卢加庄上的庄稼汉和婆娘们喝酒把他们所有的一切都喝得光光的，没有钱给我们缴租了。这是怎么一回事儿？您一向是拼命称赞庄稼汉的呀。”

这时又有一位太太走进客厅，于是列文站了起来。

“对不起，夫人，这事儿我实在一点不知道，所以无可奉告。”他说过这话，回头看了看跟着那位太太进来的一位军官。

“想必这就是伏伦斯基了。”列文想道。为了证实这一点，他朝吉娣望了望。吉娣已经匆匆朝伏伦斯基瞥了一眼，又回头看了看列文。单凭她那情不自禁地大放光彩的眼睛这一瞥，列文就明白了，她爱的是这个人，清清楚楚，明明白白，就像她亲口对他说的一般。可是这到底是个什么样的人呢?

现在，不管好还是不好，他都不能不留下了。他需要知道，吉娣爱的是一个什么样的人。

有一些人，遇到不论在哪一方面胜过自己的敌手，就迫不及待地撇开对方好的一面，专看对方坏的一面；有一些人恰恰相反，最希望在得胜的敌手身上找到对方胜过自己的素质，因此忍着揪心的痛楚专门寻找对方的长处。列文就属于后一种人。不过，他要在伏伦斯基身上寻找长处和招人喜欢之处是不难的。他一眼就看了出来。伏伦斯基是一个个头儿不高、身体强壮的黑发男子，一张和蔼的、漂亮的脸，格外文静，格外清秀。从他的容貌到身姿，从他那剪得短短的黑发、刮得光光的下巴到宽松的崭新军服，处处显得潇洒倜傥，风度翩翩。伏伦斯基给进来的太太让过路之后，便走到公爵夫人面前，然后又走到小姐身边。

在他朝她身边走去的时候，他那一双清秀的眼睛闪出特别温柔的光彩，他带着暗暗得意和几乎看不出的幸福的微笑（列文觉得是这样）彬彬有礼、小心翼翼地朝她俯下身子，把他那不大然而宽阔的手伸给她。

他跟所有的人都打过招呼，寒暄几句，便坐了下来，没有朝一直注视着他的列文看一眼。

“让我来给你们介绍一下。”公爵夫人指着列文说。“这位是康斯坦丁·德米特里奇·列文。这位是阿历克赛·基利洛维奇·伏伦斯基伯爵。”

伏伦斯基站起来，亲切地望着列文的眼睛，握了握他的手。

“今年冬天我本来可以跟您一起吃顿饭的，”他洒脱而爽朗地微微笑着说，“可是您突然到乡下去了。”

“康斯坦丁·德米特里奇又瞧不起又憎恨城市和我们这些城里人呢。”诺德斯顿伯爵夫人说。

“可见我的话给您的印象太深了，让您记得这样牢。”列文说完，就想起刚才已经说过这话，脸一下子红了。

伏伦斯基朝列文和诺德斯顿伯爵夫人看了看，微微笑了笑。

“您一直在乡下吗？”他问道。“我想，在乡下冬天很乏味吧？”

“要是有事情干，就不乏味，而且乡下生活本身就不乏味。”列文很不客气地回答说。

“我很喜欢乡下。”伏伦斯基说。他听出列文的语气，装作没有在意。

“不过我想，伯爵，您是不肯一直住在乡下的。”诺德斯顿伯爵夫人说。

“不知道，我没有住过多久。我常常有一种很奇怪的心情。我和妈妈在尼斯[①]住过一个冬天之后，我从来没有那样怀念乡村，怀念到处是树皮鞋和庄稼汉的俄国乡村。您也知道，尼斯本身就

①尼斯，法国南部的一个疗养和游览胜地。

是很乏味的。还有那不勒斯，索伦多，也只是短期住住有意思。也正是在那些地方我往往会特别真切地想起俄国，也就是俄国的乡村。那些地方就像是……”

他既是对吉娣，也是对列文说的，他那安详而亲切的目光一会儿转向这个，一会儿转向那个，显然他是想到什么就说什么。

他发现诺德斯顿伯爵夫人有话要说，自己没有说完就住了口，留神听她说起来。

谈话片刻没有停过，这样一来老公爵夫人留作后备，以便在无话可谈时顶上去的两门重炮：古今教育问题和普遍兵役制问题，就没有推出来，诺德斯顿伯爵夫人也没有机会挖苦列文了。

列文想加入大家的谈话，却插不进嘴；他每一分钟都对自己说：“现在该走了。”可是他没有走，在等待什么。

谈起扶乩和灵魂的问题，于是相信招魂术的诺德斯顿伯爵夫人讲起她亲眼看到的一些神奇的事。

“哈，夫人，看在上帝面上，您务必带我去看看这种事儿！我还从来没见过这种稀罕事儿，虽然我到处寻找。”伏伦斯基笑着说。

“好，下一个礼拜六吧，”诺德斯顿伯爵夫人笑着说。“那么您，康斯坦丁·德米特里奇，是不是相信呀？”她问列文。

“您何必问我呢？您知道我会怎样说嘛。”

“不过我想听听您的意见。”

“我的意见就是，”列文回答说，“这种扶乩证明所谓文明的上流社会不比庄稼汉高明。庄稼汉相信毒眼[①]，相信中邪，相信蛊

①一种迷信说法：有一种眼睛，看到人就能害人。

术，我们就……”

“怎么，您不相信吗？”

“我无法相信，夫人。”

“可是，如果是我亲眼看到的呢？”

“乡下婆娘们也说，她们都亲眼看到过妖魔鬼怪。”

“这么说，您认为我是在扯谎了？”

她很不高兴地笑起来。

“不是的，玛莎，康斯坦丁·德米特里奇是说他无法相信。”吉娣说着，为列文红了脸，列文看出这一点，更加恼火，就想回敬几句，可是伏伦斯基马上带着他那爽朗而愉快的笑容上前救援，免得出现不愉快的局面。

“您认为完全没有可能吗？”他问道。“为什么不可能？我们认为电是存在的，虽然我们没有看见过电；为什么就不可能存在新的、我们还不知道的能量，这种能量……”

“在发现电的时候，”列文很快就打断他的话说，“那只是发现了这种现象，不知道电是怎么产生的，不知道有什么作用，过了若干世纪，才想到应用它。招魂术呢，恰恰相反，一开头就是扶乩，灵魂降临，然后才说这是一种未知的能量。”

伏伦斯基很用心地在听列文说话，就好像他显然对他的话很感兴趣，一直很用心地在听。

“是的，不过招魂师说：现在我们还不知道这是一种什么样的能量，但这种能量是存在的，而且在诸如此类情况下就能起作用。至于这种能量是怎么来的，就让科学家去阐明吧。是的，我看不出，为什么不可能有一种新的能量，如果这种能量……”

“那是因为，”列文打断他的话说，“电的作用是经常发生的，您只要拿松香在皮毛上摩擦，每次都会出现一定的现象，可是在这方面不是每次都行，可见这不是自然现象。”

伏伦斯基大概觉得在客厅里谈这类事太严肃了，因此没有再反驳，而是想方设法改变话题，就快活地笑了笑，朝女士们转过身去。

“让我们现在就来试一试吧，夫人。”他说。可是列文还想把他想说的话说完。

“我想，”列文又说下去，“招魂师们企图把他们那些怪事说成是一种新的能量，那是决不能自圆其说的。他们干脆说这是一种精神能量，并且还想对它进行物质试验。”

大家都在等待他把话说完。他也感觉到这一点。

“可是我想，您可以成为一个了不起的扶乩师，”诺德斯顿伯爵夫人说，“您身上有一股灵气。”

列文张开嘴，想说点什么，可是脸红了红，什么也没有说。

“小姐，让我们现在就来试一试扶乩吧，”伏伦斯基说。“老夫人，您答应吗？”

于是伏伦斯基站起来，用眼睛寻找小桌。

吉娣站起来去找小桌，从列文身边走过时，他们的目光相遇了。她心里着实怜悯他，尤其同情他的不幸，因为他的不幸是她造成的。“如果能原谅我的话，就请原谅吧，”她的目光说，“我太幸福了。”

“我痛恨所有的人，恨您，也恨我自己。”他的目光回答说。于是他拿起帽子。但是他命定不能走。就在大家刚刚想在小桌旁坐下，列文正要走的时候，老公爵走了进来，跟太太们打过招呼，便和列文说起话来。

“哎呀！”他很高兴地说。“来了很久了吗？我还不知道你来了呢。看见您太高兴了。”

老公爵对列文说话，有时称“你”，有时称“您”。他拥抱了列文，并且因为和列文说话，没有注意到伏伦斯基，伏伦斯基早已站起来，安静地等待着老公爵和他说话。

吉娣觉得，在那件事情之后，父亲的亲热会使列文非常难受。她也看到父亲到末了才冷淡地向伏伦斯基还了个礼，看到伏伦斯基带着亲切而大惑不解的神气看了看父亲，很想弄明白却怎么也不明白，为什么会对他这样不客气。吉娣看到这情景，脸红了。

“公爵，您让康斯坦丁·德米特里奇到我们这边来吧，”诺德斯顿伯爵夫人说。“我们要做试验呢。”

“什么试验？扶乩吗？哦，对不起，诸位女士和先生，依我看，还不如投投铁环有味道哩，”老公爵望着伏伦斯基说，猜想这玩意儿是他想出来的。“投投铁环还有点儿意思。”

伏伦斯基带着惊愕的神气用他那清秀的眼睛看了看公爵，微微笑了笑，立刻就和诺德斯顿伯爵夫人谈起下星期将要举行的一次盛大舞会。

“我想，您也参加吧？”他对吉娣说。

列文等老公爵一转过身去，就悄悄走了出来。这天晚上他带走的最后印象，就是吉娣在回答伏伦斯基是否参加舞会时那张幸福的笑脸。

十五

晚会结束后，吉娣把她和列文谈的话对母亲说了说，而且，尽管她非常怜悯列文，但一想到有人向她求过婚，心里还是非常高兴。她毫不怀疑她这样做是应该的。可是她上床以后很久都睡不着。有一个印象一直离不开她的脑际。那就是列文站在那里听父亲说话，打量着她和伏伦斯基的时候，他那张脸和皱着的眉头以及眉头下面那流露着灰心丧气神情的和善的眼睛。她为他难过起来，眼里不由得涌出了泪水。不过她立刻想到，她是为了谁而拒绝他的。她真切地想起那张英俊、清秀的脸，那雍容高贵的风度和待人接物的和蔼态度。她想起她所爱的那个人是怎样爱她，她心里又高兴起来，于是她带着幸福的微笑躺在枕头上。“他真可怜，真可怜，可是有什么办法呀？这不能怪我，”她对自己说。可是心里却有一个声音在对她说另外一番话。她不知道，她后悔的是她当初挑起了列文的爱，还是现在拒绝了他。“上帝保佑，上帝保佑，上帝保佑！”她不住地自言自语，直到睡去。

这时候，在楼下公爵的小小书房里，父母常常为爱女进行的争吵又一次开场了。

“怎么？就这样啊！”公爵挥舞着双臂叫道，并且马上把自己的灰鼠皮睡衣大襟掩上。“就是说，您没有自尊心，没有人格，您这样低三下四、糊里糊涂地找女婿，要把女儿脸面丢尽，把女儿毁了！”

“哎哟，看在上帝面上，别这样吧，公爵，我究竟怎么啦？”公爵夫人几乎哭着说。

她和女儿谈过话以后，喜气洋洋，满心欢喜，像往常一样来向公爵道晚安，虽然她不想把列文求婚和女儿拒绝的事告诉他，可是却向丈夫暗示说，她认为女儿和伏伦斯基的事已有结果，只等他母亲一到，就可以定下来了。公爵一听这话，一下子就火了，骂出难听的话来。

“您干的什么事呀？您竟然这样，第一，您引诱求婚的小伙子，全莫斯科都会传说这件事，而且有根有据。您既然举行晚会，就把大家都请来，而不是专请挑出来的几个小伙子。您就把所有那些活宝贝儿（公爵这样称呼莫斯科的年轻人）都请来，再请一位钢琴师，让大家跳跳舞，不要像今天这样，专挑几个来撮合，我看着就恶心，真恶心，这一下子您达到目的了，把女儿头脑弄糊涂了。列文比他们好一千倍。那个彼得堡的花花公子，他们都是在机器上造出来的，都是一模一样，都是坏蛋。就算他是嫡亲皇子，我女儿一点也不稀罕！”

“我究竟怎么啦？”

“要不然……”公爵怒吼起来。

“我知道，要是听你的话，”公爵夫人打断他的话说，“咱们的女儿永远也嫁不出去。要是这样的话，那就应该到乡下去。”

“最好就是到乡下去。”

“不过你听我说。难道我是巴结他吗？我一点也没有巴结。一个年轻人嘛，而且是一个很好的年轻人，爱上了她，她好像也……”

“哼，好像！万一她真的爱上了他，可是他如果和我一样，连想也不想结婚，那怎么办？……哎哟！但愿我的眼睛别看到！……‘嗬，扶乩，嗬，尼斯，嗬，舞会……’”公爵想象着他就是妻子，每说一句，行一个屈膝礼。“可是，瞧着吧，咱们会给吉娣造成不幸，她也会真的昏了头脑……”

“可是，你究竟为什么要这样想呢？”

“我不是想，我是知道；我们看这种事有眼光，女人家就没有。我看到有一个人是有真心实意的，那就是列文；我还看到一只鹌鹑，叫得热闹，不过想快活一阵子罢了。”

“哼，你才是昏了头哩……”

“等你清醒过来，就晚啦，就像陶丽的事儿一样。”

“唉，好啦，好啦，咱们不谈啦。”公爵夫人想起不幸的陶丽，就不让他再说了。

“那么好，再见吧！”

老两口画了十字相互祝福，又互吻了，但都还觉得各人的意见仍然是各人的意见，就各自走开了。

公爵夫人起初断然相信这天晚上吉娣的终身大事有了结果，对伏伦斯基的真心实意无须怀疑；可是老头子的一番话又使她心乱如麻。等她回到自己房里，也像吉娣一样，带着吉凶难料的惶恐心情在心里祷告了好几遍：“上帝保佑，上帝保佑，上帝保佑吧！”

十六

伏伦斯基从来没有过过真正的家庭生活。他母亲年轻时是一个红极一时的交际花，在婚后，尤其是在孀居时期，有许多风流韵事，在社交界闹得风风雨雨。至于父亲，他几乎不记得了，他是在贵族子弟军官学校长大成人的。

他一出学校便是一个非常年轻而漂亮的军官，立刻就进入富有的军官的圈子。虽然他有时也出入上流社会，但他的恋爱兴趣却在上流社会之外。

在经历了奢华而放荡的彼得堡生活之后，他在莫斯科第一次尝到了同一位纯洁、可爱而且倾心于他的上流社会姑娘接近的美妙滋味。他连想也没想过，在他跟吉娣的关系中会有什么不好的地方。在舞会上，他主要是跟她一起跳舞；他经常出入她家。他跟她谈的都是通常在交际场上谈的各种各样的废话，不过他常常情不自禁地使废话带有一层专门对她的意思。尽管他没有对她说过当着大家的面不能说的话，他却感到她对他越来越依恋了。而且，他越是感觉到这一点，心里越是愉快，对她也就越发温存。他不知道，他对待吉娣的这种行为有一定的叫法，那就是非婚姻意图的勾引少女行为，这种勾引行为正是像他这样漂亮的年轻人常有的恶劣行为之一种。他觉得，是他首先发现这种乐趣，所以他要尽情享受自己发现的乐趣。

要是他能听见这天晚上吉娣父母说的话，要是他能想到她家里人的看法，听说如果他不和吉娣结婚她将会很不幸，他一定会大吃一惊，不相信这种事儿。他无法相信，这种使他，尤其是使她得到这么大乐趣的事儿，会有什么不好。他更无法相信他应当结婚。

他觉得结婚是永远不可能的。他不仅不喜欢家庭生活，而且就他们这些单身汉的共同看法来看，成立家庭，尤其是做一个丈夫，是自找麻烦，自己跟自己过不去，更是非常可笑的。可是，尽管伏伦斯基想也想不到吉娣父母说的是什么话，可是这天晚上他一离开谢尔巴茨基家，就觉得他和吉娣在精神上的秘密关系牢牢地确定下来了，应该有一点儿行动了。但是究竟可以而且应该有什么样的行动，他却想不出来。

"妙的是，"他从谢尔巴茨基家往回走的路上，像往常一样带着从他们家得到的、也由于他整晚上没抽烟而产生的神清气爽的愉快感觉，带着她对他的爱情在他心中激起的又一阵醉意，一面想着，"妙的是，我和她都什么也没有说，可是我通过目光和语调的秘密交谈彼此十分了解了，这等于她今天比任何时候更明白地对我说了她爱我。而且她表现得多么可爱，多么纯真，尤其是多么信任呀！我觉得自己也变好了，变纯洁了。我觉得我有真情了，我有许多好处了。那一双可爱的含情脉脉的眼睛呀！当她说：而且非常……"

"这又怎么样？这也挺不错。我很快活，她也很快活。"然后他开始考虑再到哪里去消磨这个夜晚。

他掂量了他可以去的几个地方。"俱乐部？去打牌，跟伊格纳托夫一块儿喝香槟？不，不去。到'花街'去，到那儿可以找到奥布朗斯基，有歌曲，有康康舞[1]。不，我讨厌了。这不是，就因为我变好了，所以我喜欢上谢尔巴茨基家去。还是回家去吧。"他径直回到杜索旅馆，走进自己的房间，吃过晚餐，脱掉衣服，把头一放到枕头上，就睡着了，像往常一样睡得很熟，很安稳。

①康康舞，法国的一种黄色舞。

十七

第二天上午十一点，伏伦斯基上彼得堡铁路火车站去接母亲。他在车站大台阶上碰到的第一个人就是奥布朗斯基。奥布朗斯基是在等候乘同一班车来的妹妹。

“哦！阁下！”奥布朗斯基高声喊道。“你来接谁呀？”

“我接妈妈，”伏伦斯基像所有的人遇到奥布朗斯基一样，笑逐颜开地回答说，并且握了握他的手，便一起走上台阶。“她今天从彼得堡来。”

“我昨晚等你到两点钟。你从谢尔巴茨基家出来又上哪儿去了？”

“回家了，”伏伦斯基说。“老实说，昨天去过谢尔巴茨基家以后，我实在太高兴，所以哪儿也不想去了。”

“我凭烙印识骏马，凭眼睛识恋中人。”奥布朗斯基又像上次对列文一样朗诵起来。

伏伦斯基带着并不否认的神气笑了笑，不过他马上转了话题。

“你来接谁呢？”他问道。

“我吗？我来接一个漂亮女子。”奥布朗斯基说。

“原来如此呀！”

“谁歪着看事情，谁有歪心思。我是接我妹妹安娜。”

“哦，是卡列宁夫人吧？”伏伦斯基说。

“你想必认识她吧？”

“好像见过。也许没有……说真的,我不记得了。”伏伦斯基一听到卡列宁夫人这名字,就模模糊糊觉得有一种古板、枯燥的味道,所以心不在焉地回答说。

“不过,我那鼎鼎大名的妹夫阿历克赛·亚力山大罗维奇,你想必是认识的。全世界都知道他呢。”

“我只知道他的名声和相貌。我知道他很聪明,有学问,有点圣人味道……不过你也知道,这一切……跟我不相干[①]。”伏伦斯基说。

“是的,他是一个很了不起的人,有点儿保守,不过是一个极好的人,”奥布朗斯基说,“一个极好的人。”

“噢,这样他也就更走红了,”伏伦斯基笑着说。“啊,你也来啦,”他对站在门口的母亲的那个高个子仆人说,“到这儿来吧。”

伏伦斯基近来特别喜欢跟奥布朗斯基亲近,除了像大家一样,见到奥布朗斯基就觉得愉快之外,还因为在他的心目中奥布朗斯基是和吉娣联系在一起的。

“怎么样,礼拜天咱们请那位女歌星吃饭好吗?”他笑嘻嘻地挽住奥布朗斯基的胳膊,对他说。

“行。我来邀集人。哦,你昨天跟我的朋友列文认识了吧?”奥布朗斯基问道。

“可不是。不过不知为什么他很快就走了。”

“他是一个极好的人,”奥布朗斯基说,“不是吗?”

“我不知道,”伏伦斯基回答说,“不知为什么所有的莫斯科人都有点儿不太客气,自然,跟我说话的这一位除外,”他戏谑地

①原文是英语。

补充一句。“不知为什么这些莫斯科人总是摆着一副挑衅的架势，怒气冲冲的，仿佛随时准备给人一点颜色看看……”

“这是有的，确实是有的……”奥布朗斯基快活地笑着说。

“怎么样，快到了吧？”伏伦斯基问一个铁路职工。

“火车已经开出了。”那个职工回答说。

车站上的准备活动，搬运夫的来回奔跑，宪兵和铁路职工的出现以及接客人的纷纷到来，越来越明显地表示火车就要到了。透过寒冷的雾气，可以看见一些工人身穿小皮袄，脚蹬软毡靴，跨过弯弯线路上的铁轨，向前走着。远处的铁轨上响着机车的汽笛声和重东西滚动的隆隆声。

“不，”奥布朗斯基很想把列文有意向吉娣求婚的事对伏伦斯基说说，这时就说道，“不，你对我们列文的看法不对。他是一个非常神经质的人，有时确实使人不喜欢，不过有时倒也非常可爱。他天性忠厚，诚实，一颗心像金子一般。不过昨天有特殊原因，”奥布朗斯基带着意味深长的微笑说下去，完全忘记了昨天他对自己的好友真心实意的支持，而且现在他也怀着同样的支持心情，只不过支持的是伏伦斯基罢了。“是的，为什么他特别高兴，或者特别不高兴，那是有原因的。”

伏伦斯基站下来，直截了当地问：

“这是怎么一回事儿？是不是他昨天向你姨妹求婚了？”

“很可能，”奥布朗斯基说。“我看，昨天就是这么一回事儿。是的，如果他走得很早，而且情绪很坏的话，那就是这样……他恋上她很久了。我真替他难过。”

“原来如此呀！……不过我想，她完全有希望找一个更好的夫婿，”伏伦斯基说过这话，挺起胸膛，又踱起步来。“不过，我不了解他，”他补充一句。“是啊，这情形确实很难受！就因为这样，许多人宁愿去找窑姐儿。在那儿，如果弄不到手，只能证明你的钱不够，可是在这儿，要看人家是不是瞧得起你。哦，火车到了。”

真的，机车汽笛已经在远处叫了。过了几分钟，站台就震动起来，机车喷吐着因为寒冷朝下直扑的蒸气，缓慢而有节奏地摇动着中轮杠杆，带着弯腰弓背、穿得厚厚的、浑身霜雪的司机驶了过来；煤水车之后，便是一节满载着行李和一条汪汪直叫的狗的车厢渐渐移动过来，越来越慢，站台震动得越来越厉害；终于一节节客车进了站，抖动几下，便停了下来。

一个神气活现的列车员不等车停下，就一面吹哨子一面跳下车来。一些性急的乘客也跟着他一个一个往下跳：有一名近卫军军官，身子笔挺，神情严峻地向四周围打量着；有一个机灵的小商人，手拿提包，快活地笑着；还有一个背着口袋的庄稼人。

伏伦斯基站在奥布朗斯基旁边，打量着一节节车厢和下车的旅客，完全忘记了母亲。他因为刚才听到有关吉娣的事，心里又兴奋又快活。他的胸脯不由得挺了起来，眼睛也亮了。他觉得自己是个胜利者。

“伏伦斯基伯爵夫人在这节车厢里。”那个神气活现的列车员走到伏伦斯基面前说。

列车员的话唤醒了他，使他想起母亲，想起马上就要和母亲见面。他在内心里并不尊敬母亲，也不爱她，虽然自己也没有意识到这一点。尽管依照他所处的社会的观念，凭他所受的教育，他对待母亲不能有别的态度，只有百分之百的孝顺和尊敬，然而越是需要在表面上孝顺和尊敬，他在内心里越是不尊敬她，不爱她。

十八

伏伦斯基跟着列车员朝车厢里走去。他在门口站下来，给一位下车的太太让路。伏伦斯基凭着社交界人素有的眼力，只对这位太太的外貌瞥了一眼，就断定她是上流社会的人。他道了一声歉，就要朝车厢里走去，可是觉得还需要再看她一眼，不是因为她长得很美，不是因为她的整个身姿所显露出来的妩媚和优雅的风韵，而是因为经过他身边时，她那可爱的脸的表情中有一种特别温柔、特别亲切的意味儿。当他回头看的时候，她也转过头来。她那一双明亮的、在浓密的睫毛下面显得乌黑的灰眼睛亲切而留神地注视着他，像是在认他，接着又立刻转向走来的人群，像是要寻找什么人。在这短短的一瞥中，伏伦斯基发现有一股被压抑着的生气，闪现在她的脸上，荡漾在她那明亮的眼睛和弯了弯朱唇的微微一笑中。仿佛在她身上有太多的青春活力，以至于由不得她自己，忽而从明亮的目光中，忽而从微笑中流露出来。她有意收敛起眼睛里的光彩，但那光彩却不听她的，又在微微一笑中迸射出来。

伏伦斯基走进车厢。他的母亲是一个黑眼睛、鬈头发的干瘦老太太。她眯缝起眼睛打量着儿子，那薄薄的嘴唇微微笑着。她从座位上站起来，把提包交给侍女，把一只又干又小的手伸给儿子，接着又托起儿子的头，在他的脸上吻了吻。

“收到电报了吗？你好吗？感谢上帝。”

“您一路上好吗？”儿子说着，在她旁边坐下来，情不自禁地倾听着门外一个女子说话的声音。他知道这是他刚才在门口遇到的那位太太在说话。

“我还是不同意您的话。”那位太太说。

“这是彼得堡的看法，夫人。”

“不是彼得堡的看法，只是女人家的看法。”她回答说。

“好吧，夫人，让我吻吻您的手吧。”

“再见，伊凡·彼得罗维奇。哦，您去看看，我哥哥来了没有，叫他到我这儿来。”那位太太在门口说过这话，又走进车厢里来。

“怎么样，您找到哥哥了吗？”伏伦斯基伯爵夫人问那位太太。

伏伦斯基恍然大悟，这就是卡列宁夫人。

“令兄就在这儿，”他说着，站了起来。“真对不起，我刚才没认出您来，而且咱们见面时间太短了，”伏伦斯基一面说，一面鞠躬，“所以您想必也不记得我了。”

“哦，不，”她说，“我可以说是很了解您了，因为我和令堂一路上谈的都是您的事呢，”她说着，终于让按捺不住的青春活力从微笑中流露出来。“可是我还没见到哥哥呢。”

“你去把他叫来，阿历克赛。”老伯爵夫人说。

伏伦斯基走到站台上，喊道：

“奥布朗斯基！这儿来！”

可是卡列宁夫人却没有等哥哥，一看到他，就迈着矫健而轻盈的步子走出车厢。等哥哥一走到她跟前,她立即用左臂搂住哥哥的脖子,迅速地把他拉过来,使劲儿吻了吻,那动作的利落和优美使伏伦斯基感到惊愕。伏伦斯基目不转睛地看着她,笑着,自己也不知道为什么笑。等他想起母亲在等他,就又走进车厢里。

“她挺可爱,不是吗?”伯爵夫人说起卡列宁夫人。“她丈夫让她跟我坐在一起,我也很高兴。我跟她谈了一路。哦,你呢,我听说……你的高尚的爱情一直还是连连不断呢。这更好,我的好孩子,这更好。”

“我不知道您指的是什么,妈妈,”儿子冷冷地回答说。“好啦,妈妈,咱们走吧。”

卡列宁夫人又走进车厢,来向伯爵夫人告别。

“这不是,伯爵夫人,您见到儿子了,我也见到哥哥了,”她快活地说。“我的事儿也全讲完了,再也没什么可讲的了。”

“才不是呢,”伯爵夫人拉住她的手说,“我跟您在一起,就是把天下走遍,也不会觉得寂寞。有一些可爱的女子,跟她们谈话也觉得愉快,相对无言也觉得愉快,您就是这样的一个。您也不必为您的儿子操心:总不能一辈子不离开呀。”

卡列宁夫人一动不动地站着,身子挺得格外直,她的眼睛在笑着。

“安娜·阿尔卡迪耶芙娜[①]有一个八岁的儿子哩,”伯爵夫人向儿子解释说,“她从来没有离开过他,这一次把儿子留在家里,老是不放心。”

---

①安娜的全名是安娜·阿尔卡迪耶芙娜·卡列尼娜。卡列尼娜是随丈夫卡列宁姓,也就是卡列宁夫人之意。

“是啊，我和伯爵夫人一直在谈哩，我谈我的儿子，她谈她的儿子。”卡列宁夫人说。她的脸上又浮起微笑，很亲切的笑，是对他的。

“大概这使您感到很厌烦了。”他毫不怠慢，立即接过她抛给他的风情之球，说道。可是她不愿意继续用这种腔调说下去，就又对老夫人说：

“非常感谢您。我都不觉得，昨天一天就过去了。再见吧，老夫人。”

“再见，我的好朋友，”老夫人回答说。“让我吻吻您漂亮的脸蛋儿吧。我索性倚老卖老，直截了当地说一句：我简直爱上您了。”

尽管这是老一套的恭维话，卡列宁夫人却信以为真，而且因此十分高兴。她的脸红了红，就微微弯下身子，把脸凑到老夫人的嘴唇上，然后又直起身子，带着荡漾在唇边和眼角的那种微笑，把手伸给伏伦斯基。他握了握她伸给他的纤手，她也紧紧握住他的手，并且大胆地摇晃了几下，他因为这样带劲儿的握手感到非常高兴，觉得有什么特别的意味儿。她快步走了出去。她身躯相当丰满，走起路来却出奇地轻盈。

“太可爱了。”老夫人说。

她的儿子也在这样想。他目送着她，直到她那婀娜的身姿看不见为止；他的脸上一直带着微笑。他从窗口看到她走到哥哥跟前，挽住他的手，很起劲地对他说起话来，显然说的是跟他伏伦斯基完全不相干的事，这使他感到懊丧。

“哦，妈妈，您身体一直很好吗？”他又向母亲问了一遍。

“一直很好，非常好。亚力山大很逗人喜欢。玛丽雅也长得很好看。她挺好玩儿。”

于是她又说起她最关心的事，也就是孙子的洗礼，她就是为这事上彼得堡去的。她还说起皇上对大儿子的特殊恩宠。

“那不是，拉夫伦季也来了，”伏伦斯基望着窗外说，“如果没有别的事，咱们现在可以走了。”

跟随老夫人来的老管家走进车厢报告说，一切都收拾好了，于是老夫人站起来，准备走。

“咱们走吧，这会儿人少了。”伏伦斯基说。

侍女拿起提包，抱起小狗，管家和搬运夫拿起另外几件行李。伏伦斯基挽起母亲的胳膊；可是，在他们走出车厢的时候，忽然有几个人带着惊恐的神色从他们身边跑过。站长也戴着他那颜色与众不同的制帽跑过去。显然是出了什么意外事儿。许多人离开火车向后跑去。

“怎么啦？……怎么啦？……在哪儿？……撞上了！……轧死了！……”走过的人纷纷传说着。

奥布朗斯基和妹妹手挽着手，也带着惶恐的神色走了回来，在车厢门口站住，避开拥挤的人群。

太太们又进了车厢，伏伦斯基和奥布朗斯基就跟着人群去了解车祸的详情。

一名看道工，不知是喝醉了酒，还是因为天太冷把头都裹起来，没有听见火车倒车，被轧死了。

伏伦斯基和奥布朗斯基还没有回来，两位夫人就从老管家嘴里听到了车祸详情。

奥布朗斯基和伏伦斯基都看到了血肉模糊的尸体。奥布朗斯基显然非常难过。他皱着眉头，好像就要哭出来。

“哎呀，好可怕呀！哎呀，安娜，你可是不能看！哎呀，好可怕呀！”他不住地说。

伏伦斯基没有说话，他那漂亮的脸很严肃，但十分平静。

“哎呀，老夫人，您真不能看，”奥布朗斯基说。“他老婆也来了……她那样子真可怕……她一头扑到尸体上。听说，家里有一大帮人，全靠他一个人养活呢。真可怕呀！”

“能不能为她想点儿什么办法？”卡列宁夫人焦灼不安地小声说。

伏伦斯基朝她看了看，就立即走出车厢。

“我一下子就回来，妈妈。”他在门口回过头说了一句。

几分钟之后，他回来的时候，奥布朗斯基已经在和老夫人谈那个新来的歌星了，老夫人一面焦急地望着门口，等着儿子。

“现在咱们走吧。”伏伦斯基一进来，就说。

他们一起下了车。伏伦斯基和母亲走在前面。卡列宁夫人和哥哥走在后面。在车站出口处，站长追了上来，走到伏伦斯基跟前。

“您交给副站长两百卢布，请问，您这是给谁的？”

“给那个寡妇，”伏伦斯基耸耸肩膀说。“我真不明白，这有什么可问的。”

“是您给的吗？”奥布朗斯基在后面叫道。他紧紧攥了攥妹妹的手，又补充说：“太好了，太好了！他这人真是好极了，不是吗？再见吧，老夫人。”

于是他和妹妹站了下来，找她的侍女。

他们出站的时候，伏伦斯基家的马车已经走了。从站里出来的人还在纷纷议论刚才出的事儿。

“死得好惨呀！”一位先生从旁边走过，说。“听说，轧成了两截。”

“我看，恰恰相反，这样死最轻松，一眨眼就过去了。”另一个人说。

“这种事儿怎么不设法提防呀！”还有一个人说。

卡列宁夫人坐上马车，奥布朗斯基惊愕地看到她的嘴唇在哆嗦，看到她使劲儿憋着眼泪。

“您怎么啦，安娜？”等他们走出几百丈之后，他问道。

“这是不祥之兆呀。”她说。

“胡说什么！”奥布朗斯基说。“你来了，这就是最要紧的。你真想象不到，我对你抱多大的希望。”

“你早就认识伏伦斯基了吗？”她问道。

“是的。你可知道，我们希望他和吉娣结婚呢。”

“是吗？”安娜小声说。“哦，现在咱们来谈谈你的事吧，”她又说，并且甩了甩头，就好像要甩掉多余的、碍事的东西似的。“就谈谈你的事吧。我一接到你的信，就来了。”

“是啊，全指望你呢。”奥布朗斯基说。

“那你就原原本本地对我说说吧。”

奥布朗斯基就说了起来。

马车来到家门口，奥布朗斯基扶妹妹下了车，叹了一口气，握了握她的手，自己就到衙门里去了。

十九

安娜来到房里的时候,陶丽正和现在已经很像父亲的浅色头发胖男孩一起坐在小客厅里,听他念法文读本。小男孩一面念,一面转悠着小褂上一个勉强挂住的扣子,一心要把扣子扯下来。母亲几次把他的手拉开,可是那胖乎乎的小手还是在玩那扣子。母亲就把扣子扯下来,放到口袋里。

“手老实些,格里沙。”她说过,又拿起她编织了很久的毛毯。她在心里难受的时候,总是织织毛毯。现在她又心烦意乱地织起来,手指头一起一落的,并且数着针数。尽管她昨天就叫仆人对丈夫说,他的妹妹来不来不干她的事,她还是为她的到来做好了一切准备,并且很急切地等待着小姑。

陶丽痛不欲生,心灰意冷。不过,她没有忘记,小姑安娜是彼得堡一位要人的太太,是彼得堡的贵夫人。就因为这样,她没有照她对丈夫说的话行事,也就是没有忘记小姑要来。“是的,毕竟这事儿一点也怪不得安娜,”陶丽想。“我觉得她这人再好也没有了,而且她对待我也一直很亲热,很爱护。”是的,就她在彼得堡卡列宁家得到的印象来说,她是不喜欢他们那个家庭的;他们家庭生活的各方面都有一种虚伪做作的味道儿。“可是我有什么理由不接待她呢?只要她不来安慰我就行!”陶丽想道。“一切安慰,开导,基督式的饶恕,这一切我反复想过一千遍了,全没有用。”

这些天来,陶丽只是和孩子们在一起。她不愿意说自己的伤心事，自己有伤心事就不能去谈别人的事。她知道，不管怎样，她会把一切都说给安娜听的；所以，一会儿，她想到可以对她说说，就感到高兴；一会儿，又想到还得把自己受的屈辱对她，对他的妹妹说说，还得听她那些老一套的劝告和安慰的话，就感到懊恼。

她不住地看钟，时时刻刻都在等待她到来，但是却像常有的情形一样，偏偏忽略了客人到来的那一小会儿，所以没有听到铃声。

她听见已经来到门口的衣服窸窣声和轻盈的脚步声，转过头来，在她那憔悴的脸上情不自禁地流露出来的不是喜悦，而是惊愕。她站起来，一把把小姑抱住。

“怎么，你已经到啦？”她一面说，一面吻安娜。

“陶丽，我看见你多高兴呀！”

“我也很高兴。”陶丽很勉强地笑着说，一面看着安娜脸上的表情，很想弄清楚她是否知道那件事。“想必知道了。”她发现安娜脸上有同情的神气，心里就这样想。“哦，咱们走吧，我带你到你的房里去。”她想尽可能把谈正题的时间往后拖一拖，就又这样说。

“这是格里沙吗？我的天，他长得多高啦！”安娜说着，吻了吻他，眼睛一直看着陶丽，她站了下来，脸红了红。“不，哪儿也不用去。”

她解下头巾，摘下帽子，她那到处鬈曲的黑发有一绺被帽子挂住，她甩甩头，把头发抖落下来。

“你光彩照人，真是又幸福，又健康呀！”陶丽几乎带着妒意说。

“我吗？……是的，”安娜说。“我的天，丹尼娅！你跟我的谢辽沙同岁呢，”她对跑进来的女孩子说。她把她抱起来，吻了吻。“多好看的小姑娘，真好看呀！把几个孩子都让我看看。”

她提起每一个孩子，不仅记得他们的名字，而且记得出生年月、性格以及害过一些什么病。陶丽不能不认为这是难能可贵的。

“好，咱们就去看看他们吧，”陶丽说。“可惜瓦夏还在睡觉呢。”

她们看过孩子们以后，就在客厅里坐下来，这时只有她们两个，面对着咖啡，安娜端起托盘，随后又把托盘推开。

“陶丽，”她说，“哥哥对我说了。”

陶丽冷冷地看了安娜一眼。她等待她说虚情假意的同情话，可是这一类的话安娜却一句也没有说。

“陶丽，好嫂子！”她说，“我既不想替他说话，又不想安慰你；那是没有用的。不过，好嫂子呀，我真替你难过，打从心底替你难过！”

她那浓密的睫毛下面明亮的眼睛里一下子就汪起泪水。她往嫂子跟前坐了坐，用她那嫩生生的纤手抓住嫂子的手。陶丽没有闪开，可是脸上的冷淡表情并没有改变。她说：

“安慰我是没有用的。一出了那种事儿，什么都失去了，什么都完了！”

她一说出这话，她脸上的表情顿时变得温和了。安娜拉起陶丽那又干又瘦的手，吻了吻，就说：

“不过，陶丽，该怎么办，怎么办呢？在这种可怕的局面下，怎么办才好呀？这就应该想一想了。”

“什么都完了，没什么好想的了，”陶丽说。“你要知道，最糟糕的是我没法甩开他；有几个孩子，我舍不得离开。可是我又没法跟他过下去，看到他我就受不了。”

“陶丽，好嫂子，他对我说过了，可是我还想听你说说，你就把一切都对我说说吧。”

陶丽用疑问目光朝她望了望。

安娜脸上的同情和爱护的神情显然不是装出来的。

“好吧，”她忽然说。“不过我要从头说起。我怎样出嫁，你是知道的。我是我妈教养大的，不仅天真无知，而且非常糊涂。我什么也不懂。我听人家说，做丈夫的都要把自己以前的事对妻子说说，可是司基瓦……”她改口说，“司捷潘·阿尔卡迪奇却什么也没有对我说过。你也许不相信，可是我一直以为我是他亲近过的唯一女人。我就这样过了八年。你要知道，我不仅没想到他会有外心，而且认为这是不可能的，可是，你瞧，我就抱着这样的想法忽然一下子知道了全部可怕的事，肮脏的事……你替我想想吧。本来满以为自己是幸福的，可是忽然……”陶丽憋住哭，继续说下来，“忽然看到一封信……他给他的情妇，给我们的家庭女教师的信。是的，这太可怕了！”她急忙掏出手绢，把脸捂住。“如果是一时冲动，那还可以谅解，”她沉默了一会儿，又继续说下去，“可他是处心积虑，想尽鬼花样欺骗我……又是跟哪一个呀？……一面还做我的丈夫，一面跟她在一起……这太可怕了！你是无法理解的……”

“不，我能理解！我能理解，我的好陶丽呀，我能理解。”安娜握着她的手说。

“你以为他能理解我的处境有多么可怕吗？”陶丽又说。“一点也不！他天天快快活活，扬扬得意呢。”

“才不呢！”安娜立刻打断她的话说。“他挺可怜，他后悔得要命……”

“他能够后悔吗？”陶丽凝视着小姑的脸，打断她的话，问道。

“是的，我了解他。我看他实在可怜。你我都是了解他的。他心肠好，可是他很骄傲，现在却觉得没脸见人。最使我感动的就是（安娜一下子就猜到最能打动陶丽的是什么）……有两件事使他很痛心：一件是他没脸见孩子们，另外一件就是他爱你……是的，是的，在世界上他最爱的就是你，”她看出陶丽想反驳，急忙抢着说，“爱你却又给你造成痛苦，使你伤透了心。他老是在说：‘不，不，她不会饶恕我的。’”

陶丽一面听小姑说话，一面若有所思地朝一旁望着。

“是的，我明白，他的处境很糟；有罪的人往往比无罪的人更难受，如果他能感觉到一切不幸都是由于他的罪过的话，”她说。“可是怎么能饶恕呢？既然有了那个女人，我怎么能再做他的妻子呢？现在我再和他生活在一起，那是很痛苦的，就因为我爱惜我过去对他的爱情……”

她哭了起来，说不下去了。

但就像有意似的，她的心一软下来，就又说起刺激自己的话来。

“那女人又年轻又漂亮嘛，”她又说下去。“你可知道，安娜，是谁把我的青春、我的美貌消磨掉了？是他和他的孩子们呀。

我天天伺候他，我的一切都在他身上消耗完了，现在他遇上一个鲜嫩的贱货，自然更喜欢啦。他们一定在一起说我呢，也许更坏，连提也不提。你明白吗？”她的眼睛里又燃起怒火。“在这之后他再对我说这说那……怎么，我还能相信他吗？永远不能。是的，一切都完了，一切，那成为我的安慰、成为我的辛苦劳累的报酬的一切……你能相信吗？比如我刚才教格里沙念书，以前这是一种乐趣，现在却成了一种痛苦。我何必卖力，何必劳累呢？要小孩子干什么呢？最可怕的是，我的心一下子完全变了，我对他的爱、对他的情没有了，对他只有恨，是的，只有恨了。我恨不得把他杀了……”

“陶丽，好嫂子，我都明白，不过你不要折磨自己。你太伤心，太气愤了，因此有许多地方你看走了样子。”

陶丽安静下来。她们有两分钟没有说话。

“怎么办呢，安娜，你帮我想想吧。我什么都反复想过了，可是什么办法也想不出来。”

安娜也想不出什么办法，但是她的心对嫂嫂的每一句话和脸上的每个表情都有直接的反应。

“我只说一点，”安娜开口说，“我是他妹妹，我知道他的性情，知道他那种健忘的脾性（她在脑门前做了一个手势），知道他会完全着迷，但也会完全后悔。他现在就无法相信，无法明白，他怎么会做出他做的那种事来。”

“不，他明白，他很明白！”陶丽打断她的话说。“可是我……你把我忘了……难道我好过吗？”

“你别急。在他对我说这事儿的时候，说实在的，我还不理解你的处境有多么可怕。我只是看到他,看到家庭乱了套;我很可怜他。可是,跟你谈了谈以后,我作为一个女人,就看到了另一面。我看到你的痛苦,心里真说不出多么替你难受!可是,陶丽,好嫂子,我完全理解你的痛苦,只有一点我不知道:我不知道……我不知道你心里对他还有多少爱。只有你知道,是不是还有足够的爱支持你饶恕他。如果还有的话,就饶恕他吧!"

"不。"陶丽说起来;可是安娜又吻了一下她的手,把她的话打断了。

"我比你更了解上流社会,"安娜说。"我了解像司基瓦这样的人,知道他们怎样看待这种事儿。你说,他会跟她在一起说你什么。才不会哩。这些男人干着偷鸡摸狗的事,可是在他们的心目中,家庭和妻子那还是很神圣的。不管怎样他们还是瞧不起那些女人,那些女人也妨害不了他们对家庭的感情。他们在家庭和那些女人之间划了一条不可逾越的界线。我不明白这是怎么回事儿,但事实就是这样。"

"是的,可是他亲过她了呀……"

"陶丽,听我说,好嫂子。当年司基瓦爱上你的时候,我是看见的。我记得那时候,他跑到我那儿,说到你,还流泪呢,你在他心目中多么富有诗意,多么崇高呀!我知道,他同你生活越久,你在他心目中变得越崇高。我们还常常取笑他哩,笑他每说一句话都要加上一句:'陶丽真是一个了不起的女人。'你在他心目中永远是神圣的,现在还是这样。这次冲动不是他有心……"

"可是,如果以后还要冲动呢?"

"我看,这是不会的……"

“好吧，不过，要是你遇上了，也能饶恕吗？”

“我不知道，我说不准……不，我能，”安娜想了想，说。她想象了一下这样的处境，在内心的天平上衡量了一番，又补充说：“是的，我能，我能，我能。是的，我会饶恕的。我会和原来不一样了，是的，不过我会饶恕的，而且是完全饶恕，就像没有那回事儿，根本没有那回事儿一样。”

“哦，那当然，”陶丽很快地接话说，就好像她说的是她考虑过多次的，“要不然那就不是饶恕了。要是饶恕，就得完完全全饶恕。好啦，咱们走吧，我带你到你的房间里去，”她说着，站起来，一面走一面把安娜搂住。“我的好妹妹，你来了，我多么高兴呀。我好过些了，好过多了。”

二十

这一天，安娜整天都待在家里，就是说，待在奥布朗斯基家里。她没有接见任何人，虽然已经有几个熟人听说她来了，当天就来拜访她。安娜整个上午都是跟陶丽和孩子们在一起。她只是打发人送一张字条给哥哥，叫他务必回家来吃午饭。她写道：“来吧，上帝是仁慈的。”

奥布朗斯基在家里吃的午饭；谈的是家常话，妻子和他说话，又称起“你”，这是很久没有过的。夫妻之间原来的隔阂依然存在，但是已经不谈什么分离的话了。奥布朗斯基看到有交换意见与和解的可能了。

刚吃过午饭，吉娣就来了。她认识安娜，但不怎么了解她。

所以吉娣来到姐姐家，不能不有点儿惶恐，不知道这位人人交口赞誉的彼得堡贵夫人怎样对待她。可是安娜很喜欢她，这一点她立刻就看出来了。安娜显然很欣赏她的美丽和年轻。吉娣还没有定下神来，便觉得自己不仅受到她的感染，而且觉得自己爱上了她，就像一般年轻姑娘爱慕已婚和年长的妇女那样。安娜不像一个上流社会的贵夫人，也不像有了八岁的孩子的母亲。要不是她眼睛里那惊动和吸引着吉娣的严肃而有些忧郁的神情，凭她那动作的灵活、她的娇艳以及凝聚在她的脸上，时而从微笑中，时而从目光中流露出来的勃勃生气，她倒是像一个二十岁的姑娘。吉娣觉得安娜十分纯真，什么也不掩饰，不过也觉得她另有一个崇高的、她吉娣无法理解的复杂的、诗意的精神境界。

饭后，等陶丽一回到自己的房里，安娜就很快地站起来，走到正要吸雪茄的哥哥跟前。

“司基瓦，”她快活地挤着眼睛，对他画着十字，用眼睛朝门口指了指，对他说，“去吧，上帝保佑你。”

他领会了她的意思，丢下雪茄，走了出去。

等奥布朗斯基走过之后，她又回到沙发上，坐在孩子们的包围圈里。不知是因为孩子们看出妈妈喜欢这位姑姑，还是因为他们自己觉得她身上有一股特殊的魅力，先是两个大的，然后像常有的情形一样，几个小的也学他们的样儿，在饭前就缠住新来的姑姑，再也不离开她。他们就像在玩一种游戏，看谁能坐得离姑姑近些，看谁能挨到她，谁能拉着她的纤手，亲她，玩她的戒指，或者至少摸摸她衣服上的皱边儿。

“好啦，好啦，咱们还像刚才那样坐。”安娜说着，坐到原来的地方。

于是格里沙的头又钻到她的胳膊底下,紧紧贴住她的衣服,脸上露出得意和幸福的神气。

“哦,什么时候举行舞会呀?”她问吉娣。

“下个星期。是一次盛大的舞会呢。在一些舞会上总是很快活的,这一次就是。”

“噢,有那样一种总是很快活的舞会吗?”安娜带着亲切的讥笑口吻说。

“奇怪是奇怪,不过是有的。在鲍布利晓夫家总是快活的,在尼基丁家也是这样,可是在梅日科夫家就往往很乏味。您难道没有发觉吗?”

“不,好妹妹,对我来说已经没有什么快活的舞会了,”安娜说。于是吉娣又在她的眼睛里看到那个没有对她开放的特别境界。“对我来说,只是有一些舞会叫人觉得不那么难受和乏味罢了……”

“您怎么会在舞会上感到乏味呢?”

“我又怎么不会在舞会上感到乏味呢?”安娜问。

吉娣发觉安娜知道会有什么样的回答。

“因为您总是最美呀。”

安娜最容易脸红。她红了脸,说:

“第一,从来不是这样;第二,就算是这样,这对我又怎样呢?”

“这次舞会您去吗?”吉娣问。

“我想,我不能不去。你就拿去吧。”她对丹尼娅说。丹尼娅正在把很容易脱落的戒指从她那白白的、尖端细细的手指上往下捋。

“要是您能去，我就太高兴了。我多么想在舞会上看到您呀。”

“如果能去的话，一想到至少可以使您高兴，那我就心满意足了……格里沙，别揪头发，就这样已经够乱啦。”她说着，理了理格里沙玩的那一绺耷拉下来的头发。

“我想象您在舞会上穿紫色衣裳呢。”

“为什么一定要穿紫色的？”安娜笑着问。“喂，孩子们，去吧，去吧。听见没有？古丽小姐叫你们去喝茶哩。”她说着，从孩子堆里抽身出来，打发他们到餐室里去。

“我可是知道您为什么叫我去参加舞会。您对这次舞会抱着很大的希望，所以就巴不得人人都在场，人人都参加。”

“您怎么知道的呀？就是的。”

“啊！你正处在一个多么美好的时候呀，”安娜继续说下去。“我记得和熟悉这蔚蓝色的雾，就像瑞士那山里的雾一样。这蔚蓝色的雾笼罩着童年即将结束时那个幸福时代的一切，离开那又幸福又欢乐的广阔天地，路就越来越窄，等到走进那穿廊，那就有欢乐也有恐惧了，尽管那穿廊似乎也是光明和美好的……谁没有走过这条路呀？”

吉娣微笑着，没有说话。“可是她是怎样走过来的呢？我真想知道她的全部恋爱史呀。”吉娣想道，同时想起她丈夫卡列宁那俗不可耐的外貌。

“我知道一点事儿。司基瓦对我说的，我祝贺您，我很喜欢他，”安娜继续说，“我在火车站遇到伏伦斯基了。”

“啊，他上火车站去了吗？”吉娣飞红了脸问道。“司基瓦对您说了些什么？”

“司基瓦全说给我听了。我真是太高兴了。我昨天是和伏伦斯基的母亲同车来的，”她继续说，“他母亲不停地对我谈他的事；他是她的宝贝儿；我知道，做母亲的都是偏爱的，不过……”

“他母亲究竟对您说了些什么？”

“哈，说的可多呢！所以我知道，他是她的宝贝儿，不过还是可以看出来，这是一个讲义气的男子……比如，她说他要把全部财产都让给哥哥，说他在小时候就做过不寻常的事，救过一个落水的女子。一句话，是个英雄。”安娜笑着说，同时想起他在车站上给人家两百卢布的事。

不过她没有说那两百卢布的事。不知怎的，她想起这事儿就有点儿不愉快。她觉得，这事儿跟她有点儿什么关系，有一种不应该有的意味儿。

“老夫人再三请我上她家里去，”安娜继续说，“我也很高兴看看老人家，明天我就去看她。哦，感谢上帝，司基瓦在陶丽房里待了很长时间啦。”安娜补充一句，改变了话题，并且站了起来，吉娣觉得似乎她因为什么事感到不愉快。

“不，是我第一！不，是我！”孩子们喝完茶，吵吵嚷嚷地朝安娜姑姑跑来。

“大家一齐到！”安娜说过这话，便笑哈哈地迎着孩子们跑去，把这一堆闹哄哄的、快活得直叫的孩子搂住，并且一起倒在地上。

二十一

快到大人喝茶的时候,陶丽才从自己的房里走了出来。奥布朗斯基没有出来。他想必是从后门出了妻子的房间。

“我怕你在楼上冷,”陶丽对安娜说,“我想让你搬到楼下来,这样咱们就靠得更近了。”

“哎呀,不要为我操心吧。”安娜一面回答,一面注视着陶丽的脸,很想弄清楚是不是和解了。

“你在这儿要暖和些。”嫂子说。

“我对你说吧,我不论在哪儿,都能睡得跟土拨鼠一样。”

“你们这是说的什么呀?”奥布朗斯基从房里走出来,向妻子问道。

吉娣和安娜一听到他说话的口气,立刻就明白,已经和解了。

“我想让安娜搬到楼下来,可是要换换窗帘。谁也换不好,我得亲自动手了。”陶丽回答他说。

“天知道,他们是不是完全和解了呢?”安娜听到她的冷淡、平静的口气,心里想道。

“哎呀,得了,陶丽,你总是自找麻烦,”丈夫说。“好啦,你要是同意,一切由我来办吧……”

“是的,一定和解了。”安娜想道。

“我知道你办事情都是怎么办的,”陶丽回答说,“你把办不成的事都交给马特维去办,自己转身就跑掉,他把什么都弄得一团糟。”陶丽说这话的时候,嘴角浮现出平素那种讥讽的微笑。

“完全、完完全全和解了，”安娜想道，“感谢上帝！”因为和解是她促成的，心里十分高兴，情不自禁地走到陶丽跟前，吻了吻她。

“绝对不会的，你怎么这样瞧不起我和马特维呀？”奥布朗斯基微微笑着对妻子说。

整个晚上，陶丽像往常一样对待丈夫总带一点儿讥笑的神气，奥布朗斯基却又快活又得意，但不让得意之色过分流露，以免让人觉得他得到饶恕便忘记了自己的罪过。

在九点半钟，奥布朗斯基家特别高兴、特别愉快的家庭茶余夜话被一件似乎极平常的事破坏了。不过不知为什么大家都觉得这件很平常的事有点儿奇怪。在谈到彼得堡共同的熟人时，安娜很快地站了起来。

“我的照相簿里有她的照片呢，”她说，“顺便也让你们看看我的谢辽沙。”她带着做母亲的得意的笑容说。

快十点钟了，平时这时候她要和儿子互道晚安，而且常常在赴舞会之前亲自安顿儿子睡觉，此时她离儿子这么远，不由得惆怅起来。不论大家在谈什么事，她的心总是要飞回她那鬈发的谢辽沙身边。她很想看看他的照片，谈谈他。她一看到有了由头，就站起来，迈着她那轻盈而利落的步子前去取照相簿。通往她的房间的楼梯正对着外面大楼梯的平台。

就在她走出客厅的时候，前厅里的铃响了。

“这会是谁呢？”陶丽说。

“要是来接我，那就太早了；要是来找谁，那就太晚了。”吉娣说。

“一定是送公文来了。”奥布朗斯基插嘴说。当安娜走到楼梯口的时候，一名仆人跑上来通报有客人来到，这时来客就站在灯光下。安娜朝下面一看，立刻就认出是伏伦斯基，不知为什么她心里顿时出现一种又高兴又慌乱的奇怪心情。他站着，没有脱大衣，正在口袋里掏一样什么东西。她走到楼梯中间的时候，他抬起眼睛，看到了她，在他的脸部表情中出现了一种羞惭和惶恐的神气。她微微点了点头，就上楼去了，接着就听到奥布朗斯基大声喊他进去，又听到伏伦斯基用不高的柔和而平静的声音表示谢绝。

安娜拿着照相簿回来的时候，他已经走了。奥布朗斯基说，他是来问问明天他们请一位外来的名人吃饭的事。

“他怎么也不肯进来。他这人多怪呀。”奥布朗斯基又说。

吉娣的脸红了红。她以为只有她明白他为什么来，又为什么不进来。“他到我家去过了，”她想道，“没有找到我，就想到我在这儿；可是他不进来，因为他觉得太晚了，而且安娜在这儿。”

大家互相看了看，什么也没有说，就看起安娜的照相簿。

一个人在晚上九点半上朋友家问问打算请客的事，没有进门，本没有什么特别和奇怪的；可是大家都觉得这事儿奇怪。最觉得奇怪和不自在的是安娜。

二十二

当吉娣和母亲登上灯火通明、摆满鲜花、站满扑了香粉、身穿红色长袍的仆人的宽大楼梯时，舞会刚刚开始。大厅里传出像蜂房里那样均匀的沙沙的动作声。当她们站在摆满盆花的楼梯平台上对着镜子整理头发和衣服时，大厅里传出小提琴那小心翼翼的清楚的声音，乐队开始演奏第一支华尔兹了。一个浑身香水气味、对着另一面镜子理了理白色鬓发的穿便服小老头儿，在楼梯上碰到她们，显然因为很欣赏他不认识的吉娣，给她们让了路。一个没有胡子的青年，也就是谢尔巴茨基老公爵称为活宝贝儿的上流社会青年，穿着领口特别大的背心，一面走一面理着雪白的领带，向她们鞠了一个躬，走过去之后，又回来请吉娣跳卡德里尔舞。第一圈卡德里尔舞她已经答应了伏伦斯基，所以她只能答应同那位青年跳第二圈。一位军官正在扣手套上的扣子，在门口让了路，一面捋着小胡子，一面欣赏玫瑰一般的吉娣。

尽管吉娣在服饰、发式和准备参加舞会的各方面都费了不少心思，花了很多工夫，可是她现在穿着色彩斑斓的网纱连衣裙和玫瑰色衬裙那么雍容、那么飘洒地步入舞厅，仿佛这一切花结、花边和服装上的一切饰物都没有花费过她和她家里人一分钟工夫，仿佛她生来就带着这网纱、花边和高高的头发，头发上还长着一朵带两片叶子的玫瑰花。

就要进入舞厅的时候，老公爵夫人想给她抻抻卷起来的腰带，吉娣微微闪了闪身子，躲开了。她觉得，她身上的一切自然是非常好看、非常优美的，一点也用不着整理了。

这是吉娣最幸福的一天。她的连衣裙没有一处不合身，花边披肩一点不往下溜，花结不皱也不脱落，粉红色高跟鞋一点不夹脚，穿着非常舒服，浓密的淡黄色假髻贴在她那小小的头上，就像自己的头发一样。长手套上的三个扣子都扣得好好的，没有松开，那手套裹住她的手，并没有改变手的模样。那系着肖像颈饰的黑丝绒绦带，特别温柔地绕着她的脖子。这丝绒绦带很有魅力，吉娣在家里在镜子里看到自己脖子的时候，就觉得这丝绒绦带在说话呢。别的方面也许都还有可斟酌之处，这丝绒绦带却肯定是迷人的。吉娣在这舞厅里朝镜子里的丝绒绦带看了一眼，也不由得笑了。看着那裸露的肩膀和手臂，就像碰到大理石一样感到凉丝丝的，这是她特别喜欢的一种感觉。她的眼睛闪闪发亮。她的朱唇也因为意识到自己的魅力不能不笑。她还没有走进舞厅，还没有走到那一群周身都是网纱、缎带、花边和鲜花，在等待着邀舞的妇女跟前（吉娣从来没有在这群妇女中停留过），就有人来请她跳华尔兹舞，而且来邀请的正是最出色的舞伴、舞蹈明星、著名舞蹈教练、舞会主持人、身材匀称的已婚美男子耶戈鲁什卡·科尔松斯基。他和巴宁伯爵夫人跳过第一圈华尔兹，刚刚把她放开，扫视了一下自己的兵马，也就是几对开始跳舞的男女，一看到进来的吉娣，就迈着舞蹈教练特有的那种潇洒的快步来到她面前，鞠了一躬，也不问她是不是愿意，就伸出手去搂她的纤腰。她回了一下头，看把扇子交给谁，女主人就笑眯眯地把扇子接了过去。

"您准时来到，太好了，"他搂住她的腰，对她说，"要不然迟到可是一种坏作风。"

她弯起左臂，搭到他的肩上，于是她那一双穿着粉红色皮鞋的纤足就随着音乐的节拍在光滑的镶花地板上轻盈而匀和地转动起来。

"跟您跳华尔兹一点不费力，"在跳华尔兹开头的慢步舞时，他对她说，“好极了，多么轻快，多么利落。”他几乎对所有的好舞伴都是这样说的。

她听到他的称赞，笑了笑，继续从他的肩头上打量着整个舞厅。她不像那初次抛头露面的姑娘，舞厅里所有的脸融合成一个仙境般的景象；她也不像那些跑腻了舞场的姑娘，觉得舞厅里所有的脸都熟悉得令人生厌。她介乎二者之间：她是很兴奋的，同时也相当镇定，能够观察舞厅里的一切。她看到舞厅的左边角落里聚集着交际界的精华。那儿有袒露到不能再露的美人儿、科尔松斯基的妻子丽蒂，有女主人，有秃顶油光锃亮的克利文，交际界精华汇集之处，往往他都要在场；许多小伙子朝那边望着，却不敢走过去；吉娣也看到司基瓦在那儿，接着就看到穿着黑丝绒连衣裙的安娜那优美的身段和头部。他也在那儿。自从拒绝列文求婚的那天晚上以后，吉娣就没有看见过他。她的敏锐的眼睛一下子就认出他来，甚至发觉他在看她呢。

“怎么样，再来一圈吧？您不累吗？”科尔松斯基轻轻喘了几口粗气，说。

“不了，谢谢。”

“把您送到哪儿去呀？”

“好像卡列宁夫人在这儿……请把我送到她那儿去吧。”

“遵命。”

于是科尔松斯基渐渐放慢脚步，跳着华尔兹径直向左边角落里的人群移动，一面嘴里说着：“对不起，太太们，对不起，对不起，太太们。”一面在花边、网纱、缎带的海洋中旋转着，连一根羽毛也没有挂到；他把自己的舞伴急剧地旋转了一圈，转得她那穿着绣花长筒丝袜的玉腿露了出来,她的长裙像扇子一样展了开来,蒙住了克利文的膝盖。科尔松斯基鞠了一个躬,挺了挺敞开的胸膛,就伸出手想把她搀到安娜跟前去。吉娣红了红脸,把裙裾从克利文的膝盖上拉下来。她多少有些头晕,向周围扫了一眼,寻找安娜。安娜没有像吉娣一心希望的那样穿紫色衣裳,却穿了一件黑丝绒敞胸连衣裙,露出她那像老象牙一样光润丰满的肩膀和胸脯,以及圆圆的胳膊和纤手。她的连衣裙镶的都是威尼斯花边。她的头上,在她那没有掺假发的一头黑发中,有小小的一束紫罗兰,在白色花边之间的黑腰带上也有这样的一束。她的发式并不引人注目,引人注目的是那老是在脑后和鬓边翘着的一圈圈任性的鬈发,这为她更增添了几分风韵。在那光润而丰腴的脖子上挂着一串珍珠。

吉娣每次看到安娜,都爱慕她,并且想象她一定会穿紫色衣裳,可是现在看见她穿着黑色衣裳,吉娣才觉得以前没有充分领略她的真正魅力。现在看到了她这副出人意料的新模样。吉娣现在才明白,安娜不能穿紫衣裳,她的魅力就在于她这个人总是比服饰更突出,服饰在她身上从来就不引人注目。这件镶着华丽花边的黑色连衣裙就不显眼,这不过是一个镜框,引人注目的只是她这个人:雍容,潇洒,优雅,同时又快快活活,生气勃勃。

她站在那里,一如往常,身子挺得特别直,吉娣走到这一堆人跟前时,她正微微偏着头同男主人说话。

“不,我不想说什么责备的话。”她就什么事情回答他说,“虽然我无法理解。”她又耸耸肩膀说。接着,她立刻带着亲切的、有保护意味的笑容转身和吉娣打招呼。她用女性特有的目光匆匆扫视了一下吉娣的服饰,便用头做了一个极其轻微、但是吉娣能领会的赞赏动作,表示赞赏她的服饰和美丽。"你们也跳到这边厅里来啦。"她说了一句。

"这是我最可靠的舞伴之一,"科尔松斯基说着,向他还没有见过的安娜鞠了一躬。"公爵小姐为舞会增添不少欢乐和光彩呢。安娜·阿尔卡迪耶芙娜,跳一圈华尔兹吧。"他弯着腰说。

"你们认识吗?"主人问道。

"我们跟谁不认识呀?我和贱内就像一对白狼,人人都认识我们,"科尔松斯基回答说。"跳一圈华尔兹吧,安娜·阿尔卡迪耶芙娜。"

"要是能不跳的话,我就不跳。"安娜说。

"今天不跳可是不行。"科尔松斯基回答说。

这时伏伦斯基走了过来。

"好的,如果今天不跳不行的话,那咱们就来吧。"她说着,也没有理会伏伦斯基的鞠躬,很快地把手搭在科尔松斯基的肩上。

"为什么她不满意他呢?"吉娣发现安娜有意不理睬伏伦斯基的鞠躬,心里想道。伏伦斯基走到吉娣面前,提起请她跳第一圈卡德里尔舞的事,并且因为这几天没有机会去看她表示歉意。吉娣一面欣赏安娜的舞姿,一面听他说话。她等着他请她跳华尔兹,可是他没有邀请她,因此她惊讶地看了他一眼。他的脸红了红,这才急忙请她跳华尔兹,可是他刚刚搂住她的细腰,只迈出第一步,音乐就突然停了。吉娣看了看他那跟她挨得很近的脸,她这含情脉脉的一瞥却没有得到他的回报,后来过了好几年,还常常觉得心里刺痛,觉得是一种难以忍受的耻辱。

“对不起，对不起！跳华尔兹，华尔兹！”科尔松斯基在大厅的另一头喊道，并且立即搂住身边的一位小姐，跳了起来。

二十三

伏伦斯基和吉娣跳了好几圈华尔兹。吉娣跳完华尔兹，便走到母亲跟前，刚刚和诺德斯顿伯爵夫人说了几句话，伏伦斯基就来请她跳第一圈卡德里尔舞。在跳卡德里尔舞的时候，没有谈什么有意义的话，只是断断续续地谈到科尔松斯基夫妇，他把他们说成是一对可爱的四十岁的孩子，说得非常好玩儿，有时也谈到将来的公共剧场，只有一次，当他问起列文是不是在这里，并且说他很喜欢他时，谈话才触及了她的心灵。不过吉娣对卡德里尔舞并没有抱更大的期望。她心情激动地等待着跳玛祖卡舞。她认为，一切都应该在跳玛祖卡舞时见分晓。在跳卡德里尔舞时，他没有约请她跳玛祖卡舞，并没有使她感到不安。她相信，她会像在以往的舞会上那样跟他一起跳玛祖卡舞的，因此有五个人约请跳玛祖卡舞，她都谢绝了，说是已经有人了。整个舞会，直到最后一圈卡德里尔舞，吉娣觉得就像是一个充满欢乐色彩、音响和动作的梦中仙境。她只有在极度疲劳，非休息不可的时候，才不跳舞。但是在她和一个无法摆脱的很乏味的青年跳最后一圈卡德里尔舞时，却凑巧成了伏伦斯基与安娜的对舞者。自从大家都开始跳舞以来，她还没有碰见过安娜，这时她忽然看到安娜又是一种完全不同的、令人意想不到的模样儿了。她在安娜身上看到她自己在情场得意时常常出现的那种兴奋的样子。她看到，安娜醉了，饮的是男子倾慕的美酒。她熟悉这种心情，也熟悉这种心情的表现特征，现在就在安娜身上看到了：看到了眼睛里那颤动的、闪烁不停的光芒，那情不自禁地浮现在朱唇上的幸福和兴奋的微笑，还有那格外优美、利落、轻盈的动作。

“是谁呢？”她自己问自己。“是所有的人还是有一个人呢？”这时和她跳舞的青年说话丢了话头，怎么也接不上来，她也不帮他克服窘态，表面上服从着科尔松斯基那又快活又洪亮的口令，听他一会儿叫大家围成一个大圈儿，一会儿叫大家排成一排，自己却在仔细观察着，而且她的心收缩得越来越紧了。“不，使她陶醉的不是大家的欣赏，而是一个人的爱慕。这个人是谁呢？难道就是他吗？”每次他和安娜说话，安娜的眼睛里就迸射出喜悦的光芒，那朱唇上也浮起幸福的微笑。她好像是在竭力克制自己，尽量不露出喜悦的神气，可是喜悦的神气不知不觉就出现在她的脸上。“可是他又怎样呢？”吉娣朝他看了看，大吃一惊。吉娣清清楚楚地在安娜脸上看到的东西，她在他身上也看到了。他那一向沉着、刚健的风度和脸上那泰然自若的神情哪儿去了？不对了，他现在每次对她说话，总要微微弯下头，好像很想在她面前跪下来，而且在他的目光中只有唯命是从和诚惶诚恐的神情了。“我不愿冒犯您，”他的目光仿佛每次都这样说，“不过我要救救我自己，就是不知道该怎么办。”他脸上的表情是吉娣从前从来没有见过的。

他们谈的是彼此都认识的一些人，谈的是最没有意义的话，可是吉娣觉得，他们说的任何一句话都能决定他们的和她的命运。奇怪的是，尽管他们确实谈的是伊凡·伊凡诺维奇说法语说得多么可笑，叶列茨卡雅应该能找到更好的夫婿，这些话在他们来说却是有意义的，而且他们也像吉娣一样感觉到这一点。在吉娣心里，整个舞会、整个世界都罩上了迷雾。只是因为受过严格的教育，她才勉强支持着，做别人要求她做的事情，也就是跳舞，回答问话，说话，甚至微笑。不过，到了跳玛祖卡舞的时候，已经纷纷把椅子拉开，有几对舞伴也从边厅往大厅里移动，这时吉娣顿时感到绝望了，慌了。她已经拒绝了五个人，现在就跳不成玛祖卡舞了。甚至连被邀请的希望也没有了，正是因为她在交际界太走红，所以谁也不会想到直到这时候还没有人请她跳舞。应该对母亲说她身体不舒服，要回家去，可是她又没有劲头儿这样做。她觉得心灰意懒。

她走进小会客室里，一下子坐到安乐椅上。那轻纱连衣裙下摆像云彩一般飘起来绕在她那细腰上；一条裸露出来的细细的娇嫩的玉臂无力地耷拉下来，沉没在粉红色舞裙的褶皱里；她的另一只手拿着扇子，使劲儿扇她那火辣辣的脸。虽然她的样子很像一只蝴蝶刚刚落在青草上，眼看就要展开美丽的翅膀飞起来，可是她心里感到绝望、痛苦极了。

“也许是我误解了，也许没有这么一回事儿呢？”她想道。

于是她又回想刚才见到的种种情景。

“吉娣，你这是怎么啦？”诺德斯顿伯爵夫人悄没声地踩着地毯走到她跟前，说。“这事儿我真不明白。”

吉娣的下嘴唇哆嗦了两下，她很快地站了起来。

“吉娣，你不跳玛祖卡吗？”

“不，不。”吉娣带着哭腔说。

“他就当着我的面请她跳玛祖卡，”诺德斯顿伯爵夫人知道吉娣明白这他和她是谁，就这样说，“她说：您怎么不和谢尔巴茨基公爵小姐跳呀？”

“哼，我一点不稀罕！”吉娣回答说。

除了她自己，谁也不了解她的处境，谁也不知道她拒绝了也许她爱过的一个人的求婚，她所以拒绝，是因为她信任另一个人。

诺德斯顿伯爵夫人找到跟她跳过玛祖卡舞的科尔松斯基，叫他去邀请吉娣。

吉娣是在打头的一对儿里，幸好她不用说话，因为科尔松斯基一直在忙着对他手下的兵马发号施令。伏伦斯基和安娜几乎就在她对面坐着。她那敏锐的眼睛看到了他们；当他们跳到一块儿的时候，她又在近处看到他们；她看到他们越多，越是相信她的不幸已成定局。她看出来，他们觉得在这到处是人的大厅里只有他们两个人。她在伏伦斯基那表情一向刚毅洒脱的脸上看到一种使她吃惊的不知所措和唯命是从的表情，很像一条听话的狗做了错事时的表情。

安娜微笑，他就微笑。她沉思起来，他也收敛起笑容。有一种超自然的力量把吉娣的目光吸引到安娜的脸上。她穿着朴素的黑衣裳是很美的，那戴着手镯的丰满的手臂是很美的，那挂着一串珍珠的玉雕般的脖子是很美的，那蓬松的鬈发是很美的，那一双纤足和手臂的轻盈优雅的动作是很美的，那洋溢着生气的娇艳的脸是很美的，不过在她的美艳之中有一种可怕的、残酷的意味儿。

吉娣比以前更赞赏她了，心里也就越来越痛苦了。吉娣觉得自己完了，这种心情也在脸上流露出来。当伏伦斯基跳玛祖卡舞碰到她时，一下子竟没有认出她来，就因为她变得太厉害了。

“好精彩的舞会呀！”他对她这样说，只是为了说点儿什么。

“是的。”她回答说。

玛祖卡舞跳到一半的时候，安娜一面重复着科尔松斯基新发明的复杂花样，一面走到圈子中央，抓住两个男舞伴，并且招手叫一位太太和吉娣过去。吉娣一面朝她走，一面带着恐惧的神气望着她。安娜眯缝起眼睛看着她，握了握她的手，笑了笑。可是等她看到吉娣的脸只是用绝望和惊讶的表情回答她的微笑，就转过身去，和另一位太太快快活活地说起话来。

“是的，她有一种与众不同的、妖魔般的、格外迷人的魅力。”吉娣在心中说。

安娜不愿留下来吃晚饭，可是主人却一再挽留她。

“行啦，安娜·阿尔卡迪耶芙娜，”科尔松斯基说着，把她一只裸露的玉臂挟到他的燕尾服袖子底下。“我还想跳几圈科奇里昂舞哩！才美呢！”

于是他慢慢移动，竭力要把她拉过去。主人带着赞许的神气微笑着。

“不，我不能留下来。”安娜笑着回答说；尽管她在笑，可是科尔松斯基和主人从她回答的果断口气听出来，她是不会留下来的。

“不跳吧，就这样我在莫斯科你们这一次舞会上跳的舞，比在彼得堡整个冬天跳的还要多呢，”安娜回头看着站在她旁边的伏伦斯基，说。“我要休息休息，好上路呢。”

“您一定要明天就走吗?”伏伦斯基问。

“是的,我是这样想,”安娜回答时,露出惊讶的神气,似乎没想到他会这样大胆地问她。不过,在她说这句话的时候,在她的眼睛和微笑中颤动着的压制不住的光芒把他的心燃着了。

安娜走了,没有留下吃晚饭。

二十四

“是的,我有些地方是令人反感,令人不喜欢,”列文从谢尔巴茨基家出来,一面朝哥哥的寓所走,一面想着。“我跟别人不合群。都说我骄傲。不,我连骄傲也不是。真要是骄傲的话,就不会去碰这种钉子,落到这般地步。”于是列文想起伏伦斯基,觉得他又幸福又和善,又聪明又文静,想必从来没有落到像他今天晚上这样糟的境地。“是的,她应该挑选他。就应该这样,我不能埋怨谁,没什么好埋怨的。只能怪我自己。我有什么理由认为她会愿意和我缔结终身呢?我是什么人?我算得上什么?一个微不足道的人,谁也用不着,谁也不稀罕。”这时他想起尼古拉哥哥,于是很高兴地回想起他的种种情形。“他说世界上的一切都是卑鄙龌龊的,不是很对吗?我们过去和现在对尼古拉哥哥的评价未必公正。普罗科菲哥哥看到他穿着破烂皮袄,喝得醉醺醺的,自然就认为他是一个没出息的人;可是我认为他不是这样。我知道他的心,知道他和我很像。可是我没有去找他,却去吃饭,又到这儿来。”列文走到路灯底下,看了看笔记本里记的哥哥的地址,就叫了一辆马车。列文在去找哥哥的很长的一路上,历历在目地回想着他所知道的尼古拉哥哥的种种往事。他想起哥哥在大学时期以及毕业后的一年里，不顾同学们的嘲笑，过着修士一般的生活，严格奉行宗教教规教仪，做礼拜，持斋，放弃各种各样的享受，尤其是不近女色；后来忽然异想天开，结交了一些最下流的人，从此过起花天酒地的日子。后来想起那个孩子的事。他从乡下领了一个孩子来抚养，因为一时气愤把孩子狠狠打了一顿，打成残废，因而吃了官司。又想起他和那个赌棍的事。他输给那个赌棍一笔钱，付了一张支票，后来他又告发那赌棍骗了他。（这就是柯兹尼雪夫代付的那一笔钱。）又想起他因为打架闹事在警察局关了一夜。想起他和柯兹尼雪夫打的无赖官司，说柯兹尼雪夫没有把母亲财产中应得的一份给他。还想起不久前他到西部边区任职，因为殴打乡长而吃的官司……这一切都非常恶劣，不过列文完全不像那些不了解尼古拉、不了解他的全部经历、不了解他的心地的人一样，把他看得那样恶劣。

列文记得，在尼古拉信奉上帝，持斋，做礼拜，过修士生活的时候，在他求助于宗教来抑制他的情欲的时候，不仅没有谁支持他，而且所有的人，包括他列文在内，都嘲笑他。大家都讥诮他，叫他挪亚[①]，叫他修士；可是等他放荡起来，谁也不帮助他，而是都带着害怕和厌恶的心情躲避他。

列文觉得，不管尼古拉哥哥生活多么放荡，他的心灵，他的心灵深处，并不比那些瞧不起他的人坏些。他生来就有无法控制的性情和有限的智力，这怪不得他。其实他总是想做一个好人。“我

①《旧约全书·创世记》第六章第九节中说：“挪亚是个义人，在当时的时代是个完全人。”

要把什么都对他说说,也叫他把什么都说出来,我要让他明白,我是爱他的,所以也是了解他的。"列文在十点多钟来到记事本上记的那家旅馆时,在心中打定了主意。

"楼上十二号和十三号房间。"看门人回答列文说。

"在家吗?"

"应该在家。"

十二号房间的门半开着,有一股淡味的劣等烟草的浓烟随着一道灯光冲了出来,里面还有列文不熟悉的一个人的声音;可是列文听出哥哥就在里面,因为听到了他的咳嗽声。

他进门的时候,那个不熟悉的声音在说:

"一切要看事情办得是否合理,是否凭良心。"

列文朝门里面看了看,看到说话的是一个头发浓密、身穿紧腰长外衣的年轻男子,还有一个麻脸年轻女子,穿着没有领子和袖子的毛呢连衣裙,坐在沙发上。没有看到哥哥。列文一想到哥哥竟然和这样一些不三不四的人混在一起,感到十分痛心。谁也没听到他来了。于是列文一面脱套鞋,一面倾听那个穿长外衣的人说话。那人在谈一个企业。

"哼,见鬼去吧,特权阶级,"哥哥一面咳嗽,一面说道。"玛莎!给我们端饭去,要是还有酒,就拿来;要是没有,就去买。"

那女子站起来,从屏风后面走出来,看到了列文。

"有一位先生来了,尼古拉·德米特里奇。"她说。

"找谁?"尼古拉很生气地问。

"是我呀。"列文说着,朝亮处走去。

"我是谁?"尼古拉更生气地又问了一遍。可以听到他的衣服在什么东西上挂了一下，他就很快地站了起来，于是列文在面对自己的门口看到了哥哥那异常熟悉、但又粗野又病弱得使人吃惊的又高又瘦、佝偻着的身躯和一双惊愕的大眼睛。

他比三年前列文上一次看到他时更瘦了。他穿着一件短上衣。他的手和粗大的骨骼显得更粗大了。头发比以前稀疏了，嘴上还是那样直直的小胡子，还是那样的眼睛带着奇怪和天真的神气望着来客。

"哎呀，柯斯加！"他认出弟弟，一下子叫了起来，眼睛里也放射出喜悦的光彩。不过就在同一分钟里，他回头看了看那个年轻人，头和脖子做了一个列文十分熟悉的痉挛般的动作，好像是领带勒得他难受；接着他那干瘦的脸上就出现了一种完全不同的粗野、痛苦和冷酷的表情。

"我给您和谢尔盖·伊凡诺维奇写过信，说我不认识你们，也不想认识你们。现在你，现在您有什么事？"

他完全不像列文想象的那样。列文想到他的时候，把他性格中最坏、最使人受不了的地方，也就是使人很难相处的地方忘记了；现在他一看到他的脸，尤其是看到头部痉挛地转动，他就想起了这一切。

"我来看看你，不是为了什么事，"他怯生生地回答说。"我就是来看看你。"

尼古拉看到弟弟胆怯，显然心软了。他哆嗦了几下嘴唇。

"噢，你是这样呀？"他说。"哦，你进来，坐下吧。你吃饭吗？玛莎，拿三份晚饭来。不，等一下。你知道，这位是谁吗？"他指着那个穿长衣的人对弟弟说。"这是克里茨基先生，还是我在基辅的朋友，是一个很了不起的人。他当然受到警察的迫害，因为他不是一个卑鄙的人。”

接着他习惯地扫视了一下房间里所有的人。他看到站在门口的女子正要走，又把她喊住：“我叫你等一下嘛。”于是他又环顾着所有的人，就像列文以往见惯了的那样，语无伦次、前言不搭后语地对弟弟说起克里茨基的经历：他是怎样因为创办贫寒学生救济会和星期日学校而被大学开除，后来怎样进民办学校当教师，又怎样被赶出民办学校，后来又怎样为一点什么事吃了官司。

“您是基辅大学的吗？”列文为了打破接着出现的很别扭的沉默状态，就问克里茨基。

“是的，上过基辅大学。”克里茨基皱起眉头，很恼火地说。

“这个女人嘛，”尼古拉打断他的话，指着那个女子说，“是我的人生伴侣，叫玛丽雅·尼古拉耶芙娜。是我从窑子里把她领出来的，”他说这话的时候，抽动了一下脖子。“但是我很爱她，尊重她，而且我要求，”他提高嗓门儿而且皱起眉头补充说，“凡是想跟我认识的人都要爱她和尊重她。她等于是，完全等于是我的妻子。这样，你就知道应该拿她当什么人了。如果你以为有损你的身份，那就请便，这儿就是门。”

他的眼睛又带着询问的神气扫了扫所有的人。

“怎么会有损我的身份呢，我不明白。”

“玛莎，那你去叫人端饭来，三份饭，还有伏特加和葡萄酒……不，等一等……不，不用了……你去吧。”

二十五

“你看，”尼古拉使劲皱着眉头，抽搐着。他显然不知道该说什么，做什么。“你可看到……”他指了指房间角落里用绳子捆着的一捆捆铁条。“你看到这个吗？这是我们就要创办的事业的开端。这事业就是生产合作社……”

列文几乎没有听。他凝视着他那枯黄的肺痨病人的脸，越来越可怜他。他没有心思去听哥哥对他讲合作社的事。他看出来，这个合作社不过是最后一层装潢，免得自己看不起自己。尼古拉继续说：

“你也知道，资本家压迫工人。我们的工人、农民担负着全部劳动重担，他们的处境却是：不论怎样卖力干活儿，都无法摆脱牛马般的状况。他们本可以用劳动的全部利润来改善自己的状况，获得空闲时间，从而可以受到教育，可是全部剩余价值都被资本家剥夺了。社会结构就是这样不合理，所以他们干的活儿越多，商人和地主赚的钱越多，可是他们却永远做牛做马。这种制度必须改变。”他说完了，用询问的目光朝弟弟看了看。

“是的，那当然啦。”列文注视着哥哥那凸出的颧骨下泛起的红晕，说道。

“所以我们在建立一个钳工合作社，合作社的全部产品以及利润，尤其是生产工具，都是共有的。”

“合作社在哪里办呀？”列文问。

“在喀山省沃维德列姆村。”

“为什么要在乡里呀？我觉得乡村里的事本来就够多的了。为什么钳工合作社要在村里办呢？”

“就因为庄稼人以前是奴隶，现在还是奴隶，而且你和谢尔盖不高兴的就是，要把庄稼人从奴隶状态中解救出来。”尼古拉一听到反对意见，就很恼火地说。

列文这时打量着阴暗而肮脏的房间，叹了一口气。这一声叹息好像更把尼古拉惹火了。

“我知道您和谢尔盖的贵族老爷观点。我知道他绞尽脑汁为现存的罪恶辩护。”

“不对，你为什么要说谢尔盖呢？”列文笑着说。

“谢尔盖吗？还用说为什么！”尼古拉提到谢尔盖的名字，一下子就叫了起来，“就因为……还说什么呀？只不过……你为什么上我这儿来？你瞧不起这个，很好，你就走你的吧，走吧！”他从椅子上站起来，喝道，“走吧，快走吧！”

“我一点也不是瞧不起，”列文胆怯地说。“而且也不是争论。”

这时玛莎回来了。尼古拉气嘟嘟地看了看她。她快步走到他跟前，低声说了几句话。

“我身体不好，很容易发火，”尼古拉渐渐镇静下来，喘着粗气说，“再说，你别跟我谈谢尔盖和他的文章。那简直是胡说八道，骗人的鬼话，自欺欺人。一个不懂得什么是正义的人，怎么能够谈正义呢？您看过他的文章吗？”他问克里茨基，一面又坐到桌子旁边，拨开撒了半桌子的纸烟，以便腾出地方。

“我没有看过。”显然不愿意插嘴的克里茨基阴沉地说。

“为什么?”这一下子尼古拉对克里茨基发火了。

“因为我觉得不必在这上面浪费时间。”

“倒是要请问,您怎么知道是浪费时间呢?有许多人看不懂那篇文章,因为太深奥了。但我是另一回事儿,我看透了他的心思,知道那为什么是站不住脚的。”

大家都不说话了。克里茨基慢慢站起来,拿起帽子。

“不吃晚饭吗?那好,再见吧。明天您把钳工带来。”

克里茨基一走出去,尼古拉便笑了笑,睐了睐眼睛。

“这人也不好,”他说,“我也看出来啦……”

可是这时克里茨基在门外叫他。

“还有什么事?”他说着,就到走廊里找他去了。就剩下列文和玛莎。列文就和她说起话来。

“您和哥哥在一起很久了吗?”他问她。

“已经有一年多了。他的身体很坏了。酒喝得太多。”她说。

“怎么喝法?”

“就喝伏特加,很伤身体。”

“喝得很多吗?”列文小声问。

“是的。”她胆怯地望着门口说。这时门口出现了尼古拉。

“你们谈什么呀?”他皱着眉头,张皇地看看这个又看看那个,说,“谈的什么呀?”

“没谈什么。”列文有些发窘地说。

“你们不愿说,那就随便。不过你跟她没有什么好谈的。她是窑姐儿,你是老爷。”他抽动着脖子说。

“你呀,我看出来,什么都明白,什么都看得很重,而且很惋惜我走错了路。”他又提高声音说。

“尼古拉·德米特里奇，尼古拉·德米特里奇。”玛莎走到他身边，又低声对他说了几句话。

“嗯，好的，好的！……晚饭怎么样啦？哦，来啦，”他看见茶房端着托盘来了，就说。“这儿，放在这儿，”他气嘟嘟地说过这话，立刻拿起伏特加，斟了一杯，馋巴巴地喝干了。“来吧，想喝吗？”他立刻快活起来，对弟弟说。“哼，提起谢尔盖就够了，我看到你还是很高兴的。不管怎么说，总不是外人。来，喝吧。你说说，你在做些什么？”他一面往下说，一面津津有味地嚼着一块面包，又斟了一杯酒。“你过得怎么样？”

“我像以前一样，一个人住在乡下，管管庄稼事儿。”列文一面回答，一面惊骇地注视着哥哥那副吃喝的馋相，尽量装作没有注意。

“你怎么不结婚呀？”

“结不成。”列文红了红脸，回答说。

“怎么会呢？我是完啦！我把自己一生断送了。不过我过去和现在都是这样说，要是当年在我非常需要的时候把我那份产业给了我，我这一生就是另外一种样子了。”

列文急忙把话岔开。

“你可知道，你的瓦尼亚在我的波克罗夫庄上做账房管事呢？”他说。

尼古拉抽搐了几下脖子，沉思起来。

“你给我说说，波克罗夫庄上的情形怎么样？房子还在吗？那些白桦树，还有我们的教室，都在吗？看园子的菲利浦还活着吗？我多么忘不了那亭子和沙发呀！不过你要注意，房子里什么也不要动，而且要快点儿结婚，还要把过去有的东西再摆设起来。要是你的妻子很好的话，我就去看你。”

“那你现在就到我那里去吧，”列文说。“我们一定会过得非常快活！”

“我要是知道不会碰到谢尔盖，就上你那儿去了。”

“你不会碰到他的。我过日子完全不依靠他。”

“嗯，但是，不管怎么说，你必须在我和他之间挑选一个。”他带着羞怯的神气看着弟弟的眼睛说。这种羞怯的神气打动了列文。

“你要是想知道我在这方面真正的看法，那我就告诉你，在你和谢尔盖的争执中，我不袒护任何一方。你们两个都不对。你的不对多是在表面上，他的不对多是在内心上。”

“啊，啊！这一点你明白啦，这一点你明白了吗？”尼古拉高兴地叫起来。

“但是，不瞒你说，我更看重跟你的感情，因为……”

“为什么？为什么？”

列文不能说，他之所以看重跟尼古拉的感情，是因为尼古拉很不幸，很需要关心。可是尼古拉明白了他要说的正是这话，就皱起眉头，又拿起了酒瓶。

“够了，尼古拉·德米特里奇！”玛莎说着，伸出圆滚滚的光胳膊去夺酒瓶。

“放开！别管我！我揍你啦！”他嚷道。

玛莎笑了笑，笑得又亲切又和蔼，使尼古拉也受到了感染，于是她接过酒瓶。

“你以为她什么也不懂吗？”尼古拉说。“她比我们所有的人都懂道理。她有些地方很好，很可爱，不是吗？”

“您以前从来没来过莫斯科吧？”列文为了说点儿什么，就这样问她。

“你对她不要称您。她会害怕的。除了当初问她愿不愿从良的那位法官，谁也没有对她称过您。天哪，这世上多没有道理呀！”他忽然叫了起来。“那些新机关，那些民事法官，自治会，都是一些什么玩意儿呀！”

于是他说起他和一些新机关打过的交道。

列文听他在说。列文本来和他一样，也认为所有的公共机关都是不起什么作用的，也常常发表这样的意见，可是现在从哥哥嘴里听到这话，却感到不愉快。

“等到了阴间这一切我们就明白了。”列文开玩笑说。

“到阴间吗？哎呀，我可不喜欢阴间！真不喜欢，”他用恐惧的、发了疯似的眼睛盯住弟弟的脸，说。“死好像能摆脱一切卑鄙龌龊和乌七八糟的玩意儿，那当然很好，不过我害怕死，害怕得不得了。”他浑身打了个哆嗦。“你喝一点儿吧？想来一点儿香槟吗？是不是出去走走。咱们上茨冈人那儿去吧！你可知道，我简直爱上茨冈歌舞杂耍和俄罗斯歌儿了。”

他的舌头开始不听使唤了，说话也颠三倒四了。列文在玛莎的帮助下，劝住他不出去，并且让他躺了下来，他已经烂醉如泥了。

玛莎答应有什么事就给列文写信，并且劝尼古拉到列文那里去住。

二十六

列文早晨离开莫斯科，傍晚就回到家里。一路上他在车厢里和邻座的旅客谈政治，谈新修筑的铁路，而且还像在莫斯科那样，头脑里乱糟糟的，很不满意自己，觉得有些羞臊；他在家乡的车站下了车，看到竖着衣领的独眼车夫伊格纳特，又在车站窗子里射出来的朦胧灯光下看到自己那垫着毛毯的雪橇、那捆着尾巴、马套上带铃铛和流苏的马。伊格纳特在放行李的时候，给他讲了几件村里的新闻，又说包工头来过了，巴瓦也生了小牛，直到这时他那乱糟糟的头脑才渐渐清楚了，对自己的不满心情也渐渐消散。这只是他一看到伊格纳特和马时的感觉。等他穿起给他带来的皮袄，把身子裹了裹，上了雪橇，雪橇走动起来，他考虑起要在村里办的一些事情，一面看着那匹原来骑人、现在拉套、受过劳损但依然矫健的顿河骏马，这时他就开始用完全不同的目光来看待他这次遇到的事了。他觉得自己就是自己，不希望像别人那样。他只是希望他现在比过去好一些。第一，他决定从此不再指望结婚会带给他什么特别的幸福，因此也就不再像这样轻视现在的一切。第二，他今后决不再沉湎于肮脏的色欲，因为他在决定求婚的时候，一想到过去在这方面的一些事，是那样痛心。再就是，他想到尼古拉哥哥，下定决心今后再也不能把他忘记，要经常关心他，随时注意他的情形，万一他有什么不好，就可以去帮助他。他觉得，那不会很久的。再就是，哥哥关于共产主义的一些话，当时他丝毫没有当一回事儿的，现在却不由得思索起来。他认为改造经济结构是无稽之谈，不过他总觉得自己的富裕与老百姓的贫困相比是很不合理的，现在他就自己下定决心，为了使自己完全心安理得，今后要多干活儿，生活上要更俭朴，尽管他以前干的活儿也很多，生活上也不奢侈。他觉得这一切都是极容易做到的，所以他一路上浮想联翩，十分愉快。他怀着憧憬美好新生活的振奋心情在晚上八点多钟回到家里。

从以前的保姆、现在当女管家的阿加菲雅房间的窗子里射出来的灯光照在房前的雪地上。阿加菲雅还没有睡。她把库兹玛叫醒。库兹玛睡眼惺忪地光着脚跑到台阶上。猎狗拉斯卡也跑了出来，汪汪直叫，差点儿把库兹玛绊倒。拉斯卡在列文的膝盖上蹭了一会儿，就直立起来，想把前爪搭到他的胸膛上，却又不敢。

“老爷，你回来得好快呀。”阿加菲雅说。

“我想家呢，阿加菲雅。做客千般好，不如早还家呀。”他回答过她的话，便走进书房。

书房被端进来的蜡烛慢慢照亮了。一样样熟悉的东西显露出来：鹿角，书架，壁炉上的镜子和早就该修理的烟囱，父亲当年的大沙发、大书桌，书桌上那本打开的书、破烟灰碟，他用过的笔记本。他看到这一切，一时间产生了怀疑，怀疑他一路上设想的新生活未必能建立起来。这种种生活痕迹好像一把抓住了他，对他说：“不行，你离不了我们，你不能变成另外一种样子，你以前怎样，今后还要怎样：还是那样彷徨不定，老是对自己不满，想改变现状而力不从心，堕落，天天盼望得不到的也不可能得到的幸福。”

但这是他的许多东西说的，而他的心里却有另一个声音在说：不应该因循守旧，自己要怎样对待自己的事都是可能的。于是他听从这个声音，走到角落里，那里放着一对三十六磅重的哑铃，他举起哑铃做体操，为的是使自己的精神振作起来。门外响起脚步声。他急忙把哑铃放下。

管家走进来，说感谢上帝，家里平安无事，但是告诉他，荞麦在新的烘房里烘焦了。列文听了非常生气。新烘房是列文设计的，有一部分是他的发明创造。管家一向反对这种烘房，现在他就怀着暗暗得意的心情声明荞麦烘焦了。列文却断然相信，要是荞麦烘焦了的话，那只是因为没有按照他说过一百次的操作方法行事。他恼火起来，就把管家训斥了一顿。不过，他从展览会上高价买来的良种母牛巴瓦生了小牛，倒也是一件很重大的喜事。

“库兹玛，把皮袄给我。您再叫人把马灯拿来，我要去看看。”他对管家说。

良种牛的牛棚就在房子后面。列文从丁香树下的雪堆旁走过去，穿过院子，便来到牛棚前。结了冰凌的门一打开，就冲出一股热烘烘的牛粪气味。几条牛一见到很不习惯的马灯灯光，吃了一惊，在新鲜干草上动了起来。黑花斑荷兰牛那宽宽的、光溜溜的脊背闪了一下。公牛别尔库戴着鼻环躺着，看见有人走过，本想站起来，可是又改变了主意，只打了两声响鼻。像河马一样高大的红毛美人儿巴瓦转过身去遮住小牛，不让人看见，并且在小牛身上到处闻着。

列文走进牛栏，把巴瓦浑身上下打量了一遍，便扶着红花斑小牛用摇摇晃晃的长腿站起来。着急的巴瓦本想叫几声,可是列文很快就把小牛推到它身边,它也就放下心来,只是喘了几声粗气,便用粗糙的舌头舔起小牛。那小牛拱来拱去,把鼻子杵到妈妈乳房底下,还摇了几下尾巴。

"往这儿照照,费多尔,把马灯提过来,"列文一面打量小牛,一面说。"像它娘哩!别看毛色像它爹。好看极了。身子又长又粗。瓦西里,小牛好看吧?"他对管家说。他因为看见小牛十分高兴,不再为荞麦的事生管家的气了。

"像娘又怎么会不好看呢?哦,您走后第二天包工头谢苗就来了。康斯坦丁·德米特里奇,您要和他讲好价钱,"管家说。"机器的事我以前已经向您报告过了。"

列文一听到这个问题,立即就全神贯注地考虑起又大又庞杂的家业的种种细节,于是出了牛棚,径直朝账房走去,同管家和包工头谈了一阵之后,就回家,一直来到楼上客厅里。

二十七

房子是老式的,很大,列文虽然一个人住着,但整座房子里都生了炉火,都占用着。他知道这是没道理的,而且也知道这样不好,违反他现在的新计划,但这座房子对列文来说就是整个的天地。他的父母过去就生活在这个天地里,死在这个天地里。他们过的生活,列文认为是完美无缺的理想生活。他梦想跟自己的妻子、自己的家庭重新过一过这样的生活。

列文几乎不记得他的母亲。有关母亲的概念成为他的神圣的往事。在他的想象中，他未来的妻子应该是一个和他母亲一模一样的又美丽又圣洁的理想女人。

他不仅无法想象婚外对女人的爱，而且他往往首先想到的是家庭，然后才是帮他建立家庭的女人。所以，他对婚姻的看法也就和大多数朋友的看法不一样。大多数朋友认为，婚姻不过是社会生活中许多事情之一；列文却认为这是终身大事，关系着一生的幸福。现在他不得不抛弃这一套了。

他走进平时喝茶的小客厅，在他的安乐椅上坐下来，拿起一本书，阿加菲雅给他端了茶来，并且照例说一声“老爷，我坐了”，便在窗口一张椅子上坐下来。这时，说也奇怪，他觉得他并没有脱离他的梦想，而且没有这些梦想他就活不下去。跟她也好，跟别的女子也好，反正这梦想是要实现的。他看着书，想着书里说到的事，有时停下来听絮絮叨叨的阿加菲雅说话；而同时家业和未来家庭生活的种种情景乱纷纷地出现在他的脑海里。他觉得，在自己内心里有一种什么东西渐渐放慢速度，渐渐停住，渐渐稳定下来。

他听阿加菲雅说普罗霍尔怎样忘记上帝，把列文送给他买马的钱拿去拼命喝酒，还把老婆打得半死；他一面听，一面看书，一面回想着看书引起的种种思想的全过程。这是丁铎尔[①]谈热力的一本书。他想起他曾经批评丁铎尔，认为他在实验的熟练方面太自满，认为他缺乏哲学观点。忽然，他的脑子里又出现了一个高兴的想法：“再过一两年我就有两头荷兰牛了，而且巴瓦可能还活着，别尔库会有一打儿女，那就为这三头好牛锦上添花，太美

①丁铎尔（1820—1893），英国物理学家。

了!”他又拿起书来。

“是的,电和热是同一种东西;但在解方程式时能不能用一个数来代替另一个数呢?不行。那这是怎么一回事儿呢?一切自然力之间的联系凭本能也是可以感觉到的……特别令人高兴的是,巴瓦的女儿已经是一头红花斑牛了,一群牛呀,再加上这三头……太好了!我带着妻子和客人们去迎接牛群……妻子会说:我和康斯坦丁就像照应孩子一样照应这头小牛。客人会说:您怎么对这种事儿这样感兴趣呀?她会说:凡是他感兴趣的事,我都感兴趣。可是,她是谁呢?”于是他想起在莫斯科的事……“唉,怎么办呢?我并没有错。不过现在一切都要重新做起了。说这样不可能,那样不可能,都是胡说。要奋斗,就能生活得更好,比原来好得多……”他抬起头,沉思起来。老狗拉斯卡还没有充分享受主人回来的欢乐,跑到院子里叫了几声,就摇着尾巴,带着清新空气味儿跑了回来,走到他跟前,把头伸到他的手底下,委屈地叫着,要他抚摩。

“它就是不会说话,”阿加菲雅说。“虽然是狗……可也知道主人回来了,知道主人心里不快活哩。”

“怎么说我不快活呀?”

“难道我还看不出来吗,老爷?我应该知道老爷的心思了。从小就在老爷家长大。不要紧,老爷。只要身体壮实,良心清白就行了。”

列文凝神看着她,觉得很奇怪,她怎么知道他的心思。

“怎么,再给您来杯茶吧?”她说过,拿起茶杯,走了出去。

拉斯卡一个劲儿地把头往他的手底下伸。他抚摩了它几下,它马上在他脚边蜷成一个圈儿，头枕在伸出的一条后腿上。为了表示现在一切都好，一切都称心如意，它微微张开嘴，吧嗒了几下嘴唇，用黏黏的嘴唇把一口老牙盖好，便安静下来，露出一副幸福而安详的神气。列文仔细注视着它这个最后的动作。

“我也应该这样！”他在心里说，“我也应该这样！不要紧……一切都很好。”

二十八

舞会之后，第二天清早安娜就打电报给丈夫，说她今天就离开莫斯科。

“不，我必须走，必须得走了，”她向嫂子说明她必须改变原来的打算，那口气就好像她想起有数不清的事情等着她，“不，还是今天走好！”

奥布朗斯基没有在家里吃午饭，但他说过要在七点钟回来送妹妹。

吉娣也没有来，只送来一张字条，说她头痛。就只有陶丽和安娜跟孩子们以及英国女教师一起吃饭。不知是因为孩子们没有常性，还是特别敏感，反正都觉得安娜今天完全不像他们那样喜欢她的那一天了，感觉她已经不关心他们了。总之，他们忽然不跟姑姑玩儿了，也不再喜欢她了，丝毫不管她走不走的事了。安娜整个上午都忙着做动身的准备。她给莫斯科的一些熟人写信，记自己的账目，收拾东西。陶丽总觉得安娜神思不定，心烦意乱，这种心情陶丽是多次体验过的，这种心情不是无来由的，多半隐藏着对自己的不满。饭后安娜到自己房里去换衣服，陶丽跟着她走进去。

“你今天多么怪呀！”陶丽对她说。

“我吗？你觉得我怪吗？我不是怪，是心里不好受。我有时会这样。老是想哭。这是很傻的，不过很快就会过去，”安娜急忙说，并且把红了的脸俯到小小的手提包上，一面把睡帽和麻纱手绢往手提包里塞。她的眼睛特别明亮，泪水不停地在眼睛里颤动着。“我现在舍不得离开莫斯科，就像当时舍不得离开彼得堡那样。”

“你到这儿来，做了一件好事。”陶丽凝神望着她说。

安娜用泪汪汪的眼睛看了看她。

“不要说这话，陶丽。我没有做什么，也做不出什么。我常常感到奇怪，为什么大家都商量好了来娇惯我。我做了什么呢？我又能做什么呢？你能饶恕他，那是因为你心里有那样深的爱……”

“要不是你，天知道会怎样呢！你多么幸福呀，安娜！”陶丽说。“你心里完全是开朗的、舒畅的。”

“就像英国人说的，各人心里有各人的烦恼事[①]呀。”

“你有什么烦恼事？你一直是那样开朗嘛。”

“有的！”安娜突然说。在流过眼泪之后出人意外地在她的嘴边出现了一种诡秘的微笑，似乎觉得有什么事非常好笑。

“就算有吧，那你这烦恼事也是可笑的，而不是难受的。”陶丽笑着说。

---

①原文为英语。

“不，是难受的。你可知道，我为什么今天走，而不是明天走？我心里有话一直憋着，我愿意对你说说。”安娜身子靠在安乐椅上，眼睛盯着陶丽的眼睛，果断地说。

陶丽看到安娜一张脸红到了耳朵根，一直红到脖子上那乌黑的鬈发的发根，不禁吃了一惊。

“嗯，”安娜继续说。“你可知道，吉娣为什么不来吃饭？她吃我的醋呢。我破坏了……是因为我，她在舞会上不是高高兴兴，而是很痛苦。不过，说真的，真的，我没有错儿，或者只有一点点错儿。”她说“一点点”这个词儿是用细声细气的声音说的。

“啊，你说这话多么像司基瓦呀！”陶丽笑着说。

安娜感到委屈。

“不是呀，不是呀！我可不是司基瓦，”她皱着眉头说。“我所以对你说，就因为我丝毫不怀疑自己。”安娜说。

但就在她说这话的时候，她就觉得这话不是真心话了；她不仅怀疑自己，而且一想到伏伦斯基，就觉得心慌，她所以要提前走，就是为了避免再和他见面。

“是的，司基瓦对我说了，你和他跳过玛祖卡，还说他……”

“真想不到这事弄得这样可笑。我只是想成全他们，谁知适得其反。也许，我无意之间……”

她脸红了，没有说下去。

“噢，这一点他们立刻就感觉到了！”陶丽说。

“但是，假如他在这方面当真有些什么的话，那我是很失望的，”安娜打断她的话说。“我相信这一切会被忘记，吉娣也会不再恨我。”

“不过，安娜，我对你说句实话，我不太赞成吉娣这门婚事。如果他伏伦斯基在一天里就能爱上你的话，那这事儿还是吹掉的好。”

“哎呀，我的天，那就太荒唐了！”安娜说。她听到陶丽把她的心思说出来，脸上又泛起浓浓的得意的红晕。“这样一来，我就是离开了，也已经成为吉娣的仇人了，可我是多么喜欢她呀。啊，她是多么可爱呀！不过，陶丽，这事你还能补救吧？嗯？”

陶丽好不容易才忍住笑。她很爱安娜，不过看到安娜也有弱点，她很高兴。

“成为仇人吗？那是不会的。”

“我真希望你们都爱我，就像我喜欢你们一样；现在我更爱你们了，”她含着眼泪说。“哎呀，我今天多傻呀！”

她用手绢擦了擦脸，就开始换衣服。

就要动身的时候，迟迟不归的奥布朗斯基才赶了回来，满面红光，喜气洋洋，浑身都是酒气和香烟气味儿。

安娜的多情善感也感染了陶丽，当她最后一次拥抱小姑时，她小声说：

“记住，安娜：你为我做的事，我是永远不会忘记的。你也记住，我是爱你的，而且会永远爱你，你是我最好的朋友！”

“我不明白你为什么说这话。”安娜一面吻着她，一面憋着眼泪说。

“你过去了解我，现在也了解我。再见吧，我的好妹妹！”

二十九

“好啦，感谢上帝，一切都过去了！”当安娜跟直到第三遍铃响还站在车厢过道里的哥哥最后一次告别时，脑子里首先出现的就是这样一个念头。她坐在软座上，跟安奴什卡在一起；她在卧车昏暗的灯光中朝周围看了看。“感谢上帝，明天就可以看到谢辽沙和阿历克赛·亚力山大罗维奇了，可以照老样子过我的安安稳稳的、过惯了的日子了。”

安娜虽然还没有消除一天来的忧虑心情，可是她又高兴又有条理地安排了旅途的事。她用灵巧的纤手把红色手提包打开，又锁上，拿出了一个小靠枕，放在自己膝盖上，把两条腿包得好好的，便舒舒服服地坐了下来。一个有病的太太已经躺下睡了。另外两个太太和她说起话儿。那个胖老太太一面包着两条腿，一面抱怨车厢里的暖气。安娜回答了几句，可是看不出谈话会有什么味道儿，就叫安奴什卡拿来一盏小马灯，挂在座位的扶手上，从提包里拿出一把裁纸刀和一本英国小说。起初她看不进去。先是嘈杂声和走动声打搅她，后来火车开动了，又不能不听听那轧轧的响声；然后是雪花敲打左边的车窗，并且粘在玻璃上；又看到衣服裹得紧紧的、半边身子落满雪花的列车员走过去，再就是大家谈起外面可怕的大风雪，——这都分散了她的注意力。再往后仍然是这一切反复出现：依然是轧轧的震动声，依然是敲打车窗的雪花，依然是忽热忽冷的暖气，依然是那些面孔在昏暗中来来回回闪动，依然有说话声，但是安娜已经开始看小说，而且也明白所看到的是什么了。安奴什卡已经打起瞌睡,红色手提包放在膝盖上,用一双大手抓着,手上戴着手套,有一只手套已经破了。安娜在看小说,也看得进去,可是她看起来并不愉快,也就是说,跟踪别人的生活足迹并不愉快。她太想亲身经历一番了。她看到小说中女主人公照应病人,她就想轻悄悄地在病房里走走;看到国会议员发表演说,她也想发表这样的演说;看到玛丽小姐骑马打猎,捉弄嫂子,泼辣得令人吃惊,安娜也很想亲自试试。但她又无事可做,于是她一面用纤手摆弄着光溜溜的裁纸刀,勉强看下去。

小说的男主人公已经渐渐获得英国式的幸福,得到男爵爵位和领地。于是安娜也想跟他一起到领地去,可是她忽然觉得,他应该害臊,她也应该为此感到害臊。不过他究竟有什么可害臊的呀?"我又有什么可害臊的呀?"她又委屈又惊愕地这样问自己。她把书放下,身子靠在椅背上,两手紧紧握着裁纸刀。没有什么可害臊的。她一一回想了她在莫斯科的事。一切都很好,都是令人愉快的。想起舞会,想起伏伦斯基和他那张多情的、温顺的脸,想起自己和他的全部关系,觉得没有什么可害臊的。可是就在她回想的时候,羞臊感渐渐增强了;就在她想起伏伦斯基的时候,心里好像有一个声音对她说:"很温暖,太温暖了,很热火哩。"她在座位上换了个姿势,很果断地对自己说:"那有什么呢?有什么大不了的?难道我怕正视这事儿吗?那有什么呢?难道在我和那个军官小伙子之间,除了一般的熟人关系之外,还有或者可能会有什么别的关系吗?"她毫不在乎地笑了笑,就又拿起书来,可是她再也看不进去了。她用小刀在窗玻璃上刮了刮,又把光溜溜、凉丝丝的刀面子贴到腮上,一股没有来由的喜悦感突然涌上心头,她高兴得差点儿笑出声来。她感到,她的神经像弦一样,在弦轴上绷得越来越紧。她觉得她的眼睛睁得越来越大,手指和脚趾紧张地颤动着,胸中憋得喘不上气来,在这摇曳不定的昏暗灯光中的一切形象和响声却异常清楚,使她感到惊讶。这时她的疑惑心不断地出现:不知火车前进还是后退,还是根本没有动;挨着她坐的是安奴什卡,还是别的女人?"那在扶手上的是什么,是皮大衣还是野兽?我怎么在这儿呀?是我自己还是别的女人?"她陷入这种迷糊状态,自己也害怕起来。可是有一股什么劲儿在把她往迷糊境界中拉,她也可以凭自己心意由它去拉或者摆脱它。她站起身来,定一定神,推开羊毛毯,脱下厚厚的长衣上的披肩。她清醒了一小会儿,知道那个穿着掉了扣子的粗布长外套的瘦瘦的汉子是一个管暖气的,知道他是来看温度表的,知道一阵风雪就是跟着他冲进门来的;可是后来一切又模糊了……那个长腰身的汉子啃起墙上的什么东西,那个老太太把腿伸得有整个车厢那么长,使车厢里成了黑乎乎的一片;接着是一阵可怕的尖叫声和轰隆声,仿佛要把什么人撕碎;然后是一片耀眼的通红火光,然后一切被墙遮住。安娜觉得自己跌了下去。不过这一切并不可怕,倒是很快活。一个衣服裹得紧紧的、浑身是雪的人对着她的耳朵喊了一句什么。她站起来,定了定神;她明白,火车进站了,那人是列车员。她叫安奴什卡把脱下来的披肩和头巾拿给她,她穿戴好了,朝门口走去。

"您要出去吗?"安奴什卡问。

"是的,我想透透气。这儿太热了。"

她开了门。狂风和暴雪迎面朝她扑来,跟她争夺车门。她觉得这也很快活。她把门拉开，走了出去。那风好像就在等着她呢，这时高兴得呼啸起来，想把她卷起来，把她刮走，但她用手抓住冰凉的门柱，按住衣服，走下车来，来到车厢后面。风在踏级上很猛烈，但在站台上被车厢挡住，小多了。她张开胸膛舒畅地吸着雪花飞舞的寒冷的空气，站在车厢旁边，环顾着站台和灯火明亮的车站。

三十

可怕的暴风雪从车站拐角后面扑过来，敲打着一根根柱子，在列车车轮之间狂呼怒啸。一节节车厢、一根根柱子、一个个的人，凡是看得到的东西都是一边挂满了雪，而且越来越厚。暴风雪平息了一小会儿，接着又以不可抵挡之势更凶猛地扑了过来。不过，一些人还是来回跑着，快快活活地聊着，踩得月台的木板咯吱咯吱直响，不住地把大门打开又关上。一个弯弯的人影在她脚下滑过，接着就听到锤子敲打钢铁的声音。“把电报给我！”从另一边黑沉沉的暴风雪中传来一个气嘟嘟的声音。“请到这儿来！二十八号！”又有几个不同的声音在叫着，接着就有几个穿得厚厚的、身上挂满了雪的人跑过去。有两个嘴里衔着香烟的先生从她身边走过去。她又深深呼吸了一下，好把空气吸够；她已经从暖手筒里抽出手来，准备抓住门柱，进入车厢，这时有一个穿军大衣的人来到她跟前，遮住了摇曳的灯光。她回头一看，立刻认出伏伦斯基的脸。他行了一个军礼，就在她面前弯下身来，问她是否需要什么，他能不能为她效劳。她好一阵子什么也没有回答，凝神看着他，尽管他站在阴影里，她却看到了，也许她以为是看到了他脸部和眼睛的表情。这又是昨天深深触动了她的心的那种敬重和倾慕的表情。这两天来，甚至刚才，她一再地对自己说，伏伦斯基不过是她到处可以遇到的、完全一模一样的无数青年人中的一个，她连想也用不着去想他；可是现在，在跟他相遇的最初一刹那间，她就沉浸在又喜悦又得意的心情中。她不必问他为什么来到这里。她清楚得很，就像他对她说的一样，他来到这里，是因为她到哪儿，他就到哪儿。

"我还不知道您也走呢。您为什么走呀？"她放下正要去抓门柱的手，说。她的脸放起光来，流露出掩饰不住的喜悦和生气。

"我为什么走吗？"他对直地看着她的眼睛，反问道。"您要知道，我走是因为，您到哪儿，我就到哪儿，"他说，"我没办法不这样。"

就在这时候，狂风好像冲破了什么障碍，把车厢顶上的雪撒下来，吹得什么地方脱落的铁皮叮当直响，机车的汽笛也在前面如怨如诉地叫起来。暴风雪的恐怖景象这时她觉得更加壮美了。他说的正是她心里希望而在理智上害怕的话。她什么也没有回答，但他在她的脸上看到了心里的斗争。

"要是我说的话使您不高兴，那就请您原谅我。"他恭顺地说。

他说得很有礼貌，很恭敬，但又那样坚决，那样执着，使她好一阵子无言可答。

"您说这种话，很不好，如果您是个好人，那我请您把这话忘掉，我也会忘掉的。"她终于说。

“您的每一句话，您的一举一动，我都永远不会忘记，也无法忘记……”

“够了，够了！”她叫起来。他正如饥似渴地盯着她的脸，她就想在脸上装出一副严厉的神气，但是装也装不出来。于是她一手抓住冰凉的门柱，跨上踏级，急急地走到车厢过道里。但是她在这窄小的过道里站下来，在心中思索起刚才的事。她不用回想自己的话，也不用回想他的话，凭感觉就明白了，这片刻的谈话使他们极其接近了。这使她又害怕又感到幸福。她站了一会儿，便走进车厢，在自己的位子上坐了下来。原来那种使她很苦恼的精神紧张状态不仅恢复了，而且加强了，以至于她自己都害怕身上有什么东西会绷断。她一夜都没有睡。不过，在这种紧张中，在联翩的浮想中，没有什么不愉快和阴郁的意味儿；相反，倒是有一种使人高兴、使人振奋、使人热辣辣的东西。天快亮时，安娜在座位上打起瞌睡，等她醒来，天已经大亮，火车快要到彼得堡了。她立刻想起家庭、儿子、丈夫以及这一天和今后的种种操心事。

到了彼得堡，火车一停下来，她就下了车，首先引起她注意的就是丈夫的脸。“哎呀，我的天！他的耳朵怎么这样啦？”她望着他那冷冷的、堂堂的仪表，特别是他那一对现在使她感到惊讶的、撑住圆礼帽边缘的大耳朵，心里想道。他一看到她，便迎着她走来，嘴上堆出平素他那种淡淡的微笑，那一双疲惫无神的大眼睛对直地望着她。她一看到他那直勾勾的、疲惫的目光，就有一股很不愉快的感觉压上心头，似乎她希望看到的他不是这个样子。特别使她吃惊的，是她一见到他就产生了一股不满意自己的心情。这是一种由来已久的、熟悉的感觉，很像她对待丈夫的虚情假意。但是以前她没有察觉这种心情，现在她清楚而痛切地意识到了。

“哦，你瞧，亲爱的丈夫像新婚第一年一样亲爱，望你望得心急如焚呀。”他慢条斯理、细声细气地用一种几乎经常对她用的腔调说。谁要是真的用这种腔调说话，那是非常可笑的。

“谢辽沙好吗？”她问道。

“这就是对我满腔热情的全部报答吗？”他说。“他很好，很好……”

三十一

伏伦斯基这一夜连想都不想睡。他坐在自己的座位上，一会儿直直地望着前方，一会儿打量着进进出出的人。如果先前他那种不动声色的样子使不认识他的人感到惊讶和生气的话，现在他就更显得傲慢和自负了。他看人好像是在看什么东西。一个坐在他对面的在地方法院任职的神经质年轻人，就很恼火他这种样子。那年轻人又向他借火抽烟，又找他说话，甚至还捅了捅他，想让他感到他不是东西，而是一个人，但伏伦斯基看着他还是像看一盏灯一样。那年轻人觉得在这种不把他当人的压力下就要失去控制，便扮了一个鬼脸。

伏伦斯基什么东西也没有看见，什么人也没有看见。他觉得自己像个皇帝，倒不是因为他相信他给安娜留下什么印象，他的确还不相信是这样，而是因为她给他留下的印象使他觉得幸福和得意。

这一切会有什么结局，他不知道，甚至都没有想过。他觉得，在此之前分散乱用的劲头儿现在已经集结成一股，不屈不挠地用于追求一个幸福的目标。而且他因此感到幸福。他只知道，他对她说的是实话，她到哪儿，他就到哪儿，他现在认为人生的全部幸福，人生的唯一意义，就是看到她，听到她的声音。当他在博洛戈耶下车去喝矿泉水，看见安娜的时候，不由自主地，第一句话就把他心里所想的告诉了她。而且因为告诉了她，她知道了，而且在想着这话，他感到高兴。他一夜没有睡。回到自己的车厢里之后，他一直回想着看到她的种种情形，回想着她的每一句话，于是他的脑际浮现出已见端倪的未来的种种情景，使他心神荡漾。

等他在彼得堡下了火车，他觉得自己在一夜未眠之后依然精力饱满，神清气爽，就像刚刚洗过冷水澡一样。他在自己的车厢旁边站下来，等待她出来。“我要再看她一眼，”他情不自禁地微笑着，在心里说，“我要看看她走路的姿势，看看她的脸。也许她会说点儿什么，转过头看看，笑一笑。”可是，他还没有看到她，就看到她的丈夫由站长恭恭敬敬地陪着在人群里走着。“哦，是的！她丈夫！”现在伏伦斯基才第一次真正明白了，丈夫是跟她结合在一起的人。他本来也知道她有丈夫，但他不相信他的存在，直到看见他，看见他的脑袋、肩膀和穿黑长裤的腿，尤其是看见这个丈夫带着专有的神情心安理得地挽住她的胳膊时，他才完全相信了。

他看见卡列宁，看见他那新刮的彼得堡式的脸和那种微微驼背、头戴圆礼帽、踌躇满志的姿态，就相信他的存在，而且感到很不愉快，就好像一个人口渴得要命，跑去喝泉水，却发现一条狗、一只羊或者一头猪在这水泉里喝过水，并且把水搅浑了。卡列宁那种扭动整个臀部和笨拙的两腿的走路姿势特别使伏伦斯基看着难受。他认为只有自己才有不容怀疑的资格爱她。不过她还是那个样子；她的神态、风度还是那样打动了他，使他愉快，使他兴奋，使他心中充满幸福感。他吩咐那个从二等车厢里跑来的德籍仆人拿着行李先走，他自己向她跟前走去。他看到这对夫妻别后第一次见面，凭着一个有情人敏锐的眼力看出她和他说话多少有点拘谨的神情。他暗下里断言："不，她不爱他，她不会爱他的。"

就在他从后面向安娜走近的时候，他高兴地发现，她感觉到他走近了，并且本来要回头看的，但已知道是他，就又和丈夫说话。

"您晚上睡得好吗？"他说着，向她和她丈夫一并鞠了一个躬，让卡列宁认为是在向他鞠躬，至于卡列宁认识不认识他，那就由他了。

"谢谢您，很好。"她回答说。

她的脸显得有些疲惫，脸上也没有了那股时而在微笑中时而在眼睛里流露出来的生气；然而在她对他的一瞥中，她的眼睛里却有一点什么东西闪了一下，尽管那火花闪了一下就熄灭了，他却因为这一瞥感到幸福。她向丈夫看了一眼，想知道他是不是认识伏伦斯基。卡列宁带着不快的神气望着伏伦斯基，漫不经心地回想着这是什么人。伏伦斯基的镇定和自信，碰到卡列宁那种冷冰冰的自负，就像镰刀碰到了石头。

"这位是伏伦斯基伯爵。"安娜说。

“噢！我们好像认识。”卡列宁伸过一只手，淡淡地说。又对安娜说：“你和母亲一道走，却和儿子一道回来。”他把每个字都说得清清楚楚，好像说一个字就是拿出一个卢布。“您想必是来休假的吧？”他又问伏伦斯基，但不等回答，他又用玩笑的语气问妻子：“怎么样，在莫斯科离别时流了不少眼泪吧？”

他对妻子说这话，是想让伏伦斯基知道，他要一个人跟妻子在一起了，而且还向伏伦斯基转过身去，举起手碰了碰帽檐。可是伏伦斯基对安娜说：

“希望有幸能到府上去拜访”。

卡列宁用疲惫的眼睛看了看伏伦斯基。

“欢迎，”他冷冷地说，“每逢星期一我们接待客人。”然后，他完全撇开伏伦斯基，对妻子说：“真是好得很，我碰巧有半个钟头的时间来接你，可以向你表示我的亲爱。”他依然是用玩笑的语气这样说。

“你把你的亲爱说得太过分了，我可是看不出来，”她也用玩笑的语气说，一面情不自禁地倾听着在他们后面走的伏伦斯基的脚步声。“我才不稀罕呢！”她在心里说。接着就问丈夫，她不在家谢辽沙是怎么过的。

“哦，好极啦！玛丽艾特说他很乖……我要说句使你伤心的话……他不想你，不像你丈夫这样。不过我要再一次表示感谢，我的朋友，你早一天回来，是给我的赏赐。我们那可爱的茶炊准会高兴得要命。（他一向把赫赫有名的李迪雅伯爵夫人叫作茶炊，因为她不论遇到什么事总要生气、冒火。）她几次问起你。所以，我斗胆奉劝你，今天就去看看她。她对什么事都很操心呢。现在她除了自己种种操心事以外，还很关心奥布朗斯基夫妻和解的事呢。”

李迪雅伯爵夫人是她丈夫的朋友，是彼得堡上流社会一个圈子里的中心人物，安娜也因为丈夫的关系，跟那个圈子里的人最接近。

“我给她写过信了呀。”

“可是她还要听听详细情形。要是不太累的话，我的朋友，你就去一趟吧。好啦，你坐康德拉基的车子回去，我要到委员会去。我又可以不必一个人吃饭了，”卡列宁继续说，而且已经不是用玩笑的语气了。“你也许不相信，我是多么习惯了……”

于是他好一阵子握着她的手，带着一种很特别的微笑扶她上了马车。

三十二

家里第一个出来迎接安娜的是儿子。他不顾家庭女教师的呼喊，从楼梯上朝她跑来，一面欢天喜地地叫喊着：“妈妈，妈妈！”他跑到她跟前，一下子就吊在她的脖子上。

“我对您说过是妈妈嘛！”他对家庭女教师大声说。“我知道嘛！”

儿子也像丈夫一样，在安娜心中引起一种近似幻灭的感觉。她把他想象得比他实际上好。她只好回到现实中来，欣赏他的本来面目。不过，他本来的样子，那黄黄的鬈发，蓝蓝的眼睛，穿着紧紧的长筒袜的端正而结实的小腿，也都是很可爱的。安娜在和他接近与亲热时，体验到几乎是一种肉体上的快感。她看到他那单纯、信任和亲热的目光，听到他那天真的问话，感到精神上的安慰。安娜拿出陶丽给孩子的礼物，又对儿子说了说莫斯科有一个叫丹尼娅的小姑娘是什么样子，那个丹尼娅会读书，还会教别的孩子读书。

“怎么，我不如她吗？”谢辽沙问。

“我看，你是天下最好的孩子。”

“这我知道。”谢辽沙笑着说。

安娜还没有喝完咖啡，就有仆人通报说李迪雅伯爵夫人来了。李迪雅伯爵夫人是一个高高的、胖胖的女人，脸色憔黄，一双黑眼睛却又清秀又深沉。安娜很喜欢她，但是今天却好像第一次发现她也有种种缺点。

“怎么样，我的朋友，把橄榄枝①送到了吗？”李迪雅伯爵夫人一走进来，就问道。

“是的，没事儿了，不过这事本来就不像我们所想的那样严重，”安娜回答说。“总的说，是我嫂子太顶真了。”

不过，关心各种各样闲事的李迪雅伯爵夫人却有个习惯，从来不听她所关心的事；她打断安娜的话说：

“是啊，世界上的苦恼事和邪恶事太多了，我今天就伤透了脑筋。”

“怎么一回事儿呀？”安娜竭力忍住笑，问道。

“天天为真理打舌战，又打不出一个结果，我有点厌倦了，有时简直非常泄气。姐妹会（这是一个博爱的、爱国的宗教团体）的

---

①橄榄枝是和平的象征。这里指为奥布朗斯基夫妇调解的事。

事本来进行得很好,可是有了那些先生,就什么事也做不成了,”李迪雅伯爵夫人带着无可奈何的苦笑说。“他们抓住一种想法,加以歪曲,然后又庸俗又无聊地进行议论。只有两三个人,包括你丈夫在内,明白这一事业的真正意义,其他一些人就只能败事。昨天普拉夫京给我写来一封信……”

普拉夫京是侨居国外的一个著名的泛斯拉夫主义者,于是李迪雅伯爵夫人把他来信的内容说了说。

然后伯爵夫人又说了说反对教会联合运动的一些阴谋诡计和不快的事,就匆匆地走了,因为今天她还要参加一个团体的会议和斯拉夫委员会的活动。

“这一切以前也是这样,可是我以前怎么没有注意呢?”安娜在心里说。“是不是她今天气坏了?其实是很可笑的:她的目的是行善,她是个基督徒,可她总是气嘟嘟的,她总是有冤家对头,而且总是在基督教和行善方面的冤家对头。”

李迪雅伯爵夫人走后,又来了一位朋友,是一位司长夫人。她说了说城里的种种新闻,三点钟就走了,但答应来吃晚饭。卡列宁还在部里。客人走过后,安娜就利用饭前的时间照料儿子吃饭(他都是单独吃饭),收拾自己的东西,看了桌上堆着的信件和便条,并且写了回信。

她在路上曾经有过的没来由的羞臊感和不安心情完全消失了。在习惯的生活环境里,她觉得自己又是理直气壮、无可指责的了。

她带着惊讶的心情想起昨天的情形。“那有什么呀?一点事也没有。伏伦斯基说了些傻话,说了就算完了,而且我也回答得很得体。这事不必对丈夫说，也不能说。说出来反而把小事当成大事。”她想起来，她说过在彼得堡她丈夫手下有一个青年几乎向她求爱，卡列宁回答说，生活在社会上，任何女子都会遇到这种事儿，他完全相信她知道分寸，他任何时候都不会贬低她和贬低自己，而至于无端猜疑。“这么看来，没必要说吧？是的，感谢上帝，没什么好说的。”她在心中说。

三十三

卡列宁四点钟从部里回来，可是像常有的情形一样，没有来得及到她房里来。他走进书房去接见等候求见者，并且要在秘书送来的几份公文上签字。快到吃饭的时候来了几位客人(平常总有几位客人在卡列宁家吃饭)：卡列宁的老表姐，那位司长和夫人，一个被推荐到卡列宁手下任职的年轻人。安娜来到客厅里招待他们。五点正，彼得大帝的青铜大钟还没有敲第五下，卡列宁就走出书房，系着白色领带，穿着燕尾服，还佩着两枚勋章，因为吃过饭他就要出门。卡列宁生活中的每一分钟都有事，都是排定了的。为了办完他每天要办的事，他总是严格遵守时间。“不慌不懈”是他的座右铭。他走进客厅，和大家打过招呼，便一面向妻子笑着，一面匆匆坐下来。

“是啊，我的孤独生活结束了。你真不知道一个人吃饭有多么不舒服呀。”他把“不舒服”这个词儿说得特别重。

吃饭的时候，他和妻子谈了谈莫斯科的事，带着嘲笑的神气问了问奥布朗斯基家的情形；不过多半还是大家一起谈，谈彼得堡官场和社会上的一些事情。饭后他又陪了客人有半个钟头，就又笑嘻嘻地握了握妻子的手，出门去参加会议。这天晚上安娜既没有上培特西公爵夫人家去，虽然公爵夫人一听说她回来，叫她今天晚上就去；也没有到戏院去，虽然今天已订好包厢。她没有出门主要是因为她打算穿的衣服还没有做好。总之，客人走后安娜理过自己的衣物，就觉得十分烦恼。她一般不用花很多钱就能穿戴得很好，在去莫斯科之前就把三件衣服拿给女裁缝去改做。衣服要改做得看不出是原来的衣服，而且应该在三天以前就改做好。结果两件衣服还没有动手，一件改得不合安娜的要求。女裁缝前来解释，硬说这样更好些，惹得安娜发了很大的脾气，过后想起来却不好意思。为了让心情完全平静下来，她走到孩子的房里，跟儿子在一起过了整整一个晚上，亲自服侍他睡下，画了十字，把被子给他盖好。她哪儿也没有去，这天晚上过得就这样好，心里很是高兴。她感到那么轻松，感到那么心安理得，那么清楚地看出来，她在火车上认为那样不得了的事，不过是社交生活中一件微不足道的平常事，不论面对别人、面对自己都没有什么羞愧的。安娜坐到壁炉前，读起英国小说，等着丈夫。九点半，听到他按铃的声音，接着他走进房里来。

"你终于回来了！"她说着，伸给他一只手。

他吻了吻她的手，挨着她坐下来。

"我从各方面看出来，你这次出门一切顺利。"他对她说。

"是的，非常顺利。"她回答说。接着她从头说起一路上的情形：跟伏伦斯基伯爵夫人在一起的情形，到达莫斯科的情形，铁路上的意外事故。然后又说了说她开头怎样怜惜哥哥，后来又怎样怜惜嫂嫂。

“我不认为可以宽恕这样的人，虽然他是你的哥哥。”卡列宁严厉地说。

安娜笑了笑。她明白，他说这话正是为了表示，他不会因为考虑到亲戚关系而不说心里话。她知道丈夫这一特点，很喜欢这个特点。

“一切都平安无事，你也回来了，我很高兴，”他又说。“哦，有关议会里通过的我那个新法案，那里是怎么说的？”

安娜却一点也没有听到有关那个法案的议论。她竟如此轻易地忘掉他那样看重的事，心里感到很不好意思。

“在这里恰恰相反，这事引起极大反响。”他得意扬扬地笑着说。

她看出来，卡列宁很想对她说说他在这方面的高兴事儿，于是她问这问那来引他说。他便得意扬扬地笑着说了说由于这个法案通过他博得的一片赞扬声。

“我非常、非常高兴。这就证明，在我们这儿对这种事终于开始树立合理而坚定的观点了。”

卡列宁就着奶油和面包喝完第二杯茶，便站起来，朝自己的书房走去。

“你哪儿也没有去，想必很寂寞吧？”他说。

“才不哩！”她说着，跟着他站起来，送他穿过客厅到书房去。“你现在看什么书呀？”她问。

“我在看李尔公爵的《地狱之诗》，”他回答说。“是一本很好的书呢。”

安娜笑了笑，就像一般人嘲笑心爱的人的嗜好那样，然后挽住他的手臂，把他送到书房门口。她知道晚上看书已成为他必不可少的习惯。她知道，尽管公务几乎占去了他的全部时间，他认为还是必须时时注意知识领域出现的一切重大现象。她也知道，他真正感兴趣的是政治、哲学和神学方面的书，艺术跟他的天性是格格不入的，但是，尽管如此，或者不如说正因为如此，卡列宁从不放过艺术领域有重大影响的现象，认为涉猎一切是自己的责任。她知道，卡列宁在政治、哲学、神学方面常常产生疑问，或者说，常常在探索；但在艺术和诗歌，尤其是在音乐方面，尽管他一窍不通，他却有最明确、最坚定的见解。他喜欢谈莎士比亚、拉斐尔、贝多芬，喜欢谈新的诗歌和音乐流派的影响，各种流派他都能分得清清楚楚，有条有理。

"好啦，上帝保佑你，"她在书房门口说。书房里已经点起一支有罩的蜡烛，安乐椅旁边还有一瓶水。"我要往莫斯科写封信。"

他握了握她的手，又吻了吻。

"他毕竟是一个很好的人，诚实，善良，在自己的事业上很有成就，"安娜回到自己房里后，在心里说，好像是有一个人在说他不好，说不能爱他，她在替他辩护。"不过他的耳朵怎么挓挲得那样怪呀！是不是因为他刚刚理过发？"

十二点正，安娜还坐在写字台前给陶丽写信，就听见穿拖鞋的匀称的脚步声，梳洗完毕的卡列宁腋下夹着一本书，来到她跟前。

"该睡了，该睡了。"他别有一种意味地微笑着说，并且走进了卧室。

“他凭什么那样看他呀?”安娜想起伏伦斯基看卡列宁的目光,在心里说。

她脱了衣服,走进卧室,可是她的脸上不仅没有她在莫斯科时不住地从她的眼睛和微笑中流露出来的那种生气,相反,她心中的火花现在好像熄灭了,也许是远远地隐藏到什么地方去了。

三十四

伏伦斯基离开彼得堡的时候,把自己在滨海大街的一大套住房留给他的朋友和要好的同事彼特利茨基照管。

彼特利茨基是个青年中尉,出身并不怎样显贵,不仅不富有,而且负债累累,天天晚上都喝得烂醉,还常常因为各种各样荒唐事和肮脏事被关禁闭,可是同事们和当官的都很喜欢他。伏伦斯基在十一点多钟乘车从车站来到自己的住所门前,看到门口停着他很熟悉的一辆马车。他按过门铃,就听见门里面几个男人的哈哈笑声和女人的细语声以及彼特利茨基的叫嚷声:“如果是个坏蛋,就别让他进来!”伏伦斯基不让勤务兵通报,自己轻手轻脚地走进第一个房间。彼特利茨基的女友希尔顿男爵夫人穿着亮闪闪的紫缎连衣裙,那金发掩映下的红红的脸蛋儿也亮闪闪的;她正坐在圆桌旁煮咖啡,像金丝雀一样说着话,满屋子回响着她的巴黎口音。彼特利茨基穿着军大衣,卡梅罗夫斯基骑兵大尉穿着一身军装,大概都是刚从军队里回来,都坐在她旁边。

“好呀! 伏伦斯基!”彼特利茨基腾地跳起来,把椅子一推,叫了起来。“主人驾到！男爵夫人，用新咖啡壶给他煮点咖啡。真没想到！我希望你会满意你书房里的这件装饰品，”他指着男爵夫人说。“你们想必认识吧？”

“那当然啦！”伏伦斯基快活地笑着，握着男爵夫人的纤手说。“那还用说！我们是老朋友了。”

“您出门回家了，”男爵夫人说，“那我得走了。哦，要是我碍事的话，我这就走。”

“夫人，您在哪儿，就把哪儿当您的家，”伏伦斯基说。“您好，卡梅罗夫斯基，”他冷冷地握了握卡梅罗夫斯基的手，说。

“您就从来不会说这样好听的话。”男爵夫人对彼特利茨基说。

“不，怎么不会？等吃过饭我也会说点儿好听的。”

“吃过饭就不值钱了！好吧，我就给您煮咖啡，您去洗洗脸，收拾一下吧，”男爵夫人说过，又坐下来，很细心地拧着新咖啡壶上的一个螺丝。“彼尔，把咖啡拿来，”她对彼特利茨基说。她把他的姓彼特利茨基亲昵地叫成彼尔，是不想掩饰她和他的关系。“我再加上一点儿。”

“那样味道儿就坏了。”

“不，不会坏的！哦，您的夫人呢？”男爵夫人忽然打断伏伦斯基和彼特利茨基的谈话，问道。“我们在这儿让您去成了亲，您把夫人带回来了吗？”

“没有，男爵夫人。我生来是一个茨冈人，到死还是一个茨冈人。”

“这样更好，这样更好。咱们来握握手吧。”

男爵夫人没有放开伏伦斯基的手，就夹杂着许多玩笑话对他说起她最近的生活打算，并且征求他的意见。

“他总是不肯跟我离婚！我有什么办法呀？（他就是她的丈夫。）我现在就想起诉。您对我这事儿有什么意见？卡梅罗夫斯基，当心咖啡，已经潽了。您瞧，我实在忙不过来呀！我想起诉，因为我要我那一份财产。您可知道那种混账话，说我好像对他不忠实呢，”她带着轻蔑的神气说，“因此他就想霸占我的财产。”

伏伦斯基愉快地听着这个俏丽女子快活的娇声细语，随声附和着，半真半假地给她出着主意，总之立刻采用了他惯用的和这一类女人说话的腔调。在他的彼得堡天地里，所有的人都分成完全相反的两类。一类是低级的：这些人庸俗、愚蠢，尤其是可笑，他们主张一个丈夫只能和一个结发妻子共同生活，姑娘必须贞洁，女人要有羞耻心，男人要有丈夫气概，要克己、持重，要养育孩子，要自食其力，要偿还债务，以及诸如此类的愚蠢主张。这是一类古板可笑的人。而另外一类人才是真正的人，他们都属于这一类，这一类人主要应该是风流的，漂亮的，慷慨的，勇敢的，快活的，沉湎于情欲之中而不脸红，对其他一切付之一笑。

伏伦斯基因为从莫斯科带来另一个天地里的种种印象，在最初一刹那感到十分惊愕；但也只是一刹那，很快他就像把两脚套进一双旧拖鞋，又走进自己原来那个轻松愉快的天地里。

咖啡一直没有煮好，而是溅了大家一身，潽了，正好造成很需要的效果，那就是引起一阵喧闹和大笑，并且弄脏了贵重的地毯和男爵夫人的衣裳。

“好啦，现在再见吧，要不然您永远也不会去洗脸，在我心里就会记下一个高贵的人的主要罪行，不爱清洁。那么，您要不要我拿刀捅他的喉咙？”

“一定要，而且要拿得让您的纤手离他的嘴唇近些。他吻一吻您的纤手，事情就圆满解决了。”伏伦斯基回答说。

“那咱们今天在法兰西剧院见！”她的衣服窸窣响了一阵，她就不见了。

卡梅罗夫斯基也站了起来，伏伦斯基不等他走，跟他握了握手，便朝盥洗室走去。在他洗脸的时候，彼特利茨基对他简单地说了说自己的情况，说了说他在伏伦斯基走后有什么样的变化。钱一点也没有了。父亲说不再给他钱，也不替他还债。裁缝要告他的状，另外一个人也说一定要叫他坐牢。团长说，如果还是这样胡闹，就得离开军队。男爵夫人简直讨厌透了，尤其因为她老是想给他钱花。倒是有一个美人儿，他可以让伏伦斯基看看，那真是个天仙，纯粹东方型的，“你可知道，那简直就是女奴利百加[①]。”昨天他还和别尔科舍夫吵了一场，还想和他决斗，不过，当然不会出什么事的。总而言之，一切都挺好，一切都非常快活。并且，因为彼特利茨基不想让同事深入了解他的处境的种种详情，就给他讲起各种各样有趣的新闻。伏伦斯基在自己住了三年的住所的非常熟悉的环境里，听着彼特利茨基讲着非常熟悉的事，体验到回到他过惯了的无忧无虑的彼得堡生活的愉快。

“不可能！”他正在洗脸池里洗他那结实红润的脖子，这时他放下洗脸池的踏板，叫起来。“不可能！”他听到罗拉抛弃菲尔丁

①利百加，《旧约全书·创世记》中一个非常美丽的女奴。

果夫而和米列耶夫同居,就叫了起来。“他还是那样蠢,那样自得吗? 哦,布祖鲁科夫怎么样?”

“哈,布祖鲁科夫闹了一个笑话,太妙啦!”彼特利茨基叫了起来。“你知道,他是个舞迷,宫廷舞会他一次也不肯放过。有一次,他戴着一顶新式的盔形帽去参加盛大舞会。你见过新式盔形帽吗? 很好看,很轻。他正站在那里……不,你听嘛。”

“我是在听嘛。”伏伦斯基用毛巾擦着身子,回答说。

“大公夫人和一位大使走了过来,该他倒霉,他们正好谈的是新式盔形帽。大公夫人就想让大使看看新式盔形帽……他们看到我们这位宝贝就站在那儿呢。(彼特利茨基学了学他头戴盔形帽站着的样子。)大公夫人请他把盔形帽给她看看,他却不肯。怎么一回事儿呀? 大家一个劲儿地朝他挤眼睛,点头,皱眉头。快给她呀。他就是不给。一动也不动。你想想吧……有一个人……叫什么来着……已经要抓他的帽子了……他就是不给! ……那人就一把抓下来,递给大公夫人。‘这可是一顶新帽子呀,’大公夫人说。她把帽子一翻转,你猜怎样,只听到哗啦一声,从里面掉出一个梨子和糖果,糖果有两磅重! ……那是他这个宝贝儿藏起来的!”

伏伦斯基笑得前仰后合。后来过了很久,他们已经谈起别的事情的时候,只要一想起盔形帽的事,他就龇出一嘴结实而整齐的牙齿,哈哈大笑起来。

伏伦斯基听完种种新闻后,便由仆人服侍着穿好制服,前去报到。他打算在报到之后到哥哥家去,到培特西家去,然后再去拜访几家,为的是开始进出一些交际场所,在那里他可以遇到卡列宁夫人。正如往常在彼得堡那样，他一离开家，就打算直到深夜也不回来。

第二部

一

这一年冬末，在谢尔巴茨基家里举行过一次医生会诊，为的是诊断吉娣的病情，以便对症下药，使她那越来越衰弱的身体恢复健康。吉娣病了，而且随着春天的渐渐临近，她的身体越来越差。家庭医生给她吃鱼肝油，随后给她吃含铁剂，随后又是硝酸银，可是不论哪一样都没有奏效，又因为他提出要她春天出国疗养，所以请来了一位名医。这位名医并不老，而且是一个很漂亮的男子，他要求检查病人的全身。他似乎带着特别快活的意味一再地说，处女的羞怯只不过是野蛮时代的残余，一个还不老的男子触摸裸露的年轻姑娘身体，是再自然不过的事了。他认为这是自然的事，因为他天天这样做，好像并没有觉得也没有想到这有什么不好的地方。所以他认为处女的羞怯不仅是野蛮时代的残余，而且也是对他的侮辱。

只能听他的了。因为，尽管所有的医生都上的是同样的学校，读的是同样的书，学的是同样的医学，尽管有些人说这位名医是个庸医，然而在公爵夫人家里以及在她那个圈子里，不知为什么却认为只有这位名医有特别的本领，只有他能治吉娣的病。这位名医在羞得张皇失措的病人身上仔细检查了一遍之后，细心地洗了洗手，就站在客厅里和公爵说话。公爵皱着眉头，一面咳嗽，一面听医生说话。他见过世面，一向不糊涂，不爱生病，不相信医学，对于这一套把戏心里感到很恼火，尤其因为也许只有他完全了解吉娣的病因。“简直是一条空叫的猎狗。”他听着医生不着边际地谈女儿的病情，不由得把猎人常用的这个词儿用到这位名医身上，在心里这样说。然而医生还勉强忍着，才没有流露出对老公爵的轻蔑神气，并且勉强迁就着他那低下的理解水平。医生明白，和老头子没有什么可谈的，这一家的当家人是母亲。他打算在她面前好好地卖弄一番。这时公爵夫人和家庭医生一起走进客厅。公爵走开了，为的是尽量不让人察觉他认为这出戏太可笑。公爵夫人心里十分慌乱，不知道怎样才好。她觉得自己对不起吉娣。

“哦，大夫，我们家幸与不幸全看您了，”公爵夫人说。“有什么话都要对我说说。”她本来想问：“还有没有救？”可是她的嘴唇哆嗦起来，这话她怎么也说不出来。“怎么样呀，大夫？……”

“请等一下，夫人，我要和我的同行商量一下，然后再把我的意见向您奉告。”

“那我们不能奉陪吗？”

“请便吧。”

公爵夫人叹了一口气，走了出去。

等到只剩下两位医生的时候，家庭医生就怯生生地说起自己的意见，认为是初期肺结核，不过……等等，等等。名医听他说着，听到一半，看了看自己的老大的金表。

“是这样呀，”他说。“不过……”

家庭医生说到一半就恭恭敬敬地住了口。

“您要知道，我们还不能断定就是初期肺结核。没有出现空洞之前，什么也不能肯定。不过我们可以这样猜测。症状也是有的：营养不良，神经亢奋，等等。问题在于：如果有可能是肺结核，应该怎么办，才能保持营养？”

“不过，您也知道，这种情况总是包含有精神上的、心理方面的因素。”家庭医生带着意味深长的笑容斗胆插嘴说。

“是的，那当然啦，”名医又看了看表，回答说。“请问，亚乌兹桥修好了吗？还是仍然要绕路走？”他问。“啊！修好啦。好呀，那我二十分钟就可以到了。那我们刚才说的，问题就这样定了：要保持营养，调节神经。两者是相互联系的，必须双管齐下。”

“可是，要不要出国呢？”家庭医生问。

“我绝对不赞成出国。请您注意：如果真是我们还不能诊断的初期肺结核，那出国并没有好处。必须有一种药物，能够保持营养，而不危害身体。”

于是名医提出用苏打水治疗的方案。他提出用苏打水治疗，主要是因为苏打水没有任何害处。

家庭医生恭恭敬敬地用心听着。

“不过，我看出国也有好处，那就是改变一下生活习惯，换换环境，免得睹物伤情。再说，做母亲的也有这样的想法。”他说。

“啊！好的，要是这样，那就让她们去吧；不过那些德国骗子会害人的……可不能听他们的……嗯，那就让她们去吧。”

他又看了看表。

“啊！已经不早了。”他说着，朝门口走去。

名医向公爵夫人提出（这是出于礼貌），他要再看看病人。

“怎么！再检查一遍！”母亲恐怖地叫道。

“噢，不是，夫人，只是有些地方再仔细看看。”

“那就请吧。”

于是母亲陪着医生走进客厅去看吉娣。吉娣站在客厅中央，面容消瘦，两颊绯红，因为害羞眼睛里闪着一种很特别的光芒。医生一走进来，她顿时满脸通红，眼睛里涌出泪水。她觉得她的病和为她治病都是多么荒唐、多么可笑的事！她觉得，为她治病，就像把打碎的花瓶拼合起来一样可笑。她的心碎了。他们想用药丸和药粉治她的病，怎么行呢？可是不能伤母亲的心，何况母亲已经觉得自己对不起她。

“请您坐下，小姐。”名医说。

他微微笑着在她对面坐下，按着脉搏，又提出一些很无聊的问题。她回答了几句，突然火了，站了起来。

“对不起，大夫，不过这实在毫无必要。同样的话您已经问过我三遍了。”

名医没有生气。

“生病就是容易发火，”等吉娣走出去，他对公爵夫人说。“不过，我看完了……”

于是名医把公爵夫人当作格外聪明的女人，很科学地向她说明了小姐的病情，结论是一定要饮服那种毫无用处的水。问起是不是应该出国，医生沉思起来，好像是在思索如何解答这个难题。答案终于做出来：可以出国，但不能相信那些骗子，一切只能向他求教。

医生走后，家里好像出了什么喜事。母亲回到女儿身边，快活起来，吉娣也装作快活起来。她现在经常得装假，几乎时时刻刻得装假。

“说实话，妈妈，我没有病。不过，您要是想出国，那咱们就去吧！”她说，并且为了表示对这次出门很感兴趣，就说起准备出门的事。

二

医生一走，陶丽就来了。她知道今天要会诊，就不顾自己产后起床不久（她在冬末又生了一个女孩），也不管自己有许多烦恼和操心事，就丢下吃奶的孩子和生病的一个女儿，前来打听今天决定的吉娣的命运如何。

“嗯，怎么样？”她走进客厅，还没有脱帽子，就问道。“你们都很快活嘛。大概是很好吧？”

家里人本想把医生说的话对她说说，可是，那医生虽然说得头头是道，说了很久，可是别人却怎么也说不清他说的是什么。有意义的只是已经决定到国外去。

陶丽不由得叹了一口气。她最贴心的妹妹要走了。她的日子还是很不愉快的。在和解之后，她对丈夫总是委屈迁就。安娜接合的裂缝并不牢固，家庭关系的裂痕又在老地方出现。事情倒是没有什么事情，但奥布朗斯基几乎总是不在家，钱也几乎总是花得光光的，于是陶丽又怀疑他不忠实，常常感到很苦恼，她现在已经很不愿意猜疑，很怕再尝那种嫉妒的痛苦滋味。第一次嫉妒的爆发，那滋味已经尝过了，再也不会那样了，即使再发现他不忠实，也不会像第一次那样震动她了。现在再发现他不忠实，也只能使她失去她的家庭生活习惯，她只要漠视他这一弱点，尤其是她自己这一弱点，就能够欺骗自己。此外，一大家人过日子有许许多多事，她时时刻刻都要操心：要么，婴儿没有喂好；要么，奶妈走了；要么，就像现在这样，一个孩子病了。

"你那几个孩子怎么样？"母亲问。

"唉，妈妈，您自己的操心事就不少了。莉莉病了，我怕是猩红热。我现在是来问问妹妹的事，要不然，如果是猩红热的话，——但愿不是，——那我就待在家里不出门了。"

医生一走，老公爵也从书房里走了出来。他把脸凑过去让陶丽吻了吻，和她说了几句话，便对妻子说：

"怎样决定的，出国吗？哦，你们想叫我怎样？"

"我想，你留在家里吧，亚力山大。"妻子说。

"随你们便。"

"妈妈，怎么不叫爸爸跟我们一块儿去呀？"吉娣说。"那样他快活，我们也快活。"

老公爵站起来，用手抚摩了几下吉娣的头发。她仰起头，勉强笑着看着他。她总觉得，在家里他最了解她，虽然他很少谈到她。她因为是最小的一个，也就是父亲最钟爱的一个，所以她觉得，正因为父亲最爱她，也就最了解她。现在，当她的目光遇到他那凝视着她的蓝蓝的慈祥的眼睛时，她就觉得他看透了她，看出她心中种种不好的变化。她红着脸，朝他探过身去，等待亲吻，但他只是拍了拍她的头发，说：

“这混账的假发！叫人挨不到真正的女儿，只能抚摩到哪个死娘们儿的头发。哦，怎么样，陶丽，”他对大女儿说，“你那位公子哥儿在干什么呀？”

“没什么，爸爸，”陶丽知道说的是她丈夫，就回答说。“总是在外面跑，我几乎见不到他。”她忍不住带着冷笑补充说。

“怎么，他还没有到乡下去卖树林吗？”

“没有，他一直在准备动身。”

“原来是这样啊！”公爵说。“那么我也要准备动身吗？那我就遵命，”他坐下来，对妻子说。“我看，你呀，吉娣，”他又对小女儿说，“你最好还是有朝一日醒来说：我一点病也没有呀，很快活呀，又可以一大早跟爸爸一块儿到冰天雪地里去散步了。不是吗？”

父亲说得似乎很随便，可是吉娣听了这话很慌乱，以至惊慌失措，就像一个被揭发的罪犯。“是的，他全知道，全明白，他说这话是告诉我，虽然是耻辱，但必须忍受耻辱。”她鼓不起勇气来回答什么话。正要开口，却哇地一声哭了起来，便从房间里跑了出去。

“看你开的好玩笑！”公爵夫人责怪起丈夫。“你总是……”她数落起来。

公爵听夫人数落了好一阵子，一言不发，可是他的脸色越来越阴沉了。

“她太伤心了，可怜的孩子，太伤心了，只要稍微一提到那成了病根的事，她就难过死了，可是你还不觉得呢。唉！真是看错人了！”公爵夫人说。陶丽和公爵从她语气的变化听出她说的是伏伦斯基。“我真不懂，怎么没有法律来制裁这种可恶的坏人。”

“哼，我真不想听了！”公爵阴沉地说过这话，从安乐椅上站了起来，就像要走了，可是在门口又站了下来。“法律是有的，好太太，既然你要我说话，那我就告诉你，这一切都怪谁：怪你，怪你，全怪你。制裁这种坏家伙的法律一向是有的，现在也有。是啊，假如没有那种不该有的事，我虽然老了，也要跟那个花花公子决斗。是啊，可是现在你就给她治病吧，把那些骗子手都请来吧。”

公爵似乎还有许多话要说，但是夫人一听到他的口气，就像往常遇到重大问题时那样，立刻和缓下来，并且后悔起来。

“亚力山大，亚力山大呀。”她小声说着，朝他走去，并且放声哭起来。

她一哭起来，公爵也软了下来。他走到她跟前。

“啊，好啦，好啦！我知道，你也很难受。有什么办法呢？其实也算不了什么。上帝是仁慈的……谢谢……”他这样说，因为自己已经不知道在说什么了，同时也是为了回答他在自己手上感觉到的夫人的带泪的吻。接着他从房里走了出来。

吉娣流着眼泪一走出去，陶丽就凭着一个做母亲的当家过日子的习惯立刻看出来，这里有些女人家的活儿需要去做，她就准备做做。她摘下帽子，挽起袖子，就准备动手。在母亲责怪父亲的时候，她曾经试着劝阻母亲，但也只能劝到不失孝敬为止。在公爵发脾气的时候，她没有作声；她为母亲感到羞臊，因为父亲转眼间就又和善起来，觉得父亲可亲。可是等父亲走后，她就准备去做最要紧的、非做不可的事了，——那就是到吉娣房里去安慰她。

“妈妈，我早就想告诉您：列文这一次到这儿来，是想向吉娣求婚，您知道吗？列文对司基瓦说过的。”

“那又怎么样？我不明白……”

“也许吉娣拒绝了他吧？……她没有对您说吗？”

“没有，不论这一个，还是那一个，她都没有说过；她太要强了。不过我知道，都是因为那一个……”

“是啊，您倒想想看，她竟然拒绝了列文。我知道，要不是有那一个的话，她是不会拒绝他的……后来那一个却完全辜负了她的一片情意。”

公爵夫人一想到她太对不起女儿，就觉得太可怕，于是她生起气来。

“唉，我简直一点也不懂！现在什么事都想自作主张，什么话也不对做母亲的说，可这么一来就……”

“妈妈，我去看看她吧。”

“去吧。难道我不叫你去吗？”母亲说。

三

吉娣的小小的房间非常雅致，一片粉红色，摆满古老的萨克森瓷器玩偶，这房间就像两个月前吉娣本人一样，红红的，充满生气，洋溢着快活气氛。陶丽一走进来，就想起去年她们一起快快活活、亲亲热热地布置这个房间的情形。她一看到吉娣坐在离门口很近的一张矮椅子上，眼睛一动不动地盯着地毯的一角，她的心一下子就凉下来。吉娣看了看姐姐，脸上那冷冷的、有几分严峻的表情也没有改变。

“我现在回去，就要待在家里不出来，你也不能来看我了，”陶丽说着，挨着她坐下来。“我想和你谈谈。”

“谈什么呀？”吉娣恐慌地抬起头来，急忙问道。

“除了谈你的痛苦，还谈什么？”

“我没有什么痛苦。”

“得了，吉娣。你真以为我不知道吗？我全知道。你听我的话，这算不了什么……这种事儿我们都有过。”

吉娣没有作声，一脸严峻的表情。

“他不值得你为他痛苦。”陶丽单刀直入地说。

“是不值得，因为他没有把我放在眼里，”吉娣用颤抖的声音说。“别说了！请你别说了！”

“这是谁对你说的呀？谁也没说这话。我相信，他以前爱你，现在还是爱你，不过……”

“哎呀，我觉得最可怕的就是这种同情！”吉娣忽然火了，叫了起来。她在椅子上转过身去，脸涨得通红，手指头急促地动了起来，忽而用这只手，忽而用那只手握握她拿着的皮带扣环。陶丽知道妹妹在火气上来时有两手换来换去抓东西的习惯。她知道吉娣在发火时会不顾一切，会说出许多不该说的、不好听的话来，陶丽就想安慰她，但是已经晚了。

“什么，你想跟我谈，要我明白什么？什么？”吉娣急急地说。“是要我明白，我爱上了一个根本不把我放在心上的人，而且我因为爱他而病得要死吗？这就是做姐姐的对我说的话呀，这样的姐姐还以为……以为……以为她是同情我呢！……我才不稀罕这种同情和虚情假意！”

“吉娣，你真不讲理。”

“你为什么要来折腾我呀？”

“我呀，正好相反……我看到你心里不痛快……”

可是吉娣在火头上根本听不进她的话。

“我没有什么好伤心的，也没有什么好宽心的。我这人挺要强，决不会低三下四去爱一个不爱我的人。”

“我也没有这样说呀……有一件事，你要对我说说实话，”陶丽抓住她的手说，“你告诉我，列文对你说了吗？……”

一提到列文，吉娣似乎丧失了最后的自制力；她从椅子上腾地跳起来，把皮带扣环扔到地上，两手急促地做着手势，说了起来：

“为什么又把列文扯上？我真不懂，你为什么非要我难受不可？我说过，还可以再说一遍，我很要强，我绝对不会，绝对不会做你做的那种事，——回过头再去爱一个对你变了心、爱过另一个女人的人。这事我真不懂，真是不懂！你能这样，我可不能！”

吉娣说过这些话，朝姐姐看了看，看到姐姐伤心地低下头，没有作声，她本想出去就没有出去，在门口坐了下来，用手帕捂住脸，也低下了头。

沉默了有两三分钟。陶丽想着自己的事。她总感觉自己受到屈辱，经妹妹这样一提，这种屈辱感就使她心中特别难受。她没有想到妹妹会这样冷酷，很生她的气。可是她忽然听到衣裙的响声，同时听到再也憋不住的大哭声，就有一双手从下面伸过来搂住她的脖子。吉娣跪在她面前。

"好姐姐，我简直，简直太不幸了！"吉娣歉疚地小声说。

她那一张娇艳的脸带着一脸的泪水埋到陶丽的裙子里。

眼泪就像是一种少不了的润滑油，没有眼泪，姐妹间沟通思想的机器就无法正常运转。流过眼泪之后，姐妹俩谈的并不是她们的心事；但就是谈旁的事，她们也相互了解了。吉娣明白了，她在气头上说的姐夫变心和姐姐受屈辱的话深深刺痛了可怜的姐姐的心，但姐姐原谅了她。在陶丽来说，也明白了她想了解的一切；她看出她猜对了，吉娣伤心，伤心到无法劝慰的地步，就是因为列文向她求婚，她拒绝了他，而伏伦斯基却辜负了她的一片情意，看出她愿意爱列文，痛恨伏伦斯基。在这方面吉娣一句话也没有说；她说的只是自己的心情。

"我一点也不伤心，"她镇静下来之后，说，"可是，不知你是不是能明白这种心情，我觉得一切都很坏，很讨厌，很荒唐，而且首先就是我自己。你恐怕无法想象，我把一切看得有多么坏。"

"你能把一切看得究竟有多么坏呢？"陶丽笑着问道。

"坏得透顶，荒唐得透顶；我简直没法对你说。这不是苦恼，也不是烦闷，而是要坏得多。就好像我心中一切好的东西都不见了，只剩下顶坏的东西。唉，该怎样对你说呢？"她看到姐姐眼里露出大惑不解的神气，就说道。"刚才爸爸一开口对我说话……我就觉得他不过是想把我嫁出去。妈妈带我去参加舞会，我就觉得，她所以带我出去，无非是要我快点儿出嫁，免得成为累赘。我知道这不对，可是我没办法驱除这些想法。我见不得那些所谓求婚者。我觉得他们老是在量我的尺寸。以前我穿着舞衣到哪儿去，觉得简直是一种享受，我自己常常欣赏自己；现在我觉得难为情，很不自在。唉，有什么办法呀！医生呢……哼……”

吉娣踌躇起来；她本来想再说，自从她有了这种变化之后，她就看着奥布朗斯基非常不顺眼了，她一看到他，就不能不觉得他是最荒唐、最不像样子的人。

“就这样，我觉得一切都荒唐透了，坏透了，”她又说。“这就是我的病。也许，这会好的……”

“你别这样想嘛……”

“我没办法不想。只有在你家里，只有跟孩子们在一起，我才觉得快活。”

“可惜你不能到我家去。”

“不，我要去。我害过猩红热的，我这就去跟妈妈说。”

吉娣一定要去，就到姐姐家去了。孩子们确实害了猩红热，她就一直护理孩子们。姐妹俩精心照料，六个孩子的病全都好了，可是吉娣的健康并没有好转，于是谢尔巴茨基一家就在大斋节出国去了。

四

彼得堡上层人士的圈子其实是一个大圈子；大家彼此都认识，甚至彼此都有来往。不过在这个大圈子里还有许多小圈子。

安娜·卡列尼娜和三个不同的小圈子都有密切的关系，在里面都有自己的朋友。一个是她丈夫的官场的圈子，包括他的同僚和下属，这些人因为各种各样错综复杂的关系联系在一起，而又分散于不同的社会阶层。安娜起初对这些人有一种近乎虔敬的心情，现在很难记起有这种心情了。现在她认识他们所有的人，就像在一个县城里大家都相互认识一样。她知道谁有什么样的习惯和嗜好，知道谁有什么难言之隐；知道他们彼此的关系以及他们和朝廷的关系；知道谁是谁的靠山，谁依靠的是什么；知道谁和谁在哪些方面看法一致，在哪些方面意见分歧。但是这个男人感兴趣的官场的圈子，尽管有李迪雅伯爵夫人的诱导，却从来引不起她的兴趣，她总是躲避这个圈子。

安娜接近的另一个小圈子，就是卡列宁借以青云直上的那个圈子。这个圈子的中心人物就是李迪雅伯爵夫人。形成这个圈子的是一些年老色衰、笃信上帝的慈善妇女和精明、有学识、追求功名的男子。这个圈子里的一个聪明人把这个圈子称作“彼得堡社会的良心”。卡列宁很看重这个圈子，善于和各种人相处的安娜来彼得堡生活之后，就是首先在这个圈子里找到朋友的。可是现在，她从莫斯科回来以后，就讨厌起这个圈子。她觉得，不论是她，不论是他们那些所有的人，都是在装腔作势，她在这个圈子里觉得非常苦闷，非常不舒服，所以她就尽可能少去拜访李迪雅伯爵夫人。

最后，与安娜有关系的第三个圈子其实就是交际界，这是舞会、宴会和华丽服饰的天地。这个交际界一只手抓住宫廷，免得落到“半上流社会”[①]地步。这个圈子里的人自以为瞧不起“半上流社会”，其实他们的情趣不仅相近，而且完全是一样的。安娜是通过她的表嫂培特西公爵夫人和这个圈子保持关系的。这位公爵夫人每年有十二万卢布进项。公爵夫人自从安娜一进入交际界就特别喜欢她，处处照顾她，把她拉进自己的圈子，并且常常嘲笑李迪雅伯爵夫人那个圈子。

“等我老了，也丑了，我也会那样的，”培特西说。“可是像您这样年轻、这样漂亮的女人，进那个养老院就太早了。”

安娜起初尽可能避开培特西公爵夫人这个圈子，因为在那里的开支超过她的进项，再说起初她也更喜欢第一个圈子；可是她从莫斯科回来以后，就完全反过来了。她避开那些道义上的朋友，而经常进出大的交际场所。她在那些场所常常遇到伏伦斯基，在这种相遇中尝到欢乐，心荡神怡。培特西娘家姓伏伦斯基，她就是伏伦斯基的堂姐，安娜在培特西家里遇到他的时候也就特别多。在哪儿可以遇到安娜，伏伦斯基就到哪儿去，只要有机会，就向她倾诉自己的爱情。她从来不给他什么话茬儿，但她每次遇到他，她心中就涌起一股兴奋劲儿，就像在火车上第一次见到他的那一天一样。她自己也感觉出来，一见到他，她的眼睛里就迸射出喜悦的光彩，嘴唇就会笑起来，她简直无法抑制这种喜悦的表情。

起初安娜真的相信，她很不满意他这样放肆地追求她；但是她从莫斯科回来之后，没过多久，她有时去参加晚会，原以为会遇

①指资产阶级社会中，不属于上流社会却竭力模仿上流社会生活方式的妇女。

到他却没有见到他，就感到无限惆怅，因此她完全明白了，她是在欺骗自己；她明白了，这种追求不仅没有使她不快，而且已经成为她生活的全部兴趣。

这是那位著名歌星第二次演唱，整个交际界人士都来到剧院里。伏伦斯基从正厅第一排座位上看见了堂姐，不等幕间休息，就来到她的包厢里。

“您怎么没有来吃饭呀？”她对他说。“我真惊讶，恋中人的眼睛有这样尖，”她又笑嘻嘻地小声说，声音小得只有他一个人能听见：“她不在。不过，等歌剧完了，您到我家来吧。”

伏伦斯基带着询问的神气看了看她。她把头一点。他笑了笑，表示感谢，就挨着她坐下来。

“我可是常常想起您那些风凉话儿！”一直把追踪这桩风流韵事的发展当作特殊乐趣的培特西公爵夫人继续说。“这一切都到哪儿去啦？您现在被拴住了，我的好兄弟。”

“我就希望被拴住呢，”伏伦斯基带着他那泰然自若、和蔼可亲的笑容回答说。“说实在的，怪只怪被拴得不怎么牢呢。我已经开始失去希望了。”

“您会有什么希望呀？”培特西替朋友委屈地说，“咱们彼此心里是有数的……”但是她的眼睛里闪着火花，表示她非常清楚，就跟他自己一样清楚，他会有什么样的希望。

“毫无希望呀，”伏伦斯基龇着一嘴整齐的牙齿笑着说。“对不起，”他说着，从她手里拿过望远镜，从她那光肩膀上面打量起对面的一排包厢。“我怕我会惹人笑话的。”

他很清楚，在培特西和交际界一切人的眼里，他决不会是可笑的。他很清楚，在这些人眼里，追求一个姑娘或者任何一个没主儿的女子而追求不上，这样的角色是可笑的；但如果追求一个有夫之妇，并且豁上一条命，拼死拼活要跟她私通，这样的角色就有几分敢作敢为的了不起的色彩，绝不会是可笑的，所以他那小胡子底下闪着快活而得意的微笑，放下望远镜，看了看堂姐。

"那您为什么不来吃饭呀？"她一面欣赏着他，一面说。

"这事我应该对您说说。我有事，您猜什么事？我让您猜一百次，一千次……您也猜不着。我在给一个做丈夫的和侮辱他妻子的人调解呢。是的，真的！"

"怎么样，调解好了吗？"

"差不多了。"

"这事您一定要给我说说，"她说着，就站起来。"您下次休息时来吧。"

"不行。我要到法国剧院去了。"

"不听尼尔松[①]唱啦？"培特西惊愕地问，虽然她怎么也分不清尼尔松的演唱和任何一个歌女有什么不同。

"有什么办法呀？我要在那里和他们见面，都是为了我调解的这件事。"

"和事佬是有福的，可以进天国，"培特西记得她听什么人说过类似的话，就说道。"好吧，您就坐下，说说是怎么一回事儿吧。"

于是他又坐了下来。

①尼尔松(1843—1921)，瑞典戏剧女高音歌唱家。她的演唱当时在欧洲十分轰动。

五

“这事儿有点莽撞，可是太有意思了，我实在想对您说说，”伏伦斯基笑嘻嘻地看着她，说道。“我不说姓名。”

“但我会猜的，这倒更好些。”

“那您就听着：有两个快活的小伙子坐车去……”

“不用说，那是你们团里的军官啦？”

“我没有说是军官，只是两个刚吃过早饭的小伙子……”

“换句话说：是喝过酒的小伙子。”

“也许是的。他们是到一个同事家去赴宴，都高高兴兴的。他们看到，有一个很漂亮的女子坐的马车赶到了他们前头，那女子回头看了看，而且，至少他们觉得，还朝他们点了点头，笑了笑。他们自然就追了上去。让马使足劲儿跑起来。使他们吃惊的是，那美人儿的马车就在他们去的那一家大门口停了下来。美人儿朝楼上跑去。他们只看见那短面网下面的红唇和秀美的纤足。”

“这事您说得这样有滋有味，我看您就是这两个中的一个。”

“您刚才怎么对我说的？话说这两个年轻人走进同事家里，这同事家办的是饯行宴席。他们在那里也许多喝了几杯，这在饯行宴席上是常有的事。吃饭的时候他们问起这座楼楼上住的是什么人。谁也不知道。只是在他们问是否有小姐住在楼上的时候，主人家的仆人才回答说，这儿小姐很多。吃过饭后，两个年轻人来到主人的书房里，给那个不知名的女子写信。他们写了一封很热和的信，表白爱情，并且亲自送到楼上，有什么不清楚的地方，还可以当面解释一番。”

“您怎么给我讲这种丑事呀？啊？”

“他们按了门铃。出来一名侍女，他们把信交给她，并且一再对侍女说，他们简直爱得发了狂，说不定会当场死在这门口。那侍女正大惑不解地和他们交谈着，突然出来一位先生，一脸腊肠般的络腮胡子，脸红得跟龙虾一样，声明说，这房里除了他的妻子，再没有住什么人，并且把他们赶了出来。”

“您怎么知道他的胡子，像您说的那样，是腊肠般的呀？”

“您听我说嘛。今天我去给他们调解来。”

“哦，怎么样呢？”

“顶有意思的地方这就到了。原来这是一对恩爱夫妻，是一位九品文官和他的妻子。九品文官告了状，于是我就做调解人，而且是个多么了不起的调解人呀！我敢对您说，就是塔列伦[①]也没法跟我比。”

“疙瘩在哪儿呀？”

“您听着嘛……我们老老实实赔罪：‘我们心里很难过，请您原谅这次不应有的误会。’留腊肠胡子的九品文官有点儿心软了，可是他也想说说自己的心情，等他一说起自己的心情，就又火了，说起粗话，于是我只好又施展起我的外交才能。就说：‘我也认为他们的行为不好，但请您谅解，这是个误会，而且他们都年轻；再说，他们刚刚吃过早饭，您也明白，他们实在后悔，请您原谅他们的过错。’九品文官又心软了，说：‘我也明白，伯爵，我也想饶恕

①塔列伦(1754—1838)，法国外交家，善于玩手腕。

他们，可是您要知道，我的妻子，像我妻子这样清白的女人，竟然遭到什么小流氓的跟踪、侮辱和调戏……'您要知道，有一个小流氓当时就在那儿，我只好又给他们调解。我又施展起外交本领，可是等到事情刚刚有些眉目，那位九品文官就又火起来，脸涨得通红，腊肠胡子竖了起来，于是我又得运用外交手腕了。"

"哎哟，这事儿一定要给您说说！"培特西对一位走进她的包厢的太太说。"他简直要叫我笑死了。"

"嗯，祝您成功。"她说着，把不拿扇子的一个手指头伸给伏伦斯基吻了吻，又动了动肩膀，让缩上去的连衣裙束胸溜下来，为的是等她出去，走到脚灯跟前，在煤气灯和众目睽睽之下时，让她的玉肩和酥胸充分袒露出来。

伏伦斯基到法国剧院去了，他确实要到那里去见那位从不放过法国剧院一场演出的团长，跟团长谈谈三天来一直使他忙活着、使他非常开心的调解工作。卷入这件事的有他很喜欢的彼特利茨基，还有那个不久前才来的可爱的小伙子、很好的同事、凯德罗夫公爵少爷。而更主要的是，这件事关系到团的名誉。

这两个人都在伏伦斯基的骑兵连里。九品文官魏登来向团长告状，说团里两个军官调戏他的妻子。据魏登说，他结婚才半年，他年轻的妻子和母亲在教堂里做礼拜，突然感到身体不舒服，显然是因为怀了孕，再也站不住了，见到一辆很漂亮的马车，就坐上马车回家。这时就有两个军官追赶她，她很害怕，就更不舒服了，上了楼梯就跑回家里。魏登从衙门里回来，听到门铃声和说话的声音，便走了出来，看到两个醉醺醺的军官手里拿着信，就把他们推了出来。他要求严办。

“是啊，不管怎样说，”团长把伏伦斯基请了去，对他说，“彼特利茨基越来越不像话了。没有哪一个礼拜不闹事儿。这个九品文官是不肯罢休的，他还会再往上告。”

伏伦斯基看到这件事很不体面，又不可能举行决斗，应该想方设法使那位九品文官消消气，私下了结这件事。团长所以要找伏伦斯基，正因为知道他这人高明，机灵，尤其是一向看重团的荣誉。他们商量了一番，决定让彼特利茨基和凯德罗夫随伏伦斯基一起去向那位九品文官赔礼。团长和伏伦斯基都明白，伏伦斯基的名字和宫廷侍从武官的头衔对于软化九品文官的态度会起很大的作用。确实这两个条件起了一部分作用；可是正如伏伦斯基所说的，调解的结果如何，还很难料。

伏伦斯基来到法国剧院，和团长一起走进休息室，对他说了说自己的成功和不顺利之处。团长思索了一番，决定不再管这件事了，但后来为了寻开心，又向伏伦斯基问起他们见面的详细情形。伏伦斯基说，九品文官刚刚有点和缓下来，一说起事情的经过，忽然又冒火了，伏伦斯基不等说完最后一句调解的话，就把彼特利茨基推到前面，自己趁机溜了出来，团长听到这里，忍不住哈哈大笑了好一阵子。

“这事儿很不像话，不过太好笑了。凯德罗夫是没办法跟那位先生打架的！那位先生火极了，不是吗？”团长笑着反问道。“今天克列尔怎么样？好极了！”他说的是新来的法国女演员。“不管看多少遍，她天天都不一样。只有法国人才有这样的本事。”

六

培特西公爵夫人不等最后一幕结束，就离开剧院回家来了。她刚刚走进她的梳妆室，往她那苍白的长脸上扑了一些粉，搽了搽，梳了梳头，吩咐仆人在大客厅里摆茶，一辆一辆的马车就陆续来到滨海大街她家的大宅第门前。客人们纷纷在宽敞的大门口下了车。为了感化行人，天天早晨在玻璃门里面读报的肥胖的看门人，这时轻轻地开了大门，让来客从他身边走进去。

女主人和一些客人几乎同时走进客厅：刚刚梳好头、搽好粉的女主人从一个门里走进来，客人们也从另一个门进了大客厅。大厅里深颜色的墙壁，柔软的地毯，华灯之下有一张大桌子，白桌布被灯光照得耀眼欲花，桌上摆着银茶炊和晶亮的白瓷茶具。

女主人在茶炊旁坐下来，脱掉手套。在几名动作轻悄的仆人帮助下，大家把椅子拉开，分成两部分坐下来：一部分围着茶炊坐在女主人跟前，另一部分坐在客厅那一头，围着那位一身黑丝绒、两道清秀的黑眉毛的美丽的大使夫人。两个圈子里的谈话，正如往常刚开头那样，都是东一句、西一句的，不时被招呼声、寒暄、敬茶所打断，好像是在摸索究竟该谈什么。

"她作为一个演员真是才艺绝伦；显然她精心研究过考尔巴哈①，"大使夫人那个圈子里有一个外交官说，"你们可曾留意她是怎样倒下的……"

"哎呀，对不起，咱们就不谈尼尔松吧！谈她谈不出什么新鲜

①考尔巴哈(1804—1874)，德国画家。

东西了，”一个穿老式绸连衣裙、一头淡黄头发、没有眉毛、不戴假发的红脸胖太太说。这是米雅赫基公爵夫人，她心地单纯而态度粗野，因此绰号叫胡闹的孩子。米雅赫基公爵夫人坐在两个圈子当中，听着，一会儿参与这边说说，一会儿参与那边说说。“今天就有三个人对我说起考尔巴哈，说的话都一样，就像串通好了的。我真不明白，他们怎么这样喜欢这句话。”

谈话被这几句评语打断了，又不得不另找话题。

“您给我们讲点有意思的事儿吧，可是不要太刻薄的。”最擅长文雅的谈话的大使夫人对那位外交官说。外交官这时也不知道再说什么好了。

“恐怕这是很难的，因为只有刻薄的话才好笑，”他笑着说。“不过我来试试吧。您出个题目吧。全在于题目。有了题目，文章就好做了。我常常想，上个世纪那些著名的演说家在今天也很难说出什么俏皮话了。所有的俏皮话都已经叫人听厌了……”

开头谈得很文雅，但正因为谈得太文雅，就又谈不下去了。还是得采取最可靠的、屡试不爽的办法，那就是说说刻薄的挖苦话。

“你们不觉得杜什凯维奇有点路易十五气派吗？”外交官瞟着那个站在桌旁的淡黄头发的漂亮年轻人说。

“可不是！他的气派和这客厅是一样的，所以他常常在这儿。”

这话得到了支持，因为这话暗示的正是在这客厅里不能说的事，那就是杜什凯维奇和女主人的关系。

围着茶炊和女主人的一圈人，同样在围绕着三个少不了的话题，即社会新闻、剧院和议论他人，东一句西一句地乱扯了一阵子之后，一涉及最后一个话题，即说起刻薄的挖苦话，也都来了劲儿。

“你们听说，玛尔季歇娃——不是女儿，是妈妈，——自己定做了一件鲜红鲜红的衣服吗？”

“不可能！哦，也许会的，那可就太妙啦！”

“我真奇怪，她这样聪明，——她本来不蠢嘛，——怎么会看不出，她有多么可笑。”

议论和嘲笑起倒霉的玛尔季歇娃，人人都有话说了；大家就叽里呱啦谈得热闹起来，就像烧着了的篝火。

培特西公爵夫人的丈夫是个和蔼可亲的胖子，是个热心的版画收藏家，知道妻子有客人，就在去俱乐部之前到客厅里来看看。他踩着柔软的地毯悄没声地走到米雅赫基公爵夫人跟前。

“您怎么喜欢起尼尔松啦？”他说。

“哎哟，怎么能这样偷偷溜过来呀？您把我吓死了，”她回答说。“请您别跟我谈歌剧吧，您对音乐一窍不通。还是我来迁就您，跟您谈谈您的彩陶和版画吧。您就说说，最近在旧货市场买了一些什么宝贝吧？”

“要我给您看看吗？不过您在这方面是外行呀。”

“给我看看吧。我见识过的，那些……他们叫什么来着……那些银行家……他们有许多很美的版画。他们拿给我们看过。”

“怎么，您上舒茨堡家去过吗？”女主人在茶炊那边问道。

“去过的，朋友。他们请我和丈夫去吃饭，还告诉我，宴席上的调味沙司就花了一千卢布呢，”米雅赫基感觉到大家都在听她说话，就高声说，“而且是很糟的沙司，绿油油的。我们不能不回请他们，我花了八十五戈比做的沙司，大家都非常满意。我可不会去做一千卢布的沙司。”

“她真是谁也比不上！”女主人说。

“真了不起！”有一个人说。

米雅赫基公爵夫人说话总能产生这样的效果。她能得到这种效果的秘诀就在于，她说话虽然不怎么得体，就像现在这样，但她说的是有点意思的平常事儿。在她所处的圈子里，这样的话往往能抵得上最俏皮的话。米雅赫基公爵夫人不明白，为什么会有这样的效果，但她知道就有这样的效果，而且她就利用这一点。

因为在米雅赫基公爵夫人说话的时候，大家都在听她说，大使夫人那边的人也都不说了，女主人就想让大家凑到一块儿来，便对大使夫人说：

“你们当真不想喝茶吗？你们还是到我们这边来吧。”

“不啦，我们在这儿挺好。”大使夫人笑着回答过，又继续谈开了头的话。

他们谈得非常快活。他们说的是卡列宁夫妇。

“安娜从莫斯科回来以后大变了。她有点儿奇怪。”她的一个女友说。

“主要的变化是她带回了伏伦斯基的影子。”大使夫人说。

“那有什么呢？格林兄弟[①]有一篇童话，写的是一个没有影子的人，写一个人没有了影子。这是因为什么事对他的惩罚。我一

①雅科布·格林（1785—1863）和威廉·格林（1786—1859），兄弟二人是德国著名的童话作家。

直不明白,这怎么能惩罚。不过一个女人没有影子想必是不愉快的。”

“是啊,不过有影子的女人往往没有好下场。”安娜的女友说。

“你们当心舌头上长疔疮,”米雅赫基公爵夫人听到这些话,立即插嘴说。“安娜是个极好的女人。我很不喜欢她的丈夫,但非常喜欢她。”

“您究竟为什么不喜欢她的丈夫呢?他是一个多么了不起的人物呀,”大使夫人说。“我丈夫说,像他这样雄才大略的人,在整个欧洲也很少见呢。”

“我丈夫也对我说过这话,可是我不信,”米雅赫基公爵夫人说。“要不是咱们的丈夫都这样说,咱们会看清本来面目的,依我看,卡列宁简直很蠢。这话我只能悄悄地说……现在就完全清楚了,不是吗?以前,人家叫我把他当成聪明人的时候,我总是在找他的聪明之处,因为看不出他有什么聪明之处,还以为是我自己蠢呢。可是等我一说,但还是悄悄地说,他很蠢,——事情就非常清楚了,不是吗?”

“您今天多么刻薄呀!”

“一点也不刻薄。我没有别的办法。我们两个人中间总有一个很蠢。您也知道,谁都不能说自己蠢。”

“谁也不满足自己的财产,谁都满足自己的聪明。”外交官念起法国的诗句。

“就是这话了,”米雅赫基公爵夫人连忙对他说。“不过,最要紧的是,我可不准你们说安娜的坏话。她可是太好了,太可爱了。要是人家都爱上她，像影子一样跟着她，她又有什么办法呢？”

“我可是连想也没想说她什么呀。”安娜的女友申辩说。

“即使没有人像影子一样跟着我们，那也不能证明我们就有权对别人说三道四。”

米雅赫基公爵夫人把安娜的女友狠狠奚落了两句之后，便站起来，和大使夫人一起加入桌子旁边那个圈子，在这里大家正在谈普鲁士国王。

“你们在那儿说谁的坏话呀？”培特西问道。

“说的是卡列宁夫妇。公爵夫人给卡列宁做了鉴定。”大使夫人笑着在桌旁坐下来，回答说。

“可惜我们没有听见，”女主人说着，朝门口望去。“哦，您到底来了！”她笑嘻嘻地对走进来的伏伦斯基说。

伏伦斯基不仅认识这里所有的人，而且天天和他们见面，因此他走进来的时候神态非常从容，就好像一个人刚出去一会儿就回来了。

“我从哪儿来吗？”他回答大使夫人的问话说。“没有办法，只好招认了。我从滑稽剧院来。恐怕看了有一百次了，可是总觉得新鲜有趣儿。妙极了！我知道这很不体面；可是我一看歌剧就打瞌睡，看滑稽戏却可以看到最后一分钟，而且非常开心。今天……”

他说出法国女演员的名字，就想说说她的什么事儿；可是大使夫人装出一脸害怕的神气，打断他的话，说：

“这种可怕的事请您别说吧。”

"好吧，我不说，何况这些可怕的事大家都是知道的。"

"假如看待这种戏也能像看待歌剧一样，大家就都去看了。"米雅赫基公爵夫人附和说。

七

门处响起脚步声。培特西公爵夫人知道这是安娜到了，就看了看伏伦斯基。他望着门口，脸上出现了一种很奇怪的新的表情。他喜滋滋地、全神贯注的同时又是怯生生地望着走进来的安娜，慢慢欠起身来。安娜走进了客厅。她像往常一样，袅袅婷婷，步子又矫健又轻盈，和交际场上其他女子走路的姿态显然不同，她也没有改变视线的方向，朝女主人跟前跨了几步，走到她跟前，同她握了握手，嫣然一笑，而且就带着这笑容回头看了看伏伦斯基。伏伦斯基深深地向她鞠了一躬，并且把一张椅子给她推过去。

她只是点了点头作为回答，红了红脸，就皱起眉头。不过她立即就连忙向一个个熟人点头招呼，握着一只只伸过来的手，一面对女主人说：

"我刚才在李迪雅伯爵夫人家，本想早点来的，可是一坐就坐了老半天。约翰爵士在她那儿。这人很有意思。"

"哦，就是那位传教士吗？"

"是的，他说起印度的生活，有趣极了。"

因为她的到来而中断的谈话，又像风吹的灯火一样，摇来摆去，失去了重心。

“约翰爵士！是的，约翰爵士。我见过他。他很健谈。符拉西耶娃简直迷上他了。”

“最小的符拉西耶娃要嫁给托波夫，是真的吗？”

“是的，据说已经定了。”

“我真佩服当父母的。据说这是恋爱结合的呢。”

“恋爱结合吗？您的想法多么不合潮流呀！现在还有谁谈恋爱的事呀？”大使夫人说。

“有什么办法呢？这种愚蠢的老一套的风气还没有绝迹呢。”伏伦斯基说。

“这对于保持这种风气的人，尤其是坏事。据我所知，幸福的婚姻都是靠的理性。”

“是的，不过，靠理性结合的幸福常常会烟消云散，正是由于原来不承认的爱情又死灰复燃。”伏伦斯基说。

“不过，我们所说的理性婚姻，是指那些双方都不再狂热的。这就像猩红热，害过了就不再害了。”

“这么说，对恋爱也要进行人工接种，像种牛痘一样啦。”

“我年轻时爱过一个教堂执事，”米雅赫基公爵夫人说。“不知道这对我是不是有些预防作用。”

“不，说实在的，我认为，要想懂得爱情，必须先犯错误，然后再改正。”培特西公爵夫人说。

“连结过婚的也得这样吗？”大使夫人用玩笑的口气说。

“改正过失，不分早迟。”外交官说了一句英国谚语。

“就是这话了，”培特西接话说，“就是要犯错误再改正。对于这种事儿您是怎样看的？”她向安娜问道。安娜嘴边隐隐约约挂着不动声色的微笑,一声不响地听着这场谈话。

“我看呀,”安娜玩弄着脱下来的一只手套说,“我看……如果说,有多少个脑袋,就有多少种想法,那么,有多少颗心,也就有多少种爱情。”

伏伦斯基一直在看着安娜,屏住呼吸在等待,看她说什么。等她说出这话来,他才舒了一口气,好像脱离了危险似的。

安娜忽然对他说:

“哦,我收到莫斯科来的一封信。信上说,谢尔巴茨基家的吉娣病得很厉害。”

“真的吗?”伏伦斯基皱起眉头说。

安娜板着脸看了看他。

“这事儿您不关心吗?”

“正相反,我很关心。信上是怎么说的,能告诉我吗?”他问道。

安娜站起来,走到培特西跟前。

“请给我一杯茶。”她说着,在培特西椅子后面站下来。

就在培特西公爵夫人倒茶的时候,伏伦斯基走到安娜跟前。

“信上怎么说呀?”他又问了一遍。

“我常常想,男人都不懂得什么叫不高尚,可是天天在说这种事儿。”安娜不回答他的话,却说道。“我早就想对您说啦。”她补充一句,便走了几步,在角落里一张摆着照相簿的桌子旁边坐下来。

“我不太明白您这话的意思。”他说着,把一杯茶递给她。

她向旁边的一张沙发瞟了一眼,于是他立即坐下来。

“是的，我是想对您说说，”她只是说，眼睛也不看他。“您的所作所为不好，不好，很不好。”

“难道我不知道我的所作所为不好吗？可是我这样做都是为了谁呀？”

“您为什么要对我说这种话？”她板着脸看着他说。

“您知道为什么呀。”他又大胆又高兴地回答说，同时迎住她的目光，没有垂下眼睛。

他没有发窘，她倒发窘了。

“这只能证明您无情。”她说。但她的目光却在说，她知道他是有情的，就因为这样她怕他。

“您刚才说的事是一个错误，不是爱情。”

“您记住，我不准您说这个词儿，这个讨厌的词儿，”安娜打了个哆嗦，说。但她立刻感觉出来，她一用“不准”这个词儿，就表示她认为自己对他有一定的权力，这也就是鼓励他诉说爱情。“这话我早就想对您说了，”她继续说，一面很果断地看着他的眼睛，一张脸红得火辣辣的。“我今晚是特意来的，知道会遇到您。我是来告诉您，这事到此为止了。我从来没有在人家面前红过脸，可是您却一定要使我觉得自己有什么过错。”

他望着她，她脸上流露的另一种精神的美使他心醉。

“您想要我怎样呢？”他简单而认真地说。

“我希望您到莫斯科去请求吉娣宽恕。”她说。

“您不希望这样。”他说。

他看出来，她说的话是她强迫自己说的，不是她想说的。

“如果您真的像您说的那样爱我的话，”她小声说，“那您就这样做，也好让我心里平静。”

他的脸顿时放起光来。

“难道您不知道，您就是我的整个生命？我不能平静，也就没法让您平静。没有爱情，就没有我整个的人……是的。我无法把您和我分开来想。在我来说，您和我是一体。所以不论在我，还是在您，我看不出今后有平静的可能性。我看到有可能绝望，很不幸……或者有可能很幸福，而且又是何等幸福呀！……难道这不可能吗？”说末了一句他只是动了动嘴唇；但是她听见了。

她竭力想运用自己的理智说些应该说的话；但是理智已经不听使唤，她只是用含情脉脉的目光看着他，什么话也没有说。

“终于盼到了！”他欣喜若狂地想。“就在我已经感到失望，感到不会有什么结果的时候，终于盼到了！她爱我呢。她承认了。”

“那您就为了我这样做吧，今后再也不要对我说这种话了，咱们做个好朋友吧。”这是她说出的话，可是她的眼神说的完全是另外一种话。

“我们做朋友是不可能的，这您自己也知道。我们要么成为人间最幸福的人，要么成为最不幸的人，——这全看您了。”

她想说点什么，但他又抢在前头说：

“其实我只有一个要求，要求有权利抱有希望，有权利痛苦思念，就像现在一样；如果连这都不行，您吩咐我走开，我这就走开。如果有我在您感到不快，那您以后就不会再看到我了。”

“我不想把您撵到哪儿去。”

“只是请您什么也不要改变。一切还像原来一样，”他用颤抖的声音说。“哦，您丈夫来了。”

果然,这时卡列宁迈着稳重的方步走进客厅。

他打量了一下妻子和伏伦斯基,便走到女主人跟前,坐下来端起茶杯,就放开他那不慌不忙、一向洪亮的嗓门儿说起话来,用的是他用惯了的戏谑口吻,在取笑一个什么人。

“您的伦布里耶[1]满座啦,”他环顾着所有在座的人说,“全是美女和雅士呀。”

培特西公爵夫人却受不了他这种腔调,她一向把这叫作讪笑[2]腔调。她作为一个聪明的女主人,立刻就引他谈普遍兵役制这种严肃的问题。一谈起这问题,卡列宁劲头儿就来了;听到培特西公爵夫人抨击新条令,他就一本正经地为新条令辩护起来。

伏伦斯基和安娜依然坐在小桌子旁边。

“这可是有点儿不像话了。”一位太太瞟着伏伦斯基、安娜和她的丈夫说。

“我刚才这么说的吗?”安娜的女友说。

而且不光是这两位太太,几乎所有在客厅里的人,包括米雅赫基公爵夫人和培特西本人在内,都一次又一次地打量那两个离开大家这个圈子的人,好像这碍了他们的事。只有卡列宁一次也没有朝那边看,一直谈得很带劲儿。

培特西公爵夫人发觉这事给大家造成很不愉快的印象,就悄悄地把一个人拉到自己的位子上去听卡列宁说话,自己走到安娜跟前。

“您丈夫说话又清楚又明确,我一向很佩服,”她说。“再深奥

①伦布里耶,指巴黎伦布里耶公爵夫人举办的文人雅士集会。

②原文为英语。

的道理，经他一说，我都懂了。”

“哦，可不是！”安娜没有听明白培特西对她说的任何一个字，却带着一脸幸福的微笑应声说。她随即走到大桌子那边，跟大家一起谈起来。

卡列宁坐了半个钟头之后，便走到妻子跟前，要她一起回家，可是她看也没有看他，只是回答说，她要留下来吃晚饭。卡列宁鞠了个躬，就走了。

安娜的车夫，一个穿着锃亮皮外套的肥胖的鞑靼老汉，很吃力地勒着冻得发抖、在门口直打转转的左套的灰马。一名仆人拉开车门，站在旁边。看门人手扶大门，站在那里等候。安娜用灵巧的纤手从皮袄钩扣上解着被挂住的袖口花边，垂下头，喜滋滋地听着出来送她的伏伦斯基说话。

“您本来什么也没有说；就算我也没有要求什么，”他说，“不过，您也知道，我需要的不是友谊，我这一生只能有一种幸福，就是您很不喜欢的那个词儿……是的，就是爱情……”

“爱情……”她用内心的声音慢慢地跟着他说了一遍。就在她解下袖口花边的同时，她突然说：“我所以不喜欢这个词儿，是因为这个词儿在我来说有太多的含义，远不是您所能理解的。”她说着，凝神看了看他的脸。“再见吧！”

她把手伸给他握了握，便迈着轻盈而矫健的步子从看门人身旁走过去，上了马车。

她的目光和手的接触，把他的全身都烧热了。他吻了吻自己手上她接触到的地方，便坐上马车回家去，一路上心里美滋滋的，因为他想到今天晚上比最近两个月更接近了自己的目标。

八

卡列宁看到妻子和伏伦斯基坐在另一张桌子旁边并且很带劲地谈着什么事,本来不认为有什么异常和有失体统;可是他发现客厅里其他人都觉得这有些异常和有失体统,所以他也就觉得有失体统了。他决定要和妻子谈谈这件事。

卡列宁回到家里,像往常一样走进自己的书房,在安乐椅上坐下来,拿起一本论教皇统治的书,在夹了裁纸刀的地方打了开来,像往常一样一直读到一点钟。他只是偶尔擦擦他那高高的额头,摇摇头,好像是要驱赶什么。到了一定的时间他就站起来,漱洗一下,做好睡前的准备。安娜还没有回来。他腋下夹着一本书走上楼去;但是这天晚上他不像往常那样思索和考虑衙门里的事,却老是在想着他的妻子和跟她有关的不快的事。他一反自己的习惯,没有上床睡觉,却倒背起两手在房里前前后后地踱起来。他无法睡觉,觉得首先必须好好考虑考虑这新出现的情况。

在卡列宁暗自决定要和妻子谈谈的时候,他觉得这事很容易,很简单;可是现在,等他一考虑起这新出现的情况,就觉得这事很复杂,很困难了。

卡列宁从来不猜疑。他认为,猜疑是对妻子的侮辱,对妻子应该信任。至于为什么应该信任,也就是为什么完全相信他的年轻妻子永远会爱他,他没有问过自己;但是他从来没有不信任过,因为他一向信得过,而且常常对自己说,应当信得过。可是现在,尽管他的认识并没有改变,仍然认为猜疑是一种可耻的感情,认为应该信任,却觉得自己面对着不合常情的、无法解释的局面,不知道该怎样才好。卡列宁面对现实生活,面对他的妻子除他之外有可能爱上别的什么人的局面,却觉得这很不合常情和无法理解,就因为这是生活本身。卡列宁过了一辈子,在官场上干了一辈子,只是和生活的映象打交道。在他碰到生活本身的时候,每一次他都躲避开去。现在他体验到一种心情,就好像一个人很平静地从一座横跨深渊的桥上走过,忽然看到桥断了,下面就是万丈深渊。这深渊就是生活本身,这桥就是卡列宁所过的那种虚伪的生活。他第一次想到妻子有可能爱上别人的问题,感到非常可怕。

他没有脱衣服,迈着方步前前后后地走着,走到点着一盏灯的餐厅里吱咯吱咯响的镶木地板上,走到幽暗的客厅里的地毯上,客厅里也只是在沙发上方有一盏灯,照着不久前才挂上的他的巨幅画像,又走进她的起居室,里面点着两支蜡烛,照着她的亲友的几幅画像和她的写字台上他早已十分熟悉的那些精美的小玩意儿。他穿过她的起居室,走到卧室门口,就又转身往回走。

每来回走一趟,他多半要在明亮的餐厅的镶木地板上停下来,对自己说:“是的,这事必须解决,必须制止,必须说说我对这事的看法和我的决定。”于是他又往回走。“可是究竟说什么呢?什么样的决定呢?”他到了客厅里又这样自己问自己,自己也无法回答。“到底出了什么事呢?”他在快要回到她的起居室时又自己问自己,“什么事也没出嘛。她和他说话说了老半天。可是这算什么呢?一个女人在交际场所和人家说说话儿有什么稀罕的?

况且,猜疑就等于把自己和她都看低了。"他一面往她的起居室里走,一面在心里说。可是这种推论,以前他觉得很有分量的,现在却觉得毫无分量,毫无道理了。于是他又从卧室门口转回身朝客厅走去。可是他一回身往幽暗的客厅里走,就有一个声音对他说,这事儿不对头,既然别人都注意到了,那就说明有点儿什么。于是他在餐厅里又对自己说:"是的,这事儿一定要解决和制止,一定要说说我的看法……"可是在客厅里就要往回走的时候,他又问自己:"怎样解决呢?"接着又问自己:"出了什么事儿呢?"又回答:"什么事儿也没有。"他又想起来,猜疑是把妻子看低了,可是到了客厅里他又认定是出了什么事儿。他的思想和他的身体一样,不停地转着圈圈儿,怎么也转不出新名堂。他意识到这一点,就擦了擦额头,在她的起居室里坐下来。

在这里,看着她的写字台和上面摆着的孔雀石信笺夹以及未写完的信,他的想法忽然变了。他思索起有关她的事,想想她是怎么想的,感觉如何。他第一次实实在在地想到她的个人生活、她的思想、她的愿望。一想到她可能有而且应该有自己独有的生活,他就觉得非常可怕,就赶紧把这种想法驱赶开。这正是他害怕窥视的深渊。设身处地地想别人之所想,感别人之所感,是和卡列宁格格不入的一种精神活动。他认为这种精神活动是一种有害的和危险的空想。

"最糟糕的是,"他想道,"恰恰就在这时候,在我的事业(他想到他现在提出的方案)快要大功告成的时候,在我需要心情宁静和集中全部精力的时候,却偏偏碰上这种毫无意义的担心事儿。可是有什么办法呢?我可不是那种遇到麻烦和担心事就没有勇气去正视的人。”

“我得好好想想,加以解决和排除。”他说出声来。

“她的感情问题,她心里有什么念头和可能有什么念头,那我管不着,那是她的良心问题,要由宗教去管,”他在心里说。因为想到弄清了新出现的情况属于什么性质的问题,感到很轻松。

“就是这样,”卡列宁又在心里说,“她的感情之类的问题是她的良心问题,我管不着。我该管的事是有明确章程的。我作为一家之主,必须引导她,因此对她负有一部分责任。我必须指出我所看到的危险性,警告她,甚至行使我的权力。我必须对她说说。”

于是卡列宁就在头脑里有条有理地编排好了今晚要对妻子说的话。他一面考虑他要说的话,一面惋惜自己把自己的时间和精力像这样毫无价值地花到家庭问题上。尽管这样,他还是像准备做报告一样,清清楚楚、有条有理地安排好了这次讲话的程式和顺序。“我要说的、要表示的意见如下:第一,说明舆论和体面的重要性;第二,从宗教方面阐明婚姻的意义;第三,如有必要,则指出儿子可能遭到的不幸;第四,指出她自己可能遭到的不幸。”于是他把手指交叉在一起,掌心向下,使劲舒展了一下,手指关节就咯吧咯吧响了起来。

这个姿势,这个交叉手指并且让手指嘎巴作响的坏习惯,总能使他镇静下来,使他清醒,他现在正是很需要清醒。门外有马车的声音,那声音越来越近。卡列宁在客厅中央站了下来。

响起女人上楼的脚步声。卡列宁已经准备好要说的话,这时站在那里,紧紧扳着交叉的手指,看会不会还有什么地方咯吧作响。只有一个关节咯吧响了一下。

他一听到楼梯上那轻盈的脚步声，就知道她这就到了，虽然他对自己准备好的一番话十分满意，他还是为面临的这番交谈提心吊胆……

九

安娜垂着头，抚弄着头巾的穗头走进来。她满面红光；但这红光不是喜悦的光彩，却像是黑夜里熊熊大火的火光。安娜看见丈夫，抬起头来，像刚刚醒来似的，笑了笑。

"你还没睡呀？真怪！"她说着，解下头巾，也没有停住脚步，径直朝梳妆室走去。"该睡了，阿历克赛。"她在门里面说。

"安娜，我要和你谈谈。"

"和我谈吗？"她惊讶地说；就从门里面走出来，朝他看了看。"有什么事吗？谈什么呀？"她一面问，一面坐下来。"好哇，要是非谈不可，那咱们就来谈谈吧。不过最好还是睡觉。"

安娜说的话都是顺口而出的，她自己听着自己的话，都惊异自己的说谎本领。她说得多么随便，多么自然，多么像是她真的要睡觉！她觉得自己披上了一件戳不透的谎言的铠甲。她觉得有一股无形的力量在帮助她，支持她。

"安娜，我应当警告你。"他说。

"警告？"她说。"为什么事？"

她那样随便、那样快活地望着他，要是有谁不像丈夫那样了解她，决不会发现她的语调和她的话的意思有什么不自然之处。

但他是很了解她的；他知道，只要他上床比平时晚五分钟，她就会注意到，就会问原因；他知道，她不论有什么样的开心事，有什么样的快乐或苦恼，都会立刻告诉他；现在他却看出来，她根本不想理会他的心情，也丝毫不想说她自己的心思，所以，他就觉得这里面大有文章了。他看出来，她那一向对他开放的心灵深处，现在对他关闭了。不仅如此，而且他从她的语调听出来，她并不因此感到难为情，而是好像直截了当地告诉他：是的，关闭了，就应该这样，今后也是这样。他现在的心情，就好比一个人回到家来，却吃了闭门羹。“不过，也许还能找到钥匙呢。”卡列宁想道。

“我要警告你的是，”他低声说，“由于轻佻和不检点，你可能成为交际界议论的话柄。你和伏伦斯基伯爵（他用从容的语调很果断地说出这个名字）谈得过分起劲儿，引起大家对你的注意。”

他一面说，一面望着她那一双笑吟吟的、因为难以捉摸他现在觉得很可怕的眼睛，而且他在说的时候，就感觉到自己的话无用和白说。

“你总是这样，”她回答说，就好像完全没有明白他的意思，故意装作只听明白了他最后一句话。“有时我苦闷，你不高兴；有时我快活，你也不高兴。我是谈得很快活。这又使你生气啦？”

卡列宁打了个哆嗦，又交叉起手指头，想让手指头咯吧响几下。

“哎呀，请你别扳吧，我实在不喜欢。”她说。

“安娜，你怎么这样啦？”卡列宁控制住自己，也不扳手指头，低声说。

“究竟是怎么回事儿呀？”她带着半真半假的惊讶神气说。

“你要我怎样呀？”

卡列宁沉默了一会儿，用手擦了擦额头和眼睛。他看出来，他并没有照他原来所想的去做，也就是不是警告妻子不要在众目睽睽之下犯什么过错，倒是不由得操心起她的良心问题，而且在想方设法拆除他想象中的一道墙。

“我是想对你说说，”他又冷冷地、平心静气地说，“我要求你听我说说。你也知道，我一向认为猜疑是一种低下的、侮辱性的心情，我决不允许自己被这种心情所左右；不过有一些众所周知的礼法，是不能随意违犯的。今晚我并没有在意，可是从你给大家的印象来判断，大家都注意到你的举止不完全得当。”

“我简直一点也不懂，”安娜耸耸肩膀说。她心想：“他倒是无所谓哩，而是因为大家都注意了，他才不安呢。”她又说了一句：“阿历克赛，你身体有点儿不舒服吧？”便站起来要走，但是他跨到前面，看那架势是要把她拦住。

他的脸色很难看，很阴沉，安娜从来没见过他这个模样。她站了下来，把头向后仰了仰，又向一边歪了歪，用她那敏捷的手把头上的发针一根一根地往下摘。

“好吧，我就听听，还有什么，”她带着嘲笑的口气很镇静地说。“我倒很想听听呢，因为很想知道是怎么一回事儿。”

她说着，说的口气那样平静自然，那样不含糊，措辞用语那样滴水不漏，连她自己都觉得惊讶。

“我没有权利详细分析你的感情，而且我认为这也是无益的，甚至是有害的，”卡列宁又说起来。“不过我们如果挖掘一下自己的心灵，常常可以挖出里面潜藏的东西。你的感情——那是你的良心问题；然而我必须对你、对我自己、对上帝尽我的责任，指出你应尽的责任。我们终生结合在一起，不是人为的结合，而是上帝安排的。破坏这种结合只能是犯罪，犯这一类的罪是要受到严厉惩罚的。”

“我一点儿也不明白。哎呀，我的天哪，我多么想睡觉呀！”她说着，用手很快地拨弄着头发，搜索剩下的发针。

“安娜，看在上帝面上，别这样说吧，”他和善地说。“也许我说得不对，不过你要相信，我说这话，不光是为了我自己，同时也是为了你。我是你丈夫，我爱你。”

有一小会儿她低下了头，眼睛里嘲笑的光芒也消失了；但是她一听到“爱”这个词儿又火了。她在心里说：“他爱我吗？难道他会爱吗？要不是他听到有‘爱’这回事儿，他永远也不会用这个词儿。他连懂也不懂什么叫爱。”

“阿历克赛·亚力山大罗维奇，真的，我不明白，”她说。“你认为怎样，就明明白白说出来吧……”

“对不起，让我把话说完。我是爱你的。不过我说的不是我自己；这事儿主要关系到我们的儿子和你自己。我再说一遍，很可能，你觉得我的话是多余的，不恰当的；很可能，这是出于我的误解。如果是这样的话，那就请你原谅我。可是，如果你觉得有一点点儿根据的话，那就请你想一想，如果你心里有什么要说的，就对我说一说……”

卡列宁自己没有觉察到，他说出来的完全不是他准备好的那一套。

“我没有什么好说的。而且……”她勉强忍住笑，突然很快地说，“真的，该睡觉了。”

卡列宁叹了一口气，没有再说什么，就朝卧室走去。

等她走进卧室，他已经躺下了。他的嘴闭得紧紧的，眼睛也不看她。安娜在自己的床上躺下来，时刻等待着他再开口和她说话。她又害怕他开口，又希望他开口。可是他没有作声。她一动不动地等了很久，也就把他忘记了。她想着另一个人，看到了他，并且觉得，一想到他，就心潮激荡，充满了越出常规的喜悦。忽然她听到均匀而平静的鼾声。开头有一小会儿，卡列宁好像害怕自己的鼾声，停止了；可是，呼吸了两下之后，鼾声又带着另外一种平静而均匀的节奏响起来。

“晚啦，晚啦，已经晚啦。”她微微笑着小声说。她睁着眼睛一动不动地躺了很久，那眼睛里的光芒，她觉得自己在黑暗中能看得见。

十

从这天晚上起，卡列宁和他的妻子过的日子就和以前不同了。并没有发生什么特别的事。安娜照常出入交际场所，特别是常常到培特西公爵夫人家里去，处处都会遇见伏伦斯基。卡列宁看到这情形，但是无可奈何。他多次想引她推心置腹地谈谈，可是她都用一道无法突破的快快活活的扑朔迷离的墙把他挡住了。表面上一切和原来一样，但是他们内在的关系却完全变了。卡列宁这个在国务活动方面有雄才大略的人物，在这方面却觉得自己无能为力了。他像一头公牛，乖乖地低下了头，等待利斧劈下来，因为他觉得那利斧已经举到了他的头上。他每次思索起这件事，都觉得应当再试一试，觉得还有希望用善心、温情和规劝来挽救她，使她醒悟，所以他天天都准备和她谈谈。可是他每次一开始和她谈话，就觉得那主宰着她的恶意和欺骗的幽灵也主宰着他，他和她说的话完全不是他原来想说的，语气也完全不是他原来想用的。他和她说话不由自主地用起他惯用的反唇相讥的语调。这种语调是无法说出他要对她说的话的。

十一

这事对伏伦斯基来说，差不多整整一年来成为他生活中的唯一欲望，代替了他以前的一切欲望；这事对安娜来说，是不可能的，可怕的，因而是更使人神往的幸福的理想，——这一欲望得到了满足。他脸色煞白，哆嗦着下颌，站在她面前，一再要求她放心，他自己也不知道要她放心什么，怎样才能放心。

“安娜！安娜！”他用哆嗦的声音说。“安娜，看在上帝分上！……”

不过，他说的声音越大，她那原来骄矜、快活、如今羞愧难当的头垂得越低，她弯着身子，从她坐的沙发床上溜到地板上，溜到他的脚下；要不是他把她扶住，她就会倒在地毯上。

“我的上帝呀！饶恕我吧！”她把他的手紧紧按在自己的胸前，抽搭着说。

她觉得自己罪孽深重，大逆不道，所以她只有低声下气，请求饶恕；而现在她在这人世间除了他以外再没有什么人了，所以她就向他恳求饶恕。她望着他，浑身感到自己低下，什么话也说不出来。他这时的感觉，却像一名凶手看到被他夺去生命的尸体时的感觉。这被他夺去生命的尸体就是他们的爱情，他们初期的爱情。回想起这种为之付出羞愧难当的可怕代价的事，就觉得有些可怕和可憎。这种精神上被剥得一丝不挂的羞愧感使她受不了，也传染给了他。然而，不管凶手面对死者的尸体有多么害怕，还是要把尸体切成碎块，掩藏起来，还要享用凶手谋杀的成果。

于是，凶手就像迫不及待似的带着一股狂暴劲儿扑向尸体，又是撕扯，又是切割；他就是这样在她的脸上和肩上拼命吻起来。她抓住他的一只手，一动也不动。“是的，这些吻是用这种羞愧换来的。是的，就连这只手，这永远属于我的手，是我的同伙的手。”她拉起这只手，吻了吻。他跪下来，想看看她的脸；可是她把脸藏起来，什么也没有说。最后，她好像镇定下来，站了起来，把他推开。她的脸还是那样美丽，但因此更显得可怜了。

“一切都完了，”她说。“除了你，我什么也没有了。这你要记住。”

“这就是我的生命，我不会不记住的。为了这种幸福的片刻……”

“什么幸福呀！”她厌恶而恐惧地说。这种恐惧也不由得传染给了他。“看在上帝分上，不要说了，再也别说了。”

她很快地站起来，闪到一边去。

“再也别说了。”她又说一遍，就带着一种使他诧异的冷冷的失望神情和他分了手。她觉得，此时此刻无法用言语来表达这进入新生活时的羞愧、喜悦和恐惧心情，她也不愿意说这种心情，不愿意用不确切的言语把这种心情亵渎了。但就是后来，到了第二天，第三天，她不仅还是找不到语言来表达这种错综复杂的心情，而且头脑里乱糟糟的，怎么也找不到头绪来好好想一想。

她在心里说："不行，现在我还不能好好想这事儿；等以后我定下心来再想吧。"可是她永远也不能平心静气地想这事儿。每当她想到她做的事儿，想到今后她会怎样，她应该怎么办，就觉得非常害怕，她就连忙把这些念头驱赶开。

"以后，以后等我定下心来再想吧。"她在心里说。

可是在梦里，在她无法控制自己的思绪的时候，她的境况就以很不成体统的形式赤裸裸地出现在她的面前。她几乎夜夜都要做同一个梦。她梦见，两个人一块儿给她做丈夫，两个人都拼命和她亲热。卡列宁哭着吻她的双手，并且说："现在有多么幸福呀！"伏伦斯基也在这儿，他也是她的丈夫。她觉得奇怪，不知道以前她为什么觉得这是不可能的，于是她笑着对他们说，这样简单多了，这样他们两个人就都满意，都幸福了。但是这个噩梦般的梦境常常使她憋得透不过气来，她总是带着恐惧的心情醒来。

十二

列文刚从莫斯科回来的那一段时间里，每当他想起遭到拒绝的耻辱就不寒而栗、面红耳赤的时候，他就对自己说："当初我考物理得了一分因而留级的时候，我也是这样面红耳赤，不寒而栗，以为我一切都完了；在我为姐姐办事把事情办坏的时候，我也是这样认为自己一点儿用也没有了。事实又怎样呢？现在过了几年，想起来就觉得奇怪，不知道这种事为什么会那样使我苦恼。现在这桩苦恼事也会这样的。过些时候，我就会把这事看淡了。”

可是过了三个月，他对这事并没有淡忘，他还是像开头一些日子那样，一想起这事就觉得十分痛苦。他无法定下心来，因为他很久以来一直盼望着过家庭生活，觉得自己早已到了成家的年龄，却仍然没有娶亲，而且娶亲的事现在比以往任何时候更遥远了。他自己痛切地感觉到，就像他周围所有的人都感觉到的一样，他这样年纪的人过独身生活是不好的。他记得，在去莫斯科之前他见到喜欢跟他聊天的、心地单纯的喂牲口的庄稼人尼古拉，他对他说：“哈，尼古拉！我要娶亲啦！”尼古拉就像谈一件天经地义的事一样，连忙回答说：“早就该娶亲啦，康斯坦丁·德米特里奇。”可是现在，娶亲的事比以往任何时候更渺茫了。位子被人占据了，而且，现在每当他在想象中把他认识的随便哪一个姑娘摆到这个位子上的时候，就觉得这根本不行。此外，他一想起遭到拒绝的事以及他在这件事上所扮演的角色，就羞臊得无地自容。不管他怎样对自己说，这事一点也怪不得他，但是一想到这事，就和想到其他一些类似的可耻事儿一样，不由得就面红耳赤，打起哆嗦。他以前也和任何人一样，有过他意识到的不良行为，他在良心上应当因此感到难受。然而回想起那些不良行为，却远远不像回想起一些微不足道然而使人羞臊的往事那样使他难受。这些创伤永远也愈合不了。现在除了那些往事之外，又加上遭到拒绝的事以及那天晚上他呈现在别人面前的可怜状态。不过时间和工作还是起了应有的作用。痛苦的往事渐渐被农村生活中他觉得不算什么、其实很重要的一些事所掩盖。一星期一星期地过去，他对吉娣的思念渐渐少了。他急切地等待着她已经出嫁或者日内即将出嫁的消息，希望这样的消息彻底治好他的心病，就像拔掉病牙一样。

这时候，春天到了，既非姗姗来迟，又非时暖时寒，是一个美好的、来得很爽快的春天，是草木、鸟兽和人类皆大欢喜的少有的好春天。这美好的春天更鼓舞了列文，使他决心抛开过去的一切，以便坚定地、独立自主地安排好自己的独身生活。虽然他回乡下时所带的许多计划并没有实行，然而最主要的一项，在生活上保持纯洁，他是遵守的。他不再感到羞愧，不像往常在道德败坏之后那样羞愧难当，他能够大胆地正视众人的眼睛。二月里他就收到玛丽雅一封来信，信上说尼古拉哥哥的病情日益恶化，可是他又不肯就医。列文就因为收到这封来信，便上莫斯科去看哥哥，说服了哥哥去找医生看病，并且出国到温泉去疗养。他这样成功地说服了哥哥，又借钱给他作出国费用，而没有惹哥哥生气，因此他感到非常高兴。除了到春天特别需要照管的农事，除了读书以外，列文在冬天就开始写一部有关农业的书，其纲要就是，劳动者的性质在农业中和气候、土壤一样，是一种绝对因素，因此农学的一切原理，不单是根据土壤和气候因素，而是根据土壤、气候和劳动者一定的不变性质等因素推断出来的。所以，尽管他幽居独处，也许正因为幽居独处，他的生活格外充实。只是有时候感到美中不足的是，他不能把萦绕在脑子里的一些想法和阿加菲雅以外的什么人谈谈，尽管他也常常和阿加菲雅谈谈物理学、农业理论，尤其是哲学；哲学已成为阿加菲雅爱谈的话题。

春天很久不肯露脸儿。大斋期的后两个星期一直是晴朗而寒冷的天气。白天里，冰雪在阳光下融化；到夜里，气温又降到零下七度。雪面上结起厚厚的冰壳子，坐马车可以在上面行驶。复活节时候还是满地冰雪。复活节后第二天，忽然刮起暖洋洋的风，乌云涌来，下了三天三夜暖和的暴雨。到星期四，风息了，涌起灰蒙蒙的浓雾，好像是为了掩盖大自然变化的秘密。在雾里，水流动起来，河冰碎裂，漂动，泡沫翻飞的浑浊的流水流得更快了，到了复活节后第一周周末，傍晚浓雾消散，乌云化作朵朵白云四散奔逃，天空晴朗了，春天露出了真面目。第二天早晨，明亮的太阳升起来，迅速吞食了水面上结的一层薄冰，整个温暖的大气因为充满了复苏的大地的水蒸气而颤动起来。老草绿了，嫩草冒出尖尖的芽儿，雪球花树、醋栗树和黏黏的、带酒香的桦树都鼓出芽儿，在缀满金色小花的柳枝上，有一只开始外出采蜜的蜜蜂嗡嗡叫着。望不见的云雀在绿茸茸的草地和结了冰凌的庄稼茬地上空歌唱，凤头麦鸡在灌满黄褐色积水的洼地和沼泽地上空如怨如诉地叫着，仙鹤和鸿雁带着春天的欢叫声高高地飞过。脱了毛只长出一片片新毛的牲口在牧场上放声大叫，弯腿的羊羔在掉了毛的咩咩叫的母羊周围欢蹦乱跳，腿脚灵活的孩子在到处是光脚印子的半干的小路上奔跑，洗衣妇女那快活的声音在池塘边叽叽喳喳响个不停，家家院子里响起庄稼人修理犁耙的斧声。真正的春天来到了。

十三

列文穿上大皮靴，第一次脱下皮大衣，穿起呢子上装，就出去视察农事，一路上涉过一道道在阳光下耀眼欲花的流水，时而在冰上走，时而踩在烂泥里。

春天是计划和设想的时节。列文来到户外，就像一棵树到了春天还不知道它那包在饱鼓鼓的胚芽里的新的枝枝杈杈怎样伸展和往哪儿伸展，他也不太清楚，现在在他心爱的农事上究竟该采取一些什么样的措施，但是他觉得，他有许许多多最好的计划和设想。他首先去看看牲口。一头头母牛已经放到围场上，在阳光下晒得暖洋洋的，闪动着已经换过的光油油的新毛，哞哞叫着，一心要到田野上去。列文欣赏了一会儿他熟悉得无微不至的一头头母牛，就吩咐把母牛赶到田野上去，把牛犊放到围场上来。放牲口的汉子就快快活活地跑去准备到田野上去。看牲口的娘们儿撩起裙子，露出光光的、白白的，还没有晒黑的腿脚，手拿树条子在烂泥里扑哧扑哧地跑着去赶牛犊，把哞哞直叫、因为春天到来快活得发了疯的一头头牛犊往外面赶。

列文去看今年生的牛犊，这些牛犊长得特别好，先生下的几头牛犊已经有农家的母牛那样大了，巴瓦生的小牝牛才三个月，也有周岁小牛那样高了，他欣赏了一会儿，便吩咐把食槽抬到外面来，在围场上给牛犊喂干草。可是冬天一直没有用过的围场上，秋天竖的木栅已经坏了。他派人去叫木匠，依照他的安排，木匠这时应该在做打谷机的，然而却还在修理耙，那耙本来应该是在谢肉节之前就修好的。这使列文非常恼火。他恼火的是，农事上一直有一些邋邋遢遢的现象，他这么多年来全力以赴地想方设法加以克服，但这种现象还是一再出现。他查清楚了，那木栅因为冬天用不着，搬到耕马的马厩里，在那里弄坏了，因为本来是拦小牛的,做得很不结实。此外,这一下也弄清楚了,他本来在冬天就吩咐检查和修理耙和各种农具的,并且为此还特地找了三个木匠,可是现在都没有修理好,已经到了该耙地的时候,耙还在修理。列文派人去找管家,可是马上又亲自去找他。管家就像这一天的万物一样,喜气洋洋,穿着羊羔皮镶边的皮袄从打谷场走来,手里搓弄着一截干草。

"为什么木匠没有做打谷机?"

"我昨天就想禀报啦:要修理修理耙呢。因为就要耙地了。"

"冬天干什么来着?"

"您要这种木匠有什么用呀?"

"小牛围场的木栅哪儿去了?"

"我叫他们摆在老地方的。您拿这帮人有什么办法呀!"管家摇着手说。

"不是拿这帮人没办法,是拿这种管家没办法!"列文很恼火地说。"我养着您是干什么的!"他叫起来。但是一想到这也没有用,说了一半就不说了,只是叹了一口气。"怎么样,可以播种了吗?"他停了一会儿,问道。

"土耳钦那边的地,明天或者后天就可以种了。"

"三叶草呢?"

"我派瓦西里和米什卡去了,他们在种哩。就是不知道能不能种得下去:地里太烂啦。"

"种几亩?"

"六亩。"

"为什么不都种上?"列文叫起来。

三叶草只种六亩，而不是把二十亩都种上，这使列文更加恼火。根据理论和他自己的经验，三叶草只有尽早播种，差不多要在雪地里播种才好。可是列文从来没有做到这一步。

"没有人啦。您拿这帮人有什么办法呀？三个人没有来。就连谢苗……"

"好啦，就把干草的事搁一搁也好呀。"

"我已经搁下了呀。"

"那么，人都到哪儿去啦？"

"五个人在做蜜渍水果（他说的是混合肥料[①]）。四个人在翻燕麦，就怕发霉呀，康斯坦丁·德米特里奇。"

列文非常清楚，这"就怕发霉"，就是说，那英国燕麦种已经完了，——又是没有照他吩咐的去办。

"我在大斋期间就说过嘛，要装通风管道呀！……"他又叫起来。

"您放心吧，到时候一切都办得好好的。"

列文气嘟嘟地把手一挥，就到谷仓里去看燕麦，然后又回到马厩里。燕麦还没有坏。不过，雇工们用锨在翻燕麦，其实可以把燕麦直接放进底下的仓里。列文就这样吩咐过，又从这儿抽出两个雇工去种三叶草，他对管家的气也就消了。再说，天气又这样好，也不能生气。

"伊格纳特！"他朝着挽起袖子在井边冲洗马车的车夫叫道。"给我备马……"

"您要哪一匹？"

---

①在俄语中，"蜜渍水果"和"混合肥料"近似。

“噢，就科尔比克吧。”

“遵命。”

趁车夫备马的工夫，列文为了缓和跟管家的关系，又把在前面转来转去的管家叫到跟前，对他说起春天要干的一些农活儿以及农事上的一些打算。

运送肥料要早点儿开始，好在第一次刈草之前全部运完。远处那片地要不停地翻耕，这样就可以保持其为秋耕休闲地。刈草还是不采用对分制，而是花钱雇人。

管家用心听着，而且显然在强迫自己赞成东家的设想；可他还是露出列文非常熟悉而且总是因此非常恼火的那种无可奈何的沮丧神气。这种神气好像是在说：这一切都很好，但是不是能行，那就要看天意了。

没有什么比这种腔调更使列文痛心的了。但这样的腔调是他雇用过的所有管家的共同腔调。所有的管家对他的设想都抱同样的态度，因此他现在已经不再生气了，而是感到痛心，觉得自己更加斗志昂扬，一定要战胜这种自发性势力，因为这种势力老是跟他作对。他想不出别的名称，就把这种势力叫作“看天意”。

“要看是不是忙得过来呀，康斯坦丁·德米特里奇。”管家说。

“怎么会忙不过来呢？”

“干活儿的人一定还要雇十五个。可是没有人来。今天来了几个。做一个夏天要七十卢布呢。”

列文不做了。那种势力又跟他作对了。他知道，不管他们怎么努力，他们凭实在价钱怎么也雇不到四十个或者三十七八个以上的干活儿的人；雇到四十个，再多没有了。可是他还是不能不进行斗争。

“要是没有人来，就派人到苏里，到契菲罗夫卡去。要去找呀。”

“派人就派人，”瓦西里·费多罗维奇垂头丧气地说。“还有，马也没有力气啦。”

“要添几匹。这我知道嘛，”他笑着说，“您总是凑合；不过今年我不让您照您那一套办了。一切我都自己来。”

“您就这样，好像已经睡得太少了。有东家亲自照管，我们更高兴……”

“就是在桦树谷那边种三叶草吗？我去看看。”他说着，跨上车夫牵过来的那匹浅黄色小马科尔比克。

“小溪过不去呢，康斯坦丁·德米特里奇。”车夫喊道。

“噢，那我走树林。”

这匹闲了很久的驯顺的小马迈开轻快的溜蹄步，见了水洼打起响鼻，不住地撒着欢儿，踩着院子里的烂泥出了大门，驮着列文来到田野上。

如果列文在牲口院子里和谷仓里感到快活的话，到了田野上，就更加快活了。他随着小骏马的溜蹄步有节奏地左右摇晃着，穿过那还留着一片片松软的、花花搭搭的、带有稀稀落落的脚印的残雪的树林，呼吸着带有清爽的雪味的暖烘烘的空气，看到自己的每一棵树，看到树皮上的青苔发了绿，看到树上的胚芽已经饱鼓鼓的，都感到十分高兴。等他出了树林，面前就出现了平坦而辽阔的丝绒地毯般的小麦地，没有缺苗的地方，也没有水淹的地方，只是洼地里有的地方还有一片片正在融化的残雪。他看到农民的马和马驹在践踏他的麦地，也不生气，只是吩咐他遇到的一个汉子把马赶走。他遇到庄稼人伊巴特，问他："怎么样，伊巴特，快要下种了吧？"伊巴特回答说："先要耕地呀，康斯坦丁·德米特里奇。"列文听到这又好笑又愚蠢的回答也不生气。他越走越高兴，脑子里浮现出农事上的一些计划，一个比一个更好：所有的土地都顺着南北线栽上柳树，这样雪就不会积得太久；划出六成做耕地，三成作备用并种植牧草，在田野的尽头开辟一个饲养场，挖一口水塘，再做一些活动畜栏供移动时用。这样，种上三百亩小麦，一百亩土豆，一百五十亩三叶草，就没有一亩荒地了。

他带着一脑子幻想，小心翼翼地勒着马顺着田埂走着，免得践踏自己的麦地。他来到播种三叶草的雇工们跟前。一辆装种子的大车不是停在地边，而是停在耕地上，冬小麦经过车轮碾压和马蹄践踏，坏了一大片。两个雇工坐在田埂上，看样子是在合抽一个烟斗。装在大车上的拌种子用的黄土没有研碎，压成了、也许是冻成了硬块。一看到东家来了，雇工瓦西里就朝大车走来，米什卡就开始播种。这种情形是不怎么好的，不过列文很少对雇工发脾气。等瓦西里来到跟前，列文就叫他把马牵到地边去。

"不要紧，老爷，麦子还能长得起来。"瓦西里回答说。

"不要犟嘴，"列文说，"叫你怎么办就怎么办。"

"是，老爷，"瓦西里说着，抓住马笼头。"瞧我们种的，康斯坦丁·德米特里奇，"他讨好说，"头等的活儿。只是难走得要命！树皮鞋上拖了有一普特烂泥。"

"你们怎么用没有筛过的土呀？"列文说。

“我们能揉碎嘛。”瓦西里说着，抓起一把种子，并且在掌心里揉起黄土。

确实怪不得瓦西里，因为是别人把没有筛过的黄土给他装上车的。然而这事总是令人不快的。

列文多次很有效地试用过一种他很熟悉的方法，这种方法既能平息自己的火气，又能把他觉得很坏的事重新变为好事，现在他就用起这种方法。他看了看米什卡怎样拖着粘在两只脚上的大泥巴团子往前走，就跳下马来，从瓦西里手里接过筛子，亲自播种起来。

“你刚才种到哪儿啦？”

瓦西里用脚点出一个记号，于是列文就尽自己的本事播种起来。地里非常难走，就像在沼地里一样，列文种完一行就满头大汗了，于是停下来，把筛子还给瓦西里。

“哦，老爷，到夏天看到这一行，可别骂我呀。”瓦西里说。

“怎么啦？”列文觉得用这种方法已经有了效果，就快活地说。

“到夏天您就瞧瞧吧。就会看出不一样了。您就看看去年春天我播种的庄稼吧。就像量过的一样！我这个人呀，康斯坦丁·德米特里奇，就像给亲爹干活儿一样卖力。我做事不喜欢马虎，也不让别人马虎。东家喜欢，我们也喜欢。瞧瞧吧，”瓦西里指着田野说，“真叫人心里高兴呀。”

“今年春天是很好呀，瓦西里。”

“这样的春天，连老一辈人都没见过。我在家的时候，我家老头子也种了大半亩小麦。可以说，长得都和燕麦分不清呢。”

“你们家早就开始种小麦了吗?”

“还是您前年教我们种的呀;您还给了我家两斗种子呢。卖掉四分之一,又种了大半亩。”

“好吧,当心点儿,把土块揉碎,”列文一面说,一面朝马走去,“要看着米什卡。要是苗出得好,每亩给你五十戈比。”

“谢谢老爷。我们就这样已经很感激您了。”

列文跨上马,朝去年种了三叶草的地,朝已经翻耕好、准备种春小麦的地走去。

留茬地上的三叶草出苗出得非常好。这时已经完全返了青,从去年的小麦残秆中露了出来,碧绿碧绿的。马腿在没有完全化冻的泥地里一直陷到踝骨,每一条腿往外拔都要发出咕叽咕叽的声音。在耕过的地里,马简直无法行走:只是在有薄冰的地方才可以站得住,而在化了冻的垄沟里马腿一直陷到踝骨以上。耕地耕得非常好,再过两天就可以耙一遍,可以下种了。一切都很好,一切都令人愉快。往回走时列文驱马朝小溪走去,希望水退了,能涉水过溪。果然涉过了小溪,还惊起了两只野鸭。“水鹬也该出来啦。”他在心里说。恰巧就在转弯朝家里走的时候碰到了看林子的,看林子的说他猜测有水鹬是对的。

列文放马小步朝家里跑去,为的是早些吃饭,在黄昏到来之前把猎枪准备好。

十四

列文兴高采烈地骑着马快要到家的时候,听见大门口那边有马车的铃声。

“是的，这是从火车站来的，”他想道，“莫斯科的火车就是这时候到……这是谁呢？怎么，这是尼古拉哥哥吧？他说过嘛：也许到温泉去，也许到你那儿去。”开头有一小会儿他觉得害怕和不快，怕的是尼古拉哥哥一来，会搅乱他这种幸福的春天的心境。可是他因为有这种心情害起臊来，于是他就像立刻张开心灵的怀抱，由衷欢欣地、一心一意地期待和盼望来的是他的哥哥。他打了一下马，从一棵合欢树后面跑出来，便看见从火车站来的一辆三匹马拉的出租雪橇和一位穿皮袄的先生。这不是哥哥。“哦，如果来者是一个叫人喜欢的人，跟他谈谈也不错。”他想道。

“哎呀！”列文举起双手，快乐地叫道。“贵客临门啦！哎呀，我见到你多高兴呀！”列文一认出是奥布朗斯基，就叫了起来。

“我准可以弄清楚了，她有没有出嫁，或者什么时候出嫁。”他想。

在这春光明媚的日子里，他感觉到，想到她一点也不痛苦了。

“怎么，没想到吧？”奥布朗斯基说着，下了雪橇。他的鼻梁上、腮上和眉毛上都带着泥块子，但是红光满面，显得又快活，又健康。“我来看看你，这是一；”他一面说，一面和他拥抱，亲吻，“来打打野味，这是二；再就是来卖叶尔古绍沃的树林，这是三。”

“太好啦！这春天怎么样？你怎么坐雪橇来呀？”

“坐马车就更糟啦，康斯坦丁·德米特里奇。”那个很熟识的赶雪橇的回答说。

“啊，看见你真是非常、非常高兴呀。”列文发自内心地像孩子一般高兴地笑着说。

列文把客人领到客房里，把奥布朗斯基的行李——一个旅行袋、一支带套子的猎枪和一袋雪茄——也送进去，就让他梳洗和换衣服，自己便趁这个工夫来到账房里，说说耕地和三叶草的事。一向很关心家庭体面的阿加菲雅在前厅里迎住他，问他怎样备饭。

“您想怎样就怎样好啦，只是要快点儿。”他说过，就去找管家。

等他回来，奥布朗斯基已经梳洗完毕，满面春风地从客房里走了出来，他们就一起朝楼上走去。

“啊，我终于来到你这儿，有多么高兴呀！这一下子我可以看到你在这儿的神秘行动是怎么回事儿了。不过，说实在的，我真羡慕你。多么好的房子呀，这儿的一切有多么好呀！又亮堂，又开阔，”奥布朗斯基说。他忘记并非一年到头都是春天，也不都是像今天一样的晴天。“而且你的老保姆有多么好呀！要是有一个系围裙的漂亮丫头就更妙了；不过你既然过惯了修士生活，一向古板，这样也就不错了。”

奥布朗斯基讲了许多有趣的消息，特别使列文感兴趣的消息是，柯兹尼雪夫今年要到乡下来他这里过夏天。

关于吉娣和谢尔巴茨基一家的情形，奥布朗斯基只字未提；他只是转达了妻子对列文的问候。列文非常感谢他的体贴周到，欢迎他的来访。像往常一样，列文在幽居独处的时间里积累了许多想法和感触无法对周围的人说，现在他一股脑儿倒给了奥布朗斯基，说了带有诗情的春天的欢乐，说了农事上的不顺利和今后的打算，又说了说他对他读过的一些书的看法和想法，尤其着重说了说自己的著作的大意，他的著作的主旨就是批判一切旧的农业著作，虽然他自己并未觉察这一点。奥布朗斯基一向和蔼可亲，什么事情稍有暗示就能明白，这次来访期间特别和蔼可亲，而且列文还发现他有一种很使人喜欢的新特点，那就是对他很敬重并且似乎很温柔体贴。

阿加菲雅和厨师为了把饭菜做得特别好，花了不少心思和力气，其结果就是，两位饿极了的朋友一坐下来吃小吃，就吃了不少黄油面包、咸鹅和腌蘑菇，再就是列文吩咐把汤端上来，不等馅饼了，厨师本来想靠馅饼在客人面前特别露一手的。不过，尽管奥布朗斯基吃惯了山珍海味，还是觉得这里的一切都美味可口：那草浸酒、面包、黄油，尤其是那咸鹅、蘑菇、荨麻汤、白汁鸡、克里木葡萄酒，一切都非常鲜美，非常有味儿。

“好极了，好极了，”他在吃过一道烤菜之后，吸着一支老粗的雪茄说。“我来到你这儿，就好像从喧闹和颠簸的轮船上来到宁静的海岸上。哦，你说对劳动者这个因素应当进行研究，并且应当根据这个因素选择经营农业的方法。我在这方面是外行；不过我觉得，理论及其运用对劳动者也有影响。”

“是的，不过你要注意：我谈的不是政治经济学，我谈的是农业科学。农业科学应当像一切自然科学一样，要考察实有的现象和劳动者及其经济学的、民族学的特点……”

这时阿加菲雅端着果酱走了进来。

“啊，阿加菲雅，”奥布朗斯基嘬着自己那肥胖的手指头尖，对她说，“您的咸鹅好极啦，草浸酒好极啦！……怎么样，康斯坦丁，该出门了吧？”他又对列文说。

列文朝窗外望了望快要落到光秃的树梢后面的太阳。

“该出门啦,该出门啦,”他说。“库兹玛,套车!”便跑下楼去。

奥布朗斯基也下了楼,自己小心翼翼地解下帆布枪套,把漆得锃亮的枪匣打了开来,动手安装他那支贵重的新式猎枪。库兹玛已经预感到有一笔可观的酒钱要到手,就跟定了奥布朗斯基,又给他穿袜子,又给他穿靴子,奥布朗斯基也就高高兴兴让他去做。

“我约了商人梁比宁今天到这儿来,康斯坦丁,你关照一下,如果他来了,就叫他进来等一等……”

“莫非你要把树林卖给梁比宁吗?”

“是的,莫非你认识他吗?”

“当然认得。我常和他打‘肯定’和‘绝对’的交道。”

奥布朗斯基笑了。“肯定”和“绝对”是这个商人的口头禅。

“是的,他说话非常好笑。它就知道东家要上哪儿去!”他拍了拍猎狗拉斯卡的头,又说了一句。拉斯卡小声叫着,围着列文打圈圈儿,一会儿舔舔他的手,一会儿舔舔他的靴子和猎枪。

等他们走出来,敞篷马车已经在门口等着了。

“路不远,不过我还是叫人套了车;要不,咱们是不是走着去?”

“不,还是坐车好些,”奥布朗斯基说着,朝马车走去。他坐上车,用虎皮毯子把两腿裹好,抽起雪茄。“你怎么不抽烟呀!雪茄——这不是一般的享受,是享受的皇冠和顶峰。哦,这才是生活!这儿有多好呀!我多么想过过这样的生活呀!”

“谁又不让你这样呢?”列文笑着说。

"真的，你是一个很幸福的人。你喜欢什么，就有什么。喜欢马有马，喜欢狗有狗，喜欢打猎就打猎，喜欢农事就做农事。"

"也许这是因为，我有什么就喜欢什么，得不到什么也不伤心。"列文想起吉娣，就这样说。

奥布朗斯基明白他的意思，朝他看了看，但什么也没有说。

列文很感激奥布朗斯基，因为奥布朗斯基一向很机灵，发现列文怕谈谢尔巴茨基家的事，就只字不提他们家的事；然而列文现在倒是很想打听打听那件使他非常苦恼的事，却没有勇气开口。

"哦，你的情形怎么样？"列文觉得老是想着自己的事不大好，就这样问道。

奥布朗斯基的眼睛放射出快活的光彩。

"你是不承认，一个人有了一份面包的时候，还可以吃点儿好吃的奶油面包；依你看，这就是犯罪；可是我认为没有爱情的生活不是生活，"他凭自己的心意理解列文的问话，就这样说。"有什么办法呢，我生来就是这样呀。而且，说实在的，这样对任何人都没有多大害处，自己却得到无穷的乐趣……"

"怎么，又有什么新的事儿吗？"列文问。

"有的，老弟！……你可知道，有一种属于奥西安[①]笔下的女人……那是在梦里才能见到的女人……现在现实中就有这样的女人……这样的女人很了不起。你要知道，女人这种玩意儿，不论你怎么研究，总归是新鲜的。"

---

①奥西安，传说中的三世纪克尔特族游侠和行吟诗人。他笔下的女子多是神秘的，悲剧性的。

“那还是不研究好些。”

“不。有一位数学家说过，快乐不在于发现真理，而在于探索真理。”

列文一声不响地听着。不论他怎样费劲儿，都无法体会自己的朋友的心情，无法理解他的感情和研究这样的女人的乐趣。

十五

打猎的地方不远，就在小白杨树林里的小河旁。马车来到树林边，列文就下了车，领着奥布朗斯基来到一块已经化了雪的又是苔藓又是烂泥的林中空地的边上。他自己又回到另一边，走到两棵连根生的桦树跟前，把猎枪靠在一根低低的枯枝的丫杈上，脱下长袍，重新勒了勒腰带，又试了试两条手臂是否活动自如。

一直跟在他后面的灰毛老猎狗拉斯卡小心翼翼地在他对面蹲下来，竖起耳朵。太阳眼看就要落到大森林后面；夹杂在白杨林中的一棵棵白桦树那耷拉着的树枝，缀满饱鼓鼓的、眼看就要绽开的胚芽，在霞光中显得清清楚楚。

在残雪尚未化尽的密林里，流水还像蜿蜒的小溪一样潺潺流动着。小小的鸟儿叽叽叫着，不时地从这棵树飞到那棵树上。

在一片寂静中，可以听见落叶由于土地解冻和青草生长而蠕动的沙沙声。

“多么有意思呀！青草生长都能听得见、看得见！”列文看出有一片石板色的白杨落叶在几棵小草芽儿旁边轻轻蠕动，就自言自语道。他站着，听着，时而朝下看看那一片青苔的湿漉漉的土地，那竖着耳朵倾听的拉斯卡，时而望望面前一直铺展到山脚下的还没有泛绿的林海，时而仰望布满片片白云的暗淡下来的天空。一只老鹰慢悠悠地划动着翅膀，在远处的树林上空高高地飞过；还有一只也是那样朝同一方向飞去，很快就不见了。鸟儿在丛林里叫得越来越响，越来越嘈杂了。不远处有一只猫头鹰呜呜地叫起来，拉斯卡打了个哆嗦，小心翼翼地走了几步，便歪着头倾听起来。有一只布谷鸟在小溪那边叫起来。布谷鸟先用很平常的嗓门儿咕咕叫了两声，然后就嘶哑地、急急忙忙地叫起来，叫声连成了一片。

"多么有意思呀！布谷鸟都叫了！"奥布朗斯基从灌木丛里走出来，说。

"是的，我听见了，"列文很不情愿地回答说，因为不愿用自己听着也不愉快的声音破坏林中的寂静。"现在快出来了。"

奥布朗斯基又隐身在灌木丛里。列文只看见火柴的火光一闪，接着就看见红红的香烟火和一缕青烟。

咔嚓！咔嚓！那是奥布朗斯基扳枪机的声音。

"这是什么在叫？"奥布朗斯基要列文注意一种拖长的咕咕叫声，那声音很像是小马驹淘气时尖细的嘶叫声。

"噢，这你不知道吗？这是一只公兔。别说话了！听，飞来了！"列文几乎叫起来，一面扳动枪机。

听到的是远远的、尖细的叫声，而且合着猎人非常熟悉的节拍，过两秒钟又响起第二声，第三声，在第三声之后就是嚯尔嚯尔的叫声了。

列文左右张望，就看见暗蓝色的天空里，在融合成一片的白杨树那柔嫩的新芽上方，有一只正在飞着的鸟。那鸟对直地朝列文飞来：那越来越近的嚯尔嚯尔声，就像一下一下地在撕绷得很紧的布，已经在耳边响着了；已经看得见那鸟的长喙和颈子。就在列文瞄准的一刹那间，在奥布朗斯基站的灌木丛里闪起一道红光。那鸟就像箭一般落了下来，接着又向上飞去。又闪起一道红光，一声枪响；那鸟拼命地拍打着翅膀，仿佛想尽量留在空中不下来，接着就不动了，待了一刹那，就啪嗒一声，沉甸甸地落到烂泥地上。

"难道没打中吗？"奥布朗斯基因为被烟遮住，看不清楚，叫起来。

"在这儿呢！"列文指着拉斯卡说。拉斯卡竖着一只耳朵，摇晃着翘得高高的毛茸茸的尾巴尖儿，慢步走着，好像有意延长快乐时刻，而且好像是在笑着，衔着死去的鸟儿朝主人走来。"嘿，我真高兴，你打中啦。"列文说，同时又因为打下这只水鹬的不是他，不免有些妒意。

"枪准而打不准，那才丑哩，"奥布朗斯基一面回答，一面装枪。"嘘……来了。"

真的，鸟鸣声一声接一声传来。两只水鹬嬉戏着，互相追逐着，不再嚯尔嚯尔叫，只是尖声叫着朝两个猎人的头顶上飞来。一连响了四枪，那两只水鹬像燕子一样来了个急转弯，就不见了。

…………

这次打水鹬打得很漂亮。奥布朗斯基又打了两只，列文也打了两只，只是有一只没找到。天渐渐黑下来。明亮的银色的金星已经在白桦树后面的西方天边放射出柔和的光辉，阴沉的大角星也已经在东方的高处闪着红红的火光。列文看到头顶上的北斗星时隐时现。水鹬已经不再飞了；但是列文决定再等一会儿，等到在树枝下面的金星升到树枝上面，北斗星全部显露出来。金星已经升到树枝上面，北斗星的斗和斗柄已在暗蓝色的天上完全显露出来，可是他还在等。

"该回家了吧？"奥布朗斯基说。

树林里已经静下来，没有一只鸟飞动了。

"再待一会儿。"列文回答说。

"随你吧。"

他们现在相距十五步左右站着。

"司基瓦！"列文冷不丁地说。"你怎么不告诉我，你的姨妹出嫁没有，或者什么时候出嫁？"

列文觉得自己非常镇定，非常平静，以为不论听到什么样的回答都不会激动。可是，奥布朗斯基的回答却是他万万没有料到的。

"她过去和现在都没有想过出嫁，倒是病得很厉害，医生要她到国外去。大家还在为她的生命担心呢。"

"你说什么！"列文叫起来。"病得很厉害？她怎么啦？她怎样……"

就在他们说这话的时候，拉斯卡竖起了耳朵，朝天空望了望，又带着责备的神气朝他们看了看。

"偏偏在这时候说起话来啦，"拉斯卡想道。"鸟儿飞来啦……瞧，就是的。这一下子他们要错过了……"拉斯卡又想道。

可是就在这当儿，两个人忽然都听到了尖厉的叫声，那声音就好像鞭打他们的耳朵，于是两个人都猛地抓起枪来，立刻闪起两道火光，在同一刹那间响了两枪。飞得很高的一只水鹬顿时收拢起翅膀，落在树丛里，砸得细细的嫩枝条一弯一弯的。

“太妙啦！共同的战果！”列文叫道，并且立即就和拉斯卡一起跑到树丛里去找水鹬。“且住，为什么很不愉快呀？”他回想道。“哦，是吉娣病了……有什么办法呀，真叫人难过。”他想道。

“哈，找到啦，真能干！”他说着，从狗嘴里接下暖乎乎的鸟儿，放进几乎已经装满的猎袋。“找到啦，司基瓦！”他叫道。

十六

在回家的路上，列文详细地问起吉娣的病情和谢尔巴茨基家的打算。他听了之后，心里非常高兴，虽然他羞于承认这一点。高兴的是，他还有希望；更高兴的是，她使他尝到的痛苦，如今她也尝到了。可是，等奥布朗斯基说起吉娣的病因并且提到伏伦斯基的名字时，列文却打断他的话：

“我没有任何权利打听别人的家事，说实在的，我也丝毫不感兴趣。”

列文在一分钟之前还是那样快活，现在一下子就阴沉下来。奥布朗斯基发现他很熟悉的这种迅速地脸部表情变化，微微笑了笑。

“卖树林的事你和梁比宁谈妥了吗？”列文问道。

“是的，谈妥了。价钱很好，三万八。预付八千，其余的在六年内付清。这事儿我忙活了很久。再没有人出更高的价钱了。”

“这就是说，你把树林白送掉了。”列文阴沉地说。

“为什么是白送掉呢？”奥布朗斯基知道列文此刻会认为一切都是不好的，就和颜悦色地笑着说。

“因为每亩树林至少要值五百卢布。”列文回答说。

“哎呀，你们这些乡下财主真够人受的！”奥布朗斯基用开玩笑的口气说。“瞧你们这种看不起我们城里人的口气！……说起做生意，那我们一向精通这一行。不瞒你说，我一切都算得好好的，”他说，“树林卖得很合算，所以我还怕那家伙变卦呢。因为那不是材用林，”奥布朗斯基说出“材用林”这样的行话，为的是让列文明白他的担心是不必要的，“主要是柴用林。而且每亩不超过三十立方，他却给我二百卢布一亩。”

列文轻蔑地笑了笑。他心想：“我知道，这种习气不光他一个人有，城里所有的人都有。他们在十年里到过乡下两三次，听到三两句乡下话，就运用起来，也不管是不是地方，满以为什么都懂了。又是材用林，又是三十立方。说是说，其实什么也不懂。”

“我不想教你在衙门里怎样写公文，”他说，“如果有必要，我还得向你请教呢。不过，你以为你完全懂得有关树林这一行，那就太自信了。这一行很难呀。究竟有多少树，你数过没有？”

“树怎么数呀？”奥布朗斯基一直想让自己的朋友摆脱不愉快的心情，就笑着说。“数沙子，数天上的星星，就是有天大的本领也不行呀……”

“不过，梁比宁那种天大的本领就行。商人买树林，没有一个不数树的，除非像你这样白白送给他。你的树林我是很熟悉的。我年年都在那儿打猎。你的树林每亩值五百卢布现钞，他却给你两百卢布，还要分期付款。就是说，你白送给他三万卢布。”

“好啦，不能一味地空想呀，”奥布朗斯基无可奈何地说。“那为什么没有人肯出更高的价钱呢？”

“因为他和别的买卖人都有勾结，他给了他们好处。我和那些人都打过交道，我很了解他们。那都不是买卖人，是投机取巧的贩子。只赚百分之十、十五的生意，他们是不肯做的，只等着用二十戈比买进一个卢布的东西。”

“好啦，别说了！你是心情不好。”

“一点也不是。”列文阴沉地说，这时他们已经来到大门口。

大门口已经停着一辆马车，马车包着铁皮和皮革，用宽宽的皮套紧绷绷地套着一匹很肥壮的马。车上坐着替梁比宁赶车的管家，那一张红红的脸紧绷绷的，腰带也勒得紧绷绷的。梁比宁已经在房里，在前厅里迎住两位朋友。梁比宁是个高高的、瘦瘦的中年人，留着小胡子，尖尖的下巴刮得光光的，一双暴突的眼睛迷迷糊糊的。他身穿长襟的蓝色常礼服，纽扣一直排到腰部以下，穿的长筒靴在踝部打皱，腿肚子部分笔直，外面还套一双大套靴。他用手帕把自己的脸上下左右擦了一遍，抻了抻本来就很平整的常礼服，满面春风地迎接他们，向奥布朗斯基伸出一只手去，好像要抓什么东西。

“啊，您也来啦，”奥布朗斯基说着，把手伸给他。“好极了。”

“我不敢不听阁下的吩咐呀，虽然道路实在太坏。一路上简直像是步行，不过还是准时到了。康斯坦丁·德米特里奇，我向您请安，”他对列文说过，也想去抓他的手。可是列文皱起眉头，装作没有看见他的手，并且在掏水鹬。“两位打猎消遣吗？请问，这是什么鸟呀?"梁比宁带着不屑一顾的神气看着水鹬,问道,"想必味道不错。"他又带着不以为然的神气摇了摇头,似乎很怀疑,干这种事儿是否合算。

"你想到书房里去吗?"列文阴沉地皱着眉头,用法语对奥布朗斯基说。"你们就到书房里去,在书房里谈谈吧。"

"完全可以,在哪儿都行。"梁比宁神气活现地说,似乎是想让人知道,怎样跟人打交道,跟什么人打交道,这在别人也许是很困难的,可是在他来说,不论什么时候,不论在什么场合,都不成问题了。

梁比宁走进书房,习惯地向四下里打量了一遍,好像是要找圣像,可是找到圣像之后,并不画十字。他又像对水鹬那样带着怀疑的神气看了看装满书的书橱和书架,带着不屑一顾的神气笑了笑,又带着不以为然的神气摇了摇头,怎么也不明白,为什么要干这种不合算的事。

"怎么样,把钱带来了吗?"奥布朗斯基问道。"请坐。"

"我们是不会舍不得给钱的。我是来见见您,商量商量。"

"商量什么呀? 您坐嘛。"

"坐是可以的,"梁比宁说着,坐下来,以一种极其别扭的姿势把手臂支在椅背上。"要让让价呀,公爵。太过分啦。钱都准备好了,绝对不会少一文。钱是不成问题的。"

列文这时已经把猎枪放进柜子里,就要出门,但听到商人的话,又站住了。

"就这样您已经是把树林白白拿走了,"他说。"他到我这里来得太晚了,要不然我会给他标个价钱的。"

梁比宁站起来，一声不响地笑着，从下到上把列文打量了一遍。

“康斯坦丁·德米特里奇手太紧了，”他微微笑着对奥布朗斯基说，“绝对没法买他的东西。每次买他的小麦，都要出大价钱。”

“我为什么要把自己的东西白白送给您呢？我又不是在地上捡来的，也不是偷来的。”

“对不起，这时代想偷肯定是不可能的。这时代一切都得绝对依法办事，一切都得光明正大，不光是不能偷了。我们都是凭良心说话。树林价钱太高，实在不合算。我要求哪怕让一点点也好。”

“你们究竟谈妥了没有？如果谈妥了，那就没有什么讨价还价的，如果没有谈妥的话，”列文说，“这树林我来买。”

梁比宁脸上的笑容顿时消失了。脸上出现了老鹰一般狠毒而残暴的表情。他用干瘦的手指迅速解开常礼服，露出没有塞到裤腰里的衬衣、背心上的铜纽扣和表链，很快地掏出一只鼓鼓囊囊的旧皮夹。

“请收下吧，树林是我的了，”他很快地画了一个十字，并且伸着一只手，说。“把钱收下吧，树林是我的了。梁比宁做生意就是这样的，绝对不算小，”他又皱着眉头，摇着皮夹子说。

“我要是你，就不会急着卖。”列文说。

“那怎么行啊，”奥布朗斯基惊讶地说，“我已经答应了呀。”

列文走出书房，砰地一声把门带上。梁比宁看着房门，微微笑着摇了摇头。

“年轻气盛，绝对是孩子气。凭良心说，我买这座树林，只不过是图个名气，就是说，买下奥布朗斯基的树林的不是别的什么人，而是我梁比宁。至于是不是合算，那就只有天知道了。只好听天由命了。请写个地契吧……”

一个小时之后，商人掩好衬衫，把常礼服上的纽扣一一扣上，口袋里装着契约，坐上他那包得好好的马车，回家去了。

“哼，这些老爷！”他对管家说，“都是一样货色。”

“这话一点不假，”管家一面回答，一面把缰绳交给他，扣起皮遮篷。“不过，这笔买卖该恭喜您了吧，米海尔·伊格纳季奇？”

“噢，噢……”

十七

奥布朗斯基装着鼓鼓囊囊的一口袋商人提前三个月交给他的期票，走上楼去。买卖树林已经成交，钱已经在口袋里，打猎又很顺手，奥布朗斯基快活得不得了，所以他特别想驱散列文的恶劣情绪。他很想在吃晚饭的时候快快活活地结束这一天，就像这一天开始那样。

确实，列文心情很不好，尽管他很想在这位嘉宾面前表现出和蔼可亲、盛情殷殷的样子，可是他无法控制自己的情绪。吉娣没有出嫁的消息渐渐使他的心乱了。

吉娣没有出嫁而且病了，是因为爱上一个瞧不起她的人而病的。这耻辱仿佛也落到了他的头上。伏伦斯基瞧不起她，她却瞧不起他列文。因此，伏伦斯基就有权瞧不起列文，所以他是他的敌人。不过,这一切列文都没有去想。他只是模模糊糊感觉到,这对他是一种侮辱,所以并不是这件伤心事使他恼火,而是他觉得一切事都不顺眼。奥布朗斯基上当受骗,糊里糊涂把树林卖掉,而且就是在他家里卖掉的,他想起来就感到恼火。

“哦,完了吗?”他在楼上迎住奥布朗斯基,说。“想用饭吗?”

“是的,我是不客气的。我来到乡下,觉得胃口好极了!你怎么不留梁比宁吃饭呀!”

“哼,见他的鬼去吧!”

“不过,你怎么那样对待他呀?”奥布朗斯基说。“你连手都不跟他握。为什么连手都不握呀?”

“因为我不跟奴才握手,奴才比他还要强一百倍。”

“你真是老顽固!不是要打破阶级界限吗?”奥布朗斯基说。

“谁高兴打破,就打破好啦,我可是很反感。”

“我看,你是个十足的老顽固。”

“说实在的,我从来没想过我是什么人。我就是康斯坦丁·列文,再没什么了。”

“再就是心情不好的康斯坦丁·列文。”奥布朗斯基笑着说。

“是的,我心情不好,你知道为什么吗?就因为,恕我直言,你糊里糊涂把树林卖了……”

奥布朗斯基和善地皱起眉头,就像一个人无故受到埋怨和指责一样。

“哎,算了吧!”他说。“往往是这样,有人卖掉什么东西,不是总有人在卖过之后马上就说‘这要值钱得多’吗?可是在卖的时候,就没有人肯出更高的价钱……是的,我看出来,你痛恨这个可怜的梁比宁。”

“也许是痛恨。可是你知道为什么痛恨吗？你又要说我是老顽固，或者说我是别的什么。可是我看着贵族各方面都在败落，还是感到懊恼，感到痛心，因为我也是贵族，而且，尽管要打破阶级界限，我还是高兴做贵族。再说，败落并不是由于奢侈，假如是由于奢侈，那倒算不了什么。过豪华生活，本就是贵族的事情，那是只有贵族才会过的。如今在我们周围的庄稼人都在买地，这我并不痛心。当老爷的什么事也不干，庄稼人一天干到晚，就是要把不干活的人挤掉。就应该这样。我为庄稼人高兴。可是，看到这种败落是由于某种天真（我说不出这叫什么样的天真），我就感到痛心。现在就有一个波兰承租人用半价向一位住在尼斯的贵夫人买了一份好田产。现在就有人向商人出租土地，租金十卢布一亩的地只收一个卢布一亩。现在你又无缘无故送给那个骗子三万卢布。”

“那又怎么办呢？每一棵树都要数数吗？”

“一定要数。你没有数，梁比宁可是数过了。梁比宁的孩子们今后就有了生活费和教育费，你的孩子们恐怕就难说了！”

“好啦，那就原谅我吧，不过，这样去数未免有点儿小家子气。我们有我们的事，他们有他们的事，他们就是要赚点儿。再说，事情既然做了，也就算了。哦，还有煎蛋哩，这可是我顶喜欢吃的玩意儿。阿加菲雅还要给咱们喝这种绝妙的草浸酒哩……”

奥布朗斯基在桌旁坐下来，和阿加菲雅开起玩笑，一再地对她说，这样好的午饭和晚饭他很久没吃过了。

“您至少还夸奖夸奖呢，”阿加菲雅说。“可是康斯坦丁·德米特里奇，不论给他吃什么，哪怕是给他吃面包皮，他吃过就走。”

不论列文怎样使劲儿控制自己，他还是闷闷不乐。他要问奥布朗斯基一个问题，可是下不了决心，想不出方法，找不到机会，不知道该怎样问，什么时候问。奥布朗斯基已经回到楼下自己的房间里，脱了衣服，又洗了脸，穿起皱边的睡衣，躺下了，可是列文还待在他的房里不走，谈着各种各样琐碎的事情，没有勇气问他想问的问题。

“这肥皂做得多么精致呀，”他打量着一块香皂，一面把香皂打开，一面说。这是阿加菲雅为客人预备的，不过奥布朗斯基没有用。“你瞧，这简直是一件艺术品。”

“是的，现在什么都非常讲究了，”奥布朗斯基带着睡意舒舒服服地打着呵欠说。“比如说，剧院，就连这些娱乐场所……呵……呵……呵！”他打起呵欠。“到处都是电灯……呵……呵！”

“是啊，电灯，”列文说。“是啊。哦，现在伏伦斯基在哪儿呀？”他突然把肥皂放下，问道。

“伏伦斯基吗？”奥布朗斯基煞住呵欠，说，“他在彼得堡。你走后不久，他就走了，后来就再也没到莫斯科来过。康斯坦丁，我老实告诉你吧，”他说着，把胳膊撑在桌上，一只手托住他那红红的漂亮的脸，那一双和善、油亮、睡意惺忪的眼睛像星星一样放着光。“这要怪你自己。你见了情敌就怕了。还是我当时对你说的：我不知道谁的希望更大。你怎么不拼一拼呢？我当时就对你说过……”他没有张嘴，光用牙床打了个呵欠。

“他是不是知道我求过婚呢？”列文看着他，想道。“知道的，他脸上就有外交官那种故弄玄虚的神气。”他在心里说，并且觉得自己脸红了，于是一声不响地盯着奥布朗斯基的眼睛。

“如果说她当时有一点儿什么的话，那也不过是迷恋他的外表，”奥布朗斯基继续说。“你要知道，他那种十足的贵族气派和未来的社会地位，并没有使她动心，而是使她母亲动心。”

列文皱起眉头。他那遭到拒绝的创伤本来已经愈合，这时却又像刚刚受伤的新创伤一样，使他心里痛楚起来。不过，他是在家里，在家里是有四壁保护的。

“等一等，等一等，”他打断奥布朗斯基的话说，“你说什么贵族气派。请问：伏伦斯基或者别的什么人的贵族气派，那种可以不把我放在眼里的贵族气派，究竟何在呢？你认为伏伦斯基是贵族，我可是不这样看。这个人，父亲靠钻营起家，母亲天知道没有和谁发生过关系……不，对不起，我认为我和跟我一样的人才是贵族，这些人的家庭都是三四代以上的世家，都有很高的教养（才能和智力那是另一回事儿），这些人从来不在谁面前低三下四，从来不依靠谁，就像父辈和祖辈那样。我也认识很多这样的人。我数树林里的树，你觉得是低下的，你就白送给梁比宁三万卢布。不过你可以收到地租，还可以收到我不知道的什么，我却收不到，所以我要珍视祖上的产业和劳动所得……我们才是贵族，那些专门依靠权贵们的恩典过日子、两角钱就可以收买的人并不是贵族。”

“你这是骂谁呀？我倒是赞成你的话，”奥布朗斯基快活地、真心实意地说，虽然他觉得列文所说的两角钱就可以收买的人，也包括他在内。他真的很喜欢列文那股激动劲儿。“你骂谁呀？

你说的有关伏伦斯基的话,虽然有许多地方是不对的,不过我现在不谈这些了。我要老实对你说的是,我要是你的话,就要跟我一块儿上莫斯科了……"

"不,我不知道你是不是了解,反正对我来说都是一样了。我可以告诉你:我求过婚,遭到了拒绝,所以如今对我来说,有关卡捷林娜·亚力山大罗芙娜的事只是一件痛苦的、难为情的往事了。"

"为什么?这是瞎说!"

"咱们还是不谈吧。如果我有什么唐突之处,就请你多多担待,"列文说。现在他因为说出了心里的话,心情又像早晨那样了。"你不生我的气吧,司基瓦?请你不要生气。"他说着,笑嘻嘻地抓住他的手。

"当然没有,一点也没有,而且也没有什么好生气的。我们把话都说出来了,我倒是很高兴呢。哦,你也知道,早晨打猎往往是很成功的。去不去呀?我恨不得连觉都不睡,打完猎就直接上车站。"

"那太好了。"

十八

尽管伏伦斯基在感情生活方面心猿意马,如癫似狂,他的外在生活却仍然沿着上流社会和团里种种关系与利害所构成的习惯的轨道进行着,没有变化,也没有停止过。团的利益在伏伦斯基的生活中占有重要地位,因为他爱团,更因为团里的人都喜欢他。团里的人不仅喜欢伏伦斯基,而且尊敬他,以他为荣,因为他这个人非常有钱,又有很好的教养和才气,前程远大,名誉和地位都是唾手可得,然而他却不看重这一切,而是处处关心团的和同事们的利益。伏伦斯基意识到同事们对他有这种看法,所以,他除了喜欢这样的生活以外,还觉得自己必须使大家保持对他的这种看法。

当然,他没有和任何一个同事谈过他的风流韵事,也不曾在最放纵的狂饮中说漏了嘴(其实他从来没有醉到无法控制自己的地步),而且,要是有哪个轻率的同事说话暗指他的艳事,他就堵他的嘴。可是,尽管如此,他的艳事还是传遍了京城,大家或多或少地猜到了他和卡列宁夫人的关系。多数青年人所羡慕他的,正是这种关系的最棘手之处,那就是卡列宁身居高位,因此这种关系就可以在社交界格外引人注目。

大多数嫉妒安娜的年轻女子,对于舆论界一向说她正派,早已十分反感,现在她们猜测的事果然出现,感到非常高兴,只等舆论一旦完全转变,她们就把鄙视的心情一股脑儿向她发泄出来。她们已经准备了不少泥块,一旦时机来到,就朝她身上扔去。多数上了年纪的人和身居高位的人,对于这种酝酿中的社会丑闻感到不满。

伏伦斯基的母亲知道儿子的艳事之后,起初感到很得意,因为在她看来,没有什么比上流社会的风流韵事更能为一个漂亮的年轻人增光的了,还因为,她非常喜欢的、跟她谈过不少她的儿子的情形的卡列宁夫人,终于也和一切美貌而高贵的女子一样了,伏伦斯基伯爵夫人认为美貌而高贵的女子就应该这样的。可是最近她听说儿子不肯担任委派给他的一个很有前程的职务，只是为了留在团里，好经常同卡列宁夫人约会，还听说有些上层人士因此对他很不满，于是她的态度就变了。她还不高兴的是，从她听到的有关这事的一切情况来看，这并不是她所赞赏的那种社交界的风流艳事，而是维特[1]式的不顾一切的狂恋，如别人对她说的，这种狂恋有可能使他丧失理智。自从他突然离开莫斯科之后，她一直没有见过他。于是她通过大儿子叫他来见她。

大哥也很不满意这个小弟。他并不分析这是什么样的恋爱，是高尚的还是低下的，热烈的还是不热烈的，正当的还是不正当的（他自己虽然已经有了几个孩子，却还养着一个舞女，所以他对这种事宽大为怀）；但是他知道，这种恋爱是需要讨得喜欢的那些人所不喜欢的，所以他很不赞成弟弟的行为。

除了军中的事和社交活动之外，伏伦斯基还有一件事，那就是玩马，他玩马玩得入了迷。

今年要举行一次军官障碍赛马。伏伦斯基报名参赛，买了一匹英国纯种牝马，而且，尽管他在热恋中，他还是热烈地，虽然不是一心一意地，迷恋起即将举行的赛马……

这两种迷恋并不互相妨碍。相反，他很需要有一种恋爱以外的活动和爱好，也好使他恢复精力，使他那过分激动的情感得到休息。

①维特，歌德名著《少年维特之烦恼》中的主人公，因失恋而自杀。

十九

在红村赛马的那一天，伏伦斯基提前来到团的公共食堂吃牛排。他不需要太严格地节制饮食，因为他的体重四普特半，正合标准；但也不能再胖了，因此他不吃面食和甜食。他敞着上装坐着，露着雪白的背心，两肘支在桌子上，一面在等他要的牛排，一面望着一本摊在盘子上的法国小说。他望着书，只是为了避免和进进出出的军官们说话，他在想心思。

他想的是安娜答应在今天赛马之后和他相会的事。但是，他已经有三天没看见她，而且，由于她丈夫从国外回来，他不知道今天能不能和她相会，也不知道怎样才能打听到情况。他最近一次和她相会是在堂姐培特西的别墅里。他是尽可能少到卡列宁家的别墅里去。现在他想要到那里去，就考虑怎样去的问题。

“当然，我要说是培特西叫我来问问，她是不是去看赛马。当然，我要去。”他自己拿定了主意，就抬起头来不再看书了。他真切地想象到见到她时的幸福情形，一张脸就放起光来。

“派一个人到我家里去，叫家里人把三马篷车套上。”他对那个给他端来一银盘热气腾腾的牛排的堂倌说，随即就把盘子拉了拉，吃了起来。

从旁边的弹子房里传来撞球声和说笑声。门口出现了两位军官：一位是年轻小伙子，面容清瘦虚弱，是不久前从贵族军官学校毕业来到团里的；另一位是肥胖的老军官，戴着手镯，肥厚的眼皮把眼睛挤成一条小缝儿。

伏伦斯基朝他们瞟了一眼,皱起眉头,装作没有看见,眼睛就对着小说,一面吃一面看起来。

“怎么? 吃点儿东西准备好好干一场吗?”肥胖的军官在他旁边坐下来,说。

“可不是。”伏伦斯基皱着眉头说,一面擦着嘴,也不看他。

“你不怕发胖吗?”肥胖的军官一面给年轻军官转着椅子,一面说。

“什么?”伏伦斯基摆出一副厌恶的神气,露出一嘴整齐的牙齿,生气地说。

“你不怕发胖吗?”

“堂倌,白葡萄酒!”伏伦斯基没有回答他,却对堂倌说,并且把书挪在另一边,又接着看下去。

肥胖的军官拿起酒单,转身对着年轻军官。

“咱们喝什么酒,你来挑吧。”他把酒单递给他,看着他说。

“好吧,就要莱茵葡萄酒。”年轻军官一面说,一面怯生生地瞟着伏伦斯基,千方百计地要用手指头抓住刚刚长出来的小胡子。他看到伏伦斯基连头也没有转过来,就站了起来。

“咱们到弹子房里去吧。”他说。

肥胖的军官乖乖地站起来,于是他们朝门口走去。

这时高高的、体格匀称的骑兵大尉雅什文走了进来,把头昂得高高的朝着两个军官点了点,便走到伏伦斯基跟前。

“哎呀! 你在这儿!”他用他的大手使劲拍了拍伏伦斯基的肩章,叫道。伏伦斯基很生气地回过头来,可是他的脸立刻就放起光来,露出他素有的从容镇定的亲切神气。

“真聪明，阿历克赛，”大尉用粗喉咙大嗓门儿说。“现在你就吃一点儿，再喝上一杯吧。”

“其实我不想吃。”

“瞧，粘在一块儿了，”雅什文看着那两个军官这时从食堂里走了出去，带着嘲笑的神气说。他挨着伏伦斯基坐下来，和椅子的高度相比，那两条腿就太长了，于是那穿着紧身马裤的大腿和小腿折成了锐角形。“你昨天怎么不到克拉斯宁剧院去呀？演得真不错呢。你到哪儿去啦？”

“我在培特西家里坐住了。”伏伦斯基回答说。

“啊！”雅什文应声说。

雅什文这个赌棍和酒徒，这个不仅不讲求道德、而且讲求不道德的人，在团里是伏伦斯基最好的朋友。伏伦斯基喜欢他，因为他有非凡的体力，主要表现为豪饮不醉，通宵不眠而毫无倦意，又因为他有强大的精神力量，这表现在对待长官和同事们的态度上，能够使他们又怕他又敬重他，这也表现在赌博上，敢于下上万的赌注，而且不管喝了多少酒，赌起来照样精明、果断，因此在英国俱乐部里公认他是头号赌徒。伏伦斯基敬重他和喜欢他，特别是因为感觉到雅什文不是喜欢他的名声和财富，而是喜欢他这个人。在所有的人当中，伏伦斯基只愿意和他一个人谈谈自己的艳事。他觉得，雅什文虽然似乎蔑视一切感情，却只有他能够理解如今充实了他的整个生活的炽热的爱情。此外，他相信雅什文确实不以编造流言蜚语为乐事，而且能正确理解他的感情，也就是说，知道并且相信这种爱情不是逢场作戏，不是开心解闷，而是一种严肃得多、重要得多的事情。

伏伦斯基没有和他谈过自己的艳事，但是知道他全都知道，全都理解得很对，他很高兴从他的眼神中看到这一点。

“啊，可不是！”雅什文听到伏伦斯基说在培特西家坐住了，就应声说，并且睐了几下他的黑眼睛之后，便抓住左边的小胡子往嘴里塞起来，这是他的一种坏习惯。

“哦，你昨天怎么样？赢了吗？”伏伦斯基问。

“八千。但有三千靠不住，未必会给。”

“哦，那你在我身上输了也不算什么了。”伏伦斯基笑着说。（这次赛马雅什文在伏伦斯基身上下了一大笔赌注。）

“我怎么也不会输。就恐怕马霍丁不行。”

于是谈话转为预测今天的赛马，此刻伏伦斯基也只能想赛马了。

“咱们走吧，我吃完了。”伏伦斯基说着，站起来，朝门口走去。雅什文也站起来，挺直了他的长腿和长背。

“我吃饭还早了一点儿，不过我要喝点儿。你先走，我就来。喂，来酒！”他用他那喊口令出了名的、能震得窗玻璃打战的厚重的声音叫道。“不，不用了，”他随即又叫道。“你要回家，那我跟你一块儿去。”

于是他和伏伦斯基一起走了。

二十

伏伦斯基住在一座宽敞、干净、隔成两间的芬兰式木屋里。彼特利茨基在兵营里也和他住在一起。伏伦斯基和雅什文走进屋里的时候，彼特利茨基还在睡觉。

“起来吧，该睡够啦。”雅什文说着，进了里屋，推了推把鼻子埋在枕头里、头发蓬乱的彼特利茨基。

彼特利茨基一下子跪起来，朝四下里看了看。

“你哥哥到这儿来过，”他对伏伦斯基说，“他把我叫醒了，活见鬼，他说还要来。”他又拉着毛毯，倒在枕头上。“别捣蛋嘛，雅什文，”他很生气地对扯着他的毛毯的雅什文说。“别捣蛋！”他转过脸来，睁开眼睛。“你还是告诉我，喝点儿什么好；我嘴里真不是味道儿……”

“最好是伏特加，”雅什文瓮声瓮气地说。“捷列欣科！给老爷拿伏特加和黄瓜来！”他叫道，显然他很喜欢听自己的嗓门儿。

“你说伏特加好吗？嗯？”彼特利茨基皱着眉头，揉着眼睛问。“你要喝吗？那咱们就一起喝吧！伏伦斯基，你喝吗？”彼特利茨基说着，爬了起来，一面用虎皮毛毯裹着身子。

他走到里屋门口，举起双手，用法语唱起来：“‘从前屠勒国有个国王[①]…’伏伦斯基，你喝吗？”

“去你的吧。”伏伦斯基一面说，一面穿起跟班递给他的常礼服。

“你这是上哪儿去呀？”雅什文问他。“哦，马车都来了。”他看到三驾马车来到，又说。

“到马厩里去，我还要找布梁斯基问问马的事呢。”伏伦斯基说。

伏伦斯基确实说过要去离彼得高夫十俄里的地方去找布梁

①歌德的《浮士德》中的一句。

斯基，把买马的钱给他送去；他也确实想抓紧时间到那里去一下。但是两位同事立刻明白了，他不光是要到那儿去。

彼特利茨基一面继续唱着，一只眼睛挤了挤，努了努嘴，好像是说：我们知道你找的是不是布梁斯基。

“当心可别迟到！”雅什文只是说，为了换个话题，又说：“我的栗色马怎么样，好使唤吗？”他朝窗外望着他卖给伏伦斯基那匹驾辕的马，问道。

“等一等！”彼特利茨基朝着已经出了门的伏伦斯基喊道。“你哥哥给你留下一封信和一张字条呢。等一等，放到哪儿去了？”

伏伦斯基站了下来。

“嗯，究竟在哪儿呀？”

“放到哪儿去了呢？这真成了问题！”彼特利茨基用食指从鼻子上往上一划，郑重其事地说。

“快说呀，别胡闹！”伏伦斯基笑着说。

“我没有生过壁炉。总在这儿的什么地方。”

“哎，别胡扯啦！信到底在哪儿？”

“不是胡扯，我真的忘了。也许是我做梦梦见的吧？等一等，等一等！你生什么气呀！要是你昨天也像我一样，一个人喝了四瓶酒，你也会忘记你是睡在什么地方的。等一等，我来想一想！”

彼特利茨基走进里屋，躺到自己的床上。

“等一等！我当时就这样躺着，他就站着。对对对对啦……就在这儿！”于是彼特利茨基从褥子底下把信掏了出来。他就是把信藏在褥子底下了。

伏伦斯基接过信和哥哥的字条。这正是他预料中的母亲的来信，责备他没有去看她，再就是哥哥写的字条，说是要和他谈谈。伏伦斯基知道，这都是为了那事儿。“这跟他们有什么相干呀？”伏伦斯基想道。就把信和字条揉了揉，塞在常礼服两个纽扣之间，好在路上仔细看一看。他在过道里遇到两位军官：一位是他们团的，还有一位是别的团的。

伏伦斯基的住所经常是军官们聚会的场所。

“哪儿去？”

“有事，到彼得高夫去。”

“你的马从皇村送来了吗？”

“送来了，可是我还没有看到呢。”

“听说，马霍丁的‘角斗士’瘸了。”

“瞎说！不过，你们怎么能在这样的烂泥地上赛马呀？”另一位军官说。

“哈，我的救星到了！”彼特利茨基看见进来的人，叫了起来，这时勤务兵已经用托盘端着伏特加和腌黄瓜站在他面前。“这是雅什文叫我喝点酒提提神。”

“哦，你们昨天闹得我们够受，”来人中的一个说，“叫我们一夜没有睡。”

“不，我们收场多妙呀！”彼特利茨基说起来。“沃尔科夫爬到屋顶上，说他很伤心。我就说：来点儿音乐吧，葬礼进行曲！他就在葬礼进行曲声中在屋顶上睡着了。”

“喝吧，一定得喝点儿伏特加，然后再喝矿泉水和很多柠檬，”雅什文站在彼特利茨基身边说，就像母亲叫孩子吃药一样，

“然后再多多少少喝点儿香槟，就一小瓶吧。”

“这很有道理。等一等，伏伦斯基，咱们一起喝吧。”

“不，诸位，再见吧，今天我不能喝酒。”

“怎么，怕增加体重吗？好吧，那我们就来喝。来矿泉水和柠檬。”

“伏伦斯基！”他已经走到过道里，有一个人叫道。

“什么事？”

“你最好把头发剪一剪，要不然你的头发太浓了，尤其是在你那秃顶上。”

伏伦斯基确实不到时候就开始谢顶了。他龇着一嘴整齐的牙齿快活地笑起来。于是他把帽子往秃了的前顶上拉了拉，便出了门，坐上马车。

“上马厩去！”他说过，就想把信掏出来好好看一看，但接着就改变了主意，免得在赛马之前分散注意力。“以后再看吧！……”

二十一

临时马厩是个板棚，就搭在跑马场旁边。伏伦斯基的马昨天就应该牵到这儿来的。他还没有见过他的马。近几天他一直没有亲自骑马调练，而是委托驯马师调练，所以他一点也不知道这马来时怎么样，现在又是什么状况。他一下车，他的马夫兼随从，即所谓马童，老远就认出他的马车，就把驯马师叫了出来。那个干瘦的英国人，穿着长筒靴和短上装，只有下巴底下留着一小撮胡子,迈着骑手那种不灵活的步子,张开两肘,摇摇摆摆地走出来迎接他。

“喂,弗鲁-弗鲁怎么样?”伏伦斯基用英语问道。

“很好,先生[①],很好,先生。”英国人的声音是从喉咙深处发出来的。“您最好不要进去,”他掀着帽子,又说。“我才套上笼头,马很不安生。最好不要进去,免得把马惊了。”

“不,我要进去。我想看一看。”

“咱们就进去吧。”英国人皱起眉头,依然没有张嘴说道。于是他摆动两肘,迈着蹒跚的步子在前面带路。

他们走进板棚前面的小院子。穿着干净上衣、打扮得漂漂亮亮的值班的年轻小伙子,手里拿着扫帚,上前迎住他们,就跟在他们后面。板棚里有五匹马都在各自的栏里。伏伦斯基知道,他的劲敌马霍丁那匹高大的枣红马角斗士今天也应该送到,拴在这里。伏伦斯基想看看自己的马,但他更想看看他没有见过的角斗士。可是伏伦斯基知道,按照赛马礼节上的规定,不仅不能看对手的马,而且连问问都是有失体统的。就在他在通道上走的时候,值班小伙子打开了左边第二个栏的门,于是伏伦斯基看到一匹高大的枣红马和四条雪白的腿。他知道这就是角斗士,但是他带着转脸不看别人打开的书信那样的心情,转过脸去,走到弗鲁-弗鲁的栏门前。

“这儿的马是马克……马克……的。这名字我怎么也说不来。”英国人用他那指甲十分肮脏的大拇指隔着肩膀指着角斗士那个栏说。

①原文是英语。英国人先用英语回答,接着用俄语回答。

“马霍丁的吗？是的，这是我的劲敌。”伏伦斯基说。

“假如由您骑那匹马，”英国人说，“我一定把赌注押在您身上。”

“弗鲁-弗鲁性子急些，那匹马强壮些。”伏伦斯基听到夸奖他的骑术，高兴地笑着说。

“障碍赛马全看骑术和魄力。”英国人说。

魄力，也就是毅力和胆量，伏伦斯基不但觉得自己是足够的，而且更重要的是，他深信天下再没有什么人比他更有魄力了。

“您真的认为不需要再训练了吗？”

“不需要了，”英国人回答说。“请您不要大声说话。马不怎样安生。”他朝锁着的单马栏点了点头说。这时他们已站在这个栏的门前，可以听到里面有马蹄在干草里乱动的声音。

英国人把门打开，伏伦斯基便走进只有一个小窗洞的光线微弱的单马栏。戴了笼头的栗色马站在栏里，不停地在新鲜干草上倒换着四条腿。伏伦斯基把昏暗的单马栏扫视了一遍之后，又情不自禁地细心观察起自己这匹心爱的马的整个体形。弗鲁-弗鲁是一匹中等身材的马，论体形不是无可指责的。马的整个骨骼是细小的；虽然胸骨向前突出，胸部却很狭窄。臀部有些下垂，两条前腿，尤其是两条后腿，内翻得很厉害。前后腿的肌肉都不特别肥厚；不过马前肚部分格外宽阔，因为在调练中腹部很细，这一点就格外显眼。从正面看，膝部以下的腿骨不比手指粗，但从侧面看，却格外粗大。马的整个身体，除了肋部以外，好像被夹压了一下，变成了一根长条。不过这马也有很了不起的优点，足可使人忘记它的一切缺点。这优点就是纯种，照英国人的说法，就是最管用的马种。那光滑而灵敏的薄薄的皮肤包着的一道道血管底下，露出鼓突突的肌肉，就像骨头一样坚硬。干瘦的头却有一双鼓鼓的、明亮而灵活的眼睛。那头在鼻子下部放宽了，成为两个突出的鼻孔，可以看见鼻孔里面那充血的黏膜。马的全身，尤其是头部，流露出一种剽悍而又温顺的神气。这马是那种通人性的动物，所以不说话，只是因为嘴的构造使他不能说话罢了。

至少伏伦斯基觉得，这马是懂得此时此刻他看着它时的全部心情的。

伏伦斯基一走进来，这马就深深地吸了一口气，使劲侧歪着鼓鼓的眼睛，连眼白都发了红，对直地盯着进来的两个人，摇晃着笼头，咚咚地倒换着四蹄。

“嘿，您看，这畜生多么不安生呀。”英国人说。

“喔，好宝贝儿！喔！”伏伦斯基一面说着安慰话儿，一面朝马跟前走去。

但是他越走近，那马越是不安生。只是等他走到马头紧跟前的时候，那马才突然安静下来，那一块块肌肉也在又薄又柔和的毛皮下面抖动起来。伏伦斯基抚摩了几下那结实的马脖子，理了理那尖尖的脖颈子上的一绺倒到一边去的鬣毛，把脸凑到它那张得大大的，像蝙蝠嘴巴一样的灵敏的鼻孔上。那马用张得大大的鼻孔大声地吸了一口气，又喷了出来，打了个哆嗦，便竖起尖尖的耳朵，把结实的黑嘴唇向伏伦斯基伸过来，好像是要咬他的袖子。但是一想起戴着笼头，就抖动了一下笼头，又倒换起四条细细的腿。

“别怕，好宝贝儿，别怕！”他说着，又抚摩了几下马的臀部。

他看出马的情况非常好，就高高兴兴地从马棚里走了出来。

马的激动也传染给伏伦斯基。他觉得全身的血液都涌向心脏，他也像马一样，想蹦跳，想咬人。他感到又害怕又欢喜。

“好吧，那我就指望您了，”他对英国人说，“六点半要准时到。”

“没问题，”英国人说。“您现在到哪儿去呀，阁下？”他问，而且他忽然用起了“阁下”这一称呼，这是他几乎从来没有用过的。

伏伦斯基惊讶地抬起头来，看了看英国人，尽可能不看他的眼睛，而看他的额头，很惊讶他竟敢这样问他。可是，等他明白了英国人这样问他是没有把他当主人，而是当作赛马的骑手，就回答说：

“我有事要找布梁斯基，过一个钟头就回来。”

“这个问题今天我听到多少遍了呀！”他在心里说，而且他脸红了，这在他是难得有的。英国人细心地看了看他。似乎看出了伏伦斯基要上哪儿去，就又说：

“最要紧的是赛马前要平心静气，”他说，“不要生气，也不能有丝毫烦恼。”

“好的[①]。”伏伦斯基笑着回答说，接着就跳上马车，吩咐车夫赶着车上彼得高夫去。

马车没有走多远，从早晨就显示出下雨之势的乌云涌了上来，下起了倾盆大雨。

“糟了！”伏伦斯基一面拉起车篷，一面在心里说。“本来就到处是烂泥，这一下子就要完全变成沼泽地了。”他一个人坐在上了

①原文是英语。

篷的马车里，掏出母亲的信和哥哥的字条，看了一遍。

是的，说来说去就是那回事儿。所有的人，他的母亲，他的哥哥，都认为必须干涉他在爱情上的事。这种干涉激起他的愤恨——这种心情他是很少有的。“这碍他们什么事？为什么所有的人都认为非管管我的事不可？为什么他们盯住了我就不放？就因为他们认为这是他们不能理解的事。假如这是上流社会那种普普通通的下流的男女关系，他们也就不会管我了。他们觉得，这有点不同，这不是逢场作戏，这个女人对于我来说竟比生命还重要。这就无法理解了，所以他们就恼火了。不论我们命运如何，下场怎样，那是我们自找的，决不会怨天尤人。”他在心里用“我们”这个词儿把自己和安娜联系起来说。“哼，用不着他们教导我们怎样生活。他们根本不懂得什么叫幸福，他们不知道，我们要是没有这种爱情，就说不上什么幸福和不幸福，而是根本就不能活下去。”他在心里说。

他恼恨大家干涉他，正因为他心里觉得大家的感觉是对的。他觉得，他和安娜的爱情不是一时的冲动，那种冲动很快会过去的，就像交际界的许多风流韵事那样，除了愉快的或不愉快的回忆，不论在男的或女的生活中，什么痕迹也留不下。他完全感觉出来，他的处境和她的处境都是非常令人难受的，他们在整个交际界都处于显眼的地位，要隐瞒他们的爱情，要说谎和蒙混是很困难的；而且这种说谎、蒙混、做假、时时刻刻想到别人，是在他们的爱情如此炽烈，以至于除了他们的爱情，两个人都忘记了世界上的一切的时候。

他真切地回想起他不得不违反本性一再说谎、作假的情形，尤其真切地想起不止一次在她脸上发现的那种因为不得不说谎和作假而感到羞惭的神情。这时他心中出现了一种很奇怪的心情,自从他和安娜发生关系以后他心中有时就会出现这种心情。这是一种极其厌恶的心情:是厌恶卡列宁,厌恶自己,还是厌恶整个上流社会,他说不清楚。不过他总是把这种奇怪的心情驱赶开去。现在他就振作了一下精神,又继续想自己的心思。

"是的,她以前是不幸的,但却是高傲的、心安理得的;现在就不能心安理得、不能骄矜了,虽然她尽量不表露这一点。是的,这种情形该结束了。"他暗自下了决心。

于是他的头脑里第一次出现了一个明确的想法:必须结束这种说谎作假的日子,而且越快越好。"我和她都抛弃一切,两个人一起躲到什么地方去,除了我们的爱情,什么也不要。"他在心里说。

二十二

暴雨不久就停了。当伏伦斯基的马车由大步奔跑的辕马带着已经松了缰绳在泥泞中奔跑的两匹拉套的马拉着来到彼得高夫的时候,太阳又露面了。那一座座别墅的屋顶,大街两边花园里那一株株老椴树,都水淋淋、亮闪闪的,雨水快快活活地从树枝上往下滴,从屋顶上往下淌。他已经不去想这场雨会使跑马场变成什么样子,这时他只是感到高兴,因为有了这场雨他就一定能和她单独相会,他知道,刚从温泉回来的卡列宁还没有从城里出来。

伏伦斯基一心想跟她单独相会，为了不惹人注意，像往常一样不等过小桥就下了车步行。他不走正门的台阶，而是进了院子。

“老爷来了吗？”他问园丁。

“没有。太太在家。请您走正门吧，那儿有人，会开门的。”园丁回答说。

“不，我从花园里进去吧。”

他料定只有她一个人在这里，并且很想出其不意地来到她眼前，因为他没有说过今天要来，她一定想不到他在赛马之前会来。于是他按住军刀，顺着两旁种满花草的铺沙小径，小心翼翼地朝着面向花园的露台走去。此时此刻伏伦斯基完全忘记了他一路上想着的自己处境的困难和痛苦。他一心想的是，他马上可以见到她，不是想念中的她，而是实实在在的、活生生的、整个的她。当他为了不发出响声，踮着脚走上缓斜的露台台阶的时候，他突然想起他常常忘记的、成为他和她的关系中最难受的一面的东西，那就是她的儿子和她的儿子那种带有疑问的、他觉得也带有敌意的目光。

这孩子常常成为他们关系中的最大障碍。有他在场，不论伏伦斯基，还是安娜，不仅不好说那种不能在别人面前说的话，而且也不好用暗语说那种孩子不可能懂的事儿。这一点他们并没有商量过，这是自然而然形成的。他们认为欺骗这个孩子也是对他们本身的一种污辱。有他在场，他们只能像普通朋友一样谈话。不过，尽管这样小心谨慎，伏伦斯基还是常常看到这孩子用留神和大惑不解的目光注视着他，看出这孩子在对待他的态度中有一种奇怪的胆怯神情，看出他对他的态度是变化不定的，有时亲热，有时冷淡和拘谨。似乎这孩子感觉到，这个人和他母亲之间有一种很重要的关系，这种关系的意义他是无法理解的。

确实，这孩子觉得他不能理解这种关系，很想弄清楚，却怎么也弄不清楚，他对待这个人应当有什么样的感情。但小孩子对于别人感情的流露是很敏感的，所以他清楚地看出来，父亲、家庭教师和保姆不但都不喜欢伏伦斯基，而且用一种厌恶和恐惧的目光看着他，虽然从来没有说起过他，而母亲却把他看成最好的朋友。

“这究竟是怎么一回事儿？他是什么人？应该怎样爱他？如果我不懂，那要怪我，也许是我太笨，也许我是一个坏孩子。”这孩子常常这样想。就是因为这样，出现了他那种注视、疑问，带点儿敌意的神气，那种使伏伦斯基非常局促不安的胆怯和变化不定的表情。有这孩子在场，伏伦斯基近来常有的那种奇怪的无缘无故的厌恶感就一定会在他的心中出现。有这孩子在场，在伏伦斯基和安娜心中都会出现一种感觉，感到自己就像一个航海者，从罗盘上看到自己高速航行的方向远远偏离正确的航线，却又无法停航，看到一分钟比一分钟离正确的航线更远，也看到，要承认自己误入歧途，就等于承认自己灭亡。

这孩子正因为用天真的目光看待生活，就好比是一个罗盘，可以指出他们偏离他们知道而又不愿意知道的航向有多远。

这一次谢辽沙不在家，只有她一个人在家，而且坐在露台上，等着外出游玩遇雨的儿子回来。她派一名男仆和一名侍女找他去了，自己就坐在这里等着。她穿着宽边绣花的白色连衣裙坐在露台一角的花丛后面，没有听见他来。她低着她那黑色鬈发的头，把额头贴在栏杆上放着的一把冰凉的喷水壶上，那戴着他十分熟悉的戒指的一双玉手就扶着喷水壶。她的整个身姿、她的头、脖子和手臂的美，每一次都像意外事一样，使他吃惊。他站下来，心醉神迷地望着她。他刚刚想迈步朝她跟前走去，她就感觉到他来了，便推开喷水壶，转过她那热辣辣的脸来迎他。

“您怎么啦？身体不舒服吗？”他一面用法语说着，一面朝她跟前走去。他本想跑到她跟前去，可是一想起也许还有别的人，就朝露台的门口望了望，脸红了红，就像每一次他觉得应该害怕和应该四下里望一望时就脸红那样。

“不，我身体很好，”她说着，站起来，紧紧握了握他伸过来的手。“我没有想到……你来。”

“我的天！你的手多凉呀！”他说。

“你把我吓了一跳，”她说。“我一个人在这儿等谢辽沙呢，他到外面玩去了；他们等会儿要到这儿来的。”

然而，尽管她拼命使自己镇定，她的嘴唇还是不住地哆嗦着。

“请原谅我到这儿来，可是我要是看不到您，就一天也过不下去。”他像往常那样，依然用法语说，为的是避免用俄语里的“您”和“你”，用“您”冷得不得了，用“你”有危险。

“原谅什么呀？我太高兴了！”

“不过你是身体不舒服，或者有什么烦恼，”他继续说，同时没有放开她的手，并且弯下身子对着她。“您想什么呀？”

“我一直在想着一件事。”她笑着说。

她说的是实话。不论什么时候问她在想什么，她都会这样回答：想着一件事，想的是自己的幸福与不幸。他看到她的时候，她就是在想着：为什么这种事在别人身上，比如在培特西（她知道她和杜什凯维奇的暧昧关系），不算什么事儿，可是在她身上就这么难受呢？今天她想起这事儿，不知为什么特别难受。她问他赛马的事。他回答她的问话，看到她很激动，为了尽可能分散她的注意力，就用十分随便的口气说起如何准备赛马的详细情形。

“告诉他，还是不告诉他呢？”她望着他那一双宁静的、亲切的眼睛，心中想道。“他这样快活，一心一意想着自己的赛马，说出来他也不会真正理解，不会理解这事对我们的全部意义的。”

“不过，您还没有告诉我，我进来的时候您在想什么呀，”他不再说赛马的事，这样说道，“请您告诉我吧！”

她没有回答，多少把头低了低，皱着眉头带着询问的神气用她那双明亮的眼睛从长长的睫毛底下望着他。她那玩弄着一片树叶的手哆嗦着。他看到这情景，于是他的脸上流露出那种使她非常动心的百依百顺的神气，奴隶般的忠诚神气。

“我看出来，是有什么事儿。我知道您有了忧愁事儿，而又不能为您分忧，难道我会有片刻的安宁吗？看在上帝分上，告诉我吧！”他又用恳求的口气说。

“是的，他要是不理解这事儿的全部意义，那我也不能原谅他。还是不说吧，何必要试他呢？”她心里想着，眼睛还是那样看着他，并且感觉到那玩弄树叶子的手哆嗦得越来越厉害了。

“看在上帝分上吧！”他抓住她的手，又说了一遍。

“要我说吗？”

“说吧，说吧，说吧……”

“我怀孕了。”她又轻又慢地说。

她手里的树叶哆嗦得更厉害了，但她的眼睛一直没有离开他，想看看他听到这话会怎样。他的脸发了白，想说点儿什么，却没有说，放开了她的手，并且垂下了头。“是的，他懂得这事儿的全部意义。”她在心中说，并且很感激地握了握他的手。

不过，她以为他也像她，像一个女人那样懂得这事儿的意义，那就错了。他一听到这个消息，就十倍强烈地感觉到，那种奇怪的对什么人的厌恶感又冲上他的心头。但同时他也明白了，他所盼望的转折点现在来到了，再也无法瞒住她的丈夫了，这种不自然的状态无论如何也得快点儿了结了。然而，除此以外，她的激动也传到了他身上。他用动情的、温顺的目光看了看她，吻了吻她的手，就站起来，一声不响地在露台上来来回回踱了起来。

“是的，”他说着，毅然决然地朝她跟前走去。“不论是我，不论是你，都没有把我们的事儿看作儿戏，现在我们的命运已经定了，”他向四下里张望着，说，“必须了结我们过的这种处处作假的生活。”

“了结？究竟怎样了结呀，阿历克赛？”她小声说。现在她放心了，她的脸上洋溢着温柔的微笑。

“离开你的丈夫，把我们的一生结合在一起。”

“就这样已经结合在一起了呀。”她用勉强能听得见的声音回答说。

“是的，不过要完全结合，完全结合。”

“可是怎么办呀，阿历克赛，你教教我吧，怎么办呀？”她带着嘲笑自己无可奈何的处境的凄然神色说。“难道有什么法子可以摆脱这种处境吗？难道我不是我丈夫的妻子吗？”

“不论什么样的境地都是有出路的。就是要下决心，”他说。“不论怎么样，都会比你现在的处境好。我看出来，不论交际界，还是你的儿子、你的丈夫，这一切都使你有多么痛苦。”

“哦，不过丈夫算不得什么，”她带着很随便的冷笑说。“我不管他，我没有想到他。没有他这个人。”

“你说的不是真心话。我了解你。你也为他难过。”

“他连知道都不知道嘛，”她说。忽然她的脸上泛起两片浓浓的红云；两腮、额头和脖子都红了，眼睛里涌出羞愧的泪水。“咱们还是不谈他吧。”

二十三

伏伦斯基过去虽然没有像现在这样坚决，但已经有好几次试着引导她商量自己的处境问题，每次听到的都是很表面化的、很轻松的意见，就像现在她回答他的要求一样。似乎这里面有她无法弄清楚或者不愿意弄清楚之处，似乎她一谈起这事，她，真正的安娜，就隐藏起来，出现了另外一个古怪的、与他格格不入的女人，这个女人他又不喜欢，又怕，而且处处跟他作对。可是今天他下决心要把所有的话都说出来。

“他知道，还是不知道，”伏伦斯基用他平素那种坚定而沉着的语气说，“他知道，还是不知道，这不干我们的事。我们不能……您不能这样过下去，尤其是现在。”

“依您看，应该怎么办呀？”她依然带着轻松的嘲笑口气问道。她本来很怕他不把她的怀孕当作一回事儿的，现在听他说为此一定要采取什么措施，又感到苦恼了。

“把一切都告诉他，并且离开他。”

“很好，就假定我这么办吧，”她说。“您知道，这一来会怎么样呢？我可以预先把一切说一说，”于是她那一分钟之前还是温柔可亲的眼睛里放射出恼怒的光芒。“‘啊，您爱上别人，跟他发生罪恶的关系啦？(她模仿丈夫的腔调，就像卡列宁说这话一样，把“罪恶的”这个词儿说得特别重。)我曾经叫你提防，不要在宗教、民事和家庭方面造成什么后果。您却不听我的。现在我不能容许败坏我的名声……(和我儿子的名声，)’”她本想这样说的，可是她不能拿儿子开玩笑。“‘……不能容许败坏我的名声，’以及诸如此类的话，”她补充说。“总而言之，他会说许多官腔官调的话，会毫不含糊、毫不犹豫地说，他不会放过我，他会采取一切手段来消除这种丑事。他说过了，就会很镇定地、一步一步地做到。就是这么回事儿。这不是一个人，是一架机器，当他发作起来的时候，是一架很凶的机器。”她一面说，一面仔细回想着卡列宁的姿态、说话的样子和他的性格，把她能够在他身上找到的不好的地方都当作他的过错，一点也没有因为她对他犯了大罪而原谅他。

“不过，安娜，”伏伦斯基一心想安慰她，就用恳切而温柔的口气说，“还是得告诉他，然后看他怎样，再决定下一步。”

“怎么，逃走吗？”

“为什么就不能逃走呢？我看不能再这样过下去。并不是为了我自己，——我看出来，您太受罪了。”

“是啊，逃走，要我做您的姘头吗？”她恶狠狠地说。

“安娜!”他用亲切的责备口吻说。

“是啊,”她继续说,“做您的姘头,把什么都断送了……”

她又想说,把儿子也断送了,但是她不忍心说。

伏伦斯基无法理解,像安娜这样个性刚强而诚实的人,怎么能安于这种说谎作假的状况而不想摆脱;他却没有想到,这其中主要的原因就是她不忍心说出的儿子。每当她想到儿子,想到他以后将怎样看待她这个抛弃父亲的母亲时,她就为自己的所作所为感到十分害怕,以至于无法思考,只能像一般女人一样尽可能用似是而非的推理和语言来安慰自己,为的是让一切照旧,为的是可以忘记今后儿子将会怎样这个可怕的问题。

“我请求您,我恳求您,”她突然抓住他的手,用完全不同的诚恳而温柔的声音说,“以后再也不要和我说这种话吧!”

“不过,安娜……”

“再也不要说了。不要管我吧。我处境的屈辱与可怕,我是完全知道的;不过这种事并不像你想的那样容易解决。你就不要管我,听我的吧。再也不要和我说这种话了。你能答应我吗?……不,不,你要答应我!……”

“我什么都能答应,不过我不能安宁,尤其是在你说出这种情况以后。你不能安宁的时候,我是不会安宁的……”

“我呀!”她重复说。“是的,我有时很痛苦;不过,如果你今后再也不和我谈这种事的话,痛苦会过去的。只要你和我谈这事,我就很痛苦。”

“我不明白。”他说。

“我知道,”她打断他的话说,“你这个天性诚实的人说谎做假有多么难受,我为你可惜。我常常想,你是为我断送了自己的一生。"

"我现在也是在想,"他说,"你怎么能为了我牺牲自己的一切呢?你要是不幸,那我不能原谅自己。"

"我不幸吗?"她说着,带着喜悦的微笑含情脉脉地望着他,朝他跟前走去,"我就像一个饥饿的人,得到了食物。也许,这个人还感到冷,衣服也破烂了,也感到羞臊,但不是不幸。我不幸吗?不,这就是我的幸福……"

她听见回家来的儿子的说话声,就匆匆地朝露台四周围扫了一眼,霍地站起来。她的眼睛里燃起他很熟悉的那种火焰,她用戴满戒指的一双玉手很利落地捧住他的头,对着他看了好一阵子,然后把自己的脸和张开的笑吟吟的嘴唇凑过去,吻了吻他的嘴唇和两只眼睛,便把他推开。她想走,可是他把她拉住。

"什么时候?"他神魂颠倒地望着她,小声说。

"今天夜里,一点钟。"她小声说过,便沉重地叹了一口气,迈着又轻又快的步子去迎接儿子。

谢辽沙是在大花园里遇雨,就和保姆在亭子里坐了一阵子。

"好啦,再见吧,"她对伏伦斯基说。"一会儿就要去看赛马了。培特西说过要来接我一块儿去。"

伏伦斯基看了看表,就匆匆走了。

二十四

伏伦斯基在卡列宁家露台上看表的时候,心神十分不安定,一心一意地想着心思，所以他看到表上的指针，却没有看清是几点钟。他来到大路上，就小心翼翼地踩着烂泥朝自己的马车走去。他完全沉醉在和安娜的热恋中，以至于连想都没有想，已经是几点钟了，还有没有时间到布梁斯基那儿去。他这时就像常有的情形一样，只保持着表面的记忆力，只记得做过什么事之后下一步该做什么。他走到车夫跟前，车夫在浓密的椴树那已经歪斜的阴影里坐在驭座上打瞌睡。伏伦斯基欣赏了一会儿那肥壮的马匹之上像闪光的柱子一般盘旋飞舞的一群群蚊蚋，便把车夫唤醒，跳上车去，叫车夫赶着车上布梁斯基家去。直到走出七八俄里之后，他才醒悟过来，看了看表，看清已经五点半钟，知道他要迟到了。

这一天有好几场比赛：骑兵比赛，然后是军官二里赛、军官四里赛，再就是他参加的那场比赛。那场比赛他是能赶得上的，但他要是到布梁斯基家去，他就刚刚能赶得上，而且等他赶到的时候，宫廷的人都要全到了。那是不太好的。不过他已经对布梁斯基说过要上他家去，所以他决定还是去，就吩咐车夫不顾一切地赶着马快跑。

他来到布梁斯基家，在他家只待了五分钟，就上了车往回赶。高速的行车使他放下心来。他和安娜关系中一切痛苦的事，他们谈话之后依然留下的茫然心情，都从他的头脑里飞走了。他现在快快活活地、非常兴奋地想着赛马，想着他还是能赶上比赛。等待今宵幸福约会的念头只是偶尔地像明亮的火光一样在头脑里闪一闪。

他的马车赶过一辆又一辆从别墅和城里来看赛马的人的马

车，他感受到的赛马的气氛越来越浓，他的心也就越来越沉浸到即将到来的赛马中。

他的住所里已经没有一个人了，大家都去看赛马了，他的跟班就在大门口等他。跟班趁他换衣服的时候告诉他，第二场比赛已经开始，有好几位先生来问过他，马童也从马厩里来过两趟了。

伏伦斯基不慌不忙地换好衣服（他从来不慌忙，一向能够从容镇定），就上了车径奔马厩。在马厩里他就看到赛马场周围人山人海，各种车辆，行人，士兵，一个个小亭子里都挤满了人。看样子，正在进行第二场比赛，因为就在他走进马厩的时候，他听见铃声。他在马厩前正好遇到马霍丁那匹白腿的枣红马角斗士，那马披着蓝边橘黄色马衣，竖着两只似乎很大的蓝边的耳朵，被人牵着朝赛马场走去。

“科尔德在哪儿？”他问马夫。

“在马棚里上鞍。”

弗鲁-弗鲁站在打开的马栏里，已经上好了鞍。正要牵它出来。

“我没有迟到吧？”

“很好！很好！[1]很好！很好！”英国人说。“不要紧张。”

伏伦斯基又打量了一眼浑身哆嗦的骏马那一副剽悍可爱的模样，好不容易移开视线，就走出马棚。他在最有利的时刻朝亭子走去，为的是不引起任何人注意。二里赛马就要结束，所有的目光都集中到跑在前面的近卫重骑兵团军官和他后面的近卫骠骑兵团军官身上，两个人都拼命地驱马朝终点冲去。所有的人都

①原文为英语。

从赛马场中间和圈外涌向终点，一群近卫重骑兵团的士兵和军官高声喊叫，欢呼他们的长官和同事即将取得胜利。伏伦斯基悄没声地来到人群中间，几乎正是在比赛结束铃响的时候，这时浑身溅满泥浆、第一个跑到的高个子近卫重骑兵团军官已经伏在马鞍上，松了缰绳，放开了那匹气喘吁吁、出汗出得浑身发了乌的灰色牡马。

那牝马倒动着四条腿，放慢那庞大身躯的迅速运动，那位近卫重骑兵团军官也像一个沉睡醒来的人一样，向四周围扫了一眼，很费劲儿地笑了笑。一大群熟识的人和不熟识的人把他团团围住。

伏伦斯基有意躲避那一群在亭子前面又矜持又随便地活动和交谈的上流社会的上等人。他知道，安娜、培特西和他的嫂子都在那里，他有意不到她们那里去，免得分神。可是不断地有熟人碰到他，把他拦住，对他说说刚才两场比赛的情形，问他为什么迟到。

就在骑手们被召到亭子里去领奖，大家的注意力都集中到那里的时候，伏伦斯基的哥哥亚力山大来到他面前。亚力山大是一位佩戴金肩章的上校，个头儿不高，也像弟弟一样敦实，但是更漂亮，脸色更红润，红红的鼻子，开朗的、带有酒意的面孔。

“你收到我的字条了吗？”他说。“什么时候都找不到你。”

亚力山大·伏伦斯基尽管生活放荡，而且是一个出了名的酒鬼，却是在宫廷中很得宠的人。

现在他虽然和弟弟谈的是他觉得很不愉快的事，可是他知道许多人的目光会集中到他们身上，就装出一副笑嘻嘻的样子，好像他是在和弟弟说笑话,说的是一件无关紧要的事。

“我收到了,说实在的,我不明白,你操心的是什么事。”阿历克赛说。

“我操心的就是,刚才我还发现你不在这儿,还有星期一那天有人见到你在彼得高夫。”

“有些事情,只能由直接相关的人说长道短,你所操心的事就是这样的事……”

“是的,不过,那样就没有前途了,就不……”

“我请你别管就是了。”

伏伦斯基那阴沉的脸煞白煞白的,那尖尖的下巴哆嗦起来,这在他是很少有的。他是一个心地非常和善的人,很少生气,可是一旦生气,而且哆嗦起下巴,那他是很不好惹的,亚力山大很清楚这一点。亚力山大就快活地笑了笑。

“我只是想把妈妈的信交给你。你给她回封信,比赛之前不要心烦。祝你得胜。”他笑着加了一句,便走开了。

但是他走开之后,又有人很亲热地打招呼,伏伦斯基就站了下来。

“你连朋友都不认识啦! 你好呀,老弟!”说话的是奥布朗斯基。他那红润的脸,他那油亮的、梳得整整齐齐的络腮胡子,在这彼得堡的显贵中间也像在莫斯科一样出色。“我是昨天来的,能看到你比赛得胜真是高兴。咱们什么时候好好谈一谈?”

“明天你到食堂来吧。”伏伦斯基说过,握了握他的大衣袖子,表示道歉,便离开他,朝赛马场中央走去,这时已经有人把参加障碍大赛的马往那里牵了。

跑过的马精疲力竭，浑身汗淋淋的，由马夫牵着朝马厩走去；参加下一场比赛的另一些马一匹接一匹来到场上，一匹匹精神抖擞，戴着风帽，勒紧肚带，很像一种奇怪的大鸟，多半是英国种马。细长而剽悍的骏马弗鲁-弗鲁被牵着朝右边走去，那强劲的、长长的蹄腕子走起路来像装了弹簧一样。离它不远处已经有人在为耷拉着耳朵的角斗士卸马衣。角斗士那高大、漂亮而匀称的身形，那异常好看的臀部，那短得出奇、紧紧连接着马蹄的蹄腕子，不由得吸引了伏伦斯基的注意力。他正想走到自己的马跟前去，却又被一个熟人叫住。

“瞧，卡列宁在那儿！”和他说话的那个熟人说。“他在找妻子呢，他妻子就在亭子里。您没有看到她吗？”

“没有，没有看到。”伏伦斯基回答说，而且连看也没有看这位熟人指的卡列宁夫人所在的亭子，就朝自己的马走去。

伏伦斯基还没有来得及看看马鞍，说说马鞍是否上得妥当，骑手们就被召集到亭子里去抽签决定号码和起跑点。十七位军官神态庄重而严肃，有许多张脸都发了白，一齐来到亭子里抽签。伏伦斯基抽到第七号。这时听到口令声：“上马！”

伏伦斯基感觉到他和另外几个骑手已成为所有的眼睛注视的中心，因此他是带着很紧张的心情走到自己的马跟前的，但他在这种情况下在动作上总是从容、沉着的。科尔德为了庆祝赛马，穿起了最讲究的服装：黑色礼服的纽扣扣得整整齐齐的，那浆得笔挺的衬领紧紧贴在双颊上，还戴了黑色圆礼帽，穿了长筒皮靴。他像往常一样，沉着镇定，威风凛凛，亲自握着两根缰绳，站在马前面。弗鲁-弗鲁依然在浑身哆嗦着，就像打摆子一般。那火辣辣的眼睛瞟着朝它走来的伏伦斯基。伏伦斯基把一个指头杵到肚带底下试了试。那马更使劲地瞟了他一眼，龇了龇牙，竖起一只耳朵。英国人皱了皱嘴唇，想对检查他装鞍的人表示讥笑。

“上马吧，上了马就不怎么紧张了。”

伏伦斯基最后一次扫视了一下他的敌手们。他知道，一跑起来他就看不见他们了。有两个骑手已经上了马朝出发的地方走去。伏伦斯基的好友和很厉害的敌手加里曾正围着那匹枣红色牡马打圈子，那马不让他骑。一位穿着紧身马裤的矮个子近卫骠骑兵军官模仿英国人的骑马姿势，像猫一样俯伏在马的臀部，纵马驰去。库佐夫列夫公爵脸色煞白，骑着他那匹格拉波夫养马场的纯种牝马，由一个英国人拉着缰绳。伏伦斯基和他的同事们都认识库佐夫列夫，知道他那神经“脆弱”和十分爱虚荣的特点。他们知道，他什么都怕，害怕骑战马；但现在正因为这种比赛是可怕的，因为可能会有人摔断脖子，每一道障碍旁边都站着医生，都有带红十字的救护车和护士，他才决定参加比赛。他们的目光相遇了，伏伦斯基就带着亲切和赞许的神气朝他挤了挤眼睛。只有一个人他没有看到，那就是他的劲敌，骑着角斗士的马霍丁。

“不要着急，”科尔德对伏伦斯基说，“有一点要记住：遇到障碍物不要勒马，也不要鞭打，让马想怎样就怎样。”

“好的，好的。”伏伦斯基接过缰绳说。

“要是能行的话，就跑在最前头；万一落后了，直到最后一分钟也不要泄气。”

那马还没有来得及动一下，伏伦斯基矫健地腾身一跃，就踏上那带齿的钢马镫，那结实的身子就轻轻地、稳稳地坐到咯吱作响的皮马鞍上。右脚插进马镫之后，他就很熟练地在手指中间把双股缰绳调理了一下，科尔德就松了手。弗鲁-弗鲁好像不知道应该先跨出哪一条腿，用长脖子紧紧扯着缰绳，走动起来，就像装了弹簧似的，把柔韧的背上的骑手颠得摇来晃去。科尔德加快步子，跟在后面。不安生的马拼命跟骑在马上的人捣蛋，一会儿把缰绳扯向这边，一会儿扯向那边，伏伦斯基又吆喝又用手勒缰绳，就是无法使马安生。

他们朝出发点走去，已经快要走到被拦截的河边。有许多骑手在前面，也有许多骑手在后面，这时伏伦斯基忽然听到身后烂泥路上有一匹马飞驰的声音，就看到马霍丁骑着他那耷拉着耳朵的白腿的角斗士赶到他前面。马霍丁龇着他那长长的牙齿笑了笑，伏伦斯基却气嘟嘟地瞪了他一眼。伏伦斯基本来就不喜欢他，现在又把他看作最危险的敌手；马霍丁纵马从旁边跑过去，惊了他的马，更使他恼火。弗鲁-弗鲁扬起左腿大跑，跑了两步，就对勒得太紧的缰绳生起气来，换成了摇摇晃晃的碎步，颠得骑手一跳一跳的。科尔德也皱起眉头，几乎是跑着溜蹄步跟在伏伦斯基后面。

二十五

参加这一场赛马的军官有十七名。比赛要在亭子前面周围四俄里的椭圆形广场举行。在广场上设置了九道障碍：一条小河，就在亭子前面的一道两俄尺高的大板栏，一条干沟，一条水沟，一道斜坡，一道爱尔兰式鹿寨（这是最难跨越的障碍之一），是用树枝垒成的一道墙，墙后面还有马看不见的一条沟，因此马必须一下子跨过两重障碍，不然就有生命危险；然后还有两条水沟和一条干沟；比赛的终点就在亭子对面。但比赛的起点并不在广场上，而是在广场旁边一百俄尺以外，在这段距离内设置了第一道障碍——一条被拦截的三俄尺宽的小河，骑手们可以随意驱马跳越或者蹚水过河。

骑手们排队排了三次，但每一次都有谁的马抢先冲出去，只好又从头再来。直到发令起跑的行家谢斯特林上校都有些火了，他才终于第四次喊出："出发！"于是骑手们跑起来。

就在骑手们排队时，所有的眼睛、所有的望远镜都一齐对准了这五颜六色的一群骑手。

"出发了！跑起来啦！"在静静地等待了一阵子之后，四面八方都叫起来。

观众成群成群地或者单独地来来回回跑起来，为的是看得更清楚。在开头一会儿堆成一堆的骑手们拉开了距离，可以看到，他们三三两两，一个接一个地朝河边驰去。在观众看来，他们都是一同起跑的，然而在骑手们看来，一秒两秒之差对他们都有巨大的意义。

过分急躁和不安生的弗鲁-弗鲁开头错过了一刹那，就有好几匹马抢到了前头，可是不等跑到河边，伏伦斯基就使劲扯了扯紧紧扯着缰绳的马，很轻易地超过了三匹马，他的前面就剩了在他面前均匀而轻快地摆动着屁股的马霍丁的角斗士，还有最前面的驮着不死不活的库佐夫列夫的威武俊美的狄安娜。

在开头几分钟里，伏伦斯基自己很不镇定，也无法使马镇定。他在第一道障碍之前，也就是过小河之前，一直不能操纵马的动作。

角斗士和狄安娜几乎在同一时刻跑到河边，纵身一跃，就飞到了对岸；弗鲁-弗鲁也悄没声地像飞一样跟着它们腾空而起，但就在伏伦斯基感觉自己在空中的时候，他忽然看到，几乎就在他的马蹄之下，库佐夫列夫和他的狄安娜在河对岸挣扎（库佐夫列夫在马跳起来之后松了缰绳，于是马同他一起栽了个跟斗）。这些细节是伏伦斯基后来知道的。此刻他只能看到脚下，看到弗鲁-弗鲁要落脚的地方可能是狄安娜的腿，也可能是头。但是弗鲁-弗鲁却像一只从高处跳下的猫，在跳跃中四条腿和脊背都使了使劲儿，就越过了那匹马，继续朝前跑去。

“啊，好宝贝儿！”伏伦斯基在心里说。

过了小河以后，伏伦斯基的马镇定下来了，他也就能驾驭它了，于是他就打算跟在马霍丁后面越过大板栏，然后在没有障碍的二百俄丈距离内超过他。

大板栏就竖在御亭前面。当他和领先一马之距的马霍丁渐渐接近“魔鬼”（大板栏的名称）的时候，皇上、所有皇亲国戚和一群群的平民百姓都望着他们。伏伦斯基感觉到四面八方的眼睛都注视着他，但是他什么也看不见，只看见自己的马的耳朵和脖子、迎着他跑来的大地以及在他前面迅速敲着节拍、仍然保持原来距离的角斗士的臀部和白腿。角斗士纵身一跃，什么也没有碰到，摇了摇短尾巴，便从伏伦斯基眼前消失了。

“真漂亮！”有人叫道。

就在这一瞬间，在伏伦斯基的面前眼下闪现出大板栏的木板。他的马在动作上没有丝毫变化就飞腾到板栏上方；木板不见了，只听到后面砰的响了一声。他的马见角斗士跑在前面，发急了，在板栏前面过早地跃起，所以一只后蹄在板栏上碰了一下。不过马的步伐并没有变化，伏伦斯基在脸上溅了一个小小的泥团子之后，立刻就明白了，他的马又和角斗士保持原来的距离了。他又看到角斗士的臀部、短尾巴和又是依然不能远离的飞跑着的白腿。

就在伏伦斯基想到应该现在就超过马霍丁的时候，弗鲁-弗鲁就明白了他的心思，不用任何鼓励，就拼命加快速度，从最有利的一面，也就是从围绳那一面逼近马霍丁。马霍丁紧贴着围绳不让。伏伦斯基刚刚想到从外边也可以超过去，弗鲁-弗鲁就改变了步子，开始从外面绕过去。弗鲁-弗鲁那汗湿得发了乌的肩膀已经和角斗士的臀部并齐了。有好几步是两匹马并排跑的。但是他们快要到下一道障碍前的时候，伏伦斯基为了不兜大圈子，使劲扯了扯缰绳，就在斜坡上很快地超过了马霍丁。他看到马霍丁那溅满泥浆的脸一闪而过。他甚至觉得马霍丁还笑了笑。伏伦斯基超过了马霍丁，但他感觉出马霍丁立即紧紧跟在后面，并且不断地听到背后角斗士那有节奏的蹄声和急促而精力充沛的喘息声。

随后的两道障碍，水沟和栅栏，很轻易地越过了，但伏伦斯基听到角斗士的喘息声和蹄声越来越近了。他给马加了一鞭，就高兴地感觉到马很轻松地加快了速度，角斗士的蹄声又像原来那样远近了。

伏伦斯基跑在最前头了,这正是他所希望的,也是科尔德劝他要做到的,他现在相信一定能取胜了。他越来越兴奋,越来越快活,越来越觉得弗鲁-弗鲁可亲可爱。他很想回头看看,但他不敢这样做,而且他尽可能使自己镇定,尽可能不驱赶马,让马留点后劲儿,他觉得角斗士就留着后劲儿。就剩下一道最难跨越的障碍了;如果他能抢在所有的人前头越过这道障碍,他就能第一个跑到终点。他朝爱尔兰鹿寨驰去。他和弗鲁-弗鲁同时老远就看到这道鹿寨,他们俩,也就是他和马,同时都担心了一下。他在马耳朵上看出有犹豫不决的意味,就扬起鞭子,但立即又感觉到担心是没有必要的:马知道该怎么样。那马使劲儿一跃,就像他所期望的一样,离开地面,稳稳当当地飞到了空中,又凭着惯性力量,远远地越过了干沟;于是弗鲁-弗鲁不费什么劲儿就按原来的节拍、跨着原来的步伐继续往前跑起来。

"伏伦斯基,真漂亮!"他听到人群里的喝彩声。他知道,这是站在这道障碍旁边的团里同事和朋友们的喝彩声。他听出雅什文的声音,但是没有看到他。

"啊,我的好宝贝儿!"他一面想着弗鲁-弗鲁,一面听着背后的动静。"也跳过来了!"他听到背后角斗士跳越的声音,在心中说。只剩下最后一道两俄尺宽的水沟了。伏伦斯基对水沟连看也不看,只是一心想远远地拉开距离第一个跑到终点,就上上下下地操纵起缰绳,让马头随着奔跑的节拍起落。他感觉出来,马已经使出仅剩的后劲儿;不仅脖子和肩上汗淋淋的,而且鬣毛上、头上、尖尖的耳朵上的汗水都一滴一滴地往下落,呼吸又急又短促。不过他知道,凭这点后劲儿跑完剩下的二百俄丈是绰绰有余的。单凭他感觉到自己更贴近地面,并且也因为马的动作特别轻柔了,他就知道他的马大大加快了速度。马轻易地飞过了水沟,就像没有在意似的,马就像鸟儿一般飞了过去;但就在这时候,伏伦斯基惊骇地感觉到,他没有跟上马的动作,自己也不知道怎么回事儿,一屁股坐在马鞍上,犯了一个无法饶恕的糟透了的错误。他的状况一下子改变了,他也明白,出了可怕的事。他还没弄清究竟出了什么事儿,就看到那枣红马的白腿在身边闪了闪,马霍丁就从一旁飞驰而过。伏伦斯基一只脚碰到地面,他的马就倒在这只脚上。他刚刚把脚抽出来,那马就喘着粗气横倒下来,那细细的、汗淋淋的脖子拼命使着劲儿想站起来,却站不起来,就在他脚边地上挣扎起来,像一只被击落的鸟儿。伏伦斯基的笨拙动作折断了马的脊梁骨。不过这是后来过了很久他才明白的。这时他只是看到,马霍丁很快地跑远了,他却一个人摇摇晃晃地站在一动不动的烂泥地上,弗鲁-弗鲁喘着粗气躺在他面前,并且朝他弯过头来,用一只好看的眼睛望着他。伏伦斯基还是不明白出了什么事儿,依然在拉着马的缰绳。那马像鱼一样浑身抖动起来,抖动得鞍翅噼啪直响,两条前腿撑了起来,却怎么也撑不起后半截身子,接着摇晃了几下,又横倒下去。伏伦斯基急得变了形的脸煞白煞白的,下颌不住地哆嗦着,用靴后跟踢踢马肚子,又扯扯缰绳。可是马没有动,而是把鼻子杵进泥里,只是用它那会说话的眼睛望着主人。

“唉呀呀!”伏伦斯基抓住自己的头,哼哼起来。“唉呀呀! 我这是怎么回事儿呀!”他叫道。“这赛马就输啦! 而且都是我自己的过错,可耻的过错,不可饶恕的过错! 这可爱又可怜的马就叫我毁了！哎呀呀！我这是怎么回事儿呀！”

观众、医生和助手以及同团的军官们一齐向他跑来。他觉得遗憾的是，自己倒是好好的，一点没有受伤。马的脊梁骨断了，只能一枪了事。伏伦斯基什么问话也不能回答，也不能和任何人说话。他转过身去，也不去拾起头上掉下来的帽子，就离开赛马场，自己也不知道要上哪儿去。他觉得自己很不幸。他生平第一次尝到最难受的不幸滋味，而且这是无法补救的不幸，自己一手造成的不幸。

雅什文拿着帽子追上他，把他送回家，半个小时之后，他才清醒过来。但这次赛马的情形却长期留在他的心中，成为他一生中最痛苦、最伤心的往事。

二十六

卡列宁同妻子的关系表面上还是和以前一样。唯一的不同就是他比以前更忙了。他还和往年一样，一到开春时候就到国外温泉去疗养，以便恢复由于年年冬季十分繁重的公务受到损害的健康，并且和往常一样，在七月里回来，立即带着饱满的精力忙起他的日常公务。还是和往常一样，他的妻子到别墅去避暑，他就留在彼得堡。

自从培特西家晚会之后那次交谈以来，他再也没有和安娜说过自己的怀疑和猜忌，而他惯用的那种模仿别人说话的腔调，现在用在他和妻子的关系中，再合适不过了。他对妻子有点儿冷淡了。他在那天夜里第一次和她交谈，她避而不谈，他因此似乎只是有点小小的不满。他对她有点儿恼火，如此而已。“你不愿意跟我谈谈，”他似乎在心里这样对她说，“这样对你更不好。现在你就是求我，我也不跟你谈了。这样对你更不好。”他在心里说。就好像一个人救火没有救成，很生气自己白花了力气，就说：“那你瞧吧！就烧光好啦！”

他这个在官场上又精明又机灵的人，却不明白这样对待妻子有何等不理智。他不明白这一点，是因为他非常害怕明白自己的真正处境，所以他把心里那一口箱子关得紧紧的，上了锁，贴了封条，那里面隐藏着他对家庭的感情，也就是对妻子和儿子的感情。他本来是一个很关心孩子的父亲，可是自从去年冬末以来，对儿子特别冷淡起来，而且对儿子也像对妻子一样，常常采用取笑的态度。“喂，年轻人！”他常常这样招呼儿子。

卡列宁常常想，也常常说，不论哪一年，都没有今年这样繁多的公务。他却没意识到，今年是他自己为自己想出许多事务，这是他免得打开那口箱子的一种手段，因为那里面藏着他对妻子和儿子的感情以及他对他们的一些想法，而且那感情和想法在里面藏得越久，越是可怕。假如有谁能够问问卡列宁，他对妻子的行为是怎样想的，温文和善的卡列宁什么也不会回答，而是会对问他这话的人非常生气。因此，每当有人问起他妻子的健康情形时，卡列宁的脸上就会出现一种高傲和冷峻的神气。卡列宁一点也不愿意去想他妻子的行为和感情，事实上他也是一点也不想。

卡列宁家往常的别墅在彼得高夫，李迪雅伯爵夫人通常也要住在这里过夏天，和安娜为邻，经常和她来往。今年夏天李迪雅伯爵夫人却不肯到彼得高夫来住，一次也没有上安娜这儿来，并且向卡列宁暗示，安娜不宜跟培特西和伏伦斯基接近。卡列宁表示，他的妻子无可怀疑，板起脸不叫她说下去，而且从此以后他就躲着李迪雅伯爵夫人。他不愿意看到，也没有看到，社交界已经有许多人侧眼看他的妻子；他不愿意明白，也不明白，为什么他的妻子一定要到培特西住的皇村去住，那里就离伏伦斯基那个团的军营不远。他不让自己想这事儿，而且也从来不想；可是同时他在内心深处是清楚的，尽管他从来不承认，尽管不仅没有什么证据，也没有什么蛛丝马迹，他却知道他是一个被欺骗的丈夫，因此是极其不幸的。

在他和妻子幸福地度过的八年时间里，他看到别人家不贞的妻子和被欺骗的丈夫，有多少次他在背地里说："这怎么能容忍呀？怎么不摆脱这种尴尬局面呀？"可是现在轮到他头上，他却不仅不考虑怎样摆脱这种局面，而且根本不愿意知道这回事儿，他不愿意知道，就是因为这事儿太可怕、太难堪了。

卡列宁从国外回来以后，来过别墅两次。一次在这儿吃午饭，一次陪着客人过了一个晚上，但还是照往年习惯，一次也没有在这儿过夜。

赛马那天，本来是卡列宁很忙的一天；可是，就在他早晨安排活动日程的时候，便决定一吃过早中饭就上别墅去看妻子，再从那儿去赛马场，所有宫廷的人都要去看赛马的，所以他也应该去。他要去看妻子，是因为他自己决定每星期去看她一次，以保持体面。此外，按照惯例，这一天他必须给妻子送钱去，作为她前半个月的开支。

他一向能控制自己的思想，所以，想了想有关妻子的这件事之后，就再也不让自己的思想继续去接触有关她的事。

这天上午，卡列宁很忙。昨晚李迪雅伯爵夫人给他送来一本小册子，是彼得堡一位到过中国的著名旅行家写的，还附了一封信，要求他接见这位旅行家，说从各方面来看，这是一个很有意思的和很有用的人。卡列宁昨天晚上没有来得及把小册子看完，今天早晨才看完了。接着就来了请求办事的人，然后就是报告、接见、任命、免职，奖金、年金、薪俸的分配，书信来往，——这都是卡列宁所谓的例行公事，占去了很多时间。然后就是私事，医生来访，账房来见。账房没有占去多少时间。他只是把卡列宁要用的钱交给他，又简单地报告了一下情况，说到情况不太好，因为今年出门次数多，开支大，所以入不敷出。不过，这位医生是彼得堡的名医，和卡列宁的交情很不错，占去了很多时间。卡列宁没想到他今天会来，见他来了很惊讶，更惊讶的是，医生非常仔细地询问他的健康状况，还听了听他的胸部，敲了敲又摸了摸他的肝脏。卡列宁不知道，他的朋友李迪雅伯爵夫人发现他今年健康状况不好，就请医生来给他检查。“您就为我这样做吧。”李迪雅伯爵夫人对医生说。

“我要为俄罗斯这样做，伯爵夫人。”医生回答说。

“是一个无法估价的人才呀！”李迪雅伯爵夫人说。

医生觉得卡列宁的健康状况很不好。他发现他的肝脏肿大了很多，营养不良，温泉疗养毫无效果。他嘱咐他，多做体力活动，尽量减少精神上的紧张，更主要的是，不能有任何忧虑，也就是说，是卡列宁做不到的事，就像不叫他喘气一样。医生走了，留给卡列宁的是很不愉快的感觉，感觉他的健康状况很不好，而且不能恢复了。

医生从卡列宁家出来，在台阶上碰见他的好朋友、卡列宁的秘书斯留丁。他们是大学里的同学，虽然很少见面，彼此却很敬重，很要好，因此医生对别人都不说，只对斯留丁坦率地说了说他对患者的意见。

“您来给他看看，我太高兴了，”斯留丁说。“他身体不好，我觉得……哦，怎么样？”

“噢，您听我说，”医生一面说，一面从斯留丁头上朝他的车夫招了招手，叫车夫把马车赶过来。“您听我说，”医生说着，把鞣皮手套的一个指头套到雪白的手上，并且抻了抻。“要是不让弦绷紧，想把弦弄断，是很困难的；可是如果让弦绷紧到最大限度，只要用手指头往绷得紧紧的弦上一按，弦就会断。他在公务上辛辛苦苦，兢兢业业，这就是说他的弦已经绷紧到最大限度；再加上别的压力，而且是非常沉重的压力。”医生意味深长地扬起眉毛，说出最后一句。“您去看赛马吗？”医生又问一句，便走下台阶，朝马车走去。“是啊，是啊。当然要费很多时间。”医生这是回答他没有听清楚的斯留丁说的一句什么话。

占去很多时间的医生一走，著名的旅行家就来了。卡列宁运用了他刚才读小册子所得的以及他原来在这方面的知识，使旅行家对他在这方面的高深见解和渊博学识感到惊讶。

在旅行家到来的时候，同时通报有一位来到彼得堡的某省首席贵族来访，卡列宁必须和他谈一谈。首席贵族走后，卡列宁要和秘书一起把例行公事办完，还要为一件重大的事去拜访一位要人。卡列宁在五点钟要吃饭的时候才赶回来，和秘书一起吃过饭，就请秘书和他一起到别墅去，然后一起去看赛马。

卡列宁虽然自己也没有意识到，但他总是找有第三者在场的机会同妻子见面。

二十七

安娜听到大门口有车轮碾压碎石子声音的时候，她正站在楼上大镜子前面，安奴什卡帮她钉连衣裙上最后一个花结。

“培特西来还早呀。”她想道，然后朝窗外看了看，就看到马车和从马车里露出来的卡列宁的黑礼帽以及她十分熟悉的那一对耳朵。“这就糟了；难道要在这儿过夜吗？”她想道，并且觉得，这样一来可能会出现极其可怕的、不得了的事儿，于是她不再犹豫，立刻堆出一副笑脸，满面春风地出去迎接他，同时感觉到她已经很熟悉的说谎作假的魔鬼又来到她心中，就立即向这个魔鬼投降，说起话来，自己也不知道说的是什么。

“哎呀，太好啦！”她一面说，一面把手伸给丈夫，并且像对家里人一样笑眯眯地跟斯留丁打招呼。“你在这儿过夜，行吗？”这是说谎作假的魔鬼指点她说的第一句话。“咱们现在就一道去看赛马。只不过我已经答应了培特西。一会儿她就坐车来接我。”

卡列宁一听到培特西的名字，就皱起眉头。

“哦，那我就不拆散你们这一对老搭档了，”他用平常那种取笑的口吻说。“我就和米海尔·瓦西里耶维奇一起去。医生也叫我多走走路。我就一路走过去，就好像我在温泉那样。”

“不用着急，”安娜说。“要喝茶吗？”她打了打铃。

“上茶，再告诉谢辽沙，爸爸来了。哦，你身体怎么样？米海尔·瓦西里耶维奇，您还没有到我这儿来过呢。您瞧，我这儿的露台有多好。”她忽而对这个，忽而对那个说着话儿。

她说得很随便，很自然，但说得太多，也太快了。她自己也感觉到这一点，尤其是从米海尔·瓦西里耶维奇看她的好奇的眼神里，她发现他在观察她。

米海尔·瓦西里耶维奇立即走到露台上。

她挨着丈夫坐下来。

“你的气色不怎么好呀。”她说。

“是的，”他说，“今天医生来看过我，花了一个钟头的时间。我觉得，是我的哪一位朋友叫他来的：把我的身体看得太值钱了……”

“哦，医生究竟怎么说？”

她问了他的身体健康，又问他的公务，还劝他休息休息，搬到她这儿来住。

这一切她都说得很快，很开心，而且眼睛里放射着特别的光彩；但卡列宁现在丝毫不注意她这种语调。他只是听见她说的话，而且只是听其本身的直接含意。他回答她也很随便，虽然用的是取笑的口气。这次谈话从头到尾没有什么特别之处，可是后来安娜每想起这次短暂的会面，都要羞臊得无地自容。

家庭女教师领着谢辽沙走了进来。如果卡列宁敢于观察一下的话，他会发现谢辽沙看看父亲又看看母亲的那种茫然失措的胆怯眼神的。可是他一点也不愿意看，就什么也没有看出来。

“哦，年轻人！长成大人了。真的，简直是一个男子汉啦。你好呀，年轻人。”

他又把手伸给吓慌了的谢辽沙。

谢辽沙本来就有点儿怕父亲，现在，自从卡列宁开始叫他年轻人之后，自从他头脑里出现了不知伏伦斯基是友是敌这个问题以来，他就处处躲避父亲。这时他就像请求保护似的，回头看了看母亲。只有和母亲在一起他才快活。这时卡列宁和家庭女教师说起话来，一面搂住儿子的肩膀，谢辽沙却感到别扭得难受，安娜看到，他差点儿要哭出来。

儿子进来的时候，安娜红了红脸，这时她看到谢辽沙很不自在，急忙站起来，把卡列宁的手从儿子肩上拉开，吻了吻儿子，把他领到露台上，自己又马上回到房里。

“已经不早了，”她看了看表，说，“怎么培特西还不来呀！……”

“是啊，”卡列宁说着，站了起来，交叉起两手，扳得手指头咯吧咯吧响起来。“我来也是给你送钱的，因为空话填不饱肚子呀，”他说。“我想，你是需要的。”

“不，不需要……哦，需要，”她说这话的时候，眼睛也不看他，而且脸红到了头发根。“哦，我想，你看完赛马会到这儿来吧。”

“那当然！”卡列宁回答说。“哦，彼得高夫的一枝花儿，培特西公爵夫人来啦，”他看了看窗外一辆来到跟前的马车说。那是一辆英国马车，全副皮套，那小小的车厢特别高。“多么豪华！多么漂亮呀！好，咱们也走吧。”

培特西公爵夫人没有下车，只是她那个穿套鞋、披斗篷、戴黑色礼帽的仆人在大门口跳下车来。

“我走了，再见吧！”安娜说过，吻了吻儿子，又走到卡列宁跟前，把手伸给他。“你来得太好了。”

卡列宁吻了吻她的手。

“好啦，那就再见吧。你回头来喝喝茶，那太好了！”她说过之后，便满面春风地、喜气洋洋地走了出去。可是，等她一看不见他了，她就感觉出她手上他的嘴唇接触过的地方，厌恶得打了个哆嗦。

二十八

卡列宁来到赛马场的时候，安娜已经和培特西坐在汇集了所有上流人士的亭子里了。她老远就看到了丈夫。两个人，丈夫和情人，是她生活的两个中心，不需要借助外部感官，她就能感觉出他们来到跟前。她老远就感觉丈夫朝她跟前走来，就不由得注视起他在浪潮般的人群中走动的神气。她看到，他一面朝亭子这边走，时而居高临下地回答那种带有巴结意味的鞠躬，时而友好地、漫不经心地同平等身份的人打招呼，时而殷勤地等待权贵们的顾盼，并且摘下他那压到耳朵尖的大圆礼帽。她很熟悉这一套，对这一套十分反感。“一心要功名，一心要升官——他朝思暮想的就是这个，”她在心里说，“至于高尚的理想，热心教育，笃信宗教——这一切无非是他谋求升官的手段。”

他朝女士们的亭子望着（他对直地朝她这儿望着，但在罗纱、绸带、羽毛、阳伞和鲜花的海洋中却没有认出自己的妻子来），她从他的目光看出来,他是在找她;但是她装作没有看见他。

“阿历克赛·亚力山大罗维奇!”培特西公爵夫人朝他喊道,“您想必没有看到夫人吧;她在这儿呀!”

他的脸上露了露他那种冷冷的笑容。

“这儿真是五彩缤纷,令人目不暇接呀。”他说过,便朝亭子里走来。他对妻子笑了笑,就像一个做丈夫的跟妻子刚刚见过面又碰到时那样;又跟公爵夫人和其他一些熟人打招呼,对不同的人给予不同的对待,也就是说,对妇女就说一两句笑话,对男子就寒暄几句。在下面,亭子旁边站着一位侍从武官,是一个出名的聪明和有教养的人,卡列宁一向对他非常尊敬。卡列宁就和他攀谈起来。

正是两场赛马的间歇时间,因此没有什么妨碍他们谈话。侍从武官说赛马没有什么益处。卡列宁不赞成他的看法,说赛马有种种好处。安娜一字不漏地听着他那尖细而平和的声音,觉得他说的每一个字都是虚伪的和刺耳的。

四俄里障碍赛开始了,她朝前探了探身子,目不转睛地看着伏伦斯基朝马走去,跨上马去,同时还听得见丈夫那讨厌的、依然没有停的说话声。她为伏伦斯基担惊害怕,心里已经很难受,可是更使她难受的是她觉得一直不曾停过的丈夫那尖细的声音和那种十分熟悉的语调。

“我是一个坏女人,一个堕落的女人,”她想道。“可是我不喜欢撒谎,我厌恶撒谎,他(丈夫)却把撒谎当作家常便饭。他什么都知道,什么都看得见;如果他能够这样心平气和地说谎,究竟有什么感觉呢?如果他杀死我,杀死伏伦斯基,我倒是尊敬他。可是不，他要的只是谎言和面子。”安娜在心里说，并未去想她究竟要求丈夫怎样和希望丈夫是个什么样的人。她也不明白，今天卡列宁特别爱说话，以至使她非常恼火，不过是他心里不安和烦躁的表现。就像一个受伤的孩子，蹦蹦跳跳，活动活动肌肉，为的是忘记疼痛，卡列宁同样也需要活动活动脑子，为的是冲淡有关妻子的一些想法，在有她在场和有伏伦斯基在场或者有人常常提到伏伦斯基的名字的时候，这些想法就一定会出现。小孩子自然会蹦蹦跳跳，他自然会说得头头是道。他说：

“军官赛马、骑兵赛马都有危险性，这是比赛中免不了的。如果英国可以在军事史上标榜最显赫的骑兵业绩的话，那只是因为英国历来重视提高人和马的素质。我认为，竞赛具有重大的意义，我们却往往只看到最表面的一层。”

“不是表面的哟，”培特西公爵夫人说。“听说有一个军官断了两根肋骨呢。”

卡列宁像往常那样笑了笑，这种笑只是露露牙齿，什么也不表示。

“公爵夫人，就算这不是表面的，而是内在的，”他说，“不过问题不在这里，”他又转过身去对那位刚才跟他认真交谈的将军说，“不要忘记，参加赛马的都是选择了这一职业的军人，还要承认，任何行当都有艰难困苦的一面。这乃是军人分内的事。拳击和西班牙斗牛之类荒唐的运动是野蛮的表现，但专门化的运动乃是文明的象征。”

“不，下一次我再也不来了；这叫我太紧张了，”培特西公爵夫人说。“不是吗，安娜？”

“紧张是紧张，可是不看也不行，”另一位太太说。“假如我是一个古罗马的女人，一场格斗也不会放过。”

安娜什么也没有说，一直拿着望远镜，朝一个地方望着。

这时有一位高高的将军从亭子里走过。卡列宁住了口，急忙而又庄重地站起身来，向路过的将军深深地鞠了一躬。

“您没有参加比赛吗？”将军和他开玩笑说。

“我赛的是更难的一种。”卡列宁恭恭敬敬地回答说。

虽然这回答毫无意义，将军却装出一副从聪明人嘴里听到聪明话并且完全明白俏皮何在的神气。

“这有两个方面，”卡列宁又说下去，“表演者一方面和观众一方面；就观众来说，喜欢这类场面是文化素养不高的表现，这我同意，不过……”

“公爵夫人，来打赌吧！”奥布朗斯基在下面对培特西说。“您押谁呀？”

“我和安娜押库佐夫列夫公爵。”培特西回答说。

“我押伏伦斯基。赌一副手套。”

“行！”

“多么漂亮呀，不是吗？”

旁边的人说话的时候，卡列宁沉默了一会儿，可是他马上又说起来。

“我也是这样看的，不过有些勇猛的运动……”他本想说下去。

可是这时候骑手们跑起来了，谈话都停止了。卡列宁也不说了。大家都站起来，朝河边望去。卡列宁对赛马不感兴趣，因此他不看那些骑手，而是心不在焉地用疲惫的眼睛打量起观众。他的目光停留在安娜身上。

安娜脸色煞白，异常紧张。显然，她除了看着一个人以外，谁也看不见，什么也看不见了。她一只手哆哆嗦嗦地握着扇子，连气也不喘。他朝她看了看，又急忙转过头，看看别人的脸。

“哦，这位太太和其他一些太太也都很紧张嘛；这是很自然的。”卡列宁在心里说。他想不去看她，但是他的目光却不由自主地朝她身上跑。他又望着她的脸，竭力不看清清楚楚表现在她脸上的神情，然而他还是由不得自己的心意，恐怖地在她脸上看到他不愿看到的表情。

库佐夫列夫在河边第一个落马，使所有的人都很紧张，但卡列宁却从安娜那得意扬扬的煞白的脸上看出来，她所注视的那个人没有落马。在马霍丁和伏伦斯基越过大板栏之后，紧跟在他们后面的一名军官一头栽到地上，跌得昏了过去，观众中响起一片惊骇的声音，卡列宁看到，安娜甚至没注意这回事儿，她好不容易才明白周围的人说的是什么。于是他越来越勤、越来越紧地盯着她。安娜全神贯注地凝视着纵马飞驰的伏伦斯基，也感觉到丈夫那冷冷的目光从一旁盯着她。

有一刹那她把头转过去，带着询问的神气看了看他，微微皱了一下眉头，就又把头转过来。

“哼，我反正就这样了。”她好像这样对他说，而且她再也不去看他了。

这场赛马很糟，十七个人当中有半数以上落马，受伤。到比赛要结束的时候，大家心里都惶惶不安，尤其因为皇上很不满意。

二十九

大家都大声地表示自己的不满，有人说了一句："怎么玩起狮子来啦！"[1]大家都重复着这句话。大家都觉得害怕，所以，伏伦斯基落马，安娜"哎哟"大叫一声，并不显得有什么特别的。可是接着在安娜脸上出现的变化，就真的失态了。她简直失魂落魄了。就像一只被逮住的鸟儿，乱扑腾起来：一会儿要站起来到什么地方去，一会儿转身朝着培特西。

"咱们走吧，咱们走吧。"她说。

培特西却没有听见。培特西弯下身子，同走到她跟前的一位将军在说话儿。

卡列宁走到安娜跟前，殷勤地向她伸过一只手去。

"要是愿意走的话，咱们走吧。"他用法语说；但是安娜正在注意听将军说话，没有注意到丈夫。

"听说，腿也跌断了，"将军说。"这真是太不像样子了。"

安娜没有回答丈夫的话，却举起望远镜，朝着伏伦斯基落马的地方望去；可是那地方太远，又挤了那么多人，简直一点也看不清楚。她放下望远镜，就想走；可是这时有一名军官骑马跑来，向皇上报告什么事。安娜把身子朝前探了探，听起来。

"司基瓦！司基瓦！"她朝哥哥喊道。

但是哥哥没有听见。她又想走出去。

"要是愿意走的话，我再一次向你伸出手。"卡列宁说着，碰

---

①这是一句挖苦话。说的是许多马翻倒在地，好像狮子打滚儿。

了碰她的手臂。

她带着厌恶的神气躲开他,也不看他的脸,只是回答说:

“不,不,别管我,我不走。”

这时她看到,有一位军官从伏伦斯基落马的地方穿越广场朝亭子里跑来。培特西朝他挥了挥手帕。

那位军官带来消息说,骑手没有受伤,但马断了脊梁骨。

安娜听到这消息,很快地坐下来,用扇子捂住脸。卡列宁看到,她是在哭,不仅憋不住眼泪,而且憋不住哭出声来,哭得胸脯一起一落的。卡列宁用身子把她遮住,好让她有时间恢复常态。

“我第三次伸出我的手。”过了一阵子,他又对她说。安娜望着他,不知道说什么才好。培特西公爵夫人过来给她解围。

“不,阿历克赛·亚力山大罗维奇,是我把安娜带来的,我也说过带她回去。”培特西插嘴说。

“对不起,公爵夫人,”他很有礼貌地笑着,但是坚决地看着她的眼睛说。“我看出来,安娜身体不大舒服,我想让她跟我一起走。”

安娜恐惧地回头看了看,乖乖地站起来,把一只手放在丈夫的手臂上。

“我叫人到他那儿去问问,再叫人去告诉你。”培特西对着她的耳朵说。

在亭子出口处,卡列宁还像往常一样见到人就说说话儿,安娜也像往常一样,该回答就回答,该说话就说话;但是她六神无主,就像在梦里一样挽着丈夫的手臂走着。

“他摔死没有呢?是真的吗?他能不能来呢?我今天能不能

见到他呢?”她想道。

她一声不响地坐上卡列宁的马车,又一声不响地离开停车的地方。虽然卡列宁什么都看到了,可他还是不肯去想妻子的真正状况。他只看到一些表面的迹象。他看到,她的举止有失检点,就认为必须对她说说这一点。可是他很难光说这一点,不再往下说。他开了口,要对她说说,她的举止有失检点,可是不由自主地说出了另外的话。

“我们竟然都爱看这种残酷的场面,”他说。“我发现……”

“什么? 我不明白。”安娜轻蔑地说。

他感到受了侮辱,立刻说起他想说的话。

“我要对您说说。”他说道。

“来了,这一下子要摆开来谈谈了。”她想道,顿时感到十分可怕。

“我要对您说说,您今天的举动有失检点。”他用法语对她说。

“我的举动怎么有失检点?”她大声说,并且很快地朝他转过头去,直盯住他的眼睛,但已经完全不是像先前那样带着矫饰的快活神气,而是带着强硬的神气,好不容易用强硬的神气掩盖着内心的恐惧。

“注意。”他指着车夫背后打开的小窗户,对她说。

他欠起身来,把小窗户拉上。

“您看到什么地方有失检点?”她又问一遍。

“就是在一名骑手落马的时候,您没有掩盖住您那种痛心绝望的心情。”

他等着她反驳；可是她一言不发，眼睛朝前面看着。

“我曾经要求您在交际场所注意自己的一举一动，免得让那些爱搬弄是非的人说您的闲话。那时候，我说的是内心的态度问题，现在我说的就不是这个了。现在我说的是表现出来的态度了。您的举动太不检点了，所以我希望以后不能再有这样的事。”

他的话她连一半也没有听进去，她在他面前感到恐惧，而且一直在想着，伏伦斯基是不是真的没有摔死。说骑手没有受伤，马断了脊梁骨，说的是不是就是他？等卡列宁说完了，她只是装出嘲笑的神气笑了笑，什么也没有回答，因为她没有听清他说的是什么。卡列宁开头说得理直气壮，但是当他清楚地意识到他说的是什么时，她的恐惧也传染给了他。他看到她那种笑，心里出现了一种奇怪的错觉。

他在心里说：“她嘲笑我的猜疑哩。是的，她马上就会对我说上次对我说过的话：我的猜疑是毫无根据的，这太可笑了。”

现在，在他眼看就要把一切都摊开来的时候，他最希望的是，她还像以前一样带着嘲笑的神气回答他，说他的猜疑是毫无根据的，是可笑的。他所知道的事太可怕了，所以他现在什么都愿意相信。可是她那张惶恐而忧愁的脸上的表情，说明现在连欺骗的意思也没有了。

“也许，我说错了，”他说。“要是这样的话，那就请您原谅我。”

“不，您没有说错，”她无所顾忌地看了看他那冷冰冰的脸，慢慢地说。“您没有说错。我是痛心绝望，而且不能不痛心绝望。我现在听您说话，心里就想着他。我爱他，我是他的情妇，我讨厌您，怕您，恨您……您想把我怎样就怎样好啦。”

她朝马车的角落里一仰，双手捂住脸，哭了起来。卡列宁一动不动，也没有改变视线那朝前的方向。但是他的脸上忽然出现死人般的庄重的一动不动的神气，而且这种表情一路上直到别墅都没有改变。快要到家的时候，他依然带着这样的表情朝她转过头来。

“好吧！不过，我要求，”他的声音哆嗦了，“在我采取措施维护我的名誉并且把我的意见通知您之前，在外表上保持体面。”

他先下了车，又搀扶她下来。他当着仆人的面一声不响地握了握她的手，便又上了马车，回彼得堡去。

他走后不久，培特西公爵夫人的仆人就给安娜送来一张字条：

“我派人去问过阿历克赛的身体情况，他回信说，身体好好的，没有受伤，不过很泄气。”

“这样他会来的！”她想道。“我把什么都对他说了，这有多好呀。”

她看了看表。还有三个钟头。她想起上次约会的种种情形，她的血就沸腾起来。

“我的上帝，多么幸福呀！这事儿是可怕的，不过我爱看他那张脸，爱这个不寻常的可爱的人儿……丈夫！哼，算啦……是的，谢天，谢地，我和他一刀两断啦。”

三十

谢尔巴茨基一家寄居的德国的小小的温泉疗养地,也像一切有人群聚居的地方一样,好像经过了例行的社会结晶过程,社会的每个成员都被固定在一定的、不变的位置上。就比如一滴水在严寒中会固定下来,获得雪花结晶体的一定形状,每一个新来到温泉的人也都会立即被安排到其特定的位置上。

谢尔巴茨基公爵及其夫人与小姐[①],就凭着他们租用的房子、他们的声望和结交的朋友,立即被定型在一定的、恰如其分的位置上。

这一年温泉疗养地来了一位真正的德国公爵夫人,就因为这样,社会的结晶过程来得更快了。谢尔巴茨基公爵夫人一心要让自己的女儿结识这位贵夫人,所以在第二天就让她去谒见。吉娣穿着在巴黎定做的非常朴素,也就是非常雅致的夏季连衣裙,深深地、袅袅娜娜地行了一个屈膝礼。德国公爵夫人说:“我希望,玫瑰花儿很快就回到这美丽的脸儿上。”于是谢尔巴茨基家一定的生活轨道就安排定了,要脱离这条轨道已经不可能了。谢尔巴茨基一家还结识了英国一位勋爵夫人的一家、一位德国伯爵夫人及其在最近一次战争中负伤的儿子、一位瑞典学者、康纳特兄妹。然而谢尔巴茨基一家无意之中交往最多的却是莫斯科的一位太太玛丽亚·叶芙盖尼耶芙娜·耳基晓娃和她的女儿,虽然吉娣不喜欢她的女儿,因为她的女儿也和她一样害的是相思病,还有

---

①原文为德语。

一位莫斯科的上校，这位上校吉娣小时候就见过他，他穿军服、戴肩章的时候就熟悉他，而且就在这里，他那一副神气，那一双小小的眼睛，那系着花领带的敞着的脖子，显得格外可笑，并且缠住人就不放，非常讨厌。等到这一切都这样安排定了，吉娣就感到苦闷起来，何况公爵又到卡尔斯巴德去了，只剩了她和母亲。她对她认识的人不感兴趣，觉得他们再也不会有什么新鲜之处。她现在最大的兴趣是观察和猜测她不认识的人。因为天性关系，吉娣认为人人身上都有一切美好的东西，尤其是在她不认识的人身上。现在就在她猜测某某是什么人，他们之间是什么关系以及他们是什么样的人的时候，便想象他们有最了不起的、最高尚的品格，并且要通过自己的观察加以证实。

在这些人中间，吉娣特别感兴趣的是一个俄国姑娘。这姑娘是和一位有病的俄国太太，大家都称她施塔尔夫人的，一起来到温泉的。施塔尔夫人也是上流社会的人，可是她病得厉害，不能走动，只有在难得有的晴朗日子里坐轮椅到温泉上来。但是，正如谢尔巴茨基公爵夫人说的，与其说是因为有病，不如说是因为骄傲，施塔尔夫人不和任何俄国人来往。这个俄国姑娘是服侍施塔尔夫人的，此外，吉娣还发现，她和所有重病的病人都很要好，重病的病人在温泉疗养地是很多的，她极其自然地经常照应他们。据吉娣观察，这个俄国姑娘不是施塔尔夫人的亲戚，也不是用人。施塔尔夫人叫她瓦伦加，别的人都叫她瓦伦加小姐。吉娣除了喜欢观察瓦伦加小姐跟施塔尔夫人和其他一些不相识的人的关系以外，对这个姑娘本身也是说不出的喜欢，而且从相遇的目光中感觉出来，瓦伦加也很喜欢她。

这位瓦伦加小姐不是已经过了青春妙龄,而是好像一个人没有青春;看上去她又像十九岁,又像三十岁。就她的相貌来说,尽管带有病容,不能说是难看,倒应该说是好看。如果不是她的身体太瘦,她的头与她的中等身材不相称的话,她的身材也是很好看的。不过看来她对男人没有什么吸引力。她很像一朵美丽的花儿,虽然花瓣还未落,但已经萎蔫,没有芳香了。此外,她对男人没有吸引力,还因为她缺少吉娣有得太多的东西,那就是压抑着的生命之火和对于自己的魅力的感觉。

瓦伦加小姐好像总是一心一意忙着什么事情,丝毫不能分心,似乎因此她不能对任何别的事感兴趣。她特别吸引吉娣的正是她这种截然相反的态度。吉娣觉得,在她身上,在她的生活方式中,可以找到自己现在苦苦寻求的东西:生活情趣和生活价值——也就是世俗男女关系之外的生活情趣和生活价值,现在吉娣十分厌恶那种女子对待男子的态度,觉得那好比恬不知耻地摆出商品,等待买主。吉娣越是仔细观察这位不相识的朋友,越是相信这位姑娘就是她心目中的完人,就越想跟她认识。

两位姑娘每天都要遇见好几次,每次见面吉娣的眼睛好像都在说:“您是什么人?您怎么啦?您真的是我想象中那样完美的人吗?不过千万不要以为,我死乞白赖地要成为您的朋友,”她的眼神又说,“我只是很欣赏您,喜欢您。”不相识的姑娘的眼神回答说:“我也很喜欢您,您也非常、非常可爱。如果我有时间的话,会更喜欢您的。”确实,吉娣看到她总是很忙:要么把一群俄国孩子从温泉带开去,要么给夫人送毛围巾来,并且给她围好,要么想方设法劝慰发火的病人,要么为什么人去选购喝咖啡的点心。

谢尔巴茨基一家来后不久，有一天早晨温泉浴场上又出现了两个人，大家都用不友好的目光注视着他们。一个是高高的、有点驼背的男子，一双大手，一件短得跟他的身材很不相称的旧大衣，一双天真同时又非常可怕的黑眼睛；另一个是面目和善的麻脸女子，衣着很差，很不美观。吉娣一认出他们是俄国人，就开始在想象中编织他们的美丽动人的恋爱史。可是公爵夫人在旅客簿上看到这就是尼古拉·列文和玛丽雅·尼古拉耶芙娜，就对吉娣说了说这个尼古拉是多么坏的一个人，于是她对这两个人的种种幻想立刻消失了。与其说是因为母亲对她说的话，倒不如说因为这是康斯坦丁·列文的哥哥，吉娣一下子就对这两个人极其反感了。尼古拉那抽动脑袋的习惯，现在就使吉娣感到说不出的厌恶了。

她觉得，在他那一双紧紧盯着她的可怕的大眼睛里似乎流露着憎恨和嘲笑的神气，因此她尽可能躲着他，不跟他见面。

三十一

这是一个阴雨日子，整个上午都在下雨，病人都带着伞聚集在游廊里。

吉娣、她的母亲和那个得意扬扬地穿着在法兰克福买的现成的西式礼服的莫斯科上校在一起走着。他们贴着游廊的一边走，为的是尽可能躲着在另一边走的尼古拉·列文。瓦伦加穿着深颜色的连衣裙，戴着垂边的黑帽，跟一个瞎眼的法国女人来回走着，从这一头走到那一头，每次和吉娣碰面，她们都要交换友好的目光。

“妈妈，我可以去跟她说说话儿吗？”吉娣注视着这位不相识的朋友，发现她正朝温泉边上走去，她们可以在那里碰到一起，就对母亲说。

“要是你想这样，那我就先去了解一下她的情形，我亲自去一下，”母亲回答说。“你看出她有什么特别的地方吗？看样子，她是专门陪伴病人的。要是你愿意的话，我可以去认识一下施塔尔夫人。我认识她的嫂子。”公爵夫人傲然昂起头，又补充了一句。

吉娣知道，母亲恼火的是，施塔尔夫人似乎不肯跟她认识。吉娣也就没有坚持自己的要求。

“她真是好得不得了，多么可爱呀！”她望着瓦伦加说，这时瓦伦加正在把一个杯子递给那个法国女人。“您瞧，多么朴实，多么可爱！”

“我觉得可笑，你竟迷恋上她，”公爵夫人说，“算啦，咱们还是回去吧。”她看到尼古拉·列文跟他的女人和一位德国医生迎面走来，他还气冲冲地大声跟医生说着什么事情，她就又说了一句。

她们刚刚转身要往回走，就听见那已经不是高声说话，而是争吵了。尼古拉·列文站了下来，叫嚷着，医生也冒火了。他们四周围了一大群人。公爵夫人和吉娣连忙走了开去，上校却挤到人群中去探听那是怎么一回事儿。

过了几分钟，上校又赶上了她们。

“那是怎么一回事儿呀？”公爵夫人问道。

“真是丢人现眼！”上校回答说。“就怕在国外遇到俄国人。

那个高个子先生和医生吵了起来，骂了许多脏话，怪医生看病看得不对，还挥动了手杖。真是丢脸！”

“哎呀，多么不好呀！”公爵夫人说。“那么，结果怎样呢？”

“幸亏那个……那个戴蘑菇形帽子的女子拉开了。好像那是一个俄国女人。”上校说。

“是瓦伦加小姐吧？”吉娣高兴地问道。

“是的，是的。是她第一个站出来，挽住那位先生的胳膊，把他拉开了。”

“您瞧，妈妈，”吉娣对母亲说，“我钦佩她，您还觉得奇怪呢。”

从第二天起，吉娣在观察这位不相识的朋友的时候，就发现她跟尼古拉·列文和他的女人的关系，已经像她跟其他一些被保护人一样了。她常常走到他们跟前，说说话儿，替那个不懂任何外语的女人当翻译。

吉娣更是一再地恳求母亲允许她去跟瓦伦加认识认识。去见妄自尊大的施塔尔夫人，就像是攀交走出的第一步，不论公爵夫人觉得这有多么不愉快，她还是去问了问瓦伦加的情况，在了解了她的底细之后，便得出结论，跟她认识尽管不会有多大的好处，但也不会有坏处，因此她就亲自去找瓦伦加，先跟她认识认识。

公爵夫人就选定了女儿朝温泉走去、瓦伦加在面包铺对面站下来的时候，走到她面前。

“让我和您认识认识吧，”她带着她那不失身份的微笑说。“我女儿太喜欢您了，”她说。“您也许不认识我。我是……”

“应该说,彼此都很喜欢,公爵夫人。”瓦伦加连忙回答说。

“昨天您为我们那个可怜的同胞做了多么好的事呀!”公爵夫人说。

瓦伦加的脸红了红。

“我不记得,我好像没做什么事呀。”她说。

“怎么没有,您使那个列文避免了一场不愉快。”

“哦,那是他的女伴叫我去的。我就尽量劝慰他:他病得厉害,对医生很不满意。我照应这种病人照应惯了。”

“是啊,我听说您和施塔尔夫人,好像她是您的姑妈吧,一起在孟通住过。我认识她的嫂子。”

“不,她不是我的姑妈。我叫她妈妈,但我不是她生的;我是她抚养大的。”瓦伦加红了红脸,回答说。

这一切说得那样坦率,脸上那真挚而开朗的表情是那样可爱,公爵夫人也就明白了,吉娣为什么那样喜欢这个瓦伦加。

“哦,那个列文怎样了?”公爵夫人问道。

“他要走了。”瓦伦加回答说。

这时候,吉娣看见母亲已经跟不相识的朋友认识了,欢天喜地地从温泉那边走过来。

“哦,吉娣,你那么想认识这位……”

“这个瓦伦加,”瓦伦加笑嘻嘻地提示说,“大家都这样叫我。”

吉娣高兴得脸都红了,一声不响地握住这位新朋友的手握了好一阵子,瓦伦加没有握她的手,却把手放在她的手里动也不动。瓦伦加小姐的手没有回答握手,她的脸却亮起来,绽出安详、快乐，虽然带几分凄然神气的笑容，露出大大的、然而非常好看的牙齿。

“我早就希望这样了。”她说。

“可是您那么忙……”

“啊，才不是呢，我一点也不忙，”瓦伦加回答说，可是就在这时候，她不得不把两个新朋友丢下了，因为有两个俄国小女孩朝她跑来，这是一个病人的两个女儿。

“瓦伦加，妈妈叫你去呢！”她们嚷道。

于是瓦伦加跟着她们走了。

三十二

公爵夫人打听到的瓦伦加的身世、她和施塔尔夫人的关系以及施塔尔夫人本人的情况是这样的：

施塔尔夫人是一个多病的、热心肠的女人，有些人说她折腾得丈夫好苦，有些人说是她丈夫生活放荡，折腾得她好苦。等她生下第一个孩子的时候，已经和丈夫离了婚；那孩子一生下来就死了。施塔尔夫人家里人知道她感情脆弱，怕这事对她打击太大，就拿当天夜里在彼得堡的同一所房子里生下的御厨的女儿充当她的孩子。这孩子就是瓦伦加。施塔尔夫人后来知道了瓦伦加不是她的女儿，但继续抚养她，况且不久之后瓦伦加的亲生父母也都死了。

施塔尔夫人在国外南方已经住了十几年，从来不曾离开病床。有些人说，施塔尔夫人是得到社会公认的一位乐善好施、笃信宗教的妇女；有些人说，她是一个心地高尚的人，她认为什么事对别人有好处，就做什么事。谁也不知道她信的是什么教，是天主教，耶稣教，还是正教；不过有一点是肯定无疑的，那就是她和各种教会、各种教派的上层人物都有很亲密的关系。

瓦伦加一直和她住在国外，所以凡是认识施塔尔夫人的人，都认识和喜欢瓦伦加，都称呼她瓦伦加小姐。

公爵夫人打听到这种种情况之后，就觉得女儿同瓦伦加接近没有什么不体面的了，何况瓦伦加的品行和教养又都是极好的，法语和英语都说得极其流利，而更重要的是，她还替施塔尔夫人传话说，夫人因病无缘结识公爵夫人，感到十分遗憾。

吉娣和瓦伦加结识之后，越来越迷恋这个朋友，而且天天都在她身上发现新的优点。

公爵夫人听说瓦伦加唱得很好，就请她晚上到她们家来唱歌。

“吉娣会弹琴，我们这儿有一架钢琴，钢琴是不太好，不过您的歌儿会给我们很大的快乐。”公爵夫人带着假笑说，吉娣现在特别不喜欢她这种笑，因为她发现瓦伦加不愿意唱。不过晚上瓦伦加还是来了，而且带了乐谱来。公爵夫人把玛丽亚·叶芙盖尼耶芙娜母女和上校也请来了。

瓦伦加似乎丝毫不在乎有陌生人在场，立刻走到钢琴跟前。她不会自己伴奏，但照谱唱得非常好。弹得一手好钢琴的吉娣就给她伴奏。

“您有很了不起的天才。”瓦伦加声情并茂地唱完第一支歌之后，公爵夫人对她说。

玛丽亚·叶芙盖尼耶芙娜也向她表示感谢和赞赏。

"你们瞧，"上校望着窗外说，"有多少人来听您唱歌呀。"确实，窗外来了很大的一群人。

"我很高兴能使大家快乐。"瓦伦加朴实地回答说。

吉娣得意扬扬地望着她的朋友。她赞赏她的艺术才华，也赞赏她的嗓音、她的那张脸，但最赞赏的还是她的态度，就是说，瓦伦加显然没有把自己的歌唱放在心上，丝毫不在意大家的夸奖；她仿佛只是在问：还要不要再唱？是不是够了？

"如果这是我的话，"吉娣在心里想道，"这会使我多么得意呀！看到窗外这一大群人，我会多么高兴呀！她却毫不在意。她这样做，只是想不让妈妈失望，使妈妈高兴。她心里究竟是怎么一回事儿呢？为什么她就能这样超然物外，无动于衷呢？我多么想知道这一点并且学习她这一点呀。"吉娣打量着她那张沉静的脸，想道。公爵夫人请瓦伦加再唱一支，瓦伦加就直着身子站在钢琴边，用她那又瘦又黑的手打着拍子，又唱了一支歌儿，唱得还是那样柔美，那样清脆动听。

乐谱里接下来一页是一支意大利歌曲。吉娣弹完序曲，就转头看了看瓦伦加。

"咱们跳过这一支吧。"瓦伦加红了红脸说。

吉娣带着惊愕和询问的神气盯住瓦伦加的脸。

"好，那就换一支。"吉娣立刻明白，必然有什么事同这支歌有联系，就赶紧翻着乐谱说。

"不，"瓦伦加一只手按住乐谱，微微笑着回答说，"不，就唱这一支吧。”于是她又唱了这一支歌儿，唱得还是像先前一样沉着、镇定，像先前一样好听。

等她唱完了，大家又向她道过谢，就喝茶去了。吉娣就和瓦伦加来到房子旁边的小花园里。

“这支歌儿使您联想起一件往事，是吗？”吉娣说。“您不必说，”她急忙补充说，“只要说一声：是或者不是。”

“不，怎么不能说？我就说说，”瓦伦加坦率地说，而且不等回答就说下去：“是的，是有一件往事，而且是一件很痛苦的往事。我爱过一个人，我为他唱过这支歌儿。”

吉娣睁大眼睛，默默地、很感动地望着她。

“我爱他，他也爱我；可是他妈妈不同意，他就娶了另外一个姑娘。他现在就住在离我们不远的地方，我有时能看见他。您没想到我也有过恋爱史吧？”她说着，有一道火焰在她那好看的脸上闪了闪，吉娣觉得这就是当初烧遍她的全身的那种火焰。

“我怎么会想不到呀？假如我是一个男子，一旦认识了您，就不会再爱别的什么人。我只是不懂，他怎么会迎合母亲的心意，把您忘掉，而使您这样不幸；他太没有情义了。”

“才不是呢，他是一个很好的人，而且我也不算不幸；我倒是很幸福的。哦，今天咱们不再唱了吗？”她说着，朝房里走去。

“您多么好呀！您多么好呀！”吉娣叫起来，并且把她拦住，吻了吻。“我要是有一丁点儿像您就好了！”

“为什么您要像什么人呢？您本身就很好嘛。”瓦伦加带着她那种亲热而疲倦的微笑说。

“不，我一点也不好。哦，您还是对我说说……等一等，咱们坐下来,"吉娣说着,又拉着她挨着自己在长凳上坐下来。"您告诉我,想到一个人不珍视您的爱情,想到他不肯,您不觉得是受了侮辱吗? ……"

"不是他不珍视呀;我相信他是爱我的,但他是一个孝顺儿子呀……"

"哦,但如果他不是顺从母亲的心意,而是他自己要这样呢? ……"吉娣说着,就感到自己泄露了秘密,感到羞得通红的脸暴露了自己的心思。

"那就是他自己不好了,那我也不会原谅他。"瓦伦加显然明白了现在已经不是在谈她的事,而是在谈吉娣的事,就这样回答说。

"可是,如果有了耻辱呢?"吉娣说。"耻辱是无法忘记的,无法忘记。"她想起最后一次舞会上音乐停止时她朝伏伦斯基看的那一眼,就说道。

"有什么耻辱呀? 您又没做什么坏事。"

"比做坏事还坏,是可耻呀。"

瓦伦加摇了摇头,把一只手放在吉娣的手上。

"有什么可耻的呀?"她说。"您总不会对一个对您冷淡的人说您爱他吧?"

"当然不会;我从来没有对他说过什么,但他是知道的。不,不,眼神、举止是有所表现的。我就是活到一百岁,也忘不了。"

"那又有什么呢? 我不明白。问题在于,您现在是不是爱他。"瓦伦加直截了当地说。

"我恨他;我也不能原谅自己。"

“那又为什么呢?”

“耻辱呀,丢脸呀。”

“哎呀,要是都像您这样感情脆弱,那还得了,”瓦伦加说。“没有一个姑娘没有经历过这种事儿。而且这一切都是无关紧要的。”

“那么,什么事要紧呢?”吉娣带着惊讶而好奇的神气盯着她,问道。

“哎呀,要紧的事多着呢。”瓦伦加笑着说。

“到底哪些事呀?”

“哎呀,更要紧的事有很多很多。”瓦伦加不知道说什么好,就这样回答说。这时却听到公爵夫人在窗口呼唤的声音:

“吉娣,外面很凉呀!要么你把披肩拿去,要么到房里来。”

“真的,不早了!”瓦伦加说着,站起来。“我还要到柏尔特夫人那里去一下呢;她要我去。”

吉娣拉住她的手,带着十分好奇和恳求的神气用眼睛问她:“究竟什么事最要紧呀?为什么您能这样安之若素呀?您是知道的,就告诉我吧!”可是瓦伦加甚至没明白吉娣的眼神问的是什么。她一心想着今天还要到柏尔特夫人那里去一下,还要在十二点以前赶回家去伺候妈妈喝茶。她走进房里,把乐谱收拾好,向大家告过别,就要走。

“请允许我送送您吧。”上校说。

“是啊,现在夜深了,怎么能一个人走路呀?”公爵夫人也跟着说。“就是让巴拉莎送送您也好呀。”

吉娣看到,瓦伦加一听说还要人送她,好不容易才忍住笑。

“不用，我总是一个人走路，从来没有出过什么事儿。”她说着，拿起帽子，又吻了吻吉娣，就这样一直没说什么事要紧，腋下夹着乐谱，迈着矫健的步子消失在夏夜黑茫茫的夜幕中，把什么事要紧、她为什么能这样安之若素和自尊自重的秘密也带走了。

三十三

吉娣也和施塔尔夫人相识了。她与施塔尔夫人结识，再加上她和瓦伦加的友情，不仅对她有重大影响，而且在她痛苦的时候对她是一种安慰。她所以得到安慰，是因为结识她们之后，在她眼前展现出一个崭新的天地，一个崇高而美好的天地，这个天地与她经历的一切毫无共同之处，她可以站在这个天地的高处泰然自若地观察她所经历的一切。展现在她面前的，除了她一向沉湎于其中的本能生活之外，还有精神生活。这种精神生活是宗教展示的，不过这宗教同吉娣从小就熟悉的那种宗教，同表现在祈祷上，表现在常常可以遇到熟人的寡妇院里的通宵礼拜上，表现在跟着牧师背诵斯拉夫经文方面的宗教毫无共同之处；这是一种崇高、神秘、结合了一系列美好思想感情的宗教，不仅可以信奉这种宗教，因为这是完全应该的，而且可以热爱这种宗教。

这一切吉娣不是从语言中听到的。施塔尔夫人和吉娣谈话，就像和一个可爱的孩子谈话，就像欣赏自己的童年往事一样，欣赏这个可爱的孩子。她只有一次提到，只有爱和信仰是人类一切苦难的安慰，基督对我们的怜悯是无微不至的，而且她马上就改变了话题。可是，吉娣从她的一举一动、一言一语中，从吉娣所说的她那圣洁的目光中，尤其是从吉娣通过瓦伦加了解到的她的整个身世中，从她的种种方面了解了“什么事要紧”和以前不知道的许多事。

但是，不论施塔尔夫人品格多么高尚，她的身世多么感人，她的言语多么高雅、和悦，吉娣却无意中在她身上发现了一些使她困惑不解的特点。她发现，在问到她家里的人的时候，施塔尔夫人轻蔑地笑了笑，这是不符合基督教仁爱精神的。她还发现，每次见到有天主教牧师在施塔尔夫人那里的时候，她总是尽可能让自己的脸躲在灯罩的阴影里，并且很特别地笑着。这两点发现不论多么微不足道，但却使她困惑不解，因而她对施塔尔夫人产生怀疑。可是瓦伦加，独身一人，没有亲人，没有朋友，心灰意冷，无所向往，无所惋惜，倒是吉娣所能想象的最完美的人。她从瓦伦加身上理解到，一个人只要能忘记自己，热爱别人，就能心安理得，就能幸福和完美。吉娣就想做一个这样的人。现在吉娣一旦明白了什么事最要紧，就不再满足于赞赏这一切，而是立即全心全意地投身于展现在她面前的这种新生活中去。依照瓦伦加所讲的施塔尔夫人和其他一些人的所作所为，吉娣已经为自己制订出未来生活的计划。她要像瓦伦加多次讲到的施塔尔夫人的侄女阿琳那样，不论住在哪里，都要去寻找不幸的人，尽一切可能去帮助他们，散发福音书，为病人、罪犯和临终的人读福音书。她特别向往的是，要像阿琳那样为罪犯读福音书。不过这一切都是秘密的幻想，吉娣对母亲、对瓦伦加都没有说过。

然而，就在等待时机大规模实行自己的计划的时候，吉娣现在就在这里，在有这么多病人和不幸的人的温泉疗养地，很容易找到效法瓦伦加、推行自己的新的做人准则的机会。

公爵夫人起初只是发现，由于吉娣对施塔尔夫人，尤其是对瓦伦加，产生了如她所说的狂热，因而受到强烈的影响。她看到，吉娣不仅模仿瓦伦加的行为，而且不由自主地模仿她走路、说话和眨眼睛的姿态。可是后来公爵夫人就发现，不光是这样着迷，女儿心中还在进行着一场重大的精神变化。

公爵夫人看到，吉娣每天晚上都在读施塔尔夫人送给她的福音书，这在以前是不曾有过的；还看到她常常躲着社交界的熟人，倒是常常跟瓦伦加照料的一些病人，尤其是跟有病的画家彼得罗夫那可怜的一家人常常来往。吉娣显然引以为荣的是，她在这个家庭中担当着护士的职责。这一切都很好，公爵夫人一点也不反对，何况彼得罗夫的妻子又是一个非常正派的女人，而且那位德国公爵夫人发现了吉娣的行为，大加称赞，称她是安慰天使。假如不是有些过分的话，这一切本来是很好的。公爵夫人看到女儿走向极端，就对她说了说。

“不论何时何事都不能走极端。”她对女儿说。

但是吉娣什么也没有回答；她只是在心里想，学基督做好事是不能说过分的。如果遵奉教义，有人打你的右脸，连左脸也转过来由他打，有人要拿你的里衣，连外衣也由他拿去，还有什么过分可言呢？可是公爵夫人不喜欢这种过分，更不喜欢的是，她觉得吉娣不愿意向她袒露自己的心思。吉娣确实对母亲隐瞒着自己的新看法和新感情。她所以隐瞒，并不是因为她不尊重、不爱自己的母亲，而只是因为她是她的母亲。她宁可向别的什么人袒露自己的心思，却不愿向母亲袒露。

“不知为什么安娜·巴芙洛芙娜很久没有到我们家来了，”公爵夫人说起彼得罗夫的妻子。“我曾经叫她来。可是她好像有点儿不高兴。”

“不会吧，我没有感觉到，妈妈。”吉娣涨红了脸说。

“你很久没到她家去了吧？”

“我们准备明天就去游山。”吉娣回答说。

“好的，你们就去吧。”公爵夫人回答说，一面打量着女儿的发窘的脸，竭力猜测她发窘的原因。

这一天瓦伦加来吃午饭，说安娜·巴芙洛芙娜改变主意，明天不去游山了。公爵夫人发现，吉娣的脸又红了。

“吉娣，你和彼得罗夫家没有什么不愉快的事吧？”等瓦伦加走后，公爵夫人问道。“为什么她不再送孩子来，她也不到我们家来了？”

吉娣回答说，她们之间什么事也不曾有过，她也一点不明白，为什么安娜·巴芙洛芙娜好像有点不满意她。吉娣说的完全是实话。她不知道安娜·巴芙洛芙娜对她态度改变的原因，但是她在猜测。她猜测的是那种事儿，那是她不能告诉母亲，也不能对自己说的。那种事儿即使自己知道了，连对自己也不能说出口；万一猜错了，那是很糟糕，很难为情的。

她一遍又一遍地仔细回想自己跟这一家人的关系。她回想起她们见面时安娜·巴芙洛芙娜那和善的圆脸上流露出的真挚的欢喜神气；回想起她们怎样在背地里谈彼得罗夫的病情，怎样商量不让他干事情，带他出去玩儿，因为他不能干事情；回想起那个最小的男孩怎样依恋她，喊她“我的吉娣”，没有她就不肯睡觉。

这一切有多么好呀！接着又想起彼得罗夫那穿着棕色上装的瘦瘦的身子和长长的脖子，那稀稀的鬈发，那一双带有询问神气的、吉娣起初感到很可怕的蓝蓝的眼睛以及在她面前强打精神、强装有生气的模样。她想起自己开头怎样使劲儿克服像对待一切痨病病人那样的对他的厌恶感，怎样煞费苦心想出话来跟他说话。她想起他望着她的那种羞涩而感动的目光，以及自己在这种场合下心中出现的又怜惜又不自在并且意识到自己在做好事的奇怪心情。这一切有多么好呀！可是这一切都是开头一段时间的事。现在，几天以前，忽然一切都完了。安娜·巴芙洛芙娜一面装出殷勤的样子接待吉娣，一面紧紧盯着她和丈夫。

难道他在她接近时那种发自内心的喜悦，就是安娜·巴芙洛芙娜对她冷淡的原因？

"是的，"她想道，"前天安娜·巴芙洛芙娜就懊恼地说：'瞧，他一直在等您呢，您不来他连咖啡都不喝，虽然身体虚弱得不得了。'她说这话的时候，有点儿不自然，跟她那善良的本性很不相称。"

"是的，也许，在我给他送毛毯的时候，她也是很不愉快的。这事本来很平常，可是他接毛毯时那样不自然，谢了那么老半天，弄得我也不自然起来。还有我那幅肖像，他画得那么好。而更主要的，是那又羞涩又温柔的眼神！是的，是的，就是这样！"吉娣怀着恐惧的心情在心中又说一遍。"不，这不可能，不应该这样！他多么可怜呀！"接着她又在心中这样说。

这种疑虑损伤了她的新生活的魅力。

三十四

谢尔巴茨基公爵去过卡尔斯巴德之后，又去巴登和吉兴根探望俄国朋友，照他自己说的，去闻了闻俄国气味，在温泉疗养季节快结束的时候，才回到家里人这里来。

公爵和公爵夫人对国外生活的看法完全相反。公爵夫人觉得国外一切都非常好，而且，尽管她在俄国社会有很稳固的社会地位，她在国外还是想方设法装得像一位欧洲太太，装也装不像，——因为她本来就是一位俄国贵夫人，——所以就处处做作，做作得自己也觉得有点儿别扭。公爵则相反，认为国外一切都很糟，过欧洲生活觉得难受，处处保持俄国的习惯，并且有意显示他在国外比他实际的样子更不像欧洲人。

公爵回来显得瘦了，两腮的皮肉耷拉下来，但心情极其愉快。他看到吉娣完全康复，更加高兴。他听说吉娣跟施塔尔夫人和瓦伦加交上朋友，公爵夫人又把所观察到的吉娣的一些变化对他说了，他觉得困惑不解，使他产生了那种常有的猜疑心，担心这种种一切会使女儿不再听他的话，还怕女儿从他的卵翼下跑出去，跑到他管不着的地方去。可是他一向慈祥而愉快，在卡尔斯巴德住过一阵子之后更是如此，所以这不愉快的消息也就淹没在慈祥和愉快的海洋里了。

回来后的第二天，公爵就穿着他的长大衣，带着他那俄国人的皱纹和撑在白硬领上的虚肿的双颊，欢欢喜喜地和女儿一起朝温泉浴场走去。

这是一个晴和的早晨。一座座整洁敞亮、带小花园的楼房，一个个面孔红红的、手臂也红红的、喝足了啤酒、快快活活地跑来跑去的德国侍女，明丽的阳光，都使人心旷神怡。可是他们离温泉越近，越是常常遇见病人，病人的模样在井井有条的德国生活的正常环境中就显得越发可怜。这种鲜明的对照已经不再使吉娣感到惊讶。明丽的阳光，苍翠的树木，悦耳的音乐，在她看来正是她时时注意的这些熟悉的面孔及其喜怒哀乐的天然背景。可是在公爵看来，这阳光灿烂的六月的早晨，乐队演奏的流行的华尔兹的快活的声音，尤其是那些健壮的德国侍女的模样儿，跟这些从欧洲各地汇集来的无精打采的半死不活的人连在一起，显得有点不像样子，不成体统。

在爱女挽着手臂跟他一起走的时候，他虽然感到十分得意，感到好像又回到青春时代，但这时似乎因为自己的步伐矫健有力和四肢粗壮感到不自在和不好意思。他感到自己几乎是一个在大庭广众之下赤身露体的人。

“你给我介绍介绍你那些新朋友吧，”他用胳膊肘夹了夹女儿的胳膊说。“我现在也喜欢这糟糕的索登温泉了，因为它把你的病治好了。不过你们这儿令人伤感，很令人伤感。这是谁呀？”

吉娣向他介绍了他们遇到的一些熟识的和不熟识的人。在花园门口他们遇见瞎眼的培尔特夫人和她的领路人。公爵看到这位法国老太太一听出吉娣的声音就露出很感动的神气，他感到很高兴。她立刻带着法国人那种分外热情的神气和公爵谈起来，称赞他有这样一个好女儿，当着吉娣的面把她捧上了天，叫她宝贝、珍珠和安慰天使。

“哦，那她就是第二号天使了，”公爵笑着说。“她管瓦伦加小姐叫第一号天使呢。”

“嗬！瓦伦加小姐确实是天使，那是没话说的。”培尔特夫人附和说。

他们在游廊里就遇到了瓦伦加。她提着一个很雅致的红色手提包，急急忙忙迎着他们走来。

“瞧，爸爸回来了！”吉娣对她说。

瓦伦加就像她做任何事情那样又大方又自然地做了一个介乎鞠躬和屈膝礼之间的动作，并且立刻就像跟任何人谈话那样又大方又坦率地跟公爵谈了起来。

“我当然知道您，知道得很清楚。”公爵笑着对她说。吉娣很高兴地从父亲的笑中看出来，他喜欢她这个朋友。他又说：“您这样急急忙忙上哪儿去呀？”

“妈妈在这儿，”她对吉娣说。“她一夜没有睡，医生劝她出来走走。我给她送针线活儿。”

“这就是第一号天使喽！”等瓦伦加走后，公爵说。

吉娣看出来，他很想取笑瓦伦加，但他怎么也不忍心这样做，因为他太喜欢她了。

“这一下咱们就能见到你所有的朋友了，”他又说，“也能见到施塔尔夫人了，如果她肯赏脸的话。”

“怎么，你难道认识她吗，爸爸？”吉娣发现父亲在提到施塔尔夫人时眼睛里露出嘲笑的神气，不禁惶恐地问道。

“我认识她丈夫，也多少有点儿认识她，那还是在她加入虔诚派以前。”

“什么叫虔诚派呀，爸爸？”吉娣问道。她听说施塔尔夫人那种高贵的气质竟有一个名称，感到非常惊愕。

“我也不太清楚。只知道她不论遇到什么事都要感谢上帝，不论遇到什么灾难，就连死了丈夫，也要感谢上帝。说来也好笑，因为他们的日子过得很苦。”

“这是什么人？模样儿多么可怜呀！”他发现长凳上坐着一个不高的病人，穿着棕色的大衣，那白色的裤腿在没有肉的细腿上皱出奇怪的皱褶，就问道。

这位先生把自己的草帽举到稀稀的鬈发之上，露出高高的、被帽子勒红了的额头。

“这是彼得罗夫，是一位画家，”吉娣红了脸回答说。“那是他的妻子。”她又指着安娜·巴芙洛芙娜说。安娜·巴芙洛芙娜就在他们走近的时候，好像故意去追赶一个顺着小路跑开去的孩子。

“他多么可怜，他那张脸多么可爱呀！”公爵说。“你怎么不过去呀？他好像有话要对你说呢。”

“好吧，咱们就过去，”吉娣说着，毅然决然转过身去。“您今天觉得身体怎样？”她向彼得罗夫问道。

彼得罗夫拄着手杖站起来，怯生生地朝公爵望了望。

“这是我女儿，”公爵说。“咱们也认识认识吧。”

画家鞠了一个躬，笑了笑，露出分外耀眼的白牙齿。

“我们昨天就等您呢，小姐。”他对吉娣说。

他在说这话的时候，身子摇晃了一下，接着他就重复这个动作，竭力装成他是有意这样做的。

“我是想来的，可是瓦伦加说，安娜·巴芙洛芙娜派人来说，你们不去了。”

“我们怎么不去呢?”彼得罗夫涨红了脸,立刻咳嗽起来,一面说,一面用眼睛寻找妻子。“安娜,安娜!”他喊道。在他那细细的白脖子上,一条条青筋像绳子一样绷得紧紧的。

安娜·巴芙洛芙娜走了过来。

“你怎么叫人去对公爵小姐说我们不去了!”他哑了嗓子,就很生气地低声对她说。

“您好,小姐!”安娜·巴芙洛芙娜说这话时带着一脸假笑,很不像她以往的态度。“认识您真是太高兴啦,”她对公爵说。“我们早就盼着您了,公爵。”

“你怎么叫人去对公爵小姐说我们不去了呢?”画家又一次哑着嗓子低声说,而且更加生气,显然因为嗓子不听他使唤,不能表达他想用的语气,感到很懊恼。

“哎呀,我的天!我还以为我们不去了呢。”妻子懊丧地回答说。

“怎么回事儿,什么时候……”他咳嗽起来,并且摆了摆手。

公爵举了举帽子,就和女儿一起走开了。

“唉,哎呀!”公爵重重地叹了一口气,“真可怜呀!”

“是的,爸爸,”吉娣回答说。“你要知道,他们有三个孩子,一个用人也没有,几乎没有一点收入。他只能从画院领到一点点儿。”她绘声绘色地说起来,竭力压制着由于安娜·巴芙洛芙娜突然对她改变态度而产生的不安心情。

“哦,这位就是施塔尔夫人。”吉娣指着一辆轮椅说。轮椅里有一个什么东西包在枕头里,裹在灰色和蓝色衣料里,躺在阳伞底下。这就是施塔尔夫人。后面站着一个面色阴郁的健壮的德国雇工，是给她推轮椅的。旁边站着一位淡黄头发的瑞典伯爵，吉娣知道他的名字。有几个病人在轮椅旁边慢慢走着，打量着这位夫人，好像是在看什么怪物。

公爵走到她跟前。吉娣立刻在他眼里看到那种使她困惑不解的嘲笑神气。他走到施塔尔夫人面前，就用现在已经很少有人能说的那种典雅的法语说起话来，说得格外恭敬，格外亲切。

"我不知道您是否记得我，不过为了感谢您对小女的一番热忱，我必须提一提自己。"他摘下帽子，并且一直没有戴上帽子，对她说。

"是亚力山大·谢尔巴茨基公爵，"施塔尔夫人说着，抬起她那圣洁的眼睛看着他，吉娣发现那眼睛里有不高兴的神气。"见到您非常高兴。我真是太喜欢您的女儿了。"

"贵体一直没有康复吗？"

"不过我已经习惯了。"施塔尔夫人说过，给公爵和瑞典伯爵作了介绍。

"您的风采依然不减当年，"公爵对她说。"我已经有十年或者十一年无缘见尊颜了。"

"是啊，上帝给人苦难，也就给人承担苦难的力量。我常常感到奇怪，不知道这条命拖下去干什么……往那一边盖盖！"她生气地对瓦伦加说，因为瓦伦加用毯子给她盖腿没有盖好。

"想必是为了行善呀。"公爵用眼睛笑着说。

"是善是恶自有上帝判断，"施塔尔夫人发现公爵脸上微妙的表情，就说。"那么，您能把那本书给我送来吗，亲爱的伯爵？太感谢您了。”她对那个年轻的瑞典人说。

“哎呀！”公爵看到站在旁边的莫斯科上校，叫了起来，向施塔尔夫人鞠了一躬，便带着女儿跟莫斯科上校一道离开了。

“这就是我们的贵族呢，公爵！”莫斯科上校因为施塔尔夫人不跟他结识对她很不满意，就有意带着讥笑的神气说。

“她一直是这个样子。”公爵回答说。

“那么，公爵，您在她生病之前，也就是说，在她躺倒之前就认识她吗？”

“是的。我看着她躺倒的。”公爵说。

“据说，她十年没有起床了。”

“她起不来，因为她的腿太短。她的身材非常难看……”

“爸爸，这不可能！”吉娣叫起来。

“这是爱说坏话的人说的，好孩子。不过反正够你那位瓦伦加受的。”他又说。“唉，这些有病的太太！”

“才不是呢，爸爸！”吉娣激动地反驳说。“瓦伦加很崇拜她。再说，她做了多少好事呀！真是无人不知，无人不晓呀！人人都知道她和阿琳。”

“也许是这样吧。”他用胳膊肘夹了夹她的手臂说。“不过，如果做好事做得谁也不知，谁也不晓，那就更好了。”

吉娣不说话了，不是因为她无话可说；而是即使对父亲也不愿暴露她内心的一些想法。不过，说也奇怪，尽管她下决心不依从父亲的看法，不让他踏进她心中的圣地，可是她感觉到，整整一个月来保留在她心中的施塔尔夫人的神圣形象从此消失了，就像是用旧衣服做成的人形，一旦明白那不过是一件衣服，人就没有了。只剩下一个短腿的女人,因为身材难看天天躺着,还要责备百依百顺的瓦伦加,就因为没有给她盖好毯子。吉娣不论怎样使劲儿想象,都无法恢复施塔尔夫人原来的形象了。

三十五

公爵的愉快心情感染了家里人,感染了朋友们,甚至也感染了他们的德国房东。

公爵和吉娣一起从温泉浴场回来,并且请了上校、玛丽亚·叶芙盖尼耶芙娜和瓦伦加来喝咖啡,他便吩咐把桌椅搬到小花园里栗树底下,在那儿摆早餐。房东和仆人们受到他的快活心情的影响,也都活跃起来。他们都知道他慷慨大方。过了半个小时,住在楼上的一位患病的汉堡医生,就在窗口羡慕地望着这一伙儿聚集在栗树下的快快活活的健康的俄国人了。在一圈圈摇曳不定的树叶阴影下,公爵夫人头戴缀着紫色缎带的帽子,坐在铺着白色桌布,摆了咖啡壶、面包、黄油、干酪、野味的桌子旁边,在给大家斟咖啡,切奶油面包。公爵坐在桌子的另一头,不停嘴地吃着,快快活活地高声说着话儿。他把自己买来的一些东西在旁边摆开来,有雕花小木盒、木雕小玩意儿、各种各样的裁纸刀,这些东西他在各个温泉疗养地买了一大堆,是要分赠给大家的,包括侍女丽斯欣和房东。他用他那糟得可笑的德语跟房东说笑话,说治好吉娣的病的不是温泉,而是他的美味饭食,尤其是他的黑李子汤。公爵夫人嘲笑丈夫的俄国习气,但是她非常快活,非常带劲儿,这是她到温泉以来不曾有过的。上校像往常一样,听到公爵讲笑话笑嘻嘻的;但在他自以为深有研究的欧洲问题上,他站在公爵夫人一边。温厚的玛丽亚·叶芙盖尼耶芙娜听公爵讲到可笑之处,笑得前仰后合。连瓦伦加也失去自制,听到公爵讲的笑话也憋不住轻轻地然而喜气洋洋地笑起来,这是吉娣从来没见过的。

这一切都使吉娣很高兴,然而她还是心事重重。父亲对她的朋友和她爱上的这种生活的有趣的看法,等于无意中向她提出一个问题,使她无法回答。在这个问题之上,又加上她和彼得罗夫一家关系的变化,今天这变化显得极其明显和不愉快。大家都很快活,吉娣却快活不起来,这就使她分外苦恼。她的心情就像小时候受处罚被关在自己房里,听到姐姐们快活的笑声时那种心情。

"哦,你买这么多东西干什么呀?"公爵夫人笑着说,一面把一杯咖啡递给丈夫。

"只要我一出去,比如说,只要一走到小铺门口,就有人向我兜生意,一连声地叫:'老爷,大人,阁下。'只要一叫'阁下',我就受不住了:十个塔勒[1]就没有了。"

"原来只是因为无聊呀。"公爵夫人说。

"当然是因为无聊,无聊得很呢,简直不知道日子怎样打发。"

"怎么会无聊呀,公爵?现在德国有趣的东西多着呢。"玛丽亚·叶芙盖尼耶芙娜说。

"可是有趣的东西我全都见识过了:黑李子汤我尝过,豌豆灌

---

①塔勒,德国银币。

肠我尝过。全都领略过了。”

“不,公爵,不管怎么说,他们的各种设施是很有意思的。”上校说。

“有什么意思呀?他们一个个都很得意,好像把所有的人都征服了。可是我有什么好得意的呢?我什么人也没有征服,只有自己脱靴子,还要自己把靴子放到门外去。早晨起来,马上穿起衣服,到餐室里去喝那难喝得要命的茶。在家里就不同了!可以不慌不忙地醒来,发点儿脾气,唠叨一阵子,好好儿醒一醒困劲儿,想想心思,不用着急。”

“可是,时间就是金钱,您忘记这一点啦。”上校说。

“要看什么时间呀!有时候一个月不值半卢布,可是有时候不论多少钱都换不到半个小时。是这样吧,吉娣?你怎么这样闷闷不乐呀?”

“我没什么。”

“您要到哪儿去呀?再坐一会儿吧。”他对瓦伦加说。

“我该回家了。”瓦伦加说着站起来,又咯咯笑起来。

等她笑过了,告过别,便到里屋去拿帽子。吉娣跟着她进去。她觉得瓦伦加现在也成了另外一个人了。她不是变坏了,而是和她原来心目中的那样子不同了。

“哎呀,我好久没有这样笑过了!”瓦伦加一面收拾伞和提包,一面说。“您爸爸多好呀!”

吉娣没有作声。

“咱们什么时候再见面呀?”瓦伦加问道。

“妈妈想到彼得罗夫家去。您不去吗?”吉娣试探瓦伦加说。

“我去，”瓦伦加回答说。“他们准备走了，我答应帮他们收拾行李。”

“那我也去。”

“不，您去干什么？”

“为什么不去？为什么？为什么？”吉娣睁大眼睛说，并且抓住瓦伦加的伞，不让她走。“别走，等一等，究竟为什么？”

“没什么；您爸爸回来了嘛，再说，他们跟您在一起感到拘束。”

“不，您告诉我，为什么您不希望我常到彼得罗夫家去？您不是不希望吗？为什么呀？”

“我没有说过这话。”瓦伦加镇静地说。

“不，请您说说吧！”

“全都说说吗？”瓦伦加问道。

“全都说，全都说！”吉娣应声说。

“其实也没什么大不了的，只不过米海尔·阿历克谢耶维奇（画家的名字）原来想早些走，现在却不想走了。”瓦伦加笑着说。

“说呀！说呀！”吉娣阴郁地望着瓦伦加，催她说下去。

“哦，不知为什么，安娜·巴芙洛芙娜说，他不愿意走，是因为您在这里。这话自然很不恰当，可是他们就是因为这事儿，因为您才争吵的。您也知道，这些病人是容易生气的。”

吉娣一言不发，眉头皱得越来越紧，只有瓦伦加一个人在说话，想方设法安慰她，让她平心静气，看到她就要发作，瓦伦加不知她会怎么样——是要哭还是要说什么。

“所以您最好还是不去……您要明白，您不必生气……”

“我这是活该，我这是活该！”吉娣很快地说起来，一面去抓瓦伦加手里的伞，也不看朋友的眼睛。

瓦伦加看着好朋友发小孩子脾气，非常想笑，但又怕惹她恼火。

“怎么活该呢？我真不懂。”她说。

“就是活该，因为这一切都是假的，都是装出来的，不是出自本心。我干吗要去管别人呀？结果我成了人家争吵的原因，结果我做的是谁也不要我做的事。所以一切都是假的！假的！假的！……”

“装假又为的是什么呢？”瓦伦加小声说。

“哎呀，多么愚蠢，多么窝囊呀！我真不应该呀……一切都是假的！”她一面说，一面把伞打开又收拢。

“装假究竟又为什么呀？”

“为的是让别人，让自己，让上帝看着好一点儿，为的是欺骗大家。不，我现在再也不干这种事了！宁可坏一点儿，但至少不说假话，不是骗子！”

“谁是骗子呢？”瓦伦加用责备的口气说。“您好像是说……”

但是吉娣正在火头上，不让她把话说完。

“我不是说您，完全不是说您。您是十全十美的。是的，是的，我知道您是十全十美的；不过我是很坏的，有什么办法呢？我要是不坏的话，也就没有这种事儿了。我是怎样就怎样好啦，可是我不再装假了。安娜·巴芙洛芙娜跟我有什么相干呀！他们想怎样过就怎样过好啦，我也照我想的过。我不能变成另外的人……这一切都不对头，不对头！……”

“究竟什么事不对头呀?”瓦伦加大惑不解地说。

“一切都不对头。我只能凭心意过日子,您却是照章法过日子。我喜欢您就是喜欢您,您喜欢我想必只是为了挽救我,教导我!”

“您这话不对。”瓦伦加说。

“我没有说别人,说的是我自己。”

“吉娣!”传来母亲的声音,“到这儿来,把你的项链拿给爸爸看看。”

吉娣没有同自己的朋友和解,就带着高傲的神气从桌上拿起项链盒子,朝母亲那边走去。

“你怎么啦?你的脸怎么这样红?”母亲和父亲异口同声地说。

“没什么,”她回答说,“我这就来。”说着就又跑了回来。

“她还在这儿!”她想道。“天呀,我对她说什么好呢!我是怎么啦,我说的是什么呀!我干吗要叫她生气?我怎么办呀?我对她说什么好呢?”吉娣想着,在门口站了下来。

已经戴起帽子的瓦伦加手里拿着阳伞坐在桌旁,在看被吉娣弄断的弹簧。她抬起头来。

“瓦伦加,请您原谅我,原谅我吧!”吉娣小声说着,朝她跟前走去。“我不记得我说了些什么。我……”

“我实在不是有意使您伤心。”瓦伦加笑着说。

她们和解了。可是自从父亲回来以后,吉娣觉得原来生活的那个天地完全变了。她不抛弃她所了解到的一切,但是她明白了,自以为可以做一个她想做的人,那是欺骗自己……她好像猛醒过来;感觉出不作假、不吹嘘而让自己保持在自己想达到的崇高思想境界中有多么困难;此外,她还感觉出她生活于其中的这个痛苦、疾病和垂死的人的天地多么令人难受;她觉得为了爱这一切而竭力克制自己是很痛苦的,因此她就想快点儿去呼吸呼吸新鲜空气,回俄国去,到叶尔古绍沃去,她从来信中知道,姐姐陶丽已经带着孩子们到叶尔古绍沃去了。

但她对瓦伦加的爱并没有减弱。在告别的时候,吉娣恳请她到俄国上他们家里去。

"等你结婚的时候,我一定去。"瓦伦加说。

"我永远不结婚。"

"哦,那我就永远不去。"

"好吧,那我就为这个结婚好啦。您可要记住,不能失信!"吉娣说。

医生的预言实现了。吉娣恢复了健康,回到俄国。她不像以前那样无忧无虑,那样快活,但她的心情是平静的。她在莫斯科的伤心事已成为往事。

第三部

一

谢尔盖·伊凡诺维奇·柯兹尼雪夫想休息一下脑力，却没有像往常那样出国，而是在五月底来到乡下弟弟家里。依他的看法，最好的生活就是乡下生活。他现在就是来弟弟这里享受这种生活乐趣的。列文非常高兴，特别是因为他知道今年夏天尼古拉哥哥不会来了。但是，尽管列文对柯兹尼雪夫是尊敬和亲爱的，然而他和这位哥哥一起在乡下感到不舒服。他看到哥哥对乡村的态度，就觉得不舒服，甚至不愉快。在列文来说，乡村是生活的地方，也就是酸甜苦辣都有的地方，劳动的地方；对柯兹尼雪夫来说，一方面，乡村是劳动后休息的地方，另一方面，乡村又是清除腐败影响的有效消毒剂，这样的消毒剂他是乐于服用，并且感到有效的。对列文来说，乡村好就好在它是劳动的场所，而劳动无疑是有益的；对柯兹尼雪夫来说，乡村之所以特别好，就因为在乡下可以什么事也不做，而且也应该什么事不做。此外，柯兹尼雪夫对老百姓的态度，也使列文有些反感。柯兹尼雪夫说，他喜欢老百姓，也了解老百姓，常常和庄稼人聊天，而且他能做到平易近人，不装腔作势，不摆架子，而且从每次交谈中都能看出老百姓普遍有的一些好素质，足以证明他是了解老百姓的。列文不喜欢哥哥这种对待老百姓的态度。对列文来说，老百姓是共同劳动的主要伙伴，而且，尽管他对庄稼人十分尊重，对庄稼人怀有一种骨肉之情，并且如他所说的，这种感情是和乳母的乳汁一起被他吸进血液的，然而他作为他们共同事业的伙伴，虽然有时也赞赏他们的强壮、温顺和讲道理，然而在共同的事业中需要其他品质的时候，常常会对他们的麻木、懒散、酗酒和说谎感到恼火。如果有人问列文喜欢不喜欢老百姓，他肯定不知道应该怎样回答。他对老百姓和对一般人一样，又喜欢又不喜欢。因为他是一个善良的人，他对一般人自然是喜欢的多，不喜欢的少，对老百姓也是这样。但是他不能像喜欢或不喜欢什么特殊的东西那样对待老百姓，因为他不仅跟老百姓生活在一起，不仅他的一切利害都跟老百姓连在一起，而且他认为自己是老百姓的一员，看不出自己和老百姓有什么特别的长处和缺陷，无法拿自己跟老百姓对比。此外，虽然他作为东家和调停人，尤其是作为参谋（庄稼人都很信任他，常常从几十俄里之外跑来向他求教），一直跟庄稼人保持着最密切的关系，他对老百姓却没有固定的看法，如果问他是否了解老百姓，他也难于回答，就像问他喜欢不喜欢老百姓那样。说他了解老百姓，就等于说他了解一切人。他经常观察和了解各种各样的人，其中也包括庄稼人，他认为庄稼人是很好的人和有趣的人，并且不断地在他们身上发现新的特点，不断地改变原来对他们的看法，不断地产生新的看法。柯兹尼雪夫则相反。正如他喜欢并称赞乡村生活，为的是和他不喜欢的那种生活相对照，同样，他喜欢老百姓，为的是和他不喜欢的那个阶层的人相对照，同样，他喜欢老百姓，也是喜欢跟一般人相反之处。在他那清晰的头脑里，对老百姓的生活方式形成了清楚明确的概念，这种概念部分地来自老百姓生活本身，但主要是取其相反的一面。他从来没有改变自己对老百姓的看法和同情老百姓的态度。

每逢兄弟俩在看待老百姓方面发生争论时，柯兹尼雪夫总是能说赢，正是因为他对老百姓、对老百姓的特性、本质和情趣有明确的看法，列文却没有什么明确和固定的看法，因此在争论时常常显得自相矛盾。

在柯兹尼雪夫看来，他这个小弟是一个很好的年轻人，一颗心摆得端正（他用法语这样形容），尽管思想也相当敏捷，可是极容易受一时的观感左右，因此常常自相矛盾。他有时以兄长的宽厚态度为他讲解事情的道理，但认为跟他争论没有什么趣味，因为太容易把他驳倒了。

列文把哥哥看成一个大智大贤、真正高尚的人，在公益事业方面具有特殊的才能。但是，列文年岁越大，对哥哥的了解越深，在他的内心深处就越是常常想到，他感到自己完全缺乏的这种从事公益事业的能力，并不是什么长处，相反，倒是一种缺陷，缺乏一种什么——不是缺乏善良、正当、高尚的愿望和情趣，而是缺乏活力，缺乏所谓心灵这种东西，缺乏一种志向，不能在无数人生道路中选定一条，为之奋斗终生。他对哥哥了解越深，越是发现哥哥和其他许多从事公益事业的人并不是一心热爱公益事业，而是从理智上断定从事这种事业是很好的，只是因为这样才从事这种事业。列文所以有这样的推断，还因为他发现哥哥对公益问题和灵魂永生问题，并不比对一局棋或者新机器的灵巧构造更感兴趣。

此外，列文在乡下跟哥哥在一起感到不舒服，还因为列文在乡下，尤其是在夏天，总是忙着农活儿，夏天的白天虽然很长，要干的活儿还是干不完，可是柯兹尼雪夫却在休息。但是，虽然现在他在休息，也就是不写文章，他却习惯了脑力活动，很喜欢把出现的一些想法用优美简练的语言表达出来，并且喜欢让什么人听听。最常见、最自然的听众便是弟弟。所以，尽管他们的关系亲密无间，列文还是不好意思丢下他一个人。柯兹尼雪夫喜欢躺在草地上晒太阳，躺着晒上很久，并且懒洋洋地聊着。

“你恐怕不相信，”他对弟弟说，“这种山野人的懒散对于我是一种多么大的快乐。脑子里什么念头也没有，空空荡荡。”

可是列文坐在这里听他说话实在觉得没有意思，特别是因为他知道，如果他不去管，会把牲口粪拉到没有耕过的地里去，如果他不去看，会把粪胡乱撒掉；犁头也不会上紧，等到脱落了，就要说，铁犁不管用，还不如木犁好，等等。

“这样热的天，你来来回回地跑，真也够受。”柯兹尼雪夫说。

“不，我只是到账房去一会儿。”列文说过，便朝地里跑去。

二

六月初的一天，老保姆兼管家阿加菲雅搬着她刚腌好的一罐子蘑菇往地窖里去，滑了一下，跌倒了，跌伤了手腕。来了一位当地的医生，是一个爱说话的年轻人，刚刚从医学院毕业的。他把她的手看了看，说没有脱臼，扎好绷带，就留下来吃饭。他显然很高兴有机会能够和大名鼎鼎的柯兹尼雪夫谈谈，并且为了表示他对事情的高明见解，就把在当地道听途说的一些事对他说了说，以说明地方自治办得很坏。柯兹尼雪夫仔细听着，询问着，而且因为有新听众在场来了劲儿，滔滔不绝地谈了起来，发表了几点精辟而中肯的见解，博得了青年医生的敬佩，于是他又进入列文十分熟悉的那种兴奋状态，那是在一场精彩而起劲的谈话之后都要出现的。医生走后，柯兹尼雪夫就想带上钓竿到河边去。他喜欢钓鱼，而且似乎因为喜欢干这种无聊的事感到扬扬得意。

列文要到耕地和草场上去，就趁便用马车把哥哥带去。

这是夏季的转折期，在一年中的这时候，当年的收成已成定局，已经开始考虑来年的播种，割草的时候也到了；这时候黑麦已全部抽穗，一片灰绿色，还没有灌浆的、轻飘飘的麦穗随风摇摆着；这时候碧绿的燕麦夹杂着一簇簇黄色野草，参差不齐地生长在晚播地上；这时候早荞麦已经长得密密匝匝，盖住了土地；这时候被牲口踩得像石头一样坚硬并且踩出一条条小路的休耕地已经翻耕了一半；这时候已经拉到田野上的一堆堆干粪到黄昏时候便散发出浓浓的粪味儿，和草香混合到一起；在洼地上，像海洋似的一片片保护得很好的草地正等待收割，中间夹杂着一堆堆被除掉的酸模那发了黑的茎秆。

这是农事中短暂的休歇时期，眼看着一年一度的、年年庄稼人都要全力以赴的收获季节就要到来。丰收在望。这时的夏日是晴朗、炎热的，夜晚是短促、多露的。

弟兄俩要到草地去,必须穿过树林。柯兹尼雪夫一路上欣赏着枝叶如海洋的林中美景,时而向弟弟指指那阴面发黑、夹杂着一片片黄色托叶的含苞待放的老椴树,时而指指当年的小树那翡翠般绿油油的新叶。列文不喜欢说也不喜欢听有关自然美景的话。他认为语言会冲淡他所看到的美。他一面随声附和哥哥的话,一面不由得思索起别的事。他们穿过树林以后,他的全部注意力就被高地上休耕地的景象吸引去了。在休耕地上,有的地方野草开始发黄,有的地方被践踏得乱糟糟的,被划成一个个小块,有的地方堆着一堆堆牲口粪,有的地方已经翻耕过了。有一些大车排着队在田野上行进。列文数了数大车,非常高兴,觉得需要的东西都运出来了。他一看到草地,思想就转到割草问题上来了。他总是觉得在割草方面有什么特别触及要害之处。来到草地上,列文把马勒住。

朝露还留在密密草丛下层的小草上,柯兹尼雪夫为了不湿脚,要弟弟赶着大车从草地上过去,一直赶到钓鲈鱼的柳树丛跟前。尽管列文很舍不得压坏自己的草地,还是把大车赶到了草地上。高高的青草摇摇晃晃地围着车轮和马腿打转转儿,把种子粘在湿漉漉的车辐和车毂上。

哥哥调理好钓竿,在柳丛旁边坐下来,列文把马牵过去,拴起来,便走进密不通风的灰绿色大海一般的草地。在原来积水的地方,已经结满种子的丝绸般的茂草几乎齐腰深了。

列文横穿过草地,来到大路上,遇见一个肿了一只眼睛的老头子,老头子带着一箱蜜蜂。

“怎么? 是逮来的吗,福米奇?”他问道。

“哪里是逮来的呀，康斯坦丁·德米特里奇！自己的能保住就不错了。这已经是第二次离窝儿了……亏得小伙子们给撵了回来。他们正在给您耕地。卸下马，骑上去撵回来了……”

“哦，你看怎么样，福米奇，现在就割草，还是再等一等？”

“还等什么呀！照我们的习惯，还得等到圣彼得节。不过您总是割得早一些嘛。没什么，上帝保佑，草长得好极了。足够牲口吃的了。”

“可是天气呢，你看怎么样？”

“那是老天爷的事了。也许，天气不会错的。”

列文回到哥哥跟前。什么也没有钓到，但柯兹尼雪夫并不感到扫兴，而是显得心情十分愉快。列文看出来，他因为和医生说话说得来了劲儿，很想再说说话儿。列文却相反，一心想早点儿回家，好安排一下找人明天割草的事，解决他十分操心的割草方面的一些问题。

“好啦，咱们走吧。”他说。

“急什么呀？再坐一会儿吧。瞧你身上怎么都湿透啦！虽然没钓到，可是挺有意思。钓鱼打猎的好处就是可以接近大自然。这蓝湛湛的水真是太美啦！”他说。“这芳草萋萋的河岸常常使我想起一个谜语，——你知道吗？青草对河水说：咱们摇摇晃晃，摇摇晃晃。”

“我不知道这个谜语。”列文无精打采地回答说。

三

“你可知道，我在想你的事呢，”柯兹尼雪夫说。“照那位医生对我说的来看，你们县里简直太不像话了；那个年轻人倒是不蠢呢。我对你说过，现在还要对你说：你不出席会议，完全推开地方自治会的事，是不好的。要是正派人都躲得远远的，情形当然不会好的。我们出钱，有钱付薪水，可是既没有学校，又没有医生，也没有接生婆，没有药房，什么也没有。”

“我试过了嘛，”列文很不高兴地小声回答说，“我不行呀！有什么办法呢！”

“你怎么不行？说实在的，我不明白。要说不关心，没有能力，我看都不是；难道不就是因为懒惰吗？”

“这样那样都不是。我试过了，我看出来，我实在无能为力。”列文说。

他没有怎么注意听哥哥的话。他注视着河那边的耕地，看到一样黑乎乎的东西，却看不清那是一匹马，还是骑在马上的管家。

“你怎么无能为力呢？你试过，没有遂你的心意，你就灰心丧气。怎么没有一点儿好强心呀？”

“好强心嘛，”哥哥的话刺到了他的痛处，他就说，“我不懂什么叫好强心。要是在大学里，有人对我说，别人都懂微积分，我却不懂，——这时候应该有好强心。可是在这方面，首先得相信需要有干这一类事的一定才干，更主要的是，得相信所有这一类事都是十分重要的。”

“这是什么话！难道这种事不重要吗？”柯兹尼雪夫说。他感到十分不快，因为他十分关心的事，弟弟竟认为是不重要的，尤其因为弟弟显然没有用心听他的话。

“我不觉得有什么重要，我没有兴趣，又有什么办法呢？……”列文回答说。他已经看清楚，他看到的那就是管家，看样子，管家已经让干活儿的人离开耕地。干活儿的人正在卸犁头。“难道已经耕完了吗？”他心想。

“哦，不过，你听我说说，”哥哥沉下他那聪明而漂亮的脸，说道，“凡事都有个界限。做一个独立不羁的人、诚实的人，不喜欢作假，这是很好的，——这我都知道；不过，你说的一些话，不是毫无意思，就是一点不对头。你既然热爱老百姓，就像你一再说的那样……”

“我从来没有这样说过。”列文在心里说。

“……怎么能认为老百姓坐以待毙是不重要的呢？无知的娘们儿拿孩子们瞎折腾，老百姓愚昧无知，任何一个文书都可以随意摆布他们，而你是有办法帮助他们的，你却不帮助他们，因为照你看来，这不重要。”

于是柯兹尼雪夫要他二者必择其一：“要么是你没有自知之明，看不出你能做些什么；要么是你不愿意放弃自己的安宁和放下架子；我不知道为什么会这样。”

列文觉得自己只有屈服或者承认自己对公益事业不够热心。而这是使他感到委屈和不快的。

“二者都有吧，”他很干脆地说。“我看不出，怎么能……”

“怎么不能？不能把钱好好地安排安排，改善医疗条件吗？”

“我认为不可能……我们这个县有四千平方俄里，再加上道路不通，暴风雪，农活儿又忙，我看无法做到处处都有医生照料。而且我根本就不相信医疗。”

“哦，对不起，这话是不对的……我可以给你举出千万个例子来……那么，学校呢？”

“要学校干什么？”

“你这是什么话呀？难道可以怀疑教育的作用吗？如果你受教育有好处的话，别人受教育也会有好处。”

列文觉得自己在精神上被逼到了墙上，所以火了，不由得说出他不热心公益事业的主要原因。

“也许，这都是很好的；不过我何必操心建立医疗站和学校问题呢？我从来不看病，也不会送我的孩子进学校，农民也不愿把孩子送去，而且我还不怎么相信有必要把孩子们送进学校呢。”他说。

柯兹尼雪夫听到这种意外的说法一时间怔住了，可是他立刻想好了新的进攻方案。

他沉默了一会儿，拉起一根钓竿，又甩出去，就微微笑着对弟弟说起来。

“哦，对不起……首先，医疗站是有用的。咱们就为阿加菲雅请来了当地医生嘛。”

“哼，我看，那条胳膊今后就伸不直了。”

“这还要到以后再看……还有，有文化的庄稼人和雇工对你更有用处，更可贵。”

“不，你随便去问问谁吧，”列文断然回答说，“雇工有了文化反而更糟。那就连路也修不成了;桥一造起来,就会被偷掉。”

“不过,”柯兹尼雪夫皱起眉头说,因为他不喜欢别人说话矛盾,尤其是像这样不断地从这一点跳到那一点,毫无联系地列举新的理由,这就使人不知道该回答什么,“不过,问题不在这里。请问,你是不是承认,教育对老百姓是有益的?”

“我承认。”列文随口说,但他立刻想到,他说的不是心里想的。他觉得,如果他承认这一点,哥哥就会向他证明,他说的是毫无意思的废话。至于怎样证明,他不知道,但他知道,毫无疑问会在逻辑上向他证明这一点的,于是他等待着这样的论证。

论证起来竟比列文预料的简单得多。

“如果你承认这是有益的,”柯兹尼雪夫说,“那么,你作为一个正直的人,就不能不热爱、不能不支持这种事业,因此也不会不愿意为这种事业出力。”

“不过我还不承认这种事是好事呀。”列文红了脸说。

“怎么?你刚才不是说……”

“就是说,我既不承认这是好事,也不承认这是办得到的事。”

“你不花力气,就不可能知道能不能办到。”

“好,就算这样吧,”列文说,虽然他认为完全不是这样,“就算这样好啦;不过我还是看不出,为什么我要操心这种事。”

“你这是什么意思?”

“不,既然咱们谈起来了,那你就从哲学观点给我解释解释吧。”列文说。

“我不明白,这跟哲学有什么关系。”柯兹尼雪夫说。列文听他的口气,觉得他好像认为列文没有资格谈哲学。这使列文十分恼火。

“有关系!”列文气愤地说。“我认为,我们一切所作所为的动力无非是个人幸福。我作为一个贵族,现在看不出地方自治会有什么地方有助于增进我的福利。道路并没有变好,而且也不可能变好;我的马在很坏的道路上也能给我拉车。医生和医疗站我都用不着。调解官我也用不着,我从来不找调解官,以后也不会去找。学校我不但用不着,而且就像我对你说的,是有害无益的。对我来说,地方自治机构不过是一种负担,要每亩地缴纳十八戈比,要到城里去,跟臭虫一块儿过夜,还要听各种各样的废话和胡扯,可是个人利益并不鼓励我这样做。”

“对不起,”柯兹尼雪夫微微笑着打断他的话说。“当初个人利益也没有鼓励我们为解放农民出力,可是我们出过力呀。”

“不!”列文越来越恼火地说。“解放农民那是另一回事儿。其中就有个人利益。是想挣脱套在我们所有善良人身上的枷锁。可是当地方自治会的议员,商议的是需要多少清道夫,怎样铺设城里的下水道,我又不住在城里;当陪审员,审讯庄稼人偷了一块咸肉,就得一连几个钟头听辩护人和检察官胡言乱语,还要听审判长审问傻老头儿阿廖什卡:‘被告先生,您是不是承认偷咸肉的事儿?’‘啥事儿呀?’”

列文已经说得上了劲儿,模仿起审判长和傻老头儿阿廖什卡的样子;他觉得这都没有离题。

柯兹尼雪夫却耸了耸肩膀。

“哎,你这是想说什么呀?”

“我只是想说，那些跟我……跟我的利益有关的权利，我什么时候都会全力以赴地加以维护的。当年宪兵搜查我们大学生宿舍，检查我们的信件，我就想尽办法维护我们的权利，维护我的受教育权和自由权。我理解兵役制，兵役制关系着我的孩子、兄弟和我自己的命运；我愿意讨论那些跟我有关的问题；可是要商议怎样支配地方自治会的四万卢布，或者审判傻老头阿廖什卡，那我就不懂，就无能为力了。”

列文滔滔不绝地说起来，好像冲开了语言的堤坝。柯兹尼雪夫笑了笑。

“要是明天你受到审讯，怎么样，让你在旧的刑事法庭上受审讯更舒服些吗？”

“我不会受审讯的。我永远不会杀人，就用不着审讯我。这就完了！”他接着说下去，又扯到完全不相干的事，“我们的地方自治机构和所有这一切，就像我们在三一节插的桦树枝儿，为的是让它像在欧洲自己长成的桦树林，我无法真心实意地为它浇水，也无法相信这就是桦树。”

柯兹尼雪夫只是耸了耸肩膀，表示惊讶不解，怎么会在他们的争论中出现桦树枝儿，虽然他立刻明白了弟弟这是想说什么。

“对不起，这样是争论不出个结果来的。”他说。

可是，列文知道自己对公益事业不热心，就很想为这一点辩护，于是他继续说下去。

“我以为，”列文说，“任何一种活动，如果没有个人利益作基础，是不可能持久的。这是普遍的原理，哲学原理，”他又用果断的口气说出哲学这个字眼儿，似乎想表示，他也跟别人一样有资格谈哲学。

柯兹尼雪夫又笑了笑。他心想:“他也有一套合乎自己脾胃的哲学呢。”

“哦,你还是别谈哲学吧,”他说。“自古以来哲学的主要任务就在于探索个人利益与公共利益的必要联系。不过这与本题无关,与本题有关的是,我需要修正你的比喻。桦树不是插的,是栽的,是种的,需要细心照料。只有那些能够体验和看重他们制度中的重要和优越之处的民族,才有前途,才能称得起有历史地位的民族。”

于是柯兹尼雪夫把问题引向列文所不理解的哲学历史范畴,说明他的见解完全是错误的。

“至于你不喜欢这种事儿,恕我直言,这是我们俄国人的懒散和贵族习气,我相信,这是你一时迷误,将来会改正的。”

列文没有作声。他觉得他全线被击溃,但他同时又觉得,他的意思并没有为哥哥所理解,只是他不知道为什么哥哥没有理解:是他没有把自己的意思说清楚呢,还是哥哥不愿意或者不能够理解他的意思?可是他不去深入思考这些事了,也不反驳哥哥,而是思索起完全与此无关的一件自己的事。

柯兹尼雪夫收起最后一根钓竿,解下马,他们就回家了。

四

列文在和哥哥谈话时思索的那件自己的事就是:去年有一天他去看割草,对管家恼火起来,就运用了他平息怒火的办法——

从庄稼人手里拿过一把镰刀,自己割了起来。

他喜欢干这种活儿,所以他有好几次亲自动手割草。家门前的整片草地就是他割完的,而且今年春天他就定下计划,要天天跟庄稼人一起割草。哥哥来了以后,他就一直在考虑:是不是还是去割草呢?他不好意思天天把哥哥一个人丢在家里,而且他也怕哥哥讥笑他干这种事儿。可是在穿过草地的时候,就想起割草的情景,他差不多已经拿定主意要割草。在跟哥哥很激烈地交谈过一阵子之后,他又想起他这个打算。

“需要干干体力活儿,要不然我的性情肯定要变坏了。”他想道,并且决定要割草,不管在哥哥和老百姓面前这会使他多么难为情。

一到晚上,列文就来到账房,对农活儿作了一些安排,并且派人到村子里去找人来割草,明天就在卡里诺夫草地上开镰,那是最大、最好的一块草地。

“请您把我的镰刀送给基特,叫他磨好了明天送来;也许我也去割草。”他竭力克制着难为情的心情说。

管家笑了笑,说:

“是,遵命。”

晚上喝茶的时候他又对哥哥说了说。

“天气似乎晴稳了,”他说。“明天我就开始割草了。”

“我很喜欢这种活儿。”柯兹尼雪夫说。

“我太喜欢了。我有时跟庄稼人一起割草,明天我就想割上一整天。”

柯兹尼雪夫抬起头来,带着好奇的神气看了看弟弟。

“这是什么意思？跟庄稼人一样，割上一整天吗？”

“是的，这是非常愉快的。”列文说。

“作为一种体力锻炼，这是很好的，不过你未必干得下来。”柯兹尼雪夫不带任何讥笑意味地说。

“我试过了。开头是够受，后来也就习惯了。我想，我不会落后的……”

“原来如此啊！不过你说说，庄稼人对这事是怎么看的？恐怕他们会笑老爷古怪吧。”

“不，我想不会的；不过这是一种非常愉快同时也是非常辛苦的活儿，简直连想也没工夫想。”

“可是你怎么跟他们一起吃饭呢？总不好意思把红葡萄酒和烤火鸡给你送去呀。”

“不用送，我只要在跟他们一起休息的时候回家一趟就行了。”

第二天早晨，列文起身比平时早，可是因为安排农活儿耽搁了一阵子，所以当他来到草地上割草的时候，割草的人已经在割第二趟了。

他在高坡上就看见坡下草地那有了阴影的、已经割掉的部分，一条条发灰的空行，一堆堆黑乎乎的衣服，那是割草人割第一趟时就地脱下来的。

等他渐渐来到近处，就看见割草人一个接一个排成长长的一串，此起彼落地挥舞着镰刀，有的穿着外衣，有的只穿着小褂。他数了数，一共是四十二个人。

他们在草地上一块高低不平的洼地里慢慢移动着，那里原来有一道拦河坝。列文认出了几个自己的人。其中有叶米尔老汉，穿着长长的白色小褂，弯腰挥舞着镰刀；有给列文赶过车的小伙子瓦西卡，非常起劲地在割着；还有基特，列文的割草师傅，是一个瘦小的汉子。他也不弯腰，走在最前面，好像是在玩镰刀，在割着他那很宽的一行。

列文下了马，把马拴在路边，自己便走到基特跟前，基特从灌木丛里拿出另一把镰刀，交给他。

"磨好啦，老爷；快得跟剃头刀一样呢。"基特笑着脱了脱帽子，把镰刀递给他，说。

列文接过镰刀，试了试。割草人割完自己的一趟，一个个满头大汗、高高兴兴地走到大路上，笑呵呵地跟东家打招呼。他们都看着他，却没有人开口说话，直到一个身穿羊毛上衣、没留胡子、满脸皱纹的高个子老汉来到大路上，和他说话以后，大家才说起话来。

"要小心，老爷，既然上了阵，可不能掉队呀！"他说。于是列文听到割草的人们压抑着的笑声。

"我尽量不掉队就是了。"他说过，便站到基特后面，等待一齐开始。

"要小心呀。"老汉又说一遍。

基特让了个地方，列文就跟着他割起来。长在路边的草很矮，列文很久没有割草，大家一齐看着他，又有点儿不自在，所以开头割得很糟，尽管他使劲儿挥舞镰刀。他听到背后的说话声：

"镰刀没装好，把子太短啦，瞧，他的腰弯成什么样子啦。"有一个人说。

“镰后跟多用劲儿就好啦。”另一个人说。

“没什么,不要紧,割一阵子就顺手了,”老汉又说。“瞧,这就行了……割得太宽了,这样要累死人的……东家给自己干活儿多卖力气呀！可是你瞧,没割干净呀！要是我们这样,就挨骂了。”

草渐渐柔软些了。列文听着,但不答话,只是跟在基特后面,尽可能割得好一些。他们前进了有一百来步。基特一个劲儿往前走,停也不停,丝毫没露出疲劳的样子;可是列文已经害怕自己撑持不下去了;他实在太累了。

他觉得自己的力气快用完了,就决定请基特停一停。可是就在这时候基特自动停下来,弯下腰,抓起一把草,把镰刀擦了擦,就磨起来。列文直起腰来,舒了一口气,向周围看了看。跟在他后面的一个汉子,显然也很累了,因为他不等割到列文跟前,就停下来,磨起镰刀。基特磨好自己的镰刀,又给列文磨了磨,他们就又往前割。

在第二回合中还是这样。基特一镰又一镰地割着,停也不停,也不劳累。列文跟在他后面,竭力不掉队,可是他越来越吃力了:眼看着他就要支持不住了,可是就在这时候基特停下来,磨起镰刀。

他们就这样割完了第一趟。这长长的一趟,列文割得特别吃力;等到这一趟割完了,基特把镰刀往肩上一搭,慢腾腾地顺着自己留在这一趟上的脚印往回走的时候,列文也同样顺着自己的一趟往回走了。尽管汗水像冰雹一样从脸上往下滚,从鼻子上往下滴,整个脊梁湿漉漉的,就像从水里捞出来的一般,可是他心里十分高兴。而他特别高兴的是,现在他知道他能够坚持下去了。

使他扫兴的只是，他这一趟割得很不好看。“我要少甩胳膊，多用整个身子。”他一面想，一面拿基特割的笔直的一趟同自己割的那到处撒的是草、参差不齐的一趟作比较。

列文发现，第一趟基特割得特别快，大概是想试试东家的体力，而且这一趟又很长。后来的几趟就容易些了，可是列文还是得使出浑身的力气，才不至于落在庄稼人的后面。

他什么也不想，什么也不希求，只求不落在庄稼人后面，尽可能把活儿干好。他只听见镰刀的嗖嗖声，只看见前面基特那越走越远的笔直的身子、弯弯的半圆形空趟、在自己的镰刀刃下像波浪一般慢慢倒下去的青草和野花，以及前面这一趟的尽头，到那儿就可以歇一歇了。

在干得正欢的时候，他那热汗淋漓的肩上忽然有一种凉爽的快感，他不明白这是怎么一回事儿，是怎么来的。在磨镰刀的时候，他朝天空看了看。只见黑压压的阴云涌了上来，大颗大颗的雨点落了下来。有些庄稼人走去把上衣穿起来；有些庄稼人和列文一样，感到神清气爽，只是高兴地耸耸肩膀。

他们割了一趟又一趟。有长趟，也有短趟，草也是有好有坏。列文丧失了任何时间概念，简直不知道此刻是早是晚。此刻他在劳动中开始起变化，这变化使他得到很大的快乐。在干得最欢的时候，他往往会忘记他是在做什么，只觉得轻松愉快，而在这样的时刻，他割的一趟几乎跟基特割的一样整齐好看。但是只要一想起他是在做什么，而且有心要竭尽力量割好些的时候，就立刻感到十分吃力，而且割得也不好了。

又割完一趟，他就想再换一趟，可是基特停下来，走到高个子老汉跟前,小声和他说了几句话。他们俩都看了看太阳。“他们这是说什么呀？怎么不换趟呀？”列文在心里说,却没有想到,庄稼人已经不停地割了四个多钟头,他们该吃早饭了。

“该吃饭了,老爷。”老汉说。

“到时候了吗？好,那就吃饭吧。”

列文把镰刀交给基特,就跟那些到放衣服的地方去拿面包的庄稼人一起,穿过被雨打潮了的长长的一大片割过了的草地,朝自己的马走去。这时他才明白,他看错了天气,雨把他的草打湿了。

“草要坏了。”他说。

“不要紧,老爷,雨天割草,晴天搂嘛!”老汉说。

列文解下马,就回家去喝咖啡。

柯兹尼雪夫刚刚起身。不等柯兹尼雪夫穿好衣服,来到餐室,列文就喝好咖啡,又去割草了。

五

吃过早饭以后,列文排的位置已经不是原来的了。一边是一个爱说笑话的老汉,就是他请东家跟他在一起的;另一边是一个年轻汉子,去年秋天刚娶亲,是第一次出来割草。

这老汉挺直身子,均匀地、大踏步地迈动着两只外撇的脚,在前面走着,动作又利落又匀称,看样子并不比走路时甩胳膊更费劲儿,就像玩儿一样把一码齐的高高的青草割倒在地。好像不是他,而是锋利的镰刀自动钻进绿油油的草丛里的。

列文后面是年轻汉子米什卡。他的头发用青草扎着，那年轻而好看的脸不住地使着劲儿；但是，别人一看他，他就笑笑。看样子，他宁死也不承认他干得很吃力。

列文在他们两个中间割着。在最热的时候他觉得割草并不吃力。浑身出汗，倒是使他感到凉快了；太阳晒着脊背、头和挽起袖子的胳膊，倒是给他增添了干活儿的狠劲儿和韧性。那种无思无虑的状态越来越经常出现，在这种时刻里可以不想自己是在干什么。镰刀自动地在割着。这是幸福的时刻。更愉快的是，等他们来到每趟尽头处的河边，老汉用湿漉漉的茂草擦擦镰刀，在清亮的河水里把镰刀涮一涮，用装磨石的小匣子舀起河水，请列文喝的时候。

“请吧，尝尝我的克瓦斯！好喝吧？”他眨着眼睛说。

列文确实从来没有喝过这种带有绿萍和铁皮磨刀石匣的铁锈气味的温乎乎的水。喝过水之后，就一只手扶着镰刀，悠然自得地慢慢踱回去，这时候可以擦擦往下直流的汗，敞开胸膛呼吸呼吸，望望拉成长串的割草人以及四周围的情景，树林里和田野上的景象。

列文割得越久，越是常常感到忘记了自己，在这样的时刻里，已经不是手在挥舞镰刀，而是镰刀本身带动着一个越来越有知觉的充满活力的身体，而且，就像有魔力似的，不用想到干活儿，活儿就自动进行着，有条不紊，丝毫不差。这是最幸福的时刻。

只有在要割小土包周围的草或者遇到没有除掉的酸模，不得不停止这种无意识的活动而考虑考虑的时候，他才感到困难。老汉干这事儿很轻松。遇到小土包，他就改变动作，时而用刀后跟，时而用刀尖，用短促有力的动作从两边把小土包周围的草割掉。他在这样割的时候，一直注视和观察着面前出现的情形；他一会儿摘下一穗野果，自己吃或者请列文吃，一会儿用刀尖削下一截小枝，一会儿看见鹌鹑从他的镰下飞走，他就看看鹌鹑窝儿，一会儿去逮跑到路上的蛇，用镰刀当叉子把蛇叉起来，给列文看看，又把蛇扔掉。

不论列文，还是他背后的年轻汉子，都觉得像这样变换动作十分困难。他们俩做定了一种紧张的动作，干得非常紧张吃力，也就无法改变动作而且同时观察面前出现的情形。

列文没有注意时间是怎样过去的。要是有人问他割了多少时间，他会说是半个钟头，其实已经到了午饭时候。正准备另起一趟，这时老汉向列文指了指四面八方隐隐出现的男女孩子，孩子们穿过高高的草丛或者顺着大路朝割草人走来，一双双小手提着面包口袋和塞了破布的克瓦斯瓦罐。

“瞧，小家伙们来啦！”他指着孩子们说，并且手搭凉棚望了望太阳。

又割了两趟，老汉便停下来。

“哦，老爷，该吃饭啦！”他很果断地说。于是，割草人割到河边之后，便一个个穿过空地朝放衣服的地方走去，送饭的孩子们就坐在放衣服的地方等他们呢。庄稼人三三五五地聚成堆儿，远些的就在大车底下，近的就在柳丛脚下，柳丛上披了一些青草。

列文坐到他们跟前，他不想回家了。

庄稼人在老爷面前早就不感到有什么拘束了。他们纷纷准备吃饭。有些人在洗脸，有些年轻小伙子在河里洗澡，还有一些人在收拾地方准备休息，解面包口袋，扯克瓦斯罐子上塞的破布。那老汉把面包掰了掰放到碗里，用匙把儿压碎了，把磨刀石匣里的水倒进去，又把面包研了研，撒了一点儿盐，便面朝东方祷告起来。

“请吧，老爷，尝尝我的泡面包。”他对着碗盘起腿坐下来说。

泡面包味道非常好，列文一吃，就不想回家吃饭了。他和老汉一起吃过饭，就和他谈自己的家事，引起他很大的关切，又把自己所有的事情和老汉可能感兴趣的情况对他说了说。他觉得自己对他比对哥哥更亲近，他对这个人感到十分亲热，不由得亲热地笑着。等老汉又站起来，做过祷告，拿青草做枕头，立刻就在柳丛下躺下来的时候，列文也照着这样做了，而且尽管在阳光下苍蝇一个劲儿叮着，小虫儿爬得汗漉漉的脸和身子痒痒的，他还是立刻就睡着了。直到太阳绕到柳丛的另一边，已经晒到他的时候，他才醒来。老汉早就不睡了，坐在那里给小伙子们磨镰刀。

列文朝周围看了看，简直不认得这块地方了：一切都变了。一大片草地已经被割干净，点缀着一趟趟被割倒的芳香的青草，在夕阳的斜照下闪耀着一种新的异样的光彩。河边那割去了草的柳丛，原来看不见、现在显露出青钢色的弯弯曲曲的河水，那站起来走动的一个个庄稼人，草地上未割到的地方那像陡壁一般的茂草，那在光秃了的草地上空盘旋的老鹰，——一切都显得跟先前不一样了。列文醒过来之后，便在心里估量起已经割了多少，今天还能割多少。

四十二个人干的活儿真是不少。这块大草地，在劳役制时期够三十人割两天的，现在却割完了。只剩下边角上一些短趟还没有割。列文却希望这一天尽可能多割一些，所以看到太阳那么快地往下落，感到很懊丧。他一点也不觉得疲劳；一心只想尽可能多干点儿，快些，再快些。

“你看怎么样，咱们把马施金高地也割了吧？”他对老汉说。

“到时候看吧，太阳已经不高了。给大家伙儿喝点儿伏特加好吗？”

在午后小吃时间，大家又坐下来，吸烟的人吸起烟来，老汉就向大家伙儿宣布说：“割完马施金高地，有酒喝。”

“哈，割去！走吧，基特！加劲儿干吧！晚上好好喝一顿。干吧！”大家一齐嚷起来，不等吃完面包，就又干起来。

“喂，伙计们，下劲儿干吧！”基特说过，几乎飞跑过去带头干起来。

“快点儿，快点儿！”老汉说着，跟在他后面，很轻易地赶上了他，“我要赶过你了！小心点儿！”

年轻的、年老的都在你追我赶地割着。而且，不管他们割得多么快，他们都不糟蹋草，一趟趟割得还是那么干净，那么整齐。剩下的一块边角五分钟就割完了。不等后面的几个人割完自己的一趟，前面的一些人就拿起衣服往肩上一搭，穿过大路朝马施金高地走去。

当他们带着叮当作响的磨刀石匣走进马施金高地上树木茂密的峡谷时，太阳眼看就要落到树梢头了。谷地中央的草有齐腰深，又嫩，又柔软，叶子又肥厚，树林里有些地方的茂草中还点缀着一朵朵蝴蝶花。

大家简短地商量了一下是横割还是竖割之后，叶尔米林就带头割了起来。叶尔米林是个黑黑的大汉,也是出名的割草能手。他打头割完了一趟,转回头又割起来,大家就一齐跟着他,朝坡下割到谷底,又上坡一直割到树林紧边上。太阳已经躲到树林后边,已经下露水了,割草人只有在山包上才晒得到太阳,而在雾气腾腾的低洼处和另一边,他们就是在有露水的凉阴里割草了。活儿干得很欢。

青草被割倒时发出清脆的声音,散发着浓烈的香气,割倒的草堆成高高的一行又一行。从四面八方聚集来割短趟的割草人你追我赶地割着,腰上的磨刀石匣叮当乱响,一会儿是镰刀相碰的声音,一会儿是磨刀石打磨镰刀的哧哧声,一会儿是快活的叫喊声。

列文依然在年轻汉子和老汉中间割着。已经穿起羊皮褂的老汉还是那样快活,那样风趣,动作还是那样利落。在树林里不断有肥嘟嘟的桦树蘑菇跟茂草一起被镰刀斩断。可是老汉一遇到蘑菇,就弯下腰拾起来,揣到怀里,说:“又是送给老婆子的一样礼物。”

不论割又湿又柔软的草有多么容易,在谷地的陡坡上爬上爬下还是很吃力的。老汉却毫不在乎。他依然那样挥舞着镰刀,那双穿着老大的树皮鞋的脚迈着稳稳当当的小步慢慢地往陡坡上爬,而且,尽管晃悠着整个身子和耷拉在衬衣下面的短裤,一路上他不漏掉一棵草、一个蘑菇,还照样跟割草人和列文说着笑话。列文跟在他后面,常常以为拿着镰刀爬这种空手都很难爬的陡坡肯定要跌倒,可是他爬上去了,而且做了该做的事情。他觉得,有一种外力在推动他。

六

马施金高地割完了。庄稼人割好最后一趟，便穿起衣服，高高兴兴回家去。列文上了马，恋恋不舍地和庄稼人分了手，便骑马朝家里走去。他在山头上回头看了看：庄稼人已经隐没在洼地上升起的浓雾中，只能听见他们那快活的粗喉咙大嗓门儿的说话声、笑声和镰刀互相碰击的叮当声。

当列文浑身是汗，蓬乱的头发粘在额头上，前胸和后背湿得发了黑，快快活活地说着话儿冲进哥哥房里的时候，哥哥早已吃过饭，正在自己房里喝着柠檬冰水，翻阅着刚刚从邮局取来的报纸和杂志。

"我们把一整块草地全割完啦！哈，真是太好啦，太妙啦！你今天过得怎么样？"列文说。他已经完全忘记了昨天那场不愉快的谈话。

"我的老天爷！你这是什么模样呀！"柯兹尼雪夫一看到就很不满意地打量着弟弟说。"门呀，快把门关上呀！"他叫起来。"你肯定放进来有整整十个苍蝇。"

柯兹尼雪夫最讨厌苍蝇，在他的房间里只有夜间才开窗子，门也是尽可能关着。

"真的，一个苍蝇也没有进来。即使进来了，我也能逮住。你真不相信有多么快乐呀！你今天过得怎样呀？"

"我挺好。不过你真的割了一整天吗？我想，你一定饿得像狼一样了。库兹玛都给你准备好了。"

“不,我一点也不想吃。我在那儿吃过了。我现在去洗洗脸。”

“哦,去吧,去吧,我这就到你房里去,”柯兹尼雪夫摇着头,看着弟弟说。“快去吧,”他又笑着说了一句,接着把书收拾起来,就准备走。他忽然高兴起来,不想跟弟弟离开。“哦,下雨的时候你在哪儿呀?”

“算什么下雨呀?只滴了几滴。哦,我这就来。就是说,你今天过得挺好啦?那就好极了。”于是列文就去换衣服。

过了五分钟,兄弟俩又在餐室里会面了。虽然列文觉得自己不想吃,他坐下来吃饭,只是为了不让库兹玛败兴,可是一吃起来,就觉得这顿饭特别香了。柯兹尼雪夫笑嘻嘻地望着他。

“哦,对了,你有一封信,”他说。“库兹玛,请你去拿来,在楼下。别忘了把门关上。”

信是奥布朗斯基寄来的。列文把信念了一遍。奥布朗斯基是从彼得堡写来的:“我收到陶丽来信,她在叶尔古绍沃,她的一切情形都不如意。请你去看看她,帮她出出主意吧,你什么事都懂。她见到你一定十分高兴。就她一个人在那儿,可怜巴巴的。岳母一家人还在国外。”

“这太好了!我一定要到那儿去一趟,”列文说。“要不然咱们就一块儿去。她真是一个好女人呀。不是吗?”

“离这儿不远吧?”

“有三十来俄里。也许有四十俄里吧。不过这段路挺好。很好走。”

“那很好。”柯兹尼雪夫一直笑着说。

弟弟那副神气也使他快活起来。

“嗬，你的胃口真不坏！”他望着他那俯在盘子上的晒成了棕红色的脸和脖子说。

“太好啦！你也许不相信，这是治疗各种乱七八糟的毛病的妙方呢。我要给医学增添一个新名词：*劳动疗法*[①]。”

“哦，你似乎不需要这种疗法。”

“是的，不过各种各样神经有毛病的人都需要。”

“是啊，这应该试一试。你要知道，我本想到割草的地方去看看你的，可是天气热得实在难受，我走到树林那儿就不想走了。我坐了一会儿，就从树林里走到村子里，遇见你的奶妈，就向她打听庄稼人对你是怎么看的。据我理解，他们并不赞成你的做法。奶妈就说：‘这不是老爷做的事。’总之我觉得，在老百姓看来，他们所谓的‘老爷’的活动应该是有一定之规的。所以他们不希望老爷越出他们心目中形成的框框。”

“也许是这样吧；不过这真是一种很大的乐趣，我这一生还没有尝到过呢。而且这也没有什么坏处。不是吗？”列文回答说。“要是他们不喜欢，那又有什么办法呢？不过，我想，这没有什么。是吗？”

“总之，”柯兹尼雪夫又说，“我看，你今天很高兴。”

“非常高兴。我们把整片草地都割完了。而且我在那儿还结交了一个多么好的老汉！你真想象不出，他是多么有意思！”

“哦，那你今天是很高兴。我也很高兴。第一，我解了两个棋局，其中一局非常妙，——开头先走小卒。等会儿我走给你看

---

①原文为德语。

看。再就是我想了想咱们昨天谈的一番话。”

“什么？你想昨天谈的话？”列文说。他怡然自得地眯着眼睛，吃饭胀得呼哧呼哧地喘着，怎么也想不起昨天谈过一些什么话。

“我认为，你的话有一部分道理。我们的分歧就在于，你把个人利益当作动力，我却认为，凡是有一定文化教养的人都应当关心公共福利。也许，你说得对，人更愿意从事有实际利益的活动。总之，你的脾性，如法国人说的，太容易冲动；你要么什么事也不干，一干起来就发狠劲儿，连命都不要。”

列文听哥哥说话，却一点没有听明白，而且也不想明白。他只是怕哥哥问他什么问题，因为那样就可以看出来，他一点没有听进去。

“就是这样啊，伙计。”柯兹尼雪夫拍着他的肩膀说。

“是的，当然啦。那有什么呢！我不坚持自己的意见，”列文带着孩子般歉疚的微笑回答说。“我究竟跟他争论什么来？”他想道。“当然啦，我也对，他也对，一切都挺好。不过该到账房去把事情安排一下了。”他伸着懒腰，微微笑着，站了起来。

柯兹尼雪夫也笑了笑。

“你想出去走走，那咱们一块儿去吧，”他说，因为他真不愿意离开生气勃勃、浑身是劲儿的弟弟。“咱们一块儿走走，你要是到账房去，咱们也一块儿去。”

“哎呀，老天爷！”列文突然大叫起来，使柯兹尼雪夫吓了一跳。

“你怎么啦，怎么回事儿？”

“阿加菲雅的手怎样啦?”列文敲着自己的头说。“我把她都忘啦。”

“好多了。”

“哦,我还是快去看看她。不等你戴好帽子,我就可以回来。”

于是他像哗啷棒一样,嗒嗒地敲着靴后跟,跑下楼去。

七

奥布朗斯基到彼得堡去办一项官事,这事尽管非官场的人无法理解,但对官场的人来说却是最自然、最清楚、最要紧的事,——那就是让部里想到自己,——不办这项事就不能做官。就在他为了去办这项事几乎带上家里所有的钱,到赛马场上和别墅里去快快活活消磨日子的时候,陶丽却为了节省开支,带着孩子们到乡下去住。她来到给她做陪嫁的村子叶尔古绍沃,这儿离列文的波克罗夫村五十俄里,春天就是在这儿卖掉树林的。

叶尔古绍沃那高大的旧房子早已坏了,公爵当年就把厢房翻修和扩大了。二十年前,陶丽还是孩子的时候,厢房还是很宽敞、很舒服的,虽然也像所有的厢房一样,侧面朝南,朝着通车马的林荫道。可是如今厢房也已经破旧了。奥布朗斯基今年春天来卖树林的时候,陶丽就叫他看一看房子,该修的地方叫人修一修。奥布朗斯基也和一切负心的丈夫一样,非常关心妻子生活上的舒适,亲自把房子察看了一番,他认为必须办的事,都作了安排。他认为,所有的家具必须用珠皮呢蒙面,必须挂上窗帘,清除花园里的杂草,在池塘上架一座小桥,栽种各种花木;可是他却忘记了其他很多必要的事情,就因为这些事情没有做,后来陶丽受了不少罪。

奥布朗斯基不管怎样尽心竭力要做一个体贴入微的丈夫和父亲,他却怎么也记不住他是有妻子和儿女的。他有独身者的爱好,就喜欢独立不羁地寻找乐趣。他回到莫斯科,就很得意地对妻子说,一切都办好了,房子收拾得漂亮极了,很希望她去住住。妻子到乡下去住,从各方面来说,对于奥布朗斯基都是一件很愉快的事:孩子们身体会好些,开支会少些,他也更自由些。陶丽认为到乡下过夏天也是必要的,尤其是对于害过猩红热以后还没有复原的那个女孩子,再就是可以躲避一些小小的不快,躲避零零星星的债务,那些卖柴的、卖鱼的、鞋匠天天讨债逼得她够受。此外,她想下乡,还因为她希望把吉娣接到乡下来住一阵子,吉娣在仲夏时候就要从国外回来了,医生嘱她进行水浴治疗。吉娣从温泉来的信中说,跟陶丽一起在叶尔古绍沃消夏,重温她们的童年往事,再没有什么事比这更使她高兴的了。

乡下生活的开头一些日子里,陶丽感到非常困难。她小时候在乡下住过。在她的印象中,乡下是逃避城市中一切烦恼的场所,乡下生活虽然不讲究(这一点陶丽并不在乎),然而又便宜,又方便:什么都有,什么都很便宜,什么都可以弄到,孩子们在乡下也很快活。然而现在,她作为一个主妇来到乡下,却看到一切都不像她所想的。

她们来到乡下的第二天,就下起倾盆大雨。到夜里,走廊里进了水,孩子们房里也进了水,只好把一张张小床搬到客厅里。

厨娘也没有；据看牲口的女人说，九头母牛中，有的已怀犊，有的还是牛犊，有的老了，有的乳大奶少；没有奶油，牛奶连孩子们喝都不够。鸡蛋也没有。母鸡也弄不到，烧的和炖的都是一些很瘦的黑乎乎的老公鸡。找不到娘们儿擦洗地板，所有的娘们儿都在土豆地里。想坐车出去玩也不行，因为唯一的一匹马很不听驾驭，一上套就撒欢。洗澡也没有地方，因为河滩都被牲口糟蹋得不成样子，而且就在大路旁；连散散步都不行，因为牲口常常穿过倒塌的围墙冲进花园，而且有一头很凶的公牛，喜欢大声吼叫，看样子也喜欢抵人。能装衣服的橱子也没有。衣橱是有的，橱门却关不紧，而且有人从旁边走过，橱门就自动敞开。铁锅和瓦罐也没有。连洗衣锅和使女用的烫衣板都没有。

开头一些日子里，陶丽不但没得到休息和安宁，反而落到她认为非常可怕的灾难境地，因而感到大失所望。她竭力张罗，觉得还是无可奈何，时时刻刻都噙着涌到眼睛里的泪水。管家是一个退役骑兵司务长，奥布朗斯基喜欢他，见他相貌好看而且彬彬有礼，把他从看门人提升上来。他对陶丽受苦受难丝毫无动于衷，恭恭敬敬地说："毫无办法呀，老百姓就是坏透了。"他一点也不帮忙。

看来是毫无办法了。可是在奥布朗斯基家里，也像在所有的人家一样，有一个不惹人注意、然而却极其重要、极其有用的人物，那就是玛特廖娜。她安慰太太，劝她说，总会雨过天晴的（这是她常说的话，马特维也从她嘴里学到了这话），而且她自己也不慌不忙、不急不躁地行动起来。

她立刻就和女管家交起朋友，当天就和男女管家一起在刺槐底下喝茶,并且商量种种事情。刺槐树下很快就成了玛特廖娜的俱乐部,就在这里,通过这个由女管家、村长和账房管事组成的俱乐部,生活上的种种难题渐渐得到解决,一个礼拜之后,果然雨过天晴了。屋顶修好了,厨娘找到了,找的是村长的干亲家母,母鸡买来了,奶牛也出奶了,花园用栅栏围了起来,木匠做了压衣服、床单用的磙子,衣橱上安了搭钩,橱门不会自动打开了,做了烫衣板,蒙了粗布,就放在安乐椅扶手上,靠在五斗橱上,使女房里也就散发出熨衣服的气味儿。

"这就好啦! 您还老是觉得灰心绝望呢。"玛特廖娜指着烫衣板说。

甚至还用草苫子搭了一个洗澡棚。莉莉就在里面洗起澡来。陶丽的期望实现了,虽然是部分地实现,虽然她所期望的不是安宁的生活,而是方便的乡村生活。陶丽带着六个孩子是不可能安宁的。有的孩子生病,有的孩子眼看要生病,有的孩子有什么毛病,有的孩子显得脾气很坏,等等,等等。很少、很少有短短的安宁的时候。然而这种辛苦和操心却是陶丽唯一能得到的幸福。假如没有这一切,她就孤孤单单,只能想想并不爱她的丈夫。而且,尽管做母亲的看到孩子生病、担心孩子生病、看到孩子有坏毛病,心里是非常痛苦的,然而孩子们现在已经在用小小的欢乐来补偿她的痛苦了。这种欢乐极其微小,就像沙里的金子一样不易发现,她在心情不好的时候,就只看到痛苦,只看到沙子;然而也有心情好的时候,这时候就只看到欢乐,只看到金子了。

现在,在冷冷清清的乡下生活中,她越来越经常地领略到这种欢乐。她常常望着孩子们,想方设法让自己相信,她是看错了,她这个做母亲的太偏爱自己的孩子了;然而她还是不能不常常对自己说,她的孩子们都非常好,所有六个孩子,尽管长得不一样,然而都是难得见的好孩子,所以她为他们感到幸福,感到自豪。

八

五月底,在一切事情或多或少都有了头绪的时候,她接到丈夫的回信,回答她诉说乡下情况安排得不好的那封信。他请她原谅,说他考虑不周到,并且保证一旦有机会就来看他们。这样的机会一直没有,所以直到六月初,陶丽还是一个人住在乡下。

在圣彼得节前的礼拜天,陶丽带着所有的孩子到教堂去领圣餐。她在同妹妹、母亲和朋友们推心置腹地谈论哲学问题时,她在宗教方面的自由思想常常使他们感到吃惊。她有自己的奇怪的轮回教,而且信得很虔诚,却很少关心教会的教义。不过她在家庭中还是严格按照教会的要求行事,这不光是为了做榜样,而且也是出自本心。所以,孩子们将近一年没有领受圣礼,她就于心不安了。于是她在玛特廖娜的完全赞同和支持下,决定现在,就在夏天,去领受圣礼。

陶丽在事前好几天就考虑怎样打扮所有的孩子。衣服做好了,有的改做了,洗过了,折边和褶边放宽了,纽扣钉上了,缎带也准备好了。只有英国女教师自动为丹尼娅做的那件连衣裙,使陶丽伤了不少脑筋。英国女教师在改做这件衣服的时候,把衣缝弄错了,袖口开大了,差一点把这件衣服完全糟蹋了。丹尼娅穿起来显得肩膀非常窄,叫人看着难受。不过玛特廖娜设法嵌进一块三角衬垫，又做了小披肩。衣服的毛病是纠正过来了，但是差不多跟英国女教师吵了一场。不过，到第二天早晨，一切都准备停当了，快到九点钟的时候——他们要求牧师到九点钟举行圣礼，——打扮得花枝招展的孩子们就欢天喜地地站在门口马车旁边等待母亲了。

由于玛特廖娜的周旋，没有用不听驾驭的大青马套车，套的是管家那匹枣红马。陶丽为自己梳妆打扮忙活了一阵子之后，穿着一身雪白的轻纱连衣裙出来上车了。

陶丽梳头和穿衣服都是很用心，很兴奋的。以前她梳妆打扮是为了自己，为了使自己美丽动人。后来，她年岁越大，越不喜欢打扮；她看出自己容颜衰老了。可是现在她又愉快而兴奋地打扮起来。现在她打扮不是为了自己，不是为了自己好看，而是因为她是这一伙小天使的母亲，她不能破坏整体形象。她最后照了照镜子，感到满意了。她是很美的。不过不是她过去参加舞会时所希望的那种样子的美，而是她现在的想法所要求的那种美。

在教堂里，除了庄稼人、管院子的人和他们的婆娘们，再没有别的人。但是陶丽看到了，也许是她自以为看到了她和她的孩子们招引来的赞美的目光。孩子们不仅打扮得花枝招展，十分好看，而且举止活泼、有礼、非常可爱。阿廖沙虽然站得不怎么好：老是回头，想看看自己衣服的后身；但他还是异常可爱的。丹尼娅像个大人一样站着，还照看着几个小的。而最小的莉莉见什么都露出天真的惊讶神气，显得特别可爱；当她领过圣餐，说“请再给一点儿”[①]的时候，叫人很难憋住不笑。

---

①原文为英语。

在回家的路上,孩子们都觉得是做了一件了不起的事,一个个都很安生。

在家里,一切也都很好;可是在吃早饭的时候格里沙吹起口哨,更坏的是,他不听英国女教师的话,因此不准他吃甜饼。假如陶丽当时在场的话,在这样高兴的日子里她是不让处罚孩子的;可是现在她不能不维护英国女教师的威信,支持英国女教师的决定,格里沙就吃不到甜饼了。这就多多少少破坏了大家的高兴心情。

格里沙哭了,说尼古拉也吹过口哨,却没有受罚,说他哭不是因为吃不到甜饼——这他一点也不在乎,——他哭是因为对待他不公平。这实在叫人太难过了。于是陶丽决定去和英国女教师商量一下之后,就饶恕格里沙。她就去找她。但是就在她经过客厅的时候,看到了一个场面,使她心里高兴得不得了,不禁眼睛里涌出泪水,而且她自己做主饶恕了罪犯。

受处分的格里沙坐在客厅角落里的窗台上。丹尼娅端着碟子站在他身旁。她说是要给洋娃娃吃,要求英国女教师允许她把自己的一份甜饼拿到孩子们的房里去,实际上却拿来给弟弟吃。格里沙一面继续哭诉他受到处罚很不公平,一面吃着送来的甜饼,同时抽抽搭搭地在说:“你也吃,咱们一块儿吃……一块儿吃。”

丹尼娅先是怜惜格里沙,后来又意识到自己的行为高尚,因此她的眼里也噙着泪水;不过她也不客气地吃着自己的一份甜饼。

他们看见母亲,吓了一跳,但看了看她的脸色之后,就明白了他们做得很好，于是笑了起来，嘴里还塞满了饼子，就用手擦起那笑呵呵的嘴唇，抹得那喜洋洋的脸上到处都是眼泪和果酱。

“哎呀呀！雪白的新衣裳呀！丹尼娅！格里沙！”母亲一心想保住新衣裳，就这样说，不过她眼睛里噙着泪水幸福而欢喜地笑着。

脱下新衣裳，给女孩子们穿上女褂，给男孩子们穿上旧上衣，并且吩咐套车，要出去采蘑菇和洗澡。使管家伤心的是，又套上了他那匹枣红马。孩子们的房里响起一片欢天喜地的尖叫声，一直到出门去洗澡的时候才停止。

采蘑菇采了满满一篮子，就连莉莉都找到了桦树蘑菇。以前总是古丽小姐找到蘑菇，就指给她看；可是现在她自己找到一个很大的桦树蘑菇，于是大家一齐欢欢喜喜地叫起来：“莉莉找到蘑菇啦！”

然后他们坐上车来到河边，马车在白桦树下停下来，他们就去洗澡。车夫捷伦基把一个劲儿驱赶牛虻的马拴到树上，便在白桦树荫下草地上躺下来，抽起烟斗，孩子们那欢乐的叫声一刻不停地从浴场上向他耳边飞来。

虽然照顾所有的孩子，不让他们淘气，是很操心的，要记住从各人身上脱下来的袜子、裤子、鞋子而不弄乱，把所有的纽扣和带子解开、系上，是很麻烦的，然而陶丽一向喜欢洗澡，而且认为孩子们洗澡很有好处，所以她觉得跟所有的孩子一起洗澡是最快乐的事。抚摩着一双双胖乎乎的小腿，给他们脱下小袜子，把光溜溜的小身子抱起来，浸到水里，听着那又惊又喜的尖叫声，看着这些浑身是水的小天使那睁着一双双惊骇而快活的眼睛、气喘吁吁的神气，她觉得再快乐也没有了。

有一半孩子已经穿好衣服的时候，有几个出来采羊角芹和提牛奶罐的穿得漂漂亮亮的娘们儿来到洗澡的地方，怯生生地站了下来。玛特廖娜把其中一个叫过来，让她把掉进水里的被单和一件小褂晒一晒，陶丽就和几个娘们儿聊起来。她们起初只是捂着嘴笑，也听不懂她的问话，但过了一小会儿她们胆子就大了，聊了起来，对孩子们表示衷心的赞赏，立刻博得陶丽的喜欢。

“哎呀，你真美呀，像糖一样白，”一个娘们儿欣赏着丹尼娅，摇晃着脑袋说。“就是太瘦啦……”

“是啊，她刚刚生过病。”

“哎呀，就是说，也给你洗澡啦。”另一个娘们儿对怀抱里的孩子说。

“没有，他才三个月呢。”陶丽得意地回答说。

“真是的！”

“你有孩子吗？”

“本来有四个，只剩下两个了：一个男孩，一个女孩。就在今年开斋期给女孩断的奶。”

“女孩多大啦？”

“两岁啦。”

“你喂奶怎么喂那么久呀？”

“我们这儿时兴要喂三个斋期呢……”

于是谈起陶丽最感兴趣的话题：怎样生孩子？孩子生过什么病？丈夫在哪儿？是不是经常回家？

陶丽真不想离开这些娘们儿，跟她们聊天太有意思了，她们的情趣太投合了。陶丽最高兴的是,她清楚地看出来,这些娘们儿最赞赏的是她有这么多孩子,而且孩子们都这样好。这些娘们儿使陶丽笑得很开心,却使英国女教师很懊恼,因为就是她不明白这种笑的起因。有一个年轻娘们儿一直盯着最后穿衣服的英国女教师,在她穿第三条裙子的时候,年轻娘们儿憋不住评论起来:“哎哟哟,穿了一条又一条,简直没有完啦!”她这样一说,大家一齐哈哈大笑起来。

九

陶丽戴着头巾,由一群刚刚洗过澡、头发还湿漉漉的孩子包围着,坐上车回家去的时候,车夫说:

“有一位老爷来了,好像是波克罗夫村的。”

陶丽探身朝前望了望,看到头戴灰色礼帽、身穿灰色大衣迎面走来的列文那熟悉的身影,高兴极了。她什么时候见到列文都很高兴,但现在她却是特别高兴,因为他是在她最光彩的时候看到她。再没有谁比列文更懂得她的了不起了。

他一看到她,就觉得置身于自己想象的未来家庭生活的一幅画面之中。

“您简直像是带着一窝小鸡的母鸡,达丽雅·亚力山大罗芙娜。”

“啊,多么高兴见到您呀!”她说着,把手伸给他。

“您高兴见到我,却不给我个信儿。我哥哥住在我这儿呢。我是收到司基瓦的信,才知道您在这儿呢。”

“收到司基瓦的信啦?”陶丽惊讶地问道。

“是的,他来信说您到这儿来了,他想,您也许有什么事要我帮忙。”列文说。可是他一说出这话,就感到难为情了,于是不再说话,扯下两片椴树嫩叶,放在嘴里嚼着,一声不响地跟着马车继续往前走。他所以感到难为情,是因为他猜想到,外人帮助来做本应由丈夫来做的事,陶丽会觉得不愉快的。陶丽确实也很不喜欢奥布朗斯基这种把自己家里的事推诿给别人的作风。而且她也立刻明白了,列文是理解这一点的。就因为这样通达人情,明白事理,陶丽才喜欢列文。

“当然,我明白,”列文说,“这只是说,您想见见我,我也很高兴看看您。当然,我可以想象,您在城里住惯了,在这儿会觉得处处不方便,所以,如果有什么需要我帮忙的地方,我一定尽力而为。”

“噢,不用!”陶丽说。“开头是有些不方便,多亏了我家的老保姆,现在一切都安排得好好的了。”她指着玛特廖娜说。玛特廖娜知道说的是她,所以又快活又亲热地对列文笑着。她认识他,知道这是小姐可选的佳婿,很希望能成就这件好事。

“请您上车吧,我们可以往这边挤一挤。”她对他说。

“不,我走走好啦。孩子们,谁愿意和我一块儿跟马赛跑呀?”

孩子们不怎么认识列文,不记得什么时候见过他,但是见了他没有流露出那种又拘束又厌恶的奇怪心情。孩子们见到装腔作势的大人常常会流露出这种奇怪的心情,并且常常因此受到很严厉的责骂。不论在哪一方面弄虚作假,也许能欺骗最精明、最有眼力的人;但是不论弄虚作假掩饰得多么巧妙,连最笨的小孩子都会识破,并且表示厌恶。不论列文有什么样的缺点,却没有一点装腔作势的样子,所以孩子们对他表现出亲热的神气,就像他们在母亲脸上看到的那样的。两个大孩子立刻应他的邀请,从车上跳到他跟前,跟他一起跑起来,一点也不拘束,就好像是在跟保姆、跟古丽小姐或者跟妈妈一起跑。莉莉也要跟他在一块儿,母亲就把她交给他;他就让她坐在肩上,扛着她跑起来。

“不要怕,不要怕,达丽雅·亚力山大罗芙娜!”列文快活地笑着对陶丽说,“我不会摔倒,也不会让她掉下来的。”

陶丽看着他那灵活、矫健、小心谨慎和精神极其专注的动作,就放下心来,又快活又赞许地笑着,望着他。

在这乡下,列文跟孩子们以及他所喜欢的陶丽在一起,不禁表现出他常常会有的那种孩子般的快活神气,陶丽特别喜欢他这种神气。他一面跟孩子们跑,一面教他们做体操,说着蹩脚的英语,惹得古丽小姐咯咯直笑,还对陶丽讲着自己在乡下做的事情。

吃过午饭以后,陶丽一个人陪他坐在阳台上,谈起了吉娣。

“您知道吗?吉娣要到这儿来跟我一起过夏天呢。”

“真的吗?”他说过,脸一下子就红了,为了改换话题,立刻又说:“就给您送两头奶牛来好吗?如果您要付钱的话,那就每月给我五个卢布,只要您不觉得难为情。”

“不用,谢谢您了。我们这儿什么都有了。”

“哦,那就让我看看您的奶牛吧,要是您允许的话,我来指点指点怎样喂奶牛。关键在于饲料。”

列文为了改换话题,就对陶丽谈起喂养奶牛的道理,这道理就在于,奶牛只是一架把饲料变成牛奶的机器,等等。

他说着这些话,心里却渴望听到有关吉娣的详细情况,同时又怕听到。他怕的是,他好不容易平静下来的心境又要被扰乱。

"是啊,不过,这种种事情都要有人来照料,又有谁来照料呀?"陶丽很勉强地回答说。

她靠着玛特廖娜,把家务事安排得好好的了,再也不想变动什么;再说,她也不相信列文在农事方面的知识。至于奶牛是制造牛奶的机器,她也怀疑这种道理。她觉得,这一类的道理只会妨碍做事情。她觉得一切都要简单得多:只要像玛特廖娜说的那样,给"花斑儿"和"白肚皮"多喂些料、多饮点水,不让厨子把厨房里的泔水拿去饮洗衣妇的奶牛就行了。这是很清楚的。而有关粮食饲料和草类饲料那一套道理是靠不住的,是不容易明白的。不过,主要的是,她想谈谈吉娣的事。

十

"吉娣给我来信说,她现在什么也不希望,就希望清静和安宁。"陶丽沉默了一会儿以后说。

"怎么,她的身体好些了吧?"列文激动地问道。

"谢天谢地,她完全康复了。我一直就不相信她会有什么肺病。"

"啊呀,我太高兴了!"列文说。就在他说这话和默默望着陶丽的时候,陶丽觉得他脸上有一种令人感动的、无可奈何的神气。

"您听我说,康斯坦丁·德米特里奇,"陶丽带着她那种和善而有几分嘲笑意味的微笑说,“您为什么生吉娣的气呀?”

“我吗? 我没有生气。”列文说。

“不,您生气了。您在莫斯科的时候,为什么既不到我们家来,又不上她家去呢?”

“达丽雅·亚力山大罗芙娜,”他说着,脸一直红到头发根,“我很奇怪,连您这样好心肠的人,怎么对这事儿一点感觉也没有呀。您怎么一点也不怜悯我呀,既然您知道……”

“我知道什么呀?”

“您知道我求过婚,知道我碰了壁。”列文脱口而出。一分钟之前他对吉娣怀着的一腔柔情顿时被受辱的愤恨所代替。

“您怎么以为我会知道呢?”

“因为这事儿所有的人都知道了。”

“这您就说错了;我就不知道这事儿,虽然我也猜测过。”

“噢! 那您现在知道了。”

“我原来只知道有一件什么事儿,这事儿使她十分痛苦,她要求我永远不要提这事儿。她既然不告诉我,也就不会告诉任何人。你们究竟是怎么一回事儿呀? 您就对我说说吧。”

“我对您说过了,就是那样嘛。”

“什么时候?”

“就在我最后一次去你们家那时候。”

“不过,我要告诉您,”陶丽说,“我非常、非常可怜她。您痛苦,不过是因为自尊心受到伤害……”

“也许是的,”列文说,“可是……”

陶丽打断他的话,说:

“可是她够受呀，我真是非常、非常可怜她。现在我全明白了。”

“哦，达丽雅·亚力山大罗芙娜，请您原谅我，”他说着，站起来。“再见吧！达丽雅·亚力山大罗芙娜，再见。”

“不，您等一等，”她抓住他的袖子说。“等一等，请坐下。”

“我请求，我请求，咱们不谈这事儿吧。”他说着，坐下来，同时觉得似乎已经被埋葬了的希望又在他心中苏醒，而且蠢蠢欲动了。

“假如我不喜欢您，”陶丽说，并且眼睛里涌出泪水，“假如我不像这样了解您的话……这事儿咱们就不谈了。”

似乎已成死灰的感情渐渐复活，渐渐抬头，渐渐占据列文的心。

“是的，我现在全明白了，”陶丽继续说下去。“这种事儿你们是不懂的；你们男人自由自在，可以任意挑选，你们总是很清楚自己爱的是谁。可是一个待嫁的姑娘，害羞的姑娘，只能从远处看看你们男人的姑娘，就只能凭言语来判断一切，所以姑娘常常有一种不知道该说什么的心情。”

“是的，要是心里没有什么想法的话……”

“不，想法是有的，可是您想想吧：你们男人想找一个姑娘，可以上门去，去接近，去观察，看看所找的是不是自己的意中人，然后，等到认定这就是所爱的人，就求婚……”

“哦，并不完全是这样。”

“反正一样，等你们的爱情成熟了，或者在两个之中选定了一个，就可以去求婚。却不问问姑娘是怎样想的。希望姑娘自己选择,可是她无法选择,只能回答:同意或不同意。”

“能选择,在我和伏伦斯基之间选择过了。”列文在心里说。于是在心里复活了的希望又死去,只是沉甸甸地压在他心头。

“达丽雅·亚力山大罗芙娜,”他说,“买衣服或者别的什么商品,是可以这样挑选的,爱情可不能这样。选定了,那就是最好的……翻来覆去挑选可是不行。”

“哎哟,自尊心呀自尊心!”陶丽说。她似乎很轻视他的自尊心,似乎自尊心与只有女人能懂得的另一种感情相比太微不足道了。“就在您向吉娣求婚的时候,她正好处于无法回答的境地。她正在犹豫不决。是您还是伏伦斯基,她拿不定主意。他是她天天见到的,她却很久没见到您了。假如她年岁大一些,比如说,要是我处在她的位子上,就不会犹豫了。我一向对他很反感,事情也就很简单了。”

列文想起了吉娣的回答。她说的是:不,这不可能……

“达丽雅·亚力山大罗芙娜,”他冷冷地说,“我很珍视您对我的信任;我以为,您想错了。不管我做得对不对,您如此轻视的这种自尊心还是存在的,因此在我来说,任何关于卡捷琳娜·亚力山大罗芙娜的想法都是不可能有的,——您要明白,这是完全不可能的。”

“我只是再说一句:您要明白,我说的是我的妹妹,我爱她,就像爱自己的孩子一样。我不是说她爱您,我只是想说,她当时拒绝您并不说明什么。”

“我不知道!”列文跳起来说。“您可知道,您这样使我多么痛心!这就好比,您死了一个孩子,别人却对您说:这孩子多好呀,

多好呀,本来可以活的呀,您本来可以看着他多么高兴呀！可是他死了,死了,死了呀……"

"您多么可笑呀,"陶丽也不管列文有多么激动,带着苦笑说。"是的,我现在越来越明白了,"她若有所思地说下去。"那么,等吉娣来了,您就不到我们这儿来了吗?"

"是的,不来了。当然,我并不是要躲着卡捷琳娜·亚力山大罗芙娜,不过尽量避免因为我在场而使她不愉快。"

"您真是太可笑,太可笑了,"陶丽很亲热地看着他的脸,又说了一遍。"好啦,就算咱们根本没谈这事儿吧。丹尼娅,你来干什么?"陶丽用法语向走进来的女孩子问道。

"妈妈,我的铲子在哪儿呀?"

"我说法语,你也要说法语。"

女孩子想说话,但是忘记了法语的铲子是怎么说的;母亲给她提示了,然后她就用法语说,到哪儿去找铲子。这也使列文感到不愉快。

现在他觉得陶丽家里的一切以及她的孩子们的一切完全不像原来那样可爱了。

"她为什么要和孩子们说法语呀?"他想道。"这多么不自然,多么做作呀！这连孩子都感觉到了。学了法语,却丢掉了本色。"他在心里说,却不知道这一切陶丽已经反复想过几十次,认为尽管会有损本色,用这种方法来教育孩子们还是必要的。

"您要上哪儿去呀？再坐一会儿吧。"

列文留下来喝茶,但他的愉快情绪已经烟消云散,感到很别扭了。

喝过茶之后，列文走到前厅里吩咐套车。等他回到房里，看到陶丽十分激动，一脸的烦恼，眼里噙着泪水。就在列文出去的时候，出了一件事，在陶丽来说是一件大事，一下子把她今天幸福的心情和因为孩子感到自豪的心情破坏了。格里沙和丹尼娅因为争皮球打起架来。陶丽听到孩子们的房里有吵闹声，跑了出去，就看到他们正打得难分难解。丹尼娅揪住格里沙的头发，格里沙气得一张脸变了模样，用小拳头朝她身上乱打。陶丽一看到这场面，心都碎了，就好像是一片黑暗朝她的生活压下来：她明白了，她是那样引以为自豪的孩子，不仅都是很平常的，而且甚至是不好的、教养很差的孩子，是有粗暴野蛮毛病的坏孩子。

别的什么事情她都不能谈，也不能想了，而且也不能不把自己的不幸对列文说说。

列文看出来，她很难过，就想方设法安慰她，说这不能说有什么不好，所有的孩子都喜欢打架；可是，他虽然这样说，心里却在想："不，我就不会装腔作势，不会跟我的孩子说法语，而且将来我的孩子也不会是这样的；只要不娇惯孩子，不摧残孩子，孩子就会好得很。是的，将来我的孩子不会是这样的。"

他告过别，就走了，她也没有挽留他。

十一

七月中旬，姐姐那个村子的村长到波克罗夫村来见列文，报告庄稼事和割草情况。姐姐的村子在二十俄里以外。姐姐地产的主要收入来自河滩的草地。在往年,是以每亩二十卢布的价钱让给庄稼人去割。列文掌管这份地产后,他察看了草地,认为价钱还应该高些,就定为每亩二十五卢布。庄稼人不肯出这个价钱,而且列文还怀疑,他们挡掉了其他买主。于是列文亲自到那里去,吩咐一部分用雇工、一部分用分成的办法来割草。原有的庄稼人千方百计阻挠这种新办法的推行,可还是推行了新办法,因此第一年草地的收入就几乎增加了一倍。去年和前年庄稼人还在表示反对,可是依然照这种办法在进行收割。今年庄稼人按照分成三分之一的办法承包了全部草地,所以现在村长来报告说,草已全部割完,因为怕下雨,他把账房请了去,当着账房的面把草分了,并且已经给东家堆起十一垛干草。列文问到那块大草地上总共收了多少干草,他回答得含含糊糊。从他回答的含糊,从他问也不问就急急忙忙把草分了,以及从这汉子的整个语调,列文明白了,这次分草有蹊跷,于是决定亲自去查一查这件事。

列文在午饭时候来到这个村子,把马留在一个跟他要好的老汉家里,老汉是哥哥的奶妈的男人。列文就到养蜂场去找这个老汉,想从他那儿了解割草的详细情形。喜欢说话的、相貌堂堂的巴敏内奇老汉高高兴兴地接待列文,带他看了看自己的全部家业,详细说了说自己的蜜蜂和今年分窝的情形;可是等列文问起割草的情形,他却说得含含糊糊,很不愿意说。这就更证实了列文的猜测。他到草场上去,仔细看了看草垛。每垛干草不可能有五十车。为了拆穿庄稼人的花招,列文吩咐立即叫来运干草的大车,把一垛干草拆开,运到棚子里去。结果一垛干草只有三十二车。尽管村长辩白说,干草很泡,一堆成垛就压实了,而且又赌咒发誓说,一切都是对得起上帝的,列文还是坚持说,干草是不经他同意分掉的,因此他不能按每垛五十车来接收干草。争论了很久之后,问题这样解决:这十一垛干草按五十车一垛归庄稼人,就算他们的分成,重新分出一份干草给东家。这场谈判和分配干草一直进行到下午。在分配最后一部分干草的时候,列文委托账房继续监督,自己在插了柳枝作标记的干草垛上坐下来,欣赏着人群熙熙攘攘的草场。

在他的前方,在沼地那边的河湾里,有一群穿得花花绿绿的娘们儿在干着活儿,一面叽叽喳喳地高声说笑;散乱的干草在嫩绿的再生草地上很快变为一条条弯弯曲曲的灰墙。男子汉手拿草叉跟在娘们儿后面,一条条灰墙于是变成一个个又宽又高的泡鼓鼓的草垛。在左边已经割干净的草地上,有不少大车,干草一大叉一大叉地被装到车上去,草垛一个个消失,变成一辆辆满载的大车,那芳香的干草一直装得耷拉到马屁股上。

“割草割得真是时候!干草好极啦!”坐在列文旁边的老汉说。“香得像茶叶,不像干草!瞧那股装干草的劲头儿,就好像小鸭子抢食撒下的谷子!”他指着装运干草的人说。“午后已经拉走一大半了。”

“怎么,是最后一车吗?”他大声问一个小伙子,那小伙子站在车厢前面,挥动着缰绳头儿,赶着大车从旁边经过。

“最后一车了,爹!”那小伙子勒住马大声回答说,又笑嘻嘻地回头看了看一个坐在车厢里也在快活地笑着的面色绯红的娘们儿,就又赶着车往前走。

“这是谁呀?是你儿子吗?”列文问道。

“我的小儿子。”老汉亲切地笑着说。

“多好的小伙子呀！”

“这孩子不坏。”

“娶亲了吧？”

“娶了，到圣菲力浦节已经有两年了。”

“怎么，有孩子了吧？”

“什么孩子呀！整整一年他什么也不懂，还害臊呢，”老汉回答说。“瞧这干草！简直香得像茶叶呀！”老汉想改变话题，就又把刚才的话说了一遍。

列文留神打量起小伙子伊凡·巴敏诺夫和他的妻子。他们在离他不远的地方装车。伊凡站在大车上，她那年轻美丽的妻子先是很灵活地把干草抱给他，后来用叉子递给他，他把干草接过去，摊开来，压结实。那年轻娘们儿干得又轻松，又快活，又麻利。那压实了的大片的干草一下子叉不起来。她先把草扒一扒，把叉子叉进去，然后又快又猛地把全身的重量压在叉子上，接着就弓一弓勒着红色宽带的脊背，直起身来，挺出白围裙裹着的丰满的胸脯，很麻利地用手把叉子一挥，就把一大束干草高高地甩到车上。伊凡显然在想方设法不让她白费劲儿，他把两条胳膊张得大大的，急忙接住甩上去的干草，摊在车上。那娘们儿把最后一些干草用耙子搂了搂甩上来之后，把落进脖子里的草屑掸干净了，重新系了系溜到还没有晒黑的白白的额头上的红头巾，就爬到大车底下去拴车绳。伊凡教她怎样把绳子拴到滑轮上，听到她说的一句什么话，哈哈大笑起来。在两个人的面部表情中显露着刚刚觉醒的炽烈的青春爱情。

十二

车扎好了。伊凡跳下车来,牵住那匹肥壮的好马的缰绳。那娘们儿把草耙扔到大车上,便迈着矫健的步子,摆动着两臂,朝围成圈儿在跳舞的一些娘们儿走去。伊凡赶着车上了大路,加入干草车的队伍。一个个娘们儿肩荷草耙,晃动着花花绿绿的衣衫,快快活活地高声说笑着跟在大车后面。一个粗犷的女声领头唱起歌儿来,唱到反复的地方,就有四五十个不同的响亮的声音,有粗也有细,一齐接上去,又从头合唱起这支歌儿。

唱歌的娘们儿渐渐来到列文跟前,他觉得好像是一片乌云带着欢乐的雷声向他涌来。乌云涌到跟前,把他笼罩住了,他坐的这草垛以及其他一些草垛和大车,还有整个的草地和远处的田野,——一切都配合着这夹杂着叫声、口哨声和咯咯声的粗犷而欢快的歌声轻轻颤动着。列文羡慕起这种健康的喜悦,很想参与表现这种欢乐的生活。可是他什么也不会,只能躺着看看和听听。等到唱歌的人群不见了,歌声也听不见了,列文因为自己孤独,自己不做体力活儿,自己跟这些人作对,心里感到苦恼得不得了。

有几个为干草的事跟他争吵得最凶的庄稼人,也就是他得罪过的或者想欺骗他的那几个人,都快快活活地向他鞠躬,显然对他没有也不可能有什么怨恨,而且不仅不可能愧悔,甚至不可能记得他们想欺骗他了。这一切都淹没在欢乐的共同劳动的海洋里了。上帝给了时间,上帝给了力气。时间和力气都用于劳动,劳动本身就是奖赏。为谁劳动？劳动结果是什么？那是无关紧要的、多余的考虑了。

列文常常欣赏这种生活，常常羡慕过这种生活的人，可是今天，尤其是他看到伊凡·巴敏诺夫对待他年轻妻子的情景之后，他第一次清清楚楚地意识到，要想把他过的如此乏味、空虚、不自然和孤独的生活变成这种勤劳、纯洁和共同的美好生活，全在于他自己。

跟他坐在一块儿的老汉早就回家了，所有的人都走开了。路近的都回家去了，路远的都去准备吃晚饭，准备在草地上过夜。没有人注意列文，列文依然躺在草垛上，看着，听着，想着。留在草地上过夜的人在短促的夏夜里几乎通宵没有睡。先是听到晚饭时大家快活的说话声和大笑声，后来又是歌声和笑声。

除了欢乐，漫长的一天劳动在他们身上没有留下什么痕迹。快到黎明时候，一切都静了下来。只能听到沼地里青蛙不停的夜鸣声和草地上的马在升起的晨雾中打响鼻的声音。列文清醒过来之后，从草垛上爬起来，看了看星星，知道天快要亮了。

“啊，我究竟该怎么办呢？我怎样才能做到这一步呢？”他在心里说，一面竭力要把他在这短促的夏夜里反复想的和感受的理出个头绪。他所想的和感受的可以分为三种思绪。一种是抛弃他过去的生活，抛弃他那些无益的知识，抛弃他所受的一无用处的教育。这种抛弃对于他是一种乐事，在他来说是很简单、很容易的。另一种思绪和设想是关于他现在希望过的那种生活的。他清楚地感觉到那种生活的朴实、纯洁和正当，相信能够在那种生活中获得他痛感缺乏的乐趣和心安理得感。可是第三种思绪却是在如何完成从原来的生活到新生活的转变问题上打圈圈儿。在这方面他就一点明确的想法也没有了。“要有妻子吗？要有活儿干，非干活儿不可吗？要离开波克罗夫村吗？要买地吗？参加村社吗？娶一个农家姑娘吗？我究竟怎样才能做到这一步呢？”他又问自己，而且也找不到答案。“不过，我一夜没睡，所以头脑不怎么清楚，”他在心里说。“我以后会想出个头绪的。有一点是肯定无疑的，那就是这一夜把我的人生道路决定了。我原来关于家庭生活的一切梦想都是荒唐的，不对头的，”他在心里说。“这一切简单多了，也好多了……”

“多美呀！”他望着停在天空中央他的头顶上的贝壳般的奇形怪状的朵朵白云，想道。“这美好的夜晚的一切多么美好呀！什么时候一下子就出现了这么多的贝壳？刚才我仰望天空，天空还什么也没有，只有两片白云。是啊，我对人生的看法也就是这样在不知不觉间改变了的呀！”

他走出草地，顺着大路朝村子走去。微风吹动，天色灰暗了。黑暗的时刻到了，在光明完全战胜黑暗的黎明到来之前通常都有这样的时刻。

列文冻得缩着身子，快步走着，眼睛看着地面。“这是什么？有马车来了。”他听到铃声，想道，于是抬起头来。在四十步之外，有一辆顶上带行李箱的四驾马车，正顺着他走的这条青草萋萋的大路迎面驰来。两匹辕马避开车辙，紧紧贴着辕杆，可是斜坐在驭座上的老练的车夫却让辕杆对准一条车辙，这样车轮就走平坦的地方了。

列文只注意到这些，没有去想这是谁来了，漫不经心地朝马车里看了一眼。

马车里有一个老太婆在角落里打盹，窗边坐着一位年轻姑娘，显然刚刚醒来，双手握着白色睡帽的绸带。那姑娘一脸开朗、沉思的神气，心里想着微妙、复杂、列文无法理解的心思，从列文头顶上望着日出前的曙光。

就在这景象即将消失的一刹那，那一双真挚的眼睛朝他看了看。她认出他来了。她又惊又喜，一张脸放起光来。

他不会看错的。这眼睛在世界上只有一双。世界上只有一个人能为他汇集起人生的全部光明和人生意义。这个人就是她。这个人就是吉娣。他明白了，她这是从火车站到叶尔古绍沃去。于是在这不眠之夜里一直在他心里翻腾的许多念头，他所下定的决心，一下子都烟消云散了。他一想起自己梦想要娶农家姑娘，就觉得厌恶。只有那里面，在那很快地远去、已经跑到大路的另一头的马车里，那里面才有答案，才能解开他近来苦苦思索的人生之谜。

她再也没有朝外面望。马车弹簧的声音已经听不见了，铃铛声音也只是隐约可闻了。狗吠声表明马车已经过了村子。这时只剩下周围空旷的田野、前面的村子和他自己，他孤孤零零，形单影只，踽踽独行在荒野大道上。

他仰望天空，希望能看到他欣赏过的那象征着他今夜思想和感触全过程的贝壳般云片。天空再没有什么东西像贝壳了。在那高不可测的天空已经发生了神秘的变化。贝壳般的云片连影子也没有了，在整整半边天上浮动着越来越碎小的云朵，就好像铺了一张平坦的地毯。天空变蓝了，也明亮了，不过依然还是带着那样亲切然而神秘莫测的神气回答他询问的目光。

"是的，"他在心里说，"不论这种生活，这朴实勤劳的生活，有多么美好，我也不能回到这种生活中。我爱她呀。"

十三

除了跟卡列宁最接近的人以外，谁也不知道这个看似极其冷静、极其理智的人，却有一个与他的整个气质格格不入的弱点。他见不得小孩子或女人的眼泪。他一见眼泪就心慌意乱，完全丧失思考能力。他的办公室主任和秘书知道这一点，总是事先关照那些求见的女人，如果不想坏自己的事的话，千万不要哭。"他会生气的，那就不愿听您的话了。"他们总是这样叮嘱说。确实，在这类场合，眼泪引起的卡列宁的心慌意乱，往往表现为暴躁，发脾气。"我没办法，一点办法也没有。请您走吧！"他在这种情况下往往会这样叫起来。

在从赛马场回来的路上，安娜对他说了自己和伏伦斯基的关系，接着就双手捂住脸哭起来的时候，卡列宁尽管对她满腔愤恨，同时却感觉到又像往常见到眼泪那样，心里乱了。他知道这一点，也知道此时此刻流露感情是不相宜的，就竭力克制心中任何感情的流露，所以他动也不动，也不看她。因此在他脸上出现了僵硬的奇怪表情，使安娜感到十分惊愕。

等他们来到家门口，他扶她下了车，又压了压自己的愤恨，像往常一样很有礼貌地跟她道了别，还说了几句应付话：他说，明天将他的决定告诉她。

妻子的话证实了他最坏的猜疑，在他心中引起剧烈的创痛。由于她的眼泪引起他对她产生了一种奇怪的怜惜感，这创痛更加剧了。可是，等到马车里剩下他一个人，使他又惊又喜的是，他觉得可以完全不必这样怜惜了，近来他又猜疑又嫉妒，非常苦恼，今后就不必要了。

他的感觉就好像一个人拔掉了一颗痛了很久的牙齿。一个病人在经受了剧烈的痛楚之后，在感觉到从牙床上拔掉了比头本身还大的东西之后，就在他还不相信自己福至运转的时候，忽然感到那样长久使他过不好、使他天天焦虑的东西再也不存在了，他又可以不单单为自己的牙齿生活、思考和操心了。卡列宁就有这样的感觉。这痛楚是奇怪的和剧烈的，不过现在已经过去了；他觉得他又可以过下去，又可以不单单考虑妻子了。

"没有廉耻、没有良心、没有宗教信仰的一个堕落的女人！这我以往就知道，以往就看出来了，尽管我因为怜惜她，竭力欺骗我自己，"他在心里说。他确实觉得他以往就看出了这一层；他回想他们过去生活中的一些详情细节，以前他不觉得有什么不好的，现在这些情节就清楚地表明，她以往就是一个坏女人。"我和她结为夫妻，实在是错了；错是错了，我却没有什么不好之处，因此我不应该倒霉。过错不在我，"他在心里说，"过错在她。不过她跟我不相干了。对于我来说，她已经不存在了……"

他不再关心她和儿子今后的遭遇如何，他对待儿子也像对待她一样，感情完全变了。现在他只关心一个问题，那就是怎样用最好、最体面、自己做起来最方便，因而也是最妥当的方式甩掉由于她的堕落而溅在他身上的泥污，继续沿着奋发有为、正当有益的生活道路前进。

“我不能因为一个下贱女人做了罪恶的事就不幸；我只是应当找到一个最好的办法，以便脱离她使我陷入的困境。我会找到办法的，”他心里想着，眉头皱得越来越紧了。“我不是第一个，也不是最后一个。”于是，且不说历史上的事例，就从重新出现在大家记忆中的墨涅拉俄斯的美丽的海伦[①]算起，卡列宁想起许许多多当代上流社会里妻子对丈夫不贞的事实。“达利亚洛夫、波尔达夫斯基、卡里巴诺夫公爵、巴斯库丁伯爵、德拉姆……是的，还有德拉姆……这样正直有为的人也是……谢苗诺夫、恰金、西果宁，”卡列宁一一回想着。“就算这些人常常遭到无知的嘲笑，可是我从来不认为这有什么，不过是一种不幸，我一向很同情这种不幸，”卡列宁在心里说，虽然这不是事实，虽然他从来没有同情过这种不幸，而且他听到妻子对丈夫不贞的事例越多，越是认为自己了不起。“这种不幸是人人都会碰到的。我也就碰到了。问题就在于，怎样用最好的办法对待这种境况。”于是他一一详细思考处于他这种境地的人所采取的办法。

“达利亚洛夫是进行决斗……”

卡列宁年轻时对决斗就特别关注，就因为他生来是一个胆小的人，而且他很清楚这一点。卡列宁一想到手枪对准自己，就毛骨悚然，所以这一生他从来没有拿过任何武器。正因为害怕，他从小就常常想到决斗，设身处地地想想把自己的生命置于危险境

---

①《美丽的海伦》是德国作曲家奥芬·巴赫的轻歌剧，当时在俄国上演。海伦是希腊神话中的美人，斯巴达王墨涅拉俄斯的妻子，被特洛伊王子拐走。

地的情景。他在做了官,有了权势之后,早就忘记了这种心情;可是已成为习惯的这种心情现在又抬头了,而且怕自己胆怯怕得非常厉害,所以卡列宁想到决斗问题,又不敢想决斗问题,翻来覆去考虑了很久,虽然他早就知道,他在任何情况下都不会和人决斗。

"毫无疑问,我们的社会还非常野蛮(不光是英国),所以许多人,包括卡列宁特别看重的一些人在内,都从好的方面来看待决斗;可是后果怎样呢?假如我找人决斗,"卡列宁继续想下去,真切地想象到挑战之后他将度过的夜晚和对准他的手枪,不禁打起哆嗦,也就明白了,他是永远不会干这种事的,"比如说,我找他决斗。比如说,有人教会我开枪,"他继续想下去,"我们各自站到位置上,我把枪机一扳,"他闭上眼睛想道,"这么一来,我就把他打死了,"卡列宁想着,摇了摇头,想驱除这种愚蠢的想法。"为了表明自己对犯罪的妻子和儿子的态度而去杀人,有什么意思呢?我该拿她怎么办,还是照样要考虑拿出个主意。但更可能而且毫无疑问的是,我会被打死或者被打伤。我是无辜的,成为牺牲品,被打死或打伤,那就更没有意思了。而且不仅如此,由我这方面来挑起决斗,那也是不光彩的行为。难道我事先不知道,我的朋友们决不会让我去决斗,决不会让俄国的栋梁之材去冒生命危险吗?结果又会怎么样呢?结果就会是,我事先知道这事不会有什么危险,只是想通过这种挑战为自己增添一种虚假的光彩。这是不名誉的,是虚伪的,这是自欺欺人。决斗是毫无意义的,谁也不希望我决斗。我的目的是要维护我的声誉,要想在官场上有所作为,声誉是不可缺少的。"卡列宁一向很看重官场上的活动,现在他看得更是特别重要了。

卡列宁在考虑和抛弃了决斗的办法之后，就又考虑起离婚——这是他所想起的那些丈夫采取的另一种办法。卡列宁一一回想了他所知道的离婚案件（这样的案件在他所熟悉的上层社会是很多的），却找不到一件是出于和他相同的目的。在那些案件中，丈夫都是让出或卖出不贞的妻子，而另一方，本来因为犯罪无权结婚的，却和另一个男人结成似乎合法化了的不正当夫妻关系。卡列宁看出来，在他这种情况下要想做到合法的离婚，也就是只把有罪的妻子休掉的离婚，是不可能的。他看出来，他所处的复杂的生活环境，不可能提供法律所要求的揭发妻子犯罪的丑恶证据；还看出，即使有这样的证据，也不便提出来，因为人们对这类事是最敏感的；如果提供这样的证据，在舆论方面他遭受的损害一定会比她更大。

离婚的做法只能酿成一宗出丑的案件，那是他的对头冤家求之不得的，可以借机诽谤他，贬低他崇高的社会地位。他的主要目的是安定事态而不引起风波，这是通过离婚也达不到的。此外，离了婚，甚至一提出离婚，显然妻子就可以和丈夫断绝关系，而和情夫在一起。卡列宁虽然自以为对妻子抱着一种不屑一顾的冷漠态度，但是在心里对她还剩了唯一的一种感情，那就是不愿意让她顺顺当当地和伏伦斯基结合，不愿意让她觉得犯了罪反而合算。他一想到这事就恼火得不得了，所以他一想起来，心里就痛苦得哼哼起来，而且在马车里欠起身子，换了换位置，然后皱着眉头，用毛茸茸的车毯裹他那一双怕冷的干瘦的腿，裹了老半天。

“除了正式离婚以外，还可以像卡里巴诺夫、巴斯库丁和那位好心肠的德拉姆那样办，就是说，和妻子分居，”他定下心来，继续想道。不过这个办法也不合适，会像离婚一样出丑，更主要的是，那就和正式离婚一样，把他的妻子抛到伏伦斯基的怀抱里。“不行，这不可能，不可能！”他又一面裹着车毯，高声说起来。“我不能不幸，她和他也不应该幸福。”

在不明真相的时候，他猜疑，嫉妒，十分苦恼，妻子一番话，就好像给他拔掉了病牙，痛过一阵子之后，嫉妒心也就消失了。不过这种心情只是换成了另一种心情，那就是希望她不仅不能称心如意，而且要因为自己的罪行受到惩罚。他不承认有这种心情，但在内心深处却十分希望她因为破坏他的安宁和名誉而吃苦头。卡列宁又一一地考虑了决斗、离婚和分居的办法，又一次否定这些办法之后，就认定了可行的办法只有一个：把她留在自己身边，把事情隐瞒住，不让世人知道，采取一切相应的办法斩断他们的关系，而更主要的是——这是他自己对自己都不肯承认的——要惩罚她。“我应当宣布我的决定，那就是，在考虑了她为家庭造成的痛苦状况之后，认为采取其他办法都不行，只有在表面上维持原状[1]，这对双方都好些，我也同意维持这样的状况，不过她得严格地照我的意见办，那就是跟情夫断绝往来。”卡列宁在做出这个决定之后，又想到一个很重要的理由，可以证明这个决定的正确。“我只有按照这个决定行事，才符合宗教精神；”他在心里说，“只有按照这个决定办，我才不是抛弃有罪的妻子，而是给她悔改的机会，甚至于——不管这在我有多么痛苦——我还牺牲一部分精力来帮她悔改，挽救她。”虽然卡列宁也知道，他不可能

①原文为拉丁语。

对妻子有什么道德上的影响，也知道，一切帮她悔改的打算，除了虚伪，不会有什么结果；虽然他在痛苦的时刻，从来也没有想过去寻求宗教指引，然而现在，在他觉得他的决定符合宗教要求的时候，这种宗教上的许可却使他十分高兴，而且也部分地使他定下心来。在对宗教普遍冷淡和漠不关心的情况下，他一向高举宗教的旗帜，现在在如此切身有关的重要问题上，谁也不能说他的做法不符合宗教精神了，一想到这里，就觉得高兴。卡列宁在进一步考虑细节的时候，甚至都看不出，为什么他和妻子的关系不能仍然和以前一样。毫无疑问，他再也不能像以前那样尊敬她；但没有也不可能有任何理由，因为她是一个不贞的坏妻子而打乱自己的生活，让自己受苦受难。"是的，时间会过去的，时过境迁，各方面又会恢复原来的样子，"卡列宁在心里说，"也就是恢复到这样的地步，使我不再觉得生活过程中有过什么风波。她应该不幸，但我没有过错，所以我不能不幸。"

十四

当马车快要到彼得堡的时候，卡列宁不仅完全拿定了主意，而且拟好了他要给妻子的信的腹稿。卡列宁走进门房，看了一眼部里送来的信件和公文，就吩咐拿到他的书房里去。

"把车卸了吧，我什么人也不接见，"他加重语气说出"不接见"几个字，以回答门房的问话，他说话时带着几分得意的口气，表示他的心情很好。

卡列宁在书房里来回踱了两趟，便在大书桌旁站下来。仆人已经预先走进来在书桌上点起六支蜡烛。他扳得手指头咯吧咯吧响了几声，便坐下来，把纸摊开，拿起笔来。把两肘搁在桌上，歪着头，想了一小会儿，就写起信来，连停也不停。他对她不用抬头，而且用法文写，使用法文的代词"您"，因为这不像俄语里那样有冷淡的意味。

> 在我们最近一次谈话时我曾向您表示，关于这次所谈的事，我要把我的决定告诉您。我仔细考虑过种种情况之后，现在我就履行诺言，写信给您。我的决定是这样的：不论您的行为如何，我认为我无权拆散我们的夫妻关系，因为我们的结合是上帝的安排。家庭不能因为个人心意、个人好恶，甚至也不能因为夫妻一方犯罪而被破坏，所以我们还应当像原来一样过下去。这对我，对您，对我们的儿子都是必要的。我深信，您已经痛悔并且还在痛悔已成为此信起因的那件事，并且深信您会跟我齐心协力来根除我们不和的原因，忘却过去的一切。如果不这样，您自己也会想到，等待着您和您的儿子的将会是什么。这一切我希望见面时再详细谈谈。因为避暑季节即将结束，我请您尽速回彼得堡，至迟不要过星期二。您回城的一切事自会有安排的。请您注意，我特别看重我这一要求。
>
> 阿·卡列宁
>
> 随信附上您生活开支可能要用的钱——又及。

他把信看了一遍，觉得很满意，尤其因为他还想起送钱给她；

既没有激烈的言语，没有责备，也没有纵容姑息。主要的是，为她的归来搭了一座金桥。他把信折好，用老大的象牙裁纸刀压压平，就把信和钱一起装进信封，于是很高兴地按了按铃，每当他使用他那摆得整整齐齐的文具时，总是感到很高兴。

“把这信交给信差，叫他明天送到别墅交给安娜·阿尔卡迪耶芙娜，”他说着，站了起来。

“遵命，大人；把茶送到书房来吗？”

卡列宁吩咐过把茶送到书房里来，便一面玩弄着老大的裁纸刀，朝安乐椅走去。安乐椅旁有一盏点好的灯和一本已经开始读的论述埃及象形文字的法文书。安乐椅上方挂着一幅安娜的肖像，嵌在椭圆形金边镜框里，那是一位有名的画家画的，画得很美。卡列宁朝画像看了看。那一双深奥莫测的眼睛带着嘲笑和放肆的神气看着他，就像这天傍晚他们交谈时那样。卡列宁觉得，画家妙笔画出的那头上的黑黑的丝带、黑黑的头发、白嫩的手和戴着戒指的无名指，都流露出令人难以忍受的放肆和挑战的意味。卡列宁对着画像看了一会儿，浑身打起寒战，嘴唇哆嗦起来，并且发出“布尔尔”的声音，于是转过身去。他连忙坐到安乐椅上，打开书本。他试着看书。可是怎么也不能恢复他原来对埃及文字的浓厚兴趣了。他看着书，却想着别的事。他想的不是妻子的事，而是最近发生在官场上的一件很复杂的事，是他在这个时期最关心的一项公务。他觉得他现在对这一事件了解得比任何时候更深入，而且他可以毫不自夸地说，他心中已经有了一个很妙的想法，可以解决这个问题，可以提高自己在官场中的声望，挫败自己的政敌，因而可以对国家作出很大的贡献。等仆人摆好茶,走了出去,卡列宁就站起来,朝书桌走去。他把公文夹往桌子中央推了推,便带着隐隐约约的得意的微笑从笔架上取下一支铅笔,专心致志地看起有关这宗复杂事件的报告。这里就说说这宗复杂事件。卡列宁作为一名政府要员的特性,也就是每一个步步高升的官员都有的特点,使他能够青云直上的特点,那就是,除了一心一意地追逐功名、稳健、廉洁和威信之外,还在于不看重官样文章,简化公文往返,尽可能直接接触实际,力求节省开支。恰好那个著名的"六月二日委员会"就提出扎赖斯克省的农田灌溉的问题,这事属卡列宁这个部的管辖范围,是浪费开支和做官样文章的突出实例。卡列宁知道事实就是这样。扎赖斯克省的农田灌溉是卡列宁的前任创办的。确实,这事已经花费而且还在花费着大量资金,而且毫无成效,显然今后也不会有什么结果。卡列宁一上任就明白了这一点,就想管管这件事;可是在开头一段时间,他觉得自己地位还不稳固,他知道,这会触动很多人的利益,这是不明智的;后来他忙起了别的事,简直把这件事忘了。这事也就像其他一切事情一样,依靠惰性自然而然地进行下去。(有许多人靠这项事业过日子,尤其是一个很有教养的音乐之家:个个女儿都会拉提琴,卡列宁认识这一家人,还为一个大女儿主过婚。)一个跟他作对的部曾经提过这个问题,卡列宁认为这是别有用心,因为每个部里都有很不对头的事情,只是出于一定的官场礼貌,没有人提出罢了。现在,既然人家已向他挑战,那他就勇敢地应战,并且要求任命一个特别委员会来研究和检查扎赖斯克省农田灌溉委员会的工作。但是,他对那些先生也丝毫不肯示弱。他还要求任命一个掌管非俄罗斯人事务的专门委员会。有关非俄罗斯人事务的问题是“六月二日委员会”偶然提出来，而得到卡列宁积极支持的，因为非俄罗斯人处境十分悲惨，这是刻不容缓的问题。在委员会里，这个问题成为几个部争论的导火线。同卡列宁作对的那个部的人一再说明，非俄罗斯人的状况十分美好，所提出的改革只能破坏他们的繁荣，如果说有什么不好的地方的话，那只是因为卡列宁的部没有推行法律所规定的一些措施。现在卡列宁就打算提出要求：第一，成立一个新的委员会，负责实地调查非俄罗斯人的状况；第二，如果非俄罗斯人的状况确实像委员会所掌握的官方材料所写的那样，那就另外任命一个新的学术委员会，从以下观点，即（1）政治观点，（2）行政观点，（3）经济观点，（4）人种学观点，（5）物质观点，（6）宗教观点，来研究造成非俄罗斯人悲惨状况的原因；第三，要求与他作对的那个部报告十年来该部为防止非俄罗斯人目前这种不良状况所采取的措施；第四，也就是最后，从委员会1863年12月5日的第17015号和1864年6月7日的第18308号报告可以看出来，该部所作所为直接违反根本法和管理法，即……第十八条和第三十六条附款的精神，要求该部说明这是为什么。当卡列宁迅速记下这些想法的要点时，他兴奋得脸都红了。他写满一张纸，便站起来，按了按铃，叫仆人送一张条子给办公室主任，叫他搜集他所需要的资料。他站起来，在书房里踱了一会儿之后，又看了看那画像，皱起眉头，轻蔑地笑了笑。他又看了看那本关于埃及文字的书，又有了兴趣，到十一点才去睡觉，等他躺到床上，想起妻子的事，他觉得这事已经完全不是那样可怕了。

十五

虽然伏伦斯基在对安娜说，她不能这样过下去，并且劝她把一切对丈夫说清楚的时候，她带着懊恼的心情坚决反对他的意见，然而在内心深处也认为自己过的是虚伪作假的、不清白的日子，一心想改变这种状况。她在和丈夫一起从赛马场回来的路上，一时激动，就把一切都对他说了；当时她尽管也感到痛苦，然而心中是高兴的。等到丈夫离开她之后，她自己对自己说，她该高兴了，现在一切水落石出了，至少不必虚伪作假，不必欺骗了。她觉得毫无疑问，她的状况从此明朗了。这种新的状况也许会很糟，然而摆明白了，不必遮遮掩掩的了。她心想，她说出这些话，使自己和丈夫都感到很痛苦，可是现在一切都摆明白了，倒也不坏。这天夜里她跟伏伦斯基相会了，但是没有把她和丈夫之间发生的事告诉他，虽然为了把一切都摆明白了，就应该把这事告诉他。

第二天早晨她一醒来，首先想到的就是她对丈夫说的那番话，她觉得那番话非常可怕，现在她简直无法理解，她怎么会说出那样一些奇怪的粗鲁的话，也无法想象，这会有什么样的后果。但是话已经说出来了，卡列宁也什么都没说，走掉了。“我见了伏伦斯基，也没有告诉他。就在他走的时候，我想把他叫回来，告诉他，可是又改变了主意，因为我一开头没有告诉他，就显得有些奇怪。为什么我想告诉他却没有告诉他呢？”回答这个问题的，是她脸上泛起的热辣辣的羞臊之色。她明白，她为什么欲言又止；她明白，是她感到羞臊。昨天晚上她觉得她的状况已经明朗了，现在她忽然觉得，不仅不明朗，而且走投无路了。以前她想也没想到会有什么耻辱，现在她害怕起耻辱。她一想到丈夫会怎样办，心里就出现一些极其可怕的想法。她想到，管家就要来把她赶出家门，她的丑事就要暴露在大庭广众之下。她问自己，等她被赶出门去，她上哪儿去呢，她找不到答案。

在她想到伏伦斯基的时候，她似乎觉得他不爱她了，觉得他已经开始把她当成一种累赘，觉得自己无法委身于他，并且因此对他产生了敌意。她似乎觉得，她对丈夫说的和她在脑子里不断重复的那些话，已经对所有的人说了，所有的人都听见了。她不敢看家里所有的人的眼睛。她不敢唤侍女，更不敢下楼去看儿子和家庭教师。

侍女已经在她的门口倾听了很久，这时自动走进她的房里。安娜用询问的神气看了看她的眼睛，并且惊骇得红了脸。侍女请求原谅她走进来，说是好像听到唤她。她送来衣服和一封信。信是培特西写来的。培特西提醒她，今天上午丽莎·梅尔卡洛娃和施托尔茨男爵夫人要带她们的倾慕者卡鲁日斯基和斯特列莫夫老头子到她家去打槌球。“您就来看看吧，就算是研究研究性情也好呀。我等您。”她在结尾写道。

安娜看完信，沉重地叹了一口气。

“不用伺候，什么也不要，”她对正在整理梳妆台上的香水瓶和刷子的安奴什卡说。“你去吧，我这就穿衣服出门，不用伺候，什么也不要。”

安奴什卡就出去了，可是安娜并没有动手穿衣服，还是像原来那样坐着，垂着头和双手，有时浑身哆嗦几下，似乎是想做什么动作，说点儿什么话，可是又不说不动了。她不停地反复呼唤着："我的上帝！我的上帝！"但是，不论"上帝"，不论"我的"，在她都是没有任何意义的。尽管她从小受到宗教熏陶，从来没怀疑过宗教，然而她却从来不曾想过为自己的处境向宗教求救，就像她从来不曾想过向卡列宁本身求救一样。她早就知道，只有在不再做那种已成为她全部生活意义的事的条件下，才能求救于宗教。她不仅觉得痛苦，而且对于她从来不曾有过的一种新的精神状态开始感到恐惧。她感觉到，她心中的一切都开始变为两重的，就好像有时物体在疲倦的眼睛里变为两重的。她有时不知道她害怕的是什么，希望的是什么。是害怕还是希望，害怕或希望的是已有的还是会有的情形，以及希望的究竟是什么，她都不知道。

"哎呀，我这是做什么呀！"她忽然觉得头的两边痛起来，就自言自语道。等她定下神来，才发觉自己用两手抓着两鬓的头发，并且紧紧挤压着两边鬓角。她跳起来，来来回回踱起来。

"咖啡煮好了，老师和谢辽沙在等着呢。"安奴什卡又回来，又看到安娜还是原来的样子，就说道。

"谢辽沙？谢辽沙怎么样？"安娜整个早晨第一次想起自己有一个儿子，就很兴奋地问道。

"他好像做了错事。"安奴什卡笑着回答说。

"做了什么错事？"

"您的桃子放在角屋里，他好像偷吃了一个。"

提起儿子，一下子就使她脱离了她所处的绝境。她想起这几年她所起的母亲为儿子活着的作用，这种说法虽然夸大了很多，但有一部分也是符合实情的；于是她高兴地感觉到，在她所处的境地中有一块地盘，是不依赖于她和丈夫以及伏伦斯基的状况的。这块地盘就是她的儿子。不论她的状况如何，她都不能离开儿子。哪怕丈夫辱骂她，把她赶出去，哪怕伏伦斯基对她冷淡，继续过他的放荡不羁的生活（她又带着恼恨和责备的心情想到他），她也不能抛弃儿子。她有她的生活目的。因此她应该行动起来，行动起来以维护她和儿子的这种状况，不让别人把儿子夺走。甚至应该快点儿，尽可能快点儿行动起来，趁现在还没有从她手里把他夺走，应该带上儿子走掉。这才是她现在应该做的事。她必须镇定下来，脱离这种痛苦的处境。她一想到跟儿子直接相关的事，一想到就要带着儿子到什么地方去，心里也就镇定下来了。

她很快地穿好衣服，下了楼，迈着坚定的步子走进客厅，客厅里像往常一样，有咖啡，还有谢辽沙和家庭教师在等着她。谢辽沙穿一身白衣服，站在镜子下面的桌子旁边，弯着腰，低着头，在摆弄他采来的一些鲜花，带着一脸聚精会神的神气，那是她在他脸上经常看到的，是他很像父亲的一种神气。

家庭教师一脸特别严肃的神气。谢辽沙像往常一样尖声叫起来：“啊，妈妈！”并且犹豫不决地停下来：是走过去迎接母亲并且扔下鲜花呢，还是做好花环，带着花环走过去？

家庭教师打过招呼之后，就啰里啰唆、详详细细地说起谢辽沙的过错，但是安娜没有听她的；她在考虑，是不是带她一起走。“不，不带她，”她打定了主意。“我一个人走，光带儿子。”

“是啊，这很不好，”安娜说过，便搂住儿子的肩膀，不是用严厉的，而是用胆怯的、使孩子又困惑又高兴的目光看了看他，又吻了吻他。“让我来照料他好啦。”她对感到惊讶的家庭教师说完，便拉着儿子的手，坐到摆好了咖啡的桌旁。

“妈妈！我……我……没有……”他说，并且竭力想从她的表情猜测她会因为桃子的事对他怎么样。

“谢辽沙，”等家庭教师一走出门去，她就说道，“这很不好，不过你以后不再这样了吧？你爱我吗？”

她觉得，泪水涌到她的眼睛里。“难道我能不爱他吗？”她凝视着他那惊骇而又欢喜的目光，心里想道。“难道他会跟父亲一道来惩罚我吗？难道他不心疼我吗？”眼泪已经从她的脸上流下来，于是她为了不让孩子看到眼泪，腾地站起来，几乎是跑到了阳台上。

几天来的雷雨之后，出现了寒冷而晴朗的天气。灿烂的阳光穿过一丛丛冲洗得干干净净的树叶，然而空气是寒冷的。

她浑身打了个哆嗦，因为冷，也因为心里害怕，在清新的空气里她更感到冷，更感到害怕了。

“去吧，到玛丽艾特那里去吧，”她对跟着她出来的谢辽沙说完这话，就在阳台上的草毯上踱了起来。“难道他们就不能原谅我，就不了解这都是不能不这样吗？”她在心里说。

她站下来，望了望那随风摆动的白杨树梢和一丛丛冲洗得干干净净、在寒冷的阳光中闪闪发亮的树叶，就明白了，他们是不会原谅她的，现在一切东西和一切人对她都会是无情的，就像这天空，就像这绿树一样。于是她又觉得心中的一切开始变为两重的。“不要想，不要想了，”她在心里说。“应该准备动身了。上哪儿去呢？什么时候走呢？带谁走呢？是的，就上莫斯科去，乘晚班车。就带安奴什卡和谢辽沙，只带一些随身用的东西。不过先要给他们两个都写封信。”她快步朝房里，朝自己的起居室走去，在桌旁坐下来，就给丈夫写信：

“事已至此，我再也不能留在您的家里了。我走了，带儿子一起走。我不懂法律，所以不知道儿子应该跟着父母的哪一方。可是我带走了，因为我没有他就活不下去。请您宽宏大量，让他跟着我吧。”

一直到这里，她写得都很快、很顺当，但是一写到请他宽宏大量，就想到她从来没看到他的宽宏大量，又想到需要写几句动人的话来结束这封信，就写不下去了。

“我又不能说我的过错和我的悔恨，因为……”

她又停下来，因为思路乱了。“不，”她在心里说，“一点也用不着。”于是她把信撕掉，重新写了一封，不提什么宽宏大量，就把信封起来。

另外还要写一封信给伏伦斯基。“我对丈夫全说了，”她写过这一句，坐了很久，再也写不下去。这太粗鲁，太不温柔了。“再说，我又能给他写什么呢？”她在心里说。脸上又泛起羞臊之色，想起他的平静，不觉对他恼火起来，于是把写了一句的信撕成碎片。“一点也用不着，”她在心里说过这话，便合上信笺夹，上了楼，向家庭教师和仆人们宣布，她今天要上莫斯科去，并且立即就动手收拾行李。

十六

管院子的、园丁和仆人在别墅的几个房间里来来回回走着，往外搬行李。衣橱和五斗柜都打了开来，已经有两次跑到小铺里去买绳子，地板上到处都是报纸。两个箱子、几个行李袋和捆好的毛毯已经搬到前厅里。一辆轿式马车和两辆出租马车停在台阶旁。安娜因为忙着收拾行装，忘记了内心的慌乱，这时正站在自己房间里的桌子旁边收拾自己的旅行包，安奴什卡对她说，有人乘着马车来了。安娜朝窗外一看，就看见卡列宁的信差正在台阶旁打门铃。

“你去看看，是怎么一回事儿。”她把两手放在膝盖上，在安乐椅上坐下来，带着准备好应付一切局面的镇定态度说。仆人送进来一个大信封，是卡列宁亲笔写的。

“信差奉命要回话。”仆人说。

“好的。”她说。等仆人一走出去，她就用打哆嗦的手指头把信撕开。一叠用小纸条扎着的没有折叠过的钞票从信封里掉了出来。她抽出信，从信的结尾看起来。她看到：“您回城的一切事自会有安排的。请您注意，我特别看重我这一要求。”她又继续倒着往上看，这样看了一遍，又从头开始，把信再看一遍。等她看完了，就觉得浑身发冷，觉得有一种意料不到的可怕的灾难来到她的头上。

早晨她后悔对丈夫说了那番话，就希望说了那番话和没有说一样。就希望这封信说明她的话等于没有说，使她能够像她希望的那样。可是现在这封信对于她来说,比她所能想象到的一切都要可怕。

"冠冕堂皇!冠冕堂皇!"她说道。"当然,他总是冠冕堂皇的,他是基督徒,他宽宏大量!哼,这个卑鄙无耻的家伙!这一层,除了我,谁也不了解,也不会了解;而且我也不能说明白。大家都说,这是一个笃信宗教、有道德、正直而聪明的人;我所看到的,大家却看不到。大家不知道,八年来他怎样摧残我的生命,摧残我身上一切像活人之处,他从来没有想过,我是一个活的女人,是需要爱情的。大家不知道,他动不动就侮辱我,而且还自鸣得意。难道我没有尽可能,尽一切可能好好过日子,求一个好名声吗?难道我没有想方设法爱他,在已经无法爱丈夫的时候,没有想方设法爱儿子吗?可是到后来,我明白了,我不能再欺骗自己,我是一个活人,我没有罪,上帝生就我这样一个人,我要爱情,我要生活。现在怎么样呢?他就是把我杀了,我也都可以忍受,都可以原谅,可是,瞧,他……"

"我怎么没有料到他会来这一手呀?他来这一手,正是他那卑劣的本性决定的。他依然冠冕堂皇,可是我完了,我的境况就要更坏,更低下了……"她想起他信里的话:"您自己也会想到,等待着您和您的儿子的将会是什么。"于是她心想:"这是威胁,表示他要把儿子夺走,大概,按照他们的混账的法律,这是可能的。不过,难道我不知道他为什么要说这话吗?他不相信我爱儿子,要么就是轻视(他还常常讥笑),非常轻视我这种感情,可是他知道我不会扔掉儿子,无法扔掉儿子,知道我如果没有儿子,就是和我所爱的人在一起也过不好日子,知道我如果扔掉儿子,离开丈夫，所作所为就会像一个最无耻、最卑劣的女人，——这他是知道的，知道我不会这样做。”

“我们还应当像原来一样过下去。”她想起信里的另一句话。“我们过的日子本来就很痛苦，近来这日子就非常可怕了。如今又会怎么样呢？这一切他都知道，知道我不会后悔，还要呼吸，还要爱；他知道，这样做，除了虚伪和作假，再不会有什么；可是他需要继续折磨我。我了解他，我知道，他可以在虚伪中优游自如，自得其乐，如鱼得水。可是，我不让他享受这种快乐，我要撕破他想用来把我缚住的这种虚伪的蜘蛛网；要怎样就怎样好啦。什么都比虚伪作假好！”

“可是怎么办呀？我的上帝！我的上帝！什么时候有女人像我这样不幸呀？……”

“是的，我要撕破，要撕破！”她跳起来，憋着眼泪，叫起来。于是她走到书桌旁，想给他另外写一封信。可是她已经在内心深处感觉到，她什么也无法撕破，她怎么也无法脱离原来的处境，不论这处境多么尴尬，多么窝囊。

她在书桌前坐下来，却没有写信，而是把两只手臂放在桌子上，头伏在手臂上，哭了起来，哭得抽抽搭搭，而且晃动着整个胸膛，就像小孩子在哭。她哭的是，她本来想使自己的状况明朗化，现在这幻想永远破灭了。她预料到，一切还会像原来一样，甚至比原来还坏得多。她觉得，她在上流社会享有的地位，今天早晨她还认为是微不足道的，现在对于她就是非常宝贵的了，她没有力量用这种地位去换取一个抛弃丈夫与儿子、和情夫姘居的女人的可耻地位。她觉得她不论怎样努力，都不能刚强起来。她永远享受不到恋爱的自由，倒是要永远成为一个有罪的妻子，一个瞒着丈夫，跟另外一个风流放荡、无法共同生活的男人过偷鸡摸狗的日子的妻子，时时刻刻担心被揭露。她知道，情形就会是这样的，而且，不仅是这种情形非常可怕，她甚至还无法设想这会有什么样的结局。于是她哭，憋也憋不住，就像挨了打的孩子。

她听到仆人的脚步声，连忙定下神来，为了不让仆人看到自己的脸，假装在写信。

“信差要回话。”仆人禀报说。

“回话吗？好的，”安娜说，“让他等一下。我会打铃的。”

“我能写什么呢？”她想道。“我一个人能决定什么呢？我知道什么呢？我要的是什么？我爱的是什么？”她又觉得，心里的一切又开始变为两重的了。她又害怕起这种感觉，于是抓住首先出现的能够使她避免想自己的行动的理由。“我要去见见阿历克赛（她在心里这样称呼伏伦斯基），只有他能告诉我应该怎么办。我要上培特西家里去；也许我在那里能见到他，”她在心里说，竟完全忘记了她昨天对他说不再到培特西家去的时候，他说既然这样他也不去了。她走到书桌前，给丈夫写道：“来信收到。安。”于是打了打铃，把字条交给仆人。

“咱们不走了。”她对走进来的安奴什卡说。

“再也不走了吗？”

“不，不要解行李，等明天再说，把马车也留下。我要到公爵夫人家去一下。”

“准备什么样的衣服？”

十七

培特西公爵夫人请安娜去看打槌球，打槌球的是两位贵妇人及其倾慕者。这两位贵妇人是彼得堡上流社会一个新的团体的主要代表人物。这个团体仿照模仿的风气，取名为“世界七奇”。这两位贵妇人所属的团体虽然是上层的，但和安娜经常出入的团体是完全敌对的。此外，丽莎·梅尔卡洛娃的倾慕者斯特列莫夫老头，是彼得堡最有权势的人物之一，是卡列宁的政敌。出于这种种考虑，安娜是不想去的，培特西的信里就含有担心她不去的意思。现在安娜却因为希望见到伏伦斯基，就愿意去了。

安娜到培特西公爵夫人家比所有的客人都早。

就在她进门的时候，伏伦斯基那个络腮胡子梳理得整整齐齐、很像一个宫廷侍从的仆人也来到门口。他在门口站住，摘下帽子，让她先走。安娜认出他来，这才想起来，伏伦斯基昨天说过他不来了。大概他就是为这事派人送条子来的。

她在前厅里脱外衣的时候，听到那个连说话也像宫廷侍从一样的仆人说：“这是伯爵给公爵夫人的。”说过就把条子递过去。

她很想问问他家老爷在哪里。她很想转回去，给他写封信，让他到她家来，或者她去找他。可是不论这样那样都不行了；通报她到来的铃声已经响过了，培特西公爵夫人的仆人已经侧身站在打开的门口，等着她走进里面的房间了。

“公爵夫人在花园里，这就去通报。您是否有兴致上花园里去？”另外一个房间里的另一个仆人报告说。

依然处在犹豫不决、不明不白的状况，和在家里一样，甚至更坏，因为什么事也不能做，也无法见到伏伦斯基，却要留在这儿，待在这些心情与她大不相同、不相干的人中间。不过她穿着夜礼服，她知道是很合身的；她也不孤单，四周围都是她见惯了的奢华而无所事事的人们，所以她觉得比在家里轻松些；她不必考虑她应该做什么。一切都自然而然地进行着。安娜看见培特西穿一身雅致得使她吃惊的白色女装，像往常一样对她笑了笑。培特西公爵夫人同杜什凯维奇和一位小姐一道走来。这位小姐是她家的亲戚，在显赫的公爵夫人家过夏天，在外省的父母是感到十分荣幸的。

想必安娜的神色有点异样，因此培特西一下子就看出来了。

“我没有睡好。”安娜一面回答，一面瞟着朝她们走来的仆人，她猜想，他是送伏伦斯基的条子来了。

“您来了，我多么高兴呀，”培特西说。“我累了，刚才是趁他们没来，想去喝杯茶。您去吧，”她对杜什凯维奇说。“您和玛莎到槌球场上去试试，就是割了草的那地方。咱们趁喝茶的工夫说说心里话儿，可以快快活活地聊一聊[1]不是吗？”她握着安娜那只拿伞的手，微微笑着对她说。

“好的，尤其因为我不能在您这儿待很久，我要去看看芙列妲老人家。我答应去看她已经有一百年了。”安娜说。说谎本来是违反她的天性的，但是在社交场合说谎不仅变得又简单又自然，而且甚至使她感到是一种乐趣。

她为什么说这一套在一秒钟之前还没有想到的话，她自己怎

①原文为英语。

么也无法解释。她说这话,只是因为她想到,既然伏伦斯基不来了,她必须抽出身子,想方设法和他见面。但是为什么她偏偏说起并不特别需要去看的老女官芙列妲,她也无法解释,不过,正如后来证明的,她想方设法和伏伦斯基见面,再也想不出比这更妙的办法了。

“不行,无论如何我也不让您走,”培特西仔细打量着安娜的脸,回答说。“说实话,要不是我喜欢您,我就生气了。您好像就怕跟我这里的人交往会玷污了您。请把茶给我们送到小客厅里来,”她像往常一样眯着眼睛对仆人说。她接过条子,看了一遍。“阿历克赛给我们玩起花招来了,”她用法语说,“他信上说他不能来呢,”她又说;那语气又随便又自然,就好像她从来没有想到,除了打槌球,伏伦斯基对安娜还有别的什么意义。

安娜知道培特西什么都知道,可是听着培特西在她面前说到伏伦斯基,她常常在一时间相信她什么也不知道。

“哎呀!”安娜似乎对这事毫不关心,很平静地说,并且又微微笑着继续说下去:“和您这儿的人交往怎么会玷污什么人呀?”这种语言游戏,这样隐瞒秘密,对于安娜也像对于一切女人那样,有很大的吸引力。不是非隐瞒不可,也不是为了什么,而是隐瞒本身吸引着她。“我不会比教皇更圣洁,”她说。“斯特列莫夫和丽莎·梅尔卡洛娃都是社会精华中之精华。再说,他们处处受欢迎,而我呢,”她把我字说得特别重,“也是从来不顽固,不偏执。我只是没有工夫。”

“不,您也许是不愿意和斯特列莫夫见面吧?就让他和卡列宁在委员会里较量去吧,这不干咱们的事。但在交际场上他可是我所知道的最讨人喜欢的人，而且是一个打槌球的好手。您就会看到的。尽管他那么大年纪迷恋上丽莎，那局面非常可笑，可是应该看到，他是多么有本事应付这种可笑的局面！他非常讨人喜欢。萨福·施托尔茨您不认识吗？这是一个新派人物，十足的新派人物。”

培特西说着这些话，然而安娜却从她那愉快而机灵的目光中感觉出来，她有几分了解她的处境，并且在想着什么办法。她们当时是坐在小房间里。

“不过我得给阿历克赛写一封信，”于是培特西坐到桌前，写了几行，就放进信封里。“我写的是要他来吃饭。我这儿有一位太太来吃饭，缺少男伴。您看，有说服力吗？对不起，我失陪一会儿。请您把信封上，叫人送去，”她在门口说，“有些事情我要去安排一下。”

安娜不再犹豫，拿着培特西的信在桌前坐下来，看也没看，就在下面写道：“我必须见到您。请到芙列姐家花园里。六点钟我在那儿等。”她把信封上，等培特西回来，当着她的面派人把信送出。

茶已经给她们送来摆在凉爽的小客厅的茶几上。这两个女子真的就像培特西刚才说的那样，趁客人未到，一面喝茶，一面说起心腹话儿。她们议论起她们正在等待的几个人，着重谈起丽莎·梅尔卡洛娃。

“她非常可爱，我一向很喜欢她。”安娜说。

“您应该喜欢她。她常常提到您。昨天看过赛马之后她来看我，没有遇到您，感到很遗憾。她说，您是真正的传奇式美人儿，假如她是一个男子，准会为您神魂颠倒的。斯特列莫夫说，她就这样也神魂颠倒了。”

“不过请您告诉我，我可是怎么也不懂，”安娜沉默了一会儿之后说，而且那语气很明显地表示她不是随便问问，她问的是她觉得特别重要的事。“请您告诉我，她和卡鲁日斯基公爵，和那个叫米什卡的，是怎么一回事儿？我很少见到他们。他们究竟是怎么一回事儿？”

培特西用眼睛笑了笑，仔细看了看安娜。

“这是一种新的方式，”她说。“他们都选择了这种方式。他们把一切框框儿都抛到九霄云外去了。不过是有方式和怎样抛的方式的。”

“哦，她和卡鲁日斯基究竟什么关系呀？”

培特西突然十分快活地放声大笑起来，这在她是难得有的。

“您这就侵犯米雅赫基公爵夫人的领域了。这问题太孩子气了，”培特西显然想憋住笑，却怎么也憋不住，于是爆发出那种带有感染性的大笑，难得笑的人笑起来往往是这样的。“这应该问问他们自己呀。”她噙着笑出来的眼泪说。

“哎呀，瞧您笑的，”安娜也不由得笑起来，说，“可是我怎么也不懂。我不懂丈夫是管什么事的。”

“丈夫吗？丽莎·梅尔卡洛娃的丈夫是给她拿拿围巾，随时准备伺候她的。至于内中情形如何，谁也不想去打听。您要知道，在上流社会里，像梳妆打扮之类的小事，是没有人去谈，甚至也没有人去想的。这事就是如此。”

“您是不是参加罗兰达卡夫人的庆祝宴会？”安娜为了改换话

题，就问道。

“我不想去。”培特西回答过，也不看自己的好友，就把香茶往透明的小茶杯里倒。把一杯推到安娜面前，又掏出烟卷，插在银烟嘴里，吸了起来。

“您也知道，我是处在幸福的状况中，”她端起茶杯，已经收敛起笑容说。“我了解您，也了解丽莎，丽莎是那种天性单纯的人，像小孩子一样，不懂得什么是好，什么不好。至少在非常年轻的时候很不懂事。现在她知道，这种不懂事对她正合适。现在她也许是故意装作不懂事，”培特西带着微妙的笑容说。“但不管怎样，这对她是很合适的。您要知道，对于同一件事，可以看得很悲观，因而使其变成一种痛苦，也可以看得很随便，甚至很快活。也许，您看待事情往往太悲观了。”

“我多么希望了解别人像了解自己一样呀，”安娜严肃而又深沉地说。“我比别人坏呢，还是比别人好？我以为，是坏些。”

“太孩子气了，太孩子气了，”培特西又说。“哦，他们来了。”

十八

先是听到脚步声和男人的说话声，然后是女人的说话声和笑声，不一会儿，走进来等待中的两位客人：萨福·施托尔茨和一个叫瓦西卡的红光满面、显得精力过剩的年轻人。显然，鲜牛肉、地菇和上等葡萄酒的养分都填充到他身上。瓦西卡向两位太太鞠了个躬，看了看她们，但只是看了一刹那。他随着萨福走进客厅，就跟着她在客厅里转悠起来，就像拴在了她身上似的，而且那一双亮闪闪的眼睛再也不离开她，就好像要把她吃掉。萨福·施托尔茨是一个黑眼睛的金发女人。她穿着高跟鞋，迈着矫健的碎步走进来，像男子那样同两位太太握了握手。

安娜从来没有见过这位新星，对她的美貌、打扮的过分时髦以及举止的大胆感到惊讶。她头上那有真也有假的淡黄色金发梳成高高的发髻，使她的头变得和她那袒露的丰满的胸部一样大。她的动作非常急速，每一走动，她那膝盖和大腿的形状都要从连衣裙下面露出来，不由得使人产生这样的疑问：在这堆成的摇来晃去的大山里面，她那上部裸露、下部和后面裹得严严的娇小而苗条的身躯后边真正的界限在哪儿？

培特西连忙把她介绍给安娜。

"您可知道，我们差点儿碾死两个当兵的，"萨福·施托尔茨立刻就说了起来，一面挤着眼睛，笑着，向后面扯着她一下子甩到一边去的裙裾。"我和瓦西卡坐在车里……哦，你们不认识吧。"于是她说了说年轻人的姓，把他介绍了一下，并且红了脸咯咯地笑起来，笑自己不该在陌生人面前叫他的小名瓦西卡。

瓦西卡又向安娜鞠了个躬，但一句话也没有对她说，就转身和萨福说话。

"您打赌输了。咱们先到了。您拿钱来。"他笑呵呵地说。

萨福更开心地笑起来。

"现在没有钱呀。"她说。

"那也行，以后给我。"

"好的，好的。哎呀，真是的！"她忽然对女主人说，"我真糟……我竟忘了……我给您带来一位客人。就是他。"

萨福带来而又忘记的这位年轻的不速之客倒是一位贵客，尽管他年纪很轻，两位太太都站起来迎接他。

这是萨福的一个新的倾慕者。他现在也和瓦西卡一样，跟住她寸步不离。

不一会儿，卡鲁日斯基公爵、丽莎·梅尔卡洛娃和斯特列莫夫来了。丽莎·梅尔卡洛娃是一个瘦瘦的黑发女子，生有一张东方型的娴静的面孔和一双美丽的、如大家说的那种深邃莫测的眼睛。她那一身深色服装的色调（安娜立刻注意到了，并且十分赞赏）和她的美貌十分配称。萨福动作异常急速，异常麻利，丽莎恰恰相反，异常温柔，异常飘洒。

然而，就安娜的眼光来说，丽莎要迷人得多。培特西对安娜说起她时，说她装得像一个不懂事的孩子，但等安娜见到她之后，就觉得这话是不对的。她确实就是一个不懂世事的、娇惯的，然而非常可爱的、没有城府的女子。不错，她的样子也和萨福一样；也和萨福一样，有两个倾慕者，一老一少，像拴在身上一样，时时刻刻跟着她，眼睛紧紧盯着她；然而她有一种超脱她周围的一切之处，就好比玻璃堆中有一颗光彩夺目的真宝石。这种光彩从她那美丽的、真正深邃莫测的眼睛里迸射出来。那描了黑眼圈的一双眼睛里射出的娴静而炽热的目光异常真挚动人。不论谁看到这双眼睛，都会觉得完全了解了她，了解了她，就不能不爱她。她一看见安娜，立刻笑逐颜开。

“哎呀，我见到您多么高兴呀！”她一面说，一面朝安娜走来。“我昨天在赛马场上刚刚要去看您，您却走了。就在昨天我多么想见到您呀。那太可怕了，不是吗？”她用她那种仿佛透露出整个心灵的目光看着安娜说。

“是啊，我怎么也没想到这种事这样令人激动。”安娜红着脸说。

这时大家都站起来，要到花园里去。

“我不去，”丽莎笑着说，并且坐到安娜跟前来。“您也不去吧？槌球有什么好玩儿的？”

“不，我很喜欢。”安娜说。

“就是了，您这是有什么办法，才不觉得无聊的？看您的样子，总是快快活活的。您活得像个样子，我可是无聊呢。”

“您怎么感到无聊呀？你们是彼得堡最快活的一伙儿嘛。”安娜说。

“也许，我们这个圈子以外的人更要感到无聊；不过我们，至少是我，并不快活，而是感到非常、非常无聊。”

萨福把香烟点着了之后，就和两个年轻人到花园里去了。培特西和斯特列莫夫还在坐着喝茶。

“怎么，无聊吗？”培特西说。“萨福说，他们昨天在您家里过得很快活呢。”

“哎呀，太乏味了！”丽莎说。“赛马之后大家一齐跑到我家里。来来去去，老是这些人！老是那一套。整个晚上都躺在沙发上。这有什么快活的呀？是的，您有什么办法，才不觉得无聊？”她又对安娜说。“一看到您，就可以看出来，这个女人也许幸福，也许不幸，但不会感到无聊的。您教教我吧，您有什么办法？”

“我什么办法也没有用过。”安娜被缠着问得红了脸，就回答说。

“这就是最好的办法。”斯特列莫夫插嘴说。

斯特列莫夫是一个五十来岁的人,头发白了一半,还很有精神,长得很丑,但一张脸显得很聪明,很有个性。丽莎是他的内侄女,他一有空就跟她待在一起。他虽然是卡列宁的政敌,但他见到安娜·卡列尼娜,这个交际场上的聪明人却竭力装得对自己敌手的妻子格外殷勤。

“什么办法也没有用过,”他乖巧地笑着接话说,“这就是最好的办法。我早就对您说了,”他对丽莎说,“为了不感到无聊,就不要去想您会感到无聊。这就好比,如果怕失眠,就不能害怕睡不着觉。安娜·阿尔卡迪耶芙娜对您说的就是这个道理。”

“我要是能说这话,那就太高兴了,因为这话不仅精辟,而且也是千真万确的。”安娜笑着说。

“不,您说说,为什么会睡不着觉,为什么会感到无聊?”

“要睡得着,必须做做事情,要快活,也必须做做事情。”

“如果谁也用不着我做事情,我何必做事情呢?要说装装样子,我可不会,我也不愿意。”

“您可是真难办。”斯特列莫夫说,眼睛也不看她,却又和安娜说起话来。

他因为很少见到安娜,除了说一些没意思的应酬话,什么话也不能说,但是他说这些应酬话,比如说她什么时候来到彼得堡,说李迪雅伯爵夫人多么喜欢她,总是带着一种表情,表示他一心想讨她喜欢,并且表示自己的尊敬,甚至不只是尊敬。

杜什凯维奇走进来,说大家都在等着打槌球呢。

“不要走吧,请您不要走。”丽莎听说安娜要走,就恳求说。

斯特列莫夫也帮她说话。

“跟这一伙儿人在一起和跟芙列妲老婆子在一起，那差别就太大了，”他说。“再说，您去了，正是她说说坏话的好机会，您在这儿只能产生另外一种心情，最美好的心情，那是和听人说坏话大不相同的。”他对她说。

安娜犹豫不决地沉思了一会儿。这个聪明人的奉承话，丽莎对她表示的天真的、孩子般的好感，以及她所习惯的这整个交际界的环境——这一切是多么舒服，而她要去做的事又是多么令人难受，以至于她一时间犹豫起来，考虑是不是留下来，是不是把交换意见的难受时刻再推迟一些。然而她想起来，如果想不出任何主意，她一个人回到家里又会是什么情形，想起自己两手抓住头发的姿势，那姿势想起来都是可怕的，所以她向大家道过别，就走了。

十九

伏伦斯基虽然在表面上过着很轻浮的社交生活，实际上他是一个很有心计的人。当他年纪很轻，还在武备学校的时候，有一次手头拮据，向别人借钱，遭到拒绝，他感到非常难堪，从此他就再也不使自己落到那样的地步。

他为了使自己的状况保持正常，每年有四五次，次数多些或少些，看情形而定，关起门来审查自己的收支情况。他把这叫作核算或者清理。

赛马后的第二天，伏伦斯基很晚才醒来，不刮脸，也不洗澡，穿起军服上衣，把钱、账单和信件摊在桌上，就算起账来。彼特利茨基醒来看到这个同事坐在桌边，知道他在这种情况下容易发火，就轻悄悄地穿好衣服，走了出去，免得打扰他。

任何一个人，如果详尽地了解自己种种情况的全部复杂性，都不免会认为这种种复杂情况以及弄清这些情况之难，只是他个人遇到的偶然的特殊情形，怎么也想不到，别的人也都有自己的情况，也像他的情况一样复杂。伏伦斯基就是这样。所以他心里不免得意也不无理由地想，任何别的人如果处在他这样困难的情况下，都会十分狼狈，免不了做出一些不好的事情。可是伏伦斯基觉得，现在他正是需要盘算盘算，弄清自己的状况，就不会造成狼狈的局面。

伏伦斯基先从最容易的着手，算算自己的收支状况。他用很小的字把自己所欠的账写在一张信纸上，算了算，看到自己欠债一万七千卢布，还有几百卢布，为了计算方便，就抛掉了。又数了数现款和银行存款，发现只剩了一千八百卢布，在年底以前也不会再有什么收入了。伏伦斯基把债务清单又看了一遍，把债务分成三类，重抄了一遍。第一类是必须立刻偿还的，或者，不管怎样，必须准备好还债的现款，以便在债主来讨时立即偿还。这一类欠款大约有四千：一千五百卢布是买马欠的，两千五百卢布是他要为年轻同事维涅夫斯基付的担保金，因为维涅夫斯基当着他的面输给一个赌棍这么多钱。伏伦斯基当时就想把钱付清（当时他身上有钱），可是维涅夫斯基和雅什文坚持要他们自己付，不让伏伦斯基付，因为钱不是他输的。这样倒也很好，可是伏伦斯基知道，这是一件很不光彩的事，虽然他参与这件事不过是因为他替维涅夫斯基作了口头担保，但他必须准备好这两千五百卢布，以便掷给那个赌棍，免得跟他啰唆。就这样，为了清偿这一类最紧迫的债务，要有四千卢布。第二类是不太紧迫的债务，要八千卢布。这主要是欠赛马场马房的，买燕麦和干草的，欠英国驯马师和马具商等人的。在这一类债务中，也必须拿出两千卢布分别应付一下，才能完全说得过去。最后一类债务是欠商店、旅馆和裁缝的，倒是用不着忧虑。所以，他目前至少需要有六千卢布来开销，可是他只有一千八百卢布。如果像大家估计伏伦斯基整个经济状况那样，他是一个每年有十万进项的人，那他有这样一些债务，是不会为难的；可是问题就在于，他远远没有这十万进项。他父亲留下的大宗产业，每年就有二十万进项，可是兄弟之间还没有分过财产。况且哥哥娶了没有任何财产的十二月党人的女儿瓦丽雅·契尔科娃公爵小姐，背了一身债，伏伦斯基就把父亲产业的全部进项都让给了哥哥，说定每年自己只要两万五千卢布。他当时对哥哥说，只要不结婚，这些钱足够他用了，他大概是永远不会结婚的。他哥哥率领的是一个最阔气的团，又是刚结了婚，所以不能不接受他的厚赠。她母亲自己也有一份产业，除说定的那两万五千卢布以外，每年她还给他两万卢布，他年年都要把这些钱花个精光。最近母亲因为他的恋情和离开莫斯科与他发生争执之后，不再给他寄钱了。伏伦斯基过惯了每年开销四万五千卢布的日子，今年只有两万五千卢布的收入，所以他的日子就不好过了。他又不能为了摆脱困境，向母亲要钱。他昨天收到母亲一封来信，感到特别恼火，因为信中暗示，她乐意帮助他在社交界和官场上取得成就，不乐意帮助他去过那种生活，那种生活是整个上流社会所不齿的。母亲想收买他,深深刺伤他的内心,使他对她更加冷淡了。但他也不能收回他已经说过的慷慨大方的话,虽然他现在模模糊糊预料到他和安娜的关系中可能会出现的一些情况,觉得他这种慷慨大方的话说得太轻率了,他就是不结婚也许需要有十万卢布的收入。但收回诺言是不行的。他只要一想起嫂子,一想起这位可爱而善良的瓦丽雅一有机会就向他提起,她永不忘记他的慷慨大方,非常珍视他的慷慨大方,就知道不可能收回诺言了。这种事就像殴打妇女、偷窃和说谎一样,是不能做的。只有一个办法是可行的,伏伦斯基就毫不犹豫地决定用这个办法:向高利贷者借一万卢布,这是不会有什么困难的,另外要节省一般的开支,再卖掉几匹赛马用的马。他打定主意之后,立刻给罗兰达卡写了一封信,因为罗兰达卡几次派人来说要买他的马。然后他叫人去请英国驯马师和高利贷者,又根据账单把现有的钱分配一下。做完了这些事,他就给母亲写了一封又冷淡又尖刻的回信。然后又从皮夹子里掏出安娜的三张纸条,看了一遍,就烧掉了。他想起昨天同她谈的一番话,于是沉思起来。

二十

伏伦斯基的生活之所以特别幸福,是因为他有一套章法,明确规定什么事该做,什么事不该做。这套章法所涉及的是很小范围的情况,可是这种章法是非常明确的,伏伦斯基从来没越出这一范围,他也从来不怀疑要照应该做的去做。这套章法明确规定:欠赌棍的钱必须付清,欠裁缝的钱不必付清;对男人不应该说谎，但对女人可以说谎；不能欺骗任何人，但可以欺骗做丈夫的；不能原谅别人的侮辱，但可以侮辱别人，等等。这些章法也许是不合理的，不对的，但却是不容置疑的。伏伦斯基奉行这些章法的时候，自己感到心安理得，可以把头抬得高高的。只是在最近一些日子，伏伦斯基考虑到他和安娜的关系问题，才开始感觉到，他的这一套章法不能完全适用于一切情况，而且觉得将来还会有许多困难和疑问，他还找不到章法可循。

他现在和安娜以及和她丈夫的关系，他认为是简单明了的。这种关系在他遵循的一套章法里有很明确的规定。

她是一个高贵的女子，一心一意地爱他，他也爱她，因此他认为她是一个值得尊敬的，甚至比正式妻子更值得尊敬的女子。他宁可把自己的手剁掉，也不允许自己用言语或暗示去侮辱她，不仅不能侮辱她，也不能不向她表示一个女子所能得到的最大尊敬。

他对待社会的态度也是明确的。这事儿大家可以知道，可以怀疑，但是谁也不应该讥笑，不应该议论。否则，他会叫乱说的人把嘴闭上，维护他所爱的女人那并不存在的好名声。

对待她丈夫的态度更是再明确不过了。自从安娜爱上伏伦斯基那一刻起，他就认为他对她的专有权是不容剥夺的。丈夫只是多余的、碍事的人物。毫无疑问，丈夫的处境是很可怜的，可是有什么办法呢？丈夫还剩下的唯一权利就是提出决斗，对这一手伏伦斯基一开始就准备好了。

可是最近一些日子，出现了他和她之间新的内部关系问题，这种关系很难捉摸，使伏伦斯基感到害怕。昨天她才对他说了，她怀孕了。于是他感觉到,这个消息以及她所期望于他的事,需要用另外一种态度来对待,那是在他所遵循的一套章法里完全没有规定的。确实他感到措手不及,而且在她向他说明怀孕的开头一小会儿,他的心指点他,要她抛掉丈夫。他就这样说了。可是现在,他仔细想想,就清楚地看出来,还是不这样为好,而且同时,他想到这事,就觉得害怕:这样做会不会很糟呢?

"如果我叫她离开丈夫,那就是要她跟我结合。我有足够的条件吗?我现在没有钱,怎么能带她走呢?就算我可以想出办法……可是我现在在服役,怎么能带她走呢?如果我说了这话,那就是说必须做好这样的准备,也就是要有钱,要退役。"

于是他沉思起来。退役不退役的问题引导他考虑起另一种隐蔽的、只有他一个人知道的,虽然秘而不宣、然而差不多是最要紧的人生意义问题。

做官是他儿时和少年时代就有的由来已久的梦想,这种梦想他虽然自己对自己也不承认,但却十分强烈,以至于这种功名心现在和他的爱情搏斗起来。他在社交界和军界迈出的最初几步是成功的,可是两年以前他犯了一个很大的错误。他因为希望表示自己独闯的精神,表示他能够晋升,拒绝了别人为他谋得的职位,希望这样能提高自己的身价;可是结果表明,他做得太过分了,这样一来,再没有人过问他的事了;他有意无意地为自己造成一个独立不羁的人的地位以后,就维持着这种地位,一行一动都要精心琢磨,仔细考虑,做出一副样子,好像他没有生任何人的气,不认为自己受到什么委屈,只希望别人不要管他的事,因为他过得很快活。实际上他从去年,从他上莫斯科的时候,他就开始不快活了。他觉得，摆出一副什么也能干，但什么也不愿意干的姿态，已经没有什么味道了；他觉得，很多人都以为他什么本事也没有，只不过是一个正直善良的小伙子罢了。他和卡列宁夫人的事闹得满城风雨，引起大家的注目，倒是为他增添了新的光彩，使得一直像小虫儿一样咬他的心的功名心暂时安静下来，可是一个星期之前这小虫儿苏醒了，而且咬得更厉害了。从儿时起就一直和他在一伙儿的伙伴，在武备学校是同学又是同时毕业的谢普霍夫斯科依，在学业和体操上，在惹是生非和追求功名方面，一向都和他不相上下，前几天从中亚细亚回来，他在那里连升两级，并且获得了像他这样年轻的将领不易得到的奖章。

他一来到彼得堡，大家都纷纷谈起他来，把他当做一等新星。他和伏伦斯基同年，又是同学，却已当了将军，并且有可能担当举足轻重的国家重任。然而，伏伦斯基虽然逍遥自在，风流倜傥，得到一个绝色女子的爱情，却不过是一个骑兵大尉，只能想怎样逍遥就怎样逍遥罢了。"当然，我不羡慕也不会羡慕谢普霍夫斯科依；但是他的高升却向我表明，一旦时机来到，就像我这样的一个人，也是可以青云直上的。三年前他的地位还和我一样。我退役，那就是断送自己的前程。留在军中，就什么也不会丧失。她自己说过，不想改变自己的状况。我呢，有她的爱情，就不能羡慕谢普霍夫斯科依。"于是他慢腾腾地捻着小胡子，从桌旁站起来，在房间里踱起来。他的眼睛放射出特别明亮的光彩，而且他觉得自己的心情又镇定，又平静，又愉快，这种心情是他在弄清楚自己的状况之后总要出现的。一切都清楚、明白了，就像以往每次算过账之后那样。他刮了刮脸，穿起衣服，洗了个冷水澡，便走了出去。

二十一

“我是来接你的。你今天清理时间好长呀，”彼特利茨基说，“怎么样，完了吗？”

“完了。”伏伦斯基只是眼睛笑着说，一面十分小心翼翼地捻着胡子尖儿，就好像他把事情料理得有条有理之后，任何太鲁莽、太急促的动作都会把条理打乱。

“你每次这样之后总是像洗过澡一样，”彼特利茨基说。“我从格里茨基（他们都是这样称呼团长）那儿来，大家都在等你呢。”

伏伦斯基没有回答，看着这位同事，心里想着别的事。

“哦，这音乐就是他那儿的吗？”他倾听着那传到他耳边的熟悉的低音喇叭声、波尔卡和华尔兹舞曲的声音，就说道。“什么喜庆事儿呀？”

“谢普霍夫斯科依来啦。”

“啊！”伏伦斯基说。“我还不知道呢。”

他的眼睛笑得更明亮了。

既然伏伦斯基自己认定有了她的爱情就是幸福，为爱情牺牲了功名，——至少他担当了这样的角色，——他就不能对谢普霍夫斯科依有什么嫉妒心，也不能因为他来团里不先来看他而生什么气。谢普霍夫斯科依是一个很好的朋友，他听说他来了十分高兴。

“啊，我太高兴了。”

团长杰明住的是很大的一座地主家的房子。一伙儿人都在楼下宽敞的阳台上。在院子里，伏伦斯基首先看到的是一些穿制服的歌手站在老大的酒桶旁边，又看到强壮而快活的团长被军官们簇拥着。团长走到阳台的第一级上，为了超越正在演奏的奥芬·巴赫的卡德里尔舞曲的声音，放大了嗓门儿，对站在一旁的几个士兵发着指示，还做着手势。一伙士兵、一位司务长、几名下士和伏伦斯基一起来到阳台前。团长回到桌前，端起酒杯又走到台阶上，举杯高呼：“为我们的老同事和英勇的将军谢普霍夫斯科依公爵干杯。乌拉！”

谢普霍夫斯科依也跟着团长，端着酒杯，满面春风地走了出来。

“你越来越年轻啦，邦达连科。”他对站在他跟前的已经在服第二期兵役的英姿勃勃、两颊红润的司务长说。

伏伦斯基有三年没看见谢普霍夫斯科依了。他留起络腮胡子，显得老成了，但依然是那样英俊，面貌和身材的动人之处与其说是漂亮，不如说是文雅和高贵。伏伦斯基在他身上发现的唯一变化，就是那种雍容自若的气派，那是博得声望并且相信这种声望得到公认的人常有的一种气派。伏伦斯基见识过这种气派，所以立刻就在他身上看出来了。

谢普霍夫斯科依正要下台阶，看见了伏伦斯基。欢喜的微笑使他的一张脸更亮了。他向上点了点头，举了举酒杯，用这种姿势向伏伦斯基致意并且表示，他不能不先去应酬司务长，因为司务长已经伸长脖子，撮起嘴唇，准备接吻。

“哦，他来啦！”团长叫起来。“雅什文还对我说，你心情不好呢。”

谢普霍夫斯科依吻了吻英姿勃勃的司务长那湿润、鲜红的嘴唇，便一面用手帕擦着嘴，走到伏伦斯基身边。

“啊，我多么高兴呀！”他说着，握着他的手，把他拉到一边。

“您照应他一下！”团长指着伏伦斯基高声对雅什文说过这话，便朝士兵们走去。

“你昨天怎么没去赛马场？我还以为在那儿可以见到你呢。”伏伦斯基打量着谢普霍夫斯科依说。

“我去的，可是迟到了。对不起，”他说过这话，又对副官说：“劳驾，请您替我按人头分发一下。”

于是他急忙从皮夹子里掏出三张一百卢布的钞票，并且红了红脸。

“伏伦斯基！吃点儿什么还是喝点儿酒？”雅什文问道。“喂，给伯爵来点儿吃的！你就喝点儿这个吧。”

团长的宴会进行了很长时间。

喝酒喝了很多。把谢普霍夫斯科依抬起来又摇晃又向空中抛。然后又把团长摇晃了一阵。然后团长亲自和彼特利茨基一起在歌手们伴唱下跳起舞来。后来团长有点儿累了，在院子里的长凳上坐下来，向雅什文谈起俄罗斯比普鲁士优越，尤其是在骑兵进攻方面。于是宴会一时间停止了。谢普霍夫斯科依走进房子里，到盥洗间去洗手。在那里遇到伏伦斯基。伏伦斯基用水在冲头。他脱了制服，把毛茸茸的、红红的脖子伸到龙头底下，用两手擦洗着脖子和头。伏伦斯基洗完了，挨着谢普霍夫斯科依坐下来。两个人坐在长沙发上，谈起了他们俩都很感兴趣的事。

“我常常听我妻子讲起你的事，”谢普霍夫斯科依说。“你常常见到她，我很高兴。”

“她和瓦丽雅很要好，这是我高兴见到的仅有的两个彼得堡女子。”伏伦斯基笑着回答说。他笑，是因为预见到他们的谈话即将转向什么话题，这是使他高兴的。

“是仅有的两个吗？”谢普霍夫斯科依笑着问道。

“我也知道你的情形，不过不光是通过你的夫人，”伏伦斯基说，脸上露出严肃的表情，表示不希望谈对方暗指的事。“我为你的成就感到十分高兴，不过我一点也不奇怪。我所期望的还要大些哩。”

谢普霍夫斯科依笑了笑。他显然很高兴这一评价，而且觉得也无须掩饰这一点。

“我却相反，老实说，自己期望的要小些。不过我是高兴的，十分高兴。我有功名心，这是我的弱点，我承认。”

“假如你没有成就，也许你就不会承认了。”伏伦斯基说。

“我不以为这样，”谢普霍夫斯科依又笑着说。“不是说，没有功名就不能活下去，不过那就没有意思了。当然，也许我的看法是不对的，但是我觉得，我干我选定的这一行还是有一些才能的，而且不论什么样的权力落到我手里，总要比落到我所认识的一些人手里好些，”谢普霍夫斯科依带着踌躇满志的神气说。“因此，掌握的权力越大，我越是高兴。”

“也许，这在你是如此，但不是每个人都如此。我原来也是这样想的，可是过着，过着，就觉得人不值得光为这个活着。”伏伦斯基说。

“对了！对了！”谢普霍夫斯科依笑着说。“开头我就是要谈谈我所听到的你的情况，谈谈你拒绝任职的事嘛……当然，我是赞成你的精神的。不过，做任何事情都要讲究方式方法。我以为，你的行为本身是好的，但是你的做法不对头。”

“做了的，已经做了，而且你也知道，我对做过的事，从不翻悔。再说，我现在也很好。”

“很好，这是暂时的。你不会就这样满足的。我对你哥哥就不说这话。他是个好小子，就和咱们这位东道主一样。你瞧瞧他！”他倾听着“乌拉”欢呼声，又加一句，“他很快活，可是你不会就此满足的。”

“我没有说我满足。”

“而且不光是这样。像你这样的人才，是很需要的。”

“谁需要呀？”

“谁需要吗？社会需要。俄国需要人才，需要一个政党，要不然一切都会越来越糟。”

“你这话是什么意思？是指别尔特涅夫那个反对共产主义者的党吗？”

“不是，”谢普霍夫斯科依生气地皱起眉头说，因为竟有人以为他也会这样胡编乱造。“这都是胡编乱造。总有人胡编乱造，以后还会有。根本没有什么共产主义者。但是搞阴谋的人总要捏造出一个很坏的、危险的党。这是老一套了。不是这样，需要的是一个像你我这样靠得住的人组成的有权力的党。”

“可是究竟为什么呀？”伏伦斯基说出好几个有权力的人的名

字。“为什么他们不算靠得住的人呢?”

“就是因为,他们没有或者生来就没有靠得住的财产,没有门第,不像我们这样生来就接近太阳。可以用金钱或者恩惠收买他们。他们为了保住地位,就得想出一种方针。于是他们就宣扬一种思想,一种连他们自己都不相信的有害的方针;整个这一套方针不过是获得官邸和若干俸禄的手段。你看看他们玩的那些花样,都不过是这一套。也许,我不如他们,我比他们蠢,虽然我看不出为什么我不如他们。但是我有一个肯定无疑很重要的优点,那就是我们不那么容易被收买。现在比什么时候都需要这样的一些人。”

伏伦斯基仔细听着,但是引起他注意的与其说是谢普霍夫斯科依的话的内容,不如说是他对事业的态度,他已经在考虑和当权者角逐,并且在这方面有自己的好恶,可是他伏伦斯基在公务方面所关心的还只是一个骑兵连的事。伏伦斯基也明白,谢普霍夫斯科依思考和理解事物的特殊能力,他的聪明和口才,在他所生活的圈子里是很少见的。他很嫉妒他,尽管他觉得这是很可耻的。

“在这方面我还是缺少一样重要的东西,”他回答说,“缺少权力欲望。以前有过,后来没有了。”

“对不起,这不是真心话。”谢普霍夫斯科依笑着说。

“不,是真心话,是真心话!……现在就是这样。”伏伦斯基为了表示真诚,补充一句。

“哦,现在是这样,那就是另一回事儿了;但这个现在不是永久的。”

“也许。”伏伦斯基回答说。

“你说，也许，”谢普霍夫斯科依似乎猜透了他的心思，继续说下去，“可是我要对你说肯定。就因为这样我想见到你。你的行为无可非议。这我是明白的，但你不应该过分。我只要求你给我行动的方便。我不是庇护你……话说回来，我为什么又不可以庇护你呢？你有多少次庇护我呀！我希望我们的友谊高于这一切。是的，”他像女人一样温柔地对他笑着说。“你给我行动的方便，离开这个团，我再悄没声地提拔你。”

“不过，你要明白，我什么也不需要，”伏伦斯基说，“只要一切都像原来一样就行。”

谢普霍夫斯科依站起来，面对着他。

“你说，一切像原来一样。我明白这是什么意思。不过你听我说：咱们是同龄人，也许，你认识的女人比我多。”谢普霍夫斯科依的笑容和手势在表示，伏伦斯基不用怕，他会又轻又小心地接触痛处的。“但我是结了婚的，所以可以请你相信，正如有人写到的，只要了解了你所爱的妻子，就比认识成千上万的女人更了解一切女人。”

“我们这就来！”有一位军官朝屋里探头看了看，说团长有请，伏伦斯基就大声回答说。

现在伏伦斯基很想把话听完，想知道他究竟要对他说什么。

“我就对你说说我的看法。女人是男子事业上的主要绊脚石。又爱女人又干什么事业，那是很难的。要想顺顺当当地爱女人而不使其成为障碍，唯一的办法就是结婚。怎样把我的想法对你说呢，怎样说呢……”喜欢打比喻的谢普霍夫斯科依说，“等一等，等一等！对了，这就好比背上包袱，又要用手做事，那就只有把包袱绑在背上才行，——这就是结婚。我结了婚，就有这样的感觉。我的双手一下子就腾出来了。但如果不结婚而背这种包袱，两手就完全占住了，什么事也做不成。你就看看马赞科夫、克鲁波夫吧。他们都是因为女人断送了自己的前程。”

“那是什么样的女人呀！”伏伦斯基想起这两个人所勾搭的法国女人和法国女演员，就说道。

“女人在上流社会的地位越牢固，那就越糟。那就好比，不是用双手抓住包袱，而是夺别人的包袱。”

“你从来没有恋爱过。”伏伦斯基望着前方，想着安娜，小声说。

“也许是的。不过你要记住我对你说的话。还有：女人总是比男人更能实事求是。我们把爱情看成什么了不起的事，她们却总是非常实际。”

“这就来，这就来！”他对走进来的一名勤务兵说。然而勤务兵不是像他所想的那样来请他们的。勤务兵交给伏伦斯基一封信。

“培特西公爵夫人派人送来给您的。”

伏伦斯基拆开信，脸唰地红了。

“我有点儿头痛，我要回家了。”他对谢普霍夫斯科依说。

“哦，那就再见吧。你给我行动的方便吗？”

“咱们以后再谈吧，我会在彼得堡找到你的。”

二十二

已经五点多钟了，为了及时赶到，同时为了不用大家都认识的自己的车马，伏伦斯基坐上雅什文的出租马车，吩咐车夫尽可能把车赶快些。这辆四座的老式马车十分宽敞。他在角落里坐下来，把腿伸到前面座位上，沉思起来。

模模糊糊意识到他的一些事情已经理出头绪。模模糊糊回想起谢普霍夫斯科依的友情和奉承，想到谢普霍夫斯科依把他看成有用之才，还有更重要的，眼前的幽会，——这一切汇合成一种总的观感，感到人生快乐。这种感觉异常强烈，以至于他不由得笑起来。他放开两腿，把一条腿架在另一条腿的膝盖上，用手抓住，揉了揉昨天落马时摔痛了的那条腿的强劲的腿肚，身子往后一仰，长长地舒了几口气。

“真好，真好呀！”他在心里说。他以前也常常觉得自己身上有一种欢乐感，但他从来没有像现在这样爱自己，爱自己的身体。感觉到强壮的腿上像这样微微有点儿痛，他是愉快的；胸部深呼吸时肌肉的感觉也是愉快的。这晴朗而寒冷的八月天，为安娜增添了绝望心情的，却使他感到振奋，使他那冲过冷水之后热辣辣的脸和脖子感到爽快。他觉得小胡子上的润发油香味在这新鲜空气里特别好闻。他在马车窗口看到的一切，在这清新寒冷的空气里的一切，在这淡淡的夕阳中的一切，不论是在夕阳中闪闪发光中一个个屋顶，轮廓分明的一道道栅栏和一个个屋角，还是偶尔遇到的行人和马车，动也不动的绿树和青草，生长着一畦畦齐齐整整的马铃薯的田野，那房屋、树木、马铃薯投下的斜斜的阴影，都显得那样清爽，那样愉快，那样健壮，就像他自己一样。一切都很美，就像一幅刚刚画好、上了光的风景画。

“快点儿，快点儿！”他把头探到窗外，对马车夫说，并且从口袋里掏出一张三卢布的钞票，塞给回过头来的马车夫。马车夫的手在车灯旁边摸索了一下，就听到鞭子的响声，于是马车在平坦的大道上飞驰起来。

“除了这种幸福，我什么也不需要。”他看着两个车窗中间的骨制铃纽，回想着最近一次看到的安娜的模样，心里想道。“我越来越爱她了。哦，芙列姐别墅的花园到了。她在哪儿呀？在哪儿呀？怎么回事儿？她为什么约我在这儿见面？为什么写在培特西的信上？”直到现在他才考虑起这一点，可是考虑已经没有时间了。不等马车上林荫道，他就叫车夫把车停住，他开了车门，跳下车来，走上通正房的林荫道。林荫路上一个人也没有；可是转头向右边一看，就看见了她。她的脸蒙着面纱，但是他的欢喜的目光一下子就抓住她那独特的、别有风韵的步态，那肩膀的样子和头的姿势，他的全身立刻就好像有一股电流通过。他觉得整个身上，从两腿的矫健动作，到肺部呼吸运动，更有了劲儿，嘴唇也有点儿发痒了。

她走到他跟前，紧紧握住他的手。

“我叫你来，你不生气吧？我非见到你不行呀。”她说；他透过面纱看到她的嘴唇那种严肃和紧张的样子，心情一下子就变了。

“我吗，我会生气？不过你怎么来的，到哪儿去？”

“到哪儿都行，”她说着，挽住他的臂肘，“咱们走走吧，我要和你谈谈。”

他明白了，一定是出了什么事儿，这不是一次欢乐的幽会。他在她面前不知如何是好：他还不知道她惊慌的原因，却已感到她的惊慌已经不知不觉传染了他。

“究竟怎么啦？怎么啦？”他问道，一面用臂肘夹住她的手臂，仔细观察她脸上的神情。

她一声不响地走了几步，鼓了鼓勇气，就一下子停了下来。

“昨天我没有告诉你，”她又快又重地喘着气说起来，“我和阿历克赛·亚力山大罗维奇一起回家的路上，我把一切都对他说了……我说我不能做他的妻子了……全都说了。”

他听着，不由得将整个身子俯过去，仿佛希望这样能减轻她的处境的痛苦。但是等她一说出这话，他一下子就直起身来，脸上露出高傲和严峻的神气。

“对，对，这样好些，好上一千倍！我明白，这有多么痛苦。”他说。

但她并没有听他的话，她在从他脸上的表情猜度他的心思。她不可能知道，他脸上的表情来自他头脑里首先出现的念头：现在决斗是不可避免的了。她从来没想到过决斗，因此她对这一闪而过的严峻神气作了别的解释。

她接到丈夫的信以后，心里就明白了，一切都还会是老样子，她无法摆脱自己的处境，无法抛下儿子去和情人在一起。她在培特西公爵夫人家里待了一个上午之后，更是这样想了。不过她认为这次约会还是极其重要的。她希望通过这次约会改变他们的处境，拯救她。如果他听到这消息，果断地、热情地、毫不犹豫地对她说“抛下一切，跟我走！”——她会抛下儿子跟他走的。可是这消息并没有在他身上引起她所期望的反映：他只是好像受到了什么侮辱。

“我一点也不痛苦。这是很自然的，”她气愤地说，“你看……”她从手套里抽出丈夫的信。

“我明白，明白，”他打断她的话，接过信，但是没有看，而是尽量安慰她，“我只有一个希望，一个要求，就是打破这种局面，让我可以为你的幸福奉献我的一生。”

“你还用对我说这话吗？”她说。“难道我还信不过吗？假如我信不过的话……”

“这是谁来了？”伏伦斯基突然指着迎面走来的两个女人说。“也许她们认识我们呢。”他慌忙带着她拐到旁边一条小路上。

“哎，我反正不在乎了！”她说。她的嘴唇哆嗦起来。他觉得，她的眼睛带着一种很奇怪的愤恨神气在面纱底下看着他。“我是说，问题不在这里，这一点我信得过；不过，这是他给我的信，你看看吧。”她又站了下来。

又像刚刚听到她和丈夫决裂的消息时那样，伏伦斯基看着信，不由地沉浸在很自然的感触中，这感触是他想到如何对待被侮辱的丈夫而引起的。现在，他手里拿着他的信，不由地想象起他早晚会收到的挑战书，想象起决斗的情景，到时候他脸上就像现在一样带着冷冷的、高傲的表情向空中开一枪，然后就站到被侮辱的丈夫的枪口下。这时他头脑里闪过一个想法，也就是刚才谢普霍夫斯科依对他说的和他今天早晨自己想的，那就是最好不要把自己束缚住;他也知道,这想法是不能对她说的。

他看完了信,抬起眼睛看了看她,在他的眼神里没有毅然决然的神情。她立刻明白了,这事他自己事先就想过了。她知道,不论他对她说什么,他说的都不会是他全部的心里话。她也明白了,她的最后一线希望落空了。这是出乎她的预料的。

“你看,这算什么样的一个人呀,”她用打哆嗦的声音说,“他……”

“恕我说一句,这样我倒是十分高兴,”伏伦斯基打断她的话。“看在上帝面上,让我把话说完,”他又说,并且用眼神恳求她容许他把话说清楚。“我很高兴,因为这不可能,怎么也不可能像他所想的那样维持原状。”

“究竟为什么不可能?”安娜噙着眼泪说。她显然认为他再说什么已经没有什么意义了。她觉得,她的命运已经定了。

伏伦斯基想说,他认为决斗是无法避免的,一决斗就无法维持原状了,但他说的是另外一番话。

“不能这样下去。我希望你现在就离开他。我希望,”他感到不好意思,脸红了一下,“希望你容许我来安排和考虑我们的生活。明天……”他正要说下去。

她不让他把话说完。

“那么儿子呢?”她叫起来。“你看见他信上说的吗?那就得离开儿子,这我做不到,我也不愿意。”

“可是天啊,究竟怎样才好呢?离开儿子还是继续维持这种窝囊状况?”

“谁窝囊呀?”

“都窝囊,你最窝囊。”

“你说窝囊……别说这话吧。我觉得这样的话没有意思,”她用打哆嗦的声音说。她现在很不希望他说假话。她现在只剩下他的爱情,她也要爱他。“你要明白,自从我爱上你的那一天起,一切都变了。对于我来说,你的爱情就是一切的一切。我有了你的爱情,就觉得自己十分高尚,十分刚强,一点也没有什么窝囊的。我为自己的状况感到自豪,因为……我自豪的是……自豪的是……”她说不出她为什么自豪。羞耻和绝望的泪水把她的喉咙堵住了。她站下来,放声痛哭起来。

他也觉得喉咙里有什么东西往上涌,鼻子发酸,生平第一次觉得自己就要哭出来。他说不出他为什么这样动情;他可怜她,他又觉得无法帮助她,同时也知道,她的不幸是他造成的,他做的事很不好。

“难道不能离婚吗?”他有气无力地说。她没有回答,只是摇了摇头。“难道就不能带着儿子离开他吗?”

“是啊。不过这一切都要看他怎样了。现在我得上他那里去了。”她冷冷地说。她本来就预感到一切都会维持原状,果然不错。

“礼拜二我要上彼得堡去,到时候一切都能决定了。”

“是的,”她说。“不过这事咱们就不用再谈了。”

安娜的马车,本来她打发走了,并且吩咐过要到芙列妲家花园栅栏边来接她的,这时候来了。安娜同他告过别,就坐上车回家了。

二十三

星期一举行“六月二日委员会”的例会。卡列宁走进会议厅，像往常一样同委员们和主席打过招呼，就在自己的位子上坐下来，一只手按着放在他面前的文件。在这些文件中，有他需要的一些材料和他准备作的声明的提纲。其实他并不需要什么材料。一切他都记得，认为无须在脑子里反复背诵他要说的话。他知道，到了时候，等他看到政敌那强装平静的脸对着自己，他的话就会滔滔不绝地倾泻出来，比他现在能够准备得更出色。他觉得，他的演说内容是极其重要的，每句话都很有意义。然而，他在听例行报告的时候，却装出一副若无其事的、与己无关的态度。不论是谁，看到他的露着青筋的一双白手那样斯文地用长长的指头抚摩着面前一叠白纸的边儿，看到他那头疲惫无神地朝一旁歪着，都不会想到，他的嘴马上就会滔滔不绝地说出许多话来，引起轩然大波，使委员们大叫大嚷，互相争吵，主席不得不起来维持秩序。等例行报告结束，卡列宁就用他那细细的嗓门儿小声说，关于处理非俄罗斯人的事，他也有一些意见要说一说。大家的注意力一齐集中到他身上。卡列宁清了清喉咙，不看他的政敌，但也像往常他发言时一样，随便选了坐在他面前的一个人看着——这次他选的是一个在委员会里从来不发表任何意见的老实的小老头儿，——就开始发表自己的意见。当他谈到根本法和管理法问题时，他的政敌就跳起来，进行反驳。另一位受到触犯的委员会成员斯特列莫夫也辩白起来，——于是会场上出现了轩然大波；

但是卡列宁胜利了，他的建议通过了。成立了三个新的委员会。到第二天，这次会议就成了彼得堡许多人议论的主要话题。卡列宁获得的声望甚至超过自己的预料。

第二天是星期二，卡列宁早晨醒来，得意扬扬地想起昨天的胜利，当办公室主任想讨好他，向他报告所听到的一些情形和委员会里的事的时候，尽管他很想装作若无其事的样子，但还是忍不住笑了笑。

卡列宁和办公室主任忙起公务，完全忘记了今天是星期二，是他规定的安娜回来的日子，所以当仆人来向他报告她回来时，他感到惊讶和愕然。

安娜清早就来到彼得堡；是根据她的电报，派了马车去接她的，因此，卡列宁应该知道她回来。但是等她回来，他没有出来接她。她听说他还没有出门，正在和办公室主任谈公事。她就叫人对丈夫说她回来了，随即就走进自己的房间，动手收拾自己的东西，一面等着他到她这儿来。可是过了一个钟头，他还没有来。她走到餐厅里，借口安排家务，故意大声说话，希望他到这儿来；可是他没有来，虽然她听到他送办公室主任时已经走到书房门口。她知道他照例很快就要去上班，她很想在这之前见到他，以便明确他们的关系。

她在大厅里来回走了一会儿，便毅然决然地朝他走去。等她走进他的书房，他已经穿起文官制服，显然准备出门了，却还坐在小桌旁，双臂搁在小桌上，闷闷不乐地望着前方。他还没看到她，她先看到他了，她明白，他是在想她的事。

他一看见她，就想站起来，可是又改变了主意，接着他的一张脸唰地红了，这是安娜以前从来没有见过的。接着他很快地站起来，走上前来迎她，却不看她的眼睛，而是朝上看着她的前额和头发。他走到她跟前，拉住她的手，请她坐下。

“您回来了，我很高兴，”他说着，挨着她坐下来，显然还想说点儿什么，讷讷起来。他几次想说，却欲言又止……尽管她在准备和他见面时想好了怎样轻蔑他和指责他，这时她却不知道该说什么好，她可怜起他来。就这样沉默了很久。“谢辽沙好吗？”他说，而且不等回答，又说：“我今天不在家里吃午饭，我现在就得走了。”

“我要到莫斯科去。”她说。

“不，您回来了，这很好，很好。”他说过这话，又不作声了。

她看出他无法先开口，她就先开口了。

“阿历克赛·亚力山大罗维奇，”她看着他说，并没有在他注视着她的头发的目光下垂下眼睛，“我是一个有罪的女人，我是一个坏女人，不过我还是像原来那样，像那一天对您说的那样，我来就是要告诉您，我不会有什么改变。”

“我并没有问您这个，”他突然果断地带着愤恨的神气直视着她的眼睛说，“我料定会这样。”他在愤怒之下，显然又完全恢复了自己的本色。“不过，正如我那天对您说的和我在信里写的，”他用又尖又细的嗓门儿说起来，“我现在再说一遍，这事儿我不是非知道不可。这事我可以不理会。不是所有的妻子都这样贤惠，这样急不可待地把如此愉快的消息告诉丈夫。”他把“愉快的”这个词儿说得特别重。“这事儿我可以不理会，只要这事儿不让外人知道，只要我的名声不受到玷污。所以我只是警告您，我们的关系应当和往常一样，只有在您不惜败坏自己的名声的情况下，我才不得不采取措施维护我的名声。”

“可是我们的关系不可能像往常一样了。”安娜带着恐惧的神气看着他，用胆怯的声音说。

她又看到他那种镇定自若的姿态，听到他那尖尖的、小孩子一般的、讥讽的声音，她对他的厌恶感驱散了对他的怜悯感，于是她只是感到害怕，可是不管怎样她还是想把自己的状况摆明白了。

“我不能做您的妻子了，既然我……”她本想说下去。

他恶狠狠地、冷冷地笑起来。

“恐怕，您所选择的那种生活，影响了您的观念。我十分尊敬也十分鄙视……尊敬您的过去，鄙视您的现在……所以我完全不同意您对我的话的理解。”

安娜叹了一口气，垂下了头。

“况且，我也不明白，像您这样有头脑的人，”他很激动地继续说下去，“怎么会直截了当地对丈夫说出自己的不贞，而不认为这有什么不体面，似乎您认为妻子忠于丈夫倒是不体面的。”

“阿历克赛·亚力山大罗维奇！您想要我怎样啊？”

“我要的是，我在这里遇不到那个人，我要您行为谨慎，让外人和仆人们不至于说闲话……要您不再和他见面。这要求似乎不算过分。能够这样，您就可以不履行一个贤惠妻子的责任，而享受贤惠妻子的权利。我要对您说的就是这些了。现在我该走了。我不在家里吃饭。”

他站起来，朝门口走去。安娜也站起来。他一声不响地弯了弯腰，让她先走。

二十四

列文在草垛上度过的一夜，不是白过的：他对自己经营的农业产生了反感，丧失了任何兴趣。尽管是丰收的年景，但是像今年这样遇到这么多的挫折，他和农民之间发生这么多的争执，却是从来没有过的，至少他觉得不曾有过，而且出现这些挫折和争执的原因他也完全明白了。他在干活儿中尝到了乐趣，因为干活儿他和庄稼人接近了，他羡慕庄稼人，羡慕他们的生活，他希望过这种生活，这在这天夜里已经不是他的梦想，而是他的打算，他已经仔细考虑了这一打算的详情细节，——就因为这样，他对自己经营的农业的看法完全改变了，他再也没有原来那样的兴致，而且也不能不看到自己和劳动者的不愉快关系，自己的事业就是建立在这种关系上。一群像巴瓦一样的良种母牛，全部施过肥、耕过的土地，九块围了柳棵子的平坦土地，九十亩施了基肥的地，好几架条播机，等等，——这一切都是极好的，如果一切事情都是他自己或者他和一些同他齐心协力的人来干的话。可是他现在清楚地看出来（他写的一部有关农业的书，说到农业的主要因素是劳动者，这对他有很大的帮助），他所经营的农业不过是他和劳动者之间的一场残酷而持久的斗争，在这场斗争中，他这一方总是千方百计要求把一切做得尽善尽美，另一方却是做到什么地步算什么地步。他还在这场斗争中看到，尽管他这一方尽最大努力，而另一方毫不用力，甚至不想用力，结果事情做不好，对谁都不利，白白糟蹋很好的农具、很好的牲口和土地。最重要的是，不仅用在这方面的精力是白白地浪费，而且现在，当他明白了他的经营的意义之后，不能不感到，他在这方面花费精力是最不值得的。实质上，他们斗争的是什么呢？他争的是每一个小钱（他也不能不争，因为只要他一松劲儿，就没有足够的钱支付工钱），而他们争的是舒舒服服、快快活活地干活儿，也就是像他们所习惯的那样干。为了他的利益，必须要求每个干活儿的人尽量多干活儿，而且不能粗心大意，不要损坏播种机、马拉耙、打谷机，而且要用心考虑所干的事情；然而干活儿的人却希望干得尽可能快活些，多多休息，尤其是要不操心，不烦神，不用脑筋。今年夏天列文处处都看出这一点。他选了几亩长满野草和野蒿、不能留种的坏地，派人去割三叶草做干草，可是他们割的都是能留种的好地，还辩白说，这是管家叫他们割的，还安慰他说，这干草肯定是特别好的。可是他知道，他们这样做是因为这些地割起来省力气。他派一台翻草机去翻草，翻了几趟就坏了，因为庄稼人坐在摆动的机翼下面的驭座上很不耐烦。还要对他说："您别烦神，娘们儿一会儿工夫就翻好了。"好几架犁都不能用了，因为干活儿的人从没想到把犁头提起，而是硬转弯，既折腾马匹，又毁坏土地；还叫列文不要担心。常常有马闯进小麦地，因为没有人愿意做守夜人，所以尽管列文不让轮流守夜，干活儿的人还是轮流守夜，万卡干了一天活儿之后，到夜里就睡着了，事后不过认个错儿说："随您处治吧。"有三头良种小牛胀死了，因为没有饮水就放进了再生的三叶草地里，而且他们怎么也不肯相信，小牛是吃三叶草胀死的，还说这算幸运的，因为邻村有一家在三天里就死了一百二十头。

所以出现这种种情形，并不是因为有谁对列文或者对他的家业不怀好意；恰恰相反，他知道，大家都很爱戴他，认为他是没有架子的老爷(这是最高的赞誉)。这种种情形的出现，只是因为他们想快快活活、无忧无虑地干活儿，他们不仅丝毫不关心、不理解他的利益，而且注定了与他的最根本利益相对立。列文早就不满意自己对家业的态度。他看到他的船漏水，可是他没有去找漏洞，也许是有意糊弄自己。可是现在他不能再糊弄自己了。他对他所经营的农业不仅已经不感兴趣，而且很反感了，所以他不能再经营下去了。

此外，吉娣就在离他三十俄里的地方，他想见到她，却又不能去看她。他在陶丽家里的时候，陶丽曾经叫他去：去向她妹妹重新求婚，她还向他暗示，妹妹现在会答应的。列文看到吉娣之后，自己也明白仍然是爱她的；但是他不能到陶丽家去，因为知道她在那里。他向她求婚而遭到拒绝，这就在他和她之间树立了不可逾越的障碍。他在心里说："我不能仅仅因为她不能做她所想的男人的妻子，就去请求她做我的妻子。"他一想到这一点，就变得对她很冷淡，而且带有敌意。"我和她说话不能不带着责难的心情，看到她也不能没有愤恨的神气，这样一来，她也只能更加恨我，这也是应该的。再说，陶丽对我说过那番话之后，我现在怎么能到她家去呢？难道我能装作不知道她对我说的事吗？那我就宽宏大量，去见她，原谅她，宽恕她吧。我就在她面前扮演宽恕她并且把爱情恩赐给她的角色吧！……为什么陶丽要对我说这番话呢？如果我在无意中看见她，那是很自然的事，可是现在这就不行了，不行了！"

陶丽给他送来一封信，向他借一副女式马鞍给吉娣用。她在信里写道："我听说您有一副。希望您亲自送来。"

这他就无法理解了。一个贤惠女人怎么能这样降低自己的妹妹的身价！他写了十来次信，都撕掉了，于是就派人把马鞍送去，没有回信。写信说他会去，那不行，因为他不能去；写信说因为有事或者就要出门，他不能去，那更不好。他不附回信就带着做了一件羞愧的事的心情派人把马鞍送去之后，到第二天，就把他厌恶了的农事交托给管家，自己便到很远的一个县去拜访他的朋友斯维亚日斯基。斯维亚日斯基家附近有一些极好的水鹬栖息的沼地，他不久前还来信，请列文到他家去住些日子，这是列文早就答应过的。列文早就想到苏罗夫斯基县的沼地上去打打水鹬，但一直因为忙于农事不能去。现在他很高兴躲开附近的陶丽姊妹，尤其是躲开农事，正好去打打猎，打猎是他万般苦恼中最好的安慰。

二十五

去苏罗夫斯基县既没有火车，也没有驿车。列文就坐自己的马拉的大车去。

在半路上，他让车停下来，在一个富裕的庄稼人家里喂马。一个精神矍铄的秃顶老汉，满脸红红的、两颊已白的大胡子，出来开了大门，身子靠在门框上，让大车进去。老大的新院子收拾得干干净净，整整齐齐，还有几架烤过的木犁。老汉给赶车的指了指敞棚下一块地方，便请列文到上房去。一个穿得干干净净的年轻媳妇，光脚穿着套鞋，弯着腰在擦洗新的过道里的地板。她看到跟着列文跑进来的狗吓了一跳，并且叫了起来，但是看到这狗不咬人，立刻就笑起来，笑自己胆小。她用挽着袖子的手给列文指了指上房的门，就又弯下腰，藏起她那美丽的脸，继续擦洗地板。

“怎么，要茶炊吗？”她问道。

“好，就生起来吧。”

上房很大，有荷兰式壁炉，还有屏风。圣像下面有一张描花桌子、一条长凳和两把椅子。一进门有一个食器柜。护窗关着，苍蝇很少，房里十分干净，列文很怕一路上跑来、又在水洼里打过滚儿的狗把地板踩脏了，就给狗指了指门口角落里一块地方。列文在上房里打量了一遍之后，便来到后院里。那个俊俏的穿套鞋的年轻媳妇摇摇晃晃地挑着一担空水桶跑在他前面，到井边去挑水。

“你给我快点儿！”老汉快活地朝她喊了一声，就走到列文跟前。“怎么，老爷，您是上斯维亚日斯基家去吧？他也常常上我们这儿来，”他把胳膊肘支在台阶栏杆上，很带劲儿地和列文攀谈起来。

老汉讲他和斯维亚日斯基的交情才讲到一半，大门又咯吱咯吱响了，干活儿的人带着犁和耙从田野里回来了。拉犁拉耙的几匹马又肥壮又高大。干活儿的人显然都是自己家里的：两个小伙子，穿着印花布衬衫，戴着遮檐帽；另外两个是长工，穿着麻布褂，一个是老头子，一个是年轻小伙子。老汉走下台阶，走到马跟前去，动手卸马套。

“这是耕的什么地?”列文问道。

“耕的土豆地。我家也租了一块地。费道特,你不要把骟马放了,拴到食槽上去,再套别的马。”

“哦,爹,我要的犁头送来了吗?”一个高大而强壮的小伙子,显然是老汉的儿子,问道。

“在……在过道里,”老汉说着,把解下的缰绳绕了绕,扔在地上。“趁现在还没有吃饭,你把犁头安上。”

俊俏的媳妇挑着满满一担水进了过道。不知从哪儿又来了几个娘们儿:有年轻貌美的,有中年的,有年老色衰的,有带孩子的,有不带孩子的。

茶炊烟囱呜呜响起来;干活儿的人和家里的人把马安顿好之后,就来吃饭。列文从马车上拿来自己带的吃食儿,请老汉一起喝茶。

“哦,今天我们已经喝过了,”老汉说,不过显然他很高兴接受这一邀请。“也好,那就陪您喝几杯吧。”

喝茶的工夫,列文听到了老汉的全部家业史。老汉十年前向一个女地主租了一百二十亩地,去年就把这些地买下来,另外又向邻近一个地主租了三百亩地。他把很小的一部分最坏的地租出去,自己一家人和两个长工种四十亩。老汉诉苦说,他的景况不好。可是列文明白,他诉苦是出于客套,其实他的家业是十分兴旺的。假如景况不好的话,他就不会以每亩一百零五卢布的价钱买进土地,也不会给三个儿子和一个侄儿娶媳妇,也不会在失火之后两次盖房子,而且越盖越好。别看老汉诉苦,但可以看得出来,他为自己的富裕,为他的儿子、侄儿、媳妇,为他的牛和马,尤其为他所掌管的家业感到十分得意,他得意是有道理的。列文在和他交谈中了解到,他常常采取新办法。他种了很多土豆,列文坐车经过时看到他的土豆已经开过了花,开始长土豆了,列文的土豆才开花呢。种土豆的地是他借了地主家的新式犁翻耕的。他还种了小麦。老汉在锄燕麦的时候,把锄掉的燕麦拿来喂马,这件小事使列文特别震动。列文有多少次看到这样好的饲料白白糟蹋了,总想收集起来,可总是办不到。这一点老汉就办到了,所以他不能不赞赏这种饲料。

"娘们儿做什么吗? 她们抱到大路上堆起来,大车就拉走了。"

"我们地主靠雇工总是靠不住。"列文说着,递给他一杯茶。

"谢谢,"老汉接过茶杯说,但是他指了指他吃剩的一块糖,表示不用放糖了。"怎么能靠雇工做事情呢?"他说。"只能弄得一团糟。就拿斯维亚日斯基家来说吧。我们知道,那土地黑油油的,可是说到收成,就不敢恭维了。太马虎了嘛!"

"你不是也雇人种地吗?"

"我们都是干活儿的。我们自己什么事都能做。雇工不行,就请走;我们自己能干得了。"

"爹,菲诺根要一点儿焦油。"穿套鞋的媳妇走进来说。

"就是这样呀,老爷!"老汉说着,站起来,慢腾腾地画了一个十字,向列文道过谢,就走了出去。

等列文走进下房去叫自己的车夫,就看见全家的男人都在桌子周围吃饭。娘们儿站着伺候。一个又年轻又强壮的儿子含着满嘴的饭在讲一件好笑的事,所以大家都在哈哈大笑,那个正在把菜汤往碗里舀的穿套鞋的媳妇笑得特别快活。

这个农家给列文留下幸福康乐的印象，很可能这与那个美貌的媳妇大有关系，这印象极其强烈，使列文怎么也不能忘记。他从老汉家去斯维亚日斯基家的一路上，不时地想起这个农家，似乎在这种印象中有什么东西要求他特别注意。

二十六

斯维亚日斯基是本县的首席贵族。他比列文大五岁，而且早就娶了亲。她的小姨妹住在他家里。这是列文很喜欢的一个姑娘。列文也知道，斯维亚日斯基夫妇很想把这个姑娘嫁给他。这一点他无疑是明白的，正像一切未婚男子都会明白这种事一样，虽然他从来没有对任何人说过。他也明白，尽管他想结婚，尽管从各方面来看这位非常迷人的姑娘会成为一个极好的妻子，但是，即使他没有爱上吉娣，要和她结婚也像登天一样不现实。因为这些他都明白，他本来指望到斯维亚日斯基家能得到的快乐，也就有些被冲淡了。

列文一接到斯维亚日斯基请他去打猎的信，立刻就想到这一点，但是，尽管这样，他认为斯维亚日斯基对他有这样的想法，不过是毫无根据的设想，所以他还是要去。此外，他在内心深处很想考验一下自己，再试试自己对这位姑娘有没有感情。斯维亚日斯基的家庭生活极其愉快，斯维亚日斯基本人也是列文所认识的地方自治会的最优秀人物，列文一向特别喜欢他。

斯维亚日斯基是常常使列文感到惊异的一个人。这种人的见解是很有道理的，虽然不是独到的，自成体系的，而其生活的方向是坚定不移的，自成体系的，与他的见解毫不相干，而且几乎总是背道而驰的。斯维亚日斯基是一个很有自由思想的人。他鄙视贵族，认为大多数贵族暗地里都是拥护农奴制的，只是不敢公开表示罢了。他认为俄罗斯已经灭亡了，就像土耳其一样，认为俄国政府坏透了，他从来不屑于认真批评政府的所作所为，可是同时他又在政府任职，而且是一个模范的首席贵族，每次出门，总要戴起带帽徽和红帽箍的制帽。他认为，只有在国外才能过像人的生活，他一有机会就出国去住住，可是他又在俄国经营着复杂的、改良的农业，并且十分关心地注视和了解俄国的现状。他认为俄国农民处在从猿到人的过渡阶段，然而在地方自治会选举会议上他比任何人都乐意同农民握手和听取他们的意见。他不信神，也不信鬼，可是他十分关心改善神职人员生活和减少教区问题，而且尤其操心的是，怎样保留自己村子里的教堂。

在妇女问题上，他站在激进的一方，认为妇女应该有充分的自由，尤其应该有劳动的权利，可是他和妻子过的日子，却使大家都羡慕他们那种和谐的、无子女的家庭生活，而且他一手安排妻子的生活，使她什么事也不做，什么事也做不成，只能和丈夫一起操操心，怎样打发时间更好些，更快活些。

如果列文没有从最好的方面看人的特点，他要了解斯维亚日斯基的性格是不会有什么困难和问题的；他会对自己说：不是傻瓜，就是坏蛋。一切也就明明白白了。可是他不能说他是傻瓜，因为斯维亚日斯基毫无疑问不仅非常聪明，而且很有学识，并且丝毫不卖弄自己的学识。他无所不知；但是只有在用得着的时候，才表露自己的学识。列文更不能说他是坏蛋，因为斯维亚日斯基无疑是一个诚实、善良、聪明的人，办事情愉快，热心，不懈不怠，得到周围所有的人很高的评价，他确实从来没有存心做过也不可能做过任何坏事。

列文千方百计想理解他，却无法理解，所以总是把他和他的生活看成一个难解的谜。

他和列文很要好，所以列文可以追问他，探索他对人生真正的看法；但总是徒劳。每次列文试图从他那敞着的心灵的外室往里闯，他总是有点儿慌乱，目光中会出现隐隐的恐惧神气，好像很怕列文识破他，就和颜悦色地进行抗拒。

现在，列文在自己对农事感到心灰意懒之后，特别高兴到斯维亚日斯基家去住住。且不说他看到这一对百事如意的幸福夫妻和他们的安乐窝会有多么愉快，现在他对自己的生活感到极不满意，就很想知道斯维亚日斯基能够生活得这样康泰、安定和愉快的秘诀。此外，列文知道，他会在斯维亚日斯基家见到附近的一些地主，他现在特别希望谈谈和听听有关收成、雇工等等农事方面的一些话。列文知道，通常都认为谈这些事是很庸俗的，但他现在却觉得只有谈这些事是重要的。“也许，这在农奴制时代，或者在英国，是不重要的。在以上两种情况下，各种章法都是现成的；可是现在在我们俄国，就在一切都翻了个儿，一切刚刚开始建立的时候，怎样建立章法的问题就成了俄国唯一的重要问题。”列文想道。

打猎并不像列文预料的那样好打。沼地干了，水鹬几乎没有了。他转悠了一整天，只带回来三只。可是，他也像往常打猎回来那样，带回来极好的胃口、极好的心情，还有振奋的精神，那总是会伴随他剧烈的体力活动而来的。在打猎的时候，就在他似乎什么也不想的时候，却不由得又想起那老汉和老汉的一家，他这所见所闻似乎要求他不仅要注意所见所闻，而且要他解决和他有关的问题。

晚上喝茶的时候，有两个来谈托管的事的地主在场，就谈起了列文所期待的最感兴趣的话题。

列文挨着女主人坐在茶桌旁，他得和她以及坐在他对面的姨妹说说话儿。女主人是一个圆脸膛、黄头发、个头儿不高的女子，脸上一直带着两个酒窝儿和微笑。列文竭力想通过她探索出她丈夫这个谜的谜底。但是他无法好好思索，因为他别扭得不得了。他别扭得不得了，是因为他觉得坐在对面的姨妹特意为他穿了连衫裙，特意开了梯形领口，露出白白的酥胸。这个梯形领口，也不顾她的胸脯非常白，或者尤其因为她的胸脯非常白，就使列文乱了方寸。他想，认为这领口是为他开的，也许错了，所以他认为自己无权看这胸口，就尽量不看；可是又感觉到，单是开这样的领口就要怪他。列文觉得，他好像欺骗了谁，他应该作一些解释，可是又觉得怎么也无法解释，因此一直红着脸，感到不安，感到非常别扭。他的别扭也传染了美丽的姨妹。不过女主人似乎未觉察这一点，特意让妹妹在一起说说话儿。

"您说，"女主人接住话头儿说下去，"我丈夫对俄国的什么事都不感兴趣。恰恰相反，他在国外快活倒是快活，但从来不像在这里那样。在这里他感到自己是在自己人中间。他有许多事要做，他生来对什么事都感兴趣。哦，您没有到过我们的学校吧?”

“我看到了……就是那所爬满常春藤的房子吧?”

“是的,这是娜斯嘉的事儿。”她指着妹妹说。

“您亲自在教书吗?”列文问道,尽管不看领口,但他觉得,不论朝那一边的哪个方向看,他都要看到领口。

“是的,我一直自己在教书,不过我们有一个很好的女教师。我们还教体操呢。”

“不用,谢谢了,茶我不要了,”列文说过,尽管觉得会有些失礼,但无法在这里继续谈下去,就红着脸站了起来。“我听到那边谈得很有意思呢,”他补充一句,便走到桌子的另一头,主人和两个地主就坐在那里。斯维亚日斯基侧身坐在桌旁,搁在桌上的一只手转动着茶杯,另一只手握住自己的大胡子凑到鼻子上,又放下,好像是在闻胡子的味儿。他用发亮的黑眼睛盯着那个发火的白胡子地主,显然觉得他说的话很叫人开心。那个地主在抱怨老百姓。列文明白,斯维亚日斯基知道怎样回答地主的抱怨,几句话就可以把他驳倒,但他处在他的地位上,是不会这样回答的,只能津津有味地听着地主这一番很可笑的话。

这个白胡子地主显然是一个顽固不化的农奴主和一直住在乡下的土财主。列文看到他穿着显然有些别扭的老式旧礼服,看到他那精明的、皱着眉头的眼睛,听到那一口地道的俄语和显然用惯了的颐指气使的口气,又看到他那无名指上戴着的老式订婚戒指和那一双晒得黑黑的好看的大手的果断动作,就看出这种特点。

二十七

“要不是舍不得丢掉家当……花了多少心血呀……那就什么也不管，什么都卖掉，像尼古拉·伊凡内奇一样去……听听法国歌剧。”那个地主快活地笑着，笑得一张精明的老脸都亮了。

“您就是舍不得丢呀，”尼古拉·伊凡内奇·斯维亚日斯基说，“可见还是有好处的。”

“好处只有一点，就是在家里过日子，什么都不是买的，不是租的。再说，还希望老百姓渐渐会懂些道理。要不然，您可相信，天天酗酒，胡闹！什么都变卖了，没有一匹马，没有一头牛。眼看要饿死了，可是如果您雇来干活儿，就老想给您捣蛋，还要去找治安法官告状。”

“您也可以找治安法官告状嘛。”斯维亚日斯基说。

“我告状？我才不干呢！惹许多闲话，就后悔莫及了。比如在养马场，拿了定钱，就跑掉了。治安法官又怎么样？他还说没有罪呢。什么都得靠地方法院和乡长。乡长照老规矩用鞭子抽。要不是这样，那就只有什么也不要。只有跑到天边去！”

这个地主显然是在挖苦斯维亚日斯基，但是斯维亚日斯基不仅不生气，而且觉得他说的很好玩儿。

斯维亚日斯基笑着说：

“可是我，列文，还有这位，”他指了指另一个地主，“我们经营农业都不用这一套。”

“是的，米海尔·彼得罗维奇也在经营，可是您问问他，究竟怎么样？难道那算是合理经营吗？”这个地主说，显然有意卖弄“合理”这个字眼儿。

“我的经营办法很简单，”米海尔·彼得罗维奇说。“感谢上帝。我的办法就是，准备好到秋天纳税的钱。到时候庄稼人就跑来：好爹爹，我的爷，救救命吧！是啊，总是乡亲嘛，可怜呀。于是，就垫付三分之一的税钱，只是要说清楚：伙计们，要记住，我帮了你们的忙，等用得着你们的时候，种燕麦也好，割草也好，收麦子也好，你们也要帮我的忙。并且要说定哪一户出多少劳役。他们中间也有靠不住的，这是事实。”

列文早就知道这种古老的办法，和斯维亚日斯基交换了一下眼色，就打断米海尔·彼得罗维奇的话，又和白胡子地主说话。

“那您认为究竟应该怎样？”他问道，“现在究竟应该怎样经营农业？”

“哦，那就像米海尔·彼得罗维奇那样办嘛：或者对分收成，或者租给庄稼人；这是可以的，可是这样国家总的财富就要完了。本来我的土地用农奴劳动和良好的经营，收成能达到种子的九倍，用对分的办法只能收到种子的三倍。一解放农奴，俄国完了！”

斯维亚日斯基用笑眯眯的眼睛看了看列文，甚至做了一个很轻微的嘲笑手势；可是列文并不觉得这个地主的话可笑，他对他的话的了解，超过了他对斯维亚日斯基的了解。这个地主为了说明俄国一解放农奴为什么就完了，又继续说下去，列文觉得其中有很多话是很有道理的，是很新鲜的，驳不倒的。这个地主说的显然是自己个人的想法，这是很少有的，而且这些想法不是他闲着没事儿为了活动活动脑筋想出来的，而是产生于他的生活环境，是他待在与世隔绝的乡下从各方面思考出来的。

“诸位要看到，问题就在于，任何改革都是靠权力推行的，”他说，显然想表示他不是没有学识。“就看看彼得大帝的改革，叶卡捷琳娜的改革，亚力山大的改革。就看看欧洲的历史。尤其是农业方面的改革。就拿土豆来说吧，土豆在我国也是强制引种的。就连木犁也不是一向使用的。木犁也是引进的，可能是在封建时代，但肯定是强制推广的。现在，在我们这时代，我们地主在农奴制时期就使用了改良农具，又是烘干机，又是扬谷机，又是施肥车，这种种农具都是我们靠自己的权力引进的，庄稼人开头反对，后来就学我们的样儿了。现在呢，废除了农奴制，取消了我们的权力，我们的农业，本来已经达到很高水平的，就要下降到最野蛮、最原始的状态了。我就是这样看的。”

“那究竟为什么呢？如果合理的话，那您可以雇人干活儿呀。”斯维亚日斯基说。

“没有权了呀。请问，我靠谁干呢？”

“这就对了，劳动力是农业的主要因素。”列文想道。

“就靠雇工呗。”

“雇工不肯好好干，不肯用好农具。我们的雇工只知道一件事，那就是酗酒，醉得跟猪一样，给他什么，毁掉什么。饮马让马胀死，有好马具就扯断，车轮胎换酒喝掉，把铁片放进打谷机里，好把打谷机弄坏。凡是不顺眼的东西，他们看着就讨厌。这样一来，整个农业水平就下降了。土地荒废了，长满了野蒿，要么就是让庄稼人瓜分了，原来能收一百万的，如今只能收几十万了。总的财富减少了。假如做同样的事，好好考虑考虑做法的话，那就不同了……”

于是他开始阐述自己的解放农奴方案，如果推行他的方案，这些缺陷就可以避免了。

列文对这一点不感兴趣，但是等他说完了，列文又转回去谈他前面的一个论点，并且是对着斯维亚日斯基说的，竭力想引他说出他的真正看法。

“说现在农业水平下降，说像我们这样对待雇工就不可能进行有益的合理经营，这话是很有道理的。”他说。

“我不认为是这样，”斯维亚日斯基已经是很认真地反驳说，“我看到的只是，我们不会经营农业，我看到，恰恰相反，我们在农奴制时代的农业水平不是太高，而是太低。我们没有机器，没有干活儿的好牲口，不能好好地管理，连算账也不会。您去问问当家的，他就不知道，怎样合算，怎样不合算。”

“这是两套账，”白胡子地主用讥诮的口气说。“不管你怎么算，等到把您的什么东西都糟蹋掉，那就怎么也不合算了。”

“为什么会糟蹋掉呢？破烂的打谷机，您那种土造的压榨机，是会弄坏的，可是我的蒸汽机就弄不坏了。一匹赖马，怎么叫来着？哦，叫揪种的，揪着尾巴才走的，是会使坏的；可是您要是养法国贝雪马，或者比秋格马，就不会使坏了。就是这么一回事儿。咱们应该把农业提高一些。”

“要是有本钱就好啦，尼古拉·伊凡内奇！您倒是很好的，我可是要供一个儿子上大学，几个小些的孩子念中学，所以我买不起法国马呀。”

“可以向银行贷款嘛。”

“让银行把我的家底子都拍卖掉吗？不行，谢谢吧！”

“说农业水平还需要提高，也能够提高，这话我不同意，”列文说。“我就是这样干的，我也有本钱，可是我什么也做不成。我不知道银行是为谁开的。至少我在农业上不论把钱花在哪一方面，全都亏本：养牲口——亏本，用机器——亏本。”

“这话就对了。”白胡子地主高兴得笑起来，附和说。

“这也不是我一个，”列文又说下去，“我可以列举所有进行合理经营的地主的事例；除了极少数例外，全都是亏本的。哦，您来说说，您经营的农业怎么样，很合算吧？”列文说过，立刻就在斯维亚日斯基的目光中发现了那种一闪而过的恐惧神气，那是他每次想闯进斯维亚日斯基心灵的内室时都会看到的。

此外，在列文来说，问这个问题完全不是真心实意要问。女主人刚才喝茶的时候就对他说过，今年夏天他们从莫斯科请来一个德国会计师，德国人得到五百卢布的报酬，核算了他们的经营情况，发现亏损三千卢布还要多些。究竟多少，她不记得了，不过，似乎德国人一分一厘都算到了。

一提到斯维亚日斯基经营农业是否合算，白胡子地主就笑了，显然他知道这位乡邻和首席贵族能有多少收益。

“也许不合算，”斯维亚日斯基回答说。“这只能说明，或者我是一个无用的当家人，或者我把资金用在提高地租标准上了。”

“啊，地租！”列文惊愕地叫起来。“也许，在欧洲有地租标准，在欧洲，花了力气，土地就会变好，可是在我们这儿，花了力气土地会越来越坏，也就是把地种坏了，可见，谈不到地租标准。”

“怎么没有地租标准呢？这是章法呀。”

“那我们就是不讲章法的：因为地租标准对我们毫不起作用，相反，只会把事情弄乱。哦，您倒是说说，地租的理论是否可以……”

“诸位要酸牛奶吗？玛莎，给我们来点儿酸牛奶或者草莓，”他对妻子说。“今年的草莓到现在还有哩。”

于是斯维亚日斯基带着十分愉快的心情站起来，走开了，显然认为谈话就在列文觉得刚刚开头的地方结束了。

列文少了一个交谈的对手之后，还继续和那个地主交谈，竭力向他说明，一切困难都是由于我们不愿意了解雇工的特性和习惯；可是那个地主就像一切离群索居、自思自量惯了的人一样，不善于理解别人的想法，特别迷恋自己的想法。他一再地说，俄国的庄稼人都是猪，喜欢过猪的日子，要想不让庄稼人过猪的日子，需要权力，可是没有权力，需要木棒，可是我们现在太自由了，一下子把用了一千年的木棒换成了什么律师和监狱，在监狱里还要供给下贱的臭庄稼人很好的菜汤，还要为他们计算有多少立方英尺的空气。

“为什么您认为，”列文很想回到本题上，就说道，“就不能和干活儿的人建立一种很好的关系，让活儿干得切实有益呢？”

“跟俄国老百姓永远不可能这样！没有权力呀。”白胡子地主说。

“究竟怎样才能建立新的章法呢？”斯维亚日斯基喝过酸牛奶，点起一支烟，又走到争论的客人跟前，说道。“能够和干活儿的人建立的关系是很明确的，是大家都清楚的，”他说。“野蛮时代的残余——原始公社及其连环保自然而然瓦解了,农奴制度消灭了,剩下的只有自由劳动,而自由劳动的形式是明确的,现成的,那就应该采用。长工,短工,佃农——不外乎这些。”

“可是欧洲就不满足于这些形式。”

“不满足,所以在寻找新的形式。肯定会找到的。”

“我说的就是这话,”列文回答说。“为什么我们自己不能寻找呢?”

“因为这就好比重新发明建筑铁路的方法。方法是现成的,早就发明了。”

“但是如果那些方法对我们不适用,如果那些方法并不高明呢?”列文说。

于是他又在斯维亚日斯基的眼睛里发现了恐惧的神气。

“哦,这就是:我们把事情看得太容易了,欧洲正在寻找的,好像我们已经找到了!这我都知道,不过,对不起,您了解欧洲在劳动组织问题上是怎么做的吗?”

“不,不怎么了解。”

“现在欧洲最优秀的人物都在研究这个问题。舒尔兹·特里奇[①]运动……还有,最自由的拉萨尔派[②]有关工人问题的大量著作……穆尔豪森[③]的做法——这已经是事实,您想必是知道的。”

“我知道是知道,但是很不清楚。”

“不,您说是这样说,恐怕您知道的不比我少。我当然不是社

①舒尔兹·特里奇(1808—1883),德国经济学家,合作社运动创始人。

②拉萨尔(1825—1864),德国小资产阶级社会主义者。拉萨尔派是以拉萨尔为首的德国社会民主党的机会主义流派。

③穆尔豪森,法国一个城市。

会学教授，不过我对这方面很感兴趣，说真的，如果您也感兴趣的话，您就研究研究吧。”

“可是他们究竟得出什么结论呢？”

“对不起……”

两个地主站起身来，于是斯维亚日斯基又一次制止了列文窥探他的心灵内室的令人不快的习惯，出去送客了。

二十八

列文这天晚上不耐烦和两位女士在一起了。因为他想到，他现在感觉到的农业的不景气，不是他个人的特殊情形，而是俄国农业的普遍状况，要和干活儿的人建立一种关系，不论干活儿的人在哪儿干活儿，都像在路上见到的老农家一样，这已经不是梦想，而是必须解决的问题，他想到这些，心情比任何时候都激动。而且他觉得，这问题可以解决，应该想方设法去解决。

列文向两位女士道过晚安，答应明天再待一天，跟她们一块儿骑马到官家森林里去看一处有趣的塌陷的地方，就在睡觉之前走进主人的书房，去拿斯维亚日斯基要他看的几本有关劳动者问题的书。斯维亚日斯基的书房是一个很大的房间，四面摆满书橱，有两张桌子：一张大写字台，摆在房间中央；另一张是圆桌，圆桌上有一盏灯，灯周围像众星捧月一样摆放着各种文字的最新报刊。写字台旁边有一架文件柜，抽屉里装着各类文件，上面都有金字标签。

斯维亚日斯基取出书来，便在一张摇椅上坐下来。

“你看的是什么呀?”他问站在圆桌旁翻看杂志的列文。

“哦,对了,那里面有一篇很有趣的文章,”斯维亚日斯基说的是列文手里拿着的那本杂志。“原来,”他又很起劲儿地说,“瓜分波兰的罪魁祸首不是腓特烈。原来……”

于是他以他特有的明快语言简要地说了说这个十分重要的、有趣的新发现。尽管列文此刻一心想着农业问题,他听着主人的话,心里不禁在问:“他头脑里在想些什么呢? 为什么,为什么他对瓜分波兰这样感兴趣?”等斯维亚日斯基说完了,列文不由得问:“那又怎样呢?”可是再没有什么了。只是这“原来怎样怎样”很有趣儿。不过斯维亚日斯基没有说明而且认为没有必要说明为什么他对这事儿感兴趣。

“哦,我倒是对那个爱生气的地主很感兴趣呢,”列文叹了一口气,说。“他很聪明,而且说了很多真话。”

“哼,算了吧! 不过是一个顽固不化的、暗藏的农奴主,他们都是这样!”斯维亚日斯基说。

“您是他们的首领呀……”

“是的,不过我是要带领他们走另一方向。”斯维亚日斯基笑着说。

“使我很感兴趣的是,”列文说,“他说得很对,我们的做法,也就是合理经营的办法,行不通,能行得通的只有放债式的经营方法,就像那个斯文的地主那样,要么就是最简单的办法。这又怪谁呢?”

“当然,怪我们自己。不过,说行不通也是不对的。瓦西里契科夫公爵[1]的办法就行得通。”

“工厂……”

“不过我还是不知道您为什么感到惊讶。老百姓现有的物质水平和认识水平都很低，显然会反对一切不熟悉的东西。在欧洲合理经营行得通，是因为老百姓受过教育；可见，我们就要教育老百姓，——问题就在这里。”

“可是究竟怎样教育老百姓呢？”

“要教育老百姓，需要三样东西：第一是学校，第二是学校，第三还是学校。”

“可是您自己也说，老百姓现有的物质水平很低。学校究竟能有什么用呢？”

“您可知道，您使我想起一个医生给病人治病的笑话：‘您最好试试泻药。’‘试过了，结果更糟。’‘那就试试水蛭疗法。’‘试过了，结果更糟。’‘哦，那就只有向上帝祷告了。’‘试过了，结果更糟。’我和您也是这样。我说政治经济学，您说更糟。我说社会主义，您说更糟。我说教育，您也说更糟。”

“不过学校究竟有什么用呢？”

“学校能满足老百姓的其他需要。”

“这我就怎么也不懂了，”列文激烈地反驳说。“学校怎么能帮助老百姓改善其物质状况呢？您说，学校、教育能满足老百姓其他需要。就因为这些需要老百姓无法满足，所以更糟。老百姓学会了加减法和教义问答，怎么就能改善自己的物质状况呢，这

①瓦西里契科夫公爵（1818—1881），俄国经济学家、政治家、地方自治活动家。写有许多著作，探讨农村改革后土地制度等问题。

我怎么也不懂。前天晚上,我遇见一个娘们儿抱着吃奶的孩子,我就问她到哪儿去。她说:‘去找巫婆来,因为哭鬼缠住了娃娃,抱去治了治。’我问,巫婆怎样治哭病的。她说:‘她把孩子放在鸡窝里的栖木上,再念念咒儿。’”

“对了,这可是您自己说的!为了不让她把孩子抱去放到鸡窝里治哭病,那就需要……”斯维亚日斯基笑着说。

“不是这样!”列文懊恼地说。“我认为这样治哭病就好比用学校医治老百姓。老百姓又穷又没有知识,这我们看得十分清楚,就像那娘们儿看到孩子有哭的毛病,因为孩子老是哭。可是为什么学校就能治贫穷和无知这样的毛病,那就叫人不懂了,就像放到鸡窝里为什么就能治哭的毛病一样叫人不懂。应该治一治老百姓贫穷的病根。”

“哦,至少在这一点上您和您十分不喜欢的斯宾塞[①]不谋而合了。他也说,教育可能是丰衣足食和生活舒适的结果,如他所说的,是经常洗涤的结果,而不是能读会算的结果……”

“哦,说我和斯宾塞不谋而合,我非常高兴,或者从另一方面说,我非常不高兴;不过这一层我早就知道。学校是没有用处的,有用的是好的经济体制,可以让老百姓富裕些,空闲时间多一些,到那时候也就会有学校了。”

“不过现在全欧洲的学校都是义务的。”

“您自己怎么在这一点上也和斯宾塞不谋而合呢?”列文问道。

可是在斯维亚日斯基的眼睛里又闪出恐惧的神气,他笑

①指赫伯特·斯宾塞(1820—1903),英国唯心主义哲学家,社会学家。

着说：

“嘿，那个治哭病的故事太妙啦！真的是您亲自听到的吗？”

列文看出来，他是不会找到这个人的生活和他的思想的联系的。他的议论会得出什么结论，显然他觉得是无所谓的；他需要的只是议论议论。等他的议论把他带进死胡同，他就不愉快了。他就怕出现这样的局面，尽量避免这样的局面，就把话转到愉快的事儿上。

这一天的所见所闻，从半路上在老农家的见闻起，都使列文十分激动。在老农家的见闻似乎是今天的一切见闻和想法的基础。这个可爱的斯维亚日斯基，保持一些想法只是为了社会交往用的，显然还有另外一些生活原则是列文所不知道的，而同时他和广大群众在一起的时候，却用一些与他格格不入的思想来指导社会舆论；那个满肚子怨气的地主发牢骚是有道理的，但是怨恨整个阶级，怨恨俄国最优秀的阶级就没有道理了；还有，列文不满意自己的所作所为，模模糊糊地希望找到纠正这种种情形的办法——这一切就汇合成一种不安的心情和期望尽快解决的心情。

列文一个人在给他安排好的房间里，躺在手脚稍一活动都会弹起来的弹簧垫子上，很久都睡不着。斯维亚日斯基虽然说了很多高深的话，列文却一点也不感兴趣；那个地主说的一番道理倒是值得考虑的。列文不由得回想起他说的每一句话，并且在心中修改自己回答他的话。

“是的，我当时应该对他说：您说，我们的农业不行，是因为庄稼人憎恨一切改良，必须强制推行改良；不过，假如不实行改良，农业就根本不行的话，那您这话就对了；可是农业还是行的，只要像半路上在老农家见到的那样，干活儿的人能够按照他们的习惯做事情，还是行的。咱们大家对农业的不满，说明我们有错或者干活儿的人有错。我们很久以来就一个劲儿地照自己的办法干，照欧洲的办法干，也不管劳动力的特性。我们应该承认劳动力不是理想的劳动力，而是具有本身特性的俄国庄稼人，并且根据这种情况来安排农事。假如说（我当时应该这样对他说），您能像那个老农一样经营农业，您能想出办法让干活儿的人关心干活儿的效果，您能想出他们能够接受的改良方法，那么，即使不消耗更多的地力，也可以得到比以前多一倍或两倍的收成。您就把收成对分，把一半给干活儿的人；您剩下来的东西多些，干活儿的人得到的也多些。要做到这一点，必须放低经营水平，必须让干活儿的人关心经营效果。至于怎样才能做到这一点，那是需要细谈的问题，但无疑是能做得到的。”

列文想到这里，兴奋得不得了。他半夜没有睡着，仔细考虑怎样把自己的想法付诸实施。他本来不打算第二天走的，可是现在他拿定主意明天一早就回家。此外，那个穿大领口连衫裙的姨妹使他产生了一种好像做了什么坏事的羞愧感和悔恨感。而主要的是他必须回去，不能耽搁；要赶在冬小麦播种之前向庄稼人提出新的方案，种小麦就可以按照新的章法办事了。他下决心彻底改变以前的全部经营办法。

二十九

列文实行他的计划，遇到许多困难；可是他尽力而为，就这样，他虽然没有取得预期的效果，却得到一种信心，那就是可以毫不自欺地相信这事是值得花力气的。主要困难之一就是，农事已经在进行中，不能把一切都停下来，一切从头做起，而是必须在运行中调整机器。

他回家的当天晚上，就对管家说了说自己的计划。管家显然很高兴地赞同他的一部分话，就是承认在此之前的种种做法都是胡闹，是不合算的。管家说，这话他早就说过，可是却不肯听他的话。至于列文所提建议——以股东身份和劳动者一起经营农业，管家听了只是露出沮丧的神气，没有表示任何明确的意见，却立刻谈起明天必须把剩下的一些黑麦捆好运走和派人耕二遍地的事，于是列文就感觉出来，现在还谈不到这一步。

列文和庄稼人谈起这事，并且向他们提出按新的办法出租土地的时候，也很不顺利，那就是他们都忙着当前的活儿，没工夫考虑这种做法合算不合算。

心地单纯的养牲口人伊凡似乎完全理解列文的建议——让他一家分摊养牲口的收益，并且完全赞成这种事儿。但是等列文对他细谈未来的收益时，伊凡脸上却出现了惊慌的神气和无法再听下去的抱歉神气，并且赶紧去找一些不容耽搁的活儿：忽而拿起草叉把牲口棚里的干草往外叉，忽而去倒水，忽而去扫牲口粪。

另一个困难是，农民怎么也不相信，地主除了尽量榨取他们以外，还会有什么别的目的。他们认定，不论他对他们说什么，他的真正目的是永远不会告诉他们的。而他们自己，在表示意见时会说许多话，可是也决不会说出真正的目的何在。此外，列文觉得那个肝火很旺的地主说得很对，农民在订立任何契约时，都要把不强迫他们采用任何新的耕作方法和使用新式农具当作首要的、不可改变的条件。他们承认,新式步犁耕地要好些,快速联结犁耕地要快些,可是他们会举出千万条理由来说明既不能用这一样,也不能用那一样,而列文虽然认为看来就得放低农业水平,可是又觉得改良显然是十分有益的,不进行改良实在可惜。不过,尽管有这些困难,他还是达到了自己的目的,快到秋天的时候,事情就有头绪了,至少他觉得是这样。

起初列文想把整个家业原封不动地租给农民、雇工和管家用新的合作办法去经营,但是他很快就看出这样不行,就决定把家业划分开来。牲口、果园、菜园、草地和分成好几片的土地都要分别经营。列文觉得最理解他的做法的心地单纯的养牲口的伊凡,以自己一家人为主成立了一个劳动组,承包了养牲口的事。远处一块荒了八年的地,在聪明的木匠菲道尔·列祖诺夫的帮助下,由六家农民承包,用新的合作办法来耕种,庄稼人舒拉耶夫按同样的条件租下了所有的菜园。其余的还是按老办法经营。但这三个劳动组合却是新体制的开端,所以列文就全力以赴了。

是的,养牲口的情形到现在并没有比以往好些,伊凡坚决反对牛棚保暖和提取新鲜奶油,认为母牛在冷牛棚里不用吃很多饲料就行了,认为提取酸奶油更合算;他还要求照以往那样给他工钱;现在得到的钱不是工钱,而是预支的一部分收益,他对此一点也不感兴趣。

是的,菲道尔·列祖诺夫的合作组没有照说定的那样在下种之前翻耕两遍,说是时间太仓促了。是的,这个组的庄稼人虽然说定按新的章程办事,但却不把土地看作共同的土地,而是看作对分制的土地,这个组的庄稼人以及列祖诺夫本人都不止一次对列文说:“您还是收地租好些,您也省心些,我们也自在些。”此外,这些庄稼人一直在找种种借口,不肯照说定的那样在这片地上盖牲口棚和干草棚,一直拖到冬天。

是的,舒拉耶夫曾经想把他承包的菜园分成小块租给庄稼人。他显然完全曲解了,而且恐怕是故意曲解了让他承包土地的条件。

是的,列文在和庄稼人交谈,对他们说明这种做法的种种好处时,常常会感觉到庄稼人只是在听他说话的声音,他们拿定了主意,不管他说什么,都不会上他的当。当他和最聪明的庄稼人列祖诺夫交谈时,尤其感觉这样;而且他还发现在列祖诺夫的眼睛里有一种神气,那神气清清楚楚地表示他在嘲笑列文,还表示他有坚定的信心,如果有人会上当的话,那也决不是他列祖诺夫。

可是,尽管有这种种情况,列文认为事情还是在进行着,认为只要严格实行核算,坚决照他的想法做下去,以后他会向他们证明这种体制的种种好处的,到那时候事情就会自然而然进行下去了。

有这些事情,还有依然由他经管的那部分家业,再加上在书房里写自己的书,列文这一个夏天就非常忙了,简直没有工夫出去打猎。八月底,陶丽派仆人送还马鞍,他才知道她们姐妹已经到莫斯科去了。他觉得,他没有回陶丽的信,是很不礼貌的,想起来就不能不脸红,觉得这样就断了自己的路,今后再也不能到她们家去了。他和斯维亚日斯基不辞而别,也是很不礼貌的。他也再不能到他家去了。不过这一切他现在觉得都无所谓了。现在他最感兴趣的是用新办法经营自己家业的事，这一生还从来没有什么事使他这样感兴趣。他把斯维亚日斯基给他的书读了不止一遍，摘录了他所没有的一些资料，又阅读了有关这方面的一些政治经济学和社会主义的著作，但果然不出所料，他一点没有找到有关他着手进行的事的资料。他时时刻刻盼望在政治经济学著作中，比如在他最先热心研究过的穆勒的著作中，找到他所关心的一些问题的答案，然而他找到的只是从欧洲农业状况总结出来的一些规律；他怎么也看不出，这些不适用于俄国的规律为什么应该是共同的规律。他在论述社会主义的一些书中看到的也是同样的情形：要么就是一些美丽然而不切实际的空想，那是他在学生时代就迷恋过的；要么就是对现状的一些改良和修补办法，那现状是欧洲的现状，和俄国农业的现状毫无共同之处。政治经济学著作中说，欧洲财富过去和现在发展的规律是普遍的规律和不容怀疑的规律。社会主义的著作中说，按照这种规律发展，必然导致灭亡。不论这种著作，还是那种著作，不仅都没有解答，而且没有一点点暗示，让他列文，让所有的俄国农民和地主，怎样运用千万双手和千万亩土地，提高产量，为公众创造更多的财富。

既然他已经着手做这方面的事，他便认真阅读有关这方面的各种书籍，还打算秋天出国去进行实地考察，以免在这个问题上出现像他在各种问题上常常会出现的那种情形。往往，他在和别人交谈的时候，还没有完全理解别人的想法，就开始叙说自己的想法，别人就会冷不丁地对他说：“那么考夫曼是怎么说的？琼斯呢？杜波伊斯呢？米契里呢？您都没有读过嘛。您就读读吧。

这个问题他们早就研究过了。”

他现在很清楚地看出来，考夫曼和米契里没有什么可取之处。他知道他需要的是什么。他看得到，俄国有极好的土地和极好的劳动者，也看到，在某些情况下，比如在半路上看到的老农家，劳动者和土地可以生产许多，而在大多数情况下，在像欧洲那样投资的时候，生产就很少，而且他看出来，所以会这样，仅仅因为劳动者只有按照他们自己那一套才愿意干活儿和好好干活儿，而且这种对抗不是偶然的，而是一贯的，在老百姓精神中是有基础的。他认为，俄国人民有志气自觉地开发广大的荒无人烟的土地，直到把所有的土地都开发出来，因此必须坚持自己需要的一些方法，这些方法并不像通常所想的那样坏。所以他就想在他的书里从理论上论证这一点，并且通过自己在农业上的实践加以证实。

三十

在九月底，运来一批木材，是为了在租给劳动组的土地上盖牲口棚用的，还卖掉了奶油，分配了收益。在经营中实际情况非常好，至少列文觉得是这样。他还要从理论上把问题阐明，要完成他的著作。按照他的设想，他的著作不仅要在政治经济学方面引起一场革命，而且要彻底破除旧的科学，为新的科学——农民与土地关系的科学奠定基础。为此就需要出国，去实地考察国外在这方面的种种情形，找到确凿的证据，证明那里所做的一切是不必要的。列文只等把小麦卖掉，得到一笔钱就出国去。可是下起雨来，留在地里的庄稼和土豆都不能收，什么活儿都停下来，连小麦也卖不成了。道路一片泥泞，无法通行；有两盘水磨被大水冲走，而且天气越来越坏了。

九月三十日，太阳一早露了露面，列文满以为天气好了，就毅然决然地做起动身前的准备。他吩咐把小麦装上车，派管家去找商人要钱，自己也骑上马到各处去看看，以便在动身之前最后作一些安排。

可是，等他把事情办完，浑身就湿透了，雨水顺着皮衣时而流进他的脖子里，时而流进靴筒里，然而傍晚他还是带着非常高兴、非常振奋的心情回到家里。到傍晚时候，天气更坏了，老大的雪糁重重地打在浑身湿透、耳朵和头直打哆嗦的马身上，马不得不侧歪着身子走；列文戴着风帽却是不在乎的，所以他快快活活地朝周围打量着，时而看看车辙里那浑浊的流水，时而看看那一条条光光的枝丫上挂着的水滴，时而看看板桥上那一片片没有融化的白色雪糁，时而看看光秃的榆树周围堆得厚厚的依然肉嘟嘟的带汁水的落叶。尽管四周围一片阴沉景象，他却感到异常兴奋。他在远处一个村子里和庄稼人交谈过之后，就看出他们对新的关系已经开始习惯了。他到一个管院子的老汉家去烘衣服，那老汉显然很赞成列文的计划，自动提出要求入伙购买牲口。

"只要坚定不移地朝着自己的目标走下去，就会有结果，"列文想道，"花费力气干下去是有意义的。这不是我个人的事，而是关系着公共福利的问题。整个农业状况，主要是整个老百姓的状况，完全应该改变。变贫穷为人人富裕，变相互敌视为利害一致和息息相关。总之，这场革命是一场不流血的革命，然而也是一场最伟大的革命，先是在我们县的小范围内进行，然后扩展到全省，全俄国，全世界。因为一种正确的思想不可能不发生作用。是的，这是一个值得为之奋斗的目标。至于我康斯坦丁·列文，当初系了黑色领带去赴舞会，遭到吉娣拒绝，自己觉得那么可怜，那么下贱——其实那都不能说明什么。我相信，富兰克林当初想起自己的一切，也会觉得自己下贱，也会信不过自己。那都不能说明什么。他肯定也有他的阿加菲雅，可以对她说说自己的计划。”

列文这样想着心思回到家里的时候，天已经黑了。

到商人家去的管家回来了，拿到了一部分卖小麦的钱。和那个管院子的老汉也订好了合同。管家一路上看到，田野上到处都有庄稼，连动也没有动，这样看来，自己那没有运回的一百六十垛小麦和别人家的相比，就不算什么了。

列文吃过晚饭以后，像往常一样拿着一本书坐到安乐椅上，一面看书，一面继续想着与他的著作有关系的当前这次出国旅行。今天他特别清楚地意识到他的事业的全部意义，于是可以说明他的思想实质的整句整句的话也就自然而然地出现在他的脑际。“这应该记下来，”他想道。“这应该成为一篇简短的序言，我原来还以为不必要呢。”他站起来，正要朝写字台走去，躺在他脚下的拉斯卡也一面伸着懒腰站了起来，一面打量着他，好像是在问他往哪儿去。可是他没工夫去记了，因为几个头头儿来要求派工了，列文于是就到前厅里去迎接他们。

派过工之后，也就是安排过明天的活儿之后，又见过所有找他有事的庄稼人，列文又回到书房里，坐下来写作。拉斯卡躺到写字台底下了，阿加菲雅拿着袜子坐到她的老地方。

列文写了一阵子之后，忽然分外真切地想起吉娣、吉娣回绝他的情形和最后一次见面的情形。他站起来，在房里来回踱起来。

“有什么心烦的呀，”阿加菲雅对他说。“哦，您干吗老待在家里呀？最好还是上温泉去住住，况且您已经准备好了。”

“就这样我也得后天走，阿加菲雅·米海洛芙娜。还得把事情办完呀。”

“啊，您还有什么事情呀！就这样您送给庄稼人的还少吗？大家已经在说：你们家老爷因为这样会得到皇上恩典的。也真奇怪：您干吗老是为庄稼人操心呀？”

“我不是为他们操心，我这样做是为自己。”

阿加菲雅了解列文的农业计划的一切细节。列文常常把自己的一些想法详详细细地说给她听，也常常和她争论，不赞成她的解释。不过现在她完全误解了他的话。

“当然啦，为自己的灵魂是应该多想想，”她叹着气说。“就拿巴尔芬·杰尼西奇来说吧，别看他不识字，到死也问心无愧，人人都能像他一样就好啦，”她说起不久前死去的一名男仆。“给他授了圣餐，涂了圣油。”

“我说的不是这个，”列文说。“我是说，我这样做为的是自己有好处。要是庄稼人干活儿干得好些，我的好处也就大些。”

“哼，不管您怎样做，如果他是一个懒汉，不论干什么都是拖拖拉拉、马马虎虎的。如果有良心，就会好好儿干；如果没有良心，谁也没办法。”

“噢，您自己也说嘛，伊凡照应牲口比以前好了。”

“我要说的只有一件事，”阿加菲雅回答说，显然不是随口说的，而是经过周密考虑的，“您该成亲啦，就是的！”

阿加菲雅一提起他刚才也想过的事，他顿时觉得又伤心，又窝囊。列文皱起眉头，没有回答她，就又坐下来写作，在心里重温了一遍他想过的这部著作的意义。他只是偶尔地在一片寂静中听一听阿加菲雅那编织袜子的声音，有时想起他不愿回想的事，就又皱起眉头。

九点钟，忽然听到铃铛声和马车在泥泞中闷声闷气的颠簸声。

“哦，有客人来看您了，不会烦闷了，”阿加菲雅说着，就站起来，朝门口走去。但列文抢到了她的前头。他现在写不下去，很欢迎有客人来，不论是什么样的客人。

三十一

列文下楼梯下到一半，就听见前厅里传来他很熟悉的咳嗽声；但由于自己的脚步声他听得不太清楚，于是他希望是他听错了；一会儿他就看到那长长的、瘦骨嶙峋的、熟悉的身影，看来已经不可能错了，但他还是希望自己弄错了，希望这个一面脱皮袄、一面咳嗽的高个子男子不是他的哥哥尼古拉。

列文爱自己的哥哥，可是跟他在一起总是感到很痛苦。此时此刻，列文因为想起心事，再加上阿加菲雅这样一提，正心烦意乱，他觉得跟哥哥见面特别难受。他要见的不是他希望为他排遣烦乱心情的愉快、健康的外客，而是他的哥哥，哥哥对他了解得很透彻,会要他说出最隐秘的心事,迫使他把什么都说出来。而这正是他不愿意的。

列文一面因为这种卑劣的心情在生自己的气,一面朝前厅里跑去。等他在近处看到哥哥,自己那种失望心情立刻消失了,换成了一种怜悯心情。尼古拉哥哥以前瘦得和病得已经够可怕的了,现在却更瘦了,更憔悴了。这简直是一副包了皮的骨架子。

他站在前厅里,颤动着又长又细的脖子,在解脖子上的围巾,怪模怪样地苦笑着。列文一看到这种和善而温顺的笑容,就觉得自己的喉咙哆嗦起来。

"这不是,我到你这儿来啦,"尼古拉目不转睛地盯着弟弟的脸,用低沉的声音说。"我早就想来,可是一直身体不好。现在我已经好多了。"他用他那瘦削的大手捋着胡子说。

"是啊,是啊!"列文回答说。等到他们接吻,他的嘴唇感觉出哥哥身体的干枯,并且在近处看到他那双流露着奇怪的光彩的大眼睛时,更觉得可怕了。

几个星期之前,列文写信给哥哥,说他们家里没有分过的那一小部分产业卖掉了,哥哥现在可以分到自己的一份,大约两千卢布。

尼古拉说,他现在是来拿这笔钱,更重要的是来自己的老家住些日子,接触接触土地,像古代勇士那样汲取力量,今后也好出去闯荡。尽管他的身子佝偻得厉害,尽管他因为个头儿很高瘦得特别惊人,他的动作却还和往常一样又快又急促。列文把他领进书房。

哥哥这次换衣服特别细心,这在过去是很少有的,又梳了梳那又稀又直的头发,便笑嘻嘻地上了楼。

他的态度十分和善,心情十分愉快,列文记得他小时候常常是这样的。他甚至提到柯兹尼雪夫也不恼火。他看到阿加菲雅,和她说了一阵子笑话,还详细地问起几个年老的仆人。听说巴尔芬·杰尼西奇已经死了,他心里很难过。他脸上出现了恐惧的神情,不过他很快就恢复常态。

“是啊,他已经很老了嘛,”他说过这话,就换了话题。“哦,我要在你这儿住上一两个月,然后就到莫斯科去。你可知道,米亚赫科夫答应给我找个位子,我就要去当差了。现在我要完全换个样子生活了,”他继续说。“你可知道,我甩掉那个女人了。”

“你是说玛丽雅·尼古拉耶芙娜吗？怎么回事儿,为什么呀?”

“哎呀,她是一个很坏的女人！她给我干了许许多多不愉快的事。”但是他没有说,这些不愉快的事是一些什么样的事。他不能说,他把玛丽雅·尼古拉耶芙娜撵走,是因为茶太清淡,尤其因为她像照料病人一样照料他。“总而言之,我现在想完全换个样子生活。当然,我也和所有的人一样,做过许多荒唐事,不过财产是最没有意思的东西,我一点也不心疼。只要身体好就行,感谢上帝,我的身体现在好多了。”

列文听着,思索着该说些什么,可是怎么也想不出该说些什么。尼古拉大概也感觉到这一点;他问起弟弟的农事;列文也高兴谈谈自己的事,因为他不用装假就可以谈。他就对哥哥说了说自己的计划和自己的一些活动。

哥哥听着,但是显然对这种事不感兴趣。

这两个人是那样亲近，那样密切，对于他们来说，最细微的动作和音调表达的意思比言语能够表达的意思还多。

此时此刻，他们两个只想着一件事，那就是尼古拉的病和死期已近，这是压倒其他一切的事。但是不论列文，还是尼古拉，都不敢说这事，因此，不管他们说的是什么，都没有说出他们真正担心的事，只能说说假话。所以，等黄昏过去，到了睡觉的时候，他从来没有这样高兴过。他不论和什么样的外人在一起，不论拜访什么样的官方人士，从来都没有像今天这样不自然，这样虚假。他意识到这种不自然并且觉得不应该不自然，就更加不自然了。他真想为他这个不久于人世的亲爱的哥哥大哭一场，可是哥哥说今后怎样怎样生活，他不能不听，而且还要附和着说。

因为房子里潮湿，只有一个房间里生了炉子，所以列文就让哥哥睡在自己卧室里的屏风后面。

哥哥上了床，不知道是不是睡了，但也像很多病人一样，翻来覆去，不住地咳嗽，咳不出痰来的时候，嘴里就嘟哝着。有时呼吸十分困难，嘴里就说："唉，我的上帝呀！"有时被痰堵住，就很恼火地骂起来："哼！见鬼！"列文听着他的动静，很久没有睡着。列文脑子里千头万绪，但种种思绪却归结到一点：死。

死，万物不能逃脱的结局，第一次以不可抗拒之势出现在他的脑际。而在这个睡意蒙眬中呻吟、不分厚薄地时而呼唤上帝、时而呼唤魔鬼的亲爱的哥哥来说，这死已经不像他原来想象的那样遥远了。在他自己来说，死也是要来的——这一点他也感觉到了。不是今天，就是明天，不是明天，就是三十年之后，难道还不都是一样？至于这无法逃脱的死是怎么一回事儿，他不仅不知道,不仅从来没有想过,而且无法去想,不敢去想。

“我做事情,我想有所作为,可是我忘记了,一切都会完结,一切都要死。”

他在黑暗中蜷缩着身子,抱着双膝,坐在床上,屏住呼吸聚精会神地思索。可是他越是用心想,就觉得越清楚,无疑就是这样,他确实在生活中忘记了、忽视了一个小小的情况,那就是,死是一定要来的,一切都会完结的,什么也不值得开头,而且不论怎样都无可奈何。是的,这是很可怕的,不过就是这样的。

“我还活着嘛,那现在该怎么办,怎么办呀?”他灰心丧气地想。他点起蜡烛,小心翼翼地下了床,走到镜子前面,端详起自己的脸和头发。是啊,两鬓已经有白发了。他张开嘴。臼齿已经开始坏了。他露出肌肉发达的两臂。是的,很有力气。可是当年尼古拉身体也很强壮呀,现在在那儿靠残肺呼吸了。于是他顿时想起他们小时候怎样睡在一起,只要等菲道尔·波格丹内奇一出门,就互相扔枕头,哈哈大笑,笑得非常开心,洋溢着无穷无尽的生活幸福感,也顾不得害怕菲道尔·波格丹内奇了。“可是现在这变了形的空洞的胸膛……还有我,前景茫然……”

“咳!咳!哎,见鬼!你磨蹭什么,怎么不睡呀?”哥哥对他吆喝道。

“没什么,不知怎的,我睡不着。”

“我倒是睡得很好,我现在已经不出汗了。你来看看,摸摸我的衬衣。没有汗吧?”

列文摸了摸,又回到屏风这边,吹灭了蜡烛,可还是很久没有睡着。他刚刚有点儿明白了怎样活的问题,却又出现了一个无法解决的新问题——死。

“嗯，他快要死了，嗯，他恐怕活不到春天了，嗯，怎样救救他呢？我能对他说点儿什么呢？在这方面我懂得什么呢？我甚至都忘记有这么一回事儿了。”

三十二

列文早就发现，在和一些人相处中，如果他们过分谦让和恭顺以至使你感到不自在，那么很快就会由于其过分苛求和挑剔使你无法忍受。他觉得哥哥就是这样。果然，尼古拉哥哥的和善没有维持多久。第二天早晨他就发起脾气，拼命找弟弟的碴儿，专门刺他最痛的地方。

列文觉得自己不对，却又无法改正。他觉得，假如他们都不装假，而是说所谓推心置腹的话，也就是只说他们真正想的和感觉的，那他们只能相互看着眼睛，列文就只能说：“你要死了，你要死了，你要死了！”尼古拉就只能回答：“我知道我要死了；可是我害怕呀，害怕呀，害怕呀！”假如他们只说心里话的话，那就再也不能说什么了。但要是这样，那就无法过下去，所以列文就想做做他这一生想做而不会做的事，这种事，据他观察，许多人做起来从容自如，而且不这样就不能过日子：那就是他试着说了说违心的话；于是他一直觉得这样做十分虚伪，觉得哥哥看出他这一点，因为这样才发火的。

到第三天，尼古拉叫列文又说了说他的计划。尼古拉不仅指摘他的计划，而且故意把他的计划和共产主义混为一谈。

“你不过是把人家的想法拿了来，胡乱变了一下，就想用到不适用的地方。”

“我对你说嘛，这没有一点共同之处。他们否认财产、资本和遗产的合理性，我并不否认这种主要的刺激因素（列文本来自己也讨厌使用这种字眼，可是自从他专心著述以来，就不由得越来越多地使用起外来语），我只是想调整劳动关系。”

“就是了，你把人家的想法拿了来，去掉人家所有要紧的地方，就想标榜这是什么新东西。”尼古拉气嘟嘟地颤动着他那系了领带的脖子说。

“不过我的想法和人家一点不一样呀……”

“人家呀，”尼古拉眼睛里闪着恶狠狠的亮光，冷笑着说，“人家至少还有一点魅力，可以说，一种几何图案之美——清楚，明确。也许，那是乌托邦。但如果真的能够把过去的一切变成一块白板[①]：没有财产，没有家庭，那样劳动关系也就好了。可是你呢，什么也不是……”

“你为什么要混为一谈呢？我从来就不是共产主义者。”

“我原来倒是的，不过我发现这还为时过早，但这是合理的，有前途的，就像早期的基督教那样。”

“我只是认为，应该从自然科学家的观点来看待劳动力，也就是要研究劳动力，承认其特点……”

“这可是完全不必要的。劳动力在其发展的各个阶段，自会

①原文是拉丁语。

找到一定的活动形式。起初到处都是奴隶,后来是佃农[①],我们还有对分制,有土地出租,有雇工,——你还要找什么呢?”

列文一听到这话忽然恼火起来,因为在内心深处他就害怕这话说得对,——真的是他想在共产主义和现有的劳动形式之间进行调节,而这是未必办得到的。

“我是在为自己也为劳动者寻找提高生产率的劳动方式。我是想建立……”他很激烈地回答说。

“你什么也不想建立;你不过像你一贯的那样,想标新立异,表示你不光是剥削庄稼人,而且是抱有理想的。”

“哼,你这样想啊,那就别管我吧!”列文回答说,同时觉得自己左腮上的肌肉跳动起来,压制也压制不住。

“你以前没有,现在也没有什么信仰,只是想满足你的自尊心。”

“那好啊,你就别管我了!”

“我才不管你哩!早就该走了,你也见鬼去吧!我真后悔我来了!”

过后不论列文怎样想方设法安慰哥哥,哥哥却什么也不愿意听,说,还是分手好些,列文就看出来,哥哥只是过不了这种日子。

尼古拉已经收拾好行李要走了,列文又走到他面前,很尴尬地说,如果有什么地方得罪了他,就请他原谅。

“噢,好宽宏大量!”尼古拉说,并且笑了笑。“如果你希望自己是正确的,我可以给你这种愉快。你正确是正确,我还是要

①原文是英语。

走！”

临别的时候，尼古拉才吻了吻弟弟，并且突然用严肃得有些奇怪的目光看了看弟弟，说：

“不管怎样你都要多多原谅我，柯斯加！”而且他的声音也打起哆嗦。

只有这才是真心诚意说出的话。列文明白，这话的含意是：“你看到并且也知道，我活不久了，也许，咱们再也见不到了。”列文明白这意思，眼里不由得涌出泪水。他又吻了吻哥哥，可是什么也说不出来，也不知道该对他说什么了。

哥哥走后第三天，列文就出国了。他在火车上遇到吉娣的堂兄谢尔巴茨基少爷。他看到列文那副阴郁的神气大吃一惊。

“你怎么啦？”谢尔巴茨基问他。

“没什么，就是这样，人生在世快活事儿本来不多。”

“怎么不多？那你就跟我一道上巴黎去吧，不要到什么米卢斯去了。你去看看，那儿有多么快活！”

“不，我已经完了。我就要死了。”

“这就有意思了！”谢尔巴茨基笑着说。“我刚刚要开头哩。”

“我不久以前也是这么想的，可是现在我知道，我快要死了。”

列文说的是他近来心里真正想的。他看到什么都死亡或者走向死亡。但是他因此也就更醉心于他所兴办的事业。在死亡没有到来之前，总得想方设法活下去。他觉得黑暗笼罩了一切；但正是由于这种黑暗，他觉得他的事业才是这黑暗中引路的线，于是他使劲儿抓住，再不放手。

第四部

一

卡列宁夫妇仍然住在一座房子里，天天见面，但彼此完全像路人。卡列宁为自己定下守则，天天要和妻子见面，为的是不让仆人们猜疑；但是他尽可能不在家里吃饭。伏伦斯基从来不到卡列宁家里来，但是安娜却在外面和他相会，这也是丈夫知道的。

这种状况对于他们三个人都是很难受的，如果不是指望这种状况会改变，指望这是暂时的痛苦磨难，指望这会很快过去的话，他们之中的任何一个在这种状况下连一天也过不下去。卡列宁指望这种热恋会过去，就像一切事情都会过去一样，大家都会忘记这回事儿，他的名声也就保住了。至于安娜，这状况是她造成的，因而她最痛苦，她能忍受这样的状况，是因为她不仅指望，而且坚信这一切很快会得到解决，会有结果的。她一点不知道这种状况怎样解决，但她坚信，解决的办法很快就会有了。伏伦斯基不由得听命于她，也指望有什么外来的办法能解决一切痛苦磨难。

仲冬时候，伏伦斯基有一个星期过得十分乏味。他奉命接待一位来彼得堡的外国亲王，并且要带他参观彼得堡的名胜。伏伦斯基仪表堂堂，此外还掌握了举止既庄重又彬彬有礼的本领，惯于同这样的人物打交道，因此指派他接待亲王。但是这差事使他感到很重。亲王希望一处也不漏过，因为回国后别人会问他，某处某处他在俄国是否看过；而且他自己也很想尽情享受一番俄国的种种乐趣。伏伦斯基不得不在这两方面兼任他的向导。每天上午他们去参观名胜，每天晚上他们就参加民族风味的玩乐。亲王有极好的体格，这在亲王当中也是不常见的；他爱好体操，又注重养生之道，因此身体十分强壮，尽管他纵欲无度，依然光油油的，就像一条绿油油的荷兰大黄瓜。亲王游览过许多地方，认为现在交通方便带来的主要好处之一就是可以尝遍各种民族风味的乐趣。他到过西班牙，在西班牙唱过情歌，和一个弹曼陀林的西班牙女子有过风流事儿。在瑞士他打过羚羊。在英国，他穿着红色燕尾服参加障碍赛马，还打赌打过两百只野鸡。在土耳其他到过后宫，在印度他骑过大象，现在到了俄国，就希望领略一下种种俄国风味的乐趣。

伏伦斯基就好像做了他驾前的典礼官，不得不花费很多精力安排亲王参加各种各样的人向他介绍的俄国风味的玩乐。赛过马，吃过发面煎饼，猎过熊，乘坐过三驾马车，看过吉卜赛人的杂耍，纵情狂饮并且像俄国人一样把碗碟摔个粉碎。而且亲王特别容易掌握俄罗斯精神，把一盘一盘的碗碟摔得粉碎，还拉一个吉卜赛女郎坐在膝上，似乎还在问：还有什么呀，是不是俄国精神尽在于此了？

实际上，在种种俄国乐趣当中，亲王最喜欢的还是法国女演员、芭蕾舞舞女和白封的香槟酒。伏伦斯基对亲王之类人物是见惯了的，可是，不知是因为他自己近来变了呢，还是他和这位亲王太接近了，总之，他觉得这一个星期的日子特别难过。在整个这一星期中，他一直有一种感觉，就好像一个人被派来照应一个危险的疯子，又害怕疯子，又害怕同疯子太接近了自己也会精神失常。伏伦斯基总觉得，为了不卑躬屈节，必须时时刻刻保持不亢不卑的态度。使伏伦斯基惊愕的是，有些人拼命为亲王提供种种俄国风味的乐趣，亲王对待那些人的态度却是轻蔑的。他想研究俄国女子，伏伦斯基听到他对俄国女子的评论不止一次愤恨得涨红了脸。这位亲王所以使伏伦斯基感到特别不痛快，主要是因为他从亲王身上看到了他自己。他在这面镜子里看到的，是使他的自尊之心感到不快之处。这是一个十分愚蠢、十分自负、十分健壮、十分爱干净的人，再没有什么了。他是一个很有气派的人，这是事实，伏伦斯基也不否认这一点。他和地位更高的人相处，平等对待，并不谄媚奉迎；和同辈的人在一起，很随便，很坦率；和地位低的人在一起，抱一种俯就的和善态度。伏伦斯基自己也是这样，并且认为这是很大的美德。但是他和亲王在一起，他是地位低的，对待他的这种俯就的和善态度却使他感到气愤。

“混蛋！难道我也是这样吗？”他在心里说。

不管怎么说，到第七天，亲王在去莫斯科之前和他告过别，向他表示过感谢之后，他是非常高兴的，因为他摆脱了这种不自在的局面和这一面令人不快的镜子。他们是打了一整夜的熊，表演了俄罗斯人的勇猛劲头儿之后，回来的路上，在火车站告别的。

二

伏伦斯基回到家里，就看到安娜的来信。她写道："我病了，心里很烦闷。我不能出门，但也不能再见不到您。今天晚上您来吧！七点钟阿历克赛·亚力山大罗维奇去参加会议，要开到十点钟。"他觉得她不顾丈夫的禁令，叫他直接到家里去，有些奇怪，可是他想了一会儿，决定还是去。

伏伦斯基在这个冬天升为上校，离开那个团，单独居住。他吃过早饭，就躺到沙发上，在五分钟时间里，近几天他所见到的各种各样乱糟糟的场面和安娜的形象以及那个在猎熊中起了重要作用的围猎的汉子的形象，在他的脑子里纠结在一起，搅成一团；于是他睡着了。他在天黑时醒来，吓得浑身直打哆嗦，连忙点起蜡烛。"怎么回事儿？怎么啦？我梦见什么可怕的事儿了呀？对了，对了。好像是那个围猎的汉子，小小的，脏兮兮的，胡子拉碴的，弯下腰去不知道干什么，忽然用法语说起一些奇怪的话。是的，我梦见的就是这些，"他在心里说。"可是为什么这会这样可怕呢？"他又十分真切地想起那个汉子和那个汉子说的一些莫名其妙的法国话，他吓得脊背上掠过一股冷气。

"多么荒唐呀！"伏伦斯基在心中说过这话，就看了看表。

已经八点半了。他打铃唤了唤仆人，便连忙穿起衣服，走到台阶上，已经完全忘记了刚才的梦，只是担心会迟到。他乘雪橇来到卡列宁家门口，看了看表，看到差十分就九点了。有一辆套了两匹灰马的高高的、窄窄的马车停在门口。他认出是安娜的马车。“她要到我那儿去呢，”伏伦斯基想道，“那样倒是好些。我真不高兴进这所房子。不过反正是这样了，我又不能藏起来，”他在心里说过这话，就带着他从小就养成的无所顾忌的态度跳下雪橇，走到门口。大门开着，手臂上搭着车毯的看门人在召唤马车。一向不注意细节的伏伦斯基这时却发现看门人看到他时露出了惊愕的神气。伏伦斯基在门口几乎和卡列宁撞个满怀。煤气灯对直地照耀着卡列宁黑礼帽底下那没有血色的瘦脸和海龙皮领子里露出来的白得耀眼的领带。卡列宁那一双动也不动的、呆呆的眼睛直盯着伏伦斯基的脸。伏伦斯基鞠了个躬，卡列宁咬了咬嘴唇，把手往帽檐上一举，就走了过去。伏伦斯基看到他头也不回就坐上马车，从窗口接过车毯和望远镜，就走了。伏伦斯基走进前厅。他的眉头皱起来，眼睛里射出恶狠狠的、高傲的光芒。

“竟是这种局面！”他想道。“假如他要决斗，保护他的名誉，我倒是可以有所行动，可以表示我的感情；可他这样软弱，也许是卑鄙……他让我永远处在偷偷摸摸的状况，我可是过去不希望这样，现在也不希望这样。”

安娜和他在芙列姐家花园里交谈过以后，他的想法大大改变了。安娜表示完全委身于他，她的命运只等他来决定，什么都愿意听从，他不由得被安娜这种百依百顺的态度所征服，早已不像原来那样认为他们的关系可以结束了。他的谋求官位的计划又退到次要地位，而且他觉得自己脱离了那个可以决定一切的活动圈子，完全听命于自己的感情了，这感情把他和她缚得越来越紧了。

他在前厅里就听见她那渐渐远去的脚步声。他明白，她是在等他，她留神听了一阵子，这会儿回客厅去了。

“哎呀！”她一看到他就叫起来，喉咙里声音一出来，泪水就涌到眼睛里。“哎呀，如果这种状况再继续下去的话，那这种事儿早就会有，早就会有啦！”

“什么事儿呀，亲爱的？”

“什么事儿吗？我等你，苦苦等你，一个钟头，两个钟头……真的，我受不了！想必你也是没有办法。真的，我受不了！”

她把两手搭在他的肩上，用深情、狂喜，同时又是探询的目光对着他看了很久。她细细审视他的脸，以补偿她没有看到他的那段时间。她就像每次和他相会时那样，要把想象中的他（那是无比英俊的，在现实中不可能有的）和实际的他融为一体。

三

“你碰见他了吧？”等他们在桌旁灯下坐下来，她问道。“这是你迟到的报应。”

“是的，不过这是怎么回事儿？他应该是在开会呀。”

“他开过会回来了，现在又上什么地方去了。不过这没什么。别谈这个了。你到哪儿去来？还在陪亲王吗？”

她知道他生活中的点点滴滴。他想说，他一夜未睡，所以睡着了，可是看着她那兴奋而幸福的脸，他觉得惭愧起来。于是他就说，亲王走了，他得去复命。

“那么现在事情完了吗？他走了吗？”

“谢天谢地，事情完了。你真无法相信，我是多么讨厌这事儿。”

“为什么呀？这是你们青年男子过惯了的日子嘛。”她皱着眉头说完这话，便拿起放在桌上的编织物，眼睛也不看伏伦斯基，抽起插在里面的钩针。

“我早就不过这种日子了，”他说着，心里对她面部表情的变化感到惊讶，竭力在揣摩这表情的意义。“说实在的，”他龇着一嘴密密实实的白牙笑着说，“我这个星期看着这种日子就像自己在照镜子，我感到厌恶。”

她手里拿着编织物，却不编织，而是用一种奇怪的、闪闪有光的和不友好的目光望着他。

“今天早晨丽莎顺路到我这儿来过——她也不管李迪雅·伊凡诺芙娜那一套，还是不怕到我这儿来，”她插了一句。“她说了说你们的狂饮之夜。多么下流呀！”

“我刚才就想说……”

她打断他的话。

“那就是你以前认识的那个泰莉莎吗？”

“我就想说……”

“你们男人多下流呀！你们怎么就不明白，一个女人是不会忘记这种事儿的，”她越说越上火，这也就等于把她气愤的原因对他说了。“尤其是一个无法知道你的生活的女人。你现在的事我知道什么呢？过去的事我知道什么呢？”她说。“只知道你告诉我的。可是我怎么知道，你对我说的是不是真话……”

“安娜！你冤枉我了。难道你不相信我吗？我不是对你说过,我没有什么心思不能对你说吗?”

“是的,是的,”她说,显然是在竭力驱除嫉妒心。“可是你不知道,我是多么痛苦呀! 我相信你,相信你……那你刚才想说什么来?”

可是他一时间竟想不起刚才要说什么。近来她的嫉妒心发作得越来越频繁,这使他感到害怕,而且,不论他怎样想方设法掩饰,这也使他对她渐渐冷淡了,虽然他知道,她嫉妒正是因为爱他。他有多少次自己对自己说,她的爱情就是他的幸福;这不是,她爱他,能多么爱就多么爱,她把爱情看得重于人生的一切幸福,而他现在比起从莫斯科跟踪她来的时候,离开幸福远多了。那时候他认为自己是不幸的,但幸福在前头;现在呢,他觉得最美好的幸福已经过去了。她已经完全不是他最初看到的那个女子。不论精神上,身体上,她都不如以前了。她的身子发胖了,而且在她说到那个女演员的时候,她的脸上出现了一种怨恨的神情,使她的脸变得很难看。他望着她,就好像一个人望着他摘下来的一朵萎蔫了的花,很难看出它的美,当初他是因为它的美才摘下来,把它毁了的。可是,尽管他觉得,当初,在他的恋情如火的时候,假如他真想刹车,还是能够把爱情从心中连根拔掉的,而现在,就像他此时此刻一样,觉得自己对她已经没有爱情的时候,他知道,他和她的关系不可能割断了。

“嗯,嗯,你刚才想说说那个亲王的,想对我说什么呀? 我已经把妖魔赶跑了,赶跑了,”她补充说。他们把嫉妒叫做妖魔。“是的,你要说那个亲王什么呀? 为什么你觉得那样讨厌呀?”

“哎呀,真够受!”他竭力抓住断了的思绪说。“他这人不宜近交。如果给他下个评语的话，那只是一头养得极好的牲口，在博览会上稳得头奖，再就没有什么了。”他说这话用的是很懊恼的口气，这倒引起了她的兴趣。

“不，怎么会呢？”她反驳说。“他毕竟见过很多世面，很有教养的吧？”

“那完全是另外一种教养——他们的教养。看来，他有教养，为的是有资格蔑视教养，正如他们蔑视一切，只看重肉体的快乐。”

“可是你们都喜欢肉体的快乐呀。”她说。于是他又看到她那躲着他的阴郁的目光。

“你为什么一个劲儿为他辩护呀？”他笑着说。

“我不是辩护，这和我毫不相干；不过我想，要是你自己不喜欢享受这种快乐，你完全可以不享受。可是你看着穿得像夏娃一样的泰莉莎就觉得快乐呀……”

“妖魔，妖魔又来了！”伏伦斯基抓起她放在桌上的一只手，吻着手说。

“是的，可是我受不了呀！你不知道，我等你等得多么痛苦呀！我认为，不是我嫉妒。我并不胡乱猜疑；你在这儿，跟我在一起的时候，我是相信你的；可是当你一个人在什么地方过那种我不了解的日子时……”

她离开他，偏过身去，终于把钩针抽了出来，食指动了起来，一针一针地迅速编织起在灯光下白得耀眼的毛线，那细细的手腕也在绣花袖口里一下一下地迅速转动起来。

“哦，怎么样？你是在哪儿碰见阿历克赛·亚力山大罗维奇的？”她忽然很不自然地问道。

“在大门口碰见的。”

“他就是这样向你鞠躬吗？”

她拉长了脸，半闭起眼睛，迅速改变了脸上的表情，两只手并在一起，于是伏伦斯基在她那美丽的脸上忽然看到卡列宁向他鞠躬时的表情。他笑了笑，她却快活地咯咯大笑起来，笑得异常清脆好听，这种笑也是她最有魅力之处。

“我实在无法理解他，”伏伦斯基说。“你在别墅里对他说明白了之后，如果他和你一刀两断，如果他找我决斗，那我都能理解；可是他这样我就不理解了；他怎么能忍受这种状况呢？他很痛苦，这是看得出来的。”

“他吗？”她冷笑说。“他挺满意哩。”

“既然一切都好好儿的，那我们何必都苦恼呢？”

“就是他不苦恼。难道我不了解他，不了解他浑身浸透了虚伪吗？……他要是能有什么感情的话，能够像他和我这样生活下去吗？他什么也不懂，什么感情也没有。一个人要是能有一点感情的话，能够和有罪的妻子生活在一座房子里吗？能够和她说话吗？能够叫她亲爱的吗？”

她又不由得模仿起他来：“亲爱的，亲爱的，我亲爱的安娜！”

“他不是一个男子，不是人，是木偶！谁也不了解他，只有我了解。哼，假如我是他，我早就把像我这样的妻子杀掉，撕成碎块，决不会说：亲爱的，亲爱的安娜。他不是人，是一架官场的机器。他不懂得，我是你的妻子，他是外人，他是多余的人……咱们不谈了，不谈吧！……”

“你说得不对，不对，亲爱的，”伏伦斯基竭力安慰她说。“不过，反正都一样，咱们就不谈他吧。你说说，近来你做些什么？你怎么样？你这是什么病？医生是怎么说的？”

她望着他，露出快活的嘲笑神气。显然，她又想到丈夫的可笑和反常之处，正在等待机会说出来。

可是他又说下去：

“我猜想，这不是病，这是你怀孕。产期是什么时候？”

嘲笑的光彩在她的眼睛里熄灭了，但是另外一种笑——知道他所不知道的什么事的笑和淡淡的伤感的笑——代替了她原来的表情。

“快了，快了。你说过，我们的状况很痛苦，应该摆脱。你真不知道，为了好好地爱你，大胆地爱你，我有多么痛苦，我付出什么样的代价！我真希望自己不嫉妒，免得自己痛苦，也免得你痛苦……这快了，不过这不像我们想的那样。”

她一想到以后会怎样，就觉得自己非常可怜，不由得泪水涌上眼睛，她说不下去了。她把一只手放到他的袖子上，那雪白的手和戒指在灯光下亮闪闪的。

“这事儿今后不会像咱们想的那样。这话我本来不愿对你说，可是你逼我说了。快了，很快地什么都可以摆脱了，我们，我们都可以安静了，也就不会再痛苦了。”

“我不懂。”他说，其实他懂得她的意思。

“你问什么时候吗？快了。这一关我过不了。你不要打断我！”于是她急急忙忙说起来。“这我知道，清清楚楚地知道。我就要死了，而且我很高兴我就要死，就要使你我都得到解脱。”

泪水从她的眼里扑簌簌流了下来；他弯下身去吻起她的手，竭力掩饰自己的激动，他知道激动毫无必要，但是他怎么也克制不住。

“就是这样，就这样好些，”她使劲儿握住他的手说。“只有这样，咱们只有这样了。”

他猛醒过来，抬起头来。

“胡扯！你胡扯什么呀！”

“不，这是实话。”

“什么，什么实话？”

“就是说，我要死了。我做了一个梦。”

“一个梦？”伏伦斯基重复了一下，立刻想起了自己梦见的那个汉子。

“是的，一个梦，”她说。“这梦我早就做了。我梦见，我跑进自己的卧室，我是要到那里去拿一样东西，找一样东西；你知道，这是在梦里常有的，”她带着恐怖的神情睁大眼睛说，“在卧室里，在角落里站着一个什么东西。”

“唉，真是胡扯！怎么能相信……”

可是她不容许打岔。她觉得她说的事太重要了。

“那个东西转过身来，于是我看到，那是一个胡子拉碴的汉子，小小的，非常可怕。我就想跑，可是他朝一个口袋弯下身去，两手在口袋里翻腾起来……”

她模仿了一下那汉子在口袋里翻腾的样子。她的脸上出现了恐怖的神情。伏伦斯基也想起自己的梦，感觉自己心里也充满同样的恐怖。

“他一面翻腾，一面嘟哝着法语，嘟哝得很快：‘要把铁打一打，捣一捣，揉一揉……’我吓得很想醒过来，我醒了……可是我是在梦里醒了。我就问自己，这意味着什么。科尔尼就对我说：‘你要死了，死在生产中，我的妈呀……’我才醒来了……”

“真是胡扯，胡扯！”伏伦斯基说，可是他自己也觉得，他的语调毫无说服力。

“不过咱们不谈吧。你打一下铃，我叫人送茶来。你还是等一下，我一会儿……”

可是她突然停住。她脸上的表情一下子变了。恐怖和不安神情一下子消失了，换成了一种宁静、严肃和幸福的专注神情。他无法理解这一变化的意义。她感到在她身体里的新生命在动。

四

卡列宁在大门口碰到伏伦斯基之后，仍然按照原来的打算乘车去意大利歌剧院。他在剧院里坐到两幕演完，见到了他要见的一些人。他回到家里，留心打量了一下衣帽架，发现军大衣已经不在了，就像往常一样回到自己房里。但是他一反往常的习惯，没有上床睡觉，却在房里前前后后踱了起来，一直踱到三点钟。妻子不顾体面，不遵守他向她提出的唯一条件——不在家里接待情夫，这使他十分恼火，心里怎么也不能平静。她不履行他的要求，他就应该惩罚她，执行他的警告：提出离婚，把儿子夺过来。他知道这样做有种种困难，但他既然说过要这样做，现在他就得这样去做。李迪雅伯爵夫人向他暗示过，这是他摆脱困境的最好办法,而且,因为近来离婚的事越来越多,离婚条款已十分完备,卡列宁认为有可能克服手续上的困难。此外,祸不单行,处理非俄罗斯人和扎赖斯克省农田灌溉的事给卡列宁的公务上带来很多麻烦,使他的心情一直焦躁不安。

他一夜没有睡,越想越恼火,到天亮时他恼火到极点。他急忙穿好衣服,仿佛端着满满的一杯怒火,就怕泼洒掉,就怕失去怒火也失去同妻子谈判的劲头儿,一听说她已经起身,就走进她的房里。

安娜自以为是非常了解丈夫的,可是他走进来的时候,她一看到他的样子,还是吃了一惊。他的眉头皱着,两眼阴沉地望着前方,避开她的目光;嘴唇闭得紧紧的,露出鄙视的神气。在他的步态、动作和说话声音中都有一种坚决和果断的意味,这是妻子在他身上从来没有见过的。他走进房里,没有同她打招呼,就径直走到她的书桌前,拿起钥匙,开了抽屉。

“您找什么?!”她叫起来。

“您的情夫的信。”他说。

“信不在这里。”她一面说,一面关抽屉。但是他从她这一举动明白他猜对了,就粗暴地把她的手推开,迅速地抓住文件夹,他知道那里面是她放最要紧的信件的。她想夺回文件夹,但是他把她推开了。

“坐下! 我要和您谈谈。”他说着,把文件夹挟到腋下,用胳膊肘挟得紧紧的,以至于一边肩膀耸了起来。

她又惊愕又胆怯地默默望着他。

“我对您说过,不许您在家里接待您的情夫。”

“我需要见他，是为了……”

她停住了，想不出什么理由。

“我不想详细了解一个女人要见情夫的原因。”

“我是想，我只是……”她涨红了脸说。他这种粗暴态度激怒了她，给她增添了勇气。“难道您不觉得，您侮辱我太随便了吗？”她说。

“对于清白的男人和清白的女人才能说得上侮辱，可是对一个贼说他是贼，不过是说明事实罢了。”

“我以前还不知道您这另一种特性，不知道您这样残酷呢。”

“一个丈夫容许妻子自由，只是在顾全体面的条件下为她的名声保住清白的外表，您把这叫做残酷。这是残酷吗？”

“这比残酷还坏，这是卑鄙，可以老实告诉您！”安娜压制不住怒火，叫了起来，并且站起来就想走。

“不！”他用他那尖嗓门儿叫了起来，又让他的尖嗓门儿比往常提高了一度，并且用他那粗大的手指头紧紧抓住她的手腕子，抓得手镯在她的手腕上留下红红的印子，他硬把她按在原来的位子上。“卑鄙吗？如果您喜欢用用这个字眼儿的话，那么，为了情夫，抛弃丈夫，抛弃儿子，却又吃着丈夫的面包，这才叫卑鄙！”

她低下头来。她不仅没有说她昨天对情人说的，他是她的丈夫，丈夫是多余的；她连想也没想到这话。她觉得他的话是完全有道理的，所以只是小声说：

“我的状况，您怎么形容也不会比我自己了解的更坏，可是，您为什么要说这些呢？”

“为什么我要说这些？为什么吗？”他依然十分恼火地说下

去。“为的是要您知道，因为您不尊重我顾全体面的要求，我就要采取措施，来结束这种状况。”

“快了，就这样也快结束了。”她说，而且，一想到她现在盼望的死已经近了，泪水又涌上她的眼睛。

“这会结束得比您和您的情夫所想的更快！你们要的是肉欲的满足……”

“阿历克赛·亚力山大罗维奇！打一个倒下的人——就不说这很不厚道，这也很不体面。”

“是的，您只想到您自己，可是，一个做您的丈夫的人的痛苦，您却丝毫不关心。您一点也不管，他的一生完了，不管他有多么动……动……动苦。”

卡列宁说得非常急促，以至于发音不清楚，怎么也说不清这个词儿。结果说成了“动苦”。她觉得好笑，但立刻想到在这种时刻她还会感到什么事好笑，就觉得羞愧。片刻之间她第一次感受到他之所感，体会到他的心情，并且怜惜起他来。可是她又能说什么，又能怎么办呢？她低下头，没有说话。他也沉默了一阵子，后来说起话来用的已经是不那样尖的、冷冷的声音，加重语气说的也是随便挑选的一些没有任何特别重要意义的字眼儿了。

“我是来告诉您……”他说……

她看了看他。“不，这是我的感觉，”她想起他把痛苦说成“动苦”时脸上的表情，心中想道，“不，难道一个眼神这样呆滞，这样悠然自得的人会有什么感情吗？”

“我什么也不能改变。”她小声嘟哝说。

“我是来告诉您，明天我就要到莫斯科去，再也不回到这座房子里来了,您可以通过我委托办理离婚手续的律师知道我的决定。我的儿子将住到我姐姐家去。”卡列宁好不容易想起他想说的有关儿子的话,就说道。

“您要谢辽沙,是为了让我痛苦,”她皱着眉头打量着他说。“您并不爱他……把谢辽沙留下吧!”

“是的,我甚至连儿子也不爱了,因为我厌恶您也就厌恶起他来。不过我还是要把他带走。再见吧!”

他就想走,但这一回是她把他拉住了。

“阿历克赛·亚力山大罗维奇,把谢辽沙留下吧!”她又一次小声嘟哝说。“我再没有什么说的了。把谢辽沙留到我……我快要生了,把他留下吧!”

卡列宁一下子红了脸,把手从她手里抽出来,一声不响地从房里走了出去。

五

卡列宁走进彼得堡一位著名律师的接待室的时候,里面已经坐满了人。三位太太:一位年老的,一位年轻的,还有一位女老板;三位先生:一位是手上戴戒指的德国银行家,一位是大胡子商人,一位是脖子上挂着十字架、满脸怒气的穿制服的文官,显然都已经等了很久。两位助手伏在桌上写着,笔尖沙沙响着。卡列宁一向喜欢文具,桌上的文具异常讲究,他不能不注意到这一点。一位助手没有站起来,眯起眼睛,很生气地向卡列宁问道:

“有何贵干?”

“我有事要见律师。”

“律师忙着呢。”助手用笔指了指等候的一些人，严厉地回答说，然后就继续写起来。

“他能不能抽一点儿时间？”卡列宁说。

“他没有空闲时间，总是很忙的。就请等一等吧。”

“那么，是不是劳驾把我的名片递上去。”卡列宁看到不能不亮出自己的身份，就很有气派地说。

助手接过名片，显然带着不赞许名片内容的神气走进门去。

卡列宁原则上赞成公开审判，但是因为他知道官场上层的一些关系，不完全赞成实行公开审判的一些具体做法，而且常常指摘这些做法，指摘到他指摘任何钦定的事所能达到的程度。他在官场混了一辈子，因此，在他不赞成什么事的时候，就会想到凡事都会有错误，错误是可以纠正的，不赞成的态度也就缓和了。在新的审判章程中，他不赞成建立律师辩护制度的条款。可是他至今没有和律师打过交道，所以他还只是在理论上不赞成；现在因为他在律师接待室里得到很不愉快的印象，他的不赞成态度也就更加强烈了。

“一会儿就出来。”助手说。果然，过了两分钟，门口就出现了刚才和律师交谈的一个高个子老法学家以及律师本人。

律师是一个矮小、敦实、秃顶的人，黑褐色大胡子，长长的浅色眉毛，突出的前额。他打扮得像个新郎，从领带、双股表链到漆皮靴子，样样都很漂亮。一脸聪明相，粗鲁相，打扮又时髦，又俗气。

“请进，”律师对卡列宁说。他阴沉着脸把卡列宁让进去，就把门关上。

“请坐吧！”他指了指摆满文件的写字台旁边的一张圈椅，自己也坐到主位上，一面搓着短短的指头上长满白毛的小手，并且把头歪到一边。可是他刚刚摆好姿势，就有一只飞蛾在写字台上飞过。律师以令人意想不到的敏捷动作张开双手，捉住飞蛾，便又摆出原来的姿势。

“在开始谈我的事情之前，”卡列宁惊讶地注视过律师的动作之后，说，“我得说明，对于我同您谈的事，必须严守秘密。”

律师微微一笑，那耷拉着的淡褐色小胡子分开了一下子。

“我要是不能保守人家信托我的秘密，就不当律师了。不过您不妨郑重申明……”

卡列宁看了看他的脸，就看到他那双聪明的灰眼睛在笑着，就好像什么都知道了。

“您知道我的名字吗？”卡列宁继续说。

“您和您有益的作为，”他又抓住一只飞蛾，“我知道，在俄国人人知道。”律师弯了弯身子说。

卡列宁叹了一口气，一再鼓劲儿。可是，一经下定决心，他就用他那尖嗓门儿说下去，既不胆怯，也不口吃，有些话还说得特别重。

“我很不幸，”卡列宁说起来，“成了被欺骗的丈夫，希望依法同妻子脱离关系，也就是离婚，不过要做到儿子不归母亲一方。”

律师的一双灰眼睛竭力不笑，但却因为压抑不住的高兴不停地跳动着，于是卡列宁看出来，他的眼里流露出来的不光是揽到一笔好生意的人的那种高兴，而且还有得意扬扬和欢喜若狂的神气，还有一种光芒，很像他在妻子的眼睛里看到的那种不怀好意的光芒。

“您想要我协助办理离婚的事吗？”

“对，就是的，不过我得事先对您说清楚，我有可能会浪费您的精力。我今天来只是要预先和您商量商量。我要离婚，不过采用什么方式离婚，我认为是很重要的。如果方式不符合我的要求，很可能我会放弃法律途径。”

“哦，自然是这样，”律师说，“这事儿自然由您作主。”

律师觉得，他流露出压抑不住的高兴神气会得罪这位当事人，就垂下眼睛看着卡列宁的脚。他望了望在他鼻子前面飞过的一只飞蛾，手动了动，但是由于尊重卡列宁的身份，没有再捉飞蛾。

“虽然我们在这方面的法律规定我大致上也知道一些，”卡列宁继续说下去，“我还是很想知道在实际上办理这类事情有哪些方式。”

“您是想要我说说能够实现您的愿望的一些可行的办法吧。”律师没有抬眼睛，不无得意地学着这位当事人的腔调回答说。

他看到卡列宁点头表示就是这样，便说起来，只是偶尔瞟一眼卡列宁那红了几片的脸。

“根据我国法律，”他带着对我国法律有点儿不赞成的意味说，“如您所知，在下述情况下可以离婚……等一下！”他对在门口探进头来的助手说，不过他还是站起来，说了几句话，才又坐下来。“要在下述情况下：夫妻一方生理上有缺陷，再就是分离五年没有音讯，”他弯起一个长满白毛的短指头说，“再就是通奸（他带着明显的快活劲儿说出这个词儿)。分类如下(他继续弯着短粗的手指头数着,虽然情况与分类显然不能放在一起计算):丈夫或妻子生理上有缺陷,再就是丈夫或妻子与人通奸。”因为他已经把所有的手指头都弯起来了,就把手指头都伸直了,又继续说下去:“这是理论观点,不过我想,承蒙垂问的是实际上的运用。所以,根据先例,我应该向您奉告,离婚案件不外以下几种情况:生理缺陷,我想不是的吧?分离不通音讯也不是吧?……”

卡列宁点点头表示认可。

“那就不外以下几种:夫妻一方与人通奸,而且犯罪一方的罪证是经双方共认的,或者,未经双方共认,而有非自愿提供的罪证。应当说,后者实际上是很少遇到的,”律师说过这话,很快地瞟了卡列宁一眼,不作声了,就好像一个卖手枪的人仔细描述了种种枪支的效能之后,就等候顾客选择了。可是卡列宁没有说话,于是律师又说下去:“我认为最平常、最简单、最合理的就是双方共认的通奸。我要是同一个没有知识的人说话,我是不会这样说的,”律师说,“但是我想,这事咱们是懂得的。”

然而卡列宁心里非常乱,竟一下子弄不懂双方共认通奸是否合理,而且这种困惑不解的神情就在目光中流露出来;可是律师马上就给他开导:

“两个人无法共同生活下去——这是事实。如果双方都同意这一点,那么细节和手续就无所谓了。这也就是最简单、最可靠的做法。”

卡列宁现在完全懂了。可是他有宗教上的要求,就不能采取这种做法了。

“在这件事情上不考虑这种做法，”他说。“现在只有一种情况是可能的：我有一些信件，可以作为非自愿提供的罪证。”

一提到信件，律师抿起嘴唇，发出一种尖细、同情和轻蔑的声音。

“请您注意，”他说起来，“这一类事情，您该知道，要由教会裁决。神父们在这一类事情上是非常喜欢追根问底的，”他说这话带着微笑，表示他和神父们有同样的口味。“信件无疑可以作为证据的一部分，但是罪证必须以直接的方式，也就是由见证人提供。总而言之，如果我有幸能得到您的委托，您就允许我选择应当采用的做法。要想取得结果，就要不择手段。”

“要是这样的话……”卡列宁突然脸色煞白，正要说下去，可是这时候律师站起来，又走到门口，去和打断谈话的助手说话。

“您告诉她，我们不是在卖便宜货！”他说过，又回到卡列宁这边。

他往位子上走的时候，又悄没声地捉了一只飞蛾。“到夏天我把家具都蒙上席纹布，就漂亮了！”他皱着眉头想道。

“哦，您刚才要说……”他说。

“我会把我的决定书面通知您，”卡列宁说着站起身来，扶着桌子。默默站了一会儿，又说：“从您的话我可以得出结论，可见，离婚是办得到的。您的条件怎么样，也请您告诉我。”

“如果您能给我充分的行动自由的话，什么都能办得到，”律师没有回答他的问题，却说。“我什么时候可以得到您的消息呢？”律师一面问，一面朝门口走，他的眼睛和漆皮靴子都闪着亮光。

“一个星期之后。至于您是否愿意费神承办这一案件，以及条件如何，也请劳驾通知我。”

“很好。”

律师恭恭敬敬地鞠了个躬，把当事人送出门，等到房里剩了他一个人，就尽情地高兴起来。他真是快活极了，以至于一反他的常规，向那位讨价还价的太太让了价，也不再捉飞蛾了，最后下定决心，到冬天要把所有的家具都蒙上天鹅绒，就像西戈宁家一样。

六

卡列宁在八月十七日委员会的会议上取得了辉煌胜利，但这次胜利的结果却把他害苦了。调查非俄罗斯人各方面状况的新的委员会在卡列宁的激励下以非同寻常的速度和劲头儿成立起来，奔赴目的地。三个月之后就交出了调查报告。对于非俄罗斯人的政治、行政管理、经济、人种、物质和宗教等方面的状况都进行了调查。对于一切问题都做出极好的回答，而且是不容置疑的回答，因为这不是往往会犯错误的人的思维的产物，而是官方活动的产物。这些答案都是来自省长和主教提供的官方材料和报告，他们的材料和报告又是来自县官和监督司祭的报告，县官和监督司祭的报告又是来自乡公所和教区教士的报告；所以这些答案都是不容怀疑的。所有的问题，比如，为什么歉收，为什么当地居民坚持自己的信仰，等等，如果不是官方机构提供方便，是永世不得解决的，现在却得到了明确的、不容置疑的解答。而这些解答说明了卡列宁的意见是对的。但是在上次会议上受到重创的斯特列莫夫，在接到委员会的报告以后，竟采用了卡列宁意想不到的计谋。斯特列莫夫拉了其他几个委员，忽然转到卡列宁这一边，不仅热烈拥护卡列宁所提出的一些措施，而且依照同样精神又提出一些更激烈的措施。这些更加违反卡列宁的主张的措施被通过了，这时斯特列莫夫的计谋就显露出来了。这些过火的措施立刻就显得十分荒唐，以致引起政府官员、社会舆论、聪明的女士和报刊异口同声地抨击这些措施，对这些措施及其公认的倡议人卡列宁表示愤慨。斯特列莫夫却退到后面，装作他只是盲目追随卡列宁的计划行事，现在自己对所造成的状况也感到惊讶和气愤。这就把卡列宁害苦了。卡列宁尽管健康状况越来越差，尽管家庭遭遇不幸事，却依然不肯服输。委员会发生了分裂。以斯特列莫夫为首的一些委员为自己的错误辩护，说他们是相信了卡列宁所领导的调查委员会提出的报告，说这个委员会的报告是胡说八道，是满纸的废话。卡列宁和他的一伙人看出这种根本否定调查报告的态度是危险的，就继续支持调查委员会所提供的材料。这样一来，在上层人士中，以至在社会上，就乱了套，而且，虽然所有的人对这事都极其关心，可是谁也弄不清，非俄罗斯人的状况真的是贫病交加，奄奄待毙，还是一片兴旺景象。由于这件事，部分地也由于妻子的不贞为他招来种种流言蜚语，卡列宁的地位已岌岌可危。就在这种状况下，卡列宁做出重要的决定。使委员会感到吃惊的是，他宣布他将要求准许他亲自去进行实地调查。所以，卡列宁在得到许可之后，就动身去几个边远的省份了。

　　卡列宁这次外出引起许多议论，尤其因为他在出发的时候正式退还了发给他的前往目的地的十二匹驿马费。

“我认为，这是很高尚的，”培特西在和米雅赫基公爵夫人谈起这事时说。“大家都知道，现在到处通铁路，何必发驿马费？”

可是米雅赫基公爵夫人不赞成，听了培特西的话还生气呢。

“您倒是说得好听，”她说，“您有几百万家产嘛，我可是巴不得丈夫夏天出去视察视察。他出去跑跑，对身体有好处，心情也愉快，我也打算，我的车马和车夫就靠这笔钱维持呢。”

卡列宁在去边远省份的途中，在莫斯科逗留了三天。

来到莫斯科的第二天，他去拜访总督。在一向车水马龙的报馆胡同口，卡列宁忽然听见有人在唤他的名字，那声音又大又快活，他不能不回过头去。在人行道拐角上站着奥布朗斯基，穿着时髦的短大衣，戴着时髦的矮帽子，那红红的嘴唇之间龇着雪白的牙齿笑着，快快活活，精神抖擞，容光焕发，一个劲儿拼命喊着，要卡列宁的马车停下来。他一只手扶着停在拐角处的一辆马车的窗子，从窗子里探出一个戴丝绒女帽的头和两个孩子的头。奥布朗斯基满面春风地向妹夫招手。那位太太亲热地笑着，也在向卡列宁招手。那是陶丽和她的两个孩子。

卡列宁不愿意在莫斯科看到任何人，尤其不愿意看到自己的内兄。他掀了掀帽子就想驱车过去，可是奥布朗斯基叫他的车夫把车停下来，就踩着雪跑到他跟前。

“怎么能事先不来个信呀！来了很久了吗？昨天我去久索旅馆，看到旅客牌上有个‘卡列宁’，可是我就没想到，那就是你！”奥布朗斯基说着，把头探进车窗里。“要不然我就去找你了。我见到你多高兴呀！”他一面说，一面两脚互相拍打着，要把脚上的雪打掉。“怎么能不派人来说一声呀！”他又说一遍。

“我没有工夫，我太忙了。”卡列宁冷冷地回答说。

“咱们到我妻子那边去吧，她多么想见到你呀。”

卡列宁解开裹着他那瑟瑟发抖的两腿的车毯，下了马车，很吃力地踩着雪朝陶丽走去。

“这是怎么啦，阿历克赛·亚力山大罗维奇，您为什么拼命躲着我们呀？”陶丽笑着说。

“我太忙了。见到你们很高兴，”他的口气却很清楚地说，他见到他们很伤心。“您身体好吗？”

“哦，我那亲爱的安娜怎么样呀？”

卡列宁哼哼了一声就想走。可是奥布朗斯基把他拉住了。

“咱们明天就这样办。陶丽，你叫他来吃饭！咱们把柯兹尼雪夫和彼斯卓夫也邀来，好让他领略领略莫斯科知识分子的味道儿。”

“就这样，请您来吧，”陶丽说，“如果您愿意的话，就在五六点钟来吧。哦，我那亲爱的安娜怎么样呀？怎么好久……”

“她身体很好，”卡列宁皱着眉头哼哼说。“非常高兴！”他说完，就向自己的马车走去。

“您来吗？”陶丽大声问道。

卡列宁说了一句什么话，陶丽在隆隆的车马声中无法听清楚。

“我明天去找你！”奥布朗斯基对他叫道。

卡列宁坐上马车，坐到最里面，这样他就看不到人，别人也看不到他了。

"真是怪人!"奥布朗斯基对妻子说过,看了看表,用手在面前做了个动作,对妻子和孩子们表示亲热,然后就精神抖擞地顺着人行道朝前走去。

"司基瓦! 司基瓦!"陶丽涨红了脸叫道。

他回过头来。

"我要给格里沙和丹尼娅买大衣嘛。你给我钱呀!"

"不要紧,你就说我付账好啦。"他说过,快活地朝一个乘车经过的熟人点了点头,就不见了。

七

第二天是星期日。奥布朗斯基到大剧院去看芭蕾舞排演,把昨晚答应的珊瑚项链送给他新捧的漂亮舞女玛莎·契比索娃,并且在灯光暗淡的后台,找到机会吻了吻她那因为得到赠物而喜气洋洋的俊俏的脸蛋儿。除了赠送项链以外,他还要约她在演出之后会面。他向她解释,演出开始时他不能来,但他保证在最后一幕前赶到,并且带她去吃晚饭。奥布朗斯基离开剧院,就前往奥霍特商场,亲自选购了做筵席用的鱼和芦笋,在十二点就来到久索旅馆,他很走运,他要找的三个人都住在这一个旅馆里:他见到了刚从国外回来住在这里的列文,见到了来莫斯科视察的自己的新上司,也见到了他一定要接回家去吃饭的妹夫卡列宁。

奥布朗斯基喜欢赴宴会,但更喜欢举办宴会,举办不大的然而在吃喝和宾客挑选上都非常讲究的宴会。今天宴会的项目他很满意:有活鲈鱼、芦笋和主菜——精美而又平常的烤牛肉,各种各样的美酒。这是吃的和喝的。客人则有吉娣和列文，而且，为了不惹眼，还请了一个堂妹和谢尔巴茨基少爷，主客则是柯兹尼雪夫和卡列宁。柯兹尼雪夫是莫斯科人，善于高谈阔论；卡列宁是彼得堡人，是见过世面的；还邀请了出名的怪人和热心人彼斯卓夫。彼斯卓夫思想自由，健谈，懂音乐，懂历史，而且是一个极可爱的五十岁小伙子，将成为柯兹尼雪夫和卡列宁的调味品或配菜。他会挑起他们的食欲和兴致的。

卖树林的第二期付款已经收到，还没有用光，近来陶丽也十分温柔体贴，而且奥布朗斯基想到这次宴会的各方面都感到高兴。他的心情十分愉快。只有两件事不怎么愉快，不过这两件事都淹没在奥布朗斯基心中翻腾着的欢乐的海洋里了。这两件事就是：第一，就是他昨天在街上遇到卡列宁，发现他对他又冷淡又严肃。奥布朗斯基想到卡列宁脸上这种表情，想到他不到他们家来，而且也不来信说一声，再联系他听到的有关安娜和伏伦斯基的一些议论，就猜到他们夫妇之间一定出了什么事情。

这是一件不愉快的事。另一件不怎么愉快的事情是，新的上司也像一切新上任的长官一样，已经有了雷厉风行的名声，早晨六点钟就起床，干起事情像一匹马，而且要求下属也那样干事情。此外，这位新上司在对人态度方面据说像熊一样粗暴，而且据说他完全是另一派的人，与原来的上司所属的一派，也就是奥布朗斯基至今所属的一派，是完全对立的。昨天奥布朗斯基穿着制服去上班，这位新上司对他很亲切，并且像见到老朋友一样跟他谈了一阵子；所以奥布朗斯基认为自己应该穿上礼服去拜访他一次。他想到新上司也许不会热情接待他，这就是另一件不怎么愉快的事情了。不过奥布朗斯基本能地感觉到，一切都会雨过天晴的。“大家都是人，大家都是一样的人，何必生气，何必争吵呢？”他一面想，一面走进旅馆。

“你好，瓦西里，”他歪戴着礼帽在走廊里走着，对一名熟识的茶房说，“你留起络腮胡子来啦？列文在七号，是吗？请你带我去。还有，你去问问，安尼奇金伯爵（就是新来的上司）见客吗？”

“遵命，”瓦西里笑嘻嘻地回答说。“您很久没有到我们这儿来啦。”

“我昨天就来过，不过走的是另一个门。这是七号吗？”

奥布朗斯基走进去的时候，列文正和特维尔的一个庄稼人站在房间中央，用尺子在量一张新鲜熊皮。

“哦，是你们打到的吗？”奥布朗斯基高声说。“好大的家伙！是母熊吗？阿尔希普，你好！”

他握了握那汉子的手，没有脱大衣和帽子，就在椅子上坐下来。

“脱下来嘛，坐一会儿吧！”列文一面给他脱帽子，一面说。

“不，我没工夫，我只能待一小会儿。”奥布朗斯基回答说，他敞开大衣，可是接着脱了下来，坐了整整一个钟头，同列文谈打猎的事，又说起知心话儿。

“哦，请你说说，你在国外做些什么？你到过哪些地方？”等那汉子走了出去，奥布朗斯基问道。

“我到过德国，到过普鲁士，到过法国，到过英国，但都不是到京城，而是到一些工业城市，看到很多新鲜东西。我很高兴出去这一趟。”

“是的，我知道你想的是劳工制度问题。”

“完全不是，因为在俄国不会有劳工问题。在俄国是干活儿的老百姓和土地的关系问题；他们那儿也有这个问题，但在他们那儿是修补缺陷的问题，可是我们这里……”

奥布朗斯基用心听着列文的话。

“是的，是的！”他说。“你说的很可能是对的，”他说。“不过我高兴的是，你精神这样饱满：又猎熊，又干活儿，又这样有兴致。可不像谢尔巴茨基对我说的——他遇见过你，他说你灰心丧气，老是说到死……”

“那有什么呀，我还是老想到死嘛，”列文说。“真的，是应该死了。真的，这一切都没有意思。我对你说实在的；我非常看重我的思想和我做的事情，可是，你想想吧，实际上我们这整个天地不过是小小行星上长出的一个霉点。可是我们还自以为有什么了不起，——又是思想，又是事业！所有这一切不过是一粒沙子。”

“不过，老弟，这是千百年来的老话了！”

“老话是老话，可是你要知道，等你看透了这一切，这一切就不值什么了。等你明白了早晚都要死，什么都不会留下，那就一切都不值什么了！我认为我的想法非常重要，其实也同样不值什么，即使实现了这些想法，就像包围住这头熊一样，那也不值什么。所以，打猎也好，做事情也好，无非是消遣消遣，消磨日子，免得老想着死。”

奥布朗斯基听着列文的话，意味深长地、亲切地笑着。

“哦，当然啦！这不是，你也跟我差不多了。你还记得你指责我一味追求生活享受吗?

‘老夫子,别这样一本正经吧! ……’”

“不,人生还是有美好之处的……”列文心乱了。“不过我不知道。我只知道,我们很快就要死了。”

“为什么说很快就要死?”

“你要知道,一旦想到死,人生就没有多大意思了,但也就更看得开了。”

“恰恰相反,越到末了越有味道儿。不过,我该走了。”奥布朗斯基说着,第十次站起来。

“别走嘛,再坐一会儿吧!”列文挽留他说。“咱们什么时候才能再见面呀? 我明天就要走了。”

“我这人真够受! 我是特地来的……你今天一定要来我家吃饭。你哥哥要来,我妹夫卡列宁也要来。”

“难道他在这儿吗?”列文说,并且想问问吉娣的情况。他听说,初冬时候她在彼得堡,住在那个嫁给外交官的姐姐家里,不知道她回来没有,可是他改变了主意,不问了。“她回来不回来,还不都是一样。”他想道。

“你来吗?”

“那还用说。”

“那就五点钟来,穿上礼服。”

于是奥布朗斯基又站起来,下楼去见新来的上司。他的本能没有欺骗他。雷厉风行的新上司原来是一个十分和蔼可亲的人,奥布朗斯基和他一起吃过早饭，又坐了很久，直到三点多钟才去找卡列宁。

八

卡列宁做过日祷回来，整个上午都没有出去。这天上午，他有两件事要办：第一，接见一个要去彼得堡、现在正在莫斯科的非俄罗斯人代表团，并对他们做一些开导；第二，按照约定，给律师写一封信。这个代表团虽然是根据卡列宁的倡议派出的，但会有许多麻烦以至危险，所以，他能在莫斯科见到他们，感到很高兴。这个代表团的成员对他们的作用和责任毫无理解。他们天真地相信，他们就是要陈述自己的贫困和真实状况，请求政府救济，根本不懂得，他们的一些说明和要求反而会支持敌对的一派，因而会把整个事情毁了。卡列宁和他们谈了很久，给他们写了一份提纲，要他们按提纲行事，把他们送走之后，又写信去彼得堡，找人指导代表团活动。在这方面的主要帮手应该是李迪雅伯爵夫人。她在代表团活动方面是个行家，没有谁能够像她那样配合和切实指导代表团的活动了。卡列宁办完了这件事，便给律师写了一封信。他不含糊地委托律师酌情办理他的案件，随信还附上伏伦斯基给安娜的三封信，都是他在抢来的文件夹里找出来的。

自从卡列宁抱定不再回家的主意离开家以后，自从他去找律师，尽管是对律师一个人说了自己的打算以后，尤其是自从这件生活中的事变为手续上的事情以后，他越来越习惯了自己这一打算，现在他清楚地看出实现这一打算的可能性。

他正在封给律师的信，却听见奥布朗斯基的大嗓门儿。奥布朗斯基在和卡列宁的仆人争吵，一定要他为他通报。

“反正是这样了，”卡列宁想道，“这倒好些；我这就宣布一下我对他妹妹的态度，解释一下为什么我不能到他家去吃饭。”

“请进！”他一面大声说，一面收拾文件，把文件放进文件夹。

“瞧，你这不是胡说吗，他在家嘛！”奥布朗斯基对那个不让他进来的仆人说，接着就边走边脱大衣，走进房里。“哈，我找到你真高兴呀！我就希望……”奥布朗斯基快活地说起来。

“我不能去。”卡列宁站着，也不请客人坐下，就冷冷地说。

卡列宁原想立刻就用冷淡的态度对待他，因为他已经开始办理和妻子离婚的手续，对待妻子的哥哥应该采取这样的态度；他却没有料到奥布朗斯基心中那海洋般的热情简直要沸腾出来了。

奥布朗斯基把他那闪闪放光的明亮的眼睛睁得老大。

“为什么你不能去？你有什么说的？”他大惑不解地用法语说。“不行，这是说好了的嘛。我们都指望你去呢。”

“我要说的是，我不能到您家里去，因为咱们之间的亲戚关系应该断绝了。”

“怎么？这是怎么回事儿？为什么？”奥布朗斯基带着笑容说。

“因为我开始办理同我的妻子，也就是你的妹妹，离婚的手续了。我只好……”

可是卡列宁还没有把话说完，奥布朗斯基的举止就完全不像他所预料的了。奥布朗斯基“啊呀”了一声，坐到圈椅上。

“不，阿历克赛·亚力山大罗维奇，你说的什么呀！”奥布朗斯基叫起来，脸上出现了痛苦的表情。

“就是这样。”

“对不起，这事我就是不能，就是不能相信……”

卡列宁坐下来，觉得自己的话没有产生预期的效果，觉得还需要说说清楚，并且觉得，不论他怎样说，他和内兄的关系依然会和原来一样。

“是啊，我要求离婚实在是迫不得已呀，”他说。

“我只说一点，阿历克赛·亚力山大罗维奇。我知道你是一个极好的、通情达理的人，知道安娜——对不起，我无法改变对她的看法——是一个很贤惠的极好的女人，所以，对不起，我无法相信这种事儿。这里面有误会。”他说。

“是啊，如果这仅仅是误会就好啦……”

“对不起，我明白，”奥布朗斯基打断他的话说。“不过，当然啦……一句话，不能性急。万万不能性急！”

“不是我性急，”卡列宁冷冷地说，“而是这种事儿无法跟谁商量，我已经拿定了主意。”

“这太可怕了！”奥布朗斯基重重地叹了一口气，说。“阿历克赛·亚力山大罗维奇，要是我的话，有一点是要做到的。我恳求你这样做吧！”他说。“我想，事情还没有开始办吧。在你开始办这件事情之前，你最好和我妻子见见面，和她谈谈。她爱安娜，就像待亲妹妹一样，她也爱你，她是一个好得不得了的女人。看在上帝分上，你和她谈谈吧！你就给我这个情面吧，我求求你！”

卡列宁沉思起来，奥布朗斯基很关切地望着他，没有打断他的沉思。

“你能去见见她吗？”

“我也不知道。所以我没有到你们家去。我认为，我们的关系应该改变了。”

“为什么呢？我看，不是这样。对不起，我可是认为，除了咱们的亲戚关系以外，我一向是对你很友好的，你对我至少也有些情谊……而且我是真正尊敬你的，”奥布朗斯基握着他的手说。“就算你的最坏的推测是有根据的，我也不会，永远不会责难这一方或者那一方，也看不出有什么理由要改变我们的关系。不管怎样，现在你这一点要做到，要去见见我的妻子。”

“嗯，咱们对这事儿的看法是不一样的，”卡列宁冷冷地说。“不过，咱们不谈这个吧。”

“不，你究竟为什么不能去？为什么今天就不能去吃顿饭？我妻子等着你呢。请你去吧！主要的是，你和她谈一谈。她是一个好得不得了的女人呀。看在上帝分上，我跪下来恳求你啦！”

“既然您这样希望我去，那我就去吧。”卡列宁叹了一口气，说。

他希望改变话题，就问起他们两人都感兴趣的事，也就是问起奥布朗斯基的新上司，问起这个年纪不老、却一下子升到如此高位的人。

卡列宁原来就不喜欢阿尼奇金伯爵，一向和他意见有分歧，现在更是无法克制对他的憎恨了，一个官场失意的人对待一个官运亨通的人的这种心情，在官场的人都是可以理解的。

“怎么样，你见到他啦？”卡列宁带着冷笑说。

“当然见到啦，他昨天就到我们机关里去过了。看样子，他很精明,也很勤奋。”

“是的,不过他的精明勤奋用在什么地方啦?”卡列宁说。“是用在做事情上,还是重做已经做成的事情?我们国家的不幸就在于做这种官样文章,他是这方面当之无愧的代表。”

“说实话,我不知道他有什么可以非难之处。他的精明勤奋用在什么地方,我不知道;可是我知道一点,他是一个极好的人,”奥布朗斯基回答说。“我刚才拜访过他,真的,他是一个极好的人。我们一块儿吃的早饭,我还教他做这种饮料,做这种橘子酒。这东西很爽口。真奇怪,他还没有喝过呢。他一喝就很喜欢了。真的,他是一个很好的人。”

奥布朗斯基看了看表。

“啊呀,我的天哪,已经四点多了,我还要去找找多尔戈乌申呢!那就这样,请你去吃饭吧。你要是不来,才不知道我和我妻子有多么伤心呢。”

卡列宁送内兄出门的时候,态度已经和迎接他的时候完全不同了。

“我答应了,就要去。”他闷闷不乐地回答说。

“你要知道,我会非常感激的,并且,我想你也不至于后悔。”奥布朗斯基笑着回答说。

他一面走一面穿大衣,用手拍了拍仆人的头,笑了起来,这才走出门去。

“五点钟,穿上礼服,请你来吧!”他走到门口,又大声说了一遍。

九

已经五点多了，有几位客人已经到了，主人自己才回到家。他和柯兹尼雪夫与彼斯卓夫一起进门，他和他们是在大门口同时遇到的。这两个人，正如奥布朗斯基说的，是莫斯科知识界的主要代表。论品格和才情，他们都是非常受人尊敬的人。他们彼此也很尊敬，但几乎在所有的问题上意见都是不一致的，而且是无法调和的。这并不是因为他们属于对立的两派，而恰恰因为他们是一个营垒的（他们的敌人就往往把他们混为一谈），但在这个营垒里他们各有各的特点。因为再没有什么比在半抽象问题上的分歧更难调和的了，所以他们不仅从来没有取得一致意见，而且早就习惯于不再生气，只是讥笑对方死不认错。

奥布朗斯基赶上他们的时候，他们正谈着天气往门里面走。在客厅里坐着的已经有奥布朗斯基的岳父谢尔巴茨基公爵、谢尔巴茨基少爷、杜罗夫津、吉娣和卡列宁。

奥布朗斯基立刻就看出，客厅里没有他就热闹不起来。陶丽穿着华丽的灰色绸连衣裙，显然又担心这时应该在育儿室里自己吃饭的孩子们，又担心丈夫不在，她没法很好地把所有这一伙人团弄到一块儿。大家坐着，像做客的牧师太太似的（这是老公爵形容的），显然都猜不透他们是为什么到这儿来的，为了不冷场，勉强找一些话儿来说说。好心肠的杜罗夫津显然觉得很不自在，他一见奥布朗斯基，咧开厚嘴唇笑了笑，好像在说：“喂，老兄，你把我和有学问的人关在一块儿了！到花花世界[1]去喝一杯，那我才有劲儿呢。”老公爵一声不响地坐着，用他那一双闪闪发亮的眼睛瞟着卡列宁，于是奥布朗斯基明白了，他已经想出一句什么妙语来形容这位像鲟鱼一样被请来让大家共享的国家要人。吉娣望着门口，使劲儿控制自己，为的是在列文进来的时候不至于脸红。谢尔巴茨基少爷因为还没有人把他和卡列宁作介绍，竭力装作丝毫不因此感到不自在。卡列宁依照彼得堡的习惯，同太太小姐们一起吃饭总是穿燕尾服，系白领带。奥布朗斯基从他的脸上看出来，他这次来只是为了履行诺言，置身在这一伙人当中，是在履行一项沉重的义务。他就是造成冷场、在奥布朗斯基回来之前使所有的客人感到别扭得难受的罪魁祸首。

奥布朗斯基一进客厅就向大家表示歉意，说他是被一位公爵，一位经常为他的迟到和早退做替罪羊的公爵留住了，接着就立刻把所有的人都作了介绍，并且把卡列宁和柯兹尼雪夫拉到一块儿，让他们谈谈波兰全盘俄国化问题，他们也就立刻抓住这个题目和彼斯卓夫一起谈了起来。他拍了拍杜罗夫津的肩膀，小声对他说了一句好笑的话，就拉着他坐到妻子和公爵旁边。然后他对吉娣说了说她今天很漂亮，就又把谢尔巴茨基少爷介绍给卡列宁。一会儿工夫他就把这个社会面团完全团弄到一块儿了，客厅里热闹起来，欢声笑语再也不断了。只有列文还未到。不过，倒是多亏他未到，因为奥布朗斯基一走进餐厅，就惊愕地看到，红葡萄酒和白葡萄酒都是从德普雷买来的，不是从列维[2]的，于是他吩

①当时莫斯科有名的娱乐场所。

②德普雷和列维都是莫斯科有名的酒店。

咐派车夫赶快到列维去买，然后又转身朝客厅里走。

他在餐厅里碰到了列文。

“我没有迟到吧？”

“你这还不算迟到吗？”奥布朗斯基挽住他的胳膊说。

“客人很多吧？都是一些什么人？”列文不由得红了脸，一面用手套拂打着帽子上的雪，一面问。

“都是自己人。吉娣也在。走吧，我给你介绍一下卡列宁。”

奥布朗斯基尽管自己是有自由思想的，但他知道同卡列宁认识不能不说是荣耀的，因此他要让好朋友分享这份荣耀。可是列文此时此刻无心领略这种结识的乐趣。自从他遇见伏伦斯基那个难忘的晚上以后，他还没有见过吉娣，如果不算他在大路上看见她的那一瞬间的话。他心里知道，今天他会在这儿看到她的。但是为了让自己思想保持轻松自如，他拼命要自己相信他不知道这一点。现在，他听到她就在这儿，顿时感到非常欢喜，同时也非常慌乱，以至于连气也喘不上来，想说什么都说不出来了。

“她是什么样子，什么样子呀？是像以前那样，还是像在马车里那样？如果陶丽说的都是真的，那怎么办？又为什么不是真的呢？”他想道。

“哦，请吧，你就给我介绍一下卡列宁。”他好不容易说出这话，便拼命使劲儿迈着坚定的步子走进客厅，看到了吉娣。

她既不像以前那样，也不像在马车里那样；她完全是另外一种样子。

她怯生生，羞答答，一副惊慌模样，却因此更显得楚楚动人了。他一进来，她就看到了他。她在等他。她又高兴，又因为自己高兴感到非常难为情，以至于有一小会儿，就是当他向陶丽走去而且又看了她一眼的时候，她和他，以及把这一切看在眼里的陶丽，都觉得她就要忍不住哭出来了。她脸上一阵红，一阵白，又是一阵红，然后就微微哆嗦着嘴唇，动也不动，等着他过来。他走到她跟前，鞠了一躬，一声不响地伸过手来。如果不是她的嘴唇轻轻哆嗦，如果不是两眼潮湿因而显得更加明亮，她说话时的笑容就几乎是安详的了。

“咱们好久没见面了啊！”她说着，使劲装出毅然决然的神气用冰凉的手握了握他的手。

“您没有看到过我，可是我看到过您了，”列文满脸洋溢着幸福的微笑说。“您从火车站去叶尔古绍沃的时候，我看到您了。”

“什么时候？”她惊讶地问。

“您去叶尔古绍沃的时候。”列文说着，觉得心中充满幸福，简直要喘不过气来了。他心想：“我怎样能把这么不纯洁的想法同这个天仙般的人儿联系在一起呢？是的，看来陶丽说的是真话。”

奥布朗斯基拉住他的手，把他领到卡列宁面前。

“让我来给你们介绍一下。”他说了说他们的名字。

“非常高兴又一次见到您。”卡列宁握着列文的手，冷冷地说。

“你们原来认识？”奥布朗斯基惊讶地问道。

“我们在车厢里一起过了三个钟头，”列文笑着说。“可是一下车，就像离开化装舞会一样，充满神秘感，至少我是这样。”

“原来如此！那就请吧。”奥布朗斯基指着餐厅，说道。

男客们走进餐厅，走到桌子跟前，桌上摆了六种伏特加，六种干酪，有的带银匙，有的没有银匙，还有鱼子酱，鲱鱼，各种罐头和一碟碟切成片的法国面包。

男客们站在喷香的酒菜旁边，柯兹尼雪夫、卡列宁和彼斯卓夫因为等吃饭，也就不谈波兰全盘俄国化问题了。

柯兹尼雪夫最善于出人不意地说一些很风趣的俏皮话，来结束一场最空洞和激烈的争论，改变谈话的气氛，现在他就是这样做的。

卡列宁认为，只有俄国当局采取非常措施，才能实现波兰的全盘俄国化。

彼斯卓夫却一再说，一个民族同化另一个民族，只有在本民族人口密度大的情况下才行。

柯兹尼雪夫认为双方说的都有道理，但都不完全对。等他们走出客厅，柯兹尼雪夫为了结束谈话，就笑着说：

"所以，为了同化异族，只有一个办法，那就是尽可能多生孩子。在这方面我们哥俩最不济事了。你们这些有家室的先生，尤其是您，司捷潘·阿尔卡迪奇，才是身体力行的爱国者；您有几个啦？"他亲热地笑着对主人说，并且把一个小小的酒杯伸到他面前。

大家都笑了，奥布朗斯基笑得尤其快活。

"是的，这才是最好的办法！"他一面说，一面嚼干酪，一面把特制的伏特加往伸过来的酒杯里斟。谈话真的就在玩笑中结束了。

"这干酪不坏。您要来一点吧？"主人说。"难道你又在做体操吗?”他用左手摸着列文的肌肉,问道。列文笑了笑,让胳膊绷紧了,于是奥布朗斯基手指底下的薄呢子下面鼓起一个铁硬的肉疙瘩,像一块圆圆的干酪。

“好结实的肌肉! 简直是大力士!”

“我想,猎熊就需要很大的力气。”对打猎只有最模糊的概念的卡列宁一面抹干酪,撕着薄得像蛛网一般的面包瓤,一面说。

列文笑了笑。

“不需要什么力气。相反,小孩子都可以把熊打死。”他一面说,一面微微弓着身子退到一旁,让女客们随着女主人走到酒菜桌前。

“我听说您打死一头熊,是吗?”吉娣一面说,一面用叉子使劲儿在叉一个不听话的滑溜溜的蘑菇,怎么也叉不住,那袖口的花边不住地抖动着,露出雪白的手臂。“你们那儿真的有熊吗?”她向他半侧过她那好看的头,又笑盈盈地说。

在她说的话里似乎没有什么特别之处,但是对于他来说,在她说这话时的眼睛、嘴和手的每一个动作和每一个声音中,都有多么大的、言语无法表达的意义呀! 其中有请求原谅之意,有对他的信任,有怜惜心,温柔而羞怯的怜惜心,有许诺,有期望,有对他的爱,这爱是他不能不相信的,并且因为有了这种爱已经幸福得喘不上气来了。

“不,我们是到特维尔省去打的。从那里回来的路上,我在火车上遇见您的姐夫,应该说,您的姐夫的妹夫,”他笑嘻嘻地说。“这次见面可有意思了。”

于是他快快活活、津津有味地说了说他怎样一夜没睡,穿着小皮袄闯到卡列宁的车厢里。

“列车员见我穿得不体面，就想把我赶出去；可是我立刻用高雅的辞藻说起话来，您也是……”他忘记了卡列宁的名字，只是对着他说，“起初也是因为我穿着小皮袄想把我赶出去，可是后来就帮我说话了，因此我非常感激您。”

“总而言之，对于旅客挑选座位，还没有很明确的规定。”卡列宁一面说，一面用手帕擦着指头尖儿。

“我当时看出来，您在如何对待我方面犹豫不定，”列文很和蔼地笑着说，“我就连忙说起高深的话，来弥补我的小皮袄造成的印象。”

柯兹尼雪夫一面继续和女主人说话，一面用一只耳朵听弟弟说话，并且瞅了他一眼。他想：“他今天怎么啦？这样得意。”他不知道，列文觉得他好像长了翅膀。列文知道她在听他说话，知道她很高兴听他说话。他一心想着的就是这个。对于他来说，不仅在这个厅里，而且在整个天地间，只有她和他了，他在自己心目中获得了很大价值和重要性。他觉得自己在高空里，高得令人头晕的地方，而这些和蔼可亲、文质彬彬的卡列宁们、奥布朗斯基们以及整个世界都在很远很远的下方。

奥布朗斯基也没有看他们，似乎毫不留意，随随便便让列文和吉娣坐在一块儿，似乎再没有空位子了。

“哦，你就坐在这儿吧。”他对列文说。

筵席就像奥布朗斯基爱好的餐具一样讲究。玛丽路易汤人人称赞，小小的馅饼香酥可口，更是没说的。两个仆人和马特维系着雪白的领带悄没声地伺候着酒食，又轻快又利落。这次宴会在物质方面是成功的，在非物质方面也不逊色。谈话始终未停，有时大家一起谈，有时各自分头谈，直到宴会结束，气氛都是非常活跃的，以至于男客们离开餐桌都没有停止说话，就连卡列宁也活跃起来了。

十

彼斯卓夫喜欢辩论到底，不以柯兹尼雪夫的话为满足，尤其因为他感觉出自己的意见是不对的。

“我从来不认为这仅仅是人口密度问题，”他一面喝汤，一面对卡列宁说，“而是要联系到根本，不能光凭几条原则。”

“我觉得，”卡列宁慢腾腾地、无精打采地回答说，“那都是一回事儿。依我看，一个民族要想同化另一个民族，只有得到高度发达，只有……”

“但问题就在这里了，”彼斯卓夫用他那粗嗓门儿插嘴说。他一向喜欢抢着说话，而且似乎总是把整个的心都放进他说的话里。“什么算是高度发达呢？英国人，法国人，德国人——哪一个民族的发达程度高呢？应该是哪一个民族同化另一个民族呢？莱茵地区完全法国化了，可是德国人的发达程度并不低！”他叫道。“这里面另有一番道理！”

“我觉得，起作用的总在真正文明的一方。”卡列宁微微扬起眉毛说。

“可是，我们应该把什么看作真正文明的标志呢？”彼斯卓夫说。

“我看，这种标志是大家都清楚的。”卡列宁说。

“完完全全清楚吗？”柯兹尼雪夫很微妙地笑着插嘴说。“现在都认为，真正的文明只能是纯粹古典的文明；可是我们看到双方争论之激烈，却无法否认反对的一方也有其有力的论据。”

“谢尔盖·伊凡诺维奇，您就是古典派。来点儿红葡萄酒吗？”奥布朗斯基说。

“我对于这种文明或那种文明，不想表示什么意见，”柯兹尼雪夫伸过酒杯，像对待小孩子一样不以为意地笑着说，“我只是说，双方都有很有力的论据，”他又对卡列宁说。“在教育方面，我是古典派，可是在这场争论中我不能站在任何一方。我看不出有什么明显的论据，可以证明古典学派比现代学派优越。”

“自然科学同样具有启蒙教育作用，”彼斯卓夫附和说。“比如天文学，比如植物学，比如动物学及其一系列原理就是这样！”

“这一点我不能完全同意，”卡列宁回答说。“我觉得，不能不承认，研究语言形式这一过程本身对于精神的发展具有特别良好的作用。此外，也不能否认，古典作家的作用是在道德方面最好的作用，不幸的是，那些有害的、错误的学说之所以成为当代的祸害，却和教授自然科学有关系。”

柯兹尼雪夫想说点儿什么，可是彼斯卓夫又用他那粗大的嗓门儿抢先说起来。他很激烈地说起这个意见的荒谬性，柯兹尼雪夫则平心静气地等待着说话，显然已经有了现成的反驳的话，足以驳倒对方。

“不过，”柯兹尼雪夫很微妙地笑着转身对卡列宁说，“不能不承认，假如不是古典教育有优越之处，像您刚才说的，有道德作用，说得干脆些，有反虚无主义作用的话，要衡量这种或那种科学的全部利弊是很困难的，应该看重哪些科学的问题，也不会这样快、这样彻底地解决。”

“这是无疑的。”

“如果不是古典学派具有反虚无主义作用这种优越之处，那我们就要多考虑考虑，多衡量衡量两方面的利弊了，”柯兹尼雪夫带着很微妙的笑容说，“那我们就要让二者都得到充分发展。可是现在我们知道，古典教育这种药丸具有反虚无主义的疗效，我们也就大胆地提供给我们的病人……可是，万一没有疗效，那怎么办？”说到结尾处又用起风趣的俏皮话。

柯兹尼雪夫一说到药丸，大家都笑起来，杜罗夫津笑得特别响亮，特别快活，因为他听谈话就希望听到好笑的话，现在终于听到了。

奥布朗斯基把彼斯卓夫请来，没有错。有彼斯卓夫在场，高谈阔论一刻也没有停过。柯兹尼雪夫刚刚用俏皮话结束了一番议论，彼斯卓夫立刻又提出新的话题。

“甚至也不能承认，政府抱有这种目的，”他说。“政府显然受社会舆论左右，对于所采取的措施能起什么作用，依然是漠不关心的。比如，妇女教育问题应该算是极为有害的，可是政府就开办了女子学校和女子大学。”

于是，谈话立刻转到女子教育这个新题目上。

卡列宁表示意见说，妇女教育往往和妇女自由的问题混为一谈，因为这样，妇女教育才是有害的。

“恰恰相反，我认为这两个问题是有密切联系的，”彼斯卓夫说,“这是一种恶性循环。妇女因为缺乏教育而得不到权利,又因为没有权利而得不到教育。不应该忘记,正因为奴役妇女太普遍,而且由来已久,我们往往不愿意看到她们和我们之间的巨大差别。”他说。

“您说的权利,”柯兹尼雪夫等到彼斯卓夫不说了,就开口说,“是否就是当陪审员、地方自治会议员、参议会议长的权利,当官为吏、当国会议员的权利……”

“当然。”

“但是,即使有些妇女作为难得的例外,可以担任这些职务,那我也认为,您用‘权利’这个字眼也是不恰当的。倒不如说是‘义务’。谁都承认,我们担任陪审员、地方自治会议员、电报局职员,都会觉得是在尽义务。所以,更确切地说,妇女是在寻求义务,而且是完全合法地寻求义务。而且也只能赞许她们这种协助男子共同劳动的愿望。”

“完全正确,”卡列宁支持说。“我认为,问题就在于她们担负这些义务是否能胜任。”

“一定能胜任愉快,”奥布朗斯基插嘴说,“只要能在她们中间普及教育就行。这我们能看得出来……”

“可是,不是有一句俗话吗?”公爵早就注意听着他们谈话,这时闪动着他那一双小小的、带有讥笑神气的眼睛说,“可以当着女儿们的面说说:头发长……[①]”

“在黑奴解放之前大家也是这样看待黑奴的!”彼斯卓夫气愤地说。

①俄国谚语:女人头发长,见识短。

“我只觉得奇怪,妇女在谋求新的义务,”柯兹尼雪夫说,“同时,不幸的是,我们却看到,男子往往在逃避义务。”

“义务总是伴随着权利的;权力,金钱,荣耀——这就是妇女们所追求的。”彼斯卓夫说。

“这就好比,我去谋求当奶妈的权利,见到雇用别的妇女,却不要我,我就生气。”老公爵说。

杜罗夫津放声哈哈大笑起来,柯兹尼雪夫很惋惜这话不是他说的。就连卡列宁也笑了。

“是啊,不过男子不能喂奶,”彼斯卓夫说,“妇女就……”

“不,有一个英国男子在船上就给自己的小孩喂过奶。”老公爵就当着两个女儿的面很随便地说。

“这样的英国人是很稀罕的,女人做官也是很稀罕的。”柯兹尼雪夫急忙说。

“是的,不过一个没有家庭的姑娘又该怎么办呀?”奥布朗斯基想起他朝思暮想的契比索娃,并且赞成和支持彼斯卓夫的意见,就插嘴说。

“如果好好地考察一下那个姑娘的身世,就会发现,那姑娘是抛弃了家庭,也许是自己的家,也许是姐姐家,她本来是可以在家里干干女人家的事情的。”陶丽突然很恼火地插嘴说,想必她猜到了奥布朗斯基说的是哪一个姑娘。

“可是我们就是要维护一个原则,一个理想!”彼斯卓夫用洪亮的粗嗓门儿反驳说。“妇女就是要得到自主的权利和受教育的权利。妇女意识到不能得到这样的权利,是感到委屈,感到不平的。”

“可是我感到委屈和不平的是，人家不肯要我到育婴堂去当奶妈。”老公爵又说道，使得杜罗夫津开心极了，他笑得把一根芦笋那粗大的一头掉进了酱油里。

十一

大家都在一块儿说话，只有吉娣和列文除外。起初，谈到一个民族对另一个民族的影响，列文不由得想到，他对这个问题是有过想法的；可是以前他觉得十分重要的这些想法，就像在梦里似的在他头脑里闪了一下，此刻他觉得没有什么意思了。他甚至觉得奇怪，他们何必这样起劲地谈这种不相干的事儿呢。吉娣也是这样，她对他们谈妇女权利和教育问题，似乎应该也是感兴趣的。她有多少次想起在国外的朋友瓦伦加，想起她那种寄人篱下的痛苦生活，就考虑起这些问题；有多少次她想到自己，如果她不出嫁，又会怎样；为这事她又和姐姐争论过多少次呀！可是此刻她觉得这问题毫无意思了。她和列文进行着另外一番谈话，也不是谈话，而是暗通款曲，因而他们感到越来越亲密，而且面对他们正在进入的未来天地产生了一种又喜又怕的心情。

开头，吉娣问列文去年怎么能看见她在马车里的，他就对她说了说，他怎样从割草场回家，在大路上遇到了她。

“那是在很早很早的早晨。您大概刚刚醒来。您妈妈还睡在角落里。那天早晨好极了。我边走边想：这四驾大马车里是什么人呀？那是四匹带铃铛的好马，转眼工夫您一闪而过，我从车窗里看到您：您就这样坐着，双手握着睡帽的带子，出神地想着什么事儿，”他微微笑着说。“我多么想知道您那时想的是什么呀。您想的是很要紧的事吧？”

“我那时不是披头散发的吧？”吉娣心想。不过，她看到他在回忆这些情节时脸上出现的喜不自禁的笑，就感觉出她给他的印象极好。她红了红脸，高兴地笑起来。

“说实在的，我不记得了。”

“杜罗夫津笑得多开心呀！”列文欣赏着他那笑得泪汪汪的眼睛和直打哆嗦的身子，说道。

“您早就认识他吗？”吉娣问道。

“谁不认识他呀！”

“我看出来，您认为他是一个坏人吧？”

“不是坏人，而是一个微不足道的人。”

“才不是哩！您快别这样想吧！”吉娣说。“我以前也很瞧不起他，可是这人好极了，心肠好得不得了。他的心是金子做的。”

“您是怎么能看到他的心的？”

“我们是老朋友了。我是很了解他的。去年冬天，就在……在您来过我家以后不久，”她带着歉疚同时又是信赖的微笑说，“陶丽的几个孩子都害了猩红热，有一天他来看她了。您真难想象，”她小声说，“他多么为她难过，于是他就留下来，帮她照料起孩子。是的，他就在他们家待了三个星期，就像保姆一样照料孩子们。”

“我在给康斯坦丁·德米特里奇讲孩子们害猩红热的时候杜罗夫津的事呢。”吉娣弯过身子对姐姐说。

“是的，真了不起，实在太好了！”陶丽望着杜罗夫津说。杜罗夫津发觉他们在谈他，就很亲热地对列文笑着。列文又朝杜罗夫津看了看，感到惊讶的是，他以前怎么没有发现这个人的全部优点。

“罪过，罪过，以后我再也不把人往坏处想了！”列文快活地说。他如实地说出他此刻的感觉。

十二

在谈起妇女权利时，涉及在妇女面前不便谈的婚姻权利不平等问题。彼斯卓夫在吃饭时几次接触到这方面的问题，但柯兹尼雪夫和奥布朗斯基都很谨慎地避开了。

等大家都离开饭桌，女士们都走了出去，彼斯卓夫没有跟她们走，却和卡列宁说话，说起这种不平等的主要原因。依他看，夫妻的不平等就表现在妻子的不贞和丈夫的不贞在法律上和舆论上受到的对待都不一样。

奥布朗斯基连忙走到卡列宁跟前，请他抽烟。

“不，我不抽烟。”卡列宁平静地回答说，并且，似乎有意表示他不怕谈这方面的问题，便带着冷笑回答彼斯卓夫的话。

“我看，这种看法的根据来自事情的实质。”他说过，就想到客厅里去，可是这时杜罗夫津忽然出人意料地对卡列宁说起话来。

“您是否听说过普里亚奇尼科夫的事儿？”喝过香槟酒兴奋起来，一直在等待机会打破难堪的沉默的杜罗夫津说道。“就是瓦夏·普里亚奇尼科夫，”他那红润的嘴唇上带着和悦的微笑，主要是对贵客卡列宁说话，“我今天听说，他在特维尔同克维茨基决斗，把克维茨基打死了。”

人往往会觉得，有些人似乎有意地专门戳别人的伤疤，奥布朗斯基现在就觉得，不幸的是，今天的谈话时时刻刻都对准了卡列宁的伤疤。他又想把妹夫拉走，可是卡列宁自己却很好奇地问道：

“普里亚奇尼科夫为什么事决斗？”

“为妻子的事儿嘛。他是好样儿的。找那人决斗，把那人打死了！”

“啊！”卡列宁若无其事地啊了一声，就扬起眉毛，朝客厅里走去。

“您来了，我多么高兴呀，”陶丽在客厅的过道里迎住他，带着惶恐的笑容对他说，“我要和您谈谈。咱们就在这儿坐吧。”

卡列宁依然扬着眉毛，摆出若无其事的神气，挨着陶丽坐下来，并且装着笑了笑。

“况且，”他说，“我也想请您原谅，我就要告辞了。明天我就要走了。”

陶丽坚信安娜是清白无辜的，她对这个冷酷无情、不动声色地盘算着毁灭她的清白的朋友的人感到十分气愤，她觉得自己的脸都气白了，嘴唇气得直打哆嗦。

“阿列克赛·亚力山大罗维奇，”她带着十分坚决的神气盯住他的眼睛，说。“我问您安娜的情形，您还没有回答我呀。她怎么啦？”

“她身体好像不坏，达丽雅·亚力山大罗芙娜。”卡列宁没有看她，回答说。

“阿历克赛·亚力山大罗维奇，对不起，我本来不该问……可是我爱安娜，尊敬安娜，就像对待亲妹妹一样；我请您，我恳求您告诉我，你们之间出了什么事？您觉得她有什么地方不对？”

卡列宁皱起眉头，几乎把眼睛闭上，垂下头来。

“为什么我认为必须改变我和安娜·阿尔卡迪耶芙娜原来的关系，我想，其原因您丈夫已经对您说过了。”他说，没有看她的眼睛，却带着不满意的神气打量着从客厅里走过的谢尔巴茨基。

“我不信，不信，这事儿我无法相信！”陶丽紧紧攥着她那双瘦骨嶙峋的手，在胸前使劲儿摇晃着说。她很快地站起来，一只手拉了拉卡列宁的袖子，说：“咱们在这儿不方便。请到这边来。”

陶丽的激动也影响了卡列宁，他站起来，乖乖地跟着她朝孩子们的读书室走去。他们在铺了划满铅笔刀印子的漆布的一张桌子旁边坐下来。

“我不信，这事儿我不信！”陶丽一面说，一面竭力捕捉他那躲着她的目光。

“不能不相信事实呀，达丽雅·亚力山大罗芙娜。”他把“事实”这个词儿说得很重。

“可是她究竟做了什么事呀？”陶丽说。“她到底做了什么事？”

“她不守妇道，背叛了自己的丈夫。这就是她做的事。”他说。

“不会，不会，不可能！不会，对不起，是您弄错了！”陶丽双手捂着两鬓，闭上眼睛说。

卡列宁只是用嘴唇冷冷地一笑，想向她也向自己表示自己的坚信不疑；但是陶丽这种热情的辩护，虽然没有动摇他的看法，却触痛了他的伤疤。他更激烈地说起来。

“既然妻子亲口对丈夫说了这事，那就很难弄错了。她还说，八年的生活和一个儿子——这都是错误，她说她要从头生活起。”他怒气冲冲地哼着鼻子说。

“我无法把安娜和丑事联系起来，这事我无法相信。”

“达丽雅·亚力山大罗芙娜！”这时他对直地看了看陶丽那激动的善良的脸，觉得自己的话匣子不由得打开了。“如果还有可能仅仅是怀疑，那我是求之不得的。当我怀疑的时候，我是很痛苦的，但比现在还是好过些。当我怀疑的时候，那还有希望；可是现在没有希望了，不过我倒是怀疑一切了。我什么都不相信，甚至痛恨儿子，有时不相信他是我的儿子。我太不幸了。”

这些话他都不需要说了。他一看陶丽的脸，她全明白了。于是她怜惜起他来，她对好朋友清白的信念也动摇了。

“啊呀！这真可怕，太可怕了！不过，听说您决定离婚，这是真的吗？”

“我决定走这最后一步。我再也没有办法了。”

“没有办法，没有办法……”她眼里噙着泪水说。“不，不是没有办法！”她说。

“这种痛苦之所以可怕，就在于无法像别的痛苦那样，比如丧偶、死人那样，默默忍受就行，所以在这种情况下需要有所行动，”他一面说，一面似乎在猜测她的想法。“必须摆脱这种受侮辱的状况:不能三个人一块儿过呀。”

“我明白,这事儿我非常明白,”陶丽说着,垂下了头。她沉默了一会儿,想着自己和自己的家庭痛苦,忽然她猛地抬起头,合拢双手做出恳求的姿势。“不过您不要急!您是个基督徒,就为她想想吧!要是您把她抛弃了,她怎么办呀?”

“我想过,达丽雅·亚力山大罗芙娜,我想过很多,”卡列宁说。他的脸上红一块白一块,一双模糊了的眼睛对直地看着她。陶丽现在已经是满心可怜他了。“在她亲口对我说了我蒙受的耻辱以后,我就是这样做的;我让一切都保持原状。我给了她悔过自新的机会,我尽了力量挽救她。可是怎么样呢?她不肯遵守最容易办到的条件——顾全体面,”他很恼火地说。“能够挽救的只是自己不愿意毁灭的人;可是,如果本性完全败坏了,堕落了,自以为毁灭就是得救,那又有什么办法呢?”

“什么都行,就是不要离婚!”陶丽回答说。

“可是,您这‘什么’指的是什么?”

“不,这太可怕了。她就会谁的妻子也不是,她就要完了。”

“我又能有什么办法呢?”卡列宁耸起肩膀,扬起眉毛说。他一想到妻子最近的所作所为,又恼火起来,又像谈话开头时那样冷冷的了。“我非常感谢您的一番好心,不过我该走了。”他说着,站起身来。

“别走,等一等!您不应该把她毁了。等一等,我给您说说自己的事儿。我嫁了人,可是丈夫欺骗了我;我又恼恨又嫉妒,就想抛弃一切,我想自己……可是我醒悟过来了。多亏了谁呢?是安娜救了我。这不是,我现在过得很好。孩子们都好好儿的,丈夫也回心转意,感觉到自己不对,变规矩了,变好了,我也就过得很好……我宽恕了他,您也应该宽恕她呀!”

卡列宁听着,但是她的话已经对他不起作用了。他决定离婚那一天的那股恼恨劲儿又来到他的心头。他抖搂了一下身子,就用又尖又响亮的声音说起来:

“我无法宽恕,也不想宽恕,而且我认为也不应该宽恕。我对这个女人已经做到仁至义尽,她也把什么事情都做绝了。我不是一个狠心人,我从来没有恨过什么人,可是我恨透了她,甚至无法宽恕她,因为她对我做的种种坏事太可恨了!”他带着恼恨的哭音说。

“您要爱那些恨您的人……”陶丽腼腆地小声说。

卡列宁轻蔑地冷笑了一下。这道理他早就知道,但这不适用于他的情况。

“要爱那些恨您的人,然而爱您所恨的人,却是办不到的。对不起,我打扰您了。各人管各人的痛苦吧!”卡列宁镇定了一下,很平静地告过别,就走了。

十三

在大家离开饭桌的时候,列文就想跟着吉娣到客厅里去。但他怕这样追逐她太显眼了,她也许会不高兴。他还是留在男客圈子里,和他们在一块儿说话,可是,虽然没有看吉娣,却能感觉到她的一举一动、她的目光以及她在客厅里什么地方。

他这就毫不勉强地履行他对她许下的诺言——永远把一切

人往好处想,永远爱一切人。大家谈起村社,彼斯卓夫认为在村社里推行的是一种特殊的原则,他把这叫作合唱原则。列文既不赞成彼斯卓夫的说法,也不赞成哥哥的说法,哥哥不知为什么就其意思来说又承认又不承认俄国村社的意义。可是列文和他们说话,只是竭力调解与缓和他们的争执。他丝毫不关心自己说的是什么,更不关心他们说的是什么,他只希望一点,就是让他们以及大家都高高兴兴,快快活活。他现在知道唯一重要的人是怎样了。这个唯一的人起初在客厅那头,后来走动起来,在门口站下来。他没有回头,就感觉到她向他投来的目光和微笑,于是他不能不回过头来。她和谢尔巴茨基少爷站在门口,正在望着他呢。

"我想,您是去弹钢琴吧,"他走到她跟前,说道。"我在乡下就缺少一样:音乐。"

"不是,我们只是想找您,谢谢您出来,"她说道,并且像赠送礼物一样送给他一个微笑,"何必那样起劲儿争论呀?谁也不会说服谁嘛。"

"是的,很对,"列文说,"往往是,热烈争论一番,只是因为怎么也不懂对方想证明的究竟是什么。"

列文常常发现,在一些最聪明的人争论的时候,争论的双方在费了很大力气,说了很多精辟的见解和言语之后,终于意识到他们费尽心机想向对方证明的道理原来在争论一开始他们早就明白了,但他们各自喜欢不同的一套,所以不愿意说出所喜欢的那一套叫什么,怕的是被驳倒。他常常遇到这样的情形:有时在争论中明白了对方所喜欢的一套,自己也一下子喜欢起这一套,可以马上就表示赞成了,可是这样一来,所有的论据就不能成立,就无用了;有时遇到的情形恰恰相反:等到终于说出自己所喜欢的并且为此找出种种论据的一套,如果能说得好,说得恳切的话,那对方也会立刻表示赞同,立刻就停止争论。他想说的就是这个意思。

她皱起眉头,本想费劲儿理解他的意思。可是他一开始解释,她就明白了。

“我明白:必须弄清楚对方为什么争论,对方喜欢的是什么,才可以……”

她完全猜测到并且说出了他说不清的意思。列文高兴地笑了:他和彼斯卓夫与哥哥争论,费了许多口舌说不清楚,她现在三言两语,却言简意赅地把最复杂的意思说清楚了,这使他感到惊讶。

谢尔巴茨基少爷走开了,于是吉娣走到摆好的牌桌旁边,坐下来,拿起一支粉笔,在崭新的绿呢桌布上画起圈圈儿。

他们又谈起饭桌上谈过的话题:妇女的自由和职业问题。列文赞成陶丽的意见,认为未出嫁的姑娘应当在家里做做女人家的事情。他为了说明应该这样,就说,任何一个家庭都需要有女人在家做事,不论穷家、富家,都需要有保姆,不是雇人,就是自家人。

“不,”吉娣红了脸,但这样也就更大胆地用她那真情的眼睛看着他说。“一个姑娘可能会处于这种境地,那她就不可能毫不低下地进入一个家庭,可是她自己……”

她一暗示,他就明白了。

“哦!是的!”他说。“是的,是的,是的,您说得对,您说得对!”

他一看出吉娣心中的少女恐惧感和屈辱感,就明白了彼斯卓夫在吃饭时所说的有关妇女自由的一些道理,而且他因为爱她,就体会到这种恐惧和屈辱心情,并且立刻就放弃了自己的观点。

两个人都沉默了。她用粉笔一个劲儿在桌子上画着。她的眼睛闪着柔和的光辉。他受到她的情绪的感染,觉得自己浑身的幸福感越来越强烈了。

“哎呀!我把整个桌子都画满了!”她说过,放下粉笔,身子动了动,好像是想站起来。

“我怎么能让她走掉呢?”他恐惧地想道,并且拿起粉笔。“请等一下,”他说着,在桌旁坐下来。“我早就想问您一件事。”

他对直地看着她那亲切的、虽然有些惊愕的眼睛。

“请问吧。”

“您瞧,”他说着,写出一些词儿的开头第一个字母。这些字母要表示的意思是:“当初您回答我:这不可能,那是说永远不可能,还是那时候不可能?”吉娣是否能猜到这样复杂的句子,那是毫无把握的;可是他带着那样一副神气望着她,就好像他这一生全看她是否明白这句话了。

她一本正经地看了看他,然后就用一只手托住皱起来的额头,念了起来。她只是偶尔看一看他,仿佛用眼睛问他:“我猜得对吗?”

“我明白了。”她红了红脸,说。

“这是个什么词儿?”列文指着“永远”一词的字母问道。

“这个词儿是‘永远’,”她说,“不过这不是真心话!”

列文很快地把他写的擦掉,把粉笔给她,自己站了起来。她也写了一些字母。

陶丽看见这两个人的样子,她和卡列宁谈话所引起的烦恼顿时消失了。陶丽看到:吉娣手里拿着粉笔,脸上带着羞涩而幸福的微笑,朝上看着列文,列文那优美的身躯俯向桌子,一双火辣辣的眼睛忽而看着桌上,忽而看着吉娣。他的脸忽然放起光来:他明白了。这意思是:“当时我不能不那样回答。”

他用询问、胆怯的目光看了看她。

“只是当时吗?”

“是的。”她的笑容回答说。

“那么……那么现在呢?”他问道。

“嗯,那您就念念吧。我就把我所希望的说一说。我非常希望!”她又写出一些开头的字母。那意思是:“希望您忘记和原谅过去的事。”

他用紧张得打哆嗦的手指头抓住粉笔,写断了粉笔,写出一些开头的字母,意思是:“我没有什么忘记和原谅的,我一直在爱您。”

她微微笑着动也不动地看着他。

“我明白了。”她小声说。

他坐下来,又写了一个很长的句子。她全看懂了,也没有问他是不是这样,拿起粉笔,立刻就给他回答。

他很久看不懂她写的是什么,就一再地看她的眼睛。他幸福得一时头脑迷糊了。他怎么也猜不出她写的字母代表的是一些什么词儿;但是他从她那美丽的、放射幸福光彩的眼睛里看出了他想知道的一切。于是他写了三个字母。可是不等他写完,她已经跟着他的手的动作念起来,并且亲自把他没有写完的写完了,又写出回答:是的。

“你们在猜字谜吗?”老公爵一面说,一面走过来。“不过,咱们走吧,要是你想赶上看戏的话。”

列文站起来,把吉娣送到门口。

在他们的谈话中,什么都说了;她说了她爱他,说了要告诉父亲和母亲,他说了他明天早晨要来。

十四

等吉娣一走,剩下列文一个人,他觉得没有了她非常难受,非常焦急,就盼望明天早晨快点儿,快点儿到来,那时他又可以看到她,而且可以永远和她结合在一起,他甚至非常害怕,像怕死一样害怕即将到来的这见不到她的十四个钟头。为了避免孤寂,把时间消磨过去,很需要有一个人和他在一起谈谈。奥布朗斯基一向是和他最谈得来的,但是他要走了,说是去赴晚会,其实是去芭蕾舞剧院。列文只来得及对他说他很幸福,说他爱他,永远永远不会忘记他对他的厚意。奥布朗斯基的目光和微笑向列文表示,他完全理解他这种心情。

“怎么样,到了死的时候了吧?”奥布朗斯基动情地握着列文的手说。

“早着呢!”列文说。

陶丽在和他告别的时候,也好像是恭喜他,说道:

“您又和吉娣见面了，我多么高兴啊，是应该珍惜旧日的情分呀。”

可是列文听了陶丽这话却不十分愉快。她不懂，这一切有多么崇高，这一切她又多么难以理解，她不应该冒昧地提到这一点。列文告别了他们之后，为了免得孤寂，就跟定了哥哥。

“你上哪儿去？”

“我去参加会议。”

“噢，那我跟你去。行吗？”

“怎么不行？咱们走吧，”柯兹尼雪夫笑着说。“你今天怎么啦？”

“我怎么样吗？我的幸福来了！”列文说着，打开他们坐的马车的窗子。“你不怕冷吧？不然太闷了！我的幸福来了！你为什么老是不结婚呀？”

柯兹尼雪夫笑了笑。

“我很高兴，看样子，她是一个好姑……”柯兹尼雪夫正要说下去。

“别说，别说，别说！”列文双手抓住他的皮大衣领子，把他的嘴捂住。“她是一个好姑娘”这话太平凡，太没有分量，同他的感情太不相称了。

柯兹尼雪夫非常快活地大笑起来，这在他是很难得的。

“啊，不管怎样，还是可以说，这事儿使我非常高兴。”

“这话明天可以说，明天再说吧，现在别说了！别说，别说，什么也别说！”列文说着，再一次用大衣领子把他的嘴捂住，又说道：“我真喜欢你呀！怎么样，我去参加会议，行吗？”

“当然行啦。”

“你们今天讨论什么呀?”列文问道,并且一直没有停住笑。

他们来到会场。列文听着秘书结结巴巴地在念连他自己也不懂的记录;但列文从这位秘书的相貌看出来,这是一个非常可爱、非常善良的极好的人。这可以从他念记录时那种惶恐和发窘的神态看出来。记录念完了,就开始发言。他们争论的是几宗款项的调拨和几条管道的铺设问题。柯兹尼雪夫把两位议员挖苦了一通,振振有词地说了老半天;另外一位议员在纸上写了些什么,就畏畏缩缩地说起来,但后来又辛辣又亲切地对他作了答辩。然后斯维亚日斯基(他也在这里)也说了一通,说得也很精彩,很得体。列文听他们辩论,清楚地看出来,不论拨款,还是管道,什么事儿也没有,他们也根本没有生气,他们都是一些非常善良的极好的人,而且他们之间这一切也都是和和气气,亲亲热热的。他们谁也不妨碍谁,大家都高高兴兴的。对列文来说,最妙的是,他觉得今天把他们看得清清楚楚的了,他觉得他从一些细小的、以前没有注意的特征看出每个人的心灵,清楚地看出他们都是善良的人。尤其是,他们今天都特别喜欢他。这从他们和他说话的态度可以看出来,就从所有不认识的人望着他的那种亲热、友好的神情,也可以看出来。

“喂,怎么样,你满意吗?”柯兹尼雪夫问他。

“非常满意。我怎么也没有想到这事儿这样有意思!太好了,太妙了!”

斯维亚日斯基走到列文跟前,请他到他家去喝茶。列文怎么也不懂,怎么也想不起来,他对斯维亚日斯基有什么不满,他有什么欠缺之处。他是一个非常聪明、心肠好得不得了的人嘛。

“非常高兴。”列文说过，又问候了他的妻子和姨妹。因为在他的头脑里斯维亚日斯基的姨妹的概念总是和婚姻联系着，又由于思绪的奇怪延续发展，他觉得把自己的幸福对斯维亚日斯基的妻子和姨妹说说比对谁说都好，所以他很高兴到他们家去。

斯维亚日斯基问起他在乡下的事情，仍然像以往那样，断定在欧洲没有的事情在俄国也不可能有，列文现在听到这话也一点不觉得不愉快。相反，他觉得斯维亚日斯基的看法是对的，那种种事情都没有什么意思，并且看出斯维亚日斯基不肯说出自己的正确意见，是出于了不起的谦和与仁厚。斯维亚日斯基家的两位女士也特别可亲可爱。列文觉得，她们已经全知道了，而且非常赞同他，但只是出于礼貌没有说出来。他在他们家坐了一个钟头，两个钟头，三个钟头，谈着各种各样的事情，却都是影射他一心想着的事情，也没有觉察到，他已经使他们厌烦透了，他们早就要睡觉了。斯维亚日斯基把他送到前厅里，又打呵欠，又对这位朋友奇怪的精神状态感到惊讶不解。已经是一点多钟了。列文回到旅馆，一想到他现在要一个人来熬过还剩下的十个小时，就感到害怕。还没有睡觉的值班茶房给他把蜡烛点着了，就想走，可是列文把他叫住了。这个茶房叶戈尔，列文以前没有留意过的，原来是一个非常聪明、非常好，尤其是心肠好的人。

“怎么样，叶戈尔，不睡觉很难受吧？”

“有什么办法呀！我们干这一行嘛。在大户人家里干活儿要舒服些；不过在这儿好处要多些。”

原来叶戈尔是有家的，有三个男孩和一个做裁缝的女儿，他想把女儿嫁给马具店的伙计。

列文趁这个机会对叶戈尔说了说自己的想法,说婚姻的主要条件是爱情,有了爱情总是会幸福的,因此幸福不幸福往往全在自己。

叶戈尔用心听完了,而且显然也完全懂了列文的意思,但是他为了附和列文的意思,却说出了列文意想不到的意见,说他在一些好人家做事的时候,他总是很喜欢自己的老爷太太们,现在也非常喜欢自己的东家,虽然他是一个法国人。

"真是一个心肠好得不得了的人。"列文心想。

"喂,叶戈尔,当年你结婚的时候,爱不爱你的妻子?"

"怎么会不爱呢。"叶戈尔回答说。

于是列文看出来,叶戈尔的心情也兴奋起来,很想说说自己的内心感情。

"我这一生也是非常好的。我从小……"他闪动着发亮的眼睛说了起来,显然是受到了列文的兴奋心情的感染,就好像人常常受到打呵欠感染一样。

可是这时候铃声响了;叶戈尔走了,剩下列文一个人。他在筵席上几乎什么也没有吃,他也没有吃斯维亚日斯基家的茶点和晚饭,可是现在他连想也想不到吃饭。昨夜他整夜没有睡,可是他也不想睡觉。房间里是很冷的,可是他却觉得热得发闷。他打开两个小气窗,坐到窗口的桌子上。在白雪皑皑的屋顶后面,露出系着链子的雕花十字架,再往上,天空里有一个三角形,那是御夫星座和黄灿灿的五车二星。他时而望望十字架,时而望望星星,吸着徐徐进入房中的清凉空气,并且像在梦中一般,追逐着脑海中出现的一个个形象和一件件往事。三点多钟，他听见走廊里有脚步声，就探头朝门外望了望。这是他所认识的赌徒米亚斯金从俱乐部回来了。米亚斯金无精打采地走着，皱着眉头，不住地咳嗽着。“真可怜，真不幸呀！”列文在心中说，并且因为心疼和怜惜这个人，眼里涌出了泪水。列文想和他谈谈，安慰安慰他；可是想起自己只穿着衬衣，也就算了，于是又在窗口坐下来，也好尽情地享受这寒冷的空气，看看那形状美妙、静穆无声，但他觉得意味深长的十字架，看看那缓缓上升的黄灿灿的星星。到六点多钟，听到擦地板的声音，又听到早祷的钟声，列文觉得冷起来。他关上气窗，洗了脸，穿起衣服，就出门了。

十五

街上还是空荡荡的。列文朝谢尔巴茨基家走去。大门关着，都还在睡觉呢。他又往回走，又回到旅馆，要了一杯咖啡。送咖啡的已经不是叶戈尔，而是一名值日班的茶房。列文想和他谈谈，可是有人打铃，那茶房就走了。列文试着喝了喝咖啡，又把面包放进嘴里，可是他的嘴简直不知道拿面包怎么办。列文把面包吐掉，穿起大衣，又走了出来。他第二次来到谢尔巴茨基家大门口，已经九点多了。家里的人刚刚起身，一名厨子正要出去买菜。至少还要等两个钟头。

这整整一夜和一个早晨列文都是完全无意识地度过的，而且他觉得自己完全超脱了物质生活条件。他一整天没有吃东西，两夜没有睡觉，不穿外衣在寒冷的空气中待了几个小时，可是他不但感到自己从来没有这样精神饱满，健康有力，而且感到自己完全超脱了肉身凡胎：他一行一动都不需肌肉用劲儿，而且觉得自己无所不能。他深信，如果有必要的话，他可以飞上青天，可以把房屋推开。剩下的时间他是在街上度过的，他不时地看着表，两边张望着。

他当时看到的景象，是他以后再也看不到的。尤其是两个上学的孩子，几只从屋顶飞到人行道上的瓦灰色鸽子，一只看不见的手摆出来的几个撒了面粉的梭形面包，使他大动感情。这些面包、鸽子和两个孩子都不是凡间物。这一切都是同时发生的：一个男孩朝鸽子跑去，并且笑哈哈地看了看列文；一只鸽子拍打了几下翅膀就飞了起来，在阳光下、在空中颤抖着的雪粉中亮闪闪的；小窗户里冒出新出炉的面包香味，接着几个面包就摆了出来。这一切全都是这样出奇地美好，以至于列文高兴得笑起来，并且流出了眼泪。他在报馆胡同和基斯洛夫街兜了一个大圈子之后，又回到旅馆，把表放在面前，坐下来，等待十二点。隔壁房间里，有人在谈机器和上当受骗的事，还有早晨刚醒来的咳嗽声。他们不知道时针快到十二点了。十二点到了。列文走到大门口。马车夫们显然全都知道了。他们满面春风地把列文围住，争先恐后，兜揽生意。列文雇了一辆，吩咐上谢尔巴茨基家去，同时尽量不让其他马车夫心里难过，答应下次雇他们的。这车夫非常漂亮，那露在长袍外面的白衬衫领子紧紧裹着饱满而结实的红脖子。这车夫的雪橇又高又舒服，这样好的雪橇列文后来再也没有坐过了，那马也非常好，跑得又快又稳。马车夫知道谢尔巴茨基家，对乘客特别敬重地把双臂弯了一下，喊了一声“普鲁”，就在大门口停下来。谢尔巴茨基家的看门人肯定也全知道了。这从他的眼睛的笑和他说话的神情可以看得出来。

“啊,您好久没来啦,康斯坦丁·德米特里奇!”看门人说。

他不仅全都知道了,而且显然高兴得不得了,并且使劲掩饰自己的高兴。列文看了看他那亲切的老眼,就发现他的幸福之中甚至还有新的意味儿。

“都起身了吧?”

“请进吧! 就放在这儿也行。”等列文想回来拿帽子的时候,他笑嘻嘻地说。这也是有什么意思的。

“请问,该向谁通报?”一名仆人说。

这名仆人虽然年轻,是个新来的,穿得还很讲究,但也是一个非常亲切、善良的人,也是什么都知道。

“向公爵夫人……公爵……公爵小姐……”列文说。

他看到的第一个人是林侬小姐。她正要穿过客厅,她的鬈发和一张脸都亮闪闪的。他刚刚开始和她说话,就听见门外有衣服窸窣声,于是林侬小姐从列文眼里消失了,一种因为幸福来临欢喜得害怕的感觉立刻传遍了他的全身。林侬小姐慌忙离开他,朝另一个门走去。她一走出去,镶木地板上就响起急速而轻盈的脚步声,于是他的幸福,他的生命,他的灵魂——比他自己更重要的人儿,他寻求和期待了那么久的爱情,很快向他接近了。她不是在走,而是靠一种无形的力量向他飘游过来。

他看到的只是她那一双明亮而真挚的眼睛,那眼睛也流露出爱情的欢乐来临时慌乱的神气,就像他此刻的心情一样。那双眼睛越来越近,射出的爱情光芒照耀得他眼花缭乱。她在他跟前站下来，紧紧挨着他。她的一双手举起来，搭在他的肩上。

她能做的，都做了，——她跑到他跟前，羞答答、喜滋滋地把整个身子交给了他。他搂住她，把嘴唇压在她那等着他吻的嘴唇上。

她也是一夜没有睡，整个上午都在等他。母亲和父亲都一口答应了，而且因为她的幸福感到十分幸福。她等着他。她要第一个向他宣布她和他的幸福。她准备好单独迎接他，一想到单独和他见面，又高兴，又胆怯，又羞涩，自己也不知道该怎么办。她听到他的脚步声和说话声，就在门外等着，等林侬小姐走开。林侬小姐走了。她连想也不想，也不自问怎样做和做什么，就走到他跟前，做了她刚才所做的事。

“咱们去见见妈妈！”她拉住他的手说。他很久不能说话，与其说是因为他怕语言亵渎了自己的崇高感情，不如说是因为每当他想说点儿什么的时候，不等说出话来，就感觉到幸福的泪水要涌出来了……他拉起她的手，吻了吻。

“难道这是真的吗？”他终于用嘶哑的嗓门儿说。“我真不能相信你会爱我！”

她听到他称她为“你”，看到他看她的那种胆怯神气，不禁笑了。

“是真的！”她意味深长地、慢慢地说。

“我多么幸福呀！”

她一直拉着他的手走进客厅。公爵夫人一看到他们，就呼吸急促，一下子哭了起来，又一下子笑了起来，并且迈着列文意想不到的矫捷步子跑到他们跟前，搂住列文的头，吻了吻他，并且沾了他一脸泪水。

“就这样定了！我很高兴。你就爱她吧。我很高兴……吉娣！”

“水到渠成嘛！”老公爵极力装出镇定自若的神气说；可是，当他转过身来时，列文发现他的眼睛也湿了。

“我早就盼着这一天了！”他抓住列文的手，把他拉到跟前。“我还在这个轻浮的孩子一心想要……”

“爸爸！”吉娣叫起来，并且用手捂住他的嘴。

“好，我不说！”他说。“我太……太……高……哎呀！我多么糊涂……”

他抱住吉娣，吻了吻她的脸，吻了吻她的手，又吻了吻脸，又为她画了个十字。

当列文看到吉娣那样亲热、那样长久地吻着父亲那肉嘟嘟的手的时候，他对他以前觉得很陌生的这个人也充满了一种新的敬爱之情。

十六

公爵夫人一声不响地坐在安乐椅上，微微笑着。公爵在她旁边坐下来。吉娣站在父亲的椅子旁边，拉着他的手一直没有放开。大家都没有说话。

公爵夫人首先把一切事情说了出来，把一切想法和感情转为现实问题。起初有一会儿这使大家都感到很奇怪，甚至很不舒服。

“究竟什么时候呀？还要订婚，发请帖呀。什么时候结婚呢？你怎么想的，亚力山大?”

“问他吧，”老公爵指着列文说，“这事儿他唱主角嘛。”

“什么时候吗?”列文红着脸说。“明天吧。你们既然问我，那么，依我的想法，今天订婚，明天就结婚。”

“哎，得啦，好孩子，别瞎说!”

“哦，那就过一个星期吧。”

“他简直疯了。”

“不，怎么会呢?”

“得了吧!”老夫人见他这样性急，高兴地笑着说。“那么，嫁妆呢?”

“难道还要嫁妆什么的吗?”列文很害怕地想道。“不过，难道嫁妆，还有订婚，还有别的什么——难道这会影响我的幸福吗？什么也不会影响的!”他看了看吉娣，发现她丝毫不觉得提到嫁妆是受到侮辱，他就想：“看来，这也是必要的。”

“我实在什么也不懂，我说的只是我的希望。”列文表示歉意说。

“那咱们就商量着办吧。现在可以订婚和发请帖。就这样吧。”

老夫人走到丈夫跟前，吻了吻他，就想走；但是他把她拉住，搂住她，而且像年轻恋人那样，笑眯眯地、亲亲热热地吻了她好几次。两位老人家显然一时间迷糊了，弄不清是他们又在热恋，还是只是他们的女儿在热恋。等公爵和夫人走了出去，列文走到自己的未婚妻跟前，拉住她的手。他现在已经镇定下来，能够说话了,他有许多话需要对她说。可是他说的完全不是需要说的。

“我以前就知道会这样的！我从来不抱希望;但在心里一直相信会这样,”他说。“我相信,这是命中注定了的。”

“我吗?”她说。“就是在那时候……”她停住了,一面很果断地用她那真情的眼睛看着他,又说下去,“就是在我推却我的幸福的时候也是这样。我一直就爱您一个,可是我那时迷糊了。我应该说……您能忘记这事儿吗?”

“也许这样倒好些。我有许多地方应该请您原谅。我应该告诉您……”

他想说的是他决心要告诉她的事情之一。他决定一开头就告诉她两件事:一件是,他不像她那样贞洁,另一件是,他不信教。这是很难堪的,但是他认为应该把这两件事都告诉她。

“不,现在不说了,以后再说吧!”他说。

“好吧,以后再说,不过您一定要说。我什么也不怕。我要什么都知道。反正已经定了。”

他补充说:

“您说定了,是说不论我是怎样一个人,您都要我,不会抛弃我吗？是吗?”

“是的,是的。”

他们的谈话被林侬小姐打断了。林侬小姐虽然有点儿装腔作势,可是很亲热地笑着来向自己心爱的学生道喜了。她还没有走,仆人们也纷纷前来道喜。然后亲戚们也来了,于是那种办喜事的忙乱开始了,后来直到结婚后第二天列文才得脱身。列文一直感到不自在,不耐烦,可是幸福的程度却在不断增长。他总觉得，别人在要求他做许多他不知道的事，而他也照别人说的做了，这一切就给他带来幸福。他原以为，他的求婚会和别人大不一样，普通的求婚条件会破坏他的与众不同的幸福；可是结果呢，他所做的和别人完全一样，而他的幸福因此只是不断地增长，并且越来越与众不同，过去和现在都没有什么相似之处。

“现在我们可以吃糖了。”林侬小姐说。于是列文就出去买糖。

“啊，我太高兴了，”斯维亚日斯基说。“我劝您到福明花店去买些鲜花来。”

“要鲜花吗？”于是他到福明花店去了。

哥哥对他说，要借一些钱，因为会有很多开销，要买礼品……

“要礼品吗？”于是他到福利达珠宝店去了。

在糖果店，在福明花店，在福利达珠宝店，列文都看出来，大家都盼望他来，欢迎他来，为他的幸福感到非常高兴，就像这几天他接触到的所有的人一样。奇怪的是，不仅大家都喜欢他，而且那些以前对他不怀好感的、冷淡的、漠不关心的人，现在都赞赏他，处处依顺他的心意，对他的心情体贴入微，并且和他一样相信，他是天下最幸福的人，因为他的未婚妻十全十美。吉娣也有这样的感觉。在诺德斯顿伯爵夫人很冒失地暗示她希望有更好的什么时，吉娣恼火极了，斩钉截铁地说，天下不可能有比列文更好的了，诺德斯顿伯爵夫人也只好承认，而且在吉娣面前遇见列文的时候，也不能不带着赞赏的微笑了。

他所答应的交谈，是当时唯一不痛快的事。他和老公爵商量了一下，征得他的同意，就把自己的日记交给吉娣，日记上就记着使他感到歉疚的事。他当时记这日记,就是为了将来给未婚妻看的。使他感到歉疚的有两件事:他的不贞洁和不信教。他承认不信教,她对此并不在意。她是信教的,从来不曾怀疑过宗教的教义,但是她丝毫不在乎他是否教徒。她因为爱他,了解了他的整个心灵,在他的心灵中她看到她希望看到的东西,至于这样的心灵状态就叫作不信教,这在她是无所谓的。他承认的另一件事却使她哭得很伤心。

列文把自己的日记交给她,不是没有经过思想斗争的。他认为,在他和她之间不能有也不应该有什么秘密,因此他断定,就应该这样;但是他没有考虑,这事儿会发生什么作用,没有想想她会产生什么心情。直到这天晚上,他去戏院之前来到她家,走进她的房里,看到她那泪水涟涟、因为他造成的无法弥补的伤痛而伤心痛哭的可怜又可爱的脸儿时,他才明白,她那纯洁的少女心灵是无法承受他这件可耻的往事的,于是他因为自己做的事感到惶恐。

“拿去吧,把这些可怕的本子拿去!”她一面说,一面推着摆在她面前桌上的日记本。“您何必给我看呀! ……不,这样倒好些,”她看到他那绝望的脸,心疼起来,就又说道。“不过这太可怕,太可怕了!”

他垂下头,没有说话。他什么也不能说。

“您不会原谅我的。”他小声嘟囔说。

“不,我原谅,不过这太可怕了!”

然而他的幸福是极其深厚的,所以他说出的事儿不仅没有破坏他的幸福,而且为这种幸福平添了一种新的色彩。她原谅了他；可是从此以后他更认为自己配不上她，更觉得自己在品格上比她低下，因而也就更加看重自己这种不配享受的幸福。

十七

卡列宁不由自主地回想着席间和饭后谈话的情景，回到自己的冷冷清清的房间。陶丽说的一番要他宽恕的话，只是惹起他的恼火。基督教的准则对他这种情况是否适用，是一个不能轻易谈的太难的问题，而且卡列宁对这个问题早就作了否定的回答。在大家说过的所有的话里，进入他的脑海最深的是又蠢又善良的杜罗夫津的话："他是好样儿的；他找那人决斗，把那人打死了。"大家显然都很赞赏这种做法，虽然出于礼貌没有说出口来。

"不过，这事已经定了，没有什么可考虑的了。"卡列宁在心里说。于是他只是考虑着这次外出调查的事，走进房间，并且问那个送他进来的看门人，他的仆人在哪儿。看门人说，他的仆人刚刚出去。卡列宁要过茶，就在桌旁坐下来，拿起旅行指南，考虑起他要走的路线。

"有两封电报，"仆人回来了，一面往房间里走，一面说。"请原谅，大人，我刚才出去了一下。"

卡列宁拿起电报，拆开看了看。第一封电报是通报斯特列莫夫担任了卡列宁垂涎的那个职位。卡列宁扔下电报，红了红脸，就站起来，在房里踱了起来。"上帝想毁灭谁，就叫谁丧失理智[1]"，他想起这句拉丁文谚语。他这里说的"谁"，指的是那些促

---

①原文为拉丁语。

成这项任命的人。他倒不是因为没有得到这个职位，因为人家显然没有把他放在眼里，感到恼火；而是感到不解，感到奇怪，那些人怎么就看不出，专门说空话和漂亮话的斯特列莫夫最不适于担任这一职务。他们怎么看不出，他们促成这项任命，是害了他们自己，损害了自己的威信！

"恐怕还是这一类事儿，"他一面拆第二封电报，一面在心中恼怒地说。这封电报是妻子打来的。首先映入眼帘的是蓝铅笔写的"安娜"的名字。"我要死了，请你，恳求你回来。能得到宽恕，死也安心些。"他看完了，冷笑了一下，扔下电报。开头有一会儿，他觉得这是欺骗，玩花样儿，觉得无疑就是这样。

"没有什么欺骗的事是她干不出来的。她想必是要生孩子了，也许是难产吧。可是他们的目的是什么呢？无非是想使孩子合法化，败坏我的名声，阻止离婚，"他心中想道。"可是电报上说的是：我要死了……"他又把电报看了一遍；电报里明白说出的意思突然使他震动了。"万一这是真的呢？"他在心中说。"万一真的是她在痛苦的时刻和快要死的时候真心诚意地忏悔，而我却认为这是欺骗，不肯回去，那又怎么样呢？那就不仅太不近人情，大家都会指责我，而且在我自己来说，也太愚蠢了。"

"彼得，去叫一辆马车，我要上彼得堡去。"他对仆人说。

卡列宁决定到彼得堡去看看妻子。如果她不是真害病，那他什么也不说，就走。如果她真是害病，快要死了，希望临死前见见他，那他如果能在她活着的时候赶到的话，就宽恕她，如果去晚了，那就为她料理后事。

一路上他没有再考虑他要怎么办。

卡列宁带着坐了一夜火车的疲劳感和不洁净感，冒着彼得堡的晨雾，乘车在空荡荡的涅瓦大街上走着，眼睛看着前方，也不想有什么事在等待着他。他不能想这事儿，因为他一想象事情将会怎样，他就无法驱除一个念头，那就是她一死，他立刻就可以完全摆脱他的困难处境。一个个面包房、关着门的店铺、夜间马车、打扫人行道的清道夫不停地在他眼前闪过，他观察着这一切，尽量不去想那等待着他，他不敢希望、但还是很希望出现的情形。马车来到大门口。大门口停着一辆出租马车和轿车，轿车里有一个车夫在睡觉。卡列宁在进门的时候，仿佛从自己脑子的远处角落里掏出一个主意，决定就用这个主意。这主意就是："如果是欺骗，那他泰然处之，不屑一顾，转身就走。如果是真的，那要顾及体面。"

卡列宁还没有打铃，看门人就把门开了。看门人彼得罗夫，又叫卡比东内奇，穿一件旧礼服，不打领带，穿一双便鞋，样子十分古怪。"太太怎么样？"

"昨天生了，很顺利。"

卡列宁站下来，一张脸发了白。他现在完全明白了，他是多么希望她死呀。

"她身体好吗？"

柯尔尼系着早晨的围裙从楼上跑下来。

"很不好，"他回答说。"昨天医生会诊过了，现在医生还在呢。"

"把行李搬进来。"卡列宁听说还有死的希望，感到有点儿轻松，说过这话，便走进前厅。

衣帽架上挂着一件军大衣。卡列宁一发现，就问道：

“什么人在这儿？”

“有医生、助产士和伏伦斯基伯爵。”

卡列宁走进里面房间。

客厅里什么人也没有；头戴紫色缎带软帽的助产士听到他的脚步声，从安娜房里走了出来。

她走到卡列宁面前，因为人快死了，也就不拘礼节了，抓住他的手就把他拉进卧室。

“您回来了，真感谢上帝！一遍又一遍问到您呢。”她说。

“快把冰拿来！”医生在卧室里用命令的腔调说。

卡列宁走进她的卧室。在她的桌旁一张矮椅子上坐着伏伦斯基，侧身靠着椅背，双手捂住脸哭着。他听到医生的声音立刻跳起来，放下捂着脸的手，就看到了卡列宁。他一看到她丈夫，简直不知如何是好，又坐下来，把头往肩膀里直缩，仿佛想钻到什么地方去；但他还是镇定了一下，站起来，说道：

“她要死了。医生都说没有希望了。您要我怎样就怎样，但请允许我在这儿吧……不过，我听您的，我……”

卡列宁一看到伏伦斯基的眼泪，就感到心里乱了，他见到别人痛苦常常是这样的，于是他扭过脸去，也不听完他的话，急忙朝里屋走去。卧室里传出安娜说话的声音。她的声音是快活的，是带劲儿的，音调也是特别清楚的。卡列宁走进卧室，走到床前。她脸朝他躺着。两颊红红的，眼睛亮闪闪的，一双雪白的纤手从小褂袖口里伸出来，卷着被角儿，玩弄着。看样子，她不仅很健康，很有精神，而且心情也极好。她说话很快，很响亮，音调也特别清楚，充满情感。

“因为阿历克赛，我说的是阿历克赛·亚力山大罗维奇（两人都叫阿历克赛，这命运多奇怪，多可怕呀，不是吗？），阿历克赛不会不答应我的。我也会忘记，他也会宽恕的……可是他怎么还不来呀？他心肠好，他自己也不知道他心肠有多么好。哎呀！我的天，多么愁人呀！快给我一点儿水吧！哎呀，这对于她，对我的小丫头可不好呀！好吧，那就把她交给奶妈吧。好，我同意，这样还好些。等他回来，看到她会不舒服的。把她抱走吧。”

“安娜·阿尔卡迪耶芙娜，他来了。这不是，他来了！”助产士竭力把她的注意力引到卡列宁身上。

“哎呀，胡说什么！”安娜没有看见丈夫，继续说下去。“把她给我，把小丫头给我！他还没有来。您说他不会宽恕，那是因为您不了解他。谁也不了解他。只有我了解，就因为这样我才觉得难受。他的眼睛，可以说，谢辽沙的眼睛跟他一模一样，所以我也不敢看谢辽沙的眼睛。谢辽沙吃过饭没有？我知道嘛，大家都会把他忘记的。要是他，就不会忘记。要让谢辽沙搬到角屋里去，叫玛丽艾特陪他睡。”

突然她身子蜷缩成一团，不说话了，并且好像等着挨打似的恐怖地把双手举到脸上，好像是要把脸护住。她看到了丈夫。

“不，不，”她说起来，“我不怕他，我怕死。阿历克赛，你过来吧。我很着急，是因为我没有多少时间了，我活不多久了，马上就要开始发烧，那我就什么也不知道了。现在我还明白，什么都明白，什么都看得见。”

卡列宁那皱着眉头的一张脸表现出受难者的神情；他抓住她

的手，想说些什么，可是怎么也说不出来；他的下嘴唇哆嗦着，可是他还是使劲儿压制自己的激动，只是偶尔朝她看看。他每次看她，都看到她的眼睛带着非常感动、非常温柔的神情望着他，这种神情是他从来没有见过的。

“等一等，你不知道……等一等，等一等嘛……”她停住了，好像是在凝神思索。“对了，”她又说起来，“对了，对了，对了。我就是要说这个。你不要觉得我奇怪。我还是老样子……不过我身上还有另外一个女人，我很怕她，因为她爱上了那个男人，所以我要恨你，也忘不了以前那个女人。那女人不是我。现在的我才是真正的我，完全的我。现在我要死了，我知道我要死了，你问问他吧。我现在还觉得我的手、我的脚、我的手指头都很沉。瞧这手指头，有多么大呀！不过这一切很快都要完了……我要的是：你宽恕我，完全宽恕我吧！我是够坏了，可是奶妈对我说过：那个受难的圣女——她叫什么来着？——要更坏呢。我要到罗马去了，那里一片荒野，那时候我就不妨害谁了，不过我要带上谢辽沙，还有小丫头……不，你不会宽恕的！我知道，这种事是不能宽恕的！不，不，你走吧，你真是太好了！”她用一只滚烫的手拉住他的手，用另一只手把他往外推。

卡列宁心里越来越慌乱，这时慌乱得他已经不再克制这种慌乱心情了。他忽然觉得，他认为是慌乱的这种心情，恰恰相反，其实是一种怡然自得的心情，正因为有这种心情，他突然体会到一种新的、从来不曾有过的幸福。他不是想到，他希望终生遵循的基督教教规就是要他宽恕和爱自己的仇人；但是他心中充满了宽恕仇人和爱仇人的喜悦感。他跪在床前，把头放在她的胳膊肘上，他隔着衣服都感觉出她的胳膊滚烫，他像小孩子一样呜呜哭着。她搂住他那秃了顶的头，身子朝他挪了挪，带着挑战般的高傲神气朝上抬起眼睛。

“他来了，我知道！那您就宽恕一切吧，宽恕吧！……他们又来了，为什么他们不走呀？……你们把我这些皮袄脱掉嘛！”

医生把她的胳膊挪开，让她躺到枕头上，把她的身子连肩膀盖好。她乖乖地仰面躺下，用发亮的目光望着前面。

“你记住一点，我只要求宽恕，我再不想要什么了……他怎么还不过来呀？”她朝门口对着伏伦斯基说起来。“过来，过来吧！把手伸给他。”

伏伦斯基来到床边，一看到她，又用双手把脸捂住。

“把脸露出来，看看他吧。他是个圣人，”她说。“把脸露出来，露出来嘛！”她生气地说。“阿历克赛·亚力山大罗维奇，你把他的手拉开！我要看看他。”

卡列宁抓住伏伦斯基的双手，把双手从脸上拉开，那一脸痛苦和羞臊的神气，使一张脸显得十分可怕。

“你把手给他。宽恕他吧。”

卡列宁把手伸给他，再也憋不住眼泪，那泪水扑簌簌从他眼里流了下来。

“感谢上帝，感谢上帝，”她说起来，“现在一切都好了。不过多少要把腿抻一抻。就这样，这就很好了。这些花画得多么不好看呀，一点也不像紫罗兰，”她指着糊墙纸说。“我的天哪！我的天。什么时候才了结呀？给我点儿吗啡吧。医生呀！给我点儿吗啡吧。啊，我的天，我的天哪！”

她在床上翻来覆去折腾起来。

医生们都说这是产褥热，害这种病的一百人当中有九十九人会死亡。她整天都在发高烧，说胡话，精神恍惚。快到半夜时，病人昏迷过去，脉搏几乎停了。

每一分钟都有死亡的可能。

伏伦斯基回家去了，但一早他就来问病情，卡列宁在前厅里迎住他说：

“您不要走吧，也许她会问到您的。”他说过，亲自把他带进妻子的卧室。

天快亮的时候又翻来覆去地开始折腾，胡思乱想，不住地说胡话，到末了又昏迷过去。到第三天还是这样，可是医生们都说，有希望了。这天，卡列宁走出来，走进伏伦斯基坐的房间，把门闩上，在他对面坐下来。

“阿历克赛·亚力山大罗维奇，”伏伦斯基觉得到了交谈的时候了，就说道，“我没什么好说的，没什么好辩解的。请您宽恕我吧！不论您有多么难受，您要相信，我比您更难受。”

他想站起来。可是卡列宁拉住他的手，说：

“我请求您听我说说，一定要听我说说。我应该向您说说我的心情，也就是过去和今后决定我的行动的心情，免得您在对待我的方面产生误解。您要知道，我已经决定离婚，并且已经开始办手续了。不瞒您说，开头我是犹豫不决的，我非常痛苦；老实对您说，我一直想对您和对她进行报复。在我收到电报的时候，我也是带着那样的心情上这儿来的，说得明白些：我希望她死。可是……”他沉默了一会儿，考虑该不该向他袒露自己的心情。“可是我一看到她，就宽恕她了。宽恕使我感到幸福，因而感到这是我应该做的。我就完全宽恕了。我要把另一边脸也由人打，我想在别人要拿我的外衣的时候，连里衣也由他拿去，只是恳求上帝，不要剥夺我宽恕的幸福！”他的眼睛里汪着泪水，他那明亮而安详的目光使伏伦斯基受到震动。“这就是我的态度。您可以把我踩到污泥里，使我成为世人的笑柄，我也不会抛弃她，也不会对您说什么责难的话，”他继续说。“我的责任是很明确的：我必须和她在一起，今后还要和她在一起。要是她想见您，我会通知您的，不过现在，我认为，您最好还是离开。”

他站起来，哭了起来，说不下去了。伏伦斯基也站起来，却没有直起身子，弯着腰、皱着眉头看着他。他不理解卡列宁的心情。但他觉得，这是一种崇高的精神，是具有他这种人生观的人望尘莫及的。

十八

伏伦斯基和卡列宁谈过话以后，来到卡列宁家大门口台阶上，站下来，很费劲儿地回想着，他这是在哪儿，该上哪儿去，是步行还是坐车。他感到自己可耻、卑鄙、有罪，而且无法洗刷自己的罪孽。他觉得自己被推出了他一直轻松得意地走着的轨道。他所有的生活习惯和准则，以前似乎是坚定不可移的，现在忽然变得荒谬和不适用了。被欺骗的丈夫，一直被他认为是可怜人物，不过是他的幸福的偶然而有点可笑的障碍物的，忽然被她自己叫回来，推崇到令人俯首听命的地位，而这个丈夫处于这种地位表现得并不凶恶,并不虚伪,并不可笑,而是非常善良、朴实和心胸宽广。这一点伏伦斯基不会感觉不到。两个角色一下子调换过来。伏伦斯基感觉到,他是崇高的,自己是低下的;他是光明磊落的,自己不是光明磊落的。他感觉到,她的丈夫尽管那样痛苦,依然能宽宏大量,他自己欺骗了人,却又卑鄙,器量又小。不过,承认他自己远远不如他不该瞧不起的人,这只是他痛苦的一小部分原因。他感到自己现在最不幸的是,他对安娜的恋情,本来渐渐冷了的,可是这些天来,当他知道他将永远失去她时,却又强烈起来,任何时候都没有现在这样强烈。他在她患病期间真正认识了她,了解了她的心灵,所以他觉得以前就好像从来没有爱过她。现在,在他了解了她,真正爱上了她的时候,他却在她面前显得非常低下,而且永远失去了她,自己给她心中留下的只是可耻的回忆。最糟的是,当卡列宁把他的手从他的羞愧的脸上拉开时,他那副可笑又可耻的模样儿。他站在卡列宁家大门口的台阶上,茫然失措,简直不知如何是好。

“您要马车吗?”门房问道。

“是的,要马车。”

伏伦斯基过了三个不眠之夜后回到家里,也不脱衣服,就俯卧在沙发上,两手合在一起,让头枕在手上。他的头沉甸甸的。种种景象和往事、种种稀奇古怪的念头特别迅速、特别清晰地交替在脑际浮现:忽而是他给病人倒药水,倒得漫出了汤匙:忽而出现助产士的一双白手;忽而出现卡列宁跪在床前地板上的奇怪姿势。

“睡吧!忘了吧!”他很有把握地对自己说。因为他完全相信，一个健康的人，如果疲乏了，想睡觉的话，立刻就会睡着的。果然，就在这一刹那间他的头脑迷糊起来，于是他开始沉入朦胧的深渊。无意识生活海洋的波涛已经开始淹没他的头脑，这时就好像有一股强烈的电流通过他的全身，他浑身猛地一哆嗦，整个身子在沙发弹簧上蹦了起来，于是他用两手撑着，恐怖地跪了起来。他的眼睛睁得大大的，就像根本没有睡过似的。一分钟之前的头脑沉重感和四肢无力感顿时消失了。

“您可以把我踩到污泥里。”他听到卡列宁的话，看到他站在面前，看到安娜那烧得红红的脸和亮晶晶的眼睛，看到她脉脉含情地、亲亲热热地望着卡列宁，而不是望着他。他觉得好像看到了卡列宁拉开他脸上的手时他那副愚蠢可笑的模样。他又把腿伸开，照原来的姿势一下子躺倒在沙发上，合上眼睛。

“睡吧！睡吧！”他又对自己说了一遍。可是一合上眼睛，他却更清楚地看到了安娜的脸，那还是赛马前那个难忘的黄昏时的模样儿。

“这一切都完了，不会再有了，她也很希望把这一切从记忆中抹掉。可是我没有这一切就活不下去。我们怎样才能和好，我们怎样才能和好呀？”他说出声来，而且无意识地重复起这句话来。他一重复这句话，就觉得纷纷汇集到他的脑海里的另外一些形象和往事也就翻腾不起来了。可是重复这句话阻挡他的胡思乱想并没有多久。一幕幕幸福的情景和随之而来的不久前的尴尬场面又飞快地一一在脑际闪过。“把他的手拉开。”安娜的声音说。他把手挪开，并且感觉出自己脸上的尴尬而愚蠢的表情。

他依然躺着，竭力要睡着，虽然感觉到根本不可能睡了，并且一再地小声重复着一些念头中的片言只语，希望借此阻挡新形象的出现。他留神听了听，就听见有一个发了疯似的奇怪的低低的声音反复说着两句话："我没有好好珍惜，没有好好享受；我没有好好珍惜，没有好好享受。"

"这是怎么回事儿？是不是我疯了？"他问自己说。"也许是的。人究竟怎么会发疯，怎么会自杀呢？"他自己回答过，便睁开眼睛，惊讶地看到他的头旁边放着嫂子瓦丽雅绣的绣花靠枕。他抚摩了一下靠枕的流苏，就试图回想回想瓦丽雅，回想一下最后一次看到她的情景。可是去想任何不相干的事情都是痛苦的。"不，该睡觉了！"他把靠枕推了推，让头靠在上面，可是得费很大的劲儿才能使眼睛闭住。他爬起来，坐下来。"这就是我完了，"他在心里说。"应该好好想想该怎么办。还能干什么呢？"他的思潮很快地跑遍他对安娜的爱情以外的生活领域。

"去追求功名？像谢普霍夫斯科依那样？在社交界混混？进入宫廷？"他对什么都没有兴趣。这一切以前是很有意思的，现在什么意思也没有了。他跳下沙发，脱去上装，解下皮带，露出毛茸茸的胸膛，为的是呼吸舒畅些，接着就在房里踱了起来。"人就是这样发疯的，"他反复说，"也就是这样自杀的……就为的是免得羞愧。"他又慢慢地补充一句。

他走到门口，把门闩上；然后，目光对准了？"，咬紧牙齿，走到桌子跟前，拿起手枪，打量了一下，推上子弹，就沉思起来。他垂下头，带着紧张思考的神气手里拿着手枪一动不动地站了有两分钟，思索着。"当然啦，"他对自己说，就好像长时间有条有理的冷静思索使他得出了明确的结论。其实，这个为他表示肯定无疑的“当然啦”，只是种种往事和念头又一次兜圈子的结果，在这一个小时里他的思想已经兜了几十次圈子了。无非是回想那一去不复返的幸福，无非是想到这一生今后的一切毫无意义，无非是觉得自己很卑鄙，无非是这些念头和感触的连续。

“当然啦。”当他的思潮第三次沿着往事与感触的魔圈转动时他又说了一遍，并且把枪口抵到左胸上，一只手使劲儿一攥，就好像忽然要把手攥成拳头，扳动了枪机。他没有听见枪声，但是胸膛上猛烈的一击却使他站不住了。他想扶住桌子边沿，手枪却掉在地上，他的身子晃了晃，就坐到地上，惊讶地朝四周打量着。他从下面望着弯了的桌子腿、字纸篓和虎皮毯，不认识自己的房间了。他听到仆人从客厅里走过的急促的咯吱咯吱的脚步声，清醒过来。他定神想了想，才明白他坐在地上，看到虎皮毯上和手上的血，才明白他对自己开了枪。

“真笨！没有打中。”他说着，就用手去摸手枪。手枪就在他跟前，他却到远处去找。他继续寻找，把身子探向另一边，却没有力气让身子保持平衡，跌倒了，血哗哗地往外流起来。

那个留络腮胡子的很文雅的仆人，常常对熟人说自己神经脆弱的，这时一看到主人躺在地板上，吓坏了，竟由他的血哗哗往外流，自己跑去求救。一个小时之后，嫂子瓦丽雅带着她派人分头去请而同时到达的三位医生来了，她和三位医生一起把伤者抬到床上，自己就留下来照应他。

十九

卡列宁犯了一个错误，就是他在准备和妻子见面的时候，没有考虑到她会真心悔过，他会宽恕她，而且她会不死。这个错误在他从莫斯科回来两个月后就充分显露出来了。不过他所以犯这个错误，不仅仅因为他没有想到这种意外的情形，还因为在他和病重的妻子见面以前，他不了解自己的心。他在妻子的病榻旁生平第一次动了恻隐之心，这种心情是别人的痛苦唤起的，以前他却认为是很不好的毛病，觉得是不体面的。他一怜悯她，一痛悔他不该希望她死，尤其是他宽恕别人一感到快慰，立刻就觉得不仅自己的痛苦没有了，而且心里感到异常安宁，这是他以前从来不曾有过的。他忽然觉得，原来是他的痛苦源泉的事情，现在却成了他精神愉快的源泉；在他指责、非难和憎恨别人时那些似乎无法解决的事情，在他宽恕别人和爱别人的时候就变得非常简单明了了。

他宽恕了妻子，怜悯她的痛苦和痛悔心情。他宽恕了伏伦斯基，怜悯他，尤其是在听到他的绝望行为以后。他也比以前更怜惜儿子，现在常常责备自己太不关心儿子。而且他对刚出世的小女儿更是怀着一种特殊的感情，不仅是怜惜，而且是慈爱。开头他只是出于怜悯，才照顾了一下这个不是他的女儿的刚刚出生的娇弱小囡儿，因为这小囡儿在母亲生病的时候没有人管，如果没有他照料，准会死掉的，——后来他自己也没有注意，他是怎样爱上她的。他每天要到育儿室去好几次，在那里坐上很久，所以原来见了他都很胆怯的奶妈和保姆，也就和他处惯了。他有时一连半个小时默默地看着婴儿那睡得红红的、毛茸茸的、打皱的小脸，注视着那皱起的额头的动作，注视着那弯着小指头的胖乎乎的小手用手背擦着小眼睛和鼻梁。在这样的时刻，卡列宁尤其觉得心安理得，看不出自己的境况有什么不正常，有什么需要改变的。

可是时间越长，他看得越清楚，不论他觉得这状况怎样合乎情理，他都无法长久保持下去。他感觉到，除了左右他的心灵的美好的精神力量以外，还有另外一种粗暴的力量，这是同样强大，甚至更为厉害，左右他的一生的力量，是这种力量不让他保持他所希望的内心安宁。他觉得，所有的人都带着惊异不解的神情看着他，都不了解他，期望他有什么行动。尤其是他觉得他和妻子的关系是靠不住的和不自然的。

安娜快要死时那股软和劲儿过去以后，卡列宁就发现她怕他，看到他就觉得难受，不敢正视他的眼睛。她好像有什么话要对他说，却又不肯说，也好像预感到他们的关系不可能维持下去，只等着看他下一步怎样走。

二月底，安娜刚生的女儿，名字也叫安娜的，忽然病了。卡列宁早晨到育儿室里看了看，吩咐过去请医生，就到部里去了。办完公事，在三点多钟回到家里。他走进前厅，就看到一个身穿饰金制服、头戴熊皮帽的漂亮仆人拿着一件雪白貂皮斗篷。

“什么人来了？”卡列宁问道。

“培特西公爵夫人。”仆人回答说。卡列宁觉得他回答时带着笑。

在这整个痛苦时期，卡列宁都觉得，他在上流社会的熟人，尤其是妇女,对他和他的妻子特别感兴趣。他发现所有的熟人都有一种掩饰不住的为什么事儿高兴的神气,这种高兴的神气以前他在律师眼里看到过,现在又在仆人眼里看到了。大家好像都是喜气洋洋,就好像送姑娘出嫁。大家遇到他,都是带着掩饰不住的高兴神气问他的妻子的健康情况。

卡列宁听说培特西公爵夫人来了,想起同她有关的一些往事,还因为他一向就不喜欢她,所以他感到不快,就径直朝育儿室走去。在第一个房间里,谢辽沙伏在桌上,两只脚搁在椅子上,在画着什么,嘴里在快快活活地嘟哝着。在安娜生病期间接替了法国女教师的英国女教师坐在他旁边编织披肩,这时连忙站起来,行了一个屈膝礼,并且扯了扯谢辽沙。

卡列宁抚摩了几下儿子的头发,回答了女教师问候妻子健康的话,就问,娃娃[①]病医生是怎么说的。

"医生说,什么危险也没有,只是说要给她洗洗澡,先生。"

"可是她老是哭闹呀。"卡列宁仔细听着隔壁房间里娃娃的哭声,说。

"我看,是奶妈不行,先生。"英国女教师果断地说。

"您为什么这样看?"他站下来,问道。

"保罗伯爵夫人家就是这样,先生。请人给娃娃看病,结果娃娃只是饿了,因为奶妈没有奶,先生。"

卡列宁沉思了一下,站了一小会儿之后,便来到另一间房里。小囡儿仰着头躺着,在奶妈的怀里不停地扭动着,既不肯衔那塞给她的松松的乳房,又不肯止哭,尽管奶妈和俯着身子的保

①原文是英语。

姆一齐在哄她。

“还没有好些吗?”卡列宁问道。

“很不安生。”保姆小声回答说。

“爱德华小姐说,也许是奶妈没有奶。”他说。

“我也这样想呢,阿历克赛·亚力山大罗维奇。”

“那您怎么不说呀?”

“又能对谁说呀?安娜·阿尔卡迪耶芙娜一直不舒服。”保姆不满意地说。

保姆是家里的老仆人。卡列宁觉得她这句很简单的话也暗示了他的处境。

娃娃哭得更厉害了,又翻腾,又哼哧。保姆摇了摇手,走过去,从奶妈怀里把娃娃抱过来,一面走一面摇晃起来。

“要请医生给奶妈检查检查。”卡列宁说。

看样子很健康、衣着很整洁的奶妈害怕被解雇,小声嘟哝了一句什么,就掩起老大的乳房,听到有人怀疑她没有奶,轻蔑地笑了笑。卡列宁也觉得她这一笑是嘲笑他的处境。

“可怜的孩子呀!”保姆哄着孩子说,一面还在不停地走着。

卡列宁在椅子上坐下来,带着痛苦和伤感的脸色望着前前后后走着的保姆。

等到把终于不哭的娃娃放进很深的摇床里,保姆拉平了枕头,走开了,卡列宁站起来,吃力地踮着脚走到小床前。他一声不响,依然带着伤感的脸色对着孩子望了一会儿;可是微笑拂动了他的头发,又拂动了额头的皮肤,终于出现在他的脸上,于是他仍然轻轻地从房里走了出来。

他在餐厅里打了打铃，吩咐应声前来的仆人再去请医生。他因为妻子不关心这个可爱的娃娃，对她很恼火，就因为对她恼火不愿意到她那里去，他也很不愿意看到培特西公爵夫人；可是妻子也许会诧异他为什么不像平常那样到她房里去，所以他克制了一下，就朝她房里走去。他踩着柔软的地毯来到门口，却无意中听到了他不愿听到的话。

"如果不是他要出门的话，你不肯，或者您丈夫不答应，我都能理解。不过您丈夫对这事儿倒是想得开的。"培特西说。

"我不是因为丈夫，是我自己不愿意。这事儿就别说了！"安娜用激动的腔调回答说。

"是的，不过您可不能不和一个人告告别，这个人可是为您自杀过呀……"

"就因为这我才不愿意。"

卡列宁带着惶恐和歉疚的心情停了下来，就想悄悄地走开。可是他想了想，觉得这样有失身份，又转回来，咳嗽了一声，就朝房里走去。说话声停止了，于是他走了进去。

安娜穿着灰色睡衣坐在沙发床上，圆圆的头上那剪得短短的黑发像浓密的毛刷一样。像往常一样，她一看见丈夫，脸上的生气顿时消失了；她垂下头，惶惶不安地打量了一下培特西。培特西坐在安娜旁边，穿得十分时髦，那帽子在头顶上高耸着，像煤油灯罩，穿一件瓦灰色连衫裙，那鲜艳的斜条纹一半在上半身的这一边，一半在裙子的另一边，她把她那胸部高耸的高高的身躯挺得笔直，把头低下，带着嘲笑的神气迎接卡列宁。

"哎呀！"她好像吃了一惊似的说。"您在家里呀，我真高兴。

您真是哪儿也不去，自从安娜生病以来，我就没有看到过您。我全听说了，您操了很多心。是的，您真是一个了不起的丈夫！”她带着郑重其事和亲切的神气说，好像要为了他对妻子的所作所为奖给他一枚宽宏大量的勋章。

卡列宁冷冷地鞠了个躬，吻了吻妻子的手，就问她身体怎样。

“我觉得好一些了。”她躲着他的目光说。

“可是您的脸色就像在发烧。”他把“发烧”这个词儿说得很重。

“我和她说话说得太多了，”培特西说。“我觉得，这在我这一方面是太自私了，那我走了。”

她站起身来，可是安娜忽然红了脸，急忙抓住她的手。

“不，请等一会儿。我有话要对您说……不，是对您说，”她对卡列宁说，她的脖子和额头也红了。“我不愿意也不能向您隐瞒什么。”她说。

卡列宁扳了两下手指头，垂下了头。

“培特西说，伏伦斯基伯爵要到塔什干去，他想到我们家来辞行。”她没有看丈夫，显然急着要把话说出来，不管这有多么难出口。“我说了，我不能见他。”

“我的朋友，您是说，这要看阿历克赛·亚力山大罗维奇的意思了。”培特西给她纠正说。

“不是呀，是我不能见他嘛，而且这一点也不……”她突然停住，带着询问的神气看了看丈夫（他没有看她）。“总之，我不愿意……”

卡列宁往前动了动，想握她的手。

她的第一个动作是缩回自己的手，躲开他那找她握手的鼓着青筋的湿乎乎的手；可是显然她又克制了一下，握了握他的手。

“我很感谢您的信任，不过……”他说，同时又慌乱又懊恼地感觉到，本来可以轻而易举，明明白白解决的问题，却不能当着培特西的面商量，因为她代表着很大的一股势力，正是这股势力左右着他在世人眼目中的生活，不让他凭自己的情感去爱和宽恕。他看着培特西公爵夫人，不再说了。

“好啦，再见吧，我的好朋友。”培特西说着，站了起来，她吻了吻安娜，就走了出去。卡列宁出去送她。

“阿历克赛·亚力山大罗维奇！我知道您是一个真正宽宏大量的人，”培特西在小客厅里站下来，又一次特别用劲儿握着他的手说。“我是一个局外人，不过我非常爱她，也非常尊敬您，所以我斗胆奉劝您。你们就见见他吧。阿历克赛·伏伦斯基是最看重人格的，而且，他要到塔什干去了。”

“谢谢您的关心和劝告，公爵夫人。不过，妻子能不能见什么人的问题，由她自己决定吧。”

他说这话的时候，依然习惯地扬起眉毛，摆出尊严的神气，可是他立刻想到，不论说的是什么话，在他这种状况下不可能有什么尊严了。这是他从培特西的笑里看出来的，因为培特西听了他这句话之后带着恶毒的冷笑看了他一眼。

二十

卡列宁在大厅里向培特西鞠了一躬，就转身朝妻子房里走去。安娜本来躺着，可是一听到他的脚步声，连忙坐起来，恢复原来的姿势，并且惶恐地看着他。他看到她在哭。

“我很感谢你对我的信任。”他把当着培特西的面用法语说的那句话又用俄语很温和地说了一遍，就在她旁边坐下来。等他用俄语说话，而且对她称起“你”，这样称呼却使安娜恼火极了。“我也很感谢你拿定了主意。我也认为，伏伦斯基伯爵既然要走了，那就毫无必要到这里来。不过……”

“我已经说过了嘛，还要再说什么呀？”安娜带着还没有来得及克制的怒火打断他的话说。“毫无必要呢，”她在心里说，“一个人爱一个女人，情愿为她死，而且也自杀过了，她没有他也是不能活的，他来向她告别，怎么是毫无必要！”她咬紧嘴唇，垂下发亮的眼睛，看着他那一双慢慢地互相搓着的露出青筋的手。

“这事咱们再也别谈了。”她说得平静些了。

“我让你自己解决这个问题，我高兴地看到……”卡列宁正要说下去。

“看到我的想法和您的想法是一致的。”她很快地替他把话说完了。因为她很恼火他说得这样慢，况且她事先就知道他要说什么。

“是的，”他承认说，“再就是培特西公爵夫人极不恰当地干预最为难的家庭问题。尤其是她……”

“别人说她怎样，我一点也不相信，”安娜很快地说，“我知道，她是真心爱我的。”

卡列宁叹了一口气，沉默了一会儿。她惶惶不安地玩弄着睡衣上的穗头，看着他，不由得产生一种很难受的感觉，从生理上对他感到恶心，她常常因为这样责备自己，但是却无法克制这种恶心感。她现在就希望他不在，免得见了恶心。

“我刚才叫人请医生去了。”卡列宁说。

“我身体很好嘛；我要医生干什么？”

“不是的，小宝宝老是哭，他们说，奶妈没有多少奶。”

“那时候我要自己喂奶，你为什么不让我喂？不管怎样（卡列宁明白，这“不管怎样”是什么意思），她是个孩子，这样会把她折腾死的。”她打了打铃，叫人把娃娃抱来。“我要喂奶，不让我喂，现在却又责怪我。”

“我不是责怪……”

“不，您是责怪！我的天啊！我为什么不死呀！”她哭了起来。“原谅我，我太激动了，是我不对，”她渐渐镇定下来，说。“不过，你走吧……”

“不行，这样下去是不行的。”卡列宁出了妻子的房间，在心中果断地说。

他还从来没有像今天这样清楚地意识到他在世人眼里处境之难堪，他的妻子对他的憎恨，以及那股蛮横的神秘势力之强大，就是那股势力与他的心意背道而驰，左右着他的生活，要他依他们的心意去做，要他改变对妻子的态度。他清楚地看出来，整个社会和妻子都要他做点儿什么，但究竟是什么，他却不明白。他觉得，他心中正因此增长着一股愤恨之情，破坏着他的内心安宁和高尚行为的整个成果。他认为，对于安娜来说，最好是断绝她和伏伦斯基的关系，但是，如果他们都认为这不可能，那他甚至情愿容许他们恢复这种关系，只要不让两个孩子蒙受耻辱，不失去他们,也不改变自己的状况。不论这状况有多么坏,总比破裂好些,如果一旦破裂,她就会落入走投无路的可耻境地,他也会失去他所爱的一切。可是他觉得自己是无能为力的;他早就知道大家都会反对他,不会允许他去做他现在觉得非常合情合理的事,而是要迫使他去做那种很坏的、但他们觉得是该做的事。

二十一

培特西还没有走出大厅,就在门口碰到了奥布朗斯基。奥布朗斯基刚从叶里谢耶夫饭店来,那里刚刚到了一批新鲜牡蛎。

"哎呀!公爵夫人!这真是愉快的见面!"他说。"我可是到您家去过了。"

"这见面可是短暂的,因为我要走了。"培特西一面笑嘻嘻地说着,一面戴手套。

"等一等再戴手套,公爵夫人,让我吻吻您的玉手。我非常感谢恢复古老的风气,就因为我非常赞成吻手。"他吻了吻培特西的手。"那咱们什么时候再见面呀?"

"您不配。"培特西笑嘻嘻地回答说。

"不,我太配了,因为我成了一个最规矩的人了。我不仅能管好自家的事,还要管管别人家的事呢。"他一本正经地说。

"哎呀,我太高兴了!"培特西立刻明白他说的是安娜的事,就回答说。于是他们回到大厅里,在角落里站下来。"他会把她折腾死的,"她郑重地小声说。"这样不行,不行……"

"您也这样想,我很高兴,"奥布朗斯基摇着头,带着严肃和深切同情的神气说,“我就是为这事到彼得堡来的。”

“全城的人都在谈这件事呢,”她说。“这样下去是不行的。她一天比一天消瘦。他不明白,像她这样的女人是不会拿自己的感情当儿戏的。二者必选其一:或者他把她带走,干脆利落;或者就让他们离婚。要不然会把她折磨死的。”

“是的,是的……就是这样呀……”奥布朗斯基叹着气说。“我就是为这事来的。也就是说,本来不是为这事……封了我侍从官,就得来谢恩。不过,主要是为了解决好这件事。”

“哦,上帝保佑您!”培特西说。

奥布朗斯基把培特西公爵夫人送到门廊里,又吻了吻她的手腕,也就是在手套以上、跳动着脉搏的地方,又对她说了一句使她不知道该生气还是该笑的很不文雅的调皮话,便朝妹妹房里走去。他看到她正在流泪。

尽管奥布朗斯基刚才的心情还十分快活,可是他立刻很自然地换了与她的心情相称的同情和伤感腔调。他问过她的健康,又问她今天上午过得怎样。

“不好,很不好。上午是这样,下午是这样,过去的日子和今后的日子都是这样。”她说。

“我觉得,你是太忧郁了。应当振作起来,应当敢于正视人生。我知道这是很痛苦的,不过……”

“我听说,有些女人爱男人,连男人的毛病也爱,”安娜忽然开口说,“可是我恨就恨他的美德。我无法跟他过下去。你要知道,我一看到他就感到恶心,就要发疯。我无法,确实无法跟他过下去。我有什么办法呢?我一直是不幸的,以为再不可能更不幸了，却怎么也想不到，会落到现在所处的这种可怕的境地。不知你是否相信，尽管我知道他是一个善良的、了不起的人，我不值他的一个小指头，我还是憎恨他。我恨就恨他的宽宏大量。我再没有别的办法，只有……”

她想说“死”，可是奥布朗斯基没有让她说下去。

“你有病，容易上火，”他说。“真的，你说得太过分了。事情根本没有这样可怕。”

于是奥布朗斯基笑了笑。任何人处于他的地位，在谈这种无可奈何的事的时候是不会冒失地笑的（这时笑会显得很不礼貌），但是他的笑那样和善，而且几乎像女性一样温柔，所以他的笑并不伤害人，倒是使人感到轻快，得到安慰。他的轻声安慰的话和笑，像杏仁油一样，起了缓解和镇静的作用。安娜很快就感觉出这一点。

“不，司基瓦，”她说。“我完了，完了！比完了还要糟。我还没有死，我不能说一切都完了，恰恰相反，我觉得还没有了结。我就像一根绷紧的弦，快要断了。不过还没有了结……结局是很可怕的。”

“没什么，可以渐渐把弦放松嘛。没有什么境地是没有出路的。”

“我想了又想。只有一条路……”

他又从她那恐惧的目光看出来，她认为唯一的出路就是死，所以他不让她说下去。

“决不是，”他说，“你听我的。你对你的情况没有我看得清楚。让我坦率地说说我的看法吧。”他又小心翼翼地堆出他那种杏仁油一般的微笑。“我就从头说起:你嫁了一个比你大二十岁的人。你是没有爱情或者不懂爱情就嫁人的。比如说,这是一个错误。”

“一个可怕的错误!”安娜说。

“不过我再说一遍:这是既成事实了。后来,比如说,你不幸爱上了一个不是你丈夫的人。这是不幸的事,不过这也是既成事实了。于是你丈夫知道了这事,并且宽恕了你。”他每说完一句停一停,等待她反驳,可是她什么也没说。“就是这样。现在问题就是:你能不能再跟自己的丈夫过下去呢?你愿不愿这样?他愿不愿这样?”

“我不知道,什么也不知道。”

“可是你亲口说过,你没法跟他过呀。”

“没有,我没有说。我不承认。我什么也不知道,什么也不明白。”

“哦,不过你听我说……”

“你无法了解。我觉得,我是头朝下在往一个深渊里栽,可是我不应该逃脱。我也无法逃脱。”

“不要紧,我们可以在下面铺上东西,把你接住。我了解你,我了解,你是无法拿出胆量把你的希望、你的心情说出来。”

“我不希望什么,什么也不希望……只希望一切都了结。”

“可是他看出这一点,知道这一点。难道你以为,他因为这事不像你那样难受吗?你痛苦,他也痛苦,这又有什么好处呢?离婚倒是可以解脱一切。”奥布朗斯基使了使劲儿,把主要意思说了出来,并且郑重地看了看她。

她什么也没有说，只是摇了摇她那剪了头发的头表示不同意。但是他从她那忽然显露出原来的美的脸上看出来，她所以不希望这样，只是因为她觉得不可能有这样的福气。

“我真可怜你们呀！我要是能把这事办妥，那我多高兴呀！”奥布朗斯基已经比较大胆地笑着说。“你不要说，什么也不要说！但愿上帝保佑我说出我要说的话。我这就去找他。”

安娜用若有所思的明亮的眼睛看了看他，什么也没有说。

二十二

奥布朗斯基带着几分他在机关里坐上主席位子时那种庄严的表情走进卡列宁的书房。卡列宁倒背着手在书房里踱来踱去，也在想着奥布朗斯基和他妻子谈的事情。

“我不打扰你吧？”奥布朗斯基一看到妹夫，突然产生了一种他难得有的慌乱心情，就说道。为了掩饰自己的慌乱，他掏出刚刚买的新式开法的烟盒，闻了闻皮革气味，抽出一支香烟。

“不。你有什么事吗？”卡列宁很勉强地回答说。

“是的，我想……我要和你……是的，要和你谈谈。”奥布朗斯基说着，惊讶地感觉到自己出现了很少有的胆怯心情。

这种心情来得极其意外和奇怪，以至于奥布朗斯基不相信这是内心的声音在对他说，他要做的事是很不好的。他镇定了一下，把刚出现的胆怯心情压下去。

“我希望你相信我对妹妹的爱，相信我对你的真正情谊和尊敬。”他红着脸说。

卡列宁站了下来，什么也没有说，可是他脸上那种甘愿作牺牲的神情使奥布朗斯基吃了一惊。

“我是打算，我是想谈谈妹妹的事和你们之间的关系问题。”奥布朗斯基一面说，一面还在竭力克制自己很少有的难为情。

卡列宁凄然一笑，看了看内兄，没有说话，就走到桌子旁边，从桌上拿起一封没有写完的信，交给内兄。

“我也一直在考虑这事。这不是，我在写一封信，因为我认为在书面上说得更清楚些，而且她见到我会发火。”他说着，把信递过去。

奥布朗斯基接过信，惊愕不解地看了看那双盯着他的呆呆的眼睛，就看起信来。

“我看出来，有我在场，您就感到难受。我认清这一点不论心里有多么难受，可是我看出来，事实就是这样，而且无法改变。我不责怪您，而且上帝可以给我作证，我在您生病的时候一看到您，就真心诚意地决定忘记我们之间的一切，从头过新的生活。我对我所做过的不后悔，今后也决不会后悔；不过我所希望的只有一点，那就是您的幸福，您的内心的幸福，可是现在我看出来，并没有达到这个目的。请您自己告诉我，怎样才能使您得到真正的幸福和内心的安宁。我将完全依从您，您想怎样就怎样，您觉得应该怎样就怎样。”

奥布朗斯基把信交还给妹夫，依然带着大惑不解的神气看着他，不知说什么才好。他们两个人都觉得这样不说话非常别扭，所以奥布朗斯基就在不说话的时候，嘴唇很难受地哆嗦着，眼睛一直盯着卡列宁的脸。

“这就是我要对她说的。”卡列宁转过脸去说。

“是的，是的……”奥布朗斯基说不下去了，因为泪水涌进他的喉咙。“是的，是的。我了解您。”他终于说了出来。

“我很想知道她希望怎样。”卡列宁说。

“我怕她自己也不了解自己的处境。她无法判断，”奥布朗斯基渐渐恢复常态，说道。“她非常灰心，正因为您宽宏大量，她感到非常灰心。要是她看了这封信，她会什么话也说不出来，只会把头垂得更低。”

“是的，不过在这种情况下又该怎么办呢？怎样才能弄清楚……怎样才能知道她希望怎样呢？”

“如果你允许我说说我的意见的话，那我以为，要结束这种状况，那要由你直率地提出你认为必须采取的措施。”

“就是说，你认为这种状况必须结束吗？”卡列宁打断他的话说。“可是怎样结束呢？”他用双手在眼前做了一个很不习惯的手势，补充说，“我看不出有什么行得通的出路。”

“任何境地都是有出路的，”奥布朗斯基说着站起来，也振作起来。“有一度你想离掉嘛……如果你现在相信你们都不能使对方幸福的话……”

“对幸福可以有不同的理解。可是，就算我什么都同意，什么也不要求，我们这种状况又有什么出路呢？”

“要是你想知道我的意见的话，”奥布朗斯基说着，脸上浮起他和安娜说话时那种温和的、像杏仁油似的甜甜的微笑。这种和善的微笑极有征服力，卡列宁不由得感到自己软弱并且受软弱支配，愿意听信奥布朗斯基说的。“她是永远不会说这话的。但是有一点是可以办得到的,有一点也许是她所希望的,"奥布朗斯基接着说,"那就是断绝关系,斩断与此有关的一切瓜葛。依我看,你们之间必须明确新的关系。这种关系必须双方都得到自由才能建立。"

"离婚。"卡列宁带着厌恶的神气插嘴说。

"是的,我认为就是离婚。是的,离婚,"奥布朗斯基红着脸重复一句。"这对于处在你们这种状况下的夫妻,就各方面来说,都是最明智的出路。既然双方都认为无法共同生活下去,还能有什么办法呢? 这种事也是常有的。"这时卡列宁沉重地叹了一口气,闭上眼睛。"只有一点需要考虑:其中是否有一方希望和别人结婚? 如果没有,那这就非常简单了。"奥布朗斯基说,越来越不感到拘束了。

卡列宁焦急得皱起眉头,自己在嘴里嘟哝了一句什么,却没有回答。奥布朗斯基觉得非常简单的事,卡列宁已经考虑过一千遍了。他总觉得这一切不仅不那么简单,而且是根本办不到的。他了解离婚的详细手续之后,就觉得离婚是不可能的了,因为他的自尊心和对宗教的虔敬不允许他随便控告别人通奸,更不允许他使他宽恕的心爱的妻子出丑和受辱。他觉得不可能离婚,还有另外的、更重要的原因。

要是离婚,儿子怎么办? 让他跟着母亲是不行的。离婚的母亲将会有一个非法的家庭,在这种家庭里,继子的处境及其教养必定是很差的。让他跟着自己吗? 他知道,这是他对她的一种报复,而他是不愿意这样的。不过,除此之外,最使卡列宁感到离婚不可能的原因是,如果他同意离婚,那他就是用这种办法毁灭安娜。陶丽在莫斯科说的,他决定离婚,是他只考虑自己,没有考虑他这样做会把她彻底毁了,这话深深印在他的心里。现在他把这话和他的宽恕以及对两个孩子的眷恋联系起来,对这话又有了自己的一番理解。同意离婚,给她自由,他认为那就是断绝他的生活和他眷恋的两个孩子的最后联系,而对于她来说,就是断绝她走正路的最后动力,而使她毁灭。他知道,如果她离了婚,就会和伏伦斯基结合,这种结合是非法的和犯罪的,因为按照教会的规矩,妻子在丈夫还活着的时候,是不能再婚的。“等她和他结合了,过一两年,不是他把她抛弃,就是她另找新欢,”卡列宁在心里说。“在我来说,如果同意这种非法离婚,也会成为促使她毁灭的罪人。”这一切他考虑过千百遍,认定离婚的事不仅不像他的内兄说的那样简单,而且是完全不可能的。他对奥布朗斯基的话一句也不相信,对每一句话都有千百条驳斥的理由,不过他听着他在说,因为觉得他的话代表着左右他的生活、他必须服从的那股强大的蛮横势力。

“问题就在于,怎样,在什么样的条件下你同意离婚。她是什么也不想,不敢要求你怎样的,她听从你凭你的宽宏大量行事。”

“我的天哪!我的天哪!那何苦呢?”卡列宁在心中说,他想起丈夫提出离婚的详细手续,羞臊得像伏伦斯基那样用双手蒙住了脸。

“你很激动,这我能理解。不过你要是好好想想的话……”

“有人打你的右脸,连左脸也转过来由他打;有人要拿你的里衣,连外衣也由他拿去。”卡列宁在心中说。

“对,对!”他尖声叫了起来。“我可以承担耻辱,甚至也可以交出儿子，可是……可是保持原状不是更好吗？不过，你想怎样就怎样吧……”

他说过就转过身去，免得内兄看到他的脸，接着就在窗口一把椅子上坐下来。他感到悲伤，感到羞臊；可是悲伤与羞臊的同时，他又为自己高尚的忍让精神而高兴和感动。

奥布朗斯基也感动了。他沉默了一会儿。

“阿历克赛·亚力山大罗维奇，说实在的，她非常珍重你的宽宏大量，”他说。“不过，显然这是上帝的旨意，”他加了一句，可是，他说出这话之后，就感到这话是愚蠢的，好不容易压制住对自己愚蠢的嘲笑。

卡列宁想回答，但是泪水涌上来，他说不出话来了。

“这是命中注定的不幸，那就应该认命。我认为这不幸已是既成事实，那我就尽一切力量帮助她也帮助你吧。”奥布朗斯基说。

等奥布朗斯基从妹夫书房里走出来，他是深受感动的，但这不妨碍他扬扬得意，因为他办成了这件事，他相信卡列宁是不会食言的。在这种得意之上，又加上他刚刚想到一个花样儿，那就是，等这事办妥了，他要向妻子和亲近的好朋友们提一个问题：“我和国王有什么差别？国王搞分裂，谁也不会因此得到好处；我搞分裂，却对三个人都有好处……或者说：我和国王有什么相似之处？到时候……不过我会想出更妙的来。”他笑嘻嘻地在心里说。

二十三

伏伦斯基的伤势很危险，尽管没有伤到心脏。有好几天他在生与死之间徘徊。在他第一次开口说话的时候，只有嫂子瓦丽雅一人在他房里。

“瓦丽雅！”他一本正经地看着她说，“我是枪走火把自己打伤了。请你以后再也别提这事儿，你也就这样对大家说好了。要不然这太愚蠢了！”

瓦丽雅没有回答他的话，只是弯下身子，很高兴地笑着看了看他的脸。他的眼睛是明亮的，不是发烧的样子，但眼神是很严肃的。

“啊，感谢上帝！”她说。“你不痛吗？”

“这儿有点儿痛。”他指了指胸口。

“那就让我给你换换绷带。”

他一声不响地咬紧牙，宽阔的颧骨动也不动，看着她给他换绷带。等她换好了，他说：

“我不是说胡话；请你想想办法，不要让人家说我是有意开枪自杀。”

“谁也不会这样说。不过我希望你以后再也不要走火打自己了。”她带着询问的微笑说。

“想必不会了，不过最好是……”

于是他苦笑了一下。

尽管他这话和这种笑还使瓦丽雅非常害怕，可是等伤口炎症消失，他渐渐康复起来，他就觉得自己已经解除了一部分痛苦。他好像用这一行动洗刷了他以前所感受的羞耻和屈辱。他现在可以心安理得地想想有关卡列宁的事了。他完全承认他是宽宏大量的，然而已经不觉得自己卑鄙了。此外，他又走上原来的人生轨道。他感到又可以毫不羞愧地正视人家的眼睛，又可以按照自己的习惯生活了。只有一种心情他无法从心中驱除，尽管他不停地同这种心情搏斗，那是一种近乎绝望的遗憾心情，遗憾的是他永远失去了她。他现在既然已经向她丈夫赎了自己的罪，就应该放弃她，今后永远不再站到已经悔过的她和她丈夫的中间去，这个决心他是下定了的；可是他无法从心中驱除失去她的爱情的憾恨，无法从记忆中抹去他和她度过的幸福时刻，那些时刻他当时太不珍惜，现在却时时萦绕在心头，显得无限美好。

谢普霍夫斯科依想出办法叫他到塔什干去任职，他毫不犹豫地接受了这一任命。但是离赴任的时间越近，他越是觉得他为义不容辞的官事作出的牺牲太沉重。

他的伤已经好了，于是他外出奔走，准备去塔什干赴任。

“再见她一面，然后就从此不见，直到死去。”他在心中说，并且在向培特西辞行的时候，对她说了这一想法。于是培特西肩负着这项使命去找安娜，并且给他带回了不见的答复。

“这样倒好些，”伏伦斯基得到这个答复之后，心里想道。“这是我不坚决，假如见了面，我会失去自制的。”

到第二天，培特西一早就亲自来找他，说她从奥布朗斯基那里得到好消息，卡列宁答应离婚，因此他可以去看她了。

伏伦斯基也没想到应该送送培特西，他忘记了他的一切决定，也不问什么时候能去，她丈夫是否在家，立刻坐上马车朝卡列宁家奔去。他对什么人、什么东西也不看，跑上楼梯，好不容易克制着快跑，迈着快步走进她的房间。也不管房里是不是有什么人，他就把她搂住，在她的脸上、手上和脖子上拼命吻了起来。

安娜对这次见面有所准备，考虑过对他说些什么，可是她要说的话一句也没有来得及说，就陷入了他的恋情的重围。她想使他镇静，使自己镇静，但是已经晚了。他的感情传染了她。她的嘴唇直打哆嗦，很久说不出话来。

“是的，你把我征服了，我是你的了。”她把他的手紧紧按在自己胸前，终于说出话来。

“就应该这样嘛！”他说。“只要我们活着，就要这样。这一点我现在明白了。”

“这话很对，”她的脸色越来越白，抱住他的头，说。“不过在出了种种事情之后，这事儿还是有点儿可怕呀。”

“一切都会过去，一切都会过去的，我们照样会非常幸福的！我们的爱情，如果还能更强烈些的话，那就是因为其中有些可怕之处。”他说着，抬起头来，龇出满嘴结实的白牙笑着。

她也不能不用微笑来回答，不是回答他的话，而是回答他那脉脉含情的眼睛。她抓住他的手，让他抚摩她的冰凉的面颊和剪短了的头发。

“你的头发这样短，我简直认不得了。你这样更好看了。像个男孩儿。可是你的脸多么苍白呀！”

“是的，我很虚弱。”她笑着说。她的嘴唇又哆嗦起来。

“咱们上意大利去吧，你的身体会好起来的。”他说。

“难道咱们真的能够做夫妻，成立自己的家庭吗？”她紧盯着他的眼睛说。

“我倒是奇怪，为什么以前不是这样。”

“司基瓦说，他什么都答应了，不过我不能接受他的宽宏大量，”她不看伏伦斯基的脸，沉思着说。“我不要求离婚，反正现在我怎么都一样了。我只是不知道，他对谢辽沙打的是什么主意。”

他怎么也无法理解，在这见面的时刻，她怎么会考虑和想着儿子和离婚的事。难道这一切不是都无所谓了吗？

“别谈这些吧，别想了。”他说着，用手转悠着她的手，竭力把她的注意力往自己身上引，可是她还是不看他。

“唉，我怎么没死呀，死了倒好！”她说，于是没有哭声的眼泪扑簌簌顺着两颊流了下来；不过她还勉强笑着，免得让他难过。

照伏伦斯基原来的看法，不接受那项赴塔什干的光荣而危险的任命，是可耻的，是不行的。可是现在他一分钟也没有犹豫就拒绝了这项任命，并且发现上级对他的做法很不满意，他立刻就退伍了。

一个月之后，就只有卡列宁和儿子留在家里了，安娜随伏伦斯基上国外去了，没有获得离婚，而且坚决放弃了这一要求。

国家出版基金项目
“十三五”国家重点出版物出版规划项目
安徽省文化强省建设专项资金项目

静静的顿河

中

Тихий Дон

Второй том

［苏联］米哈依尔・肖洛霍夫◎著
力　冈◎译

安徽师范大学出版社
・芜湖・

卷　五

一

一九一七年深秋，哥萨克们陆续从前方回家来了。苍老了的贺里散福和跟他一起在五十二团当兵的哥萨克一同回来了。炮兵托米林·伊万和“马掌”亚可夫、依旧是光脸蛋子的安尼凯回来了，他们纯粹是退伍回来的；紧跟着回来的是马尔丁·沙米尔、伊万·阿列克塞耶维奇、查哈尔·柯洛列夫和高得出格的鲍尔晓夫；十二月里，米佳·柯尔叔诺夫突然出现了，又过了一个星期，十二团的哥萨克回来了一大帮，其中有米沙·柯晒沃依、普罗霍尔·泽柯夫、卡叔林老汉的儿子安得列·卡叔林、叶皮番·马克萨耶夫、叶戈皮·西尼林。

有点像加尔梅克人的菲多特·包多甫斯柯夫行军中掉了队，就骑着一匹从奥地利军官手里夺来的非常漂亮的黄骠马，直接从沃罗涅日回家来了，后来他夸马夸了很久，说是全亏了这匹马跑

得快，才从已经闹起革命的沃罗涅日省的一个个村子里跑了过来，才从一支支赤卫队的鼻子底下逃脱了。

在他之后，梅尔库洛夫、彼特罗·麦列霍夫和尼古拉·柯晒沃依也从卡敏车站上回来了，他们是从布尔什维克化了的第二十七团里跑出来的。他们给村子里带回来一个消息，说是目前在第二后备团当差的格里高力·麦列霍夫已经投靠了布尔什维克，留在卡敏镇上了。一向不务正业的偷马贼马克西姆·戈里亚兹诺夫也在那里的二十七团里干起来了，他所以喜欢布尔什维克，是因为对天下大乱感到新鲜，能够无拘无束地过日子，据说他弄到一匹马，那马丑得惊人，可是腿脚也快得惊人；据说他那匹马有一道银白色的毛穿过整个脊背，就像一条天生的背带，那马个头儿不高，但是身子很长，毛简直跟牛毛一样红。大家都不怎么谈格里高力的事，都不愿意谈他，因为都知道他已经和村里的人分道扬镳，至于今后还能不能重新走到一块儿，那很难说。

许多哥萨克回到家里，是主人，也是久盼的客人，这些人家就欢天喜地。这种欢乐尤其尖利无情地挑动了那些丧失亲人的人已经受惯了的隐痛。有很多哥萨克不在了，他们死在加里西亚、布柯维纳、东普鲁士、罗马尼亚和喀尔巴阡山区的土地上，横尸田野，在大炮的哀悼声中烂掉，如今一座座高大的合葬坟已经长满荒草，任凭雨打，任凭雪花覆盖。不戴头巾的娇妻不管多少次跑到胡同口，手搭凉棚张望，心上人再也回不来啦！肿胀失神的眼睛不管淌多少眼泪，都冲不掉思念亲人的苦！在生日和忌日里不管怎样失声痛哭，东风也无法把她们的哭声送往加里西亚和东普鲁士，无法送到一座座合葬坟塌陷的坟头上！……

青草会淹没坟墓，时间会淹没痛苦。清风已经舔净出征人的脚印，时间也会舔净那些没有回来，而且永远也不会回来的人留下的痕迹，因为人的一生是短促的，我们每个人能践踏的青草都不多……

可是现在，普罗霍夫·沙米尔的老婆眼看着去世的丈夫的二哥马尔丁·沙米尔回到家里，跟自己的怀孕的老婆亲亲热热，哄着孩子玩儿，并且给孩子们带回礼物，她就拿头在硬邦邦的地上乱撞，拿牙齿啃黄土地。这娘儿们拿头撞着地，全身抽搐着在地上到处爬，孩子们就像羊群一样在旁边挤成一堆，用吓得瞪圆了的眼睛望着妈妈，大声哭号着。

好娘儿们呀，任凭你把仅有的一件小褂领子扯烂吧！任凭你撕扯因为生活艰难、没有欢乐而变得稀稀拉拉的头发，任凭你咬你那已经咬得出血的嘴唇，任凭你捶折到处是老茧的手臂，任凭你在空房门口的土地上撞头吧！反正你的房子里没有男主人啦，你再也见不到丈夫啦，你的孩子们再也见不到爹啦；你记住，再也没有谁来疼你和你的孩子们啦；你干活儿劳累，生活贫苦，再也没有谁来管啦；夜里你累得倒下来，再也没有谁把你的头搂到怀里，再也没有谁像他以前那样对你说："别发愁，阿妮西卡！咱们的日子会好起来的！"今后永远不会有人爱你啦，因为干活、贫穷、孩子已经把你榨干，使你变呆啦；你那些光屁股的不懂事的孩子永远不会有爹啦；你要自己耕地和耙地，自己累得气喘吁吁地把一大抱一大抱的小麦从割麦机上往下卸，又用叉子叉起来往大车上装，就会觉得肚子下面有什么东西直翻腾，于是你就抱住头抽搐起来，血从下面直往外流。

阿列克塞·别士尼亚克的老妈妈一面翻弄儿子的旧衣服，一面哭，滴着痛苦的、已经不多的眼泪，闻着，但只有米沙·柯晒沃依带回来的最后一件衬衣的褶缝里还保留着她儿子的汗味，于是老人家就把头俯到这件衬衣上，摇晃着身子，用哭诉的腔调念叨着，眼泪一滴一滴地落在印着号码的肮脏的棉布衬衣上。

马内次柯夫、阿丰卡·奥捷洛夫、叶甫兰琪·加里宁、李霍维多夫、叶尔玛柯夫和另外一些哥萨克的家里也只剩了孤儿寡妇。

只是司捷潘·阿司塔霍夫没有谁来哭，因为家里已经没有人了。他的房子空空的，门窗钉得死死的，不少地方已经坏了，即使在夏季里，也显得阴森森的。阿克西妮亚住在亚戈德庄上，村子里仍然很少听到她的消息，她也没有到村子里来过，看样子，她不想念这个村子。

顿河上游各乡的哥萨克，都一个乡一个村的结成伙儿，纷纷回家来了。到十二月里，维奥申乡各村在前方的人，几乎全部回到了家里。

白天和黑夜都有人骑马从鞑靼村里经过，人数从十几个到四十多个不等，成群成伙地朝顿河左岸走去。

“老总们，从哪儿来？”老头子们走出门来，问道。

“从黑河上。”

“从吉莫夫纳亚。”

“从杜布洛夫卡。”

“从列舍托夫斯柯依。”

“我们是杜达廖夫乡的。”

“我们是郭洛霍夫乡的。”

“我们是阿里莫夫乡的。”过路的人纷纷回答。

“怎么，打仗打够啦？”老头子们带着挖苦的语气问道。

有些哥萨克很忠厚、很老实，就笑着回答说：

“够啦，老大爷！我们打仗打够啦。”

“受罪受够啦，现在回家啦。”

那些愣头愣脑、脾气不好的，就张口骂人，说：

“你给我滚，老家伙，把尾巴收起来吧！”

“你问这干什么？你想干什么？”

“你们这些老家伙少管闲事！”

冬天就要结束的时候，诺沃契尔卡斯克附近已经出现了内战的苗头，但是在顿河上游的乡村里，依然十分平静。只是在一些人家里时常发生隐秘的、有时也暴露到外面来的家庭纠纷：老头子们和前方归来的人闹意见。

关于顿河军区首府附近的战事，大家只是听到一些传闻；大家模模糊糊地判断着政治形势，等候着事态发展，听着消息。

在一月以前，鞑靼村里的日子过得很太平。前方回来的哥萨克们，都躺在老婆身边睡大头觉，吃得胖胖的，并没有觉察到新的灾难和困苦已经等候在家门口，这新来的还要超过他们在过去的战争中所遭受到的。

二

格里高力·麦列霍夫因为立了战功，于一九一七年一月升为少尉，担任第二后备团的一个排的排长。

九月里，他害过一场肺炎之后，得到了休假的机会；在家里住了一个半月，身体复原了，经过区医务委员会检查以后，又回到了团里。十月革命以后，他担任了连长的职务。他的思想转变就在这时候，他的转变是受了周围发生的一些事件的影响，特别是由于认识了同团的一位军官——叶菲姆·伊兹瓦林中尉。

格里高力回到团里第一天就认识了伊兹瓦林，后来就常常因公或者在公事以外的场合碰到他，于是不知不觉就受到他的影响。

叶菲姆·伊兹瓦林是宫陀洛夫乡一个富裕哥萨克的儿子，在诺沃契尔卡斯克士官学校受的教育，毕业后就被派到前方第十顿河哥萨克团，在那个团里干了将近一年，如他自己所说的，得到了"挂在胸前的一颗军官十字章和钻进体面的地方和不体面的地方的十四块手榴弹片"，后来为了服完自己的为期不长的兵役，才来到第二后备团。

伊兹瓦林是一个极有才能的人，无疑他有非凡的天资，他的学识远远超过了一般哥萨克军官所达到的水平，他是一个狂热地主张自治的哥萨克。二月革命使他振奋起来，使他有了施展才能的机会，他联络了不少主张独立自治的哥萨克，进行了十分有力的宣传，呼吁顿河军区完全独立自治，呼吁在顿河上建立沙皇奴役哥萨克以前的原来那种制度。他十分熟悉历史，朝气勃勃，头脑清楚、冷静；他把顿河家乡未来的自由生活描绘得非常美妙动人：到那时候将要由执政团来掌权，到那时候顿河军区内连一个俄罗斯人都不会有，哥萨克要在自己的边境上设置边防哨，跟乌克兰和大俄罗斯平等往来，平等地进行通商贸易，不需要低声下

气。伊兹瓦林把头脑简单的哥萨克们和见识甚少的军官们说得晕晕乎乎的。格里高力也受到了他的影响。起初他们也激烈地争论过，但是半文盲的格里高力与自己的论敌相比，就等于手无寸铁，所以伊兹瓦林几句话就驳得他张口结舌。他们一般都是在军营的某一个角落里进行争论，而旁听的人总是赞同伊兹瓦林的见解。伊兹瓦林绘声绘色地描绘未来独立自由生活的情景，有许多话给哥萨克们的印象非常深刻，特别触动了下游富裕哥萨克们的最隐秘、最要紧的心思。

“咱们除了小麦，什么都没有，如果不要俄罗斯，咱们怎么过日子呢？”格里高力问。

伊兹瓦林就很耐心地解释：

“我不是说，就让一个顿河区单独存在，与外面完全隔绝起来。咱们要用联邦的方式，也就是联合的方式，和库班的哥萨克、捷列克的哥萨克以及高加索的山民共同生活。高加索的矿藏很丰富，咱们到那里什么都能弄得到。”

“煤炭呢？”

“顿涅茨盆地就在咱们眼底下。”

“可是顿涅茨盆地是俄罗斯的呀！”

“这地方属于谁，究竟在谁的领土上——这还是个有争议的问题。不过即使顿涅茨盆地划归俄罗斯的话，咱们的损失也不大。咱们的联邦不是靠工业立国。就性质来说，咱们是农业地区，既然这样，为解决咱们不多的工业上的用煤问题，咱们可以到俄罗斯去买。而且不光是煤，还有许多别的东西也要到俄罗斯去买，比如木材、钢铁工业产品以及其他等等，咱们可以拿上等的小

麦和石油去交换。”

“咱们脱离俄罗斯究竟有什么好处?”

“那是明摆着的。首先可以摆脱政治上的监督,恢复被俄罗斯沙皇废除了的那些制度,把所有的外来户都赶出去。用十年时间,靠国外进口机器,使咱们的经济发展起来,咱们可以富强十倍。这块土地是咱们的,是咱们祖祖辈辈的血泡透了的,是咱们祖祖辈辈的尸骨养肥了的,可是咱们叫俄罗斯征服了以后,四百年来一直在维护俄罗斯的利益,没有想过自己的事。咱们有好几个出海口。咱们可以建立起强大的、能征善战的军队,到那时候,不仅是乌克兰,就连俄罗斯也不敢侵犯我们!”

中等个头儿,体格匀称、肩膀宽阔的伊兹瓦林是一个典型的哥萨克:头发弯弯的、黄黄的,像没有成熟的燕麦;脸色褐中透黄,只是两腮晒黑了,黑印子边儿一直齐到白色的眉毛。他说话用的是一种很高、很习惯的男高音,说话时爱忽上忽下地动弹左眉毛,而且不知为什么总是很特别地抽动他那不大的鹰钩鼻子;这就使人觉得,他好像总是在闻什么。矫健的步伐,举止中和褐色眼睛那开朗的目光中流露出来的坚定神情,使他显得与团里其余的军官迥然不同。哥萨克们都十分尊敬他,也许比对团长还要尊敬些。

伊兹瓦林和格里高力谈了不少,格里高力觉得,不久以前还很坚硬的土地又在脚下动摇起来,他的心情又和在莫斯科司涅基列夫眼科医院里遇见贾兰沙时差不多。

十月革命以后不久,他和伊兹瓦林谈过下述的一番话。

格里高力心里矛盾重重,小心翼翼地问起布尔什维克的

情况：

“叶菲姆·伊兹内奇，你说说，依你看，布尔什维克的主张对呢，还是不对？”

伊兹瓦林的左眉毛弯成了三角形，带着好笑的神情皱了皱鼻子，嘿嘿了两声，说：

“他们的主张吗？嘿嘿……你呀，老弟，就好像是刚刚生下来的小孩子……布尔什维克有他们自己的纲领、自己的目的和打算。布尔什维克就他们自己的出发点来说，他们的主张是有道理的，可是咱们有咱们的出发点。你可知道，布尔什维克的党叫什么名字吗？不知道吗？唉，你怎么不知道呀？叫俄国社会民主工人党。明白了吗？工人——党啊！现在他们又笼络农民，又笼络哥萨克，可是他们的根本是工人阶级啊。他们要解放工人阶级，要对农民实行新的、也许是更厉害的奴役。人世间就不可能有大家都平等的事情。布尔什维克要是胜利了，工人会过得好，别的人就不会好。要是恢复帝制，地主他们这一类人就会过得好，其余的人就不会好。所以咱们既不要布尔什维克，又不要帝制。咱们搞咱们的，首先要摆脱一切指手画脚管咱们的人——不论是克伦斯基，还是科尔尼洛夫，还是列宁。咱们过咱们的日子，不要这些人能行。天啊，就是朋友够呛；至于敌人，倒是好对付。”

“可是，大多数哥萨克都拥护布尔什维克呀……你知道吗？”

“格里沙老弟，你要明白，这里面有一个主要的原因：哥萨克、农民和布尔什维克现在是同路的。你知道为什么吗？”

“为什么？”

“因为……”伊兹瓦林张大了鼻孔，扭了扭鼻子，笑道：“因为

布尔什维克主张和平，主张立即实现和平，哥萨克对打仗也讨厌透啦！”

他啪地朝自己那紧绷绷的黑脖子上一拍，把惊愕得竖起来的左眉毛渐渐放平，叫道：

“所以哥萨克们都带上了布尔什维克气味，而且和布尔什维克步调一致了。不过，哼，等战争一结束，等布尔什维克来夺哥萨克的土地，哥萨克和布尔什维克就要各走各的啦！这是必然的，在历史进程上是不可避免的。今天的哥萨克生活方式和社会主义——布尔什维克革命的最后目的——之间有一道不可逾越的深沟……”

“我是说……”格里高力低声嘟哝道，“我一点都不明白……这些事我实在弄不清楚……就好像大风雪中在草原上迷了路……”

“你这样是不行的！现实会逼着你去弄清楚，而且不仅逼着你弄清楚，还要逼着你朝某一方面走。”

这次谈话是在十月下旬。可是十一月里格里高力无意中遇到了在顿河革命历史上起过不小作用的另一个哥萨克——格里高力遇到了菲道尔·波得捷尔柯夫，于是经过短短的动摇之后，以前领悟到的道理又在他心里占了上风。

这一天，从中午就下起毛毛细雨。傍晚时候天晴了，于是格里高力决定上同乡、二十八团的准尉德洛兹陀夫的住处去。一刻钟之后，他就在垫子上擦着靴子，敲德洛兹陀夫的房门了。屋子里摆着两盆很不旺盛的橡皮树和一些破旧的家具，屋里除了主人以外，还有一个结实、健壮、戴着御林军炮兵司务长肩章的哥萨克，背朝着窗户，坐在一张军官用的行军床上。他弓着脊背，两条

穿着黑呢裤子的腿叉得宽宽的，两只宽宽的、长满红毛的手掌放在同样宽宽的、圆滚滚的膝盖上。军便服在两肋上绷得紧紧的，在胳肢窝里皱了起来，在宽阔的、鼓鼓的胸膛上几乎要绷裂开来。听到推门声，他扭了扭血色红润的短脖子，冷冷地打量了一下格里高力，就把瞳仁射出的冷光藏到微微肿胀的眼皮底下，藏到窄窄的眼窝里。

“你们认识认识吧。格里沙，这位差不多是咱们的邻居，霍派尔河口乡的，波得捷尔柯夫。”

格里高力和波得捷尔柯夫互相握了握手，都没有说话。格里高力一面坐下去，一面对主人笑着说：

“我把地板都踩脏啦，你不骂吧？”

“不骂，没事儿。女房东会擦的……你要喝茶吗？”

主人个头儿小小的，灵活得像泥鳅一样，他用熏得黄黄的手指甲碰了碰火壶，遗憾地说：

“只好喝凉的啦。”

“我不想喝，别麻烦啦。”

格里高力请波得捷尔柯夫抽纸烟。波得捷尔柯夫用又粗又红的手指头抓了半天，想从那紧紧挤成白白的一排里抓出一根；他不好意思地红着脸，懊恼地说：

“怎么都抓不起来……该死的烟卷儿！”

他终于把一根烟卷儿拨到烟盒盖上，这才抬起笑得眯缝起来、因而显得更小的眼睛，看了看格里高力。格里高力很喜欢他的随随便便，就问道：

“您是哪一个村子的？”

“我是克鲁托夫村的。”波得捷尔柯夫很高兴地说起话来，“我是在那儿长大的，可是近几年我住在克里诺夫河口村。克鲁托夫村您知道吗？大概，你听说过吧？这个村子差不多和叶兰乡搭界。你知道普列沙柯夫村吧？哦，这个村子过去就是马特维耶夫村，紧挨着就是我们乡的裘柯夫诺夫村，再过去就是我们的两个村子了，有上克鲁托夫村和下克鲁托夫村，我就是那里人。”

整个谈话的时间里，他对格里高力一会儿称“您”，一会儿称“你”，说话十分随便，有一次甚至毫不见外地用沉甸甸的大手拍了拍格里高力的肩膀。在他那刮得光光的、有几颗麻子的大脸上，用心卷过的小胡子闪闪有光，蘸了水的头发梳得平平的，到了小小的耳朵旁边蓬松起来，左边微微卷起，有点像发卷儿。如果不是一个很大的翘鼻子和那两只眼睛的话，他的样子是很招人喜欢的。乍一看，那眼睛一点也没有什么特别的地方，但是仔细看去，格里高力就觉得那眼睛凌厉逼人。两只像榴霰弹一样的小眼睛，在窄窄的眼缝里放着光，就像是从碉堡枪眼里发射出来似的，沉甸甸、火辣辣地逼视着，使对面来的目光不敢正视。

格里高力怀着好奇心打量了他一会儿，发现了一个特点：波得捷尔柯夫几乎不眨动眼睛——他在说话的时候，用他那令人不快的目光盯住对方，一面说，一面转悠着眼珠，可是那晒得黄黄的短睫毛一直垂着，动都不动。只是偶尔垂一垂肿胀的眼皮，但是马上就又抬了起来，又拿榴霰弹一样的眼睛瞄着，扫视着周围的一切。

“伙计们，太有意思啦！”格里高力对着主人和波得捷尔柯夫说。“等战争一结束，咱们的情形就大不一样啦。乌克兰要由拉

达[1]来掌权，咱们要由军人联合会来掌权。”

“是卡列金将军掌权。”波得捷尔柯夫小声纠正他的说法。

“反正是一样。有什么差别呢？”

“的确没有什么差别。”波得捷尔柯夫说。

“咱们现在对俄罗斯太低声下气啦。”格里高力继续转述伊兹瓦林的话，想试探德洛兹陀夫和这位御林军炮兵出身的壮汉对这个问题的态度。“要有自己的政府，自己的制度。要把南蛮子从哥萨克的土地上赶出去，咱们要划定边界，不准别人进来！咱们要像古时候咱们的祖先那样过日子。我想，革命对咱们是有利的。德洛兹陀夫，你以为怎样？”

德洛兹陀夫一脸都是笑，身子不住地转悠起来。

“当然，会好一点的！过去庄稼佬把咱们的权全夺去啦，跟着他们就没有好日子过。派来的长官都是他妈的德国佬：什么封·达乌别啦，还有什么封·格拉布别啦，都是这样一些家伙！土地都叫这些军官老爷分掉啦……现在咱们就可以喘口气啦。”

“俄罗斯容许这样吗？”波得捷尔柯夫没有对着谁，小声问道。

“想必会容许的。”格里高力说。

“如果那样，情况还是不会改变……换汤不换药。”

“怎么会这样呢？”

“就是这样。”波得捷尔柯夫更灵活地转悠着霰弹一样的眼睛，用沉甸甸的目光正对着格里高力。“各种各样的长官还是要欺压劳动人民，你还是要在各种各样的老爷面前低声下气，他们还

①拉达，是一九一七——一九一九年乌克兰反革命组织的中央机关。

是要打你的耳刮子。哼……好日子哩……那是给你往脖子上拴块石头,还要把你从山崖上推下去!”

格里高力站了起来。在狭小的屋子里踱来踱去,几次碰到波得捷尔柯夫那大劈开的两个膝盖,后来在他面前站下来,问道:

“那么怎么办呢?”

“要彻底。”

“怎样算彻底?”

“既然已经开了犁,就要犁完最后一垄。既然打倒了沙皇和反革命,就应当继续奋斗,让政权转到人民手里。至于你说的那些——是神话,是哄小孩子的。古时候是沙皇压迫咱们,现在不是沙皇,那也是另外一些人要骑在咱们头上,甚至更要毒辣些!……”

“波得捷尔柯夫,依你看,究竟该怎么办呢?”

他那难得抬起的榴霰弹一般的眼睛又到处张望起来,好像要在斗室里寻找可以驰骋目力的地方。

“咱们要的是人民政权……选举出来的政权。要是躲到将军的手掌底下,那就是又要打仗,我们可是打够啦。要是在全世界到处都建立起人民政权,没有人压迫人,没有人逼着人上战场去送死,那就好啦!如果不是这样,那又算什么呢?!一条破裤子,你就是把它翻过来,窟窿还是那么多。”波得捷尔柯夫用手叭地在膝盖上一拍,愤恨地冷笑了一下,露出一嘴密密实实的细牙。“咱们决不能搞古代那一套,要不然又要套上枷锁,那枷锁比沙皇的枷锁更要沉重。”

“那么,谁来管咱们呢?”

“自己管自己！”波得捷尔柯夫兴奋起来。“咱们掌好自己的政权——这就是出路。只要稍微松一松咱们身上的绳索，咱们就能把卡列金一伙儿打翻！”

格里高力在蒙着一层水汽的窗前站了下来，对着大街、对着一群正在玩一种动脑筋的游戏的孩子、对着对面房屋的湿漉漉的屋顶、对着花圃里一棵光秃秃的黑杨的灰白色树枝看了老半天，也没有听见德洛兹陀夫和波得捷尔柯夫在争论什么；他苦苦地思索、考虑，想把混乱的思想理出个头绪，得出一个结论。

他站了有十来分钟，一声不响地在窗玻璃上画着自己姓名的头一个字母。窗外，一座小屋屋顶的上方，是渐渐沉落的无精打采的初冬时候的夕阳。夕阳就好像竖着放在铁锈色的屋脊上，湿漉漉、红彤彤的，眼看着就要从屋顶上滚下来，也许滚到那边去，也许滚到这边来。雨水打湿的树叶从公园那边沙沙地滚了过来，越来越强劲的风从乌克兰，从卢干斯克方向吹来，在镇上发起威来。

三

诺沃契尔卡斯克成了逃避布尔什维克革命的各种亡命徒的集合中心。许多高级将领，已经垮掉的俄国军队原来的主宰者，都纷纷来到顿河下游，希望得到反动的顿河人的支持，妄想依靠这块根据地，对苏维埃俄罗斯发动和展开进攻。

十一月二日，阿列克塞耶夫将军在骑兵上尉沙普龙陪同下来到诺沃契尔卡斯克。他和卡列金交换过意见以后，便着手组织志

愿军。从北方逃来的军官、士官生、敢死队员、学生、步兵中的顽固分子、哥萨克中死心塌地的反革命分子，以及不过是寻求惊险刺激和厚禄、能捞到克伦斯基票子也心满意足的一些人——便是未来的志愿军的骨干。

十一月下旬，邓尼金、鲁科姆斯基、马尔科夫、爱耳迭里等将军都来到了。这时候，阿列克塞耶夫手下已经有一千多条枪了。

十二月六日，科尔尼洛夫来到诺沃契尔卡斯克，他是在路上离开自己的帖金人卫队，化装来到顿河地区的。

这时候，卡列金已经把原来罗马尼亚和奥德前线上几乎全部的哥萨克团都撤到顿河上，布置在诺沃契尔卡斯克—契尔特柯沃—罗斯托夫—齐霍列茨克铁路沿线地区。但是哥萨克们打了三年仗，已经厌倦了，从前方回来，都带有革命情绪，不愿意和布尔什维克打仗。各团剩下的人数差不多只有正常人数的三分之一。现有人数最多的几个团——第二十七团、第四十四团和第二后备团——都驻扎在卡敏镇上。御林军阿塔曼团和御林军哥萨克团以前就从彼得格勒调到了这里。从前方调回来的第五十八、第五十二、第四十三、第二十八、第十二、第二十九、第三十五、第十、第三十九、第三十三、第八和第十四团，以及第六、第三十二、第二十八、第十二和第十三炮兵连，都驻扎在契尔特柯沃、米列洛沃、里哈亚、格鲁博克和兹维列沃等乡镇以及矿区。由霍派尔河河口乡和大熊河河口乡等地哥萨克编成的几个团开到菲洛诺沃、乌留平斯克和谢布里亚柯沃等几个车站，在那里驻扎了几天，后来就解散了。

哥萨克们都巴不得回到自己的家园，已经没有什么力量能够

阻挡这种自发的回家潮流了。顿河的哥萨克团只有第一、第四和第十四团到过彼得格勒，而且这几个团在那里待的时间也不长。

卡列金打算把几个特别靠不住的团加以改编，或者用最坚定的部队加以包围，使这几个团与外界隔绝。

十一月底，卡列金第一次试图调动前线的部队去进攻革命的罗斯托夫，哥萨克们开到阿克萨伊斯克，便拒绝进攻，又开了回来。

广泛搜罗散兵游勇的办法，倒是收到了一定的效果：这时候阿列克塞耶夫已经组成了几个坚强的志愿军营，十一月二十七日，卡列金已经能够利用他的兵力作战了。

十二月二日，志愿军攻占罗斯托夫。志愿军组织的中心于是随着科尔尼洛夫转移到罗斯托夫。卡列金一个人留了下来。他把许多哥萨克部队调往本军区的边境，向察里津和萨拉托夫省的边界推动，但是要执行重大、紧迫任务，却只能使用一些军官游击队；虚弱的、一天天垮下去的军政府只能依靠他们了。

为了镇压顿涅茨的矿工，把新征集的部队派了去。柴尔涅曹夫大尉在马凯耶夫区活动，哥萨克第五十八团的正规部队也驻扎在那里。谢米列托夫和格列科夫支队以及各种各样的义勇队也都匆匆忙忙地在诺沃契尔卡斯克成立起来；在北方的霍派尔地区，还由军官和游击队组成了一支队伍，号称“斯捷潘·拉辛支队”。但是赤卫队的几个纵队已经从三面逼近了顿河军区。在哈尔科夫和沃罗涅日正在集结军队，准备进攻。顿河上空笼罩起乌云，越来越浓，越来越黑。头几场战斗的炮声，已经由乌克兰方面来的风传送过来。

四

一朵朵白中带黄的行云，就像一只只挺胸翘头的木船，从诺沃契尔卡斯克的上空静静地飘过。在白云上面的高空里，就在闪闪发光的教堂圆顶正上方，一动不动地高挂着一片灰色的、像卷毛羊羔皮一般的乌云，乌云有一条波浪式的长尾巴低低地垂着，在克里维扬镇的上空放射着红光。

不太明亮的太阳渐渐升了上来，但是将军府的一面面窗子经阳光一照，反射出刺目的亮光。一座座房子的铁顶闪闪发光，叶尔玛克的铜像上，还保留着昨天的雨的潮湿，铜像的一只手向北伸着，举着西伯利亚王冠。

一排哥萨克步兵，正顺着下斜的克列欣街往上走。他们那步枪上的刺刀被阳光照得亮闪闪的。偶尔有稀疏的行人和轧轧响的马车走过，哥萨克们的清晰而轻微的脚步声也没有搅动早晨的清静。

这一天早晨，伊里亚·彭楚克乘火车从莫斯科来到诺沃契尔卡斯克。他最后一个走出车厢。他时不时地拉拉旧夹大衣的衣襟，觉得穿上便衣很不得劲儿，很不习惯。

站台上，一名宪兵和两位年轻姑娘走来走去，两位姑娘不知为什么在笑着。彭楚克腋下夹着一个廉价的、破旧的手提箱，朝城里走去。一直走到城边的街头上，几乎都没有遇到人。半个钟头之后，彭楚克便斜穿过城市，在一座快要倒塌的小房子前面停下来。这座很久没有修缮的小房子显得十分寒碜。处处可以看

到年久失修的痕迹。就因为年久失修，屋顶塌陷下去，墙也歪斜了，护窗板摇摇晃晃地耷拉着，窗户也像瘫了一样歪斜着。彭楚克推开院子门，朝房子和狭小的院子激动地打量了一眼，便匆匆地朝台阶走去。

狭小的过道里，一个装满各种破烂儿的大柜子占了一半的地方。因为太黑，彭楚克的膝盖碰到柜子角上，也没有觉得疼，就一把推开屋门。低矮的小堂屋里一个人也没有。他走进另一间屋子，也没有看到一个人，就在门口站住了。他一闻到这房子里所特有的那种异常熟悉的气味，心就怦怦跳了起来。他一眼就看清了所有的陈设：挂在正屋堂前的粗重的圣像框子，一张床，一张小桌，桌子上头挂的一面斑斑驳驳的旧镜子，几张相片，几把破旧的维也纳式椅子，一架缝纫机，炕边还放着一个很久没有用、颜色发了乌的火壶。彭楚克的心忽然猛烈地跳动起来，就像在窒息时那样，用嘴吸着气，转过身去，扔下手提箱，朝厨房里打量了一遍，上过绿漆的大肚子炉子还是显得那样亲切，一只老花猫正从浅蓝色的印花布窗帘后面探出头来张望；猫的眼睛里流露着懂事的、差不多和人一样的好奇神情，可以看出来，来这里的人是很少的。桌子上乱七八糟地放着没有洗的碗碟，旁边的凳子上放着一团毛线，一只未织成的套袜的四个角上还穿着亮闪闪的织针。

八年来，这里什么都没有改变，好像彭楚克昨天才离开这里似的。他跑到台阶上。从院子尽头上的棚子的门里走出来一个老得和劳累得弯腰驼背的老奶奶。“妈妈！……当真是吗？……是她吗？……”彭楚克哆嗦着嘴唇，迎着她跑过去。他扯下头上的帽子，攥在手里。

“您要找谁？您找谁？”老奶奶拿手遮在失去光泽的眉毛上，一动不动，惊愕地问道。

“妈妈！……”彭楚克低沉地喊道。“你怎么，认不出我啦？……”

他趺趺撞撞地朝她走着，看见母亲听到他的叫声，就好像被撞了一下，身子摇晃了两下，看样子，她是想跑过来，但是没有劲跑，于是她一冲一冲地朝前走来，好像是顶着风走。彭楚克一把抱住就要摔倒的母亲，亲她那皱皱巴巴的瘦脸，亲她那因为惊骇和狂喜而模糊了的眼睛，他的眼睛也不由自主地一个劲儿眨巴起来。

“我的伊里亚！……伊留沙！……乖孩子！我都认不出啦……天啊，你是从哪儿来的呀？……”老人家小声嘟哝着，试着直起身子，用两条发软的腿站住。

他们走进房里。经过几分钟的深深激动之后，彭楚克这才又感觉到穿着别人的大衣十分难受——大衣太瘦，把两边胳肢窝勒得紧紧的，一行一动都感到别扭。他轻松地把大衣脱掉，坐到桌子跟前。

“真没想到还能看到你活着回来！……有多少年没见面啦！我的好孩子呀！我怎么能认出你呀，你长得这么高，都老啦！”

“哦，你日子过得怎么样，妈妈？”彭楚克笑着问道。

她东一句西一句地说着话儿，忙活起来：生火做饭，往火壶里添炭，一面在泪汪汪的脸上抹着眼泪和炭灰，一遍又一遍地跑到儿子跟前，摸摸他的手，身子哆哆嗦嗦地靠到他的肩上。她烧热了水，亲自给他洗了头，从柜子底下找出旧得发了黄的干净衬衣，

又伺候儿子吃饭，后来一直坐到半夜，眼睛就没有离开儿子，问长又问短，唉声叹气地直点头。

彭楚克躺下睡觉的时候，附近的钟楼上已经敲了两点。他很快就睡熟了，而且他在入睡的时候，已经忘记了现实：他觉得他还是职业学校的顽皮小学生，跑累了，就躺下来，美美地睡了起来，他担心妈妈会从厨房里跑来，推开门，很严厉地问他："伊留沙，功课做好了吗？"他就这样带着紧张而愉快的笑容睡着了。

在天亮以前，妈妈来看过他好几回，给他掖掖被子，垫垫枕头，亲亲他那耷拉着一绺淡褐色头发的大额头，又轻轻地走开。

过了一天，彭楚克又走了。这天早晨，有一位身穿步兵大衣、头戴新军帽的同志来找他，小声对他说了些什么，彭楚克就忙活起来，匆匆地收拾手提箱，把母亲给他洗过的衬衣放进去，又难受得皱着眉头，把那件大衣穿起来。他匆匆忙忙地和母亲道别，答应过一个月再回来。

"你上哪儿去呀，伊留沙？"

"上罗斯托夫，妈妈，上罗斯托夫。很快就要回来……你……妈妈，你别难过！"他安慰老人家说。

她匆匆忙忙地摘下自己贴身挂的一个小十字架，一面亲着儿子，为他画着十字，一面把十字架挂到他的脖子上。她把十字架的线带往儿子的领子里掖，手指头直哆嗦，彭楚克感觉出她的手冰冷。

"挂上吧，伊留沙。这是圣徒尼古拉·米尔里吉斯基十字架。大慈大悲的圣徒啊，保佑、拯救我的孩子吧，你要给我的孩子除灾除难……我只有这一个孩子呀……"她把红红的眼睛紧紧贴到十

字架上，小声嘟哝着。

她一次又一次地紧紧搂抱儿子，十分激动，嘴唇角哆嗦着，痛苦地耷拉了下来。一滴又一滴的热泪，就像春雨一样，滴在彭楚克的毛茸茸的手上。彭楚克把母亲的胳膊从自己的脖子上掰开，便皱着眉头跑到了台阶上。

罗斯托夫车站上熙熙攘攘，非常热闹。地上扔的烟卷头和葵花籽壳能没到踝子骨。当地驻军的士兵在车站广场上出卖公家的制服、烟丝以及偷来的一些东西。这里的人有各种民族的，这在大多数南方滨海城市是常见的。人群慢慢移动着，喧闹着。

“阿司——司——司莫洛夫的烟卷儿，阿司莫洛夫的烟卷儿零卖啦！”卖纸烟的孩子吆喝着。

“贱卖啦，先生……”一个形迹可疑的东方人，很神秘地对着彭楚克的耳朵小声说，并且朝着自己的大衣那鼓鼓的大襟挤了挤眼睛。

“炒葵花籽儿！葵花籽儿！”许多娘儿们和年轻姑娘在车站进口处吱吱哇哇乱叫。

六个黑海水兵在人群里穿过，一面走，一面哈哈笑着，高声说着话儿。他们都穿着水兵制服，戴着水兵帽，纽扣闪着金光，肥大的裤脚扫着尘土。人们都恭恭敬敬地给他们让路。

彭楚克走着，慢慢地在人群里钻着。

“金的？！见他妈的鬼！你这是做火壶的那种金子……怎么，难道我看不出来吗？”一个瘦弱的电报兵冷笑说。

那个卖东西的人摇晃着一条来路不明的、沉甸甸的金链子，

十分气愤地大声对他说。

“你看出什么？……是金子！是赤金，不瞒你说，这是从一个调解法官那里弄来的……哼，不识货，去你的吧！你根本没眼力……这样的东西你都不要？”

“轮船不开啦……简直是胡闹！”旁边有人说。

“为什么不开？”

“这是报上登的……”

“快，弄到这儿来！”

“我们赞成五号①。不然就是不行……”

“玉米粥！香喷喷的玉米粥！请尝吧！”

“兵车司令答应啦，他说明天就开车。”

彭楚克找到了党委会的楼房，顺着楼梯上了二楼。一个手持上了刺刀的日本式步枪的工人赤卫队员拦住他，问道：

“同志，您找谁？”

“我要找阿布拉姆逊同志。他在这里吗？”

“左面第三间屋子。”

一个大鼻子、头发黑中夹白、个头儿不高的人，将左手的手指头插在西服上衣的衣襟里，有板有眼地挥动着右手，正在严肃地对一个上了些年纪的铁路工作人员说话。

“这样不行！这可不是组织！用这样的方式去宣传，你们会得到相反的效果！”

从那个铁路工作人员脸上那窘急而抱愧的表情可以看出来，

①“五号”，参加立宪会议选举的布尔什维克候选人名单的号数。——作者注

他很想说几句话，解释解释，但是黑头发的人没有让他开口；他显然非常激动，不愿意听对方的话，也不愿看他的眼睛，只顾喊叫：

“您要立即撤销米特琴柯的工作！对你们这里的情形，我们不能熟视无睹。维尔霍茨基要受革命法庭的制裁！把他逮捕了吗？是吗？……我坚决主张把他枪毙！”他声色俱厉地把话说完了，这才朝着彭楚克转过气红了的脸；还没有完全平静下来，就生硬地问道：“您有什么事？”

“您是阿布拉姆逊吗？”

“是的。”

彭楚克把证件和彼得格勒一位负责同志写的介绍信递给他，便在一旁的窗台上坐了下来。

阿布拉姆逊仔细地看完了信，皱着眉头笑了笑（他因为自己刚才大声喊叫，觉得很不好意思），很客气地说：

“请稍微等一下，咱们马上来谈谈。”

他把满脸是汗的铁路工作人员打发走以后，自己也走了出去，过了一小会儿，他领进来一位大个子、脸刮得光光的军人，那人的下巴上有一道刀砍的青伤疤，很有正规军军官的风度。

“这是我们革命军事委员会的委员。你们认识认识吧。这位同志……对不起，我忘记您贵姓啦。”

“我姓彭楚克。”

“……彭楚克同志……您好像当过机枪手吧？”

“是的。”

“这正是我们最需要的！”那位军人笑了。

他那整个的一条伤疤，从耳朵边直到下巴，都因为这一笑变

成了粉红色。

“您能不能在尽可能短的时间内，从工人赤卫队中挑选一些人，给我们组织一支机枪队？”阿布拉姆逊问道。

“我尽力去做。问题就在于时间。”

“那么，您需要多少时间？一个星期？两个星期？三个星期？”那个军人朝彭楚克探着身子，带着期待的神气很憨厚地笑着，问道。

“只要几天就行。”

“那好极啦。”

阿布拉姆逊擦了擦额头，带着十分激动的语气说：

“城防部队士气太差，实际上已失去战斗力。彭楚克同志，我们这里也和所有的地方一样，就指望工人啦。水兵是好的，可是步兵……所以，您想必明白，我们就希望自己有一支机枪队。”他扯了扯弯成卷儿的青色大胡子，很关心地问道：“您的吃住还没有安排吧？好，我们就来安排。您今天吃饭了没有？哦，当然没有啦！”

“同志，你究竟挨过多少饿，才一眼看出肚子饿不饿来？你吃过多少苦，担过多少惊，才过早地出现了白发？”彭楚克望着阿布拉姆逊那右边有一块耀眼白斑的头发，心里又热和又感动地想道。他跟着领路的人往阿布拉姆逊的住处去的时候，还一直在想着他：“这小伙子真不错，这才像个布尔什维克！他有火气就发，可是同时又保持着一片好心和人情味。他毫不客气地提出对怠工的维尔霍茨基判处死刑，可是同时又很会爱护同志，关心同志。”

他带着阿布拉姆逊给他的和蔼可亲的印象，来到塔干罗格街头上阿布拉姆逊的住处，在堆满了书的小屋子里休息了一会儿，吃过饭，把阿布拉姆逊写的字条给女房东看了，就在床上躺了下来，睡着了，不记得是怎样睡着的。

五

四天以来，彭楚克从早到晚和党委会派来的一些工人在一起，教他们学机枪技术。工人一共有十六个。他们的职业、年龄，甚至民族都不相同。有两个搬运工人，一个是波尔塔瓦的乌克兰人贺维雷契柯，一个是入了俄罗斯籍的希腊人米哈里季；一个姓司捷潘诺夫的排字工人；八个钢铁工人；一个姓捷林柯夫的巴拉莫诺夫矿的采矿工人；一个姓盖沃尔克扬茨的亚美尼亚人，是个十分瘦弱的面包匠；一个入了俄罗斯籍的德国人姚干尼·列宾得尔，是一个老钳工；两个机车修理厂的工人；而带着第十七封介绍信来的却是一个女的，她穿着一件步兵棉制服，穿着一双很不合脚的大靴子。

彭楚克从她手里接过封着口的信，没有明白她的来意，就问道：

“您回去的时候，可以到司令部去一下吗？”

她笑了笑，很不好意思地理着头巾下披散出来的很大的一绺头发，怯生生地说：

“我是到您这儿来……”她压制着一时的窘急心情，顿了一顿，说：“当机枪手的。”

彭楚克的脸涨得通红。

“他们这是怎么回事,疯了吗？怎么,我这儿是妇女大队？……请您原谅,您干这种事很不合适:这是一种重活儿,需要有男子汉的气力……这怎么行呢？……您不行,我不能收留您!”

他皱着眉头,拆开信封,把介绍信匆匆看了一遍,只见介绍信上简单地写着,介绍党员安娜·波古德柯同志前来听他的指挥,他又把附在介绍信里的阿布拉姆逊的亲笔信看了几遍。

亲爱的彭楚克同志:

我们把安娜·波古德柯这个好同志派给您。我们答应她的热情、坚决的要求,把她派给您,希望您把她训练成一个能征惯战的机枪手。我很了解这个姑娘。我热诚地把她推荐给您,请您注意一个问题:她是一个很可贵的工作人员,但是性子急躁,有一股狂热劲儿(因为她还年轻呀),您要防止她做冒失的事,要爱护她。

毫无疑问,那八名钢铁工人是您的队伍的骨干,是核心;其中应特别看重包高伏依同志,这是一位十分干练、对革命十分忠诚的同志。您的机枪队,从成员上来说,是国际性的,这很好:一定会有较强的战斗力。

请加快训练吧。有消息说,好像卡列金正准备向我们进攻呢。顺致同志的敬礼!

斯·阿布拉姆逊

彭楚克对着站在面前的姑娘看了看。这是在莫斯科街上一幢楼房的地下室里,就是在这里进行训练的。微弱的光线给她的

脸涂上一层阴影，使脸的轮廓显得很模糊。

“好吧，有什么办法呢?”他很不热情地说。“如果您自己愿意……阿布拉姆逊又这样要求……您就留下来吧。”

＊＊＊

大家密密层层地围着张大了嘴的“马克辛”机枪，一齐伸着头，后面的人靠在前面的人的背上，用如饥似渴的好奇目光注视着彭楚克怎样用他的一双巧手得心应手地把机枪拆散开来。彭楚克又用准确、有意放慢的动作把机枪装起来，一面讲解着各种零件的构造和作用，教授使用方法，告诉大家怎样瞄准，讲解在弹道上的射程误差和子弹的最远射程。讲授作战时怎样安置机枪，才能避免敌人炮火的轰击;他躺在涂了保护色条纹的护板下面，讲解怎样选择好地势，怎样安置子弹箱。

大家学起来都很顺当，就是面包匠盖沃尔克扬茨不行。他怎么都学不会:拆卸的规则彭楚克不管教他多少次，他怎么都记不住，老是弄不清，手忙脚乱，很不好意思地嘟哝着:

“怎么不行啊? 唉，我……搞错啦……这玩意儿应该往这儿安。还是不行! ……”他失望地叫道。“为什么呀?”

“还要问‘为什么’呢!”黑脸膛的、额头和两腮上有许多火药炸出的青点子的包高伏依学着他的腔调说。“因为你是个糊涂虫，所以才不行。你好好瞧着!”他很有把握地把一个零件安到本来的地方，做个样子给他看。“我从小就喜欢军事工作，”他在一片哄笑声中，用手指头指了指自己脸上的青色伤瘢，“我做大炮，大炮炸啦，所以我才倒了霉。不过，我现在就可以露一手啦。”

他的确比大家更顺利、更快地学会了装卸和使用机枪。不行的只有盖沃尔克扬茨一个人。常常可以听见他那带哭腔的、懊丧的声音：

“又不对！为什么呀？我真不明白！”

“笨驴，笨——驴！这么笨的，一个省只能找到一个！”脾气很坏的希腊人米哈里季生气地说。

“真是一个少有的糊涂蛋！”一向沉静的列宾得尔也附和说。

“这可不像你做面包！”贺维雷契柯鼻子哼哼着说。大家都毫无恶意地笑了。

只有司捷潘诺夫红着脸，生气地说：

“应该教教自己的同志，不应该龇牙咧嘴的！”

又高又大、胳膊粗壮、上了年纪的机车厂工人克鲁托果洛夫支持他的意见，瞪大了眼睛，摇晃着铁锤一般的拳头，粗声粗气地说：

“你们只顾笑，动都不动，对事情毫无益处！彭楚克同志，你叫这些活怪物安静点儿，或者叫他们滚蛋！革命正受着威胁，可是他们只顾笑话人！”

安娜·波古德柯学得十分带劲儿。她老是缠着彭楚克问这问那，扯着他那难看的夹大衣袖子，时时刻刻不离开机枪。

“如果散热筒里的水冻住，那怎么办？如果遇到大风，误差是不是也大些？那又该怎么办，彭楚克同志？”她问了一个问题，又是一个问题，并且带着期待的神情用两只黑黑的大眼睛看着彭楚克，那眼睛里闪着晃动不定的、暖人的亮光。

她在场的时候，不知为什么他总感到很拘谨；他好像要为这

种拘谨对她进行报复，所以对她要求特别严格，样子显得格外冷淡，但是，每天早晨七点整，她瑟瑟缩缩地把两手插在草绿色棉袄的袖筒里，刷刷地拖着两只肥大的步兵靴子，准时走进地下室的时候，他就感到有点激动，有一种很不平常的心情。她的个头儿稍微比他矮一点儿，她的体格也像所有健壮的、一向从事体力劳动的姑娘们那样丰满，背也许稍微有点驼，而且，如果不是那一双有神的大眼睛使她显得光彩照人的话，也许她算不上多么漂亮。

四天的工夫，他都没有看清楚她的面貌。地下室里光线昏暗，而且不好意思，也没有闲工夫仔细去看她的脸。第五天傍晚时候，他们一同走了出来。她在前面走；她走上台阶的最后一级，朝他转过脸来，问一个问题，于是彭楚克借着夕阳的光辉看了看她的脸，心里不禁哎呀了一声。她用习惯的姿势理着头发，微微仰起头，斜着眼睛朝他看着，等候着回答。但是彭楚克没有听清她问的问题；他带着一种甜得醉心的感觉慢慢往上走着。她的两个被夕阳照成了粉红色的鼻孔，因为使劲儿(她没有解下头巾，所以整理头发很不得劲儿)微微抖动着。嘴的线条显得很刚强，同时却又像小孩子一样柔和。微微翘起的小嘴唇上有一层细细的黑茸毛，使不很光滑的白皮肤显得更白。

彭楚克好像被打了一下似的，低下头去，用感慨和开玩笑的口吻说：

“安娜·波古德柯……第二号机枪手，你很漂亮，不知道谁有福气消受啊！”

“胡说！”她很自信地说，并且笑了笑。“彭楚克同志，你胡说！……我是问：咱们什么时候去打靶？”

她这一笑，显得更单纯、更亲切、更容易接近了。彭楚克挨着她站住；他呆呆地望着大街的尽头，太阳还待在那里，向整个寰宇投射着红红的霞光。他小声回答说：

“打靶吗？明天去。现在你上哪儿去？你住在哪儿？”

她说她住在城郊一条胡同里。他们一同走去。走到十字街口，包高伏依追上了他们。

“喂，彭楚克！明天咱们怎么集合？”

彭楚克一面走，一面告诉他，在清静林外面集合，让克鲁托果洛夫和贺维雷契柯用马车把机枪拉了去，上午八点钟集合。包高伏依同他们一起走了两条街，就分手了。彭楚克和安娜·波古德柯一声不响地走了几分钟。她斜着瞟了他一眼，问道：

“您是哥萨克吗？”

“是的。”

“以前是军官吧？”

“哼，我算什么军官！”

“您是哪儿人？”

“诺沃契尔卡斯克人。”

“到罗斯托夫很久了吗？”

“才来几天。”

“以前在哪儿？”

“在彼得格勒。”

“哪一年入党的？”

“一九一三年。”

“您的家在哪儿？”

“在诺沃契尔卡斯克。”他急急忙忙回答过，就带着请求的神气伸出一只手来。“等一等，让我来问问你吧：你是罗斯托夫人吗？”

“不是的，我是叶卡捷琳诺斯拉夫人，但是这两年住在这儿。”

“现在我再问问……你是乌克兰人吗？”

她踌躇了一下，随后很果断地回答说：

“不是。”

“是犹太人吗？”

“是的。怎么啦？难道从我的口音可以听出来吗？”

“不是的。”

“那你从哪儿看出我是犹太人？”

他一面缩小步子，尽量和她走齐，一面回答说：

“从耳朵，从耳朵的样子和眼睛可以看出来。不过你身上保留的民族特征是很少的……”他想了想，又补充说：“你来到我们这儿，这很好。”

“为什么？”她问道。

“你可知道：大家对犹太人有一种看法，我知道有许多工人就是这样想的，我自己就是工人嘛，”他顺便提了提，“认为犹太人只会支使别人，自己见了危险却不肯上。这种看法是错误的，你现在就是用最好的办法驳斥这种错误的看法。你念过书吗？”

“念过，我是去年中学毕业的。您受过什么教育？我这样问，因为从您的言谈上可以看出，您不是工人出身。”

“我是读过很多书。”

他们慢慢走着。她故意绕着路走，简单地讲了讲自己的身世以后，又向他问起科尔尼洛夫的叛乱、彼得格勒工人的情形和十月革命等问题。

沿河街上传来闷声闷气的步枪声，接着就是断断续续的机枪声打破了寂静。安娜不肯放过机会，问道：

"这是什么型号的？"

"路易斯。"

"子弹带打到哪一部分啦？"

彭楚克没有回答，观赏着停泊在岸边的一艘扫雷艇上射出的一道橙黄色的、像挂了一层绿霜似的探照灯光，那灯光像一条长长的胳膊，一直伸向落日映红了的傍晚时候的天空。

他们在行人稀少的城市里走了三个多钟头，最后在安娜住的房子的大门口分手。

彭楚克回来的路上，心里暖烘烘的，模模糊糊有一种十分满意的感觉。"真是一个好同志，一个聪明姑娘！我和她谈得很投机，所以心里感到很温暖。这些日子我太不近人情了，人和人友好交往还是必要的，要不然干巴巴、冷冰冰的，就像士兵吃的面包干一样，那样可不好……"他这样想着，欺骗着自己，而且自己也知道自己在欺骗自己。

阿布拉姆逊刚刚开完革命军事委员会会议回来，向他问起训练机枪手的情况，又顺便问到安娜·波古德柯：

"她怎么样？如果她不合适的话，我们可以派她去做别的工作，调换调换。"

"不用，你说的什么话！"彭楚克吓了一跳。"她是一个很能干的姑娘。”

他觉得有一种几乎压抑不住的愿望，很想谈一谈她，他拿出很大的劲儿压了压，才忍住了。

六

十一月二十五日中午，卡列金的军队从诺沃契尔卡斯克集结到罗斯托夫城下。开始进攻了。阿列克塞耶夫的军官队，排成稀稀拉拉的散兵线，沿着铁路线，贴着路基的两边向前推进。右翼是身穿灰衣的士官生，队伍稍微密集些。左翼是波波夫将军的志愿军部队，正在通过一道红土深沟。远远看去，就好像一些小小的灰球儿往沟里直蹦；又一个个爬了上来，整了整队形，停了一会儿，又往前进。

布置在纳希契凡区边缘上的赤卫队队伍里，显出慌张和忙乱的样子。很多工人都是头一次拿起枪，觉得很害怕，爬来爬去，弄得黑大衣上沾满秋天的泥泞；有些人伸着头，望着远处变小了的一个个白军的身影。

彭楚克跪在阵地上的机枪旁边，用望远镜观察着。昨天他脱掉不合身的夹大衣，换上了军大衣，觉得穿着军大衣又习惯、又舒服。

很多人没有等到下命令就开枪了。都忍受不了紧张的寂静状态。第一枪刚刚响过，彭楚克就站了起来，又骂，又吆喝：“别——打！……”

零乱的步枪声吞没了他的喊声，彭楚克再无他法，只好让机枪火力跟上;他在一片枪声中拼命提高嗓门儿,对包高伏依下了命令:“开火!”包高伏依把微微含笑然而带有土色的脸贴到枪机上,把手指头放在后座的把手上。熟悉的机枪连射声震动着彭楚克的耳鼓。他朝着敌人卧倒的散兵线凝神望了一会儿,判断机枪的命中率,然后他跳起来,顺着阵地朝其余的几挺机枪跑去。

“开火!”

“来啦!……哈哈哈哈!”贺维雷契柯把又害怕又高兴的脸转过来朝着他,响亮地回答说。

中间过去第三挺机枪旁边是几个不十分稳当的小伙子。彭楚克朝他们跑去。他一面跑,一面弯着身子用望远镜看了看:透过蒙了一层水汽的镜头,看到许多灰色的人影纷纷在晃动。那边打过来一排整齐、一致的齐射。彭楚克卧倒下来,他趴在地上,就看出第三挺机枪的瞄准不对头。

“放低点儿!妈的!……”他拐来拐去地顺着阵地爬着,一面吆喝着。

子弹在他头顶上发出一阵阵催命的啸声。阿列克塞耶夫的部队就像演习时那样,枪打得很准。

在一挺翘得太高的机枪旁边,直挺挺地趴着几个机枪手:瞄准手希腊人米哈里季瞄得高高的,不住气地扫射着,拼命在浪费子弹;吓得脸色发了青的司捷潘诺夫在他旁边咕咕嗒嗒地不知叫什么;他们后面是一个铁路工人,是克鲁托果洛夫的朋友,他把头扎到地里,像乌龟一样拱起脊背,两腿大叉着,笔直地撑在地上。

彭楚克推开米哈里季,眯缝着眼睛瞄了半天,等机枪一张嘴,像抽筋一样在他手底下嗒嗒地响了起来,马上就见效了:一伙跑着往前冲的士官生纷纷从一座土丘上退了回去,光秃秃的黄土坡上还丢下一具尸体。

彭楚克回到自己的机枪跟前。包高伏依脸色煞白,脸上的火药伤斑显得更青了,他侧着身子躺着,骂着娘,绑扎着受伤的腿肚子。

“开枪呀,妈的!”趴在旁边的一个火红头发的赤卫队员,用四肢撑起身子,叫喊道。“开枪啊！你没看见他们攻上来了吗?”

军官队的散兵线,正顺着路基大模大样地跑了过来。

列宾得尔换下了包高伏依。他不慌不忙、巧妙地扫射着,注意节省子弹。

盖沃尔克扬茨像兔子蹦跳似的从左翼跑来,每有子弹从他头上飞过,他就卧倒一下,他哎呀哎呀地叫着跑到彭楚克面前:

“不行啊！……打不出去啦！……”

彭楚克几乎毫不隐蔽地贴着弯弯曲曲的卧倒的散兵线跑了过去。

还离得很远他就看到:安娜正跪在机枪旁边,撩着一绺披散下来的头发,用手搭个棚,望着敌军的队伍。

“卧倒！……”彭楚克为她担心,脸都吓得发青,血直往上涌,吆喝道,“卧倒,对你说呢！……”

她朝他看了看,依旧那样跪着。骂娘的话冲到彭楚克的嘴边,差点儿就骂出来。他跑到她跟前,使劲把她按在地上。

克鲁托果洛夫在护板后面哼哧着。

“卡住啦！打不出去啦!”他哆嗦着,小声对彭楚克说,一面拿眼睛寻找盖沃尔克扬茨,一面打着呛叫喊着:”他跑啦,该死的东西！这个活宝贝跑啦……他哼哼得叫人心烦死啦！……简直叫人没法子干！……”

盖沃尔克扬茨像条水蛇一样，曲曲弯弯地爬了过来。他那毛刷子一样的黑胡子上都粘上了干泥巴。克鲁托果洛夫扭过汗漉漉的牛脖子，对着他看了一小会儿，就大叫起来，叫声盖过了隆隆的枪声：

“你把子弹带放到哪儿去啦？……饭桶！……彭楚克！彭楚克！你叫他滚吧，我可不要他！……”

彭楚克连忙过去修理机枪。一颗子弹十分猛烈地打在护板上，他急忙抽回手，就像被烫了一下似的。

彭楚克把机枪修好以后，就亲自扫射起来。直打得大模大样地往前冲的阿列克塞耶夫的部队卧倒下去，而且用眼睛寻找着掩蔽物，向后爬去。

敌人的队伍越来越近了。从望远镜里可以看到，志愿军的队伍往前冲着，步枪的皮带套在肩上，很少卧倒。他们的火力更加猛烈了。在赤卫队的阵地上，已经有三个人的步枪和子弹被别的同志拿走了——死者不需要武器了……安娜和趴在克鲁托果洛夫的机枪跟前的彭楚克，眼看着阵地上一个年纪轻轻的赤卫队员被一颗子弹打死。他挣扎了半天，哼哼着，拿裹着绑腿的两腿在地上乱蹬，到最后用摊开的两条胳膊撑了一下身子，哼哧了一声，最后吐了一口气，就脸朝下趴倒了。彭楚克从一旁看着安娜。姑娘那睁得老大的大眼睛里闪烁着恐怖的亮光。她直愣愣地望着阵亡的小伙子那两条裹着破旧的步兵绑腿的长腿，没有听见克鲁托果洛夫正对着她喊叫：

“子弹带！……子弹带！……拿来！……姑娘，把子弹带拿来！”

卡列金的队伍用深入的侧翼包抄逼得赤卫队从阵地上败退下来。纳希契凡郊区的街道上到处晃动着败退的赤卫队的黑大衣和军大衣。右面尽边上一挺机枪落到了白军手里。一个士官生用枪口抵着打死了希腊人米哈里季，敌人又像演习时捅稻草人那样，用刺刀捅死了二号机枪手；这一挺机枪的机枪手只有排字工人司捷潘诺夫保全了性命。

直到扫雷艇上飞来一阵阵的炮弹，退却才停止下来。

“散开！……跟我冲！……”和彭楚克很熟识的一位革命军事委员会的委员冲到前面，呼喊道。

排成散兵线的赤卫队又动了起来，参差不齐地向前冲去。彭楚克和克鲁托果洛夫、安娜、盖沃尔克扬茨紧靠在一起。从他们旁边走过去三个人，几乎是肩膀挨着肩膀往前走。其中有一个抽着烟，第二个一面走一面用枪栓敲着膝盖，第三个在聚精会神地打量他那弄脏了的大衣前襟。这个人的脸上和胡子尖上流露着抱歉的笑容——他好像不是去拼命，而是从朋友家的宴会上回家，正瞧着弄脏了的大衣，猜度他那很厉害的老婆会怎样处治他。

“他们就在那儿！”克鲁托果洛夫指着远处的篱笆和在篱笆外面蠕动着的灰色人影。

“把机枪架起来！”彭楚克像熊一样转悠着机枪扫射起来。

猛烈的机枪声震得安娜捂起耳朵。她蹲下去，看到篱笆外面的人不动了，但是过了一会儿，那边就很有规律地打来一阵阵的齐射，子弹纷纷从头上飞过，在灰暗的天幕上钻着看不见的窟窿。

一阵又一阵的齐射声就像咚咚的鼓声，像蛇一样的机枪子弹带咔啦咔啦地响着，很快地缩短。单发的步枪声叭叭地响着，又响亮又清脆。黑海水兵们从扫雷艇上打来的炮弹，从人们头上飞过，发出呜呜的吼声，跟子弹的尖啸声混成一片。安娜看到：有一个赤卫队员，大大的个子，戴着羊羔皮帽，留着英国式的小胡子，见每一颗炮弹飞过，都不由自主地鞠躬欢迎和欢送，一面喊叫着：

“打吧，谢苗，加劲儿打吧，谢苗！照他们多打几炮！”

打出的炮弹真的越来越密了。水兵们经过试射以后，展开了联合炮击。好几堆慢慢后退的卡列金的队伍被密集的榴霰弹硝烟遮盖住。一颗杀伤力很大的炮弹在退却的敌人群中爆炸开来。爆炸的褐色烟柱一升起，敌人立刻七零八落，那烟柱在弹坑上方慢慢下降，渐渐消散。安娜扔掉望远镜，哎呀一声，用肮脏的双手捂起吓红了的眼睛——她在望远镜里十分真切地看到了爆炸的旋风和许多人的死。她的喉咙里酸酸的，哆嗦得气都透不过来。

“怎么啦？”彭楚克探过身子，高声问道。

她咬紧了牙，她那一双大大的眼睛已经模糊了。

“我受不了……”

“勇敢一点！你……安娜，听见吗？听见吗？……这样可不行！……别——这样！……”他的兄长式的呼喊声撞击着她的耳朵。

在右翼，在一片不大的高地的要冲处，敌人的步兵正往一条山沟里集结。彭楚克发现了这一情况，就带着机枪跑到一块更方便的地方，对准高地和山沟扫射起来。

哒哒哒哒哒哒！……哒哒哒哒哒哒！——只听见机枪不很均匀地、断断续续地射着。

在二十来步远处，有人怒冲冲地、声嘶力竭地喊叫着：

“担架！……没有担架吗？……担架！……”

“瞄——准……”一个在前方当过兵的排长拉长声音叫喊道。“十八……全排，开枪！”

快到黄昏时候，雪花纷纷扬扬，飘落到寒冷的大地上。过了一个钟头，又湿又黏的雪就覆盖了田野和一具具的死尸，那横七竖八的死尸就像许多黑土块，在打仗的队伍进攻和退却时经过的地方到处都有。

快到黄昏时候，卡列金的部队退走了。

在被新雪映照得白茫茫的这个夜晚，彭楚克一直担任机枪哨。克鲁托果洛夫不知从哪里弄来一件阔气的马衣，将马衣蒙在头上，吃着一块水漉漉的瘦肉，一面吐着，小声骂着。盖沃尔克扬茨也在这里，他躲在旁边一户人家的大门洞里，用烟卷烤着冻得抽筋的发青的手指头；彭楚克坐在一个锌制的子弹箱上，把冻得直哆嗦的安娜裹在军大衣里，有时把她的两只紧紧捂着眼睛的手拿开，亲亲这两只手，嘴里非常费劲儿地说着一些很不习惯的温柔话儿。

“哎，怎么能这样呀？……你一向很刚强嘛……安妮亚，你听着，要好好控制自己！……安妮亚！……好妹妹……好朋友！……这种事你会习惯的……你很要强，你要是不离开队伍，那你以后会不同的。对死人可不能这样看……根本不要理睬！别去胡思乱想，要善于控制。你瞧：虽然你说得很好，可是你还是有女性的弱点。”

安娜没有作声。她的两只手散发着秋天泥土的气息和女人的温暖气息。

纷纷飞舞的雪花像一层不透明的柔和的薄膜，遮住了天空。旁边的院落、附近的田野、隐去的城市，都沉醉在睡乡中。

七

在罗斯托夫城外和城里一共打了六天。

在街道上，在十字路口，都进行过战斗。赤卫队两次从车站退出来，又两次把车站上的敌人赶走。在六天的战斗中，双方都没有留下一个俘虏。

十一月二十六日傍晚时候，彭楚克和安娜从货车站旁边经过，看到两个赤卫队员正在枪毙一个被俘虏的军官；彭楚克故意带点强硬语气对转过脸去的安娜说：

“这太好啦！应该枪毙他们，要毫不留情地消灭他们！他们对我们是不会留情的，我们也不用留情，一点也用不着可怜他们。去他妈的！把这些妖孽们从地球上清除掉！总而言之，既然是关系到革命命运的问题，就不能感情用事。这些工人干得对！”

到第三天，他生病了。他勉强支撑了一天一夜，觉得非常恶心，越来越难受，浑身一点力气都没有，脑袋嗡嗡直响，沉甸甸的，抬都抬不起来。

十二月二日拂晓，零零落落的赤卫队的队伍从城里撤了出来。彭楚克由安娜和克鲁托果洛夫搀扶着，跟在一辆拉着机枪和伤员的大车后面走着。他十分吃力地拖着软弱无力的身子，就像在梦里一样迈动着两条生铁似的不听使唤的腿，不时地碰到安娜那仿佛很远的、带有召唤和惊慌神情的目光，听着她那好像从很远处传来的话。

“上车吧，伊里亚。听见没有？你明白我的话吗，伊留沙？请你上车吧，你是病人呀！”

可是彭楚克没有听明白她的话，也不明白自己害了伤寒病，已经病得很厉害了。说话的声音又陌生，又出奇地熟悉，只在外面什么地方响着，却进不了脑子；安娜那两只焦灼和惊慌的黑眼睛也好像在很远的地方忽闪着；克鲁托果洛夫的大胡子一股劲儿摇晃着，转着圈圈儿。

彭楚克抱住头，两只宽大的手掌紧紧贴在烧得通红的脸上。他觉得，好像他的眼睛里正在往外渗血，整个没有边际的、飘摇不定的世界就好像被一层看不见的幕和他隔离开来，又好像竖了起来，好像要从脚下跑走。他的迷迷糊糊的头脑幻想出各种各样千奇百怪的形象。他常常站下来，拼命挣上一阵，不让克鲁托果洛夫把他往车上推。

“不行，等一等！你是什么人？……安娜在哪儿？……给我几块土坷垃……你把这些家伙消灭掉，听我的命令，用机枪扫射！直接瞄准！……等一等！好热呀！……”他沙哑地叫着，手拼命从安娜手里往外抽。

他们硬把他推上了大车。有一会儿工夫他还感到有一股各种各样气味掺合起来的刺鼻气味，怀着害怕的心情想使自己的头脑清醒清醒，一再地使自己镇定，但是镇定不下来。觉得头顶上黑沉沉、空洞洞，一点声音都没有。只有在高高的天上，有一小块白中带蓝的东西放射着夺目的亮光，再就是一些弯弯曲曲的东西和一些圈圈儿交错地闪来闪去，就像是红色的闪电。

八

麦秸染黄了的一条条冰锥从屋檐上纷纷地往下掉，摔在地上发出玻璃的响声。温暖的天气使村子里增添了一个个的水洼和一片片的光地；还没有脱毛的牛在大街上走来走去，拿鼻子到处闻。麻雀像春天里那样叽叽喳叫着，在院子里的柴火堆里找食儿。马尔丁·沙米尔正在广场上追赶从家里跑出来的吃得饱饱的枣红马。那马直挺挺地撅着像一捆麻似的尾巴，迎风摆动着乱蓬蓬的鬃毛，尥着蹶子，把蹄子上的一团团水雪摔得老远，在广场上兜了几个圈子，在教堂的围墙边停下来，闻了闻墙上的砖；等主人走到跟前，它用那淡紫色的眼睛斜着看了看主人手里的笼头，又把身子挺了挺，就狂跑起来。

一月想讨大地的欢喜，送来不少阴霾而温暖的日子。哥萨克们望着顿河，预料今年会过早地发大水。这一天，米伦·格里高力耶维奇在后院里站了很久，望着积雪很厚的草甸子，望着顿河上那青灰色的冰面，心里想道："瞧吧，今年又要像去年那样发大水啦。瞧那雪，那雪有多厚啊！恐怕土地都叫雪压得吃不消，连气都喘不过来啦！"

米佳只穿着一件绿色军便服，在打扫牛栏。他的后脑勺上怪模怪样地扣着一顶白色皮帽。汗漉漉的、笔直的头发耷拉到额头上。米佳用带有牛粪气味的肮脏的手背撩着头发。牛栏门口有一堆冻结的牛粪块,有一只毛茸茸的山羊正在上面乱踩。有几只绵羊挤在篱笆脚下。一只长得比母羊还高的羊羔想要吃奶,母羊用头牴它,不叫它吃。旁边有一只盘角的黑毛阉羊正在桩子上蹭痒痒。

门上涂了黄泥的一座仓房旁边,躺着一条长嘴巴、黄眉毛的公狗,正在晒太阳。仓房檐下的墙上挂着渔网;格里沙加爷爷拄着拐杖,望着渔网,显然他是在想,春天就要到了,渔网该修补修补了。

米伦·格里高力耶维奇来到场院上,用当家人的眼睛打量着几个干草垛,正要用耙子搂一搂被羊拉乱了的谷草,这时候他却听到外面人的说话声。他便扔下耙子,朝院子里走去。

米佳叉开一条腿,正在卷烟卷,把情人给他绣的一个很漂亮的烟荷包夹在两个手指头中间。在他旁边的是贺里散福和伊万·阿列克塞耶维奇。贺里散福从浅蓝色的阿塔曼团制帽里面掏出一片油污的卷烟纸。伊万·阿列克塞耶维奇靠在院子的篱笆门上,敞着军大衣,正在自己的军装棉裤口袋里摸索。他那刮得光光的、下巴上有一个黑黑的小深洞的脸上,流露出遗憾的表情,看样子,他忘记什么东西了。

"夜里睡得好啊,米伦·格里高力耶维奇!"贺里散福问候道。

"托福托福,老总们!"

"来一块儿抽抽烟吧。"

"不用啦,我刚才抽过。"

米伦·格里高力耶维奇和两个人握过手,摘下他那红顶的三耳皮帽，把竖立起来的白头发拢平了，笑了笑，说：

“阿塔曼团的弟兄们，到舍下有何贵干？”

贺里散福从头到脚把他打量了一遍，没有马上回答。他先伸着像牛那样粗糙的大舌头，往卷烟纸上抹了老半天的唾沫，等到把烟卷好了，这才瓮声瓮气地说：

“来找米佳，有点小事儿。”

格里沙加爷爷从旁边走过，他用手提着渔网的圈圈儿。伊万·阿列克塞耶维奇和贺里散福都摘下帽子向他问好。格里沙加爷爷把渔网送到台阶跟前，又走了回来。

“你们怎么啦，老总们，干什么在家里蹲着呀？躲在老娘儿们怀里焐身子吗？”格里沙加爷爷对哥萨克们说。

“要不然又干什么呢？”贺里散福问道。

“贺里斯托什卡[①]，你算了吧！你真不知道吗？”

“老天爷在上，我不知道！”贺里散福起誓说。“天地良心，爷爷，我不知道！”

“前两天从沃罗涅日来了一个人，是个买卖人，是谢尔盖·普拉托诺维奇·莫霍夫的朋友，也许是他的亲戚——我不大清楚。那人说，柴尔特柯沃驻着他们布尔什维克的军队。俄罗斯要和咱们打仗啦，你们就躲在家里吗？还有你，米佳，坏小子，听见吗？你怎么不作声？你们在想什么？”

“我们什么也不想。”伊万·阿列克塞耶维奇笑着说。

“你们什么也不想，那才糟呢！”格里沙加爷爷发急地说。“他们会像逮鹧鸪一样把你们逮起来！庄稼佬把你们都抓起来，把你

①贺里斯托什卡是贺里散福的小称。

们活活折腾死……”

米伦·格里高力耶维奇矜持地笑着；贺里散福用手摩弄着脸，弄得很久没刮的硬扎扎的大胡子沙沙地响；伊万·阿列克塞耶维奇抽着烟，看着米佳，米佳那像猫一样竖着的瞳仁亮闪闪的，使人看不出，他的一双绿眼睛是在笑，还是气汹汹地在冒火。

伊万·阿列克塞耶维奇和贺里散福又说了一小会儿话以后，便说要走，把米佳叫到了便门口。

“昨天你为什么不去开会？”伊万·阿列克塞耶维奇正色问道。

“没有工夫。”

“上麦列霍夫家去就有工夫吗？”

米佳头一低，把皮帽子扣到前额上，暗暗地发着狠，说：

“不去就是不去。咱们有什么好谈的？”

“全村上过前方的人都到啦。彼特罗·麦列霍夫没有到。告诉你……大家决定，村里派代表上卡敏镇去。一月十日那儿要开军人代表大会。大家抽了签，抽签的结果，是咱们三个人去，就是我、贺里散福和你。”

“我不去。”米佳决绝地说。

“为什么？”贺里散福沉下脸，抓住他的军便服扣子。“你不合群吗？不合你的意吗？”

“他跟彼特罗·麦列霍夫走呢……”伊万·阿列克塞耶维奇的脸煞白煞白的，他拉了拉贺里散福的大衣袖子，说。“好啦，咱们走吧。看样子，这是咱们没办法的事……你是不去啦，米佳？”

“不去……我说‘不去’，就是不去。”

“再见吧！”贺里散福歪着脑袋说。

“一路平安！”

米佳的眼睛看着一边，把一只滚烫的手伸给他，便朝房里走去。

“坏蛋！”伊万·阿列克塞耶维奇低低地说了一声，并且一连抖动了几下鼻孔。“坏蛋！”他望着越走越远的米佳那宽阔的脊背，又比较响亮地说了一遍。

他们在回家的路上顺便跑了几家，告诉一些弟兄们，说柯尔叔诺夫不肯去参加军人代表大会，明天只有他们两个去了。

一月八日，天蒙蒙亮，贺里散福和伊万·阿列克塞耶维奇便出发了。“马掌”亚可夫自愿赶着爬犁送他们去。一对好马拉着爬犁很快地出了村庄，爬上山冈。因为天气暖和，路上的雪已经化了不少。走到雪已经化尽的地方，滑木就陷进泥里，爬犁一冲一冲地向前进，两匹马使足了劲儿拉，把缰绳拉得像弦一样直。

两个人都跟在爬犁后面走。清晨是寒冷的，“马掌”的脸冻得通红，他的靴子踩得路上的薄冰咯吱咯吱直响。他的一张脸像火一样红，只有那块椭圆形的伤疤发着死尸一般的青色。

贺里散福贴着路边，踏着已经落实的颗粒状的积雪往山上走，他气喘吁吁，呼吸十分吃力，因为一九一六年他在杜布诺附近呼吸过德国人的毒瓦斯。

山冈上的风很大，也冷些。三个人都不说话。伊万·阿列克塞耶维奇用皮袄领子裹住脸。远处的一座小树林子越来越近了。大路穿过树林，向山冈脊上伸去。风在树林里哗啦哗啦地响着，就像小河里的流水。在一棵棵老橡树的树干上，铁锈色的鱼鳞状树皮闪着黄中带绿的金光。远处有一只喳喳叫的喜鹊。喜鹊歪着尾巴从大路上方飞过。那鸟儿乘着风势，歪斜着身子，忽闪着亮闪闪的翅膀，迅速地飞着。

出了村子就没有说过话的“马掌”，回头朝着伊万·阿列克塞耶维奇，一个字一个字地（大概，这两句话他在脑子里早就想好了）说道：

“你们到会上多出出劲，让大家不要打仗。没有人愿意打仗。”

“那是当然，”贺里散福答应说，一面十分羡慕地看着喜鹊自由自在地在飞，并且在脑子里拿鸟儿的无牵无挂的幸福生活跟人的生活做着比较。

一月十日傍晚时候，他们来到卡敏镇上。一群一群的哥萨克从各条街道上朝这座大镇的中心走去。熙熙攘攘，非常热闹。伊万·阿列克塞耶维奇和贺里散福找到格里高力·麦列霍夫的住处，一问，他却不在家。女房东是一个白眉毛的胖大女人，她说她的这位房客开大会去了。

“大会在哪儿开？”贺里散福问道。

“大概在州公署里，也许是在邮局里。”女房东说着，就冷冷地把门关上，差一点碰着贺里散福的鼻子。

大会开得正热闹。一个有很多窗户的大屋子里挤满了代表。楼梯上，走廊上，旁边的屋子里，都有很多人。

“跟我走。”贺里散福用胳膊肘朝两边推着，朝前走去。

他身后出现一条窄窄的缝儿，伊万·阿列克塞耶维奇迅速地朝缝儿里钻去。快到开会的屋子门口，有一个哥萨克，从口音上来判断，是个顿河下游的人，上前拦住贺里散福。

“你慢点儿钻，泥鳅！”他刻薄地说。

“让我进去！”

“你就在这儿站站吧！你瞧，没地方啦！”

“让开点儿，你这小蚊子，要不然我捏死你。你试试看！”贺里散福说着，轻轻一提，把那个小个子哥萨克提到一边，又向前走去。

“哎呀呀，好一只大狗熊！”

“阿塔曼团的人个个都是大力士！”

“是一条好汉！能驮一门四英寸口径的大炮！”

“瞧，他提一个人多轻巧！”

像羊群似的拥拥挤挤地站在门口的许多人都笑着，不由得都带着敬意打量着比大家都高一头的贺里散福。

他们在后墙根下找到了格里高力。他正蹲在那里抽烟，和三十五团的一个代表说话。他一看见自己村里来的人，那耷拉着的铁青色小胡子就笑得哆嗦起来。

“嘿……哪一阵风把你们刮来啦？伊万·阿列克塞耶维奇，你好！贺里散福小叔，你可结实！”

“结实倒是结实，就是不怎么会结子。”贺里散福嘻嘻笑着，把格里高力整个手掌都握进他那半俄尺长的大手里。”

“咱们村里怎么样？”

“村里都平安。大家都问候你。你爹叫你回家去看看。”

“彼特罗怎么样？”

“彼特罗嘛……”伊万·阿列克塞耶维奇不自然地笑了笑，“彼特罗和我们这些人谈不到一块儿。”

“这我知道。噢,娜塔莉亚怎么样？孩子们好吗？你们常看到他们吗？”

“都很结实,都向你问好。就是你爹还在生你的气……”

贺里散福的脑袋转来转去,打量着坐在桌子旁边的主席团。他虽然在后面,看起什么还是比别人都方便。格里高力利用大会短短的休息时间,继续探问村里的情形。伊万·阿列克塞耶维奇讲了村子里的情形、村子里的一些新闻,又简短地讲了上过前方的人开大会、派他和贺里散福到这里来的事。他正要问问卡敏镇这里的情形,这时候有一个坐在桌旁的人宣布说:

“乡亲们,现在由矿工代表发言。请大家注意听,还要保持秩序。”

一个中等身材的人,把淡褐色的头发向上撩了撩,就说起话来。像蜜蜂叫似的嗡嗡的人声,就像被切断了一样,一下子就静了下来。

他一发言,格里高力和其他的人就感到他那些慷慨激昂、充满激情的话很有说服力。他谈到卡列金煽动哥萨克同俄罗斯的工人阶级和农民去打仗的阴险用心,谈到哥萨克和工人利益的一致,谈到布尔什维克同哥萨克的反革命集团进行斗争的目的。

“我们愿意和哥萨克的劳动人民携起手来,并且希望,在同白卫军匪徒作战中,上过前方的哥萨克会成为我们可靠的盟友。过去为沙皇作战的时候,工人和哥萨克一起流过血,现在和卡列金率领的资产阶级的狗崽子们作战,我们也应该在一起,而且一定能在一起！我们要手挽手地作战,共同来消灭千百年来欺压劳动人民的那些人！”他的洪亮的声音像打雷一样响着。

“他妈的，说得真痛快！……”贺里散福兴高采烈地小声说，并且捏了捏格里高力的胳膊肘，捏得格里高力皱了皱眉头。

伊万·阿列克塞耶维奇微微张着嘴在听，因为听得带劲儿，不住地眨巴眼睛，嘴里嘟囔着：

“对！这话对！”

这个代表发过言以后，又有一个高个子矿工发言，他一面说话，一面摇晃身子，就像风中的白蜡树。他站起来，伸直了身子，好像原来是折叠着的；打量了一遍瞪着许多只眼睛的人群，等候了半天，一直等到嘈杂声安静下去。这个矿工很像船索：肌肉疙疙瘩瘩，十分结实，又瘦又长，浑身泛着青绿色，好像是青铜铸成的。他脸上的汗毛孔里粘满黑黑的煤灰，就像许许多多洗不掉的小黑点儿；因为长期在黑暗中跟地下煤层打交道而变得疲惫无神、失去光彩的一双眼睛，也像煤炭一样黑乎乎的。他抖了抖短短的头发，扬了扬攥成拳头的一双手，就像一镐砸下去那样，说：

“是谁在前方对士兵施行了死刑？是科尔尼洛夫！是谁跟卡列金在一起折腾我们？也是他！”他加快速度，一连声地叫了起来：”哥萨克们！弟兄们！弟兄们！弟兄们！你们究竟跟着谁呢？卡列金是想让咱们互相残杀！不行！不行！他们休想！咱们要叫他们瞧瞧厉害，把他们统统扫掉！把这些害人虫统统扔进汪洋大海！”

“他妈的！……”贺里散福笑得咧着嘴，高兴得手舞足蹈，忍不住哈哈大笑起来：“说得好——好！……狠狠收拾他们！”

“住嘴！贺里散福，你怎么啦？人家会把你赶出去的！”伊万·阿列克塞耶维奇害怕地说。

拉古京是布堪诺夫乡的哥萨克，是第二届全俄中央执行委员会哥萨克事务部的第一主席，他说了一些发自肺腑的、不很连贯、但是十分激动人心的话，哥萨克们听了都很感动。担任主席的波得捷尔柯夫也发了言，接着他发言的是留着英国式小胡子的很英俊的沙简科。

“这是什么人？”贺里散福伸出长胳膊指着，向格里高力问道。

“他是沙简科。布尔什维克的一个指挥员。”

“那一个呢？”

“叫曼德尔什坦。”

“打哪儿来的？”

“莫斯科。”

“那几个是什么人？”贺里散福指着沃罗涅日的代表团问道。

“你安静一会儿吧，贺里散福。”

“我的天，实在太有意思啦！……你告诉我：那一个细高个儿，跟波得捷尔柯夫坐在一块儿的，他是什么人？”

“他叫克里沃什雷科夫，是叶兰乡戈尔巴托夫村的。在他后面的两个人是咱们乡的，一个是库金诺夫，一个是顿涅茨柯夫。”

“我还问一个……那一个……不是那个！……是尽边上那一个，头发长长的，是什么人？”

“他叫叶里谢耶夫……我不知道他是哪个乡的。”

贺里散福问过了瘾，就不再问了，他听着一个接一个上去的人讲话，兴趣一直不减退，而且总是首先喊出：“说得好——

好！……”他那厚沉的粗嗓门儿盖过几百人的声音。

一个姓司捷欣的哥萨克布尔什维克发过言以后，第四十四团的代表上去发言。他因为说话很费劲儿，说得很不自然，憋了半天；每说出一个字，就像在空中打一个火印，就歇一下子，用鼻子吸一口气；但是哥萨克们都抱着极大的好感在听他讲话，只是偶尔发出赞许的喊声打断他一下。显然，他说的话在哥萨克当中引起了热烈的反响。

“弟兄们！咱们的代表大会应当办好这件大事，让大家伙儿都满意，让一切都平平安安地过去！”他像口吃的人一样，把声音拉得很长。“我说的是，要叫咱们避免打仗流血。我们已经在战壕里折腾了三年半啦，比如说，如果还要打仗的话，那就要哥萨克的命啦……”

“说得对——对！……”

“一点不错！”

“我们不愿意打仗！……”

“要和布尔什维克、和哥萨克军人联合会谈判！”

“要讲和，别的办法都不要……没有什么好说的！”

波得捷尔柯夫用拳头敲了敲桌子，吼叫声才静了下去。第四十四团的代表这才一面摸着西伯利亚式的大胡子，一面拉长了声音说下去：

“咱们的代表大会应该派代表上诺沃契尔卡斯克去，好言好语地要求志愿军和各种各样的游击队从这儿撤回去。至于布尔什维克，待在我们这儿也没有什么意思。对付劳苦大众的敌人，我们自己能行。目前我们还不需要别人来帮助，如果以后需要的话，我们再请他们来帮助。”

“这话离了谱儿啦！”

“说得对——对！”

“等一等，等一等！怎么‘说得对’？比如说，等敌人的刀架到咱们的脖子上，那时候再去请布尔什维克帮助吗？不行，到那时候就晚啦！”

“应当建立自己的政权。”

“母鸡在窝儿里，可是不知道蛋往哪儿下……天啊！大伙儿真糊涂！”

第四十四团的代表发过言以后，拉古京说了不少号召性的热烈的话。他的说话声不时被叫喊声打断。根据一些人的建议，宣布休息十分钟，但是等到刚刚安静下来，波得捷尔柯夫就对着心情激动的人群喊叫起来：

“哥萨克弟兄们！现在咱们在这儿开会，可是劳苦人民的敌人并没有睡大觉。咱们总是希望，狼也能吃饱，羊也能好好儿的，可是卡列金他却不这么想。他发了一道命令，要逮捕参加这次大会的所有人员，我们截获了这道命令。现在就把这道命令念一念。”

念完卡列金所下的逮捕大会代表的命令以后，人群中掀起一阵骚动。大家一齐闹哄哄地嚷了起来，这种叫嚷声比任何集市上的叫嚷声都响亮百倍。

“说干就干，不要光说空话！”

“安静点儿！……嘘嘘嘘！……”

“用不着什么‘安静点儿’！就是要干！”

“罗博夫！罗博夫！……你对他们说说！……”

“稍微等一等！……”

“卡列金他也不是呆子！”

格里高力一声不响地听着，望着代表们乱摇晃的脑袋和胳膊，后来忍不住了，踮起脚来，大声喊叫道：

“大家别嚷啦，妈的！……你们是来赶集的吗？叫波得捷尔柯夫把话说完呀！……”

伊万·阿列克塞耶维奇正和第八团的一个代表争得不可开交。

贺里散福大声吼叫着，反驳持不同意见的同团的一个哥萨克：

“这么说，还要找人保驾呢！你真是……胡扯什么？……够啦！哼，你呀，伙计，算了吧！咱们自己能对付！”

闹哄哄的喧嚷声小了下去(就像一阵强劲的风刮进麦田里，把麦子都刮倒了)，这时候克里沃什雷科夫那尖细得像姑娘一样的声音像钻子一样钻透了还没有完全静下来的嘈杂声：

“打倒卡列金！哥萨克革命军事委员会万岁！”

人群里又嗡嗡起来。一阵阵赞成的呼喊声连成震耳的、隆隆的一片。克里沃什雷科夫还举着手站在那里。他的手指头就像树叶子，轻轻摆动着。震耳的呼喊声刚刚停止，克里沃什雷科夫就像被狗追着的狼那样，又尖利、高亢、响亮地叫了起来：

“我提议，由哥萨克选举成立一个哥萨克革命军事委员会！由这个委员会同卡列金进行斗争，并组织……”

“啊啊啊啊啊！……”喊叫声像炮弹爆炸一样炸了开来，震得天花板上的石灰片像弹片一样纷纷落了下来。

大家就开始选举革命军事委员会委员。以四十四团发言的代表和另外几个人为首的一小部分哥萨克，仍然主张和平解决同军政府的争端，但是大多数出席大会的代表已经不支持他们了；哥萨克们听了卡列金要逮捕他们的命令以后，都气得鼓鼓的，主张同诺沃契尔卡斯克的政权进行坚决的斗争。

格里高力没有等到选举结束，因为团部有紧急事情要叫他去。他一面往外走，一面对贺里散福和伊万·阿列克塞耶维奇说：

“等散了会，你们到我这里来。我很想知道，哪些人当选了委员。”

夜里，伊万·阿列克塞耶维奇来了。

“波得捷尔柯夫当选为主席，克里沃什雷柯夫当选为书记！”他一进门就说。

“委员呢？”

“委员有拉古京·伊万、郭罗瓦乔夫、米纳耶夫、库金诺夫，还有另外几个人。”

“贺里散福哪儿去啦？”格里高力问道。

“他跟一些哥萨克去逮捕卡敏乡公所的人去啦。他这人性如烈火，往他身上吐口唾沫，都会烤得吱吱响。真够呛！”

贺里散福黎明时候才回来。他哼哧了半天，一面脱靴子，一面小声嘟哝着。格里高力点上灯，看见他的紫涨的脸上有血，额头上方还有一道子弹擦伤。

“你这是谁打的？……要包一包吧？我就来……等一等，我去找绷带。”格里高力从床上跳下来，去找纱布和绷带。

“没事儿,会长好的。”贺里散福嘴里咕噜咕噜地说。“这是那个军官拿手枪打了我一枪。我们从大门口进去,像客人一样去找他,可是他抵抗起来啦。还打伤了一个哥萨克。我真想把他的心挖出来,看看这个军官的心是用什么做成的,哥萨克们都不叫我这样干,要不然我会狠狠敲他一顿……把他的骨头敲碎!”

九

在卡敏镇召开的哥萨克军人代表大会宣布,政权转入革命军事委员会之手。列宁得知此事之后,就在无线电广播里说:顿河上四十六个哥萨克团宣布成立自己的政府,并且正在同卡列金作战。

哥萨克军人派出自己的代表,到列宁格勒去参加全俄罗斯苏维埃代表大会。列宁在斯莫尔尼宫接见了他们。

“你们要把人民的敌人从地球上清除掉,把卡列金赶出诺沃契尔卡斯克……”全俄苏维埃代表大会向哥萨克们提出了这样的号召。

卡敏镇召开的军人代表大会结束后,第二天,顿河第十哥萨克团就奉卡列金之命开到卡敏镇上,要逮捕参加大会的全体人员和解除最倾向革命的哥萨克部队的武装。

这时候车站上正在开群众大会。很大的一群哥萨克沸沸扬扬地议论着,听着讲话人讲话表现出各种各样的态度。

在台上的波得捷尔柯夫说:

“各位父老兄弟们,我没有参加任何党派,也不是布尔什维克。我只希望一点：希望有公道，希望有幸福，希望所有的劳苦大众亲密团结，希望没有任何压迫，没有富农、资本家和财主，希望大家都能自由自在地过日子……布尔什维克所追求的就是这个，就是在为这个奋斗。布尔什维克就是工人，就是劳苦的人，就和咱们哥萨克一样。不过加入布尔什维克党的工人比咱们更有觉悟：咱们过去糊里糊涂，他们在城市里，比咱们见识多，看问题更清楚。并且，我也可以说是一个布尔什维克，虽然我没有参加布尔什维克党。”

第十团下了火车，就来到大会会场。这个团的骨干有一半是特别高大、衣着华丽的原宫陀洛夫团的哥萨克，他们跟别的一些团的哥萨克混杂到一起，情绪马上发生了急剧的转变。他们拒绝执行团长下达的执行卡列金指示的命令。由于拥护布尔什维克的人们热心宣传，他们中间发生了分化。

这时候，卡敏镇上到处呈现出靠近前线的那种忙乱状态：一支支仓促凑起来的哥萨克队伍调去占领和守护被攻克的车站，兵车一辆一辆地朝兹维列沃—里哈亚方向开去。许多部队里在改选指挥人员。有些不愿意打仗的哥萨克悄悄地离开卡敏镇。有一些村镇的代表在会后才赶了来。大街上显得空前热闹。

一月十三日，白军的顿河政府派来谈判的代表团到达卡敏镇。这个代表团的成员是：军人联合会主席阿盖耶夫和联合会的委员斯维托查洛夫、乌兰诺夫、卡辽夫、巴舍洛夫以及库什纳列夫大尉。

密密层层的人群在车站上迎接他们。由御林军阿塔曼团的哥萨克组成的护卫队把他们送到了邮电局大楼。革命军事委员会的委员和白军政府派来的代表团一起开了一夜的会。

革命军事委员会这方面有十七个人参加了会谈。波得捷尔柯夫首先对阿盖耶夫的发言进行了严厉的驳斥,因为阿盖耶夫指责革命军事委员会背叛顿河哥萨克,同布尔什维克勾结。接着克里沃什雷科夫和拉古京也发了言。库什纳列夫大尉的发言几次被聚集在走廊里的哥萨克的喊声打断。有一个机枪手代表革命的哥萨克要求逮捕代表团。

会议没有得到任何结果。到夜里两点钟,已经很清楚,这次会议不会取得任何协议,于是大家通过了军人联合会委员卡辽夫的建议:由革命军事委员会派代表团赴诺沃契尔卡斯克进行商谈,最后解决政权问题。

白军的顿河政府代表团离开以后,以波得捷尔柯夫为首的革命军事委员会代表团接着就前往诺沃契尔卡斯克。代表团成员是大家一致选出的,有波得捷尔柯夫、库金诺夫、克里沃什雷科夫、拉古京、司卡奇柯夫、郭罗瓦乔夫和米纳耶夫。后来逮捕了一些阿塔曼团的军官,就把他们留在卡敏镇上,作为人质。

十

车窗外面,风雪狂啸。一个个被风吹得光溜溜的,已经落实了的雪堆,埋没了残缺不全的防雪栅栏。高高低低的雪堆顶上,已经印上了奇形怪状的鸟爪印儿。

一根一根的电线杆子、一个一个的小站和无边无际、一片白茫茫的原野迅速地向北方退去。

波得捷尔柯夫穿着一件新的光皮上衣，坐在车窗前。肩膀窄窄的、身子瘦瘦的、像个少年人的克里沃什雷科夫坐在他的对面，用胳膊肘支着下巴，望着窗外。他那像孩子一样清澈的眼睛里流露着担心和期待的神情。拉古京用小梳子梳着稀稀拉拉的淡褐色下巴胡子。身强力壮的大汉米纳耶夫在暖气管子上烤手，在座位上转来转去。

郭罗瓦乔夫和司卡奇柯夫躺在上面铺位上，小声说着话儿。

车厢里相当冷，有不少烟气。代表团的成员们都觉得上诺沃契尔卡斯克没有什么把握。谈话没有劲头儿。默默无语，十分沉闷。里哈亚车站过去了。波得捷尔柯夫说出了大家共同的想法：

“不会有结果的。谈不成的。”

“白去一趟。”拉古京赞同他的看法。

又是老半天没有说话。波得捷尔柯夫的一只手有节奏地摆着，好像是梭子在网眼里穿来穿去。他偶尔望望自己的泛着暗淡的亮光的光皮上衣，玩味着。

离诺沃契尔卡斯克不远了。米纳耶夫看了看地图上从诺沃契尔卡斯克旁边伸展开去的顿河，小声说道：

“从前，哥萨克在阿塔曼团服完了兵役，就可以带着全副装备回家。把箱子、个人的东西、马匹都装上火车。火车开着开着，来到沃罗涅日附近，要在这里第一次跨过顿河，开车的司机就要减低速度，减到最低的速度……司机已经知道即将出现的情形。等火车一开到桥上，我的天啊！……你瞧吧！哥萨克们简直就发了疯：‘顿河啊！我们的顿河呀！静静的顿河呀！生我、养我的父亲河呀！乌拉——拉！’于是把军帽、旧军大衣、旧军裤、枕头套、衬衣和各种各样的零碎东西从车窗里，从铁桥栏杆空隙里往水里抛。服完役回来，要向顿河献礼，以前那时候，你瞧吧，水上到处漂着浅蓝色的阿塔曼团制帽，就好像一只只的天鹅或者一朵朵的花儿……这种风俗是很久以前就传下来的。”

火车慢慢减速，停了下来。大家都站了起来。克里沃什雷科夫一面结军大衣上的皮带，一面似笑非笑地说：

“好啦，现在到家啦！”

“好像对咱们不怎么热情啊！”司卡奇柯夫想开开玩笑。

一个很威武的高个子大尉不敲门就走了进来。他用搜索的目光恶狠狠地把代表团的全体成员打量了一遍，装腔作势地、很粗暴地说：

“我奉命来接你们。布尔什维克先生们，劳驾啦，快点儿下车吧。我不能担保人群里不出问题……不能担保你们的安全。”

他的目光停留在波得捷尔柯夫身上的时间特别长，说得确切一点，是特别注意他那件军官皮上衣；他带着明显的敌意下命令说：

“你们马上下车，快点儿！”

“这就是他们，坏家伙，哥萨克的叛徒！”一个留着长长的上嘴胡的军官在挤满了人的台上吆喝道。

波得捷尔柯夫的脸色一下子白了，微微带点儿惊慌的神情斜着眼睛看了看克里沃什雷科夫。克里沃什雷科夫跟着他走下车来，一面微笑着，一面小声对他说：

“‘我们不是在一片颂扬声中，而是要在咬牙切齿地痛骂声中听到称赞的声音……’菲道尔，你听见吗？”

波得捷尔柯夫虽然没有听清后面的话，可是他笑了。

一支强大的军官队护送着他们。恨不得对他们下毒手的人群一直把他们送达到州公署，一路上就像发了疯一样。肆意辱骂代表团的不仅有军官和士官生，而且还有一些普通的哥萨克、一些衣着华丽的妇人和学生。

“你们弄得简直不像话！”拉古京十分气愤地对一个护送他们的军官说。

那个军官用敌视的目光打量了他一眼，小声说：

“你能保住一条命，就算不错啦……要是依我的，早把你这该死的下流货……宰啦！”

另一个年轻些的军官用责备的眼光拦住了他。

“这才糟呢！”司卡奇柯夫瞅到一个机会，小声对郭罗瓦乔夫说。

“简直像是押赴刑场。”

拥来的许多人没有进州公署的大厅。前来谈判的代表，按照一个担任招待的中尉的指点，陆续在桌子的一边就座。这时候，白军政府的委员们也走了进来。

脊背微微有点儿驼的卡列金，由包加叶夫斯基陪伴着，用整个的脚掌迈着稳实的狼步走了过来。他拉了拉自己的椅子，坐了下来，从容地把带白帽徽的绿色军官帽放到桌上，撩平了头发，一面用左手扣着制服旁边一个大口袋的扣子，一面微微弯过身去，朝着和他说话的包加叶夫斯基。他一行一动都表现出从容镇定的自信神态和稳健神态；掌过大权的人的举止行动一般都是这样的，他们多年来养成了与别人不同的特殊风度，头的姿势、走路的姿势都与一般人不同。波得捷尔柯夫的气派倒是能和他旗鼓相当。可是包加叶夫斯基跟仪表堂堂的卡列金坐在一起,就大为逊色了,他显得十分猥琐,面临谈判,显得有些紧张。

包加叶夫斯基的嘴唇在下垂的淡褐色小胡子底下隐隐约约地咕哝着,不知在说什么,他那两只尖尖的斜眼睛在夹鼻眼镜底下不住地忽闪着。他一会儿理理衬衣领子,一会儿轻轻地摸摸摆来摆去的下巴胡,一会儿拧拧那宽宽的眉头上的宽宽的眉毛,这些动作都反映出他的紧张不安的心情。

卡列金坐在中间,军政府的委员们分坐在他的两边。其中有几个人是到过卡敏镇的,如卡辽夫、斯维托查洛夫、乌兰诺夫、阿盖耶夫;另外还有叶拉顿采夫、梅里尼柯夫、博塞、邵什尼科夫和波里亚科夫,他们坐得离中间稍远些。

波得捷尔柯夫听到米特洛方·包加叶夫斯基小声对卡列金说了一句不知什么话。

卡列金眯缝着眼睛对直地朝坐在对面的波得捷尔柯夫看了一眼,说:

“我想,可以开始啦。”

波得捷尔柯夫笑了笑,说明了代表团的来意。克里沃什雷科夫隔着桌子把早已准备好的革命军事委员会的最后通牒递过去,但是卡列金用白皙的手把通牒推过来,很强硬地说:

“政府委员们一个一个地来看,浪费时间,太没有意思啦。劳驾,把你们的通牒念一念吧。念过了,咱们再来讨论。”

“念念吧。”波得捷尔柯夫吩咐说。

他的神态很庄严,但是显然他和代表团其他成员一样,觉得心里没有底。克里沃什雷科夫站了起来。他那像姑娘一样清脆、却又不十分响亮的声音在挤满了人的大厅里回荡起来：

从一九一八年一月十日起，顿河军区指挥军队作战的全部权力，悉归顿河哥萨克革命军事委员会，不再属于军区司令。

一切对抗革命军队的部队均须于本年一月十五日撤离并解除武装，所有志愿国民军、士官学校、尉官学校，均应遵照执行。凡参加此类组织的人员，不属于顿河籍者，一律离开顿河军区，返回原籍。

【注意事项】武器、装备和军装必须交给革命军事委员会的有关人员。离开诺沃契尔卡斯克的通行证由革命军事委员会的有关人员签发。诺沃契尔卡斯克应由革命军事委员会派出的哥萨克部队驻守。

自一月十五日起，取消军人联合会全体会员的合法身份。

军政府派驻顿河地区的工厂和矿山的警察部队，一律撤出。

为避免流血起见，由军政府向顿河全区，向所有的乡镇和村庄宣布自愿放弃统治权，并宣布立即将政权移交给顿河哥萨克革命军事委员会，直到在本区内成立全体人民的正式的劳动政府。

克里沃什雷科夫的声音一落，卡列金就大声问道：

“你们代表哪些部队？”

波得捷尔柯夫和克里沃什雷科夫对看了一眼，就像自言自语似的报起部队番号：

“御林军阿塔曼团、御林军哥萨克团、炮兵第六连、第四十四团、炮兵第三十二连、第十四独立连……”他扳着左手的手指头数着；大厅里嘁嘁喳喳起来，有些人在冷笑。于是波得捷尔柯夫皱起眉头，把生满红毛的两只手放在桌子上，提高了声音：“第二十八团、炮兵第二十八连、炮兵第十二连、第十二团……”

“第二十九团。”拉古京小声提示道。

“……第二十团，”波得捷尔柯夫接着报下去，声音更镇定、更响亮了，“炮兵第十三连、卡敏镇地方警备队、第十团、第二十七团、步兵第二营、第二后备团、第八团、第十四团。”

提过一些小问题和简短地交换过一些意见之后，卡列金把胸膛靠到桌子边上，盯着波得捷尔柯夫，问道：

“你们承认人民委员的苏维埃政权吗？”

波得捷尔柯夫喝完一杯水，把玻璃瓶放到盘子上，用袖子擦了擦胡子，非正面地回答说：

“承认不承认，是全体人民的事。”

克里沃什雷科夫怕心直口快的波得捷尔柯夫说走了嘴，就插嘴说：

“哥萨克是不承认那种有‘人民自由党’[1]的代表参加的机关的。我们是哥萨克，我们的政府必须是我们哥萨克的。”

“如果是布尔什维克或者和他们一类的人来掌权，你们又怎样呢？”

“俄罗斯信得过他们，我们就信得过他们！”

①反革命的立宪民主党又叫“人民自由党”。——作者注

“你们要和他们合作吗?”

“是的!”

波得捷尔柯夫带着赞同的神情“嗯”了一声,接话说:

“我们不是看人,是看主张怎样。”

一个军政府的委员直率地问道:

“人民委员苏维埃是为人民办事的吗?”

波得捷尔柯夫用探询的目光朝他看了看。波得捷尔柯夫笑了笑,伸手拿过玻璃瓶,倒了一杯水,大口喝了下去。他觉得十分渴,他好像用清澈的水在浇心中的大火。

卡列金用手指头轻轻敲着桌子,寻根究底地问道:

“你们和布尔什维克有什么共同之点呢?”

“我们要在顿河地区建立哥萨克的自治政权。”

“噢,不过你们大概已经知道,二月四日要召开军人联合会,要改选委员。你们赞成互相监督的办法吗?”

“不赞成!”波得捷尔柯夫抬起垂着的眼睛,强硬地回答说,“如果你们是少数的话,我们就要让你们服从我们的主张。”

“你们这是强加于人呀!”

“是的。”

米特洛方·包加叶夫斯基把目光从波得捷尔柯夫身上移到克里沃什雷科夫身上,问道:

“你们承认不承认军人联合会呢?”

“那可不一定……”波得捷尔柯夫耸了耸宽宽的肩膀。“顿河地区革命军事委员会将要召开一次人民代表大会。代表大会要在部队的监督下进行工作。如果代表大会不能使我们满意,我们就不予承认。”

“满意不满意，由谁来判断呢？”卡列金扬了扬眉毛。

“由人民！”波得捷尔柯夫很自豪地把头向后一仰；他靠到镂花的椅背上，光皮上衣咯吱咯吱地响了两下。

在短暂的休息之后，卡列金发言了。大厅里鸦雀无声，将军那低沉的、像秋天一样阴郁的声音清清楚楚地在一片静寂的大厅里响着：

“政府不能按照顿河革命军事委员会的要求，放弃自己的统治权。现政府是全体顿河人选举出来的，只有全体顿河人可以要求我们放弃统治权，而不是某些部队。你们要求我们把政权交给你们，是受了布尔什维克罪恶宣传的影响，布尔什维克是想在顿河地区推行他们的制度。你们是布尔什维克手里盲目的工具。你们奉行的是德国仆从们的旨意，你们没有认识到你们对全体哥萨克所担负的重大使命。我劝你们及早地醒悟过来，因为你们走上了同政府分裂的道路，政府是代表全体顿河人心意的，你们要给家乡招来空前的灾难。我不想抓住政权不放。军人联合大会就要召开啦，这次大会将要决定顿河地区的命运，但是在大会召开以前，我必须坚守自己的岗位。我最后一次劝你们及早醒悟。”

他发过言以后，又是哥萨克部队和外来的部队的政府委员发言。社会革命党人博塞的发言很长，他满嘴甜言蜜语，对革命军事委员会的委员们进行了规劝。

拉古京喝住了他的发言：

“我们的要求，就是请你们把政权移交给革命军事委员会！如果军政府想和平解决问题的话，就没有什么好等的……”

包加叶夫斯基笑了笑,问道:

“那么,怎么办?……”

“……就应该公开声明,政权已经移交给革命军事委员会。等你们的联合会开大会等上两个半星期,那不行!人民已经满腔怒火,早就忍不住啦。”

卡辽夫慢吞吞地说了很久,斯维托查洛夫提了好几种无法实现的折中方案。

波得捷尔柯夫十分气愤地听着他们发言。他匆匆地扫视了一下自己人的脸,看到拉古京皱着眉头,脸色煞白,克里沃什雷科夫两眼盯着桌子,郭罗瓦乔夫憋不住要说话。克里沃什雷科夫瞅到个机会,小声对波得捷尔柯夫说:“你说说!”

波得捷尔柯夫好像就等着这句话。他把椅子推开,说了起来,他拼命搜索能够击中要害、具有说服力的字眼儿,因为激动,有时结结巴巴的,说得很费劲儿:

“你们说得不对!如果人民信任军政府的话,我会高高兴兴地撤回自己的要求……可是人民对你们信不过呀!挑起内战的不是我们,是你们!你们为什么容许各种各样亡命的将军在哥萨克的土地上避难?正因为这样,布尔什维克才向我们静静的顿河进军。我不能听你们的!决不容忍!要和你们战斗到底!我们要叫你们看看事实!我不相信军政府能给顿河地区什么好处!你们对不愿服从你们调度的一些部队,采取的是什么措施呢?……噢,噢,就是这话!你们为什么派你们的志愿军去镇压矿工?你们到处作恶!请你们告诉我:谁能担保军政府不发动内战?……你们无法回答。人民和上过前线的哥萨克都站在我们一边。”

大厅里响起一阵笑声，就像风吹落叶；又是一阵愤恨的呼喊声，全是对着波得捷尔柯夫的。波得捷尔柯夫把气得通红的脸转过去，朝着叫喊发出的那一边，再也憋不住满腔的怒火，高声说：

“这会儿你们笑吧，将来你们会哭的！”他又转脸朝着卡列金，用逼人的目光盯着他，说：“我们要求你们把政权移交给我们这些劳动人民的代表，并且要求赶走所有的资产阶级和志愿军！……你们的政府也必须离开！”

卡列金无精打采地把头垂了下去。

“我不打算离开诺沃契尔卡斯克，也不会离开。”

大家休息了一小会儿之后，又继续开会，梅里尼柯夫首先发言：

“赤卫队正在向顿河进攻，要消灭哥萨克！他们推行极端政策，祸害了俄罗斯，又想来祸害我们顿河！自古以来就不曾有过，一小撮狂妄之徒和流氓会管理好国家，会造福人民。俄罗斯人会清醒过来，会除掉这些穷光蛋的！你们受了那些狂妄之徒的迷惑，想从我们手里夺取政权，为的是给布尔什维克打开大门！办不到！”

“你们把政权交给革命军事委员会，赤卫队就会停止进攻……”波得捷尔柯夫插话说。

得到过四枚乔治十字章的舍因上尉，是由一个普通兵晋升到上尉的，他得到卡列金的允许，从人群里走了出来。他像检阅前那样抻平了军便服的皱褶，马上就慷慨激昂地说了起来：

“乡亲们，别听他们胡说八道！”他把手一挥，就好像砍了一刀，用发命令一样的声音高叫道。“我们不能和布尔什维克走一条路！只有出卖顿河和哥萨克的奸贼才会说把政权交给苏维埃，才会叫哥萨克跟着布尔什维克走！”他转过身来，对直地指着波得捷尔柯夫，对着他喊叫起来：“波得捷尔柯夫，您当真以为，顿河人会跟着您这个一知半解、没有学识的人走吗？如果有人跟着走的话，那也只是一小撮无家无业的穷光蛋！不过，老兄，就连他们也会醒悟过来的，他们也会把你绞死！”

大厅里许许多多的人头晃动起来，就像风吹的向日葵头子；响起一片赞扬声。舍因坐了下去。一个佩戴中校肩章、身穿带褶的小皮袄的高个子军官，很亲热地从后面拍了拍他的肩膀。许多军官拥集到他的周围。一个歇斯底里的女声很激动地、吱吱哇哇地喊道：

“谢谢你，舍因！谢谢！”

“好哇，舍因大尉！好极啦！”一个经常在三等座位上看戏的戏迷用小公鸡一样的嗓门儿大声叫道。他一下子就给舍因上尉升了一级。

军政府里有几个能说会道的人，又对革命军事委员会的代表诱劝了半天。大厅里烟气腾腾，一片灰白色，十分气闷。窗外的太阳即将完成一天的行程。许多挂满霜雪的枞树枝条儿冻结在窗玻璃上。坐在窗台上的人已经听见晚祷的钟声和透过怒吼的风声传过来的火车头的声嘶力竭的叫声。

拉古京再也忍不住了，他打断军政府一个演说家的话，对卡列金说：

“请你们谈正题吧，该结束啦！”

包加叶夫斯基小声挖苦他说：

“拉古京，别激动！这儿有水。激动对于有家眷的人和有可能害心脏病的人是有害的，再说，不管怎样您都不应该打断发言人的话，这儿可不是什么工农兵苏维埃。”

拉古京也回敬了他几句，但是大家的注意力又重新集中到卡列金身上。他仍旧和开头那样，很自信地玩弄着政治把戏，而波得捷尔柯夫的回答，使他又一次碰在简单而又厚实的铁甲上。

“你们说，如果我们把政权交给你们，布尔什维克就会停止向顿河进攻。不过这是你们的想法。可是等到布尔什维克来到顿河上，他们会怎么样，那还不知道呢。”

“我们相信，布尔什维克会证实我的话的。你们就试试看：把政权交给我们，把志愿军从顿河地区赶出去，你们就会看到：布尔什维克马上就不打了！”

过了不大的一会儿，卡列金欠起身来。他的答复是事先定了的：柴尔涅曹夫已经接到集中军队准备进攻里哈亚车站的命令。但是卡列金为了争取时间，在宣布会议结束时，采取了拖延的手段：

“顿河政府将讨论革命军事委员会的建议，明天上午十点钟以前书面答复。”

十一

第二天上午顿河政府交给革命军事委员会代表团的答复内容如下：

顿河军的军政府在讨论了哥萨克革命军事委员会的代表团代表阿塔曼团、御林军哥萨克团、第四十四、第二十八、第二十九、第十、第二十七、第二十三、第八、后备第二及第四十三各团，第十四独立连、御林军炮兵连，第三十二、第二十八、第十二和第十三炮兵连，步兵第二营和卡敏镇警备队等部提出的要求以后，兹声明：军政府是顿河地区全体哥萨克的代表。由全体哥萨克选定的政府，在新的军人联合会召开大会以前，不能放弃自己的统治权。

顿河军的军政府认为必须解散军人联合会的旧机构，必须改选各乡镇和各部队的代表。由全体哥萨克用平等、秘密的直接投票方式自由（有充分的宣传自由）选举出来的军人联合会，在新的领导机构领导之下，将于今年旧历二月四日在诺沃契尔卡斯克召开会议，同时召开非哥萨克人代表大会。只有经过革命的、可以代表顿河全体哥萨克的军人联合会，只有这一合法机构，才有权撤销军政府，改选新的军政府。这次会议将同时讨论军队的管理问题和是否需要保留军队和志愿国民军以保卫政权。至于志愿军的编制及其活动，联合政府早已决定由政府进行监督，并且由顿河区军事委员会参与监督。

关于撤出所谓军政府派驻工厂矿山区的警察部队问题，军政府声明，该问题将提交二月四日的军人联合会审议决定。

军政府声明，地方生活的体制问题，应由地方人民决定，因此军政府认为，必须按照军人联合会的意图，尽最大力量，反抗布尔什维克的武装部队入侵，因为布尔什维克企图强制推行其政治制度。自己的生活应由人民自己安排——这是唯一的办法。

军政府不愿意打内战，军政府将尽一切可能用和平方式解决问题，因此建议革命军事委员会派人参加代表团，同布尔什维克军队进行谈判。

军政府认为，如果本地区以外的军队不侵犯本地区边界，就不会发生内战，因为军政府只保护顿河地区，决不采取任何进攻行动，不想把自己的意志强加于俄罗斯，因此也不希望任何别的人把自己的意志强加于顿河地区。

军政府保证各乡镇和各部队的选举有充分的自由，每一个公民在即将到来的军人联合会的选举中，都可以自由宣传和坚持自己的观点。

为了了解各师的哥萨克的需要，应当立即派出由各部队代表组成的调查委员会。

顿河军的军政府向有代表参加革命军事委员会的一切部队建议，立即恢复保卫顿河地区的正常活动。

军政府决不允许顿河的军队反对顿河的军政府，不允许静静的顿河上发生自相残杀的战争。

革命军事委员会应由选举该委员会的部队宣布解散，此外，各部队都应派代表参加现有的顿河区军事委员会，该委员会是代表本区所有部队的。

军政府要求立即释放革命军事委员会所逮捕的一切人员，为了恢复本地区的正常秩序，行政机关应恢复履行职责。

革命军事委员会仅仅代表少数哥萨克部队，无权代表所有的部队，更无权代表全体哥萨克提出要求。

军政府认为，革命军事委员会同人民委员苏维埃的妥协以及接受其金钱援助，是令人难以容忍的事，因为这意味着在顿河地区扩大人民委员苏维埃的影响，而哥萨克军人联合会和全地区非哥萨克人代表大会都不承认苏维埃政权，乌克兰、西伯利亚、高加索以及所有的哥萨克部队都是这样。

军政府主席、副司令官米•包加叶夫斯基

顿河军代表：叶拉顿采夫

波里亚科夫

梅里尼科夫

卡敏镇来的革命军事委员会委员拉古京和司卡奇柯夫也参加了顿河军政府派出的代表团，前往塔干罗格同苏维埃政权的代表谈判。波得捷尔柯夫和其余的成员暂时被软禁在诺沃契尔卡斯克，可是就在这时候，柴尔涅曹夫就带领一支好几百人的队伍，配备了一个重炮连和两门小炮，用闪电式的突袭攻占了兹维列沃和里哈亚车站，他留下一个连和两门炮担任守卫，便带领主力去进攻卡敏镇。柴尔涅曹夫的部队在北顿涅茨小站附近打垮了担任守卫的革命的哥萨克部队以后，便在一月十七日占领了卡敏镇。可是过了几个小时就得到消息，说是萨布林的赤卫队收复了兹维列沃，接着又收复了里哈亚，赶走了柴尔涅曹夫的留守部队。柴尔涅曹夫立即率兵前往。迎头一击，打垮了莫斯科第三支队，重创哈尔科夫支队，打得赤卫队十分狼狈地退了回去。

里哈亚方面的情况恢复以后，掌握了主动权的柴尔涅曹夫又回到卡敏镇上。一月十九日，从诺沃契尔卡斯克给他调来了增援部队。第二天，柴尔涅曹夫就决定进攻格鲁博克。

在军事会议上，根据林柯夫中尉的建议，决定用迂回运动的战术进攻格鲁博克。柴尔涅曹夫不敢顺着铁路线进攻，因为害怕在这个方向会遇到卡敏镇革命军事委员会的部队和由柴尔特柯沃开来增援的赤卫队的顽强抵抗。

夜里就开始了深入的迂回运动。柴尔涅曹夫亲自率领队伍前进。

拂晓时到达格鲁博克。动作整齐地改变了队形，列成散兵线。柴尔涅曹夫准备下命令进攻前，从马上下来，活动着两条坐麻了的腿，用沙哑的声音对一个连长命令道：

“大尉，用不着客气。您明白我的意思吗？”

他用靴子咯吱咯吱地踩着雪地上硬邦邦的冰凌，把灰色的羊皮帽朝一边推了推，用手套擦着红红的耳朵。因为睡眠不足，他那炯炯逼人的眼睛下面出现了两个蓝圈儿，嘴唇冻得皱了起来，剪得短短的小胡子上凝结着白霜。

他暖和过来以后，又跳上马去，把绿色军官小皮袄上的褶儿抻了抻，拿起撩在鞍头上的缰绳，打了一下白头顶的枣红色顿河马，很自信、很坚强地笑了笑，说：

“开始吧！”

十二

在卡敏镇召开哥萨克军人代表大会以前，伊兹瓦林上尉从团里逃跑了。逃跑的前一天他去看过格里高力，拐弯抹角地暗示自己要离开，他说：

“目前环境是这样，很难在团里再干下去。哥萨克们都在两个极端，在布尔什维克和旧君主制度之间摇来摆去。谁也不愿意支持卡列金的政府，尤其是因为他光是天天空喊平等。我们需要的是刚强的、有魄力的人，需要一个能对付外来户的人……不过我认为，目前最好还是支持卡列金，免得全盘输掉。”他停了一会儿，一面吸烟，一面问道：“你……大概信仰红党了吧？”

“差不多。”格里高力答应说。

“你是真心实意呢，还是像郭鲁博夫一样，想笼络人心呢？”

“我用不着笼络人心，自己能找到出路。”

“你找不到出路，只会碰到墙上。”

“咱们就等着瞧吧……”

“格里高力，我怕咱们以后会以仇敌相见。”

“在战场上是不认朋友的，叶菲姆·伊万内奇。”格里高力笑着说。

伊兹瓦林坐了一会儿就走了，第二天早晨他就不见了，就像石头沉进了大海。

开代表大会的那一天，维奥申乡列别亚希村一个阿塔曼团的哥萨克来看格里高力。格里高力正在擦手枪，往手枪上抹油。这个阿塔曼团的哥萨克坐了一会儿，临走的时候，好像是随口一提，又好像是专门为此事来的(他知道，原阿塔曼团的军官李斯特尼次基夺了格里高力的女人，他偶然在车站上看见了李斯特尼次基，所以特地来警告他)，说：

“格里高力·潘捷莱耶维奇，我今天在车站上看到你的朋友啦。”

“哪一个？”

“李斯特尼次基。你认识他吗？”

“什么时候看到的？”格里高力急忙问道。

“一个钟头以前。”

格里高力坐了下来。往日的凌辱就像猎狗的爪子抓住了他的心。他对仇人的憎恨已经不像原来那样强烈，但是他知道，如果现在遇到了，在目前内战已起的条件下，他们之间一定要流血的。他无意中听到李斯特尼次基的消息以后，才知道旧日的创伤并没有随着时间消失：只要三言两语，就会流血。格里高力真想为过去的事痛痛快快地报复一下——就因为这个可恶的家伙插了一脚，他的生活才暗淡无光了，过去的生活十分愉快，充满乐趣，如今只剩下孤寂、苦闷和忧郁。

他沉默了一会儿，觉得脸上的一阵微微的红晕已经渐渐退去，就问道：

“你可知道，他是不是上这儿来的？”

“恐怕不是，大概是上诺沃契尔卡斯克的。”

“噢——噢……”

阿塔曼团的哥萨克又谈了谈代表大会的事和团里的新闻，就走了。他走后一连好几天,格里高力心中痛苦异常,怎么压都压不住。他一天到晚恍恍惚惚的,比往常更多地想起阿克西妮亚,嘴里发苦,心里木木的。他想起娜塔莉亚,想起孩子们,但这种回忆带给他的愉快早已被时间冲淡了,被岁月蚀薄了。他的心还是在阿克西妮亚身上,仍旧像从前一样深沉而强烈地想念着她。

柴尔涅曹夫的部队攻了上来,只好从卡敏镇仓促撤退。顿河革命军事委员会的一些散乱的队伍,一支支残缺不全的连队,有的纷纷登上火车,有的用行军的方式撤退,把一切累赘的和笨重的东西全都扔下。可以明显看得出缺少组织性,缺少一个坚强有力、能够整顿和指挥这股实际上很可观的兵力的人。

最近一些日子不知从哪里钻出来一个郭鲁博夫中校,他在选举出来的指挥员中显得与众不同。他担任了战斗力特别强的第二十七哥萨克团的指挥,并且马上就雷厉风行地进行了整顿。哥萨克们都毫无二话地服从他,认为他在团里有别人所不及的才能:善于团结指挥人员,善于安排,善于领导。郭鲁博夫是个很粗壮的军官,腮帮子鼓鼓的,两只眼睛显得很凶。这会儿他正摇晃着马刀,在车站上对装车动作缓慢的哥萨克吆喝着:

“你们怎么回事儿?是在捉迷藏吗?!他妈的!……快点儿装啊!……我以革命的名义命令你们立即服从!什——么?……这是谁在煽动?我枪毙你,坏蛋!……住嘴!对消极怠工的和暗藏的反革命分子我决不客气!”

于是哥萨克们都服帖了。按照旧的传统,很多人甚至还喜欢这一套,大家都还没有摆脱旧传统。在旧时代,越是厉害,就越是大家心目中的好指挥官。关于郭鲁博夫这样的指挥官,有一种说法："处罚起你来，会揭掉你的皮；心疼起你来，再给你缝上一张。"

顿河革命军事委员会的部队像潮水一样退出后，一齐拥到了格鲁博克镇。所有的部队实际上已经由郭鲁博夫在指挥。他在不到两天的时间里把溃不成军的队伍集结起来，并采取了相应的措施，以巩固格鲁博克的防务。格里高力·麦列霍夫受他的委派，指挥着由后备第二团的两个连和阿塔曼团的一个连组成的一个营。

一月二十日黄昏时候，格里高力走出自己的住所，去检查设立在铁路线外面的阿塔曼团那个连的岗哨，他在大门口碰上了波得捷尔柯夫。波得捷尔柯夫一下子就认出他来。

"你是麦列霍夫吧？"

"是的。"

"你上哪儿去？"

"查岗去。从诺沃契尔卡斯克回来很久了吗？怎么样？"

波得捷尔柯夫皱起了眉头。

"和人民的死敌是不能谈和平的。他们玩的鬼把戏，你还没看见吗？一面谈判……一面放出柴尔涅曹夫来咬人。卡列金这家伙有多坏呀?！好啦，我很忙，要到司令部有急事。"

他匆匆和格里高力道过别，便大踏步朝镇中心走去。

还在当选为革命军事委员会主席以前，他对待格里高力和其他一些熟人的态度就有了明显的变化，他的声音中已经流露出优越和高傲的语调。这个天性纯朴的人，因为掌了权，头脑就发起昏来。

格里高力把军大衣领子往上拉了拉，加快了脚步。看样子夜里会很冷。风从东南方吹来。天渐渐放晴了。地上的雪冻得很结实，走在上面咯吱咯吱直响。月亮就像一个残废人上楼梯，慢慢地、歪着身子升了上来。郊外的原野蒙起一片淡紫色的暮霭。正是黑夜渐渐降临的时候，这时候一切景物的轮廓、线条、色彩、距离都在渐渐消失；这时候白昼的亮光还同黑夜交织在一起，进行混战，所以一切都显得不像真的，缥缥缈缈，像童话里的东西；这时候就连气味都失去刺激性，带有一种特别的、淡化的成分。

格里高力查完岗哨，回到住所。房东是个铁路职员，一脸的麻子，长相很像一个流氓，他生起火壶，在桌子旁边坐了下来。

“你们要进攻吗？”

“不知道。”

“还是你们等着他们进攻？”

“看来是这样。”

“这很对。我想，你们没有力量进攻，那么，当然最好就是等待。防守是比较有利的。我在和德国打仗时当过工兵，对于战略战术也略知一二……兵力不足呀。”

“算了吧。”格里高力不想谈这个使他不快的问题。

但是房东一面搔着呢子背心底下他那像石斑鱼一样的瘦肚皮，一面在桌子跟前转悠着，一股劲儿地缠着问：

“炮队多不多？有多少门炮？多少门？”

“你当过兵，可是不懂当兵的规矩！”格里高力带着愤怒的神情冷冷地说，并且把眼睛一翻，吓得房东像发晕一样，朝旁边歪一歪。“你当过兵，可是这么不懂规矩！……你怎么能问我们军队的数目和作战计划？我马上把你送去审问审问……”

“长官……先生……好先……好先……”房东脸色煞白，急得喘不上气来，词尾都说不清了，嘴唇半张着，脸上的麻子都发了青。“我太糊……太糊涂！请多多包涵！……”

在喝茶的时候，格里高力无意中看了他一眼，就看到房东的眼睛就像遇到闪电时那样，猛然眨动了一下，可是等眼睛睁开，却露出另一种神情，那是一种亲热的神情，几乎可以说是一种爱慕的神情。房东的妻子和两个成年的女儿在小声说着话儿。格里高力没有喝完第二杯茶，就回到自己房里。

过了不大一会儿，和格里高力住在一所房子里的后备第二团第四连的六个哥萨克也从外面回来了。他们闹哄哄地喝起茶来，又说又笑。格里高力已经蒙眬欲睡，只听到他们谈话的片段。有一个人在讲（格里高力从声音上听出是排长巴贺马乔夫，是卢干乡人），其余的人偶尔地插儿句话。

“这事儿是我亲眼见到的。郭尔洛夫区第十一号矿有三个矿工跑来说，我们那儿成立了一个组织，需要武器，你们匀给我们一点儿吧。可是革命军事委员会的一个干部说……真的，是我亲自听他说的嘛！”他提高声音，回答不知是谁的插话。“那个干部说：‘同志，你们去找萨布林吧，我们这儿什么也没有。’哪里是什么也没有？我就知道，还有不少多余的步枪呢。不是这么一回事儿……是因为庄稼佬要参加，所以起了小心眼儿。”

“就应该这样！”另外一个人说。“要是给了他们家伙，还不知道他们肯不肯打仗。可是一提起土地，他们就会把手伸得老长。”

“我们可是知道这一套！”还有一个人粗声粗气地说。

巴贺马乔夫若有所思地用茶匙敲起玻璃杯子；他一面合着自己说话的节拍敲着茶匙，一面一个字一个字地说：

“不行，这样不对头。布尔什维克为了全体人民可以忍让，咱们这些布尔什维克却很糟。只要打垮了卡列金，以后再说别的……”

“哎哟，我的老兄呀！”一个孩子般清脆的声音用开导的语气高声说：“你要明白，咱们没有什么可让的呀！像样的地每个人只能摊到一亩半，剩下的都是沙石地、山沟和草场啦。拿什么来让呀？”

“用不着分你的地，有一些人的土地多得很呢。”

“还有军用土地呢？”

“我的天呀！把自己的土地拿出去，再向大爷大娘乞讨吗？……嘿，你呀，真想得出这样的好主意！”

“军用土地军队还要用呢。”

“那当然啦。”

“真是贪心不足！”

“哪能算什么贪心！”

“也许会把上游的哥萨克迁移过来。我们都知道，他们的土地是一片黄沙。”

“就是这话！”

“咱们什么都捞不到。”

“没有酒真不好办。”

“喂，伙计们！前几天这儿打开一座酒库。有一个人掉到酒里，呛死啦。”

“他是想一下子喝光。喝得肚子鼓鼓的。”

格里高力在蒙眬中听到，哥萨克们铺着地铺，打着哈欠，挠着痒痒，还在继续谈着土地，谈着分地的事。

快到黎明时候，窗外响起枪声。哥萨克们一齐跳了起来。格里高力拉过军便服，两只胳膊却怎么都伸不进袖子。他抓起军大衣，一面跑着一面把鞋穿上。枪声像炒豆子一样在窗外噼噼啪啪响了起来。一辆大车轰隆轰隆地开了过去。有人在门口慌里慌张地高声喊叫：

“带枪集合！带枪集合！……”

柴尔涅曹夫的部队打得哨兵节节后退，渐渐向格鲁博克镇里冲来。骑兵在灰蒙蒙、阴沉沉的夜色中来来回回地奔驰。步兵咚咚地乱跑。十字路口正在架机枪。有三十来个哥萨克像一条链子似的排成横队向前冲去。有一个小队从小胡同里穿过去。枪栓咔嚓咔嚓地响着，子弹进了枪膛。前面的街上响起高亢而嘹亮的口令声：

“第三连，快！那是谁把队伍搞乱啦？……立正！机枪手，往右翼！准备好了吗？全连注意……”

一个炮兵排轰隆轰隆地开过。马匹大步跑着。炮手们摇晃着鞭子。炮弹箱咔啦咔啦，车轮咕隆咕隆，炮架子咯吱咯吱，同镇边上越来越密集的枪声混成了一片。不远处有几挺机枪一齐吼叫起来。一辆不知往哪里跑的炊事车，跑到附近的街口，撞在小花坛旁边的一根树桩上，一下子就撞翻了。

“瞎鬼！……你没看见吗?！瞎闯什么？”有一个吓得要死的声音十分紧张地吆喝道。

格里高力好不容易集合起一个连，带着这一连人朝镇边上跑去。镇边上已经有许多哥萨克一股一股地败退下来。

“往哪儿去？……”格里高力抓住最前面一个人的步枪，问道。

“松——手！……”那人朝外挣着。“松手，浑蛋！……为什么抓住我？你没看见，都在退吗？……”

“好厉害！……”

“来势好猛……”

“咱们往哪儿去？……上什么地方……上米尔列尔镇，好吗？”好几个人气喘吁吁地说。

格里高力带着一连人来到镇边上一座长长的棚子前，刚要让队伍散开，可是又一股退却的哥萨克跑来把队伍冲乱了。他这个连的哥萨克和退却的人混到了一起，一齐朝后面，朝街道上跑去。

“站住！……不要跑……我开枪啦！……”格里高力气得打着哆嗦吆喝道。

大家都不听他的了。一阵一阵的机枪子弹顺着大街泼来；哥萨克们一堆一堆地在地上趴了一小会儿，朝墙跟前爬了爬，便跑进了几条横街。

“现在控制不住啦，麦列霍夫！”排长巴贺马乔夫从他身边跑过，把脸凑过来看着他的眼睛，高声说。

格里高力咬了咬牙，摇晃着步枪，跟着他向后退去。

部队一片混乱，仓皇地逃出了格鲁博克。差不多把部队的全部物资都扔掉了。到黎明时候，才把各连集合起来，发起反攻。

郭鲁博夫的脸红红的，一脸都是汗，小皮袄敞着怀，他顺着自己的二十七团前进的散兵线来来回回地跑着，用响亮而紧张的嗓门儿高声喊叫着：

“前进！……不要卧倒！冲啊！……冲啊！……”

炮兵第十四连进入阵地，正把大炮从车上往下卸；炮兵连连长站在炮弹箱上，用望远镜观察着。

五点多钟开始战斗。由哥萨克和沃罗涅日的彼特洛夫支队的赤卫队员混合而成的散兵线密密麻麻地向前拥去，许许多多人影在雪地上移动着，好像白底子上挑了许许多多黑黑的花儿。

东方吹来冷风。风把乌云拨开，下面露出一抹红红的朝霞。

格里高力从阿塔曼团的一个连中拨出一半人去掩护炮兵第十四连，率领其余的人去进攻。

试射的第一发炮弹落在柴尔涅曹夫部队的阵地前面很远的地方。爆炸的烟雾升了起来，像一面乱蓬蓬的蓝黄色的大旗。第二发炮弹又清脆地炸了开来。各门炮都逐个儿试射起来。

“嗖——嗖——嗖！……”炮弹朝远处飞去。

一阵令人紧张的寂静，穿插了几排步枪的齐射声，接着便是远处响亮的炮弹爆炸声。超远射以后，炮弹就接二连三地落到阵地近处了。格里高力被风吹得皱起眉头，怀着满意的心情想道：“试射成功啦！”

右翼是第四十四团的几个连。郭鲁博夫领着自己那个团在中央。格里高力在他的左边。格里高力过去，是赤卫队的几个小队，他们在右翼的尽边上。格里高力的队伍配备了三挺机枪。机枪队长是一个矮矮的赤卫队员，一张脸阴沉沉的，两只大手上生满了黑毛，他扫射起来又准又狠，打得进攻的敌人不敢动弹。他的机枪一直跟着阿塔曼团那半个连前进。他手下有一个穿军大衣的健壮的女赤卫队员。格里高力顺着阵地走过时，愤恨地想道："色鬼！在战场上打仗，还离不开女人。同这种人在一起，能打什么仗?！再把孩子、鹅毛褥子和各种各样的零碎儿都带来才好哩！……"机枪队长走到格里高力跟前，理了理胸前的手枪带子，问：

"这支队伍是您指挥吗?"

"是的，是我!"

"我要在阿塔曼团这半个连的阵地上进行阻拦射击。您瞧，咱们进展太慢啦。"

"好吧!"格里高力答应过，听到一挺哑了的机枪那边传来喊叫声，连忙转过头去。

一个身强力壮的大胡子机枪手十分暴躁地喊叫着：

"彭楚克！……咱们这样打，机枪都要熔化啦！……怎么能这样啊?"

那个穿军大衣的女子就跪在他身边。她那一双黑黑的眼睛在绒头巾下面忽闪着，格里高力觉得很像阿克西妮亚，这一双眼睛勾起了他的思念，他气也不喘、眼睛眨也不眨地看着她。

晌午时候，郭鲁博夫派传令兵给格里高力送来一张字条。在从行军记事簿上顺手扯下来的一张纸片上歪歪扭扭地写着一些潦草的字：

我以顿河革命委员会的名义命令您，率领您手下两个连离开阵地，以急行军包抄敌人的右翼，你们进袭的地区此处可以看得见，就在风磨稍左一点，顺山沟走……行动要隐蔽

（有几个字看不清）……等我们一发动强攻，你们就从侧翼冲过来。

郭鲁博夫

格里高力把两个连撤下来，叫大家上了马，往后开去，尽量不叫敌人判断出他们行军的方向。

他绕着圈子走了有二十俄里。马匹在很深的雪里走得非常吃力。他们走的山沟里积满了雪。有些地方的雪抵到马肚子。格里高力听着一阵一阵的炮声，不时担心地看看表，这表是在罗马尼亚从一个被打死的德国军官手上摘下来的——他很怕误了时间。他还不时地根据指南针校正方向，但还是比指定的方向偏左了一点儿。他们爬上一处宽宽的斜坡，来到开阔的地方。马匹浑身冒着热气，腿窝里水漉漉的。格里高力命令下马，自己第一个跳到高些的地方。马匹留在山沟里，派几个人看守着。哥萨克们都跟着格里高力顺着平缓的斜坡朝前爬去。格里高力回头看了看，看见自己后面有一连多下了马、在积雪的山沟斜坡上散了开来的战士，就觉得自己有了信心和力量。他也和每个人一样，在打仗时有一种很强烈的群体感。格里高力四面看了看，估量了一下情况，心里明白了，因为对路上的困难估计不足，至少迟到了半个钟头。

郭鲁博夫发动了大胆的战略性进攻，差不多已经切断柴尔涅曹夫的退路，他在两翼配备了掩护，用正面突击朝半面被包围的敌军冲去。一阵阵隆隆的炮声。枪声噼噼啪啪地乱响，好像是铁砂子在铁锅里乱滚；坑坑洼洼的敌军阵地上罩起一片榴霰弹的硝烟，炮弹接连不断地落下来。

“成散兵线！……”

格里高力带着自己的两个连从侧翼冲上去。他们就像在射击演习时那样，也不卧倒，直往前冲，但是柴尔涅曹夫的队伍里有一个很灵活的机枪手，他的“马克辛”机枪非常厉害，哥萨克们损失了三个人后，就老老实实地卧倒了。

下午两点多钟，格里高力中了一颗子弹。包着镍皮的灼热的铅弹钻进大腿肌肉里。格里高力觉得火辣辣地疼，觉得出现了失血时那种熟悉的呕吐感，就紧紧地咬住牙。他从阵地上爬下来，急得跳了起来，猛烈地摇了摇被子弹擦伤的脑袋。因为子弹没有钻出来，所以腿部越来越疼得厉害。这颗子弹打到格里高力身上的时候，已经没有多大的劲儿了，所以，穿透了军大衣、军裤和皮肤，到了肉里就停住了。因为疼得像火烧，疼得钻心，行动起来很不方便。格里高力趴在地上，想起了第十二团在罗马尼亚的特兰斯瓦尼亚山地打的那一仗，那一次他的胳膊受了伤。他的眼前清清楚楚地出现了那一次进攻的场面：“秃子”，米沙·柯晒沃依的怒冲冲的脸，叶麦里扬·格洛舍夫拖着一个受伤的中尉往山下跑。

格里高力的副手是一个叫刘毕什金·巴维尔的军官，他担任了两个连的指挥。他派两个哥萨克把格里高力送到看守马匹的人那里去。两个哥萨克一面扶着格里高力上马，一面很关切地劝他说：

“请您把伤口包扎包扎吧。”

“有绷带吗？”

格里高力已经上了马，但是想了想，又下了马，脱下裤子，只觉一阵冷气透过汗淋淋的脊背、肚子和两腿，他冷得皱着眉头，匆匆地把火辣辣、血糊糊、好像用铅笔刀割的一道伤口包扎起来。

他骑上马，由自己的传令兵陪着，仍旧绕道朝发起反攻的地方走去。他望着雪地上密密麻麻的马蹄印儿，望着几个钟头以前他带领两个连走过的这道山沟。他昏昏欲睡，高地上发生的事情不知为什么已经变得非常遥远和淡漠了。

可是在那边，步枪声依然乱纷纷地、一阵紧似一阵地响着，敌人支援自己人的重炮轰轰隆隆，而且不时地有咆哮的机枪连续射击一阵子，好像是为总结战果，画着尚未可知的虚线。

格里高力在山沟里走了有三俄里。马匹在雪里越陷越深。

“把马赶到平地上去……”格里高力一面打着马往积雪很厚的山沟斜坡上走，一面对传令兵嘟哝说。

远处有一些稀稀拉拉的尸体，黑乎乎的，就像落在田野上的乌鸦。在地平线尽头处，有一匹没有人骑的马在狂跑，从这里看去，那马显得非常小。

格里高力看到，已经溃乱和变稀了的柴尔涅曹夫的基本核心队伍，冲出了战场，转来转去地朝格鲁博克退去。格里高力放开自己的枣红马飞跑起来。远处零零落落地有很多堆哥萨克。格里高力催马跑到其中一堆哥萨克跟前，看到了郭鲁博夫。郭鲁博夫仰靠在马鞍上。他那两边镶着发了黄的羊羔皮的皮袄敞着怀，皮帽子歪戴着，额头上汗津津的。他捻着司务长式的上翘的小胡子，用沙哑的嗓门儿高叫道：

“麦列霍夫，好样儿的！你好像挂花啦！他妈的！骨头没伤着吧？”他不等回答，就笑着说：“打得痛快！把他们打垮啦！……

把军官队打得落花流水。他们夹起尾巴跑啦!"

格里高力要了一根烟,抽了起来。田野上到处都是哥萨克和赤卫队员。一个骑马的哥萨克从前方远处黑压压的一群人那里飞快地跑来。

"俘虏了四十个人,郭鲁博夫!……"他老远就喊起来。"俘虏了四十名军官,还有柴尔涅曹夫本人。"

"你是吹牛吧?!"郭鲁博夫惊骇地在马上转了一下身子,狠狠抽了一下他那匹白腿的高头大马,朝前跑去。

格里高力等了一会儿,也打马跟着他跑去。

密密层层的一群俘虏,由押送队围成一个圈儿押解着,押送队有三十人,是第四十四团和第二十七团的一个连的哥萨克。柴尔涅曹夫走在最前面。他为了逃避追击,扔掉了皮袄,现在只穿着一件很薄的光皮上衣。左肩上的肩章已经扯掉了。脸上靠近左眼的地方有一道新鲜的擦伤还在流血。他走得很快,脚步一点都不乱。他的皮帽子歪戴着,他显得很不在乎、很神气。他那红红的脸上一点害怕的影子也没有:看样子,他有好几天没刮脸了,两腮上和下巴上的淡褐色胡楂闪着金光。柴尔涅曹夫冷冷地、迅速地打量着朝他跑来的哥萨克们;两道眉毛中间出现了一条伤心和痛恨的皱纹。他一面走,一面划着火柴,用红红的、坚硬的嘴角衔住烟卷,抽起烟来。

大多数军官都很年轻,只有几个人满头白发。一个腿部受伤的军官落在了后头,一个大脑袋、小个子、麻脸的哥萨克用枪托子推着他的脊背。有一个很威武的高个子大尉差不多和柴尔涅曹夫并排走着。有两个人,一个是少尉,一个是中尉,面带笑容,挽着胳膊走；在他们后面是一个宽肩膀、鬈发、没戴帽子的士官生。有一个军官披着一件步兵军大衣，上面的肩章是缝死了的。还有一个军官也没有戴皮帽，只戴着红绒线长耳军官风帽，风帽一直压到他那像女子一样清秀的黑眼睛上；风将风帽的长耳朵吹到他的两肩上。

郭鲁博夫跟在后面走了一会儿。他慢慢停下来，对哥萨克们喊叫道：

“你们听着！……你们要遵守革命军事时期的纪律，对俘虏的安全要负责！要把他们安全地送到司令部去！”

他叫过一个骑马的哥萨克来，在马上草草地写了一张字条，折叠起来，交给那个哥萨克，说：

“你跑快点儿！把这交给波得捷尔柯夫。”

他转过身来，问格里高力：

“你也跟着去吗，麦列霍夫？”

郭鲁博夫得到肯定的答复以后，走到格里高力跟前，说：

“你告诉波得捷尔柯夫，就说我要把柴尔涅曹夫保出去！明白了吗？……好，就这样告诉他。你去吧。”

格里高力跑到那群俘虏的前面，一直跑到革命军事委员会的司令部，司令部就设在离一个村子不远的田野上。波得捷尔柯夫正在一辆大车旁边走来走去，车轮子上都结了冰，车上有一挺罩着绿套子的机枪。一些参谋人员、通讯员、传令兵和几位军官也都在这里掼动着脚，弄得鞋后跟叭叭直响。米纳耶夫也和波得捷尔柯夫一样，才从阵地上回来不久。他坐在赶车的位子上吃着上了冻的白面包，嚼得咯吧咯吧直响。

“波得捷尔柯夫！”格里高力骑着马走到一旁。“俘虏马上就要送到啦。你看过郭鲁博夫的条子吗？”

波得捷尔柯夫使劲甩了一下鞭子；他把眼睛垂得低低的，红着脸，叫道：

“我要啐郭鲁博夫一口！……他真是异想天开！对柴尔涅曹夫这样一个强盗和反革命分子，他能担保得了吗？……我不答应！我要全部枪毙，就这样！”

“郭鲁博夫说要保他出去。”

“我不答应！……说不答应，就不答应！就这样，没什么好说的！要由革命法庭对他进行审判，并立即处决。杀一儆百！……你可知道，”他用锐利的目光望着渐渐走近的俘虏群，用比较镇定的口气说，“你可知道，他杀过多少人？多着呢！……单是矿工，他杀过多少？……”说到这里，他的怒火又冒了上来，气汹汹地转起眼珠子。“决不答应！……”

“这没有什么好嚷的！”格里高力也提高了声音，他的胸膛哆嗦着，好像波得捷尔柯夫的火气也传给了他。“你们在这儿当法官的太多啦！你最好还是到阵地上去走走！”他的鼻孔哆嗦着，用手朝后面指了指。“你们这儿指手画脚的人太多啦！”

波得捷尔柯夫在手里揉搓着鞭子，走了开去。他老远地喊叫道：

“我到阵地上去过！你别以为我是怕死躲在大车上。麦列霍夫，你给我住嘴！明白吗？……你跟谁这样说话？……岂有此理！把你那套军官脾气收起来吧！是革命军事委员会做主，而不是随便什么人……”

格里高力拍马走到他的跟前，忘记了自己的伤，从马上跳下来，只觉一阵钻心的疼，仰面跌倒在地上。伤口里火辣辣地冒起血来。他没等别人搀扶就自己爬了起来，勉强支撑着一瘸一拐地走到大车跟前，侧着身子倒在后面的车弓子上。

俘虏们来到跟前。押送队中一部分徒步的哥萨克同传令兵和司令部警卫队的一些哥萨克交谈起来。他们打仗时的热乎劲儿还没有冷下来，眼睛里火星直冒，凶气逼人，互相谈论着作战时的一些详情细节和战果。

波得捷尔柯夫迈着沉甸甸的步子，踩得雪地上一个坑一个坑的，走到俘虏们跟前。站在最前面的柴尔涅曹夫轻蔑地眯缝着炯炯有神、毫不畏惧的眼睛看着他；并且像稍息那样伸出左腿，轻轻摇晃着，又用一排白白的上牙咬住紧紧抿着的粉红色嘴唇。波得捷尔柯夫对直地走到他跟前。波得捷尔柯夫全身哆嗦着，两只眨也不眨的眼睛在坑洼不平的雪地上搜索着，等到这双眼睛抬了起来，就和柴尔涅曹夫那毫不惧怕的、轻蔑的目光交叉到一起，并且用仇恨的力量压倒了柴尔涅曹夫的目光。

“你落网啦……坏蛋！”波得捷尔柯夫用愤怒而低沉的声音说，并且向后退了一步；他的脸似笑非笑地皱出一道印子，好像是用马刀砍的。

“哥萨克的叛徒！下流东西！奸贼！”柴尔涅曹夫咬牙切齿地骂道。

波得捷尔柯夫晃了晃脑袋，好像是躲避打来的耳光；他的两颊发了青，张着嘴吃力地吸着气。

后来的事来得快得惊人。柴尔涅曹夫脸色煞白，龇着牙，两个拳头紧紧贴在胸前，身子朝前探着，朝波得捷尔柯夫走来。他那哆哆嗦嗦的嘴里说出来的话很不清楚，还夹杂着一些骂娘的话。至于他说的是什么，只有慢慢向后退的波得捷尔柯夫能听得清。

“你早晚逃不掉……你明白吗？”柴尔涅曹夫猛然提高了声音。

俘虏的军官们、押送队的哥萨克们和司令部的人员都听清了这两句。

“噢噢噢噢……”波得捷尔柯夫就像憋得透不过气来似的，闷声闷气地叫着，一只手抓住了马刀把子。

马上静了下来。米纳耶夫、克里沃什雷科夫和另外几个人连忙咯吱咯吱地踩着积雪朝波得捷尔柯夫跑去。但是波得捷尔柯夫抢在他们前面，身子向右一扭，向下一蹲，把马刀抽出了鞘，一个箭步冲上前去，使出全身力气照柴尔涅曹夫头上砍去。

格里高力看到，柴尔涅曹夫哆嗦了一下，把左胳膊举到头顶上，护住头；又看到，他的左手被砍断了，砍成了三角形，马刀又无声地落到柴尔涅曹夫那仰着的头上。先是皮帽子掉了下来，然后柴尔涅曹夫就像断秆的麦穗，慢慢地倒了下去，嘴歪成了怪样子，眼睛就像遇到闪电时那样，很难受地眯缝了起来。

波得捷尔柯夫又砍了他一刀，这才迈着沉重、缓慢的步子走了开去，一面走，一面擦着血染红了的扁平的刀面子。

波得捷尔柯夫一下子撞在大车上，他猛地转过身来，朝着押送队的哥萨克们声嘶力竭地喊叫道：

“把他们宰了……他妈的！！全宰了！……一个不留……斩

尽杀光!!”

枪声猛烈地响了起来。军官们你碰我撞地乱跑起来。那个戴红绒线风帽、眼睛像女子那样秀气的陆军中尉,双手捂着头在跑。一颗子弹打来,他像跳高栏一样,高高地往上一跳,便跌倒在地,再也没有起来。有两个哥萨克在追杀那个很威武的高个子大尉。他拼命去抓马刀的刀刃,砍得血淋淋的手掌上的血往袖子里直流;他像小孩子一样喊叫着,跪了下去,又仰面倒了下去,头在雪地上乱滚;在他的一张脸上只能看得出一双血糊糊的眼睛,再就是一张拼命喊叫的黑洞洞的嘴。上下飞舞的马刀在他的脸上和黑洞洞的嘴上乱砍,可他还是在喊叫,因为害怕,因为疼,那声音特别尖细。一个身穿撕掉了扣带的军大衣的哥萨克,叉开两腿,对着他放了一枪,才结果了他的性命。鬈发的士官生眼看就要冲出包围圈,一个阿塔曼团的哥萨克追上了他,照后脑勺上一刀,就把他砍死了。一个中尉在飞跑,身上的军大衣被风吹得像翅膀一样张了开来,还是那个阿塔曼团的哥萨克朝他打了一枪,子弹打在两个肩胛骨中间。中尉蹲了下去,拼命用手指头挠胸膛,一直到倒地死去。一个白头发的上尉是就地被砍死的;他快要死的时候,还用脚在雪地上蹬出一个很深的坑,如果不是哥萨克们可怜他,又补了几刀,他还要像一匹好马拴到桩上那样,再蹬上好一阵子。

格里高力在一开始屠杀的时候,就立即离开大车,他用充血的眼睛直盯着波得捷尔柯夫,一瘸一拐地快步朝他走去。米纳耶夫从背后把格里高力抓住,扭住他的胳膊,把手枪夺了下来;他用失神的眼睛盯住格里高力的眼睛,喘着粗气问道:

“你想干什么？”

十三

积雪的山冈脊部，被明丽的阳光和万里无云的蓝天映照得白得耀眼，像白砂糖一样亮晶晶的。山冈下面的赤杨疙瘩村，就像用布头拼成的一条大花被。左边是蓝蓝的司维纽哈河，右边是零零落落的许多小村庄和德国人的居住区，就像许多模糊不清的小点儿，河湾过去，那灰蒙蒙的一片便是捷尔诺夫镇。赤杨疙瘩村东面，有一道小一些的山冈曲曲弯弯地向上游伸去，这道山冈坡度平缓，到处是山沟。山冈上有一排像栅栏一样的电线杆子，是通往卡沙尔去的。

这一天格外晴朗，格外寒冷。太阳周围有许多朦朦胧胧的彩虹般的光带。风从北方吹来。吹得草原上的积雪到处飞舞。但是茫茫的雪原，直到天边，都是明朗的，只有东方，大地尽头处，朦朦胧胧，笼罩着淡紫色的雾气。

潘捷莱·普罗柯菲耶维奇拉着格里高力离开了米列洛沃，决定不在赤杨疙瘩村停留，径直把爬犁赶到卡沙尔，就在那里过夜。他是接到格里高力的电报后从家里出来的，一月二十八日傍晚时候来到米列洛沃。格里高力住在小客店里等着他。第二天一早就出发，大约在十一点左右就过了赤杨疙瘩村。

格里高力在格鲁博克附近作战受伤以后，在米列洛沃的行军医院里住了一个星期，腿部的伤好一点了，就决定回家。同乡的哥萨克已经把马给他送了来。格里高力是带着既遗憾又高兴的复杂心情上路的。遗憾的是,他在为建立顿河区政权而斗争的关键时刻离开了自己的队伍;可是他一想到就要见到家里人,就要回到自己的村里,他又十分高兴;他自己都不肯承认他是想见见阿克西妮亚,但是他时常想着她。

他跟父亲见了面,有些疏远了。潘捷莱·普罗柯菲耶维奇(彼特罗已经在背地里对他叨咕了不少)沉着脸一个劲儿地打量着格里高力,在他那直勾勾、滴溜溜的目光中充满了不满和担心。晚上在客店里住下以后,他向格里高力问起顿河地区发生的一些大事,问了很久,儿子的回答显然使他很不满意。他嚼着发了白的大胡子,看着自己那缝了皮底的毡靴,鼻子眼儿哼哼着。他很不情愿地和儿子争论起来,可是一提卡列金,他就替卡列金分辩,劲头儿就来了,在火气上来的时候,他又像从前那样对格里高力训斥起来,甚至还跺起那只跛脚。

“你别跟我来这一套!卡列金秋天到咱们村上来过!在广场上召开过村民大会,他趴到桌子上,跟老头子们聊了半天,他就像《圣经》上说的那样,预言庄稼佬要来啦,要打仗啦,如果咱们摇摆不定的话,他们就把什么东西都抢去,而且就占住顿河地区不走了。他在那时候就知道要打仗啦。你们他妈的怎么样?他还不如你们有见识吗?他是个有学问的将军,带领过千军万马,见识还能不如你们吗?卡敏镇上那一伙人都像你一样,都是一些没有学识的二百五,只会搅得人心不安。你们那波得捷尔柯夫是什么出身?是个司务长吧?……噢!官衔和我一样嘛。就这么一点儿根底嘛!……赶上这种年头儿……真没办法!”

格里高力和他争论很不带劲儿。他还没有见到父亲的时候,就知道父亲是什么态度了。再说，现在又增添了新的因素：对于砍死柴尔涅曹夫和不经审判就枪杀俘虏的军官，格里高力怎么也不能原谅，怎么也不能忘记。

驾辕的两匹马轻快地拉着像簸箩一样的爬犁前进着。格里高力那匹上了鞍的战马用缰绳拴在爬犁后头，在后头小跑着。一路上经过的都是从小就熟悉的一些村镇：卡沙尔、波波甫卡、卡敏卡、下亚布洛诺夫村、格拉乔夫村、亚辛诺夫卡。直到回到自己的村子，格里高力不知为什么总是毫无头绪地、乱糟糟地想着不久前的事情，他几次要多多少少想一想以后的事，但是一想到回家休息，就再也想不下去了。“等回到家里，休息休息，养养伤，以后……”他想着，并且在心里满不在乎地说：“以后会有办法的。船到桥头自会直……”

他打仗也打厌了。真想远远地离开这个充满了仇恨和敌视的难以理解的世界。过去的一切都稀里糊涂，矛盾重重，探索一条该走的路是很难的；就好像走在一条遍地泥沼的小路上，脚底下的土不住地摇晃着，走着走着，小路又分成了两条，于是就没有把握了，不知道该走哪一条。他拥护过布尔什维克，自己跟着走，还带领别人跟着走过，可是后来他有了一些想法，心渐渐冷了。“真的让伊兹瓦林说对了吗？究竟该依靠谁呢？”格里高力靠在爬犁后背上，模模糊糊地想着这个问题。但是他想到在家乡的情景，想到怎样修理犁耙和大车准备春耕，怎样用柳条儿编牲口簸箩，等土地解冻和晒干之后，就要到田野上去，用老早就想干活儿的手抓住犁把，跟在犁后面走，感觉着铁犁不住地跳动和前进；他想到他就要呼吸到嫩草的芳香和刚刚犁起来、还带着融雪潮气的黑土的香味——想到这一切,心里就暖洋洋的。真想照料照料牲口,堆堆干草垛,闻一闻苜蓿、冰草萎蔫时的气味和牲口粪的臭味。他希望太平,希望安静,因此,格里高力四下里望着,望着马匹,望着父亲那裹在皮袄里的扁平的脊背,严肃的眼睛里就流露出不好意思的喜悦神情。那皮袄上的羊膻味,没有洗刷的马匹那种家常样子,还有村子里那只站在地窖上高声啼叫的大公鸡——这一切都使他想起差不多已经忘掉的往日的生活。这时候他觉得这僻静的村庄里的生活就像一支啤酒花儿,又甜,香味又浓。

第二天傍晚时候来到鞑靼村外。格里高力在山冈上就放眼朝顿河望去:那是老婆沟,沟边的芦苇就像镶上的黑貂皮;那是那棵干杨树,可是渡口已经不在原来的地方了。那是鞑靼村,熟悉的街道、教堂、广场……格里高力一看见自己家的房子,心就猛烈地跳了起来。一件件往事涌上心头。院子里井边的提水吊杆,把它那柳木胳膊举得高高的,好像在招手呢。

"眼睛不发酸吧?"潘捷莱·普罗柯菲耶维奇回头看着,笑着说。格里高力也不装假,坦率地承认说:

"是有些酸……当然要发酸啦! ……"

"这就是说,家乡嘛!"潘捷莱·普罗柯菲耶维奇非常满意地叹了一口气。

他把爬犁朝村子中央赶去。几匹马轻快地朝冈下跑,爬犁摇来摆去地往冈下滑。格里高力猜出父亲的用意,但他还是问道:

"干吗要往村子里面赶? 一直进咱们的胡同好啦。"

潘捷莱·普罗柯菲耶维奇转了转身,偷偷地笑着,说:

"我送儿子去打仗的时候,儿子还是一个普通的哥萨克,可是现在当上军官啦。怎么，我就不能把头昂得高高的，拉着儿子在村子里转转？叫大家都看看，眼红眼红。伙计，我的心里舒坦呀！”

在大街上，他很沉着地吆喝着马，身子朝一边歪着，晃悠着打着起了毛的鞭子，几匹马感觉到离家近了，就好像没有跑过一百四十里路似的，精神抖擞地、飞快地跑了起来。迎面遇到的哥萨克都对他们行礼，妇女们都手搭凉棚，从院子里和窗户里往外看；一群群的母鸡惊得在大街上咕哒咕哒地乱跑。一切都顺顺当当，就像小说里写的那样。他们穿过了广场。格里高力的那匹马眼睛一斜，看见不知是谁拴在莫霍夫家棚子边的一匹马，就高高地昂起头，叫了起来。村庄的尽头和阿司塔霍夫家的房顶已经可以看得见了……但是这时候，爬犁来到十字路口，发生了一件不愉快的事：一头小猪从街上跑过，慢了一步，落到了马蹄底下，压伤的小猪哼了一声就滚到了一边，一个劲儿地尖叫着，那压断的脊梁骨怎么都挺不起来了。

“哼，你他妈的偏要来捣蛋！……”潘捷莱·普罗柯菲耶维奇骂着，照压伤的小猪抽了一鞭。

糟糕的是，这小猪偏偏是阿丰卡·奥捷洛夫的遗孀安纽特卡的。这娘儿们又泼辣，嘴又厉害。她毫不怠慢地跑了出来，一面披头巾，一面破口大骂起来，骂的话十分难听，潘捷莱·普罗柯菲耶维奇只好勒住马，转过身来。

“住嘴，浑蛋娘儿们！你叫什么？赔你的癞猪好啦！……”

“你这妖魔！……老鬼！瘸狗，你才是癞猪呢！……我送你去见村长！……”她挥舞着双手，大声叫喊着。“我x你娘，我要教训教训你,看你还敢压孤儿寡妇的畜生！……”

潘捷莱·普罗柯菲耶维奇被她骂得上了火,红着脸喊叫道:

“骚娘儿们!”

“该死的土耳其佬！……”安纽特卡立即回骂道。

“母狗,我把你娘x个稀烂!”潘捷莱·普罗柯菲耶维奇提高了他那粗嗓门儿。

但是安纽特卡骂起人来是从来不用打草稿的。

“外来的杂种！老不死的！老贼！偷鸡摸狗！……搞破鞋！……”她就像喜鹊那样叽叽喳喳叫了起来。

“我用鞭子抽你,母狗！……闭上你的狗嘴!”

但是安纽特卡骂的话更难听了,就连潘捷莱·普罗柯菲耶维奇这样一个老于世故的人,都窘得红了脸,并且一下子浑身都冒了汗。

“走吧！……干吗和她骂起来没个完?”格里高力看见街上的人越来越多,而且都很注意地听着麦列霍夫老汉和清白的寡妇安纽特卡之间偶然发生的口角,就很生气地说:

“哼,那舌头……有缰绳这么长!”潘捷莱·普罗柯菲耶维奇使劲吐了一口唾沫,恶狠狠地赶了一下子马,好像要把安纽特卡压死。

已经走过了一个街口,他才提心吊胆地回头看了看。

“一张死嘴骂起人来好厉害！……哼,你这乱咬人的东西……真该把你他妈的压成两截!”他发狠地说。“把你和你的小猪一起压烂！谁要是遇上这种泼辣货,八辈子都倒霉!”

爬犁从自己家蓝蓝的护窗前驶过。彼特罗帽子也没戴,军便服也没有系腰带，就跑出来开了大门。杜尼娅那白白的头巾和忽闪着两只黑眼睛的、笑盈盈地脸从台阶上飞了下来。

彼特罗亲着弟弟，匆匆地对着他看了一眼。

“还好吗？”

“挂花啦。”

“在哪儿挂花的？”

“在格鲁博克。”

“压根儿就用不着在那儿受罪！早就该回家来。”

他亲亲热热地把格里高力摇晃了几下，就让给杜尼娅去亲。格里高力抱住妹妹的丰满、成熟的肩膀，亲过她的嘴唇和眼睛，一面往后仰着，很惊讶地说：

“是你呀，杜尼娅，真认不出来啦！……出落成这么一个大姑娘啦，可是我一直以为你还是那个傻里傻气的毛丫头呢。”

“瞧你说的，小哥！……”杜尼娅被哥哥抱得好疼，挣了开来，也和格里高力一样，龇着一口白牙笑着，走到一边。

伊莉尼奇娜抱着两个孩子走来；娜塔莉亚是跑的，赶到了婆婆的前头。她一下子变得格外有神采，格外漂亮。她那梳得光光的、在脑后挽成一个大鬏儿的黑油油的头发，使她那高兴得发了红的脸显得格外红。她紧紧贴到格里高力身上，用嘴唇慌乱地在他的脸上、胡子上亲了好几下，便急忙从婆婆手里接过儿子，递给格里高力。

“你瞧，儿子长得多好！”她得意扬扬地高声说。

“快让我看看我的儿子！”伊莉尼奇娜十分激动地把她推开。

母亲把格里高力的头扳得低低的，亲了亲他的额头，用粗糙的手一下一下地抚摩着他的脸,又激动又高兴地哭了起来。

“还有女儿哩,格里沙! ……给你,抱一抱! ……”

娜塔莉亚把裹着头巾的女儿放到格里高力的另一只胳膊上,格里高力没有了主意,不知道该看谁才好:他忽而看看娜塔莉亚,忽而看看妈妈,忽而看看孩子们。眼神抑郁、双眉紧锁的儿子完全是麦列霍夫家的模样:有点儿凌厉逼人的黑眼睛也是那样长长的、细细的,两道眉毛也是离得远远的,眼白也是鼓鼓的、蓝蓝的,皮肤也是黑黑的。他把一只肮脏的小手放在嘴里,歪着头,怯生生地、一个劲儿地盯住父亲。格里高力只看见女儿两只凝神的、也是那样黑的小眼睛,她的脸蛋儿裹在头巾里了。

他抱着两个孩子,正想朝台阶走去,但是腿上一阵钻心的疼痛。

“娜塔莎,把他们抱去吧……”格里高力咬着牙歪着嘴笑了笑,歉疚地说。“要不然我连门槛都跨不过去啦……”

妲丽亚理着头发,站在厨房正中。她满面笑容,十分随便地走到格里高力跟前,合上两只笑盈盈地眼睛,把两片热乎乎的、湿润的嘴唇紧紧贴到他的嘴唇上。

“一股子烟臭味!”她笑嘻嘻地挑了挑那两道弯弯的、好像用墨描成的眉毛。

“来,让我再看看你! 唉,我的心肝儿,好孩子呀!”

格里高力笑着,靠在母亲的肩上,心里觉得热辣辣的。

潘捷莱·普罗柯菲耶维奇在院子里卸爬犁,一瘸一拐地在爬犁周围转悠着,他那红红的腰带和红红的帽顶闪来闪去。彼特罗已经把格里高力的战马牵进马棚里,这会儿正把马鞍往过道里送，一面走，一面转过身去和杜尼娅说话，杜尼娅正要去拿爬犁上的煤油桶。

格里高力脱掉衣服，把皮袄和军大衣搭到床背上，又梳了梳头发。他在板凳上坐了下来，便招手叫儿子过来：

“米沙特卡，上我这儿来。来，你怎么，不认识我吗？”

米沙特卡嘴里还是咬着小手，侧着身子走过来，在桌子跟前停了下来。妈妈在炕边上用心爱和得意的目光看着他。她又对着女儿的耳朵小声说了两句话儿，把她从手上放下来，轻轻地推了推她。

“你也去呀！”

格里高力把两个孩子一起搂到怀里，分别放到两个膝盖上，问道：

“两个小东西，你们不认识我吗？波柳什卡，你也不认识爸爸吗？”

“你不是爸爸。”儿子小声说（有妹妹在一起，他的胆子大些了）。

“那我又是什么人呢？”

“你是一个外人。”

“这就热闹啦！……”格里高力哈哈大笑起来。“那你爸爸又在哪儿呢？”

“俺爸爸当兵呢。”女儿歪着头，很有把握地说（她的胆子要大些）。

“孩子们，就别认他！叫他以后记住自己的家。要不然他一年到头在外头跑，叫人都不认识啦！”伊莉尼奇娜故作严厉地插嘴说;她见格里高力在笑,也笑了笑,说:“你老婆差点儿都不要你啦。我们正打算给她招一个女婿呢。”

“你这是怎么回事儿,娜塔莉亚?嗯?”格里高力用开玩笑的口气向妻子问道。

她的脸一红,克制着在家里人面前不好意思的心情,走到格里高力跟前,坐在他身边,用无限幸福的目光把他浑身上下打量了半天,用热乎乎、硬邦邦的手抚摩着他那干瘦的棕色的手。

“妲丽亚,把饭给他端来!”

“他自己有老婆嘛。”妲丽亚笑着说了一声,就袅袅婷婷,还是迈着那样轻盈的步子,朝灶前走去。

她还是那样苗条,那样爱打扮。那细细的秀腿上穿着紧绷绷的淡紫色毛袜,脚上穿着端端正正的短靴,就好像是雕成的;带褶儿的红裙子紧紧绷在身上,绣花围裙白得耀眼。格里高力又转眼去看妻子,就发现她的穿戴有一些变化。她知道他要回家,也换了换衣裳;一件袖口镶着窄窄的花边的天蓝色仿绸女褂勾勒出健美的腰身,柔软的乳房将上衣支得高高的;绣着花边的蓝裙子下部很肥大,上部紧紧裹在身上。格里高力从旁边打量了一下她那圆滚滚的双腿、紧绷绷的肚子和像肥壮的母马那样的大屁股,心里想:“哥萨克娘儿们和所有的娘儿们都不一样。穿衣服有一定的习惯,就是让所有的地方都显露出来,看不看由你。庄稼佬他们的娘儿们不一样,前身后身叫人分不清,就像装在一条麻袋里……”

伊莉尼奇娜发现他在打量妻子,就特意用赞赏的口气说:

“你瞧咱们家两位军官太太穿得多漂亮!连城里的太太们都要眼红啦!”

“妈，瞧您说的！”妲丽亚接话说。“我们哪儿能赶得上城里太太?！你瞧，这耳环子都坏啦，再说，这都是便宜货！”最后一句话她说得很伤心。

格里高力把一只手放在妻子那宽宽的、干惯了活儿的脊背上，第一次这样想：“是个漂亮娘儿们，很招人喜欢……我不在家，她是怎么过的呢？恐怕有些男人眼馋过她，也许她也眼馋过什么人。万一她有不三不四的事，那可怎么办呢？”他忽然想到这一点，心突突地跳起来，脑子里乱了。他用探询的目光看了看她那红扑扑、光油油、散发着香粉气味的脸。娜塔莉亚被他这样盯着看，脸一下子全红了，她克制着不好意思的心情，小声问：

“你干吗这样看我？怎么，你想我了吧？”

“当然想啦！”

格里高力驱走一些不应有的念头，但是这时候对妻子产生了一种不自觉的敌对心情。

潘捷莱·普罗柯菲耶维奇哼哧哼哧地走进门来。他对着圣像祷告了一阵子，快活地说：

“哦，再向你们问一次好！”

“托福托福，老头子……冻坏了吧？我们等着你呢；汤是热的，刚从火上端下来。”伊莉尼奇娜忙活起来，叮叮当当地用勺子在舀汤。

潘捷莱·普罗柯菲耶维奇一面解脖子上的大红围巾，一面跺着冻得硬邦邦的、缝了皮底的毡靴。他脱掉皮袄，把胡子上的冰凌捋下来，靠着格里高力坐下来，说：

“真冻坏啦，可是到了村子里就热和起来啦……把安纽特卡的小猪压坏啦……"

"谁家的小猪?"妲丽亚正在切一大块白面包,她停下来,很带劲儿地问道。

"安纽特卡家的。这个该死的娘儿们,她跑出来,大骂一通!又骂我这个,又骂我那个,又是老贼,又是偷鸡摸狗。我偷谁家的鸡,摸谁家的狗来,真是她娘的胡扯!"

潘捷莱·普罗柯菲耶维奇一一数着安纽特卡送给他的那些外号,只有一点他没有说,那就是她骂他老不正经,搞破鞋。格里高力笑了笑,坐到饭桌前。潘捷莱·普罗柯菲耶维奇想对格里高力解释解释,就又气呼呼地说了几句:

"她骂得非常难听,简直叫人说不出口!我当时真想转回去,拿鞭子抽她一顿,可是有格里高力在场,这样做总是有点儿不大合适。"

彼特罗开了门,杜尼娅用腰带牵进来一头白头顶的红牛犊。

"到油饼节,咱们就能吃到奶油烙饼啦!"彼特罗用脚踢着小牛,快活地叫道。

吃过饭以后,格里高力解开大口袋,把带的礼物分给家里人。

"这是给你的,妈妈……"他递给她一条毛披巾。

伊莉尼奇娜像年轻人那样皱着眉头、红着脸,接过礼物。

她把披巾披到肩上,对着镜子转悠起来,肩膀一个劲儿地扭来扭去,把潘捷莱·普罗柯菲耶维奇都惹火了,他骂道:

"老妖精,也照着镜子臭美起来啦!呸!……"

"爹,这是给你的……"格里高力急忙说,并且当着大家的面,转悠着一顶崭新的哥萨克帽,那帽子的帽顶高高的,还镶着火红的帽箍。

“哦，我的天！我就缺帽子呢。今年铺子里就没卖过帽子……夏天不管怎样都好说……戴一顶旧帽子上教堂简直丑死啦。这顶旧帽子给稻草人戴戴，倒是挺不错，可是我还一直戴着呢……”他用生气的语调说，一面瞅着大家，好像生怕有谁走过来，把儿子送的礼物抢了去。

他本来想到镜子跟前去试帽子，可是伊莉尼奇娜拿眼睛盯住了他。老头子发现了她的目光，来了一个大转身，一瘸一拐地朝火壶走去。他把帽子歪戴在头上，对着火壶照起来。

“你这是干什么，老东西？”伊莉尼奇娜报复说。

但是潘捷莱·普罗柯菲耶维奇涎着脸说：

“哎哟哟！瞧，你真浑！你没看到这是火壶，不是镜子吗？噢，噢，是啰！”

格里高力给妻子的是一段做裙子的呢料；给孩子们一人一盒蜜饯；给妲丽亚的是一副带宝石的银耳环；给杜尼娅的是一段上衣料；给彼特罗的是一盒子纸烟和一磅烟丝。

在女人们嘁嘁喳喳地研究着礼物的时候，潘捷莱·普罗柯菲耶维奇就像黑桃皇后一样在厨房里来来回回地走着，甚至还挺着胸膛说：

“瞧，御林军哥萨克团的哥萨克！得过奖的！皇帝阅兵时得过头奖！得过马鞍和全部军用品！嘿，你瞧瞧！……”

彼特罗咬着小麦色的胡子，欣赏着父亲的高兴样子，格里高力嘻嘻笑着。三个人抽起烟来，潘捷莱·普罗柯菲耶维奇担心地朝窗外看了看，说：

“趁亲戚和街坊都还没有来……你把那边的事讲给彼特罗听听。”

格里高力把手一甩。

“正打着呢。”

“布尔什维克眼下在哪儿？”彼特罗坐舒服些，问道。

“齐霍列茨克、塔干罗格、沃罗涅日——这三方面都有。”

“哦，你们的革命军事委员会有什么打算？为什么让布尔什维克来咱们这地方？贺里散福和伊万·阿列克塞耶维奇回来啦，乱七八糟的话他们说了不少，不过我不相信他们的话。那儿好像有点儿不大对头……”

“革命军事委员会软弱无力。哥萨克们都往家里跑。”

“就是说，因为这样，革命军事委员会就要依靠苏维埃吗？”

“当然，就是因为这样。”

彼特罗沉默了一会儿；他又抽起烟，对直地看了看弟弟，问道：

“你拥护哪一方面呢？”

“我拥护苏维埃政权。”

“混账！”潘捷莱·普罗柯菲耶维奇像火药一样爆炸了。“彼特罗，你教训教训他！”

彼特罗笑了笑，拍了拍格里高力的肩膀。

“他是咱们家的霹雳火，是一匹没有驯服的烈马。爹，你能教训得了吗？”

“我用不着谁来教训！”格里高力生起气来。“我又不是瞎子……咱们村子里当过兵的，有些什么看法？”

“这些当兵的，有什么好说的！像贺里散福这样的糊涂虫，你还不知道吗？他能懂得什么？大伙儿全都迷了路，不知道该往哪儿走……糟透啦！”彼特罗咬起小胡子。“眼看春天就要到啦，一切都还乱糟糟的……咱们在前方也当过一阵子布尔什维克啦，现在该学学聪明啦。‘我不犯人，休来犯我。’——哥萨克应该对一切胆敢侵犯我们的人这样说。你们在卡敏镇搞得很糟。你们和布尔什维克勾勾搭搭，布尔什维克就要推行他们那一套。”

“格里什卡，你要好好想一想。你不是一个糊涂小子。你应该明白，哥萨克既然是哥萨克，就永远是哥萨克。不能叫臭庄稼佬来管咱们。你该知道，外来户这会儿在想什么。他们要把所有的土地按人口平分。这怎么行呢？”

“扎了根的外来户，老早就住在顿河地区的，应该分到土地。”

“分给他们鸡巴！叫他们去啃吧！……”潘捷莱·普罗柯菲耶维奇做了一个瞧不起的手势，把指甲老长的大拇指夹在食指和中指之间，在格里高力的鹰钩鼻子前面摇晃了半天。

台阶上响起咚咚的脚步声。冻上了冰的门槛也嗒嗒地响了一阵。安尼凯、贺里散福和戴着一顶高得出格的兔皮帽的伊凡·托米林走了进来。

“老总，你好！潘捷莱·普罗柯菲耶维奇，拿酒来！”贺里散福用老大的嗓门儿喊道。

已经在热炕旁边打盹儿的小牛，听了他的喊叫声，吓得哞哞叫起来。小牛滑滑跌跌地用它那还在打战的四条腿站了起来，用圆滚滚的眼睛望着进来的人，大概是因为害怕，在地上撒了细细的一道尿。杜尼娅轻轻拍了拍小牛的背,小牛才不撒尿了;她扫了扫那一摊尿,放上一口破铁锅。

“你嗓门儿那么大,把小牛都吓坏啦!”伊莉尼奇娜不高兴地说。

格里高力和他们握过手,请他们坐下来。不久,村子的这一头又来了几个人。大家一面说话,一面抽烟,抽得烟雾腾腾,灯光都暗了,小牛都呛得咳嗽起来。

“你们都滚吧!”伊莉尼奇娜骂道:已经是半夜了,她要撵客人了。“你们都给我出去,到外面冒烟去,烟鬼! 走吧,走吧! 我们家的老总赶了一天路还没有歇歇呢。快滚吧。”

十四

第二天早晨,格里高力醒得很晚。是房檐下和窗外那叽叽喳喳、热闹得像春天一样的麻雀叫声把他吵醒的。一道道金色的阳光从护窗的缝隙里射了进来,照得空气中的灰尘光闪闪的。做弥撒的钟声在响着。格里高力想起今天是礼拜日。娜塔莉亚不在身边,但是褥子上还保留着她身体的热气。看样子,她起身还不久。

“娜塔莎!”格里高力唤了一声。

杜尼娅走了进来。

“什么事,小哥?”

“你把小窗子开开,把娜塔莉亚喊来。她干什么去啦?”

“她在帮妈妈做饭呢,一会儿就来。”

娜塔莉亚走了进来，因为屋里还黑，眯起了眼睛。

“你醒啦？”

她手上还带着刚才和面的气味。格里高力躺着把她抱住，想起夜里的事，笑了，问道：

“你睡好啦？”

“啊哈！昨晚……是太迟啦。”她笑了笑，红着脸，把头扎到格里高力那毛烘烘的胸膛上。

她帮着格里高力扎好绷带，从箱子里拿出一条礼服裤子，问道：

“你穿带十字章的礼服上衣吧？”

“算了吧！”格里高力惊恐地摆了摆手。

但是娜塔莉亚硬是要他穿，说：

“穿上吧！爹会很高兴的。你怎么，十字章是白白地挣来垫箱子底的吗？”

格里高力拗不过她，同意了。他起了床，拿来彼特罗的刮脸刀，刮了刮脸，又洗了脸，洗了脖子。

“后脑勺刮了吗？”彼特罗问道。

“哦，妈的，忘啦！”

“来，坐下，我给你刮刮。”

胰子抹在脖子上冷冰冰的。格里高力在镜子里看到，彼特罗像小孩子那样，把舌头顶在腮帮子上，用刮脸刀刮了起来。

“你的脖子比以前细了一点儿，就像耕完地以后的牛脖子。”彼特罗笑着说。

“吃公家的伙食恐怕是吃不胖的。”

格里高力穿起带少尉肩章和别着一排十字章的制服，到蒙了一层水汽的镜子跟前一照，几乎不认得自己了：在镜子里朝他望着的，是一位高高的、瘦瘦的、像茨冈人一样黑的军官。

“你像一位上校！”彼特罗毫不嫉妒地欣赏着弟弟，兴高采烈地说。

格里高力听了这话，不由得高兴起来。他朝厨房里走去。妲丽亚用赞赏的目光盯着他。杜尼娅惊叫了一声：

“咦，好漂亮！……”

伊莉尼奇娜不由得掉起了眼泪。她用肮脏的围裙擦着眼泪，回答杜尼娅的取笑说：

“鬼丫头，这样的儿子你也生几个看看！至少生两个，还要让个个都有出息！”

娜塔莉亚那含情脉脉、火热的和泪水模糊的眼睛一直不离开丈夫身上。

格里高力披起军大衣，朝院子里走去。他下台阶感到很吃力，受伤的那条腿很不灵便。他扶着栏杆，心里想道：“非拄根拐杖不行了。”

在米列洛沃给他取出了子弹，伤口结了一块棕色的痂，这块痂把皮肤拉得紧紧地，腿不能随便打弯儿。

一只猫在墙根下晒太阳。台阶旁太阳地里的雪已经融化，变成了一片水洼。格里高力高高兴兴地、仔细地打量着院子。在台阶旁边竖着一根柱子，柱子顶上安着一个车轮子。格里高力从小就记得有这个车轮子，这是为女人们的方便装置的：她们不必下台阶，就可以把装牛奶的钵子放在车轮上过夜，白天可以在上面晾家什，在上面晒酱。他看到院子里有一些变化：仓房的门上的油漆原来已经剥落，现在抹上了一层黄泥，棚子上新铺的麦秸还没有变成褐色；堆得高高的那一堆木桩子好像少了一些，想必是修栅栏用去了一部分。地窖上堆起一堆灰；一只像乌鸦一样的黑公鸡，哆哆嗦嗦地蜷着一只腿，站在灰堆上，周围有十来只留着传种的花母鸡。因为冬天风雪多，全部农具都放在棚子里面：一辆牛车的架子竖在里面；一道阳光从棚顶的缝隙里射了进去，照得割麦机上的铁片闪闪放光。马棚边的粪堆上有几只鹅。一只毛茸茸的荷兰鹅很傲慢地斜眼看着从一旁一瘸一拐地走过的格里高力。

格里高力把全部家业都看了一遍，这才回到房里。

厨房里散发着甜甜的炼牛油气味和热烘烘的烤面包气味。杜尼娅在一个花碟子里洗糖渍的苹果。格里高力看了看苹果，很带劲儿地问：

“有腌西瓜吗？”

“娜塔莉亚，你去拿！”伊莉尼奇娜马上吩咐道。

潘捷莱·普罗柯菲耶维奇从教堂回来了。他按照家里的人数，把一个带花纹的小圣饼切成九份，分给大家吃。大家都坐下来吃早饭。彼特罗也穿得齐齐整整，连胡子上都搽了油，靠着格里高力坐下来。妲丽亚坐在他们对面一张小凳子上。一缕阳光照在她那红扑扑的、搽了油膏的脸上。她眯缝着眼睛，很不高兴地垂着她那弯弯的、被阳光照得发亮的黑眉毛。娜塔莉亚在喂孩子们吃烤南瓜，偶尔地笑着看看格里高力。杜尼娅跟父亲坐在一起。伊莉尼奇娜坐在尽头上，离灶很近。

大家都像过节时那样，放开肚子吃，吃得很多。喝过羊肉汤，又吃面条，然后是清炖羊肉、清炖鸡、羊腿冷盘、炸土豆、牛油小米饭、甜粥、奶油烙饼、腌西瓜。格里高力吃得饱饱的，很费劲儿地站了起来，醉醺醺地画了个十字，哼哧哼哧地躺到床上。潘捷莱·普罗柯菲耶维奇还在吃小米饭：他用调羹把米饭按紧，在中间扒出一个坑，他把这叫作井，把琥珀色的油倒进去，用调羹扒着油泡的米饭，正经八百地吃了起来。非常喜欢孩子的彼特罗在喂米沙特卡吃饭；他高兴起来，拿酸奶油往米沙特卡的脸上和鼻子上乱抹。

“伯伯，别胡闹！”

“怎么啦？”

“你往哪儿抹呀？”

“怎么啦？”

“我要告诉妈妈啦！”

“怎么样？”

米沙特卡那两只带有忧郁神气的麦列霍夫家的小眼睛气得不住地忽闪着，懊恼的泪水在眼睛里哆嗦着；他用拳头擦着鼻子，觉得好言好语无效，就大叫起来：

“别抹啦！……糊涂虫！……混账！”

彼特罗高兴得哈哈笑着，又喂起小侄子：一调羹塞进嘴里，再一下子抹到鼻子上。

“简直是个小孩子……闹起来没有完。”伊莉尼奇娜嘟哝说。

杜尼娅坐到格里高力跟前，对他说：

“彼特罗坏透啦，总是出坏点子。前几天他带着米沙特卡在院子里玩儿，米沙特卡想拉屎，就问：‘伯伯，在台阶旁边拉，行吗？’彼特罗说：‘不行。要走远点儿。’米沙特卡就跑远点儿，又问：‘这儿行吗？’‘不行，不行。你到仓房那儿去。’他又叫米沙特卡从仓房跟前跑到马棚跟前，从马棚跟前跑到场院上。米沙特卡跑呀，跑呀，一下子就拉到了裤子里……娜塔莉亚大骂了一顿！”

“算啦，我自个儿吃吧！”米沙特卡的叫声像邮车的铃铛。

彼特罗笑哈哈地哆嗦着小胡子，表示不同意：

“不行啊，伙计！还是我喂你吧。”

“我自个儿吃！”

“咱们家的小猪才自个儿吃呢，你没看见吗？娘儿们拿泔水给猪吃。”

格里高力一面笑嘻嘻地听着他们说话，一面卷烟。潘捷莱·普罗柯菲耶维奇走了过来。

“今天我想上镇上去。”

“去干什么？”

潘捷莱·普罗柯菲耶维奇打了一个嗝儿，打出不少甜粥，捋了捋大胡子。

“去找皮匠有事——我交给他两副马套在修。”

“当天能回来吗？”

“怎么不能回来？天不黑就能回来。”

他休息了一会儿，套上一匹今年瞎了一只眼的老骒马，就赶着爬犁出门了。他走的是草甸子。过了两个钟头，他就来到维奥申镇上。先上邮局去了一下，又去取来马套，然后去找住在新教堂旁边的一个老朋友和干兄弟。主人十分殷勤好客，一再留他吃午饭。

“上邮局去过吗?”主人一面问,一面往杯子里斟着不知是什么。

“去过啦。”潘捷莱·普罗柯菲耶维奇一面拉长了声音回答,一面很稀奇地看着他手里的玻璃瓶,闻着气味,就像猎狗在闻野兽的脚印。

“没听到什么新闻吗?”

“新闻? 什么也没有听到。怎么样?”

“卡列金,就是阿列克塞·马克西莫维奇,去世啦。”

“你说什么?!”

潘捷莱·普罗柯菲耶维奇的脸一下子全青了,他忘掉了那可疑的玻璃瓶和气味,一下子仰靠在椅子背上。主人阴沉地眨巴着眼睛,说:

“打来的电报说,前两天他在诺沃契尔卡斯克自杀啦。他是顿河上首屈一指的大将军。是英雄,带领过千军万马。这人很了不起! 他要是活着,哥萨克就不会受欺负。”

“等一等,大哥! 现在怎么办呢?”潘捷莱·普罗柯菲耶维奇推开酒杯,张皇失措地问道。

“谁知道他是怎么一回事儿。局势越来越严重啦。一个人要是日子好过,恐怕是不会自杀的。”

“他怎么能下这样的狠心呢?”

这个老朋友是一个守旧的人,他恶狠狠地挥了一下手,说:

“当兵的都不听他的,把布尔什维克都放了进来,所以将军自杀啦。像这样的将军能找到几个呢? 谁又来保护咱们呢? 在卡敏镇上还成立了什么革命军事委员会，当过兵的哥萨克都参加啦……咱们这儿也……你大概听说了吧？他们已经发来命令，要打倒所有当官的，要选举这种革命军事委员会。庄稼佬都昂起头来啦！这全是一些木匠、铁匠、各种各样走街串巷的，这些人在维奥申镇上，就像草地上的小虫儿一样多！”

潘捷莱·普罗柯菲耶维奇耷拉着苍白的头，老半天没有说话；等他抬起头来，他的目光又冷峻，又难看。

“你这瓶子里是什么？”

“酒精。我的侄子从高加索带回来的。”

“来，大哥，咱们来祭奠卡列金，祭奠去世的将军！愿他在天堂安息！”

他们喝起来。主人的女儿，一个高高的、满脸雀斑的姑娘，端上菜来。潘捷莱·普罗柯菲耶维奇开头还不时地看看垂着头站在爬犁旁边的老骒马，但是主人叫他放心，说：

“别记挂马。我叫家里人去饮饮，添点儿草料。”

于是潘捷莱·普罗柯菲耶维奇很起劲地说起话来，喝了起来，很快就忘掉了马，忘掉世上的一切。他东一句西一句地说起格里高力，和已有酒意的干兄弟争论起一件事，争着争着，就忘记争论的是什么了。黄昏时候，他才猛醒过来。尽管主人一再劝他留下来过夜，他还是决意回去。主人的儿子给他把骒马套上，主人亲自把他扶上爬犁，决意送他一程，两个人紧挨着坐在爬犁上，拥抱着。他们的爬犁在大门上撞了一下，以后每到拐角上都要撞一下，直到上了草甸子，才不撞了。这时候干兄弟哭了起来，并且不由自主地从爬犁上跌了下去。他像个虾子一样四肢着地撑了半天，嘴里不住地骂着，可就是站不起来。潘捷莱·普罗柯菲耶维奇赶着爬犁飞跑起来，他没有看见，送了他一程的干兄弟四肢着地在雪地上爬着，鼻子往雪里直拱，快活得哈哈大笑着，并且用沙哑的嗓子恳求着。

“别胳肢我！……别胳肢嘛！”

潘捷莱·普罗柯菲耶维奇的老骒马挨了几鞭子，就快跑起来，但是跑得很不稳当，一个劲儿地瞎跑。马的主人不久酒劲儿就发作，昏昏沉沉，头靠到爬犁背上，一声不响了。幸亏缰绳压在他的身子底下，于是无人鞭打也无人驾驭的老骒马就换成小步朝前走去。一到岔路口，骒马就迷失了方向，走上了通往小格洛姆强诺克村的路，顺着这条路走去。过了几分钟，连这条路也迷失了。骒马在荒地上，在没有路的地方走，隐进了树林边很深的雪里；那马哼哧哼哧地朝一处洼地里走去。爬犁挂在一丛树棵子上，停了下来。爬犁猛地一停，颠得潘捷莱·普罗柯菲耶维奇醒了一下子。他抬起头来，沙哑地吆喝了一声：

“喔，鬼东西！……”马上又睡着了。

老骒马平平安安地过了树林子，很顺利地来到顿河上，迎着送来牛粪块烟味的东风，朝谢苗诺夫村走去。

在顿河左边，离谢苗诺夫村半俄里远处，有一片深水；每年春天春水退落的时候，大水一股劲儿地朝这里涌。附近的沙土岸边还有几股泉水朝上直冒，因此这一片水整个冬天都不结冰，形成了一个碧绿的半圆形大冰窟窿。所以过顿河就要小心翼翼地绕过这片深水，往旁边绕一个很大的弯子。春天，退落的春水汹涌奔腾着经过这片深水回到顿河里的时候，这地方就形成漩涡，河水怒吼，水流上下翻滚，冲刷着河底；整个夏天，鲤鱼都躲在好几丈深的水底下，朝附近岸上倒下来的一棵树底下乱钻。

麦列霍夫家的骒马稀里糊涂地朝着冰窟窿、朝冰窟窿的左边走去。离冰窟窿有二十丈远的时候，潘捷莱·普罗柯菲耶维奇翻了一下身，略微睁了睁眼睛。他看到黑黑的天上那一颗颗黄绿色的星星就像一树没有成熟的樱桃。“天黑啦……”他迷迷糊糊地想着，狠狠地扯了扯缰绳：

“喔，喔！……我揍死你，老骚货！”

老骒马小步跑了起来。马闻到了不远处水的气味，一下子竖起了耳朵，迟疑不决地朝主人斜了斜那只瞎眼睛。忽然听到波浪拍溅的声音。打了一声尖尖的响鼻，朝旁边一扭，向后退去。底部被水冲得千疮百孔的薄冰，在马蹄下咯吱咯吱地响着，一大块覆盖着白雪的薄冰陷了下去。骒马发出恐怖的、怕死的嘶叫声。那马使劲用后腿撑住，但是两条前腿已经落进了水里，边上的冰被马的后腿踩得咔嚓咔嚓直响。哗啦一声，又一大块冰碎裂开来。骒马掉进了冰窟窿，那马哆哆嗦嗦地抽了一下后腿，朝辕杆上踢了一下。就在这时候，潘捷莱·普罗柯菲耶维奇觉得不对头，便从爬犁上跳下来，朝后面一滚。他看到，爬犁被下坠的马扯得倒竖了起来，露出了被星光照得熠熠发光的滑铁，爬犁滑进黑绿色的深水里，夹杂着冰块的河水发出轻柔的咝咝声，一股波浪几乎溅到他的身上。潘捷莱·普罗柯菲耶维奇飞快地向后爬了爬，这才站稳了身子，大声喊叫起来：

“救命啊，行行好吧！……要——淹——死——啦！……”

他的醉意好像被一棒子打跑了。他跑到冰窟窿跟前。刚刚碎裂的冰块闪闪发光。风和湍急的流水赶着冰块在黑黑的大冰窟窿里转悠着，一阵阵的波浪沙沙响着，摇来晃去，就像一绺绺绿色的头发。周围死气沉沉的，寂无声息。远处村子里的灯火，给黑沉沉的夜幕增添了一些黄点儿。一颗一颗的星星，就像新碾出来的谷粒儿，在天鹅绒一般的天上瑟瑟缩缩，发出夺目的亮光。微风吹起地上松松的雪粉，雪粉呲呲响着，像一把一把的面粉，往冰窟窿那黑黑的大嘴里直飞。冰窟窿微微地冒着热气，黑乎乎的，依然是那样亲切，又是那样可怕。

潘捷莱·普罗柯菲耶维奇这才明白了，这会儿叫喊是愚蠢的，是没有用的。他四下里望了望，明白了自己因为醉酒跑到什么地方来了，并且因为恨自己，恨这件意外事，气得浑身哆嗦起来。他手里还拿着鞭子，他是带着鞭子跳下来的。他一面骂娘，一面拿鞭子照自己的脊背抽了半天，但是一点都不觉得疼，因为有皮袄护着呢，而为这件事就脱掉皮袄，似乎又不值得。他把大胡子揪下来一绺，在脑子里算了算骒马、爬犁、马套和买回的一些东西的价钱，便破口大骂起来，又朝冰窟窿跟前走了走。

“瞎鬼！……”他打着哆嗦，唉声叹气地对着已经沉下去的骒马骂道。“骚货！你自个儿淹死，还差点儿把我搭上！谁叫你他妈的瞎闯?！叫鬼把你套上拉车去吧，鬼可是没有东西抽你！……那就把鞭子也给你们吧！……”他泄气地把手一扬，把鞭子扔到冰窟窿当中。

那鞭子哧的一声，竖着扎进水里，朝水底沉去。

十五

在卡列金的部队打败了革命的哥萨克部队之后，被迫迁移到米列洛沃的顿河革命军事委员会，给正在同卡列金和反革命的乌克兰拉达作战的军队的领导人打了一通电报，内容如下：

哈尔科夫。一九一八年一月十九日。发自卢干斯克，第四四九号，十八时二十分。顿河哥萨克革命军事委员会请您将顿河地区的下述决议转给彼得格勒人民委员苏维埃。

哥萨克革命军事委员会根据在卡敏镇召开的军人代表大会的决议，决定如下：

一、承认俄罗斯苏维埃共和国的国家中央政权，承认哥萨克、农民、士兵和工人苏维埃代表大会的中央执行委员会，以及由中央执行委员会选出的人民委员苏维埃。

二、召开哥萨克、农民和工人苏维埃代表大会，成立顿河地区政权。

[附注]顿河地区的土地问题也将由地区代表大会解决。

赤卫队接到这通电报之后，便前来援助革命军事委员会的部队，因而打垮了柴尔涅曹夫的反革命队伍，恢复了原来的局面。革命军事委员会又掌握了主动权。萨布林和彼特洛夫的赤卫队，在占领兹维列沃和里哈亚以后，便在革命军事委员会的部队配合下，展开了攻势，压迫敌人向诺沃契尔卡斯克退去。

在右翼塔干罗格方面，西维尔司[①]率领的赤卫队在涅克林诺甫克附近被库捷波夫上校的志愿军打败，损失了一门大炮、二十四挺机枪和一辆装甲车，退到了安甫洛西叶夫卡。但是在塔干罗格，就在西维尔司打了败仗和退却的那一天，波罗的工厂里发动了起义。工人们把士官生从城里赶了出去。西维尔司于是重整队伍，发起进攻，节节前进，逼得志愿军朝塔干罗格退去。

苏维埃方面的部队显然取得了优势。这些部队从三面包围了志愿军和卡列金那些残余的"杂牌"部队。一月二十八日，科尔尼洛夫打电报给卡列金，说志愿军要退出罗斯托夫，退到库班去。

二十九日上午九点钟，在将军府里召开了顿河政府委员的紧急会议。卡列金最后一个从自己的住处来到会议厅。他沉重地坐到桌子旁边，把一些文件挪到自己面前。他因为睡眠不足，两边腮帮子的上部变得黄黄的，那抑郁无神的眼睛下面出现了两块青印子；他那消瘦了的脸，就好像挨到了腐烂的东西，被腐蚀黄了。他慢慢地看过科尔尼洛夫的电报，看过正在诺沃契尔卡斯克北面抵挡赤卫队进攻的各部队指挥官的报告。用一只白白的大手仔细把一沓电报摊平，没有抬他那浮肿的、出现了青印子的眼皮，低沉地说：

"志愿军要撤退啦。保护顿河地区和诺沃契尔卡斯克的，只有一百四十七条枪啦……"

他的左眼皮上的青筋跳了几下，紧闭着的嘴唇角哆嗦了一阵

①西维尔司原为帝俄军队的步兵准尉，布尔什维克，一九一七年担任《战地真理报》主编。是乌克兰和顿河地区对白卫军和外国干涉者进行武装斗争的领导人之一。一九一八年十二月受重伤而死。——作者注

子，他又提高了声音说：

“咱们的处境没有希望啦。老百姓不仅不支持咱们，而且对咱们有敌对情绪。咱们无能无力啦，反抗也无益。我不主张无谓的牺牲，无谓的流血。我提议，咱们辞职，把政权交给别人。我辞去司令官的职务。”

米特洛方·包加叶夫斯基正对宽大的窗洞看着，他扶了扶眼镜，也没有转过头来，说：

“我也辞去自己的职务。”

“当然，要辞职，整个政府都要辞职，问题是，咱们把政权交给谁呢？”

“交给市议会。”卡列金干巴巴地回答说。

“应该举行一个仪式。”政府委员卡辽夫不很肯定地说。

大家都很伤心、很尴尬地沉默了一会儿。阴沉的一月的早晨的朦胧的亮光，从蒙了一层水汽的窗户里懒洋洋地透了进来。罩着雾气和霜雪的城市寂无声息，好像睡着了一样。听不到平时生活脉搏的跳动。苏林车站附近正在进行战斗，阵阵炮声传来，使一切活动沉寂下来，使整个城市里充满了无声的、说不出的恐怖。

在窗外飞来飞去的乌鸦，一声声地叫着，叫得非常难听。乌鸦在白色的钟楼顶上打着圈圈儿，就好像发现了死尸。教堂的广场上覆盖着淡青色的新雪，除了稀稀拉拉的行人再就是偶尔有搭客的爬犁驰过，后面留下黑黑的辙印。

包加叶夫斯基打破沉寂，提议起草一份向市议会移交政权的交接书。

“应该和他们一起开个会，商讨一下移交的问题。”

“什么时候开会合适？”

“晚一点吧，下午四点。”

政府委员们似乎因为打破了难发一言的沉寂而高兴起来，讨论起移交政权问题和开会的时间问题。卡列金一言不发，用鼓鼓的手指甲有节奏地轻轻敲着桌子。在他那耷拉着的眉毛底下，两只眼睛模模糊糊，光度微弱，像云母石一样。因为过度的疲惫、厌倦和劳累，他的目光流露出烦躁和沉重的神情。

有一个政府委员不知是在反驳谁的意见，他的发言又臭又长。卡列金微微带着怒色，打断了他的话：

“诸位，说简单一点儿吧！时间很紧迫。俄罗斯就是因为说空话亡国的。现在休息半个钟头。你们讨论讨论……等会儿要快点儿讨论好。”

他走回自己的住处。政府委员们分成一小堆一小堆的，小声说着话儿。有一个人说，卡列金气色很不好。包加叶夫斯基站在窗前，听见有人小声说：

“对于阿列克塞·马克西莫维奇这样的人，自杀是唯一可行的办法。”

包加叶夫斯基哆嗦了一下，快步朝卡列金的房里走去。过了不大的一会儿，他就陪着卡列金回来了。

决定在四点钟开会，同市议会商讨移交政权和交接书的问题。卡列金站了起来，其余的人也跟着站了起来。卡列金一面同一位政府要员握手道别，一面拿眼睛注视着扬诺夫，扬诺夫正和卡辽夫小声说话儿。

“什么事？”他问道。

扬诺夫走过来，有点儿不好意思。

“一些政府委员，不是哥萨克的，要求发给他们一些路费。”

卡列金皱起眉头，很生硬地说：

“我没有钱……讨厌！”

大家渐渐散去。包加叶夫斯基听见了这几句对话，把扬诺夫叫到一旁，说：

“请到我房里来一下。您告诉斯维托查洛夫，让他在更衣室里等一等。”

他们跟着佝偻着身子快步往前走的卡列金走了出去。来到包加叶夫斯基的住处，他递给扬诺夫一沓钞票。

“这是一万四千卢布。您交给他们吧。”

在更衣室里等候着扬诺夫的斯维托查洛夫接过钱，道过谢，握过手，就朝门口走去。扬诺夫刚刚从看门人手里接过军大衣，就听见楼梯上咚咚地响，便回头看了看。卡列金的副官莫尔达甫斯基正从楼梯上往下跑。

“找医生！快！！”

扬诺夫扔下军大衣，朝他奔去。一个值日副官和聚集在更衣室里的几个传令兵一齐围住了跑下来的莫尔达甫斯基。

“怎么回事儿？！”扬诺夫脸色煞白地叫道。

“阿列克塞·马克西莫维奇自杀啦！”莫尔达甫斯基趴在楼梯栏杆上，放声大哭起来。

包加叶夫斯基跑了出来；他的嘴唇一个劲儿地打哆嗦，好像是冻坏了，他结结巴巴地问：

“怎么啦？怎么啦？”

很多人拥拥挤挤、争先恐后地顺着楼梯朝楼上跑去。奔跑的脚步声轰轰隆隆、吧吧嗒嗒地响成一片。包加叶夫斯基张大了嘴在吸气,呼哧呼哧地直喘。他头一个砰的一声把门推开,穿过客厅跑进办公室。从办公室进小房间的门大开着。又酸又苦的灰白色轻烟和火药气味从里面往外冒着。

“哎呀!哎呀!哎哟!哎哟!……阿廖沙呀!……我的亲人啊……”从里面传出卡列金的妻子的极其可怕的、憋得透不过气来的哭泣声。

包加叶夫斯基好像快要闷死了,他撕扯着衬衣领子,跑了进去。卡辽夫正佝偻着背,紧紧抓住已经不发亮的镀金窗户把手,站在窗户跟前。他的两个肩胛骨,在背后上衣里面一上一下地抽动着,他哆嗦得厉害,每哆嗦一下都要老半天。包加叶夫斯基沙哑地、像野兽一样放声号叫起来,差点儿要站不住了。

卡列金双手放在胸前,直挺挺地躺在一张军官行军床上。他的头微微朝墙那面歪着;白色的枕套,使他那发青的潮湿的额头和贴在枕套上的腮帮子格外显眼。眼睛蒙蒙眬眬地半闭着,那冷峻的嘴角朝一边歪着,显得很痛苦。他的妻子跪在他的脚边不要命地号哭着。她那声嘶力竭的哭声撕心裂肺。行军床上放着一把手枪。手枪旁边的衬衣上,有一股细细的深红色鲜血曲曲弯弯地流着。

军服上衣整整齐齐地搭在行军床旁边的椅子背上,小桌子上放着手表。

包加叶夫斯基歪歪倒倒地摇晃了几下,跪了下去,把耳朵贴在还热乎和柔软的胸膛上。他闻到一股像醋一样酸的男人汗味。没有听到卡列金的心跳。包加叶夫斯基的全部精神都凝聚到听觉上，他如饥似渴地倾听着，但是他听到的只是小桌子上的手表清脆的嘀嗒声、已死的将军的夫人那嘶哑的哽咽声，再就是窗外的乌鸦那带有不祥意味的、又带劲儿又响亮的呱呱叫声。

十六

彭楚克一睁开眼睛，就看见安娜的黑眼睛里闪着晶莹的泪珠和笑意。

他昏昏沉沉地过了三个星期。三个星期以来，他一直在恍恍惚惚、梦幻般的世界里漫游。十二月二十四日黄昏时候，他恢复了知觉。他用严肃而迷惘的目光对着安娜看了老半天，希望能回想起和她有关的一切；他只想起一小部分，他的脑子还很迟钝，很不听使唤，还有很多事情隐藏在脑子的深处。

“给我点儿水喝……”他自己的声音仍旧像是从很远的地方传进了他的耳朵，因为他高兴起来。彭楚克笑了。

安娜连忙向他走来，她的脸闪闪有光，露出微微的、压抑着的笑容。

“我端着给你喝吧。”她推开彭楚克伸向茶缸的软弱无力的手。

他哆哆嗦嗦，很费劲儿地抬起头来，喝了一阵子，又疲惫无力地倒在枕头上。他朝旁边看了半天，想说几句话，但是一点精神都没有，他又睡着了。

又是和头一次一样，他醒来之后，首先看见的是安娜凝视着他的那一双惊惶不安的眼睛,然后是橙黄色的灯光、灯光在没有油漆的天花板上照出的白圈圈儿。

“安娜,上我这儿来。”

她走过来,握住他的手。他也软弱无力地握住她的手。

“你这会儿觉得怎么样?”

“舌头就像是别人的,脑袋也好像是别人的,腿也是这样,我好像有两百岁啦。”每一个字他都说得很仔细。停了一会儿,他问道:“我是害伤寒吗?”

“是害伤寒。”

他拿眼睛在屋子里扫了扫,含含糊糊地说:

“这是哪儿呀?”

她明白他问的是什么,就笑了笑。

“咱们这是在察里津。”

“你呢……是怎么一回事儿?”

“我一个人留下来陪你的,”她好像是想解释,又好像是想引开他没有说出的念头,赶紧又说道:“不能把你扔在陌生的地方啊。阿布拉姆逊和党委会的几个同志要我照应你……你瞧,真想不到我服侍起你来啦。”

他用眼睛看了看,用手软软地握了握,对她表示感谢。

“克鲁托果洛夫呢?”

“经过沃罗涅日到卢干斯克去啦。”

“盖沃尔克扬茨呢?”

“他……真想不到……他害伤寒病死啦。”

“噢! ……”

两个人都沉默了一会儿,好像是在默念死者。

“我原来也很担心你。你前些天很不好。”她小声说。

“还有包高伏依呢?”

“大家都离开啦。有一些人上卡敏镇去啦。噢,你听我说,你老是说话不大好吧? 还有,你要不要喝点儿牛奶?”

彭楚克摇了摇头,表示不想喝;他吃力地摆动着舌头,又接着问道:

“阿布拉姆逊呢?”

“一个星期以前上沃罗涅日去啦。”

他很不灵活地翻了一个身,他的头一阵晕,血直往眼睛里冲。他觉得有一只凉丝丝的手按在额头上,就睁开了眼睛。他想起一个问题:昏迷的时候,谁照应他拉屎撒尿呢? 难道是她吗? 他的脸都有点儿红了;他问道:

“就你一个人服侍我吗?”

“是的,就我一个。”

他把脸转过去朝着墙,小声说:

“他们真好意思……坏透啦! 把我丢给你一个人……”

害过伤寒病以后,在听觉上出现了后遗症:彭楚克听觉很差。察里津党委会派来的医生对安娜说,必须等病人完全康复以后,才能治疗耳朵。彭楚克的健康恢复得很慢。他的食欲格外强,但是安娜严格地控制着他的饮食。他们因此常常发生争执。

“再给我一点儿牛奶吧。”彭楚克要求说。

“不能再喝啦。”

“我求你——再给我一点儿! 你想让我饿死吗?”

“伊里亚，你该知道，我不能让你超过定量。”

他气得不作声了，转身朝着墙，直叹气，老半天都不说话。她心疼他，压制着自己的脾气。过一阵子，他转过脸来，一副愁眉苦脸的样子，那样子更使她心疼了。他又央求说：

“不能给我一点儿腌白菜吗？哎呀，给我一点儿吧，好安娜！……听听我的嘛……不行吗？……都是医生胡说八道！”

有时候他碰了钉子，就说难听的话来气她：

“你不能这样捉弄我！我自个儿找女房东要！你这个女人毫无心肝，讨人厌！……真的，我都恨你啦。”

“我天天照应你，起早摸黑，你却对我这样！”安娜也忍不住了。

“我又没有求你留下来服侍我！你拿这话责备我，毫无道理。你别自以为了不起。哼，好吧……你就什么也别给我！让我饿死好啦……真会心疼人！”

她的嘴唇哆嗦着，但是她克制着，没有作声；任凭他怎样，她都耐心忍受着。

只有一回，因为她不肯再给他饼吃，高声吵了几句之后，彭楚克转过脸去，她发现他的眼睛里汪着泪水，她的心揪成一团，喊叫道：

“你简直成了小孩子啦！”

她跑到厨房里，端来满满一碟子馅饼。

“吃吧，吃吧，伊留沙，我的好人！好啦，够啦，别发火啦！给你吃吧，刚烙出来的！”她两手哆哆嗦嗦地把一张饼塞到他手里。

彭楚克心里很不痛快，想不要，但是忍不住；一面擦着眼泪，坐起来，接住饼子。他那生满软软的卷胡子的消瘦的脸上，闪过一丝表示歉意的笑容，他用眼睛请求她原谅，说：

“我连小孩子都不如呢……你瞧，我差点儿都哭起来啦……”

她看着他那细得出奇的脖子，看着他那从敞开的衬衣领子里露出来的干瘪下去的、没有血色的胸膛，看着他那皮包骨头的双手；她心里涌起一股以前不曾有过的深深的爱和心疼的感情，情不自禁地第一次真挚而温柔地吻了吻他那焦黄的额头。

又过了两个星期，他才能不用别人搀扶在屋子里走动。瘦得像干草一样的两条腿一拐一拐地走；他重新学起走路来了。

“你瞧，安娜，我能走啦！”他很想自个儿走走，走快点儿，但是两条腿撑不住沉甸甸的身子，地板在脚底下直摇晃。

彭楚克一遇到能靠的东西就靠一下，他像个老头子一样大大咧咧地笑着；皮肤紧紧贴在透亮的腮帮子上，到处是皱纹。他像老头子一样呵呵地笑上一阵，笑得没了劲儿，也走累了，就又倒在床上。

他们住的房子离码头不远。在窗前可以看见一片冰雪的伏尔加河河面和河那边的树林，那树林就像半个老大的灰色圆圈儿；可以看见远处田野那模糊的、曲曲弯弯的轮廓。安娜常常在窗前站上很久，想着自己的奇怪的、骤然变了的生活。彭楚克生了一场病，他们格外亲密了。

起初，她走过漫长而艰苦的路，同他一起来到察里津，觉得异常沉重、异常痛苦。她还是第一次这样近和这样真切地窥探和心爱的人相处的内幕。她咬着牙，给他换身上的衬衣，从他那滚烫的头上往下篦虱子，转动他那重得像石头一样的身体；她浑身像抽筋似的,带着厌恶的神情偷偷看着他那赤裸裸的干瘦的男子身体——那是一张皮壳,宝贵的生命在里面微微跳动着。她的心里乱腾腾的,觉得很厌恶,但是外部的肮脏却没有污染她那深深地、牢牢地埋藏在心底的感情。她曾经在彭楚克严厉的指教之下学会了战胜痛苦和困惑。这一次她也战胜了。到末了只剩了同甘共苦的心情,再就是深深的爱情像泉水一样,腾腾地冲了出来。

有一天彭楚克说:

"这么一来,你讨厌我啦……是吧?"

"这是一种考验。"

"考验什么?是对耐心的考验吗?"

"不,是对感情的考验。"

彭楚克转过脸去,老半天都抑制不住嘴唇的哆嗦。这个问题他们再也没有多说。什么话都是多余的,是相形失色的。

一月中旬,他们离开察里津,前往沃罗涅日。

十七

一月十六日黄昏时候,彭楚克和安娜来到沃罗涅日。他们在这里住了两天,便动身往米列洛沃去,因为就在出发的这一天得到消息,说是顿河革命军事委员会及其所属的部队在卡列金部队的压迫之下,退出了卡敏镇,撤到了米列洛沃。

米列洛沃熙熙攘攘,到处是人。彭楚克在这里待了几个钟头,就乘下一趟火车前往格鲁博克。第二天他接受了领导机枪队的任务,第三天上午他就参加了反击柴尔涅曹夫的部队的战斗。

打垮柴尔涅曹夫以后，他们却意想不到要分手了。有一天上午，又兴奋又有点儿伤感的安娜从司令部里跑了来。

“你知道吧，阿布拉姆逊在这里。他很想见见你。另外还有一个消息：今天我要走啦。”

“上哪儿去？”彭楚克吃惊地问道。

“阿布拉姆逊和我，还有另外几个同志，要到卢干斯克去做宣传工作。”

“你要离开机枪队啦？”彭楚克冷冷地问道。

她笑起来，把通红的脸贴到他的脸上，说：

“你老实说：你难过的不是我离开机枪队，而是我离开你吧！不过这是暂时的离别。我相信，我担任这种工作，比在你身边工作更合适。我对宣传工作，比对机枪业务更熟悉……”她顽皮地挤了挤眼睛，“尽管我的机枪业务是在彭楚克这样有经验的指挥员手下学的。”

过了一会儿，阿布拉姆逊来了。他仍旧是那样热情、朝气勃勃、精神抖擞，他那像涂了松脂一样的黑黄色头发当中仍旧夹杂着不少银光闪闪的白发。他见到彭楚克，打心坎里高兴起来。

“你身体完全好啦？好极——极啦！我们要把安娜带走啦。”他带着已经猜到和话有所指的神气眯缝起眼睛。“你不反对吧？不反对吧？是的，是的……是的，是的，好极——极啦！我所以提出这个问题，是因为你们大概在察里津处热和啦。”

“坦白地说，我舍不得离开她。”彭楚克愁眉苦脸地、很勉强地笑了笑。

“舍不得吧？！单是这一点就够啦……安娜，你听见吗？”

阿布拉姆逊在屋子里走了一会儿，他走着走着，从柜子后面捡起一本落满灰尘的《加林-米海洛夫斯基文集》，又忽然想起一件事，就要走。

“安娜，你马上来，好吗？”

“你先走。我一下子就来。”她在屏风后面回答说。

她换好了内衣，从屏风后面走了出来。她身上穿的是草绿色军便服，系了腰带，军便服的两个口袋被乳房顶得微微鼓了起来；仍旧穿上了那条有好几处补丁的黑裙子，但是裙子已经洗得干干净净的。不久前才洗过的浓密的头发蓬蓬松松的，从头巾里露了出来。她穿起军大衣，一面系腰带，一面问道（刚才的兴奋劲儿不见了，她的声调也沉闷无力了，而且还带着恳求的意味）：

“你今天要参加进攻吗？”

“哦，当然喽！我是不能袖手旁观的。”

“我恳求你……听我的，你要多多保重！你为了我，能这样吗？行吗？我再给你留下一双毛袜子。不要冻着，尽量不要让脚受潮。我到了卢干斯克，就给你写信。”

她的眼睛不知为什么一下子就失去了光彩；在告别的时候，她坦率地说：

“你看，我真是舍不得离开你。起初，阿布拉姆逊要我上卢干斯克，我还高兴呢，可是这会儿我觉得，离开你，到了那儿，我会感到无依无靠。用不着多说，这种感情现在是不必要的，感情会妨碍工作……好啦，反正再会吧！……”

他们分别时很镇定、很冷淡，但是彭楚克该明白的，全明白了：她是害怕失去已经下定的决心。

他出来送她。安娜急急忙忙地摆动着肩膀走了，头也不回。他很想唤她一声，但是临别时他发现她那微微斜视的模糊的眼睛里有一种异常的、潮湿的亮光，就克制着自己的心情，装出很高兴的神气，喊道：

“希望咱们在罗斯托夫见面！安娜，一路保重！”

安娜回头看了看，加快了脚步。

安娜走了以后，彭楚克立刻感到非常孤单。他从街上回到屋子里，可是马上就像被烫了一下似的，又从屋子里跑了出去……屋子里每一样东西都表示她曾经在这儿待过，每一样东西都还保留着她的气味：不论是她忘记带走的手绢，不论是那军用挂包，那铜茶缸，凡是她的手接触过的东西，都是这样。

彭楚克在镇上一直逛荡到黄昏时候，觉得心里从来不曾这样乱，并且有一种感觉，好像有人从他身上割去了一点什么，他怎么都不能适应新的情况。他失神地凝望着一个个陌生的赤卫队员和哥萨克的脸，他认出来一些，有许多人都认出他来了。

走到一个地方，一个在对德战争中和他一起当过兵的哥萨克叫住了他。他把彭楚克拉到自己的住处，请他一块儿打牌。彼特洛夫支队的几个赤卫队员和刚刚开到的几个水兵正围着桌子打“二十一点”。他们笼罩在黄烟的烟雾当中，噼噼啪啪地摔着纸牌，沙啦沙啦地抓着克伦斯基票子，骂着娘，满不在乎地嚷着。彭楚克很想到外面透透空气，便走了出来。

好在一个钟头以后就要发起进攻了。

十八

卡列金自杀以后,诺沃契尔卡斯克的政权便转入顿河远征军司令纳扎洛夫将军之手。一月二十九日,他被参加军人联合会大会的代表们选为顿河军的委任司令官。参加这次大会的只有很小的一部分代表,主要来自南部地区下游各乡镇。这一次的军人联合会就叫"小联合会"。纳扎洛夫在小联合会的支持下,宣布征集十八到五十岁的男子入伍,并且采取了种种威胁恫吓手段,又派出武装部队到各乡镇去强行征集,但是哥萨克们都不愿意出来打仗。

在小军人联合会开始执政的那一天,克拉司诺希柯夫将军的顿河哥萨克第六团在塔青中校率领下,经过长途行军,从罗马尼亚前线回到了诺沃契尔卡斯克。这个团从叶卡捷琳诺斯拉夫开始,就且战且进,冲破布尔什维克部队的层层包围。在皮亚吉哈特卡、梅希瓦、马特维耶夫山冈和许多别的地方都受到拦截,尽管这样,这个团到达诺沃契尔卡斯克时几乎全员,军官无一伤亡。

为这个团举行了盛大的欢迎会。在教堂广场上举行过祈祷仪式之后,纳扎洛夫就对哥萨克们表示感谢,感谢他们保持了良好的纪律、良好的秩序,感谢他们回来保卫顿河。

不久这个团就开上前线,开到苏林车站附近,可是过了两天,诺沃契尔卡斯克就接到十分可怕的消息:这个团受到布尔什维克宣传的影响,自动离开阵地,拒绝保卫军政府。

小联合会的局面打不开。大家都感到同布尔什维克斗争没有什么希望。每次开会，纳扎洛夫这样一个有毅力、有朝气的将军都一手托腮坐在那里，另一只手捂着额头，好像是在苦苦思索什么问题。

最后的希望都化成了灰烬。赤卫队逼近了诺沃契尔卡斯克和罗斯托夫。齐霍列茨克附近已经响起隆隆的炮声。有消息说，红军指挥员阿甫托诺莫夫少尉的部队正从察里津向罗斯托夫推进。

列宁命令南方前线于二月二十三日[①]拿下罗斯托夫。

契尔诺夫大尉的白卫军，受到西维尔司部队的攻击和戈尼洛夫乡哥萨克的背后包抄，于二月二十二日退进了罗斯托夫。

眼看着守不住了。科尔尼洛夫明白，留在罗斯托夫是很危险的，于是下令撤往奥里根镇。捷美尔尼克的工人对火车站，对军官巡逻队射击了一整天。快到黄昏时候，密密麻麻的科尔尼洛夫的队伍出了罗斯托夫。一大队人马就像一条老粗的黑蛇，渡过顿河，曲曲弯弯地朝阿列克塞爬去。一支支短小的连队，蹚着松软而潮湿的积雪，吃力地前进着。实业学校学生那带有锃亮的纽扣的草绿色学生大衣闪来闪去，但是大多数还是步兵军官的军大衣。担任排长的是一些上校和大尉。当兵的是士官生和军官，从准尉到上校都有。在数不清的辎重车后面，是一群一群的难民。都是一些上了年纪、很有气派的人，穿着很阔气的大衣和套鞋。许多妇女扶着大车，在老深的雪里很费劲地走着，高跟鞋一扭一扭的。

---

①苏维埃政府决定自一九一八年二月十四日起实行新历。本书以后提到的日期都是新历的日期。——作者注

叶甫盖尼·李斯特尼次基大尉也在科尔尼洛夫团的一个连里。和他并肩走的，一个是挺有精神的作战部队军官司塔洛别里斯基上尉，一个是苏沃洛夫法拿果里精锐团包察里夫中尉，还有一个是罗维乔夫中校——是一个老掉了牙的作战部队的军官，浑身长着一层红毛，就像一只大狐狸。

暮色越来越浓。渐渐冷起来。从顿河河口吹来带咸味的、潮湿的风。李斯特尼次基习惯地、一步一步地踩着已经踩碎的积雪，注视着一些朝连队前面跑的人的脸。科尔尼洛夫团的团长涅申采夫和御林军普莱奥布拉申斯基团原来的团长库捷波夫从路边走了过去，库捷波夫敞着军大衣，制帽歪戴在平平的后脑勺上。

“团长先生！”罗维乔夫中校熟练地将步枪换了换肩，对涅申采夫叫了一声。

库捷波夫扭了扭宽额头、两只黑眼睛离得远远的、大胡子修成了铲子形的那张牛脸；涅申采夫隔着他的肩膀朝叫他的人看了看。

“请您命令第一连加快步伐！这种走法准得冻死。我们的脚都湿透啦，还要这样慢腾腾地走……”

“岂有此理！”嗓门儿又大又爱吵的司塔洛别里斯基叫了起来。

涅申采夫没有回答，走了过去。他正和库捷波夫争论着什么事。过了不大的一会儿，阿列克塞耶夫将军赶到了他们前头。将军的车夫赶着两匹肥壮的、扎着尾巴的大青马；雪粉一团一团地从马蹄下朝四处乱飞。阿列克塞耶夫的白胡子向上翘着，那上挑的眉毛也已经白了，一张脸被风吹得通红，他把制帽一直扣到耳朵上，身子斜靠在马车的后背上，瑟瑟缩缩地用左手扶着大衣领子。军官们都含笑目送着他那张大家都熟悉的脸。

被很多只脚踩得稀烂的大路上，渗出不少黄黄的小水洼。走起路来十分费劲，两只脚滑来滑去，雪水往靴子里直钻。李斯特尼次基一面走，一面听前面的人说话。一个声音浑厚、穿着皮上衣、戴着普通哥萨克皮帽的军官说：

“中尉，您看见了吗？那是国家杜马主席罗坚柯，也在步行呢。”

“俄罗斯在往峨尔峨他[1]走呢……”

有人咳嗽着，呼噜呼噜地吐着痰，想说说俏皮话：

“上峨尔峨他……跟这不大一样，上峨尔峨他走的是石子路，现在走的是雪地，而且水漉漉的，再加上冷得要冻死人。”

“诸位，知道在哪儿宿营吗？”

“在叶卡捷琳诺达尔。”

“我们在普鲁士的时候，有一次行军也是这样……”

“库班总会欢迎咱们吧？……什么？……当然，那就是另一回事儿啦。”

“您有烟吗？”郭罗瓦乔夫中尉问李斯特尼次基。

他扯下粗布手套，接过纸烟，道过谢，又像个士兵那样擤了擤鼻涕，在大衣襟上擦了擦手指头。

“中尉，您想学学大众化作风吗？”罗维乔夫中校微微笑着问。

“非得学学不可。您怎么……带了一打手绢准备着用吗？”

①峨尔峨他：耶路撒冷旁边的一座小山。耶稣就是在这里被钉死的。

罗维乔夫没有回答。他那红中夹白的胡子上结起绿莹莹的冰凌。他偶尔地抽抽鼻子，冷风朝军大衣里直钻，冻得他皱起眉头。

“俄罗斯的精华。”李斯特尼次基十分痛心地打量着一列列的人和曲曲弯弯前进的队伍，心里想道。

好几个骑马的人跑了过来，其中骑在一匹高大的顿河马上的是科尔尼洛夫。他那件两侧带有斜兜的浅绿色皮袄和白色的皮帽在队伍里晃悠了半天。军官大队用浑厚、响亮的“乌拉”声在送他。

“这一切倒不算什么，问题是家里……”罗维乔夫老声老气地哼哧着，斜眼看了看李斯特尼次基的眼睛，好像是在寻找同情。“我的家眷还在斯摩棱斯克呢……”他又说了一遍。“妻子和一个女儿，女儿是个大姑娘啦。圣诞节的时候已经满十七岁啦……这可怎么办啊，大尉？”

“哦——哦……”

“你也有家眷吗？您是诺沃契尔卡斯克人吗？”

“不是，我是顿河区的。我只有父亲。”

“真不知道对她们该怎么办……我不在家，她们的日子又怎么过。”罗维乔夫又说。

司塔洛别里斯基气愤地打断他的话头，说：

“大家都有家眷留在家里。我真不明白，中校，您哼唧什么？真少见！还没有走出罗斯托夫的地界，就……”

“司塔洛别里斯基！彼得·彼得洛维奇！塔干罗格那一仗，您参加了吧？”有人在后面隔着一列人叫喊道。

司塔洛别里斯基转过气愤的脸，阴沉地笑了笑。

“哦……符拉季米尔·盖奥尔吉耶维奇，哪一阵风把您刮到我们排里来啦？调来啦？跟谁闹别扭啦？噢……是的，那是当然……您问塔干罗格那次打仗吗？是的，我参加啦……怎么？一点不错……他阵亡啦。”

李斯特尼次基漫不经心地听着他们说话，想起自己离开亚戈德庄时的情景，想起了父亲，想起了阿克西妮亚。怀念之情忽然涌上心头，心里憋得发慌。他无精打采地走着，看着一根根上了刺刀的枪筒子在前面晃动，看着戴皮帽、制帽和风帽的许许多多的头随着脚步摆来摆去，心里想道：

“这五千个流亡的人，每个人都和我一样，怀着一股强烈的仇恨和愤怒。下流痞子们，把我们撵出了俄罗斯，又想来这儿称王称霸，等着瞧吧！……总有一天科尔尼洛夫会带我们上莫斯科！”

这时候他想起科尔尼洛夫那一次去莫斯科，于是高高兴兴地回想起那一天的情景。

后面不远处，大概就在他们这个连的尾部，有一个炮兵连。马匹打着响鼻，炮车轰隆轰隆地响着，连马汗气味都扑了过来。李斯特尼次基马上就闻出这种熟悉而亲切的气味，扭过头去；在前面当驭手的一个青年准尉看了看他，笑了一下，就好像见到了熟人似的。

* * *

三月十一日以前，志愿军的部队就已经集中在奥里根乡地区。科尔尼洛夫暂不下令出发，等候顿河远征军司令波波夫将军到奥里根来，波波夫将军已经率领自己的队伍退出诺沃契尔卡斯克，开到顿河对岸的草原上去，他的队伍大约有一千六百条枪、五门大炮和四十挺机枪。

十三日上午，波波夫由他的参谋长西道林上校和警卫队的几名军官陪着，来到奥里根镇上。

他来到科尔尼洛夫住的房子旁边的操场上，勒住马，扶住鞍头，很吃力地跨下马鞍。一个黑头发、黑脸膛、眼睛像麦鸡一样尖的年轻哥萨克勤务兵，连忙跑过来扶住他。波波夫把缰绳扔给他，便很有气派地朝台阶走去。西道林和几个军官也都下了马，跟在他后面。勤务兵们把几匹马牵进院子。一个上了年纪的跛脚勤务兵还在挂马料袋的时候，那个黑头发、眼睛像麦鸡一样的勤务兵已经和房东家的女仆搭讪起来。他对她说了几句酸溜溜的话。那个女仆——一个面色绯红的姑娘，披着一条十分漂亮的头巾，光光的腿上穿着深筒套靴——就一面笑着，脚下一面打着滑，踩着水洼从他身边跑过，啪嗒啪嗒地朝棚子里跑去。

派头十足、上了年纪的波波夫走进房子。他在堂前把军大衣交给一个动作麻利地勤务兵，把马鞭子挂在衣架上，大声地擤了半天鼻涕。勤务兵把他和边走边拢头发的西道林领进大厅。

应邀前来开会的将军们已经到齐。科尔尼洛夫坐在桌子旁边，两只胳膊肘撑在一张摊开的地图上；他的右首是白发苍苍、瘦骨嶙峋、腰板笔直、刚刚刮过脸的阿列克塞耶夫。邓尼金忽闪着两只精明而厉害的眼睛，正在和罗曼诺夫斯基说话。远看很像邓尼金的鲁科姆斯基，慢慢地在屋子里踱着，捋着大胡子。马尔科夫站在面向院子的一个窗户跟前，看着勤务兵们喂马，和年轻的女仆挤眉弄眼地说笑。

他们两个新来的，同大家打过招呼，就朝桌子跟前走去。阿列克塞耶夫问了几个无关紧要的问题，问了问路上和由诺沃契尔卡斯克撤退的情形。库捷波夫走了进来，跟他一起来的还有科尔尼洛夫邀来开会的几位作战军官。

科尔尼洛夫对直地看着从容镇定地就座的波波夫，问道：

“将军，请您说说，您手下有多少条枪？”

“一千五百条枪，一个炮兵连，四十挺机枪，都配有机枪手。”

“志愿军被迫撤出罗斯托夫，这情况您已经知道啦。昨天我们开了一个会，决定向库班进军，方向是叶卡捷琳诺达尔，一部分志愿军部队正在这座城市附近活动。我们走这条路线……”科尔尼洛夫用没有削的铅笔头在地图上画了一下，说得快些了：“沿路吸收一些库班的哥萨克，粉碎那些小股的、零散的、没有战斗力的、企图拦阻我们前进的红军部队。”他对着波波夫那眯缝起来、转向一边的眼睛看了看，把最后的话说了出来：“我们向您建议，让您的部队和志愿军联合起来，同我们一起向叶卡捷琳诺达尔进发。力量分散——对咱们不利。”

“我不能这样干！”波波夫坚决而严峻地声明说。

阿列克塞耶夫微微朝他偏了偏身子。

“请问，为什么？”

“因为，我不愿意离开顿河区地界到什么库班去。我们北面有顿河作屏障，可以在越冬地区观望事态的发展。敌人不可能有什么大规模的行动，因为不是今天，就是明天，河面就要开始解冻，不仅炮队不能过河，连马队也不能过河。可是我们在越冬地区，草料和粮食都有充分保证，可以随时随地展开游击战。”

波波夫理直气壮地举出很多理由，驳斥科尔尼洛夫的意见。他缓了一口气，看见科尔尼洛夫要说话，就很执拗地摇了摇头，说：

“请让我把话说完……除此以外，还有一个特别重要的因素，我们这些做将领的，也要加以考虑：就是我们的哥萨克的情绪。”他伸出一只肉嘟嘟的白手，那手上的金戒指嵌进食指的肉里；他一面打量着大家，提高声音继续说下去：“如果我们朝库班开拔，军队就有瓦解的危险。哥萨克们就可能不肯去。不应当忘记这样一种情况，那就是，我的部队最根本、最坚定的部分就是哥萨克，然而就士气来说，他们并不怎么可靠，就像……就连您的部队也是这样。他们简直还没有自觉性，说不去，就是不去。整个部队有可能散掉，我可不能冒这个险。”波波夫干脆利落地说，他又不让科尔尼洛夫说，接着说下去，“请您原谅，我对您说出了我们的决定，并且斗胆向您说明：我们不可能改变这个决定。当然，分散力量对咱们是不利的，不过，情况既然已经是这样，只有这个办法了。我认为，根据我刚才提到的情况来看，志愿军最好不要上库班去，库班哥萨克的情绪很使我担心，志愿军最好还是跟顿河军一起到顿河对岸的草原上去。在那儿可以利用休息时间整顿一下队伍，在开春以前，就可以用从俄罗斯自动来的新的骨干力量补充起来……”

“不行！”科尔尼洛夫叫道。昨天他还主张开往顿河对岸的草原上，而且还很坚决地驳斥了阿列克塞耶夫的反对意见。“上越冬地区毫无意义。我们差不多有六千人呢……”

“如果说的是给养问题，大人，那我可以斗胆向您保证，越冬地区完全可以充分供应。并且，您还可以从那儿的私人养马场上弄到一些马匹，可以装备一部分马队。以后您就有条件去进行野地运动战。您是很需要马队的，可是志愿军的马并不多。”

科尔尼洛夫今天对阿列克塞耶夫特别客气，这会儿朝他看了一眼。科尔尼洛夫显然在选择进军方向问题上是动摇不定的，很想得到另外一个有权威的人的支持。大家都十分注意地听完了阿列克塞耶夫的发言。这位老将军解决问题一向干脆、利落、明快，用几句简单明了的话就说清了向叶卡捷琳诺达尔进军的好处。

“走这个方向，我们很容易冲破布尔什维克的包围，同活动在叶卡捷琳诺达尔附近的部队会合。”他最后说。

“米哈依尔·瓦西里耶维奇，这样进军要是失利呢？”鲁科姆斯基很小心地问道。

阿列克塞耶夫咂了咂嘴，用手在地图上画了画。

“退一万步说，如果失利，那我们还可以到高加索山里去，把部队化整为零。”

罗曼诺夫斯基支持他的意见。马尔科夫说了几句热情的话。阿列克塞耶夫的很有分量的理由似乎是无可反驳的了，但是鲁科姆斯基接过话来，把两边的分量拉平了：

“我赞成波波夫将军的意见，”他字斟句酌、不慌不忙地说，“向库班方面进军会遇到很大的困难，其困难在这里是无法估量的。首先，咱们要过两次铁路线……”

参加会议的人的目光都顺着他的手指所指，转向地图。鲁科姆斯基很坚定地继续说下去：

“布尔什维克会千方百计地截击我们，他们会派铁甲车来。我们的辎重队太累赘，伤号又多；我们又不能扔下不管。这一切都使军队行动起来特别困难，不能很快地前进。还有一点我也很不明白，凭什么可以说，库班哥萨克的心是向着我们的呢？就拿顿河哥萨克来说，本来也说是不满意布尔什维克的政权的嘛，所以我们应该抱着格外小心和最大的怀疑态度来看待这一类的说法。库班人也在害那种布尔什维克式的沙眼病，这种病是从以前俄罗斯军队里传染去的……他们会敌视我们的。最后我要再说一遍，我的意见：往东去，往草原上去，到那里养精蓄锐，威胁布尔什维克。”

科尔尼洛夫在手下大多数将领支持下，决定走维里柯克尼亚什以西的路线，在路上给非战斗人员补充一些马匹，然后从那里拐向库班。他宣布散会以后，和波波夫说了几句话，冷冷地道过别，便朝自己的房里走去。阿列克塞耶夫跟着他走进房里去了。

顿河军的参谋长西道林上校碰得刺马针叮当叮当响着，来到台阶上，又响亮又得意地朝勤务兵喊道：

“带马！”

一个留着淡黄色小胡子的青年哥萨克中尉，扶着马刀，蹚着水洼，走到台阶跟前。他在最下面一级旁边站下来，小声问道：

“上校大人，怎么样？”

“不坏！”西道林兴高采烈地小声回答说。“咱们拒绝上库班啦。咱们马上就走。你们准备好了吗，伊兹瓦林？”

“好啦，马来啦。”

勤务兵们骑上马，把马带了过来。那个黑头发、眼睛像麦鸡一样的勤务兵，还在一再地问他的同伴。

“怎么样，她漂亮吗？”他哧哧地笑着问道。

那个上了年纪的勤务兵低声笑了笑。

“不怎么样。”

“如果她叫你去，你怎么样？”

“算了吧，呆子！现在是大斋期。”

格里高力·麦列霍夫的旧同事伊兹瓦林，跳上自己那匹白额头、白鼻子、屁股下垂的战马，对勤务兵吩咐说：

“你们先到街上去。”

波波夫和西道林一面同一位将军道别，一面走下台阶。一名勤务兵勒着马，帮助将军的脚踩上马镫。波波夫晃了晃不算讲究的哥萨克式马鞭，赶着马小跑起来，几个哥萨克勤务兵、西道林和几名军官也都欠身站在马镫上，身子微微前倾，跟着他跑起来。

经过两天的行军，志愿军来到梅契庭镇，这时候科尔尼洛夫又得到有关越冬地区的一些新消息。这些消息都是不太好的。科尔尼洛夫把所有作战部队的指挥官都召集了来，宣布了向库班进军的决定。

他又派一个传令官去见波波夫，再一次建议联合起来。传令官在老伊万诺夫地区追上了部队。他带回了波波夫的回信，回信依然是那样：波波夫很客气、很冷淡地拒绝了科尔尼洛夫的建议，并且在信上说，他的决定是不可能变更的，还说他要暂时在萨尔斯克州驻下来。

十九

郭鲁博夫的队伍绕道去进攻诺沃契尔卡斯克，彭楚克也跟着他的队伍出发了。二月二十三日，他们出了沙合特镇，穿过拉兹道尔乡，夜里就来到美里霍夫镇上。第二天，天麻麻亮，就从镇上开了出来。

郭鲁博夫率领队伍快速前进。矮墩墩的郭鲁博夫走在最前面，他的鞭子不住气地往马屁股上落。夜里穿过了别斯谢尔盖涅夫镇，让战马多少休息了一下，许许多多骑马人又在没有星星的灰蒙蒙的夜幕下晃动起来，黄土大路上的薄冰在马蹄下咯吱咯吱地响了起来。

在克里维扬镇附近走迷了路，可是马上就遇到了自己这方面的部队。天已经开始放亮的时候，他们才来到克里维扬镇上。镇上还没有行人。在井边的空场上，一个哥萨克老汉正在砍水槽里的冰。郭鲁博夫走到他面前，队伍也停了下来。

“您好，老人家。”

老汉把一只戴着无指手套的手慢慢举到帽檐上，很不耐烦地回答说：

“您好。”

“怎么样，老人家，你们镇上的哥萨克都上诺沃契尔卡斯克去了吗？你们这儿征集过了吗？”

老汉急忙拿起斧子，朝家里走去，也不回答。

“前进！”郭鲁博夫一面走，一面骂着，喊了一声。

这一天，小军人联合会正准备撤往康斯坦丁诺夫镇去。新任的顿河远征军司令波波夫将军已经把武装部队拉出了诺沃契尔卡斯克，把武器装备都带走了。这一天早晨得到的消息说，郭鲁博夫的部队正从美里霍夫镇往别斯谢尔盖涅夫镇方向开。小联合会派西沃罗博夫大尉去和郭鲁博夫商谈移交诺沃契尔卡斯克的条件。郭鲁博夫的骑兵一枪未发，就跟着西沃罗博夫进了诺沃契尔卡斯克。郭鲁博夫骑着汗淋淋的马，由一大群哥萨克簇拥着，径奔小联合会的大楼。大门口有几个闲人，还有一个勤务兵，正牵着一匹备好鞍的马在等候纳扎洛夫。

彭楚克跳下马来，端起手提机枪。他跟着郭鲁博夫和别的许多哥萨克跑进小联合会的大楼。在宽敞的大厅里，代表们听到大开着的门响了一声，都转过头来，脸都唰地一下白了。

“站——起——来！”郭鲁博夫就像在检阅时那样，鼓足劲儿发了一声命令，然后就在哥萨克们的簇拥之下，急得磕磕绊绊地朝主席台走去。

小联合会的委员们，听到这一声威严的喊叫，连忙站了起来，座椅发出一片响声，只有纳扎洛夫一个人坐着没动。

“你们怎么敢冲击联合会会场？”他怒冲冲地叫道。

“你们被捕啦！住嘴吧！”郭鲁博夫红着脸，跑到纳扎洛夫跟前，把他的肩章从他那将军服的肩上扯了下来，声嘶力竭地喝道：“站起来，对你说哪！把他带走！……就是你！……听见没有？！金肩章的家伙！……”

彭楚克在门口架好机枪。联合会的委员们像羊群一样挤成了一堆儿，哥萨克们把纳扎洛夫、吓得脸色铁青的小联合会主席伏罗申诺夫和另外几个人从彭楚克面前拉了出去。

郭鲁博夫也跟着往外走,他的马刀叮当响着,那褐色的脸一片一片地红着。有一个联合会的委员拉住他的袖子,问:

“上校老爷,请问,我们上哪儿去?”

“我们自由啦?”另外一个人朝他肩膀上探了探贼眉鼠眼的头,问道。

“滚你们的蛋吧!”郭鲁博夫把手一摆,喊了一声,等他走到彭楚克身边,又转过身去朝着小联合会的委员们,跺着脚喊道:“你们都滚吧……我没工夫问你们!滚吧!……”

他那好像伤风的嘶哑的声音,老半天都在大厅里回荡着。

彭楚克在母亲身边过了一夜,第二天,西维尔司的部队攻占罗斯托夫的消息一传到诺沃契尔卡斯克,他就向郭鲁博夫请求调动,次日一早就骑马前往罗斯托夫。

西维尔司在主编《战地真理报》的时候,就和他认识了。他来到西维尔司的司令部里工作了两天,也到革命军事委员会去过,既没有见到阿布拉姆逊,又没有见到安娜。西维尔司的司令部里成立了军事法庭,正在对被俘的白卫军进行严厉的审判和制裁。彭楚克按照革命法庭的指示,参加了几起搜捕,干了一天,到第二天,又跑到革命军事委员会去,已经不抱什么希望了,可是一上楼梯,就听见安娜那十分熟悉的声音。第二间屋子里传出几个人的说话声和安娜的笑声,他放慢步子走了进去,只觉得自己的心扑腾扑腾跳了起来。

这间屋子以前是城防司令的办公室。屋子里烟气腾腾,屋角上有一张妇女用的小桌,桌边有一个人正在写什么。那人身上的军大衣连一个纽扣都没有了，戴着士兵皮帽，帽耳朵挓挲着。有几个战士和穿皮袄或军大衣的工作人员把他团团围住。他们分成一堆一堆的，一面抽烟，一面说话。安娜站在窗边，背对着门，阿布拉姆逊坐在窗台上，手指交叉着抱住弯起的膝盖，有一个高高的、样子很像拉脱维亚人的红军战士歪着头，站在他的身边。红军战士拿开嘴上的纸烟，竖着小手指头，在讲一件事情，看样子，那件事十分可笑：安娜笑得前俯后仰，阿布拉姆逊笑得满脸皱纹，旁边还有几个人都在笑哈哈地听着；在那个红军战士的大脸上，每一根清楚得像用斧头砍成的线条，都流露着聪明、机灵和有点儿厉害的神气。

彭楚克一只手按在安娜肩上。

“你好，安娜！”

她回头一看，脸上涌起一阵红晕，一直红到脖子根，眼睛里流出了泪水。

“你打哪儿来？阿布拉姆逊，你瞧瞧！他来啦，就像一个当当响的银角子，可是你还替他担心呢。”她像个小孩子一样咿咿呀呀地说着，也不抬眼睛，她控制不住自己的窘急心情，就朝门口退了几步。

彭楚克握了握阿布拉姆逊那热乎乎的手，和他说了几句话，感觉出自己脸上有一种傻傻的、无限幸福的笑，也不回答阿布拉姆逊问他的话（他甚至都没有听清问的是什么），就朝安娜走去。她定了定神，带着怪自己不该发窘的笑容迎住他。

“喂，再问一次好。你怎么样？结实吗？什么时候来的？是从诺沃契尔卡斯克来的吗？你是在郭鲁博夫的队伍里吗？原来这样……哦，怎么样？”

彭楚克一面回答她的问话，一面用直勾勾、火辣辣的眼睛盯着她。她的目光受不住他的逼视，转向一旁。

“咱们到外面去走走吧。”安娜说。

阿布拉姆逊把他们唤住，说：

“你们很快就回来吧？彭楚克同志，我有事要和你谈。我们想请你干一项工作。”

“过一个钟头我就回来。”

到了大街上，安娜对直地、温柔地看着彭楚克的眼睛，懊恼地挥了一下手。

“伊里亚，伊里亚，我都发起窘来啦，多不好啊……真像个小姑娘！这是因为，第一，你来得意外；第二，咱们的情况不明不白的。说实在的，咱们俩算什么呢？是情歌里的‘情哥哥和情妹妹’吗？你可知道，在卢干斯克，阿布拉姆逊有一回问我：‘你和彭楚克同居过吗？’我没有承认，然而他是一个有眼力的人，凡是落到他眼底下的事，都瞒不过他。他什么都没有说，但是我从他的眼神看出来，他是不相信的。”

“你还是谈谈你自己吧，你怎么样？”

“哦，我们干得才带劲哩！我们拉起了一支队伍，足足有二百一十条枪。我们干的是组织工作和政治工作……这些事一两句话哪能说得完呢？你来了，我心里乱腾了一阵子，还没有回过神来呢，你在哪儿……在哪儿住？”她停住谈话，问道。

“住在这儿……一个同志家里。”

彭楚克觉得不好直说，就没有说真话：实际上这几夜他都是睡在西维尔司的司令部办公室里。

“你今天就搬到我家去吧。还记得我家住在哪儿吗？你以前还送过我。”

“能找到。不过……恐怕挤得你家很不方便吧？”

“算了吧，一点都不会有什么不方便，而且你根本就不应该说这种话。”

傍晚，彭楚克将所有的衣物装到一只大军用袋里，背到肩上，就朝安娜住的那条郊区小胡同走去。来到一座不大的砖瓦厢房的门口，一位老太太迎住他。她的脸模模糊糊地像安娜：眼睛也是黑中带蓝，鼻子也是有点儿弯，只不过皮肤皱皱巴巴的，而且带黄土色，嘴巴也瘪了进去，显出一副老态。

“您是彭楚克吧？”她问道。

“是的。”

“请您进来吧。您的事，女儿对我说过啦。”

她把彭楚克领进一间小屋里，指点他把东西放下来，她又用害风湿害得直打哆嗦的手指头朝四下里指了指。

“您就住在这儿好啦。这张床您就凑合着睡吧。”

她说话带着很明显的犹太人口音。家里除了她以外，还有一个小姑娘，身子很瘦弱，眼睛也和安娜一样，深凹进去。

过了不大的一会儿，安娜回来了。她一回来，就热闹起来，有了生气。

“没有人上咱们家来吗？彭楚克没来吗？”

母亲用犹太话回答了她两句，安娜就迈着轻盈而矫捷的步子朝门口走去。

“可以进去吗?”

“可以,可以。”

彭楚克连忙站起来迎她。

“嘿,怎么样? 你安顿好了吗?”

她用满意的、笑盈盈地目光把他打量了一遍,又问:

“你吃东西了吗? 咱们吃去。”

她拉着他的军便服袖子,把他领到另一间屋子里,说:

“妈妈,这是我的同志,”她笑了笑,“您可别委屈了他。”

“哎,瞧你说的,那怎么会呢? ……他是咱们的贵客嘛。”

夜里,罗斯托夫城里就像豆荚熟了那样,噼噼啪啪地响了一阵枪声。机枪声也零零落落地响了一阵子,后来什么声音都没有了。于是黑夜,静默的二月之夜,又撒下寂静的幕,笼罩住街道。彭楚克和安娜在他这间收拾得非常整洁的小屋子里坐了很久。

“这屋子是我和小妹妹住的。”安娜说。“你看,我们过得多么简朴,就像修女一样。连一幅廉价的画、一张相片、一样能说明我是个中学生的东西都没有。”

“你们靠什么生活?”彭楚克在谈话中间问道。

安娜流露着自豪的神情回答说:

“以前我在阿司莫罗夫工厂做工,还当家庭教师。”

“那现在呢?”

“妈妈给人家做衣服。她们两个人过日子花不了多少钱。”

彭楚克详细地讲了讲进占诺沃契尔卡斯克的情形,讲了讲兹维列沃和卡敏镇附近的战斗。安娜也讲了在卢干斯克和塔干罗格工作的情形。

十一点钟，妈妈屋里的灯一熄，安娜就走了。

二十

三月里，彭楚克调到顿河革命军事委员会的革命法庭去工作。庭长高高的个子，因为工作劳累和睡眠不足，眼睛无神，身上干瘦干瘦的，他把彭楚克领到自己的办公室的窗户跟前，一面摸着手表（他急着要去开会），一面说：

“你是哪一年入党的？啊哈，这很好。就这样吧，你就担任我们的执法队长好啦。昨天夜里，我们把原来的执法队长送到‘西天极乐世界’去啦……因为他受贿。他是一个道道地地的残忍家伙，一个胡作非为的家伙，一个败类，我们不能要这样的人。这是一种肮脏的工作，但是必须在这一工作中时刻记住自己对党所负的责任，你要明白我的话，就是要……”他说这句话，特别加重了语气：“保持人性。我们因为革命的需要，可以消灭反革命分子的肉体，但是不能当作儿戏。你明白我的意思吗？好啦，就这样，你去接手工作吧。”

这一天夜里，彭楚克带着十六个人的一小队红军战士，半夜时候在离城三俄里的地方枪毙了五个被判处死刑的人。其中有两个是格尼罗夫镇的哥萨克，其余的是罗斯托夫的市民。

差不多每天半夜里都要用卡车把被判决的人拉到城外，匆匆忙忙地给他们挖土坑，死刑犯和一部分红军战士一齐动手来挖。彭楚克叫红军战士们排好队，就用生铁一样浑厚的声音喊：

“对准革命的敌人……”他把手枪举了起来，“开枪！……”

一个星期的工夫，他变得又瘦又黑了，脸上好像落了一层灰土。眼睛凹了下去，一个劲儿眨巴的眼皮遮盖不住眼睛里的苦闷神情。安娜只有夜里才能见到他。她在革命军事委员会里工作，每天很晚才回家，但是回来往往还要等，等着他用那熟悉的、一下一下地敲窗户声报告自己回来。

有一天，彭楚克和往常一样，过了半夜才回来。安娜给他开开门，问道：

“你要吃饭吗？”

彭楚克没有回答。他就像喝醉了一样，歪歪倒倒地走进自己的屋子，军大衣、靴子、帽子都没有脱，就一下子倒在床上。安娜走到他跟前，朝他脸上看了看：他的眼睛闭得紧紧的，龇着的两排结实的牙齿缝里冒着唾沫，害伤寒病掉稀了的头发有一绺耷拉在额头上，湿漉漉的。

她挨着他坐下来。她又心疼，又难过。小声问道：

“你很难受吧，伊里亚？”

他紧紧握了握她的手，咬了咬牙，转身朝着墙。他一句话也没有说，就这样睡着了，但是他在梦里含含糊糊地嘟哝着，好像在诉苦，并且拼命要爬起来。他虽然睡着了，可是半闭着的眼睛向上翻着，鼓鼓的眼白在眼皮底下发着黄黄的火光——她看到了，觉得很害怕，不由得吓得哆嗦起来。

“别在那儿干啦！”第二天早晨她劝他说。“你还是上前方去打仗好啦！你瘦得简直没有人样啦，伊里亚！你会死在这种工作上的。”

“住口吧！……”他眨巴着气白了的眼睛，大声叫道。

“别叫呀。我惹你生气啦?”

彭楚克的火气不知怎的一下子就没有了,好像胸中积压的火气都随着一声喊叫跑出来了。他无精打采地看着自己的双手,说:

“消灭人类的败类是一种脏活儿。你该知道,枪毙人对身体和精神都有害处……真是的……”他第一次当着安娜的面骂了几句粗话。“肯干这种肮脏工作的,要么是傻子和野兽,要么就是狂热之徒,是这样吧?大家都希望在鲜花盛开的花园里走走,可是,都他妈的这样行吗?要栽花和栽树,先得要清除垃圾呀!还要施肥嘛!要把手弄脏嘛!”他提高了声音,尽管安娜已经转过脸去,没有作声。“垃圾要清除,可是有些人却厌恶这种活儿!……”彭楚克已经是用拳头擂着桌子,一股劲儿地眨巴着充血的眼睛,在高声叫喊了。

安娜的母亲朝屋子里看了看,彭楚克才镇静下来,声音小些了:

“我决不丢开这项工作!我看到,我感觉到,我这样干有好处!我要把脏东西扫掉!扫到地里做肥料,让土地肥肥的!多长些庄稼!将来有一天,生活在这块土地上的人会是很幸福的……也许,这里面就有我的还没有出生的儿子……”他呵呵地笑起来,笑得很不开心。“这些坏蛋、狗虱子,我枪毙了不少啦……狗虱子是一种小虫儿,咬起人来才狠呢……单是我这双手就打死十来个啦……”彭楚克伸出两只攥得紧紧的、长满了黑毛、像鹰爪子那样瘦骨嶙峋的手,把手放到膝盖上,小声说:“反正他妈的都要宰掉!就是要杀得干脆利落,不能拖泥带水……可是,真的,我太累啦……再过些时候,我就上前方去……你说得对……”

安娜一声不响地听完他的话,小声说:

“你上前方,或者换个工作吧……走吧,伊里亚,不然的话,你要……发疯啦。”

彭楚克转过身,背对着她,敲了敲窗户。

“不会的,我能撑得住……你不要以为有什么天生的铁人。咱们大家都是用一种材料制成的……实际上,没有人打起仗来不害怕,杀起人来不感到……不感到揪心。不过,用不着为那些戴肩章的人悲伤。那些人干什么事都是自觉自愿干的,就像我们一样。可是,昨天枪毙的九个人当中,有三个哥萨克……都是干活儿的人……先解开一个人……”彭楚克的声音越来越低沉,越来越含糊不清,就好像他正离开这里,越走越远了。“我摸了摸他的手,那手就像鞋底一样……硬邦邦的……长满了老茧……手掌黑乎乎的,裂得到处是口子……到处疙疙瘩瘩……噢,我要走啦。”他突然不说了。为了不让安娜看见,悄悄地揉了揉喉咙,喉咙猛烈地抽搐着,就好像被一根细细的套马索勒住了。

他穿起靴子,喝了一杯牛奶,就走了。安娜在过道里追上了他。她两手攥住他的一只沉甸甸的大手,攥了老半天,然后又把他的手朝自己的热辣辣的脸上贴了贴,就跑了出来。

* * *

天气渐渐暖和了。春风从亚速海吹到了顿河上。三月底,乌克兰的红军部队受到乌克兰白军和德国人的压迫,开始往罗斯托夫撤退。罗斯托夫开始出现杀人、抢劫和胡乱征用的事。有的部队已经彻底溃乱，革命军事委员会不得不解除其武装。要解除武装，不能不发生一些冲突和交火事件。诺沃契尔卡斯克附近的哥萨克也蠢动起来。三月里，就像杨树纷纷发芽那样，各乡镇的哥萨克和外来户之间的矛盾纷纷爆发了，有些地方发生了暴动，反革命的阴谋活动嚣张起来。但是罗斯托夫的日子还是过得忙忙碌碌、热热闹闹：一到晚上，一群一群的步兵、水兵和工人，在花园大街上逛来逛去。开大会，嗑葵花籽，往人行道边的流水里乱吐，和妇女们逗乐。人们怀着大大小小的欲望，仍然像以前那样生活、工作，吃、喝、睡觉、病死、出生、谈情说爱、报仇雪恨、呼吸海上吹来的咸咸的风。蕴藏着暴风雨的日子对直地朝着罗斯托夫来了，渐渐逼近了。到处可以闻到春雪融化后的黑土气味，可以闻到即将来临的战争的血腥气味。

这一天，阳光明丽，天气晴和，彭楚克回家比平时都早，他看到安娜也在家里，吃了一惊。

"你都是很晚才回来嘛，今天为什么这样早？"

"我有点儿不舒服。"

她跟着他来到他的屋子里。彭楚克脱掉大衣，兴冲冲地笑着说：

"安娜，从今天起，我不在革命法庭工作啦。"

"你怎么啦？调到哪儿啦？"

"调到革命军事委员会啦。克里沃什雷科夫今天跟我谈过啦，他答应把我调到本区什么地方去。"

他们一起吃过晚饭，彭楚克就躺下睡了。他心情很激动，老半天都睡不着，不停地抽烟，在硬邦邦的床垫子上翻来又翻去，高兴得直呼气。他离开法庭，实在高兴极了，因为他觉得，如果再干上一阵子，他就要支持不住，就要垮了。他在抽第四根烟的时候，就听见门轻轻地吱嘎了一声。他抬起头来，看见了安娜。她光着两条腿，只穿着一件小褂，从门里溜了进来，轻轻地走到他的床边。一道朦胧的、绿莹莹的月光，透过护窗的缝儿，照在她那光光的椭圆形肩头上。她俯下身来，用一只热乎乎的手捂了捂彭楚克的嘴。

“往里靠一靠。别作声……”

她紧挨着躺下来，很不耐烦地撩开耷拉在额头上的一绺沉重得像葡萄嘟噜似的头发，眼睛里闪烁着朦胧的、蓝蓝的火光，有点儿粗鲁地鼓着劲儿小声说：

“不是今天就是明天，又要见不到你啦……咱们好好儿地亲热亲热吧！”她因为自己下了决心，紧张得哆嗦起来：“来吧，快点儿！”

彭楚克吻着她，然而却怀着十分可怕、十分羞惭、羞惭得无地自容的心情感觉到，自己无能为力了。

他的头颤动着，他的脸急得热辣辣的。安娜从他怀里挣了出来，气得一把将他推开，带着厌烦和嫌恶的意味，用瞧不起的口吻气喘吁吁地小声问道：

“你……你没有劲儿啦？还是你……病啦？……噢噢噢，这真窝囊！……放开我吧！”

彭楚克使劲攥住她的手指头，攥得她的手指头轻微地咯吧咯吧响着，自己的眼睛对直地看着她那睁得大大的、黑乎乎的、带着恨意的眼睛，他呆呆地摇晃着脑袋，结结巴巴地问道：

“你凭什么？凭什么责怪我？真的，我的精力已经消耗光啦！现在连这种事儿都干不了啦……我没有病……你要明白，要明白呀，我身子空啦……啊啊啊啊……”

他低声哼哼着，从床上爬了起来，抽起烟来。他好像被打了一顿似的，佝偻着身子在窗户跟前呆了老半天。

安娜从床上下来，一声不响地抱住他，并且像个妈妈一样，心平气和地亲了亲他的额头。

过了一个星期以后，安娜把自己的火辣辣、红扑扑的脸埋到他的胳膊底下，很坦率地说：

“……我原来以为，你只是操劳过度……却不知道，工作把你的精力吸干啦。”

在这之后，彭楚克在很长的一段时间里，不仅受到自己爱人的温存，而且受到她的亲亲热热、无微不至的慈母般的关怀。

没有把他调到外地去。根据波得捷尔柯夫的意见，他仍然留在罗斯托夫工作。这时候，顿河革命军事委员会的工作正十分紧张，准备召开全地区苏维埃代表大会，准备同顿河对岸重新活跃起来的反革命势力进行搏斗。

二十一

青蛙在河边柳丛里唧唧呱呱地乱叫。太阳已经翻到了山冈背后。傍晚时候的凉气在谢特拉柯夫村里渐渐散了开来。一片片大大的、斜斜的阴影从房屋上投到干干的大路上。牧放的牲口从草原上回来了。妇女们从牧场上回来，一面家长里短地说着话儿，一面用树条子赶着牲口。已经晒黑的、光脚丫儿的孩子们在小胡同里做跳背游戏。老头子们一本正经地坐在墙根下。

全村都已经播种完了。只是有的地方还在种黍子和向日葵。

村边一户人家旁边，有几个人坐在一堆橡木上。这一家的主人是一个麻脸的炮兵，他正在讲对德战争中的一件事。和他坐在一起的，一个是街坊上的老头子，一个是老头子的女婿，女婿是一个年轻、鬈发的小个子哥萨克，他们都一声不响地听着。女主人从台阶上走了下来。这是一个高大、漂亮、丰腴、像阔太太一样的女人。她的粉红色女褂掖在裙子里，挽着袖子，露出两条黑黑的、圆滚滚的胳膊。她提着一只桶，迈着只有哥萨克女人才会走的那种潇洒的步子，随随便便地大踏步朝牛棚里走去。她那用白底蓝花头巾包着的头发披散开来（她刚刚往锅膛里添过牛粪块，准备明天生火），两只光脚上穿的靴子呱唧呱唧地响着，踩得院子里长得非常茂盛的嫩绿的杂草一弯一弯的。

坐在橡木上的人，听到了一股股的奶水冲击奶桶的哗哗响声。女主人挤完牛奶，朝屋子里走去；她微微弯着腰，左胳膊很从容地弯曲着，挎着满满的一桶牛奶。

“谢玛，你去找找小牛嘛！”她在门口用唱歌一样的声音喊叫道。

“米佳什卡哪儿去啦？”主人应声说。

“鬼才知道他呢，跑出去啦。”

主人不慌不忙地站起身来，朝胡同口走去。老头子和女婿也朝自己家里走去。主人在胡同口喊道：

“快来看，陀罗菲·加甫里洛维奇！到这儿来！”

老头子和女婿走了过去。主人一声不响地朝草原上指了指。一股灰尘像个红红的球儿一样顺着大道滚了过来，尘土后面是一队一队的步兵、骑兵和辎重队。

“看样子，是军队吧？”老头子惊愕得眯起眼睛，把一只手搭在白了的眉毛上。

“这是怎么回事儿，这是些什么人？”主人慌了。

他的老婆已经披上外衣，从屋里走了出来。她朝草原上看了看，张皇失措地叹了一声气，说：

“这都是些什么人呀？天啊，他们人好多呀！”

“看样子，来的不是好人……”

老头子掬动着脚在原地站了一会儿，就朝自己家里走去，很生气地对女婿喊了一声：

“快回家吧，没什么好看的！”

孩子们和妇女们都朝胡同口跑来，男子汉们也一群一群地走来。草原上，离村庄一俄里远处，大队人马正在大道上走着；隐隐约约的说话声、马嘶声、车轮轰隆声随着一阵一阵的风传了过来。

“这不是哥萨克……不是咱们的人。”那个女人对丈夫说。

丈夫耸了耸肩膀。

“当然啦，不是哥萨克。是不是德国人呀？！不是的，是俄国人……瞧，他们打的是红旗！……噢哈，原来是这么回事儿……”

一个高大的、阿塔曼团的哥萨克走了过来。看样子，他在打摆子：他一脸土黄色，就像害黄疸病，穿着皮袄和毡靴。他把毛茸茸的皮帽子往上推了推，说：

“瞧，他们的旗子是啥样的？……是布尔什维克。”

“是的。”

有几个骑马的人离开队伍。几匹马放开大步朝村子里跑来。男子汉们你看看我,我看看你,一声不响地散了开去,姑娘们和孩子们四处逃窜。几分钟之后,小胡同里就空无一人了。骑马的人一齐跑进了小胡同,来到刚才三个人坐的那堆橡木跟前。这一家的主人正站在大门口。最前面一个骑马的人,看样子是个领头的,骑着一匹栗色的马,戴着库班式皮帽,穿着草绿色军便服,扎着武装带,缠着很宽的一条红绸子,他驱马走到大门口,说:

“您好,掌柜的! 请把门打开。”

老炮兵脸上的麻子一齐白了,他摘下帽子,问:

“你们是什么人?”

“快把门打开! ……”戴库班式皮帽的人高声说。

栗色马斜着恶狠狠的眼睛,泡沫直翻的嘴里来来回回地咬着马嚼子,用前腿朝篱笆上狠狠踢了一下。主人开了门,几个骑马的人一个跟一个地进了院子。

那个戴库班式皮帽的人很麻利地跳下马来,两腿一撇一撇地快步朝台阶走去。等到其余的人都下了马,他已经坐到台阶上,掏出烟盒来了。他一面点烟,一面请主人抽烟。主人没有接烟。

“你不抽烟吗?”

“谢谢啦。”

“你们这儿信的不是旧教吧?”

“不是的,信的是正教……你们又是什么人?”主人愁眉苦脸地问道。

“我们吗? 是红军,社会主义第二军的。”

其余的人下马后，也都牵着马朝台阶走来，把马拴在台阶栏杆上。有一个细高挑儿，头发披散着，像马鬃一样，他径自朝羊圈走去，两腿被马刀碰得磕磕绊绊的。他大模大样地开开羊圈的小门，弯着腰，钻到棚子底下，抓住羊角，从里面拖出一只去势的、尾巴沉甸甸的大绵羊。

"彼得里琴科，来帮帮忙！"他用尖嗓门儿喊叫道。

一个穿着短短的奥地利式军大衣的士兵快步朝他跑去。主人摸了摸大胡子，朝四下里望了望，好像这是在别人家里。他什么也没有说，直到绵羊喉咙上挨了一刀，蜷起了四条细细的腿，他才哼了一声，朝台阶走去。

那个戴皮帽的库班人和另外两个战士——一个是中国人，还有一个是俄罗斯人，这人很像堪察加人——跟着主人朝房里走去。

"掌柜的，你不要生气！"戴皮帽的库班人在跨过门槛的时候，笑嘻嘻地叫道。"我们多给你钱！"

他拍了拍自己的裤子口袋，一阵又一阵地哈哈大笑起来，又忽然停住笑声，拿眼睛盯住女主人。女主人正咬住牙，站在灶前，用惊骇的目光望着他。

戴皮帽的库班人转脸朝着那个中国人，很不放心地四处张望着，说：

"你跟他，跟这位大叔去一下子，"他用手朝主人指了指，"你跟他去，让他给马弄点草料……卖点儿给我们吧。明白吗？我们舍得给钱！红军是不会抢东西的。去吧，掌柜的，嗯？"库班人的声音中带着一种尖尖的腔调。

主人由中国人和另一个人陪着，不住地回头望着，从房子里走了出来。他刚刚走下台阶，就听见老婆带哭腔的声音。他跑进过道，把门一推。小小的门钩儿从门鼻里跳了出来。那个库班人正抓住胖大的女主人的光光的胳膊肘，往黑乎乎的内室里拖。女主人挣扎着，猛撞他的胸膛。他正想拦腰把她抱住，抱到内室里去，但就在这时候门开了。主人大步跨了过来，把老婆护住。他的声音低低的，柔中有刚：

"你到我家来，是客人……为什么欺负老娘儿们来啦？你想干什么？……别这样吧！你有枪，我不怕！东西你想要什么就拿什么好啦，可是老娘儿们你别动！除非你杀死我……妞尔卡，你……"他颤动着鼻孔，转过脸去对老婆说："你出去，上陀罗菲大叔家去。用不着你在这儿！"

库班人一面整理着军便服上的武装带，似笑非笑地说：

"掌柜的，你真爱生气……开开玩笑都不行啦……我在连里是顶喜欢开玩笑的……你不知道吧？……我是闹着玩儿的。我心想，我来逗逗这个娘儿们，谁知她当真起来啦……你给马弄草了吗？没有草吗？别人家有没有？"

他吹着口哨，使劲甩着鞭子，走了出去。过了不大的一会儿，整个队伍都来到村边。这支队伍大约有八百条枪。红军战士们都在村外宿营。看样子，是部队指挥员不愿在村子里宿营，信不过自己手下这些来自不同民族、没受过严格的纪律教育的战士。

乌克兰社会主义第二军吉拉斯波尔支队在同乌克兰白军和进入乌克兰的德国人作战中受到重创，便且战且走，退到顿河上，在舍普杜霍夫车站下了火车，因为再往前去便是德国人了，于是为了开往北面的沃罗涅日省，就用行军的方式通过米古林乡。这支队伍里混进了各种各样的犯罪分子，红军战士们在这些坏分子的影响下，也都不守纪律了，一路上任意胡作非为。四月十六日夜里，队伍在谢特拉柯夫村外宿营后，他们还是不顾司令部的警告和禁令，成群成群地跑到村子里去，到处去宰羊，在村边上强奸了两个妇女，无缘无故地开枪，打伤了自己一个弟兄。夜里哨兵都喝得烂醉如泥(因为每一辆辎重车上都有酒)。就在这时候，村子里派出去的三个骑马的哥萨克，已经在周围一些村子里鼓动暴乱了。

在黑沉沉的夜幕下，哥萨克们备好马，拿起武器，匆匆忙忙地把上过前方的战士和老头子们编成队伍，由各村的军官或司务长率领着，朝谢特拉柯夫村开来，来到红军队伍的周围，埋伏在山沟里或者山冈后面。从米古林镇上，从柯罗杰兹村、包戈莫洛夫村都开来了有半个连的人。上旗尔河村、那波洛夫村、卡林诺夫村、叶亚村、柯罗杰兹村都来了不少人。

天上的北斗星渐渐隐去。天麻麻亮时，哥萨克排成骑兵散兵线呐喊着从四面八方向红军冲了过来。一挺机枪响了一阵子，就不响了，混乱的、零零落落的枪声响了一阵子，也没有声音了，只能听到不很响的噼噼啪啪的砍杀声。

一个钟头就结束了战斗：红军支队全部被歼灭，砍死和枪杀了两百多人，有五百多人做了俘虏。两个各拥有四门大炮的炮兵连、二十六挺机枪、一千支步枪和大量的弹药都落到了哥萨克手里。

过了一天，在全地区的大道和小路上就到处是打着小红旗骑马飞跑的报信人了。各乡镇和村庄一齐闹腾起来。推翻苏维埃，急急忙忙选举乡长、村长。嘉桑乡和维奥申乡的连队开到米古林乡的时候，已经没有仗可打了。

四月下旬，顿河地区上游各乡宣告独立，成立了自己的州，就叫上顿河州。选定维奥申镇为州中心，因为维奥申镇人口众多，是顿河地区的第二大镇，论面积和所属村庄的数目仅次于米海洛夫镇。又将原来的村庄划出来一些，成立了几个新的乡镇。新成立的乡镇有叔米林、卡耳根、博柯夫。于是上顿河州就拥有十二个哥萨克乡镇和一个乌克兰乡，过起了脱离中央的独立生活。加入上顿河州的有原来属于顿涅茨州范围的一些乡镇：嘉桑、米古林、叔米林、维奥申、叶兰、卡耳根、博柯夫和波诺马辽夫等乡镇；有原来属于大熊河河口州的乡镇：霍派尔河河口镇、克拉斯诺库特镇；有原来属于霍派尔州的乡镇：布堪诺夫镇、司拉晓夫镇、菲多谢耶夫镇。大家一致选举查哈尔·阿基莫维奇·阿尔菲洛夫为州长。他是叶兰镇的哥萨克，是陆军大学毕业的一位将军。关于阿尔菲洛夫有一种说法，说他从一个默默无闻的哥萨克小军官一跃而为出人头地的人，全亏了他那又好强又聪明的老婆；据说，阿尔菲洛夫考试三次都落榜，她就揪住不成器的丈夫的耳朵，不让他歇息，直到他第四次考试终于及第，进了陆军大学。

但是这些天来，大家即使谈到阿尔菲洛夫，那也谈得很少。大家都在操心别的事呢。

二十二

春水刚刚开始退落。草场上、菜园子篱笆旁边，露出了褐色的淤泥地，许许多多的冲积物就像镶上的花边：干芦苇、枯树枝、杂草、落叶、浪沫。顿河边淹在水里的柳树开始发青，花穗子像帽缨一样，从树枝上垂了下来。白杨树上的芽儿眼看着就要绽开来了；村子里各家院子旁边，被春水围住的红柳的嫩芽儿已经朝着水面耷拉下来。那黄黄的、毛茸茸的嫩芽儿，就像一只只胎毛未褪的小鸭子，经春风一吹，往波浪里直钻。

黎明时候，大雁、海雁和一群一群的野鸭子都要游到菜园子跟前来找食儿。黎明时候，声音嘹亮的黑鸭子都要在草地上的水洼里嘎嘎地叫。到晌午时候，就可以看到，在春风吹皱了的顿河水面上，波浪追逐和戏弄着一只只白胸脯的小水鸭子。

这一年飞来的候鸟很多。天一亮，葡萄酒一般的霞光染红水面的时候，打鱼人坐着小船去查看渔网，常常看见一些天鹅待在树丛环绕的水面上休息。但是贺里散福和马特维·卡叔林老头子带回来的一件新闻还是使村里的人感到十分稀罕；他们两个因为家里需要两棵小橡树，就到官林里去挑选，在经过小树林的时候，惊起了一只野山羊，那野山羊还带着一只小羔儿。那瘦瘦的、黄褐色的野山羊，从到处是驴蓟和乌荆子的洼地里跑出来，站在小土包上对着两个来砍树的人看了几秒钟，紧张地捯动着瘦瘦的细腿，小羔儿紧紧地贴在妈妈的身上。野山羊听见贺里散福惊愕的出气声，就在小树林里飞跑起来，两个人就只能看见那亮晶晶的青灰色蹄子壳儿和骆驼色的短尾巴在眼前闪动了。

“这是什么东西?”卡叔林老头子放下斧头,问道。

贺里散福带着不知从哪里来的一股高兴劲儿叫了起来,叫得整个静默无声的树林子里到处发出回声:

“野山羊,肯定是的!是野山羊,一点不错!我们在喀尔巴阡山里看见过!”

“这么看来,这是不是有些地方在打仗,逼得这可怜的畜生跑到咱们草原上来啦?”

贺里散福也只好同意这种说法。

“恐怕是这样。老爹,你瞧瞧那小羔子嘛!多好玩儿……嘿,鬼东西,真招人喜欢!简直像个小孩子!”

回来的一路上他们都在谈着本地从来没有见过的这种野物。马特维老爹最后又怀疑起来:

“说不定,不是野山羊吧?”

“是野山羊。真的,是野山羊,绝没有错儿!”

“也许是吧……不过,如果是野山羊,为什么没有角呢?”

“你问它有角没角干什么?”

“不是我要干什么。我是想问问,如果是野山羊的话……为什么样子一点不像山羊呢?你见过没有角的山羊吗?噢,噢,问题就在这儿。也许是一种野绵羊吧?……”

“马特维老爹,你简直老糊涂啦!”贺里散福生气了。“你到麦列霍夫家去看看。他们家格里高力有一根鞭子,就是用野山羊腿做的。你去认认是不是?”

这一天马特维老爹正好有事到麦列霍夫家去。格里高力的鞭子把儿果然是用野山羊腿上的皮裹的，样子十分精致；而且那小小的蹄子还十分完整地安在鞭把儿的头上，上面还镶了一个精致的铜箍。

在大斋第六个星期的星期三，米沙·柯晒沃依一大早就去查看下在树林子旁边的渔网。天刚刚放亮，他就从家里出来。早晨还很冷，冻得瑟瑟缩缩的土地上蒙起一层薄冰，冻泥巴在脚下咯吱咯吱响着。米沙穿着小棉袄和短靴子，裤腿掖在白袜筒里，制帽戴在后脑勺上，呼吸着夹带着寒气的空气，闻着河水清淡的潮湿气味，朝前走去。他肩膀上扛着一支很长的桨。他解开小船，站在船上用劲儿把桨一撑，小船就轻快地朝前漂去。

他很快就查完了渔网，捞出最后一张网里的鱼，又把网放下去，理了理网的两翼，便轻轻地把船划开，决定抽一支烟。朝霞刚刚升起。东方青灰色的天空，好像从下面溅上了一片鲜血。那片鲜血渐渐扩散开，在地平线上面流泻开去，发出金光。米沙看着黑鸭子慢慢地在飞，看了一会儿，就抽起烟来。细细的一缕烟气打着圈圈儿朝一旁树棵子里钻去。他看了看捞到的鱼：三条小鲟鱼、一条有八磅重的鲤鱼、一堆小白鱼，心里想道：

"要卖掉一些。斜眼卢凯什卡会要的，找她换点儿梨干；妈妈有时候要做梨羹吃。"

他一面抽烟，一面朝码头划去。在他常常停船的菜园子篱笆旁边坐着一个人。

"这是谁呢？"米沙很灵活地摇着桨，划着小船，心里想道。

原来是"杰克"蹲在篱笆旁边。

"杰克"正在抽一根用报纸卷的老粗的烟卷。

他那像黄鼠狼一样的尖尖的小眼睛无精打采的，两边腮上长满灰黄色的胡子楂儿。

“你干什么？”米沙喊道。

他的叫喊声像个圆球儿一样在水面上滚了开去。

“你划过来。”

“你要去打鱼吗？”

“我打个屁！”

“杰克”喀喀地咳嗽起来，一连吐了几口痰，懒懒地站了起来。他穿着一件很不合身的老大的军大衣，就像瓜田里稻草人穿的衣服。制帽的帽檐耷拉到尖尖的耳朵上。他不久以前才回到村里，他带回来的是他当了红军这样一个“坏”名声。哥萨克们问他复员以后到哪儿去啦，“杰克”回答起来总是躲躲闪闪的，避而不谈有危险的话。他只是坦率地对伊万·阿列克塞耶维奇和米沙·柯晒沃依说，他在乌克兰的红军队伍里干了四个月，被白军俘虏过，逃出来以后，又参加了西维尔司的队伍，跟着西维尔司在罗斯托夫一带转战了一个时期，现在是请假回来养伤的。

“杰克”摘下帽子，摩平了像刺猬毛一样的短头发；一面四下张望着，朝小船走来，沙哑地说：

“事情很糟……很糟……别打鱼了吧！要不然，天天打鱼，打鱼，把什么事都忘啦……”

“你有什么消息，快说吧。”

米沙用自己的带鱼腥气的手握了握他那只剩了一把骨头的手，很亲切地笑了笑。两个老朋友见了面是很亲热的。

“昨天在米古林镇附近，红军叫人家打垮啦。伙计，全完啦……

叫人家打得落花流水！……”

“是哪一部分的？是从哪儿来到米古林镇上的？”

“是从米古林镇上路过的，哥萨克把他们收拾得干干净净……光是送到卡耳根去的俘虏就有老大的一群！那儿已经成立了军事法庭。今天咱们这儿就要动员啦。你听，一大早这就敲起钟来啦。”

米沙拴好小船，把鱼装到口袋里，扛起桨，迈着大步朝前走去。“杰克”像一匹小马一样在他旁边跑着碎步，忽闪着大衣襟，甩着两条胳膊，一个劲儿地朝前冲。

“这是伊万·阿列克塞耶维奇告诉我的。他刚刚换了我的班，磨坊里忙活了整整一夜，来磨粉的人很多。噢，他是听掌柜的说的。谢尔盖·普拉托诺维奇家里来了一个军官，是从维奥申镇上来的。”

“现在怎么办呢？”在米沙那因为打了几年仗而褪掉了孩子气的、成熟了的脸上，掠过一丝惊慌的神情；他斜着眼睛看了看“杰克”，又问了一遍：“现在该怎么办呢？”

“应该离开村子。”

“到哪儿去呢？”

“上卡敏镇去。”

“那儿也有哥萨克呀。”

“再往左边一点儿。”

“上哪儿？”

“上奥布里维去。”

“怎么能过得去呢？”

“你想去，就能过得去！要是不想去，你就留下来，去不去都由你！”“杰克”忽然冒起火来。“你怎么办，上哪儿去，我怎么能知道呢？要是逼得紧的话，你会找到窟窿钻的！拿鼻子拱拱就行啦！”

“你别发急嘛。发急有什么用处呢？伊万是怎么说的？”

“伊万还需要你去鼓动鼓动呢……”

“你的嗓门儿别那么大……那个娘儿们看着咱们呢。”

他们很担心地朝那个年轻娘儿们看了看，那是“牛皮大王”阿甫杰伊奇的儿媳妇，她正把牛从院子里往外赶。他们一走到十字街口，米沙又转过身往回走。

“你上哪儿去？”“杰克”很诧异地问道。

米沙也没有回头，嘟囔着说：“我去把渔网收回来。”

“干什么？”

“不能让渔网丢掉嘛。”

“这么说，咱们一块儿走啦？”“杰克”高兴起来。

米沙挥了挥手里的桨，在老远处说：

“你上伊万·阿列克塞耶维奇家去，我把网拿回家，马上就去。”

伊万·阿列克塞耶维奇已经通知过一些亲近的哥萨克。他的小儿子又跑到麦列霍夫家去，把格里高力找了来。贺里散福是自动来的，好像已经感觉出事情不妙了。过了不大的一会儿，米沙也来了，于是开起会来。大家一齐说话，都很着急，觉得马上就要打起来了。

“马上就走！今天就把钓鱼竿收起来！”“杰克”紧张而又着

急地说。

“你一定要说个道理出来：咱们为什么要走？”贺里散福问道。

“什么为什么？马上就要动员啦，你以为，你能赖着不去吗？”

“不去就是不去。”

“会拴着你去的！”

“没有那么现成，我又不是他们拴在绳子上的小牛！”

已经把自己的两眼向外斜的老婆支了出去的伊万·阿列克塞耶维奇，很生气地嘟哝说：

“抓是要抓的……‘杰克’说得对。可是上哪儿去呢？难就难在这儿。”

“我刚才就跟他这样说呢。”米沙·柯晒沃依叹了一口气。

“你们这是怎么啦，难道就我最要紧吗？我就一个人走！用不着看风向！三心二意，想过来想过去，拿不定主意……等到把你们抓起来，还要因为赤化坐大牢呢！……这是闹着玩的吗？瞧，这局面不对头啊……咱们干脆他妈的都走吧！……”

格里高力·麦列霍夫心里带着一股很不高兴的劲儿聚精会神地在手里转悠着一根从墙上拔下来的生锈的钉子，冷冷地截住“杰克”的话，说：

“你别一股劲儿催！你当然不同啦：无牵无挂，抬起屁股就可以走。可是我们就得仔细地想一想。我有老婆，还有两个孩子……我闻过的火药味比你多着呢！”他忽闪着两个黑黑的、忽然露出火气的眼睛，恶狠狠地龇着两排密密实实的尖牙齿，大声说：“你完全可以随口胡扯……你原来是‘杰克’，现在反正还是‘杰克’！你除了一件棉袄，反正什么都没有……”

“你放屁！你发起军官脾气来啦？别叫吧！我才不睬你那一套呢！”“杰克”叫了起来。

他那胡子拉碴的脸都气白了，气得眯起来的小眼睛滴溜溜、气汹汹地直转悠，脸上那黄黄的胡子楂儿好像都跳动起来了。

格里高力听伊万·阿列克塞耶维奇说红军队伍侵入了本州，心里不高兴，十分恼火，就把火气一齐发泄到“杰克”身上。“杰克”这一叫，他更火了。他就像被烫了一下子似的，一跳跳了起来，走到在凳子上转来转去的“杰克”跟前，拼命控制着老是想打人的手，说：

“住嘴吧，狗崽子！叫人恶心的东西！人渣！你发什么号令？你滚吧，谁也没有……拦着你！滚远点儿，省得你把这儿熏臭！够啦，够啦，别说啦，要不然我拿拳头送你走……”

“算啦，格里高力！真不像话！”米沙·柯晒沃依插嘴说，他把格里高力的拳头从“杰克”那皱起的鼻子前面拉了开去。

“这种哥萨克的坏脾气要不得……就不觉得丑吗？……麦列霍夫，丑死啦！真丑啊！”

“杰克”站了起来；很不好意思地咳嗽着，朝门口走去。到了门口，他忍不住了，又转过身来，对着正在冷笑的格里高力发狠说：

“你还当过红军呢……简直像个宪兵！……这种人要千刀万剐！”

格里高力也忍不住了，一面把“杰克”往过道里推，踩着他那破军靴的后跟，用恶狠狠的声音说：

“滚出去！我把你的腿揪下来！”

“太不像话啦！怎么搞的，你们简直像小孩子！”

伊万·阿列克塞耶维奇很不以为然地摇了摇头，很不高兴地侧眼看了看格里高力。

米沙·柯晒沃依一声不响地咬着嘴唇，显然他是竭力控制着老是想冲口而出的难听话。

“他凭什么管别人的事？他为什么要发脾气？”格里高力有点儿难为情地解释说。贺里散福用赞许的目光看着他。格里高力看到这赞许的目光，就像个孩子一样很天真地笑了笑，说：“差点儿把他揍一顿！……只怕他经不住打……一巴掌，就没命啦。”

“喂，你们的意见怎样？该正经谈谈啦。”

伊万·阿列克塞耶维奇被发问的米沙·柯晒沃依的目光盯着，只好勉强回答说：

“你问怎么样吗，米沙？……格里高力说得有些道理：怎么能抬起屁股就走呢？咱们都有家嘛……你听我把话说完嘛！……”他看见米沙急着要插嘴，就连忙说。“也许不会有什么事呢……谁又能说得准？一支队伍在谢特拉柯夫被打垮了，别的队伍也许就不会再来啦……咱们先等一等看吧。到时候再看情况。说实在的，我也有老婆孩子，衣服都破破烂烂，面粉也没有啦……怎么能一甩手就走呢？他们在家里怎么过日子呢……”

米沙气愤地扬了扬眉毛，眼睛盯着地面问道：

“你们不想走吗？”

“我想等一等看。要走，什么时候都来得及……你们怎么样，格里高力·潘捷莱耶维奇，还有你，贺里散福……”

“噢，是的……还是先等等看。”

格里高力没想到得到了伊万·阿列克塞耶维奇和贺里散福的支持，劲头儿来了：

“噢，那当然啦，我说的就是这个意思。就为这个我和‘杰克’吵的。这是砍树条子吗？一下，两下，就行了吗？……要好好地想想……我是说，要想想……”

“当——当——当——当！”钟声忽然从钟楼上飞下来，飞向广场，飞向大街小巷；钟声朝着黄褐色的春水水面，向着没有晒干的石灰石山坡滚去，到了树林子里就碎成小扁豆一样的无数小粒儿，嗡嗡响了一阵，就不响了。接着又响了起来，那声音已经是连续不断并且带有惶惶不安的意味了：“当——当——当——当！……”

“听，要集合啦！”贺里散福一个劲儿地眨巴起眼睛。“我马上到小船上去。顺着河这一边，到树林子里去。别想看见我！”

“瞧吧，这可怎么办呢？”米沙像个老头子一样，很费劲儿地站了起来。

“咱们现在不能走。”格里高力替大家回答说。

米沙又扬了扬眉毛，把耷拉下来的一绺沉甸甸的金黄色鬈发从额头上撩了开去，说：

“再见吧……看样子，咱们要各走各的路啦！”

伊万·阿列克塞耶维奇宽厚地笑了笑，说：

“米沙，你年轻，性子太急……你以为咱们就不能走一条路啦？一定会走一条路的！你相信好啦！……”

米沙道过别，走了出来。他出了院子，就朝旁边的场院上走

去。“杰克”正缩着身子蹲在水沟旁边。他好像知道米沙一定要到这儿来似的;他站起来,迎着米沙走来,问道:

“怎么样?”

“都不肯走。”

“我早就料到啦,都是些胆小鬼……你的朋友……格里什卡坏透啦!他一点不讲义气。欺负人,坏蛋!仗着他力气大……我身上没带家伙,要是带着,我早就开枪啦……”他用微弱的嗓音说。

米沙和他并肩走着,看了看他那像刺猬毛一样竖着的胡楂子,心想:“真像一只黄鼠狼,他会开枪的!”

他们走得很快,每一下钟声都像鞭子打在他们的身上。

“咱们上我家去,带上点干粮,就走!咱们步行,不骑马。你什么都不带吗?”

“我的东西全在我身上啦,”“杰克”扮了个鬼脸,“高楼大厦还没有盖起来,万贯家产也还没有挣到手……只是还有半个月的工钱没有领。算了吧,就让我们的大肚皮东家谢尔盖·普拉托诺维奇捞点儿便宜吧。我不去领工钱,他会高兴得打哆嗦的。”

钟声停了。清晨那种昏昏沉沉、还没有摆脱睡意的静寂依然没有被搅动。母鸡在路边灰堆里乱刨,吃嫩草吃肥了的牛犊在篱笆跟前走来走去。米沙回头看了看:哥萨克们正纷纷往广场上去开村民大会呢。有的人从家里往外走,一面走一面扣便衣或制服上的扣子。有一个骑马的人从广场上跑过。学校旁边有很多人,那白白的是妇女们的头巾和裙子,那黑黑的、连成一片的是哥萨克们的脊背。

一个挑水的娘儿们不愿意抢路，站了下来，生气地说：

“你们倒是走呀，要不然我可要走啦。”

米沙和她打了个招呼，她那宽宽的眉毛下面的眼睛笑了笑，问道：

“哥萨克们都去开会啦，你们打哪儿来？为什么不去开会，米沙？”

“家里有事。”

他们来到胡同口。看得见米沙家的屋顶了，也看得见那架在一根干樱桃树枝上，被风吹得摇来摇去的椋鸟巢了。小山包上的风车慢悠悠地晃动着，风车翅上有一块被风吹破的帆布呼啦呼啦地响着，风车那尖顶上的铁皮也劈劈啪啪直响。

太阳不很明亮，但是已有暖意。清新的微风从顿河上吹来。街口上是阿尔希普·包加推廖夫的院子。包加推廖夫是个又高又大、脑筋很旧的老头子，曾经在御林军里当过炮兵。他家的院子里有几个娘儿们正在泥他们家那圆圆的大房子，用石灰粉刷，准备过复活节。有一个娘儿们正在用牛粪和泥。她把裙子撩得高高的，转圈儿走着，很吃力地捯动着两条白腿，那肥嘟嘟的腿肚子上有两道红红的印子，那是袜带勒出来的。她用手指头尖捏着撩起的裙子，布袜带捋到了膝盖以上，紧紧勒进肉里。

她是个很爱俏的娘儿们，尽管太阳才升起来不久，可是她已经用头巾蒙住了脸。另外两个年轻媳妇，都是阿尔希普的儿媳妇，她们踩着梯子，爬到盖得很漂亮的芦苇房檐下，在刷石灰。她们把袖子挽到胳膊肘以上，用头巾裹着脸，只露着两只眼睛，石灰刷子在她们的手里摆来摆去，雪白的石灰水往头巾上直溅。几个娘儿们非常合拍、非常整齐地唱着歌儿。守寡的大儿媳妇玛丽亚，经常公开地跑来找米沙·柯晒沃依；她是一个满脸雀斑、然而十分迷人的女子；这会儿她在领唱，她的嗓子在全村是出了名的，声音低沉，浑厚有力，几乎和男子声音一样：

……我的亲人儿在前方……

另外两个女子接着唱下去，于是三个声音十分和谐地唱起这支凄切动人、哀怨真挚的女子的歌儿：

……谁也没有他那样悲伤。
他一面装炮弹呀，
一面把我呀想
……

米沙和“杰克”一面贴着篱笆往前走，一面听她们唱歌，歌声不时地被草场上嘹亮的马嘶声所打断：

……来了一封信，信上还盖着公章，
说我的亲人儿死在战场上，
哎哟，哎哟呀，我的亲人儿呀，
他躺在野树棵子旁……

玛丽亚忽闪着头巾下面那含情脉脉的灰眼睛，回头看着米沙走过，那溅满了白点子的脸亮了起来，她微微笑着，用充满情意的低沉的胸音唱下去：

……他的鬈发呀，那黄黄的鬈发，
叫风吹成了一团乱麻。
他的眼睛呀，那棕色的眼睛，
叫乌鸦啄成了两个坑。

米沙还是像往常对待妇女那样，很亲热地对她笑了笑；又对正在和泥的、招了女婿的皮拉盖雅说：

“你把裙子再撩高点儿，不然隔着篱笆可看不见！”

皮拉盖雅眯着眼睛说：

“你要是想看，就能看见。”

玛丽亚侧歪着身子站在梯子上，四面张望着，曼声问道：

“宝贝儿，上哪儿去了？”

“打鱼去了。”

“别上远处去，咱们到仓房里睡一会儿吧。”

“脸皮真厚，就找你公公好啦！”

玛丽亚吧咂了一下舌头，哈哈大笑起来，将湿漉漉的刷子朝米沙身上一甩。他的衣服和帽子溅上了不少白点子。

“你把‘杰克’借给我们也行，总可以帮我们收拾收拾房子！”小儿媳妇在后面喊着，笑得露出了满嘴白砂糖似的细牙。

玛丽亚不知道小声说了两句什么，另外两个女的一齐大笑起来。

“真是个浪荡货！”“杰克”皱了皱眉头，加快了脚步，但是米沙懒懒地、亲切地笑着，纠正他的话说：

“不是浪荡，是喜欢说笑。我要走啦，心上的人儿就孤单啦。

‘心肝肉儿，对不起，再见啦！’”他一面嘟哝着歌子里的话，一面走进自己家的院子。

二十三

米沙走了以后，哥萨克们有一阵子没有说话。村子里到处回荡着钟声，窗户被震得微微地叮叮响着。伊万·阿列克塞耶维奇望着窗外。一片淡淡的、清晨的阴影从棚子上投到地上。一丛丛的嫩草上沾满了露水珠儿，就像是一缕缕的白发。就是隔着玻璃看，天空也是湛蓝湛蓝的。伊万·阿列克塞耶维奇看了看贺里散福那耷拉着的、毛扎扎的头。

“也许，事情就到此为止了吧？米古林乡的哥萨克把红军打垮啦，就不会再来啦……”

“那可不一定……”格里高力浑身哆嗦了一下。“既然开了头，就不会撒手！喂，怎么样，咱们去不去开会？”

伊万·阿列克塞耶维奇伸手去拿帽子。他为了解开自己的疑问，问道：

“伙计们，是不是咱们真的生了锈呢？米沙虽然是个急性子，可是这小伙子有道理……他责备我们呢。”

谁也没有回答他。大家都一声不响地往外走，朝广场上走去。

伊万·阿列克塞耶维奇若有所思地看着脚底下，朝前走去。他心里很不是滋味，因为昧了良心，因为没有按照自己认识到的去做。“杰克”和米沙是对的；应该走，不应该犹疑。自己在心里为自己找的那些理由是没有根据的，心里有一个理智的、嘲笑的声音，把那些理由踩得碎碎的，就像马蹄踩在水洼里的冰壳子上。伊万·阿列克塞耶维奇想定的唯一的办法是，一到战场上就跑到布尔什维克那方面去。他在去开会的路上，想好了这个主意，但是他没有把这个主意告诉格里高力，也没有告诉贺里散福，因为他模模糊糊地感觉到，他们另有一番心思，他心里已经暗暗提防起他们来了。他们三个人一齐拒绝了"杰克"的意见，拿家庭为借口，不肯走，其实他们每个人都知道，这样的借口不值一驳，不能算什么理由。现在他们各自想着心思，感到很不好意思，就好像干了一桩很肮脏、很见不得人的事。他们都一声不响地走着。走到莫霍夫家对面，伊万·阿列克塞耶维奇再也忍受不住这种使人气闷的沉默，就斥责自己和另外两个人说：

"用不着说假话，咱们从前方回来的时候，都是布尔什维克，可是现在咱们都在往树棵子里钻！顶好叫别人替咱们去打仗，咱们就搂着老婆睡大觉……"

"我反正打过仗啦，现在让别人去尝尝滋味吧。"格里高力扭过头来说。

"他们怎么搞的……做起强盗来啦，我们还要跟他们走吗？这算是什么红军？强奸妇女，抢人家的东西。这会儿该仔细看一看啦。如果瞎走的话，一定会碰在墙上的。"

"这事儿你亲眼看见了吗，贺里散福？"伊万·阿列克塞耶维奇厉声问道。

"人家都这样说。"

"噢，噢……是人家说……"

“喂,别说啦！在这地方别愁人家听不见。”

会场上到处闪烁着鲜亮的哥萨克裤绦和制帽,偶尔能看到孤零零的一顶黑黑的毛皮帽。全村的人都来到会场上。没有妇女。全是老头子和到了入伍年龄的、未到入伍年龄的哥萨克。拄着拐杖、站在最前面的是最年长的:陪审员、教会理事、学校董事、教会长老。格里高力用眼睛扫了扫,找到了父亲那白中带黑的大胡子。麦列霍夫老头子和亲家公米伦·格里高力耶维奇站在一起。他们的前面是格里沙加爷爷,他穿着一件灰色制服,挂起了勋章,拄着一根疙疙瘩瘩的拐杖。格里高力的丈人旁边是脸红得像苹果一样的“牛皮大王”阿甫杰伊奇、马特维·卡叔林、阿尔希普·包加推廖夫、戴起哥萨克制帽的“擦擦”阿杰平;再过去,许许多多熟悉的脸排成一道半圆形的栅栏:大胡子叶戈尔·西尼林、“马掌”亚可夫、安得列·卡叔林、尼古拉·柯晒沃依、瘦大个儿鲍尔晓夫、安尼凯、马尔丁·沙米尔、长腿的磨粉工人戈罗摩夫、亚可夫·柯洛维金、格尔库洛夫、菲多特·包多甫斯柯夫、伊凡·托米林、叶皮番·马克萨耶夫、查哈尔·柯洛列夫、“牛皮大王”阿甫杰伊奇的儿子安琪普——是一个蒜头鼻子的矮小的汉子。格里高力穿过会场,在人群的另一边看见了哥哥彼特罗。彼特罗穿着衬衣,佩戴着黄黑两色的十字章绶带,正在和一条胳膊的阿列克塞·沙米尔斗嘴。彼特罗的左面是绿眼睛的米佳·柯尔叔诺夫。米佳正就着普罗霍尔·泽柯夫的烟卷头儿点烟。普罗霍尔瞪着两只牛眼,噘着嘴唇在吹火,帮他点烟。后面是许许多多年轻的哥萨克;人群的当中,有一张摇摇晃晃的小桌子,桌子的四条腿都陷进松软、潮湿的土地里,桌子旁边坐着村革命军事委员会主席纳萨尔,手扶桌沿儿站在他旁边的是格里高力不认识的一位中尉,中尉戴着一顶带帽徽的绿色制帽,穿着带肩章的制服上衣和一条窄窄的草绿色马裤。革命军事委员会主席正在很窘急地对中尉说着不知什么事情,中尉微微弯下身子,把老大的招风耳朵凑在主席的大胡子上听着。会场就像蜂窝一样,一片轻微的嗡嗡声。哥萨克们都说着话儿,开着玩笑,但是所有的人的脸色都很紧张。有人等得不耐烦,尖声尖气地叫道:

“开会吧！还等什么？差不多都到齐啦!”

那位中尉从容地直起身子,摘下制帽,就像在家里一样,很随便地说道:

“诸位老人家和上过前方的哥萨克弟兄们！谢特拉柯夫村发生的事情,你们听说了吗?”

“这是什么人？打哪儿来的?”贺里散福用粗嗓门儿小声问道。

“是维奥申镇上的,打黑河来的,好像是姓索尔达托夫……”有一个人回答说。

“有两天,”中尉继续说,“有一支红军开到谢特拉柯夫。德国人占领了乌克兰,又向顿河军区推进,赶得这支红军离开了铁路线。他们就朝米古林镇方向开来。他们进了谢特拉柯夫村以后,就开始抢夺哥萨克们的财物,强奸妇女,随便乱抓人,这类的事干了不少。这些情形一传到周围一些村庄里,哥萨克们就拿起武器,朝这些强盗扑来。这支队伍有一半被消灭,一半被俘虏。米古林乡人缴获了大量的战利品。米古林乡和嘉桑乡已经推翻了布尔什维克的政权。哥萨克们不分老少都动员起来保卫咱们静静的顿河啦。维奥申镇上的革命军事委员会已经解散，选举了乡长，大多数村庄也都这样干啦。”

中尉说到这里，老头子们嘁嘁喳喳地小声讨论起来。

“到处都在成立队伍。你们上过前方的人，也应该成立一支队伍，来保卫本乡本土，防备成群结伙的野蛮强盗再来侵犯。咱们应该恢复自治！咱们不要红色政权，红色政权只能导致混乱，不能给我们自由！我们决不允许庄稼佬奸污我们的妻子和姐妹，不允许他们嘲弄咱们的正教、糟蹋神圣的寺院。抢夺咱们的财物和家产……不是这样吗，诸位老人家？”

会场上响起一片“对——对呀！”的声音。中尉开始念一份胶印的告民众书。主席不顾桌上还有一些文件，就离开了桌子。大家都静静地听着，一个字也不放过。上过前方的哥萨克们在后面无精打采地交谈着。

中尉一开始念告民众书，格里高力就从人群里走了出来：他不慌不忙地朝回家的方向，向维萨里昂神甫家房子的拐角处走去。米伦·格里高力耶维奇看见他走开去，就用胳膊肘捣了捣潘捷莱·普罗柯菲耶维奇的肋部，说：

“瞧，你的小儿子走啦！”

潘捷莱·普罗柯菲耶维奇一瘸一拐地从人群中走了出来，用央求加命令的口气唤道：

“格里高力！”

格里高力侧过身子，站了下来，没有回头。

“回来吧，孩子！”

“你为什么要走？！回来！”许多声音乱哄哄地喊了起来，许多张脸朝格里高力扭过来，像一面墙一样。

“还当过军官呢！”

“用不着翘鼻子！”

“他就在他们那里面干过！”

“他也喝过哥萨克的血……”

“是个红肚子！”

吆喝声一齐朝格里高力的耳朵里飞来。他咬紧牙齿听着，显然他心里斗争得很激烈；好像再过一会儿，他就要头也不回地走掉了。

格里高力犹豫了一会儿，又垂着眼睛朝人群里走来，潘捷莱·普罗柯菲耶维奇和彼特罗这才轻松地舒了一口气。

老头子们的劲头儿一下子就上来了。马上就毫不怠慢地选举米伦·格里高力耶维奇·柯尔叔诺夫为村长。米伦·格里高力耶维奇激动得白麻子变成了灰色，走到人群当中，很腼腆地从以前的村长手中接过政权的标志——一根铜头的权杖。以前他从来没有当过什么头儿；现在选上了他，他推说自己担当不起这样的重任，说自己文化太低，推托了一阵，谦让了一阵。但是老头子们一阵一阵地吆喝着，表示欢迎他：

“把权杖接下吧！别推辞啦，格里高力耶维奇！”

“你是咱们村子里头一个好当家的！”

“你不会糟蹋村里的财产！”

“可别像谢苗那样，把村子里的款子全喝掉！”

“噢，噢……他才不会哩！”

“他喝掉了也赔得起！”

“那咱们就像剥羊皮一样，把他的家产搞光！……”

这样快速的选举和临战气氛是极不平常的，所以没有怎么特别敦劝，米伦·格里高力耶维奇就答应了。这次选举和以前不一样。以前选举，乡长要来，要开甲长会议，推举候选人，现在却干脆利落：“谁赞成柯尔叔诺夫，请站到右边去。”于是人群一齐拥到了右边，只有跟柯尔叔诺夫有宿怨的皮匠济诺维一个人站着没动，就像河边滩地上一根烧焦的树桩。

满头冒汗的米伦·格里高力耶维奇的眼睛还没有来得及眨一下，权杖已经塞到他的手里，远处和耳朵边上响起一片吼叫声：

“快摆酒席吧！”

“大家都选你啦！”

“应该庆贺庆贺！”

“把村长抬起来！”

但是那位中尉打断大家的呼喊声，很干练地引导大家来解决实际问题。他提出了选举本村队伍的指挥官问题，他大概在维奥申镇上经常听说格里高力这个人，就奉承格里高力、同时也奉承全村的人说：

“希望能有一位指挥——一位指挥官！有了指挥官，打起仗来，事情就好办，就可以减少损失。不过贵村的英雄好汉实在太多啦。乡亲们，我不能把我的想法强加给你们，可是我愿意向你们推荐麦列霍夫少尉。”

“哪一个麦列霍夫？”

“我们这儿有两个麦列霍夫少尉。”

中尉用眼睛在人群里扫了扫，目光停留在低着头站在后面的格里高力身上。中尉微微笑着，高声说：

“我推荐的是格里高力·麦列霍夫！……你们以为怎样，乡亲们？”

“太好啦！”

“千万别推辞！”

“格里高力·潘捷莱耶维奇！是一条硬汉子！”

“到当中来！过来！”

“老头子们都想看看你哩！”

格里高力被一些人推着，红着脸走到圈子当中，像被逮住的野物似的，朝四面张望了一下。

“你就领导起我们的孩子们吧！”马特维·卡叔林用拐杖敲了敲地面，并且画了一个老大的十字。“你就领着他们，叫他们跟着你，就像很多小鹅跟着一只好公鹅那样，大家结成一伙儿。公鹅要保护小鹅，不准猛兽和人来侵害，你也要这样维护他们！你还能再得四颗十字章，愿上帝保佑你！”

“潘捷莱·普罗柯菲耶维奇，你家儿子有出息！……”

“他的脑袋是金子做的！鬼东西，够机灵的！”

“瘸子鬼，你得请我们喝两杯！”

“哈哈哈哈！……咱们就来——喝……”

“诸位老人家！静一静！咱们是不是不管愿意不愿意，就规定干两年或者三年呢？要是单凭志愿，有些人会去，有些人就不去……”

“就干三年！”

“五年！”

“要招志愿兵！”

“你要去就去嘛，谁拉着你了？”

中尉正在和新任的村长说话，村子上头的四个老头子来到跟前。其中有一个又瘦又小、没有牙齿的小老头儿，外号“瘦猴儿”，一辈子爱打官司出了名。他跑法院跑惯了，所以他家里用的唯一的一匹白骒马也十分熟悉上法院的道路，只要醉醺醺的主人往大车上一倒，用尖尖的嗓门儿喊一声：“上法院去！”——白骒马自己就会顺着大道朝镇上走……“瘦猴儿”攥着帽子，走到中尉面前。其余的三个（其中有一个是大家都很敬重的富户盖拉西姆·包尔德列夫）也都在旁边站了下来。“瘦猴儿”除了别的本事以外，还特别能说会道，他首先捅了捅中尉，说：

“大人！”

“几位老人家，你们有什么事？”中尉很有礼貌地弯下身子，把老大的、肉嘟嘟的耳朵凑过来。

“大人，看样子，您对我们村子里的这个人，就是您选定给我们当指挥官的这个人，恐怕不大了解。我们这几个老头子对您的决定提出异议，我们有权这样做。我们声明反对他！”

“为什么反对？怎么一回事儿？”

“因为我们对他信不过。他自己就干过红军，在红军里当过指挥官嘛，两个月以前因为挂花才回来的。”

中尉的脸唰地一下子红了。他的两只耳朵也因为充血，好像肿了起来。

“这是不可能的！我没有听说这事儿……谁也没有对我说起嘛……”

“是真的，他干过布尔什维克，”盖拉西姆·包尔德列夫很严肃地说，“我们信不过他！”

“不叫他干！知道年轻哥萨克们都怎么说吗？他们说：‘一打起仗来，他就要把我们都卖掉！’”

“诸位老人家！”中尉踮着脚尖站高些，喊叫道；他故意撇开上过前方的哥萨克，专门对老头子们说。“诸位老人家！咱们选举格里高力·麦列霍夫少尉担任指挥，但这是不是就没有什么问题呢？现在就有人告诉我，他去年冬天就干过红军。你们能不能把自己的儿子和孙子交给他呢？还有你们，上过前方的弟兄们，跟着这样的指挥官，能不能放心呢？”

哥萨克们都愣愣的，说不出话来。接着一下子都叫了起来；感叹声和呼喊声交织成一片，连一个字都听不清楚。过了一阵子，等叫声一齐停了，静下来了，眉毛成了绺的包加推廖夫老头子走到圈子当中，对大家摘下帽子，朝四下里看了看。

“我这笨脑袋是这样想的，咱们不能让格里高力·潘捷莱耶维奇担任这一职务。他是有这样的罪过，这是我们大家都知道的。让他先赎赎自己的罪过，取得大家的信任，然后咱们再看情况。他是一条好汉，这我们都知道……可是，有云彩遮着，太阳就放不出光来；我们看不见他的功劳——他给布尔什维克干的事，把我们的眼睛遮住了！……”

“叫他当兵好啦！”年轻的安得列·卡叔林气冲冲地叫道。

“选彼特罗·麦列霍夫当指挥官！”

“叫格里高力下队当兵！”

“要是选上他，咱们就倒霉啦！”

“我才不稀罕呢！你们他妈的为什么偏要找我？”格里高力在后面叫道，气得脸都红了；他把手一甩，又说：“我才不干呢！我他妈的才不稀罕你们哩！”他把手插进很深的裤子口袋；微微弯起腰，跨着仙鹤一样的大步朝家里走去。

背后响起一片叫喊声：

“哼，哼！别自以为了不起！……”

“臭美！钩鼻子翘到天上啦！”

“噢哟哟！……”

“土耳其佬的血又在他身上作怪啦！”

“他恐怕是不会输嘴的！他当兵的时候都跟军官顶嘴嘛。要不然……”

“回来！……”

“哈哈哈哈！……”

“把他绑起来！嗬！呸！追呀！追呀！……”

“你们怎么抬举起他来啦？要好好儿地处治处治他！”

老半天都没有安静下来。有的人争得上了劲儿，把别人推了一下子，有的人的鼻子被打得流出血来，有一个年轻小伙子眼睛底下突然添了一个大包。等到大家都安静下来，就又开始选举指挥官。大家选举了彼特罗·麦列霍夫。他得意起来，脸都红了。但是接着中尉就像一匹奔腾的快马遇到格外高的高栏一样，遇上了没有预见到的难题：轮到登记志愿兵，竟没有人愿意登记。前方回来的哥萨克们对眼前的一切都不动声色，踌躇不定，不愿意登记，并且互相开玩笑打着岔儿：

“安尼凯，你怎么不登记呀？”

安尼凯就嘟哝着说：

“我还小呢……连胡子还没长出来呢……”

“你别开玩笑啦！你怎么，是在笑话我们吗？”卡叔林老汉对着他的耳朵吼道。

安尼凯就像叫蚊子叮了一口似的，拿手一拂，说：

“叫你们家的安得列去登记吧。”

“他登记过啦！”

“普罗霍尔·泽柯夫！”桌子旁边有人喊道。

“有！”

“你登记吗？”

“我不知道……”

“给你登上啦！”

米佳·柯尔叔诺夫一本正经地走到桌子跟前，一个字一个字地说：

“给我登记上。”

“喂，还有谁愿意登记？……菲多特·包多甫斯柯夫……你呢？”

“诸位老人家，我有小肠气！……”菲多特很斯文地垂下他那外斜的加尔梅克型眼睛，含含糊糊地说。

前方回来的战士们都开心地哈哈大笑起来，笑得直揉肚子，有些喜欢开玩笑的人就瞎说起来：

“你把老婆带着……要是小肠冒出来，叫她给你治。”

“噢哈哈哈！……”后面的人哄哄地笑着，咳嗽着，牙齿和笑得放光的眼睛亮闪闪的。

又一阵说笑声像山雀一样从会场的另一头飞来。

“我们就叫你当炊事员！你要是把菜汤做坏了，就拿菜汤灌你，一直灌到你的小肠从另一头跑出来。”

“带着这种玩意儿往后退，可跑不快。”

老头子们气了，骂了起来：

“够啦！够啦！有什么好开心的？”

“偏要在这种时候瞎胡闹！”

“伙计们，真丑啊！”有一个老头子训诫说。“上帝啊！噢，噢！上帝要怪罪的。那边在死人，可是你们……你们不怕上帝吗？”

“伊凡·托米林。”中尉扭过身体，回头看了看，喊道。

“我是炮兵。”托米林应声说。

“你登记吗？我们也需要炮兵。”

“登上吧……唉，唉！”

查哈尔·柯洛列夫、安尼凯以及另外几个人跟炮兵托米林开起玩笑：

“我们用柳树来给你凿一门大炮！”

“你就拿南瓜当炮弹，用土豆当榴霰弹好啦！”

在一片哄笑和玩笑声中登记了六十个人。最后一个登记的是贺里散福。他走到桌子跟前，从容不迫地说：

“这么说，就把我登上吧。不过我事先要说清楚，打仗我可不干。”

“那你登记干什么？”中尉很气愤地问道。

“军官先生，我去看看。我想去看看。”

“给他登上吧。”中尉耸了耸肩膀。

散会的时候差不多已经晌午了。决定第二天就上米古林乡去增援。

第二天早晨,六十个登了记的人当中,到广场上来集合的只有四十人。穿起军大衣和高筒靴、打扮得漂漂亮亮的彼特罗把哥萨克们打量了一遍。许多人新缝上了蓝色的肩章,肩章上的番号还是以前所属团队的番号,也有一些人没戴肩章。马鞍被行军驮子垫得高高的,鞍袋和挂包里装着干粮、衬衣、从前方带回来的子弹。不是所有的人都有步枪,多数人带的是马刀。

婆娘们、姑娘们、小孩子和老头子们都来到广场上给出征的人送行。彼特罗神气活现地骑着马跑到大家的前面,让自己这半个连排好队伍。他把各种毛色的马和骑在马上的人打量了一遍,看到有的人穿着军大衣,有的人穿着制服,有的人穿着帆布雨衣,他打量过了,就下令出发。这一小队人马就慢步上了山冈,哥萨克们都愁眉苦脸地回头朝村子里张望,殿后的一列里有人放了一枪。到了冈头上,彼特罗戴上手套,捋了捋小麦色的胡子,勒了勒马头,那马就一个劲儿地动着腿,侧歪着身子走起来,他用左手按住军帽,微微笑着,喊道:

“全连注意,听我的命令!……放马前进!……”

哥萨克们都站在马镫上,挥动鞭子,放马快跑起来。风飕飕地吹在脸上,吹得马尾和马鬃乱成一团,看样子要下小雨了。大家说着话儿,开起玩笑。贺里散福骑的铁青色标准马打了一个趔趄。贺里散福抽了一鞭子,骂了两声;那马就弓起脖子,大跑起来,跑到队伍前头去了。

哥萨克们一路上高高兴兴地来到卡耳根镇上。他们完全相信，没有什么仗好打，米古林乡的事件不过是布尔什维克对哥萨克土地偶然的一次进犯。

二十四

薄暮时分他们进了卡耳根镇。镇上已经没有上过前方的哥萨克了，都到米古林乡去了。彼特罗叫大家在列沃琪金商店旁边的广场上下了马，自己就朝乡长家走去。迎接他的是一位又高又大、身体强壮、黑脸膛的军官。那军官穿一件肥大的、长长的衬衣，没戴肩章，腰上系一条高加索皮带，下身穿的是带裤绦的哥萨克裤子，裤腿掖在白毛袜里。那薄薄的嘴唇角上叼着烟斗。那闪闪发光的灰眼睛显得很阴沉、很忧郁。他站在台阶上，抽着烟，看着彼特罗走过来。他那魁伟的身躯，衬衣底下那鼓鼓的、结实得像铁一样的胸部和胳膊上的筋肉，都显示着他有非凡的力气。

"您是乡长吗？"

那军官从耷拉着的小胡子下面吐出几个烟圈儿，瓮声瓮气地说：

"是的，我是乡长。请问，您贵姓？"

彼特罗作了自我介绍。乡长握住他的手，微微低了低头说：

"我是菲道尔·李霍维多夫·德米特里耶维奇。"

菲道尔·李霍维多夫是古森诺-李霍维多夫村的哥萨克，是一个很不平常的人物。他在士官学校上过学，毕业以后，有很长时间不知他的去向。几年以后，他忽然回到村里，得到上级机关的许可，在退伍的哥萨克中招募起志愿兵。他在现在的卡耳根乡一带招募了一连勇猛剽悍的亡命徒，率领这一连人到波斯去了。他带着队伍在波斯待了一年，担任国王的近卫。在波斯革命的时候，他带着国王逃跑，丢掉了队伍，于是又突然回到了卡耳根乡；他带回来一部分哥萨克，还带回来三匹御马厩里的纯种阿拉伯千里马和大量的财物：贵重的地毯、稀世的装饰品、花色非常美丽的绸缎。他浪荡了一个月，从裤子口袋里掏出不少波斯金币，他骑着一匹雪白的、十分漂亮的马在村子里跑来跑去，那马四条腿细细的，头昂得像天鹅一样；他常常骑着马跨进列沃琪金商店的大门，就在马上买东西，付钱，又骑着马从穿堂的门出来。后来菲道尔·李霍维多夫又像来时那样，突然消失了。跟他一起消失的是他那形影不离的伙伴潘捷柳什卡——是他的随从，是古森诺村的跳舞能手；那几匹马和从波斯带回来的一切东西也都不见了。

半年以后，李霍维多夫又出现在阿尔巴尼亚。他从阿尔巴尼亚的都拉索给朋友们寄来一些明信片，明信片上都印着阿尔巴尼亚蔚蓝色的山景，还盖着奇形怪状的邮戳。后来他又到了意大利，跑遍了巴尔干半岛，到过罗马尼亚和西欧，差一点就到了西班牙。菲道尔·德米特里耶维奇的名字充满了神秘色彩。关于他的行踪，周围一些村子里有各种各样的说法和推测。大家只知道，他接近皇室，在彼得格勒结交了一些高官显宦，加入了“俄罗斯民族团”[①]，并在其中担任要职，至于他在国外从事什么活动，任何人都一无所知。

---

①“俄罗斯民族团”是沙皇俄罗斯时代由黑帮分子组成的一个狂热的保皇团体。该团体进行反犹太人的宣传，残酷地迫害犹太人，杀害持不同政见者，接受政府大量的津贴。——原注

菲道尔·李霍维多夫从国外回来以后，在奔萨住了下来，在该省总督手下做事。卡耳根的朋友们看到他的照片，过后都要摇上老半天头，惊愕得直咂嘴巴："嘿，好家伙！……""菲道尔·德米特里耶维奇爬得好高呀！""瞧，跟他在一块儿的都是些什么人呀？"照片上，菲道尔·德米特里耶维奇那塞尔维亚型的钩鼻子脸上带着微笑，正搀扶着总督夫人上马车。总督大人就像对自己家里人一样，对他十分亲切地笑着，一名肩宽背阔的车夫伸着手，轻轻握着缰绳，几匹马咬紧了嚼子，看样子就要拉着车子走了。菲道尔·德米特里耶维奇的一只手很殷勤地将卷毛皮帽子举着，另一只手扶着总督夫人的胳膊肘，就像端着一个碗似的。

几年之后，已经是一九一七年年底，菲道尔·德米特里耶维奇又回到了卡耳根，在卡耳根安了家，好像是要长期定居下来了。他带回了老婆和一个孩子，老婆不知是乌克兰人，还是波兰人；他住在广场上一所有四间屋子的小房子里，住了一个冬天，在酝酿一些令人不解的计划。整个冬天（这一年冬天特别冷，简直不像顿河的冬天！）他家的窗子都是大开着的，他在锻炼自己和老婆孩子，这都使哥萨克们感到惊讶。

一九一八年春天，谢特拉柯夫村的事件发生以后，他被选为乡长。这一下子菲道尔·李霍维多夫的雄才大略才完全施展开来。他下狠劲儿干了起来，过了一个星期，老头子们就晃着脑袋称赞他了。他对哥萨克们管束得很严，他在乡民大会上讲过话以后（李霍维多夫说得很得体，他不仅力气过人，而且脑袋瓜也特别灵活），老头子们就像一大群公牛似的吼叫起来："就这样干，大人！就请您这样干吧！""好极啦！"

新乡长一上任就雷厉风行。卡耳根镇上一听说谢特拉柯夫村在打仗,第二天,上过前方的战士就全部开去增援了。外来户(乡上的居民有三分之一是外来户)起初不愿意去,还有一些上过前方的步兵也不肯去,但是李霍维多夫在大会上坚持自己的意见,提议把一切不肯保卫顿河的"庄稼佬"驱逐出去,老头子们通过了他的建议。到第二天,许多步兵就乘着几十辆大车,拉着手风琴,唱着歌儿,朝那波洛夫乡,朝柴尔涅茨克村而去。外来户中只有几个年轻的步兵,由原来在机枪一团当兵的瓦西里·司托洛仁柯率领着,跑到红军里去了。

乡长看到彼特罗走路的姿势,就看出他是一个出身低微的军官。他没有请彼特罗进屋子,用很随便的和善口气说:

"不必啦,老弟,你们用不着上米古林去啦。你们没去,人家已经把事情办妥啦,昨天晚上我们收到电报啦。你们就回去等候命令吧。您要好好儿地给哥萨克们打打气!这样一个大村庄,怎么只出来四十名当兵的?!您对那些坏家伙别客气!这也是他们的身家性命问题嘛!请回吧,一路平安!"

他异常轻快地挺着他那健壮的身躯,朝房里走去,脚上穿的家常靴子的靴底嘣嘣直响。彼特罗便朝广场上,朝哥萨克们走去。大家争先恐后地问他:

"喂,怎么样?"

"那儿情形怎样?"

"咱们还上米古林去吗?"

彼特罗掩饰不住自己的高兴,笑了笑,说:

"回家吧!咱们不用去啦。"

哥萨克们都笑了，拥拥挤挤地朝拴马的栅栏跟前走去。贺里散福甚至长长地出了一口气，就像从肩膀上卸下一座山，他拍了拍托米林的肩膀，说：

“炮手，这么说，咱们要回家啦！”

“因为娘儿们正在家里想咱们呢。”

“咱们这就回去。”

大家商量了一下，决定不在外面过夜，马上就走。大家乱哄哄地、成群成伙地出了卡耳根镇。如果说，往卡耳根镇上来的时候都很勉强，不愿意赶着马快跑，现在从卡耳根镇上往回走，却都在拼命地赶马，赶着马使足了劲儿往家跑。有时候还要飞跑一阵；因为天旱无雨干得硬邦邦的土地在马蹄下咚咚直响。顿河那边，远处的山冈后面，来来回回地飞驰着蓝蓝的闪电。

半夜时候哥萨克们回到了村里。从山冈上往下走的时候，安尼凯用自己的奥地利步枪放了一枪，接着大家轰轰隆隆地一齐放起枪来，报告自己回家了。回答他们的是村子里响起一片狗叫声；不知是谁的马，感觉出快到家了，哆哆嗦嗦地打着响鼻长嘶起来。进了村子，大家就各自朝家里走去。

马尔丁·沙米尔和彼特罗分手的时候，很轻松地说：

“仗打完啦。这就太好啦！”

彼特罗在黑地里笑了笑，便朝自己家走去。

潘捷莱·普罗柯菲耶维奇出来接过马去。他给马卸了鞍，牵进马棚里。同彼特罗一起朝房里走去。

“不再出去打仗了吧？”

“是的。”

“好，谢天谢地！顶好一辈子没有这种事。”

睡得热乎乎的妲丽亚爬了起来，去给丈夫端来晚饭。格里高力披着衣服从房里走了出来；他搔着长满黑毛的胸膛，眯缝起眼睛，嘲笑哥哥说：

“打了个大胜仗吧？”

“去晚啦，就跟这一样，只能喝喝剩菜汤啦。”

“哼，就凑合着喝吧。特别是如果有我来帮着喝，菜汤咱们能喝得下……”

* * *

在复活节以前，关于打仗的事，一点消息都没有；但是在耶稣受难周的星期六，从维奥申镇上来了一位军使，他把浑身是汗的马扔在柯尔叔诺夫家大门口，跑上了台阶，跑得马刀碰在门槛上叮当直响。

“有什么消息吧？”米伦·格里高力耶维奇在门口迎住他，问道。

“我要找村长。您是村长吗？”

“我是。”

“请您马上把哥萨克们动员起来。波得捷尔柯夫带着红军要从纳郭林乡经过。这是命令。”他把汗漉漉的帽里子和一封信一起翻了出来。

格里沙加爷爷听到说话声，一面往鼻子上架眼镜，一面往外走；米佳也从院子里跑了过来。他们一同看起州长的命令。那位军使靠在镂花的栏杆上，用袖子擦着风尘仆仆的脸上那一片一片的灰尘。

复活节的第一天，村子里的哥萨克们开过斋以后，就出发了。阿尔菲洛夫将军的命令十分严厉，对于不去的人要取消哥萨克身份，因此，这次去迎击波得捷尔柯夫的，已经不是第一次的四十个人，而是一百零八人了，其中还有几个很想和红军较量较量的老头子。冻得直淌鼻涕的马特维·卡叔林就跟儿子走在一起。"牛皮大王"阿甫杰伊奇骑着一匹小小的癞皮马，神气活现地走在前排里，一路上讲着他那些不曾有过的离奇经历，逗得哥萨克们哈哈大笑；一起出发的还有马克萨耶夫老汉和另外几个白胡子老头儿……年轻人很不情愿地走着，老头子们却是一副兴高采烈的样子。

格里高力·麦列霍夫把雨衣的兜帽扣在制帽上，走在最后一列里。愁云密布的天上往下洒着雨点儿。穿起了美丽绿装的草原上空黑云滚滚。高处，有一只老鹰贴着黑云在飞翔。那鹰偶尔扇一扇翅膀，把翅膀伸展开来，兜一兜风，然后就顺着空气的流势，倾斜着身子，闪烁着淡淡的、棕色的亮光，向东方飞去，越飞越远，越来越小。

草原上湿漉漉的，一片碧绿。只是有些地方还能看得见色调不同的去年的艾蒿、红红的黄鼬草，再就是山冈顶上那瓦灰色的瞭望台了。

哥萨克们下山往卡耳根镇上走的时候，遇到一个放牛的少年。那少年摇晃着鞭子，两只光脚丫儿一滑一滑地朝前走着。他看见这许多骑马的人，就站了下来，仔细打量着这些人和溅满了泥水、扎着尾巴的马匹。

“你姓什么?”伊凡·托米林问他。

“姓卡耳根。”那少年在头上蒙着的一件小褂底下笑着,很机灵地回答说。

“你们的哥萨克都走了吗?”

“都走啦,打红军去啦。您没有卷烟卷儿的黄烟吗? 叔叔,有吗?”

“你要黄烟吗?”格里高力勒住了马。

少年走到格里高力跟前。他那卷起的裤腿都湿透了,裤绦红得发亮。他大胆地看着正从口袋里往外掏烟荷包的格里高力的脸,用很流利的童音说:

“你们下了山,就能看到死尸啦。昨天我们的哥萨克押着俘虏的红军往维奥申镇上送,到了这儿就把他们都砍啦……叔叔,我在沙岗跟前放牲口来着,在那儿看着他们砍的。哎呀,好怕人呀! 哥萨克们一抡起马刀,红军就高声大叫,到处乱跑……过后我走过去看了看……有一个人的肩膀被砍掉啦,还在一个劲儿地喘气,看样子,心还在胸膛里跳呢,可是肝已经乌青乌青的啦……真怕人啊!”他又重复了一句,因为他心里觉得奇怪,哥萨克们听了他的话并不害怕,至少从格里高力、贺里散福和托米林那毫无表情和冷漠的脸上,他可以看出这一点。

他把烟卷儿点着了,摸了摸格里高力的马那湿漉漉的脖子,说了一声“谢谢”,就朝他放的牛跑去。

大路旁边,春水冲出的一条浅浅的沟里,躺着一具具红军的尸体,上面多少撒了一些黄土。有一具尸体的脸变成了深蓝色,好像用锡铸成的,嘴唇上还带着凝结的血,蓝棉裤筒里有一只光光的脚已经发了黑。

“他们连埋都不耐烦……浑蛋!”贺里散福小声嘟哝说。他忽然朝自己的马猛抽一鞭,跑到格里高力前面,跑下山去。

“瞧吧,在顿河土地上看见血啦。”托米林腮帮子哆嗦着,笑了笑。

二十五

彭楚克手下有一个机枪手,是鞑靼村的哥萨克马克西姆·戈里亚兹诺夫。他在同库捷波夫的部队作战中损失了战马,从此就无节制地喝起酒来,并且沉溺到赌博当中。他骑的那匹毛色像黄牛、脊背上有一道银白色条子的马被打死以后,他就扛起马鞍,一直扛了四俄里,后来他看到白军疯狂地逼上来,自料性命难逃,便扯下很值钱的马胸带,带上马笼头,从战场上开了小差。后来又在罗斯托夫出现,不久,在打“二十一点”的时候,输掉了他从一个被他砍死的大尉身上摘下来的一把银马刀,输掉了他还留着的马具,又输掉了裤子和软羊皮靴,于是光着屁股来到彭楚克的机枪队里。彭楚克给他弄了一身衣服,又批评了他一顿。也许马克西姆要改正错误了,可是在罗斯托夫的要路口上展开的战斗中,一颗子弹钻进了他的脑袋,马克西姆的一只蓝蓝的眼睛淌到衬衣上,鲜血从脑袋里往外直涌,就像打开了的一听罐头。维奥申乡的哥萨克、从前的偷马贼和不久以前的酒鬼戈里亚兹诺夫就这样完了。

彭楚克看了看,马克西姆的身子抽搐着,眼看就要断气了。

他仔细擦了擦机枪筒子上的血，血是从打穿的马克西姆的脑袋里溅出来的。

接着就退了下来。彭楚克拖着机枪。马克西姆就留在被炮火烧得发烫的土地上渐渐冷却，他那黑乎乎的脊背朝着太阳，衬衣顶在头上，因为他临死的时候，头往衬衣里直缩，挣扎过一阵子。

有一排红军，全是从土耳其前线回来的步兵，他们就在第一个十字街口筑起了阵地。一个秃了头顶、戴着破烂的过冬皮帽的步兵帮着彭楚克架好机枪，其余的人就横着街道筑成像街垒一样的阵地。

“来试试看吧！”一个大胡子战士望着山冈后面不远处的半圆形地平线，笑着说：

“现在咱们要给他们点厉害的看看！”

“快拆，萨马拉！”一个很有劲的小伙子在拆板墙上的板子，有人催他说。

“他们来啦！往这儿跑呢！”那个秃顶的战士爬到酒库的房顶上，喊了起来。

安娜在彭楚克的身边卧倒下来。红军战士们密密层层地卧倒在临时工事后面。

这时候，右面有八九名红军战士，就像在田埂上跑的沙鸡那样，顺着旁边的小胡同跑到了拐角处一所房子的墙后面。有一个人喊了两声：

“敌人来啦！开枪吧！”

十字路口一眨眼工夫就寂无声息了，过了有一分钟，一个军帽上系着白带子、肋下夹着卡宾枪的哥萨克骑兵，拖着一团团的灰尘，一下子跑了过来。他使劲勒了勒马，勒得马蹲下了后腿。彭楚克连忙用手枪打了一枪。哥萨克骑兵趴到马脖子上，往后跑去。原来在机枪旁边的战士们都犹豫不决地捯动着脚，有两个已经顺着板墙跑过去，卧倒在一个大门口了。

看样子，这些战士马上就要动摇，就要逃跑了。紧张到极点的沉默、惊慌失措的眼神都不是坚定不移的征兆……接着发生的事情，彭楚克只是清楚而真切地记住了一个场面。安娜把头巾往脑后一推，披散着头发，脸上激动得没有了血色，完全变了模样，她一下子跳了起来，端着步枪，一面回头看着，一面用手指着哥萨克骑兵藏到后面去的那所房子，用一种完全变了腔调的尖利声音喊道："跟我来！"接着就摇摇晃晃、跌跌撞撞地大步朝前跑去。

彭楚克欠起身来。他的嘴歪扭着，含含糊糊地喊了一声。他从旁边一个士兵手里抓过一支步枪，就跟着安娜跑去，他气喘吁吁，觉得两条腿哆嗦得厉害，没有劲儿喊叫，没办法叫她转回来，心里紧张异常，脸都青了。他听到后面有几个跟上来的人的喘气声，他整个身心都感觉到一种悲惨的结局已经临近，感到十分可怕，感到事情已经无法挽回。这时候他心里已经认为，她的行动并不能带动别人，这种行动是没有意义的，是不理智的，是一定没有什么好结果的。

他在离拐角不远处迎头碰上了飞跑而来的一群哥萨克骑兵。一阵零乱的枪声，子弹啸声。安娜像兔子一样的微弱尖细的叫声。接着她就伸直了手，两眼直愣愣的，慢慢倒了下去。彭楚克没有看见哥萨克们已经拨转马头往回跑，原来在他的机枪旁边的十八个人中有一些人受到安娜的热情鼓舞，把哥萨克们打跑了。他的眼睛里只有她一个人，只有她在他脚前抽搐着。他用两只麻木的手把她翻了个身，想把她抱起来，抱到什么地方去，却看见她左肋有一处血糊糊的伤口，伤口周围忽闪着蓝褂子的碎布片，——他明白，这是被爆炸性子弹打的，他明白，安娜必定要死了，而且他已经在她那蒙了一层雾气的眼睛里看到死亡的征候。

有人推开了他。把安娜抬到附近的院子里，放在敞棚下的凉阴里。

秃顶的战士往伤口里塞了几个棉花球儿，又掏了出来，棉花球儿被血泡得鼓鼓的，变成了黑色。彭楚克控制住自己，把安娜的褂子领口解开，把自己身上的衬衣撕下一块来，揉成一个团子，堵在伤口上，他看到，伤口里还不住地往外冒气，冒血泡儿，安娜的脸变成了青灰色，她那发了黑的嘴唇疼得直哆嗦。她的嘴在吸气，肺部呼哧呼哧直喘，因为嘴里和伤口都在进气出气。彭楚克把她的衬衣撕了开来，剥光了她那冒着临死前的汗水的上身。好不容易用棉花球把伤口堵住。过了几分钟，安娜清醒过来。陷下去的眼睛从青黑色的眼圈里朝彭楚克看了看，又哆嗦着眼睫毛，把眼睛闭上了。

“喝水！烧死啦！”她喊道，并且乱动起来，哭了起来。“我要活呀！伊里亚！……亲爱的呀！……啊呀呀！”

彭楚克把肿起的嘴唇贴到她那发烫的腮上，用杯子往她的胸膛上倒水。两边肩窝儿里倒满了水，转眼工夫就干了。安娜正发着死前的高烧。彭楚克不管往她的胸膛上倒多少水，她还是乱动，从他的胳膊里往外挣。

“烧死啦！……像火一样！……”

她挣得没有了劲儿，身子也渐渐凉了一些，口齿清楚地说：

“伊里亚，为什么呀？喂，你瞧，没有什么嘛……你真是怪人！……一点没有什么……伊里亚……亲爱的，你对妈妈可是要……你知道嘛……”她半睁开好像笑得眯缝起来的眼睛，想克制住疼痛和恐惧心情，含含糊糊地说起来，好像被什么东西卡住了：“起初感觉到……又哆嗦，又发烧……全身都要烧坏啦……觉得我要死啦……”她看到他那不以为然的、难受的手势，就皱起了眉头。“别这样，哎呀，我好闷啊！”

在间歇时刻，她老是说话，说得很多，好像是想把难受的感觉全说出来。彭楚克看到她的脸渐渐放起光来，额角越来越黄，越来越透亮，心里十分害怕。他又把目光移到她那贴着身子一动不动地伸直了的胳膊上，看到她的手指甲变成了紫色，就像熟透了的李子。

“水呀……往胸膛上……烧死啦！”

彭楚克急忙跑到屋子里去舀水。他往回跑的时候，已经听不见安娜在棚子底下的呼哧声了。低矮的太阳照在正作最后抽搐的、歪着的嘴上，照在她按着伤口的一只还热乎的、像蜡制模型一样的手掌上。他慢慢地抱住她的肩膀，把她抱起来，对着她那鼻梁上长了几颗小小的黑雀斑的尖鼻子看了一会儿，看到她那两道英俊的黑眉毛下面，两个瞳仁已经呆住不动了。她那软绵绵地仰着的头越耷拉越低，在她那细细的姑娘脖子上，青青的血管最后微微地跳动了几下。

彭楚克把嘴唇贴到她那黑黑的、半闭起的眼皮上，唤道：

“朋友！安娜！”他直起身子，陡然转了个身，便朝前走，身子极不自然地挺着，两条胳膊紧紧贴在大腿上，动都不动。

二十六

这些日子，他好像处在伤寒病的昏迷状态中。他照常在走路，做事，吃饭，睡觉，但是这一切都好像是在半睡半醒状态中，昏昏沉沉，迷迷糊糊。他用呆呆的、微微肿起的眼睛迷惘地看着周围的一切，连熟人都认不出来了，他的样子就像一个烂醉的醉汉或者大病初愈的人。从安娜死的那一天起，他的知觉就暂时失去了作用：什么想头也没有，什么也不能考虑了。

“吃饭吧。彭楚克！”同志们叫他吃饭，他就吃饭，懒懒地、吃力地动着下巴，眼睛呆呆地盯着一个地方。

同志们都很关心他，商量着要把他送到医院里去看看。

“你是病了吧？”第二天一个机枪手问他。

“不是。”

“那你是怎么啦？是想她吗？”

“不是。”

“噢，咱们来抽支烟吧。兄弟，现在没法叫她起死回生啦。这种事是没有办法的。”

到了睡觉的时候，同志们对他说：

“睡觉吧。该睡啦。”

他就躺下来睡觉。

他在这种失神的状态中度过了四天。到第五天，克里沃什雷科夫在街上碰到他，抓住他的袖子。

“啊哈，是你呀，我正在找你呢。”克里沃什雷科夫不知道彭楚克遭遇到不幸，很亲热地拍了拍他的肩膀，很担心地笑了笑。“你这是怎么啦？不是喝醉了吧？有一支工作队要上北边几个州去，你听说了吗？已经选定了一个五人小组。由波得捷尔柯夫挂帅。只能指望北边的哥萨克啦。要不然就乱了套啦。真糟！你去吗？我们很需要宣传员。你去不去？”

“我去。”彭楚克很干脆地回答说。

“这就太好啦。明天咱们就出发。你就去找奥尔洛夫老爹好啦，他是咱们的向导。”

彭楚克仍然是在失魂落魄的状态中准备好了行装，到第二天，五月一日，就随着工作队出发了。

这时候，顿河苏维埃政府面临的局势显然十分严重。德国侵略军从乌克兰方面攻了过来，下游各乡镇和各州已经到处掀起反革命暴乱。

波波夫的部队在过冬地区活动着，对诺沃契尔卡斯克虎视眈眈。四月十日到十三日在罗斯托夫召开的全地区苏维埃代表大会中断了好几次，因为叛乱的契尔卡斯人逼近了罗斯托夫，并且在进攻郊区。只有在北边，在霍派尔州和大熊河河口州还保留着革命的温床，于是波得捷尔柯夫和另外一些对下游哥萨克的支持感到失望的人，都不由自主地希望朝这些有温暖的地方跑。动员工作停止了，不久以前当选为顿河人民委员会主席的波得捷尔柯夫，根据拉古京的倡议，决定上北边去，到那里动员三四个团的上过前方的战士，调他们来抵御德国人和镇压下游的反革命暴乱。

成立了一个以波得捷尔柯夫为首的紧急动员五人领导小组。四月二十九日，从地方金库里领了一千万金卢布和尼古拉票子，作为动员的经费，匆匆凑集了一支保护钱箱子的队伍，其中大多数是原来卡敏镇地方保安队的哥萨克，又挑选了几个哥萨克宣传员，五月一日，工作队就冒着德国飞机的扫射，朝卡敏镇方向出发了。

线路上塞满了从乌克兰撤退下来的红军的兵车。叛乱的哥萨克到处拆毁桥梁，颠覆列车。德国飞机每天上午都要在诺沃契尔卡斯克至卡敏镇一段线路上空出现，像鹰群一样打圈圈儿，越飞越低，用机枪猛烈地扫射，红军战士们就乱纷纷地从兵车里往外跑；步枪声砰砰啪啪地乱响，车站上，煤渣气味和战争破坏的焦臭气味混到了一起。飞机渐渐升上步枪火力够不到的高空，但是射手们还要打上老半天，谁要是从列车旁边走，靴子踩到空子弹壳里，会没到脚踝骨。沙土地上到处是空子弹壳，就像十一月里山沟里落的金黄色橡树叶子。

到处都可以看到惨遭破坏的景象：一节节黑黑的、被烧毁和被破坏的车厢歪倒在路堤斜坡上，电线杆子上那雪白的瓷瓶上缠着断了的电线。许多房屋被破坏，铁路两边的防雪栅栏好像都叫暴风卷走了……

工作队往米列洛沃走就走了五天。到第六天早晨，波得捷尔柯夫把五人小组的成员召集到自己的车厢里。

“这样坐火车不行！咱们把所有的东西都扔掉，步行吧。”

“你怎么啦？”拉古京惊愕得叫了起来。“等咱们步行走到大熊河河口，白军早跑到咱们前头去啦。”

“是太远啦。”穆雷恒也犹豫不决地说。

不久前才追上工作队的克里沃什雷科夫没有说话，他裹着一件领章褪了色的军大衣。他正在打摆子，吃奎宁吃得耳朵里嗡嗡直响，头疼得火辣辣的。他没有参加讨论，弯着腰，坐在一个装糖的口袋上。他的眼睛蒙着一层打摆子时的水膜。

“克里沃什雷科夫！”波得捷尔柯夫眼睛注视着地图，唤了他一声。

“什么事？”

“我们在说什么，你没有听见吗？咱们要步行，要不然敌人追上咱们，就完蛋啦。你觉得怎样？你比我们有学问，你就说说看。”

“步行是可以的，”克里沃什雷科夫从容地说道，但是摆子忽然发作起来，他像狼一样咬得牙齿咯吱咯吱直响，轻轻地哆嗦着，“如果行李少一点儿的话，那也可以。”

波得捷尔柯夫在车门口打开顿河地区的地图。穆雷恒捏住地图的两个角。地图被阴沉的西风吹得噗噗地跳动，呼啦呼啦地老想从手里飞跑。

“咱们就这样走，瞧，就这样！”波得捷尔柯夫用一根熏得黄黄的手指头在地图上斜着画了一下。“看见比例尺吗？大约有一百五十俄里，至多也不过两百俄里。就这样！”

“对，就他妈的这样吧！”拉古京同意了。

“米海依尔，你怎么样？”

克里沃什雷科夫无可奈何地耸了耸肩膀。

“我不反对。”

“我这就去告诉哥萨克们,叫他们下车。要抓紧时间。”

穆雷恒看了看大家,等候反应,没有人表示反对,他就从车上跳了下去。

波得捷尔柯夫率领的工作队所乘的火车,在这个阴雨的早晨,就停在离别拉亚卡里特瓦不远的地方。彭楚克用军大衣蒙着头,躺在自己的车厢里。哥萨克们也在车厢里烧茶,哈哈大笑着,互相开着玩笑。

万卡·包尔德列夫是米古林乡的哥萨克,爱说爱笑,又喜欢取笑人,他正在取笑一个机枪手同志:

“伊格敏特,你是哪一省的?”他用抽烟抽哑了的嗓门儿问道。

“唐波夫省的。”很老实的伊格纳特用和善的语气低声回答说。

“你好像是莫尔山村的吧?”

“不是的,是沙茨克村的。”

“噢噢噢……沙茨克村的人都是好汉子:打起架来七个人对付一个人是不怕的。拿黄瓜把牛犊宰了来上供,这是不是你们村子里干的事?”

“算了吧,你算了吧!”

“哦,是的,我忘记啦,这事儿不是你们村子里干的。你们的教堂好像曾经用饼子包了起来,后来又想把教堂放在豌豆粒儿上推下山去。有没有这回事儿?”

茶壶开了,伊格纳特这才暂时摆脱了包尔德列夫的取笑。但是大家刚刚坐下来吃早饭,包尔德列夫又开起玩笑来:

“伊格纳特，你好像不怎么吃猪肉吧？不喜欢吃吗？”

“不是的，还算喜欢。”

“那就给你这根猪鸡巴。好吃极啦！”

一阵哄堂大笑。有人呛了一下，喀喀地咳嗽了半天。有人走动起来，靴子咚咚地乱响，可是过了一小会儿，伊格纳特气呼呼地说：

“你自己吃吧，他妈的！干什么要拿自己的鸡巴乱塞？”

“不是我的鸡巴，是猪鸡巴。”

“反正他妈的一样，臭东西！”

包尔德列夫用沙哑的嗓门儿毫不在乎地曼声说：

“臭——东——西？你不是疯了吧？复活节还拿来上供呢。你就说你怕破斋好啦……”

包尔德列夫的一个同乡，一个有很漂亮的淡黄色胡子的哥萨克、所有四级十字章全得过的一位勇士，劝道：

“算了吧，万卡！你叫他吃了，就糟啦。吃上了瘾，就非得天天去找公猪不可。在这地方到哪儿找去？”

彭楚克闭上眼睛躺着。别人说话他都没有听见，他想着不久以前的事情，心里依然很痛苦，而且好像痛苦得更厉害了。在他那闭起来的迷惘的眼睛里，草原好像在他面前旋转，草原上到处是雪，还有地平线上远方树林那一片片褐色的侧影；他好像觉得冷风阵阵，看见安娜就在他的身旁，看见她的黑眼睛、她的可爱的嘴上那刚毅而柔和的线条、鼻梁上那小小的雀斑、额头上那若有所思的皱纹……他听不见她嘴里说出来的话：她的话含糊不清，时常被别的什么人的说话声和笑声所打断，但是从她的眼珠子的闪光、从她那弯弯的睫毛的抖动上，他可以猜出她说的是什么……一会儿安娜又换了一个样子；脸色黄中透青，两边腮上带着两道泪痕，鼻子更尖了，嘴角上还有一条痛苦、可怕的皱纹。

他弯下身，去亲她那凹进去的黑乎乎、呆住不动的眼睛……彭楚克哼哼起来，用手捂住自己的嘴，免得哭出声来。安娜一时一刻都不离开他。她的形象一点也没有消失，也没有被时间冲淡。她的脸、身形、走路姿态、手势、表情、眉毛挑动的样子——所有这一切联结到一起，就构成了一个完整的、活生生的安娜。他想起了她的一些充满浪漫主义情调的话，想起他和她共同经历过的一切。由于清清楚楚地想起这一切，他的痛苦增加了十倍。

大家听到下车的命令，就把他叫醒了。他爬了起来，冷漠地收拾好东西，走出车厢，然后又帮着往下卸东西。又带着同样冷漠的表情坐上大车就走。

正飘洒着小雨。道路两旁的小草湿漉漉的。

草原。山冈上，山沟里，狂风阵阵。远远近近的村落。火车头的白烟，红红的方形站房，都已经落在后面。在别拉亚卡里特瓦雇的四十多辆大车，在大路上拉成一长串。马走得很慢。黑黑的黏土被雨水泡透了，实在难走。车轮子上沾满了泥巴，泥巴像黑棉花团一样四处乱飞。前面和后面都是一群一群的别拉亚卡里特瓦地区的矿工。他们是往东边逃，躲避哥萨克的叛乱。他们携儿带女，还拖着破旧的家具。

在格拉奇小站旁边，被打散了的红军罗曼诺夫斯基支队和沙简科支队追上了他们。战士们面色土黄，因为天天打仗，睡不好，吃不饱，一个个显得十分疲惫。沙简科走到波得捷尔柯夫跟前。

他那张留着英国式小胡子、生着直直的细鼻子的很漂亮的脸，已经瘦干了。彭楚克从他们旁边走过，看见沙简科的眉毛皱成了一堆，又听见他愤恨地、丧气地说：

“你说的这是什么话？难道我不了解自己的弟兄们？事情很糟，现在又有德国人，真他妈的该死！怎么能把队伍集合起来呢？”

波得捷尔柯夫跟他谈过话以后，带着一副愁眉苦脸和似乎有些惊慌失措的样子，追上了自己的大车，很激动地和欠起身来的克里沃什雷科夫说起话来。彭楚克注视着他们，只见克里沃什雷科夫用一只胳膊肘支着身子，另一只手在空中砍了一下，一口气说了好几句话，于是波得捷尔柯夫就高兴起来，跳上大车，这个六普特重的老炮兵往车沿上一坐，大车咯吱咯吱地响了好几下；赶车的照马身上抽了两鞭，烂泥就一片一片地朝四面飞去。

“赶快点儿！”波得捷尔柯夫喊了一声，眯起眼睛，迎风敞开光皮上衣。

二十七

工作队往顿涅茨州腹地里走了好几天，朝克拉司诺库特镇前进。乌克兰人村庄的居民仍然十分亲热地迎接这支队伍，高高兴兴地出卖食物和草料，腾房子给住宿，但是一提到雇马匹上克拉司诺库特去，乌克兰人就为难起来，直搔后脑勺，怎么都不肯干。

“我们出好价钱，你怎么还不干呢？”波得捷尔柯夫向一个乌克兰人问道。

“因为我的命也很值钱啊。”

“我们不要你的命,你只要把马和车雇给我们就行啦。”

“不行,我不干。”

“为什么不行?”

“你们是往哥萨克那儿去吧?”

“是的,那又怎样?”

“难保不出什么祸事。我能不爱惜自己的性命吗?他们要是把马打死了,那我又咋办?不行啦,大叔,别见怪,我不能去!”

越走近克拉司诺库特地区,波得捷尔柯夫和其余的人越是感到提心吊胆。可以感觉出老百姓心意的变化:如果说在起初走过的一些村庄里老百姓都是高高兴兴地热情相待的话,那么在后来走过的一些村庄里就明显地怀着敌意和防范的态度了。他们出卖食物、草料都很勉强,回答起问题躲躲闪闪。村子里的青年男女也不像先前一些村庄里的那样、像一条花腰带似的把工作队的大车团团围住,都是沉着脸很不友好地隔着窗户看一看,就连忙走开。

“你们是正教徒不是?”工作队的哥萨克们气愤地问道。“你们为什么拿夜猫子一样的眼睛看我们?”

在纳郭林乡的一个村子里,万卡·包尔德列夫因为受到冷遇,简直气坏了,他把帽子往地上一摔,怕有领导人走过来,朝四面张望着,放开嗓门儿叫道:

“你们是人还是鬼?你们他妈的为什么不说话?我们替你们流血,你们连正眼都不看我们一下!哪儿有这样的道理?同志们,现在都平等啦,不分什么哥萨克和南蛮子啦,用不着他妈的见外啦。赶快把鸡呀蛋呀拿出来吧，我们有的是尼古拉票子！"

六个乌克兰人听着包尔德列夫在发脾气，都低着头，就像拉犁的马一样。

他们听了他这些气话，还是一句话也不说。

"你们这些该死的东西，本来是南蛮子，现在还是南蛮子！你们他妈的肥得肚子都要胀破啦！大肚子资产阶级，真拿你们没办法！"包尔德列夫又把自己的破帽子往地上一摔，由于憎恶，脸都气红了。"就是在冬天里，向你们要点儿雪都要不出来！"

"别叫吧！"几个乌克兰人只对他这样说了一声，便各自走开了。

也是在这个村子里，一个上了年纪的乌克兰妇人向一个哥萨克红军战士问道：

"听说你们要把什么东西都抢走，把人都杀光，是真的吗？"

哥萨克红军战士连眼睛也不眨，回答说：

"是真的。杀光倒是不一定，我们要把老头子们都杀了。"

"哎呀，我的天呀！你们为什么要杀老头子呀？"

"我们拿老头子来下饭：如今的羊肉都是草羊肉，不香，要是拿老头子下锅，炖出来的肉汤才香哩……"

"您恐怕是说着玩儿的吧？"

"大娘，他是胡说！瞎扯！"穆雷恒插话说。

他当面把开玩笑的战士狠狠地批评了一顿：

"你要开玩笑，先得看看场合和对象！你开这样的玩笑，小心波得捷尔柯夫打你耳刮子！你干吗要制造混乱？她也许会真的说咱们杀老头子呢？"

波得捷尔柯夫一再地缩短休息和宿营的时间。他心里很焦急,急着要往前面赶。在进入克拉司诺库特地区的前一天,他和拉古京谈了很久,谈了自己的想法:

"伊万,咱们不要走得太远。到了霍派尔河河口镇,咱们就动手搞工作吧!咱们宣布招兵,薪饷一百卢布,但要自带马匹和装备,咱们不能挥霍人民的钱。咱们从霍派尔河口一直往上游去:经过你们的布堪诺夫乡,到司拉晓夫乡、菲多谢耶夫乡、库梅尔仁乡、革拉祖诺夫乡、斯库里申乡。等咱们到了米海洛夫乡,就有一个师啦!咱们能招得起来吗?"

"招是能招得起来的,只要那边还稳定。"

"你以为那边能闹起来吗?"

"这怎么能知道呢?"拉古京摸了摸稀稀拉拉的下巴胡子,又用微微的埋怨腔调说:

"咱们来晚啦……菲道尔,我怕咱们完不成任务啦。军官们在那边已经有不小的影响。早点儿抓紧才是。"

"这已经抓得够紧的啦。你不要怕!咱们可不能害怕。"波得捷尔柯夫的目光严峻起来。"咱们是领导人,怎么能害怕呢?能完成任务!能冲过去!两个星期以后,就能去打白军和德国人啦!叫他们滚蛋,把他们从顿河土地上赶出去!"他沉默了一会儿,下劲儿抽完了一根烟,这才说出埋藏在心底的想法:"咱们恐怕是来晚啦!那咱们就完啦,顿河苏维埃政权也完啦。噢嘿,可别晚了啊!万一军官发动的叛乱赶在咱们前面波及到那里,就全完啦!"

第二天薄暮时候,工作队进入克拉斯诺库特乡。还没有走到阿列克塞耶夫村,跟拉古京和克里沃什雷科夫同坐在前面一辆大车上的波得捷尔柯夫就看见草原上有一群放牧的牲口。

“咱们来问问放牲口的人。”他对拉古京说。

“你们去问问吧。”克里沃什雷科夫表示赞成。

拉古京和波得捷尔柯夫跳下车，朝牲口群走去。洒满阳光的牧场上，褐色的草闪闪发光。草很矮，被牲口踩得乱糟糟的，只有路边的山芥菜开着一小簇一小簇黄黄的花儿，再就是十分茂盛的燕麦草像毛刷子一样沙沙响着。波得捷尔柯夫在手心里揉着一棵老蒿的头儿，闻着老蒿那冲鼻子的苦味儿，走到牧人跟前。

“你好啊，老大爷！”

“托福托福。”

“你在放牲口吗？”

“嗯，放牲口。”

老头子皱着眉头，眼睛从乱蓬蓬的白眉毛底下朝外望着，摇晃着鞭子。

“怎么样，日子过得好吗？”波得捷尔柯夫问了一个很普通的问题。

“还好，靠上天保佑。”

“你们这儿有什么新闻吗？”

“什么新闻也没听到。你们是干什么的？”

“我们是当兵的，现在是回家去。”

“你们是哪儿人？”

“我们是霍派尔河口乡的。”

“那个波得捷尔柯夫不在你们这里面吧？”

“在我们里面。”

老牧人显然害怕起来,脸一下子白了。

“你怎么害怕啦,老大爷?”

“怎么能不怕呢,老乡? 听说你们要把正教徒全杀光嘛。”

“胡说! 这是谁散布这样的谣言?”

“前天村长在大会上说的。也不知道他是听说的,还是收到了什么公文,说是波得捷尔柯夫率领着加尔梅克人要来了,要把人全都杀光。”

“你们这儿已经有了村长啦?”拉古京瞥了波得捷尔柯夫一眼。

波得捷尔柯夫用黄黄的尖牙使劲咬着一根草棍儿。

“前几天选出的村长。苏维埃关门啦。”

拉古京还想再问问,但是旁边有一头老大的白头顶公牛朝一头母牛身上一跳,压到母牛身上。

“该死的东西,要压坏的!”老牧人吆喝了一声,便朝牛群奔去,那股麻利劲儿简直不像个老头子,一面跑还一面吆喝:“娜斯嘉的母牛啊! ……要压坏的! ……白头顶,往哪儿爬?! ……你往哪儿爬?! ……”

波得捷尔柯夫甩开两条胳膊,朝大车走去。细心地拉古京站了下来,很不放心地看着瘦弱的母牛已经被公牛压得趴到地上,这时候不由得想道:“会压坏的,已经压得够呛啦! 这该死的鬼东西!”

等他看出母牛的脊梁骨在公牛身子底下依然安然无恙,这才朝大车走去。“我们怎么办呢? 当真顿河对岸已经是乡村长当家了吗?”他在心里向自己提出了这个问题。但是他的注意力又有一会儿被站在路旁的一头漂亮的种牛吸引住了。那种牛在闻一头大屁股的黑母牛，不住地摇摆着额头很宽的脑袋。那胸前的垂肉一直耷拉到膝盖，身子长长的，直得像弦一样，又结实，又强壮。四条矮粗的腿就像是栽在地上的四根柱子。拉古京不觉欣赏起这头良种公牛，用眼睛亲切地打量着那带白斑的一身红毛，从他那乱纷纷的一大堆惶惶不安地想法中钻出一个想法："这样的牛能弄到我们镇上去就太好啦。我们那儿种牛太少啦。"这个想法闪了一闪，一下子就过去了。等他朝大车跟前走，看到哥萨克们那一张张发愁的脸，就考虑起现在该走的路线。

* * *

打摆子打得够呛的克里沃什雷科夫——他又是幻想家和诗人——对波得捷尔柯夫说：

"咱们躲反革命的浪头，一心想跑到这股浪头前头去，可是这浪头已经涌到咱们前头啦。看样子，赶不上啦。跑得太快啦，快得就像往低处涌的浪涛。"

在五人小组的成员当中，好像只有波得捷尔柯夫考虑到目前环境的全部复杂性。他坐在车上，身子向前倾着，一个劲儿地催赶车的：

"赶快点儿！"

后面几辆大车上唱起歌来，接着又不唱了。一阵阵哄笑声和叫闹声从后面传来，盖过了车轮的咯吱声。

老牧人报告的情况得到了证实。工作队在路上遇到一个上过前方的哥萨克，他和妻子一同坐车上司维契尼科夫村去。他戴着肩章和帽徽。波得捷尔柯夫向他打听了一下情况之后,脸色更阴沉了。

过了阿列克塞耶夫村,下起雨来。天空黑沉沉的。只有东边黑云缝隙里露出一小块被斜阳映照得十分明亮的蓝湛湛的天。

工作队正要下一座山冈,往塔甫里亚人住的鲁巴什金村里走,这个村子里就有很多人朝相反的方向跑去,有几辆大车也飞跑起来。

“在逃跑呢。怕咱们呢……”拉古京泄气地说,一面打量着其余的人。

波得捷尔柯夫喊道:

“叫他们回来!大声喊他们嘛,妈的!”

哥萨克们赶着大车朝前奔去,挥舞起帽子。有的哥萨克高声喊了起来:

“喂——咦!……你们往哪儿去?等一等!……”

工作队的车辆飞快地进了村子。风在宽阔的、空旷无人的街道上打着转转儿。在一家院子里,有一个乌克兰老妇人一面吆喝,一面往大车上扔枕头。她的丈夫光着脚,光着头,拉着马笼头。

来到鲁巴什金村才知道,波得捷尔柯夫派出来打前站的人被哥萨克的侦察队俘虏了去,带到山后面去了。显然,哥萨克的队伍就在不远的地方。大家开了个很短的会议,决定往回走。波得捷尔柯夫起初主张往前进,后来也动摇起来。

克里沃什雷科夫没有说话,他的摆子又发作起来了。

“也许,咱们还可以往前走吧?”波得捷尔柯夫向参加会议的彭楚克问道。

彭楚克带着无所谓的表情耸了耸肩膀。对于他来说，反正都是一样：不论往前走，往后走，只要是走，只要能躲开紧紧跟定了他的苦恼就行。波得捷尔柯夫在大车旁边来回踱着，讲起了往大熊河河口方面去的好处。可是一个哥萨克宣传员猛然打断了他的话：

“你简直疯啦！你领着我们上哪儿去？要把我们领到反革命分子那儿去吗？老兄，你别开玩笑啦！往回走吧！我们不想去送死！那是什么？你看见吗？”他朝山冈上指了指。

大家都回过头去，只见山冈上清清楚楚地出现了三个骑马人的身影。

“是他们的侦察兵！”拉古京叫道。

“瞧，还有哩！”

许多骑马的人在冈头上晃动起来。他们集结成一伙一伙的，又分散开去，消失在冈头那边，一会儿又重新出现。波得捷尔柯夫下令往回走。穿过阿列克塞耶夫村。村里的老百姓显然都受到哥萨克的警告，一看见工作队的车辆来了，就纷纷躲藏和逃跑。

天色渐渐黑了下来。飘洒着连绵不断的、细细的冷雨。大家身上都湿透了，打着哆嗦，都在大车两边走着，端着步枪准备着。这条道路绕过一道长长的山坡，伸进一片洼地，穿过洼地，弯弯曲曲地向山冈上爬去。哥萨克的侦察兵在冈头上时隐时现。他们远远地跟踪着工作队，使大家的已经够紧张的情绪更加紧张。

在一道横切洼地的山沟旁边，波得捷尔柯夫从大车上跳下来，简短地对其余的人命令说：“做好准备！”他打开自己的骑兵卡宾枪上的保险机，跟着大车向前走去。山沟里有一道小土堤，留住一池蓝蓝的春水。池塘旁边的淤泥地上，到处是前来喝水的牲口的蹄印子。塌了不少豁口的土堤顶上长满荒草和野牵牛花，下面靠近水的地方，有干枯的芦苇，还有尖叶子的小榛树被雨点打得沙沙直响。波得捷尔柯夫预料这地方有哥萨克的埋伏，但是派到前面去的侦察小组连一个人都没有发现。

“菲道尔，你现在用不着提防。”克里沃什雷科夫把波得捷尔柯夫叫到大车跟前，小声说。“现在他们不会来打的。夜里才会来。”

“我也是这样想。”

二十八

西边的黑云越来越浓，天色越来越黑。远处，顿河沿岸一带，闪电曲曲折折地来回飞驰着，橙黄色的闪光抖来抖去，就像一只受伤的大鸟胡乱扑打翅膀。河那边有一片晚霞，被乌云的边儿一遮，也晦暗下来。草原就像一个盛满了寂静的大碗，一条条山沟里还保留着白昼的暗淡的反光。这天黄昏不知为什么有点儿像秋天。就连那些还没有开过花儿的野花野草，都散发着一种无法形容的腐烂气息。

波得捷尔柯夫一面走，一面闻着被打湿的野草那多种多样、难以分辨的气息。有时候他站下来，刮一刮粘在鞋后跟上的泥巴；然后直起身来，疲惫而吃力地拖着自己的笨重身子往前走，敞着的上衣那湿透了的光皮子咯吱咯吱地响着。

来到波里亚柯沃纳郭林乡的卡拉什尼柯夫村，已经是夜里了。护送队的哥萨克们离开大车，分散到老百姓家去住宿。十分生气的波得捷尔柯夫命令派人放哨，但是哥萨克们来集合都很勉强。有三个人拒绝出去放哨。

“组织同志审判会审判他们！不服从战斗命令，枪毙！”克里沃什雷科夫气愤地说。

提心吊胆的波得捷尔柯夫很难受地摆了摆手，说：

“在路上就垮啦，他们是不会保护咱们的。咱们完啦，米沙！……”

拉古京好不容易集合起几个人，派到村外去放哨。

“弟兄们，不要睡！要是睡着了，人家就把咱们一个个都活捉啦！”波得捷尔柯夫到各家去走走，提醒那些跟他接近的哥萨克说。

他在桌子旁边坐了整整一夜，用手托着脑袋，很费劲儿地、呼哧呼哧地叹着气。快到黎明时候，他把老大的脑袋放到桌子上，刚刚蒙眬入睡，但是罗别尔特·福拉申布鲁德尔从旁边一家院子里走来，马上就把他唤醒了。大家就开始准备出发。天已经亮了。波得捷尔柯夫从屋子里走出来。他在过道里碰到挤完牛奶回来的女房东。

“冈头上有马队来啦。”她很平淡地说。

“在哪儿？”

“瞧，就在村子外面。”

波得捷尔柯夫跑到院子里一看：村子上空和村边柳丛之上，笼罩着一片白茫茫的雾气，透过雾气，可以看见冈头上黑压压的哥萨克队伍。他们放开马大跑一阵,又小跑一阵,把村子团团围住,包围圈越拉越紧。

过了一小会儿,护送队的哥萨克们纷纷拥进波得捷尔柯夫住的这一家的院子,拥到他的大车跟前。

米古林乡的一个身体结实的长头发哥萨克瓦西里·米洛什尼柯夫来到跟前。他把波得捷尔柯夫叫到一边,垂着眼睛说:

“波得捷尔柯夫同志,是这样……他们刚才来了几个代表,”他朝山冈那边指了指:“他们要我转告你,要咱们马上放下武器,投降。不然的话,他们就发起进攻啦。”

“你!……狗崽子!……你对我说的是什么?”波得捷尔柯夫抓住米洛什尼柯夫的军大衣领子,一把将他推开,便朝大车跟前跑去;抓起步枪,用粗大的嗓门儿对着哥萨克们声嘶力竭地喊叫道:

“投降?……跟反革命分子有什么好说的?咱们和他们拼了!跟我来!成散兵线!”

大家纷纷拥出院子,成群地朝村边跑去。五人小组的成员穆雷恒在村边几户人家门前追上了气喘吁吁的波得捷尔柯夫。

“真丑啊,波得捷尔柯夫!咱们去跟自家的弟兄拼命吗?算了吧!想办法讲和吧!”

波得捷尔柯夫看到护送队的哥萨克只有一小部分跟着他,他清醒地估计到,一打起来,必然惨败,于是一声不响地抽下枪栓,无精打采地挥了一下军帽,说:

“弟兄们,停止!向后转,回村子里去……”

大家都转了回来。全部护送队都集中在三个邻近的院子里。

不久，一部分哥萨克就进了村子。山冈上又下来一队有四十多人的骑兵。

波得捷尔柯夫应米留金村几个老头子的邀请，到村外去谈判投降的条件，敌人包围村庄的主力没有离开阵地。彭楚克在胡同口追上了波得捷尔柯夫，拦住他，问：

“咱们要投降吗？”

“咱们力量不行啊……怎么办？你说，有什么办法呢？”

“你想找死吗？”彭楚克全身哆嗦起来。

他也不理会那几个陪着波得捷尔柯夫的老头子，用高亢的、变了音的沙嗓子叫道：

“你告诉他们，我们不能交出武器！……”他猛然转过身，摇晃着握在手里的手枪，就往后走。

他回来，本来想说服哥萨克们往外冲，边打边走，冲到铁路线上去，可是大多数人都一心盼着讲和。有一些人不理睬彭楚克，还有一些人怀着敌意说：

“你这个阿尼卡[①]，你去打吧，我们可是不和亲弟兄打仗！”

“我们就是没有武器，也能信得过他们。”

“圣复活节到啦，我们还要流血吗？”

彭楚克走到停在仓房边的自己的大车跟前，把军大衣摔到大车底下，躺了下来，手里还握着带凸纹的手枪把子。起初他想逃跑，可是他很憎恶偷着走，很憎恶开小差，于是他打消了这个念头，决定等候波得捷尔柯夫回来。

---

①阿尼卡：俄罗斯古代民间诗歌中的英雄，自不量力，向死神挑战，结果自取灭亡。

波得捷尔柯夫过了三个多钟头才回来。敌方有一大群哥萨克跟着他进了村子,有的骑着马,有的牵着马,其余的干脆就步行,簇拥着波得捷尔柯夫和司皮里道诺夫上尉。司皮里道诺夫和波得捷尔柯夫在炮兵连同过事,现在是他率领着这支凑集起来的队伍,来逮捕波得捷尔柯夫的工作队。波得捷尔柯夫把头抬得高高的,笔直地、很费劲地朝前走着,好像是一个喝醉了酒的人。司皮里道诺夫阴险地微微笑着,不知对他在说什么。他身后有一个骑马的哥萨克,胸前抱着一根仓促刨成的旗杆,旗杆上挂着一面大白旗。

工作队停放车辆的街道上和院子里,挤满了进村来的哥萨克。一下子就热闹起来。进村来的哥萨克当中有许多人和波得捷尔柯夫的队伍里的哥萨克同过事。到处是高高兴兴的呼唤声和笑声。

"哎呀,老同学,哪一阵风把你刮来啦?"

"噢呀！你好,你好呀,普罗霍尔！"

"托福托福。"

"咱们差一点儿打起仗来。你还记得,咱们在里沃夫打奥地利人那一回吗?"

"好兄弟,丹尼罗！好兄弟！耶稣复活啦！"

"真是复活啦！"传来很响的亲嘴声:两个哥萨克捋着胡子笑着,你看着我,我看着你,互相拍着肩膀。

旁边是另外一番谈话:

"我们还没有开斋呢……"

"你们是布尔什维克,还有什么开斋不开斋?"

“这不相干，布尔什维克是布尔什维克，可是我们还是信仰上帝。”

“噢！你是扯谎吧？”

“全是实话！”

“你还戴着十字架吗？”

“让你瞧瞧看。”于是一个大脸膛的强壮的哥萨克红军战士翘着嘴巴，解开军便服的领子，把挂在红铜色的毛烘烘的胸膛上的一个发了绿的铜十字架掏了出来。

逮捕“反贼波得捷尔柯夫”的队伍里那些手执叉子和斧头的老头子，都惊愕地你看看我，我看看你，说：

“都说，你们好像不信耶稣教了嘛。”

“好像你们都投靠魔鬼了嘛……”

“听说你们好像还要抢教堂、杀神甫呢。”

“全是胡说！”大脸膛的红军战士理直气壮地驳斥说。“你们听到的全是谣言。我在离开罗斯托夫以前，还上过教堂，领过圣餐呢！”

“真没想到！”一个手执杆子锯掉了一半的短矛的瘦弱的小老头子高兴得拍起手来。

街道上和院子里一片热热闹闹的说话声。但是过了半个钟头，有几个哥萨克，其中有一个是博柯夫乡的乡长，推开紧紧挤成一堆的人群，顺着街道向前走去。

“凡是波得捷尔柯夫队伍的人，请集合起来点名！”他们喊叫道。

司皮里道诺夫上尉身穿草绿色衬衣，戴着绿色肩章；他摘下钉着雪白锃亮的军官帽徽的制帽，向四面转动着身子，喊叫道：

“凡是波得捷尔柯夫队伍里的人，都到左边篱笆跟前去！其余的人都到右边！我们这些和你们一同上过前线的弟兄们，已经和你们的代表商定，你们要把所有的武器都交给我们，因为老百姓害怕你们带着武器。请你们把步枪和其他的武器都放到你们的大车上，我们要把这些武器一起保存起来。我们把你们的队伍送到克拉司诺库特去，你们到那儿的苏维埃去领回你们的全部武器。”

哥萨克红军战士当中掀起一阵低声的抗议浪潮。从一个院子里传出几声喊叫。库穆沙特乡的哥萨克柯洛特柯夫喊道：

“我们不能缴枪！”

挤满了人的街道上和院子里又是一阵低低的、疾风骤雨般的嘈杂声。

进村来的哥萨克一齐拥到了右边，于是街心里就剩下了波得捷尔柯夫队伍里的红军战士，一小堆一小堆的，就像被打碎了、拆散了似的。克里沃什雷科夫披着军大衣，惶恐地四面张望着。拉古京撇着嘴。人群中发出一片大惑不解的议论声。

下定决心不缴武器的彭楚克，端着步枪，快步走到波得捷尔柯夫跟前。

“武器不能交！你听见吗?!”

“现在晚啦……”波得捷尔柯夫手里慌乱地揉着一张队伍的名单，小声说。

名单转到了司皮里道诺夫手里。司皮里道诺夫匆匆地把名单看了一遍，问道：

“这名单上是一百二十八人嘛……还有一些人哪儿去了？”

“在路上掉队啦。”

“噢，原来是这样……那好吧。你下命令，让大家解下武器。”

波得捷尔柯夫带头解下装在枪套里的手枪；他在缴出手枪的时候，含含糊糊地说：

“我的马刀和步枪在大车上。”

开始解除武装了。红军战士们无精打采地解下武器，隔着篱笆把手枪扔到院子里，院子里的人走来走去，找地方隐藏武器。

“凡是不缴武器的，我们都要搜查！”司皮里道诺夫开心地咧大了嘴巴笑着，喊叫道。

彭楚克率领的一部分红军拒绝缴枪；用武力解除了他们的武装。

一名机枪手带着机枪闭锁机从村子里跑了出去，引起一阵慌乱。有几个人利用混乱的机会，躲藏起来。但是司皮里道诺夫马上分拨出一支押送队，把波得捷尔柯夫和他身边留下的人全部包围起来，搜查了一遍，又想点名。被俘的人都不愿意回答，有几个人还喊叫起来：

“点什么名，都在这儿啦！”

“把我们送到克拉司诺库特去好啦！”

“弟兄们！别啰唆啦！”

司皮里道诺夫把钱箱子封起来，派出一支强大的护送队送往卡耳根镇之后，就叫被俘的人排好队，马上改变了口气和态度，命令道：

“成两路纵队！向左——转！左转弯，开步走！不准说话！”

一阵怨恨的嘟哝声在红军行列中滚过。大家很不整齐地、慢慢地朝前走去，过了一会儿队伍就乱了，变成一堆一堆的了。

波得捷尔柯夫终于说服自己的部下缴出武器之后，大概还指望会有什么幸运的结局。但是被俘的人刚刚出了村子，押送他们的哥萨克就用马冲撞尽边上的一些人。彭楚克走在左边尽边上，有一个哥萨克老头子，生着一部火红的大胡子，耳朵上戴着一只旧得发了黑的耳环，无缘无故地抽了他一鞭子。鞭梢在彭楚克的脸上抽出一道血印子。彭楚克握紧拳头，转过身去，但是接着又是更厉害的一鞭，他只得退到人群深处。他受着自卫本能的驱使，不由自主地这样做了，他由密密层层的同志们的身体簇拥着往前走，并且在安娜死后第一次撇着嘴神经质地笑了笑，因为他觉得每个人的生存欲望都是这样强烈、这样顽强，心中暗暗称奇。

开始殴打被俘的人了。老头子们一看见这些敌人没有了武器，便兽性大发，骑着马朝他们冲来，在马上探着身子，用鞭子抽，用刀背砍。每一个挨打的人都不由自主地想朝人群中间挤；大家拥来挤去，一片喊叫声。

顿河下游的一个高大而威武的红军战士举起双手摇晃着，高声喊道：

“要杀，干脆就杀好啦！……你们干什么要侮辱人？”

“你们为什么不守信用？”克里沃什雷科夫叫道。

老头子们住了手。一个俘虏问：“你们要把我们送到哪儿去？”一个年轻的押送兵，看样子是同情布尔什维克的，小声回答说：

“有命令：把你们送到波诺马廖夫村。弟兄们，你们别害怕！

我们一点也不会难为你们。”

来到了波诺马廖夫村。

司皮里道诺夫带着两个哥萨克，站在一家小杂货店门口；他叫俘虏一个一个地往里走，他一个一个地问：

“姓什么？叫什么？哪儿人？”他一一记到一本油污的战地笔记本上。

轮到彭楚克了。

“姓什么？”司皮里道诺夫把铅笔尖放在纸上，朝这个红军战士那阴沉的、额头很宽的脸上扫了一眼，看到这个人的嘴咕咕哝哝要吐痰，便把整个身子朝旁边一闪，喝道：“进去吧，坏蛋！不报姓名也要死！”

唐波夫人伊格纳特也学彭楚克的样儿，没有回答。还有一个人也想做无名死者，一声不响地跨进门去……

司皮里道诺夫亲自上了锁，派了看押的人。

许多人还在小铺旁边分配从工作队大车上缴来的物品和武器，参加逮捕波得捷尔柯夫的村庄的代表就匆匆忙忙地组成了军事法庭，并且在附近一座房子里开起会来。

担任法庭庭长的是博柯夫乡人瓦西里·波波夫，是一个矮墩墩的、黄眉毛的大尉。他把制帽推到扁平的后脑勺上，两个胳膊肘宽宽地撑在桌子上，坐在一面蒙着手巾的大镜子下面。他那两只温和中带严厉的油亮的眼睛用探询的神情打量着一张张法庭委员们的脸。大家正在讨论惩治的办法。

“诸位老人家，咱们对他们怎样处置呢？”波波夫又把问题重复了一遍。

他歪过身子，小声对坐在他身边的谢宁上尉说了几句话。谢宁上尉连忙点头，表示赞成。波波夫的两个瞳仁缩得细细的，眼角上的快活的光芒消失了，两只变了样子的、闪着严峻的冷光的眼睛被稀稀的睫毛微微遮了起来。

“这些背弃家乡的反贼，他们到处抢劫，杀害哥萨克，咱们怎样处置他们？”

米留金镇上一个信仰旧教的老头子菲甫拉廖夫，好像被弹簧弹起来似的，一下子跳了起来。

“枪毙！全部枪毙！”他像个疯子一样摇晃起脑袋；他用凶狠的斜眼睛四面望着，嘴里冒着唾沫，大叫起来：“对他们这些出卖耶稣的叛贼，不能饶恕！是罪大恶极的犹大，就该杀！……该杀！……把他们钉到十字架上！……把他们烧死！……”

他那稀稀拉拉的、一根一根的下巴胡哆嗦着，白中带红的头发披散开来。他气喘吁吁地坐下去，脸像砖一样红，嘴上还带着唾沫。

“把他们流放吧。行吗？……”一个法庭委员贾勤科用犹豫不决的口气提了一个建议。

“枪毙！”

“处死刑！”

“我赞成他们的意见！”

“斩首示众！”

“把杂草从田里除掉！”

“把他们处死！”

“当然要枪毙！还有什么好说的？”司皮里道诺夫愤慨地说。

每喊叫一声，波波夫大尉嘴角上的线条就变粗硬一点，渐渐失去他这个保养得很好、对自己和环境十分满意的人刚才那种温和的表情，嘴角耷拉下来，变成两条像石头一样僵硬的曲线。

“枪毙！……记下来！……”他隔着肩膀看着书记官，吩咐道。

“可是，波得捷尔柯夫和克里沃什雷科夫……这样的敌人，也枪毙吗？……太便宜他们啦！”一个很健壮的老哥萨克，坐在窗户跟前，不住地拨着奄奄一息的油灯芯子，气呼呼地叫道。

“把他们这两个罪魁祸首绞死！”波波夫干脆利落地回答说，又对书记官吩咐说：“记上：‘判决书’。我们这些签字人……”

书记官也姓波波夫，是波波夫大尉的一个远房的同族人，他低着梳得光光的、淡黄色头发的头，用钢笔沙沙地写着。

“煤油恐怕不够啦……”有人很遗憾地叹了一口气。

煤油灯眨巴了几下眼睛，灯芯冒起烟来。在一片静寂中，天花板上有一只缠在蜘蛛网上的苍蝇嗡嗡叫着，钢笔在纸上沙沙响着，再就是有一位法庭委员呼噜呼噜地打起鼾来。

判决书

一九一八年四月二十七日（五月十日）由卡耳根、博柯夫和克拉司诺库特乡各村选出的下列人员

瓦西列夫村	马克萨耶夫·司捷潘
博柯夫村	克鲁日林·尼古拉
佛明村	库莫夫·菲道尔
上亚布洛诺夫村	库霍亭·亚力山大

下杜连村	西涅夫·列夫
伊林村	伏洛茨柯夫·谢苗
康柯夫村	波波夫·米海依尔
上杜连村	罗丁·亚可夫
萨沃斯济扬诺夫村	福罗洛夫·亚力山大
米留金镇	菲甫拉廖夫·马克西姆
尼古拉耶夫村	格洛舍夫·米海依尔
克拉司诺库特镇	叶兰金·伊里亚
波诺马廖夫村	贾勤科·伊万
叶甫兰济耶夫村	克里沃夫·尼古拉
马拉霍夫村	叶麦里扬诺夫·卢加
新捷穆采夫村	柯诺瓦洛夫·马特维
波波夫村	波波夫·米海依尔
阿司塔霍夫村	舍郭里柯夫·瓦西里
奥尔罗夫村	契库诺夫·菲道尔
克里姆一菲道罗夫村	楚加林·菲道尔

在瓦·斯·波波夫主持下

判决如下：

一、下列名单中所有与劳动人民为敌的反贼和蛊惑人心的歹徒，共计八十名，均判处枪决，但其中的二名——波得捷尔柯夫和克里沃什雷科夫，系这一团伙的首要分子——应判处绞刑。

二、对米海洛夫村的哥萨克安东·卡里特文曹夫，因罪证不足，宣告无罪。

三、由波得捷尔柯夫的队伍里逃出而在克拉司诺库特乡就擒的人员：康斯坦丁·梅里尼柯夫、加甫里尔·第里尼柯夫、瓦西里·梅里尼柯夫、阿克肖诺夫和维尔希宁——均依照本判决的第一条判刑（死刑）。

四、死刑定于明日，即四月二十八日（五月十一日），上午六时执行。

五、派谢宁上尉负责看守在押犯人，今晚十一时以前，每村各派两名带枪的哥萨克听候其调遣；如不执行本条款，由法庭委员负责；对看押人员的处分，由各村决定；每村派五名哥萨克到刑场执行判决。

判决书原本签字：

军事法庭庭长瓦·斯·波波夫

一九一八年旧历四月二十七日由军事法庭判决死刑的波得捷尔柯夫队伍的人员名单如下：

号数	籍贯	姓名	判决
1	霍派尔河河口乡	菲·波得捷尔柯夫	绞首
2	叶兰乡	米·克里沃什雷科夫	绞首
3	嘉桑乡	阿·卡库林	枪决
4	布堪诺夫乡	伊·拉古京	枪决
5	尼日戈罗得市	阿·伊·奥尔诺夫	枪决
6	尼日戈罗得市	叶·米·瓦霍捷里	枪决
7	贝斯特良河河口乡	格·菲济索夫	枪决
8	米古林乡	加·特卡乔夫	枪决
9	米古林乡	巴·阿加丰诺夫	枪决

10	米海洛夫乡	亚•布勃诺夫	枪决
11	卢干乡	加里宁	枪决
12	米古林乡	康•穆雷恒	枪决
13	米古林乡	安•康诺瓦罗夫	枪决
14	波尔塔瓦市	康•基尔斯塔	枪决
15	柯托夫乡	巴•波兹尼亚科夫	枪决
16	米古林乡	伊•包尔德列夫	枪决
17	米古林乡	季•柯雷乔夫	枪决
18	菲立姆-契里亚宾乡	德•伏洛达罗夫	枪决
19	契尔尼舍夫乡	盖•加尔普申	枪决
20	菲立姆-契里亚宾乡	伊•加尔梅柯夫	枪决
21	米古林乡	萨•雷布尼柯夫	枪决
22	米古林乡	波•古罗夫	枪决
23	米古林乡	伊•捷穆里亚科夫	枪决
24	米古林乡	伊•克拉甫曹夫	枪决
25	罗斯托夫市	尼•福罗洛甫斯基	枪决
26	罗斯托夫市	亚•康诺瓦罗夫	枪决
27	米古林乡	彼•魏霍良采夫	枪决
28	科列茨乡	伊•左托夫	枪决
29	米古林乡	叶•巴布肯	枪决
30	米海洛夫乡	彼•斯文曹夫	枪决
31	道布林乡	伊•契洛毕特契科夫	枪决
32	嘉桑乡	克•德罗诺夫	枪决
33	伊罗福林乡	伊•阿维罗夫	枪决

34	嘉桑乡	马•萨克玛托夫	枪决
35	下库尔莫亚尔乡	盖•普布柯夫	枪决
36	捷尔诺夫乡	米•菲甫拉廖夫	枪决
37	赫尔松市	瓦•潘捷莱伊曼诺夫	枪决
38	嘉桑乡	波•留布欣	枪决
39	科列茨乡	德•沙莫夫	枪决
40	菲洛诺夫乡	萨•沙洛诺夫	枪决
41	米古林乡	伊•古巴列夫	枪决
42	米古林乡	菲•阿巴库莫夫	枪决
43	卢干乡	库•戈尔什柯夫	枪决
44	宫陀洛夫乡	伊•伊兹瓦林	枪决
45	宫陀洛夫乡	米•卡里诺甫采夫	枪决
46	米海洛夫乡	伊•法拉丰诺夫	枪决
47	柯托夫乡	谢•戈尔布诺夫	枪决
48	下旗尔乡	彼•阿拉耶夫	枪决
49	米古林乡	普•奥尔洛夫	枪决
50	卢干乡	尼•舍因	枪决
51	PПТК技师镇	亚•雅辛斯基	枪决
52	罗斯托夫市	米•波里亚科夫	枪决
53	拉兹道尔乡	德•罗加乔夫	枪决
54	罗斯托夫市	罗•福拉申布鲁杰尔	枪决
55	罗斯托夫市	伊•西林杰尔	枪决
56	萨马拉市	康•叶菲摩夫	枪决
57	车尔尼雪夫乡	米•奥甫琴尼柯夫	枪决

58	萨马拉市	伊•皮卡洛夫	枪决
59	伊罗福林乡	米•考列茨柯夫	枪决
60	库穆沙特乡	伊•柯洛特柯夫	枪决
61	罗斯托夫市	彼•毕留柯夫	枪决
62	拉兹道尔乡	新区伊•卡巴柯夫	枪决
63	卢柯夫乡	季•莫里特维诺夫	枪决
64	米古林乡	安•什维曹夫	枪决
65	米古林乡	司•阿尼金	枪决
66	克列敏乡	库•德契金	枪决
67	巴克拉诺夫乡	彼•卡巴诺夫	枪决
68	米海洛夫乡	谢•谢里万诺夫	枪决
69	罗斯托夫市	阿•伊万琴柯	枪决
70	米古林乡	尼•柯诺瓦洛夫	枪决
71	米海洛夫乡	德•柯诺瓦洛夫	枪决
72	克拉司诺库特乡	彼•雷西柯夫	枪决
73	米古林乡	瓦•米洛什尼柯夫	枪决
74	米古林乡	伊•沃洛霍夫	枪决
75	米古林乡	亚•戈尔杰耶夫	枪决

另外有三个人不肯供出自己的姓名。

书记官抄完了被告人的名单，在判决书后面点了一个大冒号，把钢笔递给旁边一个人，说：

“请签名！”

新捷穆采夫村的代表柯诺瓦洛夫，穿着灰色德国呢子的礼服上衣，领子上还有一条大红翻领，他不好意思地笑着，俯到纸上。

他那生满茧子的粗粗的黑手指头硬僵僵地攥住了到处是牙印子的学生钢笔。

“我可是不大会写字……”他说着，就很费劲儿地写起了开头的“柯”字。

接着签字的是罗丁，也是那样死死地攥住钢笔，急得皱起眉头，浑身冒汗。还有一个人，一拿起钢笔，手就哆嗦起来，他匆匆忙忙地签完了，这才把签字时吐出来的舌头缩回去。波波夫十分潇洒地签上了自己的姓名，最后一个字母还带出一道花笔，签完了，他一面用手绢擦着脸上的汗，站了起来。

“要把名单附在判决书上。”他打着哈欠说。

“卡列金在阴间里要感谢咱们的。”谢宁看着书记官把墨水未干的签字名单按到石灰墙上，很轻微地笑了笑，说。

他说过这样一句笑话，不知为什么没有人搭腔。大家都一声不响地走出去。

“耶稣保佑吧……”有一个人往外走着，在黑洞洞的过道里叹了一口气。

二十九

这一夜，淡黄色的星星向夜空洒遍了乳白色的亮光，在挤满了人的小杂货铺里，几乎没有人睡觉。简短的谈话声也听不见了。又闷，又提心吊胆，憋得人喘不过气来。

天一黑，就有一个红军战士要求到外面去：

“同志，开一下门！我要解手！……”

他穿的厚棉布衬衣从裤腰里挣了出来，头发乱蓬蓬的，光着脚站着，他把黑乎乎的脸贴到锁眼儿上，又喊道：

“开一下门嘛，同志！”

“狼才是你的同志哩。”终于有一个看押的哥萨克答话了。

“开一下门吧，老哥！”请求外出的人改变了称呼。

那个哥萨克放下步枪，听了听夜里出来打食儿的野鸭子在黑暗中扇动翅膀的声音，把烟卷头儿抽完了，这才把嘴唇凑到锁眼儿上，说：

“就往裤子里撒吧，老弟。反正就是一夜，裤子又泡不坏，等天亮了，就穿着湿裤子上西天好啦……”

“咱们完啦！……”红军战士从门口朝后退了几步，绝望地说。

大家肩靠肩地坐着。波得捷尔柯夫坐在角落里，掏出口袋里的钞票，撕得粉碎，一面小声嘟哝着，骂着娘。撕完了钞票，又脱下鞋袜，推了推躺在旁边的克里沃什雷科夫的肩膀说：

“很清楚，咱们上当啦。受骗啦！他妈的！……可恼呀，米海依尔！我小时候，常常带着我爹的猎枪到顿河对岸去打野物，到树林子里去，树林子就像一顶老大的绿帐篷……往河汊那边去，河汊里落着野鸭子。有时候枪打空了，我就十分懊恼，简直想哭出来。现在我也是十分懊恼，因为我又打空了，失算了：如果早三天从罗斯托夫出来，那就不会在这里送命啦。那咱们可以把所有的反革命分子都打得人仰马翻！”

克里沃什雷科夫很痛苦地龇着牙齿，在黑暗中笑着说：

“去他妈的，就让他们杀好啦！眼下死并不可怕……‘怕只怕，到阴司，咱们互不相识……'咱们到了阴司里，菲道尔，彼此就成了生人啦……可怕呀！”

“算了吧！”波得捷尔柯夫把一双滚热的大手放到克里沃什雷科夫的肩膀上，十分懊恼地、瓮声瓮气地说。“问题不在这里呀……”

拉古京在对别人讲自己村子里的事，还说，因为自己的头很长，爷爷叫他“楔子”，有一次他去偷人家的瓜，爷爷还用鞭子抽他。

这天夜里的谈话是各种各样的，既没有头绪，又不连贯。

彭楚克坐在门口，用嘴贪婪地吸着从门缝儿里透进来的微风。他回想着过去，有一小会儿想起母亲，他就像叫一根烧红的针扎了一下似的，便赶紧驱赶开想母亲的念头，转而去想安娜，去想不久以前过的日子……这使他感到心平气和，感到十分幸福和轻松。他最不害怕死。他不像过去那样，一想到这条命就要完了，就感到有一股莫名其妙的、使人非常难受的冷气从脊梁骨上通过。他准备死，就像走过了一段艰难困苦的路程之后，非常疲乏，浑身酸痛，再也鼓不起劲儿来，正准备做一次很不快活的休息似的。

在离他不远的地方，有人愉快地、也伤感地谈着女人和爱情，谈着爱情带给每个人的大大小小的欢娱。

有人谈起家庭，谈到家里人，谈到亲戚朋友……还谈到今年的庄稼长得很好：白嘴鸦藏到小麦地里，已经看不见了。抱怨没有酒喝，又抱怨失去了自由，骂波得捷尔柯夫。但是睡意用黑色的翅膀蒙住了很多人，这些身体和精神上都疲倦不堪的人渐渐蒙眬入睡了，有躺着的，有坐着的，有站着的。

天快亮的时候，有一个人，不知是醒着，还是在睡梦中，放声大哭起来；过了童年便忘记了眼泪咸味的老大的成年男子，哭起来是十分可怕的。睡眠时的寂静一下子就惊破了，有几个人同时喊叫起来：

“别哭啦，该死的！”

“简直成了老娘儿们啦！”

“敲掉你的牙，别——哭——啦！”

“娶了老婆的人，都抹起眼泪啦！……”

“大家都在睡觉，可是他……真不害臊！”

那个哭的人，抽搭着，擤着鼻涕，不哭了。

又完全静了下来。烟卷儿在各个角落里一闪一闪的，但是谁都没有说话。可以闻到男人的汗味、挤成堆的健壮的身体气味、纸烟的烟味和下了一夜的露水的那种淡淡的啤酒气味。

村子里的公鸡报晓了。传来脚步声、铁器的叮当声。

“是谁？”一个看押的人小声问道。

一个年轻的声音咳嗽了一下，老远就兴冲冲地回答说：

“自己人。给波得捷尔柯夫他们一伙儿挖坟去。”

小杂货铺里一下子全都动了起来。

三十

鞑靼村的哥萨克队伍，由彼特罗·麦列霍夫少尉率领着，在五月十一日拂晓时候到达波诺马廖夫村。

村子里到处是旗尔河边的哥萨克，有的牵着马去饮马，有的成群结队地往村头上走。彼特罗叫队伍在村子中央停下，命令下马。有几个人朝他走来。

“乡亲们，你们是打哪儿来的？”有一个人问道。

“鞑靼村的。”

“你们来晚了一点儿……你们没来就把波得捷尔柯夫逮住呀。”

“他们在哪儿？是不是把他们赶跑啦？”

“就在那儿……”那人挥手指了指小杂货铺的缓缓倾斜的屋顶，哈哈大笑起来，“就像一群母鸡蹲在鸡窝儿里呢。”

贺里散福、格里高力·麦列霍夫和另外几个人也来到跟前。

“那么，把他们送到哪儿去呢？”贺里散福问道。

“送他们上西天。”

“怎么能这样呢？……你胡说什么？”格里高力抓住那人的军大衣的衣襟。

“你才是胡说呢，先生！”那人很不客气地回答说，并且轻轻地从格里高力那抓得紧紧的手指中挣了出来。“瞧，那不是，已经给他们搭好秋千架子啦。”他指了指搭在两棵老柳树中间的绞刑架。

“把马牵到各家院子里去！”彼特罗吩咐说。

乌云遮住了天空。落起了稀稀的小雨。男子汉和妇女们密密麻麻地向村边拥去。波诺马廖夫村的老百姓一听说要在六点钟枪毙人，就都高高兴兴地出来看这难得一见的热闹事。妇女们都打扮了一番，就像过节一样；许多人还带着孩子。人群将村边牧场团团围住，特别拥挤的是绞架旁边和一条长长的、有两俄尺深的土坑旁边。孩子们在土坑一边堆起的潮湿的土堆上乱踩；男子汉们凑成一堆一堆的，很起劲地议论着这次枪毙人；妇女们都很伤心地嘁嘁喳喳交谈着。

睡足了觉的波波夫大尉一本正经地走来了。他龇着大牙，叼着纸烟在抽烟；用沙哑的嗓门儿对负责看押的哥萨克命令道：

“把坑边的闲人赶开！告诉司皮里道诺夫，把第一批带来！”他看了看表，便走到一旁，看着人群被看押犯人的哥萨克赶着从刑场上向后退了退，又像半个花花绿绿的圆圈儿似的把刑场围了起来。

司皮里道诺夫带着一队哥萨克快步朝杂货铺走去。在路上他碰上彼特罗·麦列霍夫。

“你们村子里有愿意干的吗？；

“愿意干什么？”

“执行死刑。”

“没有，不会有的！”彼特罗斩钉截铁地回答过，便从拦住去路的司皮里道诺夫身边绕过去。

但是愿意干的人是有的：米佳·柯尔叔诺夫一面用手理着从帽子里露出来的直撅撅的头发，摇摇摆摆地走到彼特罗跟前，忽闪着眯得细细的绿眼睛，说：

“我去杀……干吗要说‘没有’？我愿意去，”他又垂下眼睛，带着笑容说，“给我一些子弹。我只有一梭子啦。”

自愿要去的有他，有脸色煞白、一脸杀气的安得列·卡叔林，还有相貌有点儿像加尔梅克人的菲多特·包多甫斯柯夫。

当第一批被判决的人在哥萨克们的押解下离开杂货铺的时候，挤得挨肩擦背的广大人群里响起一阵低语声和低低的嗡嗡声。

波得捷尔柯夫走在前面，光着脚，穿一条肥大的黑呢子马裤和一件敞着的光皮上衣。他很坚定地在泥泞中迈动着两只白白的大脚，不住地打着滑，左手微微向前伸着，以保持平衡。脸色煞白的克里沃什雷科夫在他旁边很勉强地向前走着。克里沃什雷科夫的两眼无神，嘴唇痛苦地抽搐着。他裹了裹披在身上的军大衣，两个肩膀直往里缩，好像冷得不得了似的。不知为什么没有剥他们两个的衣服，但是其他的人都被剥得只剩下内衣了。拉古京和脚步沉重的彭楚克在一块儿小步走着。他们俩都光着脚。拉古京的长衬裤破了，露出了黄黄的、毛茸茸的小腿。他很不好意思地提着破了的裤腿，哆嗦着嘴唇。彭楚克从押着他们的哥萨克的头顶上望着云遮雾障的灰蒙蒙的远方。他的两只清醒的、冷冷的眼睛若有所待地、紧张地眨巴着，一只大手伸进敞开的衬衣领子里，抚摩着长满了密密的毛的胸膛。他好像是在盼着一件难以实现的、可喜的事情……有些人脸上保持着毫不在乎的表情；满头白发的布尔什维克奥尔诺夫就带着寻衅的神情挥舞着双手，朝哥萨克们的脚下直啐唾沫；可是有两三个人眼睛里流露出很深的内心痛苦，歪歪扭扭的脸上带着恐怖得不得了的表情，就连押着他们的哥萨克偶尔看到了，也要掉开眼睛，转过脸去。

他们走得很快。波得捷尔柯夫搀扶着跌了一跤的克里沃什雷科夫。在红蓝色制帽的海洋中闪动着一条条白头巾的人群越来越近了。波得捷尔柯夫皱起眉头望着人群，破口大骂着，忽然发现拉古京在一旁看着他，就问道：

“你看什么？”

“你这些天头发都白啦……头上添了好多白头发……”

“大概是要白的，”波得捷尔柯夫沉重地叹了一口气，一面擦着窄窄的额头上的汗，“遇上这样不开心的事，大概是要白的……就是狼，在不顺心的时候毛也会变白的，何况我是一个人。”

他们再也没有多说。眼看就要来到人群跟前了，可以看到右面有一条准备埋人的长长的黄土坑。司皮里道诺夫命令道：

“站住！”

波得捷尔柯夫马上向前跨了一步，用疲惫无神的眼睛扫了扫前面几排的人群，只见前面几排里多数是白胡子和花白胡子的人。前方下来的哥萨克们都躲在后面，觉得不好意思呢。波得捷尔柯夫微微抖动着下垂的小胡子，低沉地、但是清清楚楚地说：

“诸位老人家！请允许我和克里沃什雷科夫看着我们的同志们就义。你们慢点儿绞死我们，我们现在想看看我们的同志和朋友们，给一些勇气不足的同志鼓鼓气。”

一片寂静，能听得见雨点落在制帽上的声音……

波波夫大尉站在后面，笑着，露出了被烟熏黄了的牙根；他没有表示反对；老头子们七嘴八舌地喊叫起来：

“可以答应！”

“就让他们两个多活一会儿吧！”

“把他们两个从坑边拉开！”

克里沃什雷科夫和波得捷尔柯夫往人群里走去，人们纷纷朝两边闪开，给他们让出一条路。他们在不远处站了下来，人们从四面密密层层地围住他们，几百双眼睛紧紧盯住他们。他们看着哥萨克们好不容易使红军战士们背着土坑站成一排。波得捷尔柯夫看得很清楚，克里沃什雷科夫却要伸长他那没有刮过的细脖子，踮起脚尖才能看得见。

站在左边尽边上的是彭楚克。他微微佝偻着身子，很吃力地喘着气，眼睛看着地面，抬都不抬。他这边是拉古京，拉古京弯着身子，拉着衬衣的底边去遮盖破裤腿；第三个是唐波夫人伊格纳特；再过来是万卡·包尔德列夫，他的样子至少老了有二十岁，简直叫人认不出来了。波得捷尔柯夫再看第五个，好不容易才认出那就是嘉桑乡的哥萨克马特维·萨克玛托夫，从在卡敏镇工作那时候起，他和他就同甘苦、共患难了。又有两个人走到坑边，转身背对着坑。彼得·雷西柯夫带着挑衅、逞强的意味笑着，高声骂着娘，对安静下来的人群挥舞着握得紧紧的肮脏的拳头。考列荻科夫一声不响。最后一个人是架过去的。他向后仰着，用死沉沉地耷拉着的两条腿划着地面，用手紧紧抓住拖他的两个哥萨克，摇晃着流满眼泪的脸，挣扎着，声嘶力竭地叫喊着：

“放了我吧，弟兄们！放了我吧，看在我主耶稣面上！弟兄们！好人们！亲弟兄们！……你们这是干什么呀?！我在俄德战争时候得过四颗十字章呢！……我还有孩子呀！……天呀，我没有罪呀！……哎呀，你们为什么呀？……”

一个高大的阿塔曼团的哥萨克用膝盖朝他的胸膛一顶，把他推倒在坑边上。这时候波得捷尔柯夫才认出了这个挣扎的人，不由得吓了一跳：这是一个十分勇敢的红军战士，是一九一〇年宣誓的米古林乡的哥萨克，四个等级的十字章都得过，还是一个留着很漂亮的淡黄色胡子的小伙子。几个人把他架了起来，但是他又倒了下去；他在哥萨克们的脚底下爬，把干裂的嘴唇贴到他们的靴子上，贴到朝他的脸直踢的靴子上，下气不接上气地、十分恐怖地喊叫着：

“不要杀我呀！可怜可怜我吧！……我有三个孩子呀……有个小女儿呢……我的亲弟兄们呀！……”

他抱住那个阿塔曼团哥萨克的两膝，但是那个哥萨克挣了开来，往后一跳，用钉了铁掌的靴后跟使劲朝他的耳朵踢了一下。一股鲜血从另一只耳朵里涌了出来，流进白色的衣领里。

“让他站好！”司皮里道诺夫怒冲冲地喊道。

几个人好不容易把他架起来，让他站好，几个人才跑了开去。对面的一排刽子手端起枪来做准备。人群里哎呀了几声，就静了下来。有一个娘儿们用难听的声音尖叫起来……

彭楚克很想多看几眼那灰蒙蒙的天空和他漂游了二十九年的愁惨惨的大地。他抬起眼睛，看见在十五步远处站得密密的一排哥萨克：有一个高大的哥萨克，眯缝着绿眼睛，一绺头发从帽子底下耷拉到窄窄的白额头上，往前倾着身子，紧紧闭着嘴巴，对直地瞄着他彭楚克的胸膛。还没有开枪，彭楚克就听到一声尖叫；他转过头去，就看见一个生着雀斑的年轻媳妇从人群里跑了出来，朝村子里跑去，一只手紧紧抱着小孩子，另一只手捂着孩子的眼睛。

一阵很不整齐的齐射之后，站在坑边的人摇摇晃晃地倒了下去，开枪的人也朝坑边跑去。

米佳·柯尔叔诺夫看见他枪毙的那个红军战士还在跳，用牙在咬自己的肩膀，就又补了一枪，小声对安得列·卡叔林说：

"你瞧这家伙，把自己的肩膀都咬出血来啦，这一下子像个狼崽子一样，一声不响地死掉啦。"

又有十个判决的人，被枪托子推着、捣着，站到了土坑边……

第二阵齐射以后，妇女们一齐尖叫起来，纷纷离开人群，拉着孩子们，跌跌撞撞地朝村子里跑去。男子汉们也开始走散了。可憎的杀人场面、临死的人的喊叫声和哼哼声、那些等待枪毙的人的吼叫声——这整个的场面惊心动魄，可怕极了，很多人受不了，纷纷走掉了。剩下的只有上过前线、见过很多死亡场面的哥萨克，再就是一些恨得发了狂的老头子。

一批一批的红军战士被押了过来，他们都光着脚，被剥掉了外衣，刽子手也不断地轮换着，一阵一阵的齐射声，噼啪的单发步枪声。对受伤没死的再补上两枪。第一批死尸在间歇的时候已经匆匆地盖上了一层黄土。

波得捷尔柯夫和克里沃什雷科夫走到那些等待枪毙的人跟前，想给他们鼓鼓气，但是言语已经失去了原有的意义，因为这时候占据在这些人心目中的是另外的东西了，再过一会儿他们的生命就要断掉，就像折断的树叶梗子。

格里高力·麦列霍夫从人群里挤出来，朝村子里走去，迎面碰上了波得捷尔柯夫。波得捷尔柯夫一面往后退着，眯缝起眼睛，说：

"你也在这儿吗，麦列霍夫？"

格里高力的脸一下子变成了青灰色，他站了下来。

"在这儿。你看到了嘛……"

“我看到啦……”波得捷尔柯夫撇着嘴笑了笑，带着一股强烈的仇恨望着格里高力那煞白的脸。“你怎么，来枪毙自己的弟兄们吗？你倒戈啦……原来你是这样的人……”他走到格里高力跟前，小声说，“你又给我们干，又给他们干吗？谁给的好处多些？哼，你这样的！……”

格里高力抓住他的袖子，气呼呼地问道：

“你记得格鲁博克那一仗吗？你该记得，是怎样枪毙那些军官的……是你下命令枪毙的！是吧？现在轮到你啦！好啦，别难过！倒霉的不是你一个人！顿河苏维埃人民委员会主席，你威风够啦！你这个坏家伙，把哥萨克都出卖啦！明白吗？还有什么好说的？”

贺里散福抱住发了狂的格里高力，把他拖到了一边。

“咱们找咱们的马去。回家去！咱们待在这儿没什么意思。天啊，人对人太残忍啦！……”

他们朝前走去，后来听到波得捷尔柯夫说话的声音，又站了下来。波得捷尔柯夫在上过前方的哥萨克和老头子们的层层包围中，慷慨激昂地高声叫道：

“你们太落后……眼睛都瞎啦！你们都是瞎子！军官们骗了你们，叫你们杀起自己的同胞兄弟！你们以为，把我们杀了，事情就这样了结啦？不会的！今天你们枪毙我们，明天就要枪毙你们啦！苏维埃政权一定会在全国建立起来。你们就记住我的话吧！杀人不会白杀的！你们这些人太糊涂啦！”

“到时那些人我们也要这样收拾！”一个老头子跳出来说。

“老人家，你们是不能把所有的人都杀光的，”波得捷尔柯夫笑着说:“也不能把整个俄罗斯都吊到绞架上去。当心自己的脑袋吧！你们以后会后悔的,不过到那时候就晚啦!”

“你别吓唬我们!”

“我不是吓唬你们,我是指路给你们走。”

“波得捷尔柯夫,你自己才是瞎子哩！莫斯科把你的眼睛糊住啦!”

格里高力没有听完就走了,几乎是跑进了拴马的院子,他的马听见枪声,正在闹腾。格里高力和贺里散福紧了紧马肚带,打着马跑出了村子,他们连头也没回,一口气翻过了山冈。

可是在波诺马廖夫村还在冒着步枪射击的硝烟:维奥申乡、卡耳根乡、博柯夫乡、克拉司诺库特乡和米留金乡的哥萨克在枪杀嘉桑乡、米古林乡、拉兹道尔乡、库穆沙特乡和巴克拉诺夫乡的哥萨克……

土坑填得满满的。盖上黄土,用脚踩结实了。两个戴了黑色面罩的军官抓住波得捷尔柯夫和克里沃什雷科夫,把他们拉到绞架跟前。

波得捷尔柯夫英勇无畏地昂然抬起头来,站到一张凳子上,把黑黑的粗脖子上的衬衣领子解开,连一根筋都没有哆嗦,自己把擦了肥皂的绞索套到脖子上。两个军官把克里沃什雷科夫拉过去以后,其中一个军官推着他站到凳子上,他也套上了绞索。

“请允许我在死前最后说几句话。”波得捷尔柯夫请求说。

“说吧!”

“请说!”上过前方的哥萨克们叫道。

波得捷尔柯夫挥手指了指已经变稀了的人群,说:

“你们看看吧，愿意看我们死的人只剩下很少的几个啦！很多人都还有良心嘛！我们为了劳动人民，为了劳动人民的利益，不顾惜自己的生命，和将军们的狐群狗党作战，现在却要死在你们的手里！但是我们并不痛恨你们！……你们是不幸被欺骗的人！等到革命政权建立起来，你们就会明白，真理在哪一方面。你们埋进这坑里去的都是静静的顿河的优秀儿女……”

忽然人群里的说话声越来越大，波得捷尔柯夫的声音听不清了。一个军官利用这个机会，很麻利地一脚把波得捷尔柯夫脚下的凳子踢开了。波得捷尔柯夫的高大而沉重的身子摇摆了两下，就向下坠去，于是两只脚够到了地面。套在喉咙上的绞索紧紧勒着他，逼得他往上探着身子。他踮起脚，用光脚丫的两个大脚趾踩在潮湿的烂泥地上，张开嘴喘着气，用凸出来的眼珠子扫着安静下来的人群，声音不太高地说：

“你们还没有学会绞人呢……要是我来绞你，司皮里道诺夫，决不会叫你够到地面……”

他的嘴里冒起一团一团的唾沫。戴面罩的两名军官和近处几个哥萨克忙乱了一阵子，好不容易把他那已经没有力气的沉甸甸的身子重新抬上凳子。

没有让克里沃什雷科夫把话说完，凳子就从他的脚下飞开，碰在不知是谁扔下的一把铁锹上了。干瘦而健壮的克里沃什雷科夫摇晃了老半天，时而身子缩成一团，缩得膝盖碰到下巴，时而哆哆嗦嗦地重新伸直开来……直到波得捷尔柯夫脚下的凳子第二次被踢开，克里沃什雷科夫还活着，还在抽搐，还在转动耷拉到一边的黑舌头。波得捷尔柯夫又一次沉甸甸地坠了下去，光皮上衣肩上的缝儿裂了开来，可是脚指头尖又碰到了地面。哥萨克人群里低沉地哎呀了一声。有些人画着十字，开始走散了。大家一下子全没有了主意，一时间都像中了魔法一样呆住了，惶恐地望着波得捷尔柯夫的铁青的脸。

但是他不能出声了，绞索紧紧勒住了喉咙。他只是转悠着眼睛，眼睛里的泪水像小河一样直往下淌，并且撇着嘴，为了减轻痛苦，身子非常难受、非常可怕地向上伸着。

有一个人醒悟过来，用铁锹刨起土地。他急急忙忙地把波得捷尔柯夫脚下的泥土一团一团地往外刨，每刨一下，波得捷尔柯夫的身子就伸直一点儿，脖子也越来越长，头发微微拳曲的脑袋往后仰得越厉害。绳子勉勉强强地吊着六普特重的身子；绞架的横梁咯吱咯吱响着，轻轻摇晃起来，波得捷尔柯夫随着横梁那有节奏的晃动摇摆着，向四面转悠着，好像是要让杀人的凶手们看看他那紫黑色的脸和淌满了一道道热泪和唾沫的胸膛。

三十一

米沙·柯晒沃依和“杰克”等到第二天夜里，才从卡耳根镇上走出来。雾气弥漫在草原上，缭绕在山沟里，铺满了洼地，遮盖住断崖陡坡。笼罩着雾气的丘冈亮闪闪的。鹌鹑在嫩草丛中叫着。再就是高高的天上飘游着一轮明月，就像边上长满芦苇和榛丛的池塘中的一朵盛开的睡莲花儿。

他们一直走到黎明时候。北斗星已经看不见了。下起了露水。离下亚布洛诺夫村已经很近了。但是就在离村子三俄里的一个冈头上，六个哥萨克追上了他们。六个哥萨克是骑了马跟着他们的脚印追来的。米沙和“杰克”本来已经躲到了一旁，但是草又矮，又有月光……他们被逮住了……哥萨克们赶着他们往回走。一声不响地走了有百十丈远。后来开了一枪……“杰克”就像一匹害怕自己的影子的马一样，脚步杂乱地侧歪着身子走起来。而且也不是跌倒的，好像是脸朝着一丛灰色的野蒿很别扭地躺下去的。

米沙走了有五分钟，觉得身子发麻，耳朵里嗡嗡直响，两只脚在干地上就像粘住了似的。后来他问道：

“你们他妈的为什么不打死我？干吗慢慢折腾我？”

“走吧，走吧，少说废话！”一个哥萨克很和善地说。“我们把那个庄稼佬打死，把你留下。俄德战争的时候你是在十二团吧？”

“在十二团。”

“你还可以到十二团当兵。你这小子还年轻。有点儿迷了路，不过这不要紧。我们能把你治好。”

三天以后，卡耳根镇上的军事法庭就来“治”米沙了。那时候，军事法庭只有两种处治办法：枪毙和打屁股。判处枪决的，到夜里就押到沙土冈后面去执行；认为有希望改造的，就在广场上用树条子当众打屁股。

星期天一大早，刚刚把长板凳放到广场中央，人们就从四面八方来了。广场上挤得满满的，晒台上、棚子旁边堆的木板上、很多屋顶和店铺顶上都站满了人。第一个挨打的是亚历山大洛夫，是格拉乔夫村一个神甫的儿子。他是个很卖力的布尔什维克，论案情，应该枪决，可是他的父亲是大家尊敬的一位好神甫，所以法庭判定对这个神甫的儿子抽打二十下。几个人脱去亚历山大洛夫的裤子，把他按到长板凳上，一个人骑在他的腿上（两条胳膊绑在长板凳底下），两个人手握柳条站在两边。打完了，亚历山大洛夫站起来，抖了抖身上的灰，一面提裤子，一面向四面鞠躬。他因为没有被枪毙，十分高兴，所以又鞠躬，又道谢：

“多谢多谢，诸位老人家！”

“快穿上裤子，请便吧！”有人回答说。

全场响起一阵十分响亮的哄然大笑，就连坐在不远处棚子里的被捕的人也都笑了。

根据判决，也把米沙重重地抽了二十下。但是最使他受不了的不是疼，而是羞辱。全镇的老老少少都看见他挨打了。米沙提起裤子，几乎是带着哭腔对打他的那个哥萨克说：

“很不对头！”

“怎么不对头？”

“思想好坏是脑袋的事，可是要屁股负责任。这一下子一辈子难见人啦。”

“不要紧，怕丑又不是饿肚子，丑不死的，”那个哥萨克安慰他说，并且想叫挨打的人开开心，又说：“你这小子可真够结实的，有两三下子我打得够狠的，想叫你叫唤叫唤……我一看，没门儿，别想使这人叫一声。前天我打过一个人，那位老弟拉了一裤子屎。真是太禁不起打了。”

第二天，根据法庭判决，把米沙送往前线。

“杰克”是两天以后才埋掉的：亚布洛诺夫村村长派的两个哥萨克，挖了一个不深的坟坑，他们把腿耷拉在坑里，抽着烟，坐了老半天。

“这地方的土真硬。”一个说。

“简直像铁一样！从来没有耕过嘛，日久天长就板结了。”

“噢……这小伙子睡的可是一块好地方，还是在高坡上呢……这儿有风，又干燥，又有太阳……不会很快就烂掉的。”

他们对趴在草地上的“杰克”看了看，站起身来。

“脱掉他的靴子吗？”

“当然要脱掉，他的靴子还好好的呢。”

他们按照耶稣教的规矩把他放进坟坑里；头朝东，脚朝西；用厚厚的黑土埋了起来。

“要踩结实吧？”当他们埋得和地面一样平的时候，一个年轻些的哥萨克问道。

“不用啦，就这样吧，”另一个人叹了一口气，“等天使吹起最后审判的喇叭，反正他会更快当地站起来的……”

过了半个月，小小的坟堆上长出了车前草和嫩蒿，野燕麦在上面吐了穗，山芥菜在旁边开起好看的黄花儿，草木樨垂下一条条绒线一样的穗头，还有薄荷、大蓟和珠果的气味。不久，附近的村子里来了一个老头子，在坟前挖了个小坑，栽上了一根新刨的橡木桩子，上面钉着一块供牌。在供牌的三角形水檐下的阴影里，是圣母悲哀的面容。在下面的檐板上写着两行黑黑的斯拉夫花体字：

弟兄们，在荒乱年月里
不要苛责自己的兄弟。

老头子走了，供牌却留在草原上，那无限凄凉的样子使过路的人看了眼睛发酸，在心中勾起一股莫名的忧伤。

还有，五月里，野鸭子在供牌旁边打架，在瓦灰色的野蒿里做窝儿，把附近快要成熟的冰草压成一片绿毡：那是野鸭子厮打的战场，争的是母鸭子，争的是生存、爱情和生儿育女的权利。过了不久，就在这供牌附近，在一个小土包脚下，在乱蓬蓬的老蒿底下，一只母鸭子生下九个蓝中带黄的花蛋，母鸭子便卧在这些蛋上，用自己身体的温暖来孵化，用灿烂有光的翅膀保护着。

卷　六

一

一九一八年四月，顿河地区出现了大分化的局面：北方几个州——霍派尔州、大熊河河口州和上顿河州的一部分——的上过前方的哥萨克，都跟着米洛诺夫和退却的红军走了；下游几个州的哥萨克在争夺每一寸顿河土地，打得他们节节败退，把他们逼到了顿河地区的边境上。

霍派尔州的哥萨克差不多全部跟着红军走了，大熊河河口州跟着走的有一半，上顿河州跟着走的只是一小部分。

到一九一八年，历史才使顿河上游和下游的哥萨克彻底分化了。但是分化的苗头早在几百年前就出现了，那时候北方各州的哥萨克比较穷苦，既没有亚速海滨的肥沃土地，又没有葡萄园，也没有很好的渔场和猎场，他们常常离开契尔卡斯克地方，到俄罗斯土地上到处流荡，成为一切造反者的可靠支柱，从拉辛到谢卡奇，都依靠这些人。

就是在近代，每当整个军队在统治者重压之下暗暗骚动的时候，上游的哥萨克都要公开暴动，由自己的首领率领着，动摇沙皇统治的根基：同沙皇的军队作战，抢劫顿河上的船队，并且跑到伏尔加河上，鼓动已被征服的查波罗什人叛乱。

到四月底，顿河流域已经有三分之二的地区没有了红军。等到明显地出现了建立地区性政权的必要之后，在南方作战的一些白军的头子们就倡议召开军人联合大会。决定于四月二十八日在诺沃契尔卡斯克召开由顿河临时政府委员和各乡镇各部队代表参加的大会。

鞑靼村收到维奥申乡乡长的通知，通知说四月二十二日要在维奥申镇上召开全乡代表大会，选举出席军人联合大会的代表。

米伦·格里高力耶维奇·柯尔叔诺夫在村民大会上宣读了通知，村里就推选他、包加推廖夫老爹和潘捷莱·普罗柯菲耶维奇去参加乡代表大会。

在乡代表大会上，潘捷莱·普罗柯菲耶维奇也和其他一些人一起被选为出席军人联合会的代表。他当天就从维奥申镇上回来了，为了提前赶到诺沃契尔卡斯克，他决定第二天就跟亲家公一起上米列洛沃夫去（米伦·格里高力耶维奇要上米列洛沃买煤油、肥皂和其他的日用品，还想顺便给莫霍夫的磨坊买筛子和轴承合金，弄点外快）。

天一亮他们就动身了。米伦·格里高力耶维奇的两匹大青马拉着四轮大车轻快地跑着。两位亲家紧挨着坐在漆得花花绿绿的车座上。上了山冈，他们就闲聊起来；米列洛沃驻扎着德国人，所以米伦·格里高力耶维奇不免有些担心地问道：

“怎么样，亲家，德国人不会把咱们扣下来吧？他们都是一些凶狠的家伙，落到他们手里就完啦！”

“不会的，”潘捷莱·普罗柯菲耶维奇很有把握地说，“马特维·卡叔林前两天上那儿去过，他说，德国人胆子很小……不敢碰哥萨克。”

“噢！”米伦·格里高力耶维奇在狐狸毛一样的红胡子底下笑了笑；他显然已经放下心来，就换了话题：“你看，该成立什么样的政府呢？”

“要成立军政府！选咱们自己人！选一个哥萨克！”

“但愿这样啊！你们要好好地选一选！要像茨冈人挑马那样，在将军们当中好好地挑一挑。可不能挑有毛病的。”

“能挑出好的来。顿河上的聪明脑袋瓜还不少呢。”

“这话很对，很对，亲家……聪明人和傻瓜都不用栽种，自己就能长出来。”米伦·格里高力耶维奇眯缝起眼睛，他那斑斑点点的脸上出现了愁容。“我本来想把我的米佳培养成材，想叫他上上学，好当军官，可是他连教区小学都没有念完，到第二年冬天他就逃学啦。”

他们有一小会儿没有说话，心里想着不知道跑到哪里去追赶红军的儿子们。四轮大车在坑坑洼洼的大路上颠簸着；右边的大走马磕绊了两下，没有磨光的马掌咔嚓咔嚓地响了几声；大车摇晃起来，紧紧挨在一起的两位亲家就像两条在下子的鱼那样，肋骨跟肋骨磨蹭起来。

“咱们的哥萨克都在哪儿呢？”潘捷莱·普罗柯菲耶维奇叹了

一口气。

“顺着霍派尔河往上去啦。加尔梅克佬菲多特从库梅尔仁回来啦，他的马被打死啦。他说，咱们的人好像在朝济山镇方向去呢。”

他们又不作声了。微风吹得脊背冷飕飕的。后面，顿河那边，树林、草地、水泊和光秃秃的田野，经火红的朝霞一照，都神态庄严地、无声无息地闪着红光。一带沙丘就像一摊黄黄的蜂蜜，像驼峰似的一道道波浪隐隐泛着青铜色。

春天的步伐很不整齐。灰中透绿的树林已经换上鲜艳的深绿色盛装，原野上开遍了野花，春水已经退了，只是在河边滩地上留下无数亮闪闪的小水洼；可是在陡坡下面的深沟里，还有温暖日子里没有化尽的残雪紧紧贴在黄土上，亮晶晶的，白得耀眼。

第二天傍晚时候来到米列洛沃，他们就歇在一个熟识的乌克兰人家里，这个乌克兰人就住在一座高大的褐色粮仓旁边。第二天早晨，吃过早饭以后，米伦·格里高力耶维奇就套上车，上铺子里去买东西。他顺利地过了铁路道口以后，就生平第一次看到了德国人。三个德国兵迎着他走来。其中的一个，个头儿小小的，弯弯的栗色大胡子一直长到耳朵边上，摆手打了一下招呼。

米伦·格里高力耶维奇勒住马，带着担心和等待的神情咬着嘴唇。德国兵来到跟前。一个又高大又肥胖的普鲁士人龇着白牙笑着，对他的同伴说：

“这是道地的哥萨克！瞧，还穿着哥萨克制服呢！他的儿子一定跟咱们打过仗。咱们来把他逮起来，送到柏林去。这可是一样顶有意思的展览品！”

“咱们光要他的马,叫他滚蛋好啦!”那个一脸栗色大胡子的小矮子绷着脸回答说。

他小心地从马旁边绕了个圈儿,来到大车跟前。

“下来,老头子! 我们要用用你的马——这个面粉厂有一批面粉要运到车站去。快点,下来,快给我下来! 回头可以到司令部来领你的马。”德国兵用眼睛瞟了瞟面粉厂,又做了一个不容许怀疑他的话的手势,请米伦·格里高力耶维奇下车。

另外两个德国兵朝面粉厂走去,不住地回头望着,笑着。米伦·格里高力耶维奇的脸一阵红,一阵灰黄。他把缰绳缠到辕杆上,很轻捷地从车上跳了下来,跨到马前面去。

“亲家没有来,”他脑子里闪了一下,心里凉了一会儿,“他们要把马抢走啦! 唉,真倒霉! 他妈的!”

那个德国兵紧紧闭着嘴唇,抓住米伦·格里高力耶维奇的袖子,打着手势,叫他往面粉厂里去。

“放开!”米伦·格里高力耶维奇的身子往前探了探,脸色更灰白了。“手放规矩点儿,别碰我! 我的马不能交给你们!”

德国兵从他的声音猜出了他回答的意思。德国兵忽然露出一脸凶相,张大了嘴,露出白中带青的牙齿,恶狠狠地瞪大了两个眼珠子,气势汹汹地、哇啦哇啦地叫了起来。他一下子抓住挂在肩上的步枪的皮带,就在这一刹那间,米伦·格里高力耶维奇使出年轻时的劲头儿:飞起一拳,几乎连抡都没抡,狠狠打在他的颧骨上。这一拳打得他的头咔嚓晃了一下,下巴上的钢盔皮带叭的一声断了。德国兵平平地倒在地上,正要挣扎着起来,嘴里吐出来一团深红色的血块子。米伦·格里高力耶维奇又补了一拳,这一拳打的已经是后脑勺了；他朝四下里望了望，便弯下身子，飞快地抓起步枪。这时候他的脑子活动得非常快，而且格外清楚。他在掉转马头的时候，就知道这个德国兵不会对着他的脊梁开枪了，怕只怕铁路栅栏外面或者铁路线上的哨兵看见。

两匹大青马就是在赛马的时候也没有这样狂跑过！就是在迎接新娘子的时候，车轮子也不曾转得这样飞快！“主啊，救救我吧！主啊，多多保佑吧！看在天父的面上……”米伦·格里高力耶维奇在心里念叨着，一个劲儿地拿鞭子照马背上抽。他的爱财心差一点儿害了他：他想跑到住处去取他丢下的车毯，但是冷静一想，转了念头，便掉转了方向。他赶着马飞跑了二十俄里，一口气跑到奥列霍村，就像后来他自己说的，比神仙伊里亚的飞车还快。一到奥列霍村，他就跑到一个熟识的乌克兰人家里，失魂落魄地把事情对主人说了一遍，要求主人把他和马掩藏起来。那个乌克兰人藏是让他藏了，可是先把话说明白了：

“我可以把你藏起来，可是如果他们来拷问我，格里高力耶维奇，我还是要说出来的，因为我犯不着！他们会烧房子，会把我逮起来，铐起来的。”

“好人呀，你把我藏起来吧！你要我怎么谢你，就怎么谢你！不管把我藏到什么地方，只要能救我一命，我送你一群羊！送你十只大肥羊！”米伦·格里高力耶维奇一面又是央告又是许愿，一面把大车往棚子底下推。

他害怕追赶，比怕死还厉害。他在乌克兰人家里待到黄昏时候，天一黑，他就溜了。一出了奥列霍村，他就赶着大车飞跑起来，一团团的汗沫从马的两边直往下掉，大车轰隆轰隆地响着，轮子上有些辐条都绞到了一块儿,快到下亚布洛诺夫村,他才定下神来。快要进这个村子的时候,他从座位底下抽出夺来的步枪,看了看枪上的皮带,皮带里边还有用化学铅笔写的字,他轻松地咯咯了几声,说:

"怎么样,鬼儿子们,你们追上了吗?你们还早着哩!"

他一直也没有给乌克兰人送羊去。秋天他又打那儿路过,看到乌克兰人那盼望的眼神,回答说:

"我家的羊都瘟死啦。真是糟透啦……这不是,我从自家园子里摘了些梨来,酬谢你的一番情意!"他从大车上倒下几十个在路上碰得稀烂的梨子,把狡猾的眼睛转向一旁,说:"我家的梨子好吃极啦……都熟透啦……"说过就走了。

米伦·格里高力耶维奇从米列洛沃飞跑出来的时候,他的亲家公已经到了车站上。一个年轻的德国军官签发了通行证,通过翻译对潘捷莱·普罗柯菲耶维奇盘问了一番,一面抽着廉价的雪茄烟,用关心弱者的口气说:

"您去吧,不过要记住,你们得成立一个开明的政府。选总统也好,选皇帝也好,随你们的便,不过有一个条件,就是这个人管理国家要开明,能够执行正确对待我们国家的政策。"

潘捷莱·普罗柯菲耶维奇非常不高兴地看了看德国军官,不想和他说下去,领到通行证以后,马上就去买票。

诺沃契尔卡斯克的年轻军官多得使他吃惊:他们一群一群地在大街上逛荡,下馆子,带着太太、小姐们玩,在将军府和准备做大会会场的法院大楼旁边溜达。

潘捷莱·普罗柯菲耶维奇在代表宿舍里遇到好几个同乡人,

还有一位叶兰乡的朋友。代表中间多数是哥萨克，军官并不多，而乡镇知识分子的代表总共只有几十名。关于选举地区政府问题，各种各样的说法都有。只有一点是很明确的：要成立军政府，选举军区司令。大家在传说着一些有声望的哥萨克将军的名字，议论着候选人。

潘捷莱·普罗柯菲耶维奇在来到的那一天的傍晚时候，喝过茶以后，在自己的屋子里坐下来，正要吃家里带来的干粮。他掏出一截咸鲤鱼，切下一块面包。两个米古林乡的代表挨着他坐了下来，另外几个人也走了过来。开头谈的是前线上的局势，渐渐谈起了选举政府的问题。

“像去世的卡列金——愿他在天堂幸福！——那样的，再也找不到啦！”叔米林乡一个长着灰白色大胡子的代表叹着气说。

“这话不错。”叶兰乡的一个代表赞同他的说法。

有一个参加聊天的上尉是别斯谢尔盖涅夫乡的代表，他有些不服气地说：

“怎么没有像他那样的人呢？诸位，你们怎么啦？克拉斯诺夫将军怎么样？”

“哪一个克拉斯诺夫？”

“什么哪一个？诸位，好意思问吗？鼎鼎大名的将军嘛，第三骑兵军团的司令官，雄才大略，得过十字勋章，是一位英明的统帅。”

上尉这番热情洋溢的捧场话惹火了一个前方部队的代表。

“我给你们说实在的吧：我们可是知道他的本事！是一个饭桶将军！在对德战争中，他的好本事都拿出来啦。如果不是革命的话,他一辈子只能当当旅长啦!"

"您不了解克拉斯诺夫将军,老弟,怎么能这样说呢?再说,对于大家都尊敬的一位将军,怎么能这样不礼貌呢?您大概忘记您是一个普通的哥萨克了吧。"

上尉声色俱厉地慢慢说出这番冷冰冰的话来,那个哥萨克慌了,怕了起来,心慌意乱地嘟哝说:

"大人,我说的是我在他手下当兵那时候……他在奥地利前线上弄得我们团进退两难!所以我们才认为他是个饭桶……谁知道他后来怎样……也许,完全不同啦……"

"他的十字章怎么得的呢?你这混账!"潘捷莱·普罗柯菲耶维奇叫鲤鱼刺卡了一下,咳嗽了一阵子之后,也骂起那个部队的代表。"你们都糊涂透了,什么人都骂,什么人都不合你们的心意……这是什么作风!你们要是少说点儿,还不会弄得这样糟呢,还自以为聪明呢,全是胡说八道!"

契尔卡斯克和下游的代表都拥护克拉斯诺夫。老头子们都看中了这位得过十字章的将军;有很多人在日俄战争中就跟着他打过仗。军官们看重的是克拉斯诺夫的经历:他是御林军出身,是一位高贵的、受过上等教育的将军,在皇宫里担任过沙皇驾前的侍从官。自由主义的知识分子满意的是,克拉斯诺夫不仅是一位将军,不仅是行伍中人,而且好歹是位作家,过去,常常在《涅瓦》杂志副刊上读到他写的取材于军官生活的小说;既然是作家,那自然就是一个文化素养很高的人啦。

各个宿舍里都在热心为克拉斯诺夫宣传。别的一些将军的名字在他的名字面前都相形失色了。一些拥护克拉斯诺夫的军官悄悄地在说阿福里康·包加叶夫斯基的坏话，说包加叶夫斯基和邓尼金是一路货，如果选包加叶夫斯基当军区司令的话，只要他们把布尔什维克一打垮，一跨进莫斯科，他就把哥萨克的一切特权和自治权丢到九霄云外啦。

也有人反对克拉斯诺夫。代表中有一个教员就想破坏将军的声誉，但是没有破坏得了。这个教员在代表住的一些屋子里窜来窜去，像蚊子一样在哥萨克们长满了毛的耳朵边很恶毒地嗡嗡叫着：

“克拉斯诺夫吗？他是一个坏透了的将军，一钱不值的作家！是宫廷里的绣花枕头，马屁精！可以说，他这个人既想发民族财，又想保持民主的清名。你们等着瞧吧，一旦有人收买，他就会两个铜板把顿河卖掉！他是一个小人。是一个卑劣的政客。应该选阿盖耶夫！阿盖耶夫就完全不同啦。”

但是没有人听这个教员的。于是在五月一日，大会的第三天，会场上响起一片呼喊声：

“请克拉斯诺夫将军上台！”

“我们衷心要求……”

“诚心诚意要求……”

“请上台！”

“请我们敬重的将军上台！”

“让他上台，给我们讲讲实际问题！”整个宽敞的大厅里都轰动起来。

军官们都轻轻地拍着巴掌，哥萨克们望着他们，也都轻轻地、很笨拙地拍起手来。他们的手因为干活儿变得又黑又粗糙，发出来的声音干巴巴的，可以说，很不悦耳，和塞满了走廊和过道的那些小姐、太太、军官、学生们的嫩手所发出的音乐般的柔和声音大不一样。

克拉斯诺夫是一位很有风度的将军，高高的个子，虽然上了年纪，依然十分挺拔，身穿将军服，胸前挂满十字勋章和奖章，佩戴着带穗肩章和别的一些将军标记，当他像检阅时那样，迈着矫健的步伐走上主席台时，会场上响起一阵阵的掌声和欢呼声。掌声和欢呼声混成了一片。暴风雨般的狂呼声一阵一阵地在代表们的行列中滚过。将军带着一副很受感动、很兴奋的面孔威风凛凛地站在台上，许多人从他身上隐隐看到了帝国往日威风的影子。

潘捷莱·普罗柯菲耶维奇流出了眼泪，从帽子里掏出一条红手绢，擤了老半天鼻子。"真是一位了不起的将军！好一表人才！这气派就跟皇上一样，就连相貌也很像。甚至还像先王亚历山大哩！"他十分感动地看着站在脚灯边的克拉斯诺夫，心里这样想。

这一次的军人联合大会，即所谓"顿河救亡联合大会"，开得从容不迫。根据大会主席扬诺夫的提议，通过了佩戴肩章和各种军功章的决议。克拉斯诺夫发表了一篇精心编造的漂亮演说。他很沉痛地说到"被布尔什维克作践得不成样子的俄罗斯"，说到俄罗斯"以往的强盛"，说到顿河的命运。他把当前的局势描述了一番之后，又简单地谈了谈德国人的入侵问题。最后他慷慨激昂地说到在打败布尔什维克以后，顿河地区要独立自治，引起一片热烈的赞扬声。

"要由强大的军人联合会来管理顿河地区！革命解放了的哥

萨克，要恢复古代一切美好的哥萨克生活方式。我们也要像古时候我们的祖先那样，放开嗓门儿响当当地说：'白皇帝，你就在莫斯科的石头城里当你的皇帝，这静静的顿河是我们哥萨克的！'”

在五月三日晚间的会议上，克拉斯诺夫少将以一百零七票赞成，三十票反对、十票弃权当选为军区司令。他没有从大尉手里接司令官的权标，先提出两个条件：必须批准他向联合会提出的基本法案，必须授予他统辖的全权。

“我们的国家已经到了生死存亡的关头！只有在充分信任司令官的条件下，我才能接权标。现在的局势如此，干起事情必须有信心，必须有尽职尽责的愉快感，这就必须知道自己已经获得了顿河人心的集中代表，也就是军人联合会的信任，就不能要布尔什维克那样的散漫和无政府状态，必须实行强有力的法治。”

克拉斯诺夫所提出的一些法令，实际上都是草草修补了一下、多少换了换头面的帝俄时代的旧法令。联合大会怎么能不通过呢？代表们都高高兴兴地通过了。一切东西都和原来的一样，就连那改得很不像样子的军旗也和原来的一样：还是蓝、红、黄三色直条，代表着哥萨克、外来户和加尔梅克人。为了迎合哥萨克的心，只对军徽做了根本性的修改：去掉了那只张开翅膀、伸着爪子的凶猛的双头鹰，换成了一个头戴皮帽，携带马刀、火枪和军用品，骑着马站在酒桶上的裸体哥萨克。

一个喜欢拍马屁的头脑简单的代表为了讨好，提出一个问题：

“也许将军大人要提出什么变更，或者修改已经通过的基本法案呢？”

克拉斯诺夫宽厚地笑着，决定开开玩笑让大家笑笑。他用允诺的目光环视了一遍大会的代表们，用志得意满的腔调说：

“可以修改。第四十八条、四十九条和五十条——关于军旗、军徽和军歌的规定，都可以修改。大家都可以提嘛，什么样的旗子都行，就是不能要红旗；什么样的军徽都行，就是不能要犹太人的五角星或者别的什么共济会的标记；什么样的军歌都行，就是不能要‘国际歌’。”

军人联合会在一片哄笑声中批准了这项法案。过后很久大家还纷纷传说着将军开的玩笑。

五月五日大会闭幕。很多人在闭幕式上发了言。克拉斯诺夫和得力助手、南线兵团的指挥官杰尼索夫上校保证在最短期间内消除布尔什维克的祸害。军人联合大会的代表们，因为军区司令选得很满意，又得到了许多前方消息，一个个都心满意足、高高兴兴地走了。

潘捷莱·普罗柯菲耶维奇怀着十分激动和高兴得要爆炸的心情离开了顿河的首府。他完全相信，权标已经掌握在十分可靠的人的手里，不久就可以打垮布尔什维克，他的两个儿子就可以回家种地了。老头子坐在车窗边，胳膊肘撑在小桌上；耳朵里还响着顿河军歌的余音，一些使人振奋的话激荡着他的心腑，好像真的是“正教徒的静静的顿河涌起波涛，奔腾咆哮”了。

但是，离开诺沃契尔卡斯克只有几俄里，潘捷莱·普罗柯菲耶维奇就在车窗里看到了放哨的德国骑兵。一小队德国骑兵正顺着铁路的路基，迎着火车走来。德国骑兵们大模大样地弓着身子坐在马上，一匹匹肥壮的宽屁股大马摇摆着剪得短短的尾巴，浑身的毛被明媚的阳光照得闪闪发亮。潘捷莱·普罗柯菲耶维奇往前探着身子，难受得拧起眉毛，看着德国人的马的铁蹄毫无顾忌、得意扬扬地践踏哥萨克的土地，看了一会儿，就转过身来，将宽阔的脊背靠在车窗上，丧气地垂下头，鼻子眼儿里哼哧了老半天。

二

一列列红色的火车，从顿河上往乌克兰方向开去，在往德国运送面粉、油、鸡蛋和牛。车厢门口都站着头戴无檐制帽、身穿蓝灰色制服、荷枪实弹的德国兵。

德国人的钉了铁掌的结实的黄皮靴踩实了顿河边的大路，德国骑兵在顿河上饮马……可是在同乌克兰接界的地方，被征集起来、刚刚在派尔西阿诺夫卡受完训的年轻哥萨克，却在同彼特留拉的队伍打仗。重新集合起来的顿河哥萨克第十二团，为了给顿河地区争夺一小块多余的乌克兰领土，几乎有一半人牺牲在斯塔罗别尔斯克城下。

在北方，大熊河河口镇在双方手中转来转去：有时候格拉祖诺夫乡、新亚历山大乡、库梅尔仁乡、斯库里申乡和另外几个乡的哥萨克红军队伍占领这个镇，可是一个钟头以后，阿列克塞耶夫的白卫军军官队又把他们打跑了，于是大街上闪来闪去的都是军官队主要成员——普通中学学生、实业学校学生和教会学校学生的大衣了。

上游的哥萨克成群成伙地往北逃，从这个乡到那个乡，像滚雪球一样。红军朝萨拉托夫省的边境退去。霍派尔州几乎全部放弃了。到夏末时候，由一切能拿起武器的各种年龄的哥萨克拼凑成的顿河军已经来到边境上。顿河军在路上进行了改编，又增加了从诺沃契尔卡斯克来的一些军官，就有点像真正的军队了：各乡派出的少数民兵合编到一起；又和俄德战争中生还的官兵编到一起，恢复了原来的正规团的建制；几个团又合编成师；司令部里的一些尉官也换上了几位久经沙场的上校；各级指挥官也都渐渐更换了。

夏末，由米古林乡、麦什柯夫乡、嘉桑乡和叔米林乡哥萨克连队组成的战斗部队，奉阿尔菲洛夫少将的命令，跨过顿河地区的边界，占领了沃罗涅日省边境的第一个村庄顿涅茨村，并且把包古查尔县城包围起来。

* * *

鞑靼村的哥萨克连，在彼特罗·麦列霍夫率领下，经过一个个的村庄和乡镇，往大熊河河口州的北部进军，已经有四昼夜了。红军在他们的右方，没有迎战，急急忙忙向铁路线退去。鞑靼村的哥萨克一直没有遇到敌军。他们每天都不走很远。彼特罗和所有的哥萨克都不谋而合，认为犯不着急急忙忙去送死，每天的行程都不超过三十俄里。

他们在第五天进入库梅尔仁乡。在东杜柯夫村渡过了霍派尔河。草甸子上的小虫儿一群一群的，就像轻纱织成的帷幔。细细的、颤颤悠悠的嗡嗡声一直不停地响着。到处有小虫儿乱飞，乱打圈圈儿，往哥萨克和马的耳朵和眼睛里乱钻。马难受得直打喷嚏，哥萨克们用手驱赶，一个劲儿地抽烟，用烟熏。

“真他妈的捣蛋,该死!”贺里散福用袖子擦着流出泪水的眼睛,哼哧着说。

“怎么,钻进眼睛里啦?”格里高力笑着问道。

“把眼睛叮得疼死啦。八成是一只毒虫儿,他妈的!”

贺里散福揪起红红的眼皮,用粗糙的手指头在眼珠子上摩了摩;翘起嘴唇,用手背揉了老半天眼睛。

格里高力和他并马走着。他们从出发的那一天就一直在一起。最近胖了起来、因而越发像女人的安尼凯,也常常跟他们在一块儿。

这支队伍不足一个连。彼特罗的副手是司务长拉推舍夫,他是在鞑靼村入赘的。格里高力担任第一排排长。他这一排里差不多都是村子下头的哥萨克:贺里散福、安尼凯、菲多特·包多甫斯柯夫、马尔丁·沙米尔、伊凡·托米林、细高个儿鲍尔晓夫和笨得像狗熊一样的查哈尔·柯洛列夫、普罗霍尔·泽柯夫、茨冈佬梅尔库洛夫、叶皮番·马克萨耶夫、叶戈尔·西尼林,另外还有十五个年纪差不多的青年小伙子。

第二排排长是尼古拉·柯晒沃依,第三排排长是亚可夫·柯洛维金,第四排排长是米佳·柯尔叔诺夫,在枪杀波得捷尔柯夫的工作队以后,他很快就被阿尔菲洛夫将军提升为上士。

全连放开马在草甸子上小跑起来。一条大路在草甸子上弯弯曲曲地向前伸去,一会儿绕过积满了水的池沼,一会儿钻进到处是嫩芦苇和河柳的洼地。

“马掌”亚可夫在后面粗声粗气地哈哈大笑,安得列·卡叔林那高亢的嗓门儿也在跟着他笑。安得列的中士头衔也是靠波得捷尔柯夫的战友们的鲜血挣来的。

彼特罗·麦列霍夫和拉推舍夫走在队伍的旁边。他们在小声说着话儿。拉推舍夫摆弄着马刀的新绦带。彼特罗用左手抚摩着马，在马的两耳中间挠着。拉推舍夫那饱鼓鼓的脸笑嘻嘻的，那熏黄的牙齿和蛀坏的牙根在稀稀拉拉的小胡子底下闪着黄澄澄、黑油油的亮光。

“牛皮大王”的儿子安季普·阿甫杰伊奇，也就是“小牛皮大王安季普”，骑着一匹瘸腿的花斑马走在最后面。

有的人在说着话儿，有一些人乱了队伍，五个人一列走起来，其余的人都仔细观看着陌生的地势、草甸子、微波荡漾的水泊、一行行的绿杨和翠柳。从行装上可以看出来，哥萨克们是准备远行的：鞍袋都装得鼓了起来，驮包都填得满满的，每个人都细心地把军大衣捆在鞍后皮带上。而且从马具上也可以判断出来：每一根皮带都用麻线缭过，所有的东西都重新缝过，重新配过、修理过。如果说在一个月以前大家都相信不会打仗的话，那么现在却是怀着无可奈何的悲戚感——感到流血是不可避免的了。“今天还披着这张人皮，说不定明天乌鸦就要在荒野上啄这张皮了。”每个人心里都这样想。

过了克列普茨村，右面闪过稀稀拉拉的芦苇顶的草房。安尼凯从裤子口袋里掏出一块干饼，咬下一半，很不文明地龇出小小的门牙，像兔子一样吧嗒着嘴巴，慌不及待地大嚼起来。

贺里散福侧眼看了看他。

“你饿啦？”

“不饿干吗要吃？……老婆烙的嘛。”

"你真能吃！你的肚子简直跟猪肚子差不多。"贺里散福转脸朝着格里高力，用一种生气和抱怨的语气继续说："鬼东西，那副馋相太不好看啦！那么多的东西他怎么能塞得下呀？这些天我一直注意他，叫人看着简直觉得可怕：人并不大，可是吃起来，那肚子就像个无底洞。"

"吃自家的东西，就要拼命吃。晚上吃下一只羊，可是不等天亮又想吃啦。咱们什么玩意儿都可以吃，不管什么东西，进了嘴就有好处。"

安尼凯哈哈大笑，指着气得直啐唾沫的贺里散福，朝格里高力挤了挤眼睛。

"彼特罗·潘捷莱耶维奇，你打算在哪儿宿营呀？瞧，马都累坏啦！"托米林喊道。

梅尔库洛夫也支持他的意见，说：

"该宿营啦。太阳要落山啦。"

彼特罗用鞭子指了指。

"咱们到克柳契宿营。也许，咱们还能赶到库梅尔仁镇上呢。"

梅尔库洛夫在黑黑的卷胡子底下笑了笑，小声对托米林说：

"想在阿尔菲洛夫手里升官呢，狗东西！慌着往前跑……"

不知是谁，在给梅尔库洛夫理发的时候，想作弄他，把他的胡子剪去了不少，把一部漂亮的大胡子剪成了小胡子，剪得像一个歪歪的小楔子。梅尔库洛夫的样子完全变了，显得非常滑稽好笑，因此就常常成为大家取笑的对象。这时候托米林也忍不住说：

“你不想升官吗?”

“我怎么想升官?”

“你留了一部将军胡嘛。你大概以为,胡子留得像位将军,就能给你一师人带带啦,是吧? 你不想冒尖吗?”

“混蛋,妈的! 我跟你说正经的,你倒胡扯起来啦。”

大家说着笑着进了克柳契村。派出去打前站的安得列·卡叔林在村边一户人家门前迎住了连队。

“我们排——跟我来! 第一排——就住这三家,第二排——住街左边,第三排——住有水井的那一家,还有紧挨着那四户人家。”

彼特罗走到他跟前,问:

“没有听到什么消息吧? 打听过吗?”

“什么也打听不到。伙计,这儿蜂蜜倒是不少。一个老奶奶就有三百箱。到夜里咱们一定要偷一点儿吃吃!”

“哼,哼,别胡闹! 谁偷了,我抽谁!”彼特罗皱起眉头,照马身上抽了一鞭。

大家都分散开住下来。把马料理好。天黑了下来。各家房东弄来晚饭让哥萨克们吃了。连里的哥萨克和本村的哥萨克一堆一堆地坐到各家院子外面去年砍倒的赤杨树堆上。东扯西拉地聊了一阵子,就各自散去睡了。

第二天早晨,从村子里出发。快要到库梅尔仁镇了,一个通信兵追上了连队,彼特罗打开公文封,在马上摇晃着,看了老半天,伸出来的一只手里很吃力地拿着公文,好像拿着的是一样很沉重的东西。格里高力来到他跟前。

“是命令吗？”

“可不是！”

“命令怎么说？”

“麻烦……命令把连队交出去呢。要把我这么大年纪的都调去，在嘉桑镇建立第二十八团。炮手和机枪手也要去。”

“其余的人上哪儿去呢？”

“这上面写着：‘到阿尔仁诺夫镇，听十二团团长调度。火速前往。’瞧吧！要‘火速前往’呢！”

拉推舍夫走过来，从彼特罗手里接过命令。他拧弯了两道眉毛，咕哝着紧绷绷的厚嘴唇，把命令看了一遍。

“走吧！”彼特罗喊道。

连队慢慢向前走去。哥萨克们一再地扭回头，仔细看着彼特罗，等着他说话。彼特罗在库梅尔仁镇上宣读了命令。年纪大些的哥萨克们都忙活起来，准备往回走。大家决定在镇上休息一天，第二天清早就各奔各的方向。彼特罗这一天一直想找机会跟弟弟谈谈，他来到格里高力的住处。

“咱们上操场上去走走。”

格里高力一声不响地走出大门。米佳·柯尔叔诺夫追上了他们，但是彼特罗冷冷地请求他说：

“你去吧，米佳。我要和弟弟谈谈。”

“那好吧。”米佳带着谅解的神情笑了笑，站了下来。

格里高力侧眼看了看彼特罗，看出彼特罗是有要紧的话要跟他谈。他故意不理会他已经猜出的哥哥的意图，装作很带劲儿地说：

“说起来真奇怪:离开咱们家才一百俄里,可是这儿的人就完全不同啦。说话和咱们不一样,房子的样式也不同,就像是旧教徒的房子。你瞧,大门都用木板盖顶,就像是小教堂。咱们那儿可没有这样的。你再看这儿,”他指了指旁边一座很讲究的房子,“墙脚还镶了板子呢,恐怕是为了不叫墙上的木头烂掉,是不是这样呢?”

“算了吧。”彼特罗皱起了眉头。“别说这些啦……等一等,咱们到篱笆跟前去。很多人在看咱们呢。”

很多从操场上走过的哥萨克和妇女都很好奇地望着他们。有一个老头子,穿着蓝褂子,没有束腰带,哥萨克制帽上的红帽箍旧得变成了粉红色,他站下来,问道:

“你们想住下来吗?”

“想住一天。”

“有麦子喂马吧?”

“有一点儿。”彼特罗回答说。

“要是不够,到我家来,我给你两斗。”

“谢谢啦,老大爷!”

“没什么……来吧。那就是我家的房子,绿铁皮顶的。”

“你想谈点儿什么?”格里高力憋不住,皱着眉头问道。

“什么都要谈一谈。”彼特罗有点儿歉疚和不自然地笑了笑,用嘴角咬住小麦色的胡子。“格里沙特卡,这年头要乱啦,也许咱们再也见不到面啦……”

格里高力本来对哥哥怀着一种不自觉的敌意,可是一看到哥哥那种可怜巴巴的笑,听到哥哥又像小时候那样喊他的小名“格里沙特卡”，敌意一下子就烟消云散了。彼特罗很亲切地望着弟弟，依然是那样呆呆地、很不自然地笑着。他的嘴唇一动，敛去了笑容，板起脸来说：

“你看，人和人都分群啦，妈的！就好像用犁头犁了一下子：有的翻到这一边，有的翻到那一边。日子不像日子，年头不像年头！谁也猜不透谁的心思……就拿你来说吧，”他突然把话头一转，“你是我的亲弟弟，可是我不了解你的心思，实在不了解！我觉得，你离我越来越远……我说得对吗？”他又自己回答说：“说的是实话。你正摇摆不定……我怕你会去投红军……你呀，格里沙特卡，到现在还糊涂着呢。”

“你明白了吗？”格里高力回答说，一面望着红日向轮廓模糊的霍派尔河对岸、向山后落去，望着那火红的晚霞，望着一片片的云彩像着了火的黑棉花球一样从西方飘过来。

“我明白啦，我走的是正道，这条道我走定啦！格里什卡，我决不像你那样摇摆。”

“噢？”格里高力露出愤恨的笑容。

“我决不摇摆！……”彼特罗气冲冲地卷了卷小胡子，一个劲儿地眨巴起眼睛，好像被阳光照得眼花了。“就是用绳子拴着我，也别想把我拉到红军那边去。哥萨克都反对他们，我也反对他们。我不愿意跟大家不一样，以后也决不会！再说也没有必要……我犯不着去投靠他们，走的不是一条路！”

“别谈这些啦。”格里高力无精打采地要求说。

他头一个朝自己的住处走去，竭力把步子放稳，微微弯起的肩膀轻轻摇晃着。

彼特罗在大门口放慢脚步，问道：

“你说说，我想知道……格里什卡，你说说，你不会去投他们吧？”

“不一定……我也不知道。”

格里高力回答得很不干脆，很勉强。彼特罗叹了一口气，但是没有再问下去。他心情激动地走了，面部都消瘦下去了。不管是他，不管是格里高力，心里都十分清楚：过去联结着他们的心的通路，已经因为想法不同而荒芜了，彼此的心不相通了。就好像山沟旁边有一条平坦的羊肠小道，弯弯曲曲地从斜坡上下来，忽然一转弯伸进了沟底，就像切断了一样，不见了，走不通了，一丛一丛的荒草挡住去路，羊肠小道变成了可恨的绝路。

……第二天，彼特罗带着一半人向后转，回维奥申乡。

其余的年轻哥萨克，由格里高力率领着，向阿尔仁诺夫镇开去。

早晨的太阳就火辣辣的。原野上到处冒着褐色的热气。霍派尔河两岸的青山蓝幽幽的，沙丘就像橙黄色的波浪。大汗淋漓的马在哥萨克们身子底下一步一晃地走着。哥萨克们的脸被晒得失去了红润，变成了褐色。鞍架、马镫和笼头上的铁都被晒得发烫，手都不敢去碰。就连树林里也不凉快，又闷又热，散发着浓烈的大雨前的气息。

格里高力苦闷异常。他一整天在马上晃来晃去，断断续续地想着以后的事情；彼特罗的话就像玻璃项圈里的玻璃珠儿一样，在他脑子里滚来滚去，使他很难受。野蒿浓烈的苦涩气味熏得嘴唇痒酥酥的，大路上冒着腾腾的热气。金褐色的原野平平地躺在太阳底下。干热风一阵一阵地在原野上吹过，吹得茂密的青草一起一伏的，卷起一团一团的黄沙和尘土。

向晚时候，一片透明的雾气遮住太阳。天空渐渐晦暗，变成了灰色。西方出现了大片的云彩。云彩一动不动，耷拉下来的云彩边儿贴到了隐隐约约、像一根细纱似的地平线上。过了一阵子，那云彩被风一吹，就气势汹汹地、低低地拖着褐色的尾巴，圆圆的顶端闪着白砂糖似的亮光，威风凛凛地涌了过来。

这支队伍再一次渡过库梅尔加河，进入绿荫如盖的杨树林。杨树叶子被风一吹，忽闪着白中带青的背面，很和谐地低声沙沙响着。在霍派尔河那边，从雪白的云彩边上往大地上洒下夹杂着冰雹的斜雨，那一片斜雨半腰里有一道彩虹，好像是一条花腰带。

他们在一个荒凉的小村子里住了下来。格里高力把马料理好，就朝养蜂的院子里走去。房东是一个鬈发的老头子，他一面拂着落在胡子上的蜜蜂，一面焦急地对格里高力说：

“这一箱是前几天才买的。弄回来以后，不知为什么幼蜂全死啦。瞧，正在往外拖死蜂呢。”他在一只蜂箱旁边站下来，指了指蜂房的出入口：蜜蜂不停地把死掉的幼蜂往外拖，拖到外面，又叼着死蜂嗡嗡地飞了开去。

房东很惋惜地眯缝着红红的眼睛，痛心地吧嗒着嘴唇。他走起路来一冲一冲的，猛烈而生硬地甩动着两条胳膊。他格外好动，格外粗鲁，动作又迅猛又急促，给人一种惶惶不安的感觉，在养蜂场里他这一切似乎是多余的，因为巨大的蜂群在这里从容不迫、有条不紊地进行着缓慢而有益的工作。格里高力仔细看着他，很有些反感。他所以不由自主地产生反感，是因为这个慌手慌脚的肩宽背阔的老头子说起话来叽叽喳喳的，而且说得非常快：

“今年的蜜收了不少。薄荷花开得很旺，采了不少薄荷花蜜。用养蜂架子，比用蜂箱好。这就是我弄的……”

格里高力喝的茶也掺了蜂蜜，那蜜又浓又黏，就像糨糊一样。蜂蜜散发着薄荷、三叶草和野花的甜甜的气味。给他斟茶的是房东的女儿——一个高高的、很漂亮的风流女子。她的丈夫跟着红军走了，所以房东拼命献殷勤，赔小心。女儿抿着薄薄的、淡红色的嘴唇，从眼睫毛底下一再地向格里高力送秋波，他也不去理会。她伸手来端茶壶，于是格里高力看到了她那黑油油的、弯弯的腋毛。他不止一次碰到她那试探的、脉脉含情的目光，他甚至感觉到，他们的目光一碰到了，她的脸上就浮起两片红云，嘴角就隐隐露出微笑。

“我给您把铺打在上房里。”喝过茶以后，她抱着枕头和垫子从旁边走过，用毫不掩饰地火辣辣的眼睛瞟着格里高力，对他说。她一面抖搂着枕头，一面又含糊又快速、好像随随便便地说：“我睡在棚子里……屋子里太闷啦，又有跳蚤咬……”

格里高力一听到老房东的打鼾声，就脱掉靴子，到棚子里去找她。她在卸掉了前辕的大车上给他让了块地方，把大皮袄往身上拉了拉，两条腿一挨到格里高力的腿，就不作声了。她的嘴唇又干又硬，有一股大葱气和说不出的清爽味儿。格里高力躺在她的黑黑的、细细的胳膊上，一直睡到黎明时候。她一整夜都紧紧把他搂在怀里，如饥似渴地跟他亲热，带笑带玩儿地咬得他的嘴唇出血，他的脖子上、胸膛和肩膀上留下不少她亲他时咬出的红点子和她那又细又尖的牙齿的小小印子。鸡叫三遍以后,格里高力本来想回到上房去睡,可是她不叫他走。

“让我走吧,心肝儿,让我走吧,我的小乖乖!”格里高力的嘴巴在耷拉着的黑胡子底下不出声地笑着,央告说,一面轻轻地往外挣着。

“再睡一会儿……睡一会儿嘛!”

“别人会看见呀! 瞧,天快亮啦!”

“看见就看见好啦!”

“要是叫你爹看见呢?”

“我爹知道。”

“他怎么知道?”格里高力吃惊地抖了抖眉毛。

“他是知道……”

“这就怪啦! 他怎么能知道呢?”

“是这么回事儿……他昨天对我说:要是这个当官的来找你,你就跟他睡一觉,对他说说,要不然会因为盖拉西姆的事,把咱们的马或者别的什么弄走……盖拉西姆是我的男人,跟着红军走啦……”

“哦,是这——这样啊!”格里高力讪讪地笑了笑,但是心里很不舒服。

她一下子就把不愉快的感觉驱散了。她恋恋不舍地贴在格里高力的胳膊上,哆嗦着说:

“我男人可不像你这样……”

“他又怎样呢?”格里高力用两只清醒的眼睛望着灰白色的苍穹,问道。

“他一点也不中用……没有劲儿……”她很信赖地朝格里高

力身上贴了贴，声音中露出了哭腔。“我跟他过得一点都不甜……干床上的事儿他不行……”

一颗陌生的、像孩子那样单纯的心在格里高力面前赤裸裸地打了开来，就像一朵花儿吸饱了露水，一下子绽开了。这使他陶醉，唤起轻微的怜悯心。格里高力一面跟她亲热，温柔地抚摩着临时伴侣的乱蓬蓬的头发，合上了疲倦的眼睛。

已经暗淡的月光从芦苇棚顶的缝隙中透了进来。一颗流星离开天空，飞速地朝地平线滑去，在灰白色的天上留下一道荧光闪闪、一动不动的白印子。池塘里有一只母鸭子呱呱叫了起来，一只公鸭子也用沙哑的喉咙亲亲热热地回答着。

格里高力轻飘飘地拖着筋疲力尽、充满了疲倦的快感的身子回到上房里。他在嘴上咂摸着她的嘴唇那咸咸的味道，脑子里恋恋不舍地回味着她那欲火如焚的身体和身体的气味——那种薄荷蜜、汗和体温的混合气味，不觉睡着了。

过了两个钟头，哥萨克们把他叫醒了。普罗霍尔·泽柯夫给他备好马，牵到大门外。格里高力硬顶住房东那隐隐露出敌意的目光，跟他告过别，对着正往房里走的房东女儿点了点头。她低下头，那薄薄的、抹了淡淡的胭脂的嘴角泛着微笑和隐隐约约的留恋、伤感神情。

格里高力顺着胡同走去，不住地回头看着。胡同像一张弓似的绕过他住宿的人家，于是他看到，他温存过的女子转悠着头，用晒得黑黑的小手在眼睛上搭个凉棚，正隔着篱笆看他呢。格里高力突然涌起一股惆怅心情，也不住地回头望着，希望能回想起她的脸部表情和她的身体，但是回想不起来了。他只看见，那女子的戴着白头巾的头慢慢转悠着,用眼睛注视着他。葵花头儿就是这样转悠着,注视缓缓绕圈儿走的太阳的。

* * *

米沙·柯晒沃依像个犯人一样被押出了维奥申镇,被送往前方。他来到菲多谢耶夫镇,这儿的乡长把他扣留了一天,又把他押回维奥申镇。

"为什么又把我送回去?"米沙问乡公所的书记。

"维奥申乡有公事来啦。"书记很勉强地回答说。

原来,米沙的母亲在村民大会上向老头子们下跪求情,老头子们就共同写了一份申请书,说米沙·柯晒沃依是家里唯一的劳动力,要求让他回来当马倌。米伦·格里高力耶维奇亲自带着申请书去找乡长。乡长批准了。

在乡公所里,乡长对立正站在他面前的米沙训斥了一顿,后来放低了嗓门儿,气呼呼地结束了训话:

"保卫顿河的事我们不能交给布尔什维克去干!你到牧场上,去当马倌,以观后效。你给我小心点儿,狗崽子!我是可怜你老娘,要不然啊……滚吧!"

米沙在晒得热烘烘的街道上走着,已经没有人押解了。背包勒得肩膀很疼。走了一百五十俄里的路,两条腿已经累坏了,很不听使唤。天黑前他勉勉强强赶回村子,第二天,母亲大哭了一场,难分难舍地跟他亲热了一阵子,他就到种马牧场上去了,脑子里还一直记挂着母亲那苍老了的脸和他第一次在她头上发现的银丝。

卡耳根镇以南，有一片长二十八俄里、宽六俄里、从未开垦过的公共草原。这片好儿万亩的土地是专门划出来放牧维奥申乡的种马的，所以就叫种马牧场。每年到叶戈尔节的时候，马倌们就把熬过了冬天的种马从过冬马棚里赶出来，从维奥申镇上赶到种马牧场上来。用乡里的公款在牧场当中修造了马棚，旁边还有可以容纳十八匹马的夏季露天马槽，还有木板房，是给马倌、场长和兽医住的。维奥申乡的哥萨克纷纷把骒马送来配种，兽医和场长在接收骒马的时候都非常严格，每匹骒马的个头儿都不能低于两俄尺，年龄都不能小于四岁。把每四十匹健壮的骒马分成一群。每一匹种马都带上自己的一群骒马到草原上去，不准别的公马侵犯自己的骒马群。

米沙骑着家里仅有的一匹骒马出了门。母亲一面送他，一面用围裙擦着眼泪说：

“也许，这骒马还能配上种呢……你要照应好，别累坏了。要是能生一匹马，那就太好啦！”

晌午时候，米沙透过洼地上腾腾上升的蒸气，望见了板房的铁顶和被雨淋成了灰色的马棚木板顶。他照骒马身上抽了两鞭；等他来到冈头上，就清清楚楚地看见了马棚、板房和后面那一大片泛着白浪的牧草。在东边很远很远的地方，晃动着一个枣红色的小点儿，那是一群马正朝池塘跑去；旁边跑着的是一个骑在马上的马倌，就像粘在玩具马上的玩具小人儿。

米沙进了院子，下了马，把马拴在台阶边上，便朝板房里走去。他在宽敞的过道里碰到一个马倌，是一个满脸雀斑、个头儿不高的哥萨克。

“你找谁？”他从头到脚打量着米沙，很不客气地问道。

“我找场长。”

“是找斯特鲁柯夫吗？他不在，出去啦。副场长萨索诺夫在家。左手第二个门……你有什么事？你打哪儿来？”

“我来你们这儿当马倌。”

“不管什么人都往这儿乱塞……”

他嘟囔着，朝门口走去。搭在他肩上的套马索在地上拖着。他打开门，背朝米沙站着，甩了一下鞭子，已经是很亲热地说：

“老弟，我们的活儿可是很重啊。有时候两天两夜都不能下马呢。”

米沙看着他那伸不直的脊背和弯得很厉害的两条腿。这个走了形的哥萨克身上的每一根线条，在门洞里都显得格外明显，格外清楚。这个马倌那弯得像车轮子一样的两条腿，使米沙开心死了。“就好像骑木桶骑了四十年。”他暗暗笑着，心里这样说，一面用眼睛在找左面第二个门的把手。

萨索诺夫见了新来的马倌，又摆架子，态度又冷淡。

不久，场长阿法纳西·斯特鲁柯夫也从外面回来了。他是一个身强力壮的哥萨克，在阿塔曼团当过司务长。他吩咐把柯晒沃依列入编制，就同他一起来到被白热的阳光晒得烫人的台阶上。

“你会驯生马吧？驯过没有？”

“没有驯过。”米沙坦率地说。他马上就看出，场长那热得疲惫无神的脸动了一下，一丝不满意的神情在脸上掠过。

场长弯着厚实的肩膀，搔着汗漉漉的脊背，呆呆地朝米沙的两只眼睛当中看着。

“用套马索套马,你会吗?”

“我会。”

“你爱惜马吧?”

“爱惜。”

“马也和人一样,只不过不会说话罢了。你要爱惜,”他吩咐说,又无缘无故地发着狠,喊叫道,“要爱惜,要不然我拿鞭子抽你!”

场长的脸有一小会儿显得又聪明,又有精神,但是这种精神马上就不见了,每一根线条都表现出呆滞和冷漠,就好像结了一层硬壳子。

“娶老婆没有?”

“还没有。”

“真是傻瓜! 娶了老婆就好啦。”场长高高兴兴地随口说。

他带着若有所待的神情沉默了一会儿,朝着敞开怀抱的草原望了望,然后就打着哈欠朝房子里走去。米沙做了马倌以后,有一个多月的时间没有听见他说过一句话。

种马牧场上一共有五十五匹种马。每一名马倌要看管两群到三群马。交给米沙的是一大群,带领这一群的是一匹叫“巴哈尔”的强壮的老种马,另外还有一小群,有二十来匹骒马,带领这一群的种马叫“巴纳里内”。场长把一个叫索尔达托夫·伊里亚的最大胆、最机灵的马倌叫来,交代说:

“这是新来的马倌,叫柯晒沃依·米海伊尔,鞑靼村的。你把巴哈尔和巴纳里内那两群马交给他,给他一条套马索。他就住在你们的帐篷里好啦。你领他去看看。你们去吧。”

索尔达托夫一声不响地把烟卷点着，对米沙点了点头，说：

“咱们走吧。”

来到台阶上，他用眼睛瞟了瞟米沙那匹被太阳晒得懒洋洋的骒马，问道：

“这马是你的吗？”

“是我的。”

“怀驹了吗？”

“没有。”

“叫巴哈尔跟它配一配。巴哈尔是御马场出生的，有一半是英国种。跑起来才快呢！……好，上马吧。”

他们并马而行。两匹马在没膝深的草丛里走着。板房和马棚已经远远落在了后面。前面，缭绕着轻柔的淡蓝色热气的草原肃穆无声。头顶上，太阳闷闷不乐地躲在一片乳白色的云彩后面。晒热了的青草散发着一阵阵浓烈的香气。右面，轮廓模模糊糊的一片洼地过去，便是像珍珠一样笑盈盈闪着白光的希洛夫塘的水。四周，放眼望去，是无边无际的绿色海洋、颤动的热气、笼罩着中午的暑气的天然草原，天边有一座鼓凸凸的灰白色陵墓，显得异常遥远，异常神秘。

青草靠近根部地方的绿颜色又深又浓，上部被太阳照得闪闪放光，泛着铜绿色。嫩绿的羽茅草像乱蓬蓬的头发，上面还缠着一圈一圈的野藤，冰草伸着结了籽的头儿，如饥似渴地在争夺阳光。有些地方可以看到那乱糟糟地紧紧贴在地上的矮矮的马鞭草，偶尔还可以看到细细的鼠尾草，再过去又是像春水一样弥漫开去的横行霸道的羽茅草，羽茅草中间夹杂着各种各样的花草：

野燕麦、黄黄的山芥菜、大蓟、陈葛——陈葛是一种很厉害的、不合群的草，一定要把别的草从自己的地盘上挤走。

两个人一声不响地走着。米沙心里感到很久都没有这样宁静过。他连气都不敢喘，生怕惊破了草原的安静和雄伟。他的同伴就像在领圣餐时那样，把两只斑斑点点的手交叉着放在鞍头上，身子俯在马鬃上，就在马上睡着了。

脚底下飞起一只野雁，飞到山谷上空，白色的羽毛在阳光中亮闪闪的。从南方吹来微风，吹得青草一起一伏，也许，这风是今天早晨离开亚速海面的。

半个钟头以后，他们来到白杨塘边的一群马跟前。索尔达托夫醒来，在马上伸着懒腰，懒洋洋地说：

“这是罗马金·潘捷柳什卡看的一群。不知道为什么不见他这个人。”

“这匹公马叫什么名字？”米沙欣赏着一匹长长的浅红色顿河马，问道。

“叫‘福拉捷尔’。这鬼东西凶极啦！瞧那眼睛瞪得多大！眼睛动啦！”

那公马朝旁边走去，骒马就一齐集合起来，跟着它往前走。

米沙接下交给他的两群马，把自己的行李放在帐篷里。在他来以前，帐篷里住着三个人：索尔达托夫、罗马金和杜罗维洛夫。杜罗维洛夫是雇来的一个马倌，是一个不算年轻的、沉默寡言的哥萨克。索尔达托夫是他们的头儿。他很热心地教米沙看管马群，第二天又给米沙讲了讲两匹公马的脾气和习性，并且微微笑着，劝米沙说：

“照规矩，干活儿的时候要骑自己的马，可是如果天天骑着跑来跑去，就会把马累坏。你可以把自己的马放到马群里，骑别人的马，并且经常换着骑骑。”

米沙眼看着他从马群里赶出一匹骒马，放马追去，熟练而又巧妙地用套马索将骒马套住。他将米沙的马鞍移到这匹骒马身上，就把这匹打着哆嗦、后腿直往下蹲的骒马牵到米沙面前。

“骑吧。看样子，这还是一匹生马呢，鬼东西！骑上去吧！”他用右手使劲拉住缰绳，左手捏住骒马那一鼓一鼓的鼻子，气冲冲地喊道。“你对马要和气点儿。在马棚里你对公马吆喝：‘到一边去！’公马就贴到马架子的一边去，可是不能闹着玩儿！要特别小心巴哈尔，不要靠得太近，它会踢人的。”他拉住马镫，很亲热地拍着捯动着四蹄的骒马那紧绷绷、黑油油的乳房说。

三

米沙一天到晚骑在马上，就这样清闲了一个星期。草原使他着了迷，草原招引他过起原始的、与草木相伴的生活。马群在不远处荡来荡去。米沙不是在马上打盹，就是躺在草地上，无忧无虑地注视着微风吹动着一片片镶了白边儿的云彩在天空飘荡。起初，他很满意这种与世隔绝的状态。他甚至都爱上了这种远离人群的牧场生活。但是过了一个星期，等他已经熟悉了新环境的时候，又产生了一种莫名的恐惧心情。“人家都在那儿为自己和别人的身家性命打仗，我却在这儿放起马来。怎么能这样啊？一定要离开这儿，不然就完啦。”他清醒地想道。但是又有一种苟且偷安的声音钻进脑子里:“就让他们在那儿打吧,那儿是鬼门关,这儿可是逍遥自在,除了草原,就是蓝天。那儿互相残杀,这儿太平无事。干吗要多管闲事呢? ……”各种想法争先恐后地侵蚀着米沙的宁静心情。因此他又很想去接近接近人,已经不像初来的几天那样了,而是常常主动去找索尔达托夫,想和他接近接近。索尔达托夫现在正带着自己的马群在杜达廖夫塘一带转悠。

看样子,索尔达托夫不觉得孤独有多么难受。他很少在帐篷里过夜,几乎夜夜都跟马群在一起,或者就睡在池塘边。他过着野兽一样的生活,经常自己打食儿吃,而且本事十分高超,好像这一辈子就是专门干这一行的。有一天,米沙看到他用马尾搓细绳儿,觉得很有趣,就问道:

“你搓这玩意儿干什么?”

“钓鱼。”

“哪儿有鱼?”

“塘里就有。有鲫鱼。”

“用虫儿钓吗?”

“也用面包,也用虫儿。”

“鱼炖着吃吗?”

“晒干就能吃。你尝尝!”他从裤子口袋里掏出一条干鲫鱼,很热心地请米沙吃。

有一天,米沙在放马的时候看到一只落进夹子的野雁。旁边有一只做得很像的假雁,还有几只夹子拴在橛子上,用青草巧妙地掩盖着。这天晚上,索尔达托夫用烧红的木炭拌上碎土,把野雁埋在土里烤熟了,请米沙也来吃。他一面撕着香喷喷的雁肉,一面说：

“下一次你别把野雁解下来，不然可要给我坏事。”

“你怎么到这儿来的？”米沙问。

“我要养家呀。”

索尔达托夫沉默了一会儿，忽然又问道：

“你告诉我，大家都说你干过红军，是真的吗？”

米沙没想到他会提出这个问题，有些尴尬。

“没有……这怎么说呢……嗯，我往他们那边跑……被抓回来啦。”

“为什么要往那边跑？你贪图什么？”索尔达托夫小声问道。他的目光越来越冷峻，嚼得也渐渐慢了。

他们坐在一条干涸的山沟沿上，靠着一堆火。干马粪冒着浓烟，灰堆里往外冒着小小的火苗。夜晚的风从他们背后吹来，送来一阵阵干燥的热气和萎蔫的野蒿气味。黑漆漆的天空不时划过流星。有一颗流星划过，留下的一道毛茸茸的白印子亮了老半天，就像是马屁股上留下的鞭痕。

米沙留神地望着索尔达托夫那被火光映黄了的脸，回答说：

“想争得一些权利。”

“为谁争权利？”索尔达托夫的身子猛地动了一下。

“为老百姓。”

“究竟争什么权利？你说说看。”

索尔达托夫的声音低了下来，并且带点儿笼络的味道。米沙犹疑了一会儿——他觉得，索尔达托夫故意往火里添干马粪蛋儿，是为了掩饰自己脸上的表情。后来他下了决心，说：

“争的权利就是:大家要平等!不应该有老爷、有奴仆。明白吗?这种事要打翻过来。”

“你以为,士官生不行了吗?”

“是的,不行啦。”

“原来你想这样……”索尔达托夫喘了一口气,突然站了起来。“狗崽子,你想把哥萨克都卖给犹太佬当奴隶呀?!”他叫得又响又凶。“你……人家收买你,你们这一伙儿想把我们连根铲掉呀?!哼,原来是这么回事儿啊!……是想让犹太佬在我们草原上到处盖工厂吗?想把我们的土地都夺走吗?!”

米沙惊愕得慢慢站了起来。他觉得索尔达托夫好像要打他。他往后退了退,索尔达托夫见他吓得往后退,便真的举手打来。米沙半路上抓住了他的手;紧紧攥着他的手腕子,强硬地说:

“大叔,别来这一套,要不然我可要对你不客气啦!你嚷嚷什么?”

他们在黑暗中面对面站着。火堆已经被他们踩灭了;只有滚到一边去的马粪蛋儿还红红的,冒着烟。索尔达托夫用左手抓住米沙的衬衣领子,攥住领子往上扯,想趁机把右手抽出来。

“别抓我的领子!”米沙扭动着强有力的脖子,沙哑地说:“别抓我!再抓我揍你,听见吗?……”

“哼……哼……你……我揍你……你等着瞧!”索尔达托夫气喘吁吁地说。

米沙掰开他的手,使劲把他推开。米沙哆哆嗦嗦地整理着衬衣,心里恨不得要揍他,把他打倒在地,狠狠揍一顿。

索尔达托夫没有往前来。他咬牙切齿地连骂带叫:

“我去报告！……这就去报告场长！叫你去坐牢！……坏蛋！坏家伙！……布尔什维克！……把你收拾掉，就像收拾波得捷尔柯夫那样！把你吊到树上！绞死！”

“他会去报告……会乱说一通的……会叫我去坐牢……不会再送我上前线去啦，就是说，我不能跑到自己人那边去啦，完啦！”米沙想到这里，心凉了；他心里想着主意，一颗心拼命翻腾着，就像一条鱼随着退落的春水搁浅了，回不到河里去，就在一个小坑里拼命翻腾起来。“把他干掉！马上掐死他……非这样不可……”他在心里一面思索这个突然冒出来的主意，一面寻找辩护的理由：“我就说，他扑上来打我……我就掐住了他的喉咙……不是故意的……是一时冲动……”

米沙打着哆嗦朝索尔达托夫走去，如果这时候索尔达托夫撒腿一跑，他们两个人就非死即伤。可是索尔达托夫还是在叫骂，于是米沙鼓起来的一股劲儿也消了，只不过两条腿还轻轻哆嗦着，而且背上和胳肢窝里都冒出了汗。

“喂，你等一等……听见吗？索尔达托夫，别这样。别嚷嚷啦。是你先动手的嘛……”

于是米沙低声下气地央求起来。他的下巴打着哆嗦，眼睛张皇失措地转悠着。

“好朋友都免不了要吵几句……我可没有打你……可是你抓住我的领子……噢，我说的话有什么不得了的？有什么好告的？……如果惹你生气了，就多多担待吧……真的！好吗？”

索尔达托夫叫嚷声越来越小，终于不叫了。过了一会儿，他扭过脸去，一面把自己的手从米沙那汗津津的冰凉的手里往外抽，一面说：

“像毒蛇一样转悠起尾巴来啦！哼，那好吧，我不说就是啦。我可怜你这股糊涂劲儿……可是你今后离我远远的，我再也不愿意看见你！你是个下流货！你卖身投靠犹太佬，我不喜欢这种为钱卖身的人。”

米沙在黑暗中低声下气、可怜巴巴地笑着，索尔达托夫却看不见他的脸，也看不见他的拳头攥得紧紧的，而且因为充血鼓得老大。

他们没有再说一句话，就各自走开了。米沙狠狠地抽打着他骑的马，跑去寻找自己的马群。东方电光闪闪，雷声隆隆。

这天夜里，牧场上雷雨交加。快到半夜时候，一阵狂风就像一个害气肿病的人一样，呼噜呼噜地喘着，带着啸声飞驰而过，后面拖着一股浓浓的凉气和呛人的尘土，就好像拖着一条肉眼看不见的长裾。

天空黑沉沉的。一道电光斜斜地划破阴沉欲坠的黑云，静了好一阵子，远处的沉雷就带着报警的意味轰隆轰隆地响了起来。大大的雨点打得青草抬不起头。米沙借着第二次划破天空的电光，看见了遮住半个天空的褐色的、边上像炭一样黑的可怕的阴云和阴云笼罩的大地上那挤成一堆的一匹匹小小的马儿。噼啪啪一个焦雷，一道电光飞向大地。又一声焦雷响过，大雨从云层里泼了下来，草原上风声、雨声、雷声响成了一片，一阵狂风吹来，吹掉了米沙头上的湿漉漉的制帽，猛地一下子吹得他趴在鞍头上。有一小会儿又黑又静，然后又是一道电光在天空划过，电光闪过，越发显得漆黑一团了。紧跟着来的雷声异常猛烈，噼啪啪，咔啦啦，米沙骑的马吓得蹲了下去，接着往上一跳，就用后腿直立起来，打起转转儿。马群里的马都乱腾腾地跺起蹄子。米沙使劲勒着马，大声吆喝起来，想给马群鼓鼓气：

“站住！……嘚儿儿儿！……”

在曲曲折折，一个劲儿地在云端里飞掣的雪亮的闪电照耀下，米沙看见，马群正迅猛地朝他冲来。一匹匹的马都甩平了前后腿疯狂地跑着，闪闪有光的嘴儿乎贴在地上。都张大了鼻孔，呼哧呼哧地喘着气，没有钉掌的马蹄发出一片咕咚声。巴哈尔使足了劲儿，跑在最前面。米沙拨马朝旁边一闪，勉勉强强躲开了。马群冲了过来，在不远处停了下来。米沙不知道被雷雨吓慌了、吓怕了的马群是应着他的吆喝声跑来的，又用更大的嗓门儿吆喝起来：

“站住！别乱跑！”

咕咚咕咚的马蹄声(这时候已经没有电光了)又飞快地朝他冲来。他在惊骇中用鞭子照坐下马的两眼当中抽了一下，可是已经躲不及了。一匹发了疯的马的胸膛撞在他的马的屁股上，于是米沙就像离了弦的弹丸一样，从马鞍上飞了下来。他好歹幸免于难：大群的马从他右边跑了过去，因此没有把他踩坏，只有一匹骒马一蹄子把他的右手踩进了烂泥里。米沙站了起来，不声也不响，小心翼翼地朝一边走去。他听见，马群就在不远处等着他吆喝，好重新向他疯狂地冲过来呢，他还听出了巴哈尔那特殊的、与众不同的呼哧声。

天快亮的时候，米沙才回到帐篷里。

四

五月十五日，大顿河军总司令克拉斯诺夫，在司令部处长会议主席兼外交处长阿福里康·包加叶夫斯基少将、顿河军军需总监基司罗夫上校和库班军区司令菲利蒙诺夫陪伴下，乘轮船抵达马内契镇。

顿河和库班土地上的这几位大老板站在甲板上，闷闷不乐地看着轮船靠上码头，水手们忙活起来，褐色的波浪像开了锅一样，从跳板旁边滚了开去。后来他们上了岸，聚集在码头上的人群的几百双眼睛都注视着他们。

天空、地平线、天色、一缕缕的热气——全是蓝的。就连顿河也泛着不是本色的蓝色，并且像哈哈镜一样，映出一朵朵白云。

微风吹来，送来太阳、干碱土和去年的烂草气息。人群里一片嘁嘁喳喳的说话声。将军们由当地的官员们迎住，乘车朝操场上驶去。

一个小时以后，就在乡长家里开起了顿河政府和志愿军代表会议。代表志愿军前来的是邓尼金将军和阿列克塞耶夫将军，还有军参谋长罗曼诺夫斯基将军、里亚司年斯基和艾瓦里德两位上校。

见面的气氛是非常冷淡的。克拉斯诺夫显得沉闷而矜持。阿列克塞耶夫和到会的人握过手以后，就在桌子旁边坐了下来；用两只干巴巴的白手托住耷拉下来的腮帮子，就带着不闻不问的神情闭上了眼睛。他坐汽车颠昏了头。他好像因为老，因为经历了动荡的局面,浑身都干瘪了。嘴角上的线条耷拉了下来,露出悲哀的神情,布满青筋的、蓝蓝的眼皮肿了起来,也垂了下来。许许多多细细的皱纹像扇面一样朝鬓角散了开去。手指头紧紧贴在腮帮子的老皮上,指头尖插进剪得短短的、老得枯黄了的头发里。里亚司年斯基上校小心地在桌子上摊着沙沙响的地图,基司罗夫在帮他摊。罗曼诺夫斯基站在旁边,用小指头的指甲按住地图的一个角儿。包加叶夫斯基靠在不很高的窗户上,怀着很难受的心情凝神看看阿列克塞耶夫那疲惫无神的脸。这张脸十分苍白,就像用石膏做成的。"他真老啦！老得好厉害呀！"包加叶夫斯基心里这样说,两只扁桃形的眼睛一直不离开阿列克塞耶夫。到会的人还没有全部坐下来,邓尼金就朝着克拉斯诺夫,很冲动、很激烈地说:

"在开会以前,我要向您声明:有一件事使我们非常吃惊,就是您在进攻巴达伊斯克的作战部署中说,在你们的右翼作战的有一营德国步兵和一个德国炮兵连。可以说,这类合作的事简直使我觉得出奇……请问,您和祖国的敌人——万恶的敌人！——联合起来,并且依靠他们的帮助,究竟打什么主意呢？不用说,您一定知道协约国正准备援助我们吧？……志愿军认为,同德国人联合,就是背叛复兴俄罗斯的事业。同我们站在一起的广大人士,对顿河政府的行动都有这样的看法。请您解释解释。"

邓尼金恶狠狠地拧弯了眉毛,等候回答。

克拉斯诺夫只是由于忍耐和他素有的上流社会风度,才保持了表面的镇静;但愤怒还是一个劲儿要发作出来:他的嘴在白胡子底下不住地哆嗦,哆嗦得都走了样子。克拉斯诺夫很镇定、很有礼貌地回答说：

“当整个事业的成败面临孤注一掷局面的时候，就连往日的敌人的援助，也是不应拒绝的。此外，顿河政府是五百万有自主权的人民的政府，不受任何人监护，是有权独立行动的，只要这种行动符合它所保护的全体哥萨克的利益就行。”

在说这些话的时候，阿列克塞耶夫睁开了眼睛，看样子，他是想聚精会神地仔细听听。克拉斯诺夫看了看神经质地捻着直溜溜的小胡子的包加叶夫斯基，又继续说下去：

“阁下，您的意见，可以说，太迂阔啦。您说了许多义正词严的话，好像我们背叛了俄罗斯的事业，背叛了协约国……不过我想，志愿军从我们这儿弄去的军火，就是德国人卖给我们的，这件事您想必知道吧？……”

“我请您严格区分性质截然不同的问题！你们怎样从德国人手里得到军火，这我不管，我说的是你们接受他们的军队的援助！……”邓尼金气冲冲地耸了耸肩膀。

克拉斯诺夫在话的末尾，顺便地、很小心地、然而十分明确地向邓尼金示意，他现在已经不是邓尼金在奥地利前线所看到的那个小旅长了。

邓尼金打破克拉斯诺夫发言以后出现的尴尬局面，很灵活地把谈话转移到顿河军和志愿军的合编问题以及建立统一指挥的问题上去。但是在这之前发生的冲突，实际上成了他们以后的关系日益恶化的起点，他们后来的关系越来越坏，到克拉斯诺夫下台时就彻底决裂了。

克拉斯诺夫不作正面回答，只建议联合进攻察里津，目的是，第一，可以占领一个重大的战略据点；第二，占稳这个据点以后，就可以和乌拉尔的哥萨克联合起来。

接着是简短的对话：

“……察里津对于我们的重要性，就用不着对您说啦。”

“志愿军会遇到德国人。我不去打察里津。我首先要解救库班人。”

“是的，不过最紧迫的任务还是占领察里津。顿河政府委托我请求阁下协助。”

“我再说一遍：我不能扔掉库班。”

“只有在进攻察里津的前提下，才能谈建立统一指挥的问题。”

阿列克塞耶夫不以为然地吧嗒了几下嘴唇。

“这不可能！如果不把本地区的布尔什维克肃清，库班人是不会外出作战的，而志愿军只有两千五百条枪，其中还有三分之一是不能作战的伤病员。”

在简单就餐的时候，彼此很不带劲地交换了一些无关紧要的意见——大家已经很清楚，不会达成什么协议了。里亚司年斯基上校说了一个有趣也有些可笑的故事，说的是马尔科夫将军手下一个人的事，因为一同吃饭，又听了有趣的故事，紧张的气氛才消散了。可是吃完饭以后，大家一面抽烟，一面各自朝上房走去的时候，邓尼金捅了捅罗曼诺夫斯基的肩膀，用眯缝起来的锐利的眼睛瞟了瞟克拉斯诺夫，小声说：

“本地的拿破仑……其实，是个蠢人……”

罗曼诺夫斯基笑了笑，很快地回答说：

“他想称王称霸，独揽大权哩……这位旅长正在做帝王美梦呢。我看，他就不知道自己有多么可笑……”

大家都怀着敌意和仇恨各自散去。从这一天起，志愿军和顿河政府之间的关系就急剧恶化，志愿军司令部获悉克拉斯诺夫写给德皇威廉的信的内容以后，他们之间的关系就恶化到了极点。在诺沃契尔卡斯克休养的志愿军伤员，都嘲笑克拉斯诺夫一心想独立自治，嘲笑他那种热心恢复哥萨克古代生活的劲头儿，在自己人的圈子里，都很轻蔑地叫他“老板”，把大顿河军叫作“快活无敌军”。顿河独立派为了报复，把志愿军称作“流浪歌手们”“没有地盘的王公们”。志愿军里面有一个“大人物”，十分刻薄地说顿河政府是“睡在德国人床上的婊子。”杰尼索夫将军接着就回敬说：“如果顿河政府是婊子的话，那么志愿军就是依靠这个婊子赚的钱来活命的小猫。”

杰尼索夫这样说，是暗示志愿军依赖顿河政府，顿河政府从德国弄来的军火，都要分给志愿军。

罗斯托夫和诺沃契尔卡斯克成了志愿军的大后方，这两座城市里到处是军官。成千上万的军官在做投机倒把生意，在数不清的后方机关里混差事，寄居在亲戚、朋友家里，拿着伪造的受伤证明书住在医院里……那些最勇敢的都在战场上牺牲了，害伤寒或者受伤死去了，而剩下的这一些，都因为这几年的革命，失去了荣誉心和良心，都像豺狼一样躲在大后方，就像肮脏的浮渣和大粪一样，漂浮在风云变幻时代的表面。这都是一些幸存的、腐败的正规军军官，当年柴尔涅曹夫呼吁保卫俄罗斯的时候，就曾经抨击、揭露和责骂过这些人。他们大多数都是所谓穿着军装的“有思想的知识分子”中最没有出息的一类，他们躲避布尔什维克，可是又没有决心靠拢白军，就苟延残喘地过日子，空谈俄罗斯的命运，挣几个钱养养老婆孩子，并且一心希望战争结束。

对于他们来说，不管是克拉斯诺夫，是德国人，还是布尔什维克，谁管理国家都是一样，只要结束战争就行。

可是天天都有事件发生。在西伯利亚发生了捷克斯洛伐克人的叛乱，在乌克兰，马赫诺和德国人打了起来。高加索、摩尔曼斯克、阿尔汉格尔斯克……整个俄罗斯都笼罩在硝烟中……整个俄罗斯都处在大转变的痛楚中……

六月里，顿河上就像刮起东风那样，到处传说着一个消息，说捷克斯洛伐克人正在进攻萨拉托夫、察里津和阿斯特拉罕，目的是要在伏尔加河流域组成一条东方战线，向德军发起进攻。在乌克兰的德国人只好很不情愿地把一些从俄罗斯跑过来、打着志愿军旗号的军官放了进去。

德军司令部听到要组织东方战线的谣传，十分惊慌，于是派了代表来找顿河政府。七月十日，德军的三位少校——封·郭欣豪津、封·司捷帆尼和封·施列尼茨——来到诺沃契尔卡斯克。

军区司令官当天就在将军府接见了他们，陪同接见的还有包加叶夫斯基将军。

郭欣豪津少校提到，德军司令部正不遗余力，以至使用武装，在援助大顿河军政府同布尔什维克作战，援助大顿河军政府恢复边境。说过这番话之后，就问，如果捷克人对德军进攻的话，顿河政府将采取什么态度。克拉斯诺夫向他保证，哥萨克将严守中立，决不允许把顿河当作战场。封·司捷帆尼少校表示，希望司令官的答复能够用书面形式表示出来。

接见到这里就结束了，第二天，克拉斯诺夫给德皇写了下面一封信：

圣上万岁、万万岁！

呈递本书者——陛下治下大顿河军区济莫夫乡乡长（特使）及其随行人员，系受本顿河军区司令委派，向恩威远扬的大日耳曼皇帝陛下致敬，并奏陈如下：

英勇的顿河哥萨克为祖国的自由进行了两个月的战斗，哥萨克也像同日耳曼民族有血缘关系的布尔人不久前跟英国人作战时那样勇猛，两个月的战斗，已经在我国各条战线上取得完全胜利，现在大顿河军区的土地上，已经有十分之九的地方肃清了红军匪徒。国内秩序已经稳定，已经建立起完整的法纪。仰赖陛下大军的协助，本军区的南部已经完全安定，我已训练好一支哥萨克部队，以维持境内秩序，防止敌人入侵。刚刚建立的国家机构，即现在的顿河军区，是很难单独生存下去的，因此，就和阿斯特拉罕军区和库班军区的首领——上校童杜托夫公爵和菲利蒙诺夫上校——结成密切的同盟，以便在肃清阿斯特拉罕军区和库班军区的布尔什维克之后，可以由大顿河军区、包括斯塔夫罗波尔省的加尔梅克人在内的阿斯特拉罕军区、库班军区以及北高加索各个民族，建立以联邦为基础的巩固的国家体制。以上各地区齐心协力、重新建立的国家，必然与大顿河军区保持一致，因此决不会允许自己的土地变成血战的战场，必将保持完全的中立。兹委托陛下治下的济莫夫乡乡长陈述如下：

请陛下承认大顿河军区的独立权，并承认库班、阿斯特拉罕、捷列克军区和北高加索解放之后的独立权，以及定名为顿河–高加索联邦的整个国家的独立权。

请陛下承认大顿河军区按原来的地理范围和种族分布范围划定的边界，请协助解决乌克兰和顿河军区在塔干罗格问题上的争端，把塔干罗格市和塔干罗格州划归顿河军区，顿河军区统辖塔干罗格已有五百余年，塔干罗格乃顿河军区的特姆塔拉堪区的一部分，特姆塔拉堪乃顿河军区的发祥地。

从战略上考虑，请陛下协助把卡梅申市和察里津市、萨拉托夫省、沃罗涅日市和里斯基、波伏林诺两车站都并入顿河军区，并按照现在于济莫夫镇的地图上标明的界线，划定顿河军区的边界。

请陛下对莫斯科的苏维埃政权施加压力，迫使他们下令撤退大顿河军区以及加入顿河–高加索联邦的各地区的红军匪帮，以便恢复莫斯科和顿河军区之间正常的和平关系。顿河军区的居民、商业和工业因布尔什维克入侵所遭受的损失，应由苏维埃俄罗斯赔偿。

请陛下对我们这新建立的国家供应大炮、枪支、弹药和技术装备，如果陛下认为有利，请在顿河军区境内建立制造大炮、枪支、炮弹和子弹的工厂。

大顿河军区和行将参加顿河–高加索联邦的其他各地区，都不会忘记德国人民的友好援助，早在十七世纪的三十年战争中，哥萨克就和德国人民并肩战斗，那时候就有许多哥萨克团在瓦伦希台因麾下作战，而在一八〇七——一八一三年，顿河哥萨克又跟自己的统帅普拉托夫伯爵，去为德国的自由而作战。现在，在东普鲁士、加里西亚、布柯文纳和波兰的土地上血战了将近三年半，哥萨克和德国人都互相学会了尊重对方军队的勇敢和坚强，如今，又作为两个胸怀高尚的战友，互相携起手来，共同为保卫美好的顿河的自由而战斗。

大顿河军区为了报答陛下的盛情，保证在世界大战时严守中立，决不允许与德国人民为敌的武装力量进入自己境内；阿斯特拉罕军区司令童杜托夫公爵、库班政府以及行将成立的顿河–高加索联邦的其他地区都表示赞同。

大顿河军区给予日耳曼帝国以优先权，优先购买本地区的剩余物资：粮食——谷类和面粉、皮革制品和原料、羊毛、鱼类、植物和动物油以及油类制品、家畜和马匹、烟草及其制品、葡萄酒以及其他果制品和农产品；日耳曼帝国可以供应农业机械、化学产品和制革药品、印刷钞票的设备和相应的原料、呢绒厂、棉织厂、皮革厂、制糖厂、化工厂和其他一些工厂的设备，以及电机器材等，作为交换。

此外，大顿河军政府还为德国产业界向顿河地区工商业投资提供特惠条件，尤其是在开发和经营新的水运线和其他运输线方面。

密切的合作对双方都有利，德国军队和哥萨克在共同战斗中流的鲜血凝成的友谊，必将成为战胜我们的一切敌人的强大力量。

向陛下呈递本书的，不是外交家，不是深谙国际公法的专家，而是一个在光荣的战斗中一向尊重德军威力的士兵，因此，请陛下原谅我不加任何矫饰的直陈，请相信我一片忠诚。

顿河司令官，少将

彼得·克拉斯诺夫敬启

七月十五日，这封信提交司令部外长会议讨论过，尽管大家对这封信都持保留态度，而且包加叶夫斯基和另外几个政府委员甚至明确表示反对，但克拉斯诺夫还是立即将这封信交给了在柏林的济莫夫乡乡长李贺登别尔格斯基公爵，他是和克拉斯诺夫一同上基辅去，又跟着柴里亚楚金将军从基辅上德国去的。

这封信在发出以前，经过包加叶夫斯基的默许，在外交处打印过。这封信的打印本于是就广泛地流传开来，后来又加了一些相应的批注，在哥萨克部队和各乡镇到处流传起来。这封信成了强有力的宣传工具。大家越来越激烈地议论起克拉斯诺夫卖身投靠德国人的事。前线上开始发生骚动。

就在这时候，节节胜利、气焰不可一世的德军，把俄国的柴里亚楚金将军带到了巴黎城下，柴里亚楚金就和德军总参谋部的人员一起，看到了克虏伯重炮的强大威力，看到了英法联军的覆灭。

五

在冰上行军[①]期间，叶甫盖尼·李斯特尼次基受过两次伤：第

①科尔尼洛夫一伙把他们从罗斯托夫往库班撤退称为“冰上行军”。——作者注

一次是在攻占拉宾河口镇的战役中，第二次是在清晨进攻叶卡捷琳诺达尔的时候。两次伤势都不重，所以都没有离开队伍。但是在五月里，志愿军在诺沃契尔卡斯克地区作短时间休息的时候，李斯特尼次基感到身体不舒服，就请了两个星期的假。

因为不怎么愿意回家，他就决定在诺沃契尔卡斯克休息休息，免得往返花费时间。

和他同排的同事郭尔察柯夫骑兵大尉，也和他一起请假离开队伍。郭尔察柯夫请他到自己家里去住：

"我没有孩子，我老婆一定很欢迎你。她已经从我的信上很熟悉你啦。"

这天中午，像夏天一样炎热和明朗，他们来到车站旁边的一条街上，在一座古老的房子跟前下了马。

"这是我以前的住宅。"黑胡子、长腿的郭尔察柯夫急急忙忙往前走着，回头看着李斯特尼次基说。

他的两只鼓鼓的、黑中透蓝的眼睛，因为高兴和激动湿润了，他那像希腊人一样的肉嘟嘟的鼻子笑得耷拉了下来。他跨着大步，走得绿色马裤那磨得光油油的裤裆嚓嚓响着，走进了房里，房里马上就充满了当兵人身上发出的那股汗酸气。

"廖丽娅[1]在哪儿？奥丽加·尼古拉耶芙娜在哪儿？"他朝着急忙从厨房里跑出来含笑相迎的女仆叫道。"在花园里吗？咱们上花园里去。"

花园里的苹果树下，轻轻晃动着像虎皮一样斑斑点点的阴影，散发着蜂房的气息和干土的气息。阳光照在李斯特尼次基的

①廖丽娅是奥丽加的爱称。

眼镜上，曲曲折折、像榴霰弹一样散了开去。铁路线上有一辆火车头一个劲儿地呜呜叫着；郭尔察柯夫打破这种单调的吼叫声，唤道：

“廖丽娅！廖丽娅！你在哪儿呀？”

一个身穿鹅黄色衣服的高高的女子，在蔷薇丛里闪了闪，从旁边一条林荫小道上走了出来。

她用惊愕而优美的姿势把两手按在胸前，愣了一小会儿，然后就喊叫着伸出两条胳膊，朝他们奔来。她跑得非常快，所以李斯特尼次基只能看到在她那裙子里面一动一动的圆滚滚的膝盖、窄窄的鞋尖和向后仰着的头上那金光闪闪的头发。

她踮起脚尖，把两条弯弯的、晒得红红的光胳膊搭在丈夫的肩上，吻他那落满灰尘的两腮、鼻子、眼睛、嘴唇、因为风吹日晒变黑了的脖子。快速吻声劈劈啪啪响着，就像机枪扫射一样。

李斯特尼次基擦着眼镜，闻着洋溢在周围的马鞭草的气息，也在笑着，他自己知道，这是一种十分勉强的傻笑。

等到伴有一阵阵冲动的兴奋高潮过去，郭尔察柯夫温柔地、然而毅然决然地掰开紧紧箍住他的脖子的妻子的手指头，抱住她的肩膀，把她的身子轻轻转了过来。

“廖丽娅……这是我的朋友李斯特尼次基。”

“哦，是李斯特尼次基呀！欢迎欢迎！我丈夫经常提到您……”她娇喘吁吁，用两只笑盈盈、高兴得模糊了的眼睛匆匆在他身上扫了一遍。

他们一块儿朝前走去。郭尔察柯夫用一只长着肉刺和脏指甲的毛烘烘的手搂着妻子那姑娘一般的细腰。李斯特尼次基一面走，一面侧眼看着这只手，闻着马鞭草的气息和晒得热烘烘的女人身体的气息，觉得自己就像一个小孩子被别人无缘无故狠狠打了一顿，心里十分委屈。他看了看一缕金黄色鬈发覆盖着的她的粉红色的小耳朵，看了看离他只有一尺远的脸蛋儿那细嫩的皮肤；他的眼睛像蝎虎子一样朝她的胸前开口处溜了溜，看到了不大的、鼓鼓的奶黄色乳房和耷拉着的棕色奶头。奥丽加那浅蓝色的眼睛偶尔朝他看一看，那目光是亲热的、和蔼的，但是当这双眼睛朝郭尔察柯夫那黑黑的脸上望去的时候，发出的是完全不同的亮光，李斯特尼次基心中就涌起一股淡淡的、恼人的惆怅感……

在吃饭的时候，李斯特尼次基才真正看清了女主人的容貌。在她那优美的身段和脸上有一种开始凋谢的、已见亏损的风韵，这种风韵总是隐隐约约地出现在一个年过三十的女子身上。但是在她那一双带有讥笑意味、有点儿冰冷的眼睛里，在她的举止中，还保留着没有消耗尽的青春活力。她的脸可以说是一张顶平常的脸，线条十分柔和，虽不标致，却很迷人。唯有一种鲜明的对照特别惹眼：那火热的、干裂的薄嘴唇是深红色的，只有南方黑头发的女子才有这样的嘴唇，那脸上的皮肤却泛着粉红色，眉毛是黄白色的。她很开心地笑着，但是在她那龇着满口密密实实、整整齐齐的细牙的微笑中，有机械的成分。她的声音低低的，有些沙哑，没有什么抑扬顿挫。两个月以来，除了肮脏的女护士，李斯特尼次基再没有见过女人，因此就觉得她分外漂亮。看着奥丽加·尼古拉耶芙娜姿态高傲、垂着发髻的头，他常常答非所问，不久他就借口身体疲倦，到给他安排好的屋子里去了。

……甜蜜而惆怅的日子就这样一天天过去。后来李斯特尼次基常常怀着敬重的心情去回想这些日子，但是在当时他却像小孩子那样，无缘无故、糊里糊涂地感到烦恼。郭尔察柯夫夫妇常常单独在一起，避免和他见面。他们借口要修理屋子，让他从原来在他们卧室隔壁的那间屋子搬到拐角上一间屋子里去，郭尔察柯夫在说这话的时候，咬着小胡子，他那刮得光光的、变年轻了的脸上的一本正经的表情中露着笑意。李斯特尼次基明白是什么使朋友感到不方便，但是不知为什么他又不愿意搬到别的朋友家去。他天天躺在苹果树下，躲在橙黄色的朦朦胧胧的凉荫里，看那些用粗劣的包装纸草率印成的报纸，或者睡觉，做一些使人烦恼、使人难受的梦。给他解闷消愁的是一只很漂亮的咖啡色白斑猎狗。猎狗见男主人一颗心全放在妻子身上，心里也很不是滋味，就常常来找李斯特尼次基，跟他躺在一块儿，唉声叹气，李斯特尼次基就抚摩着猎狗，动情地小声吟咏起来：

幻想吧，幻想吧……你那金色的眼睛
越来越不能看远，越来越暗淡……

他怀着喜爱的心情回味着他还记得的布宁的一些像薄荷蜜一样芳香而醇厚的诗句，又睡着了……

奥丽加·尼古拉耶芙娜凭着女性特有的敏感，看透了他的苦闷心情。她本来就很慎重，现在跟他相处更加慎重了。有一天傍晚，他们两个从公园里回来（马尔科夫将军团里的几个军官在公园门口拦住了郭尔察柯夫），李斯特尼次基挽着奥丽加·尼古拉耶芙娜的胳膊，紧紧夹着她的胳膊肘，这使她很不高兴。

“您为什么这样看我呀？”她笑着问道。

李斯特尼次基感觉她的低低的声音中似乎有戏谑和挑逗的意味。因此他才大着胆子念了一首哀艳的小诗(这几天他迷上了诗歌,玩味起别人咏出的痛苦)。

他低下头,微微笑着,低声吟道:

一种奇异的亲切感将我紧紧锁住
我朝黑黑的面纱里面凝望——
看见了迷人的海岸
看见了迷人的地方。[①]

她轻轻地抽出自己的胳膊,用觉得好笑的声调说:

"叶甫盖尼·尼古拉耶维奇,我很明白……我不会看不出您对我的态度……您不觉得害羞吗?这不好,很不好!我没有想到您是……这样的人……这算什么呀,咱们以后别这样啦。要不然又难听,又不光彩……干这类的事儿,您可是找错了对象。您是想勾引我吧?算了吧,不要坏了我们的朋友关系,您就别胡来吧。我可不是那个'美丽的陌生女郎'。明白吗?是他来了吧?您把手给我吧!"

李斯特尼次基装作很委屈很生气的样子,但是到末了,他不再表演生气了,也跟着她哈哈大笑起来。等郭尔察柯夫追上他们之后,奥丽加·尼古拉耶芙娜活跃起来,而且更快活了,但是李斯特尼次基却不作声了,心里狠狠地骂自己,一直骂到家门口。

奥丽加·尼古拉耶芙娜实心实意地相信,把话说明白以后,他们会成为朋友的。表面上李斯特尼次基也能像她所相信的那样,

①这是勃洛克的诗《美丽的陌生女郎》中的一节。

但是他在心里几乎是恨她的，过了几天，他就发觉自己在拼命寻找奥丽加性格和外貌上的缺点，他明白，他这是站在真正的、深厚的爱情的边沿上了。

假期快完了，脑子里还留着莫名的不快感。志愿军经过补充和休整之后，准备进攻了；志愿军又要离开顿河首府，上库班去。不久，郭尔察柯夫和李斯特尼次基就离开了诺沃契尔卡斯克。

奥丽加送过他们。黑绸子衣服衬托出她那淡雅的风韵。她那哭红的眼睛在笑着，肿得很不好看的嘴唇为她的脸增添了激动和孩子气的表情。李斯特尼次基脑子里留下的就是她这种样子。不管在血里，在人生的泥淖中，他的脑海里很久都珍重地保留着她的闪闪发光、永不磨灭的形象，给她的形象罩上一层高不可及的神圣的光环。

六月里，志愿军就参加了战斗。就在第一次战斗中，一块三英寸口径的炮弹皮打烂了郭尔察柯夫的肚子。他们把他抬下了阵地。一个钟头以后，他躺在大车上，流着血和尿，对李斯特尼次基说：

“我不以为我会死……马上就要给我动手术……据说没有麻药……死可不值得。你以为怎样？……不过，为了预防万一……趁我头脑还清醒……叶甫盖尼，我劝你别丢掉廖丽娅……我和她连一个亲人也没有。你是一个正直人、体面人……你娶了她吧……不愿意吗？……”

他带着恳求和仇恨的神情望着李斯特尼次基，因为长满胡楂子发青的腮帮子哆嗦着。他把沾满了血和泥的两只手小心翼翼地放到炸坏的肚子上，一面舔着嘴唇上的粉红色汗珠儿，一面说：

“你答应吗？如果俄罗斯的大兵不把你也这样干一家伙的话……你别扔掉她。你答应吗？不说话吗？她是一个很好的女子。”他的一张脸很难看地歪了歪。“是屠格涅夫笔下那样的女子……现在可没有这样的女子啦……你不说话吗？”

“我答应。”

“那你就走吧！……再见啦！……”

他抓住李斯特尼次基的手，哆哆嗦嗦地握了握，然后很笨拙地使劲把他拉到自己跟前，因为使劲脸色越来越白，他抬起汗漉漉的头，把干裂的嘴唇贴到李斯特尼次基的手上。李斯特尼次基很激动，急忙用大衣襟遮住脸，掉过头去，在转头的工夫看见郭尔察柯夫的嘴唇打着冷战，腮边有一道灰色的泪痕。

过了两天，郭尔察柯夫死了。又过了一天，李斯特尼次基也被送往齐霍列茨克，因为他的左胳膊和大腿受了重伤。

在柯林诺夫镇外发生了持久而激烈的战斗。李斯特尼次基跟着队伍进行了两次冲锋和反冲锋。到第三次，他们这个营的劲头儿鼓了起来。连长一个劲儿地喊：“不要卧倒！……有种的，冲啊！……为了科尔尼洛夫的事业，冲啊！……”李斯特尼次基在喊声的鼓动下，在没有收割的麦地里很吃力地小步跑着，左手举着工兵锹，遮住脑袋，右手握着步枪。有一次一颗子弹吱的一声在铁锹上滑过，李斯特尼次基重新握紧锹把，心里高兴地说：“没有打着我！”可是后来他的胳膊上挨了很猛烈、很厉害的一下子。手里的铁锹掉了。他带着一股热劲儿，不再护头，又往前跑了十几丈远。他本来想把步枪端起来，可是左胳膊已经抬不起来了。疼痛就像浇版的铅一样，沉甸甸地灌进每一个骨节。他倒在垄沟里，忍不住叫了几声。他躺在地上，又有一颗子弹打在他的大腿上，于是他慢慢地、很不情愿地失去了知觉。

在齐霍列茨克给他锯掉了打坏了的胳膊，取出了大腿里面的碎骨片。他躺了两个星期，伤口又疼，又灰心，又苦闷，很不是滋味。后来把他转送到诺沃契尔卡斯克。又在这儿的医院里度过了三十个难熬的日夜：换药、医生和护士那令人生厌的脸、碘酒和苯酚的冲鼻子气味……有时候奥丽加·尼古拉耶芙娜来看他。她的两腮泛着黄绿色。她的丧服烘托出哭干的眼睛没有哭尽的悲痛。李斯特尼次基每次都要对着她那失神的眼睛看很久，一声不响，很不好意思地、偷偷地把那只空袖筒藏到被窝里。她好像不愿意打听丈夫死的详细情形，她的目光在病床上扫来扫去，好像心不在焉地听着。李斯特尼次基出了院，就去找她。她在台阶上迎住他，当他把一头剪得短短的淡黄色头发的头垂得低低的，去吻她的手的时候，她把脸转了过去。

他的脸仔细刮过，那套很讲究的绿军服穿在身上还是很有气派，只是那只空袖子叫人看了很不舒服——缠着绷带的那小半截胳膊在里面哆哆嗦嗦地直摆动。

他们走进屋里。李斯特尼次基还没有坐下去，就开口说："鲍里斯临死要求我……要我答应，不要把您扔下……"

"我知道。"

"您从哪儿知道的？"

"从他最后一封信里……"

"他希望咱们能在一块儿……当然，这要看您是否同意，是否愿意和一个残废人结婚……我请您相信……现在谈爱情的话实在是不应该的……不过我诚心诚意希望您幸福。”

李斯特尼次基的窘急的样子和语无伦次的激动的话感动了她。

“这事儿我想过啦……我同意。”

“咱们上我父亲的庄上去吧。”

“好。”

“其余的事以后再办，好吗？”

“行。”

他恭恭敬敬地用嘴亲了亲她那像白瓷一样光滑的手，等他抬起两只柔顺的眼睛，就看见她的嘴上掠过一丝笑意。

爱情和强烈的肉欲使李斯特尼次基离不开奥丽加。他开始天天到她家里来。厌倦了战争生活的一颗心向往起童话式的生活……他像古典小说中的人物那样，常常自己和自己议论，耐心地在自己心里寻找他对谁都不曾有过的高尚感情，也许他是想用这种感情来掩饰赤裸裸的情欲。不过童话有一部分是连着现实的：不光是肉欲，还有一条看不见的线，把他捆到了这个偶然在他的生活中出现的女子身上。他弄不清自己的心情，只是有一点他觉得十分清楚：他这个残废了的、离了队伍的人，依然有一种压抑不住的、兽性的本能——“我要快活”。甚至在奥丽加还十分悲痛的日子里，她心里还十分沉重、十分悲伤的时候，他对死去的郭尔察柯夫的嫉妒心还在燃烧着，就找她睡觉，而且如癫似狂……昏天黑地地过着日子。闻过火药气味、感到世事茫然的人，都是拼命寻欢作乐，如饥似渴，今朝有酒今朝醉。就因为这样，李斯特尼次基才急急忙忙把自己的生活和奥丽加的生活结成一个结儿，也许他已经模模糊糊意识到,他拼死保卫的事业已经注定要完了。

他给父亲写了一封很详细的信,说他要结婚,并且不久就要带着妻子回亚戈德庄上去。

“……该做的事我已经做完了。我本来还可以用一条胳膊来消灭作乱的痞子们,消灭俄罗斯知识分子几十年来为其命运唏嘘流涕的这些该死的‘人民’。但是,说实在的,现在我觉得这已经毫无意义了……克拉斯诺夫和邓尼金在闹意见;在双方的内部也都是互相陷害、倾轧、营私舞弊、钩心斗角。有时候我简直感到十分可怕。有什么办法呢?我要回家去,用现有的唯一的一条胳膊拥抱您,同您生活在一起,在一旁观察局势的发展。我已经不能做战士,而是一个残废人啦,肉体上和精神上都是这样。我疲倦啦,我认输啦。大概,我要结婚,想找块‘安逸之地’,部分原因就在于此。”他用伤心和自嘲的语气在信尾这样写道。

他决定再过一个星期就离开诺沃契尔卡斯克。在动身的前几天,李斯特尼次基就索性搬到奥丽加家里来住。他们睡了一夜以后,奥丽加不知为什么消瘦了,憔悴了。她虽然后来也总是俯就他,但她还是因为既成的局面感到很痛苦,心里感到受了侮辱。李斯特尼次基不了解,也许是不愿意了解,他们在用不同的尺度衡量他们之间的爱情,而又用同样的尺度衡量他们的憎恨。

在动身前几天,李斯特尼次基有时无意中想起阿克西妮亚。他极力拦阻想她的念头,就像用手遮拦阳光那样。但是,不管他愿意不愿意,那段往事就像一缕阳光,一股劲儿地要钻过来,搅得他心神不定。起初他想:“我不和她断绝关系。她会同意的。”但是他又想到要顾体面——决定回家以后,如果有机会,就和她谈谈，跟她一刀两断。

第四天傍晚时候，他们来到亚戈德庄上。老爷在一俄里以外迎接这对新夫妇。叶甫盖尼老远就看见父亲很吃力地从马车的座位上跨了下来，摘下帽子。

“迎接贵客来啦。来，让我看看你们……”他用浑厚的嗓门儿说着，很不灵便地抱住儿媳妇，用他那灰中泛绿、熏焦了的胡子直扎她的脸蛋儿。

“爸爸，坐到我们车上来吧！车把式，走吧！哦，萨什卡老爹，你好啊！还结实吗？爸爸，您坐到我的位子上，我就跟车把式坐在一起。”

老头子坐到奥丽加旁边，用手帕擦了擦胡子，很镇定地、带着似乎很起劲的神气打量了一下儿子。

“喂，怎么样，伙计？”

“我看见您，太高兴啦！”

“你说你残废了吗？”

“有什么办法呢？是残废啦。”

父亲装作一本正经地看着儿子，想用严肃的神情掩饰难受的神情，不去看那只掖在腰带上的草绿色制服的空袖筒。

“没什么，我习惯啦。”叶甫盖尼耸了耸肩膀。

“当然，你会习惯的，”老头子连忙说，“只要脑袋还囫囵就行。总算是胜利归来啦……不是吗？不是胜利，又是什么？我要说，是胜利归来啦。甚至还带回来一个美丽的俘虏呢，不是吗？”

叶甫盖尼欣赏着父亲那种文雅的、多少有点过时的殷勤样子，用眼睛问奥丽加：“喂，老头子怎么样？”不用她说话，他从她那快活的笑容上，从她那热情的眼神上，就看出她很喜欢父亲。

几匹灰马小跑着，拉着大车在长长的山坡上奔驰。在冈头上就看见许多房舍、像抖搂开的马鬃一样的绿色丛林、白墙的主房、遮掩着一面面窗户的槭树。

“真好啊！噢，太好啦！”奥丽加高兴起来。

几只黑黑的猎狗高高地蹦着，从院子里跑了出来。猎狗围住了车子。萨什卡老爹从后面照着一只往车上跳的狗抽了一鞭子，怒喝道：

“会把你压死的，鬼东西！滚开！”

叶甫盖尼背朝马倒坐着；几匹马有时打几声响鼻，风把马鼻涕星子往后吹，洒在他的脖子上。

他微微笑着，望着父亲、奥丽加、撒了许多麦穗的道路和缓缓高起、遮住了远方山岭和地平线的土岗。

“真静啊！多么安静……”

奥丽加含笑目送着一声不响地在大路上方飞过的白嘴鸦，目送着往后跑去的一丛丛野蒿和草木樨。

“都出来迎接咱们啦。”老爷眯起眼睛说。

“谁？”

“下人们呀。”

叶甫盖尼回头一看，还没有看清那一群人的脸，就觉得妇女当中有一个是阿克西妮亚，他的脸唰地一下子红了。他以为阿克西妮亚的脸色一定是很激动的，可是当大车沙沙响着，来到大门口的时候，他惴惴不安地朝右面一望，就看见了阿克西妮亚，只见她的脸镇静而愉快，笑盈盈的，不禁吃了一惊。他心里一块石头落地，放下心来，连忙点头还礼。

“真妖艳！这是什么人？……美得迷人，不是吗？”奥丽加用赞美的目光瞟了瞟阿克西妮亚。

但是叶甫盖尼已经恢复了勇气；他镇定而冷淡地附和说：

“是的，这女人很漂亮。是咱们家的女用人。”

* * *

奥丽加的出现，给家里的一切带来了变化。老爷以前在家里总是整天穿着睡衣和毛织的短裤，现在吩咐把散发着樟脑气味的军服上衣和撒裤腿的将军裤从柜子里拿了出来。以前他一切都不讲究，穿着马马虎虎，现在如果发现熨过的衬衣上有一点小褶儿，就要把阿克西妮亚大骂一顿；早晨起来，她递给他的靴子如果没有刷干净，就要狠狠地瞪她两眼。他打扮得漂亮起来，每天都把脸刮得光光的，叶甫盖尼看了又高兴又惊异。

阿克西妮亚好像预感到事情不妙，便千方百计讨取少奶奶的欢心，曲意奉承，百般殷勤。鲁凯莉亚想方设法把饭食做好，使出拿手本领，使菜肴的味道不断翻新。就连老朽不堪的萨什卡老爹，也受到亚戈德庄上发生的变化的影响。有一天，老爷在台阶前碰见他，从头到脚把他打量了一遍，气呼呼地用指头招了招他。

“你这是怎么搞的，狗崽子？嗯？”老爷狠狠地翻着眼睛说。“你的裤子是什么样子，嗯？”

“你说是什么样子？”萨什卡不客气地回嘴说，但是他听到老爷这不同一般的发问和气得发抖的声音，也多少有点儿发窘。

“家里有年轻女人，你这老畜生，想把我气死吗？为什么裤裆不扣好？嗯?!”

萨什卡老爹的肮脏手指头伸到裤裆里，匆匆忙忙地扣起那长长的一排老大的扣子，就好像在按一架无声的手风琴的键盘。他还想对老爷说几句顶撞的话，可是老爷就像年轻时那样狠狠地把脚一跺，跺得那老式尖头靴子的底都开了绽，并且大声喝道：

“上马棚里去吧！给我走！我叫鲁凯莉亚烧点开水把你烫烫！把你那张脏皮剥下来，猪猡！”

叶甫盖尼悠闲自在，天天带着猎枪在干涸的山涧里转悠，在割掉了黍子的地里打打野鸡。只有一件事使他放心不下，就是他和阿克西妮亚的关系问题。但是有一天晚上，父亲把叶甫盖尼叫到自己的屋子里；老头子担心地朝门口望着，不去看儿子的眼睛，开口说：

“我说，你要明白……原谅我过问你的私事。可是我想知道，你和阿克西妮亚的事打算怎么办。”

叶甫盖尼抽烟卷的那种慌乱样子，一下子就使他露了馅儿。他又像回来的那一天一样，脸唰地一下子红了，而且他觉得越来越红，比那一天红得还厉害。

“我不知道……实在不知道……”他坦率地说。

老头子加重语气说：

“可是我知道。你马上就去和她谈一谈。给她些钱，算是赔补，”说到这里，他隐隐约约笑了笑，“请她离开。咱们另外雇一个。”

叶甫盖尼起身就朝下房走去。

阿克西妮亚背朝门站着，正在和面。两个肩膀一晃一晃的，脊梁中间出现一道很明显的沟。两个袖子挽到肘子上,那黑乎乎、圆滚滚的胳膊上的肌肉蹦蹦跳跳的。叶甫盖尼看了看她那毛茸茸的、老大的发鬈儿覆盖着的脖子,说:

“阿克西妮亚,请你出来一下。”

她很快地转过身来,竭力使自己的笑逐颜开的脸带上恭顺和冷漠的表情。但是叶甫盖尼看出,她在放下袖子的时候,手指头直哆嗦。

“我就来。”她担心地朝女厨子看了一眼,再也压抑不住欢喜的心情,就带着幸福和祈求的笑容朝叶甫盖尼走来。

来到台阶上,他对她说:

“咱们上花园里去。有话要谈一谈。”

“走吧。”她高高兴兴服服帖帖地答应说,心里想,这是要恢复旧日关系了。

在路上,叶甫盖尼小声问道:

“你知道我为什么叫你出来吗?”

她在黑暗中笑着,抓住他的手,但是他猛地一下子把手抽了出去,于是阿克西妮亚全明白了。她站了下来。

“叶甫盖尼·尼古拉耶维奇,您想怎样?我不往前走啦。”

“好吧。咱们在这儿谈谈也行。不会有人听见的……”叶甫盖尼急急忙忙地说,说得很乱。“你应该了解我。现在我不能再跟你像以前那样……我不能和你过啦……你明白吗?现在我成家啦,作为一个正直人,我不能去做下贱的事……良心不允许……”他一面说,一面为这些冠冕堂皇的话感到十分羞臊。

黑夜刚刚从黑暗的东方来临。

在西方,落霞映照着的一小片天空还红红的。因为怕“变天”,场院上在点着灯打场,机器轰隆轰隆地响着,雇工们乱哄哄地嚷嚷着;绞板不停地往吃不饱的脱粒机里送麦捆,还沙哑地、高高兴兴地叫着:“干吧!干吧!干——吧!”花园里异常安静。可以闻到大麻、小麦和露水的味道。

阿克西妮亚一声不响。

“你有什么意见?怎么不说话呀,阿克西妮亚?”

“我没有什么话好说。”

“我给你一些钱。你应该离开这儿。我想,你会同意的……我如果天天看到你,会觉得难过。”

“再过一个星期,我就做满一个月啦。可以做满这个月吗?”

“当然可以,当然可以!”

阿克西妮亚沉默了一会儿,后来不知为什么像挨了一顿打一样,畏畏缩缩地侧着身子走到叶甫盖尼跟前,说:

“嗯,好吧,我走……可是,你就不能最后可怜我一次吗?我要男人,就不要脸啦……我难受死啦……你别骂我,小亲亲。”

她的声音又响亮,又干脆。叶甫盖尼实在弄不清她说的是真话,还是在开玩笑。

“你想怎样?”

他懊恼地咳嗽了一声,就忽然感觉到她又怯生生地在摸索他的手……

过了五分钟,他从湿漉漉、香喷喷的醋栗丛里走出来,走到篱笆跟前,抽着纸烟,用手绢擦了半天裤子,因为裤子膝盖部分被嫩草染绿了。

他走上台阶，回头看了看。在下房里，窗前一片黄黄的灯光中晃动着阿克西妮亚那柔美的身影——阿克西妮亚抬起双手，梳理着头发，正对着灯微笑呢……

六

羽茅草长成了。几十里的草原上晃动着一片银白色。风吹得羽茅草歪歪倒倒的，吹得那灰白色的草浪沙沙直响，一起一伏，时而向南倒，时而向西歪。气流经过处，羽茅草都像祷告似的一齐弯下身去，在那白色的浪顶上，很久都留着一道黑黑的印子。

各种各色的野花都开过了。冈头上的野蒿晒得无精打采地垂下了头。短短的夜过得很快。每天夜里，漆黑的天上都闪烁着无数的星星；一弯新月，这哥萨克的小太阳，放射着微弱的白光；宽宽的银河与其他一些星群纵横交错。酸涩的空气浓浓的，风又干，又带有野蒿气味；土地也吸饱了到处称霸的野蒿的苦味，很希望凉爽凉爽。一条条星路不停地闪烁着，一副高傲的神气，因为既没有马蹄践踏，又没有人足去踩；星星就像麦粒儿撒在天空干燥的黑土里，不发芽也不吐穗，撒过就没有了；月亮泛着干碱土颜色，草原上到处干透了，到处是枯萎的野草，到处有鹌鹑闹闹嚷嚷、拼死拼活地打架，还有又尖又响的蝈蝈叫声……

白天里，又热又闷，到处烟雾蒙蒙。淡蓝色的天上，是火辣辣的太阳，万里晴空，再就是像一张棕色铁弓似的张大了翅膀的老鹰。草原上到处是银光闪闪的羽茅草，到处是没有光泽的、像褐色骆驼毛似的、晒得发烫的杂草；老鹰侧歪着身子在蓝天中盘旋，它的巨大的影子在下面草地上无声无息地滑过。

金花鼠懒洋洋地嗄声叫着。土拨鼠在洞口新翻出来的黄黄的土堆上打盹。草原上燥热，然而死静，四周的一切是明净的，一动也不动。就连天边那座古冢也蓝幽幽的，又神秘，又朦胧，就像在梦里一样……

故乡的草原呀！带苦味的风一股劲儿地吹拂着马群里的骒马和公马的马鬃。干燥的马鼻子都被风吹咸了，马闻着又咸又苦的气味，觉得嘴上有风和太阳的味道，就吧嗒起那光溜溜的嘴唇，并且不时地叫上几声。低低的顿河天空下的故乡草原呀！一道道的干沟，一条条的红土崖，一望无际的羽茅草，夹杂着斑斑点点、长了草的马蹄印子，一座座古冢静穆无声，珍藏着哥萨克往日的光荣……顿河草原呀，哥萨克的鲜血浇灌过的草原，我向你深深地鞠躬，像儿子对母亲一样吻你那没有开垦过的土地！

这匹马的头又小又瘦，就像蛇头。两只耳朵又小又灵活。胸部肌肉异常发达。四条腿细细的，非常有力，蹄腕骨十分端正，蹄子光溜溜的，就像河边的小石头。屁股微微下溜，尾巴就像一捆麻。这马是顿河良种马。不但是良种，而且是真正的纯种，血管里连一滴杂血也没有，因此处处都可以看出是纯种马。这马的名字叫“长尾猴”。

在喝水的时候，“长尾猴”为了保护自己的骒马，和另外一匹更强壮的老种马打了一架，尽管种马在牧场上都是不钉马掌的，那匹马还是把“长尾猴”的左前腿踢伤了。两匹马都直立起来，用嘴乱咬，用前腿乱踢，又是扯毛，又是撕皮……

马倌不在旁边。马倌大叉开穿着落满尘土、晒得发烫的靴子的两腿，背对着太阳，趴在草地上睡觉呢。老种马把“长尾猴”踢倒在地上，后来又把“长尾猴”撵得远远的；老种马把流血不止的“长尾猴”撇在那里，自己就带着两群马，顺着“泥沟”朝前走去。

把受伤的“长尾猴”送到马棚里，兽医治好了那条受伤的腿。到第六天，米沙·柯晒沃依来向场长汇报情况，就看见生性强悍的“长尾猴”咬断了缰绳，从马架子里跑了出来，带上在附近吃草的场长、兽医和马倌们骑的几匹骒马，朝草原上跑去，起初是小跑，后来就去咬落后的骒马，催着快跑。场长和马倌们从房子里跑出来，只听见绊马索劈劈啪啪的断裂声。

“叫咱们骑不成马啦，该死的畜生！……”

场长骂着，但是他望着越跑越远的马，心中却在暗暗地称赞。

晌午时候，“长尾猴”领着几匹骒马去喝水。步行赶来的几个马倌才把几匹骒马带开了。米沙给“长尾猴”上了鞍，骑到草原上去，放进了原来的马群。

米沙担任马倌两个月以来，很用心地研究了马在配种时期的生活；研究了马的智慧和高尚的动物习性，并且感到深深的敬佩。骒马就当着他的面跟公马交配；这种自古就有的原始举动是那样朴素自然，那样单纯，使米沙不由地将它们跟人相比，觉得人就不如了。但马在彼此相处中也有许多像人的地方。比如，米沙就发现，老公马巴哈尔对待骒马一向很凶、很粗暴，但是对一匹白额头、火眼睛、四岁口的漂亮的枣红色小骒马却另眼相看。巴哈尔在这匹小骒马跟前总是心神不定、激动异常，总是带着一种特别的、又小心又热情的哼哼声去闻它。巴哈尔在休息的时候，很喜欢把自己那一副凶相的头放到小骡马的屁股上，就这样睡上很久。米沙在一旁看着巴哈尔，就看见巴哈尔那一条条的肌肉在薄薄的一张皮下缓缓蠕动着，米沙就觉得，巴哈尔爱这匹小骡马，就像老年人爱孩子那样，又深沉，又无微不至，又不指望报答。

米沙工作很认真。看样子，他热心工作的事，乡长也知道了。八月初，场长接到通知，说要把米沙·柯晒沃依调到乡公所去。

米沙马上收拾行装，把公家的东西都交还了，当天下午就动身。他不停地抽打自己的骡马。太阳落山的时候，已经过了卡耳根，而且在冈头上撵上了一辆往维奥申方向去的马车。

赶车的乌克兰人赶着两匹汗淋淋的大肥马。这是一辆带弹簧座的轻便马车，座位上半躺着一个体态匀称的宽肩膀男子，穿着一件城里式样的西服上衣，后脑勺上扣着一顶灰色细呢帽。米沙跟在马车后面走了一会儿，望着戴呢帽的人那颠得直哆嗦的耷拉着的肩膀，望着那落满尘土的白领子。那人脚边放着一个黄皮包和一个大口袋，上面盖着一件折叠起来的大衣。米沙还闻到一股刺鼻子的陌生的雪茄烟气味。“一定是个当官的到镇上来有事。”米沙心里这样想着，驱马跟马车走齐了。他侧眼朝呢帽帽檐底下一看，就半张着嘴愣住了，觉得又害怕又惊愕，背上好像有许多蚂蚁乱爬。原来半躺在马车上、眯缝着很厉害的浅色眼睛、不耐烦地咬着黑黑的雪茄烟头的是司捷潘·阿司塔霍夫。米沙不相信自己的眼睛，又朝这位同村人那十分熟悉、然而变得很厉害的脸打量了一遍，这才认准，马车上躺着的确确实实就是司捷潘，他激动得冒出汗，咳嗽一声，问道：

“对不起,先生,您是不是阿司塔霍夫?”

马车上的那人点了点头,这一点头,帽子就摔到了额头上;他扭过头来,抬眼看了看米沙。

“是的,我是阿司塔霍夫。怎么啦?您莫非……等一等,你是柯晒沃依吧?”他欠起身来,只用嘴唇在剪得短短的栗色胡子底下笑着,眼睛里和一张苍老了的脸上保持着不可接近的严肃神情,并且又慌乱又高兴地伸出一只手来。“是柯晒沃依吧?是米沙吧?咱们又见面啦!……真高兴……”

“怎么回事儿呀?怎么搞的呀?”米沙扔掉缰绳,大惑不解地把两手一摊。“都说你死啦。可是我一看:是阿司塔霍夫嘛……”

米沙喜笑颜开,在马鞍上转来转去地坐不住了,可是司捷潘的外表和那低腔低调的一口官话,使米沙觉得很不自在;他改变了称呼,后来在说话时一直称司捷潘为“您”,模模糊糊感觉到他们之间出现了一条无形的分界线。

他们谈了起来。马匹小步走着。西边的晚霞像火一样,淡蓝色的云彩在天上飘着,渐渐投入夜的怀抱。大道旁边的黍子地里,有一只鹌鹑高声叫着,挨过了白天的忙乱和喧嚣、挨到了黄昏时候的草原,渐渐晦暗,渐渐安静下来。在通往楚卡林镇和克鲁日林镇的岔路口上,在淡紫色天空背景上,出现了淡淡的小教堂的侧影;聚拢在一起的一大堆砖红色云块沉甸甸地悬挂在小教堂的上空。

“司捷潘·安得列耶维奇,您这是打哪儿来?”米沙高高兴兴地问道。

“从德国回来。好不容易回来呀。”

“咱们村里有些哥萨克说，亲眼看见司捷潘阵亡啦，那又是怎么回事儿呢？”

司捷潘回答得很沉着，很平静，好像问得他很不痛快：“挂了两处花，可是弟兄们……算什么弟兄们？他们把我扔下啦……我就当了俘虏……德国人给我治好了伤，就送我去做工……”

“好像没接到过您的什么信啊……”

“我没有什么人好写信啦。”司捷潘扔掉烟头，接着又抽起一支雪茄。

“不是有太太吗？您太太还活着呢。”

“我跟她早就不在一起过啦——这事儿大家都知道。”

司捷潘的声音干巴巴的，没有一点儿热和味道。提到妻子，他一点也不动心。

“怎么，您在人家的地方，就不想家吗？”米沙一个劲儿地追问，胸膛几乎要贴到鞍头上了。

“起初是想的，后来就习惯啦。我在那里过得挺好。”他顿了一下，又说：“本来我想永远留在德国，加入德国籍。可是现在又想家啦，就什么都扔下，回来啦。”

司捷潘第一次弯了弯眼角上那僵硬的鱼尾纹，笑了笑。

“可是咱们这儿，您瞧，乱成什么样子啦？……自己人打起来啦。”

“是啊——啊……我听说啦。”

“您走哪条路回来的。”

“我是从法国的马赛——一个老大的城市——坐轮船到诺沃罗西斯克的。”

“会不会也叫您去当兵呢？”

“也许会……村子里有什么新闻吗？”

“一下子哪能全都说得清呢？新鲜事儿多着呢。”

“我的房子还在吗？”

“风吹得直晃荡……”

“街坊邻居呢？麦列霍夫家两个儿子还活着吗？”

“都还活着。”

“我以前的老婆，您听说过吗？”

“她还在亚戈德庄上。”

“格里高力呢……还跟她在一块儿吗？”

“不啦，他跟自己老婆在一块儿。不跟您那阿克西妮亚过啦……”

“原来这样……我还不知道呢。”

他们沉默了一会儿。米沙还在拼命地打量司捷潘。他怀着敬意称赞说：

“看样子，司捷潘·安得列耶维奇，您过得真不坏。您穿得挺阔气，就像个大人物。”

“人家那里都穿得很讲究嘛。”司捷潘皱了皱眉头，捅了捅车把式的肩膀：“喂，快点儿。”

赶车的很不高兴地甩了两鞭，两匹疲劳的马很不整齐地用猛劲儿拉了几下。马车轻轻摇晃着轮子，在坑洼不平的大路上猛烈颠簸起来。司捷潘不想再谈下去，便转过身去，背朝着米沙，问道：

“你是回村子里去吗？”

“不，我到镇上去。”

来到岔路口，米沙往右拐弯，在马镫上站起来，说：

“再见啦，司捷潘·安得列耶维奇！”

司捷潘懒懒地用手指头摸了摸落满尘土的呢帽帽檐，冷冷地回答，就像外国人说俄语一样，每一个音节都说得十分清楚：

“一路平安！”

七

在菲洛诺沃-波沃林诺战线上，出现了僵持的局面。红军在收紧兵力，准备集中力量进行突破。哥萨克部队很不带劲儿地发展着攻势；哥萨克部队十分缺乏弹药，所以不想跨出本地区的边界。在菲洛诺沃前线，双方互有胜负。八月里，局面相对地稳定下来，从前方回来短期休假的哥萨克都说，到秋天就可以讲和了。

这时候，后方各乡各村里都在收割庄稼，人手十分短缺。老头子和妇女们干不了这样的活儿；而且也影响了经常派大车往前方送弹药和粮食的事。

鞑靼村几乎每天都要派五六辆大车到维奥申镇上去，在维奥申镇上装上弹药箱，送到安得洛波夫村的转运站去，有时候因为没有车辆接运，还要再往前送，一直送到霍派尔河畔的村庄里。

鞑靼村里的人一天到晚忙忙碌碌，然而日子过得毫无生气。所有的心都想着远方的前线，大家都怀着恐慌和痛苦的心情等待着哥萨克们的噩耗。司捷潘·阿司塔霍夫的归来，轰动了全村：每一座房子里，每一家的场院上，谈的都是这件事情。早已不在人间、只有老奶奶们还记挂着、而且也只是在“追荐亡灵”的时候才记挂着的一个人,大家差不多已经忘记的一个人,一下子回来了! 这不是天大的怪事吗?

司捷潘在安尼凯的老婆家里暂时住下来。他把行李搬进屋里,趁安尼凯的老婆给他烧晚饭,他就去看自己的房子。他迈着沉甸甸的、当家人的步子,在洒满月光的院子里转悠了老半天,钻到快要倒塌的棚子底下看了看,把房子打量了一遍,还摇了摇篱笆桩子……安尼凯的老婆给他煎的鸡蛋在桌上早已经凉了,可是司捷潘还在视察自己的长满荒草的宅院,还咯吧咯吧地掰着手指头,像咬舌头一样,叽里咕噜地不知在嘟哝些什么。

晚上,很多人都来看他,问起他当了俘虏以后的情形。安尼凯家的上房里挤满了妇女和小孩子。他们密密层层地站在那里,张着像黑窟窿一样的大嘴,在听司捷潘讲。司捷潘很不情愿地在讲着,他那苍老了的脸上没有出现过一次笑容。看样子,生活把他折腾坏了,使他变了样子,完全变成了另外一个人。

第二天早晨,司捷潘还在上房里睡着,潘捷莱·普罗柯菲耶维奇就来了。知道司捷潘还没有醒,他把咳嗽的声音放得低低的,还用手捂着嘴。上房里散发出房里土地面那种淡淡的凉气,散发出一种不熟悉的烟草的呛人气味和远行人身上那种风尘气味。

司捷潘醒了,可以听见:他在划火柴抽烟。

“可以进去吗?”潘捷莱·普罗柯菲耶维奇问道,并且像晋见升官一样,慌忙抻平了新衬衣上的褶儿,这衬衣是为了来见司捷潘,伊莉尼奇娜才给他穿上的。

“请进来吧。”

司捷潘一面穿衣服,一面抽着雪茄烟,惺忪的睡眼被烟熏得眯缝着。潘捷莱·普罗柯菲耶维奇怯生生地走了进去，一看见司捷潘那变了模样的脸和他那丝背带上的明晃晃的饰物，吃了一惊，就站了下来，畏畏缩缩地伸出一只黑黑的手。

“你好啊，邻居！平安回来啦……”

“您好！”

司捷潘把背带搭在两个耷拉着的强壮的肩膀上，摆了摆肩膀，神气活现地把一只手放到老头子那粗糙的手里。彼此匆匆打量了一遍。司捷潘的眼睛里冒着蓝蓝的仇恨的火花，麦列霍夫老头子的鼓鼓的斜眼睛里有敬意，也有惊讶中带嘲讽的神情。

“你老了不少，司捷潘……伙计，你苍老啦。”

“是的，老啦。”

“都给你开过吊啦，就像对我家格里什卡那样……”他说到这里，就懊恼地顿住了：这话说得太不是地方了。他试图弥补自己的失言：“谢天谢地，你平平安安回来啦……谢谢你啦，主啊！当初也给格里什卡开过吊，可是他就像拉撒路[1]那样，又活过来啦。他已经有两个孩子啦，他老婆娜塔莉亚，托老天爷的福，身体也复原啦。是个很好的娘儿们呀……噢，你，好伙计，怎么样？”

“还好，谢谢。”

“到我家来串串门儿，好吗？赏赏脸，来吧，咱们聊聊。”

司捷潘不肯去，但是潘捷莱·普罗柯菲耶维奇一再地请他去，而且生气了，司捷潘只好答应。他洗过脸，把剪得很短的头发往上梳了梳，老头子问他：“你的头发哪儿去啦？掉了吗？”——他只

①拉撒路的故事见《新约全书》中《约翰福音》第十一章。拉撒路死后四天，耶稣又使他复活。

是笑了笑，便满不在乎地把帽子扣到头上，第一个走出门去。

潘捷莱·普罗柯菲耶维奇亲热得似乎有讨好的意味，这就使司捷潘不由地想："他是想解除旧怨呢……"

伊莉尼奇娜时时注意着丈夫的眼睛的无声的指示，很麻利地在厨房里跑来跑去，催促着娜塔莉亚和杜尼娅，亲自往桌上端菜。姑嫂两个偶尔向坐在圣像下面的司捷潘投来好奇的目光，朝他的上衣、领子、银表链和发式打量几眼，又带着掩饰不住的惊讶的笑容互相看看。妲丽亚满面红光地从院子里跑进来；她忸怩地笑着，用围裙的角儿擦着薄薄的嘴唇，眯缝起眼睛，说：

"哎呀，好邻居，我可是不认识您啦。您简直不像哥萨克啦。"

潘捷莱·普罗柯菲耶维奇毫不怠慢，把一瓶家酿的好酒放到桌上，拔掉塞子，闻了闻那又甜又辣的气味，称赞说：

"尝尝吧，自己家里做的。要是把洋火往上一凑，准能冒蓝火，实在话！"

他们东一句西一句地谈了起来。司捷潘本来不怎么愿意喝，但是几杯酒下肚，很快就有了醉意，晕晕乎乎的了。

"伙计，现在你应该娶亲啦。"

"瞧您说的！我原来的老婆往哪儿搁？"

"原来的……原来的算什么……原来的老婆，你以为不会用坏吗？老婆就好比骒马：只有满口牙的时候，才好骑……我们来给你找一个年轻的。"

"世道乱啦……顾不上娶亲啊……我打算休息十来天，就到乡公所去报到，恐怕还要上前线呢。"司捷潘说。他渐渐有了醉意，洋腔洋调渐渐没有了。

不久他就走了，妲丽亚用赞赏的目光送了他好一阵子，他走过以后，又争执和议论了老半天。

“这家伙抖起来啦！瞧他说话的那种腔调！就像一位税务官，或者别的什么大人物……我走进去，他正在起身，正往衬衣外面、往肩膀上套绸套带，上面还带着小牌牌儿，真的！套住了他的前胸和后背，就像套马一样。这是干什么呢？这有什么用处呢？这会儿他简直像个有学问的人啦。”潘捷莱·普罗柯菲耶维奇赞赏地说。显然因为司捷潘没有嫌弃他的盛情，没有记仇，居然来了，他心里美滋滋的。

从谈话中知道，等司捷潘服完了兵役，还要回村子里来住，要重修房屋，恢复家业。他顺便提到，他是有钱的，潘捷莱·普罗柯菲耶维奇听了这话，思索了很久，并且不由地起了敬意。

“看样子，他很有钱，”潘捷莱·普罗柯菲耶维奇在他走后说，“这小子，发财啦。别的哥萨克当了俘虏回来，都赤身露体，可是你瞧瞧他，穿得多阔气……他一定是杀了人，或者偷了什么钱。”

头几天司捷潘一直待在安尼凯家里休息，只是偶尔上街走走。街坊邻居们注视着他，观察他的一行一动，有人甚至去向安尼凯的老婆打听，司捷潘究竟有什么打算。但是她守口如瓶，什么也不说，推说不知道。

等到安尼凯的老婆雇了麦列霍夫家一匹马，星期六一大早就坐上车外出之后，村子里就纷纷议论开了。只有潘捷莱·普罗柯菲耶维奇猜出是怎么一回事儿。“要去接阿克西妮亚呢。”他一面往车上套一匹瘸腿的骒马，一面朝伊莉尼奇娜挤着眼睛说。他没有猜错。这娘儿们就是受司捷潘的委托上亚戈德庄上去的。司捷潘说:“你去问问阿克西妮亚,愿不愿意忘掉旧怨,回到男人家里来?”

司捷潘这一天完全失去了耐心和镇定,一整天都在村子里走来走去,和谢尔盖·普拉托诺维奇、“擦擦”阿杰平一起,在莫霍夫家的台阶上坐了很久,对他们讲德国的事情,讲自己在德国的生活,讲自己经过法国和海上回国一路上的情形。他有时说话,有时听莫霍夫发牢骚,时时都很留心地注视着手表……

安尼凯的老婆黄昏时候才从亚戈德庄上回来。她一面在夏季厨房里做晚饭,一面说着,说阿克西妮亚听到这意外的消息,吓了一跳,问他的情形问了不少,但是坚决不肯回来。

“她犯不着回来,日子过得跟阔太太一样。人胖啦,脸白啦。从来不干重活儿。还要怎样呢?她穿的吗,你连想都想不到。平常日子里,她穿着雪白的裙子,两只手干干净净的……”安尼凯的老婆一面说,一面羡慕地叹着气。

司捷潘的两颊通红,一双低垂的浅色眼睛里,燃烧起愤恨和苦恼的火焰,又渐渐熄灭。他压制着手的哆嗦,用调羹一下一下地喝着瓷碗里的酸牛奶,故作镇定地问道:

“你是说,阿克西妮亚日子过得挺得意吗?”

“当然得意啦!那样过日子谁也没意见。”

“她问我了吗?”

“当然问啦!我一说您回来啦,她的脸都白啦。”

吃过晚饭,司捷潘又来到荒草萋萋的院子里。

短促的八月的黄昏匆匆忙忙地降临,又匆匆忙忙地消失了。

风车在潮湿而凉爽的夜空中一个劲儿地响着，传来嘈杂的人声。许多人在黄黄的、朦胧的月光下照常忙碌着：有的在扇白天打下的小麦，有的在把小麦往粮仓里送。屯子里到处是新打的小麦和糠灰那种热烘烘的呛人气味。操场附近有一架蒸汽脱粒机轧轧响着，有几条狗在叫着。远处场院上有人拖着腔在唱歌。从顿河上吹来淡薄的潮气。

司捷潘靠在篱笆上，隔着街道，望着湍急的顿河水，望着月光斜斜地踏出的波光粼粼的“甬道”，望了很久。细碎的、像鬈发一样的波纹曲曲弯弯地顺流而下。顿河对岸的白杨树已经沉沉入睡。一股烦恼慢慢以不可抗拒之势占据他的心头。

* * *

天亮时候下过一阵雨，但是太阳一出来，云彩就散了，过了两个钟头，只有粘在车轮子上的干泥巴，才使人想到曾经下过雨了。

这天上午，司捷潘来到亚戈德庄上。他很激动地在大门口把马拴好，就快步朝下房里走去。

宽敞的、到处是枯草的院子里一个人也没有。好几只母鸡在马棚旁边的粪堆上乱刨。一只黑得像乌鸦一样的公鸡在歪倒的篱笆上踩来踩去。公鸡一面呼唤母鸡，一面摆好姿势，要啄正在篱笆上爬的红红的花大姐。几条肥壮的猎狗躺在车棚旁边的凉荫里。六只黑花小狗儿把它们的母亲——刚生头胎的一只年轻母狗——按倒在地上，用小腿支着身子在吃奶，把松松的灰色奶头拉得老长。老爷住的房子的铁房顶的背阴的一面还闪着亮晶晶的露水。

司捷潘一面细心地四处打量着，走进了下房，向一个胖胖的女厨子问道：

“我可以见见阿克西妮亚吗？”

“您是什么人？”女厨子用围裙擦着汗津津的麻脸，问道。

“这您用不着问。阿克西妮亚在哪儿？”

“在老爷那儿。您等一等好啦。”

司捷潘坐下来，十分疲惫无力地把呢帽放在膝盖上。女厨子把铁罐子放进炉膛里，用火钳拨弄着，不再理睬这位客人。厨房里充满了奶渣卷儿和啤酒花的酸味。炉壁上，墙壁上，撒满面粉的桌子上，都落了许多苍蝇，就像许多黑黑的小点子。司捷潘聚精会神地听着，等候着。熟悉的阿克西妮亚的脚步声，好像把他从板凳上推了下来。他站了起来，呢帽从膝盖上掉了下去。

阿克西妮亚捧着一摞盘子走了进来。她的脸一下子煞白煞白的，饱满的嘴唇角哆嗦起来。她站了下来，两手软软地把盘子抱在胸前，惊骇的眼睛直盯着司捷潘。后来不知怎的一下子离开原来站的地方，快步走到桌子跟前，把手里的盘子放下。

“你好！”

司捷潘像在梦里一样，慢慢地、深深地喘着气，咧开嘴唇很勉强地笑了笑。一声不响地往前探着身子，把一只手伸给阿克西妮亚。

“上我的屋里去吧……”阿克西妮亚做了一个请他走的姿势。

司捷潘去拾帽子，就像举一件千斤重的东西；血往脑袋里直冲，眼睛都发黑了。两个人一走进阿克西妮亚的屋子，在桌子两边坐下来，阿克西妮亚就舔着发干的嘴唇，哼哼着问道：

“你打哪儿回来？……”

司捷潘像醉汉一样，悠悠忽忽、强装高兴地挥了挥手，嘴唇上还一直挂着那种高兴而痛苦的笑。

“当过俘虏回来的……我找你来啦，阿克西妮亚……”

他有点儿不自然地忙活起来，一下子站起来，从口袋里掏出一个小包，拼命撕扯包布，那哆哆嗦嗦的手指头怎么都不听使唤，好不容易才从里面拿出一只女式银手表和一枚镶着淡蓝色假宝石的戒指……他用汗津津的手掌托着这两样东西递过去，可是阿克西妮亚的眼睛一直不离开他那张低声下气地笑着、因而变得很难看、很陌生的脸。

“拿着吧，这是给你买的……看在咱们以前的情分……”

“我要这干什么？等一等……”阿克西妮亚那煞白的嘴唇嘟哝着。

“拿着吧……别叫我生气……咱们那些糊涂事该忘掉啦……”

阿克西妮亚用手推着，站了起来，朝床边走去。

“都说你死了嘛……”

“我要是死了，你高兴吧？”

她没有回答，这时已经是很镇定地打量着丈夫，从头打量到脚，毫无目的地抻了抻烫得平平的裙子上的褶儿。她把双手放到背后，说：

“是你叫安尼凯的老婆来的吗？……她说，你要叫我回去……住……”

“你去不去？”司捷潘问道。

“不，”阿克西妮亚的声音干巴巴的，“不去，我不回去。”

“这为什么？”

“在这儿过惯啦，再说也有点儿晚啦……晚啦。”

“我可是很想重整家业。我从德国回来的时候，就这么想；就是在德国的时候，也一直在想这事儿……阿克西妮亚，你怎么样？格里高力不要你……你是不是又找了一个呢？听说，好像你和少东家……是真的吗？”

阿克西妮亚的两颊火辣辣地红了，羞得抬不起来的眼睛里涌出了泪水。

“现在是和他过。真的。”

“我不是责备你，”司捷潘吃了一惊，“我是说，你今后怎么过，也许还没有拿定主意吧？他不会跟你过久的，玩玩罢咧……你眼睛底下已经有皱纹啦……他会扔掉你的，玩腻了，就要把你赶走。那时候你依靠谁呢？当牛当马还没有当够吗？你自己瞧瞧吧……我带回来一些钱。等打完了仗，咱们就能过过像样的日子啦。我看，咱们能和好起来。我愿意忘掉从前的事情……”

“我的好司乔巴[①]，你以前是怎么想的呀？”阿克西妮亚流着快活的眼泪，哆哆嗦嗦地说。她离开床边，对直地走到桌子跟前。“你以前把我的青春当成灰土的时候，又是怎么想的呢？是你把我推到格里什卡怀里的呀……是你让我心冷的呀……你还记得你是怎样对待我的吗？”

“我不是来算旧账的……你……哪里知道？你不知道，为这事我难受死啦。一想起来，过日子心里就不踏实……”司捷潘对着自己放在桌上的两只手端详了老半天，慢慢地说着话，好像每

①司捷潘的昵称。

一个字都是从嘴里挖出来的。“我一直想着你……心里很不是滋味……白天黑夜都忘不了你……我在德国跟一个寡妇，一个德国娘儿们过过……日子过得很阔气，可是我把她扔下啦……就是想回家……”

“你想过安稳日子吗？”阿克西妮亚使劲抽动着鼻孔，问道。“你想重整家业吗？大概你还想生儿养女，还想有一个老婆给你洗洗缝缝，伺候你吃喝吧？”她很不高兴、很阴郁地笑了笑。“老天爷啊，不行啦！我老啦，皱纹你也看到啦……孩子也生不出来啦。我现在是当姘头，姘头是不生孩子的……这样的女人你要吗？”

“你现在机灵啦……”

“还不是原来的样子？”

“这么说，你不回去吗？”

“不去，不去你那儿。不去。”

“那就再见吧。”司捷潘站起身来，无可奈何地拿着手表在手里转悠了一会儿，又放到桌子上。“你什么时候回心转意，就告诉我。”

阿克西妮亚把他送到大门口。她对着他的背影看了很久，看着一股股的尘土从车轮下飞起来，渐渐遮住他的宽宽的肩膀。

她忍不住流下懊恼的眼泪。她一下一下地抽搭着，模模糊糊地想着没有如愿的事情，为自己再度无依无靠的生活感到伤心。当她知道叶甫盖尼再也不要她，又听说丈夫已经回来的时候，就决定回到丈夫那里去，以便重整旗鼓，享享不曾有过的清福……她怀着这样的决心盼司捷潘来。但是她一看到他那种低声下气、百依百顺的样子，却激起了她的强烈的好强心，不允许她这个被抛弃的人留在亚戈德庄上的那样一种好强心。控制不住的恼恨心情支配着她的言语和行动。她想起所受的屈辱，还想起她遭受这一切都是由于这个人，由于他那一双拳头，所以尽管她不愿意再分开，心里对自己的做法感到害怕，可她还是气呼呼地说出了很决绝的话："不去，不去你那儿，不去。"

她又对越走越远的大车看了长长的一眼。司捷潘摇晃着鞭子，渐渐隐没到路边那淡紫色的、矮矮的野蒿丛里……

第二天，阿克西妮亚算清了工钱，收拾好行李就走。她跟叶甫盖尼告别的时候，哭着说：

"叶甫盖尼·尼古拉耶维奇，有什么对不起的地方，多多原谅吧。"

"噢，你这是哪儿话，亲爱的！……在各方面我都要感谢你呢。"

他为了掩饰不自在的心情，说话时装得很快活。

她走了。黄昏时候回到了鞑靼村。

司捷潘在大门口迎住阿克西妮亚。

"回来啦？"他含笑问道。"能住下来吗？我能指望你不再走了吗？"

"不走啦。"阿克西妮亚很干脆地回答说，一面怀着一颗紧缩的心打量着快要倒塌的房子和长满了滨藜和黑黑的杂草的院子。

八

在离杜尔诺尔镇不远的地方，维奥申乡的哥萨克团第一次参加了拦击后退的红军部队的战斗。

格里高力·麦列霍夫率领的一个连，快到晌午时候占领了一个杂树丛生的小村子。格里高力命令哥萨克们在一条流过村子、冲出一道浅沟的小溪旁边的柳荫里下了马。不远处，有几股泉水从黑黑的烂泥中咕咕地向外冒着。泉水冰凉，哥萨克们用制帽舀起泉水不要命地喝了一阵子，然后得意扬扬地咯咯叫着把制帽扣在汗淋淋的脑袋上。太阳升到了村庄的当头，村庄热得好像昏迷了似的。大地晒得滚烫，冒着腾腾的热气。青草和柳树叶子被毒热的阳光晒得无精打采地耷拉着，可是在溪边柳荫下却是一片阴凉，牛蒡草和潮湿的土地滋润着的另外一些茂草翠绿翠绿的；小水湾里的浮萍亮闪闪的，就像心爱的姑娘的笑靥；一处大水湾过去，有几只鸭子在泅水和拍打翅膀。马匹打着响鼻，吧唧吧唧地踩着烂泥，扯着人手里的缰绳，拼命往水里跑，一直跑到小溪中心里，把溪水搅得浑浑的，又用嘴去寻找清凉的水流。热风从垂着的马嘴上吹下一大滴一大滴晶莹的水珠儿。马踩得乱糟糟的淤泥和绿肥苔发出一股硫黄气味，那溪水泡烂的柳树根也发出一股又苦又甜的气味……

哥萨克们刚刚说着话和抽着烟，在牛蒡草丛里躺下来，侦察班就回来了。大家一听到侦察班报告说有红军，一齐从地上跳了起来。紧了紧马肚带，又朝溪边走去，把水壶灌满了，又喝了一阵子，看样子每个人心里都在想："这样清清亮亮、像小孩子眼泪一样的泉水，也许还能喝到，也许喝不到啦……"

哥萨克们顺着大路跨过小溪，停了下来。

村外一俄里远处，长满野艾的灰色沙土岗上出现了红军的侦察班。八名红军骑兵正小心翼翼地朝村子方向走来。

"咱们逮他们去！行吗？"米佳·柯尔叔诺夫向格里高力建议说。

他带着半个排绕路出了村子，但是红军侦察班一发现哥萨克，就掉转马头往回走了。

过了一个钟头，同团的另外两个骑兵连一来到，就一齐出发了。侦察兵报告说，红军大约有一千条枪，正迎着他们开来。维奥申团这三个连和在右方前进的第三十三叶兰乡、布堪诺夫乡联合团失去了联系，但是这三个连还是决心迎战。翻过岗头，就都下了马。看守马匹的哥萨克把马都牵到了面向村子的一片宽敞的洼地里。右边不知什么地方，双方的侦察队发生了接触。一挺手提机枪气势汹汹地响着。

不久就出现了红军的稀疏的散兵线。格里高力命令自己的连队在洼地上边散了开来。哥萨克们在长满了像马鬃一样的小树棵子的斜坡顶端卧倒下来。格里高力在一棵矮矮的野苹果树下，用望远镜观察着远处的敌军散兵线。他清清楚楚地看到，在前面前进的是两排散兵线，两排散兵线后面，是黑压压的大队人马拉开阵势，在已经割倒、然而尚未运走的小麦堆中间前进着。

令他和哥萨克们很吃惊的是，在第一排前面骑着一匹高高的白马前进的那个人，看样子是一位指挥官。第二排前面也有两个指挥官各自走着。第三排也由一位指挥官率领着，他的旁边是一面猎猎飘舞的军旗。军旗鲜红鲜红的，在灰黄色的麦茬地衬托下，就像一个小小的血点子。

“人家的委员都打头阵哩！”一个哥萨克叫道。

“呵！真有种！”米佳·柯尔叔诺夫赞赏地哈哈大笑起来。

“伙计们，瞧！红军他们热头不小哇！”

差不多全连的人都欠起身来，互相呼喊着。一个个都把手掌搭到眼睛上遮住太阳。说话声听不到了，于是面临死亡时的肃穆与寂静就像一片云彩影子一样，及时地、悄悄地来到草原和洼地上。

格里高力朝后面看了看。一丛灰灰的柳树后面，村子的一旁，扬起一股尘土；第二连飞跑着朝敌军的侧翼冲去。一道山沟暂时掩护着第二连的行动，但是第二连跑了有四俄里，就散了开来，朝岗头上爬去，于是格里高力在心里判断着距离和第二连能够冲到敌军侧翼的时间。

“卧倒——倒！”格里高力急忙转过身去，把望远镜放进皮套子，命令道。

他走到自己的队伍跟前。哥萨克们那落满灰尘、晒得黑油油、红彤彤的脸一齐朝他转了过来。大家面面相觑，卧倒下去。喊过“预备”的口令以后，枪栓咔嚓咔嚓地响了一阵子。格里高力在上面只能看见一双双叉开的腿、一顶顶制帽的帽顶和一个个穿着沾满尘土的军便服的脊背，还看得清那汗湿透了的脊梁沟和肩胛骨。哥萨克们爬来爬去，寻找可以隐蔽的地方，选择更妥当的地方。有的人在用马刀挖掘干硬的土地。

这时候,一阵微风从红军那边吹来,送来隐隐约约的歌声……

红军的散兵线前进着,曲曲弯弯,有前有后,晃晃悠悠。隐隐约约、在炎热而辽阔的大地上显得很孤单的歌声就从那边传了过来。

格里高力觉得,自己的心一震,然后就猛烈地、时断时续地跳了起来……他以前也听到过这种沉痛的歌声,他在格鲁博克就看见赤卫队的水兵像祷告一样摘下无檐帽,慷慨激昂地闪动着眼睛,唱起一支歌,唱的就是这支歌。格里高力心中突然涌起一种模模糊糊的、很像是恐怖的慌乱不安心情。

"他们喊叫什么呀?"一个年老的哥萨克慌慌张张地转悠着脑袋,问道。

"好像是在念经。"另外一个躺在右边的哥萨克回答说。

"哪儿是他妈的念经,"安得列·卡叔林笑道,他很不客气地望着站在他旁边的格里高力,问道,"潘捷莱耶维奇,你在他们那边干过,你想必知道他们这会儿唱这种歌儿干什么吧? 你恐怕也跟他们一起唱过吧?"

"……夺取土地!"[①]——因为距离太远还是有些含混不清的这一句忽然像欢呼一样高了起来,接着又是一片寂静笼罩住原野。哥萨克们冷笑起来。阵地中心有人放声哈哈大笑。米佳·柯尔叔诺夫沉不住气了:

"喂,你们听见吗?! 他们想夺取土地哩! ……"他又破口大骂了一阵子。"格里高力·潘捷莱耶维奇! 让我把那个骑马的家伙打下马来! 让我放一枪吧?"

①这是俄译《国际歌》中的一句。

不等同意，他就开了一枪。这一枪惊动了那个骑马人。他下了马，把马交给别人，挥舞着出鞘的马刀，带领队伍朝前冲来。

哥萨克们开枪了。红军卧倒了。格里高力命令机枪手开火。机枪打过两梭子以后，第一排的红军站起来，往前跑了一截路。跑了有十来丈，又卧倒了。格里高力看见，红军用铁锹挖起掩体。一团团的灰尘在他们头上升起，阵地前面出现了许多小小的土堆，就像是土拨鼠打洞掏出来的。那边也响起长长的齐射声。双方交火了。大有变成持久战之势。一个钟头之后，哥萨克一方受到了损失：第一排有一个哥萨克被打死，三个受伤的被送到洼地里看守马匹的人那里。第二连在红军的侧翼出现，发起了冲锋。冲锋被机枪火力打退。可以看见，哥萨克们十分狼狈地往后逃窜，时而挤成一团一团的，时而像扇子一样散了开去。第二连退回来以后，整了整队形，不再呐喊，一声不响地又往前冲。又是一阵猛烈的机枪扫射，就像疾风扫落叶一样，把第二连赶了回来。

但是一次又一次的冲锋动摇了红军的坚定性，前面几排乱了，往后退去。

格里高力一面射击，一面命令连队起立。哥萨克们朝前冲去，不再卧倒。起初他们感觉到的那种犹豫和重重的顾虑现在好像消失了。迅速开上阵地的一支炮兵连更加鼓舞了他们的斗志。炮兵第一排准备就绪，开火了。格里高力派人去传达他的命令，叫看守马匹的人把刀带过来。他准备发起冲锋。就在战斗开始他观察红军的那棵野苹果树旁边，第三门炮也从炮车上卸了下来。一个穿着窄腿马裤的高个子军官，一面朝大炮跟前跑，用鞭子抽打着靴筒，一面粗声粗气、恶狠狠地骂着那些动作迟缓的炮手们。

“快点！嗯?！你们他妈的都该打！……”

一位观测员和一位校官，在离炮兵连半俄里的地方下了马，站在坟头上用望远镜观察退却的红军队伍。电话兵在跑着拉电线，连接炮兵连和观测点。炮兵连连长是一位上了年纪的大尉，他用粗大的手指急急忙忙地旋转着望远镜的镜头，有一个手指头上的结婚戒指闪着金光。他无所事事地在第一门大炮旁边转悠着，有时候歪一歪脑袋，躲避嗖嗖飞过的子弹，他每歪一下脑袋，挂在腰侧的旧军用袋都要晃悠几下。

咔啦啦一声响过之后，格里高力观察了一下发射出去的炮弹落下的地方，又回头看了看：炮手们俯着身子，正呼哧呼哧地在移动大炮。第一颗榴霰弹在没有运走的小麦堆上炸了开来，白色的硝烟像棉花团一样，被风吹得飘飘荡荡，在蓝天的背景上飘荡了很久才散去。

四门大炮轮流朝割倒的小麦堆那边发射着炮弹，但是出乎格里高力意料的是，炮火并没有在红军队伍里造成明显的混乱——他们不慌不忙、很有秩序地往后退着，而且已经渐渐走出视线以外，正翻越一处隘口，朝山沟里走去。格里高力明知冲锋毫无意义，但他还是决定和炮兵连长商量商量。他一摇一摆地走过来，用左手摸着被太阳晒得发烫的、红红的、拳曲的胡子尖儿，很亲热地笑了笑，说：

“我想发动一次冲锋。”

“还冲什么锋呀！”大尉执拗地摇了摇头，用手背擦了擦从帽子底下流出来的汗水。“您看,狗崽子们是怎样退的？他们不会输的！而且说起来也是笑话——他们这些队伍里的军官全是正规军的军官。我的老同事谢洛夫中校就在他们这里面……”

“您怎么知道的?”格里高力很惊异地眯起眼睛,问道。

“有人跑过来……停止射击!”大尉发过命令,似乎是要解释一下。“打炮也没有用,炮弹又太少……您是麦列霍夫吧？咱们认识认识:我是波尔塔福采夫。”他把一只汗津津的大手一杵,塞到格里高力的手里,匆匆握了握,就很麻利地把手伸进敞着口的图囊里,掏出纸烟。“请抽烟!”

炮队轰轰隆隆地从洼地里爬了上来。大炮都挂到了前车上。格里高力命令连队上马,就带着自己的连队去追已经翻过岗头的红军。

红军占领了前面的一个村庄,但是又毫不抵抗地退了出去。维奥申乡的三个连和一个炮兵连就在这个村子里驻扎下来。老百姓都吓得不敢出门。哥萨克们挨门挨户地串,寻找可吃的东西。格里高力在村外一户人家门前下了马,走进院子,把马拴在台阶旁边。房东是一个上了年纪的、瘦长的哥萨克,正躺在床上,哼哼着,像鸟头一样的小头在肮脏的枕头上不住地滚动着。

“怎么,你病了吗?”格里高力向他打了个招呼,笑着问道。

“病啦——啦”

房东是装病,而且他从格里高力那滴溜溜乱转悠的眼神上猜出来,格里高力是不相信他的话的。

“给弟兄们弄点饭吃,好吗?”格里高力正色问道。

“你们几个人?”房东老婆从灶边走过来,问道。

“五个人。”

“那好吧，请这边来，尽家里有的给你们吃点儿吧。”

格里高力和几个哥萨克一同吃过饭，走了出来。

仍处于充分战备状态的炮兵连停在水井旁边。没有卸套的马摇晃着草米袋，正在吃大麦。驭手和炮手们在大炮旁边坐着或躺着，在炮弹箱的凉阴里躲避太阳。一个炮手交叉着两腿，趴在地上睡着了，在睡梦中还不住地抽动肩膀。看样子，他原来是躺在凉阴里的，可是太阳移动了阴影，所以这会儿太阳晒到了他那落了一层草屑的、完全露在外面的鬈发上。

马身上，宽宽的皮马套旁边，鬃毛湿漉漉、亮闪闪的，冒着黄黄的汗沫。军官和炮手们骑的马都拴在篱笆上，无精打采地蜷着腿站着。哥萨克们都满身灰土，汗流浃背，都一声不响地在休息。几个军官和炮兵连连长背靠着井栏杆，在抽烟。在离他们不远处，有几个哥萨克挓挲开两腿，像六角星一样趴在晒干的滨藜上。他们一个劲儿地舀罐子里的酸牛奶喝，偶尔地有人往外吐一吐喝进嘴里的大麦粒儿。

太阳火辣辣地照射着。村子里的几条街道向山冈伸去，街道上几乎没有人影。谷仓旁边，敞棚底下，篱笆脚下，牛蒡草的黄黄的阴影里，到处都有哥萨克在睡觉。没有卸鞍的战马密密层层地站在篱笆旁边，热得难受，也困得难受。一个哥萨克懒洋洋地把鞭子举得和马背一般高，骑着马走了过去。于是街道又像是被人遗忘的草原路，那漆成绿色的大炮，那跑累了、晒乏了、已沉沉入睡的人们，好像都是偶然出现、毫不相干的东西。

格里高力闲得无聊，正要朝住的房子里走去，但是街上出现了别的连的三个骑马的哥萨克。他们押着一小伙被俘的红军。炮兵们都忙活起来，站起身来，拍打着军便服和裤子上的尘土。军官们也站了起来。附近院子里有人高高兴兴地喊道：

“伙计们，押俘虏来啦！……不信吗？快来看看吧！”

睡眼惺忪的哥萨克们急急忙忙从各家院子里跑了出来。俘虏来到跟前——这是八个浑身冒着汗臭气、满脸灰尘的年轻小伙子。大家把他们密密层层地包围了起来。

“在哪儿捉住他们的？”炮兵连连长带着冷峻而好奇的神情打量着俘虏们，问道。

一个押解的哥萨克带着逞能的意味回答说：

“简直是脓包！我们是在村边葵花地里捉住他们的。他们躲在那儿，就像小鸡躲老鹰一样。我们看见他们，放马就追！打死了一个……”

八个红军士兵吓得挤成了一堆。显然，他们是害怕随意摧残。他们的目光失神地在哥萨克们的脸上扫着。只有一个红军士兵，看样子年纪大一些，脸晒成了棕色，颧骨高高的，穿着油乎乎的军便服，打着破烂的裹腿，微微斜着两只黑眼睛从人们头上鄙夷地望着远方，并且紧紧闭着被打出了血的嘴唇。他矮墩墩的，肩膀宽宽的。在他那硬得像马鬃一样的黑黑的鬈发上，扣着一顶军帽，就像一张绿色的饼子，军帽上还留着帽徽的印子，大概，这帽子在对德战争的时候就戴着了。他稍息站着，用黑黑的、指甲上沾着干血的粗手指头摸着敞开的衬衣领口和尖尖的、生满黑毛的喉结。看样子他好像满不在乎，但是他那条稍息站着、因为打了破裹腿直到膝部都粗得很难看的腿，却像打寒战一样轻轻哆嗦着。其余的几个都脸色灰白，面无人色，只有这个人的肩膀那雄壮的姿态和他的鞑靼型的虎虎有生气的脸格外引人注意。也许就因为这样，炮兵连连长朝着他问道：

“你是什么人？”

这个红军士兵的小小的、黑得像煤炭一样的眼睛活动起来，而且他的全身不知不觉地、然而很敏捷地收敛起来。

“我是红军。是俄罗斯人。”

“你是什么地方人？”

“是奔萨人。”

“坏蛋，你是自愿干的吗？”

“才不是呢。我是旧军队的上士。从一九一七年当了红军，一直到现在……”

一个押解的哥萨克插嘴说：

“就是他朝我们开枪的，该杀的！”

“你开枪了吗？”大尉很不满意地皱起眉头，他碰到站在对面的格里高力的眼神，就用眼睛瞟着俘虏，说：“坏蛋！……开枪了吗，嗯？你怎么，没有想到会被捉住吧？现在如果为这事儿把你枪毙，你有什么说的？”

“我是想自卫呀。”那打破的嘴唇撇了撇，露出遗憾的笑容。

“坏家伙！你为什么没有自卫到底呢？”

“子弹打光啦。”

“是——这——样……”大尉的眼神一下子凉了下来，但他带着掩饰不住的满意神情打量了一遍这个士兵。“那你们呢，狗崽子们，是哪儿的？”他已经用快活的眼睛瞟着其余的红军士兵，换了一种腔调问道。

“我们是被抓来当兵的，大人！我们有的是萨拉托夫人……有的是巴拉绍夫人……”一个长脖子、高个子小伙子不住地眨巴着眼睛，挠着红红的头发，很伤心地说。

格里高力异常好奇地打量着这些身穿绿军装的年轻小伙子，打量着他们那一张张朴实的庄稼汉的脸和那不起眼的步兵装束。只有那个高颧骨的士兵激起他的仇恨。他用讥笑和痛恨的口吻对那个红军士兵说：

“你为什么招认呢？你大概在他们那儿领着一个连吧？是连长吧？是共产党员吧？你不是说，你把子弹打光了吗？我们要是为这事把你砍了，又怎样呢？”

那个红军士兵翕动着被枪托子打扁了的鼻子眼儿，更大胆地说：

“我招认也不是为了逞强，我有什么好瞒的呢？既然开了枪，就要承认……我说的对吗？要杀……就杀吧。我不指望……”他又笑了笑，“不指望你们宽待，因为你们是哥萨克嘛。”

周围的人都赞赏地笑起来。格里高力听了这番理直气壮的话，无言对答，就走开了。他看见，俘虏们朝井边走去，要去喝水。有一连哥萨克步兵成排纵队从胡同里开出来。

九

等到他们这个团进入连续作战的地带，等到双方不再是隐约可见，而是摆开阵势作战的时候，格里高力已经是常常与敌军接触，常常离他们很近了，他依然总是对红军，对不知为什么他要和他们打仗的这些俄罗斯士兵，怀着一种十分强烈的、永无满足的好奇心。他似乎还一直保留着在四年大战开始的日子里，站在列士纽甫城外一座小冈上第一次观看奥匈部队和辎重队来回奔忙时产生的那种天真无邪的心情。“这些人是干什么的？他们是一些什么人？”他的生活史上似乎不曾有过在格鲁博克同柴尔涅曹夫的部队打仗那一段。但是那时候他倒是十分清楚敌人的面貌的：他们大多数是顿河的军官，是哥萨克。可是现在他是在和俄罗斯士兵打仗，他们是另外一些人，他们是全力支持苏维埃政权的，而且，他认为，他们还想抢夺哥萨克的土地和好处。

有一次他在战斗中几乎面对面地撞上从山沟的岔沟里冲上来的红军。他带着一个排出来侦察，顺着山沟的沟沿来到岔沟口上，这时候忽然听到喉音很重的俄罗斯口音和杂沓的脚步声。有几个红军士兵——其中有一个是中国人——跳到沟沿上，看见哥萨克，大吃一惊，惊愕得愣了一会儿。

“哥萨克！”其中一个人惊叫了一声，跌了一跤。

那个中国人开了一枪。那个跌倒的灰白头发的士兵也连忙上气不接下气地尖声叫道：

“同志们！‘马克辛’快开火！哥萨克来啦！”

“快开火呀！哥萨克来啦！……”

米佳·柯尔叔诺夫用手枪把那个中国人打倒，就猛地掉转马头，撞开格里高力的马，带头顺着咚咚响的陡立的沟沿跑去，他紧紧握着缰绳，控制着惊慌的马顺着弯弯曲曲的山路奔跑。其余的哥萨克也都跟着他曲曲折折、争先恐后地奔跑起来。机枪在他们背后嗒嗒地响了起来,子弹打得山坡上和山脚下密密丛丛的乌荆子和野山楂的叶子纷纷往下落,打得沟沿上窟窿累累,碎石乱飞……

* * *

还有几次和红军面对面遭遇,他眼看着哥萨克的子弹打得红军脚下的泥土四处乱飞,眼看着红军牺牲在这肥沃的、与他们无关的土地上。

……格里高力渐渐痛恨起布尔什维克来。布尔什维克跟他作对,使他背井离乡!他看出:其余的哥萨克也怀着这样的心情。他们都觉得,这次战争全怪布尔什维克,怪只怪他们侵犯顿河地区。望着那没有运走的小麦堆,望着那没有收割、被马踩倒在地的小麦,望着那空空的场院,每个人都要想起自己家里的土地,想到家里娘儿们在哼哧哼哧地干着力不胜任的活儿,心就硬起来,就狠毒起来。格里高力在战场上有时候觉得,他的敌人——唐波夫省的、梁赞省的、萨拉托夫省的庄稼汉——冲锋陷阵,也是为了保护自己的土地:"我们是为土地打仗,就像为一个姑娘打架一样。"格里高力这样想。

生俘的渐渐少了,杀害俘虏的事渐渐多起来。前线上到处发生抢劫:抢劫有同情布尔什维克嫌疑的人,抢劫红军的家属,剥俘虏的衣服……

什么都抢,从马匹和大车,直到毫无用处的笨重东西,无所不抢。哥萨克们在抢,军官们也在抢。二类辎重车上堆满了抢来的东西。在一辆辆的大车上,什么样的东西都有!有衣服,有火壶,有缝纫机,有马套——凡是能值点儿钱的东西都要。抢来的东西一车一车地运回家去。家里人纷纷赶着大车前来,高高兴兴地给部队送来弹药和给养,又高高兴兴地装上抢来的东西运回家去。一些骑兵团——他们占大多数——干得特别放肆。步兵除了一只军用包,没有地方可以装东西,骑兵就可以把鞍袋塞得满满的,可以捆在鞍后皮带上,他们的马不再像战马,倒是更像驮子了。弟兄们都肆无忌惮地干起来。抢劫在战争中向来对哥萨克是一种最重要的推动力量。格里高力明白这一点,因为他听老年人讲过以前战争中的情形,他也亲身经历过。还是在对德战争的时候,他们的团进入普鲁士的后方,他们的旅长——一位战功赫赫的将军——站在十二连队前面,用鞭子指着山脚下一座很小的城市,说:

"你们攻下这座城,可以在城里自由行动两个钟头。但是两个钟头以后,再发现有谁抢劫,就枪毙!"

但是不知为什么格里高力干不惯这种事。他——只拿点儿吃的东西和马料,心里隐隐地害怕动别人的东西,很憎恶抢劫的行为。他看到自己的哥萨克抢劫,特别反感。他对自己的连管得很严。如果说他的哥萨克也抢过的话,那也是背着他,而且次数很少。他从没有下过命令枪杀俘虏和剥俘虏的衣服。他这种过分的温厚,引起哥萨克和团首长的不满。还把他叫到师部去问原因。一位上司十分粗暴地高声训斥他说:

"少尉,你想把这个连给我搞垮吗?你怎么随意自作主张?你是想留后手吧?你是跟从前一样,脚踩两只船吧?……这怎么能叫人不骂你呢?……好啦,没什么好说的!不懂得军纪吗?怎么,撤换你?我们就撤换你!我命令你今天就把连队交出来!就这样，老弟……别嘟哝啦！”

月底，维奥申团和并排前进的第三十三叶兰乡团的一个连共同占领了响谷村。

下面的谷地里密密丛丛地长满了柳树、白蜡树和白杨树，斜坡上散布着三十来座白墙的房子，一座座房子都围着天然石垒成的低低的院墙。村子上头的小丘上，竖立着一架旧风车，四面八方的风都可以用上。停得死死的风车翅膀，在从山后涌来的一片白云的映衬下，显得黑黑的，就像斜斜的十字架。这一天细雨蒙蒙，天色晦暗。树叶沙沙地往地上落，风吹落叶在山沟里哗啦哗啦地旋转着，就像是黄色的大风雪。枝叶繁茂的红柳泛着血红色。场院上堆满了一堆堆闪闪有光的干草。轻柔的、深秋的雾气罩住了散发着淡淡泥土气息的土地。

格里高力带着自己的一个排住在分配给他们的一座房子里。房东跟着红军走了。年老而高大的女房东和未成年的女儿对这一排人十分殷勤。格里高力从厨房走到上房，四处打量了一遍。看样子，这一家日子过得挺富裕：地板是油漆过的，椅子是弯背的，有大镜子，墙上挂着几张军人的日常生活照片，黑色镜框里还嵌着一张学生奖状。格里高力把湿漉漉的雨衣挂在壁炉上，抽起烟来。

普罗霍尔·泽柯夫走了进来，他把步枪靠在床上，很平淡地报告说：

“送军火的大车来啦。格里高力·潘捷莱耶维奇，你爹跟着大车来啦。”

“噢?！别胡扯啦！”

“是真话。除了他以外，好像还有咱们村的六辆大车。快去看看吧！”

格里高力披上军大衣，走了出去。

潘捷莱·普罗柯菲耶维奇正抓住马笼头把马往大门里面牵。妲丽亚裹着一件土制的毡斗篷，坐在大车上。她握着缰绳。她那笑盈盈地眼睛带着温柔的微笑，在湿漉漉的斗篷风帽下面望着格里高力。

“乡亲们，哪一阵风把你们吹来啦？”格里高力喊着，对父亲笑着。

“哦，孩子，你还好好的哩！我们看你来啦，我们也不问一声就把车赶进来啦。”

格里高力跑上去搂住父亲的宽宽的肩膀，就动手卸马。

“格里高力，你没想到我们会来吧？”

“实在没想到。”

“我们这是运输队……碰巧遇上你。我们是给你们送弹药的，你们只管打吧。”

他们一面卸马，一面东一句西一句地说着话儿。妲丽亚把吃的东西和马料从车上拿下来。

“你怎么来啦？”格里高力问道。

“我跟着爹来的。他有病，打从救主节就觉得不舒服。妈很担心，怕他一个人在生地方出什么事儿……”

潘捷莱·普罗柯菲耶维奇扔给马一大抱绿油油、香喷喷的冰草，就走到格里高力跟前，很不安地睁大了两只黑黑的、眼白充血又带有病态的眼睛，用沙哑的喉咙小声问道：

“喂，怎么样？”

“不坏。正打着呢。”

“我听到谣传，说哥萨克们好像都不愿意打出边界……是真的吗？”

“都是随便说说嘛……”格里高力模棱两可地回答说。

“伙计们，你们这是怎么一回事儿？”老头子好像有点儿疏远、有点儿慌张地说。“怎么能这样呢？我们这些老头子就指望你们呢……除了你们，谁还能保咱们的父母河顿河呢？要是你们不愿意打仗，天呀……那可怎么办呢？你们的辎重兵在瞎说……在散布谣言呢，狗崽子！”

他们走进房里。哥萨克们都拥了进来。谈话先是围绕着村子里的新闻。妲丽亚和女房东咬了咬耳朵，就解开装吃食儿的袋子，去做晚饭。

“听说，你的连长职务撤掉啦？”潘捷莱·普罗柯菲耶维奇用一把骨头小梳子梳着耷拉下来的小胡子，问道。

“我现在是当排长。”

潘捷莱·普罗柯菲耶维奇听了格里高力这淡淡的回答，心里很不舒服。老头子皱起眉头，一瘸一拐地走到桌子跟前，匆匆忙忙地祷告了一下，就用衣襟擦着勺子，很懊恼地问道：

“为什么这样不受重用？是不是没有讨好上级？”

格里高力不愿意当着哥萨克们的面谈这件事，只是很不痛快地耸肩膀，说：

“派来一个新连长……是一个有文化的。”

“孩子，你就好好干干，让他们瞧瞧吧！他们很快就会改变看法的！哼，他们看中文化人啦！你可以说，我在俄德战争中学到了很多，也许比戴眼镜的家伙懂得的还多些呢！"

老头子愤愤不平地在生气，可是格里高力皱着眉头，斜眼瞅着：哥萨克们是不是笑了？

他并没有因为降职感到难受。他高高兴兴地把连队交出去，觉得再也不用对同村人的生命负什么责任了。然而他的自尊心还是受到了伤害，父亲提起这件事，不由地引起他的不痛快。

女房东到厨房里去了，潘捷莱·普罗柯菲耶维奇觉得刚进来的同村人包加推廖夫脸上有支持他的表情，就开口说：

"就是说，你们真的过了边界就不愿意再往前打了吗？"

普罗霍尔·泽柯夫不住地眨巴着和善的牛眼睛，微微笑着，一声也不响。米佳·柯尔叔诺夫蹲在炉子旁边，抽着烟头儿，已经烧着手指头了。还有三个哥萨克在长板凳上坐着或躺着。不知为什么谁也不回答这个问题。包加推廖夫很伤心地把手一甩。

"这种事他们并不多么关心，"他用浑厚的嗓门儿瓮声瓮气地说，"哪怕天塌下来，他们也不管……"

"为什么要再往前打呢？"面带病容、性情和善的哥萨克伊里银懒洋洋地问道。"为什么往外打呢？我老婆死后，留下几个没娘的孩子，我犯不着再去送命……"

"我们把他们从哥萨克的地面上打出去，就回家！"另一个哥萨克很果断地支持他说。

米佳·柯尔叔诺夫单是一双绿眼睛笑着，捻起细细的、毛茸茸的胡子。

"要是依着我，至少再打上五年。我喜欢打仗！"

“出——发！……上马！……”院子里有人叫起来。

“瞧瞧吧！”伊里银灰心丧气地叹道。“瞧吧，爷们儿！我们身上的汗还没有晾干，可是那儿已经在叫‘出发’啦！就是说，又要上阵打仗啦。可是您还说：打出边界！什么打出边界？就是该回家！应该讲和，可是您要说……”

谁知原来是一场虚惊。格里高力气嘟嘟地把马牵进院子，无缘无故用靴子朝马的腿窝里踢了一脚，凶狠地瞪圆了眼睛，叫道：

“你妈的！给我一直走！”

潘捷莱·普罗柯菲耶维奇正在屋门口抽烟。他让哥萨克们进了屋，问道：

“有什么情况？”

“虚惊！……把牛群当成红军啦。”

格里高力脱掉军大衣，在桌边坐了下来。其余的人也都嘟嘟哝哝地脱掉大衣，把马刀和步枪以及子弹袋扔到大板凳上。

等大家都睡下以后，潘捷莱·普罗柯菲耶维奇把格里高力叫到院子里。他们在台阶上坐下来。

“我想和你谈谈。”老头子拍了拍格里高力的膝盖，小声说起来。“一个星期以前，我上彼特罗那儿去过。他们二十八团这会儿在卡拉奇那边……孩子，我到那儿去了一趟，很不坏。彼特罗他很能干，创家立业真是一把好手！他给了我一大包衣服、一匹马、不少糖……马是一匹很好的马……”

“等一等！”格里高力猜到他的来意，十分恼火，冷冷地打断他的话头。“你上这儿来，也是为了这个吧？”

“这有什么？”

“怎么没什么?”

“大家都在拿嘛,格里沙……”

“大家！都在拿!”格里高力找不到适当的话,就发了疯似的重复父亲的话。“家里缺吃少穿吗？你们真下流！因为干这号事儿,在俄德战争中枪毙过不少人！……”

“你别嚷嚷嘛!”父亲冷冷地拦住他的话头。“我不是来向你告乞的。我什么都用不着。我今天活着,也许明天就把腿一伸……你要为自己想想。真没想到,出了你这么一个大财主！家里只剩下一辆大车啦,可是你呀……那些投了红军的人的家里的东西就不能拿一点吗？……拿他们的东西没有错儿！拿回家去连一根树条子都有用处。”

“你别跟我说这些啦！要不然我马上把你撵走！为这号事儿我打过哥萨克的嘴巴,可是我爹现在来叫我去抢人家!”格里高力哆哆嗦嗦,气喘吁吁地说。

“难怪把你的连长撤掉!”父亲很尖刻地挖苦他说。

“我才他妈的不稀罕呢！就连排长我还想辞掉呢！……”

“真了不起！有本事,有本事……”

他们沉默了一会儿。格里高力抽着烟,他在火柴的亮光中瞥见了父亲那窘急和生气的脸。这时候他才完全明白了父亲的来意。他在心里说:“老鬼,就为这,把妲丽亚也带来啦！来收赃呢!”

“司捷潘·阿司塔霍夫回来啦。你听说了吗?”潘捷莱·普罗柯菲耶维奇语气平淡地说。

“怎么一回事儿?”格里高力手里的烟卷儿都掉了下来。

“就是这么一回事儿。原来他当了俘虏,并没有死。现在回来啦,阔气极啦。带回来的衣服和值钱的东西多得不得了！用两辆大车拉回来的。”老头子夸耀中带吹嘘,就好像司捷潘是他的亲人似的。“他把阿克西妮亚接了回来,现在又去入伍啦。给他安了一个肥缺,大概是什么兵站站长,好像是在嘉桑镇上。”

“家里粮食打了不少吧?”格里高力改换了话题。

“有四百斗。”

“两个孩子怎么样?”

“啊呀,两个孩子吗,伙计,好极啦！你要给他们带点礼物回去。”

“前线上有什么礼物好带?!”格里高力很发愁地叹了一口气,心里却在想着阿克西妮亚和司捷潘。

“你有没有用不着的步枪？有多余的吗?”

“你要枪干什么?”

“家里用用。防备野兽,防备坏人。以防万一嘛。我拿了一箱子子弹。我运子弹,就拿了一箱。”

“到辎重队去拿吧。这玩意儿有的是。”格里高力阴沉地笑了笑。“好啦,你去睡吧。我要查岗去啦。”

第二天早晨,这个团的一部分人马从村子里出发了。格里高力出发时深信不疑,父亲听了他的话一定感到羞愧,就要空手回去了。可是潘捷莱·普罗柯菲耶维奇把哥萨克们送走以后,就像个当家人一样,走进仓房里,把马颈圈和皮马套从架子上摘下来,放到自己的大车上。女房东在后面跟着他,满脸流着眼泪,抓住他的肩膀,叫道:

“老爷子！好人呀！你不怕罪过吗？为什么你欺负孤儿寡妇呀？把马套还给我们吧！还给我们吧，看在上帝面上！”

“得啦，得啦，别喊叫上帝啦。”麦列霍夫老头子一瘸一拐地躲着这个娘儿们，一面强词夺理地辩白着。“你们的男人恐怕也抢过我们的东西。你男人大概是个委员吧？既然‘你的，我的，——都是老天爷的’，那你就别嚷嚷，别舍不得啦！”

后来，又把衣柜的锁砸开，在辎重兵的默许下，挑选了几件好些的裤子和上衣，拿到亮处仔细看了看，用短粗的黑手指头攥了攥，就捆成一大包……

快到晌午时候他才动身。妲丽亚抿住两片薄薄的嘴唇，坐在装得满满的大车上，坐在包袱上。车后头，在许多东西上面扣着一口洗澡锅。潘捷莱·普罗柯菲耶维奇是从洗澡间的炉灶上拆下来的，刚刚拿到大车跟前，妲丽亚就不高兴地说：

“爹，您连狗屎都要带上！”

他愤怒地回答说：

“住嘴，混账！我不能把澡锅白扔给他们！你跟格里什卡这坏小子一样，都是败家货！一口锅我也用得着。就这样！……哼，快走吧！你撇什么嘴？”

他对哭肿了眼睛、在他们身后关大门的女房东亲热地说：

“再见啦，大嫂！别生气。您还可以再买新的嘛。”

十

日子像一条链子……一环连着一环。行军，作战，休息。炎热。阴雨。马汗和晒得滚热的马鞍皮子的混合气味。因为经常处于紧张状态,血管里的血已经不像血,而是像烧热的水银了。因为睡眠不足,脑袋比三英寸口径的炮弹还要重。格里高力真希望能休息休息,美美地睡上一觉!然后就扶着犁把顺着刚刚犁起的松软的犁沟往前走,对着老牛打几声口哨,听听仙鹤那悠远而嘹亮的叫声,轻轻地拂下微风吹到脸上的银色蛛丝,尽情地闻一闻新犁起来的秋天的土地那种葡萄酒一般的气味。

然而却不是这种景象。而是庄稼地被踩成一条条的大路。大路上走着一群群被剥光了衣服、满面尘土、面如死灰的俘虏。连队经过处,道路被马蹄踩得斑斑点点,庄稼被铁掌踩得稀烂。在一个个的村子里,贪心的哥萨克们搜遍那些跟红军退走的人的家,用鞭子抽打他们的妻子和母亲……

苦闷无味的日子一天天过去。这样的日子很快就从记忆中消失,没有一件事,即使是重大的事,能留下痕迹。这次战争中过的日子,好像比上一次战争中的日子更苦闷,也许是因为,所有的滋味以前早就尝过了。而且对待这一次战争本身,所有参加上次战争的人都抱着瞧不起的态度:不论规模、兵力,不论双方的伤亡,与上次战争相比,简直如同儿戏。只有可怕的死神,依然像在普鲁士战场上那样,常常直挺挺地站在面前,使人胆战心惊,逼着人像牲口一样来保全自己的生命。

“这能算是战争吗?只不过学学样子罢咧。以前在对德战争的时候,德国人的大炮一轰,就把几个团扫得光光的。如今一个连里有两个人挂花,就说是大损失啦!”老兵们常常这样议论。

但是这种不像样子的战争也够人受的。越来越使人不满、厌倦和恼恨。连里的哥萨克越来越坚定地说：

“咱们把红军从顿河的土地上打出去，就行啦！咱们不到边界以外去。让俄罗斯过自己的日子，咱们也过咱们自己的日子。咱们用不着把自己的一套硬加给他们。”

在菲洛诺沃一带，整个秋天战事都处于停滞不前的状态。最重要的战略中心是察里津，双方都投入了自己的精锐部队。而在北方战线，双方都不投入过多的兵力。双方都在积蓄力量，准备决战。哥萨克方面的马队比较多，他们就利用这种优势，进行配合作战，包抄两翼，朝后方突进。哥萨克方面占了优势，只是因为和他们作战的是一些新征集来的红军，多数是前线一带的老百姓，是一些军心动摇不定的队伍。萨拉托夫人、唐波夫人成千成万地投降。等到红军指挥部把工人团、水兵队伍和马队调来投入战斗，局势一下子就拉平了，主动权又重新在双方手里转来转去，轮流获得一些局部性的胜利。

格里高力一面参加作战，一面冷漠地注视着战争的进程。他相信：到冬天就不会再打了；他知道，哥萨克们都盼望和平，根本不想长期打下去。团里有时候来报纸。格里高力怀着憎恨的心情拿起用黄色包装纸印成的《上顿河州报》，草草地看着前线的消息，咬得牙齿咯吱咯吱直响。等他给哥萨克们念起那些故作慷慨激昂的豪言壮语，大家都要一齐哈哈大笑：

九月二十七日菲洛诺沃方面的战斗双方互有胜负。二十五日夜间，英勇的维奥申团逐出了波德戈尔村的敌军，并且紧追着敌军冲进了鲁琪扬诺夫村。缴获了大量战利品，俘虏了大批敌人。红军部队狼狈逃窜。哥萨克斗志昂扬。顿河英雄们正乘胜前进！

“咱们抓了多少俘虏？大批呀？噢——呵——呵，狗崽子们！只有三十二个人嘛！可是他们……哈哈哈哈！……”米佳·柯尔叔诺夫张大了满口白牙的嘴，用老长的手掌叉住腰，笑得直打滚儿。

哥萨克们也不相信“士官生”在西伯利亚和库班的胜利消息。《上顿河州报》吹得太露骨，太离奇了。奥赫瓦特金是一个长胳膊、大个子的哥萨克，他读过评论捷克人叛乱的文章以后，当着格里高力的面说：

“现在他们镇压捷克人，以后就要把所有的兵力调来对付咱们啦，到那时候够咱们受的……一句话，俄罗斯还是够厉害的呀！”最后他用十分可怕的口气说：“这是开玩笑的吗？”

“别吓唬人啦！听这种混账话听得心烦死啦！”普罗霍尔·泽柯夫把手一甩。

可是格里高力手里卷着烟卷，心里暗暗幸灾乐祸地说：“说得对！”

这天晚上，他弯着腰，敞着晒褪了色、肩上的绿肩章也晒褪了色的军便服的领口，在桌子旁边坐了很久。他的晒得黑乎乎的脸板得紧紧的，有些浮肿。上面的坑坑洼洼和尖尖的颧骨都看不见了。他转悠着又黑又结实的脖子，若有所思地捻着晒得红红的卷胡子尖儿，用这几年变冷了的、恶狠狠的眼睛凝神望着一个地方。他苦苦思索着，从来没有这样费劲儿思索过，后来，他已经躺

下要睡的时候,就好像回答大家的问题似的,说:

“没办法啦!”

他一夜都没有睡着。不时地出去看看自己的马,在漆黑漆黑、万籁无声的夜幕下,在台阶上站了很久。

* * *

看来,格里高力那小小的本命星还在亮着,还在静静地、一闪一闪地放射着光辉;看样子,这颗小星离开本位、带着陨落的冷光划过天空、寂然坠地的时刻还没有到。一个秋季格里高力的坐骑被打死了三匹,军大衣被打了五个窟窿。死神好像是在跟他开玩笑似的,只用黑翅膀扑扇了他几下。有一次,一颗子弹打穿了他的马刀的铜顶头,刀穗头就像被咬断了一样,一下子落在马腿上。

“有人在诚心诚意替你祷告呢,格里高力。”米佳·柯尔叔诺夫对他说;看到格里高力很不愉快的笑容,又觉得十分奇怪。

战线移到铁路线北面。辎重车每天都运来一捆一捆的铁蒺藜。每天都有电报连续不断地向前线传送电文:

> 协约国军队日内即将开到。在援军开到之前,务须坚守顿河地区的边境,不惜任何代价阻止红军的进攻。

抓来的民夫用铁棍凿开冻实的土地,挖掘战壕,又围上铁蒺藜。可是一到夜里,等到哥萨克们离开战壕,跑到老百姓家里去取暖,红军侦察兵就来到战壕边,推倒工事,把告哥萨克书挂在生锈的铁蒺藜上。哥萨克们都如饥似渴地看这些传单,就像看家信一样。很清楚,在这种情况下再打下去已经没有什么意义。严寒渐渐袭来,有时候暖和几天,有时候大雪纷飞。大雪封住了战壕。在战壕里待一个钟头都很不容易。哥萨克们都冻得受不了,手和脚都冻肿了。在步兵和步兵侦察队里面,有很多人没有靴子。有些人上阵打仗,就好像去打扫牲口棚,只穿着单鞋和单裤。大家都不相信协约国。有一天,安得列·卡叔林就很伤心地说:“他们是骑屎壳郎的!”哥萨克们遇上红军侦察队,常常听到他们大声喊叫:“哎嗨嗨!基督教徒们呀!你们攻我们,好比走烂泥地,我们攻你们好比坐爬犁!你们脚底下抹点儿油吧,我们不久就要上你们那儿串门去啦!”

从十一月中旬起,红军开始反攻。他们顽强地压迫着哥萨克部队向铁路线节节后退,但是战略上的转折出现得还要迟些。十二月十六日,红军的骑兵经过长时间的战斗,打垮了第三十三团,但是在柯洛杰姜村边维奥申团的阵地上,却遇到了顽强的抵抗。维奥申团的机枪手,躲在新雪盖住的场院篱笆后面,用猛烈的火力迎击进攻的红军步兵。右翼一挺机枪掌握在卡耳根乡的哥萨克安琪波夫的老练的手里,他打得又准又狠,打得进攻的步兵死伤累累。一个连阵地上冒着连片的硝烟,左翼两个连已经出动去迂回包抄。

将近黄昏时候,刚刚开上前线的水兵队伍,替换了进展缓慢的红军步兵。水兵们不卧倒,也不喊叫,迎着机枪冲上来。

格里高力不停地打着枪。枪栓已经冒烟了。枪筒子热得烫手。格里高力让步枪凉一凉,又压上一梭子子弹,眯缝起眼睛瞄准了远处黑黑的人影。

水兵们把他们打垮了。哥萨克们骑上马，穿过村庄，飞跑到冈头上。格里高力回头看了看，不觉扔掉缰绳。从冈头上远远望去，看到的是白雪茫茫的原野，还有一片片白雪覆盖的荒草，再就是贴在山沟斜坡上的淡紫色暮霭。原野上，在一俄里的范围内，零零落落地躺着不少被机枪子弹打死的水兵尸体。他们穿着呢制服和皮上衣，在雪地上显得黑漆漆的，就像一大群远飞中落下来的乌鸦……

黄昏时候被进攻冲散的几个连，又和叶兰乡团以及在他们右翼活动的大熊河口州一个有番号的团失去了联系，于是就在布祖卢克河的一条小支流旁边的两个村子里宿营了。

天已经黑下来，格里高力根据连长命令派好岗哨回来，在小胡同里碰上了团长和团部的一位副官。

“第三连在哪儿？”团长勒住马，问道。

格里高力回答过后，他们两个就催马向前走去。

“连里损失很大吗？”副官已经走出一截路之后问道；他没有听清格里高力的回答，又问了一遍：“怎么样？”

但是格里高力走了，没有再回答。

整夜都有辎重队从村子里经过。一支炮兵连在格里高力和他的哥萨克们宿营的人家门前停了很久。骂娘的声音、驭手们的喊叫声、嘈杂声从独扇小窗户里传了进来。有几个炮手和几个不知为什么来到这个村子里的团部传令兵走进屋子来取暖。到半夜里，又闯进来三个炮手，把房东一家人和哥萨克们都吵醒了。他们有一门炮陷在不远处的小河里了，所以决定在这里过夜，明天早晨再用牛把炮拖出来。格里高力也醒了，看了半天，看着炮兵们哼哧哼哧地刮掉冻在靴子上的泥巴，把脚脱光，把湿漉漉的包脚布搭在地炉的烟道上。后来又走进来一个满身泥浆的炮兵军官。他请求在这儿住一宿，就脱掉军大衣，带着毫不在乎的表情，用袖子擦拭溅在脸上的泥浆。

“我们损失了一门炮，”他用柔顺得像疲倦的马眼似的眼睛望着格里高力说，“今天这一仗就像在后娘村那一次一样。才打了两炮，他们就发现了我们的炮位……一炮打来，一下子就打坏了炮轴！这门炮本来是在场院上的，伪装得没办法再好啦！……”他每说一句，都要习惯地、也许是不自觉地插进一句骂人的粗话。“您是维奥申团的吧？您要喝茶吗？大嫂，给我们拿个火壶来，好吗？”

他说起话来没完没了，唠叨得令人生厌，不住气地喝着茶。半个钟头以后，格里高力已经知道，他是普拉托夫乡人，实业学校毕业，参加过俄德战争，结过两次婚，两次都不如意。

“现在顿河军队完啦！”他用尖尖的红舌头舔着刮得光光的嘴唇上的汗珠子说。“战争快到头啦。战线明天就要崩溃，再过两个星期，咱们就要退到诺沃契尔卡斯克。想叫哥萨克光着脚丫子去进攻俄罗斯呢！不是痴心妄想吗？那些正规军军官们全是坏家伙，实在话！您也是哥萨克吧？是吗？他们就是想用你们的手去火中取栗。自己躲在后方坐享其成！”

他一个劲儿地眨巴着一双没有光泽的眼睛，整个高大而健壮的身子靠在桌子上，不住地晃动着，他那拉得很长的大嘴的嘴角阴沉无神地耷拉下来，脸上依然完整地保留着先前那种像折腾够了的驯服的马的表情。

“以前，比如拿破仑那时候，打仗像个打仗的样子！两军相遇，刀对刀枪对枪杀上一阵，就各自散开。既不用设阵地，又不用蹲战壕。可是你看看现在打的仗，鬼都弄不清是怎么一回事儿。如果以前写史的人喜欢添油加醋，那么写这次战争非瞎编不可啦！……这种战争一点不热闹！一点味道也没有。叫人心烦！一句话——没有意思。我要是能办到的话，就把两边的头头儿弄到一块来，对他们说：‘列宁先生，这位是司务长，您向他学学使刀用枪。克拉斯诺夫先生，您自然是会的。’就让他们俩像大卫和歌利亚[①]那样打一场：谁胜谁为王。老百姓反正是过日子，谁为王都一样。少尉先生，您以为怎样？”

格里高力没有回答，只是睡意蒙眬地注视着他那肉嘟嘟的肩膀和手的迟钝的动作，注视着他那在嘴里不停地摆动、摆动得令人生厌的红舌头。他很想睡觉，这个唠叨不休、傻里傻气的炮兵军官使他很恼火，那一双汗脚发出的狗臭气味叫人恶心……

格里高力早晨醒来，有一种事情未解决的怅惘感觉。结局是他在秋天就预见到的，然而来得如此突然，他还是感到惊愕。格里高力以前注意到，对战争的不满，起初像是一股股小小的流水，在连里和团里潺潺地流着，后来不知不觉汇合成强大的洪流。如今他看到的只有这股迅猛冲击着前线的洪流了。

春天快到的时候，一个人骑马在草原上走，就有这样的感觉。阳光明媚，周围还是一片没有融化的淡青色的雪。可是在雪底下，却在进行着肉眼看不见的、自古如此的伟大工作——解放大地。太阳侵蚀着积雪，晒出一个个小孔，雪下面渐渐浸满了

①《圣经》故事：青年大卫同巨人歌利亚决斗，大卫胜，为犹太王。

水。只要有一个温暖的、雾气腾腾的夜晚，第二天早晨雪上结的冰壳子就会沙沙地、咯吧咯吧地纷纷往下陷，大路上、车辙里就会冒出绿色的山水，一团团的融雪从马蹄下向四处乱溅。天气暖和了。沙土岗渐渐露出来，黄土和烂草散发出本来的气味。半夜里，一条条山沟大声吼叫起来，滑坡的积雪轰隆轰隆地往崖头上直落，露出来的黑丝绒一般的秋耕地冒起甜丝丝的热气。黄昏时候，草原上的小河哼哧哼哧地把冰打碎，急急忙忙把冰送走，小河里的水灌得满满的，就像产妇的胀鼓鼓的乳房；行路人见冬天去得这样突然，感到十分惊愕，站在沙土岸上，拿眼睛寻找浅些的地方，拿鞭子抽打满身大汗、直摆耳朵的坐下马。可是周围的雪还是青青的，偏偏不肯协调，不肯参与，还是昏沉沉、白茫茫的冬天……

维奥申团往后退了一整天。大路上奔跑着一辆一辆的辎重车。右方，遮着地平线的一片灰云后面，炮声隆隆，就像山崩地裂声。连队在融化了的、到处是牲口粪的大路上噗唧噗唧地走着，马匹用湿漉漉的尾巴不停地搅拌着水雪。不时有传令兵从路边跑过。披着一身光闪闪蓝羽毛的一只只短尾巴笨乌鸦，不声不响，像步行的骑兵一样，大模大样、一摇一晃地在大路两旁走来走去，像检阅一样，看着退却的哥萨克连队、衣服褴褛的步行侦察队、一辆辆的辎重车从面前走过。

格里高力明白，退却就像飞速伸开的发条，怎么都拦不住了。夜里，他下了可喜的决心，自动离开了维奥申团。

“你打算上哪儿去，格里高力·潘捷莱维奇？”米佳·柯尔叔诺夫带着讥笑的神气看着格里高力把雨衣罩在大衣上，又挂上马刀和手枪，便问道。

“你问这干什么?”

“我想问问。”

格里高力咕哝了几下发了红的腮尖子,但是他很快活地挤着眼睛回答说:

“到要去的地方去。明白吗?”

他走了出去。

他的马站在外面,没有卸鞍。

夜里还有寒气,大路上显得雾蒙蒙的,他一口气跑到天亮。“我在家里住几天,然后打听打听,等他们走过去,我再跟上去。”他十分厌烦地想着昨天还同他并肩作战的那些人。

第二天黄昏时候,他就牵着跑了两百俄里、两天来掉了不少膘、累得直摇晃的马,进了自家的院子。

十一

十一月底,在诺沃契尔卡斯克就听说来了协约国军事代表团。城里盛传,一支强大的英国分舰队已经在诺沃罗西斯克港抛锚,从萨罗尼加调来的大批协约国陆战队好像即将登陆,又说法国的一个黑人步兵军团已经登陆,在不久的将来就要配合志愿军发动进攻。各种流言像雪片一样在城里到处传播着……

克拉斯诺夫命令派出御林军阿塔曼团哥萨克组成的仪仗队。两连年轻的阿塔曼团哥萨克匆匆地穿上深筒靴,佩上白色武装带,就同一连号兵一起,匆匆赶往塔干罗格。

正在俄罗斯南部的英法军事代表团,为了进行别有用心的政治侦察，决定派几位军官上诺沃契尔卡斯克去。他们的任务是了解顿河上的局势和同布尔什维克继续斗争的前景。代表英国的是彭德大尉和布隆菲尔德、孟罗两位中尉，代表法国的是奥申大尉和久普列、富尔两位中尉。这几个侥幸当了“使节”的协约国军事代表团的小军官的到来，在将军府里引起不小的轰动。

当下极其隆重地把这几位“使节”接到了诺沃契尔卡斯克。百般的恭维和吹捧，冲昏了这几个小军官的头脑，他们觉得自己成了“真正的”大人物，已经开始用庇护者和高高在上的态度看待那些赫赫有名的哥萨克将军和这个有名无实的大共和国的大员们了。

两位法国的年轻中尉，在和哥萨克将军们谈话的时候，透过文雅的举止和法兰西式的殷勤得叫人肉麻的态度，流露出倨傲和高人一等的冷淡语气。

晚上，在将军府里摆下了有一百个席位的盛大筵席。军人合唱队在大厅里唱起典雅的哥萨克歌曲，并有高昂的男声作衬，军乐队隆重地演奏了协约国各国的国歌。“使节们”照例又谦逊又气派地吃着。将军请来的客人们明白此时此刻的历史意义，都暗暗注视着他们。

克拉斯诺夫开始发言：

“各位先生，你们现在是坐在一座具有历史意义的大厅里，一八一二年另一次人民战争的英雄们，正在墙上用眼睛默默地看着你们。我们看到普拉托夫、伊洛瓦依斯基和杰尼索夫，就想起当年巴黎人民欢迎自己的解放者——顿河哥萨克，想起亚历山大一世皇帝在断垣残壁中重建美丽的法兰西的那些神圣的日子……”

“美丽的法兰西”的代表们因为喝了不少齐姆良名酒，已经有些失态，眼睛放出了油光，然而还是仔细听完了克拉斯诺夫的发言。克拉斯诺夫不厌其烦地描述过“受过布尔什维克野蛮压迫的俄罗斯人民”所遭受的重重苦难，就慷慨激昂地结束了发言：

“……俄罗斯人民的优秀儿女在布尔什维克的拷问室里受尽摧残。他们的眼睛注视着你们：他们盼望你们的援助，你们应该援助的是他们，只是他们，而不是顿河。我们可以很自豪地说：我们自由啦！但是我们所想的，我们斗争的目的——是重建伟大的俄罗斯，重建忠实于自己的盟国、维护盟国的利益、能为盟国牺牲自己而现在正十分殷切地盼望盟国援助的俄罗斯。一百零四年前的三月里，法兰西人民欢迎过亚历山大一世皇帝和俄罗斯的御林军。从那一天起，法兰西就开始了一个新时代，从此走上了头等强国的地位。一百零四年以前，我们的首领普拉托夫将军访问过伦敦。我们现在就盼望你们上莫斯科！我们等着你们，以便在胜利进行曲和我们的国歌声中一同走进克里姆林宫。一同享受和平和自由的欢乐！伟大的俄罗斯！我们全部的理想和希望尽在伟大的俄罗斯！”

克拉斯诺夫发过言以后，彭德大尉站了起来。他用英语发言的时候，参加宴会的人保持着死一般的肃静。翻译官用振奋的语调翻译起来：

“彭德大尉以自己的名义，并代表奥申大尉，向顿河军司令声明，他们是协约国正式派来的代表，是来了解顿河地区局势的。彭德大尉保证说，协约国各大国一定要用全部力量和物资，包括军队在内，来援助顿河政府和志愿军同布尔什维克进行英勇的斗争。”

翻译官还没有译完最后一句，高亢响亮、一连重复了三次的“乌拉”声就震动了大厅的四壁。大家在雄壮的军乐声中碰起杯来。为“美丽的法兰西”和“强盛的英吉利”的繁荣昌盛干杯，为“战胜布尔什维克”干杯……顿河啤酒在杯子里冒着泡沫，陈香槟酒金星乱飞，老“灯牌”葡萄酒散发着甜丝丝的气味……

大家等待着协约国的代表说祝酒的话，彭德大尉不要大家多等，便举杯说：

“我为伟大的俄罗斯干一杯，我很想在这儿听听你们那美妙的古老国歌。我们不认为歌词有多大意义，但我很想听听这支歌的乐曲……”

翻译官把这话翻译过来，克拉斯诺夫转过激动得发了白的脸，面朝着客人们，放大了嗓门儿喊道：

“为伟大、统一、不可分割的俄罗斯干杯，乌拉！”

军乐队深沉有力而从容不迫地奏起了《上帝啊，保佑沙皇》。大家都站起来，举杯一饮而尽。白发苍苍的盖尔莫根大主教的脸上哗哗地流着眼泪。“好极啦！”醉醺醺的彭德大尉赞美道。来宾中有一位要员，因为感情激动，用沾满了鱼子的饭巾捂住大胡子，干脆放声大哭起来……

* * *

这天夜里，亚速海上吹来的狂风在城里怒吼、哀号着。第一场风雪吹打着的教堂圆顶更显得死沉沉的……

这天夜里，根据军事法庭的判决，在城外垃圾场上的土沟里枪毙了一些沙赫提的布尔什维克铁路员工。把他们五花大绑着，两个两个地拉到沟边上，用手枪和步枪抵着他们开枪，冷风就像吹香烟的火星那样，一下子就把枪声吹散了……

在将军府的大门口，由御林军阿塔曼团的哥萨克组成的仪仗队在刺骨的寒风中冻得瑟瑟发抖。哥萨克们那握着出鞘的马刀的手冻得发了青，粘到了刀把子上，眼睛冻得流泪，两腿冻僵了……然而醉汉的喊叫声、嘹亮的军乐声、军人合唱队那像号哭一样高亢的颤声，却一阵阵地从将军府里传出来，一直闹腾到天亮……

* * *

可是过了一个星期，就发生了最可怕的事情——战线崩溃了，最先放弃阵地的是布置在卡拉乔夫方面的第二十八团。彼特罗·麦列霍夫就在这个团里。

哥萨克们和第十五英查师师部进行过秘密谈判以后，决定从前线上撤下来，让红军部队顺利地通过上顿河州管辖的地区。眼光短浅、没有多大本领的亚可夫·佛明成了这个叛变的团的首领，但实际上佛明只是一块招牌，而在佛明的背后，是一些倾向布尔什维克的哥萨克在执掌军务和指点佛明。

开了一次闹闹嚷嚷的群众大会，在会上，有几个军官一面担心背后有人开枪，一面很不情愿地说了说打仗的必要性，而哥萨克们却一齐闹哄哄地乱嚷嚷，嚷着那些大家都听腻了的反对打仗、要同布尔什维克讲和的话，会一散，这个团就开拔了。走了一站路，来到索朗加村，到夜里，团长菲里波夫中校就带着大多数军官离开了队伍，到黎明时候就加入了在战斗中损失惨重、正在退却的莫里耶尔伯爵的那个旅。

紧跟着第二十八团抛弃阵地的是第三十六团。这个团全部人马，包括全部军官在内，开到了嘉桑镇上。团长是个又矮又小、贼眉鼠眼的家伙，千方百计地向哥萨克们讨好。他领着一些人骑马来到兵站站长住的房子门前。他摇晃着鞭子，神气活现地走了进去。

"谁是站长？"

"我是副站长。"司捷潘·阿司塔霍夫欠了欠身子，很气派地回答说。"军官先生，请把门带上。"

"我是第三十六团团长，纳乌摩夫中校。嗳……有事打扰……我这个团，需要军装和鞋袜。弟兄们都光着身子、光着脚呢。您听见了吗？"

"站长出去啦。他不在家，我连一双靴子都不能发给您。"

"怎么不能发？"

"就是不能发。"

"你！……你这是和什么人说话？我把你抓起来，他妈的！弟兄们，到他的库里搜去！你这个躲在后方的大老鼠，仓库的钥匙在哪儿？……什——么？"纳乌摩夫用鞭子敲着桌子，气得脸色发了白，一下子把毛茸茸的满洲式皮帽推到脑后。"把钥匙交出来，没什么好啰唆的！"

半个钟头以后，一捆捆熟皮子的小皮袄、一捆捆的毡靴和皮靴，就带着黄黄的灰尘，从仓库的门里飞到雪地上，飞到挤成一堆一堆的哥萨克手里，一袋一袋的砂糖就手递手地传出来。在广场上，闹闹哄哄、高高兴兴的说笑声很久都没有停息……

就在这时候，第二十八团已经在新团长佛明率领下，开进了维奥申镇。英查师的部队就跟在他们后面，相距有三十俄里左右。红军侦察队这一天已经到了杜布洛夫村。

四天以前，北线总指挥伊万诺夫少将和参谋长臧布尔希次基将军就一同匆匆忙忙地向卡耳根镇撤退。他们的汽车轮子在雪地上直打滑，臧布尔希次基的妻子咬得嘴唇出了血，孩子们哭着……

维奥申镇有几天陷入了无政府状态。有消息说，正在卡耳根镇上集中军队，要来打第二十八团。但是在十二月二十二日，伊万诺夫的一位副官从卡耳根来到维奥申镇上，笑嘻嘻地拿走了当初他忘在司令部驻处的东西：一顶有新帽徽的单军帽、一把头发刷子、一件衬衣和另外一些零碎东西……

红军第八军的部队冲进了北线上形成的一百俄里的大缺口。萨瓦捷耶夫将军的部队一枪不发地朝顿河退去。菲次哈拉乌洛夫将军的几个团也匆匆忙忙地往塔拉和包古查尔方面退。北方有一个星期的工夫格外安静。听不见大炮的轰隆声，也听不见机枪的嗒嗒声。在北线作战的下游的哥萨克，因为上游几个团的叛变，失去了斗志，都一枪不发地向后退去。红军一面派侦察队在前面的村庄里仔细搜索着，一面小心翼翼地慢慢推进。

顿河政府在北线大败中遇上了一件喜事。十二月二十八日，协约国的军事代表团来到诺沃契尔卡斯克。这里面有英国驻高加索的军事代表团团长普尔将军和参谋长基斯上校，有法国代表福兰西·德·艾司皮烈将军和福凯大尉。

克拉斯诺夫请协约国的代表们视察前线。一个十二月的寒冷的早晨，旗尔车站的站台上摆好了仪仗队。胡子耷拉着、样子像个酒鬼的马孟托夫将军，一向是个不修边幅的人，但是这一次却穿得笔挺，新刮过的两腮放着灰灰的亮光，由一群军官簇拥着，在站台上走来走去，在等候火车。军乐队的吹鼓手们在车站旁边跺着脚，对着冻青了的手指头直呵气。仪仗队里都是下游各乡的哥萨克，各种发色、各种年龄的都有，站在那里，显得非常有趣。没有胡子的小伙子跟白胡子老汉站在一起，中间还夹杂着黑胡子的上过前方的战士。老头子们的军大衣上挂着金十字章、银十字章和奖章，有的是在罗士契战役中得的；有的是在普累文战役中得的；中年的也都密密层层地挂满了十字章，是在格奥克-杰彼、散杰普城下，以及在对德战争中——在皮来梅希里、华沙、里沃夫城下的鏖战中得到的。年轻小伙子们什么也没有挂，但是一个个站得笔直，竭力在各方面模仿年长的。

火车拖着乳白色的蒸汽，轰隆轰隆地开进了车站。软席车厢的门还没有打开，乐队指挥就使劲把手一挥，乐队便响亮地奏起英国国歌。马孟托夫手扶马刀，大步朝车门口走去。克拉斯诺夫像个殷勤好客的主人那样，领着客人经过站得笔直的哥萨克队列前面，向车站走去。

“哥萨克都起来保卫家乡、抗击野蛮的红军匪徒啦。你们看看这三代哥萨克的代表。这些人在巴尔干、日本、奥匈帝国和普鲁士作过战，现在都在为祖国的自由作战。”克拉斯诺夫说着一口漂亮的法语，带着优雅的笑容，气派十足地点着头，瞟着瞪大了眼睛、连气也不敢喘的老头子们。

马孟托夫按照上级指示，费尽心思挑选仪仗队，没有白费力气，现在拿出来了。

协约国的代表视察了前线，很满意地回到了诺沃契尔卡斯克。

“我对您的部队的良好军容、纪律性和战斗精神，感到十分满意。”普尔将军临行前对克拉斯诺夫说。“我马上就下命令，把我们的先头部队从萨罗尼加调到这里来。将军，我请您筹备三千件皮袄、三千双暖靴。我希望，在我们的帮助下，您能彻底消灭布尔什维克。”

……急急忙忙赶着做好了熟皮皮袄，也做好了暖靴。但是不知为什么协约国的陆战队没有在诺沃罗西斯克登陆。普尔回伦敦去了，接替他的是一位又冷淡又高傲的布里格司。他从伦敦带来了新的指示，并且用一个将军的直率态度，生硬地声明说：

“英国政府对顿河志愿军将提供广泛的物资援助，但是不出一兵一卒。”

这样的声明是不用做注解的……

十二

早在帝国主义战争时期，军官和哥萨克之间的敌对情绪，就像无形的犁沟一样，在彼此之间造成很深的隔阂，到一九一八年秋天，这种敌对情绪达到了空前的程度。在一九一七年末，哥萨克部队慢慢朝顿河上开去的时候，枪杀和出卖军官的事还很少见，可是过了一年，这样的事几乎变成家常便饭了。在进攻的时候，哥萨克们叫军官们学红军指挥员的样子，在队伍的前面走；并且不声不响、悄悄地对着他们的后背开枪。只有像宫陀洛夫乔治十字章团那样一些队伍，还团结得很好，可是在顿河军里，像这样的队伍并不多。

彼特罗·麦列霍夫是个又狡滑又机灵的顽固分子。他早就明白，和哥萨克们作对，就是找死，所以他一开始就费尽心思消除他这个军官和普通哥萨克之间的隔阂。在必要的时候，他也和哥萨克们一样，谈谈打仗的害处；不过他说这种话不是实心实意的，带有很大的虚假成分，但是大家都看不出他的虚假；他装成一个赞同布尔什维克主张的人，自从佛明被推举为团长，他又千方百计地拍佛明的马屁。彼特罗也和其余的人一样，不反对抢劫，咒骂上级，照顾俘虏。可是他心里的仇恨一阵一阵地直往上冲，憋得两只手直打哆嗦，恨不得打人和杀人……在工作上他又柔顺，又随和，不像一个少尉，倒像一块黄蜡！就因为彼特罗骗取了哥萨克们的信任，所以他们认为他能够改变面目。

部队开到索朗加村，纳乌摩夫把军官们带走的时候，彼特罗留了下来。他又老实，又温和，总是不抛头露面，处处随大流，就这样同大家一起来到维奥申镇上。可是到了维奥申镇上以后，只待了两天，就忍不住了，既没有上团部去，也没有去找佛明，就跑回家了。

这一天，一大早就在维奥申的大操场上，在一座老教堂旁边，开起了群众大会。这个团在等待英查师的代表前来。哥萨克们一群群地在操场上走着，有穿军大衣的，有穿小皮袄的——用军大衣改做的，没有挂面子，有穿皮夹克的，有穿棉袄的。真难相信，这一大群穿着五光十色的衣服的人就是战斗部队，就是第二十八哥萨克团。彼特罗灰心丧气地从这一群人跟前走到那一群人跟前,像看新奇东西似的打量着哥萨克们。以前在前线上,他们的服装并没有多么惹人注目,而且也没有看见过一团人这样密密麻麻地凑在一起。现在彼特罗怀着憎恶的心情咬着乱蓬蓬的白胡子,看着一张张挂了一层白霜的脸,看着戴了各式各样帽子的一个个脑袋,有戴高皮帽的,有戴矮皮帽的,有戴库班式平顶帽的,有戴哥萨克制帽的;他放低眼睛看去,看见的也是五颜六色的玩意儿:破皮靴、烂毡靴、从红军脚上剥下来的皮鞋外加破烂的裹腿。

“一群叫花子!该死的庄稼佬!丢脸!”彼特罗怀着无可奈何的痛恨心情自言自语地说。

板墙上贴着佛明发布的告示。街道上一个老百姓也看不见。整个维奥申镇好像隐藏起来,在等待什么。从胡同口里可以看见白雪皑皑的顿河河面。顿河对岸的树林子黑魆魆的,很像是一幅水墨画。又大又古老的灰色石头教堂旁边,像羊群一样拥拥挤挤地站着许多从各村来看丈夫的娘儿们。

彼特罗穿一件挂了羊皮筒子、胸前有一个大口袋的小袄,戴着一顶该死的羊羔皮军官帽,不久以前他戴着这顶军官帽还觉得挺神气,现在觉得时时刻刻都有冷冷的斜眼投到自己身上。这种眼光穿透他的心,加重了他那已经够惊慌失措的心情。他恍惚中看到,操场当中有一只倒扣着的大木桶上出现了一个矮墩墩的红军,穿一件细呢子军大衣,戴一顶崭新的羊羔皮帽,帽耳朵挓挲着。那个红军用戴着绒线手套的手理了理围在脖子上的灰色兔子毛哥萨克式毛边围巾,朝四面看了看。

“哥萨克同志们!”他那低沉的、伤风的声音钻进彼特罗的耳朵。

彼特罗四下里看了看，看见哥萨克们听到这很不习惯的称呼都十分惊异，你看着我，我看着你，都满怀希望地、神情激动地互相挤着眼睛。那个红军说到苏维埃政权，说到红军以及同哥萨克的相互关系，说了很久。彼特罗记得特别清楚的是，他的话时时被喊叫声打断：

"同志，共耕社是什么玩意儿？"

"是不是也要我们参加？"

"共产党是干什么的？"

那个红军把两手放在胸前，不住地朝四面转动着身子，十分耐心地解释着：

"同志们！干共产党——是自觉自愿的事儿。谁愿意推翻资本家和地主的压迫，把工人和农民解放出来，谁愿意为这一伟大事业而奋斗，都可以自愿参加共产党。"

过了一小会儿，另一个角落里又有人喊道：

"请你讲讲共产党员和委员是怎么一回事儿！"

回答之后，没过几分钟，又有一个粗喉咙大嗓门儿叫道：

"共耕社你说得不怎么清楚，请你说仔细点儿。我们都是大老粗，你用家常话给我们讲讲！"

后来佛明啰里啰唆地讲了老半天，不管是不是地方，常常说到"撤退"这个词儿，好像是在炫耀学识似的。佛明身边有一个年轻小伙子，戴着学生帽，穿一件很讲究的大衣，很灵活地转来转去。彼特罗听着佛明那语无伦次的发言，想起在一九一七年二月里，就在妲丽亚来看他的那一天，他在开往彼得格勒途中的一个车站上第一次看见佛明的情形。他的眼前又出现了那个身穿军大衣、佩戴着带有番号“五十二”的中士肩章的阿塔曼团逃兵，好像又看到了他那两只离得很远的眼睛的冷冷的目光，看到了他那像狗熊一样的脚步。“受不了啊，大哥！”彼特罗好像又听到了他那含混不清的话。“逃兵，一个像贺里散福一样的浑人，可是这会儿当起团长来啦，我却在这儿受冷落。”彼特罗怒冲冲地眨动着眼睛，想道。

佛明说过话以后，接着上去说话的是一个十字交叉地背着机枪子弹带的哥萨克。

“弟兄们！以前我在波得捷尔柯夫的部队里干过，现在我也许还能去打打士官生呢！”他挓挲着两只胳膊，声嘶力竭地喊叫着。

彼特罗快步朝驻所走去。他正备马，就听见哥萨克们在走出大操场的时候，鸣起枪来，这是按照老习惯向各个村庄报告，当兵的要回家了。

十三

静得可怕的短日子向晚时候显得很长，就像在农忙时候那样。一座座村庄静得像偏僻的荒野。顿河两岸好像什么都死光了，好像是一场瘟疫来到，各乡各村的人都死绝了。使人觉得，好像有一片乌云，像又厚又黑的翅膀似的遮住了顿河两岸，又无声地、阴森森地铺展开来，眼看着就要像旋风一样把白杨树吹弯在地，像焦雷一样劈劈啪啪发作起来，就要摧毁顿河彼岸一片白茫茫的树林，吹得那石灰质山崖上的石头乱飞，发出暴风雨般惊心动魄的怒吼声……

从清早起，鞑靼村的土地上就笼罩着一片浓雾。山嗡嗡响着，报告严寒即将来临。快到晌午时候，太阳从浓雾中渐渐露出脸来，但是天空还是没有亮起来。雾气惘然若失地在顿河两岸的山顶上游荡着，往山崖和山头上直扑，就在那儿消逝，在绿苔斑斑的石板上，在山顶覆盖着白雪的巨石壁上，留下一层湿漉漉的水汽。

每到黄昏时候，黑夜就把一轮老大的火红色月亮从光秃秃的树丛梢头捧上来。月亮就朦朦胧胧地在安静下来的村庄上空泛着战争与大火的血红色亮光。经月亮的冷漠而恒久的亮光一照，人们心里不由地产生一种模模糊糊的恐慌感，牲口也感到烦躁。马和牛都睡不着觉，通夜在院子里荡来荡去。狗在吠叫，离半夜还早，公鸡就闹嚷嚷地打起鸣来。将近黎明时候，潮湿的树枝冻上一层冰。风吹动树枝，树枝叮当乱响，就像铁镫碰击声。就像是一队肉眼看不见的骑兵，在灰白的夜色中，在顿河左岸黑沉沉的树林里奔驰，碰得马刀和铁镫乱响。

原来在北线的鞑靼村的哥萨克，都自动离开了队伍，慢慢朝顿河上来，如今差不多都已经回到了村里。每天都有落在后面的人回来。有的人回来，把武器塞到草垛里，或者藏到棚子底下，为的是永远不再打仗，只等红军来到；有的人却只是推开积雪堵住的篱笆门，把马牵进院子里，补充一些干粮，和老婆睡上一夜，第二天早晨就上了大路，到了冈头上再最后望一望那死静的、一片白茫茫的顿河河面，望一望也许会永远离开的家乡的一处处地方。

谁能躲得开死神？谁又能猜到人生的结局？……马匹难分难舍地离开村子。哥萨克们硬着心肠撕断同家人难分难舍的心情。许多人的心又顺着这条风雪弥漫的道路回到家里。在这条路上想过许许多多沉重的心事……也许，还有咸得像血一样的眼泪顺着马鞍滚下去，落到冰冷的马镫上，落到马蹄踩得斑斑点点的大路上。在这些地方，到春天不是连送别的小黄花和小蓝花都长不出来了吗？

* * *

在彼特罗从维奥申镇上回来的那天夜里，麦列霍夫家里开了一个家庭会议。

“喂，怎么啦？”彼特罗刚刚跨进门槛，潘捷莱·普罗柯菲耶维奇就问道。“仗打完了吗？没有戴肩章回来吗？噢，去吧，去吧，去见见弟弟，叫你妈高兴高兴，你老婆正想你呢……好啊，好啊，彼加沙……格里高力！格里高力·潘捷莱耶维奇，为什么要像地老鼠一样躺在炕上？快下来！”

格里高力耷拉下两只光脚丫，绿裤子上的套带绷得紧紧的。他笑嘻嘻地挠着黑乎乎、毛烘烘的胸膛，看着彼特罗侧歪着身子卸下武装带，又用冻僵的手指头去摸索帽带的结儿。妲丽亚一声不响，笑盈盈地看着丈夫的眼睛，给他解开小皮袄的扣子，又提心吊胆地从他的右边绕过去，因为右边有手枪套子，还有一个灰灰的、亮闪闪的手榴弹挂在腰带上。

杜尼娅跑过来拿腮蛋子往哥哥的挂了白霜的胡子上贴了贴，

就跑出去料理马匹。伊莉尼奇娜用围裙在擦嘴唇，准备来亲“大小断”。娜塔莉亚在灶上忙活着。两个孩子拉着她的裙子，偎在她身上。大家都在等着彼特罗说话，可是彼特罗在门口用沙哑的嗓子说了一句“都好啊！”——就一声不响地脱起衣服来，又用笤帚扫了半天靴子，等他直起腰来，嘴唇忽然可怜巴巴地哆嗦起来，他不知为什么失魂落魄地靠在床背上，大家都出乎意料地看见他的冻青了的腮上流着泪水。

“老总！你这是怎么啦？”老头子用开玩笑的语气掩饰着惊慌和喉咙的哆嗦，问道。

“咱们垮啦，爹！”

彼特罗把嘴撇得老长，哆嗦了几下淡白色的眉毛，垂下眼睛，用一块肮脏的、发着烟臭味的手绢捂着鼻子，擤了半天。

格里高力一把推开正跟他亲热的小猫，哼哧了两声，就从炕上跳下来。妈妈亲着彼特罗那生了虱子的脑袋，哭了起来，但是马上又跑了开去。

“我的乖孩子！可怜的孩子，要喝点儿酸牛奶吗？你快来，吃吧，菜汤要凉啦。恐怕饿坏了吧？”

彼特罗在桌边坐下来，把侄子放在膝盖上哄着，提起了精神；他压抑着心头的激动，把第二十八团从前线上撤退、军官们逃走、佛明的事以及最后一次在维奥申镇上开大会的事说了一遍。

“你究竟怎么想呢？”格里高力一面用黑黑的大手抚摩着女儿的头，一面问道。

“没有什么好想的。明天白天我在家里过一天，夜里我就走。妈妈，您给我弄些干粮。”他转身对妈妈说。

“这么说,要走吗?”

潘捷莱·普罗柯菲耶维奇的三个指头停在烟荷包里,捏着的烟丝往下掉着,就这样愣着,等候回答。

彼特罗站起来,对着模模糊糊、墨画的圣像画着十字,眼睛里露出冷峻和痛苦的神情。

“耶稣救主,我吃饱啦!……你问,是不是要走吗?不走怎么行啊?我怎么能留在家里呢?让红鬼子把我砍死吗?也许,你们能留下来,可是我……我不行,一定要走!他们是放不过军官的。”

“家又怎么办?把家扔掉吗?”

彼特罗听了老头子的问话,只是耸了耸肩膀。但是妲丽亚接着就插嘴说:

“你们都走掉,叫我们留下来吗?你们真不错,都是好样儿的!叫我们来看守你们的家业!……为了你们的家业,也许还要把命都送掉呢!放一把火烧掉算啦!我可是不留下来!”

就连娜塔莉亚也说话了,她的叫声盖过了妲丽亚那响亮的声音:

“要是村子里的人都走,我们也不能留下来!我们也走!”

“混蛋娘儿们!狗东西!”潘捷莱·普罗柯菲耶维奇瞪圆了眼睛,像发了疯似的吼叫起来,并且不由自主地去摸拐杖。“混账,都他妈的给我滚开!该死的娘儿们,给我住嘴!男子汉的事情,她们倒管起来啦……好吧,咱们就什么都扔掉,走他娘的!可是把牲口藏到哪儿去呢?又不能揣到怀里带走。还有房子呢?……”

“你们这两个娘儿们简直昏了头！”伊莉尼奇娜很生气地责备两个媳妇说。“这家业不是你们挣来的，你们要扔掉自然很容易。这是我和老头子起早摸黑挣来的，能这样轻易就扔掉吗？那可不行！”她撇了撇嘴，叹了口气。“你们走吧，我才不走呢。就让他们在家门口把我杀了好啦，总比在人家篱笆脚下饿死好些！”

潘捷莱·普罗柯菲耶维奇拧了拧灯芯子，又哼哼，又叹气。有一会儿大家都没有作声。正在打袜子的杜尼娅抬起头来，小声说：

“牲口可以带走嘛……犯不着为了牲口留下来。”

这一下子又把老头子惹火了。他就像一匹绊住了腿的公马一样，不要命地跺起脚来，一下子碰到躺在炉边的一只小羊羔身上，差一点儿绊倒。他在杜尼娅面前站下来，大声吼道：

“能带走吗？老牛要下犊啦，怎么办？把它带到哪儿去？哼，张嘴说说倒容易！败家鬼！坏东西！死丫头！拼死拼活给你们积攒，可是现在你们说出这种话！……还有羊呢，小羊羔往哪儿搁？……哼，哼，该死的丫头！给我住嘴！”

格里高力斜眼瞅着彼特罗，又像很久很久以前那样，看见哥哥那亲切的棕色眼睛里，流露出顽皮、好笑、同时又表示着恭敬的笑意，又看见小麦色胡子像以前那样抖动起来。彼特罗飞快地挤了挤眼睛，因为憋着笑，憋得全身哆嗦起来。格里高力也很高兴地感觉到，自己心中也出现了这种近几年来不曾有过的想笑的劲儿，就干脆低低地、咯咯地笑起来。

“好啦，就这样！……托老天的福吧……你们有话说过啦！”老头子气嘟嘟地瞪了格里高力一眼，就转身朝着结满毛茸茸的白霜的窗子，坐了下来。

到半夜里才做出一致的决定：男子汉都走，妇女们留下来看家。

离天亮还早，伊莉尼奇娜就生起了火，到吃早饭时候，已经烤好了面包，并且烤好了两口袋干粮。老头子在灯下吃过了早饭，天一亮就去收拾牲口，检查爬犁。他走进谷仓里，把手插进装满了小麦的粮囤里，用手拨弄着饱满的麦粒儿，站了老半天。他走出来，就好像向死人告别似的：帽子拿在手里，轻轻掩上身后黄黄的板门……

他又到棚子底下忙活起来，换爬犁上的坐簸箩，这时候赶着牛去饮水的安尼凯来到小胡同里，他们互相打了个招呼。

“你收拾收拾走吧，安尼凯？”

“我好比光屁股扎腰带，收拾是多余的。我的东西都在我身上，只能捡捡别人的！”

“听到什么消息吗？”

“消息多着呢，大叔！”

“怎么样？”潘捷莱·普罗柯菲耶维奇把斧子插进爬犁的扶手里，惊惶地问道。

“红军就要到啦。快到维奥申镇上啦。有人在大雷村看见的，说他们来意不善。在杀人呢……他们当中有犹太人，还有中国人，该死的东西！以前咱们把这些斜眼鬼打得太轻啦！”

“还杀人？！”

“当然啦，又不是来玩儿的！还有该死的上游哥萨克呢！”安尼凯骂着娘，顺着篱笆朝前走去，一面走，一面又说：“顿河那边的娘儿们给他们弄吃的喝的，省得他们糟蹋老娘儿们，他们喝得醉醺醺的，就跑到别的村子里去折腾。”

老头子安好坐簸箩，又去几个棚子里走了走，看了看他亲手栽的每一根桩子和篱笆。然后拿起干草篓子，一瘸一拐地到场院上去抽路上喂马的干草。他从架子上摘下铁钩子，不过他还是没有感觉到非走不可，又是去抽差一些的、带杂草的干草（好些的干草他总是留到春耕时喂牲口），但是后来改变了主意，心里骂着自己，朝另一垛草走去。可是不知为什么他还是不觉得，他就要离开家和村子到南方去，也许今后就不能回来了。他抽过了干草，又照老习惯伸手去拿草耙子，好把撒的草篓起来，但是又像被烫了一下似的，把手缩了回来，一面擦着帽子底下冒了汗的额头，一面自言自语地说：

“到这时候我还爱惜这些东西干什么？反正他们要扔到马脚下，要么白白糟蹋掉，要么一把火烧掉。”

他把草耙子放在膝盖上，咬了咬牙，一下子折成两截，就端起草篓子，弯腰弓背、老态龙钟地拖着两条腿朝前走去。

他没有进屋子，只是推开门，说：

“准备走吧！我马上就套爬犁。不能太晚了。”

他已经把皮套套到马身上，又把马料袋放到爬犁上，可是两个儿子还是没有出来备马，他心中觉得纳闷，就又朝屋里走去。

屋子里的情形使人奇怪：彼特罗正在气嘟嘟地解那几个准备带走的包袱，把军裤、上衣、值钱的女人衣服往地上直扔。

“这是怎么回事儿？”潘捷莱·普罗柯菲耶维奇十分吃惊地问道，他把帽子都摘了下来。

“就是这么回事儿!”彼特罗用大拇指隔着肩膀指了指妇女们说,“她们哭呢。咱们哪儿也不去啦！要走,大家都走;要不走,谁也别走！说不定红鬼子会强奸她们,咱们倒是跑出去逃命吗?他们要是杀的话,就叫她们看着咱们死吧!”

“爹,把衣服脱了吧!”格里高力微微笑着,脱掉军大衣,解下马刀,正哭着的娜塔莉亚从后面抓住他的手,亲了起来,脸红得像桃花的杜尼娅高高兴兴地拍起巴掌来。

老头子戴上皮帽,但是马上又摘了下来,走到堂前,画了一个老大的十字。他磕了三个头,站起身来,朝大家打量了一遍。

“好吧,既然这样,咱们就不走啦！圣母娘娘,多多保佑我们吧！我去把爬犁卸掉。”

安尼凯跑了进来。他看见麦列霍夫家里一张张脸都笑盈盈的、高高兴兴的,不禁吃了一惊。

“你们怎么啦?”

“我们家的男子汉不走啦!”妲丽亚代表大家回答说。

“是这样啊！改变主意啦?”

“改变主意啦!”格里高力勉强龇了龇青白色的牙齿笑了笑,挤了挤眼睛,“死不用人自己去找,不管在哪儿,都能碰得上。”

“你们当官的不走,我们更要听天由命啦!”安尼凯说完,就咚咚地下了台阶,从窗前跑了过去。

十四

佛明发布的告示在维奥申镇的板墙上呼啦呼啦地响着。人们时时刻刻等候着红军到来。白军的北线司令部还驻扎在离维奥申镇三十五俄里的卡耳根镇上。一月三日夜里，车臣人的队伍开到，于是罗曼·拉查列夫中校就率领这支队伍从别洛卡里特文河口镇出发，用急行军的速度前来讨伐佛明这个叛变的团。

车臣人原定在五日向维奥申镇发动进攻。他们的侦察队已经到了白山村。但是进攻的计划取消了，因为佛明的团里有一个哥萨克投过来，报告说，红军的一支主力部队已经来到高罗霍夫村，一月五日一定要到达维奥申镇上。

正在诺沃契尔卡斯克忙着招待协约国代表的克拉斯诺夫，试图开导一下佛明。他用诺沃契尔卡斯克—维奥申之间的直通线给佛明打来一封电报。电报员先是一个劲儿地呼号“维奥申镇，佛明”，后来就发来了简短的电文：

> 维奥申镇佛明收。佛明中士，我命令你及早醒悟并率领本团开赴阵地。已派出讨伐队。如执迷不悟，即判处死刑。
>
> 克拉斯诺夫

佛明解开皮袄的扣子，借着煤油灯的灯光，看着打满棕色字母的细细的纸条弯弯曲曲地从电报员手里抓出来，他对电报员的后脑勺呵着冷气和酒气，说：

“喂，他在那儿胡说些什么？叫我醒悟？他打完了吗？……你给他回电……什——么？怎么不行？你听我的，要不然我把你的肠子都打出来！”

于是电报机嗒嗒地响起来：

诺沃契尔卡斯克克拉斯诺夫将军收。滚你妈的吧。

佛明。

北线的局面出现了进一步复杂化的趋势，因此克拉斯诺夫决定亲自上卡耳根来，在这里直接指挥讨伐队对佛明发动进攻，而主要的还是想鼓一鼓哥萨克们已经十分低沉的士气。就为了这个目的，他还约请协约国的代表一同到前线上来看看。

在布土尔林诺夫村检阅了刚刚下火线的宫陀洛夫乔治十字章团。检阅完毕，克拉斯诺夫站到团旗下面。他转身朝着右边，高声叫道：

"凡是在第十团、在我手下当过差的，向前一步走！"

宫陀洛夫团的哥萨克差不多有一半跨到队伍的前面。克拉斯诺夫摘下皮帽子，十字交叉地抱住靠近他的一个不算年轻、但很英武的司务长亲了亲。那位司务长用大衣袖子擦了擦刚刚修剪过的胡子，呆呆地瞪大了眼睛，愣住了。克拉斯诺夫和老部下一一接了吻。协约国的代表都很惊愕，都大惑不解地小声议论着。但是惊愕马上就变成了微笑和矜持的赞许神情，因为克拉斯诺夫走到他们跟前，解释说：

"就是这些英雄们跟着我在涅兹维斯打过德国人，在别尔舍茨和柯玛洛夫打过奥地利人，促进了我们的全面胜利。"

……在太阳的两边，有几条彩虹般的、带有白箍的光柱，一动不动的，就像是看守钱柜的卫士。寒冷的东北风在树林里怒吼，在草原上狂奔，汇合成强大的气流，横冲直撞，吹得一丛丛乱蓬蓬的荒草东倒西歪。一月六日向晚时候，旗尔河上已经挂起浓浓的暮霭，克拉斯诺夫陪着英吉利帝国的军官爱德华和奥尔考特、法兰西军官巴尔台罗大尉和爱尔里赫中尉来到卡尔根镇上。协约国的代表们都穿着皮袄，戴着毛茸茸的兔皮帽，缩着脖子，跺着脚，满面笑容地走下汽车，身上发出一阵阵雪茄烟和香水气味。这几位军官在富商列沃琪金的府上暖和了一下身子，喝了几杯茶，就同克拉斯诺夫和北线司令伊万诺夫少将一起朝学校里走去，要在学校里开大会。

克拉斯诺夫对着凝神静听的哥萨克们讲了很久。大家都很用心、很安静地听着。但是当他绘声绘色地讲到布尔什维克在他们占领的乡镇里所干的“种种暴行”的时候，后排里有人在灰灰的烟气中情不自禁地叫道：

“不是这么回事儿！”一下子就冲毁了假象。

第二天早晨，克拉斯诺夫就和协约国的代表们匆匆赶往米列洛沃去了。

北线司令部也匆匆撤走了。车臣人在镇上一直搜查到黄昏时候，到处抓那些不愿意跟着走的哥萨克。夜里烧毁了弹药库。整个上半夜，子弹爆破声劈劈啪啪响成一片，就像一大堆干柴着了火；成千上万发炮弹爆炸开来，发出山崩地裂声。第二天，正在广场上举行撤退前的祈祷仪式，卡耳根镇外的山冈上就响起了机枪声。子弹像春天的冰雹一样在教堂顶上乒乒乓乓乱响起来，于是大家都乱糟糟地朝田野上拥去。拉查列夫的部队和为数不多的哥萨克部队试图掩护撤退的人：步兵成散兵线在风车后面卧倒下来，第三十六卡耳根炮兵连也在卡耳根人菲道尔·波波夫大尉指挥下，用急射的炮火轰击进攻的红军，但是不久就把大炮挂到了前车上。红军的骑兵已经从拉推舍夫村迂回过来,包围了步兵,把步兵逼到了土沟里,并且砍死了其中二十来个被人谑称为“驾前侍从”的卡耳根的老头子。

十五

一旦决定不走了,潘捷莱·普罗柯菲耶维奇就又觉得样样东西都有用处,都很重要了。

傍晚他去喂牲口,已经毫不犹豫地抽那一垛差一些的干草了。他在黑乎乎的院子里转来转去地对着老牛端详了半天,心里很满意地想道:“快生啦,肚子还不小呢。也许还是双胞胎呢!”他又觉得什么都可爱、可亲了;他在心里已经抛弃掉的东西,现在又显得重要起来,又有了分量。在黄昏前短短的一小会儿工夫,他已经把杜尼娅狠狠地骂了一顿,因为她在猪食槽旁边撒了不少谷糠,又没有敲开牲口槽里的冰。他还堵好了司捷潘·阿司塔霍夫家的骟猪在篱笆上钻出的窟窿。看到阿克西妮亚出来关护窗,他又向她问起司捷潘:他想不想走?阿克西妮亚一面裹头巾,一面曼声回答说:

“不走,不走,他哪儿能走啊?他在炕上躺着呢,好像是在打摆子……头很热,还说肚子疼。司乔巴病啦。不能走……”

“我家的两个也不走。就是说,我家的人都不走啦。谁他妈的能知道,不走是好还是不好……”

天色渐渐黑了下来。顿河对岸,灰蒙蒙的树林那边,淡青色的天空里出现了亮晶晶的北极星。东方的天边也红了起来。红光渐渐升起，一弯新月出现在乱蓬蓬的黑杨树梢头。雪地上的许多影子渐渐模糊成一片。一个个的雪堆渐渐看不见了。静极了，所以潘捷莱·普罗柯菲耶维奇听见顿河上有人在冰窟窿旁边用铁棍凿冰，大概那是安尼凯。碎冰四面乱迸，发出碎玻璃一样的琤琤声。还有就是老牛在院子里吃干草，发出均匀的咯吱声。

厨房里已经上了灯。窗口闪过娜塔莉亚的影子。潘捷莱·普罗柯菲耶维奇很想到房里暖和暖和。他走进厨房，看见一家人都在这里。杜尼娅刚刚从贺里散福的老婆那里回来。她一面倒碗里的发面头，一面慌不及待地报告新闻，就好像怕别人抢先似的。

格里高力在上房里擦好了步枪、手枪和马刀，上好了油，又用手巾把望远镜包起来，就喊了一声彼特罗，说：

"你的家伙收拾好了吗？去拿来。要藏起来。"

"万一需要自卫，那怎么办？"

"算了吧！"格里高力冷笑说。"小心点儿吧，他们要是发现了，会把你绞死！"

他们走到院子里。不知为什么把武器一件一件地分别藏了起来。但是格里高力却把一支黑黑的、崭新的手枪掖到上房里的枕头底下。

一家人刚刚吃过晚饭，一面无精打采地说着话儿，一面准备去睡觉，这时候，用链子拴着的公狗在院子里声嘶力竭地狂吠起来，并且带着链子直往前扑，被颈圈勒得直打呼噜。老头子走出去看，回来的时候带进一个围巾一直围到眉毛的人来。那人全副武装，勒着一条白皮带，走进门来，画了一个十字；他的嘴上挂了一层白霜，就像是一个白圈圈儿，嘴里冒出一股一股的热气。

“看样子，你们不认识我啦？”

“这是大老表马加尔嘛！”妲丽亚叫了起来。

彼特罗以及其余的人这才认出这位远亲。他叫马加尔·诺加依采夫，是新根村的哥萨克，是远近闻名的一个少见的歌手和酒鬼。

“哪一阵恶风把你刮来啦？”彼特罗笑了笑，但是没有起身。

诺加依采夫捋下胡子上的冰凌，朝门口甩了甩，跺了跺脚上的老大的、缝了皮底的毡靴，不慌不忙地开始脱衣服。

“我一个人走，觉得没味道，我心想，找两个老表一块走好啦。听说你们俩都在家嘛。我对老婆说，我去找麦列霍夫家两个老表一块儿走，总要热闹些。”

他把步枪提过去，和炉叉并排靠在灶上，惹得妇女们嘻嘻哈哈地笑起来。他把弹药盒放到灶门口，却把马刀和鞭子恭恭敬敬地放到床上。这一次马加尔也是满身酒气，瞪得大大的眼睛里露出醉意，湿漉漉、乱蓬蓬的大胡子里露着整整齐齐、白中泛青的牙齿，就像顿河边的贝壳。

“新根的哥萨克都不走吗？”格里高力一面把绣花烟荷包递过去，一面问道。

客人用手推开烟荷包。

“我不抽……你问哥萨克吗？有的已经走啦，有的正在找老鼠洞躲藏。你们走吧？”

“我家男子汉不走啦。你别招引他们啦！”伊莉尼奇娜都害怕了。

“当真你们不走？我才不信哩！格里高力兄弟，是真的吗？

伙计，你们不要命啦？”

“随它去吧……”彼特罗叹了一口气，忽然脸色像火一样红了起来，问道：“格里高力！你怎么样？是不是重新想想？也许，咱们还是走吧？”

“不走啦。”

一阵烟气把格里高力罩住，在他那拳曲的松脂色头发上面飘荡了老半天。

“爹把你的马牵进去了吧？”彼特罗前言不搭后语地问道。

老半天没有人说话。只有纺车在杜尼娅脚下像黄蜂一样嗡嗡响着，催人入睡。

诺加依采夫一直坐到东方发白，一直在劝麦列霍夫家两弟兄一同到顿涅茨那边去。这一夜，彼特罗有两次光着头跑出去把马备上，又在妲丽亚威严的目光逼视下两次出去把马鞍卸下来。

天光大亮了，客人要走了。他已经穿好衣服，抓住门环，大声咳嗽着，暗带威胁意味地说：

“局面也许会好转的，不过到那时候，你们不会好过。我们会从那边回来的，我们会记起来，是什么人给红军打开进顿河的大门，是什么人留下来给他们干事情……”

从清晨起纷纷扬扬飘起雪花。格里高力走到院子里，看见黑压压的一大群人正从顿河那边朝渡口拥来。有八匹马拉着一件什么东西，传来说话声、赶马声和骂娘声。透过像雾一样的大雪，看得见灰灰的人影和马影。格里高力凭着四对马拉车这一点猜出：“是一支炮兵连……难道是红军？”他想到这里，心怦怦跳起来，但是仔细一想，又定下心来。

人群散了开来，远远地避开一个黑黑的、张着大嘴的冰窟窿，朝村子走来。但是来到岸边上，最前面的一门炮压碎了岸边的薄冰，一个轮子陷了下去。一阵阵的风送来驭手的吆喝声、冰面碎裂声和慌乱的、直打滑的马蹄声。格里高力走到牲口院子里，很小心地向外张望着。他看清了骑马人军大衣上那落了雪花的肩章，他从外貌上看出那是哥萨克。

过了五六分钟，一位年老的司务长骑着肥壮的高头大马进了大门。他在台阶前下了马，把缰绳拴在栏杆上，大步走进房里。

“谁是当家的？”他打过招呼，问道。

“我是……”潘捷莱·普罗柯菲耶维奇回答过，就心惊胆战地等待着他问下一个问题：为什么你家的哥萨克没有走？

但是司务长用手捋了捋被雪落白了的、像肩章绦一样长的卷胡子，央求说：

“乡亲们！行行好，帮我们把炮拖出来吧！在河边上一直陷到车轴……你们有没有纤绳？这是什么村？我们迷路啦。我们是上叶兰镇去的，可是雪这样大，简直什么都看不清。我们迷了路，红军又紧跟在屁股后面。”

“我不知道，真的……”老头子踌躇起来。

“这有什么知道不知道啊！你家有这样的男子汉嘛……我们需要人帮忙。”

“我有病呀。”潘捷莱·普罗柯菲耶维奇撒起谎来。

“你们怎么搞的，伙计们！”司务长像狼那样不扭脖子，只转悠着眼睛把父子三人打量了一遍。他的嗓门儿好像变年轻了，也舒展开了。“你们不是哥萨克吗？就是说，要让我们的大炮完蛋吗？我是留下来代替连长的，当官的都跑光啦，我有一个星期没下马，都冻死啦，脚趾都冻坏啦，但是我宁可不要命，也不扔掉炮！可是你们呀……真没办法！你们不愿意好说好道，我这就把弟兄们喊来，我们就……”司务长含着眼泪、带着怒气叫道，“就强迫你们去干，狗杂种！布尔什维克！把你们他妈的都收拾掉！把你这个老家伙拴到炮车上，看你老实不老实！你给我去把老百姓都叫来，如果他们不来，我把话说在头里，等我回到这边，就把你们的村子一下子扫平……”

他说这话的神气，就好像自己也没有多大把握似的。格里高力可怜起他来。格里高力抓起帽子，也不去看还在发火的司务长，冷冷地说：

“你别嚷嚷啦。这儿用不着这一套！我们帮你们拖出来，你们就滚蛋吧。”

大家是铺上篱笆片子，把大炮拖上来的。来了不少人。安尼凯、贺里散福、伊凡·托米林、麦列霍夫家父子和十来个妇女，同炮兵们一起推着大炮和炮弹箱子，又帮着马匹往上拉，把大炮一一弄上岸来。炮车轮子已经冻住，不能转动，只能在雪上滑。马匹疲惫不堪，爬小坡都很吃力了。炮手们已经跑掉了一半，剩下这一半也都是步行。司务长摘下帽子，鞠了一个躬，谢过大家的帮助，就在马上转过身去，小声命令道：

“连队，跟我走！”

格里高力怀着又尊敬又惊异不解的心情望着他的背影。彼特罗走过来，咬着胡子，似乎是回答格里高力心里的话，说：

“大家都这样就好啦！就应该这样来保静静的顿河！”

“你说的是那个大胡子吗？是说那个司务长吗？”泥巴一直溅到耳朵的贺里散福走过来，问道。“瞧吧，看样子，大炮还非拖到地点不可呢。妈的，他还朝我抡鞭子呢！一个人在急了眼的时候，是会打人的。我本来不想来，可是后来，说实话，我怕啦。连毡靴也没穿，就来啦。你说，这傻瓜要大炮有什么用？就像癞猪拖木头：又费劲，又没有用，可是偏要拖……”

哥萨克们各自散去，微微笑着，都没有说话。

十六

时间已经过了晌午，在顿河那边很远的地方，有一挺机枪嗒嗒地打了两梭子，又不响了。

过了半个钟头，一直站在上房窗前的格里高力往后退了两步，一张脸变成了青灰色。

“他们来啦！”

伊莉尼奇娜啊呀一声，就朝窗前奔去。有八个骑马的人拉开距离在街上跑着。他们跑到麦列霍夫家的门口，停了下来，打量了一下顿河对岸的渡口和顿河与山冈之间的一条黑黑的通路，就拨转马头往回走。他们的肥壮的战马摇晃着剪得短短的尾巴，踩得地上的雪一团一团地四处乱飞。这支骑兵侦察队来村子里侦察了一遍，就不见了。过了一个钟头，鞑靼村里就到处是杂沓的脚步声、外路人的说话声和汪汪的狗叫声了。一个步兵团，用爬犁拉着机枪，还带着辎重队和灶车，渡过顿河，来到村子里分散开来。

不管敌军进村的那一刹那有多么可怕，爱笑的杜尼娅这时候还是忍不住要笑：侦察队一拨转马头往回走，她就用围裙捂着嘴扑哧哧笑了一阵，又朝厨房里跑去。娜塔莉亚用惊骇的目光迎住她，问：

“你怎么啦？”

“哎哟哟，娜塔申卡呀！好嫂子呀！……瞧瞧他们骑马的样子呀！往前倒倒，往后歪歪，往前倒倒，往后歪歪……胳膊肘子悠来悠去。一个个就像布条做的小人儿，身子一个劲儿地直晃荡！”

她学红军在马上晃来晃去的样子，学得十分好笑，逗得娜塔莉亚憋住笑，跑到床边，一头扎到枕头上，免得惹公公发火。

潘捷莱·普罗柯菲耶维奇轻轻地哆嗦着，毫无目的地在耳房的大板凳上拨弄着麻线、锥子和盛靴钉的小罐子，眯缝着眼睛，用惊骇的目光一个劲儿地朝窗外望着。

可是在厨房里，就好像抓紧了最后机会似的，姑嫂们笑得正欢呢。杜尼娅的脸红扑扑的，她笑出了眼泪，亮晶晶的泪珠儿挂在脸上，就好像西红柿上落了露水，她对妲丽亚学着红军骑马的姿势，并且，虽然无意丑化，但是使这种有节奏的动作带上了淫秽意味。妲丽亚笑得两道画得弯弯的眉毛直打哆嗦，她一面大笑，一面沙哑地、下气不接上气地说：

“恐怕裤子都要捣通啦！……这样骑马……连鞍头都要压弯呢！……”

脸色像死人一样的彼特罗从上房里出来，见她们笑得开心，一时间也乐了。

“看到他们骑马觉得稀罕吗？”他问道。“可是他们却不心疼。骑坏了，再换一匹。庄稼佬嘛！”他带着非常瞧不起的神情把手一甩。“也许，连马都是头一回看见呢。‘瞧，俺骑马啦，瞧，俺骑着马来啦。’他们的祖宗听见车轮子声音都害怕，可是他们却骑起马来啦！……嘿呀！”他咯吧咯吧地摁了几下手指头，就到上房里去了。

一大群红军顺着大街走来，后来分成一伙一伙的，走进人家的院子。有三个人进了安尼凯家的大门；有五个人，其中有一个骑马的，在阿司塔霍夫家门口站了下来；另外还有五个人顺着篱笆朝麦列霍夫家走来。在前面走的是一个上了年纪、个头儿不高的红军，鼻子扁扁的，鼻孔大大的，脸刮得光光的，身子细细的，十分灵活，一眼就可以看出是一个老兵。他第一个走进麦列霍夫家的院子，在台阶前站下来，低下头，看着拴在链子上的黄狗呼哧呼哧地狂叫，看了一会儿，就从肩上摘下枪来。枪声震得屋檐上落下一团霜粉。格里高力抻了抻勒脖子的领子，就在窗口看见，那狗在雪地上直打滚，染得雪地上鲜血斑斑，那狗正经受着死前的剧疼，乱咬打穿的腰部和铁链子。格里高力回头看了看，看见妇女们那煞白煞白的脸和母亲那发呆的眼睛。他帽子也没戴，就朝过道里走去。

“站住！”父亲用变了腔的声音在背后喊道。

格里高力把门打开。一个子弹壳当啷一声落在门口。落在后面的几个红军也进了大门。

“为什么把狗打死？碍你的事啦？”格里高力在门口站下来，问道。

那个红军用大鼻孔吸了一口气，刮得发了青的薄嘴唇的角儿耷拉下来。他回头看了看，端起了步枪。

“你怎么？心疼吗？可是我送你一颗子弹也不会心疼。你要吗？站住！”

“喂，算啦，亚历山大！”一个大个子、红眉毛的红军一面往前走，一面笑着说。“您好，掌柜的！见过红军吗？让我们住一宿吧。是他把您家的狗打死了吗？真不应该！……同志们，进来吧。”

格里高力最后一个走进房里。红军都高高兴兴地打着招呼，解下背包和弹药盒，把军大衣、棉袄、皮帽都堆到床上。整个房子里马上就充满了当兵人那种浓烈的、像酒精一样的气味，充满了人汗、烟草、廉价肥皂和枪油的混合气味，还有远行人身上的气味。

那个叫亚历山大的红军在桌边坐下来，点起香烟，就好像是接续刚才同格里高力的谈话似的，问道：

“你参加过白军吧？”

“是的……”

“就是这样嘛……我一眼就看出来啦。是白军嘛！是军官，对吗？戴金肩章吧？”

他从鼻孔里喷着一股一股的烟气，用冷冷的、毫无笑意的眼睛盯住靠门框站着的格里高力，用熏黄了的、鼓鼓的手指甲不住地弹着烟灰。

“是军官吧？承认好啦！我从你的样子就看出来啦；我在俄德战争时候就干过嘛。”

“当过军官。”格里高力勉强笑了笑，侧眼看到娜塔莉亚正用惊恐和祈求的目光看着他，就沉下脸来，眉毛也哆嗦了两下。他觉得自己真不该笑。

“真可惜！那颗子弹真不该赏给狗……”

他把烟头扔到格里高力脚下，对另外几个红军挤了挤眼睛。

格里高力又觉得自己不由自主地歪着嘴在笑，是一种负罪和祈求的笑，于是他因为不自觉地、毫不理智地暴露了自己的软弱，羞得脸都红了。“就像一条狗在主人面前摇起尾巴来啦。”他想到这里，羞得无地自容，并且有一小会儿他眼前出现了这样的场面：格里高力他这个掌握生杀大权的主人向打死的那条白胸脯黄狗走去，那狗就仰面躺下，龇出白白的尖牙，摇晃着毛茸茸的红尾巴，咧着黑黑的、柔滑的嘴这样笑……

潘捷莱·普罗柯菲耶维奇又用格里高力没有听见过的那种口气问客人：是不是要吃晚饭？如果要吃，他就叫家里人去做……

伊莉尼奇娜不等客人回答，就朝灶前跑去。火钳在她手里直哆嗦。装菜汤的铁锅她怎么都端不起来。妲丽亚垂着眼睛，把饭菜端上桌。红军在桌上坐了下来，连十字也不画。老头子望着他们，又害怕，又暗暗感到厌恶。终于，他忍不住，问道：

“这么看，你们不祷告上帝啦？”

这时候，亚历山大的嘴上才好像掠过一丝笑意。他在其余几个人的一片哄笑声中回答说：

“老大爷，我劝你也别祷告啦！我们早把自己的上帝送走啦……”他呛了一下，拧了拧眉毛。“上帝是没有的，可是糊涂蛋偏要信上帝，偏要对着木头祷告！”

“是啊，是啊……有学问的人当然是明白的。”潘捷莱·普罗柯菲耶维奇心惊胆战地附和说。

妲丽亚在每个人面前都摆了一把木调羹，但是亚历山大把自己面前的那把推开，说：

“有没有不是木头的？用这玩意儿还要得传染病呢！这哪儿像调羹？啃得这样乱七八糟！”

妲丽亚火了：

“要是嫌别人家的，就应该自己随身带着。”

“哼，你给我住嘴，小娘儿们，没有调羹了吗？那就给我一块干净手巾，我来擦擦。”

伊莉尼奇娜把菜汤舀到大碗里，亚历山大又对她说：

“老大娘，你先尝一尝。”

“要我尝干什么？是不是太咸啦？”伊莉尼奇娜吓得战战兢兢地说。

“你尝尝，尝尝！看看你是不是给我们下毒药……”

“尝一勺子！听见吗？”潘捷莱·普罗柯菲耶维奇厉声吩咐过，就闭紧了嘴巴。然后他就从耳房里取来修鞋的家什，把一个当作凳子的杨树墩子推到窗口，点上小油灯，就抱着一只旧靴子坐下来，再也没有插嘴说话。

彼特罗躲在上房里一直没有露面。娜塔莉亚也带着两个孩子坐在上房里。杜尼娅靠着炉灶打袜子，后来有一个红军喊她“小姐”，并且请她一起吃晚饭，她也走开了。没有人说话了。红军们吃过晚饭，就抽起烟来。

“你们这儿可以抽烟吗？”红眉毛的红军问道。

“我们家的烟鬼就不少。”伊莉尼奇娜很勉强地说。

红军请格里高力抽纸烟,他没有接。他的五脏六腑都在打哆嗦,一看见那个把狗打死、对他态度蛮横、处处跟他作对的家伙,心就一阵紧缩。看样子,那家伙是想找岔子,时时刻刻找机会刺激格里高力,引他说话。

“军官先生,您在哪一团当过差?”

“在各种各样的团里都干过。”

“我们的人你杀死了多少?”

“在战场上是不点数的。同志,你不要以为我生来就是军官。我是在和德国作战的时候升为军官的。我的肩章是作战有功得来的……”

“我跟军官不是同志!像你这一号儿的,我们是要枪毙的。对不起,我就枪毙过不止一个啦……”

“同志,可是我要告诉你……你的态度很不好:就好像是攻进村子的大英雄。是我们自动放弃阵地,放你们进来的嘛,可是你就像进了被占领国……把狗打死——这不算本事,欺负和杀害没有武器的人,也不算英雄好汉……”

“你别教训我!我们认识你们!‘放弃阵地’呢!如果不是我们狠狠揍你们一顿,你们就不会放弃。我现在对你怎样都可以。”

“算啦,亚历山大!烦死啦!”那个红眉毛的红军说。

但是亚历山大已经走到格里高力跟前,鼻孔鼓得大大的,呼哧呼哧地喘着气。

“军官先生,你最好别惹我,不然你要倒霉的!”

“我没有惹您。”

“不,你惹我啦!”

娜塔莉亚推开门,用急喘喘的声音喊了格里高力一声。格里高力绕过站在面前的红军,朝上房里走去,走到门口,像醉汉似的摇晃起来。彼特罗迎住他,用痛恨的口气小声哼哼着说:

“你干什么?你他妈的跟他吵什么?你跟他有什么好说的?你想把自己和一家人的性命都送掉?坐下!……”他使劲把格里高力推到坐柜上,就朝厨房里走去。

格里高力张大了嘴拼命吸气,黑乎乎的脸上涨出的黑红颜色渐渐退去,眼里的火气渐渐弱了。

“格里沙!格里什卡!我的亲人呀,别跟他吵啦!”娜塔莉亚哆哆嗦嗦地捂住两个想哭的孩子的嘴,恳求说。

“我怎么不走呢?”格里高力十分烦恼地看着娜塔莉亚,问道。“我不吵啦。别说啦!心里实在憋不住呀!”

后来又来了三个红军。其中有一个戴着高高的黑皮帽,看样子是个首长。他问:

“这一家住几个?”

“七个。”红眉毛的红军代表大家回答,他的声音就像手风琴的声音。

“机枪哨的同志也要住在这儿。你们就挤一挤吧。”

三个人走了。接着大门就吱咯响了起来。两辆大车进了院子。几个人把一挺机枪抬进了过道。有人在黑暗中划着火柴,骂起娘来。有人在棚子底下抽烟,有人在场院里抽干草生火,但是麦列霍夫家里的人谁也没有出去。

“你去看看马吧。”伊莉尼奇娜从老头子面前走过时,小声说。

老头子只是动了动肩膀,却没有出去。屋门乒乒乓乓地响了一整夜。白色的热气挂在天花板底下，落到墙上，就好像下了一层露水。红军在上房里打了地铺。格里高力拿来一条毛毯给他们铺上，又拿自己的小皮袄给他们当枕头。

"我当过兵，知道当兵的甘苦。"他用和善的语气对那个跟他作对的红军笑着说。

但是那个红军的大鼻孔又动了起来，眼睛很不客气地在格里高力身上扫了扫……

格里高力和娜塔莉亚也在这间屋子里的床上躺了下来。红军们把步枪放在靠头的一边，在毛毯上并排躺下来。娜塔莉亚想把灯吹灭，有人厉声问道：

"谁叫你吹灯了？别吹！把灯芯子捻一捻，灯要一直点到天亮。"

娜塔莉亚让两个孩子睡在脚头，自己不脱衣服，靠墙睡下。格里高力两手放在脑后，一声不响地躺着。

"要是我们走掉了，"格里高力咬紧牙，胸口抵在枕头角儿上，心里想道，"要是我们真走了，这会儿他们就把娜塔莉亚按在这张床上，糟蹋她啦，就像那一次在波兰糟蹋福兰妮亚一样……"

红军中有人说起一件事情，但是另外有一个熟悉的声音打断了他的话，那声音在朦胧的灯光下响起来，带着若有所待的间歇：

"唉，没有娘儿们真没味道！难受死啦……可是掌柜的是军官……他们不通人情，不肯把老婆让给当兵的……掌柜的，听见吗？"

红军中有人已经打起呼噜，有人睡意蒙眬地笑起来。那个红眉毛的红军用很严厉的口气说话了：

"喂,亚历山大,我说你都说厌啦。每到一家你都要胡闹,要流氓,败坏红军的名誉。这样不行！我这就去找政委或者连长。你听见吗？要和你好好谈谈！"

屋子里鸦雀无声。只听见那个红眉毛的红军气得哼哧哼哧地在穿靴子。过了一小会儿,他砰的一声把门带上,就出去了。

娜塔莉亚憋不住,大声抽搭起来。格里高力用左手哆哆嗦嗦地抚摩着她的头、她的汗津津的前额和哭湿了的脸。用右手静静地摩弄着自己的胸膛,手指头机械地扣上衬衣的纽扣,又解开。

"别哭,别哭！"他轻轻地对娜塔莉亚说。这时候他心里十分清楚,他精神上已准备好接受任何考验和侮辱,但求保全自己和家里人的性命。

火柴照亮了欠起身子的亚历山大的脸、他的扁扁的鼻子、正在抽烟的嘴。听得见他小声嘟哝着,在一片呼噜声中叹了一口气,就开始穿衣服。

格里高力焦急地仔细听着,心里无限感激那个红眉毛的红军,一听见窗外的脚步声和气愤的声音,高兴得直打哆嗦。

"他老是胡闹……真没办法……够呛……政委同志……"

脚步声进了过道,屋门吱扭一声开了。有一个年轻的、威严的声音命令说:

"亚历山大·裘尔尼柯夫,把衣服穿好,马上离开这儿。到我的房子里睡去,你败坏红军的名誉,我们明天要处分你。"

一个身穿黑皮夹克的人,和红眉毛的红军并肩站在门口,用亲切而锐利的目光望着格里高力。

他看样子很年轻,而且露出年轻人的严肃神情;他那生着少年时期茸毛的嘴唇闭得紧紧的，显示出异常的刚毅。

“同志，遇到一个不安分的客人吧？”他微微笑着，对格里高力说。“好啦，现在睡吧，明天我们就教育教育他。晚安。裘尔尼柯夫，咱们走！”

他们走了，格里高力轻松地舒了一口气。第二天早晨，红眉毛的红军在付房钱和饭钱的时候，故意耽搁了一会儿，说：

“老乡，请不要见怪。我们这个亚历山大头脑有点不大清楚。去年在卢干斯克——他是卢干斯克人——有几个军官当着他的面把他的妈妈和妹妹打死啦。所以他成了这个样子……好啦，谢谢吧。再见吧。哦，差一点把孩子们忘啦！”他从口袋里掏出两块脏得变成灰色的糖，一个孩子手里塞了一块，两个孩子说不出的高兴。

潘捷莱·普罗柯菲耶维奇十分感动地看着孙子和孙女。

“哈，给他们这样好吃的东西！我们已经有一年半没见过糖啦……同志，谢谢你啦！……给叔叔鞠个躬！波柳什卡，快谢谢呀！……好孩子，你怎么犟起来。站着不动啊？”

红军走了出去，老头子又气冲冲地对娜塔莉亚叫道：

“你们真没有家教！哪怕送个面包给他在路上吃吃也好。好心不该好报吗？你们呀！”

“快跑！”格里高力吩咐说。

娜塔莉亚披上头巾，追到门外，追上那个红眉毛的红军。她红着脸，把一个圆圆的面包塞进他那深得像草原上的井一样的军大衣口袋里。

十七

中午时候,第六姆岑斯克红旗团急行军从村子里穿过,从有些哥萨克家里抢走了几匹战马。山后很远的地方响着隆隆的炮声。

“在旗尔河上打起来啦。”潘捷莱·普罗柯菲耶维奇猜测说。

傍晚时候,彼特罗和格里高力都不止一次跑到院子里,顺着顿河可以听见,远处,在霍派尔河河口镇那边,响着低沉的隆隆炮声和嗒嗒的机枪声,机枪声很低很低,只有把耳朵贴在冰冻的地面上才听得见。

“那边打得不坏！古谢尔希柯夫将军带着宫陀洛夫团在那儿打呢,”彼特罗一面说,一面掸着膝盖和帽子上的雪;接着又前言不搭后语地说:“他们在抢我们的马呢。格里高力,你的马太惹眼,万一他们看见了,要抢的。”

但是老头子醒悟得比他们早。入夜时候,格里高力牵着两匹战马去饮水,一出门,就看见马的前腿一拐一拐的。他牵着自己的马走了几步,看出这马完全瘸了;试了试彼特罗的马——也是这样。他喊来哥哥,说:

“马腿坏啦,真是怪事！你的马瘸了右腿,我的马瘸了左腿。也看不出伤在哪儿……是不是害了风湿?”

在淡紫色的雪地上,两匹马垂头丧气地站在朦胧的星光下,因为没有精神,不撒欢,也不尥蹶子。彼特罗点着马灯,但是父亲从场院上走来,叫他不要点灯。

“掌灯干什么？”

“爹，马瘸啦。恐怕腿有毛病。”

“腿有毛病——不好吗？你愿意庄稼佬来加上鞍，把马牵走吗？”

“这倒是不错……”

“你就去告诉格里什卡吧，马腿的毛病是我弄出来的。我拿小锤子，往脆骨上各钉了一根钉，这么一来，只要咱们这儿还打仗，这两匹马就是瘸的啦。”

彼特罗晃了晃脑袋，咬了咬胡子，就朝格里高力走去。

“把马牵进去吧。这是爹故意弄瘸的。”

幸亏老头子有先见之明。这天夜里又有不少人马闹哄哄地开进了村子。大街上到处是骑兵。一支炮兵连在坑坑洼洼的街道上轰隆轰隆地开过，拐到广场上停了下来。第十三骑兵团在村子里宿营了。贺里散福来到麦列霍夫家，一进门就蹲下来，把烟点着。

“你们家没来吗？那些家伙没来住吗？”

“这一回总算饶了我们。那些人只要一来，满屋子都是庄稼佬的臭气！”伊莉尼奇娜很不高兴地嘟哝说。

“我家住上啦。”贺里散福的声音变成耳语，一只大手擦了擦流出泪水的眼睛。但是贺里散福摇了摇像波兰钢盔一样的大头，哼哧了两声，好像因为流泪感到不好意思了。

“你怎么啦，贺里散福？”彼特罗第一次看见贺里散福流眼泪，就笑着问道。他看见贺里散福流泪，心里倒是高兴起来。

“把我的大青马抢走啦……就是我在俄德战争中骑的那一匹

……就是说，共过患难的……就像人一样，甚至比人都懂事……是那家伙自己上的鞍。他说：‘你把马备上，这马不听我的。’我说：‘怎么，我能一辈子给你备马吗？你要骑，就自己侍弄吧。’他备好马，可是人又太矮……简直像个黄瓜头儿！大概只有我的腰这么高，脚够不到马镫……他把马牵到台阶跟前，骑上去……我就像小孩子一样哭起来。对我老婆说：‘天天侍候，喂吃喂喝，可是你瞧……’”贺里散福又换成很快的、带哭腔的低语声，并且站了起来。“连马棚我都不敢去看啦！院子里就像什么都死绝啦……”

“我的马还在。我的坐下马已经死掉三匹，这是第四匹啦，已经不算什么啦……”格里高力仔细听起来。窗外有积雪的吱咯声、马刀叮当声、低低的赶马声。“上我们家来啦。该死的东西，就像猫闻到鱼腥一样！也许是有人指引……”

潘捷莱·普罗柯菲耶维奇慌了，两只手成了多余的，不知道往哪儿搁了。

“掌柜的！喂，出来！”

彼特罗披上棉袄，走了出来。

“你家的马在哪儿？牵出来！”

“我没意见，不过，同志，马腿都有毛病。”

“有什么毛病？牵出来！我们不会白牵走的，你别害怕。我们把自己的马留下来。”

彼特罗一先一后把两匹马从马棚里牵了出来。

“里面还有一匹呢。为什么不牵出来？”一个红军用手电筒照着，问道。

“那是一匹骒马，怀驹啦。是一匹老马，有一百岁啦……”

“喂,把马鞍拿来!……等一等,当真瘸了嘛……我的天啊,这样的瘸马你往哪儿牵?!牵回去吧!……”手拿电筒的红军气呼呼地叫起来。

彼特罗伸手抓住马笼头,闭紧嘴巴,扭过脸来,避开电筒的亮光。

“马鞍在哪儿?”

“今天上午有几位同志拿走啦。”

“你这家伙瞎说!谁拿走啦?”

“真的!……当真有人拿走啦!姆岑斯克团打这儿经过,拿走啦。两副马鞍,还有两副皮套,都拿走啦。”

三个骑兵骂着娘走了。浑身都是马汗气味和马尿气味的彼特罗走了进来。他噘着强硬的嘴唇,带着夸耀的神气拍了拍贺里散福的肩膀。

“就要这样!我说,马瘸啦,马鞍叫人拿走啦……哼,你呀!……”

伊莉尼奇娜把灯吹灭,摸索着到上房里去铺床。

“咱们就摸摸黑吧,要不然鬼又要叫他们来借宿啦。”

* * *

这天夜里,安尼凯家里好不热闹。红军叫把街坊上的哥萨克请来玩儿。安尼凯就来请麦列霍夫家兄弟俩。

“红军?!红军有什么关系?难道他们不是人吗?他们跟咱们一样,也是俄罗斯人。真的嘛。你们愿意信就信,不信就拉倒……我喜欢你们……我怎么啦?他们当中有一个犹太人,也是人嘛。咱们在波兰杀了不少犹太人……好惨啊!可是这个犹太人给我酒喝。我喜欢犹太人！……去吧，格里高力！彼特罗！听我的……”

格里高力不肯去，但是潘捷莱·普罗柯菲耶维奇劝他去：

“去吧，要不然人家说你看不起人。去吧，别记仇。”

他们来到院子里。夜里很暖和，看样子要下雪了。院子里到处是炉灰气味和烧马粪的烟味。他们一声不响地站了一会儿，然后就朝前走去。妲丽亚在门口跟上了他们。

她的两道描得黑黑的眉毛，像翅膀一样在脸上舒展开来，被云彩里透出来的朦胧月光一照，泛着黑丝绒一般的亮光。

“他们想把我老婆灌醉……可是他们办不到。伙计，我是长眼睛的……”安尼凯嘟哝着，可是一阵酒意上来，他朝篱笆上直撞，有几次离开正路，倒在雪堆上。

松散的雪粒子在脚下像砂糖一样咯吱咯吱响了一阵子。大雪从灰色的天幕上扑了下来。

风吹得烟卷儿上的火星乱飞，吹起一团一团的雪粉。高空的风凶猛地冲击着白羽毛一般的云彩（老鹰追天鹅，就是用鼓鼓的胸脯向天鹅这样冲击的），于是一团一团的鹅毛大雪，就纷纷扬扬向沉沉入睡的大地上飞来，遮住村庄，遮住纵横交错的大路、草原、人和鸟兽的脚印……

在安尼凯家里闷得连气都透不过来。油灯冒着尖尖的、像舌头一样的黑烟苗，烟雾腾腾，谁也看不见谁。一个红军劈开两条长腿，拉着手风琴，奏着《萨拉托夫女郎》，把音箱拉到了最大限度。长板凳上坐着一些红军和街坊上的娘儿们。有一个身强力壮的大汉在调戏安尼凯的老婆。那人穿着绿棉裤和短筒靴，靴上装着一副老大的、好像是从博物馆里偷来的刺马针。一顶灰色羊羔皮帽扣在他脑后的鬈发上，棕色的脸汗淋淋的。一只汗津津的手摸索着安尼凯老婆的脊梁。

这娘儿们已经瘫软了：她的嘴红红的，流出了口水；她想躲开，却没有力气躲开；她看见了丈夫，也看见别的娘儿们含笑的目光，但她就是没有力气把这只强有力的手从脊梁上推下去：她好像一点也不害羞，只是陶醉地、软绵绵地笑着。

桌子上杯盘狼藉，满屋子都是酒气。桌布变成了抹布，第十三骑兵团的一位排长在屋子当中的土地上像个绿鬼一样打着转转儿在跳农家舞。他穿的靴子是细纹皮的，脚上只包着脚布，没穿袜子，马裤是军官呢的。格里高力在门口看着他的靴子和马裤，心里想："这是从一个军官身上剥下来的……"然后把目光移到这个人的脸上：一张脸漆黑漆黑的，满脸都是亮闪闪的汗珠儿，就像大青马的屁股，圆圆的耳壳挓挲着，嘴唇又厚又往下耷拉。"是个犹太人，倒是挺机灵的！"格里高力在心里说。大家也给他和彼特罗斟了酒。格里高力喝得很谨慎，但是彼特罗很快就喝醉了。过了一个钟头，彼特罗已经在土地上跳起哥萨克舞，靴后跟踢得黄土乱飞，他用沙哑的嗓门儿央求手风琴手："拉快点儿，快点儿！"格里高力坐在桌子旁边，嗑着南瓜子。他身边坐着一个高大的西伯利亚人，是个机枪手。这个机枪手皱着孩子般的圆脸，说话声音很柔软，总是把"茨"音说成"嗞"音。

"我们把高尔察克打垮啦。等我们把你们的克拉斯诺夫狠狠揍一顿，就完事啦。就这样！然后就回家去种地，土地有的是，只要有人侍弄，就能长庄稼！土地好比老娘儿们，不会自动找你，要去抓过来。谁碍事,就把谁杀死。我们不要你们的。只求大家都平等……"

格里高力频频点头称是,但他暗暗注视着这个红军。似乎没有担心的必要。大家看着彼特罗,看着他那灵活而优美的舞姿,都带着赞赏的神情在笑。有一个清醒的声音还欢叫起来:"真他妈的跳得好!"但是格里高力无意中发现,一个鬈发的红军,是一个准尉,正眯缝着眼睛仔细打量他,于是他警惕起来,酒也不喝了。

手风琴手拉起了波尔卡舞曲。大家纷纷请妇女们跳舞。有一个红军,脊背上蹭了一片白灰,晃晃悠悠,来请贺里散福邻居家一个年轻媳妇跳舞,但是她拒绝了,并且提着带褶儿的裙子下摆,向格里高力跑来。

"咱们来跳!"

"不想跳。"

"来吧,格里沙!我的心肝儿!"

"别闹,我不跳嘛!"

她很不自然地笑着,扯住他的袖子。他皱着眉头,挣着,但是一看见她挤眼睛,就站了起来。他们转了两个圈子,手风琴手的手按到低音键上,她瞅准机会,把头放在格里高力的肩上,悄悄地说:

"他们商量要杀你呢……有人告密,说你是军官……快跑吧……"

她又大声说:

"哎哟,我的头好晕啊!"

格里高力装出一副快活的神气,走到桌子跟前,把一杯酒一饮而尽。他问妲丽亚：

“彼特罗喝醉了吧？”

“差不多啦。已经抵到嗓子眼儿啦。”

“把他搀回家去。”

妲丽亚搀着彼特罗往外走，使出男子汉一般的力气抵挡着他的推搡。格里高力也跟着往外走。

“哪儿去？哪儿去？你上哪儿去？不行！你别走，让我亲亲小手！”

醉得稀里糊涂的安尼凯缠住格里高力不放，但是格里高力狠狠瞪了他一眼，吓得安尼凯把两手一挓挲，闪到了一边。

“诸位少陪啦！”格里高力在门口摇晃着帽子说。

那个鬈发的红军耸了耸肩膀，勒了勒皮带，跟着他走了出来。他站在台阶上，对格里高力的脸呵着气，忽闪着凶恶而放光的眼睛，小声问道：

“你上哪儿去？”他紧紧抓住格里高力的军大衣袖子。

“回家去。”格里高力没有停下来，一面带着他往前走，一面回答说。他在心里又激动又高兴地说：“办不到，你们别想活逮我！”

鬈发的红军用左手抓住格里高力的胳膊肘，喘着粗气，肩并肩地朝前走去。他们在大门口停了下来。格里高力听见房门吱扭响了一声，红军的右手马上就向腰上一伸，用手指甲抓了几下枪套的盖子。格里高力刹那间看见那人的目光像一把青刀子似的对准了他，于是一个转身，抓住那只正要打开枪套扣子的手。他哼哧一用劲，抓紧那人的手腕子，使出狠劲往自己右肩上一搭，身子一变，用老早就学会的方法把那人的沉甸甸的身子从自己头上摔过去，半空中把那只胳膊往下一扯，只听得咯吧一声，就知道肘关节脱位了。那一头亚麻色鬈发、像羊羔头一样的头撞到雪上，扎进雪堆里。

格里高力弯下腰，贴着篱笆，顺着胡同朝顿河跑去。两条腿像弹簧一样弹动着，把他送到了河边……“只要没有哨兵就好啦，然后……”他站了一小会儿；后面还可以看见安尼凯家的房子。一声枪响。子弹嗖的一声飞过去。又响了几枪。是朝着山下、朝着黑黑的渡口、朝着顿河对岸放的。他已经跑到河心里，一颗子弹哧的一声，钻进他身边一块洁白的、带气泡的大冰块里，冰碴子四处飞溅，溅得他的脖子凉丝丝的。他跑过顿河以后，回头看了看。枪声还像牧人的鞭子一样劈劈啪啪地响着。格里高力并没有因为幸免于难感到高兴，却因为对事情毫不在乎而胡思乱想起来。“简直像吓野兽一样！”他又停下来，不由地想道。“他们不会来搜的，不敢到树林里来……我把他的胳膊整治得不轻。想轻易地逮住哥萨克呢，哼，办不到！”

他朝过冬的干草垛走去，但是因为担心，又走了过来，像出来打食儿的兔子一样，绕圈儿绕了半天，把脚印弄乱。他决定在一堆干香蒲里面过夜。他把香蒲扒了扒。一只水貂从脚下跑过。他连头钻进散发着霉烂气味的干香蒲里，哆嗦了几下子。脑子里空空的。只是偶然无意中想道：“是不是明天骑上马，穿过前线，找自己人去？”但是没有想出答案，就睡着了。

天快亮时冷起来。他伸出头来看了看。晨曦在他的头顶上欢快地、颤颤巍巍地闪烁着。在蓝黑色天空的深处，就像在顿河的浅滩上一样，好像露出了底：天顶呈现出黎明前的朦胧的淡蓝色，四边是渐渐熄灭的寥落的晨星。

十八

战线转移过去了。兵荒马乱的日子过去了。最后一天，第十三骑兵团要走的时候，机枪手们把莫霍夫家的留声机放在一架宽背的塔甫里亚式爬犁上，赶着爬犁在村子里各条街道上转悠了很久。留声机哇呀呀叫上一阵，又啪啦啦响几声（因为马蹄蹚起的雪团子不住地往老大的喇叭上落），一个头戴西伯利亚式皮帽的机枪手，大模大样地掸着喇叭里的雪，灵活地转动着带花纹的留声机把手，就像操纵机枪后把手那样沉着。孩子们像一群灰麻雀一样，跟在爬犁后面跑着；抓住爬犁的边儿，一个劲儿地喊叫："叔叔，把这玩意儿转悠转悠，叫得好响啊！转悠转悠嘛，叔叔！"两个很幸运的孩子坐在机枪手的膝盖上，机枪手不转悠把手的时候，就又亲热又严肃地用手套摩弄着一个小家伙的冻脱了皮、兴奋得冒了汗的鼻子。

后来听说，战事正在梅契特卡河口镇一带进行。为南线红军第八军和第九军运送粮食和弹药的辎重车辆，时断时续地从鞑靼村里通过。

第三天，村丁挨家挨户地跑，通知哥萨克去开大会。

"咱们要选克拉斯诺夫当总督啦！""小牛皮大王"安季普一面从麦列霍夫家里往外走，一面说。

"咱们是去选举他呢，还是把他从台上推下来？"潘捷莱·普罗柯菲耶维奇问道。

“到会上就知道啦……”

格里高力和彼特罗来到会场上，年轻哥萨克都来了。没有老头子。老头子只有“牛皮大王”阿甫杰伊奇一个，他集合起一群喜欢说笑的人，吹了起来，说的是一位红军政委住在他家，并且请他阿甫杰伊奇出任指挥官的事。

“他说：‘我还不知道您是一位老资格的司务长呢，要不然我们早就请您老人家出山啦……’”

“请你担任什么职务？派你到哪儿去当官儿？”米沙·柯晒沃依龇着牙问道。

很多人都跟着他起哄：

“派他给政委当马倌。给骒马洗屁股。”

“步步高升！”

“哈——哈！……”

“阿甫杰伊奇！你听着！他是要派你到三类辎重队当腌菜官儿呀。”

“你们不了解全面情况……政委在跟他说话的时候，政委的通信员就趁机会去找他的老伴儿，跟她勾搭上啦。可是阿甫杰伊奇还流着口水，挂着鼻涕，只顾听呢……”

阿甫杰伊奇用愣愣的眼睛看着大家，咽了一口唾沫，问道：

“刚才这话是谁说的？”

“是我！”后面有人很勇敢地回答说。

“你们见过这样的狗杂种吗？”阿甫杰伊奇四面转悠着，寻求同情，同情的人实在不少：

“他是坏蛋，我早就说啦。”

“他们家都是这样的货。”

“我要是年轻的话……”阿甫杰伊奇的脸红得像一嘟噜绣球花似的。“我要是年轻的话，一定要叫你尝尝厉害的！你就像个南蛮子，只会耍贫嘴，不禁打！你是纸扎的！面捏的！……”

“阿甫杰伊奇，你怎么不跟他干一架啊？你不行了嘛。”

“看样子，阿甫杰伊奇服输啦……”

“他怕的是，一用劲把肚脐眼儿挣开了……”

一片哄叫声，把神气活现地走了开去的阿甫杰伊奇送出会场。会场上东一堆西一堆到处是哥萨克。格里高力很久没有看见米沙·柯晒沃依了，于是走到他跟前。

“你好啊，老朋友！”

“托福托福。”

“这一阵子你上哪儿去啦？在哪一边干事儿啦？”格里高力握着米沙的手，望着他那蓝蓝眼睛，笑着问道。

“噢呀！我呀，伙计，在牧场上干过，也在卡拉奇前线的惩戒连里干过。哪儿都去过！好不容易回到家里来。我在前线上想往红军那边跑，可是他们死死看住我，比一个当娘的看守她那未开包的闺女还要严。伊万·阿列克塞耶维奇前几天到我这儿来，披着斗篷，一身行装。他说：‘喂，把枪带上，马上就走！’我刚刚回来呀，就问他：‘你当真要走吗？’他耸了耸肩膀，说：‘叫我走呢。团长指示叫我走。因为我在磨坊里干过，他们把我看上啦。’他告过别，就走啦。我以为他真的跟着走了呢。可是第二天，姆岑斯克团已经离开，我一看：他还在呢……这不是，他来啦！伊万·阿列克塞耶维奇！”

磨坊工人达维德卡和伊万·阿列克塞耶维奇一起来了。达维德卡龇着满嘴白牙，笑得非常开心，就好像拾到了宝贝……伊万·阿列克塞耶维奇用散发着机器油气味的粗大手指头抓住格里高力的手握了握，弹了一下舌头。

“你怎么，格里沙，没走吗？”

“你怎么没走？”

“噢，我吗……我的事情不一样。”

“你指的是我当过军官这件事吗？反正豁出去啦！没有走……差一点儿被打死……在追我、开枪打我的时候，我后悔没有走，可是现在又不后悔啦。”

“为什么盯上你啦？是十三团干的吧？”

“是他们。那天晚上在安尼凯家玩儿。有人告密，说我是军官。不去碰彼特罗，就盯住我……都是肩章惹的事儿。我跑到顿河那边，把一个鬈毛的家伙的胳膊整治得不轻……他们为这事跑到我家里，把我的东西抢得光光的。连裤子、褂子都抢走啦。只有我身上穿的，算是留下来啦。”

“要是在波得捷尔柯夫来以前，咱们就去参加红军就好啦……现在就没有这么多麻烦事儿啦。”伊万·阿列克塞耶维奇似笑非笑地说，抽起烟来。

大家往前凑了凑。从维奥申镇上来的佛明团里的拉普琴科夫准尉宣布开会。

“同志们！乡亲们！苏维埃政权已经在咱们州里成立啦。要建立管理委员会，要选举执行委员会，选举主席和副主席。这是第一。还有第二,我带来了州苏维埃的命令,这命令要立即执行:交出一切发火的和不发火的武器。"

"好家伙!"后面有人恶毒地说。过后有好一阵子全场鸦雀无声。

"同志们,用不着这样大呼小叫!"拉普琴科夫挺直了身子,把帽子放在桌子上。"武器显然是应该交出来的。因为居家过日子用不着这玩意儿。谁愿意去保卫苏维埃,就把武器发给谁。限三天内把枪交来。再就是咱们开始选举。我将责成执委会主席贯彻这项命令,主席还应该把村长的印鉴和村里的公款都接收过来。"

"是他们发给我们的枪吗,凭什么要我们交枪? ……"

问话的人还没有把话说完,大家就一齐朝他转过脸来。问话的人原来是查哈尔·柯洛列夫。

"你要枪有什么用?"贺里散福很老实地问道。

"枪我是用不着。不过我们并没有答应过,让红军进我们州里来缴我们的枪。"

"对呀!"

"佛明在大会上说过嘛!"

"马刀是我们自个儿拿钱买的呀!"

"我的步枪是从俄德战场上带回来的,能在这儿交出去吗?"

"干脆说,我们的枪不交!"

"想叫哥萨克赤手空拳呢? 没有武器,我又算什么呢? 我拿什么护身? 要是没有武器,就好比老娘儿们撩起裙子——亮出光屁股啦。"

“我们不交！”

米沙·柯晒沃依很有礼貌地要求说几句话：

“同志们，让我说几句吧！听大家说这样的话，我简直觉得奇怪呢。咱们现在是不是在战争时期？”

“比战争时期还乱呢！”

“既然是战争时期，就不用多说啦。拿出来，交上去！咱们以前攻下乌克兰人的村庄，不也是这样干的吗？”

拉普琴科夫摸了摸皮帽子，斩钉截铁地说：

“谁要是在三天之内不交出武器，就以反革命分子论处，送交军事法庭，枪毙。”。

静场一会儿之后，托米林一面咳嗽着，一面用沙哑的喉咙说：

“就请选举政委吧！”

开始推选候选人。喊了十来个人的姓名。有一个年轻小伙子喊道：

“选阿甫杰伊奇当主席！”

但是这个玩笑没有开成。大家首先投票表决伊万·阿列克塞耶维奇。一致通过。

“底下再选就用不着投票啦。”彼特罗·麦列霍夫提议说。

大家都赞成他的意见，于是不用投票，一致选举米沙·柯晒沃依为副主席。

麦列霍夫家兄弟俩和贺里散福还没有走到家，就在半路上碰上了安尼凯。安尼凯的胳肢窝里夹着步枪，还用老婆的围裙包着子弹。他看见他们三个，觉得不好意思，就钻进旁边的一条小胡同里去了。彼特罗看了看格里高力，格里高力又看了看贺里散福。三个人不约而同地笑了起来。

十九

东风在顿河草原上狂吼。大雪掩埋了峡谷。沟沟坎坎都填平了。看不见大路,也看不见小道。四面望去,是一片白茫茫、光秃秃、被风舔得光溜溜的平原。草原好像死去了。偶尔有一只老乌鸦在高处飞过,那乌鸦就像这草原,就像路边那座头戴白雪帽、帽檐上还像镶着海狸皮的爵爷帽那样围着一圈艾蒿的古坟一样老。一只乌鸦飞过,翅膀划得空气发出口哨声,叫声又大又凄厉。风把乌鸦的叫声送得远远的,这声音就在草原上悲怆地响上老半天,就像在寂静的黑夜里无意中碰响了一根低音弦。

然而大雪覆盖下的草原还是在生活着。那白雪皑皑的耕地,就像冻结的浪涛;秋天就耙过的土地,就像僵死的水波;可是就在这些地方,被大雪压倒在地的冬小麦还在生活着,生命力很强的根拼命地往土里钻。绿油油、周身都凝聚着露水珠儿的冬小麦,瑟瑟缩缩地贴在松软的黑土地上,吮吸着土地那肥沃的黑血,等待着春天,等待着太阳,好冲破渐渐融化的像蜘蛛网一样薄的晶亮的冰壳子站起来,好在五月里变成诱人的翠绿色。时间一到,冬小麦要站起来的!那时候鹌鹑就要在小麦地里欢跳,四月里的百灵鸟就要在麦地上空唱歌。太阳会一直照耀着它,春风会一直吹拂着它。直到成熟而饱满的麦穗被狂风和骤雨吹打得垂下那胡子拉碴的头,并且在主人的镰刀下躺下去,再到场院上乖乖地交出饱鼓鼓、沉甸甸的麦粒儿。

整个顿河地区景象都很萧条、沉闷。日子越来越暗淡无光。眼看就要有大事发生。可怕的流言从顿河上游传来，顺着旗尔河、楚茨康河、霍派尔河、叶兰河，顺着流经哥萨克村镇的大大小小的河流传播开去。人们都在说，可怕的不是像波浪一样滚了过去、已经在顿涅茨河边固定下来的战线，而是肃反委员会和革命军事法庭。据说，肃反委员会和军事法庭一两天内就要到附近几个镇上来，又说，好像已经来到米古林镇和嘉桑镇上，正在对干过白军的哥萨克进行严厉的、无理的审判。好像顿河上游哥萨克抛弃阵地这件事不能成为开脱罪责的理由，而且审判程序简单极了：提起公诉，问两个问题，就判决——用机枪一扫完事。据说，在叔米林和嘉桑镇上已经有很多哥萨克死在乱树棵子里，无人收尸……不过老兵们听了只是笑笑，说："胡扯！这都是军官们瞎编！士官生早就拿红军吓唬过我们啦！"

对于这些谣言，又相信，又不相信。在这以前，各个村子里就流传过各种各样的谣言。谣言吓走了一些胆小的人。但是等到战线移动过去以后，就有更多的人整夜整夜地睡不着觉，觉得枕头烫脑袋，被窝硬邦邦的，觉得娇妻也不可爱了。

有些人已经后悔没有跑到顿涅茨河那边去了，但是过去的事是无法挽回，落在地上的眼泪是不能收起的……

在鞑靼村里，哥萨克们一到晚上就聚集在小胡同里，互相打听消息，然后就一家一家地串门子，喝老酒。村子里的日子过得很平静，很没有味道。开斋节期间只响过一次迎亲的马铃铛；米沙·柯晒沃依把妹妹嫁出去了。而且大家都在尖酸刻薄地议论这个姑娘。

“偏偏在这种时候出嫁！看样子，熬不住啦！”

选举出主席以后，第二天村子里家家户户都交了枪。在革命军事委员会占用的莫霍夫家的房子里，暖和的过道里和走廊里堆满了枪支。彼特罗·麦列霍夫也把自己的和格里高力的两支步枪、两支手枪和一把马刀送了去。弟兄两个把两支军官手枪留了下来，交出的只是从俄德战争中带回来的枪支。

彼特罗轻轻松松地回到家里。格里高力正在上房里，挽着袖子，拆卸和用煤油擦洗两支步枪枪栓的零件。两支步枪就靠在床上。

“这是从哪儿来的？”彼特罗惊愕得连胡子都耷拉下来。

“爹到菲洛诺沃去看我的时候，带回来的。”

格里高力的眯得细细的眼睛亮闪闪的。他用两只沾满煤油的手叉住腰，哈哈大笑起来。他又突然像狼那样把牙齿一咯吱，止住笑声。

“两支步枪是小意思！……你要知道，”虽然屋子里没有别的人，他还是悄悄地说，“爹今天对我说，”格里高力又敛住笑容，“他还有一挺机枪呢。”

“你瞎——说！哪儿来的？怎么一回事儿？”

“他说，是用一口袋酸奶渣从哥萨克辎重兵手里换来的，不过我想，这老家伙是撒谎！一定是偷来的！他就像个屎壳郎，驮不动的东西，拖也要拖回来。他悄悄对我说：‘我有一挺机枪，藏在场院里呢。上面有一根弹簧，可以当螺旋钩子用，不过我还没有动。’我问他：‘你要这玩意儿干什么？’他说：‘我看中了这根值钱的弹簧，也许能有什么用处。这是贵重玩意儿，用铁做的嘛……’”

彼特罗很生气，想到厨房里去找父亲，但是格里高力劝他不要去：

"算啦！帮我擦擦，装起来吧。你问他，能问出什么名堂来？"

彼特罗擦着枪，哼哼了半天，可是后来转念一想，说：

"也许做得对……说不定会有什么用处呢。就放着好啦。"

这一天，托米林·伊凡来报告说，嘉桑镇上枪毙了不少人。他们围着炉子抽着烟，说了一阵子话儿。彼特罗在说话的时候，一直在想着一个问题。他因为不习惯思索，思索起来就特别吃力，急得额头上都冒了汗。托米林一走，他就说：

"我马上到鲁别仁村去找找亚可夫·佛明。我听说，他这会儿在家里。听说，他正在搞什么州革命军事委员会呢，不管怎么说，这总是一张护身符。我去求求他，在必要的时候照应照应咱们。"

潘捷莱·普罗柯菲耶维奇把骒马套到装得满满的爬犁上。妲丽亚裹着一件新皮袄，跟伊莉尼奇娜咬了半天耳朵。她们一同跑进仓房里，从里面拿出来一包东西。

"这是什么？"老头子问。

彼特罗没有作声，伊莉尼奇娜急急匆匆地小声说：

"这是我留起来的奶油，平时是不拿出来的。现在说不上奶油不奶油啦，我把这奶油交给妲丽亚，叫她带去送给佛明的太太，也许对彼特罗有好处。"她说着说着，哭了起来。"当兵，当兵，流血拼命，现在因为他们的肩章，难保不出什么事情……"

"啰里啰唆，住嘴吧！"潘捷莱·普罗柯菲耶维奇生气地把鞭子往干草上一扔，走到彼特罗跟前，说："你给他送两口袋麦子去吧。”

“他要麦子有屁用!”彼特罗火了。“爹,您还是到安尼凯家去买点儿老酒,用不着什么麦子!”

潘捷莱·普罗柯菲耶维奇怀里揣回来一大瓶老酒,不住口地夸奖着:

“好酒,他妈的真够味儿! 比得过皇家的御酒。”

“老狗,你倒先尝过啦!”伊莉尼奇娜骂道;但是老头子就像没听见似的,像吃饱了的猫一样眯缝着眼睛,哼哼着,用袖子擦着喝酒喝得火辣辣的嘴唇,精神抖擞地朝屋子里走去。

彼特罗出了院子,就像客人一样,让大门大开着。

他是去给有权有势的老同事送礼物:除了老酒以外,还有一段战前出产的哔叽、一双靴子和一斤高级茉莉花茶。那一次第二十八团攻下利斯基车站,全团乱纷纷地抢起火车和仓库,这些东西就是他在那时候抢的……

也是在那一次,他在一列被截住的火车里抢了一网篮女人衣服。父亲那一次上前线去看他,他叫父亲带回家来。于是妲丽亚就神气活现地穿起新颖别致的女装,娜塔莉亚和杜尼娅都眼馋死了。细密的外国料子比雪还白,每一件衣服上都用丝线绣着家徽和姓名的第一个字母。一条衬裤上的花边比顿河上的浪花还要好看。妲丽亚在丈夫回来的头一夜,就是穿着这条衬裤睡的。

彼特罗在熄灯以前,大大咧咧地、开心地笑着说:

“那是男人的裤子嘛,你逮到就穿起来啦?”

“这裤子穿起来又暖和又好看,”妲丽亚带着幻想的神情回答,“再说,也弄不清是男人的,还是女人的。如果是男人的,就应该长一点儿。还有这花边儿……你们男人家要花边儿干什么？”

“大概有身份的男人就穿带花边的衣服。干我屁事？你穿嘛。”彼特罗睡意蒙眬地搔着痒痒，回答说。

他并没有特别关心这个问题。但是后来两天，他和老婆睡在一起，都是提心吊胆地保持着距离，不由自主地怀着崇敬和不安的心情看着花边儿，生怕碰着了，并且觉得跟妲丽亚有点儿疏远了。他对这条衬裤一直感到不习惯。到第三天夜里，他狠了狠心，毅然决然地要求说：

“你把这裤子他妈的脱下来吧！老娘儿们不能穿这样的玩意儿，这玩意儿根本不是老娘儿们穿的。你躺在那儿，就像个阔太太！一穿起这玩意儿，简直成了一个外路人啦！”

早晨他醒得比妲丽亚早。他一面咳嗽着，一面皱着眉头穿起衬裤试了试。他小心翼翼地对着裤带、花边和膝盖以下自己的毛烘烘的光腿看了很久。一转身，无意中在镜子里看见自己屁股上的花花绿绿的褶儿，啐了一口，骂了几声，就像狗熊一样往下剥肥大的裤子。一个大脚趾挂在花边上，他差一点儿摔倒在大柜子上，于是他当真生起气来，把裤带一扯，把裤子扯了下来。妲丽亚睡得迷迷糊糊地问道：

“你怎么啦？”

彼特罗别扭得说不上话来，又是哼哼，又是不住地啐唾沫。至于那条弄不清是男裤还是女裤的衬裤，妲丽亚就在这一天叹着气放进了大柜子（那里面还有不少东西，是娘儿们派不上用场的）。这些复杂的玩意儿以后只能给娘儿们做做乳褡。但是有几条裙子妲丽亚却穿起来了；不知为什么这些裙子都很短，但是妲丽亚很有办法，她在上面接上一截，让里面的裙子比外面的裙子长，这样就可以露出宽宽的花边来。于是妲丽亚就用荷兰花边扫着地面，到处谝起来。

现在她跟着丈夫出去做客，就穿得非常阔气，非常体面。上穿顿河式毛皮镶边的皮袄，衬裙的花边露在外面，呢料的外裙又新，质地又好，为的是叫一步登天的佛明太太明白，她妲丽亚不是一个普通的娘儿们，不管怎么说，总是一位军官太太。

彼特罗摇晃着鞭子，吧嗒着嘴唇。背上脱了毛的、怀驹的老骒马拖着爬犁顺着顿河上的爬犁路小跑着。快到晌午时候，来到鲁别仁村。佛明果然在家里。他对彼特罗很客气，请彼特罗用饭，等他看到父亲从彼特罗那罩了一层白霜的爬犁上拿来沾满草屑的大酒瓶，他的红胡子里露出了笑容。

“怎么啦，老同事，很久不见面啊。”佛明用很亲热的口气慢悠悠地低声说，一面斜着两只离得很远的蓝眼睛馋涎欲滴地看着妲丽亚，装模作样地捻着小胡子。

“你知道嘛，亚可夫·叶菲梅奇，天天过军队，不平稳呀……”

“倒也是。老婆子！给我们弄点黄瓜、白菜和顿河干鱼来。”

狭小的屋子里烧得非常热。炕上睡着两个很小的孩子：一个男孩子，很像父亲，两只眼睛也是蓝蓝的，离得也很远，还有一个是女孩子。几杯酒喝过，彼特罗谈起了正题。

“村子里都在传说，好像肃反委员会要来啦，要对付哥萨克呢。”

“第十五英查师的革命法庭已经来到维奥申镇上啦。这又有什么？跟你有什么关系？”

“怎么没有关系？亚可夫·叶菲梅奇，您知道，我是个军官呀。我这个军官，可以说，一眼就能看得出来。”

“看出来又怎样？”

佛明觉得自己成了局势的主宰。几杯老酒下肚，他更觉得自己了不起，自吹自擂起来。他一个劲儿地装腔作势，捋着小胡子，露出一副又阴森、又威风的神气。

彼特罗摸透了他的心理，就装出一副可怜相，低声下气、奴颜婢膝地笑着，但是不知不觉把称呼从“您”换成了“你”。

“我和你一块儿干过。我一直是实心实意对待你。我什么时候对你说过‘不’字？从来没有！老天爷作证，我一向就是维护哥萨克的！”

“这我们都知道。彼特罗·潘捷莱耶维奇，你别多心。所有的人，我们都很清楚。不会碰你的。不过有些人我们是要碰一碰的。有的人要抓起来。隐藏下来的坏家伙很多。他们留下来，别有用心。还藏着武器……你的武器交了吗？嗯？”

佛明突然从慢吞吞的谈话换成追问，弄得彼特罗一时间张皇失措，急得脸都涨红了。

“你交了吗？你究竟怎么啦？”佛明隔着桌子探过身子，盯着问道。

“交啦，当然交啦，亚可夫·叶菲梅奇，你别多疑……我是老老实实的。”

“你老老实实？我可是了解你们……我是本地人嘛。”他挤了挤醉眼，张开大嘴，露出一嘴扁扁的牙齿。“你们用一只手和有钱的哥萨克拉手，另一只手里却拿着刀子，要不然就一刀子戳过去……你们是狗！才不老实呢！我见过的人多着呢。一个个都老奸巨猾！不过你别害怕，不会碰你的。说话算话！”

姐丽亚只吃些冷菜，因为讲礼节，几乎没有吃面包。女主人一直殷勤相让。

到傍晚时候，彼特罗才满怀希望、高高兴兴地动身回家。

* * *

潘捷莱·普罗柯菲耶维奇送走彼特罗以后，就去探望亲家公柯尔叔诺夫。红军要来之前，他到他们家去过一次。那时候卢吉尼奇娜正忙着打发米佳上路，家里又忙又乱。潘捷莱·普罗柯菲耶维奇觉得自己在这里是多余的，就走了。这一次他决心要打听打听，是不是一切都平安无事，顺便也可以同亲家公一起骂骂当前的时局。

他一瘸一拐，老半天才来到村子的另一头。老态龙钟、已经掉了好几个牙的格里沙加爷爷在院子里迎住了他。这天是礼拜天，老人家正要上教堂去做晚祷。潘捷莱·普罗柯菲耶维奇一看见这位太亲翁就惊呆了：老头子那敞着的皮袄里露出俄土战争中所得到的全部勋章和奖章，旧式制服的硬领上红领章闪闪有光，非常惹眼，带裤绦的裤子像所有的老年人那样朝下嘟噜着，裤腿整整齐齐地塞在白袜筒里，头戴一顶带帽徽的制帽，制帽一直压到黄蜡色的大耳朵上。

“你怎么啦，老人家，太亲翁，你不是疯了吧？谁还在这种时候戴勋章、帽徽？”

“你说什么？”格里沙加爷爷把手掌搭在耳朵上。

“我是说，把帽徽拆下来！把十字章摘下来！为这种事，会把你抓起来。在苏维埃当权的时候，这是不行的，是犯法的。”

“孩子，我忠心耿耿报效过白皇帝。现在的政府不合天意。我不承认他们是政府。我对万岁爷亚历山大宣过誓，没有对庄稼佬宣过誓，就是这么回事儿！”格里沙加爷爷咕哝了几下瘪嘴巴，擦了擦白中泛绿的胡子，用拐杖朝家里指了指。“你是找米伦吧？他在家。我们把米佳送走啦。圣母娘娘，保佑他吧……你家孩子没有走吗？什么？不走可不好……算什么男子汉！都对将军宣过誓了嘛。现在军队正需要人，他们却在家里陪老婆……娜塔莉亚好吗？”

“她很好……太亲翁，你回去，把十字章摘下来！现在不能戴这些玩意儿。天呀，太亲翁，你老糊涂了吗？”

“去你的吧！你教训我，还早着呢！给我滚开！”

格里沙加爷爷对直地朝他走来，他从小路上跨到雪地上，把路让开，一面回头望着，无可奈何地摇着头。

“碰见我们家的老总了吗？真够呛！老天爷都拿他没办法。”近来明显瘦下去的米伦·格里高力耶维奇站起来，迎住亲家公说。“把自个儿的勋章、奖章都挂上，戴上带帽徽的帽子，就走啦。怎么劝也不听。简直成了小孩子，什么都不懂。”

“随他怎样吧，反正活不了多久啦……哦，咱们的孩子们怎么样？我们听说，好像那些家伙找过格里沙的茬子，是吗？”卢吉尼奇娜坐到两亲家公跟前来，很伤心地说。“亲家呀，我们家才倒霉呢……抢走了我家四匹马，只剩下一匹骒马和一匹马驹。倾家荡产啦!”

米伦·格里高力耶维奇就像瞄准时那样,眯起一只眼睛,满腔愤恨地换了一种腔调说:

“为什么天下大乱?这都怪谁?全怪他妈的这个政府!亲家,这个政府就是罪魁祸首。叫大家都平等——这不是荒唐吗?就是要我的命,我也不赞成!我干了一辈子活儿,天天弯腰弓背,浑身流汗,叫我去和那些连手指头都不动一动的人平等,让他们过好日子吗?办不到!等着瞧吧!这个政府容不得规规矩矩干活儿的人。所以我懒得干啦:挣家产有什么用?干活儿又是为谁干的?今天挣来,明天他们一到,一下子就抢光……还有,亲家,前天有一个老同事从穆雷恒村里来,我们聊了很久……现在前线就在顿涅茨河边。是不是能撑得住呢?我说老实话,这种话只有对可靠的人才说:咱们应该尽力配合顿涅茨河那边咱们的人……”

“怎样来配合呢?”潘捷莱·普罗柯菲耶维奇不知为什么带着惊慌的神情小声问道。

“怎样配合吗?把这个政府推翻!让这个政府还回到唐波夫省去。让它跟庄稼佬讲平等去。只要能消灭这些敌人,我可以把全部家产,把一针一线都捐出去。应该这样,亲家,应该教训教训他们!是时候啦!不然可就晚啦……我那个老同事说,他们那儿的哥萨克也很想动手。只要齐心干就行!”他换成急促的、气喘吁吁的耳语:“军队都过去啦,他们还能剩下多少人?有限的几个人!各个村子里只剩下主席啦……砍他们的脑袋——是再容易不过的事。至于维奥申镇上,那也算不了什么……大家齐心协力攻过去,就能把他们打个落花流水!咱们联合起来,不会吃亏……亲家，这事不会错的！”

潘捷莱·普罗柯菲耶维奇站起身来。他字斟句酌，很担心地劝道：

“要当心，一步走错了，就完啦！哥萨克们虽然是在摇摆，可是鬼才知道他们的心究竟向着哪一边。这种事情现在可不能随便对什么人都说……年轻人的心思简直叫人摸不透，一个个好像是在躲猫猫儿。有的走啦，有的就不走。这日子不好过！稀里糊涂，谁也不知道该怎么样。”

“亲家，你放心好啦！”米伦·格里高力耶维奇大大咧咧地笑了笑。“我的话不会错。人群就像羊群：带头羊往哪儿跑，整个羊群都会跟上去。所以就应该给大家指指路。让他们睁开眼看看这个政府。没有云彩，就不会打雷。我要直截了当地对哥萨克们说：要暴动。听说，他们好像已经下了命令，要把哥萨克杀得一个不留。这又怎么说呢？”

米伦·格里高力耶维奇的麻脸都涨红了。

“你说，普罗柯菲耶维奇，这是怎么回事儿？听说，已经开始枪毙人啦……这是什么世道儿？你瞧，这几年什么都搞糟啦！没有煤油，也没有火柴，莫霍夫这一阵子只能卖卖糖果啦……庄稼地又怎样呢？跟以前相比差多少呀？把马都搞光啦。抢走了我的，也抢走了别人家的……抢都会抢，可是谁又来养呢？以前在我们家，我还是小伙子的时候，就养过八十六匹马。你大概还记得吧？有好几匹千里马，连加尔梅克马都赶不上。那时候我家有一匹白斑枣红马。我常常骑着去撵兔子。我加上鞍，骑着到草原上去，轰起草棵子里的兔子，撵不到一百丈远，马就踩到兔子啦。

我现在还记得。”米伦·格里高力耶维奇的脸上掠过一丝兴奋的笑容。“有一次我骑着马跑到风磨跟前，就看见一只兔子正冲着我跑来。我也对直朝前冲去，那兔子一转弯，朝坡下，朝顿河对岸跑去。那是在谢肉节时候。风把顿河上的雪吹得光溜溜的，很滑。我只顾撵兔子，没料到马打了个滑，猛地一下子摔倒在地，连头都没有抬一下。我都吓坏啦！我把鞍子卸下来，就跑回家来。我说：‘爹，我把马骑死啦！撵兔子的。’爹问：‘撵上了吗？’我说：‘没有。’爹说：‘坏小子，你骑上大青马，再撵去！’瞧，那时候多有意思！日子过得自在。骑死一匹马，毫不心疼，兔子还是要撵。一匹马值上百卢布，一只兔子不过值一毛钱……唉，有什么好说的！”

＊＊＊

潘捷莱·普罗柯菲耶维奇从亲家公家里出来，心情更加慌乱，心里惶惶不安，十分苦闷。现在他已经充分感觉到，世上有些道理跟过去不同了，跟他格格不入了。如果说，他以前过日子，处世做人，就像驾驭着一匹训练有素的马在崎岖不平的大道上奔跑，那么现在，生活就像一匹跑得满身汗沫的发了狂的马，驮着他在飞跑，他已经驾驭不住这匹马，而是无可奈何地在颠来颠去的马背上摇晃着，只求不跌下去。

面前是一片渺茫。不久以前，米伦·格里高力耶维奇不还是本地最富有的主儿吗？但是最近这三年，他的家道一落千丈。长工们都走了，土地十有八九都荒废了，家里的牛和马卖掉了许多，换来的是天天浮动、大大贬值的钞票。一切都好像是在梦里。一切都像顿河上游动的雾气一样过去了。只剩下一座带花栏杆阳台和褪了色的雕花房檐的房子作为纪念。柯尔叔诺夫那像狐狸毛一样的红胡子里过早地出现的一缕银丝,已经转移到鬓角上,并且定居下来,起初是一撮一撮的,就像沙地上的蒺藜,后来就吞没了红颜色,于是两鬓完全白了;而且白颜色顺着又稀又细的头发往上推进,渐渐占领前顶。而且在米伦·格里高力耶维奇身上,也是这两种因素在疯狂地斗争:红色的血在沸腾,鼓动他干活儿,叫他去种地,盖棚子,修农具,挣家产;但是,另一方面,却越来越烦恼:"挣多挣少都没有用。反正是要完蛋!"——于是烦恼把一切都染成冷冷的死白色。两只十分难看的手,不再像以前那样,常常抓抓小锤和小锯,而是无所事事地放在膝盖上,摇晃着生满茧子的肮脏手指头。时运不好,人容易衰老。土地也变硬了。春天,他到地里去,就像去看不可爱的妻子,出于习惯,尽尽责任罢了。挣了钱,也不那么高兴;破了财,也不像以前那样伤心……红军牵走他的马,他连面都没有露。可是在两年以前,因为牛把一堆草踩乱,因为这样的小事,他差一点用叉子把老伴叉死。"柯尔叔诺夫捞足啦,吃饱啦,现在胀得往外吐啦。"街坊们都这样议论他。

潘捷莱·普罗柯菲耶维奇一瘸一拐地回到家里,躺到床上。心口隐隐作痛,喉咙里一冲一冲的,直想呕吐。吃过晚饭,他叫老婆子拿来腌西瓜。他吃了一块,就哆嗦起来,好不容易走到炕边。第二天早晨,他昏迷不醒,发起伤寒病的高烧,完全不省人事了。他的嘴唇烧得都干裂了,脸色蜡黄,白眼珠罩上一层蓝色的油光。德罗兹季哈老奶奶给他放血,从胳膊上的血管里放出两碟子像焦油一样的黑血。但他还是没有恢复知觉,只是脸色变成白中透青,那满口黑牙、呼哧呼哧直吸气的嘴张得更大了。

二十

一月底,伊万·阿列克塞耶维奇接到州革命军事委员会的通知,到维奥申镇上去了。他要在这天黄昏时候回来。大家都在等他。在莫霍夫家的空房子里,财主原来的书房里,在一张有双人床那样宽的书桌后面,坐着米沙·柯晒沃依。从维奥申派来的民警奥里杉诺夫半躺在窗台上(这屋子里只有一把椅子)。他一声不响地抽着烟,吐痰吐得又远又巧妙,每一口痰都吐在壁炉上,一次一块瓷砖。窗外是满天星斗的夜色。寂静,严寒,呼呼的风声。米沙正在搜查司捷潘·阿司塔霍夫家的记录上签字,偶尔望望窗外挂了一层白霜的枫树枝条。

有人从台阶上走过,踩得毡靴发出轻轻的咯吱声。

"回来啦。"

米沙站了起来。但是走廊里却是另外一个人的咳嗽声,另外一个人的脚步声。进来的是格里高力·麦列霍夫,他的军大衣扣得严严实实,脸冻成了褐色,胡子和眉毛上挂了一层白霜。

"我来烤烤火。你好!"

"进来吧,有什么意见提吧。"

"没什么意见。我是来聊聊,再就是顺便说一声:别派我家差啦。我家的马腿有毛病。"

"还有牛呢?"米沙耐着性子斜眼看了看他。

“牛怎么能拉爬犁？路太滑啦。”

一个人咚咚地踩着冻得硬邦邦的木板，大步跨上台阶。伊万·阿列克塞耶维奇披着毡斗篷，像女人一样包着头，闯进了屋子。他身上散发出清新、寒冷的空气味儿，还散发着干草气味和烟臭气。

“伙计们，冻死啦，冻死啦！……格里高力，你好！夜里你出来逛荡什么？……谁他妈的发明了这种斗篷：就像筛子一样，风一个劲儿地往里灌！”

他脱掉斗篷，还没有把斗篷挂好，就开口说：

“噢，我见过主席啦。”伊万·阿列克塞耶维奇满面春风，两眼闪闪有光，走到桌子跟前。他简直憋不住要说一说。

“我走进他的办公室。他和我握了握手，说：‘同志，请坐。’这是一州之长啊！以前又是怎样啊？一位少将呀！在他面前连站站都不敢呢！还是咱们的政府贴心呀！大家都平等！”

他那兴奋、激动的脸色，在桌子旁边那些慌乱的动作，以及这些兴高采烈的话，格里高力都不理解，所以问道：

“阿列克塞耶维奇，你为什么这样高兴呀？”

“什么为什么？”伊万·阿列克塞耶维奇那穿了窟窿的下巴哆嗦了两下。“人家拿我当人看，我怎么能不高兴？人家平等相待，跟我握手，请我坐下……”

“近几年，将军们也穿麻布衬衣啦。”格里高力用手捋了捋小胡子，眯缝着眼睛说。“我看见一位将军的肩章是用化学铅笔画的。他也和普通人握手……”

“将军们是出于无奈，这些人是自觉自愿的。这不同吧？”

“没有什么不同!”格里高力摇了摇头。

“依你看,连政府也一样吗?那为什么要打仗?就说你吧,为什么打仗?为将军们打仗吗?你还说是‘一样’。”

“我是为自己打仗,不是为将军们。如果说实在的,不管是那些人还是这些人,都不合我的心意。”

“究竟谁又合你的心意呢?”

“谁也不合我的心意!”

奥里杉诺夫一口唾沫吐到对面墙上,会心地笑了。看样子,他也觉得谁也不合他的心意。

“你以前好像不是这样想的呀。”

米沙说这话,是有意刺激格里高力的,但是格里高力丝毫没有露出被刺伤的样子。

“我和你——咱们想的不一样……”

伊万·阿列克塞耶维奇想把格里高力打发走,好对米沙详细地说说这次上州里去的情形以及和主席的谈话,但是听了格里高力的话,他激动起来。他在州里见到的和听到的一切都还活生生地留在脑子里,因此他不假思索,急急忙忙插嘴说:

“格里高力,你是来愚弄我们呀!你自己还不知道你想干什么呢?”

“我是不知道。”格里高力心甘情愿地承认说。

“对这个政府你有什么不满意的呢?”

“你又为什么对这个政府这样卖力呢?你又是从什么时候变成红党的?”

“这个问题,在这儿不谈。是怎么样,就怎么样。明白吗?关于政府，也不必多谈，因为我是主席，我跟你争论这个问题，不合适。”

“那咱们就不谈吧。我也该走啦。我是为派差的事来的。至于你的政府，不管你怎样说，反正是个很坏的政府。你给我直截了当地说一句，咱们的话，就算到此结束啦：这个政府对咱们哥萨克有什么好处？”

“对什么样的哥萨克？哥萨克也有各种各样的呀。”

“对所有的哥萨克。”

“让大家自由、平等……你等一等！……别急，你有话……”

“在一九一七年就这样说过啦，现在应该换点儿新花样啦！”格里高力打断了他的话。“要分给土地吗？自由吗？平等吗？……我们的土地够种的。自由不需要再多啦，要不然就要在大街上互相捅刀子啦。以前州长、乡长都是我们自己选的，可是现在都是官派的。那个跟你握手、使你那样高兴的人，谁又选他来？这个政府除了叫哥萨克倾家荡产以外，什么都办不到！庄稼佬的政府，庄稼佬才用得着。不过咱们也用不着将军。不管是共产党，还是将军——都是套脖子的圈套。”

“有钱的哥萨克用不着，可是别人呢？你好糊涂！村子里有钱的只有三户，其余的都很穷。还有工人呢，怎么办？我们决不赞成你的说法！要叫有钱的哥萨克从打饱嗝的嘴里吐出一点儿来，分给饿肚子的人吃吃。要是不肯，就连肉扯出来！当老爷当够啦！他们抢足了土地……”

“不是抢的，是挣来的！我们的祖宗用血浇灌过这些土地，也许就因为这样，我们的黑土才格外长庄稼。”

“反正一样，要和穷人分一分。说平等，就要平等！你只会空转悠转悠车轮子。就像屋顶上的风信旗，风往哪边吹，你就往哪边倒。像你这样的人，只能把什么都搅浑！”

“住嘴吧，你别骂人！因为咱们是老朋友，我才来聊聊，说一说憋在我心里的话。你说，要平等……这是布尔什维克拿来愚弄糊涂老百姓的话。好话一说出来，就有人上钩，就像鱼吃食儿那样！哪儿有什么平等！就拿红军来说吧：他们从村子里开过的。排长穿的是纹皮靴子，小兵打的是裹腿。我见过一个政委，浑身都是皮货，裤子、上衣全是皮的，可是别人连一双皮鞋都穿不上。而且他们掌权才一年呀，等到他们站稳了脚跟，还有什么平等好谈呀？……他们在前线上就说：‘大家一律平等。当官的和当兵的都关一样的饷！……’才不呢！全是骗人话！如果说老爷很坏，那么，奴才变成的老爷还要坏一百倍！大家都知道军官坏，可是如果有谁从小兵升成军官，能把你活活折腾死，没有比这种人再坏的啦！论学问他和普通哥萨克一样：就学过拧牛尾巴，可是你瞧，他一旦爬上台去，就神气活现，要起威风，只要能保住官儿，剥掉别人的皮都行。”

“你这是反革命的话！”伊万·阿列克塞耶维奇冷冷地说，但是没有抬眼看格里高力。“你想叫我听你那一套，是办不到的；我也不想勉强你。我很久没有看到你，没想到你完全变啦。你成了苏维埃政府的敌人！”

“我没有想到你会这样……如果我谈谈政府，我就是反革命？就是士官生啦？”

伊万·阿列克塞耶维奇从奥里杉诺夫手里接过烟荷包，换了比较缓和的口气说：

“我怎么能给你讲清楚呢？这种事要靠自己动脑筋。要自己去体会！我没有文化，识字不多，不会说话。很多道理我也是自己摸索出来的……”

“你们别说啦！”米沙气哼哼地叫道。

他们一同走出执行委员会。格里高力一声不响。伊万·阿列克塞耶维奇因为大家都不说话，觉得很别扭，又不知道别人为什么会胡思乱想，因为他不能理解，因为他观察生活的立场不同，在临别的时候他说：

“你这些想法顶好留在心里。不然的话，虽然你是我的朋友，你家的彼特罗又是我的干亲，我也有办法对付你！不能扰乱人心，人心已经够乱的啦。你不要拦我们的路。当心我们把你踩坏！……再见吧！”

格里高力走着，心里有一种感觉：好像自己跨过了一道门槛，原来模糊不清的东西，忽然一下子清楚起来。他实际上只是一气之下说出了他近来所想的、在他心中渐渐成熟、一直要冲口而出的东西。又因为他站在两方面斗争的边缘，两方面他都反对，所以他无形中产生了压抑不住的火气。

米沙和伊万·阿列克塞耶维奇一起走着。伊万·阿列克塞耶维奇又讲起他和州主席见面的情形，但是才说几句，就觉得没有意思、没有味道了。他想恢复原来的心境，却不能了：有一样东西拦路，使他不能愉快地生活下去，使他不能呼吸清新的空气。这一障碍就是格里高力，就是格里高力的一番话。他想到这一点，就恨恨地说：

“像格里高力这样的人，在斗争中只能做绊脚石。坏透啦！不肯往岸上靠，只是漂来漂去，就像冰窟窿里的牛粪。下一次他再来，我要好好教训教训他！他要是进行煽动，咱们就把他关起来……喂，米沙，你觉得怎样？你看怎么办？”

米沙只骂了两声，算是回答，因为他正想着心事。

又过了一个街口，米沙朝伊万·阿列克塞耶维奇转过脸来，他那像姑娘一样饱满的嘴唇上掠过一丝无可奈何的微笑。

“瞧，阿列克塞耶维奇，政治这玩意儿他妈的好厉害！不管谈别的什么事情，都不会这样动肝火。比如刚才同格里什卡一谈起来……要知道我和他很要好嘛，一块儿在学校里念书，一块儿追姑娘，他就像我的亲哥哥……可是我一听到他胡说八道，心就气得鼓了起来，就好像胸膛里装了一个大西瓜。气得我浑身打哆嗦！就好像他要夺走我最心疼的东西。就好像他要把我的什么都抢光！如果这样再谈下去，会动刀子的。在这场战争中，不认亲戚，也不认兄弟。他已经亮出面目——那就来吧！”米沙压制不住怒火，声音颤抖起来。“他就是夺走我心爱的姑娘，我也不像听了这些话这样生气。简直把我气死啦！”

二十一

雪花纷纷飘着，飘着飘着就融化了。中午时候，土崖上的积雪带着低沉的轰隆声大片大片地往下滑。顿河对岸的树林里哗啦哗啦直响。橡树上的冰雪化了，树干变成了黑色。水滴从树枝上纷纷往下落，穿透积雪，一直落到在腐烂的落叶底下焐得热乎乎的土地上。已经到处是春天融雪的醉人气息，在花园里还可以闻到樱桃树的气息。顿河上出现了一个一个的水洼儿。岸边的冰融化了，一个一个的冰窟窿已经淹没在四面流来的碧绿而清澈的融雪水里。

往顿河沿岸运送弹药的一支辎重队，要在鞑靼村换爬犁。护送的红军都是一些愣头愣脑的小伙子。辎重队长留下来看住伊万·阿列克塞耶维奇；就直截了当地对他说："我陪你坐一会儿，要不然你说不定会跑掉！"又分派其余的人去找爬犁。需要四十七架双套爬犁。

叶麦里扬来到麦列霍夫家。

"把爬犁套上，有一批军火要运到博柯夫镇上！"

彼特罗连小胡子都没动一下，就嘟哝说：

"两匹马的腿都有毛病，骒马昨天刚往维奥申镇上拉过一趟伤员。"

叶麦里扬一句话不说，就朝马棚里走去。彼特罗光着脑袋跟了出来，喊道：

"你听见吗？等一等……能不能免我们一回？"

"你能不能不糊弄人？"叶麦里扬沉着脸打量了一下彼特罗，又说："我想去看看你家的马，看看马腿有什么毛病。是不是有意用小锤把骨头节敲坏啦？你别给我使障眼法！我见过的马，有你见过的马粪蛋子那样多。把爬犁套上！马也行，牛也行——随你的便。"

格里高力赶着爬犁去了。在走以前，他跑到厨房里，一面亲着两个孩子，一面匆匆忙忙地说：

“我给你们带好东西回来，你们在家里可不许捣蛋，要听妈妈的话。”又对彼特罗说：“你们都不要替我担心。我不会走远的。要是到了博柯夫还要再往前送，我就把牛扔掉，往回跑。不过我不回村子里啦。我到新根村姑妈家里住些时候……彼特罗，你要常去看看我……我在家里待着有点儿害怕。”他又笑了笑。“好啦，再见吧！娜塔什卡，别挂念我！”

在改做临时军用仓库的莫霍夫商店门前装上弹药箱，就出发了。

“他们打仗，为的是他们能过好日子，我们过去打仗，也是为自己的好日子。”格里高力在老牛有规律的摇摆中，半躺在爬犁上，用棉袄裹着头，一直在想着这个问题。“世上没有一定的道理。很明显，谁要是能把别人打败，谁就能把别人吃掉……可是我还一直在想糊涂道理呢。想过来，想过去，伤够了脑筋……听说，古时候，鞑靼人侵犯过顿河，来抢夺土地，压迫老百姓。现在是俄罗斯来啦。不行！我不容许！他们是我、是所有哥萨克的敌人。哥萨克现在都要后悔啦。以前放弃了阵地，现在每个人都和我一样啦。唉！后悔来不及啦。”

近处，迎面而来的是路边的荒草、起伏的丘陵、杂树丛生的山沟；再过去，是白雪皑皑的田野，随着爬犁晃晃悠悠地向南伸去。道路长得没有尽头，使人走得心烦，昏昏欲睡。

格里高力懒洋洋地吆喝着牛，打着盹儿，靠在捆扎着的箱子上晃悠着。他抽过一支烟，把头扎进散发着干木樨气味和甜甜的六月里的日晒气息的干草里，不觉睡着了。他梦见自己和阿克西妮亚一起在高高的、沙沙响的麦地里走。阿克西妮亚亲亲热热地抱着一个小孩子,用生怕别人夺去的眼神从旁边注视着格里高力。格里高力听见自己的心跳声,听见麦穗那悦耳的沙沙声,看见田埂上那轻轻摇动的青草,看见那令人神往的蓝天。他心花怒放,感情激荡,又像原来那样如醉如痴地爱起阿克西妮亚,他感到全身以及每一下心跳都是爱情的力量,然而同时他又意识到这不是真的,觉得在他眼前闪来闪去的是一种已经逝去的景象,是一种梦境。可是他很喜欢这样的梦,就把梦当成真的。阿克西妮亚还是五年前那个样子,但是有些矜持了,有点儿冷淡了。格里高力比过去任何时候更清楚、更真切地看到她脖子上的毛茸茸的发卷儿(风吹得发卷儿不住地跳动着),看到那白头巾的角儿……爬犁猛地一颠,他醒了过来,听到有人说话,他完全清醒了。

无数爬犁迎面而来,从旁边擦过去。

“老乡们,你们拉的什么?”包多甫斯柯夫赶着爬犁走在格里高力前面,用沙哑的嗓门儿高声问道。

滑铁哧啦哧啦响着,牛蹄咯吱咯吱地踩着积雪。迎面来的爬犁上很久没有人作声。终于,有一个人回答说:

“拉的死人!害伤寒死的……”

格里高力抬起头来。迎面来的爬犁上躺着一具具穿灰色军大衣的尸体,上面盖着帆布。格里高力的爬犁一摇晃,爬犁沿儿撞在从迎面而过的一架爬犁里挓挲出来的一条胳膊上,那胳膊发出轻轻的叮当声,就像生铁一样……格里高力冷冷地扭过头去。

草木樨那种撩人的、甜甜的气味使人昏昏欲睡,格里高力又慢慢去回想快要遗忘的过去,让自己的心再去碰一碰旧情那锋利的刀尖儿。格里高力感觉疼得又扎心又甜蜜,就又朝爬犁上一躺，腮帮子贴到草木樨那黄黄的枝条上。往事一上心头，心里的血直往外涌，心七上八下地怦怦跳动起来，老半天都没有睡着。

二十二

靠拢村革命军事委员会的有几个人：磨粉工人达维德卡、季莫菲、原来莫霍夫家的车夫叶麦里扬和麻子皮匠菲里加。伊万·阿列克塞耶维奇在日常工作中就依靠他们，他越来越感到自己和村里群众之间有一道无形的墙。哥萨克们都不来开会了，如果来的话，那也是达维德卡和另外几个人挨门挨户地在村子里跑过五六遍之后才来的。来了，又不说话，对什么都表示赞成。来的多数是青年人。但就在这些青年人中间，也看不到赞同的人。伊万·阿列克塞耶维奇每次主持村会，看到的是一张张石头一样的脸，一双双疏远的、不信任的眼睛和阴郁的眼神。他看到这一切，心渐渐凉了，眼神越来越阴沉，说起话来无精打采，没有劲儿，麻子菲里加有一回很不痛快地说：

"科特里亚洛夫同志，咱们和村里人分家啦！一个个都愁眉苦脸，都变成魔鬼啦。昨天我去找爬犁送红军伤员上维奥申，没有一个人肯去。分了家的人很难在一个屋里住下去……"

"天天在喝老酒呢！不要命地喝！"叶麦里扬吧嗒着烟斗，接话说。"家家户户都喝得昏天黑地的。"

米沙·柯晒沃依皱着眉头，不想说出自己的心情，但是他的心情还是露了出来。晚上他要回家的时候，向伊万·阿列克塞耶维奇要求说：

“给我一支枪吧。”

“要枪干什么？”

“瞧你说的！我害怕空着手走路。难道你什么都没有看出来吗？我在想，咱们应该把一些人……应该把格里高力·麦列霍夫、包加推廖夫老汉、马特维·卡叔林和米伦·柯尔叔诺夫抓起来。这些坏家伙，他们天天对哥萨克们嘁嘁喳喳……盼着他们的人从顿涅茨河那边回来。”

伊万·阿列克塞耶维奇心里一怔，很不高兴地把手一摆，说：

“算啦！如果现在就动手铲除，那就得把许多露了头的人都铲除掉。人心很不稳呀……有些人即使同情我们，但是也在看米伦·柯尔叔诺夫的眼色。都害怕他家的米佳从顿涅茨那边回来，那小子心狠手辣。”

生活发生了急剧的变化。第二天，从维奥申来了一名骑马的通信员，送来一道命令：要向富户征收军款。派给鞑靼村的数字是四万卢布。将数字摊派下去。过了一天，收到两口袋票子，有一万八千多卢布。伊万·阿列克塞耶维奇向州里请示。州里派来三个民警，带着一道命令：“立即将抗交军款的人逮捕并押送维奥申处理。”将四个老头子临时关押在莫霍夫家收藏过冬苹果的地窖里。

村子里一下子乱得像受了惊的蜂窝一样。柯尔叔诺夫死死地抱住已经不值钱的钞票，就是不肯交军款。不过他的好日子已经该到头了。从州里来了两个人：一个是办理地方案件的侦查员，是一个很年轻的维奥申的哥萨克，在第二十八团当过兵；另外一个人穿着皮夹克，外面还穿着大皮袄。他们出示过革命军事法庭的介绍信，就和伊万·阿列克塞耶维奇在办公室里单独谈了起来。和侦查员同来的那一位，是一个上了年纪、脸刮得很光的人，他很严肃地开口说：

"现在州里到处都有发生暴乱的势头。白军的残余势力正在抬头，在煽动哥萨克的劳苦大众。必须消灭那些特别仇视咱们的人。你把军官、神甫、宪兵、财主，把所有死心塌地跟咱们作对的人的姓名开出来。你要协助侦查员。他也知道一些人的情况。"

伊万·阿列克塞耶维奇看了看那张刮得像女人一样光的脸；在报一些人的姓名的时候，提到彼特罗·麦列霍夫，但是侦查员摇了摇头，说：

"这是咱们的人，佛明叫咱们不要动他，他倾向布尔什维克，我们一块儿在第二十八团干过。"

柯晒沃依从练习簿上撕下一张纸，写好了名单，放在桌子上。

几个钟头以后，被捕的人已经在民警的看押下，坐在莫霍夫家宽敞的院子里的橡树上了。他们在等家里人送干粮，等爬犁来装行李。米伦·格里高力耶维奇就像准备好去死似的，穿的一身都是新的：熟皮小袄、毡靴、干干净净的白袜子；他坐在尽边上，跟包加推廖夫老汉和马特维·卡叔林在一起。"牛皮大王"阿甫杰伊奇慌慌张张地在院子里来回走着，时而毫无目的地朝井里望望，时而捡起一块木片，然后又在台阶和大门之间来来回回走起来，一面不住地用袖子擦着红得像苹果一样的、汗津津的脸。

其余的人都一声不响地坐着。都垂着头，用拐杖划着雪地。妇女们气喘吁吁地跑进来，把包袱、提包塞给被捕的人，小声说着话儿。眼睛哭红了的卢吉尼奇娜给老头子扣上皮袄的扣子，又拿一条女人的白头巾给他围住领子，望着他那无神的、像撒上了一层灰似的眼睛，说：

“孩子他爹，你别难过！也许会平平安安过去的。你干吗这样垂头丧气的？老天爷呀！……”她的嘴撇得长长的，扁扁的，看样子就要大哭起来，但是她用劲把嘴收拢了，小声说：“过两天我去看你……带格莉普卡去，你顶心疼她嘛……”

一个民警在大门口喊道：

“爬犁来啦！把东西放上去，走啦！娘儿们都到一边去，用不着流鼻涕淌眼泪啦！”

卢吉尼奇娜生平第一次亲了亲老头子那生满红毛的手，就闪开了。

牛拉着爬犁慢慢地穿过广场，朝顿河上走去。

七个被捕的和两名民警都在爬犁后面走着。阿甫杰伊奇因为结毡靴的带子，落到了后面，又鼓了鼓劲儿撵了上来。马特维·卡叔林和儿子在一块儿走。麦丹尼柯夫和柯洛列夫一面走，一面抽烟。米伦·格里高力耶维奇用手抓着爬犁的坐簸箩。包加推廖夫老汉迈着沉甸甸的庄重的步子走在最后面。迎面的风吹来，吹得他那大主教式的白色大胡子披散开来，胡子尖儿飘到了肩后，披在肩上的围巾的穗头被风吹得摇摇摆摆，就像在告别似的。

也是在这个阴沉的二月的日子里，发生了一桩稀奇的事。

最近这个时期，常常有公务人员从州里到村子里来，大家都见惯了。因此一架双马拉的爬犁，拉着一位冷得缩成一团、跟车夫并肩坐着的乘客来到广场上，没有引起什么人注意。爬犁在莫霍夫家大门口停了下来。乘客下了爬犁，才看出，这是一个上了年纪、动作很从容的人。来人重新勒了勒骑兵军大衣上的步兵皮带，扎起红色哥萨克皮帽上的护耳，按着匣子枪的木匣子，不慌不忙地上了台阶。

伊万·阿列克塞耶维奇和两名民警在革命军事委员会的办公室里。来人没敲门就走了进来，在门口捋了捋间有银丝的短下巴胡，低声说：

"我找主席。"

伊万·阿列克塞耶维奇用睁得像鸟眼一样圆的眼睛望着进来的人，想跳起来，却又待着不能动。他只是像鱼一样张大了嘴在喘气，用手指头一个劲地挠着安乐椅的扶手。苍老了的施托克曼头戴一顶很难看的红顶哥萨克皮帽，也凝神望着他；那眯得细细的眼睛，因为一时认不出来，一个劲儿地望着伊万·阿列克塞耶维奇，忽然哆嗦了一下，又眨巴了两下，放出光来，眼角上那细细的皱纹一下子绽了开来，一直伸到灰白色的鬓角边。他走到还没有站起来的伊万·阿列克塞耶维奇跟前，很有把握地把他抱住，把湿漉漉的大胡子贴到他的脸上亲着，说：

"我早就料到啦！我想，你要是还活着，一定是鞑靼村的主席啦！"

"奥西普·达维陀维奇，揍我几拳吧！……我真他妈的该死！都不相信自己的眼睛啦！"伊万·阿列克塞耶维奇哭着大声说。

他那黑乎乎的、刚强的脸上哗哗地流起眼泪，流泪流得民警都转过脸去。

"你相信好啦！"施托克曼笑着，轻轻地把手从伊万·阿列克塞耶维奇手里抽了出来，用低低的声音说。"怎么，你这儿连个座位都没有吗?”

“你就坐在这椅子上吧!……你这是打哪儿来?快说说吧!”

“我是跟军团政治部来的。我看,你好像还是不相信我这个人是真的。真有意思!”

施托克曼微微笑着,拍着伊万·阿列克塞耶维奇的膝盖,简略地说起别后的情形:

“老弟,一切都很简单。他们把我从这儿逮走以后,判了刑,后来,在流放中遇上了革命。我和一位同志组织了一支赤卫队,跟杜托夫和高尔察克作战。嘿,老弟,我们在那儿干得才带劲儿呢!现在我们已经把高尔察克赶出了乌拉尔——你知道吧?这么着,我就到你们的战线上来啦。第八军政治部派我到你们州来工作,因为我在这儿住过,就是说,熟悉这儿的环境。我到了维奥申,在革命军事委员会里和一些人谈了谈,我决定首先上鞑靼村来。我想,在你们这儿住些日子,做点儿工作,帮着把工作搞起来,然后再离开。你看,我没有忘掉老交情吧?噢,这些事咱们还是以后再谈吧,现在咱们来谈谈你的事,谈谈工作,你给我谈谈一些人,让我了解了解情况。村里有党支部吗?你手下有些什么人?都有哪些人活下来?好,没什么,同志们……请便吧,让我和主席单独谈一会儿。哼,他妈的!我一进村子,就闻到旧日的气味啦……以前是以前,现在时代不同啦……好,你谈谈吧!”

两三个钟头以后,米沙·柯晒沃依和伊万·阿列克塞耶维奇领着施托克曼去看老房东斜眼卢凯什卡。他们在褐色的大路上走着。米沙时常拉住施托克曼的军大衣袖子,好像是害怕施托克曼突然跑掉,又跑得不见影子,或者像鬼魂似的散掉。

卢凯什卡给老房客端来菜汤，甚至从箱子底拿出了砂糖，那砂糖因为放久了，已经有很多小窟窿眼儿了。

喝过樱桃叶子焙的茶以后，施托克曼在床上躺了下来。他听他们俩东一句西一句地讲着，有时插嘴问一两句，时不时地咬咬烟嘴，到天快亮的时候，不知不觉地睡着了，纸烟落到肮脏的法兰绒衬衫上。可是伊万·阿列克塞耶维奇还继续讲了十来分钟，直到施托克曼用呼噜声回答他的问题，他才猛醒过来，于是踮起脚尖走了出来，因为憋着喉咙里直往外冲的咳嗽，憋得都流出了眼泪。

"心里踏实了吧？"米沙刚刚走下台阶，就像被胳肢了一下似的，轻轻地笑着，问道。

* * *

押送被捕的人上维奥申去的奥里杉诺夫，半夜里坐着同去的爬犁回来了。他敲了老半天窗户，才把伊万·阿列克塞耶维奇叫醒。

"你怎么啦？"睡眼惺忪的伊万·阿列克塞耶维奇走了出来。"你回来干什么？怎么，有公事吗？"

奥里杉诺夫晃悠了两下鞭子。

"把送去的人都枪毙啦。"

"你胡说，混蛋！"

"我们一送去，马上就审问，天还没黑，就带到松树林子里去啦……我亲眼看见的！"

伊万·阿列克塞耶维奇急得连靴子都没穿上，披上衣服，就跑去找施托克曼。

“我们今天送去的人——都在维奥申枪毙啦！我以为会把他们关起来的，没想到会这样……咱们现在可不能这样干！老百姓会离开咱们的，奥西普·达维陀维奇！……这可是不对头。为什么要杀人呀？这可怎么办呀？”

他以为施托克曼也会和他一样，听到这件事会很着急，害怕以后会出事情，但是施托克曼慢慢地穿衬衣，把头露出来以后，这才说：

“别喊叫吧。你要把女房东吵醒啦……”

施托克曼穿好衣服，把烟点着，叫伊万·阿列克塞耶维奇把逮捕七个人的原因又说了一遍，这才冷冷地开口说：

“这种事你要习惯，要真正习惯起来！离咱们一百五十俄里就是前线。哥萨克的基本群众都仇视咱们。这是因为，你们的富农，富裕的哥萨克，也就是一些乡村长和其他一些上层分子，在哥萨克劳动群众中还有很大的威望，就是说，还很有影响。这是因为什么？可以说，这也是你应该明白的。哥萨克是一个特殊的阶层，是好战的。封建传统养成了他们的等级观念，他们爱‘长官父亲’……军歌里是怎么唱的？‘长官父亲把我们往哪里指，我们就往哪里冲，往哪里砍、杀、劈、刺。’不是这样吗？你瞧瞧！就是这些长官父亲叫他们去镇压工人罢工的……他们把哥萨克蒙蔽了三百年。时间不短啊！影响很大啊！比如说，梁赞省的富农和顿河哥萨克富农的差别就很大！梁赞省的富农，你要是把他逼狠了，他就对苏维埃政府暗地里骂骂，没有力量，只能躲在角落里发发狠。顿河的富农又怎样呢？这是武装的富农。这是阴险毒辣的蛇！他们是有力量的。他们不仅骂我们，不仅如你所说的，像柯尔叔诺夫和其他一些人那样，散布谣言来诬蔑咱们、伤害咱们，而且还要公开地出来和咱们干。当然要干啦！他们会拿起枪打咱们的。要打你的！他们还会想方设法鼓动其余的哥萨克，就是说，鼓动那些中产的，甚至贫苦的哥萨克。富农要用他们的手来杀咱们！就是这么一回事儿！不是已经证明他们有行动反对咱们了吗？那好吧！办法很简单，枪毙！用不着流鼻涕可怜他们，说他们是好人。”

“我才不是可怜他们呢，瞧你说的！”伊万·阿列克塞耶维奇把手一甩。“我是怕其余的人会离开咱们。”

施托克曼本来似乎神态自若地用手摩弄着长了一层灰毛的胸膛，现在一下子发作起来，使劲抓住伊万·阿列克塞耶维奇的衬衣领子，把他拉过来，已经不像是说话，而是压抑着咳嗽，声嘶力竭地在叫了：

“如果向他们说清楚我们有关阶级问题的道理，他们是不会离开的！劳苦的哥萨克只能和咱们走一条路，决不会和富农走一条路！咳，你呀，你呀！……富农靠他们的劳动过日子，剥削他们嘛！靠他们发财嘛！……咳，你呀，好糊涂！你泄气了嘛！你有点儿不大对头……我要把你治一治！你这个木头脑瓜儿！一个工人小伙子，却像知识分子一样脆弱……简直像个糟糕的社会革命党党员啦！伊万，你给我小心点儿！”

他松开衬衣领子，微微笑了笑，摇了摇头，点起纸烟，吸了一口，心平气和地说下去：

“如果在州里不把最凶恶的敌人抓起来，就会发生暴动。如果现在能及时把他们拔掉，暴动就闹不起来。不一定把所有这些人都枪毙。只需要消灭那些死心塌地的，至于其余的，比如说，把他们送到俄罗斯内地去。不过，不管怎么说，对敌人没有什么好客气的！列宁说过：‘戴着手套是不能革命的。’在目前这种局面下，有没有枪毙这些人的必要呢？我看：有必要！也许，不应该都枪毙，但是，像柯尔叔诺夫这样的，用不着姑息！这很清楚嘛！还有麦列霍夫，虽然是暂时的，却总是溜掉啦。最需要抓起来的就是他！他比其他一些人加在一起还危险。你要注意这一点。他在执委会和你谈的那番话——说明他明天就要成为敌人。总而言之，没有什么好伤心的。工人阶级的优秀儿女在前方流血奋战，成千成万地牺牲！我们痛惜的是他们，而不是那些杀害他们或者等候时机朝他们背后打来的人。不是他们杀死我们，就是我们杀死他们！第三条路是没有的。就是这样呀，我的好阿列克塞耶维奇！”

二十三

彼特罗刚刚打扫过牲口棚，一面掸着手套上的干草屑，走进房里。过道里的门环就当啷啷响了几声。

裹着一条黑呢绒头巾的卢吉尼奇娜跨进门来。她也不打招呼，就迈着碎步蹒跚地跑到站在碗橱边的娜塔莉亚跟前，在她面前跪了下来。

“妈妈！好妈妈！你这是怎么啦？”娜塔莉亚用变了音的嗓门儿叫道，一面去拉妈妈那沉重的身子。

卢吉尼奇娜没有回答，只是拿头在地上乱撞，并且闷声闷气地、伤心地哭起了死人：

“我的亲——人——呀！你把我们——撇给谁——呀?！……”

母女两人一齐哭了起来，两个小孩子也哇呀呀地哭了，彼特罗只好抓起锅台上的烟荷包，急忙来到过道里。他已经猜到是怎么一回事儿了。他在台阶上站了一会儿，抽了一袋烟。等到厨房里的哭声停了，彼特罗才带着满脊梁飕飕的凉气走了进来。卢吉尼奇娜用哭得湿漉漉的头巾捂着脸，边哭边说：

“把我们家的米伦·格里高力耶维奇枪毙啦！……好好一个人就完啦！……我们都成了孤儿寡妇啦！……现在连母鸡都敢来啄我们啦！……”她又换成狼嗥似的声音：“他的眼睛合上啦！……再也看不见天日啦！……”

妲丽亚拿凉水往昏迷过去的娜塔莉亚的嘴里灌，伊莉尼奇娜用围裙在擦眼泪。从害病的潘捷莱·普罗柯菲耶维奇睡的上房里，传出咳嗽声和咬牙切齿的呻吟声。

“行行好吧，亲家大哥！看在主的面上，好人呀，你上维奥申去一趟，把他的尸首给我们拉回来吧！”卢吉尼奇娜抓住彼特罗的两条胳膊，像发了疯似的把两条胳膊抱在胸前。“把他拉回来吧……哎呀，圣母娘娘呀！哎呀，我不能让他赤身露体烂在那儿呀！”

“你怎么啦，你怎么啦，亲家母！”彼特罗往后直倒退，就好像躲避一个害瘟疫的人似的。“拉他的尸首——那怎么能行呢？我的命也值钱呀！我又到哪儿去找他呢？”

“别推辞啦，彼特罗！行行好吧！行行好吧！……”

彼特罗咬了一阵子胡子，最后还是答应了。他决定上维奥申去找一个熟人，请他帮着把米伦·格里高力耶维奇的尸首弄出来。他是在夜里动身的。村子里的灯火已经亮了，家家户户都在传着一件新闻："把哥萨克枪毙啦！"

彼特罗来到新教堂旁边父亲的一位老同事家里，请他帮助把亲家公的尸首起出来。那人很痛快地答应了。

"咱们走吧。我知道那个地方。埋得不深。不过，怎么能找到他呢？那地方可不是他一个。昨天枪毙了十二个刽子手，因为他们在军官当权的时候杀害过我们的人。不过有一个条件：事成后你要给我一瓶老酒。好吗？"

半夜里，他们带上铁锹和抬干粪块的抬筐，顺着镇边，穿过一片坟地，朝松树林走去，死刑就是在松树林边上执行的。飘着稀稀拉拉的雪花。落了一层白霜的红柳条儿在脚下咯吱咯吱地响着。彼特罗倾听着每一下响声，在心里骂自己不该来，骂卢吉尼奇娜，就连已死的亲家公都骂了。来到一片小松树林跟前，那人在一个高高的沙土包后面站了下来。

"就在这附近什么地方……"

又走了一百来步。镇上的一群狗见他们来了，汪汪叫着躲了开去。彼特罗扔掉抬筐，沙哑地小声说：

"咱们回去！去他妈的吧！……他埋在哪儿，还不是一样？唉，我真倒霉……都怪那个霉气鬼缠我！"

"你怎么怕啦？咱们走！"那人笑着说。

他们来到目的地。在一棵乱蓬蓬的老红柳旁边，地上的雪被踩得结结实实，和沙土掺和在一起。人的脚印和狗的爪印像光线一样，从这里散了开去……

……彼特罗凭着红红的大胡子，认出米伦·格里高力耶维奇。他抓住亲家公的腰带，把尸体拖了上来，放到抬筐上。那人一面咳嗽着，把土坑填平；在抓起抬筐的把子时，很不高兴地嘟哝说：

“该把爬犁赶到松林里来。咱们真是糊涂蛋！这头老野猪足足有五普特。这雪地又难走。”

彼特罗拨开再也不能走路的死人腿，也抓起了抬筐把手。

他在那个熟人家里一直喝到黎明时候。裹在白布里的米伦·格里高力耶维奇就在爬犁上等着。彼特罗因为醉糊涂了，也把马拴在爬犁上，那马就一直站在那儿，套在笼头里的头不要命地朝外挣着，打着响鼻，忽闪着耳朵。因为闻到死人气味，连草都不吃了。

太阳刚刚升起来，彼特罗已经回到村里。他赶着爬犁，一口气不歇地在草地上跑着。米伦·格里高力耶维奇的头在后面碰得爬犁的底板咚咚直响。彼特罗有两次停下来，在草地上扯了些干草给他垫了垫头。彼特罗径直把亲家公送回家。给死去的当家人开大门的是他那心爱的女儿格莉普卡，她见了爬犁，就朝旁边一闪，倒在雪堆上。彼特罗像扛一袋面粉似的，把亲家公扛进宽敞的厨房，放到早已铺上长长的麻布的灵床上。卢吉尼奇娜泪如泉涌，光着头，哑着嗓子，在老头子那穿起洁白的寿袜的脚下来来回回地爬着。

“我的当家的呀，我以为你能活着回来呢，谁想到把你拉回来啦。”她的低低的嘟哝声和抽搭声很像一种怪笑。

彼特罗把格里沙加爷爷从上房里搀了出来。老人家浑身摇来晃去，就好像脚底下的地面都松软了似的。但是他硬撑着走到灵床前，在床头站了下来。

“哦，米伦，你好！孩子，没想到咱们会这样见面……”他画了个十字，亲了亲那带着黄泥的冰凉的额头。“我的好米伦啊，我也快啦……”他的声音提高到尖叫的程度。格里沙加爷爷就像害怕说错话似的，急忙用不像老年人的动作，拿手把嘴捂住，趴到灵床上。

彼特罗的喉咙就像被狼爪子抓了一下似的，哆嗦起来。他轻轻地走出房来，朝着拴在台阶边的马走去。

二十四

深深的、平静的顿河水渐渐铺展开来。水流弯弯曲曲，就像鬈发似的。顿河晃晃悠悠地流着，慢慢地、静静地向两边泛着。黑鱼成群结队地在坚硬的沙石河底游来游去；鲟鱼到夜里就来浅水里打食儿，鲤鱼在岸边碧绿的水藻丛里翻滚；灰鱼和鲈鱼追逐着白鱼，鲶鱼往贝壳堆里乱钻，有时鲶鱼会翻起一片绿色的水波，摆动着金光闪闪的尾鳍，在一片月光下露一露面，就又沉下去，把长胡子的大脑袋扎到贝壳堆里，以便在黑黑的、光溜溜的树根丛中睡上一觉，一直睡到天亮。

但是在河道很窄的地方，受到束缚的顿河就要在河堤上冲出很深的缺口，泡沫翻滚的白浪就要带着震耳欲聋的吼声涌出来，流水就要在山嘴后面，在洼地里旋起一个个水涡。流水在这些地方像变魔法似的转着可怕的圈子，叫人看都不敢看。

生活离开风平浪静的宽阔河面，朝缺口涌去。上顿河州乱腾起来了。两股水流冲突起来，哥萨克们分道扬镳，起了旋涡，旋涡不住地旋转起来。年轻的和那些穷苦的，都踌躇不决，沉默不语，一直还在盼望苏维埃政府带来安宁，可是老头子们都已转为进攻，公开宣传说，红军要把哥萨克杀得一个不留。

三月四日，伊万·阿列克塞耶维奇在鞑靼村召开了一次村民大会。到会的人出奇的多。也许是因为，施托克曼已经向革命军事委员会提出建议，要在大会上把跟随白军逃走的几家买卖人的财产分给穷苦人家。在开会以前，跟州里一个干部进行过一场激烈的争吵。这个干部是奉命从维奥申来接收没收的服装的。施托克曼对他说明，现在革命军事委员会还不能把服装交出去，因为昨天才发给运送红军伤病员的车队三十多套冬季服装，这个年轻干部就对施托克曼发起火来，提高嗓门儿尖声说：

"谁叫你把没收的服装发出去？"

"我们一向不征求什么人的许可。"

"那你有什么权力盗窃人民的财产？"

"同志，你别喊叫，也不要胡说八道。谁也没有盗窃什么。我们发给车夫皮袄，都有暂领的收条，他们把红军送到下一站，还要把发出的衣服带回来。红军们几乎是赤身露体，如果让他们穿着单薄的军大衣就走，等于送他们去死，我怎么能不发给他们呢？况且，衣服放在仓库里，又一点用处也没有。"

他是压制着火气说的，这场谈话本来可能和和气气地结束的，但是那个年轻干部用冷冷的声音斩钉截铁地声明说：

“你是什么人？是革命军事委员会主席吗？我要逮捕你！你把工作交给副主席！马上把你解送维奥申。你恐怕已经把这儿的公共财产盗窃了一半，我要……”

“你是共产党员吗？”施托克曼脸色煞白煞白的，侧过眼睛问道。

“你没有资格问！民警！把他抓起来，马上送到维奥申去！把他交给州警察局。”

那个年轻干部用目光把施托克曼掂量了一下。

“到那儿再跟你说话。你这个独断独行的家伙，看你再敢胡作非为！”

“同志！你怎么，疯啦？你要知道……”

“没有什么好说的！住嘴！”

伊万·阿列克塞耶维奇还没有来得及插嘴参加争吵，就看见施托克曼用缓慢而可怕的动作伸手去摘那支挂在墙上的匣子枪。年轻干部的眼睛里露出恐怖的神情。他十分麻利地用屁股把门顶开，倒在地上，脊背擦着台阶的木凳溜了下去，滚进爬犁里，一个劲儿地推着车夫的脊梁，回头望着，显然是害怕追赶，直到过了广场，才放下心来。

在革命军事委员会里，哄笑声震得窗户都响起来。笑得直哆嗦的达维德卡在桌子上打起滚来。但是施托克曼老半天还在哆哆嗦嗦地抖动着眼皮，侧着眼睛。

“哼，坏家伙！妈的，混蛋！”他用哆哆嗦嗦的手指头卷着烟卷儿，一连骂了好几遍。

他跟柯晒沃依和伊万·阿列克塞耶维奇一同去参加村民大

会。会场上挤得水泄不通。伊万·阿列克塞耶维奇的心都惊愕得发起怵来："他们来开会是别有用意的……全村的人都在这会场上啦。"但是当他摘下帽子，走进圈子当中的时候，他的顾虑消失了。哥萨克们都很客气地给他让开路。大家脸上的表情都很镇静，有些人的眼睛里甚至露出快活的神情。施托克曼把哥萨克们打量了一遍。他想缓和一下紧张的气氛，让大家开口说话。他也学伊万·阿列克塞耶维奇的样子，摘下自己的红顶皮帽，高声说：

"哥萨克同志们！你们这儿成立苏维埃政权，已经有一个半月啦。但是直到现在，我们革命军事委员会觉得，你们对我们有点儿不信任，甚至还有点儿仇视呢。你们常常不来开会，你们中间流传着各种各样荒唐的谣言，说要把哥萨克杀得一个不留，说苏维埃政权要怎样怎样压迫你们。咱们应该开诚布公地谈谈啦，应该互相了解了解啦。革命军事委员会是你们自己选出来的。科特里亚洛夫和柯晒沃依是你们村的哥萨克，在你们之间没有什么不好谈的。首先我要坚决声明，敌人散布的什么大批枪毙哥萨克的谣言——纯粹是诬蔑。他们散布这些谣言的目的是很清楚的：挑拨哥萨克和苏维埃政权的关系，把你们重新推到白军那方面去。"

"你是说，没有枪毙人吗？那七个人弄到哪儿去啦？"后面有人叫道。

"同志们，我不是说，没有枪毙人。我们枪毙过苏维埃政权的敌人，今后还要枪毙，凡是想把地主政权强加给我们的人，都要枪毙。我们推翻沙皇，结束对德战争，解放人民，并不是为了恢复地主政权。对德战争给我们带来什么呢？成千成万的哥萨克死掉，成千成万的孤儿、寡妇，家破人亡……”

“是啊！”

“你这话说得对！”

“……我们主张不要打仗，”施托克曼继续说，“我们主张各族人民团结！但是在沙皇当政时代，却利用你们的手为地主和资本家夺取土地，让那些地主和工厂主靠这个来发财。你们眼前就有一个地主李斯特尼次基。他的祖先因为参加一八一二年的战争，得到了四千俄亩的土地。可是你们的祖先又得到什么呢？他们把头颅抛到了德国土地上！他们的血洒遍了德国土地！”

会场上响起一片嗡嗡声。嗡嗡声慢慢小了下去，可是后来一下子发出一片吼叫声：

“对啊——啊——啊！……”

施托克曼用皮帽子擦了擦秃脑门儿上的汗，又提了提嗓门儿，大声喊叫道：

“凡是要用武力来反对工农政权的人，我们都要消灭！按照革命军事法庭的判决枪毙的你们村那几个哥萨克，都是我们的敌人。这是你们大家都知道的。但是我们和你们这些劳苦的人，和一切同情我们的人，是要肩并肩一同前进的，就像耕地时牛和牛那样。咱们为了能过新生活，要一块儿耕地，耙地，好把那些老的莠草，也就是咱们的敌人，从地里全部清除出去！叫他们再也不能生根！叫他们别妨碍新生活的成长！”

施托克曼从一片低低的嗡嗡声中，从一张张有了生气的脸上猜出来，他的话打动了哥萨克们的心。他果然没有猜错，大家开始说心里的话了。

“奥西普·达维陀维奇！你以前在我们这儿住过，我们很了解你，你就跟我们自己人一样。你别拿我们当外人，好好地对我们说说，你们这个政府想要我们怎样？我们自然是拥护这个政府的，我们的孩子都抛掉了阵地嘛，可是我们都是大老粗，简直弄不清这个政府是怎么一回事儿……”

戈里亚兹诺夫老汉含含糊糊地说了半天，绕过来绕过去，支支吾吾，躲躲闪闪，看样子是怕说错了话。一条胳膊的阿列克塞·沙米尔憋不住了，说：

“我可以说几句吗？”

“说吧！”听了大家的话十分激动的伊万·阿列克塞耶维奇答应说。

“施托克曼同志，你先告诉我，我能不能有啥说啥？”

“说吧。”

“不会逮捕我吧？”

施托克曼笑了笑，一声不响地摇了摇手。

“不过请注意，别生气！我这人是个直筒子：怎么想，就怎么说。”

阿列克塞的弟弟马尔丁在后面拉了拉他的棉袄空袖子，很害怕地小声说：

“算了吧，别莽撞！算啦，别说吧，要不然他们马上会收拾你。会把你记在小本子上的，阿列什卡！”

但是阿列克塞把他推开，不住地抽动着难看的腮帮子，眨巴着眼睛，面对全场站定了。

“诸位哥萨克！我来说说，你们来评评我说得对还是不对。”

他拿出军人的姿态，用脚后跟一转，脸朝着施托克曼，诡秘地眨巴起那只眯着的眼睛。“我觉得：实话实说——没有错儿。要说，就要说个痛快！我现在就要说说，我们哥萨克都想些什么，为什么我们怨恨共产党……同志，你刚才说，你们不反对种地的哥萨克，他们不是你们的敌人。好像你们是反对财主，是为穷人撑腰的。那你就说说，我们村里那几个人枪毙得对吗？枪毙柯尔叔诺夫，我不想说什么，——他当过村长，一辈子骑在别人脖子上，可是枪毙‘牛皮大王’阿甫杰伊奇又为什么呢？马特维·卡叔林呢？包加推廖夫呢？麦丹尼柯夫呢？还有柯洛列夫呢？他们和我们一样，也是一些大老粗，头脑简单，稀里糊涂。他们学过抓犁把子，没学过拿书本子。他们有的连一个大字也不识。没有什么学识。如果这些人胡说了几句不好的话，就该抓去枪毙吗？”阿列克塞缓了一口气，往前探了探身子。棉袄的空袖筒在胸前晃悠了几下，嘴撇到了一边。“你们把那些糊里糊涂乱说一气的人抓去，枪毙，可是却不碰那些买卖人！买卖人用钱从你们手里买出了他们的命！我们可是没有钱买命，我们跟泥土打了一辈子交道，发不了大财。枪毙的那些人，也许把最后一头牛赶出去卖掉也是情愿的，只要能保住性命就行，可是你们又不要他们交军款。把他们抓去就杀了。维奥申的情形，我们也都知道嘛。那儿的买卖人、神甫——都活得好好的呢。在卡耳根镇上，恐怕也是这样。四周围的情形，我们都听说啦。好事不出门，坏事传千里嘛！”

“说得对！”孤零零的一声喊叫从后面传来。

响起一阵嘈杂声，淹没了阿列克塞的话，但是阿列克塞等了一会儿，也不去理会施托克曼举起来的那条胳膊，又继续说下去：

“我们也明白，苏维埃政府也许是好的，可是掌权的共产党员们，却一心想把我们淹死在水坑里！他们因为一九〇五年的事，跟我们过不去，这话我们是听一些红军步兵说的。我们中间都这样议论：共产党是想消灭我们，把我们斩尽杀绝。叫顿河上连哥萨克的魂儿都留不下。这就是我要说的！我现在就像一个醉汉：心里想什么，嘴里就说什么。我们变成醉汉，都是因为日子过得太好啦，都是因为心里有气，这是你们，是共产党员造成的！”

阿列克塞钻进密密层层的皮袄当中，会场上有老半天一片寂静，局面十分尴尬。施托克曼开口说话了，但是后面有人喊叫起来，打断了他的话。

“是的！哥萨克们都有气！你们听听，现在一些村子里唱的是什么歌儿。很多人有话不敢说出来，但是可以在歌儿里唱出来，唱唱歌是没有罪过的。就编了这样一支《小苹果》：

火炉嗞嗞响，鱼在锅里煎，

士官生来了，我们好诉冤。”

“就是说，有冤要诉啊！”

有人不合时宜地笑了起来。人群轻轻晃动起来。嘁嘁喳喳声，说话声……

施托克曼气嘟嘟地把皮帽子往额上一拉，从口袋里掏出原来柯晒沃依写的名单，喊道：

“不对，胡说！拥护革命的人没有什么冤屈好诉！枪毙你们村子里那些人，那些苏维埃政权的敌人，因为他们是有罪的。你们听着！”于是他清清楚楚、一个字一个字地念起来：

逮捕并解送第十五英查师革命军事法庭侦查委员会听候处理的苏维埃政权的敌人

名单：

号数	姓名	逮捕理由	备考
1	柯尔叔诺夫·米伦·格里高力耶维奇	前任村长，依靠他人劳动致富的财主	
2	西尼林·伊万·阿甫杰伊奇	宣传煽动推翻苏维埃政权	
3	卡叔林·马特维·伊万诺维奇	同上	
4	麦丹尼柯夫·谢敏·加甫里洛夫	佩戴肩章，沿街叫喊反对苏维埃政权	
5	麦列霍夫·潘捷莱·普罗柯菲耶维奇	军人联合会委员	
6	麦列霍夫·格里高力·潘捷莱耶维奇	旧上尉，思想反动。危险分子	
7	卡叔林·安得列·马特维耶夫	参与枪杀波得捷尔柯夫哥萨克红军的刽子手	
8	包多甫斯柯夫·菲多特·尼基佛洛夫	同上	
9	包加推廖夫·阿尔希普·马特维耶夫	教堂堂长。曾经在更房里进行反政府宣传。捣乱分子和反革命分子	
10	柯洛列夫·查哈尔·列昂季耶夫	拒绝交出武器。不可靠分子	

＊＊＊

在麦列霍夫父子和包多甫斯柯夫的备考栏里还有一段文字，施托克曼没有念出来。这段文字是：

> 这几个苏维埃政权的敌人暂不能逮捕，因为其中两人不在家，参加运输队，运送弹药到博柯夫镇去了。麦列霍夫·潘捷莱正在害伤寒病。两人回来后，立即逮捕并押送州里。另一人则等病愈后逮捕。

会场上有一小会儿鸦雀无声，后来却爆发出一片喊叫声：

“不对！”

“胡说！他们说是反对政府嘛！”

“为这号儿事应该！”

“能对他们客气吗？”

“这是对他们栽诬！”

施托克曼又说了起来。好像大家都很用心听他的话，甚至还有表示赞同的呼喊声，但是到最后，他一提出分配那些跟白军逃走的人的财产问题，回答他的却是一片沉默。

“你们的嘴都叫水给堵住啦？”伊万·阿列克塞耶维奇十分懊恼地问道。

人群像漏出来的枪砂子一样，纷纷朝出口处走去。十分贫苦的谢苗，外号叫“生铁头”的，迟迟疑疑往前走了几步，但是后来改变了主意，摇了摇无指手套，说：

“等财主们一回来，就麻烦啦……”

施托克曼想叫大家不要走，可是柯晒沃依脸色像面粉一样白，小声对伊万·阿列克塞耶维奇说：

“我说过嘛——他们不会要的。现在这些财产就是烧掉，也比分给他们好……”

二十五

米沙·柯晒沃依心事重重地用鞭子敲打着靴筒，低着头，慢慢走上莫霍夫家的台阶。一进门，看见走廊里地板上放着一堆马鞍。看样子，有人刚刚来到：在一只马镫上，还有骑马人踩的雪块子没有化尽呢；那雪块子被马粪染得黄黄的，下面有小小的水洼儿闪闪发光。这都是米沙在肮脏的阳台上走的时候看到的。他用眼睛扫了扫边上到处是豁口的天蓝色镂花栏杆，扫了扫像一条淡紫色花边似的铺在墙边的毛茸茸的冰霜；还匆匆地对着里面蒙了一层水汽，模糊得像牛尿泡一样的玻璃窗看了一眼。但是他所看到的一切，都没有在他脑子里留下什么印象，而是模模糊糊、悠悠忽忽地滑了过去，就像在梦里一样。对格里高力·麦列霍夫的怜惜和仇恨交替地撞击着米沙的单纯的心……

革命军事委员会的堂屋里弥漫着浓浓的烟草气味、马具气味和融雪气味。莫霍夫家的人都跑到顿涅茨河那边去了，留下看家的女仆生起了荷兰炉子。旁边的屋子里有几个民警在哈哈大笑。“真出奇！有什么开心的?！……”米沙从旁边走过，很懊恼地想道，又很心烦地用鞭子最后抽了一下靴筒子，没有敲门就走进拐角上一间屋子里。

伊万·阿列克塞耶维奇穿着棉袄,敞着怀,坐在一张书桌边。他的黑皮帽子歪戴着,显得很威武,可是那汗津津的脸却显得又疲倦又忧愁。施托克曼还是穿着那件长长的骑兵军大衣,坐在旁边的窗台上。他看见米沙走进来,笑了笑,打了个手势,请米沙坐到他身边。

"喂,怎么样,米沙? 坐下。"

米沙叉开两腿,坐了下来。施托克曼那镇静的询问的声音使他清醒过来。

"我听一个可靠的人说……格里高力·麦列霍夫昨天晚上回家来啦。不过我没有上他家去。"

"你看,这事儿怎么办?"

施托克曼卷着烟卷儿,偶尔侧眼看着伊万·阿列克塞耶维奇,等着他回答。

"把他关到地窖里,还是怎么样?"伊万·阿列克塞耶维奇不住地眨巴着眼睛,犹豫不决地问道。

"你是我们革命军事委员会的主席……你看着办吧。"

施托克曼笑了笑,令人不解地耸了耸肩膀。他就会带着刺激意味这样笑,这样的笑比抽一鞭子还厉害。伊万·阿列克塞耶维奇的下巴都冒汗了。

他咬着牙,很强硬地说:

"我是主席,我就把他们两个,把格里高力和他哥哥都抓起来,送到维奥申去!"

"抓格里高力·麦列霍夫的哥哥,恐怕没有什么意思。有佛明给他做靠山。有他给他说好话,这你是知道的……格里高力嘛,今天马上就可以抓起来！明天咱们就把他送到维奥申去,今天就派一个民警骑上马把他的材料先送给革命军事法庭主席。”

“是不是到晚上再去抓格里高力,奥西普·达维陀维奇,你看怎样?”

施托克曼咳嗽起来,等咳嗽过了,才擦着大胡子,问道:

“为什么要到晚上?”

“叫人少说闲话……”

“噢,这个吗,你要明白……这没有什么了不起的!”

“米沙,你带两个人马上去把格里什卡抓起来。把他单独关起来。明白吗?”

米沙从窗台上跳下来,就去找民警。施托克曼沙啦沙啦地拖着灰色的破毡靴,在屋子里来回走了一阵子;他在桌子对面站下来,问:

“最后收起来的一批枪支送走了吗?”

“没有。”

“为什么?”

“昨天没有来得及。”

“为什么?”

“今天就送走。”

施托克曼皱起眉头,但是马上又把眉毛挑起来,急急忙忙地问道:

“麦列霍夫家交的是什么?”

伊万·阿列克塞耶维奇想了想,眯缝起眼睛,笑了笑。

“他们倒是交得挺整齐，两支步枪加两支手枪。不过，你以为这是全部吗？”

“不是吗？”

“哎哟！你真傻！”

“我也是这样想。”施托克曼把嘴微微一撇。“我要是在你的位子上，把他逮捕以后，要在他家里仔细搜查一遍。另外，你还要报告驻军司令部。你想倒是会想，可是除了想以外，还要做呀。”

半个钟头以后，米沙回来了。他急急匆匆地从阳台上跑来，气嘟嘟地把门一推，在门口站下来，呼哧呼哧地喘着气，叫道：

“真他妈的见鬼！”

“怎——怎么啦？！”施托克曼快步迎上去，气势汹汹地瞪圆了眼睛，问道。他那长长的军大衣在两条腿中间晃悠着，下摆碰得毡靴呼哒呼哒直响。

米沙不知是嫌他的嗓门儿太小了呢，还是因为别的缘故，一下子发起火来，大叫起来：

“你别瞪眼睛！……”他骂了一句娘。“他们说，格里什卡到新根村他姑妈家去啦，这能怪我吗？你们又干什么来？都不能操操心吗？真是的！把格里什卡放跑啦！用不着朝我喊叫！我是跑腿的，这号事儿我管不着。可是你们想什么来着？”施托克曼对直地向他走来，他向后退着，脊梁抵到瓷砖炉壁上，就大笑起来。“别再往前来啦，奥西普·达维陀维奇！别往前啦，不然的话，我揍你，真的！”

施托克曼在他跟前站了一会儿，攥得手指头咯吧咯吧直响；他看着米沙那龇出来的白牙，看着他那露出笑意和忠诚的眼睛，一个字一个字地说：

“去新根的路你熟悉吗？”

“我熟悉。”

“那你干什么还要跑回来？你还说跟德国人打过仗呢……没有用！”他故意带着蔑视的神情眯起眼睛。

草原上弥漫着淡蓝色的夜雾。血红的月亮从顿河边的山冈后面升上来。月光淡淡的，都遮不住闪闪烁烁的星光。

六匹马顺着大路朝新根村跑去。马小步快跑着。施托克曼紧挨着米沙，在龙骑兵的马鞍上摇晃着。他骑的一匹高大的枣红色顿河马一直很不老实，时时刻刻想咬他的膝盖。他从容自若地讲了一个十分好笑的故事，米沙趴在鞍头上，像个小孩子一样咯咯地笑着，笑得喘不上气来，直打嗝儿，并且老想瞅瞅长耳风帽底下的施托克曼，瞅瞅他那一双严峻而机警的眼睛。

在新根村进行了仔细搜查，没有得到任何结果。

二十六

格里高力到了博柯夫镇上，又被逼着往车尔尼雪夫镇跑了一趟。过了十来天他才回来。在他回来前两天，把他父亲逮捕了。潘捷莱·普罗柯菲耶维奇害过伤寒以后，刚刚开始走动。

他一场大病害过，头发又白了不少，骨瘦如柴，就像是一具马骷髅。白头发稀稀拉拉，很像是虫子咬坏的羊皮，大胡子乱糟糟的，边上也是一片白了。

民警给他十分钟，让他收拾了一下，就把他带走了。在送往维奥申以前，把潘捷莱·普罗柯菲耶维奇关在莫霍夫家的地窖里。除了他以外，在充满浓浓的茴香苹果气味的地窖里，还有九个老头子和一个陪审官。

格里高力还没有把爬犁赶进大门，彼特罗就向他报告了这个消息，并且劝他说：

“弟弟，你赶紧走吧……他们来问过你，问你什么时候回来。你暖和暖和身子，看看孩子们，然后我把你送到大鱼村去，你在那儿躲几天，避避风头。他们要是来问，我就说，你上新根村姑妈家去啦。咱们村里已经枪毙了七个，你听说了吗？但愿爹不要走这条路……至于你，那就没有什么好说的啦！”

格里高力在厨房里坐了半个钟头，然后就备上自己那匹马，连夜逃到大鱼村去。那是麦列霍夫家的一个远房亲戚，是一个很热心的哥萨克，他把格里高力藏在一个堆放马粪坯的小棚屋里。格里高力在那里面住了两天，只有到夜里才从自己的小窝儿里爬出来活动活动。

二十七

米沙从新根村回来以后，第二天就上维奥申，想去问问党支部什么时候开会。他、伊万·阿列克塞耶维奇、叶麦里扬、达维德卡和菲里加都要正式加入共产党。

米沙押送着哥萨克们最后交来的一批枪支、在学校的院子里发现的一挺机枪，还带着施托克曼给州革命军事委员会主席的一封信。在去维奥申的路上，在河边滩地上惊起不少兔子。打了几年仗,兔子繁殖了许多,到处乱跑,每走一步都可以碰到。有多少黄黄的莎草穗儿,就有多少兔子。一只白胸脯的灰兔子,听到爬犁吱咯声,跳了起来,摇晃着带黑绦儿的尾巴,朝荒地上跑去。赶爬犁的叶麦里扬撇开缰绳,不要命地喊叫道:

“打呀!快,把它干掉!”

米沙从爬犁上跳下来,跪下一条腿,对着飞跑的灰球儿打了一梭子,他十分扫兴地看到,子弹打得周围的白雪乱飞,可是那灰球儿加快了速度,一路子蹚得荒草上的雪粉纷纷往下落,很快就钻进了密林里。

……州革命军事委员会里乱糟糟的,十分嘈杂。很多人慌慌张张地跑来跑去,不时有通信员骑着马跑来,街上的行人少得出奇。米沙不明白惊慌忙乱的原因,所以感到十分奇怪。副主席心不在焉地把施托克曼的信塞到口袋里,米沙问他,有没有回信,他冷冷地嘟哝说:

“别啰唆,去你的吧!顾不上你们啦!”

警卫连的红军战士们在广场上来来回回地走着。一辆行军灶车烟雾腾腾地跑了过去。广场上还留着牛肉味和桂树叶子的气味。

米沙来到革命军事法庭,找到熟识的弟兄,把烟点着了,问道:

“你们这儿为什么这样乱糟糟的?”

一个姓格罗莫夫的地方案件侦查员,很勉强地回答他说:

“嘉桑镇上有点儿不太平。不知是白军冲进去了呢,还是哥萨克闹暴动。听说,昨天那儿打起来啦。电话已经切断啦。”

“该派骑兵联络员去看看嘛。”

“派去啦。还没有回来。今天又派一个连上叶兰镇去啦。那儿情况也不大好。”

他们坐在窗前抽烟。革命军事法庭占用的这座高大的商店的玻璃窗外飘起了雪花。

镇外松树林附近，去黑村的方向，响起了低沉的枪声。米沙的脸一下子白了，纸烟也掉到了地上。原来在屋里的人一齐跑到院子里。枪声已经是十分响亮和沉重有力了。一阵猛似一阵的乱枪声压倒了齐射声，子弹嗖嗖地飞来，嚓嚓地往棚子板壁上、往大门上直钻。在院子里打伤了一名红军。格罗莫夫一面揉着文件，往口袋里塞着，一面朝广场上跑去。警卫连留下来的一些战士正在革命军事委员会旁边排队。连长穿着一件短短的皮袄，像织布梭子一样在战士们当中穿来穿去。他领着连队，成纵队小步跑下斜坡，朝顿河上跑去。一下子就乱得不可收拾了。许多人在广场上乱跑起来。一匹鞍辔齐全、没有人骑的马把头昂得高高的，飞跑过去。

吓慌了的米沙，自己也不记得自己怎样来到广场上。他看到，佛明披着斗篷，像一阵黑旋风似的从教堂里冲了出来。他那匹高头大马的尾巴上还拴着一挺机枪。机枪上的轮子来不及转动，飞跑的马就将机枪横拖着，拖得机枪摆来摆去。佛明趴在鞍头上，跑到山脚下去了，身后留下一团团银色的雪粉。

“找马去！”这是米沙的第一个念头。他弯下身子，跑过两个街口，连一口气也没有喘。他的心紧紧缩着，一直跑到歇马的院子里。叶麦里扬正在套爬犁，吓得连皮套都套不到马身上去了。

“怎么啦，米沙？怎么一回事儿？”他磕打着牙齿，嘟嘟噜噜地问。把皮套套上，缰绳又掉了。刚开始拴缰绳，颈圈左边的结子又松了。

他们歇马的那家院子正对着草原。米沙朝松树林望了望，并没有步兵散兵线从里面拥出来，也没有骑兵排成阵势从里面冲出来。不知什么地方在打枪，街道空空荡荡，一切都很正常，很乏味。然而可怕的事情发生了：暴动真的开始了。

叶麦里扬在套爬犁的时候，米沙的眼睛一直没有离开草原。他看到，有一个穿黑大衣的人从小教堂后面跑出来，从十二月里烧毁的无线电台的废墟旁边绕过，朝前跑去。他双手按在胸前，身子向前弯得低低的，使足了劲儿跑着。米沙从大衣上认出那是侦查员格罗莫夫。他又看到，从篱笆后面闪出一个骑马的人影。米沙也认出了这个人。这是维奥申镇上的哥萨克契尔尼奇金，是一个死心塌地的年轻白卫军分子。格罗莫夫在离契尔尼奇金有一百丈远的时候，一面跑着，一面回头看了看，又看了看，便从口袋里掏出手枪来。放了一枪，又放了一枪。格罗莫夫跳到一个小沙包顶上，连放了几枪。契尔尼奇金跑着跑着从马上跳了下来；拉着缰绳，摘下步枪，卧倒在雪堆后面。一声步枪响过，格罗莫夫就用左手乱抓着树条子，侧歪着身子朝前走去。他绕着小沙包转了一个圈儿，就脸朝下栽倒在雪地上。“打死啦！”米沙心里一阵冰冷。契尔尼奇金是一个神枪手，他使用那支从对德战争中带回来的奥地利式卡宾枪，不论打什么目标，不论相隔多远，都是弹无虚发。米沙已经坐上爬犁，出了大门，又看到，契尔尼奇金跑到小沙包跟前，抡起马刀乱砍那件斜斜地铺展在雪地上的黑大衣。

穿过顿河朝巴兹基村去，是很危险的。马和人在一片白的、宽阔的顿河河面上是最好的靶子。

河面上已经躺着两个被流弹打死的警卫连红军战士了。因此叶麦里扬掉转马头，经过小湖，朝树林里走去。冰上的雪已经水漉漉的，水花和雪团子从马蹄下扑哧扑哧地向四面乱飞，爬犁的滑木划出两道深深的犁沟。他们像发了疯似的跑到了村边。但是到了渡口上，叶麦里扬勒住马，转过被风吹红了的脸，对着米沙，问道：

"如果咱们这儿也那样乱起来，那可怎么办？"

米沙的眼睛里露出烦恼的神情。他打量了一下村子。有两个骑马的人顺着紧靠顿河的一条街跑过去。米沙觉得，显然那是民警。

"进村子。咱们没有别的地方好去！"他毅然决然地说。

叶麦里扬无可奈何地赶着马又往前去，过了顿河，来到村口。"小牛皮大王"安季普和村子上头的两个老头子迎着他们跑来。

"哎呀，米沙！"叶麦里扬看见安季普手里有枪，就勒住马，转了个急弯儿。

"站住！"

一声枪响。叶麦里扬手里握着缰绳，倒了下去。两匹马跳了几下，撞在篱笆上。米沙从爬犁上跳下来。安季普拖着穿毡靴的两只脚，滑滑跌跌地朝他跑来，安季普摇晃了两下，就站了下来，端起了步枪。米沙往篱笆上趴倒的时候，看见了一个老头子手里的明晃晃的三齿叉子。

“揍他！”

米沙因为肩膀上一阵疼痛，一声不响地倒了下去，用手捂住眼睛。那个老头子弯下身，喘着粗气，用叉子猛刺了他一下子。

“起来，狗东西！”

以后的事，米沙觉得都好像是在梦里发生的。安季普大哭着，朝他扑来，抓住他的胸膛：

“他把我爹害死啦……好人们，都闪开！让我把他的心挖出来！”

几个人在拉他。已经聚集起一大群人。有一个声音像伤了风一样低哑地劝道：

“把这小伙子放了吧！怎么，你们就不带十字架吗？安季普，算啦！你又不能叫你爹起死回生，却要害一条性命……伙计们，都走吧！瞧，那边仓库里在分糖呢。去吧……”

黄昏时候，米沙苏醒过来，依然躺在篱笆脚下。叉子刺伤的肋部火辣辣地疼。叉齿穿过了皮袄和棉袄，所以刺进肉里并不深。但是伤口很疼，伤口上的血都结成了块子。米沙站起来，仔细听了听。看样子，是暴动的哥萨克在村子里到处巡逻。可以听到稀稀拉拉的枪声。狗在狂叫。远处有说话声，那声音越来越近。米沙顺着河边牲口走的小路向前走去。他爬上崖头，用手摸索着雪地上硬邦邦的冰壳子，摇摇摆摆地贴着篱笆往前爬。他认不出地方来了，只是糊里糊涂往前爬。他冻得身子直打哆嗦，两手都冻麻木了。他冻得受不住，便朝一家的后门爬去。米沙推开用树枝顶住的小门，进了后院。左边有一个棚子。他刚刚进棚子，马上就听见有脚步声和咳嗽声。

有人朝棚子里走来，走得毡靴吧嗒吧嗒响着。“这一下子要把我打死啦。”米沙好像在想别人的事情，木木地想着。那个人在黑乎乎的门口站住了。

“里面是哪一个？”

声音很微弱，好像很害怕似的。

米沙朝墙后面跨了两步。

“是谁？”问话的人已经有些惊慌了，声音也大些了。

米沙听出是司捷潘·阿司塔霍夫的声音，便从棚子里走了出来。

“司捷潘，是我，柯晒沃依……行行好，救救我吧！你能不告诉别人吗？帮帮忙吧！”

“原来是你呀……”司捷潘害过伤寒以后，刚刚起床，说话声音软弱无力。他那因为瘦而变长了的嘴，张得大大的，迟迟疑疑地笑着。“好，没什么，你就待着吧，待一天你再上别处去。可是，你怎么跑到这儿来啦？”

米沙没有回答，握了握他的手，就钻进糠堆里。

第二天晚上，天一黑，他就冒险回到家里，敲了敲窗户。妈妈给他开了过道的门，就哭了起来。她的手摸摸索索，搂住米沙的脖子，头在他的胸膛上直撞。

“快走吧！天啊，走吧，好孩子！今天早上来过很多人……把整个院子都翻遍啦，到处找你。‘小牛皮大王’安季普还抽了我一鞭子。他说：‘叫你把儿子藏起来！真可惜，没有一下子把他打死！’”

自己人都到哪里去了，米沙猜想不到。村子里究竟发生了什么事情，他不知道。从妈妈短短的一番话中，他明白了，顿河上所有的村庄里都暴动起来了，施托克曼、伊万·阿列克塞耶维奇、达维德卡和几个民警都逃走了，菲里加和季莫菲昨天中午就在广场上被打死了。

“走吧！在家里他们会找到你的……”

妈妈哭着，但是她那充满忧愁的声音是果断的。米沙多少年以来第一次哭了起来，像小孩子一样抽搭着，嘴里还冒着泡儿。后来就备上那匹正在奶马驹的骒马，也就是他当马倌时骑的那匹骒马，牵到场院上去，小马驹和米沙的妈妈都在后面跟着。妈妈扶米沙上了马，画了一个十字。骒马很不情愿地朝前走去，咴儿咴儿地叫了两次，呼唤小马驹儿。两次都叫得米沙的心往下掉，好像滚到了下面什么地方。但是他平平安安地上了山冈，就顺着将军大道，朝东方，朝着大熊河河口方向，飞跑起来。夜色漆黑漆黑的，正是月黑逃亡夜。骒马一个劲儿地嘶叫，害怕把小马驹儿丢掉。米沙咬着牙，用缰绳头儿抽着骒马的耳朵，时不时地停下来听听，后面或前面是不是有马的奔跑声，马的嘶叫声是不是引起什么人注意。但是周围死沉沉的，静得出奇。米沙只听见，小马驹儿利用停下来的机会，趴在母马那黑黑的乳房上，后腿撑在雪地上，吃起奶来，不住地吧嗒着嘴巴，米沙并且从马背上感觉出小马驹儿一口一口地在吸奶。

二十八

在堆马粪坯的棚屋里，闻到的是浓浓的干牲口粪气味、霉烂的麦秸气味、吃剩的干草气味。白天，灰灰的亮光从蒲草棚顶透进来。有时候太阳像穿过筛子那样，穿过树枝编的小门照进来。夜里一团漆黑。老鼠吱吱声。一片寂静……

女主人每天晚上偷偷地给格里高力送一次吃的东西。他身边干马粪上还放着一瓦罐水。一切都过得去。只是烟丝抽完了。格里高力头一天瘾得十分难受，因为实在受不住，第二天一早他就在地上摸索了一阵子，弄到一把干马粪，放在掌心里捻碎了，抽了起来。晚上主人叫老婆送来两张从福音书上撕下来的破纸、一盒火柴和一把混合烟：干木樨和未成熟的自种烟"酒白克"的根。格里高力高兴极了，拼命抽了一阵子，都抽得恶心起来，并且头一次躺在高高低低的粪堆上，把头蒙在衣襟里，就像鸟儿把头藏在翅膀底下那样，美美地睡了一夜。

清晨，主人把他叫醒了。主人跑进来，尖声叫道：

"还在睡呀？快起来吧！顿河闹起来啦！……"他响亮地大笑起来。

格里高力一下子从粪堆上跳下来。垒得方方正正的粪块堆像雪崩一样，跟着他哗啦啦地塌了下来。

"出了什么事儿？"

"叶兰乡和维奥申乡咱们这一边的人都起来啦。佛明和整个政府都从维奥申逃到陶根去啦。好像嘉桑乡、叔米林乡、米古林乡都闹起来啦。你明白是怎么一回事情了吧？"

格里高力额头和脖子上的青筋都鼓了起来，瞳仁里冒出绿莹莹的火焰。他掩藏不住自己的喜悦：喉咙哆嗦着，黑黑的手指头毫无目的地来来回回摸索着军大衣的扣子。

“你们村子里呢？怎么样？有什么动静？”

“什么也没有听说。我看见主席啦，他笑着说：‘我反正都是一样，对什么样的神祷告都行，只要是神。’你快从窝儿里爬出来吧。”

他们朝屋里走去。格里高力跨着老大的步子。主人紧跟在他的身旁，对他讲着：

“在叶兰乡，打头儿起事的是红土崖村。前天叶兰镇上有二十个共产党员上柯里夫村和普列沙柯夫村去逮哥萨克，可是红土崖村的人听说这件事，就开了一个会，做出决定：‘咱们要忍受到什么时候？现在抓咱们的老头子，底下就轮到咱们啦。咱们骑上马，去把被捕的人夺回来。’集合了十五个人，都是一些勇猛的小伙子。由一个姓阿特兰诺夫的、打过仗的哥萨克率领着。他们只有两支步枪，有的就拿马刀，有的就拿长矛，还有人拿叉子。他们过了顿河，来到普列沙柯夫村里。共产党员们正在梅里尼柯夫家院子里休息。红土崖村的人就列成阵势骑马朝院子冲去，但是那院子围着石头院墙。他们冲了一下子，就往后跑啦。共产党员们打死了他们一个人，愿他在天堂安息。共产党员们在后面撵着打了一阵枪，他就落了马，倒在篱笆上。普列沙柯夫村的哥萨克把他抬到官马厩里。这位好汉的马鞭子在手里都冻住啦……用劲扯才扯了出来。这时候，苏维埃政权也完蛋啦，狗日的！……”

格里高力在屋子里狼吞虎咽地把剩下来的早饭都吃光了，便同主人一起来到街上。在胡同口上，哥萨克们一堆一堆的，就像过年过节一样。格里高力和主人走到其中一堆人跟前。哥萨克们把手举到帽檐上，很客气地答礼，一面带着好奇和等待的神情打量着格里高力这个陌生人。

"诸位街坊,这是自己人!你们别见外。鞑靼村麦列霍夫一家,你们听说过吗?这就是潘捷莱的小儿子格里高力。他是怕枪毙,来我家里避难的。"主人很自豪地说。

一开口谈话,就有一个哥萨克讲起列舍托夫村、杜布洛夫村和黑村的哥萨克怎样把佛明赶出维奥申的情形,但是这时候,紧靠着陡峭的白色山坡的街头上出现了两个骑马的人。他们顺着大街跑来,在每一堆哥萨克跟前都停一停,转过马头,挥舞着双手,不知在叫喊什么。格里高力急切地等待着他们走近。

"这不是咱们大鱼村的人……不知这是从哪儿来的报信的。"那个哥萨克一面凝神望着,一面说,并且不再讲进攻维奥申的事了。

两个骑马的人过了附近的胡同口,来到跟前。前面的一个老头子,披着棉袄,没有戴帽子,一张脸汗津津的、红红的,灰白的鬈发披散在额头上,他非常刚健地把马勒住;身子拼命向后仰着,把右手伸到前面。

"哥萨克们,你们为什么像老娘儿们一样,站在胡同口上呀?!"他用哭腔喊道。痛恨的泪水使他的嗓子都嘶哑了,红红的两腮激动得直打哆嗦。

他骑的是一匹没有生过驹的四岁口的很漂亮的骒马,全身枣红色,白鼻子,粗尾巴,四条腿瘦劲劲的,就像用钢铁铸的。那马又打响鼻,又咬嚼子,蹲下去,又直立起来,要求放松缰绳,好让它重新龙腾虎跃地奔跑,让风重新吹弯它的耳朵,吹得鬃毛嗖嗖价响,让冻得咚咚响的大地在它那光溜溜的蹄下重新发出呻吟声。骒马那薄薄的皮肤底下，每一条筋、每一条血管都在腾腾跳动。脖子上一条条圆滚滚的肌肉不住地在蠕动，闪闪有光的粉红色鼻孔不住地在哆嗦，那鼓鼓的、红宝石一般的眼睛，转悠着血红的眼珠子，带着恳求和凶狠的神情斜看着主人。

“静静的顿河的子孙们，你们为什么不动啊？！”那个老头子把目光从格里高力身上移到其余的人身上，又叫喊道。“他们在枪杀你们的父老，抢夺你们的财产，那些像犹大一样的政治委员在辱骂你们的教门，你们还有心思嗑葵花子，到游戏场上闲逛吗？你们等着他们拿套索来勒你们的脖子吗？你们天天拉着老娘儿们的裙子，要拉到什么时候？整个叶兰乡，老老少少都起来啦。整个维奥申乡，把红党都打跑啦……可是你们大鱼村的哥萨克动都不动！你们的性命就不值钱吗？你们身上流的不是哥萨克的血，是庄稼佬的克瓦斯吗？干起来吧！拿起枪来！柯里夫村派我们上各村来发动。哥萨克们，上马干吧，不要怠慢！”他那两只疯狂的眼睛碰到了一个熟识的老头子的脸，他十分气愤地叫道：“谢苗·贺里斯托佛洛维奇，你怎么也站在这儿？红军在菲洛诺沃杀死了你的儿子，你也想躲在炕头上吗？！”

格里高力没有把话听完，就朝院子里奔去。他飞跑着从棚屋里拉出自己藏起来的马；他从马粪堆里抠出马鞍子，抠得指甲都出了血，他像疯子一样，骑上马飞跑出大门。

“我走啦！多谢啦！”他急急忙忙对着朝门口走来的主人喊了两声，就朝鞍头上一趴，身子贴在马脖子上，沿街荡起一股旋风似的白茫茫的雪雾，用鞭抽打着马的两肋，叫马使足了劲儿跑起来。他身后的雪雾一团一团地落下，马镫在脚底下直打滑，麻木的两腿在鞍边上擦来擦去。马蹄在马镫下面急匆匆地嗒嗒响着。他感到非常高兴,高兴得不得了,感到有一股很大的力量和决心,以至于嗓子眼儿里不由自主地发出尖尖的嗞嗞声和哧哧声。他心中压抑着和隐藏着的感情一下子解放了。看样子,从现在起,他该走的路是清清楚楚的了,就像月亮照耀着的大道。

几天来他像野兽一样藏在马粪棚子里,像野兽一样谛听着外面的每一个声音和动静,这样痛苦难熬地过了几天,他的主意完全拿定了,一切都考虑好了。过去那些寻找真理、动摇、转变和内心痛苦斗争的日子,好像他从来不曾有过。

那些日子像云彩影子一样过去了,现在他觉得那些探索是白费心思,没有一点意思。有什么好想的呢?为什么自己的心要像一只被围捕的狼那样,为了寻找出路,解决矛盾,老是撞来撞去?世上的事本来是很好笑、很简单的。现在他觉得,世上根本就没有对任何人都适用的道理,于是他无比恼恨地想:各人有各人的道理,各人有各人的路嘛。为了一块面包,为了一块土地,为了活下去,人和人一直在你争我夺,而且只要还有太阳照耀着,只要人的血管里还流着热血,还要一直争夺下去。应当和那些想要人的命、不叫人活下去的人拼了;要坚决地拼,不能摇来摆去,而深仇大恨和决心也都是斗争斗出来的。只是不能叫爱情受束缚,要想爱谁就爱谁,想怎样爱就怎样爱——那就好了。

哥萨克不能和俄罗斯没有土地的庄稼佬走一条路,不能和工厂工人走一条路。要和他们拼个你死我活。要把哥萨克用鲜血浇灌的、肥沃的顿河土地从他们脚底下夺回来。要像驱逐鞑靼人那样,把他们从顿河土地上赶出去!要拿下莫斯科,叫他们降服！狭路相逢是不能让路的，不是我打倒你，就是你打倒我，反正一定要打。已经试验过啦：把一团一团的红军放到顿河土地上来，结果又怎样呢？现在就是要拿起刀来！

格里高力骑着马在白茫茫的顿河河面上跑着，心里一直怀着盲目的仇恨这样想着。有一会儿他心里发生了矛盾："这是财主和穷人的斗争呀，不是哥萨克和俄罗斯的斗争……米沙·柯晒沃依和科特里亚洛夫也是哥萨克嘛，可是他们从里到外都是红党……"但是他狠了狠心，赶走了这些念头。

已经可以看见鞑靼村了。格里高力扯了扯缰绳，让满身汗沫的马换成小跑。到了村口，又把马一夹，那马用胸膛撞开便门，跑进院子。

二十九

黎明时候，狼狈不堪的柯晒沃依进了大霍派尔河口乡的一个村子。第四后阿穆尔团的岗哨把他拦住。两名红军战士把他带到了团部。一位参谋很不信任地把他盘问了老半天，打算问出一些破绽，提出许多问题，例如："你们那儿的革命军事委员会主席是谁？为什么没带证明？"以及诸如此类的问题。米沙已经不耐烦答复这些混账问题了。

"同志，你别折腾我啦！哥萨克盘查得还要厉害些，可是也没有得到什么结果。"

他撩起衬衣，亮出被叉子刺伤的肋部和小肚子。他已经想用厉害话来吓唬吓唬这位参谋了，但就在这时候，施托克曼走了进来。

“你这浪荡子！鬼东西！”他用两手抓住米沙的脊梁，粗声粗气地说。“你怎么，同志，盘问起他来啦？这是咱们的小伙子呀！你可是真够糊涂！你派个人去叫我，或者叫科特里亚洛夫同志来，就行嘛，什么都不用问啦……咱们走吧，米沙！你怎么活下来啦？你要给我说说，你是怎么活下来的。我们已经把你从活人名单上除名啦。我们以为，你已经英勇牺牲啦。”

米沙想起哥萨克把他捉住的情形，想起自己毫无戒备，把步枪放在爬犁上，心里很难受，脸红得流出了眼泪。

三十

格里高力回到鞑靼村的那一天，村里已经成立了两个哥萨克连。村民大会上决定，要把所有能拿起武器的人，从十六岁到七十岁，都动员起来。许多人觉得目前这种局面是靠不住的：北面是已经在布尔什维克手下的、敌方的沃罗涅日省和红色的霍派尔州；南面是战线，战线一转，就会以排山倒海之势把叛乱的哥萨克碾碎。有些特别小心谨慎的哥萨克不愿拿起枪来干，但是强迫他们干。司捷潘·阿司塔霍夫就坚决不愿干。

“我不去。你们把马牵去吧，随你们对我怎样好啦，拿枪打仗我是不干的！”早晨格里高力、贺里散福和安尼凯来家里找他，他这样声明说。

“你为什么不愿干？”格里高力翕动着鼻孔，问道。

“不愿干就是不愿干呗！”

“如果红军来攻咱们的村子，你怎么办？是跟我们走呢，还是留下来？”

司捷潘用闪闪放光的眼睛看了格里高力，又看阿克西妮亚，凝神看了半天，沉默了一阵子，然后才回答说：

“到那时候再看……”

“要是这样，给我出去！贺里散福，把他抓起来！我们马上把你毙了！”格里高力不去看靠在锅台上的阿克西妮亚，抓住司捷潘的军便服袖子，把他拉到自己跟前。“咱们走，没什么好啰唆的！”

“格里高力，别胡闹……放开！”司捷潘脸色煞白，轻轻地挣着。

阴沉下脸的贺里散福从后面把他抱住，嘟哝说：

“你要是有这种心思，那咱们就走吧。”

“弟兄们！……”

“我们不是你的弟兄！走吧，别啰唆！”

“放开我，我参加连队好啦。我刚害过伤寒，没有力气呀……”

格里高力似笑非笑地笑了笑，松开司捷潘的军便服袖子。

“你去领枪吧！早这样就好啦！”

他把军大衣一掩，没有打招呼就走了出去。贺里散福并没有因为刚才的事感到不好意思，向司捷潘要了些烟丝卷烟卷儿，还坐了半天，说了半天话儿，好像他们之间什么事也不曾有过似的。

傍晚时候，从维奥申镇上运来两车武器：八十四支步枪和一百多把大刀。许多人拿出自己收藏起来的武器。村子里共出兵员二百一十一名。其中一百五十名骑兵，其余的是步兵。

各处暴动的人还没有统一的组织。各个村庄都是单独活动：

各自成立连队，在大会上选举勇敢善战的人任连排长，不问军衔，只看战功；暂时都没有外出作战，只是和周围的村庄联络联络，派骑兵侦察队在附近巡逻巡逻。

在格里高力回来以前，鞑靼村就又像一九一八年那样，选举彼特罗·麦列霍夫担任了骑兵连连长。担任步兵连连长的是拉推舍夫。炮兵们由伊凡·托米林领着上巴兹基去了。那里有红军扔下的一门残缺不全的大炮，瞄准镜没有了，轮子也坏了。炮兵们就是去修这门炮的。

这二百一十一人使用的武器，就是从维奥申运来的和在村子里搜集到的一百零八支步枪、一百四十把马刀和十四支猎枪。潘捷莱·普罗柯菲耶维奇也和其他一些老头子一起，从莫霍夫家的地窖里出来了，他把那挺机枪挖了出来。但是却没有子弹带，所以连队并没有使用这挺机枪。

第二天傍晚时候得到消息，说是有一支红军清剿队，有三百支枪、七门大炮、十二挺机枪，由李哈乔夫率领着，从卡耳根镇出发，前来镇压暴动了。彼特罗决定往陶根村方向派出一支强大的侦察队，同时通知了维奥申。

侦察队在黄昏时候出发。这支三十二人的侦察队由格里高力·麦列霍夫率领着。他们出了村子就飞跑起来，一直这样几乎飞跑到陶根村村边。在离村两俄里的地方，大道旁边有一道不很深的沟，格里高力叫大家在这里下了马，在沟里散了开来。看守马匹的人把马牵到洼地里去。洼地里的雪很深。马往洼地里走，肚子都擦到松软的雪上；有一匹公马，因为春情萌动，又咴儿咴儿直叫，又尥蹶子。只好派一个人单独看住这匹马。

格里高力派安尼凯、马尔丁·沙米尔和普罗霍尔·泽柯夫他们三个到村子里去察看。他们让马小步走着。陶根村边的树林在山坡下隐隐地泛着青色，像一条粗粗的曲线似的向东南方伸去。夜色渐渐浓了。草原上罩着低低的云彩。哥萨克们一声不响地坐在沟里。格里高力看着三个骑马的身影朝坡下走去，渐渐和黑黑的道路融合到一起。已经看不见马匹了，只有骑马人的脑袋在晃悠了。后来连人的脑袋也看不见了。过了一小会儿，那儿就嗒嗒地响起了机枪。然后又有一挺机枪响了起来，声音更高些，看样子是一挺手提机枪。手提机枪打完一梭子，就不响了，可是先前那一挺喘了一口气之后，又很快地打了一梭子。子弹像飞蝗一样在土沟上面，在夜色苍茫的高处飞着。乱飞乱叫的子弹声使人振奋，那声音又快活又尖细。三匹马使足了劲儿跑了回来。

"碰上岗哨啦！"普罗霍尔·泽柯夫老远就喊道。咚咚的马蹄声淹没了他的喊声。

"把马准备好！"格里高力发出命令。

他像跳出战壕那样，一下子跳到沟沿上，也不顾那吱吱地往雪地里直钻的流弹，迎着飞跑而来的三匹马走去。

"没看见什么吗？"

"听见那儿有动静。从声音上听出来，他们人很多。"安尼凯气喘吁吁地说。

安尼凯从马上跳下来，一只靴子的靴尖卡在马镫里出不来，他骂了一声，一只脚跳着，用手扳住马镫，把脚抽了出来。

趁格里高力向他问话的时候，有八个哥萨克从沟里出来，跑到洼地里；找到自己的马，骑上马就跑回家了。

“明天把他们毙了。”格里高力听着开小差的人那越来越远的马蹄声，小声说。

留在沟里的哥萨克又坐了有一个钟头，小心翼翼地保持着肃静，仔细听着。终于有人听见了马蹄声。

“有人骑马从陶根村那边来啦……”

“是侦察队！”

“不会的！”

大家小声交谈着。探出头去看了看，可是夜色漆黑漆黑的，什么都看不见。还是菲多特·包多甫斯柯夫那加尔梅克式的眼睛最先看清楚了。

“来啦。”他一面摘步枪，一面很有把握地说。

他背枪的样子很特别：皮带像十字架的带子那样挂在脖子上，步枪在胸前斜斜地耷拉着。他走路或者骑马，总是把两手放在枪筒子和枪托子上，就像老娘儿们抱着扁担。

有十来个骑马的人，一声不响地、不成队形地顺着大路走来。有一个身穿皮袄、样子很威武的人走在最前面，离大家有半匹马的样子。他那匹长身子、短尾巴的马步伐矫健、昂首挺胸地走着。格里高力在低处往上看，又有灰灰的天空作衬托，所以能清清楚楚地看到马的轮廓、人的身影，甚至还看清了最前面那个人头上戴的平顶库班式皮帽。骑马的人离沟只有十来丈远了；他们离哥萨克们这样近，似乎应该听见哥萨克们呼哧呼哧的喘气声和不住的心跳声了。

格里高力事先就下过命令，没有他的口令，不许开枪。他就像一个埋伏起来的猎人，在细心而慎重地等待着时机。他已经有成谋在胸:对他们大喝一声,等他们吓得乱成一团,就开枪。

大路上的雪清脆地咯吱咯吱响着。马蹄下面迸起黄黄的火星;大概是马掌在光溜溜的石头上滑了一下。

"什么人?"

格里高力像猫一样,十分轻捷地从沟里跳了出来,站直了身子。哥萨克们也跟着他唰唰地从沟里跳了出来。

情形完全不像格里高力所料想的那样。

"你们想找什么人?"最前面的那个人,连一点害怕或惊讶的影子也没有,用沉厚而沙哑的嗓门儿问道。那人掉转马头,冲着格里高力走来。

"你是什么人?!"格里高力没有动地方,悄悄地弯着胳膊把手枪举起来,厉声喝道。

仍旧是那个沉厚的声音愤怒地大声喝道:

"谁叫你在这儿大嚷大叫?我是清剿队队长!受红军第八军司令部委派,前来镇压暴动!你们的首长是哪一个?把他给我叫来!"

"我就是!"

"是你吗?噢——噢……"

格里高力看见那人举起来的手里有一样黑黑的东西,就赶在枪响之前趴了下去;一面跌倒,一面喊叫:

"开火!"

勃朗宁手枪打出的一粒钝头子弹嗖的一声从格里高力头上飞了过去。两边都纷纷开火了。包多甫斯柯夫紧紧抓住毫不畏惧的清剿队队长的马缰绳。格里高力隔着包多甫斯柯夫,探过身子，抓住那人的胳膊，用刀背照着库班帽砍了一刀，便把他那高大的身子拉下马来。这一场交手战两分钟就结束了。两名红军被打死，三名逃掉了，其余的都缴了枪。

格里高力用手枪对着被俘的戴库班帽的队长的打破了的嘴，简单地审问了一下：

“坏蛋，姓什么？”

“李哈乔夫。”

“你凭什么敢带着九个人出来？你以为，哥萨克会下跪，会向你求饶吗？”

“你们杀死我好啦！”

“现在还不慌着杀你，”格里高力安慰他说，“证件在哪儿？”

“在挂包里。拿去吧，土匪！……坏蛋！”

格里高力不去理会他的咒骂，亲自把李哈乔夫身上搜了一遍，从他的皮袄口袋里又搜出一支勃朗宁手枪，把他的匣子枪和军用挂包都摘了下来。在旁边的口袋里还搜出一个用彩色兽皮做成的小包，里面装着文件和烟盒。

李哈乔夫一个劲儿地在骂，疼得直哼哼。他的右肩被打穿了，格里高力的马刀又砍得他的脑袋够呛。他的个头儿很高，比格里高力还高，又很粗大，看样子很有力气。在他那刮得光光的、黑黑的脸上，两道又短又宽的黑眉毛像张开的爪子似的威风凛凛地分列在鼻梁的两边。嘴大大的，下巴方方的。他穿的是带褶儿的皮袄，戴的是黑色库班皮帽，皮帽被刀背砍皱了，皮袄里面还整整齐齐地穿着绿制服和肥大的马裤。但是两只脚很小，很秀气，穿着一双很漂亮的漆皮靴子。

“委员，把皮袄脱下来吧！”格里高力命令说。“你够胖的，吃哥萨克的粮食吃肥啦，大概不会冻死的！”

用皮带和缰绳捆住俘虏们的两手，让他们骑在自己的马上。

“跟我走！”格里高力摸了摸挂在自己身上的李哈乔夫的匣子枪，命令说。

他们在巴兹基村过夜。李哈乔夫躺在灶旁地上一张草垫子上，翻来覆去，不住地咬着牙，哼哼着。格里高力就着灯光给他洗了洗肩上的伤口，包扎了一下。但是问他话，他还是不回答。格里高力在桌边坐了老半天，仔细看了李哈乔夫的委任书、逃走的革命军事法庭移交给李哈乔夫的维奥申乡反革命哥萨克的名单、日记本、书信、地图上的一些记号。偶尔地看看李哈乔夫，和他交换一下像刀子一样的目光。在这座房子里过夜的哥萨克一夜都没有睡好，有时出去看马，有时在过道里抽烟，有时就躺着说话儿。

格里高力在天快亮时迷迷糊糊睡着了，但是很快就醒来，从桌上抬起沉甸甸的脑袋。李哈乔夫坐在草垫子上，用牙齿在撕绷带。他用通红的、恶狠狠的眼睛看了格里高力一眼。他的一嘴白牙就像一个人要死时那样，很痛苦地龇露着，眼睛里也露出临死时的烦恼神情，格里高力一看到这种神情，睡意一下子就没有了。

“你想干什么？”他问道。

“叫你……称称心吧！我想死！”李哈乔夫大叫了两声，脸色煞白煞白的，一头栽到草垫子上。

这一夜他喝了有半桶水。直到天亮，他的眼睛合都没合过。

第二天早晨，格里高力派人带着一份简短的报告和搜到的一切文件，用大车把李哈乔夫送往维奥申。

三十一

大车由两个骑马的哥萨克押送着，来到维奥申镇，很快就到了执行委员会的红砖房跟前。李哈乔夫半躺在大车后面，用手扶着吊在血糊糊的绷带上的那条胳膊，站起身来。两个哥萨克下了马，带着他朝房子里走去。

有半连的哥萨克密密层层地拥挤在联合暴动军临时司令苏亚洛夫的办公室里，李哈乔夫用手护着胳膊，挤到桌子跟前。苏亚洛夫正坐在桌边。他的个头儿小小的，样子极其平常，只有那眯得细细的黄眼睛显得特别阴险狡诈。他挺和气地看了李哈乔夫一眼，问道：

“把老弟送来啦？你就是李哈乔夫吗？”

“我就是。这是我的证件。”李哈乔夫把捆成小口袋一样的皮包扔到桌子上，凌厉逼人地看了苏亚洛夫一眼。“很遗憾，我没有完成任务，没有把你们这些坏家伙消灭！但是苏维埃俄罗斯会收拾你们的。请把我枪毙吧。”

他耸了耸打穿的肩膀，扬了扬宽宽的眉毛。

“不会的，李哈乔夫同志！我们就是反对枪毙人才起义的。我们可不像你们，我们不枪毙人，我们要治治你的毛病，也许，你对我们还有用处呢。”苏亚洛夫温和地、但是不住地眨巴着眼睛说。“闲人都出去。喂，快点儿！”

只有列舍托夫村、柴尔诺夫村、乌沙柯夫村和维奥申镇的连长留了下来。他们都靠着桌子坐下来。有人用脚推给李哈乔夫一个凳子，但是李哈乔夫没有坐。他靠在墙上，从他们的头上望着窗外。

“这样吧，李哈乔夫，”苏亚洛夫和连长们对看了一眼，开口说，“请你告诉我们：你的队伍有多少人马？”

“不告诉你们。”

“你不说吗？这不必要。我们可以从你的文件上看出来，或者从你手下的红军嘴里问出来，我们还想请你（苏亚洛夫加重口气说出这个‘请’字）办一件事：给你的队伍写一封信，叫他们上维奥申来。咱们用不着打仗。我们不反对苏维埃政权，我们反对的是共产党员和犹太佬。我们把你的队伍解除武装，叫他们各自回家去。我们也要把你放了，总而言之，请你告诉他们，我们也都是干活儿的人，叫他们别怕我们，我们不反对苏维埃……”

李哈乔夫一口唾沫落在苏亚洛夫的灰白色胡子尖上。苏亚洛夫用袖子擦了擦胡子，脸红了一阵子。有的连长笑了笑，但是没有人出来维护司令官的体面。

“你对我们太不客气啦，李哈乔夫同志！”苏亚洛夫已经是很明显地装腔作势地说。“过去当官的瞧不起我们，对我们吐唾沫，你是共产党员，也吐起唾沫来啦。你们还一个劲儿地说是为了人民呢……喂，那儿有人吗？……把这位委员带走。明天我们把你送到嘉桑去。”

“要不要再考虑考虑？”有一个连长厉声问道。

李哈乔夫拉了拉披在身上的制服上衣，就朝站在门口的押送兵走去。

没有枪毙他。因为暴动者打的旗号就是反对“枪毙人和抢劫”……第二天，就把他送往嘉桑镇。他在押送兵前面走着，轻轻地踩着积雪，皱着又短又宽的两道眉毛。但是到了树林里，从一棵灰白色的小桦树旁边走过时，他高高兴兴地笑了，站下来，往上探了探身子，用那只未受伤的手折下一根树枝来。树枝上那褐色的芽儿已经灌足了三月的甜汁；那种淡淡的、隐隐约约的香气预示着春天的繁荣，预示着太阳转回后生命又要开始。李哈乔夫把饱鼓鼓的芽儿放进嘴里，轻轻嚼着，用泪水模糊了的眼睛望着摆脱了严寒、露出光泽的树木，刮得光光的嘴角上露出了笑意。

他死了，嘴唇上还带着黑黑的嫩芽的碎瓣儿：在离维奥申七俄里的地方，在一片荒凉的、起伏不平的沙地上，几个押送的哥萨克惨无人道地把他砍死了。先是活活地挖掉了他的眼睛，砍掉胳膊，割下耳朵和鼻子，又在他的脸上来来回回划了几刀。他们解开裤子，一面叫骂，一面对着他那高大、英武、健美的身子撒起尿来。他们对着血肉模糊的躯体骂够了，然后一个哥萨克踩住轻轻哆嗦的胸膛，踩住仰面倒在地上的身躯，斜砍一刀，把头割了下来。

三十二

像洪水泛滥一样的暴动的消息，从顿河彼岸，从顿河上游，从四面八方传来。暴动起来的已经不仅是两个乡了。叔米林乡、嘉桑乡、米古林乡、麦什柯夫乡、维奥申乡、叶兰乡、霍派尔河口乡都很快地拉起队伍，暴动起来了；卡耳根乡、博柯夫乡和克拉斯诺库特乡都很鲜明地站到暴动者方面。暴动有可能扩展到附近的大熊河河口州和霍派尔州去。布堪诺夫乡、司拉舍夫乡和菲多谢耶夫乡也都在酝酿暴动；靠近维奥申乡的阿列克塞耶夫乡的一些村庄也很不安定……维奥申原是本州的首镇，因而也就成了暴动的中心。经过很长时间的争论和协商，决定保留原有的政权形式。选举出州执行委员会，当选的都是很有威望的哥萨克，其中多数是年轻人。担任主席的是炮兵部队的一个姓丹尼洛夫的官员。各乡各村都成立了苏维埃，而且说也奇怪"同志"这种称呼，原来是当做骂人话的，现在也保留了下来。并且喊出了蛊惑性的口号："拥护苏维埃政权，但是反对共产党，反对枪杀和抢劫。"因此暴动者帽子上镶的就不是一道白绦或白箍，而是两道：红白交叉……

二十八岁的年轻少尉库金诺夫·巴维尔，接替苏亚洛夫，担任了联合暴动军司令。他得过所有四个等级的十字章，能说会道，精明能干。他性格十分脆弱，在这种风雨飘摇的时代，来掌管一个暴动的州，本来是很不合适的，但是哥萨克们却都很喜欢他的随便和态度和气。而最主要的是，库金诺夫深深扎根于他所出身的哥萨克群众之中，不自高自大，在他身上也看不到许多飞黄腾达的人常有的那种军官架子。他的衣着很朴素，留着长长的、剪成圆圈形的头发，身子微微向前弯，说起话来很快。鼻子长长的，脸瘦瘦的，是一张庄稼汉的脸，毫无惊人之处。

又选举萨方诺夫·伊里亚上尉担任参谋长，之所以选举他，只是因为，他这个小伙子胆子很小，但是写得一手好字，很有学问。在会上选举他时，有人是这样说的：

“叫萨方诺夫在参谋部里干干吧。他带兵打仗不行。他要是带兵，损失就大，保不住哥萨克，连自身也难保。叫他带兵打仗，就好比叫茨冈人当神甫。”

小个子、圆脑袋的萨方诺夫，听到这样的议论，嘴角在他那白了尖儿的黄胡子底下暗暗高兴地笑了笑，欣然同意担任参谋长的职务。

然而库金诺夫和萨方诺夫只是形式上的领导，而事情都是各个哥萨克连自动干的。在指挥方面，他们束手无策，而且，掌握这样众多的人马，还要跟上瞬息万变的局势，也不是他们能够胜任的。

第四后阿穆尔骑兵团，连同加入了这个团的霍派尔河口乡、叶兰乡以及一部分维奥申乡的布尔什维克，边打边前进，通过了许多村庄，跨过了叶兰乡的边界，经过草原，顺着顿河向西推进。

三月五日，一名哥萨克带着一份报告飞马来到鞑靼村。叶兰乡的人十万火急地请求支援。他们没有子弹，没有枪支，几乎是毫无抵抗地在败退。回答他们的稀稀拉拉的枪声的，是后阿穆尔团那暴雨般的机枪火力，还有两个炮兵连的大炮轰击。在这种情势下，已经来不及等待州里的指示了。于是彼特罗·麦列霍夫决定带着自己的两个连出发。

他同时担任了指挥附近几个村庄的另外四个连的任务。清晨，他率领哥萨克们来到一处高地上。照例先是前哨发生了零零星星的接触。到后来战斗才展开。

离开鞑靼村八俄里，来到这块叫红坡的地方，过去格里高力同妻子一起在这里耕过地，他就是在这里第一次坦率地对娜塔莉亚承认他不爱她——在这个晦暗的冬日里，几支哥萨克连队就在这里的雪地上，在几条深沟边下了马，列成阵势，看守马匹的人把马牵到隐蔽的洼地里。红军成三条散兵线从下面一片宽阔的盆地里往上冲来。一片白茫茫的盆地里布满了黑黑的人点子。散兵线后面还有车辆，还有骑兵闪来闪去。哥萨克离敌人还有两俄里，都在不慌不忙地准备迎战。

彼特罗骑着自己那匹养得肥肥的、微微有点儿冒汗的马，从已经散开的叶兰乡那几个连的阵地上，跑到格里高力这边来。他很快活，很兴奋。

"弟兄们，要节省子弹，等我发口令，再开枪……格里高力，把你那半个连往左边移动一百五十丈。麻利点儿！看守马匹的弟兄别堆成一堆！"他又发了几道最后的命令，便掏出望远镜来。"好像他们把炮兵连安在马特维耶夫冈上啦？"

"我早就发现啦：肉眼都能看得见嘛。"

格里高力从他的手里接过望远镜，仔细看了看。在那座四面临风的土冈后面，还有黑黑的车辆，闪动着小小的人影。

鞑靼村的步兵，也就是骑兵戏称的"爬行兵"，不理会那不许堆成一堆的严厉命令，还是凑成一堆一堆的，分子弹，抽烟，互相开玩笑。比别人高出一个头的贺里散福的皮帽子到处晃悠着（他因为没有了马，所以成了步兵），潘捷莱·普罗柯菲耶维奇的三耳皮帽红得耀眼。步兵中多数是老头子和半大小伙子。一片没有砍掉的向日葵地的右边，一里半远处，是叶兰乡的哥萨克。他们的四个连队有六百人，但是几乎有二百人在看守马匹。也就是有三分之一的人跟马一起躲藏在山沟的慢坡上了。

“彼特罗·潘捷莱维奇！”步队里有人喊道。“你注意，打起仗来可别把我们这些步兵扔掉！”

“你们放心好啦！不会扔掉你们。”彼特罗笑着说；他望着缓缓朝高地上移动的红军散兵线，不自觉地玩弄起鞭子。

“彼特罗，到这儿来。”格里高力离开阵地，走到一边，喊道。

彼特罗走了过来。格里高力皱着眉头，带着很不以为然的神情说：

“我看不中这块阵地。应该撇开这几条沟。要不然他们从侧翼包抄咱们，那咱们就糟啦。嗯？”

“你胡扯什么！”彼特罗不耐烦地把手一摆。“他们怎么能包抄咱们？我还留一个连做后备，而且，万一有什么情况，这沟还可以作掩护呢。这沟没有什么坏处。”

“小心点儿吧，伙计！”格里高力用警告的口气说，并且一再用眼睛迅速地打量着地势。

他走到自己的阵地上，打量了一下哥萨克们。很多人的手上已经没有手套了。因为心里着急，把手套脱掉了。有人急得难受：一会儿摸摸马刀，一会儿紧紧腰带。

“咱们的指挥官下马啦。”菲多特·包多甫斯柯夫笑着说，并且带着取笑的神气对着大摇大摆朝阵地走来的彼特罗微微点了点头。

“喂，你这个普拉托夫将军！”只带一把马刀的一条胳膊的阿列克塞·沙米尔放开嗓门儿哈哈大笑起来。“你下命令拿酒犒劳犒劳顿河弟兄们吧！”

“住嘴吧，酒鬼！要是红军砍掉你另一条胳膊，看你用什么往嘴上端！那就得就着猪食盆喝啦。”

“得啦，得啦！”

“喝了酒，才容易送命呢！”司捷潘·阿司塔霍夫叹着气说，并且抬起接着刀把子的那只手，捻起淡褐色的小胡子。

大家在阵地上说着这时候最不该说的话。直到马特维耶夫冈后面的大炮轰隆轰隆地响了起来，说话声才一下子停了。

浓厚而沉重的声音像圆球似的从炮口里冲出来，跟清脆、刺耳的爆炸声混到一起后，就像那白色烟团一样，在草原上老半天才消散掉。炮弹打近了，在离哥萨克阵地半俄里的地方爆炸了。黑烟夹杂着银光闪闪的雪粉，在田野上慢慢盘旋了一阵子，就落了下来，铺展开来，贴到荒草上。红军阵地上有几挺机枪一下子响了起来。机枪嗒嗒地响着，就像守夜更夫的梆子声。哥萨克卧倒在雪地上、草丛里、割掉了头儿的葵花地里。

“这烟好黑呀！就像用的是德国人的炮弹！”普罗霍尔·泽柯夫回头看着格里高力，喊道。

附近的叶兰乡一个连里发出了哄叫声。风把叫声送了过来：

“米特洛番大哥被打死啦！”

鲁别仁村的红胡子连长伊万诺夫，冒着炮火跑到彼特罗跟前，他擦着额头上的汗，气喘吁吁地说：

“这儿也是雪，那儿也是雪！雪太深啦，连脚都拔不出来！”

“你干什么？”彼特罗皱着眉头，不耐烦地问道。

“麦列霍夫同志，我想出一个主意！你派一个连从下面走，到顿河上去。就从阵地上撤下一个连，派出去。叫他们从下面到村子里去，从那儿绕道去攻打红军的后方。恐怕他们把辎重都扔下啦……哪儿还有人看守辎重？又可以叫他们乱一阵子。”

彼特罗看中了这个“主意”，他命令自己的半个连开火，又对直挺挺地站着的拉推舍夫摇了摇手，就摇摇摆摆地走到格里高力跟前。他说清了是怎么一回事儿，就直截了当地命令说：

“你带上半个连。就去抄他们的后路！”

格里高力带着哥萨克离了阵地，在洼地里上了马，飞快地朝村子跑去。

哥萨克们每人打了有两夹子子弹，就停住不打了。红军都卧倒了。机枪不住气地嗒嗒响着。马尔丁·沙米尔那匹白腿的马被流弹打伤，从看马人的手里挣了出去，狂奔起来，越过鲁别仁村哥萨克的阵地，朝坡下红军的阵地奔去。一排机枪子弹打在马身上，那马高高地撅起屁股，拼足劲儿跳了一下，就栽倒在雪地上。

“打机枪手！”阵地上传着彼特罗的命令。

大家都在瞄准。开枪的只是一些老练的射手，而且也打中了：上柯里夫村一个很不起眼的小个子哥萨克，一枪一个，一连打死了三个机枪手，于是枪筒子里还翻滚着热水的“马克辛”哑了。但是一批新的机枪手接替了阵亡的机枪手。机枪又嗒嗒响了起来，撒播着死亡的种子。齐射也是接连不断。哥萨克们已经很不好受了，往雪里越钻越深。安尼凯已经贴到土上，还在不住地出洋相。他的子弹打光了（他那生了绿锈的弹夹子里总共只有五发子弹），他偶尔从雪里探出头来，嘴里发出一种声音，很像土拨鼠受惊时发出的尖叫声。

“啊呦呦！……”安尼凯一面学土拨鼠叫，一面带着开玩笑的神气朝阵地上望着。

在他右面的司捷潘·阿司塔霍夫笑得流出了眼泪,在他左面的“小牛皮大王”安季普气得骂了起来:

“算啦,混蛋!偏要在这种时候开玩笑!”

“啊呦呦!……”安尼凯转过身来朝着他,瞪圆了眼睛,装出很害怕的样子。

红军的炮兵连大概是炮弹不多了:打了三十来发之后,就不打了。彼特罗焦急地朝后面、朝高地的脊上看了看。他已经派两个传令兵到村子里去,叫村子里所有的成年人都带上叉子、长矛、镰刀到高地上来。他想吓唬吓唬红军,也要列成三道散兵线。

不久,密密麻麻的人群就在高地的脊上出现,并且朝坡下拥来。

“瞧吧,黑老鸹出来啦!”

“全村的人都上阵啦。”

“好像还有老娘儿们哩!”

哥萨克们你一句、我一句地叫着,笑着。没有人打枪了。红军那方面也只有两挺机枪在响着,再就是偶尔来一阵齐射。

“真可惜,他们的大炮不响啦。要是朝娘子军开上一炮,那就热闹啦!她们一定会拖着尿湿的裙子往村子里跑!”一条胳膊的阿列克塞开心地说,看样子,他因为没有看到红军朝妇女们打一炮,实在觉得可惜。

人群渐渐走齐了,渐渐散了开去。不一会儿,他们就摆成两道宽宽的散兵线。停了下来。

彼特罗不准他们进入射程以内,不准靠近哥萨克的阵地。不过,单是他们的出现就对红军发生了明显的影响。红军的队伍开始后退，退往盆地的底部。彼特罗同几个连长简单地商量了一下，就把右翼叶兰乡哥萨克的两道散兵线撤下来，让他们骑上马往北，朝顿河上开去，到那里去支援格里高力的袭击。两个连就让红军眼看着在红土沟那边排好队伍，朝顿河开去。

又对着正在后退的红军散兵线打起枪来。

这时候，从妇女、老头子、半大孩子组成的“后备队”里跑出几个大胆的妇女和一群孩子，来到前沿阵地上。妲丽亚也跟着跑来了。

“彼佳，让我对红军放一枪吧！我会使枪嘛。”

她真的拿起了彼特罗的卡宾枪；她跪下一条腿，像男子一样，把枪托子牢牢地抵在胸脯上面窄窄的肩膀上，放了两枪。

“后备队”都冻坏了，又跺脚，又跳，又擤鼻涕。这两道散兵线摇来晃去，就像被风吹的。妇女们的脸和嘴都发了青，寒气毫无礼貌地往肥大的裙子底下直钻。那些衰老的老头子简直冻僵了。其中有很多人，包括格里沙加爷爷在内，都是由别人搀着从村子里爬到这陡峭的土坡上来的。但是来到这四面受风的高地上，冷风一吹，又听到远处的枪声，老头子们的精神倒是振作起来了。他们在阵地上絮絮叨叨地谈起以前的一些战争和战役，又说目前这一次战争很不好，哥哥跟弟弟打仗，老子跟儿子打仗，大炮老远就打起来，远得叫人用肉眼都看不见……

三十三

格里高力带领半个连很顺利地袭击了后阿穆尔团的一支辎

重队。八名红军全被砍死。缴获了四大车弹药和两匹战马。他这半个连里只损失了一匹战马，还有一个哥萨克受一点轻微的擦伤。

但是就在格里高力满怀胜利的喜悦，大模大样地带着截获的辎重，顺着顿河往回走的时候，高地上的战斗已经接近结束了。后阿穆尔团的一支骑兵连，早在战斗开始之前，就出发去绕远路进行包抄，绕了一个十俄里的大圈子之后，突然出现在高地后面，对看守马匹的人发动了袭击。霎时间乱成了一团。看守马匹的人带着马匹纷纷从红土沟里面飞跑出来，有些哥萨克快步接过了战马，其余的哥萨克头上已经闪烁起后阿穆尔人的刀光。许多没有武器的看守马匹的人放掉了马匹，四散奔逃。步兵队的哥萨克因为怕打到自己人，都不敢开枪，于是就像从口袋里倒出来的豆粒儿似的，纷纷滚进沟里，爬到沟那边，乱跑起来。骑兵队的哥萨克（他们占大多数），凡是抓到战马的，都争先恐后地朝村子里奔走，看“谁的马快”。

起初，彼特罗一听见喊叫声，就转过头来，看见有骑兵拉成阵势朝看守马匹的人冲来，就发出口令：

“上马！步队！拉推舍夫！翻过沟去！……”

但是他没有来得及骑自己的马。他的马是一个叫安得留什卡·别司贺列布诺夫的年轻小伙子看着。安得留什卡正骑着一匹马飞速地朝彼特罗跑来；彼特罗的马和菲多特·包多甫斯柯夫的马都在他的右边并排跑着。但是有一个身穿敞怀的黄色皮夹克的红军斜刺里朝安得留什卡冲过来，抡起刀朝肩膀上砍来，并且大喊了两声：

“你这狗崽子，我宰了你！……”

但是安得留什卡很走运，他的肩膀上背着一支步枪。马刀没有砍到安得留什卡那围着白围巾的脖子，而是砍到了枪筒子上，当啷一声，那马刀从红军手里飞了出去，在空中画了一个老大的弧形。安得留什卡骑的那匹发了性子的马往旁边一闪，狂跑起来。彼特罗的马和包多甫斯柯夫的马也都跟着跑走了……

彼特罗哎呀了一声，待了一会儿，脸煞白煞白的，一下子满脸都是汗。他往后看了看：有十来个哥萨克正朝他跑来。

“完啦！”包多甫斯柯夫喊道。他吓得脸色都变了。

“大家都到山沟里去！弟兄们，到山沟里去！”

彼特罗定了定神，头一个跑到山沟跟前，顺着三十丈的陡坡往下滚去。他的皮袄挂了一下，从上面的口袋一直撕到前襟的底边，他爬起来，像狗一样抖搂了一下身子，把身上的雪抖了抖。哥萨克们也都奇形怪状地翻着跟头，打着滚儿，纷纷从上面滚了下来。

一会儿工夫，他们十一个人都滚了下来。加上彼特罗，一共是十二个人。上面还是一片枪声、呐喊声、马蹄声。可是滚到沟底来的哥萨克都在呆呆地掸着帽子上的雪和沙土，有的还揉着碰疼的地方。马尔丁·沙米尔拔出枪栓来，吹了吹枪膛里的雪。一个姓马内次柯夫的小伙子，是已经去世的村长的儿子，吓得浑身直哆嗦，脸上还流着一道一道的眼泪。

“怎么办啊？彼特罗，带我们走吧！眼看是死啦……往哪儿去呀？啊呀，要把咱们打死呀！”

菲多特咬了咬牙，顺着沟底往下，朝顿河上跑去。

其余的人也像羊群一样，都跟着他跑起来。

彼特罗好不容易把他们喊住：

“站住！咱们来商量商量……别跑！他们会开枪的！”

他领着大家走到沟边红土崖上被水冲出的一道槽子底下，他在表面上尽量保持着镇定，结结巴巴地说出自己的主意：

“不能往下面走。咱们跑得再远，他们也追得上……就待在这儿好啦……分散到几道槽子里去……三个人可以到那边去……咱们可以还枪！……在这儿能撑持过去……”

“咱们完啦！叔叔大爷们！行行好，你们放我走吧！……我不愿意……不想死呀！”早就在哭的白眉毛的小伙子马内次柯夫忽然又叫了起来。

菲多特忽闪了一下加尔梅克型的眼睛，猛然使劲照马内次柯夫的脸上打了一拳。

小伙子的鼻子里一下子涌出血来，脊梁撞到沟壁上，撞得黄土哗哗地往下落，他总算没有跌倒，不过他不再叫了。

“怎么还枪呢？”沙米尔抓住彼特罗的胳膊，问道。“有多少子弹呢？没有子弹啦！”

“他们会扔手榴弹的。咱们完啦！”

“那又该怎么办？”彼特罗的脸色忽然变得铁青，胡子下面的嘴唇上冒起白沫。“卧倒！……听我的，还是听谁的？谁不听，我枪毙！”

他真的拿起手枪在哥萨克们的头上晃了晃。

他轻轻的喝叫声好像激发了他们的士气。包多甫斯柯夫、沙米尔和另外两个人跑到山沟的对面，在一道槽子里卧倒下来，其余的人都和彼特罗在这一边分别卧倒下来。

春天，红红的山水翻滚着大大小小的石块，冲刷着沟底，冲得红土一层一层地往下掉，在沟壁上冲出许多槽子和涵洞。哥萨克们就躲在这里面。

“小牛皮大王”安季普端着步枪，弯着腰站在彼特罗身边，像说梦话一样小声说：

“司潘捷·阿司塔霍夫抓住自己的马尾巴……跑掉啦，我没有跑掉……步兵也不管咱们……伙计们，咱们完蛋啦！……实在话，咱们全完啦！……”

上面传来奔跑的脚步声。雪粉和碎土纷纷往山沟里落。

“他们来啦！”彼特罗小声说着，抓住安季普的袖子，但是安季普使劲把手抽了出去，拿指头按住枪机，朝上面望着。

上面却没有一个人到沟沿上来。

上面传来说话声和吆喝马的声音……

“他们在想点子呢，”彼特罗在心里说，好像身上的毛孔一下子全都大张开来，汗水又顺着脊梁、胸口和脸哗哗流了下来……

“喂，你们听着！快爬上来！反正你们跑不掉！”上面有人喊起来。

一股更浓的雪粉落进沟里，就像是一股白白的奶汁。看样子，有人走到沟沿上来了。

上面又有一个人的声音很肯定地说：

“他们是跑到这儿来啦，这儿有脚印呢。再说，我亲眼看见的嘛！”

“彼特罗·麦列霍夫！出来！”

彼特罗盲目地高兴了一阵子，高兴得浑身热辣辣的。“红军里怎么会有人认识我呢？这是自己人！他们把红军打跑啦！”但是他马上就轻轻哆嗦起来，因为那个声音又说话了：

“我是柯晒沃依·米沙。劝你们乖乖地投降。反正你们跑不掉啦！”

彼特罗擦了擦汗津津的额头，手掌上留下了红红的血和汗的印子。

有一种奇怪的、近似昏迷的淡漠感悄悄来到他的心里。

他猛然又听见包多甫斯柯夫的喊声：

“你们要是答应把我们放了，我们就出去。要是不答应，我们就和你们拼了！来吧！”

“我们放……”上面沉默了一会儿之后，有人回答说。

彼特罗费了很大的劲儿才摆脱了昏沉状态。他觉得这“放”字里面有一种无形的狞笑意味。他低沉地喊了一声：

“回来！”但是已经没有人听他的了。

除了还躲在涵洞里的安季普以外，哥萨克们都攀住能踏脚的地方，爬到上面去了。

彼特罗是最后一个爬上去的。生命就像怀在女人肚子里的小孩子那样，顽强地翻腾着。他因为怀着自卫的心情，所以一面顺着陡坡往上爬，一面还想象着怎样开枪。他的眼睛发乌，心胀得塞满了胸膛。他又闷又难受，就像小时候做噩梦那样。他扯掉军便服的纽扣，撕开肮脏的衬衣领子。汗水流进他的眼睛，他的两手在冰冷的沟坡上乱抓。他哼哧哼哧地爬到了沟边一块踩得平平的雪地上，把步枪往自己脚下一扔，举起手来。比他早爬上来的哥萨克们都挤成了一堆。米沙·柯晒沃依,还有几个骑马的红军,都离开一大群后阿穆尔团的步兵和骑兵,朝他走来……

米沙对直地走到彼特罗跟前,眼睛看着地面,低声问道:

"你不打啦?"等到回答过,他仍然看着彼特罗的脚下,问道:"是你指挥的吗?"

彼特罗的嘴唇哆嗦起来。他的一只手软软地、十分吃力地举到汗津津的额头上。米沙那弯弯的长睫毛抖动起来,那发烧烧烂了的肿胀的上嘴唇噘了起来。米沙浑身抖得厉害,好像就要站不住,就要跌倒了。但是他猛地一下子抬起眼睛,对直地看着彼特罗,用异样的目光盯住他的瞳仁,急匆匆地说:

"把衣服脱了!"

彼特罗连忙脱下皮袄,很小心地卷起来,放在雪地上;摘下皮帽子,解下皮带,脱下绿色军便服,又坐到皮袄的襟上,脱起靴子来,脸色一会儿比一会儿白。

伊万·阿列克塞耶维奇跳下马,从旁边走过来,望着彼特罗,咬紧了牙齿,生怕哭出来。

"衬衣别脱啦,"米沙小声说;他哆嗦了一下,忽然又尖声叫道:"你给我快点儿!……"

彼特罗忙乱起来,把脱下来的毛袜子团了团,塞到靴筒里,直起身子,抬起光光的、被雪映照成橙黄色的双脚,从皮袄上走到雪地上。

"亲家!"他微微咕哝了一下嘴唇,唤了伊万·阿列克塞耶维奇一声。伊万·阿列克塞耶维奇一声不响地看着雪在彼特罗的光脚丫子下面慢慢融化。"伊万亲家,你是我的小孩子的干爹……亲家，别杀我呀！”彼特罗央求说，等他看到米沙已经举起手枪，对准了他的胸膛，他就睁大了眼睛，好像要看看一样耀眼的东西似的，并且就像在跳跃之前那样，把头缩进了肩膀。

他没有听见枪声，就像被人猛推了一下似的，仰面倒了下去。

他恍惚中感觉到，米沙那只伸出来的手抓住了他的心，一下子把他心里的血全都挤了出来，彼特罗使足了这一生中最后的力气，好不容易把贴身衬衣的领口敞了开来，露出左边奶头下的弹孔。血从弹孔里慢慢往外渗了一会儿，后来，等到冲开缺口，一股股黏糊糊的黑血就哧哧地向上冒起来。

三十四

黎明时候，派往红土沟方面去的侦察队回来报告说，直到叶兰乡的边界，都没有发现红军，又说，彼特罗·麦列霍夫和十个哥萨克都死在沟沿上了。

格里高力吩咐过派爬犁去把打死的人拉回来，就到贺里散福家里去过夜。家里几个娘儿们对死者又哭又念叨，妲丽亚一个劲儿地哭号，他听着实在受不了。他在贺里散福家的烤炉旁边一直坐到天亮。他拼命地抽了一阵烟，并且，好像害怕自己单独想心思，害怕想念彼特罗似的，又慌不及待地抓起烟袋，一面吞吸着呛人的烟气，一面跟昏昏欲睡的贺里散福说着闲话。

天亮了。早晨就开始化冻。到十点钟，到处是牲口粪的大路上就出现了一个个的水洼儿。屋檐上哗哗地滴着水。几只公鸡感觉到春天来临，大声啼叫起来，不知什么地方有一只母鸡，就像在酷暑的中午那样,很孤单地咯哒咯哒叫着。

老牛在院子里向阳的地方晒着太阳,在篱笆上蹭着痒痒。风吹得春天脱落的牛毛从褐色的牛背上直往下落。到处可以闻到辛香而清新的融雪气息。在贺里散福家的大门旁边,有一只黄肚皮的小山雀儿在光秃秃的苹果树枝上蹦来蹦去,啾啾地叫着。

格里高力站在大门口,等待爬犁从高地上回来,不自自主地把山雀的叫声翻译成从小就熟悉的语言。"磨犁！磨犁！"在这种融雪的日子,山雀就是这样高高兴兴地叫的;到天要冷的时候,格里高力知道,山雀就改变腔调,用的是急促的调门儿,好像是在劝告人:"穿靴子！穿靴子！"

格里高力把目光从大道上移到蹦蹦跳跳的山雀身上。那山雀还在叫着:"磨犁！磨犁！"格里高力无意中想起小时候他和彼特罗一起在草原上放火鸡的情形。那时候彼特罗头发淡白色,翘鼻子总是脱皮,他非常会学火鸡叫,还会把火鸡的叫声翻译成很好玩儿的儿童语言。他常常惟妙惟肖地模仿生了气的火鸡的叫声,尖声尖气地说:"都有靴子,就我没有！都有靴子,就我没有！"并且马上又瞪起两只小眼睛,弯起胳膊,像老火鸡那样侧歪着身子走起来,一面嘟哝着:"咕儿！咕儿！咕儿！咕儿！咱们到集上给淘气鬼买一双靴子！"这时候格里高力笑得十分开心,要他再学学火鸡说话,央求他表演表演,小火鸡在草棵里发现了稀奇的小东西,如小铁片、小布片之类,是怎样急得直叫的……

街口上出现了打头的一架爬犁。一个哥萨克在旁边走着。在第一架爬犁之后,又出现了第二架,第三架。格里高力擦去眼泪,敛去浮上心头的往事引起的微微的笑容,急急忙忙朝自己家的大门口走去:他想在这最可怕的时刻拦住悲痛欲绝的母亲,不让她到拉着彼特罗的尸首的爬犁跟前去。在头一架爬犁旁边走的是光着头的阿列克塞·沙米尔。他用那半截胳膊把皮帽子按在胸前,用右手握着马尾编成的缰绳。格里高力的目光没有在阿列克塞的脸上停留,便移到爬犁上面。那麦秸垫子上,仰面躺的是马尔丁·沙米尔。脸上、草绿色军便服的胸前和瘪下去的肚子上都沾满了凝结起来的血块子。第二架爬犁拉的是马内次柯夫。他那砍坏的脸扎在麦秸里。他的头好像是冻得缩进了肩膀;很漂亮的一刀,把后脑勺削得干干净净,一绺绺黑发,就好像给露出来的头盖骨镶上的穗头儿。格里高力又看第三架爬犁。他没有看出死者是谁,但是他看到了一条胳膊和像黄蜡一样的、被烟熏得焦黄的手指头。这条胳膊从爬犁上耷拉下来,用死前弯起来画十字的手指头划着融化的雪。这个死者穿着靴子和军大衣,连帽子也放在胸前。格里高力拉住第四架爬犁的马的笼头,很快地把爬犁拉进了自家的院子。不少街坊、小孩子和娘儿们都跟着跑了起来。在台阶旁边围了一大群人。

“看吧,这就是我们的好汉子彼特罗·潘捷莱耶维奇!闯荡了好多年。”有人小声说。

司捷潘·阿司塔霍夫光着头走了进来。格里沙加爷爷和另外三个老头子不知怎么也来了。格里高力茫然失措地四面望了望。

“咱们抬到屋里去吧……”

赶爬犁的人正要去抓彼特罗的两腿,但是这时候人群一声不响地闪到两旁,恭恭敬敬地给从屋里走出来的伊莉尼奇娜让开路。

她朝爬犁上看了看。死人般的灰白颜色像一条带子一样出现在她的额头上，又遮住了鼻子和两颊，然后又移到下巴上。浑身直哆嗦的潘捷莱·普罗柯菲耶维奇搀住她的胳膊。头一个放声大哭的是杜尼娅，一下子村子里四面八方都响应起来。披头散发、哭肿了眼睛的妲丽亚砰地把门一推，跑了出来，一下子扑倒在爬犁上。

“彼求什卡！彼求什卡，亲人呀！你起来呀！起来呀！”

格里高力的眼里一阵黑。

“闪开，妲丽亚！”他昏昏沉沉地、粗野地大叫起来，并且使劲推了一把妲丽亚的胸膛。

她倒在雪堆上。格里高力很快地抓住彼特罗的两条胳膊，赶爬犁的人也抓起光光的脚踝骨，但是妲丽亚四肢着地跟着他们朝台阶上爬去；抓住丈夫那直僵僵的手，拼命亲着。格里高力用脚把她蹬开，觉得自己再有一会儿也要失去控制了。杜尼娅使劲拉开妲丽亚的手，把她那昏迷过去的头搂到自己怀里。

* * *

厨房里静得一点声息都没有。彼特罗躺在地上，显得出奇的小，好像全身都干瘪了似的。他的鼻子变尖了，小麦色的胡子变黑了，脸绷得紧紧的，显得漂亮了。两条光光的、毛烘烘的小腿从裤腿里伸了出来。尸体慢慢地在融化，尸体下面已经有一小片红红的水洼儿。夜里冻僵的尸体融化得越厉害，血的咸味和像矢车菊一样甜津津的死尸气味越发浓烈。

潘捷莱·普罗柯菲耶维奇在敞棚底下刨板子做棺材。家里几个女的都在上房里，照应着还没有苏醒过来的妲丽亚。偶尔从上房里传来尖尖的、歇斯底里的哭声，后来娃西丽萨姨妈跑来吊丧，她的哭声哇啦哇啦的，像小河的流水。格里高力坐在哥哥对面的大板凳上，卷着烟卷，望着彼特罗那四边已经发了黄的脸，望着他的手和那发了青的圆指甲。在他和哥哥之间已经出现了很强烈的疏远冷漠感。彼特罗现在已经不是自家人，而是一位住不久的客人，已经到分手的时候了，现在他躺着，心平气和地把脸蛋子贴在土地上，好像在等待什么，小麦色的胡子下面还带着安静而神秘的微笑。可是明天，他的妻子和妈妈就要送他入土了。

傍晚时候，妈妈就给他烧了三锅温水，妻子拿来干净衬衣、最好的裤子和制服上衣。格里高力他这个同胞弟弟就要和父亲一起给他擦洗已经无知无觉、再也不怕裸露的身体。再给他穿得整整齐齐，将他抬到灵床上，然后妲丽亚就要走过来，把当初他们在教堂里围着经台绕圈子的时候，给他们两个照亮的蜡烛，放进昨天还拥抱过她的那双冰冷的大手里——哥萨克彼特罗·麦列霍夫这就诸事齐备，准备上路，准备一去不回，永远不再回到自己家里来了。

“你要是死在普鲁士，比死在这儿，死在妈妈眼前，好多啦！”格里高力带着责备的心情，在心里对哥哥说；他朝尸首看了一眼，脸忽然一下子白了：彼特罗的腮上有一滴眼泪朝着耷拉下来的小胡子滚去。格里高力吓得跳了起来，但是他仔细看了看，就轻松地叹了一口气：那不是死人的眼泪，那是融化了的鬈发上落下来的一滴水，落在彼特罗的额头上，又在腮上慢慢地滚着。

三十五

上顿河州联合暴动军司令任命格里高力·麦列霍夫为维奥申团团长。格里高力率领十个哥萨克连向卡耳根镇出发。司令部命令他无论如何要打垮李哈乔夫那支队伍,并且把他们赶出州界以外,同时还要把坐落在旗尔河边的卡耳根乡和博柯夫乡的一些村庄全部发动起来。

三月七日,格里高力带着哥萨克们出发。高地上的雪已经化了不少,露出一片片的黑土,格里高力在这里站下来,让十个连队到自己前面去。他拉紧缰绳,勒着发了性子的马,微微弯着腰,侧歪着身子站在大道旁边,顿河边各村的哥萨克连成纵队从旁边一一开过:巴兹基村连,白山村连,奥里山村连,梅尔库洛夫村连,大雷村连,谢苗诺夫村连,大鱼村连,水村连,天鹅村连,叶里克村连。

格里高力用手套捋着黑黑的小胡子,抽动着鹰鼻子,扬起两道浓眉,用忧郁而沉重的目光看着每一支连队开过。许许多多的马蹄扑哧扑哧地搅动着褐色的水雪。许多熟识的哥萨克在走过时,都对格里高力笑着。他们的头顶上都缭绕和飘荡着黄黄的烟气。马身上都冒着热气。

格里高力跟上最后一个连。走了有三俄里,一支侦察队迎住他们。率领侦察队的一个中士飞马来到格里高力跟前。

"红军正顺着大道往楚卡林方面退呢!"

李哈乔夫的那支队伍没有迎战。但是格里高力派出三连哥萨克去包抄，自己率领其余的人马猛攻上去，因此红军把车辆和弹药箱全扔在了楚卡林。在楚卡林的出口处，李哈乔夫的炮兵连陷到了一座破败的教堂旁边的小河里。驭手们砍断手套，骑上马，穿过树林子，逃往卡耳根镇去了。

从楚卡林到卡耳根这十五俄里的路上，哥萨克没有遇上什么战斗。右侧，敌方的侦察队在亚辛诺夫卡村外曾经对维奥申的侦察队开过枪。但是开过几枪就跑掉了。哥萨克们已经在开着玩笑说："可以一口气到诺沃契尔卡斯克啦！"

缴获了一个炮兵连的大炮，格里高力非常高兴。"连炮栓都来不及破坏呢。"他在心里十分轻蔑地说。他们用牛把陷在河里的大炮拉了出来。马上就从各个连队里挑选出炮手。大炮用加倍的马拉着走：六对马拉一门炮。还派了半个连掩护炮兵连。

黄昏时候攻进了卡耳根镇。俘虏了一部分李哈乔夫的队伍，缴获了最后的三门大炮和九挺机枪。其余的红军和卡耳根的革命军事委员会委员一起，匆匆忙忙地穿过一些村庄，逃往博柯夫镇方面去了。

下了一整夜的雨。到早晨，洼地里和土沟里都积满了水。道路很难通行了：每一个水洼都是陷坑。雪浸满了雨水，不住地往地面上塌落。马直往泥里陷，人累得直跌跤。

格里高力派出两个连，由巴兹基村的叶尔马柯夫·哈尔兰皮少尉率领着，去追击退却的红军。他们在相连着的拉推舍夫村和维斯罗古佐夫村里抓住近三十个掉队的红军；第二天早晨，把他们带回卡耳根镇上。

格里高力就住在当地大财主卡耳根家的大房子里。把俘虏赶进了他住的院子。叶尔马柯夫走进格里高力的房里，打过招呼，就说：

“抓了二十七名红军。传令兵把马给你牵来啦。怎么，你马上要出去吗？”

格里高力扎好军大衣的皮带，对着镜子梳了梳从帽子里耷拉下来的头发，这才朝叶尔马柯夫转过身来。

“咱们走。马上就去。到广场上开过群众大会，就出发。”

“还等你开群众大会呢！”叶尔马柯夫耸了耸肩膀，笑着说。“他们不用开群众大会就都上马啦。瞧，那不是！这来的可不是咱们维奥申乡人。”

格里高力朝窗外望去。有几个连队，排得整整齐齐，四个人一列，朝这边开来。哥萨克们个个精神抖擞，一匹匹战马又高又壮。

“这是哪儿的？他们是从他妈的哪儿来的呢？”格里高力边跑边挂马刀，一面兴高采烈地嘟哝说。

叶尔马柯夫在大门口追上了他。

最前面的一个连的连长已经来到大门外。他恭恭敬敬地行了个军礼，不敢伸手给格里高力。

“您是麦列霍夫同志吗？”

“我就是。你们是哪儿的？”

“请接收我们吧。我们要加入您的部队。我们连是昨天夜里成立起来的。我们这个连是李霍维多夫村的，另外两个连有一个是格拉乔夫村的，还有一个是阿尔希波夫村和瓦西列夫村的。”

“把哥萨克们带到广场上去吧。马上要在广场上开大会。”

传令兵(格里高力叫普罗霍尔·泽柯夫当他的传令兵)给他把马带过来,甚至还给他抓稳了马镫。叶尔马柯夫特别灵活,几乎连鞍头和马鬃都没有碰,那像铁一样的干瘦的身子向上一翻,就上了马鞍,一面习惯地撩着搭在马鞍上的军大衣开襟,一面走过来,问道:

"俘虏怎么处置?"

格里高力抓住他的大衣纽扣,探过身子,凑到他跟前。格里高力的眼睛里闪烁着红红的火花,但是小胡子底下的嘴巴却在笑着,虽然那是一种狞笑。

"派人把他们送到维奥申去。明白吗?叫他们不要过那座土冈!"他用鞭子朝镇外一座沙土冈指了指,就朝广场走去。

"这是替彼特罗向他们讨还的头一笔债。"他一面放马大跑,一面在心里说,并且无缘无故地在马屁股上狠狠抽了一鞭,抽起一道鼓鼓的白印子。

三十六

从卡耳根向博柯夫进发的时候,格里高力手下已经有三千五百人了。司令部和州执行委员会不断地派通信兵追着他传送命令和指示。司令部的一位委员在一封私人信里,很委婉地向格里高力请求说:

敬爱的格里高力·潘捷莱耶维奇同志!我们听到一些不很可靠的消息,好像你在残酷地杀害被俘虏的红军。听说遵照你的命令，把哈尔兰皮·叶尔马柯夫在博柯夫附近俘虏的三十名红军砍了，就是说，把他们都杀死了。在这些俘虏当中，据说有一名委员，这正是我们非常需要的人，我们可以从他嘴里获悉他们的实力。亲爱的同志，请你取消不留俘虏的命令吧。这样的命令对我们是极其有害的，而且哥萨克好像都在抱怨这种残酷的做法，害怕红军也要杀害俘虏，焚烧咱们的村庄。俘虏的指挥人员，也要活着送来。我们可以在维奥申或者在嘉桑慢慢收拾他们，你就像普希金的历史小说里的塔拉斯·布尔巴[①]那样，率领自己的部队前进吧，要横扫一切，还要把哥萨克发动起来。你要慎重行事，不要杀俘虏，要把俘虏送给我们。这对我们的好处，已在上面说了，祝你诸事顺遂。我们向你致敬，静候你的捷报。

格里高力没有看完这封信，就把信撕碎，扔到马蹄下。

他又看库金诺夫给他的命令：

立即向南方，向克鲁钦基—阿司塔霍沃—格列克沃一线发动攻势。司令部认为必须和士官生的战线联合起来。否则，敌人会包围我们，打垮我们。

格里高力也没有下马，就写了几句回答库金诺夫：

我向博柯夫进军，追击逃敌。我不去克鲁钦基，我认为你的命令没有道理。我上阿司塔霍沃去追谁？那儿除了风和南蛮子，什么人也没有。

①果戈理小说《塔拉斯·布尔巴》里的主人公。这里说成是普希金小说里的人物，是表示写信人的无知。

他和叛军总部之间正式的公文往来到这里就结束了。他把手下的连队分成两个团，就带领这支队伍朝着跟博柯夫搭界的康柯夫村开去。格里高力又是一连三天节节取胜。攻占了博柯夫之后，他又自担风险，向克拉斯诺库特进军。他粉碎了一支拦路的小股部队，但是没有下命令杀俘虏，把俘虏送到了后方。

三月九日，他已经率领两个团来到一个叫契司佳柯夫的大村庄。这时候，红军指挥部已经感觉到从后方来的威胁，就调了几团人马和几个炮兵连来镇压叛乱。红军开到契司佳柯夫村附近，就和格里高力的两个团接了火。打了有三个钟头。格里高力害怕被包围，就撤出阵地，朝克拉斯诺库特方面移动。但是在三月十日早晨的战斗中，维奥申的哥萨克被霍派尔的哥萨克红军打得很惨。顿河两岸的哥萨克在战场上相遇，来来回回地冲杀，毫不留情地拼搏，格里高力在战斗中失去了战马，腮帮子也被砍伤了，便带着两个团撤出战场，退回博柯夫。

晚上，他审问了一个被俘的霍派尔州的哥萨克红军。这个不算年轻的红军是捷别金乡的哥萨克，白眉毛，窄胸脯，军大衣的翻领上缝着红绦。他回答问题很痛快，但是笑得很勉强，有点儿不自在。

“昨天参加战斗的是哪几个团？”

“有我们第三哥萨克团，也叫斯捷潘·拉辛团。这个团里差不多全是霍派尔州的哥萨克。再就是第五后阿穆尔团、第十二骑兵团和第六姆岑斯克团。”

“是谁当总指挥？听说是吉克维捷①指挥的，是吗？”

“不是的，这支混合部队是多姆尼奇同志指挥的。”

“你们的弹药很多吗？”

“多极啦！”

“大炮呢？”

“好像有八门。”

“你们这个团是从哪儿调来的？”

“从卡敏乡的几个村子里。”

“他们说明调你们上哪儿去的吗？”

那个哥萨克迟疑了一下，但还是回答了。格里高力很想了解一下霍派尔人的人心。

“哥萨克们都是怎样说的？”

“都说不愿意来……”

“你们团里都知道我们为什么起义吗？”

“打哪儿知道呢？”

“那你们为什么不愿意来呢？”

“你们也是哥萨克呀！打仗都打厌啦。我们跟着红军，跟到现在啦。”

“你是不是可以在我们这儿干呢？”

那个哥萨克耸了耸窄窄的肩膀。

“随您怎样吧！我不愿意干……”

---

①吉克维捷·瓦西里·伊西多洛维奇（一八九四——一九一九）是革命家，布尔什维克，师长，国内战争中的英雄。一九一九年二月十一日，在作战中牺牲。——作者注

“好，你走吧。我们放你回家看老婆去……大概想老婆了吧？”

格里高力眯起眼睛，看了看朝外走的哥萨克的背影，唤了一声普罗霍尔。他抽起烟，半天没有作声。后来走到窗前，背朝普罗霍尔站着，很平静地吩咐说：

“告诉弟兄们，把刚才我审问的这个人悄悄带到花园里去。哥萨克红军我一个不留！”格里高力用磨圆的靴后跟一转，猛地转过身来。“马上把他干掉……去吧！”

普罗霍尔走了出去。格里高力折着窗台上的天竺葵的脆枝儿，站了一会儿，后来快步走到台阶上。普罗霍尔正在小声跟坐在仓房边晒太阳的几个哥萨克说话。

“把俘虏放了吧。叫人给他开一个路条。”格里高力也不看他们，说完，就回到房里，在一面旧镜子前面站下来，莫名其妙地摊了一下双手。

他自己也不明白，他为什么要出去吩咐把俘虏放掉。刚才他嘴里笑着说“我们放你回家看老婆去……走吧”，而心里知道自己马上就要唤普罗霍尔，吩咐把霍派尔人带到花园里干掉的时候，他还感到有一种幸灾乐祸的心情，似乎还非常得意呢。

他对自己的怜悯心有点儿气恼——这不是本能的怜悯心，又是什么闯入他的心中，叫他把敌人放掉呢？同时他又感到轻松愉快……这究竟是怎么回事儿呢？他自己也弄不清楚。尤其奇怪的是，昨天他还亲口对哥萨克们说过这样一番话呢：“庄稼佬是敌人，现在跟着红军干的那些哥萨克，更是双重的敌人！对付这样的哥萨克，就像对奸细一样，办法很简单：问上个三言两语，就送上鬼门关。”

格里高力就怀着这种无法解释、惴惴不安的矛盾心情和突然感到自己干的事不对的心情，离开自己住的房子。有人来见他了，来的是旗尔团的团长，是一个高大的阿塔曼团的哥萨克，脸盘小小的，平平常常，毫无惊人之处，和他一起来的还有两个连长。

“又有援军开到啦！”这位团长笑着报告说。“从纳波洛夫，从亚布隆河上，从古森卡又来了三千骑兵，另外还有两连步兵。你把他们安排到哪儿呀，潘捷莱耶维奇？”

格里高力佩带好从李哈乔夫身上缴来的匣子枪和漂亮的军用包，就走了出来。太阳晒得暖洋洋的。天空像夏天那样高，那样蓝，一朵朵像羊羔皮一样的白云，像夏天那样向南方飘去。格里高力把所有的指挥官都召集到胡同口上来开会。来了有三十来个人，坐在一段歪倒的篱笆上，有一个烟荷包在大家手里传起来。

“咱们下一步怎么办呢？怎样来打垮把咱们从契司佳柯夫村赶回来的那几个团呢？走哪一条路线呢？”格里高力问，并且顺便说了说库金诺夫的命令的内容。

“他们有多少人马？从俘虏口里问出来了吗？”沉默了一会儿，有一个连长问道。

格里高力报了报敌方几个团的番号，又大致地说了说敌方的火力配备。大家都没有说话。在会上说话是不能不加考虑、乱说一气的。格拉乔夫村的连长就这样说：

“麦列霍夫，稍微等一会儿！让我们想一想。这不是随口说一说的事。不能乱说。”

后来还是他第一个发言。

格里高力仔细听大家的发言。大多数人的意见是，即使进展顺利，也不要突进得太远，要进行防御战。可是，有一个旗尔人激烈地拥护暴动军司令部的命令，说：

“咱们用不着在这儿磨蹭。让麦列霍夫领着咱们打到顿涅茨去。你们怎么，都昏了头吗？咱们是一小堆，人家是整个的俄罗斯。咱们怎么能撑得住呢？人家一来打，咱们就完啦！应该冲出去！咱们的子弹虽然很少，但是还可以搞到嘛。应当来一次袭击！你们拿主意吧！”。

“不管老百姓啦？把妇女、老头子、小孩子放到哪儿去？”

“让他们待在家里好啦！”

“你的脑袋瓜儿真聪明，不过装在糊涂蛋脖子上啦！”

坐在篱笆边上的几个连长，本来都小声谈论着即将开始的春耕，还谈论着，如果要往外冲的话，家里的活儿又叫谁来干，现在听了旗尔人的话，都哇啦哇啦大叫起来。这个会一下子就像村民大会那样闹哄起来。纳波洛夫村的一个上了年纪的哥萨克的嗓门儿比别人都高：

“我们可不离开自己的家门口！我首先要带上自己的连队回村子里去！要打，就在家门口打，犯不着去救别人的命！”

“你别冲我嚷嚷！我是说说自己的意见，你倒哇哇叫起来啦！”

“毫无道理嘛！”

“叫库金诺夫自个儿上顿涅茨去吧！”

格里高力等到安静下来，对争论的问题说了几句决定性的话：

“咱们就在这儿打！等咱们拿下克拉斯诺库特，就守在那儿！没有别的地方好去。散会啦。都回连队去！马上咱们就开上阵地。”

过了半个钟头，当密密层层的骑兵队伍络绎不绝地顺着大街走去的时候，格里高力委实感到志得意满：他从来还没有统率过这样多的人马呢。但是除了这种虚荣的高兴心情以外，同时又产生了一种很沉重的担惊害怕、烦闷苦恼的心情：他能不能指挥得了呢？他有没有本事统率几千名哥萨克呢？现在他手下已经不是一个连，而是一个师了。掌握几千人的性命，真正为他们负责，他这个没有什么文化的哥萨克恐怕不一定能胜任。“而主要的是：我带着他们去反对谁呢？反对人民……究竟是谁对呢？”

格里高力咬住牙，目送着接连不断地通过的一支支连队。大权在握那种醉人的劲头儿已经衰退了，已经在眼里暗淡下去。剩下的只是担心和苦恼，担心和苦恼压得他受不住，脊背渐渐弯了下去。

三十七

春天来了，一条条河流开冻了。日子一天比一天暖和，绿莹莹的河水越来越响。太阳明显地发了红，那种衰弱无力的黄色渐渐退去。太阳的光芒已经有些刺人，而且有了暖意。中午时候，已经露出来的田地冒着热气，千疮百孔，像鱼鳞一样的积雪亮得耀眼。饱含着清淡的湿气的空气又浓又芳香。

太阳晒得哥萨克的脊背暖洋洋的。鞍垫也晒得暖和和的，潮湿的风吹得哥萨克那棕色的脸湿润润的。有时候风从积雪的山冈上送来一阵凉气。但是温暖渐渐战胜了冬天。马匹春情萌动，格外活跃，脱落的毛纷纷从身上往下掉，马汗也更刺鼻子了。

哥萨克们已经把乱蓬蓬的马尾巴扎了起来。驼毛风帽在哥萨克的背后荡悠着，已经是多余的了，皮帽子下面的额头都汗津津的，穿着皮袄和棉袄已经觉得热了。

格里高力率领队伍在夏天的大道上走着。远处，一架风车后面，红军的骑兵已经摆好了阵势：战斗就在司维里多夫村边展开了。

像格里高力这样，应当是在一旁指挥的，但是他还不会。他亲自率领维奥申的连队作战，用这些连队堵击最危险的地方。因此打起仗来没有统一的指挥。每个团都不是按照事先商定的计划行事，而是按照情况的变化单独行动。

没有战线，这就有可能展开大规模的运动战。

众多的骑兵（格里高力的队伍里大多数是骑兵）是一种很重要的优越条件。格里高力决定利用这一优越条件，用“哥萨克的方法”作战：包抄两翼，突进到后方，破坏辎重，进行夜袭以惊扰和瓦解红军。

但是在司维里多夫村外，他决定用另外一种方式作战：他带上三个连飞马奔赴阵地，让其中一个连留在村边，叫哥萨克们下了马，埋伏在村边树林里，又叫看守马匹的人把马牵到村子里各家院子里以后，便带上其余两个连跑到离风车半俄里的山包上，渐渐地展开战斗。

跟他对阵的是红军的两个多骑兵连。那不是霍派尔的哥萨克,因为格里高力在望远镜里看到的马不是顿河马,个头儿矮矮的,尾巴剪得短短的,哥萨克是从来不剪马尾巴的,不破坏马的自然美。看样子,那不是第十三骑兵团,就是新开到的部队。

格里高力立马山包上,用望远镜观察地势。他骑在马上,总觉得大地分外辽阔,靴尖一踩到马镫上,他就觉得自己有了信心。

他看到,那三千五百名哥萨克组成的褐色长蛇队,正在旗尔河对岸的高地上移动。长蛇队曲曲弯弯,慢慢地往坡上走,往北方,往叶兰乡和霍派尔河口乡的交界线上开去,要到那里去迎击从大熊河口乡攻过来的敌军,援助已经失去战斗力的叶兰乡哥萨克。

格里高力和已经摆好阵势准备冲锋的红军骑兵之间的距离有一俄里半。格里高力按照老样子,急急忙忙地让两个连队散了开来。不是所有的哥萨克都有长矛,但是有长矛的哥萨克都排在第一排,离开后面的人有十来丈远。格里高力跑到第一排的前面,侧着身子站定,抽出马刀。

"小跑前进!"

刚跑了一会儿,他的坐下马一条腿踩在一个被雪盖住的土拨鼠洞里,几乎摔倒。格里高力坐正了身子,脸都气白了,用马刀平着狠狠地打了马一下子。他骑的马是从一个维奥申人手里要来的,是一匹很好的、久经战阵的快马,但是格里高力对这匹马隐隐怀着一种信不过的心情。他知道,两天的工夫,一匹马是跟他处不熟的,再说,他也没有摸清马的脾气和特性——他很怕这匹生马不能明白他的意图,不能像他那匹在契司佳柯夫村外打死的战马那样,缰绳微微一动,马上就明白了。马刀打了一下,那马发了性子，再也不听约束，大跑起来，格里高力心里一阵冰凉，甚至有点儿慌了。“这一下子送我的命啦！”不由地出现了这样可怕的念头。但是这马越跑，越是跑得平稳，越是听从驾驭着它奔跑的手的轻微动作，格里高力也就越有信心，越是冷静。有一小会儿他的目光离开那拉成长长的阵势迎面扑来的敌方骑兵，看了看马脖子。两只红红的马耳朵紧紧地和发狠地竖着，马脖子像伸出来受刑似的，有节奏地轻轻哆嗦着。格里高力在马上挺起身子，深深地往肺里吸了一口气，把靴子往马镫里又伸了伸，回头看了看。不管有多少次他看到拉开了阵势的人马在自己身后轰隆轰隆地飞奔，第一次面对着往上直涌的一股无法解释的野蛮的、兽性的冲动感，他的心都要吓得紧缩成一团。从他放开战马直到冲到敌方跟前这段时间，是内心变化难以捉摸的时刻。在这一可怕的时刻里，格里高力完全失去了理性、冷静和谨慎，只有兽性的本能牢牢地和不容分说地支配着他的心意。如果有谁能够在冲锋的时刻从旁边看看格里高力的话，大概会以为，他的行动是由冷静而镇定的头脑支配着的。因为从表面上看，他的动作是那样把稳，那样利落，那样准确。

两军之间的距离很快地在缩短。人和马的身形越来越大。原来在两军之间的村边牧场上长满荒草、覆盖着白雪的不大的一块地方，渐渐被马蹄淹没了。格里高力瞥见一个冲在自己队伍前面大约有三四马之远的骑兵。他骑的那匹深褐色的高头大马像狼那样一纵一纵地跑着。骑在马上的人在空中挥舞着军官指挥刀，银刀鞘不住地晃悠着，碰得马镫叮当直响，在阳光中闪闪烁烁，像火光一样。过了一小会儿，格里高力就认出了这个人。这是卡耳根的共产党员彼得·谢米格拉佐夫，是一个外地人。一九一七年，那时候他还是一个二十四岁的小伙子，他打着一副大家不曾见过的裹腿，第一个从俄德战场上跑了回来；带回了布尔什维克的信念和坚定、顽强的军人性格。他一直是布尔什维克，一直在红军中工作，在这次暴动之前，从部队里到镇上来建立苏维埃政权。就是这个谢米格拉佐夫稳稳地操纵着战马，威风凛凛地挥舞着搜查中得到的那把只有在检阅时才肯用的指挥刀，朝格里高力冲来。

格里高力龇出咬得紧紧的牙齿，往上抖了抖缰绳，马就很听话地加快了速度。

格里高力有一种特殊的手法，是他在冲锋时常常使用的。当他感到或者看到对方是一个劲敌，或者是他想狠狠地一击，无论如何要把对方打死的时候，他就使用这种手法。格里高力从小就是一个左撇子。他连拿调羹、画十字都用左手。潘捷莱·普罗柯菲耶维奇为这事狠狠打过他多次，甚至同年岁的孩子们都管他叫“左撇子格里什卡”。可以说，打和骂对幼小的格里什卡都起了作用。从十岁起，他就改掉了用左手代替右手的习惯，“左撇子”的外号也就没有人叫了。但是直到现在，他还能用左手很灵活地来做右手做的一切事情。甚至他的左手还更有劲儿。格里高力在冲锋时利用这一优势，没有哪一次不成功的。他选定了对手以后，就像所有的人一样，从左边冲上去，以便用右手砍杀；那个将要和格里高力交手的人也准备这样干。可是等到离对方只有十来丈远，对方已经微微偏过身子，举起马刀的时候，格里高力却十分轻巧地陡然一转身，把马刀换到左手里，从右边冲上去。锐气受挫的敌人就改变姿势，但是从右边往左边隔着马头砍起来很不顺手，所以就会失去信心，死神就来到面前了……格里高力就用尽平生之力，一刀劈下去，还要使劲把刀一拉。

自从“秃子”教给格里高力“巴克兰诺夫刀法”，已经过去很久了。格里高力在两次战争中又经受了千锤百炼。使用马刀可不像扶犁把子那样简单。他在用刀方面掌握了很多窍门儿。

他从来不在刀把上拴穗头，为的是容易在很短的瞬间换手。他知道，在用刀劈杀的时候，如果刀的倾斜度不对，刀就会脱手，要不然就是手腕脱臼。他学会了一种很少有人会的妙招儿，只要轻轻一击，就能把敌人手里的武器打掉，或者迅速地微微一碰，就能使胳膊麻木。格里高力懂得了不少用刀用矛杀人的学问。

在砍葡萄藤的时候，如果砍得漂亮，那斜砍下来的藤条儿连颤都不颤，就掉了下来，葡萄架子连晃都不晃一下。削得尖尖的藤条头儿轻轻地扎进沙土里，藤条儿就跟还长着的藤条儿挨在一起。像加尔梅克人一样英武的谢米格拉佐夫，就是这样轻轻地从马鞍上滑下来，用手捂着斜斜地劈开的胸膛，掉到直立起来的马下的。他的身子已经透出死亡的凉气……

格里高力马上就挺起身子，在马镫上站立起来。又有一名红军，已经勒不住马，很莽撞地向他冲来。因为隔着仰得高高的、流着汗沫的马头，格里高力没有看到那人的面孔，但是看到了那抡圆了劈下来的马刀，看到了那黑黑的刀面子。格里高力使劲勒住马，把对方的刀架开，一面收着右面的缰绳，一面举刀朝着那弯下来的、光溜溜的红脖子砍去。

他第一个冲出混战的人群。在他眼睛里是晃来晃去的成堆的骑兵。手掌上觉得一阵刺痒。他把马刀插进鞘里，拔出匣子枪，勒转马头，让马使足劲儿朝后跑去。哥萨克们都跟着他飞跑起来。两个连跑得七零八落，到处都可以看到趴在马脖子上的带白缘的高筒皮帽和三耳皮帽。在格里高力旁边跑的是一个头戴狐皮帽、身穿草绿皮袄的熟识的中士。他的耳朵和腮帮子被砍伤了，一直砍到下巴。他的胸膛上好像压烂了一篮子熟樱桃。牙齿龇着，满嘴都是血。

红军本来已经动摇，并且有一半也已经开始跑了，现在又掉转了马头。他们看见哥萨克退却，又鼓起劲儿，追了上来。有一个掉了队的哥萨克就像被风吹的一样，一下子跌下马来，被乱马踩进雪地里。村庄、黑黑的树丛、山包上的小教堂、宽宽的街道就在眼前了。距离埋伏着一个连队的村边树林不过一百丈远了……一匹匹马的背上流着汗沫，流着血。格里高力一面跑着，一面猛地扳了一下枪机，匣子枪没有响（子弹卡住了），他便把枪塞进套子里，厉声喝道：

“散开！！！”

由两支哥萨克连队汇成的人流，就像河流遇到山崖一样，分成两条支流很从容地流了开去，露出了红军的骑兵线。埋伏在篱笆后面的那个连对红军打出一排齐射，又是一排，又是一排……一阵叫喊！一匹马带着一名红军翻了个跟头。还有一匹马打断了腿，一头扎进雪里，一直没到耳朵根。又有三四名红军被打下马来。在其余的红军狂奔着，拥拥挤挤，掉转马头的时候，哥萨克们又朝他们打了一排枪，就没有再打了。格里高力用迅雷一样的声音刚刚喊过：“各连听令……”——上千只马蹄就乱纷纷地踩着地上的雪,掉转方向,追赶过来。但是哥萨克们都不情愿追赶:马匹太累了。追了有一俄里半,就回来了。他们剥掉打死的红军的衣服,下掉打死的马的鞍子。一条胳膊的阿列克塞·沙米尔抓到三名受伤的红军。他叫他们脸朝篱笆站好,挨个儿把他们砍了。过后哥萨克们围着被砍死的红军转悠了半天,抽着烟,细细地观赏这三具尸体。三具尸体有一点是完全相同的:上身都是从锁子骨到腰部斜斜地分成了两半。

“我叫三个人变成六个人啦。”阿列克塞眨巴着一只眼,抽动着一边腮帮子,夸口说。

大家都五体投地地请他抽烟,用十分尊敬的目光望着阿列克塞那不大不小、像小葫芦一样的拳头和鼓鼓的、把棉袄都撑了起来的胸脯。

汗漉漉的马都披着军大衣在篱笆旁边打哆嗦。有的哥萨克在紧马肚带。有的在胡同口井边排着队打水。很多哥萨克牵着疲惫不堪、拖着腿走路的马在遛。

格里高力带着普罗霍尔和另外五个哥萨克跑到前头去了。好像是蒙在他眼睛上的绷带掉了。他又像冲锋之前那样,看到了照耀寰宇的太阳,看到了草垛边快要化尽的雪,听到了满村子闹嚷嚷的麻雀叫声,闻到了已经来到门口的春天的幽幽香气。生命又回到了他身上,生命没有因为刚才流过一场血而暗淡和衰老,而是更有诱惑力了,诱人去享受那微薄和转瞬即逝的欢乐。在化尽了雪的黑黑的土地上,一小块残雪往往白得格外耀眼,格外吸引人……

三十八

暴动像洪水一样翻腾起来，泛滥开去，淹没了顿河沿岸、顿河左岸的草原地区，足足有四百俄里方圆。二万五千名哥萨克上了战马。上顿河州各村庄还出了一万名步兵。

这次战争的打法是前所未有的。顿河白军为了掩护诺沃契尔卡斯克，在顿涅茨附近拉开战线，准备进行决战。跟白军对垒的红军第八军和第九军，被后方的暴动打乱了步骤，控制顿河地区的任务本来就是很艰巨的，现在就更加复杂化了。

四月里，一种威胁十分明显地摆到了共和国革命军事委员会面前：暴动军眼看着就要和白军的战线联合起来了。必须在暴动军从后方推进到红军阵地并且与顿河白军汇合之前，千方百计地把暴动镇压下去。调动了最有战斗力的部队来镇压暴动：参加清剿部队的有波罗的海和黑海的水兵，有几团最可靠的步兵，有装甲兵，有特别英勇善战的骑兵部队。把包古查尔野战师的五个团全部从前线上撤了下来，这五个团有八千支枪、五百挺机枪，还配合着几个炮兵连。四月里，梁赞和唐波夫的训练班学员已经在嘉桑乡的暴动军阵地上英勇顽强地奋战，又过了几天，全俄中央执行委员会军官学校的队伍也开来了，拉脱维亚的步兵也在叔米林镇外同暴动军交手了。

哥萨克们因为缺乏战斗装备，行动很受限制。起初是没有足够的步枪，后来子弹也渐渐用光了。必须要用血作代价去换，要靠冲锋或夜袭去抢夺枪支和子弹。他们抢夺了很多次。到四月里，暴动军已经有了足够的步枪，还拥有六支炮兵连和将近一百五十挺机枪。

在暴动开始的时候，维奥申的军火库里还保留着五百万只空弹壳。州苏维埃把最好的铁匠、钳工和造枪手都动员来了，在维奥申建立了一个制造子弹的作坊，但是却没有铅，没有东西来做弹头。于是各个村庄都遵照州苏维埃的号召，开始收集铅和铜。机器磨坊里储存的铅和锡全部拿了出来。派了不少人骑着马带着简短的呼吁书在各个村子里转悠：

> 你们的丈夫、儿子和兄弟没有子弹啦！
>
> 他们只能靠着从万恶的敌人手里夺取子弹啦。请你们把家里一切可以造子弹的东西拿出来吧。请你们把风车上的铅丝筛子拆下来吧。

一个星期之后，全州没有一架风车装铅丝筛子了。

“你们的丈夫、儿子和兄弟没有子弹啦！……”于是妇女们把一切合用的和不合用的东西都送进了村苏维埃，打过仗的村庄的孩子们纷纷从墙里往外抠铅弹头，挖掘土地找炮弹片。然而在这方面也不完全一致：有些妇女因为穷，不愿意毁掉最后的一两样小家什，被戴上“通红军”的帽子，逮捕起来，送到州里。在鞑靼村，“生铁头”谢苗从部队里回来休假，被几个富裕的老头子打得头破血流，就因为他说了两句不留心的话：“让财主们去拆毁风车吧。他们大概觉得红军比倾家荡产还可怕。”

所有的铅都在维奥申的作坊里熔化，但是铸成的弹头因为没有镍皮，也很容易熔化……一枪打过，土造的弹头熔化成铅块飞出去，带着一种疯狂的呜呜声和噜噜声朝前飞去，但是只能打一百或一百二十丈远。然而这种子弹打出的伤是十分可怕的。红军了解这种情况以后，每次和哥萨克的侦察兵在近距离内遭遇，就大声叫喊："别放你们那屎壳郎啦……投降吧，反正你们都要完蛋的！"

三万五千名暴动的哥萨克分编成五个师，又根据人数，编成一个第六独立旅。第三师由叶果罗夫率领，在麦什柯夫—谢特拉柯夫—维热一带作战。第四师盘踞在嘉桑—顿涅茨柯耶—叔米林一带。率领这个师的是外表阴沉、打起仗来又勇猛又顽强的康德拉特·梅德维杰夫准尉。第五师由乌沙柯夫率领，在司拉舍夫—布堪诺夫一线作战。梅尔库洛夫司务长率领第二师在叶兰乡的一些村庄—霍派尔河口乡—郭尔巴托夫一带活动。第六独立旅也在这一带，这个旅组织得非常严密，几乎没受到过损失，因为指挥这个旅的是马克萨耶夫乡的哥萨克包加推廖夫准尉，这人又细心又谨慎，从来不冒险，从来不叫人白白地去送死。麦列霍夫·格里高力指挥的第一师分布在旗尔河上。他这个地区是要冲地带，从前线抽调下来的红军部队从南方向他压了过来，但是他不仅顶住了敌军的进攻，而且还抽出一些步兵和骑兵连队，去援助实力较差的第二师。

暴动没有发展到霍派尔州和大熊河口州各乡镇。那里也曾经有过波动，从那边也来过几个代表，要求派部队上布祖卢克和霍派尔河上游去，到那里去发动哥萨克们，但是暴动军司令部不肯让部队跨出上顿河州边界以外，因为知道大多数霍派尔人是拥护苏维埃政权，不愿意拿起枪来的。而且就连那些代表也不敢保证成功，他们很坦率地说，各个村子里对红军不满的人并不怎么多，残留在霍派尔州各个偏僻角落里的军官们也都躲藏起来，要组织大规模的兵力来响应暴动，是不可能的，因为上过前方的人或者躲在家里，或者跟着红军走了，老头子们都被折腾得够呛，就像小牛被关进了牛棚，他们的实力和往日的威信都没有了。

在南方，乌克兰人居住的各乡里，红军把青年人都动员起来，青年们都参加了包古查尔师的各个团，斗志昂扬地在同暴动军作战。暴动被封锁在上顿河州范围以内了。所有的人，包括暴动军司令部在内，越来越清楚，想长期保住家乡这块地盘是办不到的，或早或晚，红军总要从顿涅茨方面掉过头来对他们进攻。

三月十八日，库金诺夫召唤格里高力·麦列霍夫到维奥申去开会。格里高力把指挥任务交给副师长里亚布契柯夫，一大早就带着传令兵到州里去了。

格里高力来到司令部，这时候库金诺夫和萨方诺夫正在跟阿列克塞耶夫乡的一个代表进行谈判。库金诺夫弓着腰，坐在写字台旁边，用干瘦的黑手指头玩弄着自己的高加索皮带的头儿，也不抬那双因为睡眠不足而肿胀和溃烂的眼睛，向坐在他对面的一个哥萨克问道：

“你们自己又怎么样？你们有什么打算？”

“我们吗，别提啦……自己都有点儿不合把子……谁也摸不透别人的心思。你可知道，我们那儿的人都是啥样的？胆子都很小。他们又想干，可是又害怕……”

“‘又想干！’‘又害怕！’”库金诺夫气得脸色灰白，大叫起来，并且就像烫了屁股似的，在椅子上坐不住了。“你们一个个都像大姑娘！又想干，又怕疼，又说妈妈不答应。哼，滚回你们的阿列克塞耶夫乡去吧，去告诉你们那些老头子们，就说，如果你们自己不动手，我们连一个排也不会派去你们乡。就让红军把你们一个个都绞死好啦！"

那人抬起一只红红的手，很费劲儿地把熠熠有光的狐皮帽子向脑后推了推。汗水顺着额上的皱纹，就像春水顺着小沟那样，哗哗地流了下来，短短的灰睫毛一个劲儿地眨巴着，眼睛里带着谄笑和抱愧的神情。

"当然啦，你们也是不得已才来找我们的。但是我们这儿事情刚刚开头。有很多事情暂时还顾不上……"

格里高力正留神听他们说话，看见有一个人不敲门就从走廊里走了进来，便朝旁边闪了闪。来人个头儿不高，黑黑的小胡子，穿一件熟皮子皮袄。他点了点头，跟库金诺夫打过招呼，就用白白的手掌托住腮，在桌子旁边坐了下来。格里高力熟识所有参谋人员的面孔，这个人他却是头一次看见，所以仔细看了看。一张很清秀的脸，黑黑的，但不是风吹日晒的，两手又白又嫩，一副知识分子的风度，——这一切都说明他不是本地人。

库金诺夫用眼睛瞟着来人，对格里高力说：

"麦列霍夫，你来认识认识。这位是盖沃尔吉捷同志。他是……"库金诺夫顿住了。他玩弄了一会儿皮带上发了黑的银环儿，然后欠了欠身，对阿列克塞耶夫乡的代表说："喂，乡亲，你走吧。我们现在有事情要办。你回去，把我的话转告有关的人吧。"

那个代表站起身来。他那夹杂着黑黑的细毛的火红色狐狸皮帽几乎碰到天花板。因为他那宽宽的肩膀遮住了亮光，屋子里一下子就显得又小又挤了。

“你是来求救兵的吗？”格里高力问道；他同盖沃尔吉捷握过手，手掌还一直觉得很不舒服。

“是的，是的！是来求救兵的。可是，瞧，结果是这样……”那人高兴地朝格里高力转过脸来，用眼睛寻找支持。他那张跟狐皮帽一样红的脸显得异常慌张，出了很多汗，那耷拉着的红红的小胡子和下巴胡都好像挂满了小小的玻璃珠儿。

“你们也不喜欢苏维埃政权吗？”格里高力装作没有看出库金诺夫不耐烦的样子，继续问道。

“目前还算好，”那人实事求是地小声说，“就是怕以后越来越坏。”

“你们那儿枪毙过人吗？”

“没有，真的！没听说有这种事儿。噢，不过，总而言之，他们抢过马，抢过粮食，噢，当然啦，他们也抓过说反动话的人。一句话，叫人看着可怕。”

“如果我们维奥申的人开到你们那儿去，你们能发动起来吗？所有的人都能发动起来吗？”

那人的小小的、被阳光染成了金色的眼睛很乖巧地眯缝起来，躲开格里高力的眼睛，皮帽子朝额头上爬了爬，这时候额头上也堆起了沉思的皱纹。

“怎么能替所有的人担保呢？……不过，有家有业的人一定会跟着干的。”

“那些穷苦的、无家无业的人呢？”

格里高力盯着他的眼睛，但是一直没有看出他的眼神，现在终于遇到了他的像孩子那样惊愕、率直的目光。

“瞧您说的！……那些二流子凭什么跟咱们干？这个政府就是他们的命根子嘛，实在话！”

“混蛋，那你来干什么？”库金诺夫再也憋不住怒火，气得叫了起来，他坐的转椅也吱扭吱扭地响了起来。“你干什么来鼓动我们到你们那儿去：怎么，你们那儿都是财主吗？如果一个村子里只有两三户人家参加，那算什么起义？给我滚出去！滚，我叫你滚！烤公鸡[①]还没有啄到你们的屁股，等啄到你们的屁股，那时候不用我们支援，你们也会起来干的！你们这些家伙躲在别人脊梁后面享清福享惯啦！你们顶好是躺在热炕头上，再用热黍子焐起来……滚吧，快滚吧！别叫我看着你他妈的恶心！”

格里高力皱起眉头，扭过脸去。库金诺夫脸上的红斑越来越红。盖沃尔吉捷捻着胡子，抽了抽好像用斧子削成的鹰钩鼻子。

“既然这样，那就请原谅吧。不过，大人，别骂人，别吓唬人，这是好说好道的事。我们的老头子们的请求，我已经向你们说过啦，你们的答复，我一定会带回去，用不着骂人！骂老百姓要骂到什么时候呢？白军骂，红军骂，现在你又骂，谁都想抖抖自己的威风，还要折腾折腾人……唉，庄稼人过的日子，就像叫癞狗啃过的……”

他怒冲冲地把帽子往下一压，像块大石头一样滚进走廊里，轻轻地把房门掩上；但是到了走廊里怒气一下子就发作起来，狠狠地摔了一下楼房的大门，震得石灰末子哗哗地往地板上和窗台上落了有五分钟。

“真是什么样的人都有！”库金诺夫已经是高高兴兴地笑着说

①烤公鸡是白党对红军的诬蔑，因为烤公鸡是红的。

了，一面玩弄着皮带，面色越来越和悦了。"一九一七年春天，我上车站去，那是复活节时候，正赶上春耕。耕地的都是自由的哥萨克，简直都自由得发了昏，把所有的道路都犁啦，就好像嫌土地太少啦！在陶根村外，我把一个耕地的人喊到跟前，问：'你这家伙，为什么把路都犁啦？'那个小伙子怕了。他说：'我再也不犁啦，一万个对不起，我还可以把路踩踩平。'我又这样吓唬了两三个小伙子。来到格拉乔夫村外，又有人把路犁啦，这时候正有一个小伙子在耕地。我就唤他：'喂，到这儿来！'他走了过来。我问：'你凭什么把路犁啦？'那小伙子十分威武，眼睛亮闪闪的，朝我看了看，就一声不响地转过头，朝牛跟前跑去。他跑到牛跟前，从牛轭上抽出一根铁钎子，又朝我跑来。他抓住车沿，踩到踏板上。说：'你算什么东西，你们这些家伙吸我们的血要吸到什么时候？你想不想叫我一下子敲碎你的脑壳儿？'他还拿铁钎子比画了比画。我对他说：'你怎么啦，伊万，我是说着玩儿的呀！'他说：'我现在不是伊万啦，是伊万·奥西佩奇，你这样无礼，我要打你嘴巴子！'真的，我好不容易才挣脱了。这家伙也是这样：又哼哼，又哀求，可是到末了却发起脾气来啦。人都是很要强的。"

"这是他的野蛮劲儿被激起来，发泄出来啦，并不是什么要强。野蛮劲儿得到了发泄的机会，"盖沃尔吉捷很平静地说；也不等别人反驳，就换了话题说："请开会吧。我今天还想到团里去呢。"

库金诺夫敲了敲墙，喊道：

"萨方诺夫！"他又转过脸对格里高力说："你来和我们一块儿商量商量吧。'一个脑袋瓜儿好，两个脑袋瓜儿更厉害。'这句俗话你知道吗？咱们很荣幸，盖沃尔吉捷有机会来到维奥申，现在可以帮助咱们啦。他的军衔是中校，陆军大学毕业的。”

“您怎么留在维奥申啦？”格里高力不知为什么怀着冷冷的、戒备的心情问道。

“从北线撤退的时候，我害了伤寒，就把我留在杜达列夫村啦。”

“您是哪一部分的？”

“我吗？我不是队列军官。我在司令部的特务组。”

“是哪一组？是西特尼科夫将军那一组吗？”

“不是……”

格里高力还想再问几句，但是盖沃尔吉捷中校脸上的表情不知为什么紧张起来，格里高力这才感觉出自己这样寻根问底是不适宜的，于是问了一半就不问了。

过了一会儿，参谋长萨方诺夫、第四师师长康德拉特·梅德维杰夫和红脸白齿的第六独立旅旅长包加推廖夫准尉都来了。会议开始了。库金诺夫根据战报把前线上的情况简要地对参加会议的人报告了一遍。中校第一个要求发言。他把一张三百万分之一的地图慢慢地摊到桌上，口若悬河地、信心十足地说起来，多少带一点儿外地口音：

“首先我认为，必须将第三师和第四师的一部分后备部队调到麦列霍夫师和包加推廖夫准尉的独立旅作战的地区去。根据咱们得到的秘密情报和审讯俘虏的结果，已经可以很清楚地看出来，红军司令部正准备在卡敏镇—卡耳根镇—博柯夫镇地区对我们发动重大攻势。根据投诚和俘虏的红军的供词，可以断定，红军第九军司令部从第十二师抽调的两个骑兵团，还有五个阻击队，配备着三个炮兵连和一些机枪队，已经从奥布里沃和莫洛佐夫镇开过来。粗略地估计一下，这些补充部队，可以使敌方增加五千五百条枪。这样一来，他们毫无疑问已经在数量上占了优势，更不用说他们在武器装备方面的优势了。”

像葵花一样黄的太阳，从南面照进房来，被窗棂画上了不少十字。天花板下面一动不动地悬挂着一大片浅蓝色的烟气。土烟的呛人气味和潮湿的靴子的臭气混成了一片。天花板下面有一只苍蝇被烟气呛得嗡嗡直叫。格里高力迷迷糊糊地望着窗外，他一连两夜没有睡觉了，沉甸甸的眼皮已经肿了起来，睡意和烧得很热的屋子里的暖气往他身上直扑，困倦渐渐使他神志模糊起来。可是窗外吹着一阵阵南来的春风，巴兹基高地上的残雪闪着熠熠的红光，顿河对岸的白杨树在风中一个劲儿地摇晃着，格里高力一看见，就好像听见了树枝的一片沙沙声。

中校那又清楚又强硬的声音引起格里高力的注意。格里高力打起精神，仔细听着，迷迷糊糊的睡意不知不觉消失了，好像是随风飘散了。

“……敌人在第一师前线的活动已经减弱，一直准备在米古林—麦什柯夫一线发动攻势，我们对此必须有所警惕。我认为，库金诺夫同……”中校把“同志”这个词儿咽回去，用他那女人一般白皙的手气势汹汹地做着手势，提高声音说：“库金诺夫总司令在萨方诺夫支持下，把红军的虚假调动当作真的，而采取了削弱麦列霍夫师防地兵力的做法，是犯了极大的错误。诸位，请恕我直言！牵制敌人兵力，以便发动攻势——这是起码的战略常识……”

“可是,麦列霍夫并不需要后备团。”库金诺夫打断他的话。

“正相反！我们应该把第三师的后备部队放在手底下,万一被敌人冲开缺口,就可以用后备部队来堵一堵。”

“看样子,库金诺夫不想问问,我是不是愿意把后备队交给他。”格里高力气冲冲地说。“我是不给的。一个连也不给!”

“哦,这个吗,老兄……”萨方诺夫捋着黄黄的胡子尖儿,笑着,拉长声音说。

“用不着‘老兄老弟’的！说不给,就是不给!”

“在作战问题上……”

“你别对我说什么作战问题吧。我的作战地区,我的人马,由我自己来管。”

盖沃尔吉捷中校使这场突然发生的争论停止了。他用手里的红铅笔画了一条虚线,标出受威胁的地区,于是参加会议的人的头一齐凑到地图上,这时候大家才清楚地了解到,红军司令部要发动进攻的话,只有在南部地区,因为该地区离顿涅茨最近,在交通联络方面对他们是有利的。

过了一个钟头,会议结束了。面色阴沉、外表和动作都像狼一样的康德拉特·梅德维杰夫,因为文化水平很低,在会上一直没有说话,快要散会的时候,才皱着眉头望着大家说:

“支援麦列霍夫,我们可以支援。我们的人还有的是。就是有一点,叫人他妈的不放心！要是红军从四面八方攻过来,咱们又往哪儿跑呢？要是把咱们赶到一堆,咱们就像发大水时候的蛇那样,挤到小土包上,乱成一团啦。”

“蛇还会泅水呢,咱们可是不会泅水呀!”包加推廖夫哈哈大笑起来。

“我们想过这一点。”库金诺夫若有所思地说。“就算这样，那也没有什么，到了没有办法的时候，咱们就扔掉一切不能携带的武器，扔掉家眷，边打边撤，往顿涅茨方面靠。咱们力量不算小，有三万人呢。”

“士官生肯收留咱们吗？他们很恨顿河上游的人呢。”

“母鸡在窝儿里，就不愁没有鸡蛋……这个问题没什么好谈的！”格里高力戴上帽子，走了出来。他在门外听见盖沃尔吉捷哗啦哗啦地卷着地图，回答说：

“维奥申人，以及所有的起义部队，如果就这样英勇地和布尔什维克战斗下去，就没有什么对不起顿河和俄罗斯的啦……”

“这家伙嘴里这样说，心里一定在笑！”格里高力听着他说话的声音，心里想道。格里高力又像最初看见这个突然出现在维奥申的军官时那样，感到不放心，感到有一种毫无来由的痛恨心情。

库金诺夫在司令部的大门口追上了他。他们一声不响地走了一阵子。在到处是牲口粪的广场上，风沙沙地吹动着一个个的小水洼儿，水面上泛起一道道的波纹。已是黄昏时候。一朵朵饱鼓鼓的白云，就像在夏天里那样，像天鹅一样慢悠悠地从南方飘过来。融化了的土地的潮湿气息又清新又芬芳。板墙脚下露出来的草已经绿了，而且这会儿风真的把波涛般的杨树摇动声从顿河对岸送了过来。

“顿河快开冻啦。”库金诺夫一面咳嗽着，一面说。

“嗯。”

“谁他妈的知道是怎么一回事儿……烟都抽不到，完蛋啦。

一缸子土烟，要四十卢布克伦斯基票子呢。”

“你告诉我，”格里高力边走边转过身来，生硬地问道，“这个吉尔吉斯军官，在你这儿干什么？”

“盖沃尔吉捷吗？是作战处处长。这家伙好脑袋瓜儿！是他在制订作战计划。在战略方面他比咱们都高明。”

“他经常住在维奥申吗？”

“不……不……我们把他放到柴尔诺夫团的辎重队里去啦。”

“那他怎样来管作战工作呢？”

“你这不是看到，他常常来嘛。差不多天天都来。”

“你们为什么不叫他住在维奥申呢？”格里高力想弄清究竟，又追问道。

库金诺夫一面还在用手捂着嘴咳嗽，一面很勉强地回答说：

“叫哥萨克们看着不大好。你不知道弟兄们都是什么样子吗？他们会说：‘又把军官捧上来啦，又要搞老一套啦。当官的又要掌权啦……’以及诸如此类的话。”

“像他这样的人，在军队里还有吗？”

“在嘉桑乡还有两个，也许是三个……格里沙，你不要觉得怎么不舒服。你的心情，我看出来啦。伙计，咱们除了找士官生，没有别的路好走。不是这样吗？难道你想靠十个乡来建立自己的国家吗？这没有什么好说的……咱们要联合起来，要到克拉斯诺夫那儿去认罪，就说：彼特罗·尼古拉伊奇，多多担待吧，我们放弃阵地，错啦……”

“我们错了吗？”格里高力反问道。

“怎么不错呢？”库金诺夫一面带着惊异的神情回答，一面小心地绕过一个水洼。

"可是我有一个想法……"格里高力脸色阴沉下来，强笑着说。"可是我以为，咱们起事，才错了呢……刚才那个阿列克塞耶夫乡代表说的话，你听见了吗？"

库金诺夫没有作声，用探询的目光从旁边看着格里高力。

他们过了广场，在十字路口分了手。库金诺夫经过学校门口，朝自己家里走去。格里高力回到司令部里，招了招手，叫传令兵把马带了过来。他已经上了马，慢慢理着缰绳，理着枪上的皮带，心中却仍然在苦苦思索着，想弄清楚，自己为什么对司令部里突然出现的那位中校怀着一种莫名其妙的敌视心和戒备心，想着想着，忽然心里一震，想道："万一这是士官生特意叫这些有文化的军官留在我们这儿，为的是在红军后方发动我们，叫这些军官按照他们那一套，也就是用念书人那一套来领导我们，那可怎么办？"而且他在脑子里还幸灾乐祸地、殷勤地端出许多猜测和理由："他不说自己是哪一部分的……他说话含含糊糊……说是在司令部工作，可是没有什么司令部打这儿经过呀……为什么偏要把他留在杜达列夫村这样偏僻的地方呢？哼，这里面有名堂！我们把事情搞糟啦……"他一面用猜想剖示着生活，一面像个受害者一样，很难受地想："我们上了念书人的当啦……上了老爷们的当啦！他们叫我们不能好好地过日子，用我们的手去干他们的事情。什么事都不能相信人啦……"

过了顿河，他们就放马飞跑起来。在他后面跑的传令兵是一个勇猛、威武的汉子，是奥里山村的哥萨克。格里高力就挑选这样的人，让他们跟着自己"赴汤蹈火"，他把这样一些在对德战争中就受过考验的人放在自己身边。这个传令兵以前当过侦察兵。他一路上也不说话，一面跑，一面用老大的手掌捂着一团香喷喷、用葵花灰熬过的火绒，用火石打着了火，在风中抽起烟来。他们在下坡往陶根村走的时候，他对格里高力说：

“要是不急着赶路，咱们找地方住下吧。马太累啦，让马喘喘气。”

他们在楚卡林村住下了。吹了一路冷风，来到一座只有两个单间的简陋的小房子里，觉得就像在家里一样温暖和舒适。黄土地面散发着咸咸的牛尿和羊尿的气味，炉子里发出来的好像是垫着白菜帮子烤出来的新鲜面包气味。格里高力很勉强地回答着女房东的问话。女房东是一个老太婆，老头子和三个儿子都参加了暴动军。老太婆说话粗声粗气的，俨然以长者自居，而且一开头就不客气地对格里高力声明说：

“你虽说是个官儿，管着那些哥萨克浑小子，可是你管不着我这个老婆子，你只配给我当儿子。好孩子，你就行行好，跟我聊聊吧。可是你一个劲儿地打哈欠，不愿意跟老娘儿们说说话儿，看不起老娘儿们。你要看得起！我把三个儿子，还有老头子，都送到你们的战场上去啦。你现在指挥他们，可是儿子是我生的，是我奶大的、喂大的，我上瓜园、菜园里去，都要用裙子把他们兜着，我为他们受够了苦。这也不是容易事呀！你别把鼻子翘得老高，别装模作样，你还是好好儿地跟我说说：是不是快太平啦？”

“快啦……老大娘，你去睡吧！”

“快啦就好！可是究竟怎么快法呢？你别管我睡觉不睡觉，在这儿当家的是我，不是你。我还要上院子里去抱羊羔呢。要把羊羔抱到屋里来过夜，羊羔还小呀。复活节以前能太平吗？”

“把红军赶走了，就太平啦。”

“这话才怪哩！”老婆子用腕部肿胀、手指头因为干活儿和风湿变了形的双手拍了拍又瘦又尖的膝盖，很伤心地吧嗒着干瘪得像樱桃树皮一样的嘴唇。“他们碍你们什么事啦？你们干吗要跟他们打仗？你们这些人简直都疯啦……你们这些该死的东西，觉得拿枪打人挺快活，骑在马上挺神气，可是当娘的心里又怎样啊？打死的都是娘生的孩子呀，不是吗？不知是什么人想花样儿要打仗……”

“我们就不是娘养的孩子，是狗养的孩子吗？”格里高力的传令兵听了老婆子的话，气得不得了，十分气愤地哑着嗓子说。“我们天天在死人，可是你偏说‘骑在马上挺神气’！好像当娘比流血牺牲还可怕！你这个糊涂虫，活到头发都白啦，还在这儿胡说八道……唠叨起来像顿河水，像海水，没完没了，叫人连觉都不能睡……”

“鬼东西，你会睡个够的！你瞪什么眼睛？刚才就像个狼一样，闷声不响，可是一下子又气得什么似的。瞧吧！连嗓子都气哑啦。”

“格里高力·潘捷莱耶维奇，咱们睡不成啦！”传令兵失望地哼哼着，掏出烟来，狠狠地打着火石，打得一团一团的火星从火镰底下直往外飞。

就在火绒阴燃、冒烟的时候，传令兵又很刻薄地挖苦起饶舌的老婆子：

“你真是个啰唆娘儿们！要是你的老头子在前线上被打死的话，他一定会高高兴兴地死去。他会说：‘好啦，谢天谢地，这一下子从老婆子嘴里逃脱出来啦，去她的吧！’”

“死鬼，叫你舌头上长疔疮！”

“老大娘，行行好，睡吧。我们有三夜没睡啦。去睡吧！你要是不叫人睡觉，死的时候连圣餐都领不到啦。”

格里高力好不容易劝他们安静下来。他舒舒服服地感觉着盖在身上的羊皮袄的酸酸的暖气，迷迷糊糊地睡去，蒙眬中听见门响了一声，一股冷气和一股热气扑到他的腿上。然后是小羊羔在耳边咩咩地尖叫起来。小小的羊蹄子在地上嘚嘚地乱响起来，干草气味、热乎乎的羊奶气味、夜霜气息、牲口院子里的气息，又清新又好闻……

到半夜里，格里高力睡不着了。他睁着眼睛躺了老半天。在封起来的地炉里，炭火红彤彤的，上面蒙了一层白灰。几只小羊羔挤成一堆，躺在炉门口最热的地方。在万籁无声的静夜里，可以听见小羊羔在睡梦中磨着牙齿，有时还打喷嚏和打响鼻。窗外是一轮远而又远的满月。在黄土地上一片方方的黄色月光中，一只很不安生的黑羊羔又是蹦，又是尥蹶子。在月光中熠熠闪光的一带灰尘斜挂在空中。屋子里的光线黄中透蓝，和白天的光线差不多。壁炉上的破镜子亮闪闪的，只有堂前那镀过银的圣像框子反射的光是微弱的、暗淡的……格里高力又想起在维奥申开的会，想起阿列克塞耶夫乡来的代表；他又想起那位中校，想起他那与众不同的知识分子的外表和说话的气派，感到一阵不痛快和隐隐的激动。一只小羊羔爬到皮袄上，爬到格里高力的肚子上，呆呆地瞅了半天，竖起耳朵，后来胆子大了，蹦了一下，又是一下，然后一下子把毛茸茸的小腿叉了开来。一道细细的羊尿哗哗地从皮袄上流到睡在格里高力身边的传令兵那伸出来的手掌上。传令兵哼哧了两声，醒了过来，在裤子上擦了擦手，无可奈何地摇了摇头。

“撒尿啦，该死的东西……滚！”他快快活活地照着羊羔头上弹了一指头。

小羊羔咩咩地尖叫了几声，从皮袄上跳下去，后来又走过来，用热乎乎、使人痒酥酥的小舌头在格里高力的手上舔了半天。

三十九

施托克曼、柯晒沃依、伊万·阿列克塞耶维奇和几个当民警的哥萨克从鞑靼村里逃出来以后，就参加了第四后阿穆尔团。这个团在一九一八年初，在从俄德战场上撤回来的路上，全部加入了红军队伍，而且在国内战争的各个战场上战斗了一年半之后，还保存了自己的基本骨干。后阿穆尔团装备优良，战马肥壮，而且都受过很好的训练。这个团战斗力强，士气旺盛，战士们都受过很好的马上作战的训练。

暴动一开始，后阿穆尔团就在第一莫斯科步兵团的配合下，几乎是独当一面地顶住了企图冲向大熊河河口地区的暴动军的进攻；后来援军开到，这个团没有分散开，就完全占领了霍派尔河口地区的曲河一带。

三月底，暴动军把红军从叶兰乡打了出去，占领了霍派尔河口乡的一部分村庄。双方相持了一个时期，战线几乎有两个月动都没动。为了从西面掩护霍派尔河口镇，莫斯科步兵团的一个营，在炮兵连的支援下，占领了顿河上的克鲁托夫村。克鲁托夫村往南是顿河边山脉的一条支脉，红军的炮兵连就在高高低低的山脚下，隐蔽在野外场院上，每天从早到晚对准聚集在右岸高地上的暴动军打炮，掩护莫斯科团的阵地，后来又掉转炮口，朝着坐落在顿河对岸的叶兰村轰击起来。榴霰弹爆炸的一个个烟团，高高低低地悬挂在紧紧挨在一起的许多院落上空，又很快地飘散。榴霰弹落到村子里，牲口就吓得撞倒篱笆，满街乱窜，人就吓得弯着身子跑来跑去；有时落在旧教徒的坟地外面，落在风磨附近，落在荒凉无人的沙土岗上，就炸得褐色的、还没有解冻的土地到处乱飞。

三月十五日，施托克曼、米沙·柯晒沃依和伊万·阿列克塞耶维奇离开柴博塔列夫村，赶往霍派尔河口镇，因为听说从暴动地区逃出来的共产党员和苏维埃工作人员正在那里组织志愿国民军。给他们赶爬犁的是一个信仰旧教的哥萨克，生着一张干干净净、像小孩子那样红扑扑的脸，施托克曼看着他，嘴角不由地浮起微笑。这个哥萨克虽然还年轻，可是已经留起一部密密的、拳曲的浅棕色大胡子，胡子底下那鲜红的嘴唇红得就像切开的西瓜，眼睛旁边长着金色的绒毛，不知是因为毛茸茸的大胡子的映衬，还是因为红扑扑的脸的烘托，那一双眼睛显得分外清澈，分外蓝。

米沙一路上哼着歌儿，伊万·阿列克塞耶维奇坐在爬犁后头，把步枪放在膝盖上，愁眉不展地缩着脖子，施托克曼却和赶爬犁的哥萨克聊起了家常。

“同志，身体还好吗？”他问道。

浑身都是力气和青春活力的旧教徒敞开羊皮袄，亲热地笑了笑。

“很好，上帝眼下还没有怪罪。身体怎么会不好呢？从来不抽烟，喝酒也不过量，从小吃的就是小麦面包。打哪儿会生病呢？”

“噢，你当过兵吗？”

“当过一阵子。是士官生抓去的。”

“你怎么没跟着上顿涅茨那边去？”

“同志，你这话真怪！”他扔掉用马鬃编的缰绳，扯下手套，擦了擦嘴，很不高兴地眯缝着眼睛说。“我上那边去干什么？去学新花样儿吗？如果不是士官生逼着我干，我连兵都不会当。你们的政府是好的，不过你们干得也有点儿不对头……”

“怎么不对头？”

施托克曼卷好烟卷儿，把烟点着了，又等了半天，他才回答。

“干吗要抽这种呛人的玩意儿？”赶爬犁的哥萨克把脸扭过去，说。“瞧，这四周围春天的空气多么干净，你却用这种臭烘烘的烟来熏自己的胸膛……我就不赞成！我再来说说你们怎么干得不对头。你们逼得哥萨克没有路走，这种做法很蠢，不然的话，你们的政府是没有话说的。你们里面蠢人太多啦，因此才闹起暴动。”

“怎么太蠢啦？你是不是说，我们干了很多糊涂事？是这样吗？究竟干了些什么样的糊涂事？”

“你大概也知道……你们枪毙了很多人。今天枪毙一个，瞧吧，明天又是一个……谁又高兴等着挨枪毙呢？就是把一条牛拉去宰，牛还要晃晃脑袋呢。比如说，在布堪诺夫镇上……已经可以看到这个镇啦,那是他们的教堂,看见吗?你朝我鞭子指的地方看,看见吗?……哦,听说,他们那儿驻着一支部队,政治委员姓马尔金。你就看看,他怎么样?对待老百姓公道吗?我就来说说看。他把各个村子里的老头子们弄了来,带到树林子里,在树林子里把他们枪毙,事先都剥掉衣服,死后还不准家里人收尸。这些老头子遭殃,是因为以前选他们当过乡陪审官。你要知道,他们又算什么样的陪审官呀?有一个老头子勉勉强强能写出自己的名字,还有一个只会用指头蘸蘸墨水,或者用指头画画十字。以前这种陪审官只是坐在那儿摆摆样子罢了。他们的全部本钱就是那一把长胡子,可是他们已经老得连裤裆都忘记扣啦。追问他们,能问出什么来?就和追问小娃子是一样的。就是这个马尔金,像个上帝一样,随意摆布别人的性命。当时正有一个外号叫'绳头儿'的老头子从操场上路过。他拿着一副马笼头到自家场院上去,想把骒马套上牵回来,孩子们和他开玩笑说:'马尔金叫你呢,快去吧。'这个'绳头儿'画了一个新教的十字——他们那儿都信新教——在操场上就把帽子摘了下来。他心惊胆战地走了进去,说:'叫我了吗?'马尔金把眼一瞪,双手叉腰,说:'既然自愿做蘑菇,就进筐吧。本来谁也没叫你,可是你既然来了,就照此办理。同志们,把他带走!按第三类处理。'就这样把他抓起来,带到树林子里去啦。老婆子在家里等啊等啊,就是不见他回来。老头子一出去就没有影子啦。他已经带着马笼头进了天堂啦。还有一个老头子,叫米特罗凡,是安得列扬诺夫村的,马尔金在大街上看到他,把他叫过来,问:'你是哪儿的?姓什么?'又瞪着眼说:'哼,你的胡子那么长,就跟狐狸尾巴一样啦!凭你这胡子就像皇上的侍从官。我们想用你这头大肥猪做做肥皂！按第三类处理！'这个老头子倒霉的是，他的胡子确实像一把笤帚。他挨枪毙只是因为胡子留得长，再就是不该碰上马尔金。这不是糟蹋老百姓吗？"

米沙在他一开始讲这些事的时候就不唱歌了，等他讲完了，才愤愤地说：

"大叔，你扯谎扯得不圆！"

"鬼才扯谎哩！你先别忙着说别人扯谎，先去打听打听再说。"

"这些事你确实清楚吗？"

"有人这样说。"

"那都靠不住！有人还说母鸡能挤奶呢，可是母鸡连奶头都没有。你就像个老娘儿们，随着自己的舌头乱扯！"

"那些老头子可都是老实人呀……"

"瞧你说的！都是老实人呀！"米沙很生气地模仿他的口气说。"恐怕暴动就是你说的这些老实老头子发动的，也许这些陪审官家里还埋着机枪呢，可是你说他们挨枪毙是因为胡子长，因为开玩笑……你的胡子那么长，怎么没把你枪毙呢？瞧你的胡子多么长，简直像一只老山羊啦！"

"我是怎么贩来的，就怎么卖。谁他妈的知道，也许是有人扯谎，也许他们有什么反对政府的用心……"赶爬犁的旧教徒很不好意思地嘟哝说。

他从爬犁上跳下来，在化得水漉漉的雪地上呱唧呱唧地走了半天。两只脚一滑一滑的，踩得柔软的、青青的水雪到处乱溅。

草原上阳光和煦。浅蓝色的天空气势雄伟地笼罩住周围看似十分遥远的山冈和山口。微风轻轻拂面，似乎已可以闻到春天临近时的芳香气息。东方，在苍茫的、高高低低的顿河两岸群山后面，淡紫色的雾气之中，露出大熊河河口群山的大大小小的山顶。远处，棉絮般的白云像一床老大的、波浪状的棉被，在大地上面铺展开来，一直铺到天边。

赶爬犁的哥萨克又跳上爬犁，他转过那张有点儿生了气的脸，对着施托克曼，又说话了：

“我的爷爷，他现在还活着，已经一百零八岁啦，他说，他说的也是他的爷爷对他说的，说他还记得，也就是我的爷爷的爷爷还记得，彼得大帝往咱们顿河上游派来一个大公，真糟，我记不清啦，反正不是姓‘胳膊长’就是姓‘手长’。这个大公带着兵从沃罗涅日下来，因为哥萨克不信那种尼康派的不洁净的教和不服皇上管辖，把很多哥萨克城镇都烧掉。捉住哥萨克，就割鼻子，有的还绞死，吊在木排上，顺着顿河往下放。”

“你说这些事，是什么意思？”米沙警惕起来，厉声问道。

“我这是说，虽然他叫什么‘胳膊长’，恐怕皇上没有给他这样的权力。比如说，布堪诺夫镇上那个委员乱搞一气，说：‘我要好好收拾你们这些狗崽子，叫你们一辈子忘不了！……’他在布堪诺夫的大会上，当着全镇的人这样喊叫。苏维埃政府给他这样的权力了吗？问题就在这儿嘛！恐怕不会有什么委任状，叫他干这些事，叫他对所有的人都不分青红皂白一样处治。哥萨克也有各种各样的嘛……”

施托克曼腮上的皮肉拧成一团一团的。

“我已经听过你的意见啦，现在你听听我的吧。”

“当然啦，也许我糊涂，说得不对，请多多担待。”

“等一等，等一等……是这样。你刚才说的那个委员的事，确实很不对头。我要去调查调查这件事。如果真是这样，如果他欺压哥萨克，胡作非为，那我们饶不了他。”

“噢呀，不一定做得到呀！”

“不是不一定，而是一定做得到！你们这里还在打仗的时候，一名红军抢了你们村里一个妇女的东西，不是被本部队的红军枪毙了吗？这是你们村里的人告诉我的。”

“是的，是的！他抢的是彼尔菲莉耶芙娜柜子里的东西。是这么回事儿！这是真的。当然是这样……处治很严。你说得很对，是拉到场院外面枪毙的。后来我们还争论了很久，不知该把他埋到什么地方。有人说把他埋到坟地里，还有一些人反对，说这样把坟地都弄脏啦。所以就把这家伙埋到了场院旁边。”

“有过这样的事吧？”施托克曼急忙转悠了一下手里的纸烟。

“有过，有过，我没说没有。”赶爬犁的哥萨克连忙答应说。

“为什么你就以为，如果查明一个委员犯了罪，我们不会处治他呢？”

“好同志呀！恐怕你们没有比他大的官儿啦。先前那是一个兵，这是一个委员呀……”

“对他更是要严些！明白吗？凡是坏人，苏维埃政府都要惩治，苏维埃政府的人员，如果无理地欺压劳动群众，我们要严加惩处。”

三月的原野中午时候静悄悄的，只能听到滑木的哧哧声和呱唧呱唧的马蹄声，忽然响起震天动地的炮声，寂静一下子就被破坏了。第一声炮响过，在间隔相同的时间里又接连响了三声。炮兵连又从克鲁托夫村开始向左岸轰击了。

爬犁上的谈话停止了。隆隆的炮声像一种强有力的、格调不同的音阶，闯入和惊破了在初春的困倦中沉沉入睡的草原的模糊梦境。就连马也跨大了步子，轻快地迈动着四条腿，正经八百地晃动着两只耳朵，走得更快了。

上了将军大道，坐在爬犁上的人望见了顿河对岸茫茫的草原，草原十分辽阔，色彩斑斓，夹杂着一片片化尽了雪的、光秃秃的黄沙，还有一片片柳树和赤杨树林，像楔子，或者像灰灰的小岛。

来到霍派尔河口镇上，爬犁来到革命军事委员会办公处的大门口。莫斯科步兵团的团部也在旁边一座楼房里。

施托克曼在口袋里掏了掏，从荷包里抽出一张四十卢布的克伦斯基票子，递给赶爬犁的哥萨克。那个哥萨克一下子满面春风，湿漉漉的胡子底下露出一嘴黄黄的板牙，很不好意思地推却说：

“您怎么啦，同志，太客气啦！用不着给钱。”

“拿着吧，劳累你的马啦。对于政府，你别怀疑。你记住：我们流血奋斗，为的是建立工人和农民的政府。鼓动你们暴动的是我们的敌人，是富农、官吏和军官们。他们是暴动的根本原因。如果我们的人当中有谁蛮横无理地欺压了同情我们、帮助革命的劳动哥萨克，我们对这样的人一定要严加惩处。”

“同志，你可知道，俗话说：天高海水深呀……你们的海水也是很深呀……跟有劲的人别斗力气，跟有钱的人别打官司，你们可以算是又有力气又有钱的啦。”他很滑稽地龇了龇牙。“瞧你，一下子就给我四十卢布，其实这么一点儿路，给五个卢布就很不错啦。瞧你，太客气啦！”

“这是因为你说的话赏给你的，”米沙从爬犁上跳下来，一面勒着裤子，一面笑着说，“也是因为你这漂亮的大胡子。你这呆子，知道你拉的是什么人吗？他是红军的将军。”

“啊？”

“用不着‘啊’啦！你们这些人真也够呛！……给少了，就要到处乱说：‘看，我拉了几个同志，才给五个卢布，真不像话！’发牢骚要发上一个冬天。要是给多了，你也要说话：‘真是大财主！一下子就给四十卢布。他的钱太多啦……’要是我呀，连屁也不给你！爱怎么抱怨就怎么抱怨好啦。反正怎样都不称你的心。好啦，咱们走……大胡子，再见啦！”

连愁眉苦脸的伊万·阿列克塞耶维奇听着米沙的气话，听到最后都笑了。

一个红军骑兵侦察员骑着一匹西伯利亚长毛小马，从团部的院子里跑了出来。

“爬犁是打哪儿来的？”他勒了勒缰绳，转过马头，喝问道。

“你干什么？”施托克曼问道。

“往克鲁托夫运子弹。来吧！”

“同志，不行，我们要把这爬犁放回去。”

“你们是什么人？”

红军是个很漂亮的年轻小伙子，他对直地朝他们走来。

“我们是后阿穆尔团的。不能扣留爬犁。”

“哦……那好吧，让他走。老头子，你走吧。”

四十

一打听，原来在霍派尔河口镇并没有组织什么志愿国民军。确实组织了一支国民军，不过不是在霍派尔河口镇，而是在布堪诺夫镇，主持组织国民军的正是信旧教的哥萨克在路上谈到的那个委员马尔金，他是红军第九军司令部派到霍派尔河下游各乡镇来的。叶兰乡、布堪诺夫乡、司拉舍夫乡和库梅尔仁乡的共产党员和苏维埃工作人员，又补充了一些红军，就组成了一支相当可观的战斗队伍，拥有二百条枪，还有几十名侦察骑兵。这支国民军暂时驻扎在布堪诺夫镇上，和莫斯科步兵团的一个连共同抵抗打算从叶兰河和集摩夫河上游攻过来的暴动军。

莫斯科团的参谋长原是旧军队的正规军官，是一个脸色阴沉、性情急躁的人；政治委员原是莫斯科米海尔逊工厂的工人；施托克曼和他们谈过以后，决定留在霍派尔河口镇上，参加该团的第二营。在堆满了一捆捆电话线和其他军用物资的一间很干净的小屋子里，施托克曼和政委谈了很久。

“同志，你该明白，”政委慢吞吞地说；他的个头儿不高，急性盲肠炎时常发作，脸色黄黄的，“这种工作很复杂。我这儿的弟兄大多数是莫斯科人和梁赞人，还有少数下戈洛得人。多数都是很坚强的工人同志。原来这里是第十四师的一个骑兵连，他们简直是磨洋工。只好把他们调回大熊河口镇啦……你留下来吧，工作多得很。要向群众做工作，向他们解释。你该明白，这是哥萨克呀……在这儿就要处处谨慎。”

“这种情况我比你还清楚。”施托克曼看着政委那病得发了黄的眼珠子，针对着他那种教导人的语调这样说。“你还是告诉我：布堪诺夫镇上那个委员是怎么搞的？”

政委捋了捋修剪得像一把灰色小刷子似的上嘴胡，偶尔抬抬发青的透明的眼皮，有气无力地回答说：

“他在那里有一阵子搞得过火啦。他倒是一个很好的小伙子，但是不能很好地分析政治形势。不过既然要砍木头，总有碎木片到处乱飞……现在他在动员各乡的男丁往俄罗斯内地撤退……你到管理科去吧，让管理科把你们列入名册，好领生活费。”政委用手按着油污的棉裤腰，痛苦地皱着眉头说。

第二天早晨，一听到紧急集合的号声，第二营就跑步集合，开始点名。一个钟头之后，这个营就成行军纵队朝克鲁托夫村开去。

每四个人一排，在其中一排里，并肩走着施托克曼、米沙和伊万·阿列克塞耶维奇。

先从克鲁托夫村往顿河对岸派出一支侦察队。大队也紧跟着过了顿河。被融化的雪水泡软了、到处是褐色牲口粪的大路上，出现了一个个的水洼儿。顿河上的冰透着模糊的、气泡状的青色。河边上一小截路垫上篱笆片子才能通过。炮兵连从后面山坡上，朝着叶兰村外的杨树林一炮接一炮地轰击着。第二营的任务是，越过哥萨克抛弃的叶兰村，朝叶兰镇方向推进，和从布堪诺夫镇开出来的第一营的一个连取得联系之后，攻占安东诺夫村。根据作战部署，营长应该率领队伍朝别兹包洛道夫村方向走。骑兵侦察队很快就送来报告，说在别兹包洛道夫村方向没有发现敌人，不过在村子后面，大约四俄里的地方，有密集的枪声。

一发发炮弹带着呼啸声和嗡嗡声从高空，从红军队伍头顶上飞过。不远处的炮弹爆炸声震撼着大地。后面顿河上的冰咔嚓裂了一声。伊万·阿列克塞耶维奇回头看了看。

“大概要发水啦。”

“在这种时候过顿河，顶没有意思啦。眼看着就要开冻啦。”怎么都不会像步兵那样把步伐走整齐的米沙很委屈地嘟哝说。

施托克曼看着前面的人那一张张被皮带勒得紧绷绷的脊背，看着那有节奏地晃动着的一条条步枪和枪上那蒙了一层水汽的烟灰色刺刀。他回头看了看，看见战士们那一张张严肃而镇静、各不相同而又无比相像的脸，看见晃来晃去的灰军帽和军帽上的五角红星，看见一件件的灰大衣，有旧得发了黄的，有新些的但也起了毛、成了浅灰色的；听见众多的人的沉甸甸、吧唧吧唧的行军脚步声、低低的谈话声、各种嗓门儿的咳嗽声、水壶叮当声；闻到了湿靴子、土烟和武装带的气味。他半闭起眼睛，尽量不使脚步错乱，心中对这些昨天还不认识、还很陌生的小伙子产生了一种很强烈的亲热感情，心里说：“很好，可是为什么现在我觉得他们特别可亲可爱呢？是什么东西联系着我们呢？哦，是共同的思想……不，恐怕不光是思想，还有共同的事业。还有什么呢？也许，还因为接近了危险和死亡吧？不知为什么就是特别亲热……”他的眼睛笑了笑。“难道是我老了吗？”

施托克曼怀着父亲一般的满意心情，望着他前面一个战士那强壮、挺直而宽阔的脊背，望着领子和帽子中间露出来的一截又红又干净、充满了青春活力的圆滚滚的脖子，望了一会儿，又把目光移到自己旁边一个战士身上。他的脸黑黑的，刮得光光的，两个腮蛋子红红的，薄薄的嘴唇流露着男子汉的气概，个头儿很高，但是十分匀称；他走起路来，连空着的那只手几乎都不摆动，总是像有病一样皱着眉头，眼角上布满了像老头子一样的皱纹。施托克曼很想和他谈一谈。

"同志，你参军很久了吗？"

旁边的战士的浅棕色眼睛用冷淡和探询的神气微微朝施托克曼斜看了一下。

"一九一八年参军的。"他从牙缝里回答说。

施托克曼听了这冷淡的回答，没有泄气。

"你是哪儿人？"

"大叔，你想找老乡吗？"

"要是老乡，我当然很高兴。"

"我是莫斯科人。"

"是工人吗？"

"是的。"

施托克曼朝这个战士的手瞥了一眼。那干钢铁活儿的印子，过了这么久还没有褪掉。

"是钢铁工人吧？"

那一双棕色的眼睛，又扫了扫施托克曼的脸，扫了扫他的有些花白的大胡子。

"是钢铁旋工。你也是吗？"他那冷峻的棕色眼角上好像露出一点儿亲热的神情。

“我是钳工……同志，你这是为什么老是皱着眉头？”

“靴子夹脚，烤得太干啦。夜里我担任潜伏哨，把脚弄湿啦。”

“不是害怕吧？”施托克曼若有所悟地笑了笑。

“怕什么？”

“这很清楚，咱们这是去打仗嘛……”

“我是共产党员。”

“怎么，共产党员就不怕死啦，不也同样是人吗？”米沙插嘴说。

施托克曼旁边的那个战士很熟练地把步枪往上提了提，也不看米沙，想了想，回答说：

“老弟，干这种事你还不行。我是决不能怕的。自己要给自己下命令，明白吗？你别用自己的心来揣测别人的心……我知道我是为什么打仗，和谁打仗，知道咱们一定会胜利，这是最要紧的，其余的都是不值一提的。”他想起了一件什么事，不禁笑了笑，侧眼看着施托克曼，说：“去年我在克拉萨甫采夫的部队里，在乌克兰打过几次仗。我们一直在被迫退却。损失很大。渐渐把伤员都扔掉啦。有一次，在离日梅林卡不远的地方，敌人把我们围上啦。必须在夜里通过白军的阵地，炸毁他们后方一条小河上的桥，使他们的铁甲车不能开过来，我们就可以跨过铁路线。于是号召自动报名去炸桥。却没有人报名。共产党员们——我们党员不多——就说：‘咱们来拈阄，谁拈到谁就去。’我想了想，就自动报了名。我带上大刀、引火绳、火柴，跟同志们道过别，就去了。那一夜很黑，还有雾。我走了有百十丈远，就爬起来。爬过了一片没有收割的麦地，后来又在一条沟里爬了一阵子。我还记得，我从沟里往外爬的时候，有一只鸟扑啦一声从我鼻子底下飞了起来。就这样……我从离岗哨十丈远的地方爬过去，爬到桥跟前。有一个机枪哨兵护着这座桥。我趴了有两个钟头，等待机会。我把刀放下，用衣襟遮着来划火柴，但是火柴是湿的，划不着。因为我是肚子贴着地爬的，身上都叫露水打湿啦，所以火柴头儿全湿透啦。这么一来，大叔，我可是真怕啦。天快亮啦，我的手直哆嗦，汗水往眼睛里直流。我心里想：‘全完了！’又想：‘要是不能把桥炸掉，我就自杀！’折腾来，折腾去，好歹还是把火柴划着了，我点着了引火绳，就朝后跑。等到后面轰的一声爆炸起来，我已经卧倒在路堤这边防护栅栏脚下了。他们那边一片叫声，乱成了一团。两挺机枪嗒嗒响了起来。很多骑兵从我旁边跑过，可是夜里怎么能找得到人呢？我从防护栅栏那边爬过来，钻进庄稼地里。谁知这时候我的胳膊和腿都发了麻，不能动弹啦，这一下子可完啦！我就躺下去。去的时候很不错，很有勇气，可是往回走，成了这个样子……我呕吐起来，浑身一点劲儿都没有啦！我觉得肚子里什么都吐光啦，可还是一股劲儿地要吐。就这样……当然，我好歹还是爬回自己队伍里啦。”他兴奋起来，那两只闪出火一样光芒的眼睛显得分外亲切，分外好看了。“打完仗以后，第二天早晨，我对同志们讲起昨天夜里火柴怎样出了问题，我的一个好朋友就说：‘谢尔盖，怎么，你把打火机弄丢了吗？’我一摸口袋，打火机还在呢！我掏出来，打了一下，嘿，一下子就着啦！”

有两只乌鸦被风吹着，从远处一丛白杨树那里迅速地、高高地飞过来。风吹得乌鸦一冲一冲地飞着。乌鸦离队伍已经有一百丈远的时候，停了有一个钟头的大炮又在克鲁托夫山上响了起来，试射的一发炮弹带着越来越响的啸声飞过来，当啸声似乎到达最高度的时候，一只飞得高些的乌鸦忽然像旋风卷起的一片刨花似的，拼命地旋舞起来，并且斜斜地伸开翅膀，像螺旋一样转着圈子，还想撑持住，到末了还是像一片黑黑的大树叶子似的，慢慢掉了下来。

"老鸹碰上死神啦！"施托克曼后面有一个战士很开心地说。"打得它滴溜溜乱转，真带劲儿！"

连长骑着一匹深栗色的高大骒马，从队伍前头跑来，马蹄蹚起一团团水雪。

"成散兵线！……"

三架拉着机枪的爬犁飞跑过来，溅了一声不响地走着的伊万·阿列克塞耶维奇一身水雪。爬犁跑着跑着，一个机枪手从后面一架爬犁上滚了下来，战士们都十分开心地哈哈大笑起来，一直笑到那个赶爬犁的人骂着娘，猛地勒转马头，滚下来的机枪手一面跑着，一面跳上了爬犁。

四十一

卡耳根镇已经成了暴动军第一师的主要据点。格里高力·麦列霍夫清楚地考虑到在卡耳根附近布阵能造成的战略优势。决定无论如何不放弃这个镇。旗尔河左岸的一些山冈，是很好的制高地，便于哥萨克进行防御战。山下，旗尔河右岸就是卡耳根镇，卡耳根镇过来就是草原，草原像一条柔软的草垫子似的，往南伸出去很远，还有一些横七竖八的山沟和洼地。格里高力亲自在山上选定了一块地方，安置了拥有三门炮的炮兵连。不远处就是一个很好的观测点——一个居高临下的小土包，周围还有橡树林和一道道土岭子掩护着。

卡耳根镇附近每天都发生战斗。红军一般是从两个方面发动进攻：一是从南面，从乌克兰人的阿司塔霍夫村那边，从草原上过来；一是从东面，从博柯夫镇出发，穿过一个连一个的村庄，顺着旗尔河往上推进。哥萨克的阵地就在卡耳根镇外百十丈远的地方，很少还枪。红军猛烈的火力几乎每一次都逼着哥萨克退进镇里，可是随后又顺着狭窄的山沟的沟底回到山上。红军没有足够的兵力进一步压迫他们。在进攻战天天取胜的情况下，红军骑兵不足的弱点就尖锐地表现出来了。如果有足够的骑兵，就可以从侧翼进行迂回活动，迫使哥萨克继续后退，调开哥萨克的兵力，让已经来到镇口上、但是无法继续前进的步兵放开手脚。步兵是不能进行这一类运动战的，因为步兵的灵活性小，不善于迅速活动，还因为哥萨克大多数都是骑兵，骑兵可以随时袭击步兵，使步兵无法完成自己的基本任务。

暴动军还有一点占便宜，那就是他们熟悉地形，一有机会就派骑兵悄悄地顺着山沟突进到红军的侧翼和后方，经常威胁着红军，使红军不能继续推进。

这时候格里高力已经想好了一个狠狠打击红军的计策。他想佯装撤退，以便把红军引进卡耳根镇来，同时却让里亚布契柯夫带领一团骑兵顺着古森山沟从西面绕过来，顺着格拉奇从东面绕过来，插到红军侧翼，将其包围，给予重重的打击。计划做得很周密。在晚间的会议上，各个独立部队的指挥官都得到了详尽的指示和命令。按照格里高力的意图，迂回运动一定要在黎明时候开始，为的是便于隐蔽。一切都像下跳棋那样简单。格里高力在心中仔细估量和考虑了可能发生的一切意外，估量和考虑了事前没有料到、到时候可能会妨碍他的计划实现的一切事态，然后就喝了两大杯老酒，和衣倒在行军床上；他用湿漉漉的大衣襟把头一蒙，就睡得死死的了。

第二天，凌晨四点钟左右，红军部队就开始进攻卡耳根镇。一部分哥萨克步兵佯装败退，跑出卡耳根镇，朝山上跑去；停在镇口的两辆大车急忙掉转马头，大车上的两挺机枪就对准奔跑的哥萨克开起火来。红军慢慢在各条街道上散了开来。

格里高力在小土包后面，站在炮兵连旁边。他看着红军的步兵占领了卡耳根镇并且集结在旗尔河旁边。事先已经约定，第一声炮响过以后，两连埋伏在山下果园里的哥萨克就转入进攻，进行迂回包抄的那个团也在这个时候开始合围。炮兵连连长看见有一辆拉着机枪的大车正在克里摩夫高地上朝着卡耳根飞跑，正要命令对准大车开炮，这时候观测员报告说，在三俄里半远处，下拉推舍夫村的一座桥上，有一门大炮：那是红军同时从博柯夫镇方面发起进攻了。

“用臼炮朝他们开火！”格里高力没有把蔡司望远镜从眼上拿下来，就出主意说。

瞄准手和那位担任炮兵连连长的司务长交换了一下意见之

后，很快就瞄准了目标。炮手们准备就绪，于是一门四英寸半口径的、被哥萨克们叫作臼炮的大炮，屁股朝地上一蹲，沉甸甸地怒吼了一声。第一发炮弹就打在桥头上。红军炮兵连的第二门炮这时候刚刚上桥。这一发炮弹把拉炮车的马打坏了，后来查明，六匹马当中只有一匹活了下来，可是骑在这匹马上的驭手被炮弹皮削掉了脑袋。格里高力看到：那门炮前头冒起一团灰黄色硝烟，砰的响了一声，一匹匹被硝烟裹住的马就直立起来，又像被砍了一刀似的，一下子倒了下去；有一些人跌跌撞撞地跑起来。在炮弹下落时正在炮车旁边走的一个骑马的红军，连人带马、带桥栏杆一同飞了起来，摔到了冰上。

炮手们都没有料到，这一炮会打得这样准。土包脚下的大炮旁边有一小会儿静得一点声息都没有；只有不远处的观测员跪下来，喊了两声，并且晃了晃两条胳膊。

紧接着就从下面，从樱桃园和镇边密密的树丛里传来很不整齐的呐喊声和劈劈啪啪的步枪声。格里高力不顾危险，跑到土包顶上。很多红军在街道上跑着，从街道上传来嘈杂的人声、尖利的口令声、猛烈的枪声。一辆拉着机枪的大车本来想朝高地上跑，可是在离坟地不远的地方，一下子来了个大转身，那挺机枪就从时而奔跑、时而卧倒的红军头顶上，扫射起从园子里冲出来的哥萨克。

格里高力望眼欲穿，很想在地平线上看到哥萨克的骑兵散兵线。由里亚布契柯夫率领去进行迂回包抄的骑兵还一直没有出现。原来在左翼的红军，已经朝卡耳根镇和附近的阿尔黑波夫村之间的一座架在萨布隆峡谷上面的桥上跑来，这时候右翼的红军还在镇上乱跑，并且在已经控制了旗尔河边两条街的哥萨克的射击之下纷纷倒下去。

终于，从高地后面出现了里亚布契柯夫的第一连，接着又出现了第二连、第三连、第四连……各个连队拉成骑兵散兵线，猛然向左一转身，拦住斜坡上一群正朝克里摩夫村奔跑的红军。格里高力把手套攥在手里，很激动地注视着战斗的局面。他扔下望远镜，用肉眼观察起来，看到哥萨克骑兵飞速地朝克里摩夫村的大路奔去，看到红军在混乱中转过身，成堆成堆地或者一个一个地朝阿尔黑波夫村的各家院子里跑去，在那儿却遇到正顺着旗尔河往上追击的哥萨克步兵的火力，就又朝大路上飞跑。只有一小部分红军跑进了克里摩夫村。

在高地上不言不语地展开了可怕的白刃战。里亚布契柯夫的几个连把阵势转了过来，对着卡耳根镇，像秋风扫落叶一样，把红军赶了回去。有三十来名红军，跑到萨布隆峡谷的桥边，看到退路已被切断，无处可逃了，就抵抗起来。他们有一挺重机枪，子弹也还有不少。哥萨克的步兵从果园里一露面，机枪就像发了疯似的扫射起来，哥萨克们纷纷卧倒，爬到棚子底下或石头院墙脚下。在山冈上可以看到，一些哥萨克正拖着一挺机枪在卡耳根镇的街道上跑。他们在靠近阿尔黑波夫村的镇边一户人家门前停了一小会儿，然后就进了院子。不久就在这一家的仓房顶上猛烈扫射起来。格里高力用望远镜看了看，连几个机枪手都看清楚了。有一个机枪手的裤腿掖在白袜筒里，他叉着腿，在挡板后面弯着腰，趴在仓房顶上；还有一个机枪手把机枪子弹带缠在腰上，正顺着梯子往上爬。炮兵决定支援步兵，对着那一堆负隅顽抗的红军发射了一连串的榴霰弹。最后一颗榴霰弹在镇外很远的地方爆炸了。

过了一刻钟，萨布隆峡谷边的红军机枪忽然哑了，接着就响起干脆利落的呐喊声。哥萨克骑兵在光秃秃的柳树丛中出现了。

战斗全部结束了。

* * *

根据格里高力的命令，卡耳根镇和阿尔黑波夫村的老百姓用钩子和钩竿把被砍死的一百四十七名红军拖到一个大坑里，草草地埋到萨布隆峡谷旁边。里亚布契柯夫缴获了六辆车马齐全的弹药车和一辆机枪车，只是机枪没有枪栓了。在克里摩夫村还截获了四十二架装满军用物资的爬犁。哥萨克阵亡四名，十五人受伤。

这次战斗以后，卡耳根镇上有一个星期非常安静。红军又转过头去进攻暴动军第二师，很快就打得第二师节节败退，红军攻占了米古林乡一个又一个的村庄：已经占领了阿列克塞耶夫村、柴尔涅茨村，并且已经逼近了上旗尔村。

每天天一放亮，就可以听到那边的隆隆炮声，但是关于战况的消息很晚才能传过来，而且这些消息也不能清楚地说明第二师战线上的现状。

格里高力这几天来，为了摆脱一些可怕的念头，为了麻痹自己的意识，不去想周围发生的事和他是参与其事的重要一员的问题，便喝起酒来。如果说暴动军虽有大量小麦，然而非常缺乏面粉的话（磨坊来不及给军队磨粉，所以哥萨克常常煮麦粒儿吃），老酒却是不缺的。老酒源源不断地送来。在顿河那边，杜达列夫村的哥萨克连喝得醉醺醺的，排成骑兵阵势去冲锋，迎头碰上好几挺机枪，被消灭了一半。醉醺醺地去上阵冲锋的事，已经成了家常便饭。很多人殷勤地给格里高力送酒。普罗霍尔·泽柯夫更是特别勤快。卡耳根这一仗打过之后，他遵照格里高力的意思，拉来三坛子老酒，还叫来几个歌手，格里高力就高高兴兴地放开胸怀，抛开现实，抛开一切思虑，同哥萨克们一直喝到天亮。到早晨又喝酒解醉，睡了一天，到晚上又把歌手叫了来，闹闹嚷嚷的说笑声、歌声、舞影——这一切形成了一种似乎真正欢乐的幻象，遮住了真正的、无情的现实。

后来，喝酒很快就上了瘾。格里高力早晨起来一坐到桌上，就觉得非喝酒不可。他喝得很多，但是从来没醉过，脚底下总是站得稳稳的。就是喝上一夜，别的人都吐得狼藉不堪，盖上军大衣或马衣，在桌旁和地上睡了，他还是保持着清醒的神态，只是脸色更白了，眼神显得严峻了，再就是拳曲的头发耷拉了下来，所以不住地用手去摸头。

接连不断地狂饮了四天，他明显地虚胖起来，背也驼了；眼睛底下出现了老大的青色皱褶，眼神中常常透露出一种无名的凶光。

第五天，普罗霍尔·泽柯夫意味深长地笑着，出主意说：

“咱们上李霍维多夫村，去找一个漂亮娘儿们，好吗？喂，去不去？格里高力·潘捷莱耶维奇，可别错过了。那娘儿们就跟西瓜一样甜！虽然我没有亲自尝过，可是我知道。鬼东西，简直是一匹野马！很不安生。叫你一下子是骑不上去的，连摸都不叫摸。可是她做的酒，再好没有啦。在整个旗尔河上，可以算是第一家。她男人跟着军队到顿涅茨那边去啦。”这最后一句好像是随便说说的。

天一黑，他们就上李霍维多夫村去。和格里高力一同去的有里亚布契柯夫、哈尔兰皮·叶尔马柯夫、一条胳膊的阿列克塞·沙米尔，还有从自己的驻地前来的第四师师长康德拉特·梅德维杰夫。普罗霍尔在前面带路。到了李霍维多夫村，他让马放慢了脚步，拐进一条小胡同，推开场院的小门。格里高力在他后面把马一夹，那马跳过门口一个快要化完的大雪堆，前腿陷进了雪里，马喷了喷鼻子，又纵身一跃，跨过了一个堵住大门并且一直埋到篱笆顶的雪堆。里亚布契柯夫下了马，牵着马走。格里高力骑着马跟着普罗霍尔走了有五分钟，先是在一个个的麦秸垛和干草垛之间走，后来又是光秃秃、像玻璃一样丁丁响的樱桃园。天空斜挂着泛着青幽色的一弯金色的新月，星星在瑟瑟发抖，交织成一种迷人的宁静，不论远处的狗叫声，不论清脆的马蹄声，都没有破坏这种宁静，倒是更使人感觉出这种宁静。透过密密的樱桃树丛和横七竖八的苹果树枝，看见一道黄黄的灯光，在星光灿烂的天空的衬托下，一座芦苇顶的大房子的侧影清清楚楚地显露出来。普罗霍尔在马上弯下身子，很殷勤地推开吱扭响的板门。台阶边一个冻住的小水洼里，倒映在里面的月亮晃动了几下。格里高力的马踩碎了小水洼边上的冰，并且站了下来，喘了一口气。格里高力跳下马来，把马拴到台阶栏杆上，便走进黑洞洞的过道。里亚布契柯夫和其他人也都下了马，小声哼着歌儿，闹闹哄哄地跟着走了进去。

格里高力摸到了门把手，走进宽敞的厨房。一个年轻的哥萨克娘儿们背靠炉子站着，正在打毛袜子。这女子个头儿小小的，但是身材十分好看，脸黑黑的，两道黑眉毛就像画的一般。炕上有一个八九岁的白头发小姑娘，摊着两条胳膊在睡觉。

格里高力没有脱大衣，就在桌边坐下来。

“有酒吗？”

“连好也不问一声吗？”那娘儿们也不看格里高力，依然是那样飞快地织着袜子，问道。

“要我问好，我就问，你好！有酒吧？”

她抬起眼睫毛，拿圆圆的深棕色眼睛朝格里高力笑了笑，一面听着过道里的说话声和脚步声。

“酒倒是有。不过，你们来过夜的人很多吧？”

“很多。整整一个师……”

里亚布契柯夫在门口就蹲下身子，用皮帽子拍打着靴筒，拖着马刀，跳起舞来。哥萨克们在门口挤成了一堆；其中一个人敲着木勺子，敲出很好听的跳舞鼓点儿。

大家把军大衣都堆在床上，把武器放在大板凳上。普罗霍尔连忙帮着女主人摆酒端菜。一条胳膊的阿列克塞·沙米尔到地窖里去取腌白菜，不小心从梯子上摔了下去，又从地窖里爬出来，用棉袄大襟兜着破碟子片儿和一团湿漉漉的白菜走了回来。

到半夜时候，喝光了两桶酒，吃了无数的腌白菜，又决定要宰一只羊。普罗霍尔在羊圈里摸到一只小羊羔，哈尔兰皮·叶尔马柯夫也是一个挺不错的刀手，一刀就把羊头砍下来，马上就在棚子底下把羊剥了。女主人生起火，把炖羊肉的铁罐架上去。

又用勺子敲起跳舞的鼓点儿，于是里亚布契柯夫扭着腿跳起舞来，一面用手拼命拍着靴筒，一面用尖尖的、但是很好听的男高音唱道：

现在咱们喝吧，玩儿吧，
不用到外面干活儿啦……

“我要玩儿啦！”叶尔马柯夫吼了一声，想拿马刀试试窗框结实不结实。

一向很喜欢叶尔马柯夫的勇猛出众和哥萨克式的剽悍的格里高力，用铜茶缸敲了敲桌子，对他喝了一声：

“哈尔兰皮，别胡闹！”

哈尔兰皮乖乖地把马刀插进鞘里，便又趴到酒杯上大喝起来。

“只要有酒下肚，纵死也不怕，”阿列克塞·沙米尔说着，坐到格里高力跟前来，“格里高力·潘捷莱耶维奇，你是我们的命根子！我们活在世上，全靠你啦！咱们再来一坛子，好不好？……普罗霍尔，拿酒来！”

没有卸鞍的马都在草垛旁边，都没有拴。有时大家轮流出去看看。

到天快亮时候，格里高力才感觉到自己喝醉了。他好像听到很远的地方有别人的说话声，红红的眼珠子转悠起来非常费劲儿，用很大的意志力才能控制住自己的意识。

“那些戴金肩章的家伙又要欺压咱们啦！他们把政权抓到手里啦！”叶尔马柯夫抱着格里高力，大声叫道。

“什么肩章?”格里高力掰开叶尔马柯夫的胳膊,问道。

“说的是维奥申呀。怎么,你不知道吗? 一个高加索的公爵上台啦! 一个上校呀! ……我要杀了他! 麦列霍夫! 我们把命交给你,听你摆布,你可不能白糟蹋我们! 哥萨克们都很恼火。你带领我们上维奥申去,把什么都打个稀烂,打个粉碎! 把伊留什卡·库金诺夫,把上校,全都宰了! 他们打咱们耳光打够啦! 咱们又要打红军,又要打士官生! 我就要这样干!”

“是要把上校杀了。他是特意留下来的……哈尔兰皮! 咱们投靠苏维埃政府吧,就说:我们错啦……”格里高力清醒了一会儿,似笑非笑地笑了笑。“我是说着玩儿的,哈尔兰皮,喝吧。”

“麦列霍夫,你开什么玩笑? 别开玩笑,这是正经事儿。”梅德维杰夫严肃地说。“我们想把政府推翻。把所有的人都换掉,请你上台。我跟哥萨克们都说过啦,他们都赞成。我们可以好言好语地对库金诺夫和他那一伙儿说:‘你们下台吧。我们不要你们啦。’如果他们走,那再好不过;如果他们不走,咱们把一个团往维奥申一开,他们就完蛋!”

“再不许谈这件事!”格里高力怒冲冲地喝道。

梅德维杰夫耸了耸肩膀,离开桌子,酒也不喝了。在角落里,里亚布契柯夫从大板凳子上耷拉下乱蓬蓬的脑袋,用手划着肮脏的地面,如怨如诉地唱了起来:

我的小亲亲,小乖乖,
喂,你把头儿趴下来。
你把头儿趴下来……

快点儿！你趴到右边儿。
趴到右边儿，再趴到左边儿，
再趴到我的白酥酥的胸脯上。

阿列克塞·沙米尔和着里亚布契柯夫那女人般的哀怨动人的男高音，用粗喉咙大嗓门儿唱了起来：

他趴在我的胸脯上，
重重地叹着气……
重重地叹着气，
说出分别的言语：
“咱们断了吧，老相好的，
老相好的，实在叫人烦腻！……”

窗外已经放亮了，女主人这才搀着格里高力进上房。

“你们别再灌他啦！算了吧，鬼东西！你没看见，他已经不行了吗？”她说，一面很吃力地搀着格里高力，用另一只手推开端着一杯酒跟在他们后头的叶尔马柯夫。

“怎么，去睡觉吗？”叶尔马柯夫挤了挤眼睛，身子摇晃着，杯子里的酒直往外泼。

“是的，要去睡觉。”

“你现在别跟他睡啦，他什么也不能干啦……”

“你管不着！你又不是我的公公！”

“你找个管用的吧！”叶尔马柯夫因为醉汉的笑劲儿上来，踉跄了几下，很粗鲁地大笑起来。“咦——咦，不要脸的东西！眼睛都睁不开啦,还说混账话呢!"

她把格里高力搀进房里,让他躺在床上,她在朦胧的晨曦中带着厌恶和怜惜的心情端详着他那张死白的脸和那一双睁得大大的、然而什么也看不见的眼睛。

"你是不是喝点儿果子汤?"

"弄点儿来吧。"

她端来一杯冰凉的樱桃羹,坐到床上,梳理和抚摩着格里高力的一头乱发,直到格里高力沉沉入睡。她自己和小姑娘一起睡在炕上,但是沙米尔却搅得她睡不着。沙米尔的头枕着胳膊肘,像受惊的马一样,不住地打着响鼻,后来就像被推了一下似的,忽然醒来,用沙哑的喉咙唱道:

……当过兵回家乡!
胸前挂呀……挂肩章,
肩上戴呀……十字章……

他把脑袋放到胳膊上,可是过了几分钟,又像发了狂似的四面张望着,唱道:

当过兵回家乡!……

四十二

第二天早晨,格里高力醒来,想起叶尔马柯夫和梅德维杰夫说的话。他已经不像夜里醉得那样厉害了,所以脑子不用怎么费劲儿，就想起有关夺取政权的一番话。他已经明白，带他到李霍维多夫村来喝酒是有明显意图的，那就是鼓动他发动政变。一些思想左倾的哥萨克，与公开表示要上顿涅茨河那边去跟顿河白军联合的库金诺夫完全不同，他们暗中幻想彻底脱离顿河政府，自己建立一个没有共产党员的苏维埃政府。是他们在策划密谋。他们想把格里高力拉到自己一边，并不了解暴动军内部分裂的危险性，并不了解，红军的战线虽然在顿涅茨方面受到冲击，但是每一分钟都可能毫不费力地把他们和他们的"内讧"一同消灭。"简直是儿戏。"格里高力心里想着，轻轻地从床上跳下来。他穿好衣服，把叶尔马柯夫和梅德维杰夫叫醒，把他们叫到上房里，把门紧紧关上。

"听我说，好弟兄：别再提昨天的话啦，别乱说啦，不然对你们可不好！问题不在于谁当头儿。也不在于库金诺夫，要紧的是，咱们已经被包围，就像上了箍的桶。不是今天，就是明天，就要把咱们箍紧。咱们的队伍不是往维奥申开，而是要往米古林开，往克拉斯诺库特开。"他特别加重了语气说，眼睛一直没有离开梅德维杰夫那阴沉、冷漠的脸。"康德拉特，就这样吧，别到处鼓动人啦！你们动动脑筋，就会明白：如果咱们一下子把司令部搞掉，实行各种各样的改革，咱们就要完蛋。咱们要么靠拢白军，要么靠拢红军。站在当中是不行的，他们会把咱们挤碎。"

"要注意，这话可不能张扬出去。"叶尔马柯夫转过脸去，要求说。

"咱们是同生死的嘛，不过，有个条件，你们不能再鼓动哥萨克啦。库金诺夫和他那一伙又算什么呢？他们没有实权——我对我这个师,想怎么带就怎么带。他们不好,这是肯定的;他们要把我们和士官生重新搞到一起,这是必然的。可是,咱们究竟往哪儿去呢?咱们的活路都被切断啦!"

"倒也是的……"梅德维杰夫勉勉强强表示同意,谈话谈到现在,他这才第一次抬起充满愤恨的、像狗熊一样的小眼睛,看了看格里高力。

这以后,格里高力又在卡耳根附近的村庄里连着喝了两夜,就像醉汉在酒馆里那样,过着放荡的生活。连他的马鞍垫子都沾满了酒气。不少年轻媳妇和已经不是姑娘的姑娘跟格里高力睡过觉,和他做过暂时的伴侣。但是一到早晨,满足了又一次情欲要求以后,格里高力就要像对待别人的事情一样,清醒而又淡漠地想:"活到如今,我什么日子都过过,什么滋味都尝过啦。爱过不少姑娘和媳妇,骑过不少好马……唉!……我在草原上闯荡过,尝过当父亲的甜头,杀过人,自己也送过死,对着青天逞过威。这一辈子还能怎样呢?已经够啦!可以死啦。死也不可怕啦。打仗也不用担惊害怕啦,就像财主赌钱那样,输了也不在乎啦!"

童年就像一个蓝蓝的艳阳天,断断续续地在脑海里浮现出来:石头小屋里的椋鸟,蹚着热乎乎的沙土的格里高力的光脚丫儿,庄严肃静的顿河,还镶着倒映在水里的毛茸茸的绿树,一张张小伙伴们的脸,身段秀美的年轻时的母亲……格里高力用手捂上眼睛,面前就闪过一张张熟悉的脸、一件件往事,有时候闪过很小很小、但是不知为什么记得特别清楚的事,脑子里又响起一些死去的人的已被忘却的声音、他们的片言只语、各种各样的笑声。

脑子又把回忆的光芒对准了当年看见过、后来早已忘记的景物，于是许多景物一下子十分鲜明地出来在格里高力面前：辽阔的原野、夏天的大道、牛车、坐在车前的父亲、老牛、金黄色的麦茬地、大路上一只只的黑老鸹……格里高力思绪万千地回想着过去，多次在这一去不返的生活中碰上阿克西妮亚，他心想："她才是我心上人呢！怎么都忘不了呀！"于是他厌恶地离开跟他睡在一起的女子，叹着气，焦急地等待天亮。等太阳一开始用红色的花边和金黄色的绦子打扮东方的天空，他就跳起来，洗洗脸，匆匆朝拴马的地方走去。

四十三

暴动就像草原上铺天盖地的野火一样蔓延开来。战线像钢箍一样围住一些不驯服的市镇。人们心头都印上一层厄运的阴影。哥萨克就像扔铜钱赌博那样，赌自己的命，有不少人扔出了"背面"。年轻人拼命地谈情说爱，年纪大些的就昏天黑地地喝老酒，玩纸牌，赌钱，赌子弹（而且子弹的价钱最高），有时回家去看看，哪怕有一分钟，也要把令人生厌的步枪靠到墙上，抓起斧子或者刨子，用芳香的红柳条儿编编篱笆，或者修理修理春天干活儿要用的耙和大车，让心情轻松一阵子。还有不少人，尝过了太平日子的滋味，醉醺醺地回到部队里，等到清醒过来，就怀着愤恨"人生无情"的心情去冲锋陷阵，迎着机枪往上冲，要不然就像疯了一样，放开马不要命地往前跑，去进行夜袭，等抓到俘虏，就残酷地、野蛮地折磨他们，用马刀把他们砍死，连子弹都不肯用。

这一年春天格外绚丽多彩。四月的天气又晴和又像玻璃一样明净。一行行大雁、一群群叫声像铜号的仙鹤,在高高的天空里追赶着白云,飞呀,飞呀,飞向北方。淡绿色的草原上,水塘旁边,一只只落下来打食儿的天鹅,亮闪闪的,就像撒在地上的珍珠。顿河边滩地上又是咯咯声,又是啁啁声,鸟叫声响成一片。在淹了水的草地上,在没有淹水的土垅和土包上,都有鹅在互相召唤,扑打着翅膀要飞;动了春情的公鸭子在河柳丛里一个劲儿地呷呷叫唤。柳树芽儿绿了,杨树上那黏黏的、芳香的芽苞儿鼓了起来。草原刚刚开始发绿,充满了解冻的黑土地的陈腐气息和永远新鲜的嫩草气息,这时候的草原分外迷人。

这一次打暴动仗,好就好在每个人都离自己的家不远。哥萨克如果讨厌了站岗放哨,如果不愿意翻山越岭去进行侦察,就向连长请假回家去,叫自己的老父亲或者未成年的儿子骑上战马去代替自己执行任务。各个连的人数总是满员的,然而也总是流动不定的。但是有的人更会想点子:太阳快要落山的时候,就骑上马离开连队的驻地,放开马拼命跑,一口气跑上三十或者四十俄里,到晚霞消逝的时候,人已经到家了。回来和老婆或者相好的睡上一夜,第二遍鸡叫以后,就骑上马出门,北斗星还没有隐去,人已经回到连里了。

很多风流小伙子顶喜欢在家门口打仗。“死可是划不来!”有些常常回家看老婆的哥萨克就这样开玩笑说。

总司令部特别害怕春耕一开始会有不少人开小差。库金诺夫专门跑到各个部队里,用他平素不曾用过的强硬口气声明说:

“宁可让咱们的田野上什么也不长,宁可一粒种子也不往地里撒，也不能容许哥萨克随便离开部队！凡是自动离开的，一定要杀，要枪毙！”

四十四

格里高力又在克里摩夫村外参加了一次战斗。这一天中午时候，双方在村边几户人家旁边交了火。过了不大的一会儿，红军的散兵线就进了村。穿黑色水兵服的波罗的海舰队的一只军舰上的全体水兵，在左翼很沉着地推进。他们勇猛冲杀，把暴动军卡耳根团的两个连从村子里赶了出去，并且逼着这两个连顺着山沟朝瓦西廖夫村退去。

在红军开始占上风的时候，站在小山包上观察战斗的格里高力，用手套向带着他的马站在一辆弹药车旁的普罗霍尔·泽柯夫招了招，就一面跑着跳上马去；他绕过一片洼地，飞速地朝古森村奔去；他知道，第二团的一个后备骑兵连就藏在古森村边的树林里。他穿过一座座果园，跨过一道道篱笆，朝这个连所在的地方奔去。他一看见那些下了马的哥萨克和拴在桩上的战马，老远就拔出刀来，高声喊道：

“上马！”

二百名骑兵在一分钟之内都上了马。连长迎着格里高力跑来。

“出动吗？”

“早该出动啦！你还发呆呢！”格里高力翻了翻眼睛。

格里高力勒住马，跳下来，好像是怄气似的，狠狠地勒了勒马肚带,因为满身大汗、发了性子的马转来转去,不让他紧那穿过鞍垫的马肚带,又是呼呼喘气,又是打响鼻,又是龇牙咧嘴,还想用前腿踢格里高力的腰,所以耽搁了一会儿。格里高力把马鞍拴结实,又腾身上了马;他也不看倾听着越来越响的枪声、觉得很不好意思的连长,就说:

“这个连由我来带。到村口成排纵队,快跑!”

到了村外,格里高力命令连队拉开阵势;又试了试马刀是不是很容易从鞘里抽出来;他和连队拉开有三十丈的距离,放开马飞快地朝克里摩夫村奔去。来到一座南坡伸出了克里摩夫村的山冈顶上,他勒住马,仔细观察了一小会儿。往后退却的红军骑兵和步兵正在村子里乱跑,大大小小的一类辎重车也在狂跑。格里高力侧过身子,朝着连队喊道:

“拔出刀来! 冲啊! 弟兄们,跟我来!”他很麻利地拔出马刀,带头呐喊起来:“乌拉——拉! ……”他觉得全身有一股凉气和一种熟悉的轻快感,放马猛跑起来。拉得像弦一样紧的缰绳在左手里哆嗦着,举在头上的快刀嗖嗖地劈着迎面的气流。

有一会儿,一片老大的、被春风吹得团团转的白云遮住了太阳,于是一片灰色的阴影似乎很缓慢地在山冈上游动起来,追赶着格里高力。格里高力的目光离开越来越近的克里摩夫村的一户户人家,看着这一大片在潮湿的褐色土地上游动的阴影,看着其中一小片一个劲儿地朝前跑的悦目的浅黄色阳光。不知为什么他忽然不由地想要撵撵那一小片在地上跑的阳光。格里高力把马一夹,让马使足了劲儿跑起来,他拼命赶马,渐渐接近了阴影和阳光之间的摇晃不定的界线。又狂跑了几秒钟,伸出去的马头就洒满了阳光，而且马身上的红毛一下子就泛出明亮耀眼的光泽。就在格里高力跨过云彩影子的模模糊糊的边界的时候，小胡同里的枪声紧了起来。风迅速地把枪声送过来，枪声越来越近，越来越响。又过了一小会儿，格里高力在自己的马蹄嘚嘚声、子弹嗖嗖声和耳朵里呼呼的风声中，已经听不见跟在后面的连队的轰隆声了。两百匹战马那种沉甸甸、轰隆隆、震撼着潮湿的荒野的奔跑声，好像一下子从他的耳朵里掉了出来，好像越来越远，渐渐消逝了。这时候，迎面的枪声突然猛烈起来，就像是火堆里添了干柴；子弹成群成群地飞来。格里高力在慌乱和恐惧中回头看了看。他不禁又慌张又气愤，气得脸上的肉直哆嗦，脸色十分难看。原来那个连已经掉转马头，扔下格里高力，朝后跑了。连长在不远处骑在马上转来转去，像发了狂似的挥舞着马刀，哭着，声嘶力竭地吆喝着。只有两个哥萨克朝格里高力跑来，再就是普罗霍尔·泽柯夫勒转马头，朝连长跑去。其余的人都把马刀插进鞘里，鞭打着坐下马，纷纷朝后面跑去。

格里高力只是有一小会儿工夫让马放慢了速度，他想弄清后面究竟是怎么一回事儿，为什么连队还没有受到损失就突然逃窜起来。但就在这短短的一刹那间，思想还是在督促他：不能回头，不能逃跑，只能向前！他看见，在小胡同里，离他一百丈远处，一道篱笆后面，有七名红军正围着一辆装机枪的大车忙活着。他们想让大车转过身去，好让机枪枪口对准朝他们冲过去的哥萨克，但是胡同很窄，大车显然转不过身去，所以机枪没有响，步枪声也越来越稀疏，格里高力觉得尖利的子弹啸声也不那么刺耳朵了。他拨了拨马头，准备跳过一道原来隔着树林、现在已经倒塌的篱笆，朝那条小胡同里冲去。他的目光一离开篱笆，不知为什么就像拿起了望远镜似的，突然清清楚楚地看到已经在近处忙着卸马的水兵，看到他们那溅了一身泥巴的黑制服和紧紧扣在头上、使他们的脸圆得出奇的水兵帽。有两个人在砍马套，还有一个人缩着头在摆弄机枪，其余的几个都站着或跪着用步枪打格里高力。他一面朝跟前跑，一面看着他们扳枪栓，并且听到了尖利的、对着他打来的枪声。枪声一声接着一声，枪托子飞快地抬起又抵到肩上，浑身大汗的格里高力这一下子倒是高兴了，心定了："他们打不中的！"

篱笆在马蹄下咯吱响了一声，就落到了后面。格里高力抡起刀来，眯缝起眼睛，看准了最前面的一个水兵。忽然又闪过一个恐怖的念头："要是直对着打枪……马直立起来……一下子翻倒……我就完啦！……"已经是直对着他打了两枪，接着就是好像来自远处的喊声："捉活的！"前面是一张刚毅的、高脑门的脸，龇出来的牙齿，随风飘舞的水兵帽飘带，帽箍上褪了色的乌暗的金字……格里高力踩紧马镫，抡起刀来，就觉得马刀轻轻地进了这个水兵的柔软的身体。另一个脖子很粗、很强壮的水兵，一枪打穿了格里高力左肩的软肉，可是普罗霍尔·泽柯夫一刀砍去，把脑袋斜斜地劈开，这个水兵马上倒了下去。格里高力听到一旁有枪栓的响声，急忙转过身去。大车后面有一个黑黑的枪口正对准了他的脸。他猛地朝左边一闪，因为用劲太猛，马鞍都活动了，呼哧呼哧直喘、像发了疯一样的马也摇晃了一下，他躲开了已经在头顶上打圈子的死神，并且就在马跳过车辕的当儿，他砍死了那个朝他开枪的水兵，那个水兵的手还没有来得及把第二颗子弹装进枪膛呢。

在短短的瞬间里(后来这一瞬间在格里高力的意识中变成了长得不得了的一段时间)他砍死了四名水兵,而且他不听普罗霍尔·泽柯夫的劝阻,又去追杀躲在胡同拐角上的第五名水兵。幸好及时赶到的那个连长跑到他的前面,抓住了他的马嚼子。

“你哪儿去?!他们会打死你的!……那边棚子后面他们还有一挺机枪呢!”

普罗霍尔和另外两个哥萨克跳下马,跑到格里高力跟前,使劲把他从马上拉了下来。他拼命往外挣着,吆喝着:

“放开我,混蛋!……我要去杀水兵!……全杀——杀了!……一个不留……”

“格里高力·潘捷莱耶维奇!麦列霍夫同志!您清醒清醒吧!”普罗霍尔劝道。

“弟兄们,放开我吧!”格里高力已经是用另外一种颓丧的语气请求了。

于是把他放开。那个连长悄悄对普罗霍尔说:

“把他扶上马,送他到古森村去吧,看样子他是病啦。”

连长刚刚走到马前,对连队发出口令:

“上马——马!……”

可是格里高力把皮帽子往雪地上一摔,摇摇晃晃地站了一会儿,忽然咯吱咯吱地咬着牙,很痛苦地哼哼起来,脸色十分难看,撕起自己的军大衣扣子。连长还没来得及朝他走出一步,他就直挺挺地脸朝下栽倒在地上,袒露出来的胸膛贴到雪上。他号啕大哭,哭得浑身直打哆嗦,并且像狗那样大口大口地吞起篱笆脚下的残雪。后来,有一阵子他的神志清醒得出奇,就想站起来,但是站不起来,他扭过眼泪汪汪的、疼得变了形的脸,朝着围在他身旁的哥萨克们,声嘶力竭地叫喊道:

“我杀死的都是一些什么人呀! ……”他生平第一次在极大的痛苦中挣扎起来,喊叫着,随着在嘴唇上团团转的唾沫一起,吐出了这些话。“弟兄们,不要饶恕我! ……行行好,千万行行好,把我杀了吧……判我……死罪吧! ……”

那个连长跑到他跟前,和一个排长一起把他按住,扯下他的马刀和军用包,捂住他的嘴,压住他的两腿。但是有老半天他还在他们身子底下拱着身子,用两条抽搐的、僵直的腿刨着颗粒状的残雪,一面哼哼着,用头直撞那被马蹄踩得稀烂的、肥沃的、黑油油的土地,他就是在这块土地上出生,又在这块土地上生活,充分领略了生活(痛苦多而欢乐少的生活)为他准备好的一切。

只有生长在大地上的青草,对于阳光和阴雨是不动情的,毫无动情地吮吸着大地的肥厚奶汁,见到风暴袭来,就乖乖地弯下腰去。以后,等到随风把种子撒去,就又毫不动情地死去,还要沙沙地摇动着已经枯黄的叶子,欢迎那放射着死光的秋日的太阳……

四十五

第二天,格里高力把全师的指挥任务交代给手下的一位团长,就带着普罗霍尔·泽柯夫上维奥申去了。

卡耳根镇外有一片很深的洼地,洼地里有一个蒲草塘,塘里密密麻麻地游着许多落下来休息的大雁。普罗霍尔用鞭子朝水塘指了指，笑着说：

"瞧，格里高力·潘捷莱维奇，真该打一只野雁。咱们可以就着雁肉喝喝老酒！"

"等咱们走近些，我来用步枪试试看。以前我的枪打得还不错呢。"

他们来到洼地里。普罗霍尔牵着马站在一处凸出的土崖后面，格里高力脱掉军大衣，把步枪的保险机上好，顺着一道到处是乱蓬蓬的灰色枯黄的浅沟朝前爬去。他爬了老半天，几乎连头都不抬；就像去侦察敌人的暗哨那样爬，就像当年在对德战争中，到司托霍得河边去摸德国人的岗哨那样。褪色的草绿色军便服和褐绿色的原野色调差不多；又有浅沟作掩护，所以弯着一条腿站在水边一个春汛冲成的棕色小土包上守望的大雁的眼睛虽尖，却看不见格里高力。格里高力爬到了近距离的射程以内，微微抬起身子。那只守望的大雁扭动着颜色像灰色石头、样子像蛇头的头，很机警地四面张望着。在这只大雁后面的水面上，落了许多大雁，很像是铺上了一方灰黑色的桌布。大雁时而呱呱乱叫，时而把头扎进水里。平静的呱呱声、呷呷声、溅水声一阵阵从水塘里传来。"可以打不动的啦。"格里高力心里想着，怀着怦怦直跳的心把枪托子抵到肩上，瞄准了守望的那只大雁。

放了一枪以后，格里高力跳了起来，雁群的嘎嘎叫声和翅膀扇动声把他的耳朵都震聋了。他打的那只大雁急急忙忙地向上飞去，其余的雁也都飞到水塘上空，像一片浓云一样盘旋着。很泄气的格里高力又对着盘旋的雁群打了两枪，看了看，有没有大雁掉下来，看了两眼，就朝普罗霍尔走去。

“看呀！看呀！……”普罗霍尔跳上马，直立在马上，用鞭子指着在蓝空里越飞越远的雁群，叫了起来。

格里高力扭过头去，因为高兴，因为那种猎人的激动，身子都哆嗦起来：一只大雁离开已经排成行列的雁群，缓慢而不连续地扇动着翅膀，很快地落低了。格里高力踮起脚尖，一只手搭在眼上，注视着那只大雁。那只雁离开大声惊叫的雁群，朝一边飞去，慢慢下降，越飞越没有劲儿，忽然像块石头似的从高空里掉了下来，只有那白色的翅膀边儿在阳光中明晃晃地闪烁了一阵子。

“上马！”

普罗霍尔咧开大嘴笑着，带着格里高力的马跑过来，把缰绳扔给他。他们跑到高地上，又跑了有八十丈远。

“这就是！”

一只大雁伸长脖子，躺在地上，两个翅膀宽宽地伸展开来，好像是要最后拥抱一下这并不亲热的大地。格里高力没有下马，弯下身子，把大雁拾起来。

“打到什么地方啦？”普罗霍尔问道。

原来子弹从雁嘴的下部打了进去，把眼睛旁边的一块骨头打翻出来。所以这只雁飞着飞着就死去，像个三角一样从整齐的雁群中掉出来，掉到了地上。

普罗霍尔把大雁拴到马鞍上，他们就又朝前走。

他们坐小船渡过了顿河，把马留在巴兹基村里。

来到维奥申镇上，格里高力在一个熟识的老头子家里住了下来，吩咐马上把大雁烧了来吃，自己也不上司令部去，只叫普罗霍尔去打酒。他们一直喝到晚上。主人在谈话中发起牢骚来：

"格里高力·潘捷莱维奇[①],我们维奥申的一些官儿太霸道啦。"

"哪一些官儿?"

"那些自封的官儿呀……就是库金诺夫和另外一些人。"

"怎么啦?"

"总是欺压外来户。谁要是跟红军走了,就把谁家的妇女、小孩子和老头子都关进监牢。我的亲家母,就因为儿子的事,被关起来啦。这真是毫无道理!比如,就拿您来说,您要是跟着士官生跑到顿涅茨那边去了,红军就把令尊潘捷莱·普罗柯菲耶维奇关进牢里去,恐怕不对吧?"

"当然不对啦!"

"可是这儿的当权的却在关人。红军来的时候,从不欺压人,可是这些家伙就像狗发了疯,穷凶极恶,谁都管不了他们!"

格里高力站起身来,微微摇晃了一下,就探身去拿搭在床上的军大衣。他只是多多少少有一点儿酒意。

"普罗霍尔!拿刀来!把匣子枪给我!"

"格里高力·潘捷莱维奇,您上哪儿去?"

"不用你管!照我说的办!"

格里高力挂上马刀和匣子枪,扣好军大衣,系上腰带,就径直朝广场,朝监狱走去。站在门口的一个非战斗部队的哥萨克哨兵,上前把他拦住。

"有通行证吗?"

---

①本应是"潘捷莱耶维奇",这里少一个"耶",因为讲话人语速快时,常常会"吃"掉个把音。

“闪开！你给我到一边去！”

“没有通行证，我谁也不放进去。不准进去。”

格里高力的马刀还没有抽出来一半，那个哨兵就躲到门里面去了。格里高力握着刀把子，跟着他来到走廊里。

“把典狱长给我叫来！”格里高力喝道。

他的脸煞白煞白的，鹰钩鼻子狠狠地弯起来，眉毛拧得紧紧的……

一个担任看守的瘸腿哥萨克跑了来，还有一个当书记的小伙子从办公室里探头朝外看了看。睡眼惺忪的典狱长很快也气冲冲地来了。

“不经允许就进来，你知道厉害吗？！”他大叫起来，但是一认出是格里高力，仔细看了看他的脸，他吓得结结巴巴地说：“是您呀，大……麦列霍夫同志。什么事儿呀？”

“把牢房的钥匙拿来。”

“牢房的钥匙吗？”

“怎么，还要我对你重复上四十次吗？嗯！把钥匙拿来，狗崽子！”

格里高力朝前跨了两步，典狱长朝后退了两步，但是相当强硬地说：

“我不给钥匙。这事儿您管不着！”

“管——不——着？……”

格里高力咯吱咯吱地咬着牙，抽出刀来。马刀在他手里嗖嗖响着在低矮的走廊天花板下面画了一个明亮耀眼的圆圈。书记和几个看守都像吓惊了的麻雀似的四处乱窜，典狱长靠在墙上，脸色比墙还白，咬着牙说：

“你去瞎搞吧！这是钥匙……我要去控告你。”

“我就搞给你看看！你们在这后方舒服够啦！……在这儿逞英雄好汉，把妇女和老头子都关起来！……我把你们全撤掉！你给我上前方去，坏蛋，要不然我马上就把你劈了！”

格里高力把马刀插进鞘，用拳头照着吓坏了的典狱长的脖子上捶了一下；用膝盖加拳头推着他朝门口走去，一面吆喝着：

“上前方去！……给我走！……给我走！……我日你妈……后方的虱子！……”

他把典狱长推出大门以后，就听见监狱里面的院子里响起一阵闹声，就回头朝院子里跑去。厨房门口站着三个看守，一个看守拉着三八式步枪的生了锈的枪栓，急匆匆地喊叫着：

“……劫牢啦！……应该反击！……原来的条令不是有规定吗？”

格里高力抽出匣子枪，于是几个看守争先恐后地跑进了厨房。

“出——来——吧！……都回家去吧！……”格里高力晃动着一大串钥匙，打开一个个挤得满满的牢房，大声喊着。

他把关着的人（有一百人上下）全都放了出来。有些人害怕，不敢出去，他就硬把他们推到街上，又把空牢房一一锁上。

监狱大门口，人越来越多。关押的人出了门，一齐拥到广场上；他们四面张望着，弯着腰，各自回家了。司令部警卫排的哥萨克们都手按马刀，朝监狱跑来；库金诺夫也跌跌撞撞地亲自跑来了。

格里高力最后一个离开放空了的监狱。他穿过拥挤的人群，对那些看热闹的、嘁嘁喳喳的娘儿们骂了几句粗话，就微微弯下腰，慢慢朝库金诺夫走去。他对那些跑到跟前、已经认出了他并且对他行过礼的警卫排哥萨克们喊道：

“回屋里去吧！你们干吗要像公马那样，一个个跑得直喘粗气？回去！”

“麦列霍夫同志，我们还以为是狱里的人反了呢！”

“小书记跑来说：‘闯进来一个黑大汉，把锁都给砸啦！’”

“原来是一场虚惊！”

哥萨克们都说着，笑着，转身回去了。库金诺夫急急忙忙朝格里高力走来，一面走，一面撩着从制帽里奔拉出来的长头发。

“麦列霍夫，你好。是怎么回事儿？”

“库金诺夫，你好！我把你的监狱砸啦。”

“你凭什么？这是怎么一回事儿？”

“我把人都放啦——就是这么一回事儿……嗯，你瞪什么眼睛？你们凭什么把外来户的老娘儿们和老头子都关起来？这又是怎么一回事儿？你给我小心点儿，库金诺夫！”

“你别放肆。这简直是横行霸道！”

“我还要放肆放肆，日日你那死娘呢！我这就从卡耳根调一个团来，把你们他妈的好好收拾收拾！”

格里高力一把抓住库金诺夫那高加索式生皮皮带，摇晃着，拉过来，又搡过去，一面冷冷地、怒冲冲地低声说：

“要不要我马上把部队全部抽回来？要不要我马上把你宰了？哼，你妈的！……”格里高力咯吱咯吱地咬着牙，把微微笑着的库金诺夫放开。"你笑什么?"

库金诺夫理了理腰带,挽住格里高力的胳膊。

"咱们上我那儿去。你干吗要这样冲动?你去对着镜子自己看看:看你气成什么样子啦……老兄,我们正在这儿想你呢。至于监狱的事吗,这是小事情……放了就放了吧,有什么了不起的?……我对弟兄们说说,叫他们真正消消气。要不然我们会把那些男人当了红军的外来户娘儿们全抓进来……不过,你为什么要叫我们下不来台呢?唉,格里高力啊!你多莽撞呀!你要是来说一声:'如此这般,监狱里别关那么多人,要把某某人、某某人放掉。'我们一定会看看名册,放掉一些人。可是你,一下子全都放啦!幸亏一些要犯都单独关押着,要不然你把他们也放了,那可怎么办?你太冒失啦!"库金诺夫拍了拍格里高力的肩膀,又哈哈笑着说:"你这人呀,要是在这种时候戗着你说,你会杀人的。或者,说不定你会带着哥萨克们暴动……"

格里高力从库金诺夫的手里抽出自己的胳膊,在司令部的门口站了下来。

"你们在我们的背后逞起英雄好汉来啦!把监狱里装得满满的……你要是有本事,到前方施展去!"

"格里沙,我当年本事也不比你差。就说现在,你可以到我的位置上来,我去带带你那个师……"

"那不行,谢谢吧!"

"这就对啦!"

"好啦,我不想跟你多谈啦。我现在要回家去休息个把礼拜。我有点儿病……肩膀还受了一点儿伤。"

“什么病？”

“相思病，”格里高力似笑非笑地笑着说，“心里有点儿乱……”

“真的，别开玩笑，你到底怎么啦？我们有一位很好的大夫，也许还是一位教授呢。是一个俘虏。我们的人是在叔米林镇外捉住他的，他跟水兵在一起。戴一副黑眼镜，挺有气派。是不是叫他给你看看？”

“去他妈的吧！”

“那好吧，你就去休息休息好啦。你把你那个师交代给谁啦？”

“交给里亚布契柯夫啦。”

“你等等嘛，干吗那么心急？你说说，那儿情况怎么样？听说你大杀了一阵，是吗？昨天夜里有人向我报告，说你在克里摩夫村杀了不少水兵。是真的吗？”

“再见吧！”

格里高力走了，但是走了几步，又侧过身子站下来，喊了库金诺夫一声，说：

“喂，我要是听到你们再抓人……”

“不会的，决不会！请放心！好好休息去吧！”

白昼跟随着太阳，渐渐移到西方。从顿河上，从宽宽的河面上，吹来一阵一阵的冷风。一群小水鸭子啾唧啾唧地从格里高力头上飞过去。当低沉的炮声从嘉桑乡方面顺着顿河水自上而下地传来的时候，他已经走进了歇脚的院子。

普罗霍尔很麻利地备好两匹马；他牵着马，问道：

“咱们回家吗？回鞑靼村吗？”

格里高力一声不响地接过缰绳，又一声不响地点了点头。

四十六

鞑靼村因为没有了哥萨克，显得空旷而枯寂。鞑靼村的步兵连一度归第五师的一个团节制，调到了顿河左岸。

有一段时间，红军部队得到从巴拉绍夫和波伏林诺开来的援军的补充，从东北方面展开猛烈的进攻，占领了叶兰乡的许多村庄，而且逼近了叶兰镇。在镇外展开的一场激战中，暴动军取得了胜利。暴动军所以取胜，是因为调来了强有力的援军，帮助了在红军莫斯科团和两个骑兵连压迫之下节节败退的叶兰乡团和布堪诺夫乡团。暴动军第一师的第四团（鞑靼村的哥萨克连就在这个团里）、一个拥有三门炮的炮兵连和两个后备骑兵连，顺着顿河右岸，从维奥申开到了叶兰镇。此外，还有大量援军顺着右岸开到了坐落在叶兰镇对岸三俄里和五俄里处的普列沙柯夫村和马特维耶夫村。在克里夫冈上配备了一个炮兵排。

有一个炮手，是克里夫村的哥萨克，向来就是炮无虚发，这一次第一炮就摧毁了红军的一个机枪点，接连又是几发榴霰弹，打在红柳林中的红军阵地上，打得红军到处躲藏。这一仗暴动军打胜了。暴动军猛攻败退的红军，把他们赶到了叶兰河那边，又派出十一连骑兵去追击，在离萨托格夫村不远的高地上追上了一个红军骑兵连，把他们全部砍死了。

从那时候起，鞑靼村的步兵就在左岸的沙土丘上跑来跑去。连里的哥萨克几乎都没有请假回家。只是到复活节的时候，就像是商量好了似的，一下子几乎有半个连回到了村里。哥萨克们在家里住了一天，解了解馋，换了换衬衣，从家里带上些猪油、干糖和其他吃的，又渡过顿河，就像去朝圣的教徒那样(不过手里拿的不是拐杖，而是步枪)，成群结队地朝叶兰镇走去。妻子、母亲、姐妹们站在鞑靼冈上和河边的山上目送着他们。妇女们在哭号，用头巾和披肩的角儿擦着哭红的眼睛，往衬裙的襟上抹着鼻涕……顿河对岸，淹了春水的树林子外面的沙地上，走的是哥萨克们：贺里散福、安尼凯、潘捷莱·普罗柯菲耶维奇、司捷潘·阿司塔霍夫和另外一些人。麻布干糖袋在上着刺刀的步枪上不住地晃悠着，惆怅而悠远的草原歌声随风飘扬，哥萨克们无精打采地说着话儿……他们都闷闷不乐地走着，不过他们都吃得饱饱的，身上也干干净净的了。过节之前妻子和母亲给他们烧了热水，洗掉了身上的污垢，篦净了吃够了当兵人的血的虱子。为什么不在家里舒舒服服地过日子呢？这不是，需要去送死……于是他们去了。有些刚刚应召参加暴动军的十六七岁的半大小伙子，脱掉了皮靴或毡靴，在暖和和的沙地上走着。不知为什么他们都十分高兴，他们有说有笑，还用正在变腔的、不成熟的嗓门儿唱着歌儿。他们觉得打仗是一件新鲜事，就像小孩子玩游戏一样。他们初上战场，很喜欢听子弹的啸声，还常常从掩体前潮湿的土堆后面探出头来看看。“嫩芦苇！”老兵们都这样轻蔑地称呼他们，手把手地教他们，怎样挖战壕，怎样打枪，在行军时怎样背枪和其他军用品，怎样选择好地势，甚至连用火烤虱子的方法、连怎样用脚布包脚才可以使脚不感到疲劳而且在靴子里活动自如的那一套经验，都传授给这些毛头小伙子。一颗“嫩芦苇”，总是用小鸟一样惊奇的眼光看着战场上周围的一切，总是受着好奇心驱使，不时地抬起头来，从掩体里朝外望望，想看看红军是什么样子，直到红军的子弹把他打死。如果一个十六岁的“战士”死了，伸直了身子，怎么都不会看出他有十六岁。那简直是一个大些的小娃子，两只孩子般的大手，两只招风耳朵，细细的、未发育全的脖子上刚刚露出一点喉结头儿。把他送回家乡，送到他的祖宗长眠的坟地里，他的妈妈两手一挓挲，上前迎住他，扯着头上一绺一绺的白发，对死者哭上很久。以后，等到把他葬了，等坟上的黄土干了，衰老了的妈妈，被无休无尽的慈母的悲伤折腾得弯腰弓背的妈妈，就要常常上教堂里，去追荐自己的去世的小万卡或者小谢苗。

有时候，子弹打到某一个小万卡或者小谢苗而没有打死，这时候他才能认识一下战争的无情和冷酷。他那长满黑黑茸毛的嘴唇哆嗦着，撇着。这个“战士”就要用兔子般的孩子声音喊叫：“我的亲娘呀！”并且一颗颗的泪珠儿就会哗哗地从他眼里往下掉。救护车还要拉着他在坑坑洼洼的大路上摇摇晃晃地走，震得伤口一阵阵地疼。再就是有经验的连队医官给他洗子弹或炮弹的伤口，而且笑着，像哄小孩子一样安慰他：“叫小猫疼，叫喜鹊疼，叫小万卡的伤快合缝。”可是“战士”小万卡还是要哭，要回家，要叫娘。不过等伤口长好，他再回到部队里，就学会实实在在地去认识战争了。在部队里，在战斗和肉搏中再过上一两个星期，心就硬了，以后，你瞧吧，还会站在俘虏的红军面前，叉开两腿，朝一旁啐着唾沫，学着某一个挺凶狠的司务长，咬牙切齿，用还没有真正变粗的粗喉咙问：

“哼，庄稼佬，我日你妈，你怎么落到我手里啦？哈哈哈！你想要土地吗？要平等吗？你大概是个共产党吧？坦白坦白吧，坏蛋！”并且，为了显示他的勇敢，为了显示“哥萨克的威风”，他举起枪来，打死那个为苏维埃政权、为共产主义、为使世界上永远不再有战争而生活和战死在顿河土地上的人。

于是在莫斯科省或者在维亚特省，在苏维埃大俄罗斯的某一个偏僻村庄里，一位红军的妈妈接到通知，通知说她的儿子“在为解放劳动人民、反对资本家压迫而同白卫军进行的斗争中牺牲……”——那位妈妈就痛哭起来……一颗妈妈的心从此沉浸在悲痛里，模糊的眼睛从此泪流不止，她将每天每夜，一直到死，永远想念当年在她肚子里、后来在血泊和她的阵阵痛楚中生下来、到头来又在遥远的顿河土地上死在敌人手里的儿子……

从前方私自跑回家的鞑靼村那半个连往回走着。走在起伏不平的沙地上，走在红光闪闪的红柳丛里。年轻的高高兴兴，无忧无虑；那些被人戏称为“山大王兵”的老头子们就长吁短叹，暗暗流着眼泪；耕地、耙地、种地的时候快要到啦；土地要人去侍弄，人日日夜夜思念着土地，可是现在要打仗，待在别人的村庄里受罪，干不成活儿，担惊害怕，受苦，想家。就因为这样，老头子们都眼泪汪汪，就因为这样，老头子们都愁眉不展。每个人都想起自己扔下的家业、牲口和农具。一切事情都要男子汉去做，没有当家人去管，什么事都干不成。女人能干得了什么呢？等田地一干，还没有种下去，明年就要挨饿。有一句俗语说得好：“一个不中用的老头子，干活儿也胜过年轻的娘儿们。”

老头子们都一声不响地在沙地上走着。直到一个年轻人朝兔子打了一枪，老头子们才打起了精神。因为浪费子弹（暴动军司令部曾经下令严禁浪费子弹)，老头子们决定惩罚一下那个小伙子。他们把小伙子打了一顿，把怨气全发泄到他的身上。

“抽他四十下！”潘捷莱·普罗柯菲耶维奇提议说。

“太多啦！”

“那他就走不到地方啦！”

“十六下子吧！”贺里散福叫道。

大家都同意打十六下，这也是双数。于是把那个小伙子按倒在沙地上，扯下裤子。贺里散福哼着歌儿，用小刀割下几根长满毛茸茸的黄芽儿的柳条，由安尼凯来打。其余的人都坐在旁边抽烟。后来大家又往前走。那个挨打的人抹着眼泪，提着裤子，一歪一歪地走在大家的后面。

刚刚走过那一片黄沙，走上灰灰的沙土地，大家就心平气和地说起话儿。

“瞧，多么好的土地，等着人来耕种呢，可是人没有工夫，天天在山冈上跑来跑去，打仗。”一个老头子指着一块干透了的地，叹着气说。

走过一片耕地的时候，每个人都弯下身去，抓起一块干干的、带着春天太阳气味的土坷垃，放在掌心里捻着，胸中觉得连气都透不过来。

“该下地干活儿啦！”

“现在下地正是时候。”

“再过三天，连下种都不行啦。”

“咱们那一边，还早了一点儿。”

“是的，是还早！瞧，顿河边的崖头上还有雪呢。”

后来停下来休息，吃午饭。潘捷莱·普罗柯菲耶维奇请那个挨打的小伙子吃压成了豆腐状的奶渣。(他把奶渣装在麻布袋里，挂在枪筒子上，一路上从麻布袋里渗出来的水直往下滴。安尼凯笑着对他说："普罗柯菲耶维奇，顺着这条湿印子就能找到你啦，你就像公牛走过去，后面留一条尿印子。")他一面请小伙子吃，一面老气横秋地说：

"傻小子，你别埋怨我们这些老头子。挨顿打，算得了什么！不吃点苦头，就不能长见识。"

"潘捷莱老爹，要是把你这样打一顿，恐怕你就不唱这个调调儿啦！"

"小伙子，我挨打挨得比这还厉害呢。"

"还要厉害呀？"

"是的，还要厉害。明摆着的事嘛，古时候可不是这种打法。"

"原来过去也打人。"

"当然打啦。小伙子，有一回我爹拿车杠敲我的脊梁，我也撑住啦。"

"用车杠打呀！"

"我说用车杠，就是用车杠。哎，你这呆小子！你吃奶渣好啦，干吗要看着我的嘴？你的勺子都没有把子啦，恐怕是弄断了吧？混账！今天打你这个狗崽子还是打少啦！"

吃过午饭以后，大家决定在令人舒畅的、像葡萄酒一样醉人的春天空气里多少睡一会儿。于是躺下去，脊背朝着太阳，打了一个盹儿，然后又在褐色的原野上放开脚步，不走大路，踩着去年的庄稼茬子，径直地往前走。他们有的穿皮夹克，有的穿军大衣，有的穿棉袄，有的穿小皮袄；脚上穿的有皮靴，有毡靴，有的把裤腿掖进白袜筒里，还有人光着脚丫儿。干粮袋在刺刀上不停地晃悠着。

离队后又回队的这些人的样子太不威武了，所以有几只云雀在蓝空里叫了一阵之后，毫无顾忌地落到了这路过的半连人旁边的草地上。

＊＊＊

格里高力·麦列霍夫在村子里没有遇到一个哥萨克。早晨他扶着长高了一些的米沙特卡上了马，叫他到顿河边去饮马，自己就和娜塔莉亚一起去探望格里沙加爷爷和岳母。

卢吉尼奇娜眼泪汪汪地迎住女婿：

"格里什卡，好孩子呀！我们的米伦·格里高力耶维奇一死——愿他在天堂幸福——我们家就完啦……唉，谁又来给我们干地里的活儿呀？满囤的粮食，没有人来种啦。我那苦命的当家人呀！我们都成了孤儿寡妇，谁也不管我们，我们成了没人理、没人问的人啦！……你可瞧瞧，我们的家业败成什么样子啦！两只手简直顾不过来啦……"

家业的确是很快地败落了：老牛撞倒了院子篱笆，有些地方连篱笆桩子都倒了；棚子的土墙被春水一淹，也倒塌了；场院的篱笆没有了，院子也没有人打扫；敞棚底下的转臂收割机已经生了锈，还有一架收割机已经坏了……到处都可以看出荒废和败落的迹象。

“没有当家的，很快就垮下来啦。”格里高力在柯尔叔诺夫家的宅院里巡视了一遍，淡淡地想道。

他回到屋子里。

娜塔莉亚小声和妈妈说着话儿，看见格里高力进来，就不作声了，带着讨好的神气笑了笑。

“格里沙，妈妈想要你……你好像要下地啦……是不是也给她种几亩呢？”

“妈，你们家还种地干什么？”格里高力问道。“你们家囤里的小麦还满满的哩。”

卢吉尼奇娜把两手挓挲开使劲一拍。

“格里什卡呀！那土地又怎么办呀？我们家去世的老头子已经耕好三块地啦。”

“土地有什么事？还会放坏吗？等明年，要是我还活着，再种也不晚。”

“那怎么行呢？土地就白闲着啦。”

“等仗打过了，到那时候再种吧。”格里高力还想说服岳母。

但是她固执己见，甚至好像生格里高力的气了，到末了那两片哆嗦着的嘴唇都噘了起来。

“如果你没有工夫，或是不愿意帮我家的忙，那就算啦……”

“好啦，好啦！明天我就去种自家的，也给你家种上两亩。种这一点就够你们吃的啦……格里沙加爷爷好吗？”

“那就多谢啦，恩人！”卢吉尼奇娜高兴得脸上放出光来。“我这就去告诉格莉普卡，叫她送种子去……爷爷吗？老天爷还一直没来叫他。还活着呢，就是头脑不大听使唤啦。整天整夜地坐着，念《圣经》。有时候说起话来叫人听都听不懂，说的都是教会的话……你去看看他吧。他在上房里呢。”

泪珠儿顺着娜塔莉亚那丰满的腮帮子滚下来。

娜塔莉亚含着眼泪笑着说：

“我刚才上他那儿去，他说：‘鬼丫头！你怎么不来看看我？好孩子呀，我快死啦……等我死了，我到上帝那儿去替你，替我的好孙女多说说好话。我想入土啦，娜塔柳什卡……我该入土啦。到时候啦！’”

格里高力来到上房里。浓浓的神香气味、霉气、腐烂气息、老年人身上肮脏的气味往他的鼻子里直钻。格里沙加爷爷还是穿着那件带红领章的灰军装，坐在木床上。他的肥大的裤子细针密缝地补过了，毛袜子也织补了。照顾爷爷的事已经由未成年的格莉普卡担负起来，而且她也像娜塔莉亚做姑娘时那样，对爷爷十分体贴，十分关心。

格里沙加爷爷把《圣经》放在膝盖上。他从镶着发了绿的铜框子的眼镜底下朝格里高力看了看，就笑着张开了嘴，露出一嘴白牙。

“老总来啦？好好儿的吗？上帝保佑你，没有叫万恶的子弹打着吗？好啊，托老天爷的福呀。坐下吧。”

“爷爷，你还结实吗？”

“你说什么？”

“我是问，你结实吗？”

“你这话真怪！是的，真怪！我这么大年纪，怎么会结实呢？我快到一百岁啦。是的，快一百岁啦……不知不觉就老啦。好像昨天我还是满头黄发，又年轻，又结实。可是今天我一醒，就老啦，老朽啦…… 人生就像夏天的闪电，一晃就过去啦……我身上一点劲儿没有啦。棺材已经在仓房里放了好多年，可是看样子，上帝把我忘了啦。有时候，我这个有罪的人向上天祷告：'主呀，你那慈悲的眼睛看看你的奴仆格里沙加吧！我想入土啦，也该入土啦！'……"

"爷爷，你还早着呢。瞧，你满嘴的牙。"

"你说什么？"

"你的牙还没掉呢！"

"牙吗？你真糊涂！"格里沙加爷爷生气了。"灵魂要是想离开肉体的话，用牙齿是咬不住的……你这浪荡鬼，还在打仗吗？"

"还在打仗。"

"我们家的米佳也跟着去啦，恐怕，要吃够苦头。"

"是要吃苦头。"

"我说的就是这话嘛。那你们为什么要打仗呢？你们自己都不明不白嘛！一切都要顺着天意。我们家的米伦为什么死的？就因为他逆天行事，鼓动老百姓反对政府。任何一个政府都奉有天命。即使这个政府是反基督的，总归是上天派的。我那时候就对他说：'米伦！你别叫哥萨克们造反，别鼓动他们反对政府，别叫他们造孽！'可是他对我说：'不行，爹，我受不了！要起事，把这个政府消灭掉，这个政府要叫咱们去要饭。以前咱们过得像个人样子，今后就要成叫花子啦。'就这样，他没有忍住。举起来的兵剑，总是要叫别人的剑碰坏的。这是实在话。噢，格里什卡，听人说，你好像做了将军，带领一个师哩。是真的还是假的？"

“是真的。”

“带领一个师吗？”

“嗯，是一个师。”

“你的肩章呢？”

“我们不要肩章。”

“哎，你们这些呆子！不要肩章啦！那你还算什么将军？真糟糕！以前的将军，叫人看着都过瘾：身子肥肥的，肚子大大的，八面威风！可是现在你呀……就这个样子，呸，什么都没有！只有一件油乎乎的军大衣，浑身是泥，既没有带穗头的肩章，胸前也没有挂勋章的白带子。恐怕只有满衣裳缝的虱子啦。”

格里高力哈哈大笑起来。但是格里沙加爷爷很激动地继续说下去：

“你别笑，坏东西！你领着人去送死，叫他们反对政府。你要造大孽，用不着在这儿龇牙！什么？……噢，就是这么回事儿嘛。反正你们要完的，还要把我们都搭上。上帝是留路给你们走的。这《圣经》上说的不就是咱们这混乱的朝代吗？喂，你听着，现在我把先知耶利米说的话念给你听听……”

老人家用黄黄的手指头翻起《圣经》那黄黄的纸页；他慢慢地、一个字一个字地念起来：

“‘你们要在万国中传扬报告，竖立大旗，要报告，不可隐瞒，说：巴比伦被攻取，彼勒蒙羞，米罗达惊惶，巴比伦的神像都蒙羞，他的偶像都惊惶。因有一国从北方上来攻击他，使他的地荒凉，无人居住，连人带牲畜，都逃走了……’[1]格里什卡，明白了

①引自《圣经·旧约全书·耶利米书》第五十章第二、三节。

吗？现在他们就是从北方来，向你们这些巴比伦人进攻。你再听下去：‘耶和华说，当那日子，那时候，以色列人要和犹太人同来，随走随哭，寻求耶和华他们的上帝……我的百姓作了迷失的羊，牧人使他们走岔路，使他们转到山上，他们从大山转到小山……’[①]”

“这是说的什么？什么意思？”不懂教会斯拉夫语的格里高力问道。

“坏东西，这就是说，你们这些作乱的人在山上到处乱跑。再就是说，你们不配做哥萨克的牧人，你们比迷路的羊还不如，你们不明白自己干的是什么……你再听下去：‘竟忘了安歇之处。凡遇见他们的，就把他们吞灭……’[②]这说的才对呢！现在虱子不是要把你们都吞灭吗？”

“真是拿虱子没办法。”格里高力承认说。

“这就越说越对啦。再听底下的：‘敌人说，我们没有罪，因他们得罪那作公义居所的耶和华，就是他们列祖所仰望的耶和华。我民哪，你们要从巴比伦中逃走，从迦勒底人之地出去，要像羊群前面走的公山羊。因我必激动联合的大国，从北方上来攻击巴比伦。他们要摆阵攻击他，他必从那里被攻取。他们的箭，好像善射之勇士的箭，一支也不徒然返回。迦勒底必成为掠物，凡掳掠他的都必心满意足，这是耶和华说的。抢夺我产业的啊，你们因欢喜快乐……[③]”

---

①同上第四、六节。

②同上第六、七节。

③同上第七、八、九、十、十一节

"格里沙加爷爷！你最好用俄语说给我听听，不然我可不明白。"格里高力拦住他说。

"马上就完啦，你听着：'……且像踹谷撒欢的母牛犊，又像发嘶声的壮马。你们的母巴比伦就极其抱愧，生你们的必然蒙羞：他要列在诸国之末，成为旷野、旱地、沙漠。因耶和华的愤怒，必无人居住，要全然荒凉，凡经过巴比伦的，要受惊骇，又因他所遭的灾殃嗤笑。'[①]"

"这究竟说的是什么？"格里高力感到有些不快，又问道。

格里沙加爷爷也不回答，合上《圣经》，躺到木床上。

"很多人就是这样，"格里高力一面从上房里往外走，一面想道，"年轻时候拼命瞎胡闹，又喝酒，又干种种别的坏事，可是，不论年轻时候多么凶恶，到老来都要拿上帝作护身符。就拿格里沙加爷爷来说，也是这样。他的牙齿就像狼牙一样。听说，他年轻时候，当兵回来，村子里的娘儿们都叫他糟蹋完啦，不管是这样的，那样的，全成了他的。可是这会儿……哼，我要是能活到老年，我才不念这种讨厌的玩意儿呢！我就不喜欢《圣经》。"

格里高力从岳母家回来的路上，一直想着格里沙加爷爷说的话，想着《圣经》上那些神秘费解的词句。娜塔莉亚也是一声不响地走着。格里高力这一次回来，她的态度格外冷峻，看样子，他在卡耳根乡各个村子里乱搞女人的事也传到了她的耳朵里。他回来的那一天晚上，她让他睡在上房里的床上，自己却盖上一件皮袄，睡在大柜子上。但是她一句责备的话也没有说，什么也没有问。格里高力也一夜没有说话，认为最好暂时不去问她，为什么

①引自《圣经·旧约全书·耶利米书》第五十章第十一、十二、十三节。

他们之间会这样出奇的冷淡……

他们一声不响地在寂静无人的大街上走着，不管什么时候他们之间还没有这样生分过。从南方吹来温暖、和煦的风，西方堆起浓浓的、春日的白云。那蓝白色的云彩边儿缭绕着，变幻着，渐渐向顿河边发了绿的山脚的上空飘来，聚拢到一起。第一声雷响了，村子里到处散发着渐渐绽开的树芽气息、解冻的黑土的清淡气息，使人觉得神清气爽。蓝蓝的河面上游动着一道道白脊的波浪，下游的风送来一阵阵使人振奋的湿气，送来烂树叶子和湿树的酸涩气息。山坡上有一块尖尖的、像块黑绒布补丁似的秋耕地，冒着腾腾的热气，渐渐变成一股流动的蜃气，飘向河边山冈的上空，云雀在大路上空如醉如痴地唱着，在大路上跑来跑去的黄花鼠吱吱叫着。而在这洋溢着伟大的创造力和丰富的生命力的整个世界之上，则是高高的、骄傲的太阳。

村子中心的土沟上有一座桥，山上下来的春水正带着快活的、像小孩子那样的咿呀声朝顿河里流去，娜塔莉亚在桥头停了下来。她弯下身去，好像是要结靴带子，实际上却是为了不让格里高力看到她的脸，她问道：

“你怎么不说话呀？”

“和你说什么呢？”

“有说的……你就说说，在卡耳根怎样喝酒，怎样和一些女的……瞎搞……”

“你已经知道了吗？……”格里高力掏出烟荷包，卷起烟卷来。和土烟掺在一起的木樨草发出甜甜的气味。格里高力抽了一口，又问道：“这么说，你知道啦？听谁说的？”

“我既然说，就是我知道。全村人都知道，总有人告诉我。”

“你既然知道啦，那还有什么可说的？”

格里高力放大了步子朝前走去。在无声无息的春天的寂静中，木桥上清晰地响起他的稀疏的脚步声和急急忙忙跟在他后面的娜塔莉亚的细碎的脚步声。娜塔莉亚擦着往外直涌的眼泪，一声不响地朝桥下走去，后来硬把哭憋回去，抽抽搭搭地问道：

“你又犯老毛病啦？”

“住嘴吧，娜塔莉亚！”

“该死的牙狗，馋狗！为什么你又来折腾我呀？”

“你少听别人胡诌就好啦！”

“你自个儿都承认了嘛！”

“看样子，别人对你胡诌的，比实在的事情多得多。是的，是有一点点儿对不起你……娜塔什卡，全怪这年头儿呀……天天在鬼门关上走来走去，有时就难免走错一步……”

“你的两个孩子都那么大啦！你摸摸良心，不觉得害臊吗？”

“哈！良心！”格里高力龇出一嘴白牙，笑了起来。“我都忘了良心是什么玩意儿啦。人世上的一切都弄成一团糟的时候，还有什么良心可说……我杀人……可是不知道这都是为什么……我怎样来给你说呢？你是不会懂的！你只会发发醋劲儿，根本想不到我有多么痛心，多么难受。就因为这样，我才喝上了酒。前几天有一阵子我很冲动。一时间我的心完全停止了跳动，浑身冰凉……”格里高力脸色阴沉下来，很费劲地把话往外挤：“我太难受啦，因此才想办法消愁，酒也好，女人也好……你等一等！让我说完：我时时刻刻觉得心里难过，心里作痛……生活的路走得不对头，也许这全怪我……现在最好能和红军讲和，并且去打士官生。可是怎么办呢？谁能把我们和红军政府撮合到一起呢？怎样来消除我们的旧怨呢？哥萨克有一半跑到顿涅茨那边，留在这儿的，都发了狂，眼看着自身难保啦……娜塔什卡，我的脑子里全乱啦……刚才格里沙加爷爷念了几段《圣经》，还说我们干得不对头，不应该暴动。还把你爹骂了一顿。”

“爷爷已经糊涂啦！现在又轮到你啦。”

“你就会这样说说别人。不会动脑筋想想别的事……”

“哎哟，你别给我念咒吧！你下流事干足啦，害我害够啦，现在把什么罪过都推到打仗上啦。你们都是这一路货色！因为你这害人的鬼，我受的罪还少吗？我真后悔，那一回我没有一下子死掉……”

“我再没有什么跟你说的啦。你要是心里难受，就哭一阵吧，女人有了痛苦，哭哭总是能轻快些的。我现在无法安慰你啦。我沾的别人的血太多，不管痛惜谁的心都没有啦。就连孩子们，我差不多也不心疼啦；我对我自己，连想都不想啦。战争把我的一切都吸干啦。我自己都害怕自己啦……如果朝我的心里看看，里面黑洞洞的，就像一口枯井……”

他们已经快到家了，从涌上来的一片灰云里落下斜斜的、老大的雨点儿。雨点儿打落大路上那薄薄的、散发着太阳气味的灰尘，打得屋顶劈劈啪啪直响，散发出一股清新气息和使人哆嗦的凉气。格里高力解开军大衣，用一边的衣襟裹住抽抽搭搭在哭的娜塔莉亚，把她抱住。他们就这样裹着一件军大衣，靠得紧紧的，迎着欢快的春雨进了院子。

黄昏时候，格里高力在院子里修了修耠子，又检查了一下播种机的漏斗。“生铁头”谢苗的十五岁的儿子，原来学过铁匠手艺，暴动以后，就成了鞑靼村唯一的铁匠，他好不容易给麦列霍夫家的旧犁安上了犁头。春播的家什都齐备了。牛棚里出来的牛都很肥壮，因为潘捷莱·普罗柯菲耶维奇给牛准备了足够的草料。

格里高力准备第二天早晨就下地干活儿。伊莉尼奇娜和杜尼娅想生起炉子过夜，以便在天亮前给他做好吃的东西。格里高力想干上五六天，给自己家和岳母家各种几亩地，再耕两亩地，准备种瓜、种葵花，然后把父亲从连队里叫回来，叫他再种上几亩。

厨房的烟囱里冒起淡紫色的炊烟，已经完全发育成大姑娘的杜尼娅在院子里跑着，捡生火用的干树枝儿。格里高力看着她那饱满的身腰和饱鼓鼓的乳房，感伤而又烦恼地想：“一下子就长成这样一个大姑娘啦！日子就像一匹快马，一下子就跑过去啦。不久以前杜尼娅还是一个拖鼻涕的小丫头呢；以前她跑起来，两条小辫儿在背上摆来摆去，就像老鼠尾巴，可是现在你看，简直可以马上出嫁啦。我也已经有了白头发，好时候过去啦……格里沙加爷爷说得对：‘人生就像夏天的闪电，一晃就过去啦。’人的生命是这样短促，可是就连这短短的生命都保不住……去他妈的吧，别折腾人啦！要杀，就让他们快点儿杀吧！”

妲丽亚来到他跟前。彼特罗死后，她很快就恢复了常态。起初她很伤心，悲伤得脸都发了黄，甚至好像都苍老了。但是等到春风吹来，太阳刚刚有了暖意，妲丽亚的忧伤就跟着融化的雪一起消失了。她那鸭蛋形的脸上又泛起薄薄的红云，曾经暗淡下去的眼睛又放出光彩，走起路来又像以前那样婀娜和轻盈……而且她也恢复了往日的习惯:她又用墨描起那弯弯的两道细眉,用雪花膏把脸搽得油光光的;她又开起玩笑,说些风流话儿逗弄娜塔莉亚;她的嘴角常常浮现出一种带有盼望意味的迷离的笑……她又高高兴兴地生活起来。

她走到格里高力跟前,含笑站住。她那俏丽的脸上散发着醉人的香脂气味。

“格里什卡,是不是要我帮帮忙呀?”

“用不着。”

“哎哟,格里高力·潘捷莱维奇!瞧你对我这个寡妇多冷淡呀!笑都不笑,甚至连肩膀都不动一下。”

“你去做饭吧,别打哈哈啦!”

“才用不着我做饭呢!”

“你去帮帮娜塔莉亚吧。米沙特卡跑得浑身都是泥。”

“真有意思!你们来养孩子,倒叫我来替你们洗吗?这太不像话啦!你的娜塔莉亚就像一只能生会养的母兔。她还要给你生上十个八个的呢。要是一个个都叫我来洗,我还要把胳膊都累断呢。”

“够啦,够啦!你滚吧!”

“格里高力·潘捷莱维奇!您如今是村子里所有的娘儿们当中的唯一的男子汉啦。您别撵我,让我远远地看看您那迷人的小胡子也好啊。”

格里高力笑起来,把汗漉漉的头发往后甩了甩。

“嘿,你真厉害!彼特罗怎么和你过来着……恐怕谁也拿你没办法。”

“那当然啦！”妲丽亚很得意地承认说；她用滴溜溜直转悠、眯得细细的眼睛看着格里高力，故意带着害怕的样子回头朝房子门口看了看。“哎呀，我觉得好像是娜塔莉亚出来啦……你的老婆醋劲儿才大呢——真够人受的！今天吃午饭的时候，我朝你看了一眼，她的脸色马上就变啦。可是昨天就有几个小媳妇对我说：‘这算什么道理？没有一个男子汉啦，可是你们家的格里什卡回到家里，又一步也不离开老婆。你说，我们又怎么过呢？即使他挂了花，即使他和以前相比只能算半个男子汉，可是我们就跟这半个男子汉过过，也够开心的啦。你告诉他，叫他夜里别在村子里转悠，要不然叫我们抓住了，够他受的！’我就对她们说：‘不行啊，嫂子们，我们家的格里沙只会在别的村子里干干风流事儿，回到家里就扯住娜塔莉亚的裙子不放啦。不久前他成了我们家的圣人啦……’”

“嘿，你这条母狗！”格里高力笑着，不带恶意地说。“你的舌头简直像一把布掸子！”

“我就是这个样子。你那娜塔申卡倒是又漂亮又洁净，可是昨天她没叫你挨她吧？对你这条牙狗，就该这样对付，叫你今后别干不规矩的事儿！”

“嘿，你可真是……你快走吧，妲丽亚。别管别人的事啦。”

“我不是要管。我是说，你那娜塔莉亚真傻。丈夫回来啦，可是她装模作样，扭扭捏捏，睡到柜子上……要是我这会儿见到男子汉，决不放掉！要是落到我手里呀……就是像你这样的勇士，我也要叫他一败涂地！”

妲丽亚咯咯地咬了咬牙，哈哈大笑着朝屋子里走去，一面晃动着两只明晃晃的金耳环，回头望着又笑又发窘的格里高力。

“彼特罗哥哥呀，你死得真走运……”格里高力高兴地想到。“这不是妲丽亚，是个淫鬼！反正早晚你要叫她折腾死！”

四十七

巴贺穆特金村里最后的几处灯火已经熄灭。料峭的春寒给一个个水洼蒙上一层薄薄的冰壳子。村边牧场外面，许多迟来的仙鹤落在去年的庄稼茬子地里过夜。从东北方吹来的微风，把沉着而疲惫的鹤唳声送到村子里。鹤唳声使四月的夜晚显得更加柔和，更加宁静。果园里树影幢幢，不知什么地方有一头老牛哞哞叫了几声，然后一切都静了。有半个钟头悄无声息，只是偶尔能听到夜飞的山鹬的苦闷的叫声和无数野鸭翅膀嗖嗖的扇动声：一群一群的野鸭子匆匆忙忙飞往铺展开的顿河的宽阔河湾里……后来，村边一条街上有了人的说话声，还有烟卷儿闪起红红的火光，响起马的哼哧声、马蹄踩在冻泥巴上的咯吱声。是侦察队回到了这个驻扎着独立第六旅属下两个哥萨克连的村子里。哥萨克们来到村头一户人家的院子里，散了开来，大家说着话儿，把马拴到扔在院心里的一架爬犁上，放好草料。有一个沙哑的粗嗓门儿唱起一支跳舞的歌曲，仔细地吐着词儿，疲惫无力地、慢悠悠地唱道：

我小步走呀，
慢慢地溜达，

又像以前谈情说爱那样
和姑娘说起笑话……

马上就是一个很带劲儿的唱帮腔的男高音，像鸟一样飞了起来，压倒瓮声瓮气的男低音，快快活活地唱起来，有时还带跳音：

姑娘不喜欢开玩笑，
照我脸上——啪！——打了一掌，
我哥萨克的小心肝儿呀
真是一个暴躁的姑娘……

又有几个粗嗓门儿加入了合唱，节拍加快了，活泼了，唱帮腔的男高音拖着高高的尾音，刚强有力、生气勃勃地唱了起来：

我挽起右袖子，
还了姑娘一耳光。
呀，姑娘待在那儿，
脸红得像红莓一样。

脸红得像红莓一样，
她还一面哭，一面讲：
“你算是我的什么情郎，
你已经爱着七个姑娘，
第八个是个寡妇，
第九个是你的妻房，
第十个才是我呀，你这薄情郎！……”

在风车后面放哨的哥萨克们,听到旷野上的鹤唳声,听到哥萨克们的歌声,也听到了野鸭子翅膀在黑漆漆的夜色中扇动的声音。黑夜里躺在结了薄冰的冰冷的土地上,他们觉得很没有味道。既不能抽烟,又不能说话,也不能借走动或打拳来暖和身子。只能躺在去年的葵花秆子丛里,望着黑洞洞的原野,把耳朵贴到地上听着。十步以外,什么都看不见,可是四月的夜里到处是簌簌声,常常有可疑的声音从黑暗中传来,其中任何一种声音都会使人提心吊胆:“是不是红军的侦察兵来啦,是不是他们在爬?”好像从远处传来枯草折断的咔嚓声和压得低低的喘气声……一个姓维普里亚日金的年轻小伙子,用手套擦了擦因为紧张冒出来的汗,用胳膊肘捣了捣旁边的人。旁边那个人把身子弯成弓形,把皮挂包垫在头底下,正在打盹儿;日本式的子弹盒子硌得他的肋骨很难受,但是他懒得重新躺躺舒服,也不愿意让夜间的寒气钻进裹得紧紧的大衣里。枯草的咔嚓声和喘气声越来越大,忽然就在维普里亚日金身边响了起来。他用胳膊肘支起身子,大惑不解地透过乱蓬蓬的枯草仔细看去,好不容易看出一只大刺猬的轮廓。刺猬匆匆忙忙地顺着一条土拨鼠走的路朝前移动,把小小的、猪头形的头放得低低的,一面哼哧,一面用毛扎扎的背擦着干枯的荒草。忽然那刺猬感觉到几步之外有异己之物,便抬起头来,看到了正望着它的人。人轻松地舒了一口气,小声说:

“该死的东西！把人都吓死啦……”

那刺猬很快地把头缩起来,把四条小腿也缩了进去,于是变成了一个毛扎扎的小球儿,这样待了一会儿,然后又慢慢伸展开,又擦着葵花秆子,踩着干枯的野牵牛花蔓,用小腿扒着冰凉的土地，像个滚动的小灰球似的走了起来。又是一片寂静。又像是童话里的夜晚……

村子里的鸡已经叫二遍了。天空放晴了。透过稀稀拉拉的云彩，露出一些星星。后来风吹散了云彩，天空就用无数金色的眼睛凝视着大地了。

就在这时候，维普里亚日金听见前面有清清楚楚的马蹄声、枯草咔嚓声、铁器叮当声，又过了不大的一会儿，连马鞍的咯吱声也听到了。别的哥萨克也都听见了。手指头都按到扳机上。

“做好准备！”副排长小声说。

在满天星斗的夜空的衬托下，露出一个好像用剪子剪成的骑马人的黑影。是一个人骑着马小步朝村子里走。

“站——住！……什么人？……有通行证吗？……”

哥萨克们都跳了起来，准备开枪。那个骑马人举起双手，停了下来。

“同志们，别开枪！”

“通行证！”

“同志们！……”

“有通行证吗？弟兄们准备……”

“别开枪！……我是一个人……是来投诚的！……”

“弟兄们，等一等！别开枪！……咱们来捉活的！……”

副排长跑到骑马人跟前，维普里亚日金上前抓住马缰绳。那个骑马人把一只脚从马鞍上跨过来，下了马。

“你是什么人？是红军吗？哈，弟兄们，是红军！他的皮帽子上还有五角星呢。你落网啦，哈哈！……”

那个骑马人舒展着两条腿,很平静地说:

"请你们带我去见你们的首长。我有非常重要的消息报告他。我是塞尔道布团的团长,我是到这里来谈判的。"

"是团长啊? ……弟兄们,打死他这个坏蛋! 卢卡,让我来宰了他……"

"同志们! 你们随时可以杀我,不过先要让我对你们的首长说明我的来意。我再说一遍:我来是有重要事情的。如果你们怕我跑掉的话,请把我的武器下掉好啦……"

红军的团长就动手解武装带。

"快点儿! 快点儿!"一个哥萨克催促他。

解下来的手枪和马刀交给了副排长。

"把这个团长身上搜一搜!"副排长骑上红军团长那匹马,命令说。

把俘虏身上搜了一遍。副排长就和姓维普里亚日金的哥萨克押着俘虏朝村子里走去。俘虏徒步走,维普里亚日金端着奥地利式卡宾枪,走在他旁边,副排长志得意满地骑着马走在后面。

他们一声不响地走了有十来分钟。俘虏常常停下来,用大衣襟遮着在风中摇晃不定的火柴火,点烟抽。维普里亚日金一闻到上等纸烟的气味,就憋不住了。

"给我一支抽抽吧。"他要求说。

"请吧!"

维普里亚日金接过满装纸烟的皮行军烟盒,从里面抽出一支纸烟,却把烟盒装进自己的口袋。团长一句话也没有说,但是过了一会儿,已经进了村子,他问道:

“你们把我带到哪儿去?”

“到那儿你就知道啦。”

“到底上哪儿去呀?”

“去见连长。”

“请你们带我去见旅长包加推廖夫。”

“旅长不在这儿。”

“怎么会不在这儿?我知道,昨天他跟旅部到巴贺穆特金来啦,现在正在这儿。”

“这事儿我们不知道。”

“哼,算了吧,同志们!我都知道,你们不会不知道……这并不是军事秘密,何况你们的敌方都知道啦。”

“走吧!走吧!”

“我走。不过还是请你们带我去见包加推廖夫。”

“住嘴!按照军法,我是不能跟你说话的。”

“那么,把烟盒拿去——这是军法允许的吗?”

“小意思!……给我走,把嘴闭紧,要不然我马上连你的大衣也剥掉。你这人还挺容易动气哩!”

好不容易把连长推醒了。他用拳头擦了半天眼睛。打着哈欠,皱着眉头,怎么都听不明白喜笑颜开的副排长对他说的是什么。

“是什么人?塞尔道布团团长?你不是瞎扯吧?拿证件来!”

过了几分钟,他和红军的团长一同朝旅长包加推廖夫的住处走去。包加推廖夫一听说捉住了塞尔道布团团长,并且已经押到了,霍地跳了起来。他扣好裤子上的纽扣,点上一盏有五根灯芯的油灯，对着笔直地站在门口的塞尔道布团团长问道：

“您是塞尔道布团团长吗？”

“是的，在下就是塞尔道布团团长伏龙诺甫斯基。”

“请坐。”

“谢谢。”

“是怎样把您……是在什么情况下把您逮捕的呢？”

“是我自动到你们这儿来的。我要单独和您谈一谈。请您吩咐别的人都出去。”

包加推廖夫摆了摆手，于是和红军团长一起来的连长以及张大了嘴站在旁边的房东——一个红胡子的旧教徒——都走了出去。包加推廖夫只穿着一件肮脏的内衣，坐在桌边，不住地摩弄着剃得光光的、黑黑的、圆得像西瓜一样的头。他那两腮浮肿、因为睡觉姿势不舒服硌了几道红印子的脸隐隐露出好奇的表情。

伏龙诺甫斯基是个不算高大然而很结实的人，穿一件挺合身的军大衣，结着军官式的武装肩带，他挺了挺笔直的肩膀，那修剪得整整齐齐的黑胡子下面掠过一丝笑容。

“我想，阁下是一位军官吧？请允许我先谈一谈自己的身世，然后就谈谈我的来意……我原来是贵族出身，是沙皇军队里的上尉。在对德战争时期，我在第一百一十七柳博米尔步兵团里当差。一千九百一十八年，根据苏维埃政府的法令，我这个正规军官又进了部队。现在，正如您已经知道的，我在红军里指挥着塞尔道布团。我虽然身在红军当中，可是我早就在找机会跑到你们这边来……跑到这边来，同布尔什维克作战……”

“上尉先生，您找机会找的时间太长啦……”

"是的，不过我想对俄国赎我的罪过，不仅是要自己跑过来（这本来是早就可以做到的），而且还要把红军的队伍带过来，当然啦，这是指那些最健全的分子，那些受了共产党的欺骗、被引诱参加了这场自相残杀的战争的。"

旧上尉伏龙诺甫斯基用离得很近的两只灰眼睛看了看包加推廖夫，看到他的不信任的笑容，就像个姑娘一样红了脸，连忙说：

"当然，包加推廖夫先生，您可能要感到我的话十分可疑……要是我处在您的地位，也会有同样的感觉。请允许我用事实来证明我这话……用不容置疑的事实……"

他把大衣襟翻过来，从绿军装裤口袋里掏出一把小刀，弯下腰去，弯得武装肩带咯吱吱响了起来，用小刀小心地拆起缝得紧紧的大衣边儿。过了一会儿，他就从拆开的衣缝里掏出几张发了黄的证件和一张小小的相片。

包加推廖夫仔细看了看他的证件。其中有一份证明说："持本件人确系第一一七柳博米尔步兵团中尉，因伤愈后给假两星期，前往斯摩棱斯克省家乡休养。"证件上还盖着公章，还有第十四西伯利亚步兵师第八野战医院主任医师的签字。其余的写有伏龙诺甫斯基的证件，也都证明伏龙诺甫斯基确系军官，包加推廖夫再看那相片，看到的是年轻的伏龙诺甫斯基少尉的两只离得很近的快活的眼睛。那漂亮的绿军服上还挂着军官十字章，那雪白的肩章跟黑乎乎的脸，跟漆黑的小胡子，形成鲜明的对照。

"那你究竟有什么事？"包加推廖夫问道。

"我是来报告您，我已经和我的助手，原中尉伏尔科夫，共同把红军鼓动起来了，整个的塞尔道布团，当然，除了共产党员，都准备随时投到你们这方面来。红军差不多都是萨拉托夫省和萨马拉省的农民。他们都赞成跟布尔什维克打。现在我们需要和你们谈谈本团投诚的条件。我们团现在驻扎在霍派尔河口镇上，差不多有一千二百条枪，共产党的支部有三十八个人，再加上由本地三十名共产党员组成的一个排。我们可以把归我们节制的炮兵连抓到手里，不过恐怕要把炮手都干掉，因为其中大多数是共产党员。红军士兵的家庭都因为征集余粮感到负担过重，所以我手下的红军都感到不满。我们就利用这种情况，把他们争取到哥萨克方面……也就是你们这方面。不过我的弟兄们也有顾虑，就是怕投诚以后，你们会对他们使用暴力……所以就这个问题，——这当然是细节，不过……——我要跟您谈谈。”

“会使用什么暴力呢？”

“比如说，枪毙，抢夺东西……”

“不会的，我们不许这样干！”

“还有一点：战士们都坚决要求保留塞尔道布团的编制，和你们一同对布尔什维克作战，然而却是一个独立的战斗单位。”

“这个问题我以后再……”

“我知道！知道！您还要和您上面的司令部通通气，然后才能告诉我们。”

“是的，我要报告维奥申方面。”

“请原谅，我的时间有限，如果我耽搁的时间多了，团政治委员就可能发觉我离开了。我认为，咱们能够就投诚条件达成协议。您要快点儿把你们司令部的决定通知我。我们团可能要调到顿涅茨前线去，或者补充进一些新的人员，那样的话……”

“是的，我马上就派通信员上维奥申去。”

“还有：请您吩咐您的哥萨克把武器还我。他们不但解除了我的武装，”伏龙诺甫斯基忽然嗫嚅起来，而且有点儿不好意思地笑了笑，“而且还拿了……我的烟盒。这当然是小事情，不过烟盒是我家祖传的东西，所以我觉得很珍贵……”

“全还您。等我得到维奥申的答复，怎样通知您呢？”

“过两天，从霍派尔河口镇派一个女子到巴贺穆特金村这儿来找您。暗号是……好，咱们就约定为‘联合’吧。您就把话告诉她。一定要用口传……”

* * *

半个钟头以后，马克萨耶夫连里的一个哥萨克就飞马朝西，朝维奥申镇跑去……

第二天，库金诺夫的一名亲信传令兵来到巴贺穆特金村，找到旅长的住所，连马也没有拴，就走进屋里，交给格里高力·包加推廖夫一封写有“火急。绝密”字样的公文。包加推廖夫急不可待地撕掉火漆印。在上顿河州苏维埃公文纸上，是库金诺夫亲手写的很潇洒的字迹：

> 您好，包加推廖夫！这是一件可喜的消息。我们委托你和塞尔道布团的人进行谈判，并且不惜任何代价争取他们投诚。我主张对他们让步，答应保留他们的编制，甚至不解除他们的武装。先决条件是，要他们逮捕和交出共产党员、团

政委，尤其是我们维奥申乡、叶兰乡和霍派尔河口乡的共产党员。叫他们一定要抓住炮兵连、辎重队和物资供给部队。要千方百计加速实现这件事！你要多调一些部队，开到那个团集结的地方，悄悄把他们包围起来，马上动手解除他们的武装。如果他们反抗，就把他们全部消灭，一个不留。你行动起来要小心，但要坚决，一解除了他们的武装，就把全团一起押送到维奥申来。押送他们要走右岸，因为右岸离前线比较远，而且地势又平坦，如果他们后悔起来，想跑，也跑不掉。押着他们顺着顿河走，从一些村子里走，还要派两连骑兵在后面监押。到了维奥申，我们就把他们三个两个地编到各个连里去，咱们就看看他们怎样打自己人。以后的事就用不着咱们操心了：等咱们和顿涅茨那边咱们的人联合起来，就让他们去审判他们，随他们去处置吧。照我看，就全部绞死也行。不可惜。欣望你成功。要每天派人将情况报来。

库金诺夫

后面还有附笔：

如果塞尔道布团的人把我们本地的共产党员交出来，就派一支强大的押送队把他们押往维奥申，也从各个村子里走。不过先要把塞尔道布团的人押走。要挑选最可靠的人（比较勇猛的和年纪大些的）参加押送队，让他们押送，并且事先广泛地通知老百姓。咱们用不着对他们动手，如果事情做得好、做得巧妙的话，妇女们会用棍子把他们打死的。懂吗？这种办法对咱们比较有利。如果把他们枪毙了，消息传到红军耳朵里，就会说咱们枪毙俘虏；可是这样做就要简单些，叫老百姓来收拾他们，把人的怒气鼓起来，就像放开一只用链子锁着的狗。是老百姓打死的——就完啦。谁也不负责任！

四十八

四月十二日，第一莫斯科团在叶兰乡安东诺夫村外同暴动军进行的一场战斗中，遭受了惨重的损失。

红军的队伍不熟悉地势，边打边进入村子。稀稀拉拉的哥萨克人家，散布在一小块一小块坚硬的黄沙地上，就像在一个个的小岛上，大街小巷都要通过难以下脚的泥沼地，上面都铺了树枝子。这个村子坐落在稠密的赤杨树丛中，坐落在潮湿泥泞的沼地上。小小的叶兰河从村边流过，河水很浅，但是河底淤泥很深。

第一莫斯科团的步兵列成散兵线朝村子里冲去，但是一过了村边几户人家，进入赤杨树林，就发现，成散兵线穿过赤杨树林是不行的。第二营营长是一个很固执的拉脱维亚人，他不听刚刚从泥潭中拉出马来的一个连长的劝告，就下令："前进！"并且带头勇敢地在摇摇晃晃的烂泥地上走起来。本来不想往前走的红军机枪手们，也都提着机枪跟着他朝前走去。他们走了有五六十丈远，陷进没膝深的烂泥里，就在这时候，从右面顺着散兵线传来惊叫声："他们围上来啦！""有哥萨克！""把咱们包围啦！"

确实是暴动军的两个连包围了这个营，从后面攻了上来。

第一营和第二营在赤杨树林中损失了三分之一的人员，退了出来。

在这次战斗中，伊万·阿列克塞耶维奇被暴动军的土造子弹打伤了腿。米沙·柯晒沃依把他抱出来，截住一辆在河堤上飞跑的运子弹的大车，差一点没把赶车的红军刺死，逼着他把伤员放到车上。

这个团打败了，退到了叶兰村。这一次败仗，对于顺着顿河左岸推进的全部红军的进攻的成败，发生了致命的影响。马尔金被迫退出布堪诺夫镇，往北退了二十俄里，退到司拉舍夫镇上；后来又受到发动了猖狂进攻而且在数量上超过他的志愿国民军好多倍的暴动军的压迫，赶在开始流冰的前一天渡河，淹死了几匹马，渡过了霍派尔河，朝库梅尔仁镇开去。

第一莫斯科团因流冰开始，在霍派尔河口受阻，就渡过顿河来到右岸，驻扎在霍派尔河口镇上，等候补充。不久，塞尔道布团也开到这里。这个团的基本成员和第一莫斯科团的基本成员显然不同。莫斯科团的战斗核心力量是莫斯科、图拉和下戈洛得的工人，打起仗来十分勇敢，十分顽强，多次同暴动军进行白刃战，每天都要伤亡几十名战士。直到在安东诺夫村中了暴动军的诱敌之计，这个团才撤出了战斗，但是在撤退的时候，连一辆辎重车、一箱子弹也没有留给敌人。可是塞尔道布团有一个连，在浆果村外的第一次战斗中就没有抵抗住暴动军骑兵的进攻；一看见哥萨克骑兵的散兵线，就纷纷逃窜，如果不是当机枪手的共产党员们用猛烈的机枪火力把敌人打退的话，这个连就全部被砍死了。

塞尔道布团是在塞尔道布城匆匆编成的。战士们全是萨拉托夫省上了年纪的农民，他们的精神状态不佳，士气自然不会高。连队里很多都是不识字的人和各村里出身富农家庭的分子。团里的指挥人员有一半是旧军官；政治委员是一个性格软弱、毫无主见的人，在红军中没有什么威信；而一些叛变分子——团长、参谋长和两个连长——则决意要带领这个团投降，他们通过那些钻进团里来的思想反动的富农分子，就当着视而不见的共产党支部的面，进行瓦解红军的罪恶活动，进行巧妙的反共宣传，散布谣言，叫人不相信镇压暴动能取得胜利，为投降制造舆论。

施托克曼和塞尔道布团的三个战士住在一所房子里，他很担心地注视着这个团的战士们，有一天他和几个人发生过一次激烈的争吵以后，就完全看出，这个团已经处在严重的危险中了。

二十七日那天，已经是黄昏时候，第二连的两个士兵来到他们这里。其中一个姓郭黎加索夫的，连招呼也没打，就带着冷笑望着施托克曼和躺在床上的伊万·阿列克塞耶维奇，说：

“咱们这仗真打够啦！家里在强征咱们的粮食，可是咱们却不知为什么在这儿打仗……”

“你不知道为什么打仗吗？”施托克曼厉声问道。

“是的，不知道！哥萨克也和我们一样，都是庄稼人！他们为什么暴动，我们知道！我们知道……”

“你这败类，知道你说的这是什么人的话吗？这是白军的话！”一向很沉着的施托克曼一下子火了。

“你骂人别太过分了！不然我打你嘴巴！……弟兄们，听见吗？原来他是这样一个家伙！”

“住嘴！住嘴，大胡子！像你们这样的，我们见过的多着呢!”另一个矮小而敦实、像一口袋面粉似的家伙插嘴说。“你以为,你是共产党员,就能卡住我们的喉咙吗?你小心点儿,要不然我们把你的五脏都揍出来!”

他用身子遮住瘦弱的郭黎加索夫,把两条短小有力的胳膊放到背后,闪动着眼睛,朝施托克曼逼上来。

“你们这究竟是怎么啦?……怎么全带上了白军气味?”施托克曼使劲推开朝他逼上来的士兵,气喘吁吁地问道。

那个士兵摇晃了两下,脸涨得通红,想抓施托克曼的胳膊,但是郭黎加索夫把他拦住:

“算啦!”

“这是反革命言论!我们要审判你们这些苏维埃政权的叛徒!”

“你无法把全团都送上军事法庭!”一个和施托克曼同住一所房子的士兵回答说。

几个人都附和他说:

“共产党员又有糖又有纸烟,我们可是什么也没有!”

“瞎说!”伊万·阿列克塞耶维奇在床上欠起身子,高声说。“我们领的东西和你们完全一样!……”

施托克曼没有再说话,穿上衣服,走了出去。那些人没有拦他,但是用一片嘲笑声把他送了出来。

施托克曼到这个团的团部找到团政委。他把政委叫到另一间屋子里,很激动地报告了他和几个士兵争吵的情形,建议把他们逮捕起来。政委听他说完了,搔着火红色的大胡子,犹豫不决地摸着黑玳瑁边的眼镜,说:

“明天我们开一个支部会，把情况讨论讨论。我认为在目前的情况下，逮捕这几个弟兄是不可能的。”

“为什么？”施托克曼厉声问道。

“施托克曼同志，您要知道……我自己也发觉，我们团里有些不对头，大概有一个反革命组织，但是我们还没有摸出底细。团里大多数人都受到这个反革命组织的影响。农民的自发势力嘛，叫人实在没办法！我已经把战士们的思想情况报告了上级，并且建议把这个团调开，进行改编。”

“为什么您认为现在逮捕这些白军的爪牙并把他们送交师的革命法庭是不可能的？要知道，他们说这样的话——就是叛变！”

“是的，不过，要是这样做，可能会引起意想不到的过火行动，甚至引起暴动。”

“是这样啊？那您既然早已看出大多数人是这样一种思想状况，为什么不早些报告政治部？”

“我对您说过嘛，我已经报告啦。大熊河河口镇方面不知为什么迟迟不肯答复。只要一把这个团调开去，我们就要严惩一切破坏军纪的分子，特别是您刚才所报告的那几个士兵……”政委又皱起眉头，小声说：“我就很怀疑伏龙诺甫斯基和……参谋长伏尔科夫。明天开过支部会以后，我就上大熊河河口镇去。应当立即采取措施来防止这种危险。请您对咱们的谈话保守秘密。”

“可是，为什么不能现在就召开党员会呢？时间很紧迫呀，同志！”

“我明白，但是现在不可能。大多数党员都在站岗，或者放暗哨……我坚持要这样做，因为在这种情况下，让非党人员去干这些事,是很轻率的。而且炮兵连,这个连大多数都是共产党员,今天夜里才能从克鲁托夫开到。就因为团里这样不安定,我才调他们来的。”

施托克曼从团部回来,简单扼要地把他和团政委的谈话对伊万·阿列克塞耶维奇和米沙说了说。

“你走路还不行吧?”他问伊万·阿列克塞耶维奇。

“可以瘸着走。以前我怕伤口破裂,现在顾不得这些啦,不管愿意不愿意,都得走啦。”

夜里施托克曼把塞尔道布团的情况写成一份详细的报告,到半夜里把米沙叫醒。他把报告掖到米沙的怀里,说:

“你马上弄一匹马,上大熊河河口镇去。你就是死,也要把这封信送到十四师政治部……几个钟头能跑到?你打算到哪儿弄马?”

米沙哼哧着,一面拔那双干得很紧的红靴子,一面断断续续地回答说:

“我到侦察队……偷一匹,到大熊河河口镇……顶多……两个钟头。侦察队的马都不好,要不然……一个半钟头就行啦!我干过马倌……我知道,怎样把马的快劲儿……完全挤出来。”

米沙把报告重新掖了掖,掖进大衣口袋里。

“这是为什么?”施托克曼问。

“如果叫他们抓住,就可以很快地掏出来。”

“嗯?”施托克曼还是不明白。

“有什么‘嗯’的!他们要是抓住我,我就掏出来吞下去。”

“好样儿的!”施托克曼微微笑了笑,走到米沙跟前,好像因为此行吉凶难卜，心里很难受，紧紧把他抱住，并且用哆哆嗦嗦的冰凉的嘴唇使劲亲了亲他。“你走吧。”

米沙走出来，很顺利地从拴马桩上解下一匹侦察队的好马，一步一步地通过岗哨，一直用食指按着崭新的骑兵卡宾枪的扳机，过了岗哨。就径直上了大路，这才把卡宾枪的皮带套到肩上，开始把短尾巴的萨拉托夫小马那不曾使出过的快劲儿使劲往外“挤”。

四十九

黎明时候，淅淅沥沥地下起小雨。风呼呼地吹了起来。浓浓的黑云从东方涌上来。天蒙蒙亮，和施托克曼、伊万·阿列克塞耶维奇住在一座房子里的塞尔道布团的人都起了身，走出去了。过了半个钟头，一个姓托尔卡乔夫的共产党员跑来了。他和施托克曼一样，是带着几个同志参加了塞尔道布团的。他推开门，就气急败坏地喊道：

“施托克曼，柯晒沃依，在家吗？快出来吧！”

“怎么回事儿？到这儿来！”施托克曼走进堂屋里，边走边穿大衣。“到这儿来！”

“糟啦！”托尔卡乔夫跟着施托克曼走进堂屋里，小声说。“现在步兵想在镇外……在镇外把从克鲁托夫开来的炮兵连解除武装。双方交了火……炮兵打退了他们的进攻，把炮栓卸下来，坐船渡河到对岸去啦……”

“现在呢，现在怎么样？”伊万·阿列克塞耶维奇一面哼哧着往受伤的脚上穿靴子，一面急急忙忙地问。

“现在正在教堂旁边开大会呢……全团都在那儿……”

“动作麻利点儿！”施托克曼对伊万·阿列克塞耶维奇说，又抓住托尔卡乔夫的棉袄袖子，问道：“政委在哪儿？其余的共产党员都在哪儿？……”

“我不知道……有的跑啦，我就到你们这儿来啦。他们已经把电报局占领啦，不许任何人出入……应该跑！可是怎么跑呢？”托尔卡乔夫把两手往膝盖中间一放，张皇失措地坐到大柜子上。

这时候台阶上响起咚咚的脚步声，六个塞尔道布团的士兵一下子闯了进来。他们的脸色很激动，露出凶狠、强硬的神情。

“共产党员们，开会去！快点儿！”

施托克曼和伊万·阿列克塞耶维奇交换了一下眼色，冷冷地把嘴一撇，说：

“咱们走！”

“把武器放下。你们不是去打仗！”一个塞尔道布团的士兵说；但是施托克曼就像没听见似的，把步枪背到肩上，第一个走了出去。

一千一百张喉咙在广场上哇里哇啦地乱叫着。霍派尔河口镇的老百姓一个也看不见。老百姓都躲在家里，害怕闹事（在这前一天，镇上已经到处传着流言，说这个团要和暴动军联合起来，可能要在镇上和共产党员打仗）。施托克曼率先走到嗡嗡叫的塞尔道布团士兵的人群跟前，用眼睛到处扫着，找寻这个团的指挥人员。一些人推着团政委，从旁边走了过去。两个人架着政委的胳膊，后面还有人推搡着，脸色灰白的政委走进了乱糟糟的士兵群里。有几分钟，施托克曼看不见他了，后来又看见他的时候，他已经在人群中心里，站在一张不知从谁家拖来的牌桌子上。施托克曼回头看了看。瘸了腿的伊万·阿列克塞耶维奇拄着步枪，站在身后，那几个叫他们来开会的士兵就站在他旁边。

“红军同志们！”响起政委的软弱无力的声音。“在这种时候，在敌人近在眼前的时候，开这样的大会……同志们！”

没有让他再说下去。许许多多灰色的红军皮帽，像被风吹动了一样，在桌子旁边摇晃起来，像树林一样的青灰色刺刀也摆动起来，一只只攥成拳头的手朝小桌子伸去，广场上到处响起像枪声一样又狠又干脆利落的吆喝声：

“别叫同志啦！”

“把他的皮夹克剥下来！”

“你骗人！”

“你们领我们打的是谁？！”

“扯住腿把他拖下来！”

“揍他！”

“用刺刀捅他！”

“你当政委到头啦！”

施托克曼看到，一个不算年轻的高大的士兵爬到桌子上，用左手揪住政委那红红的大胡子。小桌子摇晃了两下，那个士兵便和政委一起栽倒在桌子周围的人伸出来的胳膊上。刚才放牌桌子的地方，现在翻腾起灰大衣的波浪；政委那孤单、绝望的叫声淹没在一片雷鸣般的人声里。

施托克曼立即朝那里跑去。他狠狠地推撞着一张张穿着灰大衣的、结实的脊背，几乎是大跑着朝刚才政委说话的地方冲去。人们也不拦他，却用拳头和枪托子打他，打他的脊背，打他的后脑勺，把他的步枪扯下来，把他头上的红顶哥萨克皮帽抓了下来。

“你往哪儿钻，妈的？……”一个士兵的腿被施托克曼踩疼了，他怒冲冲地喊道。

一个矮墩墩的排长，在四脚朝天的小桌子旁边拦住施托克曼的去路。这个排长的灰羊羔皮帽子歪到后脑勺上，敞着军大衣，汗珠儿顺着砖红色的脸往下直滚，两只火辣辣的、气势汹汹的眼睛斜看着。

“你往哪儿钻？”

“我要说话！我这个普通战士要说话！……”施托克曼声嘶力竭地喊道，他微微喘了口气，一下子把小桌子扶了起来。甚至于有人扶着他爬上了桌子。但是广场上还滚动着一阵一阵的怒吼声，于是施托克曼使足声带的全部力气大叫起来：“安——静——点儿！……”过了有半分钟，等喧闹声小下去，他就压制着咳嗽，用难受而紧张的声音说：“红军战士们！你们好不害羞呀！你们是在最困难的时刻背叛人民的政权呀！正需要用坚强的手朝敌人心脏打去的时候，你们却动摇起来啦！正当苏维埃国家被敌人包围得喘不过气来的时候，你们却开起什么大会来啦！你们已经站在直接叛变的边缘上啦！为——什——么呀？！你们的叛变的长官把你们出卖给哥萨克将军啦！他们这些旧军官，骗取了苏维埃政府的信任，现在就利用你们的糊涂，想带着这个团投降哥萨克。你们清醒清醒吧！他们是想用你们的手帮着来绞杀工农政权呀！”

站在离桌子不远处的第二连连长，旧少尉韦斯特敏司特尔，正要端起步枪，但是施托克曼一看到他的动作，就喊叫道：

“你敢！你要打死我什么时候都行！一个共产主义战士就是要说话！我们共产党员早就把自己的生命……把自己的全部热血……点点滴滴……”施托克曼的声音一下子变成极其强烈的男高音，脸色煞白煞白的，并且抽搐起来，“……都交给了为工人阶级……为受压迫的农民服务的事业。我们面对死亡，已经不在乎啦！你们可以打死我……”

“这一套我们听过啦！”

“骗人的把戏玩够啦！”

“叫他说完！”

“算啦，住嘴吧！”

“……打死我，我还是要说：你们清醒清醒吧！用不着开什么大会，应该去打白军！”施托克曼用眯得细细的眼睛扫了扫安静下去的人群，在离自己不远的地方发现了团长伏龙诺甫斯基。伏龙诺甫斯基同一个士兵肩靠肩站在一起，正很不自然地笑着，小声对那个士兵不知在说什么。“你们的团长……”

施托克曼伸出一只手，指着伏龙诺甫斯基，但是伏龙诺甫斯基把手搭在嘴上，慌慌张张地小声对站在旁边的士兵不知说了一句什么，于是，施托克曼的一句话还没有说完，在吸饱了四月新雨的潮气的湿润空气里，砰地响了一枪。枪声没有多大力量，很低，但是施托克曼用双手捂住胸膛，跪倒下去，垂下了没有戴帽子的、花白了的头……可是他摇晃了两下以后，又马上站了起来。

“奥西普·达维陀维奇！”伊万·阿列克塞耶维奇看见施托克曼一下子又站了起来，就哼哧着，朝施托克曼奔去，但是有人抓住他的胳膊肘，低声说：

“老实点儿！少管闲事！把枪放下来，混蛋！”

一些人下掉了伊万·阿列克塞耶维奇的枪，搜了搜他的口袋，把他从广场上带走了。广场上四面八方都在下共产党员的枪，抓共产党员。在小胡同里，一座低矮而结实的商人房子旁边，砰砰地响了五六枪——打死了一个不肯交出路易斯机枪的党员机枪手。

可是这时候，施托克曼嘴上冒着红红的血泡儿，哆嗦得打着嗝儿，脸色煞白煞白的，站在牌桌子上，摇晃了一会儿，又使出最后的、越来越弱的力气，把最后的心里话喊了出来：

“……他们把你们领到错路上去啦！……叛徒们……他们是想求饶，想得到新的军官头衔……但共产主义是要活下去的！……同志们！……清醒清醒吧！……”

那个站在伏龙诺甫斯基身旁的士兵又把步枪端到肩上。第二枪打得施托克曼从桌子上仰面栽下去，倒在人群的脚下。有一个大嘴巴、扁牙齿、一脸麻子的士兵腾身跳上桌子，高声大叫道：

“各种各样的好话我们在这儿听到不少啦，但是，亲爱的同志们，这一切纯粹是谎话和吓唬。这位大胡子演说家栽下去，躺在这儿啦，不过既然是狗，就应该像狗一样死掉！这些共产党员，这些劳动农民的敌人，都该死！同志们，亲爱的弟兄们，我要说，咱们现在都睁开眼睛啦。咱们知道应该反对谁啦！比如说，在我们沃里斯克县是怎样说的呢？各族人民平等呀！友爱呀！这些骗人的共产党员说得多么好听……可是实际上又怎样呢？比如，我爹就寄来一封眼泪斑斑的信，说：大白天里就进行疯狂的抢劫！把我们家的粮食全搞走啦，连小石磨都抬走啦，法令上是说这样为劳动农民吗？如果石磨是我父母用汗水挣来的，那么，我就问问你们：这不是共产党在抢劫吗？要把他们杀光宰光！”

这个士兵的话没有说完。暴动军的两个骑兵连从西面飞马冲进了霍派尔河口镇，哥萨克步兵从顿河边山岗的南坡上冲了下来，暴动军第六独立旅旅长包加推廖夫少尉，也在半个连保护之下，带着旅部出发了。

东方涌上来一片乌云，马上就落起倾盆大雨，顿河那边，霍派尔河上空，滚过一阵隆隆的沉雷。

塞尔道布团匆匆忙忙地开始排队，每一行都变成两行。包加推廖夫旅部的一伙人骑着马刚刚在山坡上出现，旧上尉伏龙诺甫斯基就用士兵们还没有听到过的粗大口令声，喉咙里还带着哇哇声，喊叫道：

“团——队！立——正……”

五十

格里高力·麦列霍夫在鞑靼村住了五天，在这几天里，他给自己家和岳母家种了几亩地；后来，想念家业想瘦了而且浑身生满虱子的潘捷莱·普罗柯菲耶维奇一从连队里回来，他就准备回到仍然驻扎在旗尔河边的自己的部队里去。库金诺夫写了一封密信给格里高力，告诉他，已经开始和塞尔道布团的指挥人员谈判，请他回去指挥那一师人。

这一天，格里高力准备回卡耳根镇去。中午时候，动身之前，他牵着马到顿河上去饮，正朝着一直淹到篱笆脚下的河水走去的时候，看到了阿克西妮亚。不知是阿克西妮亚真的故意磨蹭呢，还是格里高力觉得是这样，她懒洋洋地汲着水，好像在等他，于是格里高力不由地加快了脚步，而在他对直地走到阿克西妮亚跟前的短短一会儿时间里，眼前清清楚楚地闪过许许多多令人伤感的往事……

阿克西妮亚应着脚步声转过身来，她的脸上——毫无疑问是假装出来的——露出惊讶的神情，但是相见时的欢喜和长期的思念却使她露了馅儿。她笑着，那笑容又可怜，又慌乱，跟她那张骄傲的脸极不相称，格里高力觉得又怜惜，又心疼，心都颤动起来。他顿时心乱了，件件往事涌上心头，就勒住马，说：

"你好，亲爱的阿克西妮亚！"

"你好。"

在阿克西妮亚那低低的声音里，流露出极其复杂的心情有惊讶，有恋情，还有痛苦……

"咱们很久没有说过话儿啦。"

"是很久啦。"

"我连你的声音都忘掉啦……"

"太快啦！"

"太快了吗？"

格里高力拉着朝他身上直顶的马的笼头，阿克西妮亚低下头去，用扁担钩子去钩水桶，却怎么也钩不住。他们一声不响地站了一会儿，一只吱吱叫的小水鸭子，像射出去的箭似的从他们的头上飞过去。波浪无休无歇地舔着浅蓝色的石灰岩石板，拍打着陡立的河岸。淹没了树林的广阔河面上，翻滚着白脊的波浪。顿河波涛汹涌地朝下游流去，风吹来一阵阵小小的水星子，吹来一阵阵淡淡的顿河水气味。

格里高力把目光从阿克西妮亚的脸上，移到顿河上。淹了水的白杨树摇晃着光秃秃的树枝；柳树开的花儿就像姑娘的耳环，树枝儿垂在水面上，十分好看，就像是一片片稀奇的绿色薄云。格里高力声音中带着轻微的懊恼和伤心，问道：

“怎么啦？……咱们真的就没有什么话好说了吗？你为什么不作声？”

但是阿克西妮亚控制住了自己；她在回答的时候，她那冷下来的脸上已经是一块肌肉也不哆嗦了：

“咱们要说的话，大概已经说完啦……”

“是这样吗？”

“就是的，肯定是这样！树开花，一年只能有一回……”

“你以为，咱们的花已经谢了吗？”

“怎么没谢呢？”

“这事是有点儿奇怪……”格里高力把马放到水边去，看着阿克西妮亚，很伤感地笑了笑。“可是我呀，阿克秀莎，心里却怎么也忘不掉你。如今我的两个孩子都那么大啦，而且我的头发也白了一半，咱们也分开好几年啦……可是我还是一直想着你。做梦常常梦见你，直到如今我还是爱你。有时候我一想起你来，就想起咱们在李斯特尼次基家过的日子……咱们是那样相亲相爱……想起这些旧事就……有时候，想起我这一辈子，瞧吧，我这一辈子就像一个翻过来的空空的口袋……”

“我也是……我也该走啦……咱们又说起话来啦。”

阿克西妮亚毅然决然地挑起水桶，把两只晒足了春日阳光的手放在压弯了的扁担背上，迈步朝坡上走去，但是忽然扭过脸来朝着格里高力，她的腮上浮起两片薄薄的、淡淡的红云。

“格里高力，咱们相爱，就是在这儿，在这河边开始的呀。你还记得吗？那一天送哥萨克入营。”她笑着说；她那坚强起来的声音里露出愉快的腔调。

“我全记得！”

格里高力把马牵进院子，拴到马槽上。因为要送格里高力，潘捷莱·普罗柯菲耶维奇上午就没有下地，他从敞棚底下走出来，问道：

“怎么样，你马上就动身吧？给马上一点料吗？”

“动身上哪儿去？”格里高力漫不经心地看了父亲一眼。

“出门呀！回卡耳根去嘛。”

“今天我不走啦！”

“这是怎么回事儿？”

“是这样的……我改变主意啦……”格里高力舔了舔因为内热干裂了的嘴唇，用眼睛对天空扫了扫。“云彩上来啦，恐怕要下雨啦，我去淋一身雨，有什么意思呢？”

“是没有意思。”老头子应声说；但是他不相信格里高力的话，因为几分钟以前，他在牲口院子里看见格里高力和阿克西妮亚在河边说话了。“又胡搞起来啦。”老头子很担心地想道。“他和娜塔莉亚好像又有点不对劲儿……唉，格里什卡他妈的这混账东西！他这条牙狗像谁呢？莫非像我吗？”潘捷莱·普罗柯菲耶维奇不再用斧子砍削大车上用的桦树干，朝着走开去的儿子那弯着的脊背看了看，急急忙忙在脑子里搜了搜，想起了自己年轻时的样子，就断定：“他妈的，是像我！狗东西，甚至还超过了老子！真该打他一顿，叫他别再去招惹阿克西妮亚，别再闹得家里六神不安。可是怎么能打他呢？”

如果是在以前，潘捷莱·普罗柯菲耶维奇要是看到格里高力和阿克西妮亚远远避开人单独说话儿，一定会连想都不想，随手抓起什么东西，照他的脊梁就打；可是现在，他没有主意了，什么话也没有说，甚至都没有露出已经猜到格里高力忽然不走的真正原因的表情。这都是因为，现在格里高力已经不是那个冒里冒失的年轻哥萨克“格里什卡”，而是一位师长了，虽说没有肩章，但总是一位带领几千人马的“将军”，而且现在大家都叫他格里高力·潘捷莱耶维奇了。虽说这是他的儿子，可是他潘捷莱·普罗柯菲耶维奇以前不过是个中士，怎么能动手打将军呢？因为地位不同，潘捷莱·普罗柯菲耶维奇对这种事连想都不敢想，他觉得在对待格里高力方面，自己不能那样随便了，觉得彼此有些疏远了。这全怪格里高力升得太高了！就连前天耕地的时候，格里高力厉声吆喝他：“喂，你发什么呆！把犁掉过去！……”潘捷莱·普罗柯菲耶维奇都忍住了，一句话也没有说……近来他们好像掉换了地位：格里高力时常吆喝年老的父亲，父亲听到他的声音，像听到命令似的，就会忙活起来，拐着那条瘸腿，千方百计地去讨他的喜欢……

“怕下雨呢！不会下雨的，刮的是东风，天上只飘着一块云彩，哪儿会有雨！是不是提醒一下娜塔莉亚？”

潘捷莱·普罗柯菲耶维奇猜出了原委，就要朝房里走去，但是又改变了主意；他害怕闹出来很不光彩，就又回到没有砍削好的大车梁木跟前……

且说阿克西妮亚回到家里，一倒掉桶里的水，就走到嵌在炉壁上的小镜子前，很激动地对着自己的有些苍老、但依然很美的脸看了半天。这张脸依然保持着那种娇媚、迷人的美，但是人生的秋天已经给她的两腮抹上暗淡的颜色，染黄了她的眼皮，给她的黑发织进了稀疏的银丝，抹去了眼睛的光彩。眼睛里已经流露出哀伤和疲惫的神情。

阿克西妮亚站了一会儿，后来走到床前，趴到床上哭起来，泪水哗哗地流出来，觉得又轻快，又甜蜜，她很久很久没流过这样的眼泪了。

冬天，冬日的寒风在河边陡峭的山崖上，在俗称“虎头”的凸出的山坡上旋舞，吼叫。风从光秃秃的山冈上吹来一阵阵的雪粉，旋成一个个的雪堆，又一层一层地堆上去。就会有老大的雪堆高挂在悬崖上，在阳光里白亮白亮的，在暮色中蓝蓝的，到清晨就是淡紫色，日出时候是粉红色。这雪堆会静默而冷峻地一直挂在那里，直到解冻的暖气慢慢从下面把它融化掉，或者一阵强烈的风从旁边吹来，把被本身重量压得摇摇欲坠的雪堆猛地一冲。于是雪堆朝下一倒，带着低沉而柔和的轰隆声朝下滚去，一路上撞击着矮矮的乌荆子丛，撞折一棵棵羞答答地挤在山坡上的小山楂树，顿时拖起一大片纷纷扬扬、冲向天空的银色雪雾……

阿克西妮亚积了多年的感情，只需要轻轻一冲就行了。这一冲——就是和格里高力的重逢，就是他的亲热的话："你好，亲爱的阿克西妮亚！"那么他呢，不也是她的亲爱的吗？这些年来，她不是每天、每小时都想着他，千万种思绪，到头来不是都要回到他身上吗？不管她想什么，做什么，脑子里总是始终如一、时刻不离地围着格里高力转悠。就像一匹拉水车的瞎马，拉着浇水轮子转来转去，永远离不开轴心……

阿克西妮亚在床上一直躺到黄昏时候，眼睛都哭肿了，后来从床上爬起来，洗了洗脸，梳了梳头，又像个大姑娘去相亲那样，急不可待地穿戴起来。她穿上干干净净的褂子，系上一条红呢裙子，披上头巾，匆匆对着镜子照了照，就走了出来。

鞑靼村上空笼罩着瓦灰色的暮霭。大雁在宽阔的春水水面上惶惶不安地嘎嘎叫着。苍白的月亮从河边杨树丛里慢慢升上来。水面上铺起一条波光粼粼的淡绿色月光路。天还没黑，牲口群就从草原上回来了。还没有吃够嫩草的老牛在院子里哞哞叫着。阿克西妮亚也不去挤牛奶。她把一条白鼻子牛犊从牛棚里赶出来，赶到母牛跟前，小牛犊就摇着尾巴，用劲伸直了后腿，用嘴巴衔紧干瘪的奶头，贪婪地吸起来。

麦列霍夫家的妲丽亚刚刚挤过牛奶，提着滤奶器和桶朝屋里走去，就听到篱笆外面有人叫她：

"妲莎！"

"是谁呀？"

"是我，阿克西妮亚……你到我家来一下。"

"你找我有什么事呀？"

"有要紧事！来吧！行行好！"

“等我把奶滤过了，就去。”

“好，我就在院子外面等你

“好的！”

过了不大一会儿，妲丽亚走了出来。阿克西妮亚就在自己家的大门口等她。妲丽亚身上还带着一股新鲜牛奶的热乎乎的气味和牲口棚里的气味。她看见阿克西妮亚的衣襟没有撩起来，而且打扮得漂漂亮亮，干干净净，就觉得奇怪。

“嫂子，你倒是早早地把事情做完啦。”

“司捷潘不在家，很省事。只有一头牛，我差不多连饭都不做……凑合着吃点儿干粮就行啦……”

“你叫我有什么事？”

“到我屋里来一下。有点儿事……”

阿克西妮亚的声音哆嗦着。妲丽亚模模糊糊地猜度着她这番话的目的，一声不响地跟着她走了进去。

阿克西妮亚也不点灯，一走进上房，就打开柜子，在里面摸了摸，就用自己的干瘦而火热的手抓住妲丽亚的手，急急忙忙地把一枚戒指往她的指头上套。

“你这是干什么？这好像是戒指吧？怎么，是给我的吗？……”

“给你！给你的。我送给你……小意思……”

“是金的吗？”妲丽亚很认真地问道，一面走到窗前，借着朦胧的月光，仔细看着手上的戒指。

“是金的。你戴去吧！”

“哎呀，我的天！……为什么事你送我这样的礼物呀？”

“你给我把……把你们家的格里高力叫来。”

“怎么,又要和他好吗?”妲丽亚很机灵地笑了笑。

“不是,不是! 哎,瞧你说的!”阿克西妮亚吓了一跳,脸一下子红到脖子根。“我要和他谈谈司捷潘的事……也许格里高力能给他请几天假……”

“那你怎么不到我们家去找他? 既然你找他有事,可以到我们家去和他谈谈嘛。”妲丽亚尖刻地说。

“不,不……娜塔莉亚会以为……反正不大合适……”

“那好吧,我去叫他。我是舍得他的!”

* * *

格里高力吃完了晚饭。他刚刚放下调羹,啜了啜沾在胡子上的菜汤,又用手掌擦了擦,就觉得桌子底下有一只脚在碰他的脚,他用眼睛扫了扫,就看见妲丽亚暗暗朝他挤眼睛。

“如果她想要我来代替去世的彼特罗,敢说出这种话的话,我就揍她! 就把她引到场院上,用裙子蒙住她的头,狠狠地打这只母狗!”格里高力恨恨地想;他一直皱着眉头,任凭嫂子挑逗。后来离开桌子,点起烟卷,就不慌不忙地朝门口走去。几乎是同时,妲丽亚也走了出来。

她在过道里从格里高力身边走过的时候,一边走,一边把胸膛靠到他身上,小声说:

“喂,狠心的! 去吧……叫你呢。”

“谁叫我?”格里高力急忙问。

“她呀。”

过了一个钟头，娜塔莉亚和孩子们都睡熟了的时候，格里高力穿着扣得紧紧的军大衣，和阿克西妮亚一起出了阿司塔霍夫家的大门。他们一声不响地在黑漆漆的小胡同里站了一会儿，就依然一声不响地朝静得迷人、黑得诱人、嫩草的芳香气味醉人的草原上走去。格里高力敞开军大衣，把阿克西妮亚紧紧搂在怀里，觉得她浑身在打哆嗦，感觉到她的心在小褂底下猛烈地、一下一下地跳动着……

五十一

第二天，格里高力在动身之前，简短地对娜塔莉亚解释了一下。她把他叫到一边，小声问：

“夜里你上哪儿去啦？怎么这样晚才回来？”

“这算晚吗？”

“怎么不晚？我醒过来，鸡已经叫头遍啦，可还是不见你的影子……”

“库金诺夫来啦。我上他那儿去开会，商量我们打仗的事。这不是你们老娘儿们管的事。”

“他怎么不到咱们家来过夜？”

“他赶回维奥申去啦。”

“他在谁家歇的马？”

“在阿博宪科夫家。他们家好像是他的远房亲戚。”

娜塔莉亚没有再问什么。她心里着实有些疑惑，但眼睛里却没有露出什么，因此格里高力一直也不明白，她相信还是不相信。

他匆匆吃过早饭。潘捷莱·普罗柯菲耶维奇去备马，伊莉尼奇娜画着十字，亲着格里高力，急急忙忙地小声说：

“好孩子，你别忘了……别忘了上帝！我们听说，你杀了一些水兵……主啊！格里什卡呀，你醒醒吧！瞧，你的两个孩子长得多么好呀，你杀死的那些人，恐怕也有孩子留下来……唉，怎么能这样啊？你小时候多么招人喜欢、多么可爱呀，可是现在你天天愁眉苦脸的。你瞧，你的心已经变得和狼心一样啦……格里什卡，听听娘的话吧！你也没有仙法护身，人家的刀也会落到你的脖子上……”

格里高力很不愉快地笑了笑，亲了亲妈妈的干瘦的手，走到娜塔莉亚跟前。娜塔莉亚冷冷地拥抱了他一下，就扭过脸去，格里高力在她那干干的眼睛里看到的不是眼泪，而是痛苦和隐忍下来的愤怒……又和孩子们告过别，就走了出来……

他的脚一踩住马镫，手一抓住硬扎扎的马鬃，不知为什么心里想道：“好吧，又要走一段人生新路啦，可是心里还是冷冷的，空空的……看来，现在就连阿克西妮亚也不能填补这种空虚啦……”

他也没有回头看出门送他的家里人，就放马慢步顺着大街走去，在经过阿司塔霍夫家门前的时候，侧眼朝窗户看了看，在上房尽边上一扇窗户里看到了阿克西妮亚。她微微笑着，拿一块绣花手绢朝他招了招，可是马上就把手绢攥成一团，捂到嘴上，捂到因为一夜未睡发了青的眼窝上……

格里高力放开马大步跑了起来。他跑上山坡，就看见，在夏天的大道上，有两个骑马人和一辆牛车慢慢地迎着他走来。他认出骑马人是“小牛皮大王”安季普和村子上头的一个很机灵的黑头发青年哥萨克斯特列勉尼柯夫。格里高力看见牛车，就猜道："拉的是死人。"不等他们走近，他就问道：

"拉的是谁？"

"阿列克塞·沙米尔、伊凡·托米林和'马掌'亚可夫。"

"他们死了吗？"

"死啦！"

"什么时候？"

"昨天太阳快下山的时候。"

"炮兵连没事吗？"

"没事。是红军在绣球树园的一户人家里把咱们的炮手包围啦。沙米尔是因为马虎大意……被杀死的！"

格里高力摘下帽子，跳下马来。赶车的是旗尔河上一个不算年轻的哥萨克妇女，她把牛勒住。被杀死的几个哥萨克并排躺在大车上。格里高力还没有走到大车跟前，微风已经带着甜甜的死尸气味向他扑来。阿列克塞·沙米尔躺在当中。他那旧蓝布褂子敞开着，空袖筒掖在劈开的脑袋底下，很多年前被炸断、用破布包着的那半截胳膊，一向是摇来摆去的，现在却像抽筋一样紧紧贴在已经不喘气的鼓鼓的胸脯上了。阿列克塞那已经僵了的龇着白牙的嘴上永远留下了恶狠狠的恼怒表情，但是那动也不动的眼睛却望着蓝天，望着草原上空静静地、好像是带着重重的心事飘过的白云……

托米林的脸简直叫人认不出来了，而且，说实在的，那已经不是脸，而是被马刀斜斜地削平了的一块红红的肉团子。"马掌"亚可夫侧着身子躺着，他的脸呈红黄色，歪着头，因为他的头差不多已经被砍断了。一根被砍断的白白的锁骨，从敞开的绿军便服领口里露了出来，额头上，一只眼睛上面，有一个黑洞洞、血糊糊的子弹孔。看样子，是有一个红军看到这个哥萨克死得很难受，就可怜他，几乎是抵着他给了他一枪，所以连火药的烧痕和许多黑点子还留在"马掌"亚可夫那僵了的脸上。

"喂，弟兄们，咱们来祭奠祭奠咱们的乡亲们吧，咱们抽袋烟，祝他们安息。"格里高力说过，退到一旁，松开马肚带，解开马笼头，把缰绳缠到马的左前腿上，放马去吃柔软的、刚刚冒出来的嫩草。

安季普和斯特列勉尼柯夫欣然下了马，绊住马腿，放马去吃草。他们躺下，抽起烟来。格里高力一面看着一头长着一绺一绺的长毛、还没有褪毛的公牛伸着头在吃小草，问道：

"沙米尔是怎么死的？"

"真的，潘捷莱维奇，是怪他自己马虎大意！"

"怎么马虎法？"

"噢，是这么回事儿，"斯特列勉尼柯夫说，"昨天，已经晌午了，我们出发去侦察。是普拉东·里亚布契柯夫亲自派一个司务长带我们去的……安季普，昨天跟咱们去的那个司务长姓什么来着？"

"鬼才知道他姓什么！"

"噢，管他妈的姓什么！我们反正不认识他，是别的连的。噢……我们去的一共是十四个哥萨克，沙米尔也跟我们一块儿去啦。昨天一整天他都高高兴兴的，可见他的心事先一点也没有感觉到什么！我们骑马走着，他晃悠着那半截胳膊，把缰绳扔到鞍头上，说：‘唉，咱们的格里高力·潘捷莱维奇啥时候能回来呀？能和他喝上两盅，再唱唱歌儿，多好啊！’在我们走到拉推舍夫冈以前，他一直都在高声唱着：

我们像蝗虫一样
在山冈上到处飞翔。
顿河哥萨克呀，
放的都是单打一步枪！

我们就这样走下一片洼地（已经快要到烂泥沟啦），司务长说：‘弟兄们，哪儿也看不见红军。他们恐怕还没有从阿司塔霍夫村出动呢。庄稼佬都懒得起早，大概他们还在吃午饭，正在炖南蛮子家的鸡呢。咱们来歇会儿吧，不然咱们的马要汗透啦。’我们说：‘嗯，好吧，歇会儿就歇会儿。’于是我们都下了马，躺在草地上，派一个人到土包上去瞭望。我们躺着，我看见阿列克塞在自己的马跟前蹭来蹭去，在松鞍下的马肚带。我就对他说：‘阿列克塞，你顶好别松马肚带，要不然，万一有什么紧急情况，咱们就得马上出动，你靠一只手，怎么来得及勒马肚带呢？’但是他龇着牙说：‘我比你勒得还快呢！你这个小毛孩子，凭什么教训起我来？’就这样，他松开马肚带，解下马笼头。我们躺着，有的在抽烟，有的讲起故事，还有人在打盹儿。我们的瞭望哨这时候也打起盹儿来啦。他朝土包脚下一躺，就他妈的睡着啦。我就听见，好像远处有马蹄声。我本来也懒得起来，可我终于还是站了起来，从洼地里爬上来，爬到高地方。我一看，在离我们百十丈远处，一队骑马的红军顺着沟底走过来啦。走在最前面的是一个骑枣红马的指挥员。他骑的那匹马就像一头狮子。他们还带着一挺转盘式机枪。我马上连滚带爬回到洼地里,吆喝说:‘红军来啦!上马!’他们大概也看见我啦。我们接着就听见,他们那边也发出了口令。我们上了马,司务长抽出刀来,想发起冲锋。可是我们只有十几个人,他们却有半个连,而且他们还有机枪,还有什么好冲的啊!我们就骑着马飞跑起来,他们就用机枪扫射,可是他们又看到,用机枪打不到我们,因为山沟把我们遮住啦。于是他们就放马追赶我们。但是我们的马快一些,我们跑出一段路,又从马上下来,开始还枪。这时候我们才发现,阿列克塞·沙米尔没有跟我们来。就是说,大家都慌乱起来的时候,他一定也跑到马跟前,用那只好手抓住鞍头,用脚往马镫上一踩,马鞍就溜到马肚子底下去啦。沙米尔没有来得及上马,就落到了红军手底下,可是他的马却跑回了我们这边,跑得鼻子眼儿里直冒烟,马鞍在肚子底下一个劲儿地晃悠着。那马都吓惊啦,简直不叫人靠近,呼哧呼哧直打响鼻,就像个鬼一样!阿列克塞就这样把小命送啦!如果不是松了马肚带,他不会死的,可是你看……”斯特列勉尼柯夫在黑黑的小胡子底下笑了笑,又说他前天还在唱呢:

嗨,你这个老妖头,
你来咬死我的小牛,
再把我的脑袋瓜抖搂抖搂……

这一下子可把他的脑袋瓜儿抖搂空啦……连脸都叫人认不出来啦!他在那儿流的血,就有宰掉的一头老牛流出来的那么多……后来,等到把红军打退了,我们跑到那块洼地里去,看到他躺

在那儿呢。他身子底下的血有老大的一摊,他都要漂起来啦。’

“喂,咱们该走了吧?”赶车的妇女把包着脸来遮太阳的头巾从嘴上拉了拉,很着急地问道。

“大婶,别着急。马上就到啦。”

“怎么能不急呢?这些死人身上的臭味这样厉害,熏得人站都站不住!”

“死人气味怎么会好闻呢?死人活着的时候,又吃肉,又摸老娘儿们。凡是干这些事情的,还没有死,就开始发出臭味儿啦。听人说,好像那些圣人死后冒的是热气,可是依我看,这纯粹是胡扯。不管是什么样的圣人,死后都要像茅厕坑那样,发出臭烘烘的气味,自古都是这样。圣人也是一样要用肚子装饭,上帝给他们安的肠子也和平常人一样有三十俄尺……”安季普带着深思熟虑的神气说。

可是斯特列勉尼柯夫不知为什么发起火来,高声叫道:

“你管他妈的圣人不圣人干什么?扯起圣人来啦!咱们走吧!”

格里高力和他们道过别,又走到大车跟前去和死去的几位同村人告别,这时候他才发现,他们三个人的靴子都脱掉了,三双靴子的靴筒压在他们的脚底下。

“为什么把他们的靴子都脱啦?”

“格里高力·潘捷莱维奇,这是咱们哥萨克干的事……他们几个死的人穿的靴子都很好,所以,连里的人就打了一个主意:把他们的好靴子脱下来,给几个穿坏靴子的人穿,就把坏靴子带回村子里。因为死的几个人都还有家。就让他们的孩子穿穿坏靴子吧……安尼凯就这样说：'死了的不用走路啦，也不用骑马啦。把阿列克塞的靴子给我吧，他的靴子底很结实。要不然，等我从红军脚上弄到皮鞋的时候，我已经冻死啦。'"

格里高力走了，走着走着，听到他们两个人争吵起来。斯特列勉尼柯夫用又高又响的声音喊叫着：

"'小牛皮大王'，你胡吹！你爹就是因为爱吹，才叫'牛皮大王'！哥萨克当中根本就没有圣人！所有的圣人都是庄稼佬出身。"

"不，出过圣人！"

"你像狗一样瞎吹！"

"不，出过圣人！"

"哪一个？"

"常胜将军叶戈尔不是吗？"

"呸！你妈的，滚远点儿吧！他怎么是哥萨克呢？"

"道道地地的顿河哥萨克，是下游一个乡的人，好像是谢米加拉柯尔乡的。"

"哼，又胡扯啦！你先打听打听再说。他才不是哥萨克呢！"

"不是哥萨克吗？那为什么把他雕在咱们的长矛上？"

底下的话格里高力就听不见了。他放马小跑起来，走下一条山沟，在他跨过将军大道的时候，就看见那辆牛车和两个骑马的人慢慢在下山坡，朝村子里走去。

差不多一直到卡耳根镇，格里高力都是放马小跑。微风拂动着一点汗也没有出的马的鬃毛。一只只长长的棕色黄花鼠在大道上穿来穿去，惶惶不安地吱吱叫着。黄花鼠那报警的尖叫声和草原的静穆出奇地协调。在高地上，在冈头上，不时地从路边飞起公鸨。有一只被太阳照得闪闪放光的雪白的小鸨，急急忙忙地扇动着翅膀，向高处飞去，等飞到高空里，就伸长了那围着一圈结婚花环似的黑色绒毛的脖子，迅速地飞起来，就像在蓝蓝的太空中游泳，越飞越远。可是飞了有百十丈远，就朝下飞来，翅膀扇动得更加频繁，好像停住不动了。快到地面时，在一片绿草的衬托下，那飞速扇动的翅膀又像白色闪电似的最后闪了闪，就不再闪了：小鸨淹没在草丛里，不见了。

到处都可以听到公鸨情急如火的“吱儿吱儿”的叫唤声。格里高力来到旗尔河边一处高地的顶上，在马上看到路边儿步远的地方有一块鸨交尾的地方：直径有一俄尺半的一块平平的土地，已经被为争母鸨而打架的公鸨的爪子踩得结结实实的了。这块地方连一根草都没有了；只有一层平平的灰色沙土，上面印满了十字形的爪印儿，再就是路边干枯的荒草和野蒿上挂着不少表面有灰色花纹、里面呈粉红色的鸨毛，鸨毛在风中轻轻摇摆着，这都是在打架时从好斗的公鸨背上和尾巴上撕扯下来的。不远处，从窝里跳出来一只很难看的灰色母鸨。那母鸨像个老奶奶一样驼着背，迅速地抖动着两条腿，在干枯的木樨草丛里来来回回地跑着，没有飞起，隐没在草丛里了。

因为春天到来，草原上到处洋溢着无形的、强大的、蓬蓬勃勃的生机：青草迅猛地生长着；许许多多成双成对的飞禽和走兽，纷纷躲开凶恶的人眼，藏在草原上隐蔽的地方进行交配；耕地上冒出无数尖尖的禾苗芽儿。只有衰亡了的去年的风卷球儿草，在草原各处的古代守望台的斜坡上无精打采地弯下身去，可怜巴巴地贴到地面上，寻求保护，但是清新活泼的春风毫不留情地把它从干枯的根上吹断，吹得它在阳光明媚、恢复了生机的草原上到处乱滚。

格里高力·麦列霍夫来到卡耳根镇，已经快到黄昏时候了。他是蹚水渡过旗尔河的；他在一个哥萨克村子外面拴马的地方找到了里亚布契柯夫。

第二天早晨，格里高力就从他手里接过分驻在各个村子里的第一师各部的指挥权，看过了司令部发来的最近的几份战报，和师参谋长米海依尔·考佩洛夫商量了一下，就决定向南，向阿司塔霍夫村发动进攻。

部队里非常缺乏子弹。必须靠打仗来夺取子弹。这就是格里高力决定发动这次进攻的主要目的。

这一天快到黄昏时候，已经有三个骑兵团和一个步兵团集中到卡耳根镇上。师里有二十二挺手提式机枪和重机枪，决定只带六挺，因为再多带，子弹就不够用了。

清晨，全师出动了。格里高力在路上离开师部，亲自担任了第三骑兵团的指挥，他把骑兵侦察队派出去做前哨，就带领人马向南，向波诺玛廖夫村开去，因为据侦察兵报告，也在准备进攻卡耳根镇的红军步兵第一〇一团和第一〇三团正在那里集中。

在离镇三俄里的地方，一个传令兵追上了他，把库金诺夫的一封信交给了他。

塞尔道布团已经向我们投降啦！全部士兵都已经缴了枪，有二十来个人本来想反抗，包加推廖夫已经收拾了他们，下命令杀掉啦。交给我们四门大炮(不过炮栓已经被该死的共产党员炮手们下掉啦)、二百多发炮弹和九挺机枪。这是咱们的一件大喜事！咱们把红军分编到各个步兵连里,叫他们去打自己人。你那里情况怎么样？哦,我差点儿忘了告诉你:你们村子里的共产党员科特里亚洛夫、柯晒沃依和很多叶兰乡的共产党员都叫我们捉住啦。要在押往维奥申的路上把他们全部收拾掉。如果你很需要子弹的话,就写封信交来人带回,我们可以送去五百箱。

库金诺夫

"传令兵!"格里高力叫道。

普罗霍尔·泽柯夫立刻跑到跟前,但是一看见格里高力的脸色十分难看,就吓得连忙行了一个军礼,说:

"有什么吩咐?"

"叫里亚布契柯夫来！里亚布契柯夫在哪儿?"

"在大队后头。"

"去！赶快把他叫来!"

普拉东·里亚布契柯夫催马大跑着绕过大队人马,朝格里高力跟前跑来。他那淡黄色胡子的脸被风吹得脱了一层皮,小胡子和眉毛被春天的太阳晒得泛着狐狸毛一样的红光。他微微笑着,一面跑,一面抽烟卷。他骑的深枣红马肥肥的,春天这几个月来一点也没有掉膘,那马跑着轻快的溜蹄步,胸带闪闪有光。

"维奥申有信来啦?"里亚布契柯夫看见格里高力身旁有一个传令兵,就喊道。

"有信来。"格里高力镇定地回答说。"你来指挥这个团和这个师吧。我要去一趟。”

“噢，那好，你去吧。不过为什么这样急？信上写的是什么？是谁写的？库金诺夫吗？”

“塞尔道布团在霍派尔河口投降啦……”

“噢——噢？人还都活着吗？你马上就去吗？”

“马上就去。”

“好，去就去吧。等你回来，咱们在阿司塔霍夫村见吧！”

“能活捉住米沙和伊万·阿列克塞耶维奇很好……问清楚是谁把彼特罗打死的……再把伊万和米沙救出来！要救出来……我们之间流过血，但我们能说是外人吗？！”格里高力心里想，狠狠地照马身上抽了几鞭，飞快地下了山坡。

五十二

暴动军的一些连队刚刚开进霍派尔河口镇，把开大会的塞尔道布团的人包围起来，第六旅旅长包加推廖夫就跟伏龙诺甫斯基和伏尔科夫离开广场去开会。这次会议就在广场旁边的一座买卖人的房子里举行，会开得很短。包加推廖夫连手里的马鞭都没有放下，和伏龙诺甫斯基打过招呼以后，就说：

“一切都很好。这算是你们的功劳。可是你们怎么没把大炮保护好呢？”

“这是意外！少尉先生，这完全是意外！炮兵差不多都是共产党员，我们解除他们武装的时候，他们拼命抵抗；打死了两名弟兄，卸掉炮栓，就跑了。”

“可惜!”包加推廖夫把帽箍上还留着不久前才撕掉的军官帽徽的新鲜印子的绿制帽往桌上一扔,用一块脏手帕擦着剃得光光的脑袋,擦着变成了褐色的脸上的汗,微微笑了笑,说:“好吧,那也罢了。您现在就去告诉您手下的弟兄们……和他们好好地说说,叫他们别这个那个的……别啰唆……叫他们把全部武器交出来。”

伏龙诺甫斯基听到这个哥萨克军官的长官式的口气,感到厌恶起来,就讷讷地反问道:

“交出全部武器吗?”

“嗯,我不向您说第二遍啦!说是全部,就是一点不能留。”

“不过,少尉先生,您和你们的司令部接受过不解除本团武装的条件呀?怎么能这样呢?……当然,我明白,像机枪、大炮、手榴弹——这些东西我们是要无条件交出来的,至于红军士兵的武器……”

“现在没有红军士兵啦!”包加推廖夫恶狠狠地噘了噘刮得光光的嘴巴,提高了声音,用螺旋形的马鞭抽了一下溅满泥巴的靴筒。“如今再没有红军士兵,只有保卫顿河土地的士兵啦。明——白——吗?……如果他们不肯干,我们会逼着他们去干!没什么啰唆的!你们在我们的土地上胡作非为够啦,还要谈什么条件!咱们之间没有什么条件!明——白——吗?……”

塞尔道布团的参谋长、年轻的伏尔科夫中尉十分懊恼。他十分激动地用手指头来来回回地摸着黑呢衬衣硬领上的扣子,揪弄着像羊羔皮一样拳曲的黑头发,厉声问道:

“这么说,你们拿我们当俘虏待啦?是这样吗?”

“我没有对你说过这话，所以你没有必要瞎猜！”这位哥萨克旅长粗暴地打断他的话，把称呼变成了“你”，并且那神气已经明显地表现出，对方已经完全处在他的手掌底下了。

屋子里有一会儿十分安静。从广场上传来低沉的嘈杂声。伏龙诺甫斯基在屋子里来回走了几趟，咯吧咯吧地掰了几下手指头，然后把自己的烟色棉上衣的扣子全部扣上，神经质地眨巴着眼睛，对包加推廖夫说：

“您的口气对我们是一种侮辱，而且这不是您这样一位俄国军官应该有的口气！我现在干脆告诉您。你们既然向我们挑战，那我们还要看看再说……要看看你们怎样对待我们……伏尔科夫中尉！我命令您：到广场上去，告诉各级指挥人员，叫他们不论在什么情况下都不能把武器交给哥萨克！您命令全团拿起武器来。我马上就和这位……和这位包加推廖夫先生结束谈话，到广场上去。”

怒气像黑色的爪子抓住了包加推廖夫的脸，这位旅长本来还想说几句什么，但是他已经意识到，他的话说得太过火了，于是压住火气，马上急转直下地改变了态度。他突然把制帽往头上一扣，依然在狠狠地甩着起了毛的马鞭，又说起话来，声音中出现了意想不到的温和与客气的口气：

“两位先生，你们误会了我的意思。我当然没有受过什么特别的教育，没有在士官学校念过书，也许不大会说话，不过，不能过高地要求嘛。咱们总归是自己人嘛！咱们之间不应当闹意见嘛。我怎么说的来着？我只是说，要马上把你们红军中那些对我们和你们特别不可靠的分子解除武装……我说的就是这个！”

“那就对不起啦！应该说清楚些嘛，少尉先生！再说，您要知道，您那种挑战的口气，您的整个行动……”伏龙诺甫斯基耸了耸肩膀，又用比较平和、但是余怒未消的口气继续说，“我们自己本来就想，要把那些动摇分子和不坚定的分子解除武装，交给你们去处置……”

“对对！就是这话！”

“不过我是说，我们决定自己来解除他们的武装。至于我们的战斗核心，那我们是要保留的。我们无论如何都要保留！我本人或者这位伏尔科夫中尉，就是您初见面就称起‘你’的这一位……我们来担任指挥，我们一定会忠实地洗清我们参加过红军的耻辱。您应当给我们这样的机会。”

“你们这个战斗核心有多少支枪？”

“差不多有二百支。”

“好，没什么，就这样吧，”包加推廖夫勉强答应了。他站起来，开了通向走廊的门，高声喊道：“内掌柜的！”等一位上了年纪的、披着厚厚的头巾的妇女来到门口，他吩咐说：“弄点儿新鲜牛奶来！马上给我弄来！”

“我家没有牛奶，请别见怪！”

“红军要，恐怕就有啦；我们要，就没有吗？”包加推廖夫酸溜溜地笑了笑。

屋子里又是一阵很尴尬的沉默。还是伏尔科夫中尉打破沉默：

“我可以走吗？”

“好吧，”伏龙诺甫斯基叹着气回答说，“您去下命令，把我们列入名单的那些人解除武装。名单在郭黎加索夫和韦斯特敏司特尔手里。”

伏龙诺甫斯基上尉只是因为触疼了自己的军官自尊心，才不得不说出“我们还要看看你们怎样对待我们”这样的话来。实际上他十分明白，他的赌注输定了，而且已经没有退路了。根据他得到的情报，军部派来解除叛变的塞尔道布团的武装的队伍已经从大熊河河口出动，并且眼看就要到了。不过包加推廖夫也已经看出来，伏龙诺甫斯基是个可靠的和绝对没有危险的人，而且现在后退已经不可能了。这位旅长就拍拍胸脯，答应把团里最可靠的分子编成一个独立的作战单位。会议就这样结束了。

就在开会的时候，广场上的暴动军不等会议有什么结果，就采取坚决行动，解除塞尔道布团的武装。哥萨克们那贪婪的眼睛盯住团辎重队的大大小小的车辆，拿手到处乱翻，他们不仅争先恐后地乱拿子弹，而且还抢红军的厚底黄皮靴、裹腿、棉袄、棉裤和各种吃的东西。有二十来个塞尔道布团的人眼看着哥萨克这样横行霸道，就想进行反抗。其中有一个，看见一个哥萨克来搜他，并且大模大样地把他的钱包装进自己的口袋，他就用枪托子朝那个哥萨克打去，吆喝道：

“土匪！抢起来啦?！还给我，要不然，我给你一刺刀！”

同伴们纷纷支持他。响起一片愤怒的叫声。

“同志们，拿起枪来！”

“咱们上当啦！”

“不能交枪啊！”

发生了白刃战，反抗的红军被压迫到板墙跟前，暴动军的骑兵在第三骑兵连连长鼓励下，在两分钟以内把他们全砍死了。

由于伏尔科夫中尉来到广场上，解除武装的事干得更顺利了。在倾盆大雨之下，对排成队伍的红军进行搜查。步枪、手榴弹、团电话队的器材、步枪子弹箱和机枪子弹箱就堆在离队伍不远的地方，堆成一堆又一堆……

包加推廖夫骑马来到广场上，他骑在他那匹发了性子的、直蹦直跳的马上，在塞尔道布团士兵的队伍前面四面扭动着身子，威风凛凛地高高扬起粗粗的螺旋形马鞭，喝叫道：

"你们听着！你们从今天起，就要跟共产党坏蛋们和他们的军队打仗啦。谁要是好好地跟着我们干，我们就饶了他，谁要是想捣蛋，就是这样的下场！"他用马鞭指了指那些被砍死的红军士兵，那些死去的士兵已经被剥得只剩了内衣，堆成了乱糟糟的、淋得水漉漉的、白白的一大堆。

红军队伍里像风吹水面一样，响过一阵低低的叽喳声，但是谁也没有大声说一句反对的话，也没有一个人离开行列……

哥萨克的骑兵和步兵成群成伙地到处乱钻。他们密密实实地包围住广场。在教堂围墙旁边，在小土包上，都架起漆成绿色的塞尔道布团的机枪，枪口对准了红军的行列，机枪旁边，护板后面，蹲着淋得透湿的哥萨克机枪手，做好了准备……

一个钟头之后，伏龙诺甫斯基和伏尔科夫根据名单挑选出一批"可靠的人"。他们一共是一百九十四人。新编的队伍名为"暴动军独立第一营"。这个营当天就开往别拉文村一带的前线，从顿涅茨调来的红军第二十三骑兵师的两个团正从那边攻过来。据说，红军的两个团是：第十五团，由贝加陀洛夫率领，第三十二团，由著名的米海依尔·布林诺夫率领。他们所向披靡，打垮了不少抵抗他们的暴动军连队。其中有一个哥萨克连，是霍派尔河口乡一个村庄匆匆编成的，被全部消灭了。于是包加推廖夫决定派伏龙诺甫斯基这个营去抵挡布林诺夫，要在战斗中考验考验这个营的坚定性……

塞尔道布团其余的人，有八百多人，就依照暴动军总司令库金诺夫在给包加推廖夫的信中指示的办法，被押着顺着顿河岸徒步朝维奥申走去。三连骑兵带着塞尔道布团的机枪，走上顿河岸边的高地，跟在他们后面监押着。

包加推廖夫在离开霍派尔河口镇之前，到教堂去做祷告，神甫刚刚念完祈求天赐“爱基督的哥萨克军队”胜利的祷告词，他就走了出来。有人给他牵过马来。他上了马，招了招手，把留在镇上担任后卫的一个连的连长叫过来，从马上弯下身子，对着他的耳朵小声说：

“对共产党员要严加看守，比看守火药库还要小心！明天早晨派可靠的押送队把他们送住维奥申。今天就派人到各个村子里去通知，叫大家都知道咱们押送的是什么人。老百姓会自动处治他们的！”

那个连长领命走了。

五十三

四月里的一天中午，在维奥申乡新根村上空出现了一架飞机。小孩子、妇女和老头子们一听见飞机马达低沉的隆隆声，一齐从屋子里跑了出来；他们仰起头来，手搭凉棚，看着飞机在笼罩着阴云的天空中侧歪着身子，像老鹰那样打着圈子，看了老半天。马达声越来越高，越来越大。飞机在村外牧场上挑好了一块着陆的平地，就朝下飞来。

“马上要扔炸弹啦！当心啊！”一个很机灵的老头子心惊胆战地叫道。

于是拥挤在胡同口的人群四散逃窜。妇女们拖着哇哇叫的孩子们乱跑，老头子们拿出像山羊那样的敏捷和灵活劲儿，跳过一道道篱笆，往村边树林里跑去。小胡同里只剩了一个老奶奶。本来她也跑的，但是不知道是腿吓软了呢，还是在小土墩上绊了一跤，反正她跌倒了，而且起不来了，她毫不害羞地翘起两条干瘦的腿，不要命地喊叫着：

“哎呀，好人呀，救命啊！哎呀，我要死啦！”

谁也没有回来救老奶奶。这时候飞机大大地发起威来，带着凶猛的吼声和啸声从谷仓顶上飞过，有一霎时，飞机翅膀的影子遮住了老奶奶吓得瞪得老大的眼睛前面的光线，飞机飞过去，便用轮子轻轻挨着村边牧场的潮湿的地面，往草原上跑去。这时候老奶奶的裙子都尿湿了。她半死不活地躺在那里，身子底下怎样，周围又怎样，她都感觉不到、听不见了。不用说，她也没有看见，远处有两个身穿黑皮夹克的人，从那只落下来的可怕的大鸟里走了出来，犹豫不决地抖动着脚在原地站了一会儿，朝四面看了看，就朝有人家的地方走来。

但是躲在树林里、趴在去年的黑莓丛里的老奶奶的老伴儿，却是一个勇敢的老头子。虽然他像被逮住的麻雀那样，一颗心怦怦地跳个不停，但他还是有胆量看一看的。他看见两个人朝他家的院子走来，认出其中一个是他的老同事的儿子——军官彼得·包加推廖夫。彼得是暴动军独立第六旅旅长格里高力·包加推廖夫的堂兄弟，跟着白军跑到顿涅茨那边去了。这毫无疑问就是他。

老头子像兔子那样蹲着，耷拉着两只手，仔仔细细端详了一会儿。等他看准，那摇摇摆摆慢慢走的确实就是彼得·包加推廖夫，还是像去年看见他的时候那样，蓝蓝的眼睛，只是因为很久没刮胡子，脸上长了一些胡楂子，于是老头子站起身来，试了试两腿能不能撑得住。两条腿只是膝关节处微微有点儿哆嗦，但还是能撑得住的，于是老头子小跑着走出了树林。

他不是去看吓掉了魂的老奶奶，而是径直朝彼得和他的同伴走去，并且老远就从秃头上摘下他那顶褪了色的哥萨克帽。彼得·包加推廖夫也认出了他，朝他招了招手，还笑了笑。他们走到了一起。

“请问，彼得·格里高力耶维奇，这真是您吗？”

“就是我呀，老爹！”

“老天爷叫我老来有眼福，我看见飞机啦！我们刚才见了飞机还害怕呢！”

“附近没有红军吧，老爹？”

“没有，没有，好孩子！已经把他们赶到旗尔河那边去啦，赶到南蛮子那儿去啦。”

“咱们这儿的哥萨克也起事了吗？”

“起事倒是起事啦，不过已经有很多被拉回来啦。”

“怎么回事儿?”

“就是说,打死啦。”

“哦哦……我家里人,我爹,都活着吗?”

“都活着。你们是从顿涅茨那边来的吗? 在那儿看见我家的季洪没有?”

“是从顿涅茨那边来的。季洪叫我带好来啦。噢,老爹,你替我们把飞机看一下,别叫小孩子们乱动,我回家去看看……咱们走吧!”

彼得·包加推廖夫和他的同伴走了。那些吓得躲藏起来的人,纷纷从树林里、棚子底下、地窖里和各个隐蔽的角落里走了出来。人群把飞机团团围住,飞机那滚烫的马达还冒着热气,还散发着芳香的汽油味和机器油气味。蒙着帆布的飞机翅膀被子弹和炮弹皮打了许多窟窿。这架从来没有见过的机器一声不响,浑身热乎乎的,就像一匹跑累了的马。

那个首先见到彼得·包加推廖夫的老头子,跑进他那吓坏了的老婆子躲的那条小胡同,想把十二月里跟着州政府跑掉的儿子季洪的消息告诉她,叫她也高兴高兴。老婆子已经不在小胡同里了。她已经回到家里,躲在小屋子里,匆匆忙忙地在换衣服,换了褂子,又换裙子。老头子好不容易找到她,大声叫道:

“彼得·包加推廖夫飞回来啦! 季洪托他带好来啦!”他看见他的老婆子在换衣服,气得不得了。“你这老妖婆,怎么打扮起来啦? 哼,你妈的! 谁还看得上你这个秃鬼? 简直成了小媳妇啦!”

……很快就有许多老头子来到彼得·包加推廖夫家里。他们每个人走进来,都是在门口就摘下帽子,对圣像画过十字,然后拄着拐杖，规规矩矩地坐到大板凳上。大家谈了起来。彼得·包加推廖夫一面喝着杯子里没有打过皮的凉牛奶，一面说着，说他是顿河政府派来的，他的任务是要和上顿河州的暴动军取得联系，并且要用飞机运送子弹和军官，支援他们同红军作战。并且告诉大家，顿河军即将展开全线进攻，不久就要同暴动军会师。包加推廖夫还顺便把老头子们数落了一顿，说他们对青年哥萨克的教育太差了，所以他们才放弃阵地，让红军来到自己的土地上。最后他说：

“……但是既然你们已经醒悟过来，把各乡的苏维埃政府赶了出去，顿河政府也就原谅你们啦。”

“彼得·格里高力耶维奇，可是现在还是苏维埃政府呀，不过没有共产党罢咧。我们挂的旗子也不是三色旗啦，是红白两色的。”一个老头子犹疑地说。

“就连称呼，我们这儿的年轻人，这些不听话的狗崽子们，还互相称呼‘同志’哩！”另一个老头子插嘴说。

彼得·包加推廖夫的嘴角在刚刚修剪过的红胡子底下笑了笑，带着嘲笑的神情眯缝起圆圆的蓝眼睛，说：

“你们的苏维埃政府就像春天的冰。太阳微微一晒，就化啦。不过那些在卡拉奇领头抛弃阵地的人，等我们从顿涅茨那边一回来，我们是要收拾他们的！”

“要收拾这些该死的东西，狠狠收拾！”

“就该这样！”

“要收拾！要收拾！”

“要当众抽他们的屁股，要抽得他们尿上一裤子！”老头子们高高兴兴地乱嚷起来。

* * *

傍晚时候，接到通知的暴动军总司令库金诺夫和参谋长萨方诺夫，坐着一辆三匹汗流如洗的马拉的四轮大车，飞也似的来到新根村。

他们因为包加推廖夫来了，高兴得不得了，连靴子和雨衣上的泥巴都没有掸一掸，就几乎是大步跑着进了包加推廖夫家的屋子。

五十四

塞尔道布团出卖给暴动军的二十五名共产党员，由一支强大的押送队押解着，从霍派尔河口镇出发了。想跑是跑不掉的。伊万·阿列克塞耶维奇在俘虏群中一瘸一拐地走着，怀着忧伤和憎恨的心情打量着那些押送的哥萨克的一张张恶狠狠地板着的脸，心里想："他们是要送我们的命呀！如果私自处置，那我们就完啦！"

押送队里大多数是留大胡子的人。领队的是一个信仰旧教的老头子，是一个阿塔曼团的司务长。一出了霍派尔河口镇，他就命令俘虏不许说话，不许抽烟，不许向押送兵提问题。

"你们做做祷告吧，反基督的奴才们！你们要死啦，剩下的时间别作孽啦！呜呜呜！你们忘掉了上帝！替魔鬼效力！都烙上了敌人的烙印！"他时而扬扬自动手枪，时而拉拉套在脖子上的手枪带子。

俘虏当中只有两名共产党员是塞尔道布团的指挥人员，其余的，除了伊万·阿列克塞耶维奇以外，都是叶兰乡的外来户，都是一些高大而强壮的小伙子，都是在红军来到叶兰乡的时候加入了共产党，有的当民警，有的当村革命军事委员会主席，暴动发生以后，他们都跑到霍派尔河口镇，参加了塞尔道布团。

过去他们差不多都是手艺人：木匠、桶匠、石匠、泥瓦匠、鞋匠、裁缝。其中年纪最大的看样子不过三十五岁，最小的只有二十岁上下。这些又结实又英俊的健壮小伙子，两只大手因为干沉重的体力活儿锻炼得十分有劲儿，肩膀宽宽的，胸脯鼓鼓的，那种样子跟押送队的弯腰弓背的老头子们迥然不同。

“你以为怎样，他们会审判我们吗？”和伊万·阿列克塞耶维奇并肩走的一个叶兰乡的共产党员悄悄问道。

“未必……”

“他们会打死咱们吗？”

“恐怕会的。”

“他们不是不枪毙人吗？哥萨克们就这样说过，你记得吗？”

伊万·阿列克塞耶维奇没有作声，但是希望就像风中的火星那样闪了一下：“这话对呀！他们是不能枪毙我们呀。他们这些家伙提出的口号就是：‘打倒共产党，反对抢劫和枪毙！’据说，他们只判徒刑……判处鞭笞和做苦工。嗯，这就不可怕了！在监狱里蹲到冬天，到了冬天，顿河一结冰，我们的人又要向他们进攻啦！……”

希望闪了一下，就又像风中火星那样，熄灭了：“不对，他们会打死我们的！他们都像魔鬼一样凶狠！这一辈子完啦！……唉，过去真不应该那样！跟他们打仗，心里却可怜他们……真不该可怜他们，应该把他们斩草除根！”

他攥紧拳头，因为愤怒无法发泄恼得耸了耸肩膀，头上马上就挨了后面打来的一鞭，他踉跄了一下，差一点跌倒。

“你攥什么拳头，狼崽子？我问你，你攥什么拳头？”领队的司务长大声喝叫着，驱马朝他身上冲来。

他又抽了伊万·阿列克塞耶维奇一鞭，这一鞭抽在脸上，顿时从眉骨直到中间有一个小坑的饱满的下巴，起了一道斜斜的印子。

“你打谁？打我吧，老爷子！打我吧！他是挂了花的，你别打他，”一个叶兰乡的小伙子带着恳求的笑容，用哆哆嗦嗦的声音喊叫起来，并且从人群里走出来，往前挺了挺饱鼓鼓的、结实的胸膛，把伊万·阿列克塞耶维奇遮住。

“也要打你！乡亲们，揍他们！打共产党啊！”

一鞭子打破了这个叶兰乡小伙子那绿褂子的肩膀，这一鞭十分厉害，打得破布片卷了起来，就像火烧的树叶子。一股黑血从伤口里，从马上鼓起来的鞭印子里流出来，浸透了破布片……

司务长恨得呼哧呼哧直喘，驱马朝俘虏身上乱蹦乱踩，冲进稠密的俘虏群里，用鞭子狠狠地乱抽起来……

又是一鞭子狠狠打在伊万·阿列克塞耶维奇身上。他眼睛里冒起金星，大地摇晃起来，而且对岸沙地上那一片绿色的树林好像要倒下来似的。

伊万·阿列克塞耶维奇用粗大的手抓住马镫，想把兽性大发的司务长拖下马来，但是一刀背砍来，把他击倒在地上，淡淡的、痒酥酥的、呛人的尘土爬进嘴里，鼻子和耳朵里火烧火燎地涌出血来……

押送兵像赶羊一样，把他们赶成一堆，抽打他们，打了老半天，打得很厉害。脸朝下卧在大路上的伊万·阿列克塞耶维奇，好像是在做梦一样，听到一片低沉的叫喊声、周围一片咚咚的脚步声、像疯了似的马的呼哧声。一团热乎乎的马汗沫子落在他的光着的头上，差不多就在同时，在很近的地方，就在他的头顶上，响起短促而可怕的男子哭声、喊叫声：

“他妈的！你们打手无寸铁的人！……哎哟哟……”

一匹马踩到了伊万·阿列克塞耶维奇的受伤的那条腿，磨钝了的马掌铁踩进小腿肚子的肉里，头顶上响起一片轰隆轰隆的，一下紧接一下的鞭打声……过了一会儿，一个沉甸甸、湿漉漉、散发着刺鼻的汗臭味和血腥味的身体，咕咚一声，倒在伊万·阿列克塞耶维奇的身边。他还没有完全失去知觉，所以听见：倒下去的人的喉咙里，就像翻倒的酒瓶那样，咕嘟咕嘟地冒出血来……

后来把他们一起赶到河边，逼着他们把血洗掉。伊万·阿列克塞耶维奇站在没膝深的水里，浸了浸疼得火烧火燎的伤口和被打起来的肿块，用手捧着跟自己的血混在一起的河水，拼命喝了起来，很怕来不及压下难以忍受的干渴。

在路上有一个骑马的哥萨克赶到了他们的前头。他那匹深枣红色的马，因为肥壮和满身大汗，全身明晃晃的，欢蹦乱跳地快步跑着。骑马人跑进了村子，于是，俘虏们还没有走到村边几户人家门前，一群一群的人就迎着他们跑来了。

伊万·阿列克塞耶维奇一看到那些迎面跑来的哥萨克和妇女们,就知道这一下子完了。其余的人也都明白了。

“同志们！咱们完啦!”一个塞尔道布团的共产党员喊道。

手执叉子、锄头、木棒和铁车杠的人群越来越近了……

后来的一切就像一场噩梦。走了三十俄里,经过一个连一个的村庄,在每一个村庄里都受到老百姓拷打。老头子们、妇女们和半大小伙子们,一见到这些被俘的共产党员们,又打,又对着他们那到处是血、到处是青伤和肿块的脸吐唾沫,又扔石头和土坷垃,还拿沙土和煤灰往他们那打肿了的眼睛里撒。妇女们心狠手辣,打起来特别厉害。二十五个遭殃的人通过一处一处的人群,到最后他们变得面目全非,完全不像人的样子了:身体和脸都变成了怪模样,青一块,红一块,黑一块,这儿肿一块,那儿破一块,浑身都是带血的泥巴。

起初这二十五个人当中每个人都想离开押送兵远一点儿,为的是少挨几下打;每个人都尽量往乱了队的俘虏群中间挤,因此挤成紧紧的一团往前走着。但是押送兵总是把他们拉开,推开。于是他们失去了躲避挨打的任何希望,便七零八落地走起来,每个人只有一个执着的愿望:控制住自己,不要倒下去,因为如果倒下去,就再也不能起来了。他们觉得反正无所谓了。起初眼前一闪起草叉铁齿的青光,或者晃动起粗木棒的白白的头儿,每个人都用手护住脸和头,无可奈何地用手捂住眼睛;挨打的俘虏群里发出来的又有求饶声,又有呻吟声,又有骂声,又有发自肺腑的叫疼声。到中午的时候,什么声音都没有了。只有一个顶年轻的叶兰乡人,以前在连里是个爱说爱笑、活泼可爱的人,一打到他的头上，他就哎哟叫上一声。他好像是走在烧得发烫的地面上，一跳一跳的，浑身抽搐着，拖着一条被棒子打断的腿……

伊万·阿列克塞耶维奇在河里洗过身上的血以后，精神上刚强起来。一看见迎面跑来的哥萨克和妇女们，他就和身边的同志告别，小声说：

“没什么了不起的，弟兄们，咱们会打仗，现在也应该会昂着头死去……直到最后一口气，咱们都应当记住一点，咱们有一点可以安慰的，就是：虽然他们能打死咱们，可是苏维埃政府是用棒子打不死的！共产党员们！弟兄们！咱们要死得有种，别叫敌人笑话咱们！”。

一个叶兰乡人没有经受得住。等走到包布洛夫村，老头子们又凶狠又毒辣地打他的时候，他像小孩子一样哇哇直叫起来，撕开军便服领子，让哥萨克和妇女们看他那挂在脖子上的小小的贴身十字架，那十字架的吊带因为肮脏和汗污已经变成了黑色。

“同志们！我加入共产党才不久啊！……你们留留情吧！我是信上帝的呀！……我还有两个孩子呀！……行行好吧！你们也有孩子呀！”

“我们跟你算什么‘同志’！住嘴吧！”

“你想起孩子来啦，坏蛋？掏出十字架来啦？后悔啦？可是你在枪毙我们的人，杀我们的人的时候，你没有想到上帝吧？”一个戴耳环的翘鼻子老头子打了他两下，气喘吁吁地问道。不等他回答，老头子又照准他的脑袋，抡起了木棒。

伊万·阿列克塞耶维奇所看到的、听到的和意识到的一切，都是一闪而过，什么都没有引起他特别注意。心好像变成了石头，这颗心仅仅震动过一次。中午时候他们走进袭柯甫诺夫村，穿过街上的人群往前走，遇到的是一片咒骂和乱打。就在这时候，伊万·阿列克塞耶维奇侧眼朝一边看了看，就看见一个六七岁的男孩子紧紧拉着母亲的衣襟，眼泪顺着变了样子的两腮哗哗地往下流，声嘶力竭地尖叫着：

“妈妈呀！别打他啦！哎呀，别打他啦！……我不叫打！我怕！他浑身都是血啦！……”

那个娘儿们已经抡起木棒要打一个叶兰乡人，忽然叫了一声，扔掉木棒，抱起孩子，慌慌忙忙跑进小胡同里去了。伊万·阿列克塞耶维奇被孩子的哭声、孩子的真挚感人的同情心所感动，不由地涌出了眼泪，泪水腌疼了打破了和烧干了的嘴唇。他想起自己的孩子和老婆，微微抽搭了一下，而且因为这像闪电一样突然出现的回忆，产生了一种急切的愿望：“但愿不要当着家里人的面把我打死！还希望……快点儿……”

大家都勉勉强强拖着两条腿往前走，因为疲倦，因为一直疼到骨头，都左右摇晃着。在一个村子外面的牧场上看见一口土井，就央求押送队长准许他们喝点水。

“用不着喝水啦！就这样已经多活啦！开步走！”司务长叫道。

但是押送队里有一个老头子替俘虏们说话了：

“行行好吧，阿基姆·萨佐内奇！他们也是人呀。”

“他们算什么人？共产党不是人！你别教训我啦！这押送他们的长官是我，还是你？”

“你们这号儿长官可是太多啦！伙计们，来喝！”

老头子下了马，从井里打上来一桶水。俘虏们把他团团围住，二十五双手一齐向水桶伸过来，打得青肿的眼睛里放出光来，发出一片沙哑而急促的低语声：

“老大爷，给我喝点儿！”

“给我喝点儿吧！……”

“给我喝一口吧！……”

“同志们，不能一齐喝呀！”

老头子不知道先给谁好了。他十分为难地耽搁了一小会儿，便把水倒进一个埋在地里的独木牲口槽里，走到一边，喊道：

“你们干吗像牛一样乱挤！排好队喝吧！”

那水顺着生了青苔、发了霉的槽底流开去，很快就流到被太阳晒得滚烫、散发着潮湿木头气味的槽角里。俘虏们拼命朝木槽拥去。老头子打了一桶又一桶，一共打了十一桶水，看着俘虏们，心酸得皱着眉头，把牲口槽灌得满满的。

伊万·阿列克塞耶维奇跪在地上，喝足了水，等他抬起清爽了的脑袋，就清清楚楚、几乎是丝毫不遗地看见：河边大道上覆盖着一层霜白色的石灰石尘粉，远处耸起的石灰岩山岭有如淡蓝色的幻影，在山岭之上，在水流湍急、波浪滚滚的顿河上空，在一望无际的蓝天上，在高高的空中，有一朵白云。清风吹动着白云，白云展开闪闪有光，像白帆一样的翅膀，迅速地向北方飘去，白云那乳白色的影子倒映在远处的顿河河湾里。

五十五

在暴动军总司令部的一次秘密会议上，决定向顿河政府、向包加叶夫斯基将军求援。

会议决定委托库金诺夫写一封信，对一九一八年底上游哥萨克同红军讲和并抛弃阵地一事表示后悔和遗憾。库金诺夫就写了一封信。他代表顿河上游暴动的全体哥萨克保证，今后一定要坚决同布尔什维克作战，直到最后胜利，并要求用飞机越过前线给暴动军输送指挥军队的正规军官和步枪子弹。

彼得·包加推廖夫就留在新根村，后来又到了维奥申。飞行员就带着库金诺夫的信飞回诺沃契尔卡斯克去了。

从这一天起，顿河政府和暴动军司令部之间就建立了密切的联系。差不多每天都从顿涅茨河那边飞来法国工厂出产的新式飞机，运来军官、步枪子弹和少量三英寸口径的大炮炮弹。飞行员还把那些跟随顿河军撤走的上游哥萨克们的信件带了来，又把家里人给哥萨克们的回信从维奥申带到顿涅茨那边。

顿河军的新司令官西道林将军，为了配合前线的战事和自己的战略计划，开始把司令部制订的作战计划、命令、战报和红军部队向暴动军阵地上调动的情报送给库金诺夫。

库金诺夫只对少数几个人说过他同西道林常有信件往来，对其余的人都严守秘密。

五十六

下午五时左右，把俘虏赶进了鞑靼村。已经接近了转瞬即逝的春天的黄昏，太阳也快要落山了，太阳像一个火红的圆球，已经挨着了弥漫在西方的蓬松的灰云的边缘。

鞑靼村步兵连的哥萨克们在大街上，在高大的公共谷仓的凉荫里坐着或站着。他们是调到顿河右岸去支援抵挡不住红军进攻的叶兰乡各个连队的，在开上前线的路上全连都顺路回到村子里，看一看家里人，并且带上一些吃的东西。

这一天他们本来应该出发的，但是他们听说，要把俘虏的共产党员押往维奥申去，其中就有米沙·柯晒沃依和伊万·阿列克塞耶维奇，而且听说俘虏们眼看就要来到鞑靼村了，所以他们决定等一等。有些哥萨克，跟第一次作战中和彼特罗一起被打死的那些人是一家人，他们特别想见见柯晒沃依和伊万·阿列克塞耶维奇。

步兵连的哥萨克们把枪靠在谷仓的墙上，无精打采地说着话儿，有的站着，有的坐着，有的抽烟，有的嗑葵花子；他们周围是妇女、老头子和孩子们。全村的人都跑到街上来了，有些孩子爬到房顶上，聚精会神地望着：是不是来了？

终于有一个孩子尖声叫道：

“看见啦！来啦！”

步兵连的哥萨克们急忙都站了起来，人们乱动起来，响起一片低沉的、嗡嗡的嘈杂声，孩子们冬冬地迎着俘虏们跑去。阿列克塞·沙米尔的遗孀的心还浸沉在没有平息的悲痛里，她歇斯底里地哭叫起来。

“把仇人押来啦！”一个老头子粗声粗气地说。

“打他们这些魔鬼！你们发什么呆呀，哥萨克们？！”

“把他们送去审判！”

“他们把咱们的人都杀啦！”

“把柯晒沃依和他的伙计都吊死！”

妲丽亚·麦列霍娃和安尼凯的老婆站在一起。她首先在渐渐走近、被打得遍体鳞伤的俘虏群中认出了伊万·阿列克塞耶维奇。

“把你们村里这个人押来啦！你们好好地看着这个狗崽子吧！好好地跟他亲热亲热吧！”押队的司务长在马上伸出一只手，指着伊万·阿列克塞耶维奇，声嘶力竭地叫了起来，他的声音盖过了越来越高的嘈杂声、妇女们的叫声和哭声。

“还有一个在哪儿？柯晒沃依在哪儿？”

“小牛皮大王”安季普朝人群里走来，边走边从肩上摘步枪皮带，晃悠着的步枪的托子和刺刀一下又一下地碰在人身上。

“你们村的人只有一个，另外再没有啦。如果一个人咬一口的话，就这一个也够啦……”司务长说着，用一块红手帕擦着满头的大汗，很吃力地把一条腿从马鞍上跨下来。

妇女们的尖叫声和号哭声越来越高，高到不能再高了。妲丽亚钻到押送兵们跟前，她看见，在离她几步远处，在一个押送兵的汗淋淋的马的后面，是打成了铁青色的伊万·阿列克塞耶维奇的脸。他的头肿成了怪样子，像一只高高竖起的水桶，头上还粘着带血块子的头发。额头上的皮肉肿胀起来，绽了开来，两腮鲜红鲜红的，头顶上有一层胶状的东西，上面还放着两只毛线手套。看样子，他把手套放在头上，是想护住一个连一个的伤口，遮一遮炙人的阳光，防备苍蝇和在空中嗡嗡叫的小虫子叮。手套干在伤口上，就这样粘在头上了……

他张皇失措地四面张望着，用眼睛寻找自己的老婆或小儿子，却又怕看见自己的老婆或小儿子，如果他们在这儿的话，他想求求别人把他们领走。他已经明白，他走不出鞑靼村了，他要死在这儿了，所以他不愿意让家里人看着他死，而他自己却越来越着急地盼望快点儿死。他佝偻着腰，缓慢而吃力地转悠着头，用眼睛扫了扫村里人一张张熟识的脸，他没有看到有一双眼睛露出怜悯或同情的神气——哥萨克们和妇女们的目光都是阴森森、恶狠狠的。

他的褪了色的绿褂子硬邦邦的，每转动一下都沙沙直响。褂子上到处都是凝结了的褐色血块子，那绗得密密的红军棉裤上，那光光的大脚、平平的脚掌和弯弯的脚趾上也都是血。

妲丽亚站在他对面。因为仇恨涌到喉咙眼儿里，因为悲痛，因为急切等待着马上就要出现的可怕的情景，她呼哧呼哧地喘着粗气，看着他的脸，怎么都看不出：他是不是看见她、认出她了呢？

伊万·阿列克塞耶维奇依然用一只发了直的眼睛（另一只眼睛已经肿得看不见了）惊慌不安地、紧张地在人群里搜索着，目光忽然停在离他几步远的妲丽亚的脸上，他就像喝醉了一样，恍恍惚惚地朝前走去。他因为失血过多，头发起晕来，渐渐失去知觉，只觉得周围的一切都模模糊糊，脑袋昏昏沉沉，十分难受，眼前发黑，这种眼看要昏迷过去的状况使他十分担心，但他还是费了很大的劲儿撑持住了。

他一看见并且认出了妲丽亚，朝前走了几步，就摇晃起来。他那本来显得很刚强、如今已经十分难看的嘴上，微微露出一点像笑的意味。就是这种似笑非笑的表情，使妲丽亚的心咚咚地、紧张地跳了起来；她觉得自己的心好像已经跳到喉咙眼儿上了。

她对直地朝伊万·阿列克塞耶维奇走去，一个劲儿地呼哧呼哧喘着粗气，脸色越来越白。

“哦，你好啊，干亲家！”

她的响亮而激动的声音，以及这种声音中不平常的语气，人群一听到，都安静下去。

于是在一片寂静中，伊万·阿列克塞耶维奇低沉而又刚强地回答说：

“你好，干亲家母妲丽亚。”

“好一个干亲家！你说说，你是怎样把你的干亲家……把我的男人……”妲丽亚憋得喘不上气来了，她用两手抓住胸膛。她说不出话来了。

一下子完全静了下来，这是一种极其紧张的寂静，在这种带有不祥意味的寂静中，就连最远处的人都听见妲丽亚含含糊糊地问完了她要问的话：

“……你是怎样把我男人彼特罗·潘捷莱维奇杀死的？”

“没有，干亲家母，我没有杀他！”

“你怎么没杀他呢？”妲丽亚那痛苦呻吟的声音更高些了。“不是你和米沙·柯晒沃依把哥萨克们打死的吗？不是你们吗？”

“不是的，干亲家母……不是我们……不是我打死他的……”

“那究竟是谁把他害了的？喂，是谁？你说！”

“那是后阿穆尔团……”

“是你！是你杀的！……哥萨克们说，在坡上看见你来！你还骑着一匹白马！该死的东西，你想赖吗？”

“那一回打仗我也参加啦……”伊万·阿列克塞耶维奇的左手很吃力地举到头上，扶了扶干在伤口上的手套。他声音中明显地带着犹豫的意味，说道：“那一回打仗我是参加了，不过打死你男人的不是我，是米沙·柯晒沃依。是他打死他的。干亲家彼特罗的死，没有我的事。”

“你这个恶鬼，那咱们村子里谁是你打死的？你叫谁家的孩子变成无依无靠的孤儿啦？”“马掌”亚可夫的遗孀在人群里尖叫起来。

于是又响起妇女们歇斯底里的哭声、叫声和不要命地哭死人的号啕声，使本来已经够紧张的气氛越来越紧张了……

事后妲丽亚说，她不记得怎样手里就有了一支骑兵卡兵枪，不记得是怎样来的，不记得是谁塞给她的。反正妇女们哭起来的时候，她就觉得自己手里有一样别人的东西，她看都没看，一摸就知道这是枪。她先是抓住枪筒子，想用枪托子打伊万·阿列克塞耶维奇，但是枪上的准星把她的手掌硌疼了，于是她用手指头抓住枪机，然后把枪掉转过来，举了起来，甚至瞄准了伊万·阿列克塞耶维奇胸膛的右边。

她看见，在他背后的哥萨克们都躲到一边去，露出了谷仓的灰色圆木墙；她听见惊骇的喊叫声：“呸！你发昏啦！杀起自己的人来啦！等一等，别开枪！”她因为人群像野兽那样小心提防着，因为大家的目光一齐集中到她的身上，因为她想为丈夫报仇，还因为突然产生了一种虚荣心，就是说，她突然觉得她现在和其他妇女完全不同了，觉得哥萨克们都带着惊讶以至恐怖的神情看着她，等待着事情的结果，因此她一定要做出一点特别的、不寻常的、能够使大家震惊的事情来，——因为这一切，因为这各种各样的心情驱使着她，她以惊人的速度接近了在思想深处早就拿定了的、她不愿多想、这时候也不可能多想的主意，她小心翼翼地摸着枪机，停顿了一下子，突然，连自己也意想不到地使劲扳了一下枪机。

卡宾枪猛地往后一坐，她猛烈摇晃了两下，枪声震聋了她的耳朵，但是她从眯得细细的眼缝儿里看见，伊万·阿列克塞耶维奇那哆哆嗦嗦的脸顿时变了样子，变得非常厉害，非常可怕，他把双手一摊，又合到一起，好像要从很高的地方往水里跳似的，后来就仰面倒了下去，并且他的头像打寒战一样急促地抽搐起来，张开的两手的指头拼命在地上乱抓……

妲丽亚扔下枪，她还没有清楚地意识到刚才她干下的是什么，就转过身去，背着倒下去的人，用极不自然的、与平时的落落大方很不相同的姿势理了理头巾，撩了撩披散下来的头发。

“他还喘气呢……”有一个哥萨克，一面格外殷勤地给走过的妲丽亚让路，一面说。

她不明白这说的是谁，说的是什么，就回头看了看，只听见一阵深深的、好像不是出自喉咙、而是发自肺腑的哼哼声，哼哼声长长的，没有高低之分，中间夹杂着几声临死前的打嗝。这时候她才意识到，这哼哼的是伊万·阿列克塞耶维奇，是她亲手打死的。她轻盈地快步从谷仓旁边走过，朝广场上走去，少数几个人目送着她。

人们的注意力又一齐集中到“小牛皮大王”安季普身上。他好像阅兵演习时那样，踮着脚尖迅速地朝躺着的伊万·阿列克塞耶维奇跑去，不知为什么把拔出来的三八式步枪的刺刀藏在背后。他的动作又干脆又利落。他蹲下来，拿刀尖对准伊万·阿列克塞耶维奇的胸膛，低声说：

“喂，科特里亚洛夫，你咽气吧！”他使劲把刺刀把子一压。

伊万·阿列克塞耶维奇死得很慢，很困难，生命很不情愿离开他那强壮、高大的躯体。一连捅了三刺刀之后，他还张着嘴，从他那龇着的、带血的牙齿缝儿里还发出长长的、沙哑的声音：

“啊——啊——啊！……”

* * *

“哎，你这两下子不行，滚你妈的蛋吧！”带领押送队的司务长推开“小牛皮大王”，举起手枪，眯起左眼，仔细瞄了瞄。

一枪响过，就像发了一声信号，那些正在讯问俘虏的哥萨克们动手打起来。俘虏们四处乱跑起来。步枪声噼里啪啦响了起来，夹杂着叫喊声……

过了一个钟头，格里高力·麦列霍夫回到鞑靼村。他拼命地赶马，那匹马从霍派尔河口镇出来，在两个村庄中间的路上倒下去死掉了。格里高力就扛起马鞍，走到附近的一个村子里，在那里要了一匹不怎么好的小马。所以他来迟了……鞑靼村的步兵连已经上了高地，朝着霍派尔河口乡的一些村庄，朝着正在同红军骑兵师的队伍进行战斗的霍派尔河口乡的边界开去。村子里很安静，一个人都没有。黑沉沉的夜色笼罩住周围的山冈、顿河对岸、窃窃私语的杨树和白蜡树……

格里高力进了院子，走进屋子。没有灯火。蚊子在沉沉的黑暗中嗡嗡叫着，堂前的圣像闪着暗淡的金光。格里高力吸了一口从小就熟悉的、使人振奋的自己的家的气味，问道：

“有人在家吗？妈妈！杜尼娅！”

“格里沙！是你吗？”上房里传出杜尼娅的声音。

一阵光脚丫儿的呱唧声，门缝儿里出现了杜尼娅的白色身影，她正匆匆忙忙地扎衬裙的带子。

“你们怎么睡得这样早？妈妈在哪儿？”

“咱们这儿……”

杜尼娅不作声了。格里高力听见她很急促、很激动地喘着气。

“咱们这儿怎么啦？早就把俘虏押过去了吗？”

“打他们啦。”

“怎——么？……”

“哥萨克们打了他们一顿……哎呀，格里沙！咱们家的妲丽亚，这个该死的畜生……”杜尼娅的声音中带着愤怒的哭腔，“……她亲手把伊万·阿列克塞耶维奇打死啦……对他开了一枪……”

“你胡说什么？”格里高力惊骇地抓住妹妹的绣花衬衣领子，叫了起来。

杜尼娅的白眼珠上汪着眼泪，格里高力看到她那发了呆的眼睛里的恐怖神情,就知道自己并没有听错。

“那么米沙·柯晒沃依呢？还有施托克曼呢？”

“他们不在俘虏里面。”

杜尼娅简单地、语无伦次地把摧残俘虏的情形、妲丽亚的情形说了一遍。

“……妈妈害怕,不敢和她睡在一座房子里,到街坊家里去啦,妲丽亚不知道在哪儿喝得醉醺醺地回来啦……醉得跟死猪一样。现在正睡着呢……”

“在哪儿？”

“在仓房里。”

格里高力走进仓房,把门大敞开。妲丽亚毫不害羞地撩起裙子,睡在地上。两条细细的胳膊挓挲着,右腮亮闪闪的,沾满了唾沫,从张开的嘴巴里往外喷着浓烈刺鼻的酒气。她很别扭地歪着头躺在那里,左腮贴在地上,又猛烈又吃力地喘着粗气。

格里高力从来不曾有过这样强烈的杀人的欲望。他在妲丽亚身边站了一小会儿,又哼哧又摇晃,怀着极端厌恶和憎恨的心情打量着这个躺在地上的人体。后来往前跨了一步,用靴子的铁后跟往妲丽亚那生着两道高高的黑柳叶眉的脸上一踩,沙哑地说：

“好——狠——毒——的娘儿们！”

妲丽亚哼哼起来,嘟嘟哝哝地说起醉话,格里高力双手抱住脑袋,刀鞘碰在门槛上叮当响了两下,他就跑到外面来了。

他也没有见母亲,连夜就回前方去了。

五十七

红军第八军和第九军，未能在春汛开始以前摧毁顿河军的抵抗，没有推进到顿涅茨对岸，不过一直还尝试着在一些个别地区发动进攻。这些尝试大多数都失败了。主动权渐渐转移到顿河军指挥部手里。

直到五月中旬，南方战线上一直没有什么显著的变化。不过，这样的变化很快就要出现了。根据前任顿河军总司令杰尼索夫将军及其参谋长波里亚科夫将军早就制订好的计划，陆续把所谓突击兵团集中到卡敏镇和别洛卡里特文河口镇一带。已经集结到这一段战线上的，有受过正规训练的青年军的最强的部队，有久经战阵的下游的一些团，即：宫陀洛夫团、盖奥尔吉耶夫团和另外几个团。根据粗略的估计，所谓突击兵团大约有一万六千条枪、二十四门大炮和一百五十挺机枪。

根据波里亚科夫将军的意图，突击兵团要同菲次哈拉乌洛夫将军的部队一起，向马凯耶夫村方向发动进攻，摧毁红军第十二师，然后向第十三师和乌拉尔师的两翼和后方推进，冲进上顿河州地区，以便和暴动军汇合，然后就进入霍派尔州，去"治一治"那些害了布尔什维克病的哥萨克们。

在顿涅茨河边正积极准备反攻和突进。突击兵团由谢克列捷夫将军指挥。胜利的形势渐渐明显地转到顿河军方面。克拉斯诺夫的走狗杰尼索夫将军下台后，西道林将军担任了顿河军的新司令官。他和新当选的顿河区总司令阿福里康·包加叶夫斯基一样，主张同协约国合作。他们正在同英、法军事代表团的代表们一起，制订向莫斯科进军和在全俄罗斯境内肃清布尔什维克主义的庞大计划。

一艘艘船舰装载着武器朝黑海沿岸的各个港口开来。许多远洋巨舰运来的不仅有英国和法国的飞机、坦克、大炮、机枪和步枪，而且还有拉车的骡子，还有因为同德国媾和而跌了价的粮食和军装。一捆捆深绿色的英国马裤和制服——制服的铜扣子上还铸着直立起来的不列颠狮子——塞满了诺沃罗西斯克的仓库。很多货栈都被美国的面粉、砂糖、巧克力和葡萄酒撑破了。资本主义的欧洲被布尔什维克顽强的生命力吓破了胆，就很慷慨地把炮弹和子弹，把协约国军队没有来得及对德国人打完的炮弹和子弹送到了南俄罗斯。国际反动派前来扼杀已经流了很多血的苏维埃俄罗斯了……英国和法国的军事教官纷纷来到顿河和库班，向哥萨克军军官和志愿军军官们传授驾驶坦克和放英国大炮的技术，他们已经在咂摸进入莫斯科的胜利滋味了……

可是在这时候，顿涅茨方面发生了一些事件，决定了红军一九一九年进攻的胜利。

毫无疑问，红军进攻失利的基本原因，是顿河上游哥萨克的暴动。三个月来，暴动像溃疡一样，侵蚀着红军的后方，因此红军需要经常分出兵力去镇压，前线不能及时得到武器弹药和物资供应，往后方输送伤病员也发生了困难。仅仅从第八军和第九军抽出去镇压暴动的就有两万人左右。

共和国革命军事苏维埃不了解暴动的实际规模，没有及时采取真正有效的措施来镇压暴动。起初调来镇压暴动的只是一些零星部队（比如，全俄中央执委会军官学校抽调了一支二百人的队伍）、一些兵员不足的部队和少数拦击部队。想用杯水扑灭车薪。这些凑集起来的红军部队包围住直径有一百九十公里的暴动地区，都是各自为战，没有统一的作战计划，所以，尽管同暴动军作战的已经有二万五千人，但是并没有取得什么真正的效果。

陆续调来堵截暴动军的有十四个补充连、几十支拦击部队；还从唐波夫、沃罗涅日和梁赞调来一些学生军。一直等到暴动的规模越来越大，等到暴动军用从红军手里夺来的机枪和大炮武装起来的时候，第八军和第九军才各抽了一个扫荡师，都配备了炮队和机枪队。暴动军受到重大损失，但是并没有被打垮。

上顿河州的大火的火星也迸到了邻近的霍派尔州。这里在一些军官的指使下，也发生了几起少数哥萨克暴动的事件。在乌留平镇，阿里莫夫中校拉拢了大量的哥萨克和逃亡军官。本来要在四月三十日夜间发起暴动的，但是阴谋被及时发觉了。阿里莫夫和部分同谋者在普莱奥布拉申乡的一个村子里被抓住，经过革命军事法庭审判，这些人都被枪毙了。因为失去了领头的，所以就没有暴动起来。就这样，霍派尔州的反革命分子没有能够和上顿河州的暴动军联合起来。

五月初，共和国革命军事苏维埃的代表托洛茨基离开莫斯科，前来视察暴动情况。他乘坐专车，从里斯基车站来到柴尔特柯沃车站，这时候全俄中央执委会军官学校的队伍正在这里下车，而且这里原来就驻扎着红军的几个混成团。柴尔特柯沃是东南铁路的终点站之一，接近暴动军战线的西段。这时候，米古林乡、麦石柯夫乡和嘉桑乡的大批哥萨克骑兵正集结在嘉桑乡的边界上，同转入进攻的红军部队进行决战。

托洛茨基在站前广场上对红军和学生军发表演说。队伍排成正方形。左边站的是学生军，他们把步枪都架了起来。红军们都带枪站着，保持着充分的战备状态。他们听完演说，就要立即开赴前线了。

托洛茨基号召迅速、无情地把暴动镇压下去，号召大家同革命的敌人英勇作战，他的话才说到一半，山冈上有一挺机枪响了起来，打了两梭子，就不响了。

车站上传播起谣言，说哥萨克已经包围了柴尔特柯沃，马上就要发起进攻了。所以，尽管离前线至少还有五十俄里，而且前面还有红军部队，如果哥萨克冲过来的话，他们也会送情报来的，尽管是这样，车站上还是慌乱起来。站得整整齐齐的红军队伍晃动起来。教堂后面有人发出响亮的口令声："持——枪！"人们在大街上乱跑起来。托洛茨基派一个亲随人员先去发电报，自己把原来慷慨激昂的演说压缩了一下，就仓促结束了演说，又进了车站。过了五分钟，共和国革命军事苏维埃代表乘坐的专车，高高地鸣了一声汽笛，就渐渐加快速度，轰隆轰隆地朝里斯基开去。

原来是一场虚惊。是把一支从曼柯沃方面向车站开来的红军骑兵连当成了哥萨克。学生军和两个混成团便出发，朝嘉桑镇方向开去。

过了一天，刚刚开到的喀琅施塔得团就几乎全部被消灭了。

哥萨克和喀琅施塔得团交过一次手之后，到夜里就发动了袭击。喀琅施塔得团不敢冒险去占领哥萨克抛弃的村庄，就派出岗哨和潜伏哨，在草原上宿营了。到半夜里，几个哥萨克骑兵连包围了这个团，猛烈开火了，同时还广泛地使用了不知是什么人想出的虚张声势的手段——敲起老大的响板。暴动军常常在夜间用这些响板冒充机枪：不管在什么情况下，这种响板发出的声音和真正的机枪声几乎毫无差别。

于是，被包围的喀琅施塔得团的红军，在伸手不见五指的黑暗中一听见许多“机枪”的嗒嗒声、自己的岗哨的杂乱的枪声、哥萨克的呐喊声、越来越近的骑兵散兵线的喧闹声和轰隆声，他们就朝顿河奔去。冲到了河边，但是骑兵一冲过来，就被打垮了。一个团仅仅活下来几个会游水的，他们泅过了春水涨宽了的顿河。

五月里，一批又一批的红军增援部队陆续从顿涅茨向暴动军的战线上开来。第三十三库班师开到了，于是格里高力·麦列霍夫第一次尝到了真正的厉害。库班师毫不松气地追赶起他的第一师。格里高力让出一个又一个的村子，向北方，向顿河退去。他在靠近卡耳根乡的旗尔乡边界上停留了一天，后来，在敌人优势的兵力压迫之下，不仅被迫退出了卡耳根镇，而且要求火速增援了。

康德拉特·梅德维杰夫从自己的师里调了八个骑兵连给他。梅德维杰夫师的哥萨克的装备都很好。他们的弹药充足，都穿着很好的服装和上等的靴子——都是从被俘的红军身上剥下来的。有很多嘉桑乡的哥萨克，尽管天气已经很热了，都还穿着很漂亮的皮夹克，几乎每个人都有盒子枪或者望远镜……嘉桑乡的哥萨克暂时拦住了横冲直撞的第三十三库班师的进攻。格里高力决定利用这个机会，到维奥申去一天，因为库金诺夫一再要求他去开一次会。

五十八

他一大早就来到维奥申镇上。

顿河里的春水已经开始下落了。空气中洋溢着杨树芽儿的甜甜的黏腻气味。河边鲜嫩的墨绿色橡树叶子昏昏欲睡地沙沙响着。已经露出来的田埂冒着热气。田埂上已经长出尖尖的青草,在低洼的地方还留着明晃晃的、没有退尽的春水,水牛哞哞地叫着,虽然太阳已经升上来,可是在充满淤泥和绿苔气味的潮湿空气中,还有一群一群的蚊子嗡嗡叫着。

司令部里有一架旧打字机嗒嗒地响着,屋子里人很多,烟气腾腾。

格里高力看见库金诺夫正在干一件奇怪的事儿:他也不抬头看轻轻走进来的格里高力,却带着严肃和若有所思的神情,在扯一只被逮住的大绿头苍蝇的腿。他扯一下,攥一下干瘦的拳头,把苍蝇放到耳朵边,歪起脑袋,聚精会神地听听苍蝇忽高忽低的嗡嗡声。

他一看见格里高力,就带着厌恶和恼恨的神情把苍蝇扔到桌子底下,在裤子上擦了擦手,疲惫地靠在磨得发光的椅背上。

“请坐,格里高力·潘捷莱维奇。”

“你好啊,司令!”

“唉,就像俗话说的,好倒是好,就是长不了。噢,你那儿怎么样? 他们来势很猛吗?”

“够猛的！”

“你在旗尔河边撑住了吗？”

“能撑多久呢？幸亏嘉桑乡的人来了。”

“是这么回事儿，麦列霍夫，”库金诺夫把自己的高加索式皮带上的生皮小带子缠到指头上，故装凝神地注视着发了黑的银扣环儿，叹了一口气，：“看样子，咱们的情况还要越来越糟呢。顿涅茨方面情况有变化。如果那边咱们的人不能把红军狠狠地打一顿，冲破他们的战线，他们一旦明白了咱们是他们的祸根，他们会想方设法把咱们夹死。”

“士官生那边情况如何？最近来的飞机带来什么消息？”

“没什么了不起的消息。老兄，他们是不肯把自己的战略告诉咱们的。西道林是个老谋深算的家伙，想一下子弄清他的心思是办不到的。他们是有这样的计划——突破红军的战线，给我们派援军来，他们是答应帮助我们，但是，诺言往往不是都能兑现的。而且，突破战线也不是一件容易事，我就知道，布鲁西洛夫将军的想法就和他不一样。咱们怎么知道，红军在顿涅茨方面有多少兵力呢？也许，他们从高尔察克那边抽出几个军，调到这方面来了呢？咱们现在是两眼黑！除了自己的鼻子，什么都看不见！”

“你这是想说什么呀？开什么会呀？”格里高力烦闷地打着哈欠，问道。

他并不操心暴动的成败。他听到这些事，几乎无动于衷。他就像一匹天天拉着石滚子在场院上转的马那样，在心里围绕着这个问题想了很久，最后在心里把手一甩：“现在没法子跟苏维埃政府讲和啦，他们叫我们、我们叫他们流的血太多啦，至于士官生的政府，现在处处顺着我们，可是以后会饿着我们干的。去他妈的吧！结局怎样，就怎样好啦！”

库金诺夫打开地图，依然不去看格里高力的眼睛，说：

“你没来的时候，我们商量过，决定……”

“你跟谁商量来，跟那位爵爷吗？”格里高力一想起去年冬天在这间屋子里开的那一次会，想起那位高加索中校，就打断他的话。

库金诺夫皱起眉头，脸色阴沉下来。

“他已经不在人世啦。”

“这是怎么一回事儿？”格里高力提起了精神。

“我以前没对你说过吗？盖沃尔吉捷同志被打死啦。”

“哼，他算咱们的什么同志……在他穿光板皮袄的时候，跟咱们是同志。可是咱们要是真的跟士官生联合起来，而且如果他还活着的话，有那么一天，他会连胡子都抹上头发油，娇贵起来，连手都不肯伸给你啦，只给你这样一个小指头。”格里高力伸出又黑又脏的小指头，龇出满嘴白牙，哈哈大笑起来。

库金诺夫的脸色更阴沉了，他的目光和声音中露出很明显的不满、懊恼和强忍着的愤怒。

“这没有什么好笑的，不能嘲笑别人的死。你好像变成大傻子伊万啦。把人都打死啦，可是你还觉得‘不够劲儿’！”

格里高力有点儿着恼，却不表露出，是库金诺夫的比喻刺伤了他；他微微笑着，回答说：

“一点不错，这种人即使死了，也还是‘不够劲儿’。对于这些白脸和白手的家伙，我一点也不心疼。”

“总归他已经死啦……”

“是在战场上死的吗？”

“怎么说好呢……这事儿糊里糊涂，一时也弄不清真相。他是按照我的命令，待在辎重队里的。哦，好像他和哥萨克们的关系搞得不大好。在杜达列夫村外打起仗来，他所在的那个辎重队当时离火线有两俄里。盖沃尔吉捷坐在车辕上（这是哥萨克们对我说的），他们说，一颗流弹打在他的鬓角上。好像他连哼都没哼一声……一定是哥萨克这些坏东西把他打死的……”

“把他打死，这干得太好啦！”

“你算了吧！别信口胡说啦。”

“你别生气。我这是开玩笑的。”

“有时候你开的玩笑很不对头……你就像一头牛：在哪儿饿了，就在哪儿吃。怎么，照你的意见，应该把军官都杀死吗？又要‘打倒肩章’吗？格里高力，你是不是应该用用脑筋呢？既然瘸了，就必然有一条腿有毛病！”

“别来这一套啦，说下去吧！”

“没什么可说的啦！我明白，是哥萨克们把他打死的，我就到那儿去，想和他们说说心里话。我就说：‘狗崽子们，你们又玩老把戏吗？你们又开始对军官开枪，不是太早了吗？去年秋天你们也开枪打过军官，可是后来，你们遇到困难，就又要军官啦。是你们亲自跑来，跪着要求：你来担任指挥吧，来领导领导吧！……可是现在你们又要来老一套吗？’于是，我把他们申斥了一顿，骂了一顿。他们都死不承认，说：‘老天爷在上，我们实在没有杀他！’可是我从他们的眼神上看出来：是他们杀的！你拿他们有什么办法呢？你对他们掏出心来，他们却还是守口如瓶。”库金诺夫怒冲冲地把生皮小带子揉成一团，脸涨得通红。“他们把一个有学问的人打死啦，失去了他，我就好比失去了两只手。谁来做计划呢？谁来出谋划策呢？像我和你，咱们只能这样随便谈谈，可是涉及战略策略方面的事，咱们就一窍不通了。幸亏彼得·包加推廖夫来了，要不然连一个可以商量的人都没有啦……唉，真是的，他妈的，够呛呀！现在的问题是：如果顿涅茨方面咱们的人不能把战线突破，那咱们在这儿也守不住。我们决定照以前说过的办法，用咱们所有的三万人马去进行一次突破战。如果打败了，就退到顿河边上。咱们把右岸从霍派尔河口到嘉桑镇一段让给他们，咱们就在顿河边上挖战壕，进行防御战。”

有人砰砰地敲了几下门。

“是谁？进来。”库金诺夫叫道。

进来的是第六旅旅长格里高力·包加推廖夫。他那一张结实的、红红的脸汗淋淋的，那稀稀的淡褐色眉毛气嘟嘟地皱到了一起。他也不摘那顶上都汗湿透了的制帽，就在桌边坐了下来。

“你怎么来啦？”库金诺夫带着持重的笑容望着包加推廖夫，问道。

“发子弹吧。”

“发过啦。你究竟要多少呀？怎么，我这儿开着子弹工厂吗？”

“这怎么能算发子弹？一个弟兄一颗吗？人家用机枪扫我，我只能弯着腰到处躲藏。这怎么能叫打仗？这只能叫……挨打！就是这么回事儿！……”

“你别急，包加推廖夫，我们正在这儿谈要紧的事情，”但是他看见包加推廖夫起身要走，就又说：“等一等，你别走，没有什么要瞒你的……就这样，麦列霍夫，如果咱们在这边守不住，那咱们就突围。扔掉一切不在部队里的人，扔掉全部辎重，叫步兵坐上大车，带上三个炮兵连，向顿涅茨方面冲去。我们想请你打先锋，你不反对吧？”

“我反正都一样。可是咱们的家属又怎么办？小孩子、妇女、老头子都要完啦。”

“这话倒也是的。不过单是他们完蛋，总比我们大家都完蛋好些。”

库金诺夫耷拉下嘴角，半天没有说话，后来从抽屉里拿出一张报纸。

“哦，还有一件新闻呢：他们的总司令来指挥军队啦。听说，现在他不是在米列洛沃，就是在坎捷米洛夫卡。瞧，他们拿出大本钱对付咱们啦！”

“这话是真的吗？”格里高力·麦列霍夫有些不相信。

“是真的，真的！这不是，你看看吧。这是嘉桑人给我送来的。昨天早晨，咱们的侦察队在叔米林镇外碰上两个骑马的人。两个都是红军的学生军。哥萨克们把他们都砍死啦，其中有一个，看样子已经不算年轻啦。据说，可能是一个什么委员。从他的公文包里搜出来这张报纸，叫什么《前进报》，是本月十二日出版的。他们把咱们写得太离奇啦！”库金诺夫把报纸递给麦列霍夫，报纸有一个角已经被撕掉卷烟卷儿了。

格里高力匆匆看了看用化学铅笔标出的一篇社论的标题，就往下看去：

后方的暴动

顿河哥萨克部队的暴动已经持续不少时间了。这次暴动是邓尼金的爪牙——反动军官们鼓动起来的。暴动的主要支柱是哥萨克富农。富农拉拢了很大的一部分哥萨克中农。很可能，哥萨克在这样或那样的场合，受到过苏维埃政权个别代表人物的某些很不合理的对待。邓尼金的爪牙们就巧妙地利用这一点，来煽动叛乱的大火。白卫军的走狗们在暴动地区装作拥护苏维埃政权，是为了更容易骗取哥萨克中农的信任。反革命分子的欺骗、富农的利益和哥萨克群众的愚昧就这样一时间纠合到一起，在南方战线我军的后方掀起这次荒唐的、罪恶的叛乱。军队后方的叛乱，就好比干活人肩上的脓疮。要打仗，要保卫苏维埃国家，要粉碎邓尼金的地主匪帮，就必须有可靠、安定、工农团结一致的后方。因此当前最重要的任务就是肃清顿河地区的叛乱和叛乱分子。

中央苏维埃政府命令要在最短期间内解决这一问题。为了支援正在扫荡卑鄙的反革命叛乱的清剿部队，已经开来并且将陆续开来一些强有力的增援部队。为了解决这一迫切任务，许多优秀的组织工作者也陆续来到这里。

必须扫除叛乱。我们的红军战士必须清清楚楚地了解到，维奥申乡、叶兰乡或者布堪诺夫乡的叛乱分子都是白卫军将军邓尼金和高尔察克的直接帮凶，暴动持续的时间越长，双方的牺牲越大。要减少流血，办法只有一个：给予迅速、严厉的歼灭性打击。

必须扫除叛乱。必须把肩上的脓疮挑开，用烧红的铁烙一烙。只有这样，南方战线才能放开手来，给敌人以致命的打击。

格里高力看完了，阴沉地冷冷一笑。他看了这篇文章，心里十分气愤，十分懊恼。“他们用笔一划，就把我们和邓尼金划到一块儿，我们就成了他的帮凶啦……，”

“喂，怎么样，厉害吧？想拿烧红的铁来烙咱们呢。哼，咱们还要看一看，究竟谁烙谁哩！对吗，麦列霍夫？”库金诺夫等待回答，等了一会儿，又转身对包加推廖夫说：“要子弹吗？发给你！每一名骑兵发三十颗，全旅都发。够了吗？……到库里去领吧。叫军需处长给你开条子，你去找他好啦。不过，包加推廖夫，你打仗的时候多用用马刀，多用用计策，没错儿！”

“从癞羊身上就是揪一把毛也是好的！”包加推廖夫十分开心地笑了笑，道过别，就走出去了。

格里高力·麦列霍夫同库金诺夫谈完预料中要向顿河边撤退的事，也要走了。临走时，他问道：

“如果我把全师都带到巴兹基来，坐什么过河呢？”

“亏你想得出！骑兵都可以泅水过河嘛。什么时候看见过骑兵坐船过河？”

“你要知道，在我的队伍里，顿河边上的人不多呀。旗尔那边的哥萨克都不会泅水。他们一辈子都住在草原上，哪儿会泅水？他们一到水里，比斧子还沉。”

“可以跟着马泅过去呀。以前在大演习时跟着马泅过水，在对德作战时也这样干过嘛。”

“我说的是步兵。”

“有渡船。我们准备些小船,你放心吧。”

“老百姓也要坐船呀。”

“我知道。”

“你要保证所有的人都能过河,要不然我宰了你! 如果咱们把老百姓留下,可不是好玩儿的。”

“能办到嘛,一定能办到!”

“大炮怎么办?”

“你把臼炮炸掉,把三英寸口径的炮运到这儿来。我们弄几条大船,把炮兵连渡过来。”

格里高力从司令部里走出来,脑子里还一直在想着刚才看过的那篇文章。“

他们说我们是邓尼金的帮凶呢……可我们究竟是什么样的人呢? 实际上,就是帮凶,一点儿也不冤枉。真话总是刺耳朵的……”他忽然想起已死的“马掌”亚可夫的话。那还是在卡耳根镇上,有一天晚上,格里高力在回住所的路上,顺便到炮兵住的广场上一座房子里去了一下;他在过道里的笤帚上擦脚的时候,就听见“马掌”亚可夫和人争论,亚可夫说:“你说咱们独立了吗? 哪个政府也管不着咱们了吗? 哼! 你那肩膀上长的不是脑袋,是啃不动的老倭瓜! 如果你愿意明白的话,那咱们现在就像是一条丧家狗:有的狗因为主人不喜欢,或者爱淘气,就离开家,可是往哪儿去呢? 又不能到狼群里去,觉得可怕,觉得狼是野物;可是又不能回到主人家里去,怕因为淘气挨打。咱们就是这样。你就记住我的话：咱们会夹起尾巴，像根鞭子一样夹在肚子底下，爬到士官生那儿去，说：‘老兄们，做做好事，收下我们吧！’一定会这样的！”

格里高力自从在克里摩夫村那次战斗中砍死几个水兵以后，一直处在一种冷冷的、呆呆的漠然状态中。一天到晚垂着头，一笑也不笑，一点高兴的样子也没有。有那么一两天，他因为伊万·阿列克塞耶维奇的死感到痛心，感到惋惜，可是后来也淡漠了。在他的生命中留下的唯一的东西（至少他觉得是这样），就是重新熊熊燃烧起来的对阿克西妮亚的爱情。只有她招引着他，就像在黑沉沉的寒冷的秋夜里，草原上晃晃跳动的远方火堆的火光招引着行路人。

就是现在，他从司令部回去的路上，又想起了她：“我们现在要去突围了，她又怎么办？”他没有经过反复的思量和过多的考虑，就拿定主意：“让娜塔莉亚带着孩子们和母亲留下来，我把阿克西妮亚带着。给她一匹马，叫她跟我的师部一块儿走。”

他渡过顿河，来到巴兹基村，回到住处，从笔记本上扯下一张纸，写道：

> 克秀莎！也许我们要撤退到顿河左岸去，你就扔掉你所有的东西，到维奥申来吧。你可以在维奥申找到我，跟我一块儿。

他用樱桃胶汁把信封起来，递给普罗霍尔·泽柯夫，红着脸，皱着眉头，故意装出严肃的样子，掩饰着自己的不好意思，不叫普罗霍尔看出来，说：

“你回鞑靼村去一趟，把这封信交给阿司塔霍夫家的阿克西妮亚。你交给她的时候要注意，不要叫人……比如说，不要叫我家里人看见。明白吗？最好是夜里送给她。不要回信。还有，我给你两天假。好，去吧！”

普罗霍尔朝马走去，但是格里高力又想起家里，把他叫了回来。

“你也上我家里去一趟，告诉我妈或者娜塔莉亚，叫她们趁早把衣服和别的值钱的东西运到顿河那边去。把粮食埋起来，把牲口也赶到河那边去。”

五十九

五月二十二日，整个右岸的暴动军开始撤退了。部队步步为防，且战且退。草原地带各个村庄的老百姓都惊恐万状地朝顿河边跑去。老头子和妇女们把家里所有的马都套到车上，把箱子、家具、粮食和孩子都装上车。从牛群和羊群里挑选出一些牛和羊，顺着路边往前赶。大批的辎重车，赶在军队的前头，朝顿河沿岸的村庄拥去。

步兵依照总司令部的命令，提前一天开始撤退。鞑靼村的步兵和维奥申的外来户民兵，五月二十一日从霍派尔河口乡的柴博塔列夫村开出来，行军四十多俄里，在维奥申乡的大鱼村宿营。

二十二日，从大清早起，灰白色的雾气就遮住天空。雾蒙蒙的天上连一块云彩都没有，只是在南面，在顿河边一处山口的上方，日出之前出现了一小块明亮耀眼的粉红色云彩。那云彩朝东的一面好像血染的一般，放射着红光。太阳从夜露打凉了的左岸的沙丘后面升上来，云彩就消逝得无影无踪了。秧鸡在草地上叫得越来越欢，一只只尖翅膀的鱼鹰，像蓝色棉花团儿似的朝波光粼粼的顿河水里落去，又用凶狠的嘴叼着一条条银光闪闪的小鱼飞起来。

到中午时候，出现了五月里不曾有过的炎热。就像在下雨之前那样，又热又闷。难民的大车队在天亮之前就拉成长龙，顺着顿河右岸，从东往西，朝维奥申走去。将军大道上，大车轮子吱吱嘎嘎地响成一片。马嘶声、牛叫声和人的说话声从山冈上一直传到河边滩地上。

有二百人左右的维奥申外来户民兵队伍，还留在大鱼村。上午十点钟接到维奥申来的命令，叫他们转移到大雷村去，在将军大道和各条街道上布置岗哨，拦截所有往维奥申去的已经达到入伍年龄的哥萨克。

往维奥申去的难民的车辆，像潮水一样朝大雷村涌来。满身灰土、晒得黑黑的妇女赶着牲口，骑马的人走在道路两旁。车轮声、马和羊的喷气声、牛叫声、小孩子的哭声、也跟着逃难的伤寒病人的哼哼声，冲破了这个隐藏在樱桃树丛中的村庄的死水一般的寂静。这种乱七八糟混成一片的嘈杂声平时是听不见的，所以村子里的狗都把喉咙叫哑了，而且已经不像起初那样，见到行人就扑过去，也不因为闲得无聊，跟着大车在大街上跑，跟着跑上很远一段路了。

普罗霍尔·泽柯夫在家里住了两天，把格里高力的信交给了阿克西妮亚·阿司塔霍娃，又把口头吩咐转告了伊莉尼奇娜和娜塔莉亚，二十二日就动身上维奥申。

他指望在巴兹基村遇上自己的连队。但是隐隐传到顿河边的炮声，好像还是从旗尔河边传来的。不知为什么普罗霍尔不想到打仗的地方去，所以决定就走到巴兹基村，就在那里等候格里高力带着他的第一师开到顿河边上来。

一路上，一直到大雷村，普罗霍尔都是慢腾腾地走着，一辆辆难民的大车跑到他前头。他让马不慌不忙地往前走，几乎一直都是走的小步。他用不着着急。从鲁别仁村起，他就跟着不久前才成立的霍派尔河口团团部一起走了。

团部的人分坐在一辆带弹簧座的单辕马车和两辆大板车上。团部的人有六匹上了鞍的马拴在大车后头。有一辆大板车上拉着文件和电话机，带弹簧座的马车上躺着一个受伤的上了年纪的哥萨克，还有一个鹰钩鼻子的人，那人瘦得厉害，头贴在马鞍垫子上，头上戴着灰色羊羔皮军官帽。看样子，他的伤寒刚刚发作过。他躺在车上，裹着军大衣，一直裹到下巴；在他那鼓鼓的苍白的额头上，在他那冒着虚汗的、薄薄的脆骨鼻子上，落满了灰土，但是他还一个劲儿地要求用暖和东西给他包包脚，并且一面用骨瘦如柴、青筋嶙嶙的手擦着额头上的汗，一面骂着：

“混账！畜生！风朝我的脚底下直钻，你们听见没有？波里卡尔普，你听见没有？拿毯子给我盖一盖！我身体好的时候，谁都用得着我，可是现在……”他用所有害重病的病人都会有的一种模糊而冷峻的目光朝两边扫了扫。

那个叫波里卡尔普的人，是个高大而威武的旧教徒，他边走边跳下马来，走到马车跟前。

“您这样容易着凉啊,萨摩伊洛·伊万诺维奇。”

“给我盖上,少啰唆!”

波里卡尔普乖乖地照他的吩咐做了,又走了开去。

“这是什么人?”普罗霍尔拿眼睛瞟着病人,问道。

“是大熊河河口镇的一位军官。在我们团部里。”

跟团部一起走的还有霍派尔河口乡裘柯夫村、包布洛夫村、克鲁托夫村、集摩夫村和其他一些村庄的难民。

“喂,你们他妈的都上哪儿去?”普罗霍尔向一个逃难的老头子问道,那老头子坐在一辆装得满满的大车上。

“我们想上维奥申去。”

“有命令叫你们上维奥申去吗?”

“老弟,命令倒是没有,不过,谁又愿意死呢?要是眼看着死到临头,恐怕你也会跑的。”

“我是问:你们为什么要往维奥申跑?如果在叶兰镇过河到对岸去,不是更省事吗?”

“坐什么过河?听人说,那儿没有渡船。”

“到维奥申就有船坐吗?会拿船来给你渡这些乱七八糟的玩意儿?把军队扔在岸上,就专门来渡你们和你们的大车吗?真是的,老大爷,你们这些人好糊涂!你们稀里糊涂,不知道往哪儿跑,也不知道为什么要跑。瞧,你把这些东西都堆到车上干什么?”普罗霍尔走到大车跟前,用鞭子指着大大小小的包袱,很恼火地问道。

“这儿可是什么都有!有衣裳,有马套,有面粉,有过日子少不了的各种各样的玩意儿……都不能扔掉。就是跑到一座空房子里，也可以凑合着过啦。我把两匹马和六头牛都套上，把一切能装的东西都装上，叫娘儿们坐上去，我赶着车就走。老弟，这些东西都是靠自己的力气挣来的，都是一把泪一把汗挣来的，能舍得扔掉吗？如果房子能搬得动的话，我连房子都拉走，免得留给红党。叫他们连屁也捞不到！”

“瞧，就比如说，你带着这个大筛子有什么用？还有这些椅子，你带着去干什么呢？红党才不要这些玩意儿呢。”

“可是总不能丢下呀！哎哟，你这人真怪……要是丢下的话，他们不是弄坏，就是烧掉。不行，不能叫他们发我的财。叫他们难受难受好啦！我给他们拉个一干二净！”

老头子朝两匹懒洋洋的大肥马甩了两鞭，转过身去，用鞭把子指着后面第三辆牛车，说：

“那个赶牛车的、包着头巾的姑娘，是我的女儿。她那辆车上有一只母猪和好几只小猪呢。母猪本来怀着崽儿，大概是我们捆它、往车上放的时候，挤压了一下子。到夜里就在车上生起小猪。听见吗，小猪叫得多欢？哼，红党别想发我的财，叫他们连屁都闻不到！”

“老大爷，你可不要在上渡船的时候碰上我！”普罗霍尔恶狠狠地盯着老头子那张汗淋淋的大脸，说。“你可别碰上我，要不然我把你的母猪、小猪和所有的家产都扔到顿河里去！”

“这是为什么呀？”老头子非常惊骇地问道。

“这是因为，别人在流血牺牲，家破人亡，可是你这个老家伙，就像一个蜘蛛，把什么都要拖走！”平时又老实又随和的普罗霍尔一下子叫了起来。“我顶看不惯这样的粪蛆！我简直恨透啦！”

“走你的吧！到一边去吧！”老头子也火了，哼哧哼哧地转过身去。“有什么好神气的，还要把别人的东西扔到顿河里呢……我还把他当成一个好人呢……我儿子就是个司务长，正带着连队抵挡红军呢……请你快走吧！用不着看着别人的东西眼红！你自己要是能多挣点儿，看到别人的东西就不眼馋啦！”

普罗霍尔放马小跑起来。后面有一只小猪用又尖又细的嗓门儿吱吱地叫起来，母猪也惶惶不安地哼哼起来。小猪的尖叫声非常刺耳。

“这是他妈的什么玩意儿？哪儿来的小猪？波里卡尔普！……”躺在马车上的那个军官难受得皱着眉头，几乎是带着哭腔喊道。

“是一只小猪从车上掉下来，叫车轮子把腿压断啦。”波里卡尔普走到跟前，回答说。

“告诉他们……你去，告诉小猪的东家，叫他把小猪宰了。告诉他，这儿有病人……本来就够难受啦，再加上这猪叫。快点儿！快去！”

普罗霍尔来到马车跟前，看到那个鹰钩鼻子的军官皱着眉头，两眼呆呆地听着小猪的尖叫声，用灰色羊羔皮帽子捂耳朵也没有用……一会儿，波里卡尔普又来到跟前。

“萨摩伊洛·伊万诺维奇，他不肯宰掉，他说，它，也就是小猪，会好的，要是不好的话，他说，到晚上再杀掉。”

那军官气得脸都白了，很费劲儿地支起身子耷拉下两条腿，坐在马车上。

“我的勃朗宁在哪儿？把车停下！小猪的东家在哪儿？我马上给他点儿颜色看看……他在哪一辆车上？”

终于还是逼着那个很会精打细算的老头子把小猪宰了。

普罗霍尔微微笑着，又催马小跑起来，跑到霍派尔河口乡大车队的前头。前面一俄里远的大路上，又是许多大车和骑马的人。大车至少有二百辆，骑马的人零零落落地走着，有四十来个。

“这一下子抢渡船要大乱一场啦！”普罗霍尔心里想。

他追上了那一批大车。一个娘儿们，骑着一匹很漂亮的枣红马，从正在行进的车队的前头，迎面朝他跑来。她来到普罗霍尔跟前，把马勒住。她骑的马配着一副华丽的马鞍，胸前银铃和笼头上的银饰闪闪放光，马鞍的两侧一点都没有磨损，马肚带和鞍垫都是光溜溜的上等皮子做的。那娘儿们很熟练、很灵活地骑在马上，用一只强壮的、黑黑的手紧紧握着调理得很好的缰绳，但是那匹高大的战马显然很看不起自己的女主人：它翻滚着血红的大眼珠子，拧着脖子，龇着黄黄的大板牙，老是想蹭一蹭那娘儿们裙子底下露出来的圆滚滚的膝盖。

那娘儿们裹着一块新洗过的淡青色头巾，一直裹到眼睛边上。她把头巾从嘴上推了推，问道：

“大哥，你没有碰见拉伤兵的大车吗？”

“我碰见很多大车呢。有什么事？”

“真糟，”那娘儿们拉长声音说，“找不到我男人啦。他是跟着医疗队从霍派尔河口镇出来的。他的腿受了伤。好像现在伤口化脓啦，所以他叫村里人带信给我，叫我把马给他送来。这就是他的马，”她用鞭子朝汗淋淋的马脖子上拍了拍，“我备好马，跑到霍派尔河口镇，可是医疗队已经不在那儿，离开啦。这不是，我到处跑来跑去，就是找不到他。”

普罗霍尔欣赏着她那俏丽的圆脸，美滋滋地听着她那轻言低语的软绵绵的声音，不禁乐呵呵地说：

“哎呀，大嫂子！干吗还要找你男人？就让他跟医疗队走掉算啦，你长得这样漂亮，还有这样一匹好马做陪嫁，谁都愿意娶你做老婆！连我都愿意斗胆试试看。”

那娘儿们勉强笑了笑，弯下丰满的腰身，把裙子下摆朝露出来的膝盖上拉了拉。

“你别打哈哈，告诉我：没有遇见医疗队吗？”

“就在那一队大车里，有病人，也有伤员。”普罗霍尔叹着气回答说。

那娘儿们扬了扬鞭子，她的马用两条后腿一转，陡地转过身去，腿裆里流着白沫，小跑起来，后来又一颠一颠地渐渐换成大跑。

一辆辆的大车慢慢移动着。老牛懒洋洋地甩打着尾巴，驱赶嗡嗡叫的牛蝇。非常炎热，大雷雨前的空气又燥热又沉闷，路边矮矮的向日葵的嫩叶都卷了起来，并且耷拉下来。

普罗霍尔又跟大车队走在一起了。使他吃惊的是，这里面有很多年轻哥萨克。他们有的是掉了队，有的干脆就开了小差，他们来到家属里面，跟着家属一起朝渡口走去。有些人把战马拴到车上，自己就躺在车上，和娘儿们说着话儿，逗着小孩子玩儿；还有一些人骑在马上，身上还背着步枪和马刀。“他们扔掉部队就跑啦。”普罗霍尔看着哥萨克们，在心里判断说。

到处是马汗和牛汗气味、大车上的木头晒得热烘烘的气味、家具气味、车轮油的气味。老牛吃力地左右摇摆着，垂头丧气地走着。从一条条伸出来的牛舌头上，垂下一道道像彩线似的口涎，一直垂到大路的灰土上。大车队以每小时四至五俄里的速度移动着。一些马拉的大车也没有赶到牛车前头。但是等到一声炮响从南方的远处轻轻传了过来，霎时间一切都紧张起来：两匹马拉的大车和一匹马拉的大车都打乱了序列，从长长的大车队里跨到一边去。马匹小跑起来，鞭子晃动起来，响起各种腔调的吆喝声："喔，快走！""喔，喔，鬼杂种！""给我走！"树条子和鞭子在牛背上劈劈啪啪响了起来，车轮子咯吱咯吱响得更带劲儿了。一切都因为害怕，加快了动作。一股股热烘烘的尘土，就像是一团团浓浓的灰色乱发，从大路上升起来，向后飘去，不住地打着圈儿，落在庄稼苗和各种各样的野草上。

普罗霍尔骑的矮小而劲壮的战马，边走边吃草，一会儿用嘴扯下一枝草木樨，一会儿扯下一嘟噜黄黄的油菜花儿，一会儿又扯下一小丛芥菜；一面扯一面吃，忽闪着机灵的耳朵，拼命用舌头往外顶哗啦哗啦直响、直磨牙花子的嚼子。但是一声炮响之后，普罗霍尔用靴后跟磕了马一下子，那马就好像明白了现在不是吃草的时候，心甘情愿地小步跑了起来。

连续轰击的大炮声越来越响了。沉甸甸、轰隆隆的炮声响成一片，在闷热的空气中，到处响着沉雷般的轰隆声，就像是颤动的男低音。

"我主耶稣啊！"大车上有一个年轻媳妇画了一个十字，一面把带着亮闪闪的奶水的棕红色奶头从小孩子嘴里抽出来，把鼓膨膨的、黄黄的乳房塞进怀里。

“这炮是咱们的人放的，还是人家放的？喂，老总！”一个赶着牛的老头子朝着普罗霍尔叫道。

“老爹，这是红军！咱们没有炮弹呀。”

“噢，圣母娘娘保佑咱们的人吧！”

老头子放下手里的鞭子，摘下破旧的哥萨克帽；边走边画十字，脸朝着东方。

南边，在长满了尖尖的晚玉米苗儿的一座土冈后面，出现了一片淡淡的黑烟。黑烟占据了半个天边，像一片云雾似的遮住天空。

“你们看呀，好大的火！”车上有人喊道。

“这又是怎么一回事儿？”

“什么地方起火啦？”吱吱嘎嘎的车轮声中响起一片叫喊声。

“是在旗尔河边。”

“红党在旗尔河边放火烧村庄啦！”

“正是大旱天，老天爷可别叫烧下去……”

“瞧，那边黑成一大片啦！”

“这还不是一个村子起火呢！”

“要从卡耳根顺着旗尔河往下烧啦，这会儿就在那儿打仗嘛……”

“也许还要顺着黑河往下烧呢？走吧，伊万！”

“啊呀，好大的火呀！……”

黑烟弥漫开来，渐渐遮住整个辽阔的天空。大炮的吼声越来越猛烈。过了半个钟头，南来的微风，把呛人和使人胆战心惊的焦臭气味，从三十五俄里以外的旗尔河边村庄里黑烟滚滚的火场上吹到将军大道上。

六十

穿过大雷村的这条大路，在一块地方从灰灰的石头围墙旁边经过，然后急转弯朝顿河方面伸去，过一条不深的黄土沟，黄土沟上架着一座木桥。

天旱的时候，沟底是亮闪闪的黄沙和各种各色的石子，到夏天一下暴雨，一股股浑浊的雨水从高地上涌进沟里，一股股流水汇合到一起，像一堵墙似的朝下涌去，冲击和翻滚着大大小小的石头，轰隆轰隆地流入顿河。

在这样的日子，木桥会被淹没，但时间不会长的；过一两个钟头，刚才还冲毁菜园、连篱笆带桩子一齐冲走的凶猛的山洪就跌落下去，沟底就又露出光溜溜、湿漉漉、散发着潮气和石灰气味的石子，沟底两边闪着褐色光泽的是冲来的淤泥。

沟两边是密密丛丛的白杨和柳树。就是在夏天最炎热的时候，树荫里也是凉森森的。

维奥申外来户民兵的岗哨，因为贪图凉快，就布置在木桥旁边。这里的岗哨一共有十一个人。在难民的车辆没有来到村子里之前，民兵们就躺在桥底下打牌，抽烟，有几个人还脱光了衣服，捉衬衣和衬裤缝儿里那些贪吸大兵的血的虱子，还有两个人得到排长准许，到顿河里洗澡去了。

但是休息的时间太短了。不久大车队就向桥边拥来了。大车像接连不断的流水一样来到，在这绿荫匝地的宁静的长廊里，一下子就人声嘈杂,沸沸扬扬,又闷又热,好像草原上那窒人的闷热也跟随着大车队,从顿河边的高地上涌进村里来了。

哨长是民兵第三排的排长,是一个又高又瘦的中士,褐色的下巴胡修剪得整整齐齐,生着两只像小孩子一样的招风耳朵,他把一只手放在磨得发亮的盒子枪套子上,站在桥旁边。他不加阻拦地放过二十来辆大车,但是一看到有一辆大车上坐着一个二十五六岁的年轻哥萨克,就干脆利落地命令说:

"停住!"

那个哥萨克把马勒住,皱起眉头。

"哪一部分的?"排长对直地走到大车跟前,厉声问道。

"干你们什么事?"

"我问你,哪一部分的?嗯?"

"鲁别仁连的。你们是什么人?"

"下来!"

"你们到底是什么人?"

"下来,少啰唆!"

排长两个圆圆的耳朵壳一下子涨得通红。他揭开枪套子的盖儿,抽出盒子枪,又把枪换到左手里。那个哥萨克把缰绳塞给老婆,跳下车来。

"为什么离开部队?你上哪儿去?"排长审问起他来。

"我病啦。现在我是上巴兹基去……跟我家里人一块儿。"

"有病假证明吗?"

"到哪儿去搞病假证明?连里连个医官都没有……"

"嗯,没有吗?……好吧,加尔平科,把他带到学校里去!"

“你们究竟是什么人?”

“到那儿去,我们会叫你知道我们是什么人!”

“我还要回自己的队伍去呢!你没有权力扣留我!”

“我们会送你去的。你带着武器吗?”

“就一支步枪。”

“拿出来,给我麻利点儿,要不然我马上抽你一顿!算什么年轻人,狗崽子,往老娘儿们怀里钻,躲藏起来啦!怎么,我们应该来保护你吗?”又带着十分瞧不起的口气对着他的后影说:“真给哥萨克丢脸!”

那个哥萨克把步枪从车毯底下抽出来,抓住老婆的一只手,当着大家的面没好意思亲嘴,只是把老婆的一只硬邦邦的手放在自己手里握了一会儿,小声说了几句话,就跟着一个民兵朝村里的小学走去。

拥挤在桥头的车辆就轰隆轰隆地过了桥。

有一个钟头的工夫,岗哨就扣留了五十多名逃兵。其中有几个人在扣留时反抗过,特别是一个留着老长的上嘴胡、样子很凶猛、不很年轻的叶兰乡下柯里夫村的哥萨克。哨长命令他下车,他却用鞭子抽起马来。两个民兵抓住他的马缰绳,直到桥的那一头才把马勒住。于是这个哥萨克再不多想,从衣襟底下抽出一支美国式来复枪,举起来抵到肩上。

“把路让开!……我打死你,混蛋!”

“下来!下来!我们有命令,谁不服从扣留就枪毙。我们马上就毙了你!”

“你们这些庄稼佬!……昨天你们还是红党,今天你们就教训起哥萨克来啦？……臭东西！……闪开，我要开枪啦！……”

一个打着崭新的冬季裹腿的民兵，站在大车的前轮子上，经过激烈的搏斗，把来复枪从哥萨克手里夺了过来。那个哥萨克又像猫一样弯下腰去，把手伸到衣襟底下，从鞘里抽出马刀；跪在车上，隔着拴在车上的新漆过的摇床一探身，刀尖差一点儿划着及时跳开去的那个民兵的脑袋。

“季摩沙，算啦，我的季摩沙呀！哎呀，季摩沙呀！……别这样嘛！……别惹事呀！他们会打死你的！……”那个发了威的哥萨克的又丑又干枯的老婆乱舞着两手，哭着喊道。

但是他在车上站直了身子，手握青光闪闪的大刀挥舞了半天，不准民兵靠近大车，他声嘶力竭地骂着娘，眼睛疯狂地四面转悠着。“闪开！……我把你们劈了！”他那黑乎乎的脸抽搐着，那长长的黄胡子底下冒着唾沫，浅蓝色的眼珠子也越来越红了。

好不容易才夺下他的刀，把他按倒在地上，捆了起来。这个勇猛的哥萨克发威的原因原来很简单：民兵在车上搜了搜，搜出一坛子已经开了封的头锅烧酒……

桥头一下子就拥塞起来。车辆紧紧地挤成了一堆，必须把牛和马卸下来，用手拉着大车上桥。车杠和辕杆碰得噼里啪啦直响，马和牛被牛蝇叮得受不了，都恶狠狠地尖声叫着，并且都烦躁得发了性子，不听主人的吆喝，朝篱笆上乱撞。骂娘声、叫喊声、妇女们的哭叫声在桥边又响了很久。后面的一些车辆，都在能够转车的地方转过头去，重新上了将军大道，以便直接朝巴兹基村的顿河边赶去。

民兵押送着被捕的逃兵朝巴兹基走去，但是因为逃兵们都还带着武器，所以民兵们都约束不住他们。一过了桥，民兵和逃兵就动手打起来。过了不大的一会儿，民兵都转了回来，逃兵都有组织地自己朝维奥申走去。

普罗霍尔·泽柯夫在大雷村也被拦住了。他把格里高力·麦列霍夫给他开的准假证拿出来给他们看了看，他们就把他放了，一点也没有为难他。

快到黄昏时候，他才来到巴兹基村。从旗尔河边各个村庄拥来的几千辆大车，塞满了所有的大街和小巷。顿河边出现了言语无法形容的情景。难民们把大车排在岸边，足有两俄里长。五万多人分散在树林子里，等着渡河。

维奥申镇对岸的大渡船正在摆渡炮兵连、指挥部和军用品。用很多小船摆渡步兵。几十条小船在顿河上穿来穿去，每条小船坐三四个人。河边码头上拥挤得水泄不通。担任后卫的骑兵还没有来到。隆隆的大炮声依然不断地从旗尔河边传来，又苦又辣的焦煳气味越来越浓烈，越来越呛人了。

渡河一直持续到天亮以前。夜里十二点钟，第一批骑兵连开到了。等天一亮，他们就要开始渡河了。

普罗霍尔·泽柯夫听说骑兵第一师还没有开到，就决定在巴兹基等候自己的连队。他牵着马，好不容易穿过密密层层地拥挤在巴兹基医院围墙旁边的车辆，也不卸马鞍，就把马拴在不知是谁的大车的车辕上，松开马肚带，自己就在大车当中穿来穿去寻找熟人。

他在堤坝旁边，老远就看见阿克西妮亚·阿司塔霍娃。她胸前抱着一个小包袱，披着一件厚厚的褂子，朝河边走去。她那艳丽夺目的美色,惹起拥挤在岸边的步兵们的注意。他们对她说起下流话儿,一张张落满灰尘、汗津津的脸上笑得露出了白牙,响起一阵阵调笑声和怪叫声。一个高个子、白头发的哥萨克,穿着一件没系带子的衬衣,皮帽子歪戴在后脑勺上,他从后面把她抱住,用嘴去亲她那黑黑的、光溜溜的脖子。普罗霍尔看见,阿克西妮亚猛地把那个哥萨克推开,恶狠狠地龇出牙齿,小声对他说了两句什么。周围哈哈大笑起来,那个哥萨克摘下帽子,用沙哑的嗓门儿瓮声瓮气地说:“哎,姑奶奶!叫我尝尝鲜吧!”

阿克西妮亚加快脚步,从普罗霍尔旁边走了过去。她那丰满的嘴上颤动着轻蔑的笑容。普罗霍尔也没有唤她,他用眼睛在人群里搜索着,寻找同村的人。他在伸出辕杆直指天空的大车中间慢慢走着,听见一阵醉汉说话声和笑声。一辆大车下面铺着一块粗麻布,上面坐着三个老头子。一个老头子的两条腿当中放着一坛子酒。三个已经醉醺醺的老头子,用炮弹壳做的铜缸子轮流喝酒,吃着干鱼。饥肠辘辘的普罗霍尔一闻到扑鼻的酒香和腌鱼的咸味,不觉停了下来。

“老总!为了诸事如意,来和我们喝一杯吧!”一个老头子朝他招呼说。

普罗霍尔再不客气,马上坐了下来,画了个十字,就微微笑着,从好客的老头子手里接过斟满了香喷喷的烧酒的铜缸子。

“活一天,就要喝一天!这不是,还有干鱼下酒。小伙子,可别瞧不起老头子。老头子都是聪明人!你们年轻人,还要向我们学学怎样过日子和……怎样喝酒呢。”另一个塌鼻子、上嘴唇一直豁到牙花子的老头子嗡嗡地说。

普罗霍尔喝了一口酒，提心吊胆地侧眼看着那个没有鼻子的老头子。在喝完第二缸子、将要喝第三缸子的时候，他憋不住了，问道：

“老大爷，你的鼻子是玩掉的吗？”

“才不是呢，老弟！这是冻掉的。还是在很小的时候，有一次鼻子冻坏了，所以就成了这个样子。”

“那我有点儿不礼貌啦，我心想：这鼻子不是害风流病烂掉的吗？可别害上这种乱七八糟的玩意儿！”普罗霍尔坦率地说。

他听了老头子的说明，放下心来，这才馋涎欲滴地把嘴唇紧紧贴到缸子上，毫无顾虑地一口气把缸子里的酒喝光了。

“这日子要完蛋啦！怎么不喝喝呢？”酒的主人是个又结实又强壮的老头子，他大声嚷嚷起来。“你们看，我拉来二百普特麦子，可是还有一千普特扔在家里呢。我赶来五对牛，可是现在要扔在这儿啦，就因为不能带着过顿河呀！我挣的家产这一下子全完啦！我要唱歌啦！乡亲们，放开肚子喝吧！”老头子的脸涨得通红，眼睛里充满了泪水。

“别多说啦，特罗菲姆·伊万奇。莫斯科不大相信眼泪。只要咱们能活下去，就还能挣得来。”塌鼻子老头子对老朋友劝道。

“可我怎么能不说呀？！”老头子带着一副哭歪了的面孔，提高了声音。“粮食完啦！牛也要完啦！红党要把房子烧掉啦！我儿子去年秋天就被打死啦！我怎么能不说！我挣家业都为了谁呀？以前，一个夏天里，因为出汗在身上要烂掉十件褂子，可是现在我要落得光屁股、光脚丫儿啦……喝吧！”

普罗霍尔在大家说话的当儿，吃完了一条像炉盖一样大的老大的咸鱼，喝了有七缸子酒，喝得肚子饱鼓鼓的，费了很大的劲儿才站起身来。

“老总！我们的救星！要不要我给你一点儿粮食喂马？你要多少？”

“一口袋！”已经分不清东南西北的普罗霍尔嘟哝着说。

老头子倒给他一草袋上等的燕麦，帮着他扛到肩上。

“要把口袋送来！千万不要忘了！”老头子抱着普罗霍尔，流着醉汉的眼泪，要求说。

“好的，我不送来。我说不送来，就是不送来……”不知为什么普罗霍尔一个劲儿地这样说。

他摇摇晃晃地离开大车朝前走去。草袋子压得他弯下腰，朝两边乱摆。普罗霍尔觉得就像是在结了一层溜滑的薄冰的地上走，两条腿又打滑，又哆嗦，就像是一匹没有钉掌、小心翼翼地踩到冰上的马。他又摇摇晃晃地走了几步，就站住了。他怎么都想不起来：他刚才戴帽子没有？拴在一辆大车上的一匹白头顶枣红色骟马，闻到燕麦气味，伸过头来就咬口袋，咬破了一个角儿。麦粒儿沙啦沙啦地从小窟窿里流了起来。普罗霍尔觉得轻些了，就又朝前走去。

也许他本来能够把剩下的燕麦扛到自己的马那里去的，但是有一头老大的公牛，在他从旁边走过的时候，忽然发起牛脾气，从旁边踢了他一脚。那牛被牛蝇和蚊子叮得非常难受，因为又热又难受，烦躁得发了疯，不准人靠近。普罗霍尔并不是今天牛发脾气的第一名受害者。他一下子飞到了一边，头撞在轮毂上，马上就睡熟了。

半夜里他醒过来。在他的头顶上,瓦灰色的高空里,一片片铅灰色的云彩不住地翻滚着,迅速地向西方飘去。弯弯的新月有时候在云彩缝儿里露一露脸儿,接着天空就又被云幕完全遮住,并且那料峭的凉风在黑暗中也好像更凉了。

普罗霍尔身旁那辆大车后面很近的地方,有骑兵走过。许许多多钉了铁掌的马蹄,踩得大地在哼哼,在叹气。马匹闻到大雨要来时的气息,不住地打着响鼻;马刀碰得马镫叮当乱响,烟卷儿一下一下地闪着红光。从走过的骑兵身上吹来一股股马汗味和酸酸的皮具气味。

普罗霍尔也和一切当过兵的哥萨克一样,打了多年仗,闻惯了这种骑兵身上特有的混合气味。哥萨克处处带着这种气味,一直从普鲁士和布柯文纳带到顿河草原上,这种骑兵部队少不了的气味,使人觉得分外亲切,分外熟悉,就像是闻到了自己家里的气味。普罗霍尔贪婪地抽了几下短短的鼻孔,就抬起沉甸甸的脑袋。

“这是哪一部分,弟兄们?”

“是骑兵部队……”黑暗中有一个低嗓门儿含含糊糊地回答说。

“我是问,这是谁的队伍?”

“是彼特柳拉的……”还是那个低嗓门儿回答。

“哎呀,妈的!”过了一小会儿,那人又问道:“同志们,是哪一团?”

“博柯夫团。”

普罗霍尔想站起来,但是血直往脑袋里冲,喉咙里直想呕吐。他躺下去,又睡着了。天快亮的时候,从顿河上吹来潮气和凉气。

“没有死吗?”他在睡意蒙眬中听见头顶上有人问道。

“有热气呢……还有一股酒气!”有人在普罗霍尔的耳边回答说。

“把他妈的拖开去! 睡得跟死人一样! 哼,要狠狠揍他几下子!”

有一个骑马人用长矛的杆子照着还没有醒过来的普罗霍尔的肋条上狠狠捣了一下子,有两只手抓住他的腿,把他拖到了一边。

“把大车拖开! 都睡死啦? 在这样的时候还死睡! 红军眼看要踩到尾巴啦,这些人还像在家里一样睡大觉! 把大车都拖到一边去,炮兵连马上要过河啦! 麻利点儿! ……把路都堵住啦……瞧,这些人!”一个很威风的声音喊叫着。

睡在大车上和大车底下的难民都动了起来。普罗霍尔跳了起来。他的步枪没有了,马刀也没有了,连右脚上的靴子也没有了,——这都是他昨天喝醉酒以后丢掉的。他大惑不解地四面望了望,就想到大车底下去找一找,但是已经来到跟前的炮兵连的驭手和炮手们从马上跳下来,毫不心疼地把大车连同装在上面的箱子一起推翻了,眨眼工夫就给炮车清出一条通路。

“往——前——开——吧! ……”

驭手们又上了马。多股绳拧成的粗粗的套索紧绷绷地哆嗦了几下,就拉直了。蒙着炮衣的大炮的高大的轮子在坑洼里咯吱响了两下。有一辆炮弹车的车轴挂住了一辆大车的辕杆,把辕杆挂断了。

“你们放弃阵地啦？你们这些当兵的，日你们的妈！”昨天晚上和普罗霍尔一起喝酒的那个塌鼻子老头子在大车上嚷道。

炮兵们都一声不响地骑着马匆匆朝渡口奔去。普罗霍尔在朦胧的晨曦中找枪和马找了很久。一直没有找到。他在小船旁边索性把另一只靴子也脱下来，扔到水里，并且把疼得像箍着铁箍似的脑袋扎到水里，浸了老半天。

太阳一出，骑兵开始渡河了。哥萨克们都下了马，把第一连一百五十匹卸了鞍的马赶到一处河湾上面的河边，顿河就是在这里弯成一个直角，向东流去。连长那硬扎扎的红胡子一直长到眼睛上，一个鹰钩鼻子，样子非常凶恶，活像一只野猪。他的左手吊在一条肮脏的、血糊糊的绷带上，右手不停地玩弄着鞭子。

“别让马喝水！往前赶！赶快点儿！你怎么……妈的……妈的……妈的……怎么，你害怕水呀？！往水里去！……你的马又不是糖捏的，不会泡化的！……”他一个劲儿地吆喝着哥萨克们往水里赶马，他那红胡子底下露出老大的白牙。

马匹挤成一堆，很不情愿地朝冰凉的水里走去，哥萨克们吆喝着，用鞭子抽着。头一个泅起水来的是一匹白鼻子、额头上有一块大红斑的铁青马。看样子，这马已经不是头一次泅水了。波浪冲击着后部下垂的马身子，把一捆麻似的尾巴冲向一边，但是脖子和脊背是露在外面的。其余的马也都跟着划开水流，喷着鼻子，轰轰地进入翻滚的水里，泅起水来。哥萨克们分乘六条大船跟在后面。一个护送的人站在船头，手拿套索，以防意外。

“别往前面划！叫马斜着往前泅！别叫水冲跑了！”

连长手里的鞭子往上一扬,画了一个圈子,啪的一声落在沾满石灰的靴筒子上。

激流冲击着一匹匹的马。那匹铁青马在最前面很轻松地洑着水,离开其余的马有两匹马远。铁青马头一个爬上左岸的沙滩。这时候,从黑杨树的乱蓬蓬的枝丛中露出了太阳,红红的阳光照在铁青马身上,那湿得发亮的一身鬃毛霎时间迸射出黑黑的、熊熊的火光。

“注意穆雷恒那匹马!帮帮那匹马!……还戴着笼头呢。快划呀!划呀!……”像野猪一样的连长声嘶力竭地吆喝着。

马匹都平平安安地过了河。哥萨克们已经在对岸等着了。他们牵过自己的马,戴上笼头。河这边开始往对岸运马鞍了。

“昨天什么地方着火啦?”普罗霍尔向一个把马鞍往小船上搬的哥萨克问道。

“在旗尔河边。”

“是炮弹打着的吗?”

“哪儿是什么炮弹!”那个哥萨克冷冷地回答说。“是红党放的火……”

“全都烧光了吗?”普罗霍尔惊骇地问。

“那倒是没——有……烧的是财主家的房子,那些盖了铁顶的,或者是有老大的货房的。”

“烧了哪些村子?”

“从维斯罗古佐夫一直烧到格拉乔夫。”

“你可知道,第一师师部这会儿在哪儿?”

“在楚卡林村。”

普罗霍尔回到难民的大车跟前。在一眼望不到边的临时住宿地上，纷纷用干树枝、拆毁的篱笆和干牲口粪生起火来，微风一吹，到处弥漫着呛人的烟气：妇女们在做早饭了。

夜里又从右岸的草原地区来了好几千难民。

在火堆旁边，在大车上，到处都是像蜜蜂一样嗡嗡的说话声。

“什么时候才轮到咱们过河呀？唉，等得急死人啦！”

“上帝饶恕我吧，我要把粮食扔到河里去啦，免得便宜红党！”

“渡船旁边全是人，黑压压一大片！”

“我的好宝贝儿，咱们怎么能把箱子扔在岸上呢？”

“攒呀，攒呀……主耶稣，我们的恩主呀！”

“要是在自己的村子里过河就好啦……”

“真他妈的不该到维奥申这儿来，唉！”

“听说，雪球树村烧光啦。”

“能坐渡船过去就好啦……”

“哼，要不然他们能饶得了你吗？！”

“他们有命令：要把所有的哥萨克，从六岁到顶老的岁数，都斩尽杀绝。”

“他们要是在河这边追上咱们……那可怎么办？”

“那就要血肉横飞啦！……”

在一辆油漆过的塔甫里亚式大车旁边，有一个很挺拔的白眉毛老头子高声喊叫着，从他的外表和气派可以看出来，他是一个村长，而且掌握村长大印已经不止一年了。

“……我问：‘老百姓就应该死在岸上吗？我们什么时候才能

带着自己的东西过河呢？要知道，红党会把我们连根砍掉的！’他们的长官就对我说：‘放心吧，大爷！全体老百姓没有渡河以前，我们会守住阵地，不会放弃的。我们宁可粉身碎骨，决不让妇女、孩子和老头子受伤害！’”

老头子和妇女们纷纷把白眉毛的村长围住。他们聚精会神地听村长讲话，后来就一齐乱嚷嚷起来：

“那为什么炮兵先溜啦？”

“他们拼命朝渡口跑，差点儿把人都踩死啦！……”

“骑兵也跑来啦……”

“听说，格里高力·麦列霍夫也放弃阵地啦。”

“这算什么道理？扔掉老百姓，只顾自己跑吗？……”

“军队倒先跑起来啦！……”

“谁来保护我们呀？”

“瞧，骑兵已经泅水过河啦！……”

“还是自己的命要紧啊……”

“一点儿也不错！”

“把我们全卖掉啦！”

“这一下子要完啦！”

“应该派一些老年人去欢迎红军。也许他们会开恩，不杀咱们。”

在胡同口，在医院的高大的砖瓦房旁边，出现了一名骑兵。他前面的鞍头上挂着步枪，旁边还晃悠着漆成绿色的长矛。

“这是我的米基什卡嘛！”一个裹着头巾的上了年纪的娘儿们高兴得叫了起来。

她跳过一根根的辕杆，擦过挤在一起的车辆和马匹，朝骑马人奔去。有人抓住骑马人的马镫，想叫马停住。骑马人把一个盖有火漆印的灰色公文封举在头上，高声叫道：

“我要到总司令部去送报告！快闪开！”

“我的米基什卡呀！好孩子！”那个上了年纪的娘儿们很激动地喊叫着。她那披散开来的一绺绺夹有银丝的黑发，耷拉到喜气洋洋的脸上。她带着颤动的微笑，全身靠在马镫上，靠在汗漉漉的马身上，问道：

“你到咱们村子里去过吗？”

“去过。现在村子里驻上红军啦……”

“咱家的房子呢？……”

“房子好好儿的，不过菲多特家的房子烧掉啦。咱们家的棚子本来也着了火，可是他们亲自扑灭啦。菲济丝卡从他们那儿跑了来，她说，红军的头头儿说：‘一间穷人的房子也不许烧，只烧财主家的。’”

“噢，那要感谢上帝啦！耶稣保佑他们吧！”那娘儿们画了个十字。

那个很威风的老头子很气愤地说：

“我的好大嫂，你是怎么一回事儿？把街坊的房子烧啦，你还要‘感谢上帝’？”

“鬼才管他们家的事！”那娘儿们带着火气很快地嘟哝着说。“他们家还能盖得起来，可是假如我家房子烧掉了，我拿什么来盖？菲多特藏的金子有一大坛子，可是我那老头子给别人家干活儿干了一辈子，一辈子叫穷鬼牵着走！”

“放开我，妈妈！我还要赶快把公文送去呢！”那个骑兵在马上俯下身来，央求说。

母亲跟着马一起往前走，一面走，一面亲儿子那晒得黑黑的手，朝自己的大车跑去，那个骑兵用少年男子的高嗓门儿吆喝着：

“闪开！我要上总司令部送公文！大家快闪开！”

他的马发着性子，不住地扭着屁股，又蹦又跳。人们很不情愿地让着路，那个骑兵看样子走得很慢，但是不久就被一辆辆的大车，就被牛和马的许多脊背遮住了，只有长矛在许许多多的人头上面轻轻晃动着，朝河边移动。

六十一

一天的工夫，所有的暴动军部队和难民都渡过顿河来到左岸。格里高力·麦列霍夫第一师维奥申团的各个骑兵连是最后过河的。

在黄昏之前，格里高力一直率领十二个精锐的骑兵连抵挡着红军第三十三库班师的进攻。五点钟左右，得到库金诺夫的通知，说军队和难民已经全部过河，于是他才下令撤退。

根据事先制订的计划，顿河沿岸暴动军的各个连队都要渡河，并且每个连队都要布置在自己的村子的对岸。快到中午时候，司令部就陆续收到各个连队的报告。大多数连队都已经在自己村子对面的左岸布置就绪。

司令部又把沿岸草原地带的一些哥萨克连队调去填补各个村庄之间的空隙。克鲁日林村、马克萨耶夫-新根村、卡耳根村的步兵连和拉推舍夫村、李霍维多夫村、格拉乔夫村的骑兵连填补了彼加廖夫村、维奥申镇、列别亚仁村、红沟村之间的空隙，其余的都开到后方，开到杜布洛夫村、黑村、高罗霍夫村等一些离顿河远些的村庄里，按照萨方诺夫的意图，他们就做预备队，以便在突围的时候听候司令部调遣。

沿着顿河左岸，从嘉桑乡尽西边的一些村庄，直到霍派尔河口，暴动军布置了一百五十俄里长的防线。

哥萨克渡河以后，就准备进行阵地战：忙着挖战壕，砍伐白杨、柳树和橡树，搭造掩蔽所和机枪阵地。从难民手里弄来许多空麻袋，全部装上沙土，垒到连成一条线的长长的战壕前面做胸墙。

快到黄昏时候，各处的战壕都挖好了。暴动军的第一和第三炮兵连都在维奥申镇外的松林里隐蔽起来。八门大炮总共只有五发炮弹。步枪子弹也快打完了。库金诺夫派传令兵到处传送严禁开枪的命令。在命令中提出，每个连可选出一至二名枪法最好的射手，发给他们足够的子弹，叫这些弹不虚发的射手狙击红军的机枪手和出现在右岸村庄里街道上的红军。其余的人只准在红军企图渡河的时候开枪。

格里高力·麦列霍夫在苍茫的暮色中就巡视完沿河散开的自己的师的各部，又回到维奥申过夜。

不准在河边滩地上生火。维奥申也没有灯火。整个左岸都笼罩在雪青色的暮霭中。

第二天一大早，巴兹基村外的高地上就出现了红军的先头侦察兵。不久在右岸，从霍派尔河口镇到嘉桑镇，所有的守望台上都出现了侦察兵。红军的战线像巨浪一般朝顿河边滚来。后来侦察兵不见了，一直到中午，所有的山冈都死沉沉的，又空旷，又寂静。

风旋转着灰白色的尘土在将军大道上转圈儿。南面还一直冒着大火的黑红色的烟。被风吹散的黑云又渐渐聚拢起来。高地上有一片游云的影子。一道在白天里雪白的电光闪过。闪电瞬息间给发蓝的黑云镶起一道曲曲弯弯的银边儿，又像一条亮闪闪的长矛似的朝下插去，插到一座古守望台的凸出的顶上。一声巨雷好像劈开了高悬在空中的黑云：大雨从黑云里倾泻下来：风吹得雨丝歪歪斜斜，大雨像一层层翻滚的白浪，落到河边石灰岩的山坡上，落到晒蔫了的葵花上，落到耷拉下头的庄稼上。

大雨一下，那些鲜嫩的、但是因为落满尘土变成衰老的灰色的树叶子又恢复了生气。春苗又绿油油的了，葵花又抬起黄黄的圆头，菜园里散发出南瓜花的蜜一般的味儿。解除了干渴的大地，很长时间都冒着热气……

一座座古代的守望台，就像稀疏的散兵线一样，散布在顿河边的山冈顶上，顺着顿河延伸过去，一直到亚速海边。中午过后，很多守望台上又出现了红军的侦察兵。

站在这些守望台上，瞭望顿河这边夹杂着片片绿洲的黄沙平原，一眼可以望出几十俄里。红军的侦察兵都小心翼翼地开始回村子了。步兵成散兵线从高地上拥了下来。就在当年波洛韦次人和好战的布罗得尼基人用来监视敌人行动的守望台后面，出现了红军的炮兵连。

布置在白山上的一个炮兵连，开炮轰击维奥申了。第一发炮弹在广场上爆炸了，然后，一颗颗炮弹爆炸的灰色硝烟和随风慢慢飘散的一个个乳白色的榴霰弹烟团就笼罩住整个维奥申镇。又有三个炮兵连开始轰击维奥申镇和河边的哥萨克战壕了。

机枪在大雷村猛烈地吼叫起来。两挺“霍契吉斯”急促而清脆地进行点射，一挺粗喉咙的“马克辛”不住气地喷吐着子弹，一齐对准了在顿河这边跑来跑去的一伙一伙的暴动军步兵。辎重队渐渐来到高地上。在荆棘丛生的山坡上挖起掩体。大大小小的车辆在将军大道上吱嘎吱嘎地行进着，后面拖着的灰尘就像盘旋飞舞的长裾。

隆隆的炮声响遍了整个前线。红军的炮兵在顿河边一座座居高临下的山上炮轰顿河对岸，一直炮轰到黄昏以后。在布满了暴动军战壕的河边滩地上，从嘉桑镇一直到霍派尔河口镇，都沉默无声。看守马匹的哥萨克都带着马藏在遍地是芦苇、香蒲和莎草的隐蔽的树丛里。这里没有蚊虫叮马，在这到处是野啤酒花的树丛里也很凉快。有各种树木和高大的白柳密密丛丛地遮着，红军的观测员也看不见。

在一片碧绿的河边草地上，一个人也没有。只是偶尔在草地上出现一两个吓得弯着腰、从离河边很远的地方经过的难民。红军的机枪就对他们打上几梭子，他们一听见子弹的长长的啸声，就吓得趴到地上。他们在密密的草丛里一直趴到天黑下来，这才大步朝树林里跑去，然后头也不回地急急忙忙朝北方，朝那摇晃着密密的赤杨和白桦树棵子亲切相招的洼地里跑去。

* * *

维奥申镇被猛烈的炮火轰击了两天。老百姓都躲在地窖里，不敢出来。只有到夜里，镇上被炮弹打得坑坑洼洼的一条条街道才热闹起来。

总司令部里的人纷纷揣测，认为这样猛烈的炮击是为进攻和渡河做准备。他们担心，红军就在维奥申镇对面开始渡河，以便占领维奥申，在拉成直线的长长的阵地上打进一个楔子，把战线截成两半，然后从加拉奇和大熊河口发动两翼进攻，进行歼灭战。

依照库金诺夫的命令，在维奥申的顿河边集中了十二挺机枪，都配备了足够的子弹。几个炮兵连长接到的命令是，只有在红军开始渡河的时候，才能发射剩下的那几发炮弹。所有的大小船只都集中到维奥申上面的河湾里，派强大的兵力看守着。

格里高力·麦列霍夫觉得司令部里的人的担心是没有根据的。在五月二十四日的一次会议上，他对伊里亚·萨方诺夫及其一伙的揣测嘲笑了一通。

“他们坐什么从维奥申对面过河呢？”他说。“再说，这是渡河的好地方吗？你们瞧瞧：对岸光溜溜的，就像鼓面子一样，沙滩也是平平的，河边没有一块小树林，也没有一丛树棵子。哪一个傻瓜会挑这种地方过河？只有伊里亚·萨方诺夫才会凭自己的聪明往这样的陷坑里爬……在这样光溜溜的河边上，机枪一扫，会把什么人都扫得干干净净。库金诺夫，你别以为红军的指挥官比咱们傻。他们当中有人比咱们高明！他们不会迎头进攻维奥申的，咱们不必等着他们在这儿过河，而是应该料到，他们要么从水浅的地方，从可以蹚水过河的地方，要么从有丘陵、有树林的可以隐蔽的地方。对于这些危险地方要严加监视，特别是在夜里；要提醒哥萨克们，不要疏忽，不要麻痹大意；要事先把后备队调到危险地带，以防万一。”

“你说，他们不会进攻维奥申吗？那他们为什么一天到晚用大炮轰维奥申？”萨方诺夫的一个助手问道。

“这事儿你去问问他们好啦。怎么，他们单单炮轰维奥申吗？他们也在炮轰嘉桑镇，也在炮轰叶兰村，瞧，又在谢苗诺夫山上打起炮来啦。他们到处都在打炮。大概，他们的炮弹比咱们多些。咱们的鸟……炮队只有五发炮弹，而且就连这五发炮弹的壳子还是用橡木刨成的。”

库金诺夫哈哈大笑起来：

“好啊，这一下子打中要害啦！”

“这会儿用不着乱批评！”参加会议的第三炮兵连连长生气了。“这会儿应该谈谈正经事情。”

“你谈呀，谁拉住你的舌头来？”库金诺夫皱着眉头，玩弄起皮带。“对你们他妈的说过不止一次：‘不要随便浪费炮弹，要节约，以备要紧的时候用！’可是你们不听，见什么打什么，遇到辎重队也要开炮。现在到了紧急关头，没有炮弹打啦。听到一点批评，有什么好气的？麦列霍夫挖苦你们的木头大炮，挖苦得好。你们的家伙该当挖苦！”

库金诺夫站到格里高力一边，坚决支持格里高力的意见，也认为应该加强最适合渡河的地点的防务，应该把后备队集中到危险地段的附近。决定从维奥申现有的机枪中抽调几挺机枪到白山村、梅尔库洛夫村和大雷村的连队里去，因为在这些连队防守的地段渡河的可能性最大。

格里高力推测红军不会冒险从维奥申对面过河，而是要选择利于渡河的地方过河，这一推测第二天就证实了。这天早晨，大雷村的连长就来报告说，红军准备渡河了。通夜都可以听见顿河对岸有嘈杂的人声、铁锤叮当声、车轮咯吱声。也不知道从哪里用大车往大雷村拉来许多木板，把木板卸下来，马上就有许多锯子吱啦吱啦响起来，还听见有斧劈和锤子敲打的声音。从这一切可以判断出，红军正在打造什么东西。哥萨克们起初估计这是在做浮桥。有两个大胆的家伙，跑到响着斧锯声音的地方的上游半俄里远处，脱掉衣服，头上插了树枝子作掩护，悄悄地顺水朝下游泅去。他们到了岸边，布置在柳树底下的机枪哨的红军正在离他们不远的地方说着话儿，可以清清楚楚地听见村子里的人声和斧声，但是水上什么东西也没有。如果说红军是在打造什么东西的话，那无论如何也不是造桥。

大雷村的连长对敌方加强了监视。黎明时候，眼睛一直没有离开望远镜的观测员很久都没有看见什么。但是不久，其中有一个哥萨克，在对德战争中就被公认为是团里最出色的射手的，在朦胧的晨曦中发现一名红军牵着两匹上了鞍的马朝河边走来。

“一个红党朝河边来啦。”这个哥萨克小声对同伴说了一声，放下望远镜。

两匹马走进没膝深的水里，喝起水来。

这个哥萨克把奋拉得很长的步枪皮带搭到左胳膊肘上，扳起瞄准尺，仔细瞄了半天……

一声枪响过，一匹马软软地歪倒下去，另一匹朝坡上跑去。红军弯下身去，想把死马身上的鞍子解下来。这边哥萨克又放了一枪，就微微笑起来：那个红军很快地直起身子，想从河边跑开，但是忽然栽倒了。脸朝下栽倒，再也没有起来……

格里高力·麦列霍夫一得到红军准备渡河的消息，就骑上马，前往大雷村连的防地。他出了维奥申镇，骑马蹚过从顿河里伸出来、一直伸到镇边的一个湖汊的窄窄的腰部，进了树林，就放马跑起来。

这条道路要经过草地，但是从草地上走是很危险的，因此格里高力选择了一条绕远的路：穿过树林来到湖汊的尽头，又经过一个个的土墩和白柳丛，来到加尔梅克滩（这是一道窄窄的河沟，连接着牛栏湖和草地上的一个水塘，里面密密丛丛地长满了睡莲、水芹和芦苇），过了泥泞的加尔梅克滩，就勒住马，让马休息几分钟。

从这里到顿河边，直线距离有两俄里。从这里的草地上往战壕那里去，必然会受到枪击。本来可以等到黄昏时候，趁天黑穿过平坦的草地，但是格里高力是个不喜欢等待的人，常常说“世界上最糟糕的事情就是等待和跟在后面赶”，所以决定马上就去。“我打着马拼命跑，他们一定打不到我！”他这样想着，从树棵子里走了出来。

他拨了拨马头，对准了从河边树林伸出来的一带绿茵茵的柳树，举起了鞭子。那马屁股上挨了火辣辣的一鞭子，又听到猛烈的一声吆喝，浑身哆嗦了一下，就抿起耳朵，加快速度，像飞鸟一样朝顿河边奔去。格里高力还没有跑出五十丈远，右岸高地上有一挺机枪就对准他连续不停地扫射起来。“嗖嗖！嗖嗖！嗖嗖！嗖！嗖！”子弹像土拨鼠一样尖叫起来。“打得太高啦，伙计！”格里高力心里说，一面紧紧夹住马，放松缰绳，脸贴在迎风飞舞的马鬃上。在一面白石灰岩山坡上架着一挺重机枪，躺在绿色护板后面的机枪手好像猜到了格里高力的心里，急忙瞄了瞄，放低了枪口扫射起来，一颗颗在空中摩擦热了的子弹，就在马的前蹄旁边有滋有味地吧嗒起嘴，像蛇一样嗞嗞叫起来。子弹朝春汛过后还没有晒干的潮湿的土地里乱钻，溅起一片片热乎乎的泥巴……“啾！嗞嗞！啾！啾！”并且在头顶上和马的身旁又响起另一种声音：“嗖！嗖！……嗖呜呜！”

格里高力站在马镫上，身子几乎是趴在伸直了的马脖子上。那一带绿柳飞快地迎面扑来。他已经跑了有一半路的时候，谢苗诺夫山上的大炮开炮了。炮弹的钢铁的啸声震得空气都哆嗦起来。在近处轰隆一声爆炸，震得格里高力在马上晃了两下。弹片的啸声和叫声在他耳朵里还没有消失，附近池塘里被爆炸的气流冲倒后正在沙沙地伸直身子的芦苇还没有完全挺立起来，山上的大炮又轰隆一声响了，格里高力听见越来越近的炮弹的啸声，又俯下身子，紧紧贴在马身上。

他觉得，好像是那撕心裂肺、强烈到极点的啸声顷刻间爆炸开了，并且就在这顷刻间，向上冒起的一片黑烟在他眼前直立起来，大地被这一声巨响震得颤动起来，马的两条前腿好像陷进了什么里……

格里高力在落马的一刹那，头脑完全清醒过来。他在地上摔得很重，绿呢子军装裤的两个膝盖部分都跌破了，裤腿上扎的带子也挣断了。爆炸震起的强大气浪把他冲到离马很远的地方，在摔倒后他又在草地上滑了几丈远，手掌和腮帮子在地上擦得火烧火燎地疼。

摔得头昏脑涨的格里高力站了起来。土块、碎土和连根拔起的草，像黑色雨点一样从上面哗哗落下来……他的马躺在离弹坑有二十步远的地方。马头一动也不动，但是两条落满泥土的后腿、汗漉漉的屁股和微微歪斜的尾巴根还在轻轻抽搐着。

顿河那边的机枪已经不响了。有五六分钟的时间无声无息。水塘上空有几只蓝色的鱼鹰惊慌不安地叫着。格里高力克制着头晕，朝马跟前走去。他的两条腿哆哆嗦嗦，异常沉重。他觉得就好像平时很不舒服地坐了很久之后忽然站起来走路那样，这时候因为血液暂时停止流动而麻木了的两腿就好像成了别人的腿，每走一步浑身都觉得嗡嗡直响……

格里高力把死马身上的马鞍解下来，刚刚走进附近的水塘边被弹片打得乱糟糟的一片芦苇，一挺机枪又节奏均匀地响了起来。但是听不见子弹的啸声。显然，高地上打的已经是新的目标了。

一个钟头之后，他来到连长的掩蔽所里。

“这会儿他们的木匠活儿停啦，”连长说，“可是到夜里一定还要干的。您最好给我们弄点儿子弹来，要不然实在没办法啦：每个弟兄只有一梭子到两梭子子弹。”

“子弹到晚上一定给你们送来。你们可要时刻注意对岸！”

“我们一直在注意。我想在今天夜里找几个有胆量的，叫他们蹚过去，看看他们究竟在那儿打造什么。”

“为什么昨天夜里没派去呢？”

“格里高力·潘捷莱维奇，我派了两个，但是他们没有敢进村子。他们蹚到了岸边，可是要进村子——就怕啦……如今的事，能强迫谁呢？这是危险事儿，只要碰上他们的岗哨，马上就会丧命。在自己的家门口打仗，哥萨克们都没有多大的狠劲儿……以前，在俄德战争的时候，为了一颗十字章去拼命的人多着呢，可是如今，别说是深入敌后侦察，就是放哨，都很难找到人去。这会儿更糟糕的是，有了老娘儿们：她们都跟着自己的男人，就在这战壕里过夜，赶都赶不出去。昨天我想把她们赶走，可是哥萨克们威胁我，说：'叫他放客气点儿，要不然我们好好地收拾收拾他！'"

格里高力走出连长的掩蔽所，往战壕里走去。战壕在树林子里弯弯曲曲地朝两边伸去，离顿河有二十丈左右。一棵棵的小橡树、一丛丛的荆棘、密密的小白杨树棵子掩护着黄土胸墙，遮住红军的视线。有许多交通壕联结着战壕和哥萨克们歇息的掩蔽所。在一些掩蔽所旁边扔了不少灰白色的干鱼刺、羊骨头、葵花子壳儿、烟头、破布片儿；树枝上挂着刚洗过的袜子、粗布衬裤、包脚布、女人褂子和裙子……

有一个睡眼惺忪的年轻媳妇，从前面一个掩蔽所里探出没有披头巾的头来。她擦了擦眼睛，大模大样地把格里高力打量了一遍；就钻进黑黑的门洞里，就像是黄花鼠进了洞。在旁边一个个掩蔽所里有些人在低声唱歌儿。一起唱歌的除了几个男声以外，还有一个压低了的很高、很清脆的女声。在第三个掩蔽所的门口，坐着一个不算年轻的、穿得很整齐的哥萨克妇人。一个留着花白长发的哥萨克的头枕在她的膝盖上。他舒舒服服地侧着身子躺着，正在打盹儿，他的老婆正在很灵巧地给他捉虱子，把一个个黑黑的头虱在木梳子上掐死，一面轰走老伴儿脸上的苍蝇。如果没有顿河那边恶狠狠的机枪声，如果没有从上游，时而从米古林乡，时而从嘉桑乡，顺水传来的隆隆的大炮声，可能会以为，这是割草人在河边扎下了野营——驻守在火线上的暴动军大雷村连，表面上是那样平静。

格里高力打了五年仗，还是第一次看见这样稀奇的战地景象。他忍不住笑，从一个个掩蔽所旁边走过，到处都看到有娘儿们在服侍自己的男人，在缝补哥萨克制服，洗当兵人的衬衣，做饭，或者草草地吃过午饭以后在洗碗碟。

“你们这儿日子过得挺美嘛！够舒服的……”格里高力回到连长的掩蔽所，对连长说。

连长龇着牙笑了笑，说：

“日子过得再好没有啦。”

“已经舒服过头啦！”格里高力皱起眉头。“马上把这些娘儿们赶走！在战场上搞起这一套来啦！……你这儿是赶集，还是卖破烂儿？这算什么玩意儿？红军这就要过河啦，可是你们到时候连听都听不见，没工夫听啦，你们到时候非吃老娘儿们的亏不可……等天一黑，你把这些长尾巴蛆全部赶走！明天我再来，如果我看见有一个穿裙子的，首先把你的脑袋揪下来！”

“这话对嘛……”连长欣然表示同意。“我也反对老娘儿们来，可是你拿哥萨克们有什么办法呢？纪律都破坏啦……老娘儿们都想男子汉，咱们已经打了两个多月了嘛！”

他自己也红着脸，坐到土炕上，用身子遮住扔在炕上的一条红红的女人围裙，并且转身背着格里高力，用威吓的目光朝着用粗布隔起来的掩蔽所的一个角落里瞅了一眼，他的娇妻的笑盈盈的深棕色眼睛正在那里朝外看着呢……

六十二

阿克西妮亚·阿司塔霍娃在维奥申镇上有一个堂房姑母，就住在镇边上，离新教堂不远。她就在这个姑母家里住下来。第一天她就出去找格里高力，可是他还没有到维奥申呢；到第二天，大街上和小巷里从早到晚都有子弹嗖嗖飞着，炮弹爆炸着，阿克西妮亚就没敢出门。

“他把我叫到维奥申来，说要跟我一块儿过，可是他自个儿都不知道跑到什么鬼地方去啦！”她躺在上房里的大柜子上，咬着两片鲜艳、然而已经不那么红润的嘴唇，恨恨地想道。老姑母坐在窗前，打着袜子，每响一声大炮，她就画一个十字。

“哎哟，主耶稣呀！真怕人呀！他们干吗要打仗啊？干吗他们要互相乱咬啊？”

大街上，在离这座房子十五丈远的地方，有一颗炮弹爆炸了。屋子里的窗玻璃很委屈地丁当响着，纷纷落了下来。

“姑妈！你快离开窗户吧，他们会打到你的！”阿克西妮亚说。

老人家带着嘲笑的神情从老花镜里看了看她，不高兴地说：

“哎呀，阿克秀特卡！我看，你真傻。怎么，我是他们的敌人吗？他们凭什么要打我？”

“他们无意中会打死你呀！他们又看不见子弹往哪儿飞。”

“才不会打我呢！才不会看不见呢！他们打的是哥萨克，哥萨克是他们红军的敌人,我是个寡妇老奶奶,他们打我干什么?他们肯定知道该用枪打谁,用炮轰谁!”　。

中午时候,格里高力趴在马脖子上,在街上跑过,朝下游河湾里跑去。阿克西妮亚在窗口看见他,急忙跑到爬满野葡萄藤的台阶上,喊了一声:“格里沙!”可是格里高力已经拐过弯去不见了,只有他的马蹄扬起的尘土慢慢在向大路上落。追上去也是无济于事。阿克西妮亚站在台阶上,恼恨得哭了起来。

“那跑过去的是司捷潘吗?你干吗要像疯子一样跑出去?”

“不是……那是我们村子里一个人……”阿克西妮亚含着眼泪回答说。

“那你干吗要掉眼泪?”喜欢刨根问底的老奶奶追着问道。

“姑妈,您问这些干什么?这些事您不明白!”

“我怎么会不明白……哼,就是说,相好的跑过去啦。要不然怎么会呢?无缘无故你不会哭的……这种事儿我过去有过,我明白!”

傍晚时候,普罗霍尔·泽柯夫走进屋里来。

“您好啊!老大娘,鞑靼村没有人到您家来吗?”

“普罗霍尔!”阿克西妮亚高兴得叫了一声,从上房里跑出来。

“哼,姑奶奶,你叫我找死啦!为了找你,我两条腿都跑断啦!他又是个什么样的人呀?完全像他爹,火性子。到处在放枪,所有的活物都躲起来啦,可是他一个劲儿地逼我:‘把她找来,要不然我宰了你!’”

阿克西妮亚抓住普罗霍尔的小褂袖子,把他拉到过道里。

“他这该死的东西在哪儿呀?”

“哼……他会跑到哪儿去?他从阵地上走回来啦。他的马今天被打死啦。他回来很凶,就像一条用链子锁着的狗。问:‘找到了吗?’我说:‘我上哪儿去找她?我又不能把她变出来!’可是他说:‘一个人又不是一根针!’他把我大骂一通……真是一只披着人皮的狼!”

“他说什么来着?”

“快收拾收拾,咱们走吧,再没什么啦!”

阿克西妮亚转眼工夫就包好自己的包袱,匆匆忙忙和姑妈告别。

“怎么,司捷潘派来的人吗?”

“姑妈,是司捷潘!”

“好吧,就说我问他好。可是他怎么不亲自来呀?喝碗牛奶也好,这不是,家里还有甜馅饺子呢……”

阿克西妮亚不等听完她的话,就从屋里跑了出去。

直到走到格里高力的住处,她都气喘吁吁,脸色煞白,走得非常快,最后连普罗霍尔都央告她说:

“你听我说!我年轻时候也跟在姑娘后头跑过,可是从来没有像你跑得这样快。你是等不及啦,还是哪儿失了火?我都喘不上气来啦!哼,谁又在地上这样飞?你们两个都有点儿疯啦……”

可是他在心里说:“他们又搞到一块儿啦……哼,这会儿鬼也拆不散他们啦!他们如愿啦,我可是冒着枪林弹雨找来这只母狗呀……可别叫娜塔莉亚知道,万一她知道了,会骂我个狗血喷头……柯尔叔诺夫家的人也不是好惹的!唉,如果不是我嘴馋喝多了酒，把马和枪都丢了的话，我才不会到镇上到处找你呢！你们自己的事，自己去管吧！”

在紧紧关着护窗的上房里，点着一盏烟气腾腾的油灯。格里高力坐在桌边。他刚刚擦完步枪，但是还没有擦完盒子枪的筒子，门就吱扭一声响了。门口站的是阿克西妮亚。她那窄窄的白额头汗淋淋的，在她那煞白的脸上，两只睁得大大的、火辣辣的眼睛含着万种柔情，格里高力一看到她，心就颤动起来。

“你把我骗了来……可是你自个儿……连影子都叫人看不见……”她吃力地喘着，说。

这会儿，她就像很久很久以前，他们刚刚发生关系时那样，觉得除了格里高力，什么都不存在了。若是格里高力不在，她觉得世上的一切就好像死了，他在她身边，世上的一切好像又活了。她当着普罗霍尔的面也不害羞，一头扎到格里高力怀里，像野蛇麻草一样缠在他身上，一面哭，一面吻心上人的胡子拉碴的两腮，往他的鼻子、额头、眼睛、嘴唇上撒了许许多多快吻，还含含糊糊地嘟哝着，抽搭着：

“想——死——我——啦！……我都想出病来啦！格里什卡呀！我的心肝儿！”

“噢，嗯……噢，你看……别急嘛！……阿克西妮亚，别这样……”格里高力不好意思地嘟哝着，转过脸去，不去看普罗霍尔。

他扶着她坐在长板凳上，从她的头上摘下已经歪到后脑勺上的头巾，给她撩了撩披散下来的头发。

“你这算什么样子……”

“我就是这种样子啊！瞧瞧你……”

“真的，你简直疯啦！”

阿克西妮亚把两条胳膊搭在格里高力的肩上，含着眼泪笑了，急急匆匆地小声说：

“哼，怎么能这样呢？你叫我来……我就什么都扔掉，来啦，可是你又不在……你骑马跑过去，我跑出来喊你，可是你一拐弯就不见啦……要是叫他们打死了，那我都不能看你最后一眼啦……”

她又说了许多非常亲热、温柔、絮絮叨叨的傻话，用手一个劲儿地抚摩着格里高力那佝偻着的双肩，用两只百般柔顺的眼睛盯着他的眼睛。

在她的目光中，流露着一种可怜的神情，同时又有一种舍死一拼的发狠神情，就像一只被追捕的野兽那样，这种神情使格里高力看着她很不自在，很心疼。

他用晒得发黄的睫毛遮住眼睛，勉强笑着，一声不响，可是她腮上那热辣辣的红晕越来越红，两只眼睛好像渐渐蒙上一层蓝蓝的薄雾。

普罗霍尔没有打招呼就走了出去，在过道里啐了一口，用脚把唾沫擦了擦。

“简直发疯啦！”他在下台阶的时候，恶狠狠地说，并且为了表示看不惯，把院子门关得很响。

六十三

他们像做梦一样过了两天，不辨日夜，忘记了周围的一切。有时格里高力迷迷糊糊地睡过一阵小觉后醒来，在蒙眬中看见阿克西妮亚那紧紧盯着他、好像是在研究他的凝神的目光。她往往是趴在床上，用胳膊肘支着头，用手托着腮，看着他，眼睛几乎眨都不眨。

“你干吗看我？”格里高力问。

“我想看个够……我心里总觉得他们会打死你的。”

“好吧，既然觉得这样，那就看吧。”格里高力笑着说。

第三天，他才第一次外出。这天一大早库金诺夫就接二连三地派人来请他去开会。格里高力也一再地对派来的人说：“我不去，叫他们自己开吧。”

普罗霍尔又从司令部里给他弄到一匹马，牵了来，昨天夜里他就到大雷村的防地上，把扔在那里的马鞍带了回来。阿克西妮亚看见格里高力准备出发，很惊慌地问道：

“你上哪儿去？”

“我想到鞑靼村去一下，看看咱们村的人怎样保卫村子，顺便打听一下家里人在哪儿。”

“你想孩子啦？”阿克西妮亚哆哆嗦嗦地用披巾裹住缓缓下溜的黑黑的肩膀。

“想啦。”

“你别去，好吗？”

“不行，我要去。”

“别去吧！”阿克西妮亚央求说，两只眼睛在她那黑黑的眼窝里激动地闪烁起来。“这么说，你觉得家比我还要紧吗？还要紧吗？这头、那头都放不下吗？那你是不是就把我带到你家里？我和娜塔莉亚会在一块儿凑合着过的……哼，滚吧！你去吧！可是你以后别再找我啦！我不要你。我不愿意这样！……我不愿意！”

格里高力一声不响地走到院子里，上了马。

＊＊＊

鞑靼村的步兵连懒得挖战壕。

“想的是鬼主意，”贺里散福瓮声瓮气地说，“怎么，咱们这是在俄德战场上吗？弟兄们，挖一些普通的掩体，有膝盖那么深就行啦。要把这样硬的地挖一人多深，能办得到吗？就是用洋镐也刨不动，别说用铁锹啦。”

大家都听了他的话，在左岸松软的断崖上挖了一些可以卧倒的掩体，却在树林里搭了一些掩蔽所。

“嘿，这一下子咱们变成土老鼠啦！”从来不知道犯愁的安尼凯说起俏皮话来。“咱们就住在洞里，吃吃野草，免得你们天天吃熏鱼饼啦，肉啦，鲟鱼面啦……木樨草不也很好吃吗？”

红军很少打搅鞑靼村的人。村外也没有炮兵连。只是有一挺机枪偶尔在右岸零零落落地响上一阵子，对着从掩体里探出头来的观测员打上短短的两梭子，然后又是很久没有动静。

红军的工事是在山冈上。山上也只是偶尔地打几枪，不过红军只有夜里才下山到村子里去，而且去的时间也不长。

＊＊＊

格里高力傍晚时候来到自己村子对岸的河边滩地上。

这里的一切他都很熟悉，每一棵小树都引起他的回想……这条道路通过一片叫“女儿地”的林中草地，每年彼得节分过草地以后，哥萨克们都要在这里喝酒。阿列克塞小树林像一个楔子似的伸进河边滩地。很久很久以前，在这片当时还没有名字的小树林里，一群狼咬死了一头牛，那头牛是鞑靼村一个叫阿列克塞的人的。阿列克塞死了，大家把他忘了，墓碑上的字也渐渐模糊不清了，连姓氏也被街坊和乡亲们忘掉了，可是以他的名字为名的小树林却还活着，橡树和榆树向天空伸着一丛丛碧绿的树枝。鞑靼村的人常常砍了来做农活儿上用的家什，但是到春天又从矮矮的树墩上冒出茁壮的芽儿，不知不觉长上一两年，于是阿列克塞小树林夏天里又是枝叶繁茂，一片碧绿，到秋天里，那染过早霜的锯齿形橡树叶子又是一片赤金颜色，好像穿起一身金甲。

夏天，阿列克塞树林里潮湿的土地上到处爬满了有刺的黑莓，羽毛华丽的灰老鸹和喜鹊在老榆树顶上搭巢；秋天，到处散发着又清爽又苦涩的橡实和橡树落叶气味的时候，南飞的山鹬都要在小树林里歇一阵子，到冬天，一片白茫茫的雪地上，就只有一行行像珍珠链子似的圆圆的狐狸爪印子了。格里高力在少年时代，常常到这片树林里来安放狐狸夹子……

他在凉爽的树荫下，顺着去年的道路的长满了杂草的旧车辙走着。他走过了“女儿地”，来到黑土崖前，许多往事涌上心头。他还是小孩子的时候，常常在那三棵白杨树旁边的小水塘里追赶刚刚生出来、还不会飞的小野鸭子，一天到晚在“圆湖”里逮鲤鱼……那不远处有一棵像帐篷一样的雪球树。雪球树孤零零地站在那里，又孤独，又苍老。在麦列霍夫家的院子里就可以看到这棵树，每到秋天，格里高力常常走到自己家的台阶上，欣赏这棵雪球树，好像是老远就被雪球树那红红的火焰包围住了。去世的彼特罗就非常喜欢吃苦丝丝的干雪球花饼子……

格里高力怀着淡淡的伤感心情，环视着从小就熟悉的地方。他的马一面走，一面懒洋洋地用尾巴驱赶着在空中飞舞的密密层层的蠓虫和凶狠的褐色蚊子。绿油油的冰草和梯牧草被风吹得弯下柔软的腰。草地上翻滚着一道道的绿波。

格里高力来到鞑靼村步兵的掩体跟前，派人去叫他的父亲。贺里散福在左翼很远的地方叫道：

“普罗柯菲耶维奇！快去吧，格里高力来啦！……”

格里高力下了马，把缰绳递给来到跟前的安尼凯，老远就看见父亲急急忙忙一瘸一拐地走来了。

“啊，好呀，首长！”

“你好，爹。”

“你来啦？”

“好不容易抽出身来呀！噢，家里人怎么样？我妈和娜塔莉亚在哪儿？”

潘捷莱·普罗柯菲耶维奇挥了一下手，皱着眉头。从他那黑黑的腮帮子上滚下两颗泪珠儿……

“啊，怎么回事儿？她们怎么啦？”格里高力十分惊慌地急忙问道。

“她们没有过河……”

“怎么不过河?!”

“娜塔莉亚有两天不能起床啦。大概是害了伤寒……老婆子不愿意扔下她……不过，孩子，你不要害怕，她们在家里都好好儿的。”

“孩子们呢？米沙特卡呢？波柳什卡呢？”

“都在家里。杜尼娅过河来啦。她怕留在那儿……她是姑娘嘛，知道吗？现在她跟着安尼凯的老婆上沃罗霍夫去啦。我已经到家里去过两次。半夜里坐小船轻轻划过去，一下子就到家啦。娜塔莉亚病得很厉害，不过孩子们都挺好，托老天的福……娜塔莉亚昏迷不醒，浑身发烧，连嘴唇都烧破啦。”

“你怎么不把他们带到这边来呢？”格里高力着急地叫道。

老头子火了，在他的哆哆嗦嗦的声音中，又有气，又有责备的意味：

“你又干什么来着？你就不能先来一趟，把他们带过来吗？”

“我带着一个师呀！我要把一师人都带过来呀！”格里高力气呼呼地反驳说。

“我们都听说你在维奥申干的事啦……这么看，你不要家啦？唉，格里高力呀！即使你不怕人议论，也该想想还有上帝呀！……我不是在这儿过河的，要不然我怎么会不带着他们呢？我这一排是在叶兰镇过河的，等来到这儿，红军已经把村子占啦。”

“我是住在维奥申！……这事儿你管不着……你给我……”格里高力声音都哑了，气得说不出话来。

“我倒没什么！”老头子害怕了，一面不满意地打量着聚集在不远处的哥萨克们。“我说的不是这事儿……你小声点儿，别叫人听见……”他换成耳语。“你也不是小孩子啦，自个儿应该明白嘛；

家里的事,你就不要担心啦。娜塔莉亚会好起来的,红军并不难为她们。不错,他们宰了一头一岁口的小牛,这也算不了什么。他们心肠挺好,不乱动……拿了四十斗粮食。打仗嘛,不会不损失点儿!"

"是不是现在把家里人接过来呢?"

"依我看,用不着。比如说,把她这样一个病人放到哪儿去呢?而且这也是危险事儿。他们在家里很好。家产有老婆子照应着,这样我要放心些,村子里着过大火呢。"

"谁家烧啦?"

"操场上全烧啦。多数是买卖人的房子。你丈人柯尔叔诺夫家烧光啦。你丈母娘卢吉尼奇娜现在住在安得洛波夫村里,可是格里沙加爷爷也留在家里看房子。你妈告诉我,格里沙加爷爷说:'除了我的家,我哪儿也不去,那些反基督的人不会上我这儿来,他们害怕十字架。'他已经完全老糊涂啦。可是,看样子,红军并不怕他的十字架,把他的房子和院子全烧啦,至于他自己怎么样,还一点没有听说……他已经到了死的时候啦。二十年前他就自己做好了棺材,可是他还一直活着……烧村子的人就是你的好朋友,这该死的东西!"

"谁?"

"米沙·柯晒沃依呀,日他祖宗!"

"当真是他?!"

"是他,千真万确!他还到咱们家来过,问过你。他对你妈就这样说:'我们一过河到那边去,就把你们家的格里高力头一个绞死。把他吊到顶高的橡树上。我要杀他,都怕弄脏了我的刀!'他也问到我，也发过狠，说：‘这个瘸鬼跑到哪儿去啦？怎么不老老实实地待在家里，坐在炕头上？哼，要是叫我逮到了，我也不打死他，要拿鞭子抽他，一直抽得他三魂出窍！’你看他这个魔鬼有多么凶！他天天在村子里走来走去，放火烧买卖人和神甫的房子，还说：‘为了给伊万·阿列克塞耶维奇和施托克曼报仇，我要把整个维奥申都烧了！’你听听这话！”

格里高力又和父亲谈了有半个钟头，后来就朝马跟前走去。老头子在谈话中再也没有说一句涉及阿克西妮亚的话，但是即使这样，格里高力心里还是感到不痛快。“既然我爹都知道啦，一定大家都说啦。是谁传出来的呢？除了普罗霍尔，还有谁见过我们在一块儿呢？难道司捷潘也知道了吗？”他因为害羞和恨自己，都咯吱咯吱地咬起牙来……

他和哥萨克们聊了一小会儿。安尼凯一个劲儿地在开玩笑，要求给连里送几桶酒来。

“只要有伏特加，我们连子弹都用不着啦！”他一面说，一面哈哈笑着，挤着眼睛，意味深长地用指甲弹着肮脏的衬衣领子。

格里高力拿出自己带的烟丝请贺里散福和村里其他人抽；已经要走的时候，他看见了司捷潘·阿司塔霍夫。司捷潘走过来，慢吞吞地问了问好，但是没有伸过手来。

格里高力自从暴动以后，还是第一次看见他，很不放心地用探询的目光仔细看了看他：“他知道吗？”可是司捷潘那漂亮的瘦脸上很平静，甚至还很高兴，格里高力这才轻松地舒了一口气，“肯定，他不知道！”

六十四

过了两天，格里高力巡视过自己这一师的阵地，回来了。总司令部已经迁到黑村去了。格里高力在镇外让马休息了有半个钟头，饮了饮，他也没有进镇，就朝黑村走去。

库金诺夫见到他，带着期待的笑容很高兴地看了看他。

“哦，格里高力·潘捷莱维奇，你都看到些什么？谈谈吧。”

“看到哥萨克，看到高地上的红军。”

“你看到的事情真多呀！我们这儿可是来过三架飞机，送来子弹和一些信件……”

“你的大老板西道林将军在信里对你说了些什么？”

“我的老同学吗？”一向很随和的库金诺夫反问了一句，仍然用玩笑的口吻继续说下去，“他在信上说，要我用一切力量守住阵地，不叫红军过河。还说，顿河军就要发动大反攻啦。”

“说得真好听啊。”

库金诺夫正色说：

“顿河军已经出动啦。我只告诉你一个人，要绝对保密！再过一个星期，就要冲破红军第八军的战线。咱们要坚守住。”

“本来就在守嘛。”

“红军正准备在大雷村过河呢。”

“斧子还一直在响吗？”格里高力十分吃惊地问道。

“还在响……噢，你看见一些什么情况？你上哪儿去啦？我想问问，你是不是在维奥申睡大觉啦？也许，你哪儿也没去！前天，我到处找你，把整个维奥申都找遍啦，后来，我派去的一个人回来说：‘麦列霍夫不在家，可是从屋里走出来一个非常漂亮的娘儿们，说：“格里高力·麦列霍夫走啦。”她的眼睛还肿着呢。’所以我就想：也许咱们的师长正在跟情人寻欢作乐，躲着我们吧？”

格里高力皱起眉头。他听了库金诺夫开的玩笑，很不痛快。

“你还是少听乱七八糟的胡扯，挑几个短舌头的当传令兵吧！你要是再派舌头太长的到我那儿去，那我就先用刀把他的舌头割掉……省得他胡说八道。”

库金诺夫哈哈大笑起来，拍了拍格里高力的肩膀。

“有时候你不也喜欢开玩笑吗？好啦，不开玩笑啦！我有正经事要和你谈。咱们需要搞到一个‘舌头’，这是第一；第二就是，要在夜间，在嘉桑乡边界以下，派两连骑兵渡河到对岸去，骚扰一下红军。是不是就在大雷村对面过河，叫他们混乱一场，好吗？你以为怎样？”

格里高力沉默了一会儿，然后回答说：

“这事儿倒是不错。”

“你能不能亲自……”库金诺夫对“亲自”两个字加重了语气，“带两个连去呢？”

“为什么要我亲自去？”

“就因为，需要一个久经战阵的指挥官！需要一个久经战阵、千锤百炼的指挥官，因为这事不是闹着玩儿的。弄不好会吃大亏，一个人也回不来！”

格里高力被奉承得高兴极了，连想都没想，就答应了：

“当然，我去！”

“我们在这儿计划了一下，想这样干，”库金诺夫从凳子上站起来，在上房里咯吱咯吱响的地板上来回踱着，很带劲儿地说了起来，“不必深入到后方去，只要在顿河边上，在两三个村子里骚扰他们一下，叫他们不安生，你们捞他们一些子弹和炮弹，抓几个俘虏，就顺着原路回来。这一切都要在夜里干，不等天亮，就过河回来啦。对吗？就这样吧，你想想看，明天就任你挑选一些哥萨克，你领着他们干去。我们就断定：除了麦列霍夫，谁也干不了这件事！你干好了这件事，顿河军政府忘不了你的功劳。等咱们和咱们的人一会师，我就打个报告给军区司令，把你的功劳都报上去，请求提升……”

库金诺夫朝格里高力看了一眼，话说到一半就顿住了：格里高力原来很平静的脸已经气得发了青，变了模样。

“我是你的什么？……”格里高力急忙把两手放到背后，站起身来。“我是为升官才去吗？……你要雇我吗？……拿升官当条件吗？……可是我呀……”

“你别发急嘛！”

“……我不稀罕你的官儿！”

“别急嘛！你误会我的……”

“……我瞧不起！”

“你误会我的意思啦，麦列霍夫！”

“我没有误会！”格里高力长长地出了一口气，又坐到凳子上。“你找别人去吧，我不带哥萨克上顿河那边去！”

“你不该发脾气。”

“不去就是不去！没有什么好说的！”

“我不强迫你去，也不央求你去。你愿意去就去，不愿去就拉倒。咱们现在的局面十分严重，所以才决定骚扰他们一下，不叫他们好好完成渡河的准备。至于升官的话，我是说着玩儿的嘛！你怎么连开玩笑都不懂啦？刚才提到老娘儿们的事，我就是开玩笑的嘛，后来我看到，你还有点儿火呢，我就想，我再来逗逗他！因为我知道，你是一个未修成的布尔什维克，什么官儿都不愿意当。你以为我是当真吗？”库金诺夫转了弯儿，而且笑得十分自然，甚至格里高力有一小会儿都觉得错怪了：“他也许，他真是闹着玩儿呢？”库金诺夫又接着说：“瞧，你这人呀……哈哈哈哈！……老兄，真是火暴性子！真的，我是说着玩儿的！我想逗逗你……”

“反正我不上顿河那边去啦，我改变主意啦。”

库金诺夫玩弄着皮带头儿，冷冷地沉默了半天，后来说：

“嗯，没什么，你是改变主意，还是怕了——都不要紧。要紧的是，你不支持我们的计划。当然我们还可以派另外的人去。世界上目前还不是你一个人……可是，咱们现在面临的局势是十分严重的，你就自己想想吧。他们有一道新的命令，是今天康德维拉特·梅德维杰夫从叔米林乡送来的。他们调集了不少军队向我们扑来……你还是自己看看吧，要不然你是不会相信的……”库金诺夫从军用包里掏出一张黄黄的、边上还带着斑斑的褐色干血的纸来，递给他。“这是从一个什么国际连的政委身上搜到的。政委是个拉脱维亚人。这个坏家伙一直打完最后一颗子弹，后来就斜握着步枪朝整整一排哥萨克冲来……他们那些信奉什么主义的人当中也有好汉子……康德拉特亲手把他劈了。在他的胸前口袋里搜出这道命令。”

在黄黄的、溅满了血的纸上，印满了黑黑的小号字：

共和国革命军事委员会主席

给清剿部队的命令

（捌字第一〇〇号）

一九一九年五月二十五日

发往包古查尔

在各步兵连、骑兵连、炮兵连和机枪连中宣读

罪恶的顿河暴动的末日到了！

丧钟已经响了！

我们已经做好了一切必要的准备。调集了足够的兵力，以便迎头痛击暴徒和叛贼。这些魔鬼两个多月来一直在背后袭击我南方战线各个战斗部队，现在已经到了彻底清算的时候。所有俄罗斯的工人和农民都怀着憎恶和痛恨的心情注视着米古林、维奥申、叶兰和叔米林的匪徒，这些匪徒打着骗人的红旗，在帮助地主黑帮——邓尼金和高尔察克。

清剿部队的战士、指挥员和政委们！

准备工作已经完成。一切必要的兵力和物资都已经集中。你们的队伍都已经在整装待命。

现在就发出信号：前进！

一定要摧毁那些无耻的暴徒和叛贼的巢穴。一定要把那些恶魔彻底消灭。对于那些顽抗的乡镇丝毫不能留情。只能宽恕那些自动放下武器、向我们投诚的人。对付高尔察克和邓尼金的帮凶们，要用铅弹、钢铁和火！

战士同志们，苏维埃俄罗斯把希望放在你们身上。我们一定要在几天以内扫清顿河地区叛乱的泥污。丧钟已经响了。

大家齐心协力，奋勇前进！

六十五

五月十九日，第九军清剿旅的参谋长古曼诺甫斯基派米沙·柯晒沃依到三十二团团部去送紧急公文。根据古曼诺甫斯基得到的情报，该团团部驻扎在郭尔巴托夫村。

这一天傍晚时候，米沙来到郭尔巴托夫村，但是三十二团团部不在这里。村子里塞满了第二十三师的二类辎重队的许多车辆。这些车辆是从顿涅茨方面来，由两连步兵掩护着，朝大熊河河口方面去的。

米沙在村子里转悠了几个钟头，想打听出三十二团团部驻扎的地方。最后有一个红军骑兵告诉他，三十二团团部昨天驻扎在叶甫兰琪耶夫村，就在博柯夫镇旁边。

米沙喂了喂马，连夜赶到叶甫兰琪耶夫村，可是团部也不在这里。已经过了半夜，米沙在回郭尔巴托夫村的路上， 在草原上碰上一支红军的侦察队。

“什么人？”他们老远就对米沙喝问道。

“自己人。”

“哼，你算什么自己人……”头戴白色库班帽、身穿蓝褂子的队长朝跟前走来，用伤风的哑嗓门儿低声说。“哪一部分的？”

“第九军清剿旅。”

“有部队的证件吗？”

米沙掏出证件。侦察队长一面借着月光仔细看那证件，一面带着不信任的口气盘问道：

“你们的旅长是谁？”

“是罗佐甫斯基同志。”

“现在你们旅在哪儿？”

“在顿河那边。同志，你们是哪一部分的？是三十二团吗？”

“不是。我们是三十三库班师。你这是从哪儿来？”

“从叶甫兰琪耶夫村来。”

“上哪儿去？”

“上郭尔巴托夫村。”

“噢！郭尔巴托夫村现在住上哥萨克啦。”

“不可能！”米沙惊愕地说。

“我对你说，那儿是住上哥萨克叛匪啦。我们刚才看到的。”

“那我怎么能过得了郭尔巴托夫村呢？”米沙惊慌失措地说。

“那你自个儿看着办吧。”

侦察队长催动他那溜屁股的大青马，朝前走去，但是后来在马上侧转过身子，劝道：

“你跟着我们走吧，要不然他们会砍掉你的脑袋。”

米沙高高兴兴地跟着侦察队走了。当天夜里他跟着侦察队一起来到克鲁日林村，第二九四塔干罗格团驻扎在这里，他把公文交给团长，向他说明为什么没有能够将公文送交指定的部队以后，就要求留在团里参加骑兵侦察队。

第三十三库班师是不久前由塔曼兵团的一部分部队和一些志愿参军的库班人编成,从阿斯特拉罕开到沃罗涅日—里斯基地区来的。其中的一个旅,即塔干罗格团、杰尔宾特团和瓦西里柯夫团组成的旅,被调来镇压暴动。这个旅猛扑麦列霍夫的第一师,将该师赶过了顿河。

这个旅边打边进,以强行军的速度顺着顿河右岸一直从嘉桑乡推进到霍派尔河口乡西边的一些村庄,以右翼占领了旗尔河边的一些村庄,在顿河沿岸停留了两个星期之后,这才转回头来。

米沙参加了进攻卡耳根镇和旗尔河边许多村庄的战斗。五月二十七日上午,在下格鲁申村外的草原上,第二九四塔干罗格团的第三连连长,让战士们在路边站好队,宣读了刚刚接到的命令。于是米沙·柯晒沃依牢牢地记住了一些话"……一定要摧毁那些无耻的暴徒和叛贼的巢穴。一定要把那些恶魔彻底消灭……"还有:"对付高尔察克和邓尼金的帮凶们,要用铅弹、钢铁和火!"

自从施托克曼被杀害以后,自从伊万·阿列克塞耶维奇和叶兰乡的共产党员们牺牲的消息传到米沙的耳朵里,米沙心里对哥萨克痛恨到了极点。只要有被俘的暴动的哥萨克落到他手里,他再也不加考虑,再也不听那嘟嘟哝哝的哀告声。从那时候起,他没有宽待过一个俘虏。他用蓝蓝的、冷得像冰一样的眼睛看着同乡的哥萨克,问:"你和苏维埃政府打仗打够了吗?"也不等回答,也不去看俘虏那惨白的脸,就把他劈了。他杀起人来毫不留情!他不仅要杀人,还要把"红公鸡"放进暴动军放弃的村庄里的房子。等到吓得发了疯的公牛和母牛冲过着了火的牲口院子篱笆,吼叫着朝胡同里跑去的时候，米沙就对牛开枪。

他同哥萨克的富裕，同哥萨克的背信弃义，同几百年来在那些高大房屋里养成的顽固守旧的生活方式，进行着毫不妥协的、无情的斗争。他的仇恨是施托克曼和伊万·阿列克塞耶维奇的死激起来的，命令上的话只是清清楚楚地说出了米沙没有说出的心情罢了……就在这一天，他和三个同伴把卡耳根镇上的房子烧掉了一百五十多座。他在一家商店的仓库里弄到一桶煤油，用一只黑黑的手攥着一盒火柴，就在广场上转悠起来，他经过哪里，哪里就冒起苦烟和火焰，那些镶了木板、上了油漆、富丽堂皇的商人和神甫的房子、富裕哥萨克的房子，那些“用欺骗煽动愚昧的哥萨克群众掀起叛乱”的人的住宅，就笼罩在一片火海里。

骑兵侦察队总是首先进入敌人抛弃的村子的；不等步兵开到，米沙已经点着了那些最漂亮的房子。他想无论如何要到鞑靼村去，为了伊万·阿列克塞耶维奇和叶兰乡共产党员的死，要找村里人报仇，要烧掉半个村子。他已经在心里拟定了一份该烧的人家的名单，万一他的部队从旗尔河边向维奥申左面进军的话，他决定在夜里单独行动，想方设法要到自己村子里去一趟。

他一定要回鞑靼村去，还有另外一个原因……近两年来，因为时常和麦列霍夫家的杜尼娅见面，他们之间产生了一种用言语说不出的感情。杜尼娅那黑黑的手指头用彩线给米沙绣烟荷包，她在冬天里瞒着家里人送给他一副灰羊毛手套，当初杜尼娅用的一条绣花手绢，米沙还小心翼翼地藏在军便服的胸前口袋里。这条小小的手绢，三个月来在皱褶里一直还保留着隐隐约约、像干草气味一样的姑娘身体气味，他觉得说不出的可亲可爱！每当他独自一人单独掏出手绢来的时候，总要不由自主地想起那使他无法平静的情景：井边一棵挂满霜雪的白杨，昏沉的天空飘舞着雪花，杜尼娅的线条清晰、哆哆嗦嗦的嘴唇，在她那弯弯的睫毛上慢慢融化的雪花闪烁着宝石一般的亮光……

他为回家做了精心的准备。他在卡耳根镇上，从一个商人家的墙上扯下一条花毯子，做了马衣，这马衣真是漂亮得出奇，那鲜艳无比的各种色彩和花纹老远就使人眼花缭乱。从一个哥萨克家的柜子里弄到一条带裤绦的、几乎全新的马裤，弄到六条女人披巾，可以做三副包脚布，还有一副女人的线手套，他暂时放进鞍袋里，因为目前在灰暗的打仗的日子里不能戴，要等到快进鞑靼村的时候才戴。

自古以来就有一种传统：当兵的人回到村子里，一定要穿戴得漂漂亮亮的。米沙还没有摆脱哥萨克的传统，尽管他当了红军，还是一心一意想保持旧日的风尚。

他骑的是一匹白鼻子、枣红色的好马。马原来的主人是霍派尔河口镇的一个哥萨克，米沙在冲锋时把他劈死了。这马就是米沙的了。这马是一匹值得夸耀的马：不论身材、速度、步伐、姿势，都没有说的。可是米沙的马鞍却很不像样子。鞍垫已经磨坏，而且已经打了补丁，后肚带是生皮做的，马镫长满了陈锈，擦都擦不掉。马辔头也十分寒碜，一点装饰也没有。要想想办法，即使装饰一下辔头也好。米沙为了解决这个问题，苦苦思索了很久，终于，他想出一个很好的主意。就在广场上，一座商人的房子旁边，放着一张白镍床，这是商人家的仆人从着火的房子里抢出来的。床的四角有四个白球儿，经阳光一照，亮得耀眼。只要把这几个球儿拆下来或者砸下来，然后往辔头上一挂，辔头就大不一样了。米沙就这样做了：他把四个空心的白球儿从床角上拧下来，用丝带把四个球儿拴到辔头上，两个拴在马嚼子的环儿上，两个拴在鼻带两旁，于是白球儿就像白亮的中午太阳一样，在马头上放起光来。阳光一照，亮得刺眼！马只要迎着太阳走，就要眯起眼睛，踉踉跄跄，连步子都不敢迈。但是不管马眼睛被白球儿的反光照得多么难受，不管马眼睛被刺得流多少眼泪，米沙连一个球儿也不肯从马辔头上摘下来。不久就到了从烧毁了一半、到处散发着焦煳的砖味和灰烬气味的卡耳根镇出发的时候。

这个团要朝顿河，朝维奥申方面去。所以米沙没有费什么事就向侦察队长请准了一天的探亲假。

队长不仅准了他的短期假，还特意关照他：

“娶老婆没有？”他问米沙。

“没有。”

“有野花儿吧？”

“什么野花儿？……这是什么意思？”米沙惊愕地问道。

“就是相好的嘛！”

“噢——噢……这倒是没有。有一个爱人，是一个清白的姑娘。”

“你有怀表吗？”

“没有，同志。”

“你呀，真是！”侦察队长是个斯塔夫罗波尔人，以前是个超期服役的中士，在旧军队时不止一次请假回家，根据切身经验他知道，穿得破破烂烂地回家，滋味是不好受的。于是他从宽宽的胸膛上摘下怀表和老粗的表链,说:“你是个好战士！给你,戴上回家去,让姑娘们瞧瞧,只要记住我就行啦。我也有过年轻时候,也坏过几个大姑娘,玩过一些娘儿们,我知道……这链子是新的美国金的。如果有人要问,你就这样回答。如果有人死缠住不放,要问成色戳子在哪儿,你干脆就打他嘴巴子！是有那么一些厚脸皮的家伙,对这些家伙就是要打嘴巴,没有什么好说的。过去,在饭馆里或者在窑子里,要是从哪儿跑来一个当店伙或者当账房先生的酸文人,想当众羞辱我,说:‘把链子挂在肚子上,倒像是真金的哩……那么请问,这链子上的成色戳子在哪儿?’我从来就不给他想一想的工夫,就说:‘成色戳子吗? 这就是！’”米沙的好心肠的队长攥起像小孩子脑袋一样大的棕褐色拳头,用老大的猛劲儿抡了抡。

米沙挂好怀表,夜里就着火堆的亮光刮了刮脸,备上马,骑上马就走。黎明时候他进了鞑靼村。

村子依然是原来的样子:砖瓦教堂的低矮的钟楼依然伸着褪了色的镀金十字架,直指蓝天,村里的大操场上依然挤满了买卖人家和神甫家的一座座牢固的房子,米沙家快要倒塌的小屋边的白杨树依然在小声说着亲切的话儿……

使他吃惊的,只有那村子里一向少有的一片死沉沉的寂静,寂静像蛛网一样笼罩住大街小巷。街道上一个人也没有。家家的护窗都关得紧紧的,有些人家的门上挂着锁,但是大多数人家的门都大敞着。好像是瘟疫用它那黑脚在村子里走了一遍,带走了所有的院落和街道上的人,把空旷和死寂填进了住人的地方。

听不见一点人声,也听不见牲口叫声和公鸡打鸣声。只有一些麻雀，好像在大雨要来时那样，在棚檐底下和干柴火堆上很起劲地叫着。

米沙走进自己家的院子。家里没有一个人出来迎接他。进过道的门大敞着，门口有破烂的红军裹腿，血糊糊、皱皱巴巴的绷带，落满了苍蝇、已经臭了的鸡头和鸡毛。看样子，几天以前有红军在这里吃过饭：地上还有破瓦钵子碎片、啃光的鸡骨头、烟头、踩烂的报纸……米沙压制着沉重的叹息，走进房里。房里一切都和以前一样，只有每年秋天储存西瓜的地下室的门好像开了一点缝儿。

米沙的妈妈还喜欢背着孩子们，把苹果干儿藏在地下室里。

米沙想起这样的事，便走到地下室小门跟前。他心里想："妈妈会不等我回来吗？也许，她给我留下什么呢？"他于是抽出马刀，用刀尖把小门一撬。小门吱嘎一声开了。从地窖里冒出一股潮气和霉气。米沙蹲下身子。他的眼睛因为不习惯黑暗，老半天什么都看不清楚，到最后才看见：在铺开来的一块旧桌面上，放着半瓶酒，一个平底锅里还盛着发了霉的煎鸡蛋，还有一块面包，已经被老鼠吃掉了一半；还有一只瓦壶，用一个木碗盖得严严的……这是老人家在等待儿子。就像是等待最高贵的客人！米沙走下地下室的时候，他的心因为沉浸在疼爱和欢喜里，激动得哆嗦起来。这些整整齐齐地摆在干干净净的旧桌布上的东西，都是妈妈那操劳的手在几天以前抚摩过的呀！……这儿的橛子上还挂着一个白白的麻布袋。他急忙把麻布袋摘下来，看见里面是他的一套衬衣，衬衣是旧的，但是缝补得整整齐齐，洗得干干净净。

老鼠已经把吃的东西啃得乱糟糟的，只有牛奶和酒没有动过。米沙喝完了酒和在地下室里放得格外凉的牛奶，拿起衬衣，爬了出来。

妈妈大概也到顿河那边去了。“她不敢留下来，这样也好，不然的话，哥萨克一定会打死她的。就这样，恐怕因为我的事，已经把她折腾得够呛啦……”他这样想着，放慢脚步，走了出去。他解开马，但是没有敢上麦列霍夫家去：他们家就在顿河边上，任何一个枪法好的射手都可以在对岸用暴动军的无壳铅弹把米沙打倒。所以米沙决定先上柯尔叔诺夫家去，到黄昏时候再回到广场上，趁着天黑，把莫霍夫家和其他买卖人家以及神甫家的房子烧掉。

他从后面来到柯尔叔诺夫家宽大的院子跟前，走进敞着的大门，把马拴在栏杆上，正要朝屋里走，恰好格里沙加爷爷来到台阶上。他那雪白的头打着战，老花的眼睛像瞎子一样眯缝着。那油乎乎的领口上还钉着红领章的、挺结实的哥萨克灰制服扣得整整齐齐的，但是那肥大的裤子老是往下掉，所以老头子不住地用手往上提。

“你好，老人家！”米沙摇晃着鞭子，在台阶前站了下来。

格里沙加爷爷没有作声。在他那冷冷的目光中，有痛恨，也有憎恶。

“我是问，你好！”米沙提高了声音。

“托福托福。”老头子很勉强地回答说。

他依然在看着米沙，目光中那憎恨的神气依然没有减弱。米沙随随便便地叉开两腿，站在那里；玩弄着鞭子，皱着眉头，噘着像姑娘那样饱鼓鼓的嘴唇。

“格里沙加爷爷,你为什么没有跑到顿河那边去呀?”

“你怎么知道我的名字?”

“我是这儿的人嘛,所以我知道。”

“你是谁家的?”

“是柯晒沃依家的。”

“是阿基姆卡的儿子吗?阿基姆卡不就是那个在我们家做过长工的吗?”

“就是的。”

“小东西,就是你吗?在受洗节给你起了个名字叫米沙,不是吗?好啊!真像你爹!以前你爹总是恩将仇报,你大概也是这样吧?”

米沙从手上脱下一只手套,眉头皱得更紧了。

“怎么给我起名字,起的什么名字,这都跟你没关系。我问你,你为什么没有跑到顿河那边去?”

“我不想走,所以就没走。你这是怎么啦?你成了反基督的走狗啦?帽子上戴上红星啦?你这狗崽子,坏蛋,这么说,你跟咱们哥萨克作对吗?跟自己村里人作对吗?”

格里沙加爷爷颤颤巍巍地走下台阶。看样子,自从柯尔叔诺夫一家人跑到顿河那边去以后,他的饭食太差了。他被家里人撇下后,身体异常衰弱,像所有的老头子一样浑身十分肮脏,他面对着米沙站下来,带着惊愕和愤怒的神气望着米沙。

“是要作对,”米沙回答说,“我们跟他们的账还有得算呢!”

“《圣经》上是怎么说的?‘你们愿意人怎样待你们,你们也要怎样待人。'[1]这话怎么样?"

"老人家,你别拿《圣经》来蒙哄我,我不是来听这个的。现在你马上从家里出去。"米沙沉下脸说。

"这是怎么回事儿?"

"就是这么回事儿!"

"你这是干什么? ……"

"什么也不干! 你给我出去! ……"

"我不能离开自己的家。我知道这是怎么回事儿……你是反基督的走狗,你的帽子上有反基督的符号!《耶利米书》上说到过你们:'我必将茵陈给这百姓吃,又将苦胆水给他们喝。我要把他们散在列邦中……'[2]现在就是儿子起来反对老子,兄弟起来反对兄弟啦……"

"老人家,你别糊弄我啦! 这不是兄弟间的事情,这笔账很简单:我爹给你们干了一辈子,一直干到死,我在打仗以前也给你们打麦子,我年纪轻轻的,肚子都叫你们家的粮食口袋压伤啦,现在到了算账的时候。你给我从房子里出去,我这就烧房子! 你们以前住好房子,现在就跟我们一样,去住住草屋吧。你明白吗,老家伙?"

"噢噢! 就是这么回事儿! 在《以赛亚书》上就是这样说的:'他们必出去观看那些违背我人的尸首,因为他们的虫是不死的,他们的火是不灭的,凡有血气的,都必憎恶他们。'[3]……"

①见《圣经·新约全书·路加福音》第六章第三十一节。

②见《圣经·旧约全书·耶利米书》第九章第十五、十六节。

③见《圣经·旧约全书·以赛亚书》第六十六章第二十四节。

“哼，我现在没工夫跟你啰唆！”米沙带着愤怒的口气冷冷地说。“你出去不出去？”

“不出去！你滚，坏蛋！”

“就是因为有你们这些老顽固，才打起仗来的！是你们鼓动老百姓，叫他们反对革命……”米沙急急忙忙摘下卡宾枪……

一声枪响过，格里沙加爷爷仰面倒下，清清楚楚地说：

“我……自个儿不愿意死……可是天意要我死……主啊，收留你的奴仆吧……慈悲慈悲吧……”他哼哼起来，白胡子底下冒出血来。

“会收留你的！早就该把你这个老家伙送去啦！”

米沙十分厌恶地绕过直挺挺地躺在台阶前的老头子，跑上台阶。

被风吹进过道里的干刨花冒起红红的火苗，储藏室和过道之间的板墙很快就着了火。火烟冒到天花板上，过堂风一吹，就冲进了屋子。

米沙走了出来，不等他点着棚子和仓房，屋子里的火苗已经蹿了出来，沙沙地舔着松木窗框，像胳膊一样伸向房檐……

米沙走到附近的树林里，在缠满野蛇麻草的乌荆子凉荫下一直睡到黄昏时候。他那匹下了鞍、绊住腿的马，就在这里懒洋洋地扯着嫩绿的梯牧草在吃。到黄昏时候，那马渴了，嘶叫起来，把主人吵醒了。

米沙爬起来，把军大衣捆到鞍后皮带上，就在树林里用井水饮了饮马，然后上了鞍，骑上马朝小胡同里走去。

在已经烧光的柯尔叔诺夫家的宅院里，还有一些黑黑的、已经烧成炭的木桩子冒着烟，呛人的烟气慢慢扩散开去。一座高大的房子只剩了高高的石头房基，再就是那塌掉一半的炉灶，那熏得黑黑的烟囱还指着天空。

米沙径直朝麦列霍夫家走去。

伊莉尼奇娜正在棚子底下往围裙里捡引火柴，米沙也没有下马，推开篱笆门，就进了院子。

“您好啊，大婶儿！”他很亲热地问候道。

可是她吓坏了，连一句话也回答不出来，耷拉下两手，引火柴都从围裙里撒了出来……

“您过得好啊，大婶儿！”

“托……托福。”伊莉尼奇娜迟迟疑疑地回答说。

“你活着吗，身体好吗？”

“活是活着，身体好可就说不上啦。”

“你们家的哥萨克都上哪儿去啦？”

米沙下了马，走到棚子跟前。

“上顿河那边去啦……”

“他们是盼士官生来吗？”

“我是女人家……这些事我不知道……”

“叶福杜吉娅·潘捷莱芙娜在家吗？”

“她也上顿河那边去啦。”

“鬼叫他们他妈的都上顿河那边去！”米沙的声音哆嗦了两下，因为愤怒强硬起来。“大婶儿，我要对您说：你儿子格里高力是苏维埃政府最凶恶的敌人。我们一到顿河那边，就把他第一个绞死。可是潘捷莱·普罗柯菲耶维奇真不该跑。他又老又瘸，就应该老老实实蹲在家里……”

“等死吗?”伊莉尼奇娜冷冷地问了一声,又往围裙里捡引火柴。

“哼,他还死不了。也许会多少抽他几鞭子,但还不至于打死他。不过,我自然不是为这些事来的。”米沙提了提胸前的表链,垂下眼睛。“我是来看叶福杜吉娅·潘捷莱芙娜的。我觉得很可惜,她也跑啦。不过,大婶儿,您是她的亲娘,我要对您说说。我要说的就是:我老早就在想她,不过我们现在还没有很多工夫来想姑娘,我们要打反动派,要狠狠地揍他们。可是等我们把反动派完全消灭了,等到全世界都建立起太太平平的苏维埃政权,那时候,大婶儿,我就要请媒人上你们家来向叶福杜吉娅·潘捷莱芙娜求亲啦。”

“现在不是谈这个问题的时候!”

“不,是时候啦!”米沙皱起眉头,他的两道眉毛中间出现了倔强的皱纹。“求亲还不是时候,谈谈这件事是可以的。我再也找不到另外的时间来说说这话啦。今天我在这儿,明天说不定就上顿涅茨那边去。所以我要事先提醒您:不要随便叫杜尼娅嫁人,不然我可要对不起您。如果我的部队里有信来,说我已经死了,那时候您就叫她嫁人好啦,现在可不行,因为我和她有了情意。我没有给她带礼物来,因为没有地方去弄礼物。不过,如果您要什么资产阶级和商人的玩意儿的话,您就说吧,我可以马上去弄来。”

“可别这样!我们从来没要过别人家的东西!”

“噢,那就随您吧。如果您比我先见到叶福杜吉娅·潘捷莱芙娜的话，请您替我向她问好，大婶儿，再会吧，请您别忘了我的话。”

伊莉尼奇娜也不回答，便朝屋子走去，米沙便上了马，朝村子里的大操场走去。

到夜里，红军从山上下来，进了村子。他们的闹闹哄哄的说话声响遍了大街小巷。有三个红军带着手提机枪到河边去放哨，盘问了一下米沙，又看了看他的证件。他在“生铁头”谢苗家的对过又碰上四个红军。其中两个人赶着一辆大车，车上装的是燕麦，另外两个人和谢苗的害痨病的老婆一起，抬着一架脚踩缝纫机，扛着一口袋面粉。

“生铁头”的老婆认出了米沙，跟他打了一声招呼。

“大嫂子，你这是抬的什么？”米沙问道。

“我们这是扶助贫农阶级妇女成家立业：我们把资产阶级的机器和面粉送给她。”一个红军又敏捷又带劲儿地回答说。

米沙一连烧了七家的房子，这七家是逃到顿涅茨那边去的买卖人莫霍夫和“擦擦”阿杰平、维萨里昂神甫、潘克拉季教长和另外三个富裕的哥萨克，把火点着以后，他才出了村子。

他上了山冈，转过马头。下面，鞑靼村里，红红的火焰就像闪闪发光的狐狸尾巴似的，一直翘到黑漆漆的天空里。火焰忽而向高处蹿去，火光照得湍急的顿河水闪着粼粼的金光，时而倒伏下去，倒向西方，贪婪地吞食着一座座的房屋。

从东方吹来一阵轻轻的草原清风。微风吹得火焰越来越旺，并且把一个个黑黑的、闪烁着煤炭般亮光的烟团送得很远很远……

国家出版基金项目
“十三五”国家重点出版物出版规划项目
安徽省文化强省建设专项资金项目

静静的顿河

下

Тихий Дон

Третий том

［苏联］米哈依尔·肖洛霍夫◎著
力　冈◎译

安徽师范大学出版社
·芜湖·

卷　七

一

顿河上游的暴动，牵制住南方前线红军的大量兵力，这使顿河军司令部不仅可以在掩护诺沃契尔卡斯克的战线上自由地调动兵力，而且在卡敏镇和别洛卡里特文河口镇地区集中起一个强大的突击兵团，这个突击兵团由一些能征惯战的团队组成，主要是下游的哥萨克和加尔梅克人，其任务是：在适当的时机，会同菲次哈拉乌洛夫将军的队伍，击溃红军第八军所属第十二师，并且向第十三师和乌拉尔师的侧翼和后方挺进，冲向北方，以便和上顿河州的暴动军会合。

前任顿河军总司令杰尼索夫将军和参谋长波里亚科夫将军当初制订的集中突击兵团的计划，到五月底差不多全部实现了。卡敏镇地区已经集中了将近一万六千人马，配备了三十六门大炮和一百四十挺机枪；陆续往这里调的还有最后一批骑兵部队，还有几团精锐的青年军。所谓青年军，就是一九一八年夏天由刚到入伍年龄的青年哥萨克组成的一部分队伍。

这时候，四面被围的暴动军仍然继续在抵挡红军清剿部队的进攻。南面，顿河左岸，暴动军的两个师顽强地守在战壕里，尽管整个战线上红军无数的大炮几乎日夜不停地对他们进行猛烈的轰击，他们还是没有让敌军过河；其余的三个师守住暴动地区的西、北、东三面，遭受了巨大的损失，特别是东北地段损失惨重，但是依然没有退却，一直坚守在霍派尔州的边境上。

驻守在自己村子对面的鞑靼村连，因为闲得无聊，有一天去骚扰了一下红军：黑夜里，一些自告奋勇的哥萨克，乘小船悄悄渡到顿河右岸，出其不意地向红军哨兵发动了袭击，打死了四名红军，缴获了一挺机枪。第二天，红军从维奥申方面调来一个炮兵连，对哥萨克的战壕进行了猛烈轰击。榴霰弹在树林里一爆炸，鞑靼村连就急忙抛弃战壕，离开河边，跑进树林深处。过了一天，红军把炮兵连调走了，鞑靼村连就又回到原来的阵地上。这个连在炮轰中受到的损失是：弹片打死了不久前才补充进来的两个半大小伙子，炮轰之前刚刚从维奥申回来的连长的传令兵受了伤。

后来，相对地安静下来，战壕里的生活又恢复了老样子。妇女们常常来，每天夜里都送面包和老酒来，而且吃的东西哥萨克是不缺的：他们宰了两头迷路的小牛，此外，每天还到小湖泊里去打鱼。贺里散福是打鱼的主将。他用的是一张十丈长的大渔网，是一个逃难的人扔在岸上，由连里人捡来的。贺里散福打鱼总是“下深水”，并且吹嘘说，草甸子上没有哪一个湖是他没有下过的。他接连不断地打了一个星期的鱼,衬衣和裤子上沾满了风也吹不掉的鱼腥气味,到最后安尼凯都坚决不肯和他住在一个掩蔽所里了,说:

“你身上一股臭鲶鱼气味! 要是再和你在这儿住上一天,以后一辈子都不想吃鱼啦……”

从那时候起,安尼凯也不顾蚊子咬,就睡到掩蔽所外面。每天睡觉之前,都要恶心得皱着眉头,用笤帚把撒在地上的鱼鳞和臭鱼肠子扫掉,可是一到早晨,贺里散福打鱼回来,大模大样、神气活现地往掩蔽所门口一坐,就又刮起鱼鳞,把带回来的鲫鱼一一剖了开来。绿苍蝇在他身旁嗡嗡乱飞,凶恶的黄蚂蚁一群一群地爬过来。后来,安尼凯气喘吁吁地跑来,离得老远就大声喊叫:

“你找不到别的地方啦? 你他妈的顶好叫鱼刺卡死! 喂,行行好,滚到一边去吧! 我在这儿睡觉,可是你把鱼肠子扔得到处都是,把四面八方的蚂蚁都招了来,一片腥臭气,就像到了阿斯特拉罕渔场上啦!”

贺里散福在裤子上蹭着自制的小刀子,若有所思地对着安尼凯那张生了气的没有胡子的脸看上半天,心平气和地说:

“安尼凯,你肚子里一定有虫子,所以你闻不惯鱼味儿。你空着肚子吃些大蒜,好不好?”

安尼凯啐着唾沫,骂着,走了开去。

他俩天天吵嘴。但是总的说,全连是过得很和气的。所有的哥萨克都吃得饱饱的,十分开心,不开心的只有司捷潘·阿司塔霍夫一个。

不知是司捷潘从村里人嘴里听说阿克西妮亚在维奥申和格

里高力一块儿过，还是他心里猜想到这一点，反正他突然苦闷起来，无缘无故地跟排长大吵了一通，并且坚决拒绝去执勤放哨。

他一天到晚躺在掩蔽所里一张黑黑的车毯上，唉声叹气，拼命地抽烟。后来他听说连长派安尼凯上维奥申去领子弹，他两天以来才第一次走出掩蔽所。他眯缝着因为失眠肿起来的、泪水模糊的眼睛，疑疑惑惑地看了看那轻轻晃动的一丛丛翠绿欲滴的树叶，看了看那随风飘动的一朵朵镶了白边的云彩，听了听树林里飒飒的风声，就经过一个个掩蔽所，去找安尼凯。

当着大家的面他没有说话，而是把安尼凯拉到一边，央求说：

"你到维奥申给我找一下阿克西妮亚，就说我叫她来看看我。就说我浑身长满了虱子，衬衣和脚布都没有洗过，还有，你告诉她……"司捷潘顿了一会儿，小胡子底下露出不好意思的微笑，"就说我很想她，盼她快点儿来。"

夜里安尼凯来到维奥申，找到阿克西妮亚的住处。她自从和格里高力发生过口角以后，仍然住到姑妈家去了。安尼凯把司捷潘的话照实地对她说了，但是为了进一步说服她，又自己添了两句，就说司捷潘说过，如果阿克西妮亚不到连队里去的话，他就要亲自上维奥申来了。

她听了这话，就动手收拾起来。姑妈匆匆忙忙发了一块面，烤了一些奶油面包，过了两个钟头，阿克西妮亚就作为一个俯首帖耳的妻子，跟着安尼凯上鞑靼村连的防地去了。

司捷潘暗暗怀着十分激动的心情迎接妻子。他用探询的目光凝视着她那瘦了的脸，细心地询问了许多事情，但是一句也没有问道，她是不是看到格里高力了。他在谈话中只有一次，垂下眼睛，微微偏过身去，问道：

“你为什么从那边上维奥申去？为什么不从我们村子外面过河？”

阿克西妮亚冷冷地回答说，又不能跟别人家一块儿过河，她又不愿意去求麦列霍夫家的人。她回答过以后，就感觉出，这样一来，好像麦列霍夫家的人不是别人家的人，成了自己家的人了。她想到司捷潘可能要这样理解，不由地发起急来。看样子，他就是这样理解的。他的眉毛底下微微动了两下，脸上好像掠过一片阴影。

他用询问的目光看了看阿克西妮亚，她明白了这个无声的问题，便因为窘急，因为恼恨自己，一下子脸红了。

司捷潘怜惜她，装作什么也没有看出的样子，把谈话转到家务事上，问起她在离家以前收藏起一些什么东西，藏得妥当不妥当。

阿克西妮亚察觉丈夫的宽宏大度，就一一做了回答，但是她心里一直觉得非常不自在，为了叫他相信他们之间发生的一切事情都是毫无根据的，为了掩饰自己心情的激动，她故意说得慢条斯理的，有板有眼，又沉着，又冷静。

他们坐在掩蔽所里，说着话儿。总是有人打扰他们。一会儿这个进来，一会儿那个进来。贺里散福走进来，躺下就睡觉。司捷潘看到，想避开人谈一谈是不可能的，就只好不再说了。

阿克西妮亚很高兴地站了起来，急急忙忙解开包袱，拿出从镇上带来的奶油面包给丈夫吃，把司捷潘挂包里的脏衣服拿出来，到附近的水塘里去洗。

破晓时候的树林里静悄悄的，笼罩着淡蓝色的晨雾。青草被露水压得弯到地上。青蛙在池塘里争先恐后地哇哇乱叫，在离掩蔽所不远处，一丛茂密的槭树棵子后面，还有一只青蛙呱呱地在叫。

阿克西妮亚从槭树棵子旁边走过。那树棵子从树头直到藏在密密的草丛中的树干，都缠满了蜘蛛网。缀满小小露水珠儿的蛛丝，像一串串珍珠似的闪闪放光。青蛙有一小会儿停了叫声，后来，阿克西妮亚的光脚丫儿踩倒的青草还没有直起腰来，青蛙又叫了起来。从水塘里飞起一只麦鸡，凄切地叫了两声，回答青蛙的叫唤。

阿克西妮亚脱掉小褂和碍事的胸衣，走进没膝深的热乎乎的塘水里，洗起衣服来。小蠓虫儿在她的头上乱飞，蚊子嗡嗡直叫。她弯着圆滚滚的、黑黑的胳膊，用手在脸上拂着，驱赶着蚊子。她一个劲儿地想着格里高力，想着他要下连队时他们之间的那一次口角。

“也许，他这会儿又在找我吧？今天夜里我就回镇上去！”阿克西妮亚拿定了主意，她心里一想到就要和格里高力会面并且很快就会和好，不由地就笑了。

说也奇怪：近来，她每想到格里高力，不知为什么她所想象的都不是他实有的外貌。在她眼前出现的不是现在的格里高力，不是这个高大、威武、尝尽人生甘苦、经历了多年风霜的汉子，眼睛也不是疲惫无神地眯缝着，黑胡子尖儿也没有发了红，两鬓也没有过早地出现银丝，额头上也没有那老粗的皱纹——战争的岁月也不曾给他留下历尽艰难困苦的记号；在她眼前出现的还是原来那个格里什卡·麦列霍夫,还是那个鲁莽小伙子,谈起爱情冒里冒失,脖子像小孩子一样又圆又细,经常笑呵呵的嘴唇露出一副无忧无虑的神气。

因为这样,阿克西妮亚对他的爱情更深厚了,几乎成了一种温柔的母爱。

这会儿也是这样:她清清楚楚地想起那张无限可爱的脸,重重地叹了一口气,笑了起来,站直了身子,把没有洗好的丈夫的一件褂子摔到脚下,觉得喉咙里忽然涌上来一团热辣辣的东西,不觉小声说:

"你这该死的东西,叫我一辈子忘不掉啦!"

她流过了眼泪,觉得心里轻松了,但是心情轻松了以后,周围那淡蓝色的清晨的世界好像褪了颜色。她用手背擦了擦两腮,撩了撩耷拉到潮湿的额头上的头发,用失神的眼睛呆呆地对着一条灰色的小鱼儿看了半天,看着小鱼儿在水面上游过去,渐渐隐入被风吹得上下翻滚的晨雾的粉红色的镶边儿里。

她洗完衣服,将衣服搭在树枝上,又回到掩蔽所。

已经睡醒的贺里散福坐在门口,动弹着歪歪扭扭、疙疙瘩瘩的脚指头,缠着司捷潘在说话儿,司捷潘躺在车毯上,一声不响地抽着烟,怎么都不回答贺里散福的问话。

"你以为红军不会渡河上这边来吗?你不说话吗?哼,不说就不说好啦。可是我以为,他们一定要想办法从滩上蹚水过河……一定要从滩上过!决不会从别的地方。你是不是以为他们会让马队泅水过河?你怎么不说话呀,司捷潘?这会儿眼看要到最后关头啦,可是你还躺在那儿,像根木头一样!"

司捷潘猛然欠起身来，气嘟嘟地回答说：

“你胡缠什么？有些人真怪！老婆来看我，可是你们缠住不放……啰唆起来就没有完，不叫人家跟老婆说说话儿！”

“偏要找娘儿们说话儿……”贺里散福很不高兴地站了起来，把破靴子套到光脚丫上，走了出去，脑袋在门框上碰了一下子，碰得很疼。

“不让咱们在这儿说说话儿，咱们上树林子里去。”司捷潘说。

他也不等她同意，就朝门口走去。阿克西妮亚乖乖地跟着他走了。

晌午时候他们才回到掩蔽所里。第二排的哥萨克们躺在赤杨树棵子下的凉荫里，一看见他们，都把牌放下来，一声不响，会心地挤着眼睛，笑嘻嘻的，并且装模作样地在叹气。

阿克西妮亚轻蔑地撇着嘴，从他们面前走过去，一面走，一面理着头上揉皱了的白色绣花头巾。哥萨克们一声不响地让她走过去，但是等到跟在后面的司捷潘刚刚走到大家跟前，安尼凯就站了起来，从躺着的人堆里走了出来。他故意装出恭敬的样子，对司捷潘鞠了一个大躬，高声说：

“恭喜您……开荤啦！”

司捷潘高高兴兴地笑了。他高兴的是，大家看到了他和老婆从树林里回来。这可以在一定程度上消除各种各样有关他们夫妻不和的闲话……他甚至很神气地耸了耸肩膀，很得意地让大家看了看背后衬衣上还没有干的汗。

这么一来，哥萨克们就上了劲儿，一齐哈哈大笑闹哄起来：

“伙计们，这娘儿们好狠呀！折腾得司捷潘都出汗啦……小褂都粘在背上啦！”

“是折腾得他够呛，一身大汗……”

一个年轻小伙子用赞赏的、迷离的目光一直把阿克西妮亚送到掩蔽所跟前，失魂落魄地说：

“说真的，在人世上可找不到这样漂亮的娘儿们！”

安尼凯尖刻地对他说：

“你试着找过吗？”

阿克西妮亚听到这些下流话，脸色微微发白，走进了掩蔽所，想起刚才和丈夫的亲近，又听了他的同伴们不三不四的取笑话，不禁厌恶得皱起眉头。司捷潘一眼就看出她的心情，就宽慰说：

“阿克秀莎，你别生这些公马的气。他们都是因为闷得难受。”

“我用不着生谁的气，”阿克西妮亚小声回答说，一面在自己的麻布口袋里掏着，急急忙忙把带给丈夫的东西都掏出来，又用更小的声音说，“要生气的话，该气我自己，不过已经没有什么好气的啦……”

他们谈话不知为什么总是谈不上劲儿。过了十来分钟，阿克西妮亚站了起来。“我这就告诉他，我要上维奥申去。”她想到这里，忽然想起来，司捷潘的衣服已经晒干了，还没有收进来呢。

她坐在掩蔽所的门口，把丈夫的被汗水浸烂了的小褂和短裤缝补了半天，不住地望着渐渐偏西的太阳。

……这一天她没有走。没有足够的勇气。可是第二天早晨，太阳刚刚出来，她就收拾起来。司捷潘要留她，要她再住一天，可是她坚决拒绝他的要求，他只好不再留她，只是在临别时问道：

“你想住在维奥申吗？”

“暂时在维奥申住住。”

“不能留在我这儿吗？”

“在这儿我受不了，因为……有哥萨克们。”

“倒也是的……”司捷潘表示同意，但是分手时他冷冷的。

刮着很猛烈的东南风。风从远处刮来，到夜里渐渐没有劲儿了，但是到早晨，还是把里海那边沙漠上火一般的热气吹过来，吹到左岸的草滩上，把露水吹干，把雾气吹散，给河边石灰岩的山冈罩上一片闷热的粉红色蒸汽。

阿克西妮亚脱掉靴子，用左手撩起裙子下摆（树林里的青草上还有露水），在僻静的林中小道上轻快地走着。潮湿的土地冰得两只光脚丫儿非常舒服，可是干热风却用它那到处乱伸的火热的嘴唇吻着她的光溜溜、圆滚滚的腿肚子和脖子。

来到一片开阔的林中空地上，在一丛盛开的蔷薇花旁边，她坐下来休息。在不远处一个没有干涸的水塘里，有几只野鸭子在芦苇丛中呱呱叫着，有一只公鸭子用沙哑的嗓门儿在呼唤母鸭子。顿河那边的机枪嗒嗒地响着，机枪声不算密集，但几乎没有间歇；还有稀稀拉拉的大炮声。炮弹在这边爆炸，发出隆隆的滚动声，好像是回声。

后来枪炮声时响时停了，于是在阿克西妮亚面前展现出一个充满了神秘声音的世界：白底绿面的白蜡树叶子和肥茁茁、镂子花似的橡树叶子被风吹得哆哆嗦嗦地沙沙响着；小白杨树丛里传出一片混杂的嗡嗡声；在很远很远的地方，有一只布谷鸟不知在对谁嘟嘟哝哝地和十分伤心地诉说着难熬的岁月；有一只凤头麦鸡在水塘上空飞着，一个劲儿地问："你是谁？你是谁？"在离阿克西妮亚两步远的地方，有一只小小的灰雀儿在喝车辙里的水，不时地仰起小脑袋，快活得眯起眼睛；像土黄色丝绒一样的丸花蜂嗡嗡叫着；一只只黑乎乎的野蜜蜂在一朵朵野花儿上轻轻晃悠着。野蜜蜂采得香喷喷的花粉，送到凉阴阴的树洞里去。杨树枝上滴着树汁儿。从野山楂丛中散发出陈腐落叶那种酸涩的和像啤酒一样的气味。

阿克西妮亚一动不动地坐着，贪婪地闻着树林里各种各样的气味。充满了多种多样奇妙声音的树林过着生机勃勃的原始生活。春汛淹过的草地依然被春天的雨水泡得潮漉漉的，所以长满了各种各样好看的花草，看着这野花野草织成的奇异景色，阿克西妮亚简直眼花缭乱了。

她微微笑着，不出声地咕哝着嘴唇，小心翼翼地拨弄着一些朴素的、无名的浅蓝色小花儿，后来她弯下丰满的腰身，想闻一闻，忽然闻到了甜蜜醉人的铃兰花香味。她用手拨了拨，找到了铃兰花。铃兰花就生长在这密密丛丛的树棵子底下。那宽宽的、当初是绿色的叶子还热心地为矮矮的、弯弯的花梗遮着太阳，花梗还擎着雪白的、已经蔫了的花朵。但是挂了一层露水和黄锈色的叶子快要枯死了，而且花朵本身也接近了死亡的边缘：下部两层花瓣儿已经皱了，并且发了黑，只有那挂满了晶莹的露珠儿的上部，经阳光一照，闪出耀眼的、迷人的白光。

不知为什么在这短短的一会儿时间里，阿克西妮亚含泪注视着铃兰花儿，闻着那使人伤感的花香，想起了自己的青春和漫长的、欢乐极少的一生。这么看,阿克西妮亚老啦……一个女子在年轻时候,会因为往事偶然袭上心头流泪吗?

她趴在地上,两手捂着泪汪汪的脸,哭肿了的、湿漉漉的腮帮子紧紧贴在揉皱的头巾上,就这样含着眼泪睡着了。

风越刮越大了,吹得杨树和柳树的树头儿向西倒去。一棵苍白色的白蜡树树干摇来晃去,裹在身上的树叶子像白色旋风一样上下翻滚着,风向低处吹来,吹在阿克西妮亚旁边那一丛开着花儿的野蔷薇上,那蔷薇叶子就像受了惊的一群神话中的绿鸟儿,一齐带着惊慌的沙沙声向上飞去,掉下一片片羽毛似的红红的花瓣儿。阿克西妮亚睡在那里,身上落满了有点儿萎蔫的蔷薇花瓣儿。既听不见凄凄切切的林中风声,也听不见顿河那边又响起来的枪炮声,也没有感觉到升到当头的太阳已经晒到她的没有戴头巾的脑袋。直到听到身旁有人的说话声和马嘶声,她才醒了过来,急忙欠起身来。

她身边站着一个白胡子、白牙齿的年轻哥萨克,手里还牵着一匹上着鞍的白鼻梁的马。他笑嘻嘻的,扭动着肩膀,两条腿像跳舞一样捯动着,用有点儿沙哑然而十分好听的嗓门儿唱起小调儿:

我跌倒在地上,
拿眼睛四面张望。
望望这边儿,
望望那边儿,
没有人扶我起来!

我急忙回头一看——

一个哥萨克站在后面……

“我自个儿能站起来!”阿克西妮亚笑着,很麻利地跳了起来,一面抻着压皱的裙子。

“你好啊,我的美人儿!是你的小腿儿走不动了呢,还是您懒得走呀!”那个笑嘻嘻的哥萨克向她问候说。

“刚才是瞌睡来了。”阿克西妮亚很不好意思地回答说。

“你是上维奥申去吗?”

“是上维奥申去。”

“我送你去,行吗?”

“你拿什么送我?”

“你骑马,我地下走。这是便宜事儿嘛……”年轻的哥萨克嬉皮笑脸、意味深长地挤了挤眼睛。

“用不着,你走你的吧,我自个儿能走。”

然而这个哥萨克显示出他是谈情说爱的老手,并且很有一股缠劲儿。他趁着阿克西妮亚披头巾的机会,用一条很短然而很有劲儿的胳膊把她抱住,一下子把她搂到怀里,就想亲嘴。

“别胡闹!”阿克西妮亚喊了一声,并且用胳膊肘子使劲朝他的鼻梁捣了一下子。

“我的小宝贝儿,别打人!你瞧,这四周围多美呀……所有的活物都在配对儿……咱们也来配配对儿,好吗?……”年轻的哥萨克眯起带笑的眼睛,用小胡子扎着阿克西妮亚的脖子,小声说。

阿克西妮亚伸出两只手,虽不凶狠、然而使足了劲儿撑住他那栗色的、汗津津的脸，想挣脱出来，但是他把她抱得紧紧的。

“傻瓜！我有花柳病……放开我！”她想用这种天真的计策摆脱他的纠缠，就气喘吁吁地央求说。

“那……就看谁的病更厉害吧！……”他已经是咬着牙在嘟哝了，并且忽然轻轻地把阿克西妮亚抱了起来。

她顿时意识到，这已经不是在开玩笑，而是真的要坏事了，就使足劲儿朝他那晒成了深棕色的鼻子打了一拳，从紧紧抱住她的两条胳膊里挣了出来。

“我是格里高力·麦列霍夫的老婆！你这狗崽子，看你敢过来！……我要告诉他，叫他收拾你！……”

阿克西妮亚还不相信自己的话会管用，就随手抓起一根老粗的干木棒子。但是年轻哥萨克一下子就泄了气。他用绿衬衣的袖子擦着从两个鼻孔里往胡子上直淌的血，伤心叹气地说：

“浑蛋！哎呀，浑蛋娘儿们！你怎么不早说呢？瞧，流这么多血……我们和敌人打仗流的血还嫌不够，现在自家的娘儿们也来放血啦……”

他的脸色忽然显得很苦闷、很阴沉。趁他捧起路边水洼儿里的水洗脸的时候，阿克西妮亚急急忙忙撇开正路，很快地穿过了那片空地。过了五六分钟，那个哥萨克又追上了她。他一声不响地笑着，侧眼看了看她，正经八百地理了理胸前的步枪皮带，就放马快跑起来。

二

这天夜里，在小雷村附近，红军的一个团乘坐着用木板和原木扎成的木筏渡过了顿河。

大雷村哥萨克连闹了个措手不及，因为这天夜里大多数哥萨克都在喝酒玩乐。天一黑，妻子们就纷纷到连队防地上来探望当差的丈夫。她们都带了吃的东西，还用罐子和桶带来了老酒。到半夜时候全都喝得烂醉如泥。掩蔽所里一片歌声、妇女们醉醺醺的尖叫声、男子汉的哈哈大笑声和口哨声……有二十名哥萨克，本来是站岗放哨的，也参加了吃喝，只留下两名机枪手看守机枪，还给他们留下一桶老酒。

满载着红军的一条条木筏，悄悄地离了顿河右岸。红军一过了河，就拉成散兵线，一声不响地朝着离顿河有五十丈远的一个个掩蔽所走来。

掌管木筏的红军飞速地划着，去接另一批等着渡河的红军。

在左岸上，有五六分钟的工夫，除了时断时续的哥萨克的歌声，什么也听不见。后来，手榴弹轰隆轰隆地爆炸起来，机枪也嗒嗒地响了，步枪一下子就砰砰啪啪乱响起来，还有远远传开去的、断断续续的呐喊声："乌拉——啊——啊！ 乌拉——啊——啊！乌拉——啊——啊！"

大雷村连被打垮了，只是因为在漆黑的夜里无法追击，这个连才没有全军覆灭。

受到少量损失的大雷村连的哥萨克和妇女们一起，失魂落魄地在草地上乱跑，朝维奥申方面跑去。就在这时候，木筏从右岸运来一批又一批的红军，第一一一团第一营的半个连带着两挺机枪，已经在暴动军巴兹基村连的侧翼发起进攻。

新开到的后续连队冲进突破口。但是他们往前推进却异常困难，因为红军都不熟悉地势，有的部队连向导都没有，行动起来像瞎子一样，在漆黑的夜里不是遇到水塘，就是遇到灌满了春水、无法蹚过的河沟。

指挥进攻的旅长决定在天亮以前不再进行追击，以便在天亮前调集预备队，集中在维奥申的进口处，在炮队轰击过以后，再继续进攻。

但是在维奥申，已经在采取紧急措施以堵塞缺口。值班参谋一听到通信兵跑来报告红军渡河的消息，马上就派人去请库金诺夫和麦列霍夫。把卡耳根团的几个骑兵连从黑村、高罗霍夫村和杜布洛夫村调了来。格里高力·麦列霍夫亲自担任这次战役的总指挥。他调了三百人上叶林村方面去，为的是加强左翼，如果敌军从东面来包围维奥申的话，就可以协助鞑靼村连和列别亚仁村连抵挡敌军的进攻；把维奥申的外来户民兵和旗尔河上一个步兵连调到西面顺河而下的一段，去协助巴兹基村连；在一些危险地段配备了八挺机枪；在夜里两点钟左右，格里高力就亲自率领两连骑兵布置在“焦树林”的边缘上，等候天亮，打算列成骑兵阵势向红军冲锋。

北斗星还没有隐去，朝巴兹基河湾开拔的维奥申外来户民兵在树林里遇上了退却的巴兹基村连，把他们当成了敌人，经过短时间的交火以后，外来户民兵就跑起来。民兵们都慌慌张张地把衣服和鞋袜扔到岸上,泅过维奥申镇和河湾之间的大水塘。不久就发现了这个错误,但是红军已经接近维奥申的消息,却以惊人的速度传播开了。原来躲在地窖里的难民,纷纷从维奥申向北方逃去,于是把消息到处传了开来,说是红军好像已经过了顿河,冲破了防线,正在进攻维奥申呢……

天蒙蒙亮,格里高力得到外来户民兵逃跑的情报,就朝河边跑去。民兵们知道是发生了误会,已经回头往战壕里走了,一面大声谈论着。格里高力走到一堆人跟前,用挖苦的口气问道:

"泅水过塘的时候,沉下去不少吧?"

一个浑身水漉漉的、边走边拧衬衣的民兵很不好意思地回答说:

"泅起水来就像梭鱼一样! 哪儿会沉下去……"

"谁都免不了出点儿洋相。"另外一个只穿着短裤头的民兵实事求是地说,"我们的排长就真的差一点儿沉下去。他不愿意脱鞋袜,因为解裹腿很费事,所以就带着裹腿下水了,可是裹腿一到水里就松开,缠住了他的腿……他就大喊救命! 恐怕在叶兰镇上都能听得见!"

格里高力找到民兵连的连长克拉姆斯柯夫,吩咐他把民兵带到树林边上去,布置在那里,以便在必要的时候,从侧翼射击红军的散兵线,吩咐过以后,便朝自己带的两个连走去。

在半路上他碰上司令部的传令兵。传令兵勒住呼哧呼哧直喘的马,轻松地舒了一口气,说:

"好不容易找到您呀!"

"你有什么事?"

“司令站要我通知您：鞑靼村连已经抛弃阵地。他们害怕被包围，正在往沙地上退……库金诺夫叫我口头通知您，叫您马上赶到那儿去。”

格里高力率领半排哥萨克，骑着最快的马，出了树林，上了大路。跑了有二十分钟，他们已经来到秃水塘旁边。吓慌了的鞑靼村的哥萨克们在他们左边的草地上乱跑着。有一些老兵和老练的哥萨克不慌不忙地跑着，尽可能离塘边近些，借塘边芦苇来掩护自己；大多数人看样子却只抱着一个念头：赶快跑到树林子里去，所以丝毫不顾那稀稀拉拉的机枪子弹，对直地朝前跑。

“撵上他们！拿鞭子抽！……”格里高力怒冲冲地瞅了两眼，喊了两声，就第一个放马去追同村人。

跑在最后面的是贺里散福，他一瘸一拐、迈着像跳舞似的怪模怪样的步子慢慢跑着。他在头一天晚上打鱼的时候，被芦苇扎破了脚后跟，伤得很重，所以他不能放开两条长腿飞跑了。格里高力把鞭子高高地举到头上，朝他追去。贺里散福听见马蹄声，回头看了看，不觉加快了脚步。

“往哪儿跑?！……站住！……听见没有？给我站住！……”格里高力拼命喊叫。

但是贺里散福根本不想停下来。他更放大了脚步，像脱缰的骆驼一样狂跑起来。

于是，气得发了疯的格里高力哼哧哼哧地骂了两声娘，又对马大喝一声，跑到贺里散福跟前，痛痛快快地照着他那汗淋淋的脊梁抽了一鞭。贺里散福被打得弯起身子，就像兔子躲避追赶那样，猛地朝旁边一跳，坐到地上，不慌不忙、仔细地抚摩起脊梁。

跟随着格里高力的哥萨克们，跑到逃跑的人们的前面，把他们拦住，但是没有用鞭子抽。

“抽他们！……抽！……”格里高力声嘶力竭地喊叫着，摇晃着他那根很漂亮的鞭子。

他骑的马打着转转儿，一再地直立起来，怎么都不肯往前走。格里高力好不容易拨正马头，去追在前面跑的一些人。他在奔跑中瞥见，司捷潘·阿司塔霍夫在一丛树棵子跟前停了下来，还一声不响地笑着；又看见安尼凯笑得蹲下身子，两手作喇叭形，用尖得像女人一样的声音叫道：

“弟兄们！能逃命的，赶快逃吧！红军来啦！……追上来啦！……逮住啦！……”

格里高力又去追赶另一个同村人，那人穿一件棉袄，跑得又快，又不肯停歇。格里高力觉得那微微佝偻着的身形异常熟悉，但是没有工夫去仔细辨认，老远就吆喝起来：

“站住，狗崽子！……站住，我劈了你！……”

那个穿棉袄的人忽然放慢脚步，停了下来，等他一开始转身，一开始用他那特有的、格里高力从小就熟悉的姿势表现他的极其气愤的心情，格里高力还没有看清他的面貌，就认出是父亲。

潘捷莱·普罗柯菲耶维奇的腮帮子像抽筋一样直哆嗦。

“你的亲爹成了狗崽子啦？连你的亲爹都要劈死吗？”他用声嘶力竭的尖嗓门儿叫道。

格里高力一看到他的眼睛里冒着异常熟悉的、狂怒的火焰，自己的火气一下子就冷了下来，便使劲勒住马，高声说：

“背后认不出来嘛！爹，你嚷嚷什么？”

“怎么会认不出来？连亲爹都认不出来啦?!”

老头子发脾气发得很荒唐、很不是地方，所以格里高力就面带笑容，走到父亲跟前，宽解说：

“爹，别生气！你身上的棉袄我没有见过，另外，你跑得那么快，就像一匹被撵急了的马一样，不知为什么连腿都不瘸啦！我怎么能认得出来呢?”

于是又和往常在家里一样，潘捷莱·普罗柯菲耶维奇冷静下来，虽然还在断断续续地喘着粗气，但是火气已经消了，他说：

“你说得对，我身上的棉袄是新的，我把皮袄换下来啦，穿皮袄太累赘；瘸腿吗……这会儿怎么能瘸腿呢？伙计，这会儿顾不得腿瘸啦！……死来到眼前，还管什么腿不腿……”

“哦，离死还远着呢。回去吧，爹！你没有把子弹扔掉吧?”

“回到哪儿去?”老头子又火了。

但是格里高力这一下子提高了嗓门儿，斩钉截铁地命令道：

“我命令你回去！在战场上不听从指挥，按军法该怎样处治，你知道吗?”

这话发生了作用：潘捷莱·普罗柯菲耶维奇摸了摸背上的步枪，就很不情愿地往回走。他跟上一个往回走得比他还慢的老头子，叹着气说：

“瞧这些后生小子们，都成了什么样子啦！没有哪一个儿子肯敬重老子，或者，比如说，保护老子离开战场，而是有意……叫老子去死……噢噢……不，去世的彼特罗，愿他在天堂幸福，就好多啦！他的脾气才好呢，可是格里什卡这个浑小子，虽然是个师长，虽然有功劳什么的，却不是个好儿子。脾气坏透了，碰都不能碰。等我老了,这小子一定要折腾得我不能安生!”

没有怎么费事就把鞑靼村的人拦住了……

过了一会儿,格里高力把全连集合起来,带到隐蔽的地方;他也没有下马,就干脆利落地说:

“红军已经渡河,正要进攻维奥申。已经在河边打起来啦。这可不是闹着玩儿的事,我劝你们不要瞎跑。你们要是再跑的话,我就命令驻在叶林村的马队,把你们当作叛兵砍了!”格里高力拿眼睛扫了扫穿着各种各色衣服的同村人,带着明显的蔑视口气说,“你们连里有很多坏家伙,就是他们在造谣生事。你们不要命地跑,吓得拉一裤子屎,算什么当兵的?!还算什么哥萨克?特别是你们这些老头子,给我小心点儿!既然是来打仗,就不能把脑袋藏到裤裆里!现在就排成纵队,跑步到那边去,再从树棵子那儿到河边去。然后顺着河边到谢苗诺夫村连那儿去。和谢苗诺夫村连一起去进攻红军的侧翼。开步走!快!”

鞑靼村的人一声不响地听完他的话,又一声不响地朝树棵子那儿跑去。老头子们都很不高兴地哼哧着,不时地回头看看飞跑起来的格里高力和跟在他后面的哥萨克们。紧跟在潘捷莱·普罗柯菲耶维奇后面的奥布尼佐夫老汉赞叹说:

“上帝送给你一个这样英雄的儿子!一条真正的好汉!他抽贺里散福那一鞭多狠呀!一下子就把一个连收拾好啦!”

潘捷莱·普罗柯菲耶维奇怀着当父亲的得意感,高高兴兴地附和说:

“没说的!这样的儿子天底下难找!满满的一大串十字章,怎么,这是开玩笑的事吗?就拿去世的彼特罗来说,愿他在天堂幸福，虽然他也是我的亲儿子，而且是大儿子，却不是个好儿子！简直太老实啦，不知他妈的怎么搞的，就是不能成器。他的心就像老娘儿们一样软！这一个却完全像我！甚至比我还厉害！”

* * *

格里高力率领原来的半个排朝加尔梅克滩走去。他们走进树林子，认为已经进入安全地带，但是顿河那边的观测哨还是看见了他们。一个炮兵排开了炮。第一发炮弹从柳树顶上飞过去，扑哧一声落到泥沼地上的树丛里，没有爆炸。第二发炮弹打在路旁一棵老黑杨树露出来的树根上，冒起一片火光，哥萨克们听到轰隆一声，溅了一身黑黑的泥土和烂木片儿。

格里高力的耳朵都震聋了，他不由地用手捂住眼睛，趴到鞍头上，觉得有一种低沉的、很不清脆的拍打声，好像是打在马屁股上。

哥萨克们的马听到这震天动地的爆炸声，就好像听到口令一样，都往下一蹲，朝前冲去；格里高力骑的马却很费劲地直立起来，朝后倒退了两步，就开始慢慢地朝一边歪倒。格里高力急忙跳下马来，抓住马笼头。又飞过去两发炮弹，后来树林边上安静下来。硝烟慢慢地向草地上落下；散发着新翻起的泥土、碎木片、烂木头的气味；远处的密林里有几只喜鹊在惶惶不安地喳喳叫着。

格里高力的马打着响鼻，慢慢蜷起哆哆嗦嗦的后腿。那黄黄的牙床子疼得龇了出来，脖子伸了出去。光溜溜的灰鼻子上冒着红红的血泡儿。马浑身猛烈地抽搐着，枣红色的绒毛下面一阵阵地在哆嗦，像一道道的波浪。

“马不行了吗？”一个哥萨克跑过来高声问道。

格里高力望着越来越没有神的马眼睛，没有回答。他甚至没有去看伤在哪儿，直到那马不知为什么晃晃悠悠地动弹起来，挺起身子，忽然跪了下去，把头垂得低低的，好像有什么事要请求主人饶恕似的，这时候格里高力才多少往旁边闪了闪。那马低声哼哼着，歪倒下去，还想抬起头来，但是，看样子，最后的力气已经在渐渐消失：渐渐不哆嗦了，眼睛渐渐直了，脖子上冒出冷汗。

只有靠近马蹄的毛还微微跳动着。已经磨坏的鞍翅轻轻在抖动。

格里高力侧眼看了看马左边的腹股沟，看到了皮开肉绽的、很深的伤口，热乎乎的黑血像泉水一样朝外直冒，他也没有去擦眼泪，就结结巴巴地对那个下了马的哥萨克说：

“你给它一枪吧！”他把自己的匣子枪递给他。

他骑上那个哥萨克的马，朝自己带的两个连那边跑去。那里已经打起来了。

天一亮，红军就发起进攻。红军的散兵线在一片雾气中站立起来，一声不响地朝维奥申方面走来。右翼，红军在一片灌满了水的洼地旁边耽搁了一小会儿，后来就把子弹带和步枪高高地举在头顶上，蹚过了齐胸深的水。过了不大的一会儿，河边山上的四个炮兵连的大炮整齐而又雄壮地响了起来。一发发炮弹刚刚像扇子一样往树林里落，暴动军就开火了。红军已经不是一步一步往前走，而是端着步枪在跑了。在他们前面半俄里的地方，有一颗榴霰弹在树林里咔啦一声爆炸开来，炸裂的树木纷纷往下落，一团团的白烟朝上飞去。有两挺哥萨克的机枪发出短促的扫射声。红军第一道散兵线里开始有人倒下去。在散兵线里，忽而这里，忽而那里，身背背包卷儿的人被子弹打倒的越来越多，有的趴倒在地上，有的仰面朝天倒下去，但是其余的人并不卧倒，于是他们离树林越来越近了。

在第二道散兵线前面，有一个光着头的高个子指挥员，身子微微向前探着，掖着军大衣的底摆，迈着大步轻快地跑着。散兵线有一小会儿工夫放慢了脚步，但是指挥员一面跑着，一面回过头去，喊叫了两声，于是大家又跑起来，那沙哑而可怖的“乌拉”声越来越高亢了。

这时候，哥萨克所有的机枪都开火了，树林边上也响起猛烈的、不间断的步枪声……格里高力带着两个连站在树林出口处，在他的后面，巴兹基村连的一挺重机枪连续不停地扫射起来。红军的散兵线震动了，卧倒下去，开始还枪。打了有一个半钟头，但是暴动军射击的火力非常猛烈，红军的第二道散兵线支持不住了，站了起来，和渐渐跑到跟前的第三道散兵线混到了一起……不一会儿，草地上就到处是向后乱跑的红军了。于是，格里高力带着两个连飞跑出树林，列成阵势，进行追击。旗尔河那个连全力奔驰过去，切断了红军退向木筏的去路。在沿河的树林外面，在河边，展开了肉搏战。只有一部分红军冲到木筏跟前。他们把木筏挤得满满的，划走了。其余的人都被逼到河边，继续抵抗。

格里高力命令两个连都下了马，又吩咐看守马匹的人不要走出树林，就带领两连哥萨克朝河边冲去。哥萨克们一棵树一棵树地往前跑，离河边越来越近了。有一百五十名红军用手榴弹和机枪打退了逼上去的暴动军步兵。木筏又朝左岸划来,但是巴兹基村连的哥萨克用步枪把划木筏的人差不多都打死了。留在这边的红军的命运已经定了。很多人灰心丧气,扔掉步枪,打算泆水过河。卧倒在岸边的暴动军纷纷用枪打他们。有很多红军因为没有力气泆过河心的急流,淹死了。只有两个人平平安安地泆了过去:其中有一个身穿蓝条子的海军服,看样子,是一个游泳高手,他头朝下从陡立的岸上跳下去,扎进水里,等他露出水面的时候,差不多已经到河中心了。

格里高力藏在一棵枝叶茂密的柳树后面,看着那个水兵三下两下就泆到了对岸。又有一个人平平安安地泆了过去。那人站在齐胸深的水里,放完了所有的子弹,又拿拳头吓唬哥萨克们,喊了两句什么,便斜着身子朝前走去。子弹在他周围嗖嗖直响,但是没有一颗打到这个幸运儿身上。他在过去拴牲口的一块地方上了岸,抖了抖身上的水,就不慌不忙地爬上土崖,朝有人家的地方走去。

其余的红军都卧倒在河边的沙丘后面。有一挺机枪不住气地对他们扫射,一直打到散热筒里的水完全开了。

"跟我来!"等机枪一停,格里高力便小声发出口令,抽出马刀,朝沙丘冲去。

后面,哥萨克们呼哧呼哧地喘着粗气,咚咚地迈动了脚步。

离红军不过五十丈远了。放过三次排枪以后,一个黑脸膛、黑胡子的高个子指挥员从沙丘后面站了起来。一个身穿皮夹克的女子搀着他的胳膊。指挥员受了伤。他拖着打伤的腿,从沙丘上走下来,端正了手里的上着刺刀的步枪,用沙哑的喉咙命令道:

“同志们！前进！打白党！”

勇士们高唱《国际歌》,成群地朝前冲去。决一死战。

在顿河边牺牲的一百一十六人,都是国际连的共产党员。

三

深夜,格里高力从司令部回到住处。普罗霍尔·泽柯夫正在大门口等着他。

“没有听到阿克西妮亚的消息吗?”格里高力故意带着冷淡的口气问道。

“没有。不知道她跑到哪儿去啦,”普罗霍尔打着哈欠回答过,马上就很害怕地想道:“糟糕,他又要叫我去找她了……我真他妈的倒霉!”

“打点儿水来洗洗脸。我浑身都是汗啦。喂,快点儿!”格里高力的口气中已经带火了。

普罗霍尔到屋里去打来水,用茶缸往格里高力那握成勺子形的手掌里倒了半天。格里高力痛痛快快地洗了洗脸。又脱掉发出汗臭气的军便服,央求说:

“往背上浇浇。”

冷水往汗淋淋的背上一浇,冰得他哎呀了一声,喷了喷鼻子,使劲把皮带勒疼了的肩膀和毛烘烘的胸膛揉搓了半天。他一面用干净的马衣擦着身上的水,一面用高兴起来的声调吩咐普罗霍尔说:

“明天早上有人给我送马来,你就收下来,刷一刷,喂点儿料。我要是不醒，你别叫我。不过，要是司令部有人来，你要叫醒我。明白吗？”

格里高力来到敞棚底下，躺到一辆大板车上，立刻就进入沉沉的梦乡。黎明时候冷起来，他蜷了蜷腿，把露水打湿了的军大衣往上拉了拉，等太阳出来以后，他又睡着了，到七点钟左右，隆隆的大炮声才把他震醒了。维奥申的上空，蔚蓝而明净的天上，有一架银白色的飞机在打着圈子。顿河那边的大炮和机枪正在对飞机射击。

“也许会打下来呢！”普罗霍尔随口说着，一面用刷子下劲儿地刷那匹拴在桩上的枣红色高大公马，“瞧，潘捷莱维奇，给你送来的马他妈的真不坏！”

格里高力匆匆把马打量了一遍，很满意地问道：

“我看不出这马有几岁口。大概有六岁口吧？”

“是六岁口。”

“嘿，好极啦！四条腿光溜溜、圆滚滚的。好漂亮的马……喂，把鞍上上，我骑上去看看，是谁坐飞机来啦。”

“是好极啦，没说的。谁知道跑起来怎样呢？不过从各方面来看，应该是一匹腿脚很快的马。”普罗霍尔一面勒马肚带，一面嘟哝着说。

飞机旁边又冒起一团榴霰弹爆炸的白烟。

驾驶员选好了着陆地点，就驾着飞机急速地朝下飞来。格里高力出了大门，朝维奥申的官马棚跑去，飞机就降落在马棚的外面。

喂养公马的官马棚，是长长的一排石头房子，就在镇边上。

现在里面挤满了八百多名被俘的红军。看守们不放他们出来大小便，里面又没有马桶。马桶旁边一片浓烈难闻的人粪气味。一道道又腥又臊的尿从门底下往外直流，绿头苍蝇一群一群地在上面飞……

在这座死囚牢里，日日夜夜都响着低沉的哼哼声。几百名俘虏由于虚脱和流行在他们中间的伤寒和痢疾死去。有时候人死了一昼夜还不抬走。

格里高力绕过马棚，正要下马，顿河那边的大炮又低沉地响了一声。飞来的炮弹发出一声尖啸，啸声接着就和沉甸甸、轰隆隆的爆炸声混合到一起。

驾驶员和同他一起来的一位军官爬出机舱，一些哥萨克把他们围住。山上所有的大炮马上一齐响了起来。一发发炮弹很准确地落在马棚周围。

驾驶员急忙爬进机舱，但是马达发动不起来了。

“用手推！”从顿涅茨那边飞来的军官大声对哥萨克们吩咐过，就第一个扶住机翼。

飞机摇摇晃晃，轻快地朝松林那边移动。大炮用迅猛的火力追着打来。一发炮弹打中了挤满俘虏的马棚。在一片浓烟、一团团腾空而起的石灰粉尘中，马棚的一角倒塌了。惊骇的红军们发出一片可怕的吼叫声，震得马棚都抖动起来。有三个红军从豁口里跑了出来，有一些哥萨克跑上来抵着他们开枪，在他们身上打了许多窟窿。

格里高力跑到了一边。

“会打死人的！快到松林里去！”一个面带惧色、翻着白眼珠子的哥萨克从旁边跑过，大声喊道。

“也说不定真的会挨上一炮。这种事他妈的可是很难说。”格里高力心里想着，便不慌不忙地转身回家了。

这一天，库金诺夫没有邀请麦列霍夫，在司令部里召开了一次绝密的会议。坐飞机来的顿河军军官简短地报告说，集中在卡敏镇一带的突击兵团日内就可以突破红军的防线，而且谢克列捷夫将军就要率领顿河军的骑兵师来和暴动军会师。飞来的军官建议尽快准备渡河工具，以便在和谢克列捷夫的队伍会师以后，立即将暴动军的几个骑兵团调到顿河右岸去；他还建议把后备部队调到离顿河更近一些的地方，到会议快要结束的时候，把追击部队的渡河和活动计划都讨论好了以后，他问：

“为什么你们把俘虏都放在维奥申？”

“别处没有地方放呀，各村子里又没有适当的地方。”一个参谋回答说。

那个军官用手绢仔细擦了擦剃得光光的、出了汗的脑袋，把绿制服领口解了开来，叹着气说：

“可以把他们往嘉桑镇上送嘛。”

库金诺夫惊愕得扬了扬眉毛。

“然后呢？”

“再从那儿往维奥申送……”那个军官眯缝着冷冷的蓝眼睛，倨傲地解释说。然后，咬紧嘴唇，生硬地说：“诸位，我真不明白，你们为什么对他们这样客气？现在似乎不是讲客气的时候。这些坏家伙会传染各种各样的疾病，不论是身体上的疾病，还是社会疾病，所以应当消灭他们。对他们没有什么好客气的！我要是处在你们的地位，一定会这样干。”

到第二天，把第一批约二百名俘虏押上了沙地。疲惫无力、面色青白的红军俘虏们，像幽灵一样，慢慢拖着两条腿往前走着。押送的马队紧紧包围住他们这乱糟糟地往前走的一大群……从维奥申往杜布洛夫村方向走了有十俄里，二百名俘虏就被砍得一个也不剩了。第二批是在傍晚时候押出去的。押送队接到严厉的命令：对掉队的俘虏只能用刀砍，只有在万不得已的时候才能开枪。这一百五十名俘虏，只有十八人走到了嘉桑镇……其中有一个像茨冈人的年轻红军，在路上疯了。一路上他又是唱歌，又是跳舞，还采了一把香薄荷按在心口上，哭了起来。他常常趴倒在滚热的沙地上，风吹得他那又脏又破的棉布小褂扑扑地抖动，这时候押送的哥萨克们就看到他那瘦骨嶙峋、只绷着一层皮的脊梁和叉开的两只脚上那黑黑的、开了绽的鞋底。哥萨克们把他搀起来，用水壶里的水往他身上浇浇，于是他睁开流露着发疯神情的黑眼睛，微微笑着，又摇摇晃晃地朝前走去。

在一个村子里，有一些好心肠的娘儿们包围住押送队的哥萨克们，有一个又高大又庄重的老奶奶很严肃地对押送队长说：

“你把这个黑头发的放了吧。他已经疯啦，活不了多久啦，你们要是杀害这样的人，那可是造大孽。”

押送队长是一个很威武的红胡子准尉，他笑了笑，说：

“老大娘，我们已经不怕再造孽啦。反正我们都修不成神仙！”

“你把他放了吧，别拗啦，”老奶奶一再央求说，“你们每个人都有遇上凶险的时候……”

妇女们也一齐跟着央求，于是准尉答应了。

“我舍得他，就交给你们好啦。他现在反正干不了坏事啦。不过要答谢我们的好意，给每个弟兄一碗鲜牛奶。”

老奶奶把疯子带到自己家里，端饭给他吃了，让他睡到上房里。他整整睡了一天一夜，后来醒了，背对窗户站着，小声唱起歌来。老奶奶走进上房，坐在大柜子上，用手托着腮，凝神对着小伙子的瘦脸看了半天，后来低声说：

“听说，你们的人离得不远啦……”

疯子有一小会儿没有作声，并且马上又唱了起来，但是声音更小了。

于是老奶奶正色说：

“我的好孩子，你不要唱啦，别装模作样吧，别糊弄我啦。我活了这么大年纪，不是傻瓜，你骗不了我！你的精神没有毛病，我知道……我听见你在梦里说的话，说得清楚极啦！”

红军还在唱，但是声音越来越小了。老奶奶又说：

“你不要怕我，我不想害你。我有两个儿子和德国人打仗打死啦，顶小的一个这一次打仗也死在契尔卡斯克啦。他们都是我生的呀……我把他们奶大，把他们喂大，他们一生下来我就夜夜睡不好觉……就因为这样，我心疼一切在军队里当兵、在战场上打仗的年轻小伙子……”她沉默了一会儿。

红军小伙子也不作声了。他闭上眼睛，他那黑黑的腮尖子隐隐出现了红晕，那细细的瘦脖子上有一道青筋紧张地跳动起来。

他保持着沉默，若有所思地站了一小会儿，后来睁开黑黑的眼睛。他的眼睛露出清醒的神气和急切等待的神情，老奶奶不由地微微笑了。

“你认识上叔米林的路吧?”

“不认识,老大娘。”红军小伙子微微动了动嘴唇,回答说。

“那你又怎么走呢?”

“不知道……”

“这就难了!那我现在怎么打发你呢?”

老奶奶等待回答等了很久,后来又问道:

“你走得动吗?”

“无论如何我都要走。”

“现在你怎么都不能走。要到夜里走,要走快一点儿,嗯,越快越好!你再住上一天,然后我给你带上点儿吃的东西,叫我孙子带路,叫他领你走,你就走吧!你们的红军就驻扎在叔米林镇外,这我很清楚。你就去找他们吧。不过你不能走大道,要走荒野、山沟和树林子,不要走正路,要不然叫哥萨克碰上了,那就糟啦。就这样吧,我的好孩子!”

第二天,天一黑,老奶奶就对着准备好出门的十二岁的孙子和穿上哥萨克棉袄的红军小伙子画了个十字,正色说:

“你们走吧!不过要小心,别碰上我们的当兵的!……用不着,好孩子,用不着!不用对我行礼,你谢谢上帝吧!不是我一个人这样,凡是我们做娘的,都是好心肠……心疼你们这些傻东西,都心疼死啦!好啦,好啦,你们走吧,主保佑你们!”她砰的一声,关上涂了黄泥的歪斜的房门。

四

每天，天麻麻亮，伊莉尼奇娜就醒来，挤过牛奶，就开始做饭。她没有生房子里的炉灶，而是在夏季厨房里生火做饭，做好饭，就又上屋里去照应两个孩子。

娜塔莉亚害过伤寒以后，身体慢慢好起来。三一节的第二天，她第一次起了床，很吃力地挪动着两条干瘦的腿，在屋子里走了走，在孩子们的床头上找了半天，甚至坐在一个小凳子上，试着给孩子们洗衣服。

她那瘦削的脸上一直带着笑容，那瘪下去的腮帮子上浮现出红晕，病后变得老大的两只眼睛放射着异常明亮、跃跃欲出的亲切光芒，就像刚刚生过孩子一样。

"波柳什卡，我的好孩子！我生病的时候，米沙特卡没有欺负你吧？"她用手抚摩着女儿那一头黑黑的头发，用有气无力的声音，慢吞吞、哆哆嗦嗦地吐着每一个字，问道。

"没有，妈妈！米沙特卡只打过我一回，别的时候我们都玩得很好。"波柳什卡小声回答过，把脸紧紧贴到妈妈的膝盖上。

"奶奶疼你们吗？"娜塔莉亚笑着问。

"疼得很！"

"红军他们没有惹你们吗？"

"他们宰了咱们家一头小牛，该死的东西！"非常像父亲的米沙特卡低声回答说。

"不许骂人，米申卡！小孩子别管这些事！不许说大人的坏话!”娜塔莉亚忍着笑,用教训的口气说。

“奶奶这样骂他们嘛,不信你问问波柳什卡。”米沙特卡闷闷不乐地辩白说。

“是的,妈妈,他们把咱们家的鸡也宰光啦!”

波柳什卡上了劲儿:忽闪着两只黑黑的小眼睛,一五一十地说,红军怎样走进院子,怎样捉鸡捉鸭,奶奶伊莉尼奇娜怎样央求他们把一只冠子冻坏的黄公鸡留下来做种,一个嘻嘻哈哈的红军怎样摇晃着公鸡,回答她说:“老大娘,这只公鸡大喊大叫反对苏维埃政府,所以我们要判它死刑!不管你怎样说,我们都要拿这只鸡来下面条吃,我们给你一双旧靴子作交换。”

波柳什卡又摊开两手,比画着说:

“他留下一双什么样的靴子呀!老大老大的,又全是窟窿!”

娜塔莉亚又笑又哭地跟孩子们亲热着,不住地用赞赏的目光看着女儿,高兴地小声说:

“你呀,我的格里高力耶芙娜!真是格里高力的女儿呀!你浑身上下处处像你爹。”

“我像爹吗?”米沙特卡羡慕地问道,并且羞怯地靠在妈妈身上。

“你也像。不过要小心:等你长大了,可别像你爹那样不正经……”

“他不正经吗?他怎么不正经?”波柳什卡好奇地问道。

娜塔莉亚脸上掠过一片忧伤的阴影。她没有作声,很吃力地从长板凳上站了起来。

也在旁边听他们说话的伊莉尼奇娜凄然地转过脸去。娜塔莉亚已经不再听孩子们说话,站在窗前,对着阿司塔霍夫家关闭着的护窗望了老半天，叹着气，激动地揪弄着自己的褪了色的旧褂子的花边儿……

第二天，天一放亮，她就醒了，为了不吵醒孩子们，她轻轻地起了身，洗了洗脸，从柜子里找出干净裙子、褂子和白色遮阳头巾。她十分激动，伊莉尼奇娜看见她穿衣服时的神情，看见她郁郁不快，一声不响，就猜出，儿媳妇是要到格里沙加爷爷的坟上去。

“你这是要上哪儿去？”伊莉尼奇娜为了证实自己的推测，就问道。

“我到爷爷坟上去看看。”娜塔莉亚说，她头也没抬，害怕哭出来。

她已经知道格里沙加爷爷的死，知道柯晒沃依烧了他们家的房子和院子。

“你还没有力气，走不动呀。”

“我走走歇歇，能走到。妈，您和孩子们先吃饭吧，也许我要在那儿多待些时候。”

“天晓得，你干吗要待在那儿！在这种不太平的时候，难保不碰上倒霉的事儿，娜塔莉亚，好孩子，你还是不要去吧！”

“不，我要去。”娜塔莉亚皱起眉头，抓住门把手。

“好吧，你等一等，干吗你要饿着肚子去？我马上端点儿酸牛奶来，好吧？”

“不，妈妈，别去吧，我不饿……等我回来，再喝吧。”

伊莉尼奇娜看到儿媳妇坚决要去，就出主意说：

“你最好走河边，从菜园子里走。从那儿走，不容易叫人看见。”

雾气像幕布一样悬挂在顿河上。太阳还没有出来，但是在东方，被杨树遮住的天边已经放射出火红的霞光，已经从云彩缝儿里吹来凉飕飕的晨风。

娜塔莉亚跨过歪倒的、缠满了菟丝子的篱笆，走进自家的果园。她两手按着心口，在一座新坟前站了下来。

果园里长满了茂密的荨麻和杂草。到处是露水打湿的牛蒡草气味、潮湿的泥土气味、水雾的气味。在大火烧过以后、已经干枯了的一棵老苹果树上，孤单单地落着一只凤头椋鸟。坟上的土已经落实了。在已经干了的土块中间，已经冒出尖尖的、绿油油的嫩草。

许多往事涌上心头，娜塔莉亚悲痛欲绝，她一声不响地跪下去，脸贴到冷冰冰的、自古就散发着死人的腐烂气息的土地上……

过了一个钟头，她悄悄地走出果园，怀着一颗疼得像刀绞一样的心，最后一次回头看了看她当年度过了青春年华的地方——那空荡荡的院子里，只剩下黑乎乎的烧焦的板棚柱子、烧剩的炉灶和屋基，异常凄凉——便顺着小胡同慢慢走去。

* * *

娜塔莉亚的身体一天一天地复原了，两条腿渐渐有了力气，肩膀也圆了，身体越来越结实、饱满了。不久就开始帮着婆婆做饭了。她们常常在灶前忙活着，聊上很久。

有一天早晨，娜塔莉亚痛心地说：

“什么时候才能到头呀？我心里苦死啦！”

“你等着吧,咱们的人快从顿河那边回来啦。”伊莉尼奇娜很有信心地说。

“你怎么知道呀,妈妈?”

“我的心能感觉到。”

“但愿咱们家的男子汉都活得好好的。可别叫哪一个阵亡或都挂花。要知道,格里沙是个不顾死活的人呀。”娜塔莉亚叹着气说。

“大概,他们不会出什么事,上帝是慈悲的。咱们家老头子本来说还要过河来看看咱们的,可是看样子,他害怕啦。他要是再来的话,你就跟他过河到咱们人那儿去,躲躲难。咱们村里人就在村子对面,守在那儿。前几天,你还昏迷不醒的时候,天刚亮,我上河边去打水,就听见安尼凯在河那边大声吆喝:‘你好啊,大娘! 老头子向你问好呢!’”

“格里沙在哪儿呀?”娜塔莉亚不放心地问道。

“他老远地指挥着他们大家呢。”伊莉尼奇娜很平淡地回答说。

“他在哪儿指挥呢?”

“大概是在维奥申。再不会在别处。”

娜塔莉亚半天没有作声。伊莉尼奇娜朝她看了看,不禁惊骇地问道:

“你这是怎么啦? 怎么哭起来啦?”

娜塔莉亚也不回答,把肮脏的围裙捂在脸上,轻轻抽泣起来。

“别哭啦,娜塔什卡。这种事哭没有用。上帝保佑,咱们能看到他们好好儿地回来。你自个儿要多加小心,没有事别上外面去，要不然叫那些反基督的人看见了，放不过你……”

厨房里一下子黑了起来。外面有一个人遮住了窗户。伊莉尼奇娜转过脸去一看，哎呀了一声：

“是他们！是红党！娜塔什卡！快躺到床上去，你就装成病人……可别出事呀……你盖上毯子！”

娜塔莉亚刚刚吓得哆哆嗦嗦地躺到床上，门环就当啷响了一声，一个高个子红军弯着腰走进了厨房。孩子们紧紧抓住脸色发了白的奶奶的衣襟。伊莉尼奇娜本来是站在灶边的，就地坐到大板凳上，把一钵子热牛奶都碰翻了。

红军迅速地把厨房里打量了一遍，高声说：

“你们别害怕。我们不吃人。你们好！”

娜塔莉亚故意哼哼着，用毯子连头盖了起来。米沙特卡却皱着眉头盯着进来的人，并且高高兴兴地报告说：

“奶奶！就是这家伙宰咱们家的公鸡来！记得不？”

红军摘下绿色军帽，咂了一下舌头，笑了。

“你认出来啦，小捣蛋？你还记得那只公鸡呀？不过，老大娘，现在有点事儿：你能不能给我们烤点儿面包？我们有面粉。”

“可以……好吧……我来烤……”伊莉尼奇娜也不看来人，一面擦板凳上的牛奶，一面急急忙忙地说。

红军在门口蹲下来，从口袋里掏出烟荷包，一面卷烟卷儿，一面说起话儿来：

“到晚上能烤好吗？”

“如果你们急着要，到晚上能烤好。”

“老大娘，打仗的时候，什么事儿都是急的。至于公鸡的事，你们就别生气啦。"

"我们没有什么呀！"伊莉尼奇娜害怕了，"这是小孩子不懂事……不该提的事，偏要提！"

"不过，小伙子，你可是个小气鬼……"很喜欢说话的红军亲热地笑着，对米沙特卡说，"你为什么像狼一样看着我？到这儿来，咱们来谈谈你的公鸡的事儿。"

"去吧，好孩子！"伊莉尼奇娜用膝盖推着孙子，小声说。

但是米沙特卡松开奶奶的衣襟，侧着身子朝门口慢慢走，想从厨房里溜出去。红军伸出长胳膊一把把他拉到怀里，问道：

"怎么，还生气吗？"

"不啦。"米沙特卡小声回答说。

"噢，不生气就好。公鸡没什么了不起的。你爹在哪儿？在顿河那边吗？"

"在那边。"

"就是说，他也在和我们打仗啦？"

米沙特卡听了很亲热的话，对红军产生了好感，就高高兴兴地告诉他：

"哥萨克们全是他指挥呢！"

"嘿，你胡扯，小东西！"

"不信你问问奶奶。"

奶奶却因为孙子快嘴快舌十分伤脑筋，只是把两手一拃挲，哼哼起来。

"全是他指挥吗？"大惑不解的红军又问了一遍。

"也许不全是……"米沙特卡看到奶奶那失望的眼神，弄糊涂了，就犹豫不决地回答说。

红军沉默了一小会儿，后来，侧眼看着娜塔莉亚，问道：

“怎么，这位小嫂子有病吗？”

“她害伤寒。”伊莉尼奇娜很勉强地回答说。

两个红军抬着一口袋面粉进了厨房，放在门口。

“老大娘，生火吧！”一个红军说，“到晚上我们来取面包，不过要小心点儿，要把面包烤好，不然可要找你麻烦！”

“尽我的本事烤就是了。”伊莉尼奇娜回答说。她高兴得不得了，因为这两个人一来，危险的谈话停止了，米沙特卡也从厨房里跑出去了。

一个红军朝着娜塔莉亚点了点头，问道：

“她是害伤寒病吗？”

“是的。”

几个红军也不知道小声说了几句什么，就离开了厨房。走在后面的一个还没有拐过弯去，河那边就发出步枪声。

三名红军都弯下腰，跑到一堵倒了一半的石墙跟前，卧倒在墙后，一齐咔嚓咔嚓地拉起枪栓，开始还枪。

吓坏了的伊莉尼奇娜跑到院子里去找米沙特卡。墙后的红军对她喊道：

“喂，老大娘！快回屋里去！会打死你的！”

“我家小孩子在外面哩！米沙特卡！乖孩子！”老奶奶带着哭腔喊道。

她跑到院心里，河那边的枪声立刻不响了。显然，河那边的哥萨克看见她了。等她把跑来的米沙特卡一抱到手上，抱进厨房，枪声又响了起来，直到三名红军离开麦列霍夫家的院子，枪声才停了。

伊莉尼奇娜小声和娜塔莉亚说着话儿，把面发上了，但是她已经不用烤面包了。

到中午时候，驻在村子里的红军机枪队，忽然急急忙忙离开人家的院子，拖着机枪，顺着土沟朝山上开去。

布置在山上工事里的一个连，也排好队伍，以急行军的速度朝将军大道上开去。

不知为什么，整个顿河上一下子就完全安静下来。大炮和机枪都不响了。一辆辆辎重车，一个个炮兵连，顺着大路和长满青草的夏季小道，连绵不断地从各个村子里朝将军大道开去；步兵和骑兵也都排成纵队开走了。

伊莉尼奇娜在窗口看着一些掉队的红军顺着石灰岩山嘴往山上爬，用围裙擦了擦手，十分激动地画了一个十字，说：

“上帝有灵呀，娜塔什卡！红党走啦！”

“噢，妈妈，他们这是从村子里到山上战壕里去，到晚上还要回来呢。”

“那他们为什么急急忙忙直跑呢？是咱们的人把他们打败啦！这些该死的东西是在撤退呢！反基督的东西们跑啦！……”伊莉尼奇娜高高兴兴地说过这话，却又动手和起面来。

娜塔莉亚从过道里走出去，站在门口，手搭凉棚，对着洒满阳光的石灰岩山顶，对着烧成了褐色的山坡，看了老半天。

一团团翻滚的黑云，在大雷雨前的一片肃静中，从山后慢慢升上来。中午的太阳火辣辣地炙烤着大地。黄花鼠在村外草地上吱吱地叫，黄花鼠那带点儿伤心意味的细细的叫声，同百灵鸟那活泼愉快的歌声交织在一起，显得出奇地和谐。娜塔莉亚格外喜欢这隆隆的炮声之后出现的寂静，所以她一动不动，贪婪地倾听着百灵鸟那天真烂漫的歌声，倾听着提水吊杆的吱扭声和充满野蒿苦味的簌簌风声。

这原野上到处流动的东西，又苦又香。风吹来晒得滚烫的黑土的热气，吹来晒得倒下去的各种野草的醉人气息，但是可以感觉出来，大雨就要来了：从顿河上吹来一阵阵清淡的潮气，一只只燕子在空中穿来穿去，那剪刀形的翅膀几乎要划到地面了，有一只草原小鹰在蓝天中飞翔，飞得远远的，躲避即将来临的大雷雨。

娜塔莉亚在院子里走了走。石墙外面，踩得乱糟糟的草地上，有好几堆金黄色的子弹壳儿。玻璃上和白石灰屋墙上都有不少子弹打的窟窿。一只幸存的母鸡，一看见娜塔莉亚，就咯哒咯哒叫着，飞到仓房顶上。

这种使人感到安宁的寂静，没有在村子里久留。刮起了大风，许多没有人住的房子的大敞着的门和护窗乒乒乓乓乱响起来。一片雪白的雹云来势汹汹地遮住太阳，并且向西方飘去。

娜塔莉亚撩着被风吹乱的头发，走到夏季厨房跟前，又站在这里朝山上看了看。在天边，一团团灰尘笼罩在雪青色的烟雾里：一辆辆大车在飞奔，一个个骑马人在狂跑。“这么看，是真的：他们走啦！”娜塔莉亚心情轻松地判断说。

她还没有走进过道，山后很远的地方就响起低沉的、隆隆的炮声，而且，维奥申两座教堂里发出的欢快的钟声也在顿河上飘荡开来，好像是和大炮声相呼应。

在顿河那边，哥萨克密密麻麻地从树林里跑了出来。他们有的拖，有的抬，把小船弄到河边上，放下水去。划船的人站在船尾，迅速地划动双桨。有三十来条小船争先恐后地朝村子这边飞来。

“娜塔什卡！好孩子！咱们的人来啦！……”伊莉尼奇娜从厨房里跑出来，一面哽咽地哭着，一面念叨着。

娜塔莉亚一下子抱起米沙特卡，把他举得高高的。她的眼睛像火一样明亮起来，但是她在气喘吁吁地说话的时候，声音还是上气不接下气的：

“看呀，乖孩子，看呀，你的小眼睛尖……也许，你爹跟哥萨克们一块儿来啦……你认不出来吗？最前头那条船上不是他吧？唉，你往那边看嘛！……”

在河边只接到瘦下去的潘捷莱·普罗柯菲耶维奇。老头子首先问了问牛、粮食和财产有没有受到损失，然后就抱住孙子孙女哭了几声。等他急急忙忙、一瘸一拐地走进自家的院子，脸色一下子变得灰白，跪了下去，画了一个老大的十字，朝东方磕了个头，他那白发苍苍的头，老半天没有从晒得滚烫的土地上抬起来。

五

顿河军的一支三千人的骑兵兵团，配备着六门马拉的大炮和十八挺驮载机枪，在谢克列捷夫将军指挥下，在六月十日用强攻突破了别洛卡里特文河口镇附近的防线，顺着铁路线，朝嘉桑镇方面推进。

第三天清晨，顿河第九团的军官侦察队在顿河边碰上暴动军的战地哨兵。哥萨克们一看见骑兵，就跑进了山沟，但是率领侦察队的哥萨克大尉从衣服上认出他们是暴动军，就挥了挥系在马刀上的手绢，高声吆喝道：

“是自己人！……别跑，乡亲们！……”

侦察队放心地跑到山沟坡下。暴动军的哨长是一个白发苍苍的老司务长，他边走边扣着被露水打湿了的军大衣，走上前来。八个军官都下了马，大尉走到司务长面前，摘下那顶箍上钉着白光闪闪的军官徽章的绿军帽，笑着说：

“你们好啊，乡亲们！好吧，咱们按照哥萨克的老习惯，亲亲嘴巴。”他十字交叉地亲了亲司务长的嘴，用手绢擦了擦自己的嘴唇和胡子，感觉到同伴们都用等待的目光看着自己，就带着意味深长的笑容，曼声问道：

“喂，怎么样，醒悟过来了吗？自己人还是比布尔什维克好吧？”

“是的，大人！我们将功折罪……打了三个月仗，没料到你们会来！”

“虽说晚了点儿，但能够醒悟过来就好。事情已经过去，旧事就不提啦。你们是哪一个乡的？”

“是嘉桑乡的，大人！”

“你们的队伍在顿河那边吗？”

“是的！”

“红军从顿河这儿上哪儿去啦？”

“他们顺着顿河往上去，八成是上顿涅茨镇去啦。”

“你们的马队还没有过河吧？”

“没有。”

“为什么？”

“我弄不清楚，大人。我们是第一批上这边来的。”

“红军在这儿安过炮兵吗？”

“安过两个炮兵连。”

“他们什么时候撤走的？”

“昨天夜里。”

“应该追赶哪！唉，你们太马虎啦！”大尉用责备的口气说，然后走到自己的马跟前，从军用包里掏出笔记本和地图。

司务长两手贴在裤缝上，直挺挺地站着。哥萨克们聚集在他身后有两步远的地方，带着高兴和惴惴不安的复杂心情打量着军官们，打量着马鞍和一匹匹跑得筋疲力尽的良种马。

军官们都穿着整整齐齐的、带肩章的英国式翻领制服和肥大的马裤。他们舒展着腿，在马旁边来来回回地走着，侧眼看着哥萨克们。他们不管哪一个，都不戴那种用化学铅笔画的自制肩章了，不再像一九一八年秋天那样了。皮靴、马鞍、子弹盒、望远镜以及挂在马鞍上的卡宾枪全是新的，而且不是俄罗斯出产的。只有一位看来年纪最大的军官，穿的是蓝色细呢子山民服，戴的是金黄色的布哈拉羊羔皮库班帽，脚上穿的是没有后跟的山民长靴。他轻轻地迈着步子，第一个走到哥萨克们跟前，从图囊里掏出一盒印着比利时国王亚尔培肖像的很漂亮的纸烟，对哥萨克们说：

“请抽烟，弟兄们！”

哥萨克们都如饥似渴地伸手来拿纸烟。其余的军官也都走了过来。

“喂,你们在布尔什维克统治下过得怎样?”一个大脑袋、宽肩膀的少尉问道。

“不怎么舒服……”一个穿着旧棉袄的哥萨克如饥似渴地抽着纸烟,一面盯着那系在膝盖上、紧紧裹着少尉那老粗的腿肚子的高高的护腿套,很拘谨地回答说。

这个哥萨克脚上拖的是穿得稀烂的毡靴。那补了多次的白色毛袜子和掖在袜筒里的裤子也都破了;所以这个哥萨克眼巴巴地望着那双英国皮靴,特别眼馋那穿不坏的厚皮底和那锃亮的铜扣眼。他忍不住,率真地说出了自己的艳羡心情:

“你们的皮靴真好啊!”

但是少尉不想和和气气地谈一谈,他带着挖苦和挑衅的口气说:

“你们本来不愿意要外国的东西,宁可要莫斯科的树皮鞋嘛,现在就不用看着人家的东西眼红啦!”

“我们错啦。已经认错了嘛……”那个哥萨克很尴尬地回答说,一面回头看着自己的人,希望得到支持。

少尉继续用讥笑的口气说:

“你们的脑袋是牛脑袋。牛总是这样的:先走,然后才站下来想。这么一来就错啦!去年秋天,你们放弃阵地的时候,想什么来着?想当委员!哼,你们这些保卫家乡的好汉!……”

一个年轻的中尉小声对着越说越上劲儿的少尉的耳朵说:“算啦,别说啦!”于是少尉才踩灭了纸烟,啐了一口,大踏步朝马走去。

大尉递给他一张纸条，小声对他说了几句话。

身体笨重的少尉异常轻快地跳上马，让马急转过身去，便朝西方跑去。

哥萨克们都很尴尬地沉默着。大尉走过来，用他那洪亮的嗓门儿低低地撇着腔，快快活活地说：

“从这儿到华尔华林村有几俄里？”

“三十五俄里。”有几个哥萨克同时回答说。

“好。就这样吧，乡亲们，你们去报告你们的首长，叫骑兵不要再耽搁，马上渡河上这边来。我们派一位军官和你们一同到渡口去，由他来带领骑兵。叫步兵往嘉桑镇开。明白了吗？好啦，就是说，你们左转弯，开步走吧！”

哥萨克们挤成一堆，朝坡下走去。大家就像商量好了似的，都一声不响地走了有百来丈远，后来那个穿棉袄的、其貌不扬的哥萨克，也就是受到神气活现的少尉奚落的那一个，摇了摇头，很伤心地叹了一口气，说：

“这就是会师呀，弟兄们……”

另外一个哥萨克马上就接上一句：

“蔓菁也不比萝卜甜啊！”并且又俏皮、又粗野地骂了两句。

六

红军紧急撤退的消息一传到维奥申，格里高力·麦列霍夫就率领两个骑兵团，洑水渡过了顿河，派出几支强大的侦察队之后，就向南方挺进。

顿河边一处高地后面正在进行战斗。大炮声轰轰隆隆连成一片，声音很低沉，好像是在地下一样。

“看起来，士官生真舍得用炮弹！用急射在轰呢！”一个指挥官朝格里高力走来，兴高采烈地说。

格里高力没有作声。他走在大队人马的前面，很留心地四面观察着。从顿河到巴兹基村这三俄里长的一段路上，有几千辆暴动军扔下的大车。树林里到处都是扔掉的东西：破箱子、椅子、衣服、马套、碗碟、缝纫机、一口袋一口袋的粮食，因为当家人十分贪心，在向顿河撤退时拉来的各种各样的东西，在这里应有尽有。大路上有些地方堆着没膝深的金黄色小麦。大路上还有一些臭烘烘的牛马尸体，已经鼓胀起来，腐烂得不成样子了。

“辛辛苦苦，到头来弄成这种样子！”十分震惊的格里高力叹了一声，摘下帽子，尽量憋住气，绕过一堆结成了块的粮食，粮食堆上躺着一个摊开四肢、头戴哥萨克帽、身穿血糊糊的棉袄的死老头子。

“老人家看守家产送命啦！真是鬼叫他留在这儿。”一个哥萨克很惋惜地说。

“恐怕是舍不得把麦子扔掉……”

“喂，快走吧！他身上的臭味实在够呛。喂！快走！……”后面有人气呼呼地叫道。

于是连队小跑起来。没有人说话了。只有许许多多的马蹄声和哥萨克佩带的武器的碰击声在树林里很和谐地响着。

……战斗就在离李斯特尼次基家庄园不远处进行。密密麻麻的红军在亚戈德庄园旁边的一条干谷里乱跑。榴霰弹纷纷在他们头顶上爆炸，机枪在他们背后扫射，加尔梅克团的骑兵拉成散兵线，从高地上奔来，拦截他们的退路。

格里高力带着两个团开到的时候，战斗已经结束了。两连红军，本来是掩护零散部队和第十四师辎重队顺着维奥申这边的翻山道路撤退的，现在被第三加尔梅克团打垮并且完全消灭了。还在冈头上，格里高力就对叶尔马柯夫下了命令说："这儿不要咱们行啦。你去和他们会合，我到这庄子上去一下子。"

"有什么事？"叶尔马柯夫惊愕地问道。

"噢，怎么对你说呢，我年轻时候在这儿当过长工，所以我很想去看看老地方……"

格里高力叫上普罗霍尔，就掉转马头朝亚戈德庄上走去。走了有半俄里，他就看见，打头的一个连的前面，呼啦呼啦地迎风飘舞着一块白布，由一个哥萨克很谨慎地高擎着。

"真好像是去投降！"格里高力眼看着自己的队伍慢慢地、好像是很不情愿地朝干谷里走去，谢克列捷夫的骑兵兵团从草地上径直地迎着他的队伍飞跑而来，不由得带着担心和懊恼的心情这样想道。

等格里高力跨过歪倒的大门，走进长满滨藜的庄园的宅院，就有一种凄凉和空虚感。亚戈德庄园完全变了样子。到处都可以看到无人经营和破坏的可怕痕迹。当年很漂亮的房子不漂亮了，而且好像变矮了。很久没有油漆过的房顶已经是黄锈斑斑，已经坏了的排水管子堆放在台阶旁边，铰链脱落的护窗斜挂在窗框上，风呼呼地往打坏的窗户里直吹，屋子里已经发出一股无人居住的苦涩的霉烂气味。

房子东面的一角和台阶都被三英寸口径的炮弹炸坏了。一棵被炮弹打倒的槭树的树头，伸进了阳台上一扇打坏的威尼斯式窗户。槭树树干的底部埋在从房基炸出来的一堆砖里，槭树就这样躺在那里了。生长极快的野蛇麻草已经爬上枯萎的槭树枝，把树枝缠住，给幸存的窗户玻璃增添了一些奇形怪状的花纹，并且向房檐伸去。

时间和风雨到处留下自己的痕迹。院子里的棚舍都破败不堪，那样子就像已经多年没有勤快的人手摸过了。马棚的石墙已经被春雨淋垮，车棚的顶子也被暴风雨掀掉，只有在像死人一样苍白的棚架和横梁上，有些地方还残留着一束一束的快要腐烂的干草。

下房的台阶上躺着三条已经变野了的猎狗。三条狗一看见人，就跳起来，低声呜噜着，躲进了过道。格里高力走到大敞着的厢房窗户跟前；他在马上弯下身子，大声问道：

“有人吗？”

厢房里很久没有声音，后来有一个打哆嗦的女人的声音回答：

“对不起，请等一等！我这就出去。”

苍老了的鲁凯莉亚嚓嚓地拖着两只光脚，来到台阶上；她被太阳一照，眯缝起眼睛，对着格里高力看了半天。

“鲁凯莉亚大婶儿，你不认识我了吗？”格里高力一面翻身下马，一面问道。

直到这时候，鲁凯莉亚的麻脸上哆嗦了一下，那呆呆的麻木神情才换成了异常激动的神情。她哭了起来，老半天没有说出一句话来。

格里高力把马拴好，很耐心地等了一会儿。

“我简直吓死啦。可不得了啊……”鲁凯莉亚用肮脏的粗布围裙擦着腮帮子，哭诉起来，“我以为，他们又来了呢……哎呀，格里什卡呀，这儿的事呀……简直没法说啦！……就剩我一个人了呀……”

“萨什卡老爹在哪儿？跟东家一块儿走了吗？”

“他要是走了，也许还能活着呢……”

“怎么，死了吗？”

“把他打死啦……在地窖里放了两天多啦……应当把他埋掉，可是我又生病……好不容易才爬起来……再说我也很怕上他那儿去，怕见死人……”

“为什么打死他？”格里高力没有抬眼睛，低声问道。

“为一匹骒马把他杀啦……咱们的东家走得很急。光把钱带走啦，家里东西差不多全交给了我。”鲁凯莉亚换成小声说，“我连一根线都看守得好好的。埋起来的东西到现在动都没动。东家只带走三匹奥勒尔的儿马，其余的都交给了萨什卡老爹。起事以后，哥萨克也来要，红党也来要。那匹叫‘旋风’的青儿马，也许你还记得吧？一开春就叫红党牵走啦。他们费了很大的劲儿才把鞍子上上。这匹马还从来没有人骑过呢。不过他们骑这匹马没有骑多久，没有骑快活。过了一个星期，卡耳根的哥萨克来啦，是他们说的。他们在冈头上遇上红党，就交手打了起来。哥萨克们有一匹发了春的骒马，恰好在这时候叫了起来。谁又能不叫红党骑的‘旋风’不朝哥萨克这边跑呢？它放开四蹄就朝骒马跑去，那个骑在上面的红党勒也勒不住。他看见已经无法勒住儿马，就想在飞跑的时候从马上跳下来。跳倒是跳下来了，可是一只脚没有从镫里抽出来。‘旋风’一直把他送到哥萨克手里。”

“妙啊！”普罗霍尔高兴得叫起来。

“现在是卡耳根的一个什么准尉骑着这匹儿马。”鲁凯莉亚从容不迫地说，“他答应过，只要东家一回来，就把马送到马棚里。就是说，把所有的马都牵走啦，只剩下叫‘神箭’的那匹骒马，就是‘模范’和‘未婚妻’生的那一匹。这匹马当时正怀着驹儿，所以谁也没有动。这马不久前下了驹儿，萨什卡老爹心疼马驹儿，心疼得就没法说啦！他常常抱着小马驹儿，用奶瓶喂牛奶和一种草汁儿，为的是叫马驹儿的腿长结实些。就这样才出了事儿……第三天，天快黑的时候，跑来三个人。萨什卡老爹正在花园里割草。他们朝他吆喝：‘到这儿来，老家伙！’他扔下镰刀，走过去，和他们打招呼，可是他们连看也不看，一面喝着牛奶，一面问他：‘有马吗？’他就说：‘有一匹，可是这马干不了上阵打仗的事：是一匹骒马，又在奶小马驹儿。’他们当中一个顶凶的家伙嚷起来：‘这号事儿你不懂！把骒马牵出来，老家伙！我的马脊梁打坏啦，我要换一匹！’他要是顺着他们，不维护这匹马就好啦，可是，你知道，他是个犟老头子……他连老爷都要顶撞呢。恐怕你还记得吧？”

“他怎么样，没有给他们吗？”普罗霍尔插嘴说。

“哼，怎么能不给呢？他只是对他们说：‘在你们来以前，来过很多骑兵，把所有的马都牵走啦，可是都知道怜惜这匹马，谁知你们是怎么回事儿……'这一下子他们就火了,嚷嚷起来:'哼,地主的奴才,你想给地主留着这匹马呀?!'他们把他骂了一通……他们有一个人把骒马牵出来,就给马上鞍,可是小马驹儿跑到肚子底下去吃奶。老爹就央告说:'你们行行好,别牵走吧!要不然,小马驹儿怎么办呀?'另外一个人说:'就这么办!'他说着,就把小马驹儿从骒马身边赶开,从肩膀上摘下枪来,对马驹儿开了一枪。我都流眼泪啦……我跑过去,央告他们,拉住老爹,怕他出事儿,可是他朝小马驹儿一看,胡子都哆嗦起来,一张脸像墙一样白,就说:'既然这样,你把我也打死吧,狗崽子!'他朝他们扑过去,抓住他们,不叫他们上鞍子。他们就火了,这一火,就把他打死啦。他们朝他一开枪,我就吓昏啦……直到眼下我还迷迷糊糊,不知道拿他怎么办。应当给他做一口棺材,可这哪儿是老娘儿们干得了的事儿呀?"

"弄两把铁锹、一块麻布来。"格里高力对她说。

"你想把他葬了吗?"普罗霍尔问道。

"是的。"

"格里高力·潘捷莱维奇,你真是自找麻烦!还是让我马上去找几个人来。他们会给他做一口棺材,挖一个像样儿的坟……"

普罗霍尔显然是不愿意来埋葬老头子,但是格里高力根本不考虑他出的主意。

"咱们自个儿来挖一个坟,把他葬了。这老头子是个好人。你上花园里去,在水池子旁边等我,我去看看死去的老人家。"

就在那个长满浮萍的池塘旁边,那棵苍翠的老杨树底下,当年埋葬格里高力和阿克西妮亚的女儿的地方,萨什卡老爹找到了自己最后的归宿地。他们把他那干瘦的身体用一块散发着啤酒花气味的干净粗布裹起来，放进去，用土埋上了。在那个小小的坟堆旁边又出现了一个新坟，用靴子踩得结结实实，把潮湿的新土踩得光溜溜的。

许多往事浮上心头，格里高力闷闷地躺倒在离这块特别可亲的小小坟地不远的草地上，对着头顶上雄伟辽阔的蓝天望了很久。在无边无际的高空里，风在奔驰着，被阳光照得亮闪闪的冷云游动着；而在刚刚接纳了快活的小马驹儿和酒鬼萨什卡老爹的大地上，依然是生机蓬勃：在像碧浪一样一直涌到花园跟前的草原上，在老场院篱笆旁边的野麻丛里，扑啦扑啦地响着一阵阵鹌鹑打架的声音，金花鼠吱吱在叫，蜜蜂嗡嗡在飞，清风吹得青草沙沙在响，百灵鸟在流动的蜃气中唱着歌儿，而为了证明人是万物之灵，在很远很远的干谷里，还有一挺机枪一个劲儿恶狠狠地、低低地嗒嗒响着。

七

谢克列捷夫将军率领司令部的军官和一连哥萨克卫队进入维奥申镇，镇上人鸣钟热烈欢迎。两座教堂里的钟一整天都在响着，就像过复活节那样。下游的哥萨克们骑着劲壮的、跑累了的顿河马在大街上走来走去。他们肩上的肩章蓝得耀眼。广场上，谢克列捷夫将军驻节的那座商人房子前面，聚集着不少传令兵。他们一面嗑葵花子，一面和那些路过的、打扮得花枝招展的镇上的姑娘们搭话。

中午时候，三名加尔梅克骑兵押着十五名被俘虏的红军来到将军的住处。他们后面跟着一辆装满乐器的双套马车。这些红军的服装与众不同：一律是灰呢子裤子和灰呢子上衣，袖口还镶着红绦。一个上了年纪的加尔梅克人走到神气活现地站在门口的传令兵面前，下了马，把他的磁烟斗塞进口袋。

“我们把红军的吹鼓手押来啦。明白吗？”

“这有什么明白不明白的？”一个肥头大脸的传令兵一面往加尔梅克人那落满灰尘的靴子上吐葵花子壳儿，一面懒洋洋地回答说。

“没有什么不什么的，接俘虏吧。吃得肥头大耳，净说废话！”

“噢，噢！你敢再说，臊羊尾巴！”传令兵恼了，但是他去通报押到俘虏的事了。

从大门里面走出一位肥胖的大尉，穿着咖啡色小棉袄，扎着腰带。他叉开两条粗腿，神气活现地叉着腰，把站在一起的红军打量了一遍，粗声粗声地说：

“你们这些唐波夫省的坏蛋，专门吹吹打打给委员们解闷儿！灰制服是从哪儿弄来的？怎么，是从德国人身上剥下来的吧？”

“绝不是的。”一个站在大家面前的红军，不住地眨巴着眼睛，回答说。他又用急促的语调解释说：“还是在克伦斯基时代，在六月攻势以前，我们乐队就穿的是这种服装……从那时候一直穿到现在……”

“我看你再穿！你再穿！看你们再穿！”大尉把剪过毛的库班

式皮帽推到脑后，露出光脑袋上一条还没有长好的红红的伤疤，用穿歪了的高高的靴后跟猛然一转，转身朝着加尔梅克人。“你这个窝囊废，把他们送来干什么？你他妈的为什么？不会在路上把他们劈了吗？”

加尔梅克人不由得挺直了身子，很麻利地把两条弯腿并到一起，一只手一直放在绿军帽的帽檐上，回答说：

“连长吩咐要送到这儿来。”

“‘要送到这儿来！’”有点儿像花花公子的大尉，轻蔑地撇了撇薄薄的嘴唇，学了一遍；然后沉甸甸地迈动两条肿胀的腿，抖动着肥嘟嘟的屁股，绕着红军走了一圈儿，就像马贩子相马一样，仔细把他们看了半天。

传令兵们都不出声地笑着。三名加尔梅克押送兵的脸上都保持着一贯的冷漠表情。

“开开大门！把他们押进院子里！”大尉吩咐说。

红军们和乱七八糟地装着乐器的大车在台阶旁边停下来。

“谁是队长？”大尉抽着烟，问道。

“没有队长。”几个声音一齐回答说。

“队长在哪儿？跑啦？”

“不是，打死啦。”

“活该，你们没有队长也行。喂，把你们的家伙拿起来！”

红军们走到大车跟前。铜喇叭声在院子里畏畏缩缩、很不整齐地响了起来，和一直没停的教堂钟声混到了一起。

“预备！来一支《上帝呀，保佑沙皇》。”

军乐队员们都一声不响地互相看了看。谁也没有开始吹

奏。尴尬局面保持了有一分钟,后来有一个光着脚,但是裹腿打得很整齐的红军,看着地面,说:

"我们谁也不会吹旧国歌……"

"谁也不会吗?有意思……喂,来人呀!来半排传令兵,带上枪!"

大尉用靴尖打着听不见的拍子。传令兵在走廊里排队,卡宾枪碰得叮当乱响。麻雀在花圃外面茂密的洋槐树上叽叽喳喳地叫。院子里热烘烘的,散发着晒热的铁皮棚顶气味和酸酸的人汗味。大尉从太阳地里走到凉荫里,这时候那个光脚的喇叭手很难受地看了看同伴们,低声说:

"大人!我们这些人都是年轻喇叭手。没有吹过旧歌曲……吹的多数是革命歌曲……大人!"

大尉心不在焉地扭着自己的镂花皮带的头儿,没有作声。

传令兵们在台阶旁边排好了队,等候命令。这时候有一个上了年纪、一只眼睛里生着白翳的喇叭手,急忙推开其余的人,从后面走上前来;一面咳嗽着,一面问道:

"让我来吹,好吗?我会吹。"他也不等答应,就把晒得滚烫的巴松管放在哆哆嗦嗦的嘴唇上。

宽敞的商人院子里,响起又单调、又难听、像哭丧一样的嗡嗡声,大尉听着听着就愤怒地皱起眉头。他把手一摆,喝道:

"别吹啦!像叫花子……要饭一样!这算是吹的什么?"

窗口出现了几位参谋和副官的笑脸。

"您叫他们吹一支送葬曲吧!"一个年纪很轻的中尉从窗户里探出半截身子,用小孩子一样的尖嗓门儿嚷道。

那十分卖劲儿的钟声停了一会儿，大尉动了动眉毛，悄悄地问道：

“我希望，你们吹吹《国际歌》，好吗，吹吧！别怕嘛！我叫你们吹，你们就吹。”

在一片静寂中，在中午火热的气流里，忽然又和谐又悲壮地响起慷慨激昂的《国际歌》声，好像是在号召进行战斗。

大尉就像老牛遇到障碍似的，低着头，叉着腿站在那里。他站着，听着。他紧绷着脖子，眯缝起来的眼睛中蓝蓝的眼白渐渐充满了血。

“算啦——啦！……”他忍不住，愤怒地吼叫起来。

乐队一下子就停住了，只有一个弯管铜号慢了一点儿，它那激昂的、未尽的余音又在灼热的空气中回荡了很久。

喇叭手们在舔着干裂的嘴唇，用袖子和肮脏的手擦着嘴。他们的脸色又疲惫又冷漠。只有一个人忍不住涌出了眼泪，泪水顺着落满灰尘的腮帮子往下流，留下两道湿印子……

就在这时候，谢克列捷夫将军在一位日俄战争时代的同事家里吃完了饭，由一位醉醺醺的副官搀扶着，来到广场上。因为天热，他又喝多了酒，头脑昏昏沉沉。走到中学砖瓦房的拐角上，已经没有力气的将军踉跄了一下，脸朝下跌倒在滚热的沙土地上。慌了神的副官想把他搀起来，却怎么也搀不起来。这时候站在不远处的人群里有人急忙跑来帮忙。两个年老的哥萨克恭恭敬敬地挽住将军的胳膊，把他搀扶起来，将军却当众呕吐起来。但是在呕吐的间隙里，他还威风凛凛地摇晃着拳头，想喊叫些什么，大家好不容易说服了他，把他搀回住处。

站在不远处的哥萨克们用眼睛送了他半天，小声议论着：

“这个宝贝醉得够呛！太不庄重啦，还算是将军呢！”

“老酒这玩意儿可不管你将军不将军。”

“不应该摆上多少，就喝多少……”

“哎，亲家，酒瘾上来，憋不住呀！有的人喝醉了出了洋相，就发誓从今不再喝酒……可是这就像大家常说的：狗发誓不吃屎，可是一见茅厕坑，就什么都忘啦……”

“就是这话！你去吆喝吆喝孩子们，叫他们离远点儿。瞧这些鬼东西，一齐跟着走，拿眼睛盯着他，就好像从来没见过醉汉。”

……镇上的钟一直响到天黑，镇上的人也一直喝到天黑。到晚上，在改做军官俱乐部的一座房子里，暴动军司令部举行了欢迎宴会。

高大而又挺拔的谢克列捷夫，是克拉斯诺库特乡一个村子里的人，是一个地道的哥萨克。他非常爱马，是个超等的骑手、勇猛的骑兵将军。然而他不是个演说家。他在宴会上发表的演说，都是醉后的胡吹，而且结尾又是对上游哥萨克明目张胆的指责和吓唬。

参加宴会的格里高力紧张而气愤地仔细听着谢克列捷夫说话。还没有清醒过来的将军，用手指头扶着桌子，站在那里，香喷喷的酒从杯子里直往外泼洒；他每一句话都说得十分僵硬：

“……不对，不是我们要感谢你们的帮助，而是你们要感谢我们的帮助！正是你们要感谢我们，这是肯定应该说的。如果没有我们，红军早把他们消灭啦。这一点你们自己是十分清楚的。可是如果没有你们,我们早把他们打垮啦。我们要打垮他们,而且,你们记住,我们一直要打到在全俄罗斯把他们肃清。秋天里,你们放弃阵地,把布尔什维克放到哥萨克的土地上来……你们想跟他们和和美美地过日子,可是没有过成!于是你们为了保自己的家产,为了保自己的命,才起事。说干脆点儿,你们是为了保自己的皮和保牛皮。我提起过去的事,并不是想指责你们的错误……你们听了这些话,不要见怪。但是,实话实说,总不会有坏处。我们已经宽恕了你们的叛变。我们像亲兄弟一样,在你们最困难的时候来帮助你们。不过你们的可耻的历史,今后一定要洗刷洗刷。明白吗,诸位军官?你们应该立功赎罪,应该忠诚报效静静的顿河,明白吗?"

"来,为了赎罪,干一杯!"坐在格里高力对面的一个上了年纪的中校,微微笑着说。他不是单独对任何人说的,因此也不等任何人,首先举杯一饮而尽。

他的脸流露着刚强气色,脸上有些碎麻子,褐色的眼睛里露出嘲笑的意味。在谢克列捷夫发言的时候,他的嘴角不止一次隐隐露出难以捉摸的冷笑,这时候他的眼睛就阴沉下来,好像完全变成了黑的。格里高力在观察中校的时候,注意到,他对谢克列捷夫称呼"你",而且对他的态度极其随便,对其他的军官却非常矜持和冷淡。在参加宴会的人当中,只有他那草绿色制服上佩戴着草绿色肩章和科尔尼洛夫部队的袖章。"这是一个有头脑的人。大概是志愿军。"格里高力心里想。中校喝酒,就像马饮水一样。也不吃菜,也不见醉,只是不时地把他那宽宽的英国皮带松一松。

“坐在我对面的这个麻子是什么人？”格里高力小声问坐在旁边的包加推廖夫。

“鬼才认识他呢。”已经有些酒意的包加推廖夫把手一摆。

库金诺夫很舍得拿酒招待客人。不知从哪里弄来一瓶酒精，放到桌子上，谢克列捷夫很吃力地把话说完了，解开绿制服，沉甸甸地坐到椅子上。有一个脸型极像蒙古人的年轻中尉哈下腰，小声对他说了几句话。

“去他妈的！”谢克列捷夫红着脸回答了一声，就端起库金诺夫殷勤地给他斟的一杯酒精，一饮而尽。

“那个斜眼睛的是什么人？是副官吗？”格里高力问包加推廖夫。

包加推廖夫用手捂着嘴，回答说：

“不是的，这是他的养子。他是在日俄战争的时候，从满洲带回来这个孩子。把他抚养大了，就送进士官学校。这个中国孩子很有出息。鬼东西非常勇猛！昨天他在马凯耶夫村外截了红军一个钱箱子。一下子弄到二百万卢布。你瞧，他所有的口袋都塞得鼓起来啦！这小子真走运！简直成了金库啦！你喝呀，干吗你要这样瞧他们？”

库金诺夫在致答词，但是几乎没有人听他的了。大家越喝越上劲儿。谢克列捷夫脱掉上衣，只穿一件贴身衬衣。他那剃得光光的脑袋出汗出得发亮，有他那洁白的亚麻布衬衫一衬，他那张紫红色的脸和晒成了酱紫色的脖子格外惹眼。不知道库金诺夫小声对他说了几句什么，但是谢克列捷夫对他连看也不看，一个劲儿地说：

“不——不——行，对不起！这就对不起了！我们信任你们，是有一定限度的……你们的叛变，我们是不会很快忘记的。凡是去年秋天投靠红军的人，都要好好记住这一点……”

“哼，我们给你们干，也有一定限度！”已经醉了的格里高力怀着冷冷的愤怒心情想着，站起身来。

他没有戴帽子，走到台阶上，带着轻松的心情，深深地吸了一口夜间的新鲜空气。

顿河边，就像大雨要来时那样，青蛙呱呱乱叫，金龟子伤心得直嗡嗡。水鹬在沙滩上很烦恼地互相呼唤着。远处的河边滩地上，有一匹找不到妈妈的马驹儿嘹亮而尖细地嘶叫着。“因为实在没办法，我们才和你们搞到了一块儿，要不然我们连你们的味儿都不想闻。可恶的坏家伙！装腔作势，神气活现，现在指责我们，再过一个星期就干脆来掐我们的脖子啦……到了这种地步！不管往哪儿看，哪儿都走不通。我以前就这样想过嘛……结果就会是这种样子嘛。这会儿哥萨克们真要翻眼睛啦！他们已经不高兴对军官先生们行举手礼和打立正啦。”格里高力一面想着，一面走下台阶，摸索着朝大门口走去。

他的酒劲儿上来，头晕起来，走路摇摇晃晃，脚步异常沉重。他走出大门，摇晃了两下，把帽子扣到头上，就拖着腿，顺着大街向前走去。

他走到阿克西妮亚的姑妈家门口，停了一会儿，想了想，然后毅然决然朝台阶走去。过道的门没有闩。格里高力也没有敲门，就朝上房走去，一眼就看见司捷潘·阿司塔霍夫坐在桌边。阿克西妮亚的姑妈正在灶边忙活着。桌上铺着很干净的桌布，上面放着一瓶没有喝完的酒,碟子里是切成片儿的红红的咸鱼。

司捷潘刚刚喝完一杯酒,看样子正要吃咸鱼,但是一看见格里高力,就把碟子一推,脊背靠到墙上。

格里高力不管怎样醉,他还是看清了司捷潘那煞白煞白的脸和像狼那样露出凶光的眼睛。一见面就惊呆了的格里高力,镇定了一下,沙哑地说:

"你们好啊!"

"托福托福。"女主人惊骇地回答说。无疑她已经知道了侄女和格里高力的关系,料想侄女的丈夫与情夫无意中相会不会有什么好事。

司捷潘一声不响地用左手捋着胡子,用冒火的眼睛盯着格里高力。

格里高力大叉开两腿,站在门口,似笑非笑地说:

"噢,我是来看看……对不起。"

司捷潘一声不响。尴尬局面一直持续到女主人鼓了鼓勇气,请格里高力就座。

"进来吧,请坐。"

现在格里高力已经没有什么好掩饰的了。他到阿克西妮亚住的地方来,这就使司捷潘全明白了。于是格里高力就不顾一切地朝前走去:

"你老婆在哪儿?"

"你是来……看她的吧?"司捷潘低低地、但是很清楚地问道;哆嗦起来的眼睫毛就遮住了眼睛。

"是来看她。"格里高力叹着气承认说。

在这一刹那，他等待着来自司捷潘的一切，并且已经渐渐清醒过来，准备好自卫。但是司捷潘睁开了眼睛（刚才眼睛里的火已经熄灭了），说：

“我叫她打酒去啦，她马上就要回来，请坐，等一等吧。”

又高大又挺拔的司捷潘甚至站了起来，推给格里高力一把椅子；他也不看女主人，就央求说：

“姑妈，请您再拿一只干净杯子来。”又对格里高力说，

“喝一点儿吧？”

“可以多少喝点儿。”

“好，请坐吧。”

格里高力坐到桌边……司捷潘把瓶子里的残酒均匀地倒进两只杯子里，抬起罩着一层雾气的眼睛看着格里高力。

“诸事如意！”

“祝你健康！”

碰过杯，喝过酒。不作声了。像老鼠一样麻利的女主人递给客人一个碟子和把子上有许多豁口的一把叉子。

“吃鱼吧！这鱼不算咸。”

“谢谢。”

“您用碟子接着吃，快吃吧！”高兴起来的女主人殷勤相让。

她高兴得不得了，因为一切都平平安安地过去，没有打架，没有打碎杯碟，没有把事情吵开。势头不妙的谈话结束了。丈夫和妻子的情夫和和气气地同坐在一张桌子旁。现在他们一声不响地吃着东西，谁也不看谁。殷勤的女主人从柜子里找出一块干净手巾，好像是要把格里高力和司捷潘连结起来似的，把手巾的两

头放在两个人的膝盖上。

“你为什么不在连里?”格里高力一面吃鳊鱼,一面问道。

“我也是来看看。”司捷潘沉默了一会儿,回答说,从他的声音上,怎么都判断不出他说的是老实话呢,还是带着刺儿。

“连里的人大概都回家了吧?”

“都回村子里去啦。怎么样,咱们来干一杯?”

“来吧。”

“祝你健康!”

“诸事如意!”

过道里的门环当啷响了一声。已经完全清醒过来的格里高力皱着眉头看了看司捷潘,见他的脸一阵白,就像掠过一阵波浪。

阿克西妮亚披着一条呢子头巾走进来,没有认出格里高力,走到桌边,从旁边一看,她那睁得大大的黑眼睛里顿时露出恐怖的神情。她倒吸了一口气,好不容易才说出话来:

“您好,格里高力·潘捷莱维奇!”

司捷潘放在桌上的两只虬筋盘结的大手忽然轻轻哆嗦起来,格里高力看见这种情形,就一声不响地朝她点了点头,一句话也没有说。

她把两瓶酒往桌上放的时候,又用充满惶恐和暗暗高兴的目光瞥了格里高力一眼,就转身走到黑暗的角落里,坐到大柜子上,用哆哆嗦嗦的两手理了理头发。司捷潘压下心中的怒火,解开勒得他透不过气来的衬衣领子,满满地斟了两杯酒,转过脸去对妻子说:

“拿一个杯子,坐到桌上来。”

“我不。”

“来坐吧！”

“我不会喝酒嘛，司乔巴！”

“还要我说多少遍吗？”司捷潘的声音哆嗦起来。

“来坐吧，嫂子！”格里高力带着赞同的意味笑了笑。

她带着祈求的神情看了他一眼，很快地走到小橱子跟前。一个小碟子从搁板上掉下来，当啷一声摔得粉碎。

“哎哟，真倒霉！”女主人伤心地把两手一挓挲。

阿克西妮亚一声不响地收拾地上的碎片儿。

司捷潘也给她满满地斟上一杯，他的眼睛里又露出苦恼和痛恨的神情。

“来，咱们喝……”他刚开口，又顿住了。

在一片寂静中可以清楚地听到，坐到桌旁的阿克西妮亚喘得又急，又不均匀。

“……咱们喝，家里的，为了咱们长期分离。怎么，不喝吗？不会喝吗？”

“你知道吗……”

“我如今全知道……好吧，不为咱们分离！为了贵客格里高力·潘捷莱维奇的健康干一杯吧。”

“为了他的健康我喝一杯！”阿克西妮亚响亮地说，就把一杯酒一口气喝光。

“你真是傻心眼儿呀！”女主人跑到厨房里，小声嘟哝说。

她躲到角落里，用两只手按住胸口，等待着被掀翻的桌子轰隆一声倒在地下，等待枪声砰砰响起来……可是上房里一片死静。只能听见，天花板上的苍蝇被灯光照得嗡嗡叫着，在窗外，镇上的公鸡互相呼应着，报告午夜的降临。

八

顿河上六月的夜晚是很黑的。在黑石板似的天上，因为静得受不了，有时划过金色的闪电，有的星星落下来，映入顿河的急流中。从草原上吹来干爽的和风，把正在开花的薄荷的香甜气味送到人住的地方来；在河边滩地上，散发着清淡的湿草气味、淤泥气味和潮湿气味，青蛙不住声地叫着，河边的树林就像童话里那样，笼罩在银纱一般的夜雾里。

半夜里，普罗霍尔醒来，他问房东：

"我们那一位没回来吗？"

"没有。正和将军们喝着呢。"

"怪不得呢，恐怕这一下子喝足啦！"普罗霍尔馋得叹了一口气，就打着哈欠，开始穿衣服。

"你要上哪儿去？"

"我去饮饮马，再添点儿料。潘捷莱维奇说，天一亮就要上鞑靼村去。回去住上一天，然后就去赶自己的队伍。"

"离天亮还早呢。再睡一会儿吧。"

普罗霍尔不高兴地回答说：

"老大爷，一下子就能看出来，你压根儿就没当过兵！我们当兵打仗，要是不把马喂好，不把马照应好，到时候也许就活不成。骑瘦马能跑得动吗？你骑的马越好，逃起命来就越快。我这个人呀，我才用不着追赶敌人呢，可是如果紧急起来，需要退却，那我就头一个跑！我在枪林弹雨里跑过多少年啦，对这种事讨厌透啦！老大爷，点上灯，要不然脚布都找不到。好，谢谢！是啊，我们的格里高力·潘捷莱维奇想挣十字章，想升官，哪儿打得厉害他往哪儿去，我可不是这种傻瓜，我犯不着。好，好像他来啦，恐怕醉得够呛啦。”

有人轻轻地敲门。

“请进来！”普罗霍尔叫道。

进来的是一个陌生的哥萨克，绿色军便服上佩戴着下士肩章，军帽上还钉着徽章。

“我是谢克列捷夫将军司令部的传令兵。我可以见见麦列霍夫大人吗？”他把手往帽檐上一举，在门口打了个立正，问道。

“他不在。”被受过严格训练的传令兵的姿势和称呼弄得瞠目结舌的普罗霍尔回答说，“你别立正啦，我年轻时候也和你一样，是个呆瓜。我是他的传令兵，你有什么事？”

“我是奉谢克列捷夫将军的命令来请麦列霍夫大人的，请他马上到军官俱乐部去。”

“天一黑他就去了嘛。”

“他去过，可是后来他从那儿回家来啦。”

普罗霍尔吹了一声口哨，朝着坐在床上的房东挤了挤眼睛：

“明白了吗，老大爷？他溜啦，就是说，上他的小宝贝儿那儿去啦……好，你回去吧，老总，我去找他，叫他径直上那儿去！”

普罗霍尔把饮马和上料的事托付给老头子，就朝阿克西妮亚的姑妈家走去。

维奥申镇沉睡在黑漆漆的夜幕里。夜莺在顿河那边的树林里争先恐后地唱着。普罗霍尔不慌不忙地走到那座熟悉的小房子跟前,走进过道,刚刚抓住门把手,就听见司捷潘的沙哑的声音。普罗霍尔心里想:“我真算碰上鬼啦!他要是问我,你来干什么?我可是没有话说。哼,不管这一套,随便怎样吧!我就说是来买酒的,说是街坊上有人叫我上这座房子里来。”

他大着胆子走进上房,一进门就惊呆了,一声不响地张大了嘴:格里高力和阿司塔霍夫两口子同坐在一张桌子前,而且好像什么事儿也没有,格里高力正在喝杯子里的暗绿色老酒。

司捷潘看了看普罗霍尔,强笑着说:

“干吗你把嘴张得老大,连好也不问一声?是不是看到什么西洋景啦?”

“好像是这样……”普罗霍尔还没有回过神来,就掼动着两只脚回答说。

“喂,别害怕,进来吧,请坐。”司捷潘说。

“我没有工夫坐……格里高力·潘捷莱维奇,我是来找你的。叫你马上去见谢克列捷夫将军。”

格里高力在普罗霍尔来以前,就几次想走了。他几次推开酒杯,站起身来,可是马上又坐了下来,他害怕司捷潘会把他的走看作是明显的胆怯的表现。好强心不允许他扔下阿克西妮亚,让位给司捷潘。他喝着,但是酒对他已经不起作用了。格里高力清醒地估计到自己处境的为难,在等待下文。有一刹那他觉得司捷潘要打老婆了,就是在她为他格里高力干杯的时候。但是他错了:司捷潘举起一只手来,用粗糙的手擦了擦晒得黑黑的额头,在短时间的沉默以后，带着赞赏的神气看着阿克西妮亚，说："不简单，家里的！我就喜欢这种胆量！"

后来普罗霍尔进来了。

格里高力想了想，决定不走，想看看司捷潘怀的是什么心思。

"你上那儿去，就说没有找到我。明白了吗？"他对普罗霍尔说。

"明白是明白啦。不过，潘捷莱维奇，你顶好还是去一下吧。"

"不用你管！走吧。"

普罗霍尔正要朝门口走，但是这时候阿克西妮亚忽然插嘴了。她也不看格里高力，冷冷地说：

"不必啦，不用客气，你们一块儿走吧，格里高力·潘捷莱维奇！您来看看我们，跟我们一块儿坐坐，多谢啦……不过已经不早啦，鸡叫二遍啦。天快亮啦，天一亮我就要和司乔巴回家去……再说你们也喝了不少。别喝啦！"

司捷潘也不挽留，于是格里高力站起身来。在告别的时候，司捷潘把格里高力的手攥在自己的冷冰冰、硬邦邦的手里，好像还想最后说几句话，但是一直没有说，一声不响地用眼睛把格里高力送到门口，就又不慌不忙地伸手去拿没有喝完的酒瓶……

格里高力一走到街上，就感到极其疲倦。他吃力地迈动着双腿，走到第一个十字街口，就向紧紧跟在他后面的普罗霍尔央求说：

"你去备上马，牵到这儿来。我走不动啦……"

"要不要报告一下，说你要走？"

“不用。”

“好吧，你等一下，我很快就来！”

一向慢腾腾的普罗霍尔这一次大步朝住处跑去。

格里高力蹲到篱笆跟前，抽起烟来。脑子里回想着和司捷潘会面的情形，淡漠地想道：“哼，现在他知道啦，没什么了不起的。只要不打阿克西妮亚就好。”后来，他因为疲倦，因为激动劲儿已经过去，不觉躺下去，打起盹儿来。

普罗霍尔很快就回来了。

他们坐船来到顿河右岸，就放马大跑起来。

天一亮，他们就进了鞑靼村。格里高力在自家的大门前下了马，把缰绳扔给普罗霍尔，就怀着激动的心情急急忙忙朝房里走去。

不知为什么娜塔莉亚披着衣服来到过道里。一看见格里高力，她的两只惺忪的眼睛就放射出那样明亮的喜悦光彩，格里高力的心不由地哆嗦了两下，眼睛顿时湿了。娜塔莉亚一声不响地抱住自己唯一的亲人，全身紧紧贴在他的身上，格里高力感觉到她的肩膀在哆嗦着，知道她在哭。

他走进房里，亲过两位老人家和睡在上房里的两个孩子，就在厨房当中站了下来。

“喂，你们怎么熬过来的？一切都平安无事吗？”格里高力激动得呼哧呼哧喘着，问道。

“好孩子，托老天爷的福呗。我们是很害怕，怕他们折腾我们，可是他们没有，”伊莉尼奇娜急急忙忙回答过，侧眼看了看哭起来的娜塔莉亚，就沉下脸吆喝她说，“应当高高兴兴嘛，你倒哭起来啦，傻东西！去吧，别呆站在这儿啦！快弄柴禾生火去……”

她和娜塔莉亚忙着做早饭的工夫，潘捷莱·普罗柯菲耶维奇给儿子拿来一条干净毛巾，说：

“你洗洗脸，我给你胳膊上浇点儿水。浇浇水，脑子可以清爽些……你浑身一股酒气。大概，你是因为喜事，昨天多喝了几杯吧？”

“喝是喝啦。不过现在还不知道：究竟是喜事还是祸事……”

“怎么这样说？”老头子说不出的惊愕。

“谢克列捷夫对咱们太无礼啦。”

“噢，这没什么了不起的。当真他也跟你一块儿喝酒了吗？”

“嗯，是的。”

“你可瞧瞧！格里什卡，你真有福气呀！你和一位真正的将军同坐一桌啦！真不得了！”潘捷莱·普罗柯菲耶维奇十分感动地看着儿子，高兴得咂了咂舌头。

格里高力笑了笑。他怎么也不能分享老头子那天真的狂喜心情。

格里高力郑重地问起牲口和财产是不是都保住了，粮食损失了多少，但是他发觉，父亲对于谈家务事，不像以前那样感兴趣了。老头子脑子里有更重要的事，有事情使他放不下心来。

而且他很快就把心事说了出来：

“格里什卡，现在怎么办呀？难道还要再去当差吗？”

“你这是说的谁？”

“说的是老头子们，比如，就说我吧。”

“眼下还不知道。”

“这么说,还要出去吗?”

“你可以留下来。”

“你这话才对!”潘捷莱·普罗柯菲耶维奇高兴得叫起来,并且兴奋得一瘸一拐地在厨房里走起来。

“你坐下吧,瘸鬼!别蹚得满屋子都是灰!一高兴起来,就到处乱跑,像一条坏狗!”伊莉尼奇娜厉声喝道。

但是老头子丝毫没有理会她的吆喝。他从桌子到炉灶来来回回走了好几趟,一面笑一面搓着手。这时候他提出一个疑问。

“你就能放我回家吗?”

“当然,我能。”

“可以出证明吗?”

“当然可以!”

老头子犹豫了一会儿,但还是问道:

“证明这玩意儿,怎么弄法呢?……没有印啊。莫非你带着印吗?”

“没有印也行!”格里高力笑了笑。

“噢,那就没什么说的啦!”老头子又高兴起来,“上帝保佑你健康!你想什么时候动身?”

“明天。”

“你的队伍开到前面去了吗?是上大熊河河口去了吧?”

“是的。爹,你不用为自个儿担心。反正不久就要把像你这样的老头子都放回家来。你们服役已经服够啦。”

“上帝保佑!”潘捷莱·普罗柯菲耶维奇画了一个十字,看样子,他完全放下心来了。

两个孩子醒了。格里高力把他们抱起来，放在自己的两个膝盖上，轮流亲着他们，笑着，听他们高高兴兴地唠叨了半天。

孩子们的头发气味太好闻了！这里面有太阳气味、青草气味、暖和和的枕头气味，还有一种无限亲切的气味。他们——这都是他的亲骨肉——就像是两只草原上的小鸟儿。抱着他们的父亲的两只大黑手显得多么笨拙呀。他这个暂离鞍马一昼夜的骑士，浑身都是冲鼻子的当兵人气味和马汗气味，还有苦涩的风尘气味和皮带气味——处在这个和平的小天地里，显得多么格格不入呀……

格里高力的眼睛蒙上一层云雾般的眼泪，嘴唇在胡子底下哆嗦着……他有三四次没有回答父亲的问话，直到娜塔莉亚拉了拉他的军便服袖子，他才朝桌子走去。

不对了，不对了，格里高力完全不是原来那个格里高力了！他从来就不是那么容易动感情的人，就连小时候他都很少哭。可是现在，这眼泪，这低沉的、不住的心跳，这喉咙里好像有一口无声的钟在撞击的感觉……不过，这一切也许是因为，他昨天夜里喝多了，而且一夜没有睡吧……

把牛赶进牧场的妲丽亚回来了。她把两片笑盈盈的嘴唇向格里高力伸去，格里高力用开玩笑的姿势捋了捋胡子，把脸凑到她跟前，她就闭上了眼睛。格里高力看见，她的睫毛就像被风刮得似的，哆嗦了几下，有一刹那他闻到她那丰润的腮上的雪花膏香味。

可是你瞧，妲丽亚还是原来那个妲丽亚。看样子，不论什么样的痛苦，不仅不能摧折她，而且也不能把她压弯在地上。她生在人世上，就像红柳条儿：又柔软，又美丽，人人都可以和她亲近。

“你还是这样漂亮吗？”格里高力问。

“就像路边的闹羊花！”妲丽亚眯缝起亮闪闪的眼睛，嫣然一笑。她马上走到镜子前面，撩了撩从头巾里耷拉下来的头发，打扮起来。

妲丽亚就是这个样子，这是没有办法的。彼特罗的死好像抽了她一鞭子，但是她痛苦过一阵子以后，刚刚回过神来，就更加贪恋生活，更注意修饰自己的容貌了……

把睡在仓房里的杜尼娅叫醒了。做过祷告，全家人就围着桌子坐下来。

“哎呀，你老了嘛，小哥！”杜尼娅怜惜地说，“灰沉沉的模样儿，就像狼一样。”

格里高力不说话也不笑，隔着桌子看了看她，然后才说：

“我就应该是这样。我该老啦，你也到了该找对象的时候……不过有一点我要告诉你：从今以后，你对米沙·柯晒沃依连提都别提。如果我听到你以后还想他，我就踩住你一条腿，抓住另一条腿，像撕一只蛤蟆一样，就这么一撕！懂吗？”

杜尼娅的脸一下子红了，红得像罂粟花一样，她含着眼泪看了看格里高力。

他一直用恨恨的目光盯着她，在他的一张发了狠的脸上——从他的胡子底下龇出来的牙齿上，从眯缝起来的眼睛里——更加明显地流露出麦列霍夫家的人生来就有的蛮劲儿。

但是杜尼娅也是麦列霍夫家生的：她在一阵害羞和委屈之

后，定下心来，声音虽小然而很果断地说：

“小哥，您知道吗？一个人的心，是没法子改变的呀！”

“心要是不肯改变，就该把这样的心挖出来。”格里高力冷冷地说。

“孩子，这话可不是你应该说的……”伊莉尼奇娜在心里说。

但是这时候潘捷莱·普罗柯菲耶维奇插嘴了。他用拳头在桌上一擂，吼叫起来：

“你这狗丫头，给我住嘴！要不然我就把你的心治一治，把你的头发揪光！你这下流东西！我这就去拿缰绳……”

“爹！咱们家连一根缰绳都没有啦，全叫抢走啦！”妲丽亚带着恭顺的神情截住他的话。

潘捷莱·普罗柯菲耶维奇气势汹汹地瞪了她一眼，声音仍然没有放低，继续发作起来：

“我去拿马肚带，我要把你他妈的……”

“马肚带也叫红党拿走啦！”妲丽亚依然用天真的目光看着公公，不过声音已经大些了。

这一下子潘捷莱·普罗柯菲耶维奇忍不住了。他气得憋红了脸，一声不响地张着大嘴（这时候他很像一条从水里拖出来的青鱼），对儿媳妇看了一会儿，然后声嘶力竭地嚷道：

“住嘴，该死的东西，我日你八辈祖宗！连话都不叫人说！这算怎么回事儿？你，杜尼娅，给我记住：不准有这种事！这是我当老子的对你说的！格里高力说的对：你要是还想那个坏小子，就把你宰了也不多！偏要找上那家伙！偏要叫那个千刀万剐的家伙迷住心窍！那还算是人吗？能叫这样的坏家伙做我的女婿？！

这会儿他要是落在我手里,我要亲手把他宰了! 你试试看,我去拿树条子,好好抽你一顿……”

“你就是大白天打着灯笼也别想在院子里找到树条子,”伊莉尼奇娜叹着气说,“你就是在院子里跑遍了,连一根生火的小树枝儿也找不到。这过的是什么日子呀!”

潘捷莱·普罗柯菲耶维奇把这番毫无用心的老实话也当作别有用意的。他眼睛一眨也不眨地看了看老伴儿,就像疯子一样跳起来,跑到院子里去了。

格里高力扔下调羹,用手巾捂住脸,不出声地大笑起来,笑得直打哆嗦。他的火气过去了,他笑得很开心,很久没有这样笑过了。除了杜尼娅,大家都在笑。饭桌上高高兴兴,热闹起来。但是台阶上一响起潘捷莱·普罗柯菲耶维奇的脚步声,大家的脸马上都板了起来。老头子像一阵旋风似的冲了进来,身后拖着一根老长的赤杨树棒子。

“有啦! 有啦! 足够你们这些该死的长舌头娘儿们受用的啦! 你们这些长尾巴妖精! ……没有树条子吗? 这是什么? 你这老妖婆,也要抽你一顿! 你们都来给我试试吧! ……”

树棒子长得进不了厨房,撞翻了一口铁锅以后,老头子砰的一声把树棒子扔在过道里,他就呼哧呼哧喘着粗气,坐到饭桌前。

他的心情显然坏透了。他哼哧哼哧,一声不响地吃着饭。其余的人也都不作声。妲丽亚看着桌子,不敢抬眼睛,生怕笑出声来。伊莉尼奇娜叹着气,声音极小地说:“啊,主呀,主呀,我们的罪过太重啦!”只有杜尼娅一个人没有心思笑,还有娜塔莉亚,老头子不在的时候她不大自然地笑过一阵,后来就又是一副聚精会神和伤感的样子了。

“拿点儿盐来！拿面包来！”潘捷莱·普罗柯菲耶维奇用一闪一闪的眼睛瞟着家里人，偶尔用威严的腔调吼两声。

这场家庭口角结束得十分出人意料。在大家都不作声的时候，米沙特卡又挑了挑爷爷的怒火。米沙特卡经常听到奶奶在吵架的时候用各种各样难听的话骂爷爷，这一回他看见爷爷要打大家，而且对着一家人嚷嚷，小小的心里就十分生气，于是他哆嗦着鼻孔，忽然十分响亮地说：

“你嚷嚷什么，瘸鬼！该拿棍子敲你脑袋，叫你别再吓唬我们和奶奶！……”

“你这是说我……说爷爷……是吗？”

“就是说你！”米沙特卡毫不含糊地承认说。

“可以对自己的爷爷……说这样的话吗？！……”

“那你干吗要嚷嚷？”

“这小东西成什么样子了？”潘捷莱·普罗柯菲耶维奇捋着大胡子，惊愕地扫了大家一眼，“这些话都是从你这老妖婆嘴里听来的！全是你教的！”

“谁又教他来？这个野东西完全像你和他爹！”伊莉尼奇娜气呼呼地辩白说。

娜塔莉亚站起来，打了米沙特卡一耳光，教训说：

“不许这样和爷爷说话！不许这样！”

米沙特卡把脸扎到格里高力两个膝盖中间，大哭起来。可是潘捷莱·普罗柯菲耶维奇非常心疼孙子，他从桌边跳起来，流下眼泪，也不去擦顺着胡子往下直淌的泪水，高高兴兴地大叫起来：

“格里什卡！我的好儿子！你妈有眼力！老奶奶说的话很对！是咱们家孩子！是麦列霍夫家生的！……是不是咱们家的，这一下子就看出来啦！……这小断谁也不含糊！……好孙子！我的好孩子！……来，来打我这个老浑蛋，想怎么打就怎么打！……揪老浑蛋的胡子！……”于是老头子从格里高力手里接过米沙特卡，把他高高地举到头上。

吃完早饭，大家都离了饭桌。妇女们去洗碗碟，潘捷莱·普罗柯菲耶维奇就抽起烟来，对格里高力说：

“有一点事儿不大好对你说，因为你是客人，不过没有法子……你帮我栽栽篱笆，把场院围起来，要不然什么都糟蹋完啦，如今又不好去求外人。大家的家业都糟蹋得够呛。”

格里高力高高兴兴地答应了，于是两个人一块儿修补起篱笆，整个上午都在干活儿。

老头子一面在菜园里栽篱笆桩子，一面问道：

“不知哪一天才动手割草，我不知道要不要买点儿草。这家业方面的事，你看怎么办？值不值得操心？也说不定，过一个月，红军又来，到那时候什么都是他妈的白干一场吧？”

“爹，我不知道，”格里高力坦白地说，“我不知道这局面会怎么样，不知道谁会打败谁。就这样过下去吧，囤里用不着有多余的粮食，栏里用不着有多余的牲口。如今这种年月，什么东西都没有意思。就拿我丈人来说吧，操劳了一辈子，发了财，耗费了自己的血汗，也耗费了别人的血汗，到头来又剩下什么呢？院子里只剩下一片焦土！”

“伙计，我也是这样想。”老头子压下一声叹息，附和说。

他再也没有谈家业方面的事。到了下午，他看到格里高力一个人很细心地在安装场院的小门，就带着懊恼和明显的伤心意味说：

“马马虎虎安上去算啦，干吗要费那么大的劲儿？这门又不能管一辈子！”

看样子，到现在老头子才认识到自己想叫日子照老样子过下去是白费心机……

太阳快要落山的时候，格里高力扔下活儿，朝房里走去。娜塔莉亚一个人在上房里。她打扮得漂漂亮亮的，就像要过节一样。她系着一条蓝呢裙子，穿一件天蓝色绸褂子，胸前绣着一朵花，袖口还镶着花边，穿在身上显得很协调。她的脸泛着一层淡淡的粉红色，并且因为刚刚用胰子洗过脸，所以有点儿发亮。她正在柜子里找东西，但是一看见格里高力，就把盖子放下，笑盈盈地站起来。

格里高力坐在柜子上，说：

“你来坐一会儿，要不然我明天就要走，咱们就不能说话儿啦。”

她顺从地挨着他坐下来，用多少有点儿害怕的眼睛从旁边看了看他。可是出乎她的意料，他抓住她的一只手，很亲热地说：

“你不瘦嘛，就好像没有生过病。”

“复原啦……我们女人都像猫一样，不容易死。”她羞怯地笑着，低着头说。

格里高力看到她那长着一层茸毛的淡红色的耳朵和后脑勺上头发缝儿里的黄黄的皮肤，就问道：

“掉头发啦？”

“差不多都掉光啦，掉得快成秃子啦。”

“我现在来给你剃剃头，好吗？”格里高力忽然自告奋勇说。

“哎哟！”她害怕地叫道，“那我像什么啦？”

“要剃一剃，要不然头发不肯长。”

“妈妈说要用剪子给我剪呢。”娜塔莉亚不好意思地笑着说，一面很麻利地把一块漂得雪白的头巾披在头上。

她跟他在一块儿了，这是他的妻子，是米沙特卡和波柳什卡的母亲。她打扮得漂漂亮亮，把脸洗得干干净净，都是为了他。她急急忙忙披上头巾，不叫病后很难看的头露出来，她把头微微朝一旁歪着，坐在他旁边，显得十分可怜，样子不美，然而闪耀着一种纯洁的内心美，因此还是很美的。她总是穿高领衣服，为的是不叫他看到当年毁坏了她的脖子的伤疤。这一切都是为了他……一股柔情的激浪冲进格里高力的心里。他想对她说几句温柔、亲热的话儿，但是找不到话儿，就一声不响地把她搂到怀里，吻了吻她那白白的、饱满的额头和忧郁的眼睛。

说实话，他对她还从来没有这样爱怜过呢。阿克西妮亚使她的整个生活失去了光彩。丈夫这种真挚的疼爱使她十分感动，她激动得一张脸通红，抓住他的一只手，放到自己的嘴上。

他们一声不响地坐了一会儿。落日的红光射进上房。孩子们在台阶上嚷嚷。可以听见，妲丽亚在从炉膛里往外掏烤得烫手的铁罐子，她很不满意地对婆婆说：“您恐怕不是天天挤奶。那头老牛出奶少啦……”

牲口从牧场上回来了。老牛哞哞地叫着，孩子们甩得马尾编成的鞭子劈劈啪啪直响。村里的一头公用公牛沙哑地、时断时续地吼着。它那光滑的胸前垂肉和平平的脊梁被牛虻咬得血糊糊的。公牛恶狠狠地摇晃着脑袋；它走着走着，用两只短短的、叉得宽宽的角把阿司塔霍夫家的篱笆抵了一下，把篱笆抵倒，又朝前走去。娜塔莉亚从窗户里望了望，说：

“这公牛也跑到顿河那边去了呢。妈妈说：村子里枪声一响，这牛就从河边泭水过了顿河，后来就一直躲在河湾里。”

格里高力没有作声，他沉思起来。为什么她的眼神这样忧郁呢？而且这一双眼睛里还有一种神秘的、不可捉摸的东西，忽而出现，忽而消失。她在高兴的时候也这样忧郁，有点儿不可理解……也许，他和阿克西妮亚在维奥申的事，她听说了吧？终于他问道：

“你今天脸色怎么这样阴沉？你心里觉得怎样，娜塔莎？你说说，好吗？”

他以为她一定会流眼泪，会责备他……但是娜塔莉亚惊骇地回答说：

“没有，没有，你觉得是这样，可是我没什么……当然，我身体还没有完全复原。头有点儿晕，低头或者抬头，眼里就发黑。”

格里高力用探询的目光看了看她，又问道：

“我不在家，你没有出什么事儿吧？……没有人怎么样你吧？”

“没有，瞧你说的！我一直在生病嘛。”她理直气壮地看了看格里高力，甚至微微笑了笑。她沉默了一会儿，问道，“明天一早你就动身吗？”

“天一亮就走。”

“再住一天不行吗？”娜塔莉亚的口气中带着没有把握的、微弱的希望。

但是格里高力摇了摇头，表示不行，于是娜塔莉亚叹着气说：

“你现在要……戴肩章了吧？”

“要戴啦。”

“好，那你把衣服脱下来，趁现在还看得见，我给你缝上。”

格里高力嗯了一声，把军便服脱下来。军便服上的汗还没有干。衣服的背上和肩上，被武装带磨得光溜溜的地方，有不少黑黑的湿印子。娜塔莉亚从柜子里找出晒褪了色的绿肩章，问道：

“是这个吧？”

“就是的。你还收着吗？”

“我们把柜子埋起来啦。”娜塔莉亚一面往针眼儿里穿线，一面嘟哝着说；她又偷偷地把落满尘土的军便服贴在脸上，使劲儿闻了闻那种异常亲切的咸咸的汗味儿。

“你这是干什么？”格里高力惊异地问道。

“这上面有你身上的味儿……”娜塔莉亚忽闪着眼睛说了一句，就低下头去，想掩饰脸上忽然出现的红晕，接着就很快地缝起来。

格里高力穿上军便服，皱起眉头，耸了耸肩膀。

“你戴上肩章更好看！”娜塔莉亚带着掩饰不住的欢喜神情望着丈夫说。

但是他侧眼朝自己的左肩看了看，叹了一口气，说：

“顶好一辈子别看见肩章。你什么也不懂！”

他们又在上房里的柜子上坐了很久，手拉着手，一声不响地各自想着心事。

后来，天黑下来，房屋的浓浓的雪青色阴影投在冷下来的土地上，他们便到厨房里去吃晚饭。

一夜过去。旱闪一直在天空飞掣到黎明时候，夜莺在樱桃园里一直唱到东方发白。格里高力醒来，闭着眼睛躺了很久，倾听着夜莺那清脆悦耳的歌声，后来，为了尽量不惊醒娜塔莉亚，轻轻地起来，穿上衣服，来到院子里。

潘捷莱·普罗柯菲耶维奇喂过了战马，又很殷勤地说：

"趁现在还没有动身，我牵去洗洗好吗？"

"不用啦。"格里高力因为清晨的潮气冰人，缩了缩脖子，说。

"睡得还好吗？"老头子问道。

"睡得好极啦！就是夜莺把我吵醒啦。吵了一夜，真倒霉！"

潘捷莱·普罗柯菲耶维奇把马料袋从马脖子上摘下来，笑着说：

"伙计，夜莺就是干这种事儿的嘛。有时候你还要羡慕这些自由自在的鸟儿呢……鸟儿不怕打仗，也不怕倾家荡产……"

普罗霍尔骑着马来到大门口。他的脸刮得光光的，仍然和往常一样，高高兴兴，有说有笑。他把马拴在桩子上，朝格里高力走来。他的帆布褂子熨得平平整整的。肩上戴着崭新的肩章。

"你也戴上肩章啦，格里高力·潘捷莱维奇？"他边走边嚷道，"这该死的玩意儿，放了好久啦！这会儿咱们怎么都戴不坏啦！直到死都够戴的啦！我对我老婆说：'浑蛋娘儿们，你别缝死了！稍微连上一点儿，只要别叫风吹掉就行！'要不然咱们的事儿可难说！万一落到红军手里，他们凭肩章马上就能认出来，虽然我不是军官级别，可也总是一个上士。他们会说：‘你这坏家伙，你当差有两下子，伸脖子挨刀一定也有两下子！’看见吗，我的肩章是怎样缝上的？多有意思！”

普罗霍尔的肩章确实缝的是活针，勉勉强强连在肩上。

潘捷莱·普罗柯菲耶维奇哈哈大笑起来。在他那灰白色的胡子底下，龇出亮闪闪的、一个也没有掉的满嘴白牙。

“瞧你这个当兵的！恐怕一有什么，你就把肩章扯掉吧？”

“你以为怎样呢？”普罗霍尔嘿嘿地笑了笑。

格里高力笑着对父亲说：

“爹，你看见吗，我找的传令兵多好啊？要是和他一块儿遇上危险，那就完啦！”

“不过，格里高力·潘捷莱维奇，就像俗话说的……你死了，我也活不成啊。”普罗霍尔辩白说。他轻轻地把肩章扯下来，掖到口袋里，“等咱们到了前线上，再缝上也不晚。”

格里高力匆匆吃过早饭，就和家里人告别。

“圣母娘娘保佑你吧！”伊莉尼奇娜亲着儿子，十分激动地嘟哝着，“只剩下你这一个儿子啦……”

“好啦，送得越远，流的眼泪越多。再见吧！”格里高力用哆哆嗦嗦的声音说过这话，便走到马跟前。

娜塔莉亚把婆婆的一条黑头巾披在头上，走出大门。两个孩子拉住她的裙子下摆。波柳什卡不住声地大哭着，哭得上气不接下气，央求妈妈说：

“别叫他走呀！别叫他走呀，妈妈！打仗会打死他呀！爹，你别去吧！"

米沙特卡的嘴唇哆嗦着，但是他决不哭。他很勇敢地控制着自己，气哼哼地对妹妹说：

"别胡说，浑蛋东西！打仗又不是把所有的人都打死！"

他牢牢记着爷爷的话：哥萨克从来不哭，哥萨克哭——是最大的耻辱。但是等父亲已经骑在马上，把他抱到鞍上，亲他的时候，他十分惊讶地看到，父亲的眼睫毛湿了。这时候米沙特卡也经受不住考验了：他的眼泪像雹子一样哗哗落下来！他把脸藏到父亲束了皮带的胸前，叫道：

"叫爷爷去打仗好啦！我们要他干什么？……我不叫你去！"

格里高力小心翼翼地把儿子放在地上，用手背擦了擦眼睛，就一声不响地催动了战马。

有多少次，战马用铁蹄踹着自家台阶前的土地，急转过身去，驮着他顺着大道，或者走没有路的草原，奔向战场，奔向那可怕的死神等候着哥萨克，如哥萨克的歌中所说的，"每日、每时都有恐怖和苦难"的地方，可是不管哪一次，格里高力都没有像在这个可爱的早晨一样，怀着如此沉重的心情离开自己的村庄。

他怀着一种模模糊糊的不好的预感、重重的担心和苦恼心情，把缰绳扔在鞍头上，头也不回地一直走到冈头上。在一个十字路口，一条土路拐向风车的地方，他回头看了看。娜塔莉亚一个人站在大门口，清新的晨风好像要把那条黑黑的、像孝巾一样的头巾从她手里夺走。

* * *

清风吹送着白云，在高高的蓝天上飘呀，飘呀。波浪状的天边上，晃动着一股一股的蜃气。两匹马一步一步地走着。普罗霍尔在马上摇摇晃晃地打着盹儿。格里高力咬紧牙齿，频频地回头看。起初他看到绿色的柳树顶，看到银光闪闪、像一条很别致的弯弯曲曲的带子似的顿河，看到缓缓扇动的风车翅膀。后来大道向南伸去。河边滩地、顿河、风车……都隐藏到践踏得乱糟糟的庄稼后面去了。格里高力嘴里吹着一支歌曲，眼睛牢牢盯住冒出一层小小汗珠儿的金红色马脖子，已经不再在马上转身回头看了……“打就打吧，去他妈的！以前在旗尔河上打过，在顿河上也打过，今后还要在霍派尔河上打，在大熊河上打，在布祖卢克河上打。不管在哪儿叫敌人的子弹打倒在地上，归根到底还不都是一样？”他心里想。

九

战斗在大熊河河口镇附近进行。格里高力从夏天的小路上了将军大道，就听见低沉的炮声。

在大道上到处可以看到红军部队仓促撤退的迹象。扔掉的大小车辆非常多。在马特维耶夫村外的洼地里还扔下一辆炮车，炮轴已经被炮弹打坏，摇架也歪了。炮车上的马套被斜斜地砍断。在离洼地半俄里的一片碱地上，在矮矮的、晒得发烫的草丛里，密密麻麻地躺着许多战士的尸体，都穿着草绿色制服，打着裹腿、穿着笨重的、钉了铁掌的皮鞋。这都是被哥萨克的马队追上来砍死的红军。

格里高力从旁边走过，看到那皱起来的衣服上连成片的干血，看到尸体那横七竖八的样子，很容易就断定了这一点。这些尸体就像割倒的草一样。看样子，只是因为没有停止追击，哥萨克们才没有剥掉他们的衣服。

在一丛山楂树棵子旁边，仰面朝天躺着一个被打死的哥萨克。他那叉得宽宽的裤腿上镶着红红的裤缘。不远处躺着一匹被打死的浅棕色的马，身上还带着一副旧马鞍，鞍架子是上了赭黄色漆的。

格里高力和普罗霍尔的马都走累了。应该喂喂马了，但是格里高力不愿意在不久前发生过战斗的地方停留。他又走了有一俄里，走进一条小峡谷，勒住马。不远处有一个水塘，堤堰已经完全冲坏了。普罗霍尔走到边上的泥土已经干裂的水塘边，但是马上又转了回来。

“你又怎么啦？”格里高力问道。

“你去瞧瞧吧。”

格里高力夹了夹马，走到塘边。冲出的一条沟里躺着一个被打死的女子。她的脸用蓝裙子的下摆蒙着。两条丰满的白腿毫不害羞地叉得宽宽的，腿肚子晒得黑黑的，膝盖上还有窝儿。左胳膊被拧到了脊背底下。

格里高力急忙下了马，摘下帽子，弯下身去，把那女子的裙子拉拉好。那张黑黑的年轻的脸死后还是很美。在疼得弯起来的两道黑眉毛下面，半闭起的两只眼睛还闪着微弱的光。样子很温柔的嘴微微张着，咬得紧紧的两排细牙亮得像珍珠一样。细细的一绺头发遮住紧紧贴在青草上的一边腮帮子。死神已经在腮帮子上投下暗淡的橙黄色阴影,忙忙碌碌的蚂蚁正在上面爬。

“狗崽子们害死一个多么漂亮的娘儿们!”普罗霍尔小声说。

他沉默了一会儿,后来狠狠地啐了一口。

“我要把这些……得便宜的家伙都枪毙! 天啊,咱们快离开这儿吧! 我不能再看她。我心里受不了!”

“咱们是不是把她埋了?”格里高力问。

“咱们怎么,要包埋所有的死人吗?”普罗霍尔生气了,“在亚戈德庄上埋了一个老头子,到这儿又要埋这个娘儿们……咱们要是见了死人就埋,手上的茧子还不知要磨多厚呢! 再说,拿什么来挖坟呢? 老兄,马刀可是挖不出坟的,这土地晒硬有一俄尺厚。”

普罗霍尔急急忙忙上马就走,靴尖好不容易插进马镫。

他们又走上高地,这时候,一个劲儿想着心事的普罗霍尔问道:

“怎么样,潘捷莱维奇,流血还没有流够吗?”

“差不多啦。”

“你的意思是说,这仗快打完了吗?”

“等他们把咱们打败了,就算是打完啦……”

“这么一来,快活日子就到啦,就他妈的高兴高兴吧! 就叫他们快点儿把咱们打败吧。以前在俄德战争时候,有人不愿当兵,砍断自己一根手指头,就把他放回家啦,可是如今,就是把一只手砍掉,还是要当兵。一只手的都要,瘸子也要,独眼龙也要,害小肠的也要,什么样的家伙都要,只要两条腿能走动就行。难道这场仗能随随便便结束吗? 这些人他妈的统统都会被打死!”普罗霍尔灰心绝望地说；他走下大路，下了马，小声嘟哝着，动手解马肚带。

* * *

夜里，格里高力来到离大熊河口镇不远的河湾村。第三团布置在村边上的岗哨拦住了他，但是哥萨克们从声音上辨别出是自己的师长后，就回答格里高力的问话说，师部就驻扎在这个村子里，参谋长考佩洛夫中尉正在焦急地等着他呢。喜欢说话的哨长还派一个哥萨克送格里高力上司令部去；最后又说：

“他们筑的工事太结实啦，格里高力·潘捷莱维奇，恐怕咱们不能很快把大熊河口拿下来。以后，当然，谁又知道呢……咱们的兵力也很充足嘛。听说，好像英国军队从莫罗佐夫斯克开来啦。您没有听说吗？”

“没有。”格里高力夹了夹马，回答说。

师部占用的房子的所有护窗都关得紧紧的。格里高力以为房子里没有人，但是一进走廊，就听见低沉而热烈的说话声。他从黑漆漆的夜幕下走进上房里，天花板上的一盏大灯照得他的眼睛发花，浓烈呛人的黄烟烟气往鼻子眼儿里直钻。

“你到底来啦！”考佩洛夫从缭绕在桌子上方的灰色烟云中钻出来，高兴地说，“老兄，我们等你等得急死啦！”

格里高力和在场的人打过招呼，脱掉大衣，摘下帽子，朝桌边走去。

“瞧你们抽的这烟气！叫人连气都不能喘啦。你们把窗子关得死死的，哪怕开开一扇也好呀！”他皱着眉头说。

坐在考佩洛夫旁边的哈尔兰皮·叶尔马柯夫笑着说：

“我们闻惯了，就不觉得啦。”他用胳膊肘捣破窗玻璃，使劲把护窗推开。

一股新鲜的夜间空气冲进屋子。灯火亮了一下，就灭了。

“太不爱惜东西啦！干吗你要把玻璃捣破？”考佩洛夫不满意地说，一面在桌上摸索着，“谁有火柴？小心点儿，地图旁边有墨水。”

点上灯，又关上一扇护窗，于是考佩洛夫急急忙忙开口说：

“麦列霍夫同志，今天前线上的情况是这样：红军在坚守大熊河口镇，从三面掩护这个镇，兵力大约有四千人。他们的大炮和机枪都很多。他们在教堂附近和别的许多地方都挖了战壕。顿河旁边的一些高地全叫他们占住了。就是说，他们的阵地虽然不能说是铁打的，但无论如何也是很难攻破的。咱们这方面，除了菲次哈拉乌洛夫将军的一个师和两支军官突击队以外，全部开到的就是包加推廖夫的第六旅和咱们第一师了。不过咱们师还未到齐，步兵团还没有到，这个团还在霍派尔河口镇附近，骑兵倒是全到啦，不过各连的人数都差得太多。”

“比如说，我这一团的第三连只有三十八个哥萨克。”第四团团长杜达列夫准尉说。

“以前呢？”叶尔马柯夫问道。

“以前有九十一人。”

“你怎么能容许解散一个连呢？你算是个什么团长？”格里高力皱着眉头，用手指头敲着桌子，问道。

“谁他妈的能拦住他们？他们都回村子看自己的家去啦。不过现在正陆续归队,今天就回来三个。”

考佩洛夫把地图推到格里高力面前,用小指头指着各部所在的位置,继续说:

“咱们还没有发起进攻。只有咱们的第二团昨天在这个地段徒步进攻了一下,但是失败啦。”

“损失大吗?”

“根据团长的报告,他手下昨天共伤亡二十六人。要说双方的兵力,那我们是占优势的,但是我们的机枪少,炮弹不够,无法掩护步兵进攻。他们的军需处长答应过,只要一运到,就拨给咱们四百发炮弹、十五万发子弹。可是什么时候才能运到呀!但是明天就要进攻,这是菲次哈拉乌洛夫将军的命令。他要我们拨一个团去支援突击队。他们昨天冲锋了四次,受的损失很大。打得非常激烈!所以,菲次哈拉乌洛夫提出要加强右翼,把进攻的重点转移到这儿来,看见吗?这儿地势好,可以在一百到一百五十丈距离内接近敌人的战壕。哦,他的副官刚刚才走。他是来传达口头通知,叫咱们明天早上六点钟去开会,商谈共同行动的问题。菲次哈拉乌洛夫将军和他的师部现在就驻扎在大谢宁村。总的目的是,要在敌人的援军从谢布里亚科沃车站开到以前,迅速把敌人打垮。在顿河那边,咱们的军队推进得不怎么快……第四师渡过了霍派尔河,但是红军派出强大的阻截部队,死死地拦住去铁路线的道路。现在红军在顿河上搭了一座浮桥,正在匆匆忙忙从大熊河口镇往外运弹药和武器。”

“哥萨克们都在说,好像协约国的军队开来啦,是真的吗?”

“是有消息说,英国的几支炮兵连和好几辆坦克从车尔尼雪夫镇开来啦。不过有一个问题：他们怎么能让这些坦克渡过顿河呢？依我看，关于坦克的话是谣言！坦克的事已经说了很久了嘛……”

上房里静了老半天。

考佩洛夫解开深棕色的军官制服，用两手托住长满栗色胡楂子的鼓鼓的两腮，若有所思地衔着已经熄灭的纸烟吧咂了半天。他那两只离得很远的、圆圆的黑眼睛疲倦得眯缝起来，因为连夜不能睡觉，他那张很漂亮的脸显得十分憔悴。

考佩洛夫以前是教区小学的教员，星期天就到买卖人家里去串串门儿，和女主人调调情，和买卖人打打小牌，弹吉他弹得很好，是一个又风流又随和的年轻小伙子；后来和一个年轻女教员结了婚，本来可以这样在镇上生活下去，一直干到退休，但是战争一来，征集他去服兵役了。他在士官学校毕业以后，被派到西部战线一个哥萨克团里去了。战争没有改变考佩洛夫的性格和外表。他那矮矮的、胖乎乎的身材，那张和善的脸，那挎刀的姿势，他对待下级的态度，都流露着和蔼可亲和很容易接近的意味。他的声音中没有生硬的命令口气；说起话来不像很多军人那样干巴巴的；军服穿在他身上，显得又肥又大；他在战场上过了三年，一直都没有学会那种挺胸傲立的姿势；他身上的一切，都显示着他是一个偶然来到战场上的人。他不大像一个真正的军官，倒像一个穿了军官服的肥胖的普通人，但是，尽管是这样，哥萨克们却都很尊重他，在师部的会议上大家都很注意听他的话，暴动军的指挥官们都很看重他的清醒的头脑、谦逊的性格和那种平时不外露，但在战斗中不止一次表现出来的勇气。

在考佩洛夫以前，格里高力的参谋长是一个不识字也没有本事的少尉克鲁希林。他在旗尔河上的一次战斗中阵亡了，于是考佩洛夫担任了参谋长，把事情办得稳稳当当，清清楚楚，井井有条。他坐在师部里制订作战计划，就像当年批改学生作业那样，又认真又细致，但是在必要的时候，只要格里高力说一声，他就扔下师部的工作，骑上马去，指挥起一个团，带领这个团去作战。

格里高力起初对新参谋长有些偏见，但是过了两个月，对他有了进一步的了解。有一次打过仗以后，格里高力很直率地说："考佩洛夫，我以前把你想得很坏，现在我看出来，是我错啦，请你多多原谅。"考佩洛夫笑了笑，一句话也没有说，但是他听了这粗率的表白，显然非常高兴。

考佩洛夫不想升官发财，也没有什么固定的政治见解，他把战争看作无法逃脱的灾难，也不指望战争结束。就是现在，他也根本不考虑如何去攻占大熊河口镇，而是想起家里人，想起家乡，心想，能够请上个把月的假回家去看看，倒也不坏……

格里高力看了考佩洛夫半天，后来站了起来。

"好啦，各位长官弟兄们，咱们各自去睡觉吧。怎样拿下大熊河口的问题，用不着咱们伤脑筋。现在有将军们替咱们考虑和决定问题啦。明天咱们上菲次哈拉乌洛夫那儿去，叫他来教导教导咱们这些可怜虫呢……至于第二团，我是这样想的：既然咱们现在还有权，马上就把杜达列夫团长降级，取消他的一切军衔和勋章……"①

"还要取消他的一份伙食。"叶尔马柯夫插嘴说。

---

①上文中说杜达列夫是第四团团长，此处又说是第二团团长，显然有误。原文各种版本都是这样。

“不行，别开玩笑，”格里高力继续说，“马上就把他降为连长，派哈尔兰皮去担任团长。叶尔马柯夫，你马上就去，把这个团接下来，明天早晨等候我们的命令。撤换杜达列夫的命令马上由考佩洛夫写好，你随身带去。我看，杜达列夫不干了。他妈的他什么都不懂，别叫他再带着哥萨克去挨打啦。步兵作战就是这么回事儿……如果团长是个饭桶，就很容易损失人。”

“很对。我赞成撤换杜达列夫。”考佩洛夫表示支持。

“你怎么，叶尔马柯夫，你反对吗？”格里高力看出叶尔马柯夫脸上有一点儿不高兴的神气，就问道。

“没有呀，我没有什么。我连眉毛都不能动动吗？”

“那就好。叶尔马柯夫不反对。他的骑兵团暂时交给里亚布契柯夫。米海依洛·格里高黎奇，你写好命令，就睡吧。六点钟就要起床。咱们上那位将军那儿去。我要带四名传令兵。”

考佩洛夫惊愕得扬起眉毛，说：

“干吗要带这么多传令兵？”

“壮壮声势呗！咱们也不是草包，也带领着一师人嘛。”格里高力笑着耸了耸肩膀，披上大衣，就朝门口走去。

他在棚子底下铺上马衣，没有脱靴袜，也没有脱大衣，就躺了下来。院子里有几个传令兵嚷嚷了很久，不远处有几匹马打着响鼻，有规律地咀嚼着。可以闻到干马粪的气味和白天晒热了、现在还没有冷下去的土地气味。格里高力蒙眬中听见传令兵们的说话声和笑声，听见其中有一个，从声音上判断，是个年轻小伙子，一面上马鞍，一面叹着气说：

“唉，伙计们，真够呛啊！深更半夜里，还要送公文，觉又睡不成，又不得安宁……你给我站好，鬼东西！抬腿！把腿抬起来，鬼东西！……”

另外有一个传令兵用低沉的伤风嗓门儿小声唱了几句：

“当兵这事儿，叫我们厌透啦，烦透啦。把我们的骏马折腾够啦……”又改用普通的急促的央求腔调说：“普罗霍夫，给点儿烟末子吧！你真是小气鬼！我在别拉文还送你一双红军的皮鞋呢，你忘啦？你这家伙！要是别人得到这样的皮鞋，一辈子都忘不了，可是你连一把烟末子都舍不得！”

马嚼子在马牙齿当中叮叮当当直响。那匹马尽力吸了一口气，便朝前走去，马掌踩在像石头一样干硬的土地上，发出清脆的嘚嘚声。“大家都在说呢……当兵的事儿，叫我们厌透啦，烦透啦。”格里高力微微笑着，重复了一遍，马上就睡着了。他一睡着，就做起梦来，这样的梦他以前也做过的：红军的散兵线在褐色的田野上，踩着高高的庄稼茬子前进。最前面一道散兵线长得看不到头。后面还有六七道散兵线。在一片使人焦急的寂静中，进攻的人越走越近了。一个个黑色的人影越来越高，越来越大，已经可以看见，许多头戴双耳皮帽的人一声不响地张着嘴，趺趺撞撞地快步往前进，前进，渐渐进入射程以内，就端着枪跑起来。格里高力躺在一个不深的掩体里，慌慌张张地扳着枪栓，不停地放枪；一个个的红军被他打得仰面朝天倒下去；他又压上一梭子，这时候朝两边看了一下子，就看见：哥萨克们纷纷从旁边的许多掩体里跳出来。他们转身就跑，一个个吓得面无人色。格里高力听见自己的心跳得厉害，他吆喝道：“开枪啊！浑蛋！往哪儿跑？！站住，别跑！……”他使足了劲儿吆喝，但是他的声音出奇地微弱，勉强能听见。他真吓坏了！他也跳起来，站着对一个一声不响地对直朝他冲来的不算年轻的黑脸膛红军放了最后一枪，他看到，这一枪打空了。那个红军的脸上一副激动而严肃的神情，毫无畏惧之色。他跑得十分轻快，几乎是脚不沾地，两道眉毛拧在一起，帽子戴在后脑勺上，掖着军大衣的下摆。格里高力对着跑来的敌人打量了一下子，看到他那炯炯的眼睛和生满拳曲胡楂子的苍白的脸，看到他那肥大的短筒靴子，看到微微朝下的黑黑的枪口和随着奔跑晃来晃去的枪上的黑黑的刺刀尖儿。格里高力害怕得不得了。他扳了扳枪栓，但是枪栓不灵了，卡住了。格里高力把枪栓拼命在膝盖上磕，一点用也没有！那个红军离他只有五步远了。格里高力转身就跑。在他前面，整个光秃秃的褐色田野上，到处是乱跑的哥萨克。格里高力听见在后面追赶的红军的呼哧呼哧的喘气声，听见红军的咚咚的脚步声，他想跑快些，却跑不快。要想叫两条发软的腿跑快些，要拼命使劲才行。终于，他跑到一处破败的、凄凉的坟地边，跳过倒塌的围墙，在塌陷的坟堆、歪斜的十字架和神龛中间跑着了。再加一把劲儿，就脱离危险了。但是这时候后面的脚步声越来越大，越来越响了。后面的红军喘的气吹得格里高力的脖子热乎乎的，就在这时候，他觉得红军揪住了他的军大衣的扣带和衣襟。格里高力低沉地喊了一声，就醒了过来。他仰面躺着。他的两只穿着瘦靴子的脚麻木了，额头上出了冷汗，浑身疼痛，就像挨了打一样。“呸，他妈的！……”他沙哑地说；很高兴地听着自己的声音，还不相信刚才他经历的一切是一个梦。后来他翻了一下身，侧着身子躺着，用军大衣连头蒙住，在心里说：“应该把他放到跟前来，给他一家伙，用枪托子把他打倒，然后再跑……”他把再度出现的梦境思索了一会儿，感到一阵高兴，因为这一切只不过是一个噩梦，而在现实中目前他还没有受到什么威胁。“真怪，为什么梦里的情景要比现实可怕十倍？虽然过去多次遇到危险，但是还从来没有感到这样可怕呢！”他心里想着，舒舒服服地伸了伸麻木的腿，渐渐睡着了。

十

天麻麻亮，考佩洛夫把他叫醒了。

“起来吧，该收拾收拾动身啦！命令我们在六点钟以前赶到嘛。”

参谋长刚刚刮过脸，刷过靴子，穿起一件皱皱巴巴、但是干干净净的制服。看样子，他太着急了：胖乎乎的脸上有两处被剃刀刮破了。但是他整个的外貌却显示出他平素不曾有过的讲究和挺拔。

格里高力用不以为然的眼光从头到脚把他打量了一遍，心里想：“瞧，打扮得多漂亮！不愿意穿得马马虎虎地去见将军呢！……”

考佩洛夫好像是看到了他的心思，就说：

“邋邋遢遢的去，不大好。我劝你也收拾收拾。”

“这样去就够客气啦！”格里高力一面伸懒腰，一面嘟哝说，“你说，命令咱们六点钟以前到吗？已经开始对咱们下命令了吗？”

“到什么时候，就要唱什么歌。论级别，咱们应该服从。菲次哈拉乌洛夫是一位将军，总不能叫他来见咱们。”

“这话倒也是的。走到哪一步，算哪一步吧。”格里高力说过这话，就到井边去洗脸。

女房东急忙跑到屋子里，拿出来一块干干净净的绣花手巾，恭恭敬敬地递给格里高力。格里高力用手巾的一头使劲擦了擦被凉水激成了砖红色的脸，对走到跟前的考佩洛夫说：

“你的话倒也是的，不过将军们应该想到一点：革命以来，老百姓完全变啦，可以说，脱胎换骨啦！可是他们还在用老尺子来衡量一切。这把尺子眼看就要断啦……他们转弯真难呀。应该给他们的脑子上点儿大车油，免得吱吱嘎嘎响！”

“你这是说的什么？”考佩洛夫一面吹着落在袖子上的灰尘，一面漫不经心地问道。

“说的是，他们搞的还是老一套。就拿我来说，我从俄德战争时候就是军官级别。这是用血换来的！可是我一到军官的圈子里，就好像只穿一条裤头便从屋子里跑到冰天雪地里。就好像他们有一股冷气扑到我身上，我整个脊梁都觉得冷飕飕的！”格里高力怒冲冲地忽闪着眼睛，不知不觉提高了嗓门儿。

考佩洛夫不满意地朝四面看了看，小声说：

“你小声点儿，别叫传令兵们听见。”

“要问，这是为什么吗？”格里高力压低嗓门儿，继续说，“这是因为，他们认为我是一只白老鸹。他们长的是两只手，我长的是生满老茧的蹄子！他们文质彬彬，我粗里粗气。他们身上一阵阵香胰子气味和各种各样的女人香脂气味，我身上是马尿气味和汗臭气。他们都有学问，我才念完教区小学。我从头到脚和他们不是一路人。原因全在这儿！我从他们那儿出来，总觉得我脸上好像落上了蜘蛛网：又痒痒，又十分不舒服，总想把全身洗一洗才好。”格里高力把手巾扔在井架上，用半截骨头梳子梳了梳头发。在他的黑黑的脸上，没有晒到的额头显得格外白，“他们不愿意明白，老的一套都他奶奶的完蛋啦！”格里高力已经是小声说了。“他们以为，咱们是用另一种面团做成的，是没有学问的人，是没头没脑的人，和牲口差不多。他们以为，我和我这样的人，在军事方面不如他们懂得多。可是红军的指挥官都是一些什么人呢？布琼尼是军官吗？只是旧军队的一个司务长，他不是把总司令部的将军们打得屁滚尿流吗？许多军官团不是因为他寸步难行吗？古谢尔希柯夫是一个最会打仗、大名鼎鼎的哥萨克将军，去年冬天他不是只穿一条裤头从霍派尔河口逃走的吗？你可知道，是谁打得他狼狈逃窜的？是红军的一位团长，是莫斯科的一个钳工。后来俘虏们一再谈到他。这是应该明白的！咱们这些没有学问的军官领导哥萨克们起事，领导得不也很好吗？将军们对我们有多大的帮助？”

“帮助不少呀。”考佩洛夫别有所指地说。

“是的，也许你们帮助库金诺夫啦，可是我们没得到什么帮助，我打红军，没有依靠别人出主意。”

“你怎么，认为在军事方面没有学问吗？”

“不是的，我认为这里面有学问。但是，老弟，打起仗来，顶要紧的就不是学问了。”

“那又是什么呢，潘捷莱维奇？”

“是为什么打仗的问题……”

“哦，这就是另外的话了……”考佩洛夫警觉地笑着说，“那是当然嘛……思想在这方面自然是最重要的。只有那些明白为什么打仗，而且相信自己干得对的人，才能打胜仗。这是一条老道理，开天辟地以来就有了，你别以为是你的新发现。我拥护旧时代，拥护幸福的旧时代。不然的话，要叫我去打什么仗，我连手指头都不会动一动。凡是跟我们在一起的人，都是想用武力维护自己旧日的特权和镇压造反的老百姓的刽子手。这些刽子手也包括你我在内。我早就在注意你啦，格里高力·潘捷莱维奇，可是我就是不了解你……”

“以后你会了解的。咱们走吧。”格里高力说过这话，就朝棚子走去。

女房东注视着格里高力的每一个动作，为了讨他的好，赶紧说：

“您是不是喝点儿牛奶？”

“谢谢，大娘，没有工夫喝牛奶啦。回头再说吧。”

* * *

普罗霍尔·泽柯夫正在棚子旁边慢条斯理地喝着碗里的酸牛奶。他看着格里高力解马，眼睛连眨都不眨。他用袖子擦了擦嘴，这才问道：

“你要出门吗？要我跟你去吗？”

格里高力火了，冷冷地、怒冲冲地说：

“你这狗东西，真可恶，不懂得当兵的规矩吗？为什么不把马解下来？应该是谁给我牵马？简直是他妈的饭桶！光知道吃，怎么都吃不饱！哼，把勺子扔下吧！不懂得纪律！……该死的东西！"

"你发什么火？"普罗霍尔骑上马，很委屈地嘟哝说，"一个劲儿瞎叫。官儿也不大嘛！怎么，在出发以前我就不能吃点儿东西吗？哼，嚷嚷什么？"

"你倒训起我来啦，狗东西！你这是怎么和我说话？咱们这是上将军那儿去，你要给我小心点儿！……可不能像平时一样称兄道弟！……我是你的什么人？向后退五步，跟着走！"格里高力一面出大门，一面命令说。

普罗霍尔和另外三名传令兵都往后退了退，和考佩洛夫并肩走的格里高力又接起原来的话头，用嘲笑的口气问道：

"噢，你有什么不了解的？是不是要我解释解释呢？"

考佩洛夫没有觉察格里高力的口气和问题的提法都带有嘲笑意味，就回答说：

"我不了解你在这方面的立场，不了解的就是这个！从一方面看，你是维护旧时代的战士，可是从另一方面看，请原谅我直率，你有点儿像个布尔什维克。"

"为什么是布尔什维克呢？"格里高力皱起眉头，在马上猛地一动。

"我不是说，你是布尔什维克，是说你有点儿像布尔什维克。"

"那都是一样。我是问：为什么？"

"就从你说到军官们和他们对你的态度的一番话来看的。你想要这些人怎样呢？你到底又想怎样呢？”考佩洛夫和悦地笑着，玩弄着鞭子，问道。他回头看了看正在激烈争论着什么事的传令兵们，放大声音说起来：“你恼的是，他们不把你当作自己人，不以平等相待，而是以高人一等的态度对待你。但是他们从他们的观点来看，也是有道理的，这一点你应当明白。不错，你是个军官，然而是一个极其偶然闯入军官界的军官。尽管你戴着军官肩章，然而，请恕我直言，你还是一个粗野的哥萨克。你不懂礼节，说话又不讲究又粗鲁，你没有一个文明人必须具备的那些特点。比如说：所有的文明人都用手绢擤鼻涕，可是你用两个手指头擤鼻涕；吃饭的时候，两只手不是在靴筒上擦擦，就是往头发上抹抹；洗过脸以后，就用马衣随随便便地一擦；手指甲不是用牙齿咬咬，就是用马刀削削。还有更好看的：你该记得，去年冬天在卡耳根，有一回我也在场，你和一个有教养的女人说话，就是哥萨克们逮捕了她的丈夫的那一个，你当着她的面就扣起裤裆来……”

“要是我让裤裆敞着，大概就好看了吧？”格里高力阴沉地笑着，问道。

他们的马并辔走着，格里高力侧眼看着考佩洛夫，看着他那和善的脸，不大痛快地听着他的话：

“问题不在这儿嘛！”考佩洛夫急得皱起眉头，叫了一声，“问题是你怎么能只穿一条裤子，光着脚，接待女客人呢？你连上衣都没有披上，这我记得非常清楚！当然，这都是一些小事情，但是这些小事情可以说明你是个……怎么对你说好呢……”

“你就干脆点儿说吧……”

“哦，就说明你是一个一点不懂礼貌的人。你说话又怎样呢？简直够呛！满嘴土话！并且，你也和一切没有文化的人一样，对于一些响亮的外国字眼儿有说不出的爱好，不管是不是地方，到处乱用，完全歪曲了原意，每当司令部开会的时候，如果有人说起一些专门的军事术语，像‘布置’‘强行军’‘作战部署’‘集中’等等，你就带着赞赏的神气，我甚至要说，你带着羡慕的神气看着说话的人。”

“噢，你这就是胡说了！”格里高力叫了起来，他的脸上掠过一阵高兴的表情。他在马的两耳之间抚摩着，搔着马鬃下面光溜溜、热乎乎的皮肤，央求说，“好啊，再说下去，狠狠骂一骂你的师长吧！”

“你听听，这怎么是骂呢？你应该明白，你在这方面是有受传染的危险的。除此以外，你还在恼恨军官们对你的态度不平等。在礼貌和文化方面，你是块一窍不通的木头！”考佩洛夫无意中冲口说出这种侮辱性的话，害怕了。他知道格里高力很容易发脾气，他很怕格里高力发作起来，但是他朝格里高力瞥了一眼，马上就放下心来：格里高力在马上仰着身子，从胡子底下龇出亮闪闪的白牙，在不出声地大笑着呢。自己的话产生这样的效果，考佩洛夫实在感到意外，而且格里高力笑得那样开心，他不由地也笑起来，说：“瞧，要是换一个明情理的人，听到这样的责备会哭的，可是你却嘿儿嘿儿直笑……哼，你不是个怪人吗？”

“你说我是木头吗？滚你们的吧！”格里高力笑过以后，说，“我不想学你们那些待人接物的态度和礼节。这些玩意儿我跟老牛打交道一点儿也用不着。如果上帝保佑，我能活下去的话，我就要天天跟老牛在一块儿，我用不着奉承老牛，用不着说：‘劳驾,白头顶,请您拉犁吧! 对不起,花皮! 请允许我给您整一整皮套,好吗? 牛大人,牛先生,我诚惶诚恐地请您顺着犁沟走!'对待老牛就要干脆利落:唷,哦,这就是对老牛的部输。"

"不是部输,是部署!"考佩洛夫给他纠正说。

"好,就算是部署吧。不过,你的说法有一点我不同意。"

"哪一点?"

"就是你说我是木头。我在你们这儿是木头,可是你等着瞧,有朝一日,我跑到红军那边去,就会比什么都机灵。到那时候,你们这些有礼貌有学识的寄生虫可别落到我手里! 到时候我把你们的肠子都敲出来!"格里高力半真半假地说过这话,照马身上抽了两鞭,那马立刻就大跑起来。

顿河沿岸的早晨异常寂静,好像罩上一片轻纱,每一响声,即使是微弱的响声,都会震破寂静,唤起回声。草原上只有百灵鸟和鹌鹑的鸣声,但是在一个一个的村子里,却一时不停地响着不怎么响亮的轰隆声,这种声音通常是大批军队开过时都会有的。炮车轮子和弹药箱在坑坑洼洼的道路上哐啷哐啷乱响,战马在井边嘶叫,步兵连从村子里开过,响起一片整齐、低沉、柔和的唰唰声,往前线运送武器弹药的大大小小的车辆发出一片辚辚声;一辆辆随军灶车散发着喷香的小米饭气味、蒸肉气味、佐料气味,还有新出炉的面包气味。

在大熊河河口镇外,噼里啪啦地响着密集的步枪互射声,懒懒地、然而高亢地响着稀疏的隆隆炮声。战斗刚刚开始。

菲次哈拉乌洛夫将军正在吃早饭,一个不怎么年轻的形容憔悴的副官报告说:

“暴动军第一师师长麦列霍夫和师参谋长考佩洛夫到啦。”

“请到我屋子里去。”菲次哈拉乌洛夫用青筋嶙嶙的大手推开堆满鸡蛋皮的碟子，不慌不忙地喝完一杯热牛奶，把饭巾整整齐齐地叠好，这才站起身来。

他的个头儿很高，因为上了年纪，又笨重又肥胖，在这间门框歪斜、窗户极小的哥萨克小屋里，显得出奇地高大。将军边走边扣着做工很细的制服的硬领，高声咳嗽着，走进旁边的屋子，对站起来的考佩洛夫和格里高力微微点了点头，也没有伸过手来，只是做了个手势，请他们坐到桌子跟前。

格里高力按着马刀，小心翼翼地坐到凳子边儿上，侧眼看了看考佩洛夫。

菲次哈拉乌洛夫沉甸甸地坐到一把咯吱咯吱响了两声的弯背椅子上，弯起两条粗腿，把两只大手放在膝盖上，用浑厚的、低低的粗嗓门儿开口说：

“二位军官先生，我请你们来，是要商量几个问题……暴动军的游击战结束啦！你们的队伍今后不再是一个独立的单位，而且事实上本来就不是一个独立单位，根本就不是。你们的部队要编进顿河军里来。我们要进行有计划的作战，现在必须认清这一点，必须无条件服从最高指挥部的命令。请问，昨天你们的步兵团为什么没有配合突击营进攻？为什么这个团不听我的命令，不发动冲锋？你们的所谓师长是谁？”

“是我。”格里高力低声回答说。

“就请您回答我的问题。”

“我昨天才回到师里。”

“您上哪儿去来?”

“回家看了看。”

“师长在作战期间回起家去了！师里成了乱摊子！毫无纪律！不成体统!”将军的粗嗓门儿在狭小的屋子里越来越响;副官们已经在门外踮着脚走来走去,小声嘁喳着,相视而笑;考佩洛夫的脸越来越白,格里高力望着将军那涨红了的脸,望着他那攥得紧紧的、肥大的拳头,觉得自己心里压抑不住的怒火也要爆发了。

菲次哈拉乌洛夫异常轻捷地跳起来,抓住椅背,叫喊道:

“你们不是军队,是赤卫军匪徒！……是败类,不是哥萨克！麦列霍夫先生,您不配指挥一个师,只能当一个马弁！……擦擦靴子！您听清楚没有?！为什么不执行命令？没有开士兵大会吗？没有讨论吗？您好好记住:这儿没有你们的同志,我们也不允许推行布尔什维克那一套！……决不允许！……”

“我请您不要对我咋呼!”格里高力低声说过这话,用脚把凳子一踹,站了起来。

“您说什么?!”菲次哈拉乌洛夫隔着桌子探过身来,气得喘着粗气,哼哧哼哧地说。

“请您不要对我咋呼!”格里高力大声重复了一遍,“您请我们来,是为了商量……”他顿了一下,垂下眼睛,盯着菲次哈拉乌洛夫的手,把声音压到几乎像耳语一样低,“如果您这位大人胆敢动我一指头,我就当场劈了你!”

屋子里一下子十分安静,可以清清楚楚地听见菲次哈拉乌洛夫断断续续的喘气声。静了有一分钟左右,屋门轻轻地吱扭响了一声。一名吓坏了的副官从门缝儿里张望了一下。屋门又轻轻关上了。格里高力站着，一只手握着刀把子。考佩洛夫的膝盖轻轻哆嗦着，他的目光在墙上溜来溜去。菲次哈拉乌洛夫沉甸甸地坐到椅子上，老声老气地哼哧了几声，嘟嘟哝哝地说：

"好啊！"他已经完全镇定下来，但是眼睛也不看格里高力，"请坐吧。脾气发过了，就算啦。现在请听着：我命令您把所有骑兵部队立即调到……您坐下嘛！……"

格里高力坐了下来，用袖子擦了擦突然冒出来的一脸的汗。

"……就是说，把所有的骑兵部队立即调到东南地段，并且马上就发起攻势。你们的右翼要和楚玛柯夫中校的第二营相连接……"

"我这个师不上那儿去。"格里高力很不带劲儿地说过这话，就伸手到口袋里去掏手绢。他用娜塔莉亚绣的花手绢又擦了擦额头上的汗，又把话重复了一遍，"我这个师不上那儿去。"

"这是为什么？"

"调动起来很费时间……"

"这您不要管。战斗的胜负有我负责。"

"不，我要管，也不光是您负责……"

"您拒绝执行我的命令吗？"菲次哈拉乌洛夫竭力控制着自己，沙哑地问道。

"是的。"

"既然这样，那就请您把这个师交出来！现在我明白，为什么昨天不执行我的命令了……"

"那就随您的便好啦，不过这个师我是不能交出去的。"

"请问，您这是什么意思？"

"我的意思，已经说过了。"格里高力微微笑了笑。

“我撤您的职！”菲次哈拉乌洛夫提高了嗓门儿，格里高力也立即站了起来。

“您不是我的上司，大人！”

“那您的上司又是谁？”

“噢，我的上司是暴动军总司令库金诺夫。您这些话，我听着都感到奇怪……眼下咱们还是平级的。您指挥一个师，我也指挥一个师。眼下您别对我咋呼……等我什么时候降为连长，您再发威风吧。不过，要是打架的话……”格里高力举起肮脏的食指，同时又笑又愤怒地忽闪着眼睛，接着说，“……打架您也不行！”

菲次哈拉乌洛夫站起来，抻了抻勒得他很难受的领子，哈着腰说：

“咱们再没有什么说的啦。您想怎样就怎样吧。我要立即把您的行动报告军部，我敢向您保证，很快就会有结果的。我们的军事法庭目前还没有关门。”

格里高力没有去理会考佩洛夫那失望的眼神，把帽子往头上一扣，就朝门口走去。在门口他站下来，说：

“您想到哪儿报告就到哪儿报告，不过用不着吓唬我，我不是那种胆小鬼……眼下您别碰我。”他想了想，又加上一句，“不然的话，我怕我手下的哥萨克会伤害您……”他一脚把门踢开，马刀叮当响着，大步走进过道。

非常激动的考佩洛夫在台阶上追上了他。

“你疯啦，潘捷莱维奇！”他失望地攥着双手，小声说。

“带马！”格里高力在手里揉搓着鞭子，高声喊道。

普罗霍尔神气活现地飞跑到台阶前。

格里高力骑马出了大门，回头看了看：有三个传令兵正急急忙忙地扶着菲次哈拉乌洛夫将军骑上一匹备了华丽马鞍的高头大马……

他们一声不响地跑了有半俄里。考佩洛夫不说话，是因为他知道格里高力这会儿没有心思说话，而且这时候和他争论是有危险的。终于，格里高力憋不住了。

“你怎么不说话？”他很生硬地问道，“你是来干什么的？来当见证人吗？来打哑谜吗？”

“喂，老兄，你搞得太过分啦！”

“他不过分吗？”

“可以说，他也不对。他和咱们说话的那种腔调太可恶啦！”

“他哪儿是跟咱们说话？一开口就咋呼起来，就好像在他的屁股上插了一把锥子！”

“不过你也够呛！不服从军衔高的……在作战的情况下，老兄，这是……”

“没有什么这是这不是的！可惜的是，他没敢朝我扑上来！要不然我照他的脑袋劈过去，叫他的天灵盖咯吱一家伙！”

“就这样你已经惹祸啦。”考佩洛夫很不满意地说过这话，就让马换成小步，“从各方面来看，他们现在是要整治整治，你当心吧！”

他们的两匹马打着响鼻，用尾巴驱赶着马蝇，并辔走着。格里高力带着嘲笑的神气把考佩洛夫打量了一遍，问道：

“你干吗要打扮得这样漂亮？大概你以为他们会请你喝茶吧？大概以为会拉着你的白手，请你上桌子吃饭吧？又刮脸，又刷衣服，还把皮靴擦得锃亮……我还看见，你用手绢蘸着唾沫擦膝盖上的泥点子呢！”

“算了吧，别说啦！”考佩洛夫红着脸自卫说。

“你的心思算白费啦！”格里高力挖苦说，“不但没请你，连手都没有伸给你呢。”

“跟你一块儿去，自然不会有好事儿，”考佩洛夫急急忙忙地嘟哝了两句，就眯缝起眼睛，又惊又喜地叫了起来，“瞧呀！这不是咱们的人。是协约国的军队！”

六匹骡子拉着一辆英国炮车，顺着狭窄的小胡同迎面走来。一个英国军官骑着一匹短尾巴枣红马，在旁边跟着。赶前套的一个驭手也穿着英国军装，不过帽箍上钉着俄国军官的帽徽，还佩戴着中尉肩章。

英国军官离格里高力还有几丈远，就把两个手指头放在头盔的檐上，摆了摆头，要格里高力让路。小胡同非常窄，只有双方都让马紧紧贴到石头围墙上，才能错过去。

格里高力腮上鼓起的两个包一动一动的。他咬紧牙齿，对直地朝英国军官冲去。英国军官吃惊地挑了挑眉毛，微微朝一边让了让。而且，直到英国人抬起一条打着紧绷绷的皮裹腿的腿，放到刷得光溜溜的良种马的屁股上，两匹马才好不容易错了过去。

有一个炮手，看样子是一个俄国军官，恶狠狠地把格里高力打量了一遍。

“您大概可以朝旁边让一让！难道在这儿也要显显您的威风吗？”

“你走你的，别多嘴，狗崽子，要不然我就让给你看看！……”

格里高力小声说。

那个军官在炮车前头站起来，转过身来，喊道：

“诸位！抓住这个坏小子！”

格里高力威风凛凛地摇晃着鞭子，一步一步地在小胡同里走着，一个个神情疲惫、满面灰尘的炮手，全是没有胡子的年轻军官，都用气愤的目光盯着他，但是没有一个人上来抓他。六门大炮的炮兵连一拐弯，就不见了，这时候考佩洛夫咬着嘴唇，来到格里高力跟前。

“你真胡闹，格里高力·潘捷莱维奇！你简直就像个小孩子！”

“你怎么，又要教训我吗？”格里高力回嘴说。

“你朝菲次哈拉乌洛夫发火，我能理解，”考佩洛夫耸着肩膀说，“可是，这个英国人又碍你什么事？是不是你不喜欢他的钢盔？”

“我不大喜欢他到大熊河口这儿来……他顶好戴着钢盔上别处去……两只狗打架，第三只狗最好别参加，你明白吗？”

“噢！这么说，你是反对外国人干涉吗？不过，依我看，在叫人掐住喉咙的时候，什么样的帮助都应该欢迎。”

“那你就去欢迎吧，可是如果依我的，决不准许他们的脚踏上我们的地面！”

“你看见红军里面有中国人吗？”

“怎么样？”

“那不是一个样吗？那也是外国的帮助呀。”

“你这是胡扯！中国人参加红军是自觉自愿的。”

“照你的意思,是强迫这些人上这儿来的吗?”

格里高力想不出话来回答,苦苦思索着,一声不响地走了半天,后来,声音中不免带着懊恼的意味,说:

“你们这些有学问的人,总是这样……就像兔子在雪地上跑,故意兜圈子！老兄,我能感觉出你说的不对,可是我说不出道理来反驳你……咱们别谈这个问题吧。别折腾我的脑子吧,我脑子里本来已经够乱腾的啦!”

考佩洛夫很不痛快地沉默下来,直到回到住处,他们再也没有说话。只有好奇得憋不住的普罗霍尔曾经追上他们,问:

“格里高力·潘捷莱维奇,大人,请问,士官生拿来拉大炮的牲口是什么玩意儿?耳朵像驴耳朵,别的地方又像马。这种牲口叫人看着都不舒服……这是他妈的什么种啊,请你说说吧,我们都打了赌啦……”

他在后头跟着走了有五分钟,一直没有得到回答,便不跟着他们两个走了,等到另外三个传令兵和他走齐了,就小声告诉他们:

“伙计们,他们两个都不作声,看样子,他们也很稀奇,也不知道他妈的世界上从哪儿来的这种怪物……”

十一

一些哥萨克连队有四次从不深的掩体里站起来,但是每次都在红军机枪猛烈的扫射下重新卧倒下去。隐蔽在左岸树林里的几支红军炮兵连,天一亮就开始不停地轰击哥萨克的阵地和集结在土沟里的后备队。

顿河岸边的高地上,频频冒起慢慢飘散的乳白色烟团。子弹在弯弯曲曲的哥萨克阵地的前前后后溅起一股股褐色的尘土。

到中午时候,战斗激烈起来,西风顺着顿河把隆隆的炮声送得远远的。

格里高力站在暴动军炮兵连的观测点上,用望远镜观察战斗的进程。他看见,有几支军官连,不顾伤亡,停停跑跑,顽强地朝前冲。每当炮火猛烈起来,他们就卧倒,挖掩体,过一会儿,他们又朝前跑一截路;可是在左面,去教堂的方向,暴动军的步兵怎么都站不起身来。格里高力给叶尔马柯夫写了一个字条,派传令兵送去。

过了半个钟头,气急败坏的叶尔马柯夫跑来了。他在炮兵拴马的地方下了马,呼哧呼哧地喘着粗气,爬到观测点的掩体里。

"我没法子叫哥萨克起来！他们不起来!"他老远就挓挲着两条胳膊,叫了起来,"我们已经损失二十三个人啦！你看见红军的机枪有多猛吗?"

"军官们都在往前冲,你都不能叫弟兄们站起来吗?"格里高力咬着牙说。

"你看看嘛,军官们每个排都有一挺手提机枪,子弹也多得不得了,我们有什么呀?!"

"够啦,你别给我解释啦！你马上带人去冲锋,要不然我砍你脑袋!"

叶尔马柯夫骂着娘,从小山包上跑下去。格里高力也跟着他走下来。他决定亲自率领第二步兵团去冲锋。

走到尽边上一门用山楂树枝伪装得很巧妙的大炮跟前，炮兵连长拦住了他。

"格里高力·潘捷莱维奇，你看看英国人的本事吧。他们马上就要对浮桥开炮啦。咱们到山包上去，好吗？"

用望远镜可以看到，红军工兵在顿河上搭成的浮桥像一条细细的带子。车辆正络绎不绝地从桥上经过。

过了有十来分钟，布置在谷地里的石崖后面的英国炮兵连开炮了。第四发炮弹几乎打在桥的正中，把桥炸断了。来往车辆停止了。可以看见，红军忙忙乱乱地把打坏的车辆和马尸往顿河里扔。

马上就有四条小船满载着工兵离了右岸。但是工兵们还没有铺好炸坏的桥板，英国大炮又发射了一阵炮弹。其中有一发炮弹炸坏了左岸的登陆口，另一发在桥边炸起绿色的水柱，桥上重新动起来的车辆又停止了。

"鬼东西们打得好准呀！"炮兵连长赞赏地说，"现在直到夜里都叫他们过不成河啦。这桥再也修不好啦！"

格里高力一面用望远镜望着，一面问道：

"喂，你们为什么不开炮？应该支持咱们的步兵嘛。瞧，那就是他们的机枪阵地。"

"我倒是愿意开炮，可是一发炮弹也没有了呀！半个钟头以前打完最后一发，就干瞪眼啦。"

"那你们还待在这儿干吗？套上炮车快滚蛋吧！"

"派人找士官生借炮弹去啦。"

"他们不会给的。"格里高力断然说。

“他们一次不给，就再派人去一次。也许他们会发发善心。再说，我们只要二十发炮弹，就可以把这些机枪打坏。打死咱们二十三个人呢，这可不是闹着玩儿的。谁知还要打死多少呢？你瞧，他们的机枪多凶！……”

格里高力转眼去看哥萨克们的一个个掩体，只见子弹依然在一个个的土堆上溅起一股股的干土。一梭子机枪子弹打过来，就要冒起一长串灰土，就好像有一个看不见的人，像闪电一样顺着一个个的掩体画了一条渐渐溶化的灰线。整个哥萨克阵地上笼罩着一片灰土，就好像在冒烟。

格里高力现在已经不去看英国大炮打得准不准了。他仔细听着不歇气的炮声和机枪声，听了一小会儿，然后就下了山包，追上叶尔马柯夫。

“你先不要去冲锋，等候我的命令。没有炮火支援，咱们打不过他们。”

“我对你说的不就是这话吗？”叶尔马柯夫用责备的口气说着，就跨上因为听到枪炮声和跑了一阵子而发了性子的战马。

格里高力目送着毫不畏惧地冒着枪林弹雨飞跑的叶尔马柯夫，担心地想：“这家伙干吗要一直跑？可别叫机枪扫倒！应该到谷地里去，走谷底爬上去，再从山冈后面走，就可以平平安安回到阵地上啦。”叶尔马柯夫狂跑到谷地跟前，跑下谷地，而且没有在谷地那边出现。“这么说，他明白啦！这一下子能跑到啦。”格里高力轻松地想道。他便在山包脚下躺下来，不慌不忙地卷起烟来。

他的心出奇地冷漠起来！决不干，他决不冒着机枪火力带领哥萨克去冲锋。犯不着。让军官突击队去冲吧。让他们去进攻大熊河口吧。在这里,格里高力躺在山包脚下,头一次避开直接参加战斗。这会儿支配着他的,不是胆怯,不是怕死或者怕无谓的牺牲。不久以前,他既不怜惜自己的性命,也不怜惜他手下哥萨克的性命。可是现在,好像有什么东西破碎了……在这以前,他还从来没有这样清楚地感觉到这场仗打得毫无意思。不知是考佩洛夫和他说的一番话,还是跟菲次哈拉乌洛夫的冲突,也许是两样原因加在一起,使他突然产生了这样的情绪,反正他决定再也不去冒着炮火进攻了。他模模糊糊地想着,他无法使哥萨克和布尔什维克讲和,而且自己心里也不肯和解,可是要保卫那些精神上同他格格不入、非常仇视他的人,保卫菲次哈拉乌洛夫这一类的人,保卫那些非常瞧不起他、他也非常瞧不起的人,他再也不愿意了,再也不肯了。旧日的矛盾又无情地出现在他的面前了。"叫他们去打吧。我在旁边看看。等到把我这个师一接收过去,我就要求离开队伍回后方去。我打够啦!"他心里想着,又想起他和考佩洛夫的争论,觉得自己找到了为红军辩护的理由,"中国人是赤手空拳来找红军,参加红军,为了一点点儿可怜的薪饷天天拼命。而且哪儿是为什么薪饷?薪饷他妈的怎么能买性命?那才划不来呢……可见,这不是贪图什么好处,而是另外一回事儿……可是协约国却派来军官、坦克、大炮,连骡子都派来啦!将来因为这些玩意儿要索取一笔很大的款子。这就大不一样啦!好啊,到晚上咱们就来争论争论这个问题吧!我一回到师部,就把他叫到一边去,对他说:'就是不一样,考佩洛夫,你别愚弄我啦!'"

但是他们已经没有机会争论了。下午，考佩洛夫到担任后备队的第四团的防地上去，在路上被流弹打死了。两个钟头以后，格里高力才听说这件事……

第二天早晨，菲次哈拉乌洛夫将军的第五师部队攻占了大熊河口镇。

十二

格里高力走后三天，米佳·柯尔叔诺夫回鞑靼村来了。他不是一个人回来的，还有侦缉队的两个同事陪着他。其中有一个是不算年轻的加尔梅克人，不知是哪个乡的马内契村的；另一个是拉斯波平乡的一个其貌不扬的哥萨克。米佳很轻蔑地把加尔梅克人叫"伙计"，却把拉斯波平乡的这个酒鬼和无赖尊称为西兰琪·彼特洛维奇。

看样子，米佳在侦缉队里，为顿河军立了不少功劳：一个冬天的工夫，他就升为司务长，后来又升为准尉，于是他穿着崭新的军官制服神气活现地回到村里来了。可以想见，他跑出去以后，在顿涅茨那边，日子过得不坏；米佳那宽宽的肩膀撑得草绿色单制服鼓鼓的，红红的皮肉那肥嘟嘟的皱褶压得制服硬领紧绷绷的，缝得很贴身的带裤绦的蓝斜纹布马裤的后面差点儿就要撑破了……从米佳的外貌来看，如果不是这次可恨的革命的话，一定能当一名御林军阿塔曼团的战士，住在皇宫里保卫皇帝圣驾。不过，米佳就是这样，日子过得也不坏。他升到了军官阶级，而且他不是像格里高力·麦列霍夫那样，出生入死，拼出自己的头颅挣来的。要在侦缉队里立功，是需要另外一种本事的……在米佳身上，这样的本事是绰绰有余的：他不大信任哥萨克们，总是亲自劈死那些有赤化嫌疑的人；不惜亲自动手，用鞭子或步枪通条惩罚逃兵；在审讯押犯方面，全队就更没有谁比得上他了，就连普里亚尼什尼柯夫中校都耸着肩膀说："不行，诸位，不管你们怎样，想超过柯尔叔诺夫是办不到的！他是一条凶龙，不是人！"米佳还有一手了不起的本事：每当侦缉队不能枪毙某一个被捕的人，而又不愿意放他活命的时候，就判处用树条子抽打的肉刑，交给米佳去执行。于是他就去执行，打过五十下，挨打的人就开始不住地吐血，打过一百下，不用问，只管包到席子里就是了……还从来没有一个挨打的人逃出米佳的手掌。他自己就不止一次笑着说："要是把被我打死的那些红党男女的裤子和裙子都剥下来，全鞑靼村人都够穿的啦！"

米佳从小就养成的残忍性格，在侦缉队里不仅得到了充分发挥的机会，而且因为无人管束，又得到极大的发展。他由于工作关系，和加入侦缉队的一切军官中的败类——吸毒者、暴徒、强盗和各种各样的下流文人——经常在一起，他们出于对红军的仇恨，教给他许多东西，米佳高高兴兴、拿出那种农民的热心劲儿学会了这些东西，而且没有费多大的力气就超过了老师们。有时候，神经脆弱的军官见了别人的血和痛苦受不住了，手软了，米佳却只是把黄黄的、冒着小小火星的眼睛一眯，就继续干下去。

米佳离开哥萨克部队，来到普里亚尼什尼柯夫中校的侦缉队里吃轻快饭以后，就变成这样了。

他进了村子，大模大样地摆着架子，有些妇女向他问候，他只微微点一点头，骑着马一步一步地来到自己的家跟前。他在烧掉了一半、另一半熏得漆黑的大门前下了马，把缰绳递给加尔梅克人，就大踏步走进院子。他由西兰琪陪着，一声不响地绕着房基走了一圈，用鞭子拨弄拨弄被大火熔化了的、像绿宝石一样闪闪发光的玻璃块子，用气哑了的嗓门儿说：

“烧光啦……这房子原来可是够阔气的呀！村子里的头一家。这是我们村子里的人米沙·柯晒沃依烧的。也是他把我爷爷打死的。这么着，西兰琪·彼特洛维奇，我只能看看我家烧成的一堆灰啦……”

“这个柯晒沃依家里还有什么人吗？”西兰琪急切地问道。

“大概有。咱们可以去看看他们……不过现在咱们先去看看我家的亲戚吧。”

在去麦列霍夫家的路上，碰见包加推廖夫家的儿媳妇，米佳问道：

“我妈从顿河那边回来了吗？”

“好像还没有回来，米特里·米伦内奇。”

“我家亲家麦列霍夫在家吗？”

“你问老头子吗？”

“是的。”

“老头子在家，除了格里高力，反正一家人都在家。彼特罗去年冬天被打死啦，你听说了吗？”

米佳点了点头，就放马小跑起来。

他在空旷无人的街道上走着，在他那感到餍足的、冷冷的黄色猫眼睛里，刚才的火气连一点影子也没有了。快到麦列霍夫家门口的时候，他不是单独对任何一个伙伴，低声说：

“我们村子里成这种样子啦！咱们要吃顿饭，就为这也应该去看看亲戚……嗯，嗯，咱们还要好好喝几杯呢！……”

潘捷莱·普罗柯菲耶维奇正在敞棚底下修收割机。他看见有骑马的人，并且认出其中有一个是米佳，就朝大门口走去。

“欢迎欢迎，”他一面开大门，一面亲热地说，“欢迎诸位！欢迎光临！”

“你好啊，亲家公！你身子壮实吗？”

“托福托福，身子还不坏。你怎么，好像当了军官啦？”

“你以为只有你的儿子能戴白军肩章吗？”米佳志得意满地说着，向老头子伸出一只青筋嶙嶙的长手。

“我儿子还不大喜欢肩章呢。”潘捷莱·普罗柯菲耶维奇笑着回答过，就朝前走去，好指地方给他们拴马。

伊莉尼奇娜殷勤地请客人们吃过午饭，饭后便谈了起来。米佳详细地询问了有关他家的一切情形，自己没有说什么话，既没有露出愤怒，也没有露出悲伤。就像是随口问问似的，问了问米沙·柯晒沃依家是不是有人留在村子里，等他听说米沙的母亲带几个孩子留在家里的时候，他迅速地对西兰琪挤了挤眼睛，别人都没有觉察到。

三位客人很快就起身了。潘捷莱·普罗柯菲耶维奇在送他们的时候，问道：

“你想在村子里多住些日子吗？”

“大概要住两三天。”

“要看看你妈吧？”

“看情形再说。”

“噢，那你现在要上远处去吗？”

“随便走走……去看看村子里一些人。我们很快就回来。”

米佳和两个同伴还没有回到麦列霍夫家，村子里已经到处传着：“米佳·柯尔叔诺夫领着两个加尔梅克人回来，把柯晒沃依一家都杀啦！”

什么都还没有听说的潘捷莱·普罗柯菲耶维奇，拿着一把镰刀刚刚从铁匠铺里回来，又打算去修理收割机，但是伊莉尼奇娜唤他了：

“上这儿来，老头子！快点儿！”

老婆子的声音中有一种掩饰不住的惶恐意味，潘捷莱·普罗柯菲耶维奇吃了一惊，立即朝屋里走来。

娜塔莉亚站在灶前，脸色煞白，哭得泪汪汪的。伊莉尼奇娜用眼睛瞟了瞟安尼凯的老婆，低声问道：

“出事啦，你听说了吗，老头子？”

“哎呀，格里高力出事啦……老天爷保佑吧！”潘捷莱·普罗柯菲耶维奇听了这没头没脑的话，着急地想道。他的脸一下子白了，他又害怕，又因为谁也不说话，他很生气，急得叫起来：

“有话快说嘛，你们都该死！……嗯，出了什么事？是格里高力吧？……”他好像叫得没了劲儿，一屁股坐到板凳上，抚摩着哆哆嗦嗦的双腿。

杜尼娅最先想到，父亲是怕格里高力出了不幸的事，就赶紧说：

“不是的，爹，不是格里高力有什么事。是米佳害了柯晒沃依一家。”

“怎么害啦？”潘捷莱·普罗柯菲耶维奇马上放下心来，可是他还没有明白杜尼娅的话的意思，就又问道，“把柯晒沃依一家怎么啦？米佳呢？”

跑来报告消息的安尼凯的老婆，语无伦次地讲了起来：

“大叔，我去找小牛，走到柯晒沃依家门口，米佳和另外两个当兵的骑马来到他们家，就朝屋里走去。我就想，小牛不会跑到风车那边去的，正是放牛的时候嘛……”

“老说你他妈的小牛干什么？”潘捷莱·普罗柯菲耶维奇气哼哼地打断她的话。

“……我是说，他们朝屋里走去，”这娘儿们上气不接下气地继续说下去，“我就站着，等着。我心里想：‘他们上这儿来，不会有好事情的。’屋子里喊叫起来，就听见他们在杀人呢。我吓死啦，就想跑，可是刚刚离开篱笆，就听见后面有脚步声；我回头一看，就看见米佳把一条绳子套在老婆子的脖子上，拉着她在地上拖起来，简直像拖一条狗一样，真造孽呀！把她拖到棚子跟前，她一点儿声音也没有，恐怕已经昏过去啦；那个跟米佳一块儿的加尔梅克人，爬到棚梁上去……我看见，米佳把绳子的一头扔给他，吆喝说：‘拉上去，打一个结！’哎呀！我简直吓死啦！眼看着他们把可怜的老婆子勒死啦，后来他们上了马，就往小胡同里走去，恐怕是上村公所去了。我不敢进屋子里去……可是我看见，血从过道里，就从房门底下，一直流到台阶上。天啊，可别叫我再看见这种可怕的事情啦！”

“天啊，偏偏叫咱们碰上这号客人！”伊莉尼奇娜带着若有所思的神情望着老头子说。

潘捷莱·普罗柯菲耶维奇异常气愤地听完安尼凯的老婆的话，一句话也没说，马上就走了出去。

大门口很快就出现了米佳和他的两个伙伴。潘捷莱·普罗柯菲耶维奇很麻利地一瘸一拐迎着他们走去。

“站住！”他老远就喊道，“别把马牵进院子！”

“怎么啦，亲家公？”米佳惊讶地问道。

“你向后转吧！”潘捷莱·普罗柯菲耶维奇对直地走过去，盯着米佳那一闪一闪的黄眼睛，果断地说，“别生气，大侄子，我不愿意你住在我家里。你好好地走吧，想上哪儿，就上哪儿。”

“啊——啊——啊……”米佳明白了，把声音拉得老长，脸一下子白了，“这么说，你是撵我们走吗？……”

“我不愿意叫你弄脏我家的房子！”老头子毫不含糊地重说了一遍，“你今后别再跨进我的家门。我们麦列霍夫家跟刽子手不是亲戚！”

“明白啦！不过，亲家公，你的心肠好得过分啦！”

“哼，你既然杀起妇女和孩子，那就是一点良心都没有啦！唉，米佳，你这一手太不好啦……你爹要是活着，看到你这样，决不会高兴！”

“你这老浑蛋，想叫我对他们客气吗？他们杀死我爹，杀死我爷爷，我就该和他们亲嘴吗？滚你的吧——知道滚到哪儿去吗？……”米佳怒冲冲地扯了扯马缰绳，把马牵出了大门。

“别骂人，米佳，你只配做我的儿子。咱们没什么好说的啦，你走你的吧！”

米佳的脸越来越白,拿鞭子吓唬着,低声吆喝道:

“你别惹我造孽,别惹我!我是可怜娜塔莉亚,不然的话,我把你这个好心肠人……我知道你们是什么货色!看透了你们的心思!你们没有跟着上顿涅茨那边去吧?投靠红党了吧?是的嘛!……应当像对付柯晒沃依一家那样,把你们这一家狗崽子都绞死!咱们走吧,伙计们!哼,你这瘸狗,小心点儿,别落在我手里!别想逃出我的手掌心!你的好心我会记住的!我也用不着这样的亲戚!……”

潘捷莱·普罗柯菲耶维奇用哆哆嗦嗦的两手闩上大门,一瘸一拐地朝屋里走去。

“我把你哥撵走啦。”他也不看娜塔莉亚,说。

娜塔莉亚虽然心里赞成公公的做法,嘴里却没有作声,可是伊莉尼奇娜赶快画了一个十字,高高兴兴地说:

“谢天谢地:恶鬼可走啦!娜塔什卡,原谅我说的话难听,你们家的米佳实在太坏了!他偏要去干那种差事:别的哥萨克都是在正正经经的部队里当差,可是你瞧瞧他!干起了刽子手队!当刽子手,勒死老奶奶,劈死无罪的孩子,这是哥萨克干的事儿吗?米沙干的事,怎么能找他家里人算账呢?要是这样的话,因为格里沙的事,红军早把咱们,把米沙特卡和波柳什卡杀死啦,可是他们没有杀咱们,他们是有善心的!哼,我就看不惯这号人!”

“妈妈,我也看不惯我哥……”娜塔莉亚用头巾的角儿擦着眼泪,只说了这一句。

米佳当天就离开了村子。听说,他好像在卡耳根附近跟上了自己的侦缉队,跟着侦缉队去维护顿捏茨州一些乌克兰村庄的秩序去了，因为那些村庄的老百姓都犯了参加镇压顿河上游暴动的罪。

他走后有一个星期，村子里到处议论纷纷。大多数人都反对杀害柯晒沃依的家属。大家用村里的公款埋葬了死者；本来想把柯晒沃依家的房子卖掉，但是没有买主。根据村长的命令，用木板十字交叉地把护窗钉起来，有很长时间，孩子们不敢靠近这块可怕的地方玩耍，老头子和老奶奶们从这座没有人住的房子旁边经过，都要画十字，祝愿被害人灵魂安息。

后来，到了割草的时候，不久以前发生的大事也就被人忘了。

村子里的人依然天天在干活儿，天天谈前方的消息。那些有牲口的主儿，又发牢骚，又骂娘，套上大车去拉差。几乎每天都要把干活儿的牛和马卸下来，派到镇上去。老头子们一面从割草机上往下卸马，一面一句又一句地咒骂这打不完的仗。但是炮弹、子弹、铁蒺藜、给养还是要往前方送的。于是大家都在送。然而，好像故意叫人着急似的：牧草肥茁茁的，已经长成，天气又格外好，是割草和搂草的时候了。

潘捷莱·普罗柯菲耶维奇准备着割草，而且一个劲儿地在抱怨妲丽亚。她套上两头牛送子弹去了，应该从转运站回来了，可是一个星期已经过去，连她的消息都没有；没有这一对最可靠的老牛，在草原上什么都干不成。

说实在的，真不该叫妲丽亚去……潘捷莱·普罗柯菲耶维奇是硬着头皮把牛交给她的，因为知道她很贪玩，不高兴伺候牲口，但是除了她以外，再找不到人了。杜尼娅是不能去的，因为跟许多陌生的男子汉走远路，这不是大姑娘干的事；娜塔莉亚又有两个小孩子;难道非要老头子亲自去送这些该死的子弹不可吗? 何况妲丽亚又自告奋勇要去。她以前就非常喜欢出去到处跑跑:不管上磨坊里,上碾坊里,不管出去干别的什么事情,她都愿意,因为一离开家,她就感到说不出的自由。每次外出,她都感到开心和愉快。她一离开公婆的眼睛,就可以和别的娘儿们谈个痛快,或者像她自己说的,和她看中的、机灵的男子汉"随便睡一觉"。可是在家里,就是在彼特罗死后,婆婆还是管得她很严,好像丈夫在世时就常常找外快的妲丽亚非得替死人守节不可似的。

潘捷莱·普罗柯菲耶维奇明知大儿媳妇不会好好地照应牲口,但是没有办法,还是叫她赶着车去了。去是叫她去了,然而他一个星期都心神不定,惶惶不安。他常常在半夜里醒来,难受得叹着气,心里想:"我的牛完了!"

妲丽亚到第十一天的早晨才回来。潘捷莱·普罗柯菲耶维奇刚刚从草原上回来。他和安尼凯的老婆插犋一同割草,他让安尼凯的老婆和杜尼娅留在草原上,自己回村子里来取水和吃的东西。两个老人家和娜塔莉亚正在吃早饭,窗外响起熟悉的车轮轧轧声。娜塔莉亚快步跑到窗前,就看见头巾一直裹到眼睛的妲丽亚正赶着疲惫不堪、瘦了不少的老牛进大门。

"怎么,是她吗?"老头子含着没有嚼好的面包,问道。

"是妲丽亚!"

"想不到还能看到牛! 好啊,谢天谢地! 这该死的坏娘儿们! 总算回来啦……"老头子画着十字,打着饱嗝,嘟哝说。

妲丽亚卸掉牛,走进厨房,把一块叠成四折的粗麻布放在门口,就向家里人问好。

“你真不错，好能干！你再逛一个星期才好哩！”潘捷莱·普罗柯菲耶维奇皱着眉头看了看妲丽亚，也不答理她的问候，气呼呼地说。

“顶好您自个儿去！”妲丽亚一面解头上落满灰土的头巾，一面顶撞说。

“你怎么出去这么久呀？”伊莉尼奇娜怕一见面就顶起来，就插嘴说。

“人家不放我，所以就多跑了几天。”

潘捷莱·普罗柯菲耶维奇不以为然地摇了摇头，问道：

“贺里散福的老婆一到转运站上，人家就把她放回来了，就是不放你吗？”

“就是不放我！”妲丽亚恶狠狠地翻了翻眼睛，“您要是不信，就去问问那个押车的队长。”

“我用不着去问，不过下一回你待在家里好啦。要派你，只能派你去见死神。”

“您别吓唬我吧！哼，吓唬起人来啦！我还不想去呢！以后您叫我去，我都不去！”

“牛还好吗？”老头子问话的口气已经缓和了。

“还好。您的牛一点事儿也没有……”妲丽亚很不高兴地回答说。她的脸色十分阴沉。

娜塔莉亚心里想：她一定是在路上和一个相好的走散了，所以心里很不痛快。

她常常对妲丽亚和她干的那些不干不净的风流事感到惋惜和憎恶。

吃过早饭,潘捷莱·普罗柯菲耶维奇就套上车要走,但是这时候村长来了。

“我该说一路平安才对,不过,等一等,潘捷莱·普罗柯菲耶维奇,你别走呀。”

“是不是又来要大车呀?”老头子用装出来的和善口气问道,实际上气得连气都喘不上来了。

“不是,这一回是另外的事儿。今天顿河军总司令西道林将军要上咱们这儿来。明白吗?刚才接到乡长的紧急公文,命令老头子和妇女们一个不落都去开大会。”

“他们不是疯了吗?”潘捷莱·普罗柯菲耶维奇叫了起来,“谁又在这种大忙的时候召开大会?你的西道林将军能送干草给我过冬吗?”

“咱们都一样,他是我的,也是你的,”村长心平气和地说,“命令我怎样办,我就怎样办。把车卸了吧!要隆重欢迎呢。顺便告诉你,听说好像还有协约国的将军跟他一块儿来呢。”

潘捷莱·普罗柯菲耶维奇在大车旁边站了一会儿,想了想,就开始往下卸牛。村长看到自己的话发生了效力,高兴起来,就问道:

“你那匹小骒马能不能用一下呢?”

“你要骒马干什么?”

“他娘的,命令要派两辆三套马车到杜尔谷那儿去迎接呢。到哪儿去弄马车和马呀,我简直没主意啦!天不亮我就起来,到处跑,小褂湿透了五六次,总共才弄到四匹马。大家都在干活儿,就是哭也哭不出马来!”

已经没有了火气的潘捷莱·普罗柯菲耶维奇答应拿出马来，甚至还提出可以用他的弹簧小马车。不管怎么说，来的是总司令呀，而且还有外国的将军，潘捷莱·普罗柯菲耶维奇对将军向来是怀着敬畏心情的……

由于村长的努力，总算弄到了两辆三套马车，派到杜尔谷迎接贵宾去了。老百姓都集合在操场上。很多人是扔下割草的活儿，从草原上赶回村子里来的。

潘捷莱·普罗柯菲耶维奇不再去管割草的事，打扮起来，穿上干干净净的褂子，换上一条带裤绦的呢裤子，戴上那一年格里高力带回来作礼物给他的制帽，吩咐过老婆子叫妲丽亚去给杜尼娅送水和吃的东西，他就拿出气派，一瘸一拐地朝会场上走去。

不久，大道上盘旋起浓浓的灰尘，灰尘像流水一样朝村子涌来，灰尘中有一样金属的东西闪闪发光，老远就传来像唱歌一样的汽车喇叭声。客人们乘着两辆崭新的、漆得锃亮的深蓝色小汽车；两辆空着的三套马车远远地跟在后面跑着，赶过一批批从草原上回来的割草人，村长为了表示隆重特地弄来的两个邮铃在车轭下很泄气地响着。操场上的人群里热闹了一阵，人们说起话来，孩子们快快活活地嚷了起来。慌里慌张的村长在人群里钻来钻去，邀集一些德高望重的老头子，要他们担任接待和献礼。村长一眼看见潘捷莱·普罗柯菲耶维奇，就高高兴兴地抓住了他。

“行行好，救救命吧！你是见过大场面的人，懂得礼节……你知道怎样向他们问候和别的什么的……再说，你是军人联合会的委员，你又有那样的儿子……请你担任献礼吧，我不行，我好像有点儿怕，膝盖直哆嗦。”

潘捷莱·普罗柯菲耶维奇遇到这样的荣幸，心里美得不得了，为了表示谦逊，推辞了好几遍，后来不知为什么忽然把脑袋往脖子里一缩，迅速地画了一个十字，就接过铺了绣花手巾的盛着面包和盐的盘子，用胳膊肘拨开众人，朝前走去。

汽车很快地向操场开来，后面跟着一大群叫哑了喉咙的各种毛色的狗。

“你……怎么样？不害怕吗？”脸色发了白的村长小声问潘捷莱·普罗柯菲耶维奇。他还是头一次看见这样的大官。潘捷莱·普罗柯菲耶维奇用发蓝的白眼珠子斜瞟了他一下，用激动得沙哑了的嗓门儿说：

“喂，你端一下子，我要梳梳胡子。端好！”

村长很殷勤地接过盘子，潘捷莱·普罗柯菲耶维奇把上嘴胡和下巴胡都梳了梳，很威武地挺直了胸膛，为了不叫人看出他是瘸子，又把那条瘸腿的脚尖撑在地上，这才重新接过盘子。但是盘子在他手里一个劲儿地哆嗦起来，村长很害怕地问道：

“盘子不会掉下来吧？哎呀，小心点儿！”

潘捷莱·普罗柯菲耶维奇很轻蔑地耸了耸肩膀。怎么会掉下来呢？这人竟说出这样混账的话！他干过军人联合会的委员，在将军府里和所有的人都握过手，现在倒害怕起一位将军来啦？这个小小的村长简直发昏啦！

“我的小老弟，我在军人联合会的时候，还和皇上封的将军一块儿喝过茶呢……”潘捷莱·普罗柯菲耶维奇刚刚开口，就顿住了。

前面的一辆汽车在离他十来步远的地方停下来了。一个头戴宽檐制帽、身穿钉着窄窄的外国肩章的制服、脸刮得光光的司机，很麻利地从车上跳下来，开了车门。两个身穿草绿色军装的人气派十足地从车上走下来，朝人群走来。他们径直地朝潘捷莱·普罗柯菲耶维奇走来，潘捷莱·普罗柯菲耶维奇把身子一挺，就一动也不动了。他猜想，这两个穿得很朴素的人就是将军，那些跟在后面、穿得很漂亮的人，只不过是陪伴他们的随员。老头子目不转睛地望着走过来的客人，他的眼睛里越来越流露出掩饰不住的惊愕神情。垂着穗头的将军肩章在哪儿呀？穗带和勋章在哪儿呀？如果在外表上和普普通通的军队文书一点没有区别的话，又算是什么将军呀？潘捷莱·普罗柯菲耶维奇霎时间感到异常失望。他甚至因为自己盛情准备欢迎，因为这两个人玷辱将军的称号，感到有些懊恼。真他妈的，如果他知道来的是这样的将军，他才不这样仔细打扮呢，也不会这样战战兢兢地等候他们，无论如何，也不会手里端着盘子和不知哪一个肮脏老婆子烤的倒霉面包，像个傻瓜一样站在这儿。说实话，他潘捷莱·麦列霍夫还从来没有叫人笑话过呢，现在就叫人笑话起来了：刚才他就亲耳听见孩子们在他背后嘿嘿直笑，甚至有一个小家伙可着嗓门儿吆喝："伙计们！都来看呀，瘸子麦列霍夫鞠躬真好看呀！就像鲈鱼咬钩一样！"他在这儿站得笔直，难为这条瘸腿，还要叫人笑话，实在不值得……潘捷莱·普罗柯菲耶维奇气得心里直扑腾。全怪这个该死的胆小鬼村长！跑来胡说一通，把马和车都借了去，呼哧呼哧地满村子乱跑，到处找马车铃铛。真不假，这个人没见过世面，见了叫花子也要欢迎。潘捷莱·普罗柯菲耶维奇当年见过的将军才气派哩！比如说，在皇上阅兵的时候，就有一位将军，满胸膛都是勋章、奖章、金线绣花；看起来多过瘾，简直是圣像，不是将军！可是这两个——一身草绿制服，就像灰老鸹。其中一个戴的还不是规规矩矩的制帽，而是像一口蒙着布的锅子，而且一张脸刮得光溜溜的，就是打着灯笼也别想找到一根毛……潘捷莱·普罗柯菲耶维奇皱着眉头，厌恶得几乎要啐一口，但是这时候有人使劲在他的背上捅了一下子，对着他的耳朵大声说：

“去嘛，献上去！……”

潘捷莱·普罗柯菲耶维奇向前走去。西道林将军隔着他的脑袋匆匆地扫视了一下人群，高声说：

“你们好啊，诸位老人家！”

“祝您健康，大人！”村子里有人七嘴八舌地喊道。

将军亲切地从潘捷莱·普罗柯菲耶维奇手里接过礼物，说了一声“谢谢”，就把盘子交给一名副官。

同西道林站在一起的是一位细长的英国上校，他用冷冷的好奇目光从扣得低到眼睛的钢盔底下打量着哥萨克们。他奉大不列颠驻高加索军事代表团团长布里格司将军之命，陪同西道林来视察肃清布尔什维克以后的顿河军区局面，并且通过翻译认真考察哥萨克的情绪，同时也了解了解前线的情况。

上校因为一路奔波，草原景物单调，许多谈话枯燥乏味，一个大国代表的职责又极其复杂，所以感到十分疲惫，但是王国的利益比什么都要紧呀！因此他仔细听着一个维奥申乡代表的讲话，而且差不多都听懂了，因为他懂俄语，只是不叫人知道这一点罢了。他带着道地的不列颠民族的高傲神气，看着这些好战的草原儿女的各种各样的、黑黑的脸，对于这种种族混杂的情况感到十分吃惊——只要一看到哥萨克人群，那是一眼就能看得出的；一个淡黄头发的斯拉夫族哥萨克旁边站着一个道地的蒙古人，蒙古人这边又是一个头发像乌鸦翅膀一样黑的年轻哥萨克，年轻哥萨克的一只手吊在肮脏的绷带上，正在小声和一个白发苍苍、道貌岸然的长者说话，——可以打赌，那个手拄拐杖、身穿老式哥萨克短褂的长者的血管里，流的一定是高加索山民的血……

上校多少懂得一点儿历史；他观察着哥萨克们，心里就想，不仅是这些野蛮人，就是他们的子孙，也不会在一个什么新的普拉托夫率领下去进攻印度了。在打败布尔什维克以后，打内战打得民穷财尽的俄罗斯将长期被排除在列强之外，在今后几十年中都不会对大不列颠的东方领地有什么威胁了。至于打败布尔什维克，上校是坚信不疑的。他是个头脑清醒的人，战前在俄罗斯住过很久，他当然无论如何都不相信，共产主义的空想会在一个不大开化的国家里实现……

妇女们嘁嘁喳喳地大声说话，引起了上校的注意。他连头也没扭，只用眼睛扫了扫她们那些颧骨高高的、风吹日晒的脸，他那闭得紧紧的嘴角上微微露出轻视的冷笑。

潘捷莱·普罗柯菲耶维奇献过礼以后，就钻进人群里。他没有听维奥申镇上一个能说会道的人怎样代表全乡的哥萨克向来宾致欢迎辞，而是绕过人群，朝停在不远处的三套马车走去。

马匹浑身是汗，两肋很吃力地起伏着。老头子走到自己那匹驾辕的骒马跟前，用袖子给马擦了擦鼻孔，叹了一口气。他真想大骂一通，马上把马卸下来，牵回家去，因为他实在失望。

这时候，西道林将军在向鞑靼村的人讲话了。他赞扬了鞑靼村人在红军后方的战斗活动之后，说：

“你们同我们共同的敌人进行了英勇顽强的战斗。你们的功劳，逐渐从布尔什维克的沉重压迫下解放出来的祖国是不会忘记的。我想奖励一下我们已经知道的贵村的同红军武装斗争中特别出色的一些妇女。我请我们这些哥萨克女英雄站到前面来，我们现在就宣布女英雄的名单！”

一名军官把一张短短的名单念了一遍。名单上第一名是妲丽亚·麦列霍娃，其余的也都是暴动一开始就被打死的一些哥萨克的遗孀，她们也都和妲丽亚一样，在塞尔道布团投降后被俘的共产党员来到鞑靼村时，参加过虐杀俘虏的暴行。

妲丽亚没有依照潘捷莱·普罗柯菲耶维奇的吩咐到草原上去。她也上这儿来了，站在妇女群里，打扮得就像过节一样。

她一听见自己的名字，就推开妇女们，大胆地朝前走去，边走边整理着绣花边的白色头巾，眯缝着眼睛，多少有点儿不好意思地笑着。虽然在长途跋涉和多次爱情冒险之后十分疲乏，她依然妖艳无比！在她那没有晒黑的白脸蛋儿的衬托下，一双眯缝起来的滴溜溜的眼睛里射出来的光芒显得格外炽热，从她那描过的、弯得很别致的眉毛中，从那微微含笑的嘴唇的纹丝中，隐隐露出一种诱人的、妖冶的意味。

一名军官背朝人群站着，挡住了她的路。她轻轻地把军官推开，说：

“请让早死人的亲属过去！”她便走到西道林面前。

西道林从副官手里接过一枚挂在绶带上的奖章，很笨拙地动弹着手指头，把奖章别在妲丽亚的上衣胸前的左边，并且含笑对着妲丽亚的眼睛看了看。

“您就是三月里牺牲的麦列霍夫少尉的遗孀吗？”

“是的。”

“现在请您领钱，五百卢布。让这位军官发给您。顿河军区司令阿福里康·彼特洛维奇·包加叶夫斯基和顿河政府都感谢您表现出的高度英勇，并向您表示同情……同情您的痛苦。”

妲丽亚没有全部听懂将军对她说的话。她点了点头，表示感谢，就从副官手里接过钱来，也一声不响地笑着，对直地看了看还不算老的将军。他们俩的个头儿差不多一样高，妲丽亚毫不羞涩地打量着将军那瘦削的脸。“把我的彼特罗看得这样不值钱，还没有一对牛的价钱高呢……不过这位将军样子倒不错，一定很管用。”这时候她怀着她素有的毫不知耻的心情想道。西道林以为她马上就会走，但是妲丽亚不知为什么迟迟不走。站在西道林身后的副官和军官们，都互相挤着眼睛，瞟着这个机灵的寡妇；他们的眼睛里都闪着快活的亮光，就连英国上校也提起了精神，理了理皮带，两只脚捯动了一下，而且在他那板着的脸上出现了有点儿像笑的表情。

“我可以走了吗？”妲丽亚问道。

“可以，可以，当然可以！”西道林连忙答应说。

妲丽亚动作很不自然地把钱塞到上衣的开襟底下，便朝人群里走去。所有的厌倦了演说和繁文缛节的军官们，都凝神注视着她那轻盈柔软的步伐。

已故的马尔丁·沙米尔的老婆迟迟疑疑地朝西道林走去。一颗奖章别在她那旧褂子上的时候，她忽然哭了起来，而且哭得十分伤心，十分悲痛，军官们脸上的快活神气一下子就不见了，脸色严肃起来，露出忧凄的同情神气。

“你的丈夫也牺牲了吗?”西道林皱着眉头问道。

正在哭的娘儿们用两手捂住脸，一声不响地点了点头。

“她的孩子用一辆大车都装不下呢!”有一个哥萨克用粗嗓门儿说。

西道林转脸朝着英国人，大声说:

“我们奖励的妇女，都在同布尔什维克的战斗中表现得特别英勇。她们大多数的丈夫都是在一开始起义反对布尔什维克的时候就牺牲了，这些寡妇为了给丈夫报仇，把一大队本地的共产党员全部消灭了。我奖励的第一名妇女是一位军官夫人，她亲手打死了一个以残忍出名的共产党的政委。”

翻译官说起流利的英语。上校听完了，点了点头，说:

“我很赞赏这些妇女的英勇行为。将军，您是说，她们都和男子并肩参加了战斗吗?”

“是的。”西道林很干脆地回答了一声，就急忙招了招手，请第三个寡妇走过来。

授过奖以后，客人们很快就回镇上去了。操场上的人匆匆忙忙地散去，赶去割草。过了几分钟，等到狗叫着把汽车送走以后，教堂围墙旁边就只剩下三个老头子了。

“这年头真稀奇!”其中一个老头子把两手摊得宽宽地说，“从前打仗的时候，要立下大功劳，要出生入死，才能得到十字章或奖章，那些得奖的又是些什么人呀?那都是一些英雄了得、万夫莫当的好汉!很多人拼死拼活，可是得到十字章的却不太多。

难怪俗话说：‘要么戴十字章还乡，要么醉卧沙场。’可是如今给老娘儿们挂起奖章来啦……如果真有什么功劳倒也罢了，可实际上……哥萨克把俘虏赶到村子里来，她们就拿棒子殴打那些手无寸铁的人。这又算什么英雄好汉？说真的，我不懂！”

另外一个老眼昏花、十分虚弱的老头子，叉开腿，不慌不忙地从口袋里掏出一个卷成圆筒形的布烟荷包，说：

“人家在契尔卡斯克当官的，看得比咱们清楚。大概人家是这样考虑的：为了叫大家都振作起精神，好好地打仗，也要给老娘儿们一点儿甜头吃吃。所以又是奖章，又是五百卢布，——哪一个娘儿们见到这样的荣耀会不动心呢？有的哥萨克就是不愿意上前线，想逃避打仗，可是现在还能安安稳稳坐在家里吗？老婆就要天天在他耳朵边嗡嗡叫了！她就要不住地咕噜噜，咕噜噜，就像夜里的布谷鸟！每一个老娘儿们都要想：‘也许我也能挂一颗奖章呢？’”

“你这话不对，菲道尔亲家！”第三个老头子表示反对，“该奖赏，就奖赏。有些娘儿们守了寡，给她们些钱，可以帮她们好好过日子，给她们奖章，那是因为她们勇敢。麦列霍夫家的妲丽亚打头处治了科特里亚洛夫，她做得对！上帝总归是要惩罚他们的，不过老娘儿们惩罚他们也不算错：他们是罪有应得……”

三个老头子一直辩论和争吵到晚祷的钟声响起的时候。等鸣钟人敲起钟来，三个老头子这才站起身来，摘下帽子，画了个十字，恭恭敬敬地朝教堂里走去。

十三

说也奇怪，麦列霍夫家的情形变得好厉害呀！不久以前，潘捷莱·普罗柯菲耶维奇还觉得自己在家里是无上权威的当家人，家里所有的人都毫无二话地服从他，一切都有条有理，共同分担欢乐与痛苦，在各方面都表现出多年来的和睦和融洽。本来是一个十分团结的家庭，可是从春天起，一切都改变了。杜尼娅头一个发生离心力。她并没有对父亲公开表示不服从，但是她干起分配给她的任何活儿，都显得十分勉强，就好像不是给自己家干的，而是受人家雇的；样子也显得孤僻、落落寡合了；现在难得听到无忧无虑的杜尼娅的笑声了。

格里高力上前线去以后，娜塔莉亚也和两位老人家疏远了；几乎所有的时间都和孩子们在一起，只有和孩子们在一起，才高高兴兴地说说话儿，做做事情；好像娜塔莉亚暗暗为什么事感到十分伤心，但是她没有对家里任何人吐露过自己的痛苦，对谁都没有诉说过，而且想方设法掩盖自己的痛苦心情。

妲丽亚就更不用说了：这一次拉差回来，妲丽亚简直完全变了。她经常顶撞公公，根本不把婆婆放在眼里，常常无缘无故对家里人发脾气，借口身体不舒服，不去割草，看她的态度，就好像她在麦列霍夫家里住不了几天了。

潘捷莱·普罗柯菲耶维奇眼看着这一家完了。就剩下他和老婆子两个人在一起了。家庭关系突然很快地破裂了，相互之间的亲热没有了，说话中越来越带着火气和疏远的口气……大家同坐在一张饭桌前,不再像过去那样,是一个和睦一致的家庭,倒像是一些偶然凑在一起的人了。

这一切的根源就是打仗,潘捷莱·普罗柯菲耶维奇很清楚这一点。杜尼娅恨父母,是因为父母永远不准她嫁给米沙·柯晒沃依,而米沙·柯晒沃依是她这颗忠贞不渝的姑娘的心热爱着的唯一的人;娜塔莉亚用她素有的隐忍精神默默地忍受着很深的痛苦,她怕的是,格里高力又要去找阿克西妮亚了。这一切潘捷莱·普罗柯菲耶维奇全都看到,但是要恢复家庭的老样子,他却无能为力了。说实在的,在发生过种种事情之后,他是不能答应自己的女儿和一个狂热的布尔什维克结婚的,再说,即使他答应了,如果这个该杀的新郎官天天在战场上跑来跑去,况且又是在红军部队里,怎么能结婚呢?对于格里高力的事,他也没办法:如果格里高力不是军官阶级,潘捷莱·普罗柯菲耶维奇很快就能制伏他。能治得格里高力今后连斜眼看一看阿司塔霍夫家的院子都不敢。但是打仗把什么都打乱了,老头子再也不能照他想的那样过日子和管自己的家了。打仗打得他破了产,他再也没有原来那种干活儿的劲头儿,大儿子也死了,家里不和睦了,乱套了。他的生活经历了一场战争,就像一片麦地经受一场暴风雨一样,但是暴风雨过后麦子还能站起来,太阳一晒,又生机勃勃的,可是老头子再也站不起来了。他决定什么也不管了:听天由命吧!

妲丽亚得到西道林将军的奖赏以后,高兴起来。那一天她从操场上回来,得意扬扬,喜不自胜。她眼睛里放着光,去让娜塔莉亚看了看奖章。

“为什么给你这玩意儿?”娜塔莉亚惊愕地问道。

“这是因为我枪毙了干亲家伊万·阿列克塞耶维奇,愿这个狗崽子在天堂安息吧！还有这个——是因为彼特罗……”她为了谝一谝,打开一沓沙沙响的顿河政府流通券。

妲丽亚仍然没有下地去。潘捷莱·普罗柯菲耶维奇本来叫她去送饭的,但是妲丽亚坚决不干。

“饶了我吧,爹,我赶路赶得都累死啦!”

老头子皱起眉头。于是,妲丽亚为了缓和一下生硬拒绝的气氛,就半真半假地说:

“在这样的日子里逼着我下地去,您可是罪过。今天我是过节呀!”

“我就自个儿送去吧。”老头子答应了,“噢,那钱怎么样?”

“钱又怎么样?”妲丽亚吃惊地挑了挑眉毛。

“我是问,你把钱放到哪儿?”

“这就是我的事了。想往哪儿放,就往哪儿放!”

“这算怎么一回事儿呢？这钱不是因为彼特罗发给你的吗?”

“他们是发给我的,这钱用不着您管。”

“你是家里的人不是?”

“是家里的人,您又想怎样呢,爹？您想把钱要过去吗?”

“不是想全要,不过,依你看,彼特罗是我们的儿子不是？我和老婆子该不该有一份儿呢?”

公公的口气显然是缺乏信心的,妲丽亚也就一点也不让步了。她用挖苦的口气很镇定地说:

“我一点儿也不给您,连一个卢布也不给！这里面没有您的份儿,要是有的话,就该发给您了。您这是从哪儿想起,这里面有您的份儿呢？这事儿没什么好说的，我的钱您贪不到，您捞不到！”

于是潘捷莱·普罗柯菲耶维奇拿出最后的一招儿：

“你在家里过日子，吃我们的粮食，就是说，咱们的什么东西都是公有的。如果每一个人都来攒私房钱，那又像什么话呀？我不许这样！”他说。

但是妲丽亚也打退了这次企图夺取她的私房钱的进攻。她毫不害羞地笑着说：

“爹，我和您可不是结发夫妻，今天我住在您这儿，明天我就会改嫁，叫您见都见不到影子！我吃的饭，也用不着向您付钱。我给你们家干了十年，腰都累弯啦。”

“你是给自个儿干的，骚母狗！”潘捷莱·普罗柯菲耶维奇气呼呼地叫道。他又嚷嚷了几句，但是妲丽亚连听都不听了，就在他的鼻子前面一转身，裙子一忽闪，朝自己房里走去。“我可不是怕吓唬的！”她冷笑着，小声说。

谈话到此就结束了。真的，妲丽亚不是那种怕老头子发脾气就让步的女人。

潘捷莱·普罗柯菲耶维奇准备下地去，临走时他和老婆子简单地谈了谈。

“你要看着妲丽亚……”他说。

“干吗要看着她？”伊莉尼奇娜吃惊地说。

“因为她可能要走，离开咱们家，会把咱们的东西卷走。我看，她抖搂翅膀，不是无缘无故的……看样子，她是找到了主儿，不是今天就是明天，她就要改嫁。”

“大概是这样，”伊莉尼奇娜叹着气说，“她就像一个当长工的外人，没有一样称她的心，什么都不合她的意……她如今就像一块切下来的面包，切下来的面包，怎么粘都粘不到一块儿。”

“用不着把她往一块儿粘！你注意，老糊涂，如果谈起这事儿，你可别拦她。让她滚吧。我和她缠够啦。”潘捷莱·普罗柯菲耶维奇爬上大车；一面赶牛，一面又说，“她一见干活儿就躲，就像狗见了苍蝇，可是她总想吃香的喝辣的，还要出去玩个快活。彼特罗一死，愿他在天堂安息，咱们家里再也不能留这种娘儿们啦。这不是女人，是祸害！”

两位老人家猜测错了。妲丽亚想都没想过改嫁的事。她不是想改嫁，而是有另外的操心事……

这一天妲丽亚有说有笑，十分高兴。因为钱而引起的口角甚至都没有影响她的情绪。她对着镜子转悠了半天，从各个角度端详那枚奖章，换了五六次衣服，试试什么样的衣服和花绦子绶带最配称，开玩笑说：“现在我最好再搞几颗十字章！”后来她把婆婆叫到上房里，把两张二十卢布的票子塞到她袖子里，用两只滚烫的手把婆婆的两只疙疙瘩瘩的手按在自己胸前，小声说：“这是祭奠彼特罗的……妈妈，您去做一次大道场，多煮些蜜粥……”便哭了起来……但是过了一会儿，眼睛里还带着亮闪闪的泪珠儿，就和米沙特卡玩起来，用自己的漂亮丝围巾蒙他的头，笑得非常开心，就好像从来没有哭过，根本不知道眼泪是咸的似的。

杜尼娅从草原上回来以后，妲丽亚就快活得疯起来。她把自己怎样领奖章的情形一五一十地对杜尼娅说了一遍，又笑哈哈地表演了将军怎样庄严地讲话，英国人怎样像木偶一样站着和看着她，然后，调皮而诡秘地对娜塔莉亚挤了挤眼睛，板紧了脸对杜尼娅说，她这个军官遗孀，又得了奖章，也要升成军官了，并且还要指挥一连哥萨克老头子呢。

娜塔莉亚在给孩子们补衣服，忍着笑在听妲丽亚胡吹，听糊涂了的杜尼娅像做祷告一样合起双手，央求说：

"好一个妲丽亚！好嫂子！你行行好，别胡扯吧！要不然我简直弄不清哪些是胡扯，哪些是真话啦。你正经八百地说说吧。"

"你不信吗？哼，你真是个傻丫头！我和你说的全是真话。军官都上前线去啦，谁又来教老头子们下操和当兵的要干的许多别的事儿呢？所以就叫我来指挥他们，我就来治治这些老鬼们吧！我要好好训练训练他们！"妲丽亚为了不让婆婆看见，把通厨房的门掩上，很麻利地把裙子下摆往两腿中间一塞，用一只手从后面把裙子下摆抓住，就摇晃着光溜溜的腿肚子，在上房里开步走了几步，在杜尼娅跟前站下来，用粗嗓门儿喊起口令，"老家伙们，立正！把胡子撅起来！向后转，开步走！"

杜尼娅实在憋不住，用双手捂着脸，扑哧大笑起来，娜塔莉亚笑着说：

"哎呀，你算了吧！你这样疯闹，恐怕没有好事儿！"

"没有好事儿就没有好事儿！再说，你们看见好事儿了吗？如果不逗你们笑笑，你们在这儿还要闷死呢！"

但是妲丽亚的这一股快活劲儿，来得突然，去得也突然。过了半个钟头，她回到自己的屋里，懊恼地从胸前扯下倒霉的奖章，扔进柜子里；两手托着腮，在窗前坐了老半天，到夜里又不知跑到什么地方去，直到鸡叫头遍以后才回来。

在这以后有三四天，她在地里干活儿都很卖力。

割草的事很不顺利，人手不够，一天顶多割两亩。草堆常常叫雨淋湿，又增加了麻烦。因为又要把草堆摊开来晒。不等把晒干的草堆成垛，又下起倾盆大雨，而且像秋雨一样连绵不断，一直从天黑下到第二天天亮。然后雨过天晴，刮起东风，草原上的割草机又轧轧响起来，一个个发了黑的草堆发出一股股又甜又苦的霉味，草原上笼罩着腾腾的蒸汽，透过蓝蓝的蒸汽，隐隐可以看到古守望台的模糊轮廓、青青的山沟和远处水塘边的翠柳。

第四天，妲丽亚准备从草地上直接到镇上去。她在坐下来吃午饭的时候，说出这话来。

潘捷莱·普罗柯菲耶维奇带着不满意和讥笑的口气问道：

“干吗这样着急？不能等到星期日吗？”

“就是说，有事，不能等。”

“就是多等一天也不行吗？”

妲丽亚咬着牙回答说：

“不行！”

“好，既然这样着急，一点都不能等，你就走吧。不过，你到底有什么事这样着急呢？能说说吗？”

“您要是什么事都知道了，会死得快些。”

妲丽亚和往常一样，厉害话随口就来，潘捷莱·普罗柯菲耶维奇气得啐了一口，也就不再寻根问底了。

第二天，妲丽亚从镇上回来，顺路先回到村子里。只有伊莉尼奇娜和两个孩子在家里。米沙特卡跑到伯母跟前，但是她冷冷地用手把他推开，向婆婆问道：

“妈妈，娜塔莉亚在哪儿？”

“她在菜园子里锄土豆呢。你找她干啥？是不是老头子要你来叫她？叫他别发疯吧！你就这样对他说！”

“谁也不叫她，是我想和她说几句话。”

“你走着回来的吗？”

“走着回来的。”

“咱们家快割完了吗？”

“大概明天能完。”

“等等嘛，你急着上哪儿去？草不是叫雨淋坏了吗？”婆婆跟着妲丽亚下台阶，一个劲儿地追着问。

“没有，没淋坏。好啦，我去啦，不然就来不及啦……”

“你从菜园子里回来，给老头子带一件褂子去。听见没有？”

妲丽亚打了一个好像没有听清的手势，就急急忙忙朝牲口院子里走去。走到河边站下来，眯缝起眼睛，打量了一下散发着淡淡的潮湿气味的碧绿而辽阔的顿河，慢慢朝菜园子走去。

风在顿河上轻轻吹着，海鸥扇动着亮闪闪的白翅膀。波浪懒洋洋地拍打着缓斜的岸。笼罩在透明的淡紫色蜃气里的石灰岩山冈，在太阳底下闪着淡淡的白光；顿河对岸的树林经雨水一洗，就像初春时候那样，又青翠，又鲜嫩。

妲丽亚脱下靴子，洗了洗累得酸疼的脚，在岸边晒得滚烫的小石子上坐了半天，用手遮着眼睛，挡住阳光，倾听着海鸥那凄厉的叫声和波浪那均匀的拍溅声。面对着这样的寂静，又听到海鸥那揪心裂肺的叫声，她伤心得流下泪来，那突然降临到她身上的灾难，似乎更沉重，更难忍受了。

娜塔莉亚很吃力地直起腰来，把锄头靠在篱笆上，一看见妲丽亚，就迎着她走来。

“你是来叫我吗，妲莎？”

“我来找你说说自己的苦……”

她俩并肩坐了下来。娜塔莉亚摘下头巾，撩了撩头发，带着等待的神情看了看妲丽亚。这几天妲丽亚脸上的变化使她大吃一惊，两腮瘪了下去，而且发了乌，额头上出现了一道老深的斜皱纹，眼睛里流露出焦急、惶恐的神情。

“你这是怎么啦？你的脸都发乌啦。”娜塔莉亚很关心地问道。

“恐怕是要发乌的……”妲丽亚勉强笑了笑，沉默了一会儿，“你还要锄很久吗？”

“到天黑能锄完。你到底是怎么啦？”

妲丽亚哆哆嗦嗦地咽了一口唾沫，声音又低又快地说道：

“是这么回事儿：我有病啦……我生了脏病……就是我这一回出门染上的……是一个该死的军官传给我的！”

“闹出事情来啦！……”娜塔莉亚又惊骇又伤心地把两手一拃挲。

“是闹出事情来啦……没什么好说的，也怨不得别人……只怪我自己……那个该死的东西害过人，就滚了。牙齿白白的，却原来是个有病的蛆……这一下子我完啦。”

“好命苦啊！这可怎么办呀？你现在怎么打算呀？”娜塔莉亚睁大了眼睛看着妲丽亚，妲丽亚控制住自己，望着自己脚底下，已经比较平静地说：

“就是说，我在路上就有感觉了……起初我想：也许这不算什么……你要知道，咱们女人家什么样的毛病都有……今年春天我扛一口袋麦子，月经就来了三个星期。可是，现在我觉得有点儿不对头……有些征候露出来了……昨天我就到镇上去找大夫。真羞死人啦……这一下子全完啦，快活到头啦！”

“应该治一治，这太寒碜啦！听说，这种病能治嘛。”

“不行，傻东西，我的病治不好。”妲丽亚似笑非笑地笑了笑，谈到这里，这才第一次抬起火爆的眼睛，“我这是梅毒。这种病治不好。害这种病，要塌鼻子……就像安得洛妮哈老婆子那样，你看见来着？”

“那你现在怎么办呀？”娜塔莉亚带着哭腔问，并且眼睛里饱含着眼泪。

妲丽亚老半天没有说话。她扯下一朵缠在玉米秆子上的牵牛花，拿到自己的眼跟前。这朵娇弱的、边上粉红色的、几乎轻如无物的小小的喇叭花，竟散发着十分浓重、强烈的晒烫了的土地气味。妲丽亚贪婪而惊异地看着牵牛花，就好像是头一次看见这种平常而又难看的花儿似的；她张大了两个哆哆嗦嗦的鼻孔，闻了闻，然后小心翼翼地放在松软的、被风吹干的土地上，说：

“你问我打算怎么办吗？我从镇上往回走的时候，就想过，掂量过啦……我要自杀，这就是我的办法！自杀是有点儿可惜，不过，看起来，没有别的法子可想了。即使我去治，反正也是一样，村子里的人都要知道，他们会指指点点，躲着我，笑话我……谁还看得起我这样一个女人呢？我不漂亮啦，浑身要瘦干啦，我就要活活地烂掉……我不愿意这样，决不！”她说话的样子，就像自己和自己讨论，根本不理会娜塔莉亚那表示反对的动作，“我还没有上镇上去的时候，我在想，如果我害了脏病，我要治一治。所以我没有把钱给公公，我想，治病就要花钱嘛……可是现在我改变主意了。我什么都讨厌啦！不愿意活啦！”

妲丽亚像男人一样骂了几句十分粗野的话，啐了一口，用手背擦了擦挂在长长的睫毛上的泪珠儿。

“你说的是什么话呀……你不怕上帝吗？”娜塔莉亚小声说。

“对于我来说，现在上帝一点用处也没有啦。就这样，这一辈子上帝已经碍了我不少事啦。”妲丽亚笑了笑，从她的毫不在乎和顽皮的笑容上，娜塔莉亚一时间又看到了原来的妲丽亚，“这又不能干，那又不能干，总是说罪过，总是拿最后审判来吓唬人……却想不到，我自己要对自己作的审判，比那种审判还厉害呢。娜塔莉亚，我什么都厌啦！所有的人我都讨厌啦……我很容易离开人世。我无牵无挂。没有人需要我操心……就这样啦！”

娜塔莉亚很热心地劝起她来，劝她回心转意，不要再去想自杀的事，但是妲丽亚起初只是心不在焉地听着，后来一下子想了起来，就气冲冲地打断她的话头。

“你别说这些啦，娜塔什卡！我到这儿来，不是要你劝我，说服我！我是来对你说说我的苦，并且提醒你，今后你别叫孩子们接近我。大夫说，我这种病很容易传染，我也听别人这样说过，所以千万别叫孩子们传染上，傻东西，明白了吗？还要你去对婆婆说说，我自己还不好意思。不过我……我还不是马上就上吊，不会的，这种事儿不用着急……我还要再活些日子，要好好地看看人世，最后看几眼。要不然，你可知道，咱们真是白活啦！活着的时候，天天跑来跑去，周围的什么都看不见……我这一辈子就是这样过的，就好像是个瞎子，可是这一回我从镇上回来，从河边上走，一想到我很快就要见不到这一切了，我的眼睛好像一下子就睁开啦！我望着顿河，望着河面上的水波，太阳一照，河水简直成了银的，明晃晃的，都不敢拿眼睛去看。我又转了转身，朝四下里一看，天啊，真是太美啦！可是以前我还没有注意到呢……”妲丽亚羞涩地笑了笑，沉默了一会儿，攥紧两手，克制住已经冲到喉咙眼儿里的哭声，又说下去，她的嗓门儿更高也更紧张了。“我一路上已经哭了好几次……来到村边上，我看见一些小家伙在河里洗澡……我看了看孩子们，心里就难受起来，像个傻子一样大哭起来。在沙滩上躺了有两个钟头。要是想想的话，死也不好受……”她从地上站起来，掸了掸裙子上的灰土，用习惯的动作理了理头上的头巾，“不过，一想到死，我也觉得高兴：到阴间里就能和彼特罗见面了……我就说：‘喂，彼特罗·潘捷莱维奇，我的当家的，收留你这个不走正道的老婆吧！’”她又用她常有的那种毫不在乎的玩笑口吻说：“在阴间里他又不能打人，打人就进不了天堂，不是吗？好啦，娜塔什卡，再会吧！别忘了把我的倒霉事儿告诉婆婆。”

娜塔莉亚用窄窄的两只脏手捂住脸，坐在地上。从她的指头缝儿里往外流着晶莹的泪珠儿，就好像松树裂缝里流出的松胶。妲丽亚走到用树枝子编的菜园子篱笆小门跟前，又走了回来，郑重地说：

“从今天起，我就要单独使用一套碗碟。你要把这事告诉婆婆。还有，叫她先别把这事儿告诉公公，不然老头子就会大发脾气，把我从家里赶出去。那我就更受不了啦。我打这儿一直到草地上去了。再会吧！”

十四

第二天，割草的就从田野上回来了。潘捷莱·普罗柯菲耶维奇决定吃过午饭就开始去拉干草。杜尼娅把牛牵到河边去饮，伊莉尼奇娜和娜塔莉亚就忙着摆饭。

妲丽亚最后一个上桌子，坐在尽边上。伊莉尼奇娜在她面前摆了一小钵子菜汤、一把调羹和一块面包；其余的人喝的菜汤，还像往常一样，盛在一个公用的大钵子里。

潘捷莱·普罗柯菲耶维奇惊讶地看了老伴儿一眼，拿眼睛瞟着妲丽亚的钵子，问道：

“这是怎么一回事儿？为什么要单独给她盛一钵子？怎么，她不信咱们的教了吗？”

“你少管闲事！吃你的吧！”

老头子用讥笑的目光看了妲丽亚一眼，笑着说：

“啊哈，我明白了！她一得了奖章，就不愿意吃大锅饭啦。妲什卡，你怎么，觉得我们不配和你合用一个钵子喝汤了吗？”

“不是不配，是不行。”妲丽亚沙哑地回答说。

“那又为什么？”

“我喉咙疼。”

“喉咙疼又有什么？”

“我上镇上去，大夫对我说，吃饭的家伙要分开。”

“我的喉咙也疼过，我也没有分开，托老天爷的福，我的病也没有传染给别人。你这病又是怎么回事儿呢？”

妲丽亚的脸一下子白了，她用手擦了擦嘴，就放下调羹。老头子问来问去，把伊莉尼奇娜惹火了，她朝他吆喝道：

“你干吗和老娘儿们缠个没完？连吃饭都叫人吃不安生！就像苍耳子儿，粘到身上扯都扯不掉！”

“我怎么啦？”潘捷莱·普罗柯菲耶维奇气呼呼地嘟哝说，“你们胀破肚子，也没有我的事。”

他气得把满满一调羹热菜汤往嘴里一倒，烫得嘴生疼，他把汤一齐吐到大胡子上，恶狠狠地嚷道：

“你们这些该死的，连饭都不会摆啦！刚从火上拿下来的汤，怎么能端上桌子？！”

“吃饭的时候少说点儿话，就不会烫着嘴啦。”伊莉尼奇娜挖苦他说。

杜尼娅看到父亲红着脸从大胡子里往外剔白菜和土豆块儿，差一点儿扑哧笑出来，只是因为别人的脸色都很严肃，她也就憋住了，并且把目光从父亲身上移开，很怕不合时宜地笑起来。

吃过午饭以后，老头子和两个儿媳妇赶着两辆大车去拉干草。潘捷莱·普罗柯菲耶维奇用长长的叉子把一捆捆散发着霉味的干草往车上挑，娜塔莉亚就在车上接，往车上装。她和妲丽亚一块儿赶着车往回走。潘捷莱·普罗柯菲耶维奇已经赶着两头脚步矫健的老牛远远走到前面去了。

太阳眼看就要落到山冈后面去。在割过了草的草原上，苦蒿气味到黄昏时候益发浓了，但是比较柔和，比较清爽了，已经不像中午时候那样使人气闷。炎热消失了。两头牛高高兴兴地走着,牛蹄子在夏季道路上蹚起的一股股淡淡的灰尘升起又落下,落在道旁的驴蓟草丛里。开着深红色花儿的驴蓟像一团团的野火。丸花蜂在上面嗡嗡地飞着。几只凤头麦鸡咯咯叫着,朝远处一口草原水塘飞去。

妲丽亚两手托着腮,趴在摇摇晃晃的大车上,偶尔看看娜塔莉亚。娜塔莉亚正望着落日在沉思;她那安详而干净的脸上闪烁着红铜色的霞光。“娜塔莉亚好福气呀,又有丈夫又有孩子,什么也不缺,家里人又喜欢她,可是我呀,成了一个没人要的人啦。就是死了,也没有人叹一声。”妲丽亚心里想着,忽然产生了一个念头:要叫娜塔莉亚伤伤心,叫她也痛苦一下子。为什么就该她妲丽亚一个人灰心绝望,就该她一个人无休无尽地想她的已经完蛋的一生,而且这样痛苦难熬呢?她又匆匆看了娜塔莉亚一眼,便竭力以推心置腹的口吻说:

“娜塔莉亚,我想向你认个错儿……”

娜塔莉亚没有立即搭腔。她望着落日,想起很久以前,她还是格里高力的未婚妻的时候,格里高力有一次来看她,她把他送到大门外,那时候也是太阳正要落山,西方天空一片红红的霞光,白嘴鸦在柳树上喳喳直叫……格里高力在马上侧转过身子,慢慢离开,她含着高兴得流出来的眼泪,望着他的背影,两手按在尖尖的姑娘乳房上,觉得心在猛烈地跳动……因为妲丽亚突然打破了沉默,她有些不高兴,于是不大痛快地问道:

“认什么错儿呀?”

“是这样一件错事……你还记得,春天里格里高力从前方回过一趟家吗？记得就在那一天晚上，我挤完牛奶，正要朝房里走，就听见阿克西妮亚叫我。哦，她把我叫了去，送我一枚戒指，硬要给我，就是这一枚，”妲丽亚转悠了一下戴在无名指上的金戒指，“她求我把格里高力叫到她家去……我就什么也不管……告诉他了。他就去了一夜……他说是库金诺夫来了，他陪库金诺夫来着，这话你记得吧？全是扯谎！他在阿克西妮亚那儿呢！”

脸色煞白、发了呆的娜塔莉亚一声不响地在手里掰着干木樨枝儿。

“娜塔莎，你别生我的气。我自己也不高兴这样做，所以才向你认错儿……”妲丽亚讨好地说，一面想看看娜塔莉亚的眼睛。

娜塔莉亚一声不响地吞着眼泪。这又一次的打击是如此突然，如此沉重，她简直没有力气来回答妲丽亚了，只是转过身去，藏起自己的痛苦得变了样子的脸。

已经快到村口了，妲丽亚恼起自己，心里想：“我他妈的真不该刺她。这一下子她要哭上整整一个月了！真该让她什么也不知道，就那样过下去。叫她像牛一样糊里糊涂过下去，倒好些。”她想多少消除一下自己的话发生的影响，就说：

“你别太难过嘛。这没什么了不起的！我的苦比你厉害多啦，可是我还不在乎呢。再说，鬼又知道，也许他真的没有去找她，当真去看库金诺夫了呢。我又没有跟着他。没有抓住，就不能算是贼。”

“我早就猜到啦……”娜塔莉亚用头巾的角儿擦着眼泪，小声说。

“既然猜到，你怎么不追问他呢？你真无用！要是我，他就不敢耍花枪！我就要狠狠治他一下子，叫什么样的鬼都受不了！”

“我怕知道这事儿是真的……你以为，这是快活事儿吗？”娜塔莉亚忽闪了几下眼睛，激动得结结巴巴地说，“这是因为你……和彼特罗过得不错……可是我一想起……一想起许多事情……受的折腾……马上就觉得可怕！”

“哦，那你就忘掉这些事吧。”妲丽亚很天真地劝她说。

“这种事能忘得掉吗？”娜塔莉亚用变了腔的沙哑嗓门儿叫道。

“要是我，早就忘掉啦。有什么不得了的？”

“那你就忘掉自己的病吧！”

妲丽亚哈哈大笑起来。

“我倒是想忘掉，可是这种该死的病总是叫人想起它来！你听我说，娜塔什卡，你要不要我去找阿克西妮亚把事情问清楚？她一定会对我说！肯定会说！没有一个女人能憋得住不说有人爱她和怎么爱她。我自个儿就是这样！”

“我不想劳你的驾了。你对我已经够操心的啦。”娜塔莉亚冷冷地回答说，“我不是瞎子，我看得出你是为什么把这事儿告诉我的。你不是因为心疼我，才说出你怎样拉皮条，是为了叫我难受难受……”

“是呀！”妲丽亚叹了一口气，承认说，“你自个儿想想嘛，不是该我一个人难受吧？”

妲丽亚跳下大车，抓住缰绳，牵着疲惫无力地迈着四条腿的老牛朝坡下走去。到了胡同口，她走到大车跟前，说：

“喂，娜塔什卡！我想问问你……你很爱你男人吗？”

“尽我的心。”娜塔莉亚含含糊糊回答说。

“那就是很爱嘛，”妲丽亚叹着气说，“可是我没有很爱过一个。我像狗那样去爱，马马虎虎，随随便便……如果我现在能重新从头过起，也许我能变成另外一个人吧？”

黑夜接替了短暂的夏天的黄昏。大家摸黑把干草堆在院子里，妯娌们一声不响地干着活儿，妲丽亚甚至对公公的吆喝都没有回嘴。

十五

顿河白军和顿河上游暴动军的联合部队，紧追着从大熊河口镇撤出的敌军，向北方开去。红军第九军被击溃的几个团，企图在大熊河上的沙石金村外拦击哥萨克，但是又被打垮了，于是几乎一直撤退到格里亚齐—察里津铁路线上，都没有进行什么大的抵抗。

格里高力率领自己的一个师参加了沙石金村的战斗，有力地支援了受到侧翼攻击的苏图洛夫将军的步兵旅。叶尔马柯夫的骑兵团，依照格里高力的命令进行冲锋，俘虏了二百来名红军，缴获了四挺重机枪和十一辆子弹车。

将近黄昏时候，格里高力带领第一团的一批哥萨克进入沙石金村。在师部占用的一座房子旁边，密密层层地站着一大群俘虏，由半连哥萨克看守着，俘虏们的衬衣和衬裤白成了一片。他们大多数人的鞋袜都被脱光了，衣服剥得只剩了内衣，在白成一片的人群里只是偶尔能看到一件肮脏的草绿色军便服。

“白得像一群鹅啦!”普罗霍尔指着俘虏们,叫道。

格里高力勒住马,让马侧转过身子;他在哥萨克群里找到叶尔马柯夫,招了招手,叫他过来。

“过来,你干吗要躲到别人脊梁后头?”

叶尔马柯夫用手捂着嘴咳嗽着,骑马走了过来。在他那稀稀的黑胡子底下,破裂的嘴唇上凝结着血块子,右腮肿了起来,有几条黑红色的新鲜擦伤。在冲锋的时候,他的马在飞跑中绊了一下,跌倒了,叶尔马柯夫像石头一样从马上飞了出去,肚子朝下,在坎坷不平的草地上滑了有两丈远。但是他和马又同时站了起来。过了一会儿,浑身是血的叶尔马柯夫又骑在马上,也没戴军帽,但是手里攥着出了鞘的马刀,去撵在斜坡上奔跑的哥萨克骑兵散兵线了……

“我有什么好躲的呀?”他来到格里高力跟前,故作惊讶地问道,然而他很不好意思地把打过仗以后还没有冷下来的、充血的、火辣辣的眼睛转向一边。

“谁干的事情,谁心里有数!你干吗要在后头走?”格里高力十分气愤地问道。

叶尔马柯夫的两片肿起的嘴唇很费劲地笑着,侧眼看了看俘虏们。

“你说的是什么事呀?你别叫我猜谜了,反正我猜不出,我今天从马上栽下来着……”

“这是你干的吧?”格里高力用鞭子指了指红军。

叶尔马柯夫装作头一回看见这些俘虏,装出非常吃惊的样子:

“瞧这些狗崽子们干的好事！哼，真该死！把衣服都剥啦！他们这是什么时候剥的呢……真没想到！我刚刚离开一下子，还严厉命令不许动呢，可是你看，把他们都剥光了，真可怜！……”

“你别糊弄我了！装什么蒜？是你下命令剥的吧？”

“主保佑吧！格里高力·潘捷莱维奇，你不是疯了吧？”

“你还记得命令吗？”

“命令就是说……”

“对，对，就是那道命令！……”

“当然记得。我都能背得出来！就像过去在学校里念过的诗一样。”

格里高力不由地笑了，他在马上弯下腰，抓住叶尔马柯夫的武装带。他很喜欢这个勇猛、剽悍的团长。

“哈尔兰皮！别开玩笑，你搞成什么样子啦？如果派来的那位接替考佩洛夫的新上校一报告，你就要负责任。一有麻烦，追问起来，你就高兴不成了。”

“我忍不住呀，潘捷莱维奇！”叶尔马柯夫严肃而老实地回答说，“他们穿的都是崭新的衣服，都是在大熊河口刚刚发给他们的，可是我的弟兄们都穿得破破烂烂，而且就是家里也没有什么衣服。反正他妈的一样，到了后方也要把他们剥光！我们把他们抓来，倒叫后方那些家伙去剥衣服吗？那不行，还是叫咱们的弟兄们穿穿吧！我负责任好啦，没什么了不起的！请你别和我啰唆啦。我什么也不懂，这些事儿我一点也不明白！”

他们来到俘虏跟前。俘虏群里低低的说话声停止了。站在边上的俘虏躲着骑马的人，带着愁眉苦脸的担心神情和小心等待

的神情望着哥萨克们。有一个红军认出格里高力是首长,径直走过来,用手抓住马镫,说:

“首长同志！请告诉您手下的哥萨克们,哪怕把军大衣还给我们也好。行行好吧！夜里很冷,您看,我们简直光光的啦。”

“这是夏天,你大概不会冻死的,金花老鼠!”叶尔马柯夫厉声说;他用马把那个红军挤开,转身朝着格里高力,“你别操心,我叫人发给他们一些旧衣服好啦。喂,闪开,闪开,你们这些孬种！你们该钻到裤子里去打虱子,不该来和哥萨克打仗!”

师部里正在审问一个被俘的连长。在一张铺着旧漆布的桌子后面,坐着新任参谋长安得列扬诺夫上校。他是一个上了年纪的军官,蒜头鼻子,两鬓已经出现了密密丛丛的白发,一对像小孩子一样的招风大耳朵。红军连长站在他对面,离桌子有两步远。一位参谋,和安得列扬诺夫一同来到师里的苏林中尉,在记录受审人的口供。

红军连长高个子,红胡子,浅灰色的头发剪成了平头;他很别扭地在漆成赭色的地板上捯动着两只光脚,站在那里,偶尔看看上校。哥萨克们只给他留下一件没有漂过的黄棉布士兵内衣,裤子也剥掉了,给他换上一条破破烂烂的哥萨克军裤,裤绦已经褪了色,胡乱补了许多补丁。格里高力往桌子跟前走时,看见这个俘虏窘急而匆忙地拉了拉后面破了的裤子,想盖一盖露出来的屁股。

“您说,是奥勒尔省军事委员会动员您的吗?”上校问了一句,从眼镜上面朝俘虏短促地看了一眼,就又垂下眼睛,把眼睛眯起来,开始研究和摆弄手里的一张纸,看样子,是一份证件。

“是的。”

“是去年秋天吗?”

“是秋末。”

“您说谎!”

“我说的是实话。”

“我可以肯定,您是说谎!……”

俘虏一声不响地耸了耸肩膀。上校看了看格里高力,很轻蔑地瞟了瞟受审的人,说:

“请瞧瞧吧:从前沙皇军队里的一位军官,可是现在您看,成了布尔什维克啦。现在被俘了,就瞎编,好像他是偶然到红军里去的,好像是抓他去的,撒谎撒得又离奇又幼稚,就像个小学生,而且以为别人会相信他的话,可是他就是没有足够的勇气承认背叛了祖国……这坏蛋,害怕呢!”

俘虏很费劲儿地咕哝着喉结,说道:

“我看,上校先生,您倒是有足够的勇气来侮辱俘虏……”

“我不想和坏蛋说话!”

“可是现在我非说不可。”

“您小心点儿!别把我惹火了,我还可以用行动来侮辱您!”

“处在您的地位,这样干不难,主要是没有危险!”

格里高力一声不响地在桌边坐下来,带着同情的笑容望着气得脸色发白、毫不畏惧地反唇相讥的俘虏。“他顶这个上校顶得好!”格里高力高兴地想到,并且带着幸灾乐祸的心情看了看安得列扬诺夫那气得直哆嗦的、红红的、肉嘟嘟的腮帮子。

格里高力从第一次见面,就很不喜欢这位参谋长。有些军官在世界大战期间不上前线，利用一些有势力的亲戚和朋友的关系，千方百计抓住一些没有危险的差事，躲在后方苟且偷安，安得列扬诺夫就属于这一类。安得列扬诺夫上校就在内战时期也是想方设法坐在诺沃契尔卡斯克做保卫工作，直到克拉斯诺夫下台，他才不得不来到前方。

格里高力和安得列扬诺夫在一座房子里住了两夜，就从他的谈话中知道，他是一个非常信神的人，每谈起教堂里的盛大祈祷仪式必然流泪；他说他的妻子是一位最理想的模范妻子，名叫索菲亚·亚历山大洛芙娜，还说皇封的军区司令官封·戈拉贝伯爵曾经追求过她，她都没有答应；此外，上校还很带劲儿、很详细地讲了讲：他的亡父有多大的产业，他安得列扬诺夫怎样升到上校阶级，他在一九一六年和哪些高官显宦一起打过猎；还说，打桥牌最有意思，用兰芹叶子泡的白兰地是最好的饮料，最肥的差事是干军需官。

安得列扬诺夫一听到炮声近了就打哆嗦，他不愿意骑马，说是有肝病；他时时刻刻想扩充师部的警卫队，对待哥萨克怀着一种掩饰不住的敌视态度，因为，照他的话来说，所有的哥萨克在一九一七年都成了叛徒，而且从这一年起，他就不分青红皂白地憎恨起一切“下层阶级”。“只有贵族才能拯救俄罗斯！”这位上校说，并且随口说了说，他是贵族出身，他们安得列扬诺夫家族是顿河上历史最悠久的名门望族。

毫无疑问，安得列扬诺夫的主要毛病是喜欢唠叨。有些喜欢说话的糊涂人，年轻时谈起一切事情都随随便便，信口胡扯，一上了年纪，就会像他这样，絮絮叨叨，喋喋不休，唠叨起来没完没了。

格里高力这一生多次遇到这种像鸟一样喜欢聒噪的人，一向就对这种人怀着深恶痛绝的心情。格里高力在和安得列扬诺夫认识的第二天，就开始躲避他，白天倒是能躲开，但是一驻下来宿营，安得列扬诺夫就来找他，急急忙忙地问："咱们住在一块儿吧？"而且不等回答，就唠叨起来，"阁下，您说哥萨克步战不怎么行，可是以前我在一位将军麾下办事的时候……喂，外面有人吗？把我的提箱和铺盖拿到这儿来！"格里高力仰面躺在床上，闭上眼睛，咬着牙听他讲，后来就不客气地翻过身去，背朝着喋喋不休的说话人，用大衣连头蒙住，暗暗带着愤恨的心情想："只要一接到调动职务的命令，我要狠狠敲敲他的脑袋，叫他至少一个星期不能说话！"安得列扬诺夫问："您睡了吗，中尉？"格里高力就低声回答："我睡啦。"安得列扬诺夫就说："对不起，我还没有说完呢！"于是又继续讲下去。格里高力迷迷糊糊地想："他们是有意把这个唠叨鬼塞给我。这一定是菲次哈拉乌洛夫干的好事。哼，怎么能和这样的浑蛋共事呢？"他睡意蒙眬中，还听见上校那尖嗓门儿在响着，就像雨点儿打在铁房顶上。

所以，格里高力看见被俘的连长很俏皮地挖苦他的爱唠叨的参谋长，就幸灾乐祸地高兴起来。

安得列扬诺夫有一会儿没有说话，眯着眼睛；两只招风大耳朵红得像红布一样，放在桌上的一只白胖的手哆嗦着，食指上还戴着一枚老大的金戒指。

"您听着，狗杂种！"他用气哑了的嗓门儿说，"我下命令把您带到这儿来，不是为了和您相骂的，您别忘记这一点！您是逃不掉的,明白吗?"

"我非常明白。"

"您明白就好。归根到底,您参加红军是自愿的,还是被迫的,这我不管。这不要紧,要紧的是,因为您对气节二字理解得不对头,所以不肯招认……"

"很明显,我和您对于气节问题的理解完全不同。"

"这是因为,您连一点儿气节都没有啦!"

"至于您,上校先生,从您对我的态度来看,我觉得您从来不曾有过什么气节!"

"我看,您是想快点儿了结吧?"

"您认为,我希望慢点儿了结吗? 别吓唬我,吓不倒我!"

安得列扬诺夫用哆哆嗦嗦的两手打开烟盒,点起烟来,使劲抽了两口,又对俘虏说:

"这么说,您是拒绝回答问题了?"

"关于自己的情况,我说过了。"

"您见鬼去吧! 您那讨厌的个人情况,我不大感兴趣。请您回答一个问题:哪些部队从谢布里亚科沃车站开到你们那儿去啦?"

"我已经回答过您:我不知道。"

"您知道!"

"好吧,我就叫您满意一下:是的,我知道,但是我不说。"

"我叫人拿通条抽您,您就会说啦!"

"不见得!"俘虏用左手捋了捋胡子,很镇定地笑了笑。

"卡梅申团参加这次战斗了吗?"

“没有。”

“但是你们的左翼有骑兵掩护，那是哪一部分？”

“够啦！我再对您说一遍：这一类的问题我是不会回答的。”

“随你挑选：你这狗东西，要么把真实情况说出来，要么十分钟以后把你枪毙。怎么样？”

于是俘虏突然用高亢、嘹亮的嗓门儿说：

“我讨厌您，老浑蛋！蠢驴！您要是落在我手里，我才懒得审问您哩！……”

安得列扬诺夫的脸一下子白了，他抓住匣子枪套子。这时候格里高力不慌不忙地站起来，摆了摆手，叫他别动。

“噢呀！好，现在够啦！你们谈了半天，行啦。我看，你们的脾气都很暴躁……好啦，谈不到一块儿，就别谈吧，还有什么好谈的呢？他不肯出卖自己的人，他做得对。真的，这是好样儿的！我真没想到！”

“不行，请准许我！……”安得列扬诺夫怒冲冲地说，半天也没有打开枪套子。

“我不准许！”格里高力高高兴兴地说着，径直走到桌子前面，用身子挡住俘虏，“打死一个俘虏——是很无聊的事。对他这样的人使厉害，您好意思吗？一个人没有了武器，又做了俘虏，连衣服都被剥光了，可是您还要向他发威风……”

“毙了他！这个坏蛋还侮辱我呢！”安得列扬诺夫使劲推开格里高力，拔出匣子枪来。

俘虏立刻转身朝着窗户，就像怕冷似的，耸了耸肩膀。格里高力含笑看着安得列扬诺夫，可是安得列扬诺夫的手攥住骨骨棱棱的匣子枪把子，不知为什么胡乱把枪挥舞了一下，然后就耷拉下枪口，转过身去。

“我不愿意弄脏我的手……”他嘘了一口气，舔了舔干燥的嘴唇，沙哑地说。

格里高力忍不住笑，胡子底下龇着直冒唾沫的牙齿，说：

“想弄脏也弄不脏！瞧，您的手枪是空的。还是在宿营的地方，早晨我醒来，从椅子上拿过这支枪看了看……看到里面连一颗子弹也没有，而且看样子有两个月没擦啦！您对自己的武器保管得太差了！”

安得列扬诺夫垂下眼睛，用大拇指拨了拨转轮，笑着说：

“他妈的！是没有啦……”

苏林中尉一直带着讥笑的神气一声不响地注视着面前的一切，现在把审讯记录卷起来，愉快地说：

“谢苗·波里卡尔波维奇，我不止一次对您说过，您太不注意武器啦。今天的事——更是证明了这一点。”

安得列扬诺夫皱起眉头，喊道：

“喂，下面有人吗？到这儿来！”

两个传令兵和警卫队长从堂前走了进来。

“把他带走！”安得列扬诺夫朝俘虏摆了摆头。

俘虏转身朝着格里高力，一声不响地对他行了一个礼，就朝门口走去。格里高力觉得，俘虏那红胡子底下的嘴唇好像动了动，隐隐露出感谢的笑容……

等到脚步声消失以后，安得列扬诺夫无精打采地摘下眼镜，用一块麂皮仔细擦了擦，恼恨地说：

“您千方百计保护这个坏蛋，这是您的信仰问题，可是您当着他的面说我的枪怎样怎样，叫我下不了台，请问，这又是怎么回事儿？”

“这没有什么了不起的嘛。”格里高力用和解的口气回答说。

“不，反正不应该。您知道吧，我本来可能要打死他的。这是一个可恶的家伙！在您来以前，我已经和他搞了有半个钟头。他一个劲儿在这儿扯谎，胡说八道，躲躲闪闪，供了一些莫名其妙的假材料——简直可恨透了！等到我把他揭穿了，他就干脆闭口不回答。您看见吗，他要守住一个军官的气节，不肯向敌人暴露军事秘密呢。这狗崽子，在他投靠布尔什维克的时候，却不想想一个军官该有的气节……我认为，应当把他和另外两名指挥人员不声不响地毙掉。想从他们口里得到我们所需要的情报，那不可能：他们都是怙恶不悛、不可救药的坏蛋，因此，对他们没有姑息的必要。您以为怎样？”

“您怎么知道他是连长呢？”格里高力没有回答，反而问他说。

“是他手下一名红军供出来的。”

“我认为，应该枪毙这个红军，留下连长！”格里高力带着等待的神气看了看安得列扬诺夫。

安得列扬诺夫耸了耸肩膀，笑了笑，就好像觉得对方开的玩笑并不好笑。

“不，说规矩话，您以为怎样？”

“就照我对您说的这样。”

“但是，请问，这又是什么道理呢？”

“什么道理吗？这是为了保持俄罗斯军队的纪律和秩序。昨天，咱们躺下睡觉的时候，上校先生，您说得很有道理，您说在打败布尔什维克以后，要在军队里建立很好的秩序，以便消除青年人中的红色细菌。我完全赞成您的意见，您记得吗？”格里高力捋了捋胡子，注视着上校脸部表情的变化，义正词严地说，“可是现在您是怎么想的呢？您想这样来废弛纪律吗？就是说，要让士兵来出卖自己的首长吗？您这是教士兵学什么呀？如果咱们有朝一日遇到这样的情形，那怎么办？不行，对不起，我坚持自己的意见！我反对。”

“随您的便吧。”安得列扬诺夫冷冷地说，并且仔细看了看格里高力。他原来就听说这位暴动军师长很刚愎，很古怪，但是没想到会是这个样子。他只是又补充了几句：“我们对待俘虏的红军军官，特别是以前的军官，一向是这样办的。您这是新办法……您对待这种似乎无可争议的问题的态度，我实在不大理解。”

“可我们一向是在打仗时才杀他们，能杀就杀；但是对于俘虏，没有必要是不杀的！”格里高力红着脸回答说。

“那么好吧，咱们就把他们送到后方去。”安得列扬诺夫表示同意，“现在有一个问题：有一部分俘虏是被动员当兵的萨拉托夫省农民，他们表示愿意参加咱们的部队。咱们的第三步兵团还缺三百人。您认为，能不能仔细挑选一下，把一部分志愿参加的俘虏编到这个团里？在这方面，咱们是有军部的明确指示的。”

“一个庄稼佬我也不要。我的部队的缺额，要由哥萨克来补充。”格里高力斩钉截铁地说。

安得列扬诺夫还想说服他：

“听我说，咱们不必争论。我明白您是希望师里都是清一色的哥萨克，不过兵员很难补充，所以我们不要嫌弃俘虏。就是在志愿军里，有几个团也是由俘虏补充的。”

“他们愿意怎么办就怎么办，我可是不接受庄稼佬。这个问题咱们不多谈啦。”格里高力断然说。

过了不大的一会儿，他就出去安排押送俘虏的事。吃午饭的时候，安得列扬诺夫很激动地说：

“看样子，咱们很难合作下去了……”

“我也是这样想。”格里高力很冷淡地回答说。他也不理睬苏林的笑，用手拿起盘子里的一块烧羊肉，像狼一样咯吱咯吱地啃着硬邦邦的脆骨，苏林就像挨了一棒似的，疼得皱起眉头，甚至闭了一会儿眼睛。

* * *

过了两天，萨里尼柯夫将军的突击兵团来追击撤退的红军了，十万火急地把格里高力召到兵团司令部里去。参谋长是一位仪表堂堂的上了年纪的将军，他让格里高力看过顿河军司令下达的改编暴动军的命令以后，就直截了当地说：

“在和红军进行游击战的时候，您指挥一个师指挥得很好，可是现在我们不仅不能叫您指挥一个师，也不能叫您指挥一个团了。您没有受过军事教育，在战线扩大的情况下，在进行现代化战争的时候，您指挥不了一个庞大的军事单位。您同意这个看法吗？”

“我同意，”格里高力回答说，“我早就想辞掉师长职务啦。”

“这很好,您没有过高估计您的才能。在今天的青年军官中,有这种品质的人是很少的。就这样吧:根据前线总司令的命令,您担任第十九团第四连连长。这个团现在正在进军,离这里有二十俄里,在乌亚兹尼柯夫村附近。您今天就去,最迟是明天。您好像有什么话要说吧?”

“我希望把我派到后勤部队去。”

“这不行。您一定要上前方。”

“我在两次战争中受过十四次伤了。”

“这没有什么关系。您年轻,身体很结实,还可以打仗。至于受伤,哪一个军官没有受过伤呢? 您可以走了。再见吧!”

大概是为了预防在改编暴动军时必然要在顿河上游哥萨克中引起的不满,所以在攻下大熊河口镇以后,马上给暴动中立有战功的许多普通哥萨克戴上了军官肩章,几乎全部司务长都升为准尉,参加暴动的军官都升了级,得了奖。

对格里高力也是这样:把他提升为中尉,并通令全军表彰他在和红军作战中的卓越战功,宣布给予嘉奖。

用几天的工夫进行了改编。把没有文化的师长和团长都撤下来,换上了将军和上校,任命一些有经验的军官为连长;炮兵连的指挥人员和各级参谋人员也全部换了,把普通哥萨克都调去补充那些在顿捏茨方面作战中损失惨重的顿河军正规团。

将近黄昏时候,格里高力把哥萨克们都召集起来,宣布本师开始改编,他向大家告别,说:

“乡亲们,我有什么不周到的地方,请多多担待吧! 咱们在一块儿当兵打仗,也是不得已的,从今天起,咱们就要各奔前程啦。

最要紧的是，要保护好自己的脑袋，别叫红军把脑袋打成窟窿。咱们的脑袋瓜儿虽然笨，可是也犯不着白白送去挨枪子儿。咱们还要拿脑袋来想事情，要好好地想想今后怎么办……”

哥萨克们都灰心丧气地沉默着，后来一下子就七嘴八舌地低声嚷嚷起来：

“又要来老一套啦？”

“现在要把咱们弄到哪儿去？”

“他们拿老百姓想怎么搞就怎么搞，他妈的！”

“我们不愿改编！这算什么新章程？！”

“哼，弟兄们，咱们会师倒霉啦！……”

“老爷们又要来折腾咱们啦！”

“这一下子要够受啦！要把咱们的骨头节都拉直啦……”

格里高力等大家安静下来，说：

“别乱说啦。可以讨论讨论命令、反对反对首长的那种自由日子过去啦。大家各自回住处，少说废话吧，要不然在这种时候，他们也不用把你们送到基辅，就送军事法庭和囚犯连行啦。”

哥萨克们一个排一个排地走过来，和格里高力握手告别，一面说：

“再见吧，潘捷莱维奇！你对我们也要多多担待。”

“我们去跟着人家当兵，没有好日子过！”

“你真不该把我们交给他们去折腾。你不答应交出这个师多好啊！”

“我们喜欢你，麦列霍夫。他们那些军官也许比你有文化，但是我们不会因为他们有文化就舒服点儿，反而会多受些罪，糟就糟在这儿!”

只有一个纳波洛夫村的哥萨克,是连里最喜欢说笑话、说俏皮话的,他说:

“格里高力·潘捷莱维奇,你别信他们的话。跟自己人干也好,跟人家干也好,如果干得不称心,一样不舒服!”

* * *

格里高力同叶尔马柯夫和另外几个指挥人员喝了一夜老酒,第二天早晨,他就带上普罗霍尔·泽柯夫去追赶第十九团。

他还没有下连队同连里人见面,团长就派人来叫他。这时候天还早。格里高力检查了一下马匹,耽搁了一会儿,过了半个钟头才去。他以为,一向对下属很严厉、很苛刻的团长要对他训话,但是团长却十分客气地和他握手问好,问他:“喂,您觉得这个连怎么样？连里的人还行吗?”也不等回答,就不再看格里高力,望着别处,说,

“是这样,老弟,我要告诉您一个很悲痛的消息……您府上出了十分不幸的事。今天夜里接到维奥申打来的电报。我给您一个月的假期去处理家里的事。去吧。”

“请把电报给我。”格里高力脸色煞白,说道。

他接过叠成四折的电报,打开来,看了一遍,把电报攥在顿时汗水淋淋的手里。他用了很大的劲儿,控制住自己,等他开口说话的时候,只是微微有点儿结巴了:

“是的,我没有想到,那我就走啦,再见。”

“别忘了拿准假证。”

“是,是。谢谢,忘不了。”

他习惯地按着马刀,沉着而矫健地迈着步子,来到过道里,但是他从高高的台阶上往下走的时候,忽然听不见自己的脚步声了,顿时觉得一阵剧疼像刺刀一样扎进他的心里。

他在台阶的最下一级上摇晃了一下,用左手抓住摇摇晃晃的栏杆,用右手迅速解开军便服的领口。他深深地、急促地喘着气,站了一会儿,但是就这一会儿工夫,他好像喝足了痛苦的酒,醉了,等他的手松开栏杆,朝拴在大门口的马走去的时候,他的脚步已经沉甸甸的,而且有点儿摇摇摆摆的了。

十六

娜塔莉亚和妲丽亚谈过那一次话以后,有好几天,觉得就像在梦里一样,做着一个十分可怕的噩梦,没有法子醒过来。她在寻找妥当的借口,以便去找普罗霍尔·泽柯夫的老婆,向她打听打听,格里高力在撤退的时候在维奥申是怎样过的,是不是常在那里和阿克西妮亚会面。她想证实一下丈夫的罪过,她对妲丽亚的话将信将疑。

天黑了很久以后,她若无其事地摇晃着一根树条子,来到泽柯夫家门前。普罗霍尔的老婆已经做完家里的事情,正坐在大门口。

“你好啊,大嫂! 没看见我们家的小牛吧?”娜塔莉亚问道。

“托福托福,嫂子! 没有,没看见。”

“该死的东西,乱跑,在家里怎么都待不住! 到哪儿去找呀,我真没有法子了。”

“算啦，你歇会儿吧，小牛会回来的。嗑嗑葵花子儿吧！”

娜塔莉亚走过去，坐了下来。说起妇女们的家常话儿。

“你家当兵的有消息吗？”娜塔莉亚问道。

“一点儿消息也没有。这该死的，就像掉到水里去啦！你那当家的也许有信来吧？”

“没有。格里沙答应写信回来的，可是不知为什么一直没有信来。听人说，好像咱们的人已经过了大熊河口，别的就没有听说啦。”娜塔莉亚把话题转到不久前撤退到顿河那边时的事情上，小心翼翼地问起，当兵的人当时在维奥申的情形怎样，村子里有哪些人和他们在一块儿。有心眼儿的普罗霍尔的老婆猜出了娜塔莉亚的来意，所以回答得很谨慎，很冷淡。

她已经从丈夫的嘴里知道了格里高力的事情，但是，虽然舌头有点儿痒痒，却不敢说出来，因为她还记着普罗霍尔的嘱咐：“要记住：你要是露出去一句，我就把你的脑袋放到劈柴墩子上，把你的臭舌头拉出来一尺长，剁下来。如果这种话传到格里高力耳朵里，他连眉头都不用皱一皱，就把我杀死！你那张臭嘴，唠叨起来够人受的。明白吗？别多嘴多舌，把嘴闭得死死的！”

“你们家的普罗霍尔在维奥申没有看见阿司塔霍夫家的阿克西妮亚吗？”娜塔莉亚再也憋不住，单刀直入地问道。

“他哪儿会见到她呀？他们在那儿哪能顾上这些事？真的，我一点也不知道，娜塔莉亚，你问我这些事是白问。从我那个白毛鬼嘴里别想听到一句正正经经的话。他只会说：端饭来，把碗收了。”

更加烦恼、更加焦急的娜塔莉亚什么也没有打听到，就这样走了。但是她再也不能糊里糊涂过下去了，因此，她又去找阿克西妮亚。

因为是邻居，这几年她们常常见面，往往是一声不响地互相点点头，有时也说上几句话。原来她们见面不打招呼，只是互相恨恨地瞪上两眼，现在已经不是那样了；她们之间强烈的仇恨已经缓和了，所以娜塔莉亚在去找阿克西妮亚的时候，断定阿克西妮亚不会赶她出来，她就可以扯东扯西，扯到格里高力身上去。她的推测果然没有错。

阿克西妮亚掩饰不住惊愕的神情，把她让进上房，放下窗帘，点上灯，问道：

"有什么好消息吗？"

"我来就不会有什么好消息……"

"就说说不好的消息吧。是格里高力·潘捷莱维奇出了什么事吗？"

阿克西妮亚的问话中流露出发自肺腑、掩饰不住的担惊心情，娜塔莉亚一听，全明白了。这一句话，说出了阿克西妮亚的全部心情，说明了她关心的是什么，怕的是什么。说实在的，有了这一句话，用不着再去问她和格里高力的关系了，不过娜塔莉亚没有走；她顿了一会儿，回答说：

"不是，我男人活得好好儿的呢，你别害怕。"

"我才不害怕呢，你这是打哪儿说起呀？他的身体你应当关心，我有我的操心事。"阿克西妮亚说得很自然，但是却觉得有一股血冲上她的脸，连忙走到桌子旁边，背朝客人站着，把本来就很旺的油灯剔了半天。

“你家的司捷潘有什么消息吗?”

“不久以前托人带好来啦。”

“他身体很好吗?”

“大概不坏。”阿克西妮亚耸了耸肩膀。

这一下子她装不了假,掩饰不住自己的感情了:在她的回答中明显地流露出对丈夫的死活漠不关心,娜塔莉亚不由地笑了笑。

“看样子,你对他并不怎么操心嘛……当然啦,这是你自个儿的事情。我来你家,是因为村里有人说,好像格里高力又找你啦,好像他每次回家,都要和你会面。这是真的吗?”

“偏偏问起我来啦!”阿克西妮亚用嘲笑的口气说,“让我来问问你,这事儿是不是真的?”

“你怕说实话吗?”

“不,我不怕。”

“那你就告诉我,叫我明白,免得难受。干吗要白白折腾我呀?”

阿克西妮亚眯起眼睛,两道黑黑的眉毛微微动了动。

“我反正不会可怜你,”她不客气地说,“咱们俩就是这样:我难受,你就好受;你难受,我就好受……咱们总不能把他一个人分成两半吧?好,我就把实话告诉你,叫你早点儿明白。这一切都是真的,村里人不是凭空胡说。我又把格里高力抓过来啦,而且现在再也不放手啦。哼,这么一来,你又怎么办呢?你想打碎我屋里的玻璃呢,还是拿刀子杀我?”

娜塔莉亚站起来，把柔软的树条子挽成一个结，扔到炉子跟前，她一反常态，强硬地回答说：

“现在我不会怎么样你。等格里高力回来，我和他谈谈，然后看咱们俩怎么办。我有两个孩子，我会为孩子们、为自己说话的！”

阿克西妮亚笑着说：

“这么说，眼下我可以平安无事了？”

娜塔莉亚不理睬她的冷笑，走到她跟前，拉了拉她的袖子。

“阿克西妮亚！你欺了我一辈子，但是我现在不再像过去那样央求你了。记得吧，那时候我还年轻，还很糊涂，我想，去求求她，她会可怜我，发发慈悲，会离开格里沙的。现在我才不这样呢！有一点我是知道的：你并不爱他，你是水性杨花，才勾引他。你什么时候像我一样爱过他呀？恐怕没有。你和李斯特尼次基乱搞，你这破鞋，和什么人不搞呀？要是真爱的话，就不会这样。”

阿克西妮亚的脸一下子白了，她用手把娜塔莉亚推开，从大柜子上站起身来。

“他都没有拿这话骂过我，你倒来骂我啦？这跟你有什么相干？得啦！我是坏女人，你是好女人，又怎么样呢？”

“那就得了。你别生气。我这就走。谢谢你说了实话。”

“不值得谢，用不着你谢，用不着我说，你也会知道的。你等一下，我和你一块儿出去关护窗。”阿克西妮亚在台阶上站下来，“我很高兴，咱们和和气气地分手，没有打起来，不过，我的好嫂子，我要最后告诉你：你要是有本事的话，就好好地抓住他，不然的话，可别怪我。我也不会好好儿就扔掉他的。我的年纪也不小啦，虽然你骂我是破鞋，我可不像你们家的妲丽亚那样，不是朝三暮四的……你虽然有孩子，可他是我……”阿克西妮亚的声音哆嗦了两下，变小了，低了，“是我在世上唯一的亲人！头一个，也是最后一个。你明白吗？咱们别再谈他了。如果圣母娘娘能够保佑他不死，活着回来，让他自个儿挑选吧……”

娜塔莉亚一夜没有睡，第二天早晨就和婆婆一块儿到瓜地里去锄草。她干起活儿倒是轻松些。她想得少了，只是拿锄头一下一下地锄着晒得干干的、很容易松散的沙土块，偶尔直一直腰，歇一下子，擦擦脸上的汗，喝点儿水。

被风撕碎的一片片白云在蓝蓝的天上飘游着，消散着。阳光炙烤着滚烫的大地。一片雨云从东方慢慢涌过来。娜塔莉亚不用抬头，背上就能感觉出有云彩飘来遮住了太阳；顿时就觉得凉快些，顿时就有灰色的影子落到冒热气的褐色土地上，落到一条条的西瓜蔓上，落到高高的葵花杆子上。灰灰的影子遮住斜坡上一片片的瓜地，遮住晒蔫了的青草，遮住一丛丛的野山楂和耷拉着落满鸟粪的叶子的刺花李。鹌鹑叫得更带劲儿了，百灵鸟那好听的歌声更好听了，就连那拂动着热乎乎的青草的风好像也不怎么热了。可是后来太阳斜穿过向西方飘去的云彩的白得耀眼的边儿，钻了出来，又把亮闪闪的金光投射到大地上。在很远很远的地方，在河边山冈的青青的山坡上，还有追随着云彩的影子在地上游动着，可是瓜地上已经是一片晶亮的、黄黄的午时阳光，腾腾的蜃气在天边颤动着，翻滚着，土地和土地养育的青草散发出更加闷热的气味。

中午，娜塔莉亚到土沟里的一口土井里去汲来一桶冰凉的井水。她和婆婆喝了不少水，洗了洗手，就坐在太阳地里吃午饭。伊莉尼奇娜把围裙铺在地上，仔细地把面包切开，从手提包里掏出两把调羹和一个碗，又把怕太阳晒、用褂子盖着的装酸牛奶的一个小口罐子拿出来。

娜塔莉亚吃得很勉强，于是婆婆问道：

“我早就看出来，你有点儿不大对劲……是不是你和格里高力闹别扭啦？”

娜塔莉亚的两片被风吹干的嘴唇轻轻哆嗦起来。

“妈妈，他又和阿克西妮亚在一块儿啦。”

“这是……打哪儿知道的？”

“我昨天上阿克西妮亚家去来。”

“这个贱货，她承认了吗？”

“是的。”

伊莉尼奇娜沉默了一会儿，想了想。在她那皱皱巴巴的脸上和嘴角上出现了很深的皱纹。

“这该死的娘儿们，也许是胡吹吧？”

“不是，妈妈，是真的，这没有什么好吹的……”

“你没有看住他嘛……”婆婆小心翼翼地说，“对这号儿男人就要时时刻刻盯着。”

“能看得住他吗？我是拿出良心对待他……能把他拴到我的裙子上吗？”娜塔莉亚苦笑了一下，又小声说，“他又不是米沙特卡，可以把他关住。头发都白了一半啦，可是老毛病不改……”

伊莉尼奇娜把调羹洗了洗，揩了揩，把碗也涮了涮，把家伙都

放进提包里,这才问道:

“就这点儿事情吗?”

“妈妈,您是怎么啦……就这已经够受啦,活在人世上够没有意思的啦!”

“你打算怎样呢?”

“我还能怎样呢?我要带着孩子,回娘家去。我再也不能和他过下去了。叫他把她领到家里来吧,叫他和她一块儿过吧。就这样我已经受够啦。”

“我年轻时候也这样想过,”伊莉尼奇娜叹着气说,“我男人也不是好东西。他叫我受的罪,说也说不完。可是离开自己的丈夫也很不容易,而且也用不着。你好好想一想,就明白了。再说,叫孩子们离开亲爹,那怎么行呢?不行,你这是胡说。别这样想了,我也不答应!”

“不行,妈妈,我不跟他过啦,您别多说话啦!”

“我怎么能不说呢?”伊莉尼奇娜很生气地说,“再说你,怎么,不是我的亲人吗?你们这些该死的东西,我对你们心疼不心疼呢?你就对我这个当娘的老婆子说这种话吗?告诉你:丢开这种想头,就这样,没什么好说的。瞧你想的:‘离开这个家!’你上哪儿去?你娘家还有谁养活你?你爹死啦,房子烧光啦,你妈在人家篱笆下面凑合着过,你想到那儿去挤,还要把我的孙子孙女拖到那儿去吗?不行,孩子,我办不到!等格里什卡回来,咱们再看看拿他怎么办,现在你别对我说这种话,我不许说,连听都不愿听!”

在娜塔莉亚心中郁积了很久的痛苦,忽然爆发为一阵号啕大哭。她哼哼着把头上的头巾扯下来，脸朝下趴在干干的、并不亲热的土地上，把胸膛往地上贴得紧紧的，号啕大哭着，没有眼泪。

伊莉尼奇娜这个贤明而又刚强的老人家，连动也没有动。她用褂子仔细把装着剩下的酸牛奶的罐子包好，放到阴凉地方，然后倒了一碗凉水，走过来，坐在娜塔莉亚身旁。她知道，这样的痛苦，用言语是解除不了的；她还知道，流流眼泪，比眼睛干着，比闭紧嘴唇要好些。伊莉尼奇娜让娜塔莉亚哭够了，这才把干活儿干得很粗糙的一只手放在儿媳妇的头上，看着她那光溜溜的一头黑发，严厉地说：

"好，行啦！眼泪是哭不干的，留着下一回哭吧。来，给你，喝点儿水吧。"

娜塔莉亚不哭了。只是肩膀偶尔跳几下，浑身轻微地抽搐一阵子。她突然跳起来，推开给她端着一碗水的婆婆，转过身去朝着东方，把眼泪打湿的两个手掌合在一起，又急又快、抽抽搭搭地喊道：

"主啊！他把我折腾得好苦啊！我没法活下去啦！主啊，惩罚他这个该死的东西吧！把他打死在战场上吧！叫他别再活啦，别再折腾我啦！"

一团滚滚的黑云从东方涌过来。一阵低沉的雷声响过。一道白得刺眼的闪电穿过圆圆的云端，曲曲折折地在天空滑过。风吹得青草沙沙地向西倒去，从大道上吹来一股股呛人的尘土，被种子盘压得受不住的葵花差不多要弯到地面了。

风吹得娜塔莉亚的头发乱蓬蓬的，吹干了她脸上的眼泪，吹得她那家常的灰裙子的宽宽的下摆围着腿乱转悠。

有一刹那，伊莉尼奇娜望着儿媳妇，露出迷信的恐怖神情。在涌上半空的一片黑黑的阴云映衬下，儿媳妇显得非常陌生，非常可怕。

黑云很快涌了上来。暴风雨前的寂静持续的时间不长。一只青鹰斜斜地往下飞着，仓皇地叫了起来，黄花鼠最后叫了几声，就钻进洞穴，一阵狂风往伊莉尼奇娜的脸上撒了不少细碎的沙土，就在草原上呼啸起来。老人家很吃力地站了起来。她的脸像死人一样灰白，她在来到眼前的暴风雨的怒吼声中，嘶哑地叫道：

“你别发昏啦！上帝宽恕你吧！你这是咒谁死呀?!”

“主啊，治治他吧！主啊，惩罚他吧！”娜塔莉亚喊叫着，用发狂的眼睛望着天上。天空中狂风卷着乌云，白亮刺眼的闪电照耀着乌云，乌云威风凛凛、气势汹汹地涌了过来。

草原上空咔嚓一声焦雷。吓坏了的伊莉尼奇娜画了一个十字，摇摇晃晃地走到娜塔莉亚跟前，抓住她的肩膀。

“跪下！听见吗，娜塔什卡?!”

娜塔莉亚用迷惘的眼睛看了看婆婆，不由地跪了下去。

“你央求上帝宽恕！”伊莉尼奇娜威严地吩咐说，“你央求上帝，不要把你的祷告当真的。你这是咒谁死呀？咒起自己的孩子的亲爹来啦。哎呀，真是大罪过……快画十字！磕头。你说：‘主啊，饶恕我这个罪人，饶恕我的罪过吧。’”

娜塔莉亚画了个十字，用灰白的嘴唇小声祷告了几句，就咬紧牙齿，很别扭地朝一边倒下去。

* * *

暴雨洗过的草原分外翠绿。一道弯弯的明亮的彩虹，从远处的水塘边一直跨到顿河上。西方还响着低沉的雷声。浑浊的山水朝山沟里冲去，发出像老鹰那样的叫声。山下，斜坡上，瓜地里，一道道流水急急匆匆朝顿河奔去。流水夹带着被雨打落的树叶、从土里冲出来的草根、打断的黑麦穗儿。冲得肥肥的沙土在瓜地里到处流，埋住西瓜蔓和甜瓜蔓；哗啦哗啦的雨水顺着夏季道路流着，把车辙冲得老深。在远处一条山沟里，有一垛被雷火烧着的干草已经快烧完了。一道淡黄色的烟柱升得高高的，烟柱的顶端差不多要挨到架在天上的彩虹了。

婆媳二人把裙子掖得高高的，光着脚小心翼翼地在泥泞、溜滑的道路上走着，下坡朝村子走去。伊莉尼奇娜说：

"你们年轻人的脾气大着哩，实在话！稍微有一点儿什么，你们就发疯啦。你要是过过我年轻时候过的日子，那又怎么办呢？格里什卡从来还没有动过你一手指头，就这样你还不满意，还要生怪花样：又想扔下他，又要发糊涂咒他，又这样又那样，就连上帝遇上你们这些乱七八糟的事，头脑都要发昏呢……你来说说，好孩子，这样好吗？我那个瘸腿老浑蛋，年轻时候常常无缘无故把我打个半死；我从来就没有干过对不起他的事情。他干下流事，还要拿我出气。那时候他常常天亮才回家，只要我一哭，一说他，他就拿拳头照我死打……有时一个月身上都是青的，浑身青得像铁一样，可是我也熬过来了，把孩子们也拉扯大了，从来就没有打算离开家。我不是说格里什卡有多么好，可是跟这样的男人还是能过下去的。如果不是那个妖精的话，他会是村子里头一个好男子汉。是她把他缠住啦，就是这么回事儿。"

娜塔莉亚一声不响地想着心思，走了半天，后来说：

“妈妈，这事儿我不想多谈了。等格里高力回来，到那时候再看我该怎么办……也许，我自个儿走，也许，他把我撵出去，不过现在我决不离开你们家就是了。”

“早说这话就好了！”伊莉尼奇娜高兴起来，“上帝保佑，什么事都会好起来的。他怎么也不会把你撵出去，你也别胡思乱想！他又心疼你，又心疼孩子们，他怎么会干这种事儿呢？不会，不会！他不会扔掉你去要阿克西妮亚，他干不出这种事儿！唉，一家人当中什么事儿不会有呢？只要他能活着回来就好……”

“我不愿他死……刚才我说的那些全是气话……您别生我的气……我心里是撇不开他的，不过这样过下去实在难受啊！……”

“我的好孩子，亲孩子！我哪能不知道呢？不过莽撞事儿可不能干。说实在的，咱们不谈这事儿吧！你现在千万别对老头子说什么。这事儿用不着叫他知道。”

“我想和您说一件事儿……我今后能不能跟格里高力过下去，眼下还不知道，不过我不愿意再给他生孩子了。对这两个孩子我还不知道该怎么办呢……可是我现在又怀了，妈妈……”

“很久了吗？”

“两个多月了。”

“那你又怎么办呢？愿意不愿意，都要生出来呀。”

“我不想生。”娜塔莉亚毅然决然地说，“今天我就去找卡皮东诺芙娜大娘。她能给我打下来……她给有些娘儿们打过。”

“这是要把胎儿弄死吗？你就昧着良心说这种话吗？”伊莉尼

奇娜十分气愤地在路当中站了下来，把两手一挓挲。她还想说点儿什么，但是后面传来轧轧的车轮声、马蹄踩在烂泥里的咕叽声和吆喝马的声音。

婆媳二人跨到路边，一面走，一面放下掖起的裙子。从地里回来的菲里普·阿盖耶维奇·别司贺列布诺夫老汉，赶着车来到她们跟前，勒住腿脚很快的骒马。

“上车吧，老街坊，我把你们带回去，别在烂泥里走啦。”

“多谢了，阿盖耶维奇，要不然，真滑得够呛。”伊莉尼奇娜很高兴地说着，头一个爬上宽宽的大车。

* * *

吃过午饭，伊莉尼奇娜想和娜塔莉亚谈谈，对她说说，用不着打胎；她一面洗碗盏，一面寻思着自以为是最有说服力的理由，甚至想把娜塔莉亚打的主意告诉老头子，让他也帮着劝劝伤心得发了疯的儿媳妇别做这种蠢事，但是就在她洗家伙的时候，娜塔莉亚悄悄地收拾收拾，就出去了。

“娜塔莉亚在哪儿？”伊莉尼奇娜问杜尼娅。

“拿着一个小包袱出去了。”

“上哪儿去啦？她说什么来着？什么样的包袱？”

“我怎么知道呀，妈妈？她包上一条干净裙子，还有一点儿什么东西，就走了，什么也没有说。”

“可怜的孩子呀！”伊莉尼奇娜伤心地哭起来，坐到大板凳上，杜尼娅吃了一惊。

“您怎么啦，妈妈？主保佑您，您哭什么呀？”

“别问啦，死丫头！这不是你问的事！她说什么来着？她收拾要走，你怎么不告诉我？”

杜尼娅很懊恼地回答说：

“您真是的！我怎么知道该把这事儿告诉您呢？她又不是一去不回来！八成是回娘家去看看，您有什么好哭的呢，我真不明白！”

伊莉尼奇娜提心吊胆地等候着娜塔莉亚回来。她决定不告诉老头子，怕他责骂。

太阳落山了，牲口从草原上回来了。短促的夏季黄昏降临了。村子里亮起稀疏的灯火，可是还不见娜塔莉亚回来。麦列霍夫家里的人坐下来吃晚饭。急得脸色发了白的伊莉尼奇娜把加了素油炒葱花的面条端上桌来。老头子拿起调羹，把一些干面包末子扫到调羹里，倒进胡子拉碴的嘴里，然后漫不经心地向坐在桌上的人扫了一眼，问道：

“娜塔莉亚在哪儿？怎么不叫她来吃饭？”

“她不在家。”伊莉尼奇娜小声回答说。

“上哪儿去啦？”

“恐怕是回娘家，坐住啦。”

“她去得太久啦。应该懂规矩……”潘捷莱·普罗柯菲耶维奇不满意地嘟哝说。

他和往常一样，吃得有滋有味，十分带劲儿；有时候把调羹底朝天放在桌子上，侧着眼睛很满意地看看坐在他旁边的米沙特卡，有点儿粗鲁地说：“坏东西，把脸扭一扭，我来给你擦擦嘴。你妈不知到哪儿浪去啦，不管你们啦……”于是用又粗糙又黑的大手擦起孙子那红红的、娇嫩的小嘴。

大家一声不响地吃过晚饭，站起身来。潘捷莱·普罗柯菲耶维奇吩咐说：

“把灯吹了。油不多啦，不要白白糟蹋油。”

“把门闩上吗？”伊莉尼奇娜问道。

“闩上。”

“娜塔莉亚要是回来呢？”

“她回来，会敲门。也许，她要玩到天亮呢？也学起坏样子来了……你也不管管她，老东西！夜里去串起门子来啦……明天早晨我来治治她。她是在学妲丽亚的样儿……”

伊莉尼奇娜躺在床上，衣服也没有脱。躺了有半个钟头，不声不响地来回翻着身，叹着气，刚刚想起身上卡皮东诺芙娜家去看看，就听见窗外响起嚓嚓的、很没有力气的脚步声。老人家拿出她这种年纪难得的麻利劲儿跳起来，急忙跑到过道里，把门打开。

脸色像死人一样白的娜塔莉亚正扶着栏杆，很吃力地在上台阶。一轮满月清清楚楚地映照出她的瘦下去的脸、陷下去的眼睛和疼得皱起来的眉毛。她摇摇晃晃地走着，像一只受了重伤的野兽，在她的脚踩过的地方，留下黑乎乎的血印子。

伊莉尼奇娜一声不响地抱住她，把她扶进过道。娜塔莉亚背靠在门上，沙哑地小声说：

“家里人都睡了吗？妈妈，扫扫我后面的血吧……您看，我留下很多印子……”

“你自个儿折腾成什么样子啦？！”伊莉尼奇娜憋住哭，低声叫道。

娜塔莉亚想笑一笑,但是脸上出现的不是笑,而是一副非常难看的可怜相。

“妈妈,您别嚷嚷……不然会把家里人吵醒……我把胎打掉啦。现在我心里松快了……就是血流得太多……就像挨了一刀,血从我身上直往外冒……妈妈,您拿手扶着我……我的头发晕。”

伊莉尼奇娜把门闩上,就像进了别人家的房子,用哆哆嗦嗦的手摸索了半天,在黑暗中怎么也摸不到上房的门把手。她踮着脚,把娜塔莉亚扶进宽大的上房里;把杜尼娅叫醒,叫她去喊妲丽亚,把灯点上。

通厨房的门是开着的,从那里传来潘捷莱·普罗柯菲耶维奇的均匀而粗大的鼾声;小波柳什卡在梦里有滋有味地吧咂着嘴唇,说着梦话。小孩子一睡着了就很熟,什么都不能惊醒!

伊莉尼奇娜在铺被窝,打松枕头,娜塔莉亚就坐到大板凳上,软弱无力地把头放在桌子边上。杜尼娅想走进上房来,但是伊莉尼奇娜严厉地说:

“你去吧,不怕丑的东西,别上这儿来!这儿没有你的事儿。”

妲丽亚皱着眉头,拿起一块湿抹布,到过道里去了。娜塔莉亚很吃力地抬起头来,说:

“您把床上的干净被子拿下来……给我铺上一块麻布……我反正是要弄脏……”

“住嘴吧!”伊莉尼奇娜厉声说,“把衣服脱了,躺下。你很难受吧?要不要给你弄点儿水来?”

“我一点劲儿都没有啦……给我拿件干净褂子，弄点儿水来。”

娜塔莉亚好不容易站起来，摇摇晃晃地走到床前。这时候伊莉尼奇娜才发现，娜塔莉亚的裙子浸透了血，沉甸甸地耷拉着，粘在两腿上。她战战兢兢地看着，娜塔莉亚就像淋了雨回来那样，弯了腰拧了拧裙子下摆，才开始脱衣服。

“你流了那么多血呀！”伊莉尼奇娜抽抽搭搭地哭起来。

娜塔莉亚闭起眼睛，上气不接下气地呼哧呼哧喘着，在脱衣服。伊莉尼奇娜朝她看了看，便果断地朝厨房里走去。她好不容易把老头子推醒，对他说：

“娜塔莉亚病了……病得很厉害，说不定会死……你赶快套上车，到镇上请大夫去。”

“净出鬼花样儿！她怎么啦？病啦？夜里少出去逛逛就好了……”

伊莉尼奇娜简要地说了说是怎么一回事儿。老头子怒冲冲地跳起来，边走边扣着裤子，朝上房里走去。

“哼，这害人精！哼，这狗娘儿们！这是干的什么，嗯?！偏要这样干！……我这就去教训教训她！……”

“该死的，你疯啦?！你上哪儿去？……别上那儿去，她顾不上听你的啦！……别把孩子们吵醒了！快上院子里去套车吧！……”伊莉尼奇娜想拦住他，但是他听都不听，走到上房门口，一脚把门踢开。

“狗娘儿们，干的好事！”他站在门口，叫了起来。

“不行！爹，别进来！千万别进来！”娜塔莉亚用脱下来的内衣盖住乳房，尖声叫道。

潘捷莱·普罗柯菲耶维奇不住嘴地骂着，开始寻找外衣、帽子和马套。他耽搁了老半天，杜尼娅忍不住，冲到厨房里来，含着眼泪责骂起父亲：

“快点儿去吧！你干吗要像屎壳郎刨大粪一样，慢慢磨蹭？娜塔莉亚要死啦，可是你还要收拾上老半天！真也是的！还算当爹的呢！你要是不愿意去，你就说！我去套车，我去！”

“呸，你发昏啦！怎么，轮到你啦？还不到听你的话的时候，臭丫头！你也对老子嚷嚷起来啦，该死的东西！”潘捷莱·普罗柯菲耶维奇扬了扬外衣，对女儿做了个要打的姿势，就小声咒骂着，朝院子里走去。

他走了以后，家里人都觉得自由些了。妲丽亚擦地板，拖得椅子和板凳哐啷哐啷响；老头子走了以后，伊莉尼奇娜准许杜尼娅进了上房；杜尼娅就坐在娜塔莉亚床头上，给她扶枕头，端水；伊莉尼奇娜有时去看看睡在厢房里的孩子们，然后又回到上房里，用手托着腮，难受地摇着头，对着娜塔莉亚看上半天。

娜塔莉亚一声不响地躺着，脑袋在枕头上滚来滚去，头发被汗水湿成一绺一绺的。她的血不住地往外流。每过半个钟头，伊莉尼奇娜都要小心翼翼地抬一下她的身子，抽出湿透的垫子，再换上一块。

娜塔莉亚越来越没有精神。半夜过后，她睁开眼睛，问：

“天快亮了吗？”

“还早着呢。”伊莉尼奇娜让她放心休息，但是老人家心里想：看样子，她不行了！她是怕看不见孩子们就昏迷过去……

就好像要证实她的猜想似的，娜塔莉亚小声央求说：

“妈妈,您把米沙特卡和波柳什卡叫醒……”

“孩子,你怎么啦！干吗半夜三更里把他们叫醒？他们看见你,会害怕的,会哭起来……干吗要叫醒他们?”

“我想看看他们……我觉得不大好。”

“主保佑你,你说的什么话呀？你爹马上就把大夫请来了,大夫能把你治好。你睡吧,好孩子,嗯?”

“我怎么睡得着呀!”娜塔莉亚微微带点儿烦恼口气说。这以后她有很久没作声,呼吸均匀些了。

伊莉尼奇娜悄悄走到台阶上,哭了起来。东方微微发白,她就带着一张红肿的脸回到上房里。娜塔莉亚听到门响,睁开眼睛,又问道:

“天快亮了吗?”

“亮了。”

“给我脚上盖上皮袄……”

杜尼娅把一件羊皮袄盖在她的脚上,把棉被的两边掖了掖。娜塔莉亚用眼睛看了看她,表示感谢,然后把婆婆叫过来,说:

“妈妈,您坐到我跟前来,你,杜尼娅,还有你,妲丽亚,都出去一下子,我想和妈妈单独说几句话……她们出去了吧?”娜塔莉亚闭着眼睛问道。

“出去啦。”

“爹还没有回来吧?”

“快回来了。怎么,你觉得难受吗?”

“不是,反正是这么回事儿了……我是想说……妈妈,我快死了……我的心能感觉出来。我流的血太多了！您告诉妲丽亚,叫她生上火,多烧点儿水……您亲自给我洗洗身上,我不愿意叫别人……”

“娜塔莉亚,别说了,我的好孩子! 你干吗说起死呀? 上帝是慈悲的,你会好起来。”

娜塔莉亚有气无力地摆了摆手,叫婆婆不要说,自己又说:

“您别打我的岔……我说话已经很费劲了,可是我想说说……我的头又发晕了……我对您说过要烧水了吗? 看起来,我还算结实的……卡皮东诺芙娜早就给我打了,一吃过午饭,我一去,她就动手了……她自个儿都害怕了……哎呀,我流的血好多呀……恐怕只能活到早晨了……要多烧一点儿水……我想死得干干净净……妈妈,您给我穿上那条绿裙子,就是有绣花边的那一条……格里沙喜欢我穿这条裙子……还要穿那件毛葛褂子……就放在大柜子上面,右角上,用一条围巾盖着……我要死的时候,把孩子们带走,送到我娘家去……您把我妈叫来,叫她马上就来……我该和她告别了……您把我身子底下换一换。都湿透了……”

伊莉尼奇娜托着娜塔莉亚的脊梁,把垫子抽出来,好不容易又换上一条。娜塔莉亚又小声说了一句:

“您把我身子……侧过来!”马上就昏迷过去了。

淡青色的晨曦透进窗来。杜尼娅洗净了罐子,上院子里去挤牛奶。伊莉尼奇娜打开窗子,一股新鲜、清爽的夏日清晨的凉风,涌进充满了鲜血腥气和煤油灯气味的上房里。风把樱桃树叶子上的露水珠儿洒到窗台上;传来最早的鸟鸣声、牛的哞哞声、放牛人噼噼啪啪的鞭子声。

娜塔莉亚苏醒过来,睁开眼睛,用舌尖舔了舔干干的、没有血色的、黄黄的嘴唇，说要喝水。她已经不问孩子们，也不问母亲了。她的神志渐渐在消失，看样子，就要最后消失了……

伊莉尼奇娜关上窗子，走到床前。一夜的工夫，娜塔莉亚的样子变得好厉害呀！一昼夜以前，她像一棵鲜花盛开的茂盛的苹果树，又美丽、又健康、又结实，现在她的两腮比顿河边山上的石灰岩还白，鼻子也尖了，嘴唇失去了不久以前的鲜艳色彩，变薄了，好像好不容易包住往外突的牙花子。只有娜塔莉亚的眼睛还保留着原来的光亮，但是眼神已经不同了。每当娜塔莉亚有什么要求而说不出来，偶尔抬一抬发青的眼皮，拿眼睛在上房里扫一扫，在伊莉尼奇娜身上停一刹那的时候，她的目光中就飘过一种陌生、可怕的异样神情……

太阳出山的时候，潘捷莱·普罗柯菲耶维奇回来了。大夫睡眼惺忪，因为没完没了地医治伤寒病人和伤兵，因为夜里常常不能睡觉，十分疲倦。他伸着懒腰，下了车，从座位上拿起一个小包，就朝房里走来。他在台阶上脱掉帆布雨衣，在栏杆边弯下腰，把两只毛茸茸的手洗了半天，皱着眉头看了看用水桶往他的手上倒水的杜尼娅，甚至还朝她挤了两下眼睛。后来他进了上房，先叫大家都出去，他在娜塔莉亚床前待了有十来分钟。

潘捷莱·普罗柯菲耶维奇和伊莉尼奇娜坐在厨房里。

“嗯，怎么样？”妇女们一从上房里走出来，老头子就小声问道。

“很不好……”

“她这样干，事先没对谁说吗？”

“是她自个儿打的主意……”伊莉尼奇娜没有正面回答。

“拿热水来，快点儿！”大夫从门里探出乱发蓬松的脑袋，吩咐说。

在烧开水的时候，大夫来到厨房里。对老头子无声的询问，摇了摇手，表示没希望了。

“顶多活到吃午饭的时候，失血太多了，一点儿办法也没有啦！还没有通知格里高力·潘捷莱维奇吗？”

潘捷莱·普罗柯菲耶维奇没有回答，急急忙忙一瘸一拐地朝过道里走去。妲丽亚看见，老头子走到敞棚底下，躲到割草机后面，把头扎在一堆干牲口粪上，抽抽搭搭地哭起来……

大夫又待了有半个钟头，坐在台阶上，在冉冉上升的朝阳下打了一会儿盹，后来，等水开了，又走进上房，给娜塔莉亚打了一针樟脑剂，就走出来要牛奶喝。他好不容易压住哈欠，喝了两杯牛奶，说：

“请你们现在就送我走吧。我在镇上还有很多病人和伤员，再说，我在这儿也没有什么用处了。一点儿忙也帮不上。我实心实意愿意为格里高力·潘捷莱维奇效劳，可是说老实话：我无能为力了。我们的本事是有限的：我们只会治病，还没有学会起死回生的本领。你们家媳妇已经叫人家弄得没法子活啦……子宫全弄坏啦，弄得稀烂。看样子，老婆子是用铁钩子钩的。真愚昧呀，简直就没法子说啦！”

潘捷莱·普罗柯菲耶维奇在车上铺了些干草，就对妲丽亚说：

“你去送吧。走到河边的时候，别忘了把马饮一饮。”

他要给大夫钱，但是大夫坚决不要，而且说得老头子很不好意思：

“你真好意思，潘捷莱·普罗柯菲耶维奇，讲起钱来啦。都是自己人，你还要给什么钱。不要，不要，别以为我就是要钱！有什么好谢的？这事儿没什么好说的！如果我能把您的儿媳妇治好，那就是另外一回事儿了。”

早晨六点来钟，娜塔莉亚觉得好多了。她洗了洗脸，杜尼娅拿着镜子，她照着镜子梳了梳头，并且拿有点儿异样的明亮的眼睛打量着家里的人，很吃力地笑着说：

“哦，现在我就要好啦！可是我刚才都害怕了……我以为我完了……噢，为什么孩子们睡了这么久啊？你去看看，杜尼娅，他们醒了没有？”

卢吉尼奇娜带着格莉普卡来了。老人家一看见女儿，就哭起来，但是娜塔莉亚很生气地、一个劲儿地说：

“妈妈，您哭什么？我还不是那么厉害呢……您是不是给我送殡来啦？唉，真是的，您哭什么呀？”

格莉普卡悄悄捅了捅母亲，母亲明白过来，连忙擦去眼泪，安慰说：

“你怎么啦，好孩子，我没什么，是一时糊涂掉泪啦。我一看见你，心里就难受……你的样子变得太厉害了……”

娜塔莉亚听见米沙特卡的说话声和波柳什卡的笑声，脸上浮起淡淡的红晕。

“叫他们上这儿来！快叫他们来！……”她央求说，“让他们等一下子再穿衣裳好啦！……”

波柳什卡头一个走进来，站在门口，用小拳头擦着惺忪的眼睛。

“妈妈病啦……”娜塔莉亚笑着说，“到我这儿来，我的乖孩子！”

波柳什卡惊异地打量了一本正经坐在板凳上的一个个大人，走到母亲跟前，很难受地问道：

“你怎么不把我叫醒呀？他们都来这儿干什么？”

“他们是来看我的……我干吗要叫醒你呀？”

“我可以给你端水嘛，还可以陪着你……”

“好吧，你去洗洗脸，梳梳头，做做祷告，然后再来陪我吧。”

“你能起来吃饭吗？”

“我不知道。大概，起不来。”

“那我就给你端来，好吗，妈妈？”

“真像她爹，不过心不像他，比他好……”娜塔莉亚仰了仰头，颤颤巍巍地把被子往腿上拉了拉，软弱无力地笑着说。

过了一个钟头，娜塔莉亚的情况又坏了。她招了招手，把孩子们叫到跟前，搂住他们，对他们画了个十字，吻了吻他们，就叫母亲把他们带回家去。卢吉尼奇娜叫格莉普卡把孩子们带走，自己还留下来守着女儿。

娜塔莉亚闭上眼睛，好像是在昏迷中说：

“这样一来，我就再也见不到他了……”后来好像想起什么事情似的，突然在床上欠起身来，“把米沙特卡叫回来。”

眼泪汪汪的格莉普卡把米沙特卡推进上房，自己走进厨房，低声抽搭着。

愁眉苦脸的米沙特卡瞪着不很亲热的麦列霍夫家的眼睛，怯生生地走到床前。因为母亲的脸变得太厉害，他几乎认不出母亲了，母亲几乎成了陌生人。娜塔莉亚把儿子拉到怀里，觉得米沙特卡的小小心脏急促地咚咚跳动着，就像一只被逮住的麻雀。

“把耳朵凑近来，孩子！凑近点儿！”娜塔莉亚说。

她对着米沙特卡的耳朵悄悄说起话来，后来把他推开，用探问的目光看了看他的眼睛，闭了闭打哆嗦的嘴唇，很费劲儿地挤出一副又可怜又痛苦的笑容，问道：

“不会忘了吧？会说吗？”

“我忘不了……”米沙特卡抓住母亲的食指，紧紧攥在滚热的小手里，攥了一会儿才放开。他从床前走开的时候，不知为什么踮着脚尖，两条胳膊垂得直直的……

娜塔莉亚用眼睛一直把他送到门口，就一声不响地翻过身去朝着墙。

中午，她死了。

十七

在从前方回家乡路上的两天两夜里，格里高力反复思量和回想了很多事情……为了免得一个人在草原上苦恼，免得老是去想娜塔莉亚，他把普罗霍尔·泽柯夫带上。他们一离开连队驻地，格里高力就谈起战争，谈起当年在奥地利战场上在第十二团当差的情形，怎样向罗马尼亚进军，怎样和德国人打仗。他不住嘴地说话，讲着同团一些人的各种各样可笑的事，笑着……

憨头憨脑的普罗霍尔起初大惑不解地侧眼看着格里高力，对于他这种少有的唠叨劲儿感到奇怪，后来就猜到，格里高力拼命回想过去的事,是为了不去想现在的悲痛事,于是他也热心地加入了谈话,甚至都热心得过了头。普罗霍尔详详细细地讲起当年住在契尔尼戈夫军事医院里的情形,讲着讲着,无意中朝格里高力看了一眼,就看见他那黑黑的脸上哗哗地流着眼泪……因为谦让,普罗霍尔的马落后了有几丈远,在后面走了有半个钟头,后来又走齐了,想试着谈谈别的一些无关紧要的事儿,但是格里高力不插嘴了。他们就一声不响,两匹马并排,马镫挨着马镫,一直跑到中午时候。

格里高力放开马拼命地跑。尽管天气炎热,他还是让马时而大步走,时而大步跑,只是偶尔地让马换成小步走一会儿。只有晌午时候,直射的阳光烤得人和马实在受不住了,格里高力才在山沟里停下来,卸下马鞍,放马去吃草,自己也走到阴凉地方,趴到地上,一直趴到炎热的势头过去。他们给马喂了一次燕麦,但是格里高力并不按规定时间喂马。就连他们这两匹一向奔跑惯了的战马,一昼夜跑下来,也瘦了很多,跑起来已经没有一开头那种不怕累的快劲儿了。普罗霍尔气得在心里嘀咕起来:“这样可不难把马骑死。谁又这样骑马呀?他妈的他倒没有什么,骑坏了一匹,随便什么时候都可以再换一匹,可是我到哪儿去弄呀?我的马要是跑坏了,到鞑靼村这样远的道儿,就非得步行或者搭大车不可了,他妈的!”

第二天早晨,来到菲多谢耶夫乡一个村子外面,普罗霍尔实在忍不住了,对格里高力说:

“从来还没有像你这样骑马的……哼,谁又这样,连歇都不歇,日日夜夜飞跑?你瞧瞧,马累成什么样子啦,哪怕到天快黑的时候，咱们把马好好喂一喂也好。”。

“走吧，跟上。”格里高力漫不经心地回答说。

“我可跟不上你，我的马已经累坏啦。咱们是不是歇会儿？”

格里高力没有作声。他们又跑了半个钟头，一句话也没有说，后来普罗霍尔毅然决然地说：

“咱们就叫马多少喘口气吧！我不能这样再跑下去了！你听见吗？”

“跑吧，跑吧！”

“要跑到什么时候呀？非要等到马跑死才算完吗？”

“别说话！”

“行行好吧，格里高力·潘捷莱维奇！我不愿意我的马完蛋，眼看就要完啦……”

“好吧，就停一停，见你的鬼！去看看哪儿的草好一点儿。”

* * *

那封电报，因为到处寻找格里高力，在霍派尔州各乡镇辗转了很久，所以收到的时候已经很晚了……格里高力到家的时候，已经是娜塔莉亚葬后第三天了。他在门口下了马，一面走，一面抱住哭着从家里跑出来的杜尼娅，皱着眉头对她说：

“好好地把马牵过去……别哭嘛！”又转身对普罗霍尔说，“你回家去吧。用到你的时候，再去叫你。”

伊莉尼奇娜搀着米沙特卡和波柳什卡的手，走到台阶上来迎接儿子。

格里高力一把搂住两个孩子，用哆嗦的声音说：

“别哭！别流泪！我的好孩子！这么说，成了没娘的孩子啦？唉唉……唉唉……妈妈把咱们撇下啦……”

他自己使出很大的劲儿压制住号哭，走进房里，向父亲问好。

“我们没把她看护好……”潘捷莱·普罗柯菲耶维奇说过，立刻就一瘸一拐地走到过道里去了。

伊莉尼奇娜把格里高力领进上房，把娜塔莉亚的情形讲了半天。老人家本来不想把事情全说出来，但是格里高力问道：

“为什么她拿定主意不生孩子，你知道吗？”

“我知道。”

“为什么？”

“在这以前，她去找过你那个……阿克西妮亚把什么事儿都告诉她了……”

“噢……是这样吗？”格里高力的脸变得通红，垂下眼睛。

他从上房里走出来，面色苍白，一下子老了很多；他无声地咕哝着哆哆嗦嗦、发青的嘴唇，坐在桌子旁边，把两个孩子放在膝盖上，抚摩了很久，后来从挂包里掏出一块沾满了灰土的糖，放在手掌上，用小刀切了开来，歉疚地笑着说：

“这就是带给你们的礼物了……瞧你们的爹成了什么样子……好啦，到院子里去吧，把爷爷叫来。”

“你到坟上去吗？”伊莉尼奇娜问道。

“以后再去吧……死人是不会见怪的……米沙特卡和波柳什卡怎样？还好吧？”

“头一天哭得厉害，特别是波柳什卡……现在他们两个好像商量好了，当着我们的面不提母亲的事了，可是昨天夜里我听见米沙特卡悄悄地哭呢……他把头钻到枕头底下，好叫人听不见他哭……我走过去，问他：'你怎么啦，乖孩子？跟我睡好不好？'可是他说：'没啥，奶奶，我一定是在做梦……'你跟他们说说，跟他们亲热亲热吧……昨天早晨，我听见他们在过道里说话来着。波柳什卡就说：'她会回来的。她还年轻，年轻人就根本不会死。'都还是不懂事的孩子，可是就像大人一样伤心……你大概饿了吧？我这就去给你做点儿吃的，你怎么不说话呀？"

格里高力走进上房。他就像头一回来到这里，仔细打量了一下四壁，目光停留在铺得整整齐齐、放着两个打松的枕头的床上。娜塔莉亚就是死在这张床上，在这儿说过最后的话……格里高力想象着娜塔莉亚怎样和孩子们告别，她怎样亲他们，也许还画过十字，于是，他又像刚刚看到报告她的死讯的电报时那样，感到一阵钻心的剧痛，耳朵里嗡嗡直响。

房里每一样小东西，都使他想起娜塔莉亚。没法子不想她，想起她是十分痛心的。格里高力不知为什么把整个房间巡视了一遍，就急急忙忙走出来，几乎是跑到台阶上。他心里痛楚得越来越厉害了。额头上冒出汗来。他走下台阶，惊慌地用手按住胸膛的左面，想道："看样子，心实在受不住了……"

杜尼娅在院子里遛马。那马在仓房边挣着停下来，在地上闻着，伸直脖子，翻起上嘴唇，龇出黄黄的两排牙齿，后来打起响鼻，很别扭地弯下前腿。杜尼娅拉了拉缰绳，但是那马不听话，就想卧下去。

"别叫它卧下！"潘捷莱·普罗柯菲耶维奇在马棚里喊道，"你没看见，它还带着鞍子嘛！为什么不把鞍子卸下来，糊涂东西?！……”

格里高力不慌不忙，一面还在听着自己心脏的跳动，一面走到马跟前，卸下鞍来，镇定了一下，笑着对杜尼娅说：

“爹还喜欢嚷嚷吗?”

“和以前一样。”杜尼娅也笑着回答。

“再把马遛一会儿吧，妹妹。”

“马已经没有汗了，好吧，再遛一会儿。”

“要卧就叫它卧吧，别管它。”

“好吧，小哥……你难受吧?”

“你以为怎样呢?”格里高力叹着气回答说。

杜尼娅心疼起哥哥，亲了亲他的肩膀，不知为什么窘得流出眼泪，急忙转过身去，牵着马往牲口院子里走去。

格里高力朝父亲跟前走去。父亲正很带劲儿地把马棚里的粪往外扒。

“我给你的战马打扫一块地方。”

“你怎么不说一声？我自个来打扫嘛。”

“瞧你说的！我怎么，干不动了吗？伙计，我还结实着呢。一时还摔打不坏！还可以动弹动弹。明天我就想去割大麦。你能多待些日子吗?”

“一个月的假。”

“那太好啦！咱们下地去，好吗？干起活儿，你要轻快些……”

“我也是这么想。”

老头子放下耙子，用袖子擦了擦脸上的汗，口气中带着很深沉的意味说：

“咱们上屋里去，你该吃饭啦。这种痛苦是免不了的……逃也逃不掉，躲也躲不了……恐怕就是这样……”

伊莉尼奇娜摆好饭菜，放上一块干净手巾。格里高力心里又想：“以前是娜塔莉亚给我端饭……”他为了不露出自己的激动心情，就很快地吃起来。父亲从贮藏室里拿来一坛子用干草裹着的老酒，他带着感谢的神情看了看父亲。

“咱们来祭奠祭奠亡灵吧，愿她在天堂安息。”潘捷莱·普罗柯菲耶维奇刚强地说。

他们各自干了一大杯。老头子又连忙斟满了，叹了一口气，说：

“一年的工夫，咱们家死了两口人……死神看上咱们家啦。”

“咱们别谈这个吧，爹！”格里高力说。

他又一口气喝完第二杯，把一块咸鱼嚼了半天，他一直盼望自己的脑袋醉昏过去，不再去想那些摆脱不掉的念头。

“今年黑麦很好！咱们家的跟别人家的相比，更是好极啦！”潘捷莱·普罗柯菲耶维奇夸口说。在这种夸耀中，在他说话的口气中，格里高力听出有故意装出的成分。

“小麦呢？”

“小麦吗？多少受了一点儿冻，不过，不要紧，每亩能收三十五到四十普特。别人家种的荞麦才好呢，可是咱们不走运，没有种荞麦。不过我也不怎么可惜！在这样荒乱的年头，打了粮食往哪儿搁呀？帕拉莫诺夫粮栈又不收，囤里又装不下。等打仗一打到这儿来，那些家伙把什么都要抢得光光的。不过你别担心，咱们家今年就是颗粒不收，粮食也足够吃两年的。托老天的福，咱们囤里的粮食还满满的哩，再说，别的地方还有呢……”老头子诡秘地挤了挤眼睛，说，“你问问妲丽亚，我们为了预防荒乱，藏了多少粮食啊！我们掘了一个坑，有你的个头儿这样深，一搂半宽，装得满满的！是这种该死的年头把咱们搞得穷了一点儿，要不然咱们也是财主呢……”老头子说过这句笑话，醉醺醺地笑起来，但是过了不一会儿，很庄重地捋了捋胡子，已经是认真而严肃地说：“也许你还操心你岳母吧，那我就告诉你，我没有忘了她，而且已经帮过她啦，有一回，没等她开口，我就装了一车粮食，连量都没量，送去啦。没去世的娜塔莉亚一听说这事儿。十分高兴，都高兴得流泪啦……孩子，咱们再来一杯吧？现在能叫我高兴的，只有你啦！”

“好吧，来！”格里高力答应着，伸过酒杯。

这时候，米沙特卡侧着身子，畏畏缩缩地走到桌子跟前。他爬到父亲的膝盖上，腼腆地用左手搂住他的脖子，使劲亲了亲他的嘴。

“你这是怎么啦，孩子？”格里高力很感动地问道，一面看着泪水模糊了的孩子眼睛，憋住气，免得把酒气喷到孩子的脸上。

米沙特卡低声回答说：

“妈妈躺在房里的时候……她还活着的时候，把我叫过去，叫我对你说：‘你爹回来，你替我亲亲他，告诉他，叫他心疼你们。’她还说了一些别的话，可是我忘了……”

格里高力放下酒杯，转脸朝着窗户。屋子里有老半天静得叫人难受。

“咱们干了这一杯吧？”老头子小声问道。

“我不想喝了。”格里高力把儿子从膝盖上放到地上，站起身来，急急忙忙朝过道里走去。

“等一等，孩子，怎么不吃肉呀？还有炖鸡和烤饼哩！”伊莉尼奇娜连忙朝灶前跑去，但是格里高力已经砰地把门一带，出去了。

格里高力毫无目的地在院子里转悠着，看了看牲口院子，看了看马棚；他看着马，心里想：“该把马洗洗了。”然后走到敞棚底下。在已经收拾好的割麦机旁边，他看见堆在地上的松木片儿、刨花和锯下来的木板头儿。“是爹给娜塔莉亚做的棺材。”格里高力想道。他又急急忙忙朝台阶走去。

潘捷莱·普罗柯菲耶维奇听从儿子的主张，匆匆忙忙收拾了一下，把马套到割麦机上，带上一桶水；夜里他和格里高力一块儿下地去了。

十八

格里高力感到十分悲痛，不仅是因为他对娜塔莉亚也自有其爱，不仅因为共同生活了六年彼此熟悉了，而且还因为觉得自己对娜塔莉亚的死是有责任的。如果娜塔莉亚生前真的赌起气来，带着孩子回娘家去，如果她对不忠实的丈夫怀着强烈的仇恨而且不肯饶恕，就那样死在娘家，格里高力也许不会感到这样沉痛，不会有这样揪心裂肺的悔恨心情。可是他从伊莉尼奇娜的话里，知道娜塔莉亚宽恕了他的一切，而且直到最后一分钟还是爱他，想着他的。这就加重了他的悲痛，使他的良心受到强烈的谴责，迫使他重新考虑过去和过去自己的所作所为……

过去有一段时间，格里高力对妻子一点感情也没有，不光是冷淡，甚至还有点儿仇视；但是近几年来，他对她的态度改变了，他对娜塔莉亚的态度改变的基本原因，就是有了孩子。

起初，格里高力对孩子们也没有像后来这样深厚的父爱。有时他从前方回家住几天，哄哄孩子们，和他们亲热亲热，只是尽尽义务，叫老母亲也喜欢喜欢，自己则不仅不觉得有这种要求，而且看着娜塔莉亚，看着她表现出那样强烈的母爱，不免有些大惑不解。他不理解，怎么会这样狂热地爱这两个吱哇乱叫的小东西，而且在妻子还在给孩子喂奶的时候，他不止一次在夜里带着烦躁和嘲笑的口气对她说：“你干吗要像个疯子一样跳起来？孩子还没有哭两声，你就爬起来啦。哼，就让他们哭好啦，叫好啦，大概不会哭死的！”那时候孩子们对他的态度也同样冷淡，但是他们渐渐长大，他们对父亲的眷恋之情也在渐渐增长。孩子的爱激发了格里高力的相应的爱，于是这种爱像火一样，延烧到娜塔莉亚身上。

格里高力和阿克西妮亚决裂以后，从来没有认真想过要和妻子分离；就是在和阿克西妮亚重新和好以后，他也从来没想过要她代替他的孩子的母亲。他不妨爱她们两个，对她们的爱法各不相同就是了；但是他丧妻以后，忽然觉得对阿克西妮亚也疏远了，后来产生了一种隐隐的愤恨心情，恨她说出了他们的关系，因此才促成娜塔莉亚的死。

格里高力下地以后，不管怎样想方设法忘记自己的悲痛，脑子总是免不了去想这些事情。他希望干活儿干得筋疲力尽，几个钟头不下割麦机，可还是一再地想起娜塔莉亚；脑子里一个劲儿地想着很久以前的事，想着共同生活中各种各样、往往是十分琐碎的细节、谈话。只要稍微放松一下勤快的脑子，笑盈盈、活生生的娜塔莉亚就出现在他的眼前。他想起她的身段、走路的样子、梳头的姿势、她的音容笑貌……

第三天，开始割大麦。有一回在半晌里，等老头子一勒住马，格里高力就从割麦机的后座上跳下来，把短叉子放到架板上，说：

“爹，我想回家去一下。”

“干吗？”

“我有点儿想孩子们……”

“好，去吧，”老头子高高兴兴地答应说，“我们可以趁这个时候把麦子堆一堆。”

格里高力马上把自己那匹马从割麦机上卸下来，骑上去，让马小步在黄黄的麦茬地上走着，朝大道走去。他的耳朵里响着娜塔莉亚的声音：“告诉他，叫他心疼你们！”格里高力闭上眼睛，撩起缰绳，沉浸到回忆里，任凭马乱走起来。

在湛蓝湛蓝的天上，被风吹散的稀疏的白云儿乎动都不动。白嘴鸦在麦茬地里摇摇摆摆地走着，成群成群地落在麦堆上；老鸦嘴对嘴地喂那些刚刚长出羽毛、还不怎么会飞的小鸦。在割过了的麦地里，白嘴鸦的叫声响成一片。

格里高力的马一心要在路边走，一边走，一边时不时地啃几口木樨草，嚼着，嚼得铁嚼子哗啦哗啦直响。有两次，这马看见远处的马，停下来嘶叫，这时候格里高力才清醒过来，赶一赶马，用迷惘的眼睛望望草原、灰尘飞扬的大路、黄黄的麦堆、一块块尚未成熟的褐绿色黍子地。

格里高力一回到家里，贺里散福就来了。他的样子很阴沉，虽然天气很热，却穿着一件英国式呢子上衣和一条肥大的马裤。他拄着一根新刨的粗大的白蜡木棍子，走了进来，和格里高力握了握手。

“我来看看你。听说你们家出了事儿。娜塔莉亚·米伦诺芙娜已经下葬了吧？”

“你是怎么从前方回来的？”格里高力装作没有听见他的问话，很高兴地打量着粗笨而有点儿驼背的贺里散福，问道。

“我挂了花，叫我回来休养的。一下子就有两颗子弹横穿进我的肚子。这两颗该死的子弹到现在大概还待在肠子旁边。所以我现在拄起拐棍来啦。看见吗？”

“你是在哪儿挂花的？”

“在巴拉绍夫。”

“拿下巴拉绍夫了吗？你究竟怎样挂花的？”

“我们打冲锋来着。巴拉绍夫和波伏林诺都拿下来了。我也参加了。”

“那你说说，你和谁在一块儿，在哪个部队里，村里人有谁和你在一块儿！来坐下，这儿有烟。”

格里高力很高兴有人来，因为可以谈谈与他的痛苦心境无关的旁的事情。贺里散福这一回相当机灵，他一猜到格里高力并不需要他的慰问，就兴高采烈、但又慢腾腾地讲起进攻巴拉绍夫和自己挂花的情形。他抽着一根老大的烟卷儿，用浑厚的粗嗓门说起来：

“我们成步兵队形，从葵花地里往前冲。他们就用机枪和大炮打我们，当然啦，也用步枪。我这个人目标大，在散兵线里，就像鸡群里的一只大鹅，不管我怎样弯腰，都能看到我，所以子弹就找上了我。可是幸亏我的个头儿高，如果矮一点儿，就打在我的脑袋上啦！大概这两颗子弹已经没有劲儿啦，可是打在我身上还是够呛，打得我肚子里咕噜噜直叫，而且每一颗子弹都他妈的滚烫，就像从炉子里飞出来的一样……我拿手摸了摸这块地方，觉得子弹还在我身上，就像两个肉瘤一样，在肉里乱咕哝，两颗子弹相隔有二寸半远。这么着，我用指头揉了揉，就倒在地上啦。我想：这真是开的混账玩笑，这种玩笑别他妈的再开啦！顶好还是躺下来，要不然再有一颗厉害点儿的子弹飞过来，还要把我打个透明窟窿呢。所以，这么着，我就躺下啦。我憋不住又摸了摸子弹。两颗子弹还在那儿，离得很近。可是我怕起来，心想：要是该死的子弹在肚子里动起来，那可怎么办呀？要是在肠子缝儿里钻来钻去，大夫怎么能找得到呢？再说，那也够我受的。一个人的身体，就是我这样的身体，也是很不结实的，要是子弹钻到大肠里去，那时候走起路来就要叮叮当当，像邮车铃铛一样了。那就糟透啦。我就躺在那儿，拧下一个葵花子盘来，嗑起葵花子儿，可是心里非常害怕。咱们的散兵线上前去了。等到把巴拉绍夫拿下来，把我也送了去。我住在齐山的医院里。那儿有一个大夫，就像麻雀一样机灵。他老是劝我：‘把子弹取出来吧！’可是我心里在嘀咕……就问：‘大夫，子弹会钻到肠子里去吗？’大夫说：‘不会，不会钻肠子。’于是我就想：不能取出来！这一套我很清楚！一旦把子弹取出来，不等刀口长好，就又叫你归队啦。我就说：

‘不用，大夫，不取吧。我觉得留在身上挺有意思。我想带回家去，叫老婆看看，再说，分量又不重，不碍我的事。’他把我大骂一通，可是给了我一个星期的假。”

格里高力笑着，听完这一番率真的叙述，问道：

“你编到哪儿去啦，是哪一团？”

“第四混成团。”

“咱们村里人有谁跟你在一块儿？”

“咱们村里人不少：不长胡子的安尼凯、别司贺列布诺夫、柯洛维金·阿基姆、米洛什尼柯夫·谢姆卡、郭尔巴乔夫·季洪。”

“哥萨克们怎么样？不抱怨吗？”

“不用说，大家都恼恨军官们。派来一些浑蛋家伙，简直叫人受不了。差不多都是俄罗斯人，没有哥萨克。”

贺里散福一面讲，一面拉扯着上衣的短袖子，并且好像不相信自己的眼睛似的，很吃惊地打量着和抚摩着在膝盖上起了毛的细呢子英国裤子。

“简直就找不到合我的脚的皮鞋，”他若有所思地说，“在那么大的英国，他们的人都没有这样大的脚……咱们种的是小麦，吃的是小麦，他们大概和俄罗斯一样，全是吃大麦。他们哪能长出这样大的脚呢？给全连的人都发了衣服、鞋袜，还送来香烟，不过，反正不好……”

“什么不好？”格里高力问道。

贺里散福笑了笑，说：

“外表很好，内里很糟。你要知道，哥萨克们又不愿意打仗啦。恐怕这一次战争不会有什么好结果。都说，到霍派尔州边界上,就不往前打了……”

格里高力送走贺里散福以后,经过短时间思索,拿定主意:“再住上一个星期,就回前方去。在这儿会愁闷死的。”他在家里一直待到黄昏时候。他回忆起小时候的情景,用芦苇给米沙特卡做了一个风车,用马尾做了几个逮麻雀的套儿,很巧妙地给女儿做了一辆小小的马车,轮子还能转悠,车辕装饰得非常好看,又想用布头儿做一个洋娃娃,但是怎么也做不好;在杜尼娅的帮助下才把洋娃娃做成了。

格里高力以前从来没有对孩子们这样关心过,孩子们起初听说他要做这做那,抱着疑惑的态度,但是后来一会儿也不离开他了。到黄昏时候,格里高力要下地去,米沙特卡憋着眼泪,声明说:

“你老是这样! 刚来一会儿,就又要把我们扔下啦……把你的套儿、风车和呱嗒板全拿走吧! 我不要啦!”

格里高力把儿子的两只小手握在自己的大手里,说:

“要是这样的话,那咱们有办法:你是男子汉,你就跟我下地去,咱们去割大麦,堆大麦,你跟爷爷坐在割麦机上,你可以赶马。草丛里的蝈蝈儿才多呢! 山沟里各种各样的鸟儿有的是! 波柳什卡就留在家里跟奶奶做事。她也不会生咱们的气。姑娘家的事就是擦地板,用小桶从顿河里给奶奶挑水,她们女人家的事还少得了吗? 你赞成吗?”

“那敢情好!”米沙特卡欢天喜地地叫了起来。他一想到出去的快乐,眼睛都放起光来。

伊莉尼奇娜却表示反对。

“你带他上哪儿去？活见鬼，瞎出花样儿！叫他在哪儿睡？到那儿谁又来照应他？难保不出事儿，要么，离马近了叫马踢着，要么，叫蛇咬着。别跟你爹去，乖孩子，留在家里吧！”她对孙子说。

但是米沙特卡那眯得细细的眼睛忽然发出凶光（就和爷爷潘捷莱发怒的时候一模一样），他攥起小拳头，用高高的哭腔叫喊道：

“奶奶，住嘴吧！……反正我要去！爹，我的好爹，别听她的……”

格里高力笑着把儿子抱起来，宽慰母亲说：

“就叫他跟我睡。我们从家里骑马慢慢走，总不会让他摔下来吧？妈妈，你给他拿件衣裳吧，别害怕，我保证他好好儿的，明天晚上我就把他送回来。”

格里高力和米沙特卡的感情就这样建立起来了。

格里高力在鞑靼村度过的两个星期当中，只见过阿克西妮亚三次，而且都是一闪即过。她凭她素有的聪明和精细，知道她最好别叫格里高力看到，所以尽量避免和他见面。凭着女性的敏感，她猜透了格里高力的心情，她知道，她对他的感情如果有任何不小心或者不合时宜的表现，都会引起他的反感，在他们的关系上留下一种伤痕。她等着格里高力自动开口和她说话。她等的事儿在格里高力动身上前方的前一天出现了。他赶着拉麦子的大车从地里回来，已经很晚了，在苍茫的暮色中，在靠近草原的尽边上一条胡同口上遇上了阿克西妮亚。她老远就鞠了一个躬，微微笑了笑。她的笑容有期待的意味，也有担心的意味。格里高力回了个礼，但是他不能一声不响地走过去了。

“你好吗?”他问了一声,不觉勒了勒缰绳,让马放慢了脚步。

“还好,谢谢,格里高力·潘捷莱维奇。”

“怎么老是看不见你呀?”

“下地去啦……就我一个人干活儿呢。”

米沙特卡和格里高力一块儿坐在大车上。也许是因为这样,格里高力才没有勒住马,没有和阿克西妮亚多说话。他走过有几丈远了,听见呼唤声,又转过身去。阿克西妮亚还站在篱笆旁边。

“你在村子里还要待些日子吗?”她激动地撕着揪下来的一朵野菊花,问道。

“一两天就走。”

阿克西妮亚踌躇了一会儿,看样子,她还想问点儿什么。但是不知为什么她没有问,只是挥了挥手,就急急忙忙朝牧场上走去,连头都没有回一下。

十九

天空布满了乌云。蒙蒙细雨飘洒着,就像用筛子筛的。鲜嫩的再生草、野蒿和遍野的荆棘棵子都闪闪有光。

普罗霍尔因为提前离开家,心里十分不痛快,一声不响地走着,一路上没有和格里高力说过一次话。他们来到塞瓦斯济扬诺夫村外,遇到三个骑马的哥萨克。三个哥萨克并马走着,用靴后跟踢着马,很起劲儿地说着话儿。其中有一个上了年纪的,红红的胡子,穿一件老布的灰褂子,他老远就认出了格里高力,大声对两个同伴说:“伙计们,这是麦列霍夫嘛!”于是走到跟前来,勒住高大的枣红马。

“你好啊，格里高力·潘捷莱维奇！”他向格里高力问候说。

“你好！”格里高力一面回答，一面回想他在哪儿见过这个外表阴沉的红胡子哥萨克，可是怎么都想不起来。

看样子，这个哥萨克是不久前才升为准尉的，他为了表示他不是普通的哥萨克，就把崭新的肩章缝在褂子上。

“不认识我了吗？”他径直地来到跟前，伸出长满了红毛的大手，喷着浓烈的酒气，问道。这位新任准尉的脸上一副呆板的自满神情，小小的蓝眼睛亮闪闪的，红胡子底下的嘴唇咧开来笑着。

格里高力一看见这位穿褂子的军官的怪模样，非常开心。带着嘲笑的口气回答说：

“是认不出来啦。大概我见过你，那时候你还是普通哥萨克呀……你升成准尉还没有多久吧？”

“一下子就猜中啦！才升了一个星期。咱们在库金诺夫的司令部里见过面，好像是在报喜节的时候。那一回你救了我，记得吗？喂，特里丰！你们先走吧，我随后追上去！”红胡子哥萨克对两个在不远处停下来的伙伴喊道。

格里高力好不容易想起是在什么场合见到这个红胡子准尉的，也想起他的名字叫谢玛克，还想起库金诺夫对他的评语：“这个该死的东西，打起枪来百发百中！能打飞跑的兔子，打仗也很勇猛，又是一个很好的侦察兵，可是头脑就像个小孩子。”谢玛克在暴动的时候指挥着一个连，出了问题，库金诺夫想处治他，但是格里高力替他说了话，因此谢玛克没有受处分，而且继续担任连长职务。

“你从前方下来吗?”格里高力问。

“是的,我是请假从诺沃霍派尔斯克回来。我绕了一下圈子,走了有一百五十俄里,到司拉晓夫去了一下,那儿有我的一房亲戚。格里高力·潘捷莱维奇,我一直记着你的恩情!我想请请你,你别推却,好吗?我的挂包里还有两瓶酒精,咱们就来喝掉好吗?”

格里高力断然拒绝了,但是收下了他送的一瓶酒精。

“没说的!哥萨克和军官们发财都发足啦!”谢玛克夸耀说,“我也到过巴拉绍夫。我们把巴拉绍夫一拿下来,首先就朝铁路上跑去,那儿停了很多火车,所有的线路都挤满啦。有的车厢装的是糖,有的装的是服装,有的装的是各种各样的玩意儿。有些哥萨克拿了几十套衣服!后来,去搞犹太佬,才有意思哩!我这半个连里有一个家伙动作非常麻利,从犹太佬身上搜了十八块怀表,其中有十块是金的;这小子把表在胸膛上挂了一大串,简直成了顶阔气的商人啦!他的宝石戒指和金戒指,数也数不清!每一个指头都戴两三枚……”

格里高力指了指谢玛克的马鞍两边的鼓鼓囊囊的袋子,问道:

“你这是什么东西?”

“这个吗……各种各样的玩意儿。”

“也是抢的吗?”

“哎,你干吗要说抢……不是抢的,是拿的,拿是合法的。我们的团长就说:‘打下一个城市,你们可以自由行动两天!’我怎么,比别人还坏吗?我拿的是落到我手边的公家的东西……别人干的比我要坏些。”

“你们都是好汉！”格里高力十分厌恶地打量了一下发了洋财的准尉，说，“像你这号儿的，顶好是在要道上，或者蹲在桥底下打杠子，用不着打仗！借打仗行起抢来啦！哼，你们这些下流东西！干起这种玩意儿来啦！你以为，将来就不会有人为这种事儿收拾你们和你们的团长吗？”

“为什么事儿呀？”

“就为这事儿！”

“谁又会来收拾我们呢？”

“你们的上级。”

谢玛克冷笑了一下，说：

“他们自己也是这样嘛！我们不过是用鞍袋装，或者用大车拉，可是他们派整个车队一趟一趟地往家里送。”

“你看见了吗？”

“不光是看见！我就押送过一个这样的车队上亚雷仁镇上去。全是银器，满车都是银碗、银调羹！有些军官跑过来问：‘拉的是什么？喂，拿出来看看！’我就说，这是某某将军私人的东西，他们就一声不响地走开了。”

“这将军是哪一个？”格里高力眯着眼睛，哆哆嗦嗦地拨弄着缰绳，问道。

谢玛克滑头地笑了笑，回答说：

“我忘记他姓什么了……让我想想看，他姓什么来着？哎呀，真忘了，想不起来啦！格里高力·潘捷莱维奇，你这是白骂。说实在话，大家都这样干呀！我跟别人相比，就像羊羔跟狼相比啦；我是顺手拿一点儿,可是别人就在大街上剥人的衣服,干脆就当众强奸妇女！我可是没干过这种事儿,我家里有老婆,而且是个很好的娘儿们！真的,你不该生我的气。等等,你上哪儿去?"

格里高力点了点头,冷冷地和谢玛克分了手,对普罗霍尔说:

"跟上我!"说着就放马跑了起来。

在路上他们碰到的骑马回家休假的哥萨克越来越多了,有的是一个一个的,有的是三五成群。时常遇到双套大车,车上的东西都用帆布或麻布盖着,捆扎得很结实。车辆后面,都有哥萨克站在马镫上小跑着,他们穿着崭新的夏季军便服和红军的草绿色军裤。哥萨克们的落满灰尘、晒得黑黑的脸都很兴奋,很快活,但是这些当兵的一碰上格里高力,就像听到口令似的,把手举到帽檐上,一面尽量让马加快脚步,一声不响地错过去,直到走出相当长的一段距离之后,才重新说起话来。

"买卖人来啦!"普罗霍尔老远看见有骑马人押着装满抢来的东西的大车过来,就要用嘲笑的口气这样说。

然而,回家探望的人并不都是发了洋财的。他们来到一个村子里,在井边停下来饮马,格里高力听见旁边院子里有人在唱歌。从那孩子般清脆、嘹亮的嗓门儿可以断定,唱歌的是一些年轻哥萨克。

"大概是给当兵的送行呢。"普罗霍尔一面用桶汲水,一面说。

那一瓶酒精昨天晚上已经喝完了,他很想有机会再喝一点儿,因此,他急急忙忙饮过马,笑嘻嘻地说:

"怎么样,潘捷莱维奇,咱们是不是上那儿去一下？也许,到送行席上咱们也能捞两杯喝喝呢！房子虽然是芦苇顶的，可是看样子，是个大户人家呢。”

格里高力同意去看看，是怎样给“嫩芦苇”送行的。他们把马拴在篱笆上，就朝院子里走去。敞棚底下一个圆圆的马槽旁边站着四匹上着鞍的马。从仓房里走出一个半大孩子，端着一个装满燕麦的铁斗。他匆匆朝格里高力看了一眼，就朝嘶叫起来的几匹马走去。唱歌的就在屋角后面。有一个打战的高嗓门儿唱道：

那一条道儿
以前没人走……

有一个吸烟吸哑了的浑厚的粗嗓门儿，重复了一下后面的一句，就和那个高嗓门儿合唱起来，后来又有两个很和谐的嗓门儿加入了合唱，于是歌声显得又雄壮、又豪放、又凄切动人了。格里高力不愿意前去打断他们唱歌；他拉了拉普罗霍尔的袖子，小声说：

“等一等，别过去，让他们唱完。”

“这不是送行。叶兰乡的人就喜欢这样唱。他们就是这种唱法。他妈的，唱得真好呀！”普罗霍尔称赞过，又很丧气地啐了一口：看样子，他那喝酒的指望落空了。

那个好听的高嗓门儿唱的是一个哥萨克在战场上疏忽大意的事，一直唱完了：

人的脚印、马的蹄印都没有。
一个哥萨克团打这儿开过。

一匹骏马跑在团后头。
漂亮的马鞍溜到了一旁，
皮笼头挂在右耳朵上，
丝缰缠在马腿上。
一个年轻顿河哥萨克在后面撵，
对着他的好马儿叫喊：
“等一等，我的好马儿，你站一站，
你别扔下我不管，
没有你我逃不脱车臣人追赶……”

格里高力脊背靠着房子的白墙站着，听得入了迷，既听不见马嘶声，也听不见从胡同里经过的一辆牛车的咯吱声。

屋角那边，有一个唱歌的人唱完歌以后，咳嗽了一声，说：

“唱得不怎么好！就这样啦，反正尽我们的本事就是了。不过，老大娘们，你们还要给我们这几个当兵的弄点儿东西在路上吃。这顿饭我们吃得很好，感谢基督，可是在路上吃的东西我们还一点儿也没有呢……”

格里高力回过神来，从屋角后面走了出来。在台阶的最下面一级上坐着四个年轻哥萨克；从附近人家里跑来的媳妇、老婆子、小孩子把他们团团围住。妇女们听得都抽搭起来，又擤鼻子，又用头巾角儿擦眼泪；在格里高力朝台阶跟前走的时候，有一个老婆子，身材高高的，眼睛黑黑的，衰老的脸上还留着圣母般端庄而美丽的痕迹，她在慢条斯理地说：

“我的好孩子们呀！你们唱得多么好、多么伤心呀！你们每个人家里恐怕都有妈妈，妈妈一想起儿子，想到儿子也许要死在战场上，恐怕眼泪都要哗哗往下流……”她拿黄黄的眼白朝着向她问候的格里高力瞪了一眼，忽然恨恨地说，“你这个当官的，要把这些好孩子带去送死吗？你要把他们断送在战场上吗？”

“老大娘，连我们也要断送呢。”格里高力愁眉苦脸地回答说。

几个哥萨克见一位陌生军官来了，非常窘急，连忙站了起来，一脚踢开放在台阶上、还盛着残剩食物的盘子，一面整理着军便服、步枪皮带和武装带。他们唱歌的时候，连步枪都没有从肩上卸下来。看样子最大的一个也不过二十五岁。

“你们是哪儿的？”格里高力打量着他们的年轻的、生气勃勃的脸，问道。

“从部队里回来……”其中一个蒜头鼻子、笑眯眯的眼睛的，迟迟疑疑地回答说。

“我是问：你们是哪儿的人，是哪一个乡的？不是本地人吧？”

“我们是叶兰乡的，是请假回家，大人。”

格里高力从声音上听出他就是那个领唱的，就笑着问道：

“是你领唱的吗？”

“是我。”

“噢，你的嗓子真好！你们为什么唱起歌儿来啦？怎么，是因为高兴吗？看你们的样子，好像也没有喝过酒。”

一个高个子、亚麻色头发的小伙子，梳得很神气的头发因为落满灰土变成了灰白色，黑黑的脸上泛起两片浓浓的红晕，他侧眼看着老婆子们，很不好意思地笑着，有点儿勉强地回答说：

“哪儿有什么高兴的事儿……我们是没办法才唱的呀！什么

也不为，就因为这地方的人舍不得给东西吃，就给一块面包。所以我们就动脑筋，唱起歌儿来。我们一唱起来，娘儿们就纷纷跑来听；我们唱起一支伤心的歌儿，好啦，她们一感动，就纷纷送东西来，有的拿猪油，有的端来牛奶，有的就拿别的吃的……”

“我们就像神甫一样，中尉先生，唱一个歌儿，募化一点儿吃的！”那个领唱的小伙子对同伴们挤着眼睛，把笑眯眯的眼睛眯缝起来说。

一个哥萨克从胸前口袋里掏出一张油糊糊的纸来，递给格里高力。

“这是我们的休假证。”

“干吗要给我看？”

“也许您会多心，我们可不是开小差……”

“你们还是在遇上侦缉队的时候，给他们看吧，”格里高力很不痛快地说，但是临走时还是劝他们说，“你们还是在夜里走，白天可以找地方歇歇。你们的证明不管用，带着是白带着……这证明没有盖印吧？”

“我们连里没有印。”

“噢，如果你们不愿意挨加尔梅克佬的枪托子，那就听听我的话吧！”

走出这个村子有三俄里，离一片紧靠大路的小树林还有一百五十丈远，格里高力又看见有两个骑马的人迎面而来。他们停了一会儿，打量了一下，然后就陡转过马头，进了树林。

“这是没有证明的，”普罗霍尔推断说，“看见吗，他们拐进树林啦？偏要他妈的在大白天走！”

又有几个人，一看见格里高力和普罗霍尔，就拐下大路，急急忙忙躲藏起来。一个偷着回家的上了年纪的哥萨克步兵，钻进葵花地里躲起来，就像兔子躲进了麦地里。普罗霍尔从他身旁走过，站在马镫上，吆喝道：

"喂，老乡，你没有藏好！脑袋藏起来了，可是屁股还露着哩！"他忽然故意用很凶的口气大声喝道，"喂，出来！拿证明来看看！"

等那个哥萨克跳起来，弯着腰，在葵花地里跑起来，普罗霍尔就可着嗓门儿哈哈大笑起来，他把马一夹，就想追上去，可是格里高力拦住了他。

"别胡闹！让他去吧，就这样跑，够他呛的啦。你再来一下子，他还要吓死呢……"

"得啦！就是带上猎狗也别想追上他啦！他这一口气要跑上十俄里。看，他在葵花地里窜得有多快！一个人在这种时候从哪儿来的这股快劲儿，我真觉得稀奇。"

普罗霍尔反正对逃兵没有好印象，他说：

"简直是成群结队往家跑。就好像从口袋里抖搂出来的一样！瞧着吧，潘捷莱维奇，要不了多久，就要剩下咱们两个来守阵地了……"

格里高力离前线越近，顿河军腐败的可憎场面越是广泛地展现在他的眼前。这种腐败恰恰是在暴动军补充进顿河军之后，在北线取得巨大胜利的时候开始的。这时候，顿河军已经不仅不能进行决定性的进攻和摧毁敌军的抵抗，而且都经受不住重大的进攻了。

在驻扎着近距离后备队的各市镇和各村庄里，军官们都夜以继日地酗酒；各种辎重队的车辆都装满了抢来的、还没有运到后方去的财物；各个部队的兵员都剩下不到百分之六十；哥萨克们任意离队去休假，由加尔梅克人组成的侦缉队在草原上到处巡逻，也阻止不住大批开小差的浪潮了。哥萨克进入被占领的萨拉托夫省的许多村庄里，就像侵略者到了外国的土地上：抢劫财物，奸淫妇女，烧粮食，宰牲口。把许多半大孩子和五十多岁的老头子都抓来补充军队。在一些补充连里，很多人公开表示不愿打仗，在向沃罗涅日方面调动的一些队伍里，哥萨克们干脆不服从军官的命令。听说，在前沿阵地上常有打死军官的事。

已经离巴拉绍夫不远了，天黑下来，格里高力在一个小村子里停下来住宿。由老年哥萨克组成的第四独立后备连和塔干罗格团工兵连把村子里所有住房都占了。格里高力找住宿的地方找了半天。他们本来可以像往常一样，在田野上过夜，但是看样子夜里要下雨，而且普罗霍尔又打起摆子来了，所以必须要在屋子里过夜。村口上，在白杨树环绕着的一座大房子旁边，有一辆被炮弹打坏的装甲汽车。格里高力从旁边走过，看了看汽车的绿色铁甲上还没有涂掉的标语："打死白狗子！"下面是装甲车牌名："勇猛号"。在院子里的拴马桩旁边有几匹马在打响鼻，还听到一些人的说话声；房后果园里生着一堆火，一棵棵绿树顶上缭绕着青烟；火堆旁边人影幢幢。风从火堆上吹来一阵阵燃烧的干草气味和烧焦的猪鬃气味。

格里高力下了马，朝房子里走去。

"这儿掌柜的是哪一位？"他走进一间低矮的、挤满了人的屋子,问道。

“我就是。您有什么事?”一个矮矮的汉子,靠在炉子上,没有改变姿势,打量了一下格里高力,说。

“能让我们在这儿过一夜吗? 我们只有两个人。”

“我们在这儿挤得已经和西瓜里的籽儿一样了。”躺在大板凳上的一个上了年纪的哥萨克很不高兴地嘟哝说。

“我倒是没什么,不过我们这儿的人实在太挤了。”房东解释说。

“我们凑合着住一下吧。我们总不能在雨里过夜吧?”格里高力坚持说,“我的传令兵在生病呢。”

那个躺在大板凳上的哥萨克咯咯了两声,耷拉下两条腿来,看了看格里高力,已经换了口气说:

“大人,我们和掌柜家的人一共是十四口,住了两间屋子,可是一个英国军官和他的两个护兵就占了另外一间屋子,还有我们的一个军官也和他们在一块儿。”

“您是不是可以上他们那儿住一下!”另外一个佩戴上士肩章、大胡子白了不少的哥萨克很热心地说。

“不用,我最好就在这儿。我要不了多少地方,就睡在地上,不会挤你们。”格里高力脱掉军大衣,用手撩了撩头发,在桌边坐下来。

普罗霍尔就出去看马。

隔壁屋子里大概听见了这边的谈话。过了五六分钟,走进来一个穿得很讲究的小个子陆军中尉。

“您是找住宿的地方吗?”他对格里高力说;瞥了一眼格里高

力的肩章，就带着殷勤的笑容央请说，“请您上我们那间屋里去住吧，中尉。我和英军中尉堪贝尔先生请您搬过去，您在那边会方便些。我姓歇格洛夫。您贵姓？”他握了握格里高力的手，又问，“您是从前方来吗？噢，是休假回来呀！咱们走吧，走吧！我们欢迎您。您大概饿了，我们那儿还有吃的呢。”

陆军中尉那浅绿色上等呢子制服上挂着一枚军官十字章，小小脑袋上的头发梳得光溜溜的，靴子擦得锃亮，他那一张刮得光光的、黑乎乎的脸，他那整个端正的身体，都显得干净利索，并且散发着一股浓浓的花露水气味。他在过道里很小心地把格里高力让到前头，说：

“门在左面。小心点儿，这儿有箱子，您别碰上。”

一个魁梧而健壮的青年中尉迎着格里高力站了起来。他留着一撮黑黑的、毛茸茸的小胡子，遮住了斜着划开的上嘴唇，两只灰眼睛离得很近。陆军中尉把格里高力介绍给他，说了几句英语。英国中尉握了握客人的手，时而望着客人，时而望着陆军中尉，说了几句话，打手势请客人坐下。

屋子中间并排放着四张行军床，角落里堆着箱子、旅行包、皮包。在大柜子上放的是：格里高力还没有见过的一种手提机枪、一个望远镜套子、几盒子弹和一支卡宾枪，枪托子黑乎乎的，深灰色枪筒子是崭新的，还没有磨出光来。

英国中尉很亲切地打量着格里高力，用愉快的低嗓门儿说了几句话。格里高力不懂这种听起来很别扭的外国话，但是，他猜到他们谈的是他，所以觉得有点儿尴尬。陆军中尉在一个包里翻着，含笑听着，后来他说：

“密斯特堪贝尔说，他很尊敬哥萨克，他认为哥萨克都是了不起的骑手和战士。您大概要吃点儿东西吧？您喝酒吗？他说，危险越来越近了……唉，妈的，他老是说废话！”陆军中尉从皮包里拿出几听罐头、两瓶白兰地，又弯下腰去翻皮包，一面继续翻译着，“他说，在大熊河口哥萨克军官们对他都很热情。他们在那儿喝了一大桶顿河葡萄酒，他们都喝得烂醉，和中学里的一些女学生玩得非常快活。哼，这事儿就不用说了！他认为，用同样的盛情报答对他的盛情，是一种愉快的责任。所以您应当接受这种盛情。他说，他很喜欢您……您会喝酒吗？”

“谢谢。我会喝。”格里高力说，一面偷偷打量着因为一路风尘和握马缰弄得很脏的自己的两只手。

陆军中尉把罐头放在桌子上，很熟练地用刀子开着罐头，叹着气说：

“您可知道，中尉，这个英国猪可把我折腾坏啦！从早上一直喝到深夜。不住气地灌，简直没有对手！您要知道，我也是个能喝酒的，可是像这样牛饮，实在受不了。而且，这家伙……”陆军中尉含笑望了望英国中尉，出乎格里高力意料地骂了两句娘，“也不管空不空肚子，一个劲儿死灌！”

英国中尉笑了笑，点了点头，用半通不通的俄语说：

“对，对！……大大地好……要喝你的健康一杯！”

格里高力笑了起来，抖搂了一下头发。他很喜欢这两个小伙子，他觉得这个笑得很纯真、说俄语说得很好笑的英国中尉挺好。

陆军中尉一面擦着杯子，一面说：

“我跟他泡了两个星期啦，够呛不够呛？他在第二军节制的坦克部队里担任教官，派我给他当翻译。我的英语说得好，所以就倒了霉……咱们的人也喝酒，不过不是这种喝法。可是这家伙，谁知道他妈的是怎么一回事儿！您可以看看，他有多大的酒量！一天他至少要喝四五瓶白兰地。一有空儿就喝，就是喝不醉，而且喝了那么多还照样干活儿。他把我都整死啦。我的胃都有点儿疼起来啦，这些天我的情绪坏透啦，我浑身都泡在酒精里，现在我都怕到油灯跟前坐啦……谁他妈的知道这是怎么回事儿！"他说着，拿起白兰地把两只杯子斟得满满的，却只给自己倒了一点点儿。

英国中尉拿眼睛瞟着杯子，笑着，很起劲儿地说起话来。陆军中尉带着求饶的神气把一只手按在心口上，沉着地笑着，回答他的话，只是那和善的黑眼睛里偶尔冒一下愤怒的火星。格里高力端起杯子，和两位好客的主人碰了碰杯，就一饮而尽。

"噢！"英国人称赞说，于是也把自己杯子里的酒喝干，然后很轻视地看了看陆军中尉。

英国中尉的两只又大又黑的劳动的手放在桌上，手背上的汗毛孔里都是黑黑的机器油，手指头因为常常接触汽油，都脱了皮，还有一些斑斑点点的老伤疤，但是一张脸却很娇嫩，胖乎乎的，红红的。手和脸竟是这样不同，有时候格里高力简直觉得这个英国中尉好像是个假面人儿。

"您真是救了我。"陆军中尉说着，把两只杯子斟得满满的。

"怎么，他一个人不喝酒吗？"

"问题就在这儿呀！早晨起来他可以一个人喝，到晚上就不行啦。好吧，来，咱们喝。"

“这玩意儿是厉害……”格里高力把杯子里的酒喝了不多的一点儿，但是一看见英国人那惊异的目光，就把其余的酒一下子倒进嘴里。

“他说，您是好汉子。他很喜欢您的喝法。”

“咱们俩来换一换位置得啦。”格里高力笑着说。

“我相信，您过上两个星期，就不干啦。”

“不干这种好差事吗？”

“这种好差事，我无论如何都不想干啦。”

“上前方更坏。”

“这儿也等于前方。在前方可能叫子弹或炮弹打死，也可能打不死，可是在这儿我靠得住要变成酒疯子。请尝尝这罐头水果吧。不吃点儿火腿吗？”

“谢谢，我吃。”

“英国人搞这些玩意儿有两下子。他们军队的给养可不像咱们的那样。”

“咱们能算是发给养吗？咱们的军队是就地吃草。”

“很遗憾，这是实情。不过，用这种办法对待士兵，特别是如果让士兵任意抢劫老百姓的话，就不会长远……”

格里高力留心看了看陆军中尉，问道：

“您想走长远吗？”

“咱们是一条路的嘛，您这是问的什么？”陆军中尉一不留心，英国中尉拿起酒瓶，给他斟了满满的一杯。

“这一下子您非得喝干不可了。”格里高力笑着说。

“够呛！”陆军中尉看了看酒杯，叫了一声苦。他的脸上泛起一阵淡淡的红晕。

三个人一声不响地碰了碰杯，喝干了。

“咱们走的是一条路，不过各有各的走法……”格里高力又开口说，一面皱着眉头，想用叉子叉住在碟子里滚来滚去的一个杏子，却怎么也叉不住，“有的走不远就下了马，有的就像坐火车一样，要跑得远远的……”

“您难道不想坐到最后一站吗？”

格里高力觉得有了酒意，不过他还是十分清醒的；就笑着回答说：

“我的盘缠不够坐到最后一站啦。您呢？”

“噢，我的情形不一样：就是把我赶下车来，我也要顺着路基步行走到最后一站！”

“那就祝您一路平安吧！来干一杯！”

“以后会好的。凡事起头难嘛……”

英国人和格里高力、陆军中尉碰着杯，一声不响地喝着，几乎连菜都不吃。他的脸成了砖红色，眼睛亮了起来，一举一动中露出有意放慢的意味。还没有喝完第二瓶，他就站起沉重的身子，稳稳地走到皮包跟前，掏出三瓶白兰地，拿过来。他把三瓶酒放在桌上，用嘴角笑了笑，低声说了几句话。

“密斯特堪贝尔说，要好好地高兴高兴。这位密斯特真他妈的要命！您怎么样？”

“好吧，可以好好高兴高兴。”格里高力答应说。

“好的，不过他的酒量太大了！在这个英国人身上有俄国商人的灵魂。我大概已经不行啦……”

“从您的样子还看不出来嘛。”格里高力故意逗他说。

“见鬼吧！我现在就像大姑娘一样，浑身酥啦……不过还可以应付两下子，对对，可以应付，完全可以应付！”

陆军中尉又喝了一杯以后，显然有点儿发呆了：他那黑眼睛泛出油光，而且开始有点儿斜了，脸上的肌肉松弛了，嘴唇几乎不听摆布了，颧骨上的青筋一下一下地抽动着。下了肚的白兰地在他身上发作起来，弄得他昏昏沉沉。陆军中尉的表情，就像一头牛在屠宰以前头上挨了十斤重的一锤子。

“您还早着哩。您喝惯啦，喝这点儿酒一点儿事也没有。”格里高力肯定地说。他也显然有了酒意，但是觉得还能喝上很多。

“真的吗？”陆军中尉高兴起来，“是的，是的，我起初有点儿软不唧唧的，可是这会儿，不吧，要喝多少都行！一点不错：要喝多少都行！我很喜欢您，中尉。说实在话，您这人有两下子，对人又真诚。我就喜欢这些。咱们来为他这个浑蛋和酒鬼的祖国干一杯吧。他虽然像畜生一样蠢，可是他的祖国很好。‘海上霸王，不列颠呀！’咱们喝吧？不过别干杯啦！来，为了您的祖国，密斯特堪贝尔！”陆军中尉使劲皱了皱眉头，喝了一口，吃起火腿。“那真是个了不起的国家呀，中尉！您是想象不出来的，我可是在那儿住过……来，咱们喝！”

“不管是什么样的母亲，总是比外人亲呀。”

“咱们不抬杠，喝吧！”

“咱们喝。”

“应该用铁和火把咱们国家的腐朽东西都铲除掉，可是咱们无能为力了。这么一来，咱们的国家就完了。哼，去他妈的吧！

堪贝尔就不相信咱们能打得赢红军。”

“他不相信吗?”

“是的,他不相信。他认为咱们的军队很坏,他夸奖红军很好。”

“他参加过战斗吗?”

“当然参加过！红军差一点儿把他抓住。这白兰地好厉害呀!”

“是够厉害！这玩意儿和酒精一样吧?”

“多少差一点儿。是骑兵把堪贝尔救出来了,要不然就把他捉去了。那是在茹柯夫村外。那一次红军夺去咱们一辆坦克……您好像很伤心呀。是怎么一回事儿?”

“我老婆不久前死了。”

“这真是不幸！留下孩子了吗?”

“有孩子。”

“为您的孩子们喝一杯！我没有孩子,也可能有,不过即使有的话,他们大概也是在什么地方跑着卖报呢……堪贝尔在英国有一个未婚妻。他每星期给她写两封信,从不间断。写的大概都是各种各样的混账话。我差不多都嫉恨他了。您说什么?”

“我什么也没有说。可是,他为什么尊重红军呢?”

“谁说他‘尊重’来着?”

“您说的。”

“没有的话！他不会尊重他们,不可能尊重他们,您弄错了！不过,我可以问问他。”

堪贝尔仔细听过脸色灰白、醉醺醺的陆军中尉问的话,便说了老半天。格里高力不等他说完，就问道：

"他叽里咕噜说些什么？"

"他看见，他们都穿着树皮鞋，排成步队向坦克冲锋。这简单吗？他说，人民是打不垮的。糊涂蛋！您别信他的。"

"怎么能不信呢？"

"反正不能信。"

"嗯，为什么？"

"他喝醉了，是在胡扯。怎么能说人民是打不垮的呢？可以把他们当中的一部分消灭，叫其余的人执行……我怎么说来着？不对，不是叫他们执行，是叫他们服从。咱们这是喝第几瓶啦？"陆军中尉把脑袋放在手上，胳膊肘子弄翻了一听罐头，胸膛趴在桌子上，不住地喘着粗气，坐了有十来分钟。

窗外的夜色黑漆漆的。密密的雨点不住地敲打着护窗。远处有隆隆的声音，格里高力弄不清那是雷声，还是炮声。堪贝尔笼罩在雪茄烟的青青的烟雾里，慢慢斟着白兰地。格里高力推醒陆军中尉，摇摇晃晃站起来，说：

"喂，你问问他：为什么红军会打败咱们？"

"算了吧！"陆军中尉嘟哝说。

"不行，你问问。"

"算了吧！他妈的算了吧！"

"你问问，我要你问！"

陆军中尉呆呆地朝着格里高力看了一会儿，后来对仔细听着的堪贝尔说了几句话，又把头趴在握成勺子形的手掌上。堪贝尔带着轻视的笑容望了望陆军中尉，拉了拉格里高力的袖子，用动作解释起来：他把一个杏核拨到桌子当中，把自己的大手竖着放在杏核旁边，好像是在和杏核对比，然后弹了一下舌头，一下子把手压到杏核上。

“亏你想得出！不用你说，我也明白……”格里高力沉思着说。他摇晃了两下，抱住好客的英国中尉，很费劲地用手指了指桌子，行了一个礼，“谢谢你的款待！再见吧！你可知道，我要对你说什么吗？趁着这儿还没有把你的脑袋揪掉，你赶快回家吧。我这是实心实意对你说的。明白吗？用不着你们来干涉我们的事情。明白吗？请你走吧，不然的话，你在这儿要挨揍的！”

英国中尉站起来，行了个礼，很起劲儿地说起话来，时不时地带着遗憾的神情望望已经睡着了的陆军中尉，很亲热地拍着格里高力的肩膀。

格里高力好不容易摸到了门把手，摇摇晃晃地走到台阶上。斜斜的雨丝洒在脸上。一道道闪电照耀着宽敞的院子、水漉漉的篱笆、果园里亮晶晶的树叶。格里高力下台阶的时候，滑了一下，跌倒了，等他爬起来的时候，听见有人在说话：

“那几个军官还在喝吗？”有一个人在过道里划着火柴，问道。

一个伤了风的沙哑嗓门儿，用压低了的不客气口吻说：

“他们要喝下去的……他们非喝得出洋相不可！”

二十

顿河军打出霍派尔州边界以后，又和一九一八年那时候一样，失去了前进的锐气。顿河上游暴动的哥萨克和霍派尔州的部分哥萨克仍旧不愿意到顿河地区以外去打仗；红军部队得到新的补充，现在又是在民心向着红军的地区活动，所以抗击力量加强了。尽管在这个地区的兵力方面白军还是占优势：在战斗中受到很大损失的红军第九军只有一万一千名步兵、五千名骑兵，拥有五十二门炮，而几个哥萨克军却一共有一万四千四百名步兵、一万零六百名骑兵，拥有五十三门炮，——可是哥萨克部队有时也打起防御战，而且顿河军司令部不论想什么办法，都不能使哥萨克们拿出不久前在本地区作战时那种顽强劲儿了。

最激烈的战斗发生在两翼方面，也就是南方库班志愿军部队活动的地区。志愿军部队在弗兰格尔将军指挥下，在向乌克兰内地顺利推进的同时，还在猛烈地压迫着红军第十军，迫使第十军节节后退，志愿军边战边朝萨拉托夫省推进。七月二十八日，库班骑兵横冲直撞地攻进了卡梅申，俘虏了一大半守军。红军第十军部队进行反攻，也被打退了。来势凶猛的库班和捷烈克哥萨克混合骑兵师有可能来包抄右翼，因此第十军军部把部队转移到博尔津柯沃—拉推舍夫—红土崖—卡敏镇—班诺叶一线上。这时候第十军部队共拥有一万八千名步兵、八千名骑兵、一百三十二门炮；和第十军作战的库班志愿军拥有七千六百名步兵、一万零七百五十名骑兵、六十八门炮。此外，白军还有几支坦克部队，还有不少飞机担任侦察工作和参加作战。但是不管是法国的飞机，还是英国的坦克和大炮，都帮不了弗兰格尔的忙了；他到了卡梅申，再也不能往前推进了。在这个地区展开顽强的持久战，战争只有一些很小的变化。

七月底，红军开始准备在南线的整个中心地带转入大规模的进攻。为此，第九军和第十军合并为一个突击兵团，由绍林指挥。从东线调来的第二十八师和原喀山地区的一个守备旅，第二十五师和原萨拉托夫地区的一个守备旅，都要担任突击兵团的后备队。此外，南线指挥部还把一些担任前线后备队的部队和第五十六步兵师调来加强突击兵团的力量。第八军和由第八军节制的、从东线撤下来的第三十一步兵师和第七步兵师要在沃罗涅日方面发动助攻。

定于八月一日至十日之间转入全面进攻。根据红军总指挥部的计划，第八军和第九军的进攻要以侧翼部队的包抄活动来配合，而其中特别重要、特别复杂的任务就落在第十军肩上，第十军应当顺着顿河左岸推进，截击从北高加索方面来的敌军主力。在西面，第十四军的一部分队伍要向查蒲林诺—洛佐瓦亚一线发动声势浩大的佯攻。

就在红军在第九军和第十军的地区内进行必要的调动的时候，白军指挥部为了打破敌军的进攻计划，扩编了马孟托夫的一个军，打算冲破防线，将这个军投入红军后方去进行深入的袭击战。弗兰格尔的军队在察里津方面取得胜利后，该军的战线向左伸展开去，因此缩短了顿河军的战线，所以就从顿河军里抽出了几个骑兵师。八月七日，在乌留平镇上集中了六千名骑兵、二千八百名步兵和三个各拥有四门炮的炮兵连。八月十日，重新改编过的、由马孟托夫指挥的一个军，在红军第八军和第九军交接的地方冲破防线，从新霍派尔斯克向唐波夫挺进。

根据白军指挥部原来的意图，除了马孟托夫的一个军外，康诺瓦罗夫将军的一个骑兵军也要挺进到红军后方去，但是因为在康诺瓦罗夫这个军占据的地区内发生了战斗，这个军没有从前方撤下来。由于这种情况，马孟托夫担负的任务缩小了，不是责成他一个劲地往前打，打到莫斯科，而是叫他破坏过敌军后方和交通线以后，重新来会合；然而当初却是命令他和康诺瓦罗夫用全部骑兵冲垮中心地带红军的侧翼和后方，然后以强行军的速度向俄罗斯内地进军，一面用那些具有反苏维埃思想的人来补充兵力，一面继续向莫斯科挺进。

红军第八军使用了该军的后备队，才恢复了左翼的形势。第九军的右翼溃乱得更要厉害些。突击兵团的总指挥绍林千方百计使两军的内翼连接起来，但是也没有拦住马孟托夫的骑兵。第五十六后备师奉绍林的命令，从基尔桑诺夫赶来迎击马孟托夫。该师的一个营坐着大板车来到桑堡车站，遇上了马孟托夫的一支侧翼部队，一交手就被打垮了。第三十六步兵师所节制的一个骑兵旅，调去掩护唐波夫至巴拉绍夫一段铁路，也落得同样的结果。该旅遇到了马孟托夫的全部骑兵主力，经过短时间的战斗，就被击溃了。

八月十八日，马孟托夫袭占了唐波夫。尽管情况如此，尽管为了和马孟托夫作战，还从绍林的突击兵团中抽出去几乎有两个师，但是绍林突击兵团的主力还是发动了进攻。同时在南线的乌克兰地区也发动了进攻。

在北方和东北方，战线几乎成直线从老奥司考尔一直拉到巴拉绍夫，然后朝察里津一拐，这条战线开始稳定下来。许多哥萨克团在敌军的优势兵力压迫下，向南方退去，但是时常进行反击，而且步步为防。一进入顿河地面，他们又恢复了失去的战斗力；开小差的事也大大减少了；从顿河中游各乡里开来不少补充队伍。绍林突击兵团的队伍越是深入顿河区的内地，遇到的抵抗就越顽强、越猛烈。在上顿河州暴动的各乡里，哥萨克们自动发起开大会，宣布全体总动员，大家做过祷告，就立即开上前线。

绍林的突击兵团，因为在向霍派尔河和顿河方面推进中不停地作战，不断地遇到白军的顽强抵抗，又因为来到了大多数老百姓都痛恨红军的地区，所以渐渐失去进攻的锐气。就在这时候，白军的司令部已经在卡察林乡和柯特鲁班车站一带，成立了一个由三个库班军和六个步兵师组成的强大的机动兵团，以便迎击所向披靡的红军第十军。

二十一

一年的工夫，麦列霍夫家的人口减少了一半。潘捷莱·普罗柯菲耶维奇有一次说死神看上了他们家，这话说对了。刚刚把娜塔莉亚埋葬过，麦列霍夫家宽敞的上房里又散发出神香和矢车菊的气味。格里高力离家上前方以后十来天，妲丽亚在顿河里淹死了。

星期六，她从地里回来，就和杜尼娅一同去洗澡。她们在菜园边上脱掉衣服，在柔软的、被脚踩倒的青草上坐了半天。还是从清晨起，妲丽亚就心神不定，说是头疼，身子不舒服，偷偷地哭了好几次……在下水以前，杜尼娅把头发挽成一个鬏儿，用头巾包起来，侧眼朝妲丽亚看了看，很心疼地说：

“妲什卡，看你瘦成什么样子啦，所有的青筋都露出来啦！”

“很快就要胖起来了！”

“你的头不疼了吗？”

“不疼啦。嗯，咱们下水吧，天不早啦。”她在头里跑着下了水，连头扎进水里，后来又钻出水来，打着响鼻，朝河中心游去。急流卷住了她，冲着她往前漂去。

杜尼娅欣赏着妲丽亚那像男人一样大划着两臂的游泳姿势，她也走进齐腰深的水里，洗了洗脸，泡了泡胸膛和晒得黑黑的、结实而丰润的两条胳膊。在旁边的菜园里，奥布尼佐夫家的两个儿媳妇在浇白菜。她们听见杜尼娅笑着在唤妲丽亚：

“回来吧，妲什卡！别叫鲶鱼把你拖走了！”

妲丽亚掉转身来，泅了有三丈远，后来从水里跳出半截身子，把两只手举起来，喊道：“姊妹们，我走啦！”然后就像石头一样沉入水里。

过了有一刻钟，脸色煞白的杜尼娅只穿着一条衬裙，跑回家里。

“妈妈，妲丽亚淹死啦！……”她气喘吁吁地说。

直到第二天早晨，才用大鱼网的钩子把妲丽亚捞了上来。鞑靼村最有经验的老渔夫阿尔希普·皮司科瓦特柯夫黎明时候在妲丽亚淹死的地方的下游，下了六张大鱼网，然后和潘捷莱·普罗柯菲耶维奇一同去检查鱼网。岸上站着一大群孩子和妇女，其中也有杜尼娅。当阿尔希普用桨柄挑着第四根网绳，离开河岸有十丈远的时候，杜尼娅清清楚楚地听见他小声说：“大概，这就是……”于是他使劲拉着直往下坠的网绳，小心翼翼地把网往上提。后来有一个白白的东西出现在右岸边,两个老头子就弯下身去,小船的边上进了一点儿水,于是安静下来的人群听见尸体低沉地响了一声,上了小船。人群里齐声出了一口气。有一个娘儿们低声抽搭起来。站在不远处的贺里散福大声吆喝孩子们:"喂,你们都滚远点儿!"杜尼娅含着眼泪,看着阿尔希普站在船尾,熟练而无声地划着桨,朝岸边划来。小船沙沙地、咯吱咯吱地轧着岸边的石灰质砂石,靠了岸。妲丽亚软绵绵地弯着腿躺着,一边腮帮子贴在水漉漉的船底上。她那白白的身体微微有些发青,泛着一种淡紫色,身上有几处很深的窟窿,那是钩子钩的。在一条又瘦又黑的腿肚子上,膝盖下面一点儿、在洗澡前忘记解下的袜带旁边,有一条新鲜的红印子,还隐隐渗着血。那是渔网钩子的尖儿在腿上划了一下,划出了一道斜斜的血印子。杜尼娅哆哆嗦嗦地揉着围裙,头一个走到妲丽亚跟前,用一条拆开来的麻袋把她盖上。潘捷莱·普罗柯菲耶维奇急急忙忙一本正经地挽起裤腿,把小船往上拖了拖。很快就来了一辆大车,把妲丽亚拉到麦列霍夫家里。

杜尼娅克制着害怕和厌恶的心情,帮着母亲擦洗还保留着河底深水凉气的冷冰冰的死人身子。妲丽亚那微微肿起的脸上,那被河水泡得失去光彩的眼睛的暗淡反光中,有一种陌生而严肃的神气。她的头发里夹杂着不少银光闪闪的河底流沙,脸上粘着一条条潮湿的青苔,而那两条摊了开来、软软地从板床上耷拉下来的胳膊,却显出心灰意冷的样子,杜尼娅看了一眼,就连忙离开她,因为又惊愕又害怕,觉得这死去的妲丽亚简直不像那个不久前还有说有笑、热爱生活的人了。后来有很长时间,杜尼娅一想到妲丽亚那冰凉的乳房和肚子,一想到那软绵绵、动也不动的四肢,就浑身打哆嗦,希望能快些忘掉这一切。她很怕夜里会梦见死去的妲丽亚,有一个星期都和妈妈睡在一张床上,而且临睡前要祷告上帝,在心里央告:“主啊! 别叫我梦见她呀! 保佑我吧,主啊!”

如果不是奥布尼佐夫家的两个儿媳妇说出她们曾经听见妲丽亚喊叫:“姊妹们,我走了!”就会顺顺当当地把淹死的人埋葬掉的,但是维萨里昂神甫一听说妲丽亚死前曾经这样喊叫,而这种喊叫显然表明妲丽亚是有意寻死的,所以神甫就毅然决然声明,他不能为寻死的人念经祈祷。潘捷莱·普罗柯菲耶维奇气愤地说:

“你怎么能不给念经呢? 怎么,她不是教徒吗?”

“我不能给寻死的人举行葬仪,照规矩不能这样。”

“那又怎样来葬她呢? 照你说,把她像狗一样埋掉吗?”

“照我说,你愿意怎样埋就怎样埋,愿埋在哪儿就埋在哪儿,只是不能埋在公共坟地里,因为那儿葬的都是清白的基督教徒。”

“不行,请你做做好事吧!”潘捷莱·普罗柯菲耶维奇换成哀求的语气,“我们家还从来没出过这种丢脸的事呢。”

“我不能答应。潘捷莱·普罗柯菲耶维奇,我很尊敬你,你是个模范教民,但是我不能答应。要是有人报告到教区监督司祭那里去,我就免不了倒霉。”神甫很固执地说。

这是很丢脸的事。于是潘捷莱·普罗柯菲耶维奇想方设法来劝说倔犟的神甫,答应多给一些钱,而且要给顶可靠的尼古拉票子,还说要送一只刚生过一胎的母羊,但是到末了,看到劝说无效,就威胁说:

“我不能把她埋在坟地外面。她不是和我不相干的人，是我的亲儿媳妇。她的丈夫是和红军作战牺牲的，他是军官身份，媳妇本身也得过十字章，可是你要给我找麻烦吗?！不行，神甫，你办不到，想不叫下葬呢，怪事！就让她躺在屋里好啦，我这就去报告乡长。他会和你说话的！”

潘捷莱·普罗柯菲耶维奇从神甫家里走了出来，临走不但没有道别，甚至还气呼呼地把门摔了一下。不过吓唬生效了：过了有半个钟头，维萨里昂神甫派人来说，他马上就来念经。

按照常规，把妲丽亚葬到了坟地里，跟彼特罗挨着。在挖坟的时候，潘捷莱·普罗柯菲耶维奇也给自己看好了一块地方。他一面挖坟，一面张望，心里估量，比这儿好的地方再也找不到了，也用不着再去找了。不久前才栽的一棵白杨树在彼特罗的坟头上沙沙地摇晃着嫩枝儿；即将来临的秋天，已经把杨树顶上的叶子染成凄凉的枯黄色。小牛跨过倒塌的围墙，在坟墓之间踩出一条条的小路；围墙外面有一条路通向风磨；关切死者的亲人们栽种的树木，有枫树、杨树、槐树，还有茂密的刺花李，都碧绿碧绿的，显得又亲切，又有生气；树旁生长着一丛丛的牵牛花，晚芥菜开着黄花，燕麦草和冰草都结了穗儿。一个个十字架，从上到下都缠满了可爱的、蓝蓝的旋花儿。这地方实在很舒服，很干爽……

老头子挖着坟，常常扔下铁锹，坐在潮乎乎的黄土上，抽着烟，想着死的事情。但是，看样子，年头不对了，恐怕很难平平安安地老死在自己家里，安葬在祖祖辈辈长眠的地方了……

安葬了妲丽亚以后，麦列霍夫家里更加冷清了。收割庄稼，打场，采摘瓜地里的丰收的瓜。天天盼望格里高力的消息，但是他一去就没有音讯。伊莉尼奇娜不止一次说："也不写封信来问问孩子们好不好，该死的东西！老婆一死，他根本不问我们的事啦……"后来当兵的哥萨克回鞑靼村探望的多了起来。带回来一些传闻，说是哥萨克在巴拉绍夫打败了，所以往顿河上撤退过来，为的是利用顿河为屏障，固守到冬天。可是到冬天又怎么样呢？关于这一点，所有的老兵都毫不隐讳地说："等顿河一结冰，红军就把咱们赶进海里啦！"

潘捷莱·普罗柯菲耶维奇勤勤恳恳地在打场，似乎不怎么理会流传在顿河两岸的消息，但是他对于局势并不是无动于衷。他听说快要打过来了，就常常对伊莉尼奇娜和杜尼娅吵骂，火气更大了。他常常修理一些农活儿上用的东西，但是只要一不顺手，他就怒冲冲地把活儿扔下，一面啐着、一面骂着跑到场院上去，到那里去冷一冷自己的火气。杜尼娅不止一次看见他发这种脾气。有一次他修牛轭，干得不顺手，突然发起火来的老头子就抓起斧子，把牛轭砍成了一堆碎木头片。有一次修马套也是这样。那一天晚上，老头子在灯下纫上麻线，就缝起裂了口的马套来；不知是麻线霉烂了，还是老头子太性急，反正麻线接连断了两次，这就不得了啦：老头子狠狠地骂了两声，跳了起来，把凳子踢翻，又一脚踢到灶前，又像狗一样呜噜呜噜叫着，用牙齿撕咬起马套上的皮贴边，然后把马套扔到地上，像公鸡一样跳着，用脚踩起马套来。伊莉尼奇娜早已睡下，听见喧闹声，吓得跳了起来，但是一看是这么回事儿，就忍不住骂起老头子：

"该死的东西，都这么大年纪了，你疯啦?！马套哪儿得罪你了？"

老头子拿发了疯的眼睛瞪了瞪老伴儿，吼了起来：

“你住嘴——嘴，浑蛋娘儿们！！！”又抓起破马套，朝老伴儿扔过来。

杜尼娅笑得喘不过气来，赶快跑到过道里去了。老头子发过一阵子疯，就安静下来，请老伴儿原谅他在火头上说的一些气话，并且要搔着后脑勺子嘟哝上老半天，望着已经撕成碎片的倒霉的马套，心里盘算着：这玩意儿还能派什么用场？他这样发火已经不止一次了，但是伊莉尼奇娜却从痛苦的经验中吸取了教训，采取了另外一种对策：等老头子一开口大骂，毁坏起什么家什，伊莉尼奇娜就很温顺然而十分响亮地说：“砸吧，老头子！砸得烂烂的！咱们还能挣回来嘛！”并且还做样子要帮他砸一砸。这么一来，老头子马上就没有了劲儿，用发呆的眼睛对着老伴儿看上一会儿，然后就把哆哆嗦嗦的手伸到口袋里，掏出烟荷包，很不好意思地坐到一边去抽起烟来，平息平息激动的神经，心里咒骂着自己的脾气，估计一下这一次的损失。一只三个月的小猪跑进菜园子里，也成了老头子发泄怒气的对象。他用铁棍打断了小猪的脊梁骨，可是过了五分钟，他一面用钉子帮着拔宰掉的小猪身上的鬃毛，一面用讨好的目光歉疚地看着愁眉苦脸的伊莉尼奇娜，说：

“这小猪简直是祸害……反正他妈的是要死。这会儿正是流行猪瘟的时候；宰了吃掉最好，免得白白糟蹋掉。老婆子，你说是吗？嗯，你干吗愁眉苦脸呀？这该死的小猪，坏透啦！小猪不像小猪，简直像个猪妖怪！一点儿都经不住打！可是又拼命祸害人！一下子就刨了四十窝土豆！”

“园子里的土豆总共不过三十窝嘛。”伊莉尼奇娜小声反驳说。

“哼，要是有四十窝的话，它会糟蹋四十窝的，就是这种东西！谢天谢地，这一下子叫它糟蹋不成啦！”潘捷莱·普罗柯菲耶维奇连想都不用想，就回答说。

孩子们送走了父亲以后，非常想念他。伊莉尼奇娜忙于家务，没有很多时间照应他们，于是两个没人管的孩子就整天在园子里或者场院上玩耍。有一天，吃过午饭米沙特卡就不见了，直到太阳落山的时候才回来。伊莉尼奇娜问他上哪儿去来，米沙特卡回答说，跟孩子们在河边玩来着，但是波柳什卡马上就揭了他的底：

“他扯谎呢，奶奶！他上阿克西妮亚婶婶家去啦！”

“你怎么知道的？”伊莉尼奇娜听到这件事很惊愕，很不痛快，就问道。

“我看见他从他们家爬篱笆过来的。”

“怎么，你是上她家去了吗？嗯，说嘛，乖孩子，怎么脸红啦？”

米沙特卡对着奶奶的眼睛看了看，回答说：

“奶奶，我说谎啦……是的，我不是在河边玩儿，是上阿克西妮亚婶婶家去啦。”

“你干吗上她家去？”

“她叫我去，我就去了。”

“那你为什么撒谎，说是和孩子们一块儿玩呢？”

米沙特卡踌躇了一会儿，但是后来抬起诚实的眼睛，小声说：

“我怕你要骂……”

“我干吗要骂你呀？不骂……她干吗叫你去呀？你在她家干

什么来？”

“什么事也没干。她看见我，就喊：‘上我这儿来！’我就走过去，她把我领进屋里，抱我坐在椅子上……”

“怎么样？”伊莉尼奇娜细心地掩饰着激动的心情，焦急地追问道。

“……她给我吃了几块凉饼子，后来又给我这个。”米沙特卡从口袋里掏出一块糖来，很得意地舔了舔，又藏到口袋里。

“她对你说什么来？也许问你什么了吧？”

“她说，叫我常到她家去玩儿，要不，她一个人在家里很闷，还答应送我好东西……她叫我别说到她家去过。她说，奶奶知道了要骂的。”

“是这样啊……”伊莉尼奇娜因为憋着怒气，憋得气喘吁吁地说，“噢，她怎么，问你什么了吗？”

“问啦。”

“她问什么来着？你说说吧，乖孩子，别怕！”

“她问：你想不想你爹？我说：想。她又问他什么时候回来，有没有听说他怎样，我就说，我不知道，说他在前方打仗呢。后来她抱我坐在她的膝盖上，还给我讲了个故事。”米沙特卡的眼睛很兴奋地放起光来，他笑了起来，“故事才好听呢！说的是一个小瓦尼亚，骑着天鹅到处飞，还说了一个老妖婆。”

伊莉尼奇娜撇着嘴，听完了米沙特卡的自白，就很严厉地说：

“孩子，再别上她家去啦，不许去。她给你什么，你都别要，不许要，要不然，爷爷知道了，要打你！万一叫爷爷知道了，把你的皮都揭下来！好孩子，千万别去了！”

但是，尽管有严厉的禁令，过了两天，米沙特卡又上阿克西妮亚家去了。伊莉尼奇娜一看见米沙特卡的小褂子，就知道了这件事：小褂的袖子原来是破了，早晨起来她没有抽出工夫来补，现在却补得好好的了，而且领子上添了一颗崭新的白贝壳扣子。伊莉尼奇娜知道正忙着打场的杜尼娅白天是没有工夫给孩子补衣服的，就带着责备的口气问道：

"你又上她家去啦？"

"又去啦……"米沙特卡惊慌地说，并且马上又补充说，"我再也不去了，奶奶，你可别骂我……"

于是伊莉尼奇娜决意和阿克西妮亚谈谈，对她说清楚，叫她不要碰米沙特卡，不要拿送东西、讲故事来收买孩子的心。伊莉尼奇娜在心里说："这该死的娘儿们，害死了娜塔莉亚，现在又在孩子身上打主意，想通过孩子把格里什卡缠住。哼，真是一条毒蛇！自己的男人还活着，就要当我们家儿媳妇……休想！再说，造下这样的孽以后，格里什卡还会要你吗？"

格里高力在家时避免和阿克西妮亚见面的情形，是逃不过当母亲的那敏锐而嫉恨的眼睛的。她明白，格里高力这样做，并不是怕人说闲话，而是他认为娜塔莉亚的死和阿克西妮亚是有关系的。伊莉尼奇娜暗下希望，娜塔莉亚的死能够使格里高力和阿克西妮亚一刀两断，希望阿克西妮亚永远不要成为麦列霍夫家的人。

就在这一天傍晚，伊莉尼奇娜在河边看见阿克西妮亚，就唤她说：

"喂，上我这儿来一下，我要和你谈谈……"

阿克西妮亚放下水桶，心平气和地走过来，问了一声好。

“是这样，他婶子，”伊莉尼奇娜用试探的目光看着女邻居那漂亮而可憎的脸，开口说，“你干吗要勾引人家的孩子呀？你把孩子叫到你家去干什么呀？谁请你给他补衣裳，谁请你送他这样那样东西来？你怎么，以为孩子死了娘就没人管了吗？没有你就不行吗？你的良心真好，真不要脸！”

“我做了什么坏事儿啦？大婶子，您骂什么呀？”阿克西妮亚红了脸，问道。

“什么坏事儿不坏事儿？你害死了娜塔莉亚，凭什么又来招惹她的孩子？”

“您怎么啦，大婶子！住嘴吧！谁害死她来？她是自个儿死的嘛。”

“不就是因为你吗？”

“哼，那我就不知道了。”

“可是我知道！”伊莉尼奇娜激动地叫起来。

“您别嚷嚷，大婶子，我不是您的儿媳妇，用不着您来管。我有我的男人。”

“我把你看透啦！看透了你的心思！你不是儿媳妇，可是想做儿媳妇！你是想先勾引孩子，然后缠上格里什卡，是吧？”

“我可不想做你们家的儿媳妇。您疯啦，大婶子！我男人还活着呢。”

“就是你男人活着，你还要死乞白赖地缠别的男子汉呢！”

阿克西妮亚的脸一下子变得煞白，她说：

“我不知道，您为什么要这样骂我、糟蹋我……我从来就没赖缠过什么人，而且今后也不想赖缠什么人，要说把您的孙子叫到我家来，这有什么不好的呢？您也知道，我没有孩子，我喜欢别人的孩子，有别人的孩子也要好过些，所以我叫他来玩儿……你以为我是收买他呀！给孩子一块糖，这就是收买啦？我收买他干什么呀？天知道您胡说些什么！……”

“他娘活着的时候，你从来没叫他去过！娜塔莉亚一死，你就充起好人来啦！”

“娜塔莉亚活着的时候，他也常上我家里来玩儿。”阿克西妮亚微微笑了笑，说。

“你别胡说，不要脸的东西！”

“您先去问问他，然后再看是不是胡说。”

“哼，不管怎么样，你以后别再叫孩子到你家去了。你别以为，这样格里高力就更喜欢你。你做不了他的老婆，你记着吧！”

阿克西妮亚的脸气得都变了样子，她沙哑地说：

“你住嘴吧！他的事用不着问你！你少管闲事！”

伊莉尼奇娜还想说几句，但是阿克西妮亚一声不响地扭过身去，走到水桶跟前，猛地把扁担往肩上一搭，就顺着小路飞快地朝前走去，颠得桶里的水直往外泼洒。

从这时候起，她见到麦列霍夫家的任何人都不打招呼，而是鼓起鼻孔，带着又气又骄傲的神气从旁边走过去；但是她要是在什么地方看见米沙特卡，就慌慌张张地四下里望一望，如果附近没有人，她就跑到他跟前，弯下身去，把他搂在怀里，吻着他那晒得黑乎乎的小额头和阴郁的、麦列霍夫家的小黑眼睛，又是笑，又是哭，没头没脑地小声说着：“我的亲亲的小格里高力呀！我的好孩子呀！我是多么想你呀！你的阿克西妮亚婶婶真傻呀……唉，多么傻呀！"过后她的嘴唇还要哆哆嗦嗦地笑上很久，潮湿的眼睛放射着幸福的光芒，就像一个年轻的姑娘。

八月底，潘捷莱·普罗柯菲耶维奇又被征集入伍了。鞑靼村里一切能拿起武器的人都和他同时上了前线。村里的男丁只剩下一些残疾人、半大孩子和很老的老头子。这一次是普遍征集，除了严重残废者以外，没有一个人得到体检委员会的免征证明。

潘捷莱·普罗柯菲耶维奇从村长手里接到要他到集合点报到的命令，就匆匆地和老伴儿、孙子、孙女、杜尼娅道别，哼哧哼哧地跪在地上，磕了两个头，对圣像画着十字，说：

"我走啦，我的亲人们呀！看样子，咱们难见面了，恐怕要完啦。我要嘱咐你们的是：你们要连日连夜地打场，要在下雨以前打完。要是来不及，就雇个人，帮你们一下，要是到秋天我不能回来，你们别等我，就自个儿干吧；过冬地能耕多少就耕多少，大麦能种一亩也好。你记住，老东西，要好好干活儿，别松手！不管我和格里高力能不能回来，在你们来说，粮食总是顶要紧的。打仗是打仗，可是没有粮食还是没法活下去。好吧，主保佑你们！"

伊莉尼奇娜把老头子送到广场上，最后看了一眼，看见他正一瘸一拐地和贺里散福一起去追赶大车，然后她就用围裙擦了擦哭肿的眼睛，连头也不回，就朝家里走去。场上还有没打完的小麦，牛奶还在炉子上，孩子们从早晨起来还没有吃过东西，她的操心事还多得不得了，所以她急急忙忙朝家里走着，一停也不停，有时遇到妇女，她就一声不响地打个招呼，也不插嘴说话，如果有熟识的人很同情地问她："怎么，你去送当兵的来吗？"她也只是点点头。

过了几天，伊莉尼奇娜天一亮就挤过牛奶，把牛赶到胡同里去，刚想朝家里走，就听见一阵低低的、沉沉的轰隆声。她四下里看了看，没看到天上有一点云彩。过了一会儿，又是一阵轰隆声。

"大嫂子，听见这唱歌的声音了吗？"一个正在集合牛群的老头子问道。

"什么唱歌的声音？"

"就是这老粗的嗓门儿唱的。"

"我听是听见了，可是不明白这是什么声音。"

"你很快就明白了。等他们从河那边朝村子里一开炮，你马上就明白了！这是在放炮呀。要把咱们的老头子们的五脏六腑都打出来呢……"

伊莉尼奇娜画了一个十字，一声不响地朝家里走去。

从这一天起，炮声连续不停地响了四昼夜。到天亮时候声音特别清楚。但是在刮东北风的时候，就是在中午，也能听得见远处打仗的声音。场院上的活儿有时停一会儿，妇女们想起亲人，小声祷告着，画几个十字，重重地叹几口气，然后石磙又在场院上低沉地轰隆轰隆响起来，孩子们赶着马和牛，风车轧轧响着，一天的劳动照常进行着。八月底的天气分外晴朗，分外干爽。风吹得糠灰满村子乱飞，打过的黑麦麦秸散发着甜丝丝的气味，太阳还有些灼人，但是在各方面都已经可以感觉出，秋天快要到了。牧场上，开过花的灰蒿泛着暗淡的白色，顿河对岸的杨树叶子黄了，果园里的晚熟苹果香味更浓了，遥远的天边已经像秋天那样明朗起来，在割净了庄稼的田野上已经出现了第一批南飞的鹤群。

在将军大道上，天天有拉着军用物资的车队，从西往东，朝顿河的各个渡口奔去，顿河沿岸的许多村庄里已经出现了难民。难民们说，哥萨克边战边退；有些人却说，这种撤退似乎是有预谋的，为的是引诱红军深入，以便加以包围和消灭。鞑靼村里有人悄悄地准备逃难了。他们把牛和马喂得饱饱的，到夜里就挖坑埋粮食和装着金银细软的箱子。一度沉寂的炮声，又重新猛烈地响了起来，而且现在已经很清楚、很凶猛了。战事正在鞑靼村的东北方向进行着，离顿河有四十俄里。过了一天，在西方，在顿河的上游，也响起了炮声。战线以不可抗拒之势朝顿河上移动过来。

伊莉尼奇娜听说村子里大多数人都准备逃难，就叫杜尼娅也走。伊莉尼奇娜觉得心慌意乱，六神无主，不知道该怎样处置这家业和房屋：是该把这一切都扔掉、跟大家一起逃难呢，还是该留在家里。潘捷莱·普罗柯菲耶维奇在上前线以前，谈到打场、耕地和牲口的事，可是一句也没有提到，如果打到了鞑靼村，家里人该怎么办。为了预防万一，伊莉尼奇娜就这样决定：叫杜尼娅带上孩子们和贵重东西跟着村里人去逃难，她自己留下来看家，即使红军进了村子，她也不离开。

九月十六日夜里，潘捷莱·普罗柯菲耶维奇突然回到了家里。他是从嘉桑镇附近步行回来的，又疲乏，情绪又坏。他休息了半个钟头，就坐上饭桌，狼吞虎咽地大吃起来，伊莉尼奇娜这一辈子还没见过他这种吃法：把能装半桶的一铁锅素菜汤全灌下去，然后就拼命吃起小米饭。伊莉尼奇娜惊愕得把两手一挓挲，说：

“主啊，你这是怎么吃法呀，老头子！你简直就像是三天没吃饭啦!"

"老东西,你以为我吃过吗? 整整三天三夜连一颗米粒儿也没有进口!"

"怎么,不管你们吃饭吗?"

"管他妈的个屁!"潘捷莱·普罗柯菲耶维奇嘴里填得满满的,像猫一样呜噜呜噜地回答说,"搞到什么,就吃什么,可是我还没有学会做贼。年轻人干这种事儿都很拿手,他们的良心连两个铜板都不值啦……他们在这场该死的战争中,把做贼的本事学到了家,我觉得稀奇,很稀奇,后来就不稀奇了。他们都是见什么,就拿什么,偷什么,抢什么……这不是打仗,是明火执仗!"

"你别一下子吃得太饱了,可别把肚子撑坏了。瞧你那肚子鼓的,简直像蜘蛛一样啦!"

"住嘴吧。拿牛奶来,用大钵子!"

伊莉尼奇娜看着饿得要死的老头子,都哭了起来。

"怎么,你回来不走了吗?"等老头子吃饱了,把身子向后一仰,她才问道。

"再看吧……"他含含糊糊地回答说。

"大概把你们这些老头子放回家了吧?"

"一个也没有放。红军眼看要打到顿河上来啦,还往哪儿放? 我是自个儿跑回来的。"

"这事儿不会有什么麻烦吧?"伊莉尼奇娜担心地问道。

"要是叫他们抓到了,恐怕很麻烦。"

"那你是不是躲一躲呢?"

"你以为我会上游戏场,或者去串门子吗? 呸,糊涂透了!"

潘捷莱·普罗柯菲耶维奇气得啐了一口，但是老伴儿还是不肯罢休：

“唉，真造孽呀！他们要是把你抓住了，咱们又要大祸临门啦……”

“哼，就叫他们抓去坐监牢吧，比扛着枪在草原上到处跑要好得多，”潘捷莱·普罗柯菲耶维奇无精打采地说，“天天要跑几十俄里，又要挖战壕，又要去冲锋，又要在地上爬，又要躲枪子儿，我受不了！枪子儿他妈的怎么能躲得了呢？我有一个老同事，是曲河那边的人，一颗子弹打在他的左肩下面，连腿也没动弹一下，就完了。干这种事儿实在没什么快活的！”

老头子把步枪和子弹盒都拿出去，藏到糠棚子里，后来老伴儿问他，那件粗呢褂子哪儿去了，他皱着眉头，很不高兴地回答说：

“丢啦。说实在的：扔啦。在叔米林镇外，红军来势很猛，我们把什么都扔掉，像疯子一样跑起来。那时候顾不上什么褂子啦……有的人还穿着小皮袄呢，连皮袄也扔掉啦……你问这干什么，褂子他妈的顶什么用？又不是一件好褂子，是一件叫花子行头……”

其实那是一件很结实的新褂子，但是，凡是他丢掉的东西，照他说来，都是毫无用处的东西。这已经成了他自己安慰自己的习惯。老伴儿知道这一点，因此也没有和他争论褂子的好坏问题。

夜里，在家庭会议上决定：老两口带着孩子们留在家里，看守家产，把打好的粮食埋起来，叫杜尼娅套上两头老牛，拉着箱子，到旗尔河上拉推舍夫村一个亲戚家去避难。

这项计划没能够全部实现。早晨送走了杜尼娅，可是到了中午，就有一支萨尔斯克的哥萨克和加尔梅克人组成的侦缉队进了鞑靼村。大概，村子里有人看见潘捷莱·普罗柯菲耶维奇回家了；侦缉队进村后有一个钟头，就有四个加尔梅克人骑着马朝麦列霍夫家奔来。潘捷莱·普罗柯菲耶维奇一看见骑马的人，就又麻利又灵活地爬上了阁楼；伊莉尼奇娜出去迎接客人。

“你家老头子在哪儿？”一个上了年纪、身材挺拔、佩戴着上士肩章的加尔梅克人问了一声，就下了马，从伊莉尼奇娜身边朝大门口走来。

“在前线上呢。他还能在哪儿呀？”伊莉尼奇娜很生硬地回答说。

“上屋里去，我要搜一搜。”

“你找什么呀？”

“找你的老头子，哼，真不要脸！这么大岁数啦，还扯谎！”十分神气的上士摇着头说，并且龇出了密密的白牙。

“你别龇牙，脏鬼！告诉你没有，就是没有！”

“少废话，带我们进去！要不，我们就自个儿进去啦。”怒冲冲的加尔梅克人厉声说，并且毅然决然地迈着两只八字脚，大踏步朝台阶走来。

他们到各个房间里仔细看了看，用加尔梅克话商量了一阵子，然后有两个人到院子里去搜，有一个人，个头儿小小的，鼻子扁扁的，一张麻脸黑漆漆的，勒了勒带裤绦的肥大的裤子，走到过道里，伊莉尼奇娜从敞着的门洞里看见，这个加尔梅克人纵身一跃，两手抓住横木，很灵活地翻身上去。过了五分钟，他又很灵活地从上面跳了下来；满身灰土、胡子上粘满蜘蛛网的潘捷莱·普罗柯菲耶维奇，也哼哧哼哧、小心翼翼地跟着他爬了下来。他看了看闭紧了嘴的老伴儿，说：

“找到啦，该死的东西！这么看，是有人告密……”

把潘捷莱·普罗柯菲耶维奇押往卡耳根镇，那儿有军事法庭。然而伊莉尼奇娜只哭了几声，就听见重新响起来的炮声和顿河那边清晰可闻的机枪声，便朝仓房里走去，想多多少少藏起一点儿粮食。

二十二

有十四名被捉住的逃兵在等候审判。审判是干脆利落的，是严厉的。审判长是一位年事很高的大尉，他问过受审人的姓、名、父称、级别和部队番号，问明受审人在逃有多少时间，然后和两位审判官——一位独臂的少尉和一位吃轻快饭吃胖了的、留着小胡子、肥头大脸的司务长——小声交谈几句，就宣布判决。大多数逃兵都是被判处鞭笞的肉刑，由加尔梅克人在一间专门拨出的空屋子里执行。在好战的顿河军里，如今开小差的太多了，没办法像一九一八年那样公开地当众鞭笞了……

按照名单，潘捷莱·普罗柯菲耶维奇是第六个被叫进去的。他站在审判桌前，心情激动，脸色煞白，两手紧紧贴着裤缝。

“姓什么？”大尉也不看受审的人，问道。

“麦列霍夫，大人。”

“名字？父称？”

“潘捷莱·普罗柯菲耶维奇，大人。”

大尉的眼睛离开文件，抬了起来，仔细看了看老头子。

“您是哪儿人？”

“是维奥申乡鞑靼村的，大人。”

“您是麦列霍夫·格里高力的父亲吧？”

“就是的，是他的父亲，大人。”潘捷莱·普罗柯菲耶维奇觉得他的老身子可以免除鞭笞了，一下子就有了精神。

“我问您，您怎么不知道丑呀？”大尉用凌厉的目光盯着潘捷莱·普罗柯菲耶维奇的瘦下来的脸，问道。

这时候潘捷莱·普罗柯菲耶维奇不顾法庭纪律，把左手放在胸前，用哭腔说：

“大人，大尉先生！您开开恩，做做好事吧，别叫人打我呀！我有两个成了家的儿子呢……大儿子叫红军打死啦……还有孙子呢，像我这样不中用的老头子还要挨打吗？”

“我们也要教训教训老头子，叫他们知道应该怎样当兵。你以为，因为开小差会赏给你十字章吗？”那个独臂的少尉插嘴说，他的嘴角气得哆嗦了几下。

“我要十字章干什么……请你们把我送到队伍里去，我要老老实实地、好好地干……我自己也不知道我怎么开了小差，大概是叫鬼迷住了……”潘捷莱·普罗柯菲耶维奇又没头没脑地说了说没有打完的庄稼，说了说自己的瘸腿和丢下的家业，但是大尉摇了摇头，不叫他说下去。大尉弯过身去，对着少尉的耳朵小声说了几句。少尉点点头，表示同意，于是大尉朝潘捷莱·普罗柯菲耶维奇转过脸来。

“好。您的话说完了吗？我认识您的儿子，想不到他会有这样的父亲。您什么时候从队伍里跑出来的？一个星期以前吗？您怎么，想让红军占领你们的村庄，让他们欺压你们吗？您想叫年轻人学您这种样子吗？按照军法，我们应该判处您肉刑，但是为了尊重您的儿子的军官身份，我免除您这种羞辱。您是普通士兵吗？”

“是的，大人。”

“什么军衔？”

“是下士，大人。”

“取消军衔！”大尉把称呼改为“你”，提高了声音，粗暴地命令说，“你马上回队伍里去！告诉你们的连长，就说军事法庭已经判决撤销你的下士军衔。在这次战争里，或者在以前的战争里，你得过奖吗？……去吧！”

潘捷莱·普罗柯菲耶维奇得意忘形地走了出来，对着教堂的圆顶画了一个十字，就径直地跨过山冈，忙不择路地朝家里走去。“哼，这会儿我再也不用躲藏了！就是来三连加尔梅克人，我也不怕他们他妈的搜啦！”他心里想着，一瘸一拐地在长满了杂草的庄稼茬子地里走着。

他在田野上决定：最好还是到路上走，免得引起过路人注意。“说不定有人还以为我是逃兵呢。要是碰到什么当兵的，也许会不问情由就拿鞭子抽呢。”他把心里想的说出声来，从麦茬地里拐上一条长满车前草的荒凉小道，并且不知为什么已经认为自己不是逃兵了。

他离顿河越近，遇到的难民大车越多。春天里暴动军向顿河左岸撤退时的那种情景又一次出现了:草原上四面八方都是装满了各种家什的牛车和马车,一群群的牛马吼叫着,羊群蹚起一股股的尘土,就像是骑兵在进军……车轮咯吱声、马嘶声、人的吆喝声、众多的牲口蹄声、咩咩的羊叫声、孩子哭声——这一切使宁静而辽阔的草原上充满了一片嘈杂、惶惶不安的闹声。

"你上哪儿去,老大爷?回去吧,我们后面有红军!"迎面来的一辆大车上有一个头上缠着绷带的陌生哥萨克喊道。

"别胡说啦!红军在哪儿?"潘捷莱·普罗柯菲耶维奇惊慌失措地站了下来。

"在顿河那边。快到维奥申了。你要去找他们吗?"

潘捷莱·普罗柯菲耶维奇放下心来,继续往前走,太阳快落山的时候来到鞑靼村外。他一面下山坡,一面仔细张望着。村子里静得出奇。街道上一个人也没有。一座座没有了人的、紧闭着护窗的房子静悄悄的。既听不见人的说笑声,也听不见牲口的叫声,只是顿河岸边有一些人很紧张地穿来穿去。潘捷莱·普罗柯菲耶维奇走近以后,很容易就认出那是一些全副武装的哥萨克,他们正在把许多小船往岸上拉,往村子里拖。鞑靼村的人都跑了,这一点潘捷莱·普罗柯菲耶维奇一下子就看出来了。他小心翼翼地走进自己的胡同,朝家里走去。老伴儿和孩子们正坐在厨房里。

"爷爷回来啦!"米沙特卡高高兴兴地叫了一声,就扑到爷爷的脖子上。

伊莉尼奇娜高兴得哭了起来,流着泪说:

"没想到还能看见你呀!你听着,老头子,随你怎样吧,我再也不愿意留在这儿啦！就让一把明火把什么都烧掉吧，反正我不想看守空房子啦。村里人差不多全走啦，只有我和孩子们坐在这儿，像傻瓜一样！你这就套上那匹骒马，咱们随便跑到哪儿都行！把你放回来了吗？"

"放回来了。"

"没事儿了吗？"

"只要不来抓，就没事儿了……"

"唉，你在家里还是藏不住呀！今天早晨红军在河那边放起枪来，真可怕呀！放枪的时候，我带着孩子们一直躲在地窖里。现在把他们赶走了。哥萨克来了，要了些牛奶，还劝我们离开这儿。"

"不是咱们村的哥萨克吧？"潘捷莱·普罗柯菲耶维奇注视着窗框上新打的子弹窟窿，问道。

"不是，是别处的，好像是霍派尔那边的。"

"这么看，是应该走啦。"潘捷莱·普罗柯菲耶维奇叹着气说。

天快黑的时候，他在干粪堆里挖了一个大坑，倒进去七口袋小麦，又仔细用干粪盖好，等天一黑下来，他就把骒马套到车上，放上两件皮袄、一口袋面粉、一口袋小米，还把一只羊捆起来放在车上，把两头牛拴在车后头，叫老伴儿和孩子们都坐上去，说：

"好，现在——上帝保佑吧！"他把车赶出了院子，把缰绳递给老伴儿，自己回身关上大门，便跟在大车旁边朝前走去，一直到山冈脚下，都在不停地擤鼻涕，用粗呢褂袖子擦眼泪。

二十三

九月十七日，绍林的突击兵团的队伍一口气挺进了三十俄里，一直来到顿河边。从十八日凌晨起，从大熊河口直到嘉桑镇，红军炮兵部队的大炮一齐响了起来。经过短时间的炮轰以后，步兵占领了顿河沿岸的许多村庄以及布堪诺夫镇、叶兰镇、维奥申镇。一天的工夫，就扫清了左岸一百五十多俄里范围内的白军。一支支哥萨克连队，有秩序地渡过顿河，撤退到事先就安排好的阵地上。所有的渡河工具都在哥萨克手里，但是维奥申桥差一点儿被红军占领。哥萨克事先在桥边堆了不少干草，往桥板上浇了许多煤油，以便在撤退后把桥烧掉，而且已经在准备烧了，这时候却跑来一个通信兵，说有第三十七团的一个连正从皮列沃兹村朝维奥申开来，要过桥。就在红军步兵已经进入维奥申镇的时候，这支掉队的连队飞马来到了桥边。哥萨克伤亡了十来个人和十来匹马，终于还是冒着机枪火力从桥上跑了过来，随后把桥烧掉了。

一直到九月底，红军第九军第二十二和第二十三师的各团都据守在顿河左岸他们所占领的许多村镇里。敌对的双方只有一河之隔，而这时候的河面最宽处不超过八十丈，有些地方只有三十丈，红军没有采取积极的渡河行动；只是在有些地方试着蹚水过河，但是都被打退了。在这一地区的整个战线上，有两个星期的工夫，双方的枪炮连续不停地进行着激烈的对射。哥萨克占领着右岸一些居高临下的要地，便于射击向顿河渡口集中的敌军，使敌军白天无法向岸边靠近；但是因为这一地区的哥萨克连队都是最没有战斗力的新编部队（其中都是一些老头子和十七岁至十九岁的毛头小伙子），所以他们也不想渡河去打红军和向左岸发动进攻。

哥萨克们退到顿河右岸以后，第一天就预料着红军占领的村庄里会有房子燃烧起来，但是使他们万分惊异的是，右岸连一股烟也没有冒；不但这样，夜里从对岸跑过来的老百姓还说，红军什么东西都不抢，凡是他们要的东西，就连西瓜和牛奶，都要拿很多苏维埃票子来买。这使哥萨克们茫然，使他们大惑不解。他们原以为，在暴动以后，红军一定要把暴动的村镇全部烧光；他们预料，红军要把留下来的那些老百姓，至少把所有的男子，杀得一个不留；但是，根据确实的消息知道，红军对于和平居民一个也没有动，而且从各方面来看，他们根本就不想报仇。

在十八日夜里，在维奥申对面放哨的一些霍派尔州的哥萨克，决定探一探敌军这种奇怪举动的意图；一个大嗓门儿的哥萨克把两手做成喇叭形，喊道：

"喂，红肚子鬼们！你们怎么不烧我们的房子呀？你们没有火柴吧？那你们就泅到我们这儿来，我们送给你们！"

黑暗中有人响亮地回答他说：

"可惜没有把你们当场抓住，要不然就把你们连房子一起烧掉啦！"

"你们太穷了吧？没有东西点火吗？"一个霍派尔人用挑衅的口气喊道。

对岸用平静而快活的口气回答他说：

“你上这边来吧，白窑姐儿，我们往你裤裆里放点儿火炭。叫你抓一辈子痒痒！”

双方的岗哨互相骂了半天，说了许多挖苦话，又打了一阵枪，后来就没有声音了。

十月初，集结在嘉桑镇—巴甫洛夫斯克地区的有两个军的顿河军主力开始反攻了。拥有八千名步兵和六千名骑兵的顿河军第三军，在离巴甫洛夫斯克不远处强渡顿河，打退红军第五十六师，就乘胜向东推进。不久康诺瓦罗夫的第二军也渡过了顿河。这个军拥有大量骑兵，因此能够深入敌方，并能连续给敌军以沉重打击。原来担任前线预备队的红军第二十一步兵师参加战斗以后，多少阻挡了一下顿河第三军的推进，但是在两个哥萨克军的联合压迫之下，这个师也只好后退了。十月十四日，顿河第二军在激战中把红军第十四步兵师击溃，并且几乎全部消灭。一个星期的工夫，就把顿河左岸直到维奥申镇的红军全部打退。顿河军占领了广大的战略基地，把红军第九军的部队压迫到卢捷沃—什林金—沃罗比约夫卡一线上，迫使第九军的第二十三师匆匆忙忙在维奥申镇以西至克鲁格洛夫村一带构筑了阵地。

集结在科列茨镇一带的顿河军第一军，几乎和康诺瓦罗夫将军的第二军同时，在自己的那一段上强渡过顿河。

红军左翼的第二十二和第二十三师有被包围的危险。红军东南战线指挥部考虑到这一点，命令第九军撤退到伊考列茨河口—布土尔林诺夫卡—乌斯平镇—济山镇—库梅尔仁镇一线上。但是这个军也没有守住这条战线。普遍征兵征来的许许多多零散的哥萨克连队，从顿河右岸纷纷过了河，和顿河第二军的正规部队联合起来，继续压迫着红军第九军迅速向北方退去。十月二十四日到二十九日，白军攻占了菲洛诺沃、波伏林诺两个车站和新霍派尔斯克城。但是，顿河军在十月里的胜利不管有多么大，哥萨克们的思想上已经没有春天里向顿河地区北方边境胜利推进时鼓舞着他们的那种信心了。大多数老兵都明白，这种胜利只是暂时的，他们撑不过今年冬天了。

不久，南线的局势就发生了急剧的变化。志愿军在奥勒尔—克洛姆方面的决战中失败，布琼尼的骑兵在沃罗涅日地区取得辉煌战果，这就决定了斗争的结局：十一月里，志愿军向南仓皇溃退，暴露出顿河军的右翼，使顿河军也不得不撤退。

二十四

潘捷莱·普罗柯菲耶维奇带着家里人在拉推舍夫村平平安安地住了两个半星期，他一听说红军已经撤离了顿河，就动身回家了。离村子还有五六俄里，他就毅然决然地从车上跳下来，说：

"这样一步一步慢慢走，我真受不了！有这两头该死的奶牛，别想走快。咱们干吗他妈的要带上这两头奶牛？杜尼娅！把你的车停一停！把奶牛拴到你的车上去，我要快点儿跑回家。家里这会儿也许只剩下一堆灰啦……"

他因为着急得不得了，又把两个孩子从自己的车上抱到杜尼娅的宽大的牛车上，把一些重东西也搬过去，便赶着轻快的马车在坎坷不平的道路上飞跑起来。才跑了一俄里，骒马就满身大汗了；东家还从来没有这样无情地对待过它：他不住地摇着鞭子，一个劲儿地赶着马。

“你要把马赶死啦！你干吗要像疯子一样往前跑?”伊莉尼奇娜两手抓着车沿，颠得难受地皱着眉头，说。

“反正也不指望它以后去给我上坟……喔，喔，该死的东西！你都出汗啦！……家里的房子也许成了一堆炭了……”潘捷莱·普罗柯菲耶维奇咬紧牙齿慢慢地嘟哝说。

他的担心不符合事实：房子还是好好的，不过窗户玻璃几乎全打碎了，门也从框上掉了下来，墙上被子弹打了很多窟窿。院子里呈现出一片荒废和凄凉的景象。马棚有一个角被炮弹炸毁了，还有一发炮弹在井边炸了一个不深的坑，把井架炸倒，把提水吊杆炸成了两截。潘捷莱·普罗柯菲耶维奇躲避的战争，却自动光临了他的院子，留下乱糟糟的破坏痕迹。不过，在村子里只停了一下子的霍派尔哥萨克却使家产遭到更大的损失：他们在牲口院子里推倒篱笆，挖了一道有一人深的战壕；他们贪图方便，拆掉仓房的板墙，用木头做战壕里的挡板；拆毁石头围墙，构筑机枪阵地；放马任意糟蹋，毁掉了半垛干草；把篱笆也烧掉了，把夏天的厨房里弄得乱七八糟的……

潘捷莱·普罗柯菲耶维奇看过了房屋和院子里的棚舍，用手直抓脑袋。这一次他与往常不同，不用贬低损失的东西的价值的办法了。他妈的，他总不能说，他挣来的全部家业一钱不值，只能叫人来破坏吧？仓房可不是一件褂子，盖仓房要花不少钱呢。

“就跟没盖仓房一样了！”伊莉尼奇娜叹着气说。

“仓房盖倒是盖了……”潘捷莱·普罗柯菲耶维奇很快地答腔说，但是没有把话说完，把手一挥，就朝场院上走去。

一面面屋墙被子弹和炮弹片打得坑坑点点，像麻子一样，显得又难看，又凄凉。风在屋子里呼呼直叫，桌上和板凳上都落了老厚的一层灰土……要想把一切都重新收拾好，需要很多时间。

第二天，潘捷莱·普罗柯菲耶维奇骑上马到镇上去，好不容易向一位熟识的大夫要了一张证明，证明哥萨克麦列霍夫·潘捷莱因为腿有病不能走路，需要治疗。有了这一张证明，潘捷莱·普罗柯菲耶维奇就可以不上前方了。他把证明交给村长，而且在上村公所去的时候，为了进一步证实他的腿有病，他还拄着棍子，两只脚倒换着一瘸一拐地往前走。

鞑靼村过的日子，还从来没有像这次逃难回来以后这样忙碌和混乱过。人们纷纷跑去认那些被霍派尔哥萨克拖得到处都是的东西，在草原上和山沟里到处寻找丢失的牛。鞑靼村遭到炮轰的第一天，村子上头足有三百头的一群羊就不见了。放羊的人说，当时羊群在吃草，有一颗炮弹在羊群前面爆炸了，一只只羊就摇晃起尾巴，吓得朝草原上跑去，跑得没了影子。村里人回到荒凉的村子里一个星期以后，才在离村子有四十俄里的叶兰乡地面上找到了这群羊，等到把这群羊赶回来，让大家认领，却发现羊群里有一半是人家的羊，耳朵上还带着人家做的记号，本村的羊却少了五十多只。麦列霍夫家的菜园子里有一架缝纫机，是包加推廖夫家的，潘捷莱·普罗柯菲耶维奇也在安尼凯家场院上找到了他家仓房顶上的白铁皮。附近一些村庄里的情形也是这样。顿河沿岸远近各村的人过了很久还到鞑靼村里来找牲口；过了很久还有人见了面就问："有一头红毛牛，额头上有一块白斑，左角是断的，您没有看见吗？""请问，有一头一岁口的小牛，栗色的，没有跑到你们那儿去吧?”

大概,在哥萨克的军用锅里和随军厨房里炖了不只一头小牛,但是很多小牛的主人一直还抱着希望,满以为丢失的小牛能找到,在草原上找了很久。

潘捷莱·普罗柯菲耶维奇获准不去当差以后,就加劲地整修起棚舍和围墙。场院上还有几堆庄稼没有打完,贪嘴的老鼠在里面钻来钻去,但是老头子也没有去打场。如果院子连围墙都没有,仓房也没了影子,整个家业呈现出一片乱糟糟的破败景象,怎么还能去打场呢? 再说,今年秋天十分晴朗,也不用慌着去打场。

杜尼娅和伊莉尼奇娜把房子的墙重新泥了,粉刷了,并且尽力帮着老头子垒临时的院墙和干其他一些事。好不容易弄到一些玻璃,安到窗户上,把厨房打扫干净了,把井也淘了淘。是老头子亲自下井淘的,看样子,是在井下受了凉,有一个星期的工夫,又咳嗽,又打喷嚏,小褂一天到晚湿漉漉的。但是后来他一口气喝了两瓶老酒,又在热炕头上睡了睡,他的病一下子就好了。

很久都得不到格里高力的消息,直到十月底,潘捷莱·普罗柯菲耶维奇才在无意中听说,格里高力还好好的,正跟着自己的团驻扎在沃罗涅日省的什么地方呢。这是和格里高力同团的一个伤兵,从村子里路过时告诉他的。老头子高兴起来,高兴得把最后一瓶用红辣椒泡的治病的老酒也喝掉了,而且这样一来,就一天到晚不住嘴了,神气得像小公鸡一样,一见到过路人,就上前拦住,说:

“听说了吗? 我家的格里高力把沃罗涅日拿下来啦! 听说,他又升啦,他这会儿好像又带着一个师,也许是一个军啦。像他这样的好汉子，实在少啊！大概，你知道吧……”老头子憋不住要说一说自己的高兴事儿，憋不住要吹一吹，就瞎编起来。

“你儿子真英雄。”同村的人对他说。

潘捷莱·普罗柯菲耶维奇就得意地挤挤眼睛，说：

“他能像谁呢，怎么会不英雄呀？一点儿也不吹牛，我年轻时候也不比他差！就是这一条腿碍事，要不然就是现在我也不含糊！即便带不了一个师，带一个连还不成问题！如果在前方多一点儿像我们这样的老头子，早把莫斯科拿下来啦，可是现在却在原地踏步，怎么都打不垮庄稼佬……”

这一天潘捷莱·普罗柯菲耶维奇见到的最后一个人是别司贺列布诺夫老汉。他从麦列霍夫家门前经过，于是潘捷莱·普罗柯菲耶维奇毫不怠慢，上前把他拦住：

“喂，等一等，菲里普·阿盖耶维奇！你好啊！你来一下，咱们聊聊。”

别司贺列布诺夫走过来，向他问了声好。

“你听说我家格里什卡的事了吗？”潘捷莱·普罗柯菲耶维奇问道。

“什么事呀？”

“又叫他带一个师啦！他带领好多人马呀！”

“带领一个师啦？”

“是一个师呀！”

“真有两下子！”

“就是这话呀！你以为怎样，不是随便什么人都能带一个师吧？”

“那当然。”

潘捷莱·普罗柯菲耶维奇得意扬扬地打量了一下对方，把称心如意的甜滋滋的谈话继续下去：

“儿子是一个不寻常的儿子。满满的一胸膛十字章，你说这简单吗？他挂了多少次花呀？要是别人，老早就死了，可是他什么事儿也没有，伤在他身上，就好像水落在鹅身上。说实在的，在静静的顿河上，好样儿的哥萨克还没有断根呢！”

“断根是没有断根，不过他们不大中用。”不怎么喜欢说话的别司贺列布诺夫老汉沉思说。

“哎，怎么不大中用？你瞧，他们都把红军打跑啦，已经过了沃罗涅日，快到莫斯科啦！”

“他们那么久还没有到呀！……”

“不能快呀，菲里普·阿盖耶维奇。你要明白，打仗的事一点儿也不能急呀。着急就要坏事嘛。这些事儿就要慢慢来，按照地图，按照他们各种各样的计划……俄罗斯的庄稼佬很多很多呀，咱们哥萨克有多少呢？只有一小撮呀！”

“这话倒也是的，不过，恐怕咱们的人撑不了多久。到冬天，他们就又要来啦，很多人都这样说。”

“如果这会儿拿不下他们的莫斯科，那他们是要来的，你这话说得对。”

“你以为能拿得下来吗？”

“应该能拿得下来，可是究竟怎样，还不知道。难道咱们打不过他们吗？十二个哥萨克军区都起事了，还打不过他们吗？”

“谁他妈的知道呢。你怎么，不去打仗了吗？”

"我怎么能去当兵打仗呀？如果不是我的腿有病，我一定要做个样子给他们看看，应该怎样和敌人打仗！我们这些老头子都是呱呱叫的呢。"

"听说，这些呱呱叫的老头子在顿河那边叫红军撵得才狼狈呢，连一件小皮袄都没有啦，跑着跑着，把身上的衣服全都脱光，扔掉啦。很多人在说笑话，说是因为皮袄扔得太多，就好像整个黄黄的草原上开遍了天蓝色的花儿！"

潘捷莱·普罗柯菲耶维奇侧眼看了看别司贺列布诺夫，冷冷地说：

"依我看，这全是胡说！当然，也许有人为了减轻分量，把衣服扔掉，但是不该把事情夸大一百倍！一件褂子，噢，不，就算一件皮袄，算得了什么?！我问你，性命是不是比衣服更值钱些？再说，老头子穿着衣服也跑不快。打这种该死的仗，得有像猎狗那样的快腿才行，拿我来说，哪有那样的腿呢？所以，菲里普·阿盖耶维奇，你还心疼什么呀？这些皮袄，有他妈的屁用？问题不在于皮袄，或者褂子，要紧的是赶快把敌人打垮，我说得对吗？噢，再会吧，要不然我光顾和你说话，把事情都耽误了。怎么样，你的小牛找到了吗？还在找吗？没有消息吗？哼，也许是霍派尔人宰掉吃啦，叫他们噎死吧！不过，打仗的事你别疑惑：咱们一定能打垮庄稼佬！"于是潘捷莱·普罗柯菲耶维奇大模大样地一瘸一拐朝台阶走去。

但是，看样子，打垮"庄稼佬"并不那么容易……哥萨克近来的进攻也不是没有损失。一个钟头之后，潘捷莱·普罗柯菲耶维奇的良好心境就被不愉快的消息破坏了。他在砍井架上的一根桩子的时候,听见女人的号哭声和念叨死人的声音。哭声越来越近。他叫杜尼娅去打听打听。

“快去看看,是哪一个死啦。”他把斧子往木头上一扎,说。

杜尼娅很快就回来了,说是从菲洛诺沃前线上拉回来三个阵亡的哥萨克:安尼凯、贺里散福,还有村子那一头的一个十七岁的小伙子。潘捷莱·普罗柯菲耶维奇听到这个消息,吓了一跳,连忙摘下帽子,画了一个十字。

“愿他们在天堂安息! 多么结实的汉子呀……”他想起贺里散福,想起不久前他和贺里散福一起从鞑靼村上集合站的情形,很伤心地说。

他的活儿再也干不下去了。安尼凯的老婆哭得撕心裂肺,潘捷莱·普罗柯菲耶维奇觉得受不了。为了不听这种声嘶力竭的女人的哭号,他躲进房里,把门紧紧关上。杜尼娅在上房里抽抽搭搭地对伊莉尼奇娜讲着:

“……我一看,我的娘呀,安尼凯的头差不多没有啦,只剩了烂糊糊的一堆。哎呀,真可怕呀! 他身上的臭味,在一里路以外都能闻得到……干吗要把他们拉回来呀,我真不懂! 贺里散福躺在车上,把大车塞得满满的,大衣底下的两条腿还在车后头耷拉着……贺里散福身上干干净净,雪白雪白的! 就是右眼下面有一个窟窿眼儿,小小的,有小银角子那么大,还有一只耳朵后面,我看见有干血块子。”

潘捷莱·普罗柯菲耶维奇狠狠地啐了一口,又走到院子里,拿起斧子和船桨,一瘸一拐地朝顿河边走去。

“你告诉奶奶,就说我要到河那边去砍树条子。听见吗,好孩子？”他一面走，一面朝着正在夏天的厨房旁边玩耍的米沙特卡说。

河那边的树林里已经是一片寂寥而宁静的秋色。干枯的杨树叶子沙沙地往下落。一丛丛的野蔷薇就好像是着了火，那一串串红红的蔷薇果在稀稀的叶丛里，就像是红红的火舌。潮湿的橡树皮那种格外浓烈的苦味在树林里到处回荡着。密密丛丛的黑莓爬得遍地都是；一嘟噜一嘟噜熟透了的烟灰色的黑莓，很巧妙地藏在一丛丛的枝蔓下面躲避太阳。背阴处的枯草上一直到中午还有露水，挂满露水珠儿的蜘蛛网闪烁着银光。搅动这一片宁静的只有啄木鸟那认真的啄木声和画眉的啁啾声。

树林里的安宁而肃静的美好气氛，对潘捷莱·普罗柯菲耶维奇起了镇静作用。他蹚着一堆堆潮湿的落叶，慢慢地在树棵子中间走着，心里想：“人生在世就是这样：不久以前还活蹦乱跳，可是现在完啦。贺里散福又是多么强壮的一条汉子呀！在捞姐丽亚的时候，他还站在河边，还来看我们，好像还没有几天呀。唉，贺里散福呀，贺里散福！你也没逃脱敌人的子弹……还有安尼凯……是个多么快活的人呀，又喜欢喝酒，又喜欢说笑话，可是现在完了，死了……”潘捷莱·普罗柯菲耶维奇想起杜尼娅的话，脑子里异常清楚地出现了安尼凯那张笑嘻嘻的、没有胡子的脸，怎么都想象不出现在的安尼凯那种断了气的、焦头烂额的样子。他想起他和别司贺列布诺夫老汉说的话，在心里责备起自己：“我不该去触怒上帝，不该拿格里高力来胡吹。也许这会儿格里高力中了子弹躺在什么地方呢？可别这样啊！那样的话，我们老两口依靠谁呀？”

一只棕色的山鹬突然从一丛树棵子底下飞出来，潘捷莱·普罗柯菲耶维奇吓得哆嗦了一下。他漫不经心地看了看斜刺里迅速飞过的鸟儿，又继续往前走。他在一个小小的水塘旁边看好了几丛树条子，就动手砍了起来。他干起活儿，尽可能什么都不去想。一年的工夫，死了那么多的亲人和熟人，只要一想起他们，他的心里就十分沉痛，就觉得天地无光，好像整个天地都罩在一层黑幕里。

"要把这一丛砍下来。都是好树条子！可以拿来编篱笆。"他为了摆脱沉痛的心思，自言自语地说出声来。

潘捷莱·普罗柯菲耶维奇干了一阵活儿以后，就脱掉上衣，在砍倒的一堆树条子上坐了下来，贪婪地吮吸着酸涩的落叶气味，望着缭绕着淡蓝色烟雾的遥远的天边，望着远处那一片片被秋色染成金黄色、炫耀着最后的娇艳的小树林，望了老半天。不远处有一丛黑枫树，在寒冷的秋日阳光照耀下，闪闪有光，显得分外好看，那缀满了通红的叶子的茂密的树枝挓挲开来，就像神话中的鸟儿展开翅膀要从地上起飞。潘捷莱·普罗柯菲耶维奇欣赏了老半天，后来无意中朝水塘看了看，看到了平静而透明的水里一条条老大的鲤鱼那黑黑的脊背，鲤鱼离水面非常近，鱼鳍和摇来摆去的红尾巴都看得很清楚，鲤鱼一共有八条，有时躲到绿色的睡莲叶底下，有时又钻出来，去咬沉入水里的湿柳树叶子。水塘到了秋天，差不多要干了，逮鲤鱼不是多么难的事，潘捷莱·普罗柯菲耶维奇找了一会儿，在旁边一个水泊边找到一只没有底的篮子，又回到水塘边，脱掉裤子，冷得缩着脖子，哼哧着，逮起鱼来。他把水弄浑以后，就踩着没膝深的烂泥，在水塘里慢慢走起来，把篮子放进水里，让篮子边儿贴着塘底，然后把一只手伸进篮子里，等待着大鱼啪的一声溅起水来。他的努力取得了可观的成绩：他扣住了三条各有十斤重的大鲤鱼。他也不能再逮了，因为他那条瘸腿冻得抽起筋来。他觉得逮这么多也算不错了，就从水塘里爬了出来，用香蒲擦了擦腿，穿上衣服，又砍起树条子，为的是暖和暖和身子。不管怎么说，这是不小的收获。一下子就捞了将近一普特重的鱼，这可是件难得的事！他一心想着捞鱼，也就不去想那些痛心的事了。他把破篮子藏好，准备下一次再来捞剩下的一些鱼；又很担心地朝四下里看了看，看看刚才是不是有人看到他把肥得像小猪一样的金色大鲤鱼往塘边上扔；然后这才扛起捆好的树条子，拎起穿在柳条子上的鲤鱼，不慌不忙地朝河边走去。

他带着得意的笑容，把捞到大鱼的高兴事儿对伊莉尼奇娜讲了一遍，并且又欣赏了一下泛着红铜色的大鲤鱼，但是老伴儿无心分享他的欢喜。她去看过死人，回来的时候，泪流满面，心里十分难受。

“你不去看看安尼凯吗？”她问道。

“我不去。我怎么，没见过死人还是怎的？我见的死人多着呢，够啦！”

“你顶好去看看。不去可不大好，人家会说你连告别都不去！”

“住嘴吧，为了基督！我和他又不是干亲，我用不着和他告别！”老头子气势汹汹地顶撞说。

他也没有去送殡，大清早他就过了河，在那里待了一整天。

他在树林里听到送葬的钟声，摘下帽子，画起十字，可是后来他甚至恼恨起神甫：干吗要敲上老半天呢？比如说，敲上一两下，就行了，却偏要敲上整整一个钟头。这种敲法又有什么意思呢？只能敲得叫人心里难受，再就是叫人多想想死。不用敲钟，秋天里能使人想到死的景物有的是：那落叶，那在蓝空中飞过的、长鸣的雁群，那死沉沉地倒在地上的枯草……

不管潘捷莱·普罗柯菲耶维奇怎样怕去想各种各样痛心的事情，可是不久他又经受了一次震动。有一天吃午饭的时候，杜尼娅朝窗外看了看，说：

"瞧，又从前方拉回死人来啦！大车后头就跟着一匹上了鞍的战马，拴在车上呢，走得不很快……有一个人赶车，死人用大衣盖着呢。赶车的人背朝着我们，我看不出他是不是咱们村里的……"杜尼娅仔细看了看，脸唰地一下子白了。"哎呀，这是……这是……"她含含糊糊地嘟哝了两句，就一下子尖声叫了起来，"拉的是格里沙呀！……是他的马呀！"她大声哭号着跑了出去。

伊莉尼奇娜在饭桌上站也站不起来，用手捂起了眼睛。潘捷莱·普罗柯菲耶维奇很吃力地从板凳上站起来，像瞎子一样把两手伸到前面，朝门口走去。

普罗霍尔·泽柯夫开开大门，朝着从台阶上跑下来的杜尼娅瞥了一眼，很不开心地说：

"我们回来啦……没有想到吧？"

"我的亲人呀！小哥呀！"杜尼娅挓挲着两条胳膊，哼哼起来。

普罗霍尔看了看她那泪汪汪的脸，看了看一声不响地站在台阶上的潘捷莱·普罗柯菲耶维奇，这才明白过来，说：

“别害怕，别害怕！他活着哩。他是在害伤寒。”

潘捷莱·普罗柯菲耶维奇软软地把脊梁靠在门框上。

“活着呀！！！”杜尼娅又哭又笑地朝着他叫喊起来，“格里沙活着呀！你听见了吗！？他是生了病送回来的！你快去告诉妈妈！喂，你干吗站着呀？！”

“别害怕，潘捷莱·普罗柯菲耶维奇！我拉回来的是活的，至于身体好坏吗，就不必问啦。”普罗霍尔一面拉着马笼头把马往院子里牵，一面急急忙忙地说。

潘捷莱·普罗柯菲耶维奇摇摇晃晃地走了几步，又在台阶上坐了下来。杜尼娅像一阵风似的从他身边跑进屋里，去宽慰母亲。普罗霍尔在台阶前把马勒住，对潘捷莱·普罗柯菲耶维奇看了一眼。

“你干吗坐在这儿？拿条车毯来，咱们把他抬进去。”

老头子一声不响地坐着。泪水从眼睛里哗哗地往下流，可是一张脸木木的，脸上的肌肉一动都不动。他把手往上举了两次，想画个十字，可是又放了下来，因为没有力气举到额头上。他的喉咙里又咕噜又哼哧，不知想说什么。

“看样子，你是吓掉了魂啦。”普罗霍尔抱歉地说，“我怎么就没想到事先派个人来对你们说一声呀？我真糊涂，实在糊涂！喂，起来吧，普罗柯菲耶维奇，要把病人抬进去呀。你们家的车毯在哪儿？就用手抬吗？”

“等一下……”潘捷莱·普罗柯菲耶维奇沙哑地说，“我的腿就好像锯掉了一样……我以为他死了呢……谢天谢地……真没想到……”他把他那件旧褂子领子上的扣子扯掉，把领子敞开，张大了嘴使劲吸着空气。

“起来,起来,普罗柯菲耶维奇!”普罗霍尔催促说,“除了咱们俩,不是没有人抬他吗?”

潘捷莱·普罗柯菲耶维奇费了很大的劲儿才站了起来,走下台阶,掀开军大衣,弯下身看了看昏迷不醒的格里高力。他的喉咙里又咕噜起来,但是他控制住自己,转身对普罗霍尔说:

“你抬他的腿。咱们抬进去。”

把格里高力抬进上房,给他脱掉靴子和衣服,放到床上去。杜尼娅却在厨房里慌张地叫了起来:

“爹!妈妈不好了……快来呀!”

伊莉尼奇娜躺在厨房里的地板上。杜尼娅跪在旁边,在往她的发了青的脸上洒水。

“去把卡皮东诺芙娜大娘叫来,跑快点儿!她会放血。就说,要给你妈放放血,叫她带着家伙来!”潘捷莱·普罗柯菲耶维奇吩咐说。

杜尼娅这样一个没有出嫁的大姑娘,是不能光着头在村子里乱跑的;她抓起头巾,一面匆匆忙忙地扎头巾,一面说:

“把孩子们都吓死啦!天啊,怎么这样倒霉呀……爹,你看着他们点儿,我一下子就回来!”

也许杜尼娅本来要对着镜子匆匆照一下的,但是已经回过神来的潘捷莱·普罗柯菲耶维奇瞪了她一眼,她就慌忙跑出了厨房。

杜尼娅一跑出大门,就看见阿克西妮亚。阿克西妮亚那煞白的脸上连一点血色也没有。她靠在篱笆上,软软地耷拉着两条胳膊,站在那里。在她那模糊的黑眼睛里没有眼泪,但是流露出很深的痛苦和默默祈祷的神情，杜尼娅不由地站了一下子，连自己也意想不到地对她说：

“他活着，活着呢！他是害伤寒。”然后用两手按着直跳直颠的高高的乳房，顺着小胡同飞快地朝前跑去。

许多想看看究竟的娘儿们，从四面八方向麦列霍夫家跑来。她们看见，阿克西妮亚不慌不忙地离开麦列霍夫家大门口，可是后来忽然加快了脚步，弯下腰去，并且用双手捂住了脸。

二十五

过了一个月，格里高力的病好了。他在十一月下旬第一次从床上起来，晃动着他那高高的、瘦得像骨头架子一样的身子，摇摇摆摆地在屋子里走了几步，在窗前站了下来。

地上和麦秸棚子顶上，铺上了一层薄薄的白雪。胡同里已经有爬犁经过的印子。挂在篱笆上和树上的淡蓝色的霜雪，闪闪放光，经夕阳一照，泛着霓虹般的光彩。

格里高力若有所思地微笑着，用骨瘦如柴的手捋着胡子，朝着窗外望了很久。他好像还从来没见过这样美好的冬天。他觉得一切东西都很不平凡，都很新鲜、很有意思。生过一场病以后，他的视觉好像敏锐起来了，于是他开始在周围环境中发掘新的东西，在他早就熟悉的东西中寻找变化。

在格里高力的性格中，突然产生了以前他不曾有过的好奇心，对村子里和家里的一切事物都产生了浓厚的兴趣。他觉得生活中的一切都有了一种神秘的新意义，一切都引起他的注意。他用有点儿惊奇的眼神望着他重新看到的世界，他的嘴上常常挂着天真而稚气的微笑，这种微笑出奇地改变了他那严峻的面容和凶野的眼神，使嘴角上强硬的纹丝变柔和了。有时候他打量起从小就熟悉的一样家什，紧张地活动着眉毛，流露出极其惊奇的神情，就好像是一个人从遥远的外国来，第一次看见这种玩意儿。有一天，伊莉尼奇娜看到他十分用心地打量纺车，感到说不出的奇怪。她一走进来，格里高力就离开纺车，还显得有点儿不好意思呢。

杜尼娅看着他那瘦成了一把骨头的高个儿，常常憋不住要笑。他常常穿着衬衣，用手提着直往下溜的衬裤，佝偻着腰，颤颤巍巍地挪动着两条干瘦的长腿，在屋子里走走；要坐下去的时候，一定要用手抓住一样什么东西，害怕跌倒了。他那在生病期间长得老长的黑头发脱落了不少，夹杂着不少白丝的鬈曲的额发乱成了一团。

在杜尼娅帮助下，他自己剃了剃头，等他朝妹妹转过脸来，杜尼娅不由地把剃刀掉在地上，捧住肚子，倒在床上，笑得连气都透不过来。

格里高力耐心地等着她的笑劲儿过去，但是后来忍不住了，就用有气无力，颤抖的尖嗓门儿说：

“小心点儿，这样会笑出毛病来的。再说，你都该做新娘子啦，也不知道害羞。”他的声音中微微带着气恼的意味。

“哎呀，小哥呀！哎呀，好哥哥呀！我还是快走吧……我没有劲儿啦！哎呀，你像什么呀！简直像菜园子里的稻草人儿啦！”杜尼娅在一阵阵的大笑声中好不容易说出话来。

“等你害过伤寒，我也来看看你是什么样子，把剃刀拾起来，嗯？！”

伊莉尼奇娜袒护起格里高力，很生气地说：

“真是的，有什么好笑的？你真是傻丫头，杜恩卡！”

“你看看嘛，妈妈，他像什么啦！”杜尼娅擦着眼泪说，“满头的疙瘩，头圆得和西瓜一样，又黑乎乎的……哎呀，我简直忍不住呀！”

“拿镜子来！”格里高力说。

他对着一小片破镜子照了照，自己也不出声地笑了很久。

“孩子，你干吗要剃呀，不剃头倒好些。”伊莉尼奇娜不满意地说。

“照你说的，最好是变成个秃子了？”

“唉，简直难看死啦。”

“你们都别说啦！”格里高力用小刷子搅着肥皂沫，烦恼地说。

他因为出不去门，就常常和孩子们在一块儿玩。他和孩子们什么都谈，只是不提娜塔莉亚。但是有一天，波柳什卡一面跟他亲热，一面问道：

“爹，妈妈还会回家来吗？”

“不会，好孩子，到了那儿就不能回来啦……”

“到哪儿去啦？到坟里去了吗？”

“反正人死了，就不能回来了……”

“她真的死了吗？”

“啊，怎么不是真的呢？是的，是死啦。”

“可是我想，她有时候想我们，会回来的……”波柳什卡用很小很小的声音说。

“你别想她了，我的乖孩子，不要想。”格里高力低声说。

“怎么能不想她呀？人死了就不能回来看看吗？看一下子也行。不能吗？”

“不能。好啦，你去和米沙特卡玩吧。”格里高力转过脸去。看来，他生了一场病，心软了；他的眼里涌出了泪水，为了不叫孩子们看见，他把脸贴在窗户上，在窗前站了很久。

他不喜欢和孩子们谈打仗的事，可是米沙特卡在世界上最感兴趣的就是打仗。他常常缠着父亲问，怎样打仗，红军是什么样子，用什么打红军，为什么打红军。格里高力就沉下脸，烦恼地说：

“哼，缠得人心烦死啦！你老问打仗干什么！咱们还是谈谈夏天怎样钓鱼吧。你要钓竿吗？我这就上院子里去，马上就用马尾给你捻一根钓鱼绳儿。”

米沙特卡每次提起打仗的问题，他都在心里感到羞惭：他怎么都回答不了孩子的既简单又平常的问题。谁知道为什么打仗呢？不就是因为他自己也没有想通这些问题吗？但是要避开米沙特卡的询问并不那么容易：米沙特卡听父亲讲钓鱼的事好像也很用心，但是听完了却又问：

“爹，你在打仗的时候杀过人吗？”

“别问啦，缠起来没完！”

“杀人的时候害怕吗？杀的时候流血吗？流很多血吧？比杀鸡、杀羊流的血还要多吧？”

“我对你说过了，别问这些事嘛！”

米沙特卡有一小会儿没有作声，后来又若有所思地说：

“才不久我看见爷爷杀羊来着。我不害怕……也许有一点点儿怕，可是不要紧！”

“你把他撵远点儿！”伊莉尼奇娜很烦恼地吆喝道，“又出了一个杀人凶手！简直是小土匪！就听到他天天说打仗，别的什么话他都不会说啦。好孩子，怎么能老是问可恨的打仗的事儿呢？到这儿来，给你块饼子吃吃，就住一住嘴吧。”

但是战争天天都要使人想起它，从前方回来的哥萨克们，常常来看望格里高力，告诉他，石库洛和马孟托夫已经被布琼尼的骑兵打垮了，在奥勒尔附近的战事节节失利，各条战线上都开始撤退了。在格里班诺夫卡和卡尔达伊洛附近的战役中，又有两名鞑靼村的哥萨克阵亡了；把挂了花的盖拉西姆·阿贺瓦特金送回来了；德米特里·郭洛希柯夫害伤寒病死了。格里高力在心中逐个地想了想在两次战争中村子里死掉的人，就发现，在鞑靼村里没有一家不死人的。

格里高力还没有出过门，村长就把乡长的通知送来了，通知说要叫麦列霍夫中尉立即到医务委员会进行复查。

“你告诉他，我一能走动，就自动去报到，用不着他们催。”格里高力气愤地说。

战线离顿河越来越近了。村子里又谈起撤退的事来。不久就在村民大会上宣布了州长的命令，命令要求所有成年的哥萨克都撤退。

潘捷莱·普罗柯菲耶维奇从会场上回来，对格里高力说了说

命令的事,就问道:

“咱们怎么办呢?”

格里高力耸了耸肩膀,说:

“有什么办法?是要撤退。就是没有命令,大家也要走。”

“我问的是咱们:咱们是不是一块儿走呢?”

“咱们没法子一块儿走。过两天我骑马到镇上去,打听打听哪一支部队从镇上经过,我就随便加入一支什么部队。你不一样,你是逃难。也许,你是不是想参加部队?”

“去他娘的吧!”潘捷莱·普罗柯菲耶维奇惊骇地说,“那我就和别司贺列布诺夫老汉一块儿走吧,前两天他约我和他做伴儿走。他是个老实人,他的马也很好,我们就可以把马套在一块儿。我家的骒马也够肥的。这该死的东西吃得膘又厚,又爱尥蹶子,简直够呛!”

“好吧,那你就跟他一块儿走。”格里高力高高兴兴地表示赞同,“咱们先来谈谈你们走的路线,因为说不定我也许会走那条路。”

格里高力从图囊里掏出一张南俄罗斯的地图,详细地对父亲说了说,应该经过哪些村子,并且已经开始把一些村庄的名字往纸上记了,但是一直恭恭敬敬地望着地图的老头子说:

“等一等,别记吧。当然,这些事你比我懂得多,地图也是正正经经的玩意儿,地图不会撒谎,能指出直路,但是如果这不合适的话,我怎么能照着走呢?你说,首先要经过卡耳根镇,我明白,走那儿要直些,可是我在那儿非绕个弯儿不可。”

“你干吗要绕弯儿?”

“因为，拉推舍夫村是你堂姑姑家，我到她家可以吃饭，还可以喂马，到别处就得自己花钱。再往前：你说，按照地图要走阿司塔霍夫村，那样走要直些，可是我要走马拉霍夫村；那儿也有一家远亲，还有一个老同事；到那儿也可以不吃自己的草，吃别人的。你要知道，总不能带上一垛干草，到了外乡外土，也许不仅要不到一根草，甚至花钱都买不到。”

“在顿河那边你没有亲戚吗？”格里高力用挖苦的口气问道。

“在那边也有。”

“那你是不是就上那边去？”

“你别给我他妈的胡说八道！”老头子火了，“跟你谈正经的，别开玩笑！在这种时候开玩笑，也真是的，就数你聪明！”

“你用不着到处去找亲戚。逃难就是逃难，不是走亲访友，不是请你去过谢肉节！”

“哼，你别教训我，我该往哪儿去，自个儿知道！”

“既然知道，那你爱上哪儿就上哪儿吧！”

“我非按照你的计划走不可吗？只有喜鹊才一直飞呢，这话你听说过吗？我要是糊里糊涂走到他妈的什么地方去，也许那儿冬天里连道路都没有呢。你这样信口胡说，好好地想过没有，亏你还带过一个师呢！”

格里高力和老头子争吵了很久，但是后来格里高力全面地想了想，觉得父亲的话有很多地方是对的，就用和解的口气说：

“别生气啦，爹，我不是一定要你照我的路线走，你愿意怎么走，就怎么走吧。到顿涅茨那边，我尽可能去找你。”

“早这样说就好啦！”老头子高兴起来。“要不然你只顾这样那样的计划和路线,就不明白,计划是计划,可是马没有草料哪儿也去不成。"

还在格里高力生病的时候,老头子就悄悄地准备起逃难的事了:他加意地喂养那匹骒马,修好了爬犁,定做了一双新毡靴,并且亲自缝上了皮底,免得在雨雪天浸水;事先装好了几口袋上等的燕麦。他就是准备逃难,在这方面也算得上一个好当家的;在路上可能要用得着的东西,他都事先准备得好好的。斧子、手锯、凿子、补靴子的家什、线、备用的靴掌、钉子、锤子、一小捆皮带、绳子、一块松香,一直到马掌和马掌钉子,所有这一切都用一块帆布包得好好的,一眨眼工夫就可以放到爬犁上。潘捷莱·普罗柯菲耶维奇甚至还带上一杆秤,伊莉尼奇娜问他为什么路上还要秤,他用责备的口气说:

"你这老娘儿们,真是越老越糊涂。这样平常的事儿你也不明白吗?我跑到外面去,买干草或者买糠,能不用秤吗?到那儿总不会用尺子量干草吧?"

"到那儿就没有秤吗?"伊莉尼奇娜惊愕地问道。

"你怎么知道,那儿是什么样的秤呢?"潘捷莱·普罗柯菲耶维奇气呼呼地说,"也许那儿的秤都是假的,给咱们这些人称不够分量。就是这么回事儿!咱们可是知道,那儿都是一些什么样的人!你买三十磅,可是要付出一普特的现钱。要是我每到一处地方都要吃这样的亏,那我就不如自个儿带上一杆秤,也许就不会上当!你们在这儿不用秤也能过;你们要秤有他妈的屁用?军队打这儿过,他们抢草又不用过秤……他们只管糟蹋就是了。我见过他们这些不长角的魔鬼,我很清楚!"

潘捷莱·普罗柯菲耶维奇起初还想连大车都装到爬犁上，到春天就可以坐自己的大车，免得再花钱雇车，但是后来他想了想，就打消了这个不高明的主意。

格里高力也开始做准备了。他擦了擦匣子枪、步枪，磨了磨他一直随身佩带的马刀；身体康复后过了一个星期，他去看自己的马；看着油光光的马屁股，才知道，老头子不仅是喂肥了自己的骒马。他好不容易骑上直撒欢的战马，放开马尽情地跑了一阵子，在回家的时候，他看见——也许只是他觉得——好像有人在阿司塔霍夫家窗口向他摇白头巾……

在村民大会上，鞑靼村的哥萨克决定全村一齐走。接连两天两夜，妇女们在给哥萨克们准备各种各样路上吃的东西。决定在十二月十日出发。头一天傍晚，潘捷莱·普罗柯菲耶维奇就把干草和燕麦装到爬犁上，到早晨，天刚刚放亮，他就穿起大皮袄，扎上腰带，把皮手套掖在腰带上，对着圣像祷告过，就和家里人告别了。

长长的大车队很快就出了村子，朝山冈走去。在村口送行的妇女们对着出门人摇了老半天头巾，后来原野上刮起了风，把地上的雪吹了起来，在滚滚的雪雾里，既看不见慢慢上山的大车，也看不见跟着大车走的哥萨克了。

格里高力在上维奥申以前，去和阿克西妮亚见了一下面。

这一天黄昏，村子里已经掌灯的时候，他去找她。阿克西妮亚正在纺线。安尼凯的老婆坐在她身边，一面打袜子，一面说话儿。格里高力看见有外人，就简单地对阿克西妮亚说：

“你跟我出来一下子，有事。”

来到过道里，他把手搭到她的肩上，问道：

“跟我一块儿走，好吗？”

阿克西妮亚半天没有作声，在考虑怎样回答，后来小声说：

“家里东西怎么办呢？房子怎么办？”

“可以托付给别人嘛。应该走呀。”

“什么时候动身？”

“明天我来叫你。”

阿克西妮亚在黑暗中笑着说：

“你该记得，我早就对你说过，跟你上天边我也去。我现在还是这样。我对你是永不变心的。我走，什么都不管！你什么时候来？”

“天一黑就来。你别带很多东西，多带点儿衣服和吃的东西就行了。好，再会吧。”

“再会。你能不能等会儿再来？……她一会儿就走。我好像有一百年没看见你啦……格里什卡，我的亲爱的！我还以为你……不！我不说了。”

“不行，我不能来。我现在要上维奥申去，再会吧。明天我来。”

格里高力已经出了过道，走到大门口，可是阿克西妮亚还站在过道里，微笑着，用手掌揉搓着热辣辣的两腮。

* * *

维奥申的地方机关和兵站仓库已经开始撤退了。格里高力到州长公署里去打听前方的情况。一个担任副官的年轻少尉对他说：

“红军现在在阿列克塞耶夫镇附近。我们不知道什么部队要从维奥申经过，不知道是不是有军队经过。您自己该看到：大家都是什么也不知道，都在慌着逃跑……我劝您现在别找自己的部队了，还是上米列洛沃去，到那儿很快就能打听到部队的驻地。不管怎样，你们那个团一定会顺着铁路线走。到了顿河边就能把敌人拦住吗？哼，我看，不行。敌人不用打，就会把维奥申占领，肯定会这样。”

格里高力深夜回到家里。伊莉尼奇娜一面做饭，一面说：

“你的普罗霍尔来啦。你走了有一个钟头，他就来了，他说还要来，可是不知为什么到现在还没来。”

格里高力听了十分高兴，匆匆吃完了饭，就去找普罗霍尔。普罗霍尔带着很不开心的笑容迎住他，说：

“我还以为你径直从维奥申走了呢。”

“你他妈的从哪儿来的？”格里高力拍着他的忠实的传令兵的肩膀，笑着问道。

“还用问，从前方来嘛。”

“偷跑的吧？”

“天啊，你这是什么话！我这样的英雄好汉，会偷跑吗？我回来是有手续的，我不愿意离开你去另攀高枝儿。咱们一块儿造过孽，咱们就该一块儿去接受最后审判。咱们的情况糟透啦，你知道吗？”

“我知道。你还是说说，部队里是怎么放你回来的？”

“说起来话长，以后再说吧。”普罗霍尔躲躲闪闪地回答说，并且脸色更阴沉了。

“咱们团在哪儿?”

“谁他妈的知道这会儿在哪儿。”

“你什么时候离开团里的?”

“两个星期以前。”

“这些天你上哪儿去来?”

“你怎么啦,真是的……”普罗霍尔不满意地说,并且侧眼瞟了瞟妻子,“又是上哪儿去啦,又是干什么、为什么啦……不管上哪儿去过,反正现在我已经不在那儿了。我说以后再说,就是以后再说。喂,孩子他娘!你有酒吗?跟长官见了面应该喝两盘。有酒没有?没有吗?那你快去弄点儿来,麻利点儿!丈夫不在家,军纪军规都忘记啦!马虎起来啦!”

“你这是发什么疯呀?”普罗霍尔的老婆笑着问道,“你少对我咋呼吧,你在这儿可算不上什么当家的,一年才在家里待两天。”

“什么人都可以对我咋呼,可是我,除了你,又能咋呼谁呢?等着吧,等我当了将军,那时候就能咋呼别的人了,可是眼下你得忍着点儿,还要快点儿穿上你那行头,并且跑快点儿!”

普罗霍尔等老婆穿好衣服,走了出去,就用责备的目光看了看格里高力,说:

“潘捷莱维奇,你连一点眼色都看不出来……我不能当着老婆的面把什么事儿都说出来呀,可是你一个劲儿地问怎么啦,干什么啦。噢,你怎样,害过伤寒以后,身体全好了吗?”

“我倒是好了,你说说自个儿的事吧。你这鬼东西,有的事儿还瞒着呢……你说说吧：干过什么坏事儿？怎样逃跑的？”

“这事儿比逃跑还糟呢……你生病我把你送回来以后，我又回到部队里。把我编到本连第三排里。我是非常喜欢打仗的！我打过两次冲锋，可是后来我想：‘我也要装装孬啦！要找个窟窿钻一钻，不然的话，普罗霍尔呀，你就要完蛋啦！’这时候，就好像特意要给点儿颜色瞧瞧似的，仗打得特别厉害，弄得我们气都喘不过来！哪儿有决口，就把我们塞上去；哪儿顶不住了，又把我们团调了去。一个星期的工夫，连里有十一个哥萨克就像叫牛舌头舔去了一样！这么着，我心里就发起闷来，甚至都闷得身上长起了虱子。”普罗霍尔把烟点着了，把烟荷包递给格里高力，又不慌不忙地说下去，“有一回在利斯基附近，派我出去侦察。我们一共去了三个人。我们在冈头上跑着，朝四面望着。看见从沟里爬出来一个红军，两只手向上举着。我们朝他跑去，他就喊：‘乡亲们！我是自己人！别杀我，我要投到你们这边儿来！’我简直他妈的糊涂啦：不知从哪儿来了一股火气，我跑到他跟前，说：‘你这狗东西，既然来打仗，就不应该投降！你这家伙真没有出息。你怎么，没看见我们眼看就支持不住了吗？你想投降，又来加强我们的力量吗？！’我说着，就在马上用刀鞘照他的脊梁砍了一家伙。和我在一块儿的两个哥萨克也对他说：‘像这样打仗，跑过来跑过去，有什么好处呢？要是干起来都心齐些，仗早就打完啦！’谁他妈的能知道，这个跑过来的家伙会是一个军官呢？可是他恰恰就是一个军官！我在气头上用刀鞘打他的时候，他的脸一下子白了，小声说：‘我是军官，你们不能打我！我以前是骠骑兵，我参加红军是征集来的，请你们带我去见你们的首长，到那儿我可以对他说清楚。'我们说：'把你的证件拿来。'可是他很神气地说：'我不愿意和你们说话，带我去见你们的首长！'"

"这种事儿你怎么就不愿意当着老婆的面说呀？"格里高力很诧异地打断他的话头。

"当着我老婆不能讲的事，我还没有说到呢，请你别打我的岔嘛。我们就决定把他送到连里去，这一下子糟啦……我们要是就地把他杀了，就没事儿了。可是我们却规规矩矩地把他送去了，谁知过了一天，我们一看，竟派他担任了我们的连长。这可怎么办啊？这就麻烦啦！过了两天，他把我叫去，问：'狗崽子，你是为统一的、不可分割的俄罗斯打仗吗？你在俘虏我的时候，对我说的是什么，你还记得吗？'我好说歹说，他都不肯饶我，因为他一想起我用刀鞘打他，就气得浑身打哆嗦！他说：'你知道我是骠骑兵大尉和贵族，你这坏蛋怎么敢打我？'他一次又一次地把我叫去，净找我的麻烦。他叫排长派我站岗和放哨，不许换我的班，一件一件的勤务就像从桶里往外倒豌豆那样，接二连三地落到我的头上：一句话，这个畜生不住气地整我！在俘虏他的时候和我一同去侦察的那两个哥萨克，也在挨他的折腾。他们两个忍了又忍，后来受不住了，有一次把我叫过去，说：'咱们来把他杀了吧，要不然他实在叫咱们活不下去！'我想了想，决定把这一切报告团长，要杀他却于心不忍。在俘虏他的时候，杀也就杀掉了，可是过后我就有点儿下不了手了……我老婆杀鸡，我还要闭一闭眼睛呢，何况这是杀人……"

"究竟把他杀了没有？"格里高力又打断他的话。

"等一等嘛，底下就明白了。于是我报告了团长，全对他说了，可是他笑起来，说：‘泽柯夫，你用不着委屈，因为你打过他呀，他在执行纪律上是正确的。他是个很有学问的好军官。’我就这样从他那儿回来了，可是我心里想：‘你就把这个好军官挂在脖子上当十字架吧，我可是不愿意和他在一个连里干下去了！’我要求把我调到别的连里去，也不行，不肯把我调出去。于是我就想方设法离开队伍。怎么能离开呢？这时候把我们调到附近的后方休息一个星期，于是我他妈的不知怎么又打起了糊涂主意……我想：我只有弄上一点儿小小的淋病，那样就可以上军医站去，就会准许我离开，那就行了。于是我干起从来没干过的事儿，——找起娘儿们，仔细打量，看哪一个娘儿们像是有病的。可是怎么能看得出来呢？哪一个娘儿们的额头上都没有写着她是有病的，这就难了！”普罗霍尔使劲地啐了一口，仔细听了听：老婆是不是回来了。

格里高力用手捂住嘴，想藏住笑，忽闪着笑得眯缝起来的眼睛，问道：

“搞上了吗？”

普罗霍尔用泪汪汪的眼睛看了看他。那眼神显得很忧伤、很平静，就像一条活到了年纪的老狗的眼睛。他沉默了不大的一会儿，就说：

“你以为很容易就能搞上吗？不想生病的时候，一阵风都能把病吹到身上；想生病的时候，病却没了影子，找都找不到，吆唤都吆唤不来！”

格里高力把身子侧过去，不出声地笑了一会儿，后来把手从脸上拿下来，用笑得接不上气的声音问道：

“天啊，别叫人着急了！到底搞上了没有呀？”

“当然，你要笑啦……”普罗霍尔生气地说，“幸灾乐祸可不是好事儿，我是这样看的。”

“我不笑就是了……后来怎样呢？”

“后来我就去找房东的姑娘。这是一个四十岁的老姑娘，也许不到四十岁。满脸的粉刺，那相貌，一句话，丑得吓死人！邻居们悄悄告诉我，不久前她常常去找大夫。我心想：‘从她身上一定能搞上病！’于是我就像只小公鸡一样围着她转悠起来，对她说起各种各样的甜言蜜语……这些话是从哪儿来的，我自己也不知道！”普罗霍尔遗憾地笑了笑，并且好像因为想起那些话还有点儿高兴，“我答应娶她，还说了别的许多肉麻话……终于把她挑动了，勾搭上了，马上就要干那种事儿了，可是她忽然哭了起来！我这样说，那样说，问她：‘也许你有病吧？这没有关系，甚至还好些呢。’不过我有些害怕：这是夜里，可别有人听见我们的声音跑到糠棚子里来。我就说：‘别哭了，千万别哭！你就是有病，也不用害怕，我实在太爱你了，不管怎样我都爱你！’可是她说：‘我的亲亲的普罗申卡呀！我什么病也没有。我是一个没有破身的姑娘，干这种事儿我怕疼。’格里高力·潘捷莱维奇，你也许不信，我一听她说这话，浑身出的冷汗就像雨淋的一样！我心想：‘主耶稣啊，我怎么碰上这种事儿呀！怎么这样倒霉呀！……’我用气得变了音的嗓门儿问她：‘你这该死的东西，那你去找大夫干什么？干吗要骗人？’她说：‘我是去要一种治脸的药。’我马上抓住她的脑袋，对她说：‘起来，马上给我滚吧，你这该死的东西，可恶透啦！我不要你这种没有开苞儿的，我也不娶你了！’”普罗霍尔更加使劲地啐了一口，很不痛快地继续说下去："我花了半天力气算是白费啦。我回到屋里，拿起自己的东西，当天夜里就搬到另一家去住了。后来还是弟兄们给我指点，我才从一个寡妇身上搞到了我要的东西。不过这一回我来得干脆，我问：'你有病吗？'她说：'有一点儿。'我说：'行啦，我也要不了许多。'我给了她二十卢布的克伦斯基票子，到第二天，我就很得意地带着自己的成绩，跑到军医站去，就从那儿一直回家来了。"

"你没有骑马回来吗？"

"怎么能不骑马呢？把马和全部装备都带回来了。马是弟兄们给我送到军医站去的。不过问题不在这上面；你帮我出出主意：我怎么对我老婆说呢？或许，为了免得造孽，是不是到你家里去过一夜呢？"

"用不着，没事儿！就在家里睡好啦。你就说打伤啦。有绷带吗？"

"有一个急救包。"

"行，就包起来好啦。"

"她不信呀。"普罗霍尔忧虑地说，不过他还是站了起来。他在军用包里掏了掏，便走进上房里去了，在上房里低声说："她来了，你和她说说话儿，我马上就弄好！"

格里高力一面卷烟卷儿，一面考虑走的事。"套上两匹马，我们坐爬犁走，"他打定主意，"要在天黑时候动身，免得家里人看见我带着阿克西妮亚走。尽管这事儿他们早晚要知道……"

"那个连长的事我还没有说完呢。"普罗霍尔一瘸一拐地从上房里走出来，坐到桌子旁边，"我上军医站的第三天，弟兄们就把他打死了。”

“真的吗?”

“千真万确! 在打仗的时候从后面打了他两枪,就完啦。就是说,我糟蹋了自己,实在可惜!”

“没找到开枪的人吧?”格里高力因为一心想着马上要走的事,所以心不在焉地问道。

“才没有工夫找呢! 开始紧急转移了,顾不上他的事了。我老婆这是跑到哪儿去啦? 我还真想喝酒哩。你想什么时候走?”

“明天。”

“不能再过一天吗?”

“过一天干什么?”

“至少可以把虱子打扫打扫,带着虱子走路可没有多大意思。”

“你在路上打扫吧。情况不允许再等啦。红军离维奥申只有两站路啦。”

“咱们一早就走吗?”

“不,等天一黑就走。咱们只赶到卡耳根,就在那儿过夜。”

“红军不会抓住咱们吧?”

“是要提防着点儿。我想……我想带上阿克西妮亚·阿司塔霍娃。你没有意见吧?”

“我有什么? 你就是带着两个阿克西妮亚,我也不管……就是马吃不消。”

“没有多大分量。”

“跟娘儿们走可不大方便……你干吗要带上她呀? 要是光咱

们两个,多省事呀!”普罗霍尔叹了一口气,望着一边说,“我就知道你要拖着她走。你太多情啦……唉,格里高力·潘捷莱维奇,你挨鞭子挨少啦!”

“哼,这事儿你少管,”格里高力冷冷地说,“这事儿你别对你老婆乱说。”

“我以前乱说过吗?你别没有良心!还有,她把房子交给谁呢?”

过道里响起脚步声,普罗霍尔的老婆走了进来,她那灰色绒头巾上落了一层亮晶晶的雪花。

“下雪了吗?”普罗霍尔从碗橱里拿出两个酒杯,这才问,“你弄到什么了吗?”

他的脸色绯红的老婆从怀里掏出两只带着水汽的瓶子,放到桌子上。

“来,为咱们一路平安,干一杯!”普罗霍尔很带劲儿地说。他闻了闻,根据酒的气味判断说:“好酒!够劲儿!”

格里高力喝了两小盅,就推说太累了,回家去了。

二十六

“哼,仗打完啦!红军这一下子要把咱们撵到海边,叫咱们的屁股泡到咸水里了。”普罗霍尔在上了山冈的时候说。

山下面,鞑靼村笼罩在蓝色的烟雾里。太阳已经落到镶了粉红色雪边儿的地平线后面。雪在爬犁的滑铁下面咯吱咯吱响着。两匹马一步一步地走着。格里高力半躺在双马爬犁的后座上，脊背靠在马鞍子上。阿克西妮亚裹着镶边的顿河式皮袄，坐在他的身边。她的两只黑眼睛在白绒毛头巾下面亮闪闪的，放射着喜悦的光彩。格里高力侧眼看了看她，看到她那冻得红扑扑的脸。浓密的黑眉毛和挂了霜花的弯弯的睫毛下面那发亮的蓝眼白。阿克西妮亚带着兴奋的好奇心情打量着大雪覆盖、到处是雪堆的草原，打量着磨得发亮的爬犁路，打量着远方渐渐沉入黑暗中的地平线。很少出门的阿克西妮亚觉得一切都很新鲜，很不平常，一切都引起她的注意。但是她有时垂下眼睛，感受着睫毛上的霜花那使人痒酥酥的、很舒服的凉气，笑上一阵子，因为她很久以来念念不忘的幻想突然很离奇地实现了——她跟格里高力一同离开鞑靼村，离开这可亲又可恨、她受了很多苦的地方，离开她和没有爱情的丈夫过了半辈子、发生过一件件痛苦的往事的地方。因为切切实实感觉到格里高力的存在，她笑了，既不去想她花了什么样的代价才换得这样的幸福，也不去想将来的日子，尽管将来的日子还蒙在黑沉沉的烟雾里，就像远处那隐隐约约的大草原的地平线。

普罗霍尔无意中回头看了看，看见阿克西妮亚那冻得红肿了的嘴唇一动一动地在笑，他很烦恼地问道：

“哼，你龇什么牙呀？简直成了新媳妇啦！你从家里跑出来，还高兴呀？”

“你以为我不高兴吗？”阿克西妮亚响亮地回答说。

“这种事还高兴呢……你真是个傻娘儿们！还不知道这戏怎么收场呢，你别笑得太早了，把你的牙收起来吧。”

“我不会碰到更坏的事儿了。”

“我一看见你们就想吐……”普罗霍尔气嘟嘟地抽了马一鞭。

“那你就转过脸去，再把手指头杵到嘴里去。”阿克西妮亚笑嘻嘻地说。

“你又说傻话了！我能嘴里含着手指头一直跑到海边吗？真是好主意！”

“你不是想吐吗？”

“住嘴吧！你把你男人往哪儿搁？粘上野汉子就跟着跑！要是司捷潘现在回到村子里，那可怎么办？”

“听我说，普罗沙，你别管我们的事，”阿克西妮亚央告说，“要不然，你也不会有什么快活事儿。”

“我才不管你们的事儿呢，你们的事儿跟我有屁关系！我不能说说我的看法吗？我给你们赶爬犁，就只能跟马说说话儿吗？有这样的道理！休想，阿克西妮亚，你生气也好，不生气也好，反正该拿树条子结结实实地抽你，抽你还不叫你哭！说什么快活事儿吗，你别吓唬我，我身上就带着快活事儿。我的快活事儿很特别，唱也不叫人唱，睡也不叫人睡……喔，该死的东西！大耳朵鬼，你们老是想慢腾腾的！”

格里高力含笑听着，后来用调解的口气说：

“你们别慌着吵嘴吧。咱们的路还长着呢，以后吵嘴还来得及。普罗霍尔，你干吗跟她瞎缠？”

“我就是要跟她吵，”普罗霍尔恶狠狠地说，“因为她要跟我顶嘛。我现在认为，世界上再没有什么比女人更坏的！她们简直是得势的小人……老兄，上帝最坏的创造物就是女人！要是依着我，就把她们这些害人的恶鬼统统铲除掉，叫她们再也不能在人世上招摇！我现在简直对她们恨死啦！你笑什么呀？幸灾乐祸可没有什么好事儿！把缰绳给你，我要下去一会儿。”

普罗霍尔徒步行了很久，后来又上了爬犁，再也没有说话。

他们在卡耳根过夜。第二天早晨，吃过早饭就上路，到天黑时候，走了六十俄里。

大队大队的难民爬犁络绎不绝地向南拥去。格里高力他们离开维奥申乡越远，找住宿的地方越困难。在莫洛佐夫镇附近遇到第一批哥萨克队伍。骑兵一共有三四十人，辎重队的爬犁却一眼看不到头。很多村庄里的房子一到晚上就住得满满的，不仅找不到住宿的地方，连拴马的地方都找不到。来到一个塔甫里亚人的村子里，格里高力为了找房子住宿，白跑了老半天，最后只好在棚子里过夜。到夜里，在下雪时湿透了的衣服冻成了冰，皱了起来，一行一动都要嘎啦嘎啦响。格里高力、阿克西妮亚和普罗霍尔几乎一夜都没有睡，在天亮以前，在院子外面生起一堆火，身子才暖和过来。

第二天早晨，阿克西妮亚畏畏缩缩地提议说：

“格里沙，是不是在这儿住上一天？咱们挨了一夜冻，差不多一点儿觉也没有睡，是不是多少歇一歇？”

格里高力同意了。他好不容易找到一小块空地方。天一亮，辎重队就走了，但是有一支带着一百多名伤病员的随军医疗队也住下来休息了。

在一间小屋里，在肮脏的土地上睡了十来个哥萨克。普罗霍尔把车毯和装干粮的口袋拿进来，在门口铺了些麦秸，抓住一个睡得很死的老头子的腿，把他往一边拖了拖，用一种粗鲁的亲热口气说：

“躺下吧，阿克西妮亚，你折腾得都没有人样子啦。”

到夜里，这个村子里又住上许许多多人。整个一夜，一条条胡同里烧着火堆，人的说话声、马嘶声、爬犁的咯吱声一直没有断。天刚麻麻亮，格里高力就叫醒普罗霍尔，小声说：

“套上爬犁。该动身了。”

“干吗这么早？”普罗霍尔打着哈欠问。

“你听嘛。”

普罗霍尔从鞍垫上抬起头来，听到了远处低沉的隆隆炮声。

他们洗过脸，吃了点猪油，就从闹哄哄的村子里往外走。胡同里停着一排一排的爬犁，不少人来来回回地跑着，在朦胧的晨曦中有人沙哑地叫着：

“不行，你们自己把他们埋了吧！等我们掘好六个人的坟，就要到晌午啦！”

“那就该俺们来埋他们吗？”另一个人用平和的口气问道。

“恐怕，你们会埋的！”那个沙哑的嗓门儿叫道，“你们要是不愿意埋，就让他们躺在这儿，让他们在你们这儿发臭，我才不管呢！”

“您这是怎么啦，大夫先生？要是路过的人死了都叫俺们来埋，那俺们就别干别的事儿了。你们是不是还是自己来埋？”

“你这糊涂虫，去你妈的吧！你怎么，想叫我把医疗队丢给红军吗？”

格里高力一面赶着爬犁绕着满街的爬犁往前走，一面说：

“谁也不管死人啦……”

“这会儿连活人都顾不上了，谁还管死人？”普罗霍尔应声说。

顿河北部各乡的人都在往南逃。无数难民的爬犁跨过察里津—里哈亚铁路，朝马内契一带奔去。格里高力在路上走了一个星期，不断地打听鞑靼村人的消息，但是在他们经过的许多村庄里一直没见到鞑靼村人的影子；很可能，他们是从左面走，不走乌克兰人的村庄，走的是哥萨克村庄，朝奥布里夫镇方向去了。直到第十三天，格里高力才发现同村人的行踪。已经过了铁路线，他在一个村子里无意中听说，维奥申乡有一个害伤寒病的哥萨克躺在旁边一家的房子里。格里高力想去问问这个病人是哪一个村里的，一走进矮矮的茅草房，就看见躺在地上的奥布尼佐夫老汉。奥布尼佐夫老汉告诉他，鞑靼村的人是前天从这个村子里过去的，其中有很多人害了伤寒，有两个已经死在路上，他奥布尼佐夫是自己要求留在这儿的。

“要是我能好起来，要是红军同志开恩，不杀我的话，我不管怎样也要回家去，要不然会死在这儿的。死在哪儿都是一样，在外面也不比家里舒服……”老汉在和格里高力道别的时候这样说。

格里高力问了问父亲的健康情况，但是奥布尼佐夫说，他一点也不知道，因为他是在最后一架爬犁上的，离了马拉霍夫村以后，就没有看见过潘捷莱·普罗柯菲耶维奇了。

来到下一个住宿的地方，格里高力很走运：他走进第一家，要求借宿，就碰上几个上旗尔村的熟识的哥萨克。他们挤了挤，格里高力就在灶旁铺了一块地方。屋子里并排躺着十五个难民，其中有三个伤寒病人,有一个是冻伤的。几个哥萨克做好了小米猪油干饭,很热诚地请格里高力他们吃。普罗霍尔和格里高力有滋有味地吃起来,阿克西妮亚却不吃。

“你怎么,不饿吗?”普罗霍尔问道。近几天他不知不觉改变了对阿克西妮亚的态度,对她有点儿粗暴,但是非常关心。

“我有点儿恶心……”阿克西妮亚披上头巾,到院子里去了。

“她不是病了吧?”普罗霍尔朝格里高力问道。

“谁知道她是怎么回事儿。”格里高力放下饭碗,也来到院子里。

阿克西妮亚站在台阶旁边,一只手按着胸口。格里高力搂住她,很担心地问道:

“你怎么啦,阿克秀莎?”

“恶心,头也很疼。”

“咱们上屋里去,你躺一会儿吧。”

“你去吧,我一下子就来。”

她的声音低低的,一点劲儿也没有,动作软弱无力。等她走进烧得暖烘烘的屋子,格里高力用探询的目光看了看她,看见她的两腮烧得红红的,眼睛里的闪光也很不正常。他的心急得揪成了一团:阿克西妮亚显然是病了。他想起来,昨天她就说头晕,身上发冷,天快亮的时候还出过一身大汗,她那脖子上的发鬈儿都湿得像洗过澡一样,他在黎明时醒来后看到这种情形,眼睛盯着还在睡的阿克西妮亚看了很久,不愿意起来,免得惊醒她的好梦。

阿克西妮亚一直很要强地忍受着路上的困苦,她甚至还常常给普罗霍尔打气,因为普罗霍尔不止一次说:“这算打的他妈的什么仗，是谁想出来的主意？走上一整天，到头来连个住的地方都没有，谁知道咱们充军要充到哪儿去。”但是这一天阿克西妮亚也支持不住了。夜里躺下来睡觉的时候，格里高力觉得她好像是在哭。

“你这是怎么啦？”他小声问道，“你哪儿难受？”

“我病啦……咱们现在怎么办呀？你要把我扔掉吧？”

“哼，你真浑蛋！我怎么会把你扔掉呢？别哭了，也许你是在路上受凉了，可是你就吓成了这样。”

“格里什卡，这是伤寒呀！”

“别瞎说了！一点都看不出来嘛；你的额头是凉的，也许，不是伤寒。”格里高力宽慰她说，但是在心里认定，阿克西妮亚害的是斑疹伤寒，并且在苦苦思索着，如果她病倒的话，究竟该把她怎么办。

“哎呀，这样走下去真够受呀！”阿克西妮亚靠在格里高力的身上，小声说，“你瞧，这样多的人挤在一块儿睡！。虱子要把咱们吃掉啦，格里沙！我有时想看看自己身上，可是连块地方都找不到，到处是男人……我昨天走到棚子里去，脱了脱衣服，身上的虱子呀……天啊，我从来没见过这么多！我一想起来就恶心，什么也不想吃了……昨天你看见睡在大板凳上的那个老头子身上的虱子有多少吗？棉袄面子上都爬满啦！”

“你别想虱子啦，唠叨起他妈的虱子来啦！哼，虱子，虱子，当兵的时候是不数虱子的。”格里高力生气地小声说。

“我浑身都痒痒啊。”

“大家身上都痒痒，现在有什么办法呢？忍一忍吧。等咱们到了叶卡捷琳诺达尔，在那儿洗洗澡。”

“别想穿干净衣裳啦，”阿克西妮亚叹着气说，“咱们要叫虱子咬死啦，格里沙！”

“睡吧，明天还要起早赶路呢。”

格里高力老半天没有睡着。阿克西妮亚也没有睡。她用皮袄大襟蒙住头，哭了好几次，后来又翻腾了很久，不住地叹气，直到格里高力转过脸来抱住她，她才睡去。半夜里，格里高力被猛烈的敲门声惊醒了。有人拼命地敲门，大声吆喝：

“喂，开门！要不然我们砸门啦！该死的东西，都睡死啦！……”

房东是一个上了年纪的和善的哥萨克，他走到过道里，问：

“什么人？你们要干什么？要是想借宿，我们这儿可没有地方了，已经满满的了，连转身的地方都没有。”

“开门，少给我啰唆！”院子里的人吆喝道。

把门开了以后，有五个武装的哥萨克冲进了堂屋。

“你家住的是什么人？”其中有一个冻成了铁青色的哥萨克，很费劲地张着冻僵了的嘴唇，问道。

“都是难民，你们是什么人？”

其中的一个，也不回答，径直走进上房，喊道：

“喂，你们这些家伙！睡得真舒服！马上给我滚出去！这儿要住军队啦。起来，起来！快点儿，要不然我们马上把你们轰出去！”

“你是什么人，干吗这样咋呼？”格里高力用睡得沙哑了的嗓门儿问道，并且慢慢站了起来。

“我叫你看看我是什么人！”一个哥萨克朝格里高力走来，他手里的手枪筒子在昏暗的煤油灯光下闪闪发光。

“你挺麻利嘛……”格里高力夸了他一句，“来，把你的小玩意儿给我吧！”他飞快地抓住这个哥萨克的手腕子，使劲一攥，攥得他哎呀了一声，松开手指头。手枪吧嗒一声落在车毯上。格里高力把他推开，急忙弯下腰，拾起手枪，放进口袋里，镇定地说：“现在咱们来谈谈吧。你是哪一部分的？像这样机灵的你们有多少？”

这个哥萨克半天才回过神来，喊道：

“弟兄们！快来呀！”

格里高力走到门口，站在门槛上，脊背靠着门框，说：

“我是顿河第十九团的中尉。住嘴！别叫啦！这是谁在那儿嚷嚷？好乡亲们，你们这是咋呼什么？你们要把谁轰出去？谁给你们这样的权力？哼，你们给我出去！”

“你嚷嚷什么？”一个哥萨克大声说，“什么样的中尉我们都见过！怎么，叫我们睡在院子里吗？快把屋子腾出来！我们有命令：把所有的难民都从屋子里赶出去。你们明白吗？哼，你倒咋呼起来了！像你这样的，我们见过！”

格里高力对直地走到说这话的人跟前，咬着牙，从牙缝里说：

“这样的你还没有见过。要不要把你这一个浑蛋变成两个？那我就来变变看！你别朝后退嘛！这不是我的手枪，这是缴的你们的。给你吧，你交给他，不过你们还是趁我还没有揍你们，快点儿滚出去，要不然我好好地收拾你们一顿！”格里高力轻轻推着他转过身去，把他推到门口。

“揍他一顿吗？”一个用驼毛风帽包着脸的强壮的哥萨克犹豫

不决地问道。他站在格里高力背后，一面捯动着两只脚，捯动得两只缝了皮底的毡靴咯吱咯吱响着，一面仔细打量着格里高力。

格里高力朝他转过身来，已经忍不住攥起了拳头，但是这个哥萨克却举起一只手来，很和善地说：

"你听我说，大人，不知你贵姓，你别急，不要动手！我们就走，不和你吵。但是在如今这时候，你不要对哥萨克们太过分了。现在又像一九一七年那样，严重的时候到啦。你要是碰到一些不要命的家伙，他们不仅会叫你变成两个，说不定还会叫你变成五个！我们看出来，你是一个有胆量的军官，而且从你说话上看出来，你好像和我们哥儿们是一路人，那你的态度就放规矩点儿，免得自找麻烦……"

那个被格里高力缴了手枪的哥萨克气呼呼地说：

"你别给他唱赞美歌了！咱们上旁边一户人家去吧。"他头一个朝门口走去。他从格里高力面前经过的时候，侧眼看了看他，很遗憾地说："军官先生，我们是不愿意和你缠，要不然早把你敲啦！"

格里高力轻蔑地撇了撇嘴，说：

"那你怎么不敲呢？趁我没有把你的裤子剥下来，滚吧，滚吧！还充好汉哩！可惜，把手枪还给你了，像你这样的笨家伙，真不配挎手枪，只能带带羊角梳子！"

"咱们走吧，弟兄们，别理他吧！不搅就不发臭气了！"有一个没有说过话的哥萨克温和地笑着说。

哥萨克们一面骂着，一面咚咚地踏着上了冻的靴子，一齐拥进了过道。格里高力厉声对房东吩咐说：

“再不许开门！他们敲一会儿就会走的，要是不走，你把我叫醒。”

旗尔河上游的哥萨克们都被吵醒了，小声议论起来。

“简直不成体统啦！”一个老头子很伤心地叹了一口气，“这些狗崽子，他们这是怎样和军官说话呀……这要是在旧时代还得了吗？那就得蹲监牢！”

“还不光是说话呢！你没看见，还想动手打呢？‘揍他一顿吗？’这是一个家伙说的，就是戴风帽、像棵没修过的杨树的那一个。这些家伙，都这样不顾死活啦！”

“格里高力·潘捷莱维奇，你怎么轻易饶了他们呢？”一个哥萨克问道。

格里高力盖上军大衣，带着和悦的笑容听着大家说话，这时候便回答说：

“拿他们怎么办呢？他们现在一点也不服管，谁也不服从啦；他们成群结伙地走，不要长官，谁能管得了他们，谁又是他们的头儿呢？谁狠些，谁就是他们的头儿。恐怕，他们的队伍里连一个军官都没有了。我见过这样一些根本就没有人管的军队！好啦，咱们睡觉吧。”

阿克西妮亚小声说：

“你干吗要和他们吵呀，格里沙！行行好，你别惹这些人吧！他们是些疯子嘛，会杀人的。”

“睡吧，睡吧，明天咱们还要起早呢。噢，你身上觉得怎么样？是不是轻快点儿了？”

“还是那样。”

“头疼吗？”

“疼。看样子，我起不来啦……”

格里高力用手摸了摸阿克西妮亚的额头，叹了一口气，说：

“你的头好烫啊，就好像火烧的。噢，不要紧，别害怕！你是个结实娘儿们嘛，会好的。”

阿克西妮亚没有作声。她很口渴，她到厨房里去了好几次，喝了一些很难喝的温水，然后克制着恶心和头晕，又在车毯上躺下来。

夜里又来过四起寻宿的人。他们用枪托子捣门，打开护窗，乒乒乓乓地敲窗子，直到房东按照格里高力的教导，一面骂，一面在过道里喊：“你们滚开！这儿驻的是旅部！”他们才走。

天麻麻亮，普罗霍尔和格里高力就套好了爬犁。阿克西妮亚好不容易穿好衣服，走了出来。太阳就要出山了。烟囱里一缕灰色的炊烟直指蓝天。天空高挂着一朵红云，下部已经被阳光照得亮闪闪的。篱笆上、棚子顶上落了一层很厚的霜。马身上冒着热气。

格里高力扶着阿克西妮亚上了爬犁，问道：

“你是不是躺下来？这样要舒服些。”

阿克西妮亚点头表示同意。格里高力很体贴地把她的两腿盖好，她默默地用感谢的眼神看了看他，就合上了眼睛。

到了晌午，来到离大道两俄里的新米海洛夫村喂马，这时候阿克西妮亚已经不能从爬犁上爬下来了。格里高力把她搀进屋里，让她躺在女房东很热心地腾出来的床上。

“你很难受吧，亲爱的？”他俯下身看着脸色煞白的阿克西妮亚，问道。

她好不容易睁开眼睛，用模糊的眼神看了看，就又陷入昏沉状态。格里高力用哆哆嗦嗦的手把她的头巾解下来。阿克西妮亚的两腮冰凉冰凉的，额头却火辣辣的，冒过汗的两鬓结了小小的冰锥。到黄昏时候，阿克西妮亚昏迷过去。在昏迷以前，她曾要求喝水，小声说：

“我就要凉水，雪水。”她沉默了一会儿，又清清楚楚地说，“把格里沙叫来。”

“我在这儿呢。你要什么，阿克秀莎？”格里高力抓住她的一只手，很别扭、很不好意思地抚摩着。

“别把我扔掉呀，格里什卡！”

“不会扔掉你。你这是从哪儿说起呀？”

“别把我扔在外乡外土呀……我会死在这儿的。”

普罗霍尔端了水来。阿克西妮亚急忙把烧裂了的嘴唇凑到铜茶缸沿儿上，喝了几口，又哼哼着把头落到枕头上。过了五分钟，她断断续续、含含糊糊地说起了胡话，坐在旁边的格里高力只听清了几个字：“要洗洗……弄点儿蓝靛来……还早呢……”她的含糊不清的说话声又变成小声耳语。普罗霍尔摇了摇头，用责备的口气说：

“我对你说过，别带着她走嘛！哼，现在咱们可怎么办？这一下子真够咱们呛啦！咱们在这儿过夜吗？怎么，你是聋子吗？我问你呢，咱们在这儿过夜，还是再往前走？”

格里高力一声也不响。他弯着腰坐在那儿，眼睛盯着阿克西妮亚那煞白的脸。女房东是一个热心和善良的娘儿们，她用眼睛瞟着阿克西妮亚，小声问普罗霍尔：

“是他的老婆吧？有孩子吗？”

“孩子也有，什么都有，我们就是没有好运气。”普罗霍尔嘟囔说。

格里高力走到院子里，坐到爬犁上，抽了老半天烟。阿克西妮亚必须留在这个村子里，如果再往前走，她非死不可。格里高力很明白这一点。他走进屋里，又坐在床前。

“怎么样，咱们住下来吗？”普罗霍尔问道。

“好吧。也许，明天咱们还不能走呢。”

过了一会儿，房东回来了。房东是一个小个头儿、瘦弱的汉子，一双眼睛滴溜溜的，显得十分狡诈。他用一条木腿（有一条腿从膝盖地方截去了）咚咚地捣着地面，一瘸一拐地很快走到桌子跟前，脱掉外衣，不怀好意地侧眼看了看普罗霍尔，问道：

“来客人了吗？打哪儿来的？”他不等回答，就吩咐妻子，“快给我弄点儿吃的，我饿死啦！”

他狼吞虎咽地吃了半天。他那滴溜溜的眼睛时常停在普罗霍尔身上，停在一动不动地躺着的阿克西妮亚身上。格里高力从上房里走出来，和房东打了个招呼。房东一声不响地点了个头，问道：

“你们是撤退吗？”

“是撤退。”

“仗打完了吗，大人？”

“差不多啦。”

“怎么，这是您的家眷吗？”房东用头朝阿克西妮亚点了点。

“是我的家眷。”

“你怎么让她睡在床上？咱们自个儿在哪儿睡？”他很不高兴地对老婆说。

“她有病呀，万尼亚，不管怎样也要照顾照顾她。”

“照顾照顾！他们这样的人可是太多了，照顾不了那么多！你们挤得我们没办法了，大人……”

格里高力把一只手放在胸前，用他从来不曾用过的央告口气，几乎是祈求的口气，对房东两口子说：

“善人啊！看在基督面上，请你们帮我渡渡难关吧。不能再带着她走啦，她会死的，请你们答应把她留下吧。我给你们钱，请你们照料，你们要多少都行，我一辈子也忘不了你们的恩情……行行好，别推辞吧！”

房东起初坚决不答应，说是没有工夫照料病人，而且也没有地方给病人住，可是后来，吃过饭以后，他说：

“自然嘛，谁也不愿意白照料病人。您能出多少看护费呢？我们辛辛苦苦，您给多少钱呢？”

格里高力把口袋里所有的钱全掏出来，交给房东。房东迟迟疑疑地接过一沓顿河流通券，用手指头蘸着唾沫，把票子数了数，又问：

“您没有尼古拉票子吗？”

“没有。”

“也许有克伦斯基票子吧？这流通券太不可靠啦……”

“也没有克伦斯基票子。是不是把我的马给您留下？”

房东想了半天，后来踌躇不决地回答说：

“不。当然，我是想要马，我们干庄稼活儿，最要紧的是马，不过在如今这种时候，这不合适，反正不是白军，就是红军，早晚要抢走，轮不到我来使用。我只有一匹腿脚不行的骒马，就这样我还提心吊胆，生怕连这马都叫他们拉走呢。”他沉思了一会儿，又好像解释似的，补充说，“您千万别以为我是个贪心不足的人！大人，您倒是想想看：她也许要躺上一个月，也许还要长些，要给她端这个，拿那个，还要给她弄吃的，面包呀，牛奶呀，又是鸡蛋呀，肉呀，这都要钱啊，我说得对吗？还要给她洗衣服，洗身子，还有很多别的事情……我老婆管家务就够忙的了，可是还要伺候她。这种事儿不容易呀！您就别舍不得了，再给点儿什么吧。我是个残疾人，您该看见，我少一条腿，我能挣什么钱，能干什么呀？我们只能靠天吃饭，过过穷日子……”

格里高力憋着一肚子火说：

“你这个善人啊，我不是舍不得呀。我所有的钱全给你了，我都没有钱过日子啦。你还要我给你什么呢？”

“您的钱就这么一点点儿吗？”房东不以为然地冷笑说，“照您的薪水来说，恐怕有好儿口袋票子呢。”

“你说痛快的吧，”格里高力脸色煞白地说，“你愿意不愿意把病人留下？”

“不行，您既然这样会打算盘，我们就没法让她留下。”房东的口气中显然有气了，“再说，这事儿也容易出麻烦……军官太太嘛，街坊们知道了，麻烦着呢，以后红军紧跟着你们来了，一听说这事儿就要追查……不行，既然这样，您就把她弄走吧，也许街坊上会有人答应收留。”他带着非常舍不得的神情把钱还给格里高力，就掏出烟荷包，卷起烟来。

格里高力穿起军大衣，对普罗霍尔说：

“你看着她点儿，我去找地方。”

他已经抓住门把手，房东又把他叫住：

“等一等，大人，您干吗这样着急呀？您以为我不怜惜有病的女人吗？我还怜惜得很呢，再说，我也当过兵，我很敬重您的身份和地位。除了这些钱以外，您就不能再添点儿什么吗？”

这时候普罗霍尔忍不住了。他气得脸通红，大声吼了起来：

“你这个阴毒的瘸鬼，还要给你添什么？！给你添两棍子，把你那条腿也敲断！格里高力·潘捷莱维奇！你让我把这个狗东西狠狠揍上一顿，然后咱们拉着阿克西妮亚就走，这王八羔子，日他妈的八辈子祖宗！……”

房东听完了普罗霍尔气呼呼说的一番话，没有插一句；到末了，他才说：

“老总，您是白骂我！这是讲交情的事儿，咱们用不着骂，也用不着吵。哼，你这人啊，干吗要对我这样呀？你以为我说的是钱吗？我说的才不是添钱呢！我是说，你们也许有什么多余的武器，比如说，步枪啦，或者用不着的手枪啦……你们有没有这些东西，反正都一样，可是对于我们来说，在这种时候，这玩意儿比什么都要紧。要护家一定要有武器！我说的就是这个！你们把刚才给我的钱还给我，另外再添一条步枪，咱们就一言为定，你们就把病人留下来，我们就来照应她，一定要像照应亲姐妹一样，可以向你们起誓！”

格里高力看了看普罗霍尔，小声说：

“把我的步枪和子弹都给他，然后你就去套爬犁。就让阿克西妮亚留下吧……我就听天由命好啦，但是我不能拉着她去送死！”

二十七

日子更加沉闷无味了。把阿克西妮亚留下以后，格里高力一下子就对周围的一切失去了兴趣。每天早晨坐上爬犁，在无边无际、大雪覆盖的草原上跑上一天，到晚上一找到住宿的地方，就躺下睡觉。就这样一天一天地过去。格里高力对于渐渐南移的战事不闻不问。他明白，真正的、重大的抵抗已经没有了，大多数哥萨克已经失去保卫乡土的斗志，从各方面来看，白军已经走上穷途末路，在顿河上守不住，到库班就更守不住了……

战争快要结束了。形势急转直下。成千上万的库班哥萨克抛弃阵地，纷纷回家。顿河哥萨克已经被打垮。志愿军因为连续作战和伤寒肆虐，亏损很大，减少了四分之三的兵员，已经无力单独抵挡所向披靡的红军的进攻。

难民们纷纷传说，在库班地区，因为邓尼金将军残酷地杀害库班“拉达”的一些委员，不满情绪日益增长。据说，库班地区正准备发动起来打志愿军，而且好像已经在和红军的代表进行谈判，打算让苏维埃军队一枪不发地开进高加索。有些人还凿凿有据地说，在库班和捷列克的一些乡里，就像仇视志愿军一样仇视顿河哥萨克，好像在考林诺夫镇一带，顿河的一个师和库班步兵已经打过一次大仗。

格里高力常常留心听别人说话，越来越相信白军彻底失败是不可避免的了。不过有时他还抱着一种模模糊糊的希望，认为零散、溃乱、互相为敌的白军队伍在危险关头会联合起来，可以抵挡和打垮乘胜前进的红军部队。但是在罗斯托夫失陷以后，他连这一希望也失掉了；又听说在巴泰斯克附近一场鏖战之后，红军已经开始退却，但是他已经不相信了。他因为无事可干，非常苦闷，想要参加一支部队，但是等他把这个意思向普罗霍尔一说，普罗霍尔却表示坚决反对。

"格里高力·潘捷莱维奇，看样子，你简直疯啦！"他愤恨地说，"咱们为什么他妈的要往这种窟窿里钻呀？你该看到，事情已经没办法了，咱们干吗要白白地去送死？你是不是以为，咱们两个就能救他们的命呢？趁着没有人碰咱们，没有逼着咱们参加部队，咱们应该赶快跑远点儿，免得遭殃，可是你却说起这种鬼话！不行，咱们还是老老实实，像老头子们那样逃难吧。咱们打仗打了五年，已经打够了，现在让别人去试试吧！我搞上淋病，就为了再上战场吗？算了吧！我才不干呢！这种仗我打够了，到现在我一想起来就恶心！你想去就去吧，我可是不去。那我就上医院去，我够啦！"

格里高力老半天没有作声，后来说：

"就依你的吧。咱们上库班去，到那儿再说。"

普罗霍尔照旧自行其是：他到每一个大村镇里都要去找医生，拿些药面或者药水回来，但是并不真正热心来治自己的病；格里高力问他，为什么只吃一包药面，而把其余的都踩到雪里故意糟蹋掉，他就回答说，他不想治好，只想减轻一下病情，因为这样，在军医复查的时候，他就可以很容易避免被送到部队里去。在大公镇上，有一个害过淋病的哥萨克告诉他，可以用鸭掌熬汤来治疗。从这时候起，普罗霍尔每来到一个村镇，一见人就问："请问，你们这儿有鸭子吗？"等到大惑不解的当地人摇摇头，说因为附近没有水，养鸭子也无利可图，所以没有鸭子的时候，普罗霍尔就非常轻蔑地咬着牙说："你们这儿住的简直不是人！恐怕你们出娘胎以来就没有听见过鸭子叫！全是土包子！"然后他带着难受而遗憾的神情对格里高力说："咱们真倒霉！没有一样顺心的事儿！比如说，要是他们这儿有鸭子，那就可以买一只，花多少钱都舍得，或者偷一只也行，那我的病就会好起来，可是现在我的病却越来越厉害了！起初不过是开开玩笑，只是在路上不能打盹儿，可是现在，这该死的病，简直成了刑罚了！在爬犁上坐都坐不住！"

普罗霍尔得不到格里高力的同情，就老半天不作声，有时候走上几个钟头，一句话都不说，眉头皱得紧紧的。

格里高力觉得，路上的日子长得使人难受，漫长的冬夜更是分外长。他有足够的时间思索目前的事和回顾往事。他把自己这变幻莫测、不如人意的一生中已经度过的岁月一一回想了很久。他坐在爬犁上，用模糊的目光望着千里雪封的死寂的草原，或者在夜里，闭着眼睛、咬着牙躺在气闷的、挤满了人的小屋里，他总要想到，病倒的、昏迷不醒的阿克西妮亚还留在偏僻的小村子里，家里人还留在鞑靼村……在顿河那里已经建立起苏维埃政权，所以格里高力常常怀着担心和忧虑的心情问自己："他们会因为我的事来折磨妈妈和杜尼娅吗？"他马上又安慰起自己，想起自己在路上不止一次听说,红军经过的地方都很安宁,他们对待占领地区的老百姓都很好。他的担心渐渐消失了,他觉得原来那种担心老母亲会因为他的事遭殃的想法是不对头的、荒谬的、毫无根据的了。他一想起孩子们,心里就难过一阵子;他害怕家里人看护不好,孩子们会害伤寒,同时,因为他十分爱孩子,他觉得再没有什么不幸的事比娜塔莉亚的死更使他伤心的了……

在萨尔斯克的一个过冬地区里,他和普罗霍尔决定让马休息休息,在这里住了四天。在这几天里他们不止一次谈起下一步怎么办。在来到过冬地区的第一天,普罗霍尔就问:

"咱们的队伍要在库班坚守阵地呢,还是要退到高加索去?你以为怎样?"

"我不知道。你还管这些干什么?"

"瞧你说的! 我怎么能不管呢? 这样不是要把咱们撵到伊斯兰教的土地上,到土耳其去,到那儿去受罪吗?"

"你别把我当作邓尼金,你别问我把咱们撵到哪儿去。"格里高力不高兴地回答说。

"因为我听说,好像在库班河上又要打防御战了,到春天就可以回家了,所以我才问你。"

"谁来打防御战呢?"格里高力冷笑道。

"当然是哥萨克和士官生嘛,除此以外还有谁?"

"净说傻话! 你疯啦,没看见四周的情形吗? 大家都想跑快点儿,谁还来打防御战?"

"唉,伙计,我也看出来了,咱们的事糟透啦,不过我总是有点儿不大相信……"普罗霍尔叹了一口气,"比如说,如果一旦有心要泄水或者像虾子一样爬到外国去，你怎么样？去吗？”

“你呢？”

“我是这样：你上哪儿，我就上哪儿。如果大家都走的话，我也不会一个人留下。”

“我也是这样想。既然咱们已经加入了羊群，那就要跟着公羊跑……”

“公羊有时候他妈的瞎跑呀……算啦，你别说俏皮话了！你说正经的吧！”

“你别盯着问了！到时候再看吧。咱们怎么能未卜先知呢？”

“哼，算了！我再也不问你什么了。”普罗霍尔答应说。

但是到第二天，他们去喂马的时候，普罗霍尔又谈起原来的话题。

“你听说绿军[①]了吗？”普罗霍尔装作好像是仔细看着三齿叉的把儿，小心翼翼地问。

“听说了，怎么样？”

“怎么又出了这样一种绿军？他们是拥护谁的？”

“他们拥护红军。”

“干吗他们要叫绿军呢？”

“谁他妈的知道呢，也许因为他们躲在树林子里，所以叫绿军。”

“咱们是不是可以参加绿军呢？”普罗霍尔想了半天之后，很不大胆地提议说。

“我不想参加。”

---

①白军把南方的红军游击队叫作“绿军”。

“除了绿军以外，还有没有一种军队，能够叫我快点儿回家呢？不管是绿的，蓝的，或者是什么蛋黄色的，我都他妈的一样，只要他们反对打仗，能够把当兵的放回家去，什么颜色的我都拥护……”

“耐心等等吧，也许会出这样的军队。”格里高力劝他说。

一月底，在一个雾蒙蒙的融雪的中午，格里高力和普罗霍尔来到白土村。一万五千难民拥挤在这个村子里，其中有一大半是害斑疹伤寒的。许多穿着短短的英国军大衣、皮袄和棉袄的哥萨克在大街上走来走去，找住处和找马料，还有许多骑马人和爬犁在大街上奔跑着。有几十匹瘦马停在一些人家的马槽边，无精打采地嚼着干草；大街小巷到处都是扔掉的爬犁、大车和弹药箱。在从一条街上路过的时候，普罗霍尔仔细打量打量了拴在栅栏上的一匹高大的枣红马，就说：

“这是干亲家安得列的马嘛！大概，咱们村里的人也在这儿。”他连忙从爬犁上跳下来，进屋里去打听。

过了几分钟，普罗霍尔的干亲和邻居安得列·托波里斯柯夫披着军大衣，从屋子里走了出来。他由普罗霍尔领着，很庄重地走到爬犁跟前，把一只带着马汗气味的黑乎乎的手伸给格里高力。

“你是和村里的人一块儿走的吗？”格里高力问道。

“一块儿受罪。”

“噢，路上怎么样？”

“路上就不用提啦……每到一处地方都要丢下些人和马……”

“我家老头子还结实吧？”

托波里斯柯夫不看格里高力，看着别处，叹了一口气，说：

“不幸啊，格里高力·潘捷莱维奇，很不幸呀……祭奠祭奠令尊吧，昨天晚上他归天啦，去世啦……”

“已经埋了吗？”格里高力脸色煞白，问道。

“我说不上来，今天我还没有上那儿去过。咱们去吧，我指给你们地方……亲家，往右拐弯，拐过去右手第四家。”

普罗霍尔赶着爬犁来到一座高大的铁顶房子跟前，在栅栏外面把马勒住，但是托波里斯柯夫叫他把爬犁赶进院子。

“这儿也很挤，有二十来个人，但是你们马马虎虎还能住得下。”他说过这话，就跳下爬犁，去开大门。

格里高力头一个走进烧得热烘烘的屋子。很多熟识的同村人或躺或坐地挤在地板上。有人在修靴子或马套，有三个人坐在饭桌上吃粥，其中有一个是别司贺列布诺夫老汉，他是和潘捷莱·普罗柯菲耶维奇同坐一架爬犁的。哥萨克们一看见格里高力都站起来，齐声回答他的简短的问候。

“我爹在哪儿？”格里高力摘下帽子，一面在屋子里到处打量着，一面问道。

“我们不幸啊……潘捷莱·普罗柯菲耶维奇已经去世啦。”别司贺列布诺夫老汉回答过，用棉袄袖子擦了擦嘴，放下调羹，画了一个十字，“昨天晚上咽气的，愿他在天堂安息。”

“我知道。已经埋了吗？”

“还没有。我们打算今天埋他，现在他还在这儿，我们把他抬进了一间冷屋子。你上这儿来吧。”别司贺列布诺夫老汉推开旁边一间屋子的门，好像请求原谅似的，说，“大家都不愿意和死人睡在一间屋子里,气味太难闻了,再说,他停在这儿也好些……这儿没有生火。”

在宽敞的上房里有一股很浓烈的大麻籽气味和老鼠屎气味。屋角堆满了谷子和大麻籽;大板凳上放着盛面粉和盛油的木桶。潘捷莱·普罗柯菲耶维奇躺在屋子当中一张车毯上。格里高力把别司贺列布诺夫老汉往旁边一推,走进屋里,在父亲旁边站了下来。

“他病了两个星期啦,”别司贺列布诺夫老汉小声说,“在梅契特卡他就害上伤寒啦。没想到你爹却在这儿升天……咱们的命就是这样啊……”

格里高力俯下身去,看着父亲。父亲的脸害病害得变了样子,简直不像原来的样子了,很难认出了。潘捷莱·普罗柯菲耶维奇那干瘪下去的苍白的两腮上长满了白色的毛楂子,小胡子耷拉在凹进去的嘴上,眼睛半闭着,像玻璃球一样的蓝眼白已经失去了生气和光彩。老人家那耷拉着的下巴上缠着一条红围巾,那拳曲的灰白色长胡子经红围巾一衬,更显得像银子一样白了。

格里高力跪了下来,想最后一次仔细看看和记住父亲的脸,但是因为害怕和厌恶不由地哆嗦了一下:虱子在潘捷莱·普罗柯菲耶维奇那像蜡一样的苍白的脸上乱爬,眼窝里和脸上的皱纹里都爬满了虱子。虱子就像一块会活动的纱布似的把脸盖住,在胡子里乱钻,在眉毛里乱咕哝,蓝棉袄的硬领子爬满了灰灰的一层……

* * *

格里高力和两个哥萨克用铁钎子在冻得像铁一样硬的黄土

地上挖了一个坟坑,普罗霍尔用木板马马虎虎钉了一口棺材。太阳落山的时候,就把潘捷莱·普罗柯菲耶维奇抬去,埋在异乡斯塔夫罗波尔的土地上了。过一个钟头,村子里已经掌灯的时候,格里高力就离了白土村,朝新波柯洛夫镇方向走去。

来到柯林诺夫镇上,他觉得身上不舒服。普罗霍尔找了老半天医生,总算找到一个喝得半醉的军医,好不容易说服了他,把他领到住的地方来。医生没有脱军大衣,给格里高力看了看,摸了摸脉,就断定说:

"这是回归伤寒。中尉先生,我劝您别再走了,要不然您会死在路上的。"

"等着红军来吗?"格里高力似笑非笑地笑了笑。

"噢,恐怕红军还远着呢。"

"早晚要来的……"

"这我相信。但您最好还是留下来。在两种灾难当中,我看还是留下来好,因为这样危险性小一些。"

"不行,我无论如何也要走。"格里高力毅然决然地说过这话,就穿起军便服,"您能给我些药吗?"

"您走就走吧,这是您的事。我应该把意见告诉您,可是听不听就由您了。至于说药吗,那最好的药还是休息和护理;我本来也可以给您开点儿什么药,可是药房也撤走了,我那里除了麻药、碘酒和酒精,什么也没有。"

"给我点儿酒精也好!"

"我可以给。您在路上反正是要死的,所以酒精一点用处也没有。让您的护兵跟我去吧,我给您一千克酒精,我好说话……"

军医行了一个军礼，摇摇晃晃地走了出去。

普罗霍尔把酒精拿了来，不知从哪儿弄来一辆双套大车，把马套上去，走进屋里来，带着很不痛快的讥诮口气报告说：

“大人，轿车预备好啦！”

日子更加痛苦难熬了。

性急的南方的春天渐渐从山前地带来到库班。大平原上的雪迅速地融化，露出一片片黑油油的土地，一道道的融雪水像银铃一样哗啦哗啦淌着，道路上出现了一个个的水洼儿，蔚蓝色的远方已经泛出春日的光辉，辽阔的库班天空显得更高、更蓝、更温暖了。

过了两天，冬小麦就见到太阳了，田野上冒起白色的雾气。马匹已经是在化净了雪的道路上噗唧噗唧地蹚着没距毛深的烂泥走了，四条腿常常陷在泥洼里，脊背使劲弓着，浑身直冒汗气。普罗霍尔细心地把马尾巴缠起来，常常从车上跳下车，非常吃力地蹚着烂泥，在车旁边走，嘴里嘟哝着：

“这不是泥，说实在的，这是粘胶！马身上的汗始终就没有干过。”

格里高力躺在车上，瑟瑟缩缩地裹在皮袄里，一声也不响。但是普罗霍尔没有人说话，实在太闷了；他有时捅捅格里高力的腿或者拉拉他的袖子，说：

“这泥真稠呀！你下来试试看！偏偏要生病！”

“滚你的吧！”格里高力用极其微弱的声音说。

普罗霍尔不管遇到什么人，都要问：

“再往前去，泥还要稠些呢，还是和这儿一样？”

很多人都笑哈哈地拿他开开玩笑，算是回答，但是普罗霍尔也就满意了，因为总算有人和他说话了；有时候他一声不响地往前走，时不时地勒住马，擦一擦自己那棕色额头上的老大的汗珠子。有时有骑马的人从后面追上他们，普罗霍尔忍不住，把骑马的人拦住，问候一声，就问他们上哪儿去，是什么地方人，最后他说：

“你们别走啦。再往前不能走啦。为什么吗？因为迎面来的人都说，前面的泥太深啦，能抵到马肚子，大车轮子都不能转悠啦，小个儿的步行人简直就能掉到泥里淹死。我不是胡说，秃尾巴狗才胡说呢！我们为什么走吗？我们不走不行啊，我拉的是一位有病的大主教，他怎么都不能跟红军住在一块儿呀……”

大多数骑马的人都毫无恶意地对普罗霍尔骂上几句，就继续往前走，也有人临走时对他仔细看上两眼，说：

“顿河上的傻蛋们也跑啦？你们乡里的人都像你这样吗？”

或者说一些类似的话，都是一些挖苦人的话。只有一个离了群的库班人，因为普罗霍尔拦住他说瞎话，当真生起气来，拿起鞭子劈头就朝普罗霍尔打来，但是普罗霍尔十分麻利地跳到大车上，从车毯底下抽出卡宾枪，架到膝盖上。库班人骂着娘走开了，普罗霍尔却可着嗓门儿哈哈大笑着，在他背后高声喊道：

“你这不是在察里津跟前，可以往玉米地里钻啦！人渣子，溜啦！喂，回来，孬种！还想打人呢？把你那长袍子掖一掖吧，要不然掉到泥里去啦！还挓挲翅膀呢，饭桶！不顶打的玩意儿！我没有鸟子弹啦，要不然我给你一家伙！把鞭子扔了吧，听见没有？！”

普罗霍尔因为烦闷和无聊发了昏，就拼命想法子消遣。

可是格里高力从开始生病的那一天起，就好像是在梦里一样。有时候昏迷过去，随后又清醒过来。有一会儿，他昏迷了很久以后苏醒过来，普罗霍尔俯下身去看了看他。

“你还活着吗？”普罗霍尔很关切地望着格里高力的无神的眼睛，问道。

他们的头顶上是明亮的太阳。一只只黑翅膀的大雁，时而排成圆阵，时而排成黑丝绒般的人字形，嘎嘎叫着在蓝湛湛的天上飞过。晒热了的土地和草芽儿散发着醉人的气息。格里高力频频地喘着气，贪婪地吸着清爽的春天的空气。他勉勉强强能听见普罗霍尔的声音，而且周围的一切都显得缥缥缈渺，显得出奇的小，出奇的遥远。后面响着隆隆的炮声，因为离得很远，炮声很低沉。不远处有铁车轮子均匀而有节奏地响着，有马嘶声和打响鼻的声音，有人的说话声；还有浓烈的烤面包气味、干草气味、马汗气味。这一切进入格里高力的模糊的意识里，都好像是来自另一个世界。他使足劲儿听了听普罗霍尔的说话声，好不容易才明白了，普罗霍尔是在问他：

“你要喝牛奶吗？”

格里高力微微动了动舌头，舔了舔烧裂了的嘴唇，就觉得有一种很稠的、带着一股很熟悉的淡淡的味儿的凉汁儿在往他的嘴里流。他喝了几口以后，就咬紧了牙齿。普罗霍尔把军用水壶的口塞好，又俯到格里高力身上，格里高力不是听到，而是从普罗霍尔那被风吹干了的嘴唇的动作上，猜出了普罗霍尔问他的话：

“是不是把你留在镇上呢？你很难受吧？”

格里高力的脸上露出痛苦和担心的神情；他又一次鼓了鼓劲儿，小声说：

“只要我没死……就带我走……”

他从普罗霍尔脸上的表情猜出来，普罗霍尔听见他的话了，于是他放心地闭上眼睛，就像要轻松一下似的，渐渐失去知觉，进入黑沉沉的昏迷状态，离开这闹嚷嚷、乱哄哄的世界……

二十八

直到阿宾镇，这一路上格里高力只记得一件事：在一个黑漆漆的夜里，他被一阵猛烈的、刺骨的寒气冻得清醒过来。大路上有好几排大车行进着。从说话的声音和连续不断的、低沉的车轮声来判断，大车是很多的。格里高力的这辆大车在许多车辆的中间。两匹马一步一步地走着。普罗霍尔吧咂着嘴唇，有时用伤风的嗓子吆喝两声：“喔，喔，伙计！”并且抽上两鞭。格里高力听到皮鞭尖尖的啸声，感觉到车轮子猛地一动，马用劲拉直了套绳，车子走得快些了，有时候辕杆的顶头会碰到前面的车的后挡板上。

格里高力很费劲儿地把皮袄大襟往身上拉了拉，仰面躺着。在黑乎乎的天上，风吹着一团团的云彩往南飘去。难得有一颗孤零零的星，在小小的云彩缝儿里露一下面，放射一点儿黄黄的亮光，然后草原上又是漆黑一团。风吹得电线很凄凉地叫着，稀稀的、像小珠子一样的小雨从天空落下，洒在大地上。

一队骑兵从道路的右边走过来。格里高力听见早就熟悉的哥萨克装备的那种和谐的、有节奏的叮当声，听见许许多多马蹄踩在烂泥里那种低沉的、也很和谐的噗唧声。过去了至少有两个连，可是马蹄声还在响着；大概，从路边开过的是一个团。忽然在前面，在寂静的草原上，有一个领唱的雄壮而粗犷的声音像鸟一样腾空飞起：

> 嗨，弟兄们，当年在卡马河上，
> 在萨拉托夫那美好的原野上……

于是，好几百个声音声势浩大地唱起了这支哥萨克古歌，而高出一切声音的是唱衬腔的男高音，那声音格外有力，格外好听。那个嘹亮而震撼人心的男高音压倒许多渐渐低下去的低音，还在黑暗中颤动着，那个领唱的声音又唱下去：

> 那儿住着自由的人——哥萨克，
> 有顿河的、格列宾的，还有亚伊克的……

格里高力的胸中好像有什么东西碎了……他忽然想大哭一场，憋得他浑身直哆嗦，喉咙抽搐起来。他吞着眼泪，急切地等待着领唱的人再唱下去，并且他也不出声地跟着领唱的人唱起他从小就熟悉的歌儿：

> 他们的头领是叶尔马克·季莫菲耶维奇，
> 他们的大尉是阿司塔什卡·拉甫连济耶维奇……

一唱起歌来，一辆辆大车上哥萨克说话的声音一下子就停了，赶马的声音也听不见了，上千的车辆在没有杂声的一片静默中前进着；在领唱的人很带劲儿地唱出起头的句子的时候，只能听见车轮的咯吱声和马蹄踩在烂泥里的噗唧声。黑沉沉的草原上，只有这一支经历了几百年的古歌回荡着了。这支歌用朴素无华的词句歌唱了当年英勇抗击沙皇军队的自由哥萨克的祖先；歌唱他们乘着轻捷的贼船在顿河和伏尔加河上活动；歌唱他们抢劫沙皇的鹰船，袭击商人、贵族和将军，远征西伯利亚……这些在反对俄罗斯人民的不光彩的战争中被打垮了、正在败退的自由哥萨克的后代子孙们，在一片伤心的沉默中倾听着这支雄壮的古歌……

一团人开过去了。唱歌的人走到大车队前面，走远了。但是大车队又在沉醉的静默中走了很久，既听不到大车上的说话声，又听不到吆喝疲乏的马的声音。而歌声又从黑暗的远处传来，歌声雄浑开阔，就像春汛时候的顿河。

他们只有一个共同的思想：
等过了夏天，暖和的夏天，
就是冬天，弟兄们，寒冷的冬天。
咱们怎样过冬，过冬到什么地方？
要上亚伊克去，路又太长，
要在伏尔加河上游荡，又脱不掉贼名，
要上喀山城里去，那儿又有沙皇，
伊凡•瓦西里耶维奇可是个残暴的君王……

很多唱歌的声音已经听不见了，然而那一个唱衬腔的声音还响着，忽而低下去，忽而又高起来。大家依然聚精会神、闷闷不语地听着。

……格里高力还模模糊糊地记得：他在一间暖和的屋子里清

醒过来,他没有睁眼睛,浑身感觉到有一种穿上干净睡衣的舒服滋味,还有一股酸涩的药味冲进他的鼻子。起初他以为是住在军医院里,但是从旁边的房间里传来毫不拘束的男子汉的哈哈大笑声、碗碟叮当声,还有醉醺醺的说话声。有一个熟悉的粗嗓门儿说:

“……你这笨蛋！应该打听打听咱们的队伍在哪儿,我们也可以帮帮忙啊。来,喝吧,你他妈的干吗要噘着嘴?!”

普罗霍尔用醉醺醺的哭腔回答说:

“我的天呀,我怎么能知道呢？你们以为我伺候他很容易吗？要把东西嚼烂了,像喂小孩子一样喂他,牛奶要一口一口地灌,真的呀！我把面包嚼烂了,再往他嘴里填,真的嘛！还要用刀尖把牙齿撬开……有一回我往他嘴里灌牛奶,他呛了一下,差点儿没憋死……你们想想有多难呀!”

“昨天给他洗过澡吗?”

“澡也洗过啦,还用推子给他理了理发,买牛奶把钱也花完啦……我可不是心疼钱,钱他妈的算个屁！可是嚼了又用手喂他,这容易吗？你以为这简单吗？你别说这简单,要不然我揍你,我才不管你的官儿有多大呢!”

普罗霍尔,哈尔兰皮·叶尔马柯夫,灰羊羔皮帽戴在后脑勺上、脸红得像萝卜一样的彼特罗·包加推廖夫,普拉东·里亚布契柯夫和另外两个不熟识的哥萨克一同走进屋来看格里高力。

“他睁开眼睛啦!!!”叶尔马柯夫一面摇摇晃晃地朝格里高力走着,一面发狂地叫了起来。

豪放而乐观的普拉东·里亚布契柯夫摇晃着酒瓶,又是哭,又是喊叫：

“格里沙！我的好伙计呀！你该记得，咱们在旗尔河上玩得多快活呀！那时候的仗打得多漂亮呀？咱们的威风哪儿去啦？将军们把咱们搞成什么样子啦？把咱们的军队搞成什么样子啦？日他们的娘，日他们的奶奶！你又活了吗？来，喝吧，你马上就会好起来的！这是纯粹的酒精！”

“好不容易找到你呀！”叶尔马柯夫闪烁着黑黑的小眼睛，非常高兴地嘟哝说。他沉甸甸地坐到格里高力的床上，压得床朝下弯了弯。

“咱们这是在哪儿？”格里高力吃力地转悠着眼睛，打量着哥萨克们的熟识的脸，用极其微弱的声音问道。

“咱们把叶卡捷琳诺达尔占领啦！很快就要往前推进啦！喝吧！格里高力·潘捷莱维奇！我们的好伙计！起来吧，我看不惯你躺在这儿！”里亚布契柯夫趴到格里高力的腿上，但是一声不响地笑着而且看样子比大家都清醒些的包加推廖夫抓住他的腰带，把他轻轻提起，小心地放到地上。

“把他的瓶子拿过来！酒都要洒完了！”叶尔马柯夫担心地喊道，并且带着满脸醉汉的笑容对格里高力说，“你知道，我们为什么大喝吗？因为不痛快呀，哥萨克在外乡外地过起日子来啦……我们砸了一个酒库，免得落到红军手里……那儿的酒好多呀……做梦也梦不到这样的好事儿！大家用步枪打酒罐，打了很多窟窿，酒精就哗啦哗啦地往外流。把酒罐打得像蜂窝一样，每个人都站在一个窟窿旁边，接起酒来，有的用帽子，有的用水桶，有的用水壶，还有一些人干脆就用手捧着喝起来……把两个看守酒库的志愿军给劈死了,嘿,这一下子行了,热闹了！我亲眼看见一个哥萨克爬到酒罐上面,想用饮马水桶直接从上面汲一桶,一不小心掉下去就淹死了。洋灰地上淌的酒精一下子就没到膝盖,大家就蹚着酒精走,很多人弯下腰去干脆就在脚底下喝,就像马在河里喝水那样,有的人当场就醉倒了……又好笑,又造孽！有些人醉得简直都要死啦。我们也在那儿捞了一把。我们也不要多:弄了五桶,就够啦。喝吧,好伙计！反正静静的顿河要完蛋啦！普拉东在那儿差点儿没有淹死。很多人把他撞倒在地上,拿脚踩他,他呛了两次,眼看就要完了。我费了好大的劲儿才把他从那儿拖出来……”

他们这几个人身上都带着很浓烈的酒精气味、大葱气味、黄烟气味。格里高力觉得有点儿恶心和头晕,就带着很勉强的微笑,闭上了眼睛。

他在叶卡捷琳诺达尔住了一个星期,住在包加推廖夫熟识的一位医生家里,慢慢调理着病后的身体,后来,正如普罗霍尔说的,“修理好了”,于是格里高力自从撤退以来在阿宾镇第一次骑上了马。

* * *

诺沃罗西斯克的人正在撤退。一艘艘轮船载着俄罗斯的富商、地主、将军和政界要人的家眷往土耳其开去。码头上日日夜夜都在装船。士官生干起了装卸队,不停地把军用物资和那些逃难的要人的箱子、行囊往船舱里装。

志愿军的队伍跑到了顿河人和库班人前头,首先到达诺沃罗西斯克，已经开始上轮船了。志愿军司令部为了预防万一，已经搬到开进港来的英国主力舰“印度皇帝号”上。唐涅里纳亚附近在进行战斗。成千上万的难民塞满了诺沃罗西斯克的街道。军队不断地开来。一个个码头上都拥挤得无法形容。几千匹被扔掉的战马一群一群地在周围的石灰岩山坡上乱跑。在靠近码头的一些街道上，哥萨克们的马鞍、武器和军用物资堆得和山一样。这些东西已经没有人要了。城里到处传说着，轮船要专门运送志愿军，顿河人和库班人只能用行军的方式上格鲁吉亚去。

三月二十五日早晨，格里高力和普拉东·里亚布契柯夫到码头上去打听，顿河第二军的队伍是不是要上船，因为前一天哥萨克们传说着，好像邓尼金将军下了命令：把所有还保留着武器和马匹的顿河人都运送到克里米亚去。

码头上挤满了萨尔斯克州的加尔梅克人。他们从马内契和萨尔赶来一群一群的马和骆驼，把他们的小木屋也拖到了海边来。格里高力和里亚布契柯夫在人群里闻够了淡淡的羊油气味，来到停在码头上的一艘大轮船的跳板跟前。跳板由马尔科夫师一支加强的军官守卫队把守着。旁边拥挤着许多顿河哥萨克炮兵，等着上船。船尾有几门大炮，都用绿帆布盖着。格里高力好不容易挤到前面，向一个挺神气的黑胡子司务长问道：

“这是哪一个炮兵连，乡亲？”

司务长侧眼看了看格里高力，很勉强地回答说：

“第三十六炮兵连。”

“是卡耳根的炮兵连吗？”

“就是的。”

“谁在这儿指挥上船?”

“那位上校,就是站在栏杆旁边那一位。”

里亚布契柯夫拉了拉格里高力的袖子,恨恨地说:

“咱们走吧,让他们见鬼去吧！这会儿找他们管什么劲？打仗的时候,用得着咱们,现在他们觉得咱们一点用处也没有啦……”

司务长笑了笑,朝着排好了队的炮兵们挤挤眼睛,说:

“你们这些炮兵真走运呀！连军官先生们都上不了船呢。”

那位指挥上船的上校在跳板上很迅速地走着;一位穿着敞怀的贵重皮袄的秃头文官,跌跌撞撞地跟在他后面跑着。那文官像做祷告一样把海狗皮帽子按在胸前,不知在说着什么,他那汗津津的脸上和近视的眼睛里都露出死乞白赖的哀求神情,所以上校发起火来,一再地躲他,粗暴地吆喝道:

“我已经一再地对您说过啦！别缠了,要不然我叫人把您押到岸上去！您疯啦！您那些破烂玩意儿叫我们他妈的往哪儿放啊？您怎么,瞎了吗？没看见这儿是什么情形吗？唉,您就滚远点儿吧！请您快走吧,行行好,您就是找邓尼金将军来也不行！我说不行,就是不行,您不懂俄国话吗?!”

他为了躲避那个死皮赖脸的文官,从格里高力面前走过的时候,格里高力上前把他拦住,行了个军礼,很激动地问道:

“有几名军官可以上船吗?”

“上这条船是不行了,没有地方了。”

“那该上哪条船呢?”

“请到后送站去问问吧。”

“我们上那儿去过,谁都是什么也不知道。”

“我也不知道,请让我过去吧!”

“可是您在让第三十六炮兵连上船啊! 为什么就没有我们的地方?”

“请您让——开,少啰唆! 我这儿不是问事处!”上校想把格里高力轻轻地推到一边,但是格里高力脚跟站得牢牢的。蓝蓝的火花在他的眼睛里时明时灭。

“现在你们用不着我们了吗? 你们以前用过我们吧? 把您的手收回去,您别想推我!”

上校对着格里高力的眼睛看了看,又回头看了看;站在跳板上的马尔科夫师的军官们正把步枪交叉起来,很费劲地拦阻着直往上挤的人群。上校看着一边,不看格里高力,无精打采地问道:

“你们是哪一部分的?”

“我是顿河第十九团的,另外几个是别的团的。”

“你们一共有几个人?”

“十个人。”

“不行。没有地方。”

里亚布契柯夫看见格里高力在小声说出下面的话的时候鼻孔哆嗦了几下:

“你卖什么乖,坏蛋? 躲在后方的虱子! 马上放我们上船,要不然呀……”

“格里沙马上要宰他了!”里亚布契柯夫又恨又痛快地想道,但是一看见有两个马尔科夫师的军官用枪托子在人群中开着路,急急忙忙赶来搭救上校,他就机警地拉了拉格里高力的袖子,说,

“别跟他缠了,潘捷莱维奇! 咱们走吧……”

“您是蠢猪！您要为自己的行为负责！”脸都气白了的上校说，他又指了指格里高力，对来到跟前的两个军官说，“二位！把这个疯子带走！要把这儿的秩序维持好！我还有急事要上卫戍司令部去，可是在这儿叫各种各样的人胡缠起来啦……”他匆匆地从格里高力身边溜了过去。

一个高个子军官，蓝大衣上钉着陆军中尉肩章，留着整整齐齐的英国式小胡子，他对直地走到格里高力面前，问：

“您要干什么？为什么扰乱秩序？”

“我要的是轮船上的座位！”

“你们的队伍在哪儿？”

“我不知道。”

“您的证件呢？”

另一个军官是一个厚嘴唇、戴夹鼻眼镜的年轻小伙子，他用还没有完全变粗的嗓门儿说：

“该把他带到警卫处去。您别浪费时间啦，维索茨基！”

陆军中尉仔细看过证件，把证件还给格里高力。

“请您去找自己的队伍吧。我劝您离开这儿，别妨碍装船。我们有命令：逮捕一切不守纪律、妨碍装船的人，不问他们的级别高低。”中尉紧紧闭住嘴唇，等了几秒钟，然后侧眼看着里亚布契柯夫，朝格里高力弯下身子，小声说，“我给您出个主意，您去和第三十六连连长谈一谈，算在他们的队伍里，你们就可以上船了。”

里亚布契柯夫听到陆军中尉的耳语，就高高兴兴地说：

“你去找卡耳根连，我马上去把伙计们叫来。除了装东西的口袋，你的东西还有什么需要带上？”

“咱们一块儿走吧。”格里高力冷冷地说。

他们在路上遇到一个熟人——谢苗诺夫村的一个哥萨克。他赶着一辆军用大车往码头上去，车上装着一大堆面包，上面盖着帆布。里亚布契柯夫把这位同乡唤住：

“菲道尔，你好！你这是往哪儿拉？”

“哦——哦，普拉东，格里高力·潘捷莱维奇，你们好呀！这是给我们团准备路上吃的面包。好不容易才烤出来，要不然在路上只有吃面糊了……”

格里高力走到停下来的大车跟前，问：

“你这面包过过秤吗？或者是不是数过？”

“谁他妈的数过呀？你们怎么，要面包吗？”

“要。”

“拿吧！”

“能拿多少？”

“要拿多少就多少，反正我们够吃的！”

里亚布契柯夫吃惊地看着格里高力一块又一块地往下拿，忍不住问道：

“你拿这么多干啥？”

“需要。”格里高力简短地回答说。

他向赶车人要了两个口袋，把面包装进去，谢过赶车人的好意，道过别，对里亚布契柯夫说：

“扛起来，咱们带回去。”

“你是不是打算在这儿过冬呀？”里亚布契柯夫把一个口袋扛

上肩，用嘲笑的口气问道。

"这不是我吃的。"

"那又是给谁吃？"

"给马吃。"

里亚布契柯夫急忙把口袋扔在地上，茫然失措地问道：

"你是说着玩儿吧？"

"不，是真话。"

"这么说，你……你这是打的什么主意，潘捷莱维奇？你想留下来，我猜得对吗？"

"你猜得很对。好啦，把口袋扛起来，咱们走吧。马总要喂喂，不然马就只能啃啃槽帮子了。马还有用处嘛，咱们总不能去当步兵……"

里亚布契柯夫一路上再没有说话，嘴里不住地哼哧着，口袋在肩上一颠一颠的；走到大门口，他问：

"你告诉大伙儿吗？"他也不等回答，就带着轻微的懊恼口气说，"你打的主意倒是好……可是我们怎么办呢？"

"随你们的便吧。"格里高力装作很淡漠地回答说，"不叫咱们上哩，挤不下哩——咱们也用不着！咱们找他们干屁用，跟他们缠够啦！咱们就留下。试试运气吧。你进去呀，干吗在门口愣着？"

"听到你这种话，不能不发愣……我连大门都看不见啦。哼，真是的！格里沙，你就像是当头打了我一棒，简直把我打昏了。所以我刚才还在想：'他要这些面包他妈的干啥呀？'现在咱们那些伙计们要是知道了，会急得跳起来的……"

“噢,你怎么样？不留下来吗?”格里高力问道。

“哪能留下来呀?!”里亚布契柯夫惊骇地叫起来。

“你想一想吧。”

“没什么好想的！只要能上船,当然要走。我加入卡耳根炮兵连,就跟着走。”

“不应该走。”

“真了不起！老兄,可是我的脑袋更值钱呀。我还不大愿意叫红军拿我的脑袋来试刀呢。”

“哎呀,你想一想吧,普拉东！这种事儿……”

“你别说了！我马上就走。”

“好,随你的便吧,我不拦你。”格里高力很烦恼地说过这话,便头一个朝石头台阶走去。

叶尔马柯夫、普罗霍尔、包加推廖夫都不在屋里。女房东是一个上了年纪的亚美尼亚女人,她说,哥萨克们都出去了,说是很快就要回来的。格里高力也不脱衣服,把面包切成一大片一大片的,拿到棚子里去喂马。他把面包分均匀了,倒给自己的马和普罗霍尔的马。他刚刚提起水桶,想去打水,里亚布契柯夫就来到门口。里亚布契柯夫用大衣襟小心翼翼地兜着切成大片的面包。他的马一闻到主人的气味,短短地嘶叫了两声;他一声不响地从低声笑着的格里高力面前走过去,把面包片倒进槽里,也不看格里高力,说:

“请你别笑吧！既然事情是这样,那我也要喂喂马……你以为我愿意走吗？我才不愿意上这该死的轮船呢,是没有办法呀！因为我实在害怕呀……肩膀上不是只有一个脑袋吗？要是把这个脑袋砍掉了，就是到圣母节也不会再长出一个来……”

普罗霍尔和其余几个人快到黄昏时候才回来。叶尔马柯夫带回来一大瓶酒精，普罗霍尔扛回来一口袋封得很严、装着浓浓的黄色液体的玻璃罐儿。

“这是我们赚的外快！够喝一夜的了，”叶尔马柯夫带着夸耀的神气指了指瓶子，又解释说，“我们碰上一位军医，他要我们帮他把医药用品从仓库里搬到码头上去。码头工人都不干了，只有一些士官生在从仓库里往外搬，我们就去帮他们搬了。军医就送我们这瓶酒精，算是酬劳，不过这些玻璃罐儿可是普罗霍尔偷来的，真的，这不是瞎说！”

“这里面装的是什么？”里亚布契柯夫问道。

“伙计，这比酒精还要好呢！”普罗霍尔把一个玻璃罐晃了晃，对着亮光看了看，只见浓浓的黄色液体在黑乎乎的玻璃罐里面冒着泡儿，他很得意地说，“这是一种顶顶值钱的外国葡萄酒呀。是给病人喝的，这是一个会说英国话的士官生告诉我的。等咱们上了轮船，拿来喝喝解解闷儿，唱一唱《我的亲爱的家乡》，一直喝到克里米亚，然后把空罐儿往海里一扔。”

“你快去上船吧，不然的话，轮船会因为你耽误啦，不能开船啦。他们会说：‘普罗霍尔·泽柯夫这位了不起的英雄哪儿去啦？没有他我们可不能开船呀！’”里亚布契柯夫用嘲笑的口气说。顿了一会儿，又用熏得黄黄的手指头指着格里高力说：“他不想走啦，我也不走了。”

“是吗？”普罗霍尔哎呀了一声，惊讶得几乎把手里的玻璃罐掉在地上。

“这是怎么回事儿？你们这是打的什么主意？”叶尔马柯夫皱着眉头，盯着格里高力，问道。

“我们决定不走了。”

“为什么？”

“因为轮船上没有咱们的地方。”

“今天没有，明天会有的。”包加推廖夫很有把握地说。

“你到码头上去过吗？”

“去过又怎样？”

“你看见那儿的情形了吗？”

“嗯，我看见啦。”

“还‘嗯’呢！既然看见了，还有什么说的。他们只能带我和里亚布契柯夫两个人，就这样还是一个志愿军说的，叫我们混到卡耳根炮兵连里去，不然也不行。”

“这个炮兵连还没有上船吗？”包加推廖夫连忙问道。

他听说炮兵们正排着队等候上船，就急忙收拾起来：把内衣、备换的裤子、军便服都装进军用包里，又装上两块面包，就向大家告别。

“别走吧，彼特罗！”叶尔马柯夫劝他说，“咱们没有必要散伙呀。”

包加推廖夫也不回答，只把一只汗津津的手伸给他，在门口又行了个礼，说：

“祝你们健康！要是老天爷开恩的话，咱们还会见面的！”便跑出去了。

他走过以后，屋子里静了半天，大家心里很不痛快。叶尔马柯夫到厨房里去向女房东要了四个杯子，一声不响地把酒精斟到一个个的杯子里，把一只装着凉水的大铜壶放在桌子上，把猪油切了切，仍然一声不响地在桌边坐下来，将两个胳膊肘撑在桌子上，呆呆地朝着自己的脚底下看了有好几分钟，然后对着壶嘴喝了一阵子凉水，沙哑地说：

"在库班，哪儿的水都有煤油味儿。这是怎么搞的呢？"

谁也没有回答他的话。里亚布契柯夫用一块干净的布片在擦蒙了一层水汽的马刀刃，格里高力在翻自己的小箱子，普罗霍尔心不在焉地望着窗外，望着到处是马群的光秃秃的山坡。

"请坐到桌前来，咱们喝吧，"叶尔马柯夫不等大家坐定，就把半杯酒精倒进嘴里，又喝了一口水，然后一面嚼着粉红色的猪油，用快活起来的眼睛望着格里高力，问道：

"红军同志不会杀咱们吧？"

"总不能把所有的人都杀掉。这儿留下有好几万人呢。"格里高力回答说。

"我不操心所有的人，"叶尔马柯夫笑起来，"我担心的是自个儿的命……"

等到酒喝多了，谈话也就渐渐上劲儿了。可是过了不久，冻得脸色发青、愁眉苦脸的包加推廖夫突然回来了。他在门口把一捆崭新的英国军大衣往地上一摔，就一声不响地脱起衣服来。

"欢迎您驾到！"普罗霍尔一面鞠着躬，一面用挖苦的口气说。

包加推廖夫恨恨地朝他瞪了一眼，叹着气说：

"就是邓尼金一伙儿和所有别的浑蛋都来请我，我也不走了！我站了半天队，冻得就像雪里的狗一样，可是白站了。恰好到我这儿就挡住了。在我前面站着两个人，把一个人放过去了，另一个就不放了。有半个炮兵连没有走掉，哼，这算什么道理呀？”

“把你们哥儿们作弄得好苦呀！”叶尔马柯夫哈哈大笑起来，他一面把瓶子里的酒精往外泼洒着，给包加推廖夫斟了满满的一杯，“来，喝一杯消消你的霉气吧！你是不是还等着他们来请你呀？你朝窗户外头看看：那不是弗兰格尔将军来请你了吗？”

包加推廖夫一声不响地呷着酒精，他毫无心思来说笑。可是叶尔马柯夫和里亚布契柯夫不仅自己已经醉了，还把房东老大娘灌得烂醉，并且已经在商量到什么地方去找个手风琴手来。

“你们顶好到车站上去，”包加推廖夫出主意说，“那儿正在抢火车。满满的一火车军装。”

“咱们要军装有屁用！”叶尔马柯夫叫道，“你扛来的这些军大衣够咱们穿的了。多余的反正要叫人抢走。彼特罗！狗崽子！我们正在这儿商量参加红军呢，明白吗？咱们是哥萨克不是？如果红军留咱们活命，咱们就去给他们干！咱们是顿河哥萨克！是地地道道的，一点儿也没有掺假！咱们就是管砍杀。你见过我砍杀吗？就像砍白菜一样！你站住，我来用你的脑袋试试看！噢，噢，你怕啦？咱们反正是一样，不管杀谁，只要有人可杀就行。麦列霍夫，我说得对吗？”

“算了吧！”格里高力无精打采地把手一摆，说。

叶尔马柯夫歪了歪血红的眼睛，想去拿他那放在柜子上的马刀。包加推廖夫心平气和地把他推开，说：

“你别胡闹，别充好汉，要不然我马上叫你老实老实。规规矩矩地喝吧，你总是个军官嘛。”

“我才不稀罕这种官儿呢！我当这个官儿，就好比猪戴上了枷。别提啦！你也是这样嘛。让我把你的肩章扯掉好吗？彼佳，我的好伙计，你等着，等着，我来给你扯下来……”

“现在还不是时候，要扯还来得及。”包加推廖夫一面推着发酒疯的朋友，一面笑着说。

他们一直喝到天亮。天刚黑的时候就来了几个不熟识的哥萨克，其中有一个还带着手风琴。叶尔马柯夫跳起哥萨克舞来，一直跳到躺在地上才算完。别人把他拖到大柜子跟前，他大叉开两腿，很别扭地仰着脑袋，马上就在光光的地上睡着了。这一场不开心的酒宴一直持续到天亮。一个前来参加酒宴的偶然相识的上了年纪的哥萨克醉醺醺地哭着说：“我是库穆沙特人！……就住在镇上！从前我们那儿的牛又高又大，叫你连角都够不到！从前的马就和狮子一样！可是现在家里还剩下什么呀？只剩下一条癞皮狗啦！而且就连这条狗也快要死了，没东西喂呀……”有一个穿破棉袄的库班人叫手风琴手拉起一支《纳乌尔舞曲》，他十分潇洒地挓挲开两条胳膊，异常轻快地在屋子里旋转起来，格里高力觉得这个库班人那无后跟的靴底子简直就好像挨不到肮脏而不平的地面似的。

半夜里，有一个哥萨克不知从哪儿弄来两个高高的小口瓦罐子；上面还贴着黑乎乎的、烂掉了一半的商标，瓶塞子用火漆封着，樱桃红色的火漆印下面还有老大的铅封印。普罗霍尔把一个瓦罐子拿在手里转悠了半天，很费劲儿地咕哝着嘴唇，想认出商标上的外国字。才醒过来不久的叶尔马柯夫从他手里夺过罐子，放在地上，抽出马刀来。普罗霍尔还没来得及叫一声，叶尔马柯夫就斜着举起马刀，把罐子口剁成四瓣，高声喊道："快拿家伙来接！"

浓浓的、香味扑鼻、带有酸涩味道的葡萄酒在几分钟内就喝完了，喝过了以后，里亚布契柯夫还有滋有味地吧咂了半天舌头，嘟囔着说："这不是酒，这是玉液琼浆！这种酒只有在临死以前才能喝到，而且不是所有的人都能喝到，只有那些一辈子不赌钱、不抽烟、没有沾过女人的人才能喝到……一句话，只有主教才能喝！"这时候普罗霍尔想起来，他的口袋里还有好多罐治病的酒哩。

"等一等，普拉东，你慢点儿夸吧！我还有比这更好的酒呢！这不过是马尿，我从仓库里弄来的那一些，才是真正的好酒呢！简直是蜜做的香水，也许还要好些！伙计，这酒连主教都不能喝，只有皇帝才能喝！以前是皇帝喝的，现在轮到咱们啦……"他一面吹着，一面把一个玻璃罐打了开来。

嘴馋的里亚布契柯夫一下子就把浓浓的、黄乎乎的东西喝下去半杯，一张脸立刻就变成灰白色，并且瞪大了眼睛。

"这不是酒，是石碳酸！"他嘶哑地说，并且气冲冲地把剩下的半杯泼到普罗霍尔的褂子上，摇摇晃晃地朝过道里走去。

"他是胡说，浑蛋！这是英国酒！是上等货！伙计们，别信他的！"普罗霍尔大叫起来，想压倒醉汉们的喧闹声。他一口气把一杯喝光了，一张脸立时变得比里亚布契柯夫还要白。

"喂，怎么样？"叶尔马柯夫鼓着鼻孔，望着普罗霍尔两只发了呆的眼睛,问道,“这皇帝喝的御酒怎么样？有劲儿吗？好喝吗？你说呀,妈的,要不然我拿这罐子往你的脑袋上砸啦!”

普罗霍尔摇着脑袋,难受得说不出话来,后来打了个嗝儿,急忙跳起来,也跟着里亚布契柯夫跑了出去。叶尔马柯夫笑得喘不上气来,他幸灾乐祸地朝格里高力挤了挤眼睛,便朝院子里走去。过了一会儿,他回到屋子里。他那响亮的大笑声压倒了一切声音。

“你这是怎么啦?”格里高力疲惫无神地问道,“你干吗傻笑？拾到宝贝啦?”

“哎哟,伙计,快去看看吧,他们吐得把肠子都翻过来啦！你知道他们喝的是什么吗?”

“是什么?”

“是英国的灭虱油!”

“你胡说!”

“是真的！我也到仓库里去过,我起初也以为这是酒,可是后来我问那个医官:‘医官先生,这是什么?’他说:‘这是药。’我又问:‘请问,这玩意儿不能治各种愁闷病吗？不能当酒喝吗?’他说:‘那可不行,这是协约国给咱们送来的灭虱油。这种外用药,无论如何不能喝到嘴里去!’”

“你这坏蛋,怎么不告诉他们呀?”格里高力气得责骂他说。

“叫他们在完蛋以前清清肠子吧,反正又不会喝死!”叶尔马柯夫擦了擦笑出来的眼泪,又幸灾乐祸地说,“再说,以后他们就不那么嘴急了,要不然为他们收拾酒杯都来不及呢。嘴馋的人就应该这样教训教训！喂,怎么样,咱们现在喝呢,还是等一等？来为咱们的完蛋干一杯吧?”

天快亮的时候,格里高力走到台阶上,用哆哆嗦嗦的手卷了一根烟卷,抽了起来,脊梁靠在雾气打湿了的墙上,站了老半天。

屋子里,醉汉的叫声、手风琴的呜噜声、起劲的口哨声响成一片;有几个舞迷的靴后跟不停地发出嗒嗒的声音……风从港口送来一阵粗壮而低沉的轮船汽笛声;码头上人声鼎沸,闹闹哄哄,夹杂着响亮的口令声、马嘶声、火车汽笛声。在唐涅里纳亚车站方向还在进行战斗。大炮低沉地隆隆响着,在炮声的间隙里还能隐隐听到激烈的机枪嗒嗒声。在马尔霍特山口后面高高地升起一颗光芒四射的信号弹。有几秒钟的工夫,可以看见被幻影般的绿光照亮了的一条条弯弯的山脊,可是后来三月之夜的沉沉黑幕又罩住了群山,而且大炮的齐射声更清楚、更密集了,差不多连成了一片。

二十九

从海上吹来咸咸的、浓重的冷风。风把陌生的异乡气味送到岸上来。但是,对于顿河人来说,不仅是风,而且这座沉闷的、到处是穿堂风的滨海城市里的一切都是陌生的、很不亲切的。顿河人成堆成堆地站在防波堤上,等候上船……冒着泡沫的绿色波浪在岸边翻腾着。没有暖意的太阳透过云彩照射在大地上。有几艘英国和法国的驱逐舰在港口里冒着烟;一艘主力舰像一座威严的灰色大山似的高耸在水面上。主力舰上方铺开一大片黑黑的浓烟。码头上是一种带有不祥意味的肃静。不久前那艘最后的运输船靠在码头上摇晃的地方，现在漂着军官的马鞍、提箱、毛毯、皮袄、包着红绒布的椅子，还有一些匆匆忙忙从跳板上扔到水里去的零碎东西……

格里高力早晨就骑马来到码头上；他把马交给普罗霍尔以后，在人群里来来回回地走了老半天，寻找熟人，听着断断续续、惶惶不安的谈话声。他亲眼看见一个不能上船的上校在“圣光荣号”的跳板旁边自杀了。

这位上校个头儿小小的，满脸灰色胡楂子，慌里慌张的，有了肉囊的眼睛哭得红红的，而且肿了起来，他在几分钟以前还抓着守卫队长的武装带，可怜巴巴地央告着，擤着鼻涕，用肮脏的手绢擦着熏黄的小胡子、眼睛和打哆嗦的嘴巴，可是后来不知为什么一下子就下了决心……一个眼疾手快的哥萨克马上就从死者那热乎乎的手里抽出闪着镍光的勃朗宁手枪，很多只脚像踢木头一样，把穿着浅灰色军官大衣的死尸踢到一堆箱子跟前，跳板旁边的人越来越拥挤了，等候上船的人群里打架打得越来越厉害了，难民们那声嘶力竭的、发狠的吆喝声越来越响了。

在最后一艘轮船摇摇晃晃离开码头的时候，人群里响起妇女的号哭声、歇斯底里的叫喊声、咒骂声……那短促而粗大的轮船汽笛声还没有停息，一个头戴狐皮帽的年轻加尔梅克人就跳进水里，跟在轮船后面泭起水来。

“他忍不住啦！”一个哥萨克叹着气说。

“就是说，他怎么都不能留下来，”站在格里高力旁边的一个哥萨克说，“就是说，他对待红军手太狠啦……”

格里高力咬紧了牙，望着泭水的加尔梅克人。泭水的人的两条胳膊划得越来越慢，两个肩膀越来越往下沉。湿透了的棉袄直往下坠。一个浪头扑到加尔梅克人的头上，把他的红红的狐皮帽打到了后头。

“这该死的异教徒，要淹死的！”一个穿棉袄的老头子很惋惜地说。

格里高力陡然转过身来，朝自己的马走去。普罗霍尔正在很起劲儿地和骑马来到他跟前的里亚布契柯夫和包加推廖夫说话。里亚布契柯夫一看见格里高力，就在马上坐不住了，焦急地用靴后跟踢了踢马，喊道：

“你快点儿嘛，潘捷莱维奇！”他不等格里高力走到跟前，老远就叫起来，“趁现在还不晚，咱们走吧。咱们这儿凑集了有半连哥萨克，我们想上盖林治克去，再从那儿上格鲁吉亚。你怎么样？”

格里高力把两手深深地插在军大衣口袋里，一声不响地用肩膀分开无可奈何地拥挤在码头上的哥萨克们，慢慢走过来。

“你走不走？”里亚布契柯夫对直地走到他跟前，盯着问道。

“不，我不走。”

“有一位中校加入了我们这一伙儿。他非常熟悉这儿的道路，他说：‘我闭着眼睛也可以把你们带到第比利斯！’咱们走吧，格里沙！从那儿上土耳其去，好吗？无论如何要逃命呀！眼看要完啦，可是你闷声不响，动也不动……”

“不，我不走。”格里高力从普罗霍尔手里接过马缰，像个老头子一样很费劲地骑到马上，“我不走。犯不着走。而且也有点儿晚啦……你瞧！”

里亚布契柯夫回头一看，因为绝望和愤怒把马刀上的穗头揉成一团,掀了下来;红军的散兵线从山上下来了。在水泥厂旁边,机枪疯狂地响了起来。铁甲车上的大炮朝着红军的散兵线开炮了。第一发炮弹在阿司兰尼及面粉厂附近爆炸了。

"咱们回住处去,伙计们,跟我走!"格里高力高兴起来,并且不知为什么挺起身子,吩咐说。

但是里亚布契柯夫抓住格里高力的马缰绳,惊骇地喊叫道:

"不行! 咱们就待在这儿吧……你要知道,大家伙儿在一起,死也不可怕……"

"唉,见鬼,走吧! 哪儿会死呢? 你瞎说什么?"格里高力烦恼得还想说几句什么,但是从海上传来的巨雷般的炮声把他的声音淹没了。英国主力舰"印度皇帝号"慢慢离开盟邦俄罗斯的海岸,转过头去,用十二英寸口径的大炮发射了一阵炮弹。英国军舰为了掩护出港的轮船,朝着向城关拥来的红军游击队轰击了一阵子,又掉转炮口去轰击山口,因为山口出现了红军的炮兵。英国炮弹带着沉重的咯咯声和啸声从拥挤在码头上的哥萨克们的头上飞过去。

包加推廖夫紧紧勒着马缰,勒着直往下蹲的马,在一片轰轰的炮声中喊叫道:

"英国大炮别一个劲儿狂叫啦! 他们是白惹红军生气! 他们打炮一点用处也没有,只能凑凑热闹……"

"他们要惹就惹吧! 咱们现在反正都是一样。"格里高力笑着夹了夹马,顺着大街走去。

从拐角上跑出六个骑马人,手握出鞘的马刀朝他飞奔而来。最前面一个骑马人胸前挂着像血一样鲜红鲜红的布条子。

卷　八

一

温暖的南风刮了两昼夜。田野上的残雪化净了。泡沫滚滚的雪水流尽了，草原沟里和小河里的流水不再翻腾了。第三天清晨，风息了，草原上下起浓雾，一丛丛打湿了的去年的羽茅草闪着银光，山冈、洼地、市镇、钟楼的尖顶、直指天空的高高的白杨树都隐没在一片白茫茫的雾气中。蔚蓝色的春天来到了辽阔的顿河草原上。

在这个雾蒙蒙的早晨，阿克西妮亚病后第一次走出屋子，如醉如痴地呼吸着甜蜜醉人的清新的春天空气，在台阶上站了很久。她压制着恶心和头晕，走到果园里的一口井边，放下水桶，坐在井栏杆上。

她觉得眼前的世界不同了，变得出奇地新鲜和迷人了。她用闪闪发光的眼睛激动地朝四下里望着，像小孩子一样拨弄着衣服的皱褶。那笼罩在雾气中的远方，果园中那泡在融雪水里的苹果树，那水漉漉的围墙，墙外的大路和那冲得很深的去年的车辙——她觉得都格外美，觉得一切景物都闪烁着又浓又温柔的色彩，就像是洒满了阳光。

透过雾气露出来一小片蓝天，那冷冷的蓝色照得她的眼睛发花；那霉烂的干草气味和化冻的黑土气味又亲切又好闻，阿克西妮亚禁不住深深地吸了一口，嘴角笑了笑；从雾蒙蒙的草原上传来百灵鸟天真无邪的歌声，不觉勾起她的惆怅。这在异乡听到的歌声，使阿克西妮亚的心加速跳动起来，使她的眼睛里冒出两颗小小的泪珠儿……

阿克西妮亚心情恬静地品味着又回到她身上来的生命，非常想用手把什么都摸摸，用眼睛把什么都看看。她想去摸摸那一丛潮湿得发了黑的醋栗，想把脸贴到那长了一层灰白色绒毛的苹果树枝儿上，想跨过那一段倒在地上的篱笆，到泥泞地上去走走，不走大路，径直地往前去，穿过一块宽宽的洼地，到那一片碧绿的、渐渐和雾蒙蒙的远方融合在一起的冬小麦地里去……

阿克西妮亚等了好几天，以为格里高力很快会来的，但是后来她从到房东家来串门的街坊们的嘴里听说，仗还没有打完，有很多哥萨克从诺沃罗西斯克走海路上克里米亚去了，那些留下来的哥萨克都参加了红军，到矿山上去了。

周末，阿克西妮亚拿定主意要回家去，而且这时候很快就来了一个同伴。有一天傍晚，一个驼背的小老头子不敲门就走进屋里来。他一声不响地鞠了个躬，就脱起他身上穿的那件又肥又大、衣缝都开了绽的肮脏的英国军大衣。

“好人呀，你这是怎么啦，连‘好’也不问，就要住宿吗？”房东惊讶地打量着这位不速之客，问道。

小老头子很麻利地脱下军大衣，在门口抖了抖，细心地挂到钩子上，这才抚摩着剪得短短的白胡子，笑着说：

“善人呀，看在基督面上，多多担待吧，我是在如今这年头儿学会了这一手：先脱衣服，然后再请求住宿，要不然是不叫进门的。如今的人都不讲礼貌，不欢迎客人了……”

“我们哪儿有地方让你住呀？你看，我们够挤的了。”房东已经是比较和气地说。

“我有一点点儿地方就行。就在这门口，蜷一蜷身子就能睡。”

“你是干什么的呀，老大爷？是逃难的吗？”女房东问道。

“是的，是的，是逃难的。逃啊，逃啊，一直逃到海边，可是这会儿是慢慢往回走了，逃难逃够啦……”喜欢说话的老头子一面回答，一面在门口蹲下来。

“你是什么人？什么地方的？”房东又问道。

老头子从口袋里掏出来一把裁缝用的大剪刀，在手里转悠了几下，嘴上依然带着原来那种笑容，说：

“这就是我的身份证，我就是凭着这家什从诺沃罗西斯克一直往回走；我的家还很远呢，我是维奥申乡的。我现在就是喝够了海边的咸水，回家乡去。”

“我也是维奥申乡的呀，老大爷！”阿克西妮亚高兴得脸都红了。

“真没想到呀！”老头子叫了起来，“在这儿会遇到同乡！不过如今这种事儿不算稀奇啦：咱们如今就像犹太佬一样，跑得到处都是了。在库班就是这样：你扔出棍子去打狗，可是打到的却是顿河的哥萨克。到处都能碰到顿河哥萨克，多得数都数不清，可是埋到地里的还要多些。善人呀，这一次逃难，我可是各种各样的事情都见过。老百姓受的什么样的罪，就没法子说啦！前天我坐在火车站上，有一个戴眼镜的有身份的女子坐在我身旁，透过眼镜看着自己身上的虱子。虱子在她身上到处爬。她就用手指头把虱子往下捏，眉头皱得紧紧的，就好像在尝又酸又涩的野苹果。她在掐那可怜的虱子的时候，眉头皱得还要厉害些，把一张脸都皱歪了，她真是厌恶透了！可是有些心狠的家伙就是杀人也不皱眉头，连嘴都不歪一歪。我亲眼看见一个这样的好汉，一口气劈死三个加尔梅克人，然后把马刀在马鬃上擦了擦，掏出香烟抽起来，走到我跟前，问道：‘老大爷，你瞪什么眼睛？想要我把你的脑袋砍下来吗？’我说：‘瞧你说的，孩子，上帝保佑你吧！你把我的脑袋砍掉，那我怎么吃饭呀？’他笑起来，就走开了。”

“有的人杀人杀惯了，杀一个人，比掐死一个虱子还容易。革命革得人不值钱了。”房东很深沉地插话说。

“这话一点儿不假！”老头子表示赞成这话，“人不是畜生，干什么都能习惯。噢，我就问那个女人：‘您是什么人？看样子，您好像不是普通人呀。’她看了看我，就流起泪来，说：‘我是戈列奇欣少将夫人。’我心里想，管你什么将军，管你什么夫人，身子的虱子像癞猫身上的蛇蚤一样啦！我就对她说：‘夫人，您要是这样整治您身上这些小虫儿，对不起，您就是到圣母节也逮不完。还要把手指甲都硌烂呢。您顶好一下子都弄死！'她问：'怎么弄法呢？'我就出主意说：'您把衣服脱下来，铺在一块硬地方，用瓶子来压。'我一看：这位将军夫人收拾收拾，就朝水塔后面跑去；我又一看：她正拿一只绿玻璃瓶在衬衣上滚呢，而且滚得那样巧妙，就好像干这种事儿干了一辈子！我看了她一阵子，心里就想：上帝管得真宽，他叫有身份的人身上也长长这种小虫儿，说，叫这些小虫儿也吸吸他们的甜血吧，不能光叫它们吸干活人的血……上帝真有眼！上帝是通情理的。有时候上帝管人管得非常公正，简直好得没法子再好了……"

这位老裁缝不住气地说着，他看到房东两口子都很用心听他说话，就很巧妙地暗示说，他还有不少有趣的事儿可以说说呢，不过他太饿了，饿得直想睡觉。

吃过晚饭以后，他一面打铺睡觉，一面问阿克西妮亚：

"老乡，你想在这儿多住些日子吗？"

"我正想回家呢，老大爷。"

"好啊，那咱们就一块儿走吧，有人做伴儿总要热闹些。"

阿克西妮亚高高兴兴地同意了，第二天早晨，他们和房东两口子告过别，就离开了这荒凉的草原村庄新米海洛夫村。

* * *

第十一天的夜里，他们来到米留金镇上。在一个看样子很富裕的大户人家借宿。第二天早晨，老裁缝决定在镇上住一个星期，休息休息，养一养他那已经磨出血来的一双脚。他已经走不动了。这户人家也有裁缝活儿要他干，于是很想干干活儿的老裁缝很带劲儿地在窗前坐了下来，掏出剪刀和用小绳子拴着的眼镜，很麻利地拆起一件破衣服。

这个爱说爱笑的老头子在和阿克西妮亚道别的时候，对她画了一个十字，并且一下子就流起泪来，但是他马上擦去眼泪，用他平时常用的玩笑口气说：

“穷苦不是亲娘，可是穷苦能叫人亲近起来……我真舍不得你……可是，没有法子，你就一个人走吧，好孩子，你这领路人这一下子不能走了，非得找个地方糊糊口不可了……不用说，咱们赶路赶得太猛了，简直够我这个七十多岁的人受的。要是有机会，你告诉我家的老婆子，就说老头子还活着，身子还结实呢，受过各种各样的折腾，可是还活得好好的，在路上给行善的人家做裤子呢，还说不定哪一天才能回家……你就告诉她：老浑蛋不再逃难了，已经在往回走了，就是不知道哪一天才能回到家里……”

阿克西妮亚又在路上走了好几天。在博柯夫镇上搭上一辆顺路大车，一直坐到鞑靼村。天黑时候，她走进大开着的自己家的大门，朝麦列霍夫家看了看，一股泪水猛然涌到喉咙眼儿里，憋得喘不过气来……她在很久没有人的空厨房里把积了很久的痛苦的女人眼泪全部哭了出来，然后到顿河上去挑了一担水，生起炉子，在桌边坐下来，两手放在膝盖上。她沉思起来，竟没有听见门响，直到伊莉尼奇娜走进来，小声说：

“噢，你好啊，他嫂子！你在外乡待了很久呀……”

阿克西妮亚这才回过神来，惊恐地看了她一眼，站起身来。

“你怎么拿眼睛瞪着我，不说话呀？是不是带回来什么不好的消息了？”伊莉尼奇娜慢慢走到桌子跟前，在大板凳边上坐了下来，一直用探询的目光盯着阿克西妮亚的脸。

“不是，我会有什么消息……没想到您来，我正在想事情，没听见您进来……”阿克西妮亚慌乱地说。

“你瘦了，身子很虚嘛。”

“我害过伤寒……”

“我家格里高力……他怎样……你们在哪儿分手的？他还活着吗？”

阿克西妮亚简要地说了一遍。伊莉尼奇娜一字不漏地听完了，到最后问道：

“他离开你的时候，不是病着走的吧？”

“没有，他没有病。”

“你后来再没有听到他的消息吗？”

“没有。”

伊莉尼奇娜轻松地舒了一口气，说：

“嗯，好吧，谢谢你这番吉利话。可是村里人提到他，有各种各样的说法……”

“说什么呀？”阿克西妮亚小声问道。

“没什么，都是乱说……不能什么话都听嘛。咱们村里的人只回来万卡·别司贺列布诺夫一个。他在叶卡捷琳诺达尔看见格里沙生病呢，别人的话我都不信！”

“别人都怎么说呀，大婶子？”

“我们这儿有人说是听到新根村的一个哥萨克说，好像红军在诺沃罗西斯克城里把格里沙砍死了。我这个做娘的心里实在受不住，就到新根村去了一趟，找到了那个哥萨克。他说他没有说过这话。他没有看见，也没有听说过。还有一种说法，说是好像他进了监牢，在牢里害伤寒病死了……”

伊莉尼奇娜垂下眼睛，看着自己那虬筋盘结的、很不灵活的两只手，老半天没有作声。老人家那松弛的脸上表情很平静，嘴唇闭得紧紧的，但是不知为什么她那两个黑乎乎的腮帮子上忽然涌现出一阵樱桃色的红晕，眼皮轻轻哆嗦起来。她用干燥、狂热的眼睛看了看阿克西妮亚，沙哑地说：

“我才不信呢！我就剩下这一个儿子了，不会死的！上帝没有来由这样惩罚我……我已经没有多少日子好活了……我反正活不久了，就是没有这种事，我的苦也够受的了！……格里沙活着呢！我的心里没有什么不好的感觉，就是说，我的儿子活着呢！”

阿克西妮亚一声不响地转过身去。

厨房里静了很久，后来风把通向过道里的门吹了开来，于是可以听见，春水在河那边杨树林里低沉地吼叫着，大雁在河湾里惶惶不安地互相呼唤着。

阿克西妮亚把门关上，身子靠在炉灶上。

“您不要为他难受，大婶子，”她小声说，“他那样的人还怕病吗？他结实着呢，简直就像是铁打的。这样的人死不了。一路上那样冷，他连手套都不戴呢……”

“他想孩子们吗？”伊莉尼奇娜无精打采地问道。

“他也想您，也想孩子们。孩子们都好吗？”

“都很好，孩子们没有事。可是我家潘捷莱·普罗柯菲耶维奇死在逃难的路上啦。只剩下我们这几口啦……”

阿克西妮亚一声不响地画了一个十字，心里觉得非常奇怪：伊莉尼奇娜说到丈夫的死，竟是那样平静。

伊莉尼奇娜扶着桌子，很吃力地站了起来。

“我在你这儿坐住啦，天已经很黑了。”

“您坐一会儿吧，大婶子。”

“家里只有杜尼娅一个人，我该走了。”她一面理头巾，一面把厨房里打量了一遍，皱了皱眉头，说，“炉子里冒烟啦。你走的时候，就该找个人来住住嘛。好啦，再见吧！”她已经抓住门把手，也不回头看，又说：“等你把家里事料理好了，到我们家来玩吧。你要是听到格里高力的什么消息，就告诉我。”

从这一天起，麦列霍夫家和阿克西妮亚之间的关系一下子就改变了。因为都在为格里高力的生命担心，所以她们也就亲近起来。第二天早晨，杜尼娅一看见阿克西妮亚在院子里，就唤了她一声，并且走到篱笆跟前，抱住阿克西妮亚的瘦瘦的肩膀，又亲热又真挚地对她笑了笑。

“噢呀，阿克秀莎，你瘦了好多呀！就剩下一把骨头了。”

“过这种日子，那是要瘦的。”阿克西妮亚暗暗羡慕地打量着她那洋溢着成熟的美的红红的姑娘的脸，笑着回答说。

“我妈昨天上你家来了吗？”杜尼娅不知为什么小声问道。

“来过。”

“我就想，她是上你家来了。她问格里沙了吗？”

“是的。”

“她没有哭吗？”

“没有，她是个很刚强的老人家。”

杜尼娅很信任地望着阿克西妮亚，说：

"她要是哭哭倒好些，心里总会轻快些……阿克秀莎，你要知道，她打从冬天以来变得很古怪，跟以前很不一样了。她听到我爹死的消息，我以为她心里要难受死了，我非常担心，可是她连一滴眼泪也没有掉。只是说：'愿他在天堂安息，我的亲人受罪受到头了……'直到天黑，她和谁都没说过一句话。我找她说这样，说那样，可是她摆摆手，一声也不响。那一天我真害怕呀！晚上我把牲口料理好了，走进屋里，问她：'妈妈，晚饭咱们做什么吃呢？'她的心情平定了，才开口说起话来……"杜尼娅叹了一口气，若有所思地隔着阿克西妮亚的肩膀望着别处，问道：

"我家格里高力死了吗？这话是真的吗？"

"我不知道，好妹妹。"

杜尼娅用探问的目光侧眼看了看阿克西妮亚，更加深沉地叹了一口气，说：

"唉，妈妈想他简直想疯啦！她一个劲儿地唤他：'我的小儿子呀！'她怎么都不相信他会死。阿克秀莎，你要知道，她要是知道格里沙真的死了，她自个儿也会难受死的。她已经到了风烛残年，她唯一的指望就是格里高力了。她对孙子孙女也不那么关心了，干活儿也没有劲儿了……你想想看，一年的工夫，我家少了四口啊……"

阿克西妮亚心中涌起一股怜惜之情，她隔着篱笆探过身子，抱住杜尼娅，使劲亲了亲她的脸蛋子。

"好妹妹，你要想法子分分你妈的心，别叫她太难过了。"

"能想什么法子呢？"杜尼娅用头巾的角儿擦了擦眼睛，央求说,“你上我们家玩玩,跟她聊聊吧,她总会轻快点儿。你不用躲着我们!”

“我要去的,一定去!”

“明天我要下地去。和安尼凯的老婆插犋,想种两亩小麦。你不想种点儿吗?”

“我还种什么地呀?”阿克西妮亚很不开心地笑了笑,“又没有牲口,再说也用不着。我一个人吃不了多少,马马虎虎能过得去。”

“你家司捷潘有什么消息吗?”

“没有,”阿克西妮亚淡淡地回答说,并且又意想不到地说,“我才不怎么想他呢。”这无意中冲口而出的自白,使她发起窘来,她为了掩饰自己的窘态,便急急忙忙地说:“好,再见吧,小妹,我要上屋里去收拾收拾了。”

杜尼娅装作没有看出阿克西妮亚的窘态,望着一边,说:

“等一下子,我还有话想对你说:你能不能帮我们干干活儿?地都要干了,我怕我们种不下去,可是全村的男子汉只剩下两个了,而且都还是残废。”

阿克西妮亚高高兴兴地答应了,于是杜尼娅也满心欢喜地去准备下地。

杜尼娅准备下地十分认真地准备了一整天:安尼凯的老婆帮着她把麦种筛了筛,她又凑合着把耙修了修,往车轮上加了油,把播种机也调理好了。傍晚时候,她包了一头巾干净麦子,拿到坟地上,撒在彼特罗、娜塔莉亚和妲丽亚的坟上,好叫鸟儿明天一早就飞到亲人的坟头上。她的一颗孩子般纯真的心完全相信,死者会听见悦耳的鸟叫声,会高兴的……

* * *

快到黎明时候,顿河沿岸才安静下来。在淹了水的树林里,流水小声低语着,冲刷着灰绿色的青杨树,有节奏地摇动着淹没在水里的小橡树和小白杨树棵子的树头儿;在灌满了水的湖泊里,被流水冲弯的一丛丛芦苇沙沙响着;从水湾里、河汊里,从春水映照着朦胧的星光、像入了迷似的一动不动的地方,传来海雁的隐隐约约的呼唤声、公鸭子的懒洋洋的叫声,有时还传来停在开阔的水面上过夜的路过的天鹅那银喇叭一样的声音。有时候能听见水里的游鱼在黑暗中溅水的声音。在金光闪闪的水面上,粼粼的水波远远地荡漾开去,一只惊慌的鸟儿发出的报警声顺着水面传了过来。顿河沿岸又静了下来。但是黎明时候一道道石灰岩山岭刚刚隐隐露出粉红色,下游来的风就刮了起来。又猛又强劲的风迎着水流吹来。顿河上掀起一丈高的波浪,树林里的水疯狂地沸腾起来,树木摇来晃去,发出痛苦的呻吟声。大风怒吼一整天,到深夜才停息。一连好几天都是这样的天气。

原野上一片淡紫色的烟尘。土地越来越干,草也停止生长了,耕过的土地上吹起一道道沙土丘。耕地眼看着被风吹干了,可是鞑靼村的田野上几乎看不到人的影子。全村只剩下几个很老的老头子,逃难回来的男子汉不是冻伤,就是害病,都不能干活儿;在地里干活儿的只有妇女和半大孩子。风在行人稀少的村子里吹得灰尘滚滚,吹得一家家的护窗乒乒乓乓直响,吹得棚顶上的麦秸到处乱飞。老头子们说:“今年没有粮食吃了。只有老娘儿们在地里干活儿，而且三四家才有一家种地。地不种是不会长庄稼的……”

下地的第二天，太阳快落山的时候，阿克西妮亚赶着牛到塘边去饮水。奥布尼佐夫家的一个十来岁的男孩子，牵着一匹上着鞍的马站在塘边。那马吧咂着嘴，水珠儿从灰灰的、光滑的马嘴上一滴一滴地往下落，下了马的小骑手正在玩着：往水里扔土坷垃，看着水上的圈圈儿渐渐扩展开去。

“你这是要上哪儿去，万尼亚特卡？”阿克西妮亚问道。

“给妈妈送饭。”

“噢，村子里有什么事儿吗？”

“没什么。盖拉西姆爷爷昨天夜里用网逮了一条老大老大的鲤鱼。还有，菲道尔·梅里尼柯夫回来了。”

小男孩踮起脚来，给马上了嚼子，两手抓住马鬃，十分敏捷地跳上马去。他离开塘边，像个谨慎的当家人似的，让马一步一步地朝前走去，但是过了不大的一会儿，他回头看了看阿克西妮亚，就放马大跑起来，跑得褪了色的蓝褂子在背后鼓了起来。

牛在喝水，阿克西妮亚在塘边躺了下来，并且当即拿定主意到村子里去一趟。梅里尼柯夫是个当兵的哥萨克，想必知道格里高力的下落。阿克西妮亚把牛赶到停车的地方以后，就对杜尼娅说：

“我要到村子里去一下，明天一早我就来。”

“有事儿吗？”

“有事儿。”

第二天早晨，阿克西妮亚回来了。她走到正在套牛的杜尼娅跟前,漫不经心地摇晃着树条子,但是眉头皱得紧紧的,嘴角上出现了痛苦的纹丝。

"菲道尔·梅里尼柯夫回来了。我去找他打听格里高力的消息,他一点也不知道。"她简短地说了说,就陡地转过身去,朝播种机走去。

种过地以后,阿克西妮亚就干起自家的事情:在园子地里种了些西瓜,把房子泥了泥,刷了刷,尽自己的本事用剩下的麦秸把棚子顶缮了缮。她在忙碌中打发着日子,但是却无时无刻不在为格里高力的生命担心。阿克西妮亚不愿意提到司捷潘,不知为什么她总觉得他不会回来了,但是每当有哥萨克回到村子里来的时候,她总是首先问:"你没有看见我家的司捷潘吗?"然后才小心翼翼地慢慢问到格里高力身上去。村里的人都知道他们的关系。就连顶喜欢说闲话的娘儿们都不说他们的事了,但是阿克西妮亚还是不好意思表露自己的感情,只是有时候,有的当兵的不大爱说话,一直不提格里高力的事,她才眯缝着眼睛,带着非常害羞的神气问:"你没碰到我家的邻居格里高力·潘捷莱维奇吗?他娘想他想死了,人都想瘦了……"

自从顿河军在诺沃罗西斯克投降以后,本村的哥萨克谁也没有看见过格里高力和司捷潘。直到六月底,才有司捷潘的一个柯隆达耶夫村的同事要从这儿过河,顺路来看了看阿克西妮亚。他告诉她:

"我对你说实在话,司捷潘上克里米亚去了。我亲眼看见他上的轮船。没来得及和他说话。挤得不得了,要从人头上才能走过去。"问他有没有见到格里高力,他回答得很含糊,"我在码头上见过他,他还戴着肩章,后来就没有看见他了。把许多军官都送到莫斯科去了,谁知道他这会儿在哪儿呀……"

过了一个星期,受了伤的普罗霍尔·泽柯夫回来了。是一辆拉差的大车从米列洛沃镇上把他送回来的。阿克西妮亚一听说他回来,连牛奶也不挤了,把小牛往母牛跟前一推,就一面扎着头巾,几乎是跑着,急急忙忙朝泽柯夫家走去。"普罗霍尔是知道的,他一准知道!可是如果他说格里高力已经不在人世了,怎么办呀?那我可怎么办啊?"她一路上这样想着,把一只手按在胸口上,害怕听到不祥的消息,脚步不觉渐渐慢了下来。

普罗霍尔把一只断胳膊藏在背后,满面春风地在上房里把她迎住。

"你好啊,老搭档!你好啊!又看见你活着啦!我们还以为你把小命丢在那个小村子里了呢。噢呀,你病得好厉害呀……喂,怎么样,你是怎样好起来的?可是你瞧,波兰白军把我搞成什么样子啦,日他们的奶奶!"普罗霍尔把挽成结儿的绿色军便服的空袖筒给她看了看,"我老婆一看见,就淌起眼泪,我就对她说:'别哭了,糊涂蛋,别人脑袋掉了,都不难受呢,掉一条胳膊,有什么了不起的?马上就可以装一只木头的。木头胳膊至少不怕冷,砍上一刀,也不会流血。'糟糕的是,我还没有学会用一只手做事情呢。我连裤子都扣不起来,真够呛!从基辅回家这一路上,我的裤裆都是敞着的。真不好意思!如果你看见我有什么不礼貌的地方,就请原谅吧……噢,进来吧,请坐,你是客人嘛。趁我老婆还没回来,咱们先谈谈吧。我叫她打酒去了。男人断了胳膊回来,可是她都没东西慰劳慰劳。丈夫不在家,你们都是这种样子,对你们这些湿尾巴鬼，我才摸透了呢！”

“你快说说吧……”

“我知道，我这就说。他叫我问候你呢，”普罗霍尔很滑稽地行了一个礼，抬起头来，很惊愕地拧了拧眉毛，“你这是怎么啦？你哭什么呀，傻娘儿们？你们这些老娘儿们都是泪包子。打死了，你们哭；活下来，也要哭。快擦擦吧，擦擦吧，干吗淌起鼻涕来啦？我告诉你吧，他活着呢，而且很壮实，把一张脸都吃圆了！我和他在诺沃罗西斯克一块儿参加了布琼尼同志的骑兵队伍，编进第十四师。咱们的格里高力·潘捷莱维奇指挥一个连，也就是一个骑兵连，我当然也在他的手下，我们朝基辅方面开去。我们把那些波兰白军打得屁滚尿流！我们在往那儿开的时候，格里高力·潘捷莱维奇就说：‘我砍过德国人，也拿各种各样的奥地利人试过刀，难道波兰人的脑壳儿就结实些吗？我看，他们的脑袋比咱们俄国人的脑袋更要好砍些，你以为怎样？’并且朝我挤了挤眼睛，笑了笑。他的样子大变了，自从参加了红军，他就快活起来，胖得像匹骟马一样了。噢，我们也免不了要吵吵嘴……有一回我走到他跟前，和他说着玩儿：‘该休息了，麦列霍夫大人同志！’他就瞪了我一眼说：‘你少给我开这种玩笑，要不然你要倒霉的。’晚上他有事把我叫去，我他妈的又忘了，叫了他一声‘大人’……他一下子就抓起匣子枪来！他脸色煞白，像狼一样龇出牙齿，满嘴的牙都龇了出来，至少有一百颗。我连忙钻到马肚子底下，才躲开了。差一点儿把我打死，真他妈的危险！”

“他是不是可以请请假……”阿克西妮亚讷讷地说。

“休想！”普罗霍尔断然说，“他说，要一直干到把过去的罪过赎回来才算完呢。他这是能做得到的，干傻事儿是不难的……在一个小镇跟前，他带领我们去冲锋。我亲眼看见他劈死四名敌人的枪骑兵。他从小就是个左撇子，所以从两面都可以劈到敌人……打过仗以后，布琼尼还在队伍前面亲自和他握了握手，并且向连队、向他表示感谢。你的潘捷莱维奇呀，他干起来就是这样不要命！”

阿克西妮亚听着他的话，就像在做梦一样……等她走到麦列霍夫家门口，才回过神来。杜尼娅正在过道里滤牛奶，也没有抬头，问道：

“你是来拿发面头吧？我说要送去的，可是忘了。”但是她一看见阿克西妮亚那哭湿了的、喜气洋洋的眼睛，不等说话就全明白了。

阿克西妮亚把热辣辣的脸蛋子贴在杜尼娅的肩膀上，兴奋得气喘吁吁地小声说：

“他活着呢，而且很壮实……带好来啦……你快去！快去告诉妈妈！”

二

快到夏天的时候，撤退的哥萨克中有三十来个回到了鞑靼村里。其中大多数是老头子和上了年纪的当兵的，至于青年和中年的哥萨克，除了生病的和受伤的以外，几乎都没有回来。他们有一部分参加了红军，其余的都加入弗兰格尔的各个团里，躲在克里米亚，准备重新向顿河进攻。

大多数撤退的人永远留在异乡了：有些人死于伤寒，有些人在库班的最后几场战斗中战死，有几个人脱离了撤退的队伍，在马内契的草原上冻死了，有两个人被红绿军俘了去，不知去向……鞑靼村里有很多哥萨克不见了。妇女们在又紧张又担心的盼望中过着日子，每一次在村口迎接回来的牛群，都要站上很久，把手搭在眼上朝远处眺望：在笼罩着淡紫色暮霭的大道上，是不是有迟归的出门人呢？

一个衣服褴褛、满身虱子、骨瘦如柴、但是家里人盼了很久的当家人回到家里，家里都要欢欢喜喜地乱忙一阵子：给身上脏得发了黑的当兵人烧水洗澡，孩子们争先恐后地为父亲效劳，注视着他的一举一动，高兴得不知如何是好的女主人一会儿端饭拿酒，一会儿跑到柜子跟前去给丈夫拿干净衬衣。偏偏衬衣又需要修补，可是女主人那哆哆嗦嗦的手指头怎么也不能把线穿进针眼儿里……在这欢天喜地的时刻里，就连那老远就认出主人、舔着主人的手一直跟到门口的狗也准许进屋子了；孩子们打碎碗碟或者洒掉牛奶也不挨打了，而且不管怎样淘气都没有事了……回来的当家人洗过澡以后还没有穿好衣服，屋子里已经挤满了妇女。她们来打听亲人的下落，战战兢兢而又如饥似渴地倾听着当兵人的每一句话。过一会儿，就会有妇女用手捂着眼泪汪汪的脸跑到院子里去，像瞎子一样踉踉跄跄地朝小胡同里走去，于是在一座房子里又有一个新寡妇哭起了死人，还有尖细的孩子们的哭声伴随着。在那些日子里，鞑靼村里就是这样：欢乐进入一家的时候，往往给另一家带来无法忍受的悲痛。

第二天早晨，脸刮得干干净净、显得年轻了的当家人天一亮就起身,在家里到处看上一遍,看看首先需要干什么。吃过早饭,他就干起来。在棚子底下,凉荫里,响起欢快的刨子哧哧声,或者丁丁的斧子声,好像是在告诉大家,这一家又有勤快而能干的男子汉在干活儿了。可是在昨天听到丈夫和父亲的噩耗的人家里,房子里和院子里都是一片死静。悲痛欲绝的女主人一声不响地躺着,一夜之间就成了大人的孤儿们挤成一堆,围在她的身旁。

伊莉尼奇娜一听说村子里有人回来,就要说:

"咱们家的人啥时候回来呀?人家都回来了,可是咱们家的人连一点儿音信都没有。"

"不叫年轻哥萨克回来嘛,妈妈,您怎么连这都不明白呀!"杜尼娅不耐烦地说。

"怎么不叫回来?季洪·盖拉西莫夫不是回来了吗?他比格里沙还小一岁呢。"

"他挂花了嘛,妈妈!"

"他算挂的什么花!"伊莉尼奇娜反驳说,"昨天我在铁匠铺旁边看见他,他走起路来精神抖擞的。没见过这种挂花的。"

"他是挂花来,这会儿是在休养呢。"

"咱们格里沙挂的花还少吗?他全身都是伤疤,照你说的,他不也需要休养吗?"

杜尼娅想方设法要对妈妈说明白,指望格里高力回来现在是不可能的,但是说服老人家不是一件容易的事。

"住嘴吧,混账丫头!"她厉声对杜尼娅说,"我知道的事儿不比你少,你想教训妈妈,还早着呢。我说他能回来,就是能回来。滚吧,滚吧,少给我啰唆!"

老人家急不可待地盼望儿子回来，并且不论遇到什么事都会想起他来。米沙特卡一不听她的话，她就吓唬他说："你等着吧，小毛崽子，等你爹回来，我要告诉他，叫他好好收拾你！"她要是看见从窗外路过的大车的车帮子是新的，就要叹气，而且一定要说："看样子，人家的男子汉在家里呢，可是我们家的就是不知道回来……"伊莉尼奇娜一向不喜欢抽烟的气味，常常把抽烟的从厨房里撵出去，可是最近这个时候，她在这方面也变了。她不止一次对杜尼娅说："去把普罗霍尔叫来，叫他来这儿抽抽烟，要不然这儿有一股死尸臭味儿。等格里沙当完兵回来，那时候咱们家就有男子汉的活人气味了……"每天做饭，她都要多做些，吃过饭以后，她还要把盛菜汤的铁罐子放进炉膛里。杜尼娅问她，这是干什么，她很惊异地回答说："不放进去怎么行呢？咱们家当兵的也许今天回来，那他马上就能吃热的，要不然等到热好了，又这样又那样，恐怕他都饿坏了……"有一天，杜尼娅从瓜地里回来，看见厨房里的钉子上挂着格里高力的一件旧衣服，还有帽箍褪了色的一顶制帽。杜尼娅用询问的目光看了看老人家，老人家就带着不好意思和可怜巴巴的笑容说："杜尼娅什卡，这是我从柜子里拿出来的。从外面走进来，看见了，心里不知怎么就觉得好受些……好像他已经在家了……"

天天没完没了地谈格里高力，杜尼娅都觉得厌烦了。有一天，她忍不住数落起母亲来：

"妈妈，您天天唠叨过来，唠叨过去，不觉得烦吗？您这样唠叨，谁听了都烦。就听见您叨咕：格里沙，格里沙……"

"我说自个儿的儿子，怎么会烦呢？你自个儿生一个看看，那时候就知道了……”伊莉尼奇娜小声回答说。

这以后，她把格里高力的衣服和帽子从厨房里拿到自己住的上房里去了，而且有好几天她没有提到儿子。但是快到开镰割草的时候，她对杜尼娅说：

“我一提格里沙，你就生气，可是咱们没有他，日子怎么过呢？这事儿你想过没有，糊涂东西？眼看要割草了，可是连个修修耙子的人都没有……你看，家里什么都乱糟糟的，咱们两个可是没法子弄好。没有当家人，连东西也受罪……”

杜尼娅没有作声。她十分明白，母亲并不多么操心家业方面的事，这只不过是要说说格里高力、说说心里话的借口。伊莉尼奇娜更加想念儿子了，而且也无法掩饰这一点了。有一天晚上，她没有吃晚饭，杜尼娅问她是不是病了，她很勉强地回答说：

“我老啦……我想格里沙想得心里难受死了……难受得不得了，觉得什么都不亲，眼睛什么都怕看了……”

然而到麦列霍夫家来当家干活儿的却不是格里高力……就要开镰割草的时候，米沙·柯晒沃依从前方回到村里来了。他在远房亲戚家里住了一夜，第二天早晨到麦列霍夫家里来了。伊莉尼奇娜正在做饭，米沙很有礼貌地敲了敲门，因为没有人应声，就一直走进厨房，摘下破旧的军帽，对伊莉尼奇娜笑了笑。

“你好啊，伊莉尼奇娜大婶儿！没想到我会来吧？”

“你好。你是我的什么人，会叫我想到你来？跟我们家沾什么边儿？”伊莉尼奇娜气嘟嘟地望着她十分痛恨的米沙的脸，很不客气地回答说。

米沙受到这种对待，毫不在乎，又说：

“说什么边儿不边儿……不管怎么说,总是熟人吧。”

“也就是这样嘛。”

“我是来看看,再没有别的意思。我不是上你们家来住。”

“想住还够不上呢。”伊莉尼奇娜说过,也不看客人,又做起饭来。

米沙也不理会她的话,仔细打量着厨房说:

“我来看看,看看你们日子过得怎样……咱们已经有一年多没见面了。”

“我们可不怎么想见你。”伊莉尼奇娜气呼呼地在炉膛里掏着铁罐子,嘴里嘟哝说。

杜尼娅正在上房里收拾东西,一听见米沙的声音,脸一下子就白了,一声不响地把两手一挓挲。她坐到大板凳上,一动也不动,仔细听着厨房里的谈话。杜尼娅的脸上忽而浮起一阵浓浓的红晕,忽而泛起一阵灰白,直到那细细的鼻梁上出现两道长长的白条子。她听见,米沙在厨房里咚咚地走了一阵子,就在椅子上坐下来,坐得椅子咯吱咯吱响了两声,然后就划起火柴。一阵纸烟的烟气冲进上房里。

“听说,老头子去世啦?”

“去世了。”

“格里高力呢?”

伊莉尼奇娜半天没有作声,后来十分勉强地回答说:

“当红军呢。也和你一样,帽子上戴上这号儿星了。”

“他早戴上这号儿星就好了……”

“那就是他的事了。”

米沙的声音中带着十分惴惴不安的意味，问道：

“叶福杜吉娅·潘捷莱芙娜呢？”

“她在收拾屋子呢。你这个客人来得太早了，好人是不会一大早就出门的。”

“就算是坏人吧。我很想她，所以就来了。这用不着挑选吉日良辰。”

“哼，米沙，你别叫我生气吧……”

“大婶儿，我有什么叫您生气的呢？”

“有的！”

“您究竟气的是什么？”

“气的就是你说的这话！”

杜尼娅听见米沙重重地叹了一口气。她再也忍不住了：一下子跳起来，理了理裙子，就朝厨房里走去。脸色焦黄、瘦得变了样子的米沙坐在窗前，抽着纸烟头儿。他一看见杜尼娅，无神的眼睛顿时放射出光彩，脸上浮现出一层淡淡的红晕。他连忙站起来，沙哑地说：

“哦，你好啊！”

“你好……”杜尼娅小声说。

“你挑水去吧。”伊莉尼奇娜匆匆看了女儿一眼，立刻吩咐说。

米沙耐心地等着杜尼娅回来。伊莉尼奇娜没有说话。米沙也不作声。后来他捻灭了烟头儿，问道：

“大婶儿，您怎么这样恨我呀？是我碍您的事了，还是怎的？”

伊莉尼奇娜就像叫蜂子蜇了一下似的,在灶门口猛地转过身来。

“你怎么有脸上我们家来呢,你这没良心的东西?!”她说,“你还好意思问我呢?!你这刽子手……”

“我怎么是刽子手呀?”

“就是刽子手!是谁打死彼特罗?不是你吗?”

“是我。”

“那就行了!你打死了人,不是刽子手,又是什么呢?你还上我家来……坐在那儿,就像是……”伊莉尼奇娜气得喘不上气来,顿住了,但是缓了缓气,又继续说,“我是他的亲娘不是?你怎么还有脸来见我?”

米沙的脸煞白煞白的。他正等着她说这种话呢。他激动得有点儿结结巴巴地说:

“我做的事没什么见不得人的!要是彼特罗把我抓住了,他会怎样呢?你以为他会亲我的脑袋瓜儿吗?他也会把我打死嘛。我们不是在山坡上打着玩儿的!打仗就是要死人嘛。”

“那柯尔叔诺夫亲家公呢?打死一个老实巴交的老头子,那也是打仗吗?”

“怎么不是呢?”米沙惊异地说,“当然是打仗!我可是知道这些老实人!这种老实人坐在家里,手里提着裤子,可是干的坏事,比有的人在战场上干的还要多……格里沙加老爹就是这样的人,他鼓动哥萨克反对我们。就因为他们,才打起仗来!是谁散布谣言反对我们?就是他们这些老实人!你还说什么‘刽子手’……哪儿有这样的刽子手?以前我连羊和猪都不敢杀,就是现在，我知道，还是不敢杀。我连杀畜生都下不得手。以前别人宰畜生，我都要把耳朵捂起来，跑得远远的，怕听到，也怕看到。”

“可是你把亲家公……”

“别提您那亲家公吧！”米沙不耐烦地打断她的话，“他的好处就像山羊的奶那样少，可是害处就多了。我对他说：你从屋里出去，你要是不走，要叫你躺在这儿。我恨死了这些老家伙！我虽然不敢杀畜生，可是如果恨起来的话，对不起，像你家亲家公那样的坏蛋，或者别的什么敌人，我杀多少都可以！对付那些在世上活着无益的敌人，我的手是很辣的！”

“就因为你手辣，浑身都瘦干啦。”伊莉尼奇娜挖苦说，“亏了良心，恐怕心里不会舒坦……”

“才不是呢！”米沙和善地笑了笑，“我的良心才用不着为这样的老坏蛋难受呢。我是打摆子，把我折腾坏了，要不然呀，妈妈……”

“我是你的什么妈妈？”伊莉尼奇娜火了，“你去叫母狗妈妈吧！”

“哼，你对我别太过分了！”米沙低声说，并且恶狠狠地眯起了眼睛，“我不能担保忍受你的一切。大婶儿，我老实对你说吧：你不要因为彼特罗的事恨我。他是自作自受。”

“你是刽子手！刽子手！给我滚出去，我见不得你！”伊莉尼奇娜又一次声明说。

米沙又点起一根烟，很镇静地问道：

“你们家的亲戚米佳·柯尔叔诺夫不是刽子手吗？格里高力又是什么呢？你不说你的儿子，可是他才是真正的、道道地地的刽子手呢！”

“你别胡说！”

“我从来就不胡说。那么，依你看，他是什么呢？他杀了我们多少人，你知道吗？就是这么回事儿呀！大婶儿，如果你把这种外号送给所有打过仗的人，那我们就都是刽子手了。问题是为什么杀人和杀的是什么人。”米沙意味深长地说。

伊莉尼奇娜没有作声，但是看到客人还是不想走，就冷冷地说：

“够了！我没有工夫和你说话，你回家去吧。”

“我的家就像兔子的窝一样了，到哪儿，哪儿就是家。”米沙冷冷一笑，站起身来。

想用这一套和这样的话把他赶出去，那是休想！米沙才不是那种感情脆弱的人，才不理会气得发了疯的老婆子那些很不客气的言语举动呢。他知道，杜尼娅是爱他的，至于其他，包括老婆子在内，他全不放在心上。

第二天早晨，他又来了，就像什么事都不曾有过似的，问了问好，就在窗前坐下来，用眼睛注视着杜尼娅的每一个动作。

“你倒成了常客了……”伊莉尼奇娜也不回答米沙的问候，随口说。

杜尼娅的脸一下子红了，用生气的目光看了看母亲，就垂下眼睛，一句话也没有说。米沙冷笑着回答说：

“我不是来看你的，伊莉尼奇娜大婶儿，你用不着生气。”

“你顶好压根儿别上我们家来。”

“那我又上哪儿去呢？”米沙正色问道，“多亏你家的亲戚米佳，我剩了孤单单一个人，就像独眼龙的眼睛，在空房子里就是狼也待不住。大婶儿，您愿意也好，不愿意也好，我反正是要上你家来。”他说完了，又把两腿叉了开来，坐舒服些。

伊莉尼奇娜仔细看了看他。是的，看样子，这样的人是不那么容易撵走的。米沙那微微弯着的身子，那歪着的脑袋，那闭得紧紧的嘴唇，都显示出一种像牛那样的倔劲儿……

等他走了以后，伊莉尼奇娜把孩子们支到院子里，对杜尼娅说：

“叫他以后别进咱家的门。明白吗？”

杜尼娅眼睛连眨都不眨，看了看母亲。麦列霍夫家的人都有的那种神气霎时出现在她那气得眯缝起来的眼睛里，她好像咬着每一个字说：

“不！他要来的！您拦不住！他要来！”她再也憋不住，用围裙捂住脸，跑到过道里去了。

伊莉尼奇娜重重地喘着气，在窗前坐了下来，坐了很久，一声不响地摇着头，用视而不见的眼睛望着草原上的远方，远方有一道由嫩蒿镶成的、被太阳照得银光闪闪的边儿，把天和地分了开来。

快到黄昏时候，还没有和解而且都不说话的杜尼娅和妈妈在河边菜园里栽已经倒掉的篱笆。米沙走了过来。他一声不响地从杜尼娅手里接过铁锹，说：

“挖得太浅了。风一刮，你家的篱笆又要倒了。”于是他把坑挖深些，栽好桩子，帮着把篱笆竖起来，捆在桩子上，然后才走。第二天早晨，他拿来两把刚刚刨好的耙子和一根草叉把子，放在麦列霍夫家的台阶旁边；他向伊莉尼奇娜问过好，就一本正经地问道：

“要上草甸子上去割草吧？人家已经过河去了。”

伊莉尼奇娜没有作声。杜尼娅替妈妈回答说：

“我们没法子过河。小船从秋天就放在棚子底下，都开缝了。”

“春天就应该把船放到水里去嘛。”米沙用责备口气说，“要不要塞塞船缝呢？你们没有船可不方便。”

杜尼娅用恭顺和等待的目光看了看妈妈。伊莉尼奇娜一声不响地在和面，装出不理睬的样子，好像这些话都和她无关。

“你们家有麻吗？”米沙微微笑着，问道。

杜尼娅到储藏室里去，抱来一捆麻披子。

快到吃午饭的时候，米沙把小船收拾好了，来到厨房里。

“行了，我把船放到水里去了，在水里泡泡吧。还要把船锁在桩子上，要不然会叫人拖走的。”他又问，“大婶儿，割草的事怎么样呢？是不是要我帮你们割割？反正我闲着没事儿干。”

“你去问她吧。”伊莉尼奇娜用头朝杜尼娅点了点。

“我要问当家的呀。”

“看来，我在这儿当不了家了……”

杜尼娅哭起来，跑进上房去了。

“那我就来帮帮忙吧。”米沙哼哧了两声，就毅然决然地说，“你们家的木匠家什在哪儿？我想给你们做两把耙子，要不然旧耙子太不好用了。”

他走到敞棚底下，一面吹着口哨，一面刨起耙齿来。小米沙特卡在他身边转悠着，带着央求的神气望着他的眼睛，说：

“米沙叔叔，给我做一把小耙子吧，要不然没有人给我做呀。奶奶不会做，姑姑也不会做……就是你会做，你做得很好！”

“我给你做，咱们俩同名嘛，真的，我做，不过你要离远一点儿，别叫刨花迸到你眼睛里去，”米沙一面笑哈哈地劝他，一面惊讶地想道，“嘿，这小东西长得真像……跟他爹一模一样！眼睛也像，眉毛也像，上嘴唇也是那样往上翘……真是一个模子里倒出来的！”

他开始做小孩子玩的小耙子，但是还没有做好，他的嘴唇就发了青，黄黄的脸上就露出恶狠狠的、同时又是服服帖帖的表情。他不吹口哨了，把刀子放下，肩膀瑟瑟缩缩地抖了起来。

“米沙特卡，同名字的人，给我拿块麻布来，我要躺一躺。”他央求说。

“干什么？”米沙特卡问。

“我要病啦。”

“干吗要生病？”

“唉，你干吗盯着问起来没有完……唉，到了生病的时候，就要生病嘛！快去拿来！”

“那我的耙子呢？”

“等会儿就做好。”

米沙浑身抖得厉害了。他咯咯地磕打着牙齿，躺在米沙特卡拿来的一块麻布上，摘下帽子，用帽子盖住脸。

“你这是已经病起来了吗？”米沙特卡很难受地问道。

“是的，病起来了。”

“那你干吗老是哆嗦呀？”

“我打摆子嘛。”

“你干吗要磕打牙齿呀?”

米沙用一只眼睛从帽子底下看了看问起来没有完的小小的同名人,微微笑了笑,不再回答他的问题了。米沙特卡很害怕地看了看他,就朝屋里跑去。

“奶奶!米沙叔叔在棚子底下躺下了,他使劲哆嗦,使劲哆嗦,哆嗦得要跳起来啦!”

伊莉尼奇娜朝窗外看了看,便走到桌子旁边,沉思起来,老半天没有作声……

“你干吗不说话呀,奶奶?”米沙特卡扯着她的小褂袖子,焦急地问道。

伊莉尼奇娜转过脸来朝着他,硬邦邦地说:

“乖孩子,去拿条被子给这个坏小子,给他盖上。他这是打摆子,是这样一种病。你能把被子拿去吗?”她又走到窗前,朝院子里看了看,急忙说,“你等等,等等!别拿了,不用了。”

杜尼娅正拿自己的羊皮袄往米沙身上盖,并且弯下身子在对他说话呢……

等摆子发作过以后,米沙为准备割草一直忙活到天黑。他很没有力气了。他的动作又缓慢,手又不听使唤,但是他还是把米沙特卡的小耙子做好了。

黄昏时候,伊莉尼奇娜摆好了晚饭,叫孩子们在桌边坐下来后,也不看杜尼娅,说:

“去,叫那个……叫他什么呢……来吃晚饭。”

米沙也不画十字,无精打采地弯下身子,在桌边坐了下来。

他那黄黄的、一道道肮脏的干汗迹的脸上显出十分疲惫的神情，他把调羹往嘴里送的时候，手还在轻轻地打哆嗦。他小口小口地吃，吃得很勉强，偶尔淡淡地打量一下坐在桌旁的人。但是伊莉尼奇娜很惊异地看到，这个“刽子手”在看米沙特卡的时候，那无神的眼睛就显得热和起来，有了精神，一种欢喜和亲切的光彩在眼睛里亮了一会儿，又熄灭了，但是在嘴角上有老半天还隐隐荡漾着微笑。后来，他把目光移到别处，他的脸又罩上一层像阴影一样的呆呆的冷淡神情。

伊莉尼奇娜偷偷观察起米沙，这时候才看到，他生病生得太瘦了。在那脏得变成了灰色的军便服底下，半圆形的肩胛骨又尖又凸出，瘦成了尖角形的宽肩膀头耸得高高的，那长满红胡楂子的喉结在细得像小孩子一样的脖子上显得十分奇怪……伊莉尼奇娜对这个“刽子手”那佝偻着的身子、对他那蜡黄的脸看得越仔细，她的心里越是不自在，心里越是矛盾得厉害。忽然在伊莉尼奇娜心中不由地萌发了对她痛恨的这个人的怜惜之情，这种炽烈的母性怜惜心连最刚强的女人都能征服。她无法克制这种新的感情了，就把满满的一碗牛奶推给米沙，说：

“为了上帝，你多吃点儿吧！看你瘦成什么了，叫我看着都恶心……还想做女婿呢！”

三

村子里开始议论柯晒沃依和杜尼娅的事了。有一天，一个娘儿们在河边遇到杜尼娅，公然带着讥笑的神气问道：“你家是不是雇米沙当长工啦？他好像都不出你们家的院子了……”

女儿好说歹说，伊莉尼奇娜都坚决不答应：“不管你怎样求我，我就是不把你嫁给他！我才不给你们祝福呢！”直到杜尼娅声称，她要到柯晒沃依家去，并且马上就动手收拾自己的衣服，伊莉尼奇娜才改变了主意。

“你别发疯了！”她惊骇地叫道，“我一个人和孩子们怎么过？要送我们的命吗？”

“您要明白，妈妈，我不想叫村子里的人笑话我，”杜尼娅一面继续从柜子里往外翻自己做姑娘时的衣物，一面小声说。

伊莉尼奇娜的嘴唇无声地咕哝了半天，然后她吃力地迈动着两条腿，朝堂前走去。

“那就好吧，孩子……”她一面摘圣像，一面小声说，“你既然已经拿定了主意，那就请上帝保佑你，来吧……”

杜尼娅连忙跪下。伊莉尼奇娜给她祝过福，用哆哆嗦嗦的声音说：

“你那去世的姥姥就是拿这圣像给我祝福的……唉，这会儿要是你爹看到你……你还记得你爹说到你找女婿的话吗？上帝知道，我多么难受呀……”然后她一声不响地转过身去，朝过道里走去。

不管米沙费多大劲儿劝说未婚妻不要举行教堂结婚仪式，倔犟的姑娘还是坚持自己的主张。米沙只好硬着头皮同意了。他在心里娘天娘地地咒骂着，准备到教堂去举行结婚仪式，就像准备上断头台似的。夜里，维萨里昂神甫在空荡荡的教堂里给他们举行了结婚仪式。仪式完毕之后，他向新夫妇道过喜，就用教训的口气说：

“您瞧，年轻的苏维埃同志，世上就有这种事儿：去年您亲手烧了我的房子，就是说，把房子火葬了，可是今天我居然给您举行结婚仪式……俗话说得好，别往井里吐唾沫，井水还用得着嘛。不过我还是很高兴的，打心眼儿里高兴，因为您醒悟过来，终于进基督教堂来了。”

这一下子米沙再也忍不住了。他一直因为自己迁就感到不好意思，十分恼恨自己，在教堂里没有说一句话，可是这时候他怒冲冲地斜眼看了看不忘旧仇的神甫，为了不叫杜尼娅听见，小声回答说：

“可惜，那时候你跑掉了，要不然我把你这个长毛狗连房子一块儿烧掉！嗯，你明白吗？”

惊得目瞪口呆的神甫不住地眨巴着眼睛，看着米沙，可是米沙拉了拉自己的年轻妻子的袖子，冷冷地说：“咱们走！”便咚咚地迈动着两只军靴，朝门口走去。

在这次很不热闹的婚礼上，既没有喝酒，又没有扯着嗓子唱歌。在结婚时当傧相的普罗霍尔·泽柯夫，第二天发了半天牢骚，对阿克西妮亚诉苦说：

“哼，姑奶奶，这算什么婚礼呀！米沙在教堂里把神甫骂了一顿，把老头子的嘴都气歪啦！你可知道，晚饭吃的是什么？烧鸡加酸牛奶……连一滴酒也没有，他妈的！要是格里高力·潘捷莱维奇看见他的小妹这样出嫁，才有意思呢！……他一准会大哭一场！真的，姑奶奶，实在够呛！现在我再也不想参加这种新式婚礼了。狗配对儿比这还要热闹些，狗配对儿至少也要互相咬咬毛,闹哄一阵子,可是这种婚礼既不喝酒,又不打闹,真他妈的没意思！说实在的,我参加过这种婚礼,心里真不舒服,一夜都没有睡着,躺在床上,浑身都痒痒,就好像有人往我的小褂里放了一把蛇蚤……”

米沙在麦列霍夫家里住下来以后,家里的一切都走上新的轨道:他在短短的时间里就修好了围墙,把草甸子上的干草拉到场院上,垛了起来,垛得又整齐又光溜;为了准备收割庄稼,他改装了收割机上的板子和叶片,仔细清扫了打谷场,修好了旧风车,又修补好了马套,因为他心里很想用一对牛换一匹马,并且已经不止一次对杜尼娅说:“咱们应该养一匹马。用这种长角大仙拉车真够呛。”有一天他无意中在储藏室里发现了一小桶白色颜料和一些靛青,马上就决定把旧得变成灰色的护窗油漆一下。等到麦列霍夫家的房子用浅蓝色的窗户做眼睛望着世界,整个房子好像都变年轻了……

米沙是个勤奋的当家人。尽管他还有病,仍然不停地干着活儿。不管干什么,杜尼娅都帮着他干。

婚后没有过多少日子,杜尼娅就变得更好看了,肩膀和臂部好像更饱满了。她的眼神、她走路的姿势,以至撩头发的姿态都显示出一种新的韵致。以前她的动作中的莽撞劲儿和孩子气的粗率与活泼都不见了。她常常微微含笑、十分安详地用含情脉脉的眼睛望着丈夫,周围的什么都看不见了。新婚的幸福是不用眼睛的……

可是伊莉尼奇娜越来越明显,越来越厉害地感觉到有一种孤独感渐渐进入她的心中。她在这个几乎过了一辈子的家里,成了一个多余的人。杜尼娅和丈夫那种干活儿的样子，就像是在空地上创立他们的窝儿。他们在着手做家里什么事的时候，一点也不和她商量，也不征求她的同意；不知为什么他们对老人家连句亲热的话儿都没有。只有坐下来吃饭的时候，他们才和她说几句无关紧要的话，然后又是伊莉尼奇娜一个人愁思闷想起来。女儿的幸福没有使她高兴起来，因为家里添了一个外人（她依然把女婿当外人），她心里很不是滋味。她觉得整个日子过得都不是滋味。一年的工夫，死了那么多她心疼的亲人，她悲伤得憔悴了，人也老了，样子很可怜了。她忍受了很多痛苦，可以说是太多的痛苦。她已经无力抵挡痛苦，心里充满迷信的预感，觉得曾经一再光顾他们家的死神，还会不止一次登临麦列霍夫家这座老房子的门。伊莉尼奇娜答应杜尼娅出嫁以后，只剩了一点希望：等格里高力回来，把孩子们交给他，然后自己就永远闭上眼睛。她度过了漫长而苦难的一生，有权利休息休息了。

漫长的夏日显得格外长。太阳火辣辣地照射着。但是炙人的阳光已经晒不暖伊莉尼奇娜的身子了。她常常在台阶上的太阳地里坐上很久，动也不动，对周围的一切毫不关心。她已经不是以前那个忙忙碌碌、勤快的当家人了。她什么也不想做了。她觉得这一切都没有用处，没有必要，也没有意思了，而且她也没有力气再去像以前那样干活儿了。她常常看着干了多年活儿变得很难看的自己的两只手，心里说："我的手干活儿已经干了不少啦……该歇歇了……我已经活到这么大岁数，够了……只要等到格里什卡回来就好了……"

伊莉尼奇娜以前那种乐观心情只回来过一回，而且没有维持

多久。普罗霍尔从镇上回来,顺路到他们家来,老远就喊叫:

“请客吧,伊莉尼奇娜大婶儿!我带回来你儿子的信啦!”

老人家的脸一下子白了。她以为这封信必然又是报告不幸消息的。普罗霍尔念了念这封信,信上有一半是问候家里人的话,只是在信的末尾才说,他,也就是格里高力,尽可能在秋天回来看看,伊莉尼奇娜听他念完了,高兴得老半天说不出话来。一颗颗像珍珠一样的小小的泪珠儿,从她那棕色的脸上和腮上那很深的皱纹里哗哗地滚下来。她低下头,用小褂袖子和粗糙的手掌擦着眼泪,眼泪还是一个劲儿地从脸上往下流,落到围裙上,把围裙湿得斑斑点点的,好像下了一场密密的好雨。普罗霍尔不仅看不惯,而且简直忍受不了女人的眼泪,因此他皱着眉头,带着掩饰不住的恼恨神气说:

“大婶儿,你这是怎么搞的!你们老娘儿们的眼泪真多……应该高兴高兴嘛,用不着哭。好,我走了,再见吧!我真不高兴看着你。”

伊莉尼奇娜这才清醒过来,连忙把他拉住。

“这样好的消息,谢谢你……我怎么能这样呢……你等一等,请你喝两盅……”她前言不搭后语地嘟哝着,从柜子里拿出一瓶藏了很久的老酒。

普罗霍尔坐了下来,把胡子往两边分了分。

“你也来和我一块儿喝喝这喜酒吧?”他问道。但是他马上又很担心地想道:“唉,我又他妈的胡说了!这酒只够我一个人喝的,万一她真喝怎么办……”

伊莉尼奇娜没有喝。她小心翼翼地把信叠起来,放到神龛里，但是后来想了想，又拿出来，在手里攥了一会儿，便揣到怀里，紧紧贴在心口上。

杜尼娅从地里回来，把信看了半天，后来笑了笑，叹着气说：

“唉，他能快点儿回来就好了！不然的话，妈妈，您都要愁坏了。”

伊莉尼奇娜就像害怕别人抢去似的，把信从杜尼娅手里拿了回来，又揣到怀里，一面笑着，一面用眯缝起来的、闪闪放光的眼睛望着女儿，说：

“我已经没有了人样子，连狗都不朝我叫了，可是我的小小厮还想着娘呢！他写得多好啊！还称呼我的父名伊莉尼奇娜呢……还说，问候亲爱的妈妈，问候亲爱的孩子们，也没有忘了你呀……哼，你笑什么？你这傻丫头，杜尼娅什卡，你真是傻丫头！”

“怎么，妈妈，我连笑都不能笑啦？您这是要上哪儿去？”

“上菜园子里去，锄锄土豆。”

“我明天就去锄，您在家里歇歇吧。您老是说身子不舒服，可是这会儿又要干活儿啦。”

“不，我要去……我心里很高兴，想一个人去一下子。”伊莉尼奇娜说过这话，就像年轻人那样很麻利地披好了头巾。

在上菜园子里去的时候，她顺路来到阿克西妮亚家里，为了礼貌起见，先谈了谈别的事情，然后就把信掏了出来。

“我家孩子写信回来了，问候妈妈呢，还说要回来看看。给你，他嫂子，你念念吧，我也想再听一遍。”

从这时候起，阿克西妮亚就常常念这封信了。伊莉尼奇娜一到晚上就上她家来，把仔仔细细包在手绢里的黄色信封拿出来，叹着气央求说：

“你念念吧，阿克秀什卡，现在我心里很糊涂，在梦里梦见他还是小孩子，好像他还在上学呢……”

时间久了，用化学铅笔写的字就模糊了，而且有很多字根本认不出了，但是阿克西妮亚念起来并不困难，因为她念了许多遍，已经背熟了。而且，直到薄薄的信纸已经变成碎片，阿克西妮亚依然能十分流畅地念到最后一行。

过了两个星期，伊莉尼奇娜觉得身子不大好。杜尼娅正忙着打场，伊莉尼奇娜不愿意叫她停下活儿，但是自己却没有力气做饭了。

“我现在起不来了。家里事你一个人凑合着干吧。”她对女儿说。

“您哪儿不舒服，妈妈？”

伊莉尼奇娜抻了抻自己的旧褂子上的皱褶，也没抬眼睛，说：

“浑身都难受……就好像我的五脏都坏了。以前，年轻时候，你那死去的爹一发起火来就要打我……他那拳头就跟铁的一样……我常常躺上一个星期，动都不能动。所以现在就这样了：浑身到处都疼，就好像打碎了一样……”

“是不是叫米沙去请个大夫来？”

“用不着请大夫，我不管怎样还能爬起来。”

第二天，伊莉尼奇娜果真起来了，在院子里走了走，但是到傍晚又躺下了。她的脸有点儿肿了起来，眼睛底下出现了水肿的肉囊。一夜之间她有好几次用胳膊撑着身子，从高高的枕头上抬起头来，呼哧呼哧地喘气，因为她闷得喘不过气来。后来，不气闷了。她可以安安静静地躺着，甚至可以下床了。她在一种安详的与世隔绝和宁静状态中过了几天。她很想一个人待着。有时候阿克西妮亚来看她，问她什么，她总是简单地回答三言两语，阿克西妮亚一走，她就轻松地舒一口气。她高兴的是，孩子们大部分时间都在外面玩，杜尼娅也很少进来，很少拿各种各样的问题打搅她。她已经不需要任何人的体贴和安慰了。现在她很需要一个人待着，想想自己一生中的许多事情了。于是她半闭起眼睛一连几个钟头一动不动地躺着，只有那肿胀的手指头摩弄着被子的褶儿，在这几个钟头里，整个的一生从她眼前飘过去。

使她吃惊的是，这一生是多么短促，多么没意思，而在这一生中，艰难的事、痛心的事、她不愿去回想的事又是那样多。不知为什么在她的回想和思念中出现得最多的是格里高力。也许是因为，自从开始打仗，这几年她一直在为他的生死担心，而且现在她只剩了他这条命根子。也许是因为，对大儿子和老伴儿的怀念已经过去，时间久了，已经淡了。反正她很少想起死去的人，即使想起来，她觉得他们也好像是在一片灰蒙蒙的烟雾里。她很勉强地想了想年轻时候，想了想自己的婚后生活。这一切简直是多余的，已经离得那样远了，想起来既不愉快，又不轻松。她在回想过去这许多事的时候，心里冷冷的、空空的。然而在她脑海里出现的“小小厮”却极其清楚，几乎是纤毫毕现。但是只要一想到他，她马上就听见自己的心扑腾扑腾直跳。然后就闷得透不过气来，脸也发青，她就要昏昏沉沉地躺上半天，但是等她缓过气来，就又想起他来。她无法忘记自己最后一个儿子呀……

有一天，伊莉尼奇娜躺在上房里。窗外，中午的太阳照耀着。在南边的天上,耀眼的蓝空里,风卷着一朵一朵的白云气势雄伟地飘动着。只有蝈蝈那单调的、使人昏昏欲睡的叫声打破这一片寂静。窗外墙脚下还有一些没有晒枯的杂草,有萎蔫的滨藜,还有燕麦草和冰草,蝈蝈就藏在这里面,在这里叫着。伊莉尼奇娜听着蝈蝈不住气的叫声,闻到扑进上房里来的一股晒热了的青草气息,在她眼前有一会儿就像出现了幻影一样,出现了骄阳如火的八月的草原、金黄色的麦茬地、笼罩着一层灰雾的灼热的蓝天……

她清清楚楚地看见在田埂上野蒿丛里吃草的老牛,看见一辆撑着车篷的牛车,听见蝈蝈吱咯吱咯的叫声,闻到浓烈的野蒿苦味……她也看见自己——一个高高的、美丽的年轻媳妇……她正急急忙忙朝停车的地方走去。麦茬子在她脚底下沙沙响着,扎得她的光腿肚子痒痒的,热风吹干了她脊梁上汗湿的、掖在裙子里的小褂,吹得她的脖子热乎乎的。她的脸上涌起一阵一阵的红晕,因为血往上涌,耳朵里轻轻地响着。她弯着一只胳膊,托着沉甸甸、紧绷绷、涨满了奶的乳房,一听见孩子哭得直打呛的声音,就加快脚步,一面走,一面解小褂的领口。

当她把黑黑的小格里沙特卡从吊在大车上的摇篮里抱出来的时候,她那被风吹干的嘴唇哆嗦着,笑了起来。她用牙齿咬住贴身十字架的汗湿的带子,急急忙忙把奶头塞给他,透过咬着的牙缝儿小声说:"我的小宝贝儿,好孩子!我的乖孩子!妈妈把你饿坏啦……"格里沙特卡一面还在很委屈地抽搭着,一面吸起奶来,用小牙齿把奶头咬得紧紧的。格里沙特卡的年轻的、黑胡子的父亲就站在旁边打磨镰刀。她从垂下的睫毛底下看见他的笑容和他那笑眯眯的眼睛的蓝蓝的眼白……她热得喘不过气来，汗水从额头上直往下流，腌得腮蛋子痒酥酥的，眼前的一切越来越暗淡，越来越暗淡……

她醒了过来，用手摸了摸流泪流湿了的脸，然后躺了老半天，有时气闷得非常难受，有时陷入昏迷状态。

天黑以后，杜尼娅和丈夫都已经睡了，伊莉尼奇娜使出最后的力气，爬了起来，走到院子里。阿克西妮亚寻找放牛时走失的母牛寻找了很久，回家的时候，就看见伊莉尼奇娜摇摇晃晃，慢慢走着，走到场院上。“她这个病人干吗要上那儿去呀？”阿克西妮亚很惊愕地想着，就小心翼翼地走到和麦列霍夫家场院搭界的篱笆跟前，朝场院上看了看。一轮满月照得场院上雪亮。从草原上吹来一阵阵的轻风。麦秸垛的浓浓的阴影投射在光光的、被石磙压得结结实实的打麦场上。伊莉尼奇娜手扶篱笆站在那里，望着草原，望着割麦人点起的火堆像可望不可即的远方的星星那样闪闪烁烁的地方。阿克西妮亚清清楚楚地看到了伊莉尼奇娜那洒满淡青色月光的水肿的脸，还看到了从黑黑的老年人头巾里耷拉下来的一绺头发。

伊莉尼奇娜对着夜色苍茫的草原望了半天，后来就用不太高的声音，就好像儿子站在她身边那样，唤道：

“格里什卡！我的好孩子！”她停了一会儿，又用另外一种低低的、沙哑的声音说，“我的心肝宝贝儿呀！……”

阿克西妮亚顿时觉得说不出的难受和害怕，浑身都哆嗦起来，于是急忙离开篱笆，朝屋里走去。

这天夜里，伊莉尼奇娜明白自己就要死了，死神已经来到她的床头。黎明时候，她从柜子里拿出格里高力的一件褂子，叠了叠，放在枕头底下；把自己咽气以后应该穿的寿衣也都拿了出来。

早晨，杜尼娅和往常一样来看妈妈。伊莉尼奇娜把叠得整整齐齐的格里高力的褂子从枕头底下拿出来，一声不响地递给杜尼娅。

“这是干什么？”杜尼娅惊愕地问道。

“这是格里沙的褂子……给你男人，叫他穿吧，他身上那件旧褂子已经叫汗水浸烂了……”伊莉尼奇娜小声说。

杜尼娅看见放在柜子上的妈妈的黑裙子、褂子和一双布靴子，这一切都是在送终时给死人穿的，她一看见，脸唰地一下子白了。

“妈妈，您干吗把寿衣都拿出来了？为了基督，您快收起来吧！主保佑您，您死还早着呢。”

“不，我到时候了……”伊莉尼奇娜小声说，“轮到我了……在格里沙回来以前，你要把孩子们看好，照应好……看样子，我等不到他回来了……唉，见不到他了！”

为了不让杜尼娅看到她的眼泪，她转脸朝着墙，并且用手帕把脸捂住。

过了三天，她死了。几个老奶奶给她洗净了身子，穿上寿衣，抬到上房里的灵床上。晚上，阿克西妮亚来为死者送别。她从这个死去的小老太太那安详而冷峻的脸上，好不容易才认出以前那个又要强又刚毅的伊莉尼奇娜的面貌。阿克西妮亚把嘴唇贴到死者那黄黄的、冰凉的额头上，就看到她很熟悉的、从白头巾里挓挲出来的一绺不服帖的白头发和又小又圆、完全像年轻人那样的耳朵唇。

阿克西妮亚得到杜尼娅的同意，把孩子们领到自己家里。孩子们一声不响，奶奶的死把他们吓呆了。她做饭给他们吃，带他们一块儿睡。她搂着她的亲人的两个一声不响、紧紧贴在她身子两边的孩子，就感到有一种奇怪的感情。她小声给他们讲起自己小时候听来的故事，想方设法给他们解闷，使他们不去想奶奶的死。她轻轻地用唱歌的声调给他们讲一个可怜的孤儿小瓦尼亚的故事：

天鹅呀，好天鹅，
快让我骑上，
你的白翅膀。
飞呀飞，飞呀飞，
飞到好地方，
送我回家乡……

她还没有讲完，就听见孩子们均匀的呼吸声。米沙特卡躺在边上，小脸紧紧贴在她的肩上。阿克西妮亚用肩膀正了正他那朝后仰的脑袋，忽然她心里涌起一股说不出的、揪心的惆怅，喉咙不由地抽搐起来。她很难受、很伤心地哭了起来，哭得浑身直打哆嗦，但是她连眼泪都没法子擦，因为格里高力的两个孩子睡在她的两条胳膊上，她不愿意惊醒他们。

四

伊莉尼奇娜死了以后，成了家里唯一的和主持一切的当家人的米沙，似乎应该更带劲儿地来重整家业、振兴家业了，然而事实上却不是这样。米沙干活儿越来越不带劲了，往外跑的时间越来越多了，天天晚上要在台阶上坐到很晚，抽烟，想心事。杜尼娅不会看不出丈夫的变化。她不止一次惊愕地看到，以前干起活儿不要命的米沙，会忽然扔下斧子或者刨子，坐到一边去休息。在地里种黑麦的时候也是这样：种上两垄，米沙就勒住牛停一停，卷一根烟卷儿，抽着烟，在地里坐上半天，眉头皱得紧紧的。

继承了父亲的精明能干的杜尼娅，十分担心地想："他太没有常性了……也许是有病，也许干脆就是发懒。我跟这种男人过日子才够呛呢！他简直就像住在别人家里：抽半天烟，搔半天痒痒，就不用干活儿了……为了不惹他发火，要慢慢地和他谈谈，不然的话，他拿这种劲头干活儿，别想把穷神从家里请出去……"

有一天，杜尼娅小心翼翼地问道：

"你好像有点不大对劲儿，米沙，是不是病了呀？"

"哪儿有什么病？没有病就够心烦的了。"米沙烦恼地回答过，又赶动了牛，跟着播种机向前走去。

杜尼碰认为再问下去就不妥当了，教训丈夫到底不是女人家的事。谈话就这样结束了。

杜尼娅猜错了。米沙干活儿不像原来那样带劲儿，唯一的原因是他认为他回村子里安居乐业太早了，而且这种想法与日俱增。米沙每次在地方报纸上看到前方的战报，或者在晚上听到复员的红军哥萨克讲的一些情况，都要很懊恼地想："我搞家业搞得太早了，太心急了……"但是特别使他担心的还是村里人的人心：村里有些人公然说，苏维埃政府到冬天就要完蛋了，说弗兰格尔已经从塔甫里亚出动，同马赫诺会合，已经逼近了罗斯托夫，还说协约国的大批陆战队已经在诺沃罗西斯克登陆……一个比一个荒唐的消息在村子里传播着。从集中营里和从矿山上回来的哥萨克们，吃家里饭一个夏天都吃胖了，这会儿态度十分暧昧，每天夜里喝老酒，说自己的一套话，一见到柯晒沃依，就故装淡漠地问："你常看报，柯晒沃依，你给我们谈谈外面的情况，快把弗兰格尔打垮了吧？听说协约国又来进攻咱们了，这是真的，还是谣言？"

一个星期六晚上，普罗霍尔·泽柯夫来了。米沙刚刚下地回来，正站在台阶旁边洗脸。杜尼娅正拿罐子往他手上浇水，笑眯眯地看着丈夫那晒得黑黑的瘦脖子。普罗霍尔打了一声招呼，就坐在台阶的最下面一级上，问道：

"没听到格里高力·潘捷莱维奇的什么消息吗？"

"没有，"杜尼娅回答说，"他没有信来。"

"你想他吗？"米沙擦干了脸和手，毫无笑意地看了看普罗霍尔的眼睛。

普罗霍尔叹了一口气，拉了拉小褂的空袖子。

"当然想啦。我们一直在一块儿干吗。"

"你们还想一块儿干吗？"

"这是什么意思？"

“哦,一块儿当兵嘛。”

“我们当兵已经当够时候啦。”

“不过我想,你一心盼望他回来,是想再去干,”米沙依然毫无笑意地说,“再去反对苏维埃政府……”

“哼,你这可是瞎说,米沙。”普罗霍尔很委屈地说。

“怎么是瞎说? 村子里传着的各种各样的话,我都听到啦。”

“我说过这种话吗? 你在哪儿听我说来?”

“不是你,是像你和格里高力这样一些盼望‘自己人’回来的人。”

“我才不盼望那些‘自己人’呢,我觉得什么人都是一样。”

“你觉得什么人都是一样,那才糟哩。咱们上屋里去吧,你别生气,我是说着玩儿的。”

普罗霍尔很不开心地上了台阶,进了过道以后,说:

“伙计,你这玩笑可是叫人不怎么开心……以前的事情应该忘掉嘛。我已经将功补过了呀。”

“以前的事情不能全部都忘掉。”米沙冷冷地说着,在桌边坐下来,“请坐,在我家吃饭吧。”

“谢谢。当然,不是什么事都能忘掉的。就比如我少了一条胳膊,我很希望忘掉,可就是忘不掉,每时每刻都要想起来。”

杜尼娅也不看丈夫,一面端饭菜,一面问道:

“怎么,照你的意思,凡是参加过白军的人,就一辈子得不到宽大吗?”

“你以为怎样呢?”

“我是这样想,就像俗话说的,谁要是记旧仇,谁就要瞎掉眼睛。”

“哼,也许,《圣经》上是这样说的,”米沙冷冷地说,“不过,依我说,一个人要永远为自己干的事情负责任。”

“政府对这种事儿没有说过什么呀。”杜尼娅轻轻地说。

她很不愿意当着外人的面前跟丈夫拌嘴,但是她在心里很生米沙的气,因为她觉得他和普罗霍尔开的玩笑很不对头,还因为他公开表示仇恨她的哥哥。

“政府没有对你说什么,政府没有什么要对你说的,不过,在白军里干过的,是要受苏维埃法律制裁的。”

“我也要受制裁吗?”普罗霍尔问道。

“你不过像头老牛,吃饱了就到棚子里睡大觉。当当勤务兵没有事儿,可是等格里高力回到家里,那就不同了。我们要问问他暴动的事儿。”

“怎么,你要问他的罪吗?”杜尼娅翻了翻眼睛,把一碗牛奶放在桌子上。

“我也要问问。”米沙很平静地回答说。

“这事儿不用你管……这种事没有你也够受了。他在红军里当差,能得到宽大……”

杜尼娅的声音哆嗦着。她用手指头摸着裙子的皱褶,在桌边坐下来。米沙就好像没有看见妻子的激动样子,仍然很平静地说:

“我也要问问。至于能不能宽大,还要等等看,还要看看他干得怎样。他叫我们的人流的血不少。还要掂量掂量,他叫谁的血流得多些……”

这是他和杜尼娅共同生活以来第一次发生口角。厨房里一片寂静,局面十分尴尬。米沙一声不响地喝着牛奶,偶尔用手巾擦擦嘴唇。普罗霍尔抽着烟,看着杜尼娅。后来他谈起农活儿上的事。他又坐了有半个钟头。临走时他问道:

“基里尔·格罗莫夫回来了。听说了吧?”

“没有。他打哪儿来?”

“从红军里回来。他也在骑兵第一师。”

“他是在马孟托夫手下干过吧?”

“他干过。”

“是个好家伙呀。”米沙冷笑着说。

“没办法再坏了! 抢东西算头一个。他干这号儿事很有两下子。”

“有人谈到过他,说他杀起俘虏毫不留情。为一双军靴就杀人。杀人只是为了要靴子穿。”

“听说有这样的事。”普罗霍尔说。

“对他也应该宽大喽?”米沙用讥诮口气问道,“上帝不是说要宽待敌人并且叫我们宽待敌人吗?”

“这要看怎么说了……不过又能把他怎样呢?”

“哼,要是我呀……”米沙眯起眼睛,“我能治得他今后乖乖的! 他是逃脱不掉的。维奥申就有顿河肃反委员会,会治治他的。”

普罗霍尔笑了笑,说:

“俗话说得对:山河易改,本性难移呀。他从红军里回来,也带回来不少抢来的东西。他老婆还对我老婆谝呢,说他给她带回来一件女式皮大衣，还有很多衣服和各种各样别的东西。他是在马斯拉克旅里，从那儿回来的。他肯定是开小差，把家伙都带回来啦。”

“什么家伙？”米沙问道。

“不用问嘛：一支截短的卡宾枪，噢，一支手枪，也许还有别的家伙。”

“他到苏维埃去登记过吗？你不知道吧？”

普罗霍尔大笑起来，摇了摇手，说：

“你就是用绳套套着他，也别想把他拉到苏维埃去。我看，他就是开小差。不是今天，就是明天，他就要从家里溜掉。从各方面来看，这个基里尔还想和红军打，可是你倒说起我来了。才不呢，伙计，我打够了，这种好饭我已经吃到嗓子眼儿啦。”

普罗霍尔不久就走了。过了不大的一会儿，米沙也到院子里去了。杜尼娅伺候孩子们吃过饭，刚刚铺好了床，米沙就走了进来。他手里抱着一麻袋卷东西。

“你滚到哪儿去啦？”杜尼娅气嘟嘟地问道。

“去拿我的嫁妆来。”米沙嘻嘻地笑着说。

他打开麻袋卷，拿出裹得很好的一支步枪、一个鼓鼓囊囊的子弹盒，一支手枪和两颗手榴弹。他把这一切都放到大板凳上，又小心翼翼地把煤油倒在一个碟子里。

“这是打哪儿弄来的？”杜尼娅挑了挑眉毛，瞟着这些家伙问道。

“这是我的家伙，从前方带回来的。”

“你藏在哪儿来？”

“不管藏在哪儿，反正都在这儿了。”

“你原来心思那样深，什么也不说一声，连老婆都要瞒着吗？”

米沙装作毫不在意地笑着，带着很明显的讨好意味说：

“你要知道这种事儿干啥，杜妞什卡？这不是老娘儿们的事儿。就让这份家当摆着吧，姑奶奶，这玩意儿在家里又不碍事。”

“那你干吗要拿进屋里来？你是懂国法的人，什么都知道嘛……你这样不会犯法吗？”

米沙正色说：

“你真糊涂！基里尔·格罗莫夫把家伙带回来，对苏维埃政府是有害的，可是我带回来，除了对苏维埃政府有好处，别的什么事儿都不会有。你懂吗？我犯什么法呢？天知道你瞎说些什么，快睡吧，睡吧！”

他得出他认为是唯一正确的结论：如果白军的余党带着武器回来，那么他就得提高警惕。他把步枪和手枪仔细擦了擦，第二天，天一亮，他就步行上维奥申去了。

杜尼娅一面给他往挂包里装干粮，一面很烦恼、很伤心地叹着气说：

“你什么事儿都瞒着我！你告诉我，你要去多久，去干什么？你是过的什么鬼日子呀！人要出门了，可是连话都不说一句！……你是我的男人，还是外来搭伙儿的？”

“我上维奥申，到医务委员会去，还有什么好对你说的呢？等我回来，你就全知道了。”

米沙一只手按着挂包，快步走到河边，坐上小船，迅速地朝对岸划去。

* * *

在维奥申，医务委员会的医生给米沙检查过身体以后，很干脆地对他说：

“好同志，您不能到红军队伍里去当兵。您害疟疾害得身体太虚了。要治一治，要不然可不好。红军可不要这样的人。”

“那红军究竟要什么样的人？我干了两年了，现在就不要了吗？”

“首先要的是健康的人，等您健康起来就要您了。把这张药方拿去，到药房里去拿点儿奎宁吧。”

“是这样啊……我明白了。”米沙往身上穿军便服，就像给一匹脾气很坏的马上皮套一样，好不容易才把头套进领口里，便径直朝州党委会走去，扣裤裆已经是在街上了。

……米沙回鞑靼村的时候，已经是村革命军事委员会的主席了。他匆匆地和妻子打了一下招呼，就说：

“哼，现在我们就看看吧！”

“你这是说的什么事儿？”杜尼娅惊愕地问道。

“还是那事儿嘛。”

“什么事儿呀？”

“派我当主席啦。明白吗？”

杜尼娅很伤心地把两手一挓挲，她想说几句什么，但是米沙不再听她的了。他对着镜子理了理褪了色的军便服上的皮带，就上村苏维埃去了。

从冬天起,米海耶夫老汉就担任革命军事委员会主席。他又聋,眼力又差,担任主席简直是受罪,听到柯晒沃依说要接他的班,实在高兴极了。

“我的好伙计,这是公文,这是村苏维埃的印,为了基督,你接下吧。”他画着十字,搓着手,打心眼儿里高兴地说,“我七十多岁了,从来就没当过什么官差,可是到了老年倒干上了……这完全是你们年轻人的事儿,我哪儿能干得了呀?我眼又花,耳朵又聋……到了见上帝的时候啦,可是派我当起主席来了……”

米沙草草地看了看乡革命军事委员会送来的指示和命令,就问道:

“秘书在哪儿?”

“什么?”

“唉,见鬼,我是问,秘书在哪儿?”

“秘书吗?种黑麦去了。他呀,真该天打五雷轰,一星期才上这儿来一趟。有时候乡里来了公文,需要念一念,可是就是带上狗也找不到他。有时候很重要的公文就摆上好多天也没有人念。我又识不了几个大字,唉,不识字呀!连签个名字都很费劲儿,念东西根本不行,我只会盖盖印……”

米沙皱起眉头,打量打量了革命军事委员会的空荡荡的办公室,办公室里只有一些落满苍蝇屎的旧标语。

老头子因为意想不到地卸了任,高兴得不知如何是好,他甚至开起了玩笑:在把包在破布里的印交给米沙的时候,他说:

“这就是村子里的全部家当,公款是没有的,村子的权杖在苏维埃当权的时候又用不着。如果你要的话,我可以把我这个老头子用的拐杖交给你。”他并且张开没有牙的大嘴笑着，把一根磨得光溜溜的白蜡木拐杖递过来。

但是米沙却没有心思开玩笑。他又把很寒碜的革命军事委员会办公室打量了一遍，皱起眉头，叹着气说：

“老人家，就算我接下你的工作了。现在你就离开这儿，想上哪儿就上哪儿去吧。”并且拿眼睛朝门口瞟了瞟，示意叫他走。

然后他在桌边坐下来，把胳膊肘子撑得宽宽的，咬紧牙齿，把下巴往前伸着，一个人坐了很久。我的天呀，他一天到晚在地里忙活，头也不抬，也不认真看看周围发生的事情，他多么浑蛋呀……米沙恨透了自己和周围的一切，从桌边站起来，理了理军便服，望着空荡荡的屋子，依然咬着牙，说：

“伙计们，我要叫你们看看，苏维埃政府是什么样子！”

他把门带上，挂好门钩，便穿过广场朝家里走去。他在教堂旁边遇到奥布尼佐夫家的一个半大小伙子，漫不经心地点了点头，就走了过去，可是忽然想起一个问题，就转过身来，唤道：

“喂，安得留什卡！等一等，你过来！”

很腼腆的淡黄色头发的半大小伙子，一声不响地走到他面前。米沙就像对成年人一样，和他握了握手，就问道：

“你上哪儿去来？上那边去来吗？噢，噢，是去玩吧？是有事呀？我是想问问你：你好像上过高小吧？上过吧？那很好。你会办公事吧？”

“什么样的公事？”

“噢，就是一般的公事。各种各样收收发发的公事，你会办吧？”

“你说的是什么,柯晒沃依同志?”

“噢,我说的是日常来往的公文。你会办吗?比如说,有的是发出的,有的是其他各种各样的。”米沙扳了扳手指头,表示还有很多种类,并且不等回答,就果断地说,“如果不会,以后可以学会。我现在是村革命军事委员会主席,我就任命你这个识字的小伙子当秘书。你就上革命军事委员会的办公室里去吧,到那儿去把公文看一看,公文全在桌子上,我一会儿就回来。明白吗?”

“柯晒沃依同志!”

米沙摆了摆手,不耐烦地说:

“这个问题咱们以后再谈,你去上班吧。”他便慢慢地、从容不迫地顺着大街朝前走去。

他在家里换上一条新裤子,把手枪放到口袋里,一面很仔细地对着镜子戴军帽,一面对妻子说:

“我现在要到一个地方去办点儿事。如果有人来问主席在哪儿,你就说很快就回来。”

干主席就要有点儿主席的样子……米沙走得又慢又有气派;他的步伐与平时大不相同,村里有些人遇到他就不由得要停下来,含笑望望他的背影。普罗霍尔·泽柯夫在小胡同里遇到他,故意装出毕恭毕敬的样子,退到篱笆跟前,问道:

“你这是怎么啦,米沙?在平常日子把所有的好行头都穿上,就像去参加检阅一样……是不是又要去相亲呀?”

“差不多吧。”米沙意味深长地抿了抿嘴唇,回答说。

来到格罗莫夫家大门口,他一面往里走,一面伸手到口袋里掏烟荷包,警惕地打量了一遍宽大的院子、院子里的棚舍、房子的窗户。

基里尔·格罗莫夫的母亲刚刚从过道里走出来。她的身子向后仰着，手里端着一盆切成碎块的喂牲畜的南瓜。米沙恭恭敬敬地和她打了个招呼，就上了台阶。

“基里尔在家吗，大婶儿？”

“在家，在家，你进去吧。”老奶奶一面让路，一面说。

米沙走进黑乎乎的过道，摸到了门把手。

基里尔亲自给他开了上房的门，往后退了一步。他的脸刮得干干净净，面带笑容，微微有些醉意。他用迅速的、探索的目光打量了米沙一下，就从容不迫地说：

“又是一个当兵的人！进来吧，柯晒沃依，请坐，来喝一杯。我们正在这儿喝一点儿，就是说，小饮呢……”

“殷勤的款待呀。”米沙一面和主人握手，一面打量着坐在桌子旁边的客人。

他来得显然太不是时候了。坐在上座的一个宽肩膀的、米沙不认识的哥萨克，用询问的目光匆匆地看了看基里尔，就推开了酒杯。坐在桌子对面的、柯尔叔诺夫家的远亲阿贺瓦特金·谢苗，一看见米沙，就皱起眉头，把目光转向一边。

主人请米沙坐到桌旁去。

“谢谢你的盛情啦。”

“别这样，请坐，不要见外，跟我们喝一杯吧。”

米沙在桌边坐了下来。他从主人手里接过一杯酒，点了点头，说：

“祝你平安回家，基里尔·伊万诺维奇！”

“谢谢。你早就离开部队了吧?”

“早就离开了。已经安好家了。”

“听说你也安家了,也娶亲了,是吗? 你干吗要做假呀? 放开量喝嘛!”

“我不想喝,我找你有点事儿。”

“这可不行! 你别来这一套! 今天我不谈什么事情。今天我要和朋友们好好地喝一喝。你要是有事儿,明天再来吧。”

米沙从桌旁站起来,很镇静地笑着,说:

“事情倒是小事情,不过不能等。咱们上外面去一下吧。”

基里尔抚摩着精心卷过的黑胡子,沉默了一会儿,后来站了起来。

“你是不是可以在这儿说说呢? 咱们干吗要败大家的兴呀?”

“不行,咱们还是出去谈吧。”米沙沉着然而固执地说。

“你就跟他出去吧,有什么讨价还价的?”米沙不认识的那个宽肩膀的哥萨克说。

基里尔很不高兴地往厨房里走去。他对正在灶边忙活着的妻子小声说:

“你上外面去,卡捷琳娜!”然后他坐到板凳上,冷冷地问,“有什么事?”

“你回家几天了?”

“怎么样?”

“我是问,你在家里住了几天了?”

“好像是第四天。”

“到革命军事委员会去过吗?”

“还没有去过。”

“你是想上维奥申的军事委员部去吧？”

“你这是什么意思？你说是有事情，就谈正经事吧。”

“我谈的就是正经事。”

“那就滚你的蛋吧！你算什么官儿，凭什么我要向你报告？”

“我是革命军事委员会主席。你把部队的证明拿出来看看。”

“是这——样——啊！”基里尔拉着长声说，并且用清醒过来的刀子一样的眼睛望着米沙的眼珠子，“原来是这么一回事儿呀！”

“就是这么回事儿。把证明拿来！”

“今天我就上苏维埃去，我带去。”

“现在就拿来！”

“我不知道放到哪儿去了。”

“去找一找。”

“不行，现在我不找。你回家去吧，米沙，别闹得咱们都不痛快。”

“咱们之间没什么痛快的……”米沙一只手伸进右边的口袋，“把衣服穿上！”

“算了吧，米沙！你顶好别碰我……”

“咱们走吧，你给我走！”

“上哪儿去？”

“上革命军事委员会去。”

“可是我不想去呀。”基里尔脸色一下子白了，可是他带着嘲弄的意味笑着说。

米沙朝左边歪了歪身子，从口袋里掏出手枪，扳起机头。

“你走不走？”他小声问。

基里尔一声不响地朝上房里走去，但是米沙拦住他的去路，拿眼睛瞟了瞟过道的门。

“伙计们！”基里尔装作毫不在意地喊道，“我现在好像是被捕了！你们自己喝吧，不必等我了！”

上房的门一下子敞开了，阿贺瓦特金刚刚迈出门槛，但是一看见对准了他的手枪，就连忙退到了门框后面。

“走！”米沙命令基里尔说。

基里尔摇摇摆摆地朝门口走去，懒洋洋地抓住门把手，忽然飞身一跃，跨出了过道，猛地把外面的门一关，就跳下了台阶。他在弯着腰穿过院子朝园子里跑的时候，米沙朝他打了两枪，都没有打中。米沙叉开两腿，把手枪筒子架在弯起的左胳膊肘上，仔细瞄了瞄。第三枪响过，基里尔好像打了个趔趄，但是他挺了挺身子，很轻巧地跳过了篱笆。米沙跑下台阶。在他身后的房子里响起猛烈而急促的步枪声。一颗子弹打在前面棚子的白墙上，嚓的一声，打落了一片灰灰的石头末子。

基里尔跑得很轻松，很快。他那弯着的身子在绿色的苹果树枝丛中闪动着。米沙跳过篱笆，卧倒下来，又对着逃跑的人打了两枪，然后转过脸朝着房子。房门大开着。基里尔的母亲站在台阶上，一只手在眼睛上搭着凉棚，朝园子里望着。米沙呆呆地想道：“真应该什么话也不说，当场把他打死！”米沙在篱笆脚下又躺了几分钟，注视着房子，一面机械地、一下一下地刮着粘在膝盖上的泥巴，然后才爬起来，很不带劲儿地爬过篱笆，垂下枪口，朝房子里走去。

五

阿贺瓦特金和米沙在格罗莫夫家看见的那个不认识的哥萨克，都和基里尔·格罗莫夫一起不见了。夜里又有两个哥萨克从村子里跑掉了。顿河肃反委员会的一小支队伍从维奥申来到鞑靼村。逮捕了一些哥萨克，把四名没有证明、私自离开队伍的哥萨克送到了维奥申的惩戒连里。

米沙天天待在革命军事委员会里，天黑了才回家。他把上好子弹的步枪放在床边，把手枪掖在枕头底下，睡觉也不脱衣服。在和基里尔发生冲突以后的第三天，他对杜尼娅说：

“咱们睡到过道里去。”

“干什么？”杜尼娅惊愕地问。

“他们会对着窗户开枪。床就靠着窗户嘛。”

杜尼娅一声不响地把床搬到过道里，可是晚上她问道：

“怎么，咱们就一直这样像兔子一样过下去吗？等冬天到了，咱们也躲在过道里吗？”

“到冬天还早着呢，暂时凑合着住住。”

“要凑合到什么时候呢？”

“等我把基里尔打死就行了。”

“他才不会伸出脑袋来叫你打呢！”

“会伸出来的。”米沙很有把握地回答说。

但是他的打算没有实现：基里尔·格罗莫夫和他的朋友一起

跑到顿河那边去了。他听说马赫诺的队伍要来了，就过河到顿河右岸，跑到克拉斯诺库特镇去了，因为听说马赫诺匪帮的前哨部队已经到了那里。夜里他到村子里来过，在街上无意中碰到普罗霍尔，就叫普罗霍尔转告米沙，说他格罗莫夫向他问候，并说一定要来拜访。第二天早晨，普罗霍尔就把见到基里尔的事以及他说的话告诉了米沙。

“好啊，让他来吧。上一次跑掉了，下一次他跑不掉。他教会了我怎样和他们这些家伙打交道，就因为这一点也应该谢谢他。”米沙听了普罗霍尔的话以后说。

马赫诺确实到了上顿河州的境内。在康柯夫村附近，经过短时间的战斗，把从维奥申派出去迎击他的一个步兵营打垮了。但是他没有向州中心进军，而是向米列洛沃车站方面开去，在车站北面跨过铁路线，朝斯塔罗别尔斯克去了。那些死心塌地的白军哥萨克都加入了他的队伍，但是大多数哥萨克都还待在家里观望。

米沙依然过着时时提防的日子，细心注视着村子里的情况。村子里的情形实在不怎么景气。哥萨克们因为买不到东西，一个劲儿地咒骂苏维埃政府。不久前成立的合作社的小铺子里几乎什么都没有。肥皂、糖、盐、煤油、火柴、烟丝、车轮油——这些最急需的东西都没有卖的。在空空的货架子上只摆着一些昂贵的阿司莫洛夫工厂的纸烟和一些小五金商品，这些东西几个月都没有买主。

因为没有煤油，夜里点的是放在碟子里的炼过的牛油或者猪油。没有烟丝，大家抽的全是自制的土烟。没有火柴，所以又广泛地使用起火石和铁匠匆匆打成的火镰。为了容易引火，还将火绒加了葵花秆子灰放在开水里煮过，但是因为不习惯，取火还是非常困难。有好几次，米沙晚上从革命军事委员会回来，看见许多抽烟的人在胡同口围成一堆，一齐在用火石打火，小声骂着娘，说："苏维埃政府，给点儿火吧！"终于，有人打出的火星落在干燥的火绒上，燃烧起来，于是大家一齐就着火抽起烟来，一声不响地蹲下去，聊起天来。卷烟的纸也没有了。把教堂更房里的一些诗韵书都偷了出来，等到把这些书抽完了，于是家家户户把什么都拿来卷烟了，从小孩子的旧教科书到老头子的《圣经》，无一幸免。

普罗霍尔·泽柯夫常常上原来的麦列霍夫家里来，向米沙要卷烟的纸，有一次很伤心地说：

"我老婆的箱子盖上糊着的旧报纸，我都撕下来抽掉了。有一本《新约》，这可是圣书，我也抽掉了。旧约也抽掉了。这些圣人写的圣书实在太薄了……我老婆有一本家谱，上面都是亲属的名字，有活人的，有死人的，我也抽掉了。怎么，非要叫我拿白菜叶子或者牛蒡叶子卷烟不可吗？不行啊，米沙，不管怎样，你要给我点儿报纸。我不抽烟可不能过日子。在俄德战争的时候，有一回我拿口粮换了八根烟卷儿呢。"

这一年秋天，鞑靼村里的日子过得很不愉快……没有油的大车轮子吱嘎吱嘎地叫着，没有抹松香的皮套和皮靴都干得裂了缝，但是最难受的还是没有盐吃。鞑靼村的人用几只大肥羊到维奥申换了五斤盐，回来的一路上又是咒骂苏维埃政府，又是咒骂荒乱的年头。米沙为了这该死的盐伤够了脑筋……有一天，有几个老头子到村苏维埃来了。他们很有礼貌地和主席打过招呼，摘下帽子，坐到长板凳上。

“盐没有啦，主席老爷。”一个老头子说。

“现在没有老爷啦。”米沙给他纠正说。

“请原谅，这是因为原来叫惯了……没有老爷能过日子，可是没有盐不行啊。”

“诸位老人家，你们想怎样呢？”

“你是主席，要想想法子运点儿盐来。我们不能用老牛从马内契往这儿运盐呀。”

“我已经把这事儿报告州里了，州里已经知道了，大概不久就能运来。”

“要等到哪一年呀？”一个老头子看着地面说。

米沙火了，从桌边站了起来。他气得满脸通红，把口袋翻了过来。

“我也没有盐呀。你们看见吗？我身上也没有驮着盐，又不能从手指头上给你们挤出盐来。明白吗，诸位老人家？”

“那些盐都跑到哪儿去了呢？”冷了一会儿场之后，独眼的老头子丘玛科夫带着惊奇的神气用一只眼睛看着大家，问道，“以前，在旧政府那时候，从来没有人谈过盐的事，盐到处堆得像山一样，可是这会儿连一小撮都弄不到了……”

“这跟我们的政府没关系，”米沙已经比较镇静地说，“要怪只能怪你们原来的士官生政府！是他们造成这样的混乱，弄得连盐都没法子运！所有的铁路都破坏了，火车也破坏了不少……”

米沙对老头子们讲了半天，讲白军在撤退时如何破坏国家财产，如何炸工厂、烧仓库。有些事情是他在打仗时亲眼见到的，有些是他听说的，还有一些是他一时心血来潮编造的，唯一的目的是想叫他们不要对可爱的苏维埃政府不满。为了维护苏维埃政府，不妨撒点儿谎，使使小点子，他在心里说："就是我诬赖坏蛋们几句，也没有多大了不起的，反正他们是坏蛋，他们也不会因此受到损失，可是这对我们却有好处……"

"怎么，你们以为，他们这些资产阶级都是呆子吗？他们才不傻呢！他们把全俄罗斯的糖和盐，都搜刮了来，有好多万普特呢，都事先运到克里米亚去了，在那儿又装上轮船，运到外国卖去了。"米沙眨动着眼睛说。

"怎么，他们连大车油也运走了吗？"独眼的丘玛科夫带着不相信的口气问道。

"老人家，你以为他们会给你留下吗？他们不管劳动人民的死活，也用不着心疼你。就是大车油他们也能找到买主！如果可能的话，他们会把什么都弄走，叫这儿的老百姓都饿死呢。"

"这话倒也是的。"一个老头子表示赞同说，"财主全是吸血鬼。自古以来都是这样：人越是有钱，就越是贪心。维奥申有一个商人，在第一次逃难的时候，把什么东西都往大车上装，把东西全装上，连一针一线也舍不得丢下，这时候红军已经离得很近了，可是他还没有出院子，穿着皮袄在房子里跑来跑去，用钳子拔墙上的钉子。他说：'我连一根钉子也不想留给他们那些可恶的家伙！'这么看，他们把大车油运走，也不算稀奇了。"

"那我们没有盐吃，究竟怎么办呀？"谈到最后，马克萨耶夫老汉很和善地问道。

“我们的工人很快就能挖出新盐来,目前也可以用马车到马内契去拉嘛。”米沙小心翼翼地出主意说。

“老百姓都不愿意上那儿去。那儿有加尔梅克人捣蛋,不让到湖上去拉盐,还要把牛抢去。我有一个朋友只拿着一根鞭子从那儿回来了。夜里,在维里柯克西亚什镇那边,来了三个带枪的加尔梅克人,把牛抢去,还指着他的喉咙说:‘不许出声,要不然你不得好死……’所以谁也不敢上那儿去啦!”

“只好等一等了。”丘玛科夫叹着气说。

米沙和老头子们总算马马虎虎谈好了,但是在家里,又因为盐的事,他和杜尼娅谈得很不愉快。总的来说,他们的关系有点儿不大协调了……

这是从米沙当着普罗霍尔的面谈到格里高力的那一天开始的,那一次小小的争执竟没有被忘掉。有一天吃晚饭的时候,米沙说:

“你的菜汤没有盐呀,内当家的。是不是像俗话说的,淡了还有办法,咸了怕挨打呢?”

“如今有这个政府,做菜咸不了。你知道咱们还剩多少盐吗?”

“还有多少?”

“还有两把。”

“真糟糕。”米沙叹着气说。

“有很多人夏天就到马内契去拉盐了,可是你总是没工夫去想这些事。”杜尼娅用埋怨的口气说。

“我哪儿有牲口去拉盐呢?牛又不行,出嫁头一年就把你套上，又不大像话……”

“你先别开玩笑吧！等你吃够了没盐的东西，再开玩笑吧！”

“你干吗要向我发脾气呀？说实在的，我到哪儿给你弄盐去？你们女人家就是这样……我要是能吐出盐来，那我吐给你们。如果吐不出盐来，叫我他妈的怎么办呢？”

“人家都赶着牛车上马内契去过。人家这会儿盐也有了，什么都有了，可是咱们就只能吃又淡又酸的东西了……”

“杜尼娅，咱们马马虎虎能熬过去。大概很快就能运盐来。我们还缺这玩意儿吗？”

“你们什么都多得很。”

“这‘你们’，指的是谁？”

“我说的是红军。”

“那你是什么人？”

“就是你看见的这样一个人。你们吹呀，吹呀，说什么：‘我们什么都要有很多很多，还要过又平等又富裕的日子……’瞧，这就是你们的富裕日子：做菜汤都没有盐放啦！”

米沙惊骇地看了看妻子，脸色都白了。

“杜尼娅，你这是怎么啦？你怎么说这种话？能这样说吗？”

但是杜尼娅来了性子：她的脸气得和恼得也发了白，换成喊叫的声音说：

“可是，能这样过日子吗？你瞪什么眼睛？你这个主席，知道不知道，人不吃盐就要肿牙花子？你知道不知道，很多人拿什么当盐吃？他们跑到涅恰耶夫冈那边，到碱地里去挖碱土，就把碱土放到菜汤里……这事儿你听说了吗？”

“别发急，别吵嘛，我听说过……这又怎样呢？”

杜尼娅把两手一挓挲，说：

“还有什么怎样不怎样呀？”

“无论怎样总要凑合着熬过去吧？”

“哼，你去熬吧！”

“我是可以熬过去的，可是你……你们麦列霍夫家的本性都在你身上露出来啦……”

“什么样的本性？”

“反动的本性，就是这种东西！”米沙低沉地说过这话，就从桌边站了起来。他看着地面，也不抬眼看妻子；他的嘴唇轻轻哆嗦着，说道，“你要是再说这种话，咱们就没法在一块儿过了，你要明白！你说的话是敌人的话……”

杜尼娅还想反驳，但是米沙侧眼看了看她，并且举起了攥成拳头的手。

“住嘴！……”他低沉地说。

杜尼娅并不害怕，她带着掩饰不住的好奇神情仔细打量了他一下，过了一会儿，就又镇静又快活地说：

“唉，得了吧，咱们干吗要谈这些鬼事情……咱们没有盐也能过得去！”她沉默了一会儿，就带着米沙一向很喜欢的微笑，说，“别生气，米沙！要是对我们女人家什么事儿都生气的话，气还不够用的呢。因为脑子糊涂，什么话都能说得出来……你想喝果子汤，还是给你端点儿酸牛奶来？”

杜尼娅虽然年轻，却已经有了丰富的生活经验，她懂得，在夫妻争吵的时候，什么时候应该坚持下去，什么时候应该忍让……

在这以后，过了有两个星期，收到格里高力的一封信。信上说，他在和弗兰格尔的部队作战中受了伤，又说，等伤愈后，很可能要复员回家。杜尼娅把信的内容对丈夫说了说，小心翼翼地问道：

“等他回家来，米沙，那时候咱们怎么过法呢？”

“咱们搬到我家里去。叫他一个人住在这儿。把家产分开。”

“咱们和他一块儿过，恐怕不行。从各方面来看，他会把阿克西妮亚接过来。”

“就算是行的话，我也不愿意和你哥哥同住在一座房子里。”米沙很决绝地声明说。

杜尼娅惊愕地动了动眉毛。

“为什么，米沙？”

“你知道吗。”

“是因为他在白军里干过吗？”

“是的，是的，就因为这个。”

“你不喜欢他呀……你和他本来是好朋友嘛！”

“我要他这种朋友干他妈的什么？我会喜欢他？以前是朋友，可是早就绝交啦。”

杜尼娅坐在纺车后面。纺车有节奏地嗡嗡响着。纺的线一下子断了。杜尼娅用手把纺车停住，也不看丈夫的脸，一面捻断线，一面问：

“他要是回来，因为干白军的事会把他怎么样呢？”

“要上法庭。要判罪。”

“究竟会判他什么罪呢？”

“那我就不知道了，我又不是法官。”

“会判枪毙吗？”

米沙朝米沙特卡和波柳什卡睡的床上望了望，听到他们的均匀的呼吸声，就放低了声音，回答说：

“会的。”

杜尼娅再也没有问什么。第二天早晨，她挤完牛奶，就去找阿克西妮亚。

“格里沙快回来了，我来叫你高兴高兴。”

阿克西妮亚一声不响地把装满水的铁罐放在炉台上，两手紧紧按在胸前。杜尼娅看着她的火红的脸，说：

“你可不要太高兴了。我那一口子说，他脱不了要吃官司。天知道会判他什么罪呀。”

在阿克西妮亚那含泪的、闪闪发光的眼睛里，闪过一阵恐怖的神情。

“因为什么？”她上气不接下气地问道，然而她还无法收住嘴唇上来迟了的笑。

“因为暴动的一些事情。”

“胡说！才不会判他罪呢。你的米沙什么也不懂，还要充万事通！”

“也许不会判罪。”杜尼娅沉默了一会儿，后来把一声叹息压下去，说，“他恨我小哥……所以我心里十分难受，说又不能说！我小哥真可怜呀！他又挂花了……他这一辈子真不顺心呀……”

“只要他能回来就行：我们可以带上孩子们逃到别处去。”阿克西妮亚激动地说。

她不知为什么把头巾扯下来，接着又披上去，并且毫无目的地挪动着搁板上的碗碟，怎么都压制不住十分强烈的激动心情。

杜尼娅看出，阿克西妮亚坐到板凳上，在膝盖上抚摩破旧的围裙皱褶的时候，两只手打着哆嗦。

一股泪水涌到杜尼娅的喉咙眼儿里。她真想一个人大哭一场。

“妈妈没有等到他啊……”她小声说，“好，我走了。要去生炉子了。”

阿克西妮亚在过道里又急促又羞涩地亲了亲她的脖子，又抓住她的手亲了亲。

“你高兴吗？”杜尼娅上气不接下气地小声问道。

“是的，有点儿，一点点儿……”阿克西妮亚这样回答，是想用开玩笑和哆哆嗦嗦的微笑掩饰已经涌出来的眼泪。

六

在米列洛沃车站，因为格里高力是一位复员的红军指挥员，所以给他派了一辆大车。在回家的路上，他在每一个乌克兰大村庄里都要换马。走了一天一夜，就来到上顿河州的边境。就在第一个哥萨克村庄里，担任革命军事委员会主席的一个刚从部队里回来的年轻红军说：

“指挥员同志，您非得坐牛车不可了。我们全村只有一匹马，就连这匹马也还是用三条腿走路。所有的马都在逃难的时候丢在库班了。”

“是不是可以凑合着用用这匹马呢?”格里高力用手指头在桌子上敲着,用试探的目光望着这位精明的主席那愉快的眼睛,问道。

“不能用。用这匹马走上一个星期,您也到不了家!不过请您放心,我们有很好的牛,腿脚很快,我们反正要派一辆大车到维奥申去送电话线,因为这次仗打过以后,把电线都堆在我们这儿了;您也用不着换车了,可以把您一直送到家。”主席眯缝起左眼,一面笑一面意味深长地挤着眼睛,说,“我们给您几头顶好的牛,还派一个年轻寡妇给您赶车……我们这儿有一个很漂亮的娘儿们,就是做梦也找不到比她更好的啦!有她在一块儿,您不知不觉就到家了。我当过兵,知道当兵人喜欢的种种玩意儿……”

格里高力一声不响地在脑子里盘算了一阵子。等顺路的马车又靠不住,步行又太远,只有同意坐牛车走了。

过了一个钟头,来了一辆破牛车。车轮子吱扭吱扭响着;车后挡板没有了,插着几块木头片,胡乱垫上的干草一绺一绺地耷拉着。格里高力很厌恶地看着这辆破牛车,心里想:“打仗打到这种地步啦!”赶车的女子摇着鞭子,跟牛并排走着。她确实很漂亮,身材也很匀称。只有那大得和个头儿不相称的乳房显得有点儿不大协调,再就是那圆圆的下巴上有一道斜疤,给她的脸增添了老于世故的神气,并且使她那张黑乎乎、红扑扑的年轻的脸显得好像老了一点儿;鼻梁上还有一些像米粒儿一样小小的金色雀斑。

她一面理头巾,一面眯缝起眼睛,仔细打量了一遍格里高力,问道:

“就是送你吧？”

格里高力从台阶上站了起来，掩上军大衣。

“是送我。你装上电线了吗？”

“就该我这个倒霉的给他们装车吗？”这个哥萨克女子大声嚷了起来，“天天赶车，天天干活儿！怎么，就是我好说话吗？他们自个儿会把电线装上去的，要不然我就赶着空车走了！”

她往车上搬着电线，大声和主席骂着玩儿，偶尔侧眼用探索的目光瞟一瞟格里高力。主席一直在笑着，喜滋滋地望着年轻寡妇。有时候他朝格里高力挤挤眼睛，好像是在说：“你看我们这儿的娘儿们多漂亮！可是你还不相信呢！”

村外，色调暗淡的、褐色的秋日原野远远地铺展开去。一股灰白色的烟气从耕地上慢慢升起来，从大路上飘过去。耕地的人在烧灰，烧的是一蓬一蓬的干黄鼠狼草、开过花的多纤维的长齿草。这烟味儿在格里高力心中勾起惆怅的回忆：当年他格里高力也在安静的秋天原野上耕过地，夜里常常眺望满天星斗的夜空，倾听高空里飞过的雁群的呼唤声……他很不平静地在干草上转悠起来，侧眼看了看赶车的女子。

“你多大岁数啦，大嫂子？”

“快六十岁啦。”她只用眼睛笑着，娇声娇气地回答说。

“说真的，别开玩笑。”

“二十一岁。”

“守寡了吗？”

“守寡啦。”

“你男人怎么死的？”

“阵亡啦。”

“很久了吗?”

“已经一年多了。”

“是在暴动的时候吧?”

“是在暴动以后,快到秋天的时候。”

“噢,你的日子过得怎样?”

“凑合着过。”

“寂寞吗?”

她仔细看了他一眼,把头巾往嘴唇上拉了拉,遮住笑容。她再说起话来的时候,她的声音低些了,而且声音中出现了一种新的语调:

“干起活儿来,就不觉得寂寞了。”

“没有男人总寂寞吧?”

“我家里还有婆婆,家务活儿多得很。”

“没有男人怎么过呀?”

她转过脸来朝着格里高力。她那黑乎乎的脸上泛起一阵红晕,眼睛里冒起一阵红红的火花,又熄灭了。

“你这是什么意思?”

“就是那个意思。”

她把头巾从嘴唇上推开,拉着长声说:

“唉,这话就别问了! 世界上还有的是人嘛……”她沉默了一会儿,又继续说,“我和我男人还没有过到什么甜日子,结婚才一个月,就把他抓去当兵了。没有他,我凑凑合合能过得去。这会儿好些了,年轻哥萨克都回到村里来了,要不然可够受。喔,白头顶！喔！老总啊，就是这样呀！我就是这种命呀。”

格里高力不作声了，他觉得完全不应该用开玩笑的腔调谈这种事。他有些后悔了。

几头又大又肥的公牛依然跨着均匀的、大摇大摆的步子往前走着。有一头公牛右边的角曾经断过，长出来的新角斜斜地歪到额头上。格里高力用胳膊肘子撑着身子，半闭着眼睛，躺在车上。他想起小时候以及后来长大成人后干活儿用过的那些老牛。那些牛的毛色、个头儿、脾气各不相同，甚至每一头牛的角都各有各的样子。以前麦列霍夫家有一头公牛，角也是歪到了一边，非常难看。那头牛又凶又狡猾，总是转悠着布满血丝的白眼珠子斜着眼看人，看见有人从后面走来，就要踢人；在农忙时候，到夜里放它去吃草，它总想朝家里跑，或者，更糟糕的是，跑到树林里或者很远的山沟里去。格里高力常常要骑着马整天整天地在草原上到处寻找，等到找得泄了气，认为再也找不到走失的公牛了，却忽然又在山沟里，在密密丛丛的荆棘棵子里，或者在一棵枝叶茂密的老野苹果树的树荫里发现了它。那一头独角魔鬼还很会脱笼头，夜里常常用角顶开牲口院子的门钩，跑出去，泅过顿河，跑到草甸子上去。那头牛当时给格里高力找了不少麻烦，使他伤了很多脑筋……

“这头断角的牛怎样，老实吗？”格里高力问道。

“很老实。怎么样？”

“我是随便问问。”

“如果再没有别的话说，‘随便问问’倒是好话。”赶车的女子冷笑着说。

格里高力不作声了。他想想过去的事，想想太平日子，想想干活儿，想想一切和战争无关的事情，就觉得非常愉快，因为这一连打了七年的仗，使他厌恶透了，只要一想起打仗，一想起和当兵有关的任何一件事情，他都感到心里极其厌烦，并且暗暗感到愤恨。

他不再打仗了。打仗打够了。他现在是回家去，终于可以干活儿了，可以和孩子们、和阿克西妮亚在一块儿过过日子了。还在前方的时候，他就打定主意要把阿克西妮亚接到家里来，让她抚养孩子们，让她天天在他身旁。这事儿也要解决，而且越快越好。

格里高力美滋滋地幻想着，他回到家里怎样脱去军大衣和皮靴，穿上肥大的布靴子，按照哥萨克的习惯，把裤腿掖进白毛袜筒里，把粗布外套套到棉袄上，就下地干活儿去。手扶犁把，跟着犁顺着潮乎乎的垄沟往前走，拿鼻子拼命吸着犁起来的泥土那淡淡的潮湿味儿和犁断的青草那种苦丝丝的味儿，真是痛快极了。在外乡外地，就是泥土气味、青草气味也和家乡的不一样。他在波兰，在乌克兰，在克里米亚，不止一次把灰灰的野蒿头儿放在掌心里揉烂了，闻一闻，就很惆怅地想："不对，这不是那种味道，是另外一种味道……"

可是赶车的女子感到寂寞了，想说说话儿了。她不赶牛了，坐舒服些，拿手揪弄着鞭梢儿，偷偷地把格里高力，把他那张聚精会神的脸和半闭着的眼睛打量了半天。"他虽然有了白头发，可是并不怎么老，而且真有点儿怪，"她想道，"老是把眼睛眯缝着，他干吗要眯缝眼睛呀？他好像疲乏得要命，就好像拉过老重的大车……他的长相倒不错。就是白头发多了一点儿,瞧,连胡子也差不多都白了。不过样子还是挺漂亮的。他一个劲儿在想什么呢?起初他好像是想开开玩笑,可是后来就不声不响了,只问了一句什么牛的事儿。怎么,他没有什么要谈的了吗?也许,是不是不好意思?不像。他的眼神很镇定嘛。是的,是一个很漂亮的哥萨克,就是有点儿古怪。哼,你就不开口吧,罗锅子鬼!我才不巴结你哩,真的!我也会不开口!一心想回家找老婆呢。哼,你不开口就不开口吧!"

她把脊梁靠在车厢板上,小声唱起歌来。

格里高力抬起头来,看了看太阳。天还很早。闷闷不语地守卫着大道的去年的蓟草的影子只有半步长;从各方面看来,这时候至多不过下午两点钟。

草原就像沉醉了似的,静得连一点声息也没有。太阳也不灼人。微风无声地拂动着红红的枯草。四周既听不见鸟鸣声,也听不见金花鼠的叫声。寒冷的、蔚蓝色的天上也没有老鹰打圈子。只有一次,一道灰灰的影子从大路上滑过去,格里高力还没有抬起头来,就听见老大的翅膀那沉重有力的扇动声:一只银灰色的、翅膀腋部在阳光中闪着白光的大雁飞了过来,落在远处一座古守望台旁边,那边有一片太阳晒不到的洼地,洼地和雾蒙蒙的淡紫色的远方融合在一起了。以前,只有在深秋时候,格里高力才会在草原上看到这种凄凉而肃穆的寂静,这时候他好像都能听见在草原上、在前面很远很远的地方滚着的风卷球儿在枯草上滚动的沙沙声。

大路好像没有尽头,弯弯曲曲地经过一面长长的山坡,就进了一条山沟,然后又朝一道土冈顶上爬去。四下里望去,依然是望不到边的、肃静的大草原。

格里高力欣赏起一丛生长在山沟斜坡上的鞑靼槭树。早霜打过的槭树叶子呈现出一片灰红色，就好像撒上了一层还没有熄灭的火炭灰。

“你叫什么名字，大哥？”赶车的女子用鞭把子轻轻捅了捅格里高力的肩膀，问道。

他哆嗦了一下，转过脸来朝着她。她望着一边。

“我叫格里高力。你叫什么？”

“我叫‘无名氏’。”

“那你就闭嘴吧，‘无名氏’。”

“闭嘴闭够了！半天不说话，嘴里都发干了。你怎么这样不开心呀，格里沙大哥？”

“我有什么可开心的呢？”

“你现在回家去，应该很开心嘛。”

“我开心的年岁过去啦。”

“嘿，也充起老头子来了。你这样年轻，怎么头发都白了？”

“你倒是什么事儿都想知道……白了头，不用说，是因为日子过得太好了嘛。”

“你娶过亲吗，格里沙大哥？”

“娶过。‘无名氏’，你也应该快点儿嫁人。”

“为什么要快点儿？”

“你太风流了……”

“这不好吗？”

“有时候不好。我认识一个这样风流的女人，也是个寡妇，风流来，风流去，后来她的鼻子就塌下去了……”

“哎哟，天啊，好可怕呀！”她故装惊骇地叫道，但是马上又十分认真地说，“我们寡妇的事儿就是这样，如果怕狼，就别上树林子里去。”

格里高力看了她一眼。她咬着细碎的白牙，不出声地笑着。她那翘着的上嘴唇笑得哆嗦着，一双眼睛在下垂的睫毛里面很调皮地闪烁着。格里高力不由地笑了笑，把一只手放在她那热乎乎、圆滚滚的膝盖上。

“你的命真苦，真可怜呀，‘无名氏’！”他很怜惜地说，“你才二十来岁，就过起这种日子来了……”

忽然她的快活神气一下子就不见了。她冷冷地推开他的手，皱起眉头，脸涨得通红通红的，连鼻梁上那小小的雀斑都看不出来了。

“等你回到家里，去可怜你老婆吧，我不用你可怜也行了！”

“你别生气，别发急嘛！”

“去见你的鬼吧！”

“我说这话是好心好意的呀。”

“你和你那好心肠都滚你妈的蛋吧……”她像男子一样又老练又娴熟地骂着，忽闪着阴暗下去的眼睛。

格里高力扬了扬眉毛，窘得咯咯了两声，说：

“你骂起来好狠啊！你真没有家教。”

“你又怎么样呢？那你就是穿着爬满虱子的军大衣的圣人了！我才认识你们这些家伙呢！快嫁人吧，还有这个那个的，哼，你变成这样的好人才多久啊？”

“是的,没有多久。”格里高力笑着说。

“那你干吗教训起我来了？这种事儿自有我婆婆来管。”

“哎,算了吧,你这傻娘儿们,干吗要生气呀？我不过随口这样说说罢了。”格里高力用妥协的口气说,“你瞧,咱们只顾说话,牛都离开正路啦。”

格里高力在车上躺舒服些,匆匆地朝这个风流寡妇瞥了一眼,就看到她的眼里含着泪水。“这真是莫名其妙！这些女人家总是这样……”他想道,并且觉得心里很不自在、很烦恼。

他躺在车上,用大衣襟蒙住脸,很快就睡着了,在天快黑的时候才醒过来。苍白的黄昏时候的星星在天空闪烁着。干草的气味又清新又好闻。

“该喂喂牛啦。”她说。

“好,就在这儿歇吧。”

格里高力亲自把牛卸下来,从军用包里掏出面包和一听肉罐头,搂了一大抱干枯的野草,抱过来,在离大车不远的地方生起一堆火来。

“来,坐下吃饭吧,‘无名氏’,别生气了。”

她靠着火堆坐下来,从布袋里抖搂出一块面包和一块陈得长了毛的猪油。吃饭的时候,他们说的话很少,也很和气。后来她在车上躺了下来;格里高力为了不让火熄灭,往火堆里扔了几块干牛粪,就像行军时那样,在火堆旁边躺下了。他枕着军用包,躺了半天,望着满天星斗的夜空,断断续续地想着孩子们,想着阿克西妮亚,后来刚刚蒙眬入睡,就被甜甜的女人声音唤醒了：

“你睡着了吗,老总？睡着了没有？”

格里高力抬起头来。他的女伴正用胳膊肘撑着，从车上探下身来。她的脸被尚未熄灭的火堆那晃晃不定的火光一照，显得又红又娇艳，牙齿和头巾的花边儿白得耀眼。就好像他们从来没有争吵过一样，她又笑盈盈地，挑动着眉毛，说：

“我怕你在那儿冻坏。地上很凉。你要是觉得冷的话，到我这儿来吧。我的皮袄才暖和哩！过来，好吗？”

格里高力想了想，就叹着气回答说：

“谢谢啦，大嫂子，我不想去。不像一两年以前那样了……我在火堆旁边大概冻不坏。”

她也叹了一口气，说：

“那就随你的便吧。”说过，便用皮袄连头蒙了起来。

过了不大的一会儿，格里高力爬起来，收拾起自己的东西。他决定步行回家，好在天亮以前赶到鞑靼村。他这样一个退伍回来的指挥员，大白天里坐牛车回家是不大像样子的。这样回家会惹得很多人笑话和议论……

他把赶车的女子叫醒，说：

“我要走着回去了。你一个人待在野地里不害怕吧？”

“不怕，我不是胆小鬼，再说，这儿离村庄很近。你怎么，等不及了吗？”

“你猜对了。好吧，再见，‘无名氏’，如有不周到的地方，请多多担待！”

格里高力走上大路，把军大衣领子向上提了提。刚刚飘下的小小的雪花落在他的睫毛上。风从北方刮来，在一阵阵的冷风中，格里高力闻到了又熟悉又亲切的雪的气味。

* * *

米沙到镇上去了，黄昏时候才回来。杜尼娅在窗口看到他来到大门口，就连忙把头巾披到肩上，走出来迎他。

“格里沙今天早晨回来了。”她站在大门口，带着担心和等待的神气看着丈夫，说。

“恭喜你呀。”米沙用镇定和有点儿讥讽的口气回答说。

他咬紧嘴唇，进了厨房。他的颧骨下面有两个大包不住地咕嘟着。波柳什卡坐在格里高力的膝盖上，姑姑给她穿起干干净净的衣服，把她打扮得很漂亮。格里高力小心地把孩子放在地上，就面带笑容，伸出一只黑黑的大手，上前迎接妹夫。他本来想拥抱米沙，但是一看见那没有笑意的眼睛里的冷冰冰的、敌视的神色，就煞住了。

“你好啊，米沙！”

“你好。”

“咱们好久没见面啦！好像有一百年了。”

“是的，是很久了……恭喜你平安回来。”

“谢谢。这么说，咱们成了亲戚啦？”

“是的……你的腮上怎么出血啦？”

“噢，没事儿，是剃刀划破的，刮脸刮急了。”

他们在桌边坐下来，一声不响地互相看着，都感到生分和别扭。他们需要严肃地谈一谈，但是现在还不是时候。米沙还是能沉得住气的，于是他心平气和地谈起家常，谈起村里的变化。

格里高力望着窗外那盖了一层淡蓝色新雪的大地，望着光秃秃的苹果树枝。他没有想到和米沙的会面是这样的……

不一会儿，米沙就走了出去。他在过道里的石头上把小刀仔细磨了磨，对杜尼娅说：

“我想找个人来宰一只羊。应该好好招待招待当家人。你快去弄酒来。别急嘛，是这样：你上普罗霍尔家去，叫他把地挖一挖，把酒挖出来。他干这种事儿比你快当。叫他来吃晚饭。”

杜尼娅高兴得满脸放出光来，带着感谢的神气一声不响地看了看丈夫……“也许，一切都能平平安安地过去……本来嘛，仗都打完了，他们之间还有什么过不去的呢？但愿他们都能聪明起来！”她满怀希望地想着，朝普罗霍尔家里走去。

不到半个钟头，普罗霍尔就气喘吁吁地跑来了。

“格里高力·潘捷莱维奇！……我的好伙计呀！……真没想到还能看见你呀！……”他用很高的哭腔叫了起来，并且在门槛上绊了一下子，差一点儿把酒坛子打碎。

他抱住格里高力哭了一阵子，用拳手擦了擦眼睛，又捋了捋泪水打湿了的胡子。格里高力的喉咙眼儿也哆嗦了一阵子，但是他憋住了，他又感动又粗鲁地朝他的忠心的传令兵的背上拍了一掌，前言不搭后语地说：

“咱们又见面了……唉，我见到你很高兴，普罗霍尔，我太高兴了！你怎么，成了老头子啦，流起眼泪来啦？心肠软啦？没有那股硬劲儿啦？你的胳膊怎么样了？另一条胳膊没有叫你老婆打断吧？”

普罗霍尔用劲擤了一下鼻涕，把皮袄脱了下来。

“我和我老婆过得才亲热呢。另一条胳膊，你瞧，好好的呢，就连波兰佬砍掉的这一条,又要长出来啦,实在话! 再过一年,就要长手指头了。"他晃荡着空袖筒子,依然带着以往那种快快活活的神气说。

战争使他们学会了用笑掩饰真实的心情,将辛酸掺和到玩笑里;因此格里高力也用玩笑的口吻继续问道:

"日子过得怎样,老山羊? 蹦得怎样?"

"像老头子一样,慢慢地蹦。"

"离开我以后,你没有再搞上什么吧?"

"你这是说的什么?"

"噢,伙计,就是去年冬天你搞的那种事儿……"

"潘捷莱维奇呀! 不行啦! 如今我哪有那种本钱啊? 我这一条胳膊的人还能搞到什么呀? 这是你干的事情了,你又年轻,又是光棍儿……我的家什只能给老娘儿们当刷子去刷锅了……"

他们这两个战壕里的老伙伴一下子见了面,都十分高兴,笑哈哈的,互相对看了半天。

"你这次回来,不走了吧?"普罗霍尔问。

"不走啦。复员啦。"

"你干到什么级别啦?"

"当了副团长。"

"干吗要早早地放你回来?"

格里高力脸色阴沉下来,简短地回答说:

"用不着我了。"

"这是为什么?"

"不知道。大概是因为历史问题。"

“军官特别管理处的审查组已经审查过你的问题了嘛，还有什么历史问题呢？”

“问题少不了。”

“米沙在哪儿？”

“在院子里。喂牲口呢。”

普罗霍尔坐近些，压低声音说：

“一个月以前，把普拉东·里亚布契柯夫枪毙了。”

“你说什么？”

“说的是实话！”

过道的门吱扭响了一声。

“咱们以后再谈吧，”普罗霍尔小声说，然后又大声说，“首长同志，遇到这样高兴的事儿，咱们来好好喝两盅吧？把米沙喊来吧？”

“你去喊吧。”

杜尼娅把菜端了上来。她真不知道怎样来款待哥哥才好：给他膝盖上铺了一条干净手巾，又把一碟子腌西瓜推给他，把酒杯擦了有五六遍……格里高力并且含笑注意到，杜尼娅对他称呼起“您”来了。

起初，米沙在桌上一声也不响，仔细听着格里高力说话。他喝得很少，很勉强。可是普罗霍尔却是一杯一杯地干，不过脸红一红，再就是不住地用手捋着灰白色的小胡子。

杜尼娅给孩子们吃过饭，并且服侍他们睡下以后，把一大盘子烧羊肉端上桌来，小声对格里高力说：

“小哥，我去叫阿克西妮亚来，您没有意见吧？”

格里高力一声不响地点了点头。他以为谁也没有看出,他整个晚上都处在紧张的等待状态中,但是杜尼娅却看到,他一听到门响就竖起耳朵,仔细听听,并且还要侧眼朝门口看看。这种情形是逃不过杜尼娅那尖得出奇的眼睛的……

"那个姓捷列欣柯的库班人还在当排长吗?"普罗霍尔嘴里问着,手里还端着杯子,好像是怕人抢走似的。

"在里沃夫附近阵亡啦。"

"噢,愿他在天堂安息。是一个很好的骑兵呀!"普罗霍尔连忙画了一个十字,喝了一口酒,也没有理会米沙的冷笑。

"还有那个姓很奇怪的家伙呢? 就是在右翼作过战的那个家伙,他妈的,姓什么来着,好像是姓'五月的大胡子'吧? 是个南蛮子,是个胖乎乎、爱热闹的家伙,在布罗迪劈死一个波兰军官的,他怎么样,还好吗?"

"他结实着哩! 把他调到骑兵机枪连里去了。"

"你的马给了谁啦?"

"我已经又换过一匹了。"

"你那匹白头顶哪儿去啦?"

"叫炮弹打死了。"

"打仗的时候打死的吗?"

"我们驻在一个镇上。敌人打炮,就在拴马桩上打死了。"

"哎呀,多可惜呀! 多么好的一匹马呀!"

普罗霍尔叹了一口气,就又喝了起来。

过道里的门环当啷响了一声。格里高力哆嗦了一下。阿克西妮亚跨进门来,含含糊糊地说:"好啊!"就开始解头巾,一面不住地喘着，一面用睁得大大的、喜气洋洋的眼睛盯着格里高力。她走到桌前，挨着杜尼娅坐了下来。一片片小小的雪花在她的眉毛上、睫毛上和煞白的脸上慢慢融化。她皱起眉头，用巴掌擦了擦脸，长长地叹了一口气，这才镇定下来，用深情的、激动得模糊了的眼睛看了格里高力一眼。

“老搭档！阿克秀莎！咱们一块儿逃过难，一块儿喂过虱子……我们虽然把你扔在库班，可是那时候我们有什么办法呀？”普罗霍尔把杯子往前伸了伸，杯子里的酒直往外泼洒，“来为格里高力·潘捷莱维奇喝一杯吧！恭喜他平安回来……我对你说过，他会囫囵个儿回来的，现在你瞧，你就是敲他二十棒子也没事儿！结实着哩！”

“阿克秀莎，他已经喝醉了，你别听他的。”格里高力笑着，拿眼睛瞟了瞟普罗霍尔。

阿克西妮亚对格里高力和杜尼娅点了点头，这才从桌上端起杯子，端得很低。她怕大家看见她的手在打哆嗦。

“恭喜您平安回来，格里高力·潘捷莱维奇，也恭喜你，杜尼娅，恭喜你高兴。”

“那该恭喜你什么呢？恭喜你伤心吗？”普罗霍尔哈哈大笑起来，捅了捅米沙的腰侧。

阿克西妮亚的脸一下子通红通红的，连她的小小的耳朵唇也变成了透明的粉红色，但是她刚强地狠狠看了普罗霍尔一眼，回答说：

“也恭喜我高兴吧……非常高兴！”

普罗霍尔见她这样干脆，也就没什么说的了，不再取笑了，就说：

“好吧，你喝，把酒喝干。你说话干脆，喝酒也要干脆！谁要是剩下酒，就好比往我心上插刀子。”

阿克西妮亚坐的时间不长，她认为这样可以不失体面。在这段时间里，她对自己的心上人只看过几眼，而且每次都是匆匆一瞥。她总是强迫自己去看其他的人，避开格里高力的目光，因为她既不能装成冷冰冰的，又不愿意在旁人面前流露自己的感情。格里高力所看到的只有她在门口那一眼，那一眼直勾勾的，充满了情意和忠心，实际上，那一眼把什么都说明了。后来他出去送阿克西妮亚，醉醺醺的普罗霍尔在他们后面喊道：

“你别出去太久！我们可要把酒喝光啦！”

格里高力在过道里一声不响地亲了亲阿克西妮亚的额头和嘴唇，问道：

“喂，怎么样，阿克秀莎？”

“唉，一言难尽啊……你明天来吧？”

“我去。”

她急急忙忙朝家里走去，走得非常快，就好像家里有很紧急的事情，走到自家的台阶前才放慢了脚步，小心翼翼地走上咯吱咯吱响的台阶。她很想快点儿一个人去想想自己的心事，想想这来得如此突然的幸福。

她急急忙忙脱掉上衣，扯下头巾，也不点灯，就走进上房。护窗没有关，浓浓的淡紫色夜光从窗户里透进房来。一只蟋蟀在锅台后面吱吱地叫着。阿克西妮亚习惯地对着镜子照了照，虽然在黑暗中看不见自己的面容，然而她还是理好了头发，把胸前府绸小褂的皱褶抻平了，后来她走到窗前，十分疲惫地坐在板凳上。

在她这一生中，有很多次希望和心愿都落了空，没有实现，也许正因为这样，刚才的高兴心情没有了，又换成了时时提心吊胆的心情。现在她的日子又怎么过呢？她今后又会怎样呢？一个苦命女人的幸福是不是来得太晚了呢？

她激动了一个晚上，很疲乏了，把腮贴在结满霜花的冰凉的玻璃上，坐了很久，一面用沉静而多少有些伤感的目光望着只有新雪的反光的黑黑的夜色。

＊＊＊

格里高力在桌边坐下来，自己斟了满满的一杯酒，一口气喝下去。

“酒好吗？”普罗霍尔问道。

“我尝不出来。很久不喝酒了。”

“说实话，简直跟皇封御酒一样！”普罗霍尔肯定不疑地说，他摇晃了两下，搂住米沙，“米沙，喝酒的事儿你不懂，小牛喝水比你还在行些，论喝酒我可是老行家！什么样的酒我都喝过！有这样一种酒，不等把瓶塞子拔出来，就从瓶子里冒出泡来啦，就像疯狗吐的唾沫一样，老天爷在上，我不是撒谎！在波兰，有一回我们冲破防线，跟着谢苗·米海洛维奇去截击波兰白军，我们占领了一座地主庄园。里面的楼房有两三层，牲口院子里的牲口挤得满满的，各种各样的家禽满院子乱跑，连吐口唾沫的地方都没有。一句话，这个地主的日子过得跟皇上一样。我们排骑着马冲进这座庄园的时候，一些军官正在和地主大喝呢，没想到我们会来。

我们把他们全砍死在花园里和楼梯上，只捉住了一个活的。那是一个很有气派的军官，可是一叫我们捉住，他的胡子就耷拉下来，浑身都吓软了。当时因为有急事把格里高力·潘捷莱维奇叫到司令部去了，我们就成了当家的，走进楼下的屋子，里面有老大的一张桌子，桌子上什么样的酒菜没有呀！虽然我们都饿得要命，可是有些怕，所以都故意装模作样不肯先吃。我们想：'哼，要是这些东西都下了毒怎么办？'我们的俘虏像个鬼一样看着我们。我们就命令他：'你吃！'他就吃起来。虽然很勉强，可是他还是吃了。'你喝！'他又喝起来。我们叫他把每一个盘子里的菜都吃一些，每个瓶子里的酒都喝一杯。我们眼看着这个该死的家伙吃得肚子胀了起来，我们都馋得流口水。后来我们看到这个军官并没有死，我们也吃了起来。我们拼命吃，拼命喝那些冒泡沫的酒。可是一瞧，那个军官又是吐又是泻。我们想，'哎呀，这一下子完啦！这个坏家伙是吃了下过毒的东西而且还骗了我们。'我们都拔出刀来要杀他，可是他苦苦哀求起来。'诸位老爷，我这是承你们的盛情，吃得太多了，诸位别多心，这酒菜都是好的呀！'于是我们又拿过酒来！只要把瓶子一拍，瓶塞子就像步枪打出来的子弹一样飞出来，那泡沫咕嘟咕嘟直往外冒，在旁边看着都觉得可怕！因为喝了那种酒，那一夜我从马上摔下来好几回！一骑到马上就要摔下来，就好像大风吹的。那样的酒如果每天能空着肚子喝上一两杯，准能活到一百岁，可是喝咱们这样的酒，能活到一百岁吗？这能算是酒吗？这是洗脚水，不是酒！喝了这种泔水，要提前上西天……"普罗霍尔对着酒坛子点了点头……自己又斟了满满的一杯。

杜尼娅到上房里去陪孩子们睡了，过了一会儿，普罗霍尔也站了起来。他摇摇晃晃地披上皮袄，说：

“坛子我不带了。我才不愿意带着空坛子回去呢……我一回到家里，老婆就要骂我。她骂得才难听呢！她从哪儿学来那么多脏话呀？我真不明白！我一喝醉了酒回去，她就要骂：‘醉牙狗，一条胳膊的、没出息的、死不要脸的醉牙狗！’我就心平气和地慢慢和她说理，我说：‘你这个母狗，魔鬼，你在哪儿见过醉狗，而且是一条胳膊的醉狗？世界上根本就没有这种玩意儿嘛。’我反驳她一回，她又骂我第二回，我反驳过第二回，她又骂我第三回，我们就这样对骂到天亮……有时候我听她骂听厌了，就跑到棚子里去睡；也有时候我喝醉了回来，她一声不响，也不骂，说真的，我连觉都睡不着呢！我觉得好像少了一点儿什么，浑身都痒痒，怎么都睡不着！于是我就去挑我老婆，她就又骂起我来，把我骂个狗血喷头！我老婆是魔鬼转世的，拿她没办法，让她有火就发吧，发过了，干活儿更带劲些，我说得对吗？好，我走了，再见吧！我是不是今天就睡在马槽里，省得惊动她呢？”

“你能走回家吗？”格里高力笑着问。

“我就是像螃蟹一样地爬，也要爬回家！怎么，我不是哥萨克吗，潘捷莱维奇？我听到你这话就有气。”

“好，那你走吧！”

格里高力把他送出大门，又回到厨房里。“怎么样，米沙，咱们谈谈吧？”

“好吧。”

他们在桌子两边面对面坐下来，都不开口说话。后来还是格里高力说：

“咱们好像有点不对劲儿……从你的样子可以看出来，是不对劲儿！我回来，是不是不称你的心意？还是我猜错了呢？”

“没错，你猜对了，是不称我的心意。”

“为什么？”

“多添了麻烦。”

“我想自己养活自己。”

“我说的不是这个。”

“那又是什么呢？”

“咱们彼此是敌人……”

“以前是的。”

“以前是，看样子，以后还会是。”

“我不明白。为什么？”

“你是个靠不住的人。”

“你这是瞎说。纯粹是瞎说！”

“不是，不瞎说。为什么在这种时候叫你复员回家呢？你能坦白地说说吗？”

“我不知道。”

“不，你知道，就是不愿说！是信不过你，对吗？”

“如果信不过我，就不会叫我带一个连了。”

“起初是这样，可是现在既然不叫你留在队伍里，那么，事情就很清楚了，老兄！”

“那你是不是信得过我呢？”格里高力盯着他问道。

“信不过！不论把狼喂得多好，狼还是要往树林子里跑。”

“你今天喝多了，米沙。”

“你别来这一套！我喝得不比你多。在外面信不过你，在这儿也不会多么信得过，你就明白吧！”

格里高力没有作声。他懒懒地从碟子里拿起一块腌黄瓜，嚼了嚼，又吐了出来。

“杜尼娅把基里尔·格罗莫夫的事告诉你了吧？”米沙问道。

“告诉我了。”

“他回家来，我也是觉得不对劲儿的。我一听说了，就在当天……”

格里高力的脸一下子白了，他气愤得瞪圆了眼睛。

“你怎么，把我当基里尔·格罗莫夫吗？”

“你别咋呼。你哪一点比他好些？”

“哼，你该知道……”

“我没有什么知道不知道的，早就什么都知道了。难道以后米佳·柯尔叔诺夫回来，我也要欢迎吗？哼，你们最好别回村子里来。”

“是你觉得我不回来好些吧？”

“我觉得好，老百姓也觉得好，都可以放心些。”

“你别拿我跟他们摆在一起！”

“我已经对你说过，格里高力，这没什么委屈的：你不比他们好，你还要更坏，更危险。”

“究竟什么地方更坏？你胡说些什么？”

“他们是普通当兵的，可是你指挥过整个的暴动。”

“我没有指挥整个暴动，我是当过师长。”

“这还小吗?”

“是小是大,问题不在这上面……如果不是那一次大家玩儿的时候红军想杀我的话,也许我不会参加暴动的。”

“如果你不是军官的话,谁也不会碰你。”

“如果不逼着我去当兵的话,我也不会当军官的……哼,这歌儿长着呢!”

“又长,又糟糕。”

“现在无法重唱了,晚了。”

他们一声不响地抽起烟来。米沙一面用指甲弹着烟灰,说:

“我知道你那些英雄事迹,听说过。你杀了我们很多战士,所以我看到你,心里痛快不了……这种事儿是忘不掉的。”

格里高力冷笑了一下。

“你的记性太好了!你把我哥哥彼特罗打死,这事儿我还没有对你提过呢……如果什么事儿都记着的话,人就要像狼那样过日子了。”

“哼,那有什么,是我杀的,我不否认!那时候我要是逮到你的话,也会那样处置你!”

“可是我,一听说在霍派尔河口把伊万·阿列克塞耶维奇抓起来了,就急急忙忙赶来,我怕你也在那里面,怕哥萨克们把你杀了……看来,我当时真不该急急忙忙赶回来。”

“好一个善心人!如果这会儿是士官生掌权,如果你们打胜了,真不知道你要怎样对待我呢。恐怕会用皮带抽我的脊梁!现在你倒成了大好人了……”

“也许会有人用皮带抽你,可是我才不会为了你来弄脏我的手呢。”

“这样看,咱们俩是不一样的……为了处置敌人,我从来就不怕弄脏我的手,就是现在,如果有必要的话,我连眼睛都不会眨一眨。”米沙把坛子里的残酒斟到两个杯子里,问道,“你喝吗?”

“咱们来喝,要不然太清醒了,跟咱们说的这些话很不相称……”

他们一声不响地碰过杯,把酒喝了。格里高力胸膛趴在桌子上,捻着胡子,眯缝着眼睛,看着米沙。

“你怎么,米沙,是害怕吗?怕我再起来暴动反对苏维埃政府吗?”

“我一点也不怕,不过我想:如果一有什么风吹草动,你就会投到另一方面去。”

“我本来可以投到波兰人那边去嘛,你说是不是?我们有不少部队投了他们嘛。”

“你没有来得及吧?”

“不,是我不愿意。我当兵当厌了,再也不想给任何人干了。这一辈子打仗已经打够了,心里厌透了。不论是革命还是反革命,我都讨厌。就让这整个的……让这一切都去他妈的吧!我想和自己的孩子们一块儿过过日子,干干活儿,就心满意足了。米沙,请你相信吧,我这是说的真心话!”

但是,不管他说得怎样恳切,米沙都不相信了。格里高力明白了这一点,就不作声了。他忽然对自己恼得不得了。他干吗他妈的要解释、要表白呀?干吗要说这些醉话和听米沙的混账教训啊?去他妈的吧!格里高力站了起来。

“咱们别说这些没用的话了!够了!有一点我要最后告诉

你:如果政府不来逼我,我决不反对政府。如果逼得我没有办法,我就要自卫!不管怎么说,因为暴动的事砍我的脑袋,就像对付普拉东·里亚布契柯夫那样,我是不干的。"

"这是什么意思?"

"这意思很明白,可以让我再到红军里去当兵,可以再像以前那样挂花,也可以因为暴动的事坐监牢,但是为了这事把我枪毙,那我可不干!未免太过分了!"

米沙撇着嘴冷笑了一下,说:

"你想得真新鲜!革命军事法庭或者肃反委员会是不会问你愿意怎样和不愿意怎样的,不会和你讨价还价的。既然犯了罪,那就是罪有应得。欠了债,必须偿清!"

"好,那咱们等着瞧吧。"

"当然,等着瞧吧。"

格里高力解下腰带,脱掉褂子,哼哧哼哧地脱起靴子。

"咱们要分家吗?"他一面仔细打量着开了绽的靴底,问道。

"咱们分家很简单:我修好自己的房子,就搬过去。"

"好,咱们就想法子分开吧。咱们在一块儿是过不下去的。"

"是过不下去。"米沙很强硬地说。

"真没想到,你对我会有这样的看法……哼,好吧……"

"我是说干脆的。怎么想,就怎么说。你什么时候上维奥申去?"

"尽可能在最近几天去。"

"不是尽可能,而是明天就得去。"

"我步行了差不多有四十俄里,太累了,明天要休息一下,后天我去登记。”

“命令上是说:要立即登记。你明天就去吧。”

“不能休息一天吗？我又不会逃走。”

“谁他妈的知道你的心思呢。我不能为你担保。”

“你怎么坏成这样啦,米沙!”格里高力惊讶地打量着老朋友那板得紧紧的脸,说。

“你别骂人！我听不惯这一套……”米沙喘了一口气,提高声音说,“你要明白,你这种军官习气该扔掉啦！明天你就去,如果你不好好去的话,我就派人押着你去。明白吗?”

“现在全明白了……”格里高力恨恨地看了看正朝外走的米沙的脊背,就和衣躺到床上。

好吧,该是怎样,就怎样了。为什么就该对他格里高力是另一样呢？说实在的,凭什么他以为,在红军里真心诚意地干了很短的一段时期,就能赎回自己的全部罪过呢？也许,米沙说不能全都宽大,说欠债必须偿清,这话是对的吧？

……格里高力在梦中看到一片辽阔的草原,看到一团人已经拉开阵势,准备进攻。已经从远处传来拉长了声音的口令声:“冲啊……”这时候他想起来,他的马肚带松开了。他使劲往左边的马镫上一踩,马鞍就滑到了马肚子底下……他又羞臊又害怕,便从马上跳下来,想勒一勒马肚带,就在这时候他听到一下子响起轰隆轰隆的马蹄声,马蹄声迅速地远去。

一团人马向前冲去,他掉队了……

格里高力翻了翻身,还迷迷糊糊地听到自己的沙哑的哼哼声。

窗外刚刚有点儿蒙蒙亮。大概夜里风把护窗吹开了,透过结满霜花的玻璃,可以看见一弯残月那绿幽幽的光圈儿。格里高力摸到烟荷包,抽起烟来。他的心还在不住地咚咚跳动着。他仰面躺下来,笑着想:“做这样的怪梦! 仗也没打成……”他在这黎明前的时刻里,却没有想到,他还要在梦里和在现实中进行不止一次拼搏呢。

七

杜尼娅因为要挤牛奶,起得很早。格里高力小心翼翼地在厨房里来回走着,不时地咳嗽两下。杜尼娅给孩子们掖了掖被子,很快地穿好衣服,来到厨房里。格里高力正在扣军大衣。

“您这么早要上哪儿去,小哥?”

“想在村子里走走,看一看。”

“吃过早饭再出去吧……”

“我不想吃,头疼。”

“您回来吃早饭吗? 我这就生火。”

“不用等我了,我一下子回不来。”

格里高力来到街上。一到早晨,冰雪就有些融化了。从南方吹来的风又湿润又暖和。掺和着雪的泥巴一片一片地粘到靴后跟上。格里高力慢慢朝村子中心走着,就像来到生地方似的仔细打量着从小就熟悉的一座座房屋和棚舍。广场上是一片黑黑的烧焦的废墟,那是去年米沙烧掉的商人房屋和店铺;失修的教堂围墙露出一个个的豁口。格里高力淡漠地想道:“把砖都弄去修炉子啦。”教堂依然是那样矮小，就像栽在地里似的。很久没有油漆的教堂铁顶已经生了黄锈，墙上到处是一道道褐色的流水印子，那些掉了石灰的地方，露出来的砖鲜红鲜红的。

一条条街上都没有行人。有两三个睡眼惺忪的娘儿们在离井不远的地方遇到格里高力。她们就像见了陌生人一样，一声不响地对格里高力行了个礼，等到他走过去以后，她们才站下来，对着他的后影看了半天。

“应该到坟上去，看看妈妈和娜塔莉亚。”格里高力心里想着，就拐进一条小胡同，朝坟地走去，但是走了没有几步，就停了下来。他心里已经够难受、够乱的了。“还是下次再去吧。”他拿定主意，就朝普罗霍尔家里走去。“我到不到坟上去，反正她们都一样。她们现在在那儿很安宁。什么事儿都没有。坟上落上了雪。地里的土恐怕是很凉的……他们都不在了，真是一眨眼工夫，就像一场梦。都躺在一块儿，一个挨着一个：妻子、母亲、彼特罗、妲丽亚……全家都上那儿去了，都躺在一块儿。他们都安宁了，可是父亲还一个人留在外乡呢。他在外乡人当中太寂寞了……”格里高力已经不朝四面看了，他一面走，一面看着脚底下那融化得有点儿潮湿的、柔软的白雪，那雪太柔软了，他的脚踩上去一点都感觉不出来，而且几乎一点儿响声也没有。

后来格里高力又想起孩子们。他们都变得有些拘谨和沉默寡言了，不像小孩子，不像母亲活着的时候那样了。母亲的死给他们的打击太大了。他们都吓坏了。为什么波柳什卡昨天一看见他就哭起来了呢？小孩子见了亲人是不会哭的，这完全不像小孩子了。她想的是什么呢？他把她抱起来的时候，为什么她的眼睛里流露着恐怖神情呢？也许，她一直以为父亲已经不在人世，永远不会回来了，所以一看见父亲就害怕了吧？不管怎么说，他格里高力还没有什么对不起孩子的地方。只是要对阿克西妮亚说说，叫她心疼孩子们，尽可能使他们感觉她就是母亲……也许，他们会和继母亲近起来的。她是一个和蔼、善良的女人嘛。因为她爱他，一定也会爱他的孩子。

想想这事儿也是很伤心、很痛苦的。这些事儿也不是那么简单。所有的事儿都不像他不久以前所设想的那样简单。他原来糊里糊涂、像孩子一样天真地想，只要回到家里，脱掉军大衣，换上粗呢褂子，就万事如意了：谁也不会对他说什么，谁也不会责备他，一切都顺顺当当，他就可以做一个老老实实的庄稼人，做一个像样儿的当家人了。不行啊，事实上这一切都不那么简单。

格里高力小心翼翼地推开泽柯夫家那只剩了一个铰链的板门。普罗霍尔穿着一双穿圆了的旧毡靴，三耳皮帽一直扣到眉毛上，他正无忧无虑地晃悠着一只空牛奶桶，朝台阶走去。一滴一滴的白牛奶，落在雪地上就分不清了。

“你睡得好啊，首长同志！”

“托福托福。”

“应该喝点儿解醉酒才好，要不然脑袋空荡荡的，就像这桶一样了。”

“喝解醉酒，可以；不过，为什么桶是空的？怎么，你亲自去挤牛奶了吗？”

普罗霍尔把脑袋一甩，把三耳皮帽甩到后脑勺上，这时候格里高力才看清了老朋友的异常阴沉的脸。

“他妈的，怎么不是我亲自挤奶呀？哼，我替这该死的娘儿们挤起牛奶来啦。她喝了我挤的奶非闹肚子不可！……”普罗霍尔气得把桶一扔，简短地说，“进屋里去。”

“你老婆呢？”格里高力疑疑惑惑地问道。

“见她妈的鬼去啦！深更半夜里就起来，上克鲁日林村摘野李子去了。我从你们家回来，她就骂起我来！骂呀骂呀，什么好听的话都骂出来了，后来忽然一下子爬起来，说：‘我要摘野李子去！今天马克萨耶夫家的儿媳妇去了，我也去！’我想：‘你去吧，你去摘梨子，我也不管！’我就起来，生上炉子，去挤牛奶。哼，挤是挤了。你想，一只手能干得好这种事儿吗？”

“你该找一个妇女来嘛，你这怪物！”

“公羊才是怪物呢，公羊一直到圣母节都要吃母亲的奶，我可从来就不是怪物。我想，我自个儿能干得了！哼，我干得才好呢。我像螃蟹一样在牛身子底下爬呀爬呀，可是该死的牛就是不好好地站着，四条腿乱踢蹬。为了不叫牛害怕，我把皮帽子都摘了，还是一个样。等我挤完了牛奶，我的小褂都汗湿透了。等我伸过手去，想把桶从牛身子底下拿出来，牛就踢了起来！把桶踢到那边，把我踢到这边。这就是我挤了一场牛奶。这不是母牛，是长角的魔王！我朝它的脸上啐了一口，就出来了。我没有牛奶也能过日子。咱们来喝点儿酒吧？”

“有酒吗？”

“有一瓶，挺厉害的。”

“好，足够了。”

“进去吧，你是客人。煎两个鸡蛋吧？我一下子就煎好。”

格里高力把猪油切开，又帮着主人生起火来。他们一声不响地看着一块块红红的猪油吱吱啦啦地响着在锅子里荡来荡去慢慢化开。后来普罗霍尔从神龛里拿出落满了灰尘的一瓶酒。

"这是瞒着我老婆藏在那儿的秘密玩意儿。"他简单地解释说。

他们在烧得暖暖和和的小屋里吃着，喝着，小声说着话儿。

格里高力除了和普罗霍尔，又能和谁说说知心话儿呢？他叉开两条强劲有力的长腿，坐在桌子旁边，用有点儿沙哑的粗嗓门儿低沉地说：

"……在部队里和回来的一路上，我都在想，等我回到家乡，就可以在家里安安稳稳地过过日子，不再这样他妈的东跑西颠了。七八年没有离开马鞍，这事儿是好玩儿的吗，差不多每夜都梦见这种好事儿：不是我杀人家，就是人家杀我……可是，普罗霍尔，看样子，不能遂我的心愿了……看样子，别人可以种种地，侍弄侍弄庄稼，我是不能了……"

"昨天你和米沙谈过吗？"

"谈得才痛快呢。"

"他究竟怎么样？"

格里高力把手指头交叉起来。

"我们的交情算完啦。他怪我给白军干过，以为我还怀恨新政府，以为我怀里揣着刀子。他怕我再起来暴动，可是我他妈的才不干这种事儿呢，他简直是个浑蛋，怎么都不明白。"

"他也对我说过这话。"

格里高力忧郁地冷笑了一下。

“我们在往波兰开的时候，有一个乌克兰人向我们要枪，说要保护村庄。因为常常有土匪上他们那儿，又抢东西，又宰牲口。我听见我们的团长说：‘给你们枪，你们就去干土匪了。’那个乌克兰人哈哈大笑，说：‘同志，您只要把我们武装起来，我们不但不叫土匪进村，连你们也不会放进来。’现在我的想法也和那个乌克兰人一样：如果能既不让白军又不让红军进鞑靼村，那就再好没有了。依我看，不管是我的亲戚米佳·柯尔叔诺夫，还是米沙·柯晒沃依，都是一个价钱。米沙以为我对白军忠心耿耿，离了他们就不能过日子。真是笑话！当然啦，我对他们才忠心哩！不久前，我们开到克里米亚的时候，在作战中遇到科尔尼洛夫手下的一个军官，是一个很神气的上校，鼻孔下面留着两小撮英国式的小胡子，就像拖着两条鼻涕似的，我就十分忠心地给了他一刀，简直痛快得心都跳了出来！可怜的上校只剩了半个脑袋和半边军帽……军官白帽徽也飞了……这就是我的全部忠心！他们折腾我也折腾够了。我用血挣来这该死的军官军衔，可是在军官当中还好像是一只白老鸹。他们那些浑蛋们从来就没把我当人待，连手都不愿意伸给我，就这样还想叫我替他们干呢……去他娘的蛋吧！连说说这种事都觉得恶心！还想叫我再去保护他们的政府吗？还想叫我请菲次哈拉乌洛夫将军那一伙儿来吗？这种事我已经尝试过一回了。后来打了一年嗝儿，够了，我聪明些了，什么滋味都尝够了！”

普罗霍尔一面拿面包蘸着热猪油，一面说：

“什么样的暴动都不会有了。首先，哥萨克剩下的已经不多了，就连活下来的，也都学乖了。叫自己的同胞流够了血，哥萨克们都变老实、变聪明了，这会儿就是用绳子拉着他们去参加暴动，他们也不去了。再说，如今大伙儿都巴不得要过过太平日子。你真该看看今年夏天大家干活儿那种劲头儿：把干草堆成了山，庄稼收割得一粒不掉，虽然累得直哼哼，可还是耕呀，种呀，就好像每个人都要活一百岁似的！真的，暴动连谈也别谈了。那都是一些蠢话。不过，谁他妈的知道，他们那些哥萨克是怎么搞的呢……”

“什么他们怎么搞的？你这是说的什么？”

“咱们邻近的哥萨克搞起来了嘛……”

“噢？”

“就叫你‘噢噢’吧。在沃罗涅日省，包古查尔那边，暴动起来啦。”

“这是谣言！”

“怎么是谣言，这是一个熟识的民警昨天告诉我的。好像要把他们调到那儿去。”

“是在哪些地方？”

“蒙那斯台利地区、干顿涅茨、老卡里特瓦和新卡里特瓦，还有一些别的地方。他说，暴动的规模不小呢。”

“你这家伙，这事儿你怎么昨天不说呢？”

“我不愿意当着米沙的面说，而且说这种事儿也没有什么痛快的。顶好是一辈子别听到这种玩意儿。”普罗霍尔很不开心地回答说。

格里高力的脸色阴沉下来。他沉思了很久以后，说：

“这消息很不好。”

“这跟你没关系。让那些南蛮子去想吧。等到红军把他们的屁股打疼了，他们就知道闹暴动是什么滋味了。这跟咱们毫不相干。我才用不着为他们操心呢。”

“我现在就不好过了。”

“这是为什么？”

“这还用问‘为什么’？如果州政府对我的看法也和米沙一样，那我就免不了要坐监牢。邻近地区发生暴动，而我是个旧军官，又参加过暴动……你懂吗？”

普罗霍尔停止了咀嚼，沉思起来。可是他怎么都弄不通这个问题。脑子已经醉得不听使唤了，思考起来很慢、很迟钝了。

“这跟你有什么关系呀，潘捷莱维奇？”他大惑不解地问道。

格里高力很懊丧地皱了皱眉头，没有作声。他听到这个消息十分焦灼不安。普罗霍尔递给他一杯酒，但是他推开主人的手，毅然决然地说：

“我不再喝了。”

“咱们是不是再喝一杯呢？喝吧，格里高力·潘捷莱维奇，咱们不醉不休。眼下只能喝酒解愁了。”

“你就一个人去醉吧。就是不醉，脑袋已经够糊涂的了，再这样糊涂就要完蛋了。我今天就要上维奥申去登记。”

普罗霍尔凝神看了看他。格里高力那张久经风吹日晒的脸泛着浓浓的褐红色，只有那向后梳的头发的根上的皮肤呈现着无光泽的白色。这个见过世面，多年和普罗霍尔同生死、共患难的战士是镇定的。他那两只肿起来的眼睛流露着忧郁和冷冷的疲惫神情。

“你是不是就是怕……怕坐牢呀？”普罗霍尔问道。

格里高力回过神来。

“伙计，我就是怕这个呀！从来还没坐过牢呢，我觉得坐牢比死还要可怕。可是看样子，非尝尝这个滋味不可了。”

“你不应该回家来。”普罗霍尔很遗憾地说。

“那我上哪儿去呢？”

“应该在城里找个地方躲一躲，等到这种风头过去，你再回来。”

格里高力把手一摆，笑着说：

“这不是我干的事！等待和跟在后面撵，是我最讨厌的。我又能扔掉孩子到哪儿去呢？”

“瞧你说的，孩子们没有你不是也活得好好的吗？再说，你还可以把孩子们和你的相好的接出去嘛。噢，我忘了告诉你啦！战前你和阿克西妮亚在他们家干活儿的那个财主家，父子俩都死了。”

“是李斯特尼次基父子吗？”

“就是他们。我的干亲家查哈尔在逃难的时候给李斯特尼次基少爷当过护兵，他说：老爷在莫罗佐夫斯克害伤寒死了，少爷逃到叶卡捷琳诺达尔，他的老婆在那儿和波克洛夫斯基将军勾搭上了，他忍受不下去，气得自杀了。”

“哼，滚他们的蛋吧，”格里高力冷漠地说，“要惋惜的是那些死掉的好人，可是没有人会为他们这些人伤心。”他站起身来，穿起军大衣，已经抓住门把手了，又深沉地说：“不知道他妈的怎么搞的，我总是很羡慕像李斯特尼次基少爷和咱们的柯晒沃依那样的人……他们一开头就什么都明明白白，可是我到如今还是糊里糊涂。他们两个都走的是直路,都有自己的目的,可是我从一九一七年起就走的是弯来弯去的路,就像醉汉一样摇来摆去……离开白军,可是又不靠拢红军,荡来荡去,就像冰窟窿里的粪蛋子……你看,普罗霍尔,我真是,真该在红军里一直干到底,那样的话也许我什么都顺顺当当的。起初,你也知道,我实心实意为苏维埃政府干,可是后来就一下子变了……在白军里面,在他们的司令部里,我是一个外人,他们始终对我不信任。怎么会不这样呢?我是一个庄稼汉的儿子,是一个没有文化的哥萨克,怎么能和他们是一伙儿的呢?他们当然信不过我!可是后来在红军里也是这样。我又不是瞎子,我看出政委和连里的共产党员们是怎样注意我的……在作战时都盯着我,注视着我的一举一动,大概心里在想:'哼,这个坏家伙,白党,哥萨克军官,我们可别上他的当。'我一看见这情形,心马上就凉了。后来我再也忍受不了这种不信任的态度。如果一个劲儿地挨火烧,连石头也会爆炸的,所以,叫我复员倒好些。总是离结局近些了。"他低低地咳嗽了两声,沉默了一会儿,也没有回头看普罗霍尔,已经换了一种口气,说,"谢谢你的款待,我走了,再见吧。我要是在天黑以前能回来,我再来一下。把瓶子收起来吧,要不然你老婆回来,就要拿煎锅把子敲你的脊梁了。"

普罗霍尔送他出来,在过道里小声说:

"嗯,潘捷莱维奇,当心点儿,别叫他们在那儿把你扣起来。"

"我会当心的。"格里高力很沉着地回答说。

他也不回家,径直走到河边,解下不知是谁家的一只小船,用手把船里的水都捧了出来,然后从篱笆上拔下一根桩子,把四周的薄冰敲碎了，便朝对岸划去。

顿河上，风吹着泡沫飞溅的碧绿色波浪向西方滚去。在岸边静水里，波浪拍打着松脆而透明的薄冰，冲得一缕缕绿色的水苔摇来摆去。岸边是一片薄冰碎裂的清脆的丁零声、河水冲刷岸边石子的轻柔的沙沙声，而在河心里，在水流又急又平稳的地方，格里高力听到的只是低沉的溅水声和波浪打在小船左舷上的哗啦声，再就是岸边树林里的风那一刻不停的、又低沉又粗大的吼声。

格里高力把小船的一半拖到岸上，便坐了下来，脱掉靴子，仔细地裹了裹包脚布，为的是走起路来轻快些。

快到晌午时候，他来到维奥申镇上。

在州军事委员部里，人又多，又嘈杂。电话铃丁零零直叫，门乒乒乓乓乱响，带枪的人进进出出，有的屋子里传出打字机的单调的嗒嗒声。走廊里有二十来个红军，围住一个身材矮小、穿着有褶的旧式皮袄的人，争先恐后地谈着什么事，哈哈大笑着。格里高力顺着走廊往前走的时候，有两名红军从远处一间屋里拖出来一挺重机枪。机枪小轮子在坑洼不平的地板上轻轻地轧轧响着。一个又胖又高大的机枪手开玩笑地吆喝着："快闪开，惩戒连，要不然我把你们压死啦！"

"看样子，当真要去镇压暴动了。"格里高力想道。

他在军事委员部登记处没有耽搁多久。秘书匆匆看过他的证件，就说：

"请您到顿河肃反委员会的政治局[1]去一下。因为您以前当

①政治局——这里指的是一九二〇—一九二一年间肃反委员会的州或县的工作机关。——作者注

过军官，还须上他们那儿去登登记。”

“是。”格里高力行了一个军礼，一点也没有流露出他的激动心情。

他在广场上站下来，沉思起来。应该到政治局去，但是他的整个身心都在痛苦地抵制。他心里有一个声音对他说：“会把我扣起来的！”他害怕和厌恶得哆嗦了两下。他站在学校围墙旁边，用视而不见的眼睛望着到处是马粪的地面，好像已经看见自己的双手被捆了起来，正顺着肮脏的楼梯往地下室里走，身后还有一个人紧紧握着带花纹的手枪把子。格里高力攥紧拳头，看了看鼓起来的一道道青筋。要把这双手捆起来吗？浑身的血都朝他的脸上涌来。不行，今天他不上那儿去！明天再去吧，今天他要回村子里去，和孩子们过上一天，看看阿克西妮亚，明天早晨再回维奥申来。这条腿真要命，走起路来有点儿疼了。他只回家去待一天，明天就回来，一定回来。明天随它怎样吧，今天反正不去了！

“啊啊，麦列霍夫！好久不见啦……”

格里高力转过脸去。彼特罗的老同事、顿河军叛变的第二十八团团长亚可夫·佛明朝他走来。

这已经不是当年格里高力看到的那个衣着马马虎虎、很不起眼的阿塔曼团士兵了。两年的工夫，他的样子大变了：他穿着一件很合身的骑兵军大衣，保养得很好的淡黄色小胡子很神气地向上翘着，而且从他的全身，从他那装模作样的雄赳赳的走路姿势中，从他那志得意满的笑容里，都流露出一种优越感和与众不同的神气。

“哪一阵风把你吹到我们这儿来了？”他握住格里高力的手，

用自己那离得很远的蓝眼睛望着格里高力的眼睛，问道。

“我复员了。上军事委员部去登记……”

“早就回来了吗？”

“昨天才回来。”

“我时常想起令兄彼特罗·潘捷莱维奇。他是一个很好的哥萨克，死得真可惜……我和他是知心朋友。去年你们不应该参加暴动啊，麦列霍夫。你们错啦！”

因为必须要说点儿什么，格里高力就说：

“是啊，哥萨克们都错了……”

“你在哪一部分来？”

“骑兵第一师。”

“什么职务？”

“骑兵连连长。”

“真巧呀！我现在也带一个骑兵连。就是咱们维奥申这儿的守备连。”他四下里看了看，就压低声音说，“咱们走一走，你陪我走一会儿，要不然这儿的人多，咱们说话很不方便。”

他们朝大街上走去。佛明侧眼看着格里高力，问道：

“你想住在家里吗？”

“我能住到哪儿去呢？当然住在家里。”

“想干干家里活儿吗？”

“是啊。”

佛明遗憾地摇了摇头，叹了一口气，说：

“麦列霍夫，你挑选的时候可不好，唉，太不好了……你应该过一两年再回家才好。”

“为什么？”

佛明抓住格里高力的胳膊肘，微微弯下身来，小声说：

“咱们州里很不安定。哥萨克对余粮征集制很不满意。包古查尔县已经暴动起来了。现在我们就要前去镇压。伙计，你最好还是离开这儿，而且越快越好。我和彼特罗是好朋友，所以我劝你：快走吧！”

“我没有地方好去呀。”

“嗯，你要小心！我这样说，是因为政治局已经开始逮捕军官了。这一个星期的工夫，从杜达列夫村押来三名准尉，从列舍托夫村押来一名，从顿河那边押来好几批军官，就连那些没有官衔的普通哥萨克也开始逮捕了。你自个儿想想吧，格里高力·潘捷莱维奇。”

“谢谢你的忠告，不过我没什么地方可去呀。”格里高力固执地说。

“这就是你自个儿的事情了。”

佛明谈起州里的情形，谈起他和州里一些领导人以及州军事委员沙哈耶夫的关系。格里高力一心想着自己的事，没有用心听他的话。他们走过三个街口，佛明停了下来。

“我要上一个地方去。回头见吧。”他把手往库班式皮帽上一举，冷冷地跟格里高力告过别，就朝小胡同里走去，身上的新武装带咯吱咯吱直响，身子挺得笔直，那副神气样子实在好笑。

格里高力目送了他一会儿，就转身往回走。他在踏着石阶登上政治局的二层楼房的时候，心里想：“要完蛋，就快点儿完蛋吧，没什么好拖的！格里高力，你敢做，就要敢当！”

八

早晨八点来钟,阿克西妮亚把灶膛里的炭火搂成堆,用围裙擦着红扑扑、汗津津的脸,在板凳上坐了下来。她天不亮就起来了,为的是早点儿把饭做好。她已经下好了鸡汤面,烙好了饼子,往甜馅饺子里倒了不少奶油,又把饺子煎过了;她知道格里高力很喜欢吃煎饺子,她做了不少好吃的东西,希望她心爱的人上她这儿来吃饭。

她很想找个什么借口上麦列霍夫家去,哪怕是在那里待一会儿,哪怕是对格里高力看上一眼。他近在眼前而又看不到他,这实在是不可想象的事。但是她还是克制住这种愿望,没有去。真的嘛,她又不是小姑娘了。她这样的年岁,举动可不能轻率。

她比平时更仔细地洗了洗脸和手,穿上一件干干净净的衬褂和一条带花边的新衬裙。她站在打开的柜子前面反复想了很久:外面究竟穿什么呢?在平常日子里盛装打扮又不大合适,但是她也不愿意仍旧穿普通的家常衣服。阿克西妮亚真不知道该穿什么才好,皱起眉头,漫不经心地抚摩着一条条熨得好好的裙子。最后,她毅然决然地拿起一条藏青色裙子和一件几乎没有穿过的镶了黑色花边的天蓝色上衣。这是所有的衣服中最好的一套了。街坊上对她有什么看法,反正不就是那么一回事儿?就让他们拿今天当平常日子吧,她今天可是过节。她急急忙忙打扮好了,走到镜子前面。一丝惊愕的笑容从她的唇边掠过:那是谁的年轻的、火一样的眼睛带着询问和愉快的神气朝她望着?阿克西妮亚又仔细又严格地打量了一番自己的脸，这才轻松地舒了一口气。没有，她的美貌还没有衰退！还会有不少男子遇到她就停下来，拿发呆的眼睛盯着她！

她在镜子前面理着裙子，不由地把心里的话说出声来："喂，格里高力·潘捷莱维奇，看你敢不喜欢！……"她觉得自己的脸红了，就轻轻地小声笑了起来。尽管这样，她还是细心在鬓角上找到几根银丝，拔了下来，格里高力不应该看到这种能够使他想到她的年纪的东西。她希望自己在他眼里仍然像七年以前那样年轻。

她在家里勉勉强强挨到吃中饭时候，但是后来再也憋不住了，便披上白羊毛披巾，朝麦列霍夫家走去。只有杜尼娅一个人在家。阿克西妮亚打过招呼，就问道：

"你们还没有吃饭吗？"

"跟这些不要家的人在一块儿，别想按时吃饭！当家的上村苏维埃去了，格里沙到镇上去了。孩子们已经吃过了，我在等他们两个大人。"

阿克西妮亚表面上很镇定，言语和举动都没有表露出失望的心情，只是说：

"我还以为，你们都在家呢。什么时候格里沙……格里高力·潘捷莱维奇回来？今天能回来吗？"

杜尼娅迅速地朝打扮得漂漂亮亮的女邻居瞥了一眼，很不开心地说：

"他是去登记。"

"他说过什么时候回来吗？"

杜尼娅的眼睛里涌出泪水，她用责备的口气讷讷地说：

“真是的，偏在这种时候……打扮起来了……你还不知道，也许他根本不会回来了呢。”

“怎么，不回来啦？”

“米沙说，到镇上就会把他扣起来……”杜尼娅流起了不轻易流的、懊恼的眼泪，一面用袖子擦着眼睛，一面叫起来，“这种日子真叫人恨死了！这些事儿什么时候才到头呀？他一走，孩子们就好像是疯了，老是缠着我问：‘我爹上哪儿去啦，什么时候回来呀？’可是我怎么知道呀？我这会儿叫他们到外面玩去了，可是我心里实在不是滋味……这是多么该死的日子呀！一点儿也不得安宁，真没有办法！……”

“要是到夜里他不回来，明天我到镇上去打听打听。”阿克西妮亚说这话的口气十分淡漠，好像在谈一件顶平常的、一点儿也不值得操心的事情。

杜尼娅对她的镇静感到奇怪，叹了一口气，说：

“看样子，他这一下子不会回来了。他这次回家真是受罪呀！”

“眼下还什么都不清楚！你别哭了，要不然孩子们会以为……再见吧！”

＊＊＊

格里高力在天黑时候才回到家里。他在家里待了不大的一会儿，就上阿克西妮亚家来了。

她担心了一整天，这种担心冲淡了见面时的高兴心情。阿克西妮亚到天黑时候觉得浑身沉甸甸的，就好像弯腰弓背地干了一整天活儿。她等得又焦急又疲倦，躺到床上，不觉迷迷糊糊地睡着了，但是一听到窗外的脚步声，就像小姑娘那样敏捷地跳了起来。

“你上维奥申去，怎么不告诉我呀？”她抱住格里高力，一面给他解大衣扣子，一面问道。

“走得很急，没来得及告诉你。”

“我和杜尼娅都急死了，我们还以为你不回来了呢。”

格里高力镇定地笑了笑。

“不，还不到这一步。”他沉默了一会儿，又说，“眼下还不到这一步。”

他一瘸一拐地走到桌子跟前，坐了下来。从开着的门里，可以看见上房，可以看见角落里那一张宽大的木床和那一只大柜子，柜子上的铜包皮已经不怎么发亮了。这儿的一切依旧，依然是当年他这个小伙子乘司捷潘不在家常常跑来的时候那种样子；他几乎没有看出任何变化，就好像时光从旁边过去了，没有进这间屋子；甚至还保留着以前的气味：新鲜的啤酒花儿气味，擦得干干净净的地板气味和隐隐约约的干薄荷气味。就好像上一次格里高力在黎明时候离开这里没有几天，可是事实上这一切已经过去很久很久了啊……

他压制住叹息，不慌不忙地卷起烟来，但是不知为什么手在打哆嗦，把烟丝撒到膝盖上。

阿克西妮亚急忙摆饭。冷了的面条还要重新热一热。气喘吁吁、脸色微微有些灰白的阿克西妮亚跑到棚子里去抱来木柴，就在灶膛里生起火来。她一面吹着直冒火星的炭火，一面看着一声不响地弯着腰抽烟的格里高力。

"你上那儿办的事情怎样？都办好了吗？"

"都很顺当。"

"杜尼娅为什么说，一定会把你扣起来呢？她真叫我吓死了。"

格里高力皱起眉头，懊恼得把烟卷一扔。

"这都是米沙对她说的。这都是他想出来的，希望我倒霉。"

阿克西妮亚走到桌子跟前。格里高力抓住她的手。

"不过你要知道，"他在下面朝上望着她的眼睛，说，"我现在的情形不怎么好。我自个儿也以为，我一进政治局，就别想从那儿出来了呢。不论怎么样，我带过一个师，还有个中尉官衔……如今是放不过这样的人的。"

"他们对你说什么来？"

"他们叫我填一张履历表，就是一张纸，要把干过的事情都写上。我又不大会写字。从来没写过那么多的字。坐了有两个钟头，才把我的经历都写上去。后来又进来两个人，问的都是暴动的事。还好，两个人都很和气。那个级别高的还问：'您不喝茶吗？不过只能放糖精了。'我想，还喝什么茶！只要能囫囵着离开你们这儿就行了。"格里高力沉默了一会儿，又好像是在说别人一样，很轻蔑地说，"一想到要受处置，就软了……害怕了。"

他痛恨自己，因为他在维奥申害怕了，因为没有战胜害怕的心情。他尤其懊恼的是，他的担心原来是多余的。现在看来，他那样提心吊胆，又可笑，又可耻。他这样想了一路，也许，正因为这样，他现在谈起这一切，用的是自我嘲笑的口气，而且有点儿夸大了当时的害怕心情。

阿克西妮亚仔细听完了他的话，然后轻轻地抽出手来，朝灶前走去。她一面拨火，一面问道：

“底下怎么办呢？”

“过一个星期，还要再去正式登记。”

“你以为，还会把你抓起来吗？”

“看样子，是的。早晚要抓起来。”

“那咱们怎么办呢？这日子怎么过法呢，格里沙？”

“我也不知道。这事儿咱们回头再谈吧。有水给我洗洗脸吗？”

他们坐下来吃晚饭，阿克西妮亚又像早晨那样，感到幸福美满了。格里高力就在这儿，跟她在一块儿了；可以一个劲儿地看着他，不用担心旁人窥视她的目光了；可以用眼睛尽情地传递心意，不用隐藏，不用怕羞了。主啊，她是多么想念他呀，她的身体多么渴望、多么急切地等待这双粗糙的大手来抚摩呀！她几乎没有吃东西；她微微向前探着身子，看着格里高力狼吞虎咽地吃着，用泪水模糊了的眼睛亲热地看着他的脸，看着那裹在制服硬领里的紧绷绷、黑乎乎的脖子，看着那宽宽的肩膀和重重地放在桌上的两条胳膊……她拼命吸着他身上出来的那种酸涩的男人汗气和烟草的混合气味，那种气味格外亲切、格外好闻，只有他一个人才有。她把眼睛蒙上，单凭气味，也能从上千个男子中闻出她的格里高力来……她的腮上泛起浓浓的红晕，心不住地咚咚跳着。在这天晚上，她无法做一个照应周到的女主人了，因为除了格里高力，周围的什么她都看不见了。不过格里高力也不需要她照应：他自己切面包，又拿眼睛找了找，找到了锅台上的盐碟子，自己又盛了一碗面条。

“我真像饿狗一样了。”他好像是解释似的，笑着说，“从早上到现在，我还没吃过东西呢。”

这时候阿克西妮亚才想起自己这个女主人的职责，连忙跳了起来。

“哎呀，我的脑子好糊涂！我把甜馅饺子和饼子都忘啦！请吃鸡肉吧！下劲儿吃吧，我的亲人呀！……我马上都端上来。”

但是他怎么吃了那样长时间，吃得那样带劲儿呀！就好像整整一个星期没有吃饭了。一点儿也用不着劝他吃。阿克西妮亚耐心地等着，可是后来还是忍不住了：坐到他身旁来，用左手把他的头搂到自己怀里，右手拿起一条干净的绣花手巾，亲手给心爱的人擦了擦油乎乎的嘴唇和下巴，然后她眯起眼睛，眯得眼睛在黑暗中迸射出橙黄色的火花，她连气也不喘，使劲把自己的嘴唇贴到他的嘴唇上。

实际上，一个人要幸福，需要的东西并不多。不管怎样，阿克西妮亚这天晚上是很幸福的。

九

格里高力和米沙见面觉得很不舒服。他们的关系在他回来的第一天就决定了，他们再没有什么好谈的了，而且也用不着谈了。从各方面来看，米沙也不高兴看到格里高力。他请了两个木匠，木匠匆匆忙忙地修了修他家的房子：换过了房顶上快要腐烂的椽子，翻修了一面倾斜了的墙，换上了新的门框、窗框和房门。

格里高力从维奥申回来以后，就上村革命军事委员会去，把军事委员部盖过印的部队证件交给柯晒沃依，也没有道别就走出来了。他带上两个孩子和自己随身用的东西，搬到了阿克西妮亚家里。杜尼娅在送他去新住处的时候，哭了起来。

“小哥，别生我的气吧，我没有做对不起您的事啊。”她用祈求的光望着哥哥，说。

“你这是怎么啦，杜尼娅？不，不，你别这样。”格里高力安慰她说，“你常到我们这儿来玩吧……我就剩下你这一个亲人了，我一向心疼你，现在还是心疼你……嗯，你的男人吗，那就是另外一回事儿了。咱们兄妹的情分是不会断的。”

“我们很快就从家里搬出去了，您别生气吧。”

“不用这样嘛！”格里高力懊恼地说，“你们在家里住吧，到春天再说。你们不碍我的事，我和孩子们在阿克西妮亚那儿能住得下。”

“你要娶她吗，格里沙？”

“这事儿不用着急。”格里高力含含糊糊地说。

“你娶了她吧，小哥，她挺好的。”杜尼娅很果断地说，“妈妈在世的时候说过，要你一定娶她做老婆。她后来十分喜欢她，在去世以前常常上她家去。”

“你好像是在劝我嘛，”格里高力笑着说，“除了她，我还能娶谁呢？总不能娶安得洛妮哈老奶奶吧？”

安得洛妮哈是鞑靼村里最老的一位老奶奶。她早就过了一

百岁。杜尼娅一想起她那小小的、弯到了地面的样子,就笑了起来:

“瞧你说的,小哥!我不过随口问问嘛。这事儿你一直不说,所以我才问问。”

“不管娶谁,总要请你吃喜酒的。”格里高力笑哈哈地拍了拍妹妹的肩膀,就带着轻松的心情从自己家里走了出来。

说实在的,他住在哪里都是一样,只要能安安宁宁过下去就行。可是他就是得不到这种安宁……他烦闷地、无所事事地过了几天。他试着做了做阿克西妮亚家里的活儿,可是他立刻就感觉出来,他什么都做不成。他对什么都没有兴趣。因为怀着一种沉重的前途未卜的心情,他感到十分痛苦,没法子好好过下去;他时时刻刻都在想着,可能要把他逮捕,关进监牢,这还算好的,说不定还要枪毙呢。

阿克西妮亚在夜里醒来,常常看到他没有睡。他常常仰面躺着,双手放在脑袋后头,朝模模糊糊的黑暗中望着,他的眼神又冷又愤恨。阿克西妮亚知道他在想什么。她一点也不能帮助他。她看到他那样难受,想到她那盼望共同生活的心愿又将成为泡影,她也非常痛苦。她什么也没有问他。让他自己去决定一切吧。只有一回,她在夜里醒过来,从旁边看见红红的纸烟火,就说:

“格里沙,你老是睡不着……你是不是离开村子到外面去待一阵子呢?或者咱们一块儿上什么地方去躲一躲?”

他很体贴地用被子给她盖了盖脚,很勉强地回答说:

“我想想看。你睡吧。”

“等这儿都太平了，然后再回来，好吗？”

他好像什么主意也没有拿定似的，又含含糊糊地回答说：

“看看底下怎样吧。你睡吧，阿克秀莎。”他又小心又温柔地用嘴亲了亲她那光光的、像绸子一样凉丝丝的肩膀。

可是实际上他已经拿定了主意：他再也不上维奥申去了。让政治局里上一次接待他的那个人白等吧。上一次那人披着军大衣坐在桌旁，骨节咯吧咯吧响地伸着懒腰，听着格里高力讲暴动的事，还故意打着哈欠。他再也别想听什么了。没有什么好讲的了。

格里高力决定就在应该再去政治局的那一天离开村子，如果有必要的话，就长期离开。上哪儿去，他自己还不知道，但是要离开是肯定的。他既不愿意死，又不愿意坐牢。他已经做好了抉择，但是他不愿意事先把这事儿告诉阿克西妮亚。犯不着在这最后几天里使她难过，他们已经够不痛快的了。他决定在最后一天把这事儿告诉她。现在让她把脸埋在他的胳肢窝里，安安稳稳地睡吧。在这儿夜里，她常常说：“我在你的翅膀底下睡得好舒服呀。”好，就让她好好睡吧。这个苦命的娘儿们能够贴在他身边的时间不多了……

格里高力每天早晨哄孩子们玩一会儿，然后就毫无目的地在村子里走走。有人在一块儿，他要愉快些。

有一天普罗霍尔叫他上尼基塔·梅里尼柯夫家里去，和年轻的哥萨克同事们一块儿喝喝酒。格里高力坚决谢绝了。他从村里人的谈话中知道，大家对余粮征集制很不满意，在喝酒的时候难免要谈起这种事。他不想招嫌疑，就是遇到熟人，也不谈政治。他一听到政治就够了，政治已经叫他吃够苦头了。

谨慎实在是很必要的，尤其是因为征集余粮的情况很不好，就因为这样，把三个老头子抓去做人质，由两个武装征粮队员押到维奥申去了。

第二天，在合作社小铺门口，格里高力看到才从红军中回来的、从前的炮兵查哈尔·克拉姆斯柯夫。他已经喝得烂醉，摇摇晃晃地走着，但是他走到格里高力跟前，便把沾满了白土的上衣扣好，沙哑地说：

“你好啊，格里高力·潘捷莱维奇！”

“你好。”格里高力握了握这个短粗而又像榆树一样结实的炮兵那宽大的手掌。

“你还认得我吗？”

“当然认得。”

“你还记得，去年在博柯夫镇，我们的炮兵连怎样救了你吗？如果没有我们，你的马队就够受的。那一回我们打死的红军真不少啊！我们又是放大炮，又是放榴霰弹……那是我当第一门炮的瞄准手！是我呀！”查哈尔拿拳头咚咚地擂了擂自己的宽宽的胸膛。

格里高力侧眼朝两边看了看，看到站在不远处的几个哥萨克正看着他们，在听他们说话。格里高力的嘴角哆嗦了几下，恼得龇出一嘴密密实实的白牙。

“你喝醉啦，”他咬紧牙齿小声说，“回去睡觉吧，别胡说八道了。”

“不，我没有醉！”醉醺醺的炮兵大声叫了起来，“也许，我是愁醉了！我回到家里，可是在家里过的这算鸡巴日子！哥萨克过不成日子了，哥萨克要全完了！摊派四十普特粮食，这算什么道理？他们要粮食，是他们种的吗？他们知道庄稼是靠什么长出来的吗？”

他用两只无表情的、充血的眼睛望着，忽然摇晃了两下，像狗熊一样用大手抓住格里高力，喷了格里高力一脸浓浓的酒气。

“你为什么穿没有裤绦的裤子？你成了庄稼佬啦？不许你这样！我的小乖乖呀，格里高力·潘捷莱维奇！这仗还要再打！还要像去年这样：打倒共产党，苏维埃政府万岁！”

格里高力猛地把他推开，小声说：

“回家去吧，醉鬼！你可明白，你说的是什么？！”

克拉姆斯柯夫把一只挓挲着熏黄的手指头的手伸到前面，嘟哝说：

“如果说得不对，就多多担待。请担待吧，不过我说的是实在话，因为你是我的首长嘛……我还是要对我的亲首长说：这仗还要再打！”

格里高力一声不响地转过身去，穿过广场，朝家里走去。一直到天黑，他都在想着这次尴尬的会面，想着克拉姆斯柯夫那醉醺醺的叫声，想着哥萨克们那表示赞同的沉默神情和笑容，心里想：“不行，要赶快走！不会有好事儿……”

应该在星期六上维奥申去。再过三天，他就要离开自己的村子了，但是事情发生了变化：星期三夜里，格里高力已经上床了，有人砰砰地敲起门来。阿克西妮亚走到过道里。格里高力听见她问：“谁呀？”他没有听见回答，但是他心里暗暗惊慌起来，便从床上爬起来，走到窗户跟前。过道里门钩响了一声。杜尼娅在头里走进房来。格里高力看到她的脸煞白煞白的，他还什么也没有问，就从大板凳上拿起皮帽子和军大衣。

“小哥……”

“什么事？”他一面套大衣袖子，一面小声问道。

杜尼娅急急忙忙、上气不接下气地说：

“小哥，你马上走吧！镇上有四个骑马的人上我们家来了。坐在上房里呢……他们说话声音很小，可是我听见了……我站在门外，全听见了……米沙说，要把你抓起来……他正在对他们说你的事情呢……你快走吧！”

格里高力快步走到她跟前，抱住她，使劲亲了亲她的腮。

“谢谢你，妹妹！你回去吧，要不然他们会发现你出来了。再见吧。”他转身朝着阿克西妮亚说，“拿面包来！快点儿！不要整的，一大块就行！”

他短暂的安宁生活就这样结束了……他又像作战时那样又迅速、又镇定地行动起来；走进上屋，小心翼翼地亲了亲两个睡着的孩子，抱住阿克西妮亚。

“再见吧！我很快就来信，普罗霍尔会告诉你的。要把孩子们看好。把门闩上。他们要是来问，你就说，我上维奥申去了。好，再见吧，别难过，阿克秀莎！”他亲着她，感觉出她的嘴唇上有咸咸的、热乎乎的泪水。

他没有时间来安慰阿克西妮亚和听她那些有气无力、前言不搭后语的心腹话了。他轻轻掰开抱住他的那两只手，走到过道里，仔细听了听，就一把拉开外面的房门。从顿河上吹来的一阵冷风扑到他的脸上。他闭了一会儿眼睛，让眼睛习惯一下黑暗。

阿克西妮亚起初听见，雪在格里高力的脚底下咯吱咯吱响着。他每走一步，就好像尖尖的针往她的心上扎一下。后来脚步声没有了，篱笆门响了一下。后来什么声音也没有了，只有风在顿河那边的树林里吼叫着。阿克西妮亚想在呼呼的风声中听出一点儿什么声音，但是什么也听不见了。她觉得身上冷起来。她走进厨房里，把灯吹灭了。

十

一九二〇年深秋，因为余粮征集工作很不顺利，组织了武装征粮队，这时候顿河哥萨克老百姓当中有些人就暗暗骚动起来。在顿河上游各乡里，如叔米林乡、嘉桑乡、米古林乡、麦石柯夫乡、维奥申乡、叶兰乡、司拉晓夫乡和其他一些乡里，出现了一小股一小股的武装匪帮。这是哥萨克富农和一部分富裕的哥萨克对建立武装征粮队和苏维埃政府在征集余粮方面的一些强硬措施的反抗。

每股匪帮拥有五至二十条枪。其中大多数都是当地哥萨克老百姓中以前那些最积极的白卫军分子。其中有在一九一八、一九一九年干过侦缉队的人，有逃避九月里的下级士官动员令的一些原顿河白军的军士、司务长和准尉，有在上顿河州去年的暴动时期作战很卖力或枪杀过红军俘虏的暴动分子，一句话，都是一些和苏维埃政府不共戴天的人。

他们在各个村子里袭击征粮队，拦截运粮食的车辆，杀害共产党员和忠于苏维埃政府的党外哥萨克。

驻扎在维奥申和巴兹基村的上顿河州守备营担负了肃清匪徒的任务。但是，消灭散布在本州广大地区的匪帮的一切尝试，都没有收到成效。因为，第一，当地老百姓都向着匪帮，供给他们粮食和红军移动的情报，并且掩护他们；第二，营长卡帕林是沙皇军队的旧上尉和社会革命党员，他不愿意消灭在顿河上游出现不久的反革命势力，就千方百计地从中作梗。他只是有时候在州党委会主席的督促之下短时间地出动一下，接着就借口他不能分散兵力去进行毫无意义的冒险，使维奥申以及州的一些机关和仓库失去保护，又回到维奥申镇上。这个营有四百来条枪，三十挺机枪，担负着卫戍任务：红军战士们的工作是看守在押犯，挑水，到树林里砍柴，还要进行义务劳动——从橡树叶子上采集五倍子，制造墨水。这个营给许多州机关供应了大量的木柴和墨水，可是同时州里小股匪帮的数量也急剧地增多了。直到十二月里，和上顿河州接界的沃罗涅日省包古查尔县境内发生了大规模的暴动，才不得不停止了砍柴和采集五倍子的义务劳动。顿河军区司令部命令这个营的三个连和一个机枪排，会同骑兵守备连、第十二征粮团第一营和两支不大的拦阻部队，前去镇压这次暴动。

在进攻干顿涅茨村的战斗中，维奥申的骑兵守备连在亚可夫·佛明指挥下，从侧翼对暴动分子的阵地发动进攻，打垮了他们，打得他们四散逃窜，守备连在追击中砍死一百七十来人，连里只损失了三个战士。这个连里，除了极少数以外，都是顿河上游各乡的哥萨克。他们就是在这时候，仍然不肯改变几百年来的哥萨克传统：战斗结束以后，也不顾连里两个共产党员的反对，几乎有一半战士脱下自己的旧军大衣和棉袄，换上了从砍死的暴动分子身上剥下来的上等熟皮皮袄。

把暴动镇压下去以后，过了几天，这个连调到了嘉桑镇上。佛明因为打仗吃了苦，要捞捞本儿，就拼命在嘉桑镇上寻欢作乐。他是个色迷，是个又风流又喜欢交游的浪荡鬼，他整夜整夜地在外面，天亮以前才回住处。和佛明关系亲密的战士们，傍晚时候一看见自己的连长穿着锃亮的靴子在街上转悠，就会心地挤挤眼睛，说：

“喂，咱们的公马又去找风流娘儿们了！这一下子不到天亮别想看见他。”

连里一些熟识的哥萨克一对佛明说，他们那里有酒，要喝酒了，佛明就瞒着政委和指导员上他们的住处去。常常有这种事儿。但是不久这位挺神气的连长苦闷起来，脸色也阴沉了，差不多完全忘掉了不久前寻欢作乐的事。每天傍晚他也不那样带劲儿地去擦那双讲究的高筒皮靴了，也不天天刮脸了，只不过偶尔上本连几个同村人的住处去坐坐，喝几杯酒，但是在谈话的时候他的话不多了。

佛明性格的变化，是从支队指挥员收到维奥申的一份通报的时候开始的：顿河肃反委员会政治局的简短通报中说，在邻近的大熊河口州的米海洛夫村里，有一个守备营在营长瓦库林率领下叛变了。

瓦库林是佛明的老同事和好朋友。他们当年一同在米洛诺夫兵团里当过兵，一同从萨兰斯克开到顿河上，在布琼尼的骑兵包围了叛变的米洛诺夫兵团的时候，他们一同缴械投诚的。直到最近他们还保持着友谊关系。不久前,就在九月初,瓦库林还上维奥申来过,那时候他就咬牙切齿,对老朋友抱怨说:“委员们横行霸道,实行余粮征集制,弄得庄稼人倾家荡产,国家要完了。”佛明在心里是赞成瓦库林的说法的,但是,他的态度很谨慎,虽然生来不算聪明,但却有些滑头。他一向就是个小心谨慎的人,从来不莽撞,遇事不置可否。但是自从听说瓦库林那个营叛变以后,他那一向小心谨慎的性格很快就改变了。在连队就要回维奥申以前,有一天晚上,连里有些人在排长阿尔菲洛夫的住处喝酒。大木桶里的酒满满的,大家在酒席上谈得非常热闹。佛明也参加了这次狂饮,他一声不响地听着大家说话,一声不响地喝着老酒。但是当一个战士谈起在干顿涅茨村外怎样发起进攻的时候,佛明就若有所思地捻着胡子,打断他的话,说:

“弟兄们,咱们杀南蛮子杀得很痛快,可是很快就要轮到咱们自己不痛快了……等咱们回到维奥申,要是征粮队把咱们家里的粮食全搞光了,那怎么办?嘉桑的人就恨死了这些征粮队。他们把粮食囤扫得光光的,就像用扫帚扫的……”

屋子里立刻静了下来,佛明把连里的人打量了一遍,强带着笑容说:

“我这是说着玩儿的……你们注意,别乱说,别因为说说笑话出他妈的什么事。”

他在回维奥申的路上,带领半个排回鲁别仁村自己家里去了一趟。他来到村子里,没有骑马进自己的院子,在门口下了马,把缰绳扔给一个战士,便朝房里走去。

他冷冷地朝妻子点了点头,对老妈妈鞠了一个大躬,恭恭敬敬地和她握了握手，又抱了抱孩子们。

“我爹在哪儿？”他坐在凳子上，把马刀放在两腿中间，问道。

“上磨坊里去了。”老妈妈回答过，看了看儿子，严肃地吩咐说，“把帽子摘下来，你这不敬神的东西！怎么能戴着帽子坐在圣像下面呀？哎呀，亚可夫，你要倒霉的……”

佛明勉强笑了笑，摘下帽子，但是没有脱衣服。

“你怎么不脱衣服？”

“我是顺路来看你们一下，只待一会儿，当差总是没什么工夫呀。”

“我知道你当的什么差……”老妈妈严厉地说，她这话指的是儿子在维奥申乱搞女人的不正经行为。

这事儿早就传到了鲁别仁村。

脸色苍白、形容憔悴、过早地衰老了的佛明的妻子惊骇地看了婆婆一眼，就朝灶前走去。为了巴结丈夫，为了讨取他的欢心，希望他哪怕对自己亲热地看上一眼，她从锅膛里拿起一块破布，跪在地上，弯下身去，擦起粘在佛明的靴子上的厚厚的泥巴。

“你穿的靴子真好呀，亚可夫……粘了那么多泥巴……我来擦擦，一下子就干净了！”她跪在丈夫的脚下爬来爬去，也不抬头，低声下气地说。

他已经很久没有跟她一起过了，对于他年轻时候曾经爱过的这个女人，除了有一点儿淡淡的、带有轻蔑意味的怜悯心外，早就什么感情也没有了。但是她却一直爱着他，并且暗地里希望他有朝一日还回到她身边来，她什么都不计较。多年来她辛辛苦苦地操持家务，抚养孩子，想方设法讨取脾气古怪的婆婆的欢心。农活儿的重担全部落在她的瘦瘦的两肩上。因为劳累，因为生产第二胎以后留下来的病，她的身体一年不如一年了。她越来越瘦，脸上也没有血色了。因为过早地衰老，脸上的皱纹已经像蜘蛛网一样了。眼睛里出现了一些有病的聪明畜生常有的那种战战兢兢的驯顺表情。她自己也没有觉察自己老得这样快，没有觉察自己的身体一天不如一天，她一直还怀着希望，在难得的见面的时候，她总是羞答答地怀着深情和欢喜的心情望着自己的英俊的丈夫……

佛明从上面朝下看着妻子那可怜巴巴地弯着的脊背和褂子底下那瘦得尖起来的肩胛骨，看着她那一双哆哆嗦嗦的大手细心地在擦他的靴子上的泥巴，心里想："真难看，够呛！我以前还跟这么丑的娘儿们睡觉呢……她老得太厉害了……老成什么样子啦！"

"你算了吧！反正还是要脏的。"他一面把两只脚从妻子的手里往外抽，一面烦恼地说。

她很费劲儿地直了直腰，站起身来。她那黄黄的脸上泛起淡淡的红晕。她那两只湿润的眼睛含着无限深情和百依百顺的神情看着丈夫，看得他转过脸去，向母亲问道：

"你们日子过得怎样？"

"就这个样子。"老妈妈阴郁地回答说。

"征粮队到村子里来过吗？"

"昨天才离开这儿，到下柯里夫村去了。"

"弄走咱们的粮食了吗？"

"弄走了。他们弄走了多少，达维杜什卡？"

也生着离得远远的两只蓝眼睛、非常像父亲的十四岁的半大小伙子回答说：

“爷爷看着他们弄走的，他知道。好像是十口袋。”

“是这……”佛明站起身来，匆匆看了儿子一眼，理了理武装带。他的脸微微有些发白，问道：“你们对他们说过，他们弄的这是谁家的粮食吗？”

老妈妈把手一摇，有点儿幸灾乐祸地笑了笑，说：

“他们好像不大认识你呀！他们的头头儿说：‘不论是谁家，都要把余粮交出来。别说是佛明家的，就算是州主席家的，多余的粮食我们都要弄走！’他们就到囤里弄去了。”

“妈妈，我去找他们算账，一定要和他们算账！”佛明低沉地说过这话，就匆匆和家里人告别，走了出来。

在回过这趟家以后，他就开始小心翼翼地试探连里战士们的情绪，没有怎么费事就弄清楚了：战士们大多数都不满意余粮征集制。他们的妻子、家里人和亲戚常常从村镇里来看望他们，告诉他们，征粮队到处搜粮食，除了留下种子和口粮以外，其余的粮食全部弄走。就因为这样，一月底在巴兹基村召开的驻防军大会上，州军事委员沙哈耶夫做报告的时候，骑兵连里有些人就公开表示反对了。他们在队伍里嚷嚷起来：

“取消征粮队！”

“停止征粮！”

“打倒粮食委员！”

守备连的红军也大声叫喊回答他们：

“你们是反革命！”

“解除这些坏蛋的武装！”

大会开得很长、很乱。骑兵连的少数共产党员中有一个很气愤地对佛明说：

“佛明同志，你应该说话！瞧，你的骑兵成什么样子啦！”

佛明暗暗地笑了笑，说：

“我是个非党干部呀，他们会听我的吗？”

他沉默了一会儿，不等大会结束，就早早地和营长卡帕林一块儿走了。他们在回维奥申的路上，谈起目前的局面，很快就谈到一块儿了。过了一个星期，卡帕林来到佛明的住处，两个人单独在一起，卡帕林对他说：

“要么咱们马上就起来干，要么咱们就永远别干，你要明白这一点，亚可夫·叶菲莫维奇！应该抓紧时机，现在时机很合适，哥萨克们都拥护咱们。你在州里很有威望，现在的民心再好没有了。你怎么不作声呀？快拿主意吧！”

“还能有什么主意？”佛明皱着眉头，慢腾腾地拖着腔说，“主意是拿定了的。就是要好好筹划筹划，要考虑周密，免得出问题。咱们就来谈谈这事儿吧。”

佛明和卡帕林之间的可疑的关系，并不是没有人发觉。营里的几个共产党员对他们进行了监视，并且把可疑的形迹报告了顿河肃反委员会政治局长阿尔捷姆耶夫和军事委员沙哈耶夫。

“不要草木皆兵，”阿尔捷姆耶夫笑着说，“这个卡帕林是个胆小鬼，他敢怎么样吗？对佛明是要多留心，我们早就注意他了，不过他也未必敢出来干。都没有什么大不了的。”他毫不犹豫地下断语说。

可是现在留心已经晚了：阴谋分子已经筹划好了。要在三月十二日上午八时举行暴动。他们商量好，这一天佛明率领骑兵连全副武装去上早操，随后就突袭驻扎在镇边的一个机枪排，夺取机枪，然后就帮助守备连“清扫”州的各个机关。

卡帕林还有疑虑，认为一营人未必全部支持他。有一次他把这种揣测告诉了佛明。佛明仔细听完他的话，就说：

“只要能把机枪抓到手，咱们一下子就能叫你那个营乖乖的……”

对佛明和卡帕林布置了严密监视，可是一点也没有用处了。他们很少见面，而且都是有公事才见面，只是在二月底的一天夜里，巡逻队看见他们两个人在街上。佛明牵着一匹上着鞍的马，卡帕林和他并肩走着，问他们口令，卡帕林回答：“自己人。”他们就上卡帕林的住处去了。佛明把马拴在台阶栏杆上。他们在屋里没有点灯。下半夜三点多钟佛明才出来，骑上马回自己的住处去了。这就是观察到的情况。

州军事委员沙哈耶夫把自己对佛明和卡帕林的怀疑，用密电报告了顿河军区司令员。过了几天，收到司令员的回电，回电中说，同意解除佛明和卡帕林的职务并逮捕他们。

在州党委常委会议上决定：以军区的名义命令佛明到诺沃契尔卡斯克去，叫他把骑兵连交给副连长奥甫琴尼柯夫；当天就借口嘉桑乡出现了土匪，把骑兵连调到嘉乡镇上去，然后就在夜里逮捕阴谋分子。决定把骑兵连调出去，是因为怕这个连听说逮捕佛明，会暴动起来。还责成守备营第二连连长、共产党员特卡琴科把可能暴动的事通知营里的共产党员和各排排长，叫驻扎在镇上的第二连和机枪排做好战斗准备。

第二天早晨,佛明接到命令。

“嗯,好吧,连队就交给你了,奥甫琴尼柯夫。我要上诺沃契尔卡斯克去了,”他很镇定地说,“你要看看表册吧?”

排长奥甫琴尼柯夫不是党员,没有接到任何人的警告,一点儿也没有起疑,就埋头看起表册。

佛明瞅了个机会,给卡帕林写了个字条:“今天就起事。他们撤了我的职。速做准备。”他在过道里把字条交给自己的传令兵,小声说:

“把字条衔在嘴里。不慌不忙地……明白吗?……不慌不忙地到卡帕林那儿去。如果路上有人拦住你,就把字条吞下去。把字条交给他,你马上就回来。”

奥甫琴尼柯夫接到出发上嘉桑镇的命令,就率领骑兵连在教堂广场上排好队伍准备出发。佛明骑马来到他跟前,说:

“让我和连队告告别。”

“请吧,不过说简单点儿,别耽误我们的时间。”

佛明勒住撒欢的马,在连队前面站下来,对战士们说:

“同志们,你们是了解我的。你们知道我一向的主张,我一向和你们站在一起。可是现在他们在抢劫哥萨克,抢劫一切庄稼人,我实在忍受不下去了。就因为这样,把我撤了。他们要把我怎样,我是知道的。所以我想和你们告告别……”

连里的嚷嚷声和叫喊声把他的话打断了一会儿。他在马镫上站起身子,提高嗓门儿尖声喊道:

“如果你们不愿意叫他们抢劫,就把征粮队赶远点儿,把征粮委员穆尔佐夫和军事委员沙哈耶夫这一伙儿都宰了!他们到咱们顿河上来……”

嚷嚷声淹没了佛明后面的话。他等了一会儿，就大声发出口令：

“从右向左成三列，右转弯，开步走！”

骑兵连听从了他的命令。奥甫琴尼柯夫眼见这种情形，惊得目瞪口呆，骑马走到佛明跟前，问：

“佛明同志，你们上哪儿去？”

佛明连头也不扭，用嘲弄的口气回答说：

“我们去绕着教堂转个圈儿……”

这时候奥甫琴尼柯夫才明白了这短短的几分钟内所发生的一切。他走出队伍，指导员、副政委和一名红军也跟着他走了出来。他们走出有二百来步，佛明发觉他们离开了队伍，便转过马头，喊道：

“奥甫琴尼柯夫，站住！……”

四匹马从小跑换成了大跑。一团一团的水雪从他们的马蹄下往四面乱飞。佛明命令说：

“开枪！抓住奥甫琴尼柯夫！第一排！……追！……”一阵乱枪响过。第一排有十五六个人放马前去追赶。同时佛明把其余的人分成两组：一组由第三排排长率领，去缴机枪排的械；另一组由佛明亲自率领，直扑驻扎在镇北原公马厩里的守备第二连。

第一组挥舞着马刀和向空中放着枪，顺着大街跑去。这些叛变分子在路上砍死了遇到的四个共产党员以后，就在镇边上急急忙忙拉开阵势，不声不响地朝着从房子里跑出来的机枪排的红军战士冲去。

机枪排驻扎的房子在镇外。这座房子离镇边上几户人家不过一百丈远。叛变分子遇到迎头打来的机枪火力,急忙拨转马头往回跑。其中有三个人还没有跑到最近的胡同,就被子弹打下马来。想出其不意地夺取机枪的计策没有成功。叛变分子也没有作第二次尝试。第三排排长丘玛柯夫率领他这一组人马躲藏起来;他没有下马,从石头房子的墙角上小心翼翼地朝外看了看,说:

"嘿,又拖出两挺'马克辛'来了。"然后用皮帽子擦了擦汗漉漉的额头,转身对士兵们说,"向后转吧,弟兄们!……叫佛明自个儿来抓机枪手吧。咱们有几个人留在雪地上了,是三个吧?哼,算了,让他自个儿来试试吧。"

镇东面一响起枪声,连长特卡勤科就从住处跑了出来,一面穿着衣服,一面朝营房跑去。有三十来名红军已经在营房前面排好了队。他们一见到连长,就大惑不解地问:

"谁放枪?"

"怎么一回事儿?"

他也不回答,一声不响地指挥着纷纷从营房里跑出来的红军站到队伍里去。州机关的几个党员干部几乎和他同时跑到了营房,也站到了队伍里。

镇上到处响着零零落落的枪声。镇西面轰隆一声爆炸了一颗手榴弹。特卡勤科一看见有五十来个骑马的,高举马刀,朝营房奔来,就不慌不忙地抽出匣子枪。他还没有来得及发口令,队伍里的说话声就一下子停了,战士们都举起枪,做好了准备。

"这跑的是咱们自己人嘛!瞧,那是咱们的营长卡帕林同志！”有一个战士喊道。

那五十来个骑马人离开街道，就像听到口令一样，一齐趴到马脖子上，朝营房冲来。

“不叫他们过来！”特卡勤科厉声喊道。

砰砰一阵齐射，淹没了他的声音。在整整齐齐的红军队列前面一百步远处，有四个骑马人掉下马来，其余的人都乱糟糟地散了开来，掉转马头朝后跑去。枪声在他们后面噼噼啪啪直响。有一个骑马的，看样子受了轻伤，从马鞍上滚了下来，但是没有放掉手里的缰绳。飞跑的马拖了他有十来丈远，可是他后来又跳了起来，抓住马镫，又抓住后鞍头，一眨眼工夫就又上了马。他使劲扯了扯缰绳，一面跑一面急转弯，躲进了最近的一条胡同。

第一排的十五六名骑兵没有追上奥甫琴尼柯夫，便回到镇上。搜捕军事委员沙哈耶夫也毫无结果。在空荡荡的军事委员部里和他的住处都没有搜到他。他听到枪声，就朝顿河跑去，从冰上过了河，跑进了树林，又从树林里跑到了巴兹基村，第二天，就在离维奥申五十俄里的霍派尔河口镇上了。

大多数领导干部都及时躲起来了。搜捕他们不是没有危险的，因为机枪排的红军已经带着手提机枪来到镇中心，把通向中心广场的各条街道都控制在机枪火力之下了。

骑兵连停止搜捕，来到河边，又飞马跑到当初开始追赶奥甫琴尼柯夫的教堂广场上。不久，佛明所有的人马都来这里集合了。他们又排起队伍。佛明吩咐派出岗哨，叫其余的士兵各回住处，但是不准卸马鞍。

佛明、卡帕林和几个排长单独来到镇边一座小房子里。

“全输了!”卡帕林软软地坐到板凳上,绝望地叫道。

“是啊,没有把全镇拿下来,恐怕咱们在这儿还待不住呢。”佛明小声说。

“亚可夫·叶菲莫维奇,应该在州里到处转悠转悠。咱们现在还有什么好怕的呢?不到时候反正死不了。咱们把哥萨克们都鼓动起来,那时候维奥申就是咱们的了。”丘玛柯夫出主意说。

佛明一声不响地看了看他,转脸对卡帕林说:

“你泄气了吗,先生?别做孬种!咱们一不做,二不休。既然一块儿干起来,就要一块儿干下去……依你看,怎么样,是离开维奥申呢,还是再来试一下子?”

丘玛柯夫厉声说:

“让别人去试吧!我才不想拿头往机枪上冲呢!这样干毫无意义。”

“我没有问你,住口吧!”佛明瞪了丘玛柯夫一眼,丘玛柯夫垂下眼睛。

沉默了一会儿之后,卡帕林说:

“是的,自然,现在再干已经没有意思了。他们的武器比咱们强。他们有十四挺机枪,咱们连一挺也没有。他们的人也多些……应该撤出去,组织哥萨克起事。不等他们的援军开到,起事的哥萨克就能把整个州占住。只有这一点希望了。只能这样了!”

沉默了老半天之后,佛明说:

“好吧,就这样决定吧。各位排长!马上检查一下装备,数一数每个人手里有多少子弹。严禁浪费子弹。谁要是不听,我就亲手把他劈了。就这样传达给战士们。”他沉默了一下,用老大的拳头狠狠在桌上一敲，“唉，机……机枪啊！都怪你呀，丘玛柯夫！要是能缴下四五挺机枪就好了！现在他们当然可以把咱们从镇上打出去……好吧，散会！如果他们不来打咱们，咱们就在镇上过夜，明天拂晓出发，在州里到处转一转……”

这一夜平平安安地过去。镇这头驻的是叛变的骑兵连，另一头是守备连和加入这个连的共产党员、共青团员。敌对双方只隔着两条街，但是哪一方都没有敢发动夜间袭击。

第二天早晨，叛变的骑兵连一枪不发地离开维奥申，朝东南方开去。

十一

格里高力从家里逃出来以后，头三个星期住在叶兰乡下柯里夫村一个熟识的哥萨克同事家里。后来又到了郭尔巴托夫村，那儿有阿克西妮亚的一个远亲，在他家里住了一个多月。

他整天整天地躺在上房里，只有夜里才到院子里去，很像是在坐牢。格里高力闷得难受，也闲得难受。他非常想回家看看孩子们，看看阿克西妮亚。他多次在夜里睡不着的时候穿起军大衣，下决心要回鞑靼村去，可是每一次仔细一想，又把大衣脱掉，叹着气趴到床上去。到最后，他觉得实在不能这样过下去了。主人是阿克西妮亚的表叔，很同情格里高力，但是他无法让这样一位客人在家里长期住下去。有一天，吃过晚饭以后，格里高力回到自己屋里，听到有说话声。女主人用恨得尖起来的声音问：

“什么时候才能到头呀？”

“什么？你说的是什么？”主人用低低的粗嗓门儿反问道。

“你什么时候把这个吃白饭的打发走呀？”

“住嘴！”

“我就要说说！咱们的粮食只剩一点点儿了，可是你还要养着这个罗锅子鬼，天天给他吃给他喝。我问你，这要到什么时候才算完呀？万一村苏维埃知道了呢？要杀咱们的头，孩子们就要成孤儿了！”

“住嘴吧，阿芙多济娅！”

“我就是要说说！咱们有孩子呀！咱们的粮食不到二十普特了，可是你还要把这个吃白饭的养在家里！他是你的什么人？是亲兄弟？是亲家公？还是干亲？他和你不沾亲，也不带故！一百竿子也打不着，可是你要养活他，给他吃，给他喝。哼，你这秃鬼！住嘴吧，别吓唬我了，要不然我明天就上苏维埃去，就说你在家里养着一朵好花儿！”

第二天，主人走进格里高力的屋里，望着地面，说：

“格里高力·潘捷莱维奇！不管你怎样见怪，我再也不能留你住下去了……我很尊敬你，去世的令尊我也认识，也很尊敬他，但是我现在实在很难养活你这个吃闲饭的……再说我也怕政府知道你在这儿。你随便上哪儿去吧。我还有家小呢。我不愿意为了你掉脑袋。多多担待吧，行行好，请你离开我家吧……”

“好吧，”格里高力很干脆地说，“谢谢你，谢谢你的招待。你的一切我都要感谢。我也看出来，你很为难，但是我又上哪儿去呀？我真没有路走了。”

“随你到哪儿吧。”

“好的，我今天就走。阿尔塔蒙·瓦西里耶维奇，多多拜谢了。”

“不必了，不值得谢。”

“我不会忘记你的大恩。也许我以后有机会报答你。”

主人很感动，拍了拍格里高力的肩膀，说：

“别说这种话了！依着我，你再住两个月也行，可是我老婆这该死的娘儿们不肯，天天和我吵！格里高力·潘捷莱维奇，我是哥萨克，你也是哥萨克，咱们都反对苏维埃政府，所以我还要帮助你：你今天就上红莓村去吧，那儿有我的一位亲家，他会收留你的。你就说我说的：阿尔塔蒙叫他收留你，只要他还有饭吃，叫他当亲儿子养活你。以后我再酬谢他。不过你今天就要离开我家。我再也不能多留你了，老娘儿们吵得实在心烦，另外我也怕村苏维埃知道了……你住了一些日子，格里高力·潘捷莱耶维奇，也行了。我的脑袋也值钱呀……”

深夜，格里高力从村子里走了出来，还没有走到冈头上的风车跟前，就有三个骑马的人，好像从地里钻出来似的，一下子把他拦住：

“站住，狗崽子！你是什么人？”

格里高力心里哆嗦了一下。他一声不响地站了下来。跑是没有用的。路旁连一道沟、一丛树棵子都没有，田野上空空荡荡，光秃秃的。他连两步都跑不出去。

“是共产党吗？回去，你妈的别找死！喂，快点儿！”

另一个人骑着马朝格里高力身上冲来，喝道：

“手举起来！把手从口袋里抽出来！抽出来，要不然我把你的脑袋砍下来!”

格里高力一声不响地把手从军大衣口袋里抽出来,他还没有完全弄明白这是怎么回事儿以及这拦住他的是些什么人,就问道:

“上哪儿去?”

“上村子里去。向后转。”

一个骑马人押着他往村子里走去,另外两个人在牧场上走了开去,上了大道。格里高力一声不响地走着。等到走上路,他放慢了脚步,问道:

“请问,大哥,你们是什么人?”

“走吧,走吧,别说话! 把手放到背后来,听见吗?”

格里高力一声不响地照着做了。过了一会儿,他又问:

“真的,你们到底是什么人呀?”

“是正教徒。”

“我也不是旧教徒。”

“噢,那你就高兴高兴吧。”

“你把我送到哪儿去?”

“去见首长。走吧,你这坏小子,要不然我把你……”押送的人用刀尖轻轻地戳了戳格里高力。磨得锋利的冰凉的钢刀尖恰好戳在格里高力那大衣领子和皮帽子之间的光脖子上,一阵恐怖的感觉在他心中一闪,接着就换成无可奈何的愤怒心情。他提起领子,侧眼看了看押送的人,咬着牙说:

“别胡闹! 听见吗? 要不然我把你这玩意儿夺过来……”

“走,坏小子,别说话! 我叫你夺夺看! 把手背到后头!”

格里高力一声不响地走了几步，后来又说：

“我不说就不说，你别骂人。别以为自己真了不起……”

“别回头！”

“我没有回头。”

“住嘴，走快点儿！”

“是不是可以快跑呢？”格里高力一面拂着落在眉毛上的雪花，一面问道。

押送的人一声不响地把马一夹。因为出汗和夜间潮湿变得水漉漉的马胸膛一下子撞到格里高力的脊梁上，一只马蹄子噗唧一声踩进他脚边的水雪里。

“你慢点儿！”格里高力一面用手抓住马鬃，站稳身子，一面喊道。

押送的人把马刀举得和脑袋平了，低声说：

“你给我走，狗东西……别说话，要不然我就不用把你送去了。我要杀你很方便。住嘴，一句话也不许说！”

他们都一声不响地来到村边上。押送的人在村边一户人家门前勒住马，说：

“就进这个门去。”

格里高力走进敞着的大门。院心里是一座高大的铁皮顶房子。不少马在敞棚下打着响鼻，大声嚼着草料。台阶边站着五六个全副武装的人。押送的人把刀插进鞘里，一面翻身下马，一面说：

“进屋里去，上了台阶一直往前走，左手第一个门。走吧，别东张西望，对你说过多少次了，日你奶奶！”

格里高力慢慢踏着台阶往上走。站在栏杆边的一个头戴布琼尼式军帽、身穿骑兵长大衣的人问道：

“怎么，是抓来的吗？”

“是抓来的，”那个押送的人用格里高力已经熟悉的沙哑嗓门儿很不高兴地回答说，“在风车旁边抓来的。”

“是党支部书记，还是别的什么人？”

“谁他妈的知道，反正是个坏家伙，究竟是什么人，等会儿就知道了。”

“要么这是土匪，要么这是维奥申的肃反人员用的计策，故意装的。完了！糊里糊涂地完了。”格里高力想着，故意在过道里磨蹭起来，要集中思想考虑一下。

开了门以后，他头一个看到的是佛明。佛明坐在桌边，周围站着很多格里高力不认识的、身穿军服的人。床上堆着不少军大衣和皮袄，大板凳上并排靠着好几支卡宾枪；大板凳上还乱七八糟地堆着马刀、子弹袋、挂包和马鞍袋。人身上、军大衣上、武器装备上都散发着浓浓的马汗气味。

格里高力摘下帽子，低声说：

“你们好啊！”

“麦列霍夫呀！这真是有缘千里来相会啊！咱们又见面了！你这是打哪儿来？把衣服脱了，请坐吧。”佛明站了起来，伸着一只手，走到格里高力跟前，“你怎么逛荡到这儿来了？”

“我来有事。”

“什么事？你逛的可真远呀……”佛明用探询的目光打量着格里高力，“你照实说吧，是在这儿躲难，是不是？”

“是这样。”格里高力很勉强地笑着回答说。

“我的弟兄们在哪儿抓住你的？”

“在村外。”

“你上哪儿去？”

“随便走走……”

佛明又仔细看了看格里高力的眼神，笑了起来。

“我看出来，你是以为我们抓住你，要把你送到维奥申去，是吗？不会的，老弟，那条路我们也不走了……你别怕！我们不给苏维埃政府当差了。跟它分家了……”

“离婚啦。”一个在炉边抽烟的不算年轻的哥萨克低声说。

坐在桌边的一个人大声笑了起来。

“有关我的事儿，你一点儿也没有听说吗？”佛明问道。

“没有。”

“好吧，请坐，咱们来谈谈。给咱们的客人端菜汤和肉上来！”

格里高力对佛明的话一句也不相信。他脸色煞白，态度镇静，脱掉大衣，在桌边坐了下来。他很想抽烟，但是想起已经有两天没有烟丝了。

“有烟吗？”他问佛明。

佛明很殷勤地递过一个皮烟盒来。佛明看到格里高力的手指头在拿纸烟的时候还轻轻哆嗦着，他的嘴唇又在波浪式的红胡子底下笑了笑。

“我们起事反对苏维埃政府啦。我们支持老百姓，反对征集余粮，反对委员们。他们愚弄了我们很久，现在我们要叫他们尝尝滋味了。你明白吗,麦列霍夫?"

格里高力没有作声。他抽起烟来,急急忙忙地一连抽了好几口。他的头有点儿晕了,并且觉得有些恶心。最近这一个月来,他吃的饭食很差,现在他才感觉出,近来他的身体太弱了。他掐灭了纸烟,狼吞虎咽地吃起东西来。佛明简单地谈了谈起事的经过,谈了谈头些天在州里到处跑来跑去的情形,把自己的流窜说成是"进军"。格里高力一声不响地听着,吞着面包和没有炖烂的肥羊肉,几乎连嚼都不嚼。

"你出来过瘦了。"佛明亲热地笑着说。

格里高力一面打着饱嗝,一面嘟哝说:

"又不是在丈母娘家里嘛。"

"这话不错。那你就下劲儿吃吧,多吃点儿,能吃多少就吃多少。我们这些东家可不小气。"

"谢谢。现在我要抽烟了……"格里高力接过递给他的纸烟,走到放在板凳上的铁锅跟前,掀开木盖子,舀了一碗水。水很凉,而且有点咸味儿。吃得饱饱的格里高力大口大口地喝了两大碗水,这才有滋有味地吸起烟来。

"哥萨克们并不十分欢迎我们,"佛明往格里高力跟前坐了坐,继续说,"去年暴动的时候他们挨打挨怕了……不过,愿意干的人还是有的。已经有四十来个人参加了。但是我们要的不是这一点点儿。我们要把全州都发动起来,还要叫邻近的霍派尔州和大熊河口州都支持我们。到那时候我们再和苏维埃政府好好地谈谈!"

桌子周围一些人在大声说话。格里高力一面听佛明谈话,一面偷偷地打量他的伙伴们。一个熟识的人也没有！他仍然不相信佛明的话，以为佛明是故弄玄虚，为了小心起见，没有作声。但老是不作声也不行。

“佛明同志，如果你说的这些都是真话，那你们究竟想怎样呢？想发动新的战争吗？”格里高力竭力克制着涌上来的睡意，问道。

“这话我已经对你说过了嘛。”

“要推翻政府吗？”

“是的。”

“要建立什么样的政府呢？”

“建立哥萨克自己的政府！”

“自选乡长、村长吗？”

“噢，乡村长的事，多少等一等再说。反正老百姓选什么样的，就成立什么样的。不过这事还不用着急，再说，政治方面的事我也是外行。我是一个军人，我的任务是消灭那些委员和共产党员，有关政府的事，让我的参谋长卡帕林给你说说。这事儿他很内行。他这个人很聪明，很有学问。”佛明朝格里高力俯下身来，小声说，“他是以前沙皇军队里的一位上尉。这会儿在上房里睡着呢，有点儿病，恐怕是不大习惯，我们天天在行军呀。”

过道里响起嚷嚷声、脚步杂沓声、呻吟声、不太高的闹声和压低了的吆喝声：“把他宰了！”桌子周围的说话声一下子就停了。佛明警觉地朝门口看了看。有人一下子把门推开。一团白色的水汽贴着地面涌进屋里来。一个身体魁梧、没戴帽子、身穿绗得密密的草绿棉袄、脚穿灰毡靴的人，因为背上被人猛地一搗，身子向前倾着，踉踉跄跄地跑了几步，咚的一声，肩膀撞在炉壁上。在关上门之前，有人在过道里高高兴兴地喊道：

“又抓来一个！”

佛明站了起来，勒了勒军便服上的皮带。

“你是什么人？”他威风凛凛地问道。

穿棉袄的人喘着粗气，用手摸了摸头发，想舒展舒展两个肩膀，但是疼得皱起眉头。他的脊梁骨被一样重东西，大概是枪托子，捣得很疼。

“你怎么不说话？舌头掉了吗？我问你，是什么人？”

“我是红军。”

“哪一部分的？”

“第十二征粮团的。”

“哈哈，这可太巧了！”坐在桌边的一个人笑着说。

佛明继续盘问：

“你在这儿干什么？”

“我们是拦阻部队……派我们来……”

“明白了。你们有多少人在这个村子里？”

“十四个人。”

“其余的人在哪儿？”

红军不作声了，很费劲儿地张开嘴。他的喉咙里有什么东西咕咕响了几下，一股细细的鲜血从左嘴角流到下巴上。他用手擦了擦嘴唇，看了看手掌，在裤子上把手擦了擦。

“你们那个坏家伙……”他吞着血，用咕噜咕噜的声音说，“把我的肺打坏了……”

“没事儿！我们来给你治治！”一个矮墩墩的哥萨克从桌旁站起来，朝其余的人挤着眼睛，用嘲弄的口气说。

“其余的人在哪儿？”佛明又问了一遍。

“跟着车队上叶兰镇去了。”

“你是哪儿的？什么地方人？”

红军用眨动得非常快的蓝眼睛看了佛明一眼，把一团血块子吐在脚底下，已经是用清脆、响亮的粗嗓门儿回答说：

“普斯科夫省的。”

“普斯科夫人、莫斯科人……我们都听说过……”佛明用嘲笑的口气说，“伙计，你跑这么远来抢别人的粮食呀……好，就谈到这儿吧！我们怎么处置你呢，嗯？”

“应该把我放了。”

“你真是个天真的小伙子……弟兄们，咱们是不是真的把他放了呢？你们觉得怎样？”佛明暗暗笑着，转脸向坐在桌边的人问道。

一直在仔细观察着这一切的格里高力，看到一张张风尘仆仆的褐色的脸上隐隐露出会意的笑容。

“叫他在咱们这儿干上两个月，然后再放他回家去看老婆。”佛明手下的一个人说。

“你是不是真的在我们这儿干干呢？”佛明问道，他想忍住笑，可是怎么都忍不住，“我们给你马，给你鞍，还给你一双新的高筒靴子，把你的毡靴换下来……你们的首长给你们的穿戴太差了，这能算是靴子吗？外面已经化冻了，可是你还穿毡靴呢。给我们干干，好吗？”

“他是庄稼佬，出娘胎以来还没有骑过马呢。”一个哥萨克故意用尖细的声音怪腔怪调地说。

红军战士没有作声。他背靠在炉壁上，用炯炯有神的眼睛打量着大家。他时不时地疼得皱一皱眉头，有时候呼吸困难，就微微张一张嘴。

“你留在我们这儿，还是怎样？”佛明又问道。

“你们是什么人？”

“我们吗？”佛明把眉毛扬得高高的，用手捋了捋胡子，“我们是维护劳动人民的战士。我们反对委员和共产党的压迫，我们就是这样的人。”

这时候格里高力忽然看见红军的脸上出现了笑容。

“原来你们是这样的人……可是我还在想：这是一些什么人呢？”俘虏笑了笑，露出血糊糊的牙齿，他说话的神气，好像听到了新鲜事儿又惊又喜，但是他的口气中却另有一种意味，使大家都警觉起来。“依你们说，你们是维护人民的战士，是吗？噢，噢。可是依我们说，你们不过是土匪。想叫我给你们干吗？哼，你们真会开玩笑！”

“我看你呀，你也是个挺有趣的小伙子嘛……”佛明眯缝起眼睛，简短地问道，“是共产党员吗？”

“不是，我哪儿够呀？我是非党的战士。”

“不像。”

“实在话，我是非党的战士！”

佛明咳嗽了两声，转身朝着桌子。

“丘玛柯夫！把他干掉。”

“你们杀我算不了英雄，一点也没有用。”红军小声说。

没有人搭腔。丘玛柯夫是一个矮墩墩的漂亮哥萨克，穿一件英国式的皮坎肩。他很不高兴地站了起来，抿了抿往后梳得已经够平的淡黄色头发。

“我都讨厌干这种事儿了，”他从放在板凳上的一堆马刀中抽出自己的马刀，一面用大拇指试着刀刃，一面提起精神说。

“不一定亲自动手，告诉外面的弟兄们就行了。”佛明说。

丘玛柯夫冷冷地把红军从脚到头打量了一遍，说：

“在前头走吧，伙计。”

红军离开炉子，弯下腰，慢慢朝门口走去，地板上留下一个个潮湿的毡靴印子。

“上这儿来，也不把脚擦一擦！来一趟，给我们留下这么多脚印子，弄得这么脏……老弟，你真是太邋遢了！”丘玛柯夫装出很不满意的样子说着，跟着俘虏朝外走去。

“告诉他们，叫他们把他带到胡同里或者场院上。别在院子里干，要不然房东会生气的！”佛明在后面对着他们喊道。

佛明走到格里高力身边，挨着坐了下来，问道：

“我们审判干脆吗？”

“很干脆。”格里高力避开他的目光，回答说。

佛明叹了一口气。

“什么记录也用不着。现在就应该这样。”他还想说点儿什么，但是台阶上响起咚咚的脚步声，有人喊叫，又砰地响了一枪。

“外面他妈的怎么回事儿？”佛明烦躁地叫道。

一个坐在桌边的人跳了起来，一脚把门踢开。

“外面怎么一回事儿？”他朝黑暗中叫道。

丘玛柯夫走了进来，很带劲儿地说：

“这家伙真够机灵的！日他奶奶！他从顶上头一级台阶上往下一跳，就跑起来。只好浪费一颗子弹。弟兄们正在结果他呢……”

“叫他们把他从院子里拖到胡同里。”

“我已经说过了，亚可夫·叶菲莫维奇。”

屋子里静了一会儿。后来有人压制着哈欠，问道：

“丘玛柯夫，天气怎么样？外面放晴了吗？”

“有云彩。”

“要是下一阵雨，就能把残雪冲干净了。”

“你要雨干什么？”

“我倒不是要雨，是不喜欢在烂泥里走。”

格里高力走到床前，拿起自己的帽子。

“你上哪儿去？”佛明问。

“去解解手。”

格里高力来到台阶上。从云彩里钻出来的月亮放射着朦胧的月光。宽敞的院子、一座座棚子的顶、一棵棵直指天空的光秃秃的金字塔形的白杨树，一匹匹披着马衣站在拴马桩边的马——一切都笼罩在一片幻影般的淡蓝的夜色中。在离台阶几丈远的地方，躺着被杀死的红军，脑袋泡在熠熠闪光的融雪水洼里。有三个哥萨克在死人身边弯着腰，小声说着话儿。不知他们在死人身边干什么。

“他还喘气哩，真的！”一个哥萨克懊恼地说，“你这不中用的家伙，怎么搞的？我对你说，要往脑袋上砍嘛！唉，真是饭桶！”

一个声音沙哑的哥萨克，也就是押送格里高力的那一个，回答说：

“快死了！打几个响嗝就完了……你把他的头提起来嘛！怎么也脱不下来。抓住头发往上提，这就对了。好，现在提好别动。”

水洼里的水哗啦响了一声。站在死人旁边的一个人直起身子。那个哑嗓门儿的家伙蹲在地上，哼哧着，在剥死人的棉袄。过了一会儿，他说：

“是我手气不好，所以他一下子死不了。以前我在家里杀猪……你提好嘛，别松手！噢，妈的！……嗯，以前我杀猪，把喉咙管全割断，一直割到颈窝里，可是该死的猪还要站起来，满院子乱跑。一跑就跑上老半天！浑身都是血，可还是又跑又哼哼。气都不能喘了，可还是死不了。这都是因为我手气不好。好了，放下吧……还在喘气吗？真是怪事。我差不多都砍到脖子根了嘛……”

另外一个哥萨克伸开两条胳膊，把从红军身上剥下来的棉袄抻开，说：

“左边沾上血了……黏糊糊的，呸，真糟糕！”

“能洗掉。这又不是猪油。”那个哑嗓门儿的哥萨克心安理得地说过这话，又蹲了下去，“洗洗或擦擦都行。不碍事。”

“你怎么，还想剥他的裤子吗？”原来那个提头发的哥萨克很不满意地问道。

那个哑嗓门儿的哥萨克不客气地说：

“你要是着急的话，就去看看马吧，我们这儿不要你也行！总不能让东西白白丢掉吧？”

格里高力猛地转过身来,朝屋里走去。

佛明用迅速的、探询的目光迎住他,站起身来。

“咱们到上房里谈谈吧,这儿太嘈杂了。”

宽敞的上房里烧得很暖和,有老鼠屎气味,还有大麻籽气味。一个不算高大、身穿草绿制服的人,摊开四肢睡在床上。他那稀稀的头发乱蓬蓬的,粘了一层细毛和小小的羽毛。他一边腮紧紧贴在肮脏的、只剩下芯子的枕头上。一盏挂灯照着他那很久没有刮过的苍白的脸。

佛明推醒了他,说:

“起来吧,卡帕林,咱们有客人来了。这是咱们的人——格里高力·麦列霍夫,以前的中尉,你来认识认识。”

卡帕林从床上耷拉下腿来,用手搓了搓脸,爬了起来。他微微弯着腰握了握格里高力的手,说:

“欢迎欢迎。我是卡帕林上尉。”

佛明很殷勤地推给格里高力一把椅子,自己坐在大柜子上。他大概从格里高力的脸上看出来,杀害红军使格里高力心里很不痛快,所以就说道:

“你不要以为,我们对待所有的人都这样狠。这是个怪物嘛,是征粮队的嘛。对于这些人和各种各样的委员我们是不能放过的,对其余的人我们是很宽大的。比如说,我们昨天抓住三个民警,把他们的马、马鞍和武器留下来,把人都放走了。杀死他们有他妈的什么意思?”

格里高力没有作声。他把两手放在膝盖上,想着心事,就像在梦里一样听着佛明说话:

“……我们眼下就这样打着，”佛明继续说，“我们想无论如何把哥萨克们发动起来。我们听说，到处都在打仗。在西伯利亚，在乌克兰，甚至在彼得格勒，到处都有起事的。有一个要塞里的整个舰队都起事了，那个要塞叫什么名字来着？……”

“是在喀琅施塔得。”卡帕林提醒说。

格里高力抬起头来，用没有表情、好像是什么也看不见的眼睛看了佛明一下，就把目光移到卡帕林身上。

“来，抽烟吧，”佛明递过烟盒来，“就是说，已经把彼得格勒拿下来了，正在向莫斯科进军呢。到处都打得很热闹！咱们也不能一点不动啊。咱们要把哥萨克发动起来，推翻苏维埃政府，将来如果有士官生帮助咱们，那咱们就百事如意了。让他们那些有学问的人来建立政府吧，咱们辅佐他们。”他沉默了一会儿，然后问道：“麦列霍夫，你以为怎样：如果士官生从黑海那边打过来，咱们就和他们会师，能不能因为咱们首先在后方起事，将功折罪呢？卡帕林说，一定可以折罪。比如说，还要因为我在一九一八年带领二十八团离开前线，又给苏维埃政府干了两年，再来找我的麻烦吗？”

格里高力不由地笑了笑，心里想：“原来你真正操心的是这个！虽然人很蠢，可是真狡猾……”佛明等着回答。看样子，他还实在担心这个问题呢。格里高力很勉强地说：

“这事儿一两句话是说不清的。”

“当然，当然，”佛明高高兴兴地附和说，“我这是随便说说。以后的事以后再说吧，现在咱们是要行动起来，消灭后方的共产党。咱们不管怎样都不能叫他们过安稳日子！他们叫步兵坐上大车,想追赶咱们呢……叫他们试试看吧。等到他们把马队调来,咱们已经把全州闹翻过来啦!”

格里高力又看着自己的脚底下,想着。卡帕林道过歉,躺到床上去了。

“我太累了。咱们行起军来像疯子一样,觉睡得太少了。”他无精打采地笑着说。

“咱们也该睡了。”佛明站起来,把一只沉甸甸的手搭在格里高力的肩膀上,“好样儿的,麦列霍夫,幸亏你听了当时我在维奥申说的话!你那时候如果不躲起来,就倒霉了。这会儿恐怕要躺在维奥申的雪堆里,连指甲都烂掉了……这种事儿我看得比什么都清楚。嗯,你拿的是什么主意呢?你说说吧,咱们也要睡觉了。”

“说什么呢?”

“是不是跟我们一块儿干呀?总不能在别人家里躲一辈子嘛。”

格里高力知道他要提这个问题。他必须选择选择:要么继续在各个村子里流浪,过着吃不饱、无家可归的日子,愁闷得要死,还要时时担心主人向政府报告;要么到政治局去自首;要么就跟着佛明干。于是他选择好了。他这天晚上第一次正对着佛明的眼睛看了看,似笑非笑地说:

“我现在挑选,就像童话里的英雄一样:往左边走,就会失掉马;往右边走,就会被杀死……就是这样:三条路,没有一条好路……”

“你还是正正经经挑选一下吧。童话咱们以后再讲。”

“无路可走呀,就这样选定了吧。”

“怎么样?”

"加入你的匪帮吧。"

佛明很不高兴地皱了皱眉头，咬了咬胡子。

"你别提这种外号吧，这怎么是匪帮？这是共产党给咱们的外号，你可不应该这样说。咱们就叫起义军，又简单，又明白。"

他的不高兴很快就过去了。他见格里高力下定了决心，显然是非常高兴的，而且他简直掩饰不住自己的高兴心情；他兴奋得搓着两手说：

"咱们兴旺起来啦！你听见吗，上尉？麦列霍夫，我给你一个排，如果你不愿意带一个排，就和卡帕林一起掌管司令部里的事。我把我的马送给你，我还有一匹备用的马呢。"

十二

天亮前，有点儿霜冻。水洼里结了灰白色的薄冰。雪变硬了，咯吱咯吱响起来。在没有践踏过的亮闪闪的雪地上，马蹄留下一个个模模糊糊、慢慢在下陷的圆印子；在昨天的暖气把雪舔掉了的地方，那露出来的铺着去年的枯草的土地，只是在马蹄下微微向下凹一凹，并且在向下凹的时候，轻轻地咚咚响着。

佛明的队伍在村外排成行军纵队。在远远的大路上，晃悠着派到前面去的先头侦察队的六名骑兵。

"你瞧瞧我的队伍吧！"佛明骑马走到格里高力跟前，笑着说，"领着这样的弟兄们，什么人他妈的都不在话下！"

格里高力打量了队伍一眼，心里很感慨地想："你要是带着这些人马遇上我带的那个布琼尼的骑兵连，有半个钟头我们就能把你们砍成肉酱！”

佛明用鞭子指了指，问道：

“他们的样子怎么样？”

“他们砍杀俘虏很有本事，剥死人衣服也有两下子，可是他们打仗怎么样，我还不知道呢。”格里高力冷冷地回答说。

佛明在马上转过身去背着风，把纸烟点着了，又说：

“到打仗的时候你就看看他们吧。我的人都是当过多年兵的，打仗也不含糊。”

六辆双套马车载着子弹和粮食排在纵队当中。佛明跑到前面，下令开动。到了冈头上，他又来到格里高力跟前，问道：

“喂，我的马怎么样？听使唤吗？”

“是一匹好马。”

他们马镫挨着马镫，并排走了很久，后来格里高力问道：

“你不打算上鞑靼村去吧？”

“想家了吗？”

“很想回去看看。”

“可能也要去。现在我想到旗尔河上去转一转，鼓动鼓动哥萨克们，叫他们行动起来。”

但是各地的哥萨克们都不怎么愿意“行动”……几天的工夫，格里高力就看清了这一点。每当占领一个村庄或市镇，佛明都要下令召开群众大会。多数是他在大会上发言，有时候卡帕林代替他发言。他们号召哥萨克们拿起武器，大谈“苏维埃政府强加在庄稼人身上的沉重负担”，又说什么“如果不把苏维埃政府推翻，一定会彻底倾家荡产”。佛明说得不像卡帕林那样漂亮，那样有条理，但是他说得很通俗，哥萨克们容易懂。他结束讲话照例都是用同样几句背熟了的句子："我们从今天起，就取消强加给你们的余粮征集制了。你们再也不用把粮食运到收粮站去了。不必再去养活那些吃白饭的共产党了。他们吃你们的粮食都吃肥了，但是这些外来佬完蛋了。你们都是自由的人啦！拿起枪来，拥护我们的政府吧！哥萨克，乌拉！"

哥萨克们都看着地面，愁眉苦脸，一声不响；可是妇女们却拼命地嚷嚷。一句句尖刻的问话、一声声恼怒的喊叫乱纷纷地从密密层层的妇女群里飞出来：

"你的政府很好，你给我们弄肥皂来了吗？"

"你把你的政府挂在哪儿呀，捆在鞍后皮带上吗？"

"你们又吃谁的粮食呢？"

"大概你们要挨门挨户去讨饭吧？"

"他们有刀。他们连问也不用问就把鸡脑袋剁掉啦！"

"不送粮食那怎么行呢？你们今天在这儿，到明天就是带上狗也找不到你们了，要我们倒霉吗？"

"不叫我们的男人跟着你们走！你们要打仗，就自个儿打吧！"

妇女们往往还要恶狠狠地喊许多别的话；打了几年仗，她们对什么都信不过了，就害怕再打仗，死死地抓住自己的丈夫，再也不肯放手。

佛明满不在乎地听着她们乱嚷嚷，知道她们嚷嚷没什么了不起的。他等到安静下来，就又对哥萨克们说话。这时候哥萨克们便干脆而又慎重地回答说：

“佛明同志,不要强迫我们吧,我们打仗打够了。”

“我们在一九一九年暴动过,已经尝过滋味啦!”

“没有本钱暴动,暴动也没有意思了!眼下不必要了。”

“快到种地的时候了,不能打仗了。”

有一次,后排里有人喊道:

“你现在说得真甜呀!一九一九年我们起事的时候,你在哪儿来着?”

格里高力看到,佛明的脸变了颜色,但终于还是忍住了,什么也没有说。

头一个星期,佛明在大会上听到哥萨克们反驳他,听到他们干脆利落地拒绝响应他的号召,总的来说他还能沉住气;就是听到妇女们叫喊和咒骂,他也不动火。他常常暗暗笑着,很自信地说:“没什么,我们总会把他们说服的!”可是等到看清楚哥萨克群众绝大多数都是反对他的以后,他对参加大会的人的态度一下子就变了。他说话的时候,连马也不下,而且与其说是劝说,不如说是恐吓了。不过结果仍然和以前一样:他想依靠的哥萨克们,一声不响地听过他的讲话,又一声不响地散了开去。

在一个村子里,他讲过话以后,有一个哥萨克妇女出来答话了。这是一个身材高大、肥胖、骨架子十分宽大的寡妇,说起话来声音几乎像男子一样粗大,而且像男子那样又急促又猛烈地挥舞着两条胳膊。她那一张老大的麻子脸上满是恶狠狠的怒气,那向外翻的大嘴唇一直在撇着,轻蔑地笑着。她用红肿的手指头指着像石头一样呆坐在马上的佛明,她那一句句尖刻的话几乎就像喷出来的一样:

“你在这儿捣什么乱？你想把我们的哥萨克推到哪儿，推到哪儿的火坑里去？打这种该死的仗，我们妇女变成寡妇的还少吗？孩子们变成孤儿的还少吗？你想再叫我们遭殃吗？鲁别仁村怎么出了你这样一个救世皇帝呀？你顶好还是把家里料理料理，别再让家里破落下去，然后再来教训我们怎样过日子，要什么样的政府、不要什么样的政府吧！要不然你老婆在家里当牛当马就没有头啦，这我们很清楚！你还到处抖威风，骑着马跑来跑去，鼓动老百姓造反呢。看看你自己家里，房子要是没有风撑着的话，早就倒掉啦。倒是教训起我们来啦！你怎么不说话呀，红胡子丑鬼，难道我说的不对吗？”

人群里嗞嗞地响起一阵轻轻的笑声。像微风一样嗞嗞地响了一阵子，就没有声音了。佛明左手放在鞍头上，慢慢拨弄着马缰，因为憋着火气，脸憋得发了青，但是他没有说话，在脑子里寻思着摆脱这种尴尬局面的适当办法。

“你这个政府算什么东西，你叫人支持它什么？”说得上了劲儿的寡妇又气冲冲地说。

她双手叉腰，扭着大屁股慢慢朝佛明走来。哥萨克们都掩藏着笑容，垂下笑眯眯的眼睛，纷纷给她让路。他们就像要让出个圈子跳舞一样，你推我挤，朝四面退了退……

“你的政府除了你，什么也剩不下。”寡妇用低低的粗嗓门儿说，“你的政府就拖在你屁股后头，在一个地方连一个钟头都待不住！‘今天骑在马上神气，明天就成一摊烂泥！’你就是这样，你的政府也是这样！”

佛明使劲用腿夹了夹马的两肋，马朝人群里冲去。人群朝四面退去。在老大的圈子当中只剩了寡妇一个人。她是见过各种各样世面的,因此她十分镇定地望着佛明那龇牙咧嘴的马,望着佛明那气得煞白的脸。

佛明一面驱马往她身上撞,一面高高地举起了鞭子。

“住嘴,麻脸畜生! ……你干吗在这儿造谣惑众?!”

龇牙咧嘴、仰得高高的马头就在这个毫不畏惧的寡妇的头顶上。一团淡绿色的唾沫从马嚼子上飞下来,落在寡妇的黑头巾上,又从头巾上流到腮上。寡妇用手擦了擦,向后退了一步。

“你能说话,我们就不能说话吗?”她用放射着怒火的滚圆的眼睛盯着佛明,大声叫道。

佛明没有打她。他摇晃着鞭子,吼道:

“你这个赤化的坏娘儿们! 我要治治你的糊涂劲儿! 我马上叫人撩起你的裙子,用通条抽你一顿,你一下子就老实了!”

寡妇又向后退了两步,突然转身背朝着佛明,弯下腰去,把裙子撩了起来。

“你没见过这玩意儿吧,吹大牛的好汉?”她喊叫了两句,又十分麻利地站直了身子,转过脸朝着佛明,“打我呀?! 要打人呢?! 你还不够格! ……”

佛明狠狠地啐了一口,勒了勒缰绳,想勒住直往后倒退的马。

“住嘴,不生驹的骒马,你嫌你身上的肉太多了吧?”他大声说着,拨转马头,竭力要保持住脸上的威严表情,却怎么也保持不住。

人群里响起一阵低低的笑声,佛明手下一个人,想给首长挽回面子,跑到寡妇跟前,抡起卡宾枪托子,但是有一个比他高两个头的彪形大汉用宽宽的胸膛护住了寡妇，轻轻地、然而语气很重地说：

“别动！”

又有三个村里的人走过来，把寡妇推到后面。其中有一个年轻的、头发蓬乱的，小声对佛明手下那个人说：

“干吗打起人来啦，嗯！打老娘儿们不算本事，你有本事到冈头上施展施展去，跟老娘儿们斗，不算英雄好汉……”

佛明一步一步地退到篱笆跟前，在马镫上站起身子。

“哥萨克们！你们好好地想想吧！”他对着慢慢散去的人群叫道，“现在我们好言好语劝你们，可是过一个星期我们再回来，话就是另一样说法了！”

不知为什么他忽然快活起来，一面笑着，一面勒着在原地直蹦的马，喊道：

“我们不是胆小鬼！你们别拿这些老娘儿们的那个……（接着做了几个猥亵的表情）来吓唬我们吧！麻脸的和各种各样的娘儿们我们都见过！等我们回来，要是你们没有人自愿参加我们的队伍，那我们就强制所有的年轻哥萨克都参加。你们就记住吧！我们没有工夫跟你们客气、赔你们的小心了！”

停了一会儿，人群里响起笑声和热热闹闹的说话声。佛明依然在笑着，发出口令：

“上马！……”

格里高力因为憋着笑，憋得脸红红的，夹了夹马，朝自己的一排人跑去。

佛明的队伍在泥泞的道路上拉成一条线，爬上山冈，已经看不见这个很不好客的村庄了,可是格里高力还不时地笑上一阵子,心里想:“好就好在我们哥萨克都是快活人。开玩笑的时候比愁眉苦脸的时候多得多,要是什么事都那么当真,过这种日子早就该上吊了!”他这种愉快心情保持了很久,直到休息的时候,他才又担心又痛苦地想,看样子哥萨克是发动不起来了,佛明的一切打算注定非失败不可了。

十三

春天到了。阳光越来越暖和。山冈南坡上的雪融化了,铺满了枯草的红红的大地在中午时候已经笼罩起透明的淡紫色蜃气。土包上、坟头上、从黏土里露出来的石头缝儿里,都冒出刚刚出头的、碧绿的、尖尖的草芽儿。耕地露出来了。白嘴鸦从不再有人走的冬季道路上纷纷飞到场院上、飞到泡在融雪水里的麦地里。洼地里和山沟里的雪蓝蓝的,一直到上面都浸透了水;这些地方还散发着一阵阵冰人的冷气,但是一股股看不见的融雪水已经在土沟里的雪底下发出细细的、唱歌一样的声音,树林里的杨树枝干已经完全像春天的样子,泛出隐隐的嫩绿色。

春耕时候一天天近了,佛明匪帮的人数也一天天少了。每次宿营以后,到第二天早晨都要少一两个人,有一天几乎有半个排一下子就不见了:八个人都带着马和武器到维奥申投诚去了。要去耕地、种地了。土地等着人,要人去干活儿,于是佛明手下有很多人,认清了干下去毫无好处以后,就悄悄地离开匪帮,散伙回家去了。剩下的都是一些罪大恶极的人,他们不能回家,因为他们对苏维埃政府犯的罪太大，不可能得到宽大。

到四月初，佛明匪帮只剩下八十六个人了。格里高力也留在匪帮里。他没有勇气回家。他认定佛明的事已经输了，匪帮早晚要被打垮。他知道，只要和红军的任何一支正规骑兵部队认真一交手，他们就会被击溃。可是他还在给佛明当帮凶，暗地里希望能拖到夏天，到时候带上匪帮中两匹最好的马，乘夜间回到鞑靼村去，带上阿克西妮亚，一同去南方。顿河草原是很大的，没有去过的地方和没有走过的道路是很多的；夏天里到处都有路可走，到处都可以安身……他打算把马扔到什么地方，和阿克西妮亚步行到库班的山前地带去，离家乡远远的，在那里度过这荒乱的年月，他觉得再也没有别的办法了。

佛明听从卡帕林的主意，决定在开始流冰之前渡过顿河到左岸去。在和霍派尔州搭界的地方有许多树林子，希望在必要的时候可以到树林子里去躲避追击。

匪帮在大鱼村上游渡过了顿河。在一些水流湍急的地方，冰块已经在流动了。河水在明亮的四月的阳光下闪着鱼鳞般的银光，但是在堆积得高出冰面一俄尺的冬天道路通过的地方，河面还是一动不动的。他们在边上铺上篱笆片子，把马一匹一匹地牵过去，在顿河那边排好了队，派出前哨后，便朝叶兰镇方向开去。

过了一天，格里高力遇到同村的独眼龙丘玛科夫老汉。他是上戈里亚兹诺夫村来走亲戚的，就在离村子不远的地方遇上了匪帮。格里高力领着老汉从大路上走到一边去，问道：

“老人家，我的孩子们都好吗？”

“上帝保佑，格里高力·潘捷莱维奇，孩子们都好好的呢。”

“老人家,我拜托你:替我向孩子们和我妹妹杜尼娅问好,还向普罗霍尔·泽柯夫问好,还要请你告诉阿克西妮亚·阿司塔霍娃,叫她等着我,不久我就回去。不过,除了他们以外,你不要对任何人说看见我了,行吗?”

“我办得到,乡亲,一定办到!别多虑,我一定转告。”

“村子里有什么新闻吗?”

“什么也没有,一切照旧。”

“还是柯晒沃依当主席吗?”

“还是他。”

“没有难为我家的人吗?”

“我一点儿也没有听说,大概没有难为。干吗要难为他们呢?一人做事一人当嘛……”

“村子里对我的事是怎样说的?”

老汉擤了擤鼻涕,用红红的围巾擦了老半天胡子,然后含含糊糊地回答说:

“谁知道他们怎么说呢……说法都不一样,谁想怎么说就怎么说。你们快和苏维埃政府讲和了吧?”

格里高力又能回答他什么呀?他勒着直想去追赶已经走出很远的队伍的马,笑着说:

“老人家,我不知道。眼下还一点也看不出来。”

“怎么看不出来呢?咱们和吉尔吉斯人打过,和土耳其人打过,都讲和了,你们都是自己人,无论如何自己人不能再打了……不好啊,格里高力·潘捷莱维奇,说实在的话,不好啊!仁慈的上帝是什么都能看得到的,他是不会饶恕你们这种事的,你记着我的话吧！唉，都是俄罗斯人，都是信正教的，可是自己人打起来就没有完，这不是怪事吗？要是多少打一阵子，倒也罢了，可是你们已经打了三年多了呀。我这个老头子都知道：该打完了！"

格里高力和老汉道过别，就急忙去追赶自己的一排人。丘玛科夫老汉拄着拐杖，用袖子擦着直流泪水的瞎眼眶子，站了老半天。他用那只像年轻人一样敏锐的独眼望着格里高力的背影，欣赏着他那漂亮的骑马姿势，小声说：

"是一个好哥萨克！什么都好，态度和各方面都好，就是不走正道……走迷了路啦！他要是和吉尔吉斯人打仗，一定是好样的，可是现在他干起这种事情来啦！他要这个政府有屁用？他们这些年轻哥萨克是怎么想的呢？谁也拿格里什卡没办法，他们家都是这种不走正路的种……去世的潘捷莱也是这样的犟头，我还记得普罗柯菲老汉……那也是个不服帖的家伙……别的哥萨克是怎么想的，天啊，我就不明白了！"

＊＊＊

佛明进入各个村庄，已经不再召开村民大会了。他知道宣传已经没有用了。只要能留住现有的人马就不错了，谈不到招募新兵了。他显然发起愁来，说话也少了。他开始借酒浇愁，他只要一住下来，就要狂饮解愁。手下人看到他的样子，也都喝起酒来。纪律没有了，抢劫的事多起来。有些苏维埃工作人员，因为匪帮来了都躲了起来，就把他们家的东西，凡是马能驮得动的，全部抢走。很多士兵的马鞍袋都装得鼓膨膨的。有一天，格里高力看见自己排里一个士兵抢了一架手摇缝纫机。他把缰绳搭在鞍头上，用左胳膊夹着缝纫机。格里高力用鞭子抽，那个士兵才把缝纫机丢下了。这天晚上，佛明和格里高力之间发生了一场很激烈的争吵。屋里只有他们两个人。喝得脸都浮肿了的佛明坐在桌边，格里高力大步在屋子里来来回回地走着。

“你坐下吧，别在我眼前晃来晃去。”佛明烦恼地说。

格里高力不理睬他的话，在狭小的哥萨克式上房里踱了很久，后来说：

“佛明，我真讨厌这种事儿！请你制止抢劫和酗酒吧！”

“你今天做的梦不好吧？”

“别开玩笑了……老百姓都在说咱们的坏话了！”

“你该看见，没法子管住弟兄们呀。”佛明很不高兴地说。

“你什么法子都没有用嘛！”

“哼，你别教训我吧！你那些老百姓不配说好话。咱们为他们这些坏家伙吃苦，可是他们呀……我为自个儿想想，就行了。”

“你为自个儿也没有好好地想。天天喝酒没有工夫想了。你已经四天四夜没有清醒了，其余的人也都在喝。就连夜里放哨的人也喝。你想干什么呢？是想让人家在村子里把咱们这些醉鬼一网打尽，斩尽杀绝吗？”

“你以为咱们能逃脱得了这一天吗？”佛明冷笑道，“早晚都是要死的，瓦罐离不了井上破嘛……你懂吗？”

“那咱们明天就自动上维奥申去，把两手举起来，说：把我们押起来吧，我们投降了。”

“不行，咱们还要快活一阵子呢……”

格里高力叉开两腿，在桌子对面站下来。

“你要是不把纪律整顿好,不制止抢劫和酗酒,我就扔下你,把一半人带走。”他小声说。

“你试试看。”佛明用威吓的口气拉着长声说。

“不用试就行!”

“你……你别吓唬我!”佛明把一只手放到手枪套子上。

“别摸抢套子,要不然我隔着桌子一下子就够到你了!”格里高力脸色煞白,把马刀抽出一半来,迅速地说。

佛明把手放到桌子上,笑了笑。

“你干吗跟我瞎缠起来了?没有你缠,我的脑袋都要炸了,可是你还在这儿说糊涂话呢。快把刀插进鞘去!怎么,跟你开开玩笑都不行吗?瞧你,一本正经的样子!简直像个十六岁的大姑娘了……”

“我已经对你说过我想怎样了,你要好好地记住。我们的心情不是都和你一样。”

“我知道。”

“知道就要记住!明天你就下命令,叫大家把马鞍袋子都倒空。咱们是骑兵队伍,不是驮子队。叫他们再别干这种事儿!还算是维护老百姓的战士呢!一个个用马驮着抢来的东西,在各个村子里到处叫卖,就像以前的货郎担子……真丑死了!我怎么他妈的跟你们搞到一块儿来了?”格里高力啐了一口,转脸朝着窗户,因为又气又恨,脸都白了。

佛明笑了起来,说:

“还从来没有马队追击过咱们呢……吃饱了的狼,遇到骑马人追赶,在跑的时候会把吃下的东西全吐出来的。我手下这些畜生也是这样：如果有人把咱们赶急了，他们会把什么都扔掉的。不要紧，麦列霍夫，你别发急，我能搞好！我这是有点儿泄气，所以放松了马缰，可是我还可以勒紧嘛！咱们可是不能分家，有难同当嘛。”

他们的话没有说完，女主人端着一钵子热气腾腾的菜汤走进来，随后丘玛柯夫手下的一群哥萨克一下子拥了进来。

不过谈话还是发生了作用。第二天早晨，佛明下令把鞍袋倒空，并且亲自检查执行命令的情况。有一个抢劫成性的家伙，在检查鞍袋的时候进行抗拒，不愿意扔掉抢来的东西，佛明用手枪当场把他枪毙了。

“把这个坏小子拖走！”他踢了死人一脚，很镇静地说，又把队伍打量了一遍，提高声音说，“狗崽子们，再不许翻箱倒柜啦！我带你们反对苏维埃政府，不是干这种事儿！你们可以把打死的敌人身上的衣服全剥下来，如果不嫌肮脏的话，剥裤头子也可以，但是不能动敌人的家眷。咱们不是跟老娘儿们打仗。谁要是不听，就跟他一样下场！”

队伍里响起一阵喊喳声，后来就没有声音了……

纪律似乎恢复了。佛明匪帮在顿河左岸活动了三四天，消灭了遭遇到的几支小小的地方自卫队。

在叔米林镇，卡帕林建议转移到沃罗涅日省去。他的理由是，他们到那里可能会得到老百姓的广泛支持，因为那里不久前还发生过反对苏维埃政府的暴动。但是等佛明把这个意见向哥萨克们一宣布，哥萨克们都异口同声地说：“我们不到州外去！”匪帮举行了群众大会，改变了决定。有四天的工夫，匪帮一个劲儿地向东方开去，也不迎战，因为从嘉桑镇开始就有一支骑兵队伍跟踪而来，要打他们。

想掩盖自己的行踪是不容易的，因为田野上到处都在进行春耕，就连最偏僻的地方都有人活动。他们都是在夜里行军，可是到天亮时候他们一停下来歇马，不远处就会出现敌人的骑兵侦察队，手提机枪嗒嗒地响了起来，佛明匪帮就又冒着机枪火力匆匆地备起马来。在维奥申乡的梅里尼柯夫村外，佛明使用了一个计策，才瞒过了敌人，逃脱了。佛明从自己的侦察兵的报告中了解到，率领这支骑兵队伍的是布堪诺夫镇的哥萨克叶果戈·茹拉甫廖夫，此人精明强干，精通军事；佛明还了解到，这支骑兵队伍的人数几乎超过匪帮一倍，有六挺手提机枪，还有许多没有经过长途行军的生气勃勃的马。就因为这样，佛明不敢迎战，想叫自己的人马休息休息，以后，在可能的时候，也不公开交战，而是采取突然袭击的方式，把这支骑兵打垮，这样就可以摆脱这种紧跟不放的追击了。他想，这样还可以捞到敌人的机枪和步枪子弹呢。不过他的如意算盘没有实现。格里高力所担心的事，四月十八日在司拉晓夫橡树林边上发生了。前一天夜里，佛明和大多数士兵在谢瓦司济扬诺夫村里喝得烂醉，黎明时候从村子里开出来。夜里几乎谁也没睡，所以现在有很多人在马上打起盹来。快到上午九点钟的时候，在离奥若根村不远的地方停下来休息。佛明派出警戒哨以后，就吩咐拿燕麦喂马。

一阵阵的大风从东方吹来，像褐色云雾似的沙土遮住了地平线。浓浓的灰土把草原罩住。太阳被高高扬起的灰尘遮得朦朦胧胧的。风吹得大衣襟、马尾和马鬃摇来摇去。马匹都背对着风,在林边稀稀拉拉的野山楂丛旁边避风。眼睛被沙土迷得直流泪水,就是在不远的距离内也很难看清东西。

格里高力细心地给自己的马擦了擦鼻子和泪汪汪的眼睛,挂上草料袋,便走到正用大衣襟兜着麦子喂马的卡帕林跟前。

"偏要挑这个地方歇马!"他用鞭子指着树林子,说。

卡帕林耸了耸肩膀。

"我对这个浑蛋说过了,可是他怎么都不听人劝!"

"应该在草原上或者在村边上休息。"

"您是担心敌人会从树林子里来袭击吧?"

"是的。"

"敌人还远着呢。"

"也许敌人已经很近了,他们又不是步兵。"

"树林子光秃秃的。要是有什么情况,咱们能看得见。"

"没有人看呀,差不多都睡了。我怕连警戒哨都睡了。"

"他们喝了一夜,站都站不稳了,这会儿别想把他们叫醒。"卡帕林皱起眉头,就好像很疼似的,小声说,"咱们跟着这样的领导人,一定要完蛋。他又无知又愚蠢,蠢得简直像木头!您为什么不愿意担任总指挥呢?哥萨克们都很尊重您。他们都心甘情愿跟着您干。"

"我不要这玩意儿,我在你们这儿是临时做客。"格里高力淡淡地回答过,就朝马跟前走去,心里很懊悔自己不小心无意中说出了心里话。

卡帕林把衣襟里剩下的麦粒儿撒到地上,跟在格里高力后面。

“您要知道，麦列霍夫，”他一面走，一面折下一根山楂树枝，扯着胀鼓鼓的芽儿说，“如果咱们不加入一支大些的反苏维埃部队，比如，在顿河地区南部活动的马斯拉克旅，我看，咱们撑不久了。应该到那儿去，要不然咱们在这儿说不定哪一天就要被消灭。”

“现在河水涨了，过不去顿河了。”

“不是马上就走，等河水落下去，就走。您以为怎样？”

格里高力沉思了一会儿，回答说：

“对，应该离开这儿，在这儿没办法了。”

卡帕林提起了精神。他详细谈起，指望哥萨克支持是不行的，现在应该想方设法说服佛明，叫他不要在州里毫无目的地转圈子了，要下决心和比较强大的队伍联合起来。

格里高力不耐烦听他的唠叨，一心注意着自己的马，等马一把草料吃完，他就摘下草料袋，给马套上笼头，勒紧了马肚带。

“咱们还不会马上就出发，您不用这样着急。”卡帕林说。

“您顶好去把马备好吧，要不然到时会来不及备马的。”格里高力回答说。

卡帕林仔细看了看他，便朝自己的马走去，他的马在一辆辎重车旁边。

格里高力牵着马走到佛明跟前。佛明叉开两腿躺在铺好的斗篷上，正在懒洋洋地啃一只烧鸡翅膀。他挪动了一下身子，打了个手势，请格里高力坐到他身旁。

“坐下，跟我一块儿吃吧。”

“要离开这儿，不能在这儿吃饭。”格里高力说。

“把马喂好了,咱们就动身。”

“可以等些时候再喂。”

“你干吗这样心急呀?”佛明扔掉啃光的鸡骨头,在斗篷上擦了擦手。

“咱们在这儿会遭到袭击的。这地方不好。”

“谁他妈的袭击咱们呀? 刚才侦察兵回来说,冈上空空的。看样子,茹拉甫廖夫不知道咱们哪儿去了,要不然他这会儿还吊在咱们的尾巴上呢。布堪诺夫镇上也不会有人来。那儿的军事委员米海依·巴甫洛夫倒是个喜欢打仗的小伙子,不过他的兵力有限,未必敢出来欢迎咱们。咱们好好地休息一下,等这风多少小一些,然后咱们就往司拉晓夫镇方向开。你坐下,吃点儿鸡肉,你干吗催着人走呀? 麦列霍夫,你怎么成了胆小鬼啦,你简直成了惊弓之鸟,见到树棵子都要绕圈儿飞了!”佛明用手画了一个大圈子,哈哈大笑起来。

格里高力在心里骂了几句,便走了开去,把马拴到树棵子上,就在旁边躺了下来,把大衣襟盖在脸上挡风。他在呼呼的风声中,在头顶上高高的枯草那细细的、悦耳的沙沙声中,迷迷糊糊地睡着了。

长长的一梭子机枪子弹打来,格里高力跳了起来。一梭子还没有打完,他已经把马解了下来。佛明用压倒一切声音的嗓门儿吼叫:“上马!”又有两三挺机枪从右面的树林里打来。格里高力骑到马上,迅速地判断了一下情况。右面树林的边上,在一片灰尘中隐隐约约有五十来名红军,列成骑兵散兵线向前冲来,切断了去山冈的退路。那在朦胧的阳光下闪着青光的大刀,在他们头顶上冷飕飕地、异常熟悉的闪动着。几挺机枪在树林里，在杂树丛生的土包上，像发了疯似的嗒嗒响着，打完一梭子，又是一梭子。左面也有半连红军骑兵，挥舞着大刀，一声不响地冲了过来，一面拉成长线，想使包围圈合拢。只剩了一条出路：冲过从左面冲上来的稀疏的队伍，朝顿河边退去。格里高力朝佛明喊了一句："跟我来！"便抽出马刀，放马朝前跑去。

他跑出有二十丈以后，回头看了看。佛明、卡帕林、丘玛柯夫，另外还有几个士兵，都跟在后面飞跑着，离他有十来丈远。树林里的机枪不响了，只有右面尽边上的一挺，还在凶猛而急促地扫射着在辎重车附近乱跑的士兵们。但是最后这一挺机枪一会儿也停了，于是格里高力明白了，红军已经到了刚才他们休息的地方，后面已经砍杀起来了。听到那低沉的绝望的喊叫声，听到那断断续续、稀疏的自卫的枪声，他猜到了这一点。他没有工夫回头看了。他离迎面而来的骑兵散兵线越来越近，他一面飞快地跑着，一面挑选目标。迎面来的是一个身穿熟皮小袄的红军。他骑的是一匹不很快的灰马。就像在打闪时候那样，一眨眼工夫格里高力又看到了那胸前有一片白斑、浑身是汗沫的马，又看到了马上的人那一张红扑扑的年轻的脸，又看到了马上人身后那一大片伸向顿河边的阴沉的草原……再一眨眼的工夫，他就应该躲开刀砍，并且轮到自己砍了。在相距五丈远的地方格里高力猛然闪到左边，就听见马刀嗖的一声在头上闪过，于是他飞速地在马上挺起身子，只用刀尖划了一下已经错过去的红军的脑袋。格里高力的手几乎没有感觉出劈到什么，但是他回头一看，就看见红军已经耷拉下脑袋，慢慢从马上溜了下去，那黄黄的皮袄背后有一大片很稠的鲜血。那匹灰马已经乱了步子,大步狂跑起来,而且把头仰得高高的,侧歪着身子,就好像害怕自己的影子似的……

格里高力趴到马脖子上,习惯地垂下马刀。子弹带着尖利刺耳的啸声从他的头顶上飞过。抿得紧紧的马耳朵不住地哆嗦着,耳朵尖上冒出一颗颗的汗珠子。格里高力只听到后面朝他打来的子弹的嗖嗖叫声和自己的马的急促而猛烈的喘息声。他又回头看了看,看见了佛明和丘玛柯夫,在他们后面五十丈远处是落后了的卡帕林,再远处只有第二排的一个士兵,那是瘸子司捷尔里亚德尼柯夫,他一面跑,一面反抗追上来的两名红军。其余的跟着佛明跑的八九个人都被砍死了。那些没有人骑的马都在大风中挓挲着尾巴,朝四面乱跑,红军在拦截、捉拿这些马。只有一匹高大的枣红马,是佛明手下士兵普里贝特柯夫的,呼哧呼哧打着响鼻,和卡帕林的马挨在一块儿跑着,后面拖着落马时没有从镫里抽出脚来的已死的主人。

格里高力在一个沙土丘后面勒住马,跳下马来,把刀插进鞘里,用几秒钟的工夫让马卧倒下去。这种很简单的本事是格里高力用一个星期的工夫训练出来的。他在掩蔽物后面打了一梭子,但是因为瞄准时太心急、太慌张,只有最后一枪才把一个红军骑的马打倒了。这么一来,第五个佛明分子才逃脱了追击。

"上马!你要倒霉的!"佛明来到格里高力跟前,叫道。

* * *

一下子全完了。匪帮只剩下五个人。红军一直把他们追到安东诺夫村,直到这五个亡命徒躲进村子周围的树林,才停止了追击。

在奔跑的全部时间里，五个人谁也没说过一句话。

卡帕林的马在一条小河边倒了下去，再也起不来了。其余的人骑的马也都疲惫不堪，摇摇晃晃，勉强迈着四条腿，一团团浓浓的白汗沫直往地上掉。

“你不能指挥队伍，只能看看羊群！”格里高力也不看佛明，一边下马，一边说。

佛明一声不响地下了马，就动手卸鞍，可是后来又走到一边去，鞍子也没有卸下来，就坐到一个长满了青苔的土墩上。

“没办法，只好把马扔掉了。”他惊慌地朝四面打量着说。

“扔掉马干什么呢？”

“咱们好步行蹚过小河去。”

“上哪儿去？”

“咱们在树林子里等到天黑，趁天黑渡过顿河，先在鲁别仁村躲几天，村里我有很多亲戚本家。”

“又说蠢话了！”卡帕林气愤地叫道，“你以为到那儿就找不到你了吗？这会儿正在你们村里等着你呢！你是怎么想的呀？”

“噢，那咱们又上哪儿去呀？”佛明茫然失措地问道。

格里高力从鞍袋里把子弹和一块面包都掏出来，说：

“你们还有时间慢慢商量吗？走吧！把马拴起来，把鞍卸了，快走，要不然就要抓住咱们了。”

丘玛柯夫把鞭子扔在地上，用脚踩进泥里，用打哆嗦的声音说：

“咱们变成步兵了……咱们的弟兄们全完了……圣母娘娘，

把咱们打得真惨呀！我没想到今天还能活下来……刚才眼看着就要死了……”

他们一声不响地卸掉马鞍，把四匹马都拴在一棵赤杨树上，像狼那样一个跟着一个，朝顿河边走去，手里抱着马鞍，尽量拣树棵子密的地方走。

十四

春天里，顿河涨了水，春水淹没了整个河边滩地的时候，鲁别仁村对面高高的左岸有不大的一片地方仍然淹不到水。

春天里，站在顿河边的山上，可以远远地看到一片大水中有一个岛子，岛上生长着密密丛丛的小柳树、小橡树和茂盛的灰白色五蕊柳棵子。

夏天里，那里的树上一直到树顶都缠满了野蛇麻草，下面的地上到处爬满了使人难以下脚的刺莓，一丛丛的树棵子上爬满了浅蓝色的旋花儿，在不多的林中空地上，吸足了肥沃土壤的乳汁的茂草长得比人还高。

夏天里，就是在中午时候，树林里也很安静，很阴暗，很凉爽。打破寂静的只有黄鹂的叫声，再就是布谷鸟争先恐后地不知在对谁诉说难熬的岁月。到冬天里，树林里就空荡荡、光秃秃、一片死静了。参差错落的树头在灰白色的冬日天空映衬下，显得阴沉沉、黑魆魆的。只有狼崽子年年拿密林做可靠的藏身之地，白天就躲在大雪埋住的荒草丛里。

佛明、格里高力·麦列霍夫以及其他几个幸存的佛明匪帮分子就在这个岛上住了下来。他们凑凑合合生活着:吃的是佛明的一个堂弟每天夜里用小船给他们送来的一些可怜的食物,只能吃个半饱,不过睡觉倒是可以枕着鞍垫睡个够。夜里轮流站岗。因为害怕被人发现他们隐藏的地方,所以也不敢生火。

大水绕过小岛,急匆匆地向南流去。大水带着可怕的吼声,穿过一排拦路的老杨树,又带着轻轻的、唱歌般的、安静的淙淙声,摇晃着淹在水里的树棵子枝头。

格里高力对这种一时不停的、很近的水声很快就习惯了。他常常在冲刷得很陡的岸边躺上很久,望着宽阔的水面,望着笼罩在淡紫色阳光中的顿河沿岸的灰白色山岭。在山岭那边,就是自己的村子、阿克西妮亚、孩子们……他的愁闷的心朝那边飞去。他一想起亲人,就心疼如绞,就暗暗地痛恨米沙,但是他尽量压制这种心情,尽量不去看顿河沿岸的山岭,免得又想起来。用不着一个劲儿地去想那些不幸的事。就是不想那些事,他已经够难受的了。就是不想那些事,他的心已经够疼的了。有时候他简直觉得,他的心好像被扎了一刀,心好像都不跳了,直往外流血呢。看来,多次负伤、战争中的苦难和伤寒都在感情上留下了创伤:格里高力每分钟都能听见可厌的心跳了。有时候胸口疼得不得了,疼得嘴唇一下子就干了,他费很大的劲才能忍住,不哼哼出来。不过他想出了一个止疼的好办法:他把左胸压在潮湿的土地上,或者用冷水把小褂打湿,这样疼痛就会慢慢地、好像很不情愿似的离开他的身体。

这些日子天朗气清,风和日丽。在晴朗的天空里,只是偶尔飘过被高空的风撕得蓬蓬松松的白云,白云的影子像一群群天鹅似的在宽阔的水面上滑过，一挨到远处的河岸，就消失了。

如果能看看疯狂旋转的急流在岸边翻腾，听着流水各种腔调的喧闹声，而什么也不想，尽量不去想那些使人痛苦的事情，那倒是很好的。格里高力有时一连几个钟头看着流水旋出的各种各样、千变万化的波纹。水面时时刻刻都在变化形状：有的地方，刚才水平如镜，水面上漂着断芦苇、枯树叶和草根，过一会儿，就会出现一个奇怪的旋涡儿，拼命把旁边漂过的一切东西往里吸，可是再过一会儿，在打旋涡的地方，水又向上冒了起来，翻滚出一个个浑浊的水圈儿，忽而吐出一截黑黑的芦草根，忽而吐出一片伸展开的橡树叶，忽而吐出也不知从哪儿来的一束干草。

傍晚，西方天空燃烧着红得像樱桃一般的晚霞。月亮从高高的杨树后面升上来。月光像冷冷的白色火焰似的流泻在河面上，在微风吹起细细水波的地方，月光粼粼，在黑暗中闪闪跳动着。夜里，无数北飞的雁群也在岛的上空不停地叫着，雁叫声和水声交织成一片。没有人惊动的禽鸟常常落在岛的东边。在静水里，在淹了水的树林里，公水鸭在呼唤，母水鸭在应和，海雁和大雁也轻轻地咯咯叫着，互相召唤。有一天，格里高力一声不响地走到岸边，看见离岛不远处有很大的一群天鹅。太阳还没有升上来，远方的丛林后面已经露出红红的朝霞。河水经霞光一照，变成了粉红色，这些停在平静的水面上、把高傲的头转向日出的地方的庄严的大鸟也变成了粉红色。天鹅一听见岸上的沙沙声，就用嘹亮的嗓门儿大声叫着，飞了起来，等飞到树林上空，天鹅翅膀那一片雪白耀眼的亮光把格里高力的眼睛都刺花了。

佛明和他的同伴们消磨时间的方法各不相同：很会过日子的

司捷尔里亚德尼柯夫把瘸腿盘得舒舒服服的，一天到晚在补衣服，修鞋子，细细地擦枪擦刀；卡帕林因为不习惯在潮湿地方睡觉，就天天躺在太阳地里，用小皮袄连头蒙住，不停地低声咳嗽着；佛明和丘玛柯夫不知疲倦地在玩用纸画成的自制纸牌；格里高力天天在岛上走来走去，在岸边一坐就是半天。他们彼此很少说话，因为要说的话早就说完了，只有在吃饭的时候和晚上等候佛明的堂弟来的时候，他们才凑到一块儿。他们都十分苦闷，来到岛上的整个时间里，只有一次，格里高力看见，丘玛柯夫和司捷尔里亚德尼柯夫不知为什么忽然高兴起来，摔起跤来。他们在一个地方闹腾了半天，不住地哼哧着，互相说着简短的玩笑话，他们的脚都踩进白沙里齐踝子骨那么深。瘸子司捷尔里亚德尼柯夫的力气显然大一些，但是丘玛柯夫却比他灵活。他们用的是加尔梅克式的摔跤法，弯着腰，肩膀向前探着，聚精会神地注视着对方的腿。他们脸上的神情都很专注，紧张得脸都白了，呼吸又急促又猛烈。格里高力兴致勃勃地看着他们摔跤。他看到，丘玛柯夫瞅了个机会，突然仰面倒下去，把对方拖倒，然后两腿一弓，就把对方从自己身上翻过去。转眼工夫，像黄鼠狼一样又灵活又敏捷的丘玛柯夫就压到了司捷尔里亚德尼柯夫的身上，并且把他的两个肩膀拼命往沙里按，而气喘吁吁和哈哈大笑着的司捷尔里亚德尼柯夫就高声喊叫："哼，你真浑蛋！咱们可没有说过……可以从头上翻过去……"

"你们像小公鸡一样斗起来了，算了吧，可别打起架来。"佛明说。

他们根本不想打架。他们和和气气地互相搂着，坐到沙地

上,丘玛柯夫用低沉然而很好听的粗嗓门儿唱起一支快拍子的跳舞歌来:

啊,严寒呀,严寒!
严寒的三九天呀,
冻死了芦苇里的大灰狼,
冻坏了小屋里的好姑娘……

司捷尔里亚德尼柯夫用尖细的高嗓门儿跟着唱起来,他们唱得非常和谐,分外好听:

好姑娘走到台阶上,
手里拿着黑色皮大氅,
给马上的战士穿到身上……

司捷尔里亚德尼柯夫再也憋不住:他跳起来,一面弹着手指头,在沙地上拖着那条瘸腿,跳起舞来。丘玛柯夫一面唱着歌,一面拿起马刀,在沙地上挖了一个不深的坑,这才说:

"等一等,瘸鬼! 你一条腿短,在平地上跳起来不方便……你要么在斜坡上跳跳,要么把一条长些的腿放在坑里,另一条腿就在外面。就把长腿放到这坑里吧,来吧,瞧,这样有多好……好,跳起来吧!"

司捷尔里亚德尼柯夫擦了擦额头上的汗,很听话地把那条好腿放进丘玛柯夫挖的坑里。

"真不错,这样舒服多了。"他说。

丘玛柯夫笑得喘着粗气,拍起手来,用快拍子唱起来:

等你回来，亲爱的，就上我家来，
你来了，我好好地和你亲亲……

于是司捷尔里亚德尼柯夫的脸上保持着所有跳舞的人都有的那种认真表情，很灵活地跳起舞来，甚至还试着蹲下跳了一阵子……

天天过着一模一样的日子。天一黑，他们就急不可待地盼望佛明的堂弟到来。五个人都聚集在岸边，小声说着话儿，用大衣襟遮着纸烟的火光抽烟。他们决定在岛上再住一个星期，然后乘夜间渡河到右岸去，弄几匹马，到南方去。听说，马斯拉克匪帮正在本州的南部活动呢。

佛明嘱托自己的亲戚去打听，附近哪一个村子里有可以骑的马匹，并且叫他们每天都把州里的情形报告给他。他们得到的消息是令人放心的：红军在左岸搜寻过佛明，也到鲁别仁村来过，但是在佛明家里搜查了一遍以后，马上就走了。

"应该快点儿离开这儿。干吗他妈的老蹲在这儿呀？咱们明天就走，好吗？"有一天吃早饭的时候，丘玛柯夫提议说。

"首先要把马的事儿摸清楚。"佛明说，"咱们急什么呀？既然有东西给咱们吃，这种日子过到冬天也可以。你们看，这四周景致多美呀！等咱们休息好了，再去干事情。叫他们去找咱们吧，咱们是不会落到他们手里的。我很后悔，因为我糊涂，把咱们打垮了，当然很难过，不过咱们还没有全完。咱们还能集合起人来！只要咱们一上马，在附近一些村子里一转悠，过一个星期，咱们就有五六十人，也许上百人了。真的，咱们的人会多起来的！"

“胡说八道！糊涂自信！”卡帕林气愤地说，“哥萨克们已经背叛了咱们，过去没有跟着咱们干，今后也不会跟着咱们干。应该有勇气正视现实，不能一味地抱着糊涂希望。”

“他们怎么会不跟着咱们干呢？”

“既然起初不跟着咱们干，现在更不会跟着咱们干了。”

“哼，那咱们还要瞧瞧看呢！”佛明不服气地说，“我决不放下武器！”

“这都是空话。”卡帕林无精打采地说。

“浑蛋！”佛明发起火来，高声叫道。“你干吗要惑乱人心？我讨厌透了你的眼泪！当初你为什么要干？干吗要起事？你既然这样没有种，干吗要充好汉？是你第一个鼓动我起事的，这会儿就想做孬种啦？你干吗不作声了？”

“我和你没有什么好说的了，滚你妈的吧，浑蛋！”卡帕林气急败坏地叫了几句，就冷得把皮袄裹了裹，支起领子，走了开去。

“你们这些高贵的人，都是这样经不住折腾。只要有一点儿波折，就要缩进头去了……”

佛明叹着气说。

他们一声不响地坐了一阵子，倾听着河水均匀而强大的喧闹声。一只母鸭子被两只公鸭子追逐着，紧张地嘎嘎叫着，从他们的头顶上飞过去。一小群欧椋鸟很带劲儿地啾啾叫着，朝空地上飞来，但是一看见有人，就像一条黑带子似的在空中绕了个弯儿，向上飞去。

过了一会儿，卡帕林又走了过来。

“我想今天上村子里去一下。”他看着佛明，不住地眨巴着眼睛说。

“去干什么?”

“你问得好怪！你没有看见,我伤风很厉害,几乎站都站不住了吗?”

“哼,那又怎样？到村子里去,你的伤风就好了吗?”佛明不动声色地问道。

“我至少要在暖和地方睡上几夜才行。”

“你哪儿也别去。”佛明强硬地说。

“怎么,我非得死在这儿不可吗?”

“随你怎样。”

“为什么我不能上村子里去呢？在凉地上睡了这些天,快要了我的命啦!”

“要是在村子里把你抓住呢？这一点你想过没有？那就要了我们大家的命了。我还不了解你这个人吗？只要一审问,你就会把我们供出来！也许不等审问,在去维奥申的路上就把我们出卖了。”

丘玛柯夫笑了起来,并且点了点头表示同意。他完全赞成佛明的话。但是卡帕林执拗地说:

“我一定要去。凭你那些神经过敏的推测,说服不了我。”

“我对你说过了:坐下吧,别莽撞。”

“可是你要明白,亚可夫·叶菲莫维奇,我再也不能过这种野兽的生活了！我得了胸膜炎,也许还是肺炎呢!”

“你会好起来的。晒晒太阳,就好了。”

卡帕林生硬地说:

“反正今天我要走,你没有权力拦我,不管怎样我都要走!”

佛明带着可疑的神气眯起眼睛,看了看卡帕林,又朝丘玛柯夫挤了挤眼睛,从地上站了起来。

“卡帕林,你好像是真的有病啊……你大概烧得很厉害呀……来,来,让我来试试:你的脑袋热不热?”他伸出一只手,朝卡帕林走了几步。

显然,卡帕林从佛明的脸上看出他不怀好意,便向后退了几步,厉声叫道:

“滚开!”

“别咋呼!你咋呼什么?我不过是要试试。你干吗发起急来?”佛明一个箭步,掐住卡帕林的喉咙,“想投降吗,坏蛋?”他低声嘟哝着,并且使出全身的力气,要把卡帕林推翻到地上。

格里高力费了很大的劲儿,好不容易才把他们拉开。

吃过午饭以后,格里高力正在把洗过的衣服往树棵子上搭,卡帕林走到他跟前,说:

“我想单独和您谈一谈……咱们坐下来吧。”

他们坐到被大风吹倒的一棵腐烂的杨树上。

卡帕林低声咳嗽着,问道:

“您对这个蠢猪的疯狂举动是怎样看的?我打心里感谢您的帮助。您见义勇为,不愧是一个军官。不过这事儿太可怕了!我再也不能忍受了。咱们就跟野兽一样……咱们已经有多少天不吃热东西了,还要睡在潮湿地上……我伤风了,肋部疼得要命。我大概生肺炎了。我真想烤烤火,在暖和的屋子里睡睡,换换衣服……我做梦都想着干净的新衬衣、新床单呀……不行呀,我受不了呀！”

格里高力笑了笑。

“您是想舒舒服服地打仗吗？”

“您听我说，这算打的什么仗？”卡帕林很快地接话说，“这不是打仗，这是没完没了的流浪，杀几个苏维埃干部，然后就逃跑。只有等老百姓都拥护咱们，闹起暴动来的时候，那才叫打仗，现在这不是打仗，不是，绝不是打仗！”

“咱们没有别的出路呀。咱们总不能投降吧？”

“是啊，可是又有什么办法呢？”

格里高力耸了耸肩膀。他说出了他躺在这小岛上不止一次想过的话：

“不舒服的自由，还是比舒服的监牢好一些。您该知道，老百姓有句俗话：监牢虽然结实，可是只有魔鬼才喜欢它。”

卡帕林用小树枝在沙上画了一些图形，沉默了很久以后，又说：

“不一定投降，不过应该寻找新方式和布尔什维克斗争。应该和这些下贱的家伙分手。您是一个知识分子……”

“哼，我算什么知识分子呀，”格里高力冷笑道，“我连说话都很费劲儿呢。”

“您是军官嘛。”

“这是意外的事。”

“不是，别开玩笑，您是军官，在军官界厮混过，见过一些像样的人，您不是像佛明那样的暴发户，您应该明白，咱们留在这儿没有意思，这等于自杀。他已经叫咱们在橡树林里挨了一次好打，要是咱们还把自己的命运和他捆在一起的话，还要叫咱们挨上好多次打。他是个下流货，又是个大蠢猪！咱们跟着他，就要完蛋！”

“这么说，不是投降，而是要离开佛明了？上哪儿去？去投马斯拉克吗？”格里高力问道。

“不是。这同样也是冒险，不过规模大一点儿罢了。现在我有另外一个看法了。不是去投马斯拉克……”

“那又上哪儿去呢？”

“上维奥申。”

格里高力懊恼地耸了耸肩膀。

“这叫作：重投罗网。这主意我看不中。”

卡帕林用尖锐闪光的眼睛看了看他。

“您没有明白我的意思，麦列霍夫。我可以对您信得过吗？”

“完全可以。”

“您这是一个军官的真心话吗？”

“是一个男子汉的真心话。”

卡帕林朝着在宿营地方晃动着的佛明和丘玛柯夫那边看了看，尽管离他们相当远，他们无论如何都听不见这里的谈话，他还是压低了声音。

“我明白您和佛明以及其他人之间的关系。您也和我一样，在他们当中是异物，您反对苏维埃政府的原因，我不想知道。如果我说得不错的话，您是因为历史问题，害怕逮捕，不是这样吗？”

“您已经说过，不想知道原因嘛。”

“是的，是的，我这是随口说说，现在我就来谈谈我自己。我以前是个军官，也是一个社会革命党党员，后来我又坚决改变了政治主张……认为只有帝制才能拯救俄罗斯。只能实行帝制！是上天给咱们的国家指明了这条道路。苏维埃政府的国徽是锤子和镰刀，对吧？”卡帕林用树枝在沙上写出“锤子、镰刀”两个词儿，然后用狂热地眨动着的眼睛盯住格里高力的脸，“您倒过来念念。念过了吗？您明白了吧？只有‘皇帝登基’[①]，才能结束革命和布尔什维克政府！您可知道，当我看出这一点的时候，我觉得简直神秘得可怕！我浑身直哆嗦，因为，可以说，这是天意，指出咱们这样流窜是根本不行了……”

卡帕林激动得喘不上气来，就不作声了。他那两只尖尖的、隐隐带着发狂神情的眼睛一直盯着格里高力。但是格里高力听了这种启示以后，一点也没有哆嗦，也没有感到神秘得可怕。他看待一切事物一向很清醒，把一切看得很平淡，所以就回答说：

“这不是什么天意。您在俄德战争时期上过战场吗？”

卡帕林被问得窘住了，过了一阵子才回答说：

“说实在的，为什么您要问这个问题呀？没有，我没有直接上战场。”

“战争时期您是在哪儿过的？在后方吗？”

“是的。”

“全部时间都是在后方吗？”

“是的，就是说，虽然不是全部时间，但是也差不多。您为什

①俄文里的锤子和镰刀分别是молот和сéрп，如果倒过来连着念，就成了прéс толом，意为“皇帝登基”。

么要问这个问题？"

"我可是从一九一四年直到今天，都在战场上，中间只有很短的间断时间。那我就来说说天意不天意……要是连上帝都没有的话，还会有什么天意呢？我早就不信这些胡扯的话了。从一九一五年起，我看清了战争的真相以后，也就看出来，上帝是没有的。什么神也没有！要是有的话，就不该让人搞得这样乱七八糟。我们上过战场的人早就不信上帝了，让那些老头子和老奶奶去信吧。让他们找点儿安慰吧。什么天意也没有，恢复帝制也是不可能的。老百姓再也不要帝制了。您刚才搞的这玩意儿，把几个字母倒过来念念，请原谅我直说，这不过是小孩子玩的玩意儿。我有点儿不明白：您说这话是什么意思呢？您对我说干脆些、说简单些吧。我虽然当过军官，可是没有进过士官学校，没有什么文化。如果我有点儿文化的话，也许不会像被大水困住的狼一样，和您坐在这荒岛上了。"他说最后几句话，带着十分遗憾的口气。

"这不要紧，"卡帕林急忙说，"您信不信上帝，不要紧。这是您的信仰问题，您的良心问题。您是保皇党，还是立宪民主党，或者只是一个主张自治的哥萨克——这都没有关系。要紧的是，咱们对苏维埃政府的态度是一致的。您同意这个看法吗？"

"往下说吧。"

"咱们曾经指望发动哥萨克都起来暴动，是吧？这个指望落空了。现在应该摆脱这种处境。以后还可以和布尔什维克斗争，而且也不一定靠什么佛明来领导。要紧的是现在要保全自己的性命，所以我想和您结成同盟。"

“什么样的同盟？反对谁？”

“反对佛明。”

“我不明白。”

“一切都很简单。我想请您一块儿干……”卡帕林十分激动，说话已经是上气不接下气了，“咱们杀死这三个家伙，就上维奥申去。明白了吗？这样咱们就可以得救。咱们给苏维埃政府立下这样的功劳，就会得到宽大。咱们就能活下来！您要明白，咱们能活下来！……能保住自己的性命！当然啦，将来有机会咱们还是要起来反对布尔什维克的。不过到那时候要认真地干，不能像这样跟着这个倒霉的佛明冒险了。您赞成吗？您要知道，这是咱们摆脱困境的唯一出路，而且是光明的出路。”

“可是怎样下手呢？”格里高力愤怒得浑身直打哆嗦，但是极力压制着自己的感情，问道。

“我什么都想好了：咱们在夜里用刀把他们杀了，第二天夜里等那个给咱们送吃食儿的哥萨克来了，咱们就可以渡过顿河，就平安无事了。非常简单，一点儿也不麻烦！”

格里高力装出很亲热的样子，笑着说：

“这太妙了！卡帕林，您告诉我，早上您要上村子里去暖和暖和的时候……您就是想上维奥申去吧？佛明猜对了您的意思了吧！”

卡帕林仔细看了看很亲热地笑着的格里高力，他也笑了，微微带点儿不好意思和不快的神情。

“坦白地说，是的。您要知道，涉及自己的性命问题的时候，是不能好好地选择手段的。”

"您是想出卖我们吗?"

"是的,"卡帕林坦率地承认说,"不过要是在这个岛子上抓住你们的话,我会尽力保护您一个人的。"

"为什么您不一个人把我们干掉呢?夜里干这种事儿很容易嘛。"

"太冒险了。要是枪一响,其余的人就……"

"把家伙放下!"格里高力很沉着地说,一面拔手枪……"放下,要不然我当场把你打死!我现在站起来,用脊背把你遮住,不叫佛明看见,你把手枪扔到我脚底下。听见吗?你别想开枪!你只要一动,我就打死你。"

卡帕林坐在地上,脸色像死人一样白。

"别打死我呀!"他咕哝着煞白的嘴唇,小声说。

"不打死你。要把你的家伙下了。"

"您会把我的事儿说出去的……"

眼泪顺着卡帕林那胡子拉碴的两腮流了下来。格里高力又厌恶又可怜他,不禁皱起眉头,提高嗓门儿说:

"把手枪扔下!我不说出去,不过实在应该说出去!哼,你原来是条毒蛇!哼,真毒呀!"

卡帕林把手枪扔到格里高力脚下。

"还有勃朗宁呢?把勃朗宁也拿出来。就在你的上衣口袋里嘛。"

卡帕林把闪着镍光的勃朗宁手枪也掏出来,扔在地上,用双手捂住脸。他哭得直打哆嗦。

"别哭了,坏蛋!"格里高力使劲压制着要打他的心情,厉声说。

“您会把我的事儿说出去的……我完了。”

“我对你说过，我不说出去嘛。不过只要咱们从岛子上一过了河，你就随便上哪儿去吧。谁也不要你这样的人。你自个儿去找地方安身吧。”

卡帕林把手从脸上放下来。他的一张脸泪汪汪的、红红的，两眼肿了起来，下巴直打哆嗦，那副模样实在可怕。

“那您为什么……为什么缴我的枪呢？”他结结巴巴地问道。

格里高力很不高兴地回答说：

“这是为了——免得你在背后朝我开枪。你们这些有学问的人，什么事都干得出来……还一个劲儿地说什么天意、皇帝、上帝呢……你这人有多么狡猾呀……”

格里高力也不看卡帕林，时不时地啐着直想吐的唾沫，慢慢朝宿营的地方走去。

司捷尔里亚德尼柯夫用麻线在缝马鞍的连接带，轻轻地吹着口哨。佛明和丘玛柯夫躺在马衣上，照常在打牌。

佛明匆匆看了格里高力一眼，问道：

“他对你说了什么？你们谈什么来？”

“他不满意这种日子呢……胡扯一通……”

格里高力守信用，没有把卡帕林的事说出来。不过到了晚上，神不知鬼不觉地把卡帕林的步枪大栓卸掉，藏了起来。“谁知道他妈的夜里他会想什么坏主意……”他在躺下睡觉的时候，心里想道。

第二天早晨，佛明把他叫醒了。佛明弯下腰，小声问道：

“卡帕林的家伙是你拿了吗?”

“什么? 什么家伙?”格里高力抬起身来,很费劲儿地舒展了一下肩膀。

他在黎明之前才睡着,在黎明时候冻得够呛。他的大衣、帽子、靴子都湿漉漉的,因为太阳一出,雾气一齐凝成水落了下来。

“他的家伙不见了。你拿了吗? 你醒醒吧,麦列霍夫!”

“嗯,是我。怎么回事儿?”

佛明一声不响地走开了。格里高力爬起来,抖了抖军大衣。丘玛柯夫在不远的地方做早饭:他涮了涮他们那唯一的一只钵子,把面包按在胸膛上,切成很均匀的四块,把罐子里的牛奶倒到钵子里,又把一大团小米干饭掰碎了,然后朝格里高力看了看。

“麦列霍夫,你今天睡得好香啊。瞧,太阳都升到什么地方啦?”

“良心干净的人,睡觉总是很香的,”司捷尔里亚德尼柯夫一面在大衣襟上擦着洗干净的木勺子,一面说,“可是卡帕林一夜都没有睡,一个劲儿地翻来翻去……”

佛明一声不响地笑着,看着格里高力。

“请坐下吃饭吧,众位好汉!”丘玛柯夫说。

他头一个舀了一勺子牛奶,啃了一大口面包,格里高力拿起自己的勺子,一面仔细打量着大家,问道:

“卡帕林在哪儿?”

佛明和司捷尔里亚德尼柯夫一声不响地吃着,丘玛柯夫仔细看了看格里高力,也没有说话。

“你们把卡帕林弄到哪儿去了?”格里高力模模糊糊地猜测着

夜里的事情，问道。

“卡帕林这会儿已经离得很远了。”丘玛柯夫不动声色地笑着回答说，“他泅水朝罗斯托夫方面去了。这会儿恐怕已经在霍派尔河口漂着了……你瞧，他的皮袄还搭在那儿呢。”

“你们真的把他杀了吗？”格里高力朝卡帕林的皮袄瞥了一眼，问道。

这事儿本来用不着问了，不问也完全清楚了，但是不知为什么他还是问了。大家没有立即回答他，于是他又问了一遍。

“噢，明摆着的事儿嘛，把他杀啦。”丘玛柯夫用睫毛遮住像女人一样清秀的灰眼睛说，“是我杀的。我就干这种杀人的差事……”

格里高力仔细看了看他。丘玛柯夫那黑中透红、干干净净的脸上的神情很平静，甚至很愉快。他那泛着金光的黄白色胡子，在晒得黑黑的脸上显得异常分明，使黑黑的眉毛和向后梳的头发显得格外黑。这个佛明匪帮中杀人如麻的刽子手，外表确实很漂亮、很文雅……他把勺子放在帆布上，用手背擦了擦胡子，说：

“麦列霍夫，你谢谢亚可夫·叶菲莫维奇吧，是他救了你的命，不然的话，你这会儿也和卡帕林一块儿在顿河里漂着了……”

“这是为什么？”

丘玛柯夫慢慢地、从容不迫地说起来：

“看样子，卡帕林是想投降，昨天和你谈了半天，不知谈的是什么……所以我和亚可夫·叶菲莫维奇就想把他收拾掉，省得他造孽。可以全部告诉他吗？”丘玛柯夫用询问的目光看了看佛明。

佛明点头表示同意，于是丘玛柯夫一面咯吱咯吱地嚼着夹生的小米饭，一面说下去：

“天一黑，我就准备好一根橡树棒子，对亚可夫·叶菲莫维奇说：‘今天夜里我把卡帕林和麦列霍夫他们两个都干掉。’可是他说：‘你把卡帕林结果了吧，别动麦列霍夫。’我们就这样商量定了。我注视着卡帕林，等他睡着了，我听了听，你也睡着了，还打呼噜呢。我就爬过去，照他的脑袋就是一棒子。咱们的上尉连腿都没有动弹一下！舒舒服服地把身子一伸，小命就完了……我们悄没声地在他身上搜了搜，然后就抓住他的胳膊和腿，拖到岸边，脱掉靴子、上衣和皮袄，把他扔到水里。可是你还一个劲儿在睡呢，睡得什么也不知道……麦列霍夫，昨天夜里死神可是离你很近哩！死神已经站在你头顶上了。虽然亚可夫·叶菲莫维奇说不要动你，可是我想：‘他们白天谈了些什么呢？五个人里面有两个人躲得远远的去说秘密话儿，就不会有好事情……’我悄悄走到你身边，已经想一棒子砸下去了，可是我一想：砸一棒子，可是你是个很结实的家伙，要是一棒子砸不死，你就要跳起来，开枪……这时候又是佛明把我拦住了。他走过来，小声说：‘别动他，他是咱们的人，可以信得过他。’不管怎么说，有一点我们就是不明白：卡帕林的家伙哪儿去了呢？我就这样离开了你。嘿，你睡得可是真死呀，根本不知道可能会倒霉！”

格里高力很平静地说：

“你这浑蛋，打死我可真冤枉！我可是没有和卡帕林串通。”

“那为什么他的家伙在你手里呢？”

格里高力笑着说：

“白天我就把他的两支手枪缴来了，步枪大栓是在晚上卸下来，藏在鞍垫底下的。”

他把昨天和卡帕林谈的话以及卡帕林的主意说了一遍。

佛明很不满意地问道：

“这事儿你为什么昨天不说呢?”

“我有点儿可怜这个没出息的家伙。”格里高力坦白地承认说。

“噢呀,麦列霍夫呀,麦列霍夫!”着实吃惊的丘玛柯夫叫了起来,“你该把你的怜悯心收起来,跟卡帕林的枪栓一起藏到鞍垫底下,要不然你会因为怜悯心倒霉的!”

“你别教训我吧,我的事儿我知道。”格里高力冷冷地说。

“我为什么要教训你吗?你想想,如果因为你这种怜悯心,昨天夜里糊里糊涂把你送上西天,那可怎么办呢?”

“那也算活该。”格里高力想了想,小声回答说。后来又说了两句,与其说是说给别人听的,不如说是自言自语,“在清醒的时候死,是很可怕的;在睡着了的时候死,一定很舒服……”

十五

四月底的一天夜里,他们坐小船渡过了顿河。下柯里夫村的一个年轻哥萨克亚历山大·柯舍辽夫,正在鲁别仁村的岸边等候着他们。

“我要跟你们干,亚可夫·叶菲莫维奇,我在家里待不下去。”他一面和佛明打招呼,一面说。

佛明用胳膊肘捣了捣格里高力,小声说：

“看见吗?我说的嘛……不等咱们从岛子上过来,这不是,就有人等着了！这是我的朋友，是一个能征惯战的哥萨克。好兆头啊！这么看，事情大有希望呢！”

从口气上来判断，佛明够开心的。他因为来了新同伙，显然十分高兴。因为顺利地过了河，而且马上就有人来参加，他一下子就提起了精神，增添了新的希望。

“嘿，你不光有步枪和手枪，还有马刀和望远镜啊？”他在黑暗中打量着、摸着柯舍辽夫的家伙，很满意地说，“真是一个好哥萨克！一下子就可以看出来，是真正的哥萨克，一点儿也没有掺假！”

佛明的堂弟把一辆套着一匹小马的大车赶到岸边。

“把马鞍都放到车上吧，”他小声说，“快点儿，为了基督，时候已经不早了，咱们的路还不近呢……”

他很着急，一个劲儿地在催促佛明，可是佛明从岛上来到岸上，一踏上自己村子的土地，就觉得心里踏实起来，觉得不妨回家去看一下，也看看村里的一些熟人……

天亮以前，他们在红莓村旁边的马群里挑选了几匹好些的马，上了鞍。丘玛柯夫对看马的老汉说：

“老大爷，你不要因为马的事儿太难过。这几匹马也算不上多么好，我们不过凑合着骑骑罢了，等我们弄到好些的，就把这马归还原主。如果原主问：是谁把马赶走的？你就说：克拉司诺库特镇的民警弄走啦。就让马的主人上那儿去要吧……你就说，我们骑上赶土匪去了！”

他们和佛明的堂弟道过别，就上了将军大道，后来向左拐弯，五个人就放开马朝西南奔去。听说，马斯拉克匪帮最近在麦石柯夫镇附近出现过。佛明决定去加入这个匪帮，所以就径奔西南方。

＊＊＊

他们为了寻找马斯拉克匪帮，在右岸的草原道路上游荡了三天，避开大的村庄和市镇。在和卡耳根乡搭界的塔甫里亚人的村子里，弄到几匹又肥又壮、脚步很快的马，把原来那几匹不大好的马换了下来。

第四天早晨，在离维沙村不远的地方，格里高力头一个发现远处的山口上有一队正在行进的骑兵。在大道上行进的至少有两个骑兵连，前面的两侧还有几小队侦察兵。

"也许是马斯拉克，也许是……"佛明拿起望远镜。

"也许是雨，也许是雪，也许是，也许不是。"丘玛柯夫用嘲笑的口气说，"你还是好好地看看吧，亚可夫·叶菲莫维奇，如果那是红军，咱们还要赶快向后转呢！"

"这么远，谁他妈的能看得清他们！"佛明很懊丧地说。

"你们瞧！他们看见咱们了！有一队侦察兵正朝这儿跑呢！"司捷尔里亚德尼柯夫叫道。

的确已经看见他们了。在右侧行进的一队侦察兵转了一个陡弯，飞马朝他们奔来。佛明急忙把望远镜放进套子里，但是格里高力笑着在马上探过身子，抓住佛明的马笼头。

"先别急！让他们走近一点儿。他们只有十二个人。咱们先看清楚再说，如果不对头，要跑也来得及。咱们骑的是新换的马，你怕什么？拿望远镜仔细看看！"

十二名骑兵越走越近，他们的身形越来越大。在生满嫩草的山坡绿色的背景上，他们的身形已经显得非常清楚了。

格里高力和其余几个人都焦急地看着佛明。佛明那拿着望远镜的两手轻轻哆嗦着。他非常紧张地眺望着，紧张得有一滴眼泪顺着那朝太阳的一边腮帮子流了下来。

“是红军！帽子上有星！……”终于佛明低声喊道，并且立即拨转了马头。

他们飞跑起来。零零落落的枪声在他们背后响起来。格里高力和佛明一块儿跑着，偶尔回头望望，跑出有四俄里。

“咱们会合得真不坏！……”格里高力用嘲笑的口气说。

佛明沮丧得一声不响。丘玛柯夫轻轻地勒了勒马，叫道：

“应该避开村子！咱们到维奥申乡牧场上去，那儿僻静些。”

他们又疯跑了几俄里，马渐渐没有力气了。伸得长长的马脖子上冒出一团团的汗沫，显出一道道很深的皱纹。

“要跑慢点儿！把马勒一勒！”格里高力说。

后面的十二个骑兵只剩下九个了，其余几个落在老后面了。格里高力用眼睛打量了一下他们之间的距离，就喊道：

“站住！咱们来把他们打退！……”

五个人都让马换成了小跑，一面跑一面下了马，摘下步枪来。

“拉紧缰绳！瞄准尽左边一个……开火！”

他们各打了一梭子，打死了一名红军骑的马，他们又上马跑起来。红军已经不怎么想追赶他们了，时不时地远远地打上几枪，后来就不再追了。

“要饮饮马了，那儿有一个水塘。”司捷尔里亚德尼柯夫用鞭子指着远处泛着一片碧色的一个草原水塘，说。

现在他们已经是让马一步一步地走了。他们细心地注视着迎面的洼地和山沟，尽量拣地势不平、可以隐蔽的地方走。

他们在水塘里饮过了马，又上路了，起初是一步一步地走，过了一会儿就小跑起来。晌午时候，他们在一片斜穿草原的很深的谷地的斜坡上停下来喂马。佛明吩咐柯舍辽夫步行到附近一个土冈上去，趴在那里担任警戒。如果草原上有什么地方出现骑兵，柯舍辽夫就发信号，并且立即跑到喂马的地方来。

格里高力把自己的马腿绊起来，放马去吃草，自己就在不远处的斜坡上挑选了一块干地方，躺了下来。

在这谷地的向阳坡上，嫩草长得又高又稠密。晒热的黑土那种淡淡的气息，压不倒快要凋谢的野紫罗兰那种幽雅的香气。紫罗兰生长在荒废的耕地上，从干木樨草丛中钻出来，或者像花边一样生长在早已无人走的田埂的两边，甚至在硬得像石头一样的荒地上，枯草丛中也露出一朵朵的紫罗兰花儿，就像一只只蓝蓝的、明净的小孩子眼睛。紫罗兰在这僻静而辽阔的草原上逞艳的时候快要过去了，不过在谷地斜坡上、在碱地上，鲜艳夺目的郁金香已经对着太阳伸展开自己的红的、黄的和白的花瓣，起来接替紫罗兰了，而微风就把各种花香掺和到一起，把香味在草原上散得远远的。

在向北的陡坡上，因为悬崖遮住了太阳，还有一片片湿漉漉的积雪。积雪散发着一阵阵的冷气，不过经冷气一吹，快要凋谢的紫罗兰的香气更醉人了，那香气隐隐约约，令人留恋难舍，就好像珍贵的、早已过去的往事……

格里高力把两腿叉得宽宽的，用胳膊肘支着上身，趴在地上，用迷恋的眼睛望着笼罩在一片阳光中的草原，望着远方天边一座座蓝幽幽的古守望台，望着斜坡边上那腾腾的蜃气。他闭了一会儿眼睛，听见远处和近处百灵鸟的歌唱声，听见正在吃草的马轻微的走动声和打响鼻的声音、马嚼子的哗啦声、微风拂动嫩草的沙沙声……他全身贴在硬邦邦的土地上，就感到有一种奇怪的脱离尘世和高枕无忧的心情。这是他早已熟悉的一种心情。这种心情往往是在经过一度惊恐以后出现，这时候格里高力好像是重新看到了周围的一切。他的视觉和听觉好像格外敏锐了，原来引不起注意的东西，在一度激动之后，引起了他的注意。他现在看着一只老鹰呼的一声斜斜地飞过，在追赶一只小鸟，看着一只黑黑的甲虫慢慢地、很吃力地在他格里高力撑开的两肘之间爬着，看着那像少女一样艳丽的紫红色的郁金香被风吹得轻轻摇晃着，都觉得很有意思。郁金香离得很近，就在一个塌陷了的田鼠洞的边上。只要一伸手，就可以摘到，可是格里高力一动不动地趴着，如醉如痴地默默欣赏着小小的花儿和茎上那肥茁茁的、还在皱褶里仔细保留着闪闪有光的清晨的露水珠儿的叶子。后来他掉转目光，无思无虑地对着在天空、在一大片荒废的田鼠洞上方盘旋的老鹰看了半天……

过了两个钟头，他们又上了马，打算在天黑以前赶到叶兰乡的几个熟识的村庄。

大概红军的侦察兵已经把他们的行踪用电话通知了各地。他们一来到卡敏村的村口，一阵步枪子弹就从小河那边朝他们迎面打来。佛明一听到子弹那像唱歌一样的啸声，急忙转头就跑。

他们冒着步枪火力顺着村边跑去，很快就来到维奥申乡的牧马地带。在烂泥沟村外，有一小队民警想拦截他们。

“咱们从左面绕过去。”佛明提议说。

“咱们往前冲，”格里高力果断地说，“他们九个人，咱们五个人。可以冲过去！”

丘玛柯夫和司捷尔里亚德尼柯夫都赞成他的意见。他们都抽出马刀，放开疲倦的马，快跑起来。民警们没有下马，不住地打着枪，后来跑到了一边，没有迎战。

“这是一支不经打的队伍。他们抄抄册子很在行，可是认真打起仗来就不行了！”柯舍辽夫用嘲笑的口气高声说。

等到紧跟不放的民警开始逼上来，佛明和其余的人就一面还枪，一面向东跑去，就像被猎狗追着的狼那样：只是偶尔龇一龇牙，几乎连头也不回。在一次对射当中，司捷尔里亚德尼柯夫受了伤。子弹打穿了他的左腿肚子，打伤了骨头。司捷尔里亚德尼柯夫脸色煞白，腿上疼得他直哼哼，说：

“打在腿上啦……偏偏就打在这条瘸腿上……这不是故意捣蛋吗？”

丘玛柯夫身子往后一仰，可着嗓门儿哈哈大笑起来。他都笑出了眼泪。他一面扶着靠在他的胳膊上的司捷尔里亚德尼柯夫在马上坐稳，一面笑得打着哆嗦，说：

“嘿，他们这是怎么挑的呀？这是他们故意往这儿打的……他们看见：一个瘸子在跑呢，所以就想，把瘸腿干脆给他打断吧……唉，司捷尔里亚德尼柯夫呀！唉，我的好乖乖呀！……你的腿又要短一截了……这一下子你可怎么跳舞呀？现在我非得给你那条好腿挖一尺深的坑不可了……”

“住嘴吧，废话大王！我没心思听你的废话了！行行好，住嘴吧！”司捷尔里亚德尼柯夫疼得皱着眉头，央告说。

过了半个钟头，等他们从无数山沟中的一条山沟里钻出来，上了一道长长的山坡，他央求说：

“咱们停一停，休息一会儿吧……我要把伤口扎一扎，不然的话，血要流满靴筒子了……”

大家停了下来。格里高力牵着几匹马，佛明和柯舍辽夫时不时地对远处的民警开上两枪。丘玛柯夫帮着司捷尔里亚德尼柯夫脱下靴子。

“血真的流得太多了……”丘玛柯夫皱着眉头说着，把靴子里的红红的鲜血倒到地上。

他想用马刀把被血浸得湿漉漉并且冒着热气的裤腿截掉，但是司捷尔里亚德尼柯夫不同意。

“我的裤子是条好裤子，不能弄坏了。”他说着，两手撑在地上，抬起受伤的腿来。“把这条裤腿扯下来，不过要轻点儿。”

“你有绷带吗？”丘玛柯夫摸索着口袋，问道。

“要他妈的绷带干什么？不要绷带也行。”

司捷尔里亚德尼柯夫仔细看了看伤口，然后用牙齿把一颗子弹的头拔下来，把火药倒在手掌上，先用唾沫和了一点儿泥，把火药和泥掺在一起，拌和了半天。他用这种泥巴把打通的枪伤的两个伤口糊得严严的，很满意地说：

“这法子很管用！等伤口一干，过两天就长好了。”

他们一直不停地跑到旗尔河边。民警们一直在后面保持着相当的距离，只是偶尔对他们打上几枪。佛明不住地回头看着，说：

“他们是盯咱们的梢……是不是等待援军？他们远远地跟着咱们不是没有用意的……”

他们在维斯罗古佐夫村蹚水过了旗尔河，一步一步地上了一面平缓的山坡。马已经十分疲倦了。他们下坡的时候还能勉勉强强骑着马小跑，可是再上坡的时候就牵着马走了，而且还一面用手擦着汗漉漉的马的两肋和屁股上那一团团哆哆嗦嗦的汗沫子。

佛明果然猜中了：在离维斯罗古佐夫村五俄里的地方，有七个人骑着新换的、跑得飞快的马朝他们追来。

“他们要是这样换着班追咱们，咱们可就糟了！”柯舍辽夫愁眉苦脸地说。

他们不走正路，在草原上跑着，轮流开枪抵抗：两个人卧倒在草丛里打枪，其余的人就跑出二百丈远，下马来，向敌人开枪，好让先前的两个人向前跑出四百丈远，再卧倒下来，准备开火。他们把一个民警打死了，也许是打成了重伤，把另外一个民警的马打死了。不久，丘玛柯夫的马也被打死了。他抓住柯舍辽夫的马镫，跟着马跑起来。

影子渐渐长了。太阳快要落山了。格里高力建议大家不要分散，所以他们都在一块儿一步一步地走着。丘玛柯夫跟着他们在步行。后来他们看见冈头上有一辆双马拉的大车，他们就上了大道。赶车的是一个上了年纪的大胡子哥萨克，赶着车飞跑起来，但是他们开了两枪，大车就停了下来。

“砍死这个下流货！叫他尝尝逃跑的滋味……”柯舍辽夫咬牙切齿地说着，就使劲抽了马一鞭子，朝前冲去。

“别动他，萨什卡[1]，不许动他！”佛明制止他说，并且老远就喊道，“老大爷，把马卸下来，听见吗？要想活命，就快卸下来！”

他们也不听老头子那眼泪汪汪的央告，亲自动手卸下皮套，解下颈套和肚带，很快地把鞍上好了。

“把你们的马换一匹给我也好啊！”老头子哭着央求说。

“你是不是想挨耳刮子了，老家伙？”柯舍辽夫问道，“我们的马还有用处呢！留你一条活命，就该谢天谢地了……”

佛明和丘玛柯夫上了新换的马。不久又有三个人加入了跟踪他们的那六个人当中。

“要跑快点儿！快点儿吧，伙计们！”佛明说，“天黑前咱们要是能赶到柯里夫草甸子上，那就有活路了……”

他把自己的马抽了几鞭，跑到前头。他把第二匹马的缰绳挽得短短的，让它在左边跑着。被马蹄踩断的红红的郁金香，像一大滴一大滴鲜血似的，往四面乱飞。格里高力在佛明后面跑着，看到这种红花飞溅的情景，不禁闭上了眼睛。不知为什么他头晕起来，一阵熟悉的刺疼钻进心里……

马使出最后的力气跑着，由于不停地奔跑和饥饿，人也疲乏了。司捷尔里亚德尼柯夫已经在马上摇晃起来，脸色像纸一样白了。他流血流得太多了。他又干渴，又恶心，吃了一点儿干硬的面包，但是马上就吐出来了。

黄昏时候，在离柯里夫村不远处，他们跑进了从草原上回来

①萨什卡是亚历山大的爱称。

的一大群马当中,又最后一次朝着追赶的人开了几枪,他们很高兴地看到,追赶的人不赶了。那九个骑马的人在远处凑到一块儿,看样子是商量了一下,后来就拨转马头回去了。

* * *

他们来到柯里夫村,在佛明熟识的一个哥萨克家里住了两天。主人日子过得很富裕,对他们招待得很好。安置在黑暗的棚子里的马匹,吃足了燕麦,过了两天,因为疯跑累坏了的马匹就完全休息过来了。大家轮流着看守马匹,挤在一座到处是蜘蛛网的、很凉爽的糠棚子里睡觉,放开肚子大吃大喝,为在岛上过的那些半饥饿的日子好好地捞捞本儿。

本来第二天就可以离开这个村子的,但是司捷尔里亚德尼柯夫使他们耽搁下来:他的伤口发炎了,早晨,伤口四周红肿起来,傍晚时候,一条腿都肿了,他并且昏迷过去。他觉得非常干渴。整个夜里,只要一清醒过来,就要喝水,他拼命地喝,每次都喝很多。一夜的工夫喝了差不多有一桶水,但是即使别人搀扶着,他也站不起来,动一动就觉得疼得不得了。他就躺在地上撒尿,不住声地直哼哼。为了让他的哼哼声不那么吵人,把他抬到棚子里远些的角落里,但还是没有用。有时候他哼哼的声音非常大,在他昏迷过去的时候,就大声说胡话和乱叫。

只好轮流守着他。给他端水,用水浸他那发烫的额头,在他呻吟或说胡话声音太高的时候,还要用手或帽子捂他的嘴。

第二天傍晚,他苏醒过来,说他觉得好些了。

“你们什么时候离开这儿呀? ”他招了招手,把丘玛柯夫叫到跟前，问道。

“今天夜里。”

“我也走。行行好，你们别把我扔在这儿呀！”

“你怎么行呀？”佛明小声说，“你连动都不能动了。”

“我怎么不行？你瞧瞧看！”他使足劲儿欠了欠身子，可是马上又躺了下去。

他的脸通红通红的，额头上冒出一颗颗小小的汗珠儿。

“我们带你走，”丘玛柯夫果断地说，“我们带你走，请你别害怕！把眼泪擦擦吧，你又不是老娘儿们。”

“这是汗。”司捷尔里亚德尼柯夫小声说，并且把帽子往眼睛上拉了拉……

“我们倒很想把你留在这儿，可是掌柜的不同意。你别害怕，瓦西里！你的腿会好起来的，咱们还要在一块儿打仗和跳哥萨克舞呢。你泄什么气呀，嗯？伤虽然很重，可是不要紧，没事儿！”

一向对人很冷漠很蛮横的丘玛柯夫，这番话却说得十分亲热，口气中带着异常温柔体贴的意味，格里高力不禁十分惊讶地看了看他。

他们离开村子的时候，离天亮不久了。好不容易把司捷尔里亚德尼柯夫扶上了马，可是他已经不能独自骑马了，一会儿倒到这边，一会儿又倒到那边。丘玛柯夫用右胳膊搂着他，和他并马走着。

“真是个累赘……应该把他扔掉。”佛明走到格里高力身旁，伤心地摇着头，小声说。

“把他打死吗？”

“嗯,有什么办法,守着他受罪吗?咱们带着他能跑到哪儿去呢?”

他们一步一步地走了很久,都不说话。格里高力换了丘玛柯夫的班,后来又换上柯舍辽夫。

太阳出来了。下面的顿河上,还有一团一团的雾气,可是在高地上,草原的远方已经很清澈,很明净了,而且天空也越来越蓝,天空中那蓬松的白云一动也不动。草地上落了厚厚一层露水,就像用银线绣的,马走过的地方,留下一条黑黑的、像水流过似的印子。草原上肃穆而宁静,只能听到百灵鸟的叫声。

司捷尔里亚德尼柯夫随着马的脚步不由自主地晃悠着脑袋,小声说:

“哎呀,好难受呀!”

“别说了!”佛明很粗暴地打断他的话,“我们服侍你也不舒服呀!”

在离将军大道不远的地方,有一只小鸨从马蹄边飞了起来。司捷尔里亚德尼柯夫一听到小鸨翅膀那细细的、颤抖的啸声,从昏沉状态中清醒过来。

“弟兄们,请你们扶我下马……”他央求说。

柯舍辽夫和丘玛柯夫小心翼翼地架着他下了马,让他躺在湿漉漉的草地上。

“让我们来看看你的腿怎样了。来,把裤子解开!”丘玛柯夫蹲下来,说。

司捷尔里亚德尼柯夫的腿肿得非常厉害,把一只肥大的裤腿撑得紧绷绷的,一点皱褶都没有了。皮肤一直到大腿都泛着深紫色，油亮油亮的，而且有许多摸起来很柔滑的黑点子。在黑黑的、瘪下去的肚皮上也出现了这样的黑点子，只不过颜色淡一些。伤口和干在裤子上的褐色的血已经发出恶臭的腐烂气味，丘玛柯夫用手指头捏住鼻子，皱着眉头，好不容易压住涌上来的一股恶心感，仔细把伙伴的腿看了看。然后他又仔细看了看司捷尔里亚德尼柯夫那垂下的、发了青的眼皮，和佛明交换了一下眼色，说：

“好像成了坏疽了……嗯，嗯……瓦西里·司捷尔里亚德尼柯夫，你的情况很糟啊……简直是要命的事儿呀！……唉，瓦夏呀，瓦夏，你怎么这样倒霉呀……”

司捷尔里亚德尼柯夫急促地、频频地喘着气，一句话也没有说。佛明和格里高力就像听到口令似的，一齐下了马，从上风头走到司捷尔里亚德尼柯夫跟前。司捷尔里亚德尼柯夫躺了一会儿，便用手撑着坐了起来，用模糊的、决意离开人世的眼神打量了大家一遍。

“弟兄们，把我打死吧……我已经不能活了……浑身都难受，一点劲儿也没有了……”

他又仰面躺下去，闭上了眼睛。佛明和其余的人都知道，他会有这种要求的，而且都在等着他这种要求。佛明迅速地向柯舍辽夫挤了一下眼睛，便转过身去，柯舍辽夫二话不说，就从肩上摘下步枪来。他看了看走到一旁去的丘玛柯夫的嘴唇，与其说是听到，不如说是猜到丘玛柯夫在说：“开枪吧！”但是司捷尔里亚德尼柯夫又睁开眼睛，很刚强地说：

“请朝这儿打，”他抬起手来，指了指自己的鼻梁，“这样一下子就能死了……你们要是上我们的村子里去，就把我的事告诉我老婆……叫她别再盼我了。”

柯舍辽夫令人不解地摆弄了半天枪栓，迟迟不开枪，于是司捷尔里亚德尼柯夫垂下眼皮，又说了最后几句话：

“我只有老婆……没有孩子……她生过一个孩子，可是孩子死了……以后再没有生过……”

柯舍辽夫两次举起枪来，又两次放下去，脸色越来越灰白……丘玛柯夫气呼呼地用肩膀把他往旁边一抗，把他手里的步枪夺了过来。

“你不行，就别干，狗崽子……”他沙哑地叫了两句，就摘下帽子，拢了拢头发。

“快点儿！”佛明一只脚踏上马镫，吩咐说。

丘玛柯夫一面考虑着要说的话，一面慢慢地、轻轻地说：

“瓦西里，永别了，为了基督，请你宽恕我和我们大家吧！咱们到了阴间里还会见面的，我们也要到阴间里受审判……我们一定会把你的话告诉你老婆。”他等候回答，但是司捷尔里亚德尼柯夫却等着死，一句话也不说，脸色越来越白。只有晒成焦黄色的睫毛哆嗦着，好像是被风吹的，再就是左手的指头轻轻动着，不知为什么还想扣上胸前军便服上的一个破扣子。

格里高力这一生中见过很多人死，可是这一次他不能看了。他使劲拉着缰绳，牵着自己的马，走到前面去。他等待枪声的那种心情，就好像有人要朝他的肩胛骨当中开枪……他等着开枪，他的心紧张地跳动着，但是等到后面的枪声猛烈而急促地一响，他的两腿都软了，好不容易才勒住直立起来的马……

他们走了有两个钟头，一声不响。到休息的时候，丘玛柯夫才第一个开口说话。他用手捂住眼睛，低沉地说：

“我他妈的干吗要朝他开枪呀？要是把他扔在草原上，心里也许不会这样难受。就好像他还站在我眼前……”

“你一直就没有干惯吗？”佛明问道，“你杀了那么多人，还是不能习惯吗？你根本没有心了，你的心成了一块锈铁啦……”

丘玛柯夫的脸唰地白了，他怒冲冲地盯住佛明。

“现在你别惹我，亚可夫·叶菲莫维奇！”他小声说，“你别刺我的心，要不然我也可以把你敲了……这很简单！”

“我惹你干啥呀？没有你，我的操心事儿就够多了。”佛明用和解的口气说过这话，就在阳光下眯起眼睛，舒舒服服地伸着懒腰，仰面躺下去了。

十六

出乎格里高力意料的是，一个半星期的工夫，居然又有四十来个哥萨克入了他们的伙。这都是被击溃的许多小股匪帮的残余分子。他们失掉自己的头领之后，就在州里到处游荡，于是都高高兴兴地来投佛明。他们觉得不管跟谁干，不管是杀什么人，反正都是一样，只要能过逍遥自在的游荡生活，只要能见什么抢什么就行。这都是一些不可救药的家伙，连佛明看到他们，都很轻蔑地对格里高力说：“哼，麦列霍夫，到咱们这儿来的都是些渣滓，不是人……就好像专门挑选的，都是该上绞刑架的！”佛明在心灵深处还一直认为自己是“维护劳动人民的战士”，虽然不像以前那样常说，但有时候还是说：“我们是哥萨克的解放者……”他一直顽固地抱着这种愚蠢的希望……他又对伙伴们的抢劫装糊涂了，认为这都是不可避免的坏事，必须听之任之，认为他以后会除掉这些抢劫分子的，早晚他要成为起义大军的真正统帅，而不是小股匪帮的一个头目……

但是丘玛柯夫却毫不客气地把所有的佛明分子都叫作“匪徒”，而且为了让佛明明白，他佛明也不是别的什么人，而是拦路抢劫的土匪，常常争论得喉咙都哑了。在没有旁人的时候，他们常常争论得非常激烈。

“我是有理想的反苏维埃政府的战士！”佛明气得红着脸，叫道，“你他妈的偏要这样作践我！你明白吗，浑蛋，我是为理想而奋斗？！”

“你别愚弄我吧！”丘玛柯夫反驳说，“你别蒙哄我。别拿我当小孩子吧！哪有你这样有理想的战士？你是地地道道的土匪，一点儿也不掺假。你怎么这样怕这个称号呢？我真不明白！”

“为什么你要这样侮辱我？为什么就非说丧气话不可呢？我是起义反对政府，同政府作战的。我怎么是土匪……”

“就因为你反对政府，所以才是土匪。土匪总是反对政府的，自古以来就是这样。不管苏维埃政府是什么样的政府，总是个政府，从一九一七年就是这个政府了，谁要是出来反对政府，谁就是匪。”

“你的脑袋真糊涂！这么说，克拉斯诺夫和邓尼金将军也是匪了？”

“不是匪又是什么？不过是佩戴将军肩章的匪罢了……再说，将军肩章也算不了什么。咱们也可以戴嘛……”

佛明又擂桌子，又啐唾沫，可是又找不到令人信服的理由，只好停止这种无益的争论。想说服丘玛柯夫是不可能的……

大多数新加入佛明匪帮的人武器都很齐全，服装也很整齐。几乎所有的人骑的马都很好，可以连续行军，一天跑一百俄里毫不困难。有几个人还有两匹马：骑着一匹，另一匹轻装跟在旁边，叫做“后备马”。在必要的时候，可以倒换着骑两匹马，让马轮流休息，有两匹马的人一昼夜可以跑二百俄里。

佛明有一天对格里高力说：

“如果咱们一开头每个人都有两匹马，谁他妈的也追不上咱们！民警或者红军都不能抢老百姓的马，他们不便这样干，可是咱们什么都可以干，应该使每个人都有一匹多余的马，这样就永远别想追上咱们了！老年人都说，古时候，鞑靼人在行军打仗的时候，每个人都有两匹马，有的还有三匹呢。谁能追上这样的人呢？咱们也应该这样干。我就喜欢鞑靼人的这种好办法！”

他们很快都增添了马匹，这样一来，在起初一段时候，的确很难追上他们了。在维奥申重新整编过的民警骑兵队来追捕他们，就没有追上。人数不多的佛明匪帮，因为有了后备马匹，很容易就甩开敌人，往前跑出好几站路，避免冒险作战。

但是在五月中旬，人数几乎为匪帮的四倍的民警骑兵队，用计把佛明匪帮压迫在离霍派尔河口乡包布洛夫村不远处的顿河边上。不过经过短时间的战斗，佛明匪帮还是冲了出来，顺着顿河河岸跑掉了，死伤了八个人。在这以后不久，佛明就提出要叫格里高力当参谋长。

“咱们需要一个有学问的人，也好依照计划、依照地图行动，要不然什么时候再堵住咱们,咱们又要挨打了。格里高力·潘捷莱维奇,你就担任这个职务吧。"

"为了抓几个民警和砍他们的脑袋,用不着什么参谋长。"格里高力皱着眉头回答说。

"任何军队都要有参谋长,你别说废话吧。"

"如果你没有参谋长不能过日子的话,就叫丘玛柯夫干这个差事吧。"

"你为什么不愿意干呢?"

"对这种事儿我一窍不通。"

"丘玛柯夫就通吗?"

"丘玛柯夫也不通。"

"那你他妈的为什么偏要我叫他干呢?你是军官,应该在行,应该懂得战术和其他等等的玩意儿。"

"我成了军官,就和你现在成了司令一样!咱们的战术只有一条:在草原上到处逛荡,再就是要多回头看看……"格里高力用嘲笑的口气说。

佛明朝格里高力挤了挤眼睛,并且用手指头点了点。

"我看透你啦!你总是想躲在凉快地方吧?是想待在凉阴里吗?老弟,这没有用!当排长,当参谋长,都是一回事儿。你以为,要是把你抓住了,当排长就处置轻些吗?你等着瞧吧!"

"我才不这样想呢,你别瞎猜。"格里高力仔细打量着马刀的穗头说,"我不懂的事儿,就不愿意去干……"

"你不愿意干,就算了,你不干我们也能凑合过去。"佛明很不痛快地说。

州里的局势发生了急剧的变化，那些大户人家，以前佛明受到热情款待的那些地方，现在到处都把大门关得紧紧的，主人一看见匪帮进了村，就一齐逃了开去，躲进果园里或树林里。巡回革命法庭来到了维奥申乡，严惩了许多以前热情接待过佛明的哥萨克。这个消息在各乡里广泛地传了开去，这对那些曾经公开表示同情匪帮的人发生了很大的影响。

两个星期的工夫，佛明在上顿河州各乡里转了一个很大的圈子。匪帮里已经有一百三十来人了，跟踪追击他们的已经不是匆匆改编成的民警骑兵队，而是从南方调来的第十三骑兵团的几个连了。

最近这些天来投靠佛明的人，有很多是从远处来的。他们到顿河上来的途径各不一样：有些是从押解的路上、从监狱里或集中营里逃出来的犯人，但主要的则是一伙脱离了马斯拉克匪帮的几十个人，还有被打垮的库罗契金匪帮的一些残余分子。马斯拉克匪帮的人都心甘情愿地分散开，到各个排里去了，但是库罗契金匪帮的人却不愿意分散。他们所有的人成立了一个独立排，紧紧抱在一起，行动也和其余的人不大一样。在作战中和在休息的时候，他们的行动都很一致，互相维护，要是抢了哪里的合作社或者仓库，全排都把抢的东西放到一堆，然后再平分，严格遵守平等的原则。

有几个是捷列克和库班的哥萨克，穿的都是破烂的束腰无领的袍子；有两个维里柯克尼亚日乡的加尔梅克人，有一个拉脱维亚人，穿的都是靴筒齐大腿的猎人皮靴；还有五个无政府主义的水兵，穿的是蓝白条衬衫和晒褪了色的呢制服。这样一来，本来就衣着五光十色、成员十分复杂的佛明匪帮,就更显得光怪陆离了。

“哼,现在你还要抬杠,说你的人不是土匪,说这些人是什么……有理想的战士吗?”有一天丘玛柯夫用眼睛瞟着拉得长长的行军纵队,向佛明问道,“咱们这儿就差革职的神甫和穿裤子的猪了,要不然就成了圣母娘娘大庙会了……”

佛明没有作声。他唯一的愿望是在自己手下尽可能多集合一些人。只要有人愿意参加,他什么也不管。凡是有人表示愿意在他手下干,他亲自问过,就很干脆地说:

“你可以当兵,我收下你。你去找我的参谋长丘玛柯夫吧,他会把你编进队伍里,发给你枪。”

在米古林乡的一个村子里,有一个穿得很好的鬈发的黑脸小伙子来找佛明,他说他要加入匪帮。佛明问清楚了,这个小伙子是罗斯托夫人,不久前因为持枪抢劫被判了刑,但是他从罗斯托夫的监狱里跑了出来,一听到佛明的消息,就跑到上顿河州来了。

“你是哪一族的人?是亚美尼亚人还是保加利亚人?”佛明问道。

“不,我是犹太人。”小伙子犹豫了一下之后,回答说。佛明听到这意外的回答,茫然不知所措,老半天没有说话。他不知道,在这样意外的情形下该怎么办。他动了动脑筋,重重地叹了一口气,说:

“好,没什么,犹太人就犹太人吧。我们也不嫌这样的人……反正又多了一个人。你会骑马吗?不会吗?能学会的!先给你一匹老实的小骒马,以后你就学会了。你去找丘玛柯夫吧,叫他把你编到队伍里。”

过了几分钟，怒冲冲的丘玛柯夫骑马来到佛明跟前。

“你是发了昏，还是开玩笑？”他一面勒着马，一面喊叫道。

“你派给我一个犹太佬干他妈的什么？我不收！叫他滚远点儿吧！”

“收下吧，收下他吧，总是多一个人嘛。”佛明心平气和地说。

但是丘玛柯夫嘴上冒着唾沫，吼了起来：

“我不收！我要打死他，决不收！哥萨克们都在埋怨了，你自个儿去和他们谈谈吧！”

在他们争吵的时候，哥萨克们已经在辎重车旁边把犹太小伙子的绣花衬衫和大裤管的呢裤子剥了下来。一个哥萨克一面试着衬衫，一面说：

“喂，你看见村外那一丛老蓬蒿吗？你快跑到那儿去，在里面躺下来。一直躺到我们离开这儿，等我们走了，你就起来，随便上哪儿去。再别上我们这儿来，我们会打死你的，你最好还是上罗斯托夫找你妈妈。打仗的事儿不是你们犹太佬干的。上帝教过你们做生意，没教你们打仗。没有你们我们能行，能把这口饭吃下去！”

他们没有收留犹太人，可是就在这一天，却笑哈哈地开着玩笑，把维奥申乡各村都闻名的大傻子巴沙编进了第二排。是在草原上把他抓住的，把他带到村子里，给他穿上从一个被打死的红军身上剥下来的一身很漂亮的军装，教他怎样使用步枪，又教了半天使用马刀的方法。

格里高力本来想去拴马桩前看自己的马，但是一看见旁边有一大堆人，就朝人群走去。他听到一阵哈哈大笑声，不由地加快了脚步，接着就在一片肃静中听见有人用教导的、慎重其事的口气说：

“这样不行，巴沙！怎么能这样劈人？这样只能劈柴，不能劈人。应该这样，懂了吗？如果逮住一个人，你马上就叫他跪下去，要不然劈站着的人很不得劲儿……等他跪下了，你就这样，从后面，照他的脖子上砍……不过可别一直砍下去，要往自己怀里一拉，让刀刃斜着划一下子……”

被一群匪徒团团围住的大傻子站得笔直，紧紧握着出鞘的马刀。他听着一个哥萨克的教导，傻笑着，得意地眯着鼓出来的灰眼睛。他的嘴角上就像马嘴那样，冒着一团团的白沫，唾沫顺着红铜色的胡子直往胸膛上流……他舔了舔肮脏的嘴唇，含糊不清地、讷讷地说：

“全懂了，大哥……我就这样干……就叫他跪下，砍他的脖子……使劲砍！你们发给我裤子、褂子、靴子……可是我还没有军大衣呢……你们顶好再给我一件大衣，我就给你们干！我使劲干！”

“等你杀死一个委员，就有大衣穿了。现在你还是说说，去年怎样给你娶的老婆吧。”一个哥萨克说。

傻子那睁得大大的、蒙着一层模糊的网膜的眼睛里，闪过一阵像牲口那样的恐怖神情。他狠狠地骂了几句，就在一片哄笑声中，讲了起来。这一切都令人恶心，格里高力不由地浑身一阵哆嗦，急忙走了开去。“我怎么跟这样一些人搞到一块儿了……”他十分苦闷，十分伤心，恨自己，恨这种可厌的生活，心中不由地想道。

他在拴马桩旁边躺下来，竭力不去听傻子的喊叫和哥萨克们的哄笑。“我明天就走。该走啦！”他看着自己那两匹精神饱满的肥壮的马，下定了决心。他一直很细心、很周到地准备着从匪帮里逃出去。他从一个被砍死的民警身上搜到几张填写着乌沙柯夫这个姓氏的证明文件，把这些文件缝到了军大衣里子里。还在两个星期以前，他就开始对马加意照料，好使马能够经得住短时间的、但是非常迅速的猛跑。他按时饮马，细心刷马，过去服役时从来都没有这样仔细洗刷过，在住宿的时候千方百计为自己的马弄粮食吃。所以他的两匹马比其他人的马都长得好，特别是那匹带黑斑的塔甫里亚灰马。那匹马浑身光油油的，身上的毛在阳光下闪闪发光，就像高加索的黑银子。

骑上这样的马，毫无问题可以逃脱任何人追赶。格里高力站起来，朝附近一户人家走去。仓房的门槛上坐着一个老婆子，他很有礼貌地问她：

“老大娘，您有镰刀吗？”

“有是有呀，不过鬼才知道镰刀在哪儿呢。你要镰刀干啥？”

“我想到你家园子里给马割点儿青草。行吗？”

老婆子想了想，然后说：

“你们什么时候才能让我们松口气呀？一会儿要这个，一会儿要那个……有些人来了，就要粮食，还有一些人来了，见什么就拿什么。我不给你镰刀！随你怎么样，我都不给。”

“怎么，好大娘，你连青草都舍不得吗？”

“依你说，青草就不需要地来长吗？以后我拿什么来喂牛呢?”

“草原上的草不是很多吗?”

“那你就带着马到草原上去吧,好汉子。草原上的草很多嘛。”

格里高力很懊恼地说:

“老大娘,还是把镰刀借给我吧。我只割一点儿,其余的都还是你的,要不然我们把马往园子里一放,就全糟蹋了!”

老婆子冷冷地看了格里高力一眼,掉过头去。

“你自个儿去拿吧,大概是挂在棚子底下。”

格里高力在敞棚底下找到一把残缺的旧镰刀,当他从老婆子旁边走过的时候,清清楚楚地听见她嘟哝说:“你们这些该死的东西,怎么死不绝呢!”

格里高力受不了这种情形,他早就看出,各个村子里的老百姓是怀着什么样的心情迎接他们的。“他们的看法是对的。”他心里想着,小心翼翼地割着草,尽量割干净,免得糟蹋。“他们要我们干他妈的什么呀?谁也用不着我们,有了我们,大家都不能好好地过日子,好好地干活儿。这种事儿不能再干了,够了!”

他想着心事,站在自己的马旁边,看着两匹马用柔滑的黑嘴巴贪婪地吃着一把把柔软的嫩草。一个正在变嗓子的小伙子的声音使他从沉思中惊醒过来:

“这马真漂亮呀,简直像天鹅!”

格里高力朝说话的人看了看,那是一个刚加入匪帮的阿列克塞耶夫乡的年轻哥萨克,正在看那匹灰马,带着羡慕的神情晃着脑袋。他用着了迷的眼睛盯着马,围着马转了好几圈,还咂了咂舌头。

“怎么,是你的马吗?”

“你问这干什么? ”格里高力冷冷地回答说。

“咱们来换换吧! 我有一匹枣红马,是纯种顿河马,什么障碍都能跳得过去,腿脚很快,快得不得了! 像闪电一样!”

“去你的吧! ”格里高力不客气地说。

小伙子沉默了一会儿,伤心地叹了口气,在不远处坐了下来。他对着灰马端详了半天,后来说:

“你这匹马有气肿病。它都喘不过气来了。”

格里高力一声不响地用草秆子剔着牙。他喜欢起这个天真的小伙子来了。

“你不换吗,大哥? ”他用恳求的目光望着格里高力,小声问道。

“我不换。就是搭上你,我也不换。”

“你这马是从哪儿来的?”

“是我自个儿制造的。”

“请你说实在的!”

“都是那个门儿里出来的:骒马生的嘛。”

“干吗偏跟这样的傻瓜说话。”小伙子气嘟嘟地说过这话,便走到一边去了。

在格里高力面前,是空荡荡的、好像死绝了人的村子。除了佛明的人,周围一个人也没有。扔在胡同里的牛车、院子里的劈柴墩子和匆匆剁在上面的斧子、扔在旁边的没有砍削好的木板、懒洋洋地在街心里啃小草的没人管的老牛、井栏杆旁边翻倒的水桶——这一切都说明，村子里的和平生活突然被破坏了，村子里的人都扔下没有做好的活儿，不知藏到什么地方去了。

当年哥萨克军队在东普鲁士进军的时候，格里高力也见过这种荒凉情景和这种老百姓匆忙逃跑的迹象。现在他又在自己的故乡看到了这种情形……当年的德国人和现在的上顿河州老百姓都用同样忧郁和憎恨的目光迎接他。格里高力想起刚才和老婆子谈的一番话，解开衬衣领口，苦闷地朝四面望了望。心里又痛楚起来……

太阳晒得大地热烘烘的。小胡同里散发着淡淡的尘土气味、滨藜气味和马汗气味。在村边树林里，白嘴鸦在架满窝巢的高高的柳树上喳喳叫着。一条草原小溪，在一片谷地上面吸足了泉水之后，缓缓地从村子里流过，把村子分成两半。小溪两边是一座宽敞的哥萨克院落，一户户人家都深藏在茂密的果树丛中，有遮掩着窗户的樱桃树，有枝叶繁茂的苹果树，苹果树伸展着一丛丛绿叶和一嘟噜一嘟噜嫩苹果在迎接太阳。

格里高力用模糊了的眼睛望着一座长满拳曲的车前草的院子，望着关闭着黄黄的护窗的麦秸顶房子，望着高高的提水吊杆……场院旁边，一根旧篱笆桩子上，挂着一具马头骨，已经被雨水冲洗得发了白，两个空眼窝黑洞洞的。一条翠绿的南瓜蔓也像螺旋似的爬到这根篱笆桩子上，去迎接阳光。南瓜蔓已经爬到桩子顶上，那毛茸茸的须子缠住了马头骨的凸出部位，缠住了死马的牙齿，耷拉下来的瓜蔓头儿正在寻找可以依附的东西，已经快要够到不远处一丛绣球花枝儿了。

这一切格里高力是在梦里还是在遥远的童年时代看见过？

他心中突然涌起一股痛苦的惆怅情绪，便脸朝下趴在篱笆脚下，用手捂住脸，直到远处传来拖长声音的口令声："备马！……"他才站了起来。

夜里行军的时候，他从队伍里走出来，停了下来，装作重新系马鞍的样子，后来仔细听了听渐渐走远和越来越小的马蹄声，他又跳上马去，离了大道朝一旁飞速地跑去。

他打着马一刻不停地跑了有五六俄里，然后才让马换成小步，仔细听了听：后面是不是有人追赶？草原上静悄悄的。只有山鹬在沙丘上如怨如诉地互相呼唤着，再就是从很远很远的地方传来隐隐约约的狗吠声。

黑黑的天上，布满了金光闪闪的星星。草原上一片寂静，只有微风送来一阵阵又亲切又苦涩的野蒿气味……格里高力在马上直了直身子，轻松地、深深地舒了一口气……

十七

离天亮还早，格里高力就来到鞑靼村对面的草甸子上。他在村子以下顿河水浅的地方把衣服脱光，把衣服、靴子和枪都捆在马头上，用牙齿叼着子弹盒，和马一同泅起水来。河水冰得他实在够呛。他竭力撑持着，用右手迅速地划着水，用左手紧紧握着缠在一起的两根马缰，小声给一面泅水，一面直哼哧和打响鼻的两匹马鼓劲儿。

他在岸上匆匆穿好衣服，勒了勒马肚带，为了让马暖暖身子，打着马飞快地朝自己的村子跑去。因为军大衣浸了水，马鞍两侧水漉漉的，衬衣也湿了，所以他身上非常冷。他的牙齿磕打着，背上一阵一阵地打着寒噤，浑身都在哆嗦着，但是因为跑得很快，他一会儿就暖和过来了，在离村子不远的地方，让马放慢了脚步，他朝四下里张望着，仔细听着。他决定把马放在一条深沟里，便从乱石丛中朝沟底走去。乱石在马蹄下乒乒乓乓直响，马掌踢得火星到处乱飞。

格里高力把马拴在一棵从小就熟悉的枯榆树上，便朝村子里走去。

那是麦列霍夫家的老房子，那黑乎乎的是一棵棵的苹果树，那是直指北斗星的提水吊杆……格里高力激动得喘着粗气，走到河边，小心翼翼地爬过阿司塔霍夫家的篱笆，走到没有关护窗的窗户跟前。他只听见心在激烈地跳动，还听见血在脑子里嗡嗡地翻腾。他轻轻地敲了敲窗棂，轻得几乎连自己都听不见敲击声。阿克西妮亚一声不响地走到窗前，仔细看了看。他看到她把双手按到胸前，听见她嘴里发出含含糊糊的哼哼声。格里高力打了一个手势，叫她把窗户打开，便摘下步枪。阿克西妮亚把两扇窗子都打了开来。

“小声点儿！你好！别开门，我爬窗户进去。”格里高力小声说。

他站到墙根上。阿克西妮亚的光光的胳膊搂住了他的脖子。胳膊哆嗦得厉害，在他的肩膀上直跳，这胳膊是那样亲，所以它的哆嗦也传到了格里高力身上。

“阿克秀莎……等一等……把枪接过去。”他结结巴巴地小声说。

格里高力用手按住马刀，跨进了窗户，把窗子关上。

他本想拥抱阿克西妮亚，但是阿克西妮亚沉甸甸地在他面前跪了下来，抱住他的双腿，把脸贴在他的湿漉漉的大衣上，因为憋着哭，憋得浑身直打哆嗦。格里高力把她扶起来，让她坐在板凳上。阿克西妮亚俯在他身上，把脸埋在他的怀里，一声不响，只是不住地哆嗦着，用牙齿咬住军大衣领子，免得哭出声来，免得惊醒孩子们。

看样子，像她这样刚强的女子，也痛苦得受不住了。看样子，这几个月她过得日子很不是滋味……格里高力抚摩着她那披散到背上的头发和那热烘烘、汗津津的额头。他让她尽情地哭了一阵子，然后才问：

"孩子们都好吗？"

"都很好。"

"杜尼娅呢？"

"杜尼娅也好……好好的……很结实。"

"米沙在家吗？别哭吧！别哭了，我的小褂都叫你哭湿了……阿克秀莎！我的亲爱的，哭够啦！时间很少，没有工夫哭了……米沙在家吗？"

阿克西妮亚把脸上的泪擦了擦，用两只湿手捂住格里高力的两腮。她含泪笑着，用眼睛盯着自己的心上人，小声说：

"我不哭了……再不哭了……米沙不在家，已经上维奥申有一个多月了，在一个部队里当差，你来看看孩子们吧！哎呀，我们真没想到你来呀！……"

米沙特卡和波柳什卡摊开手脚，躺在床上。格里高力俯下身去看着他们，站了一会儿，便踮着脚走开去，一声不响地挨着阿克西妮亚坐了下来。

“你怎么样？”阿克西妮亚很亲热地小声问道，“你怎么回来的？你在哪儿待着的？要是抓住你怎么办？”

“我是来接你的。大概，不会抓住我！你走吗？”

“上哪儿去？”

“跟我走。我是从匪帮里跑出来的，我原来在佛明手下，你没听说吗？”

“听说了。可是我跟你上哪儿去呢？”

“上南方去。上库班，或者上更远的地方。咱们能过下去，凑凑合合能养活自己，不是吗？不管干什么活儿都累不倒我。我这双手应该干活儿，不应该打仗。这几个月，我心里难受死了……噢，这话以后再说吧。”

“孩子们呢？”

“留给杜尼娅，以后看情形再说，以后也可以把他们接出去嘛。怎么样？你走吗？”

“格里沙……格里什卡……”

“别这样！不要哭。够了！以后咱们再哭吧，还有时间哭……收拾收拾吧，我的马在沟里等着呢。怎么样？走吗？”

“你以为我怎样呢？”阿克西妮亚忽然大声说，接着便惊骇地用手捂住自己的嘴，看了看孩子们。“你以为我会不走吗？”她已经换成小声问道。“我一个人在家里舒服吗？我走，格里什卡，我的心肝儿！我步行也行，跟着你爬也行，反正我再也不一个人留下来了！我离开你就没法子活……你就是把我杀了，也不要再把我扔下！……”

她使劲把格里高力搂在怀里。他亲了亲她，侧眼朝窗外望了望。夏夜是很短的。要抓紧走。

“你是不是睡一会儿呢？”阿克西妮亚问。

“瞧你说的！”他惊骇地叫道，“天快亮了，该动身了。你穿上衣服，去把杜尼娅叫来。咱们和她商量商量。咱们要在天亮前赶到干谷。白天就在那儿的树林里躲上一天，到夜里再走。你能骑马吧？”

“天啊，不管怎么走都行，别说是骑马了！我总在想：我这不是在做梦吧？我常常梦见你呀……做过各种各样的梦呢……”阿克西妮亚用牙齿咬着头发夹子，匆匆忙忙地梳着头，一面含糊不清地小声说着话。她很快穿好衣服，便朝门口走去。

“把孩子们叫醒吗？你看他们一眼也好啊。”

“不，不要。”格里高力断然说。

他从帽子里掏出烟荷包，卷起烟来，但是等阿克西妮亚一走出门去，他就急急忙忙走到床前，亲了孩子们半天，后来又想起娜塔莉亚，想起自己的艰难的一生中的许多事情，哭了起来。

杜尼娅一跨进门槛，就说：

“唉，你好啊，小哥！你回来啦？你在草原上浪荡到什么时候呀？……”她换成了哭腔，“孩子们总算盼到爹了……爹还活着，可是孩子都跟孤儿一样了……”

格里高力抱住她，严肃地说：

“小声点儿，别把孩子们吵醒！你别这样吧，妹妹。我听够这种腔调了！我自个儿的眼泪和痛苦已经够我受的了……我叫你来，不是要你哭的。你能把孩子们领回去抚养吗？”

“你要上哪儿去？”

“我要带着阿克西妮亚到外面去。你能把孩子们领回去等我找到活儿干，再把孩子们接去？”

“好吧，我不管谁管！既然你们俩都要走，我就带回去。总不能把他们扔在街上，也不能把他们丢给外人吧……”

格里高力一声不响地亲了亲杜尼娅，说：

“多谢你了，妹妹！我知道你不会推托的。”

杜尼娅一声不响地坐到大柜子上，问道：

“你们什么时候走？马上就走吗？”

“是的。”

“房子怎么办？家里的东西呢？”

阿克西妮亚犹犹豫豫地回答说：

“你看着办吧。或者叫人来住，或者随便怎么样。家里留下的衣服和别的一些东西，你就拿去吧……”

“我怎么对别人说呢？别人要是问起你上哪儿去了，我怎么说呢？”杜尼娅问道。

“你说，什么也不知道，就行了。”格里高力转过身朝着阿克西妮亚，“阿克秀莎，快点儿收拾收拾吧。东西不要多带，带上一件厚褂子、两三条裙子，带几件内衣和头两天吃的东西，就行了。”

等到格里高力和阿克西妮亚跟杜尼娅告过别，亲过一直没有醒的孩子们，走到台阶上的时候，天刚蒙蒙亮。他们来到河边，顺着河边走到拴马的沟里。

“以前咱们到亚戈德庄上去，就是这样走的，”格里高力说，“不过那时候你拿的包袱大一点儿，而且咱们都还年轻……”

心花怒放的阿克西妮亚从旁边看了格里高力一眼。

“可是我还害怕：这恐怕是做梦吧？把你的手给我，叫我摸摸看，要不然我还不相信呢。”她轻轻地笑起来，一面走，一面靠在格里高力的肩膀上。

他看到她那哭肿了的眼睛闪着幸福的光芒，看到她的两腮在朦胧的晨曦中泛着灰白色。他亲热地笑着，心里想：“说走就走，就像是去串门子一样……她什么也不怕，真是一个好样的女子！”

阿克西妮亚好像是在回答他心里的话，说：

“你看，我就是这样……你就像是对一只小狗吹了一声口哨，我就跟着你跑了。格里沙，我这样听话，因为我爱你、想你呀……我就是舍不得孩子们，就我自己来说，我连哼都不会哼一声。你上哪儿，我就上哪儿，就是去死我也情愿！”

两匹马听见他们的脚步声，轻轻嘶叫起来。天很快要放亮了。东方天边已经隐隐露出粉红色。顿河上升起晨雾。

格里高力解下马来，扶着阿克西妮亚上了马。马镫系得长了一些，阿克西妮亚的脚踩上去很不稳实。他恨自己事先想得不周到，把马镫皮带挽了挽，就跳上另一匹马。

“跟我走，阿克秀莎！咱们出了沟，就放马快跑。颠一点儿，不要紧。你别松缰绳。你骑的这匹马不大喜欢松缰绳。小心膝盖。这马有时候淘气，会咬膝盖。好，走吧！”

离干谷有八俄里。不大的一会儿工夫，他们就跑完了这段距离，太阳出山的时候，他们已经来到树林旁边。格里高力在树林边上跳下马来，又扶着阿克西妮亚下了马。

“喂，怎么样？没有骑惯马，乍一骑够呛吧？”他笑着问道。

跑得满脸通红的阿克西妮亚眨了眨两只黑眼睛。

“挺好嘛！比步行好多了。不过我的腿……”她不好意思地笑了笑，“你转过脸去，格里沙，我要看看我的大腿。腿上的皮有点儿疼呢……恐怕是磨破了。”

“没关系，会好的。”格里高力安慰她说，“你多少活动活动，要不然腿要打哆嗦的……”他带着亲热的开玩笑神气眯缝起眼睛说，“嘿，你真不简单呀！”

他在洼地里选定了不大的一块空地，说：

“这就是咱们的宿营地了，来吧，阿克秀莎！”

格里高力卸了马鞍，绊起马腿，把马鞍和武器放到树棵子底下。青草上落了密密的一层露水，青草因为罩上了露水，变成了灰白色，但是在朦胧的晨雾还没有散尽的斜坡上，青草还泛着幽暗的蓝色。橙黄色的野蜂在半开的花苞上打盹。百灵鸟在草原上空歌唱，鹌鹑在庄稼地里，在芳香的野花丛里一声声地高叫：“该睡了！该睡了！该睡了！”格里高力把一丛小橡树棵子旁边的青草踩了踩，头枕着马鞍，躺了下来。鹌鹑打架的一阵阵叫声、百灵鸟那使人沉醉的歌声、从顿河那边一夜没有凉下来的沙地上吹来的暖风——这一切都在催人入睡。一连几夜没有睡的格里高力，实在该睡了。鹌鹑劝他睡，他也实在困了，于是闭上了眼睛。阿克西妮亚坐在旁边，一声不响，若有所思地用牙齿撕着香甜的淡紫色花瓣。

“格里沙，这儿不会有人来抓咱们吧？”她用野花的秆儿划着格里高力那胡子拉碴的腮帮子，小声问道。

他好不容易从昏睡中醒过来，沙哑地说：

“草原上一个人也没有。这会儿正是没有人的时候。我要睡一会儿，阿克秀莎，你看着马。等会儿你再睡，我困死了……要睡了……已经四天四夜没睡了……以后再说话吧……”

“睡吧，心肝儿，好好睡吧！”

阿克西妮亚俯下身去看着格里高力，把披散在他的额头上的一绺头发撩开，轻轻亲了亲他的腮帮子。

“我的心肝儿，格里什卡，你头上这么多白头发呀……”她小声说，“你大概是老了吧？不久以前你还是一个小伙子呀……”她带着想笑又笑不出的忧郁神情仔细看了看格里高力的脸。

他睡着，微微张着嘴，均匀地呼吸着。他那尖儿晒成了焦黄色的黑睫毛微微哆嗦着，上嘴唇轻轻动着，露出密密实实的白牙。阿克西妮亚仔细看了看他，这才发现，分别了这几个月，他的模样变得太厉害了。在她的心上人的眉毛中间那几道很深的横纹里，在嘴唇的纹丝里，在尖尖的颧骨上，都流露着一种冷峻的、几乎是残酷的表情……于是她才第一次想到，他在打仗的时候，骑着，拿着出鞘的马刀，那样子一定是很可怕的。她垂下眼睛，瞥了一眼他那一双虬筋盘结的大手，不知为什么叹了一口气。

过了不大的一会儿，阿克西妮亚轻轻地站起来，把裙子撩得高高的，尽量不让草上的露水打湿裙子，然后跨出小片空地向前走去。不远处有一条小溪淙淙流着，冲得石头哗哗响着。她走到洼地的最低处，这里到处是绿苔斑斑的石板，她喝了一通冰凉的溪水，洗了洗脸，用头巾把红扑扑的脸擦干了。她的嘴角一直荡告别。

“你上哪儿去?”格里高力问道。

丘玛柯夫笑着回答说:

“去找便宜活儿干干。你是不是跟我一块儿去?”

“不,你一个人去吧。”

“是啊,咱们过不到一块儿呀……麦列霍夫,你干的活儿,剜勺子剜碗,我可是看不中,”丘玛柯夫用嘲笑的口气说,又摘下帽子,鞠了个躬,说,“耶稣救主,诸位老老实实的绿林好汉,谢谢你们的盛情,谢谢你们的招待。叫上帝赏给你们一些快活日子吧,不然的话,你们这儿可是太没有味道了。你们住在树林里,对着破车轮子祷告,这算过的什么日子呀?”

格里高力在他走了以后,又在树林里过了一个星期,然后收拾收拾要走。

“要回家吗?”一个逃兵问他。

格里高力微微笑了笑,这是他来到树林里以后第一次笑。

“回家。”

“等到春天再走吧。五月一号要大赦了,那时候咱们再散伙吧。”

“不,我不能等了。”格里高力说过,就和他们告别了。

第二天早晨,他来到鞑靼村对面的顿河边。他朝着自家的院子望了半天,因为又高兴又激动,脸都白了。然后摘下步枪和挂包,从挂包里掏出针线包、麻线、一瓶擦枪油,不知为什么还数了数子弹。子弹一共是十二夹子,另外还有二十六颗零散的。

在一处陡崖边,岸边的冰已经化了。碧绿的河水拍打着河岸,冲击着周围针刺状的冰凌。格里高力把步枪和手枪都扔到水漾着无声的微笑,眼睛放射着喜悦的光芒。格里高力又和她在一起了呀! 神秘的未来又用梦幻般的幸福招引着她……阿克西妮亚在不眠的夜里流过多少眼泪,这几个月她忍受了多少痛苦呀。还是在昨天白天,在菜园子里,附近几个锄土豆的妇女唱起一支怨女歌,她的心就痛得揪成了一团,她不由地听了起来:

灰鹅呀,灰鹅,快回家吧,
你们泼水还不够吗?
你们泼水还不够吗,
我这个女人都哭够啦……

一个高高的女声在领唱,倾诉自己的苦命,阿克西妮亚再也忍不住,泪水从眼睛里往外直涌。她想干干活儿,好把什么都忘掉,把心里翻腾起来的痛苦压下去,但是泪水模糊了眼睛,一颗颗的泪珠子滴在碧绿的土豆叶子上,滴在已经没有力气的手上,她已经什么也看不见,活儿也干不下去了。她扔下锄头,躺到地上,两手捂住脸,让眼泪尽情地流出来……

昨天她还在咒骂自己过的日子,觉得周围一片阴暗,一片凄凉,就像阴天那样;可是今天,她觉得整个世界都喜气洋洋,一片光明了,就像是夏天里下过了一场及时好雨。"我们也会有好日子过的!"她漫不经心地看着在初升的太阳那斜斜的光线下闪闪发光的镂花状的橡树叶子,心中想道。

树棵子旁边向阳的地方,开满了五颜六色的芬芳的野花。阿克西妮亚采了一大抱野花,小心翼翼地在离格里高力不远的地方坐下来,回想着自己年轻的时候,编起了花环。她编的花环绚丽多彩，十分好看。阿克西妮亚对着花环欣赏了老半天，然后又插上几朵玫瑰花儿，把花环放在格里高力的头前。

九点钟左右，格里高力被马嘶声惊醒了，他惊骇地坐起来，用手在身旁摸索着，寻找武器。

“没有人，”阿克西妮亚小声说，“你怕什么呀？”

格里高力擦了擦眼睛，眯着惺忪的睡眼笑了。

“像兔子一样过日子过惯了。就是在睡梦里，也要睁开一只眼睛看着，一有什么动静，就要打哆嗦……这种习惯一下子是改不了的。我睡了很久吗？”

“没有。你是不是再睡一会儿呢？”

“要是依着我睡，那我得睡上几天几夜。咱们还是来吃早饭吧。面包和小刀在我的马鞍袋里，你去拿吧，我去饮饮马。”

他站起身来，脱下军大衣，舒展了一下肩膀。太阳晒得热烘烘的。风吹得树叶子沙沙直响，树叶子一响起来，就听不见淙淙的流水声了。

格里高力走到小溪边，用树枝和石头垒了一道埝子，用马刀刨了些土，把土填到石头缝儿里。等到他做的小池子灌满了水，他就把马牵过来，让马喝了一通水，然后又摘下马笼头，放马去吃草。

在吃早饭的时候，阿克西妮亚问：

“咱们打这儿上哪儿去呢？”

“上莫罗佐夫斯克去。咱们骑马走到普拉托夫，以后就步行。”

“马怎么办？”

“把马扔掉。”

“可惜呀，格里沙！这样好的马，那匹灰马简直好看极了，也要扔掉吗？这匹马你是从哪儿弄来的？”

“弄来的呗……”格里高力不高兴地冷笑了一下，“是从一个塔甫里亚人手里抢来的。”

他沉默了一会儿以后，又说：

“不管可惜不可惜，都要扔掉……咱们又不能卖马。”

“你干吗要带着枪走呀？咱们要枪有什么用？万一叫人看见了，咱们还要倒霉呢。”

“夜里谁会看见咱们呢？我留着枪是护身的。没有枪，我就有点儿害怕…… 咱们要扔掉马，也要扔掉枪。那时候就用不着枪了。”

吃过早饭以后，他们躺在铺开的军大衣上。格里高力竭力克制着睡意，可是怎么都克制不住；阿克西妮亚用胳膊肘支着头，对他讲着他不在家时她的日子是怎样过的，这几个月来她是多么痛苦。格里高力在克制不住的迷糊状态中听得见她那平和的声音，却怎么也抬不起沉重的眼皮。有时候他完全听不见她的声音。她的声音渐渐远去，越来越小，以至完全消失。格里高力哆嗦两下，醒了过来，可是过几分钟，又闭上眼睛。他很想听听，竭力克制睡意，可是实在太疲倦了。

“……他们很想你，常常问：我爹上哪儿去啦？我想法子哄他们玩儿，跟他们亲热。他们后来习惯了，跟我亲热起来，不再常去找杜尼娅了。波柳什卡很文静，很听话。我用布片子给她做个洋娃娃，她就抱着洋娃娃坐在桌子底下玩起来。有一回，米沙特卡从街上跑回来，浑身直打哆嗦。我问他：‘你怎么啦？’他就哭起来，哭得十分伤心。‘孩子们都不跟我玩了，他们说：你爹是土匪。妈妈，他当真是土匪吗？土匪是什么样子？’我就对他说：‘你爹才不是土匪呢。他是个……落难的人。’他就一个劲儿地缠着我问：为什么是落难的人，落难是怎么一 回事儿？我怎么都对他说不明白……格里沙，是他们自个儿喊我妈妈的呀，别以为是我教他们的。米沙对他们也不错，挺亲热。他跟我不打招呼，见了面就扭过头，从旁边走过去，可是有两回他还从镇上给孩子们带了糖来呢。普罗霍尔一直在为你伤心。他说，这个人完了。上个星期他还来过，一说起你，他都流泪了……他们还上我这儿搜过，想找枪呢：又在房檐下搜，又到地窖里搜，到处都搜……”

格里高力没有听她讲完，就睡着了。在他的头顶上，有一棵小榆树的叶子在风中簌簌低语着。黄黄的光斑在他脸上晃来晃去。阿克西妮亚把他的闭着的眼睛亲了半天，后来她把脸贴在格里高力的胳膊上，也睡着了，在梦里还笑着。

* * *

深夜里，月亮升上来的时候，他们离开了干谷。过了两个钟头，他们从高地上下来，来到旗尔河边。秧鸡在草地上吱吱喳喳，青蛙在芦苇荡里呱呱乱叫，野鸭子在远处低声哼哼。

河边是一大片果园，在夜雾中显得阴森森、黑沉沉的。

格里高力在离小桥不远处勒住马。村子里静悄悄的。格里高力用靴后跟踢了踢马，把马头拨向一旁。他不想从桥上过去。他怀疑这种寂静，怕这种寂静。 他们在村边蹚水过了河，刚刚拐进一条小胡同，就从沟里冒出来一个人，接着又出来三个人。

“站住！什么人？”

格里高力听到吆喝声，就像挨了一棒似的，哆嗦了一下，就勒住了马。他迅速地镇定了一下，就大声回答说：“自己人！”接着就一面急转马头，一面小声对阿克西妮亚说：“向后转！跟我跑！”

这是刚来到这里宿营的一支征粮队的四名哨兵。四个人一声不响、不慌不忙地朝他们走来。有一个人站下来抽烟，划着了火柴。格里高力使劲抽了阿克西妮亚的马一鞭。那匹马往前一冲，就飞跑起来。格里高力趴到马脖子上，跟在后面跑起来。有几秒钟静得叫人难受，接着就是一阵像打雷一样的乱枪声，一闪一闪的火光划破了黑暗。格里高力听到的是猛烈的子弹啸声和拉得长长的吆喝声：

“开枪——枪！……”

格里高力在离小河一百丈远的地方追上了大步飞跑的灰马，等两匹马跑齐了，他大声喊道：

“趴下，阿克秀莎！趴低点儿！”

阿克西妮亚勒了勒缰绳，就朝后仰了仰，向一边倒去。格里高力急忙扶住她，要不然她就跌下去了。

“你受伤了吗？伤在哪儿？快说嘛……”格里高力沙哑地问道。

她一声也不响，越来越沉重地朝他的胳膊上倒下去。格里高力一面跑着，把她搂到自己怀里，一面气喘吁吁地小声说：

“我的天啊！你说一句话也好啊！你这是怎么啦？！”

但是他没听到默默无言的阿克西妮亚说一个字,没听到她哼一声。

在离村子有两俄里的地方,格里高力急转弯离开大路,来到一条沟里,下了马,抱起阿克西妮亚,小心翼翼地放在地上。

他脱下她身上的厚布褂子,撕开她胸前的印花布小褂和汗衫,摸到了伤口。子弹打进了阿克西妮亚的右肩胛骨,打碎了骨头,又斜着从右锁子骨下面穿了出来。格里高力用血糊糊的、哆哆嗦嗦的手从鞍袋里掏出自己的一件干净衬衣和一个急救包。他抱起阿克西妮亚,用膝盖支住她的脊背,给她包扎起伤口来,想堵住锁子骨下面往外直涌的血。衬衣布片和绷带很快就黑乎乎的,湿透了。阿克西妮亚那半张着的嘴里也往外冒血,喉咙里咕噜咕噜直响。格里高力吓得要死,他明白,一切都完了,他这一生中能够发生的最可怕的事情已经发生了……

他抱着阿克西妮亚,顺着陡峭的沟波,顺着荒草萋萋、到处是羊屎的小路,小心翼翼地朝沟底走去。她那软软地耷拉下来的头趴在他的肩膀上。他听得见阿克西妮亚的咝咝的、直打呛的呼吸声,感觉得出一股股热血从她的身上流出来,嘴里的血往他的胸膛上直流。两匹马也跟着他来到沟底。它们打着响鼻,叮叮当当地晃荡着嚼子,吃起肥茁茁的青草。

黎明以前不久,阿克西妮亚死在格里高力的怀里。她一直没有清醒过。他一声不响地亲了亲她那冰凉的、流血流咸了的嘴唇,小心翼翼地把她放在草地上,站了起来。好像冥冥中有一种力量当胸撞了他一下,他往后倒退了几步,仰面栽倒了,但是他马上惊骇地跳了起来。他又一次栽倒,光脑袋咚的一声碰在石头上。后来他索性跪着，从鞘里抽出马刀，挖起坟坑来。土地湿乎乎的，很容易挖。他急着要挖好，可是喉咙里憋得喘不上气来，他为了好喘气，把身上的小褂撕开。黎明前的凉气冰得他的汗漉漉的胸膛凉丝丝的，他挖起来不那么吃力了。他用手和帽子把土往外捧，一分钟也不休息，但是等他挖成一个齐腰深的坟坑，还是费了不少时间。

他在明媚的朝阳下，把自己的阿克西妮亚埋葬了。在坟坑里，他把她那两条已经泛出死白色的黑乎乎的胳膊十字交叉地放在胸前，又用头巾盖住她的脸，免得土粒落进她那半睁着的、一动不动地望着天空、已经昏暗了的眼睛。他和她告了别，心里认定，他们离别不会很久了……

他用手掌把坟包上的黄土仔细拍平了，低下头，轻轻摇晃着身子，在坟前跪老半天。

现在他不必着忙了。一切都完了。

在灰尘弥漫的旱风中，太阳渐渐升到土沟的上空。阳光把格里高力的没戴帽子的头上那密密的白发染成银色，阳光在他的灰白的、僵得十分可怕的脸上不停地晃动着。他抬起头来，好像是从一场噩梦中醒来，看到头顶上是黑黑的天空和亮得耀眼的黑黑的太阳。

十八

初春时候，等积雪化尽，在雪下埋了一个冬天的枯草也干了，草原上常常烧起春天的野火。春风吹着野火像一条条流水似的流开去，贪婪地吞食着干枯的梯牧草，掠过一片片高高的驴蓟，横扫褐色的艾蒿，在洼地上弥漫开来……过后很久，草原上烧焦和干裂的土地都散发着焦煳气味。四周的嫩草绿油油的，无数百灵鸟在草原上空的蓝天里歌唱，北飞的大雁在嫩绿的草地上打食儿，前来过夏天的小鸨在做窝儿。可是在野火烧过的地方，烧焦的、死沉沉的土地还是黑不溜秋的。鸟儿不在这里做窝儿，野兽走到这里要绕着走，只有到处游荡的疾风从这儿飞过，把灰白色的灰烬和焦煳的黑尘土刮得远远的。

格里高力的生活就像野火烧过的草原一样黑了。他失去了他心爱的一切。残酷的死神夺去了他的一切，毁坏了他的一切。只剩了两个孩子。但是他还战战兢兢地撑持着，好像他那实际上已经毫无意义的生命对于他和别人还有些价值似的……

他埋葬了阿克西妮亚以后，毫无目的地在草原上流浪了三天三夜，既不回家，也不上维奥申去自首。到第四天，他把马扔在霍派尔河口乡的一个村子里，渡过顿河，徒步朝司拉晓夫橡树林走去，四月里佛明匪帮就是在这里的树林边上第一次被打垮的。那时候他就听说橡树林里住着很多逃兵。格里高力因为不愿意回到佛明那里，所以就去找逃兵。

他在大树林里游荡了好几天。他饿得难受，但是又不敢到有人家的地方去。阿克西妮亚一死，他失去了理性，也失去了胆量。他听到树枝折断声、密林里的窸窣声、夜里的鸟叫声，都会感到恐怖和惊慌。格里高力吃的是没有熟的草莓、一些很小的蘑菇、榛树叶，实在饿得够呛。第五天晚上，他在树林里遇上几个逃兵，逃兵把他带到他们住的土窑里。

他们一共有七个人。都是附近几个村子里的老百姓,从去年秋天开始征兵的时候,就在树林里住下来了。他们住在一座很大的土窑里,就像居家过日子一样,差不多什么东西都不缺。夜里他们常常回家去看看;回来的时候,就带些面包、干粮、小米、面粉、土豆,有时候就去别的一些村子里偷一两头牲口,所以吃肉也不困难。

有一个逃兵,以前在第十二哥萨克团里当过兵,认识格里高力,所以没费什么周折就把他收留下来了。

* * *

格里高力算不清过了多少苦闷、冗长的日子。在十月以前,他在树林里马马虎虎能过得下去,可是等到落起秋雨,接着又冷起来,他就空前强烈地想念起孩子和家乡……

为了凑合着打发日子,他整天整天地坐在土炕上,用木头剜勺子,做木碗,用软石头雕刻玩具小人和动物。他尽量什么都不去想,尽量不让毒害心情的乡愁闯入心中。白天他能够这样,但是在漫长的冬夜里,他不能不愁思苦想,百感交集。他在土炕上翻来翻去,往往很久不能入睡。白天里,土窑里的人谁也没听到他说过一句苦恼的话,但是夜里他常常打着哆嗦醒来,用手在脸上不住地擦着:他的两腮和半年没刮过的浓浓的大胡子都湿漉漉的,流满了眼泪。

他常常梦见孩子们,梦见阿克西妮亚、母亲和其他几个已经不在人世的亲人。格里高力的一生已经过去,而过去的一生就像一场短短的噩梦。“要是能再回家乡一趟,看看孩子们,那时候就是死也不怕了。”他常常这样想。

快到春天的时候，有一天，丘玛柯夫忽然来了。他身上直到腰部都湿透了，但是他依然精神抖擞，忙手忙脚的。他在炉旁把衣服烤干了，也烤了烤身子，便爬到炕上挨着格里高力坐了下来。

“麦列霍夫，自从你离开我们以后，我们可是逛荡够了！到过阿斯特拉罕，也到过加尔梅克草原……逛遍了东南西北！杀的人就没有数了。他们把亚可夫·叶菲莫维奇的老婆抓了去当人质，把他的家产也没收了，所以他就发了疯，下命令要杀一切给苏维埃政府当差的人。于是就接连不断地杀起人来：教师也杀，各种各样的大夫也杀，农艺师也杀……什么他妈的人都杀！可是现在我们完了，全完了。”他还冷得缩着脖子，叹着气说，“头一次是在济山镇附近打垮我们的，一个星期以前，又在索伦内附近收拾了我们。夜里从三面包围了我们，只留下通山上的路，可是山上的雪齐马肚子深……天蒙蒙亮就用机枪一扫，全完了……把所有的人都扫光了。只有我和佛明的儿子两个人逃脱了性命。佛明从去年秋天就把达维德卡带在身边了。亚可夫·叶菲莫维奇本人也阵亡了……我亲眼看着他死的。头一颗子弹打在他的腿上，打穿了膝盖，第二颗子弹打在头上，从头上划过去。他从马上摔下来三次。我们停下来，把他扶起来，扶上马去，可是他跑了没有多远，就又摔了下来。第三颗子弹又打中了他，打在腰上……我们就把他扔下。我跑出有一百丈远，回头看了看，有两个骑马的人正在用马刀砍躺在地上的佛明呢……”

“这不稀奇，必然是这种下场。”格里高力冷淡地说。

丘玛柯夫在他们的土窑里住了一夜，第二天早晨就向他们里,然后把子弹撒出去,又在大衣襟上仔细擦了擦手。

在村子下面,他踩着已经化得千疮百孔的三月的青色残冰,过了顿河,大踏步朝自己的家走去。他老远地看见米沙特卡在河边的斜坡上,好不容易控制住自己,才没有朝米沙特卡跑去。

米沙特卡正在敲石头上的水溜,扔着玩儿,仔细看着青青的碎冰往坡下滚。

格里高力走到坡前,气喘吁吁地、沙哑地唤了唤儿子:

“米申卡!……好孩子!……”

米沙特卡惊骇地看了看他,就垂下了眼睛。他认出这个满脸胡子,样子很可怕的人就是他的父亲……

格里高力在树林里夜间想起孩子们的时候小声说过很多温柔、亲热的话,现在那些话全从脑子里飞走了。他跪下来,亲着儿子的冰凉的、红红的小手,只是用结结巴巴的声音一遍又一遍地喊:“好孩子……好孩子……”

然后格里高力抱起儿子,用干干的、热辣辣的眼睛如饥似渴地看着儿子的脸,问道:

“你们在家里怎么样?……姑姑、波柳什卡都好吗?”

米沙特卡还是没有看父亲,小声回答说:

“杜尼娅姑姑很好,可是波柳什卡秋天就死了……害白喉病死的。米沙叔叔当兵去了……”

还算好,格里高力在不眠之夜里幻想的不多的一点儿东西,现在得到了。他站在自家的大门口,手里抱着儿子……

这就是他这一生仅剩的东西,有了这东西,他还感到大地,感到这广阔的、在寒冷的阳光下闪闪发光的世界是亲切的。

附　录

授奖词

瑞典皇家学院院士
安德斯·奥斯特林

今年的诺贝尔文学奖，众所周知，授予了俄罗斯作家米哈伊尔·肖洛霍夫，他生于一九〇五，今年六十岁。他的童年是在顿河哥萨克地区度过的。他喜欢当地人民的特有气质和那里的茫茫原野，正是这种感情使他和这一地区结下不解之缘。他亲眼看到他的故乡经历了革命和内战的各个阶段。他在莫斯科干过一段时间的体力活儿之后，不久就专门从事写作，写出了一系列描述顿河流域战事的短篇。后来他成为写这一题材的名手。肖洛霍夫开始写作史诗性小说《静静的顿河》（一九二八—一九四〇）的第一部时，年仅二十一岁，这足以证明战争时期一代人的早熟。此书的英译名是《静静地流吧，顿河》，俄文原书名就是《静静的顿河》，然而肖洛霍夫这部杰作中写的却是风雨飘摇、动乱不宁的局面，因此，毫无疑问其中暗暗含有讽刺意味。

肖洛霍夫创作这一巨著，花费了十四年的心血。小说以悲剧性的哥萨克暴动为主线,囊括了第一次世界大战、革命、国内战争等各个时期。这一长篇巨著的几大部,是在一九二八至一九四〇年这段相当长的时间中先后发表的,受到苏联批评家的长期关注。这些批评家出于政治上的原因,很难全盘接受肖洛霍夫对待哥萨克起义、反抗中央集权这一主题的客观、求实的态度;肖洛霍夫如实地描述了哥萨克反对征服、维护独立的反抗精神,在客观上维护了这种精神,对此,批评家们也不会轻易接受。

看到小说主题引起的争议,不难断定:肖洛霍夫写这部小说,就是迈出了勇敢的一步,这一步的迈出,说明在他的创作生涯中良心已经取得了胜利。

《静静的顿河》在瑞典已经是家喻户晓,在这里做介绍似乎是多余的。这部作品以卓越的现实主义手法,描绘了哥萨克特有的性格,描绘了既是骑兵、又是农民,似乎互为水火、实则水乳交融、构成一个统一的整体的这样一种传统性格。书中没有对任何东西进行美化。哥萨克性格中粗鲁、野蛮的一面,在书中也详尽无遗地表现出来,毫不掩盖,毫不矫饰,但与此同时,又能感觉出作者对人的一切的尊重。肖洛霍夫无疑是一个坚定的共产主义者,但是他不在书中进行任何意识形态方面的说教。我们看到,他写的战争血泪斑斑,然而是一幅笔力雄浑、气势磅礴的画卷。

哥萨克格里高力一再地从红军倒向白军、被迫违心地进行拼搏,这种拼搏以绝望告终,他既是英雄,又是受难者。他所继承的荣誉观念经受了最严峻的考验。他被历史的必然所击败,历史的必然在这里起了与古典文学中复仇女神一样的作用。然而,我们却同情格里高力,也同情两位令人难忘的女性:他的妻子娜塔莉亚和他的情人阿克西妮亚。她俩都因为他而遭受灾难。最后,他用马刀挖坟,埋葬了阿克西妮亚,回到自己村子里的时候,已经满头白发,除了一个年幼的儿子以外,他这一生中的一切都丧失了。

书中的人物或者置身于人与人的关系中,或者活跃在战争风云中,而在整个人物画廊的背景上,展开的是一幅绚丽多彩、气象万千的乌克兰风景画:变化多端的草原四季风光,村庄周围草香四溢的牧场和吃草的马群,随风起伏的青草,陡立的河岸和河水永不停息的歌唱。肖洛霍夫永不厌倦地描绘着俄罗斯的大草原。有时候,他会中断故事的叙述,来倾吐自己的赞赏之情:“低低的顿河天空下的故乡草原呀!一道道的干沟,一条条的红土崖,一望无际的羽茅草,夹杂着斑斑点点、长了草的马蹄印子,一座座古冢静穆无声,珍藏着哥萨克往日的光荣……顿河草原呀,哥萨克的鲜血浇灌过的草原,我向你深深地鞠躬,像儿子对母亲一样吻你那没有开垦过的土地!”

可以说,肖洛霍夫在艺术创作中并没有什么创新,他用的是使用已久的现实主义手法,这一手法同后来小说创作艺术中出现的一些模式相比,也许会显得简单而质朴。但是,这一主题确实无法用其他手法来表现。他的波澜壮阔、洋洋洒洒的如潮之笔,使《静静的顿河》成为一部名副其实的“长河小说”。

肖洛霍夫后来的作品《被开垦的处女地》(一九三二、一九五九),是一部描写强制性集体化和介绍集体农庄的小说,显示了肖洛霍夫喜爱充满喜剧色彩和富有同情心的人物,这部小说也具有永恒的艺术生命力。但毫无疑问,仅凭《静静的顿河》这部作品,肖洛霍夫获得这一奖赏就当之无愧。直到今天才享受这一荣誉,实在过晚了。但令人高兴的是,我们终于将当代一位最杰出的作家的名字列入了诺贝尔文学奖获奖者的名册。

瑞典皇家学院赞同这一评选决定时,指出了"肖洛霍夫在描写俄罗斯人民生活中一个历史阶段的顿河史诗中所表现的艺术力量和正直"。

先生,这一奖赏是褒奖正直和表示感谢,感谢您对当代俄罗斯文学的重大贡献,在我国和在全世界都十分清楚这一贡献。请允许我代表瑞典皇家学院向您表示祝贺,并请您接受国王圣驾颁发的今年的诺贝尔文学奖。

受奖演说

米哈依尔·肖洛霍夫

在这隆重的大会上，我认为应当有幸再一次向授予我诺贝尔奖金的瑞典皇家学院表示感谢。

我已经有机会公开表示过，我对此感到高兴，不仅仅是因为，我在事业上的成就和我在文学创作中的特点得到国际上的承认，我还因为这一奖金授予了一个苏联俄罗斯作家而感到自豪。我在这里代表的是我的祖国的广大的作家队伍。

我已经说过，我还感到高兴的是，这种奖赏又是对长篇小说体裁的一种间接的肯定。近来常常可以听到一些实在使我吃惊的言论，这些言论说长篇小说的形式已经过时了，不符合时代的要求了。其实，只有通过长篇小说，才能最全面地概括现实世界，并将自己对现实、对现实中的迫切问题的态度以及同道者的态度表现出来。

可以说，长篇小说最能够使人深刻地认识我们周围广大的现实，而不是叫人把自己的小“我”想象成世界的中心。这种体裁实质上是现实主义艺术家最广阔的活动场地。许多新的艺术流派都不赞成现实主义,说现实主义似乎已经不适用了。我不怕有人指责我保守,现在声明,我坚持相反的观点,我是坚决拥护现实主义艺术的。

现在常常谈到所谓文学的先锋派,认为这主要是在形式方面的最时髦的尝试。依我看,真正的先锋乃是那些在自己的作品中揭示出代表当代生活特征的新内容的艺术家们。整个现实主义和现实主义的小说,扎根于过去艺术大师们的艺术经验,但是在发展中却获得了在实质上很新的、深刻的当代特点。

我说的现实主义,包含革新现实、改造现实以造福人类的思想在内。当然,我说的现实主义,就是我们现在叫的社会主义现实主义。其特点是,所反映的世界观,不是消极的,不是脱离现实的,而是号召人们为人类进步而奋斗,指出千百万人向往的目标是可能达到的,并为千百万人照亮奋斗的道路。

人类不像飞出地球引力以外的宇航员那样,成为一个个在失重状态下飘浮着的个人和个体。我们生活在地球上,服从地球的支配,正如福音书上说的,我们天天有关心的事,天天有操心事和要求,还有对美好的明天的希望。地球上广大的居民阶层都有一致的愿望和共同的利益,共同的利益使人联合的可能性,远远超过分裂的可能性。

用自己的手和脑创作一切的人,就是劳动的人。我也和许多作家一样,认为能够不受任何限制地用自己的笔为劳动人民服务,这是自己的崇高荣誉和崇高自由。

一切都从这一点出发。对于我这个苏联作家来说,一个艺术家在当今世界上的地位如何，结论只能从这一点去考虑。

我们生活在不太平的年代，但是地球上没有一个民族希望有战争。有一种势力，想把整个整个的民族投入战火。战争的灰烬，第二次世界大战漫天大火的灰烬，怎能不撞击一个作家的心灵？一个正直的作家，怎能不反对那些妄图让人类自我毁灭的人？

一个艺术家，如果认为自己不是脱离乱世、不问人间疾苦、高踞于奥林波斯山上的神仙，而是人民的儿子、人类的一个小分子的话，那他的使命是什么，他的任务是怎样的呢？

要诚恳地向读者说话；要向人说实话，实话有时候是冷酷的，但总是勇敢的；要增强人们心中的信念，使人们相信未来，相信自己有力量创造未来。要作为世界和平而奋斗的战士，并要用自己的语言在影响所及的地方培养这样的战士。要使人们团结在人类正常的、高尚的追求进步的愿望之中。艺术具有影响人的智慧和心灵的强大力量。我以为，那些运用这种力量去创造人的心灵美、去为人类造福的人，才有资格称为艺术家。

我国人民在自己的历史道路上前进，走的不是平常的道路，这是生活的开拓者和先驱者走的路。我一直认为，我这个作家的任务是，以我过去写的和今后写的一切，贡献给这样的劳动人民、从事建设的人民、英雄的人民，因为这样的人民不侵犯任何人，但是一向能够庄严地捍卫自己的创造的成果，捍卫自己的自由和荣誉，捍卫按照自己的选择建设自己的未来的权利。

我希望我的作品能帮助人变得更好，心灵更纯洁，能唤起对人的爱，唤起积极为人道主义和人类进步的理想而奋斗的愿望。

如果我在某种程度上做到了这一点,我就是幸福的。

我感谢这个大厅里所有的人,感谢因为我获得诺贝尔奖奖金所有向我表示祝贺和道喜的人。